PB-I-462

Handwörterbuch zur Gesellschaft Deutschlands

Bernhard Schäfers/Wolfgang Zapf (Hrsg.)

Handwörterbuch zur Gesellschaft Deutschlands

Redaktion: Sabina Misoch

Leske + Budrich, Opladen 1998

ISBN 3-8100-1758-2

© 1998 Leske + Budrich, Opladen

Das Werk einschließlich aller seiner Teile ist urheberrechtlich geschützt. Jede Verwertung außerhalb der engen Grenzen des Urheberrechtsgesetzes ist ohne Zustimmung des Verlages unzulässig und strafbar. Das gilt insbesondere für Vervielfältigungen, Übersetzungen, Mikroverfilmungen und die Einspeicherung und Verarbeitung in elektronischen Systemen.

Satz: Leske + Budrich
Druck: Bercker, Graphischer Betrieb, Kevelaer
Printed in Germany

Inhalt

Alter und Altern der Gesellschaft (*Martin Kohli*) 1
Arbeitslosigkeit (*Wolfgang Franz*) 11
Arbeitsmarkt und Beschäftigung (*Günther Schmid*) 22
Armut (*Gunter E. Zimmermann*) 34
Ausländische Bevölkerung (*Wolfgang Seifert*) 49

Berufs- und Qualifikationsstruktur (*G. Günter Voß/Jörg Dombrowski*) 60
Bevölkerung (*Rose-Elisabeth Herden/Rainer Münz*) 71
Bildung und Bildungssystem (*Hermann L. Gukenbiehl*) 85

Datenzugang und Datenschutz (*Max Kaase*) 101
Demokratie, Demokratisierung (*Göttrik Wewer*) 111
Deutsche Nation (*Georg Elwert*) 123
Deutschland und Europa. Europäische Sozialstrukturen im Vergleich (*Bernhard Schäfers*).. 134

Eigentum/Eigentumsordnung (*Doris Lucke*) 145
Einkommen und Vermögen (*Richard Hauser*) 154
Eliten, Führungsgruppen (*Ursula Hoffmann-Lange/Wilhelm Bürklin*) 167
Erziehung und Sozialisation (*Gertrud Nunner-Winkler*) 178
Extremismus (*Kurt Möller*) 188

Familie und Verwandtschaft (*Rosemarie Nave-Herz*) 201
Frauen (*Ilona Ostner*) 210
Freizeit und Erholung (*Thomas Müller-Schneider*) 221

Gesellschaft der Bundesrepublik Deutschland 1945/49-1990 (*Bernhard Schäfers*) 232
Gesellschaft der Deutschen Demokratischen Republik (DDR) von 1949-1990 (*Peter Voigt*) 241
Gesellschaftsmodelle und Gesellschaftsanalyse (*Stefan Immerfall*) 253
Gesundheit/Gesundheitssystem (*Hagen Kühn*) 263

Handeln im Alltag (*Hans-Georg Soeffner*) 276
Haushalte und Haushaltsproduktion in der Bundesrepublik Deutschland (*Wolfgang Glatzer*) 288

Industrie (*Gert Schmidt*) 300
Informationsgesellschaft (*Helmut F. Spinner*) 313
Interessenorganisation (*Helmut Wiesenthal*) 325
Internationale Verflechtung und Globalisierung (*Bernd Hamm*) 339

Jugend (*Yvonne Bernart*) 352

Kinder (*Bernhard Nauck/Magdalena Joos/Wolfgang Meyer*) 362
Kirchen/Religionsgemeinschaften (*Karl Gabriel*) 371
Kriminalität (*Siegfried Lamnek*) 382
Kulturinstitutionen (*Hans Joachim Klein*) 393

Landwirtschaft/Agrarpolitik (*Wilhelm Henrichsmeyer/Petra Hartmann-Sadrina*) 406
Lebensbedingungen, Lebensformen und Lebensstile (*Henri Band/Hans-Peter Müller*) 419
Lebensstandard und Lebensqualität (*Wolfgang Glatzer*) 427
Lebensverlauf (*Karl Ulrich Mayer*) 438

Massenkommunikation und Massenmedien (*Max Kaase*) 452
Migration (*Annette Treibel*) 462
Modernisierung und Transformation (*Wolfgang Zapf*) 472

Neue soziale Bewegungen (*Otthein Rammstedt/Gerhard Wagner*) 483

Öffentlichkeit (*Friedhelm Neidhardt*) 487

Politik, soziale Grundlage (*Wichard Woyke*) 496

Randgruppen und Minderheiten (*Albert Scherr*) 504
Räumliche Mobilität (*Gunter E. Zimmermann*) 514
Region und Regionalismus (*Gerhard Stiens*) 524
Rentner, Ruhestand (*Bert Rürup*) 536

Sexualität (*Oliver König*) 552
Soziale Arbeit (*Thomas Klatetzki/Ursula von Wedel-Parlow*) 562
Soziale Mobilität (*Peter A. Berger*) 574
Soziale Netzwerke (*Franz Urban Pappi*) 584
Soziale Probleme (*Helge Peters*) 596
Soziale Ungleichheiten. Klassen und Schichten (*Ditmar Brock*) 608
Sozialstaat/Soziale Sicherheit (*Jens Alber/Christina Nübel/Martin Schöllkopf*) 622
Sozialstatistik und Sozialberichterstattung (*Heinz-Herbert Noll*) 632
Sozialstruktur (*Rainer Geißler*) 642
Stadt-Land (*Wendelin Strubelt*) 652

Umwelt (*Joseph Huber*) 666

Vereine (*Hans Joachim Klein*) 676
Verkehr (*Eckart Pankoke*) 687

Werte und Wertewandel (*Helmut Klages*) 698
Wirtschaftssystem (*Johannes Berger*) 710
Wissenschaft und Forschung (*Peter Weingart*) 720
Wohnen (*Hartmut Häußermann/Walter Siebel*) 732

Zukunftsvorstellungen (*Karl Otto Hondrich*) 742

Sachregister 755

Herausgeber, Autorinnen und Autoren 765

Vorwort

Das vorliegende *Handwörterbuch zur Gesellschaft Deutschlands* hat Vorbilder in anderen Disziplinen: Rechtswissenschaft, Geschichte, Ökonomie; unmittelbar das im gleichen Verlag bereits in der dritten Auflage erschienene *Handwörterbuch des politischen Systems der Bundesrepublik Deutschland*, herausgegeben von Uwe Andersen und Wichard Woyke.

In der Soziologie gibt es bisher noch deutliche Unterschiede zwischen Lexika, den Kompendien zur Sozialkunde und Sozialstruktur der Bundesrepublik sowie den Beiträgen zur Sozialberichterstattung über sozialen Wandel und Wohlfahrtsentwicklung. Was bisher fehlte, so schien es uns, ist ein Überblick über die zentralen Handlungsbereiche, sozialen Probleme und Entwicklungstendenzen unserer Gesellschaft im Lichte des avancierten Standes sozialwissenschaftlicher Interpretations- und Erklärungsansätze, d.h. soziologischer Theorien. Die Autorinnen und Autoren haben deshalb versucht, in insgesamt 67 Artikeln zentrale Themen unserer Gesellschaft theoretisch zu definieren und zu erklären und in ihrer Entwicklung in den letzten 50 Jahren empirisch darzustellen. Dabei hatte die Entwicklung seit der deutschen Wiedervereinigung 1990 das Hauptgewicht; der internationale, v.a. europäische Vergleich war erwünscht.

Wir freuen uns, daß wir so viele kompetente Kolleginnen und Kollegen für dieses Handwörterbuch gewinnen konnten und daß die Vorgaben des Umfangs von rund zehn doppelspaltigen Seiten, einer repräsentativen, aber begrenzten Zahl von Literaturangaben und der Veranschaulichung durch Tabellen und Graphiken eingehalten wurden. Den Texten liegt folgende Mustergliederung zugrunde:

- Definition und Abgrenzung des behandelten Themas;
- sozialgeschichtliche Entwicklung;
- gegenwärtige sozialstrukturelle Ausprägung;
- sozialpolitische Relevanz.

Die theoretischen Orientierungen der Autorinnen und Autoren sind vielfältig und „pluralistisch". Wir haben als Herausgeber jedoch nicht nach „Richtungen" ausgewählt, sondern nach der Verbindung von Theorie, Empirie und Anwendungsbezug in den Raum-Zeit-Koordinaten unserer Gesellschaft, die vor großen Zukunftsproblemen und internationalen Herausforderungen steht. Der letzte Artikel von Karl Otto Hondrich über Zukunftsvorstellungen durfte von der Mustergliederung abweichen, um in essayistischer Form auf erwartbare Entwicklungen einzugehen.

Wir präsentieren dieses Werk nicht nur der Fachwissenschaft, sondern auch der sozialwissenschaftlich und gesellschaftspolitisch interessierten Öffentlichkeit und den auf sozialwissenschaftliches Wissen angewiesenen Personen in Politik, Verwaltung, Medien und Ausbildungsinstitutionen. Es ist uns bewußt, daß einige Themen fehlen, andere ergänzungsbedürftig sind. Da wir hoffen, daß der vorliegende Band eine weitere Auflage erreicht, sind Anregungen willkommen.

Für die Unterstützung bei der wissenschaftlichen Redaktion dieses Bandes danken wir, neben der Redakteurin Frau cand. phil. Sabina Misoch, Frau Nicole Hägele, M. A., Herrn Dipl.-Wi.-Ing. Roger Häußling, M. A. und Frau Christa Schäfers.

Bernhard Schäfers   Karlsruhe und Berlin
Wolfgang Zapf   Januar 1998

Alter und Altern der Gesellschaft

1. Definition

„Alter" ist ein Begriff, an dem viele Disziplinen partizipieren. Für den menschlichen Lebenslauf wird gewöhnlich zwischen biologischem, psychischem und sozialem Alter unterschieden. *Biologisches Alter* bezeichnet die Entwicklungsstadien des Organismus zwischen Geburt und Tod, *psychisches Alter* diejenigen des personalen Systems, den Ort der Person im gesellschaftlich gegliederten Lebenslauf, d.h. ihre Zugehörigkeit zu einer der gesellschaftlich abgegrenzten Altersphasen und Altersgruppen. Eine charakteristische Unschärfe ergibt sich daraus, daß Alter einerseits für jede Altersphase und Altersgruppe verwendet wird, andererseits jedoch auch für eine Teilmenge daraus (um die es hier hauptsächlich geht), nämlich das höhere Alter – im Unterschied zu Kindheit, Jugend und der Altersphase, die man mangels eines besseren Begriffs meist „aktives Erwachsenenalter" nennt. „Altern der Gesellschaft" wird heute gewöhnlich als demographischer Begriff verstanden (und nicht mehr als geschichtsphilosophischer): er bezieht sich auf das zunehmende quantitative Gewicht der älteren Altersgruppen in der Gesamtbevölkerung (und nicht mehr auf die Vorstellung von Aufstieg und Niedergang einer Gesellschaft). Meist wird dies durch den Anteil derjenigen über einer bestimmten Altersgrenze (z.B. 60 oder 65 Jahren) gemessen, zuweilen auch durch das Verhältnis von Älteren zu Jüngeren.

2. Theoretische Ansätze

Höheres Alter und Altern der Gesellschaft werfen die Frage nach der Gliederung des Lebenslaufs (und damit der Altersphasen) insgesamt auf. Der strukturelle Grundtatbestand dafür ist die gesellschaftliche Organisation der Arbeit. Schon die Definition einer alternden Gesellschaft gründet sich offensichtlich darauf, daß es eine Zäsur zwischen „erwerbstätig" und „nicht mehr erwerbstätig" gibt. Denn die *Altersgrenze* (60 oder 65 Jahre), die dafür meist herangezogen wird, hat weniger mit biologischen oder psychischen Prozessen zu tun als vielmehr mit der Veränderung in der sozialen Partizipation, die in diesem Alter für den größten Teil der Männer – und zunehmend auch für die Frauen – stattfindet: dem Übergang vom Erwerbsleben in den Ruhestand.

Die Gliederung nach Lebensaltern ist eine der möglichen Dimensionen der Naturalisierung von Gesellschaft. Naturalisierung heißt, daß von Menschen geschaffene gesellschaftliche Ordnungen sich als etwas Natürliches präsentieren, anders gesagt, daß Selbstverständlichkeit durch den Rekurs auf Biologisches gewonnen wird. Andere Formen der Naturalisierung sind Geschlecht oder Verwandtschaft. Daß jede Naturalisierung sich auch auf ein biologisches Element stützt, ist offensichtlich und macht ihre Plausibilität aus (wie am deutlichsten das Beispiel Geschlecht zeigt). Aber es ist nur der Grundstoff für die gesellschaftliche Konstruktion. Dies wird allein schon durch die große Spannweite der gesellschaftlichen Lösungen des Problems der Lebensalter – oder der gesellschaftlichen Nutzung der durch sie gebotenen Möglichkeiten – belegt. Die Art, wie Gesellschaften Lebensalter praktisch und begrifflich gliedern und bestimmte Lebensläufe vorschreiben oder als erstrebenswert definieren, ist außerordentlich vielfältig, wie die ethnologische Forschung anschaulich gezeigt hat (vgl. Elwert et al. 1990).

Seit einiger Zeit sind Lebensalter und Lebenslauf auch in der Analyse westlicher Gesellschaften zu einem zentralen Thema geworden (als Übersicht: Kohli 1978; Hagestad 1990; Weymann 1994). Eisenstadt (1966, Orig. 1956) hat die ethnologischen Vorarbeiten zu einer weit ausgreifenden Theorie der Vergesellschaftung und Generationsbildung im Jugendalter genutzt. In Rileys Entwurf zu einer „Soziologie der *Altersschichtung*" (Riley u.a. 1972), der stärker das höhere Alter im Blick hat, verbindet sich das Interesse an Alter als Ordnungsprinzip mit demjenigen an der Generations- bzw. Kohortenfolge als Mechanismus, über den strukturelle Veränderungen ablaufen. So verdienstvoll dieser Ansatz für die Durchsetzung einer soziologischen Perspektive auf Alter und Lebenslauf geworden ist, so begrenzt ist allerdings sein Potential für die Analyse materialer Probleme spezifischer Gesellschaften geblieben, da er sich zu sehr auf die formale Dimension von Altern und Kohortenfolge beschränkt.

Um zu zeigen, wie die Altersgliederung moderner Gesellschaften entstanden und welcher Dynamik sie heute ausgesetzt ist, ist eine strukturgeschichtliche Analyse erforderlich (z.B. Ehmer 1990). Die wichtigsten historischen Veränderungen habe ich mit dem Konzept der „Institutionalisierung des Lebenslaufs" zusammengefaßt (Kohli 1985). Wie sich die Institutionalisierung des höheren Alters vollzogen hat, kann an der Entstehung und Verallgemeinerung des Ruhestandes abgelesen werden (vgl. Abschnitt 3).

Die gesellschaftliche Konstruktion der Altersphase als Ruhestand hat die theoretischen Debatten der Alternssoziologie – mit Kategorien wie Disengagement, Aktivität, Subkultur, Stereotypisierung oder struktureller Abhängigkeit – bis heute bestimmt (vgl. ausführlicher: Rosenmayr/Rosenmayr 1978; Kohli 1992). Sie definiert auch die theoretische Problemlage für die Soziologie insgesamt. Es geht für letztere keineswegs nur um die Akquisition eines neuen Gegenstandes, für dessen Bearbeitung die Einfügung einiger neuer Variablen in den gewohnten kategoriellen Apparat genügen würde; dieser selbst wird vielmehr zum Problem. Der Prozeß des Alterns der Gesellschaft erzeugt nicht nur einen neuen Themenbereich, sondern ist auch eine Herausforderung für die Grundlagen der Theoriebildung – Grundlagen, die aus einer Zeit stammen, bevor dieser Prozeß sich konturierte. Die soziologische Theorie hat sich dieser Herausforderung bisher noch kaum gestellt. Man kann dies z.B. an der Theorie sozialer Ungleichheit erkennen (Kohli 1990). Der systematische „Ort" des höheren Alters in der Gesellschaftsstruktur und seine interne Differenzierung sind in dieser Hinsicht noch wenig geklärt.

Eine zentrale Frage betrifft das Verhältnis von Altern und *Modernisierung*. In den frühen Debatten ging es hauptsächlich um Status und Statusverlust des Alters: mit zunehmender Modernisierung, so wurde behauptet, nimmt der Status der Älteren ab (Cowgill/ Holmes 1972). Heute drängt sich eine andere Perspektive auf: Das Altern der Gesellschaft wird selbst zu einem Teil des gesellschaftlichen Modernisierungsprozesses. Das erscheint paradox, denn gewöhnlich wird ja unterstellt, das zunehmende Gewicht der älteren Bevölkerung bedrohe die Innovationsfähigkeit von Gesellschaften und damit ihre weitere Modernisierung. Die demographischen Werte werden im internationalen Vergleich als wesentliche Dimensionen der ökonomischen Konkurrenzfähigkeit gelesen; ein höherer Altersanteil gilt in diesem Sinne als „Standortnachteil". Die demographischen Analysen zeigen, daß für die entwickelten Gesellschaften ein (mehr oder weniger ausgeprägter) Alternsprozeß unvermeidlich ist (vgl. Abschnitt 3). Die weitere Modernisierung dieser Gesellschaften wird deshalb nicht zuletzt davon abhängen, wie es ihnen gelingt, ihren Alternsprozeß institutionell zu bewältigen und positiv zu nutzen. Vielleicht wird sich auch in diesem Bereich eine „best practice" herauskristallisieren.

3. Sozialgeschichtlicher Hintergrund

Die historische Institutionalisierung des Lebenslaufs – als positionale Sequenz und als biographischer Orientierungsrahmen – hat eine zunehmend klarere Gliederung nach Lebensphasen und Altersgruppen mit sich gebracht. Für das höhere Alter ist dabei die Herausbildung des modernen *Ruhestandes* die entscheidende strukturelle Veränderung. Es gehört zur Paradoxie der gesellschaftlichen Rationalisierung, daß im Zuge der Entwicklungsdynamik, durch die sich die strukturelle Bedeutung der Arbeit verstärkte, zugleich die Lebensphase jenseits der Arbeit an eigenem Gewicht gewann. Die empirischen Befunde zeigen, daß bis etwa zur Jahrhundertwende das höhere Alter in quantitativen Begriffen

Alter und Altern der Gesellschaft

marginal war. Erst seither ist es zu einer Verallgemeinerung des Alters als „Ruhestand" gekommen.

Die wichtigsten Dimensionen der demographischen Entwicklung über die letzten hundert Jahre werden in Tabelle 1 in Form einer Kontraststruktur dargestellt. Sie bezieht sich auf Deutschland, das ja mit den *Bismarckschen Sozialgesetzgebung* „Arbeiterversicherungen" eine Pionierrolle für die Entstehung des modernen Sozialstaates hatte. Für unser Thema ist dabei die Alters- und Invalidenversicherung (eingeführt 1889) entscheidend. Die Tabelle kontrastiert die heutigen Verhältnisse mit denen zu Beginn dieser ersten öffentlichen Alterssicherung.

Tabelle 1: Die Entstehung des modernen Ruhestandes in Deutschland

		1881-90	1992-94
Anteil derjenigen, die das 60. Lebensjahr erreichen	Frauen	39,3%	92,0%
	Männer	33,5%	84,2%
Mittlere Lebenserwartung bei der Geburt (in Jahren)	Frauen	40,25	79,30
	Männer	37,17	72,77
Mittlere Lebenserwartung im Alter von 60 (in Jahren)	Frauen	13,14	22,35
	Männer	12,43	17,97
		1895	1994
Erwerbsquote der über 60jährigen	Frauen	21,9%	3,4%
	Männer	67,9%	12,3%

Aktualisiert nach Kohli 1988

Der erste Zahlenblock zeigt, wie sehr die Chance zugenommen hat, überhaupt die Zeit des *Ruhestandes* zu erreichen. Unter den Sterblichkeitsverhältnissen von 1881 bis 1890 erreichten ein Drittel der Männer und zwei Fünftel der Frauen das Alter von 60 Jahren; heute sind es mehr als vier Fünftel bzw. mehr als neun Zehntel. Wenn man berücksichtigt, daß die Altersgrenze der Rentenversicherung bei ihrem Beginn im Jahre 1889 noch bei 70 Jahren lag, so wird der Kontrast noch größer: Nur knapp ein Fünftel der Männer und ein Viertel der Frauen erreichten damals diese Grenze.

Der zweite und der dritte Zahlenblock geben die mittlere *Lebenserwartung* damals und heute an. Sie machen deutlich, daß sich für diejenigen, welche die Altersgrenze erreicht haben, die noch erwartbare Lebensspanne heute erheblich verlängert hat. Die Lebenserwartung bei der Geburt hat sich fast verdoppelt, aber auch der Zuwachs im Alter von 60 Jahren ist beträchtlich: um mehr als zwei Drittel für die Frauen und fast die Hälfte für die Männer. Die älteren Frauen haben also ihren Vorsprung ausgebaut; die Männer erweisen sich zunehmend als das schwache Geschlecht. Frankreich, das für die Frauen zur Zeit die höchste Lebenserwartung aufweist, liegt noch etwas darüber: Die 60jährigen Frauen haben dort im Mittel heute noch über 24 Jahre Lebenszeit vor sich. Für Frankreich läßt sich auch zeigen, daß sich die Zunahme der Lebenserwartung im Alter historisch stark beschleunigt hat: Sie betrug in den zwei Jahrhunderten von 1750 bis 1950 für die Männer rund drei Jahre, in den zwei Jahrzehnten von 1950 bis 1970 ein Jahr und in den letzten beiden Jahrzehnten bis 1990 nochmals drei Jahre. Es spricht wenig dafür, daß wir bereits am Ende der Lebensverlängerung angekommen wären. Falls keine politische oder ökologische Katastrophe eintritt, dürfte die Verbesserung der persönlichen Lebensführung und der medizinischen Versorgung zu einem weiteren Gewinn an Lebensjahren führen – ganz abgesehen von der Möglichkeit eines genetischen Durchbruchs.

Der letzte Zahlenblock schließlich dokumentiert, wie sich die Tätigkeitsmuster im höheren Alter verändert haben. Während zu Beginn der Rentenversicherung vor hundert Jahren noch mehr als zwei Drittel der über 60jährigen Männer erwerbstätig waren, ist es heute nur noch ein Achtel. Auch für die Frauen ist der Rückgang beträchtlich – und dies, obwohl ihre Erwerbsbeteiligung insgesamt stark zugenommen hat. Mit anderen Worten: ein zunehmender Teil der Menschen erreicht das Rentenalter, und ein zunehmender Teil derjenigen, die das Rentenalter erreichen, geht auch tatsächlich in den *Ruhestand*. Wir haben es heute mit einer strukturell klar abgrenzbaren Altersphase von erheblicher Länge für den überwiegenden Teil der Bevölkerung zu tun – also mit Alter als einem selbstverständlichen und eigenständigen Teil der Normalbiographie.

Es wird heute zuweilen argumentiert, dieser Institutionalisierungsprozeß des höheren Alters habe sich inzwischen umgekehrt; anstelle einer klaren Teilung zwischen Erwerbsleben und Ruhestand komme es zunehmend zu Mischformen und Mehrfachsequenzen. In der Tat lassen sich – ähnlich wie in andern Bereichen des Lebenslaufs – gewisse Tendenzen zur De-Institutionalisierung beobachten. Sie betreffen jedoch nur einige Dimensionen der Übergangsphase selber. Diese ist im Aggregat länger und vielfältiger geworden; das mittlere Alter beim Austritt aus dem Erwerbsleben ist in den letzten Jahrzehnten zurückgegangen (vgl. Abschnitt 4), und im Zuge dieser Entwicklung haben sich neue institutionelle Pfade zwischen Erwerbsleben und Rente herausgebildet. An die Stelle einer (relativ) klar gezogenen Altersgrenze ist also eine längere Phase getreten, innerhalb derer die Bevölkerung ihren Übergang vollzieht. Auf individueller Ebene herrscht allerdings (in Deutschland) nach wie vor der vollständige Übergang zu einem Zeitpunkt vor; von Flexibilisierung im Sinne eines „gleitenden" Überganges oder einer späteren Rückkehr in eine Erwerbstätigkeit ist noch wenig zu sehen. Und auch für die Bevölkerung als ganze bleiben das „aktive" Erwachsenenleben und der *Ruhestand* strukturell klar geschieden: Unterhalb von 55 bezieht der größte Teil der Haushalte den größten Teil ihres Einkommens aus Erwerbstätigkeit, oberhalb von 65 aus Rente.

Die Übersicht über die Bevölkerungsentwicklung in Tabelle 2 (eine Weltbank-Vorausschätzung von 1994) zeigt die Veränderung der Altersgruppen-Anteile seit 1960 und verlängert dies – auf der Grundlage von eher konservativen Annahmen zu *Fertilität*, Mortalität und Migration – bis ins Jahr 2030. Der Vergleich zwischen den G7-Ländern zeigt, daß alle diese Gesellschaften stark altern. Deutschland wird im Jahre 2030 mit einem Anteil der über 65jährigen von 28,1% den Spitzenplatz einnehmen, aber dicht gefolgt von Italien und Japan. In den übrigen vier Ländern liegt dieser Anteil aufgrund höherer Fertilität noch etwas tiefer, aber überall kommt es zwischen 1960 und 2030 mindestens zu einer Verdoppelung, in Japan – das zur Zeit von allen entwickelten Gesellschaften den schnellsten Alternsprozeß aufweist – gar zu einer Vervierfachung.

Tabelle 2: Das Altern der Gesellschaft in den G7-Ländern, 1960-2030

	Anteil der 65+jährigen an der Gesamtbevölkerung in Prozent					
	1960	1990	2000	2010	2020	2030
USA	9,2	12,6	12,5	13,6	17,5	21,9
Japan	6,1	11,9	16,5	21,1	25,6	26,1
Deutschland	10,8	14,9	16,2	20,2	22,5	28,1
Frankreich	11,6	13,8	15,5	16,3	20,2	23,3
Italien	9,0	14,8	17,9	20,6	23,6	27,9
Großbritanien	11,7	15,7	15,9	17,0	19,7	23,0
Kanada	7,6	11,3	12,3	13,8	18,2	23,1

aus: OECD 1996: 101

Legt man eine *Altersgrenze* von 60 Jahren zugrunde, so wird der „Alten"anteil in Deutschland (nach den Ergebnissen der 8. koordinierten Bevölkerungsvorausberechnung – mittlere Variante – des Statistischen Bundesamtes) bis zum Jahre 2040 auf 33,9% steigen (Sommer 1994). Im Hinblick auf die Leistungsfähigkeit der sozialen Systeme sind jedoch nicht nur die Anteile relevant, sondern auch die absoluten Zahlen. Es ist bemerkenswert, daß die deutsche Gesellschaft als ganze von 81,0 auf 72,4 Millionen schrumpften, die

Zahl der Älteren dagegen von 16,5 auf 24,5 Millionen zunehmen wird. Besonders stark ist der Zuwachs bei den über 80jährigen (Höhn u.a. 1994: 215).

4. Die aktuellen sozialstrukturellen und institutionellen Muster

Zur Lebenslage und *Sozialstruktur* im höheren Alter liegen inzwischen eine ganze Reihe von Darstellungen vor (z.B. Baltes/Mittelstraß 1992; Naegele/Tews 1993; Höhn u.a. 1994; Mathwig/Mollenkopf 1996). Eine nach Altersgruppen gegliederte Übersicht über einige wesentliche Dimensionen von Demographie und Sozialstruktur gibt Tabelle 3. Was die Geschlechterproportion betrifft, zeigt sich deutlich die mit dem Alter zunehmende Überrepräsentation der Frauen: Unter den über 75jährigen kommen auf einen Mann mehr als zwei Frauen (unter den über 90jährigen sind es sogar fast vier, vgl. Höhn u.a. 1994: 60). Darin drückt sich in Deutschland nicht nur die aktuell höhere Lebenserwartung der Frauen aus, sondern auch der höhere Kriegsverlust bei den Männern. (Die Länder mit den ungleichsten Geschlechterproportionen im Alter sind diejenigen, deren Bevölkerung unter dem Zweiten Weltkrieg am stärksten gelitten hat: Rußland und Weißrußland.) Das Ungleichgewicht wird sich denn auch in Zukunft etwas zurückbilden.

Tabelle 3: Demographie und Sozialstruktur nach Altersgruppen in Deutschland (in%)

	Insgesamt		Altersgruppen									
			30-45 Jahre		55-59 Jahre		60-64 Jahre		65-74 Jahre		ab 75 Jahre	
	West	Ost	West	Ost	West	Ost	West	Ost	West	Ost	West	Ost
Geschlecht												
Männer	48	48	51	50	50	49	49	47	40	37	32	30
Frauen	52	52	50	50	51	52	52	54	61	64	69	71
Familienstand												
ledig	23	17	20	13	6	4	6	4	6	5	6	4
verheiratet, zusammenlebend	61	66	71	76	80	81	77	76	63	60	32	28
geschieden; verheiratet, getrennt lebend	7	8	9	11	8	8	6	7	5	6	3	5
verwitwet	11	10	1	1	7	7	13	14	27	29	59	63
Haushaltsgröße												
alleinwohnend	21	17	14	7	13	13	17	18	30	33	55	59
2-Personen-Haushalt	36	36	20	18	53	66	61	69	59	60	36	33
3 und mehr Personen	45	49	67	76	35	23	23	14	12	7	10	9

aus: Mathwig/Mollenkopf 1996: 126
Datenbasis: Mikrozensus 1993

Beim Familienstand und der Haushaltsgröße ist das Ungleichgewicht zwischen den Geschlechtern erneut ein starker Faktor. Während der Anteil der nie Verheirateten in den höheren Altersgruppen gering ist, geht der Anteil der verheiratet Zusammenlebenden stark zurück, und entsprechend steigt der Anteil der Verwitweten und der Alleinwohnenden. Dabei handelt es sich vorwiegend um Frauen (Höhn u.a. 1994: 81): Unter den über 80jährigen sind (1990) immerhin noch 55,3% der Männer, aber nur noch 10,2% der Frauen verheiratet. Die Unterschiede zwischen West- und Ostdeutschland sind hier gering.

Von besonderer Bedeutung sind die Dimensionen, die man als Ressourcen für eine selbständige Lebensführung auffassen kann: Gesundheit, Bildung und Einkommen. Was die Gesundheit betrifft, sind die Anteile der Hilfs- und Pflegebedürftigen am aussagekräftigsten. Sie nehmen mit dem Alter zu: Während in der Bevölkerung ab 60 Jahren (1991) 5,3% pflege- und 10,2% hilfsbedürftig sind, betragen diese Anteile bei der Bevölkerung ab

80 Jahren bereits 16,4 bzw. 22,7% (Höhn u.a. 1994: 265). Auf der andern Seite läßt sich immerhin festhalten, daß auch unter diesen „Hochbetagten" noch gut die Hälfte keine gesundheitlichen Einschränkungen der Selbständigkeit aufweist.

Bei der Bildung zeigen sich im Altersgruppenvergleich die Folgen der *Bildungsexpansion* seit den 60er Jahren: eine starke Ausweitung der Beteiligung an höherer Bildung und ein Abbau des Geschlechtsunterschiedes. Während unter der Bevölkerung Deutschlands ab 60 Jahren (1991) nur 11,3% der Männer und 3,8% der Frauen die Fachhochschul- oder Hochschulreife besitzen, erreicht dieser Anteil unter den 20-29jährigen bereits 23,7 bzw. 20,5% (Höhn u.a. 1994: 121ff).

Beim Einkommen haben die Älteren dagegen ihren früheren Rückstand aufgeholt. Die große *Rentenreform* von 1957 hatte als Ziel eine Erhaltung des Lebensstandards aus dem Erwerbsleben fixiert, aber noch in den 60er und 70er Jahren blieb das Einkommen der Älteren hinter dem der Erwerbsbevölkerung zurück, und zugleich wiesen sie eine besonders hohe *Armutsquote* auf. Inzwischen haben die Älteren als Gesamtheit voll am gesellschaftlichen Wohlstand teil. In der alten Bundesrepublik betrug 1989 das durchschnittliche Äquivalenzeinkommen der über 60jährigen 102,9% des Durchschnitts der gesamten Bevölkerung (Hauser u.a. 1992: 106), wobei sich allerdings eine gewisse Abstufung nach Alter und zwischen den Geschlechtern zeigte. Die Armutsquote (bezogen auf 50% des Bevölkerungsdurchschnitts) betrug bei den über 60jährigen 5,7%, also nur etwas mehr als die Hälfte der Quote für die Bevölkerung insgesamt (10,8%). Familien mit Kindern unter 18 Jahren wiesen demgegenüber eine deutlich schlechtere Einkommenslage auf. In den neuen Bundesländern liegen (1991) die Älteren noch etwas hinter dem Gesamtdurchschnitt zurück, haben aber ihre Lage gegenüber der DDR-Zeit erheblich verbessert; die Rentner gehören zu den Vereinigungsgewinnern.

Die *ausländische Bevölkerung* fällt im höheren Alter noch kaum ins Gewicht. Ihr Anteil an der Bevölkerung ab 60 Jahren beträgt (1993) 2,3% (Mathwig/Mollenkopf 1996: 140). Aufgrund der Altersstruktur der ausländischen Bevölkerung läßt sich jedoch absehen, daß dieser Anteil sich in den kommenden Jahren erheblich vergrößern wird, wenn nicht – wofür wenig spricht – die Rückkehrquoten deutlich steigen. Die älteren Migranten werden also zunehmend als eigene Gruppe in den Blick rücken, was eine Tendenz zur Ethnisierung der Sozialpolitik für das Alter erzeugen kann.

Die Ausweitung der Lebensphase Alter wird auch in anderer Hinsicht zu ihrer weiteren internen Differenzierung beitragen (vgl. Tews 1993: 16). Man kann auf der einen Seite eine „Verjüngung" des Alters erkennen. Es gibt Hinweise darauf, daß die Selbsteinschätzung als „alt" sich in ein höheres Alter verschoben hat (ebd.: 24). Das entspricht der Zunahme der erwähnten Ressourcen – hinsichtlich Gesundheit, Bildung und Einkommen beginnt jede neue Ruhestandskohorte ihr Alter auf einem höheren Niveau. Auf der anderen Seite ergibt sich durch die Erhöhung der Lebenserwartung und des Anteils der Hochbetagten ein gegenläufiger Prozeß. Wenn man beide Seiten zusammenfaßt, scheint sich somit die Unterscheidung von „jungen" und „alten" Alten, von „drittem" und „viertem" Lebensalter aufzudrängen. Das dritte Alter wird durch historisch neue Merkmale – selbständige Lebensführung und neue Ziele – typisiert, während das vierte die Merkmale des früheren dritten annimmt – Rückzug und zunehmende Hinfälligkeit. Die Grenze zwischen ihnen wird gewöhnlich etwa bei 75 oder 80 Jahren angesetzt. Diese Typisierung wird durch Ergebnisse gestützt, wonach etwa ab 80 Jahren die Werte für physische und psychische Beeinträchtigungen in der Tat deutlich in die Höhe gehen (vgl. Mayer/Baltes 1996). Allerdings hat die „*Altersgrenze*" von z.B. 80 Jahren nichts von der strukturellen Bedeutung derjenigen bei 60 oder 65. Sie besteht einzig darin, daß im Durchschnitt der Bevölkerung die Anteile derjenigen, die noch zu selbständiger Lebensführung in der Lage sind, unter ein bestimmtes (historisch variables) Niveau sinken. Ein großer Teil der Personen ist davon auch nach diesem Alter nicht betroffen. Die Reifizierung einer solchen Grenze wäre deshalb ausgesprochen problematisch. Das „vierte Alter" im Sinne einer strukturell abgegrenzten Lebensphase gibt es nicht.

Die Institutionalisierung des Alters als *Ruhestand* und damit als eigenständige Lebensphase ist eine Erfolgsgeschichte; sie entspricht lange gehegten Wünschen der arbeitenden Menschen und ihrer gewerkschaftlichen und politischen Vertreter. Wie jeder Erfolg schafft allerdings auch dieser seine eigenen Folgeprobleme. Im Vordergrund der öffentlichen Aufmerksamkeit stehen zur Zeit die ökonomischen Probleme der Finanzpolitik und Arbeitskosten. Die lange Zeit jenseits des Erwerbslebens wirft jedoch auch psychologische und soziologische Probleme auf: solche der individuellen Entwicklung und Sinnfindung und solche der gesellschaftlichen Integration und Partizipation.

Bei letzteren lassen sich (mindestens) vier kritische Bereiche unterscheiden:

1. die Partizipation am Erwerbsleben,
2. die produktiven Tätigkeiten allgemein,
3. die politische Partizipation sowie
4. die Leistungen im privaten (familialen) Generationenverhältnis.

1. Die Beteiligung am Erwerbsleben ist in den letzten drei Jahrzehnten im Zuge des Trends zum frühen *Ruhestand* nochmals stark gesunken. Dieser Trend gehört zu den markantesten Veränderungen der Lebenslauforganisation in unserer Zeit (vgl. Kohli u.a. 1991; OECD 1996). Die Erwerbsquoten der Älteren unterhalb des 65. Lebensjahres – und damit auch das durchschnittliche Alter des Ausscheidens aus dem Erwerbsleben – sind in allen westlichen Ländern zurückgegangen, ungeachtet ihres jeweiligen institutionellen Regimes von *Altersgrenze* und Alterssicherung. Insbesondere die Entwicklung bei den 60-64jährigen Männern läßt erkennen, daß der Übergang in den Ruhestand eine grundlegende Neudefinition erfahren hat. Das Alter von 65 Jahren kann nicht mehr als „normale" Altersgrenze angesehen werden, wenn von den Männern zwischen 60 und 64 inzwischen deutlich weniger als ein Drittel (in Frankreich, der Bundesrepublik und den Niederlanden) oder nur etwa die Hälfte (in Großbritannien und den USA) noch zur Erwerbsbevölkerung gehören. In der Bundesrepublik hat sich deren *Erwerbsbeteiligung* von 71,8% (1970) auf gerade noch 31,5% (1988) mehr als halbiert. Nur Japan und Schweden weisen für diese Altersgruppe noch relativ hohe Erwerbsquoten auf, wofür jedoch bestimmte Sonderbedingungen verantwortlich sind, von denen keineswegs klar ist, daß sie sich noch lange halten werden. Ein Rückgang der Erwerbsbeteiligung ist schon bei den 55-59jährigen Männern zu erkennen, auch wenn er in dieser Altersgruppe nicht so stark und im Ländervergleich erheblich differenzierter ist.

In der Bundesrepublik ist im Zuge dieser Entwicklung das mittlere Alter beim faktischen Ausscheiden aus dem Erwerbsleben – nicht zu verwechseln mit dem Eintritt in die Rentenversicherung – bei den Männern um rund fünf Jahre gesunken. Die erwähnten Befunde machen jedoch deutlich, daß es sich beim Trend zum frühen Ruhestand keineswegs um einen deutschen Sonderweg handelt, für den etwa eine besonders großzügige Ausstattung des sozialen Sicherungssystems verantwortlich wäre, sondern um eine in allen Industrienationen zu beobachtende Entwicklung. Nicht nur im Ländervergleich, auch im Vergleich verschiedener Branchen zeigt sich ein relativ einheitliches Bild: Sowohl in expandierenden als auch in kontrahierenden Industriezweigen, sowohl in „überalterten" als auch in Branchen mit „normaler" Altersstruktur ist der Anteil älterer Arbeitnehmer zurückgegangen.

Nun ist es leicht zu sehen, daß der Trend zum frühen *Ruhestand* nicht unbeschränkt weitergehen kann. Vielleicht steht jetzt eine Trendumkehr bevor. In der gegenwärtigen Diskussion über die Zukunft der Alterssicherung wird ja vielfach eine Erhöhung oder Flexibilisierung der *Altersgrenze* als Hauptbeitrag zur Lösung der bevorstehenden Finanzierungsprobleme betrachtet. Es ist jedoch nach wie vor eine offene Frage, ob die älteren Arbeitnehmer tatsächlich durch den Arbeitsmarkt absorbiert werden könnten. Anfang der 80er Jahre wurde in der Bundesrepublik noch allgemein prognostiziert, daß im Zuge der abnehmenden Größe der Geburtskohorten, die vor dem Eintritt in den Arbeitsmarkt stehen, das Arbeitsüberangebot etwa 1990 verschwinden würde. Danach – und zwar noch längst bevor sich die Vereinigung am Horizont abzuzeichnen begann – verschoben die Prognosen dieses Datum auf das Jahr 2000 oder später. Inzwischen hat der Vereinigungsprozeß den Primat des Arbeitsmarkts in dramatischer Weise bestätigt. Im Osten ist eine Massenarbeitslosigkeit von bisher ungekanntem Ausmaß entstanden, und wiederum ist der frühe Ruhestand dazu benutzt worden, um einen Teil davon zu bewältigen. Und für die Bundesrepublik insgesamt bleibt abzuwarten, ob die Wirkungen des demographischen Wandels die Wirkungen des weiteren Arbeitsplatzverlustes durch Rationalisierung ausgleichen werden.

Auch wenn eine höhere *Altersgrenze* finanzpolitisch wünschbar wäre, ist sie damit nicht automatisch auch schon realisierbar. Die Argumente dazu sind inzwischen vielfach vorgebracht und ausgetauscht worden. Dabei wird eines oft übersehen: Damit eine höhere Altersgrenze sich faktisch durchsetzen könnte, müßte es zu einem erheblichen strukturellen Umbau der Arbeitsorganisation kommen. Zu denken ist dabei nicht nur an die vielfach beschworene Umverteilung der Arbeit durch Förderung von Teilzeitarbeit und Beurlaubungen, sondern auch an den lebenslangen Qualifikationserhalt durch eine Fort- und Weiterbildung, die nicht mehr auf bestimmte Berufsgruppen beschränkt bleibt, und an den Abbau der Senioritätsregelungen, welche die innerbetrieblichen Arbeitsmärkte noch weithin prägen.

2. Gibt es andere produktive Tätigkeiten, die im Alter den Platz der Erwerbsarbeit einnehmen können? Der Begriff *„produktives Alter"* (productive aging) ist bisher vor allem in den USA gebräuchlich. Im weiteren Sinne wird er genutzt, um darauf hinzuweisen, daß auch im Alter Aktivität und Engagement einen großen Platz einnehmen. Damit soll der ausschließlichen Typisierung der Älteren als Leistungsempfänger oder gar Schmarotzer des Sozialstaates – die in den USA den öffentlichen Diskurs über „Gerechtigkeit zwischen den Generationen" (intergenerational equity) prägt – der Boden entzogen werden.

Im engeren Sinn wird mit dem Begriff versucht, die Tätigkeiten der Älteren auch ökonomisch faßbar zu machen und zu bewerten. Ähnlich wie in der Debatte über den Wert der unbezahlten Hausarbeit von Frauen geht es hier zunächst um eine Umstellung der Perspektive. Produktiv ist nicht nur, was am Markt als solches bewertet und bezahlt wird, sondern auch das, was marktvermittelte Leistungen ersetzt. Zu denken ist neben Hausarbeit vor allem an ehrenamtliche Tätigkeiten, Betreuung und Pflege (als Übersicht: Kohli/Künemund 1997). Es läßt sich zeigen, daß der Umfang und ökonomische Wert produktiver Tätigkeiten im Alter geringer ist als während des „aktiven" Erwerbslebens, aber doch eine beträchtliche Größe behält. Bei den Männern in den USA beträgt der ökonomische Wert der Aktivität im Alter etwa ein Viertel desjenigen der Erwerbstätigen, bei den Frauen etwa ein Drittel.

Es kann natürlich eingewendet werden, daß auch dieser erweiterte Produktivitätsbegriff noch zu eng ist – daß er zu stark der traditionellen Ökonomie verhaftet bleibt. Die Älteren könnten ja auch zu den Pionieren eines neuen gesellschaftlichen Modells werden: von der Arbeitsgesellschaft zur „Erlebnisgesellschaft" oder zum „Freizeitpark". Diese Möglichkeit ist nicht auszuschließen. Aber es dürfte gesellschaftlich nicht ohne weiteres akzeptiert werden, wenn gerade die Älteren hier eine Vorreiterrolle beanspruchen sollten.

3. Die *politische Partizipation* der Älteren zeigt bei den Spitzenpositionen einen ähnlich paradoxen Entwicklungsverlauf wie die Erwerbstätigkeit. Während der Anteil der Älteren an der Bevölkerung sich seit den 50er Jahren fast verdoppelt hat, ist ihre Vertretung z.B. im Bundestag gesunken. Die 68er-Bewegung wirkte sich im Bundestag in einer starken Verjüngung aus, und die deutsche Vereinigung brachte nochmals einen Verjüngungsschub.

Wohl aber ist die Beteiligung der Älteren am politischen Leben an der Basis gewachsen. Es ist ein breiter Fächer neuer Organisationen, Beiräte und Selbsthilfegruppen entstanden. Man kann hier auch die Formen von „Alltagspolitik" anführen, nämlich das Engagement der Älteren in neuen Tätigkeitsfeldern jenseits der unmittelbaren Umwelt von Familie und Nachbarschaft.

Auch bereits bestehende Organisationen stehen unter einem zunehmenden Druck der Älteren. Ein Beispiel dafür sind die Gewerkschaften. An ihnen läßt sich verdeutlichen, in welcher Weise sich die Politisierung des Alters innerhalb gesellschaftlicher Großorganisationen vollzieht und welche zukünftigen Alternativen sich dafür bieten (vgl. Wolf u.a. 1994).

Die Gewerkschaften haben immer schon – gewissermaßen stellvertretend – eine zentrale Rolle bei der Durchsetzung und Verteidigung sozialpolitischer Leistungen auch für die Älteren gespielt. Wenn man den vergleichsweise niedrigen Stand der Interessenorganisation der Älteren und damit die geringe Stärke ihrer Lobbies in der Bundesrepublik betrachtet, könnte man erwarten, daß auch die sozialpolitischen Leistungen für die Älteren entsprechend niedrig sind. Bekanntlich ist das Gegenteil der Fall. Die Kausalität ist eher umgekehrt: Gerade weil die Institutionen des korporativen Systems in der Bundesrepublik, vor allem die Gewerkschaften, bisher die Rentenpolitik selber erfolgreich betrieben haben, ist es nicht dazu gekommen, daß sich die Interessen der Älteren in Form einer eigenständigen Lobby organisierten, denn eine solche Lobby war bisher nicht notwendig.

Vor diesem Hintergrund muß es wohl überlegt sein, wie weit es für die Älteren vorteilhaft ist, sich als eigene Kraft außerhalb der etablierten Gewerkschaften und Parteien zu organisieren. Innerhalb dieser Organisationen muß sich allerdings vieles ändern, wenn sie den zunehmenden Beteiligungsdruck der Älteren aufnehmen wollen. Die Gewerkschaften etwa stehen hier vor einer Herausforderung, auf die sie bisher nur sehr zögernd reagiert haben. Man braucht nicht gleich an Rentnergewerkschaften nach dem italienischen Modell zu denken, aber neue Organisationsformen für die Älteren werden unausweichlich sein.

4. Das *Generationenverhältnis* in der Familie ist in der öffentlichen Diskussion ebenso wie in der Forschung selber lange unterbelichtet geblieben. Inzwischen hat sich gezeigt, daß dem öffentlichen Leistungsstrom von den Jüngeren zu den Älteren im Rahmen der Sozialversicherung ein privater Leistungsstrom (überwiegend) von den Älteren zu den Jüngeren im Rahmen der Familie gegenübersteht. Dies betrifft zum einen Dienstleistungen, wo die Älteren nicht nur Hilfe empfangen, sondern auch Hilfe geben, etwa in Form der Betreuung der Enkelkinder, was für die Mütter in vielen Fällen die Voraussetzung dafür ist, daß sie selber erwerbstätig sein können. Zum andern betrifft es Geldleistungen (Schenkungen). Die älteste Generation leistet erheblich mehr, als sie selber empfängt, und zwar bereits vor dem Erbgang, etwa in Form von Unterstützung für die frühen Phasen des Familienaufbaus. Familiale Zuwendungen haben gerade heute für viele junge Erwachsene – angesichts der erschwerten Möglichkeiten zur Integration ins Erwerbsleben – wieder einen größeren Stellenwert.

5. Sozialpolitische Relevanz

Ein fünfter Bereich der *gesellschaftlichen Integration und Partizipation* der Älteren liegt im *Wohlfahrtsstaat*, also in den Institutionen des *„Generationenvertrags"*. Das deutsche System der erwerbsbezogenen *Rentenversicherung* hat – wie erwähnt – durch seinen Ausbau in den letzten Jahrzehnten dazu geführt, daß der früher bestehende Einkommensrückstand der älteren Bevölkerung jetzt aufgeholt ist. Inzwischen ist als weiterer Anpassungsschritt des sozialen Sicherungssystems an die alternde Gesellschaft die *Pflegeversicherung* dazu gekommen.

Das sozialpolitische Gewicht des höheren Alters ist evident. In den OECD-Ländern nimmt die öffentliche Alterssicherung zwischen 5 und 16% des Bruttoinlandprodukts in Anspruch. In Deutschland sind es (1994) 13,1% – knapp 40% des gesamten Sozialbudgets.

Dabei ist bemerkenswert, daß die *Rentenversicherung* in der Bevölkerung – im Gegensatz zur Hauptströmung der veröffentlichten Meinung – immer noch breite Popularität genießt. Sie ist nach wie vor der populärste Teil des *Wohlfahrtsstaates*. Die Umfragedaten – im Rahmen des Eurobarometers, des „International Social Survey Program" (ISSP) oder des Wohlfahrtssurveys – belegen dies mit aller wünschbaren Deutlichkeit.

Angesichts der in der Öffentlichkeit verbreiteten Krisenszenarien des Wohlfahrtsstaates im allgemeinen und der Altersversorgung im speziellen könnte man erwarten, daß inzwischen ein erheblicher Anteil der Bevölkerung sich für eine gewisse Einschränkung der Ausgaben für die *Rentenversicherung* ausspricht. Das trifft nicht zu; im Gegenteil, die Mehrheit möchte, daß für die Renten mehr Geld ausgegeben wird. Im ISSP (1990) wurden die Befragten für eine Reihe von Ausgabenbereichen aufgefordert: „Bitte geben Sie an, ob die Regierung weniger oder mehr Geld ausgeben sollte", wobei ihnen ausdrücklich gesagt wurde: „Bedenken Sie dabei, daß sehr viel höhere Ausgaben auch höhere Steuern erfordern können". Trotz dieser Warnung optierten in den verschiedenen Ländern zwischen 12 und 41% für „sehr viel mehr". Wenn „sehr viel mehr" und „etwas mehr" zusammengefaßt werden, sind zwischen knapp der Hälfte (in den USA) und fast neun Zehnteln (in Ungarn) für eine Erhöhung der Ausgaben für die Renten, während nur eine kleine Minderheit für eine Senkung ist. Diese Minderheit ist am größten in den USA, wo der öffentliche Diskurs über die Verteilungsgerechtigkeit zwischen den Generationen besonders intensiv und die Situation der Kinder und Jugendlichen im Vergleich zu derjenigen der Ältern besonders ungünstig ist; aber selbst hier ist nur ein Zehntel der erwachsenen Bevölkerung für eine Ausgabenkürzung. Es gibt also auch heute noch starke Solidaritätsbeziehungen, die das Konfliktpotential zwischen den Generationen verringern.

Literatur

Baltes, Paul B./Jürgen Mittelstraß (Hg.): Zukunft des Alterns und gesellschaftliche Entwicklung, Berlin/New York 1992

Cowgill, Donald O./Lowell D. Holmes (Hg.): Aging and modernization, New York 1972

Ehmer, Josef: Sozialgeschichte des Alters, Frankfurt a.M. 1990

Eisenstadt, Samuel N.: Von Generation zu Generation. Altersgruppen und Sozialstruktur, München 1966

Elwert, Georg u.a. (Hg.): Im Lauf der Zeit. Ethnographische Studien zur sozialen Konstruktion von Lebensaltern, Saarbrücken 1990

Hagestad, Gunhild O.: Social perspectives on the life course, in: Binstock, Robert H./Linda K. George (Hg.): Handbook of aging and the social sciences, New York 1990

Hauser, Richard u.a.: Einkommensverteilung und Einkommenszufriedenheit in den neuen und alten Bundesländern, in: Glatzer, Wolfgang/Heinz-Herbert Noll (Hg.): Lebensverhältnisse in Deutschland. Ungleichheit und Angleichung, Frankfurt a.M. 1992

Höhn, Charlotte u.a.: Die Alten der Zukunft – Bevölkerungsstatistische Datenanalyse, Stuttgart 1994 (BMFuS, Schriftenreihe 32)

Kohli, Martin (Hg.): Soziologie des Lebenslaufs, Darmstadt 1978

Kohli, Martin: Die Institutionalisierung des Lebenslaufs: Historische Befunde und theoretische Argumente, in: Kölner Zeitschrift für Soziologie und Sozialpsychologie, 37. Jg. Heft 1, 1985

Kohli, Martin: Die gesellschaftliche und individuelle Bedeutung der Altersgrenze, in: Schmähl, Winfried (Hg.): Verkürzung oder Verlängerung der Erwerbsbiographie? Tübingen 1988

Kohli, Martin: Das Alter als Herausforderung für die Theorie sozialer Ungleichheit, in: Berger, Peter A./Stefan Hradil (Hg.): Lebenslagen, Lebensläufe, Lebensstile, in: Soziale Welt, Sonderband 7, Göttingen 1990

Kohli, Martin: Altern in soziologischer Perspektive, in: Baltes, Paul/Jürgen Mittelstraß (Hg.): Zukunft des Alterns und gesellschaftliche Entwicklung, Berlin/New York 1992

Kohli, Martin/Harald Künemund: Nachberufliche Tätigkeitsformen – Konzepte, Forschungslage, Empirie, Stuttgart 1997

Kohli, Martin u.a. (Hg.): Time for retirement: Comparative studies of early exit from the labor force, Cambridge/New York 1991

Mathwig, Gasala/Heidrun Mollenkopf: Ältere Menschen: Problem- und Wohlfahrtslagen, in: Zapf, Wolfgang/Roland Habich (Hg.): Wohlfahrtsentwicklung im vereinten Deutschland, Berlin 1996

Mayer, Karl Ulrich/Paul B. Baltes (Hg.): Die Berliner Altersstudie, Berlin 1996
Naegele, Gerhard/Hans Peter Tews (Hg.): Lebenslagen im Strukturwandel des Alters, Opladen 1993
OECD: Ageing in OECD countries: A critical policy challenge, Paris 1996
Riley, Matilda W. u.a.: Aging and society, vol. 3: A sociology of age stratification, New York 1972
Rosenmayr, Leopold/Hilde Rosenmayr: Der alte Mensch in der Gesellschaft, Reinbek bei Hamburg 1978
Sommer, Bettina: Entwicklung der Bevölkerung bis 2040, in: Wirtschaft und Statistik, 21. Jg., Heft 7, 1994
Tews, Hans Peter: Neue und alte Aspekte des Strukturwandels des Alters, in: Naegele, Gerhard/Hans Peter Tews (Hg.): Lebenslagen im Strukturwandel des Alters, Opladen 1993
Weymann, Ansgar: Altersgruppensoziologie, in: Kerber, Harald/Arnold Schmieder (Hg.): Spezielle Soziologien. Problemfelder, Forschungsbereiche, Anwendungsorientierungen, Reinbek bei Hamburg 1994
Wolf, Jürgen u.a. (Hg.): Alter und gewerkschaftliche Politik, Köln 1994

Martin Kohli

Arbeitslosigkeit

1. Hintergrund

Seit mehr als zwanzig Jahren ist das Vollbeschäftigungsziel in Westdeutschland eklatant verfehlt worden; die Massenarbeitslosigkeit muß als die derzeit größte wirtschaftspolitische Herausforderung angesehen werden. Noch prekärer stellt sich die Situation in Ostdeutschland im Zuge des Transformationsprozesses zu einem marktwirtschaftlichen System dar. Zu Beginn des Jahres 1997 sind keine Zeichen erkennbar, die auf einen nachhaltigen Abbau der Beschäftigungslosigkeit in Deutschland hindeuten. Mit ähnlich gravierenden Arbeitsmarktproblemen haben von wenigen Ausnahmen abgesehen alle führenden Volkswirtschaften der OECD zu kämpfen; das Phänomen Arbeitslosigkeit ist weltweit zu beobachten. Das Internationale Arbeitsamt (ILO) in Genf schätzt die Zahl der Arbeitslosen auf der Welt für das Jahr 1996 auf rund eine Milliarde Menschen.

Die Kosten der Arbeitslosigkeit sind immens. Sie bestehen nicht nur aus dem individuellen Leid, das mit der Erfahrung, nicht mehr gebraucht zu werden, verbunden ist, und den persönlichen Wohlstandseinbußen, sondern auch aus den volkswirtschaftlichen Kosten in Form eines Wohlfahrtsverlustes, weil die Möglichkeiten zur Produktion von Gütern und Diensten nicht voll genutzt werden. Darüber hinaus gefährdet Arbeitslosigkeit den Bestand der sozialen Sicherungssysteme, deren Funktionstüchtigkeit in der Regel an eine genügend hohe Anzahl von sozialversicherungspflichtigen Arbeitsverhältnissen geknüpft ist.

Damit ist schlaglichtartig der Hintergrund beleuchtet, vor dem die Analyse des Phänomens Arbeitslosigkeit vorzunehmen ist. Die Vorgehensweise erfolgt dabei in drei Schritten. Im nächsten Abschnitt wird eine quantitativ orientierte Darstellung des Problems unter besonderer Berücksichtigung der Dynamik der Arbeitslosigkeit gegeben. Es folgt eine Ursachenanalyse. Wirtschaftspolitische Handlungsempfehlungen bilden den Abschluß.

2. Ausmaß und Dynamik der Arbeitslosigkeit

2.1 Definition

Die Frage, wer als „arbeitslos" zu gelten hat, ist – vielleicht entgegen der Intuition – nicht einfach zu beantworten. Denn die naheliegende Antwort: „Arbeitslos ist eine Person, die arbeiten möchte, aber nicht beschäftigt ist", provoziert sofort die Gegenfrage: „Zu welchen Bedingungen möchte sie arbeiten?" Damit eröffnen sich aber Spekulationen darüber, ab wann Forderungen eines Nichtbeschäftigten an einen Arbeitsplatz als überzogen anzusehen seien, so daß der oder die Betreffende „eigentlich" nicht als arbeitslos zu bezeichnen sei.

Die ökonomische Theorie beantwortet die Frage dahingehend, daß derjenige arbeitslos ist, der zu den für ihn jeweils herrschenden Bedingungen auf dem Arbeitsmarkt zu arbeiten gewillt ist, aber unbeschäftigt ist; genauer: sein *Anspruchslohn* muß etwas unter dem für ihn relevanten Marktentgelt liegen, wobei der *Marktlohn* im wesentlichen dadurch bestimmt wird, welchen Wert der Käufer der Arbeitsleistung, das Unternehmen also, eben diesem Arbeitseinsatz beimißt. Dies erklärt, warum für ein und dieselbe Qualität von Arbeit zu unterschiedlichen Zeiten oder in regionaler Differenzierung verschiedene Löhne gezahlt werden, welche der Arbeitslose zu akzeptieren bereit sein muß.

Die amtliche *Arbeitslosenstatistik* in Deutschland ersetzt den Ausdruck „jeweils herrschende Bedingungen auf dem Arbeitsmarkt" durch die Kurzformel „zumutbare Beschäftigung" (§ 103 *Arbeitsförderungsgesetz*) und fordert darüber hinaus, daß der Betreffende dem Arbeitsmarkt zur Verfügung stehen und sich persönlich beim Arbeitsamt melden muß. Die Arbeitslosenstatistik sieht sich mithin mit zwei Problemen konfrontiert. Neben den registrierten Arbeitslosen gibt es Personen, die arbeiten möchten, sich aber nicht als arbeitslos melden, beispielsweise weil sie es als aussichtslos ansehen, daß ihnen das Arbeitsamt einen Arbeitsplatz vermitteln kann, und sie darüber hinaus keinen Anspruch auf Arbeitslosenunterstützung besitzen; die sogenannte *„Stille Reserve"*. Daneben gibt es aber auch registrierte Arbeitslose, die einen Arbeitsplatzwunsch im Extremfall nur vortäuschen, in Wirklichkeit jedoch nur ihren Anspruch auf Arbeitslosenunterstützung ausschöpfen wollen.

2.2 Ausmaß

Schaubild 1 zeigt die zeitliche Entwicklung der registrierten Arbeitslosen. In Westdeutschland sticht als besonderes Charakteristikum dieses Verlaufs die schubartige Erhöhung einerseits und andererseits die Trägheit in der Zurückbildung bis hin zu einer Persistenz der Arbeitslosigkeit für mehrere Jahre, beispielsweise in den Jahren 1982 bis 1989, hervor. Mit anderen Worten, die westdeutsche Arbeitslosigkeit hat sich nicht allmählich entlang eines steigenden Trendverlaufs entwickelt, sondern treppenförmig mit starken Verfestigungstendenzen. In Ostdeutschland stieg die Arbeitslosigkeit dramatisch bis etwa zum Jahre 1992 an, um dann im wesentlichen auf diesem hohen Niveau zu verharren.

In Tabelle 1 wird versucht, die verdeckte Arbeitslosigkeit zu quantifizieren. Darunter versteht man Personen, die sich unter anderem in vorgezogenem Altersruhestand, arbeitsmarktpolitischen Maßnahmen oder Kurzarbeit befinden. Die Größenordnung dieser *verdeckten Arbeitslosigkeit* ist insbesondere in Ostdeutschland beachtlich. Für Deutschland insgesamt müssen im Jahre 1996 zu den rund 4 Millionen registrierten Arbeitslosen etwa 1,5 Millionen verdeckt Arbeitslose hinzugerechnet werden. In diesen Zahlen sind noch nicht die Personen enthalten, die arbeitslos sind, sich aber nicht als solche registriert haben. Diese *„Stille Reserve"* wird für Westdeutschland für die erste Hälfte der neunziger Jahre im Durchschnitt auf immerhin rund 1,5 Millionen Menschen geschätzt. Quantitative Angaben über die oben erwähnten „unechten" Arbeitslosen sind aus naheliegenden Gründen auch nur annähernd nicht zuverlässig erhältlich.

Bei sich ändernder Erwerbsbevölkerung oder internationalen Vergleichen verwendet man zweckmäßigerweise Arbeitslosenquoten. Dabei wird die Anzahl der Arbeitslosen auf die der Erwerbspersonen bezogen, sei es auf die abhängigen Erwerbspersonen oder auf die Erwerbspersonen insgesamt (unter Einbeziehung der Selbständigen). Beide Definitionen der *Arbeitslosenquoten* sind gebräuchlich und unterscheiden sich derzeit in Deutschland um etwa einen Prozentpunkt. Internationale Vergleiche werden zudem durch den Tatbestand erschwert, daß in den einzelnen Staaten Arbeitslosigkeit ganz unterschiedlich statistisch erfaßt wird und die Arbeitslosenquoten inter-

Arbeitslosigkeit

national verglichen nicht nur unterschiedliche Arbeitsmarktsituationen reflektieren, sondern eben auch verschiedenartige Meßmethoden. Deshalb empfiehlt es sich, standardisierte Arbeitslosenquoten zu verwenden, welche ansatzweise einem einheitlichen Meßkonzept gehorchen. Tabelle 2 gibt die Ergebnisse einer solchen Standardisierung wieder, wie sie von der OECD vorgenommen wurde. Als in einem internationalen Vergleich vielleicht auffälligste Beobachtung zeigen die USA eine Bewegung der Arbeitslosenquote zu einem seit Mitte der siebziger Jahre vergleichsweise konstanten Wert von etwa 6 v.H., im Gegensatz etwa zu dem oben beschriebenen Verlauf der Arbeitslosigkeit in Westdeutschland.

Schaubild 1: Registrierte Arbeitslose in Deutschland

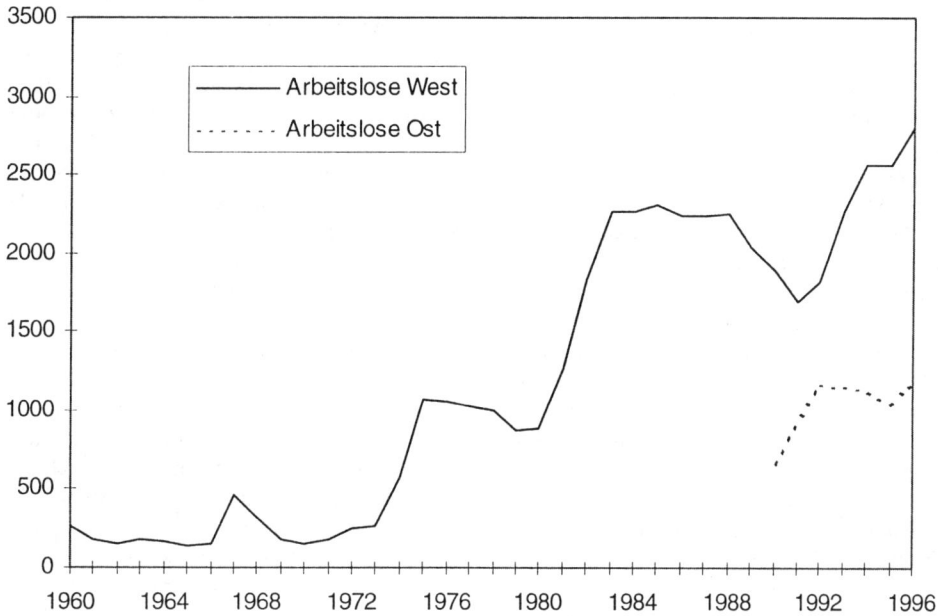

Quelle: Bundesanstalt für Arbeit, amtl. Nachrichten, laufende Jahrgänge

Tabelle 1: Komponenten der verdeckten Arbeitslosigkeit 1996 (Tsd. Personen)

	Westdeutschland	Ostdeutschland
Kurzarbeiter[1]	78	37
Teilnehmer an Arbeitsbeschaffungsmaßnahmen	76	279
Leistungsempfänger nach §105 AFG[2]	200	67
Teilnehmer an Maßnahmen der Fortbildung und Umschulung	276	230
Teilnehmer an Deutsch-Sprachlehrgängen	42	8
Empfänger von Vorruhestands- oder Altersübergangsgeld	1	186
verdeckte Arbeitslose insgesamt	673	807
nachrichtlich: registrierte Arbeitslose	2.791	1.166

1 auf Arbeitslosenäquivalent umgerechnet.
2 u.a. Personen, die eine Leistungsfortzahlung im Krankheitsfall erhalten, oder ältere Arbeitslose, die Leistungen erhalten, gleichwohl dem Arbeitsamt nicht mehr zur Verfügung stehen müssen und deshalb nicht als Arbeitslose registriert sind.

Quelle: Sachverständigenrat, Jahresgutachten 1996/97, S. 111

Tabelle 2: OECD-standardisierte Arbeitslosenquoten 1960-1994 (in v.H.)

Land	1960-64	1965-69	1970-74	1975-79	1980-84	1985-89	1990-94
Westdeutschland	0,70	0,94	0,98	3,52	5,97	6,30	5,32
Frankreich	1,10	2,04	2,70	4,88	8,33	10,14	10,56
Großbritannien	1,48	1,68	3,30	5,36	10,45	9,62	9,18
Japan	1,34	1,22	1,28	2,04	2,42	2,60	2,36
Schweden	1,18	1,80	2,24	1,86	2,85	2,08	3,00
U.S.A.	5,52	3,74	5,28	6,92	8,00	6,14	6,40

Quelle: OECD, Quarterly Labour Force Statistics and Economic Outlook, lfd. Jahrgänge

2.3 Dynamik

Im Gegensatz zu ihrer Popularität ist der Aussagewert aller *Arbeitslosenquoten* indessen begrenzt, wie folgendes hypothetisches Beispiel belegt. Eine Arbeitslosenquote von 5 v.H. kann einerseits bedeuten, daß etwa 5 v.H. der Erwerbsbevölkerung ein Jahr lang arbeitslos sind, oder andererseits, daß 50 v.H. der Erwerbsbevölkerung etwa 5 Wochen arbeitslos sind – das heißt, die Arbeitslosenquote verdeckt wichtige dynamische Prozesse und besagt nichts über die Lastverteilung der Arbeitslosigkeit. Die Dynamik auf dem Arbeitsmarkt in Bezug auf die Arbeitslosigkeit läßt sich Mitte der neunziger Jahre in Westdeutschland am besten durch die Gegenüberstellung von rund 4 Millionen Zugängen in die Arbeitslosigkeit und knapp derselben Anzahl von Abgängen aus der Arbeitslosigkeit dokumentieren, und dies bei einer Bestandszahl von etwa 2,5 Millionen Arbeitslosen. Rein statistisch betrachtet wurde damit der Bestand im Laufe eines Jahres rund 1,7 mal „umgeschlagen", womit allerdings nur eine durchschnittliche Betrachtung der Fluktuation in die Arbeitslosigkeit und aus ihr heraus angesprochen wird. Zwecks Ermittlung der tatsächlichen Lastverteilung der Arbeitslosigkeit kann man in einem ersten Schritt zeigen, daß sich die statistisch gemessene Arbeitslosenquote näherungsweise als das Produkt aus den folgenden drei dynamischen Komponenten darstellen läßt: das Risiko, innerhalb einer bestimmten Zeitspanne arbeitslos zu werden, die Dauer der Arbeitslosigkeit und die Anzahl der Arbeitslosigkeitsperioden ein und derselben Person ebenfalls innerhalb eines Zeitraums (beispielsweise einem Jahr).

Von besonderem Interesse sind dabei die beiden zuletzt genannten Komponenten, da Langzeit- oder Mehrfacharbeitslosigkeit auf eine ungleiche Lastverteilung und damit auf besonderen wirtschaftspolitischen Handlungsbedarf schließen lassen. Die Bestimmungsfaktoren der individuellen Dauer der Arbeitslosigkeit werden in der Arbeitsmarktökonomik in der Regel ökonometrisch auf der Basis des Konzepts der Hazard-Funktion analysiert. Sie gibt an, mit welcher Wahrscheinlichkeit eine im Zeitpunkt t_0 arbeitslos gewordene Person, welche bis t_1 arbeitslos geblieben ist, im Zeitpunkt t_1 aus der Arbeitslosigkeit ausscheidet. Damit ist es auch möglich, die vollendete Dauer der Arbeitslosigkeit zu schätzen, im Gegensatz zur bisherigen Dauer, die auf Grund von Stichtagszählungen des Arbeitslosenbestandes ermittelt wird, aber verzerrt ist. Die Verzerrung wird dadurch verursacht, daß Arbeitslose mit langer Dauer der Arbeitslosigkeit in der Stichtagserhebung überrepräsentiert sind, denn die Wahrscheinlichkeit, daß ein Arbeitsloser mit einjähriger Dauer an einem Stichtag innerhalb eines Jahres erhoben wird, ist gleich Eins, während sie für eine kürzere Dauer entsprechend geringer ausfällt. Rechnet man diese Längenverzerrung heraus, dann erweist sich die vollendete Dauer kürzer als die bisherige Dauer, so wie sie in der Statistik ausgewiesen wird.

Als Ergebnis zahlreicher Studien über die Austrittswahrscheinlichkeit aus der Arbeitslosigkeit zeigt sich nicht nur die Bedeutung individueller Charakteristika wie Alter, mangelhafte Schul- und Berufsausbildung und schwieriges soziales Umfeld, sondern auch die Relevanz selbstverstärkender Effekte. Die Austrittswahrscheinlichkeit sinkt nämlich mit zunehmender Dauer der Arbeitslosigkeit, beispielsweise weil lange Arbeitslosigkeitsperioden als negatives Kriterium bei der Evaluation der Produktivität eines arbeitslosen Bewerbers um einen Arbeitsplatz in Betracht gezogen werden und mit einem Verlust an berufsspezifischem „Humankapital" verbunden sein können. Hingegen können die meisten Studien, wenn überhaupt, nur einen geringen Einfluß der Arbeitslosenunterstützung in Form einer verlängerten Dauer der Arbeitslosigkeit nachweisen. Insgesamt betrachtet beläuft sich in Deutschland der Anteil der *Langzeitarbeitslosen*, also derjenigen Personen, die bereits länger als ein Jahr arbeitslos sind, im Jahre 1996 auf rund ein Drittel aller Arbeitslosen. Anhand dieser Problemgruppe wird besonders deutlich, daß wegen der Selbstverstärkungseffekte die Bekämpfung der Arbeitslosigkeit umso schwieriger und kostspieliger wird, je länger damit abgewartet wird – denn Arbeitslosigkeit erzeugt aus sich heraus Arbeitslosigkeit.

Im Hinblick auf die erwähnte Mehrfacharbeitslosigkeit liegt es nahe, die einzelnen individuellen Arbeitslosigkeitsperioden innerhalb einer nicht zu kurzen Zeitperiode zu einer kumulativen Arbeitslosigkeit im Sinne einer individuellen Gesamtbelastung durch Arbeitslosigkeit zusammenzufassen. Auch hier ergibt sich eine beachtliche Konzentration der Last der Arbeitslosigkeit auf spezielle Gruppen wie die der älteren Arbeitnehmer oder jene mit geringer schulischer und beruflicher Qualifikation.

Nimmt man abschließend das Risiko, arbeitslos zu werden, mit ins Bild, so ergeben sich auch hier markante Unterschiede. Beispielsweise belief sich im Jahre 1993 die vollendete durchschnittliche Dauer für einen männlichen Arbeitslosen im Alter zwischen 25 und 29 Jahren auf rund 18 Wochen, sein Risiko, ein- oder mehrmals arbeitslos zu werden, auf etwa 24 v.H. (das Risiko wird als altersspezifischer Quotient aus den Zugängen in die Arbeitslosigkeit und den Erwerbspersonen berechnet). Umgekehrt verhält es sich für einen Arbeitnehmer im Alter zwischen 55 und 59 Jahren: Sein Risiko sinkt zwar auf 17 v.H., dafür erhöht sich die Dauer auf 50 Wochen. Mit anderen Worten, der ältere Arbeitnehmer ist im Durchschnitt zwar mit einem geringeren Arbeitslosigkeitsrisiko konfrontiert, findet aber im Vergleich zu dem wesentlich jüngeren Arbeitslosen kaum wieder einen Arbeitsplatz. Neben anderen Ursachen mag dafür der besondere Kündigungsschutz für ältere Arbeitnehmer im Rahmen der Sozialauswahl bei Kündigungen verantwortlich sein, welcher Arbeitgeber von einer Einstellung älterer Arbeitsloser Abstand nehmen läßt.

3. Ursachenanalyse

Die Diskussion über mögliche Ursachen der Arbeitslosigkeit ist gekennzeichnet durch eine kaum noch zu übersehende Vielfalt von Schuldzuweisungen, Definitionen und Etiketten. Diese Konfusion hat drei Ursachen. Erstens wird häufig offengelassen, wie die zur Rede stehenden Ursachen gemessen werden sollen. Wer die *Arbeitslosigkeit* als „*strukturell*" bezeichnet, muß gleichzeitig ein nachprüfbares Meßverfahren angeben, mit dessen Hilfe er diesen Typus von anderen Erscheinungsformen abgrenzen will. Zweitens wird häufig der endogene Charakter einiger Ursachen übersehen. Wer sich – berechtigt oder nicht – über zu hohe Löhne als Ursache der Arbeitslosigkeit beklagt, vernachlässigt, daß sich Löhne in Verhandlungsprozessen ergeben, denen nun ihrerseits ökonomische und andere Motive zugrundeliegen wie Produktivitätsfortschritte oder Macht und Prestige der Verhandlungsparteien, um nur zwei Beispiele zu nennen. Mit anderen Worten, die Forderung nach einer Lohnkorrektur zwecks Verringerung der Arbeitslosigkeit muß einhergehen mit einer Darlegung, welche die Lohnhöhe bestimmenden Variablen in welcher Weise und von wem beeinflußt werden sollen. Drittens kann man es bei der Ursachenanalyse nicht einfach bei einer Gegenüberstellung von *Arbeitsangebot* und *Arbeitsnachfrage*, als deren Differenz sich die Höhe der Arbeitslosigkeit ergibt, und bei deren Bestimmungsfaktoren belassen, wie das häufig geschieht. Denn grob vereinfacht gesprochen läßt sich ein guter Teil der Arbeitslosigkeit durch eine entsprechend dimensionierte Expansion der Nachfrage nach Gütern und Dienstleistungen verringern, allerdings um den nicht akzeptablen Preis einer hohen und ständig steigenden

Inflationsrate. Daraus folgt, daß ein Analyserahmen zur Arbeitslosigkeit stets die Inflationsrate berücksichtigen muß.

Auch dem im Rahmen einer „Ursachenanalyse" häufig vorgetragenen Argument, die Zunahme der Arbeitslosigkeit in den achtziger Jahren in Westdeutschland sei auf die Erhöhung des Arbeitsangebots zurückzuführen, kann der Vorwurf einer gewissen Vordergründigkeit nicht ganz erspart bleiben. Zwar ist die Zahl der Erwerbspersonen in der vergangenen Dekade auf Grund von Zuwanderern, einer gestiegenen *Erwerbsbeteiligung* insbesondere von verheirateten Frauen und des Hereinwachsens geburtenstarker Jahrgänge in das Erwerbsleben in der Tat um knapp 2 Millionen gestiegen. Die entscheidende Frage lautet jedoch, warum diese Menschen oder andere keinen Arbeitsplatz gefunden haben, im Gegensatz beispielsweise zu den sechziger Jahren, die durch einen massiven Zustrom von ausländischen Arbeitskräften etwa in der gleichen Größenordnung gekennzeichnet waren, ohne jedoch eine auffällige Zunahme der Arbeitslosigkeit zu verursachen.

3.1 Ein Analyserahmen

Ein Analyserahmen für die Ursachen der Arbeitslosigkeit, welcher die genannten Ungereimtheiten vermeidet, setzt an der Unterscheidung zwischen einer gleichgewichtigen Arbeitslosigkeit und einer Arbeitslosigkeit an, die ober- oder unterhalb dieses Gleichgewichts liegt. „Gleichgewichtig" heißt indessen nicht, daß es bei Erreichen dieses Zustands keine Arbeitslosen mehr gäbe. Dem Gleichgewichtsbegriff liegt vielmehr folgende Überlegung zugrunde.

Lohnverhandlungen können als Verteilungskampf zwischen (organisierten) Arbeitnehmer- und Arbeitgebergruppen aufgefaßt werden. Arbeitnehmer streben eine Erhöhung der Reallöhne an, während Unternehmen ihrerseits Preiserhöhungen in Abhängigkeit von der Entwicklung der Lohnstückkosten und der Absatzlage vornehmen wollen. Um zu verhindern, daß beide Ansprüche an das Sozialprodukt sich gegenseitig aufschaukeln und das Verteilbare übersteigen, ist ein Mechanismus erforderlich, der ein Gleichgewicht zwischen Verteilungsansprüchen und Verteilungsmöglichkeiten bei konstanter Preissteigerungsrate herstellt. Die Beschäftigungslage kann diese Funktion erfüllen, sofern es an freiwilligen Einsichten in das Verteilbare mangelt. Sowohl die Ansprüche der Arbeitnehmer werden von der Arbeitsmarktsituation beeinflußt – in einer Rezession halten sich beispielsweise Gewerkschaften mit Lohnforderungen meist zurück –, wie auch die Firmen ihre Preisgestaltung von der Absatzlage abhängig machen, die häufig ebenfalls von der Arbeitsmarktlage mitbestimmt wird. Unter diesen Annahmen gibt es eine Höhe der Arbeitslosigkeit, welche die Ansprüche an das Sozialprodukt bei konstanter Preissteigerungsrate koordiniert, eben die gleichgewichtige *Arbeitslosenquote*. Sie wird in der Literatur auch inflationsstabile Arbeitslosigkeit oder NAIRU (für: non-accelerating inflation rate of unemployment) genannt. Allerdings soll schon das Preisniveau und nicht etwa erst die Inflationsrate „nicht akzelerieren". Der Name NAIRU ist also irreführend, hat sich jedoch im Sprachgebrauch fest eingebürgert.

Bevor auf die Bestimmungsfaktoren der gleichgewichtigen Arbeitslosenquote (GAQ) näher eingegangen wird, sind die Abweichungen der tatsächlichen Arbeitslosigkeit von der GAQ zu erklären. Eine Beschäftigungslosigkeit oberhalb der GAQ kann auf ein gesamtwirtschaftliches *Nachfragedefizit* nach Gütern und Dienstleistungen zurückgeführt werden; das heißt, diese Arbeitslosigkeit ist konjunktureller Natur, zunächst jedenfalls. Weiter unten wird erläutert, daß aus einer konjunkturbedingten Unterbeschäftigung jedoch eine verfestigte Arbeitslosigkeit erwachsen kann, die sich im Zuge einer konjunkturellen Erholung eben nicht abbaut, wie das bei der *konjunkturellen Arbeitslosigkeit* zu erwarten ist. Daher gestaltet es sich sehr schwierig, das Ausmaß konjunktureller Arbeitslosigkeit zu bestimmen. Von der Größenordnung her betrachtet dürfte in Westdeutschland Mitte der neunziger Jahre etwa ein Drittel der Arbeitslosigkeit (noch) konjunkturbedingt sein.

Eine Beschäftigungslosigkeit unterhalb der GAQ heißt, daß bestehende Verteilungsspielräume noch nicht voll ausgenutzt sind, also mit höheren Preissteigerungsraten zu rechnen ist, es sei denn, es gelingt, die GAQ auf diesen niedrigeren Wert zu reduzieren. Dies provoziert die Frage nach den Bestimmungsfaktoren der GAQ.

3.2 Die gleichgewichtige Arbeitslosenquote

Es wurde bereits erläutert, daß die GAQ die Höhe derjenigen Arbeitslosigkeit darstellt, welche die Verteilungsansprüche bei konstanter Inflationsrate koordiniert. Folglich wird die GAQ hauptsächlich durch die folgenden beiden Aspekte determiniert: Zum einen durch das Preissetzungsverhalten der Unternehmen, und zwar auch vor dem Hintergrund der Position deutscher Unternehmen im internationalen Standortwettbewerb. Hierbei spielen die (Lohn-) Stückkosten und die Marktgängigkeit der Produkte und damit indirekt die Produktionstechnologie einschließlich der Innovationsaktivitäten, die Unternehmensbesteuerung und etwaige (administrative) Regulierungen des Arbeitseinsatzes eine zentrale Rolle. Zweitens erfolgt die Bestimmung der GAQ durch die dem Lohnbildungsprozeß zugrundeliegenden Erklärungsfaktoren, also solche, die durch Zielsetzungen im Hinblick auf Verteilungsansprüche sowie durch institutionelle Regelungen und Praktiken des Lohnbildungsprozesses festgelegt werden. Dem Lohnbildungsprozeß kommt hierbei eine besondere Verantwortung zu, denn Fehlentwicklungen bei der (internationalen) *Wettbewerbsfähigkeit* müssen auch dann von der *Lohnpolitik* berücksichtigt werden, wenn sie diese nicht verursacht hat. Zum Beispiel mag eine Aufwertung der inländischen Währung durch internationale Kapitalmärkte unabhängig von der inländischen Lohnpolitik in Gang gebracht worden sein, gleichwohl muß auch die *Lohnpolitik* ihren Beitrag zur Wiederherstellung der internationalen Wettbewerbsfähigkeit leisten, wenn sich die Aufwertung nicht zurückbildet. Auf Grund seiner Wichtigkeit wird daher im folgenden der Lohnbildungsprozeß und dessen Einfluß auf die GAQ einer kurzen Betrachtung unterzogen, wobei auch dem angemahnten Erfordernis Rechnung zu tragen ist, den endogenen Charakter der Lohnbildung zu beachten.

3.3 Lohninflexibilitäten

Neben höheren Verteilungsansprüchen – bedingt etwa durch eine höhere Kampfbereitschaft der Gewerkschaft – wird häufig der Tatbestand nach unten inflexibler Löhne als Ursache für Anpassungsprobleme auf dem Arbeitsmarkt genannt. Insoweit dieses Phänomen im konkreten Einzelfall zutreffend ist, wird damit die Frage nach der ökonomischen Rationalität einer solchen Inflexibilität aufgeworfen, die dann so hohe volkswirtschaftliche Kosten in Form von Arbeitslosigkeit nach sich zieht. Die Antwort lautet, daß unter bestimmten Voraussetzungen weder Unternehmen noch alle Arbeitnehmer an „markträumenden", das heißt Vollbeschäftigung gewährleistenden Löhnen gelegen ist.

Die Effizienzlohntheorie zeigt, daß Unternehmen durchaus an einem Lohn oberhalb des Vollbeschäftigungslohnes interessiert sein können. Wenn die Intensität des Arbeitseinsatzes im Unternehmen nur unter hohen Kosten kontrolliert werden kann, wirkt das mit Löhnen oberhalb des Markträumungsniveaus verbundene Arbeitslosigkeitsrisiko disziplinierend auf Arbeitnehmer, die ihre Leistungsbereitschaft vorsätzlich reduzieren wollen, im Gegensatz zu einer Vollbeschäftigungssituation, in der ein Unternehmenswechsel die schwerwiegendste Bestrafung, die einen solchen „Drückeberger" erwartet, darstellen würde. Weiterhin verringern Unternehmen durch höhere Löhne eine unerwünschte Abwanderung insbesondere von solchen Arbeitnehmern, in deren Ausbildung sie investiert haben, und erhöhen die Attraktivität des Unternehmens für potentielle Bewerber.

Aus dem Blickwinkel vieler Arbeitnehmer genießen vollbeschäftigungskonforme Löhne ebenfalls nicht unbedingt höchste Priorität. Gemäß des „Insider-Outsider-Ansatzes" vereinbaren die Arbeitsplatzbesitzer (die Insider) in den Verhandlungen eine Lohnhöhe dergestalt, daß sie selbst beschäftigt bleiben, ohne jedoch den Arbeitslosen (den Outsidern) durch Lohnzurückhaltung neue Arbeitsplatzchancen zu eröffnen. Die Macht der Insider, etwaige Lohnunterbietungen seitens der Arbeitslosen zu verhindern, liegt unter anderem in den Fluktuationskosten, die der Unternehmung entstünden, würde sie auf das Angebot der Lohnunterbieter eingehen und ihre Belegschaft (teilweise) durch diese Arbeitslosen ersetzen. Außerdem könnten die verbliebenen Insider die betriebsnotwendige Kooperation mit den Lohndrückern vermeiden und somit den Betriebsablauf beeinträchtigen. Schließlich mag es moralische Vorbehalte gegenüber einer Lohnunterbietung grundsätzlich geben, in dem Sinne etwa, daß „man so etwas nicht tut". Wie auch immer, ein solches Insider-Verhalten liefert einen Beitrag zum Verständnis der Verfestigungstendenzen der Arbeitslosigkeit. Der wesentliche Grund liegt in einem institutionellen Arrangement: Arbeitslose besitzen keinen direkten Einfluß auf die Lohnhöhe.

3.4 Hysterese

Die Verhärtung der Arbeitslosigkeit – sie stieg in Westdeutschland schubweise an, ohne sich anschließend nachhaltig zurückzubilden, und zeigt deutliche Tendenzen hin zu einem größer werdenden Gewicht der Langzeitarbeitslosigkeit – firmiert in der Literatur unter „Hysterese" und stellt in der Tat das gravierendste Problem dar. Arbeitslosigkeit würde zu geringerer Besorgnis Anlaß geben, wenn sie nach Wegfall des Grundes für ihr Entstehen zu einem guten Teil wieder zu ihrem Ausgangswert zurückkehrte (so wie das in den USA zu beobachten war).

Gründe für eine solche hysteretisch verlaufende Arbeitslosigkeit sind neben dem Insider-Verhalten die ebenfalls bereits erwähnte verstärkte Vernichtung von *Humankapital* bei steigender Arbeitslosigkeitsdauer, die zunehmende Stigmatisierung der längerfristig Beschäftigungslosen sowie stärker werdende Entmutigungseffekte. Hinzu kommt, daß in Deutschland die kurzfristige Anpassung des Arbeitseinsatzes in größerem Umfang über die Arbeitszeit erfolgt, im Gegensatz beispielsweise zu den USA, wo vergleichsweise eher und häufiger Einstellungen und Entlassungen vorgenommen werden (die in Abschnitt 2 erwähnte Fluktuation beläuft sich dort auf das rund Siebenfache des westdeutschen Wertes). Bei einer niedrigeren Fluktuation der Beschäftigten haben Arbeitslose aber geringere Einstellungschancen; eine Arbeitslosigkeit verfestigt sich.

Neben diesen Hystereseeinflüssen erwachsen aus dem Lohnbildungsprozeß weitere Bestimmungsfaktoren, welche die Höhe und zeitliche Veränderung der GAQ erklären können. Sie können ihre Ursache in institutionellen Arrangements haben, welche bewirken, daß die Folgen eines lohnpolitischen Fehlverhaltens der Allgemeinheit angelastet werden, etwa in Form von *Lohnsubventionen* im Rahmen arbeitsmarktpolitischer Maßnahmen oder dem Arbeitslosenversicherungssystem. Andere die Beschäftigungssituation belastende Elemente des Lohnbildungsprozesses resultieren aus dem Bemühen, eine Verringerung der Nettoreallöhne durch entsprechende Nominallohnerhöhungen kompensieren zu wollen. Beispiele dafür sind die lohnpolitische Reaktion auf Angebotsschocks, wie die exorbitanten Steigerungen der Rohstoffpreise im Jahre 1974, oder auf Erhöhungen indirekter Steuern oder Abgaben. Gerade die *Finanzpolitik* hat in den vergangenen Jahren einen immer größer werdenden Keil zwischen den realen Nettoentgelten der Arbeitnehmer („Konsumentenlohn") und den realen Bruttolohnkosten der Unternehmen („Produzentenlohn") geschoben. In beiden Fällen steht der durch Ansprüche der rohstoffexportierenden Länder beziehungsweise des Staates beanspruchte Teil des Sozialproduktes zur Verteilung nicht mehr zur Verfügung; er ist bereits verteilt und der Versuch der *Lohnpolitik*, diesen Verlust gleichwohl wieder wettzumachen, führt bei dem Erfordernis einer konstanten Inflationsrate unweigerlich zu höherer Arbeitslosigkeit.

3.5 Mismatch

Der Lohnbildungsprozeß kann in seiner Funktionstüchtigkeit auch durch die Heterogenität von Arbeitskräften beeinträchtigt sein. Obwohl rein rechnerisch viele Arbeitslose auf offene Stellen vermittelt werden könnten, stehen einem erfolgreichen Zusammentreffen beider Seiten Profildiskrepanzen beispielsweise in regionaler oder qualifikatorischer Hinsicht entgegen, das heißt die Arbeitslosen weisen andere *Qualifikationen* (oder zu geringe) auf, als es die offenen Stellen erfordern, oder sie sind in anderen Regionen beheimatet und immobil (beispielsweise auf Grund eines angespannten Wohnungsmarktes). Eine solche „Mismatch-Arbeitslosigkeit" entspricht wohl am ehesten dem, was häufig mit „struktureller Arbeitslosigkeit" gemeint sein mag. Ihr ist häufig mit Lohnzugeständnissen nicht beizukommen, denn ein Unternehmen, welches einen Fachmann für computergestützte Werkzeugmaschinen sucht, wird den arbeitslosen Bauhilfsarbeiter selbst bei größter Lohnzurückhaltung nicht einstellen, zumindest nicht für diesen Arbeitsplatz. Vielmehr bewirkt eine solche Mismatch-Arbeitslosigkeit einen Lohnanstieg, weil Unternehmen trotz (hoher) Arbeitslosigkeit um geeignete Arbeitskräfte für die Besetzung ihrer vakanten Arbeitsplätze konkurrieren. Dieses höhere Lohnniveau wiederum bedeutet einen Anstieg der GAQ.

3.6 Fazit

Zusammenfassend läßt sich mithin die Entwicklung der Arbeitslosigkeit im Kontext einer Ursachenanalyse durch vier miteinander verbundene Phänomene beschreiben. Erstens existiert eine gleichgewichtige Arbeitslosenquote (GAQ), welche aus dem Preissetzungsverhalten und dem Lohnbildungsprozeß einschließlich institutioneller Regelungen und Praktiken resultiert und Verteilungsansprüche bei konstanter Preissteigerungsrate zu koordinieren hat. Zweitens ist die GAQ im Zeitablauf gestiegen, wofür Veränderungen der Variablen verantwortlich sind, welche die GAQ bestimmen, also Nachteile im internationalen Standortwettbewerb, Lohninflexibilitäten, Insider-Outsider-Verhalten oder Mismatch-Phänomene, um nur einige Beispiele zu nennen. Drittens kann die tatsächlich beobachtete Arbeitslosigkeit von ihrem Gleichgewichtswert beispielsweise auf Grund eines konjunkturell bedingten gesamtwirtschaftlichen Nachfragedefizits nach Gütern und Dienstleistungen abweichen. Schließlich mag sich auf Grund des Hysterese-Phänomens eine ursprünglich temporäre, konjunkturelle Arbeitslosigkeit verfestigen und damit ihrerseits die GAQ erhöhen, sofern diese Persistenz der Arbeitslosigkeit nicht aufgelöst werden kann.

4. Bekämpfung der Arbeitslosigkeit

Die wirtschaftspolitischen Handlungsempfehlungen zur Bekämpfung einer Arbeitslosigkeit knüpfen an das im vorigen Abschnitt dargestellte Erklärungsmodell für die Ursachen der Unterbeschäftigung an. Damit wird indessen nur der Rahmen für eine problemadäquate Therapie abgesteckt, nicht aber gefordert, daß diese unbedingt an den spezifischen Entstehungsfaktoren jedes Typs der Arbeitslosigkeit ansetzen muß, wie das obige Beispiel einer aufwertungsbedingten Verschlechterung der internationalen *Wettbewerbsfähigkeit* nahelegt.

4.1 Konjunkturpolitik

Wirtschaftspolitische Maßnahmen können in Anlehnung an das GAQ-Konzept an der GAQ selbst oder an Abweichungen von diesem Gleichgewichtswert ansetzen. Die Abweichungen sind im wesentlichen konjunktureller Natur, somit also Gegenstand einer Stabilisierungspolitik. Prinzipiell und in Grenzen kann ein Abbau einer rezessionsbedingten Arbeitslosigkeit durch die Finanz- und Geldpolitik unterstützt werden. Die *Finanzpolitik* soll konjunkturbedingte Mehrausgaben bei gleichzeitigen Mindereinnahmen hinnehmen und diese Defizite in Phasen einer konjunkturellen Erholung konsolidieren. Einer diskretionären expansiven Finanzpolitik sind insoweit Grenzen gesetzt, als die Verzögerungen bis zum Wirksamwerden beträchtlich und schwer vorhersehbar sind, so daß solche diskretionäre Maßnahmen eher auf der Einnahmenseite des Budgets angemessen wären, beispielsweise durch befristete Abschläge von der Lohn- und Einkommensteuer. Erschwerend kommt freilich hinzu, daß ein Teil der so geschaffenen Nachfrage ins

Ausland abfließen kann. Weiterhin kann nicht ausgeschlossen werden, daß die expansiven Wirkungen solcher Defizite teilweise durch Ausgabenzurückhaltung der privaten Haushalte und Unternehmen eingeschränkt werden, wenn diese wegen der zunehmenden Staatsverschuldung von späteren Steuererhöhungen ausgehen. Die Wirksamkeit einer expansiven Geldpolitik hält sich in einer Rezession in engen Grenzen; sie kann zwar flankierend durch Zinssenkungen die monetären Voraussetzungen für einen Konjunkturaufschwung schaffen, diesen aber nicht herbeiführen.

Bedenklich, wenn nicht sogar abwegig, ist die Forderung, in einer Rezession über die Lohnpolitik eine Stärkung der Kaufkraft erreichen zu wollen. Rezessiven Entwicklungen kann zwar durch eine Anregung der gesamtwirtschaftlichen Nachfrage entgegengewirkt werden, aber Lohnerhöhungen sind dazu kein geeignetes Mittel, denn sie bewirken nur teilweise einen Nachfrageanstieg (auf Grund von Sickerverlusten in die Ersparnis und ins Ausland), die Produktionskosten jedoch steigen mit negativen Folgen für die Beschäftigung. Im günstigsten Fall bleiben die Realeinkommen der Arbeitnehmer gleich, wahrscheinlicher sind aber Arbeitsplatzverluste.

Auch eine erzwungene Umverteilung der Arbeit durch eine *Arbeitszeitverkürzung* ist problematisch. Wenn überhaupt, dann kann eine Arbeitszeitverkürzung nur auf freiwilliger Basis und ohne Einkommensausgleich ins Auge gefaßt werden, wobei die Ansprüche nicht nur an den Barlohn, sondern auch an die sozialen Sicherungssysteme entsprechend zurückgeschraubt werden müssen. Sonst würde die gestiegene Kostenbelastung bei den Unternehmen, steigende Abgaben zur sozialen Sicherung und eine zunehmende Schattenwirtschaft jegliche positiven Beschäftigungseffekte einer *Arbeitszeitverkürzung* von vornehrein zunichte machen.

4.2 Beseitigung von Funktionsstörungen

Die GAQ beruht, wie dargestellt, auf Funktionsstörungen des *Arbeitsmarktes* und kann mit folgender Doppelstrategie verringert werden: Auf der einen Seite müssen die Wachstumskräfte zwecks Schaffung neuer Arbeitsplätze gestärkt und institutionelle Reformen vorangebracht werden, andererseits müssen zugunsten von Problemgruppen arbeitsmarktpolitische Maßnahmen eingesetzt werden.

Arbeitsplätze entstehen im privaten Sektor durch *Investitionen*, folglich bedeutet Wachstumspolitik die Stärkung der Investitionskräfte. Unternehmen müssen durch Innovationen, effizientes Management sowie Motivierung und Ausbildung der Mitarbeiter einen entscheidenden Beitrag dazu leisten. Die Tarifvertragsparteien müssen Lohnabschlüsse herbeiführen, die sowohl von der Höhe wie auch ihrer Struktur nach kostenseitig die Investitionstätigkeit erleichtern. Der Staat kann durch finanzpolitische Maßnahmen den Einsatz des Faktors Arbeit von Abgaben entlasten und ihn damit für die Unternehmen verbilligen. Diese Entlastungen sollten durch Einsparungen, gegebenenfalls teilweise durch eine höhere Konsumbesteuerung finanziert werden. Schließlich stellt die Förderung der Humankapitalbildung eine besonders wichtige Aufgabe dar: Der Staat muß ein effizientes *Ausbildungssystem* und Schulwesen gewährleisten, die Unternehmen müssen im Rahmen des *dualen Systems* Ausbildungsplätze anbieten (wozu auch institutionelle Reformen und eine Zurückhaltung bei den Ausbildungsvergütungen beitragen sollten), und die Arbeitnehmer müssen verstärkte Anstrengungen für eine (weitere) Qualifizierung unternehmen.

Funktionsstörungen können durch eine Flexibilisierung der Tarifverträge und der Arbeitszeit reduziert werden. Der *Flächentarifvertrag* bietet eine Reihe von Vorteilen, weshalb er nicht aufgegeben werden sollte: So würde eine ausschließlich betriebliche Lohnfindung beispielsweise die damit einhergehenden Konflikte auf die betriebliche Ebene verlagern, Konkurrenten einen unerwünschten Einblick in die wirtschaftliche Situation des betreffenden Unternehmens ermöglichen („Tarif der gläsernen Taschen") und die Macht der Arbeitsplatzbesitzer stärken. Doch müßte der Flächentarifvertrag dahingehend flexibilisiert werden, daß wirksame Öffnungsklauseln und niedrigere Einstiegslöhne für Problemgruppen vereinbart werden.

Ein besonderes Augenmerk ist der *Lohnstruktur* zu widmen, insbesondere was den Bereich gering qualifizierter Arbeit betrifft. Im Zeitraum der Jahre 1976 bis 1989 haben in Westdeutschland zwar gut 5 Millionen ausgebildete Arbeitnehmer zusätzlich einen Arbeitsplatz gefunden, dafür ist aber die Erwerbstätigkeit unausgebildeter Arbeitskräfte um über 3 Millionen Personen gesunken. Trotz einer breit gespreizten qualifikatorischen Lohnstruktur sind die Lohnkosten für gering qualifizierte Arbeit wohl zu hoch. Selbst wenn die Tarifvertragsparteien sich auf eine noch tiefere Differenzierung im unteren Bereich verständigten, böten die Unterstützungszahlungen wie beispielsweise die *Sozialhilfe* dann wenig Anreiz zur Arbeitsaufnahme bei geringen Löhnen. Da man für eine generelle Absenkung der Unterstützungszahlung nicht wird plädieren können, weil es auch diejenigen treffen würde, die trotz Bemühens keinen Arbeitsplatz finden, bietet es sich an, die Hinzuverdienstgrenzen bei Unterstützungszahlungen anzuheben. Damit würde sich der arbeitende Empfänger beispielsweise von Sozialhilfe besser stellen als der arbeitslose, gleichzeitig werden Arbeitsplätze mit geringen Qualifikationsanforderungen vor allem im Dienstleistungssektor rentabel.

4.3 Aktive Arbeitsmarktpolitik

Die aktive Arbeitsmarktpolitik sollte ihr Hauptaugenmerk auf Problemgruppen des Arbeitsmarktes richten, also insbesondere auf Langzeitarbeitslose. Es kommt darauf an, diesen Personen die Reintegration ins Erwerbsleben zu erleichtern. Deshalb sollten Arbeitsbeschaffungsmaßnahmen gegebenenfalls mit einer vorgeschalteten Qualifizierung bevorzugt zur Anwendung kommen. Leider stecken methodisch adäquate Evaluationsstudien über den Erfolg der aktiven *Arbeitsmarktpolitik* erst in den Anfängen; die bisherigen Untersuchungen leiden zumeist darunter, daß dem Kontrollgruppenproblem und einer möglichen Selektionsverzerrung zuwenig Rechnung getragen wurde. Wie auch immer, einer flächendeckenden Errichtung eines zweiten Arbeitsmarktes durch Arbeitsbeschaffungsmaßnahmen stehen so große volkswirtschaftliche Nachteile entgegen, daß davon abzuraten ist (von temporären Ausnahmen wie im Falle Ostdeutschlands vielleicht abgesehen). Es besteht die Gefahr der Verfestigung eines hochsubventionierten Arbeitsmarktes mit Verdrängungseffekten der privaten Aktivität und beachtlichem bürokratischem Aufwand. Das Schlagwort, es sei generell besser, Arbeit zu finanzieren als Arbeitslosigkeit, führt in seiner Verallgemeinerung zu Fehlentwicklungen, obwohl die Regel in konkreten Situationen gar nicht falsch ist, wenn ein Arbeitsloser, der ohnehin Arbeitslosenunterstützung bezieht, mit nur geringer zusätzlicher Bezahlung für Aufgaben eingesetzt werden kann, die im öffentlichen Interesse liegen. Die Fehlentwicklung liegt neben der Verdrängung privater Unternehmen unter anderem darin, daß nunmehr die *Bundesanstalt für Arbeit* als Finanzier und Entscheidungsträger öffentlicher Aufgaben in eine Rolle gedrängt wird, die beispielsweise der kommunalen Gebietskörperschaft obliegt.

Literatur

Franz, Wolfgang: Arbeitsmarktökonomik, 3. Aufl. Berlin 1996

Franz, Wolfgang: Der Arbeitsmarkt, Mannheim 1993

Gahlen, Bernhard/Helmut Hesse /Hans Jürgen Ramser (Hg.): Arbeitslosigkeit und Möglichkeiten ihrer Überwindung, Tübingen 1996

Sachverständigenrat zur Begutachtung der gesamtwirtschaftlichen Entwicklung: Jahresgutachten 1994/95. Den Aufschwung sichern – Arbeitsplätze schaffen, Stuttgart 1994

Wolfgang Franz

Arbeitsmarkt und Beschäftigung[1]

1. Begriffe und Funktionsbestimmungen

Der Arbeitsmarkt ist ein besonderer Markt. Auf ihm werden keine Waren getauscht, sondern Arbeitsleistungen, die untrennbar mit Personen verbunden sind. Viele Menschen haben kein oder geringes Kapitalvermögen, so daß sie ihre Arbeitskraft auch unabhängig vom Marktpreis anbieten müssen. Im Arbeitsvertrag verpflichtet sich der/die Arbeitnehmer/in zur Leistung von Diensten in abhängiger Stellung, der/die Arbeitgeber/in zur Leistung einer Vergütung (Lohn, Gehalt). Das hat Konsequenzen, die eine Anwendung der reinen Marktlogik verbieten: Erstens unterliegt die Bewertung der Arbeitsleistung auch anderen Maßstäben, z.B. Alter, Geschlecht, Familienstand und Berufsstatus; zweitens ist die Flexibilität der Löhne (also der Preise für Arbeit) begrenzt, weil z.B. bestimmte Vorstellungen von gerechtem Lohn bestehen. Arbeitsmärkte werden daher nicht immer geräumt; es sind sogar Gleichgewichtszustände bei hoher *Arbeitslosigkeit* möglich. Drittens sind auch andere Gründe als Lohnanreize für das *Arbeitsangebot* bestimmend, beispielsweise Mangel an Einkommensalternativen, Spaß an der Arbeit oder die Teilhabe an sozialen Netzen.

Die nachgefragten Arbeitsleistungen sind im einzelnen oft unklar. Zum einen kann der Inhalt der Arbeit in der Regel erst bestimmt werden, wenn die Entscheidungen über Investition, Produktion und Absatzmenge getroffen worden sind; zum anderen sind die individuellen Einzelbeiträge insbesondere bei Teamarbeiten schwer voneinander zu trennen. Der Arbeitsvertrag ist daher auf der Verkäuferseite meist offen (potentielle Arbeitsleistung), während er auf der Käuferseite meist klar spezifiziert ist (bestimmter Lohn). Man spricht daher auch von relationalen Verträgen, weil Arbeitsverträge eine zeitlich festgelegte soziale Beziehung herstellen, innerhalb derer die konkreten Leistungen erst definiert und dann umgesetzt werden. Damit sind spezifische Informations- und Kontrollprobleme sowie Transaktionskosten verbunden, die auf reinen Märkten nicht vorgesehen sind.

Arbeitsmärkte sind daher soziale *Institutionen*, auf denen zwar Marktgesetze zum Zuge kommen, deren Wirkungen aber kulturell, kollektivvertraglich oder politisch eingeschränkt oder ergänzt werden. Neben marktwirtschaftlichen Anreizen (vor allem der Lohnhöhe) beeinflussen in entwickelten marktwirtschaftlichen Gesellschaften also mindestens vier miteinander interagierende Institutionen das Arbeitsangebot:

- Erstens die privaten *Haushalte*, die Alternativen zur marktförmigen Beschäftigung bieten, Werte und Einstellungen zur Arbeit sozialisieren und das zeitliche Angebot für Erwerbsarbeit einschränken;
- zweitens das System der industriellen Beziehungen, in dem die Sozialpartner Kompromisse ihrer unterschiedlichen Interessen verhandeln und deren Spielregeln und Machtverhältnisse mehr oder weniger starken Einfluß auf die Lohnbildung haben;
- drittens das *Bildungssystem*, das allgemeines Wissen, Lernfähigkeit und berufliche Qualifikationen produziert und die Grenzen beruflicher Mobilität und Flexibilität bestimmt;
- viertens das System der *sozialen Sicherung*, das gleich in dreifacher Weise auf Entscheidungen des Arbeitsangebots einwirkt: a) über den Staat als Arbeitgeber, der in sozialen Feldern alternative Beschäftigung außerhalb des Wirtschaftsmarktes anbieten kann; b) über das weitgehend staatlich regulierte System der Lohnersatzleistungen, das Alternativen

---

[1] Für Hilfe bei der Erstellung der Tabellen danke ich Silke Gülker.

zum Erwerbseinkommen in Risikofällen (Arbeitslosigkeit, Krankheit, Alter) anbietet; c) über die Regulierung der Arbeitsverträge wie Kündigungsschutz, Befristungs- und Arbeitszeitregeln.

Arbeitsmarktpolitik kann über alle vier institutionellen Kanäle Einfluß auf das Arbeitsangebot nehmen: durch Arbeitsvermittlung und Arbeitsberatung, durch Subventionierung der Löhne, durch Fortbildung und Umschulung, durch Arbeitsbeschaffungsmaßnahmen, durch die Veränderung von Höhe und Dauer der Lohnersatzleistungen, und schließlich durch Deregulierung oder Reregulierung von Arbeitsverträgen. Arbeitsmarktpolitik beeinflußt auch die Arbeitsnachfrage, etwa durch Lohnkostenzuschüsse oder Finanzierung befristeter gemeinnütziger Arbeiten.

Die *Arbeitsnachfrage* hängt jedoch in erster Linie von den Entscheidungen über Produktion und Investition ab. Diese Entscheidungen werden wiederum von Zinsen und Wechselkursen, von technologischen Innovationen, von Güter- oder Dienstleistungsnachfrage und schließlich von den Kosten der Produktionsfaktoren beeinflußt. Direkte *Lohnkosten* spielen dabei offensichtlich eine wichtige, aber nicht unbedingt ausschlaggebende Rolle. Auch gesetzliche (z.B. Abgaben zur Arbeitslosen-, Kranken- und Rentenversicherung, Lohnsteuern) und tarifliche *Lohnnebenkosten* (z.B. Urlaubs- und Weihnachtsgeld, Lohnfortzahlung im Krankheitsfall) sind zu beachten; diese können zusammengenommen in Deutschland über 80 Prozent der direkten Lohnkosten ausmachen. Die Veränderung all dieser Größen, von denen die Produktionsentscheidungen abhängen, wird wiederum von Akteuren bestimmt, die ihre Entscheidungen im Rahmen gesetzlicher oder institutioneller Spielregeln treffen: von der Notenbank, von Unternehmer/innen, von privaten oder öffentlichen Haushalten und von Interessenvertretern.

Das *Arbeitsangebot* umfaßt statistisch die Erwerbstätigen und die Arbeitslosen. Erwerbstätig ist, nach der Konvention des Internationalen *Arbeitsamtes* in Genf (ILO), wer innerhalb einer Woche wenigstens eine Stunde regelmäßig bezahlter Erwerbsarbeit nachgeht; zu den Erwerbstätigen zählen auch die Selbständigen, mithelfenden Familienangehörigen und freiberuflich Tätigen. Aus der Summe der Erwerbstätigen und Arbeitslosen ergibt sich die Zahl der Erwerbspersonen, die in den Zähler der *Erwerbsquote* eingeht; im Nenner dieser Quote steht in der Regel die erwerbsfähige Wohnbevölkerung im Alter von 15 bis 65 Jahren, manchmal auch die gesamte Wohnbevölkerung. Diese Messung des Arbeitsangebots ist nicht unproblematisch, vor allem weil sie auf der einen Seite die Zahl der versteckten Arbeitslosen nicht enthält und auf der anderen Seite die freiwilligen Arbeitslosen mitzählt. Zur *Arbeitsnachfrage* zählen die Beschäftigten und die offenen Stellen. Die *Beschäftigungsquote* ist der Prozentsatz der aktuell Beschäftigten bezogen auf die erwerbsfähige Wohnbevölkerung; die *Offene Stellenquote* ist der Prozentsatz der offenen Stellen ebenfalls bezogen auf die erwerbsfähige Wohnbevölkerung. Auch diese Größen sind nur als Indikator der wirklichen Arbeitsnachfrage zu betrachten, da auf der einen Seite nur die beim Arbeitsamt registrierten offenen Stellen statistisch erfaßt werden und auf der anderen Seite auch Beschäftigte gezählt werden, die z.B. auf Grund von Kündigungsschutzregeln nicht entlassen werden können.

Die Aussagekraft der Statistik ist in beiden Fällen auch deswegen eingeschränkt, weil sie keine Information über die gewünschte oder nachgefragte Arbeitszeit enthält. Da sowohl Arbeitsanbieter wie Arbeitsnachfrager zunehmend differenzierte und zum Teil auch konfligierende Arbeitszeitwünsche haben, ist zukünftig eine Differenzierung der Arbeitsstatistik nach Personen und Arbeitszeit dringend erforderlich.

Zum dritten unterscheidenden Merkmal gehört die Qualifikation. Auch hier können Angebot und Nachfrage differieren und Ursache von Arbeitsmarktungleichgewichten sein.

Aus der Interaktion von Arbeitsangebot und Arbeitsnachfrage ergibt sich das Beschäftigungsniveau und die *Arbeitslosigkeit*. Wie Entscheidungen über Angebot und Nachfrage und deren Interaktion theoretisch erklärt werden, soll im folgenden Abschnitt kurz erläutert werden. Ergänzend hierzu ist der Artikel zur Arbeitslosigkeit heranzuziehen.

2. Arbeitsmarkt- und Beschäftigungstheorien

Theorien zur Funktionsweise von Arbeitsmärkten lassen sich zunächst danach unterscheiden, ob sie individuelle (Mikro) oder kollektive (Meso) Entscheidungskalküle oder systemische Zusammenhänge (Makro) in den Vordergrund stellen. Darüber hinaus gibt es angebot- und nachfragezentrierte Ansätze. Obwohl die Trennlinien nicht scharf zu ziehen sind und in der modernen Theorieentwicklung meist kombinierte Ansätze vorherrschen, eignen sich diese Kategorien zur Einordnung der wichtigsten Ansätze (Übersicht 1):

Übersicht 1: Arbeitsmarkt- und Beschäftigungstheorien

	Theorien		
	Mikro	Meso	Makro
Arbeitsangebot	Neoklassik Suchtheorie Humankapital Kontrakttheorie	Insider-Outsider-Theorie Segmentationstheorien	Malthus u.a. Strukturwandeltheorien
Arbeitsnachfrage	Neoklassik Effizienzlöhne	Segmentationstheorien Regulierungstheorien	Keynes u.a., Monetaristen Strukturwandeltheorien

Aus der Sicht der *Neoklassik* finden Ausgleichsprozesse zwischen Arbeitsangebot und Arbeitsnachfrage ausschließlich über die Flexibilität von Löhnen statt. Herrscht Arbeitslosigkeit, kann sie nur freiwillig sein, oder die Lohnflexibilität wird durch Gesetze oder Macht verhindert, die durch Deregulierung zu beseitigen oder einzuschränken sind, damit die Marktgesetze wieder zum Durchbruch kommen können. Nach neoklassischer Marktlogik bieten Personen oder Haushalte solange Arbeit an, bis der Grenznutzen einer zusätzlichen Arbeitseinheit den Grenzkosten entgangener Freizeit entspricht. In gleicher Weise bestimmt sich die Arbeitsnachfrage: Unternehmer fragen solange Arbeit nach, bis der Grenznutzen aus einer zusätzlich eingesetzten Arbeitseinheit den Grenzkosten entspricht. Sowohl Grenznutzen der Anbieter wie Grenzkosten der Nachfrager werden in Lohneinheiten gemessen. Im Gleichgewicht entspricht der Lohn also den Grenzkosten der Freizeit und dem Grenznutzen der Arbeit. Es herrscht Vollbeschäftigung, weil zu diesem Lohnsatz sowohl die Pläne der Arbeitsanbieter als auch die der Arbeitsnachfrager erfüllt sind.

Dabei werden verschiedene Annahmen vorausgesetzt, insbesondere Nutzen- bzw. Gewinnmaximierung, fallender Grenznutzen sowohl für Güter als auch für Freizeit, vollkommene Information, Konkurrenz sowohl zwischen Arbeitsanbietern als auch -nachfragern, beliebige Kombinierbarkeit der Produktionsfaktoren. Eine weitere wichtige Voraussetzung ist die Wirksamkeit des Preismechanismus auf allen Märkten – also nicht nur auf dem Arbeitsmarkt, sondern auch auf den Güter- und Kapitalmärkten. Diese Voraussetzung ist als das Saysche Theorem bekannt. Es besagt, daß sich jedes Angebot seine Nachfrage schafft, da mit der Produktion von Gütern Einkommen für die Arbeitenden, Unternehmer und Kapitalbesitzer geschaffen werden, die in irgendeiner Form wieder ausgegeben werden, entweder für Konsumgüter, Investitionsgüter oder Kapitalanlagen.

Unter diesen Voraussetzungen wird mit steigendem Reallohnsatz (Verhältnis von Nominallohn und Güterpreis) das Arbeitsangebot erhöht, und umgekehrt fragen die Unternehmen mehr Arbeit nach, wenn der Reallohn sinkt, dieser also geringer ist als das zusätzliche Produkt aus dem Mehreinsatz von Arbeit (Theorem der Grenzproduktivität). Ändern sich etwa die Angebotsbedingungen, z.B. durch Bevölkerungswachstum, wird – wegen der Konkurrenz unter den Arbeitsanbietern – der Lohnsatz solange sinken, bis der Gleich-

Arbeitsmarkt und Beschäftigung

gewichtszustand wieder erreicht ist. Ändert sich auf der anderen Seite beispielsweise die Produktivität durch Einsatz neuer Technik, dann wird der Lohnsatz (entweder durch Nominallohnsteigerungen oder durch Preissenkungen) solange steigen, bis der Gleichsgewichtslohn erreicht ist, also dort, wo sich Angebot- und Nachfragekurve schneiden.

Soweit die reine *Neoklassik*, wie sie in allen Lehrbüchern weit ausführlicher und differenzierter dargestellt wird (u.a. Franz 1991). Die modernen Arbeitsmarkt- und Beschäftigungstheorien können nun weiter verfolgt werden, indem die unrealistischen oder falschen Annahmen des neoklassischen Referenzmodells Zug um Zug aufgegeben werden. So läßt die Suchtheorie die Annahme vollständiger Information fallen. Diese Theorie ist vor allem auf der Angebotseite differenziert worden, so daß wir sie zu den Angebotstheorien rechnen, obwohl ihr Grundgedanke auch für die Nachfrageseite gilt. Danach sind Arbeitsmärkte mit Inseln zu vergleichen, zwischen denen Kommunikationsprobleme bestehen. Informationen von den anderen „Inseln" zu beschaffen, kostet nicht nur Geld, sondern auch Zeit, in der gearbeitet werden könnte. Arbeitsuchende, die ihren Arbeitsplatz verbessern wollen, finden ihren neuen Job erst nach einiger Zeit, und Unternehmer, die wegziehende Beschäftigte ersetzen oder neue Jobs besetzen wollen, finden nicht sofort die beste Arbeitskraft, so daß immer in gewissem Umfang offene Stellen und friktionelle Arbeitslosigkeit existieren.

Die *Humankapitaltheorie* räumt mit der Annahme homogener Arbeitskräfte auf und stellt das Risiko von Bildungsinvestitionen in Rechnung. Investitionen in Humankapital sind ein Abwägungsproblem: Einerseits verursacht Ausbildung direkte Kosten und während der Ausbildungszeit muß auf Einkommen verzichtet werden; andererseits besteht die Erwartung, im Verlauf des Erwerbslebens ein höheres Einkommen zu erzielen. Diese Rendite ist jedoch aus zwei Gründen unsicher: Rationale Einzelentscheidungen können wegen ihrer Wechselwirkung kollektiv irrational werden; wenn alle in einen vermeintlich sicheren Beruf investieren, sinken die Renditen. Darüber hinaus ist der technische Strukturwandel nicht voraussehbar, so daß Berufe schnell obsolet werden können. Änderungen verfehlter Bildungsinvestitionen brauchen jedoch Zeit, so daß Diskrepanzen zwischen Angebot und Nachfrage auf der Tagesordnung stehen. Es besteht daher die Gefahr sowohl zu geringer als auch falscher Investitionen in Humankapital. Anderseits gebieten technischer Fortschritt und internationaler Wettbewerb einen ständigen und steigenden Strom von Bildungsinvestitionen, insbesondere in Verbindung mit der Tendenz einer zunehmend älter werdenden Erwerbsbevölkerung. Es besteht daher ein großes öffentliches Interesse, ein ausreichendes und flexibles Qualifikationspotential zu sichern (Clement 1981).

Die Kontrakttheorie gibt die Annahme der Lohnflexibilität auf. Viele Arbeitnehmer/innen sind risikoscheu. Statt möglicherweise stark schwankenden Löhnen bei wechselhaften Marktbedingungen bevorzugen sie eine immer gleich gefüllte Lohntüte. Dafür nehmen sie einen niedrigeren Durchschnittslohn in Kauf als den, den sie auf dem Markt erzielen könnten. Auf Grund dieser „Risikoprämie" haben Arbeitgeber/innen bei einer Konjunkturverschlechterung zunächst einen Spielraum, die Beschäftigung zu halten, bis die Grenzproduktivität an den tatsächlich gezahlten Lohn heranreicht. Danach werden sie jedoch zu Entlassungen greifen, um die Löhne für diejenigen zu halten, mit denen sie ebenfalls einen meist stillschweigenden (impliziten) Vertrag geschlossen haben, die jedoch für das Wohl und Wehe der Firma von großer Bedeutung sind. Im Gegensatz zur Kontrakttheorie begründen Effizienzlohnmodelle das Interesse an festen und nichtmarkträumenden Lohnsätzen aus Unternehmensinteressen. Ein solches Interesse kann verschiedene Gründe haben: Vermeidung von Transaktionskosten (Einstellungs-, Einarbeitungs- oder Entlassungskosten), die Kontrolle von Bummelanten, Reputation, Leistungsanreiz. In all diesen Fällen erhöhen sich für die Arbeitnehmer/innen die Opportunitätskosten einer Entlassung oder Kündigung, so daß sich ihre loyale Betriebsbindung verstärkt und damit ihre Produktivität erhöht (Akerloff/Yellen 1986, Gerlach/Hübler 1989).

Die folgenden Ansätze unterscheiden sich von den vorhergehenden darin, daß sie nicht mehr nur Individuen, sondern auch Kollektive als Entscheidungsträger oder Institutionen als Entscheidungsfilter in Betracht ziehen. Bei der Insider-Outsider-Theorie sind es die Beschäftigten als Kollektiv (Insider), welche die Differenz zwischen Grenzproduktivitätslöhnen und den Beschäftigungskosten für neu einzustellende Arbeitnehmer/innen (Outsider) als Teil ihres Lohnaufschlages nutzen, wobei die Drohung mit Kooperationsverweigerung gegenüber möglichen Lohnunterbietern es ermöglicht, einen weiteren Teil der Rente in Löhne umzusetzen. Je stärker die Interessenvertretung der Arbeitnehmer/innen ist (Betriebsräte, Gewerkschaften), desto höher wird die Monopolrente der Insider sein und desto mehr ist die Gleichgewichtstendenz des Arbeitsmarkts gestört (Lindbeck/Snower 1987).

Die Segmentationstheorien diagnostizieren eine Spaltung des Arbeitsmarktes in Teilmärkte, die einer unterschiedlichen Funktionslogik unterliegen. Während traditionelle Teilarbeitsmarkttheorien nach Berufen, Industriezweigen und Regionen differenzieren, sind der duale Arbeitsmarkt und interne sowie externe Arbeitsmärkte die beiden zentralen Konzepte der Segmentationstheorie (Doeringer/Piore 1971; Sengenberger 1987). Die Begründungen der Arbeitsmarktsegmentation sind vielfältig: Gütermarktspaltungen und instabile Absatzmärkte, betriebsspezifische und berufsfachliche Qualifikationen, Arbeitsplatzeigentümlichkeiten und Unvollständigkeit des Arbeitsvertrags, Einflüsse der Interessenorganisation beider Arbeitsmarktseiten, geschlechtsspezifische Rollenverteilung in den privaten Haushalten, Diskriminierung insbesondere von ethnischen Minderheiten und Frauen. Der gemeinsame Nenner der recht heterogenen Ansätze ist die These, daß zwischen den Arbeitsmarktsegmenten kein oder nur ein gestörter Austausch besteht, so daß der Gesamtarbeitsmarkt nicht zum Ausgleich sondern zum Ungleichgewicht tendiert.

Regulationstheorien (Soltwedel et al. 1991) behaupten schließlich, daß die Arbeitsmärkte in Europa durch gesetzliche (z.B. Kündigungsschutz) und tarifliche Regelungen (z.B. Flächentarife) eingeschnürt werden, so daß die Anpassungsfähigkeit der europäischen Arbeitsmärkte an den Strukturwandel erheblich eingeschränkt ist (Eurosklerose).

Gegenüber den Mikro- und Mesoansätzen betonen die Makrotheorien die Interdependenz individueller und kollektiver Einzelentscheidungen. Diese Interdependenz kann dazu führen, daß trotz rationaler Einzelentscheidungen auf aggregierter Ebene nicht nur unbeabsichtigte, sondern auch unerwünschte Ergebnisse herauskommen. Schon Malthus (1766-1834) hat gegen die Klassiker Smith und Ricardo darauf hingewiesen, daß ökonomisches Wachstum nicht notwendigerweise zur Steigerung des Lebensstandards führe: Steigen die Reallöhne, dann wächst auch die Bevölkerung; wächst die Bevölkerung, dann steigt der Ressourcenverbrauch, aber die Grenzerträge und Profite sinken; mit fallender Profitrate geht die Nachfrage nach Arbeit zurück, was bei gleichem oder wachsendem Arbeitsangebot zu sinkenden Löhnen führt. Dieser Prozeß endet schließlich bei einem Lohnsatz, der gerade noch die Subsistenz sichert, wenn – so Malthus – keine aktive Bevölkerungskontrolle (also Begrenzung des Arbeitsangebots) betrieben wird. Dieser Grundgedanke wird in abgewandelten Formen auch heute noch vertreten, etwa in Forderungen der Angebotsbeschränkung durch strikte Wanderungskontrollen oder durch starke steuerliche Belastung (oder gar Verbot) von Doppelverdiener-Ehen. Der *Malthusianismus* vernachlässigt jedoch insbesondere das Potential von Innovationen und Qualifizierungsmöglichkeiten im Arbeitsprozeß selbst.

Malthus war auch der erste, der das Saysche Theorem bezweifelte. Das erzielte Arbeitseinkommen müsse nicht notwendigerweise in effektive Nachfrage umgesetzt werden, so daß ein überschüssiges Güterangebot mit entsprechendem Preisverfall entstehen könne. Dieser Gedanke war auch der Ausgangspunkt des *Keynesianismus*. Keynes wies 1936 nach, daß wegen inflexibler Geldlöhne und unvollkommener Kapitalmärkte dauerhaft unfreiwillige Arbeitslosigkeit entstehen könne, wenn die mangelnde effektive Nachfrage nicht durch antizyklische Geld- und Finanz-

Arbeitsmarkt und Beschäftigung

politik behoben würde. In den 70er und 80er Jahren bekamen die Monetaristen die Oberhand, die angesichts der Stagflation vor allem die Gültigkeit der keynesianischen Therapie bezweifelten und behaupteten, es gäbe eine natürliche Arbeitslosenquote. In der neuen klassischen Makroökonomie wurde dieses Konzept zur inflationsneutralen Arbeitslosenquote umformuliert; danach konterkarieren rationale Erwartungen jede keynesianische Intervention, die Arbeitslosigkeit unter dieses Niveau zu drücken versuche. Die aufstrebende neue keynesianische Ökonomie hat diese Kritikpunkte aufgegriffen und ein neues Forschungsprogramm gestartet, das jedoch noch nicht zu eindeutigen Resultaten geführt hat (vgl. ausführlicher Arbeitslosigkeit).

Strukturwandeltheorien erklären Beschäftigung und Arbeitslosigkeit aus der Perspektive langfristiger Veränderungen der Sozial- und Wirtschaftsstruktur. Die treibenden Faktoren des Strukturwandels sind auf der Angebotseite die Veränderung der Bedürfnisse, auf der Nachfrageseite die Veränderung der Produktivität durch neue Technologien. Sind Grundbedarfe (Nahrung, Wohnung) befriedigt, steigen die Bedürfnisse nach sekundären Konsumgütern (Autos, Fernseher); sind diese Bedarfe auch gesättigt, steigen die Bedürfnisse nach tertiären Dienstleistungen (Bildung, Gesundheit, Freizeit). Auf der Arbeitsnachfrageseite steigern neue Techniken und rationallere Organisationsformen zunächst die Produktivität im primären Sektor (Landwirtschaft, Grundstoffe), dann im Sekundärsektor (verarbeitende Industrie) und schließlich auch im tertiären Sektor (Dienstleistungen). Die optimistischen Theorievarianten betrachten den Übergang von dem einen zum anderen Produktionsregime als relativ problemlos. Dabei spielt vor allem die Überlegung eine Rolle, daß durch steigende Produktivität die Preise sinken und daher von den neuen Gütern oder Dienstleistungen entsprechend mehr nachgefragt wird. So hat Fourastié (1969 [1954]) von den Dienstleistungen als „die große Hoffnung des zwanzigsten Jahrhunderts" gesprochen.

Hat sich diese Hoffnung bestätigt? Wie ist die tatsächliche Entwicklung in der deutschen Gesellschaft in der zweiten Hälfte des 20sten Jahrhunderts verlaufen? Welche Herausforderungen stellen sich für die Arbeitsmarkt- und Beschäftigungspolitik?

3. Die Entwicklung des Arbeitsangebots in Deutschland

Wie aus den definitorischen und theoretischen Erläuterungen hervorgeht, hängt die Entwicklung des Arbeitsangebots vor allem von drei Komponenten ab: von der demographischen Entwicklung, vom Erwerbsverhalten und von der Interaktion beider. Das Erwerbsverhalten reagiert zwar auch auf Lohnanreize, wird aber vorwiegend von institutionellen Faktoren bestimmt. Die demographische Entwicklung hat dem ostdeutschen wie westdeutschen Arbeitsmarkt Wechselbäder zugemutet, die heute noch nachwirken. Dies ist an der erwerbsfähigen Wohnbevölkerung (im Alter von 15-65) abzulesen, die das gesamte ausschöpfbare *Erwerbspotential* darstellt. In den sechziger Jahren sank dieses Potential rapide von einem für Industrieländer üblichen Niveau von ca 66 auf 61 (Ost) bzw. 64 Prozent (West) und stieg dann in den siebziger und achtziger Jahren nicht weniger heftig auf ein historisches Hoch von 67 bzw. fast 70 Prozent. Dabei wäre der Absturz des Erwerbspotentials in Westdeutschland ohne die Zuwanderung von Millionen erwerbsfähiger Ausländer, die anfänglich durch aktive *Anwerbepolitik* ausgelöst wurde, noch drastischer ausgefallen. Seit Mitte der achtziger Jahre sinkt diese Quote wieder in Westdeutschland, ist im internationalen Vergleich gleichwohl noch recht hoch; auf Grund der dramatischen Verringerung der *Geburtenrate* in den neuen Bundesländern steigt das relative Erwerbspotential in Ostdeutschland nach wie vor und wird nach Prognosen im Jahr 2.000 einen neuen Höchststand von knapp 72 Prozent erreichen. Zu dem quantitativen Wechselbad gesellt sich neuerdings ein starker Trend der Altersverschiebung des Erwerbspotentials. Betrug der Anteil der 15 bis 30jährigen Erwerbsfähigen an allen Erwerbsfähigen in den fünfziger bis Anfang der achtziger Jahre noch etwa ein

Drittel, der älteren erwerbsfähigen Personen (50 bis 65) dagegen etwa ein Viertel, wird sich dieses Verhältnis Ende der neunziger Jahre umgekehrt haben (Tabelle 1 und 2). Die zukünftig große Bedeutung der Weiterbildung für Erwachsene wird damit drastisch deutlich.

Tabelle 1: Bevölkerung und Erwerbstätigkeit im früheren Bundesgebiet

		1950	1960	1970	1980	1989	1995
Bevölkerung in 1.000		50.958	55.958	61.001	61.516	61.872	66.064
Bevölkerung 15-65 Jahre in 1.000		34.297	37.791	38.778	40.530	42.922	44.693
% der Gesamtbevölkerung		67,3	67,5	63,6	65,9	69,4	67,7
davon in %:	15-30 Jahre	33,1	32,9	32,0[1]	33,5	32,8	28,2
	30-50 Jahre	42,5		42,1[1]	41,9	39,7	42,5
	50-65 Jahre	24,4		25,9[1]	24,6	27,5	29,3
Erwerbstätige in 1000		26.712	26.713	26.844	26.874	27.742	29.244
davon in %:							
Frauen		37,1[2]	37,0	35,8	37,6	38,9	41,4
Ausländer		0,4[3]	1,0	6,7	8,1	7,7	9,8
Arbeiter		51,1[2]	47,3	46,5	42,3	38,5	34,6
Angestellte		19,8[2]	23,1	29,1	37,2	40,2	46,4
Selbständige		12,1	12,3	10,5	8,6	8,9	9,7
Mith. Familienangehörige		11,9	9,9	6,7	3,4	2,0	1,6
ohne berufliche Ausbildung					27,1	24,5	24,0
Teilzeitbeschäftigte			2,9	7,7	10,5	14,9	17,4
15 - 25				19,1	20,3	18,3	12,1
25 - 55				62,6	68,3	71,3	75,0
55 - 65				14,5	9,7	9,4	11,8
Erwerbsquoten[4]		68,7	71,4	69,5	68,2	69,6	71,4
Frauen		45,5	49,0	48,0	51,1	56,0	60,4
Männer		96,5	95,0	93,0	85,7	83,0	82,1
15 - 24			80,1	66,2[1]	59,4	61,8	53,5
25 - 54				70,3[1]	75,5	78,9	82,2
55 - 64				53,7[1]	44,7	40,8	46,7

1 Verteilung für 1969
2 Anteile für 1957
3 Für 1954: Anteil der ausländischen ArbeitnehmerInnen an ArbeitnehmerInnen insgesamt
4 Anteil der Erwerbspersonen (Erwerbstätige + Erwerbslose) an der Bevölkerung im Alter von 15 bis 65

Quellen: Statistisches Jahrbuch: verschiedene Jahrgänge, Mikrozensus (Fachserie 4.1.1): versch. Jahrgänge, Grund- und Strukturdaten 1995/96, Statistisches Bundesamt (1972): Bevölkerung und Wirtschaft 1872-1972, eigene Berechnungen

Nicht das gesamte *Erwerbspotential* steht dem Arbeitsmarkt zur Verfügung, sondern lediglich die aktive Erwerbsbevölkerung, also die Erwerbstätigen und Arbeitslosen (zusammen die Erwerbspersonen). Während die Dynamik des Erwerbspotentials in Ost und West bis vor kurzem parallel verlief, ist die Dynamik der *Erwerbsquote* ganz unterschiedlich gewesen: Insgesamt blieb die Erwerbsquote in Westdeutschland stabil in einer Bandbreite von 68 bis 70 Prozent, während sie in Ostdeutschland kontinuierlich auf ein Niveau von fast 90 Prozent anstieg, nach der Wende jedoch drastisch auf 77 Prozent absackte. Hinter diesen Durchschnittswerten verbergen sich jedoch insbesondere in Westdeutschland erhebliche Strukturveränderungen: Auf Grund der *Bildungsexpansion* sanken die Erwerbsquoten der jüngsten Alterskohorten drastisch, und auch die Erwerbsquoten der ältesten Kohorten gingen auf Grund der Frühverrentungspraxis stark zurück. Gleichzeitig fielen die Erwerbsquoten der Männer, während die der Frauen stiegen. Würde man die Trendlinie beider Erwerbsquoten in Westdeutschland fortführen, wären schon in 20 Jahren die Erwerbsquoten von Männern und Frauen bei ca 70 Prozent angeglichen. In Ostdeutschland

Arbeitsmarkt und Beschäftigung

wird diese Angleichung noch schneller erreicht sein, da die ostdeutschen Frauen ohnehin – auf einem höheren Niveau als in Westdeutschland – mit den Männern schon fast gleichgezogen haben (Tabelle 1 und 2).

Tabelle 2: Bevölkerung und Erwerbstätigkeit in der DDR bzw. den neuen Bundesländern

		1950	1960	1970	1980	1989	1995
Bevölkerung in 1.000		18.388	17.188	17.068	16.739	16.433	15.506
Bevölkerung 15-65 Jahre in 1.000		12.242	11.141	10.437	10.839	11.051	10.595
(% der Gesamtbevölkerung)		66,6	64,8	61,1	64,8	67,2	68,3
davon in %:	15 - 30 Jahre	28,0[1]			37,0[2]		27,2
	30 - 50 Jahre	44,7[1]			40,6[2]		42,2
	50 - 65 Jahre	27,3[1]			22,5[2]		30,6
Erwerbstätige in 1000		7.313	7.685	7.769	8.717	9.723	6.804
davon in %:							
Frauen		40,9	45,1	48,3	49,9	48,9	44,2
Arbeiter und Angestellte		67,0	80,6	83,5	88,7	88,2	89,8
Selbständige und mith. Familienangehörige		33,0	5,5	3,4	2,2	2,2	7,4
Teilzeitbeschäftigte						8,4[3]	12,7
bis 25				11,8	14,9	12,9	13,4
25-45				48,3	49,6	47,7	56,2
45-65				33,6	31,6	37,7	30,1
Erwerbsquoten[4]		68,0	75,8	83,8	87,4	88,0	77,0
Frauen		45,8	62,1	79,1	82,8[5]	86,5	74,0
Männer		82,3	85,0	87,3	88,6[5]	90,0	80,0

1 Verteilung für 1946
2 Verteilung für 1981
3 1991
4 Anteil der Erwerbspersonen (Erwerbstätige + Erwerbslose) an der Bevölkerung im Alter von 15 bis 65
5 Diese Zahl wurde wegen der Inkonsistenz der veröffentlichten Daten geschätzt

Quellen: Statistisches Jahrbuch: verschiedene Jahrgänge, Mikrozensus (Fachserie 4.1.1): versch. Jahrgänge, Grund- und Srukturdaten 1995/96, Kommission 1996: S. 34, eigene Berechnungen

Aber auch wenn sich die *Erwerbsquoten* in der quantitativen Dimension tendenziell angleichen, so sind die qualitativen *Erwerbsverläufe* und Beschäftigungsverhältnisse zwischen den Geschlechtern wie auch zwischen den beiden Teilen Deutschlands noch sehr unterschiedlich. So unterbrechen in Westdeutschland mit dem ersten Kind nach wie vor noch viele Frauen die Erwerbstätigkeit, weniger jedoch in Ostdeutschland. *Teilzeitarbeit* wird in Westdeutschland fast ausschließlich von Frauen angeboten, was auch in Ostdeutschland gilt, allerdings in viel geringerem Umfang. Schließlich liegt die Entlohnung der Frauen im Durchschnitt noch um etwa ein Drittel unter dem Niveau der Männer, was vor allem auf die stark geschlechtsspezifische Segregation der Berufe zurückgeht.

4. Entwicklung der Arbeitsnachfrage

Die Entwicklung der Arbeitsnachfrage hängt langfristig ebenfalls – wie oben gezeigt – weniger von der Reallohnentwicklung ab als von der Entwicklung der Arbeitsproduktivität, der Arbeitszeit und den Absatzmärkten. Sehen wir einmal von der Zahl der offenen Stellen ab, die zur Zeit ohnehin sehr gering ist, dann läßt sich die Arbeitsnachfrage an der Entwicklung der Erwerbstätigen bzw. Beschäftigten ablesen. Das Beschäftigungsniveau, gemessen an der *Beschäftigtenquote*, ist in Westdeutschland zunächst bis auf ein Niveau von 70 Prozent gestiegen (1961), dann aber mit Schwankungen parallel zum Konjunkturverlauf auf einen Tiefpunkt von 62 Prozent (1984) gesunken. Erst der Konjunkturaufschwung in der zweiten Hälfte der achtziger Jahre sowie der Wiedervereinigungsboom 1989/90 brachten eine Trendumkehr, die jedoch nicht anhaltend war. Seit der Rezession von 1992/93 ist die Kurve wieder fallend, 1995 ist ein Rekordtief der Beschäftigungsquote von nur 61 Prozent zu verzeichnen, und korrespondierend dazu stieg die *Arbeitslosigkeit* auf Rekordhöhe.

In der DDR stieg dagegen die *Beschäftigungsquote* kontinuierlich bis zu einem Niveau von fast 90 Prozent (1989). Dieses extrem hohe Niveau reflektiert allerdings nicht eine besonders positive Wirtschaftsdynamik, sondern im Gegenteil nur die weit unterdurchschnittliche *Arbeitsproduktivität* und das hohe Maß an versteckter *Arbeitslosigkeit*. Die hohe Beschäftigungsquote stürzte nach der Wiedervereinigung dann auch rasch auf einen Tiefstand von 59 Prozent (1993); danach stieg sie wieder leicht und befindet sich nun auf demselben Niveau wie in Westdeutschland. Bis heute liegt die Arbeitsproduktivität in Ostdeutschland jedoch noch weit unter dem Niveau von Westdeutschland. Während die durchschnittlichen Effektivlöhne 73 Prozent derer im Westen betrugen (1995), lag das Niveau der gesamtwirtschaftlichen Produktivität bei nur 55 Prozent. Die Lohnstückkosten im Verarbeitenden Gewerbe waren 34 Prozent über dem westdeutschen Niveau und belasten den Nachholprozeß noch auf lange Zeit. Obwohl die Umorientierung des Exports auf die westlichen Industrieländer Fortschritte macht, liegt die ostdeutsche Wirtschaft mit einem Exportvolumen von knapp 14 Mrd. DM (1995) gegenüber 41 Mrd. DM 1990 nicht nur bei einem Drittel ihres früher erreichten Umfangs, sondern damit auch bei weniger als zwei Prozent der deutschen Ausfuhren insgesamt.

Wie in anderen entwickelten Industrieländern ist der *Strukturwandel* zunächst eindeutig durch eine Verschiebung der Beschäftigtenanteile in den drei Kernsektoren (Primär, Sekundär, Tertiär) gekennzeichnet. Der Rückgang des Anteils der Selbständigen und der mithelfenden Familienangehörigen, die Anfang der fünfziger Jahre noch erhebliches Gewicht hatten, hängt eng mit dem Schrumpfen der Landwirtschaft zusammen. Der Großteil der Selbständigen ist nun im Handwerk und bei den freien Berufen (Rechtsanwälte, Ärzte, Steuer- und Unternehmensberatungen) zu finden. Im Tertiärsektor ist vor allem der Anstieg der Beschäftigung im öffentlichen Dienst bemerkenswert, der jedoch Mitte der 80er Jahre endete; seither sinkt das relative Gewicht des öffentlichen Dienstes. Der Staat als kompensierender Arbeitgeber stößt zunehmend auf Widerstand und der finanzpolitische Handlungsspielraum ist für diese Rolle auch längst nicht mehr gegeben. Dagegen gründen sich berechtigte Beschäftigungshoffnungen noch auf die personenbezogenen (Bildung, Soziales und Gesundheit) und unternehmensnahen Dienstleistungen (Tabelle 3).

Bemerkenswert ist aber auch der Strukturwandel der *Arbeitsverhältnisse*. Während in den 50er und 60er Jahren noch das in einer Erwerbsbiographie durchgängige Vollzeitverhältnis von Männern als das Normalarbeitsverhältnis galt, weichen die Arbeitsverhältnisse zunehmend von dieser „Norm" ab. In Westdeutschland ist mittlerweile schon ein Drittel der abhängig Beschäftigten entweder in befristeter Beschäftigung (5%), in sozialversicherungspflichtiger Teilzeitbeschäftigung (10%), in geringfügiger Beschäftigung (13%), in abhängiger Selbständigkeit (2%), in Heimarbeit (0,4%), in Leiharbeit (0,6%) oder in Kurzarbeit (0,5%) und Arbeitsbeschaffungsmaßnahmen (0,3%). Schriebe man diesen Trend linear fort, dann wäre das Verhältnis von „normalen" und „atypischen" Arbeitsverhältnissen schon in 15 Jahren eins zu eins, wobei dieses Verhältnis Anfang der siebziger Jahre erst eins zu fünf betrug. In Ostdeutschland ist dieses Verhältnis vor allem auf Grund der geringeren *Teilzeitarbeit* noch nicht ganz soweit fortgeschritten, der Trend ist jedoch derselbe (Kommission 1996).

Arbeitsmarkt und Beschäftigung

Tabelle 3: Erwerbstätige nach Wirtschaftsbereichen im früheren Bundesgebiet (W) und in den neuen Bundesländern (O)[1]

Jahr[2]	1950	1960	1970	1980	1989	1994	1989	1994
	W	W	W	W	W	W	O	O
Primärer Sektor	**27,7**	**16,6**	**10,6**	**7,0**	**5,4**	**4,4**	**13,5**	**5,2**
Landwirtschaft[3]	23,2	13,7	8,5	5,2	3,7	2,9	9,9	3,6
Grundstoffversorgung[4]	4,6	2,9	2,1	1,8	1,7	1,5	3,5	1,7
Sekundärer Sektor	**37,7**	**45,1**	**46,8**	**41,6**	**38,1**	**34,7**	**42,1**	**32,7**
Verarbeitendes Gewerbe	29,8	36,9	38,1	33,7	31,4	27,7	35,7	16,1
Baugewerbe	7,9	8,2	8,7	7,9	6,6	7,0	6,4	16,6
Tertiärer Sektor	**32,3**	**38,3**	**42,6**	**51,4**	**56,5**	**60,9**	**42,3**	**57,2**
Handel und Verkehr[5]	15,6	18,3	17,9	18,7	18,6	19,3	15,3	17,5
Dienstleistungsunternehmen[6]	6,3	9,1	11,0	14,7	18,0	21,4	6,3	19,4
Staat	10,4	8,0	11,2	14,6	15,4	15,1	20,7	20,3
Private Haushalte[7]	k.A.	2,9	2,4	3,4	4,4	5,1	k.A.	k.A.

1 Inlandskonzept, in der Abgrenzung der Volkswirtschaftlichen Gesamtrechnung
2 Ab 1991 vorläufige Ergebnisse
3 Einschließlich Forstwirtschaft, Fischerei
4 Energie- und Wasserversorgung, Bergbau
5 Einschließlich Nachrichtenübermittlung
6 Kreditinstitute, Versicherungsunternehmen, sonstige Dienstleistungsunternehmen
7 Einschließlich privater Organisationen ohne Erwerbszweck
k.A. = keine Angaben

Quelle: Jahresgutachten des Sachverständigenrates zur Begutachtung der gesamtwirtschaftlichen Entwicklung 1995/96, eigene Berechnungen

5. Arbeitsmarkt- und Beschäftigungspolitik

Die „große Hoffnung" von Fourastié hat sich also in Deutschland – wie auch in den meisten Staaten Westeuropas – nur teilweise erfüllt. Ein Grund dafür ist die „Kostenkrankheit", die auf die Tatsache zurückzuführen ist, daß ein Großteil der Dienstleistungen (besonders personenbezogene Dienstleistungen) den sonst üblichen Produktivitätssteigerungen durch neue Techniken nicht oder nur schwer zugänglich ist. Wenn jedoch die Löhne dieser Dienstleistungen parallel mit denen in den produktivitätsstarken Bereichen verlaufen, dann werden im Sekundärbereich die (infolge neuer Technologien) freigesetzten Arbeitskräfte keine ausreichenden Arbeitsplätze im Dienstleistungsbereich finden, weil auf Grund der hohen Preise nicht genügend Nachfrage besteht.

Zur Lösung dieses Dilemmas wurden in den letzten zwanzig Jahren drei beschäftigungspolitische Wege eingeschlagen: Relative Senkung der Löhne, insbesondere in den personenbezogenen Dienstleistungen (vor allem in den USA und Japan), Ausbau der öffentlichen Dienstleistungen (vor allem in Schweden), starke *Arbeitszeitverkürzung* durch Frühverrentung und *Teilzeitarbeit* (vor allem in den Niederlanden). Alle drei Wege haben sich als problematisch erwiesen und sind weder für Deutschland noch für die Europäische Union zukunftsfähige Strategien. Ein moderner Lösungsweg, der den *Strukturwandel* sowohl auf der Angebotseite als auch auf der Nachfrageseite berücksichtigt, wäre eine Kombination von Arbeitsumverteilung, Qualifizierungsoffensive und Schaffung günstiger Rahmenbedingungen für die Forschung und Entwicklung neuer Informations- und Kommunikationstechnologien. Damit könnten auch Produktivitätsfortschritte im Bildungs-, Gesundheits- und kommerziellen Freizeitbereich erzielt werden, mit entsprechenden Preisnachlässen und Nachfragesteigerung, die schließlich auch wieder zu mehr Beschäftigung führen. Auf Grund der Vollendung des europäischen Binnenmarktes und der darüber hinausgehenden *Internationalisierung* des Arbeitsmarktes müßten die beschäftigungspolitischen

Reformen auch zunehmend europäisch wie international koordiniert werden.

Aus dem tiefgreifenden *Strukturwandel* der Arbeitsverhältnisse folgt darüber hinaus, daß sowohl das „normale" Arbeitsverhältnis als auch die „volle" Beschäftigung neu zu definieren sind. Die Auflösung des Normalarbeitsverhältnisses hat weitreichende Folgen für Einkommensverteilung und die soziale Sicherung. Zum Teil sind die Einkommen aus „atypischen" Arbeitsverhältnissen schon heute nicht mehr existenzsichernd. Vor allem sinken die daraus erworbenen Transferansprüche im Falle von Arbeitslosigkeit, Krankheit oder Rente unter das Existenzminimum. Damit verliert der Arbeitsmarkt zunehmend seine Funktion, die abhängig Beschäftigten während und nach ihrer Erwerbstätigkeit an der allgemeinen Wohlfahrtsentwicklung teilhaben zu lassen. Soll diese auch in Zukunft gesichert bleiben, müssen neue Wege zur sozialen Sicherung und zum Volkseinkommen erschlossen werden. Möglichkeiten wären der verbesserte Zugang zum Kapital, die Entlastung der Sozialversicherung von versicherungsfremden Leistungen und eine grundlegende Reform der Arbeitsmarktpolitik.

Tabelle 4: Ausgaben für Arbeitsmarktpolitik in der Bundesrepublik Deutschland 1970-1995 in Mrd. DM

	1970	1975	1980	1985	1990	1995
1. Saisonale Maßnahmen [1]	1,3	1,1	2,0	1,4	1,0	1,6
2. Konjunkturelle Anpassungsmaßnahmen[2]	0,0	2,2	0,5	1,2	1,4	1,0
3. Berufliche Bildung[3]	0,8	2,9	2,9	4,0	7,3	17,1
4. Berufliche Rehabilitation[4]	0,1	0,4	1,7	1,9	3,0	4,0
5. Lohnsubventionen zur Wiedereingliederung[5]	0,1	0,2	0,7	0,4	4,2	1,3
6. Arbeitsbeschaffungsmaßnahmen[6]	0,0	0,1	1,0	2,2	2,8	10,8
Summe "Aktive Arbeitsmarktpolitik"	**2,3**	**7,0**	**8,9**	**11,2**	**19,7**	**35,9**
(in % BSP)	*(0,3)*	*(0,7)*	*(0,6)*	*(0,6)*	*(0,8)*	*(1,0)*
7. Arbeitslosengeld	0,7	7,8	8,1	14,2	17,9	48,2
8. Arbeitslosenhilfe	0,1	0,8	1,5	9,1	7,6	20,5
9. Konkursausfallgeld	0,0	0,3	0,2	0,6	0,3	1,7
10. Vorruhestandsgeld					0,4	2,2
Summe "Passive Arbeitsmarktpolitik"	**0,7**	**8,8**	**9,9**	**23,9**	**26,2**	**72,6**
(in % BSP)	*(0,1)*	*(0,9)*	*(0,7)*	*(1,3)*	*(1,0)*	*(2,1)*
11. Verwaltung der Bundesanstalt für Arbeit	0,8	2,0	3,0	3,8	5,9	7,8
Arbeitsmarktpolitik insgesamt	**3,9**	**17,8**	**21,7**	**39,2**	**52,6**	**127,7**
(in % BSP)	*(0,6)*	*(1,7)*	*(1,5)*	*(2,1)*	*(2,1)*	*(3,7)*
12. Defizit/ Überschuß*	-0,3	-8,6	-2,6	2,3	-0,7	-6,9

* Defizit oder Überschuß der Bundesanstalt für Arbeit
1 Wintergeld, Schlechtwettergeld, Mehrkosten- bzw. Investitionskostenzuschüsse
2 Kurzarbeitergeld
3 Fortbildung, Umschulung (incl. betriebliche Einarbeitungszuschuß), Berufsausbildungsbeihilfe sowie Förderung der Berufsausbildung; Unterhaltsgeld für Teilnehmer/innen an Maßnahmen zur beruflichen Fortbildung und Umschulung, Institutionelle Förderung der beruflichen Bildung
4 Übergangsgeld, Ausbildungsgeld, Institutionelle Förderung der beruflichen Rehabilitation
5 Eingliederungsbeihilfen und sonstige Förderung der Arbeitsaufnahme, incl. Sonderprogramm des Bundes
6 1995: Beschäftigungsschaffende Maßnahmen incl. 1,4 Mrd. DM für Produktive Lohnkostenzuschüsse

Quelle: ANBA: verschiedene Jahrgänge, Grund- und Strukturdaten: verschiedene Jahrgänge, eigene Berechnungen

Eine erste Reform der *Arbeitsmarktpolitik* hat es in der Bundesrepublik Deutschland Ende der sechziger Jahre mit dem *Arbeitsförderungsgesetz* (AFG) gegeben. In diesem Gesetz wurden die Instrumente der aktiven *Arbeitsmarktpolitik* ausgebaut. Die grundlegende Idee war, den *Strukturwandel* insbesondere durch Förderung beruflicher und regionaler Mobilität zu begleiten und so Arbeitslosigkeit präventiv zu verhindern. Zur Umsetzung dieser Politik wurde die Position der *Bundesanstalt für Arbeit* mit ihren 9 Landesarbeitsämtern und 142 Arbeitsämtern operativ (Franke 1990) wie wissenschaftlich (Mertens 1988) erheblich ausgebaut. Die Beiträge zur Bundesanstalt für Arbeit und die Zuschüsse des Bundes sollten nicht nur zur Finanzierung der passiven Arbeitsmarktpolitik, also für Arbeitslosengeld und Arbeitslosenhilfe, sondern in stärkerem Maße als bisher auch zur Finanzierung von Maßnahmen der Arbeitsförderung herangezogen werden. Arbeit statt Arbeitslosigkeit sollte finanziert werden. Die Ausgaben für aktive Arbeitsmarktpolitik überstiegen Anfang der siebziger Jahre dann auch bei weitem die Ausgaben für passive Arbeitsmarktpolitik, und selbst 1980 waren die beiden Ausgabenniveaus noch fast gleich (Tabelle 4).

Spätestens seit der zweiten Rezession von 1981/82 ging diese Rechnung nicht mehr auf. Die *Arbeitslosigkeit* war mit den Mitteln der *Arbeitsmarktpolitik* nicht mehr zu bewältigen. Administrativ wie finanziell geriet die aktive Arbeitsmarktpolitik zunehmend in Konkurrenz zur passiven Arbeitsmarktpolitik, und die Arbeitsfördermaßnahmen erhielten zunehmend kompensatorischen und sozialpolitischen Charakter (Schmid u.a. 1987, 1992). Diese Tendenz verschärfte sich noch durch den Beschäftigungseinbruch in Ostdeutschland als Folge der Wiedervereinigung. Das Ausgabenniveau der aktiven Arbeitsmarktpolitik stieg insgesamt auf ein Prozent des Bruttoinlandsprodukts, und zeitweilig waren in Ostdeutschland etwa ein Viertel der Erwerbspersonen in arbeitsmarktpolitischen Maßnahmen. So wurde die aktive Arbeitsförderung ganz entgegen ihrer ursprünglichen Absicht überwiegend eine Form versteckter Arbeitslosigkeit. Diese sozialpolitische Instrumentalisierung, wenn nicht gar der Mißbrauch der aktiven Arbeitsmarktpolitik hat ihre Reputation stark beschädigt und belastet die derzeitigen Reformbemühungen der Arbeitsmarktpolitik.

Dennoch hat die *Arbeitsmarktpolitik* einen erheblichen Beitrag zur sozialen Befriedung der katastrophalen Folgen geleistet, die durch die wirtschaftspolitische „Schocktherapie" bei der Wiedervereinigung verursacht wurden. Die Bundesanstalt für Arbeit gab 1991 bis 1995 rund 205 Mrd. DM in Ostdeutschland aus. Davon wurden ca 55 Mrd. DM durch die ostdeutschen Beitragszahler der Arbeitslosenversicherung und rund 60 Mrd. DM durch einen steuerfinanzierten Zuschuß aus dem Bundeshaushalt gedeckt; rund 90 Mrd. DM mußten als Transfer der westdeutschen Beitragszahler zur Arbeitslosenversicherung aufgebracht werden. Die Arbeitsmarktpolitik war so zwar ein effektives, politisch wie wirtschaftlich aber auch bedenkliches Instrument der Einkommensumverteilung. Die übermäßige Belastung von Arbeitseinkommen gegenüber anderen möglichen Finanzierungsquellen beeinträchtigt den politischen und sozialen Konsens, während die Belastung der Arbeitskosten infolge der starken Beitragserhöhungen die in beiden Teilen Deutschlands notwendig gewordene wirtschaftliche Umstrukturierung sowie den ersehnten nachhaltigen Wirtschaftsaufschwung bremst.

Die zweite Reform der *Arbeitsmarktpolitik* wird daher sowohl die Grundlagen der Finanzierung als auch die Ausrichtung der Arbeitsförderungsinstrumente ändern müssen. Eine strategische Orientierung für eine solche Reform könnten Übergangsarbeitsmärkte sein, auf denen bezahlte Arbeit mit produktiven Aktivitäten kombiniert wird, die nicht unmittelbar entlohnt werden, gleichwohl aber zur individuellen wie gesellschaftlichen Wohlfahrt beitragen.

Literatur

Akerloff, George A./Janet L. Yellen (Hg.): Efficiency Wage Models of the Labor Market, Cambridge 1986

Clement, Wolfgang (Hg.): Konzept und Kritik des Humankapitalansatzes, Berlin 1981

Doeringer, Peter /Michael Piore: Internal Labour Markets and Manpower Analysis, Lexington, Mass. 1991
Fourastié, Jean: Die große Hoffnung des zwanzigsten Jahrhunderts, 2. Aufl., 1969 (1954)
Franke, Heinrich: Brennpunkt Arbeitsmarkt. Ein Lehrbuch für politische und betriebliche Praxis, Starnberg 1990
Franz, Wolfgang: Arbeitsmarktökonomik, Berlin u.a. 1991
Gerlach, Knut/Olaf Hübler (Hg.): Effizienzlohntheorie. Individualeinkommen und Arbeitsplatzwechsel, Frankfurt a.M. 1989
Keynes, John Maynard: Allgemeine Theorie der Beschäftigung, des Zinses und des Geldes, Berlin 1983 (1936)
Kommission für Zukunftsfragen der Freistaaten Bayern und Sachsen: Erwerbstätigkeit und Arbeitslosigkeit in Deutschland. Entwicklung, Ursachen und Maßnahmen, Bonn 1996
Lindbeck, Assar/Denis J. Snower, The Insider-Outsider Theory of Employment and Unemployment, Cambridge Mass./London 1987
Mertens, Dieter (Hg.): Konzepte der Arbeitsmarkt- und Berufsforschung. Eine Forschungsinventur des IAB, 3. überarb. Aufl., Nürnberg 1988 (Beiträge aus der Arbeitsmarkt- und Berufsforschung. 70)
Schmid, Günther/Bernd Reissert/Gert Bruche: Arbeitslosenversicherung und aktive Arbeitsmarktpolitik. Finanzierungssysteme im internationalen Vergleich, Berlin 1987; übersetzt und aktualisiert: Unemployment Insurance and Active Labour Market Policy: An International Comparison of Financing Systems, Detroit 1992
Sengenberger, Werner: Struktur und Funktionsweise von Arbeitsmärkten, Frankfurt a.M./ New York 1987
Soltwedel, Rüdiger u.a.: Regulierungen auf dem Arbeitsmarkt der Bundesrepublik, Tübingen 1991

Günther Schmid

Armut

1. Begriffsproblematik: Was ist Armut?

Was Armut ist und wer folglich zu den Armen gehört, ist in der öffentlichen, politischen sowie wissenschaftlichen Diskussion umstritten. In der Armutsforschung besteht jedoch Konsens hinsichtlich folgender Aspekte (vgl. z.B. Geißler 1996: 181f.; Habich/Krause 1995: 67f.; Zimmermann 1993):

- Armut ist räumlich und zeitlich bedingt: Das heißt, Armut ist keine universelle Größe in Zeit und Raum, sondern kann nur für eine bestimmte Gesellschaft sowie einen begrenzten Zeitabschnitt begriffen werden. Armut ist für einen Wohlfahrtsstaat wie die Bundesrepublik anders zu definieren als für ein sogenanntes Entwicklungsland. Weiterhin ist die Definition bzw. Operationalisierung den gesellschaftlichen Veränderungen anzupassen.
- Armut ist für hochentwickelte Gesellschaften wie die Bundesrepublik ein relatives Phänomen: Armut ist für diese Gesellschaften in der Regel keine Frage des physischen Überlebens, sondern eine Frage des menschenwürdigen Lebens. Armut ist daher nicht absolut im Sinne eines physischen Existenzminimums zu definieren, sondern relativ zu gesamtgesellschaftlichen Lebensgewohnheiten.
- Armut ist umfassend zu verstehen: Armut ist nicht nur eine Frage monetärer Ressourcen (Mindesteinkommen), sondern betrifft neben weiteren Dimensionen der Unterversorgung (Gesundheit, Bildung, Erwerbsstatus etc.) auch die Frage der Verfügbarkeit von Handlungsspielräumen, die die Abhängigkeit von gesellschaftlichen Rahmenbedingungen betonen.

Von den angeführten Aspekten wird insbesondere der letztgenannte, Armut umfassend zu verstehen, bisher in der Praxis, das heißt im Rahmen empirischer *Armutsanalysen*, nur unzureichend erfüllt. Die Charakteristiken sind auch als (wissenschaftlich anerkannte) theoretische Forderungen aufzufassen, wozu unterschiedliche Operationalisierungsansätze bzw. -versuche bestehen, die diesen mehr oder weniger gerecht werden. Hervorgehoben sei, daß durch die verschiedenen Operationalisierungsansätze und Meßmethoden nicht nur das Ausmaß von Armut mitbestimmt wird, sondern insbesondere auch die Bekämpfungsstrategien bzw. sozialpolitischen Forderungen geprägt sind. Weiterhin sind „offizielle" Armutsdefinitionen immer von einer gesellschaftlichen bzw. politischen Mehrheitsmeinung abhängig und folglich politisch-normativ geprägt.

Da, wie erwähnt, empirische Armutsanalysen nur vor dem Hintergrund der zugrundeliegenden Operationalisierungsansätze sinnvoll zu interpretieren sind, sei im folgenden kurz auf die wichtigsten Ansätze und Methoden bzw. Kontroversen zur Messung von Armut eingegangen.

1.1 Grundlegende Ansätze zur Messung von Armut

Zunächst bieten sich grundsätzlich zwei Zugänge an, Armut zu erfassen, nämlich der Ressourcen- und der Lebenslagenansatz.

Nach dem Ressourcenansatz wird Armut als eine Unterausstattung an monetären (Einkommen aus Erwerbsarbeit sowie Vermögen, öffentliche und private Transferleistungen etc.) bzw. nichtmonetären Ressourcen (Ergebnisse hauswirtschaftlicher Produktion usw.) verstanden. Die bisherigen empirischen Arbeiten konzentrieren sich jedoch fast ausschließlich auf eine einzige Ressource, das verfügbare Einkommen, wodurch das Phänomen Armut sicherlich nur unzureichend erfaßt wird. Allerdings belegen zahlreiche Untersuchungen einen engen Zusammenhang zwischen Einkommensarmut und weiteren Unterversorgungslagen.

Auch die beiden in Deutschland am häufigsten verwendeten Armutsmaße beziehen sich auf *Einkommensarmut* und sind daher dem (eindimensionalen) Ressourcenansatz zuzuordnen: Sowohl die quasi-offizielle Armutsgrenze nach dem *Bundessozialhilfegesetz* (*Sozialhilfegrenze*) als auch die 50-Prozent-Einkommensarmutsgrenze, wonach jene als (einkommens-)arm gelten, deren Haushaltsnettoeinkommen 50 Prozent oder weniger des Durchschnittseinkommens (nach Haushaltsgröße und Alter der Haushaltsmitglieder) vergleichbarer Haushalte beträgt (man spricht vom *Nettoäquivalenzeinkommen*), zielen auf eine Ausstattung der Untersuchungseinheiten (Personen, Familien, Haushalte etc.) mit Einkommen ab.

Eine wesentlich differenziertere Annäherung an die Komplexität des Armutsphänomens stellt der Lebenslagenansatz dar. In Deutschland wurde der Begriff „*Lebenslage*" nach dem Zweiten Weltkrieg vor allem durch Gerhard Weisser in die *Sozialpolitik* eingebracht. Nach Weisser bezeichnet Lebenslage den „Spielraum, den einem Menschen (einer Gruppe von Menschen) die äußeren Umstände nachhaltig für die Befriedigung der Interessen bieten, die den Sinn seines Lebens bestimmen" (Weisser 1956: 986). Diese Überlegungen zum thematischen Begriff „Lebenslage" beruhen auf der plausiblen Annahme, daß Menschen in unterschiedlichen Lebenslagen ungleiche Handlungsspielräume zur Befriedigung ihrer Bedürfnisse haben. Zu diesem sehr umfassenden Ansatz, der über den zentralen Begriff Handlungsspielraum vor allem auch die Verknüpfung von Makro- und Mikroebene im Rahmen von Verteilungsprozessen anstrebt, existieren mehrere Operationalisierungskonzepte und -versuche, die unterschiedliche Schwerpunktsetzungen aufweisen.

Die bisher vorwiegend gebrauchte, den Ansatz (stark) vereinfachende Operationalisierungsmethode stellt die Analyse der tatsächlichen Ressourcen- und Versorgungslage von Personen/Haushalten (Familien)/Gruppen in zentralen Lebensbereichen dar, wobei unterstellt wird, daß die Ausstattung dieser Bereiche die Handlungsspielräume, die Handlungsmotivationen und Lebenschancen entscheidend beeinflußt. Armut wird als Unterausstattung relevanter Bereiche (Einkommen, Arbeit, Bildung, Wohnen, Gesundheit, Ernährung, Freizeit etc.) bzw. als deren Kumulation interpretiert.

Während in der ehemaligen *DDR* die Versorgungslage mit Konsumgütern, Dienstleistungen oder Wohnraum im Mittelpunkt des Interesses stand (vgl. Manz 1992), basierten in der alten Bundesrepublik die *Armutsanalysen* traditionell fast ausschließlich auf dem Ressourcenansatz, wobei – wie erwähnt – auf Grund der statistischen Datenlage in der Regel eine Beschränkung auf die Ressource Einkommen erfolgt.

Für einen Vergleich der Ansätze ist wesentlich, daß Modelle, die vom Ressourcenansatz ausgehen, im Gegensatz zum Versorgungs-/Lebenslagenansatz, unterstellen, daß alles Lebensnotwendige durch Verausgabung der Ressourcen beschafft werden kann und die Untersuchungseinheit (die Person, die Familie etc.) alle Verantwortung der Ressourcenverteilung, -verwendung bzw. -umsetzung trägt.

Die *Sozialhilfegrenze* wie die 50-Prozent-Einkommensarmutsgrenze sind zwar beide wie oben angeführt dem Ressourcenansatz zuzurechnen, sie unterscheiden sich jedoch ansonsten grundlegend in ihrer Konzeptualisierung, was für die sozialpolitischen Aspekte (Bekämpfungsstrategien von Armut etc.) entscheidend ist.

1.2 Absolute und relative Armutsdefinitionen

Während die *Sozialhilfegrenze* auf das *Subsistenzkonzept* zurückzuführen ist, beruhen Armutsgrenzen, die unter Verwendung geeigneter Verteilungsmaßzahlen (beispielsweise die mehrfach erwähnten 50 Prozent des Durchschnitts einer entsprechenden Einkommensverteilung) definiert werden, auf dem Konzept der *sozialen Ungleichheit*. Aus dem erstgenannten Konzept werden absolute, aus dem letztgenannten relative Armutsdefinitionen abgeleitet.

Wie der englischsprachige Begriff „subsistence" bereits ausdrückt, wird über dieses Konzept Armut als *Existenzminimum* definiert, das entweder nur der Lebenserhaltung dient (physisches Existenzminimum) oder in einem erweiterten Sinn auf ein menschenwürdiges Dasein innerhalb einer Gesellschaft abzielt (sozio-kulturelles/konventionelles Existenzminimum). Das physische Existenzminimum gesteht lediglich jenen Bedarf an Nahrung, Kleidung etc. zu, der das dauerhafte Überleben sichert. Man spricht in diesem Zusammenhang von absoluten Armutsdefinitionen im strengen Sinn. Wie einleitend im zweiten Charakteristikum angeführt, sind diese für industrialisierte Staaten wie die Bundesrepublik (glücklicherweise noch) von untergeordnetem Interesse. Von Bedeutung sind jedoch erweiterte Existenzminima, die über das physische Existenzminimum mehr oder weniger weit hinausgehen. Das sogenannte sozio-kulturelle/konventionelle Existenzminimum berücksichtigt jenes Minimum an Bedürfnisbefriedigungsmitteln, das nach Anschauung der Gesellschaft für eine menschenwürdige Existenz erforderlich ist.

Auch die *Sozialhilfe*, die in Deutschland das staatliche Instrument der Armutsbekämpfung darstellt und worauf jeder Bürger (Bedürftigkeit vorausgesetzt) einen Rechtsanspruch besitzt, basiert auf einem sozio-kulturellen/konventionellen Existenzminimum. Sie hat nach §1 des *BSHG* die Aufgabe, einkommensschwachen Personen ein Leben zu ermöglichen, „das der Würde des Menschen entspricht". Die Sozialhilfe soll also nicht nur die physische Existenz sichern, sondern auch die Teilnahme am sozialen und kulturellen Leben ermöglichen.

Nach dem Konzept der *sozialen Ungleichheit* wird Armut als eine extreme (nicht gewollte) Ausprägung dieser angesehen. Armut wird relativ zu einem gesellschaftlichen Standard definiert, z.B. dem durchschnittlichen Einkommen oder den durchschnittlichen Ausgaben eines Haushaltes. Allgemein werden jene Untersuchungseinheiten (Personen, Haushalte, Familien etc.) als arm bezeichnet, die am „unteren Ende" einer ein- bzw. mehrdimensionalen Verteilung liegen. Die Dimension ergibt sich aus der Anzahl der berücksichtigten Merkmale (Einkommen, Vermögen, Wohnsituation, Bildung, Freizeit usw.), die zur Analyse von Benachteiligung (Ungleichheit) herangezogen werden.

Ein weitreichender Unterschied der dargestellten Ansätze besteht darin, daß beim *Sub-*

Armut

sistenzkonzept soziale Ungleichheit bei Armutsdefinitionen nicht direkt berücksichtigt wird, was – dem Namen entsprechend – beim Konzept sozialer Ungeichheit durch die Ableitung der Armutsdefinitionen aus Wohlstandsverteilungen erfolgt. Dies hat zur Folge, daß bei Armutsdefinitionen, die auf einem festgelegten *Existenzminimum* beruhen, die zu unterstützende Armutspopulation geringer wird, wenn sich das Wohlstandsniveau insgesamt (also auch jenes der Armen) verbessert und umgekehrt. Dies trifft nicht zu für Armutsdefinitionen, die auf dem Konzept der sozialen Ungleichheit aufbauen, da diese – wie angeführt – direkt aus einer (Wohlstands-) Verteilung wie beispielsweise jener des Einkommens abgeleitet werden. Unterteilt man die Einkommensverteilung z.B. in fünf gleich große Bereiche (Quintile) und werden jene Personen oder Haushalte als arm definiert, die zu den 20 Prozent der einkommensschwächsten zählen, so ist diese *Armutsgrenze* unabhängig von der gesamtgesellschaftlichen Situation. Erhöhen oder verringern sich theoretisch alle Einkommen um den gleichen Prozentsatz, so ändert sich nichts an der Anzahl der Einkommensarmen. Es muß daher nicht weiter ausgeführt werden, daß das Konzept, das einer Armutsdefinition zugrunde liegt, die Bekämpfungsstrategien von Armut entscheidend prägt.

2. Sichtbare Armut: Wohnungs- und Obdachlosigkeit

Die Anzahl der sichtbar Obdach- und Wohnungslosen, die auf der Straße „leben", ist zu groß geworden, um sie aus dem Blickfeld der Öffentlichkeit noch verdrängen zu können.

Der Begriff *Obdachlose* wird in der amtlichen Statistik und Verwaltung auf Personen und Haushalte angewandt, die keine mietvertraglich abgesicherte *Wohnung* besitzen und aufgrund ordnungsrechtlicher Verfügung, Einweisung oder sonstiger Maßnahmen der zuständigen Behörden in Notunterkünften, kommunalen Obdachlosensiedlungen oder -heimen, Einrichtungen freier Träger, Asylen etc. untergebracht sind. Man spricht in diesem Zusammenhang auch von registrierten oder manifesten Obdachlosen. Demgegenüber steht ein Obdachlosenbegriff im weiteren oder tendenziellen Sinn (verdeckte oder latente Obdachlosigkeit), unter dem all jene Bevölkerungsgruppen subsumiert werden, die vom Wohnungsverlust aktuell betroffen sind und vorübergehend bei Freunden oder Verwandten unterkommen; Haushalte, denen aufgrund einer zu hohen Mietbelastung bzw. einer bereits bestehenden Räumungsklage der Wohnungsverlust droht; Personen, die Wohnraum bewohnen, der Mindestansprüchen nicht genügt (mangelhafte sanitäre Einrichtungen, schlechte Bausubstanz, Feuchtigkeits- und/ oder Pilzbefall, Überbelegung etc.); Aussiedler, die in Aussiedlerunterkünften untergebracht sind etc. Unter Obdachlosen werden somit Personen bzw. Haushalte verstanden, die ein – wenn auch behelfsmäßiges – Obdach haben. Im Gegesatz dazu werden Personen, die ohne jedes Obdach im Freien übernachten als *Wohnungslose* bzw. in der Amtssprache irreführend als Nichtseßhafte bezeichnet, obwohl dadurch falsche Vorstellungen über die Ursachen dieser extremen Notlage suggeriert werden. Nach einer in Fachkreisen anerkannten Begriffsbestimmung des Deutschen Städtetages von 1987 werden die genannten Personenkreise unter dem Terminus Wohnungsnotfälle zusammengefaßt.

Die Bundesarbeitsgemeinschaft Wohnungslosenhilfe (BAG) schätzt, daß 1996 ca. 1 Mill. Personen in Deutschland (aufgrund fehlender Daten ohne Berücksichtigung anerkannter Asylbewerber in Notunterkünften) von Wohnungs- und (manifester/registrierter) Obdachlosigkeit betroffen waren (BAG 1996), darunter rund 930 Tsd. Personen in den alten Bundesländern (davon ca. 335 Tsd. obdachlose *Aussiedler*). Hinzu kommen noch jene Personen, die in verdeckter Obdachlosigkeit leben, das heißt deren Wohnverhältnisse aufgrund der oben genannten Kriterien (schlechte Bausubstanz, Raumnot etc.) als unzumutbar anzusehen sind. Nach Analysen des *Sozio-ökonomischen Panels* (*SOEP*) werden in den neuen Bundesländern 19 Prozent und in den alten 3 Prozent der Wohngebäude als „ganz renovierungsbedürftig bzw. abbbruchreif" eingestuft (Hauser u.a. 1996).

Von den rd. 590 Tsd. Personen (ohne obdachlose Aussiedler!), die 1996 in den alten Bundesländern von Obdach-/Wohnungslosigkeit betroffen waren, waren ca. 200 Tsd. alleinlebend (Einpersonenhaushalte), darunter etwa 35 Tsd. Personen, die ohne jede Unterkunft auf der Straße leben, davon ca. 3 bis 4 Tsd. *Frauen* (BAG 1996).

Unterversorgung im elementaren Lebensbereich Wohnen ist eine von vielen Erscheinungsformen von Armut. Zwar bedeutet Armut nicht zwangsläufig Wohnungselend – wie umgekehrt nicht jeder, der von Wohnungsmangel betroffen ist, auch arm sein muß. Die zunehmende *Wohnungsnot* ist jedoch vor allem ein Problem der einkommensschwachen Bevölkerungsschichten, die sich u.a. in einer steigenden Anzahl an Wohnungslosen als krassester Form der Wohnungsnot widerspiegelt.

In den Großstädten verengt sich nicht nur der Wohnungsmarkt für die Bezieher niedriger Einkommen, sondern innerhalb der Städte tritt zunehmend eine sozial-räumliche *Segregation* auf (Dangschat 1995). Folkert Kiepe, Fachmann beim Deutschen Städtetag, befürchtet sogar, „daß es in den Großstädten wieder zu reinen Obdachlosenvierteln kommt, die in den 70er Jahren unter großen Mühen aufgelöst wurden" (zit. nach Heuser 1994: 26).

3. Zunehmende Sozialhilfebedürftigkeit: „bekämpfte" und „verdeckte" Armut

3.1 Ausmaß und Entwicklung

Jene Personen und Haushalte, deren Sozialhilfeberechtigung nach dem *BSHG* durch Behörden anerkannt ist und die entsprechende Leistungen erhalten, werden unter dem Begriff *„bekämpfte Armut"* zusammengefaßt. 1993 waren dies im Bundesgebiet mehr als 5 Millionen Menschen (darunter 4,3 Millionen in den alten Bundesländern). Das entspricht einer Sozialhilfeempfängerquote von 6,5 Prozent in den alten und 4,8 Prozent in den neuen Bundesländern (vgl. Statistisches Bundesamt 1995: 104ff.). Die Ostquote lag damit zwar 1993 noch unter jener des Westens, die Zuwachsrate im Vergleich zum Vorjahr war jedoch in den neuen Ländern ein Vielfaches der West-Zuwachsrate, so daß diesbezüglich (leider) die Angleichung bald erreicht sein wird. Die bundesweiten Ausgaben für die *Sozialhilfe* betrugen 1993 insgesamt rd. 49 Mrd. DM, wobei diese zwischen den alten und den neuen Bundesländern (BL) dzt. noch unproportional verteilt sind: alte BL 43 Mrd., neue BL 6 Mrd. Die Ausgaben sind im alten Bundesgebiet in den vergangenen 10 Jahren um das rd. 2,5fache angewachsen und haben sich im Vergleich zu 1973 um mehr als das 7,5fache erhöht.

Zwei Formen der *Sozialhilfe* sind zu unterscheiden: Hilfe zum Lebensunterhalt (HLU) sowie Hilfe in besonderen Lebenslagen (HBL). Bei der HLU wird weiter unterschieden zwischen den „laufenden" und „einmaligen Leistungen", weil der Bedarf teils laufend besteht (z.B. Ernährung, Körperpflege, Unterkunft, Kranken- und Altersversicherung) und teils in Abständen auftritt (z.B. Kleidung, Hausrat mit höherem Anschaffungswert, Heizung usw.). Von den Sozialhilfeempfängern insgesamt beziehen dzt. mehr als drei Viertel laufende HLU. Die Kostenaufteilung verhält sich hingegen umgekehrt: Von den bundesweiten Gesamtausgaben wurden 37 Prozent für die HLU aufgewendet und 63 Prozent der Ausgaben entfielen auf HBL, davon etwa die Hälfte für „Hilfe zur Pflege" und mehr als ein Drittel für „Eingliederungshilfe für Behinderte".

Die laufende HLU ist von besonderer Bedeutung, da die monetäre Bemessung der *Sozialhilfegrenze* auf ihr basiert, und sie wird daher häufig als Indikator zur Beschreibung von *Einkommensarmut* in Deutschland herangezogen. Die Bemessung der laufenden HLU ergibt sich aus dem Regelbedarf, dem Unterkunftsbedarf, dem Mehrbedarf und gegebenenfalls Versicherungsbeiträgen. Der Regelbedarf wurde bis 1990 nach einem idealtypischen Bedarfsmengenschema an Waren und Dienstleistungen („Warenkorbmodell") festgelegt, dessen (länderspezifische) preisliche Umsetzung für eine alleinstehende Person (bzw. den Haushaltsvorstand) den (länderspe-

Armut

zifischen) „*Eckregelsatz*" ergab. Seitdem orientiert sich die Bemessung des Regelbedarfes an den tatsächlichen, statistisch ermittelten Ausgaben und dem Bedarfsverhalten von Haushalten in den unteren Einkommensgruppen (Statistik-Modell). Der Eckregelsatz, der aufgrund der unterschiedlichen Preisniveaus zwischen dem Ländern und Kommunen variiert, betrug Ende 1996 im Bundesdurchschnitt DM 523 (am höchsten in Baden-Württemberg mit DM 532; am niedrigsten in Mecklenburg-Vorpommern, Sachsen und Thüringen mit DM 507). Der Unterkunftsbedarf wird nicht durch den Regelsatz gedeckt. Dieser wird für eine „menschenwürdige Wohngelegenheit" bis zu länderspezifischen Miethöchstbeträgen (zusätzlich der anfallenden Nebenkosten) gesondert (laufend) getragen. Personen mit besonderen Lebensumständen (*Alleinerziehende*, Personen über 65 Jahre etc.) wird ein Mehrbedarf zuerkannt, der durch eine prozentuelle Erhöhung des Eckregelsatzes abgegolten wird. Ebenso wird bei weiteren bedürftigen Haushaltsmitgliedern (z.B. Kindern) verfahren.

Die *Sozialhilfegrenze (Regelsätze* einschließlich einmaliger Leistungen und Warmmiete) einer alleinstehenden Person (Haushaltsvorstand) für das Land Baden-Württemberg beträgt (Stand: Ende 1996) DM 1.114 (= Regelsatz DM 532 + einmalige Leistungen (pauschal: 18 Prozent) DM 96 + Warmmiete (ohne Strom) DM 486).

Tabelle 1: Entwicklung der Sozialhilfeempfängerzahlen im früheren Bundesgebiet (kumulierte Jahresgesamtzahlen

	Sozialhilfeempfänger: früheres Bundesgebiet					
		Jahresgesamtzahlen			lfd. HLU	HBL
Jahr	Anzahl in 1.000	(darunter Ausl.)	Anteil an Bev. (in %)	(Anteil an ausl. Bev.)	Anzahl in 1.000	Anzahl in 1.000
1963	1.491	(–)	2,6	(–)	838	814
1965	1.404	(18)	2,4	(–)	760	862
1970	1.491	(20)	2,5	(0,8)	749	965
1975	2.049	(45)	3,3	(1,2)	1.190	1.147
1980	2.144	(163)	3,5	(3,6)	1.322	1.125
1985	2.814	(325)	4,6	(7,3)	2.063	1.108
1990	3.754	(813)	5,9	(14,9)	2.890	1.510
1991	3.738	(937)	5,8	(15,2)	2.857	1.544
1992	4.033	(1.193)	6,2	(18,4)	3.151	1.630
1993	4.269	(1.276)	6,5	(19,0)	3.405	1.661

Quelle: Stat. Bundesamt (verschiedene Jahrgänge), Fachserie 13, Reihe 2, Sozialhilfe

Tab. 1 zeigt die Entwicklung der „*bekämpften*" Armut für das frühere Bundesgebiet. Von den (anerkannten) *Sozialhilfeempfängern* beziehen dzt. mehr als drei Viertel laufende HLU: 3,4 Mill. im früheren Bundesgebiet und etwa 550 Tsd. in den neuen Ländern. Die Anzahl der Personen (bezogen auf die Alt-BRD), die generell auf *Sozialhilfe* angewiesen waren, hat sich seit 1970 um das fast Dreifache erhöht, während sich die HLU-Empfänger sogar mehr als vervierfacht haben. Demgegenüber ist die Empfängerzahl bei der HBL relativ gering angestiegen. Man beachte in diesem Zusammenhang auch die überproportionalen Ausländeranteile.

Hinzu kommen die sogenannten „verdeckten" Armen, das heißt Personen, die einen ihnen zustehenden Sozialhilfeanspruch nicht geltend machen und entsprechend auch nicht durch die Sozialhilfestatistik erfaßt werden (man spricht auch von der Dunkelziffer der Armut). Der Umfang der *verdeckten Armut* kann nur geschätzt werden. Nach Hauser/Hübinger (1993: 53f.) beträgt die Dunkelziffer derzeit zwischen 30 und 50 Prozent der Gesamtzahl der anerkannten Empfänger. Insgesamt erhält man somit eine Gesamtzahl von 6,5 bis 7,5 Mill. sozialhilfebedürftiger Menschen im gesamten Bundesgebiet (davon 5,6 bis 6,5 Mill. in den alten Bundesländern), was einer Quote zwischen 8 und 9 Prozent entspricht.

3.2 Arbeitslosigkeit ist der häufigste Auslöser für Sozialhilfebedürftigkeit

Macht Arbeitslosigkeit arm? Der Anteil der Sozialhilfeempfängerhaushalte, die als Anlaß ihrer Bedürftigkeit Arbeitslosigkeit angeben, ist in der Alt-BRD kontinuierlich gestiegen, fiel zu Beginn der Wiedervereinigung etwas und tendiert dzt. wieder auf das Niveau von 1989 mit rund einem Drittel.

Umgekehrt waren 17 Prozent aller im September 1989 registrierten Arbeitslosen ganz oder teilweise auf *Sozialhilfe* angewiesen (vgl. Brinkmann u.a. 1991). Trotz der aufgezeigten Verarmungsrisiken wäre es völlig falsch, die Arbeitslosen insgesamt als Randgruppe zu bezeichnen.

Tabelle 2

	1981	1983	1985	1987	1989	1991*	1993*
Zahl der Haushalte, die wegen Arbeitslosigkeit Sozialhilfe bekamen (in 1.000)	99	202	303	438	520	565	687
in % aller Sozialhilfehaushalte	11,5	19,3	25,0	31,5	33,0	31,1	31,8

* Angaben für das vereinte Deutschland
Quelle: Statistisches Bundesamt (verschiedene Jahrgänge), Statistisches Jahrbuch; eigene Darstellung

Problematischer stellt sich die Situation hingegen für *Langzeitarbeitslose* (Personen, die seit einem Jahr und länger arbeitslos sind) und Mehrfacharbeitslose dar. Dieser Personenkreis ist bei den arbeitslosen *Sozialhilfeempfängern* stark überrepräsentiert (vgl. Brinkmann u.a 1991). Die Zahl der offiziell registrierten Langzeitarbeitslosen hat in den alten Bundesländern seit Mitte der 70er Jahre stark zugenommen: War 1975 noch jeder zehnte Arbeitslose ein Jahr oder länger ohne Job, so traf dies 1994 bereits auf jeden dritten zu (Statistisches Bundesamt 1994: 100; Schiemann 1995: 10). In den neuen Bundesländern betrug der Anteil sogar 35 Prozent. Auffällig ist in einem Ost-West-Strukturvergleich der hohe Anteil von *Frauen* an der Langzeitarbeitslosigkeit in den neuen Ländern: Während in der Alt-BRD 45 Prozent der Langzeitarbeitslosen Frauen sind, sind es in den neuen Ländern 75 Prozent (Schiemann 1995: 10f.).

Langzeitarbeitslosigkeit muß jedoch nicht zwingend zur Stigmatisierung und Ausgrenzung der Betroffenen führen. Sie wird von den Betroffenen sehr unterschiedlich bewertet und bewältigt (vgl. Kronauer u.a. 1993). Zweifellos befindet sich darunter jedoch ein großer Teil vom Personen, die am Arbeitsmarkt, objektiv betrachtet, nahezu chancenlos sind, deren Handlungsspielraum sich äußerst eingeengt hat, die Deprivation in mehreren Lebensbereichen erleiden und die in folgedessen auch entmutigt sind und resigniert haben.

3.3 Grundlegende Veränderung der sozialen Struktur der Sozialhilfeempfänger

Zweifellos darf Armut nicht mit dem Empfang von *Sozialhilfe* gleichgesetzt werden. Allerdings ist ein wesentlicher Indikator für die Armutsgefährdung einer sozialen Gruppe der darin enthaltene Anteil an Sozialhilfeempfängern. Man spricht in diesem Zusammenhang auch von Risikogruppen, das heißt von Bevölkerungsgruppen, die einen überproportional hohen Anteil an *Sozialhilfeempfängern* aufweisen. Die aufgezeigte Zunahme der Sozialhilfeempfänger, die mit einer gravierenden Anteilsverschiebung zwischen HLU- und HBL-Empfängern einherging, war gleichzeitig von einer grundlegenden Veränderung der sozialen Struktur der Sozialhilfeempfänger begleitet, das heißt, die Zusammensetzung der Risikogruppen hat sich gewandelt:

- Während die (vor allem weibliche) Altersarmut der 60er und frühen 70er Jahre zurückgedrängt werden konnte, nahm die Armutsgefährdung von *Kindern* und Jugendlichen dramatisch zu;

Armut

- nicht nur kinderreiche *Familien* tragen ein (traditionell) erhöhtes Armutsrisiko, sondern Familien generell (insbesondere Ein-Elternteil-Familien);
- die Aufteilung der Armutsbetroffenen nach Männern und *Frauen* hat sich angeglichen, das heißt sie entspricht weitgehend den demographischen Anteilen, was nicht ausschließt, daß Frauen bei bestimmten Gruppen (z.B. Ein-Elternteil-Familien; *Langzeitarbeitslose* in den neuen Ländern) stark überrepräsentiert sind;
- der Anteil der *Ausländer* und Arbeitslosen unter den *Sozialhilfeempfängern* (insbesondere HLU-Empfängern) stieg überdurchschnittlich, worin sich u.a. die Krise des Arbeitsmarktes widerspiegelt.

Neben dem diskutierten überdurchschnittlichen Verarmungsrisiko für Arbeitslose/*Langzeitarbeitslose* (und damit implizit auch für Ausländer) stellt die Verjüngung der Altersstruktur der *Sozialhilfeempfänger* das dominante Charakteristikum der Armutspopulation dar.

Für die Diskussion langfristiger Folgen ökonomischer Deprivation ist die Altersstruktur der von Armut betroffenen bzw. der in Armutsnähe lebenden Personen wesentlich. Abb.1 zeigt die Entwicklung der Altersverteilungen der HLU-Empfänger (alte Länder) seit 1970.

Die Altersverteilung der Sozialhilfeempfänger insgesamt (bezogen auf alle Hilfsformen) für die alten Bundesländer in 1993 lautet: bis 18 Jahre: 31 Prozent, 19 bis 64 Jahre: 55 Prozent, 65 Jahre und älter: 14 Prozent (vgl. Statistisches Bundesamt 1995: 105). Für die neuen Länder bestand eine sehr ähnliche Verteilung, allerdings war die Altersarmut (65 Jahre und älter) um rd. 5 Prozent höher und entsprechend die mittlere Altersgruppe um etwa diese Prozentzahl geringer betroffen. Auf das gesamte Bundesgebiet bezogen leben fast 12 Prozent der Kinder unter 7 Jahren (das heißt etwa jedes achte Kind dieser Altersklasse) zeitweilig oder länger in einem Sozialhilfehaushalt (vgl. Statistisches Bundesamt 1995: 106); 1965 betraf dies hingegen nur jedes 75te Kind dieser Altersklasse (vgl. Hauser/Hübinger 1993: 58).

Von diesen personenbezogenen und altersspezifischen Aussagen können natürlich Rückschlüsse auf die Familien- bzw. Haushaltsebene erfolgen: Wenn eine dramatisch zunehmende Anzahl von Kindern und Jugendlichen von Armut betroffen oder bedroht ist, so gilt dies ebenso für die Familien, in denen diese Kinder leben. Von den insgesamt etwa 2 Mill. HLU-Empfängerhaushalten entfallen rd. 700 Tsd. auf Familien mit Kindern. Mehr als die Hälfte darunter sind alleinerziehende *Frauen* (vgl. Statistisches Bundesamt 1995: 54). Die Haushalte von *Alleinerziehenden* weisen mittlerweile die höchsten Empfängerquoten auf: Am Jahresende 1990 betrug die Quote der Haushalte von Alleinerziehenden mit Kindern unter 15 Jahren 21,3% (vgl. Hauser/Hübinger 1993: 58). Überproportional oft sind auch *Familien* mit drei und mehr *Kindern* betroffen (und zwar nicht nur bei der Gruppe der *Alleinerziehenden*).

Abb. 1: Empfänger laufender HLU nach Altersgruppen (früheres Bundesgebiet) je 1.000 Einwohner

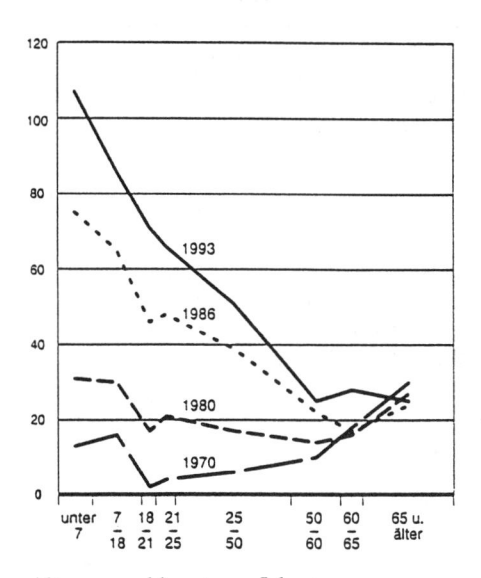

Alter von ... bis unter ... Jahren

Quelle: Stat. Bundesamt (1995, 15)

Die Folgen dieser Entwicklung sind bis auf wenige Teilaspekte kaum erforscht. Erst in jüngsten Forschungsprojekten stehen die Lebensverhältnisse von *Kindern* und Jugendlichen (bzw. die *Familien*/Haushalte, in denen sie aufwachsen) im Mittelpunkt des Interesses. Erwähnt seien in diesem Zusammenhang die Analysen auf der Basis des Familiensurveys des Deutschen Jugendinstituts (Nauck/ Bertram 1995), Untersuchungen anhand des Surveys über Kinder und Eltern der Universität Siegen (Zinnecker/Silbereisen 1996) sowie die Arbeiten aus dem Sonderforschungsbereich 227 „Prävention und Intervention im Kindes- und Jugendalter" der Universität Bielefeld (z.B. Mansel/Klocke 1996).

4. Relative Einkommensarmut

Die aus der *Sozialhilfestatistik* aufgezeigten Tendenzen der Armutsgefährdung bzw. Verarmung bestimmter Bevölkerungsgruppen (insbesondere kinderreicher Familien, Alleinerziehender, Ausländer, Langzeitarbeitsloser) werden durch Untersuchungen zur relativen *Einkommensarmut* nicht nur bestätigt, sondern verstärkt.

In der empirischen *Armutsforschung* werden als relative Einkommensarmutsgrenzen 40, 50 oder 60 Prozent des durchschnittlichen Haushaltsnettoeinkommens vergleichbarer Haushalte verwendet. Die 40%-Grenze wird häufig auch als strenge Armut und die 60%-Grenze als Armutsnähe bezeichnet. In der Bundesrepublik liegt den meisten Analysen – wie in Kap.1 angeführt – die 50%-Grenze zugrunde, die auch von der Kommission der Europäischen Gemeinschaften für ihre vergleichenden Armutsuntersuchungen herangezogen wird. Die *Sozialhilfegrenze* liegt nach vergleichenden Untersuchungen etwa bei der 40%-Grenze.

Tabelle 3: Relative Einkommensarmut in den alten und neuen Bundesländern 1995 nach Bevölkerungsgruppen (in Prozent)

	alte Bundesländer			neue Bundesländer		
	40%	50%	60%	40%	50%	60%
insgesamt	6	13	22	3	9	16
Geschlecht						
Männer	6	12	21	3	9	16
Frauen	7	14	23	3	9	16
Nationalität des Haushaltsvorstandes (HHV)						
Deutscher HHV	6	12	21	3	9	16
Ausländischer HHV	13	26	41	–	–	–
Erwerbstatus						
vollerwerbstätig	2	5	11	(1)	4	7
teilzeitbeschäftigt	(4)	10	17	(3)	(6)	11
betriebl. Ausbildung/Umschulung	18	23	32	(6)	15	24
nicht erwerbstätig	8	15	25	4	10	17
arbeitslos gemeldet	19	32	48	11	24	38
Alter						
0-6	8	18	32	5	17	32
7-13	9	23	36	5	15	23
14-17	11	22	39	8	16	25
18-30	8	15	23	3	9	16
31-45	5	10	21	4	10	18
46-60	6	10	16	(3)	6	10
61 u. m.	4	9	16	(0)	(2)	4
Familienstand						
verheiratet, zusammenlebend	4	8	17	2	6	11
verheiratet, getrenntlebend	(9)	(26)	(30)	(8)	(19)	(20)
ledig	8	12	19	3	8	16
geschieden	8	15	21	(8)	(17)	23
verwitwet	(4)	10	14	(1)	(2)	(6)

( ) Fallzahlen in der Stichprobe (vor der Hochrechnung) unter 30
Quelle: eigene Berechnungen nach: Sozio-ökonomisches-Panel (SOEP) 1995

Ein Vergleich der Quoten von *Sozialhilfeempfängern* und relativ Einkommensarmen ist allerdings nur bedingt möglich, da sich die Angaben zur Einkommensarmut auf einen Stichtag beziehen, jene der Sozialhilfempfänger hingegen nur für ausgewählte Merkmale stichtagsbezogen erhoben werden (Jahresende) und ansonsten kumulierte Jahresgesamtzahlen darstellen, die im allgemeinen wesentlich höher liegen als Stichtagsangaben. So betrug 1993 für die Alt-BRD die Quote der Empfänger laufender HLU auf den Zeitraum des gesamten Jahres bezogen 5,2 Prozent und zum Stichtag Jahresende (allerdings eingeschränkt auf HLU-Bezieher außerhalb von Einrichtungen) hingegen nur 3,3 Prozent (Statistisches Bundesamt 1995: 22). Im Vergleich zur letztgenannten Jahresendquote lag die 40%-Einkommensarmuts-Quote 1993 (Alt-BRD) mit rd. 5 Prozent wesentlich höher, wobei diese Differenz mit nicht geltend gemachten Sozialhilfeansprüchen (Dunkelziffer) sowie den fehlenden HLU-Beziehern in Einrichtungen gut erklärt werden kann.

Die Tabellen 3 und 4 dokumentieren die Betroffenheit mit *Einkommensarmut* für das Jahr 1995 getrennt für die alten und neuen Bundesländer nach ausgewählten personen- bzw. haushaltsbezogenen Merkmalen. Aufgrund der nach wie vor bestehenden Einkommensunterschiede zwischen den alten und den neuen Bundesländern würden im Falle einer gemeinsamen Einkommensarmutsgrenze die Quoten für die neuen Länder wesentlich höher liegen.

Tabelle 4: Relative Einkommensarmut in den alten und neuen Bundesländern 1995 im Haushaltskontext (in Prozent)

	alte Bundesländer			neue Bundesländer		
	40%	50%	60%	40%	50%	60%
insgesamt	5	10	18	3	7	13
Haushaltsgröße						
1	5	9	13	(4)	(8)	12
2	3	7	13	(0)	(2)	6
3	8	15	23	(3)	9	15
4	5	12	25	(4)	10	18
5 und mehr	15	30	45	(10)	31	45
Haushaltstypen:						
Einpersonenhaushalte	5	9	13	(4)	(8)	12
(Ehe-)Partner ohne Kinder	3	6	12	(0)	(2)	5
Haushalte mit Kindern*	9	19	31	4	12	22
Alleinerziehende	(20)	47	60	(6)	(21)	36
(Ehe-)Partner mit Kindern	7	14	27	4	10	18
Haushalte mit Kindern*						
insgesamt	9	19	31	4	12	21
mit Kindern im Alter bis 2 Jahre	(7)	20	32	(6)	(15)	31
3-6 Jahre	9	19	33	(4)	15	29
7-13 Jahre	9	22	34	(5)	14	22
14-17 Jahre	11	21	37	(6)	15	24
18 u. älter	11	22	32	(6)	(12)	19

( ) Fallzahlen in der Stichprobe (vor der Hochrechnung) unter 30
* Als Kinder werden jene Personen im Alter von höchstens 26 Jahren bezeichnet, für die Kindergeld empfangen wird
Quelle: eigene Berechnungen nach: Sozio-ökonomisches-Panel (SOEP) 1995

1995 waren im alten Bundesgebiet 6 Prozent der Bevölkerung von strenger *Einkommensarmut* betroffen und mehr als doppelt soviele (13 Prozent), wenn die 50%-Grenze zugrunde gelegt wird, was einem Bevölkerungsanteil von 8,6 Mill. Personen entspricht (die geringfügigen Ergebnisunterschiede zum Artikel Einkommen und Vermögen beruhen auf der Verwendung leicht unterschiedlicher Gewichtungsfaktoren der Haushaltsmitglieder (Äquivalenzskalen)). In Armutsnähe (60%-Grenze) mußte 1995 bereits mehr als ein Fünftel der Bevölkerung (22 Prozent) der Alt-BRD, das sind rd. 14,5 Mill. Menschen, für einen kürzeren oder längeren Zeitraum leben. In den neuen Ländern waren (unter Verwendung getrennter Armutsgrenzen) 9 Prozent oder 1,4 Mill. Personen von der 50%-Einkommensarmut betroffen. Hervorzuheben sind analog zur Sozialhilfestatistik die überproportionale Betroffenheit der *Ausländer* (ein Viertel von ihnen ist 50%-einkommensarm) sowie jene von Kindern und Jugendlichen. Bereits etwa jedes dritte Kind im Vorschulalter lebt in (Einkommens-)Armutsnähe an der 60%-Grenze. Zweifellos ist das Armutsrisiko entscheidend durch den Erwerbsstatus geprägt: Ein Drittel der arbeitslos gemeldeten Personen lebt in relativer 50%-Einkommensarmut und fast jeder zweite in Armutsnähe. Allerdings nimmt der Anteil jener, die trotz einer bestehenden Erwerbstätigkeit in Armut leben („working-poor") stetig zu: 5 Prozent der Vollerwerbstätigen und doppelt soviele Teilzeitbeschäftigte sind als relativ einkommensarm (50%-Grenze) zu bezeichnen, und jeder zehnte Vollerwerbstätige ist von Armut bedroht (Armutsnähe: 60%-Grenze).

Tabelle 4 spiegelt wider, daß die Haushaltsgröße und der Haushaltstyp entscheidend das Armutsrisiko bestimmen: Mit der Anzahl der Haushaltsmitglieder und vor allem, wenn Kinder im Haushalt leben, steigt die Verarmungsgefahr überproportional. Am stärksten sind Haushalte von *Alleinerziehenden* gefährdet, wo fast jeder zweite relativ einkommensarm ist (alte Länder; 50%-Grenze). Aber auch (Ehe-)Partner mit *Kindern* weisen überdurchschnittliche Armutsquoten auf. Insgesamt sind in den alten Ländern 10 Prozent aller *Haushalte* (rd. 3 Mill.) als einkommensarm (50%-Grenze) zu bezeichnen. In den neuen Ländern liegt die Quote (noch) niedriger: Hier sind 7 Prozent oder 475 Tsd. Haushalte betroffen (50%-Grenze).

5. Armut und Unterversorgung in zentralen Lebensbereichen

Einleitend wurde diskutiert, daß in Deutschland Armutsuntersuchungen vorwiegend auf die Ausstattung von Personen/Haushalten (Familien)/Gruppen mit Einkommen abzielen. Zweifellos stellt das Einkommen ein zentrales Merkmal der sozio-ökonomischen Lage dar, sie wird jedoch auch wesentlich durch weitere Dimensionen wie Bildung, Arbeit, Gesundheit etc. geprägt. Die mehrdimensionale Analyse von Versorgungslagen, die – wie in Kap. 1 angeführt – dem Lebenslagenansatz der Armutsforschung zuzurechnen ist, stößt in jüngster Zeit zunehmend auf Resonanz, weil dadurch das Phänomen Armut u.a. in seinen Ausprägungen deutlicher hervortritt.

Tabelle 5: Versorgungslagen: Bereiche/Dimensionen, Indikatoren und Unterversorgungsschwellen

Bereich/Dimension	Indikator	Unterversorgungsschwelle
Einkommen	Haushaltsnettoeinkommen	50%-Einkommensarmutsgrenze
Arbeit	Erwerbsstatus	registrierte Arbeitslosigkeit
Bildung	allg. (schulische) Bildung berufliche Bildung	kein allg. und/oder berufl. Bildungsabschluß
Wohnen	Wohnraumversorgung (Belegungsdichte) Wohnungsausstattung	weniger als ein Wohnraum pro Haushaltsmitglied kein Bad und/oder WC innerhalb der Wohneinheit
Gesundheit	Gesundheitszustand Skala von 1 (=sehr gut) bis 5 (=schlecht)	4 (=wenig zufriedenstellend) oder 5 (=schlecht)

Armut

Bei einem in diesem Sinne (lebenslagenorientierten) mehrdimensionalen Armutsbegriff sind zunächst die relevanten Lebensbereiche bzw. die maßgeblichen Dimensionen der Ressourcen/Versorgungslage und in der Folge die Indikatoren, die diese charakterisieren, festzulegen sowie die Grenzen der Unterausstattung/-versorgung zu bestimmen. In der Regel wird zunächst ausgegangen von der klassischen Triade *sozialer Ungleichheit: Einkommen, Bildung* und *Beruf* (Erwerbsstatus), die in der Folge pragmatisch durch weitere Dimensionen wie Gesundheit, Wohnen etc. ergänzt wird. Die Charakterisierung der analysierten Bereiche (Dimensionen) durch Indikatoren sowie die Festlegung der entsprechenden Unterversorgungsschwellen (Tab. 5) orientierte sich an vergleichbaren Untersuchungen (z.B. Hanesch u.a. 1994).

Die entsprechenden Unterversorgungsquoten zu Tab. 5 werden in Tab. 6 für die alten und neuen Bundesländer in 1995 wiedergegeben

Die Analysen wurden mit dem *Sozio-ökonomischen-Panel (SOEP)* erstellt und beziehen sich auf „merkmalsfähige" Personen, das heißt auf Personen, die zum Befragungszeitpunkt 16 Jahre oder älter waren (Befragungspersonen des SOEP) und somit grundsätzlich einen Bildungsabschluß erreicht haben und erwerbsfähig sein können. Hervorgehoben sei in diesem Zusammenhang, daß *soziale Ungleichheiten* jedoch zu einem wesentlichen Teil durch die Familie/den Haushalt vermittelt werden: Beispielsweise bedeutet Arbeitslosigkeit eines Familien-/Haushaltsmitgliedes häufig Einschränkungen aller weiteren Mitglieder, die hinsichtlich der betrachteten Dimension (z.B. Arbeit) oftmals gar nicht merkmalsfähig sind (Kinder, Jugendliche etc.), das heißt, diese anderen Familien-/Haushaltsmitglieder stellen indirekt Betroffene dar. Diese mehrdimensionalen Armuts-/Unterversorgungsanalysen sind daher auch haushaltsbezogen zu erstellen, was – bis auf wenige Anmerkungen – an dieser Stelle aus Platzgründen unterbleiben muß (ausführlich siehe dazu Zimmermann 1997).

Tabelle 6: Unterversorgungsquoten (1995) in ausgewählten Bereichen; Befragungspersonen

	alte Länder (in %)	neue Länder (in %)
Einkommen	10,9	6,5
Wohnraumversorgung	10,2	14,8
Wohnungsausstattung	2,2	11,4
Allgemeine Bildung*	3,2	0,4
Berufliche Bildung*	23,0	8,6
Gesundheit	15,3	8,8
Arbeit**	9,1	23,0

* Bildungsunterversorgung besteht, wenn ein Schul- oder Berufsbildungsabschluß nicht vorliegt, sofern die Person sich nicht noch in Schul- oder Berufsausbildung befindet;
** Arbeitslosenquote: Anzahl der Arbeitslosen bezogen auf abhängige Erwerbspersonen.
Bei der Arbeitslosenquote ist zu berücksichtigen, daß diese zwangsläufig von den Ergebnissen der amtlichen Statistik abweichen muß, da die im SOEP erhobene registrierte Arbeitslosigkeit stichtagsbezogen ist, gegenüber der amtlichen Statistik, die mit zeitraum-bezogenen (Monat, Jahr) Durchschnittszahlen arbeitet.

Quelle: eigene Berechnungen nach: Sozio-ökonomisches-Panel (SOEP) 1995; Befragungspersonen.

In Tabelle 6 sind zunächst die teilweise großen Differenzen bei den *Unterversorgungsquoten* zwischen den alten und den neuen Bundesländern auffällig. Die Einkommensarmutsquoten der Befragungspersonen liegen um rd. 2 Prozent unter jenen der gesamten Wohnbevölkerung (vgl. Tab. 3), worin sich die überproportionale Armutsbetroffenheit von Kindern und Jugendlichen bis 16 Jahren ausdrückt. 10 Prozent der Befragungspersonen der alten und 15 Prozent in den neuen Ländern weisen eine Wohnraumunterversorgung auf; dies bedeutet, daß 7,5 Prozent der West-Haushalte und rd. 13 Prozent der Ost-Haushalte davon betroffen sind bzw. insgesamt rd. 15 Prozent der gesamten Wohnbevölkerung (West: 14 Prozent; Ost: 20 Prozent). Die hohe Differenz bei den beruflichen *Bildungsabschlüssen* erklärt sich daraus, daß das formale Ausbildungsniveau in der ehemaligen DDR höher war als in der Alt-BRD, wobei die Ausbildungssysteme nicht direkt vergleichbar sind. Mehr als 15 Prozent in den alten und 9 Prozent in den neuen Ländern geben ihren Gesundheitszustand als „wenig zufriedenstellend oder schlecht" an, wobei diese Quoten mit Ergebnissen zur Frage „gesundheitlich schwer behindert" aus dem SOEP bestätigt werden können.

Zweifellos darf die Unterversorgung in einem der Bereiche *Wohnen, Bildung, Gesundheit* oder *Arbeit* nicht mit Armut gleichgesetzt werden. Die Kumulation von Unterversorgung in einem oder mehreren der genannten Bereiche mit Unterversorgung im „Kernbereich" Einkommen wird hingegen als „verschärfte" Armutssituation angesehen.

In den alten wie in den neuen Bundesländern sind die Hälfte aller Personen, die 16 Jahre und älter sind (Befragungspersonen), von keinem der genannten Unterversorgungsbereiche betroffen, allerdings weisen auch 50 Prozent aller Befragungspersonen mindestens eine Unterversorgungslage auf, das sind hochgerechnet 21 Mill. Personen in den alten und 6 Mill. Personen in den neuen Ländern. 11 Prozent oder 4,6 Mill. der West-Befragungspersonen (Ost: 6,5 Prozent oder 750 Tds. Personen) sind von relativer Einkommensarmut betroffen. Davon sind 3,7 Prozent oder 1,6 Mill. Personen ausschließlich von *Einkommensarmut* betroffen, weisen also keine der anderen Unterversorgungslagen auf (Ost: 1,45 Prozent; 170 Tsd. Befragungspersonen). Ensprechend leben rd. 7 Prozent aller Befragungspersonen in den alten (das sind 3 Mill. Personen) und 5 Prozent in den neuen Ländern (rd. 600 Tsd. Personen) in „verschärfter" Armut.

Umgekehrt weist ein Drittel der einkommensarmen West-Befragungspersonen (Ost: 22 Prozent) keine weitere der betrachteten Unterversorgungslagen auf, etwas mehr als ein Drittel hat eine weitere Deprivation (Ost: 40 Prozent), ein Fünftel hat zwei weitere (Ost: 32 Prozent), und etwa jeder zehnte der einkommensarmen West-Befragungspersonen (Ost: 6 Prozent) hat mit mindestens drei weiteren Unterausstattungen zu leben. In Abwandlung einer alten Volksweisheit ließe sich resümieren: Eine *Unterversorgung* kommt selten allein.

6. Armutsbilder im Wandel: Armut ist mehrheitlich zeitlich begrenzt

In der öffentlichen, politischen sowie wissenschaftlichen Diskussion der BRD wurde Armut über lange Zeit als statisch, das heißt als (relativ) dauerhafte Lebenslage angesehen. Weiterhin unterscheidet die konventionelle *Armutsforschung* mehr oder weniger homogene „Problemgruppen" der Armut nach sozialstrukturellen Kriterien („Kerngruppen" wie Arbeitslose, Alleinerziehende, Rentner und „Randgruppen" wie Obdachlose und Wohnungslose). Die Armutsverläufe dieser Personen oder Personengruppen wurden in der Folge als Abstiegsprozesse gedacht, die zu einer Verfestigung von Armutslagen führen, wodurch Armut mit Langzeitarmut gleichgesetzt wird.

Dieses Armutsbild wurde einerseits wesentlich geprägt durch die Randgruppenforschung der 60er und 70er Jahre, die sich auf besonders schwierige (für die Betroffenen oftmals ausweglose) „Inseln der Armut" konzentrierte und damit weniger ausgegrenzte Armut aus dem Blickfeld verlor. Gleichzeitig wurde Armut im Gegensatz zu den 50er Jahren, wo die Überwindung der kriegsbedingten Armut als gesamtgesellschaftliche Aufgabe angesehen wurde, überwiegend nicht als kollektives, sondern als Einzelschicksal und individuelles Versagen interpretiert, wobei jedoch zunehmend auch der Anteil sozialstaatlicher Institutionen am Stigmatisierungsprozeß hervorgehoben wurde. Andererseits wurde dieses Bild durch die Diskussion über die „Neue Armut" in den 80er Jahren bestimmt, die den strukturellen Zusammenhang zwischen *Arbeitslosigkeit* (insbesondere Langzeitarbeitslosigkeit) und Armut thematisierte. In der Armutsdebatte rückten dadurch zwar gesellschaftlich bedingte Ursachen (zunächst) wieder in den Mittelpunkt, auf Grund der einseitigen Ausrichtung auf *Langzeitarbeitslose* wurde Armut jedoch weiterhin implizit als dauerhaft angesehen. Diese konventionellen (statischen) Armutsbilder wurden durch Ergebnisse der dynamischen (lebenslauftheoretischen) *Armutsforschung*, die sich in Deutschland seit den späten 80er Jahren entwickelte, relativiert. Biographisch orientierte Studien über *Armutsverläufe* („Armutskarrieren") belegen, daß Armut, genauer: bestimmte (zentrale) Armutsformen (*Sozialhilfe*, relative *Einkommensarmut*) „verzeitlicht" sind, das heißt, daß sie für die Mehrheit der Betroffenen eine vorübergehende Phase im Lebenslauf darstellen. Nach Analysen des *Sozio-ökonomischen Panels (SOEP)* waren rd. 60 Prozent der Armutsbevölkerung des Zeitraumes 1984-1991 nur in einem Jahr einkommensarm (das heißt, ihr Einkommen lag in einem Jahr dieses Zeitraumes unter der 50%-Einkommensarmutsgrenze und 13 Prozent davon waren die überwiegende Zeit in Einkommensarmut, das heißt, sie wurden in den betrachteten 9 Jahren mindestens viermal als einkommensarm registriert (vgl. Krause 1992: 10, Tab. 4). Zu ähnlichen Ergebnissen kommen Studien auf der Basis von Sozialhilfeakten der Stadt Bremen: 57 Prozent der Sozialhilfeempfänger weisen eine Nettobezugsdauer (Summe der einzelnen Bezugsdauern von Sozialhilfe im Beobachtungszeitraum) von unter einem Jahr und 11 Prozent eine Dauer von sechs und mehr Jahren auf (vgl. Leibfried u. a. 1995: 80).

Armut im Sinne von *Einkommensarmut* ist ebenso wie Sozialhilfeabhängigkeit nicht zwingend dauerhaft, sondern in der Mehrzahl zeitlich begrenzt. Das heißt, es bestehen für jene, die sich bereits in einer der genannten Armutslagen befinden, einerseits (im Durchschnitt) gute Chancen, diese wieder zu verlassen, andererseits ist die Wahrscheinlichkeit für eine neuerliche Notlage hoch (40 Prozent der Bremer Sozialhilfefälle wiesen mindestens zwei Bezugsperioden auf; vgl. Leisering 1995a: 69). Auch das grundsätzliche Risiko einer Einkommensarmut ist groß: So war im Zeitraum von 1984 bis 1992 fast jeder dritte einmal von Einkommensarmut (gemessen am 50 Prozentniveau des Durchschnittseinkommens) betroffen und sogar annähernd jeder zweite geriet in eine armutsnahe (gemessen am 60 Prozentniveau des Durchschnittseinkommens) Einkommenslage (vgl. Habich/ Krause 1995: 79). Innerhalb einer längeren Zeitspanne kommt somit ein großer Teil der Bevölkerung mit Einkommensarmut in Berührung, wobei es in der Folge für viele nicht bei einer Erfahrung bleibt. Allerdings gelingt es der überwiegenden Mehrheit nach einer oder mehreren (Einkommens-)Armutsphasen, dauerhaft ihre Lage (teils wesentlich) zu verbessern. Die starke Fluktuation in und aus der Armut fordert jedoch auch ihre Opfer: Hervorzuheben ist in diesem Zusammenhang, daß absolut betrachtet die Anzahl der Langzeitarmen in den vergangenen 20 Jahren stark zugenommen hat. Die Absolutzahl der Langzeitsozialhilfefälle stieg massiv an, und insbesondere vervielfachte sich in diesem Zeitraum die Obdach- und Wohnungslosigkeit. Dies bedeutet keinen Widerspruch zu den obigen Aussagen: Relativ betrachtet, das heißt innerhalb der von Armut betroffenen, sind jene, die dauerhaft verarmen, zwar nur eine (relevante) Minderheit, im Vergleich der letzten Jahre (Absolutsetzung) stieg ihre Zahl jedoch erheblich.

7. Zunehmende Polarisierung zwischen Arm und Reich

Einleitend wurde diskutiert, daß für hoch entwickelte Gesellschaften mit einem allgemein hohen Wohlstand Armut ein relatives Phänomen ist. Armut ist daher relativ zu gesamtgesellschaftlichen Lebensgewohnheiten zu definieren, wodurch die *Armutsforschung* im Zusammenhang mit der Analyse der Verteilung von gesellschaftlichem Wohlstand und folglich von sozialer Ungleichheit zu sehen ist. Vor diesem Hintergrund kann die Entwicklung von Unterversorgungslagen und Armut innerhalb einer Gesellschaft nur angemessen beurteilt werden, wenn der Blick auf die gesamtgesellschaftliche Verteilung von Ressourcen bzw. Versorgungslagen (Lebenslagen) erweitert wird (siehe dazu auch die ausführliche Darstellung bei Zimmermann 1995; vgl. weiterhin den Artikel Einkommen und Vermögen).

In den vorangegangenen Kapiteln wurde aufgezeigt, daß das Armutsrisiko und in der Folge die Armutsbetroffenheit in Deutschland seit Mitte der 70er Jahre kontinuierlich zunimmt. Beispielsweise stieg die Anzahl der Empfänger laufender Hilfe zum Lebensunterhalt (Alt-BRD) in den vergangenen 20 Jahren im Durchschnitt um 12 Prozent jährlich. Gleichzeitig nahmen und nehmen in den alten Bundesländern die Wohlhabenden und Reichen, das heißt jene Haushalte, die über mehr als das Doppelte des durchschnittlichen Haushaltsnettoeinkommens verfügen, zahlenmäßig zu. Nach Berechnungen des Deutschen Instituts für Wirtschaftsforschung (basierend auf der Einkommens- und Verbrauchsstichprobe) betrug 1988 (alte Bundesländer) das durchschnittliche Haushaltsnettoeinkommen ziemlich genau DM 4.000 (Bedau 1990: 311f.). Gleichzeitig konnten rd. 1,8 Millionen Haushalte, das entspricht einem Anteil von 6,5 Prozent, über DM 8.000 und mehr (netto) monatlich verfügen; der Anteil der Haushalte dieser Einkommensklasse hatte sich damit im Vergleich zu 1980 mehr als verdoppelt (vgl. Schmid 1990). Während 1988 rd. 2 Prozent der Haushalte mit weniger als DM 1.000 ihr Auskommen finden mußten, ist die Anzahl der Haushalte mit einem monatlichen Nettoeinkommen von mehr als DM 10.000 stark im Steigen begriffen: Zwischen 1978 und 1988 hat sich ihr Anteil mehr als verdreifacht (vgl. ebda.); rd. 3,7 Prozent (oder fast eine Million) der Haushalte hatten 1988 mehr als DM 10.000 zur Verfügung, ihr Anteil am Gesamteinkommen betrug 16 Prozent (Huster 1993: 35). Nach Bäcker/Steffen (1991: 295) hat sich zu Beginn der 90er Jahre in der Alt-BRD „infolge der Vereinigung der Prozeß der Ungleichverteilung sogar noch verschärft; Unternehmen, Selbständige und Vermögensbesitzer haben deutlich stärker als die ArbeitnehmerInnen vom Boom profitiert". Aber auch in den neuen Bundesländern bildet sich seit der Vereinigung eine Lohn- und Gehaltsdifferenzierung innerhalb und zwischen den Wirtschaftszweigen aus, die mindestens so groß ist wie im alten Bundesgebiet (vgl. Frick/Krause/Schwarze 1991). Immer mehr Haushalte entfernen sich also immer weiter vom Durchschnitt. Man kann daher resümieren, daß derzeit in der Bundesrepublik einerseits die Armen stark zunehmen und andererseits gleichzeitig die Reichen immer zahlreicher und wohlhabender werden.

Literaturverzeichnis

Bäcker, G./J. Steffen: Reichtum im Westen – Armut im Osten? Neue Gesellschaftsspaltungen machen soziale Mindestsicherung erforderlich, in: WSI Mitteilungen 5, 1990, S. 292-307

Bedau, K.-D.: Das Einkommen sozialer Haushaltsgruppen in der Bundesrepublik Deutschland 1988, in: DIW-Wochenbericht, Nr. 22, 1990, S. 304-313

Brinkmann, Ch. u.a.: Arbeitslosigkeit und Sozialhilfebezug, in: MittAB, Heft 1, 1991, S. 157-177

Bundesarbeitsgemeinschaft Wohnungslosenhilfe e.V.: BAG Informationen: Zahl der Wohnungslosen, Bielefeld 1996

Dangschat, J. S.: „Stadt" als Ort und Ursache von Armut und sozialer Ausgrenzung, in: Beilage zur Wochenzeitschrift DAS PARLAMENT, B31-32/95 vom 28.7.1995, S. 50-62

Frick, J./P. Krause/J. Schwarze: Haushalts- und Erwerbseinkommen in der DDR, in: KZfSS 43, 1991, S. 334-343

Habich, R./P. Krause: Armut in der Bundesrepublik Deutschland. Probleme der Messung und die Reichweite empirischer Untersuchungen, in: Barlösius, E. u. a. (Hg.): Ernährung in der Armut, Berlin 1995, S. 62-86

Hanesch, W. u.a.: Armut in Deutschland, Reinbeck bei Hamburg 1994

Hauser R./W. Hübinger: Arme unter uns. Teil 1: Ergebnisse und Konsequenzen der Caritas-Armutsuntersuchung, Freiburg i. Br. 1993

Hauser, R. u.a.: Ungleichheit und Sozialpolitik, Opladen 1996

Heuser, U. J.: Das letzte Quartier, in: DIE ZEIT vom 30.9.1994, S. 25f.

Huster, E.-U. (Hg.): Reichtum in Deutschland. Der diskrete Charme der sozialen Distanz, Frankfurt a.M./NewYork 1993

Krause, P.: Einkommensarmut in der Bundesrepublik Deutschland, in: Beilage zur Wochenzeitschrift DAS PARLAMENT vom 27.11.1992, B49/92, 1992, S. 3-17

Kronauer, M. u.a.: Im Schatten der Arbeitsgesellschaft. Arbeitslose und die Dynamik sozialer Ausgrenzung, Frankfurt a.M. 1993

Leibfried, St. u.a. : Zeit der Armut. Lebensläufe im Sozialstaat, Frankfurt a.M. 1995

Leisering, L.: Zweidrittelgesellschaft oder Risikogesellschaft? Zur gesellschaftlichen Verortung der „neuen Armut" in der Bundesrepublik Deutschland, in: Bieback, K.-J./H. Milz (Hg.): Neue Armut, Frankfurt a.M./ New York 1995, S. 58-92

Mansel, J./A. Klocke (Hg.): Die Jugend von heute, Weinheim/München 1996

Manz, G.: Armut in der „DDR"-Bevölkerung. Lebensstandard und Konsumtionsniveau vor und nach der Wende (= Beiträge zur Sozialpolitik-Forschung, Bd. 7), Augsburg 1992

Nauck, B./H. Bertram (Hg.): Kinder in Deutschland. Lebensverhältnisse von Kindern im Regionalvergleich, Opladen 1995

Schiemann, F.: Einmal langzeitarbeitslos – immer arbeitslos?, in: Sozialreport, IV. Quartal 1995 (neue Bundesländer), S. 10-15

Schmid, K.-P.: Wachsender Wohlstand, in: DIE ZEIT Nr. 46 vom 9. 11. 1990, S. 34

Statistisches Bundesamt (Hg.): Datenreport 1994, Bonn 1994

Statistisches Bundesamt (Hg.): Sozialhilfe 1993, Fachserie 13/Reihe 2, Stuttgart 1995

Statistisches Bundesamt (Hg.): Statistisches Jahrbuch 1996 für die Bundesrepublik Deutschland, Wiesbaden 1996

Weisser, G.: Wirtschaft, in: W. Ziegenfuss (Hg.): Handbuch der Soziologie, Stuttgart 1956, S. 970-1101

Ulbrich, R.: Wohnverhältnisse einkommensschwacher Schichten, in: Döring, D./W. Hanesch/E.-U. Huster (Hg.): Armut im Wohlstand, Frankfurt a.M. 1990, S. 206-225

Zimmermann, G.E.: Armut: Konzepte, Definitionen und Operationalisierungsansätze in der BRD. Wider ein Ende der Grundsatzdiskussion, in: Soziale Probleme, H. 2, 1993, S. 183-228

Zimmermann, G. E.: Neue Armut und neuer Reichtum. Zunehmende Polarisierung der materiellen Lebensbedingungen, in: Gegenwartskunde, H. 1, 1995, S. 5-18

Zimmermann, G.E.: Formen von Armut und Unterversorgung im Kindes- und Jugendalter, in: Klocke A./K. Hurrelmann (Hg.): Kinder und Jugendliche in Armut, Opladen 1997, S. 51-71

Zinnecker, J./R. K. Silbereisen: Kindheit in Deutschland. Aktueller Survey über Kinder und ihre Eltern, Weinheim/München 1996

Gunter E. Zimmermann

Ausländische Bevölkerung[1]

1. Definition und Abgrenzung

Neben den USA ist Deutschland das wichtigste Einwanderungsland. 1996 lebten 7,3 Millionen Ausländer in Deutschland. Zur ausländischen Bevölkerung werden all diejenigen gezählt, die einen Wohnsitz in Deutschland haben, jedoch nicht in Besitz der deutschen *Staatsbürgerschaft* sind. Die ausländische Bevölkerung kann nicht mit der zugewanderten Bevölkerung gleichgesetzt werden, sondern stellt nur eine Teilmenge dieser dar. Zur zugewanderten Bevölkerung sind auch 3,5 Millionen *Aussiedler* zu rechnen, die seit 1950 nach Deutschland gekommen sind. Außerdem hat ein Teil der ausländischen Bevölkerung die deutsche Staatsbürgerschaft angenommen. Zur ausländischen Bevölkerung zählen aber auch Personen, die in ihrem Leben nicht migriert sind: die Kinder der Zuwanderer, die sogenannte zweite Generation.

---

1 siehe auch Migration

Die ausländische Bevölkerung hat keinen einheitlichen rechtlichen Status. Die größte Gruppe stellen die ehemaligen *Gastarbeiter* und ihre Familienangehörigen. 1955 wurde auf der Grundlage des ersten *Anwerbevertrages* mit Italien damit begonnen, ausländische Arbeitskräfte, insbesondere für die industrielle Massenfertigung und die Schwerindustrie, anzuwerben. Diese Tätigkeiten stellten nur geringe Qualifikationsanforderungen, folglich gliederte sich die ausländische Bevölkerung am unteren Ende der beruflichen und sozialen Hierarchie ein. Die Anwerbung ausländischer Arbeitskräfte sollte nur zur Überbrückung des Arbeitskräftemangels während der Hochkonjunktur dienen und nicht zur dauerhaften Niederlassung von Ausländern in Deutschland führen. Um ausländische Arbeitskräfte nach den Erfordernissen des Arbeitsmarktes flexibel einsetzen zu können, wurde ihnen nur eine befristete Arbeitserlaubnis erteilt, und danach wurden wieder neue Arbeitskräfte angeworben. Diese Rotation konnte längerfristig nicht aufrechterhalten werden, weil die Industrie nicht beständig neue Arbeitskräfte anlernen wollte. In der Folge verlangsamte sich die Rotation. Nach dem Anwerbestop von 1973 war die *Migrationspolitik* der Bundesrepublik auf die Verhinderung weiteren Zuzugs ausgerichtet. Dennoch kam die *Zuwanderung* nicht zum Stillstand. Eine bedeutsame Migrationsquelle war der Nachzug von Familienangehörigen. Ende 1995[1] lebten 2,0 Millionen Türken, 1,3 Millionen Menschen aus Jugoslawien, Kroatien und Bosnien-Herzegowina, 586.000 Italiener, 360.000 Griechen und 132.000 Spanier in Deutschland. Aus diesen fünf Herkunftsländern stammen 61,2% der ausländischen Bevölkerung.

Ein Viertel der ausländischen Bevölkerung ist 1994 der Gruppe der *Flüchtlinge* und *Asylbewerber* zuzuordnen. Von den 1,8 Millionen Flüchtlingen im Jahre 1994 waren 36,7% De-facto-Flüchtlinge, 23,5% Asylbewerber, 19,8% Bürgerkriegsflüchtlinge, 15,1% Asylberechtigte einschließlich Familienangehöriger, 3,8% Kontingentflüchtlinge und 1,2% heimatlose Ausländer.

---

1 Letzte verfügbare amtliche Daten bei Drucklegung. Für Slowenien liegen keine Daten vor.

Bürger anderer EU-Länder können innerhalb der Gemeinschaft ihren Wohnsitz frei wählen. Allerdings hat die Einführung dieser Freizügigkeit kaum größere *Wanderungen* ausgelöst. Die Öffnung der osteuropäischen Staaten hat dagegen zu einem Anstieg der *Zuwanderung* aus diesen Ländern geführt. Von staatlicher Seite wurde wiederum versucht, dauerhafte Zuwanderung zu minimieren. Für Osteuropäer wurden überwiegend temporäre Zugangsformen zum Arbeitsmarkt geschaffen in Form von Saison- oder Kontraktarbeit, sowie einem kleinen Kontingent an Gastarbeitern, das jedoch nur Qualifizierungszwecken dient. Wichtigstes osteuropäisches Herkunftsland ist Polen. 277.000 polnische Staatsbürger lebten 1995 in Deutschland.

Die ausländische Bevölkerung verteilt sich nicht gleichmäßig über Deutschland. 72,5% der ausländischen Bevölkerung leben in Baden-Württemberg, Bayern, Hessen und Nordrhein-Westfalen. Innerhalb dieser Länder konzentriert sich die ausländische Bevölkerung überwiegend in städtischen Regionen wie München, Stuttgart, Frankfurt oder dem Ruhrgebiet. Frankfurt beispielsweise hat einen *Ausländeranteil* von 29%. In den Neuen Bundesländern (ohne Berlin) leben dagegen nur 3% der ausländischen Bevölkerung.

2. Bildung

In Deutschland haben Bildungszertifikate eine große Bedeutung für den Zugang zu Arbeitsplätzen mit höheren Qualifikationsanforderungen. Dies gilt nicht zuletzt für den Bereich des Arbeitsmarktes, in dem der Zugang über das duale Ausbildungssystem geregelt ist. Personen, die ihren Bildungsabschluß außerhalb Deutschlands erworben haben, haben deshalb auch häufig schlechtere Chancen auf dem Arbeitsmarkt.

Zuwanderer aus den Anwerbestaaten Türkei, ehemaliges Jugoslawien, Italien, Griechenland und Spanien verfügen nur selten über einen höheren Bildungsabschluß. 1995 hatte mehr als ein Fünftel der Ausländer im erwerbsfähigen Alter weder in Deutschland noch im Herkunftsland einen Schulabschluß

Ausländische Bevölkerung

erworben[1]. Weitere 42% haben nur eine Pflichtschule im Herkunftsland besucht. Einen höheren, im Ausland erworbenen, Bildungsabschluß haben 11% der erwachsenen Ausländer in Deutschland. 27% der Ausländer im erwerbsfähigen Alter haben bereits eine Schule in Deutschland besucht. Ausländische Frauen unterscheiden sich in puncto Bildung nur wenig von ausländischen Männern.

Abbildung 1: Deutsche und ausländische Schulabsolventen nach der Art des Abschlusses, 1994

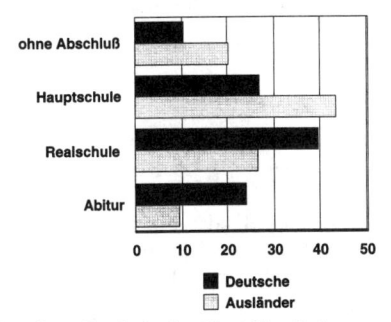

Quelle: Statistische Veröffentlichungen der Kultusministerkonferenz

Abbildung 2: Ausländische Schulabsolventen, 1985-1994

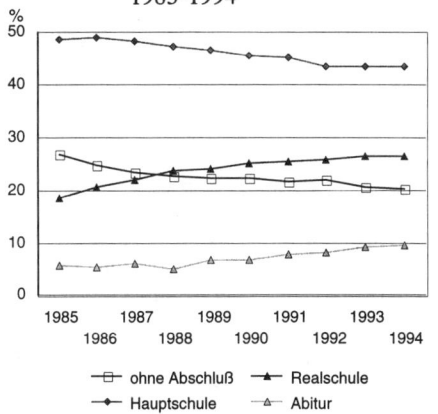

Quelle: Statistische Veröffentlichungen der Kultusministerkonferenz: Ausländische Schüler und Schulabsolventen, 1985 bis 1994. Dokumentation N. 136, Dez. 1995

---

1 Datenbasis: Das Sozio-Ökonomische Panel, 1995, eigene Berechnungen

Im folgenden werden alle ausländischen Schüler betrachtet, die eine deutsche Schule besucht haben. An allgemeinbildenden Schulen bleiben ausländische Schüler häufiger ohne Abschluß als deutsche (Abb. 1). Am häufigsten verlassen ausländische Absolventen die Schule mit einem Hauptschulabschluß. Die Realschule wird von ausländischen Jugendlichen relativ selten erfolgreich abgeschlossen. Noch krasser sind die Unterschiede beim Abitur: Beinahe jeder vierte deutsche, aber noch nicht einmal jeder zehnte ausländische Schulabgänger macht Abitur. Dafür, daß ausländische Jugendliche im Bildungssystem weniger erfolgreich sind als deutsche, läßt sich eine Vielzahl von Gründen ausmachen. Wichtigste Ursache ist zweifellos die soziale Stellung der Eltern. Die meisten *Arbeitsmigranten* gehörten in ihren Herkunftsländern zur sozialen Unterschicht, etliche zur besitzlosen agrarischen Unterschicht. Auch in Deutschland bleiben die meisten Angehörigen der ersten Einwanderergeneration in untergeordneter beruflicher und sozialer Position. Dies reduziert die Chancen der Kinder auf einen höheren Bildungsabschluß. Auch bei deutschen Kindern zeigt sich ein Zusammenhang zwischen sozialer Herkunft der Eltern und dem Bildungsgrad der Kinder. Bei Kindern und Jugendlichen, die nicht in Deutschland geboren wurden, können Sprachprobleme hinzukommen. Im ungünstigsten Fall wird weder die Sprache des Herkunftslandes noch die deutsche Sprache ausreichend erlernt. Erschwerend kommt hinzu, daß viele Eltern ausländischer Kinder nicht in der Lage sind, ihre Kinder bei der Bewältigung des in der Schule vermittelten Stoffes zu unterstützen.

Trotz der ungünstigen Ausgangsposition gibt es Hinweise darauf, daß die (inzwischen überwiegend in Deutschland geborenen) Kinder der in den 60er und frühen 70er Jahre zugewanderten *Arbeitsmigranten* allmählich Zugang zu weiterführenden Schulen und damit zu höheren *Bildungsabschlüssen* finden. Dies zeigt die Entwicklung der Jahre 1985-94. Der Anteil der jungen Ausländer mit Realschulabschluß stieg in diesem Zeitraum von 19% auf 27%. Der Anteil der Abiturienten verdoppelte sich nahezu von 5,6% auf knapp unter 10% (Abb. 2). Der Anteil der Hauptschulabsolventen und der ausländischen Jugendlichen ohne Bildungsabschluß verringerte sich von 76% auf 64%. Dies sind jedoch immerhin noch zwei von drei ausländischen Schulabgängern. Im Gegensatz dazu verlassen 37% der deutschen Kinder die Schule ohne Abschluß oder nur mit Hauptschulabschluß. Gleichzeitig finden ausländische Jugendliche den Zugang zu mittleren und höheren schulischen Bildungsgängen nicht in dem Maße, wie die gleichaltrigen Deutschen.

3. Ausländische Beschäftigte und Arbeitslose

Seit Anfang der 60er Jahre stieg die Zahl der *ausländischen Arbeitnehmer* in Deutschland trotz Rotation 13 Jahre lang an (Abb. 3). Der flexible Einsatz ausländischer Arbeitskräfte entsprechend dem ökonomischen Bedarf zeigt sich deutlich 1967/68: Während der Rezession reduzierte sich die Zahl der ausländischen Beschäftigten kurzfristig, stieg aber in der darauffolgenden Phase der wirtschaftlichen Erholung wieder stark an. Der vorläufige Höhepunkt der Beschäftigung ausländischer Arbeitnehmer wurde 1973 mit 2,6 Mio. erreicht. Danach war die Zahl der ausländischen Beschäftigten über zehn Jahre lang rückläufig. 1985 waren in Deutschland mit 1,6 Mio. um 40% weniger Ausländer beschäftigt als 1973. In den späten 80er Jahren und insbesondere zwischen 1990 und 1993 stieg ihre Zahl jedoch wieder. Das Niveau der Ausländerbeschäftigung von 1973 wurde allerdings nicht wieder erreicht. 1994 und 1995 zeichnete sich wieder ein geringfügiger Rückgang in der Zahl der ausländischen Beschäftigten ab. In den 80er und 90er Jahren ist aber auch die Zahl der ausländischen Selbständigen gestiegen, sie lag 1995 bei 265.000.

Einen Hinweis auf die Veränderungen der letzten Jahrzehnte gibt auch der Anteil der Ausländer an allen unselbständig Beschäftigten. 1973 erreichte dieser Anteil mit 12% ein historisches Maximum. Aufgrund des in der Zwischenzeit beträchtlich gewachsenen *Er-* *werbspotentials* lag der Ausländeranteil an allen Beschäftigten 1995 in Westdeutschland bei 9,4%.

Abbildung 3: Ausländische Beschäftigte, 1960-1995

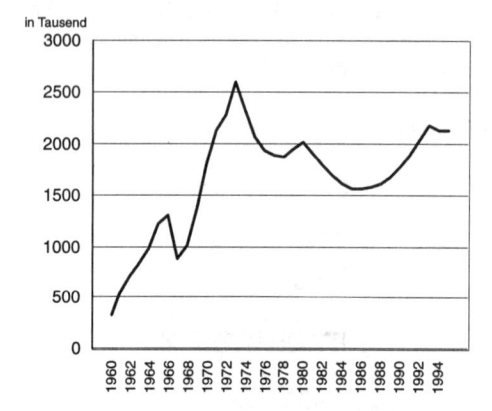

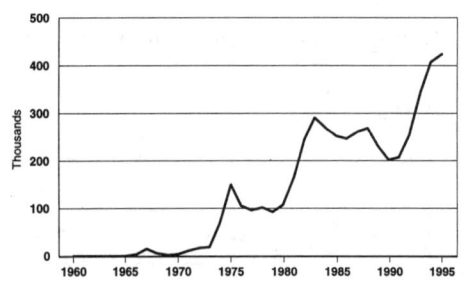

Quelle: Statistisches Bundesamt: Statistische Jahrbücher für die Bundesrepublik Deutschland, versch. Jahrgänge

Abbildung 4: Arbeitslose Ausländer (Westdeutschland), 1960-1969

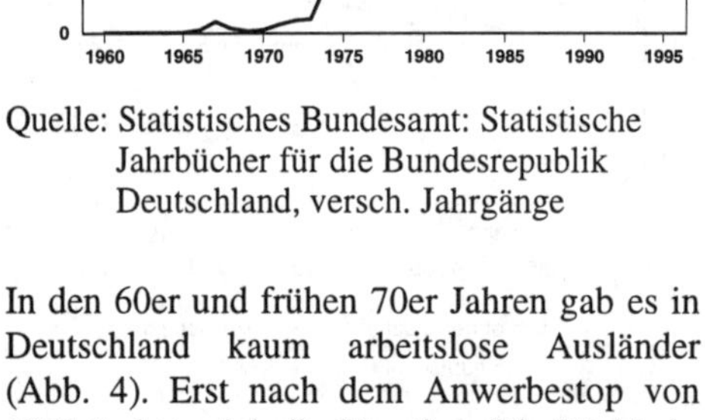

Quelle: Statistisches Bundesamt: Statistische Jahrbücher für die Bundesrepublik Deutschland, versch. Jahrgänge

In den 60er und frühen 70er Jahren gab es in Deutschland kaum arbeitslose Ausländer (Abb. 4). Erst nach dem Anwerbestop von 1973 änderte sich die Situation. Die Rückkehr ins Heimatland wurde seltener. Die Zahl der beschäftigungslosen Ausländer erreichte 1975 mit 151.000 einen ersten Höhepunkt und pendelte sich dann bei rund 100.000 ein. In der Rezession der frühen 80er Jahre stieg die Zahl der arbeitslosen Ausländer auf nahezu

Ausländische Bevölkerung 53

300.000 Personen (1983). Die Rückkehrprämien der Jahre 1983/84 entlasteten den Arbeitsmarkt nur geringfügig. Eine verbesserte Konjunkturlage, insbesondere zu Beginn des sog. „Vereinigungsbooms" ließ die Zahl der arbeitslosen Ausländer bis Anfang der 90er Jahre auf annähernd 200.000 sinken. Danach stieg die Zahl der beschäftigungslosen Ausländer sprunghaft an. 1994 wurden in Deutschland im Jahresdurchschnitt erstmals über 400.000 arbeitslose Ausländer registriert. Wird jedoch die *Arbeitslosenquote* betrachtet, so zeigt sich, daß der Anstieg der Arbeitslosigkeit im Verhältnis zur Beschäftigungsquote weniger stark gestiegen ist, da sich auch die Zahl der ausländischen Beschäftigten deutlich erhöht hat (vgl Abb. 3 und 4).

Seit Ende der 70er Jahre liegt in Westdeutschland auch die *Arbeitslosenquote* der Ausländer über jener der Inländer und damit auch über der Arbeitslosenquote der Erwerbspersonen insgesamt (Abb. 5). Abgesehen von einer kurzen Phase der Wiederannäherung in der zweiten Hälfte der 80er Jahre entwickelten sich die Quoten von ausländischen und deutschen Erwerbspersonen weiter auseinander. Dabei fällt auf, daß die Arbeitslosenquote der Ausländer überproportional ansteigt, wenn die Arbeitslosenquote insgesamt steigt. Dies war in den frühen 80er Jahren, 1986/87 und in den 90er Jahren zu beobachten. 1990 war die Arbeitslosigkeit unter Ausländern (15%) doppelt so häufig wie in Westdeutschland insgesamt (8%). Der Vergleich ist nur für Westdeutschland sinnvoll, weil Mitte der 90er Jahre 97% aller legal anwesenden Ausländer ihren Wohnsitz in den alten Bundesländern hatten. Besonders vom jeweiligen Trend sind türkische Erwerbstätige betroffen, deren Arbeitslosenquote über jener aller Ausländer liegt. Dies gilt insbesondere in Phasen insgesamt steigender Arbeitslosigkeit. Sank jedoch die Arbeitslosenquote, wie 1983/84 und zwischen 1987 und 1990, reduzierte sich die Arbeitslosenquote von Türken stärker als die der Ausländer insgesamt.

Abbildung 5: Arbeitslosenquoten (Westdeutschland), 1980-1994

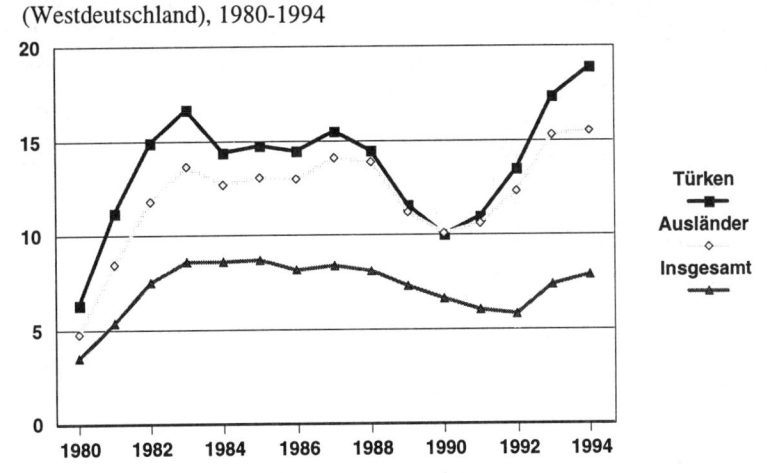

Quelle: Daten und Fakten zur Ausländersituation. Mitteilungen der Beauftragten der Bundesregierung für die Belange der Ausländer, 16. Aufl., Bonn/Berlin 1997

3.1 Beschäftigungsbereiche ausländischer Arbeitnehmer

Im folgenden wird aufgezeigt, in welchen Bereichen ausländische Arbeitskräfte beschäftigt sind. Aus den Daten für 1975 läßt sich die Anwerbung der ausländischen Arbeitskräfte für die industrielle Massenfertigung recht deutlich ablesen (Tabelle 1). Ausländische Arbeitskräfte sind vor allem im produzierenden Gewerbe beschäftigt. Der Anteil der im produzierenden Gewerbe beschäftigten ausländischen Arbeitnehmer nimmt jedoch kontinuierlich ab. 1992 sind erstmals weniger als die Hälfte der ausländischen abhängig Beschäftigten im produzierenden Gewerbe tätig, 1995 sind es sogar nur noch 41,9%. Hierfür sind mehrere Gründe ausschlaggebend:

- durch den strukturellen Wandel gingen vor allem Arbeitsplätze mit geringen Qualifikationsanforderungen in der Industrie verloren;
- neue Zuwanderergruppen haben andere Qualifikationsprofile und gliedern sich in anderen Bereichen ein;
- diejenigen, die für Arbeitsplätze in der Industrie angeworben wurden, konnten sich mit längerer Aufenthaltsdauer und zunehmenden Kenntnissen aus diesen ungünstigen Arbeitsmarktpositionen lösen.

Tabelle 1: Ausländische Arbeitnehmer nach Wirtschaftsbereichen, 1975-1994 (in Prozent)

Wirtschaftsbereiche	1975	1980	1985	1990	1992	1995
Land- u. Forstwirtschaft, Fischerei	1,0	0,9	1,0	1,0	1,1	1,3
Verarbeitendes Gewerbe, Bergbau	62,1	59,2	56,0	53,2	49,0	41,9
Baugewerbe	10,8	10,5	9,2	8,1	8,9	9,9
Handel, Verkehr, Nachrichtenübermittlung	9,2	10,2	10,8	12,0	13,6	14,9
Kreditinstitute u. Versicherungsgewerbe	0,6	0,7	0,8	0,8	0,9	1,1
Organisationen ohne Erwerbscharakter, private Haushalte	0,6	0,7	1,0	1,2	1,2	1,6
Gebietskörperschaften, Sozialversicherung	2,4	2,4	2,9	2,8	2,6	2,3
sonstige Dienstleistungen	13,2	15,2	18,2	20,9	22,7	27,1
insgesamt (in Tausend)	2070,7	2071,7	1583,9	1782,3	2036,2	2128,7

Quelle: Statistisches Bundesamt (Statistische Jahrbücher)

1995 sind ausländische Arbeitnehmer häufiger im Bereich Handel und Verkehr sowie den sonstigen Dienstleistungen beschäftigt als Mitte der 70er Jahre. In den Bereichen Kreditinstitute und Versicherungsgewerbe sowie den Gebietskörperschaften sind sie noch immer unterdurchschnittlich vertreten. Im Vergleich zu einheimischen Arbeitnehmern sind sie jedoch noch immer überproportional oft im produzierenden Gewerbe beschäftigt.

Ein Wandel in der Struktur der ausländischen Beschäftigten zeigt sich auch bei der beruflichen Stellung. Bis Anfang der 80er Jahre waren vier von fünf ausländischen Beschäftigten in Arbeiterberufen tätig, danach reduziert sich der Anteil der Arbeiter jedoch deutlich, obwohl auch 1995 noch immer fast zwei Drittel in Arbeiterberufen beschäftigt waren (Tabelle 2). Das langsame Ansteigen des Angestelltenanteils kann wiederum auf unterschiedliche Ursachen zurückgeführt werden: auf intra- und intergenerationale Mobilität und ein anderes Beschäftigungsprofil neuer Zuwanderergruppen. Als Zeichen einer voranschreitenden Integration der ausländischen Bevölkerung kann der stetig steigende Anteil an ausländischen Selbständigen gewertet werden. Dennoch bleibt festzuhalten, daß sich das *Beschäftigungsprofil* ausländischer Arbeitnehmer erheblich von dem deutscher Beschäftigter unterscheidet.

Tabelle 2: Berufliche Stellung von ausländischen Beschäftigten

Jahr	Selbständige	Angestellte[1]	Arbeiter[1]
1970	3,0	12,1	84,9
1976	3,9	12,9	82,8
1980	4,7	15,8	80,4
1985	6,9	19,5	73,5
1991	7,2	23,6	69,2
1995	8,8	26,6	64,6

1 einschließlich Auszubildende

Quelle: Mikrozensus Statistisches Bundesamt

Für die zweite Generation[1], also die Söhne und Töchter der *Migranten* aus den Anwerbe-

---

1 Die folgenden Analysen basieren auf einem Längsschnittdatensatz des Sozio-Ökonomischen Panels der Jahre 1991 bis 1995. Als zweite Generation werden diejenigen Kinder von Migranten bezeichnet, die in Deutschland geboren wurden, oder hier zur Schule gegangen sind. Aus Vergleichsgründen mit einer ent-

ländern, stellt sich die berufliche Situation günstiger dar. Zwischen 1991 und 1995 reduzierte sich der Anteil der ungelernten Arbeiter von 10% auf 2% und der angelernten Arbeiter von 33% auf 25%. Immerhin 26% waren 1995 in mittleren und höheren Angestelltenpositionen tätig und weitere 16% waren als einfache Angestellte beschäftigt. Deutsche der gleichen Altersgruppe waren jedoch wesentlich öfter in Angestelltenpositionen beschäftigt und seltener in Arbeiterberufen. Die zweite Generation nimmt somit auf dem Arbeitsmarkt eine Position zwischen der Generation der Eltern und der entsprechenden deutschen Altersgruppe ein.

4. Wohnen der Ausländer aus den Anwerbeländern

Wohnlagen sowie Größe und Ausstattung von Wohnungen sind wichtige Indikatoren für den Grad der *sozialen Integration* von *Migranten*. Jene, die nur für eine bestimmte Zeit im Zielland bleiben wollen, werden kaum Ansprüche an ihre Unterkunft stellen, sondern versuchen, möglichst viel Geld für die Zeit nach der Rückkehr zu sparen. Die Chancen auf Integration bzgl. Wohnlagen und Wohnungsausstattung bestehen hingegen bei jenen Migranten, die auf Dauer im Zielland bleiben wollen. Dies bedeutet jedoch nicht, daß Einwanderer tatsächlich in ihre Wohnqualität im Zielland investieren. Aus der Sicht der Aufnahmegesellschaft gilt, daß Migranten als integriert gelten, wenn sie sich nicht in Stadtvierteln mit geringem Prestige und niedriger *Wohnqualität* konzentrieren.

Die ausländische Bevölkerung konnte bislang kaum *Wohnungseigentum* bilden. Die meisten Ausländer wohnen in Mietwohnungen (Tabelle 3). Hierbei dürfte nicht nur der kürzere Planungshorizont von *Migranten* eine Rolle spielen, sondern auch ihr im Schnitt geringes Vermögen sowie ihre Wohnkonzentration in städtischen Ballungsräumen. 65% der ausländischen, aber nur 40% der einheimischen Bevölkerung leben in Großstadtagglomerationen. Dies hat unmittelbaren Einfluß auf die Wohnform. Wohnungseigentum wird häufiger auf dem Land als in den Städten gebildet. Zur Untermiete wohnen, relativ gesehen, etwas mehr Ausländer als Deutsche, allerdings ist diese Wohnform nicht weit verbreitet.

Tabelle 3: Wohnbedingungen Deutschland (West)

	Deutsche (West)	Ausländer insgesamt	Türken
Rechtsform			
Eigentum	44	12	8
Hauptmiete	53	83	88
Untermiete	3	5	4
Baualter			
vor 1918	13	16	19
1918-1948	15	27	22
1949-1971	39	37	41
1972-1980	22	14	12
1981 und später	10	6	6
Ausstattung			
WC in der Wohnung	99	95	93
Bad, Dusche	98	93	91
Zentralheizung	91	74	71
Wohnfläche pro Kopf (in m^2)	48,3	25,2	20,6

Datenbasis: SOEP 1995

Ausländer wohnen seltener in Neubauwohnungen als Deutsche. Insbesondere in Wohnungen, die zwischen 1918 und 1948 gebaut wurden, sind sie überrepräsentiert. Der weitaus größte Teil der Ausländer wie auch der einheimischen Bevölkerung verfügt über WC und Bad oder Dusche in der Wohnung. 95% haben ein WC in der Wohnung und 93% ein Bad oder eine Dusche. Bei Türken liegt dieser Anteil etwas niedriger. Lediglich bei der Heizungsart zeigen sich noch deutliche Unterschiede zwischen ausländischer und westdeutscher Bevölkerung. Während nur 71% der Ex-Jugoslawen und Türken in einer zentralbeheizten Wohnung wohnen, ist dies bei 91% der Westdeutschen der Fall.

Ein weiterer Indikator für die *Wohnqualität* stellt die Wohnungsgröße dar. Gemessen an der Wohnungsgröße pro Kopf sind Ausländer gegenüber der einheimischen Bevölke-

---

sprechenden deutschen Alterskohorte wird eine obere Altersgrenze von 25 Jahren gesetzt.

rung im Nachteil. Den Westdeutschen stehen durchschnittlich pro Kopf 48,3 Quadratmeter zur Verfügung, Ausländer aber nur 25,2 und Türken lediglich 20,6. Beim Vergleich von einheimischer und ausländischer Bevölkerung muß die unterschiedliche Siedlungsstruktur bedacht werden. Deutsche wohnen häufiger in ländlichen Regionen und im Umland von Städten. Dort sind zugleich die durchschnittlichen Wohnflächen größer als in den Kernstädten.

5. Soziale Integration der Ausländer aus den Anwerbeländern

Nach eigener Einschätzung beherrscht mehr als die Hälfte aller Ausländer aus den Anwerbeländern die deutsche Sprache gut. Doch zwischen 1991 und 1995 zeigte sich ein leichter Rückgang derer, die ihre Deutschkenntnisse als gut einschätzten. Es ist zwar denkbar, daß sich aufgrund von räumlicher und *sozialer Segregation* die Sprachkenntnisse bei einigen tatsächlich verschlechterten. Häufiger dürfte sich lediglich die Einschätzung verändert haben, z.B. weil die Kommunikation mit Deutschen als schwieriger empfunden wird. Bei der zweiten Generation bestehen kaum mehr Sprachbarrieren. 93% beherrschten 1995 die deutsche Sprache gut. Eine unterdurchschnittliche Sprachkompetenz zeigte sich allerdings bei ausländischen Frauen und türkischen Zuwanderern. Kommunikationsprobleme zwischen ausländischer und deutscher Bevölkerung bestehen somit in der Hauptsache bei der ersten Generation.

Bessere Sprachkenntnisse und längere Aufenthaltsdauer sollten im Prinzip zu einer Intensivierung der sozialen Beziehungen zwischen *Migranten* und Einheimischen führen. Dies ist jedoch nicht der Fall. Zwischen 1992 und 1994 wächst die *soziale Segregation* der ausländischen Bevölkerung. Wird nach den drei wichtigsten Personen außerhalb des eigenen Haushalts gefragt, mit denen die Befragten näher befreundet sind und mit denen sie sich am häufigsten treffen, zeigt sich folgendes: Mehr als die Hälfte aller Ausländer nannten unter den drei wichtigsten Bezugspersonen keine deutsche Person. In der kurzen Zeit zwischen 1992 und 1994 nahm der Anteil der Ausländer mit intensiven Beziehungen zu Deutschen ab. Bei der zweiten Generation sind aufgrund besserer Sprachkenntnisse mehr interethnische Freundschaften zu erwarten. Tatsächlich hat die zweite Generation von Ausländern weitaus mehr soziale Kontakte mit Deutschen als die ausländische Bevölkerung insgesamt. Allerdings zeigt sich auch bei der zweiten Generation zwischen 1992 und 1994 ein deutlich rückläufiger Trend[1]. Während 1992 zwei Drittel mindestens einen deutschen Freund hatten (67%), sank dieser Anteil überraschend deutlich auf 59%. Dieser starke Rückgang interethnischer Freundschaftsbeziehungen muß als Indiz für eine wachsende Distanz zwischen der ausländischen und der deutschen Bevölkerung gewertet werden. Besonders ausgeprägt war die soziale Segregation bei türkischen Zuwanderern, von denen 1994 nur ein Drittel eine deutsche Kontaktperson hatte.

Für die hier betrachteten Migrantengruppen ist die Bundesrepublik Deutschland zum Lebensmittelpunkt und damit zugleich zum Zielland ihrer Einwanderung geworden. Es stellt sich jedoch die Frage, ob die *Migranten* ihren Aufenthalt selbst als dauerhaft verstehen. 1991 hatten sich 43% für einen dauerhaften Aufenthalt in Deutschland entschieden, 1995 waren es knapp die Hälfte. Dies bedeutet jedoch nicht, daß die andere Hälfte der hier lebenden Ausländer plant, ins Herkunftsland zurückzukehren. Auch von denjenigen, die nicht für immer in Deutschland bleiben wollen, hat kaum jemand konkrete Rückkehrabsichten. Falls eine Rückkehr überhaupt erwogen wird, so nur in ferner Zukunft, z.B. im Rentenalter. Bei der zweiten Generation lag der Anteil derer, die sich für einen dauerhaften Aufenthalt entschieden hatten, zu allen Zeitpunkten deutlich über dem Durchschnitt. Dies überrascht nicht. Die zweite Generation ist in Deutschland aufgewachsen und kennt das Herkunftsland der Eltern meist nur aus Ferienaufenthalten. Überraschend ist jedoch, daß der Anteil derer, die sich als Angehörige der zweiten Generation be-

---

1 Diese Frage wurde 1991 und 1995 nicht gestellt.

Ausländische Bevölkerung

wußt für einen dauerhaften Aufenthalt entschieden hatten, zwischen 1991 und 1995 rückläufig war. Bei türkischen Zuwanderern und bei Frauen ist dagegen ein kontinuierlicher Anstieg des Personenkreises mit dauerhafter Aufenthaltsabsicht zu beobachten.

Tabelle 5: Sprachkenntnisse, interethnische Freundschaften, Wunsch nach dauerhaftem Aufenthalt und nationale Selbstidentifikation (in Prozent)

	1991	1995
Gute Deutschkenntnisse		
Insgesamt	56	55
Zweite Generation	92	93
Frauen	51	48
Türkische Zuwanderer	50	49
Interethnische Freundschaften[1]		
Insgesamt	48	42
Zweite Generation	67	59
Frauen	46	40
Türkische Zuwanderer	37	33
Dauerhafte Bleibeabsicht		
Insgesamt	43	47
Zweite Generation	59	52
Frauen	42	47
Türkische Zuwanderer	39	43
Selbstidentifikation als Deutscher		
Insgesamt	14	11
Zweite Generation	30	21
Frauen	12	10
Türkische Zuwanderer	8	7

1 Die Angaben für 1991 beziehen sich auf 1992 und die von 1995 auf 1994.
Datenbasis: Das Sozio-Ökonomische Panel, Längsschnittdatensatz der Jahre 1991-1995

Auch wenn sich viele Ausländer bereits für einen dauerhaften Aufenthalt in Deutschland entschieden haben, fühlen sich nur wenige als Deutsche. 1995 hatten nur 11% „ganz" oder „mehr" das Empfinden, Deutsche zu sein. Von den türkischen Zuwanderern waren es nur 7%. Eine Ausnahme bildet die zweite Generation, und zwar die zweite hier betrachtete Kohorte. Von ihnen fühlten sich 1991 30% als Deutsche, 1995 jedoch nur noch 21%. Es ist anzunehmen, daß der geringer gewordene Identifikationsgrad sowohl einen Trend zur Ausgrenzung der ausländischen Bevölkerung in Deutschland reflektiert, als auch Ausdruck eines gewachsenen ethnischen Selbstbewußtseins der ausländischen *Migranten* und ihrer Kinder ist.

Während im Bereich der beruflichen Eingliederung von *Migranten* gewisse Fortschritte zu erkennen sind, kann dies für die *soziale Integration* nicht behauptet werden. Insbesondere bei der zweiten Generation bestehen erhebliche Probleme. In der zeitlichen Perspektive sind für die erste Hälfte der 90er Jahre sogar Desintegrationstendenzen festzustellen. Vor allem die zweite Generation hat keine klaren Perspektiven. Die Herkunftsländer der Eltern sind ihnen fremd, und auch in der deutschen Gesellschaft werden sie nicht als vollwertige Mitglieder akzeptiert. Insbesondere seit der Vereinigung von DDR und Bundesrepublik zeigen sich gesellschaftliche Schließungstendenzen und eine größere Zahl von Konflikten zwischen Deutschen und Ausländern. Dies zeigt sich auch in der verringerten Zahl sozialer Kontakte zwischen Deutschen und Zuwanderern. Für die ausländische Bevölkerung ist die Distanz zu Deutschland gewachsen.

6. Einbürgerungen

Ausländer, die sich für einen dauerhaften Aufenthalt in Deutschland entschieden haben, erwägen möglicherweise, die *Staatsbürgerschaft* anzunehmen, um auch am politischen Leben partizipieren zu können und rechtlich Deutschen gleichgestellt zu sein. Da sich Deutschland nicht als Einwanderungsland verstand und versteht, war auch eine massenhafte Einbürgerung von Migranten lange Zeit nicht vorgesehen. Außerdem orientiert sich das deutsche Staatsbürgerschaftsrecht am ius sanguinis, d.h. Deutscher ist, wer von Deutschen abstammt, unabhängig davon ob eine Person innerhalb der nationalen Grenzen lebt oder nicht. In den letzten Jahren wurde das Staatsbürgerschaftsrecht jedoch vereinfacht und vor allem die Kosten des Verfahrens von ca. 5.000 DM auf 100 DM (in Ausnahmefällen bis zu 500 DM) gesenkt. 1991 wurden erstmals Elemente des ius soli (Staatsbürger ist, wer auf dem nationalen Territorium geboren wurde) in das Staatsbürgerschaftsrecht aufgenommen. Hier geborene oder aufgewachsene Ausländer werden in der Regel eingebürgert, wenn sie vor Vollendung des 23. Lebensjahres einen Antrag stellen. Anforderungen an die wirtschaftliche Leistungsfähigkeit werden nicht mehr gestellt, und auch Straftaten von geringerem Gewicht stellen keinen Hinderungsgrund dar.

Grundsätzlich werden zwei Formen der *Einbürgerung* unterschieden: die Anspruchseinbürgerung und die Ermessenseinbürgerung. Einen Anspruch auf Einbürgerung haben seit 1993 neben Aussiedlern und deren Familienangehörigen Ausländer der zweiten Generation die mindestens 8 Jahre in Deutschland leben, sowie alle Ausländer, deren Aufenthaltsdauer mindestens 15 Jahre beträgt und die ihren eigenen Lebensunterhalt bestreiten können. Die bisherige Staatsangehörigkeit muß dabei aufgegeben werden. Eine Ermessenseinbürgerung ist dagegen an Voraussetzungen wie Sprachkenntnisse, Hinwendung zu Deutschland, Einordnung in die deutschen Lebensverhältnisse, Unbescholtenheit, Besitz einer Wohnung, Bestreiten des Lebensunterhalts und eine Aufenthaltsdauer von mindestens 10 Jahren gebunden. 1994 wurden zwar 259.000 Einbürgerungen vorgenommen, davon entfiel jedoch der größte Anteil auf Aussiedler. 1994 wurden lediglich 61.700 Ausländer eingebürgert. Darunter waren 35.400 Anspruchseinbürgerungen und 26.300 Ermessenseinbürgerungen (Statistisches Bundesamt 1996). In der Regel muß bei einer Einbürgerung die bisherige *Staatsbürgerschaft* aufgegeben werden. Dieser Punkt ist Gegenstand öffentlicher Diskussionen. Mit der Gewährung einer doppelten Staatsbürgerschaft könnte die Zahl der Einbürgerungen erhöht und somit Rechtssicherheit für die zugewanderte Bevölkerung und deren Kinder geschaffen werden. Außerdem ließe sich die Akzeptanz der Staatsbürgerschaft auf diese Weise erhöhen. Während 1994 nur 18% der Ausländer aus den Anwerbenationen beabsichtigte, die deutsche Staatsbürgerschaft zu beantragen, würden weitere 35% eine doppelte Staatsbürgerschaft akzeptieren.[1] Allerdings scheint zumindest in bezug auf die doppelte Staatsbürgerschaft auch ohne gesetzliche Regelungen ein liberales Einbürgerungsverfahren zu gelten: Von den 7.600 Personen aus der Türkei, die im Jahre 1993 eingebürgert wurden, wurde in 4.800 Fällen die deutsche Staatsbürgerschaft verliehen, ohne daß die türkische aufgegeben wurde (Die Beauftragte der Bundesregierung für die Belange der Ausländer 1995: 126).

Abbildung 6: Einbürgerungen in Deutschland, 1974-1994 (ohne Aussiedler)

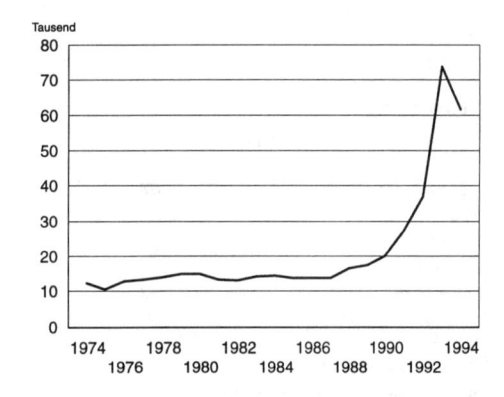

Quelle: Beauftragte der Bundesregierung für die Belange der Ausländer, Statistisches Bundesamt

Die Zahl der *Einbürgerungen* in Deutschland blieb bis zur zweiten Hälfte der 80er Jahre nahezu bedeutungslos. Bis Mitte der 80er Jahre war das natürliche Wachstum (Geburten abzüglich Sterbefälle) der ausländischen Bevölkerung größer als die Zahl der Einbürgerungen, so daß die Zahl der in Deutschland lebenden ausländischen Bevölkerung auch ohne weiteren Zuzug angewachsen wäre. Anfang der 90er Jahre zeigt sich dann ein Anstieg und insbesondere die 1993 geschaffene Möglichkeit der Anspruchseinbürgerung bringt ein erstes Hoch in den Einbürgerungszahlen. 1994 war die Zahl der Einbürgerungen insgesamt wieder geringer, die Zahl derer, die durch eine Anspruchseinbürgerung die deutsche *Staatsbürgerschaft* erlangten, ist jedoch weiter angestiegen. Insgesamt belief sich die Zahl der Einbürgerungen auf 1%. Abgesehen

---

1 Datenbasis: Das Sozio-Ökonomische Panel, 1994, eigene Berechnungen.

von Einbürgerungen, die in Zusammenhang mit dem Zuzug von Aussiedlern stehen, sind die Einbürgerungsraten in Deutschland extrem niedrig. Die Niederlande hatten 1993 eine Einbürgerungsquote von 5,5%, von den Türken in den Niederlanden ließen sich sogar 8,9% einbürgern. Auch Schweden verzeichnet mit 8,4% eine sehr hohe Einbürgerungsquote. Wenn sich in Deutschland in dieser Hinsicht nichts ändert, ist eine Verdopplung der Ausländerzahl bis zum Jahr 2030 durchaus im Bereich des Möglichen.

Literatur

Beauftragte der Bundesregierung für die Belange der Ausländer (Hg.): Bericht der Beauftragten der Bundesregierung für die Belange der Ausländer über die Lage der Ausländer in der Bundesrepublik Deutschland, Bonn 1995

Bender, Stefan/Wolfgang Seifert: Zuwanderer auf dem Arbeitsmarkt: Nationalitäten- und kohortenspezifische Unterschiede, in: Zeitschrift für Soziologie, 25 Jg., Heft 6; 1996, S. 454-476

Bundesministerium für Arbeit und Sozialordnung (Hg.): Repräsentativuntersuchung 95. Situation der ausländischen Arbeitnehmer und ihrer Familienangehörigen in der Bundesrepublik Deutschland, Bonn 1996

Bös, Mathias: Migration als Problem offener Gesellschaften. Globalisierung und sozialer Wandel in Westeuropa und in Nordamerika, Opladen 1997

Büchel, Felix/Gert Wagner: Soziale Differenzen der Bildungschancen in Westdeutschland – Unter besonderer Berücksichtigung von Zuwandererkindern, in: Zapf, Wolfgang/Jürgen Schupp/Roland Habich (Hg.), Lebenslagen im Wandel. Sozialberichterstattung im Längsschnitt, Frankfurt a.M./New York 1996, S. 80-96

Heckmann, Friedrich: Ethnische Minderheiten, Volk und Nation. Soziologie inter-ethnischer Beziehungen, Stuttgart 1992

Heinelt, Hubert/Anne Lohmann: Immigranten im Wohlfahrtsstaat. Rechtspositionen und Lebensverhältnisse, Opladen 1992

Münz, Rainer/Wolfgang Seifert/Ralf Ulrich: Zuwanderung nach Deutschland. Strukturen, Wirkungen, Perspektiven, Frankfurt a.M., New York 1997

Schöneberg, Ulrike: Gestern Gastarbeiter, morgen Minderheit. Zur sozialen Integration von Einwanderern in einem „unerklärten" Einwanderungsland, Frankfurt a.M./Berlin/Bern/New York/Paris/Wien 1993

Seifert, Wolfgang: Die Mobilität der Migranten. Die berufliche, ökonomische und soziale Stellung ausländischer Arbeitnehmer in der Bundesrepublik, Berlin 1995

Seifert, Wolfgang: Neue Zuwanderergruppen auf dem westdeutschen Arbeitsmarkt. Eine Analyse der Arbeitsmarktchancen von Aussiedlern, ausländischen Zuwanderern und ostdeutschen Übersiedlern, in: Soziale Welt, 47. Jg., Heft 2, 1996, S. 180-201

Treibel, Annette: Migration in modernen Gesellschaften. Soziale Folgen von Einwanderung und Gastarbeit, Weinheim/München 1990

Velling, Johannes: Immigration und Arbeitsmarkt. Eine empirische Analyse für die Bundesrepublik Deutschland, Baden-Baden 1995

Wolfgang Seifert

Berufs- und Qualifikationsstruktur

1. Begriffsklärungen

Art und Umfang der Erwerbstätigkeit sind nach wie vor entscheidende Faktoren für die soziale Lage und die Lebensbedingungen von Menschen. Durch Informationen zum „*Beruf*" in der Bevölkerung können daher soziologisch wichtige Einsichten zur Struktur und zur Entwicklung der Gesellschaft gewonnen werden. Derartige Informationen zur Berufsstruktur der Gesellschaft beziehen sich im weiteren Sinne erst einmal nur darauf, daß und in welcher Weise Personen „berufstätig" im Sinne von erwerbstätig sind. Zumeist ist darüber hinaus aber mit Berufsstruktur im engeren Sinne gemeint, daß und wie Personen durch den berufs-fachlichen Inhalt ihrer Erwerbstätigkeit gesellschaftlich zu verorten sind und welche sozialen Strukturen sich daraus ergeben. Berufssoziologisch sind dabei zwei Begriffsverständnisse von Beruf zu unterscheiden: als spezialisierte Tätigkeit („ausgeübter" Beruf), oder als spezifische Kombination von Fähigkeiten („erlernter" Beruf) (vgl. Beck/Brater/Daheim 1980, Voß 1994). Als Qualifikationsstruktur sind demgegenüber diejenigen Strukturmerkmale der Gesellschaft zu verstehen, die sich allein aus der erwerbsrelevanten Ausbildung und Qualifikation von Personen ergeben. Die Qualifikationsstruktur wird nicht automatisch mit der Berufsstruktur in Verbindung gebracht, bietet aber eine sinnvolle Ergänzung zu einer berufsbezogenen Thematisierung der Sozialstruktur. Hintergrund des soziologischen Interesses an der Berufs- und Qualifikationsstruktur ist nicht zuletzt die Annahme, daß die Verteilung der beruflichen Tätigkeiten/Fähigkeiten in der Bevölkerung Ausdruck eines grundlegenden sozialen Mechanismus ist: der funktionalen Differenzierung der Gesellschaft oder der *sozialen Arbeitsteilung* (Durkheim).

Forschungspraktisch reduziert sich das Interesse an der Berufs- und Qualifikationsstruktur zumeist darauf, was mittels statistischer Daten zur Erwerbstätigkeit/Ausbildung der Bevölkerung erfaßt wird. In der Regel wird, neben Informationen zur sog. Erwerbsbeteiligung sowie zur allgemeinen Bildung und beruflichen Ausbildung in der Bevölkerung, auf Daten zur sog. sozialversicherungsrechtlichen Stellung, zur Zuordnung Erwerbstätiger zu verschiedenen Wirtschaftsbereichen und Berufen sowie zur konkreten Tätigkeit am Arbeitsplatz zurückgegriffen (vgl. Bolte u.a. 1970). Wichtigste Quellen sind Daten der Sozialversicherungsträger bzw. der Bundesanstalt für Arbeit sowie Daten des Statistischen Bundesamtes (insbes. aus den sogenannten Mikrozensen), die im folgenden aufgrund ihres präziseren Abbilds der Sozialstruktur (v.a. der Erfassung auch nicht sozialversicherungspflichtiger Erwerbstätiger) bevorzugt werden.

2. Sozialhistorischer Hintergrund

Die Berufs- und Qualifikationsstruktur der in unserem Raum bis ins 12. Jh. charakteristischen reinen *Agrargesellschaft* war weitgehend landwirtschaftlich geprägt. Über 90% der arbeitenden Bevölkerung waren bei geringer Spezialisierung und Qualifikation (im modernen Sinne) unmittelbar mit Urproduktion (Ackerbau, Viehzucht, Jagd, Sammlertätigkeit usw.) meist im Rahmen familienorientierter Landwirtschaften beschäftigt, wobei sie sich häufig in verschiedenen Formen feudaler Abhängigkeit befanden. Nichtlandwirtschaftliche Produktion erfolgte in der Regel direkt im bäuerlichen oder höfischen Rahmen. Daneben fand sich eine nur schmale Herrschaftsschicht sowie eine begrenzte Zahl von Personen mit Spezialfunktionen (Töpfer, Schmiede, Wanderhändler usw.).

Erst in der entfalteten Agrargesellschaft (ca. 13.-18. Jh.) bildeten sich im Rahmen einer ständischen Sozialordnung, neben einer nach wie vor dominierenden Schicht von agrarisch tätigen Personen (um 1800 noch fast 80% der Erwerbstätigen), bedeutendere Gruppen dauerhaft spezialisierter und dazu mehr oder minder systematisch qualifizierter Personen. Auf der einen Seite waren dies das sich mit den Stadtgründungen ausdehnende, oft in Zünften organisierte Handwerk sowie ein darauf aufbauender lokaler und überregionaler Handel. Dem standen ein sich ausdifferenzierender Adel und eine komplementäre (gehobene und einfache) Geistlichkeit gegenüber, die beide im weiteren Sinne politisch-militärische Gesellschaftsfunktionen erfüllten und von einem wachsenden Kreis administrativer, militärischer sowie kultureller Spezialisten verschiedener Niveaus umgeben wurden. Aus diesen gesellschaftlichen Strukturen entwickelte sich nach und nach eine im umfassenderen Sinne arbeitsteilige und mit einer weitergehenden expliziten Berufsspezialisierung verbundene, dominant auf abhängiger Lohnarbeit beruhende Erwerbsgesellschaft, bei der dann auch zunehmend „bürgerliche" Zwischenschichten entstanden.

Gegen Mitte des 19. Jh. begann auch in Deutschland der Übergang zu einer frühen Form der *Industriegesellschaft*. Berufsstrukturell markant war dabei vor allem die anfänglich quantitativ noch sehr begrenzte Rekrutierung bäuerlicher und handwerklicher Bevölkerungsteile für die aufstrebenden industriellen Manufakturen/Fabriken. Erst im Laufe der Zeit entstand dann in nennenswertem Umfang eine industrielle Arbeiterschaft; noch Ende des 19. Jh. waren jedoch über 40% der Erwerbstätigen in der *Landwirtschaft* tätig. Parallel dazu bildete sich eine wachsende Gruppe mit administrativ-technischen Spezialfunktionen v.a. im Handel später auch im industriellen Bereich (Angestellte), die anfänglich noch mit der ebenfalls expandierenden staatlichen Beamtenschaft verglichen wurde, aber dann ein eigenständiges berufliches wie sozialstrukturelles Profil bekam.

Die erst nach der Jahrhundertwende im engeren Sinne als entwickelte *Industriegesellschaft* zu bezeichnende Sozialstruktur zeigt dann zunehmend jene Berufs- und Qualifikationsstruktur, die bis weit in die zweite Hälfte unseres Jahrhunderts als charakteristisch angesehen werden kann: eine (v.a. im landwirtschaftlichen Bereich) zurückgehende Rate von Selbständigen und mithelfenden Familienangehörigen, der eine dominierende und zunehmend besser ausgebildete industrielle Arbeiterschaft und eine schnell wachsende Gruppe von spezialqualifizierten administrativen bzw. technisch ausgerichteten Angestellten und Beamten gegenübersteht. Trotz immer noch großer (aber deutlich zurückgehender) Zahlen von Personen mit landwirtschaftlichen und handwerklichen Tätigkeiten sowie einer (markant wachsenden) Gruppe administrativer, zirkulativer oder technischer Funktionen unterschiedlichen Niveaus in Staat, Industrie und Handel dominieren quantitativ direkt wie indirekt auf die industrielle Produktion bezogene Tätigkeiten auf geringem bis mittlerem qualifikatorischem Niveau.

Neuere Entwicklungen deuten auf einen möglichen Übergang zu einer sog. *postindustriellen Gesellschaft* hin, in der u.a. zunehmend Angestellte die traditionelle Arbeiterschaft verdrängen, höhere Qualifikationen immer größere Relevanz bekommen und auf die Produktion materieller Gütern bezogene Tätigkeiten gegenüber Dienstleistungsfunktionen an Bedeutung verlieren.

3. Berufs- und Qualifikationsstrukturen in Deutschland

3.1 Erwerbsbeteiligung

Durch die massive Bedeutungszunahme der dominant auf abhängiger Erwerbstätigkeit beruhenden industriellen Arbeits- und Lebensweise in unserem Jahrhundert wurden Art und Umfang der *Erwerbsbeteiligung* der Bevölkerung zentrale Dimensionen der Sozialstruktur. Zur Erfassung der Erwerbsbeteiligung werden unterschiedliche Modellannahmen benutzt, am häufigsten das dem Mikrozensus zugrundeliegende Erwerbskonzept. Dabei wird auf die gesamte in Deutschland wohnende in- und ausländische Bevölkerung, unabhängig von ihrem Alter, Bezug genommen und diese in drei Gruppen eingeteilt: *Erwerbstätige* (Personen in einem Arbeitsverhältnis, einschließlich geringfügig Beschäftigte), Erwerbslose (Personen, die aktiv eine Arbeitsstelle suchen und dabei nicht erwerbstätig sind) und die Nichterwerbspersonen (Personen, die weder erwerbstätig noch erwerbslos sind und alle Personen, die jünger als 15 Jahre sind). Die Erwerbstätigen und Erwerbslosen bilden gemeinsam die Gruppe der Erwerbspersonen, welche das Arbeitskräfteangebot am Arbeitsmarkt zum Ausdruck bringt (vgl. Greiner 1996: 305).

Abbildung 1: Bevölkerung nach Erwerbsbeteiligung (1950-1995)

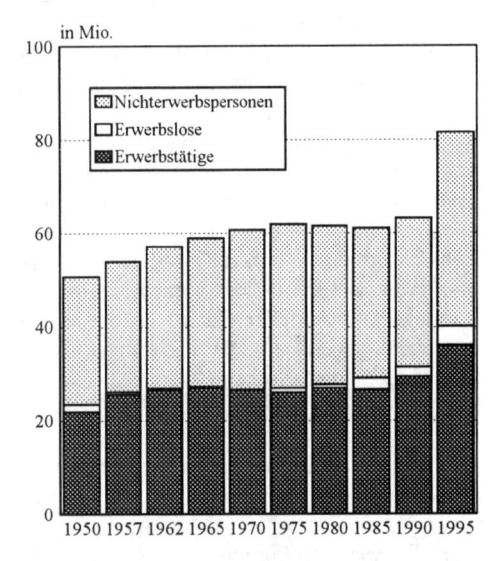

Vor 1991 Daten für West-Deutschland, anschließend für alle Bundesländer.

Quelle: Mikrozensusdaten aus Greiner 1996, Statistisches Bundesamt 1972, Statistisches Bundesamt 1981, 1986, 1995

Die Zahl der Erwerbspersonen stieg (trotz kontinuierlich verlängerter Ausbildungszeiten und früherer Verrentungen) seit 1950 absolut um rund 17,5 Mio. (vgl. Abb. 1). Ursache dafür sind (neben dem Sprung der Bevölkerungszahl durch die Vereinigung Deutschlands) demographische Verschiebungen (Berufseintritt geburtenstarker Jahrgänge), Arbeitskräftezuwanderungen (Übersiedler, Aussiedler, Ausländer) sowie eine gestiegene Erwerbsbeteiligung von (v.a. auch verheirateten) Frauen. Relativ gesehen ergibt sich jedoch ein etwas anderes Bild: die *Erwerbs-*

quote (hier: Zahl der Erwerbspersonen bezogen auf die gesamte Bevölkerung) stieg im gleichen Zeitraum nur sehr moderat um 2,5% (die der verheirateten Frauen jedoch von 25% auf 48%) und bewegt sich seit Jahren in einem Bereich knapp unter 50%. Die Entwicklung der Erwerbslosigkeit verlief anders: nach einer Reduzierung der hohen *Erwerbslosenquote* (Zahl der im Mikrozensus erfaßten Erwerbslosen bezogen auf die Erwerbspersonen; nicht identisch mit der deutlich niedrigeren Quote der amtlich registrierten „Arbeitslosen") in der unmittelbaren Nachkriegszeit auf unter 1% in den sechziger Jahren stieg sie seitdem wieder kontinuierlich an. 1995 wurde im Mikrozensus erstmalig eine Erwerbslosenquote von über 10% gemessen (bei ca. 4 Mio. Betroffenen), was sich inzwischen noch einmal erheblich gesteigert haben dürfte. 1997 stieg z.B. allein die amtliche Arbeitslosenquote auf über 12% (alte Länder: ca. 11%, neue Länder: fast 19%), bei einer absoluten Zahl gemeldeter Arbeitsloser von etwa 4,7 Mio. (alte Länder: ca. 3,3 Mio., neue Länder: ca. 1,5 Mio.) und erreichte damit ein Niveau, das es in der Geschichte der Bundesrepublik so noch nicht gab. Dies sind Werte, die ohne Übertreibung sozialpolitisch als „dramatisch" gewertet werden müssen und die sich nach allen vorliegenden Prognosen zumindest mittelfristig nicht nachhaltig verbessern werden.

Neben diesen allgemeinen Tendenzen zeigen sich wichtige Unterschiede der *Erwerbsbeteiligung* bei einzelnen Gruppen. Trotz des noch immer um 14,4%-Punkte niedrigeren Anteils von *Frauen* an den Erwerbspersonen wuchs die Zahl der erwerbstätigen Frauen seit 1970 absolut um über 2,5 Mio. (vgl. Cornelson 1994: 72), wobei Frauen nach wie vor eine deutlich erhöhte *Erwerbslosenquote* aufweisen (1995: 11,9%, 8,7% bei Männern) – die *Erwerbsquote* der Männer dagegen ist in den letzten Jahrzehnten leicht gesunken (1950: 63,2%, 1995: 57,8%) (vgl. Greiner 1996: 309). Zwischen den alten und den neuen Bundesländern besteht der auffälligste Unterschied in der im Osten immer noch fast doppelt so hohen Erwerbslosigkeit (1995: 16,6%, 8,4% im Westen) (vgl. ebd.) sowie einer nach wie vor (bei leichtem Rückgang)

Berufs- und Qualifikationsstruktur

wesentlich höheren Erwerbsquote von Frauen (bes. bei verh. Frauen, 1993: 68,9%, 48,2% im Westen) (vgl. Stat. Bundesamt 1994: 79). 1994 waren 9% (=3,6 Mio.) aller Erwerbspersonen *Ausländer*, was einer Erwerbsquote von 52,2% entspricht (Cornelson 1996: 148). Nach wie vor gehören Ausländer zu den auffälligsten „Problemgruppen" auf dem Arbeitsmarkt mit z.b. einer deutlich überproportionalen Erwerbslosenquote (1994: 18,1%) (vgl. ebd.).

3.2 Qualifikationsstrukur

Die *Qualifikation* der Erwerbspersonen ist ein wichtiger Faktor für die Entwicklungsperspektiven einer Volkswirtschaft. Insbesondere mit dem tiefgreifenden organisatorisch-technischen Wandel der Arbeitswelt in den letzten Jahrzehnten stiegen die Qualifikationsanforderungen an die Erwerbspersonen erheblich. Aus sozialstruktureller Sicht übernehmen die formellen *Bildungsabschlüsse* dabei immer mehr die Funktion der sozialen Plazierung und Auslese. Im Mikrozensus werden seit 1976 die Bildungsabschlüsse der am Erwerbsleben beteiligten Bevölkerung in zweijährigen Abständen ermittelt, wobei allgemeinbildende und berufsbildende Abschlüsse unterschieden werden.

Im allgemeinbildenden Bereich zeigt sich seit Jahren ein kontinuierlicher Trend zu höheren formellen *Bildungsabschlüssen* (vgl. Abb. 2). Von 1976 bis 1995 stieg z.B. der Anteil der Erwerbspersonen mit einem gymnasialen Abschluß um 12%-Punkte auf 20,7% und der mit Realschulabschluß sogar um 18%-Punkte auf insgesamt 34%. Dagegen sank der Anteil von Personen mit Hauptschulabschluß stetig auf heute 44% (1976: 75%); ein Trend, der sich (wie aufgrund der Bildungsbeteiligung jetzt schon abzusehen ist) mittelfristig in gleicher Intensität fortsetzen wird. Waren es zu Beginn der 60er Jahre noch Maßnahmen der sozialliberalen *Bildungspolitik* (z.B. die Einführung des 9. und 10. Pflichtschuljahres) oder die Forderungen von Bildungsökonomen (z.B. Bildung als Humankapital), die als treibende Kraft der *Bildungsexpansion* verstanden wurden, so

zeigte sich später zunehmend auch eine Eigendynamik der Qualifikationsentwicklung, die nicht zuletzt auf insgesamt steigende Bildungsinteressen in der Bevölkerung zurückgeht. Trotzdem darf nicht übersehen werden, daß zur Zeit immer noch fast die Hälfte aller Erwerbspersonen keinen „höheren" Bildungsabschluß besitzt, was sich aber schon in wenigen Jahren deutlich verändern wird.

Abbildung 2: Erwerbspersonen nach allgemeinbildendem Schulabschluß (1976-1995)

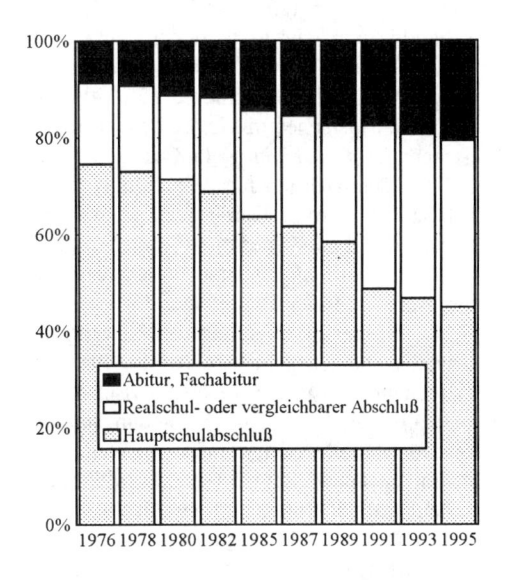

Vor 1991 Daten für West-Deutschland, anschließend für alle Bundesländer. Die polytechnische Oberschule der ehem. DDR ist dem Realschulabschluß zugeordnet.

Quelle: Mikrozensusdaten aus Greiner 1996, Statistische Bundesamt 1978-1995a und eigene Berechnungen

Der Trend zu höherer Bildung ist auch bei den berufsbildenden Abschlüssen zu beobachten (vgl. Abb. 3). Am deutlichsten zeigt sich das am Anteil der Erwerbspersonen, die keinen berufsbildenden *Schulabschluß* besitzen. Er sank allein zwischen 1976 und 1995 von 34,9% auf 15,6%. Gleichzeitig stiegen die Anteile der restlichen drei Kategorien deutlich an (+3,8%-Punkte bei Meistern, +9%-Punkte bei Lern- und Anlernausbildung, +7%-Punkte bei Fach- und Hochschulabschlüssen). Vergleicht man die Anteile der verschiedenen berufsbildenden Abschlüsse, wird jedoch deutlich, daß die Lern-/Anlernausbildung mit heute über 60% nach wie vor (und sogar mit leicht steigender Tendenz) die zentrale berufliche Qualifikationsebene der deutschen Wirtschaft ist. Der Anteil der akademisch gebildeten Erwerbspersonen (der sog. Akademisierungsgrad) stieg zwar kontinuierlich an, ist aber derzeit mit Werten unter 10% (USA im Vergleich ca. 30%) nach wie vor nicht sehr hoch. Prognosen (z.B. der Bundesanstalt für Arbeit bis zum Jahr 2010) zeigen, daß sowohl der Anteil der Hochschul- und Fachhochschulabsolventen (auf insgesamt ca. 15%) als auch der Erwerbspersonen mit Lehre bzw. fachschulischer *Berufsausbildung* (auf insgesamt ca. 70%) in den nächsten Jahrzehnten noch erheblich steigen dürfte. Demgegenüber wird der Anteil der Erwerbspersonen ohne formalen *Ausbildungsabschluß* weiter zurückgehen (auf insgesamt ca. 10%) (IAB 1995: 236).

Die allgemeine Höherqualifizierung der Erwerbspersonen geht jedoch mit neuen Ungleichheiten einher. Schichtspezifisch lassen sich z.B. wieder soziale Schließungstendenzen für Arbeiterkinder auf dem Wege zum Abitur ausmachen (vgl. Geißler 1992: 223). Schaut man sich hingegen geschlechtsspezifische Folgen der Bildungsexpansion an, zeigt sich eine deutliche Verringerung sozialer Ungleichheit. Das ehemalige Bildungsdefizit von Frauen hat sich v.a. bei den allgemeinbildenden *Schulabschlüssen* in einen leichten Bildungsvorsprung verwandelt (Mädchenanteil an den Gymnasien 1992: 53,7%) (vgl. Stat. Bundesamt 1994: 72). Komplexer stellt sich die Situation im Hochschulbereich dar. Zwar erhöhte sich der Anteil studierender *Frauen* bis in die Mitte der achtziger Jahre hinein erheblich (auf ca. 42%), seitdem aber stagniert diese Zahl. Grund ist u.a. eine nach wie vor erhebliche Selektivität der von Frauen gewählten Studiengänge (z.B. Frauenanteil in Ingenieurstudiengängen 1995/96: 16,1%) (vgl. Mösch 1996: 376ff.). Auch in der *Berufsausbildung* im sog. *Dualen System* sind die weiblichen Auszubildenden, trotz guter allgemein-

bildender Abschlüsse, noch deutlich unterrepräsentiert (1992: 40,8%), wobei sie sich zudem in nur wenigen Ausbildungsberufen zusammendrängen (vgl. Geißler 1992: 241, Stat. Bundesamt 1994: 72).

Abbildung 3: Erwerbspersonen nach berufsbildendem Abschluß (1976-1995)

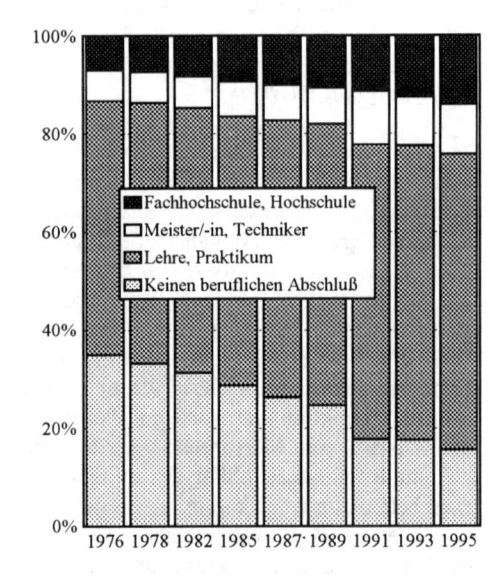

■ Fachhochschule, Hochschule
☐ Meister/-in, Techniker
▨ Lehre, Praktikum
▨ Keinen beruflichen Abschluß

1976 1978 1982 1985 1987 1989 1991 1993 1995

Vor 1991 Daten für West-Deutschland, anschließend für alle Bundesländer.

Quelle: Mikrozensusdaten aus Greiner 1996, Statistisches Bundesamt 1978-1995a und eigene Berechnungen

Auswirkungen von Qualifikationsunterschieden werden nicht nur bei der Stellung und den konkreten Tätigkeiten im Betrieb, sondern auch auf dem Arbeitsmarkt, insbes. beim Erwerbslosigkeitsrisiko deutlich. Im April 1995 besaßen z.B. rund 22% der *Erwerbstätigen* das Abitur, aber nur etwa 14% der Erwerbslosen; keinen beruflichen Abschluß hatten bei den Erwerbstätigen 16%, bei den Arbeitslosen aber rund 27%. D.h. ein niedriges Qualifikationsprofil erhöht das Risiko der Erwerbslosigkeit erheblich (vgl. Greiner 1996: 309f., IAB 1995: 233).

Berufs- und Qualifikationsstruktur

3.3 Berufsbezogene Sozialstrukturen

3.3.1 Erwerbstätige nach sozialversicherungsrechtlicher Stellung

Die bekannte Einteilung der *Erwerbstätigen* in Selbständige, mithelfende Familienangehörige, Beamte, Angestellte und Arbeiter wird auch außerhalb der Wissenschaft häufig verwendet und hat vielfältige praktische Bedeutung, z.B. im arbeits- und tarifrechtlichen sowie im sozialpolitischen Bereich. Nicht immer wird jedoch gesehen, daß die verwendeten Kategorien nur unzureichend Auskunft über die soziale Lage erfaßter Gruppen geben und sich faktisch nur auf die sozialversicherungsrechtliche Zuordnung von Beschäftigtengruppen beziehen. So können Selbständige sowohl Eigentümer großer Unternehmen als auch kleine Einzelhändler und Kleinstlandwirte sein, deren Arbeits- und Lebensbedingungen oft schlechter sind als die vieler Arbeiter. Auch die zunehmenden Versuche, Unterschiede zwischen Arbeitern und Angestellten tarifvertraglich auszugleichen, sowie die hohe soziale Bandbreite bei den Angestellten (sozusagen von der Putzhilfe bis zum Topmanager) machen die Einteilung Erwerbstätiger nach der „Stellung im *Beruf*" immer problematischer. Gleichwohl sind die langfristigen Veränderungen dieser Kategorien sozialstrukturell aufschlußreich.

Betrachtet man die Veränderungen in der sozialversicherungsrechtlichen Stellung zeigt sich ein klarer Trend: die Angestelltenanteile stiegen zwischen 1957 und 1994 deutlich zu Lasten der *Arbeiter* (-16,3%-Punkte), der Selbständigen (-3%-Punkte, seit 1990 wieder leicht steigend) und v.a. der mithelfenden Familienangehörigen (-9,4%-Punkte, Gesamtanteil nur noch 1,6%) (vgl. Abb. 4). Seit Mitte der 80er Jahre stellen Beamte (1994: 7,9%) und Angestellte (1994: 46%) zusammen mehr als die Hälfte der *Erwerbstätigen* (vgl. z.B. Engelen-Kefer u.a. 1995: 239-242). Nach allen vorliegenden Prognosen wird sich dieser Trend weiter fortsetzen und damit vor allem die sozialstrukturelle Bedeutung der sich mit der *Industrialisierung* als dominierende Gruppierung durchsetzenden Arbeiter weiter abnehmen; daß sich der Anteil der Arbeiterschaft aber wirklich marginalisiert, ist zumindest mittelfristig nicht ernsthaft zu erwarten.

Abbildung 4: Erwerbstätige nach sozialversicherungsrechtlicher Stellung (1957-1994)

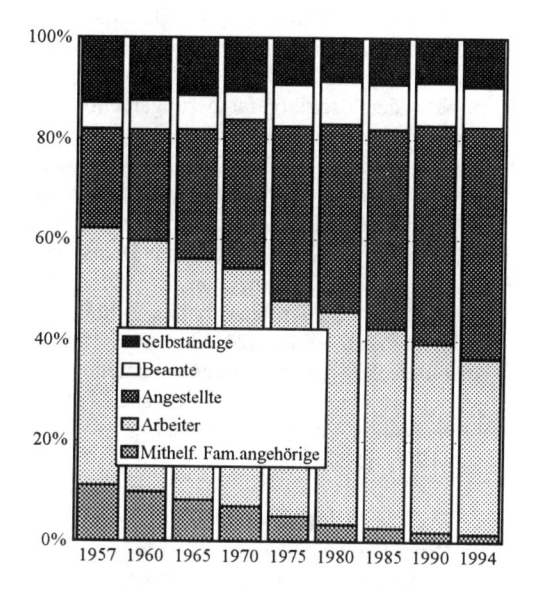

Vor 1991 Daten für West-Deutschland, anschließend für alle Bundesländer.

Quelle: Mikrozensusdaten aus Greiner 1996, Statistisches Bundesamt 1972, Statistisches Bundesamt 1981, 1986, 1995b

Ein genauer Blick auf Gruppenunterschiede ergibt u.a., daß 1993 bei den Selbständigen und bei den Beamten der Anteil der Männer in den alten Ländern doppelt so hoch war wie bei den Frauen. Dagegen besaßen die *Frauen* im Angestelltenbereich eine klare Mehrheit (1993: 61,2% in den alten, 70,6% in den neuen Ländern) (vgl. Stat. Bundesamt 1994: 87, Engelen-Kefer u.a. 1995: 239f.). Bei diesem Trend muß jedoch berücksichtigt werden, daß sich der hohe Frauenanteil nicht gleichmäßig über den gesamten Angestelltenbereich erstreckt, sondern Schwerpunkte in wenigen, meist niedrig bezahlten und wenig angesehenen Berufen bildet. Vergleicht man die Entwicklungen in den alten mit den neuen Ländern, so erkennt man ähnliche Grundtendenzen, jedoch mit einigen Besonderheiten: z.B. der auf die Sozialstruktur der DDR verweisende nach wie vor hohe Anteil der Arbeiter (1994: 41,5% in den neuen, 34,6% in den alten Ländern) oder ein steiler Anstieg der Selbständigen im Osten seit der Vereinigung (1989: fast 0, 1994: 0,5 Mio.) (Stat. Bundesamt 1995b: 198, 280). Schwerpunkt der sozialversicherungsrechtlichen Stellung bei den *Ausländern* sind (wie bei den Deutschen) die abhängigen Arbeitnehmer mit insgesamt (1994) 91%, wobei jedoch die Arbeiter mit 63,8% wesentlich stärker vertreten sind als bei den Deutschen. Interessant ist zudem, daß es unter den Ausländern einen relativ hohen Anteil von Selbständigen gibt (0,24 Mio. = 8,2% der ausländischen Erwerbstätigen), unter denen jedoch ein nicht geringer Anteil sog. Scheinselbständiger zu vermuten ist (vgl. Cornelson 1996: 152).

3.3.2 Erwerbstätige nach Wirtschaftsbereichen

Die Einteilung des *Wirtschaftssystems* in drei Grundbereiche, einen *primären* (v.a. Landwirtschaft, Urgewinnung), *sekundären* (v.a. verarbeitendes Gewerbe, Bau- und Energiewirtschaft, d.h. Industrie und Handwerk) und *tertiären* (v.a. Handel, freie Berufe, Verwaltungs- und Dienstleistungsbranchen) Wirtschafts-*Sektor*, wurde durch die These einer aus wirtschaftlichen Gründen wachsenden Bedeutung des tertiären Bereichs von J. Fourastié bekannt. Genauere Aussagen über die Entwicklung einzelner Wirtschaftsbranchen lassen sich jedoch erst mit der vom Statistischen Bundesamt vorgenommenen Unterteilung in 10 Wirtschafts-Abteilungen machen. Insgesamt ist dabei zu beachten, daß Einteilungen nach Wirtschaftsfeldern allein die Verteilung von Erwerbstätigen auf diese Bereiche der Volkswirtschaft beschreiben und nichts über deren wirkliche Tätigkeit in diesen Bereichen aussagen, was oft zu Fehlinterpretationen (etwa über das Ausmaß von Dienstleistungsfunktionen in der deutschen Wirtschaft) führt (vgl. 3.3.4).

Abbildung 5: Erwerbstätige nach Wirtschaftsbereichen (1950-1994)

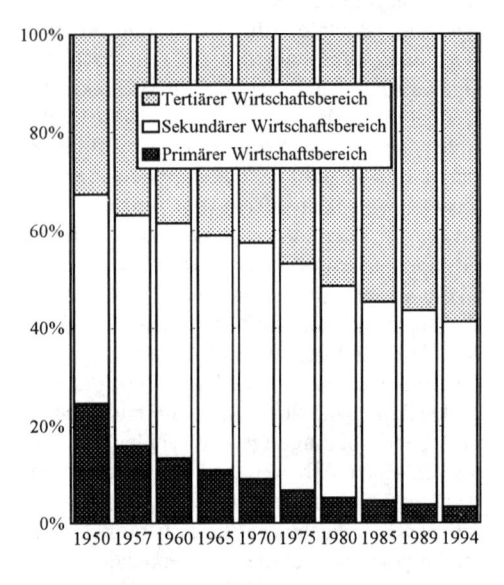

Vor 1991 Daten für West-Deutschland, anschließend für alle Bundesländer.

Quelle: Mikrozensusdaten aus: Statistisches Bundesamt 1972, Statistisches Bundesamt 1981, 1986, 1995b

Die Verteilung der Erwerbstätigen auf die drei *Wirtschaftsbereiche* zeigt in den letzten Jahrzehnten tiefgreifende Veränderungen (vgl. Abb. 5). Am deutlichsten fällt der drastische Rückgang der *Erwerbstätigen* im primären Sektor auf (1950: 25%, 1994: 3,3%). Dagegen konnte der tertiäre Bereich einen nachhaltigen Zuwachs von 26,2%-Punkten verbuchen. Die Veränderungen des sekundären Bereichs waren demgegenüber moderat: nach einem leichten Anstieg in den 60er/70er Jahren erreicht er heute Werte knapp unter dem der 50er Jahre (-4,85%-Punkte gegenüber 1950); von einem drastischen Rückgang der Erwerbstätigkeit im industriellen Bereich kann bisher aber nicht gesprochen werden. Bei den Wirtschafts-Abteilungen waren 1993 mit ca. 29% die meisten Personen im verarbeitenden Gewerbe tätig, dem die Dienstleistungsunternehmen im engeren Sinne mit 24,5% der Erwerbstätigen unmittelbar folgen (Stat. Bundesamt 1995a: 18f.). Im internationalen Vergleich erscheint der Grad der sog. *Tertiarisierung* der deutschen Wirtschaft vor dem Hintergrund solcher Zahlen gering. Dies ist jedoch v.a. auf Unterschiede in der statistischen Erfassung von Erwerbstätigen (z.B. in Folge anderer Wirtschaftsstrukturen) zurückzuführen. So gibt es in den USA schon länger einen Trend zur betrieblichen „Auslagerung" von Dienstleistungen, so daß entsprechende Erwerbstätige nicht mehr dem „industriellen" Sektor zugerechnet werden. Vergleicht man die konkret ausgeübten Tätigkeiten (vgl. 3.3.4), so entspricht die Tertiarisierung der deutschen Wirtschaft dem Niveau vergleichbarer Industrienationen. In Prognosen wird durchweg mit einer Fortsetzung der Tertiarisierung der Wirtschaft/Erwerbstätigkeit und dadurch mit einer weiteren Angleichung der Bundesländer gerechnet. Die Bundesanstalt für Arbeit erwartet, daß im Jahr 2010 über 65% der Beschäftigten im Dienstleistungssektor und nur noch etwa 32% im sekundären Bereich der Wirtschaft tätig sein werden (vgl. Franke/Buttler 1991: 41ff.).

Eine differenziertere sozialstrukturelle Betrachtung zeigt deutliche geschlechtsspezifische Unterschiede bei den Wirtschafts-Abteilungen. Seit langem liegen die Schwerpunkte männlicher Erwerbstätigkeit im produzierenden Gewerbe (1994: 6,2 Mio. Männer, 2,3 Mio. Frauen) und im Baugewerbe (1994: 1,8 Mio. Männer, 230.000 Frauen). *Frauen* arbeiten dagegen vorwiegend im Dienstleistungsbereich, dort v.a. in der Abteilung „*Dienstleistungen, soweit von Unternehmen und freien Berufen erbracht*" (1994: 4,5 Mio. Frauen, 2,8 Mio. Männer) und im Handel (1994: 2 Mio. Frauen, 1,5 Mio. Männer) (Stat. Bundesamt 1995b: 197). Vergleicht man die Entwicklungen der neuen mit den alten Ländern, fällt im Osten eine drastische Reduzierung der Erwerbstätigenanteile in kürzester Zeit sowohl im landwirtschaftlichen (1990-1994: -48,3%-Punkte) als auch im produzierenden Bereich auf (1990-1994: -25%-Punkte) (vgl. Stat. Bundesamt 1995a: 18). *Ausländer* bevorzugen das verarbeitende Gewerbe (1994: 39%) oder den Bereich „Dienstleistungen, soweit von Unternehmen und freien Berufen erbracht" (1994: 27,2%). Relativ hohe Ausländeranteile finden sich zudem im Baugewerbe (1994: 10,2%) sowie im Handel (1994: 10,3%) (vgl. Stat. Bundesamt 1995a: 20).

3.3.3 Erwerbstätige nach Berufen

Ein interessante aber nicht einfach zu handhabende Form der Erfassung der sozialstrukturellen Verteilung von Erwerbstätigen ist ihre Zuordnung zu „*Berufen*" im engeren Sinne. Diese Zuteilung bezieht sich darauf, in welchen Einzelberufen Personen tätig sind und orientiert sich an einer Selbsteinschätzung der Befragten. Die amtliche „Klassifizierung der Berufe" versucht die erhebliche Vielfalt der vorkommenden Berufsbenennungen überschaubar zu machen und zu ordnen. Die Klassifizierung bildet mit derzeit 29.500 Berufsbezeichnungen die wichtigste Grundlage für statistische Erhebungen nach Berufen. Die Berufsbezeichnungen werden in Berufsklassen, Berufsordnungen, Berufsgruppen, Berufsabteilungen und schließlich *Berufsbereiche* untergliedert. Die erste umfassende Berufserhebung, in der die amtliche Klassifizierung von Berufsbezeichnungen verwandt wurde, fand 1973 statt. Seit 1976 wird sie regelmäßig in zweijährigen Abständen wiederholt.

Betrachtet man die Entwicklung seit 1973, erkennt man v.a. in den vier größten Berufsbereichen bedeutsame Veränderungen (vgl. Abb. 6). Es verloren sowohl die Pflanzenbauer, Tierzüchter und Fischereiberufe (1973: 7,2%, 1993: 3,3%) als auch die Fertigungsberufe (1973-1993: -8,8%-Punkte) erhebliche Anteile. Parallel dazu erhöhten sich die technischen Berufe (+1,5%-Punkte) und die schon länger über 50% liegenden Dienstleistungsberufe (+10%-Punkte) auf zusammen mehr als 70%.

Insbesondere ein geschlechtsspezifischer Vergleich zeigt deutliche Varianzen. Bei den Männern liegt in den alten (1993: 0,7 Mio.) wie auch in den neuen Bundesländern (1993: 0,2 Mio.) seit langem der Beruf des Kraftfahrers an der Spitze. Dagegen dominieren bei den *Frauen* die Büroberufe (alte Länder: 10%, neue Länder: 8,2%) (vgl. Stat. Bundesamt 1995a: 22f.). Auffallend ist zudem, daß etliche Berufe fast ausschließlich von Männern (z.B. Betriebsschlosser) oder nur von Frauen ausgeübt werden (z.B. Arzthelferin). Bei einem Vergleich der alten mit den neuen Bundesländern zeigen sich inzwischen nur noch wenige Unterschiede: z.B. arbeiten Frauen in den neuen Bundesländern häufiger in Erziehungsberufen (1993, neue Länder: 5,1%, alte Länder: 1,5%) (vgl. Stat. Bundesamt 1995a: 22f.). Bei den *Ausländern* üben (ähnlich den Deutschen) die meisten Erwerbstätigen Fertigungsberufe (1993: 48,7%) und Dienstleistungsberufe (1993: 40,7%) aus. Die höchsten prozentualen Anteile von Ausländern finden sich (gemessen an der Gesamtzahl der Erwerbstätigen) mit rund 30% bei den Bergleuten (vgl. Cornelson 1996: 153).

Abbildung 6: Erwerbstätige nach Berufsbereichen (1973-1993)

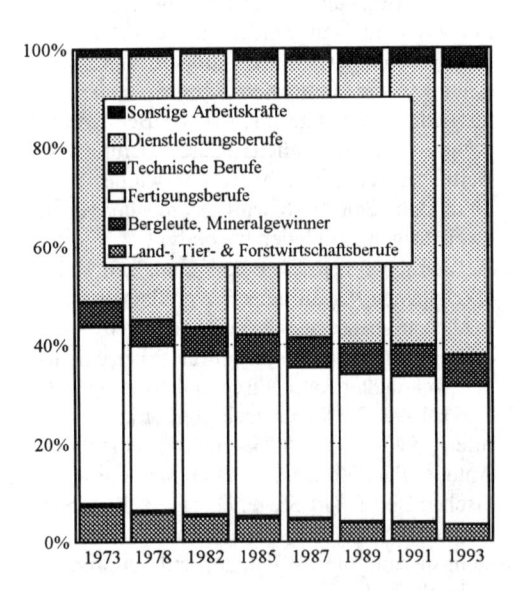

[Stacked bar chart showing percentages from 0% to 100% for years 1973, 1978, 1982, 1985, 1987, 1989, 1991, 1993. Legend categories: Sonstige Arbeitskräfte, Dienstleistungsberufe, Technische Berufe, Fertigungsberufe, Bergleute, Mineralgewinner, Land-, Tier- & Forstwirtschaftsberufe]

Vor 1991 Daten für West-Deutschland, anschließend für alle Bundesländer.

Quelle: Mikrozensusdaten aus: Statistisches Bundesamt 1980, 1995a und eigenen Berechnungen

3.3.4 Erwerbstätige nach überwiegend ausgeübter Tätigkeit

Organisatorisch-technische Veränderungen, aber auch gesellschaftspolitische Entwicklungen, haben gerade in den letzten Jahrzehnten zu erheblichen Umwälzungen in den berufsfachlichen Anforderungen für viele *Erwerbstätige* geführt. Auf Basis der Verteilung der Erwerbstätigen auf „Berufe" oder „Wirtschaftsbereiche" kann dieser Wandel nur unscharf erfaßt werden. Aus diesem Grund wird seit 1969 (ab 1973 in einheitlicher Form) bei den Mikrozensen nach der „überwiegend ausgeübten Tätigkeit" am konkreten Arbeitsplatz (unabhängig von Wirtschaftsbereich, sozialversicherungsrechtlicher Stellung und Berufsbezeichnung) gefragt, wobei zehn Tätigkeitsfelder vorgegeben werden (Cornelson 1993: 233). Die Bundesanstalt für Arbeit benutzt eine Zusammenfassung der zehn Tätigkeiten in drei Klassen: produktionsorientierte Tätigkeiten (Herstellen, Maschinen einstellen/warten, Reparieren), *primäre Dienstleistungen* (allgemeine Dienstleistungen, Handel treiben, Büroarbeiten) und *sekundäre Dienstleistungen* (Planen/Forschen, Leiten, Sichern, Ausbilden/Informieren).

Die Entwicklung seit 1973 zeigt relativ eindeutige Tendenzen bei zwei der drei Klassen: Produktionsorientierte Tätigkeiten nahmen in den letzten zwanzig Jahren relativ deutlich ab (1973: 41,8%; 1993: 32,4%) (vgl. Abb. 7). Im Gegensatz hierzu stiegen die Anteile der sekundären Dienstleistungstätigkeiten (1973: 21,3%; 1993: 28,1%), während die primären Dienstleistungstätigkeiten erstaunlich konstant blieben. Dienstleistungstätigkeiten insgesamt (im Sinne der Bundesanstalt für Arbeit) üben inzwischen fast 70% der *Erwerbstätigen* aus; nach der sehr weiten Definition des Statistischen Bundesamtes sind es sogar 81% (vgl. Stat. Bundesamt 1994: 85). Dies korrigiert die bei einer wirtschaftssektoralen Betrachtung (vgl. 3.3.2) moderat erscheinenden Werte zur *Tertiarisierung* der deutschen Wirtschaft (z.B. der angebl. Rückstand der *Dienstleistungen* gegenüber den USA). Für das Jahr 2010 prognostiziert die Bundesanstalt für Arbeit eine Fortsetzung der beschriebenen Entwicklung und geht von einem Zuwachs der Erwerbstätigen mit primä-

Berufs- und Qualifikationsstruktur

ren und sekundären Dienstleistungstätigkeiten auf deutlich über 70% aus. Besonders hohe Zunahmen sind in den *sekundären Dienstleistungen*, insbesondere bei qualifizierten Bildungs-, Leitungs- und Informationstätigkeiten zu erwarten. Einfache traditionelle Tätigkeiten werden dagegen immer mehr an Bedeutung verlieren, aber keineswegs völlig verschwinden; sie werden auch weiterhin einen zwar geringeren, aber nach wie vor deutlichen Anteil an den Erwerbstätigen behalten (vgl. Voß 1993; IAB 1995: 234; Tessaring 1994).

Abbildung 7: Erwerbstätige nach überwiegend ausgeführter Tätigkeit (1973-1993)

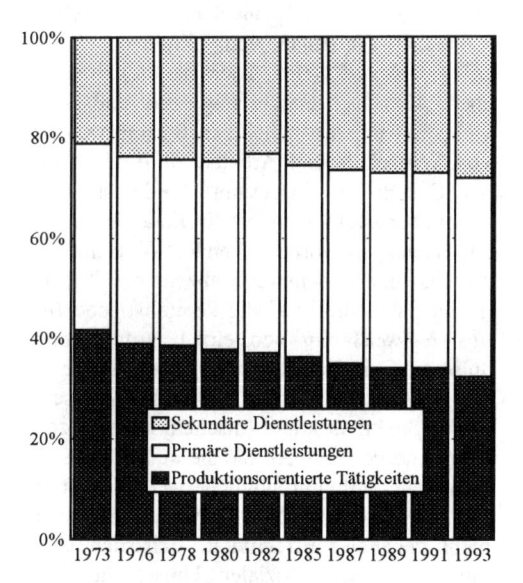

Vor 1991 Daten für West-Deutschland, anschließend für alle Bundesländer.
Quelle: Mikrozensusdaten aus Franke/Buttler 1991, Statistisches Bundesamt 1978-1995a

Nach Geschlechtern aufgeteilt ergibt sich ein Übergewicht der Männer bei produktionsorientierten Tätigkeiten (1993: 45,7% Frauen; 14% Männer), wohingegen *Frauen* überwiegend *primäre Dienstleistungen* ausüben (1993: 56,8% Frauen; 27,1% Männer). Ein Gleichgewicht zeigt sich bei den sekundären, also hochqualifizierten Tätigkeiten (Stat. Bundesamt

1995b: 100). Büroarbeiten, Ausbilden, Informieren und Handel-Treiben sind in besonderem Maße „Frauensache" (ca. 66% der erwerbst. Frauen). Die Tätigkeitsschwerpunkte zeigen im Ost- und West-Vergleich nur wenige Unterschiede; markant ist jedoch ein fast doppelt so hoher Anteil von Frauen mit Leitungsaufgaben in den neuen Ländern (Cornelson 1993: 239).

4. Zum gesellschaftlichen Wandel im Spiegel der Daten zur Berufs- und Qualifikationsstruktur

Die unter den Stichworten Berufs- und Qualifikationsstruktur präsentierten Daten indizieren grundlegende Veränderungen wichtiger Bereiche der *Sozialstruktur*. Weit über die Soziologie hinaus popularisierte Schlagworte zum *gesellschaftlichen Wandel* werden entsprechend auch häufig unter Berufung auf diese Aspekte verwendet. Bei genauerer Betrachtung zeigt sich jedoch, daß die plakativen Formeln zwar zum Teil Richtiges treffen, aber meist dringend der Differenzierung bedürfen. Dazu einige Andeutungen:

Entgegen der oft immer noch zu hörenden Prognose vom „Ende der *Arbeitsgesellschaft*" signalisieren die Daten z.B. deutlich, daß sich die Bevölkerung keineswegs aus der Erwerbsarbeit zurückzieht, sondern (v.a. Frauen) im Gegenteil aus verschiedensten Gründen immer mehr in die Erwerbstätigkeit drängt. Gleichwohl wird deutlich, daß (trotz des in manchen Bereichen zu verzeichnenden absoluten Zuwachses an Arbeitsplätzen) aufgrund des wachsenden Arbeitskräftepotentials, aber insbesondere infolge des massiven Beschäftigungsabbaus in vielen Branchen während der letzten Jahre, die Erwerbsmöglichkeiten für die Bevölkerung relativ drastisch abnehmen und damit den auf eine Erwerbsarbeit angewiesenen Menschen zunehmend ganz konkret die „Arbeit ausgeht" (Arendt). Die Frage, wie verfügbare Arbeit auf neue Art sozial gerecht verteilt bzw. neues *Erwerbspotential* geschaffen werden kann, ist damit mehr denn je eine Grundfrage der Gesellschaftspolitik; nicht zuletzt um zu verhindern, daß die Sozialstruktur noch mehr als bisher in Besitzende und

Nichtbesitzende (nämlich von ausreichenden Erwerbsmöglichkeiten) gespalten wird.

Daß zudem in Deutschland Bildung und berufliche Qualifikation persönlich wie wirtschaftlich eine überaus entscheidende Ressource ist, wird mehr als deutlich belegt. Die gelegentlich geäußerte Vermutung von einem „Ende des *Berufs*" entbehrt damit (zumindest in diesem Sinne) einer ernsthaften Basis. Zweifellos steht jedoch zugleich die bisherige relativ starre Form der Organisation von Beruf in Deutschland zunehmend zur Disposition (vgl. Voß/Pongratz 1998). Durch die wachsende Dynamik der Anforderungen wird etwa die berufliche Erstausbildung erheblich relativiert und demgegenüber lebenslange Bildungsaktivität immer wichtiger, so daß das handliche Stichwort der „*Weiterbildungsgesellschaft*" durchaus Richtiges anspricht. Aber nichts weist darauf hin, daß dadurch die berufliche Basisbildung so an Bedeutung verliert, daß man auf eine politische und betriebliche Stützung verzichten könnte – ganz im Gegenteil. Gleichzeitig stellt sich immer drängender die Frage, wie Bildung/Ausbildung in ausreichendem Maße und in einer den veränderten Bedingungen angemessenen Form derart breit und dynamisch die Bevölkerung erreichen kann, wie es die Prognosen als zukünftig erforderlich signalisieren – ganz abgesehen von der Frage, was mit denjenigen geschehen soll, die den immer weiter wachsenden beruflichen Anforderungen (gleich aus welchen Gründen) nicht entsprechen können.

Fast überall wird darüber hinaus als Selbstverständlichkeit unterstellt, daß wir uns nicht mehr nur auf dem Weg, sondern schon mitten in einer „*Dienstleistungsgesellschaft*" (Fourastié u.a.) befinden – was sich auf den ersten Blick auch durchaus auf berufsstrukturelle Daten berufen kann. Daß jedoch trotz allem nach wie vor (und aller Voraussicht nach auch zukünftig) große Teile der Erwerbstätigen in zumindest indirekt produktiven Branchen, Berufen und Tätigkeiten von großer wirtschaftlicher Bedeutung tätig sind und sich hinter dem schwammigen Kürzel „*Dienstleistung*" höchst unterschiedliche sowie meist hochgradig industrielle Wirtschaftsaktivitäten, Qualifikationspotentiale und Tätigkeiten verbergen, müßte öffentlich wesentlich deutlicher ins Bewußtsein dringen. Zumindest muß verstärkt erkannt werden, daß voreilige Hoffnungen (z.B. auf vermeintlich im größerem Maße entstehende Arbeitsplätze) und wohlfeile Befürchtungen (etwa zum angeblichen „Aussterben" produzierender Branchen und Berufe) angesichts der kontinuierlichen „Tertiarisierung" der Wirtschaft zumindest mittelfristig kaum eine Basis haben und nicht zu kurzschlüssigen politischen wie betrieblichen Maßnahmen verführen dürfen.

Nicht nur der wachsende Anteil von Erwerbstätigen in „*Dienstleistungs*"-Branchen, -Berufen und -Tätigkeiten, sondern auch die wachsende Zahl von Angestellten und der komplementäre Rückgang der Arbeiter geben schließlich oft Anlaß, vom „Ende der *Industriegesellschaft*" (Bell, Touraine u.a.) zu sprechen. Aber auch hierbei zeigt sich, daß zwar vieles auf einen nachhaltigen Strukturwandel von Wirtschaft und Arbeitswelt (und damit der Gesellschaft insgesamt) hindeutet, sich dabei aber alles andere als ein Ende des Industrialismus als vorherrschender Wirtschafts-, Arbeits- und Lebensweise abzeichnet. Nichts deutet darauf hin, daß die kapitalistische *Industriegesellschaft* von einem grundlegend anderen Gesellschaftstyp abgelöst würde – was sich ändert, ist ihr „Gesicht" (Hirsch/Roth). Sie erhält allem Anschein nach derzeit eine neue Form, durch die sie auf eine historisch neue Stufe mit möglicherweise (so ist es zu hoffen) erneut großer Stabilität und bisher nicht gekannter Effektivität, sicherlich aber mit gravierenden sozialen Umschichtungen gehoben wird. Zwar vollzieht sich dabei wohl nun endgültig ein „Abschied vom Proletariat" (Gorz) im bisherigen Sinne, aber ohne Zweifel wird es auch zukünftig eine große Zahl von arbeitenden Menschen geben, die (in veränderten Formen) dem entsprechen, was bisher „*Arbeiter*" genannt wurde, und zwar wie bisher auf zwei Ebenen: Zum einen als qualifizierte industrielle Massen-Arbeitskräfte – Arbeitskräfte, die aber jetzt oft über einen höheren Schulabschluß verfügen und in einer Dienstleistungsbranche „angestellt" tätig sind. Zum anderen als nach wie vor erheblich benachteiligte, gering qualifizierte Arbeitskräfte auf Hilfs- oder Restarbeitsplätzen – Arbeitskräfte, die jetzt oft mit befristeten Arbeitsverträgen, in Teilzeit- und/oder Leiharbeits-Verhältnissen beschäftigt werden, überproportional Ausländer und/oder Frauen sind und die v.a. mehr als ein Randphänomen darstellen, so daß sie dringender denn je politischer und gewerkschaftlicher Unterstützung bedürfen.

Literatur

Beck, Ulrich/Michael Brater/Hansjürgen Daheim: Soziologie der Arbeit und Berufe, Reinbek 1980
Bolte, Karl Martin/Katrin Aschenbrenner/Reinhard Kreckel/Rainer Schulz-Wild: Beruf und Gesellschaft in Deutschland, Opladen 1970
Cornelsen, Carsten: Beruf und Tätigkeitsmerkmale der Erwerbstätigen. Ergebnisse des Mikrozensus April 1991, in: Wirtschaft und Statistik, 4. Jg., 1993
Cornelson, Carsten: Erwerbstätigkeit der ausländischen Bevölkerung, in: Wirtschaft und Statistik, 3. Jg., 1996
Engelen-Kefer, Ursula/Jürgen Kühl/Hans Ullmann: Beschäftigungspolitik, 3. Aufl., Köln 1995
Franke, Heinrich/Friedrich Buttler: Arbeitswelt 2000, Frankfurt a.M. 1991
Geißler, Rainer: Die Sozialstruktur Deutschlands, Opladen 1992
Greiner, Ulrich: Erste Ergebnisse des Mikrozensus April 1995, in: Wirtschaft und Statistik, 5. Jg., 1996
Institut für Arbeitsmarkt und Berufsforschung der Bundesanstalt für Arbeit (Hg.): Zahlen-Fibel, Nürnberg 1995
Mösch, Bettina: Studierende im Wintersemester 95/96, in: Wirtschaft und Statistik, 6. Jg., 1996
Statistisches Bundesamt (Hg.): Bevölkerung und Wirtschaft 1875-1972, Wiesbaden 1972
Statistisches Bundesamt (Hg.): Bevölkerung und Erwerbstätigkeit, Fachserie 1.4.1.2.: Beruf, Ausbildung und Arbeitsbedingungen der Erwerbstätigen, Wiesbaden 1978-1995(a)
Statistisches Bundesamt (Hg.): Datenreport 1994, Bonn 1994
Statistisches Bundesamt (Hg.): Bevölkerung und Erwerbstätigkeit, Fachserie 1.4.1.1.: Stand und Entwicklung der Erwerbstätigkeit, Wiesbaden 1981, 1986, 1995(b)
Tessaring, Manfred: Langfristige Tendenzen des Arbeitskräftebedarfs nach Tätigkeiten und Qualifikationen in den alten Bundesländern bis zum Jahr 2010, in: Mitteilungen aus der Arbeitsmarkt- und Berufsforschung, 27. Jg., Heft 1, 1994
Voß, G. Günter: Arbeitswelt im Wandel, in: Mitteilungen 7 des SFB 333, 1993
Voß, G. Günter: Berufssoziologie, in: Harald Kerber/Arnold Schmieder (Hg.): Spezielle Soziologien, Reinbek 1994
Voß, G. Günter/Hans J. Pongratz: Der Arbeitskraftunternehmer – eine neue Grundform der Ware Arbeitskraft, erscheint in: Kölner Zeitschrift für Soziologie und Sozialpsychologie, 50. Jg., 1998

G. Günter Voß/Jörg Dombrowski

Bevölkerung

1. Begriff

Bevölkerung meint zweierlei: die Einwohner eines bestimmten Landes oder einer Region, aber auch die Summe jener Prozesse, die Struktur und Zahl der Einwohner bestimmen. Der Begriff läßt sich zuerst für das Jahr 1691 bei dem Dichter und Sprachforscher Caspar Stieler (1632-1707) nachweisen, allerdings nicht in der heutigen Bedeutung, sondern als Bezeichnung eines Vorganges. „Bevölkern" war eine Verdeutschung des damals gebräuchlichen Wortes „peuplieren", und zwar mit der Bedeutung: ein Gebiet systematisch mit Menschen besiedeln. Bevölkerung bezeichnete somit (im Gegensatz zu Volk) ursprünglich das Ergebnis einer von der Obrigkeit vorgenommenen Ansiedlung von Menschen (vgl. Flaskämper 1962: 37-38). Heute verstehen wir unter Bevölkerung die Einwohner eines Staates, eines Bundeslandes, einer Gemeinde oder eines nach anderen Gesichtspunkten abgegrenzten Gebietes, z.B. des Spreewalds oder des Ruhrgebiets. In der Bundesrepublik Deutschland liegt dem Bevölkerungsbegriff seit der Volkszählung von 1950 ein verwaltungsrechtlich orientiertes Konzept zugrunde. Danach gehören zur Bevölkerung einer Gemeinde oder territorialen Einheit alle Personen, die in dieser Gemeinde oder territorialen Einheit ihren ständigen Wohnsitz haben bzw. dort wohnberechtigt sind. Zur Bevölkerung zählen also auch die in der Bundesrepublik gemeldeten *Ausländer* (einschließlich der Staatenlosen). Nicht zur Bevölkerung gehören die Angehörigen der ausländischen Stationierungsstreitkräfte sowie der ausländischen diplomatischen und konsularischen Vertretungen mit ihren Familienangehörigen (vgl. Statistisches Bundesamt 1995: 43-44). Als ständiger Wohnsitz gilt die im Personalausweis eingetragene Wohnung (alleinige bzw. Hauptwohnung). Diese ist im Melderechtsrahmengesetz von 1980 und im ersten Gesetz zur Änderung des Melderechtsrahmengesetzes von 1994 wie folgt definiert: Hauptwohnung ist die vorwiegend benutzte Wohnung des Einwohners. Der bis 1983 verwendete Begriff der Wohnbevölkerung wurde seit dem Mikrozensus von 1985 durch den Begriff der Bevölkerung am Ort der alleinigen bzw. Hauptwohnung ersetzt.

Grundlage des Systems der Bevölkerungsstatistik in der Bundesrepublik Deutschland sind die in größeren Zeitabständen (1950, 1961, 1987) stattfindenden Volkszählungen, die demographische Grunddaten, regional gegliedert, bereitstellen. Die Ergebnisse der Volkszählungen dienen als Ausgangsbasis für die laufende Fortschreibung der Bevölkerung zwischen zwei Zählungen. Hierzu werden die Statistiken der *natürlichen Bevölkerungsbewegung* (Geburten, Sterbefälle, Eheschließungen und Scheidungen) und der *räumlichen Bevölkerungsbewegung* (Zuzüge und Fortzüge = *Wanderungen*) herangezogen und durch die Ausländerstatistik nach dem Ausländerzentralregister ergänzt.

2. Die Veränderungen der Einwohnerzahl Deutschlands

Ende 1996 lebten in Deutschland 81,9 Mio. Menschen (Tab. 1), davon 66,4 Mio. (81,1%) in Westdeutschland und 15,5 Mio. (18,9%) in Ostdeutschland (neue Länder und Ost-Berlin). Von den Einwohnern des heutigen Bundesgebietes besaßen 74,6 Mio. (91,1%) die deutsche *Staatsbürgerschaft*; 7,3 Mio. (8,9%) waren *Ausländer*.

Tabelle 1: Bevölkerungsentwicklung Deutschlands 1949-1996 (in 1.000)

Jahr	Westdeutschland[1]		Ostdeutschland[1]		Deutschland gesamt[1]	
	Einwohner absolut	Veränderung 1949 = 100	Einwohner absolut	Veränderung 1949 = 100	Einwohner absolut	Veränderung 1949 = 100
1949	49.315,0	100,0	18.793,0	100,0	68.108,0	100,0
1960	55.784,8	113,1	17.188,5	91,5	72.973,3	107,1
1970	61.001,2	123,7	17.068,3	90,8	78.069,5	114,6
1980	61.657,9	125,0	16.739,5	89,1	78.397,4	115,1
1985	61.020,5	123,7	16.655,2	88,6	77.675,7	114,0
1989	62.679,0	127,1	16.466,8	87,6	79.145,8	116,2
1990	63.725,7	129,2	16.027,6	85,3	79.753,3	117,1
1991	64.484,8	130,8	15.789,8	84,0	80.274,6	117,9
1992	65.289,2	132,4	15.685,4	83,5	80.974,6	118,9
1993	65.739,7	133,3	15.598,4	83,0	81.338,1	119,4
1994	66.007,2	133,8	15.531,4	82,6	81.538,6	119,7
1995	66.150,0	134,1	15.500,0	82,5	81.650,0	119,9
1996	66.400,0	134,6	15.500,0	82,5	81.900,0	120,3
Gesamtveränderung 1949-96	17.085,0				13.792,0	

1 Jahresendbevölkerung

Quellen: Statistisches Bundesamt; Statistische Jahrbücher für die Bundesrepublik Deutschland; Statistisches Jahrbuch der DDR 1990; Dorbritz/Gärtner 1995

Bevölkerung

Tabelle 2: Veränderung der Einwohnerzahlen sowie Geburtensaldo in Ostdeutschland und Westdeutschland, 1950-1996

Zeitraum	Ostdeutschland Veränderung der Einwohnerzahl[1]	Überschuß der Lebendgeborenen (+) bzw. der Sterbefälle (−)	Westdeutschland Veränderung der Einwohnerzahl[1]	Überschuß der Lebendgeborenen (+) bzw. der Sterbefälle (−)
1949-1959	-1.507.098	739.360	5.808.400	2.693.094
1960-1969	-211.398	463.135	6.071.200	3.344.596
1970-1979	-334.180	-237.128	244.700	-780.875
1980-1989	-273.524	51.240	1.239.700	-787.827
1990-1996	-966.800	-609.695	3.721.000	16.808
Gesamtveränderung 1949-1996	-3.293.000	406.892	17.085.000	4.485.796

1 Jahresendbevölkerung
Quellen: Statistisches Bundesamt; Statistische Jahrbücher der DDR; Statistische Jahrbücher für die Bundesrepublik Deutschland

Zwischen Ende 1949 und Ende 1996 stieg die Einwohnerzahl Deutschlands von 68,1 Mio. (Bundesrepublik + DDR) auf 81,9 Mio. Dies bedeutete einen Zuwachs um 13,8 Mio. (+20,3%). Dieser Zuwachs erklärt sich ausschließlich aus einer Zunahme der Bevölkerung im früheren Bundesgebiet (Westdeutschland) um 17 Mio. Einwohner (+34,6%). In der ehemaligen DDR bzw. in den neuen Bundesländern und Ost-Berlin verringerte sich die Bevölkerungszahl dagegen um 3,3 Mio. Einwohner (−17,5%).

Veränderungen der Einwohnerzahl sind das Resultat von Geburten und Sterbefällen sowie von *Ein- und Auswanderungen*. Ein Vergleich der *Bevölkerungsentwicklungen* in Ost- und Westdeutschland zeigt folgendes (Tab. 2).

In der DDR gab es von der Gründung bis zum Ende der 60er Jahre einen deutlichen – wenn auch sinkenden – Geburtenüberschuß. Die Einwohnerzahl hätte aufgrund dieser positiven Bilanz steigen müssen. Daß sie stattdessen sank, ist auf die starke *Abwanderung* aus der DDR in die Bundesrepublik bis zum Bau der Berliner Mauer im Jahre 1961 zurückzuführen (s. Abschnitt Wanderungen). In den 70er Jahren gab es aufgrund der bis 1975 stark rückläufigen *Geburtenraten* einen Überschuß an Sterbefällen, der jedoch kleiner war als der Rückgang der Einwohnerzahl, da die Abwanderung aus der DDR auch nach dem Bau der Mauer nie ganz zum Stillstand kam. In den späten 70er Jahren bewirkten die zwischen 1972 und 1975 eingeführten bevölkerungs- und sozialpolitischen Maßnahmen einen vorübergehenden Wiederanstieg der Geburtenraten und damit bis in die 80er Jahre neuerlich einen Überschuß an Lebendgeborenen. Die Einwohnerzahl sank allerdings infolge der in den späten 80er Jahren deutlich zunehmenden Abwanderung weiter ab. Die bisherige Entwicklung der 90er Jahre ist durch einen drastischen Rückgang der Geburten in Ostdeutschland seit 1990 und damit durch einen beträchtlichen Überschuß an Sterbefällen charakterisiert. Daß der Überschuß an Sterbefällen größer ist als der Rückgang der Einwohnerzahl Ostdeutschlands, hängt seit 1992 mit Wanderungsgewinnen der neuen Bundesländer durch verstärkte Zuzüge aus dem Ausland (Aussiedler, Asylbewerber) zusammen. Die Wanderungsbilanz gegenüber Westdeutschland ist dagegen weiterhin leicht negativ (siehe Tab. 7).

Die alte Bundesrepublik verzeichnete seit der Nachkriegszeit ein deutliches *Bevölkerungswachstum*. In den 50er und 60er Jahren gab es hohe Geburtenüberschüsse. In den 90er Jahren hatte Westdeutschland ebenfalls einen leichten Überschuß der Geburten. Dagegen gab es in den 70er und 80er Jahren deutlich mehr Sterbefälle als Geburten. Während des gesamten Zeitraums seit 1950 wuchs die Bevölkerung über den positiven Geburtensaldo hinaus bzw. trotz des eine Zeitlang ausgeprägten Sterbefallüberschusses. Dies erklärt sich aus der zentralen Bedeutung, die die *Zuwanderung* von Ausländern, Aussiedlern und Ostdeutschen für die *Bevölkerungsentwicklung* Westdeutschlands hatte und hat.

3. Geburtenentwicklung und Fertilität

Geburten und Sterbefälle bestimmen die *natürliche Bevölkerungsbewegung*. Diese ist durch einen Geburten- oder durch einen Sterbefallüberschuß charakterisiert, was ein positives oder negatives natürliches Wachstum der Bevölkerung bedeutet.

In beiden Teilen Deutschlands kam es in der Nachkriegszeit zu einem Baby-Boom. Im Osten begann diese Entwicklung etwas früher als im Westen (Abb. 1 und Abb. 2). Bis zur Mitte der 60er Jahre war die Entwicklung sowohl in Ostdeutschland als auch in Westdeutschland durch *Geburtenraten* (Lebendgeborene pro 1.000 Einwohner) mit Werten zwischen 16 und 18 pro Tausend gekennzeichnet. Die hohe Zahl an Lebendgeborenen überstieg die wachsende Zahl an Sterbefällen.

Ab Mitte der 60er Jahre setzte in beiden Teilen Deutschlands ein rascher Rückgang der Geburten ein, der vor allem durch einen Rückgang der *Fertilität*, also der durchschnittlichen Kinderzahl pro Frau bzw. pro Familie (zusammengefaßte Geburtenziffer), verursacht wurde (Tab. 4). Diese Entwicklung wurde sowohl in der Bundesrepublik als auch in der DDR mit Besorgnis registriert. In Westdeutschland interpretierten ab 1970 vor allem Politiker von CDU und CSU die niedrigen *Geburtenraten* als Beweis für den Verfall traditioneller Werte und das Versagen sozialliberaler Familienpolitik. In der DDR wurde die Entwicklung zwar nicht in der selben Weise offen problematisiert, aber von einem Teil der Eliten ähnlich negativ beurteilt. Ein Bündel bevölkerungs-, familien- und sozialpolitischer Maßnahmen, das in der ersten Hälfte der 70er Jahre verabschiedet wurde, führte hier ab 1975 zu einem raschen Wiederanstieg der Geburtenraten sowie der durchschnittlichen Kinderzahl pro Frau auf knapp unter 2,0. Allerdings dürfte dieser Anstieg zum Teil durch vorgezogene Geburten verursacht worden sein, denn ab 1981 sank die Fertilität auch in Ostdeutschland wieder ab. 1989 lag sie mit 1,57 Kindern pro Frau nur noch um 13% über der damaligen westdeutschen (vgl. Tab. 4).

In der Bundesrepublik wurden – anders als in der DDR – keine gezielten geburtenfördernden Maßnahmen eingesetzt. Die *Geburtenraten* sanken bis in die späten 70er Jahre und erreichten von 1977 bis 1979 mit 9,4 bzw. 9,5 pro Tausend „historische Tiefstwerte". Die Fertilität erreichte in Westdeutschland 1985 mit 1,28 Kindern pro Frau ihren niedrigsten Wert. In der zweiten Hälfte der 80er Jahre setzte eine Zunahme der Geborenenzahlen ein, die bis 1990 anhielt und zu einem Ansteigen der Geburtenrate auf Werte von mehr als 11 pro Tausend führte. Die *Fertilität* stieg auf 1,45 Kinder pro Frau (1990). Ab 1991 sanken die Geburtenzahlen Westdeutschlands wieder ab.

Wesentlich dramatischer vollzog sich seit 1989/90 die Geburtenentwicklung in den neuen Ländern und Ost-Berlin. Als Reaktion auf die gravierenden politischen, wirtschaftlichen und sozialen Transformationen, die sich seit der Wende und dem Beitritt der DDR zur Bundesrepublik in Ostdeutschland vollzogen, kam es zu einem in diesem Ausmaß historisch bislang einmaligen „Einbruch" der Geborenenzahlen. Diese Entwicklung bewirkte, daß sich die rohe *Geburtenrate* Ostdeutschlands zwischen 1990 und 1993 mehr als halbierte und sich die zusammengefaßte Geburtenziffer vorübergehend auf die Hälfte ihres Ausgangswertes reduzierte. Im Rückblick zeigt sich, daß dieser Einbruch zu einem wesentlichen Teil auf den Aufschub von Geburten und den Anstieg des Erstgebäralters von Müttern zurückzuführen war. Seit 1995 gibt es wieder steigende Geborenenzahlen. 1996 fiel der Anstieg mit 11,5 Prozent gegenüber 1995 besonders deutlich aus. Allerdings lagen die Geborenenzahlen des Jahres 1996 weiterhin deutlich unter den entsprechenden westdeutschen Werten. Es ist jedoch damit zu rechnen, daß ein Teil der nach 1989/90 ausgefallenen oder aufgeschobenen Geburten nachgeholt wird und sich die Fertilität in Ostdeutschland auf einem ähnlichen Ni-

Bevölkerung 75

Abbildung 1: Westdeutschland: Geburten- und Sterberaten, natürliches Bevölkerungswachstum, 1950-1996 (pro 1000)

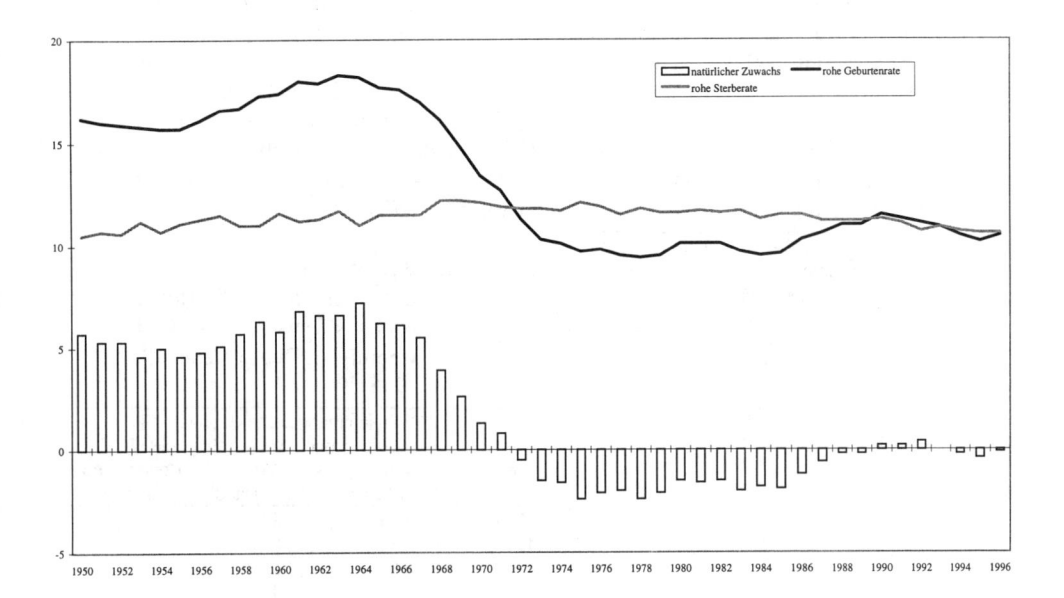

Quellen: Statistisches Bundesamt; Statistische Jahrbücher für die Bundesrepublik Deutschland; Dorbritz/Gärtner 1995.

Abbildung 2: Ostdeutschland: Geburten- und Sterberaten, natürliches Bevölkerungswachstum, 1950-1996 (pro 1.000)

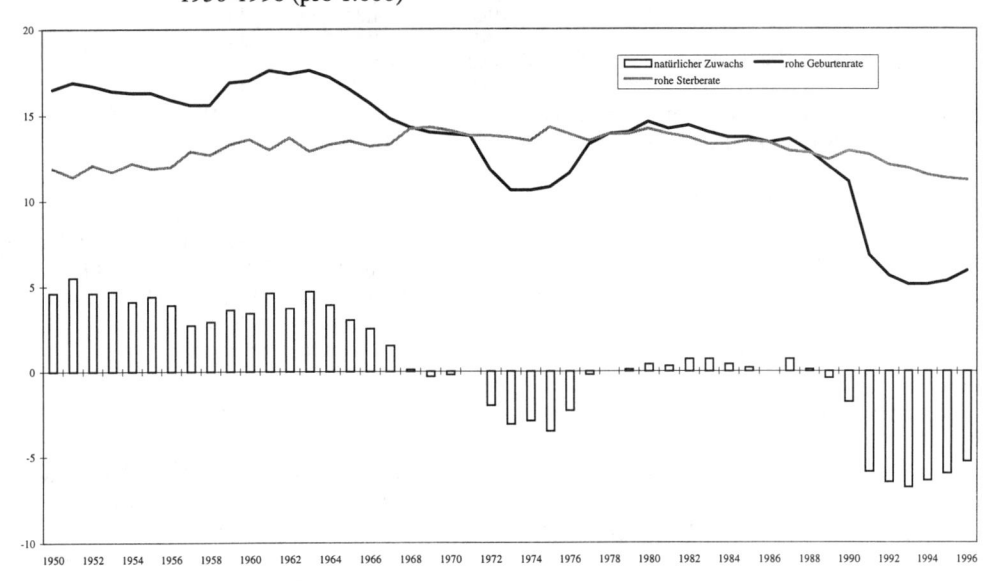

Quellen: Statistisches Bundesamt; Statistische Jahrbücher der DDR; Dorbritz/Gärtner 1995

veau stabilisiert wie in Westdeutschland. Für Gesamtdeutschland bedeutet ein solches Niveau (1,3 bis 1,4 Kinder pro Frau) auch langfristig Geburtendefizite und eine schrumpfende inländische Bevölkerung (vgl. hierzu auch Linde 1984: 183-190).

Tabelle 3: Bewegung der rohen Geburtenraten in Westdeutschland und Ostdeutschland, 1950-1996

Jahr	Rohe Geburtenraten (Lebendgeborene je 1.000 Einwohner)		
	Westdeutschland	Ostdeutschland	Deutschland, gesamt
1950	16,2	16,5	
1960	17,4	17,0	
1970	13,4	13,9	
1975	9,7	10,8	
1980	10,1	14,6	
1981	10,1	14,2	
1982	10,1	14,4	
1983	9,7	14,0	
1984	9,5	13,7	
1985	9,6	13,7	
1986	10,3	13,4	
1987	10,6	13,6	
1988	11,0	12,9	
1989	11,0	12,0	
1990	11,5	11,1	11,4
1991	11,3	6,8	10,4
1992	11,1	5,6	10,0
1993	10,9	5,1	9,8
1994	10,5	5,1	9,5
1995	10,2	5,3	9,3
1996*	10,5	5,9	9,6

* vorläufig

Quellen: Statistisches Bundesamt; Statistische Jahrbücher der DDR; Statistisches Bundesamt: Fachserie 1: Bevölkerung und Erwerbstätigkeit; Reihe 1: Gebiet und Bevölkerung 1994

Die niedrige *Fertilität* in Deutschland bewirkt auch eine niedrige *Netto-Reproduktionsrate (NRR)*. Die Netto-Reproduktionsrate gibt an, in welchem Umfang eine Frauenkohorte (= weiblicher Geburtsjahrgang) bei den aktuell beobachteten Fruchtbarkeits- und Sterbewahrscheinlichkeiten durch ihre Töchterkohorte zahlenmäßig ersetzt wird. Eine Netto-Reproduktionsrate von Eins entspricht dem Bestanderhaltungsniveau. Bei einem Wert über Eins wächst die Bevölkerung, bei einem Wert unter Eins schrumpft sie (vgl. Mueller 1993: 224-228).

1960 lag die Netto-Reproduktionsrate mit einem Wert von 1,10 in Westdeutschland und 1,07 in Ostdeutschland noch über dem Bestanderhaltungsniveau. Seither ist diese Rate in beiden Gebieten kontinuierlich gesunken. 1995 wurden in Ostdeutschland nur noch 40% des Bestanderhaltungsniveaus erreicht (NRR: 0,40), in Westdeutschland über 60% (NRR: 0,64) und in Deutschland insgesamt knapp 60% (NRR: 0,59).

Tabelle 4: Bewegung der zusammengefaßten Geburtenziffern in Westdeutschland, Ostdeutschland sowie im vereinigten Deutschland, 1950-1995

Jahr	Zusammengefaßte Geburtenziffer (durchschnittl. Kinderzahl pro Frau)		
	Westdeutschland	Ostdeutschland	Deutschland gesamt
1950	2,09	2,37	
1960	2,36	2,32	
1970	2,01	2,23	
1975	1,44	1,54	
1980	1,44	1,94	
1981	1,43	1,85	
1982	1,41	1,86	
1983	1,33	1,79	
1984	1,29	1,74	
1985	1,28	1,73	
1986	1,34	1,70	
1987	1,37	1,74	
1988	1,41	1,67	
1989	1,39	1,57	
1990	1,45	1,52	1,45
1991	1,42	0,98	1,33
1992	1,40	0,83	1,29
1993	1,39	0,77	1,28
1994	1,34	0,77	1,24
1995	1,34	0,84	1,25

Quellen: Statistisches Bundesamt; Statistische Jahrbücher der DDR; Statistisches Bundesamt: Fachserie 1: Bevölkerung und Erwerbstätigkeit; Reihe 1: Gebiet und Bevölkerung 1994

Beträchtliche Ost-West-Unterschiede gibt es beim Anteil der nichtehelich geborenen Kinder. Bezogen auf alle Lebendgeborenen stieg dieser Anteil in beiden Teilen Deutschlands in den vergangenen Dekaden, und zwar in Westdeutschland von 9,7% (1950) auf 12,4% (1994) und in Ostdeutschland von 12,8% (1950) auf 41,4% (1994). In der DDR lag die

Bevölkerung

„Nichtehelichenquote" bereits in den 80er Jahren bei rund einem Drittel aller Lebendgeborenen. In den 90er Jahren kamen in Ostdeutschland über 40% aller Kinder als nichtehelich Geborene zur Welt. Diese Entwicklung erklärt sich aus einer zunehmenden Entkoppelung von Ehe und Elternschaft (vgl. hierzu auch Dorbritz/Gärtner 1995: 365).

4. Heirats- und Scheidungshäufigkeit

Charakteristisch für die 50er und 60er Jahre war eine hohe *Heiratshäufigkeit* (Nuptialität). Von den zwischen 1930 und 1949 Geborenen heirateten über 90%. Außerdem wurde – anders als im 19. und frühen 20. Jahrhundert – bis Anfang der 70er Jahre biographisch früh geheiratet. Das durchschnittliche Erstheiratsalter betrug 1970 bei Männern 25,6 Jahre (West) bzw. 24,0 Jahre (Ost); bei Frauen 23,0 Jahre (West) bzw. 21,9 Jahre (Ost). Seit den 70er Jahren sinkt die Heiratshäufigkeit. Von der jungen Generation (nach 1960 Geborene) werden voraussichtlich 40 bis 50% lebenslang unverheiratet bleiben. Gleichzeitig erhöhte sich das Erstheiratsalter bis 1993 bei den Männern auf 29,3 Jahre (West) bzw. auf 27,6 Jahre (Ost) und bei den Frauen auf 26,9 Jahre (West) bzw. auf 25,5 Jahre (Ost) (Dorbritz/ Gärtner 1995: 345, 348).

Die Stabilität von *Ehen* verringerte sich im Laufe des 20. Jahrhunderts. In den 60er Jahren wurde in Deutschland nur etwa jede zehnte Ehe geschieden; Mitte der 90er Jahre bereits mehr als jede dritte Ehe. Das bedeutet allerdings: Die Mehrzahl der Ehen endet nach wie vor mit dem Tod eines der beiden Ehepartner (meist des Ehemannes). Geschiedene Ehen dauerten im Schnitt (1994) 12,2 Jahre (West) bzw. 11,0 Jahre (Ost). Am größten ist das *Scheidungsrisiko* in Westdeutschland zwischen dem 4. und 5. Ehejahr; in Ostdeutschland ist der Scheidungsgipfel vom 2. in das 4. Ehejahr gewandert.

Mehr Ledige, spätere Heirat und mehr Geschiedene bedeuten nicht automatisch eine viel größere Zahl von *Single*-Haushalten. An die Stelle ehelicher Haushalte treten in vielen Fällen nichteheliche Lebensgemeinschaften. Ausdruck dieser Entwicklung ist – vor allem in Ostdeutschland – der hohe Anteil nicht-ehelich geborener Kinder (vgl. Abschnitt 3: Geburtenentwicklung und *Fertilität*).

5. Sterblichkeit

Unterschiede zwischen Ost- und Westdeutschland lassen sich auch bei der Entwicklung der Sterblichkeit feststellen. Allerdings sind diese Differenzen weit weniger ausgeprägt als die Unterschiede bei der Geburtenentwicklung. Die rohen *Sterberaten* (Gestorbene pro 1.000 Einwohner; Tab. 5) stiegen in beiden Teilen Deutschlands von 1950 bis Mitte der 70er Jahre deutlich an. Ursache dieser Entwicklung war der zunehmende Anteil älterer Personen an der Gesamtbevölkerung (Tab. 8). Bis Ende der 70er Jahre war der Anteil der über 60jährigen in der DDR höher als in der alten Bundesrepublik. Dies erklärt zum Teil die höheren rohen Sterberaten in Ostdeutschland. Ab Mitte der 70er Jahre verzeichneten DDR und Bundesrepublik sinkende Sterberaten; der Rückgang war im Osten etwas stärker. Dies hat auch damit zu tun, daß die Altersstruktur in Ostdeutschland seit 1980 etwas günstiger ist als in Westdeutschland. Trotzdem waren die rohen Sterberaten in den neuen Ländern und Ost-Berlin 1996 höher als die entsprechenden Werte im Westen des Bundesgebietes. Dies ist ein Hinweis auf eine höhere Sterblichkeit der Ostdeutschen.

Wichtigste Kennziffer zur Beurteilung der Sterblichkeitsverhältnisse, unabhängig von der jeweiligen Altersstruktur, ist die *Lebenserwartung* (Tab. 6). Dabei zeigt sich auch für die zweite Hälfte des 20. Jahrhunderts ein deutlicher Anstieg. Zwischen 1950 und 1994 betrug der Zuwachs an Lebenserwartung in Deutschland je nach Geschlecht und Landesteil zwischen +6,4 und +11,2 Jahre.

Gleichzeitig nahmen die Unterschiede im Sterblichkeitsniveau zwischen beiden Teilen Deutschlands zu. Betrug der Unterschied bei der *Lebenserwartung* der Frauen zwischen Ost- und Westdeutschland im Jahr 1950 nur 0,6 Jahre, so lag er 1994 bei etwa 2 Jahren. Bei den Männern stieg der Ost-West-Unterschied von 0,7 Jahren (1950) auf 3,1 Jahre (1994). Dabei ist bemerkenswert, daß ostdeutsche Männer zu

Beginn der 70er Jahre sogar eine etwas höhere Lebenserwartung hatten als westdeutsche. Davon konnte ab den 80er Jahren keine Rede mehr sein.

Tabelle 5: Bewegung der rohen Sterberaten in West- und Ostdeutschland sowie im vereinigten Deutschland, 1950-1996

Jahr	Rohe Sterberaten (Gestorbene pro 1.000 Einwohner)		
	West-deutschland	Ostdeutschland	Deutschland gesamt
1950	10,5	11,9	
1960	11,6	13,6	
1970	12,1	14,1	
1975	12,1	14,3	
1980	11,6	14,2	
1981	11,7	13,9	
1982	11,6	13,7	
1983	11,7	13,3	
1984	11,3	13,3	
1985	11,5	13,5	
1986	11,5	13,4	
1987	11,2	12,9	
1988	11,2	12,8	
1989	11,2	12,4	
1990	11,3	12,9	11,6
1991	11,1	12,7	11,4
1992	10,7	12,1	11,0
1993	10,9	11,9	11,1
1994	10,7	11,5	10,9
1995	10,6	11,3	10,7
1996	10,6	11,2	10,7

Quellen: Statistisches Bundesamt; Statistische Jahrbücher der DDR; Statistische Jahrbücher für die Bundesrepublik Deutschland; Dorbritz/Gärtner 1995

Tabelle 6: Entwicklung der Lebenserwartung in Westdeutschland und Ostdeutschland, 1950-1994

Zeitraum	Lebenserwartung bei der Geburt nach Geschlecht (in Jahren)			
	Männer		Frauen	
	(West)	(Ost)	(West)	(Ost)
1950	64,6	63,9	68,5	67,9
1960	66,9	66,5	72,4	71,4
1970	67,4	68,1	73,8	73,3
1980	70,0	68,7	76,7	74,6
1986	71,7	69,7	78,0	75,8
1991	73,1	69,9	79,5	77,2
1994	73,4	70,3	79,7	77,7
Zuwachs 1950-94	+8,8	+6,4	+11,2	+9,8

Quellen: vgl. Tabelle 5

Auffallend ist auch die Entwicklung der geschlechtsspezifischen Unterschiede der Lebenserwartung in Ost- und Westdeutschland. Der Unterschied zwischen Männern und Frauen in Ostdeutschland vergrößerte sich von 4,0 Jahren (1950) auf 7,4 Jahre (1994). In Westdeutschland betrug dieser Unterschied 1950 nur 3,9 Jahre; er stieg bis 1994 auf 6,3 Jahre.

Günstig entwickelte sich in beiden Teilen Deutschlands die Säuglingssterblichkeit. Sie ging von einem nachkriegsbedingt sehr hohen Niveau (1950 Ost: 73, West: 55 gestorbene Säuglinge auf 1.000 Lebendgeborene) auf Werte zurück, mit denen Deutschland heute zur internationalen Spitzengruppe gehört (1994: 5 pro 1.000 Lebendgeborene).

Insgesamt ist auch in den kommenden Jahrzehnten in beiden Teilen Deutschlands mit einer steigenden Lebenserwartung zu rechnen. Durch den vereinigungsbedingten „Aufholprozeß" dürfte dieser Anstieg in Ostdeutschland relativ stärker ausfallen als im Westen.

6. Wanderungen

Die Migrationsgeschichte Deutschlands war und ist seit 1949 durch ganz unterschiedliche *Wanderungen* geprägt: durch *Flüchtlinge* und Vertriebene der unmittelbaren Nachkriegszeit, durch die *Migration* zwischen Ost- und Westdeutschland (*Übersiedler*), durch die Zu- und Abwanderung von Ausländern (Arbeitsmigranten, Familienangehörige, Asylbewerber) und durch die *Zuwanderung* von *Aussiedlern*.

Den größten Zuwanderungsstrom erlebte das Gebiet des heutigen Deutschlands am Ende des Zweiten Weltkriegs und in der unmittelbaren Nachkriegszeit. Zwischen 1945 und 1949 wurden die alliierten Besatzungszonen zum Ziel für fast 12 Mio. Ostflüchtlinge und Vertriebene. Ende 1949 waren von den damals 49 Mio. Einwohnern der neugegründeten Bundesrepublik rund 7,9 Mio. Vertriebene (=16% der damaligen Wohnbevölkerung). In der DDR gehörten 1949 von 18,8 Mio. Einwohnern 3,6 Mio. (=19%) zu dieser Gruppe, die man im Osten Deutschlands offiziell „Umsiedler" nannte.

Bevölkerung

Nach 1950 erfolgte die *Zuwanderung* von *Aussiedlern* (Personen deutscher Staatsangehörigkeit oder deutscher Volkszugehörigkeit, die nach Abschluß der allgemeinen Vertreibungsmaßnahmen ihre angestammte Heimat in den Staaten Ostmitteleuropas und der ehemaligen Sowjetunion aufgaben und mit ihren Angehörigen Aufnahme in Deutschland fanden). In fast allen Fällen beruhten diese *Wanderungen* bis 1988 auf politischen Vereinbarungen zwischen der Bundesrepublik und dem jeweiligen Herkunftsland. Bis 1987 summierte sich die Zahl der *Aussiedler* auf 1,4 Mio.; davon 848.000 aus Polen, 206.000 aus Rumänien und 110.000 aus der Sowjetunion (Abb. 3).

Mit dem Fall der Ausreisebeschränkungen in Ostmittel- und Osteuropa kamen 1988 bereits 203.000 *Aussiedler* in die Bundesrepublik. 1990 erreichte der Zuzug mit 397.000 Personen seinen Höhepunkt. Danach beschränkte Deutschland den Zuzug. Zwischen 1988 und 1996 migrierten 2,3 Mio. Aussiedler nach Deutschland; davon 1,44 Mio. aus der ehemaligen Sowjetunion, 593.000 aus Polen und 219.000 aus Rumänien. Aufgrund einer Gesetzesänderung durften in den 90er Jahren (mit wenigen Ausnahmen) nur noch Aussiedler aus den GUS-Staaten zuwandern. Sie werden seit 1993 offiziell als *Spätaussiedler* bezeichnet. Insgesamt betrug der Wanderungsgewinn durch Aussiedlerzuwanderung im Zeitraum 1950-1996 für Deutschland 3,6 Mio. Personen.

Die *Abwanderung* aus der DDR in die BRD erreichte einen ersten Höhepunkt in den 50er Jahren, als im Durchschnitt jährlich mehr als 330.000 Menschen (Übersiedler; dieser Status ist seit 1990 entfallen) die DDR verließen. Der Spitzenwert in diesem Zeitraum wurde im Jahr 1953 (Aufstand 17. Juni) mit mehr als 500.000 Flüchtlingen erreicht (Abb. 4)

Abbildung 3: Aussiedlerzuzug nach Deutschland nach Herkunftsgebieten, 1950-1996

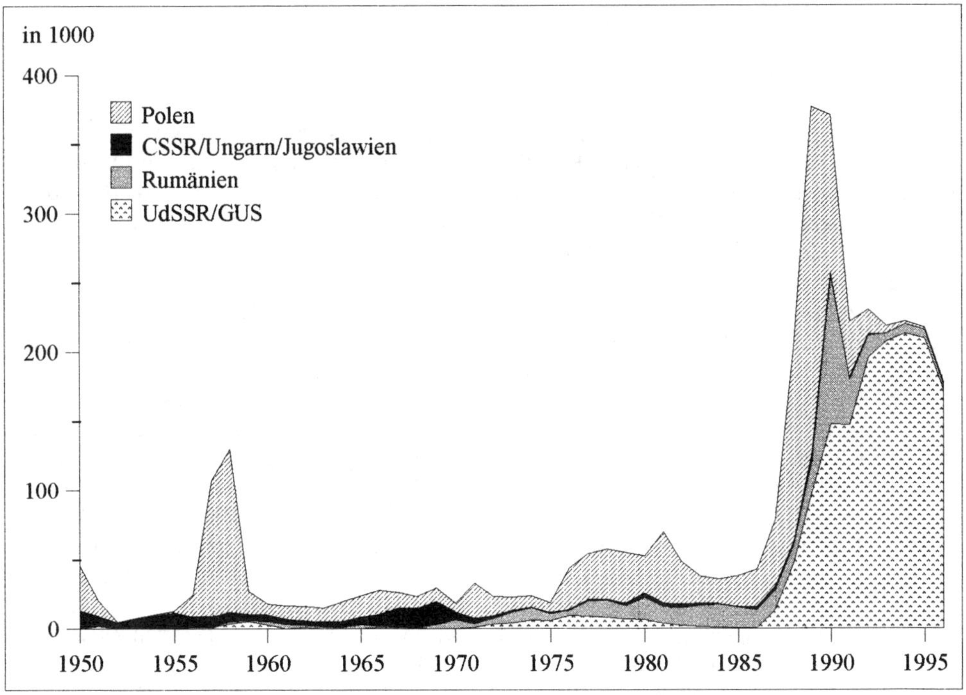

Quelle: Münz/Seifert/Ulrich 1997: 26

Abbildung 4: Wanderungen zwischen Ostdeutschland (DDR/bzw. neue Länder sowie Ost-Berlin) und Westdeutschland (frühere Bundesrepublik) 1950-1995

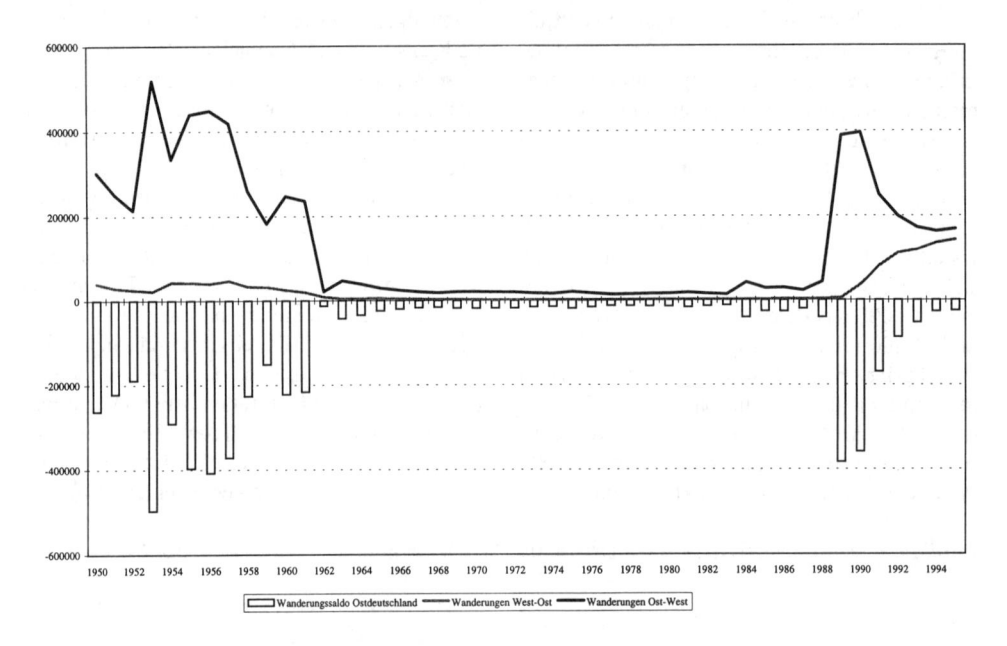

Quelle: Statistisches Bundesamt 1994: 192

Insgesamt übersiedelten zwischen 1950 und 1961 rd. 3,8 Millionen Personen aus der DDR in den Westen, aber nur 400.000 Personen aus der Bundesrepublik in die DDR. Nach dem Bau der Mauer reduzierte sich die *Abwanderung* aus Ostdeutschland stark; sie kam aber nie ganz zum Erliegen. Während 1962-1970 durchschnittlich ca. 28.000 Menschen pro Jahr die DDR verließen, reduzierte sich diese Zahl in der ersten Hälfte der 70er Jahre im Schnitt auf 19.000 und in der zweiten Hälfte der 70er Jahre auf ca. 15.000 pro Jahr.

Danach, vor allem seit 1984, nahm die *Abwanderung* wieder deutlich zu. Sie erreichte 1989/90 ihren Höhepunkt, als 388.000 bzw. 395.000 Menschen die DDR verließen. Seither hat sich die Abwanderung aus den neuen Bundesländern ins Altbundesgebiet deutlich reduziert, während die *Zuwanderung* von West- nach Ostdeutschland zunahm. Dennoch war die Wanderungsbilanz zwischen den alten und den neuen Bundesländern Mitte der 90er Jahre für Ostdeutschland immer noch leicht negativ. Dies wird allerdings seit 1992 durch eine positive Außenwanderungsbilanz (*Aussiedler, Asylbewerber*) kompensiert (Tab. 7). Insgesamt wanderten im Zeitraum 1950-1995 fast 6 Mio. Ostdeutsche nach Westdeutschland; darunter 5 Mio. zu Zeiten der Eigenstaatlichkeit der DDR (1950-90). Von West- nach Ostdeutschland wanderten im selben Zeitraum etwa 1 Mio. Personen.

Weniger bekannt ist die Tatsache, daß Bundesdeutsche in größerer Zahl auch in andere Staaten migrieren. Insgesamt gingen zwischen 1954 und 1995 rund 3,4 Mio. (West-)Deutsche für längere Zeit oder für immer ins Ausland. In der Mehrzahl der Fälle war die Auswanderung von Deutschen keine endgültige. Von 1954 bis 1995 gab es ca. 2,4 Mio. *Ein-* und *Rück*wanderungen von (West-)Deutschen in die Bundesrepublik.

Im Saldo verlor Deutschland im Zeitraum 1954-95 durch *Ein- und Auswanderung* seiner Staatsbürger gegenüber Westeuropa, Nordamerika, Japan und der „Dritten Welt" ca. 1 Mio. Einwohner (im Schnitt netto: – 25.000 pro Jahr).

Neben der Wanderung von Personen deutscher Herkunft spielte seit den 50er Jahren vor allem die *Migration* von Ausländern für Deutschland quantitativ eine große Rolle. Zu Beginn handelte es sich dabei vor allem um Staatenlose und „displaced persons". Zeitgleich mit dem Bau der Berliner Mauer, als der Strom der Übersiedler aus der DDR abriß, setzte die Anwerbung ausländischer Arbeitskräfte in größerem Umfang ein. Bis 1964 erhöhte sich die Gesamtzahl der Ausländer in Westdeutschland auf etwa 1,2 Mio. (2,1% der westdeutschen Bevölkerung). 1973 waren es bereits fast 4 Mio. Ausländer in Westdeutschland (Ausländeranteil: 7%).

Von 1968 bis 1973 kamen mehr ausländische *Arbeitsmigranten* ins Land als je zuvor oder danach. Im Schnitt betrug der Wanderungsgewinn 387.000 Personen pro Jahr (1968-1973). In der Rezession 1974/75 kam es wieder zu einem Rückgang der Zuzüge und zu einem Anstieg der Fortzüge. Insgesamt ging die Zahl der in Deutschland lebenden Ausländer zwischen 1974 und 1977 um rund 200.000 Personen zurück. 1978 hatte die ausländische Bevölkerung wieder einen Wanderungsgewinn von 50.000 Personen. 1979 waren es 180.000 und 1980 schon 246.000 Personen. 1980 lebten 4,5 Mio. Ausländer in der Bundesrepublik (Ausländeranteil: 7%). Im Zeitraum 1983-84 versuchte die Bundesregierung, die Rückkehr von Arbeitsmigranten in ihre Herkunftsländer durch finanzielle Anreize zu fördern. Tatsächlich wanderten in den Jahren 1982-84 per Saldo 470.000 Ausländer ab. 1985-87 war der Wanderungssaldo der Ausländer hingegen wieder positiv. Insgesamt verschoben sich die *Wanderungen* von der Arbeitsmigration zur Familienzusammenführung.

Ab 1988 kam es zu einer neuen Welle der *Zuwanderung* von Ausländern. 1992/93 erreichten die Zuzüge von Ausländern (inkl. Asylbewerbern) ein historisches Maximum von 1,2 Mio. (1992) bzw. 987.000 (1993) Personen. Gleichzeitig stiegen allerdings auch die Fortzüge deutlich an. In den darauffolgenden Jahren lag die Zahl der Zuzüge durchwegs unter dem Niveau der frühen 90er Jahre.

Die Zahl der Fortzüge sank demgegenüber deutlich langsamer. Der Wanderungssaldo der Ausländer erreichte wieder das Niveau der zweiten Hälfte der 80er Jahre (1994: +153.000; 1995: +225.000).

Zum Teil beruhte die Wanderungswelle der Jahre 1988-93 auf einem Anstieg der *Asylbewerber* (Ausländer und Ausländerinnen, die Schutz als politisch Verfolgte nach Art. 16 Abs. 2 des Grundgesetzes beantragt haben, und über deren Antrag noch nicht rechtskräftig entschieden ist). Über 1,6 Mio. Menschen – vorwiegend aus der östlichen Hälfte Europas, vom Balkan und aus der Türkei – suchten im Zeitraum von 1988 bis 1995 um politisches Asyl an. Weitere 350.000 Kriegsvertriebene aus Bosnien-Herzegowina fanden außerhalb des Asylverfahrens vorübergehend Aufnahme in Deutschland. Mehr als 60.000 Personen durften 1990-95 als Kontingentflüchtlinge (vor allem jüdische Auswanderer aus den GUS-Staaten) zuwandern.

Insgesamt registrierte die Wanderungsstatistik zwischen 1954 und 1995 22,7 Mio. Zuzüge von Ausländern nach Deutschland. Im gleichen Zeitraum verließen 16,2 Mio. Ausländer die Bundesrepublik. Der Wanderungsgewinn betrug somit 6,5 Mio. Personen. Zwischen 1950 und 1995 kamen rund 28 Mio. Menschen als *Arbeitsmigranten*, nachziehende Familienangehörige, *Aussiedler, Asylbewerber* oder als deutsche Staatsbürger aus dem Ausland nach Deutschland. Im gleichen Zeitraum verließen 20 Mio. Deutsche und Ausländer das Land; manche gingen freiwillig, andere nach Ablauf ihrer Arbeitsgenehmigung oder nach Ablehnung ihres Asylantrages. Hinzu kommen fast 6 Mio. Ostdeutsche, die zwischen 1950 und 1995 nach Westdeutschland wanderten und über 1 Mio. Westdeutsche, die sich in Ostdeutschland niederließen.

Keine andere europäische Gesellschaft war in der zweiten Hälfte des 20. Jahrhunderts mit ähnlich großen Migrationsbewegungen konfrontiert. Und obwohl sich Deutschland bis heute nicht als Einwanderungsland versteht, war und ist der Beitrag von *Ein- und Auswanderungen* zur Bevölkerungsentwicklung in Deutschland wesentlich größer als der Saldo aus Geburten und Sterbefällen.

Tabelle 7: Neue Bundesländer und Berlin-Ost: Wanderungssalden der Deutschen und Ausländer über die Bundesgrenzen sowie Binnenwanderungssaldo, 1991-1995

Jahr	Außenwanderung			Binnenwanderung
	Insgesamt in 1.000	Deutsche in 1.000	Ausländer in 1.000	Insgesamt in 1.000
1991	21,5	12,4	9,1	-169,5
1992	89,8	30,3	59,5	-87,8
1993	77,0	33,4	43,6	-53,3
1994	62,3	28,0	34,3	-27,3
1995	...	...	...	-25,3

Quellen: Statistisches Bundesamt; Dorbritz/ Gärtner 1995: 381

7. Veränderungen in der Altersstruktur

Die bisher behandelten Komponenten der Bevölkerungsentwicklung – Geburtenhäufigkeit, Sterblichkeit, Wanderungen – beeinflussen nicht nur die Größe, sondern auch den *Altersaufbau* einer Bevölkerung. Auf den Altersaufbau der deutschen Bevölkerung wirkten sich nach 1950 vor allem der Rückgang der Geborenenzahlen aufgrund sinkender Kinderzahlen pro Frau und die gestiegene Lebenserwartung aus. Seit 1950 ist der Anteil der Personen im Rentenalter (60 Jahre und älter) stetig gestiegen und der Anteil der Kinder und Jugendlichen (0 bis unter 20 Jahre) an der Gesamtbevölkerung mittelfristig gesunken. Eine solche Entwicklung bezeichnet man als *demographische Alterung* der Bevölkerung. Dabei lassen sich für West- und Ostdeutschland keine wesentlichen Unterschiede feststellen (Tab. 8). Der Anteil der Kinder und Jugendlichen an der Gesamtbevölkerung sank in beiden Teilen Deutschlands von etwa einem Drittel (1950) auf rund ein Fünftel (1994). Parallel zum sinkenden Anteil der Kinder und Jugendlichen stieg der Anteil der über 60jährigen im selben Zeitraum von weniger als einem Sechstel (1950) auf rund ein Fünftel (1994) an.

Abbildung 5: Zuzüge und Fortzüge der Ausländer über die Bundesgrenzen und Wanderungssaldo, 1954-1995*

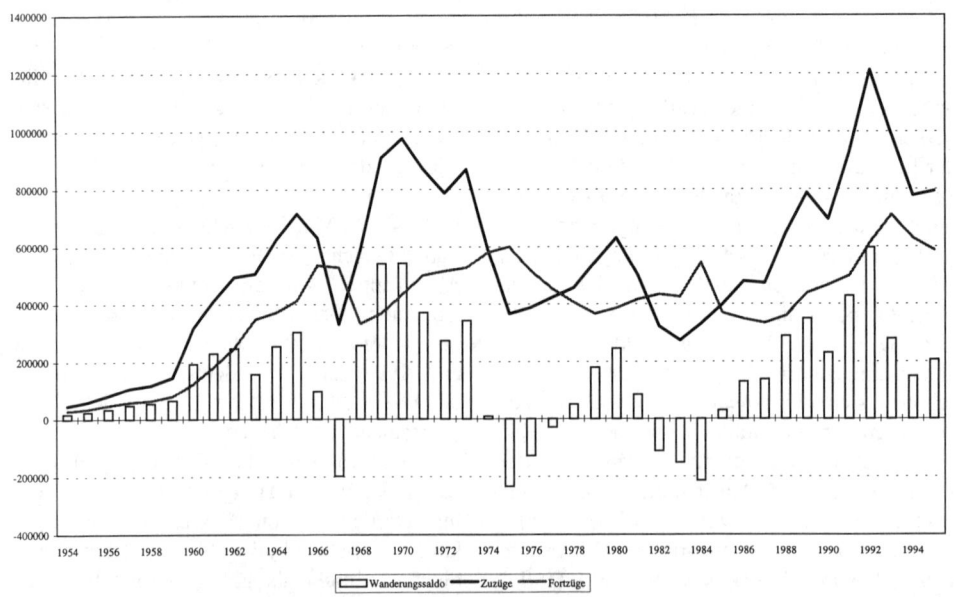

* 1950-1990 früheres Bundesgebiet; ab 1991 Deutschland

Quellen: Statistisches Bundesamt: Fachserie 1, Reihe 1: Gebiet und Bevölkerung, 1994: 192; Münz/ Seifert/Ulrich 1997

Bevölkerung

Tabelle 8: Veränderungen in der Altersstruktur, 1950-1994 (Anteil an der Gesamtbevölkerung in Prozent)

Jahr	Westdeutschland			Ostdeutschland			Deutschland		
	0 bis unter 20	20 bis unter 60	60 und älter	0 bis unter 20	20 bis unter 60	60 und älter	0 bis unter 20	20 bis unter 60	60 und älter
1950	30,8	55,4	13,8	32,0	52,1	15,8	...	...	...
1960	28,8	55,1	16,1	28,2	51,5	20,3	...	...	...
1970	31,1	49,6	19,4	31,0	46,9	22,1	...	...	...
1980	26,4	54,2	19,4	28,0	52,8	19,2	...	...	...
1994	21,1	58,0	20,8	23,3	56,7	20,0	21,5	57,8	20,7

* 1970: 0 bis unter 21 ; 21 bis unter 60 Jahre
** 1950: 0 bis unter 21 Jahre; 21 bis unter 60 Jahre; ohne Berlin-Ost
Quellen: Statistische Jahrbücher für die Bundesrepublik Deutschland; Statistische Jahrbücher der DDR; Statistisches Bundesamt 1994: 63

Abbildung 6: Altersaufbau der deutschen Bevölkerung 1955 und 1994

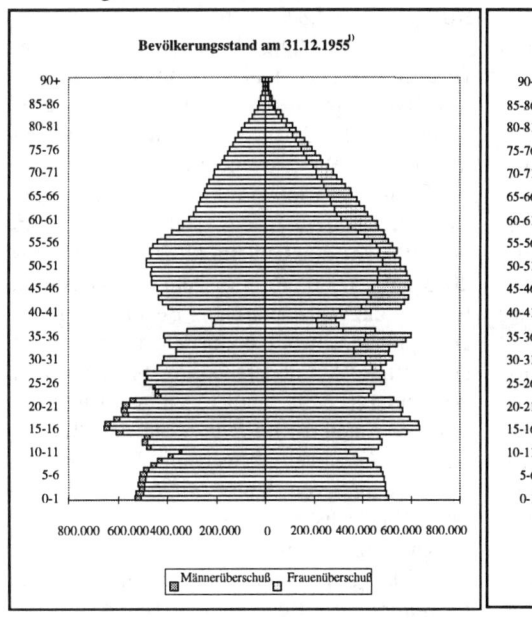

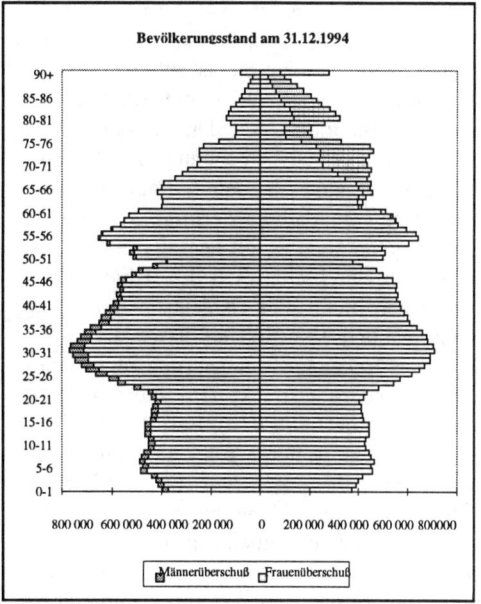

1 Bevölkerung Ostdeutschlands und Westdeutschlands zusammengefaßt

Quelle: Statistisches Jahrbuch der DDR, 1955, Statistisches Jahrbuch für die Bundesrepublik Deutschland 1957; Statistisches Bundesamt: Fachserie 1; Reihe 1: Gebiet und Bevölkerung 1994

Ein Vergleich des *Altersaufbaus* der deutschen Bevölkerung in den Jahren 1955 und 1994 zeigt eine Verringerung der Jahrgangsstärke an der Basis und eine wesentlich stärkere Besetzung der älteren Jahrgänge (Abb. 6). Hierbei fällt besonders der deutlich gestiegene Anteil hochalter Personen (80 Jahre und älter) auf. Die Geschlechterproportion (weibliche Personen je 1.000 männliche Personen) ist im Altersaufbau von 1955 ganz deutlich durch die Folgen des Zweiten Weltkriegs geprägt: Der Frauenüberschuß setzte damals bereits in der Altersgruppe der 28jährigen ein, ein Hinweis auf die großen Kriegsverluste bei der männlichen Bevölkerung, von denen vor allem jüngere Altersjahrgänge betroffen waren. Mit dem „Herauswachsen" der Kriegsgeneration aus dem Altersaufbau, aber auch durch das Übergewicht männlicher Zuwanderer, hatte die Bevölkerung Deutschlands 1994 erst bei den über 57jährigen einen Frauenüberschuß.

8. Zukünftige Bevölkerungsentwicklung

In Deutschland führen die statistischen Ämter der Bundesländer seit 1966 *Bevölkerungsprognosen* durch, die vom Statistischen Bundesamt koordiniert werden (vgl. Sommer 1994). Neben diesen amtlichen Prognosen werden auch Rechnungen von nichtstaatlichen Instituten und unabhängigen Wissenschaftlern durchgeführt (vgl. Höhn 1996). Die 8. koordinierte Bevölkerungsvorausberechnung des Statistischen Bundesamtes für den Zeitraum 1993 bis 2040 nimmt an, daß die *Fertilität* im früheren Bundesgebiet in etwa auf dem derzeitigen Niveau von durchschnittlich 1,4 Kindern pro Frau stabil bleibt. Für Ostdeutschland wurde ein allmählicher Anstieg auf dieses Niveau bis zum Jahr 2005 angenommen (in zwei ostdeutschen Ländern erstreckt sich diese Angleichung bis zum Jahr 2010). Bei der Sterblichkeit wird ein weiterer Rückgang angenommen. Die *Lebenserwartung* bei der Geburt soll in Westdeutschland bis zum Jahr 2000 um über 1,5 Jahre zunehmen und dann konstant bleiben. Für die neuen Länder und Ostberlin wurde ein längerer Anpassungsprozeß angenommen, wobei das westdeutsche Niveau des Jahres 2000 in Ostdeutschland im Jahr 2030 erreicht wird. Die entscheidende Komponente der Vorausberechnung sind die *Wanderungen.* Hier wird bei den *Binnenwanderungen* ab dem Jahr 2005 ein ausgeglichener Saldo der Ost-West-Wanderungen angenommen. Bei der Aussiedlerzuwanderung wird von etwa 220.000 Personen bis zum Ende des Jahres 2001 und dann von einer deutlich sinkenden Zahl ausgegangen. Für die Ausländer wurden drei unterschiedliche Varianten gerechnet, die bis zum Jahr 2000 jährliche Netto-Wanderungsgewinne von 100.000 (Variante 1), 200.000 (Variante 2) bzw. 300.000 (Variante 3) annehmen. Im Ergebnis ergibt sich in allen Varianten, daß die Zahl der Sterbefälle in Deutschland höher sein wird als die der Geburten. Das wachsende Geburtendefizit wird nur anfangs durch *Zuwanderung* ausgeglichen. Spätestens ab dem Jahr 2001 sind die Geburtendefizite höher als der Wanderungsgewinn. Als Folge dieser Entwicklung sinkt die Einwohnerzahl Deutschlands in allen drei Varianten. Im Jahr 2040 wird die Bevölkerungszahl Deutschlands nur noch zwischen 67,6 Mill. (Variante 1) und 77,1 Mill. (Variante 3) liegen. Je nach Modellvariante ist dies gegenüber 1993 ein Rückgang um 4,8% bis 16,5%.

Zur Entwicklung der *ausländischen Bevölkerung* liegt eine an der Humboldt-Universität Berlin entstandene Prognose vor (Münz/Seifert/Ulrich 1997), die von drei Szenarien jährlicher Netto-Zuwanderung ausgeht. Im mittleren Szenario wird mit einer jährlichen Netto-*Zuwanderung* von 190.000 Ausländern und 100.000 Aussiedlern (2000 – 2010; bis 2015 auf 25.000 sinkend) gerechnet. Dadurch würde die ausländische Bevölkerung in Deutschland sowohl durch Zuwanderung als auch durch Ausländergeburten bis zum Jahr 2030 auf 12,1 Mill. (mittlere Variante) anwachsen. Der Anteil der *ausländischen Bevölkerung* an der Gesamteinwohnerzahl Deutschlands würde damit von 8,8% (1996) auf 17,4% (2030) anwachsen.

Die prognostizierte Entwicklung hat Auswirkungen auf die Veränderungen des *Altersaufbaus* der Bevölkerung. Der Anteil der Generation im Haupterwerbsalter (20 bis unter 60 Jahre) wird von fast 60% (1992) auf etwa 50% (2040) absinken. Die wichtigsten Veränderungen werden sich bei den Kindern und Jugendlichen sowie bei den Personen im höheren Lebensalter ergeben. Der Anteil der 0- bis unter 20jährigen wird auf 16% absinken. Die Senioren (60 Jahre und älter) werden zukünftig mit einem Anteil von ca. 33% doppelt so stark vertreten sein wie die Kinder und Jugendlichen. Auch bei der *ausländischen Bevölkerung* wird sich der Prozeß der demographischen Alterung bemerkbar machen. Der Anteil der über 60jährigen Ausländer wird von 5,5% (1995) bis zum Jahr 2030 auf 20,3% steigen.

Prognosen sind immer mit gewissen Unsicherheiten behaftet. Dreierlei ist jedoch heute schon klar: Deutschland wird im 21. Jahrhundert weniger Einwohner, eine im Durchschnitt deutlich ältere Bevölkerung und eine höhere Zahl ansässiger Ausländer haben.

Literatur

Dorbritz, Jürgen/Karla Gärtner: Bericht 1995 über die demographische Lage in Deutschland, in: Zeitschrift für Bevölkerungswissenschaft, Heft 4, 1995, S. 339-448

Flaskämper, Paul: Bevölkerungsstatistik. Grundriß der Sozialwissenschaftlichen Statistik, Teil II: Besondere Statistik. Probleme, Methoden und wichtigste Ergebnisse der Hauptzweige der Sozialwissenschaftlichen Statistik, Bd. 1: Bevölkerungsstatistik, Hamburg 1962

Höhn, Charlotte: Bevölkerungsvorausberechnungen für die Welt, die EU-Mitgliedsländer und Deutschland, in: Zeitschrift für Bevölkerungswissenschaft, Heft 2, 1996, S. 171-218

Linde, Hans: Theorie der säkularen Nachwuchsbeschränkung 1800 bis 2000, Frankfurt a.M./New York 1984

Marschalck, Peter: Bevölkerungsgeschichte Deutschlands, Frankfurt a.M. 1984

Mueller, Ulrich: Bevölkerungsstatistik und Bevölkerungsdynamik, Berlin/New York 1993

Münz, Rainer/Wolfgang Seifert/Ralf Ulrich: Zuwanderung nach Deutschland. Strukturen, Wirkungen, Perspektiven, Frankfurt a.M./New York 1997

Sommer, Bettina: Entwicklung der Bevölkerung bis 2040. Ergebnis der achten koordinierten Bevölkerungsvorausberechnung, In: Wirtschaft und Statistik, Heft 7, 1994, S. 497-503

Statistisches Bundesamt (Hg.): Fachserie 1: Bevölkerung und Erwerbstätigkeit, Reihe 1: Gebiet und Bevölkerung, Stuttgart 1994

Statistisches Bundesamt (Hg.): Statistisches Jahrbuch 1995 für die Bundesrepublik Deutschland, Stuttgart 1995

Rose-Elisabeth Herden/Rainer Münz

Bildung und Bildungssystem

1. Begriffsklärungen

Bildung gilt in unserer Gesellschaft als postulativer Wertbegriff. Inhaltlich wurde und wird er in mehr oder minder expliziten Leitbildern oder Bildungsidealen umschrieben. Gemeint ist die „ideale" geistig-sittliche Gestalt eines Individuums („Gebildete/r") als personaler Ausdruck und Träger der herrschenden Kultur und als konstitutives Element der jeweiligen Gesellschaft. Als solcher wurde der Bildungsbegriff im Gefolge der Aufklärung im deutschen Sprachraum vor allem im deutschen Idealismus entfaltet, und er gewann mit dem gesellschaftlich und politisch erstarkenden (Bildungs-) Bürgertum dann seinen hervorgehobenen Platz in unserem Wertesystem. Seitdem bemühen sich Bildungstheoretiker immer wieder um eine zeitgemäße Interpretation von Bildung und um ihre Ausdifferenzierung in normativ gemeinte *Bildungsziele*. Ihre gesellschafts- und bildungspolitische Bedeutung gewinnen solche Interpretationen allerdings erst dann, wenn sie als Zielvorgabe und Legitimationsgrundlage für das Bildungssystem sowie als Bewertungsmaßstab für den Erfolg oder Mißerfolg von Bildungsbemühungen institutionalisiert werden.

Mit Blick auf den einzelnen ist Bildung die wertende Bezeichnung für den Umfang an geistig-sittlichen und auch handlungspraktischen Kompetenzen, den eine Person im Verlauf von Sozialisationsvorgängen allgemein oder in spezifischen Erziehungsprozessen erworben hat. Durch die darin angelegte Möglichkeit zur Unterscheidung von graduell und inhaltlich unterschiedlichen *Bildungsniveaus*, eignet sich Bildung auch zur wertenden sozialen Differenzierung und Distinktion. Den Aspekt der Verwertbarkeit von Bildung heben vor allem Bildungsökonomen mit der Bezeichnung „*Qualifikation*" hervor. „Ausbildung" meint dabei den spezifisch berufsrelevanten Teil der Bildung, an den sich eine ergänzende Fort- und Weiterbildung anschließen kann. Von dieser spezialisierten Berufsbildung wird dann eine berufsunspezifische Allgemeinbildung unterschieden.

Als Bildungssystem oder *Bildungswesen* bezeichnet man das Insgesamt an institutionell-organisatorischen Möglichkeiten (Bildungsangebote) in einer Gesellschaft, die es bestimmten Personen und Personengruppen erlauben sollen, durch meist planvoll organisierte Lehr-Lern-Prozesse in einem bestimmten Zeitraum definierte Bildungsziele zu erreichen. Ein differenziertes Bildungssystem ist ein wichtiges Teilsystem und ein wesentliches Kennzeichen moderner Gesellschaften. Es verweist zugleich auf das Kriterium individueller Leistung als Prinzip gesellschaftlicher Differenzierung und Strukturbildung.

Gegliedert ist es häufig in inhaltlich verschiedene und zeitlich gestufte Bildungsgänge, für deren Organisation und Umsetzung bestimmte und räumlich verteilte Bildungseinrichtungen zuständig sind. Sie führen zu definierten *Bildungsabschlüssen* auf unterschiedlichem *Bildungsniveau*. Das Erreichen solcher *Bildungsziele* und *-abschlüsse* wird meist anhand definierter Kriterien überprüft und formal bestätigt. Die Verteilung solcher persongebundener Bildungsabschlüsse in einer Gesellschaft kennzeichnet dann ihre Bildungsstruktur. *Bildungschancen* heißen die Möglichkeiten des Zugangs im Bildungswesen zu bestimmten Bildungsgängen. Bildungspartizipation meint dann den Umfang, in dem Gesellschaftsmitglieder die ihnen erreichbaren Bildungsangebote des Bildungswesens tatsächlich nutzen.

2. Das Bildungswesen in der Bundesrepublik Deutschland

2.1 Überblick

Das bundesdeutsche *Bildungswesen* stellt ein geschichtlich gewachsenes Gefüge von Bildungsangeboten für Menschen von etwa dem 6. Lebensjahr an bis ins Alter dar. Aufgrund der allgemeinen *Schulpflicht* nehmen auch alle jungen Menschen regelmäßig mindestens am allgemeinbildenden Unterricht in der Primarstufe und der Sekundarstufe I teil, so daß die Bundesrepublik mit unter 1% mit die weltweit niedrigste Analphabetismusrate aufweist.

Dieses *Bildungswesen* läßt sich gliedern nach Bildungsbereichen (*allgemeinbildendes Schulwesen*, berufliches Bildungswesen, *Hochschulwesen* und *Weiterbildung*), nach Bildungsstufen (Elementar-, Primar-, Sekundar-, Tertiäre-Stufe) oder nach Bildungs- bzw. Ausbildungsgängen, die wiederum bestimmten Bildungseinrichtungen zugeordnet sind. Die Bildungsgänge selbst sind im allgemeinbildenden Schulwesen nach Jahrgangsstufen, in berufsbildenden Einrichtungen nach Ausbildungsjahren und in Hochschulen nach Studiensemestern untergliedert. Rechtlich gesehen ist das Bildungswesen der Bundesrepublik ein staatliches, weitgehend öffentliches und rechtlich geregeltes Gefüge von verschiedenen Bildungseinrichtungen. Es untersteht nach Artikel 30 GG der *Kulturhoheit* der Bundesländer, hat also föderative Struktur und teilweise länderverschiedene Ausprägung. Allerdings sind in den einzelnen Bildungsbereichen auch noch andere staatliche und nichtstaatliche Einrichtungen (Bund, Kreise, Kommunen, Kirchen, Betriebe, Verbände) an der Gestaltung und Trägerschaft beteiligt.

Als gesellschaftliches Teilsystem erbringt es im Rahmen seiner Bildungsaufgabe eine Reihe wichtiger und analytisch unterscheidbarer Beiträge (Funktionen) für die Gesamtgesellschaft: so zur allgemeinen *Sozialisation* der Gesellschaftsmitglieder, d.h. zur Persönlichkeitsbildung (Personalisation) und zur Vermittlung gesamtgesellschaftlich bedeutsamer Einstellungen und Fähigkeiten (*soziale*

Bildung und Bildungssystem

Integration), aber auch zur Auswahl der einzelnen (Selektion) – grundsätzlich nach Leistung – und zu deren Einordnung in die unterschiedlichen Bildungsgänge und -wege (Plazierung) sowie zur Vermittlung und formellen Bestätigung von Einstellungen, Kenntnissen und Fähigkeiten, die in besonderer Weise für die schulische und berufliche Karriere, aber auch für die soziale Stellung des einzelnen von Bedeutung sind (*Qualifikation*). In diesem Sinne stellt das Bildungswesen nach wie vor eine wichtige „soziale Dirigierungsstelle für Sozialchancen des einzelnen in unserer Gesellschaft" (H. Schelsky) dar.

Aufbau des Bildungssystems in der BRD zu Beginn der 90er Jahre

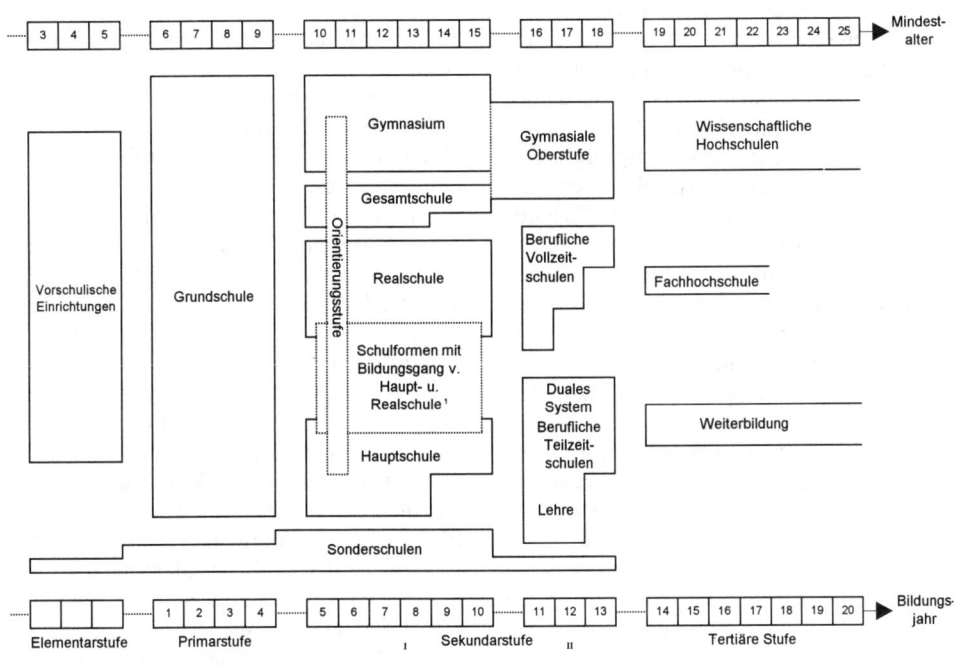

[Schema des Bildungssystems: Mindestalter 3–25; Vorschulische Einrichtungen, Grundschule, Orientierungsstufe, Gymnasium, Gesamtschule, Realschule, Schulformen mit Bildungsgang v. Haupt- u. Realschule¹, Hauptschule, Gymnasiale Oberstufe, Berufliche Vollzeitschulen, Duales System Berufliche Teilzeitschulen, Lehre, Sonderschulen, Wissenschaftliche Hochschulen, Fachhochschule, Weiterbildung; Bildungsjahr 1–20; Elementarstufe, Primarstufe, Sekundarstufe I, Sekundarstufe II, Tertiäre Stufe]

¹ Mittel-, Regel-, Sekundar- und Regionalschule
Quelle: Arbeitsgruppe Bildungsbericht am Max-Planck-Institut für Bildungsforschung: Das Bildungswesen in der Bundesrepublik Deutschland, Rowohlt: Hamburg 1994; Abb. 1.1 (in eigener Überarbeitung)

2.2 Nachkriegsentwicklung

Das deutsche *Bildungswesen* hat sich nach dem Zweiten Weltkrieg aufgrund der Entstehung zweier politisch, wirtschaftlich und gesellschaftlich sehr verschiedener deutscher Staaten trotz gemeinsamer Kultur und Geschichte sehr unterschiedlich entwickelt. In den westlichen, anfangs noch in drei Besatzungszonen aufgeteilten Ländern der Bundesrepublik und in Westberlin entstand mit Inkrafttreten des Grundgesetzes ein staatliches, öffentlich geregeltes Bildungswesen mit einem föderativen Aufbau, das grundsätzlich in der öffentlichen Verantwortung und Zuständigkeit der Länder liegt, an dem aber in Teilbereichen auch andere Träger beteiligt sind. Die Aufgaben der Koordination übernahm in erster Linie die *Ständige Konferenz der Kultusminister (KMK)*, ergänzt und unterstützt durch die Bund-Länder-Kommission für Bildungsplanung und Forschungsförderung (BLK), durch den Deutschen Ausschuß für das Bildungswesen und den nachfolgenden Deutschen Bildungsrat sowie durch den Deutschen Wissenschaftsrat.

In einer rückblickend als „restaurativ" bezeichneten Phase erfolgte in den ersten 10 Nachkriegsjahren der Aufbau eines zunächst zwei- und dann dreigliedrigen *allgemeinbildenden Schulwesens*, die Wiederaufnahme der beruflichen Ausbildung in dualer Form und die Wiedereröffnung der Universitäten und Hochschulen sowie die Wiederaufnahme der Weiterbildung in direkter Orientierung an den institutionellen Formen vor 1933.

Die Reform- und Expansionsphase wurde eingeleitet durch eine pädagogisch-psychologisch, bildungsökonomisch und gesellschaftspolitisch begründete Kritik an der Struktur, an der sozialen Selektivität und an der mangelhaften Ausschöpfung von „Begabungsreserven" im dreigliedrigen Schulwesen, aber auch durch Kritik an der tradierten Ordinarienstruktur und der mangelnden gesellschaftlichen Einbindung der Universitäten. Diese Mängel behinderten – so der gemeinsame Tenor – insgesamt die notwendige *Modernisierung* der Bundesrepublik. Im Zusammenwirken mit starken Altersjahrgängen führten die intendierten Veränderungen auf der Grundlage einer prosperierenden Wirtschaft seit Ende der 60er Jahre zum einen zu einer allgemein höheren und längeren Bildungsbeteiligung und damit zu einer quantitativen Expansion des gesamten *Bildungswesens*. Aber auch strukturelle Veränderungen wurden eingeleitet. Hierzu rechnen u.a. die Verlängerung der Vollzeitschulpflicht, die Verstärkung der Durchlässigkeit zwischen Bildungsgängen und Schulformen (Orientierungsstufe, Gesamtschule), die organisatorische Trennung von Grund- und Hauptschule sowie die Reform der gymnasialen Oberstufe im schulischen Bereich, die Einrichtung von Fachhochschulen, die Integration der Lehrerbildung in die Universitäten und eine stärkere Demokratisierung im Hochschulbereich.

Abnehmende Altersjahrgänge und erlahmender Reformeifer führten Ende der 70er Jahre zunächst zu einer gewissen Stabilisierung der gewachsenen Pluralität. Als jedoch Ende der 80er Jahre erneut steigende Schüler-, Studenten- und Auszubildendenzahlen sowie eine kontinuierlich steigende Bildungsaspiration und -partizipation zusammentrafen mit einer deutlichen Abschwächung in der Wirtschaft und in den Finanzhaushalten der öffentlichen Kassen, verwandelte sich die Stagnation im Bildungswesen in die prekäre Situation seiner andauernden Überlastung. Denn die verständlichen Reform- und Ausbauforderungen treffen nun auf eben so einsichtige Grenzen der Machbarkeit.

Die ehemalige *DDR* verfolgte mit dem „Gesetz über das einheitliche sozialistische Bildungssystem" (1965) ein ganz anderes bildungs- und gesellschaftspolitisches Programm. Sie lehnte bewußt die (bildungs-)bürgerlich-individualistischen Traditionen der Weimarer Zeit ab und schuf in strikter Orientierung an der Sowjetpädagogik ein *zentralstaatliches Einheitsbildungswesen*, das als staatspolitisches Instrument zur Steuerung der gesellschaftlichen Entwicklung, zur Schaffung staatlicher und gesellschaftlicher Identität und zur Sicherung politischer Loyalität auf der Basis der staatlichen Doktrin des Marxismus-Leninismus dienen sollte. Kernbereich war die bereits 1959 aus der Mittelschule hervorgegangene 10jährige Polytechnische Oberschule (POS), in der alle jungen Menschen ohne Rücksicht auf ihre Herkunft die breite gemeinsame Grundbildung eines sozialistischen Menschen erhalten sollten. Eine Differenzierung der Jahrgangsklassen erfolgte primär als Fachdifferenzierung ab dem 4., als fremdsprachliche Differenzierung ab dem 7. Schuljahr und als Schwerpunktbildung im polytechnischen Unterricht. Später kamen jedoch Spezialklassen für Mathematik/Naturwissenschaft, Fremdsprachen, Sport, Musik und Kunst hinzu, in denen etwa 3% eines Altersjahrgangs eine besondere Förderung erfuhren. An die POS schloß sich zum einen die Erweiterte Oberschule (EOS) an, die nach insgesamt 12 Schuljahren zur allgemeinen Hochschulreife führte; zum anderen aber auch das *duale System der beruflichen Bildung* und Ausbildung, das nach vereinheitlichten Lehrplänen für eine

Bildung und Bildungssystem

begrenzte Zahl von Grundberufen ausbildete und in ein dichtes Netz (staats-)betrieblicher Betreuung eingebunden war. Auf der Grundlage eines qualifizierten Facharbeiterbriefes konnte jedoch nach dreijähriger Weiterbildung – zum Teil in dem ausgebauten System von Fern- und Abendstudien – ebenfalls die Hochschulreife erworben werden. So hatte die DDR bereits Ende der 60er Jahre mit mehr als 15% eine weit höhere Abiturientenquote als damals die Bundesrepublik. Den Zugang zu dem staatlich gelenkten *Hochschulwesen* mit seinen Universitäten, fachspezifischen Hochschulen und Forschungsakademien bestimmte jedoch nicht nur die schulische *Qualifikation* sondern auch die gesellschaftlich-politische Bewährung des Abiturienten und der gesellschaftliche Bedarf an akademischer Qualifikation.

Auf Grund eines entsprechenden Parteitagsbeschlusses wurde der Auf- und Ausbau des *Bildungswesens* in der *DDR* nach 1971 weitgehend beendet. Der wirtschaftliche (Weltmarkt) und der politische (Gorbatschow-Ära) Anpassungsdruck blieben ohne nennenswerte Auswirkungen auf das DDR-Bildungswesen.

Mit der Vereinigung erfolgte in den neuen Bundesländern die Auflösung des bisherigen zentralstaatlichen *Bildungswesens* und die Übernahme des föderalen Grundgesetz-Prinzips der Länderhoheit. Die erforderliche Neuordnung geschah weitgehend in Angleichung an das Bildungswesen der alten Länder. Allerdings wird das offenbar verbliebene Interesse an einer 10jährigen Grundbildung für alle daran erkennbar, daß in einer Reihe neuer Länder die Bildungsgänge von Haupt- und Realschule in Mittel-, Regel- oder Sekundarschulen zusammengefaßt oder – wie in Brandenburg – in ein *Gesamtschulsystem* integriert wurden und nur Mecklenburg-Vorpommern das traditionelle dreigliedrige Schulsystem übernahm. Nach der „Abwicklung" der bisherigen staatlichen Hochschulen, Akademien und Forschungseinrichtungen begann ein weitgehender Neuaufbau des Hochschulwesens nach westdeutschem Muster. Besonders einschneidend war der Abbau des früher umfangreichen partei- und betriebseigenen Weiterbildungssystems, der außerschulischen Jugendarbeit und der vorschulischen Betreuungseinrichtungen, die unter den gegebenen wirtschaftlichen Bedingungen bisher nur in geringem Umfang durch einen Neuaufbau nach westdeutschem Vorbild ersetzt werden konnten. Insgesamt zeigt das gesamtdeutsche Bildungswesen trotz eines hohen Standards zu Beginn der 90er Jahre einen unübersehbaren Reform-, vor allem aber einen dringlichen Ausbaubedarf, um den geforderten Beitrag zur gesamtgesellschaftlichen Modernisierung weiterhin angemessen leisten zu können.

2.3 Das allgemeinbildende Schulwesen

Das *allgemeinbildende Schulwesen* gilt wohl als Kern- und Schlüsselbereich des *Bildungswesens*: Es weist die größte Zahl von Schülern (1995/96: 9,93 Mio.), Schulen (1995/96: 43.201) und Lehrern (1995/96: 670.107) auf, ist von strategischer Bedeutung für die anschließenden Bildungs- und Berufskarrieren, genießt daher besonders hohe Aufmerksamkeit der *Bildungspolitik*, besonders die der Länder, und erfordert auch entsprechend hohen finanziellen Aufwand. Es umfaßt alle schulischen Einrichtungen und Bildungsgänge im Primar- und Sekundarstufenbereich und bezieht in einigen Ländern auch Teile des Elementarbereichs (Vorschulklassen, Schulkindergärten) mit ein. 1994/95 verließen rund 1 Mio. Schülerinnen und Schüler diese Schulen, 30,4% davon mit Fachhochschul- oder Hochschulreife, 38,7% mit Realschulabschluß, 23,4% mit Hauptschulabschluß und 7,5% ohne einen solchen Abschluß.

2.3.1 Grundschulen und Sonderschulen

Alle Kinder, die zum 30.6. des laufenden Jahres sechs Jahre alt geworden sind, werden gemäß dem „Hamburger Abkommen" der Länder (1964/1971) mit Beginn des Schuljahres am 1.8. schulpflichtig. Die überwiegende Mehrheit dieser Kinder besucht dann die öffentliche, für alle Kinder gemeinsame vierjährige (in Berlin und Brandenburg sechsjährige) *Grundschule*, eine Minderheit Gesamtschulen mit Grundstufe, die wenigen Privatschulen oder – infolge Zurückstellung – Vorschulklassen oder Schulkindergärten. 1995/96 wurden an fast 18.000 Grundschulen insgesamt über 3,6 Mio. Kinder von etwa 200.000 meist weiblichen Lehrkräften unterrichtet; etwas weniger als die Hälfte davon waren Mädchen. Der nach Jahrgangsklassen und Schulstunden gegliederte meist nur vormittägliche Unterricht in gut überschaubaren Klassen konzentriert sich sowohl auf die Vermittlung von Grundfertigkeiten im Lesen, Schreiben und Rechnen als auch auf eine elementare, wissenschaftsorientierte Einführung in Sachbereiche. Versetzungen in die nächste Klassen- oder Schulstufe sowie das „Sitzenbleiben" werden in aller Regel von Schulnoten bestimmt, die Leistungen in einzelnen Lerngebieten von 1 (sehr gut) bis 6 (ungenügend) bewerten. Bereits von der Einschulung an zeigen sich dabei markante Geschlechtsunterschiede zugunsten der Mädchen. Der Übergang von der Grundschule in weiterführende Bildungsgänge und Schulformen ist ein entscheidender Schritt auf dem schulischen Bildungsweg eines Kindes und eine wichtige Selektions- und Plazierungsstelle vor allem in stark gegliederten Bildungssystemen. Dieser Übergang erfolgt in den meisten Bundesländern nach dem 4. Schuljahr, gekoppelt an Notendurchschnitt, Schullaufbahnempfehlung der Lehrer und Elternwille, teilweise jedoch auch an Aufnahmeprüfungen.

„Regelschulen" gehen von der „idealen Annahme" aus, daß alle zu unterrichtenden Kinder die notwendigen Voraussetzungen mitbringen, um am dortigen Unterricht erfolgreich teilnehmen zu können. Für eine größere Zahl von sogenannten Problemkindern (etwa 4% eines Altersjahrgangs) gilt das nicht in dem erwarteten Umfang. Hierbei handelt es sich um extrem lernschwache und verhaltensschwierige Kinder, geistig behinderte Kinder und Kinder mit körperlichen und Sinnesbeeinträchtigungen. Zu ihrer Förderung wurde in den vergangenen 30 Jahren ein differenziertes *Sonderschulwesen* geschaffen, das die früheren „Hilfsschulen" ablöste. In ihm wurden 1995/96 rund 391.000 Kinder (rd. 60% Jungen) in 3.400 Schulen von 62.500 meist speziell ausgebildeten Lehrern unterrichtet und betreut. Die Förderung setzt teilweise schon in der Elementarstufe (Sonderkindergärten, integrierte Gruppen in Kindergärten) ein und führt an großen Schulen und Spezialschulen bis zur Hochschulreife.

Ein Ziel dieser besonderen Förderung ist entweder die Rückkehr in die Regelschule oder aber ein adäquater Schulabschluß. Dieses Ziel wird vor allem von Lern- und Sprachbehinderten, teilweise auch von Körper- und Sinnesbehinderten durchaus erreicht. Daneben sind jedoch die Entwicklung der Gesamtpersönlichkeit und die Befähigung zu einer möglichst selbständigen Lebensführung in unserer Gesellschaft gleichfalls wichtige Zielsetzungen. Sie werden in der anhaltenden Diskussion um getrennte Förderung oder Integration dieser Kinder in das Regelschulsystem und in die Gesellschaft immer wieder thematisiert.

Die *Sonderschulen* sind, ähnlich wie auch die *Grund-* und *Hauptschulen*, zusätzlich und vorrangig mit den Akkulturations- und Integrationsproblemen von mehr als 1 Mio. Zuwanderungskindern („*Gastarbeiter*" aus EU-Ländern und der Türkei, Asylsuchende und *Aussiedler* mit deutschem Paß) befaßt, die durch ihre große Heterogenität und Fluktuationsraten sowie durch ihre regional sehr unterschiedliche Verteilung trotz einer Reihe von Sondermaßnahmen im Regelschulsystem nur schwer angemessen zu fördern sind. Allerdings zeigt sich inzwischen in steigenden Abschlußquoten ein gewisser Angleichungsprozeß, besonders bei den Kindern, die bereits in Deutschland geboren oder aufgewachsen sind.

Im Verlauf der Diskussionen der 60er und 70er Jahre um Differenzierung und Integration, um Disparitäten in der Bildungspartizipation und im Bildungsangebot und als Folge zahlreicher Reformen hat sich das *allgemeinbildende Schulwesen* von einem stringent nach Schulformen vertikal gegliederten zu einem stärker horizontal gestuften, aber nach vertikalen Bildungsgängen mit wechselseitiger Durchlässigkeit organisierten Gesamtsystem gewandelt. Unterstützt wurde dieser Prozeß durch institutionelle Verselbständigungen von Primar- (Grund-), Sekundar- und Oberstufenschulen, die mitunter verschiedene Bildungsgänge unter einem Dach vereinen. Allerdings erweisen sich die tradierten Schulformen auch weiterhin als sehr bedeutsam für

Bildung und Bildungssystem

die damit verbundenen biografischen Zielsetzungen und für die tatsächlichen Lebenswege. In diesem Sinne sind es neben der neu entstandenen Orientierungsstufe vor allem die Haupt- und die Realschule, die für die Sekundarstufe I kennzeichnend sind.

2.3.2 Orientierungsstufe, Haupt- und Realschulen

Die aus den entsprechenden Empfehlungen des Deutschen Bildungsrates (1970) hervorgegangene Orientierungsstufe, die inzwischen in allen Ländern (außer Bayern) schulrechtlich verankert ist, umfaßt die Klassen 5 und 6. Als bildungspolitisches Allgemeingut gilt das Ziel, vor allem den Übergang in weiterführende Schulen und die damit verbundenen Schullaufbahnentscheidungen sicherer zu machen. Allerdings führen unterschiedliche Akzente bei den bildungspolitischen Zielsetzungen zu einer schulartabhängigen oder einer schulartübergreifenden Organisationsform, als eine wichtige „Gelenkstelle" im Rahmen des gegliederten Schulwesens.

Die *Hauptschule*, die auf die Grundschule oder Förderstufe aufbauend bis zur 9. bzw. 10. Klasse führt, ist derzeit nicht mehr die Haupt-Schule, sondern Hauptleidtragende der „kognitiven *Modernisierung*" (R. Inglehart), die sich in den letzten Jahrzehnten auch in der Bundesrepublik vollzogen hat und noch weiter vollzieht. Denn die allgemeine Anhebung des Bildungsstandards trifft besonders jene, die sich am unteren Ende der schulischen Qualifikations- und Statusverteilung befinden. So führten die langfristig steigenden Bildungsaspirationen auch zu sinkender Akzeptanz und zu abnehmenden Bestandsgrößen bei der Hauptschule. 1995/96 besuchten deshalb (ohne kombinierte Haupt- und Realschulen und ohne entsprechende Bildungsgänge und Niveaukurse in Gesamtschulen) bundesweit nur noch etwa 1,5 Mio. überwiegend männliche Schüler 8.500 Hauptschulen mit rund 100.000 Lehrern. Im Bundesdurchschnitt sind das weniger Schüler als an Realschulen und Gymnasien zusammen. Allerdings bestehen hier zwischen den einzelnen Ländern und Regionen zum Teil sehr große Unterschiede.

Dabei hatten Landschulreformen und Anhebung der Vollzeitschulpflicht auf neun, teilweise auch auf zehn Jahre sowie die umfangreichen organisatorischen und curricularen Reformen der späten 60er Jahre die tradierte Volksschuloberstufe mit ihrem Programm der „volkstümlichen Bildung" abgelöst und durch eine eigenständige Hauptschule mit einem anspruchsvollen Programm ersetzt, das wissenschaftsorientierte fachliche Bildung in differenzierter Unterrichtsorganisation vorsah. Dennoch ist eine langfristige Sicherung der Hauptschule bisher nicht gelungen. Von großen Schülerjahrgängen und hohen Zahlen an Zuwandererkindern teilweise verdeckt, fand nämlich in großem Umfang eine Abwanderung leistungsfähiger Grundschüler in Realschulen und Gymnasien statt, die auch die Einführung eines (freiwilligen) 10. Schuljahres mit der Möglichkeit des Realschulabschlusses nur unwesentlich bremsen konnte. Zurück bleibt eine sehr heterogene Schülerschaft, von der etwa 3/4 den Hauptschulabschluß und 1/8 den Realschulabschluß erreicht, 1/8 die Schule jedoch ohne Abschluß verläßt. Die Zukunft dieser Hauptschule erscheint derzeit ungewiß. Denn einige Bundesländer haben inzwischen Kombinationen von Haupt- und Realschulen (Mittel-, Regel-, Sekundar- bzw. Regionalschule) eingerichtet, andere integrieren diesen Bildungsgang in Gesamtschulen, doch andere halten weiterhin an einer eigenständigen Hauptschule fest.

Die *Realschule* – wie sie seit dem „Hamburger Abkommen" einheitlich heißt – hat sich aus bescheidenen Nachkriegsanfängen zu einer Schulform entwickelt, die heute bereits mehr als 1/4 aller Schüler der entsprechenden Jahrgänge, meist von der 5. bzw. 7. bis zur 10. Klasse, besuchen. 1995/96 waren es (ohne entsprechende Bildungsgänge in den inzwischen schon häufigeren kombinierten Haupt- und Realschulen und in Gesamtschulen) 1,2 Mio. Schüler, die in 3.500 Schulen von rund 73.000 Lehrern unterrichtet wurden.

Dieses erstaunliche Wachstum beruht weniger auf entsprechenden Reformprogrammen sondern primär auf gesamtgesellschaftlichen Entwicklungen und auf den sozialen und ökonomischen Funktionen, die dem Realschulabschluß darin zukommen. Dazu gehören vor allem das gewachsene Aufstiegsstreben oder der Wunsch nach Statuserhalt in weiten Teilen der sogenannten Mittelschicht. Dabei ist dieser Bevölkerungsgruppe das Grundprogramm der Realschule, d.h. eine Verbindung von gehobener Allgemeinbildung und berufsorientierter Vorbildung, offenbar näher als die traditionelle Studienorientierung der Gymnasien. Aber auch das Wachstum des tertiären Bereichs und die Erhöhung der Ausbildungsanforderungen in gewerblichen Berufen, die bisher eine Domäne der Hauptschulabsolventen waren, erhöhen die Attraktivität der sogenannten „Mittleren Reife". Schließlich eröffnet der Realschulabschluß auch den Zugang zu einer Reihe weiterführender schulischer Bildungseinrichtungen. Diese Entwicklungen führten insgesamt dazu, daß seit Ende der 70er Jahre der Realschulabschluß zum Standard schulischer Grundqualifikation in der Bundesrepublik wurde, den 1995/96 auch rund 39% aller Schulabsolventen erreichten. Diese Attraktivität bringt jedoch auch Probleme. Die Zuwanderung von Teilen der Schülerschaft, die früher in der Hauptschule verblieb, und die teilweise Abwanderung ihres bisherigen Klientels in Gymnasien läßt eine größere Heterogenität in der Schülerschaft entstehen, die es den Fachlehrern zuweilen erschwert, ihr anspruchsvolles Grundprogramm angemessen umzusetzen. Dennoch gibt es derzeit keinen Grund, an der Zukunft und am Erfolg des Bildungsgangs und der Abschlußqualifikation der Realschule zu zweifeln.

Während die Sekundarstufe I, aufbauend auf der gemeinsamen Grundschule oder der Orientierungsstufe, primär der allgemeinen Grundbildung aller Schüler dient, ist die Sekundarstufe II auf differenzierende Bildung und differenzierte Bildungswege angelegt. Der größere Teil der Schüler verläßt nach dem Besuch von Haupt-, Real- oder Sonderschule mit Ende der Vollzeitschulpflicht das *allgemeinbildende Schulwesen* und beginnt eine berufliche Ausbildung oder direkt eine berufliche Tätigkeit. Dieser Teil der Schüler wechselt in das *duale System* der beruflichen Ausbildung oder in schulische Einrichtungen der Berufsbildung. Der kleinere Teil eines Schülerjahrgangs verbleibt im allgemeinbildenden Schulwesen. In der strukturell stärker ausdifferenzierten Sekundarstufe II des allgemeinbildenden Schulwesens bestimmen vor allem die *Gymnasien* und die *Gesamtschulen* mit ihren gymnasialen Oberstufen den Bildungsweg bis zur Hochschulreife.

2.3.3 Gymnasien und Gesamtschulen

Das *Gymnasium*, wie seit dem „Düsseldorfer Abkommen" (1955) einheitlich alle Schulen heißen, die nach dem 13. oder auch schon nach dem 12. Schuljahr zur allgemeinen Hochschulreife (Abitur) führen, hat sich in den vergangenen Jahrzehnten von einer traditionsorientierten und sozial hoch selektiven Eliteanstalt zu einer Schulform mit dem Programm einer anspruchsvollen Allgemeinbildung und besonderer Pflege der Reflexionskultur entwickelt. Während in den 50er Jahren rund 10% eines Altersjahrgangs Gymnasien besuchten und etwa die Hälfte davon das Abitur erreichte, wurden 1995/96 an 3.168 Gymnasien und 291 Abendgymnasien oder Kollegs 2,2 Mio., vorwiegend Schülerinnen, von rund 160.000 Lehrern unterrichtet. Im gleichen Jahr erreichten 307.000 Schüler die Hochschul- oder Fachhochschulreife, d.h. im Bundesdurchschnitt mehr als 1/4, in Städten teilweise sogar mehr als 30% eines Altersjahrgangs.

Mit der Expansion veränderte sich auch die ehemals hohe soziale Selektivität des *Gymnasiums*. Denn alle Sozialschichten hatten an dem wachsenden Gymnasialbesuch teil, ohne daß sich allerdings die Partizipationsunterschiede wesentlich veränderten. Ähnliches gilt auch für die weiterbestehenden regionalen Disparitäten. Im Unterschied dazu haben jedoch die Mädchen – wohl aufgrund ihres generell erfolgreicheren schulischen Verhaltens und ihres gewachsenen Emanzipationsinteresses – ihre Alterskameraden überholt. Gleichzeitig verstärkt diese Expansion auch eine innere Wachstumsdynamik dieser Schulform, da erfahrungsgemäß Eltern mit Abitur ihre Kinder wieder bevorzugt in Gymnasien schicken.

Neben und zugleich mit der Expansion veränderte auch die Oberstufenreform der 70er und 80er Jahre das *Gymnasium* in seiner

Bildung und Bildungssystem

überkommenen Struktur. Die fortbestehenden altsprachlichen, neusprachlichen und mathematisch-naturwissenschaftlichen Zweige der Gymnasien wurden auf der Grundlage von KMK-Vereinbarungen (1972ff.) in ihrer Oberstufe in ein differenziertes System von Grund- und Leistungskursen aufgefächert. Diese organisatorischen Maßnahmen sollen sowohl dem Ziel einer spezialisierten wissenschaftlichen Propädeutik dienen als auch einer gehobenen Allgemeinbildung im Sinne treuhänderischer Vermittlung von grundlegenden Perspektiven unserer Kultur. Auf die Probleme dieser doppelten Zielsetzung richteten sich auch die nachfolgenden Kritiken. Dies alles beeinträchtigt aber wohl auch in Zukunft nicht die besondere Attraktivität dieses beliebten „Kindes der Moderne".

Die *Gesamtschule* verdankt ihre Entstehung den Reformbestrebungen der 60er Jahre, die in eine entsprechende Empfehlung des Deutschen Bildungsrates (1969) einflossen. Anstöße hierzu lieferten pädagogisch-psychologisch (H. Roth), bildungsökonomisch (G. Picht; F. Edding) und gesellschaftspolitisch (R. Dahrendorf) begründete Kritiken am dreigliedrigen Schulwesen der Bundesrepublik. Sie richtete sich u.a. gegen eine zu frühe „Übergangsauslese" mit eng begrenzten Möglichkeiten zur Korrektur des eingeschlagenen Bildungsweges; gegen eine zu starke Selektion und zu geringe Ausschöpfung von „Begabungsreserven" als Hindernis für eine gesamtgesellschaftliche *Modernisierung* im Wettbewerb der Industriegesellschaften; gegen eine zeitlich zu kurze Grundbildung nach tradierten und kaum wissenschaftsorientierten Lehrplänen und schließlich gegen eine ausgeprägte soziale Selektion, die kaum Chancengleichheit biete, sondern bestimmte Bevölkerungsgruppen (Arbeiterkinder, Mädchen, Katholiken, Kinder vom Land) systematisch in der Bildungsbeteiligung benachteilige. Gewissermaßen als konstruktiver Gegenentwurf sollte die Gesamtschule *soziale Integration* und individuelle Förderung sowie soziales und fachliches Lernen zugleich und gleichermaßen fördern. Denn alle Kinder sollten vom 5. oder 7. Schuljahr an zumindest bis zum Ende der Sekundarstufe I ohne Rücksicht auf ihre soziale Herkunft in einer Schule gemeinsam unterrichtet, aber je nach Interesse und Leistungsvermögen auf differenzierten Bildungswegen gefördert werden.

Doch bereits in der Versuchsphase vereinbarten die Kultusminister zwei Varianten: die vom Deutschen Bildungsrat verfochtene integrierte und die von Anhängern des dreigliedrigen Schulwesens präferierte kooperative Form. Die kooperative *Gesamtschule* läßt die Schulformen und Bildungsgänge bestehen, faßt sie aber räumlich zu einem Schulzentrum zusammen, um durch organisatorische und curriculare Angleichungen eine Kooperation und einen Wechsel zwischen den Schulformen zu erleichtern. Die integrierte Form ersetzt die traditionellen Schulformen. Sie faßt die Jahrgangsstufen 5 bzw. 7 bis 10 zusammen, häufig ergänzt durch eine gymnasiale Oberstufe. Anstelle der vertikalen Gliederung nach Schulformen tritt in der Sekundarstufe I eine zwar nach Jahrgangsstufen gegliederte, aber vielfältige und flexible Unterrichtsorganisation mit Leistungs- und Neigungsdifferenzierung in Kern- und Kursgruppen („setting"). Diese Form bildet auch heute noch die rechtliche Normalgestalt der Gesamtschule, die zu vergleichbaren und anerkannten Bildungsabschlüssen führt.

Anfang der 80er Jahre, d.h. mit der Kultusministervereinbarung von 1982 über die Grundstruktur der *Gesamtschule* und über die wechselseitige Anerkennung von Abschlüssen waren die Versuchsphase und der parallele „pädagogische Glaubenskrieg" weitgehend beendet. Das wissenschaftlich eingehend untersuchte und dokumentierte Ergebnis (z.B. H. Fend) zeigt zum einen ein bildungspolitisch begründetes Nord-Süd-Gefälle in der Verbreitung dieser Schulform, die jedoch in keinem Bundesland bisher das dreigliedrige Schulwesen völlig ersetzt hat. 1991/92 besuchten im Bundesdurchschnitt z.B. 8% der Siebtkläßler integrierte und 4% kooperative Gesamtschulen. 1995/96 wurden an knapp 1.000 integrierten Gesamtschulen rund 572.000 Schüler von 45.400 Lehrern unterrichtet. Eine umfassende Reform des bundesdeutschen Bildungswesens durch die Gesamtschule ist also nicht gelungen. Andererseits ist sie aber zu einem festen Bestandteil dieses *Bildungswesens* geworden, dem nach Ländern und Regionen eine unterschiedlich hohe Bedeutung für die schulische Versorgung zukommt. Wichtiger fast ist jedoch ihre Wirkung als Reformschule, die das schulische Angebot bereichert und als Anreger und Katalysator wirkt für die Weiterentwicklung des deutschen Schulwesens insgesamt.

2.4 Das berufliche Bildungswesen

In einer Berufsgesellschaft wie der Bundesrepublik sind das berufliche *Bildungswesen* und seine Leistung von zentraler Bedeutung. Denn es trägt wesentlich zur qualifizierten beruflichen Ausbildung großer Teile der Erwerbsbevölkerung bei. Eine überragende Stellung kommt hierbei der Ausbildung im *dualen System* zu, d.h. der in Betrieb und Berufsschule absolvierten Lehre, einer Qualifikation, die – mit steigender Tendenz – inzwischen mehr als 60% der Erwerbsbevölkerung vorweisen können. Ergänzt wird diese Art der Ausbildung durch eine Reihe schulischer Formen der *Berufsausbildung*.

Gleichzeitig stellt die berufliche Ausbildung eine wichtige Übergangsphase vom Schuljugendlichen zum berufstätigen Erwachsenen dar. Die Verlängerung der Vollzeitschulpflicht und die wachsende Zahl höherer schulischer Eingangsqualifikationen haben in jüngerer Zeit jedoch diese Phase insgesamt zeitlich nach hinten verschoben und damit die erwerbsfreie Jugendphase auch für diese Gruppe von Jugendlichen deutlich verlängert.

2.4.1 Das duale System der Berufsausbildung

Die Lehre als Form der Ausbildung im *dualen System* zu einem anerkannten Ausbildungsberuf beruht – ungeachtet viel älterer Traditionen – heute wesentlich auf dem Berufsbildungsgesetz von 1969 und der einschlägigen Kultusministervereinbarung von 1975. Für die Schaffung und Ausgestaltung des rechtlichen Rahmens der Lehre sind vor allem Bund, Länder und berufliche Kammern zuständig. Dem Bund obliegt dabei die Rahmengesetzgebung und die Ausbildungsförderung, die Länder sind für die berufsbildenden Schulen verantwortlich, und die Kammern haben die Zuständigkeit für die Überwachung der betrieblichen Ausbildung, für die Organisation überbetrieblicher Ausbildungsabschnitte und für die Abnahme der Facharbeiter-, Fachangestellten- und Handwerkergesellen-Prüfungen.

Bei der Durchführung der dualen Ausbildung übernehmen die einzelnen Ausbildungsbetriebe den betrieblichen und die Berufsschulen den schulischen Teil. Daneben haben einige Großunternehmen und -verwaltungen eigene Ausbildungssysteme oder ergänzende Ausbildungseinrichtungen geschaffen. Trotz dieser Vielfalt an Beteiligungen und Zuständigkeiten zeigt das duale System bundesweit große Einheitlichkeit und Stabilität. Einen wesentlichen Beitrag dazu leistet das (auch für berufliche Forschung zuständige) Bundesinstitut für Berufsbildung, in dem alle für die berufliche Ausbildung verantwortlichen Gremien und Verbände vertreten sind. Beachtlich ist auch die quantitative Flexibilität, die das *duale System* in Zeiten größerer demographischer und konjunktureller Schwankungen zu leisten hat und meist auch leistet.

Die Lehre setzt den Abschluß eines zivilrechtlichen Ausbildungsvertrages mit einem Ausbildungsbetrieb voraus. Im Rahmen rechtlicher Vorgaben legt dieser Vertrag u.a. auch Ausbildungsdauer und Ausbildungsberuf fest. 1995 wurden rund 580.000 solcher Verträge neu abgeschlossen. Von den 1,6 Mio. Auszubildenden im Jahre 1995 hatten 707.000 ihren Ausbildungsplatz in Industrie und Handel, 626.000 meist männliche Jugendliche im Handwerk und etwa 160.000 meist weibliche Jugendliche in Betrieben freier Berufe gefunden, und mehr als 502.000 davon schlossen in diesem Jahr ihre Ausbildung erfolgreich ab. Der Ausbildungsbetrieb übernimmt den zeitlich umfangreicheren Teil der beruflichen Ausbildung, die betriebliche Ausbildung. Sie liegt insgesamt in der Hand von Meistern oder anerkannten Fachausbildern. Sie folgt grundsätzlich dem Programm von Arbeiten und Lernen. Die in Ausbildungsordnungen allgemein vorgegebenen berufsspezifischen Inhalte erfahren allerdings meist betriebsspezifische Modifikationen. Neben dem berufsfachlichen

Bildung und Bildungssystem

findet jedoch auch ein allgemeines, insbesondere ein soziales Lernen statt.

Die Auszubildenden sind aufgrund der Berufsschulpflicht, die als Teilzeitschulpflicht bis zum 18. Lebensjahr oder bis zum Ende der Ausbildungszeit gilt, auch zum Besuch einer Berufsschule verpflichtet. Sie hat die Aufgabe, allgemeine fachliche Lerninhalte unter Berücksichtigung der beruflichen Ausbildungsanforderungen zu vermitteln und damit die betriebliche Ausbildung zu ergänzen. Der berufspraktische, berufstheoretische und allgemeine Unterricht findet an 8 bis 16 Stunden pro Woche oder auch in größeren zeitlichen Blöcken in Fachklassen statt. 1995/96 besuchten in der Bundesrepublik 1,7 Mio. meist männliche Jugendliche 3.200 Berufsschulen, wo sie von rund 55.000 ebenfalls meist männlichen Gewerbelehrern, Handelslehrern oder Lehrern für die Fachpraxis ausgebildet wurden. Berufsschulen weisen bei ihrer Arbeit häufig auf die Probleme wachsender Heterogenität in den schulischen Eingangsqualifikationen und auf die teilweise ungenügende Abstimmung mit der betrieblichen Ausbildung hin.

Berufsschulpflichtig sind jedoch auch die Jugendlichen, die nach Beendigung der Vollzeitschulpflicht keinen Ausbildungsplatz gefunden haben. Sie absolvieren an der Berufsschule ein Berufsvorbereitungs- oder Berufsgrundschuljahr, das ihre Ausbildungschancen erhöhen soll und u.U. auch zu einem nachträglichen (Haupt-)Schulabschluß führen kann.

2.4.2 Schulische Aus- und Fortbildung
Neben dem *dualen System* gibt es in der Bundesrepublik auch rein schulische Formen der *Berufsausbildung*, allerdings in weit geringerem Umfang als in europäischen Nachbarländern. Hinzu rechnen zunächst die fast 3.000 Berufsfachschulen und Schulen für Berufe im Gesundheitswesen. Diese Schulen, die zu fast einem Viertel Privatschulen sind, besuchten 1995/96 306.000 Schülerinnen und Schüler.

Die Berufsfachschulen sind Vollzeitschulen. Sie vermitteln auf der Grundlage von Haupt- oder Realschulabschluß nach mindestens einjähriger Ausbildung Berufsabschlüsse für kaufmännische, hauswirtschaftliche, technische und Assistentenberufe im Gesundheitswesen, Abschlüsse, die meist nur an solchen Schulen zu erwerben sind. Die Schulen des Gesundheitswesens setzen einen mittleren Schulabschluß und die Vollendung des 18. Lebensjahres voraus für die Ausbildung in nichtakademischen Berufen des Gesundheitswesens.

Neben diesen im engeren Sinne berufsbildenden Schulen gibt es noch eine Reihe weiterqualifizierender Schulen, die meist den beruflichen Schulen zugerechnet werden. Es sind dies die Fachschulen, die auf einer Berufsausbildung aufbauen und zum Techniker oder Meister fortbilden, die Berufsaufbauschulen, die – meist in Teilzeitform – neben einer Lehre die Fachschulreife vermitteln, die Fachoberschulen, die einen Berufsabschluß und einen mittleren Schulabschluß voraussetzen und zur Fachhochschulreife führen, die Kollegschulen, die als eine Art gymnasialer Oberstufe einen Berufsabschluß und die (Fach-)Hochschulreife vermitteln, und schließlich die Fachgymnasien, die als gymnasiale Oberstufe im Anschluß an eine mittlere Schulqualifikation zum Abitur führen. Diese mehr als 3.000 Schulen, die 1995/96 von über 400.000 jungen Männern und Frauen besucht wurden, vervollständigen einerseits das breite Spektrum beruflicher Aus- und Fortbildungsmöglichkeiten, stellen gleichzeitig aber auch einen wichtigen Teil des Zweiten Bildungsweges dar.

2.4.3 Leistungen und Probleme
Das Berufsbildungsgesetz (1969) hat das *duale System* in heutiger Form mit dem Ziel etabliert, die traditionelle Lehre zu modernisieren, d.h. in einem öffentlich geregelten Ausbildungssystem eine qualifizierte *Berufsausbildung* zu sichern, die zugleich als solide Basis für den Berufseinstieg und als Grundlage für eine weitere berufliche und persönliche Entwicklung junger Menschen dienen kann. Dieses Ausbildungssystem und seine Leistungen haben inzwischen auch im Ausland große Anerkennung gefunden, wobei die Vermittlung umfassender und flexibel nutzbarer Qualifikationen für einfache und mittlere Berufsbereiche sowie der leichtere Übergang in die berufliche Erwerbsarbeit besonders hervorgehoben werden.

Dennoch sind Probleme nicht zu übersehen. Sie zeigen sich besonders deutlich bei einem ungünstigen Zusammentreffen demographisch bedingter großer Absolventenjahrgänge aus den allgemeinbildenden Schulen und konjunkturell oder strukturell bedingten geringeren Ausbildungsplatzangeboten. In solchen Situationen entsteht ein Verdrängungswettbewerb zu Lasten von Jugendlichen mit niedrigerem oder ohne *Schulabschluß*, eine Situation, in der selbst der häufiger gewordene mittlere Abschluß zu einer zwar notwendigen, aber nicht hinreichenden Voraussetzung wird für das Erreichen eines Ausbildungsplatzes im Wunschberuf. Eine solche Situation läßt die Zahl derer wachsen, die direkt einen Einstieg ins Erwerbsleben versuchen oder nach einem „Ausbildungskompromiß" die Lehre abbrechen und ohne abgeschlossene *Berufsausbildung* bleiben. Anfang der 90er Jahre waren das immerhin 1,5 Mio. Erwachsene, darunter auch 14% der 20- bis 25jährigen, die deshalb einem deutlich höheren und künftig weiter wachsenden Arbeitsplatz- und Arbeitslosigkeitsrisiko ausgesetzt sind. Aber auch Mädchen werden von einer solch prekären Situation stärker betroffen. Denn die tradierte Vorstellung männlicher Berufs- und Erwerbstätigkeit wirkt sich gerade dann trotz stark gestiegener schulischer Qualifikation und hohem Interesse der Mädchen an einer qualifizierten Berufsausbildung als Hemmnis aus bei der Suche eines Ausbildungsplatzes, beim beruflichen Aufstieg oder bei der Verknüpfung von Familie und Beruf. Auch für ausländische Jugendliche ist der Einstieg in das *duale System* trotz oft guter Schulqualifikationen schwierig, wie die im Vergleich zu deutschen Jugendlichen deutlich niedrigere Ausbildungsbeteiligung von nur 37% der 15- bis 18jährigen zeigt. Eine kulturelle Orientierung bei den Ausländern selbst, aber auch bei den Ausbildungsbetrieben scheint dabei zusätzliche Schwierigkeiten zu bereiten. Eine besonders problematische Lage zeigt die Ausbildungssituation in den neuen Bundesländern. Die radikale wirtschaftliche Umstellung und der dramatische Schwund von Ausbildungsbetrieben und Ausbildungsplätzen haben trotz Hilfen aus der Europäischen Union, aus dem Bund und den alten Ländern dort derzeit eine äußerst schwierige Situation für weite Teile der beruflichen Ausbildung geschaffen.

Aus diesen Hinweisen wird deutlich, daß die vorteilhafte enge Verknüpfung des *dualen Systems* mit der Wirtschaft auch eine starke Abhängigkeit von deren jeweiliger Lage und Entwicklung bedeutet. Für die Zukunft des beruflichen *Bildungswesens* ist es daher wesentlich, ob es gelingt, auch in schwierigen Wirtschaftslagen möglichst allen Jugendlichen eine angemessene berufliche Ausbildung zu vermitteln, oder ob neben einer Gruppe beruflich gut Qualifizierter eine wachsende Gruppe von Jugendlichen ohne Ausbildung entsteht.

2.5 Das Hochschulwesen

Das bundesdeutsche *Hochschulwesen* ist ein wesentlicher Bestandteil des allgemeinen staatlichen Bildungswesens. Es geht in seiner Grundstruktur auf die Universitätskonzeption W. v. Humboldts, des Mitbegründers der Berliner Reformuniversität (1810/11) zurück. Ihre konstitutiven Grundprinzipien der Freiheit und Einheit von Forschung und Lehre werden auch den heutigen Hochschulen staatlich garantiert. Das Hochschulrahmengesetz (1976/ 1990) des Bundes legt den rechtlichen Gestaltungsraum fest für die Hochschulgesetze der Länder mit ihrer Aufsicht in Finanz- und Personalangelegenheiten. Auch die Finanzierung der Hochschulen (1994 mehr als 44,5 Mrd.) übernehmen zu etwa 90 % die Länder. Allerdings ist der Bund im Rahmen der Gemeinschaftsaufgaben am Hochschulbau sowie an der Forschungs- und Studienförderung beteiligt. Um die notwendige Koordination und Beratung in dieser gemischt-föderalen Hochschullandschaft bemühen sich die *Ständige Konferenz der Kultusminister der Länder (KMK)*, die Bund-Länder-Kommission für Bildungsplanung und Forschungsförderung (BLK), der Planungsausschuß für Hochschulbau und der seit 1957 bestehende Deutsche Wissenschaftsrat. Die Hochschulen selbst übernehmen auf gesetzlicher Grundlage traditionell in Selbstverwaltung die Organisation von Lehre und Forschung, die Abnahme von

Bildung und Bildungssystem

Hochschulprüfungen sowie die Mitwirkung bei der Berufung von Professoren und bei der Sicherung von wissenschaftlichem Nachwuchs. Seit der Hochschulreform zu Beginn der 70er Jahre wirken in den Hochschulgremien Vertreter aller Mitgliedsgruppen mit.

Das bundesdeutsche Hochschulwesen umfaßte im Wintersemester 1995/96 159 wissenschaftliche Hochschulen und 173 Fach- und Verwaltungsfachhochschulen, die sich nach Zugangskriterien (allgemeine Hochschulreife/Fachhochschulreife), Studiengängen und Abschlußmöglichkeiten, aber auch nach hochschulrechtlicher Stellung und Forschungsauftrag unterscheiden.

Während sich der Forschungsauftrag der Fach- und Verwaltungsfachhochschulen primär auf angewandte Forschung bezieht, umfaßt er bei wissenschaftlichen Hochschulen auch die Grundlagenforschung. Die Finanzierung von Forschungsvorhaben an Hochschulen und im öffentlichen Bereich (1994 rund 24,2 Mrd. DM) erfolgt heute in großem Umfang über sogenannte Drittmittel. Unter den Drittmittelgebern nimmt die Deutsche Forschungsgemeinschaft (DFG) eine besondere Stellung ein. Denn sie fördert neben Einzelvorhaben auch längerfristige und umfassendere Großprojekte von Forschergruppen und Sonderforschungsbereichen. Neben den Hochschulen ist jedoch noch eine ganze Reihe von außeruniversitären öffentlichen Einrichtungen mit Forschungsaufgaben befaßt, unter denen die Institute der Max-Planck-Gesellschaft und die der Fraunhofergesellschaft wohl die bekanntesten sind.

Zum Studium an den wissenschaftlichen Hochschulen (Universitäten, Gesamthochschulen, Theologischen/Kirchlichen Hochschulen, Pädagogischen Hochschulen, Kunsthochschulen und Hochschulen der Bundeswehr) waren im Wintersemester 1996/97 einschließlich der 155.000 Studienanfänger rund 1,4 Mio. Studierende eingeschrieben, 1,2 Mio. davon an Universitäten. An den Fach- und den Verwaltungsfachhochschulen waren es zum gleichen Zeitpunkt einschließlich der 69.000 Studienanfänger knapp 450.000 Studierende. Diese Studierenden wurden von insgesamt 152.400 Personen des wissenschaftlichen Personals (darunter 53.865 Professoren und Dozenten) betreut.

Der heutige Stand der Hochschulen ist, nach deren Niedergang im Nationalsozialismus und nach dem traditionsorientierten Neuanfang nach 1945, Ergebnis der deutlichen Expansion des Hochschulwesens im Gefolge der *Bildungsreformen* und der Errichtung von Fachhochschulen seit den 60er Jahren. Der Vergleich der Studienanfängerquoten von 1934 mit 2% und 1975 mit 15% eines Altersjahrgangs macht deutlich, daß sich die einst hochselektiven Einrichtungen zur Qualifizierung des Nachwuchses für hohe staatliche Positionen und für traditionell akademische Berufe nun auch für neue Wissenschaftsbereiche (Ingenieur-, Wirtschafts-, Sozial-, Informations-, Bildungswissenschaften) und für eine entsprechende akademische Berufsausbildung geöffnet haben. Dennoch sind die soziale Reproduktion der Bildungsschichten und die geschlechtsspezifischen Differenzen in der Bildungsbeteiligung – wenn auch auf deutlich höherem Gesamtniveau – an den neuen Hochschulen weitgehend erhalten geblieben.

Wachsende Altersjahrgänge, steigende Abiturientenquoten und hohe Studienanfängerquoten haben in Zeiten größerer Finanzierungsspielräume zum Ausbau bestehender und zur Gründung neuer Hochschulen geführt. Dennoch reichen offenbar die vorhandenen Kapazitäten für eine Studienanfängerquote nicht aus, die für das Jahr 2000 auf etwa 30% eines Altersjahrgangs geschätzt wird. Zulassungsbeschränkungen (numerus clausus) in einer Reihe von Studienfächern sowie die Lenkung von Studentenströmen durch die Zentrale Vergabestelle für Studienplätze (ZVS) konnten allenfalls zur Verwaltung eines Mangels beitragen. Reformvorschläge zielen deshalb auf eine Straffung der Studiengänge, um die Studienzeiten zu verkürzen und um die Abbrecherquoten und das europaweit hohe Berufseintrittsalter der Hochschulabsolventen zu senken. Gleichzeitig wird den Hochschulen ein verstärkter Wettbewerb vor allem um Forschungsmittel empfohlen. Von diesem schwierigen Bedingungsgefüge aus knapper werdenden Finanzen, wachsendem

Reformbedarf und steigender Nachfrage sind die Hochschulen in den neuen Ländern besonders betroffen; denn nach der weitgehenden Auflösung des zentralstaatlich reglementierten und politisch bevormundeten *Hochschulwesens* der ehemaligen *DDR* müssen sie in dieser Situation vielfach einen Neuanfang bewältigen.

2.6 Weiterbildung

Als *Weiterbildung* gilt allgemein die Wiederaufnahme oder Fortsetzung organisierten Lernens nach Beendigung einer ersten schulischen Bildungs- oder beruflichen Ausbildungsphase. Der Gedanke einer allgemeinen Weiterbildung geht bereits auf Ideen der Aufklärung zurück. Er fand dann in der zweiten Hälfte des 19. Jahrhunderts in bürgerlich-idealistischen Volksbildungsvereinen, aber auch in politisch oder religiös ausgerichteten Handwerker- und Arbeiterbildungsvereinen seinen institutionellen Rahmen. Aus den Volksbildungsvereinen gingen dann die Volkshochschulen hervor, die in der Weimarer Zeit ihre erste Blüte hatten, aber auch heute unter den Weiterbildungseinrichtungen einen wichtigen Platz einnehmen. Der Strukturplan des Deutschen Bildungsrates (1970) sieht erstmals in der Weiterbildung insgesamt einen wichtigen Bestandteil des bundesdeutschen Bildungswesens, der sowohl die allgemeine Erwachsenenbildung als auch die berufliche Fortbildung umfaßt. Seine Begründung bezieht er aus der Einsicht, daß ein lebenslanges Lernen notwendig sei, um als Einzelner wie als Gesellschaft den vielfältigen Veränderungen im gesellschaftlichen, beruflichen und privaten Bereich angemessen begegnen zu können. Als wesentliche Aufgabenbereiche der Weiterbildung gelten deshalb heute: die Fortsetzung und Erweiterung der allgemeinen Bildung, die politische Bildung, der nachträgliche Erwerb schulischer Abschlüsse („Zweiter Bildungsweg") und die berufliche Weiterbildung einschließlich der Umschulung.

Dieser Vorstellung von der *Weiterbildung* entspricht jedoch kein einheitlicher institutioneller Rahmen, sondern eine Vielzahl von Institutionen, Trägern und Aktivitäten, über die kaum zuverlässige Gesamtzahlen vorliegen. Die wichtigsten Veranstalter sind

- die Betriebe, Kammern und Verbände der Wirtschaft (1991-1993 mit 6,2 Mio. Teilnehmern) sowie der öffentliche Dienst, bei deren Veranstaltungen die betriebliche und berufliche Weiterbildung in Form von Lehrgängen und Kursen während der Arbeitszeit dominiert;
- die Volkshochschulen, die neben Kursen auch Vortragsreihen und Einzelveranstaltungen in der arbeitsfreien Zeit anbieten, die primär die Allgemeinbildung (einschließlich nachträglicher schulischer Abschlußqualifikationen), aber auch berufliche Weiterbildung zum Ziel haben (1995 weisen die 1.004 VHS fast 500.000 Kurs- und 79.000 Einzelveranstaltungen mit insgesamt über 9 Mio. Belegungen aus.);
- private Weiterbildungsinstitute, die in der Regel Fachkurse zur beruflichen Weiterbildung anbieten,
- und die kirchlichen Einrichtungen, die z.T. ähnliche Weiterbildungsangebote machen wie die Volkshochschulen, aber bei Veranstaltungen zu Fragen der Erziehung und Gesundheit sowie zu Problemen des Alltags einen weiteren Schwerpunkt aufweisen.
- Die Hochschulen tragen primär durch Fernunterricht und Fernstudien zur Weiterbildung bei, in Ansätzen auch durch spezifische Lehrangebote an den Hochschulen selbst.

An der Finanzierung dieser Veranstaltungen beteiligen sich vor allem die private Wirtschaft, die Bundesanstalt für Arbeit, die öffentliche Hand und die Weiterbildungsteilnehmer selbst. Auffallend ist, daß die Weiterbildungsangebote in erster Linie von den Personen genutzt werden, die bereits über einen höheren Schulabschluß oder eine entsprechende berufliche Qualifikation verfügen. Bedeutsam erscheint auch, daß sich die für alle Lebensbereiche gedachte Weiterbildung im Gefolge der wirtschaftlichen und politischen Veränderungen seit Ende der 80er Jahre immer stärker auf die nachsorgende berufliche

Umschulung und Weiterbildung konzentriert. Gerade dieser Strukturwandel weist in besonderer Weise auf die Notwendigkeit eines transparenten und funktionierenden Weiterbildungssystems hin, das jedoch nicht einseitig auf aktuelle ökonomische Erfordernisse beschränkt werden darf, wenn es das „Humankapital" unserer Gesellschaft insgesamt pflegen und weiterentwickeln soll. Darauf hat die „Konzertierte Aktion Weiterbildung" bereits 1987 ausdrücklich aufmerksam gemacht.

3. Bildung im Wandel

Eingebunden in die nationale Gesellschaft und in einen längerfristigen weltweiten Modernisierungsprozeß hat das deutsche *Bildungswesen* in den vergangenen Jahrzehnten teils als Mittler und Verstärker, teils aber auch als Miturheber eine Reihe wesentlicher Veränderungen auf den verschiedenen Ebenen des Sozialen hervorgebracht.

Auf der personalen Ebene sind es vor allem die langfristig und kontinuierlich steigende Bildungsaspiration, die einen mittleren schulischen Abschluß zur erwarteten Mindestqualifikation werden läßt; die tatsächlich zunehmende und längere Bildungspartizipation, die – nach Bildungsschichten und Regionen verschieden – zu einer wachsenden Anzahl von Personen mit höheren *Bildungsabschlüssen* geführt hat und diesen Effekt intergenerativ verstärkt, und vor allem die wachsende Bildungsbeteiligung und berufliche *Qualifikation* der Mädchen und Frauen, auch wenn sie sich (noch) nicht in gleichem Umfang in beruflichen oder wissenschaftlichen Karrieren niederschlagen. Verlierer bei dieser allgemeinen Steigerung der formalen *Bildungsabschlüsse* und in dem verschärften Qualifikationswettbewerb sind vor allem die jährlich etwa 9% der 15- bis 17jährigen, die ohne Abschluß aus dem Bildungswesen ausscheiden. Es ist auch nicht zu übersehen, daß die *Bildungsexpansion* zwar zu einer allgemeinen Steigerung der Bildungspartizipation (Niveaueffekt) geführt hat, bei der jedoch die Schicht- und Regionaldisparitäten (Struktureffekte) weitgehend bestehen geblieben sind.

Auf der Ebene der Bildungsinstitutionen haben die Verlängerung der Pflichtschulzeit und die längere Verweildauer neben den stark schwankenden Größen der Altersjahrgänge und der gestiegenen Bildungsbeteiligung beachtliche quantitative Probleme hervorgerufen. Strukturell haben Bildungsgänge wachsende Organisationsbedeutung gewonnen für die Differenzierung innerhalb und zwischen den Schulformen. Erste Ansätze zur Dezentralisierung der Bildungsverwaltung deuten auf eine Erhöhung der Autonomie einzelner Bildungseinrichtungen. Qualitativ wird immer wieder auf eine Verschiebung der herkömmlichen Schülerklientel von der Haupt- zur Realschule und von dieser zum Gymnasium hingewiesen sowie gelegentlich auch auf Schwächen bei der Vermittlung elementarer Kulturtechniken und bei der erzieherischen Vermittlung einer integrativen Wertbindung.

Gesamtgesellschaftlich gesehen hat das deutsche *Bildungswesen* – auch aus transnationaler Perspektive – ein beachtliches Potential zur reflexiven *Modernisierung* in allen Bereichen der Gesellschaft hervorgebracht und zugleich den *Individualisierungsprozeß* beschleunigt. Denn die bisher in diesem Umfang noch nicht erreichte Bildungspartizipation und *Qualifikation* hat zu einer „kognitiven Mobilisierung" (R. Inglehart) besonders der nachwachsenden Generation geführt, die deren Möglichkeiten zur Beteiligung am Erwerbsleben und an der Politik, aber auch zur Gestaltung des privaten Lebens nachhaltig verändert hat. In Verbindung mit wachsender Enttraditionalisierung und Pluralisierung von Handlungsmöglichkeiten (U. Beck) wächst jedoch zugleich der Bedarf an selbst- und sozialverantwortlicher Entscheidungs- und Handlungskompetenz beim Einzelnen. Das Bildungswesen wird daher künftig wohl auch danach zu beurteilen sein, inwieweit es ihm gelingt, eine Reflexionskultur zu institutionalisieren, die dem Einzelnen auch Raum und Anregung bietet für den Erwerb und die Erprobung jener werthaften Orientierungen, die er als „reflexive citizen" (A. Giddens) in einer weltoffenen, aber national fundierten Gesellschaft braucht.

Literatur

Anweiler, Oskar: Bildungssysteme in Europa: Entwicklung und Struktur des Bildungswesens in zehn Ländern, Weinheim 1996

Arbeitsgruppe Bildungsbericht am Max-Planck-Institut für Bildungsforschung: Das Bildungswesen in der Bundesrepublik Deutschland: Strukturen und Entwicklungen im Überblick, Hamburg 1994

Bach, Heinz u. a. (Hg.): Handbuch der Sonderpädagogik, Bd. 1-13, Berlin 1985ff.

Bildungskommission NRW: Zukunft der Bildung, Schule der Zukunft: Denkschrift der Kommission „Zukunft der Bildung – Schule der Zukunft", Neuwied/Kriftel/Berlin 1995

Bundesminister für Bildung und Wissenschaft (Hg.): Berichtssystem Weiterbildung. Studien zu Bildung und Wissenschaft, Bad Honnef 1991f.

Friedeburg, Ludwig v.: Bildungsreform in Deutschland: Geschichte und gesellschaftlicher Widerspruch, Frankfurt a.M. 1992

Fuchs, Hans-Werner/Lutz R. Reuter, (Hg.): Bildungspolitik seit der Wende: Dokumente zum Umbau des ostdeutschen Bildungssystems (1989-1994), Opladen 1995

Horn, Hans Arno: Der Primarbereich in der Bundesrepublik Deutschland – Entwicklung und heutige Situation, in: Bildung und Erziehung 38, 1985, S. 281-300

Kraul, Margret: Das deutsche Gymnasium 1780-1980, Frankfurt a.M. 1984

Rolff, Hans-Günther/Klaus Klemm/Klaus-Jürgen Tillmann (Hg.): Jahrbuch der Schulentwicklung. Daten, Beispiele und Perspektiven, Weinheim 1980ff.

Rösner, Ernst: Abschied von der Hauptschule: Folgen einer verfehlten Schulpolitik, Frankfurt a.M. 1989

Sünker, Heinz: Bildung, Gesellschaft, soziale Ungleichheit: internationale Beiträge zur Bildungssoziologie und Bildungstheorie, Frankfurt a.M. 1994

Teichler, Ulrich (Hg.): Das Hochschulwesen in der Bundesrepublik Deutschland, Weinheim 1990

UNESCO: World education report, Paris/Oxford 1991

Zentrum für Forschung und Innovation im Bildungswesen: Bildung auf einen Blick, 2 Bde., Organisation für wirtschaftliche Zusammenarbeit und Entwicklung (OECD), Paris 1996

Hermann L. Gukenbiehl

Datenzugang und Datenschutz

1. Definition und Abgrenzung

In den Sozialwissenschaften werden als Daten alle Informationen bezeichnet, die einem bestimmten Merkmalsträger zugeordnet sind. Bei diesen Merkmalsträgern kann es sich z.b. um Individuen, Organisationen oder andere räumliche Einheiten (z.b. Gemeinden, Kreise, Regierungsbezirke) handeln (Müller u.a. 1991: 1). Die diese Merkmalsträger kennzeichnenden Angaben werden allgemein als Mikrodaten oder Individualdaten bezeichnet und auf unterschiedliche Weise gewonnen (etwa aus Befragungen oder als prozeßproduzierte Daten, die im staatlichen Verwaltungsvollzug entstehen); in der Regel werden sie unmittelbar beim Merkmalsträger erhoben. Verlieren sie durch technische oder manuelle Rechenoperationen, etwa durch die Aggregation von individuellen Stimmabgaben bei politischen Wahlen auf die Ebene von Wahlbezirken oder Wahlkreisen, ihren Individualcharakter, spricht man auch von Makro- oder Aggregatdaten. Mikrodaten können standardisiert, d.h. über alle Merkmalsträger in vergleichbarer Weise, oder aber unstandardisiert, d.h. trägerspezifisch (z.B. über Leitfadengespräche) gewonnen werden.

Daten in diesem Sinne sind der Stoff, aus dem die *Empirische Sozialforschung* gewebt ist. Sie stellen das Ausgangsmaterial dar, aus dem dann über je nach Forschungsfragestellung unterschiedlich verdichtete und verarbeitete Angaben Antworten destilliert werden. Damit gerät der gesamte sozialwissenschaftliche Forschungsprozeß in den Blick, der von der Auswahl des zu bearbeitenden Problems über die theoretisch-konzeptionelle Grundlegung und Umsetzung in das angemessene Forschungsdesign bis in die Phasen der Erhebung, Aufbereitung und Analyse der Daten sowie die Darstellung der Ergebnisse und letztlich die Archivierung der gesammelten Informationen in einem Datenarchiv reicht.

Jede dieser hier idealtypisch aufgelisteten Phasen verdient im Prinzip eine getrennte ausführliche Behandlung, die im Kontext eines spezifischen Handbuchbeitrags allerdings nicht möglich ist. In besonders engem Zusammenhang zum Problem des Datenzugangs steht die Frage nach dem jeweils gewählten Forschungsdesign, d.h. der Umsetzung der Problemstellung in die angemessene Vorgehensweise. Hier ergeben sich aufgrund der Auswertung der Forschungserhebung 1995 des Informationszentrums Sozialwissenschaften für die erfaßten Designtypen folgende Werte, die jeweils getrennt nach in den alten und in den neuen Bundesländern angesiedelten Projekten ausgewiesen werden (Tabelle 1):

Tabelle 1

	Erhebungsjahr				
				1995	
	1992	1993	1994	Alte Bundesländer	Neue Bundesländer
Untersuchungsdesigns	%	%	%	%	%
Querschnitt	54	51	47	48	54
Trend	21	24	24	25	28
Panel	17	15	16	19	19
Fallstudie	19	17	20	19	22
Experiment	8	7	6	6	5
Netzwerk	4	4	5	5	6
Qualitative Forschung	30	28	30	31	30
Sonstiges	45	50	48	48	37
Absolut (Anzahl)	854	961	838	703	109
Insgesamt (in %; Mehrfachnennungen)	198	196	196	201	201

Quelle: Gräf und Rohlinger 1995: VXIII; 1996: XVI

Auffällig ist zum einen die diesen Informationen zu entnehmende leichte, aber konsistente Tendenz zu längsschnittlichen Forschungsdesigns. Erwähnt zu werden verdient ferner der kontinuierlich hohe Anteil an qualitativen Forschungsvorhaben, denen man auch noch die Fallstudien zurechnen kann. Als drittes schließlich soll hervorgehoben werden, daß im Durchschnitt bei empirischen Projekten jeweils zwei Designelemente miteinander verbunden werden.

Nun gewinnen diese Angaben erst dann noch schärfere Konturen, wenn man sie mit den Befunden zu den verwendeten Erhebungstechniken verbindet. Dabei ergibt sich das folgende Bild:

Tabelle 2

	Erhebungsjahr			
Verwendete Erhebungstechniken	1992 %	1993 %	1994 %	1995 %
a) Befragungen				
Einzelinterview	46	42	46	47
Telefoninterview	4	3	5	4
schriftliche Befragung	43	45	43	45
Summe Befragungen	93	90	94	96
b) andere Techniken				
Gruppendiskussion	8	6	4	5
Expertengespräch	14	11	8	9
Beobachtung	9	7	6	5
Akten-/Dokumentenanalyse	18	14	15	14
Inhaltsanalyse	7	4	4	4
Test	7	6	6	5
Summe sonstige Techniken	63	48	43	42
Insgesamt (Mehrfachnennungen)	156	138	137	138

Quelle: Gräf und Rohlinger 1996: XV

Das bekannte Diktum René Königs, das Interview sei der Königsweg der praktischen Sozialforschung, hat seit dem Beginn der Forschungsdokumentation nichts von seiner Gültigkeit verloren. Nutzten 1971 97% der Projekte diese Technik, so sind es 1995 96%. Eine Veränderung wird lediglich insofern erkennbar, als seit Beginn der achtziger Jahre, überraschenderweise allerdings bisher ohne zunehmende Tendenz, auch Telefoninterviews und nicht nur schriftliche oder persönliche Befragungen mit Sichtkontakt zwischen Interviewer und Befragten (face to face) Verwendung finden.

Es ist allerdings möglich, daß für die relativ geringe Nutzung telefonischer Befragungen Besonderheiten der akademischen Sozialforschung verantwortlich sind. Ohne dies im einzelnen mit Zahlen belegen zu können, dürfte hier besonders an die Komplexität von akademischen Forschungsthemen, deren Instrumentierung des persönlichen Interviews bedarf, und an die häufige Untersuchung von Sonderpopulationen, die telefonisch nicht leicht zu identifizieren sind, zu denken sein. Die genannten Werte für Telefonbefragungen im Wissenschaftsbereich weichen jedenfalls deutlich von jenen der kommerziellen Markt- und Meinungsforschung ab. Nach einer neueren Übersicht (ESOMAR 1996: 14f.) für Europa auf der Grundlage des Umsatzes der nationalen ESOMAR-Mitglieder (European Society for Opinion and Marketing Research) entfielen 1994 im Rahmen der Einzelprojektforschung (in Abgrenzung von Längsschnittstudien, die insgesamt knapp 50% des Umsatzes ausmachten) knapp ein Fünftel auf qualitative und mehr als vier Fünftel auf quantitative Verfahren. Unter letzteren hatten Telefoninterviews bereits einen Anteil von rund 30%.

Basiert man die Analyse der verwendeten Erhebungsverfahren nicht auf den Umsatz, sondern auf die Zahl der durchgeführten Interviews, so verändert sich das Bild insofern, als in Europa die klassischen persönlichen Befragungen in der Wohnung der Zielperson lediglich rund 50% und die Telefoninterviews rund 30%, dafür aber die postalischen Befragungen rund 20% ausmachen.

Während also akademische Sozialforschung und kommerzielle Markt- und Meinungsforschung durchaus Unterschiede in den verwendeten Datenerhebungstechniken aufweisen, ist beiden die Bedeutung von Befragungen für die Bearbeitung ihrer Forschungsthemen gemeinsam.

Dieses läßt es gerechtfertigt erscheinen, bei der folgenden Erörterung besonders die mit Befragungen verbundenen Probleme des Datenzugangs in den Mittelpunkt zu stellen. Abschließend wird dann auch das mit dem flächendeckenden Aufkommen der elektronischen Datenverarbeitung virulent gewordene Thema des Datenschutzes behandelt.

2. Datenzugang in den Sozialwissenschaften

Quantitative Sozialforschung bezieht sich in erster Linie auf die Erhebung und Analyse von Daten, die bei wohldefinierten Populationen als Vollerhebung (z.B. im Fall von Positionseliten) bzw. als repräsentative Stichproben mit standardisierten, auf Gültigkeit (Validität) und Zuverlässigkeit (Reliabilität) geprüften Instrumenten gewonnen werden. Dabei ergeben sich unterschiedliche Probleme des Datenzugangs je nachdem, ob es sich um eine vom Forscher selbständig entworfene Untersuchung als Primärforschung oder aber um die Nutzung solcher Daten geht, die bereits von anderen Forschern, privaten Einrichtungen oder Behörden zu deren Zwecken konzipiert sowie erhoben worden waren und die nun für Zweitauswertungen, sogenannte Sekundäranalysen, etwa über Datenarchive, zugänglich gemacht werden.

2.1 *Primärerhebungen von Mikrodaten als Umfragen außerhalb der amtlichen Statistik*

Bei Primärerhebungen in Form von außerhalb der amtlichen Statistik durchgeführten Befragungen (sog. Surveys) ist in freiheitlich verfaßten Gesellschaften von ausschlaggebender Bedeutung, daß die unabdingbare Mitwirkung der in den Blick genommenen Merkmalsträger, anders als bei den staatlichen Zählungen, für die eine Beteiligungspflicht der zu Befragenden gesetzlich festgeschrieben ist (z.B. *Volkszählung* und *Mikrozensus*), stets auf freiwilliger Grundlage erfolgen muß. Darüber hinaus sind bei der Datenerhebung seit längerem gesetzlich oder verordnungsmäßig vorgegebene Regeln zu beachten; darauf wird im Abschnitt über den Datenschutz getrennt eingegangen werden. Ruft man sich für einen Augenblick den Ablauf des Forschungsprozesses in Erinnerung (siehe z.B. Schnell, Hill und Esser 1995), so ist nach der entsprechenden Vorbereitung ein entscheidender Faktor für den Datenzugang – hier verstanden als Zugang zum Merkmalsträger – das einer Untersuchung zugrunde liegende Stichprobenkonzept.

An dieser Stelle soll die schon seit langem geführte Kontroverse über die Vor- und Nachteile von Zufallsstichproben, in denen jedes Mitglied der Grundgesamtheit die gleiche oder zumindest eine berechenbare Auswahlchance hat, und Quotenstichproben, bei denen die zu Befragenden nach bestimmten Vorgaben (Quoten) vom Interviewer rekrutiert werden, nicht aufgenommen werden (Scheuch 1974; Bortz und Döring 1995: 369-377, 451-456; Noelle-Neumann und Petersen 1996: 236-274; Gabler und Hoffmeyer-Zlotnik 1997). Entscheidend ist, daß der Datenzugang sehr stark davon beeinflußt wird, ob der Interviewer eine bestimmte, zufällig ausgewählte, bereits mit Namen und Anschrift identifizierte Person (daher: Personenstichprobe) befragen muß, ob er in einen bestimmten, zufällig ausgewählten, mit Namen und Anschrift spezifizierten Haushalt (address random) eine nach einem Zufallsschlüssel erst noch zu bestimmende Zielperson identifizieren und befragen muß, ob dies in einem erst durch den Interviewer nach einem bestimmten Verfahren zufällig ausgewählten Haushalt (random route) geschieht, oder ob die Auswahl der Befragungspersonen völlig in das Belieben des Interviewers gestellt ist, soweit er die ihm vorgegebene Quote einhält.

In allen Fällen gilt gleichermaßen als entscheidende Frage, in welchem Umfang die ausgewählte Stichprobe die angezielte Grundgesamtheit angemessen (bei Zufallsstichproben im Rahmen berechenbarer Zufallsschwankungen) abbildet. Bei Quotenstichproben ist die Übereinstimmung von Population und Stichprobe schon a priori durch die definierten Quoten gesichert. Bei Zufallsstichproben läßt die wahrscheinlichkeitstheoretische Logik Differenzen zwischen den Kennwerten der Population und Stichprobe im Sinne des jeder Stichprobe eigenen, aber kalkulierbaren Zufallsfehlers zu; hierbei wird jedoch stets eine volle Ausschöpfung der Stichprobe unterstellt.

Die Freiwilligkeit in der Mitwirkung der Merkmalsträger bei der überwiegenden Mehrzahl sozialwissenschaftlicher Erhebungen hat nun erwartungsgemäß dazu geführt, daß insbesondere bei repräsentativen Befragungen, z.B. der wahlberechtigten Bevölkerung, die Ausschöpfung einer Stichprobe von annähernd 100% als nicht einmal näherungsweise erreichbar angesehen wird. In der praktischen Durchführung der Erhebungen hat sich vielmehr seit längerem eine Faustregel von 65% bis 70% Ausschöpfung einer von technischen Fehlern bereinigten Haushaltsstichprobe als Qualitätskriterium eingebürgert. Allerdings weisen die Berechnungen von Ausschöpfungsquoten gravierende Probleme auf (Schnell 1997), so daß dieses Datum als Qualitätskriterium an Bedeutung verliert. So läßt sich z.B. nicht belegen, daß eine höhere Ausschöpfung positiv mit einer besseren Anpassung einer Zufallsstichprobe z.B. an die als zuverlässig geltenden Werte des *Mikrozensus* korreliert. Obgleich Vergleiche zwischen Haushalts- und Personenstichproben eine geringere Ausschöpfung bei letzteren zeigen, weisen die als Personenstichproben durchgeführten *ALLBUS*-Befragungen 1994 und 1996 (zum ALLBUS s. S. 105) eine höhere Übereinstimmung mit einschlägigen Kennzahlen des Mikrozensus auf als weitaus besser ausgeschöpfte Haushaltsstichproben. Mit dieser Überlegung wird das Problem des „sample selection bias" angesprochen; entscheidend für die Qualität einer nicht voll ausgeschöpften Stichprobe ist das Ausmaß, in dem sich erreichte und nicht erreichte Mitglieder einer Stichprobe voneinander unterscheiden.

Für diese Schwierigkeiten bieten Quotenstichproben nur einen scheinbaren Ausweg, da sie mit der Hypothek der Beliebigkeit der Personenauswahl durch die Interviewer belastet sind, also – scharf formuliert – das Problem lediglich in die Sphäre der Nichtbestimmbarkeit der Ausfälle verlagert wird. Eine begrenzte Lösung des Ausschöpfungsdilemmas wird in dem durch die fast flächendeckende Verbreitung des Telefons inzwischen praktikablen Verfahren der telefonischen Befragung gesehen. Entsprechende Verfahren der Stichprobenziehung sind seit längerem entwickelt und haben sich bewährt. Zum zweiten lassen sich die Stichproben der in der Regel nach der CATI-Methode (computer assisted telephone interviewing) von zentralen Interviewerstudios aus durchgeführten Befragungen wesentlich besser kontrollieren als die üblichen persönlichen Befragungen durch Interviewer irgendwo im Feld.

Ein großer Nachteil von Telefonbefragungen besteht allerdings in den zeitlichen Begrenzungen der Interviewdauer, denen Telefoninterviews erfahrungsgemäß unterliegen (ca. 20 Minuten) und die den Einsatz komplexer Erhebungsinstrumente (Kartenspiele, Listen u. dergl.) kaum zulassen. Hinzu kommt unter dem Blickwinkel der Längsschnittforschung das Problem, daß unter face to face-Bedingungen bewährte Erhebungsinstrumente häufig überhaupt nicht oder nur mit Schwierigkeiten auf telefonische Befragungen umgestellt werden können. Dies wirft zumindest zeitweise erhebliche Schwierigkeiten für die Zeitreihenanalyse auf.

Insgesamt wird in jedem Einzelfall nach Sachkriterien entschieden werden müssen, welche Form der Datenerhebung angemessen ist. Für die Wahlforschung, sofern sie an einer möglichst punktgenauen Abbildung des tatsächlichen Wahlergebnisses durch eine Umfrage interessiert ist, gibt es z.B. wegen der Chance, über Telefoninterviews ganz nahe an den Wahltermin heranzurücken, keine Alternative zu telefonischen Befragungen (die sog. exit polls, d.h. kurze Befragungen zur Stimmabgabe am Wahltag direkt nach Verlassen des Wahllokals, dienen anderen Zwecken und können hier außer Betracht bleiben).

Ein wichtiger Aspekt der Beschaffung von Primärdaten, der bisher noch nicht erörtert wurde, ist die Kostenfrage. Auch hier ergibt sich für den Forscher eine Vielzahl von Optionen, um seine Ressourcen und Forschungsabsichten zur Deckung zu bringen. Eine Variationschance besteht bei Befragungen zum einen darin, zwischen Exklusivuntersuchungen und Buseinschaltungen zu wählen, bei denen sich mehrere Primärforscher mit ihren Ressourcen zusammentun; dies ist etwa über eine Einschaltung in den mehrmals jährlich vom *Mannheimer Zentrum für Umfragen, Methoden und Analysen (ZUMA)* in Zusammenarbeit mit einem kommerziellen Sozialforschungsinstitut durchgeführten Sozialwissenschaften-Bus möglich, über den regelmäßig die zweimal jährlich erscheinenden ZUMA-Nachrichten informieren. Zum anderen variieren die Befragungskosten auch nach der gewählten Befragungsmethode: mündliche face to face-Befragung, Telefoninterviews oder aber eine schriftliche Befragung. Die anhaltende Popularität der schriftlichen Befragung ist nicht zuletzt durch die relativ geringen Kosten bedingt. Hinzu kommt, daß dieses Verfahren durch methodische Verbesserungen an Qualität deutlich gewonnen hat (zu erwähnen ist hier besonders die total designMethode nach Dillman, siehe dazu Dillman 1978; Schnell, Hill und Esser 1995: 333-338; ferner für eine Gegenüberstellung der drei Erhebungsmethoden Reuband und Blasius 1996).

Abschließend ist darauf zu verweisen, daß mit der im zweijährigen Rhythmus seit 1980 repräsentativ für die Bundesrepublik in Zusammenarbeit von *ZUMA* und dem *Zentralarchiv für Empirische Sozialforschung* an der Universität zu Köln *(ZA)* durchgeführten *Allgemeinen Bevölkerungsumfrage der Sozialwissenschaften (ALLBUS)*, die schon kurz nach der jeweiligen Erhebung über das ZA jedem interessierten Forscher zur Verfügung steht, ein Instrument geschaffen worden ist, das durchaus als vollwertiges Äquivalent für eigene Primärerhebungen betrachtet werden kann (für Einzelheiten siehe GESIS 1996: 38-39, 49-52, 116-117). Hinzu kommt, daß sich der ALLBUS wegen der Kontinuität der dort verfolgten Fragestellungen (mit der Erhebung 1996 liegen nunmehr zehn Meßzeitpunkte vor) inzwischen auch vorzüglich für Längsschnittanalysen, einschließlich der Entwicklung von Orientierungen in den neuen Bundesländern, eignet. Der Vollständigkeit halber müssen an dieser Stelle noch die mit dem ALLBUS verbundenen international vergleichenden Erhebungen im Rahmen des International Social Survey Program (ISSP) erwähnt werden, das inzwischen 1995 in 25 Ländern jährlich durchgeführt wird und dessen komparative Daten ebenfalls über das ZA bezogen werden können (GESIS 1996: 40-42, 53-54, 117-118).

2.2 Zugang zu den Mikrodaten der amtlichen Statistik

Obgleich im Prinzip der Begriff der Mikrodaten auf Daten jeden Typs von Einheit, die nicht weiter reduzierbar ist (Personen, Organisationen, usw.) Anwendung findet, hat er sich zunehmend für solche Daten eingebürgert, die im Rahmen der staatlichen Verwaltungstätigkeit, und zwar vor allem in der Form aller Art von Zählungen, entstehen. Dabei ist natürlich zunächst einmal an die in regelmäßigen Abständen stattfindenden Makrozensen (als *Volkszählungen*), aber auch an die jährlichen *Mikrozensen* (mit einer 1%-Stichprobe der Bevölkerung) und an eine Vielzahl anderer staatlicher Erhebungen zu denken (z.B. Einkommens- und Verbrauchsstichprobe; Wohnungsstichprobe; Beschäftigtenstatistik der Bundesanstalt für Arbeit und die daraus gewonnenen Stichproben des Instituts für Arbeitsmarkt- und Berufsforschung der Bundesanstalt für Arbeit, siehe hierzu Bender und Hilzendegen 1995).

Während diese Daten im Prinzip beim *Statistischen Bundesamt,* bei den statistischen Ämtern der Länder oder an anderer Stelle vorliegen, sind zumindest zwei allgemeine Einschränkungen vorzunehmen:

Zum einen reichen die bei diesen Einrichtungen gehaltenen Datenbestände nicht beliebig weit in die Vergangenheit zurück (z.B. der *Mikrozensus* beim *Statistischen Bundesamt* ab 1957); das Potential für Längsschnittuntersuchungen ist lange Zeit nicht erkannt bzw. unter den organisatorischen und ressourcenmäßigen Beschränkungen nur mit geringer Priorität versehen gewesen. Da jedoch gerade der historische Aspekt für die Sozialwissenschaften von großer Bedeutung ist, hat sich die Abteilung Mikrodaten von *ZUMA* auf der Grundlage verschiedener Vorarbeiten der Sicherung weiter zurückliegender Mikrodaten angenommen. In ähnlicher Weise hat das dem Kölner Zentralarchiv angeschlossene *Zentrum für Historische Sozialforschung (ZHSF)* die Sicherung der statistischen Daten der *DDR* betrieben (GESIS 1996: 65-67). Darüber hinaus arbeitet das ZHSF, auch in Zusammenarbeit mit dem *Bundesarchiv* in Koblenz, an anderen historischen Datenquellen.

Die zweite Einschränkung bezieht sich auf den Verfügbarkeitsstatus von Mikrodaten der amtlichen Statistik für die Wissenschaft. Das Aufkommen der *elektronischen Datenverarbeitung* und die zunehmende Ausstattung mit Großrechnern hatte auch die Datenverarbeitung der statistischen Ämter auf eine neue, effizientere und ihr Leistungsspektrum erweiternde Grundlage gestellt. Damit wären an sich wesentlich bessere Voraussetzungen für den Zugang der Wissenschaft zu diesen Daten gegeben gewesen. Der Siegeszug der elektronischen Datenverarbeitung schuf jedoch in der Bundesrepublik – besonders verständlich für ein Land mit einer noch nicht sehr weit zurückliegenden totalitären politischen Vergangenheit – eine besondere Sensitivität für die Probleme, die sich aus der elektronischen Verarbeitung staatlicher Daten für die schutzwürdigen Belange des Bürgers ergeben. Dem so entstandenen Regelungsbedarf wurde am 27. Januar 1977 durch die Verabschiedung des ersten *Bundesdatenschutzgesetzes (BDSG*; novelliert am 20. Dezember 1990) und von Landesdatenschutzgesetzen Rechnung getragen (die Folgen dieser Gesetzgebung für den Zugang der Sozialwissenschaften zu Daten der unterschiedlichsten Art werden in Abschnitt 3 dieses Beitrags behandelt). Bezüglich des Zugangs zu amtlichen Mikrodaten hatte das *Bundesstatistikgesetz* (BStatG) 1980 in § 11 Abs. 5 geregelt, daß eine Übermittlung von Einzelangaben an die Wissenschaft nur bei absoluter Anonymisierung erfolgen konnte.

Es zeigte sich schnell, daß mit dieser Festlegung eine Weitergabe amtlicher Mikrodaten an die Wissenschaft praktisch unmöglich wurde. Schon a priori konnte ja nicht ausgeschlossen werden, daß eine Deanonymisierung doch gelingen würde. Daher richtete sich das Interesse der Sozialwissenschaften zunächst darauf, das Zugangskriterium der absoluten durch das der faktischen Anonymisierung zu ersetzen (Kaase u.a. 1980). In der Novellierung des BStatG wurde dem erfreulicherweise insofern Rechnung getragen, als nach § 16 Abs. 6 amtliche Mikrodaten an Einrichtungen der unabhängigen Forschung weitergegeben werden können, wenn diese Angaben „nur mit einem unverhältnismäßig großen Aufwand an Zeit, Kosten und Arbeitskraft zugeordnet werden können und die Empfänger Amtsträger, für den öffentlichen Dienst besonders Verpflichtete und Verpflichtete nach Abs. 7 sind".

Zu der Umsetzung dieser Klausel in eine praktikable und für die Wissenschaft günstige Weise hat entscheidend ein Anonymisierungsprojekt beigetragen (Müller u.a. 1991), das zeigen konnte, wie spezifisch die Bedingungen sind, unter denen ein Deanonymisierungsversuch tatsächlich erfolgreich ist. Auf der Grundlage der aus dieser Studie abgeleiteten Empfehlungen werden nunmehr amtliche Mikrodaten an die Forschung weitergegeben.

Nicht zuletzt die kontinuierliche Zusammenarbeit zwischen *ZUMA* und dem Statistischen Bundesamt hat inzwischen dazu geführt, daß viele Vorbehalte seitens der amtlichen Statistik gegenüber den Datenwünschen der Sozialwissenschaften gemindert worden sind. Neben der erreichten Konstruktion und Weitergabe faktisch anonymisierter Mikrodaten in Form von sog. Scientific Use Files, die gegenüber den in den USA üblichen, allgemein zugänglichen Public Use Files allerdings immer noch erhebliche Einschränkungen in bezug auf Nutzungszweck, Nutzungsdauer und Nutzertyp aufweisen, spielt die Frage der Bereitstellungskosten durch die Statistischen Ämter eine große Rolle.

Datenzugang und Datenschutz

Die Gesellschaft Sozialwissenschaftlicher Infrastruktureinrichtungen (GESIS e.V., der Zusammenschluß von ZA, ZUMA und dem Bonner Informationszentrum Sozialwissenschaften – IZ; siehe dazu Mohler und Zapf 1994) hat daher im Herbst 1996 hierzu eine Initiative sozialwissenschaftlicher Forscher und Forschungsinstitute ins Leben gerufen. In diesem Rahmen wurde eine Reihe von Gesprächen zwischen der Wissenschaft, dem Bundesministerium für Bildung, Wissenschaft, Forschung und Technologie (BMBF) und den Statistischen Ämtern mit dem Ziel geführt, über eine Beteiligung an der Finanzierung der den Statistischen Ämtern entstehenden Bereitstellungskosten für amtliche Mikrodaten den Zugang für Sozialwissenschaftler kostengünstig sicherzustellen. Im Dezember 1996 ist eine erste entsprechende Verwaltungsvereinbarung zwischen dem *Statistischen Bundesamt* und dem Bundesministerium für Bildung, Wissenschaft, Forschung und Technologie geschlossen worden. Auf dieser Grundlage kann im Rahmen eines Pilotprojekts auf der Grundlage von § 16 Abs. 6 BStatG interessierten Wissenschaftlern ein faktisch anonymisierter Grundfile des Mikrozensus 1995 als 70%-Subfile gegen eine geringe Bearbeitungsgebühr (DM 130.-; Stand Januar 1997) durch das Statistische Bundesamt zur Verfügung gestellt werden. Entsprechende Vorbereitungen für den Zugang zur Einkommens- und Verbrauchsstichprobe 1993 und zum Europäischen Haushaltspanel sind in Vorbereitung.

Trotz dieser erfreulichen Entwicklung auf der Grundlage des durch § 16 *BStatG* 1987 prinzipiell ermöglichten Zugangs zu den amtlichen Mikrodaten überwiegen zur Zeit angesichts der Vielzahl der bei den Ämtern vorhandenen Erhebungen und ihrer Zugangsbedingungen noch die Probleme für an diesen Daten interessierte Sozialwissenschaftler. Erschwerend hinzu tritt vor allem die große Unübersichtlichkeit der Situation für Nichtfachleute. Diese Faktoren haben mit dazu beigetragen, daß in den Sozialwissenschaften die Kenntnis über diese Daten zu wünschen übrig läßt.

Noch schlechter als für Deutschland stellt sich die Lage für den Zugang zu Mikrodaten auf europäischer Ebene dar. Müller und Wirth (1994) haben darauf hingewiesen, daß die Unterschiedlichkeit der diesbezüglichen nationalen Regelungen, die Zugangsbeschränkungen zu den vom Statistical Office of the European Communities (EUROSTAT) zentral über die nationalen Ämter koordiniert erhobenen Informationen sowie die Zugangskosten so prohibitiv sind, daß es bislang nur in begrenztem Umfang zu komparativen Projekten auf der Basis von amtlichen Mikrodaten gekommen ist. Als positives Beispiel ist die Luxembourg Income Study (LIS) zu nennen, in deren Rahmen es gelungen ist, Mikrodaten über die Haushaltseinkommen in mehr als 20 europäischen Ländern und einer Reihe von außereuropäischen Ländern für mindestens zwei, teilweise jedoch auch mehr Zeitpunkte zusammenzustellen. Völlig offen ist noch der Zugang zu den vergleichenden Daten der von den Statistischen Ämtern der Mitgliedsländer der Europäischen Union durchgeführten Arbeitskräftestichproben und des Europäischen Haushaltspanels 1994-1996.

Obgleich es sich bei den amtlichen Mikrodaten nicht um Primärdaten in dem Sinne handelt, daß sie unmittelbar für wissenschaftliche Belange erhoben worden sind, wurden sie wegen ihrer Bedeutung getrennt behandelt. Der nächste Abschnitt wendet sich nun Sekundärdaten in der in den Sozialwissenschaften allgemein verwendeten Bedeutung des Begriffs zu.

2.3 Sekundärdaten und Sekundäranalyse

Mit der Behandlung von *ALLBUS* und ISSP in Abschnitt 2.1 war bereits die Grenze zu der Form des Datenzugangs überschritten worden, die als Sekundäranalyse (Hyman 1972; Klingemann und Mochmann 1975; Dale, Arber und Procter 1988) bezeichnet wird. Darunter versteht man die erneute Auswertung bereits vorhandener und vom Primärforscher analysierter Daten zur Bearbeitung ähnlicher sowie auch gänzlich anderer Fragestellungen. In der Frühphase der *Empirischen Sozialforschung* gewann die Sekundäranalyse ihre Bedeutung zunächst, weil Daten insgesamt rar waren und die Erhebung von neuen Daten hohe Mittel in Anspruch nahm, die sich wegen der mangelnden Vertrautheit privater und öffentlicher Einrichtungen wie auch der Forschungsförderungsorganisationen mit Empirischer Sozialforschung nicht oder nur mit erheblichen Schwierigkeiten beschaffen ließen. Diese Situation führte in einigen Ländern der westlichen Welt Ende der 50er Jahre zur Gründung von (vorwiegend akademisch verorteten) Datenarchiven – so am Institute for Social Research der University of Michigan in Ann Arbor, USA (Inter-university Consortium for Political and Social Research ICPSR) und an der Universität zu Köln (Zentralarchiv für Empirische Sozialforschung ZA). Seit längerer Zeit existiert mit dem Council for European Social Science Data Archives (CESSDA) eine Organisation in Europa, die dort und in Zusammenarbeit mit Datenarchiven außerhalb von Europa die Aktivitäten bezüglich der Beschaffung, Aufbereitung, Dokumentation und Weitergabe von Sekundärdaten international koordiniert. Es ist nur noch eine Frage der Zeit, bis die Datenbestände der Archive in vielfältig erschlossener und dokumentierter Form, z.B. über das Internet, unmittelbar von Nutzern abgerufen werden können. Es besteht kein Zweifel daran, daß unter diesen neuen technischen Voraussetzungen die sekundäranalytische Nutzung sozialwissenschaftlicher Daten revolutioniert werden wird.

Nachdem die Frage der Datenknappheit immer mehr an Bedeutung verloren hat, treten bei der Sekundäranalyse zunehmend andere Aspekte in den Vordergrund, von denen drei kurz angesprochen werden sollen. Zum ersten verlangt die Schwerpunktänderung in den Sozialwissenschaften von Struktur- hin zu Prozeßanalysen immer mehr nach längsschnittlichen Datenbeständen. Für deren Aufbereitung, Dokumentation und Bereitstellung werden die Datenarchive noch lange Zeit von zentraler Bedeutung bleiben. Zum zweiten tritt neben die Chance der Historisierung der Sozialwissenschaften durch Umfrageforschung auch das erhöhte Interesse an international vergleichenden Datenbasen wie etwa dem Eurobarometer, einer zweimal jährlich in den Ländern der Europäischen Gemeinschaft/-Union seit 1973 durchgeführten Repräsentativbefragung der Bevölkerung ab 15 Jahren mit in der Regel ca. 1.000 Befragten pro Land. Das 1994 abgeschlossene „Beliefs in Government"-Projekt (Kaase und Newton 1995), in dem die Entwicklung der politischen Orientierungen der Bürger zwischen 1960 und 1990 untersucht wurde, ist ein Beispiel für das Potential, aber auch die Grenzen sozialwissenschaftlicher Analyse mit Sekundärdaten. Zum dritten hat die international vergleichende Sozialforschung den Blick für die Chance geöffnet, von reinen Mikroanalysen zu theoretisch anspruchsvolleren, aber komplexeren Mehrebenenanalysen übergehen zu können. Dies geschieht z.B., indem Merkmale von Gesamtgesellschaften Individualdatensätzen aus einer Mehrzahl von Nationalstaaten oder anderen Makroeinheiten hinzugefügt werden. Damit wird nicht zuletzt eine Analysestrategie erschlossen, die von Przeworski und Teune (1970) als most similar systems design bezeichnet worden ist. Dahinter steht die Vorstellung, daß man bei im Prinzip ähnlichen Systemen (z.B. den Ländern der westlichen OECD-Welt) über deren Varianz (z.B. unterschiedliche Wahlsysteme) die Effekte von Makrovariablen auf individuelles Verhalten genauer bestimmen kann. Ein solcher Versuch der Verbindung von Mikro- und Makrodaten wird z.B. im Rahmen des CSES-Projekts (Comparative Studies of Electoral Systems) unternommen (GESIS 1996: 56).

3. Datenschutz

Hans-Peter Bull (1984), der frühere *Bundesbeauftragte für den Datenschutz*, hat die Genese der Überlegungen, wie im Interesse der Bürger der Mißbrauch von Daten – im Sinne der Intervention in ihre Interessen und Freiheitsrechte – verhindert oder zumindest das Mißbrauchsrisiko minimiert werden könne, aus eigenem Erleben plastisch und zutreffend geschildert. Die verfaßte Wissenschaft im allgemeinen und damit auch die Sozialwissenschaften hatten sich vor allem in den 70er Jahren, als der Datenschutz zum Thema wurde, lange Zeit im Schutz von Artikel 5 Abs. 3

Datenzugang und Datenschutz

des Grundgesetzes, der die Forschungsfreiheit verankert, sicher gefühlt. So wurde sie von den Einschränkungen, die in Anwendung und Auslegung des ersten deutschen *Bundesdatenschutzgesetzes* vom 27. Januar 1977 erfolgten, weitgehend überrascht, dem im übrigen bald Gesetze der Länder folgten (Hessen verabschiedete, erstmalig in der Welt, bereits 1970 ein Datenschutzgesetz; auch Rheinland-Pfalz verfügte ab 1974 über ein derartiges Gesetz). Die ersten negativen Erfahrungen und der Protest der betroffenen Wissenschaftler haben dann den Wissenschaftsrat schon früh, d.h. im Herbst 1982, zu einer „Stellungnahme zu Forschung und Datenschutz" veranlaßt, in der die entstandenen Probleme beschrieben und Lösungen vorgeschlagen wurden.

Wissenschaft und Datenschutz konnten sich vor allem deswegen lange Zeit nicht verständigen, weil seitens der Wissenschaft erst verdeutlicht werden mußte, daß die meisten Wissenschaftler – wie dies bis auf wenige Ausnahmen auch für die Sozialforschung zutrifft – zwar an den Mikroeinheiten der Analyse interessiert sind, nicht aber an den durch Name, Anschrift usw. konkret gemachten Personen, Haushalten, Firmen o.ä., zumal für Analysezwecke die Einzeldaten in aller Regel ohnehin in Gruppen zusammengefaßt werden. Als größte Bedrohung der *Empirischen Sozialforschung* mit ihrer Schwerpunktsetzung auf Befragungen als Methode der Datengewinnung galt zunächst § 3 des *BDSG* von 1977, der die Verarbeitung personenbezogener Daten nur dann zuließ, wenn der Betroffene hierzu schriftlich eingewilligt hatte. Damit, so zunächst die Forderung der Datenschützer, müsse jeder Teilnehmer an einer Befragung schriftlich seine Bereitschaft zur Teilnahme erklären. Verlangt wurden ferner, im Interesse einer „informierten Einwilligung", Angaben zu den Auftraggebern und Zielen der jeweiligen Untersuchung. Es steht inzwischen auf der Grundlage zahlreicher Forschungsarbeiten außer Frage, daß bei der bekannten Skepsis der Bürger gegenüber der Erteilung von in ihren Konsequenzen nicht absehbaren Unterschriften das für die Empirische Sozialforschung unabdingbare Instrument der repräsentativen Bevölkerungsumfrage ernsthaft gefährdet, vermutlich sogar zerstört worden wäre (Scheuch 1995).

Seinerzeit bedurfte es seitens der Arbeitsgemeinschaft Sozialwissenschaftlicher Institute (ASI) und des Arbeitskreises Deutscher Marktforschungsinstitute (ADM) erheblicher Überzeugungsarbeit und langwieriger Verhandlungen, bis auf der Verwaltungsebene zwischen den Forschern und Datenschützern eine Regelung gefunden wurde, die den Datenschützern den Verzicht auf die Schriftlichkeit der Einwilligung für ein sozialwissenschaftliches Interview ermöglichte. U.a. verpflichtete sich die erhebende Einrichtung hierbei verbindlich, nach Durchführung der üblich Prüfroutinen, spätestens jedoch nach einem halben Jahr bei Querschnittsbefragungen, den Personenbezug der erhobenen Daten dauerhaft zu vernichten. Damit, so die auch 1997 noch gültige Vereinbarung, galt das Erfordernis der Datenanonymisierung als erfüllt. Auch für die mehrfache Befragung im Längsschnitt (Panel) wurde eine praktikable, die Forschung nicht schädigende Lösung gefunden.

Wie schon erwähnt, machte die Datenschutzgesetzgebung jedoch den Zugang zu amtlichen Mikrodaten de fakto unmöglich, weil die errichtete Hürde der absoluten Anonymisierung der Daten zu dieser Zeit nicht überwindbar war (für die Gesamtproblematik aus der seinerzeitigen Perspektive siehe zusammenfassend Kaase u.a. 1980; Kaase 1987). Erst das Urteil des Bundesverfassungsgerichts vom 15. Dezember 1983 zum Volkszählungsgesetz brachte einen ersten Durchbruch zugunsten der *Empirischen Sozialforschung*. Einerseits hat es mit dem Begriff der informationellen Selbstbestimmung des Bürgers eine Verbindung zu Art. 2 Absatz 1 GG hergestellt und damit in den Rahmen des allgemeinen Persönlichkeitsrechts eingebettet. Gewährleistet wurde die Befugnis des Einzelnen, „grundsätzlich selbst über die Preisgabe und Verwendung seiner persönlichen Daten zu bestimmen" (BVerfGG 65: 1). Andererseits fanden die Argumente der Sozialforschung Akzeptanz, erst die Kenntnis der relevanten Daten schaffe die für eine am Sozialstaatsprinzip orientierte Politik entsprechende

Grundlage, und die Sozialwissenschaft sei nicht an konkreten, namentlich bekannten Einzelpersonen, sondern an Merkmalsträgern interessiert, die zudem in der Regel noch zu Gruppierungen unterschiedlicher Art zusammengefaßt würden.

Schon früh war in den Datenschutz-Kontroversen zwischen den Beteiligten deutlich geworden, daß es bald einer Novellierung des *BDSG* bedürfe; dennoch dauerte es bis zum 20. Dezember 1990, bis die mit Wirkung vom 1. Juni 1991 in Kraft getretene Novelle zum BDSG im Bundesgesetzblatt verkündet wurde. Dort kam es zu einer Reihe von für die Forschung günstigen Veränderungen, so in § 3 Abs. 7 (faktische Anonymisierung); § 4 Abs. 3 (Verzicht auf die Schriftlichkeit der Einwilligung des Betroffenen, wenn damit der (bestimmte) wissenschaftliche Forschungszweck erheblich beeinträchtigt würde); § 28 (Zugang zu Melderegistern zum Zweck der Ziehung von Personenstichproben; für die kommerzielle Markt- und Meinungsforschung eine entsprechende Option in § 29 Abs. 2 Satz 1b). Die in der Novelle des *Bundesstatistikgesetzes* von 1987 in § 16 Abs. 6 zugelassene faktische Anonymisierung hatte, wie schon in 2.2 ausgeführt, auch die rechtliche Grundlage für den Zugang zu den Mikrodaten der amtlichen Statistik entscheidend verbessert.

Die genannten Erleichterungen bedeuten allerdings nicht, daß alle bis 1990 vorhandenen Probleme im Sinne der Forschung gelöst worden wären. So hat das Argument, daß es in der Natur wissenschaftlicher Forschung liege, zu einem bestimmten Zweck erhobene Daten auch für neue Fragestellungen nutzbar zu machen (diese Überlegung macht ein Kernelement der Logik von Sekundäranalysen aus), sowohl im *BDSG* 1990 (§ 15 Abs. 4) als auch im *BStatG* 1987 (§ 16 Abs. 8) kein Gehör gefunden. Zu den Folgen dieser Beschränkung hat sich die Deutsche Forschungsgemeinschaft in ihrer Stellungnahme zur Forschungsfreiheit (1996: 45-46) geäußert, wobei dort darauf verwiesen wird, daß die Richtlinie der Europäischen Union vom 24. Juli 1995 zum Datenschutz diese Problematik deutlich weniger restriktiv formuliert. Unbefriedigend in der Novelle des BDSG ist auch § 13 Abs. 2, daß Daten nur beim Betroffenen erhoben werden dürfen, ein Problem z.B. für die Netzwerkforschung.

Rechtlicher Rahmen und Rechtsbewußtsein haben nach rund 20 Jahren Erfahrung mit dem Datenschutz für die Sozialwissenschaften in Deutschland zu einer Situation geführt, in der Forschung und Datenschützer sicherer und kooperativer als in der Frühzeit des Datenschutzes miteinander umgehen. Insofern kann man auch von einer Routinisierung der Forschung in bezug auf die Berücksichtigung der Belange des Datenschutzes sprechen. Dennoch bleibt der Datenschutz eine entscheidende Rahmenbedingung für die sozialwissenschaftliche Forschung, insbesondere dann, wenn sie neue Wege des Datenzugangs sucht.

Literatur

Bender, Stefan/Jürgen Hilzendegen: Die IAB-Beschäftigtenstichprobe als scientific use file, in: Mitteilungen aus der Arbeitsmarkt- und Berufsforschung, 28. Jg., Heft 1, 1995, S. 76-95

Bortz, Jürgen/Nicola Döring: Forschungsmethoden und Evaluation, 2. vollständig überarb. und aktual. Aufl., Berlin/Heidelberg/New York 1995

Bull, Hans Peter: Datenschutz oder Die Angst vor dem Computer, München 1984

Dale, Angela/Sara Arber/Michael Procter: Doing Secondary Analysis, London u.a. 1988

Deutsche Forschungsgemeinschaft: Forschungsfreiheit. Ein Plädoyer für bessere Rahmenbedingungen der Forschung in Deutschland, Weinheim 1996

Dillman, Don A.: Mail and Telephone Surveys – The Total Design Method, New York 1978

Esomar: ESOMAR Market research industry turnover. Trend report 1990-1994, Amsterdam 1996

Gabler, Siegfried/Jürgen H.P. Hoffmeyer-Zlotnik (Hg.): Stichproben in der Umfragepraxis. Ein Vergleich, Opladen 1997

GESIS: GESIS – Gesellschaft Sozialwissenschaftlicher Infrastruktureinrichtungen, Jahresbericht 1994/95, Köln 1996

Gräf, Lorenz/Harald Rohlinger: Empirische Sozialforschung 1994, Frankfurt a.M./New York 1995

Gräf, Lorenz/Harald Rohlinger: Empirische Sozialforschung 1995, Frankfurt a.M./New York 1996

Hyman, Herbert A.: Secondary Analysis of Sample Surveys. Principles, Procedures and Potentialities, New York u.a. 1972

Kaase, Max: Datenschutz und sozialwissenschaftliche Forschung, in: Jehle, Jörg-Martin (Hg.): Datenzugang und Datenschutz in der kriminologischen Forschung, Wiesbaden 1987, S. 64-77.

Kaase, Max/Hans-Jürgen Krupp/Manfred Pflanz/Erwin K. Scheuch/Spiros Simitis (Hg.): Datenzugang und Datenschutz. Konsequenzen für die Forschung, Königstein/Ts. 1980

Kaase, Max/Kenneth Newton: Beliefs in Government, Oxford 1995 (Beliefs in Government Series 5)

Klingemann, Hans D./Ekkehard Mochmann: Sekundäranalyse, in: Koolwijk, Jürgen von/Maria Wieken-Mayser (Hg.): Untersuchungsformen, München/Wien 1975, S. 178-194 (Techniken der empirischen Sozialforschung 2)

Mohler, Peter Ph./Wolfgang Zapf: GESIS – German Society for Social Science Infrastructure, in: Schäfers, Bernhard (Hg.): Sociology in Germany. Development, Institutionalization, Theoretical Disputes, Soziologie, Special Edition, Opladen 1994, S. 252- 262

Müller, Walter/Uwe Blien/Peter Knoche/Heike Wirth u.a.: Die faktische Anonymität von Mikrodaten, hg. v. Statistischen Bundesamt, Stuttgart 1991 (Forum der Bundesstatistik 19)

Müller, Walter/Heike Wirth: Research Needs for European Microdata and Data Confidentiality, Arbeitspapier für das International Seminar on Statistical Confidentiality Proceedings vom 28. bis 30. November 1994, Luxemburg 1994

Noelle-Neumann, Elisabeth/Thomas Petersen: Alle, nicht jeder. Einführung in die Methoden der Demoskopie, München 1996

Przeworski, Adam/Henry Teune: The Logic of Collective Social Inquiry, New York u.a. 1970

Reuband, Karl-Heinz/Jörg Blasius: Face-to-face, telefonische und postalische Befragungen. Ausschöpfungsquoten und Antwortmuster in einer Großstadt-Studie, in: Kölner Zeitschrift für Soziologie und Sozialpsychologie, 48. Jg., 1996, S. 296-318

Scheuch, Erwin K.: Auswahlverfahren in der Sozialforschung, in: König, René (Hg.): Handbuch der empirischen Sozialforschung, Bd. 3a: Grundlegende Methoden und Techniken der empirischen Sozialforschung, 3. umgearb. und erw. Aufl., Stuttgart 1974, S. 1-96

Scheuch, Erwin K.: Formen und Folgen der Einwilligung des Befragten, in: Zeitschrift für Rechtspolitik, 28. Jg., 1995, S. 422-427

Schnell, Rainer: Nonresponse in Bevölkerungsumfragen, Opladen 1997

Schnell, Rainer/Paul B. Hill/Elke Esser: Methoden der empirischen Sozialforschung, 5., völlig überarb. Aufl., München/Wien 1995

Max Kaase

Demokratie, Demokratisierung

1. Begriffsklärung

Wie für die meisten sozialwissenschaftlichen Fachbegriffe gibt es auch für „Demokratie" unterschiedliche Definitionen (Schmidt 1995). Demokratie setzt sich zusammen aus den griechischen Wortbestandteilen demos (Volk) und kratein (herrschen). Demokratie ist demnach „Herrschaft des Volkes" oder nach der berühmten Gettysburg-Formel von Abraham Lincoln (1863) „government of the people, by the people, and for the people". Durch das Prinzip der *Volkssouveränität*, das ihr zugrunde liegt, läßt sich die Demokratie von anderen Herrschaftsformen unterscheiden.

1.1 In der älteren Staatsformenlehre, die auf Aristoteles (384-322) zurückgeht, wurde unterschieden zwischen Monarchie (Königsherrschaft), Aristokratie (Herrschaft der Besten) und Politie (Herrschaft der Menge zum Wohle aller). Würden die Herrschenden jedoch nicht das Gemeinwohl im Auge haben, sondern ihren eigenen Nutzen verfolgen, so ergäben sich als weitere Herrschaftstypen die Tyrannis, die Oligarchie (die Minderheit der Reichen herrscht zu ihrem Vorteil) und die Demokratie (die Menge herrscht zum Vorteil der Armen). Das Prinzip, die Staaten nach der Anzahl der Herrschenden einzuteilen, hat sich – zumeist in der vereinfachten Typologie Monarchie, Aristokratie und Demokratie – bis in die neuzeitliche Staatsphilosophie hindurchgezogen. Machiavelli unterschied lediglich zwischen Republiken, in denen mehrere oder viele Personen herrschen, und Fürstentümern, in denen nur eine Person herrscht. Bringen übermächtige Einzel- und Gruppeninteressen den Gemeinwillen zum Verstummen, so bilden sich nach Jean Jacques Rousseau (1712-1778) Verfallsformen der Republik wie Oligarchie oder Despotie, wenn nämlich die Reichen oder ein einzelner die Kompetenzen des Volkes an sich reißen. Das bloß numerische Einteilungsprinzip wurde, insbesondere durch John Locke (1632-1704) und Charles de Montesquieu (1689-1755) in den Lehren der „gemischten" und „gemäßigten" Herrschaftsform um das Prinzip der Machthemmung und *Gewaltenteilung* (zwischen Exekutive, Legislative und Judikative) ergänzt. Ansätze dazu finden sich bereits bei Aristoteles. Wo die Legislative heute noch zwei Kammern aufweist, geht das ebenfalls auf den Gedanken der Gewaltenteilung zurück.

Unter den westlichen Demokratien finden sich auch heute noch Monarchien, allerdings nur konstitutionelle Monarchien, in denen der Einfluß der Königin oder des Königs weitestgehend auf repräsentative Aufgaben reduziert ist. In Belgien gilt das Königshaus als Klammer zwischen Flamen und Wallonen, die junge spanische Demokratie wäre ohne das Eingreifen von König Juan Carlos (im Jahre 1981) womöglich einem Putsch zum Opfer gefallen. Wichtiger als die Unterscheidung von Monarchie und Demokratie ist heute der Gegensatz von Demokratie und Diktatur bzw. autoritären Regimen unterschiedlicher Spielart. Im kommunistischen Machtbereich nannten und nennen sich diese vielfach „Volksrepubliken" (wie China) oder „Volksdemokratien" (was wortwörtlich „Volksvolksherrschaft" bedeutet).

1.1.1 Grundsätzlich kann das Volk seine Herrschaft unmittelbar (*direkte Demokratie*) oder mittelbar, über gewählte Vertreter und Vertreterinnen ausüben (*repräsentative Demokratie*). Die meisten westlichen Demokratien sind repräsentative Demokratien, allerdings mit mehr oder weniger stark ausgeprägten direktdemokratischen, plebiszitären Instrumenten.

Während Ernst Fraenkel der Bundesrepublik Deutschland in den fünfziger Jahren eine „super-repräsentative Verfassung" bescheinigte, wird das inzwischen differenzierter gesehen. Zum einen enthält selbst der Typus der „Kanzlerdemokratie" (Niclauß 1988) plebiszitäre Elemente (wie die Quasi-Volkswahl des Bundeskanzlers und der Regierung), zum anderen gibt es in praktisch allen Bundesländern direktdemokratische Instrumente wie Volksinitiativen, Volksbegehren und Volksentscheide. In den Kommunen, wo zunehmend auch Bürgermeister und Landräte direkt gewählt werden, sind Bürgerbegehren und Bürgerentscheide sogar noch stärker verbreitet. Insgesamt läßt sich die Bundesrepublik Deutschland von daher als eine *repräsentative Demokratie* mit plebiszitären Einsprengseln bezeichnen.

Nicht allen genügen sie. Mit einer wachsenden Parteien- und Politikverdrossenheit auch hierzulande nehmen Forderungen nach einer stärkeren Bürgerbeteiligung wiederum zu. Leitstern dieser Bewegung ist eine „starke" (Benjamin Barber), „deliberative" oder „reflexive" Demokratie (Schmalz-Bruns 1995), die sich aus einem tiefen Mißtrauen gegenüber der etablierten „Stellvertreterpolitik" in Parteien und Verbänden, in Parlamenten, Regierungen und Verwaltungen speist. Die Kritik an einer bloßen „Zuschauerdemokratie" (Rudolf Wassermann) wendet sich gegen demokratische Elitenherrschaft und will diese für das Volk öffnen.

1.1.2 Die *repräsentativen Demokratien* lassen sich weiter danach unterscheiden, ob sie präsidentielle (wie die USA) oder parlamentari-

Demokratie, Demokratisierung

sche Systeme darstellen. Neben diesen beiden Haupttypen gibt es noch Sonderfälle (wie das schweizerische Kollegialsystem) und Mischformen zwischen parlamentarischem und präsidentiellem System (z.B. Frankreich).

Kennzeichen eines parlamentarischen Regierungssystems sind nach Winfried Steffani vor allem die Abberufbarkeit des Regierungschefs und seines Kabinetts durch das Parlament und eine doppelte Exekutive: Sie besteht aus dem Regierungschef (Premierminister, Ministerpräsident, Bundeskanzler) und dem Staatsoberhaupt (z.B. Bundespräsident). Im präsidentiellen Regierungssystem hingegen ist die Regierung vom Parlament nicht abberufbar und die Exekutive ist „geschlossen", d.h. Funktion und Amt des Regierungschefs und des Staatsoberhaupts sind in der Person des Präsidenten vereint. Von diesen Grundformen kann man wiederum verschiedene Untertypen ableiten, die hier allerdings ebenso wenig interessieren wie die Zwischen- oder Mischformen. Mit einer „Soziologie der Demokratie" haben diese Typologien wenig zu tun.

Die Bundesrepublik hat ein parlamentarisches Regierungssystem, ist eine *parlamentarische Demokratie*. Der Bundeskanzler wird vom Deutschen Bundestag gewählt und kann vom Parlament auch wieder abberufen werden, allerdings nur durch die Wahl eines anderen Kanzlers. Ein solches „konstruktives Mißtrauensvotum" ist 1972 gegen Willy Brandt mißlungen, 1982 gegen Helmut Schmidt gelungen. Auch das Staatsoberhaupt, der Bundespräsident, wird nicht direkt, sondern von der Bundesversammlung gewählt, die nur zu diesem Zweck alle fünf Jahre zusammentritt. Sie besteht aus den Mitgliedern des Bundestages und einer gleichen Anzahl von Personen, die von den Parlamenten der Länder nach den Grundsätzen der Verhältniswahl, also nach der jeweiligen Stärke der Fraktionen, gewählt werden.

Deutschland ist im übrigen ein Bundesstaat (*Föderalismus*) und kein Einheits- oder Zentralstaat. Der Bundesrat unterscheidet sich qualitativ von den Zweiten Kammern in anderen westlichen Demokratien; die hiesige Verbindung und Vernetzung von Parlamentarismus und Föderalismus („unechte Bundesratslösung") gilt weltweit als einmaliger Sonderfall. Die Vielfalt, die sich bei genauerem Hinsehen zeigt, macht deutlich, daß man nur um den Preis weitestgehender Vereinfachung von „der Demokratie" sprechen kann.

1.2 „Demokratisierung" kann Verschiedenes meinen, nämlich: a) jenen historischen Entwicklungsprozeß, der – ausgehend vom englischen und amerikanischen Frühkonstitutionalismus und der Französischen Revolution – zu den gegenwärtigen Erscheinungsformen des demokratischen Verfassungsstaates geführt hat; b) das aktuelle Bestreben, die *politische Willensbildung* unter veränderten Bedingungen immer wieder dem demokratischen Ideal anzunähern, und damit ein bestimmtes Politikverständnis; c) die Ausdehnung demokratischer Entscheidungsweisen über die Sphäre der Politik hinaus („Demokratisierung aller Lebensbereiche"); d) Übergänge (Systemwechsel, Transition) von undemokratischen zu demokratischen Regimen, wie sie beispielsweise nach dem Epochenbruch 1989 in Mittel- und Osteuropa stattfinden. Mit Max Weber (1864-1920) kann man zudem zwischen „aktiver" Demokratisierung („Zunahme des aktiven Anteils der Beherrschten an der Herrschaft") und „passiver" Demokratisierung (im Sinne einer Nivellierung der Unterschiede zwischen den Beherrschten und den Herrschenden) unterscheiden. Letztere konnte Weber sich freilich auch als eine „Demokratie ohne allen Parlamentarismus", als eine Art kontrollfreier Beamtenherrschaft vorstellen.

Plädoyers für eine weitere „Demokratisierung" können sich also auf die staatliche Sphäre oder auf gesellschaftliche Teilbereiche beziehen. In dem einen Fall handelt es sich um die Herausbildung einer demokratischen Staatsform, insbesondere um Übergänge vom autoritären oder totalitären Staat zur Demokratie, oder um die Weiterentwicklung der Demokratie unter veränderten Bedingungen, im Falle gesellschaftlicher Demokratisierung hingegen um den Ausbau von Beteiligungsrechten in gesellschaftlichen, wirtschaftlichen und kulturellen Angelegenheiten, die bislang nicht zur Disposition demokratischer Abstimmungen standen.

Das Verständnis von Demokratie hat sich, auch in Deutschland, im Laufe der Geschichte immer wieder verändert und verändert sich weiter. Daß inzwischen EU-Bürger bei Kommunalwahlen mitstimmen, wäre vor einigen Jahren noch undenkbar gewesen. „Demokratisierung" betont diese Veränderungsdynamik. Während die Demokratisierung der Staatsstruktur weithin als legitim gilt, ist eine „Demokratisierung aller Lebensbereiche" (Schulen, Hochschulen, Betriebe usw.) hochgradig umstritten.

2. Sozialgeschichtlicher Hintergrund

Konstitutiv für die Demokratie ist ein allgemeines, gleiches, direktes und geheimes Wahlrecht. Die Ausbreitung des *Wahlrechts* und der Demokratie kann sowohl als abhängige als auch als unabhängige Variable des sozialen Wandels betrachtet werden (Nohlen 1986: 27).

Die Anwendung des Prinzips „one person, one vote, one value" ist in den westlichen Industrieländern in einem Prozeß von etwa hundert Jahren höchst unterschiedlich verlaufen (Nohlen 1986): Gab es 1848 noch nirgendwo ein allgemeines *Wahlrecht* auch nur für Männer, so war dieses Recht unmittelbar nach dem Zweiten Weltkrieg mit wenigen Ausnahmen in allen westlichen Demokratien durchgesetzt (in der Schweiz blieben die *Frauen* bis 1971 vom Wahlrecht ausgeschlossen, im frankistischen Spanien herrschten bis 1975 organische Wahlvorstellungen, in Portugal wurde noch nicht demokratisch gewählt).

Im Deutschen Kaiserreich durften zwar ab 1871 bzw. 1869 alle Männer wählen, in Preußen jedoch – das damals etwa zwei Drittel des Reiches ausmachte – gab es noch bis 1918 ein Drei-Klassen-*Wahlrecht*. Die Einteilung der Wähler erfolgte in drei Steuerklassen, wobei jede ein Drittel der Steuern aufzubringen hatte. Die erste Klasse (ca. vier Prozent der Bevölkerung) verfügte also über ebenso viele Stimmen wie die große Masse der dritten (ca. 84%). Zudem war das Wahlrecht weder unmittelbar noch geheim. Das Wahlrecht für *Frauen* kam in Deutschland erst mit der Weimarer Republik (1919).

2.1 Die Wahlbeteiligung der Bevölkerung nahm mit der Ausbreitung des *Wahlrechts* zu. Während sich zu Beginn des 20. Jahrhunderts maximal ein Fünftel der erwachsenen Bevölkerung in den westlichen Demokratien an Parlamentswahlen beteiligte, stieg dieser Anteil kontinuierlich, teilweise auf über sechzig Prozent (Nohlen 1987: 33). Die Unterschiede zwischen den einzelnen Ländern sind allerdings beträchtlich. Während die *Wahlbeteiligung* in den USA und in der Schweiz traditionell eher gering ist, lag sie in der Bundesrepublik Deutschland und in Österreich nach 1945 immer relativ hoch. Im Unterschied zu anderen Ländern (wie Belgien oder Italien) besteht hierzulande zwar keine Wahlpflicht, Wählen wurde aber lange als moralische Verpflichtung eines jeden Staatsbürgers angesehen.

Nicht allein die Ausbreitung des *Wahlrechts*, sondern auch die Absenkung des aktiven und passiven *Wahlalters* trug zu einer breiteren Beteiligung bei. Lag das aktive Wahlalter im Kaiserreich bei 25 Jahren (was schon das niemals in Kraft getretene Reichswahlgesetz von 1849 vorgesehen hatte) und in der Weimarer Republik bei 20 Jahren, so setzte der Parlamentarische Rat entsprechend dem Vorschlag des Herrenchiemseer Verfassungskonvents das aktive Wahlrecht auf 21 Jahre fest. Es fiel mit dem Beginn der Volljährigkeit zusammen, während das passive Wahlrecht bei 25 Jahren lag. 1970 senkte der Deutsche Bundestag das aktive Wahlalter auf 18 Jahre und das passive auf 21 Jahre, die Festlegung der Volljährigkeit auf die Vollendung des 18. Lebensjahres folgte 1975. Einige Bundesländer waren auf diesem Wege bereits vorangegangen, andere vollzogen die Entwicklung eher zögerlich nach. So lag das passive Wahlrecht bei Wahlen zum Berliner Abgeordnetenhaus 1967 noch bei 25, 1971 bei 23, 1975 bei 21 und 1979 bei 18 Jahren. Auch dieser Prozeß geht weiter. Nachdem erstmals bei den letzten niedersächsischen Kommunalwahlen auch 16jährige wählen durften, wollen andere Länder diesem Bei-

Demokratie, Demokratisierung

spiel folgen. Neben technischen Erleichterungen – wie der Einführung der Briefwahl (ab 1957) – haben auch gesellschaftliche Veränderungen (Verbreitung von Radio und Fernsehen, bessere Bildung usw.) die Wahlbeteiligung gefördert.

Im Vergleich der Demokratien wies die Bundesrepublik Deutschland lange Zeit eine ungewöhnlich hohe *Wahlbeteiligung* auf. Sie lag bei den Wahlen zum Bundestag von 1949 bis 1990 bei durchschnittlich 86,2% der Wahlberechtigten, bei Landtagswahlen jedoch etwas niedriger und bei Kommunal- und Europawahlen deutlich darunter. Daran wird erkennbar, welche staatliche Ebene die Bürgerinnen und Bürger für besonders wichtig halten.

Seit einigen Jahren ist die *Wahlbeteiligung* hierzulande rückläufig. Bei der Bundestagswahl 1990 lag sie in Westdeutschland bei 78,5% und in Ostdeutschland bei 74,7%, 1994 bei 79,1%. Das sind immer noch hohe, aber im Vergleich zu den siebziger und achtziger Jahren geringere Anteile. Den Rückgang der überproportionalen Wahlbeteiligung kann man als „Normalisierung" betrachten, als Angleichung an andere westliche Demokratien, aber auch als zunehmende Entfremdung. Bei einigen Wahlen stellte die „Partei der Nichtwähler" sogar schon die größte Gruppierung. Ähnliche Phänomene, die offenbar mit einem tiefgreifenden Wertewandel, aber auch mit handfesten sozialen und ökonomischen Problemen einhergehen, zeigen sich in nahezu allen westlichen Demokratien.

2.2 Für Demokratien besonders wichtig ist das *Wahlsystem*, also das Verfahren, nach welchem die Wählerinnen und Wähler ihre Präferenz für *Parteien* oder Kandidaten in Stimmen ausdrücken und diese in Mandate übertragen werden. Grundsätzlich läßt sich zwischen Mehrheitswahl und Verhältniswahl unterscheiden. Die eine zielt primär auf eindeutige Mehrheiten und stabile Regierungen und nimmt dabei Verzerrungen zwischen Stimmenanteilen und Mandateverteilung in Kauf, die andere strebt eine adäquate Abbildung der Stimmenanteile für Personen oder Parteien im Parlament an (Proporz). Das Wahlsystem und seine Wirkungen beeinflussen das Stimmverhalten der Wählerinnen und Wähler.

Der Deutsche Bundestag wird nach einer „personalisierten Verhältniswahl" gewählt, die um eine zweimal verschärfte Sperrklausel ergänzt ist. Diese und andere Regelungen haben zur Konzentration auf einige wenige Parlamentsparteien in Deutschland beigetragen. Nachdem ab 1961 nur noch drei bzw. vier Parteien (CDU und CSU, FDP, SPD) im Bundestag saßen und die NPD 1969 knapp an der Fünf-Prozent-Hürde scheiterte, gelang es erstmals *den Grünen* 1983, als zusätzliche Kraft in das Parlament einzuziehen. Dies war ihnen zuvor schon in einigen Bundesländern gelungen, die eigene *Wahlsysteme* haben. Parteien, die weniger als fünf Prozent der Stimmen erreichen, können dennoch in den Bundestag einziehen, wenn sie drei Wahlkreise direkt gewinnen. Dies ist zuletzt der *PDS* gelungen.

2.3 Die moderne Demokratie ist – in unterschiedlicher Ausprägung – *Parteiendemokratie*. Die Nachwirkung konfliktfeindlicher Harmonielehren führte in Deutschland zur Verketzerung der *Parteien* bis ins 20. Jahrhundert hinein. Zum Ausdruck kam das noch in der Weimarer Verfassung, wonach Beamte „Diener der Gesamtheit, nicht einer Partei" sein sollten (Art. 130 WRV). Parteien galten nicht als notwendiges Element der Demokratie, sondern standen bei vielen für Streit, Spaltung und Spektakel. Dieses Denken, das bis in die Frühphase der Bundesrepublik weit verbreitet war, gibt es teilweise noch immer.

Parteien sind zweifellos Reflexe und Ausdruck sozialer Klassen, Schichten und Milieus. Die *Sozialstruktur* einer Gesellschaft schlägt sich aber kaum bruchlos in einem Parteiensystem nieder, sondern dieses wird auch geprägt von religiösen, regionalen und anderen Konflikten und Trennlinien (cleavages). In diesem Sinne repräsentierten die Parteiensysteme in den westlichen Industrieländern überwiegend die „eingefrorenen" Konfliktlinien um die Jahrhundertwende. Das Schrumpfen der Arbeiterklasse – die deutsche Sozialdemokratie galt lange als Prototyp einer modernen Partei –, die Angleichung der Lebensverhältnisse und die Auflösung der „Lager" führten zu einem neuen, erfolgreichen Parteientyp („Allerweltspartei", catch-all-party). Die *CDU* nach 1945 ist diesen Weg als erste gegangen, die *SPD* ist ihr nach etlichen Wahlniederlagen gefolgt. Die Mitglieder- und Wählerstruktur der beiden großen „Volksparteien" ist zwar nicht identisch, hat sich aber erheblich angenähert.

Die Kennzeichnung der Bundesrepublik Deutschland als *„Parteienstaat"* (nicht als Parteiendemokratie!) ist kritisiert worden. Von „Parteienstaat" könne man ernstlich nur reden, wenn diese zu einer umfassenden Planung und deren Durchsetzung gegenüber der staatlichen Verwaltung fähig wären. Davon könne jedoch keine Rede sein. Diese Einwände richteten sich vorrangig gegen die zeitweilig einfluß- und folgenreiche Interpretation von Gerhard Leibholz, wonach „der moderne Parteienstaat seinem Wesen wie seiner Form nach nichts anderes als eine rationalisierte Erscheinungsform der plebiszitären Demokratie oder – wenn man will – ein Surrogat der direkten Demokratie im modernen Flächenstaat" sei. Die *Parteien* seien zu „Sprachrohren" geworden, derer sich das „mündig gewordene Volk bedient". Heute meint „Parteienstaat" vielfach die Ausdehnung ihres Einflusses über die engere politische Sphäre hinaus. Die etablierten Parteien hätten sich „fettfleckartig" (Richard von Weizsäcker) in vielen Bereichen breit gemacht, in denen sie eigentlich nichts zu suchen hätten; sie würden Patronage pflegen und sich den „Staat zur Beute" (Hans Herbert von Arnim) machen.

3. Gegenwärtige Ausprägung

Demokratieforschung ist Politische Soziologie, ihr Interesse ist umfassend. Das macht es schwierig, die gegenwärtige sozialstrukturelle Ausprägung der Demokratie in Deutschland im Rahmen eines kurzen Artikels darzustellen. Grundsätzlich fragt eine „Soziologie der Demokratie" nach den Wechselwirkungen zwischen Politik und Gesellschaft im sozialen Wandel und deren Auswirkungen für sozialen Fortschritt. Die Wirtschaft wird dabei mehr oder minder ausgeprägt bei „Gesellschaft" mitgedacht. Einerseits geht es also um die gesellschaftlichen Bedingungen für Entwicklung, Stabilität und Wandel der Demokratie, andererseits um die Auswirkungen politischer Willensbildungs- und Entscheidungsprozesse auf den Zusammenhalt der Gesellschaft, für soziale Gerechtigkeit und wirtschaftliche Wettbewerbsfähigkeit. Soziologische Demokratieanalyse kann von gesellschaftlichen Herrschaftsstrukturen ausgehen oder aber beim politischen System ansetzen, muß jedoch immer die Wechselwirkungen zwischen beiden beachten.

3.1 Auf der Makroebene dient Politische Soziologie dem Vergleich politischer Ordnungen oder Systeme. Nach der „besten Verfassung" eines Gemeinwesens wurde schon in der Antike gesucht. Bei allen Analysen und Vergleichen geht es letztlich um die gesellschaftlichen Bedingungen für Entstehung, Stabilität und Wandel von Demokratie. Grundsätzlich lassen sich dabei folgende Ansätze unterscheiden:

- Evolutionstheorien unterstellen eine historische Tendenz hin zur Demokratie und deren ständige Fortentwicklung;
- Verfallstheorien sehen, sofern sie ihr überhaupt positiv gegenüber stehen, die Demokratie permanent gefährdet („alles wird immer schlechter");
- Gleichgewichtstheorien gehen von einer relativen Stabilität der Demokratie aus;
- Kreislauftheorien erwarten ein Auf und Ab und eine ständige Ablösung politischer Herschaftsformen („Aufstieg und Niedergang von Nationen").

3.1.1 Eine zwangsläufige, unaufhaltsame Entwicklung hin zur Demokratie läßt sich nicht belegen, auch wenn manche nach dem Bankrott des Sozialismus schon vom „Ende der Geschichte" (Francis Fukuyama) gesprochen haben. Die Ausbreitung der demokratischen Idee ist von Erfolgen, aber auch von Rückschlägen gezeichnet.

Deutschland hat in den letzten hundert Jahren einen wiederholten Wechsel politi-

Demokratie, Demokratisierung

scher Herrschaftsformen erlebt: Auf das autoritäre Kaiserreich (1871-1918) folgte die Weimarer Republik (1918-1933), die wiederum vom „Führerstaat" des Nationalsozialismus abgelöst wurde. Nach dem Zweiten Weltkrieg konnte sich nur im Westen Deutschlands eine Demokratie entwickeln, während im Osten versucht wurde, eine sozialistische Gesellschaftsordnung aufzubauen. Erst mit der Vereinigung 1989 gibt es wieder eine Demokratie auf gesamtdeutschem Boden.

3.1.2 Bei jenen, die die Demokratie permanent vom Verfall bedroht sehen, lassen sich zwei Grundströmungen unterscheiden. Für eine konservative Kulturkritik steht Demokratie ohnehin für Dekadenz, Sittenverfall, Korruption und andere „Pathologien der Politik" (Karl Loewenstein), sie wünscht sich eher einen „starken Staat" statt einer „starken Demokratie" (Barber). Überzogenes Anspruchsdenken, das aus einem verfehlten Selbstverständnis als Wohlfahrtsstaat resultiere, überfordere die Demokratie und setze sie nicht absehbaren Belastungsproben aus. Um Überforderungen zu vermeiden, seien die Grenzen des Sozialstaats neu zu bestimmen.

Neomarxistischen Krisentheorien zufolge ist es hingegen das kapitalistische Wirtschaftssystem, das die Demokratie auf Dauer unterhöhlt. Eine bloß „formale Demokratie" erzeuge lediglich „inhaltlich diffuse Massenloyalität" (Jürgen Habermas), politische Beteiligung würde auf das passive Recht reduziert, Akklamation zu verweigern. Der „Widerspruch zwischen der administrativ vergesellschafteten Produktion und einer nach wie vor privaten Aneignung und Verwendung des Mehrwerts" sei im öffentlichen Bewußtsein nicht mit dem Willen präsent, ihn durch politische Partizipation, also materiale Demokratie, aufzuheben. Dieser gravierende Mangel könne sich zu einer echten Legitimationskrise auswachsen.

Zu leugnen sind weder politische Skandale, die es in der Geschichte der Republik immer wieder gegeben hat, noch wirtschaftliche Schwierigkeiten oder die anhaltende Arbeitslosigkeit, gegen die es offenbar keine Rezepte gibt. Auch ist tatsächlich fraglich, ob der erreichte Stand sozialer Sicherung dauerhaft finanzierbar ist. Eine ernstliche „Legitimationskrise" der Demokratie hat sich in Deutschland trotz aller Probleme vor und nach der Vereinigung gleichwohl empirisch nicht nachweisen lassen.

Die allgemeine Anerkennung der politischen Ordnung hat sich in den ersten Jahrzehnten der Zweiten Republik deutlich ausgeweitet (Fuchs 1989; Westle 1989). Anfängliche Vorbehalte gegenüber der Demokratie, die sich aus autoritären Prägungen speisten, konnten mehr und mehr abgebaut werden. Zu dieser positiven Entwicklung haben vor allem die materiellen Erfolge („Wirtschaftswunder") und die außenpolitische Westeinbindung der Bundesrepublik beigetragen. Seit das langjährige Gegenmodell hinter dem „Eisernen Vorhang" fehlt, demgegenüber die eigene Demokratie bei allen Schwächen noch immer besser erschien, treten diese stärker ins Blickfeld. In Ostdeutschland findet, verbunden mit einer gewissen Romantisierung der DDR, die Demokratie westdeutscher Prägung (noch?) deutlich geringere Akzeptanz als in den alten Bundesländern.

3.1.3 Soziale Konflikte sind der Motor der Politik. Um trotz ständiger Konflikte und politischer Auseinandersetzungen stabil zu bleiben, brauchen Demokratien einen Grundkonsens über die politische Ordnung an sich. Wenn diese „diffuse Unterstützung" (David Easton) als Vertrauensvorschuß und Stabilitätsfaktor gewährleistet ist, kann die „spezifische Unterstützung" von Regierungen, Parteien oder Politikern ohne Nachteile für die Demokratie schwanken. Ernst Fraenkel sprach hier von einem „kontroversen" und einem „nicht-kontroversen" Sektor, der für die Stabilität der Demokratie unverzichtbar sei. Dabei handelt es sich um die grundlegende Übereinstimmung über bestimmte demokratische Werte, Spielregeln und Verfahren („Fundamentalkonsens"). Ob sich die westlichen Demokratien jemals auf eine breite aktive Zustimmung verlassen konnten, ist angezweifelt worden. Offenbar können sie ein größeres Maß an Indifferenz und Mißtrauen als erwartet absorbieren, ohne in ihrem Bestand gefährdet zu sein.

Zwischen 1976 und 1990 erklärten sich im Schnitt mehr als die Hälfte der Befragten in den zwölf EG-Ländern mit dem Funktionieren der Demokratie in ihrem Lande sehr oder ziemlich zufrieden (Gabriel 1992: 104f.). Die Spitzenposition nahm dabei die Bundesrepublik Deutschland ein, die nach Niveau und Stabilität der Zustimmung zu den besonders gefestigten Demokratien gezählt werden konnte. Über die Bewertung der Demokratie als Ordnungsmodell bestand dabei ein wesentlich breiterer Konsens als über die Bewertung des aktuellen Systemzustandes. Im Durchschnitt der zwölf Länder sprachen sich vier von fünf Befragten für die Demokratie und gegen eine Diktatur aus, während die Zufriedenheit mit der Demokratie um ganze 25 Prozentpunkte darunter lag. Auch wenn die Bevölkerung den politischen Status quo nicht vorbehaltlos akzeptiert, sieht eine breite Mehrheit offenbar keine Alternative zur Demokratie.

Bei den seit 1973 (in den damals sechs EG-Staaten) durchgeführten Befragungen für die Europäische Kommission zeigten sich bei leichten Schwankungen um 80% der Bürgerinnen und Bürger mit ihrem Leben zufrieden, die Zufriedenheit mit der Demokratie lag 25 bis 30 Prozentpunkte darunter, bei länderspezifisch beachtlichen Niveauunterschieden. Nach dem Höhepunkt der Zufriedenheit zwischen 1989 und 1991, die als Reaktion auf den Zusammenbruch der kommunistischen Systeme Mittel- und Osteuropas gedeutet werden kann, ist jedoch ein bemerkenswerter Rückgang zu verzeichnen. Seit Herbst 1992 – und erstmals seit Beginn der entsprechenden Erhebungen 1976 – übersteigt die Zahl der Unzufriedenen die Zufriedenen kontinuierlich, und zwar um rund zehn Prozentpunkte.

Abgesicherte Erklärungen für dieses Phänomen gibt es noch nicht. Die wirtschaftlichen Schwierigkeiten und die verbreitete Arbeitslosigkeit dürften dazu ebenso beigetragen haben wie das Abklingen der Begeisterung über den Zusammenbruch des Kommunismus.

3.1.4 Einfache Modelle vom „Aufstieg und Fall der großen Mächte" können zwar auf viele historische Beispiele verweisen, taugen aber zur Erklärung von Entwicklung, Stabilität und Wandel der Demokratie wenig. Ältere Kreislaufmodelle, wonach bestimmte politische Herrschaftsformen mit einer gewissen Regelmäßigkeit einander ablösen, gelten längst als überholt. Demokratien können durchaus scheitern, autoritäre Regime zu Demokratien werden. Alles andere ist unsicher. Während manche Länder auf eine ungebrochene demokratische Tradition zurückblicken können, haben andere einen häufigen Regimewechsel erlebt. Theorien, die eine verläßliche Vorhersage erlauben, ob und wann ein Umschlag erfolgt, gibt es nicht. Eine soziologische Demokratieanalyse hat neben dem äußeren Formenwandel im übrigen auch auf einen inneren Gestaltwandel zu achten.

3.1.5 Gegen lineare Modelle gesellschaftlicher und demokratischer Entwicklung setzen Katastrophentheorien „kritische Schwellen" oder überraschende Umschlagpunkte: Soziale Krisen, Rebellionen und Aufstände, aber auch Massenphänomene wie Börsenstürze oder Paniken, können ebenso wie Revolutionen, Staatsstreiche und Kriege demokratische Entwicklungen fördern, behindern oder gar abbrechen. Der Zusammenfall des Sowjetsystems, der die deutsche Vereinigung möglich machte, ist ein Beispiel für abrupte Wendungen der Geschichte. An diesem Beispiel ließe sich auch trefflich die Grundsatzdebatte zwischen Handlungstheorie und Systemtheorie fortspinnen.

3.2 Auf der Mikroebene geht es einer „Soziologie der Demokratie" um deren Verankerung im Denken und Handeln der Individuen. Ganz allgemein fragt sie dabei nach den soziologischen und sozialpsychologischen Voraussetzungen für das politische Handeln und die bestehenden Strukturen. Auf diesem Feld kommt das ganze Arsenal soziologischer Handlungstheorien bis hin zu Rational-Choice-Ansätzen zum Einsatz, aber auch psychologische Erklärungsmodelle („Psychologie der Demokratie" oder Politische Psychologie).

Demokratie, Demokratisierung

3.2.1 *Politische Sozialisation* heißt der lebenslange Lernprozeß, innerhalb dessen sich der Mensch *Werte, Normen*, Einstellungen und Kenntnisse aneignet, die das politische Handeln beeinflussen, regeln und lenken. Ziel dieses Prozesses ist die Integration in das Gemeinwesen und demokratische Handlungsfähigkeit. Einer affirmativen „Anpassung" an die gegebene Demokratie werden zuweilen „emanzipatorische" Sozialisationsansätze gegenüber gestellt. Dabei kommen vor allem die sogenannten *Sozialisationsinstanzen* (Familie, Kindergarten, Schule, Freundeskreis, Berufswelt, Hochschule, aber auch die Medien) in den Blick einer soziologischen Demokratieanalyse.

Bis weit in die sechziger Jahre hinein zeigten zwei Drittel der Befragten in (West-) Deutschland gar kein oder nur ein geringes Interesse an *Politik*. Männer bekundeten mehr Interesse als Frauen und die Jahrgänge zwischen 30 und 60 stärker als jene unter 30 Jahre oder im Rentenalter. Wer sich politisch eher „links" einschätzte, zeigte ein stärkeres Interesse als jene, die sich „rechts" oder in der „Mitte" einordneten. Das Interesse an Politik variierte mit der formalen Bildung: Je höher die Schulbildung, desto stärker das Interesse. Insgesamt herrschte eine apolitische Haltung vor, ein ergebnis-orientiertes und formaldistanziertes Politik- und Demokratieverständnis. Das politische System als solches wurde weder radikal abgelehnt, noch erfuhr es besondere Sympathien. „Gut informiert, aber distanziert" (Peter Reichel), so ließ sich das Verhältnis der Bundesbürger zur Politik beschreiben. Anfang der sechziger Jahre gaben rund 40% der Bevölkerung an, nie über Politik zu sprechen. Das geringe Verständnis dafür, daß Konflikte zur Demokratie gehören, und eine ungenügende Achtung von Minderheiten und Opposition erinnern noch heute an die lange obrigkeitsstaatliche Tradition Deutschlands.

Solche Befunde widersprechen dem normativen Leitbild des politisch interessierten, informierten und handlungsbereiten Staatsbürgers, der gegenüber den politischen Führungsgruppen selbstbewußt seine Vorstellungen vertritt und über deren Berücksichtigung wacht. Ähnliche Befunde gibt es freilich auch für andere Demokratien. Schon in der Civic-Culture-Studie wies die Bundesrepublik den höchsten Anteil politisch involvierter Bürger auf. Diese Reihenfolge blieb auch nach neueren Erhebungen (u.a. Political-Action-Studie) erhalten, auch wenn das politische Interesse bis Mitte der siebziger Jahre allenthalben deutlich anstieg. Dieses Interesse steigt generell mit dem sozio-ökonomischen Niveau, also mit der Höhe des Bruttoinlandsprodukts, dem Anteil der im Dienstleistungssektor Beschäftigten sowie dem Prozentsatz an Absolventen qualifizierter Bildungseinrichtungen. In allen zwölf EG-Staaten erwiesen sich formal gut gebildete Befragte mit postmaterialistischen Wertvorstellungen als politisch besonders interessiert (Gabriel 1992: 101). Aufgrund rollenspezifischer Sozialisationsprozesse sind Frauen in allen Ländern politisch weniger interessiert als Männer.

Von einer intensiven Anteilnahme der Bevölkerung an der Politik kann in den westlichen Demokratien also generell nicht die Rede sein (Gabriel 1992: 100f.). Zwischen 1983 und 1990 gab im Durchschnitt nicht einmal jeder zweite Befragte in den EG-Staaten an, sich für politische Angelegenheiten zu interessieren. Nach Dänemark, mit dem stärksten Interesse an Politik, lag die Bundesrepublik Deutschland dabei immerhin an zweiter Stelle.

Bei dem begrenzten Interesse an *Politik* und den vielfältigen Freizeitangeboten in modernen Gesellschaften kann es kaum verwundern, daß die Kenntnisse der Bundesbürger über das tatsächliche Funktionieren der Demokratie trotz beträchtlicher Investitionen in die politische Bildung offenbar nach wie vor begrenzt sind („unaufgeklärter Souverän"). Deshalb wäre es auch voreilig, einfach den Stab über sie zu brechen. Begrenzt sein dürften nämlich auch die Kenntnisse über andere gesellschaftliche Funktionsbereiche (wie das Management von Unternehmen, Hochschulen oder anderen Organisationen). Die moderne Gesellschaft ist derart komplex, daß trotz oder gerade wegen der Fülle an Informationen Überblick und Einsichten über die unmittelbare Erfahrungswelt hinaus offenbar schwerfallen.

3.2.2 Über politisches Interesse und politische Kenntnisse hinaus zielt *politische Sozialisation* auf spezifische Einstellungen zur Demokratie. Dabei geht es über kognitives Wissen hinaus um affektive Bindungen. Die politischen Einstellungen der Bürgerinnen und Bürger werden inzwischen von einer professionalisierten Umfrageforschung regelmäßig abgefragt.

Nach dem Zweiten Weltkrieg klangen die Prognosen über die politisch-gesellschaftliche Entwicklung Deutschlands eher düster. Demokratische Traditionen bestanden nicht, die allgemeinen Lebensumstände waren schwierig, der Politik standen die meisten eher distanziert gegenüber. 1950 gaben auf die Frage nach dem Deutschland, in dem man besonders zufrieden gewesen war, 45% das Kaiserreich und 40% das „Dritte Reich" an. Und noch zwanzig Jahre nach dem Zusammenbruch des Nationalsozialismus meinte die Hälfte der Deutschen, daß er im Grunde eine gute Idee gewesen wäre, die lediglich schlecht ausgeführt worden sei. Dies warf Fragen auf, ob es sich nur um eine „Schönwetterdemokratie" handele, die härteren Belastungsproben wiederum nicht standhalten könnte.

Die affektive Bindung an die zweite deutsche Demokratie erwies sich in den fünfziger Jahren – ähnlich wie in Italien – als ausgesprochen gering; für sie sprachen eher instrumentelle Motive („Wirtschaftswunder"). Einer starken Minderheit (15%) fehlte jede inhaltlich definierbare affektive Beziehung zu Politik und Gesellschaft („Ohne-Michel"), auch das Vertrauen zu Mitbürgern lag unter dem Niveau anderer Demokratien. Neuere Studien besagen, daß sich die *politische Kultur* der Bundesrepublik Deutschland gewandelt habe und zu einer „Civic Culture" gereift sei. Sie bescheinigen den Bundesbürgern ein ausgeprägtes politisches Interesse, einen vergleichsweise hohen politischen Kenntnisstand und eine beachtliche politisch-demokratische Kompetenz.

Die breite Zustimmung zu demokratischen Prinzipien löst sich jedoch schnell auf, sobald es um deren Anwendung in konkreten Situationen geht oder sobald Zielkonflikte auftreten (Gabriel 1992: 107ff.). Bei einer Umfrage im Jahre 1988 zeigte sich die Bevölkerung in allen zwölf EG-Staaten eher bereit, Einschränkungen in Grundrechte (wie Versammlungs- und Meinungsfreiheit) zu akzeptieren, als Eingriffe in soziale und wirtschaftliche Ansprüche (Arbeit, Bildung, Eigentum) hinzunehmen. Im Konfliktfall zeigte sich gerade in den klassischen Demokratien, nicht aber in Deutschland, eine überdurchschnittliche Akzeptanz freiheitlicher Werte.

3.2.3 Demokratie lebt davon, daß sich die Bürger und Bürgerinnen beteiligen und für das Gemeinwesen eintreten, dabei aber bestimmte Spielregeln einhalten (politisches Verhalten). Die Zunahme unkonventioneller Beteiligungsformen („partizipative Revolution") stellt ein Indiz dafür dar, daß die herkömmlichen Spielregeln nicht mehr ohne weiteres akzeptiert werden. Was gilt und was nicht, wird in den jeweiligen Milieus und Subkulturen unterschiedlich interpretiert. Ähnliche Phänomene lassen sich in allen modernen Gesellschaften feststellen. Das politische Verhalten, das am besten erforscht ist, ist das *Wahlverhalten*.

3.2.4 Eine Verknüpfung von Mikro- und Makroebene wird mit dem Konzept der *politischen Kultur* angestrebt, das individuelles Verhalten analytisch auf politische Strukturen bezieht. Dabei geht es also nicht um Verstöße gegen einen guten Stil oder den Konsens demokratischer Spielregeln, die häufig als Mangel an politischer Kultur gebrandmarkt werden, sondern um die subjektiven Dimensionen der gesellschaftlichen Grundlagen politischer Systeme, d.h. die Gesamtheit der geschriebenen und ungeschriebenen Ideen und Werte, die das politische Handeln der Bürger steuern. Politische Kultur bezeichnet allgemein das Verteilungsmuster aller Orientierungen einer Bevölkerung gegenüber dem politischen System als der Summe aller Institutionen. Dazu zählen auch Bewußtseins- und Handlungsfelder, die zunächst als unpolitisch erscheinen (wie Einstellungen zu Arbeit und Freizeit, religiöse Vorstellungen, Erziehungsstile).

Vergleichenden Untersuchungen zufolge galt die Bundesrepublik Deutschland Ende

Demokratie, Demokratisierung

der fünfziger Jahre noch als „Untertanenkultur" mit ausgeprägter Orientierung an der Leistungsfähigkeit von Politik und Wirtschaft, jedoch schwach vermittelter Partizipation und geringer Wertschätzung der politischen Institutionen und demokratischer Verfahren. An ihre Stelle ist eine hochentwickelte, partizipatorische politische Kultur getreten, die dem Idealmodell einer „Bürgerkultur" nahe kommt. Ob die autoritäre Erblast der DDR prägende Effekte in den neuen Ländern hat, ist strittig; ein West-Ost-Gefälle im Vertrauen, das den demokratischen Institutionen entgegen gebracht wird, ist allerdings unverkennbar.

3.3 Auf der Mesoebene soziologischer Demokratieanalyse geht es um „kollektive Akteure" wie Vereine, Verbände, Parteien, Regierungen, Verwaltungen und Bürgerinitiativen und deren Wirken in der Politik, kurz: um den Prozeß der *politischen Willensbildung*. Die Suche richtet sich letztlich auf Antworten auf die alte Frage „Politics: Who gets What, When, and How?" (Harold Laswell). In soziologischer Betrachtungsweise wird vor allem die meßbare Ungleichheit innerhalb der Gesellschaft zur Grundlage der Erklärung von Politik. Eine „Soziologie der Demokratie" bezieht ihr analytisches Rüstzeug also einerseits aus der Ausdifferenzierung der Gesellschaft in soziale Gruppen, Schichten oder Klassen, andererseits aus den gängigen Akteur-, Organisations- und Institutionentheorien.

Die Bundesrepublik Deutschland ist eine *„organisierte Demokratie"* (Wolfgang Rudzio) mit einer Vielzahl von Vereinen, Verbänden und Initiativen. Ihre Mitgliederzahlen sind immer noch beeindruckend, auch wenn insbesondere Großorganisationen wie Parteien, Gewerkschaften oder Kirchen zunehmend „abschmelzen", also Mitglieder verlieren, und daneben spontane Gruppierungen mit begrenztem Interesse und unkonventionellen Beteiligungsformen anwachsen.

Nach der pluralistischen Demokratietheorie eines Ernst Fraenkel sollte sich das Gemeinwohl – bildlich gesprochen – a posteriori als Resultante des Kräfteparallelogramms der unterschiedlichen Interessen ergeben. Diese Annahme ist jedoch an anspruchsvolle Voraussetzungen geknüpft, die so in der Wirklichkeit praktisch nicht vorkommen. Das gilt etwa für eine annähernde „Waffengleichheit" der verschiedenen Gesellschaftsgruppen: Nicht alle Interessen sind jedoch gleichermaßen organisations- und konfliktfähig. Die Pluralismuskritik hat herausgearbeitet, daß der pluralistische Himmelschor mit einem starken Oberschichtenakzent singt. Die Verdienste der Pluralismustheorie liegen in ihrem Einsatz gegenüber autoritären Staatslehren, die sich mit der gesellschaftlichen Vielschichtigkeit und ihrem Einfluß auf die Politik schwer taten. *Pluralismus* bleibt eine wichtige regulative Idee.

Der pluralistischen Demokratietheorie zufolge sollte der Staat quasi als „ehrlicher Makler" für einen fairen politischen Willensbildungsprozeß und für das Gemeinwohl auch gegenüber mächtigen Interessen sorgen. Die gesellschaftlichen Interessen erschienen hier als soziale Kräfte, die Politik, Parlament und Staat in ihrem Sinne zu beeinflussen suchten („pressure groups"). Das neokorporatistische Erklärungsmodell korrigierte dieses einseitige Bild und machte deutlich, daß Staat und Verwaltung ihrerseits aktiv auf die Organisierung von Interessen und die politische Arena, in der die Willensbildung stattfindet, Einfluß nehmen. Der Vorteil einer Einbindung von Interessen in staatliche Entscheidungen liegt – wie bei verbandlicher „Selbstregierung" als alternativem Steuerungsmodus – in funktionaler Entlastung demokratischer Institutionen.

Um die tatsächlichen Politikergebnisse erklären zu können, hat sich eine Dreiteilung des Politikbegriffs eingebürgert. Danach unterscheidet man zwischen der Form (polity), dem Inhalt (policy) und dem Prozeß (politics) der demokratischen Willensbildung. Jede dieser drei Dimensionen kann als abhängige Variable betrachtet werden, die von den beiden anderen determiniert wird. Was als Politikergebnis herauskommt, hängt u.a. davon ab, wie der Willensbildungsprozeß abläuft und in welchem Rahmen er stattfindet. Dies kann auf den verschiedenen Politikfeldern sehr unterschiedlich aussehen.

4. Sozialpolitische Relevanz

Demokratie als Herrschaftsform hatte lange einen eher schlechten Ruf. Winston Churchill bezeichnete sie bekanntlich als „die schlechteste aller denkbaren Regierungsformen – außer allen anderen". Anstelle des Schwarz-Weiß-Denkens, das den Kalten Krieg beherrschte, werden neben den unbestreitbaren Vorzügen der Demokratie gegenüber anderen Herrschaftsformen inzwischen auch ihre Schwächen offener diskutiert und empirisch erforscht. Heute gilt die Demokratie sowohl als Problemlöser als auch als Problemerzeuger (Schmidt 1995: 331ff.). Ihre sozialpolitische Relevanz ist offenkundig: Trotz aller Probleme, denen sie sich gegenüber sehen, gehören die westlichen Demokratien zu den reichsten Ländern der Welt und auch zu denjenigen mit den meisten Bürgerrechten und Freiheiten. Letztlich scheinen Demokratien auch friedfertiger als andere Regime, sowohl nach innen wie nach außen: Sie beginnen selten einen Krieg, doch wenn sie angegriffen werden, verteidigen sie sich höchst erfolgreich („powerful pacifists"). Untereinander führen Demokratien praktisch überhaupt nicht Krieg. Sie verfügen über Mechanismen, Konflikte zu entschärfen, und können kaum darauf hoffen, daß eine Mehrheit der Bevölkerung für einen Krieg votiert. Die Machtpolitik der Demokratien kommt eher auf den Weltmärkten, in wirtschaftlichen Subventionen und Sanktionen, zum Ausdruck als in militärischer Expansion („Handelsstaaten").

Nach Philippe C. Schmitter kommt es bei der Beurteilung der Qualität der verschiedenen Demokratien auf vier Zielgrößen an: a) auf das Ausmaß der Beteiligung der Bürgerinnen und Bürger („participation"), b) auf die Zugänglichkeit von Regierung und Verwaltung für Bürgeranliegen („accessibility"), c) auf die Pflicht zur Rechenschaft der Herrschenden gegenüber den Beherrschten („accountability") und d) auf die Empfänglichkeit von Regierung und Verwaltung für die Präferenzen der Bürgerschaft („responsiveness"). Gemessen an diesen Zielen stehen die meisten Demokratien gar nicht schlecht da.

Die quantitativ ausgerichtete, vergleichende Demokratieforschung, die in jüngster Zeit entstanden ist, macht die beträchtlichen Leistungen deutlich, die der westliche *Wohlfahrtsstaat* (Alber 1989) aufweisen kann, aber auch gewisse Schwachpunkte bestimmter Demokratien. Daß andere Regime bessere Leistungen hervorbringen würden, ist nicht zu erwarten. Insofern stellt sich eher die Frage nach den Möglichkeiten und Grenzen der sozialpolitischen Leistungsfähigkeit westlicher Demokratien oder speziell der Bundesrepublik Deutschland. Hier fehlen bei Schmitter die Zielgrößen Effektivität, Effizienz und Transparenz, an denen Demokratien und Regierungen ebenfalls gemessen werden. Die europäische Integration wirft zudem neue Fragen demokratischer Legitimation auf.

Die sozialen Auswirkungen politischer Entscheidungen, Strukturen und Prozesse sind für manche hierzulande offenkundig (Massenarbeitslosigkeit, „Zwei-Drittel-Gesellschaft", „Neue Armut", Anomiephänomene). Völlig offen ist jedoch, ob demokratische Politik allein diese Phänomene zu erklären vermag und ob sie überhaupt in der Lage wäre, gegen gesellschaftliche, wirtschaftliche und technologische Entwicklungstrends anzusteuern. Was Demokratien leisten können und was nicht, ist noch vollkommen ungeklärt. Die Omnipotenz zur Lösung aller Probleme, die Politiker suggerieren müssen, weil wir das von ihnen erwarten, trägt nicht unbedingt zur Klärung dieser Frage bei.

Während eine bestimmte Spielart der Systemtheorie bestreitet, daß politische Steuerung überhaupt möglich ist, suchen andere theoretisch wie praktisch nach „den Bedingungen der Möglichkeit, das sich hinter dem Rücken der Menschen vollziehende Schicksal aktiv zu beeinflussen" (Fritz W. Scharpf). Hier findet eine „Soziologie der Demokratie" ihre vornehmste Aufgabe.

Literatur

Alber, Jens: Der Sozialstaat in der Bundesrepublik Deutschland 1950-1983, Frankfurt a.M./New York 1989
Fuchs, Dieter: Die Unterstützung des politischen Systems der Bundesrepublik Deutschland, Opladen 1989
Gabriel, Oscar W. (Hg.): Die EG-Staaten im Vergleich, Bonn 1992
Lijphart, Arend: Democracies, New Haven/London 1984
Luthardt, Wolfgang: Direkte Demokratie, Baden-Baden 1994
Niclauß, Karlheinz: Kanzlerdemokratie, Stuttgart u.a. 1988
Nohlen, Dieter: Wahlrecht und Parteiensystem, Opladen 1986
Reichel, Peter: Politische Kultur der Bundesrepublik, Opladen 1981
Schmalz-Bruns, Rainer: Reflexive Demokratie, Baden-Baden 1995
Schmidt, Manfred G.: Demokratietheorien, Opladen 1995
Westle, Bettina: Politische Legitimität, Baden-Baden 1989

Göttrik Wewer

Deutsche Nation

1. Definitionen und Forschungsstand

Ausdrücke und Begriffe wie Nation, *Volk* und *Ethnie* entstehen an vielen Stellen der Welt. Sie werden jeweils an der eigenen Wir-Gruppe entwickelt, beanspruchen aber Verallgemeinerungsfähigkeit. Auf andere Wir-Gruppen wird das eigene Nationsverständnis projiziert, unabhängig von deren selbstgegebener Definition. Damit stellt sich ein Problem für die Sozialforschung. Ein interkulturell anwendbarer Begriff ist erforderlich.

Eine verbreitete Vorstellung ist die, daß Nationen und *Völker/Ethnien* die natürliche Ordnung der Welt seien. Doch der sozialanthropologische Vergleich zeigt, daß in unterschiedlichen Gegenden der Welt zumindest bis zur Zeit der Kolonialisierungen verschiedene Typen von Sozialorganisationen dominierten. Bis ins 19. Jahrhundert hinein konstituierte in Deutschland die Loyalität zur bäuerlichen Ortsgemeinde die wichtigste Wir-Gruppe. Abstammung – oft fiktiv – ist das dominante Organisationsprinzip von Verwandtschaftslinien (lineages), welche in pseudogenealogischer Zusammenfassung sich auch als Ethnien darstellen können. Das Linienprinzip war in Europa, von wenigen Ausnahmen (Papsttum, deutscher Ritterorden) abgesehen, das dominante Organisationsprinzip für Adel und Herrscherhäuser. Der Bund findet sich häufig in der Form von Kolluvialethnien (von lat. colluo, zusammengewürfelt), von in Asylräumen aus Flüchtlingsgruppen sich zusammenschließenden neuen Verbänden (colluvies gentium). Bund bzw. Eidgenossenschaft finden sich auch bei frühmittelalterlichen Stämmen und bäuerlichen Talschaften als Organisationsprinzip.

Die Sozialwissenschaften weichen also in ihrem Verständnis von *Ethnie* deutlich von dem volkstümlichen Verständnis von „*Volk*" ab. Während früher manche glaubten, Ethnien ließen sich nach Sprache abgrenzen, hatten andere Beispiele vor Augen, wo sich einzelne Gruppen – Wir-Gruppen – als Ethnien verstanden, obwohl sie sprachlich geteilt waren. Auf solche Beispiele zurückgreifend glaubten dann wiederum andere, auf Religion oder Kultur als das abheben zu können, was Ethnien ausmache. Aber auch hierzu ließen sich Gegenbeispiele finden, bei welchen weder religiöse noch kulturelle Homogenität von Wir-Gruppen gegeben war, welche sich selbst als Ethnien sahen und von ihren unter Umständen sprachlich oder religiös sich abgrenzenden Gruppen als Ethnien bezeichnet wurden (Höllmann 1992). Die Erkenntnis, daß Ethnien durch die Abgrenzung gekennzeichnet sind (die formalistische Position), wurde zuerst von Max Weber (1922: 218) hervorgehoben, dann von Wilhelm Mühlmann aufgegriffen und später durch den Sozialanthropologen Frederik Barth (1969) allgemein durchgesetzt.

Nation stellt sich nicht als ein einzelner Begriff, sondern als ein ganzes Bündel von Begriffen dar, welche extensional unterschiedlich definiert sind. Sie finden sich freilich unter dem Mantel eines gleichen Wortes zusammen, was es den politischen Akteuren ermöglicht, die Bedeutung schillern zu lassen. Für eine theoretische Begriffsbildung kann die sozialwissenschaftliche Forschung nicht auf einen beliebigen dieser Begriffe zurückgreifen, sondern muß sich davon lösen. Insbesondere ist es notwendig, Nation unabhängig von einer essentialistisch verstandenen Ethnizität zu definieren. Demgegenüber muß der intentionale oder reale Bezug auf den Staatsapparat in den Vordergrund rücken, wie dies bereits Max Weber (1922: 218) und Rainer Maria Lepsius (1966: 22) hervorgehoben haben. Auf diese Überlegungen zurückgreifend können wir definieren:

Nation ist eine einen überzeitlichen Charakter beanspruchende und auf einen vorhandenen oder erstrebten Staat hin orientierte gedachte Ordnung mit höherrangigen reziproken Verpflichtungen und mit familienerfassenden Zugehörigkeitsregeln.

Daß *Ethnien* und Nationen imaginierte Gemeinschaften sind – Gesellschaft als Gemeinschaft travestiert – hatte bereits Max Weber formuliert. Früher schon hatte Otto Bauer gezeigt, wie die Führer nationalistischer Bewegungen in einem Feld multipler Zugehörigkeiten (Identitäten) klientelistische schaffen, eine nationale Geschichte erfinden und letztlich Eindeutigkeiten produzieren. Diese Ansätze wurden jedoch nur in der Ethnizitätsforschung (Mühlmann, Barth) aufgenommen. Erst nach dem Zweiten Weltkrieg wies Rainer Maria Lepsius auf den Konstruktcharakter von Nation hin. Die Vorstellung, daß die deutsche Nation eine natürliche Einheit sei und auf kultureller Homogenität aufbaue, blieb dennoch lange selbstverständlich. Erst die germanistische, sprachgeschichtliche Forschung rüttelte an einigen der Dogmen, vor allem an dem von der gemeinsamen Ursprache aller Deutschen.

Zwei sehr unterschiedliche historische Unternehmen entzogen dann den Vorstellungen von einer bruchlosen Kontinuität des gleichen Bedeutungsinhalts, der sich mit dem Wort Nation verbindet, den Boden: die deutsche Geschichte von Thomas Nipperdey und die historisch-semantischen Untersuchungen von Reinhart Koselleck und anderen. Auf sehr unterschiedlichem Wege zeigten beide, daß Nation in verschiedenen Kontexten sehr Unterschiedliches meint. Als in Deutschland besonders ausgeprägt, erschien dabei der Aufstieg des Nationalismus als „säkulare Religion". Nachdem Benedikt Anderson die modernen Ethnizitätstheorien auf Nationen angewandt und gezeigt hatte, wie folgenreich es war, Nationen als Gemeinschaften zu imaginieren, kam es dann wieder zu einer Rezeption sowohl der auf Max Weber zurückgehenden Ansätze wie der historischen Forschungsergebnisse in der deutschen Soziologie. Damit wurden neue Forschungsfelder eröffnet; so z.B. die Frage danach, was Nation für unterschiedliche Milieus bedeutete (Langewiesche 1996).

2. Nationale Identität

Nach den Erfolgen einer an Jean Piaget angelehnten Sozialisationsforschung wurde der dort entwickelte Begriff der Identität später zu einer beliebig verwendbaren Worthülse. Drei unterschiedliche Bedeutungen lassen sich im Zusammenhang mit Nation herausfiltern, welche eine jeweils separate Benennung und Diskussion verdienten: Zugehörigkeit, Selbstinformation und Selbstbewertung. Zugehörigkeit meint die Zusammenfassung unterschiedlicher Personen. Identität im Sinne von Selbstinformation verweist auf die soziologisch bedeutsame Frage: Was wissen die Menschen über sich selbst und was glauben sie, was andere über sie wissen bzw. was sie in den Augen anderer charakterisiert? Gerade in politischen Verbänden kann die Desinformation über die eigene „Nation" zu intensivsten Anstrengungen und selbstdestruktiven Folgen führen, wie die deutsche Geschichte zwischen 1919 und 1945 zeigt. Die Selbstbewertung, also die Zuweisung von Prestige an die eigene

Gruppe und die Vorstellung von der relativen Position der Gruppe im Verhältnis zu anderen, kann ein nicht minder wichtiges Motiv politischen Handelns sein. Es scheint jedoch sinnvoll, dieses in der nationalistischen Rhetorik oft beackerte Feld von dem der Selbstinformation und dem der Zugehörigkeit begrifflich klar zu trennen; nur so ist es möglich, Interaktionen und Korrelationen zwischen diesen unterschiedlichen Phänomenen zu thematisieren.

Bei *Ethnien* finden wir sehr häufig eine Vielfalt der Zuordnungsmöglichkeiten (eine Polytaxis) und eine den Individuen bewußte Flexibilität in der Anwendung oder Veränderung solcher Zuordnungen. Bei den Nationsbegriffen finden wir hingegen weitaus häufiger eine monopolistisch auftretende Zuordnung (eine Monotaxis), verbunden aber mit einer hohen Mehrdeutigkeit der in der Selbstdefinition verwendeten Kriterien und einer bemerkenswerten Plastizität des Begriffsumfangs. „Diese historische Plastizität und kulturell-politische Manipulierbarkeit läßt sich auch bei anderen gedachten Ordnungen feststellen" (Lepsius 1988: 233). Beispiele wären etwa „die Arbeiterklasse", „die freie Welt" oder „das gesunde Volksempfinden".

Nicht die Definitionen führten zu nationalen Konflikten, sondern bestimmte Konflikte und politische Ziele legten Definitionen nahe. In der politischen Sprache taucht Nation vor allem als „Aktionsbegriff" auf, als Begriff, der zum Handeln auffordern soll. In kompensatorischer Weise sollte der Nationsbegriff an der Wende vom 18. zum 19. Jahrhundert einlösen, „was der französische Nachbar mit ‚nation' nicht nur auf den Begriff gebracht hatte, sondern auch verwirklicht zu haben schien. Der im Deutschtum vagierende Wortwechsel zwischen ‚Volk' und ‚Nation' zeugt deshalb von strukturellen Gemeinsamkeiten mit den Nachbarn, wie auch vom Willen, ‚deutsches Volk' sprachlich auszuweisen und abzugrenzen" (Koselleck 1972: 151,149).

Die Unschärfen des modernen Nationsverständnisses zeigten sich am Ende des 19. Jahrhunderts am deutschen Beispiel. Im Osten des Reiches wurden neben sprachlichen Kriterien auch konfessionelle eingebracht. Minderheiten, welche dem Polnischen nahe verwandte westslawische Sprachen sprachen, aber evangelischen Glaubens waren, wurden als Preußen, und damit als Deutsche, definiert. Im Elsaß und in Lothringen hingegen wurde das sprachliche Kriterium vorangestellt. Gegenüber den Niederlanden wurde die durch Staatenrecht definierte Grenze undiskutiert als einziges Kriterium festgehalten. Der fließende Übergang zwischen den lokalen Umgangssprachen Nordwestdeutschlands und der Niederlande und die konfessionelle Gleichartigkeit der Bevölkerung auf beiden Seiten der Grenze hätte hier ein großes Konfliktfeld angeboten. Die starke wirtschaftliche Verflechtung und das politische Gewicht der Niederlande schloß diese Option aus.

Erst im 19. Jahrhundert entstand dabei in Deutschland jene Begrifflichkeit, die das deutsche *Volk* oder die deutsche Nation tatsächlich als Handlungssubjekt behandelte. Je nachdem, ob kulturelle, ethnische (Abstammung akzentuierende) oder rechtliche Selbstbeschreibungen im Vordergrund standen, kann man dabei von einem Selbstverständnis als Kulturnation, als Volksnation oder als Staatsbürgernation sprechen (Lepsius 1988).

3. Kulturelle und sprachliche Heterogenität Deutschlands – Homogenität als Mythos

Die Annahme, daß Deutschland homogen sei, geht in derart viele Theorien ein, daß sie schon wie ein Axiom erscheint. Ernest Gellner (1995) baut seine Theorie auf den europäischen Standardfällen von Homogenität auf, zu denen auch Deutschland gehört. Diese These der Homogenität ist jedoch noch nie operationalisiert und geprüft worden.

Bei einer Operationalisierung ist zu denken an Normen, vorbewußte Orientierungsmuster (Mentalitäten), ritualisiertes Brauchtum, Kontaktroutinen, Religion und Sprache. Im Bereich der ethischen Normen und der Normen des Wirtschaftslebens findet sich tatsächlich eine relative Homogenität; diese aber verbindet Deutschland auch mit den Nachbarn. Die vorbewußten Orientierungsmuster (Relevanzstrukturen, Semantiken, Plausibilitätsmuster) sind zu wenig systematisch erforscht, um hier herangezogen werden zu können. Es bleiben also das Brauchtum und die Routinen der Kontaktaufnahme, sowie Sprache und Religion.

3.1 Brauchtum

Da Deutschland (als geographischer Raum verstanden) zu Beginn der Formulierung der modernen Nationsidee weit überwiegend bäuerlich war, muß man sich auf den ländlichen Raum konzentrieren. Eine ganze Wissenschaft, die Volkskunde, wurde geschaffen, um das ursprünglich Gemeinsame der Deutschen herauszufiltern. Nachdem es den Brüdern Grimm schon gelungen war, die von zweisprachigen Hugenotten erzählten deutschen Versionen gedruckter französischer Fabeln zu den beliebtesten und heute typischsten deutschen „Volks"märchen zu machen, hätte man viele Nachweise gemeinsamen „Erbguts" erwarten können. Es kam anders. Volkskundliche Handbücher zeigen eine beeindruckende Vielfalt landschaftlich differenten *Brauchtums*. Vieles variiert sogar von Dorf zu Dorf. Das Dorf erscheint in vielen Landschaften Europas als die wichtigste Wir-Gruppe.

Die landschaftlichen Variationen des *Brauchtums* lassen sich interessanterweise nicht mit Sprachgrenzen zusammenbringen. Lange suchte man nach „dem Slawischen" im sorbischen Brauchtum. Gewiß kann man versuchen, lokale Sondergüter, wie z.B. die Ostereierbemalung, zu generalisieren; diese sind aber nicht „gemeinsorbisch" und differieren nicht einmal gegenüber den deutschsprachigen Nachbarn. Man kann das sorbische Brauchtum als besonders altertümliches „deutsches" charakterisieren, typisch für Gegenden an der Peripherie der Märkte, die von den Moden weniger oft und meist verspätet erreicht wurden. „Deutsch" ist es insofern, als es in der Mitte der Variationen liegt, welche üblicherweise als „deutsch" bezeichnet werden.

Seit den durch den Wirtschaftsboom bedingten innerdeutschen *Migrationen* der 90er Jahre des 19. Jahrhunderts, den Binnenmigrationen der Zwischenkriegszeit infolge von Arbeitslosigkeit und den Umsiedlungs- und Fluchtbewegungen der Jahre nach dem Zweiten Weltkrieg haben sich die landschaftlichen Kulturen verändert. Diese ländlichen Bevölkerungen gemischter Herkunft wurden dann seit den 70er Jahren in der DDR und BRD (z.T. auch in Österreich) gemeinsam der Expansion der westdeutsch-amerikanischen Fernsehkultur ausgesetzt. Dies war aber nicht nur ein passiver Konsum der neuen Angebote. Vielmehr hatte sich schon vorher der ländliche Raum durch den Übergang zu Lohnarbeit und Kleingewerbe entbäuerlicht. Die vom Fernsehen vermittelte Welt des synchronisierten Konsums ist nun Schlußpunkt einer Marktanbindung, welche in der DDR im ländlichen Raum schon früher durchgesetzt worden war. Hiermit ist heute bei dem tragenden und kulturschöpfenden Teil der Volkskultur, nämlich der Jugend, die soziale Basis für landschaftliches Brauchtum weitgehend weggefallen.

Dieser seit 100 Jahren einsetzenden Homogenisierung steht freilich eine neue von den Medien und Märkten geförderte Diversifizierung gegenüber: die soziokulturellen Milieus. Diese Milieus entwickeln in bezug auf Lebensziele, Gebrauchswertmuster (Konsumpräferenzen), Ästhetik, Reproduktionsverhalten und politische Orientierung erhebliche Differenzen. Aus ethnographischer Sicht wäre es nicht möglich, diese Milieus unter einem Etikett „deutsche Alltagskultur" zu vereinigen. Jeder solcher Versuche geht auch an den Intentionen der Akteure vorbei, die gerade Differenz zu anderen Deutschen suchen. Zu Wir-Gruppen-Bildungen kommt es durch diese vor allem über Massenmedien und Märkte vermittelten Differenzen aber nicht. Eine – vielleicht nicht zu vernachlässigende – Ausnahme stellen die Kämpfe ostdeutscher Jugendbanden, zwischen Punks und Skins, dar.

3.2 Die Regionalsprachen

Seit der frühe deutsche *Nationalismus* des beginnenden 19. Jahrhunderts die sprachliche Einheit Deutschlands zur Begründung der „Einheit der Nation" erhoben hatte, konzentrierte sich die Aufmerksamkeit auf die politi-

Deutsche Nation

schen Konsequenzen der Einheitsforderung; die Prämisse wurde nicht mehr in Frage gestellt. So wird heute die „Identität" des deutschen Volkes von nicht wenigen Autoren vor allem an seiner Sprache festgemacht und diese als homogen geschildert.

Da es zwischen den hochdeutsch schreibenden Führern der Nationalbewegung des frühen 19. Jahrhunderts keine Verständigungsprobleme gab, wurde die wahrnehmbare sprachliche Vielfalt zur dialektalen Variation heruntergestuft. Verständigungsprobleme wurden damit freilich nicht beseitigt. „Damals wie heute verstand der friesische Bauer ebenso wenig die Sprache des bayerischen Bergbauern wie umgekehrt." (König 1996: 59).

Was nun eine dialektale und was eine sprachliche Differenz zu nennen wäre, ist keineswegs klar. Wenn man die Kriterien der afrikanischen Sprachplanung oder die der Slawistik auf die deutschen Dialekte anwendet, entdeckt man verblüffend große Differenzen, welche anderswo separierte Sprachen konstituieren würden. Dies sind Differenzen, die für die Kommunikation hoch relevant sind. Bei Personen, die des Hochdeutschen nicht mächtig sind, kommt zwischen den vier großen *Dialektgruppen* der fränkischen, sächsischen (plattdeutschen), alemannischen und bayerischen Dialekte keine Verständigung zustande, wenn keine dem Hochdeutschen nahe Umgangssprache gewählt wird. Innerhalb der intern besonders stark differenzierten fränkischen und der alemannischen Dialekte (von bayerischen Franken über den Mittelrhein und Luxemburg bis zu den Niederlanden bzw. von Schwaben über die Innerschweiz bis zum Walserdeutschen) ist zwischen den Extremen keine Verständigung möglich.

Bis zum Ende des Mittelalters waren diese vier großen in sich dialektal differenzierten Sprachgruppen keineswegs flächendeckend. Romanische Sprachen dominierten ganze Talschaften in Tirol (wo ein kleiner Teil bis heute noch besteht), im Hochschwarzwald und an der Mosel. In Kärnten, Ostbayern und östlich von Saale und Elbe war die bäuerliche Bevölkerung überwiegend slawisch-sprachig (in Kärnten bestehen davon heute noch Reste, in Pommern gaben die Slowinzen erst am Jahrhundertanfang ihre Sprache auf und in Brandenburg und Sachsen gibt es heute noch sorbische Sprachinseln). Auch diese nichtgermanischen Sprachen hinterließen deutliche Prägungen in den aus ihnen entstandenen Übergangssprachen.

Man sollte daher bis zum Ende des 19. Jahrhunderts präziser nicht von deutschen Dialekten sprechen, sondern von deutschen *Regionalsprachen*. Bis zur Wende vom 19. zum 20. Jh., als die Folgen der allgemeinen *Schulpflicht* spürbar wurden, und damit noch lange nach dem Beginn der deutschen Einigung, war die Mehrheit der Bevölkerung Deutschlands (und auch Deutschösterreichs und insbesondere der deutschsprachigen Schweizer Kantone) zweisprachig. Man sprach zu Hause Regionalsprachen und im Verkehr mit Fremden eine dem Hochdeutschen nahe (und nur in der Lautgestaltung noch „dialektale") Ausgleichsprache. Eine starke Minderheit auf dem Lande sprach nur Regionalsprachen und mußte beim Kontakt mit Fremden (zum Beispiel Beamten) auf hilfreiche Intermediäre wie Pfarrer, Lehrer oder die eigenen schulpflichtigen Kinder zurückgreifen. Eine zumeist in den Städten ansässige starke Minderheit sprach nur Hochdeutsch (und dem Hochdeutschen nahe Ausgleichssprachen). Letztere beherrschten häufig auch europäische Fremdsprachen.

Durch Radio und insbesondere durch Fernsehen kam es im 20. Jahrhundert zu einer beschleunigten Aufgabe der alten, an der Jahrhundertwende noch bestehenden Zweisprachigkeit zugunsten der nun tatsächlich nur noch dialektal differenzierten Umgangssprachen. Diese Angleichung verhüllt aber eine – m.E. politisch nicht weniger bedeutsame – sprachliche Kluft, welche Deutschland weiterhin teilt: Der Unterschied zwischen der elaborierten gesprochenen Schriftsprache der Bildungsbürger, dem Hochdeutschen, und den rein oralen Umgangssprachen mit restringiertem Code. Die reine „Sprechsprache" ist sparsam und konkret. Der direkte anschauliche Hinweis – auch durch Gesten – ersetzt die umständliche Beschreibung (z. B. mit Ortsadverbien). Logik wird durch den Dialog mit Nachfrage, Widerspruch und darauf bezogenen Antworten vermittelt. Der lange, „langatmige" Satz mit untergeordneten Nebensätzen ist ungebräuchlich. Der Genitiv, der in Gesetzen und geisteswissenschaftlichen Texten etwa 20% der Kasus ausmacht, fehlt in fast allen deutschen *Regionalsprachen* bzw. dialektalen Umgangssprachen (König 1996: 118, 155).

Trotz Angleichung der äußeren Gestalt bestehen so auch im heutigen Deutschen zwei Sprachen. Der langsätzige, logisch argumentative Duktus der liberalen Politik des 19. Jahrhunderts war in Deutschland als Sprache nie mehrheitsfähig. Erst die mündliche Agitation der Sozialdemokraten (nicht in der Parteipresse und den Parteitagsreden) und dann das Deutsch der neuen Filmindustrie und die Sprache der Hugenberg-Presse (aufgenommen in den logikfernen Satzreihungen der Hitlerreden) schufen eine Brücke zwischen dem Deutschen der Bildungsbürger und der Umgangssprache der Mehrheit. Die strukturelle Zweisprachigkeit besteht jedoch weiter.

3.3 Religionen

Als die wichtigste Inhomogenität erschien „den" Deutschen des 19. Jahrhunderts nicht die Sprache, diese Unterschiede wollten sie vergessen und beseitigen (selbst Sorben), sondern die *Religion*. Das Problem waren dabei bis zum letzten Viertel des 19. Jahrhunderts weniger Minderheiten, wie die wiedertäuferischen Mennoniten, Agnostiker oder Juden; anders als man das heute sieht, waren diese damals ein Randthema. Die Differenz der christlichen Konfessionen war das Thema. Neben der preußischen Zwangsvereinigung der evangelischen Konfessionen (1817) erschien das Verhältnis zwischen Evangelischen und *Katholiken* als zentrales Problem.

Es wurde gefragt, ob ein Katholik Deutscher sein könne. Wer einer Autorität jenseits der Alpen (daher das Schimpfwort ultra-montan) gehorcht, kann zumindest nicht loyal sein. In der Bevölkerung jedoch blieben Katholiken und Evangelische auch nach der Integration der Katholischen Partei (Zentrum) getrennt „wie zwei Stämme". Ein sehr direkter Indikator hierfür ist das Konnubium (die Heiratsgemeinschaft). Das Normale war mit über 90% die Ehe innerhalb der Konfession.

Diese Meidung der Andersgläubigen war nicht nur Folge repressiver kirchlicher Autoritäten, sie war auch durch unterschiedliche Lebensart motiviert. Die Form der Vermittlung moralischer Werte (vergröbert: durch Priester bei den *Katholiken* und durch Bibellektüre bei den Protestanten), die Art zu feiern (rein katholisch war die mittelrheinische Fas[e]nacht), das Ritual der großen Übergangsriten (Taufe, Konfirmation/Erstkommunion, Hochzeit, Begräbnis) differierte erheblich.

4. Prozesse der Wir-Gruppen-Bildung

Einer der in vielen Ländern für die Zeitgenossen wichtigsten Prozesse, welche sie mit Nationsbildung assoziierten, schuf eine für heutige Verhältnisse so selbstverständliche Struktur, daß man den Prozeß kaum nachvollziehen kann: den Übergang von der restringierten zur generalisierten Reziprozität. In vielen bäuerlichen Gesellschaften beschränkt sich *Solidarität* auf als nah definierte Personen. Die Nähe wird dabei durch naturalisierte Sozialbeziehungen – insbesondere Verwandtschaft – dargestellt. Diese nahen Personen sind zum großen Teil, aber nicht ganz, deckungsgleich mit den vertrauten Personen. Zu einem Teil von diesen besteht auch eine Sympathiebeziehung. Entscheidend für die durch Normen erzwungene Solidarität ist aber die soziale Nähe, nicht die Sympathie. Mit zunehmender Ferne sinkt die Solidarverpflichtung und winkt die Verpflichtung zur wechselseitigen Respektierung von Normen. Bei einigen Gruppen Nordalbaniens ist noch heute der Diebstahl oder Raub unter nahen Verwandten eine der schlimmsten Sünden, der unter Bekannten des gleichen Dorfes wird noch durch doppelte Kompensationsleistung klar bestraft, der Raub an Fremden ist jedoch schon eine Heldentat. Auch einem anonymen Fremden gegenüber Normen zu respektieren und ihm sogar zu helfen oder einen „gefälligen" Dienst zu leisten, ist demgegenüber eine revolutionäre Innovation.

Daß insbesondere die migrierenden Intellektuellen diese Norm vertraten und daß, für den genauen Beobachter unter ihnen, gerade die Bauern wenig „Nationaldenken" zu haben schienen, darf nicht verwundern.

5. Die Schaffung der Nation durch die Schaffung der Feinde

Gewalt markiert Grenzen mit einer anderen Farbe. Daß Gewalt nicht die einzige Grenzziehung ist, wird bisweilen übersehen. Denn Grenzziehung, welche Differenz markiert, kann damit auch Voraussetzungen für arbeitsteiligen Austausch festhalten. Daß der Fremde zum Feind wird, zum nationalen Feind, und damit zugleich markiert wird, wo die Grenzen der Nation sind, hat mit einer Veränderung der Kriegsführung zu tun. Auch noch nach dem 30-jährigen Krieg war in Europa jeder Soldat – auch der des eigenen Herrschers – eine Bedrohung. Soldaten waren immer das gefährliche Andere. Daß sich eine territorial erfaßte Bevölkerung (mehr waren die „Nationen" damals nicht) von einem Krieg in eine „Wir gegen die"-Opposition ziehen läßt, ist der Fusion zweier Organisationsprinzipien geschuldet: der kollektiven Verteidigung kleiner (demokratischer) Gemeinwesen von Verwandtschaftsverbänden mit der Armee-Verfassung zentralisierter Staaten.

Daß beide Organisationsprinzipien, das der Verwandtschaftslinien und das des Staates, ineinander fallen, ist ein extrem unwahrscheinliches Ereignis. Die französische Revolution, genauer die Massenmobilisierung in der „levé en masse", führte beide konkurrierenden Gesellschaftsverfassungen ineinander. Das Heer repräsentiert das *Volk*; das Volk ist gleich und brüderlich – soweit die Ideologie der Verwandtschaftslinie. Zugleich eignet sich dieses Volk den Staat als „Nation" an und ist durch staatliche Mittel organisiert. Die verwandtschaftliche Solidaritätszumutung wird mit der staatlichen Gewalt verbunden. Grenzziehung, Zugehörigkeitsregeln und Normdurchsetzung werden im „revolutionären Willen" dem Staat delegiert.

Auch in Deutschland war die Durchsetzung der Idee einer Nation eng mit dem militärischen Prinzip verbunden. „Der Wehrdienst wurde ein Durchgangsstadium im Leben des Einzelnen; alle traten jetzt über die Wehrpflicht ... in unmittelbare Beziehung zum Staat" (Nipperdey 1992: 55). Das Heer wurde in die Nation eingebunden, die Nation wurde durch das Heer für Männer und später für Kriegerwitwen sinnlich erfahrbar.

6. Nationalismus als säkulare Religion

Das dominante Phänomen des letzten Drittels und besonders des letzten Viertels des 19. Jahrhunderts war die Entwicklung des *Nationalismus* als säkulare Religion. Drei Faktoren kamen zusammen: die Säkularisierung von Gesellschaft und Weltbild, neue Defizite von emotionaler Enthüllung und Lebensorientierung und die Unmittelbarkeit der Staatserfahrung. Die Reformen in den verschiedenen deutschen Staaten hatten den einzelnen in eine unmittelbare Beziehung zum Staat gebracht. In dem Maße, in dem das Schicksal des einzelnen abnehmend von den Veränderungen der Natur und den Entwicklungen in seinem überschaubaren Lebensbereich abhängt, sondern eher von durch Märkte und Politik vermittelten fernen Ereignissen, nimmt die Bedeutung der eigenen Erfahrung zur Konstitution von „Wirklichkeit" ab. Das Gewicht überlokaler Wirklichkeiten nimmt zu. Dabei kam es zu einer wichtigen Verschiebung vom idealistisch gefaßten Staat auf das als Emotionsträger konstruierte Vaterland, auf die Nation. Die Sakralisierung der Nation drückte sich in Begriffen wie „Heiligkeit", „Identität", „das Ganze", „die Ewigkeit", „Tiefe der Geschichte", „Hingabe und Opfer" aus. „Die Nation ist sakralisiert, sie hat numinose Qualität" (Nipperdey 1992: 518).

Daß sich *Nationalismus* durchsetzte, hatte auch damit zu tun, daß die Naturwissenschaften religiöse Weltbilder beeindruckend falsifizierten; die komplementäre Chance der Sozialwissenschaften hingegen, die politischen „*Religionen*" zu falsifizieren, war (noch) nicht gegeben. Der Nationalismus entwickelte sich in trial and error. Von Religionen und von der großen anderen säkularen Religion „*Sozialismus*" wurden Fokussierungen, Umdeutungen und Amalgamierungen, die die

Rhetorik und die Wahrnehmung der Gesellschaft prägten, übernommen. Angst vor Gewalt wird zu Haß, ökonomische Depression wird als Ungerechtigkeit erfahren, der Verlust individueller Bedeutung durch Arbeitslosigkeit wird in „nationale Schande" transformiert.

Freilich darf man nicht übersehen, daß der säkulare Religionsnationalismus die Deutschen sehr ungleich erfaßte. Ab den 30er Jahren bildete die Karte der Wahlergebnisse in Deutschland (anders als in Österreich) sehr genau die Konfessionskarte ab. In den schon länger säkularisierten evangelischen Großstädten dominierte noch die SPD; ansonsten hatten aber die Nationalsozialisten (NSDAP) und Deutsch-Nationalen (DNVP) die Führung im früher evangelischen Milieu übernommen. Das Zentrum, die Partei der *Katholiken*, dominierte hingegen weiterhin in den katholischen Gegenden. Zwar auch nationalistisch und in Teilen sogar antisemitisch, blieb es dennoch zuerst der Wir-Gruppe der Katholiken verpflichtet.

7. Wirtschaft und Klasse

„Sowohl Klassenbildung wie ethnische Mobilisierung (sind) Prozesse der Entwicklung einer kollektiven Identität und kollektiven Handelns" (Max Haller 1993: 32). Gerade weil die Idee einer Arbeiterklasse als wirtschaftsbezogenes Modell formuliert war, sollte die Nation als einheitlicher Wirtschaftsakteur erscheinen (Max Weber). Angesichts der sozialdemokratischen Bewegung zur Schaffung und Mobilisierung der Arbeiterklasse versagte aber die Durchsetzung des Nationenmodells im Deutschen Reich partiell. Roth spricht hier von negativer Integration (1963: 8,135). Die Arbeiter waren Staatsbürger zweiter Klasse. Ihrer Bewegung blieb die politische Anerkennung versagt. Als Besitzlose war für sie der Rechtsraum nur beschränkt zugänglich. Besitzähnliche Sicherheiten erhielten sie erst durch die Schaffung der Sozialversicherung. Diese aber sollte sich als eine der wirksamsten Integrationsmaßnahmen erweisen

8. Rechtsräume als Kohäsionsfaktor

Die moderne deutsche Nation begann ihre Existenz mit Napoleon Bonaparte. Die Reformen von 1803-1815, zur Zeit der französischen Besetzung oder Dominanz, schufen größere einheitliche *Rechtsräume*Diese Rechtsräume waren im Gebiet des späteren deutschen Reiches dank der französischen Herrschaft bzw. des starken französischen Einflusses untereinander sehr ähnlich. Beamte konnten ihre Kompetenz bei Wechsel in einen anderen deutschen Staat weiterverwenden. Arbeitsmigranten und Händler erwarteten in diesem größeren Rechtsraum nur Differenzen von überschaubarer Größe. Die Idee eines größeren Ganzen wurde so plausibel. Sie wurde aber nicht so selbstverständlich wie innerhalb der Schweiz, der Niederlande oder Italiens, deren Verwaltung weitaus einheitlicher war. Daß dort die nationale Einigung früher als in Deutschland zustande kam, war kein Zufall. Zur österreichischen Rechtspraxis hingegen,in welcher die Gewaltenteilung nur unvollständig vollzogen war, bestanden größere Unterschiede. Auch vor diesem Hintergrund erscheint das Scheitern der großdeutschen Nationskonzeption wenig überraschend. Die schwächere Ausbildung des Rechtsstaats in Österreich und die nicht unerhebliche interne Differenzierung der Rechtsräume legte dann in der wirtschaftlichen Krisensituation nach der Niederlage im ersten Weltkrieg die Desintegration des österreichisch-ungarischen Reiches nahe. Besonders interessant ist dabei die Separierung einer seit altersher zu Deutsch-Österreich gehörenden Landschaft, nämlich des Herzogtums Krain. Die dortige Bevölkerung war zweisprachig – slowenisch/deutsch. Die slowenische Sprache hatte dort ihre Relevanz als Sprache des Forstrechts erweisen können. Hierdurch war ein Referenzpunkt geschaffen. Auch daß das deutschsprachige Luxemburg, das sich in den Rechtsformen von den benachbarten deutschen Gebieten unterschied, im 19. Jahrhundert aufhörte, sich als Teil Deutschlands zu betrachten, bestätigt den Vorrang des Bezugs zu Rechtsräumen gegenüber dem zur Sprache.

8.1 Nation und Staatsbürgerrecht

Deutlich wird die Bedeutung des gemeinsamen *Rechtsraums* auch durch die Debatten über die Schaffung einer gemeinsamen deutschen *Staatsbürgerschaft*. Wer noch mit im 19. Jahrhundert geborenen Personen über ihre Heimat sprechen konnte, weiß, daß sie sich als Württemberger, Bayern usw., nicht aber als deutsche Staatsbürger bezeichneten. Die Idee, eine deutsche Staatsbürgerschaft zu schaffen, wurde zwar bereits 1872 formuliert. Lange Zeit jedoch erschien ein solches Vorhaben als politisch utopisch. Trotz all der Nationalrhetorik blieb den meisten Wählern doch der eigene Staat und nicht das deutsche Reich die wichtigste Referenz. Dies sollte sich erst im Zuge der Debatten über das Bürgerliche Gesetzbuch (BGB) ändern. Fast ein Jahrzehnt lang, bis kurz vor der Jahrhundertwende, wurde über das neue einheitliche Bürgerliche Gesetzbuch und insbesondere über den Stil der dort zu verwendenden Formulierungen (eher Juristendeutsch oder eher allgemeinverständlich) diskutiert. Daß ein solches gemeinsames Recht im Werden war, konnte also niemandem entgehen. Nachdem es dann tatsächlich vom Parlament ratifiziert worden war und in die alltägliche Rechtspraxis überging, verlor die Idee einer gemeinsamen deutschen Staatsbürgerschaft ihren kontroversen Charakter.

Dramatisiert wurde die Zugehörigkeit zum gemeinsamen *Rechtsraum* während des Ersten Weltkriegs in Elsaß-Lothringen. Trotz anfänglich starker Vorbehalte hatten sich die Elsässer und Lothringer innerhalb einer Generation doch ins deutsche Reich integriert. Sie waren vollgültige Reichsbürger geworden und konnten sich der entsprechenden Rechte erfreuen. Dies entsprach freilich nicht ganz den Vorstellungen des militärischen Establishments. 1914 bei Kriegsbeginn zogen die deutschen Truppen durch das deutsche Elsaß mit aufgepflanztem Bajonett, als beträten sie ein besetztes Territorium. Den ganzen Krieg hindurch wurden die Elsässer als unsichere Kantonisten betrachtet und schikaniert. Die Erfahrung, nicht vollgültige Reichsbürger zu sein, führte 1918 mindestens ebenso stark wie die Erfahrung der Niederlage zur begeisterten Zuwendung zur französischen Nationalität.

Dieser Zusammenhang von Ausgliederung aus dem *Rechtsraum* bzw. Herabstufung der Chancen, Zugang zu den Rechtsinstanzen und Rechtsgütern zu finden, mit der Separierung einer Identität (genauer: der Neuformulierung von Zugehörigkeitsvorstellungen) findet sich genauso auch bei den deutschen Staatsbürgern jüdischen Glaubens. Durch die nationalsozialistischen Gesetze von 1933 (und insbesondere von 1935, „Nürnberger Gesetze") wurden sie zu Staatsbürgern minderen Rechts. Danach wurden sie weit über die von formellen Rechtspositionen gedeckten Diskriminierungen hinaus einer tödlichen Verfolgung ausgesetzt. Die von den Nationalsozialisten eingeführte Redeweise „Juden und Deutsche", welche die *Juden* zu einer separierten nichtdeutschen Nationalität erklärte, wurde reaktiv von einem großen Teil der Juden übernommen und auch nach 1945 weiterverwendet. Zu einer Wende kam es erst durch die Auschwitz-Prozesse in Frankfurt ab 1961 (Bodemann 1996). Daß die Mörder von nichtjüdischen Deutschen nach deutschem Recht angeklagt und verurteilt wurden, stärkte das Vertrauen in den Rechtsstaat so weit, daß es möglich wurde, sich diesem auch emotional zuzuordnen.

Was eine Nation faktisch – im sozialen Handeln – ausmacht, erschließt sich also durch die Rechtsgeschichte weitaus deutlicher als durch die Geschichte der Projektionen. Rechtsgeschichte muß dabei als Geschichte der Rechtswirklichkeit, wie sie durch die Praktiken der untersten staatlichen Autoritäten geschaffen wird, begriffen werden. Am Staatsangehörigkeitsgesetz und Eigentumsrecht lassen sich Aspekte einer solchen Nationsgeschichte zeigen.

Das Grundgesetz der Bundesrepublik Deutschland von 1949 definierte als Deutsche im §116 nicht nur Staatsangehörige, sondern auch „*Flüchtlinge* oder *Vertriebene* deutscher Volkszugehörigkeit". Diese seit den Nationalsozialisten so genannten Volksdeutschen werden durch das Bundesvertriebenengesetz von 1961 in bezug auf Abstammung, Sprache, Erziehung und Kultur anscheinend genauer definiert. Die relevante Gesetzesaussage ist jedoch der Verweis auf Verordnungen, welche die Verwaltungspraxis bestimmen. Und hier ist rechtsrelevant allein der Bezug zu den „Volkslisten" der Nationalsozialisten und damit auf einen Erlaß des Reichsinnenministeriums von 1939. Diese registermäßige Erfassung der Volksdeutschen beruhte einerseits auf Prozessen der Selbstzuordnung und andererseits auf einer politischen und keineswegs kulturorientierten Selektion. Deutschsprachige Aktivisten tschechischer oder polnischer Organisationen und Juden, selbst wenn sie Gründer von deutschen Schulen und Kulturvereinen waren, standen nicht auf diesen Listen. Aus Holland stammende Mennoniten, welche sich selbst als Friesen oder Flamen bezeichneten, konnten sich hingegen genauso wie viele Menschen polnischer Abstammung mit gerade zureichenden Deutschkenntnissen als Deutsche registrieren lassen.

Daß *Frauen* zur Nation gehören, war nicht immer selbstverständlich. Die deutsche Frau eines Ausländers konnte lange Zeit ihre Staatsbürgerschaft nicht weitergeben. Gerade in Nationen, welche aus „nationalen" Kriegen entstanden waren, wie z.B. die in den USA, schien die Nation an die kriegerische Mobilisierung geknüpft. Die indirekte militärische Integration der Frauen im ersten Weltkrieg machte dann aber ihre Zugehörigkeit zur Nation der Wähler und Wählerinnen plausibel.

8.2 Nation und Eigentumsrechte

In einer für das Individuum grundlegenden Weise sind Nation und Eigentumsrechte verschränkt. *Eigentum* war im 19. Jahrhundert erst einmal ein auf Staatsangehörigkeit beschränktes Recht (Gosewinkel 1994). Abgesehen vom Recht, an den Reichstagswahlen teilzunehmen (ab 1872), blieb der Besitz von Eigentum fast überall eine wesentliche Voraussetzung für die Ausübung des politischen Wahlrechts. Der juristischen Eigentumsbeschränkung der Fremden entsprach die faktische Eigentumslosigkeit der Proletarier. Die „negative Integration" (Roth 1963) der Proletarier ergab so eine doppelte Besitzlosigkeit durch eingeschränkte Wahlrechte. In diesen Zusammenhang kann man Martin Kohlis These (1987) von der Integration der Proletarier in die deutsche Nation durch die moralökonomischen Tranfers der Sozialversicherung stellen. Die öffentlich-rechtlichen Leistungsansprüche gegenüber dem Staat im Sozialversicherungsrecht schufen vermögensäquivalente Leistungen. In der Bundesrepublik Deutschland wurde die Eigentumsgarantie des Grundgesetzes konsequenterweise auch auf die Leistungen ausgedehnt.

Einige der Verfassungen des 19. Jahrhunderts folgten dem Nationalitätsprinzip der französischen „Charte Constitutionelle" von 1814; damit galt auch das *Eigentumsrecht* nur „den Staatsbürgern". Bayern machte hier eine Ausnahme und gewährte das Eigentumsrecht allen Einwohnern. Durch die Rechtsgeschichte des deutschen Reiches, wie der Weimarer Republik, zogen sich die Debatten, inwiefern die Eigentumsrechte auch Ausländern zustünden oder beschränkt werden müßten. Der NS-Staat unterwarf Fremdes oder als fremd Etikettiertes, z.B. „Jüdisches", seiner Willkür.

Bei den gewerblichen Schutzrechten (Patenten) entwickelte sich der Schutz der Rechte weg vom Nationalitätenprinzip hin zum Territorialitätsprinzip. Der Staat verteidigt hier eine bestimmte Wirtschaftsordnung, aber nicht die Menschen einer Nationalität. Die Ambivalenz von national und territorial begrenzten Rechten bekamen die Angehörigen der deutschen Kolonien zu spüren, die in Deutschland weitaus weniger Beschränkungen des Eigentumerwerbs ausgesetzt waren als in ihren Heimatgebieten, den Kolonien.

9. Nation als eine Möglichkeit polytaktischer Zugehörigkeit

Eingliederungs- und Ausgliederungsprozesse sind unvermeidliche Begleiterscheinungen des modernen Nationsverständnisses. Es ist den Menschen eigen, vielfache Zugehörigkeiten in Latenz zu speichern. Diese, Polytaxis zu nennende, Kapazität ermöglicht es ihnen, sich unterschiedlichen Ordnungen zuzuordnen und nach unterschiedlichen Regelsystemen zu agieren. Der Übergang von Polytaxis repräsentierenden Sozialstrukturen vormoderner Gesellschaften zur Eindeutigkeit eines modernen Staates muß Probleme schaffen, denn die Individuen bleiben polytaktisch. Es beginnt ein Gezerre um Zuordnungskriterien, verborgen hinter Rhetoriken der Kollektiv-Definition. Die Vorstellung, daß sich die langfristige Dominanz einer bestimmten Zuordnungskategorie – „die Stabilität einer nationalen Identität" – vor allem auf ökonomische Motive und Netzwerke zurückführen lasse, hat sich nicht bestätigt. Gewiß, es gibt ökonomische Motive; diese erwiesen sich allerdings nicht als so gewichtig wie die Verbindung von symbolischer Koordination mit gemeinsamen Rechtsräumen. Politische Symbole sind erst einmal etwas Ähnliches wie performative Floskeln in der Sprache. Sie erwecken den Eindruck, man spreche die gleiche Sprache, man verstehe sie. Darüber hinaus leisten sie eine Synchronisierung der Hoffnungen und Ängste. Insbesondere die Fokussierung diffuser Ängste auf eng umschriebene und scheinbar praktisch zu bewältigende Kerne erweist sich als folgenreich. Die Zugehörigkeit zum gleichen *Rechtsraum* unter der Voraussetzung, daß man innerhalb dieses Rechtsraumes tatsächlich auch die gleichen Rechte wie andere hat, schafft Chancen der Vorhersehbarkeit. In einem weiteren Sinn sind die Rechtsräume auch „Ökonomie", insofern Chancen der Lebensgestaltung, insbesondere des Lebensunterhalts, geschaffen werden. Die gemeinsame, über ine Öffentlichkeit vermittelte Symbolsprache schafft die Nation als virtuelle Realität, auf die alle glauben, sich in gleicher Weise beziehen zu können (vgl. Nipperdey 1991: 14 und Schieder 1972: 521). Ziele werden vorgegeben, die Fiktion einer Gemeinschaft mit Abgrenzungsfähigkeit stärkt die Vorstellung, Kontrolle über die ablaufenden Prozesse behalten zu können. Der Bezug auf den Rechtsraum bezieht auch den Bezug auf paralegale *Normen* (jurale Normen) ein, wie sie etwa über Kirchen vermittelt werden. Beide Ordnungen, die symbolische Ordnung und der Rechtsraum, sind jedoch keineswegs automatisch koordiniert. Wo sie auseinanderfallen, wie im Nationalsozialismus, sind die Folgen für das System selbstzerstörerisch.

10. Europa als neuer Bezugspunkt?

Kann *Europa* Deutschland als Bezug ablösen? Im 20. Jahrhundert haben die Völker Europas durch ihre Fanatismen gezeigt, daß ein gemeinsames Schicksal sie in einem Boot vereinigt. Ob aus diesem gemeinsamen konfliktiven Schicksal die Einsicht in die Notwendigkeit einer Einheit folgt, ist allerdings nicht sicher. Solange es keine europäische Legislative (sondern nur ein weitgehend akklamatives Parlament) gibt, solange die europäische Verwaltung in Brüssel als Freiheitsbegrenzung wahrgenommen wird, solange die europäische Gerichtsbarkeit sich nur in marginalen Sonderfällen der Öffentlichkeit zeigt, können sich mit Europa auch keine emotionsträchtigen Symbole verbinden. Angesichts dieses rechtlichen wie symbolischen Defizit wird eine europäische Nation nur bei der Minderheit der mobilen Intellektuellen die deutsche Nation als Bezugspunkt ablösen können. Ein Umschlag zu mehr Konfrontation, genauso wie zur Entwicklung eines gemeinsamen Nationenverständnisses, könnte allerdings rasch – innerhalb einer Generation – erfolgen.

Literatur

Barth, Frederik (Hg.): Ethnic Groups and Boundaries. The Social Organization of Culture Difference, Bergen 1969

Bodemann, Michal: Die jüdische Gemeinschaft und ihre deutsche Erfindung, Hamburg 1996

Elwert, Georg: Nationalismus und Ethnizität. Über die Bildung von Wir-Gruppen, in: Kölner Zeitschrift für Soziologie und Sozialpsychologie, Nr. 3, 1989, S. 440-464

Gellner, Ernest: On Nations and Nationalism, in: Brumen, Borut/Zmago Smitek: MESS. Mediterranean Ethnological Summer School, Ljubljana 1995

Haller, Max: Klasse und Nation. Konkurrierende und komplementäre Grundlagen kollektiver Identität und kollektiven Handelns, in: Soziale Welt, Jg. 44, H. 1, 1993, S. 30-51

Höllmann, Thomas O.: Kritische Gedanken zum Ethnos-Begriff in der Völkerkunde – am

Beispiel festländisch-südostasiatischer Bevölkerungsgruppen, in: Tribus. Jahrbuch des Linden-Museums Stuttgart. Bd. 41, Stuttgart 1992, S.177-186
König, Werner: dtv Atlas zur deutschen Sprache, Frankfurt a.M. 1996
Kohli, Martin: Ruhestand und Moralökonomie. Eine historische Skizze, in: Heinemann, Klaus (Hg.): Soziologie wirtschaftlichen Handelns, Sonderheft 28 der Kölner Zeitschrift für Soziologie und Sozialpsychologie, 1987, S. 393-416
Koselleck, Reinhart/Otto Brunner/Werner Conze (Hrsg.): Geschichtliche Grundbegriffe. Historisches Lexikon zur politisch-sozialen Sprache in Deutschland, Stuttgart 1972
Langewiesche, Dieter: Kulturelle Nationsbildung im Deutschland des. 19. Jahrhunderts, in: Hettling, M./P. Nolte, (Hg.): Nation und Gesellschaft in Deutschland, München 1996, S. 46-64

Lepsius, Rainer M.: Extremer Nationalismus – Strukturbedingungen vor der nationalsozialistischen Machtergreifung, Berlin 1966
Lepsius, Rainer M.: Aufklärung, Massenkultur und die Selbstdomestizierung des Menschen, in: Rüssen, Jörn/Eberhard Lämmer/Peter Klotz (Hg.): Die Zukunft der Aufklärung, Frankfurt a.M. 1988, S. 233-239
Nipperdey, Thomas: Deutsche Geschichte 1866-1918, Bd. 1: Arbeitswelt und Bürgergeist, München 1991
Nipperdey, Thomas: Deutsche Geschichte 1866-1918, Bd. 2: Machtstaat vor der Demokratie, München 1992
Roth, Günther: The Social Democrats in Imperial Gemany, Totowa N.J. 1963
Schieder, Theodor: Die deutsche Frage, in: Meyers Enzyklopädie, Bd. 6, 1972, S. 521-527
Weber, Max: Wirtschaft und Gesellschaft, Tübingen 1922

Georg Elwert

Deutschland und Europa. Europäische Sozialstrukturen im Vergleich

1. Ursprünge und Epochen des Europagedankens

„Europa und Deutschland stehen in einer unauflöslichen dialektischen Wechselwirkung. Die deutsche Frage ist zu allen Epochen eine europäische, und die europäische Frage ist zu allen Epochen auch eine deutsche". (Weidenfeld 1990: 17)

Zum Bild von Europa gehören zwei sich ergänzende Mythen: der Mythos der von Zeus auf einem Stier von der Küste Kleinasiens nach Kreta entführten Europa ebenso wie der Mythos des Japhet, daß Gott nach der Sintflut den drei Söhnen des Noa – Sem, Ham und Japhet – die drei Kontinente der Erde zugewiesen habe: Asien, Afrika und eben Europa (zu den antiken und weiteren Quellen über Europa vgl. Schulze/Paul 1994).

Die Grundlagen Europas und aller Ideen zu seiner Gestalt, Bedeutung oder auch Mission liegen jedoch nicht in Mythen, sondern in historischen Phänomenen, die sich zunächst ohne Bezug auf Europa entwickelten, dann aber zur Wurzel seiner Besonderheit und seines Selbstverständnisses wurden. Hierzu rechnen die vereinheitlichenden Faktoren des Römischen Reiches von der imperialen Reichsidee bis zum Römischen Recht, von der Architektur bis zu Formen militärischer Herrschaft. Teile des sich erst seit dem 9. Jh. herausbildenden Deutschland – vor allem der Süden und Westen von Regensburg bis Mainz, von Kempten bis Xanten mit den römischen „Metropolen" Trier und Köln – partizipierten seit dem 1. Jh. vor Chr. an diesen Gemeinsamkeiten der römischen Antike. Von diesen frühen *Städten* ging auch das zweite zentrale Element zur Gestaltung Europas aus: das *Christentum*. Seit dem 7. und 8. Jh. hatte es ganz Europa erfaßt. Mönchstum und Klosterschulen trugen zu seiner Einheitlichkeit „im Geiste", zu seiner Grundlegung auf der Basis einer religiös fundierten ständisch-feudalen Ordnung erheblich bei. Für Karl den Großen, von Papst Leo III. als Schutzherr Europas ausersehen, findet sich 799 die Bezeichnung „rex, pater Europae" (Schieder 1986).

Waren es in den ersten Epochen deutscher Geschichte die Säulen der Latinität und des Christentums, die Einheit in der Vielfalt europäischer Völker und „nationes" bedeuteten, so seit der Aufklärung und Säkularisierung zunehmend Gedanken einer politischen und ökonomisch-liberalen Ordnung für Europa. In dieser Zeit des Übergangs beschwört Novalis in seinem „Essay" von 1798 über „die Christenheit oder Europa" die alte, von ihm verklärte Einheit Europas als Einheit durch das Christentum und hält diese den sich immer deutlicher abzeichnenden nationalen Egoismen entgegen. Damit ist ein bis heute wichtiges Thema berührt: die Institutionalisierung des Europagedankens zur Bändigung nationaler Interessen, kolonialer und imperialer Eigenmächtigkeiten. Versuche europäisch gesonnener Künstler und Intellektueller vor dem Ersten Weltkrieg, den „europäischen Bruderzwist" im Namen der europäisch-abendländischen Kultureinheit zu verhindern, schlugen ebenso fehl wie jene Stimmen in den 20er und 30er Jahren, die – wie Albert Einstein, Heinrich und Thomas Mann, Arnold Schönberg, Sigmund Freud und viele andere – vor der neuerlichen Selbstzerfleischung Europas warnten. Europa wurde zum Schlachtfeld von politischen Ideologien mit Totalitätsanspruch.

Der Erste Weltkrieg zerstörte viele Gemeinsamkeiten, die zuvor Europa dynastisch, kulturell und staatsorganisatorisch zusammengehalten hatten. Mit dem Wilhelminischen Kaiserreich und der Österreichischen Donaumonarchie gingen zwei große Monarchien unter, deren verwandtschaftliche Bindungen über ganz Europa hin immer mehr bedeutet hatten als nur Herrschaftsformen; sie waren auch im Bewußtsein der Menschen als Nationen übergreifende Bindungen präsent. In dem Vakuum, mitverursacht auch durch den Niedergang des Osmanischen Reiches, konnten neue Herrschaftsphantasien entstehen. Der sich nach dem Ersten Weltkrieg in Europa ausbreitende „Faschismus als Epochenphänomen" (Ernst Nolte) führte durch den Nationalsozialismus zu neuen Versuchen, Europa unter eine totalitäre Ideologie zu zwingen. Hitler wollte, nach oft bekundetem Willen, auch der „Herr Europas" sein.

2. Institutionalisierung des Europagedankens nach dem Zweiten Weltkrieg

Wegen der Okkupation eines Großteils Europas unter nationalsozialistischen Vorzeichen war der Europagedanke nach dem Zweiten Weltkrieg zunächst höchst ambivalent. Die Europabegeisterung der Deutschen, auch der Jugend und ihrer Aktivitäten, wurde in den Nachbarländern mit Skepsis aufgenommen (Morin 1988). Doch letztlich war eine Neubelebung des Europagedankens die einzige Möglichkeit, Versuchen nationaler Vorherrschaften über Europa endgültig den Boden zu entziehen. In der Tradition dieser politischen Absichten stand die einflußreiche Rede von Robert Schuman (1886-1963) vor der französischen Nationalversammlung am 9. Mai 1950. Die von Schuman vorgeschlagene „*Europäische Gemeinschaft für Kohle und Stahl*" *(EGKS)*, die Montanunion, war bis 1952 institutionalisiert. Ihr gehörten Italien und Frankreich, die Benelux-Länder und die Bundesrepublik an. Es war die erklärte Absicht, Deutschlands Industrie, die damals noch ihre wichtigsten Grundlagen in Kohle und Stahl hatte, in gemeinsame Kontrollen einzubinden.

Die *EGKS* wurde 1957 durch die „Römischen Verträge" um die *Europäische Wirtschaftsgemeinschaft (EWG)* und *Euratom* erweitert. Euratom umfaßte die genannten sechs Länder und Großbritannien. 1967 wurden diese Institutionen zur „Europäischen Gemeinschaft" zusammengeschlossen. 1973 erweiterte sich die EG auf neun Mitglieder: Dänemark, Großbritannien und Nordirland traten hinzu (für Norwegen waren die Beitrittsverhandlungen ebenfalls abgeschlossen, aber die Norweger entschieden sich in einer Volksabstimmung mit 53,5% zu 46,5% gegen den Beitritt). 1981 wurden Griechenland, 1986 Portugal und Spanien integriert. In der vierten Erweiterung 1995 wurden Finnland, Österreich und Schweden in die EU aufgenommen. Mit dem *Maastrichter Vertrag* vom 7.2.1992 wurde die EG entsprechend den Inhalten und Intentionen in *Europäische Union (EU)* umbenannt.

Tabelle 1: Die EU-Staaten im Vergleich

Land	Fläche in qkm	Einwohner in Mill. (1996)	Einwohner je qkm
Belgien	30 518	10,1	332
Dänemark	43 094	5,2	121
Deutschland	356 979	81,8	228
Finnland	338 147	5,1	15
Frankreich	543 965	58,2	105
Griechenland	131 957	10,5	78
Großbritannien und Nordirland	244 111	58,4	237
Irland	68 895	3,6	51
Italien	301 303	57,2	190
Luxemburg	2 586	0,4	157
Niederlande	41 029	15,6	376
Österreich	83 845	8,0	96
Portugal	91 971	9,8	108
Schweden	410 934	8,8	22
Spanien		39,7	77
EU 15	3 194 124	372,4	116

Quelle: Stat. Jb. für das Ausland, 1996, S. 34f.; Harenberg Aktuell '98

Die *Europäische Union (EU)* ist nicht die einzige Institutionalisierung des Europagedankens. An erster Stelle ist der 1949 gegründete *Europarat* zu nennen, der zwar nur ein loser Staatenverbund mit inzwischen (1997) 40 Mitgliedern ist, der aber durch seine Konventionen – z.B. die 1953 in Kraft getretene Europäische Konvention zum Schutz der Menschenrechte Kontrollfunktion ausübt und Einfluß auf dem Gebiet der Kultur hat. Die Parlamentarische Versammlung als Beschlußorgan des Europarats ist – wie das Europäische Parlament der *EU* – in Straßburg ansässig.

Zu nennen ist weiterhin die *Westeuropäische Union (WEU)*, die 1954 gegründet wurde (praktisch nach dem Scheitern der vor allem von Frankreich initiierten Europäischen Verteidigungsgemeinschaft, EVG). Die WEU ist ein militärischer Beistandspakt, der daneben aber auch Ziele der europäischen Integration verfolgt. Der WEU gehören 10 Vollmitglieder und einige assoziierte Mitglieder an. Von den 15 *EU*-Staaten gehören die folgenden nicht der WEU an: die drei skandinavischen Länder, Irland und Österreich. Sitz der WEU ist (wie für die 1949 gegründete NATO) Brüssel.

3. Der Vergleich europäischer Sozialstrukturen

Die nachfolgenden Hinweise auf Gemeinsamkeiten und Differenzen der Sozialstrukturen in Europa sind zumeist auf die Länder der *Europäischen Union (EU)* bzw. *des Europäischen Wirtschaftsraumes (EWR)* begrenzt. Die EU umfaßt 15 von insgesamt 43 Ländern in Europa; der EWR umfaßt die Länder der EU und der *EFTA*, der *European Free Trade Association* (Europäische Freihandelszone mit Sitz in Genf). Neben den Ländern der EU gehören Island, Liechtenstein, Norwegen und die Schweiz zur EFTA. Unter den 43 Ländern Europas sind sieben sog. Zwergstaaten, die in ihrer Existenz die wechselvolle europäische Geschichte widerspiegeln: Andorra, Liechtenstein, Luxemburg (EU-Mitglied), Malta, Monaco, San Marino und Vatikanstadt; alle zusammen haben weniger als 1 Mill. Einwohner. Aber wie in Deutschland, wo die Stadtstaaten und die in ihrer Größe sehr unterschiedlichen Länder die wechselvolle Geschichte Deutschlands in Mitteleuropa widerspiegeln, ist das kulturelle und politische Gewicht dieser Kleinstaaten nicht nur entsprechend ihrer Größe zu messen.

In einem der ersten Versuche, die Sozialstrukturen der Länder Westeuropas zu vergleichen, führte Hartmut Kaelble (1987: 149f.) aus: „Die europäischen Gesellschaften haben im 20. Jh. viele Gemeinsamkeiten, in denen sie sich von der amerikanischen, japanischen und sowjetischen Gesellschaft recht klar unterscheiden". Zu den Gemeinsamkeiten rechnen nach Kaelble u.a. eine besondere europäische Familienstruktur mit der frühen Dominanz der Kleinfamilienhaushalte; es gab und gibt eine eigene europäische Beschäftigungsstruktur; es gab und gibt Besonderheiten in der Ausprägung der Stände, Klassen- und Schichtungsstruktur und den Formen (und Akzeptanzen) der sozialen Differenzierung; es gab und gibt Gemeinsamkeiten in der Entwicklung der europäischen Stadt, in der Entwicklung sozialer/sozialstaatlicher Sicherungssysteme und bei der Lösung von Arbeitskonflikten (Schäfers 1993). Ein Vergleich europäischer *Sozialstrukturen* kann al-

Deutschland und Europa. Europäische Sozialstrukturen im Vergleich

so auf eine lange gemeinsame Geschichte in vielen Bereichen und Institutionen (wie z.B. den Universitäten) zurückgreifen. Werner Weidenfeld (1985: 13ff.) rechnet zu den Grundlagen der europäischen Identität (man müßte hinzusetzen: verstärkt seit der Aufklärung und den bürgerlichen Revolutionen) die „Entzauberung der Welt" und die rationale Lebensbewältigung (mit Begriffen Max Webers); ein individuell aktives und verantwortetes Handeln; die Suche nach Neuem und den Fortschritt als Wert.

3.1 Bevölkerung

Die *Bevölkerungsentwicklung* in den europäischen Ländern zeigt im 19. und 20. Jh. erstaunliche Parallelen (Flora 1987). Nach der „Bevölkerungsexplosion" im 19. Jh. begannen die europäischen Länder entsprechend dem Stand der Industrialisierung und Verstädterung mit der „säkularen Geburtenbeschränkung" (H. Linde). Zu Recht wird darauf hingewiesen, daß die europäischen Länder in ihrer Bevölkerungsentwicklung der letzten 150 Jahre das Theoriemodell des demographischen Übergangs repräsentieren. Hatte Deutschland von 1970-1985 das niedrigste Geburtenniveau von allen Ländern auf der Welt, so wurde es seit den späten 80er Jahren von Italien und Spanien unterboten.

Weitere Merkmale der Bevölkerungsstruktur und -entwicklung (Sozialportrait Europas 1995):

- In allen Ländern der EU hat nur noch Irland ein natürliches *Bevölkerungswachstum*; Frankreich erreicht Bestandserhaltung; der Bevölkerungszuwachs in den anderen Ländern erfolgt ausschließlich über Wanderungsgewinne;
- die Länder der EU sind trotz Zunahme von Wanderungsbewegungen seit Ende der 80er Jahre im Hinblick auf die Staatsangehörigkeit ihrer Bevölkerung relativ homogen: 1991 wohnten 95,6% der Staatsangehörigen der EU im eigenen Land;
- die höchsten relativen Wanderungsgewinne hatten Luxemburg und Deutschland; mit großem Abstand folgen Griechenland und Österreich;
- der relative Anteil älterer Menschen (über 60 Jahre) an der Gesamtbevölkerung war am höchsten in Schweden (1990 22,8%), am niedrigsten in Irland (15,1%); spiegelbildlich dazu war der Anteil der unter 20jährigen an der Gesamtbevölkerung in Irland am höchsten (36,9%), in Deutschland mit 21,8% am niedrigsten (1990); bemerkenswert ist, daß es in Spanien und Italien in den Regionen des Nordens und Südens höchst unterschiedliche Anteile gibt, die sich den genannten Extremen annähern;
- die Zahl der nichtehelichen Geburten zeigt äußerst große Schwankungen: zwischen 0,3% und 0,7% in Griechenland und Irland und 46,4% und 49,5% in Dänemark und Schweden (1992).

Neben der *natürlichen Bevölkerungsbewegung* spielen die Wanderungsbewegungen im Hinblick auf die aktuelle Struktur der Bevölkerung die entscheidende Rolle. *„Die Zu- und Abwanderungen* von und nach Deutschland machen den Großteil der Bevölkerungsbewegungen im Europäischen Wirtschaftsraum aus" (Sozialportrait Europas 1995: 29).

Im Jahre 1991 entfielen etwa die Hälfte aller Zu- und Fortzüge des *EWR* auf Deutschland; dies hat mit der Größe des Landes, seiner Mittellage in Europa, der Wiedervereinigung und den Aussiedlern aus Osteuropa zu tun. 1991 gab es in Deutschland fast 1,2 Mill. Zuwanderer gegenüber 590 Tsd. Abwanderern (*Aussiedler* sind deutsche Volksangehörige, die vor allem aus der ehemaligen Sowjetunion, insbesondere Rußland, aus Polen und Rumänien nach Deutschland umsiedeln; *Übersiedler* sind jene Personen, die aus der DDR bis zum 3.10.1990 umsiedelten).

Innerhalb der EU gibt es bemerkenswerte Verschiebungen in den Abwanderungsquoten. Italien und Spanien, die über Jahrzehnte Abwanderungsländer waren (vor allem auch in die Bundesrepublik), verzeichnen derzeit eine Rückwanderung; Portugal und Griechenland sind weiterhin Abwanderungsländer.

3.2 Haushalte und Familien

Trends, die sich in allen Ländern der *EU* und des *EWR* abzeichnen, wenn auch mit unterschiedlichem Beginn und Tempo, lassen sich wie folgt zusammenfassen (Sozialportrait Europas 1995: 43f.):

- Abnahme der Haushaltsgröße; 1991 hatten Dänemark und Deutschland mit je 2,2 Personen je *Haushalt* und Schweden mit 2,1 die geringste Haushaltsgröße; die Maxima gab es (3,3) in Spanien und Irland;
- Zunahme der Einpersonenhaushalte (ca. ein Viertel im EWR; in Deutschland 34%);
- Rückgang der Eheschließungen (EWR) von 1970 bis 1992 um 24%;
- Anstieg der Scheidungen in den heutigen *EWR*-Ländern von 1960 bis 1991 um das Dreieinhalbfache;
- das Durchschnittsalter bei der Erstheirat ist in den meisten Ländern des heutigen *EWR*-Raumes gestiegen; 1992 war es am höchsten in den skandinavischen Ländern (Dänemark 30,5 für Männer, 28,0 für Frauen), am niedrigsten in Portugal (26,3 für Männer, 24,3 für Frauen);
- der Anteil der *Alleinerziehenden* zieht eine deutliche Grenzlinie durch Europa: im Norden und Westen Europas sind ca. 20% der *Familien* mit Kindern Einelternfamilien (Norwegen 28,5%; Deutschland 18,1%), im Süden Europas sind es zwischen 11 und 13%.

3.3 Bildung und Ausbildung. Schulen und Universitäten

Vor der Herausbildung der europäischen Nationalstaaten gab es auf dem Sektor der *Bildung* für die wenigen Menschen, die überhaupt lesen und schreiben konnten, in gewisser Weise mehr Gemeinsamkeiten als gegenwärtig. Klosterschulen und Universitäten waren in ganz Europa vergleichbar, weil sie von der Kirche dominiert wurden. Erst mit der Durchsetzung der allgemeinen *Schulpflicht* und der Etablierung nationalstaatlicher Bildungssysteme seit der Mitte des vorigen Jahrhunderts sinkt die Analphabetenrate drastisch, können sich Mädchen und Frauen an Bildungs- und Ausbildungsprozessen beteiligen und werden Bildung und Ausbildung zu allgemein anerkannten Voraussetzungen bei der Verberuflichung der Arbeit und der Partizipation am kulturellen, sozialen und politischen Leben. Die am frühesten industrialisierten Länder in West- und Nordeuropa gewannen hierbei einen Vorsprung vor den südeuropäischen Ländern, in denen der Einfluß der Kirche länger dominant war und die Industrialisierung später oder nur regionalspezifisch einsetzte (Lombardei; Baskenland; Katalonien). Die unterschiedlichen Zeitraster für Säkularisierung, Industrialisierung, Verstädterung, Frauenemanzipation usw. führten zu Differenzierungen der Bildungs- und Ausbildungssysteme in den europäischen Ländern.

Die größten Ähnlichkeiten in der institutionellen Ausgestaltung des Bildungssektors gibt es im Primarbereich, obwohl das Einschulungsalter einige Unterschiede aufweist: in den meisten Ländern ist es das sechste Lebensjahr, in Großbritannien und den Niederlanden das fünfte, in den skandinavischen Ländern das siebte (Müller et al. 1997: 87). Der Sekundarbereich II zeigt große Unterschiede im Hinblick auf vertikale Durchlässigkeit, horizontale Übergangsmöglichkeiten und in der Integration und Differenzierung zwischen allgemeinem und berufsbildendem Schulwesen; eine noch größere Differenzierung zeigt das berufliche Schulwesen (vgl. ebd.: 190ff.).

An der *Bildungsexpansion* seit Beginn der 60er Jahre hatten alle hier betrachteten europäischen Länder Anteil, wenn auch mit kleinen Phasenverschiebungen. Am deutlichsten zeigt sich die Bildungsexpansion im überproportionalen Anstieg der Quoten für Mädchen am weiterführenden Schulwesen und der deutlichen Zunahme der Studierenden pro Altersjahrgang. Seit Anfang der 90er Jahre sind im *EU*-Durchschnitt exakt 50% der Lernenden in Sekundarstufe II Mädchen (Eurostat).

Die europäischen *Universitäten* sind ein Weltkulturerbe allerersten Ranges. Ihre Entwicklung seit dem frühen 12. Jahrhundert in Bologna und Paris, Oxford und Coimbra, seit dem Frühhumanismus in Prag, Krakau und Heidelberg und in vielen bis heute bedeutenden europäischen Universitätsstädten ist ein frühes „Muster" von Universalität: der Sprache, der Form des Disputs und der Integration der „nationes". Die europäischen Universitäten waren und sind einer der wichtigsten Faktoren der Integration.

Der *Maastricht-Vertrag* von 1992, der zur Umwandlung der EG in die EU führte, sieht erstmalig vertragsrechtliche Regelungen für den Bildungsbereich vor. Hochschulaustauschprogramme, wie das 1987 institutionalisierte Erasmus-Programm und das nachfolgende Sokrates-Programm, aber auch die vielen Kooperationen zwischen *Universitäten* und Fachhochschulen in ganz Europa tragen zur Identifizierung mit Europa erheblich bei.

3.4 Die europäische Stadt

Bereits Max Weber hatte die Besonderheit der europäischen *Stadt* als wichtige Grundlage der Heraufkunft des okzidentalen Rationalismus und Kapitalismus dargestellt. Es gibt keine andere Weltregion mit einer vergleichbar dichten und autonomen, kulturell bedeutsamen und historisch kontinuierlichen Stadtentwicklung wie Europa. Ob Rom oder Byzanz, Venedig, Wien, Prag, Warschau oder Lissabon, Barcelona, London oder Paris, Kopenhagen, Dresden, Berlin und Madrid: Die Gemeinsamkeiten der europäischen Stadt haben eine lange Tradition. In ihrem Erscheinungsbild spiegeln sie bis heute die Epochen gesamteuropäischer Kunst und Architektur, der Geschichte und der Nationen.

Als wichtigste Epochen seien genannt: das Stadterbe der Antike, das in Deutschland vor allem in Trier und Köln sichtbar ist; die in ganz Europa bis heute die Idealvorstellung von *Stadt* und die Siedlungsstruktur prägenden Stadtgründungswellen des Mittelalters (Stoob 1979), mit ihren erstaunlichen Gemeinsamkeiten und Differenzierungen des romanischen und gotischen Baustils; seit der Renaissance die Entwicklungen zur offenen Bürgerstadt, aber auch zu den Militär- und Residenzstädten des Absolutismus (mit Hannover und Kassel, Mannheim und Potsdam als Beispielen). Mit der Renaissance beginnt auch, nicht zuletzt aus französischem, geometrisch-cartesianischem Denken und Wollen heraus, eine Zeit der Planstädte, mit Karlsruhe, Mannheim, Freudenstadt oder Hanau als bekannten Beispielen auf deutschem Boden. Der Stadtumgestaltung und -entwicklung im Absolutismus folgt die industrielle Verstädterung, die Gemeinsamkeiten auf völlig neuer Basis schafft. Seither sind es vor allem die neuen Verkehrssysteme, Eisenbahn, Straßenbahn, U-Bahn und seit den 20er Jahren das Automobil, die, zusammen mit der Tertiärisierung der Wirtschaftsstruktur, zu bis heute vergleichbaren Stadtentwicklungen in Europa führen. Die in Bau befindlichen und geplanten neuen Trassen eines europäischen Schnellbahnsystems werden die europäischen Metropolen – und nicht nur die der heutigen *EU* – noch enger verbinden und ein wichtiger Integrationsfaktor sein.

Eine weitere Besonderheit des *europäischen Städtesystems* ist darin zu sehen, daß es nur wenige Megastädte ausgebildet hat und sein relativer Anteil am Weltverstädterungsprozeß zurückgeht. Lagen 1900 noch fünf der zehn größten *Städte* der Welt in Europa, so um 1990 keine einzige mehr – wobei die gegenwärtig zehntgrößte Stadt, Los Angeles, doppelt so groß ist wie die größte Stadt um 1900 (London mit damals 6,5 Mill. Einwohnern). Die Verbundenheit der europäischen Städte untereinander zeigt sich darin, daß eine Vielzahl der Städte, und zwar jeder Größenordnung, Partnerstädte in anderen europäischen Ländern hat (Karlsruhe z.B. Nancy in Frankreich und Nottingham in Großbritannien). Auch die Einrichtung der jährlich wechselnden „Kulturhauptstadt Europas" – beginnend mit Athen 1985 – trägt zur Verlebendigung des gemeinsamen kulturellen Erbes bei (Berlin 1988; Weimar 1999).

3.5 Differenzierungen durch die Wirtschaftsstruktur

Die aus der alteuropäisch-feudalen, der städtisch-bürgerlichen und der industriellen Entwicklungsphase stammenden Besonderheiten der Stände, Klassen und Schichten sind in unterschiedlichem Ausmaß in den europäischen Ländern noch sichtbar; sie werden mehr und mehr überlagert durch gleiche Trends, die mit den Begriffen „*Modernisierung des Lebensstils*", *Pluralisierung* und *Individualisierung* umschrieben werden können. Die Unterschiede im Einkommen und dessen Ausgabenstruktur sind hierbei ebenso wichtig geworden wie die aus den genannten sozialen Bedingungen resultierenden Formen des Standes, des Berufsethos und des Sozialprestiges.

Tab. 2: Grunddaten der Wirtschaftsstruktur

Land	BSP 1995 je Einw. (in Dollar)	Arbeitslosenquote 1996 in%	Private Verbrauchsausgaben je Einwohner 1995 in DM	Erwerbsquote 1994
Belgien	24 710	9,8	18 580	41,2
Deutschland	27 510	9,0	16 790	48,8
Dänemark	29 890	6,0	16 530	53,6
Finnland	20 580	15,7	13 830	49,2
Frankreich	24 990	12,3	17 200	44,3
Griechenland	8 210	–	13 010	40,7
Großbritannien	18 700	8,2	16 230	49,5
Irland	14 710	12,3	13 570	40,1
Italien	19 020	12,0	17 140	40,1
Luxemburg	42 210	3,1	24 130	42,8
Niederlande	24 000	6,6	17 000	47,9
Österreich	26 860	4,1	16 460	48,6
Portugal	9 740	7,3	11 690	48,6
Schweden	23 750	10,0	14 020	48,6
Spanien	13 580	22,3	12 630	40,1

Quelle: Zahlen 1997, Tab. 138ff.; Stat. Jb.f. d. Ausl. 1996, S. 45; und Globus-Kartendienst Ve-3836 und Va-39

Tab. 3: Anteile der Wirtschaftssektoren und Beitrag zur Bruttowertschöpfung

EU-Land	Beschäftigte in den Wirtschaftssektoren 1994 in % der Erwerbstätigen			Beitrag zur Bruttowertschöpfung in % 1994		
	Land- u. Forstwirt. Fischerei (I)	Produzierendes Gewerbe (II)	Dienstleist. (III)	I	II	III
Belgien	2,9	28,9	68,2	1,7	31,0	67,3
Dänemark	5,0	26,5	68,4	3,5	27,1	69,4
Deutschland	3,3	37,0	59,7	1,1	35,2	63,7
Finnland	8,6	26,3	65,1	5,2	32,7	62,1
Frankreich	5,2	26,9	67,9	2,5	27,6	69,9
Griechenland	20,8	23,6	55,6	14,9	25,0	60,0
Großbritannien und Nordirland	2,1	27,8	70,1	1,9	29,7	68,4
Irland	13,1	27,1	59,7	8,4	36,5	55,2
Italien	7,7	32,1	60,2	2,9	32,0	65,1
Luxemburg	3,2	27,0	69,9	1,0	23,6	75,4
Niederlande	4,0	23,3	72,7	3,6	27,0	69,4
Österreich	6,9	35,4	57,7	2,3	35,6	62,2
Portugal	11,8	32,5	55,8	5,5	32,5	62,0
Schweden	3,4	25,0	71,6	2,3	29,8	67,8
Spanien	9,9	30,1	60,0	3,7	33,3	63,0

Quelle: Datenreport 1997, S. 413, Eurostat Jahrbuch 1996, S. 297f., Stat. Jahrbuch für das Ausland 1996, S. 161

Diese vor allem aus dem sozialen System, dem in den späten 60er Jahren einsetzenden *Wertewandel*, der *Emanzipation* der Frauen, der Veränderung der Lebens- und Erwerbsbiographien usw. resultierenden Faktoren dürfen jedoch nicht übersehen lassen, daß es in

Europa „objektive" Unterschiede in den Soziallagen gibt. Die *Arbeitslosenquoten* sind hierfür ebenso erheblich wie die unterschiedlichen Erwerbsquoten für Frauen und Männer, die im allgemeinen sehr viel geringere Berufsposition der Frauen in allen europäischen Ländern, die Strukturveränderungen des Sozialstaats und andere Faktoren mehr.

Die Unterschiede der *Wirtschaftsstruktur* und -leistung sind größer als Unterschiede in anderen Bereichen. Die *Erwerbsbevölkerung* beträgt in den 15 Ländern der EU ca. 166 Mill., das sind 44,6% von insgesamt 372,4 Mill. Einwohnern, aber die Erwerbsquoten in den Ländern sind sehr unterschiedlich. Die nachfolgende Tabelle zeigt diese und andere Differenzen.

Sehr unterschiedlich sind auch die Anteile der einzelnen Wirtschaftssektoren sowohl an der Zahl der *Erwerbstätigen* wie am *Bruttoinlandsprodukt (BIP)*.

Im Vergleich zu den USA, dem zweitgrößten Binnenmarkt der Welt, hat die EU 40% mehr an Bevölkerung, ein um 10% höheres *BIP* und einen höheren Anteil am Weltexport (ohne EU-Binnenhandel).

3.6 Lebensbedingungen in der EU. Wohlfahrt und Zufriedenheit

Die 15 Länder der *EU* gehören mit einigen anderen europäischen Ländern (Norwegen, Schweiz), mit Nordamerika und Japan zu den fortgeschrittensten Industrienationen der Welt; entsprechend hoch ist – im Vergleich mit anderen Weltregionen – das durchschnittliche *Pro-Kopf-Einkommen*.

Vergleiche dieser Art verdecken die in Europa immer noch vorhandenen Unterschiede, sowohl der 15 Länder untereinander wie der Regionen in diesen Ländern. So steht das *Pro-Kopf-Einkommen* der italienischen Regionen Lombardei und Kalabrien etwa im Verhältnis 4:1, das von Luxemburg ist rund fünfmal größer als das von Griechenland. Der gesamtdeutsche Wert ist 1995 mit 27510 $ BIP pro Kopf relativ hoch, er verdeckt aber die großen Unterschiede zwischen den alten und neuen Bundesländern und innerhalb der neuen Bundesländer. Ein guter Indikator für den Lebensstandard ist der Anteil, der auf Nahrungs- und Genußmittel entfällt: in Deutschland und den Niederlanden sind es nur ca. 15% des Einkommens, in Griechenland 37% (Noll 1997: 442). Höchst unterschiedlich sind auch die Ausstattungen der *Haushalte* (mit langlebigen Gebrauchsgütern) sowie die Verhältnisse an *Haus- und Wohnungseigentum* (Sozialportrait Europas: 163f.). Im Durchschnitt der Europäischen Union leben 60% der Haushalte in eigenen Häusern und Wohnungen, überwiegend in Einfamilienhäusern. Die höchsten Anteile haben Irland (77%), Spanien (74%) und Griechenland (71%). Deutschland und die Niederlande weichen mit 46 und 47% deutlich vom EU-Durchschnitt ab.

Sehr unterschiedlich sind auch *Lebenszufriedenheit* und subjektives Wohlbefinden in den Ländern der *EU*. Vergleichsdaten hierzu werden seit 1973 regelmäßig durch das „Eurobarometer" erhoben. Die Länder der EU lassen sich hinsichtlich der *Lebenszufriedenheit* in drei Gruppen einteilen (Noll 1997: 458f.): Für Dänemark (97%), die Niederlande und Luxemburg liegt der Anteil der Menschen, die mit ihrem Leben zufrieden sind, im Zeitraum 1983-1993 bei über 90%; in Großbritannien, West-Deutschland, Irland und Belgien bei über 80%; zwischen 66 und 75% lagen die Anteile in Portugal (66%), Spanien, Frankreich, Italien (74%) und Ost-Deutschland (1993: 75%). Griechenland nimmt mit nur 51% Lebenszufriedenen (1993) eine Außenseiterstellung ein. Untersuchungen zeigen, daß nur der geringste Teil der Unterschiede durch sozio-ökonomische Faktoren erklärbar ist; für den größten Teil der Varianz müssen kulturelle Faktoren herangezogen werden (ebd.: 462).

4. Europäische Identität und Unionsbürgerschaft

4.1 Sind nationale, regionale und europäische Identität vereinbar?

Bereits im 19. Jh. gab es Vorstellungen von einer europäischen Gesellschaft; aber erst in den letzten Jahrzehnten sind sie durch die Präsenz von Angehörigen europäischer Nationen in allen anderen Ländern der *EU* und des *EWR*, durch den Austausch der Produkte, die Europäisierung des Kulturaustausches und der Informationen, durch Schüler- und Studentenmobilität, durch den intensiven Tourismus und die Stadterkundungen europäischer Metropolen mit bedeutender Geschichte und Kunst, und natürlich durch die fortschreitende Institutionalisierung der Idee Europas auf allen Gebieten eine bis in den Alltag hineinwirkende Realität geworden. Zugleich gab es eine Zunahme regionaler Aktivitäten und die Herausstellung ihrer Besonderheiten, was u.a. im „Ausschuß der Regionen", der mit dem *Maastricht-Vertrag* eingerichtet wurde, zum Ausdruck kommt. Schon jetzt läßt sich sagen, daß hier kein Widerspruch bestehen muß: Der Stolz auf die eigene Stadt oder Region muß dem Bewußtsein, Europäer und damit „Bürger" einer bedeutenden Weltregion zu sein, nicht widersprechen (Hettlage et al. 1997).

Sehr viel komplizierter sind die Fragen nach Wirklichkeit und Selbstverständnis der multikulturellen Gesellschaft in den einzelnen europäischen Nationen und für Europa (vgl. Mintzel 1997; zu den verschiedenen Sichtweisen auf die Kultureinheit Europas S. 319ff.).

Fragt man nach der Identifikation der Deutschen und anderer *EU*-Bürger und -Bürgerinnen mit Europa, bewegt man sich trotz aller Empirie auf schwankendem Boden. Zwangsläufig verbindet fast jedes Individuum sowohl mit Nation wie mit Europa eine andere Vorstellung. Doch die Ergebnisse des Eurobarometers zum nationalen und europäischen Zugehörigkeitsgefühl sind selbst wiederum „soziale Tatsachen" im Sinne von Emile Durkheim, die auf kognitive und soziale Prozesse zurückwirken. Im Dezember 1995 ermittelte das Eurobarometer (Immerfall/Sobisch 1997), daß sich nur 5% der Deutschen in naher Zukunft „nur als Europäer" sehen; 9% als Europäer und Deutsche; 43% als Deutsche und Europäer; 48% nur als Deutsche. Die überzeugtesten Europäer finden sich in Luxemburg: 21% fühlen sich nur als Europäer – ein verständliches Ergebnis, da dort 29% der Wohnbevölkerung EU-Ausländer sind. Hinzu kommt, daß es unter diesen EU-Ausländern sehr viele Akademiker gibt, die ohnehin zu Europa im Durchschnitt eine positivere Einstellung haben als Personen mit niedrigerem Bildungsstand. Am geringsten ausgebildet ist die europäische Identität nach den Ergebnissen vom Dezember 1995 in Schweden und Großbritannien: 64 bzw. 57% der Befragten haben ausschließlich ein nationales Zugehörigkeitsgefühl (zusammenfassend über „europäische Identität" Mintzel 1997: 336ff.).

4.2 Unionsbürgerschaft als Element der Integration

Das *Staatsbürgerrecht* ist in den europäischen Ländern sehr unterschiedlich ausgeprägt; das hat Konsequenzen für Einbürgerung und Integration. Im *Vertrag von Maastricht* sind die Grundzüge einer europäischen *Unionsbürgerschaft* erstmalig skizziert. Dort heißt es: „Bürger der Union ist jede Person, die die Nationalität eines Mitgliedsstaates hat". Über die bisherigen staatsbürgerlichen Rechte auf der Basis des *EWG*-Vertrages von 1956 (z.B. Freizügigkeit; Niederlassungsfreiheit) wird damit deutlich hinausgegangen. Zentrales Element der jetzt erreichten Stufe der Unionsbürgerschaft ist das Kommunalwahlrecht: Bürger der *EU* haben – bei bestimmten Voraussetzungen – in allen Ländern der EU das Recht, sich an Kommunalwahlen zu beteiligen.

5. Im Spannungsfeld von europäischer Integration und nationaler Differenzierung

Die Gemeinsamkeiten beziehen sich auch auf ein gesamteuropäisches Erbe der Entwicklung von Demokratie und Parlamentarismus, von Republik und Bürgergesellschaft; sie werden durch die Theorien der Egalität und der bürgerlichen Revolutionen, mit ihrem Höhepunkt 1789f., eher verdeckt als bewußt gemacht. Die demokratischen bzw. gemeinschaftlichen und genossenschaftlichen Formen der Gestaltung des politischen und sozialen Lebens vor dem eigentlichen Zeitalter der Demokratie, die Traditionen der Freien Reichsstädte und Stadtrepubliken, aber auch der Zünfte und Innungen, der ständischen und kirchlichen Wahlkonvente, sind ein gesamteuropäisches Erbe, das bei allen

Deutschland und Europa. Europäische Sozialstrukturen im Vergleich

politischen Veränderungen bis heute fortwirkt. Der Zusammenschluß der europäischen Staaten in der *EG* bzw. *EU* macht die nationalstaatlich ausgeprägten Besonderheiten der Bürokratie, des Föderalismus, des Sozial- und Wohlfahrtsstaates, der Arbeitsverfassungen, des Gerichtswesens, des Gesundheitswesens, der Medien und Massenkommunikation und aller anderen sozialstrukturell bedeutsamen Institutionen zu Aufgaben der Angleichung. Die unterschiedlichen politischen Systeme in der EU sind jedoch ein Beispiel dafür, daß Angleichung nicht auf allen Ebenen erforderlich ist, wenn ein bestimmter Grundkonsens vorausgesetzt werden kann. In der EU gibt es sieben konstitutionelle Monarchien und acht Republiken; Wahl und Stellung des Staatsoberhauptes sind ebenso verschieden wie Parteien- und Wahlsysteme und die Stellung von Parlament und Zweiter Kammer (in Deutschland der Bundesrat). Der politische Grundkonsens besteht jedoch darin, daß alle 15 EU-Staaten parlamentarische Demokratien sind (zur Differenzierung der politischen Systeme vgl. Gabriel 1992; Ismayr 1997).

Auf anderen Gebieten, wie den Traditionen und Strukturen von *Sozialstaat* und *Sozialpolitik*, sind die vorhandenen Differenzen problematischer, weil z.B. der *Maastricht-Vertrag* in Art. 2 vorschreibt, „ein hohes Beschäftigungsniveau, ein hohes Maß an sozialem Schutz, die Hebung des Lebensstandards, den wirtschaftlichen und sozialen Zusammenhalt" zu fördern. Dies dürfte kaum ohne bestimmte Vereinheitlichungen und gemeinsame Institutionen zu erreichen sein.

Alles in allem ist der Prozeß der Integration auf der wirtschaftlichen und rechtlichen Ebene viel weiter fortgeschritten als dem Unionsbürger bewußt ist. Hier liegen die Probleme des weiteren Einigungsprozesses: die Mitwirkungsrechte des Straßburger Europa-Parlaments sind ebenso defizitär wie die Europa-Identität der deutschen Bürger. Wie weit sich die europäische Wirtschaftsstruktur in den letzten Jahren – z.T. unmerklich für viele Bürger – gewandelt hat, erkennt man an folgenden Faktoren: Banken und Versicherungen haben längst ein europäisches Verbundsystem aufgebaut, ebenso der Handel; Ausschreibungen und Wettbewerbe erfolgen immer häufiger europaweit; die Hersteller von Arzneien, von Nahrungs- und Genußmitteln und anderen Waren müssen ebenso europäische Normen und Standards beachten wie Empfänger von Subventionen oder Forschungsmitteln. Der Bundesverband der Deutschen Industrie (BDI) schätzt, daß inzwischen mindestens 60% der für die gewerbliche Wirtschaft relevanten Gesetze ihren Ursprung in Brüssel haben (FAZ 25.8.97).

Betrachtet man diese aktuellen Entwicklungen und die Traditionen europäischer *Sozialstrukturen*, dann wird die Aufgabe sein, ein neues Gleichgewicht zwischen europäischer Integration und nationaler Differenzierung herzustellen. Im 21. Jh. ist unter neuen Bedingungen das zu bewahren, was schon immer als ein besonderer Reichtum Europas galt: auf relativ kleinem Raum eine erstaunliche Differenzierung seiner kulturellen und sozialstrukturellen Muster auf vergleichbarer Basis zu leisten. Daß Deutschland hierbei eine wichtige Position zukommt, innerhalb und außerhalb der EU, hat mit seiner Größe, seiner wirtschaftlichen Bedeutung, seiner Mittellage in Europa, seiner Prägung durch Katholizismus und Protestantismus, durch Aufklärung und Romantik und vielen anderen Faktoren zu tun, die insgesamt zur Sozialstruktur und Kultur Europas gehören.

Literatur

Flora, Peter: State, Economy and Society in Western Europe 1815-1975. A Data Handbook, 2 Bde., Frankfurt/London/Chicago 1983 und 1987

Gabriel, Oscar W. (Hg.): Die EG-Staaten im Vergleich. Strukturen, Prozesse, Politikinhalte, Opladen 1992

Hettlage, Robert/Petra Deger/Susanne Wagner (Hg.): Kollektive Identität in Krisen. Ethnizität in Region, Nation, Europa, Opladen 1997

Hradil, Stefan/Stefan Immerfall (Hg.): Die westeuropäischen Gesellschaften im Vergleich, Opladen 1997

Immerfall, Stefan/Andreas Schobisch: Europäische Integration und europäische Identität. Die europäische Union im Bewußtsein ihrer Bürger, in: Aus Politik und Zeitgeschichte, 28.2.1997

Ismayr, Wolfgang (Hg.): Die politischen Systeme Westeuropas, Opladen 1997

Kaelble, Hartmut: Auf dem Weg zu einer europäischen Gesellschaft. Eine Sozialgeschichte Westeuropas 1880-1980, München 1987

Kaelble, Hartmut: Europäische Vielfalt und der Weg zu einer europäischen Gesellschaft, in: Hradil, St./Immerfall St. (Hg.): Die westeuropäischen Gesellschaften im Vergleich, Opladen 1997, S. 27-70

Mintzel, Alf: Multikulturelle Gesellschaften in Europa und Nordamerika, Passau 1997

Morin, Edgar: Europa denken, Frankfurt/New York 1988 (frz. 1987)

Müller, Walter/Susanne Steinmann/Reinhart Schneider: Bildung in Europa, in: Hradil, St./ St. Immerfall (Hg.): Die westeuropäischen Gesellschaften im Vergleich, Opladen 1997, S. 139-176

Noll, Heinz-Herbert: Wohlstand, Lebensqualität und Wohlbefinden in den Ländern der EU, in: Hradil, St./St. Immerfall (Hg.): Die westeuropäischen Gesellschaften im Vergleich, Opladen 1997, S. 431-474

Schäfers, Bernhard (Hg.): Lebensverhältnisse und soziale Konflikte im neuen Europa. Verhandlungen des 26. Deutschen Soziologentages in Düsseldorf 1992, Frankfurt/New York 1993

Schieder, Theodor: Geschichte der Europaidee, in: Staatslexikon, Bd. 2, Freiburg 1986, Sp. 414-418

Schulze, Hagen/Ina Ulrike Paul (Hg.): Europäische Geschichte. Quellen und Materialien, München 1994

Sozialporträt Europas, hg. vom Statistischen Amt der Europäischen Gemeinschaften, Luxemburg/Brüssel 1995

Stoob, Heinz: Die hochmittelalterliche Städtebildung im Okzident, in: ders. (Hg.): Die Stadt. Gestalt und Wandel bis zum industriellen Zeitalter, Köln/Wien 1979, S. 131-156

Weidenfeld, Werner (Hg.): Die Identität Europas, München/Wien 1985

Weidenfeld, Werner (Hg.): Die Deutschen und die Architektur des Europäischen Hauses, Köln 1990

Bernhard Schäfers

Eigentum/Eigentumsordnung

1. Eigentumsbegriff, Eigentumsformen, Eigentumssystematik

Im Begriff des Eigentums verbinden sich Bedeutungsgehalte des lat. „propius" (eigen) mit dem frz. „propre" (eigentümlich, besonders). Er wird häufig synonym mit „*Besitz*" verwandt. Eigentum i.a.S. bezieht sich auf Gegenstände und Güter von kulturell definiertem Wert, um die der Wettbewerb innerhalb einer Gesellschaft u.a. durch privilegierende und restringierende *Eigentumsrechte* kontrolliert wird. Der abstrakte Eigentumsbegriff ist eine Entwicklung der Rechtswissenschaft. Bürgerliches Recht definiert Eigentum als „ius ad rem". Die in diesem exklusiven Herrschaftsrecht an einer Sache gründende Sachherrschaft des „corpus iuris civilis" umfaßt Nutzung, Verwertung und Veräußerung des Besitzes durch Filiation, kulturellen Brauch oder rechtliche Regulierung. Sie ermöglicht es Eigentümern/innen nach § 903 BGB, mit dieser Sache nach Belieben zu verfahren, soweit nicht das Gesetz oder Rechte Dritter dem entgegenstehen.

Aus soziologischer Sicht läßt sich Eigentum grundsätzlich nach materiellen und immateriellen Eigentumsobjekten unterscheiden. Nach der Form des Eigentums üblich ist eine Differenzierung nach Individual- und Kollektiveigentum sowie nach privatem und öffentlichem Eigentum. Eigentümer können natürliche und juristische Personen oder Kollektive, wie Eigentümer- und Erbgemeinschaften, sein. Ebenso kann es sich auf seiten der Eigentumsobjekte um Gemeinschaftsgüter handeln, die, z.B. als Familiengut, getrennt unveräußerlichen Besitz darstellen. Ihr kollektiver Charakter kann aber auch, wie bei Luft oder Wasser, auf natürlicher Unteilbarkeit beruhen. Daneben gibt es Misch- und Übergangsformen. Dies gilt sowohl für den Erwerb und die Verwendung von Eigentum, etwa in Form des Nutzungseigentums und des Mietkaufs („leasing"), als auch für die Delegation und Aufteilung von z.B. auf Unternehmereigentum beruhenden Verfügungsrechten und anderen eigentumsbedingten Kontrollbefugnissen auf Eigentümerstellvertreter (z.B. auf Manager oder eine Aktiengesellschaft, GmbH oder Kommanditgesellschaft). In ihnen deuten sich nicht nur veränderte Eigentumsstrukturen, sondern auch gewandelte Einstellungen zum Eigentum an (für den Versuch einer eigentumssoziologischen Systematisierung vgl. Burghardt 1980).

Im einzelnen bezieht sich Eigentum auf *Geldvermögen*, auf Grund und Boden sowie auf bewegliche und unbewegliche Sachen (Immobilien). Außer dem mobilen und immobilen Sacheigentum gibt es, z.B. in den *Massenmedien*, ein Recht auf das eigene Bild sowie – als Beispiel für weder gegenständlich noch körperlich begründete Eigentumsrechte – ein urheberrechtlich („copyright") geschütztes geistiges Eigentum. Dazu kommen durch Eigenleistung erworbene oder qua Familienzugehörigkeit entstandene, i.d.R. monetarisierbare Anrechte auf Eigentum. Bei ersteren handelt es sich in der Hauptsache um Rentenanwartschaften und Pensionsansprüche, bei letzteren um die Hinterbliebenenversorgung und um Erbansprüche, die i.a. auf Geburt oder (Ein-)Heirat zurückgehen. In der Doppelbedeutung des *„Arbeits-Vermögens"* ist Eigentum somit sowohl mit Arbeit (Broker 1992) als auch mit Familie und Verwandtschaft verbunden. Ersteres gilt traditionell und bis heute vorrangig für versicherungspflichtige Erwerbsarbeit, seit dem Hinterbliebenenrenten- und Erziehungszeitengesetz (HEZG 1985) und der mit ihm im westdeutschen Rentensystem bislang einmaligen Anrechnung von rentensteigernden Kindererziehungszeiten im Ansatz auch für Reproduktionsarbeit. Eigentum wird durch Recht, teilweise auch durch Religion, abgesichert und von einer sich wandelnden Eigentumsideologie normativ fundiert. Es steht in unmittelbarem Zusammenhang mit anderen zentralen Institutionen unserer Gesellschaftsordnung und markiert zugleich eine Schnittstelle im Bedeutungskontext des Persönlichkeitssystems.

2. Sozial-, kultur- und rechtsgeschichtliche Wurzeln

Hinweise auf das Bestehen von Privateigentum gibt es in allen bislang untersuchten Kulturen und historischen Epochen. Entgegen den etwa in der sozialistischen Eigentumslehre enthaltenen Vorstellungen von einem mutterrechtlichen Urkommunismus ohne individuellen Besitz haben sich im historischen und interkulturellen Vergleich lediglich die Träger des Eigentums und die durch Eigentumsübergang typischerweise entstandenen Verkehrskreise gewandelt. Dagegen scheint es sich beim Besitzen(wollen) um ein anthropologisches Grundbedürfnis zu handeln, das von der Kulturanthropologie und Ethnologie auch für wenig differenzierte Gesellschaften nachgewiesen ist. Kulturhistorisch wird das Aufkommen persönlichen Eigentums in entwicklungsgeschichtlich aufsteigender Linie mit Seßhaftigkeit (Umzäunung von Land als sichtbares Zeichen seiner Inbesitznahme), einer Höherentwicklung der materiellen Kultur (Abschließen von Gebäuden als Schutz vor Einbruch) sowie mit Verschriftlichung und Verrechtlichung (Ausstellen von Besitzurkunden und Eigentumsverträgen) in Verbindung gebracht. Der Tausch von Geschenken (Mauss 1975, 1923/24), die Grabgabe und z.T. erstaunlich detaillierte Vorformen eigentumsrechtlicher Regulierungen, wie Vererbungsregeln und -rituale, sind jedoch schon von Nomadenvölkern und schriftlosen Kulturen bekannt, die weder über einen Eigentumsbegriff noch über ein verbindliches Eigentumsrecht verfügten.

Eine der neben der engl. Sozialphilosophie und der kath. Soziallehre bis in die jüngere Vergangenheit einflußreichsten soziologischen Eigentumstheorien stammt bekanntlich von Friedrich Engels und Karl Marx. Engels (1972, 1884) stellte außerdem zwischen der Entstehung des Privateigentums und der Ausbildung der patriarchalen Einehe und bürgerlichen Familie eine direkte Verbindung her und interpretierte diese als im Interesse des Mannes an der Weitervererbung seines Besitzes liegend. Dem gegenüber steht die auf historisches Material und zahlreiche „cross cultural studies" gegründete Auffassung Marianne Webers (1989: 60ff., 1907). Ihr zufolge war nicht das Interesse des Mannes, sondern das der Familie der Frau an ihrer und ihrer Kinder Versorgung für die Institutionalisierung von monogamer Ehe und Kleinfamilie maßgeblich und stellte eine konsequente Reaktion auf die mangelnde Sicherung der Frau gegen den Mann und sein ausschließliches Herrschaftsrecht über die Kinder dar.

3. Eigentumsordnung

Durch die institutionelle Verfaßtheit des Eigentums entstehen – als wesentlicher Bestandteil von Rechts-, Wirtschafts- und Gesellschaftsordnungen – Eigentumsordnungen. Eigentum begründet Abhängigkeits- und Herrschaftsverhältnisse. Es konstituiert auf diese Weise Sozialverhältnisse. Über den Tausch von Eigentum entwickeln sich Beziehungen zwischen Eigentümern und Eigentümerinnen, und es entstehen Hierarchien zwischen mehr oder weniger Besitzenden und Besitzlosen. Für funktionale Gesellschaften ist ein Nebeneinander unterschiedlicher Eigentumsordnungen, Eigentumsbeziehungen und Eigentumsfunktionen charakteristisch. Als Strukturmerkmale entwickelter Industriegesellschaften stellen Eigentumsunterschiede und Eigentumsverteilungen neben anderen Differenzierungskriterien wichtige Parameter des interkulturellen, internationalen und historischen Vergleichs dar. In der komparativen Forschung fungieren Eigentumsverhältnisse darüber hinaus als Indikatoren dafür, was innerhalb einer Gesellschaft als besitzens- und schützenswert gilt und in der betreffenden Rechtskultur z.B. als vermögenswertes Recht anerkannt wird. Die Eigentumskritik bildet zugleich ein zentrales Element soziologischer Herrschafts- und Systemkritik.

Die Eigentumsordnung der Bundesrepublik Deutschland bezieht ihre Legitimität nicht nur aus der Rechtmäßigkeit des aktuellen Besitze(n)s, sondern auch aus der des vorangehenden Eigentumserwerbs. Letzterer hat (einschließlich der ihm zugrundeliegenden Besitztumschancen) nach festgelegten Zu- und Übergangsregeln (Ausbildungs- und Berufs-

Eigentum/Eigentumsordnung

ordnungen, Erbrecht) zu erfolgen. Seine Überprüfung darf keine unrechtmäßige Aneignung ergeben. Nach verbreiteter Auffassung und herrschender Ideologie sollte er idealerweise mit Arbeit und individueller Leistung in Verbindung stehen. Als Legitimitätsnachweise und im Zweifel rechtskräftige Eigentumsbeweise dienen durch Zeugnisse, Diplome etc. attestierte Schul- und Berufsabschlüsse, aber auch Zahlungsbelege (Quittungen), Grundbucheintragungen oder Testamente. Aus der Legitimität des persönlichen Besitze(n)s ergibt sich im Umkehrschluß die – im Spiegel unterschiedlicher Eigentumsauffassungen nicht immer eindeutige – Illegitimität der Wegnahme, Begrenzung oder Beschädigung fremden Eigentums und damit eine Reihe spezieller Eigentumsdelikte und Straftaten gegen das Vermögen (z.B. Diebstahl, Betrug oder Unterschlagung). Von den Verurteilungen im Jahr 1991 insges. machten diese (ohne Vergehen im Straßenverkehr) in Deutschland allein 62% – im Vergleich zu 14% Verurteilungen wegen einer Straftat gegen die Person – aus (Stat. BA 1994: 226).

4. Eigentumsrechte

Eigentum gründet auf Recht, und es begründet seinerseits Rechte. Sozial- und rechtshistorisch fiel Besitzlosigkeit mit einer zur Gegenwart abnehmenden Tendenz mit Rechtlosigkeit zusammen. Besonders deutlich wird dies anhand der engen Verbindung von Eigentums- und Agrarverfassung mit weitreichenden Konsequenzen der Erbteilung und Erbfolgeregelung, etwa im Hofrecht, aber auch am Beispiel eines Drei-Klassen-Wahlrechts, das einen wesentlichen Teil der staatsbürgerlichen Rechte an (Boden-)Besitz band. *Frauen* waren über eine im Preußischen Landrecht (ALR 1794) mit weiblicher Geschlechtsschwäche und Familiennotwendigkeiten begründete Geschlechtsvormundschaft („cura sexus") bis zu Beginn unseres Jh.s, insbes. in der *Ehe*, von diversen *Eigentumsrechten* ausgeschlossen oder wurden trotz vorhandenen Eigentums an der Einnahme bestimmter Positionen, z.B. der des Familienoberhaupts, gehindert. Bis 1985 konnten berufstätige Ehefrauen in der (alten) Bundesrepublik – mit Ausnahme des seltenen Falles, sie waren zuvor überwiegend für den Familienunterhalt aufgekommen – keine Witwerrente an den hinterbliebenen Ehemann vererben. Bis zum *Gleichberechtigungsgesetz (GlberG 1957)* unterlag auch ihr sonstiges Vermögen (mit Ausnahme des sogen. Vorbehaltsguts) der Verwaltung und Nutznießung des Ehemanns. Früheres Recht normierte die Kaufehe vor dem Hintergrund einer patriarchalen Eigentumskonzeption. In ihr stand der Kauf der Frau dem Eigentumserwerb an einer Sache gleich. Mit der Heirat wurde sie zugleich aus der Eigentumssphäre der eigenen Verwandtschaft gelöst und dem Verfügungsbereich des Ehemannes überantwortet. Aus der Rechtsgeschichte bekannt ist auch die im Falle ihrer Verletzung mit Entschädigungsansprüchen durch § 1300 BGB (Kranzgeld) belegte und damit eigentumsähnlich behandelte Geschlechtsehre der Frau. Bis heute anzutreffende und an Formen mittelbarer weiblicher Leibeigenschaft erinnernde Übergriffe begründen, neuerdings vor allem in Zusammenhang mit § 177 StGB (Vergewaltigung), Forderungen nach körperlicher Unversehrtheit. Zuvor hatte insbes. die Diskussion um § 218 StGB (Abtreibung) dem von der Frauenbewegung in den 70er Jahren erhobenen Ruf nach einem Recht auf Selbstbestimmung über den eigenen Körper öffentliche Geltung verschafft.

In der deutschen Gegenwartsgesellschaft stellt Eigentum, wie der *Daten-* oder der *Vertrauensschutz* (§ 242 BGB), ein in besonderer Weise als schutzwürdig erachtetes (Rechts-)Gut dar. Als ökonomische Herrschafts- und persönliche Freiheitsrechte sind *Eigentumsrechte* („property rights") in den Normensystemen aller westlicher Demokratien verfassungs- und zivilrechtlich verankert. Dabei gehört insbes. die Verknüpfung von Eigentum und Freiheit zum Leitbild freiheitlich-demokratischer Verfassungen und ihrer in der liberalen Tradition stehenden Wertbekenntnisse. Als elementare *Grundrechte* und klassische Abwehrrechte – auch gegenüber dem Staat – garantieren sie dem einzelnen eine sächliche Achtungssphäre gegenüber jedermann und stellen den Trägern/innen dieses Grundrechts einen Freiheitsraum im vermögensrechtlichen Bereich sicher, der ihnen eine eigenverantwortliche Gestaltung des Lebens ermöglichen soll. Bei weithin anerkanntem Staatsmonopol zur Sicherung von Eigentum und Eigentumsrechten besteht ein besonderer Regulationsbedarf, der sich u.a. in der Regelungsdichte und -tiefe spezifizierter Eigentumsnormen manifestiert, für den i.d.R. durch Einigung über Herausgabe der Sache (Vertrag oder Übergabe) erfolgenden Eigentumsübertrag, z.B. durch Kauf oder Erbe. Gleiches gilt für den auch rechtssoziologisch und kriminologisch relevanten unrechtmäßigen Eigentumsübergang, bei dem Eigentumsverletzungen vom einfachen Diebstahl bis zum schweren Raub strafrechtlich verfolgt und mit deliktspezifischen Strafmaßen geahndet werden. Mit 1991 bekannt gewordenen 2,9 Mill. Fällen ist der Diebstahl die in Deutschland seit Jahren häufigste Straftat mit der zugleich niedrigsten Aufklärungsquote von nur ca. 50% (Stat. BA 1994: 224). Hiervon unabhängig wird Eigentum nach Art und Höhe durch ein dem Steuergeheimnis nachgebildetes Bankgeheimnis geschützt. Der Schaden eines unverschuldeten Eigentumsverlustes ist durch den Abschluß von Versicherungen begrenzbar.

5. Funktionen und Grenzen des Eigentums

Eigentum ist eine Quelle individueller Unabhängigkeit. Es eröffnet Handlungs- und Gestaltungsspielräume biographischer Entwürfe. Gleichzeitig bietet es Eigentümern *soziale Sicherheit*. Umgekehrt kann Eigentum von potentiellen Vertragspartnern, etwa als beleihbares oder haftendes Eigenkapital („venture capital"), analog zur Kaution als Sicherheit anerkannt und z.B. mit Hypotheken belegt werden. Eigentum stellt mithin einen wichtigen Macht- und Kontrollfaktor dar. Auf der anderen Seite unterliegt seine freie Verfügung rechtsstaatlichen Regularien und sozialstaatlichen Beschränkungen, welche die Eigentümersouveränität – insbes. im öffentlichen Raum – begrenzen und die Verteilung und Umverteilung von Eigentum zu einem wesentlichen Element staatlicher Ordnungspolitik machen. Dabei steht insbes. die dem grundrechtlichen Eigentumsschutz nach neuerer eigentumskritischer Rechtsauffassung immanente Sozialverpflichtetheit des Eigentums (Kimminich 1987: 347) einem uneingeschränkten Besitzindividualismus gegenüber. Seine Öffentlichkeitsbindung wird verfassungsrechtlich u.a. damit begründet, daß kollektive Freiheitsrechte erst durch die institutionelle Bindung privaten Eigentums ermöglicht werden und der Schutz individuellen Eigentums mithin kein absoluter sein kann. Im einzelnen wird der grundsätzliche Schutzzweck der Eigentumsgarantie des Art. 14 *GG* bei zu unterscheidenden freiheitsbedrohenden und freiheitsfördernden Eigentumsarten relativiert durch Art. 14 Abs. 2 GG (Verpflichtetheit gegenüber dem Wohl der Allgemeinheit), Art. 14 Abs. 3 GG (Enteignung) und Art. 15 GG (Vergesellschaftung). Der Verpflichtungscharakter des Eigentums gemäß Art. 14 Abs. 2 GG überträgt dem Besitzer auch im positiven Sinne eine „Generalzuständigkeit für die Übernahme gesellschaftlicher Aufgaben" (Buß: 1987: 328), während das mit Art. 15 GG bereitgestellte Rechtsinstrument die entschädigungspflichtige Sozialisierung vom entschädigungslos hinzunehmenden Eingriff trennt und zugleich auf sozialisierungsfähiges Eigentum beschränkt.

Die verfassungsmäßig verankerte Sozialbindung des Eigentums ist jedoch nur ein Teil dieser die Stellung der Eigentümer/innen schmälernden Rechte. Diese können z.B. eine Eigentumsminderung durch Pfändung, Zins- und Preisbindung oder den Grundsatz: „Kauf bricht nicht Miete" (§ 571 BGB) u.U. bis zur vollständigen *Enteignung* auf gesetzlicher Grundlage rechtfertigen und die wirtschaftliche Betätigungsfreiheit, z.B. eine aus Art. 2 *GG* abgeleitete Vertragsfreiheit, einschränken. In sinngemäßer Anwendung einer für die Mittelverwendung im Parlament geltenden Appropriationsklausel besteht darüber hinaus auch für Privateigentum eine die Eigentümerrechte unter gewissen Voraussetzungen begrenzende Zweckbindung, welche die Unterscheidung zwischen Individual- und Kollek-

Eigentum/Eigentumsordnung

tiveigentum teilweise aufhebt. Weitere Einschränkungen entstehen durch Mitbestimmung und Miteigentum in Betrieben oder durch Verantwortung gegenüber dem Umwelt- oder Denkmalschutz, wo die rechtliche Zulässigkeit einer Enteignung zum sensiblen Gegenstand hochkontroverser Verträglichkeitsprüfungen werden kann. Dazu kommen ab einer gesetzlich festgelegten Größenordnung die Besteuerung von Vermögen sowie – spez. beim Eigentumstransfer – die Grunderwerbsteuer und ein Ehe und Familie i.S.v. Art. 6 Abs. 1 GG privilegierendes Erbrecht, das mit einer am Vermögen ansetzenden Benachteiligung nichtehelicher Kinder auch moralisierende Absichten verfolgt und nicht ausschließlich ökonomisch motiviert ist.

Aspekte des Eigentumsschutzes und des sozialen Ausgleichs verbinden sich auch im Überschneidungsbereich von Familienrecht, Sozialgesetzgebung und Sozialversicherungsrecht. Hier stellt das *Subsidiaritätsprinzip* sicher, daß wirtschaftlich leistungsfähige – und dazu zählen i.a.R. besitzende – Familienmitglieder vor staatlichen Sozialleistungen zur finanziellen Unterstützung eines im Zuge einsetzender Privatisierungsmaßnahmen erweiterten Kreises bedürftiger Angehöriger herangezogen werden (können). Von auch für andere Bereiche rechtsfortbildender Bedeutung ist der mit dem Ersten *Eherechtsreformgesetz* (*1.EheRG* 1976) eingeführte Versorgungsausgleich im Scheidungsfall. Mit dem als legislative „idée directrice" zugrundeliegenden Gedanken einer von den Ehepartnern gemeinsam (und nicht vom berufstätigen allein) erwirtschafteten Rente als dem „Vermögen des kleinen Mannes" knüpft dieser nicht nur sinngemäß an den Eigentumsbegriff des Proletariats an, das nicht mehr als seine Nachkommen („proles") besaß. Vielmehr wird auch der statistisch belegten Tatsache Rechnung getragen, daß Versorgungsansprüche den Löwenanteil des Volksvermögens ausmachen und Rentenanwartschaften den im deutschen Durchschnittshaushalt wichtigsten Vermögenswert darstellen, dessen relative Bedeutung umgekehrt proportional zu den sonstigen Eigentumsverhältnissen sogar noch wächst.

6. Funktions- und Legitimationswandel des Eigentums. Veränderte Eigentumsauffassungen

Eigentum ist seinem Inhalt und seinen Funktionen nach historisch wandelbar. Das *GG* kennt keinen für alle Zeiten fixierten Eigentumsbegriff. Nach Art. 14 Abs. 1 Abs. 2 GG ist es Sache des (einfachen) Gesetzgebers, Inhalt und Schranken des Eigentums zu bestimmen. Ausschlaggebend ist somit das Rechtsinstitut des Eigentums, wie das bürgerliche Recht und die gesellschaftlichen Anschauungen es geformt haben und künftig formen werden. Innerhalb des hierdurch gesetzten Rahmens hat das Sacheigentum gegenwärtig als Grundlage der individuellen *Existenzsicherung* und privaten Daseinsvorsorge gegenüber dem Arbeitseinkommen und hieraus abgeleiteten Rechtstiteln an Bedeutung verloren. Zugleich hat es einen Teil seiner das gesellschaftliche Zusammenleben strukturierenden Ordnungsfunktion und seiner Schlüsselrolle bei der Eröffnung persönlicher Freiheit eingebüßt. Neben anderen Fakten läßt insbes. die Tatsache, daß die Macht- und Kontrollbefugnisse von Eigentümern vermehrt in die Nutzungs-, Verfügungs- und Verwendungsmacht selbst Eigentumsloser übergehen, versachlichte Eigentumsbeziehungen und verringerte persönliche Eigentumsbindungen erwarten. Zusammen mit anderen gesellschaftlichen Veränderungen rechtfertigt dies, einen rationalisierten Eigentumsbegriff zugrundezulegen, der stärker auf den Warencharakter des Eigentums abstellt und Eigentum – mit ironisierendem Bezug auf Lassalle – eher als „Fremdthum" erscheinen läßt.

Im Deutungshorizont eines allgemeinen *Wertewandels* gibt es seit den 80er Jahren darüber hinaus Anzeichen dafür, daß sich mit dem Übergang von materiellen zu postmateriellen Werten auch die Einstellungen der Bevölkerung zum Eigentum geändert und unter den Rahmenbedingungen einer „postmodernen" Gesellschaft vom realen Besitz(en) zu Besitzchancen und vom aktuell vorhandenen Eigentum zu künftigen Eigentumserwartungen verlagert haben. Vom Aufkommen elektronischer Geldtransaktionen und der Kreditkarte als „universell gültigem Eigentumssurrogat" begünstigt, stellen diese immer häufiger lediglich Nutzungserwartungen für bestimmte Zwecke, für begrenzte Zeit etc. dar (Buß 1987: 329). Mit verbreiteten Pluralisierungs- und Individualisierungstendenzen und, auch was das Eigentum betrifft, sinkender Bindungsbereitschaft ist weiterhin davon auszugehen, daß ehemals (neben dem Beruf) zentrale Positionierungs-, Prestige- und Statusdemonstrationsfunktionen des Eigentums zusehends von einstellungs- und verhaltensprägenden sowie identitätsstiftenden Merkmalen erfüllt werden, die nur noch vermittelt besitzabhängig sind. Besitzprestige wird durch Verwendungsprestige teilweise ersetzt. Nicht mehr Eigentum an sich, sondern zunehmend dessen informierte Verwendung und kompetente, nicht unbedingt ostentative Darstellung prägen die soziale Stellung der Gesellschaftsmitglieder. Ein von der Ungleichheitsforschung identifiziertes Beispiel für diese neue Bescheidenheit, die auch auf veränderte Gerechtigkeitsvorstellungen und Gleichheitsideale hindeutet, sind die Milkies („Modest Introverted Luxury Keepers"), die als Angehörige einer ersten Nachkriegsgeneration schon in jungen Jahren ein z.T. beachtliches Vermögen geerbt haben, ohne ihren Reichtum in Lebenshaltung und Lebensstil demonstrativ zur Schau zu tragen. Vor ähnlich gewandeltem Werthintergrund werden in alternativen Milieus praktizierte Tauschformen interpretierbar, die als generalisiertes Kommunikationsmedium nicht Geld, sondern Zeit, Wissen, Kompetenz und Ideen präferieren. Damit werden nicht nur Wertverschiebungen von materiellen zu immateriellen Eigentumsarten ins Bewußtsein gerückt, sondern auch die traditionell hohe Wertschätzung des Geldbesitzes durch den Zeit-, Informations- oder Ideenbesitz relativiert.

7. Eigentumsverhältnisse in der ehemaligen DDR

Nach 1945 hatten die Eigentumsverhältnisse in der *DDR* durch *Enteignung*, Bodenreform und die *Verstaatlichung* von Schlüsselindustrien, Banken und Versicherungen eine grundlegende Umgestaltung erfahren. Diese erhielt mit Art. 6-16 DDR-Verf. v. 1968 eine vom BGB abweichende Rechtsgrundlage, auf der – bei einer in Art. 10 Abs. 1 DDR-Verf. vorgenommenen Aufspaltung der Eigentumsformen in sozialistisches, persönliches und privates Eigentum – Privateigentum als eigenständige rechtliche Kategorie praktisch keine Rolle spielte. Für Bodenschätze, Kraftwerke, Transport- und Kommunikationsmittel etc. war Volkseigentum zwingend und Privateigentum nach Art. 12 Abs. 1 DDR-Verf. unzulässig. Seit der Verfassungsänderung v. 1974 galt dies auch für die fast vollständig in *volkseigene Betriebe (VEB)* umgewandelten Industriebetriebe. Grundstücke und Gebäude kamen – bei prinzipieller Zulässigkeit von Schenkung und Erbschaft – als Eigentumsobjekte ausschließlich zur Befriedigung der Wohn- und Erholungsbedürfnisse der Eigentümer und ihrer Familien in Frage. Analog Art. 14 Abs. 3 GG sah Art. 16 DDR-Verf. unter bestimmten Bedingungen die Möglichkeit der Enteignung gegen angemessene Entschädigung vor.

Mit der *Wiedervereinigung* erfolgte die Übernahme der Rechtsordnung der Bundesrepublik i.S.d. Bonner *Grundgesetzes* und damit auch die Wiederherstellung des Privateigentums an Produktionsmitteln, im wesentlichen durch Rückübertragung aller nach 1949 in der *DDR* aufgehobenen oder eingeschränkten Eigentumsrechte an die Berechtigten bzw. deren Entschädigung. Mit der Reorganisation ehemaligen volkseigenen Vermögens beauftragt wurde die eigens gegründete *Treuhandanstalt (THA)*. Durch das Geltendmachen von Eigentumsansprüchen seitens sog. Alteigentümer aus dem Westen rückte die im größeren Kontext der Transformation der Gesellschafts- und Eigentumsordnungen Ostmitteleuropas (Bieszcz-Kaiser 1994) strittige Frage nach der Berechtigung von Rückforderungen enteigneten früheren Besitzes und einer Wiederherstellung des „status quo ante" auch im deutschen Einigungsprozeß in den Blickpunkt einer politisch-rechtlichen Auseinandersetzung, bei der sich am Ende das Prinzip: „Rückgabe vor Entschädigung" durchsetzte.

Eigentum/Eigentumsordnung

8. Eigentumsverteilungen im wiedervereinten Deutschland

Grundsätzlich ist anzumerken, daß *Eigentumsverteilungen* sich in verfügbaren Statistiken weit weniger häufig ausgewiesen finden als Einkommensverteilungen. Auch *Armut* wird aus erhebungstechnischen Gründen üblicherweise als Einkommensarmut, teilweise als Kumulation von Unterversorgungslagen, definiert, bei der die Besitzverhältnisse systematisch unberücksichtigt bleiben. Über die wegen ihres Einflusses auf Arbeitsplätze und Investitionen besonders wichtige Entwicklung im Bereich des Produktivvermögens, dessen empirisch belegte Konzentration z.Zt. der soziologischen Spätkapitalismusdebatte der marxistischen Klassentheorie vorübergehend Recht zu geben schien, liegen – nicht nur methodisch bedingt – keine neueren vom Stat. BA autorisierten Daten vor (Geißler 1996: 67), während früher übliche Eigentumseinteilungen an Aussagekraft und empirischer Gültigkeit verloren haben. Als mögliche Spätfolge der „invisible women" der traditionellen Schichtungssoziologie ebenfalls weitgehend unbekannt sind nach Geschlecht getrennte Eigentumsverhältnisse. Entsprechend ungenau und wegen des geringen Interesses am Bekanntwerden insbes. überdurchschnittlich günstiger Eigentumsverhältnisse z.T. widersprüchlich und statistischer Transparenz nur bedingt zuträglich sind die entsprechenden Angaben. Relativ gut dokumentiert ist dagegen die unterschiedlich breite soziale Streuung der verschiedenen Eigentumsarten in privaten Haushalten durch die Einkommens- und Verbrauchsstichprobe (EVS), wovon die 7. aus dem Jahr 1993 die erste und zugleich aktuellste für das vereinte Deutschland darstellt.

Die *Eigentumsverteilung* ist kein einfaches Abbild der Einkommensverteilung. Vermögenslagen gestalten sich, wie schon der Weberschen Unterscheidung in „Besitzklassen" und „Erwerbsklassen" zugrundeliegt, von der Ungleichheit nach aktuell erzieltem *Einkommen* teilweise unabhängig, wobei vorhandenes Eigentum die laufenden Einkommen relativiert und die sozioökonomische Lage von Haushalten und Individuen als zweites Einkommen wesentlich mitbestimmt. Wie Untersuchungen aus den 80er Jahren ergeben haben, entstanden hohe Einkommen in Westdeutschland zum überwiegenden Teil aus Unternehmensgewinnen und Zinseinnahmen. Sie gingen also hauptsächlich auf Besitz-, nicht auf Arbeitseinkommen zurück mit der Folge, daß der größte Teil des Vermögenszuwachses denjenigen zufiel, die bereits Vermögen besaßen. Mitte der 90er Jahre war die Vermögenskonzentration in Westdeutschland etwa doppelt so groß wie die Einkommenskonzentration (Geißler 1996: 65f.). Daß Einkommensunterschiede zu immer größeren Vermögensunterschieden führen, ist jedoch weder durchgängig in allen Einkommens- und Eigentumsgruppen noch kontinuierlich im Zeitverlauf der Fall. Die Nettogeldvermögen (Bruttogeldvermögen abzgl. Kreditverpflichtungen) der privaten Haushalte nahmen in Westdeutschland zwischen 1970 und 1990 z.B. um das 4,3fache zu. Nach der hierauf bezogenen EVS beliefen sie sich 1990 auf durchschnittlich 40.600 DM, nach aus oben genannten Gründen regelmäßig höher liegenden Angaben der Deutschen Bundesbank auf 95.432 DM (Geißler 1996: 49).

Bei der *Wiedervereinigung* 1989 besaßen die *Haushalte* in der alten Bundesrepublik ein *Geldvermögen* von insges. 2,5 Bio. DM, die DDR-Haushalte verfügten zum selben Zeitpunkt über 184 Mrd. DM (Hettlage/Lenz 1995: 225). 1990 betrug das durchschnittliche Geldvermögen pro Haushalt in den neuen Bundesländern 20.000 DM, 1993 bereits 35.000 DM. Trotz des Abbaus der großen Ost-West-Unterschiede durch rasche Vermögenszuwächse in den neuen Ländern besaßen die Westdeutschen – bei Angleichung der Sparquoten in Ost und West auf einem Niveau von ca. 12% – 1993 immer noch knapp dreimal so viel Geldvermögen wie die Ostdeutschen (Geißler 1996: 49f). 1988 waren die privaten Geldvermögen mit ca. 40.000 DM in der Bundesrepublik auf die Einwohnerzahl bezogen sogar viermal so hoch wie in der DDR (Geißler 1992: 42). Parallel dazu fand Anfang der 90er Jahre ein Ausstattungsschub in den ostdeutschen Haushalten statt. Der Sozialisierung ehemaliger Luxusgüter in der

Bundesrepublik vor 30 Jahren vergleichbar, brachte er – mit Ausnahme eines immer noch deutlichen Rückstands bei den Telefonanschlüssen und einem entsprechendem Nachholbedarf – eine Annäherung an den Weststandard, insbes. bei Haushaltsgeräten, bei der Unterhaltungselektronik und den PKWs (Geißler 1996: 51). Anfang 1994 verfügten – als der in Gesamtdeutschland am weitesten verbreiteten Form der privaten *Vermögensbildung* – fast alle Familien in West- (90%) und Ostdeutschland (87%) über ein Sparbuch. Ca. zwei Drittel (68 bzw. 65%) hatten außerdem Lebensversicherungen abgeschlossen, 46% im Westen bzw. 37% im Osten besaßen auch Wertpapiere (Geißler 1996: 65). Jeder zweite westdeutsche Haushalt hatte – von den selbständigen Landwirten mit 88% angeführt und den übrigen Selbständigen (71%) gefolgt – im selben Jahr Haus- und Grundbesitz, von 25,3 Mill. Wohnungen im früheren Bundesgebiet insges. wurden 9,9 Mill. (39,3%) von Eigentümern bewohnt (Stat. BA 1994: 127). Von den Ostdeutschen waren als Nachwirkung einer eigentumsfeindlichen sozialistischen Eigentums- und Immobilienpolitik nur 28% Besitzer von Haus und Grund (Geißler 1996: 66). Ohne Umverteilung über Versicherungssysteme, Steuern, Sozialabgaben und die öffentlichen Haushalte wäre das zwischen Ost- und Westdeutschland bis heute konstatierbare Vermögensgefälle noch gravierender.

Eigentumsunterschiede bestehen im wiedervereinten Deutschland jedoch nicht nur in objektiv ungleichen Strukturen, sondern auch in deren wahrgenommener Legitimität und subjektiver Bewertung. Die unterschiedliche *soziale Akzeptanz* ungleicher Einkommens- und Besitzverhältnisse in Ost und West zeigt sich u.a. darin, daß 1991 mehr als 3/4 (77%) der ostdeutschen Bevölkerung – im Vergleich zu 57% der westdeutschen – Geld und Vermögen für wichtig bzw. sehr wichtig für den gesellschaftlichen Aufstieg hielten, während zur selben Zeit 48% der Westdeutschen, aber nur 15% der Ostdeutschen die existierende *Einkommensverteilung* als gerecht ansahen (Noll 1992: 3 bzw. 7). Die in den neuen Bundesländern empfundene Eigentumsungerechtigkeit (Montada 1995) bildet einen Konfliktstoff zwischen Alt- und Neubürgern/innen, der den sozialen Frieden im vereinten Deutschland beeinträchtigen könnte, wenn eine Annäherung der Eigentumsverhältnisse nicht auf absehbare Zeit zustandekommt. Dies gilt umso mehr, als es infolge von Reprivatisierungsmaßnahmen sowohl Anzeichen einer neuen Ungleichheit innerhalb der Bevölkerung der ehemaligen *DDR* wie auch der neuerlichen Konzentrierung der Eigentumsstruktur zwischen Ost und West gibt. Ein Teil davon geht auf umstrittene Transaktionen der *THA* zurück, in deren Verlauf von ca. 14.000 verkauften *VEB* nahezu alle mittleren und größeren Unternehmen an westdeutsche oder ausländische Eigentümer veräußert wurden. Nachdem die sozialistische Wirtschaftspolitik durch *Verstaatlichung* und Entwertung von Immobilienbesitz zusammen mit der Zerstörung von Wohneigentum zunächst zu einer weitgehenden Einebnung der Vermögensunterschiede in der DDR geführt hatte, werden frühere Nivellierungstendenzen seit der Währungsunion nun durch Prozesse einer erneuten Differenzierung insbes. zwischen den drei großen Berufsgruppen (Arbeiter, Angestellte, Selbständige) abgelöst, ohne auf insgesamt niedrigerem Niveau bereits die Spannbreite in der alten Bundesrepublik erreicht zu haben (Geißler 1996: 67f.).

9. Wirtschafts-, sozial- und rechtspolitische Maßnahmen. Aktuelle Entwicklungstendenzen

Bestrebungen zur Angleichung bestehender Eigentumsunterschiede sind, u.a. mit der *Vermögensbildung* in Arbeitnehmerhand, seit den 50er Jahren Bestandteil bundesdeutscher Wirtschafts- und *Sozialpolitik* und Ziel vermögenspolitischer Programme und steuerlicher Maßnahmen von freilich nur begrenzter Wirksamkeit. Das Sozialbudget der Bundesregierung 1992 z.B. weist für vermögensbildende Zwecke einen Anteil von 1,2% (11,7 Mrd. DM) aus (Stat. BA 1994: 199). Ähnliche Absichten werden seit der *Wiedervereinigung* im Ausgleich zwischen den neuen und alten Bundesländern, u.a. mit dem *Solidaritätszu-*

Eigentum/Eigentumsordnung

schlag, verfolgt. Im Bereich des *Strafrechts* bestehen Überlegungen, Geldstrafen in Anpassung an die gewandelten Wertpräferenzen der Bürger/innen, soweit möglich, durch Freiheitsstrafen zu ersetzen. Mit ebenfalls wertdemonstrativem Hintergrund in Erwägung gezogen wird eine generelle Senkung des Strafmaßes bei Eigentums- und Vermögensdelikten, u.a. um die bestehende Unverhältnismäßigkeit zur (derzeit im Vergleich eher milden) Strafverfolgung von Vergehen gegen die körperliche Unversehrtheit und sexuelle Selbstbestimmung zu beseitigen.

Vor dem Hintergrund des Funktionswandels des Eigentums und veränderter Eigentumsauffassungen in Bevölkerung und Recht unter grundsätzlichen verfassungsrechtlichen Aspekten diskutiert wird eine Ausdehnung oder eventuelle Verengung des grundrechtlichen Eigentumsschutzes. Dabei geht es vor allem um den juristisch strittigen Kreis der Objekte dieses Eigentumsschutzes und um den sachlichen Geltungsbereich der gesetzlichen Eigentumsgarantie. In unmittelbarem Zusammenhang damit stehen Fragen einer im Blickwinkel nicht nur juristischer, sondern auch ökonomischer, politischer, soziologischer, theologischer und sozialphilosophischer Betrachtungsweisen erörterten Eigentumsethik und Besitzmoral. U.a. durch Hausbesetzungen und neue Formen zivilen Ungehorsams wurde der Eigentumsschutz seit einiger Zeit auch im Kontext der *sozialen Bewegungen* zum Verfassungsproblem. Angesichts deutlicher werdender Grenzen des *Sozialstaats* konzentriert sich die Diskussion zunehmend auch auf die Besitzstandswahrung als eines der am häufigsten verteidigten, ethisch aber nur schwer begründbaren Gerechtigkeitsargumente (Rawls 1975, 1971).

Von der Bundesregierung im einzelnen geplant und mit Investitionsförderung, Standortsicherung und Arbeitsplatzerhalt aktuell begründet werden eine Aufhebung der Vermögensteuer, eine Senkung der Grunderwerbsteuer (bei gleichzeitiger Heraufsetzung der zu veranschlagenden Immobilienwerte) sowie – im Bereich des Erbrechts – eine Erhöhung der Freibeträge bei der Schenkungsteuer. Im zuletzt genannten Bereich ist der Gesetzgeber aufgrund der allmählichen Ablösung der Blutsverwandtschaft durch selbstgeschaffene Wahlverwandtschaften auf mittlere Sicht mit einem zusätzlichen Regelungskomplex konfrontiert. Nichteheliche Lebensgemeinschaften sowie Mehr-, Ein-Eltern- und Fortsetzungsfamilien machen in ihren variantenreichen Erscheinungsformen und sich immer wieder neu formierenden Ausprägungen eine Neuregelung der durch gesetzliche An- und soziale Zugehörigkeiten begründeten Besitzdifferenzierung, z.B. nach Art, Dauer, Aufeinanderfolge, Aktualität und rechtlicher Qualifizierung der mit familienähnlichen Beziehungen und unkonventionellen *Lebensformen* eingegangenen Generationen- und Geschlechtsverbindungen, erforderlich. Angesichts des durch Art. 6 *GG* Abs. 1 gewährleisteten besonderen Schutzes von *Ehe* und *Familie* (in ihrer traditionellen Form) dürfte diese ihrerseits erhebliche verfassungsrechtliche Probleme aufwerfen.

Literatur

Bieszcz-Kaiser, Antonina u.a. (Hg.): Transformation – Privatisierung – Akteure, München/Mering 1994

Brocker, Manfred: Arbeit und Eigentum. Der Paradigmenwechsel in der neuzeitlichen Eigentumstheorie, Darmstadt 1992

Burghardt, Anton: Eigentumssoziologie, Berlin 1980

Buß, Eugen H.: Funktions- und Legitimationswandel des Eigentums, in: Lampe, Ernst Joachim (Hg.): Persönlichkeit, Familie, Eigentum, JRSoz, Bd. 12, Opladen 1987

Engels, Friedrich: Der Ursprung der Familie, des Privateigentumss und des Staats (1884)., Berlin 1972

Geißler, Rainer: Die Sozialstruktur Deutschlands, Opladen 1996

Hettlage, Rudolf/Karl Lenz (Hg.): Deutschland nach der Wende, München 1995

Kimminich, Otto: Das Eigentum in der Spannung zwischen Freiheit und Sozialbindung, in: Lampe, Ernst Joachim (Hg.): Persönlichkeit, Familie, Eigentum, JRSoz, Bd. 12, Opladen 1987

Mauss, Marcel: Die Gabe. in: ders.: Soziologie und Anthropologie II (1923/24), München/Wien 1975

Montada, Leo: Gerechtigkeitsprobleme bei Umverteilungen im vereinigten Deutschland, in: Müller, Hans-Peter/Bernd Wegener (Hg.): Soziale Ungleichheit und soziale Gerechtigkeit, Opladen 1995
Noll, Heinz-Herbert: Zur Legitimität sozialer Ungleichheit in Deutschland. Subjektive Wahrnehmungen und Bewertungen, in: Mohler, Peter Ph./Walter Bandilla (Hg.): Blickpunkt Gesellschaft, Bd. 2, Opladen 1992
Rawls, John: Eine Theorie der Gerechtigkeit, Frankfurt 1975
Statistisches Bundesamt (Hg.): Datenreport 1994, Bonn 1994
Weber, Marianne: Ehefrau und Mutter in der Rechtsentwicklung (1907), Aalen 1989

Doris Lucke

Einkommen und Vermögen

1. Begriffe

Mit Vermögen und Einkommen werden grundlegende Konzepte zur Beschreibung des Wirtschaftsgeschehens einer Volkswirtschaft und der sozio-ökonomischen Struktur einer Gesellschaft bezeichnet. Das Vermögen ist eine Bestandsgröße, die zu einem Zeitpunkt (z.B. am Jahresende) bestimmt wird; Einkommen stellt eine Stromgröße dar, die pro Periode (z.B. Jahr oder Monat) gemessen wird. Sowohl auf gesamtwirtschaftlicher als auch auf einzelwirtschaftlicher Ebene gibt es mehrere, in engem Zusammenhang stehende Vermögens- und Einkommensbegriffe, mit denen einzelne Aspekte des Wirtschaftsgeschehens genauer erfaßt werden können.

1.1 Vermögensbegriffe

Mit *Bruttovermögen* einer Gesellschaft im weiteren Sinn bezeichnet man die zu einem Zeitpunkt bestehende, bewertete Gesamtheit des Bestandes an Sachgütern, Forderungen, immateriellen Rechten und wirtschaftlichen Handlungskapazitäten. Werden hiervon die bewerteten Verbindlichkeiten gegenüber anderen Gesellschaften abgezogen, so erhält man das Reinvermögen oder *Nettovermögen* einer Gesellschaft, das auch als *Volksvermögen* i.w.S. bezeichnet wird. Die einzelnen Bestandteile werden in einer Vermögensrechnung oder Vermögensbilanz einer Gesellschaft zusammengestellt. Zum Bruttovermögen i. w. S. gehört auch das *Humanvermögen* als Summe der Produktions- und Einkommenserzielungsmöglichkeiten, die durch Ausbildung und Erfahrung der Gesellschaftsmitglieder zusätzlich erzielt werden (auch: *Humankapital* oder *Arbeitsvermögen*), sowie das Naturvermögen als Gesamtheit aller natürlichen Werte, die einer Gesellschaft auf ihrem Gebiet zur Verfügung stehen. Als Volksvermögen im engeren Sinn wird üblicherweise die Summe aus dem nicht-reproduzierbaren *Sachvermögen* (Wert des Grund und Bodens), dem reproduzierbaren Sachvermögen (Wert der Gebäude, der Maschinen und Ausrüstungen, der Vorräte und Halbfertigprodukte, der immateriellen Rechte und des Gebrauchsvermögens der Haushalte) sowie dem *Auslandsnettogeldvermögen* (in inländischen Währungseinheiten bezifferte Forderungen abzüglich Verbindlichkeiten gegenüber dem Ausland) bezeichnet. Was in diesem engeren Sinn zum Vermögen zu zählen ist, darüber bestimmt die in einer Gesellschaft herrschende Eigentumsordnung und der hierfür gewährte staatliche Schutz. Um zwei Beispiele zu nennen: Seit der Abschaffung der Sklaverei kann man kein Vermögen mehr in Form von Sklaven besitzen. Dagegen kann man seit der Einführung des Urheberrechts Rechte am selbst geschriebenen Wort geltend machen.

Entsprechend einer unterschiedlichen Zusammenfassung der Vermögensbesitzer kann man eine Volksvermögensrechnung, sektorale Vermögensrechnungen und einzelwirtschaft-

Einkommen und Vermögen

liche Vermögensrechnungen unterscheiden. Teilt man die Volkswirtschaft in Sektoren auf (z.B. Staatssektor, Unternehmenssektor, Sektor von Organisationen ohne Erwerbszweck, Haushaltssektor), so kommen auch die Vermögensbeziehungen, insbesondere die Forderungen und Verbindlichkeiten, zwischen diesen Sektoren ins Blickfeld. Aus der Sicht jedes Sektors wird das Bruttovermögen abzüglich der Verbindlichkeiten gegenüber anderen Sektoren als Reinvermögen des Sektors bezeichnet. Da das im Eigentum des Unternehmenssektors befindliche Vermögen der volkswirtschaftlichen Produktion dient, wird es auch als *Produktivvermögen* bezeichnet. Wenn man allerdings bedenkt, daß die Unternehmen den vier Sektoren „private Haushalte", „Organisationen ohne Erwerbszweck" (z.B. Kirchen, Gewerkschaften, Stiftungen), „Staat" oder dem „Ausland" gehören, so wird einsichtig, daß das Produktivvermögen im Prinzip diesen vier Letzteigentümersektoren zugerechnet werden muß.

Aus der Sicht von Haushalten spricht man von vier Funktionen, die Vermögen erfüllen kann: Vermögen, insbesondere der Besitz von größerem *Produktivvermögen*, verleiht wirtschaftliche und gegebenenfalls auch politische Macht (Machtfunktion); aus Vermögen kann man Einkommen in Form von Zinsen, Dividenden, Mieten, Pachten und ausgeschütteten Gewinnen erzielen (Einkommenserzielungsfunktion); *Sachvermögen* kann selbst genutzt werden (Nutzungsfunktion); schließlich kann Vermögen verbraucht werden; es dient daher der individuellen Unabhängigkeit und zur Absicherung gegen Risiken (Sicherungsfunktion).

Zur genaueren Bestimmung der gesellschaftlichen Verhältnisse muß man Gesamtsummen und Aufteilung des Vermögens nach Sektoren und nach Vermögensarten sowie die Verteilung des dem Haushaltssektor zuzuordnenden Brutto- und Nettovermögens auf Haushaltsgruppen und nach Größenklassen kennen.

1.2 Einkommensbegriffe

Auf gesamtwirtschaftlicher Ebene wird ein ganzes System von Einkommensbegriffen durch die Volkswirtschaftliche Gesamtrechnung definiert. Der umfassendste Ausdruck für den Wert der von Inländern in einer Periode erbrachten wirtschaftlichen Leistung ist das *Bruttosozialprodukt* zu Marktpreisen. Es umfaßt auch den Saldo der Einkommensströme zwischen Inland und Ausland sowie die zum Ersatz abgenutzter Sachanlagen erforderlichen Beträge (Abschreibungen). Der Wert der im Inland erzeugten Produkte und Leistungen (abzüglich der Vorleistungen) wird durch das *Bruttoinlandsprodukt* zu Marktpreisen gemessen. Das Volkseinkommen ergibt sich aus dem Bruttosozialprodukt nach Abzug der Abschreibungen und des Saldos aus indirekten Steuern und Subventionen. Dieses *Volkseinkommen* teilt sich auf in das Bruttoeinkommen aus unselbständiger Arbeit (einschließlich der Arbeitgeberbeiträge zur Sozialversicherung) sowie in das Einkommen aus Unternehmertätigkeit und Vermögen. Setzt man das Bruttoeinkommen aus unselbständiger Arbeit ins Verhältnis zum Volkseinkommen so erhält man die *Lohnquote*. Das Verhältnis des Einkommens aus Unternehmertätigkeit und Vermögen zum Volkseinkommen wird als *Gewinnquote* bezeichnet. Diese beiden Quoten kennzeichnen die kategoriale Einkommensverteilung in einer Volkswirtschaft. Auch vom Einkommen aus Unternehmertätigkeit und Vermögen ist ein Teil der menschlichen Arbeit zuzurechnen (Unternehmerlohn). Wird dieser Teil mit Schätzverfahren ausgegliedert und dem Bruttoeinkommen aus unselbständiger Arbeit zugeschlagen, so kann man im Verhältnis zum Volkseinkommen eine *Arbeitseinkommensquote* und als Gegenstück hierzu eine *Kapitaleinkommensquote* errechnen. Diese Quoten kennzeichnen die sogenannte funktionale Verteilung, d.h. die Verteilung des Volkseinkommens auf die Produktionsfaktoren „Arbeit" und „Kapital". Dieses Volkseinkommen fließt zum größten Teil den inländischen Haushalten zu. Die Verteilung des Volkseinkommens, das auch als Faktoreinkommen, Markteinkommen oder Primäreinkommen bezeichnet wird, auf Haushalte und Personen ist ein wichtiges soziostrukturelles Charakteristikum einer Gesellschaft.

Die Verteilung der Markteinkommen auf Haushalte (Primärverteilung) wird einerseits durch den Abzug von direkten Steuern und Sozialabgaben und andererseits durch den Zufluß von Sozialleistungen verändert. Das Ergebnis, die Sekundärverteilung, bezeichnet die Verteilung der *verfügbaren Einkommen* (auch: *Nettoeinkommen*) auf die Haushalte. Soweit die verfügbaren Einkommen für Konsum verausgabt werden, tragen sie unmittelbar zur Wohlfahrt der Haushalte bei, soweit sie gespart werden, erhöhen sie deren Nettovermögen.

2. Gesamtwirtschaftliche Entwicklung und Strukturen

2.1 Vermögen

Die Struktur einer Gesellschaft wird ganz wesentlich dadurch bestimmt, in wessen Händen sich das *Sachvermögen* befindet, wer über das *Produktivvermögen* verfügt und wie hoch das Auslandsvermögen ist. Während sozialistische Staaten dadurch gekennzeichnet sind, daß der größte Teil des Sachvermögens, insbesondere soweit es der Produktion dient, dem Staat gehört, ist in marktwirtschaftlich orientierten Staaten der Staatsanteil viel geringer. In Staatshand sind vor allem ein größerer Teil des Bodens und die öffentliche Infrastruktur, während sich die Beteiligung am Unternehmenssektor auf Unternehmen beschränkt, die überwiegend öffentliche Aufgaben wahrnehmen.

Der Ermittlung des *Volksvermögens* und seiner Aufteilung nach Sektoren stehen allerdings große statistische Schwierigkeiten im Wege (Bewertungsproblem), so daß es keine umfassenden Zeitreihen des Volksvermögens gibt. Tabelle 1 zeigt die letzte bekannt gewordene Übersicht über das Volksvermögen der (alten) Bundesrepublik im Jahr 1982.

In diesem Jahr betrug das *Volksvermögen* (netto nach Abzug der Auslandsverbindlichkeiten) etwa 10 Billionen D-Mark. Ein gutes Drittel bestand aus nicht-reproduzierbarem Sachvermögen, ein weiteres Drittel umfaßte das reproduzierbare *Sachvermögen* (ohne Wohnbauten), das vor allem im Produktionsprozeß eingesetzt war, und ein letztes Drittel waren Wohnbauten und Gebrauchsvermögen, die der unmittelbaren Nutzung durch Haushalte dienten. In dieser Volksvermögensbilanz tauchen Forderungen und Verbindlichkeiten der Inländer untereinander nicht auf, weil jedem Gläubiger ein Schuldner gegenübersteht. Die Forderungen und Verbindlichkeiten gegenüber Ausländern sind im Vergleich zu den anderen Komponenten recht gering.

Tabelle 1: Das Volksvermögen in der Bundesrepublik Deutschland, Ende 1982

	Aktiva	Mrd. DM		Passiva	Mrd. DM
1.	*Nichtreproduzierbares Sachvermögen*		*1.*	*Verbindlichkeiten gegenüber Ausländern*	
1.1	Bebaute Grundstücke	2.683	1.1	Mit festem Nennwert	468
1.2	Landwirtschaftlich genutzte Grundstücke	720			
1.3	Wald, Gewässer und ähnliches	172	1.3	Aktien (Kurswert)	37
2.	*Reproduzierbares Sachvermögen*		*2.*	*Reinvermögen der Volkswirtschaft = Volksvermögen*	
2.1	Wohnbauten	2.244	2.1	Private Haushalte	4.695
2.2	Nichtwohnbauten	2.179	2.2	Unternehmen	4.041
2.3	Ausrüstungen	868	2.3	Staat	1.275
2.4	Vorräte	431			
2.5	Gebrauchsvermögen der privaten Haushalte	661			
3.	*Forderungen gegenüber Ausländern*				
3.1	Mit festem Nennwert	484			
3.2	Festverzinsliche Wertpapiere (Kurswert)	47			
3.3	Aktien (Kurswert)	53			
	Volksvermögen	10.542		Summe	10.542

Quelle: Schmidt (1986), S. 127-131. Benennungen geringfügig geändert, zitiert nach Stobbe (1994), S.83

Einkommen und Vermögen

In unmittelbarem Besitz der Haushalte befand sich fast die Hälfte des *Volksvermögens*. Da man aber den Haushalten (einschließlich Organisationen ohne Erwerbszweck) auch noch den größten Teil des *Unternehmensvermögens* zurechnen muß, dürfte sich ihr Anteil am *Volksvermögen* auf etwa vier Fünftel belaufen haben. Angesichts des geringen Nettoauslandvermögens entsprach das restliche Fünftel etwa dem Staatsanteil. Da sich 1982 das Bruttosozialprodukt auf knapp 1,6 Billionen D-Mark belief, war das Volksvermögen etwa sechsmal so hoch wie das Bruttosozialprodukt. Im Jahr 1982 belief sich das Volksvermögen rein rechnerisch auf etwa DM 162.000 pro Kopf der Bevölkerung. Das unmittelbar in Händen der Haushalte und der Organisationen ohne Erwerbszweck befindliche Vermögen betrug 1982 ca. DM 76.000 pro Kopf der Bevölkerung.

Für das unmittelbar im Besitz des Haushaltssektors (einschl. Organisationen ohne Erwerbszweck) befindliche Vermögen hat die Deutsche Bundesbank eine Zeitreihe erstellt, aus der ein starker Zuwachs hervorgeht (vgl. Tabelle 2). Dabei ist der Zuwachs bei Wohnbauten und Grundstücken keineswegs allein auf Ersparnis und Neubauten zurückzuführen; vielmehr haben zu diesem Zuwachs Wertsteigerungen ganz wesentlich, vermutlich sogar überwiegend, beigetragen.

Tabelle 2: Vermögen der privaten Haushalte und privaten Organisationen ohne Erwerbszweck in der Bundesrepublik Deutschland (alte Bundesländer), 1970 bis 1992

Vermögensart	in Mrd. DM / Stand am Jahresende		
	1970	1980	1992
Wohnbauten mit anteiligen Grundstücken	811	2.402	4.920
+ Gebrauchsvermögen[1]	209	617	1.158
+ Forderungen[2]	518	1475	3.414
= Bruttovermögen	1.538	4.494	9.492
- Verbindlichkeiten (Konsumenten- und Wohnungsbauschulden)	207	615	1.215
= Reinvermögen	1.331	3.879	8.277

1 Bewertet zu Wiederbeschaffungspreisen abzüglich Abschreibungen.
2 Wertpapiere bewertet zu Tageskursen.
Quelle: Deutsche Bundesbank, Monatsberichte Oktober 1993, zitiert nach Stobbe (1994), S. 85

Bei einem Vergleich der Reinvermögen zeigt sich innerhalb von 22 Jahren ein Zuwachs auf das Sechsfache, während das *Volkseinkommen* in diesem Zeitraum nur auf das Vierfache anstieg. Man kann also feststellen, daß bei den Haushalten eine starke Vermögensakkumulation stattgefunden hat, die im Vergleich zum Einkommenszuwachs sogar überproportional war. Hinzu kommt der hier nicht erfaßte Anstieg des *Unternehmensvermögens*, der zum größten Teil ebenfalls den Haushalten zuzurechnen wäre. Ohne dieses Unternehmensvermögen betrug im Jahr 1992 das Reinvermögen des Haushaltssektors pro Kopf 127.600 DM; einschließlich des Unternehmensvermögens dürfte es mindestens ein Drittel mehr betragen haben.

Das Deutsche Institut für Wirtschaftsforschung (1996b) hat erste Schätzungen des Reinvermögens privater Haushalte (einschließlich des ihnen zuzurechnenden Unternehmensvermögens) für Gesamtdeutschland vorgelegt, die sich auf das Jahr 1993 beziehen. Hiernach beträgt das Reinvermögen 9,92 Billionen; dies waren pro Kopf der (größeren) gesamtdeutschen Bevölkerung 122.200 DM. Die Verminderung des Durchschnitts ist durch das weit geringere Reinvermögen der ostdeutschen Haushalte bedingt.

2.2 Einkommen

In einer wachsenden Volkswirtschaft nimmt das *Volkseinkommen* mit der zunehmenden Güterproduktion zu. Das Ausmaß dieses Zuwachses von 1960 bis 1994 ist aus der ersten Spalte der Tabelle 3 zu erkennen.

Von 1960 bis 1991 stieg das *Volkseinkommen* in Westdeutschland auf das 8,5-fache und von 1991 bis 1994 nahm es in den alten Bundesländern nochmals um etwa 8% zu, während es in den neuen Bundesländern zu einem Anstieg von etwa 60% kam. Allerdings stieg von 1960 bis 1991 das Preisniveau in Westdeutschland auf etwa das Dreifache und von 1991 bis 1994 nochmals um ca. 11%. In Ostdeutschland ergab sich von 1991 bis 1994 ein Preisniveauanstieg von 30% (Spalte 5). Dementsprechend war der reale Zuwachs, d.h. das Mehr an Gütern, das man mit dem erhöhten Einkommen kaufen konnte, wesentlich geringer.

Tabelle 3: Entwicklung und Verteilung des Volkseinkommens 1960-1994

Jahr	Nominelles Volkseinkommen[1] in Mrd. DM	Lohnquote / Gewinnquote in %	Arbeitseinkommens-quote/Kapitaleinkommens-quote in%	Nominelles verfügbares Einkommen pro Kopf in DM	Preisniveau-index[2] 1991 = 100	Reales verfügbares Einkommen pro Kopf in DM[3] bezogen auf Preise von 1991
	1	2	3	4	5	6
1960	240,1	60,1 / 39,9	78,3 / 21,7	3.796	34,9	10.877
1965	358,5	65,3 / 34,7	81,1 / 18,9	5.289	40,3	13.124
1970	530,4	68,0 / 32,0	81,5 / 18,5	7.357	45,5	16.169
1975	800,6	74,2 / 25,8	86,2 / 13,8	10.803	61,2	17.652
1980	1.139,6	75,8 / 24,2	85,8 / 14,2	14.975	74,6	20.074
1985	1.406,8	73,0 / 27,0	82,4 / 17,6	18.352	90,2	20.346
1989	1.738,1	70,3 / 29,7	78,9 / 21,1	22.308	94,0	23.732
1991						
West	2.042,4	69,6 / 30,4	77,8 / 22,2	25.121	100,0	25.121
Ost	184,4	102,9 / -2,9	107,2 / -7,2	12.702	100,0	12.702
Gesamt	2.226,8		80,2 / 19,8	23.396		
1994						
West	2.203,9	70,5 / 29,5	78,5 / 21,5	25.604	110,6	23.150
Ost	297,5	89,9 / 10,1	97,0 / 3,0	18.769	130,0	14.438
Gesamt	2.501,4		80,5 / 19,5	26.464		

1 Nominelles verfügbares Einkommen der privaten Haushalte einschließlich privater Organisationen ohne Erwerbszweck
2 Preisindex für die Lebensunterhaltung aller privaten Haushalte
3 Nominelles verfügbares Einkommen wie Spalte 4, umgerechnet zu Preisen von 1991
Quelle: Sachverständigenrat zur Begutachtung der gesamtwirtschaftlichen Entwicklung, verschiedene Jahresgutachten; eigene Berechnungen

Berechnet man das *verfügbare Einkommen* pro Kopf, so zeigt sich von 1960 bis 1991 in Westdeutschland nur ein Anstieg auf das 6,7-fache (Spalte 4). Dieser geringere Anstieg beruht zum einen darauf, daß in diesem Zeitraum die Bevölkerung von 55,4 Mio. auf 64,1 Mio., d.h. um 16% zugenommen hat, und zum anderen, daß der Anteil des *Volkseinkommens*, der in Form von Steuern und Abgaben an den Staatssektor floß, weit stärker gewachsen ist als der Rückfluß in Form von Sozialleistungen. Berücksichtigt man wieder die Preisniveausteigerungen, so erkennt man aus Spalte 6 von 1960 bis 1991 in Westdeutschland einen Anstieg des realen verfügbaren Einkommens pro Kopf auf das 2,3-fache. In den Jahren von 1991 bis 1994 ergab sich eine zwischen West- und Ostdeutschland divergierende Entwicklung. Während das reale verfügbare Einkommen pro Kopf im Westen um 7,8% sank, stieg es im Osten 13,6% an. Hierin zeigen sich sowohl die Einkommensverbesserungen in den neuen Bundesländern infolge des Systemwechsels und der Wiedervereinigung als auch die mit diesem Prozeß verbundenen Lasten im Westen. Aber auch 1994 betrug dieses Pro-Kopf-Einkommen im Osten erst 62% des westlichen Wer-

Einkommen und Vermögen

tes. Berücksichtigt man allerdings noch bestehende Unterschiede in den Preisniveaus, so dürfte der Abstand etwas geringer sein.

Die kategoriale Verteilung der Markteinkommen zeigt sich in der Entwicklung der *Lohnquote* (Spalte 2). Man erkennt in den sechziger und siebziger Jahren einen Anstieg von 60% auf etwa 75% und anschließend wieder einen Rückgang auf etwa 70%. Ein Teil dieser Veränderungen ist durch den Rückgang des Anteils der Selbständigen an allen Erwerbspersonen bedingt; aber auch wenn man dies berücksichtigt, verbleibt eine gleichlaufende Schwankung dieser (bereinigten) Lohnquote. Spiegelbildlich hierzu hat sich die Gewinnquote entwickelt.

In den neuen Bundesländern ergibt sich ein ganz anderes Bild. Hier waren 1991 die ausgezahlten Löhne höher als das gesamte *Volkseinkommen*; die Differenz mußte durch direkte und indirekte Lohnsubventionen und durch Verlustübernahme durch die Eigentümer der Unternehmen (Treuhandanstalt und neue Besitzer) aufgebracht werden. 1994 gab es zwar bereits eine geringe Gewinnquote, aber ein weiterer Anstieg dieser Quote ist unabdingbar, wenn es in den neuen Bundesländern zu einer kräftigen Wirtschaftsentwicklung, die ein weiteres Aufholen ermöglicht, kommen soll.

Die funktionale Verteilung der Markteinkommen wird durch die *Arbeitseinkommensquote* und die *Kapitaleinkommensquote* repräsentiert (Spalte 3). Hierbei ist zunächst bemerkenswert, wie hoch der Anteil des Volkseinkommens ist, der dem Faktor „Arbeit" zuzurechnen ist. Die Arbeitseinkommensquote bewegte sich in den alten Bundesländern zwischen 78% und 86%, wobei der Verlauf ähnlich dem der Lohnquote war. Im Durchschnitt fließt also nur etwa ein Fünftel des Volkseinkommens dem Faktor „Kapital" und damit dessen Eigentümern in Form von reinen Gewinnen, Dividenden, Zinsen, Nettomieten und Pachten zu. In den neuen Bundesländern ist der Anteil der reinen Kapitaleinkommen gegenwärtig noch äußerst niedrig.

3. Personelle Verteilung

3.1 Bedeutung und Verteilungsmaße

Die Feststellung, daß in den alten Bundesländern 1992 das Pro-Kopf-Vermögen des Haushaltssektors DM 127.600 und 1991 das verfügbare Einkommen pro Kopf DM 25.121 betrug, besagt keineswegs, daß jeder Alleinstehende ein Vermögen und ein Einkommen in dieser Höhe besaß und daß jede fünfköpfige Familie sich eines Reinvermögens von DM 638.000 und eines *verfügbaren Einkommens* von DM 125.605 erfreuen konnte. Es bestehen vielmehr zwischen den Haushalten große Unterschiede in der Höhe des Reinvermögens und des verfügbaren Einkommens, die zu der Frage Anlaß geben, welches Ausmaß an Ungleichheit in der Bundesrepublik vorhanden ist. Da ein negatives Reinvermögen, d.h. ein Überwiegen der Schulden, und ein verfügbares Einkommen unterhalb der Armutsgrenze besonders gravierende gesellschaftliche Probleme bedingen, richtet sich eine zweite Frage auf das Ausmaß dieses untersten Bereichs. In gleicher Weise kann man auch den obersten Bereich der Vermögen und Einkommen gesondert betrachten, weil sich hier höchster Lebensstandard und größter gesellschaftlicher und politischer Einfluß konzentrieren. Von besonderer Bedeutung ist dabei die Verteilung des *Produktivvermögens*; denn das Eigentum an Unternehmen eröffnet dem Unternehmer vielfältige Direktionsrechte gegenüber seinen Mitarbeitern und außerdem maßgeblichen Einfluß auf die wirtschaftliche Entwicklung, der auch über die Unternehmerverbände ausgeübt wird.

Wenn man die Verteilung des Vermögens oder Einkommens innerhalb einer unüberschaubaren Zahl von Haushalten oder Personen messen will, braucht man zusammenfassende Maße. Eine erste Möglichkeit besteht darin, die Haushalte nach ihrer sozialen Stellung in Gruppen zu unterteilen, für diese Gruppen jeweils Gruppendurchschnitte zu berechnen und diese mit dem Gesamtdurchschnitt zu vergleichen. Durch die Ermittlung dieser durchschnittlichen relativen Wohlstandsposition erhält man Aufschluß über die Unterschiede zwischen einzelnen sozialen Gruppen.

Eine zweite Möglichkeit besteht darin, den Verbreitungsgrad einer Vermögens- oder Einkommensart als Anteil der Besitzer bzw. der Bezieher an allen Haushalten bzw. Personen zu erfassen. Diese Vorgehensweise ergibt Hinweise auf die Konzentration der jeweiligen Größe innerhalb des Haushaltssektors. Eine dritte Möglichkeit bildet die Berechnung von Verteilungsmaßen, von denen im folgenden zwei herangezogen werden. Diese Maße können auf Vermögen oder Einkommen sowie auf Haushalte oder Personen bezogen sein. Dezilsanteile oder Quintilsanteile geben den Anteil am Gesamtvermögen bzw. am gesamten verfügbaren Einkommen an, den jeweils ein Zehntel oder ein Fünftel der Haushalte besitzt; dabei sind die Haushalte nach der Höhe ihres Reinvermögens bzw. ihres *verfügbaren Einkommens* geordnet. Der Gini-Koeffizient drückt in einer einzigen Maßzahl die Ungleichheit aus. Ein Gini-Koeffizient von 0 bedeutet völlige Gleichverteilung, ein Koeffizient von 1 signalisiert extreme Ungleichverteilung, bei der ein einziger Haushalt das gesamte Vermögen oder Einkommen besitzt. Je höher also der Gini-Koeffizient liegt, desto ungleicher ist die Verteilung.

3.2 Vermögen

Aus der neuesten Schätzung des Deutschen Instituts für Wirtschaftsforschung (1996b) läßt sich für das Jahr 1993 und für Gesamtdeutschland das durchschnittliche Reinvermögen pro Haushalt (einschließlich des Anteils an Unternehmensvermögen) mit ca. DM 285.000 ermitteln.

Gegenwartsnahe Angaben über die Höhe des Reinvermögens pro Haushalt, getrennt nach alten und neuen Bundesländern, liegen jedoch nicht vor. Nur für eine Komponente, nämlich für das Geldvermögen, sind Angaben verfügbar. Hiernach betrug 1994 in den alten Bundesländern das Bruttogeldvermögen je Haushalt DM 137.480 und das Nettogeldvermögen DM 125.684. Für die neuen Bundesländer lauten die entsprechenden Zahlen DM 42.178 und DM 39.312 (Schlomann/Faik 1997b). Damit liegt die Höhe des Geldvermögens der ostdeutschen Haushalte im Durchschnitt also lediglich bei etwa einem Drittel des westdeutschen Wertes. Dies ist die Konsequenz geringerer Spartätigkeit in der DDR und der Umstellung der Guthaben von Mark der DDR auf D-Mark zum Kurs von 1 : 2, wobei es allerdings für kleine Guthaben eine Relation von 1 : 1 gab.

Neuere Schätzungen über das durchschnittliche *Nettovermögen* (pro Haushalt) einzelner sozialer Gruppen im Verhältnis zum Gesamtdurchschnitt liegen nicht vor. Schlomann (1992: 310) kam für das Jahr 1983 zu folgenden Vermögenspositionen der sozialen Gruppen:

- Selbständigenhaushalte
  (ohne Landwirte)   317%
- Landwirte-Haushalte   184%
- Beamten-Haushalte   113%
- Angestellten-Haushalte   107%
- Arbeiter-Haushalte   89%
- Arbeitslosen-Haushalte   46%
- Nichterwerbstätigen-Haushalte 68%

Dabei wurden Haushalte mit sehr hohen Einkommen/Vermögen sowie Haushalte von Ausländern nicht erfaßt.

Über die Verteilung des Reinvermögens zwischen allen Haushalten nach Reinvermögensgrößenklassen lassen sich quantitative Angaben wegen lückenhafter Datenquellen nur mit größeren Unsicherheitsspielräumen machen:

1. Ältere Studien (Wicke/Mierheim 1978; Schlomann 1992) zeigten, daß die Ungleichheit in der Verteilung der Reinvermögen auf Haushalte etwa doppelt so groß war wie die Ungleichheit in der Verteilung der *verfügbaren Einkommen*. Für die Verteilung der Reinvermögen auf Haushalte wurden für das Jahr 1983 Gini-Koeffizienten um 0,7, für die Verteilung der verfügbaren Einkommen auf Haushalte Koeffizienten um 0,32 ermittelt.
2. Das oberste Quintil der Haushalte besaß 1983 ca. 70% des Reinvermögens und ihm flossen 39% des gesamten verfügbaren Einkommens zu. Das unterste Quintil hatte ein negatives Reinvermögen, d.h. die

Einkommen und Vermögen

Schulden überwogen, während es immerhin knapp 10% des verfügbaren Einkommens erhielt.
3. Auch im obersten Quintil der Haushalte gab es nochmals eine deutliche Konzentration. Die obersten 10% der Haushalte besaßen 1983 bereits 49% des Reinvermögens, die darunter liegenden 10% der Haushalte nur noch 21% des Reinvermögens.
4. Neuere Schätzungen des Deutschen Instituts für Wirtschaftsforschung (1996b) für 1993 ergeben für Gesamtdeutschland ein ähnliches Bild: Die obersten 10% der Haushalte besitzen knapp die Hälfte des gesamten Reinvermögens, die unteren 50% der Haushalte besitzt nur einen Anteil von etwa 10% am gesamten Reinvermögen. Im Vergleich zu 1983, als dieser Anteil der unteren 50% der Haushalte nur ca. 2,4% betrug (Schlomann 1992), hat in dieser Haushaltsgruppe also eine begrenzte Vermögensbildung stattgefunden.

Eine Analyse des Verbreitungsgrades einzelner Vermögensarten und deren Konzentration bietet weitere Einblicke in die Vermögensverteilung (vgl. Tabelle 4).

Tabelle 4: Verbreitungsgrade einzelner Vermögensformen in den alten und neuen Bundesländern im Jahr 1993 in %

	Alte Bundesländer	Neue Bundesländer
Sparguthaben	90,3	86,5
Versicherungen	67,7	65,2
Bausparverträge	42,0	33,8
Wertpapiere (einschl. Aktien)	45,8	36,5
Sonstige Geldvermögen	19,8	26,4
Grundstücke, Häuser, Eigentumswohnungen	50,5	27,7

Quelle: Schlomann/Faik 1997a und 1997b

Der Verbreitungsgrad einer Vermögensform und die unterschiedliche Höhe sind ausschlaggebend für den Wert des Gini-Koeffizienten, mit dem auch die Konzentration bei jeder Vermögensform gemessen werden kann. Dieser Koeffizient liegt beim Bruttogeldvermögen mit 0,589 (West) und 0,527 (Ost) deutlich höher als beim Haushaltsnettoeinkommen. Aber die Ungleichheit in der Verteilung der Bruttogeldvermögen wird noch weit übertroffen durch die Ungleichheit in der Verteilung des Haus- und Grundvermögens. Hier liegen die Gini-Koeffizienten bei 0,673 (West) und sogar bei 0,857 (Ost) (Hauser et al. 1996: 173).

Über den Verbreitungsgrad des *Produktivvermögens* gibt es keine verläßlichen Angaben. Bekannt ist ein sehr hoher Konzentrationsgrad in den alten Bundesländern. Ende der 60er Jahre wurde festgestellt, daß die reichsten 1,7% der Haushalte einen Anteil von ca. 70% am gesamten Produktivvermögen besaßen. Mierheim/Wicke (1978) kommen für diese Spitzengruppe auf einen Anteil von ca. 50% im Jahr 1973. Schlomann (1992) stellt für 1983 wieder eine höhere Konzentration fest, die jener der 60er Jahre nahekommt. Da es für die vergangene Dekade keine Hinweise gibt, daß sich die Konzentration des Produktivvermögens in den alten Bundesländern wesentlich verringert hätte, muß man vermuten, daß sie auch gegenwärtig besteht. Für die neuen Bundesländer kann man davon ausgehen, daß der Großteil des privatisierten Staatsvermögens von westdeutschen und ausländischen Unternehmen aufgekauft wurde, so daß auch hierdurch die Konzentration des Produktivvermögens eher gestiegen als gesunken ist (Hauser et al. 1996).

Generell kann man feststellen, daß ein enger Zusammenhang zwischen hohen Einkommen und hohen Vermögen besteht; denn hohe Einkommen erlauben durch Ersparnis eine hohe Vermögensneubildung und hohe Vermögen führen zu hohen Vermögenseinkommen, die wiederum eine höhere Ersparnis ermöglichen. Trotzdem ist die Ersparnis aus dem laufenden Einkommen keineswegs die einzige Quelle der Vermögensbildung. Einen zweiten Faktor bilden Wertsteigerungen bei Grundstücken und Gebäuden sowie bei Unternehmensanteilen, insbesondere bei Aktien, die ihrerseits wiederum auf einem hohen Anteil einbehaltener Gewinne beruhen. Einen dritten Faktor stellen Erbschaften zwischen den Generationen dar, die den Kindern reicher Eltern ein höheres Anfangsvermögen, eine weit bessere Startposition und bessere Sparmöglichkeiten eröffnen als Personen, die keine oder geringe Erbschaften erhalten.

3.3 Einkommen

Das *verfügbare Einkommen* bildet die Kaufkraft, mit der Personen und Haushalte ihre Bedürfnisse befriedigen können. In einer Volkswirtschaft mit ökonomischem Wachstum – wie wir es seit Generationen kennen – entstehen ständig neue Güter und neue Bedürfnisse, so daß sich ein sozialer Zwang zum Mithalten ergibt. Wer zu weit hinter die anerkannten Standards zurückfällt, wird ausgegrenzt. In diesem Sinn kommt es für das Wohlergehen vor allem auf die relative Position an, die man einnimmt. Als erstes betrachten wir daher die Veränderung der Wohlstandspositionen einzelner sozialer Gruppen von 1972 bis 1993 in den alten Bundesländern. Unter der Wohlstandsposition einer Gruppe ist dabei – wie in Abschnitt 3.1 erwähnt – das Verhältnis des gruppendurchschnittlichen Einkommens zum gesamtwirtschaftlichen Durchschnitt zu verstehen. Dabei handelt es sich um einen gewichteten Durchschnitt des verfügbaren Einkommens, das dann als Nettoäquivalenzeinkommen bezeichnet wird. Es dient dazu, Haushalte von unterschiedlicher Größe und mit Personen unterschiedlichen Alters miteinander vergleichbar zu machen. Bei dieser Gewichtung wird nicht jedes Haushaltsmitglied mit 1 gezählt, sondern es werden zur Berücksichtigung der Einsparungen beim gemeinsamen Wirtschaften und wegen des geringeren Bedarfs der Kinder folgende Gewichte verwendet: 1 für den Haushaltsvorstand, 0,7 für weitere Personen über 14 Jahren und 0,5 für Kinder bis 14 Jahren.

Die in Tabelle 3 aufgezeigten Veränderungen der *Lohnquote* könnten zu dem Schluß verleiten, daß sich in den siebziger Jahren die Wohlstandsposition der Arbeitnehmer beträchtlich verbessert und anschließend wieder deutlich verschlechtert hat. Die Entwicklung der Wohlstandsposition einer Haushaltsgruppe wird jedoch nicht nur durch die Veränderung der Lohnquote, sondern auch durch Veränderungen bei anderen Markteinkommen, durch Veränderungen bei der Steuer- und Abgabenbelastung und bei den Sozialleistungen sowie durch Änderungen der Bevölkerungsstruktur beeinflußt. Nur wenn Änderungen der Lohnquote diese anderen Einflußfaktoren dominierten, würde die genannte Schlußfolgerung gelten. Dies kann man empirisch überprüfen. Abbildung 1 zeigt die Entwicklung von 1972 bis 1993 in den alten Bundesländern für zehn soziale Gruppen.

In der Rangfolge ihrer Wohlstandspositionen ergab sich nur bei einer Gruppe eine Änderung, nämlich bei den Landwirten. Es erstaunt kaum, daß die Selbständigen die günstigste Position einnehmen; auffällig ist jedoch der starke Rückgang bis 1982 und der darauffolgende Wiederaufstieg. Hier zeigt sich eine Parallelität zur Entwicklung der Gewinnquote. Die Wohlstandsposition aller Arbeitnehmergruppen und auch der Rentner und Pensionäre erfuhren nur eine leichte Verbesserung bis 1982 und anschließend wieder einen leichten Rückgang. Bei diesen Gruppen schlug also der Rückgang der Lohnquote nur wenig durch. Im unteren Bereich befinden sich die Gruppen der Arbeitslosen und der *Sozialhilfeempfänger*. Beide Gruppen mußten einen leichten Abstieg hinnehmen. Die Wohlstandsposition der Sozialhilfeempfänger lag 1972 bei 53% des Durchschnitts und 1993 nur noch bei 48%. Insgesamt vermittelt die Abbildung 1 den Eindruck hoher Stabilität der gruppenspezifischen Wohlstandspositionen. Dies bedeutet, daß die Veränderungen der Lohn- und Gewinnquote nur in stark reduzierter Form auf die Nettoäquivalenzeinkommen durchschlugen. Ein wesentlicher Dämpfungsfaktor war dabei das System der sozialen Sicherung. Bemerkenswert ist auch noch, daß die Unterschiede in den Wohlstandspositionen zwischen den einzelnen sozialen Gruppen bei weitem nicht so groß sind, daß sie das be-

Einkommen und Vermögen

trächtliche Ausmaß an Einkommensungleichheit, das in den alten Bundesländern herrscht, erklären könnten. Es ist vielmehr gezeigt worden, daß die Ungleichheit innerhalb der Gruppen weit mehr zur gesamten Ungleichheit beiträgt als die Ungleichheit zwischen den Gruppen (Becker 1995).

Abbildung 1: Relative Wohlstandspositionen nach der sozialen Stellung des Haushaltsvorstandes, Bundesrepublik Deutschland (West) 1972-1993

A: Selbständige (ohne Landwirte). B: Pensionäre C: Beamte. D: Angestellte.
E: Rentner. F: Arbeiter. G: Landwirte. H: Arbeitslose. I: Sozialhilfeempfänger.

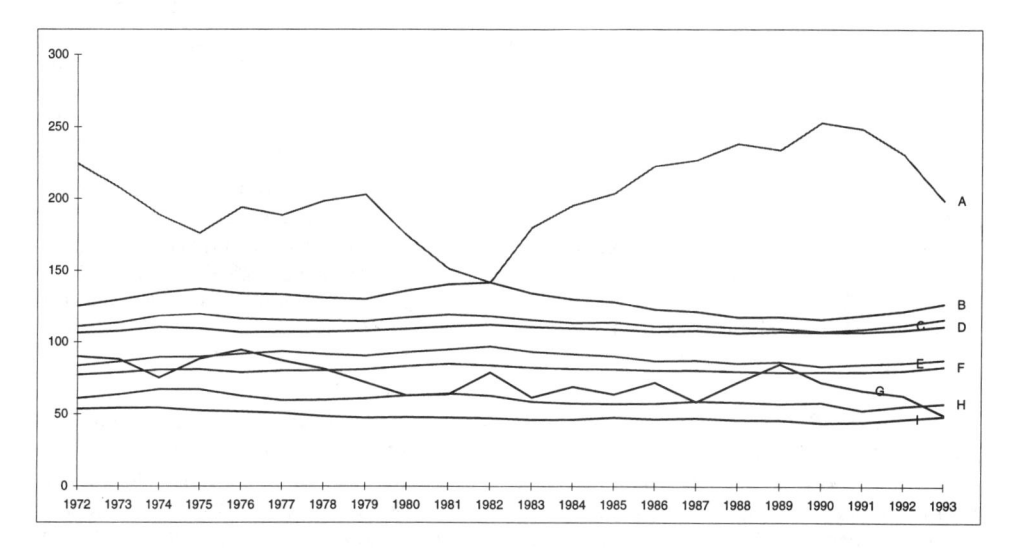

Quelle: Statistisches Bundesamt (1994): Verfügbares Einkommen, Zahl der Haushalte und Haushaltsmitglieder nach Haushaltsgruppen, Wiesbaden

Als zweites betrachten wir nunmehr die Entwicklung der personellen Verteilung der Nettoäquivalenzeinkommen in den alten und neuen Bundesländern anhand der Quintilsanteile und der Gini-Koeffizienten. Tabelle 5 zeigt die Entwicklung dieser Maßgrößen von 1962 bis 1995. Dabei ist zu beachten, daß die Datenquelle für die Jahre 1962 bis 1988 die in Deutschland wohnenden Ausländer nicht einbezieht; außerdem sind in allen Jahren Personen in Einrichtungen (Krankenhäuser, Kasernen, Altenheime) sowie Nichtseßhafte ausgeschlossen; auch sehr hohe Einkommen konnten nicht erfaßt werden, so daß die Ungleichheit etwas unterschätzt wird.

Aus dem Rückgang des Gini-Koeffizienten von 1962 bis 1978 kann man schließen, daß die Ungleichheit in der personellen Verteilung in diesem Zeitraum etwas geringer wurde. Die gleiche Tendenz erkennt man auch aus den leichten Veränderungen der Quintilsanteile. Der Anteil des ersten, d.h. des untersten Quintils am gesamten Nettoäquivalenzeinkommen nahm von 9,4% auf 10,5% zu, der Anteil des obersten Quintils sank von 39,1% auf 35,3%. Diese Entwicklung kehrte sich in der Folgeperiode wieder um. Bis zur Wiedervereinigung nahm die Ungleichheit in den alten Bundesländern wieder leicht zu. Dieser Trend setzte sich nach der Wiedervereinigung verstärkt fort. Der zwischen 1988 und 1991 auftretende sprunghafte Anstieg des Gini-Koeffizienten dürfte vor allem durch den Wechsel der Datenquelle, die ab 1991 auch die Ausländer mit Wohnsitz in Deutschland umfaßt, bedingt sein. Vermutlich wäre die nachgewiesene Ungleichheit auch schon in den Jahren davor höher gewesen, wenn die Ausländer einbezogen worden wären. Man kann zusammenfassend feststellen, daß sich zwar ein Trend in der Entwicklung der Ungleichheit erkennen läßt, der etwa zu Beginn der 80er Jahre von einer Abnahme in eine Zunahme umschlug, daß jedoch trotz der Bevölkerungsänderungen, trotz des wirtschaftlichen Strukturwandels und trotz der in Schüben erhöhten Arbeitslosigkeit die Verteilungsänderungen recht gering geblieben sind.

Tabelle 5: Verteilungsmaße zur personellen Verteilung der Nettoäquivalenzeinkommen 1962 – 1995

Verteilungsmaß	Alte Bundesländer [1,2]									Neue Bundesländer [1,2]		
	1962	1969	1973	1978	1983	1988	1991	1993	1995	1991	1993	1995
Gini-Koeff.	0,292	0,258	0,248	0,247	0,250	0,253	0,267	0,278	0,285	0,202	0,215	0,223
Quintilsanteile in %												
1. Quintil	9,4	10,3	10,5	10,5	10,1	9,9	9,5	9,2	9,1	11,3	10,8	10,4
2. Quintil	13,4	14,0	14,3	14,3	14,3	14,4	13,9	13,7	13,6	15,8	15,5	15,2
3. Quintil	16,7	17,4	17,6	17,7	17,9	17,9	17,6	17,5	17,3	18,8	18,8	18,8
4. Quintil	21,4	22,0	22,1	22,2	22,4	22,4	22,6	22,5	22,2	22,4	22,6	22,8
5. Quintil	39,1	36,3	35,5	35,3	35,3	35,4	36,4	37,1	37,8	31,7	32,3	32,8

1 Datenquellen für 1962 bis 1988 sind die Einkommens- und Verbrauchsstichproben. Sie umfassen private Haushalte mit deutschem Haushaltsvorstand (ohne Bezieher von Spitzeneinkommen).
2 Datenquelle für 1991 bis 1995 ist das sozio-ökonomische Panel; es umfaßt Haushalte mit deutschem und ausländischem Haushaltsvorstand

Quelle: Becker (1997), Hauser (1997)

In den neuen Bundesländern lag 1991 der Gini-Koeffizient um etwa 30% niedriger als in den alten Bundesländern, der Einkommensanteil des untersten Quintils war deutlich höher und der Anteil des obersten Quintils war wesentlich geringer, so daß man eine viel geringere Ungleichheit der personellen Einkommensverteilung konstatieren kann. Hierin zeigen sich zum einen die Nachwirkungen der weit geringeren Ungleichheit in der *DDR*, die infolge der Umstellung der Löhne im Verhältnis 1 : 1 in die neuen Länder übertragen wurde, und zum anderen die vielfältigen Sonderregelungen, die bei der Übertragung des westdeutschen Systems der sozialen Sicherung für eine begrenzte Zeit eingeführt wurden (Hauser et al. 1996: 52ff., 138ff.). Außerdem gab es anfänglich in den neuen Bundesländern noch keine hohen Vermögenseinkommen. In der begrenzten Zeitspanne von 1991 bis 1995 ist die Ungleichheit der personellen Verteilung in den neuen Bundesländern kräftig angestiegen, wie Gini-Koeffizient und Quintilsanteile ausweisen. Hierin spiegelt sich die hohe Arbeitslosigkeit, das Auslaufen von Sonderregelungen, die allmähliche Sprei-zung der Lohnstruktur und die Zunahme höherer Selbständigen- und Vermögenseinkommen. Allerdings ist die Ungleichheit in den neuen Bundesländern immer noch geringer als in den alten Ländern, so daß die Vermutung begründet ist, daß in den kommenden Jahren die Ungleichheit in Ostdeutschland weiter zunehmen wird.

3.4 Einkommensarmut

Armut ist in einer marktwirtschaftlich organisierten Volkswirtschaft, in der man alle Güter des Grundbedarfs mit Geld kaufen kann, vor allem *Einkommensarmut*. Einkommensarmut kann man konstatieren, wenn das verfügbare Einkommen zu weit unterhalb des Durchschnitts liegt; denn wenn man eine bestimmte Einkommenshöhe unterschreitet, dann kann man selbst bei großer Sparsamkeit die Standards einer Gesellschaft nicht einmal mehr auf bescheidenem Niveau erfüllen, und man wird ausgegrenzt. Da das Einkommen im Haushaltszusammenhang verbraucht wird, stellt das Nettoäquivalenzeinkommen auch für *Armutsanalysen* die adäquate Bezugsgröße dar. Welcher Bruchteil des durchschnittlichen Nettoäquivalenzeinkommens als Armutsgrenze zu gelten hat, ist zwar umstritten und ohne politische Werturteile auch nicht zu entscheiden, aber in den Sozialwissenschaften hat sich die 50%-Grenze weithin durchgesetzt (Hauser 1995). Der Vergleich mit dem Durchschnittseinkommen der *Sozialhilfeempfänger* (siehe Abschnitt 3.3) zeigt, daß sich diese Grenze auch im Rahmen des in der Bundesrepublik politisch Gewollten hält. Auch wenn man eine relative Armutsgrenze akzeptiert, muß man noch entscheiden, ob der westdeutsche und der ostdeutsche Durchschnitt oder der gesamtdeutsche Durchschnitt als Bezugspunkt verwendet werden soll. Die folgende Tabelle 6 basiert auf den west- und ostdeutschen Durchschnitten. Begründet wird dies mit der Tatsache, daß im Osten das Lohnniveau und die daran orientierten Sozialleistungen (z.B. Arbeitslosengeld, Renten) immer noch deutlich unter den westdeutschen Werten liegen, so daß auch eine relative Armutsgrenze daran gebunden ist. Erst wenn sich west- und ostdeutsches Lohnniveau weitestgehend angenähert haben, kann man auch eine einheitliche Armutsgrenze verwenden. Dieser Aufholprozeß dürfte noch sehr lange dauern. Höhe und Veränderung der *Armutsquoten* in den alten und neuen Bundesländern gehen aus Tabelle 6 hervor.

In den alten Bundesländern verlief die Entwicklung der *Armutsquote* ganz ähnlich wie der Trend der Einkommensungleichheit: Von 1962 bis Ende der 70er Jahre zeigte sich ein Rückgang um etwa ein Drittel, der anschließend wieder durch einen steigenden Trend abgelöst wurde. Der Sprung zwischen 1988 und 1991 ist teilweise auf die Einbeziehung der in der Bundesrepublik lebenden Ausländer zurückzuführen, die sowohl ein höheres Arbeitslosigkeitsrisiko als auch ein höheres Armutsrisiko zu tragen haben. Insgesamt gesehen kann man also konstatieren, daß die günstige wirtschaftliche Entwicklung und die Verbesserungen des Systems der sozialen Sicherung in den 60er und 70er Jahren zu einer deutlichen Abnahme der *Einkommensarmut* geführt haben. Dagegen dürften die wirtschaftlichen Schwierigkeiten, die steigende Arbeitslosigkeit und die Einschränkungen des Systems der sozialen Sicherung in den 80er und 90er Jahren die Hauptgründe für die nun auf ein früher nicht gekanntes Niveau gestiegene Armut sein. Mit der erhöhten Ungleichheit der personellen Verteilung ging also auch eine Zunahme der Armut einher.

Tabelle 6: Anteil der Bevölkerung unterhalb der Grenze von 50 % des durchschnittlichen Nettoäquivalenzeinkommens in den neuen und den alten Bundesländern[1]

Jahr	Armutspopulation in %	
	Alte Bundesländer	Neue Bundesländer
1962	10,6	
1969	7,1	
1973	6,5	
1978	6,5	
1983	7,7	
1988	8,8	
1991	10,2	4,2
1993	11,2	6,2
1995	11,9	8,0

1 Als Bezugspunkt der 50 %-Grenze wurde für die alten Bundesländer der westdeutsche und für die neuen Bundesländer der ostdeutsche Durchschnitt verwendet. Die Ergebnisse beruhen auf den gleichen Datenquellen wie Tabelle 5.

Quelle: Becker (1997), Hauser (1997)

Die *Armutsquote* hat in den neuen Bundesländern – ausgehend von einem weit niedrigeren Niveau – noch viel stärker zugenommen als im Westen, wenn sie auch das westliche Niveau noch nicht erreicht hat. Auch hier dürften die wirtschaftlichen Schwierigkeiten, die noch höhere Arbeitslosigkeit und der Abbau von sozialen Sonderregelungen die Hauptgründe sein. Man geht kaum fehl in der Prognose, daß sich künftig nicht nur eine weitere Annäherung des durchschnittlichen Einkommensniveaus der neuen Bundesländer an das westdeutsche Niveau ergeben wird, sondern daß es auch zu einem weiteren Anstieg der Ungleichheit und der Armutsquoten auf westdeutsches Niveau kommen wird.

Literatur

Becker, Irene: Stabilität in der Einkommensverteilung – Ergebnisse für die Bundesrepublik Deutschland bis zur Wiedervereinigung, EVS-Projekt, Arbeitspapier Nr. 6, Frankfurt a.M.1995

Becker, Irene: Die Entwicklung von Einkommensverteilung und Einkommensarmut in den alten Bundesländern von 1962 bis 1988, in: Becker, Irene/Richard Hauser: Einkommensverteilung und Armut, Frankfurt a.m./New York 1997

Deutsche Bundesbank: Zur Vermögenssituation der privaten Haushalte in Deutschland, Monatsbericht Oktober, Frankfurt a.M. 1993, S. 19-32

Deutsches Institut für Wirtschaftsforschung: Immobilienvermögen der privaten Haushalte, in: Wochenbericht, 63. Jg., Heft 4, 1996, S. 61-72

Deutsches Institut für Wirtschaftsforschung: Zur Neuregelung von Vermögen- und Erbschaftsteuer, in: Wochenbericht, 63. Jg., Heft 30, 1996b, S. 497-506

Guttmann, Edeltraud: Geldvermögen und Schulden privater Haushalte Ende 1993, in: Wirtschaft und Statistik, Heft 5, 1995, S. 391-399

Hauser, Richard: Das empirische Bild der Armut in der Bundesrepublik Deutschland. Ein Überblick, in: Aus Politik und Zeitgeschichte, Beilage zur Wochenzeitung Das Parlament, B 31-32, 1995, S. 3-13

Hauser, Richard: Vergleichende Analyse der Einkommensverteilung und der Einkommensarmut in den alten und neuen Bundesländern von 1990 bis 1995, in: Becker, Irene/Richard Hauser: Einkommensverteilung und Armut, Frankfurt a. M./New York 1997

Hauser, Richard/Wolfgang Glatzer/Stefan Hradil/Gerhard Kleinhenz/Thomas Olk/Eckart Pankoke: Ungleichheit und Sozialpolitik. Berichte zum sozialen und politischen Wandel in Ostdeutschland, Bd. 2, Opladen 1996

Huster, Ernst-Ulrich (Hg.): Reichtum in Deutschland, 2. Aufl., Frankfurt a. M./New York 1997 (im Druck)

Mierheim, Horst/Lutz Wicke: Die personelle Vermögensverteilung in der Bundesrepublik Deutschland, Tübingen 1978

Sachverständigenrat zur Begutachtung der gesamtwirtschaftlichen Entwicklung, verschiedene Jahresgutachten, Bundestagsdrucksachen

Schlomann, Heinrich: Vermögensverteilung und private Altersvorsorge, Frankfurt a. M./New York 1992

Schlomann, Heinrich/Jürgen Faik: Die Verteilung des Haus- und Grundvermögens in den neuen Bundesländern seit 1990, in: Glatzer, Wolfgang/Gerhard Kleinhenz (Hg.): Wohlstand für alle? Opladen 1997a, S. 241-289

Schlomann, Heinrich/Jürgen Faik: Die Entwicklung der Vermögensverteilung in Deutschland, in: Huster, Ernst-Ulrich (Hg.): Reichtum in Deutschland, 2. Aufl., Frankfurt a. M./New York 1997b (im Druck)

Schmidt, L.: Integration der Vermögensbilanzen in die internationalen Systeme Volkswirtschaftlicher Gesamtrechnungen, in: Reich, U.P./C. Stahmer (Hg.): Internationale Systeme Volkswirtschaftlicher Gesamtrechnungen. Revision und Erweiterungen, Stuttgart u.a. 1986, S. 111-132

Statistisches Bundesamt (Hg.): Verfügbares Einkommen. Zahl der Haushalte und Haushaltsmitglieder nach Haushaltsgruppen, Wiesbaden 1994

Statistisches Bundesamt (Hg.) in Zusammenarbeit mit dem Wissenschaftszentrum Berlin für Sozialforschung und dem Zentrum für Umfragen, Methoden und Analysen, Mannheim: Datenreport 1997, Zahlen und Fakten über die Bundesrepublik Deutschland, Bonn 1997 (Schriftenreihe der Bundeszentrale für politische Bildung. 340)

Stobbe, Alfred: Volkswirtschaftliches Rechnungswesen, 8. Aufl., Berlin u.a. 1994

Richard Hauser

Eliten, Führungsgruppen

1. Begriff

In den Sozialwissenschaften werden Eliten über ihre Macht bzw. ihren Einfluß auf gesellschaftlich bedeutsame Entscheidungen definiert. *Elitetheorien* befassen sich dementsprechend vor allem mit den Zusammenhängen zwischen Gesellschaftsstruktur, politischer Ordnung und *Elitenstruktur*. Hochindustrialisierte Demokratien zeichnen sich durch eine pluralistische Macht- und Elitenstruktur mit einem hohen Maß an Autonomie für die Eliten der verschiedenen gesellschaftlichen Sektoren aus, was sich in einem hohen Grad an Rekrutierungsautonomie, aber auch in einer komplexen Konstellation gesellschaftlicher und politischer Interessen niederschlägt.

In allen Gesellschaften nehmen die politischen Eliten im engeren Sinne eine zentrale Stellung innerhalb der Machtstruktur ein, da im Sektor Politik die formale Autorität angesiedelt ist, für die Gesamtgesellschaft verbindliche Entscheidungen zu treffen. Aufgrund der Ausweitung staatlicher Aufgaben im Zuge gesellschaftlicher Modernisierung beschränken sich politische Entscheidungen heute zudem nicht mehr nur auf die Gewährleistung innerer und äußerer Sicherheit, sondern greifen tief in die Verteilung gesellschaftlicher Güter ein. Von daher ist es naheliegend, daß auch die „nichtpolitischen Eliten", d.h. die Eliten privater Organisationen (Unternehmen, Verbände, Medien usw.) versuchen, auf politische Entscheidungen Einfluß zu nehmen, was die Einbeziehung dieser Eliten in die Analyse erfordert.

Angesichts der diskontinuierlichen Entwicklung der Demokratie in Deutschland hat sich die Frage nach den Beziehungen zwischen *Elitenstruktur* und Demokratie hier immer in besonderer Weise gestellt. Deutschland ist eines der herausragendsten Beispiele dafür, daß Annahmen über einen einfachen linearen Zusammenhang zwischen gesellschaftlicher Modernisierung und Demokratieentwicklung der Differenzierung bedürfen. Dabei kommt den Eliten eine ausschlaggebende Rolle zu. So haben u.a. Higley/Burton (1989) darauf hingewiesen, daß die Herausbildung einer konsensuell geeinten Elite eine unabdingbare Voraussetzung jeder erfolgreichen Demokratisierung ist. Eine solche Elite zeichnet sich durch zwei wesentliche Merkmale aus: einmal durch einen Konsens über die demokratischen Spielregeln und die Bereitschaft, Interessenkonflikte im Rahmen demokratischer Institutionen zu kanalisieren (restrained partisanship). Und zum anderen durch eine strukturelle *Elitenintegration*, d.h. durch die Existenz eines dichten Netzwerks von Interaktionsbeziehungen auf Elitenebene, das den Repräsentanten aller wichtigen Organisationen Zugang zu den zentralen politischen Entscheidungsprozessen ermöglicht.

Die empirische *Eliteforschung* befaßt sich hauptsächlich mit drei Themenbereichen: der sozialen Komposition und den politischen Überzeugungssystemen von Eliten sowie mit Kommunikationsmustern auf Elitenebene. Dabei sind immer auch die Beziehungen zwischen Eliten und Bevölkerung von zentralem Interesse. Bei der Untersuchung nationaler Eliten geht man in der Regel vom sog. Positionsansatz aus, der auf der Annahme basiert, daß die Zugehörigkeit zu den Eliten – zumindest in differenzierten Gesellschaften – an die Einnahme formaler Herrschaftspositionen gebunden ist. Die mit der Einnahme solcher Positionen verbundenen formalen Kompetenzen erlauben es den Eliten einerseits, verbindliche Entscheidungen für ihre jeweilige Organisation zu treffen bzw. an diesen mitzuwirken. Daneben vertreten sie ihre Organisation aber auch nach außen und wirken an kollektiven Entscheidungen von gesamtgesellschaftlicher Tragweite mit.

Die Datenlage über die Strukturmerkmale und den Wandel der deutschen Eliten seit dem Kaiserreich ist im internationalen Vergleich exzellent. Dabei geben die beiden jüngsten Studien Auskunft über die Veränderungen in der *Elitenstruktur* seit Beginn der achtziger Jahre und damit über die Auswirkungen des politischen Umbruchs in den neuen Bundesländern und der Vereinigung Deutschlands auf die Elitenstruktur. Dies sind einmal die *Mannheimer Elitestudie* von 1981, in deren Rahmen 1744 Inhaber von Führungspositionen in verschiedenen gesellschaftlichen Sektoren befragt wurden (vgl. Hoffmann-Lange 1992), und zum anderen die Potsdamer *Elitestudie* von 1995 mit einer Fallzahl von 2341 Befragten, die von einer vergleichbaren, erstmalig jedoch gesamtdeutschen Positionenauswahl ausging (vgl. Bürklin/Rebenstorf u.a. 1997). Parallel zu diesen beiden Elitebefragungen wurden jeweils repräsentative Bevölkerungsumfragen durchgeführt (1982: n = 2206; 1995: n = 2908), die einen Vergleich zwischen Eliten und Bevölkerung erlauben.

2. Sozialgeschichtlicher Hintergrund

2.1 Kaiserreich, Weimarer Republik und Deutschland während des Nationalsozialismus

Eine Analyse der Beziehungen zwischen *Elitenstruktur* und Demokratie in Deutschland muß bei der Reichsgründung im Jahr 1871 einsetzen. Denn die These vom deutschen Sonderweg (vgl. u.a. Dahrendorf 1965) geht davon aus, daß diese eine institutionelle Verfestigung vordemokratischer Machtstrukturen mit sich brachte, die sich später als Hypothek für die demokratische Entwicklung Deutschlands erwies. Dementsprechend modernisierte sich auch die Elitenstruktur Deutschlands am Ausgang des 19. Jahrhunderts weit weniger als beispielsweise in Frankreich oder England. Der mit der Reichsverfassung geschaffene institutionelle Dualismus von Exekutive und Legislative bewirkte dabei ein Auseinandertreten dieser beiden Gewalten, was sich wiederum in einer zunehmenden Dissoziation exekutiver und parlamentarischer Karrieren niederschlug. Während sich im Reichstag eine bürgerlich geprägte Gruppe professioneller Politiker herausbildete, wurde die lediglich dem Kaiser verantwortliche Reichsexekutive weiterhin durch den Adel und die traditionelle Oberschicht dominiert (Best 1989).

Bürokratie und Militär waren die Hauptträger der politischen Ordnung des Kaiserreichs. Nach der vorherrschenden Ideologie der Trennung von Staat und Gesellschaft verkörperten sie das Allgemeinwohl, während politische Parteien und Interessengruppen als Vertreter partikularistischer Interessen galten und dementsprechend abschätzig betrachtet wurden. Darüber hinaus verhinderte der institutionelle Dualismus auch die Herausbildung pragmatischer politischer Parteien. Da sie nicht für die Regierungsbildung verantwortlich waren, nutzten die Parteien den Reichstag einerseits zur Artikulation weitreichender, ideologisch-programmatischer Forderungen und andererseits zur pragmatischen Vertretung der Interessen der eigenen Wählerklientel. Dies begünstigte eine Politisierung der Sozialstruktur (Lepsius 1973) und verhinderte die Herausbildung einer echten Parteienkonkurrenz.

Der Übergang zur Weimarer Republik brachte dann 1919 eine institutionelle Reorganisation, die allerdings von keiner nennenswerten *Elitentransformation* begleitet war (vgl. Zapf, 1965, Dahrendorf 1965). In den nicht-politischen Sektoren fanden nur marginale organisatorische Veränderungen und kaum ein Elitenaustausch statt. Gleichzeitig stand das Gros der in ihren Positionen verbliebenen traditionellen Eliten in Verwaltung, Justiz, Militär, Wirtschaft und Verbänden der neuen Demokratie distanziert bis ablehnend gegenüber. Innerhalb des Sektors Politik verschob sich allerdings durch die Einführung eines parlamentarischen Regierungssystems das Machtzentrum von der Exekutive zur Legislative, und die konservativen Parteien verloren aufgrund der parlamentarischen Mehrheitsverhältnisse ihre Vorherrschaft.

Große Teile der Eliten in den demokratischen Parteien verkannten allerdings, daß die Funktionsfähigkeit eines parlamentarischen Systems von der Fähigkeit zur Bildung stabiler Regierungsmehrheiten abhängt und daher eine Umorientierung ihres Verhältnisses zu den übrigen Parteien erforderte. Angesichts der drängenden sozio-ökonomischen Probleme schätzten sie die Gefahr einer Erosion der eigenen Wählerbasis aufgrund wirtschaftspolitischer Zugeständnisse höher ein als die politische Gefahr, die von der chronischen Regierungsinstabilität ausging. Die Probleme der parlamentarischen Mehrheitsbildung wurden dabei durch die Präsenz links- und rechtsextremistischer Parteien noch verschärft. Die so enstandene Machtstruktur zeichnete sich also insgesamt durch einen extremen Pluralismus bei gleichzeitiger Unfähigkeit der Eliten zur Überbrückung der tiefgreifenden sozial- und wirtschaftspolitischen Interessenkonflikte aus.

Die nationalsozialistische Herrschaft führte dann zu einem beträchtlichen *Elitenwandel*, der in der zunehmenden Übernahme auch nur indirekt politischer Führungspositionen durch nationalsozialistische Parteigänger bestand. Nach der Machtübernahme, die im übrigen nicht ohne Unterstützung durch Teile der konservativen Eliten möglich gewesen wäre, etablierten die Nationalsozialisten binnen kurzer Zeit ihre Kontrolle über den gesamten Regierungsapparat und erzwangen durch Verbote und Einschüchterung die Gleichschaltung aller relevanten Interessenorganisationen. Dabei blieb allerdings während der ersten Jahre die Kontinuität in der Organisations- und Personalstruktur weitgehend gewahrt. Diese Kontinuität war Teil der Strategie der legalen Machtergreifung. Erst mit der Festigung der nationalsozialistischen Herrschaft wurden ab Mitte der 30er Jahre die in ihren Positionen verbliebenen traditionellen Eliten zunehmend entbehrlich und konnten nach und nach durch Nationalsozialisten ersetzt werden (vgl. Zapf 1965). Der einzige Sektor, der während der gesamten Zeit der nationalsozialistischen Herrschaft weitgehend unangetastet blieb, war die *Wirtschaftselite*, die sich ihrerseits ohne größere Reibungen mit dem nationalsozialistischen Regime arrangierte.

2.2 Elitentransformation in Westdeutschland nach 1945

Während die Gründung der Weimarer Republik lediglich eine Verschiebung in den politischen Machtverhältnissen bei weitgehender Kontinuität der Eliten mit sich gebracht hatte, zeichnete sich der politische Umbruch in Westdeutschland nach 1945 durch ein wesentlich komplexeres Muster von Kontinuität und Wandel aus. Im Sektor Politik und in den Massenmedien erfolgte eine grundlegende organisatorische Umstrukturierung. Diese wurde nicht zuletzt durch die Lizenzierungspolitik der alliierten Siegermächte erzwungen. Bis zur Gründung der Bundesrepublik wurden nur solche politischen Parteien und Medien zugelassen, deren Führungspersonal über den Verdacht nationalsozialistischen Mitläufertums erhaben war. Dies begünstigte den Aufbau einer neuen Führungsschicht in diesen beiden Sektoren, deren Angehörige teils Personen waren, deren Gegnerschaft zum Nationalsozialismus zweifelsfrei feststand, vielfach aber auch Nachwuchskräfte, die aus Altersgründen politisch unbelastet waren.

In den übrigen Sektoren war die personelle Kontinuität demgegenüber relativ hoch. Lediglich solche Führungskräfte mußten auf Drängen der Westalliierten ausgewechselt werden, die aufgrund ihrer engen Zusammenarbeit mit dem nationalsozialistischen Regime diskreditiert waren. Darüber hinaus fanden weder ein systematischer Personalaustausch noch eine grundlegende Reorganisation statt. Ganz generell genossen in den nicht im engeren Sinne politischen Sektoren Effizienzkriterien Vorrang vor dem Wunsch, politisch belastete Personen aus dem öffentlichen Leben zu entfernen (vgl. Edinger 1960, Zapf, 1965). Neben den Kirchen zeichnete sich die öffentliche Verwaltung durch das höchste Maß an Kontinuität aus. Hier wurde die offizielle Entnazifizierungspolitik im Interesse eines schnellen Wiederaufbaus effektiver Verwaltungsstrukturen schon bald wieder aufgegeben, so daß zahlreiche belastete Führungskräfte nach relativ kurzer Zeit in ihre Ämter zurückkehren konnten. Dementsprechend waren von den westdeutschen Eliten der fünfziger Jahre mit Ausnahme der Gewerkschaftselite (0%), der politischen Elite (ca. 3%) und der Medienelite (34%) durchweg mindestens zwei Fünftel der Eliten bereits vor 1940 im selben Beruf bzw. Sektor tätig gewesen.

Die vielfach vertretene These von der Kontinuität der Eliten nach 1945 ist also erheblich zu differenzieren. Sie verweist zwar zu Recht drauf, daß ein Großteil des Führungskräftereservoirs, das nach dem Kriegsende für die Übernahme von Elitepositionen zur Verfügung stand, durch die Zusammenarbeit mit den Nationalsozialisten belastet war. Auch konnten – abgesehen von der engeren nationalsozialistischen Führungsmannschaft – selbst stark belastete Personen in der Regel sehr schnell wieder eine Berufstätigkeit aufnehmen. Diese Integration war allerdings an die Voraussetzung gebunden, daß sie sich nach außen den neuen politischen Verhältnissen anpaßten und auf anti-demokratische politische Aktivitäten verzichteten. Der Aufstieg in die Führungsetagen der neuen politischen Parteien war ihnen zudem mit wenigen Ausnahmen versperrt. Viele ehemalige Nationalsozialisten wichen daher in den privaten Sektor aus, wo sie es vielfach zu beachtlichem Wohlstand und Ansehen brachten (Herbert 1997). Andererseits hatte bestenfalls ein Fünftel der Angehörigen der westdeutsche Elite von 1956 dem Widerstand gegen den Nationalsozialismus angehört. Das dominante Merkmal der westdeutschen Nachkriegselite war also nicht die Zugehörigkeit zum Widerstand, sondern Mitläufertum oder innere Emigration.

In der alten Bundesrepublik hat sich in der Folgezeit eine *Elitenstruktur* entwickelt, die im wesentlichen der in anderen hochentwickelten, demokratischen Gesellschaften gleicht. Dies gilt zunächst für die soziale Komposition der Eliten. Bereits die nationalsozialistische Herrschaft hatte den Aufstieg neuer sozialer Gruppen in die Eliten begünstigt. Die Bildungsexpansion sowie die zunehmende soziale und regionale Mobilität führten dann nach 1945 zu einer weiteren sozialen Öffnung der Eliten.

Zudem reflektierten die politischen Einstellungen der Eliten ein hohes Maß an Akzeptanz der demokratischen Spielregeln, bei gleichzeitigen Differenzen über die im Parteiensystem verankerten politischen Konfliktlinien. Strukturell zeichnen sich die Eliten durch eine enge Verflechtung aus, die zum einen aus professionellen Kontakten, zum anderen aber auch aus der gemeinsamen Teilnahme an politischen Willensbildungsprozessen resultiert. Von daher spielt der Sektor Politik eine herausragende Rolle bei der *Elitenintegration* (vgl. Hoffmann-Lange 1992).

Der Wandel von einer traditionellen, sozial relativ abgeschotteten, nationalistischen und antidemokratischen Elite, in der die Gewerkschaften und die SPD bestenfalls als Außenseiter toleriert wurden, zu einer modernen, demokratischen *Elitenstruktur* vollzog sich dabei kontinuierlich und war erst mit der Etablierung der sozialliberalen Regierung in den siebziger Jahren abgeschlossen.

2.3 Elitentransformation in Ostdeutschland nach 1945

In der Sowjetischen Besatzungszone erfolgte demgegenüber nach 1945 eine durch die sowjetische Besatzungsmacht und die KPD-Führung gesteuerte umfassende *Elitentransformation*. Die gesamte alte Führungsschicht wurde durch Personen ersetzt, die der *KPD* (bzw. *SED*) angehörten oder ihr zumindest nahestanden. Dieser Elitenaustausch erstreckte sich auch auf den Wirtschaftssektor. Dabei genoß die Etablierung einer vollständigen politischen Kontrolle über die Gesellschaft eindeutigen Vorrang gegenüber Effizienzkriterien. Dementsprechend verzögerte sich im Vergleich zu Westdeutschland der Wiederaufbau von Verwaltungs-, Justiz- und Wirtschaftsstrukturen.

Analysen der *DDR-Elite* zeigen, daß es sich dabei um eine gerontokratische, monopolistische und von der Gesellschaft abgehobene Elitenformation handelte. Interne Differenzierungen nach Generation, Sektor oder Parteizugehörigkeit spielten eine nur untergeordnete Rolle. Der einzig relevante Rekrutierungskanal war der Aufstieg über die Parteihierarchie. Nachdem das SED-Regime sich mit dem Mauerbau konsolidiert hatte, bahnte sich in den sechziger Jahren ein Generationswechsel innerhalb der DDR-Elite an, von dem sich viele eine Umorientierung der DDR-Politik in Richtung auf einen pragmatischeren ökonomischen und politischen Kurs versprachen (vgl. Ludz 1968). Die entsprechenden Reformansätze erwiesen sich aber als kurzlebig. Stattdessen erneuerte sich die SED-Führung über die Jahrzehnte des Bestehens der DDR nur minimal und das Durchschnittsalter der DDR-Elite nahm im Verlauf der Jahre beträchtlich zu (vgl. Schneider 1994, Meyer 1991).

3. Die Elitenstruktur des vereinigten Deutschland

3.1 Wandlungen der Elitenstruktur in den neuen Bundesländern

Das Gebiet der neuen Bundesländer erlebte während der politischen Wende 1989/90 zum zweiten Mal seit 1945 einen abrupten *Elitenwandel*. Die Notwendigkeit einer schnellen Ablösung der *DDR-Elite* ergab sich sowohl aus deren Überalterung, als auch aus der monopolistischen Machtstruktur der DDR. Anders als 1945 in Westdeutschland, waren nach fast 57 Jahren Diktatur allerdings keine organisatorischen Erfahrungen aus vortotalitärer Zeit mehr vorhanden, an die hätte angeknüpft werden können. Zudem mußte die Struktur der Wirtschaft neu geordnet werden. Durch die Ablösung der SED von der Macht entstand daher ein Elitenvakuum. Dementsprechend erstreckte sich der Elitenaustausch nicht nur auf die politische Elite im engeren Sinne, sondern auch auf alle übrigen Eliten.

Innerhalb des kurzen Zeitraums vom Herbst 1989 bis zum Frühjahr 1990 pluralisierte sich die ostdeutsche *Elitenstruktur* durch eine zunehmende Unabhängigkeit der zuvor von der SED kontrollierten Blockparteien, Massenorganisationen und Medien. Zusätzlich gründeten sich neue Parteien und Interessengruppen. Die Ablösung der alten Elite, die zunächst innerhalb der SED-Führung begann, beschleunigte sich noch im Verlauf des Jahres 1990. Ab Anfang 1990 reflektierte sie allerdings nicht mehr ausschließlich interne Entwicklungen, sondern ergab sich weitgehend aus der Dynamik des *Einigungsprozesses*. Dabei wurde allgemein davon ausgegangen, daß die Vereinigung der beiden deutschen Staaten sich unter „westlichen" Vorzeichen vollziehen würde, d.h. durch Übernahme des Institutionensystems und des intermediären Systems der alten Bundesrepublik. Westdeutsche Parteien und Verbände versuchten daher bereits ab Anfang 1990, über Fusionen mit ihren ostdeutschen Pendants in der zunächst noch selbständigen DDR Fuß zu fassen. Die Zusammenschlüsse der ost- und westdeutschen Organisationen erfolgten dabei nicht paritätisch, sondern wurden durch die westdeutschen Partner dominiert. Dies war teilweise eine einfache Konsequenz des Zahlenverhältnisses bei den Mitgliedern. Aber mehr noch resultierte dieses Mißverhältnis aus der mangelnden Erfahrung der Ostdeutschen in westlichen Managementmethoden wie auch aus der größeren Finanzkraft der westdeutschen Organisationen.

Angesichts der Übernahme des westdeutschen Institutionensystems ist es nicht weiter verwunderlich, daß Ostdeutsche innerhalb der neuen gesamtdeutschen Elite unterrepräsentiert sind. Dabei fällt diese Unterrepräsentation allerdings sektorspezifisch unterschiedlich aus. Die Werte in Tabelle 1 zeigen, daß knapp 12 Prozent der befragten Positionseliten Ostdeutsche sind, die schon vor 1989 in der DDR lebten. Im Sektor Politik sind die Ostdeutschen dabei mit 32 Prozent am stärksten vertreten, in der *Wirtschaftselite* (0,4%) und im Militär (0,0%) am schwächsten. Der im Verhältnis zu den Bevölkerungszahlen (15,6 zu 65,5 Millionen, d.h. 19,3%) hohe Ost-Anteil in der politischen Elite ist dabei teilweise ein Artefakt der zur Auswahl der Zielpersonen verwendeten Positionsmethode. Denn unter den für die Studie ausgewählten Führungspositionen dominieren rein quantitativ die Positionen der Landesebene, was aufgrund der relativ großen Zahl der neuen Bundesländer und der durch die Vertretung der PDS größeren Zahl von Fraktionen in den Landesparlamenten automatisch zu einer verstärkten Berücksichtigung von Politikern aus den neuen Bundesländern führt.

Im Hinblick auf frühere Parteimitgliedschaften und politische Funktionen läßt sich feststellen, daß in den neuen Bundesländern nach 1989 – ähnlich wie in Westdeutschland nach 1945 – ein umfassender Austausch der politischen Elite stattgefunden hat, der sich selbst auf die PDS erstreckte. Praktisch das gesamte politische Führungspersonal – einschließlich der Reformer wie Hans Modrow – wurde abgelöst. Von den 1990 gewählten Landtagsabgeordneten war weniger als die Hälfte bereits zu DDR-Zeiten Mitglied der *SED* oder einer der Blockparteien und nur ein Zehntel nahm eine politische Funktion ein (vgl. Derlien/Lock 1994).

Tabelle 1: Regionale Herkunft[1] der Elitemitglieder verschiedener Sektoren 1995

Sektor	Gesamt	Ostdeutsche	Ostquote im Sektor	Verteilung Ost auf Sektoren	Westdeutsche	Westdeutsche im Sektor	Verteilung West auf Sektoren
	n	n	%	%	n	%	%
Politik	499	160	32,1	58,8	339	67,9	16,4
Verwaltung	474	12	2,5	4,4	462	97,4	22,3
Wirtschaft	249	1	0,4	0,4	248	99,6	12,0
Wirtschaftsverbände	173	14	8,1	5,2	159	91,9	7,7
Gewerkschaften	97	12	12,4	4,4	85	87,6	4,1
Massenmedien	281	33	11,8	12,1	248	88,2	12,0
Kultur	101	13	12,9	4,8	88	87,1	4,3
Wissenschaft	164	12	7,3	4,4	152	92,7	7,3
Militär	135	0	0,0	0,0	135	100,0	6,5
Sonstige	168	15	8,9	5,5	153	91,1	7,4
davon: Justiz	42	0	0,0	0,0	42	100,0	2,0
Gesamt	**2341**	**272**	**11,6**	**100,0**	**2069**	**88,4**	**100,0**

1 Befragte, die angaben, zwischen dem Bau der Mauer 1961 und ihrem Fall 1989 in der DDR gelebt zu haben, wurden als Ostdeutsche klassifiziert, da davonausgegangen werden kann, daß sie politisch und kulturell in der DDR sozialisiert wurden. Befragte mit einem Geburtsort auf dem Gebiet der späteren DDR, die vor 1989 in den Westen übersiedelten, wurden als Westdeutsche klassifiziert (3,4 %).

Quelle: Potsdamer Elitestudie 1995

Die ehemalige Opposition spielte als Rekrutierungsreservoir für die neue politische Elite allerdings kaum eine Rolle. Eine Ursache hierfür ist zweifellos darin zu suchen, daß diese in der DDR zahlenmäßig sehr viel kleiner war als in den übrigen osteuropäischen Ländern. Noch gewichtiger dürfte jedoch gewesen sein, daß den Oppositionsgruppen die politische Erfahrung und die organisatorische Basis fehlten, die notwendig gewesen wären, um unter den veränderten Bedingungen wettbewerbsfähige Parteien aufzubauen. Insofern gilt also auch für die neuen ostdeutschen Politiker, was Edinger (1960) bereits für die westdeutschen Eliten nach 1945 konstatierte: Die Mehrheit von ihnen gehörte weder der alten Elite, noch dem Widerstand, sondern der „Grauzone" der Mitläufer an.

Angesichts des Mangels an einschlägig qualifiziertem ostdeutschem Personal wurde bei der Besetzung von Führungspositionen vielfach auch auf westdeutsche Führungskräfte zurückgegriffen (vgl. hierzu Derlien 1997, Solga 1996). Die Möglichkeit dieses *Elitentransfers* ergab sich aus der spezifischen Konstellation der deutschen Teilung und ist insofern als historischer Ausnahmefall zu betrachten. Der Elitentransfer war vor allem in der Verwaltung besonders ausgeprägt. Ganz abgesehen davon, daß das Gros der Bundesbehörden bislang an seinen Standorten im Westen verblieben ist, ist der Anteil der „Westimporte" in den Landesministerien der neuen Bundesländer beträchtlich. In der Wissenschaft und den Medien erreicht der Anteil der Eliten westdeutscher Herkunft mit 50 Prozent ebenfalls relativ hohe Werte. In einigen anderen Sektoren, nämlich Wirtschaft, Verbänden, Militär und Justiz, bedurfte es eines solchen Elitentransfers dagegen schon alleine aus dem Grunde nicht, als praktisch alle entsprechenden Unternehmen, Verbandsgeschäftsstellen, Militärdienststellen und Bundesgerichte im Westen verblieben sind. Hier dürfte erst die Verlagerung der zentralen politischen Organe nach Berlin Veränderungen bringen.

Allerdings ist der *Elitentransfer* auf den unteren Führungsebenen vor allem in denjenigen Bereichen weniger ausgeprägt gewesen, in denen genügend ostdeutsche Anwärter mit den entsprechenden Qualifikationsvoraussetzungen zur Verfügung standen. So sind beispielsweise im Wirtschaftsssektor die meisten Unternehmen zwar in Westbesitz, das Management vor

Eliten, Führungsgruppen

Ort stammt jedoch überwiegend aus den neuen Bundesländern selbst (Windolf 1996).

Geht man davon aus, daß die Inhaber von Führungspositionen der zweiten Ebene den Pool für die Rekrutierung der nächsten Generation von Top-Eliten darstellen, so wird es also in einigen Sektoren, v.a. in der Verwaltung und der Justiz, noch längere Zeit dauern, bis die Unterrepräsentation der Ostdeutschen in der gesamtdeutschen Elite abgebaut sein wird, während es in der Politik erheblich schneller gehen dürfte.

3.2 Soziale Komposition der Eliten

Die soziale Zusammensetzung von Eliten ist vor allem unter dem Aspekt der Offenheit des Aufstiegs in Führungspositionen von Interesse. Der größte Unterschied zur Bevölkerung existiert zunächst im Hinblick auf das formale *Bildungsniveau*. Über drei Viertel der Eliten (77%) haben ein Hochschulstudium abgeschlossen, während es in einer nach Alter und Erwerbsstatus her vergleichbaren Gruppe der Gesamtbevölkerung lediglich 9% sind. Tabelle 2 zeigt darüber hinaus, daß die Eliten sich weit überproportional aus Familien mit höherem sozialem Status rekrutieren. Klassifiziert man den Beruf des Vaters danach, ob dieser zur unteren, zur oberen oder nicht zur Dienstklasse zählt, so stammen drei Viertel der Bevölkerung aus der untersten Klasse, während sich die Eliten zu je einem Drittel aus den drei Klassen zusammensetzen.

Tabelle 2: Soziale Herkunft[1] von Eliten und Bevölkerung 1995 (Zeilenprozent)

	nicht Dienstklasse	Dienstklasse untere Dienstklasse	obere Dienstklasse
Bevölkerung	75,8	18,0	6,2
Gesamtelite	35,4	31,8	32,8
Politiker:			
SPD	39,4	27,6	33,1
CDU/CSU	42,9	28,6	28,6
FDP	29,8	27,7	42,6
B 90/Grüne	44,3	34,0	21,7
PDS	35,9	53,8	10,3
Verwaltung	29,7	35,6	34,7
Wirtschaft	34,3	24,8	41,0
Wirtschaftsverbände	38,9	23,6	37,5
Gewerkschaften	66,3	25,0	8,8
Massenmedien	31,4	37,1	31,4
Wissenschaft	34,3	32,8	32,8
Militär	31,1	32,8	36,1
Kultur	32,5	22,5	45,0
Sonstige	29,7	39,2	31,1

1 Beruf des Vaters.
Zuordnung zu den Kategorien:
Nicht Dienstklasse: kleine Selbständige mit weniger als zehn Mitarbeitern, Landwirte, Arbeiter, Industrie- und Werkmeister, einfache Angestellte, Öffentlicher Dienst: Einfacher Dienst
Untere Dienstklasse: Angestellte mit eigenverantwortlicher Tätigkeit, Öffentlicher Dienst: Mittlerer und Gehobener Dienst, Berufssoldaten
Obere Dienstklasse: Selbständige mit mindestens zehn Mitarbeitern, Selbständige Freiberufler, Angestellte mit Führungsaufgaben, Öffentlicher Dienst: Höherer Dienst.
Quelle: Potsdamer Elitestudie 1995

Dabei existieren gleichzeitig deutliche Unterschiede zwischen den Eliten der verschiedenen Sektoren. Während sich die *SPD*-Politiker in ihrer sozialen Herkunft inzwischen kaum mehr von denen der bürgerlichen Parteien unterscheiden, weisen die Politiker *der Grünen* und der *PDS* eine deutlich niedrigere soziale Herkunft auf. Die Gewerkschaftseliten stammen nach wie vor mehrheitlich aus einfachen Verhältnissen. Ein Vergleich mit den

Ergebnissen der Mannheimer Elitestudie von 1981 zeigt aber, daß der entsprechende Anteilswert seit 1981 von 78,2% auf 66,3% gesunken ist. Damit folgen auch die Gewerkschaften, wie zuvor schon die SPD-Politiker, einem allgemeinen Trend zur Rekrutierung ihrer Führungsgruppen aus den Dienstklassen, die auf die Akademisierung der Eliten zurückzuführen ist. Am anderen Ende der Skala befinden sich die *FDP*-Politiker sowie die Wirtschafts- und Kultureliten, die zu jeweils mindestens zwei Fünfteln aus der oberen Dienstklasse stammen. Die Anteilswerte haben sich dabei – abgesehen von den SPD- und den Gewerkschaftseliten – seit 1981 kaum geändert.

Tabelle 3: Kirchliche Bindung in Eliten und Bevölkerung, 1981 und 1995 (Zeilenprozent)

	Befr.-jahr	Katholiken Kern[1]	Rand[2]	Formal[3]	Protestanten Kern[1]	Rand[2]	Formal[3]	Konfessionslose
Bevölkerung	1981	21,8	10,4	12,5	7,2	13,7	27,0	7,5
Politiker:								
SPD		3,3	5,0	5,0	9,1	17,4	35,5	24,8
CDU/CSU		44,0	6,4	4,8	17,6	20,0	7,2	0,0
FDP		4,2	4,2	8,3	12,5	16,7	45,8	8,3
andere Eliten		13,2	7,3	8,5	8,8	19,3	24,0	19,0
Bevölkerung	1995 Gesamt	8,2	7,0	13,5	5,0	9,1	22,9	34,4
Politiker:								
SPD		1,4	6,5	6,5	10,1	25,9	22,3	27,3
CDU/CSU		37,8	10,9	3,4	16,0	21,0	9,2	1,7
FDP		4,9	3,3	8,2	4,9	18,0	31,1	29,5
B90/Grüne		0,0	3,5	8,8	4,4	8,0	15,9	59,3
PDS		0,0	0,0	0,0	0,0	0,0	0,0	100,0
andere Eliten		12,0	7,7	8,1	9,2	18,4	18,4	26,1
Bevölkerung	1995 West	11,1	11,3	19,8	3,9	7,6	19,4	27,0
Politiker:								
SPD		1,0	6,3	8,3	7,3	25,0	25,0	27,1
CDU/CSU		41,9	11,6	3,5	11,6	17,4	11,6	2,3
FDP		4,3	4,3	10,6	6,4	23,4	34,0	17,0
B90/Grüne		0,0	3,6	10,8	1,2	7,2	15,7	61,4
andere Eliten		12,5	8,2	8,5	9,1	18,5	19,2	23,9
Bevölkerung	1995 Ost	1,2	1,0	1,0	1,4	2,2	8,1	85,0
Politiker:								
SPD		2,3	7,0	2,3	16,3	27,9	16,3	27,9
CDU/CSU		27,3	9,1	3,0	27,3	30,3	3,0	0,0
FDP		7,1	0,0	0,0	0,0	0,0	21,4	71,4
B90/Grüne		0,0	3,3	3,3	13,3	10,0	16,7	53,3
PDS		0,0	0,0	0,0	0,0	0,0	0,0	100,0
andere Eliten		4,5	0,0	2,7	9,9	17,1	5,4	60,4

1 Kernmitglieder = Kirchgangshäufigkeit mindestens einmal im Monat
2 Randmitglieder = Kirchgang mehrmals im Jahr
3 Formalmitglieder = Kirchgang seltener oder nie
Quellen: Mannheimer Elitestudie 1981, Potsdamer Elitestudie 1995

Im Hinblick auf die Offenheit der Elitenrekrutierung sind nicht zuletzt auch die Zugangschancen von *Frauen* von Interesse. Noch 1981 zeichneten sich die westdeutschen Eliten durch eine fast vollständige Abwesenheit von Frauen aus. Lediglich in der politischen Elite waren sie bereits damals mit 6,2% vertreten, in den übrigen Eliten lag ihr Anteil insgesamt bei nur 1,7%. Eine Ausnahme machten damals auch noch die Medienelite, die Gewerkschaftselite (6,9%) und die Kulturelite (6,7%). Der Frauenanteil ist seitdem vor allem in der politischen Elite erheblich gestiegen und erreicht insbesondere bei *den Grünen* (56,0%), der *PDS* (59,1%) und der *SPD* (35,5%) hohe Werte. Selbst beim Schlußlicht *CSU* liegt er inzwischen bei 15,8%. In den übrigen Eliten war der Zugewinn der Frauen dagegen weit weniger ausgeprägt und der Frauenanteil liegt auch 1995 bei lediglich 8,5%. Am resistentesten haben sich dabei Wirtschaftsunternehmen (0,8%), Wirtschaftsverbände (1,4%), die Wissenschaft (3,6%) und die Verwaltung (5,7%) erwiesen. Aber selbst in den *Massenmedien*, die 1981 den höchsten Frauenanteil der nichtpolitischen Eliten aufwiesen, war die Zunahme mit nur 0,1% auf 7,1% äußerst bescheiden.

Traditionell sind *Katholiken* nur unterdurchschnittlich in den Eliten vertreten, wobei diese Unterrepräsentation allerdings – abgesehen von einem geringfügig niedrigeren Bildungsniveau – durch die in den Eliteumfragen enthaltenen Variablen nicht erklärt werden kann. Es handelt sich dabei auch nicht um ein spezifisch deutsches Phänomen, denn vergleichbare Ergebnisse finden sich auch in anderen gemischt-konfessionellen Gesellschaften (vgl. hierzu Hoffmann-Lange 1992).

Demgegenüber lag in Westdeutschland der Anteil der Konfessionslosen in den Eliten bereits 1981 weit höher als in der Bevölkerung. Die allgemeine Säkularisierung setzte in den Eliten – mit Ausnahme der Unionspolitiker – also sehr viel früher ein und ist auch weiter fortgeschritten als in der Gesamtbevölkerung. Die Werte in Tabelle 3 zeigen aber, daß sich in den nichtpolitischen Eliten der Anteil der Konfessionslosen im Vergleich zur Bevölkerung seit 1981 nur unterdurchschnittlich erhöht hat. Da die Eliten im allgemeinen Vorreiter gesellschaftlicher Trends sind, läßt sich daraus schließen, daß der Säkularisierungstrend inzwischen schwächer geworden ist.

Auch die Anteilswerte der *Konfessionslosen* unter den führenden Politikern der beiden Volksparteien sind bemerkenswert konstant geblieben. Mit den *Grünen* ist aber im Westen eine weitgehend säkularisierte Gruppe von Politikern hinzugekommen. Die ostdeutschen Politiker der CDU, SPD und der Grünen unterscheiden sich im Hinblick auf den Anteil der Konfessionslosen kaum von ihren jeweiligen westdeutschen Parteikollegen. Dagegen liegt dieser Anteilswert bei den ostdeutschen *FDP*-Politikern und ganz allgemein in den aus dem Osten stammenden nichtpolitischen Eliten deutlich höher als im Westen, allerdings immer noch niedriger als in der Bevölkerung der neuen Bundesländer.

3.3 Politische Einstellungen der Eliten

Vergleiche zwischen Eliten und Bevölkerung zeigen durchweg, daß die Eliten sich auch im Hinblick auf ihre politischen *Wertorientierungen* und Einstellungen von ihren Wählern unterscheiden. Diese Unterschiede resultieren primär aus den Rollenunterschieden zwischen beiden Gruppen. Das Verhältnis zwischen politischen Eliten und Wählern ist dabei in erster Linie unter dem Aspekt der politischen Repräsentation von Interesse. Die Wähler sind primär Konsumenten von Politik und schenken dieser zumeist nur eingeschränkte Aufmerksamkeit. Dies resultiert in vielfach hohen und teilweise auch inkonsistenten Erwartungen an staatliche Leistungen. Auch sind die politischen Überzeugungssysteme der Wähler weit weniger ausdifferenziert als die der Parteipolitiker. Ihre politischen Einstellungen reflektieren daher die zwischen den Parteien bestehenden politischen Konflikte in sehr viel schwächerem Ausmaß. Dies erschwert zwar einerseits die Kommunikation zwischen Politikern und Wählern, verleiht aber andererseits den politischen Eliten auch beträchtliche Handlungsspielräume. Denn die Wählererwartungen sind in der Regel eher diffuser als spezifischer Natur.

Die politischen Eliten sind jedoch nicht nur mit den Wählerwünschen konfrontiert, sondern gleichzeitig und sehr viel unmittelbarer auch mit den Forderungen der übrigen Eliten, die vielfach sehr konkreter Natur und mit einem mehr oder weniger großem Machtpotential ausgestattet sind. Insofern beinhaltet politische Repräsentation immer eine komplexe Beziehung zwischen politischen Eliten, den verschiedenen anderen Eliten und den Wählern. Ein Vergleich zentraler politischer Einstellungen der nichtpolitischen Eliten mit denen der Bevölkerung vermittelt daher einen Eindruck von den divergierenden Erwartungen, denen sich die politischen Eliten ausgesetzt sehen. Als Indikator hierfür kann die Parteinähe dienen. Denn die politischen Konflikte zwischen den Parteien spiegeln ja immer auch Konflikte zwischen verschiedenen gesellschaftlichen Interessen wider. Diese Konflikte sind im deutschen Parteiensystem – wie auch in den übrigen westeuropäischen Parteiensystemen – mit traditionellen Koalitionen zwischen Parteieliten und gesellschaftlichen Gruppen verbunden, die sich in der programmatischen Nähe zwischen einzelnen Parteien und Interessengruppen, aber nach wie vor auch im Wahlverhalten verschiedener Bevölkerungsgruppen zeigen. Die beiden wichtigsten traditionellen Konfliktlinien sind dabei die zwischen Wirtschafts- und Arbeitnehmerinteressen einerseits und zwischen säkular-individualistischen und christlich-konservativen *Wertorientierungen* andererseits. Während sich auf der ersten Konfliktlinie bürgerliche Parteien (*Union, FDP*) und *SPD* gegenüberstehen, befinden sich auf der zweiten die Unionsparteien einerseits und SPD und *FDP* andererseits im Konflikt. Mit dem Hinzutreten *der Grünen* hat sich das Bild insofern ausdifferenziert, als die Grünen aufgrund ihrer überwiegend hoch gebildeten, mittelständischen Klientel auf der sozioökonomischen Konfliktlinie keine eindeutige Position einnehmen, wohl aber auf der anderen Konfliktlinie eine dezidert säkular-individualistische. Sie haben darüber hinaus mit der *Ökologie*-Problematik auch noch ein neues Thema in die Politik eingebracht, zu dem wiederum die übrigen Parteien keine einheitliche Position aufweisen.

Tabelle 4: Wahlabsicht in Eliten und Bevölkerung, 1981 und 1995 (Zeilenprozent)

	CDU/CSU	SPD	FDP	B90/Grüne	PDS	Nichtwahl
Bundestagswahl 1980[1]	44,5	42,9	10,6	1,5	–	–
Bundestagswahl 1983[2]	48,8	38,2	6,9	5,6	–	–
nichtpolitische Eliten 1981	49,2	27,0	21,5	1,0	–	1,2
Bundestagswahl 1994[3]	41,5	36,4	6,9	7,3	4,4	–
nichtpolitische Eliten 1995:						
insgesamt	45,5	27,1	19,1	7,2	0,2	0,9
Verwaltung	51,4	28,6	16,7	2,8	0,0	1,4
Wirtschaft	53,0	15,9	28,9	0,4	0,0	1,7
Wirtschaftsverbände	67,5	5,1	26,1	1,3	0,0	0,0
Gewerkschaften	10,2	79,5	1,1	9,1	0,0	0,0
Massenmedien	31,2	34,4	17,6	15,6	0,8	0,4
Wissenschaft	42,6	26,4	23,6	4,7	0,0	2,7
Militär	79,0	6,7	14,3	0,0	0,0	0,0
Kultur	14,9	28,7	17,0	37,2	1,1	1,1
Sonstige	36,2	37,0	16,7	8,7	0,0	1,4

1 Sonstige: 0,3%, Wahlbeteiligung: 88,6%
2 Sonstige: 0,5%, Wahlbeteiligung: 89,1%
3 Sonstige: 3,5%, Wahlbeteiligung: 79,0%
Quellen: Mannheimer Elitestudie 1981, Potsdamer Elitestudie 1995

Tabelle 4 zeigt, daß im Hinblick auf die Parteineigung einerseits deutliche Unterschiede zwischen nichtpolitischen Eliten und Bevölkerung existieren, andererseits aber fast noch größere zwischen den verschiedenen sektoralen Eliten. Für die Eliten wurde dabei eine Wahlabsicht festgestellt, die für die einzelnen Elitegruppen über die Zeit bemerkenswert stabile Verteilungen aufweist. Da die Antworten auf diese Frage in Bevölkerungsumfragen sehr starken kurzfristigen Schwankungen unterliegen, wurde für die Bevölkerung ersatzweise auf das tatsächliche Wahlverhalten zurückgegriffen. Zu beiden Zeitpunkten verfügt die SPD in den Eliten über einen nur relativ schwachen Rückhalt, der deutlich hinter ihren Wahlergebnissen zurückbleibt. Lediglich die Gewerkschaftseliten stehen überwiegend der SPD nahe, wie umgekehrt *Wirtschaftseliten* und die führenden Vertreter der Wirtschaftsverbände den Unionsparteien und der FDP. Auch die Verwaltungseliten präferieren mehrheitlich die Unionsparteien. Hier hat die inzwischen fast fünfzehnjährige Regierungszeit der gegenwärtigen Bundesregierung gegenüber 1981 zu einem starken Rückgang der SPD-Anhänger von 36,7% auf 28,6% geführt. Die FDP hat in den Eliten ihren immer schon starken Rückhalt bewahren können. Allerdings büßte sie vor allem in der *Kulturelite* und etwas weniger auch in der Medienelite zugunsten der Grünen an Unterstützung ein.

Die Grünen genießen schließlich in den nichtpolitischen Eliten eine vergleichbar hohe Unterstützung wie in der Wählerschaft. Es ist ihnen also gelungen, parallel zu ihrem Aufstieg in der Wählergunst auch in den Eliten eine zunehmende Anhängerschaft zu finden. Dies dürfte in erster Linie damit zusammenhängen, daß diese Partei die Themen des jüngeren, postmaterialistisch orientierten Neuen Mittelstandes vertritt. Von daher kommt sie vor allem in den Eliten der Massenmedien und im Kultursektor auf stolze 37,2%.

4. Aktuelle Probleme und Zukunftsperspektiven

Die deutsche Vereinigung hat dazu geführt, daß nicht nur die Institutionenstruktur, sondern auch die *Elitenstruktur* der alten Bundesrepublik auf die neuen Bundesländer übertragen wurde. Dabei hat sich in den neuen Bundesländern eine neue Führungsschicht etabliert, die sich fundamental von der DDR-Elite unterscheidet. Die neuen ostdeutschen Eliten rekrutieren sich teilweise – wie in Westdeutschland nach 1945 – aus den ehemaligen Subeliten der zweiten Führungsebene sowie aus Nachwuchskräften. In der Politik sind zudem auch viele neue Personen tätig, die vorher politisch nicht in Erscheinung getreten waren (vgl. Derlien/Lock 1994). In denjenigen Sektoren, in denen westliches Know-How gefordert ist, gab es daneben auch einen Elitentransfer von West nach Ost.

Die Übernahme der westlichen Strukturen in Verbindung mit diesem *Elitentransfer* trug zu einer zügigen und effektiven Transformation der politischen und ökonomischen Strukturen in Ostdeutschland bei. Allerdings wird sie von vielen Ostdeutschen als Kolonisierung durch den Westen empfunden. Denn dadurch verfügen die Bürger der neuen Bundesländer nur über wenige einheimische Führungsfiguren als Identifikationsobjekte. In der Politik ist dies noch am ehesten der Fall. Hier gelang der schnelle Aufbau einer ostdeutschen politischen Führungsschicht, die allerdings vorerst weitgehend auf die Kommunal- und Landespolitik beschränkt ist, während Ostdeutsche in der Bundespolitik bislang noch relativ schwach vertreten sind. Vor allem die Strukturen in der Wirtschaft sind jedoch dazu geeignet, das verbreitete Mißtrauen zu nähren, hier habe sich eine Allianz aus westdeutschen Kapitalinteressen und alten DDR-Wirtschaftskadern herausgebildet, die den Aufbau eigenständiger ostdeutscher Wirtschaftsstrukturen behindere.

Im Hinblick auf die politischen Einstellungen zeigen alle verfügbaren Umfrageergebnisse, daß die Erwartungen der Bürger der neuen Bundesländer an staatliche *Sozialleistungen* das auch bei den Westdeutschen nicht unbeträchtliche Niveau noch deutlich übersteigen. Diese Ost-West-Differenz ist auch bei den Eliten feststellbar (vgl. Bürklin/Rebenstorf u.a. 1997, Rohrschneider 1994) und resultiert wohl aus der Sozialisation in einem paternalistischen Sozialstaat. Diese Erwartungen lassen sich jedoch angesichts der gegenwärtigen Schwierigkeiten beim wirtschaftlichen Wiederaufbau der neuen Bundesländer nur bedingt erfüllen und tragen daher zu einer gewissen Entfremdung zwischen den ostdeutschen Bürgern und den überwiegend westdeutschen Eliten bei.

Die zunehmenden internationalen Verflechtungen haben schließlich in den letzten Jahrzehnten dazu geführt, daß politische Entscheidungen mehr und mehr auf inter- bzw. transnationale Institutionen verlagert werden. Dies bedeutet einerseits, daß deutsche Eliten im internationalen Rahmen hinaus bedeutsam sind. Andererseits bringt es diese Entwicklung aber auch mit sich, daß national bedeutsame Entscheidungen nicht mehr in die alleinige Entscheidungskompetenz der deutschen Eliten fallen. Nationale Elitestudien sind daher in Zukunft durch solche mit internationalem Fokus zu ergänzen.

Literatur

Best, Heinrich: Mandat ohne Macht. Strukturprobleme des deutschen Parlamentarismus 1867-1933, in: ders. (Hg.): Politik und Milieu. Wahl- und Elitenforschung im historischen und interkulturellen Vergleich, St. Katharinen 1989

Bürklin, Wilhelm/Hilke Rebenstorf u.a.: Eliten in Deutschland, Opladen 1997

Dahrendorf, Ralf: Gesellschaft und Demokratie in Deutschland, München 1965

Derlien, Hans-Ulrich: Elitezirkulation zwischen Implosion und Integration. Abgang, Rekrutierung und Zusammensetzung ostdeutscher Funktionseliten 1989-1994, in: Hellmut Wollmann u.a., Transformation der politisch-administrativen Struktur in Ostdeutschland, Opladen 1997

Derlien, Hans-Ulrich/Stefan Lock: Eine neue politische Elite? Rekrutierung und Karrieren der Abgeordneten in den fünf neuen Landtagen, in: Zeitschrift für Parlamentsfragen, Heft 1, 1994, S. 61-94

Edinger, Lewis J.: Post-Totalitarian Leadership. Elites in the German Federal Republic, in: American Political Science Review, Vol. 54, 1960, S. 58-82

Herbert, Ulrich: Als die Nazis wieder gesellschaftsfähig wurden, in: DIE ZEIT, Nr. 3, 1997

Higley, John/Michael G. Burton: The Elite Variable in Democratic Transitions and Breakdowns. American Sociological Review, Vol. 54, 1989

Hoffmann-Lange, Ursula: Eliten, Macht und Konflikt in der Bundesrepublik, Opladen 1992

Lepsius, M. Rainer: Parteiensystem und Sozialstruktur. Zum Problem der Demokratisierung der deutschen Gesellschaft, in: Ritter, Gerhard A. (Hg.): Die deutschen Parteien vor 1918, Köln 1973

Ludz, Peter Christian: Parteielite im Wandel, Opladen 1968

Meyer, Gerd: Die DDR-Machtelite in der Ära Honecker, Tübingen 1991

Rohrschneider, Robert: Report from the Laboratory: The Influence of Institutions on Political Elites'' Democratic Values in Germany, in: American Political Science Review, Vol. 88, 1994, S. 927-941

Schneider, Eberhard: Die politische Funktionselite der DDR, Opladen 1994

Solga, Heike: Der Elitenimport nach Ostdeutschland. Transformationstypen und Veränderungen in der Elitenrekrutierung, in: Diewald, Martin/Karl-Ulrich Mayer (Hg,): Zwischenbilanz der Wiedervereinigung, Opladen 1996

Windolf, Paul: Die Transformation der ostdeutschen Betriebe, in: Berliner Journal für Soziologie, Heft 4, 1996

Zapf, Wolfgang: Wandlungen der deutschen Elite, München 1965

Ursula Hoffmann-Lange/Wilhelm Bürklin

Erziehung und Sozialisation

1. Begriffsklärung

Jede Generation von Neugeborenen – so Talcott Parsons (1902-1979) – ist eine Invasion von Barbaren. Erziehung und Sozialisation bezeichnen die Prozesse, aufgrund derer die „Barbaren" Mitglieder der Gesellschaft werden, in die sie hineingeboren sind.

Erziehung ist der engere Begriff; sie „manifestiert sich in der *sozialen Interaktion* zwischen Menschen als Prozeß, in den Absichten der Erziehenden als Ziel, in der Wahl der einzusetzenden Maßnahmen als Methode, in der Verwirklichung der Ziele als Zustand und in der Bewertung des Erreichten als Ergebnis" (Ballauff 1988: 586).

Der Begriff der Sozialisation ist umfassender. Als einflußreich gelten nicht nur absichtlich eingesetzte erzieherische Maßnahmen, sondern die Gesamtheit der Lebensumstände des Subjekts. *Lernen* erfolgt nicht nur intentional, sondern auch implizit, nicht nur als passive Abbildung oder Übernahme von Vorgegebenem, sondern auch als selektiv selbstgesteuerte Konstruktion und nicht nur in der Kindheit, sondern lebenslang. Ergebnis

Erziehung und Sozialisation

sind nicht nur bewußte, sondern auch implizite, prinzipiell bewußtseinsfähige oder bloß faktisch wirksame und auch reflexiv nicht einholbare Wissensysteme, Wertungen und Handlungsdispositionen.

Das Ziel von Sozialisation ist kontrovers. Nach klassischer Definition galt es, „die Gefühle und Wünsche des Individuums so zu formen, daß sie den Bedürfnissen der Gruppe entsprechen" (E.A. Ross [1866-1951] 1886, zitiert nach Geulen in Hurrelmann/Uhlich 1991: 22). Gesellschaft nämlich erfordere eine ausreichende Homogenität, die nur zu sichern sei, indem sie von vornherein die wesentlichen Ähnlichkeiten, die ein kollektives Leben verlangt, im Geiste des Kindes fixiert (Emile Durkheim [1858-1917] 1972: 83). Dagegen wurde in den 70ern eine neue Leitidee gesetzt: „das gesellschaftlich handlungsfähige und mündige Subjekt" (Geulen 1991: 45). In dieser Umakzentuierung spiegelt sich die mit den Stichworten *Pluralisierung* (von Werten), Ausdifferenzierung (von Teilsystemen), Individualisierung (biographischer Entscheidungen) etikettierte Erfahrung des „zweiten *Modernisierungsschubs*" wider.

Doch weiterführender als dieser moderne Streit um ein „affirmatives" oder „emanzipatorisches" Sozialisationsverständnis ist die allgemeinere Frage nach den Prozessen und Mechanismen, die die Vermittlung von Individuum und Gesellschaft leisten und die Passung von Person und Sozialstruktur bewirken.

Die verschiedenen Sozialisationstheorien geben – je nach Forschungsinteresse und impliziten Menschenbildannahmen – je andere Antworten. In differentieller Erklärungsabsicht leitet z.B. der *Behaviorismus* Verhaltensweisen aus Erziehungsmaßnahmen, die psychoanalytische Theorietradition Persönlichkeitsstrukturen aus Beziehungserfahrungen ab. Aus universalistischer Perspektive hingegen führt Jean Piaget (1896-1980) die Entwicklung der Intelligenz auf die Eigentätigkeit des Subjekts zurück.

Der Mensch ist bei Sigmund Freud (1856-1938) ein asoziales Triebbündel, das die gesellschaftlichen Normen als aufoktroyiertes Zwangskorsett erfährt und das „Unbehagen an der Kultur" nie ganz verliert. Bei Parsons hingegen ist er „von Natur" aus ein auf Sozialität hin angelegtes Wesen, das nur durch die Einbindung in Beziehungssysteme und die Übernahme sozialer Erwartungen überhaupt zur Person werden kann. Im Behaviorismus wie bei Freud ist das Kind passives Objekt externer Prägung, Steuerung oder Indoktrination, bei Piaget hingegen aktiver Konstrukteur der eigenen Realitätswahrnehmung. Auch werden je unterschiedliche Motive zugeschrieben: Im *Behaviorismus* geht es dem Menschen allein um äußere Nutzenmaximierung; bei Freud um Lustgewinn bzw. die Vermeidung von Selbstbestrafung; bei Parsons um soziale Akzeptanz bzw. die Angst vor Liebesverlust; bei Piaget und bei Lawrence Kohlberg (1927-1987) wird auch ein Streben nach Erkenntnis oder Wertverwirklichung anerkannt. Und es werden je unterschiedliche Freiheitsspielräume zugestanden: In deterministischen Modellen ist menschliches Verhalten kausal bestimmt – durch seine Gene (Soziobiologie), durch das geschickte Arrangement der äußeren Anreizbedingungen (Burrhus Frederic Skinner, 1904-1990), durch die Prägekraft frühkindlicher Erfahrungen (Freud); andere Ansätze konzeptualisieren die Möglichkeit von Selbstbestimmung nach Maßgabe eigener „Einsichten" und „Wertungsbindungen".

Die unterschiedlichen Theorien lassen sich nicht integrieren: Zu kontradiktorisch sind die globalen Basisannahmen, zu exklusiv die jeweils erhobenen Ausschließlichkeitsansprüche der Geltung. Gleichwohl birgt jede Erkenntnisgewinn: Jeder Ansatz beschreibt einen spezifischen *Lernmechanismus* und belegt dessen Wirksamkeit. Es gilt nun, diese Mechanismen aus dem jeweiligen Theoriekontext herauszulösen und in konkreten Analysen zu überprüfen, wie sie – in Abhängigkeit von Kontextbedingungen, Persönlichkeitsstrukturen und Inhaltsbereichen – zusammenwirken. Im folgenden sollen zunächst zentrale Lernmechanismen dargestellt werden (2); sodann deren je spezifisches Zusammenwirken beim Erwerb kognitiver Kompetenzen bzw. motivationaler Dispositionen exemplarisch gezeigt (3) und schließlich – wiederum exemplarisch – Kontextbedingungen benannt werden, an denen die Lernmechanismen ansetzen und so die je spezifischen Sozialisationsergebnisse zeitigen (4).

2. Lernmechanismen

2.1 Das Erlernen von Verhalten

Klassische Konditionierung. Ausgangspunkt ist eine angeborene (unkonditionierte) Reaktion auf einen bestimmten (unkonditionierten) Stimulus (z.B. Speichelfluß beim Anblick von Nahrung). Nach mehrmaliger Darbietung eines neuen (konditionierten) Stimulus in zeitlich-räumlicher Kontiguität mit dem ursprünglichen (z.B. Klang einer Glocke bei der Nahrungsgabe) reicht dieser allein hin, um die Reaktion auszulösen. Dieser zunächst in Tierexperimenten (z.B. Pawlows Hund) erforschte Lernmechanismus läßt sich sozialisationstheoretisch übersetzen: Das Kind übertritt ein Verbot und erfährt sofort eine Züchtigung. Wie experimentell gut bestätigt ist, löst dann bald der bloße Gedanke an eine Übertretung die an die Straferfahrung gekoppelte Erregung und Furchtreaktion aus.

Operante Konditionierung setzt an spontan vom Organismus initiierten Verhaltensweisen an und belohnt selektiv die erwünschten bzw. schrittweise die sich zunehmend an das erwünschte Verhalten annähernden Reaktionen. So wird das Verhalten sukzessive überformt und im Ergebnis zwanglose Konformität mit den Erwartungen erzeugt. Tierdressuren wie verhaltenstherapeutische Heilerfolge belegen unstrittig die Effektivität systematischer Verstärkungsprogramme.

Beide Formen von Konditionierung deuten *Lernen* – auf der Basis der unterstellten instrumentalistischen Motivstruktur – als Produkt gezielter äußerer Einflußnahmen (Erziehung). Allerdings bleibt das Individuum beim klassischen Konditionieren sich seiner allzeit virulenten asozialen Impulse bewußt – es unterdrückt sie nur aus Strafangst. Beim operanten Konditionieren hingegen glaubt es, da es nur den erstrebten Belohnungen nachjagt, stets genau das zu tun, was es ohnehin tun will – der externen Steuerung seines Verhaltens wird es nicht gewahr.

Nachahmung. Nicht immer ist Konditionierung wirksam. Die soziale Lerntheorie belegt, daß Kinder sich nicht allein an Strafen und Belohnungen, sondern auch an Beispielen und Vorbildern orientieren. Ohne zusätzliche Verstärkungen imitieren sie mächtige, interessante oder der eigenen Sozialkategorie zugehörige (z.b. gleichgeschlechtliche) Modelle aus Neugierde oder Kompetenzmotivation. Damit sind Freiheitsspielräume eröffnet. Nicht die Erzieher determinieren durch Strafen oder Anreize, was das Kind lernt und wie es sich verhält; es wählt vielmehr selbst aus, welches Verhalten ihm interessant dünkt oder welcher Person es ähnlich werden möchte.

2.2 Das Erlernen von Motiven

Behaviorismus und Lerntheorie beschreiben den Erwerb beobachtbarer Verhaltensweisen. Im folgenden geht es um die Innenseite des Handelns, um die Entstehung generalisierter Motive.

Über-Ich-Aufbau. Das Freudsche Strukturmodell des „psychischen Apparates" unterscheidet drei Teilsysteme: das Es, das Ich, das Über-Ich. Das Es, die den Trieben am nächsten stehende Instanz, ist nichts weiter als „ein Chaos, ein Kessel voll brodelnder Erregungen". (Freud 1933: 551, zitiert nach Herzog 1991: 106). Das Ich, zu rationaler Abwägung und Antizipation befähigt, kontrolliert die Befriedigung der Triebe und orientiert sich dabei sowohl an faktischen Gegebenheiten (Realitätsprinzip) wie auch an den im Über-Ich verankerten normativen Ansprüchen. Das Über-Ich bewirkt, daß schon der bloße Gedanke an Normübertretung Gewissensangst auslöst und zu einer Unterdrückung unerwünschter Triebansprüche führt.

Das Über-Ich ist „Erbe des Ödipuskomplexes": Aus Angst vor Kastration gibt der Knabe das Begehren der Mutter auf (Errichtung der Inzestschranke) und verinnerlicht die Identifikation mit dem Vater. Da beim Mädchen die Angst vor der Kastration entfällt, fehlt das Hauptmotiv, die ödipale Konstellation zu verlassen – so wird das Über-Ich „niemals so unerbittlich, so unpersönlich, so unabhängig von seinen affektiven Ursprüngen, wie wir es vom Manne fordern." (Freud 1925: 265)

Es-Überformung. Parsons begreift Sozialisation als einen Lernprozeß, der sich im Kontext sozialer Interaktionen, d.h. durch das Übernehmen komplementärer Rollen, vollzieht. Von Anfang an wird dem Neugeborenen eine Rolle zugewiesen: „The behavior of adults toward him is not like their behavior towards purely physical objects but is contingent on his behavior and very soon what are interpreted to be his expectations" (Parsons 1964: 209). Der von Natur aus abhängige, plastische und vor allem bindungsfähige Säugling entwickelt eine affektive Bindung an die Bezugsperson, d.h. er macht sich zunehmend nicht nur von ihren konkreten Versorgungshandlungen, sondern auch von den dahinterstehenden Haltungen abhängig. Diese – so beginnt er zu erkennen – sind von seinem eigenen Verhalten abhängig. Um die Zuwendung der Bezugsperson, die für ihn wichtig geworden ist, nicht zu verlieren, orientiert er sein Verhalten an ihren Erwartungen: Er entwickelt ein System von „need dispositions towards the fulfillment of role expectations" (ebd.: 32). Allgemeiner formuliert: „To act in conformity becomes a need disposition in the actor's own personality structure relatively independently of any instrumentally significant consequences of that conformity" (ebd.: 37). Konformität mit herrschenden Normen und Standards also wird zu einem persönlichen Bedürfnis des Akteurs.

Freud und Parsons lassen sich als Verallgemeinerung und Verinnerlichung der im Behaviorismus beschriebenen Lernmechanismen lesen: Gelernt werden nicht mehr allein einzelne Verhaltensweisen aufgrund spezifischer Erziehungsmaßnahmen, sondern generalisierte Verhaltensdispositionen aufgrund von Beziehungserfahrungen; und Handeln ist nicht länger durch externe Sanktionen, sondern durch internalisierte Gewissensangst bzw. Konformitätsneigung bestimmt. Aber wie im Behaviorismus sind Normen und Erwartungen extern vorgegeben und werden vom Individuum bruchlos übernommen und befolgt. Dabei entspricht Freud eher dem klassischen, Parsons eher dem operanten Konditionierungsmodell. Auch bei Freud kann der Mensch allein durch gesellschaftlichen Zwang (Über-Ich-Diktat) zu Konformität bewegt werden. Abweichende Impulse sind bewußtseinsfähig, das „Ärgernis der Gesellschaft" oder „das Unbehagen an der Kultur" bleiben erfahrbar. Bei Parsons hingegen wird Konformität „zwanglos" erreicht: Die frühe Erfahrung rein kontingenter Liebeszuwendung hat schon die spontane Bedürfnisstruktur so stark überformt, daß Konformität zur zweiten Natur geworden ist. Abweichende Impulse oder gesellschaftliche Zwänge können gar nicht mehr bewußt erlebt werden. Der starke Determinismus dieser beiden Modelle wird in anderen Ansätzen entschärft.

Lernen durch Krisenerfahrung. Die Ich-Psychologie schwächt die Annahme einer vollständig fremdbestimmten frühen Prägung der Persönlichkeit ab, indem sie einräumt, daß im Verlaufe einer heftigen *Adoleszenzkrise* der Jugendliche früh gestiftete affektive Bindungen überarbeiten, sich vom Diktat eines rigide übermächtigen ödipalen Über-Ichs befreien und früh aufgebaute Basisloyalitäten gegenüber Werten, Normen oder dem politischen System kritisch hinterfragen kann (vgl. Döbert/Nunner-Winkler 1982). Zunehmend treten solche krisenhaften Revisionen früherer Selbstfestlegungen auch nach der Adoleszenz noch auf (midlife crisis, Pensionierungsschock).

Reflexives Einholen latenter Sinnstrukturen. Auch die „Theorie der sozialisatorischen Interaktion" (Oevermann et al. 1976: 389) sieht nachträgliche Bearbeitungsmöglichkeiten vor: Frühe Interaktionsszenen transportieren objektive Sinngehalte, die die Motive und Intentionen der Sozialisationsagenten wie auch die kindlichen Verstehensmöglichkeiten transzendieren, gleichwohl aber das Erleben späterer Interaktionen einfärben und das Handeln mitbestimmen (vgl. ebd.: 387). Sie können nachträglich ausgedeutet und reflexiv eingeholt werden; wird dies jedoch systematisch behindert oder blockiert, so können frühere Szenen „traumatische Qualität" (ebd.: 389) gewinnen und pathologische Sozialisationsverläufe erzeugen.

Freiwillige Bindung. In der *Bindungstheorie* (Ainsworth, Bowlby) werden schon von Anfang an Verhaltensspielräume zugestanden: Folgebereitschaft ist nicht durch Angst (vor Kastration oder Liebesverlust) strikt determiniert, vielmehr fügen sich die „sicher gebundenen" Kinder „feinfühliger Mütter" freiwillig deren Anordnungen. Auf wenig sensibles hingegen reagieren die „vermeidendunsicher gebundenen" Kinder mit Rückzug, Zurückweisung, Widerstand.

Im Verlaufe der weiteren Entwicklung bindet sich der Heranwachsende an *Werte*, die er sich persönlich so wichtig macht, daß er sich nicht dazu bringen kann, ihnen zuwiderzuhandeln. Solch bejahte Formen willentlicher Einschränkung sind konstitutiv für die Möglichkeit, Person zu sein: Wer nichts hätte, wozu er sich nicht bringen kann, wäre Objekt der eigenen Triebe, externer Zwänge oder Zufälle (vgl. Frankfurt 1988). Anders als in Freuds Konzept des Über-Ichs sind solche konsistenzstiftenden Handlungsorientierungen nicht durch sozialen Zwang (als dessen Symbolisierung die Kastrationsdrohung sich lesen läßt) oktroyiert, sondern vom Subjekt gewählt.

2.3 Kognitives Lernen

Strukturlernen*:* In der kognitivistischen Entwicklungstheorie ist das Kind aktiver Konstrukteur der eigenen Realitätsperzeption. In konkreter Tätigkeit baut es zunächst Handlungsschemata auf, die ein (motorisches) Vorverständnis zentraler Erkenntniskategorien (Raum, Zeit, Kausalität) erlauben. Diese werden später in einem Prozeß reflektierender Abstraktion als reversible Operationen internalisiert, systematisch vernetzt und zu kognitiven Strukturen verdichtet, die (im Gegensatz zum bloßen Inhaltslernen) logische Denknotwendigkeiten stiften. Entwicklung vollzieht sich universell als Durchlaufen einer irreversiblen und invarianten Abfolge qualitativ verschiedener, ganzheitlich strukturierter Stadien (sensumotorisches, prä-operationales, konkret-operationales, formal-operationales Stadium). Dabei nehmen Stimulusunabhängigkeit, Abstraktionsniveau, Differenzierung – i.e. die „Objektivität" der Realitätsperzeption – zu (Entwicklungslogik). Der Entwicklungsmechanismus ist Äquilibration: Erwartungswidrige Erfahrungen werden in vorhandene Schemata eingepaßt (Assimilation) oder die Schemata selbst werden erweitert und transformiert (Akkommodation). Der Ursprung des Denkens also liegt im Handeln: Ein Objekt erkennen heißt nicht, es abbilden, sondern erfolgreich auf es einwirken.

Regelrekonstruktion – implizites *Lernen:* Kinder bauen nicht nur formal-logische Denkstrukturen auf, sie vermögen auch kontingent auftretende Regelmäßigkeiten zu entdecken und zugrunde liegende – empirische – Gesetzmäßigkeiten zu erschließen. Solche impliziten Lernprozesse verlaufen häufig unterhalb der Bewußtseinsschwelle: Die Individuen registrieren auch komplex verschachtelte Gleichförmigkeiten und orientieren sich daran, ohne dessen gewahr zu werden oder gar die Regeln ausbuchstabieren zu können (vgl. Perrig 1996).

Inhaltslernen*:* Wahrnehmung und Handeln sind in hohem Maße durch inhaltliche Annahmen über die Beschaffenheit der Welt gesteuert. Weltwissen basiert nur zum geringsten Teil auf eigenen Erfahrungen. Zum größten Teil wird es durch Inhaltslernen – insbesondere auch in der Schule – erworben. In dem Maße, in dem Individuen sich in Wissensbereiche einarbeiten, beginnen sie eigenständig die Informationen miteinander zu vernetzen und zu hierarchisieren. Ein solch durchorganisiertes Wissenssystem eröffnet effiziente Zugriffsmöglichkeiten und erlaubt, auch große Informationsmengen simultan im Arbeitsgedächtnis bereitzuhalten und zu bearbeiten.

2.4 Lernmechanismen und Sozialisationstheorie

Wie einleitend angemerkt, sind die *Lernmechanismen* in Theorien mit je konträren Grundannahmen entwickelt worden. Diese fundieren die Begriffsstrategie selbst und sind im Rahmen der jeweiligen Ansätze einer empirischen Überprüfung gar nicht mehr zugänglich: Das Konzept des Über-Ich als Zwangskorsett setzt die Asozialität des Menschen in der gleichen Weise voraus wie das Konzept der Bedürfnisdisposition seine primäre Bin-

Erziehung und Sozialisation

dungsbedürftigkeit. Zugleich aber sind die beschriebenen Phänomene unstrittig vorfindlich: Es gibt rigide Über-Ich-Zensur und Schuldangst ebenso wie die soziale Überformung von Bedürfnissen, die dann als naturwüchsig-spontan erlebt werden.

Sinnvoller als ein Theorievergleich scheint es insofern, die *Lernmechanismen* aus ihrem theoretischen Entstehungszusammenhang herauszulösen und sie ungeachtet der jeweils unterstellten Menschenbildannahmen in ihrer Funktionsweise zu analysieren. Sozialisation nämlich ist ein komplexer Lernprozeß, der nicht auf die Wirkungsweise eines einzelnen Lernmechanismus rückführbar ist. Vielmehr wirken verschiedene Mechanismen in Abhängigkeit von Inhaltsdomänen, Persönlichkeitsmerkmalen und Kontextbedingungen je unterschiedlich zusammen. Im folgenden soll dieses Zusammenspiel exemplarisch an zwei Beispielen dargestellt werden.

3. Bereichsspezifische Sozialisationsverläufe

3.1 Spracherwerb

Die Fähigkeit, eine Sprache zu erlernen, ist humanspezifisch. Tiersprachen bestehen häufig nur aus Signalen, die Reaktionen auslösen (z.B. Warnrufe); etwa Schimpansen aber sind auch zum Symbolgebrauch fähig, d.h. sie verstehen eine rein konventionelle Belegung von Zeichen mit Bedeutungen und können einfache Sätze erfassen und bilden. Grammatik allerdings scheinen sie nicht erwerben zu können.

Geboren wird der Mensch als „Weltbürger": Säuglinge erproben in der ersten Lallphase alle Laute, die in irgendeiner menschlichen Sprache auftauchen. Später suchen sie gezielt die Laute nachzuahmen, die sie in ihrer Umgebung hören. Es scheint, daß dann eine neuronale Verdrahtung stattfindet, wenn der Säugling den Abgleich zwischen der eigenen Lautproduktion und den gehörten eigenen und fremden Lauten erzielt hat. Die anderen Laute verschwinden aus dem spontanen Repertoire und sind später z.T. kaum mehr erlernbar (für uns z.B. afrikanische Schnalzlaute). Damit hat das Kind eine erste Selbsteinbindung in die eigene Kultur vollzogen.

Videoaufzeichnungen belegen, daß bereits der Säugling aktiv Interaktionssequenzen initiiert und deren Ablauf und Rhythmus mitbestimmt. In diesen frühen Protokonversationen erwirbt das Kind basale pragmatische Sprachkompetenzen: das Prinzip des Sprecherwechsels und die Fähigkeit zuzuhören, Aufmerksamkeit zu gewinnen und zu erhalten. (Zugleich dienen solche Sequenzen auch dem Aufbau einer affektiven Mutter-Kind-Beziehung: Wenn die Mutter feinfühlig die Interaktionsangebote des Säuglings aufgreift und dem natürlichen und lustgewährenden Rhythmus von Steigerung und nachfolgendem Entspannungsbedürfnis flexibel folgt, erwächst eine sichere Bindung, die ihrerseits die freiwillige Folgebereitschaft des Kindes fundiert, s.o. 2.2, vgl. Dornes 1995). Im Interaktionskontext lernen Kinder allmählich zu verstehen, daß bestimmte Laute bestimmte Bedeutungen besitzen und mit etwa einem Jahr erwerben sie die ersten Worte, deren inhaltliche Abgrenzungen zunächst noch nicht voll deckungsgleich sind mit den kulturell vorgegebenen.

In der prä-operationalen Phase beginnen Kinder, die in vorsprachlichen Interaktionserfahrungen mit der Natur aufgebauten Kategorien (Raum, Kausalität, Objekt) und logischen Grundbegrifflichkeiten (Klassifikation, Addition/Subtraktion) mit der durch Sprache ermöglichten Abstraktionsleistung und erweiterten Vorstellungsfähigkeit zu integrieren. Zugleich erlernen sie die Grammatik. Diese lesen sie im Sinne einer impliziten Regelrekonstruktion am Sprachgebrauch ihrer Umwelt ab. Daß Grammatikregeln nicht (wie im Behaviorismus behauptet) durch Korrektur und Verstärkung erlernt werden, wird durch die sogenannten Übergeneralisierungsfehler (z.B. geh-te, sprech-te) belegt, bei denen Kinder nie gehörte, aber regelgerechte Formen spontan produzieren. Sukzessive erweitert sich der kindliche Wortschatz; dabei spielt auch die explizite Unterweisung durch die Erwachsenen eine gewisse Rolle. Mit der Übernahme vorherrschender „Sprachspiele" erwirbt das

Kind auch ein – z.T. nur implizites – Wissen um eine Vielfalt der für seine Gruppe gültigen Normierungen. Worte nämlich enthalten neben ihrer deskriptiven Komponente häufig einen von der Wortbedeutung selbst nicht ablösbaren evaluativen Aspekt: Für das Wort „Mord" etwa, ist die scharfe ausnahmslose Verurteilung konstitutiv – gäbe es Rechtfertigungen, so würde man andere Worte benutzen (etwa fahrlässige Tötung, Attentat, Tötung aus Notwehr).

Die Sprache also spiegelt das geteilte Weltverständnis – die Praktiken der Gruppe (Ludwig Wittgenstein [1889-1951]) – wider. Dabei mag es auch innerhalb einer Gesellschaft schichtspezifische Differenzierungen geben: Der Mittelschichtcode (komplexe Satzstrukturen, Verwendung von unpersönlichen Pronomina und differenzierten Adjektiven und Adverbien) befördert hierarchisch abstrahierendes Denken; hingegen fokussiert der stark kontextgebundene, wenig informationshaltige Unterschichtcode (einfache kurze Sätze; zirkuläre Argumentation; Nutzung von Gestik, Körperhaltung, Intonation) stärker auf soziale Zusammengehörigkeit und eröffnet wenig kognitive Distanzierungsmöglichkeiten (vgl. Bernstein 1973).

Beim *Spracherwerb* also spielen genetische und erworbene Anteile sowie universelle und differentielle Aspekte zusammen: Genetisch verankert ist die Disposition, eine Sprache, und zwar jegliche überhaupt nur vorkommende Sprache (inklusive einer Gebärdensprache im Falle von Gehörlosen) zu erlernen. Durch eigentätige Nachahmung werden die in der eigenen Sprachgemeinschaft genutzten Laute selegiert und neuronal verankert. Durch aktive Mitgestaltung der sozialen Interaktionsrollen wird ein erstes Verständnis von Sprachpragmatik eingeübt. Mittels impliziter Regelrekonstruktion wird die Grammatik erworben. Erwachsene Gesprächspartner fungieren intuitiv und spontan als Tutoren, indem sie etwa korrekte Formulierungen bekräftigend wiederholen oder aber Fehlbildungen korrigieren. Der Spracherwerb ist durch eine intrinsische Kompetenzmotivation motiviert: Das Kind will seine Bedürfnisse ausdrücken, sich mitteilen, an Gesprächen teilhaben. Bei der Erweiterung von Vokabular und Sprachverständnis spielt auch die explizite Unterweisung (Vermittlung von Wissen insbesondere im Bildungssystem) eine Rolle. Zugleich wird auch ein z.T. nur implizites Wissen um Bewertungen und Normierungen aufgebaut.

Das Beispiel des kindlichen *Spracherwerbs* also zeigt, wie alle der beschriebenen *Lernmechanismen* eine Rolle spielen – wie sie faktisch ineinandergreifen: Nachahmung und Verstärkung; Einübung in soziales Rollenspiel; Regelrekonstruktion und Aufbau impliziter Wissenssysteme; explizite Unterweisung. Es zeigt auch, wie die (universelle) genetisch verankerte Grundausstattung des Menschen ihn befähigt, Mitglied in jeder nur denkbaren menschlichen Kultur zu werden – und wie zugleich dann die konkreten *Lernmechanismen* (differentiell) seine Einbindung in eine ganz bestimmte Kultur vorantreibt.

3.2 Moralisches Lernen

Moralische Kompetenz umfaßt zwei Momente: das Wissen darum, welche Normen wann für wen und wie verbindlich gelten und die Bereitschaft, gültige Normen auch dann zu befolgen, wenn spontane Neigungen dagegenstehen.

Zum kognitiven Lernprozeß: Schon früh (4-5 Jahre) können Kinder zwischen Klugheitsregeln, (veränderbaren) sozialen Konventionen und (unabänderlich und universell gültigen) moralischen *Normen* unterscheiden. Moralischen Normen schreiben sie eine intrinsische (d.h. sanktions- und autoritätsunabhängige) und (ab spätestens 10-11 Jahren) eine nur prima facie (d.h. unparteilich rechtfertigbare Ausnahmen zulassende) Gültigkeit zu. Wie erwerben Kinder ein so differenziertes Normwissen? Die Unterscheidung von moralischen und konventionellen Regeln lesen sie an ihren Interaktionserfahrungen ab (setzen Erwachsene kategorisch Verbote durch oder lassen sie sich auf Aushandlungen ein?). Die sanktionsunabhängige Gültigkeit und die spezifischen Inhalte moralischer Gebote erkennen sie am Sprachgebrauch (Mord ist verwerflich – ein Verweis auf Strafe ist überflüssig, gar kontraproduktiv) und an elterlichen Ermahnungen. Beim Erwerb moralischen Wissens also spielen implizites Lernen, Regelrekonstruktion und explizite Unterweisung (Ablesen von Wertungen am Sprachspiel, den Interaktionserfahrungen, den Erziehungsmaßnahmen) zusammen mit dem Ergebnis, daß fast universell Kinder schon früh über ein basales Moralverständnis verfügen. Die Fähigkeit, dieses Wissen auch in komplexeren Kontexten angemessen anwenden zu können, erfordert den Aufbau soziokognitiver Strukturen (u.a. Rollenübernahmefähigkeit, Erweiterung des Zeithorizonts, Verständnis verlängerter Kausalketten und feed-back-Zirkel sowie der Eigenständigkeit der Systemebene) und den Erwerb einschlägiger inhaltlicher Wissenssysteme (u.a. für Folgeabschätzungen).

Der Aufbau moralischer Motivation ist ein zweiter differentieller Lernprozeß, den bis zum Ende der Kindheit erst etwa ein Drittel erfolgreich abgeschlossen hat (vgl. Nunner-Winkler 1996). Normkonformität kann durch externe Sanktionsandrohungen (punitiver Erziehungsstil) gesichert werden. Normen können auch (im Kontext patriarchal-autoritärer Familiensysteme) in Form eines rigide zensierenden Über-Ichs internalisiert bzw. (bei nicht-strategischem Einsatz von Liebesentzugstechniken) in Form kulturell überformter Bedürfnisdispositionen zum Bestandteil der eigenen Person gemacht werden. Für die Aufrechterhaltung sozialer Ordnung in komplexen anonymisierten Sozialsystemen sind solche Formen einer Verinnerlichung der Kontrollinstanz funktional. Die „freiwillige Selbstbindung" schließlich beschreibt einen Modus bewußt bejahter Orientierung an Werten. Je abstrakter und prinzipalistischer diese Werte formuliert sind, desto funktionaler ist dies angesichts ständigen Wandels der sozialen Strukturen und geltenden Wissenssysteme.

Für die „freiwillige Selbstbindung" entscheidend ist die Bedeutung, die Eltern – im Kontext einer affektiv warmen Eltern-Kind-Beziehung – der Moral beimessen: Diese zeigt sich in der Sensibilität, mit der die Mutter die Bedürfnisse schon des Neugeborenen wahrnimmt, d.h. ihn als Person achtet (und so eine sichere Bindung und freiwillige Folgebereitschaft stiftet), in einem autoritativen Erziehungsstil, der begründet Grenzen setzt (im Gegensatz zu einem autoritär-machtorientierten bzw. laissez-faire desinteressierten Erziehungsstil (vgl. Baumrind 1971) und in einem egalitär-personorientierten intrafamilialen Kommunikations- und Konfliktlösungsstil (im Gegensatz sowohl zu statusorientiert offener oder erpresserisch-verdeckter Machtdurchsetzung).

4. Kontextbedingungen

4.1 Familie

Familie ist die erste *Sozialisationsinstanz*. In der Moderne wird die Familie zunehmend als sozio-emotional definierte Einheit verstanden. Individuen (nicht etwa die Eltern oder Zünfte) wählen den Partner und lassen sich dabei eher von romantischen als von vernunftorientierten Liebesvorstellungen oder ökonomischen Erwägungen leiten. Korrelat dieses Eheverständnisses sind steigende Scheidungszahlen (in Deutschland werden derzeit ca. ein Drittel aller Ehen geschieden). Frauen erstreben nach der weitgehend durchgesetzten rechtlichen und ausbildungsorientierten auch die sozio-ökonomische Gleichstellung. Aufgrund sozialstaatlich gesicherter Altersversorgung und effizienter Verhütungstechniken werden heute zunehmend (kostenintensive) „Wunschkinder" geplant, um Bedürfnisse nach Selbstverwirklichung und Sinnstiftung zu erfüllen. Diese Veränderungen prägen Familienstruktur und emotionales Klima: Es wächst die Zahl von Ein-Eltern- und Stieffamilien. Es sinkt die Geschwisterzahl (durchschnittliche Kinderzahl in Deutschland pro Frau 1,4); es steigt die Lebenszeitüberlappung mehrerer Generationen („Bohnenstangen-Familie"). Für das intrafamiliale Klima ergibt sich eine stärkere Psychologisierung der Beziehungen und eine höhere affektive Bedeutungsbesetzung des einzelnen Kindes. Zugleich wird den Kindern mehr Autonomie zugestanden: In den alten wie den neuen Bundesländern haben (insbesondere seit dem Zweiten Weltkrieg) der Wert von Selbständigkeit sowie die eingeräumten Mitbestimmungschancen entschieden zu-, der

Wert von Gehorsam sowie die Strenge der Erziehung und der Einsatz körperlicher Strafen stark abgenommen (vgl. Reuband 1997). Diese Veränderungen begünstigen in eher verständigungsorientierten Familien den Aufbau internalisierter Selbstkontrollen, und zwar, aufgrund der eher affektiv getönten und egalitären Beziehungen, in Form von Bedürfnisüberformung (die mütterliche Enttäuschung bei Fehlverhalten wird als „Liebesentzug" erlebt) oder freiwilliger Selbstbindung (Achtung vor der Person wird zum Konstitutivum sozialer Beziehungen). Kompromißlose Machtkämpfe (etwa im Scheidungsfall) haben eher strategisch-amoralische Orientierungen der Kinder zur Folge.

4.2 Bildung

Sozial wie zeitlich ist die Bildungsbeteiligung deutlich gestiegen (z.B. nur Volksschule ohne Lehre – Männer: 1920 40%; 1965 10%; Frauen: 1920 65%; 1965 10%). Mehr Jugendlichen wird also ein längeres psychosoziales Moratorium – und damit die Chance zu einer Überarbeitung früher Bindungen – gewährt. Schule erfüllt unterschiedliche Funktionen: Sie befördert einerseits den Erwerb formaloperationaler kognitiver Strukturen (i.e. hypothetisch-deduktives Denken) und den Aufbau komplexer Wissenssysteme, andererseits die Entwicklung von formaler Leistungsmotivation und Selbstdisziplin (Sozialisation). Zugleich verfestigt sich die kulturell vorherrschende Deutung sozialer Ungleichheit als „leistungsgerecht": Bildungszertifikate werden zunehmend notwendige Bedingung für Berufseinstieg (Allokation) und in der Schule werden Leistungsunterschiede weitgehend gerecht bewertet – der soziale Konstitutionszusammenhang ungleicher Leistungsfähigkeit aber bleibt undurchschaut (Legitimation und Reproduktion sozialer Ungleichheit); (vgl. Bowles/Gintis 1978). Mit *Bildungsexpansion* und Arbeitsplatzabbau wachsen Konkurrenz (Verdrängungswettbewerb) und die Gefahr der Instrumentalisierung von Bildungsinhalten (Abbau intrinsischer Neugier- oder Kompetenzmotivation, Anstieg von Sinnstiftungsproblemen).

4.3 Medien

Fernsehen ist zu einem bedeutenden Einflußfaktor geworden: 1961 besaßen nur 5,9% aller Haushalte überhaupt einen Fernseher, 1985 berichten 84% der Kinder von täglichem Fernsehkonsum. Fernsehen nimmt unter den Freizeitaktivitäten den größten Zeitraum ein (und verdrängt Spielen und Basteln). Es erweitert das Gesichtsfeld der Kinder – einige Autoren sprechen angesichts dieser Auflösung eines von der Erwachsenenwelt abgeschirmten Schonraums vom „Ende der Kindheit". Fernsehen informiert auch über Formen aggressiver Handlungen (in deutschen Unterhaltungsprogrammen werden täglich etwa 70 Menschen ermordet). Nachahmung wird dadurch nicht automatisch angeregt, prekär aber scheint die Auswirkung insbesondere der Darstellung sinnloser Gewalt, und zwar besonders auf Kinder aus lieblosen Elternhäusern. Fernsehkonsum befördert eine ikonische statt einer verbal-argumentativen Aneignungsweise.

5. Schlußbemerkung

Sozialisation bezeichnet alle Prozesse, die zu einer gewissen Passung zwischen Persönlichkeitsstruktur und gesellschaftlichem Anforderungsprofil beitragen. Diese vollziehen sich lebenslang in sich erweiternden *Sozialsystemen* (Mutter-Kind-Dyade, Familien, Bildungssystem, Beruf, politisches System) im Rahmen persönlicher Beziehungsnetzwerke, Formen der Mediennutzung und Freizeitgestaltung. Dabei wirken – person- und kontextabhängig – die benannten Mechanismen in je unterschiedlichem Mischungsverhältnis zusammen. Auf der einen Seite stehen aktive *Lernprozesse*: Das heranwachsende Kind rekonstruiert die den Alltagspraktiken zugrunde liegenden Regelstrukturen und eignet sich verfügbare Wissenssysteme an. Es orientiert sich an vorherrschenden Verhaltenserwartungen, sei es bewußt strategisch oder aufgrund konkreter Strafangst bzw. eines verinnerlichten Über-Ichs, sei es, daß es sich Konformität zur unhintergehbaren Bedürfnisdisposition oder aber zur freiwillig bejahten Haltung gemacht hat. Auf der anderen Seite gibt es eine Prägung von Reaktionsbereitschaften und Persönlichkeitsmerkmalen durch Beziehungserfahrungen und Kontextbedingungen, die dem Individuum selbst reflexiv gar nicht mehr zugänglich ist.

Es gibt unterschiedliche Formen von Diskrepanzen zwischen Handlungsbereitschaft und sozialen Erwartungen. Abweichendes Verhalten kann strategisch nutzenmaximierend (niedrige moralische Motivation) sein, im Kontext abweichender Subkulturen partikularistischen Orientierungen geschuldet sein, die Durchsetzung „neuer" Werte (hohe moralische Motivation) auf der Basis angemessener oder unangemessener Situationseinschätzungen verfolgen. Abweichung kann aber auch Folge defizitärer – durch pathologische Beziehungserfahrungen geprägter – Persönlichkeitsentwicklung sein (z.B. unzureichend aufgebaute Selbstkontrollfähigkeiten).

Bei der konkreten Analyse von Sozialisation, so das Resümee, scheint es wenig sinnvoll, einer bestimmten Theorie in ihrer jeweiligen Ausschließlichkeit zu folgen. Fruchtbarer scheint es, im Detail das je konkrete Zusammenwirken je unterschiedlicher *Lernprozesse* in einem je gegebenen Kontext zu analysieren und so die Wirkungsweise generalisierter Vermittlungsmechanismen zwischen Individuum und historisch je sich verändernden gesellschaftlichen Bedingungen dingfest zu machen.

Literatur

Allgemein:

Herzog, Walter: Das moralische Subjekt. Pädagogische Intuition und psychologische Theorie, Bern 1991
Hurrelmann, Klaus/Dieter Ulich: Neues Handbuch der Sozialisationsforschung, Weinheim/Basel 1991
Rolff, Hans Günter/Peter Zimmermann: Kindheit im Wandel. Eine Einführung in die Sozialisation im Kindesalter, Weinheim 1985
Tillmann, Hans Jürgen: Sozialisationstheorien. Eine Einführung in den Zusammenhang von Gesellschaft, Institution und Subjektwerdung, Hamburg 1989

Zum Text:

Ballauff, T.: Art. Erziehung, in: Brockhaus, Bd. 6, Mannheim 1988
Baumrind, Diana: Current patterns of parental authority. Developmental Psychology Monograph, 4, Part 2, 1971, S. 1-103
Bernstein, Basil: Ein sozio-linguistischer Ansatz zur Sozialisation. Mit einigen Bezügen auf Erziehbarkeit, in: Graumann, C.F./Heinz Heckhausen (Hg.): Pädagogische Psychologie. Reader zum Funk-Kolleg, Bd. 1: Entwicklung und Sozialisation, Frankfurt a.M. 1973, S. 257-285
Bowles, Samuel/Herbert Gintis : Pädagogik und die Widersprüche der Ökonomie, Frankfurt a.M. 1978
Döbert, Rainer/Gertrud Nunner-Winkler: Adoleszenzkrise und Identitätsbildung, Frankfurt a. M. 1982
Dornes, Martin: Der kompetente Säugling. Die präverbale Entwicklung des Menschen, Frankfurt a.M. 1995
Durkheim, Emile: Erziehung und Soziologe, Düsseldorf 1972
Frankfurt, Harry: The importance of what we care about. Philosophical Essays, Cambridge 1988
Freud, Sigmund: Einige psychische Folgen des anatomischen Geschlechtsunterschieds, Bd. 5., Studienausgabe, Frankfurt a.M. 1925 S. 37-96
Nunner-Winkler, Gertrud: Moralisches Wissen – moralische Motivation – moralisches Handeln. Entwicklungen in der Kindheit, in: Honig, Michael/Hans R. Leu/Ursula Nissen (Hg.): Kinder und Kindheit. Soziokulturelle Muster, sozialisationstheoretische Perspektiven, München 1996, S. 129-173
Oevermann, Ulrich/Tilman Allert/Helga Gripp/ Elisabeth Konau/Jürgen Krambach/Erna Schröder-Caesar/Yvonne Schütze: Beobachtungen zur Struktur der sozialisatorischen Interaktion. Theoretische und methodologische Fragen der Sozialisationsforschung, in: Auwärter, Manfred/Edit Kirsch/Klaus Schröter (Hg.): Seminar: Kommunikation, Interaktion, Identität, Frankfurt a.M. 1976, S. 371-403
Parsons, Talcott: Social system, New York 1964
Perrig, Walter J.: Implizites Lernen, in Hoffmann, Joachim/Walter Kintsch (Hg.): Lernen, Göttingen 1996, S. 203-233

Reuband, Karl-Heinz: Aushandeln statt Gehorsam. Erziehungsziele und Erziehungspraktiken in den alten und neuen Bundesländern im Wandel, in: Böhnisch, Lothar/Karl Lenz (Hg.): Familien. Eine interdisziplinäre Einführung, Weinheim/München 1997, S. 129-153

Gertrud Nunner-Winkler

Extremismus

1. Definitorische Annäherung

Der Extremismus-Begriff ist in seinen hauptsächlichen Verwendungszusammenhängen von sozialwissenschaftlicher Forschung, Rechtsprechung, politischer Praxis und öffentlichem Diskurs einer der vielgestaltigsten, interpretationsbedürftigsten und durch diverse alltagssprachliche Verständnisse sowie z.T. divergente politische Interessen durchdrungensten Termini. Das Fehlen einer eindeutigen und zugleich (zumindest relativ) konsensfähigen Definition verweist bei der Suche nach seiner Bedeutung zunächst auf eine Minimalbestimmung, die auf seine pejorative Funktion bezugnimmt: wer ihn heute hierzulande in politisch relevanten Kontexten benutzt, bezeichnet damit grob betrachtet Positionen, die er/sie aus der Selbstdefinition als Demokrat/in heraus außerhalb oder am Rande jenes Spektrums verortet, das für ihn/sie politische Akzeptanz beanspruchen kann. Man stigmatisiert und skandalisiert damit Haltungen, die man für un- oder meist gar bewußt antidemokratisch hält. Sie betreffen von jeher Standpunkte und Strömungen an beiden Seiten des politischen Rechts-links-Kontinuums, in den letzten Jahren zunehmend aber auch (vorwiegend rechts-)populistische Orientierungen der sog. „gesellschaftlichen Mitte".

In adjektivischer Form sind „extrem" und „extremistisch" in Gebrauch. Während „extrem" auch auf nicht-politische Sachverhalte, bspw. bestimmte sexuelle Präferenzen, bezugnehmen kann, meint „extremistisch" immer eine politische Haltung. Zur Kennzeichnung politischer Orientierungen der o.g. Art sind beide Begriffe meist als Synonyme in Umlauf, werden aber teilweise auch bereits differenzierend dahingehend eingesetzt, daß „extremistisch" eine Steigerung von „extrem" beinhaltet.

Trotz Definitionsvielfalt, Verquickungen mit verwandten Terminologien, gelegentlicher Begriffskonfusion und unterschiedlich argumentierender Fundamentalkritik (s.u.) hat sich der Extremismus-Begriff seit Mitte der siebziger Jahre im (rechts)politischen Raum, seit Mitte/Ende der achtziger Jahre im Bereich sozialwissenschaftlicher Forschung und im Nachgang dazu auch zunehmend im öffentlichen Diskurs durchgesetzt.

Die Rekonstruktion seiner Etablierung und seiner Bedeutung(en) muß begriffs-, politik- und theoriegeschichtliche Hintergründe aufarbeiten.

2. Begriffs- und politikgeschichtlicher Hintergrund

Etymologische Wurzeln liegen in den lateinischen Wörtern „extremus" (dt.: äußerst, entferntest, aber auch: der ärgste, gefährlichste, schlechteste, verächtlichste) und „extremitas" (dt.: der äußerste Punkt, Rand), Wörtern also, in denen teilweise die pejorative Verwendungsmöglichkeit bereits angelegt ist.

Ist das derart normativ geladene Gegensatzpaar „extrem" (= problematisch) – „gemäßigt" (= gut) schon seit der abendländischen Antike gebräuchlich, so taucht das Substantiv „Extremismus" (bzw. „extremism") in Angloamerika und Europa erstmals Mitte des 19. Jahrhunderts auf: in Amerika 1850 als Bezeichnung für die kompromißlosesten Vertreter der beiden Bürgerkriegsparteien („extremists"), in Europa in der englischen Presse

Extremismus

(„extremist" 1846; „extremism" 1865) zunächst mit politisch unspezifischem Zuschnitt, später im Zusammenhang mit Vorgängen in den Kolonien. Wurden in Frankreich zwar schon im 18. Jahrhundert nach der Sitzordnung in der Nationalversammlung die Befürworter einer starken Monarchie als „Rechte" und die Vertreter einer weitgehenden Volkssouveränität als „Linke" bezeichnet sowie die royalistischen „ultras" des 19. Jahrhundert auch als „extrême droite" und ihre auf unbedingte Volkssouveränität pochenden Gegenspieler als „extrême gauche" markiert, so finden sich die Substantivierungen „extrémiste" (1915) bzw. „extrémisme" (1921) erst ab der zweiten Dekade des zwanzigsten Jahrhunderts, anscheinend ventiliert durch die sowjetische Revolution und ihre Auswirkungen auf das innenpolitische Klima in Frankreich. Der Extremismus-Begriff läßt sich also in solchen Ländern am frühesten nachweisen, die in ihrer Entwicklung in Richtung auf den demokratischen Verfassungsstaat am weitesten fortgeschritten waren und damit besonderes Augenmerk auf gewaltfreie Verfahren der Kompromißbildung zwischen unterschiedlichen Auffassungen legten.

Vor diesem Deutungshintergrund ist es kein Zufall, daß der Terminus in Deutschland bis auf vereinzelte Nachweise im 19. Jahrhundert und in der Zeit der Weimarer Republik erst nach dem zweiten Weltkrieg systematischere Verwendung fand. Er wurde vor allem durch ehemals emigrierte, die angloamerikanische Forschung rezipierende Wissenschaftler/innen (z.B. Adorno, Arendt) in die (fach)öffentliche Debatte eingeführt, verbreitete sich aber erst in der zweiten Hälfte der sechziger Jahre weiter und begann erst rund 20 Jahre später den „Radikalismus"-Begriff (s.u.) allmählich in den Hintergrund zu drängen. Die deutsche Verwendungsgeschichte rührt auch daher, daß im 19. Jahrhundert von den Inhabern staatlicher Definitionsmacht umstürzlerische und extrem-"staatsfeindliche" Bestrebungen in strukturkonservativer Manier nahezu ausschließlich bei der politischen Linken bzw. bei Linksliberalen ausgemacht wurden, diese sich aber (nicht allein in Deutschland) zumindest in der ersten Hälfte des 19. Jahrhunderts, etwa im Vormärz und als der linkeste Flügel des Paulskirchen-Parlaments, selbst als „radikal"(demokratisch) verstanden und bezeichneten. Der „Radikalismus"- (und eben weniger der Extremismus-)Vorwurf zielte insofern auch in der zweiten Hälfte des 19. Jahrhunderts und in der späteren Kaiserzeit zentral auf „Communisten-Verschwörungen" und „gemeingefährliche Bestrebungen" der Sozialdemokratie. Erst im Vorfeld der nationalsozialistischen Machtübernahme weitete sich die Bedeutung im Zusammenhang mit Diagnosen einer Gefährdung der ersten deutschen Demokratie vereinzelt auf Aufruhr von rechts aus.

In den ersten Jahrzehnten der bundesrepublikanischen Diskussion erschien eine Differenzierung der Begriffe insoweit überflüssig, als der Gesetzgeber im verfassungsrechtlichen System einer gegenüber ihren Feinden *„wehrhaften Demokratie"* gesetzlich fixiert nur mit den Begrifflichkeiten „Verfassungswidrigkeit" – z.B. in den Verbotsurteilen gegenüber der nach heutigem Verständnis rechtsextremen „Sozialistischen Reichspartei" (SRP) 1952 und der *„Kommunistischen Partei Deutschlands"* (KPD) 1956 – und „Verfassungsfeindlichkeit" operiert(e). Darunter wurden laut dem darauf bezogenen Bundesverfassungsgerichtsurteil Angriffe gegen die „freiheitlich demokratische Grundordnung" mit ihren Eckpfeilern Achtung der *Menschenrechte, Volkssouveränität, Gewaltenteilung*, Verantwortlichkeit der Regierung, Gesetzmäßigkeit der Verwaltung, Unabhängigkeit der Gerichte, Mehrparteienprinzip, Chancengleichheit für alle politischen Parteien und das Recht auf verfassungsmäßige Bildung und Ausübung von Opposition verstanden. Die ideologische Auseinandersetzung mit dem kommunistisch geprägten System des Ostblocks im allgemeinen und mit dem zweiten deutschen Staat im besonderen bereitete außerdem im Bunde mit dem Bemühen um eine Aufarbeitung der nationalsozialistischen Vergangenheit den Boden für das Aufkommen der *„Totalitarismus"*-Theorie (s.u.). Anders als der „Extremismus"- und der „Radikalismus"-Begriff hebt sie auf staatlich-institutionelle Gesinnungen von Ideologien ab und bietet somit eine begriffliche Plattform auch für Systemauseinandersetzungen. Deswegen ist erklärlich, daß erst mit den von der Studentenbewegung in der zweiten Hälfte der sechziger Jahre ausgelösten sozial-kulturellen Bewegungen und links-liberalen Umorientierungen (Demokratisierung nach innen, Anerkennung alternativer Lebensformen, neue Ost-Politik etc.) „Radikalismus-" und „Totalitarismus"-Begriff an Boden verlieren konnten. Hinzu kommt, daß das Aufkommen rechtsextremer Parteien zwischen 1966 und 1969 (vor allem der NPD) mit den angedeuteten Bedeutungshöfen dieser beiden Begriffe nicht adäquat erfaßt werden konnte und entsprechend den Extremismus-Begriff in den Vordergrund rücken ließ. Die Verfassungsschutzbehörden haben den „Radikalismus"-Begriff seit 1974 durch ihn ersetzt. Die Innenministerien sind ihnen darin gefolgt. Die linksextremen Bestrebungen der „Roten Armee Fraktion" (RAF) und ähnlicher Gruppierungen führten nicht zu einer aufgrund der Bedeutungstraditionen durchaus denkbaren Rückkehr zum „Radikalismus"-Begriff; vermutlich auch deshalb, weil sie eine Stufe der Gewalteskalation erreichten, deren Qualität für die BRD neu war und die schärfer als „Terrorismus" gegeißelt und explizit so – durch Schaffung neuer Straftatbestände (u.a. § 129a StGB, § 121a StGB und § 88a StGB) – rechtlich sanktioniert werden konnte.

In der DDR war aufgrund des gesellschaftlichen Systems und der Staatsverfassung der Blick auf Systemgefährdungen logischerweise nach rechts gerichtet. Weil anläßlich der Säuberungsaktionen gegenüber ehemaligen Nationalsozialisten in der Sowjetzone sowie in den Anfängen der Republik und aufgrund der Selbstdefinition als antifaschistischer Staat recht(sextrem)e Tendenzen im eigenen Lande ideologisch nicht existieren konnten, waren sie nur als Import aus dem kapitalistischen Westen jenseits des „antifaschistischen Schutzwalls" denkbar und damit nicht als „Extremismus" oder *Radikalismus* der eigenen Staatsbürger/innen, sondern als Ausflüsse und Unterwanderungsversuche eines feindlichen Systems zu brandmarken, dem man faschistische Wurzeln und antidemokratische Verhaltenszwänge (zumindest in der Wirtschaft) unterstellte.

3. Theoriegeschichte

Anfänge einer sozialwissenschaftlichen Theoriegeschichte i.e.S. lassen sich für Deutschland frühestens seit den 50er Jahren in den Arbeiten zu Autoritarismus und Totalitarismus (oft ehemaliger Emigranten) und vermittelt über die Rezeption sozialpsychologischer und anderer Fachliteratur aus den USA (vor allem von S.M. Lipset und C. Brinton) auffinden.

Bis auf E. Noltes Studie über den europäischen *Faschismus* entstand jedoch in der Folgezeit jenseits des *Totalitarismus*-Konzepts keine breiter fundierte, systematisch vorgehende Extremismusforschung. Dies änderte sich, als in der zweiten Hälfte der sechziger Jahre aufgrund von Wahlerfolgen der NPD einerseits und der Kritik an der parlamentarisch-formalistischen Erstarrung durch die studentische Protestbewegung und ihren Sympathisantenkreis andererseits sich Auffassungen Gehör verschafften, die durch die Programme und Politikstile der etablierten Bundestagsparteien augenscheinlich nicht abgedeckt und aus ihrer Sicht damit als „extrem(istisch)" einordbar waren. Versuche der Begriffsschärfung wurden, abgesehen von K. Lenks älterer, aus dem Jahre 1969 stammender Unterscheidung von *„Radikalismus"* als Argumentations- und Handlungsart und „Extremismus" als Denkweise, vermehrt ab den frühen 70er Jahren unternommen. So differenzieren Klingemann/Pappi anhand einer Wahlstudie 1972 die Begriffe „Extremismus" und „Radikalismus": Extremismus kennzeichnet danach eine Abweichung auf der Wert-Dimension der Demokratie (Ziele), Radikalismus eine Abweichung auf der Normdimension (Mittel) (ähnlich Kaase 1983). Insofern ist ein auf illegitime oder illegale Mittel zurückgreifendes linkes, auf Gleichheitspostulaten beruhendes und damit eine Grundfeste der Demokratie bejahendes Muster zwar radikal, aber nicht extremistisch, wogegen dasselbe Aktionsniveau der Rechten wegen ihrer antidemokratischen Grundüberzeugungen beides ist: radikal und extremistisch.

Die Mehrheit der Politik- und Sozialwissenschaften legte bis zum Auflaufen der Welle von Fremdenfeindlichkeit und *Rechtsextremismus* Ende der achtziger Jahre weniger Wert auf die breite Fundamentierung einer Extremismustheorie. So war es primär der am soziologischen Individualisierungstheorem (von U. Beck) anknüpfenden pädagogischen Jugendforschung (v.a. W. Heitmeyer u.a.), wenig später auch der konflikttheoretischen soziologischen Gewalt(täter)-Forschung (v.a. um R. Eckert u.a.) vorbehalten, das seit 1987 durch Wahlerfolge von DVU, „Republikanern" und teilweise auch von NPD sich abzeichnende, vor allem aber durch fremdenfeindliche Straftaten und sonstige Gewalt der Straße konturierte Aufkeimen eines in weiten Teilen informellen deutschen *Rechtsextremismus* prominent wissenschaftlich zu reflektieren. Individualisierungstheoretisch argumentierende Autoren sehen den zentralen Ursachenkontext im Abschmelzen ehedem relativ fester Lebensgemeinschaften und damit zusammenhängenden Prozessen kultureller Enttraditionalisierung, die einerseits individuelle Entscheidungsoptionen vergrößern, andererseits aber auch überlieferte Orientierungsmarken des Aufbaus und Erhalts personaler und sozialer Identität verschwimmen lassen. Sie führen damit zu einem *Orientierungsvakuum*, das Angebote der sozialen Verortung über vor allem (quasi-)biologische, nationale und ethnische Kriterien zu schließen vorgeben können. Konflikttheoretiker verweisen demgegenüber im Kern auf *Migrationskonflikte*. Sie machen nicht oder schlecht verarbeitete Fremdheitserlebnisse, die Relativierung kultureller Standards, die Veränderung von Lebensgewohnheiten und sich ausbreitende Konkurrenzsituationen durch Immigration für die Ethnisierung sozialer Konfliktlinien verantwortlich (vgl. Möller 1996a). Die Phänomene wurden in beiden Ansätzen und darüber hinaus weit überwiegend mit dem Extremismus-Begriff belegt, ohne daß im allgemeinen eine interdisziplinär angelegte, dauerhafte und tiefschürfende Auseinandersetzung mit einschlägigen Theorietraditionen erfolgte.

Erst recht nicht die in der DDR betriebene Forschung konnte einen solchen Diskurs beflügeln. Unter den gegebenen politisch-ideologischen Ausgangspunkten erfolgte eine wissenschaftliche Beschäftigung mit Extremismus-Phänomenen fast nur mit Blick aufs Ausland und dabei im wesentlichen auf der Basis der Dimitroff-Formel. Nach ihr gilt der Faschismus als die terroristischste Diktatur der reaktionärsten, am meisten chauvinistischen und am meisten imperialistischen Elemente des Finanzkapitals. *Faschismus* und bürgerliche Demokratie sind in diesem Denkmodell nur zwei Varianten der Herrschaft ein und derselben Klasse. Erst in den letzten Jahren des Bestehens der DDR wurde, freilich eher unter kriminologischen Vorzeichen, verdeckt und vornehmlich als Jugendforschung ein innerstaatlicher *Rechtsextremismus* zum Gegenstand erhoben, der dann allerdings eher als „Radikalismus" im Sinne und im Aktionsrahmen eines im Kern eher unpolitischen „Rowdytums" betrachtet wurde.

Eine extremismustheoretische Fundamentierung erfolgt seit Ende der achtziger Jahre und gegenwärtig im vereinigten Deutschland am ehesten in zwei konkurrierenden Zweigen der Politikwissenschaft: einem demokratietheoretisch (v.a. Backes und Jesse) und einem interaktionstheoretisch argumentierenden (z.B. Jaschke u.a.). Für ersteren ist Extremismus normativ als Inbegriff einer Antithese zum „demokratischen Verfassungsstaat" westlicher Prägung bestimmt. In explizit „extremismustheoretischer" Absicht wird diese Frontstellung über sechs Merkmale definiert: Absolutheitsansprüche (1), Dogmatismus (2), Utopismus oder kategorischer Utopieverzicht (3), Freund-Feind-Stereotype (4), Verschwörungstheorien (5), Fanatismus und Aktivismus (6). Aus einer problematisierenden Sicht der informationstechnisch-bürokratischen *Umsetzung* des Konzepts der „streitbaren Demokratie" durch Institutionen der „inneren Sicherheit" zur Erhaltung der verletzten Staatsräson seit den siebziger Jahren wird aus der anderen Position die damit betriebene Gegenüberstellung von Extremismus und demokratischem Verfassungsstaat kritisiert. Im Interesse der institutionellen Aufrechterhaltung politischgesellschaftlicher Normalität werde eine Ausgrenzung von Protestpotentialen betrieben und die ursprünglich im Konzept der „streitbaren Demokratie" verankerte, notwendige „geistig-politische Auseinandersetzung mit dem Extremismus" durch Verrechtlichungen, Verwaltungshandeln und symbolische Ritualisierungen der Absetzung non-diskursiv verdrängt. Extremismus braucht aus dieser Perspektive eine inhaltlich weiter differenzierte Definition. In sie müßte nicht nur die Frontstellung zum Rechtsstaats- und Demokratieprinzip der verfassungsrechtlichen fdGO-Definition (s.o.), sondern auch zum Republik- und Bundesstaats-, vor allem aber zum Sozialstaatsprinzip eingehen.

Grundsätzliche Kritik am Gebrauch des Extremismus-Begriffs überhaupt wird vor allem aus einer am Methodenideal der Naturwissenschaften ausgerichteten empiristisch-positivistischen und aus einer gesellschaftskritischen, z.T. marxistisch inspirierten Sicht geübt. Während erstere die wissenschaftliche Verwendung des Begriffs wegen seiner impliziten Normativität diskreditiert, moniert letztere, daß sie die differenten Inhalte verschiedener als extremistisch eingestufter politischer Richtungen verschwimmen lasse und der Terminus damit – ähnlich wie der des „*Totalitarismus*" – als politischer Kampfbegriff zur Stigmatisierung und – bei Überführung in Rechtstatbestände ggf. staatlich-repressiver – Ausgrenzung mißliebiger Positionen instrumentalisiert werde.

4. Terminologische Abgrenzungen

4.1 *Linksextremismus/Rechtsextremismus/Extremismus der Mitte*

Abgesehen von Positionen der grundsätzlichen Ablehnung des Extremismus-Begriffs herrscht in der scientific community Einigkeit darüber, daß Extremismen verschiedener Couleur zwar gewisse Gemeinsamkeiten, insbesondere auf der Phänomen- und Symptom-Ebene, aufweisen mögen, sich *Rechtsextremismus* und *Linksextremismus* aber deutlich, ja fundamental inhaltlich voneinander unterscheiden.

Die entscheidende Differenz läßt sich von der durch Heitmeyer (1987) vorgelegten und – überwiegend zustimmend – breit rezipierten Definition des Rechtsextremismus aus bestimmen. Danach besteht *Rechtsextremismus* aus zwei Kernelementen: aus Ideologien der Ungleichheit wie nationalistischen Überhöhungen, rassistischen Abwertungen und totalitären Normverständnissen sowie aus verschiedenen Stufen von Gewaltakzeptanz. Ideologien der Ungleichheit bergen in diesem Verständnis Grundüberzeugungen von der angeblich naturbedingten Ungleichwertigkeit von Angehörigen unterscheidbarer gesellschaftlicher Gruppierungen wie z.B. Rassen, Ethnien und Nationen. Eine Überarbeitung des Heitmeyer-Konzepts muß angesichts der zumeist geringen ideologischen Verankerung rechter Denkmuster bei ihren Vertretern außerhalb kleiner intellektueller Zirkel der „Neuen Rechten" diesbezüglich schlicht von Ungleichheitsvorstellungen und Ungleichbehandlung(sforderungen) sprechen.

Ein als linksextrem zu charakterisierender Standpunkt argumentiert an dieser Stelle gänzlich anders. Mag die Akzeptanz von Gewalt gleich oder ähnlich gelagert sein und mögen auch die demokratietheoretisch herausgearbeiteten Charakteristika der politischen Auseinandersetzung von Extremisten (s.o.) zutreffen, so ist eine tragende Säule der Grundüberzeugung der gesamten politischen Linken die Herstellung von sozialer Gleichheit. Selbst linksextremistische Zuspitzungen lassen insofern immer noch die Traditionen der Aufklärung (mit ihren Leitmotiven „Freiheit", „Gleichheit", „Brüderlichkeit") durchschimmern. Sie enthalten deshalb Kongruenzflächen mit den Demokratieverständnissen innerhalb demokratischer Verfassungsstaaten, die die Monopolisierung von Gewalt in den Händen des Staates voraussetzen. In diesem Zusammenhang erhält auch Gewaltanwendung einen ganz anderen Stellenwert. Selbst dort, wo sie der terroristischen Linken aus dem Ruder läuft und zu Exzessen führt, wird sie doch nur als Mittel des politischen Kampfes eingesetzt, nicht aber wie beim rechten Konterpart aus sozialdarwinistischen Grundsätzen natürlicher Auslese abgeleitet. Daß sie in jedem Fall den Rang eines Faszinosums gewinnen kann, steht dieser Kontrastierung nicht entgegen.

Im Zuge der Erfolge des neuen *Rechtsextremismus* und z.T. unter Bezugnahme auf eine weit ausgreifende Diagnose eines wachsenden Verlustes der Aussagekraft der überlieferten Rechts-links-Topographie wird in jüngerer Zeit die Frage aufgeworfen, ob nicht auch von einem Extremismus der Mitte gesprochen werden müsse. Das Schlagwort bezieht sich nicht mehr nur auf die Feststellung einer möglicherweise extremismusförderlichen politischen Apathie in der Bevölkerung, sondern bringt darüber hinaus den Kern der Modernisierungen des Rechtsextremismus auf den Punkt: die Verlagerung für ihn wichtiger Elemente in den Bereich gesamt-gesellschaftlicher politischer Akzeptanz. Dazu werden zum einen ideologische Innovationen gezählt wie die allmähliche Ersetzung rassistischer durch nationalistische bzw. ethnisierende Argumentationen, die weitgehende Aufgabe offensiv-imperialistischer Ziele, „ethnopluralistische" Auffassungen und das Zugeständnis eines „Rechts auf kulturelle Differenz" sowie die zunehmende Verrechtlichung seiner Durchsetzungsmedien. Zum anderen verweist sowohl die überdurchschnittliche Anzahl von Staatsdienern, insbesondere von Ordnungskräften, in einschlägigen Parteien als auch die Tatsache, daß sich rechtsextremes Einstellungspotentials zahlenmäßig stärker im Sympathisantenkreis von Volksparteien als in Personengruppierungen mit rechtsextremer Wahlabsicht findet, auf Eroberungen der „Mitte". Hier finden sich offensichtliche Anknüpfungspunkte für rechte Diskurse und Politikmuster vorwiegend hinsichtlich populistisch ausschlachtbarer Themenfelder wie Sozialneid, Fremdenfeindlichkeit, rigide Reinlichkeits- und Ordnungsvorstellungen, Ethnisierungen und nationale resp. europäische Abschottungen. Bezüglich des zentralen Kristallisationskerns des neuen Rechtsextremismus, der *Migrationskonflikte* und ihrer Bearbeitungen, kann ein Brückenschlag in die Mitte gerade deshalb gelingen, weil die Verteilung von Rechten entlang territorialer Grenzen und aufgrund entsprechender Zugehörigkeitsdokumente ein legales und politisch-moralisch für die meisten Gesellschaftsmitglieder auch legitim erscheinendes Vorgehen bei der Verteilung von Ressourcen darstellt.

4.2 Verwandte Begriffe

4.2.1 Radikalismus

Wenn in sozialwissenschaftlichen Kontexten heute der Extremismus-Begriff im allgemeinen dem „*Radikalismus*"-Begriff vorgezogen wird, so geschieht dies aus unterschiedlichen Gründen. Sofern eine gesellschaftkritische Selbstlokalisierung nicht zur gänzlichen Ablehnung des Extremismus-Begriffs führt (s.o.), wird als sein Vorzug gegenüber dem Konkurrenzbegriff in Anschlag gebracht, daß er nicht wie dieser ein obrigkeitsstaatliches Denkmuster als begriffsgeschichtlichen Ballast mit sich schleppt, dem jegliche Grundsatzkritik unzulässig erscheint. Mit diesem Einwand gegen den „Radikalismus"-Begriff hängt das häufiger benutzte und auch für den o.e. Begriffswechsel der Sicherheitsbehörden angeführte Gegenargument zusammen, das auf die etymologische Wurzel verweist, nämlich auf das lateinische „radix" (dt.: die Wurzel). Sachverhalte bis an ihre Wurzel zurückzuverfolgen und in diesem Sinne den Dingen auf den Grund zu gehen, wird im allgemeinen als seriöser Ursachenbezug ebenso positiv konnotiert wie die damit in Verbindung gebrachte Überzeugungstreue zu derart gewonnenen Auffassungen. Gerade angesichts der vorherrschenden Oberflächlichkeit von Rechtsaußen-Positionen, insbesondere ihrer eklatanten Ignoranz gegenüber den Verursachungszusammenhängen sozialer Probleme in Beständen sozialer Ungleichheit, erscheint die Kennzeichnung als „radikal" inadäquat, ja geradezu widersprüchlich. Daher ist erklärlich, daß nicht nur eine synonyme, sondern auch eine auf unterschiedliche Dimensionen oder Eskalationsniveaus bezogene differenzierende Verwendungsweise beider Termini heute mehrheitlich keinen Widerhall findet.

4.2.2 Totalitarismus

Das aus US-amerikanischen Vorläufern der 30er Jahre entlehnte und im politischen Umfeld des Kalten Krieges zur Blüte gebrachte *Totalitarismus*-Konzept (v.a. durch C.J. Friedrich/Z.K. Brzezinski) hob idealtypisch sechs Merkmale zur Kennzeichnung totalitärer Herrschaft hervor: eine alle lebenswichtigen Aspekte der menschlichen Existenz umfassende, auf einen idealen Endzustand der Menschheit gerichtete Ideologie (1), eine einzige, hierarchisch organisierte, der Staatsbürokratie übergeordnete und mit ihr verflochtene Massenpartei (2), ein System psychischen und physischen Terrors, innerhalb dessen geheimpolizeiliche Kontrolle für Willfährigkeit sorgt (3), die Monopolisierung der Massenkommunikationsmittel in den Händen von Partei und Staat (4), eine gleichgelagertes Waffenmonopol (5), eine Zentralisierung und Bürokratisierung des Wirtschaftslebens (6). In den siebziger Jahren wurden gleichsam quer dazu als zusätzliche Elemente eine prinzipielle Grenzenlosigkeit der Reichweite von Entscheidungen der Zentralorgane (1), die Schrankenlosigkeit der Intensität von Sanktionen (2) sowie die Freiheit zur Verhängung von Sanktionen (3) hinzugefügt (vgl. Kielmansegg 1978). Von links geriet dieses Konzept in den Verdacht, wissenschaftliche mit politischen Intentionen zu verquicken, als Integrationsideologie der Bundesrepublik Deutschland instrumentalisiert zu werden, dem in den 70er Jahren registrierten „konsultativen Autoritarismus" (Ludz) in der DDR nicht gerecht zu werden und entgegengesetzte Strömungen wie Nationalsozialismus und Kommunismus als wesensgleich zu beschreiben. Ungeachtet dessen verliert es mit dem Niedergang des Interesses an einem politischen Systemvergleich durch die Auflösung des Ostblocks weiter an Boden. Zur Erfassung der gegenwärtig dominierenden Ausprägungen des Extremismus erscheint es schon deshalb ungeeignet, weil es von der Untersuchung von Extremismen seinen Ausgangspunkt nimmt, bei denen die Staatsmacht als Hauptakteur auftritt.

4.2.3 Fundamentalismus

Im Zuge des Erstarkens islamistischer Bewegungen und teils auch (pseudo)religiöser Sekten wie z.B. der Scientology Church gewinnt in (fach)öffentlichen Debatten in jüngerer Zeit der „*Fundamentalismus*"-Begriff dort an Bedeutung, wo es darum geht, die Beeinflussung und das Ergriffensein von Menschen in ihrer gesamten sozialen und politischen Existenz durch gesellschaftlich-politisch relevante Strömungen zu kennzeichnen (vgl. Meyer 1989). Vereinzelt wird in diesem kontextuellen Rahmen die Frage aufgeworfen, ob nicht unter anderen Phänomenen auch der neue *Rechtsextremismus* als eine Spielart des Fundamentalismus zu beschreiben sei. Abgesehen davon, ob dieser seine Anhänger tatsächlich derart umfassend in den Bann zieht, stellt sich die Frage, inwieweit man damit wieder eine neue Großkategorie schafft, an deren analytischem Gewinn sich zweifeln läßt, weil in sie dann auch so unterschiedliche Vorstellungswelten wie z.B. Marxismus, Katholizismus und Ökologismus einsortiert werden. Hinzu kommt, daß die Begriffstradition von „Fundamentalismus" schon seit Anfang der 20er Jahre dieses Jahrhunderts in bezug auf eine sich auf biblische Glaubenssätze zurückbeziehende Version des amerikanischen Protestantismus vor allem religiöse (Erweckungs-)Bestrebungen meint.

Während „Extremismus", „*Radikalismus*", „*Totalitarismus*" und „*Fundamentalismus*" Begrifflichkeiten sind, die auf rechte wie linke Syndromgruppen angewandt werden, haben sich zur Bezeichnung des *Rechtsextremismus* bzw. bestimmter seiner Segmente auch in der Wissenschaftssprache Termini pejorativen Gehalts eingebürgert, für die sich in bezug auf den *Linksextremismus* außerhalb politischer Polemik keine Entsprechungen finden.

4.2.4 Rassismus

„Rassismus" ist ein Terminus, der sowohl als Alternative zum „*Rechtsextremismus*"-Begriff generell als auch als dessen Spezifizierung für bestimmte Ausprägungsformen in Gebrauch ist. Insofern Rassismus aufgeklärten Menschen und Staaten als ein Inbegriff von Amoralität gilt, ist es nicht verwunderlich, wenn ihm im öffentlichen Meinungskampf als Vorhaltung verwandt ein noch höherer Skandalisierungswert als dem des „Rechtsextremismus" beigemessen wird. Im wissenschaftlichen Bereich wird er hierzulande als Begriffsalternative zu „Rechtsextremismus" vorwiegend von Gesellschaftsanalytikern/innen präferiert, die marxistische Deutungen vornehmen oder stark von ihnen geprägt sind. Bemüht um die Vermeidung einer terminologischen Verwandtschaft zwischen „links" und „rechts" über den „Extremismus"-Begriff wird „Rassismus" hier derart ausgeweitet, daß er den Rang eines „catch all term" erhält und ihm letztlich sowohl biologistische als auch nationalistische und kulturalistische Ausgrenzungsweisen subsumiert werden. Gerade deren Zusammengehörigkeit und Zusammenspiel sollen im Oberbegriff angedeutet und damit bis in politisch integrierte Zonen der Gesellschaft zurückgeführt werden können. Man verweist darauf, daß der Begriff im Ausland (z.B. Frankreich und England) in dieser Weise gängig ist (z.B. bei Miles, Hall, Balibar). Ein zweiter Verwendungstyp bestreitet die angeblichen Vorteile eines solchen Ansatzes, indem er die Legitimation für den abgewandelten Gebrauch des historisch-moralisch hoch belasteten Begriffs der „Rasse" vermißt und vor allem den unterstellten analytischen Gewinn bestreitet. Danach vermag der Rassismus-Begriff gerade nicht, die Modernisierungen des Rechtsextremismus und seine Schnittmenge mit dem Konservatismus differenzierend zu erfassen. Die Vertreter/innen dieser Auffassung plädieren dafür, den „Rassismus"-Begriff auf Ungleichwertigkeitsvorstellungen zu beschränken, die auf angebliche oder tatsächliche biologische Unterschiede bezugnehmen.

4.2.5 Nationalismus

Anders als bis gegen Ende vergangenen Jahrhunderts, als die Herausbildung der Nationalstaaten die politische Struktur für demokratische Verfassungen in Europa schaffte und innergesellschaftliche Integrationsleistungen beförderte, haben die imperialistischen und autoritär-aggressiven Nationalbewegungen seit dem Ausgang des 19. Jahrhunderts und im 20. Jahrhundert den Gedanken der Nation in der westlichen Welt stückweise diskreditiert. Die Grenze zwischen einem integrativ funktionierenden Nationalbewußtsein sowie seiner stärker emotionalisierten Version des Patriotismus einerseits und einem ausgrenzenden *Nationalismus* andererseits wird schwerer zu bestimmen. Während fraglich wird, ob nationale Identität in Zeiten der Globalisierung der Märkte und der Kommunikation nicht obsolet wird, scheint sie für die Subjekte doch gerade im Prozeß der Auflösung alltagsweltlicher Milieus und quasi-"naturwüchsiger" Kollektivbildungen eher als Bezugspunkt relevanter zu werden als zu verschwinden. Jedenfalls deuten Re-Nationalisierungen, auf übergeordneten Vergrößerungsebenen auch Europäisierungen, auf weiter andauernde territorialgebundene Politik hin. Solange Grenzen kontrolliert werden, zwischen Staatsbürger- und Einwohnerrechten differenziert wird und darüber legale Ausgrenzungen von Menschen aus dem Verfügungsbereich relevanter Ressourcen erfolgen, nistet Nationalismus weiter in staatlichen Regelungen und Einrichtungen. Institutioneller Nationalismus bildet derart einen Nährboden für nationalistische Aufwertungen der eigenen und Abwertungen der fremden Person oder Gruppierung. Nationalismus ist damit als Teilaspekt (nicht nur) von Extremismus identifizierbar.

Im Gegensatz zu *„Rassismus"* nimmt *„Nationalismus"* nicht auf biologische Eigenschaften, sondern auf nationale Zugehörigkeit (letztlich Paßbesitz) Bezug. Außerhalb legalistischer Formen findet er sich meist eingebettet in ethnisierende Vorstellungen. Sie heben auf vorgebliche Unterschiede zwischen Individuen bzw. Kollektiven ab, die als ethnische Charakteristika konstruiert werden, also stärker als dies der Nationalismus tut, auch kulturelle Merkmale einbeziehen. Sie können nur bestimmten Volks- oder Religionsgruppen innerhalb eines Landes oder auch staatsgrenzenüberschreitend größeren Kollektiven zugeschrieben werden.

4.2.6 (Neo)Nazismus/(Neo)Faschismus

Die oft vorgenommene Etikettierung des neuen *Rechtsextremismus* als „(neo)nazistisch" weiß – ähnlich wie die gleichgeartete Verwendung der „Rassismus"-Vokabel – zwar die politische Moral auf ihrer Seite, entlarvt aber einen Mangel an detaillierter Analyse.

Denn die Traditionsbezüge zum historischen *Nationalsozialismus* sind eben so eindeutig nicht, wie vielfach noch unterstellt. Ausländerfeindlichkeit ist in seiner heutigen Kontur ein historisch neuartiges Phänomen. Sein sozial-struktureller Hintergrund wird vor allem durch rapide ökonomische Modernisierungen der Weltwirtschaft und die dadurch ausgelösten Migrationswellen gebildet; eine derartige Internationalisierung von (Arbeits-)Marktabhängigkeiten sucht in der Geschichte vergeblich seinesgleichen. Judenfeindlichkeit im Nationalsozialismus war demgegenüber etwas ganz anderes. Während heute die Exklusion von Migranten/innen entlang nationaler und national-kultureller Differenzbestimmungen im Vordergrund steht, bestand die Judenverfolgung der NS-Zeit in der staatlich-diktatorisch verordneten und organisierten, gezielten Ausrottung von (zunächst) inländischen Rechtstitelbesitzern auf der Basis der Umsetzung biologistisch-rassistischer Ausdrucksideologien. „Nazistisch" im Sinne eines ausdrücklichen Anknüpfens an nationalsozialistische Traditionen ist nur ein kleiner Prozentsatz der gesamten Rechten. Die eigentlichen Gefährdungen liegen viel weiter im Zentrum der Gesellschaft.

Aus ähnlichen Gründen erscheint es auch „schief", die aufkommende Gewalt gegen Ausländer als „neo-faschistische Tendenzen" zu kennzeichnen. Zwar wird mit diesem Begriff ein weiterer Traditionshorizont aufgezogen, nämlich der des *Faschismus* insgesamt und nicht nur seiner spezifisch deutschen Ausprägung im Nationalsozialismus, aber auch hier unterstellt man unmittelbare ideologische Kontinuitäten, die nur in kleinen organisierten Gruppierungen wirklich vorhanden sind.

5. Empirische Ausprägungen

Nur eine erste Annäherung an eine empirische Vermessung von Extremismus-Phänomenen läßt sich über die jährlich erscheinenden Verfassungsschutzberichte der Länder und des Bundes vornehmen. Sie fokussieren im wesentlichen auf Organisationen, ihre Mitgliederzahlen und extremistisch motivierte Gesetzesverletzungen. Amtliche Wahlstatistiken und Wähleranalysen bilden eine weitere Datenquelle. Daraus bezogene Erkenntnisse vermögen allerdings nur den organisierten bzw. den kriminell oder sozial auffällig gewordenen Extremismus abzubilden. Angesichts einer zunehmenden Distanzierung von politischen Organisationen, insbesondere bei jungen Leuten, wachsender Wahlmüdigkeit und der Selektivität sicherheitsbehördlicher Erfassungsweisen benötigt man zusätzliche Einblicke über Resultate von Untersuchungen, die auf den „soziologischen Extremismus" von in der Bevölkerung streuenden Orientierungsbeständen zielen. Auf der Basis dieser Datenebenen zeigen sich bundesweit in den letzten Jahren folgende Tendenzen:

5.1. *Rechtsextremismus*

Das gesamte rechtsextremistische Personenpotential stieg seit 1986 nahezu kontinuierlich von 23.450 auf 64.500 Personen bis 1993 (seitdem incl. REP) an, um dann bis auf 47.240 Personen (1995) zurückzugehen. Die Einbußen betreffen im wesentlichen die größeren Parteien; kleinere Organisationen zeigen sich relativ stabil und vermehren sich in erster Linie über die Gründung von regional operierenden „Kameradschaften", die sich über eine relativ autonome Strukturierung dem Zugriff der Sicherheitsbehörden zu entziehen suchen, wobei moderne Kommunikationsmittel (Mailboxen, Internet etc.) zunehmend zur Vernetzung genutzt werden; die unorganisierte Szene hat nach Verfassungsschutzrecherchen im gleichen Zeitraum sogar um rd. 10% auf 6.200 Personen (1995) zugenommen. Vor allem die östlichen Landesämter für Verfassungsschutz halten diese Szene mittlerweile teilweise für gefährlicher und militanter als gleichgerichtete Organisationen. Neu-rechte Intellektuellenzirkel sorgen für eine ideologische Untermauerung. Die Entwicklung dokumentiert, daß die vorgenommenen Organisations- und Parteienverbote keineswegs per se zu einem „Austrocknen des braunen Sumpfes" führen.

Die Entwicklung der Zahlen von Gesetzesverletzungen mit einschlägigem Hintergrund zeigt bei fast kontinuierlichem Anstieg mit eklatanten Zuwächsen seit 1990 ein noch stärkeres Wachstum: eine Verachtfachung der Straftaten zwischen 1986 (1.281) und 1993 (10561). 1994 und 1995 stabilisiert sich die Zahl bei rd. 7900 Straftaten und liegt damit noch über dem Wert von 1992. Die Zahl der Gewalttaten wies von 1986 (189 Fälle) bis 1992 (2.639 Fälle) noch höhere Steigerungen auf als Propagandadelikte, ging seitdem zwar auf 837 Fälle (1995) zurück, liegt damit aber immer noch um gut 400% über dem Durchschnittswert für die achtziger Jahre. Auf die jeweilige Einwohnerzahl bezogen haben die neuen Länder nach BKA-Erkenntnissen gegenwärtig eine fast doppelt so hohe Belastung mit rechtsextremen Straftaten wie der Westen (vgl. Verfassungsschutzbericht 1995).

Daten über die letzten Wahlerfolge extremistischer Parteien offenbaren: Rechtsextreme Parteien wie NPD, DVU und *„Die Republikaner"* haben seit 1986 erhebliche Stimmenzuwächse bzw. Mandatsgewinne bei Landtags- und Kommunal- sowie Europawahlen errungen (z.B. REP: 1989 Europawahl 7,1%, 1989 Senatswahl Berlin-W. 7,5%, 1992 Baden-Württemb. 10,9%; DVU: 1991 Bremen 6,2%, 1992 Schl.-Holst. 6,3%). Ihre Ergebnisse zeigen zwar mittlerweile Rückgänge und Schwankungen, aber auch eine gewisse Stabilisierung, vor allem in einigen westlichen Bundesländern.

Die Brisanz solcher Daten potenziert sich durch die weite Verbreitung von Mentalitäten und ideologischen Versatzstücken rechtsextremen und fremdenfeindlichen Denkens innerhalb der Gesamtbevölkerung. Vorbehalte gegenüber Migranten bis hin zu expliziter *Migrantenfeindlichkeit* steigen in den neunziger im Vergleich zu den achtziger Jahren an. Restriktionen werden in erster Linie gegen weiteren Zuzug gefordert. Die hartnäckigsten Ressentiments betreffen Asylbewerber. Hintergrund der Distanzierungen sind eher selten explizit rassistische Vorurteile, häufiger hingegen Konkurrenzängste, vor allem Wohnraum, Arbeitsplätze und Sozialleistungen betreffend, und Probleme der inneren Sicherheit, die man mit der Anwesenheit von Ausländern in Deutschland verbunden sieht. Hinzu kommt die subjektive Wahrnehmung einer Bevorteilung von Ausländern gegenüber Deutschen durch die Politiker; dies wohl besonders bei der Bevölkerung im Osten, die sich zu über 80% als „Deutsche zweiter Klasse" behandelt sieht und vermutlich auch daher in vergleichsweise höherem Maße rechtsextreme Tendenzen dahingehend offenbart, eigene Integration über die Ausgrenzung Nicht-Deutscher anzustreben.

Überdurchschnittlich stark tragen Jugendliche und junge Erwachsene den Trend nach rechts. Den Löwenanteil an rechter Gewalttätigkeit stellen Jungen und junge Männer. Soweit die Betrachtung rechtsextreme Gewalttäter und einschlägig Gewaltbereite betrifft, ist auf der methodischen Grundlage polizeilicher Ermittlungspraxis ein eher niederes Bildungsniveau und eine Dominanz Angehöriger von Multi-Problem-Milieus feststellbar. Mehr oder minder spontane, jedenfalls nicht oder nur sehr selten organisatorisch eingebundene oder gar gesteuerte Gruppentaten im Nahfeld des Lebensraums der Täter, aus dem Kontext informeller Cliquen heraus unter Alkoholeinfluß begangen, dominieren (zu individuellen und sozialen Anfälligkeitskonstellationen vgl. detaillierter: Willems u.a. 1994, Möller 1996a).

5.2 Linksextremismus

Die Mitgliederzahlen linksextremistischer Organisationen schwanken in der ersten Hälfte der 90er Jahre vergleichsweise schwach zwischen 31.500 (1991) und 35.000 Personen (1995; incl. Kommunist. Plattform der PDS). Darunter werden gegenwärtig knapp 7.000 Gewaltbereite (incl. sog. „Autonome" und Terroristen) vermutet (1990 noch: 4.100).

Einschlägige Gesetzesverletzungen gingen in der zweiten Hälfte der 80er Jahre rapide zurück (1986: 2.239; 1990: 757). Nach einem Anstieg zu Beginn der 90er Jahre und einem Zwischenhoch von 1.410 Fällen im Jahr 1993 liegt die Anzahl der Fälle 1995 bei 939. Die Entwicklung der Gewaltdelikte nahm einen ähnlichen Verlauf zeigt sich aber seit 1993 (1.120 Fälle) noch stärker rückläufig (1995: 565).

Ein oberflächlicher Vergleich mit den Daten zum *Rechtsextremismus* verbietet sich:

Zum ersten sind die Gesetzesverletzungen durch Linksextreme – anders als die rechtsextreme Gewalt gegen Einzelpersonen – meist gegen den Staat und seine Institutionen gerichtet, geraten deshalb eher in den Beobachtungsfokus der Sicherheitsorgane und werden daher vermutlich akribischer registriert. Zum zweiten fallen sie nach dem „Häuserkampf" der 80er Jahre in jüngerer Zeit vor allem im Zusammenhang mit Protesten gegen rechtsextreme Angriffe auf Ausländer bzw. Abschiebungen und Atommülltransporte an und reagieren damit auf vermeintliche oder tatsächliche Verletzungen der Menschenwürde und Naturzerstörungen. Zum dritten sind nicht nur die Gewaltmotive (s.o.) unterschiedlich, sondern ist auch die Gewaltstruktur eine gänzlich andere: Rund 40% der Gewaltdelikte sind Sachbeschädigungen (Rechtsextremismus 1995: rd. 20%) bzw. gefährliche Eingriffe in den Verkehr (20%; z.B. Anschläge auf Bahnstrecken), Tötungsdelikte kamen in den letzten Jahren gar nicht vor (Rechtsextremismus 1994 u. 1995: je 8 Fälle) und Körperverletzungen liegen deutlich unter 10% (davon rd. 2/3 gegen „Rechte"; *Rechtsextremismus* 1995: fast 70%). Letztere und Brandanschläge gehen zu 80% auf das Konto von anarchistisch orientierten „Autonomen". Der Verfassungsschutz zählt dazu mit steigender Tendenz 1995 6.000 Personen, die sich vornehmlich aus westdeutschen Ballungszentren und Universitätsstädten rekrutieren. Ihre Militanz erstreckt sich auf konspirativ vorbereitete Anschläge, vor allem auf Sachen, sowie auf Straßenkrawalle. Einigendes Band ist daneben in erster Linie *Staatsfeindschaft* und die Ablehnung bürgerlicher Lebensformen. Die Vernetzung autonomer Gruppen erfolgt v.a. über moderne Kommunikationsmittel, Szenezeitschriften sowie Infotelefone und -läden. Eine Annäherung an linksextreme und fundamentalistische ausländische Linksextremisten wird beobachtet. Linksextremer Terrorismus aus dem früheren RAF-Umfeld des „antiimperialistischen Widerstands" zeigt sich im Verlaufe der 90er Jahre zunehmend in der Strategie uneins und rückläufig. Die Grenzen zu autonomen Gruppen scheinen aber stellenweise zu verwischen (vgl. Verfassungsschutzbericht 1995).

Bei Wahlen erreichen Linksextreme (z.B. DKP, revolutionär-marxistische Organisationen u.a.) schon seit langem kaum Erfolge. Nur in einer Handvoll Kommunen und weder auf Landes-, noch auf Bundes- oder europäischer Ebene errangen sie Mandate. Der Niedergang des „Realsozialismus" schmälerte ihre Attraktivität zusätzlich. Dasselbe gilt für die Jugendorganisationen (z.B. SDAJ). Die *SED*-Nachfolge Partei *PDS* – bis auf ihren Sprung in den Bundestag 1994 faktisch eine ostdeutsche Regionalpartei – wird zwar von den meisten Landesverfassungsschutzämtern beobachtet, wird aber insgesamt nicht als „linksextremistisch" eingestuft, zumal sie programmatisch auf evolutionäre Prozesse bei der Veränderung gesellschaftlicher Strukturen abzielt, Gewalt ablehnt und bis auf die „Kommunistische Plattform" die Prinzipien der Demokratie anerkennt. Gleichwohl wird diskutiert, inwieweit es sich bei solchen Verlautbarungen um Tarnmanöver handelt. Manche verfassungsrechtlich argumentierenden Demokratietheoretiker erblicken in der Partei gar einen Magneten der linksextremen Szene (z.B. Moreau/Lang 1996).

Im Gegensatz zu den 70er und 80er Jahren verliert die extreme Linke gegenwärtig offensichtlich erheblich an Rückhalt im studentisch-intellektuellen Milieu. Im übrigen gilt für das Studium des Linksextremismus der 90er Jahre das, was in bezug auf die achtziger Jahre für den Rechtsextremismus kennzeichnend war: eine geringe Aufmerksamkeit verbunden mit einer organisationszentrierten Sichtweise. Deswegen ist nicht seriös einschätzbar, inwieweit Einstellungen und Handlungsstile dieser Couleur Rückhalt in der Bevölkerung finden. Die Agenda der Sozialwissenschaften und ihrer Finanziers folgen offenbar auch an diesem Pol des politischen Spektrums den Konjunkturen der Medienberichterstattung; eine problematische Abhängigkeit, weil die Informalisierung der Szene zunimmt und weil im Falle einer Eskalation gesellschaftliche Reaktionen nicht auf einer fundierten Wissensbasis aufbauen können.

6. Sozialpolitische Relevanz

Die Einschätzung extremistischer Gefahrenpotentiale ist schwierig. Sie bedarf der Entwicklung wissenschaftlicher Kriterien, die über die zahlenmäßige Vermessung von Organisationen und Wahlerfolgen sowie die Analyse des extremistischen Politikstils hinausgehen. Dazu zählen die „Tiefe" der Verankerung von Befürwortungssegmenten in der politischen Kultur und Funktions- bzw. Legitimationsschwächen des politisch-ökonomischen Systems wie seiner Schutzvorrichtungen.

Ein internationaler Vergleich von Größenordnung und Qualität extremistischer Bestrebungen in Deutschland ist problematisch. International breit operierende Studien liegen nicht vor. Methodische Gründe sprechen dagegen, einzelne nationale Erhebungen unterschiedlichen Designs miteinander zu vergleichen. Mit Vorsicht muß deshalb vorerst die Einschätzung von Experten zur Kenntnis genommen werden, nach der Deutschland mit Frankreich und Österreich zu den besonders stark rechtsextremistisch belasteten Ländern gezählt wird.

Gänzlich unabhängig vom internationalen Rangplatz der Extremismusanfälligkeit beinhaltet der gegenwärtige Extremismus enorme politische Herausforderungen. Neben Feldern wie z.B. Ökologie- und Rechtspolitik sind insbesondere auch angesichts der erfahrungsgemäß geringen Reichweite polizeilicher und justizieller Maßnahmen die Migrations- und die Sozialpolitik in Zugzwang. Darunter fällt weit mehr als die wichtige, aber nicht hinreichende (sozial)pädagogische Randgruppen- und Jugendarbeit (vgl. Möller 1996b), die im Nachgang zur Welle (rechts)extremer Gewalt in den 90er Jahren – meist befristet wie das größte flächendeckende, aber nur auf die neuen Länder bezogene „Aktionsprogramm gegen Aggression und Gewalt" (AgAG) des Bundes von 1992 bis 1995 – mehr schlecht als recht aus öffentlicher Hand finanziert wird. Das Ursachengeflecht des gegenwärtigen Extremismus scheint nämlich tief mit grundlegenden sozialstrukturellen Veränderungsprozessen der Gesellschaft verwoben zu sein: Im Zuge des Abschmelzens kollektiver interpersonaler Bindungen und Abhängigkeiten sowie darauf ausgerichteter sozialer wie personaler Identitätsbezüge erhöhen sich nicht nur die Chancen auf eine individuelle Lebensgestaltung, sondern es entsteht auch ein sich vergrößerndes Vakuum intersubjektiver Anerkennung. Gleichzeitig zeigen sich Labilisierungen bei der ökonomischen und politischen Existenzsicherung. Der/die Einzelne kann immer weniger darauf vertrauen, daß sein/ihr gesellschaftlicher Standort und die damit verbundenen Status- und Prestigewerte bzw. Rechte durch unhinterfragbare Zugehörigkeiten gesichert werden. Positionen und damit verknüpfte Verfügungsmöglichkeiten und Akzeptanzen müssen in einem viel größeren Maße als in traditionellen Gesellschaften erworben werden. Leistungsfähigkeit, ökonomische Besitzvermehrung und Konsum sind die zentralen Mechanismen, die unsere Marktgesellschaft dafür bietet, auch wenn sich klassenspezifische und ständisch eingefärbte Verteilungsprinzipien in manchen Nischen noch halten. Zwar sind die genannten Mechanismen dabei, sich auch in den internationalen Beziehungen (vor allem innerhalb des globalen Marktes) wachsende Geltung zu verschaffen. Nationalstaatlichkeit erweist sich aber nach wie vor als ein Hemmnis, wertet es doch Geburt bzw. Abstammung und Seßhaftigkeit höher als sie bzw. als Mobilität. Insofern Leistung, Besitz und Konsum auf Güter zielen, die nicht unbegrenzt zur Verfügung stehen, müssen die Akteure zu ihrem Erwerb in Konkurrenzverhältnisse treten. Damit ergibt sich das dreifache Problem, wie (a) diejenigen ihre Anerkennungen (sowohl im Sinne von Wertschätzung wie von Zuweisung gleicher Rechte) beziehen sollen, die im Konkurrenzkampf um Leistungsfähigkeit, Besitzvermehrung und Konsum nicht mithalten können, daß (b) auch diejenigen, die als Modernisierungsgewinner leben, einen ständigen Konkurrenzkampf ausfechten müssen, haben sie doch zu gewärtigen, daß die Begehrlichkeiten anderer realer oder potentieller Konkurrenten ihr bereits erreichtes und/oder das noch zu erlangende Wohlstands- und Prestigeniveau gefährden, daß (c) nationale Zugehörigkeit den Zugang zu Anerkennungen auf prämodern statische Weise regelt, indem sie von individuellen Anstrengungen nahezu völlig entkoppelt ist und Rechte nach den Kriterien von Blut und Boden verteilt, damit aber einen Ausgrenzungsmechanismus für solche Menschen bildet, die in einer Nation leben, deren formale Zugehörigkeit sie nicht besitzen. Daraus ergibt sich die sozialpolitische Aufgabe, die vorhandenen Medien der Anerkennung für alle sozialverträglich und leichter zugänglich zu machen, die Reduzierung sozialstaatlicher Kompensationen für Modernisierungsverlierer zu stoppen und ihre Reformierung anzugehen, neue Medien der Anerkennung zu etablieren und damit die Zentralität von Leistungsfähigkeit, Besitzvermehrung und Konsum in Schranken zu verweisen, die politisch-rechtliche Anerkennung von Immigranten/innen und anderen Minderheiten als gleichberechtigte Bürger/innen zum Zwecke einer De-Ethnisierung von sozialen Konflikten zu forcieren und durchzusetzen und damit nicht nur auf diesem Gebiet eine auf Gegenseitigkeit beruhende Gleichbehandlung in sozialer und kultureller Akzeptanz sowie in rechtlicher Hinsicht sicherzustellen. Dies gilt um so mehr als steigende Massenarbeitslosigkeit und um sich greifende soziale Ausgrenzung von immer mehr Gruppierungen der Bevölkerung extremistische wie fundamentalistische Anfälligkeiten anwachsen lassen.

Literatur

Backes, Uwe: Politischer Extremismus in demokratischen Verfassungsstaaten. Elemente einer normativen Rahmentheorie, Opladen 1989
Backes, Uwe/Eckhard Jesse: Politischer Extremismus in der Bundesrepublik Deutschland, Opladen 1993
Friedrich, Carl Joachim/Zbigniew Brzezinski: Die allgemeinen Merkmale der totalitären Diktatur (1965), in: Seidel, Bruno/Siegfried Jenkner (Hg.): Wege der Totalitarismus-Forschung, 3. Aufl., Darmstadt 1974, S. 600-617
Heitmeyer, Wilhelm: Rechtsextremistische Orientierungen bei Jugendlichen, Weinheim/München 1987
Jaschke, Hans-Gerd: Streitbare Demokratie und Innere Sicherheit, Opladen 1991
Kaase, Max: Linksextremismus, in: Nohlen, Dieter (Hg.): Pipers Wörterbuch zur Politik, Bd. 2: Westliche Industriegesellschaften. Wirtschaft – Gesellschaft – Politik, München 1983, S. 218-222
Kielmansegg, Peter Graf: Krise der Totalitarismustheorie, in: Funke, Manfred (Hg.): Totalitarismus, Düsseldorf 1978
Klingemann, Hans/Franz Pappi: Politischer Radikalismus. Theoretische und methodische Probleme der Radikalismusforschung, dargestellt am Beispiel einer Studie anläßlich der Landtagswahl 1970 in Hessen, München/Wien 1972
Lenk, Kurt: Radikalismus, in: Bernsdorf, Wilhelm (Hg.): Wörterbuch der Soziologie, Stuttgart 1969, S. 861
Meyer, Thomas: Fundamentalismus. Aufstand gegen die Moderne, Reinbek bei Hamburg 1989
Möller, Kurt: Gewalt und Rechtsextremismus. Konturen – Erklärungsansätze – Grundlinien politisch-pädagogischer Konsequenzen, in: ders./Siegfried Schiele (Hg.): Gewalt und Rechtsextremismus. Ideen und Projekte für soziale Arbeit und politische Bildung, Schwalbach/Ts. 1996a, S. 12-50
Möller, Kurt: Pädagogische Strategien im Umgang mit rechtsextremen Orientierungen Jugendlicher, in: Brenner, Gerd/Benno Hafeneger (Hg.): Pädagogik mit Jugendlichen, Weinheim/München 1996b, S. 159-171
Moreau, Patrick/Jürgen Lang: Linksextremismus. Eine unterschätzte Gefahr, Bonn 1996
Nolte, Ernst: Der Faschismus in seiner Epoche, München 1963
Verfassungsschutzbericht 1995, hg. v. Bundesamt für Verfassungsschutz, Bonn 1996
Willems, Helmut/Stefanie Würtz/Roland Eckert: Analyse fremdenfeindlicher Straftäter, Bonn 1994

Kurt Möller

Familie und Verwandtschaft

1. Begriffe

Eine einheitliche Auffassung darüber, was man als Familie und Verwandtschaft bezeichnet, gibt es weder im Alltag noch in der Wissenschaft. So werden häufig die Worte Familie und Verwandtschaft synonym gebraucht oder auch die kinderlose *Ehe* als Familie bezeichnet. Überblickt man die in der Wissenschaft üblichen Definitionen von Familie und Verwandtschaft, so betonen ihre Autoren – entsprechend dem von ihnen jeweils bevorzugten wissenschaftstheoretischen Paradigma – entweder die Makro- oder die Mikroperspektive.

So wird z.B. unter gesamtgesellschaftlicher Sicht die Familie als eine soziale *Institution* bezeichnet, die bestimmte gesellschaftliche Leistungen erbringt bzw. zu erbringen hat. Mikroperspektivisch gilt die Familie als gesellschaftliches Teilsystem oder als eine Gruppe besonderer Art, die gekennzeichnet ist durch eine genau festgelegte Rollenstruktur und durch spezifische Interaktionsbeziehungen zwischen ihren Mitgliedern. Die meisten aus dieser Theorietradition stammenden Definitionen beziehen sich – zum Teil implizit – auf die moderne westeuropäische *Kernfamilie*; sie sind somit nur Familienbegriffe „mittlerer Reichweite" (vgl. Nave-Herz 1989: 2). Wenn man nach den Kriterien fragt, die das System „Familie" überall von anderen sozialen Systemen unterscheiden, und man sowohl die Makro- als auch die Mikroebene berücksichtigen will, dann sind Familien – gleichgültig, welche spezifische historische und regionale Ausprägungsformen sie besitzen – gekennzeichnet: a) durch ihre „biologisch-soziale Doppelnatur" (König 1974), d.h. durch die Übernahme der Reproduktions- und Sozialisationsfunktion neben anderen gesellschaftlichen Funktionen, die kulturell variabel sind, b) durch die Generationsdifferenzierung (ein formal geschlossenes Ehesystem kann, muß aber nicht vorhanden sein) und c) durch ein spezifisches Kooperations- und Solidaritätsverhältnis zwischen ihren Mitgliedern.

Die Verwandtschaft ist nicht etwa ausschließlich als „blutsmäßige Abstammungslinie" zu definieren (z.B. gelten verschwägerte Personen, bei denen keine biologische Abstammung gegeben ist, als verwandt, im Mittelalter sogar Taufpaten usw.). Verwandtschaft ist zunächst – ebenso wie die Familie – ein Solidaritäts- und Kooperationsverband besonderer Art, mit dem aber – wenn auch in den einzelnen Gesellschaften unterschiedlich geregelt – immer gleichzeitig die Erbschaftsregeln festgelegt sind und für deren Mitglieder – von Ausnahmen abgesehen – das Inzesttabu gilt. Im übrigen bestimmt jede Gesellschaft selbst und recht unterschiedlich, wer mit wem verwandt ist. Das – bei uns gültige – bilaterale (zweiseitige) Verwandtschaftssystem ist im Vergleich zum patriarchalischen (d.h. man ist nur mit den Anghörigen der väterlichen Abstammungslinie verwandt) und dem matriarchalischen (d. h. nur die Angehörigen der mütterlichen Linie gelten als Verwandte) weltweit nicht das verbreitetste (Murdock 1949).

2. Sozialgeschichtlicher Hintergrund

Obwohl die geschichtliche Entwicklung der Familienrealität und das jeweils historisch gültige Familienideal in beiden Teilen Deutschlands über Jahrhunderte hinweg gleich war, hat die fünfundvierzigjährige Teilung (1945-1990) zu manchen Unterschieden sowohl auf der Realitäts- als auch auf der Ideologie-Ebene geführt, die in Zukunft u.U. auch noch lange weiterbestehen werden.

Zunächst soll kurz auf die gemeinsame, dann auf die trennende familiale und verwandtschaftliche Entwicklung eingegangen werden.

In unserem Kulturbereich hat es zu allen Zeiten, über die wir einigermaßen verläßliche Daten besitzen, immer verschiedene Formen von Familien nebeneinander gegeben. So lebte die Mehrheit der Bevölkerung in der vorindustriellen Zeit nicht – wie häufig angenommen wird – nur in großen Haushaltsfamilien mit Produktionsfunktionen, deren Hauptkennzeichen und Zentrum die Erstellung von Gütern und Waren, der Handel oder sonstiges Gewerbe waren, und die neben Familienmitgliedern, Verwandten, zumeist auch familienfremde Personen umfaßten, sondern sie wohnten auch in *Kernfamilien* (= in Eltern- oder in Einelterm-Kind/er-Einheiten). Diese unterschieden sich von unseren heutigen Familien nicht durch ihre Größe, sondern dadurch, daß diese zum Teil in großfamilialen Verbänden enger arbeitsmäßig und räumlich verbunden waren. Vor allem galt nicht die strenge Trennung zwischen Privatheit und *Öffentlichkeit*. Das Haus war durch die Öffnung nach außen gekennzeichnet und stellte eine „Zufluchtsstätte vor der Öffentlichkeit" dar. Diese Familien waren eigentumslos und zählten somit überwiegend zur unteren sozialen Schicht. Ihre Familienmitglieder gingen zuweilen einer außerhäuslichen Erwerbstätigkeit nach; denn außerhalb des Hauses geleistete Lohnarbeit ist nicht erst eine neuartige, sondern eine sehr alte Erscheinung (Mitterauer 1977: 105 und 202). Trotz ihrer zahlenmäßigen Stärke ist ihre Existenz lange Zeit von der Wissenschaft fast vergessen worden, und unsere Kenntnisse über sie sind selbst heute noch sehr dürftig.

Wenn die große Haushaltsfamilie mit Produktionsfunktion (bestehend evtl. aus mehreren Generationen) in der Realität zwar selten gegeben war, so galt sie in jener Zeit aber als das Ideal.

Abgelöst wurde dieses Familienideal ab dem 18. Jahrhundert von dem der „bürgerlichen Ehe und Familie". De facto bildete sich diese Familienform zunächst nur in den besitzenden Schichten aus, in den Handels-, Gewerbe-, Bankhäusern und in der höheren Beamtenschaft. Ihr Kennzeichen war nicht allein die Trennung von Wohn- und Arbeitsstätte, sondern vor allem die nichterwerbstätige *Mutter* als essentielles Kriterium. Welche starke Anerkennung im vorigen Jahrhundert diesem Familienmodell zuteil wurde, ist ablesbar an den Forderungen der Arbeitervereine in jener Zeit nach mehr Lohn, und zwar mit dem Argument, daß ihre Ehefrauen dann nicht mehr erwerbstätig zu sein brauchten und sich ganz um das Haus und die Familie kümmern könnten (vgl. Nave-Herz 1997).

Familienideal und -realität klaffen jedoch häufig auseinander, und so war im vorigen und in diesem Jahrhundert die weit überwiegende Mehrzahl der Mütter gezwungen, einer Erwerbstätigkeit nachzugehen. Nur für eine kleine Gruppe bürgerlicher Ehefrauen galt – so wurde es zu jener Zeit bewertet – das „Privileg", allein *Hausfrau* und *Mutter* zu sein. Der Nationalsozialismus proklamierte mit seiner Mutter- und Bevölkerungsideologie ebenso dieses Familienmodell; geriet aber mit der Favorisierung dieses Ideals während des Zweiten Weltkrieges und der hierdurch fehlenden Arbeitskräfte in politische und argumentative „Bedrängnis".

Nach dem Zweiten Weltkrieg galt im Westen das bürgerliche Familienmodell mit nichterwerbstätiger *Mutter* weiterhin als einziges Ideal. Unterstützt und gefordert wurde diese Form von Familie vor allem durch die Kirchen, aber auch von anderen gesellschaftlich relevanten Gruppierungen. Zudem waren zunächst die Arbeitsplätze knapp. Erstmalig setzte sich in den 50er und 60er Jahren das bürgerliche Familienideal mit nichterwerbstätiger Mutter auch in der Realität stark durch: 1950 waren 76% aller Mütter mit Kindern unter 18 Jahren (vgl. Sommerkorn 1988: 299) Vollzeithausfrauen. Erst mit der Studentenbewegung, dem Anstieg des Bildungsniveaus von Frauen, ihrem veränderten Selbstbewußtsein u.a., setzte in Westdeutschland auf ideologischer Ebene ein nachhaltiger Wandel ein. Dagegen wurde in der DDR das „sozialistische Familienbild" (die Familie mit erwerbstätiger Mutter) von Anfang ihres Bestehens an propagiert und seine Verwirklichung durch Infrastruktureinrichtungen (Kinderbetreuungsinstitutionen, Bevorzugung bei der Wohnungsversorgung, besondere finanzielle Kredite u.a.) zu unterstützen versucht. Von staatlicher Seite standen bei der Durchsetzung dieser Maßnahmen nicht an erster Stelle frauenpolitische, sondern vor allem arbeitsmarkt- und bevölkerungspolitische Überlegungen im Vordergrund (vgl. Wiss. Beirat für Frauenpolitik beim BMFJ 1993). Hinzu kam für die Familie die ökonomische Notwendigkeit eines zwei-

Familie und Verwandtschaft

ten Einkommens. Ferner konnten in der DDR die Frauen bei einer Scheidung nicht mit einer Unterhaltszahlung rechnen, weswegen eine Unterbrechung der Erwerbstätigkeit hier auch ein höheres Risiko für die Frauen bedeutete.

Es kann nicht Aufgabe dieses kurzen Beitrages sein, die einzelnen Etappen der Familienentwicklung und der familienpolitischen Maßnahmen in der DDR und der (alten) Bundesrepublik Deutschland nachzuzeichnen (vgl. hierzu Wiss. Beirat für Frauenpolitik beim BMFJ 1993; Melbeck 1992: 109ff.).

Zu betonen aber ist, daß die Rolle der Frau und *Mutter* in der Familie in beiden Teilen Deutschlands offiziell – aber auch von der Bevölkerung selbst – unterschiedlich definiert und beurteilt wurde. Dagegen nahm die Familie – trotz ihrer verschiedenen Formen und der unterschiedlichen Familienideale – in beiden Teilen Deutschlands gleichermaßen (wie viele diesbezügliche demoskopische Umfragen zeigen) eine besondere Präferenzstellung unter allen Lebenszielen ein, insbesondere auch in der DDR. Hier wurde im übrigen früher geheiratet, das Alter der Mutter bei Geburt ihres ersten Kindes war niedriger als in der alten Bundesrepublik, und *Kinderlosigkeit* war hier fast unbekannt (durchschnittlich waren in der DDR ca. 5% einer Frauengeburtskohorte Zeit ihres Lebens kinderlos, in der alten Bundesrepublik Deutschland 23%; vgl. BMFuS 1994: 36).

Für beide Teile Deutschlands galt auch, daß man nicht mit jedem Verwandtschaftsmitglied aufgrund dieses Sachverhaltes Kontakte pflegte, sondern aus dem großen Verwandtschaftskreis einen kleineren nach Sympathie u.a.m. selektierte, mit dem man sich enger verbunden fühlte.

Die Aufwertung der Familie und von engen Verwandten in der *DDR* – obwohl der Staat vom einzelnen als oberste Priorität die Zugehörigkeit zur sozialistischen Gesellschaft proklamierte – werden in der Literatur einerseits begründet mit dem Fehlen von anderen Optionen, z.B. dem Reisen, andererseits mit dem Wunsch, dem verbreiteten staatlichen Überwachungssystem „zu entgehen" und Kontakte im vertrauten Familien- und Verwandtschaftssystem zu suchen. Man spricht in diesem Zusammenhang von der sog. „Rückzugsthese" (Gysi 1989). Daß viele Personen hier einem Irrtum unterlagen, weil der politische Staatsapparat selbst engste Familien- und Verwandtschaftsangehörige sich seinem Dienst gefügig gemacht hatte, wurde vielfach erst nach der „Wende" bekannt.

3. Familiale Veränderungen und verwandtschaftlicher Wandel durch den Einigungsprozeß

In der alten Bundesrepublik hatte der Einigungsprozeß kaum Auswirkungen auf die Familie und die Verwandtschaft. Doch nie oder kaum mehr gekannte Verwandtschaftsmitglieder meldeten sich plötzlich (ähnlich wie nach dem Zweiten Weltkrieg; vgl. Wurzbacher 1952), und man besuchte sich. Doch ob diese Kontakte weiter anhielten, darüber gibt es keine empirischen Untersuchungen. Ferner entfachte erneut die Diskussion über die Erwerbstätigkeit von Müttern und über die Auswirkungen von Ganztagsbetreuungsinstitutionen auf den kindlichen Sozialisationsprozeß (vgl. hierzu ausführlicher Nave-Herz 1992: 86ff.).

In der alten Bundesrepublik Deutschland setzte sich die – seit den 70er Jahren begonnene – demographische Entwicklung fort: die Eheschließungen gingen geringfügig weiter zurück, das Heiratsalter, die *Kinderlosigkeit* und die *Ehescheidungen* stiegen weiterhin an, die Geburtenquote blieb nur wegen der Geburtenrate der ausländischen Mitbürgerinnen fast konstant.

Familie und Verwandtschaft

Abbildung 1: Entwicklung der Eheschließungen je 1.000 Einwohner

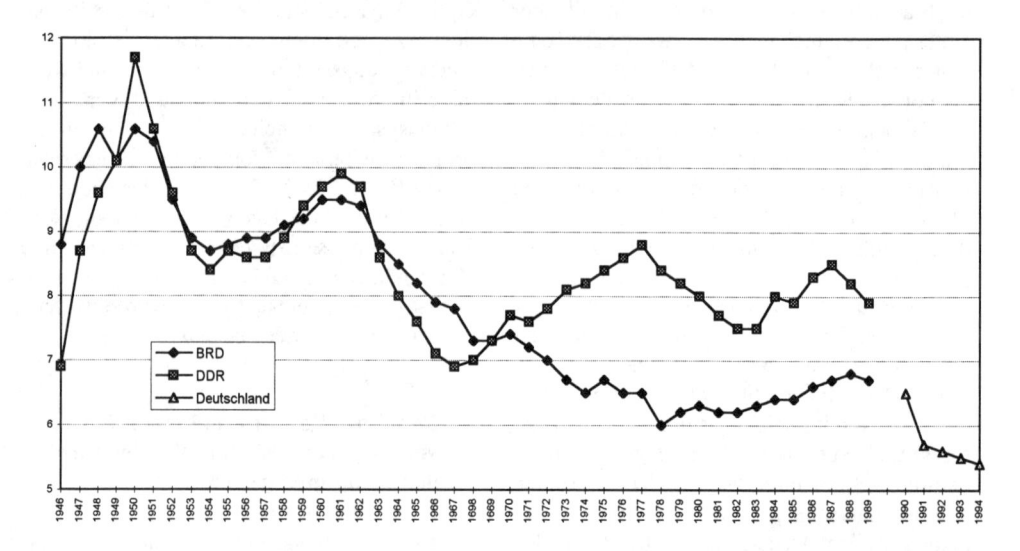

Quellen: Statistische Jahrbücher; Statistisches Bundesamt, FS 1, R 1, 1994, Wiesbaden 1996: 35; Statistisches Jahrbuch der DDR, Berlin 1980: 354, 1990: 404

Abbildung 2: Entwicklung des durchschnittlichen Erstheiratsalters in Ost und West

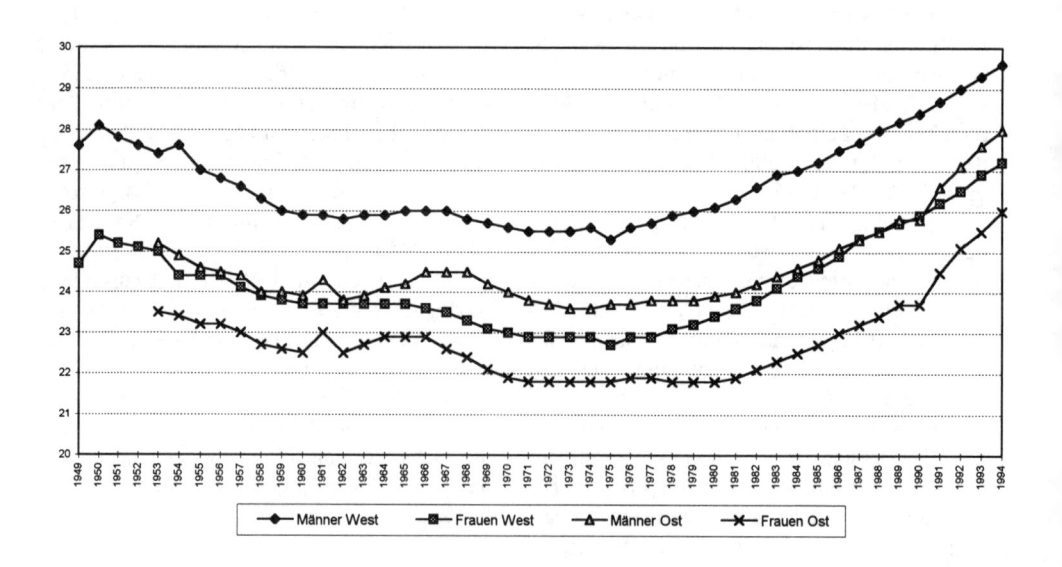

Quellen: Statistische Jahrbücher; Statistisches Bundesamt, FS 1, R. 1, 1994, Wiesbaden 1996: 90; Statistisches Jahrbuch der DDR 1980: 367

Familie und Verwandtschaft 205

Abbildung 3: Gerichtliche Ehelösungen je 100.000 Einwohner

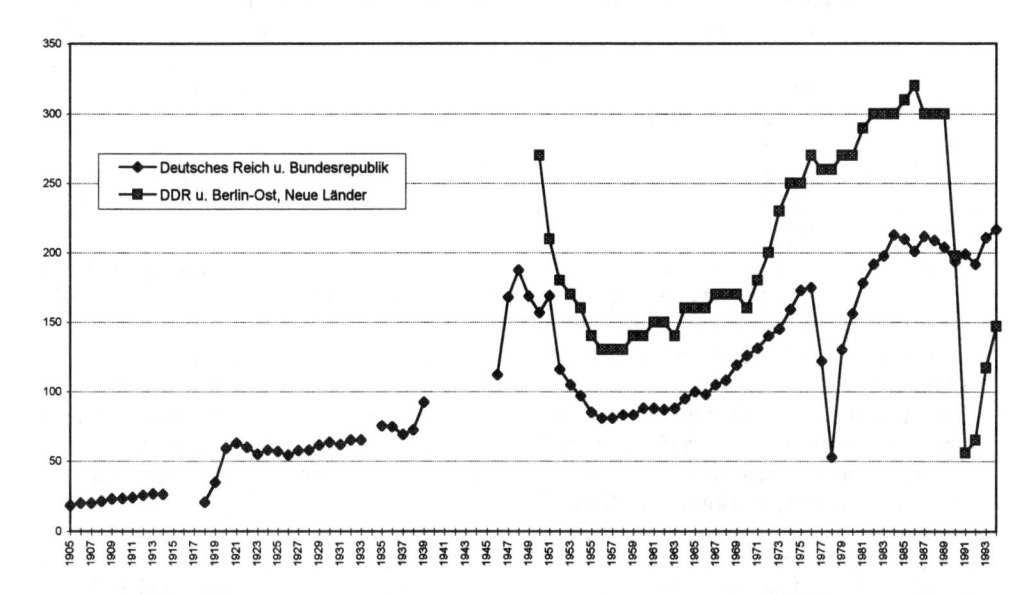

Quelle: Statistische Jahrbücher des DR; Statistische Jahrbücher der BRD; Statistisches Bundesamt, FS 1, R. 1, 1994, Wiesbaden 1996: 174; Statistisches Jahrbuch der DDR 1988: 354, 1990: 404

Abbildung 4: Entwicklung der Lebendgeborenen je 1.000 Einwohner

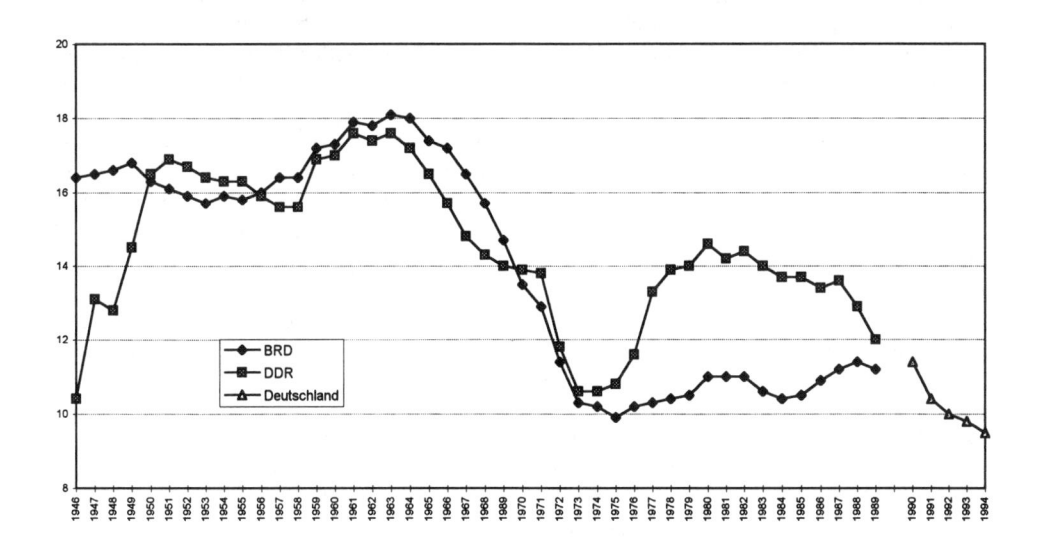

Quellen: Statistisches Bundesamt, FS 1, R 1, 1994, Wiesbaden 1996: 35; Statistisches Jahrbuch der DDR, Berlin 1980: 354: 1990: 404

Die *nichtehelichen Lebensgemeinschaften* (doch zumeist ohne Kinder) wurden immer stärker zu einer neuen Lebensform, vor allem während der *Postadoleszenz*: eine Folge der langen Ausbildungswege, des unsicheren Arbeitsmarktes, der veränderten Rolle der Frau, der Einstellungsänderung zur Sexualität und diesbezüglicher Rechtsnormen u.a.m. Ferner nahm die Zahl der Ein-Personen-Haushalte zu, und die Anzahl der Mehr-Generationen-Familien ging weiter zurück. Der Anteil der alleinerziehenden Eltern und der Stieffamilien stieg leicht an, jener der Adoptions-Familien und der Mehr-Kinder-Familien dagegen sank (vgl. Nauck 1991: 389ff.).

In zahlreichen Veröffentlichungen wurde deshalb in den letzten Jahren auf die sinkende Verbindlichkeit von *Ehe* und Familie hingewiesen und diese Entwicklung als De-Institutionalisierungsprozeß der Familie gedeutet. Andere Autoren betonen zwar ebenfalls den gestiegenen Traditionsverlust, bedauern aber die zunehmende Auflösung fester Verbindlichkeiten nicht, sondern stellen den damit verbundenen Gewinn an individueller Freiheit heraus, vor allem die damit einhergehende Chance, zwischen verschiedenen Formen menschlichen Zusammenlebens wählen zu können, und benennen diese Entwicklung mit „*Individualisierungsprozeß*". Dieser Wandel resultiere u.a. aus der ökonomischen Wohlstandssteigerung, unserem sozial-staatlichen Absicherungssystem und der veränderten Rolle der Frau.

Dennoch kann man – trotz aller *Individualisierung* und Enttraditionalisierung in den alten Bundesländern – nicht von einer Entsolidarisierung der Familienmitglieder untereinander sprechen. Vielmehr haben sich die gegenseitigen Unterstützungen der einzelnen Familienmitglieder im Zeitverlauf verschoben. Mehrere – in unterschiedlichen Jahren durchgeführte – Untersuchungen bestätigen ein gleichbleibendes positives und enges Verhältnis von Jugendlichen zu ihren Eltern. Gegenseitige materielle Unterstützungsleistungen gibt es jedoch zeitgleich nicht mehr, weil die Kinder und Jugendlichen, obwohl juristisch dazu verpflichtet (vgl. § 1619 BGB), kaum noch Mithilfe im Haushalt leisten. Die finanziellen Unterstützungsleistungen seitens der Eltern gegenüber ihren Kindern haben aber durch die Verlängerung der Ausbildungszeiten seit den 70er Jahren sogar noch zugenommen. Etwa 1/3 der jüngeren Erwachsenen bleibt noch nach dem 21. Lebensjahr von den Eltern finanziell abhängig. Nicht nur die Kosten des Lebensunterhaltes übernehmen die Eltern, sondern noch bis zum 18./19. Lebensjahr erhält die Mehrzahl der Jugendlichen ihr frei verfügbares Taschengeld ebenso von ihren Eltern (Vaskovics/Schneider 1989: 405).

Diese – auf den ersten Blick hin – gestiegene Einseitigkeit in den materiellen Untersützungsleistungen setzt sich sogar dann noch fort, wenn die Kinder verheiratet sind. Diese den Kindern gewährte Hilfeleistung und Unterstützung wird dann aber im Alter von den Eltern „zurückgefordert". So wird in Deutschland die Betreuung alter Personen immer noch überwiegend von der Familie geleistet. In 6% der Haushalte in der Bundesrepublik Deutschland lebt ein erwachsenes Kind, das sich um die Versorgung der Eltern kümmert. Nur rund 10% aller pflegebedürftigen Personen befinden sich in Heimen (Schubert 1987), wobei diese Statistik verschweigt, wie viele von ihnen keine Familie besitzen. Aber die erwachsenen Kinder helfen ihren alten Eltern auch in Notfällen, z.B. bei Krankheit, bei Entscheidungen über Gesundheitsfragen oder – seltener – in Geldangelegenheiten, aber auch bei alltäglichen Routinearbeiten, z.B. bei der Wohnungspflege, bei Gartenarbeiten, beim Wäschewaschen oder Einkaufen sowie bei anderen Besorgungen.

Ebenfalls in der DDR bedeutete – wie berichtet – die *Familie* immer auch eine Solidargemeinschaft. Wie in der alten Bundesrepublik bestanden hier positive Beziehungen zwischen den Jugendlichen und ihren Eltern. Der Einigungsprozeß hat hieran nicht viel verändert. Einstellungsmessungen von Jugendlichen zeigen, daß auch nach der politischen Wende die große Mehrheit von ihnen angibt, daß die Beziehungen zu ihren Eltern „sehr gut" oder zumindest „gut" sind (jeweils 42%, ingesamt also 84%), wobei hier – wie in der (alten) Bundesrepublik – das Verhältnis

Familie und Verwandtschaft

zur Mutter als noch besser als zum Vater beschrieben wird (Mansel et al. 1992: 32ff.). Die betontere Stellung der Mütter als elterliche Bezugspersonen in den neuen Bundesländern bestätigen auch die Ergebnisse der Shell-Studie von 1992. Sie zeigen ferner, daß mehr Jugendliche im Osten als im Westen Deutschlands ihre Eltern als Ratgeber für die verschiedensten Lebensbereiche heranziehen, in politischen Fragen auch ihre Mutter (Shell-Studie 1992: 229ff.).

Leider gibt es keine empirischen Untersuchungen, die zeigen, ob das von den Jugendlichen so positiv geschilderte Verhältnis zu ihren Eltern von diesen ebenso beschrieben wird.

Das Alter der Kinder bei Auszug aus dem Elternhaus ist in West- und Ost-Deutschland unterschiedlich hoch. Nach dem 25. Lebensjahr leben von allen männlichen Jugendlichen im Westen noch 24% und im Osten 15%, von allen weiblichen Jugendlichen im Westen 10% und im Osten 6% mit den Eltern zusammen (Hullen 1995).

Nach dem Einigungsprozeß veränderten sich in den neuen Bundesländern besonders stark die familienstatistischen Datentrends. Der Wandel im ökonomischen und rechtlichen System spiegelt sich in den starken „Einschnitten" der demographischen „Entwicklungslinien" wider, die erst langsam wieder ihrem früheren Niveau oder genauer: denen der alten Bundesrepublik Deutschland „zuzustreben" scheinen. Dieser Anpassungsprozeß, der in erster Linie durch biographischen Aufschub erfolgt sei, wird zuweilen als „nachholende *Modernisierung*" (Zapf/Mau 1993) beschrieben. Hinzu kam, daß bislang auch der strukturelle Zwang zur individualisierten Biographiekonstruktion fehlte. Der Lebens-, vor allem der Schul- und Berufsweg war den Jugendlichen staatlicherseits mehr oder weniger vorgezeichnet worden; große Wahlmöglichkeiten, individuell geplante Experimentierphasen u.a. waren weitgehend unbekannt.

In bezug auf die Erwerbstätigkeit der Frau bzw. der Mütter fehlt dagegen – umgekehrt – für die alten Bundesländer noch der „*Modernisierungsschub*"; denn trotz höherer Arbeitslosigkeit in den neuen Bundesländern, von denen hier gerade auch die Frauen betroffen sind, ist die Zahl der erwerbstätigen Mütter im Osten höher als im Westen.

Abbildung 5: Erwerbstätigenquote von Frauen nach Altersgruppe der Kinder in %

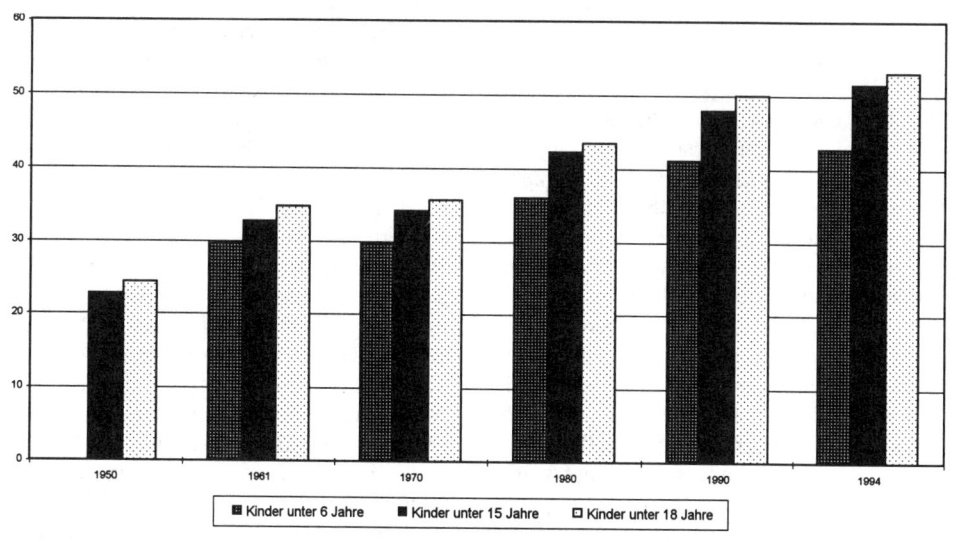

Quellen: Statistisches Bundesamt, FS 1, R 3, 1994, Wiesbaden 1996: 261; Sommerkorn 1988: 299

Zudem ist die Quote der *erwerbstätigen Mütter* in Westdeutschland weit geringer als in fast allen übrigen europäischen Staaten, ferner als in den USA, in Kanada, Australien und Neuseeland. Dieser „Modernisierungsrückstand" ist eine Folge fehlender Infrastruktureinrichtungen zur Betreuung von Kleinst- und Kleinkindern, fehlender Ganztagsschulen, aber vor allem auch des unterschiedlichen „Erbes" einer „Mutterideologie", wie sie in der DDR und in der alten Bundesrepublik propagiert und auch von vielen Frauen anerkannt wurde. So bestehen heutzutage noch große Unterschiede zwischen Ost- und Westdeutschland hinsichtlich der Beurteilung der Folgen der mütterlichen Erwerbstätigkeit im Hinblick auf den Sozialisationsprozeß ihrer Kinder. Im Osten – so zeigt eine empirische Erhebung – gehen die Menschen weit häufiger als im Westen davon aus, daß ein Kleinkind nicht darunter leidet, wenn seine Mutter einer außerhäuslichen Berufstätigkeit nachgeht und sich nicht nur auf den Haushalt konzentriert, sondern daß dieses mütterliche Verhalten sogar für ein Kind förderlich sein kann (vgl. Braun/Nowossadeck 1992: 134). Hinzu kommt, daß die Kosten für Kinder, die in der alten Bundesrepublik schon immer hoch waren, in den neuen Bundesländern stark gestiegen sind.

4. Ausblick

Für die *Familie* gilt in den alten sowie in den neuen Bundesländern, daß sie im Zuge der funktionalen *gesellschaftlichen Differenzierung*, deren Prozeß sich über Jahrhunderte erstreckte und nicht unilinear verlief, ebenso zu einem spezialisierten System wurde und Funktionen zugewiesen bekam, die für alle übrigen gesellschaftlichen Teilbereiche unverzichtbar sind: von ihr wird die Nachwuchssicherung (Geburt, Pflege und Erziehung von Kindern) und die physische Stabilisierung und psychische Regeneration erwartet. Durch diese Sinnzuschreibung wurden zugleich Systemgrenzen zu anderen gesellschaftlichen Teilbereichen (aber auch zu den Herkunftsfamilien bzw. der Verwandtschaft) festgelegt. Wobei trotz des Differenzierungsprozesses zwischen der *Kernfamilie* und den Herkunftsfamilien – wie gezeigt wurde – durch Transferleistungen eine gegenseitige Stabilisierung bei aller „Grenzrespektierung" gegeben ist; denn der alte Grundsatz gilt weiterhin: Intimität auf Abstand!

Im „Fünften Familienbericht" wurde die genannte funktionale Spezialisierung der heutigen Familie als „Entstehung und Erhaltung von Humanvermögen" (BMFuS 1994: 28) benannt, eine Bezeichnung, die zunächst befremdlich erscheinen mag, weil heutzutage im Alltag Ehe und Familie durch das romantische Liebesideal und die emotionale Eltern-Kind-Beziehung gerade als zweckfrei definiert werden. Dennoch: unter funktional-differenzierungstheoretischem Aspekt hat sich das System Familie im Laufe der Jahrhunderte auf diese Funktion spezialisiert, auf die die anderen gesellschaftlichen Teilbereiche angewiesen sind.

Vor allem ist dieser Sachverhalt auch – und deshalb wurde im „Fünften Familienbericht" diese Bezeichnung bewußt gewählt – für die Wirtschaft von Bedeutung. Sie ist in hohem Maße auf die Vorleistung der Familie (selbstverständlich auch auf die des Bildungssystems) angewiesen, und deshalb ist die familiale Leistung nicht als reine „Privatsache" zu bewerten.

Aber – trotz aller familienpolitischen Unterstützungsmaßnahmen – bleiben die privaten familialen, ökonomischen Belastungen durch *Kinder* hoch. Der Anteil von Kindern, die von der Wohlstandsentwicklung abgekoppelt sind, hat progressiv zugenommen, vor allem durch den Anstieg von Familien mit Kindern, die von Arbeitslosigkeit betroffen sind und die von Sozialhilfe leben. Ferner sind viele familiale Wohnverhältnisse unzureichend. Der Wohnungsmarkt hält für Einkommensschwache, insbesondere für junge, kinderreiche und alleinerziehende Eltern zu wenig entsprechende Angebote bereit. Es ist bekannt, daß ökonomisch belastete Familien häufig in Streßsituationen geraten und innerfamiliale Konflikte vorprogrammiert sind.

Das Problem spitzt sich gesamtgesellschaftlich insofern noch zu, da sich eine Polarisierung in bezug auf die ökonomische Si-

Familie und Verwandtschaft

tuation zwischen den Familien mit Kindern anzubahnen scheint. Denn einerseits führt die finanzielle Belastung durch Kinder viele Familien in unserer Gesellschaft in eine unterprivilegierte Situation; andererseits scheint sich bei uns die Lage wie in den USA zu entwickeln; Kinder werden geradezu auch zum „Statussymbol", denn nur manche, zwar wenige, ökonomisch gut gestellte Erwachsene können sich Kinder „leisten" (sogar nicht nur eins, sondern drei). Von allen Familien mit drei und mehr Kindern entfallen 5,6% auf diejenigen, die über ein Haushaltseinkommen von unter 2.500 DM verfügen, dagegen 20% und mehr auf diejenigen mit 10.000 DM und mehr (WiSta 1997: 50).

Insgesamt ist aber die Familie der Gegenwart durch eine geringe Kinderzahl gekennzeichnet. Die Zwei-Kinder-Familie, gefolgt von der Ein-Kind-Familie, herrscht vor. Das Fehlen von Geschwistern bzw. ihre geringen Zahl hat für die zweite Generation zur Folge, daß immer mehr Kinder keine Seitenverwandten besitzen (keine Tante und keinen Onkel, keine Vettern und keine Cousinen). Sie haben dafür heute die Chance – wegen der gestiegenen Lebenserwartung –, eher ihre Großeltern, und vor allem auch ihre Großmutter, und ihre Ur-Großeltern zu erleben, trotz des konterkarierenden Effekts des Verschiebens der Geburt des ersten Kindes in höhere Altersstufen der Mütter. Die Abnahme der horizontalen und die Zunahme der vertikalen Verwandtschaftslinien ist im übrigen eine historisch völlig neue Erscheinung. Sie hat zur Folge, daß heutzutage in viel stärkerem Maße materielle und immaterielle Transferleistungen von der oberen zu den unteren Generationen fließen und könnte Auswirkungen auf die Vermögensbildung durch Vererbung bringen.

Literatur

Braun, M./S. Nowossadeck: Einstellungen zur Familie und zur Rolle der Frau, in: Mohler, P./Ch. Bandilla (Hg.): Blickpunkt Gesellschaft 2, Opladen 1992, S. 127-140

Bundesministerium für Familie und Senioren: Familien und Familienpolitik im geeinten Deutschland – Zukunft des Humanvermögens, Fünfter Familienbericht, Bonn 1994

Gysi, J.: Familienleben in der DDR. Zum Alltag von Familie und Kinder, Berlin 1989

Hullen, G.: Der Auszug aus dem Elternhaus im Vergleich von West- und Ostdeutschland, in: Zeitschrift für Bevölkerungswissenschaft, 1995, H. 2, Jg. 20, S. 141-158

König, R.: Die Familie der Gegenwart: ein interkultureller Vergleich, München 1974

Mansel, J./K. Pollmer/K. Hurrelmann: Gestreßt – in Ost und West, in: Neubauer, G./W. Melzer/K. Hurrelmann (Hg.): Jugend im deutsch-deutschen Vergleich. Die Lebenslage der jungen Generation im Jahr der Vereinigung, Neuwied 1992, S. 11-92

Melbeck, Ch.: Familien- und Haushaltsstruktur in Ost- und Westdeutschland, in: Mohler, P./Ch. Bandilla (Hg.): Blickpunkt Gesellschaft 2, Opladen 1992, S. 109-126

Mitterauer, M.: Funktionsverlust der Familie? in: Mitterauer, M./R. Sieder (Hg.): Vom Patriarchat zur Partnerschaft, München 1977, S. 94-119

Mitterauer, M.: Familienwirtschaft und Altenversorgung, in: Mitterauer, M./R. Sieder (Hg.): Vom Patriarchat zur Partnerschaft, München 1977, S. 186-209

Murdock, G.P.: Social Structure, New York 1949

Nauck, B.: Familien- und Betreuungssituationen im Lebenslauf von Kindern, in: Bertram, H. (Hg.): DJI-Familien-Survey 1: Die Familie in Westdeutschland. Stabilität und Wandel familialer Lebensformen, Opladen 1991, S. 389-428

Nave-Herz, R.: Gegenstandsbereich und historische Entwicklung der Familienforschung, in: dies./M. Markefka (Hg.): Handbuch der Familien- und Jugendforschung, Bd. 1: Familienforschung, Neuwied/Frankfurt a. M. 1989, S. 1-17

Nave-Herz, R.: Frauen zwischen Tradition und Moderne, Bielefeld 1992

Nave-Herz, R.: Die Geschichte der Frauenbewegung in Deutschland, 5., überarb. Aufl., Hannover 1997

Schubert, H.J.: Zur Rolle der sozialen Beziehungsnetze in der Altenpflege, in: Zeitschrift für Gerontologie, 1987, H. 5, Jg. 20, S. 292-299

Shell-Studie: Jugend '92 – Lebenslagen, Orientierungen und Entwicklungsperspektiven im vereinigten Deutschland, Opladen 1992

Sommerkorn, I.N.: Die erwerbstätige Mutter in der Bundesrepublik: Einstellungs- und Problemveränderungen, in: Nave-Herz, R. (Hg.): Wandel und Kontinuität der Familie in der Bundesrepublik Deutschland, Stuttgart 1988, S. 115-144

Vaskovics, L.A./N.F. Schneider.: Ökonomische Ressourcen und Konsumverhalten, in: Markefka, M./R. Nave-Herz (Hg.): Handbuch der Familien- und Jugendforschung, Bd. 2: Jugendforschung, Neuwied/Frankfurt a. M. 1989, S. 403-418

Wissenschaftlicher Beirat für Frauenpolitik beim Bundesministerium für Frauen und Jugend: Frauen im mittleren Alter – Lebenslagen der Geburtskohorten von 1935 bis 1950 in den alten und neuen Bundesländern, Bonn 1993 (Schriftenreihe des Ministeriums für Frauen und Jugend, Bd. 13.)

Wurzbacher, G.: Leitbilder gegenwärtigen deutschen Familienlebens (1952), 4. Aufl., Stuttgart 1969

Zapf, W./S. Mau: Eine demographische Revolution in Ostdeutschland? Dramatischer Rückgang von Geburten, Eheschließungen und Scheidungen, in: ZUMA (Hg.): ISI – Informationsdienst soziale Indikatoren, Nr. 10, 1993, S. 1-5

Rosemarie Nave-Herz

Frauen

1. Begriff

1.1 Von den „Frauen" zum „Geschlecht"

Über „Frauen" zu schreiben, setzt voraus, daß die Frauen etwas gemeinsam haben, Erfahrungen, Orientierungen, Handlungsweisen usw., das sie strikt von Männern trennt. Angesichts der Vielfalt heutiger Frauenleben, deren Dynamik im Lebensverlauf einerseits, der Angleichung vieler weiblicher Lebenswege an männliche, man denke nur an die Annäherung weiblicher und männlicher Bildungs- und Erwerbskarrieren, andererseits fällt es schwer, solch eine Einheitlichkeit der Frauen bzw. Unterschiedlichkeit der Geschlechter zu behaupten. Die deutsche Einigung hat die Schwierigkeit, über „Frauen" zu sprechen, zusätzlich vergrößert. Generalisierende Aussagen über Frauen müssen, um soziologisch gehaltvoll zu sein, mehr beinhalten als den schlichten Hinweis, daß Frauen länger leben als Männer, der Frauenüberschuß seit Jahren stabil sei und zwar nicht nur in Deutschland, sondern auch innerhalb der Europäischen Union (Europäische Gemeinschaften 1995: 15).

Die Sozialwissenschaften haben jedenfalls in den letzten Jahren vermieden, kategorial von „Frauen" zu reden. Neuere Lexika sprechen stattdessen von „Geschlecht" als sozialem Konstrukt, das auf dem biologischen Geschlecht historisch und kulturell variabel aufsitzt, von „Geschlecht" als Strukturkategorie bzw. vom *Geschlechterverhältnis*. Der Wechsel folgt den Einsichten, daß dem Begriff „Frauen" keine ohne weiteres zu positivierende Bedeutung zukommt; daß es sich ferner um ein relationales Konzept handelt; daß die Ausgestaltung dieser Relationalität – „Frauen" im Verhältnis zu „Männern" und umgekehrt – variieren kann und sie deshalb wiederum sozial konstruiert ist. Die sozialwissenschaftliche *Frauenforschung* hat diese Einsicht zum Programm gemacht.

1.2 Von der Frauen- zur Geschlechterforschung

Sozialwissenschaftliche *Frauenforschung* als Geschlechterforschung umfaßt heute im Grunde sämtliche Gegenstandsbereiche mikro- und makrosoziologischer Forschung. Sie beschäftigt sich mit elementaren sozialen Interaktionen sowie mit gesellschaftstheoretischen Fragen, z.B. den Ursachen und dem Wandel sozialer Ungleichheit. So untersucht sie theoretisch wie empirisch, wie Heranwachsende zu Frauen bzw. Männern werden und was sie tun bzw. wie sie sich verhalten müssen, um in ihrer jeweiligen Geschlechtsidentität anerkannt zu werden; sie fragt ferner, wie Frauen und Männer durch ihr alltägliches Handeln Normen des angemessenen Frau- bzw. Mannseins und allgemein einer *Geschlechterordnung* reproduzieren helfen.

Geschlechterordnungen regeln mittelbar oder unmittelbar, wer – Frau oder Mann – welche Aufgabe in welcher Form wo und für welchen Zeitraum übernehmen soll. Sie formulieren Normen, Erwartungen, an die beiden Geschlechter. Wer soll für das kleine Kind sorgen? Wer für die alte Mutter? Wer für beide, für den Haushalt usw.? Beruflich und bezahlt? Oder durch persönliche Hilfe zuhause? Sollen überhaupt alle, Frauen wie Männer, so weit wie möglich erwerbstätig sein? Welche sozialen Kosten welcher Art sollen jeweils in Kauf genommen werden: von den einzelnen, von der Gemeinschaft?

Die sozialwissenschaftliche Institutionenanalyse hat gezeigt, daß sich die westlichen Industrieländer in den Antworten auf solche Fragen, d.h. in ihren *Geschlechterordnungen*, unterscheiden. Geschlechterordnungen sind also variabel, und sie verändern sich mit der Zeit. Einige Länder überantworten einen Großteil der erwähnten Aufgaben dem Staat und damit der Solidarität der Steuerzahler; andere überlassen sie dem Geschick und der Selbsthilfe des Haushalts. Wieder andere wählen Kombinationen solcher Lösungen. Rechtliche und sozialpolitische Institutionen können durch die Gewährleistung oder Unterlassung von Ansprüchen Frauen und Männern unterschiedliche Aufgaben und Lebenswege zuweisen. Auf diese Weise befördern und verfestigen sie Erwartungen an Bürgerinnen und Bürger, wie und in welcher Geschlechterteilung diese ihren Lebensunterhalt zu verdienen und für ihre Familien zu sorgen haben. Sie beeinflussen also Art und Umfang der Abhängigkeit zwischen den Geschlechtern und den Generationen (Ostner 1995).

Die *Sozialstrukturanalyse* verwendet „Geschlecht" zunächst als Oberbegriff und Kriterium für die Einteilung der Bevölkerung in Frauen und Männer, in weibliche und männliche Individuen. Sie folgt damit der Einsicht, daß in allen uns bekannten Gesellschaften das *Geschlecht* (wie auch das Alter) eine mit der Geburt festliegende Dimension sozialer Strukturierung, die das gesamte soziale und kulturelle Leben einer Gesellschaft prägt, sowie ein Bezugspunkt der Zuweisung von sozialem Status ist. Mit der *Frauenforschung* teilt die Sozialstrukturanalyse dabei die Überzeugung, daß die Universalität der geschlechtlichen Differenzierung nicht auf natürlichen, biologischen Unterschieden beruht; daß vielmehr faktische, „angeborene" Unterschiede sozial fixiert, mit Bedeutung belegt und zum Ausgangspunkt für eine weitgehende Durchregelung von dann als typisch weiblich oder männlich zu geltenden Verhaltensweisen gemacht werden. Deshalb nennt Helmut Schelsky das Geschlecht eine „soziale Superstruktur".

Geschlechterverhältnisse sind also nicht auf Geschlechterunterschiede reduzierbar; und letztere begründen deshalb auch per se keine Benachteiligung. Weil nicht natürlich, sind alle Formen sozialer Benachteiligung und ungleicher Teilhabe von Frauen Gegenstand der *Sozialstrukturanalyse*. Lebens- und *Erwerbsverläufe* von Frauen sind heute, wie eingangs vermerkt, vielfältiger und denen der Männer ähnlicher geworden. In dem Maße, wie es einer wachsenden Zahl von Frauen gelungen ist, mit den Männern, z.B. im Hinblick auf den beruflichen Status oder das Einkommen, gleichzuziehen, hat sich die Ungleichheit zwischen Frauen vergrößert und haben sich die Lebenschancen von Frauen polarisiert. Diese dynamische Wechselwirkung des Differenzierungsprozesses, die einige Frauen gegenüber vielen Frauen, aber auch gegenüber immer mehr Männern, nicht nur kurzfristig, sondern zunehmend auch längerfristig gewinnen läßt, stellt heute eine besondere begriffliche wie empirische Herausforderung für die Sozialstrukturanalyse dar. Eine durchgängige Benachteiligung „der Frauen" oder auch nur ihrer Mehrheit kann nicht mehr ohne weiteres angenommen werden. Die Sozialwissenschaften haben auf diese Herausforderung mit dem erwähnten Wechsel der Kategorie, von „Frauen" zu „Geschlecht" sowie mit der Forschungsstrategie des kontinuierlichen Perspektivenwechsels reagiert: Parallel in den Blick genommen werden Prozesse der Ent- und Neudifferenzierung von Lebenslagen und -wegen im *Geschlechterverhältnis* und innerhalb der Gruppe der Frauen und Männer.

2. Soziologie- und sozialgeschichtlicher Hintergrund

2.1 Simmels Geschlechtersoziologie

Georg Simmel hatte – die Ausdifferenzierung moderner Frauenleben vor Augen – die Sozialwissenschaften bereits vor hundert Jahren in seinem Essay „Zur Psychologie der Frauen" (1890) zur Zurückhaltung ermahnt: Wer über die Frauen im Plural spreche, müsse sich bescheiden, „im besten Falle eine bloße Majorität als Totalität zu behandeln". Simmels Scheu, generelle Äußerungen über die Frau zu treffen, gründete in seiner Überzeugung, daß die Stellung der Frau in seiner Zeit veränderbar und auch veränderungsbedürftig war, daß daher nicht vom gegenwärtigen Verhalten und der Rolle der Frauen auf vermeintlich wesensmäßig Weibliches geschlossen werden könne.

Bei aller Anerkennung der Wandelbarkeit des Frauenlebens und Scheu vor Generalisierung: Das Geschlechterproblem ist Simmel, dem ersten Soziologen, der ausdrücklich Schriften zu einer Geschlechtersoziologie verfaßt, ein Anwendungsfall für sein Differenzierungskonzept. Dort stellen Männer das Differenzierte, Frauen – nicht alle, nicht immer, aber doch so oft sie oder wenn sie dieses oder jenes tun bzw. nicht tun – das seelisch wie intellektuell vergleichsweise Undifferenzierte dar. Simmel spielt hier auf einen qualitativen Unterschied und keineswegs auf etwas Defizitäres an, darauf, daß weibliche „Anlagen, Neigungen, Betätigungen enger um einen Einheitspunkt herum gesammelt" und noch nicht zu „selbständigerer Existenz spezialisiert" sind. Dies erkläre, so Simmel, die Mitleidsfähigkeit der Frauen, auch ihre überraschende Treffsicherheit, die Schärfe und die Unbarmherzigkeit ihrer Folgerungen, wie umgekehrt ihren Widerwillen, Urteile rational zu begründen. Es erkläre auch das Zurückbleiben der Frauen in der Kunstproduktion, überhaupt ihren geringen Beitrag zur objektiven Kultur, deren Gebilde relativ dauerhaft jenseits des flüchtigen individuellen Lebens stehen. Ihr Werk sei das Haus, die häusliche Tätigkeit, die seit der Verlagerung von immer mehr Aufgaben auf den Markt und zunehmend auf den Staat bereits zu Simmels Zeiten nur noch selten „Objekte" schaffte. Stattdessen verliere sie sich – unspektakulär und punktuell auf konkrete, immer wiederkehrende Bedürfnisse gerichtet – in der Forderung des Tages.

2.2 Positionen der Frauenbewegung seit der Jahrhundertwende

Simmel hatte seine geschlechtersoziologischen Überlegungen auch im Gespräch mit der bürgerlichen *Frauenbewegung* gegen Ende des 19. Jahrhunderts verfaßt. Zu seiner Zeit hatte die moderne *Arbeitsteilung* den Frauen so viele hauswirtschaftliche Funktionen abgenommen, daß der Rahmen des Hauses einer großen Zahl von Frauen keine ausreichende Bewährung ihrer Kräfte mehr ermöglichte; um so schmerzlicher mußten diese Frauen ihre Abhängigkeit von der Herkunftsfamilie oder vom Ehemann erleben. Unzählige wertvolle Fähigkeiten blieben unterentwickelt oder ungenutzt, weil alte Betätigungsfelder verloren und neue noch nicht für Frauen offen waren. Die Mädchen und Frauen der nichtbesitzenden und einkommensarmen Schichten wiederum hatten nicht einmal für die wenigen verbliebenen, nach wie vor notwendigen Hausarbeiten oder für die Betreuung der Kinder Zeit und Geld. Die Bedingungen, unter denen Frauen ihre Arbeit in Fabrik, Manufaktur oder Heimindustrie verrichten mußten, gefährdeten ihre Gesundheit und die der Kinder. Die jungen Arbeiter wiederum konnten sich von ihrem knappen Lohn keine Familie „leisten", zumindest keine Frau zuhause.

Schon damals gab es keine Einheitlichkeit der Lage der Frauen, die es erlaubte, kategorial von „den Frauen" zu sprechen. Wenigstens zwei Lager mit entgegengesetzten Ideen und Interessen standen sich gegenüber, wie die Auseinandersetzungen innerhalb der jungen *Frauenbewegung* zeigten. Viele bürgerliche Frauen wollten gleiche Rechte, um ihren innerweltlichen Pflichten gleich dem Mann, wenn auch auf verschiedene Weise, nachkommen zu können; sie suchten ökonomische und soziale Freiheit als den Ausgangspunkt für erfüllende Tätigkeiten, nachdem ihnen das Haus zur unerträglichen Schranke geworden war. So mancher Arbeiterin wiederum würde dieses, wie auch immer beschränkte Haus ein Segen bedeutet haben, hätte sie sich den Rückzug aus dem Erwerb dorthin nur leisten können. Für diese Proletarierinnen stellte der *Frauenarbeitsschutz*, der ihren Arbeitseinsatz zeitlich und inhaltlich regelte, d.h. auch einschränkte, bereits einen Fortschritt dar. Die Zielsetzungen der bürgerlichen und der proletarischen Frauenbewegung unterschieden sich entsprechend, wobei dieser Gegensatz, wie wiederum Simmel in seinem Vortrag „Der Frauenkongreß und die Sozialdemokratie" von 1896 betont, kein unversöhnlicher war. Soziologisch betrachtet, entstanden beide Bewegungen aus demselben Grund, waren nur zwei Seiten derselben Gesamterscheinung: daß die objektiven Verhältnisse schneller vorangeschritten waren als die Entwicklung der Individuen. Die Beschränkung der bürgerlichen Frauen auf das Haus widersprach seiner Entleerung, die uneingeschränkte Verwertung weiblicher Arbeitskraft den Erfordernissen individueller wie gesellschaftlicher Reproduktion.

Seit Mitte des 19. Jahrhunderts haben Frauen in allen westlichen Ländern sichtbar aktiv an der Ausgestaltung der jeweiligen nationalen *Geschlechterordnung* mitgewirkt. Ein Teil der frauenbewegten bürgerlichen Frauen wollte ihren häuslichen Bereich in die Gemeinde hinein ausdehnen und sich dort „hausarbeitsnah", „geistig mütterlich" um die Nöte der bedürftigen Gemeindemitglieder kümmern. Das allgemeine *Wahlrecht* – also ein politisches Recht – für diese lokale Partizipation, die ganz in der Logik mütterlicher Sorge verblieb und sich keine männliche Funktion anmaßte, einzufordern, erschien den meisten Frauen überflüssig. Die aktiven bürgerlichen Frauen unterstützten zunächst nur vereinzelt und zögerlich das Frauenwahlrecht. Dies änderte sich in dem Maße, wie spätestens mit Beginn dieses Jahrhunderts die lokale Ebene aufhörte, der vorherrschende Ort der Erbringung sozialer Leistungen zu sein, und wie verallgemeinerte und verrechtlichte Formen sozialer Sicherung die lokalen, selbstorganisierten Unterstützungssysteme ablösten. Jetzt erst argumentierten die Führerinnen der deutschen wie britischen *Frauenbewegung* einstimmig „rechte-rhetorisch". Im Deutschen Reich erhielten Frauen 1919 das allgemeine Wahlrecht, im Vereinigten Königreich 1928, in Frankreich erst 1944. In Deutschland folgte das Wahlrecht auf die Dienstverpflichtung der Frauen während des Ersten Weltkrieges.

In der Frage, ob Frauen unter gleichen Bedingungen wie Männer oder geschützt als besondere Gruppe in den Fabriken arbeiten sollten, unterschieden sich allerdings die Frauenbewegungspositionen innerhalb der Länder und zwischen diesen. Jede Sonderbehandlung der Frau am Arbeitsmarkt mache diese zu einer Schutzbefohlenen und disqualifiziere sie dadurch als Bürgerin, so z.B. die englische Auffassung. Mutterschaft sei die vornehmste Pflicht der Frau als Bürgerin und damit zugleich ihr Recht gegenüber dem Staat, der diese zu schützen habe, so die deutsche Mehrheitsposition um die Jahrhundertwende. Familistische und natalistische Bewegungen in Frankreich argumentierten ähnlich wie die deutsche Mehrheit für einen *Frauenarbeitsschutz*, der sich in beiden Ländern durchzusetzen begann.

Der mehr oder weniger freiwillige Aufbruch der Frauen in die Welt der Männer war nicht mehr aufzuhalten, nur noch rechtlich und sozialpolitisch zu steuern und abzufedern. Frauen können es den Männern gleichtun, werden dies auch tun und damit vor allem die *Differenzierung* innerhalb der Gruppe der Frauen vorantreiben, so Simmels Prognose. Eine Reihe von Frauen werde Haushalt und Familie hinter sich lassen, um sich den höheren und geistigeren Berufen zuzuwenden. Dies geschehe aber um den Preis, daß die übrigen Frauen auf sehr viel engere und spezialisiertere Weise an Haus- und Betreuungsarbeiten gebunden bleiben. Diese Prognose nahm auf zweifache Weise die Wirklichkeit fortgeschrittener Industriegesellschaften vorweg. Zum einen ist die Integration der Frauen in die Erwerbsarbeit mit einer *Segregation* von männlichen und weiblichen Beschäftigungsfeldern einhergegangen; Frauen haben durch haushaltsbezogene erwerbsförmige Dienste anderen Frauen geholfen, erwerbstätig zu sein oder eine Karriere zu machen. Das Prinzip der Integration durch Segregation traf auf spezifische Weise auch auf planwirtschaftliche Gesellschaften wie die DDR zu. Zum anderen hat der Einzug von Frauen in männerdominierte Bildungsinstitutionen und Berufe dort noch vorhandene geschlechterspezifische Status- und Einkommensunterschiede eingeebnet; diese Entwicklung ist aber zugleich von einer sich verschärfenden sozioökonomischen Polarisierung zwischen diesen Frauen und jenen in den verbleibenden weiblichen Einsatzfeldern begleitet gewesen (Beckmann/Engelbrech 1994; Beckmann 1996; Hakim 1996).

Um die „objektive" *Kultur* zu steigern, müßten Frauen, so eine Position der bürgerlichen *Frauenbewegung*, eigene Wege gehen und sich als Besondere, eben als Frauen, bei aller Vielfalt, bewahren oder bewähren können. Aber der Zugang von Frauen zur objektiven Kultur des Mannes schien nur um den Preis einer Anpassung an männliche Normen möglich. Manche sahen in dieser äußeren Angleichung ein notwendiges Durchgangsstadium auf dem Weg zu einer gelungenen Synthese einer „weiblich" bereicherten objektiven Kultur. Innerhalb des objektiven Kulturschaffens, der Welt der männlichen Formen, werde sich die „weibliche Tonart" in Nuancen und feinen Unterschieden äußern, also nur wenig sinnfällig abheben. Das Zusammenspiel von Gleichheit und Differenz, die Wechselwirkung von Angleichung und Entwicklung neuer Besonderheiten, sowie die Erfindung einer Politik, die um der Gleichheit willen Unterschiede auch als solche wahrnimmt und behandelt, all das hat die Neue Frauenbewegung Ende der 1960er Jahre wieder aufgegriffen (Gerhard 1994). Sie reagierte damit auf die Erfahrung, daß die abstrakte Gleichbehandlung von Frauen und Männern, die den Mann zum Ausgangspunkt und Maßstab machte, Frauen auf neue Weise benachteiligte.

So nahm seit den frühen 80er Jahren unseres Jahrhunderts die Diskussion um *Gleichberechtigung*, u.a. ermutigt durch die verschiedenen EG-Aktionsprogramme zur Gleichbehandlung von Frauen, eine neue Richtung. Teile der Neuen *Frauenbewegung* forderten Politiken, die den Männern ermöglichten, die alltägliche Sorgearbeit mit Frauen gleichermaßen zu teilen. Andere traten für eine Sonderbehandlung von Frauen, für die positive Diskriminierung, und die *Frauenquote* als Mittel, um eine tatsächliche Gleichstellung der Geschlechter im Arbeits- und politischen Leben zu erreichen, ein. Denn trotz formaler Gleichberechtigung, trotz Gleichbehandlungsgebots des Grundgesetzes, trotz Beseitigung diskriminierender Normen im Bürgerlichen Gesetzbuch und am Arbeitsmarkt waren Frauen in den meisten Bereichen des öffentlichen Lebens schlechter gestellt geblieben als Männer; sie verdienten immer noch deutlich weniger und besetzten in fast jedem Berufsbereich fast ausnahmslos die unteren Positionen (Döring 1996: 176). Die Gleichberechtigung hatte diese Formen „struktureller Diskriminierung" kaum verändert (vgl. Kapitel 5).

3. Frauen in der Logik deutscher Sozialpolitik

Nicht einmal der reale *Sozialismus* dieses Jahrhunderts sollte die Arbeits- und Lebensverhältnisse der Frauen denen der Männer angleichen. In Deutschland wurde nach dem Ersten Weltkrieg und in der Weimarer Zeit, vor allem dann in der Bundesrepublik nach 1945, der „starke Ernährer-Ehemann" und der qualifizierte Vollzeitberuf des Mannes, dem die Frau zuhause vor-, zu- und nacharbeitend den Rücken für seine Berufsarbeit freihält, die zugleich die für die Gesellschaft nützliche Arbeit der Kinderbetreuung übernimmt, zur Norm und zunehmend zur Wirklichkeit (Lewis 1992; Ostner 1995). Sozialstaat und *Sozialpolitik* stützten diese Norm.

Sozialpolitik in Deutschland nahm ihren Ausgangspunkt in der „Arbeiterfrage" und zielte auf die schrittweise Verbesserung der Lage der industriellen Arbeit(nehm)er – der kontinuierlich beschäftigten Lohnabhängigen. Die Mehrheit der erwerbstätigen Frauen blieb zunächst, wie auch viele Männer, vom Zugang zu Sozialleistungen ausgeschlossen; weil sie nicht in der Fabrik arbeiteten; weil sie Anspruchsvoraussetzungen, Erwerbszeiten oder Beitragszahlungen nicht erfüllten bzw. nicht erfüllen konnten usw. Ausgeschlossen blieben auch die kleinen Selbständigen und mithelfenden Familienangehörigen sowie die gewerkschaftlich schwach oder gar nicht organisierten atypisch Beschäftigten, z.B. im sich ausweitenden nichtproduktionsbezogenen Dienstleistungsbereich. Allmählich wurden neue Risiken und Risikogruppen entdeckt: die Hinterbliebenen des Ernährers, die Witwen und Waisen, die Arbeitslosen, vor kurzem die Pflegebedürftigen. Was sich – dem Bild des konzentrischen Kreises folgend – als typisches Risiko im durchschnittlichen Leben eines Arbeitnehmers und Hauptemährers darstellen konnte, wurde in das System sozialer Sicherung einbezogen.

Allmählich entwickelte sich die deutsche *Sozialpolitik* zur umfassenderen Gesellschaftspolitik und zwar in dem Maße, wie die Lohnarbeit für immer mehr Haushalte – auch der Mittelschichten – die einzige Einkommensquelle wurde. Unfälle im Betrieb, Krankheit und Invalidität, Strukturprobleme des Arbeitsmarktes gefährdeten rasch das Haushaltseinkommen. Sozialpolitik wollte derartige durchschnittliche Arbeitnehmerrisiken und ihrer Familien absichern, die Betriebsverfassung demokratisieren und den Status der abhängig Beschäftigten und ihrer Interessenvertretung stärken. Sie beeinflußte alsbald maßgeblich die Lebensverhältnisse der Lohnabhängigen und ihrer Familien, deren Wohlstand und Sicherheit über den Tag hinaus. Sie strukturierte von nun an den Lebenslauf des normalen – in der Regel männlichen – Lohnabhängigen, gab die Abfolge von Status vor – Auszubildender, Erwerbstätiger, Rentner – und markierte Passagen von einem zum anderen Status. Gleichzeitig federte sie durch steigende Lohnersatzleistungen, Kranken-, Arbeitslosengeld oder Rente, und Dienste aller Art, Umschulung, ärztliche Behandlung oder Rehabilitation, die Statuswechsel ab.

Deutschland gilt als Prototyp des konservativen, meritokratisch-partikularistischen *Wohlfahrtsstaats*. Er ist konservativ, soweit er Status und „Besitzstände" kausal im Rückblick auf Erwerbsleben und Sicherungsursache relativ großzügig absichert, meritokratisch-partikularistisch, weil er dabei individuelle Erwerbsanstrengungen belohnt. Die Geldleistungen der Sozialversicherung sind lohn- und beitragsbezogen. Der Schutz, den die Sozialversicherung bei Lebensrisiken wie Alter, Invalidität, Krankheit, Pflegebedürftigkeit oder Arbeitslosigkeit bietet, hängt von einem sozialversicherungspflichtigen Beschäftigungsverhältnis und ausreichenden Beitragszeiten ab; die Höhe des Sicherungsschutzes leitet sich aus der Höhe des versicherungs- und beitragspflichtigen Einkommens ab. Im Sicherungsniveau spiegelt sich deshalb die jeweilige Position des Versicherten am Arbeitsmarkt. Bis heute begründet auch die Ehe einen sicherungsrelevanten Status. Die Familie soll vorrangig die Leistungen erbringen, die ihr naheliegen. Dafür wird sie gesellschaftlich gefördert. Diese Förderung soll die Selbsthilfekraft stärken, nicht die Familie ersetzen.

Die *Sozialversicherung* sichert also die beitragzahlenden Arbeit(svertrags)nehmer und beitragsfrei Ehe und Familie. Parallel alimentiert die steuerfinanzierte staatliche Versorgung Beamte und Personen, die besondere Leistungen für die Gemeinschaft erbringen, z.B. neben den Soldaten und Kriegsopfern ansatzweise auch Mütter. Das *Fürsorgeprinzip* erfaßt bedarfsgeprüft individuelle Notlagen. Sozialversicherung, Versorgung, Fürsorge umschreiben Prinzipien einer „dünn" bzw. „dick" solidarischen sozialen Sicherung sowie „starke" und „schwache" Garantien des sozialen Schutzes.

Das deutsche System *sozialer Sicherung* setzt die volle Verfügbarkeit für den Arbeitsmarkt voraus. Die Wochenarbeitszeit, die Zahl der Jahre kontinuierlicher Beschäftigung vor Eintritt von Erwerbslosigkeit, -unfähigkeit oder Verrentung, die Lage von Ausbildungszeiten im Lebensverlauf usw. – derartige Zeitkontingente und Zeitmarken bestimmen über Art und Ausmaß des Einschlusses in das System sozialer Sicherung. Um von den verschiedenen sozialen Sicherungen zu profitieren, müssen Frauen wie Männer zunächst einmal „vollwertige" Arbeitskräfte geworden sein – oder mit einem „vollwertigen" Arbeitnehmer verheiratet sein.

Die *Sozialversicherung* rechnet im Grunde weder mit niedrigen Einkommen noch mit diskontinuierlichen *Erwerbsverläufen*. Sie unterstellt das „Normalarbeitsverhältnis", das heißt, die kontinuierliche Vollzeitbeschäftigung mit einem Verdienst zumindest im Mittelfeld der Einkommenshierarchie. Gleichzeitig „befreit" sie abhängige Beschäftigungsverhältnisse, bei denen Entgelt und Arbeitszeit die „Geringfügigkeitsgrenze" unterschreiten, und bestimmte Nebentätigkeiten von der Versicherungspflicht und in der Folge vom Versicherungsschutz. Eigenständige Ansprüche können in diesen Arbeitsverhältnissen nicht erworben werden. Noch kann die Mehrheit der geringfügig beschäftigten Frauen „beitragsfrei" auf vom Ehepartner abgeleitete Leistungen zurückgreifen.

4. Frauen zwischen Beruf und Familie nach 1945

4.1 Frauen in Westdeutschland

Nicht nur in Westdeutschland herrschte die Vorstellung, der Mann solle durch einen ausreichenden Lohn und entsprechende Ersatzleistungen seine Familie alleine unterhalten können. Die Mehrheit der westlichen Industriegesellschaften hat bis in die jüngste Zeit – wenn auch weniger offen als z.B. in der Zeit nach dem Zweiten Weltkrieg – diese Norm des „starken Ernährer-Ehemannes" unterstellt. Mitte der fünfziger Jahre propagierten Alva Myrdal und Viola Klein das „Drei-Phasen-Modell" einer sequentiellen Vereinbarung von Beruf und Familie. Sie reagierten mit ihrem Vorschlag einerseits auf den Zuwachs an Lebenszeit im Frauenleben, andererseits auf den Arbeitskräftemangel und empfahlen der Gesellschaft, den Frauen zu helfen, die durch die moderne Technologie gewonnenen Jahre möglichst optimal zu nutzen. Aber auch dieses modernisierte Modell unterstellte den männlichen Ernährer. Recht und Politik, vor allem in der Ära Adenauer, Wirtschaftswunder und Vollbeschäftigung (aller Männer) haben dazu beigetragen, daß die starke Ernährernorm massenhaft verwirklicht und gelebt werden konnte.

Idealerweise war eine Mutter im „starken Ernährer-Modell" verheiratet, sorgte für das kleine Kind selbst zuhause und wurde, wenn überhaupt, allmählich mit dem Schuleintritt des Kindes wieder erwerbstätig. Der *weibliche Erwerbsverlauf* nahm unter diesen Bedingungen die Form eines „M" an: hohe vollzeitige *Erwerbsbeteiligung* vor der *Ehe* oder bis zum ersten Kind, Erwerbsunterbrechung und allmähliche Rückkehr in den Arbeitsmarkt, – seit den 1960er Jahren verstärkt auf Teilzeitbasis. Nicht alle weiblichen Kohorten der Bundesrepublik folgten in den fünfziger Jahren dem M-förmigen Drei-Phasen-Modell bzw. konnten diesem folgen. Viele Frauen der älteren Kohorten hatten keine oder eine veraltete Berufsausbildung, waren un- und angelernt und verdienten als Industriearbeiterinnen oft ein Leben lang und meist vollzeitig zum Familieneinkommen „dazu": bis die Kinder groß, das Haus abgezahlt, den erwachsenen Kindern und Enkeln geholfen war. Berufliche *Qualifikation* und akademische *Bildung* half anderen Frauen wiederum, ihren sozialen Status durch Heirat zu sichern oder ihre Position am Heiratsmarkt zu verbessern. Bis heute trägt die qualifikatorische oder „intellektuelle" Mitgift mehr zur sozialen Mobilität der Mehrheit der Frauen in Europa bei als die Einmündung in den Arbeitsmarkt (Hakim 1996). Der technologisch bedingte Niedergang weiblicher Industriearbeit, die Vermehrung von Erwerbsmöglichkeiten im Dienstleistungssektor für Frauen, der auch Teilzeitbeschäftigung anbot, schließlich die Bildungsoffensive der sechziger Jahre glichen die Lebens- und Arbeitswege der Mehrheit der Frauen an. Erst jetzt wurde für die meisten die sequentielle Vereinbarkeit von Beruf und Familie – handlungsleitend – zur „Normalbiographie".

In Phasen weiblicher Erwerbsunterbrechung oder -reduzierung fing der Ernährer die Einbußen an Erwerbseinkommen und sozialer Sicherung seiner Partnerin auf; dies reduzierte zugleich seine Steuerschuld. Bei Krankheit und Partnerverlust im Alter war die nichterwerbstätige Ehefrau beitragsfrei über den Ehemann abgesichert. So blieb die *soziale Sicherung* von Frauen eher abgeleitet als eigenständig, erhielten viele Frauen – teils noch in nächster Zukunft – eine höhere Rente als Hinterbliebene als auf der Grundlage ihrer eigenen Erwerbsarbeit. Solche Arrangements erübrigten dann auch ein größeres Engagement des Staates für die Betreuung hilfsbedürftiger Angehöriger. Öffentliche Kinderbetreuung, falls vorhanden, fand meist vormittags statt und diente der Vorbereitung der Kinder auf das Leben außerhalb der Familie, nicht der besseren Vereinbarkeit von Familie und Erwerb für die Mütter. Ältere Menschen mußten, falls pflegebedürftig, selbst für die Kosten aufkommen, oder auf die Kinder, in der Regel die Töchter und Schwiegertöchter, zurückgreifen. Großbritannien, die Niederlande, die Bundesrepublik, Irland und Italien folgten bis in die siebziger Jahre der „starken" Ernährer-Norm, wenn auch entsprechend ihrer nationalen Eigenart. Diese Länder haben sich bis heute allerdings in Art und Ausmaß der Unterstützung von Ehe und Familie unterschieden.

Die Ernährer-Norm wurde mit Hilfe der in allen Ländern der Europäischen Gemeinschaft etwa zur gleichen Zeit vollzogenen Ehe- und Familienrechtsreform modernisiert. Gleichbehandlungsgebote und Diskriminierungsverbote – man denke an die entsprechenden zwischen 1975 und 1986 verabschiedeten EG-Richtlinien – sowie Programme der Flexibilisierung der Beschäftigung erleichterten vor allem Müttern den Zugang zum Arbeitsmarkt. Die überwiegende Mehrheit der Frauen in diesen Ländern ist dennoch diskontinuierlich erwerbstätig und in starkem Maße auf ein zweites Einkommen und über den Partner erworbene, abgeleitete Sicherungsleistungen angewiesen. Die weibliche *Erwerbsbeteiligung* sinkt immer noch deutlich, wenn ein Kind geboren wird. Verheiratete Frauen nehmen eine Beschäftigung anschließend um so eher wieder auf, je mehr *Teilzeitarbeit* angeboten wird (Europäische Gemeinschaft 1995). Auch die geschlechtsspezifische Segregation der Erwerbsarbeit konnte in der Bundesrepublik nur im begrenzten Umfang aufgelöst werden, obwohl eine steigende Zahl qualifizierter Frauen Beschäftigung in typisch männlichen oder gemischtgeschlechtlichen Sektoren des Arbeitsmarktes fand. Der Statusgewinn dieser Frauen wurde insgesamt wieder wettgemacht durch Status- und Einkommensverluste von Frauen in typischen weiblichen Einsatzfeldern.

4.2 Frauen in der DDR

Die alte Bundesrepublik und die *DDR* gehörten zwei sehr verschiedenen frauenpolitischen Systemen an: das westdeutsche ist bis in die jüngste Zeit einer stark ausgeprägten Ernährer-Ehemann-Norm gefolgt, hat in starkem Maße Familienpflichten eingefordert und dadurch die Verfügbarkeit vieler Frauen für Erwerbsarbeit eingeschränkt. Die männliche Ernährer-Norm und starke Familienpflichten fehlten nahezu vollständig in Ostdeutschland; entsprechend stark war die Norm weiblicher Werktätigkeit und groß die Zahl bis zur Verrentung vollzeit-werktätiger Frauen bzw. Mütter. In seinem Bestreben, einen historisch neuen Familientyp und eine neue gesellschaftliche Stellung der Frau zu schaffen, verpflichtete der sozialistische Staat Mann und Frau in gleicher Weise zu beruflicher und gesellschaftlicher Tätigkeit. Werktätigkeit und Familienarbeit sollten simultan erfolgen. Kinder waren wertvoll als zukünftig aktive Erbauer des *Sozialismus*. Der Staat prämierte daher die Kinderzahl, übernahm einen Großteil der Kindererziehung und der verbliebenen Kosten des Kinderhabens.

Die *Frauenpolitik* der DDR entwickelte sich allerdings in Etappen und begleitet von Richtungswechseln (Trappe 1995: 35ff.). Die Reform des Ehe- und Familienrechts der fünfziger Jahre beseitigte überkommene Barrieren für die Integration von Frauen in den Arbeitsprozeß. In den sechziger Jahren betonte die Politik neben der quantitativen Ausweitung weiblicher Beschäftigung auch die Qualifizierung der Frauen. Den vielfachen Belastungen der Frauen als Werktätige, Mütter und Hausfrauen versuchte man, einerseits durch Appelle an eine neue sozialistische Partnerschaft von Mann und Frau in der Ehe, andererseits dadurch zu begegnen, daß der Staat vorrangig die Betreuung der Kinder in den ersten Lebensjahren übernahm bzw. übernehmen wollte. Mutterschaft sollte zu keiner Reduzierung der Arbeitszeit oder Unterbrechung der Berufstätigkeit führen.

Geburtenrückgang und Zunahme der *Teilzeitarbeit* zwangen schließlich die Partei zur Relativierung der Politik abstrakter Gleichheit und simultaner Vereinbarkeit. So führte die DDR 1976 das einjährige Babyjahr (zunächst ab dem zweiten Kind) ein und erweiterte Schutzgesetze und Freistellungen, z.B. den bezahlten Hausarbeitstag. Es handelte sich um Maßnahmen, die Mütter privilegierten, Männer in der Regel ausschlossen und daher die bestehende geschlechterspezifische Arbeitsteilung fortsetzten. Sie waren mit hohen Kosten für die Betriebe, die den Arbeitsausfall kompensieren mußten, verbunden. Frauen wurden zu ökonomischen Risikofaktoren für die Betriebe; die Frauenpolitik verschärfte die desolate wirtschaftliche Lage.

Als die Mauer fiel, arbeiteten fast 90 Prozent der Frauen im erwerbsfähigen Alter, meist Vollzeit und dies im Durchschnitt 35 Jahre lang (im Vergleich zu zwanzig Jahren in der BRD). Fast alle hatten *Kinder*, in der Regel zwei. Gleichzeitig heirateten sie früher und in größerer Zahl als westdeutsche Frauen, hatten mehr Kinder als diese und dies ebenfalls früher. Die Parallelität von Beruf und Familie sowie die relative ökonomische – nicht: soziale – Unabhängigkeit vom Partner prägten das Selbstverständnis der in der DDR sozialisierten Frauen und erklären zum Teil die nach wie vor hohe Erwerbsneigung. Ostdeutsche Frauen besitzen möglicherweise einen „Heimvorteil" im aktuellen Prozeß des Umbaus bundesdeutscher *Sozialpolitik*, der flexible Erwerbsbeiträge von Männern und Frauen und einen pragmatischen Umgang mit der Elternrolle verlangen wird (Nickel 1996).

5. Frauen, Politik, Frauenpolitik

Trotz gestiegener *Erwerbsbeteiligung* sind Frauen nach wie vor in den politischen Entscheidungsgremien unterrepräsentiert. Ihr Anteil in den nationalen Parlamenten der Mitgliedsstaaten der EU betrug 1994 im Durchschnitt 13,6% (Deutschland etwa 27%), in den Regierungen 12,7%. Frauen haben im Vergleich zu ihrem Beschäftigten- oder Mitgliederanteil relativ selten Führungspositionen in öffentlichen Verwaltungen, Parteien oder Gewerkschaftsgremien inne (Europäische Gemeinschaften 1995: 193ff.). Ein höherer Frauenanteil, wie z.B. in den skandinavischen Parlamenten oder im Europäischen Parlament, läßt häufig auf eine schwache Stellung dieser Institutionen im politischen System schließen.

Frauen konnten in der Bundesrepublik inzwischen zwar in politische Spitzenpositionen „einbrechen": So wird das Amt des Bundestagspräsidenten gegenwärtig von einer Frau ausgeübt; das Bundesverfassungsgericht hat eine Präsidentin. Aber in den *Parteien* sind Frauen nach wie vor in der Minderheit. Ihr Anteil beträgt in der CDU 23%, in der FDP 25%, der SPD 26% und bei den Grünen 33%. Im Bundestag sind 42 der 294 CDU-Abgeordneten Frauen, 85 der 252 SPD-Abgeordneten, bei der FDP 8 von 47, bei der PDS 13 von 30 sowie bei Bündnis 90/Grüne 29 von 49. Gleichzeitig hat die Wahlbeteiligung von Frauen abgenommen (Nave-Herz 1997: 84).

Dabei hatte die *Frauenbewegung* dazu beigetragen, daß sich Institutionen aller Art, Bildung und Wissenschaft, Politik, Parteien und Parlamente, mit Frauenthemen und -belangen auseinandersetzen mußten. Seit Mitte der 1970er Jahre ist *Frauenpolitik* Schritt für Schritt institutionalisiert worden: in Form von Frauenreferaten oder Frauenministerien, Gleichstellungsstellen – über 1.000 in West- und Ostdeutschland – und *Frauenbeauftragten*. Dienststellen mit mehr als 200 Beschäftigten müssen heute eine Frauenbeauftragte wählen; manche Länderministerien fordern ihre Dienststellen auf, Frauenförderpläne mit Zielquoten, Zielerreichungsmaßnahmen und Sanktionen bei Nichterfüllung zu erstellen und kontinuierlich fortzuschreiben. Die Institutionalisierung der Frauenpolitik war innerhalb der Frauenbewegung immer auch umstritten: Viele sahen in ihr eine Strategie der etablierten Gruppen, die Bewegung zu vereinnahmen und zu befrieden.

Frauenpolitik will die soziale, wirtschaftliche und politische Benachteiligung der Frauen verringern, damit langfristig die in Artikel 3 GG garantierte *Gleichberechtigung* von Frauen und Männern zur Verfassungswirklichkeit wird. Im Laufe des letzten Jahrzehnts wurde die tatsächliche Gleichberechtigung u.a. durch Einsatz des Mittels der *Frauenquote* eingefordert und dabei häufig Chancen- und Ergebnisgleichheit gleichgesetzt. Die vorgeschlagenen Quotenregelungen unterscheiden sich in ihrer rechtlichen Bindungswirkung. Sie können „imperativ", ihre Erfüllung mit Zwang und die Nichterfüllung mit Sanktionen belegt sein; als numerische Zielvorgaben dienen sie der Orientierung und freiwilligen Erfüllung. Quoten können unabhängig von der Qualifikation (starre Quoten) festgelegt werden, eine Mindestqualifikation voraussetzen oder „leistungsbezogen" sein. Im letzten Fall sollen die Angehörigen des bisher unterrepräsentierten *Geschlechts* bevorzugt eingestellt werden (Döring 1996: 177-8).

1994 wurde dem Artikel 3 Abs. 2 GG der folgende Satz eingefügt: „Der Staat fördert die tatsächliche Durchsetzung der *Gleichberechtigung* von Frauen und Männern und wirkt auf die Beseitigung bestehender Nachteile hin". Die laufende verfassungsrechtliche Diskussion versucht, die äußersten Grenzen gesetzgeberischen Handelns im Bereich der Frauenförderung auszuloten. Offen ist, inwieweit Artikel 3 ein Abwehrrecht oder einen Verfassungsauftrag zur Herstellung von Gleichheit formuliert; fraglich ist die Zulässigkeit von Gruppenrechten und paritätischer Verteilung gesellschaftlicher Gruppen; zulässig sind im Prinzip Maßnahmen, die die tatsächliche Chancengleichheit des Individuums herzustellen versprechen; es bleibt das Problem der entgegenstehenden Rechte der betroffenen Männer (ebd.: 252ff.). Schließlich kann die Quotierung auch zu neuen Formen der Frauendiskriminierung („Quotenfrau") führen.

6. Frauen und Männer im vereinten Deutschland

Der spezifische Zuschnitt der deutschen *Sozialpolitik* ist ins Blickfeld inländischer wie ausländischer Kritiker geraten. Gosta Esping-Andersen (1996) zufolge hat sie die kaum noch realistische Idee des männlichen Ernährer-Ehemannes mit gewerkschaftlicher Unterstützung auf Dauer gestellt, durch die zu hohen Ernährerlöhne die Krise in der Entwicklung wenig produktiver haushalts- und personenbezogener Dienstleistungen mitverursacht und zugleich den Staat davon befreit, ein ausreichendes Angebot an sozialen Diensten bereitzustellen und damit Arbeitsplätze für Frauen zu schaffen. Das Ergebnis sei nicht nur ein gleichermaßen schwacher privater wie staatlicher Dienstleistungssektor, sondern auch die fortgesetzte, ökonomisch wie moralisch kaum zu rechtfertigende Spaltung des Arbeitsmarktes in Insider und Outsider.

Die Ernährernorm ist heute brüchig geworden. Auch von westdeutschen Ehefrauen und Müttern werden inzwischen Beiträge zum Haushaltseinkommen sowie zur Sozialversicherung erwartet; sie sollen wenigstens durch eine Teilzeitbeschäftigung die sinkenden und kontingenteren männlichen Einkommens- und Erwerbschancen auffangen helfen. Flexible Betreuungsangebote, flankiert durch den seit 1996 in der Bundesrepublik garantierten Rechtsanspruch auf einen Halbtagskindergartenplatz für Kinder ab drei Jahren, sollen ihnen dabei helfen. Vieles spricht dafür, daß in Zukunft auch in der Bundesrepublik Marktkräfte, die sich vor allem in der Erosion männlicher Erwerbs- und Einkommenschancen äußern, den Wandel in der weiblichen Erwerbsbeteiligung, in der Lohnhöhe und im Beitrag zum Haushaltseinkommen vorantreiben (Oppenheimer 1994).

Westdeutsche Frauen folgen der Aufforderung, erwerbstätig zu sein, im verstärkten Maße; dadurch nähern sie ihre Lebensläufe denen ostdeutscher Frauen an. Zwischen 1990 und 1995 haben vollzeitbeschäftigte Frauen – darunter fallen stabile 21 Prozent der westdeutschen Paarhaushalte und 43 Prozent im Osten (gegenüber 60 Prozent vor dem Fall der

Mauer dort) – ihren Beitrag zum Haushaltsnettoeinkommen kontinuierlich erhöht und zwar von 44 auf 48 Prozent. Teilzeitbeschäftigte Frauen – ihr Anteil bzgl. der Paarhaushalte beträgt im Westen etwa 30 Prozent, im Osten 25 Prozent – tragen in Westdeutschland konstant etwa 20 Prozent, in Ostdeutschland etwas mehr als 30 Prozent zum Haushaltsnettoeinkommen bei. Der Beitrag ostdeutscher Frauen ist insgesamt größer als der westdeutscher. Er ist zwischen 1990 und 1995 von 40 Prozent auf 45 Prozent gestiegen, während der Beitrag westdeutscher Frauen im gleichen Zeitraum unverändert 32 Prozent betrug (Holst/Schupp 1996: 466/467). Die Unterschiede spiegeln weniger die größere ökonomische Unabhängigkeit ostdeutscher Frauen als vielmehr die schlechteren Einkommens- und Erwerbschancen ihrer Partner. Westdeutsche Paare verlassen sich immer noch sehr viel häufiger als ostdeutsche und Paare anderer europäischer Länder auf einen Ernährer; sie können sich, bedingt durch die höheren männlichen Einkommen und kontinuierlicheren Erwerbschancen, immer noch eher einen geringeren weiblichen Einkommensbeitrag leisten.

Deutschland, auch sein Westen, hat von der spezialisierten Kleinfamilie, die auf dem „starken" Ernährer-Ehemann und der Hausfrau und Mutter aufbaute, Abschied genommen, – aber auf seine Weise. Denn der ökonomische und soziale, vor allem sozialintegrative Wert der Hausarbeit und die Wohlfahrtsgewinne, die die Familie und die Gesellschaft durch Haus- und Erziehungsarbeit erzielen können, sind in der Bundesrepublik nie ganz in Vergessenheit geraten. Frauen sollen deshalb zwar erwerbstätig sein, jedoch nicht zu der Zeit, wenn die Kinder sie zuhause – zunächst ganz, dann nur noch halbtags nach der Schule – brauchen. Als Gegenbewegung zur Norm der mütterlichen Erwerbsarbeit sollen Männer *Väter* sein können. Dafür müssen sie in Zukunft, wie die aktuellen Vorschläge zur Reform von Unterhalts-, Umgangs- und Kindschaftsrecht zeigen, weder mit der Mutter verheiratet sein, noch die Wohnung mit Mutter und Kind teilen. Das Kind soll, soweit wie nach einer Trennung möglich, beide Eltern und damit den Zugang zu den Ressourcen der Mutter- und Vaterfamilie behalten. Wie die Mutter so wird auch der *Vater* heute in allen fortgeschrittenen Industrieländern als Ressource für das Kind und selbst als auf Ressourcen angewiesen betrachtet; auch er soll seiner väterlichen Verantwortung nachkommen (können). Die neue *Frauen*- und Familien*politik* soll mit dem Vater verstärkt die Kosten, die Kinder (diesem) verursachen, in den Blick nehmen. Sie stellt ihm mit der zumindest teilzeiterwerbstätigen Mutter eine ökonomische Stütze in einer Zeit prekärer männlicher Erwerbs- und Einkommenschancen zur Seite. Die Norm der „sorgenden Eltern" beginnt, die des starken „Ernährer-Ehemannes" abzulösen. Wie so oft im deutschen Fall ringen Frauen- und Familienpolitik um die richtige Mitte, die jede Einseitigkeit vermeidet, die Kinder, Erwerbsarbeit und dynamische Lebensformen – auf ebenso dynamische Weise – unter einen Hut zu bringen vermag: Das eine tun, ohne das andere zu lassen; Eigenverantwortung und Umverteilung einfordern, ohne die Bürger zu überfordern.

Literatur

Beckmann, Petra (Hg.): Gender Specific Occupational Segregation, Nürnberg 1996 (Beiträge zur Arbeitsmarkt- und Berufsforschung 188)

Beckmann, Petra/Gerhard Engelbrech (Hg.): Arbeitsmarkt für Frauen 2000 – Ein Schritt vor oder ein Schritt zurück? Nürnberg 1994 (Beiträge zur Arbeitsmarkt- und Berufsforschung 179)

Döring, Matthias: Frauenquoten und Verfassungsrecht, Berlin 1996

Esping-Andersen, Gosta: Welfare States without Work: the Impasse of Labour Shedding and Familialism in Continental European Social Policy, in: Esping-Andersen, Gosta (Hg.): Welfare States in Transition. National Adaptions in Global Economies, London 1996, S. 66-87

Europäische Gemeinschaft (Hg.): Frauen und Männer in der Europäischen Union. Ein statistisches Portrait, Luxemburg 1995

Gerhard, Ute: Frauenforschung und Frauenbewegung – Skizze ihrer theoretischen Diskur-

se, in: Deutsche Forschungsgemeinschaft: Sozialwissenschaftliche Frauenforschung in Deutschland. Senatskommission für Frauenforschung, Mitteilung 1, Berlin 1994, S. 12-28
Hakim, Catherine: Key Issues in Women's Work, London 1996
Holst, Elke/Jürgen Schupp: Erwerbstätigkeit von Frauen in Ost- und Westdeutschland weiterhin von steigender Bedeutung, in: DIW-Wochenbericht (63), 28, 1996, S. 461-469
Lewis, Jane: Gender and the Development of Welfare Regimes, in: Journal of European Social Policy, 2. Jg., Heft 3, 1992, S. 159-173
Myrdal, Alva/Viola Klein: Women's Two Roles. Home and Work, London 1956
Nave-Herz, Rosemarie: Die Geschichte der Frauenbewegung in Deutschland, herausgeben v. der Niedersächsischen Landeszentrale für politische Bildung, 5., überarb. und erg. Aufl., Hannover 1997
Nickel, Hildegard M.: Feministische Gesellschaftskritik oder selbstreferentielle Debatte? in: Berliner Journal für Soziologie 6. Jg., Heft 3, 1996, S. 325-338
Oppenheimer, Valerie Kincade: Womens Rising Employment and the Future of the Family in Industrial Societies, in: Population and Development Review, 20. Jg., Heft 2, 1994, S. 293-342
Ostner, Ilona: Arm ohne Ehemann? Sozialpolitische Regulierung von Lebenschancen für Frauen im internationalen Vergleich, in: Aus Politik und Zeitgeschichte. Beilage zur Wochenzeitung Das Parlament, B 36-37, 1995, S. 3-22
Simmel, Georg: Philosophische Kultur (1911). Gesammelte Essays, 2., erw. Aufl., Leipzig 1919
Simmel, Georg: Schriften zur Philosophie und Soziologie der Geschlechter. Herausgegeben v. Dahme, Heinz-Jürgen/Klaus Christian Köhnke, Frankfurt a.M. 1985
Trappe, Heike: Emanzipation oder Zwang? Frauen in der DDR zwischen Beruf, Familie und Sozialpolitik, Berlin 1995

Ilona Ostner

Freizeit und Erholung

1. Definition und Abgrenzung

Nach „negativen" Definitionen ist Freizeit ein relativ frei verfügbarer Zeitraum außerhalb der Arbeitszeit, wobei Arbeit Erwerbs- oder Hausarbeit bedeuten kann. Im vorliegenden Kontext wird Freizeit nicht nur als Restgröße „arbeitsfreier Zeit" verstanden, sondern als Vielfalt von Handlungen und Aktivitäten, die wegen ihrer erhofften positiven Wirkung auf den psychophysischen Zustand (Genuß, Freude, Entspannung, Spaß, Zufriedenheit u.ä.) ausgeübt werden. Dabei geht es um ganz Gewöhnliches, wie etwa das Anhören eines Musikstückes, das Anschauen eines Fernsehfilms, das Unternehmen einer Urlaubsreise, sich ausruhen, spazieren gehen etc. Freizeit ist somit als Strom von Handlungen mit innenorientierter Sinngebung definiert (vgl. Tokarski/Schmitz-Scherzer 1985: 231). Dies entspricht auch weitgehend der Alltagsdefinition von Freizeit als der Zeit, in der man „tun und lassen kann, was man will".

Bei diesem Freizeitbegriff dient das subjektive Erleben als wesentliches Abgrenzungskriterium, d.h. „Freizeit" ist nicht immer unmittelbar an dem zu erkennen, was ein Individuum gerade tut. Äußerlich ähnliche Handlungen können, je nach Motivlage, einmal als Freizeit im hier definierten Sinn gelten und ein anderes Mal nicht. Diese Ambivalenz des Handelns ist bei sog. physischen Notwendigkeiten (Essen, Hygiene, Schlaf, körperliche Bewegung) und bei einer Reihe von möglichen Freizeitbeschäftigungen zu finden: Lebensgestaltung mit der Familie oder dem Partner, Heimwerken, Weiterbildung, Vereinsaktivitäten usw. In der überwiegenden Anzahl von Handlungen außerhalb der Arbeitszeit ist jedoch auch für den unbeteiligten Beobachter deutlich zu erkennen, ob eine intrinsische Absicht und von daher „Freizeit" vorliegt.

2. Freizeit und Erholung in der Gegenwartsgesellschaft

In Deutschland verbleibt Personen ab 12 Jahren, nach Abzug der Zeiten für Bildung, Erwerbsarbeit, Verpflichtungen, unbezahlter Arbeit und Regenerationsanforderungen, derzeit im gesamtem Wochendurchschnitt gut ein Fünftel des Tages, das sind etwa 5 Stunden, um sich ihren *Freizeittätigkeiten* zu widmen (Männer 5,4; Frauen 4,8). Dabei ist der freie Zeitraum an Wochenenden mit ca. 8 Stunden doppelt so groß wie an den Werktagen. Sonntags steht bei vielen, obwohl auch an diesen Tagen unbezahlte Arbeit geleistet wird, Freizeit und Erholung im Vordergrund des Tagesablaufs. An den Werktagen beginnt die Freizeit bei Vollzeiterwerbstätigen nicht unmittelbar nach Arbeitsschluß. Zwar endet für viele die Arbeitszeit bereits um 16 Uhr, jedoch werden in der Regel bis ca. 19 Uhr Haushaltsarbeiten geleistet; wobei erwerbstätige Ehefrauen mehr Zeit investieren als ihre Männer. Erst danach finden Vollzeiterwerbstätige zusammenhängende Zeit für typische Freizeittätigkeiten. Auch bei Jugendlichen entfällt im Durchschnitt rund ein Drittel der Zeitverwendung zwischen 16 und 18 Uhr auf Hausarbeiten und Vorbereitungen für den nächsten Tag. Jugendliche zwischen 12 und 16 Jahren haben von Montag bis Sonntag etwas mehr als 6 Stunden Zeit für ihre Interessen und nehmen damit, zusammen mit Menschen im Ruhestand, eine Spitzenposition bei der Verfügung über freie Zeit ein (BMFuS 1994: 23ff.).

Das gesellige Beisammensein, sei es mit Familienmitgliedern oder Freunden, gehört in Ost- und Westdeutschland zu den Tätigkeiten, die in der Freizeit am häufigsten ausgeübt werden. Im Spektrum der eigentlichen Freizeittätigkeiten steht der Medienkonsum an der Spitze der bevorzugten Aktivitäten, wobei die Rangliste vom Fernsehen angeführt wird (94% der Bundesbürger über 14 Jahre nutzen dieses Medium mehrmals die Woche), gefolgt von Zeitungen (84%), Radio (84%) und Zeitschriften (48%). Am wenigsten wird in der Freizeit das getan, was mit viel Aktivität, Initiative und Zeitaufwand verbunden ist. Zu nennen sind u.a. künstlerische Aktivitäten, die Ausübung von Ehrenämtern, der Besuch von Oper, Konzert und Theater, politisches Engagement (Opaschowski 1995: 106f.). Freizeittätigkeiten außer Haus haben insgesamt einen geringeren Anteil als solche, die innerhalb der eigenen vier Wände durchgeführt werden.

Erholung findet häufig im Rahmen „rekreativer" Tätigkeiten statt: Schlafen, Entspannung, Ausruhen, Nichtstun u.ä. Für Schlaf und Körperpflege werden in Deutschland jeden Tag im Durchschnitt gut 9 Stunden aufgewendet, rechnet man noch die Mahlzeiten hinzu, so kommt man auf knapp 11 Stunden physiologischer Regeneration (Deutsche Gesellschaft für Freizeit 1996: 13). Nach eigenen Angaben gehört bei nahezu jedem zehnten Bundesbürger die Muße („nichts tun", „faulenzen") zu den „oft" ausgeübten Freizeittätigkeiten, und gut ein Fünftel gibt an, dies „nie" zu tun (Spellerberg/Schulze-Buschoff 1994: 532). Erholung kann allerdings auch mit dem genauen Gegenteil der genannten Tätigkeiten, nämlich mit körperlicher Verausgabung oder Spannung in Verbindung gebracht werden (Tokarski/Schmitz-Scherzer 1985: 128). Was als Erholung betrachtet wird, läßt sich folglich nicht unmittelbar durch bestimmte Tätigkeiten identifizieren. Ergänzend ist darauf aufmerksam zu machen, daß in der Gegenwartsgesellschaft Erholungsbedürfnisse nicht ausschließlich in der Arbeitswelt entstehen, sondern auch durch körperliche Verausgabung und psychische Anspannung in der Freizeit selbst.

Einen besondere Art der Freizeitaktivität, die über einen längeren Zeitraum andauert, ist die Urlaubsreise. Der übliche fünf- (Ostdeutschland) bzw. sechswöchige *Urlaub* (Westdeutschland) bietet dafür erheblichen Spielraum. 1995 machten knapp 60% der Bundesbürger über 14 Jahre mindestens eine Urlaubsreise von 5 Tagen oder länger. Mehr als 12% machten zwei oder mehr derartige Urlaubsreisen. Zumindest eine Kurzurlaubsreise (höchstens 4 Tage Dauer) unternahmen im gleichen Jahr knapp 44% der Bundesbürger. Bei einem nur relativ geringen Anteil der Kurzurlauber stellt Erholung das zentrale Motiv der Reise dar, im Vordergrund stehen meist Unterhaltung und Vergnügen, Kultur und Bildung, Verwandtenbesuche und Sportveranstaltungen (Deutsche Gesellschaft für Freizeit 1996: 53ff.). Mehr auf Erholung ausgelegt ist der längere Urlaub, ohne daß dieser sich jedoch darin erschöpfen würde. Das Reisen wird heutzutage vielmehr als zentrale Erfüllungsmöglichkeit gesehen und ist wohl die „populärste Form von Glück" (Opaschowski 1995: 149).

Das Freizeitleben in Deutschland ist weitgehend kommerzialisiert, d.h. es wird im Konsum von Waren und Dienstleistungen vollzogen (vgl. Tabelle 1). Nach einer detaillierten Schätzung der Deutschen Gesellschaft für Freizeit (1996: 85) wurden 1995 auf dem sog. *Freizeitmarkt* mehr als 400 Mrd. DM umgesetzt. Der weitaus größte Anteil des Umsatzes entfiel dabei auf räumliche Mobilität (Tourismus, Fremdenverkehr, Ausflüge, Kauf von Fahr- und Motorrädern usw.), gefolgt von Gastgewerbe, Medien und Unterhaltungselektronik, Kultur, Sport und Spiel sowie Hobby und Heimwerken. Eine Unzahl von Anbietern konkurriert mit einem enormen Sortiment von Wahlmöglichkeiten um die zwei zentralen Ressourcen der Nachfrager, nämlich Zeit (Aufmerksamkeit) und Geld. Die Nachfrager wiederum setzen freie Zeit und Geld so ein, daß ihre Auswahl so weit wie möglich den eigenen Freizeitwünschen entspricht.

Tabelle 1: Nutzung ausgewählter Freizeitangebote in Deutschland

Einrichtungen und Veranstalt. (Besucher-Nutzer-Teilnehm.)	Mio. pro Jahr	– Fortsetzung –	Mio. pro Jahr
Volksfeste	180	Bäder (öffentl.)	160
Erlebnisparks	20	Erlebnisbäder	5,2
Kino	124,5	Sauna	16
Theater (1993/94)	28,6	Radio und TV	
Orchesterkonzerte (1993/94)	4,4	Fernsehanschlüsse (1996)	32,5 Mio.
Museen (1993)	93,8	Durchschn. tägl. Sehdauer (1995)	186 min.
Festspiele (1993/94)	1,6	Radioanschlüsse (1996)	36,4 Mio.
Volkshochschule (Freizeitkurse)	2,5	Durchschn. tägl. Hördauer (1995)	167 min.
		Zeitungen und Zeitschriften	
Fußballbundesliga (1995/96)	9,3	Tageszeitungen (Exempl., 1995)	25 Mio.
Volkssportveranstaltungen	4,4	Leser pro Ausgabe	51 Mio.
Übernachtungen auf Campingplätzen (1994)	23	Publikumszeitschr. (Exempl., 1995)	23,5 Mio.
		Leser pro Ausgabe	170 Mio.

Quelle: Deutsche Gesellschaft für Freizeit 1996, S. 59/109

Eine umfassende theoretische Fundierung von Freizeit hat nicht stattgefunden, und dem gesamten Phänomen wurde über Jahrzehnte hinweg nur geringe Theoriefähigkeit zugebilligt (Tokarski/Schmitz-Scherzer 1985: 233). Dennoch blieb die Freizeitforschung nicht ohne theoretische Ansätze, wobei häufig – vom Primat der Arbeit ausgehend – das Verhältnis der Lebensbereiche Arbeit und Freizeit betrachtet wurde (Ventil-, Erholungs-, Katharsis-, Kompensationstheorie usw.). In den 80er Jahren machte sich immer deutlicher eine Verdrängung dieser freizeittheoretischen Ansätze durch die Lebensstilforschung bemerkbar, mit der Folge, daß Freizeit inzwischen weitgehend als Stilphänomen aufgefaßt wird, das zum großen Teil mit Lebensstil deckungsgleich ist (Opaschowski 1995: 45).

Diese theoretische Neuorientierung ist Reaktion auf eine Modernisierung des *Alltagslebens*, die weit über die Grenzen Deutschlands hinausweist. Unabhängig von theoretischen Konzepten stellt man in verschiedenen Ländern fest, daß immer mehr Menschen danach streben, sich selbst zu entfalten, selbst entscheiden zu können, ein „aufregendes" Leben zu führen, ihr Leben zu genießen (van der Loo/van Reijen 1992: 160). Freizeit wird dadurch zu einem erstrangigen Lebensinhalt, denn sie kann so arrangiert werden, daß sie schöne Erlebnisse verspricht. Mit den Ansprüchen wächst allerdings auch der Zeitdruck, und alle Freizeittätigkeiten, die mehr als etwa zwei Stunden in Anspruch nehmen, gehen seit längerem zurück oder stagnieren. Darüber hinaus wird freie Zeit, zum Teil in mehrfacher Überlagerung, mit Erlebnisansprüchen gefüllt und bringt infolgedessen auch wachsenden Erlebnisstreß mit sich (Opaschowski 1995: 125).

Der Trend zur *Erlebnisgesellschaft* wurde von der Freizeitforschung frühzeitig erkannt und aufgegriffen (Opaschowski 1983). Die mit der Erlebnisorientierung verbundene Sicht- und Interpretationsweise von Freizeit wurde in einer Studie von Schulze (1992) über die Erlebnisgesellschaft besonders deutlich herausgearbeitet. Dort werden drei situationsübergreifende Stildimensionen des Erlebens identifiziert, die sowohl in West- als auch in Ostdeutschland viele alltägliche Freizeittätigkeiten strukturieren (Müller-Schneider 1996: 200). Der erste Stil ist in der Freizeitforschung seit längerem bekannt (vgl. Uttitz 1985: 87ff.) und zeichnet sich durch seine vielfach außerhäusige Aktionsorientierung aus (ins Kino/in eine Diskothek/in Kneipen gehen, Pop-Konzerte besuchen, Extremsportarten ausüben etc.). Ebenfalls bekannt und häufig beschrieben ist der zweite Freizeitstil, der hochkulturelle Tätigkeiten zu Hause und außer Haus umfaßt (Theater/Galerie/Konzert besuchen, lesen, Dokumentationssendungen anschauen, klass. Musik hören u.ä.). Der dritte Stil, zuerst in der kultursoziologischen Lebensstilforschung (z.B. Bourdieu) dargestellt, bezieht sich auf triviale Inhalte der Erlebnissuche (Fernsehshows/Quizsendungen/Heimatfilme anschauen, deutsche Schlager/Volksmusik hören etc.) und wird vorwiegend im Freizeitambiente des Wohnzimmers gepflegt. Die drei genannten sind nicht die einzigen Freizeitstile in Deutschland, aber wichtige Elemente der sozialen Identität und maßgebliche Merkmale bei der Unterscheidung freizeitbezogener Sozialmilieus (Abschn. 4).

3. Sozialgeschichtlicher Hintergrund

Noch vor einigen Jahrzehnten gab es in der BRD kaum Freizeit im oben definierten Sinn. Diese ist in ihrer heutigen Erscheinungsweise das Ergebnis verschiedener Stränge des sozialen Wandels, welcher die Lebensweise der Menschen auch in ihrer Freizeit tiefgreifend veränderte. Bis weit in die ersten Nachkriegsjahrzehnte hinein führten die meisten Menschen ein Leben, das – jedenfalls im Hinblick auf Freizeit und Erholung – nur wenig Gemeinsamkeiten mit dem heutigen aufwies. Im *Alltagsleben* der *Nachkriegsgesellschaft* wurde das Handeln durch äußere Vorgaben beherrscht, die sich als Handlungszwänge und fehlende Möglichkeiten bemerkbar machten.

Die Dominanz alltäglicher Handlungszwänge resultierte in erheblichem Umfang aus den Arbeitsanforderungen zur Sicherung und Bewältigung des Lebens. 1955 wurde mit ca. 50 Std. der Höchststand der Wochenarbeitszeit in der Nachkriegszeit erreicht, wobei auch der Samstag ein normaler Werktag war. Die Forderung des DGB, die 5-Tage-Woche mit einer Arbeitszeit von 40 Stunden einzuführen, wurde erst 1974 für etwa 90% der tariflich Beschäftigten umgesetzt (Maase 1989: 356). Hohe Arbeitsleistung mußte jedoch nicht nur zur Lebenssicherung erbracht werden, sondern auch zur Bewältigung des Haushalts. Schon aufgrund der üblicherweise höheren Personenzahl ging die Haushaltsführung mit ungleich stärkeren Arbeitsbelastungen einher, als dies heute der Fall ist. Die damalige Belastung durch typische Arbeiten wie Kochen, Wäsche waschen, Reinigung, Kinderbetreuung, notwendige Reparaturen, Ausbessern der Kleidung usw., wird erst dann sichtbar, wenn man sich zeitlichen Aufwand und körperliche Mühen bei einer Haushaltsführung ohne Ausstattung mit den heute üblichen Haushaltsgeräten vor Augen führt. Wo keine Waschmaschine vorhanden war, nahm häufig allein das Waschen der Wäsche, an dem sich z.T. mehrere Haushaltsmitglieder beteiligen mußten, einen vollen Arbeitstag in Anspruch.

Im Alltag der bundesrepublikanischen *Nachkriegsgesellschaft* war Freizeit meist nicht mehr als ein bißchen „freie Zeit", die übrigblieb, nachdem alle Pflichten des Arbeitstages erfüllt waren und keine unmittelbaren äußeren Anforderungen mehr vorhanden

Freizeit und Erholung

waren. In aller Regel hatten die Menschen nach einem Arbeitstag den Großteil ihrer Handlungsenergie aufgebraucht, die für weitere verausgabende Tätigkeiten dann fehlte. In dieser Situation verwendete man Freizeit in erster Linie dazu, sich zu erholen, d.h. die verbrauchten Kräfte für den nächsten Arbeitstag wiederherzustellen. Deshalb stand Erholung bis weit in die 60er Jahre hinein an erster Stelle der Freizeitmotivationen.

Neben den Zwängen der Arbeitswelt bestand in der *Nachkriegsgesellschaft* ein Konformitätszwang, der von den Vorgaben eines als „normal" empfundenen Lebens ausging. In dieser allgemein geteilten Vorstellung von Lebensnormalität waren die dominanten Lebensziele – glückliche Familie und Wohlstand – genauso inbegriffen wie die Spannweite erlaubter Lebensgenüsse, die mit dem „guten Geschmack" und vielen anderen Konventionen übereinstimmen mußten. Zahlreiche Lebensgenüsse, man denke nur an den Bereich der Sexualität, waren tabuisiert oder streng reglementiert. Der gesamte Alltag war von einer regelrechten Ordnungs- und Verbotskultur durchwoben, in der das Normalmaß der Lebensführung und Lebensäußerungen (u.a. Kleidung, Haushaltspflichten, familiäre Verpflichtungen, soziales Auftreten und legitime Schönheitsempfindungen betreffend) festgelegt war, von welchem man kaum abweichen konnte; tat man es dennoch, war mit deutlichen Sanktionen aus dem sozialen Umfeld zu rechnen. Aufgrund dieses allseits wirksamen Konformitätszwangs war auch in der Freizeit „Verhaltensbeliebigkeit" nur in sehr engen Grenzen gegeben.

Darüber hinaus wurde das Freizeitleben auf eine heute kaum noch nachvollziehbare Weise durch materielle Knappheit begrenzt. 1950 betrug das Pro-Kopf-Volkseinkommen in Preisen von 1989 etwa 8.600 DM (1989: 36.000 DM; Geißler 1996: 45). Der weitaus größte Anteil des Einkommens mußte für Grundnahrungsmittel und unentbehrliche Güter (Bekleidung, Wohnung etc.) ausgegeben werden, wobei die heute übliche Grundausstattung eines Haushaltes häufig als unerschwinglicher Luxus galt. Die Ferienreise, zumal die ins Ausland, war für die meisten Bürger lange unbezahlbar; erst zu Beginn der 70er Jahre war es mehr als der Hälfte der Bevölkerung möglich, eine zumindest einwöchige Ferienreise anzutreten. Nicht nur knappe finanzielle Ressourcen, sondern auch der Mangel an entsprechenden Freizeitgütern und Dienstleistungen begrenzte die Freizeitmöglichkeiten. Dies wird deutlich, wenn man sich vor Augen hält, was es in der damaligen Angebotsstruktur alles nicht oder erst in Ansätzen gab: ausgebaute öffentliche Infrastruktur für Freizeit und Erholung, private Freizeiteinrichtungen, ausländische Gaststätten, Unterhaltungselektronik, Medienvielfalt usw.

Im Übergang von der *Nachkriegsgesellschaft* zur Gegenwartsgesellschaft wandelten sich die beschriebenen Aspekte des *Alltagslebens* grundlegend. So ging die effektive Jahresarbeitszeit je Arbeitnehmer in der Gesamtwirtschaft von 1960 bis 1994 um 27% (von 2.081 auf 1.519 Std.) zurück, und das durchschnittliche Quantum freier Zeit in der bundesdeutschen Bevölkerung stieg erheblich an (Institut der deutschen Wirtschaft 1995; Uttitz 1985: 54). Im Zuge der allgemeinen Wohlstandssteigerung wurden viele Zeit und körperliche Mühen sparende Konsum- und Haushaltsgüter (Waschmaschine, Kühlschrank, Nahrungskonserven usw.) zur Selbstverständlichkeit. Mit der daraus resultierenden historisch einmaligen Freisetzung von psychophysischer Spannkraft in der Gesamtbevölkerung verlor die auf Regeneration und Erholung ausgerichtete Freizeitgestaltung zunehmend an Bedeutung. Im Gegenzug dazu baute sich in den expandierenden Spannen freier Zeit neues Handlungspotential für das Freizeitleben auf.

Die Wohlstandssteigerung ermöglichte in steigendem Maße eine Einkommensverwendung, die über das Notwendige und Praktische hinausging. Zwischen 1950 und dem Beginn der 70er Jahre verdoppelte sich der Ausgabenanteil des Durchschnittshaushaltes für den freien Bedarf (vgl. Schulze 1992: 57). Konsum bzw. Gebrauch von Waren und Dienstleistungen wurden zu einem bestimmenden Charakteristikum der freien Zeit. Der explosiven Zunahme materieller Ressourcen stand eine Angebotsexplosion an Gütern und Dienstleistungen gegenüber, deren Gebrauchswert in der Verschönerung des Lebens in der

Freizeit bestand: Reiseveranstaltungen, Tonträger, Kinofilme, Einrichtungsgegenstände, Video- und Computerspiele usw. In ständig aufeinanderfolgenden Produktinnovationen spiegelt sich ein allgemeines Entwicklungsmuster: Vermehrung, Differenzierung und qualitativ neue Erlebnismöglichkeiten. Die Geschichte des Fernsehens ist ein Beispiel dafür. Gab es am Anfang, in den 50er Jahren, nur ein Programm, das wenige Stunden am Tag in schwarz-weiß ausgestrahlt wurde, so wurde bereits in den 60er Jahren das Farbfernsehen eingeführt und in den 80er Jahren leitete die Zulassung der Privatsender eine neue Ära der Programmauswahl ein.

In den Jahren des Kulturkonflikts, der Ende der 60er Jahre seinen Höhepunkt erreichte, begann die Enttabuisierung der Lebensgenüsse. Insbesondere die jungen Gebildeten trugen in ihrem gegenkulturellen Angriff auf gesellschaftliche Normalitätsvorstellungen mit Vehemenz eine bis dahin nicht tolerierbare Maxime der Freizeitgestaltung vor: Was Spaß macht, muß auch erlaubt sein. Damit wurde dem Konformitätszwang auf breiter Basis seine Legitimationsgrundlage entzogen, und in der Freizeit begann sich die Dominanz des Subjektes über gesellschaftliche Vorgaben abzuzeichnen. Dieser Weg begann mit dem Ausbruch aus gesellschaftlichen Konventionen, begleitet von einem Prozeß, der später als *Wertewandel* diagnostiziert werden sollte. Pflicht- und Akzeptanzwerte gingen insgesamt zurück, und im Gegenzug dazu breitete sich eine Lebensauffassung aus, bei der es in erster Linie darauf ankam, das Leben zu genießen. In den 80er Jahren machte sich dann, als der „Luxus" alltäglichen Genießens in die Medienwelt einzog und das „schöne Leben" als gesellschaftsfähiges Projekt vorgezeigt wurde, die neue Freizeitorientierung an der gesellschaftlichen Oberfläche bemerkbar.

Aus dem Blickwinkel der Erlebnisorientierung betrachtet, läßt sich die geschilderte sozialhistorische Entwicklung als eine innengerichtete *Modernisierung* interpretieren, die in den letzten Jahrzehnten im Freizeitbereich immer deutlicher hervortrat (Müller-Schneider 1996: 201ff.; Schulze 1992: 418ff.). Bei dieser neuartigen Modernisierungsvariante zielt die zweckrationale Umgestaltung von Handlungsstrukturen nicht auf Aspekte der Außenwelt, sondern auf das eigene Innenleben. Mit zunehmender historischer Distanz von der unmittelbaren *Nachkriegsgesellschaft* übte Freizeit eine steigende Sogwirkung auf Handlungsenergien, finanzielle Ressourcen und Marktaktivitäten von Freizeitanbietern aus, weil die Menschen mehr und mehr einer „neuen Genußmoralität" (Opaschowski 1994: 21) folgten.

Vor diesem Hintergrund zeigt sich im sozialhistorischen Rückblick weiterhin eine Modernisierungsschere zwischen Ost- und Westdeutschland, die spätestens seit den 70er Jahren aufging. Zu dieser Zeit begann nämlich auch im Osten, wie dies anhand von entsprechenden Zeitreihen für Jugendliche belegbar ist, die Erlebnisorientierung in der Freizeit ganz erheblich zuzunehmen (Gensicke 1992). Aber gerade auf dem Freizeitsektor geriet die ehemalige DDR immer deutlicher ins Hintertreffen, eben weil die Menschen dort in aller Regel genau das wollten, was man im Westen bereits hatte: Freiheit und Konsummöglichkeiten. Im Gegensatz zum Westen blieb die DDR – aus der Freizeitperspektive betrachtet – bis zur Wende jedoch auf dem Niveau einer geschlossenen Gesellschaft mit eng begrenzten Handlungsmöglichkeiten stehen.

4. Sozialstrukturelle Ausprägung

Das Verhältnis von *Sozialstruktur* und Freizeit ist auf der Basis der Einkommensverteilung nicht mehr hinreichend zu beschreiben. Dies bedeutet nicht, daß diese ohne jeglichen Einfluß auf die Freizeitgestaltung ist (vgl. Tab. 2). Allerdings gibt das *Einkommen*, über das eine Person verfügen kann, kaum noch relevante Auskunft über ihren Freizeitstil. Ein Großteil der relevanten Unterschiede im deutschen Freizeitgeschehen liegt im Rahmen dessen, was sich die große Mehrheit der Bevölkerung leisten kann, d.h. die Freizeitgestaltung ist meist mehr eine Frage des Stils als des Einkommens. Eine geschlechtsspezifische Ungleichheit des Freizeitbudgets ist weiterhin vorhanden, sie nimmt aber offenbar ab, wobei berufstätige Frauen an frei verfügbarer Zeit

Freizeit und Erholung

gewinnen und berufstätige Männer an Freizeit verlieren (Opaschowski 1995: 17). Die Gesamtheit der Freizeitaktivitäten hängt sowohl in den neuen als auch in den alten Bundesländern am deutlichsten mit Schulbildung und Alter zusammen (vgl. Tab. 3). Diese beiden Merkmale stechen aus dem Spektrum sozialstrukturell relevanter Merkmale hervor.

Tabelle 2: Anteil der Freizeitausgaben am Privaten Verbrauch in Deutschland (1995)

	Jahresausgaben für Freizeitgüter				Jahresausgaben für den Privaten Verbrauch		Anteil der Ausgaben für Freizeitgüter für den Privaten Verbrauch	
	Gesamt DM		davon Urlaubsausgaben in %		DM		in %	
	West	Ost	West	Ost	West	Ost	West	Ost
Haushaltstyp 1 (gering. Eink.)	3.318	4.087	30	35	24.402	25.111	14	16
Haushaltstyp 2 (mittl. Eink.)	9.025	6.643	27	19	47.839	38.422	19	17
Haushaltstyp 3 (höheres Eink.)	14.781	8.518	30	23	69.394	45.976	21	19

Typ 1: 2-Pers.-Hh. von Renten- und Sozialhilfeempfängern mit geringem Einkommen; Typ 2: 4-Pers.-Hh. von Angest. und Arbeitern mit mittlerem Einkommen; Typ 3: 4-Pers.-Hh. von Beamten und Angest. mit höherem Einkommen.
Quelle: Opaschowski 1995, S. 28

Tabelle 3: Freizeittätigkeiten nach Alter und Bildung in Deutschland (1993)

Häufigkeit: oft, manchmal (in %)		Alter in Jahren					Schulbildung		
	Gesamt	18-25	26-40	41-55	56-70	71+	Hauptsch. (o. Abschl.)	Mittlere Reife	Abitur, Hochschule
Mediennutzung									
Musik hören (oft)	53,3	74,0	58,0	49,9	47,5	44,3	48,5	58,3	56,5
Fernsehen, Video (oft)	56,5	45,8	45,1	52,9	69,6	77,4	67,8	53,5	35,6
Bücher lesen	62,2	69,3	61,8	62,6	62,7	55,3	53,1	64,5	79,2
Mit Computer beschäft.	17,2	31,3	26,9	18,1	5,5	2,2	7,1	22,1	33,2
Geselligkeit									
Mit Familie beschäft. (oft)	63,8	43,7	71,5	68,3	64,2	45,9	61,5	69,5	61,1
Freunde, Verwandte treffen (oft)	44,7	66,3	49,0	38,5	40,4	39,8	41,6	44,6	51,4
Mit Kindern beschäftigen	66,8	42,2	76,4	71,2	65,7	50,0	65,7	71,4	62,8
In die Kneipe gehen	23,0	53,1	32,5	20,9	10,5	4,7	17,4	25,8	31,0
Essen gehen	46,9	62,5	56,2	50,5	35,0	25,6	39,7	50,0	59,0
Veranstaltungen									
Sportveranstaltungen	24,0	43,3	27,8	25,8	16,6	9,7	22,1	26,5	24,4
Theater, Konzerte	19,3	27,1	19,3	19,8	19,3	11,4	10,8	20,1	36,9
Weiterbildung, Kurse	22,0	29,0	30,5	27,6	10,7	3,8	10,7	26,9	40,7
Bewegung									
Sport treiben	29,7	56,5	38,2	30,8	17,1	9,8	19,5	33,1	48,2
Spazieren, wandern	76,4	66,3	76,1	75,1	81,8	76,1	76,5	75,6	77,4
Hobbys									
Basteln, handarbeiten	46,9	42,1	48,7	48,5	50,4	33,1	46,4	47,6	47,3
Gartenarbeiten	51,8	19,9	43,3	62,7	64,7	45,8	57,0	51,1	41,2
Künstler. Aktivitäten	16,4	21,4	18,3	17,2	13,9	10,4	9,7	17,9	28,6
Sonstiges									
Nichts tun, faulenzen	41,1	56,3	41,7	35,2	37,3	50,2	44,3	40,2	34,7

Quelle: Wohlfahrtssurvey 1993 (eigene Berechnung)

Bildung bereitet nicht nur auf das Arbeitsleben vor, sondern auch auf den expandierenden Lebensbereich jenseits davon. So zeigen sich beim hochkulturell ausgerichteten Freizeitstil nach wie vor gravierende bildungsspezifische Unterschiede. Je stärker die Vorliebe für entsprechende *Freizeittätigkeiten* (Besuch von Theater und Konzerten, Lektüre usw.) ausgeprägt ist, desto höher fällt in der Regel das *Bildungsniveau* aus. Mit dem Bildungsgrad nimmt weiterhin die Neigung zu, seine Freizeit außer Haus zu verbringen und am öffentlichen Leben teilzunehmen. Zuhause bleiben und Fernsehen ist die Domäne unterer Bildungsschichten. Auch sind es vorwiegend Menschen mit geringer Bildung, denen der triviale Freizeitstil (z.B. Heimatfilme und Volksmusik) entspricht.

Der starke Zusammenhang von Lebensalter und Freizeit ist nicht neu und ergibt sich schon daraus, daß Jugendliche in besonders hohem Maße an aktionsorientierter Freizeit interessiert sind. Dieser Freizeitstil ist heute allerdings kein reines Jugendphänomen mehr, denn die relevante Altersgrenze schob sich im Laufe der letzten zwei Jahrzehnte bis etwa zum 40. Lebensjahr nach oben. Dies zeigt sich insbesondere im Freizeitverhalten von Alleinlebenden, Alleinstehenden, verheirateten oder unverheirateten Partnern bis zum genannten Alter, die keine Kinder haben. Überdurchschnittlich häufig treffen sich die diesem Kreis zugehörigen Personen mit ihren Freunden, und ihr bevorzugtes Aktionsfeld liegt in außerhäusigen *Freizeittätigkeiten* (Spellerberg/Schulze-Buschoff 1994: 535). Leben Kinder im Haushalt, treten familiäre Freizeitaktivitäten in den Vordergrund. Der Trend bei jungen Menschen geht allerdings dahin, daß ihnen ihre Freizeitinteressen wichtiger sind als eine Familiengründung (Opaschowski 1994; 34). Jenseits des 40. Lebensjahres verliert der aktionorientierte Freizeitstil seine Vorrangstellung, was auch mit lebenszyklisch bedingten Alterungsprozessen nach der Lebensmitte in Verbindung zu bringen ist (Schulze 1992: 370).

Das sozialstrukturelle Bild der Freizeit bleibt unvollständig, wenn man sich auf einzelne Zusammenhänge zwischen Freizeitaktivitäten und sozialstrukturellen Merkmalen beschränkt. Erforderlich ist darüber hinaus eine integrative Betrachtung des Freizeitgeschehens innerhalb von und zwischen sozialen Großgruppen. Die ehemalige Schichtstruktur hat, gerade dann, wenn es um lebensweltliche Phänomene geht, viel von ihrem ehemaligen Profil verloren. Aussagekräftiger sind Lebensstilgruppen, in denen eine Vielzahl von Elementen des *Alltagslebens* jeweils anders zusammengefügt sind. Die empirische Lebensstilforschung brachte im letzten Jahrzehnt eine Reihe von freizeitrelevanten Lebensstilformationen mit variierender Anzahl und unterschiedlichsten Bezeichnungen von Gruppen hervor. Auf den ersten Blick erwecken die Ergebnisse den Eindruck einer disparaten Vielfalt von Typologien. Dies ist aber nicht der Fall, da sich viele der Typologien aufeinander beziehen lassen, wenn man nicht auf Bezeichnungen, sondern auf Inhalte achtet. Dann zeigt sich, unabhängig von der jeweiligen Analyseperspektive, ein weitgehend kohärentes sozialstrukturelles Bild des Freizeitgeschehens in Deutschland.

Im folgenden wird dieses Bild unter Verwendung des von Schulze (1992) entwickelten Gesellschaftsmodells, das in fünf Erlebnismilieus untergliedert ist, dargestellt. Die modellierte Milieustruktur begann in Westdeutschland vor etwa drei Jahrzehnten hervorzutreten und weist eine empirisch belegbare Ultrastabilität auf, die auch vom Wandel nach der Wiedervereinigung nicht tangiert wurde (Müller-Schneider 1996). Die einzelnen Milieus werden durch eine Altersgrenze (40 Jahre) in zwei jüngere und drei ältere Milieus getrennt, wobei sich sowohl die jüngeren als auch die älteren Milieus durch ihre Bildungsgrade voneinander unterscheiden. Ihre Freizeitgestaltung richtet sich an den weiter oben (Abschn. 1) angesprochenen drei Freizeitstilen aus. Die inhaltlichen Kernsyndrome der Milieustruktur lassen sich, im Einklang mit obigen Kohärenzthese, auch in anderen Lebensstilmodellen (vgl. Schulze 1992: 393) wiederfinden.

Im Milieu der jungen und weniger gebildeten Menschen („Unterhaltungsmilieu") dominiert der aktionsorientierte Freizeitstil, wobei Aktivitäten, die dem hochkulturellen oder trivialen Stil zuzurechnen sind, abgelehnt werden. Man will Aktion pur: Diskothek, Automatenspiele, Volksfeste, mit dem Auto oder Motorrad durch die Gegend fahren, Actionfilme ansehen. Freizeit dient in diesem Milieu, in dem man vorwiegend untere Berufspositionen antrifft, hauptsächlich dazu, sich abzulenken oder unterhalten zu lassen. Zu diesem Zweck wird das Freizeitangebot ständig nach Stimulationsquellen abgesucht. Für junge Gebildete („Selbstverwirklichungsmilieu") ist es hingegen typisch, sich in ihrer Freizeit auf anspruchsvolle Weise ausleben zu wollen. Zum einen bringt dies hochkulturelle Ambitioniertheit (Konzerte, Theater usw.) mit sich, zum anderen herrscht – ähnlich wie beim Unterhaltungsmilieu – das Bedürfnis nach Expressivität und Aktion. Diese milieuspezifische Mischung der Freizeitinteressen verweist auf das Lebensprogramm Selbstverwirklichung, das u.a. bei privater Weiterbildung, in Selbsterfahrungskursen und bei der intensiven Kultivierung des Körpers (kein Milieu weist ähnlich starke sportliche Betätigung auf) vorangetrieben wird. Obwohl Statusunterschiede bestehen, läßt sich das Verhältnis zwischen Unterhaltungs- und Selbstverwirklichungsmilieu, gerade im Hinblick auf ihre Erlebniswelten in der Freizeit, nicht eindeutig auf die Vorstellung einer sozialen Hierarchie beziehen.

Im Freizeitleben der drei älteren Milieus (ab 40 Jahren) schimmert die ehemalige Schichtstruktur des gesellschaftlichen Aufbaus stärker durch. Die Menschen mit gehobener Bildung („Niveaumilieu") leben in den insgesamt günstigsten sozioökonomischen Bedingungen (hohe Berufspositionen) und heben sich durch Reservate exklusiver Freizeitmöglichkeiten (Lions-, Golf-Club, teure Urlaubsgebiete, Yachten usw.) hervor, die ihnen beim heutigen Massenkonsum noch verblieben sind. Die Aktivitäten in diesem Milieu sind bei gleichzeitiger Distanz zu aktionsorientierten und trivialen Freizeitinhalten ganz eindeutig auf den hochkulturellen Stil ausgerichtet. Fast alle lesen Literatur, hören klassische Musik, gehen ins Theater, ins Museum, in Ausstellungen usw. Den Gegenpol zum Niveaumilieu stellt die Gruppe der niedrig gebildeten Menschen über 40 Jahre („Harmoniemilieu") dar. Die Menschen dieses Milieus leben in vergleichsweise schlechten sozioökonomischen Verhältnissen (niedrige Berufspositionen, „Arbeiter") und hier bedeutet Freizeit nicht kulturelles Anspruchsdenken, sondern in erster Linie die Suche nach Gemütlichkeit und Harmonie. Die Freizeit wird häufig zu Hause verbracht, wo sich – meist vor dem Fernseher – eine entsprechende Erlebniswelt erzeugen läßt. Die Dominanz des trivialen Freizeitstils geht mit einer starken Ablehnung von Hochkultur und Aktion oder gar „Thrill" einher. Ältere Menschen mit mittleren Bildungsgraden („Integrationsmilieu") nehmen die Position zwischen den beiden anderen Milieus über 40 Jahre ein. Dies gilt nicht nur in sozioökonomischer Hinsicht (mittlere Berufsposition), sondern auch im Hinblick auf die Freizeitstile: Hochkultur und Trivialität sowie etwas Action werden zu einer Freizeitwelt integriert, die nach vielen Seiten hin offen und anpassungsfähig ist. Im Integrationsmilieu ist das Geselligkeitsstreben überdurchschnittlich ausgeprägt, was sich in einer besonderen Tendenz zu Nachbarschaftskontakten und Vereinsaktivitäten zeigt. Man will seine Freizeit in netter Gemeinschaft verbringen und erleben.

Der vergleichende Blick auf den Freizeitbereich in Ost und West ergibt ein Gesamtbild, bei dem die Gemeinsamkeiten bei weitem die Unterschiede überwiegen. Diese Situation ist im wesentlichen auf eine im Zeitraffertempo verlaufende „Verwestlichung" des Freizeitlebens in Ostdeutschland nach der Wende zurückzuführen. Innerhalb weniger Jahre gaben die Ostdeutschen ihr vormals stärker ausgeprägtes Mußeverhalten („über wichtige Dinge reden", „in Ruhe Kaffee/Tee trinken", „Briefe schreiben", „sich mit der Familie beschäftigen") auf und gingen, dem westlichen Modell folgend, dazu über, Freizeit als Konsumzeit zu betrachten. Parallel dazu stieg die Erlebnisorientierung („Leben genießen", „etwas tun, was Spaß macht") – eine der stärksten Änderungen im ostdeutschen Mentalitätsmuster nach der Wende – sprunghaft an (Opaschowski 1995: 66ff.). Genauso wie im Westen hat man es im Osten mit einer nach Alter und Bildung gegliederten sozialstrukturellen Ausprägung des Freizeitgeschehens (inklusive der drei dominanten Freizeitstile) zu tun, wobei die oben skizzierten Milieus im Osten entweder in unmittelbar vergleichbarer oder sehr ähnlicher Form existieren. Die entsprechenden Milieukerne waren bereits vor der Wiedervereinigung angelegt. Beispielsweise in der „Klasse" der jüngeren Werktätigen machte sich zu DDR-Zeiten eine hedonistische Grundorientierung breit (Becker 1992: 100), die dem Stimulationsbedürfnis des Unterhaltungsmilieus im damaligen Westdeutschland entsprach.

Bei gleicher Grundstruktur des Freizeitbereichs finden sich aber auch Unterschiede zwischen beiden Landesteilen. In Ostdeutschland existiert für viele, aufgrund der immer noch längeren Arbeitszeiten, ein etwas geringeres Freizeitbudget, für dessen Gestaltung zudem weniger finanzielle Ressourcen zur Verfügung stehen. Ostdeutsche sind mit ihrer Freizeit auch weniger zufrieden als Westdeutsche (Spellerberg/Schulze-Buschoff 1994: 537). Von Bedeutung ist weiterhin, daß die zu DDR-Zeiten gewachsene Infrastruktur von Freizeiteinrichtungen häufig nicht erhalten wurde. In großem Umfang wurden Kulturhäuser und Klubheime, Filmtheater, Häuser junger Touristen, FDGB-Ferienheime, Freizeiteinrichtungen der Betriebe u.a. geschlossen. Im Rahmen des Neuaufbaus der Infrastruktur in den neuen Bundesländern entstanden zwar bereits viele Vereine nach westlichem Muster, allerdings ist nach wie vor eine Zurückhaltung gegenüber dem Vereinswesen zu beobachten, die wohl mit Vorbehalten gegenüber öffentlichen und kollektiven Freizeitformen zusammenhängt (Deutsche Gesellschaft für Freizeit 1996: 115). Verbliebene Unterschiede des Freizeitlebens in Ost und West sind in starkem Maße an divergierende (z.T. generationsspezifisch geprägte) Lebensweisen und damit verbundene Mentalitätsmuster gebunden. Ostdeutsche Freizeit hat einen geringeren Öffentlichkeitsbezug als die westdeutsche, und in den neuen Bundesländern liegt eine insgesamt höhere Ausrichtung am Trivialstil der Freizeit (als Merkmal traditioneller Lebensweise) sowie eine geringere Nähe zur Hochkultur als im Westen vor.

5. Sozialpolitische Relevanz

Mit dem allgemein gestiegenen Wohlstandsniveau verschob sich in den letzten Jahrzehnten auch die soziokulturelle Definition von *Armut*. Sie bemißt sich heute nicht mehr am Mangel lebensnotwendiger Güter, sondern am Ausschluß von üblichen Konsumgewohnheiten. Vor diesem Hintergrund gerät die an der Umverteilung ökonomischer Ressourcen orientierte *Sozialpolitik* in einen Zielkonflikt. Gelänge es tatsächlich, eine nennenswerte ökonomische Anhebung unterer Einkommensklassen herbeizuführen, dann wäre zwar mehr sozialer Ausgleich erreicht, aber gleichzeitig würde die konsumorientierte Steigerungslogik des herkömmlichen Freizeitlebens gefördert werden, was insbesondere aus ökologischen Gründen problematisch ist. Die Relevanz dieses sozialpolitischen Zielkonflikts wird erst dann vollständig sichtbar, wenn man seine globale Dimension berücksichtigt. Damit soll freilich nicht gesagt sein, daß sozialer Ausgleich nicht mehr wünschenswert sei.

Die Abschwächung der erläuterten Konfliktsituation wäre durch eine gesellschaftspolitische Umsetzung der Einsicht möglich, daß der ständig anschwellende Strom von freizeitrelevanten Gütern und Dienstleistungen schon lange nicht mehr unmittelbar zur Vermehrung von Glück und Zufriedenheit beiträgt, sondern stark kontraproduktive Elemente aufweist. Man könnte die Verminderung des erlebnisorientierten Konsumniveaus in der Freizeit zugunsten einer veränderten Lebensweise anstreben, bei der immaterielle *Lebensqualität* an erster Stelle rangiert. Die gegenwärtige und aufgrund des globalen Rationalisierungsdrucks auch weiterhin erwartbare Entwicklung auf dem Arbeitsmarkt drängt ohnehin in die angedeutete Richtung. Durch die steigende *Arbeitslosigkeit* nimmt nämlich die Zahl derer zu, die zumindest teilweise auf die gewohnte Konsumsteigerung verzichten müssen. Da die allgemeine Forderung nach mehr bezahlter Arbeit kaum realisierbar scheint, ist eine sozialpolitische Aufwertung der Erwerbsarbeitslosigkeit zur sozialwertigen Freizeit mit neuen Erfüllungsmöglichkeiten und Aufgaben überlegenswert.

Möglicherweise sind wir gegenwärtig an einem Entwicklungspunkt angelangt, ab dem die strikte Aufteilung des Lebens in die Bereiche „Arbeit" und „Freizeit" den gesellschaftlichen Verhältnissen nicht mehr angemessen ist und Beschäftigungen außerhalb der Erwerbsarbeit – z.B. durch soziales Engagement und freiwillige Mitarbeit – mehr zur kollektiven (immateriellen) Lebensqualität beitragen können als die bislang gültige Zwangsverbindung von Erwerbsarbeit und Existenzsicherung.

Literatur

Becker, Ulrich: Zwischen Angst und Aufbruch. Das Lebensgefühl der Deutschen in Ost und West nach der Wiedervereinigung, Düsseldorf 1992

Bundesministerium für Familie und Senioren (Hg.): Wo bleibt die Zeit? Die Zeitverwendung der Bevölkerung in Deutschland, Wiesbaden 1994

Deutsche Gesellschaft für Freizeit: Freizeit in Deutschland 1996, Erkrath 1996

Geißler, Rainer: Die Sozialstruktur Deutschlands, Opladen 1996

Gensicke, Thomas: Mentalitätsentwicklungen im Osten Deutschlands seit den 70er Jahren, Speyer 1992 (Speyerer Forschungsberichte 109)

Institut der deutschen Wirtschaft (Hg.): Zahlen. Zur Entwicklung der wirtschaftlichen Entwicklung Deutschlands, Köln 1995

Loo van der, Hans/Willem van Reijen: Modernisierung, München 1992

Maase, Kaspar: Freizeit, in: Benz, Wolfgang (Hg.), Die Bundesrepublik Deutschland. Geschichte in drei Bänden. Bd. 3: Gesellschaft, Frankfurt a.M. 1989, S. 345-381

Müller-Schneider, Thomas: Wandel der Milieulandschaft in Deutschland. Von hierarchisierenden zu subjektorientierten Wahrnehmungsmustern, in: Zeitschrift für Soziologie, 25. Jg., 1996, S. 190-206

Opaschowski, Horst W.: Arbeit, Freizeit, Lebenssinn? Orientierungen für eine Zukunft, die längst begonnen hat, Opladen 1983

Opaschowski, Horst W.: Schöne, neue Freizeitwelt? Wege zur Neuorientierung, Hamburg 1994

Opaschowski, Horst W.: Freizeitökonomie. Marketing von Erlebniswelten, Opladen 1995

Schulze, Gerhard: Die Erlebnisgesellschaft. Kultursoziologie der Gegenwart, Frankfurt a.M. 1992

Spellerberg, Annette/Karin Schulze-Buschoff: Freizeit, in: Statistisches Bundesamt (Hg.) Datenreport 1994. Zahlen und Fakten über die Bundesrepublik Deutschland, Bonn 1994, S. 530-539

Tokarski, Walter/Reinhard Schmitz-Scherzer: Freizeit, Stuttgart 1985

Uttitz, Pavel: Freizeit im Wandel, Deutsche Gesellschaft für Freizeit, Heft 62, Erkrath 1985

Thomas Müller-Schneider

Gesellschaft der Bundesrepublik Deutschland 1945/49-1990

1. Die Ausgangsbedingungen

1.1 Verlust der Staatlichkeit 1945-1949

Mit der bedingungslosen Kapitulation der deutschen Streitkräfte am 7. und 8.5.1945 in Reims und Berlin-Karlshorst verlor das Deutsche Reich seine staatliche Souveränität. In der „Berliner Deklaration" vom 5.6.1945 wurde die Regierungsgewalt durch die Vier Alliierten USA, UdSSR, Großbritannien und die „provisorische Regierung der Französischen Republik" übernommen. Die Einteilung des (ehemaligen) Deutschen Reiches in vier Besatzungszonen und vier Berliner Sektoren wurde im Potsdamer Abkommen vom 2.8.1945 festgelegt. Das *Potsdamer Abkommen* regelte weiterhin die Entmilitarisierung Deutschlands und die militärische Besetzung durch die Alliierten, die Einrichtung des Alliierten Kontrollrats als oberstem Organ der Gesamtdeutschland betreffenden Regierungsgewalt, die Reparationen und Demontagen, die Dekartellierung der Wirtschaft und vieles mehr. Die deutschen Gebiete östlich der Oder-Neiße-Grenze wurden formell unter sowjetische und polnische Verwaltung gestellt, faktisch aber diesen Staaten einverleibt. Die deutschen Ostgebiete umfaßten insgesamt 114296 qkm und hatten 1939 9,6 Mill. Einwohner; der geringere Teil mit 13205 qkm (und 1939 1,16 Mill. Einwohner) fiel unter sowjetische, der restliche Teil mit 101091 qkm unter polnische Verwaltung.

1.2 Gesellschaftliche Ausgangslage

Nach den Ergebnissen der ersten Volkszählung vom 29.10.1946 wurden in den drei Westzonen 5,9 Mill. Vertriebene und Flüchtlinge gezählt (bis zum 1.10.49 kamen nochmals 1,7 Mill. hinzu). In allen vier Besatzungszonen betrug bis zum 1.4.1947 die Zahl der Vertriebenen, Flüchtlinge und Zwangsaussiedler 10,1 Mill. Die Rückkehr der *Bevölkerung*, die vor allem aus den Großstädten und Industrieregionen in als sicher geltende Landesteile evakuiert worden war, zog sich über viele Jahre hin. Ende 1944 sollen es ca. 9 Mill. Evakuierte gewesen sein; noch am 1.4.1947 gab es unter den 65,9 Mill. Menschen der vier Besatzungszonen 3,1 Mill. Evakuierte. Ein Evakuierungsproblem besonderer Art stellten die sog. Displaced Persons (DPs) dar; bei Kriegsende werden es ca. 8-10 Mill. gewesen sein, der Großteil von ihnen ins Reich verschleppte Zwangsarbeiter aus Ländern, die von deutschen Truppen besetzt waren. Nach der Volkszählung vom 29.10.1946 gab es in den drei westlichen Besatzungszonen, dem Territorium der 1949 gegründeten Bundesrepublik Deutschland, für 13,7 Mill. Haushalte nur 8,2 Mill. Wohnungen (erst 1978 kam es zum rechnerischen Ausgleich, d.h. daß pro Haushalt eine Wohnung zur Verfügung stand).

1.3 Wiedererwachen des politischen und parteipolitischen Lebens

Als erste der Besatzungsmächte gab im Juni 1945 die UdSSR, gegen Ende des Jahres von den anderen Besatzungsmächten gefolgt, den Weg zu Partei- und Gewerkschaftsgründungen frei. In den Besatzungszonen wurden die wiedergegründete *SPD* und *KPD*, die Liberalen und als neue Volkspartei die CDU (in Bayern CSU) lizenziert.

Die Bedeutung der *CDU/CSU* in der Nachkriegszeit für die Konsolidierung der sozialen und politischen Verhältnisse, als Sammelpartei des bürgerlichen, des bäuerlichen, des christlich-gewerkschaftlichen wie des konfessionellen Lagers – aber nun in einer überkonfessionellen Partei – ist hoch zu veranschlagen. Der Name CDU ging auf den Berliner Politiker Andreas Hermes zurück. Das protestantische Berlin war neben dem katholischen Rheinland das wichtigste Zentrum der frühen CDU. Bald sollte, nicht zuletzt durch das Wirken des wohl bedeutendsten Politikers der jungen Bundesrepublik, Konrad Adenauer (1876-1967), das Rheinland zum politischen Gravitationszentrum werden. Bei CDU und

CSU wirkten Gedanken des Christlichen Sozialismus auf die Partei-Programme ein. Im Ahlener Programm der CDU von Februar 1947 „partizipierte" die junge Partei an damals verbreiteten Bestrebungen von Anti-Kapitalismus und demokratischem Sozialismus. Überraschen muß deshalb, daß der *SPD*, als ältester deutscher Partei und als einziger, die – nach bereits erfolgter Ausschaltung der Kommunisten – dem „Ermächtigungsgesetz" (24.3.1933) Hitlers nicht zugestimmt hatte, aufgrund dieser epochaltypischen, den Sozialismus begünstigenden Konstellationen nicht die unbestrittene politische Führungsrolle zukam, zumal sie die mitgliederstärkste Partei war. Im Mai 1946 hatte die SPD in den Westzonen wieder 600 Tsd. eingeschriebene Mitglieder. Mit Kurt Schumacher (1895-1952) besaß die Partei einen hoch geachteten Vorsitzenden, der bis zu seinem frühen Tod erheblichen Einfluß auf die Nachkriegspolitik ausübte.

1.4 Neuaufbau des Staates

Neben den Gemeinden waren es die Länder, die vor der Konstituierung der Bundesrepublik als Staat für die Erfordernisse des Wiederaufbaus die notwendige Vorsorge trafen. In der amerikanischen Besatzungszone wurden schon am 18.9.1946 die *Länder* Bayern, Großhessen und Württemberg-Baden gebildet. In der britischen Besatzungszone entstanden Anfang 1947 aus den vier ehemaligen preußischen Provinzen die Länder Niedersachsen, Nordrhein-Westfalen und Schleswig-Holstein. In der französischen Besatzungszone wurden 1945/46 die Länder Baden, Württemberg-Hohenzollern und Rheinland-Pfalz gegründet.

November/Dezember 1946 kam es in der amerikanischen Zone per Volksabstimmung zur Verabschiedung der von den verfassungsgebenden Landesversammlungen ausgearbeiteten *Landesverfassungen* (Bayern, Württemberg-Baden, Hessen). Bis Mai 1947 folgten auch die Länder der französischen Zone. Schwieriger gestaltete sich die Situation in der britischen Zone; bis auf Hamburg erhielten diese Länder erst nach Verabschiedung des Grundgesetzes (23.5.1949) ihre Verfassungen.

2. Gründung der Bundesrepublik

2.1 Gesellschaftliche Voraussetzungen

In der rückschauenden Betrachtung erweisen sich die zunächst katastrophal anmutenden demographischen und sonstigen Faktoren nach 1945 für die Herausbildung einer relativ konsensualen deutschen Gesellschaft als günstig. Hierzu zählen:

- Die Ausgliederung spezifischer Regionalstrukturen: „der protestantisch ostdeutschen Landwirtschaft, des katholischen schlesischen Industriegebietes, der sächsisch-thüringischen Industrie- und Gewerbegebiete, der altpreußisch-mecklenburgischen Agrarregionen, Berlins in der Funktion der Reichshauptstadt" (Lepsius 1983: 11f.).
- Die für Deutschland einst so bedeutsame Konfessionsspaltung verlor durch Krieg und Kriegsfolgen, vielleicht schon durch die Bedrängung der Kirchen im Dritten Reich, an Bedeutung. Der Anteil der Katholiken betrug im Deutschen Reich 1939 genau ein Drittel an der Gesamtbevölkerung (Protestanten 60,8%); auf dem Territorium der Bundesrepublik war dieser Anteil bis 1950 auf 44,3% gestiegen (Flora 1983). Es bildete sich nunmehr eine quasi paritätische Konstellation heraus.
- Die für die neuere deutsche Geschichte so schicksalsvolle Rolle sowohl der Großgrundbesitzerklasse wie des preußischen Staates und des preußischen Militarismus war ausgespielt und für die Neugründung der Bundesrepublik nicht mehr strukturbestimmend.
- Die traditionale deutsche Dreigliederung des *Gewerkschaftssystems* wurde nach 1945 nicht restauriert. Die bereits vor 1933 aktiven Bemühungen um die Einheitsgewerkschaft konnten nach dem Krieg verwirklicht werden. *Einheitsgewerkschaft* ist in einem doppelten Sinn zu verstehen: zum einen als Gegensatz zu den weltanschaulichen Richtungsgewerkschaften, zum anderen verwirklicht sie das Prinzip der Einheitlichkeit in der Vertretung von Industriezweigen und nicht von Berufssparten.

- Proletariat und Arbeiterkultur hatten im „Schmelztiegel" der Kriegs- und Nachkriegszeit und weiterer Entwicklungsfaktoren weder die integrative Kraft einer selbständigen, klassen-spezifischen Teilkultur wie noch in der Weimarer Republik, noch lag es in der Intention von Kurt Schumacher, sie in diesem Sinne zu restaurieren.
- Erstmals in der deutschen Geschichte erschien die *Demokratie* als einzig mögliche Regierungs- und Staatsform. Auch in den besitzenden Oberschichten, bei Richtern und Beamten, bei den Kirchen und anderen Sozialgruppen war sie nun – im Gegensatz zur Weimarer Republik – akzeptiert.

2.2 Wirtschaftspolitische Einigung: Durchsetzung der „Sozialen Marktwirtschaft"

Eine Reihe von Gründen, nicht zuletzt das Wirken von Ludwig Erhard (1897-1977) als Leiter der „Sonderstelle Geld und Kredit des Wirtschaftsrates" und seit dem 2.3.1948 als Direktor der Verwaltung für Wirtschaft des Vereinigten Wirtschaftsgebietes, führten dazu, daß neoliberale Vorstellungen an Boden gewannen und schließlich am 20. Juni 1948 die *Währungsreform* durchgeführt und breite Bereiche der Zwangsbewirtschaftung abgeschafft wurden. Wichtig waren neben Vorbehalten der USA gegenüber Sozialismus, Planwirtschaft und Verstaatlichung klare wirtschaftspolitische Konzepte der Neo-Liberalen und Ordo-Theoretiker über die künftige Gestaltung einer *„Sozialen Marktwirtschaft"* (der Begriff geht zurück auf eine Kapitelüberschrift in dem Buch von Alfred Müller-Armack aus dem Jahre 1947: „Wirtschaftslenkung und Marktwirtschaft"). Für die Entwicklung der (späteren) Bundesrepublik war zum Teil vorteilhaft, zum Teil aber auch problematisch, daß die Grundzüge der Wirtschaftspolitik entwickelt waren und Eingang in die Praxis gefunden hatten, bevor die Bundesrepublik als Staatswesen existierte.

2.3 Das Grundgesetz als neuer Gesellschaftsvertrag

Am 20.3.1948 zerbrach der Alliierte Kontrollrat und damit die gemeinsame Basis der vier Besatzungsmächte im Hinblick auf die Neuordnung Deutschlands. Die drei westlichen Alliierten drängten daher die Länder, zumal nach Beginn der Berliner Blockade am 24. Juni 1948, die Voraussetzungen für einen westdeutschen eigenen Staat zu schaffen. Ein Parlamentarischer Rat, bestehend aus den Delegierten der Länderparlamente und mit Konrad Adenauer als Präsident, arbeitete eine Verfassung aus, wegen des provisorischen Staatsgebildes *„Grundgesetz"* genannt. Am 23. Mai 1949 wurde das Grundgesetz vom Parlamentarischen Rat in Bonn verabschiedet; mit seiner Verkündung am 24. Mai war die Bundesrepublik Deutschland gegründet. Einspruchs- und Sonderrechte der Alliierten auf den Gebieten der Sicherheits- und Außenpolitik, im Besatzungsstatut niedergelegt, galten eingeschränkt weiter. Am 14. August 1949 fanden die Wahlen zum ersten Deutschen Bundestag statt; die Wahlbeteiligung betrug 78,5%. Insgesamt zogen zehn Parteien in den Bundestag, von denen sechs weniger als fünf Prozent der Stimmen erhalten hatten (die *Fünf-Prozent-Sperrklausel* wurde erst 1953 eingeführt). Die *CDU/CSU* bekam 31% der Stimmen, die *SPD* 29,2, die *FDP* 11,9, die (1956 als verfassungsfeindlich verbotene) *KPD* 5,7 und die Deutsche Partei 4%. Adenauer bildete zusammen mit der FDP und der Deutschen Partei eine Koalitionsregierung, nachdem diese Wahl auch als ein Votum der Bevölkerungsmehrheit für die *soziale Marktwirtschaft* interpretiert werden konnte.

Seit 1955 erfolgte, gegen großen Widerstand, die Wiederbewaffnung (Aufbau der Bundeswehr) und der Beitritt der Bundesrepublik zur *NATO*. Das Besatzungsstatut wurde aufgehoben, doch erst im Zusammenhang des deutschen Einigungsprozesses erlangte die Bundesrepublik durch den „Vertrag über die abschließende Regelung in bezug auf Deutschland" („Zwei-plus-Vier-Vertrag") vom 12.9.1990 ihre volle Souveränität zurück.

Am 12. Mai 1949 war die Entscheidung gefallen (mit 33 gegen 29 Stimmen), Bonn und nicht Frankfurt zur vorläufigen *Hauptstadt* der Bundesrepublik zu machen. Auch mit der Wahl Bonns sollte das Vorläufige des Staatsgebildes zum Ausdruck kommen. Im Einigungsvertrag vom 31.8.1990 heißt es in Art. 2: „Hauptstadt Deutschlands ist Berlin". In einer Sondersitzung des Deutschen Bundestages am 20.6.1991 wurde dem – nach kontroverser Diskussion – zugestimmt. Berlin ist nicht nur Hauptstadt, sondern auch Regierungssitz. Der Bundespräsident verlegte bereits 1993 seinen Amtssitz nach Berlin.

Das *Grundgesetz* ist die Basis für einen demokratischen Verfassungsstaat, wie er sich seit den bürgerlichen Revolutionen in den westlichen Demokratien durchgesetzt hat: mit parlamentarischer Demokratie, Gewaltenteilung und dem Vorrang der bürgerlichen Freiheitsrechte vor Staatsinteressen. Im Unterschied zur Weimarer Verfassung enthält das Grundgesetz keine besonderen Vorschriften über die Wirtschaftsordnung. Aus den Grund- und Freiheitsrechten und der Koalitionsfreiheit (Art. 9 Abs. 3 GG) ergeben sich jedoch die wirtschaftliche Wettbewerbsfreiheit, die (wirtschaftliche) Vertragsfreiheit und die Freiheit der Verfügung über privates (Wirtschafts-)Eigentum. Eckpfeiler sind weiterhin der föderale Staatsaufbau und die Verpflichtung auf den Sozialstaat.

2.4 Anbindung an Europa

Nach dem Zweiten Weltkrieg war der politische Wille stark, *Europa* unter demokratischen Vorzeichen zu einigen und Deutschland europäisch einzubinden. Bereits 1950 wurde im Bundestag der Beitritt Deutschlands zum *Europarat* beschlossen. Als Achsen des Einigungsprozesses wurde die Aussöhnung der „Erbfeinde" Deutschland und Frankreich angesehen, die Bundeskanzler Konrad Adenauer und Staatspräsident Charles de Gaulle 1963 besiegeln konnten.

Der Beginn der heutigen Europäischen Union mit ihren 15 Mitgliedstaaten liegt in der „*Europäischen Gemeinschaft für Kohle und Stahl*" (*EGKS*) – auch Montanunion genannt –, die auf Betreiben von Robert Schuman, dem damaligen französischen Außenminister, und Jean Monnet (erster Präsident der EGKS, 1952-1955) vor allem deshalb gegründet wurde, um durch die Vergemeinschaftung der damals noch als kriegswichtig angesehenen Ressourcen Kohle und Stahl die Kriegsgefahr in Europa zu bannen. Neben den drei Benelux-Staaten gehörten die Bundesrepublik Deutschland, Frankreich und Italien zur EGKS. Diese sechs Länder unterzeichneten am 25.3.1957 in Rom die Gründungsurkunde der *Europäischen Wirtschaftsgemeinschaft* (*EWG*) und den Vertrag über die Europäische Atomgemeinschaft (EAG; *Euratom*) – diese „Römischen Verträge" traten zum 1.1. 1958 in Kraft. Die Eingliederung der DDR bzw. der fünf neuen Bundesländer erfolgte „automatisch" am Tag der Vereinigung, dem 3. Oktober 1990; es bedurfte keiner Anpassung der Römischen Verträge.

3. Grundzüge der gesellschaftlichen Entwicklung 1950-1990

3.1 Produktionssektoren und Erwerbsquote

Auffälligste Merkmale der Entwicklung der *Produktionsstruktur* der Bundesrepublik in den vier Jahrzehnten bis zur Wiedervereinigung sind der absolute und relative Rückgang der Beschäftigten in Land- und Forstwirtschaft, der absolute und relative Anstieg der Beschäftigten im Dienstleistungssektor und der Rückgang der Selbständigen und mithelfenden Familienangehörigen, bei gleichzeitigem Anstieg der unselbständig Beschäftigten auf etwa neun Zehntel aller Erwerbstätigen.

Während die Entwicklung der *Erwerbsquote* (Anteil der Beschäftigten in Relation zur Gesamtbevölkerung) zwischen 46,2% (1950) und dem Maximum von 48,18% (1957) schwankte, zeigte diese Quote bei Männern und Frauen größere Differenzen: die der Frauen ging bis 1971 (30%) kontinuierlich zurück, um erst danach anzusteigen. Im Vergleich zur DDR war die allgemeine, insbesondere aber die weibliche Erwerbsquote deutlich niedriger.

Tabelle 1: Anteile der Produktionssektoren an der Gesamtzahl der Erwerbstätigen 1950-1990 in%

	1950	1960	1970	1980	1990
Primärer Sektor: Land- u. Forstwirtschaft; Tierhaltung; Fischerei	23,2	13,7	8,5	5,5	3,6
Sekundärer Sektor: produzierendes Gewerbe	42,3	48,0	48,9	44,1	40,6
Tertiärer Sektor: Handel u. Verkehr; Dienstleistungn	32,3	38,3	42,6	50,4	55,8
nicht klassifizierbar	2,2	–	–	–	–
insgesamt in 1000	22.074	26.063	26.560	26.278	29.334

Quelle: Schäfers 1995, S. 184

In den ersten 20 Jahren der bundesrepublikanischen Wirtschaftsgeschichte veränderten sich die Anteile der *Produktionssektoren* (Wirtschaftsbereiche) am Bruttoinlandsprodukt (BIP) erheblich. 1950 betrug der Anteil von Land- und Forstwirtschaft wie Fischerei noch 10,2%, 1970 nur 3,1%. Auf das warenproduzierende Gewerbe entfielen 1950 50%, 1970 waren es 55% (Stat. Bundesamt, Hg., Bevölkerung und Wirtschaft 1872-1972: 264). In allen Produktionssektoren waren die quantitativen Veränderungen auch mit umfänglichen qualitativen Veränderungen und Differenzierungen verbunden, zumal seit Beginn der „Digitalen Revolution" um 1970.

3.2 Familie und Jugend

Die *Familie* der Nachkriegszeit bzw. der frühen 50er Jahre war ein Spiegel der desolaten Situation, aber auch ein Beispiel für die Rückgewinnung von Stabilität in den gesellschaftlichen Basisinstitutionen. Dies zeigte Helmut Schelskys Analyse der „Wandlungen der deutschen Familie in der Gegenwart" (1953). Doch auch in der Familie zeigte sich, wie im Rückblick deutlicher erkennbar wird, langfristiger soziokultureller Wandel, greifbar z.B. im Erziehungsstil, der Autoritäres und Patriarchalisches zurücktreten ließ. Viele Indikatoren weisen zwar auch auf die Restauration traditioneller Familienleitbilder in den 50er Jahren hin, doch gibt es gleichzeitig den Trend der „säkularen Geburtenbeschränkung" (Hans Linde) und der Verselbständigung (Individualisierung) familiärer Positionen (Familie).

Erfolglos waren auch Versuche der Restaurierung einer bündischen *Jugendkultur* oder staatstreuen Jugend (wie in der DDR). Helmut Schelsky brachte den breit rezipierten und zum Selbstverständnis der jungen Bundesrepublik gehörenden Begriff von der „Skeptischen Generation" (1957) in die Diskussion. Die neue Richtung war sehr bald eindeutig: weg von den durch Ältere („Führer") dominierten jugendbewegten Gruppen und hin zu dem neuen Gruppentypus der peers, den selbstbestimmten Gleichaltrigengruppen. Zu diesem Umbruch gehört auch die Jugendmusikkultur mit ihren schnell wechselnden Stilen und Gruppen sowie ihrer an hohen technischen Standards orientierten Reproduktion. Hierin liegt zugleich ein Vehikel der Anpassung der Jugend an Technik wie an die steigenden Konsumstandards. Friedrich H. Tenbruck stellte in „Jugend und Gesellschaft" (1962) die Diagnose, die Jugend habe eine eigene Teilkultur ausgebildet; in den peergroups schaffe sie sich einen selbstbestimmten Raum der Identifikation, der „Sozialisation in eigener Regie", und verstärke damit den Trend nach einer Verlängerung der Adoleszenz (Jugend).

3.3 Kirchen und Sozialmilieus

Deutschland war, nicht zuletzt durch die Dominanz Preußens (als Land definitiv 1947 aufgelöst) und die Herkunft seiner Eliten, in Wirtschaft, Staat und Gesellschaft ein vom *Protestantismus* geprägtes Land. Das Bildungsdefizit der *Katholiken* und damit verbundene Benachteiligungen in der Statuspyramide wurden auch in den 50er Jahren kaum verringert. So konnten z.B. in der klassischen Domäne des protestantischen Bildungsbürgertums, der Universität, Katholiken erst mit der Bildungs- und Hochschulexpansion seit 1965 nenneswerte Anteile erringen.

Die Zahl der „Kirchenkatholiken" war in den 50er Jahren hoch und die Bindung von – vor allem katholischer – Konfession und CDU/CSU-Wählerschaft eng. Wurden sonst (z.B. in der Arbeiterschaft) typische Sozialmilieus modernistisch aufgebrochen, erfuhr das katholische Sozialmilieu bis in die späten 50er Jahre eine Stabilisierung. Der radikale Umbruch erfolgte erst Mitte der 60er Jahre (Gabriel 1993). Für das „protestantische Milieu" zieht Christoph Kleßmann (1993) ein vergleichbares Fazit: der Säkularisierungstrend scheint gebrochen, aber hinter der Fassade einer „vordergründigen Religiosität" seien auch in den 50er Jahren bereits Elemente ihrer Auflösung sichtbar gewesen. Kleßmann umschreibt dies als „Verflechtung von Restauration und Modernisierung".

3.4 Neue Rolle des Militärs

Als wichtige, die Integration und Konsensfähigkeit der westdeutschen Gesellschaft in ihrer Anfangsphase wesentlich begünstigende Diskontinuität wurde das (unfreiwillige) Abdanken des deutschen Militärs bezeichnet. Mit der totalen Kapitulation waren „der gesellschaftliche Statuswert und der politische Rang der Armee dahin" (Bald 1993). Die eindeutige Unterordnung des Militärs – nach Gründung der *Bundeswehr* 1955 und Wiedereinführung der allgemeinen Wehrpflicht 1956 – als „Bürger in Uniform" unter demokratisch gewählte Institutionen und in eine fast normale Rolle als „Dienstleister" war Voraussetzung für die Akzeptanz der durch den Kalten Krieg provozierten Rückkehr des Militärs in das öffentliche Leben. Durch den 1957 eingeführten „*Wehrbeauftragten*" (Art. 45b GG) sollten verbesserte Möglichkeiten der Beschwerde seitens der Soldaten und öffentliche Kontrolle dieser traditionell zur Autonomie neigenden Institution geschaffen werden.

3.5 Modernisierung und Westbindung als dominante Trends

Die westdeutsche Gesellschaft ist in ihrer Formierungsphase nur begrenzt als „restaurativ" zu bezeichnen. Viele Strukturelemente (Parteien, Militär, Konfession, Arbeitermilieu usw.) wurden entweder gar nicht oder unter veränderten Bedingungen „restauriert". Ralf Dahrendorf nannte in „Gesellschaft und Demokratie in Deutschland" (1965: 40f.) vier Elemente der liberalen Demokratie, die erst nach 1948/49 sich frei entwickeln konnten: die Durchsetzung bürgerlicher Freiheits- und Gleichheitsrechte; die „rationale Regelung von Konflikten" in politischen und weiteren Institutionen; die Anerkennung der Vielfalt von Interessen und die Differenzierung der Eliten und die Ausbildung einer öffentlichen Sphäre der Kritik und der bürgerlichen Tugenden. Diese Entwicklungen waren verbunden mit einer eindeutigen Westorientierung und Prozessen der *Modernisierung* des Lebensstils (Schildt/Sywottek 1993). Zwar gab es bereits in den 20er Jahren eine erste Welle der „Amerikanisierung" des Lebensstils, aber erst nach dem Zweiten Weltkrieg werden in Westdeutschland Entwicklungsphasen der amerikanischen Gesellschaft zu freiwillig oder unfreiwillig adaptierten „patterns" einer weitreichenden Kulturdiffusion.

3.6 Auf dem Weg zur Dienstleistungsgesellschaft

Seit Ende der 50er Jahre zeichnete sich ab, was dann in den 60er Jahren als „*Dienstleistungs-*" bzw. „*Angestelltengesellschaft*" bezeichnet wurde. Im öffentlichen wie im industriellen Bereich nahm der Anteil der Angestellten sprunghaft zu, bei gleichzeitiger Heterogenisierung ihrer Berufspositionen und einer deutlichen „Feminisierung" der Angestellten; der Frauenanteil stieg von 1950 bis 1960 von 40 auf 50%. Zu den einführend hervorgehobenen Diskontinuitäten der Gesellschaftsentwicklung nach 1945/48, die sich jedoch integrierend auf das Gesamtsystem auswirkten, gehört auch der Schwund des Klassenbewußtseins der Arbeiter. In einer der wichtigsten industrie- und betriebssoziologischen Untersuchungen der 50er Jahre hatten Heinrich Popitz, Hans Paul Bahrdt u.a. (1957) herausgefunden, daß das Arbeiterbewußtsein nicht mehr „proletarisch" verankert war, sondern nur noch strategisch in Lohnauseinandersetzungen aktualisiert wurde. Die Verbreitung der Angestelltenschaft und die „Entproletarisierung" der Arbeiterschichten in den 50er Jahren waren die Basis für die Entschärfung des Klassenkonflikts und letztlich für das sozialdemokratische „*Godesberger Programm*" von 1959.

4. Von der Klassenspannung zur sozialen Schichtung

Im Jahre 1949 veröffentlichte der Soziologe Theodor Geiger (1891-1952) eine Schrift mit dem Titel „Die Klassengesellschaft im Schmelztiegel". Wie schon in seiner empirischen Untersuchung „Die soziale Schichtung des deutschen Volkes" (1932) verband Geiger Elemente einer „aufgeklärten" *Klassentheorie* mit Befunden über soziale Lage und sozialem Bewußtsein, Mentalität und Lebenschancen zu einer weiterführenden Analyse der vertikalen Struktur und Ungleichheitsdimension entwickelter Industriegesellschaften. Noch größere Resonanz hatte die von Helmut Schelsky (1912-1984) entwickelte These von der „*nivellierten Mittelstandsgesellschaft*", die er zuerst 1953 als Ergebnis seiner Untersuchungen über die „Wandlungen der deutschen Familie in der Gegenwart" vortrug. Zentrale Aussagen lassen sich wie folgt zusammenfassen (1965: 332ff.): In der deutschen Gesellschaft seien seit Ende des Ersten Weltkrieges umfangreiche soziale Aufstiegs- und Abstiegsprozesse vor sich gegangen. Die „breite Aufstiegsmentalität der industriellen Gesellschaft" werde im wesentlichen gebildet durch den „kollektiven Aufstieg der Industriearbeiterschaft" und den „mehr graduell, im ganzen aber ebenfalls schichtbildend vor sich gehenden Aufstieg der technischen und Verwaltungs-Angestellten in den neuen Mittelstand". Diese Aufstiegsprozesse würden gekreuzt von „breiten sozialen Abstiegs- und Deklassierungsprozessen", die ebenfalls nach dem Ersten Weltkrieg beginnen (Inflation 1932) und sich nach 1945 verstärkten. Der Nivellierung „des realen wirtschaftlichen und politischen Status" folge eine Vereinheitlichung der sozialen und kulturellen Verhaltensformen in einem „kleinbürgerlich-mittelständischen Lebenszuschnitt".

Mit den zu Schlagworten verdichteten Thesen von Geiger und Schelsky war ein Thema vorgegeben, das gesellschaftspolitisch und soziologiegeschichtlich in den 50er und 60er Jahren kontrovers diskutiert wurde. Die von Karl Martin Bolte, Erwin K. Scheuch und anderen seit Ende der 50er Jahre entwickelten Schichtungsindizes und Prestigeskalen ermittelten jedoch kein klassenspezifisches Bild von der vertikalen Struktur der westdeutschen Gesellschaft. Beruf und Ausbildung, Einkommen und Vermögen wurden dominant und verdrängten politisch wie mental Klassenstruktur- und -spannung (wie auch die Selbsteinstufungen der Bevölkerung zeigten). Auch mit dem bereits erwähnten *Godesberger Programm* der *SPD* von 1959 waren die gesellschafts- und parteipolitischen Diskussionen um *Klassenstruktur* der westdeutschen Gesellschaften weitgehend beendet; sie erhielten durch weltpolitische Entwicklungen – Entkolonialisierung; Vietman-Krieg; Vordringen des Sozialismus in Entwicklungsländern und schließlich durch die Studentenproteste – im wissenschaftlichen Raum seit Beginn der 60er Jahre neuen Auftrieb.

Am Ende des Weges im hier betrachteten Zeitraum – bis 1990 – läßt sich die vertikale Struktur der westdeutschen Gesellschaft auch in einer *Schichtungspyramide* nur noch mühsam unterbringen. Im „Jenseits von Klasse und Schicht" (Beck 1986) oder in Stefan Hradils Analysen über die neu entstandenen „Lagen und Milieus" (1987) wird gezeigt, daß die Prozesse der *Pluralisierung* und *Individualisierung* zu neuen Lebenslagen und Lebensstilen geführt haben. Neue Berufsfelder und Arbeitsverhältnisse, neue Siedlungs- und Wohnstrukturen, neue Haushalts- und Familienformen, die Veränderung der Altersstruktur und der Generationenverhältnisse haben zur „neuen Unübersichtlichkeit" (Habermas) ebenso beigetragen wie die weiter fortschreitende

Entkoppelung von Arbeitswelt, „Kulturindustrie" (Adorno) und Freizeit.

5. Postindustrielle Sozialstruktur

Bei der Analyse der Sozialstruktur der Bundesrepublik in den ersten zwei Jahrzehnten standen politische, ökonomische und soziale Faktoren im Vordergrund; seit Mitte der 60er Jahre sind Veränderungen der *Wertorientierung*, neue Informationstechnologien und bisher unbekannte audio-visuelle Medien in die Betrachtung einzubeziehen.

5.1 Wertewandel und Sozialstruktur

Mit zunehmendem individuellen Wohlstand und der Absicherung der materiellen Lebensbasis (bei einer Arbeitslosenquote von z.T. unter 1%) beeinflußten Fragen nach der deutschen Vergangenheit und der Gesellschaftsstruktur (wie in der *Studentenbewegung* 1967 bis ca. 1972), nach Sinn und *Wertorientierung* mehr und mehr die Politik und die Institutionen. Veränderungen der Sozialstruktur seit Mitte der 60er Jahre sind daher auch im Zusammenhang des *Wertewandels* zu sehen. Für die westdeutsche Gesellschaft ist als Basis auch die *Bildungsexpansion* seit Beginn der 60er Jahre zu berücksichtigen, von der Mädchen und junge Frauen überproportional profitierten. Hierdurch änderte sich das Verhältnis der Geschlechter und erhöhte sich die Kritikfähigkeit gegenüber Institutionen und Politik. Soziale Bewegungen, Alternativkultur und eine Expansion sozialer Gruppen in immer mehr Lebensbereichen veränderten die Sozialstruktur, Schichtungen, Lagen, Milieus und Lebensstile.

In seiner Analyse des Wertewandels in der Bundesrepublik faßt Heiner Meulemann (1996) die zentralen Dimensionen der letzten vier bis fünf Jahrzehnte wie folgt zusammen: In der alten Bundesrepublik gab es eine deutliche Zunahme an Mitbestimmung und Selbstbestimmung sowie an Akzeptanz des politischen Systems und der politischen Interessen; Kirchenbindung und Kirchgang hatten einen Rückgang zu verzeichnen. Die DDR habe diesen „postmateriellen Wertwandel" (B.S.) nicht erlebt, und statt der freiwilligen Säkularisierung habe es eine von der Politik erzwungene gegeben.

5.2 Konturen der Informationsgesellschaft

Um 1970 beginnen sich Strukturen einer „*Informationsgesellschaft*" abzuzeichnen: Seit 1971 gibt es Nachrichten-Satelliten; seit 1978 Video und Kabel; seit 1980 den Bildschirmtext; seit 1981 den PC usw. Durch die neuen *Informationstechnologien* veränderten sich die Produktionsstrukturen, die Arbeitsprozesse und Freizeitgewohnheiten ebenso wie die Geräte und Gebrauchsgüter, die Verkehrssysteme und die Kommunikationsformen. Kein Bereich blieb vom Einsatz der Mikroprozessoren, der digitalisierten Steuerung und der immer stärkeren Vernetzung der audio-visuellen Medien unberührt. Die neuen Technologien und neuen Medien sind die Basis der Informationsgesellschaft, in der nicht nur die Individuen über ihren PC am dienstlichen und häuslichen Arbeitsplatz „on line" mit allen möglichen Diensten und Informationsquellen sind, sondern eine Vielzahl von Arbeitsplätzen räumlich und zeitlich beliebig verlagert werden können. Der „Cybercommuter" wird möglich. Ebenso umfassend sind die Auswirkungen auf Lernprozesse, auf Bildungs- und Ausbildungsinhalte, auf die Formen der Wahrnehmung (mit Übergewicht des Visuellen), auf Raum- und Zeitbewußtsein. Für den Alltagssprachgebrauch und eine zeitgerechte Allgemeinbildung war ein völlig neues Vokabular einzuüben: Bit und Byte, CD-Rom und Cyberspace, Decoder und E-Mail, Hacker und Internet, ISDN und Scanner seien hier als Beispiele genannt.

6. Vereinigung von Bundesrepublik Deutschland und DDR

6.1 Integration der DDR

Die Bundesrepublik Deutschland wurde entsprechend den Traditionen der deutschen Geschichte als föderaler Bundesstaat gegründet, d.h. mit Ländern, die partiell Staatsfunktionen haben. Die Entwicklung in der *DDR* war bald nach Gründung zentralistisch und allen überkommenen föderalen Traditionen auf Gemeinde- und Länderebene entgegengesetzt. Darum mußten im Hinblick auf die Angliederung der DDR nach Art. 23 GG die 1952 liquidierten Länder neu gegründet werden (vgl. Präambel und Art. 23 GG in der bis zum 3.10. 1990 geltenden Fassung). Diese fünf neuen Bundesländer machten 1990 zusammen mit Ost-Berlin (das mit West-Berlin zu einem eigenen Bundesland bzw. Stadtstaat vereinigt wurde) 30,3% des Gesamtterritoriums und 21,2% der Bevölkerung der Bundesrepublik Deutschland aus.

6.2 Vereinigung unterschiedlicher Systeme

„Die doppelte Staatsgründung" (Kleßmann 1982) gehörte seit der Ostpolitik der Regierung Brandt-Scheel (1969f) zum politischen und kulturellen Selbstverständnis. Die *Wiedervereinigung* blieb zwar Staatsziel, schien aber trotz der Entwicklungen in Osteuropa seit 1985, dem Beginn der „Ära Gorbatschow", in eine immer fernere Zukunft gerückt. Allenfalls wurde an Reformen im „real existierenden Sozialismus" (Rudolf Bahro), nicht aber an die völlige Aufgabe der staatlichen Souveränität der DDR gedacht.

Die *Vereinigung* der beiden deutschen Staaten erfolgte nach den Vorgaben des Gesellschafts- und Staatssystems der Bundesrepublik: Die offiziell bis zum 3. Oktober 1990 existierende DDR wurde Teil der Bundesrepublik Deutschland. Es entstand also kein neuer Staat auf neuer Verfassungsgrundlage, sondern die bisherige Bundesrepublik erweiterte sich um das Territorium der DDR bzw. um fünf „neue Bundesländer" und Ost-Berlin, das mit West-Berlin zum dritten Stadtstaat der neuen Bundesrepublik zusammengefaßt wurde.

Gegensätzlicher als in den beiden deutschen Staaten kann man sich die politischen und sozialen, kulturellen und ökonomischen Strukturen in Industriegesellschaften kaum vorstellen: hier eine parlamentarische Demokratie und Marktwirtschaft – dort eine parteizentrierte Gesellschaft und Zentralverwaltungswirtschaft. Die Bundesrepublik war aber nicht nur mit ihrer Verfassung und ihrer Rechtsordnung, ihrem Föderalismus und ihren politischen Institutionen das in allen Einzelheiten zu kopierende Vorbild, sondern auch mit ihrer Form der Organisation des Wirtschaftslebens, ihrem für die Deutschen so wichtigen Vereinsleben das „Muster", an dem der gesellschaftliche Aufbau in den neuen Bundesländern sich orientierte. Wie das geschehen sollte, steht in den beiden Staatsverträgen, die vor der Vereinigung mit der DDR abgeschlossen wurden: Der erste Staatsvertrag vom 18.5.1990 brachte zum 1. Juli 1990 die Währungs-, Wirtschafts- und Sozialunion mit der DDR; der zweite Staatsvertrag, auch *Einigungsvertrag* genannt, regelt für den staatlichen, rechtlichen, politischen und kulturellen Bereich die Formen des Übergangs und der Integration (vgl. „Die Verträge zur Einheit Deutschlands", Beck-Texte, München 1990). Verfassungsrechtlich relevant war vor allem der „Einigungsvertrag", d.h. der „Vertrag zwischen der Bundesrepublik Deutschland und der DDR über die Herstellung der Einheit Deutschlands vom 31.8.1990" (wirksam ab 3.10.1990).

Literatur

Bald, Detlef: „Bürger in Uniform". Tradition und Neuanfang des Militärs in Westdeutschland, in: Schildt, Axel/Arnold Sywottek, (Hg.): Modernisierung und Wiederaufbau. Die westdeutsche Gesellschaft der 50er Jahre, Bonn 1993, S. 392-402

Beck, Ulrich: Jenseits von Stand und Klasse? in: Kreckel, R. (Hg.): Soziale Ungleichheiten, Göttingen 1983, S. 35-74

Dahrendorf, Ralf: Gesellschaft und Demokratie in Deutschland, München 1965

Gabriel, Karl: Die Katholiken in den 50er Jahren, in: Schildt, Axel/Arnold Sywottek, (Hg.): Modernisierung und Wiederaufbau. Die westdeutsche Gesellschaft der 50er Jahre, Bonn 1993, S. 418-432

Hradil, Stefan: Sozialstrukturanalyse in einer fortgeschrittenen Gesellschaft. Von Klassen und Schichten zu Lagen und Milieus, Opladen 1987

Kleßmann, Christoph: Die doppelte Staatsgründung. Deutsche Geschichte 1945-1955, Bonn 1982

Kleßmann, Christoph: Zwei Staaten, eine Nation. Deutsche Geschichte 1955-1970, Bonn 1988

Kleßmann, Christoph: Kontinuitäten und Veränderungen im protestantischen Milieu, in: Schildt, Axel/Arnold Sywottek, (Hg.): Modernisierung und Wiederaufbau. Die westdeutsche Gesellschaft der 50er Jahre, Bonn 1993, S. 403-417

Lepsius, M. Rainer: Die Bundesrepublik in der Kontinuität und Diskontinuität historischer Entwicklungen, in: Conze, Werner/Rainer M. Lepsius, (Hg.): Sozialgeschichte der Bundesrepublik Deutschland. Beiträge zum Kontinuitätsproblem, Stuttgart 1983

Meulemann, Heiner: Werte und Wertewandel. Zur Identität einer geteilten und wieder vereinten Nation, Weinheim und München 1996

Popiz, Heinrich/Hans Paul Bahrdt u.a.: Das Gesellschaftsbild des Arbeiters, Tübingen 1957

Schäfers, Bernhard: Gesellschaftlicher Wandel in Deutschland. Ein Studienbuch zur Sozialstruktur und Sozialgeschichte, 6. neu bearb. Aufl., Stuttgart 1995

Schelsky, Helmut: Die Bedeutung des Schichtungsbegriffs für die Analyse der gegenwärtigen Gesellschaft; Die Bedeutung des Klassenbegriffs für die Analyse unserer Gesellschaft, in: ders.: Auf der Suche nach Wirklichkeit. Gesammelte Aufsätze, Düsseldorf, Köln 1965

Schildt, Axel/Arnold Sywottek, (Hg.): Modernisierung und Wiederaufbau. Die westdeutsche Gesellschaft der 50er Jahre, Bonn 1993

Weidenfeld, Werner/Hartmut Zimmermann (Hg.): Deutschland-Handbuch. Eine doppelte Bilanz 1949-1989, Bonn 1989

Zapf, Wolfgang: Sozialstruktur und gesellschaftlicher Wandel in der Bundesrepublik Deutschland, in: Weidenfeld, Werner/Hartmut Zimmermann (Hg.): Deutschland-Handbuch. Eine doppelte Bilanz 1949-1989, Bonn 1989, S. 99-124

Bernhard Schäfers

Gesellschaft der Deutschen Demokratischen Republik (DDR) von 1949-1990

1. Grundlagen und Gründungsideen der DDR-Entwicklung

Am 3. Oktober 1990 wurde die *Wiedervereinigung* Deutschlands – formal – vollzogen. Die DDR hatte aufgehört zu existieren. Was war das für ein Gesellschaftsgebilde, das in seiner ca. 40jährigen Geschichte die politische und wirtschaftliche Diskussion in Europa und in der Welt auf unterschiedliche Weise beeinflußt hatte? In der politischen Alltagssprache reichten die Kennzeichnungen bei den jeweiligen Systemvertretern und deren Widersachern von „Staat der Arbeiter und Bauern", „Diktatur des Proletariats", „Sozialistischer Friedensstaat" bis hin zu „Sowjetvasall", „Unrechtsregime", „Polizei- und Stasi-Staat" usw.

In allen diesen Kennzeichnungen steckt ein Quantum an Wahrheit; ob damit aber der soziale Kern dieses historischen Gesellschaftssystems fixiert wurde, muß sicher noch längeren Aufarbeitungsphasen vorbehalten bleiben.

1.1 Verfassungsmäßige Grundlagen

Wenige Monate nach der Gründung der *Bundesrepublik Deutschland (BRD)* trat am 7. Oktober 1949 der aus der Volkskongreßbewegung hervorgegangene Volksrat unter dem Vorsitz von Wilhelm Pieck zusammen, proklamierte die DDR und erklärte sich selbst zur „Provisorischen *Volkskammer*". Wenige Tage später wurde von der Volkskammer und der inzwischen installierten Länderkammer Pieck zum Präsidenten der DDR und Otto Grotewohl zum Ministerpräsidenten gewählt.

In der damaligen politischen Lesart wurde argumentiert, daß die schnelle Gründung der DDR nur eine Reaktion auf die „spalterische Politik" der westlichen Alliierten war. Der Gedanke an eine *Wiedervereinigung* wurde eigentlich erst in der Verfassungsreform 1974 formal endgültig aufgegeben.

Die noch am 7. Oktober 1949 verabschiedete – und vom damaligen Präsidenten der Provisorischen *Volkskammer*, Johannes Dieckmann, unterzeichnete – Verfassung versuchte, die nach dem Erlebnis der Nazizeit in den Hoffnungen der Menschen wurzelnden Wünsche nach Freiheit, Frieden, Gemeinwohl usw. festzuschreiben. Es kann deshalb nicht verwundern, daß die engen Bezüge zur Weimarer Verfassung selbst für Nichtjuristen kaum zu übersehen waren. Und selbiges mußte – damals – nicht politisch oktroyiert werden, es war die vorhandene Wertorientierung der Menschen. Logisch waren auch demzufolge die in der ersten Verfassung der DDR fixierten Orientierungen auf die Einheit Deutschlands. In Artikel 1, Absatz (1) hieß es: „Deutschland ist eine unteilbare demokratische Republik, sie baut sich auf den deutschen Ländern auf" (Verfassung DDR von 1949: 3). Artikel 1, Absatz (4) schrieb fest: „Es gibt nur eine deutsche Staatsangehörigkeit" (ebd.).

Erstaunlich lange hat sich diese Diktion der Gesellschaftsorientierung erhalten. Mindestens zwei Gründe sprechen dafür: Zum einen erahnten die damals „Politik-Mächtigen" sehr wohl, daß es nicht möglich sein würde, in historisch kurzen Zeiträumen die über Jahrhunderte gewachsenen deutschen Traditionen durch die Festlegungen politischer Grenzen auszulöschen.

Zum anderen schien man davon überzeugt zu sein, daß das „Modell DDR" eine solche politische Affinität verkörpern würde, die eine *Wiedervereinigung* Deutschlands – natürlich nach kommunistischen Idealen – für die Mehrheit der Deutschen relativ wahrscheinlich erscheinen ließ. Die Realitäten der tatsächlichen sozialen, politischen und kulturellen Entwicklung in der DDR sprachen später dagegen.

Es erscheint deshalb fast logisch, daß es in der 2. Verfassung der DDR vom 8. April 1968 – unterzeichnet vom damaligen Vorsitzenden des Staatsrates der DDR, Walter Ulbricht – hieß: „Die Deutsche Demokratische Republik ist ein sozialistischer Staat deutscher Nation". Endgültig zementiert wurde die Trennung der deutschen Nation erst in der Verfassungsreform von 1974.

Das Sehnen und die Hoffnungen vieler Menschen bezüglich der *Wiedervereinigung* Deutschlands sind also keineswegs erst in den stürmischen Tagen des Herbstes 1989 geboren worden, sie wurden wieder neu belebt. Die politischen Träger der Wendebewegung, die etwa 40-50jährigen, hatten noch bis Ende der 60er Jahre – gestützt auf verfassungsmäßige Orientierung – die Wiedervereinigung nicht ganz aus den Augen verloren. Der politische Kurswandel Ende der 60er Jahre begrub diese Hoffnungen völlig. Man begann, sich „einzurichten" (im Westen wie im Osten!) und mit den Gegebenheiten der Spaltung Deutschlands zu leben. Noch Ende der 80er Jahre hätte wohl kaum jemand eine kurzfristige Wiedervereinigung für denkbar gehalten. Die sich überstürzenden politischen Ereignisse des Jahres 1989 ließen alte Hoffnungen und Wünsche schnell wieder aufkeimen.

1.2 Gründungsideen der DDR

Die Gründungsideen der DDR entsprangen natürlich nicht ausschließlich den Vorstellungen der damaligen deutschen Kommunisten. Der regide Einfluß sowjetischer Administration war unübersehbar. Das läßt sich auch aus der 1. Verfassung der DDR ablesen.

Markantes Beispiel ist die Formulierung des Artikels 50. Darin heißt es in Absatz (1): „Höchstes Organ der Republik ist die *Volkskammer*" (Verfassung DDR von 1949: 13).

Dieser Verfassungssatz gleicht fast wörtlich dem Artikel 30 der Sowjetischen Verfassung von 1936, in dem es heißt: „Das höchste Organ der Staatsgewalt in der UdSSR ist der oberste Sowjet der UdSSR" (Rausch/Stammer 1975: 184). Diese bereits in der ersten Verfassung beginnende, später sowohl in anderen verfassungsrechtlichen Grundsätzen wie in der täglichen Politik zunehmende Machtkonzentration in den Händen zentraler staatlicher Organe – auf politischer Ebene vor allem in den Händen des Politbüros der *Sozialistischen Einheitspartei Deutschlands (SED)* – hat die weitere Entwicklung der DDR nachhaltig beeinflußt und komplizierte Probleme in der wirtschaftlichen, sozialen und kulturellen Entwicklung hervorgebracht. Eine eigenartige Ironie des politischen Schicksals der DDR-Gesellschaft. In ihrer ganzen Entwicklung hat sie sich nie aus den Klammern sowjetischer Bevormundung lösen können; ihr Untergang wurde wiederum maßgeblich durch Veränderungen in der politischen Machtstruktur ihres Bevormunders eingeleitet.

1.3 Sozial-ökonomische Ausgangsbedingungen der DDR

Die sozial-ökonomischen Ausgangsbedingungen bei Gründung der DDR waren denkbar schlecht. Das Gebiet der Sowjetischen Besatzungszone (SBZ), später im wesentlichen das Gebiet der DDR, war im nördlichen Teil (die späteren Bezirke Rostock, Schwerin, Neubrandenburg) im wesentlichen agrarisch strukturiert. Außer wenigen „industriellen Inseln" im Süden, etwa in den Regionen Magdeburg, Leipzig und Dresden, fehlte die Schwerindustrie fast völlig. An Rohstoffen war außer Braunkohle und Mineralsalzen so gut wie nichts vorhanden. Die im Raum Chemnitz vorhandenen Uran-Vorkommen wurden ausschließlich durch Betriebe der Sowjetischen Militäradministration (SMAD) abgebaut und – unentgeltlich – in die Sowjetunion geliefert.

Im Rahmen der festgelegten Demontagen wurden mehr als 1.000 Betriebe, vor allem in den Bereichen Maschinenbau, der chemischen und optischen Industrie, abgebaut. Über die von der SBZ/DDR insgesamt geleisteten Reparationsleistungen gibt es nur Schätzungen. Vermutet wird im Zeitraum von 1945 bis 1953 ein Volumen von rund 67 Milliarden Mark. Stützungen für den Aufbau der Volkswirtschaft, wie sie die westlichen Besatzungszonen bzw. die BRD empfangen hatten, gab es für die DDR nicht.

Wie sehr offensichtlich dieses Problem dem Bild vom „Bruder Sowjetunion" ideologisch im Wege stand, belegt die Tatsache, daß es im Handbuch der DDR von 1984 das Stichwort „Reparationsleistungen" überhaupt nicht gibt. Diese Ausgangsbedingungen und der Versuch ihrer politischen und wirtschaftlichen Bewältigung zeitigte Folgen, die – letztlich – bis zum Untergang der DDR 1990 zu beobachten waren.

Der Aufbau der Grund- und Schwerindustrie und deren technologische Vervollkommnung sowie Anpassung an westliche Standards war eine Zielsetzung, die sich in allen Volkswirtschaftsplänen und Parteitagsbeschlüssen der *SED* nachweisen läßt.

Reflektiert wird diese damalige gesellschaftspolitische Orientierung am Anteil der Wirtschaftsbereiche an den Berufstätigen. Im Zeitraum von 1949 bis 1986 entwickelte sich nach offiziellen Angaben der Anteil der in der Industrie Beschäftigen von 27,2% auf 37,7%. Der Anteil des produzierenden Handwerks ging im gleichen Zeitraum von 8,6% auf 3,1% zurück. Die Bauwirtschaft stagnierte (6,5% 1946 zu 6,7% 1986); Verkehr, Post- und Fernmeldewesen waren zum Teil rückläufig (Stat. Jb. DDR 1987: 112). Die Konsequenzen einer solchen Wirtschaftsorientierung waren ein permanenter Mangel an Konsumgütern.

Sich selbst zunehmend als moderner sozialistischer Industriestaat bezeichnend, konnte die DDR aber die Entwicklungstendenzen der „Moderne" nicht durchhalten.

Die Entwicklung des *tertiären Sektors*, von Massenkonsum auf hohem Niveau und persönlicher Freiheit waren Leistungen, die auf Grund der historischen Ausgangsbedingungen und der zunehmenden politischen Indoktrinationen nur begrenzt „lieferbar" waren und nicht selten zu innenpolitischen Spannungen führten.

1.4 Bevölkerungs- und wirtschaftliche Entwicklung der DDR

Die Entwicklung der Wirtschaft zum Zeitpunkt der Gründung der DDR war natürlich eingebettet in ein damaliges politisches Konzept. Es basierte im wesentlichen auf zwei Säulen: Zum einen sollte das gesellschaftliche Eigentum – getreu dem Marxschen Ansatz – an den Produktionsmitteln die Gewähr für ein von Ausbeutung freies und an den Bedürfnissen der werktätigen Massen orientiertes Leben garantieren. Zum anderen sollte das Prinzip des demokratischen Zentralismus, der Führungsanspruch der marxistisch-leninistischen Partei, der *SED*, auf allen Ebenen durchgesetzt werden.

Die entsprechenden Bedingungen zur Realisierung dieses Konzeptes wurden – schon vor der Gründung der DDR – geschaffen. Die noch vor Gründung der DDR durchgeführte Boden- und Industriereform enteignete Grundbesitzer und Industrieeigentümer und führte ihren Besitz in Neubauernparzellen (selbige bildeten später den Hauptanteil der *Landwirtschaftlichen Produktionsgenossenschaften/ LPG*), staatliche landwirtschaftliche Güter und volkseigene Betriebe über. Mit der Bodenreform wurden bürgerlich-demokratische Forderungen realisiert, die seit Jahrzehnten fortschrittliche politische Kräfte in Deutschland angemahnt hatten. Sicherlich war dies auch ein Grund dafür, daß nach der Wiedervereinigung die durch die Bodenreform neu entstandenen Besitzverhältnisse nicht angetastet wurden.

Das Prinzip des *„demokratischen Zentralismus"* läßt sich in seiner Entwicklung und Zuspitzung deutlich an den Verfassungsänderungen 1968 und vor allem 1974 ablesen.

Der Führungsanspruch der SED in allen entscheidenden wirtschaftlichen, politischen und kulturellen Fragen wurde verfassungsrechtlich garantiert. Das Politbüro der SED wurde immer stärker zum wirtschaftsleitenden Faktor der DDR-Wirtschaft. Auch die *strukturelle Zentralisation* der DDR-Wirtschaft ist gut nachvollziehbar. Die Konzentrationskette vollzog sich von der Überführung *Volkseigener Betriebe (VEB)* in die Vereinigung Volkseigener Betriebe *(VVB)* zu Kombinaten. Betrug der Anteil der zentralgeleiteten Kombinate 1970 noch 35, so lag ihre Zahl 1986 bereits bei 127 (Stat. Jb. DDR 1987: 138). Der volkswirtschaftlich entscheidende Anteil der industriellen Warenproduktion, der Produktion von Fertigerzeugnissen für die Bevölkerung und der Exportanteil wurde von zentral geleiteten Betrieben erbracht.

Die konzeptionellen Ansätze der damaligen DDR-Führung blieben nicht ohne soziale Folgen. Die Enteignung von Grund und Boden sowie tausender privat-kapitalistischer Betriebe drängten die damaligen Besitzer ins soziale Aus. Die – unter den ökonomischen Ausgangsbedingungen der neu gegründeten DDR notwendige – Forcierung des Aufbaus der Grundstoff- und Schwerindustrie durch Partei- und Staatsorgane führte gerade in diesen Jahren zu erheblichen Versorgungsmängeln. Politische – vor allem stalinistisch geprägte – Indoktrination in Wissenschaft, Kultur und Wirtschaft veranlaßten Zehntausende zur *„Republikflucht"*. Von 1949 bis 1960 nahm die DDR-Bevölkerung von 18.793.000 auf 17.188.000 ab (ebd: 1).

Ursache war fast ausschließlich die Abwanderung in die BRD. Die Grenzen waren noch relativ „durchlässig", die Angst, daß dieses Netz bald zugezogen würde, brachten Ende der 50er Jahre noch einmal Schübe von „Republikfluchten" hervor. Es wanderten vor allem relativ hoch qualifizierte Personen im arbeitsfähigen Alter ab.

Der Anteil der sich im arbeitsfähigen Alter befindenden Personen an der Wohnbevölkerung der DDR ging von 1950 bis 1960 von 64,1% auf 61,3% zurück. Der Anteil der Personen im Rentenalter stieg im gleichen Zeitraum von 13,8% auf 17,6% (ebd: 348). Die daraus resultierenden Folgen zeigten sich noch bis Ende der 70er Jahre. 1975 betrug der Anteil der Personen im Rentenalter an der Wohnbevölkerung 19,6% (ebd.). Die sozialen Wurzeln der später immer wieder zu beobachtenden Überalterung der DDR-Bevölkerung liegen zu hohen Anteilen bereits in den ersten zehn Jahren ihrer Existenz. Zudem erscheint es nicht unbillig, festzustellen, daß ein erheblicher Teil des Qualifikationspotentials an Arbeitskräften für den Start des „Wirtschaftswunders BRD" aus den Schulen und Ausbildungseinrichtungen der damaligen DDR kam. Ohne die politisch-ideologischen Hintergründe verkennen zu wollen, lag im *Bau der „Mauer"* im August 1961 eine gewisse wirtschaftliche Logik. Die gesamtgesellschaftlichen Zustände waren ohne Zweifel schlecht, der „Aderlaß" zum Westen durch *Republikfluchten* belastete die Wirtschaft. Über die tatsächlich entstandene Schadenshöhe kann heute nur noch spekuliert werden. Egon Krenz – der letzte Staatsratsvorsitzende der DDR – beziffert sie auf etwa 100-130 Milliarden Mark (Prokop 1994: 76).

Der *Bau der Mauer* in Berlin seit dem 13. August 1961 verkörperte u.a. einen „Rettungsanker" zur Sicherung des Gesellschaftsgebildes DDR. Die DDR wurde zum Westen hin – zum Teil überhaupt international – durch diesen Vorgang abgeriegelt. Der Mauerbau brachte systemstabilisierende, aber auch destabilisierende politische Folgen mit sich.

Am deutlichsten fiel nach diesem Ereignis die wirtschaftliche Entwicklung der DDR ins Auge. In wichtigen Positionen gelangen der DDR-Wirtschaft bis Mitte der 70er Jahre erhebliche Fortschritte.

Sie wurde zur zweitstärksten Industriemacht innerhalb des Rates für Gegenseitige Wirtschaftshilfe (RGW) und belegte den 10. Platz unter den führenden Industrienationen der Welt. Die Produktion von Rohstahl stieg von 1960 bis 1980 von 3,7 Millionen Tonnen auf 7,3 Millionen Tonnen, die Produktion von Zement von 5 Millionen Tonnen auf 12,4 Millionen Tonnen; die Erzeugung von Elektroenergie von 40.408 auf 90.603 GWh. Dabei wurden 1976 82,0% auf Energieträgerbasis Braunkohle gewonnen. Auch in bezug auf die Konsumgüterproduktion waren Fortschritte nicht zu übersehen. Auf 100 Haushalte der DDR entfielen 1966 9 PKW (1955 – 0,2); 54 Fernsehgeräte (1955 – 1); 32 Waschmaschinen (1955 – 0,5) und 31 Kühlschränke (1955 – 0,4). Dieser positive Trend setzte sich in den nächsten Jahren zunächst fort.

Trotz dieser Fortschritte gelang es der *SED*-Führung nicht, die qualitativen Unterschiede in der Lebenshaltung zwischen Ost und West zu beseitigen. Mit Beginn der 80er Jahre nahmen die Distanzierungen sogar wieder zu.

Die damals einsetzende Krise in der Weltwirtschaft, die drastische Erhöhung der Rohstoffpreise auf dem Weltmarkt und die wiederum zu beobachtende Zunahme von Aspekten des *„Kalten Krieges"* blieben nicht ohne Auswirkungen auf die Volkswirtschaft der DDR. Über 90% der in der DDR verarbeiteten Rohstoffe mußten importiert werden; vor allem aus der Sowjetunion. Bedrängt durch eigene wirtschaftliche Probleme verkauften die Russen ihre Rohstoffe auch nicht mehr zu „Vorzugspreisen".

Die Einbindung der DDR-Wirtschaft in den RGW zwang sie, ihre zum Teil durchaus hochwertigen Produkte (Schiffbau, Elektronik, chemische Erzeugnisse, Konsumgüter usw.) zu „Dumping-Preisen" in den Ostblock zu liefern. Trotz zum Teil hervorragender wissenschaftlich-technischer Leistungen der DDR-Wirtschaft gelang es nicht, auch nur einen einzigen ernsthaften Platz auf dem internationalen Wirtschaftsmarkt zu erringen.

Auch im eigenen Lande wurden die Stimmen nach weiteren Verbesserungen des Alltagslebens wieder lauter. Die *SED*-Führung entschloß sich zu einer Drosselung der Importe und zu einer Erhöhung der Exporte – natürlich auf Grund der Einbindung der DDR in den RGW vorrangig in die Ostblockstaaten.

Die wirtschaftlichen Ergebnisse wurden dadurch eher schlimmer. Die dringend erforderlichen Devisen kamen dabei kaum herein. Die *Auslandsverschuldung* zum westlichen Ausland stieg ständig. Nach Schätzungen soll sie bereits 1981 etwa 10 Milliarden Dollar betragen haben (Weber 1991: 200). Kurzfristig gelang es, diese Schuldensumme zu reduzieren – nicht zuletzt dank der gewährten Kredite durch die damalige BRD.

Noch Mitte der 80er Jahre glaubte niemand der führenden Politiker der BRD an einen kurzfristigen Zusammenbruch der DDR und schon gar nicht an eine bevorstehende *Wiedervereinigung*. Der noch im September 1987 erfolgte offizielle Staatsempfang von Erich Honnecker durch den Kanzler der BRD, Helmut Kohl, sprach dafür.

Die Entwicklung der DDR von 1949 bis zu ihrem Ende wirft viele – zum Teil bislang nicht hinreichend geklärte – Fragen auf. Sie betreffen das politische System insgesamt, die Rolle der DDR im RGW, die Fragen der „Blockparteien" als Stabilisator des DDR-Regimes, die Position der Staatssicherheit und vieles andere mehr (z.B. KSPW-Berichte, Bd. 1-6).

2. Einige Besonderheiten der Gesellschaftsstruktur der DDR

2.1. Der Frauenbeschäftigungsgrad

Ein „Markenzeichen" des Gesellschaftssystems DDR war der hohe *Frauenbeschäftigungsgrad*. Er resultierte sowohl aus sozialökonomischen wie auch aus ideologischen Konstellationen. Der kriegsbedingte Ausfall eines erheblichen Teils des männlichen Arbeitskräftepotentials und der bis zum Mauerbau zu beobachtende Aderlaß durch Abwanderung ließ die Gruppe der Frauen zum fast einzigen Arbeitskräftereservoir werden. Die ideologische Einbindung wurde vom Marxschen Konzept abgeleitet, nach dem nur die gleichberechtigte Einbeziehung der Frauen in den gesellschaftlichen Produktionsprozeß ihre vom männlichen Geschlecht notwendige Befreiung und Selbstbestimmung ermöglicht.

Die Arbeitstätigkeit der *Frauen* ergab sich also sowohl aus ökonomischen Zwängen als auch aus einer – durch die meisten Frauen durchaus angenommenen – Wertorientierung. Der Anteil der berufstätigen Frauen an den Gesamtbeschäftigten stieg ständig. 1950 betrug er 40%, 1984 49,4% (Lex. Sozialpolitik: 166). Der Anteil der ständig Berufstätigen im arbeitsfähigen Alter an der weiblichen Bevölkerung stieg von 1955 61,2% auf 90,7% im Jahre 1984 (ebd.). Damit hatte die DDR einen der höchsten Frauenbeschäftigungsgrade in der Welt überhaupt erreicht. Unter Berücksichtigung der natürlichen biologischen Grenzen war dieser *Frauenbeschäftigungsgrad* nicht weiter zu erhöhen, das diesbezügliche Reservoir war erschöpft.

Die staatlichen und Parteiorgane installierten umfängliche gesetzliche Maßnahmen zur Förderung der Berufstätigkeit der *Frauen* (ebd: 167ff.), wobei respektable Erfolge in der Verbesserung der *Qualifikationsstruktur* erreicht wurden.

Die Zahl von weiblichen Berufstätigen mit Hochschulabschluß stieg von 1970 bis 1986 von 70.000 auf 231.200, mit Fachschulabschluß von 165.100 auf 663.600, mit Facharbeiterabschluß von 1.539.300 auf 2.23.200 (Stat. Jb. DDR 1987: 124). Das soll nicht darüber hinwegtäuschen, daß wichtige sozialpolitische Zielstellungen des DDR-Regimes nur unvollkommen erreicht werden konnten. Die Doppelbelastung der werktätigen *Frauen* durch Mutterschaft und Berufstätigkeit konnte zwar gemildert, aber nicht beseitigt werden; die diesbezüglichen Hauptlasten haben die Frauen weiterhin getragen. Auch der Durchbruch der Frauen in führende Positionen von Politik, Wirtschaft und Kultur gelang nur begrenzt.

Unabhängig davon hat die flächendeckende Einbeziehung der Frauen in den gesellschaftlichen Produktionsprozeß der DDR relativ stabile, emanzipatorische Wertorientierungen bei vielen Frauen hervorgebracht.

Ende der 50er Jahre wurde – vor allem im Ergebnis der Beschlüsse des V. Parteitages der *SED* vom Juli 1958 – die „Kollektivierung der *Landwirtschaft*" forciert und im Sommer 1960 fast abgeschlossen. Ende 1960 bewirtschafteten rund 19.000 *LPGs* fast 90% der landwirtschaftlichen Nutzfläche der DDR. Niemand kann und will heute mehr leugnen, daß es damals politischen Druck von Seiten der Partei- und Staatsorgane, zum Teil auch vom *Ministerium für Staatssicherheit (MfS)* gegeben hat; aber kaum jemand erwähnt heute folgende Tatsache: In vielen Fällen waren es vor allem die *Frauen*, die ihre Männer in den einzelbäuerlichen Wirtschaften drängten, den Eintritt in die *LPG* zu vollziehen. Sie wollten sich lösen von der Knechtschaft des bäuerlichen Alltags, sie wollten sich ähnliche Lebensverhältnisse wie die Frauen in der Stadt verschaffen: Alltagsleben mit Planbarkeit und Freizeit, mit Konsum und Urlaub. Die Frauen waren in erster Linie die wirtschaftsmoralischen Stützen der neugegründeten LPGs.

2.2 Ehescheidungen in der DDR

Die Zahl der durch gerichtliches Urteil geschiedenen *Ehen* hatte in der DDR ständig zugenommen. 1986 übertraf die Zahl der Ehelösungen (139.993) die Zahl der Eheschließungen (137.208). Auf jeweils 10.000 der Einwohner beliefen sich die Ehelösungen 1955 auf 14,3, 1986 auf 31,5 (Stat. Jb. DDR 1987: 373). Bemerkenswert ist dabei, daß weit über 60% der Ehescheidungskläger weiblichen Geschlechts waren. Auf Grund ihrer – wenn auch durchaus relativen – ökonomischen Unabhängigkeit, eines stabilisierten Selbstwertgefühles und bislang durchaus erlebter sozialer Sicherheit entschlossen sich viele Frauen dazu, ihr familiäres und berufliches Leben selbst zu gestalten. Die Frauen der DDR waren – realiter – nicht völlig gleichberechtigt. Aber die wie immer gearteten gesellschaftlichen Verhältnisse hatten sie dieser Zielvorstellung ein gutes Stück näher gebracht.

Einen großen Teil von ihnen kann man aus heutiger Sicht durchaus als „Verlierer der Wende" bezeichnen. Sie sind oft nicht bereit, ihren Anspruch an das Berufsleben und die Rolle in den Familien wieder tradierten Normen unterzuordnen.

2.3 Das Bildungswesen der DDR

Das *Bildungswesen* gehörte zweifelsfrei zu den „Vorzeigeobjekten" der DDR. Die besondere Aufmerksamkeit der Partei- und Staatsführung auf diesen gesellschaftlichen Teilbereich resultierte – ähnlich der Frauenfrage – aus zwei wesentlichen Prämissen: Zum einen erzwang die komplizierte demographische Situation der Nachkriegszeit in der DDR dazu, einen möglichst gebildeten gesellschaftlichen „Gesamtarbeiter" zu entwickeln, der den hochgesteckten Zielen der wirtschaftlichen Entwicklung entsprach.

Zum anderen verlangte das vorherrschende ideologische Grundkonzept, das „Bildungsmonopol" der bis dahin herrschenden – kapitalistischen – Klasse zu brechen und einen dem sozialistischen Staat treu ergebenen Nachwuchs heranzubilden. Folgerichtig heißt es deshalb im Programm der *SED* von 1976: Es ist Aufgabe des *sozialistischen Bildungswesens*, „junge Menschen zu erziehen und auszubilden, die, mit solidem Wissen und Können ausgerüstet, zu schöpferischem Denken und selbständigem Handeln befähigt sind, deren marxistisch-leninistisch fundiertes Weltbild die persönlichen Überzeugungen und Verhaltensweisen durchdringt, die als Patrioten ihres sozialistischen Vaterlandes und proletarische Internationalisten fühlen, denken und handeln".

Die staatlich angestrebte Einheit von Bildung und Erziehung wurde im Bildungswesen durch Gesetze und mehrere Schul- und auch Hochschulreformen konsequent durchzusetzen versucht (Lex. Sozialpolitik: 116). Die Fächer Gegenwartskunde (später „Staatsbürgerkunde") in den allgemeinbildenden Schulen und das „marxistisch-leninistische Grundlagenstudium" an den Fach- und Hochschulen sollten der Realisierung dieses Zieles dienen.

Die Jugendorganisationen, die Jungen Pioniere (JP) und die *Freie Deutsche Jugend (FDJ)* wurden mit ihrem – vorrangig politisch-ideologischem – Erziehungsauftrag eng in das *Bildungswesen* integriert.

Es wäre unrichtig, das Bildungswesen der DDR einzig als „ideologische Kaderschmiede" zu deklarieren. Mit Ausnahme der stark politisch indoktrinierten Fächer wie Staatsbürgerkunde und Geschichte, wurden in anderen Gebieten durchaus Kenntnisse mit internationalem Niveau vermittelt.

Ein Beleg dafür möge sein, daß die kurz vor und vor allem nach der „Wende" mit ihren Eltern mitgewanderten Kinder und Jugendlichen in den altbundesdeutschen Schulen, mit Ausnahme der Fächer Englisch, deutsche Geschichte und Informatik, im allgemeinen keinerlei fachliche Integrationsprobleme zeitigten und oft zu den besten Schülern gehörten.

Auch die sozialökonomischen Rahmenbedingungen des *Bildungswesens* der DDR lassen sich als beispielhaft bezeichnen. Die vorrangig von den Jugendorganisationen angebotenen Zirkel und Arbeitsgemeinschaften boten für interessierte Schüler vielfältige Möglichkeiten der Beschäftigung mit Kunst, Literatur, Technik und vor allem Sport. Der Wegbruch dieser Möglichkeiten nach der Wende wurde von den Jugendlichen besonders schmerzlich empfunden und stellt sicherlich oft eine Ursache für den gegenwärtig häufig zu registrierenden Frust gerade dieser gesellschaftlichen Teilgruppe dar. Der verbindlich vorgeschriebene Polytechnische Unterricht vermittelte Kontakte zur materiellen Produktion und auch handwerkliche Grundkenntnisse. Ein ausgebautes Netz von Schulhorten und der Schulspeisung erlaubte gewissermaßen eine gesicherte Betreuung der Kinder und Jugendlichen über den gesamten Schulalltag.

Die quantitative Entwicklung des *Bildungswesens* läßt sich auch statistisch nachweisen: absolvierten im Jahr 1955 37.242 Schüler eine 10-Klassen Schule, waren es

1985 202.632. Die „Einheitlichkeit" des *sozialistischen Bildungssystems* involvierte indes noch einen anderen Aspekt. Politisch angestrebt wurde vom Gesellschaftssystem ein möglichst „gleitender" Ausbildungsprozeß, der vom Kindergarten, über die Grund- bzw. Oberschule zum Fach- oder Hochschulstudium bzw. in die Berufsausbildung führt. Ein weit gefächertes System der Erwachsenenbildung war darin integriert, wobei sich speziell die Volkshochschulen dieser Aufgabe annahmen.

Die volkseigenen Betriebe und Kombinate wiesen im Rahmen ihrer wirtschaftlichen Zielstellungen konkrete Planziele für die *Weiterbildung* und Qualifizierung aus. In speziell organisierten – beruflich orientierten – Lehrgängen wurden unter anderem in den Betriebsschulen und Betriebsakademien Tausende von Werktätigen erfaßt. In den Industrie- und Wirtschaftszweigakademien wurden die Leitungskader unterschiedlicher Verantwortungsebenen geschult. Die diesbezüglichen Erfolge kann man aus heutiger Sicht nicht leugnen. 1986 befanden sich 1.844.344 Werktätige in unterschiedlichen betrieblichen Aus- und Weiterbildungsformen, 283.602 Teilnehmer verzeichneten die Volkshochschulen. In der Wirtschaft der DDR erhöhte sich von 1970 bis 1986 die Zahl der Beschäftigten mit Hochschulabschluß von 261.500 auf 600.000, mit Fachschulabschluß von 454.800 auf 1.063.000, mit Meisterabschluß von 236.800 (1973) auf 310.800, mit Facharbeiterabschluß von 3.478.400 auf 4.732.000.

Mit Ausnahme der Hochschul- und Meisterabschlüsse (hier gibt es die größte Differenz) sind die *Frauen* entsprechend ihres Anteils am Beschäftigungsgrad gleichrangig beteiligt. Dieser sichtbare „Qualifikationsschub" brachte die DDR-Führung in eine eigenartige Situation. Wohl wurde erkannt, daß eine hochqualifizierte Beschäftigungsstruktur eine wesentliche Voraussetzung für eine moderne, an westlichen Standards orientierte Volkswirtschaft ist. Die arbeitskräftemäßigen Bedingungen dafür wurden im wesentlichen erreicht. Allein die Fortschritte in der Entwicklung der materiell-technologischen Basis blieben begrenzt. Die *Qualifikation* der Arbeitskräfte „lief der technologischen Entwicklung davon". Die Folgen manifestierten sich in mehrfacher Hinsicht. Bereits Anfang der 80er Jahre war ein wachsender Einsatz der Arbeitskräfte unterhalb ihrer nominellen Qualifikation nicht mehr zu übersehen.

Vorsichtige Schätzungen belaufen sich im Hinblick auf Merkmale des Inhalts und der Bedingungen der Arbeit bei Facharbeitern auf 10%, bei Angehörigen der wissenschaftlich-technischen Intelligenz auf über 13%, die an Arbeitsplätzen tätig waren, die „unterhalb" ihrer attestierten Qualifikationen lagen (Lötsch/Lötsch 1985: 170). Die hohen Erwartungen an zukünftige Arbeitsinhalte und -bedingungen wurden nur in wenigen Fällen erfüllt. Daraus resultierende Demotivation und oft mangelnde Arbeitseinstellungen waren einfach nicht mehr zu übersehen. Der in diesem Zeitpunkt notwendig gewesene Innovationsschub trat vielfach auf Grund der „inneren Verweigerung" gerade bei der wissenschaftlich-technischen Intelligenz nur begrenzt ein.

Hinzu kam, daß das im Gesellschaftssystem der DDR stilisierte Modell der „entwickelten sozialistischen Persönlichkeit", ausgestattet mit hoher *Qualifikation*, einen qualifikationsgerechten Einsatz mit hohen Arbeitsinhalten und ausgedehnten schöpferischen Möglichkeiten am jeweiligen Arbeitsplatz, sich zunehmend nicht mehr erfüllte. Es kann deshalb kaum verwundern, daß sich die ideologische Stoßrichtung der damaligen Parteiführung diesem Problem widmen mußte. Die Forderung nach wachsender Effizienz der Volkswirtschaft wurde deshalb zunehmend damit verbunden, mit der Einführung von Schlüsseltechnologien effektive, persönlichkeitsfördernde Arbeitsbedingungen sowie Bildung erfordernde und nutzende Arbeitsinhalte zu gestalten. Auf Grund der zu diesem Zeitpunkt bereits feststellbaren wirtschaftlichen Gesamtlage der DDR konnnte diese – aus innenpolitischen Drücken heraus fixierte – Zielorientierung nur partiell realisiert werden.

2.4 Sozialstrukturentwicklung der DDR

Ähnliche Fragen ergeben sich aus der *Sozialstrukturentwicklung* der DDR. Die Basis der

Gesellschaft der Deutschen Demokratischen Republik (DDR) von 1949-1990

Sozialstrukturentwicklung der DDR bildete im wesentlichen die schon vor ihrer Gründung durchgeführte Boden- und Industriereform. Die Veränderung der Eigentumsverhältnisse involvierte erhebliche soziale Veränderungen. Sie dokumentierten sich sowohl im Anwachsen der Berufstätigen überhaupt, wie auch in der Dynamik der sozialen Gruppierung. 1949 gab es in der DDR rund 7 Millionen Berufstätige, 1955 8,2 Millionen, 1976 8,5 Millionen und 1986 8,9 Millionen (Stat. Jb. DDR 1977: 86). Der Anteil der Arbeiter und Angestellten an den Berufstätigen insgesamt erhöhte sich von 1949 68,6%, 1955 78,4%, 1980 89,4% auf 1986 88,9%. Der Anteil von Mitgliedern von *LPGs* stieg von 1955 2,3% auf 6,9% im Jahre 1986. Der Anteil von Einzelbauern und privaten Gärtnern fiel von 1949 20,7% auf 0,1% 1986, der Anteil privater Groß- und Einzelhändler von 2,9% auf 0,4% (Stat. Jb. DDR 1987: 111). Die offiziellen Angaben zur sozialökonomischen Struktur der Berufstätigen haben natürlich bestenfalls „Näherungscharakter". Die statistische Zuordnung zu den jeweiligen sozialökonomischen Gruppen waren durchaus politisch indoktriniert. Zum Beispiel wurden große Teile der hauptamtlichen Beschäftigten im Partei- und Staatsapparat und beim *MfS* zur Arbeiterklasse gerechnet. Eine wohl halbwegs bereinigte Angabe zur Klassen- und Schichtenstruktur findet sich in der letzten Monographie zur Sozialstruktur der DDR von 1988 (Weidig 1988). Danach entfielen im Jahr 1985 74,7% auf die Arbeiterklasse, 6,8% auf die Klasse der Genossenschaftsbauern, 15% auf die Schicht der Intelligenz, 1,8% auf genossenschaftliche Handwerker, 1,7% auf private Handwerker, Kommissions-, Einzelhändler und andere (ebd.: 16).

Die DDR wies – von der wirtschafts- und sozialstrukturellen Seite her – spätestens seit Mitte der 60er Jahre durchaus wesentliche Merkmale einer modernen Industriegesellschaft auf.

3. Sozialstrukturforschung in der DDR

Die permanente Vernachlässigung des Dienstleistungs- und infrastrukturellen Sektors, die starre Kopplung des Wirtschaftssystems der DDR an das sowjetische Modell, die ideologisch bedingte Leugnung der mit moderner industrieller Entwicklung korrespondierenden Prozesse sozialer Ausdifferenzierung und die wirtschaftliche und politische Abschottung der DDR gegenüber westlichen Industrienationen brachten zunehmend innenpolitische Spannungen hervor, auf die man – in unterschiedlicher Weise – zu reagieren versuchte. In dieses Spannungsfeld war – logischerweise – die Sozialstrukturforschung integriert.

Noch bis Ende der 60er Jahre herrschte – basierend auf der Marxschen Theorie – die Auffassung vor, daß die Vergesellschaftung der Produktionsmittel die Klassenunterschiede beseitigt und – soziale Unterschiede abbauend – zur Herausbildung einer relativ einheitlichen sozialistischen Lebensweise führen wird. Die – 1965 auf Beschluß des Politbüros an verschiedenen Universitäten und Akademien installierten – soziologischen Einrichtungen konnten in ihren empirischen Forschungen solche Tendenzen nur begrenzt nachweisen.

Differenzierungen im Freizeitverhalten, im Wohnverhalten, in der sozialökonomischen Lage, in der Bildungs- und Qualifizierungsbereitschaft, im Verhalten am Arbeitsplatz, in der Struktur der sozialen Kommunikation usw. wiesen schon damals darauf hin, daß das gesellschaftliche Eigentum an den Produktionsmitteln (soweit es denn überhaupt „vergesellschaftet" war) durchaus nicht gleichförmig zum Abbau vorhandener sozialer Differenzierungen führt.

Diese „Gradwanderung" zwischen politisch-ideologischem Anspruch und erlebtem sozialen Datenfundus mußten alle damals tätigen Soziologen verarbeiten und – je nach persönlichem Mut oder rhetorischer Geschicklichkeit – darauf reagieren. Mehr oder weniger verordneter Grundkonsens war, daß es sich bei diesen Problemen um „Entwicklungsprobleme" handelt, die mit dem weiteren Aufbau der sozialistischen Gesellschaft an sozialer Bedeutung verlieren werden. Besonders im Focus standen dabei Diskussionen über den Abbau der sozialen Unterschiede zwischen Arbeitern und Genossenschaftsbauern und vor allem die Frage der Annäherung von Arbeiterklasse und Intelligenz. Letztlich bedingt durch wirtschaftliche Realitäten und zunehmend divergierende soziologische Befunde, setzte Ende der 70er Jahre eine gewisse Neuorientierung der Diskussionen ein. „Die intensiv erweiterte Reproduktion unterliegt qualitativ neuen Erfordernissen; folgerichtig stellen sich viele Fragen völlig neu" (Lötsch/Lötsch 1985: 159ff.).

Das Neue bestand – vereinfacht und aggregiert gesehen – vor allem im folgenden:

- Abkehr von der illusionären Vorstellung, daß es unter den historischen Bedingungen der DDR-Entwicklung möglich sein würde, in relativ kurzer Zeit soziale Gleichheit herzustellen;
- deutlichere Betonung der Folgen von sozialer Arbeitsteilung auf die gesellschaftliche Entwicklung, speziell auf die effektive Nutzung des vorhandenen Qualifikationspotentials und die Durchsetzung des Leistungsprinzips;
- Abkehr von der Feststellung, daß gleichmacherische Tendenzen in der Entwicklung der Einkommensstrukturen gewissermaßen soziale Gleichheit bedeuten und vor allem, daß sie der konsequenten Durchsetzung des Leistungsprinzips im Wege stehen;
- deutlichere Beachtung der Tatsache, daß sich in der damaligen sozialistischen Gesellschaft im Gefolge moderner industrieller Entwicklung ein Struktureffekt herausgebildet hatte, der als „Verlagerung der Differenzierungsdominante von der Achse Eigentum und Klassen zur Achse Arbeitsteilung, körperliche und geistige Arbeit, geistiges Niveau der Arbeit, Qualifikationen und Bildung" (ebd.: 173) bestimmt werden kann.

Wie nahe solche theoretisch-methodologischen Überlegungen den in westlichen Ländern seit langem geführten – aus der politischen Sicht herrschender Kreise den bürgerlichen – Diskussionen zu „Modernisierungstheorien" lagen, ist unschwer erkennbar. Eine viel diskutierte Frage seit Ende der 70er Jahre war die Rolle des subjektiven Faktors. Inwieweit stehen Kollektivismus und Individualität in einem Verhältnis, das Innovationen hervorbringt? „DDR-Lesart" unterstellte diesbezüglich fast einen Automatismus. Je entwickelter die Kollektivbeziehungen, desto höher das individuelle Leistungsverhalten. Konsequenzen waren deshalb letztlich, daß das Zurückziehen aus dem Kollektiv, Forderung nach Individualität, Verweigerung des „Gewohnten" usw. nicht selten als sozialismusfremd verfehmt wurden. Die Folge war – mit Ausnahme des Leistungssports – , daß die *Elitenförderung* im großen und ganzen nicht recht in das Klischee der einheitlichen sozialistischen Gesellschaft passen wollte und doch dringend notwendig gewesen wäre. Der im Gefolge der härter werdenden internationalen Wirtschaftsbedingungen notwendige Zwang zu Innovationsschüben verlangte – auch für die Soziologie – sich der Frage der Schaffung von politischen und sozialen Bedingungen für die Entwicklung von individuellen Höchstleistungen neu zu stellen. „Daraus erwächst für die Soziologie auch die dringende Aufgabe, den Beziehungen von Kollektiv und Persönlichkeit und den sich entwickelnden neuen Beziehungen und Eigenschaften der sozialistischen Persönlichkeit im Prozeß der Intensivierung und der Annäherung der Klassen und Schichten wieder einen höheren Rang in der Forschung einzuräumen" (Jahrbuch für Soziologie und Sozialpolitik 1985: 23). Damit waren natürlich Fragen verbunden, die an die Substanz des bislang vorherrschenden Modells von sozialer Gleichheit, sozialistischem Gemeinwohl und sozialer Annäherung gingen.

4. Sozialpolitik in der DDR

Die *Sozialpolitik* versuchte, diesen unausweichlichen Tendenzen, wirtschaftlich und sozial-ökonomisch bedingt, im Rahmen ihrer Möglichkeiten gegenzusteuern. Von der Gründung der DDR bis etwa Ende der 60er Jahre konzentrierte sich die Sozialpolitik auf die Sicherung sozialer *Grundrechte*, wie sie sich aus den damaligen politischen Zielorientierungen ergaben. Dazu gehörten insbesondere die Hebung des materiellen und kulturellen Lebensniveaus für alle Klassen und Schichten, die Verbesserung der Wohnbedingungen, die tatsächliche Durchsetzung des Rechtes auf Arbeit, verbunden mit dem sukzessiven Abbau körperlich schwerer und gesundheitsschädlicher Arbeitstätigkeiten, die Erhöhung des Bildungs- und Qualifikationsniveaus, die Verbesserung des Gesundheits- und Arbeitsschutzes, Maßnahmen zur Erhöhung des Realeinkommens, der medizinischen Betreuung und der Sozialfürsorge, Maßnahmen zur Reduzierung der Arbeitszeit und der Verbesserung von Angeboten auf kulturellem und sportlichem Gebiet zur Freizeitgestaltung.

Besonderes Gewicht wurde auf die Schaffung von Bedingungen gelegt, die die Einbeziehung der Frauen in den gesellschaftlichen Produktionsprozeß garantieren sollten. Dazu gehörten in erster Linie Maßnahmen zur Förderung der *Familien* und der berufstätigen Mütter, Ausbau von Einrichtungen der sozialen Betreuung von Kindern in Kindertagesstätten, Krippen und Kindergärten, finanzielle Unterstützung junger Ehen, Geburtenbeihilfen und Familienberatung, Erhöhung des Schwangerschafts- und Wochenurlaubs usw.

Dazu wurden von der *Volkskammer* der DDR umfängliche Gesetze und Verordnungen erlassen (Lex. Sozialpolitik: 347ff.). Durchaus beachtliche Ergebnisse konnten in dieser Zeit erzielt werden. Der überwiegende Teil der Kinder ging in Kinderkrippen bzw. -gärten; Schulhorte versorgten die Kinder; der Frauenbeschäftigungsgrad erreichte einen hohen Stand; Arbeitslosigkeit war für die DDR-Bürger ein Fremdwort. Allgemeine *soziale Sicherheit* brauchte bei den DDR-Bürgern kaum noch als besonderes Attribut ihres Alltagslebens betont zu werden – sie war sozusagen verinnerlicht.

Allein die alltägliche Lebensweise signalisierte Probleme. Besonders die Versorgung mit hochwertigen Konsumgütern und Dienstleistungen, sowie die unzureichende Zurverfügungstellung von Wohnraum, vor allem für junge Familien, boten Anlaß für politische Diskussionen. Die ökonomische Basis der DDR blieb in ihrer Entwicklung hinter dem hochgesteckten volkswirtschaftlichen und auch – damit verbunden – den sozialpolitischen Zielstellungen hinterher. Insofern bildete der VIII. Parteitag der *SED* vom Juni 1971 eine der markantesten Zäsuren in der sozialen Entwicklung der DDR. Die „Ulbricht-Ära" war zu Ende, das neue Politbüro mit Erich Honecker an der Spitze hatte vor allem drei Aufgaben zu lösen: Erstens die Stabilisierung der volkswirtschaftlichen Effektivität und die Überwindung der erstarrten Mechanismen der Wirtschaftsführung; zweitens die weitere Öffnung der DDR in wirtschaftlichen und diplomatischen Fragen zum internationalen Ausland; und drittens die Verbesserung der materiellen Lebenslage der Menschen. Das alles natürlich unter der Prämisse des weiteren – und zum Teil weiter zugespitzten – Hegemonialanspruches der SED-Führung und des verstärkten „Schulterschlusses" mit der Sowjetunion. Bis zum Anfang der 80er Jahre konnten dabei durchaus außenpolitische und wirtschaftliche Erfolge registriert werden. In der *Sozialpolitik* trat eine gewisse Wende ein.

Als herausragendes Ergebnis der Orientierungen des VIII. Parteitages wurde die Begründung der Hauptaufgabe in ihrer Einheit von Wirtschafts- und Sozialpolitik bezeichnet. Sie orientierte sich auf ein beschleunigtes Wirtschaftswachstum, auf die Einführung von Schlüsseltechnologien, die massenhafte Überführung der Mikroelektronik in die Produktion und die sich daraus ergebenden Möglichkeiten der Erhöhung des materiellen und kulturellen Lebensniveaus der Werktätigen. Vielfältige sozialpolitische Maßnahmen (Erhöhung der Renten, Senkung der wöchentlichen Arbeitszeit, Verlängerung des Schwangerschafts- und Wochenurlaubes, Verabschiedung des neuen Arbeitsgesetzbuches usw.) folgten in den darauffolgenden Jahren (Lex. Sozialpolitik: 350ff).

Als Kernstück des sozialpolitischen Programms der *SED* wurde das Wohnungsbauprogramm bezeichnet, welches das Wohnungsproblem als soziales Problem bis 1990 lösen sollte. Spürbare Verbesserungen der Lebenslagen waren bis etwa 1980 und zum Teil auch darüber hinaus durchaus zu registrieren. Der Anteil der fertiggestellten Wohnungen stieg von 1971 86.777 auf 215.690 1986; das Arbeitseinkommen stieg von 785,- Mark auf 1.170,- Mark; die Zuwendungen für die Bevölkerung aus Mitteln des Staatshaushaltes entwickelte sich von 26.253 auf 100.192 Millionen Mark; die Ausstattung der Haushalte mit langlebigen technischen Konsumgütern verdoppelte sich im Durchschnitt (Stat. Jb. DDR 1987: 50, 51, 53).

Dennoch blieben – vor allem nach 1980 – viele erwartete Hoffnungen auf eine Angleichung der Lebensbedingungen zwischen Ost und West im Alltagsleben der DDR-Bevölkerung aus. Auch die aus der Unterzeichnung der *KSZE*-Schlußakte von Helsinki durch die DDR-Führung vom 1. August 1975 erwachsenden Erwartungen vieler Menschen an Reisefreiheit, Pressefreiheit, persönliche Freiheit, Zulassung von oppositionellen Bewegungen usw. wurden kaum erfüllt.

Die verstärkt Mitte der 80er Jahre sich etablierenden Bürgerbewegungen klagten vor allem die Einhaltung der *KSZE*-Beschlüsse ein und brachten die DDR-Führung in starke ideologische Bedrängnisse.

Wie empfindlich die damalige DDR-Führung auf jegliche Angriffe „ihrer Sozialpolitik" reagierte, zeigte die Reaktion auf einen von einem Rostocker Soziologen in der Ostsee-Zeitung vom 31.3./1.4.1984 publizierten Artikel zur Sozialpolitik. Letztlich wurde dort nichts anderes angemahnt, als daß die weitreichenden Ziele der Sozialpolitik nur auf der Basis tatsächlicher Effektivitätserhöhung der Volkswirtschaft realisiert werden können. Noch bis zum Ende der DDR wurde in einschlägigen Publikationen immer wieder betont, daß sich die marxistisch-leninistische Sozialpolitik – im Gegensatz zur kapitalistischen – nicht als Komplex von Maßnahmen zur Überwindung von „Not- und Wechselfällen" des Lebens versteht, sondern „auf ... die ... Schaffung von politischen, ökonomischen und sozialen Bedingungen (zielt), die es jedem Bürger ermöglichen, in einer Gesellschaft zu leben, worin die freie Entfaltung eines jeden die Bedingung für die freie Entfaltung aller ist" (Winkler 1987: 32). Auch in diesem Zusammenhang wurde zunehmend auf die Rolle des subjektiven Faktors verwiesen.

„Der Übergang zur umfassenden Intensivierung bedeutet, daß ökonomisches Wachstum wie nie zuvor von moralisch-politischen Verhaltensqualitäten, von Diszipliniertheit und Schöpfertum, von Leistungswillen und Ideenreichtum jedes einzelnen an jedem Platz abhängig ist" (ebd.: 42).

Solidarisches Kooperieren, Risikoverhalten, Willensstärke und Flexibilität wurden angemahnt. Deutlicher als früher wurde die Schaffung ökonomisch stimulierender Lebensbedingungen nicht nur schlechthin für Klassen und Schichten, sondern auch und gerade für spezifische demographische Gruppen betont (ebd.: 27).

Unterschwellig hatte sich in den Argumentationen längst eine Abkehr vom starren Klassen- und Schichtenmodell vollzogen. Die „sozialistische Persönlichkeit als Individuum" sollte den deus ex machina zur Lösung der wirtschaftlichen und innenpolitischen Probleme verkörpern. Allein die gesamtgesellschaftlichen Bedingungen boten für die Realisierung dieser Hoffnung nur begrenzten Spielraum.

5. Das Ende der DDR

Die politische Führung der DDR reagierte – wenn überhaupt – viel zu spät auf veränderte innen- und außenpolitische Bedingungen. Warum die DDR tatsächlich zugrunde gegangen ist, wird noch weiterhin aufzuarbeiten sein. Einige Gründe lassen sich schon jetzt abheben:

- die nicht einmal in Ansätzen vorhandene Realisierung der in der Verfassung und in den Parteitagsbeschlüssen der *SED* betonten „*sozialistischen Demokratie*";
- mangelnde wirtschaftliche Effizienz, bedingt sowohl durch extrem schlechte Ausgangsbedingungen als auch durch die stringente Bindung an das sowjetische Wirtschaftssystem und – nicht zuletzt dadurch bedingt – eine fast totale Abschottung zu westlichen Wirtschaftssystemen;
- Starrheit, Personenkult und mangelnder Realitätssinn in der politischen Führung;

- Ohnmachtsglaube an das marxistische Wirtschafts- und Sozialkonzept, verbunden mit unzureichender Flexibilität in bezug auf die Zurkenntnisnahme neuer gesellschaftswissenschaftlicher Erkenntnisse und internationaler politischer Entwicklungen;
- Mangel an persönlicher Freiheit ihrer Bürger, zum Teil unerträglicher politischer Indoktrinismus und persönliche Bedrohung Andersdenkender (Stasi).

Dennoch: Die DDR war kein „Gespenst"; sie hat es realiter gegeben. Innerhalb der Lebensbiographien ihrer Bürger sind in ca. 40 Jahren Wertorientierungen entstanden, die eine relative Konsistenz aufweisen und vielfach erst nach der Wende – im Vergleich zum jetzt „Neuen" – bewußt erlebt werden. Die formale Vereinigung ist vollzogen; die innere Einheit – was immer das sein mag – wird noch eine Zeit für sich in Anspruch nehmen. „'DDR'-Bürger wird es noch eine Zeitlang geben, obwohl es den Staat DDR nicht mehr gibt" (Weber 1991: 243).

Literatur

Berichte zum sozialen und politischen Wandel in Ostdeutschland, Autorenkollektiv, Bd. 1-6, Opladen 1996

Deutsche Demokratische Republik. Autorenkollektiv, Handbuch, Jubiläumsausgabe, Leipzig 1984

Drath, M.: Verfassungsrecht und Verfassungswirklichkeit in der sowjetischen Besatzungszone, Bonn 1956

Erbe, G. u.a.: Politik, Wirtschaft und Gesellschaft in der DDR, Opladen 1979

Handbuch DDR-Wirtschaft, Autorenkollektiv, Hamburg 1977

Jahrbuch für Soziologie und Sozialpolitik, Berlin 1985 und 1987

Lötsch, I./M. Lötsch: Soziale Strukturen und Triebkräfte. Versuch einer Zwischenbilanz und Weiterführung der Diskussion, in: Jahrbuch für Soziologie und Sozialpolitik, Berlin 1985, S. 159-178

Müller-Rückert, G.: Frauenleben und Geschlechterverhältnis in der ehemaligen DDR, Bielefeld 1993

Ostsee-Zeitung, 31. März/1. April 1984

Lutz, P. C. (Hg.): DDR-Handbuch, Bonn 1979

Probleme der Frauenqualifizierung, Berlin 1971 (Schriftenreihe Soziologie.)

Programm der SED, Berlin 1976

Prokop, S. (Hg.): Die kurze Zeit der Utopie, Berlin 1994

Rausch, H./Th. Stammer: DDR – Das politische, wirtschaftliche und soziale System, München 1975

Sontheimer, K./W. Bleek: Die DDR. Politik, Gesellschaft, Wirtschaft, Hamburg 1972

Statistisches Jahrbuch der DDR, Berlin 1957, 1967, 1977, 1987

Timmermann, H. (Hg.): Sozialstruktur und sozialer Wandel in der DDR, Saarbrücken 1988

Verfassung der DDR, Gesetzblatt der DDR, Nr. 1, Berlin 1949

Verfassung der DDR vom 6. April 1968, Berlin 1968

Weber, H.: DDR-Grundriß der Geschichte von 1945-1990, Hannover 1991

Weidig, R.: Sozialstruktur der DDR, Berlin 1988

Winkler, G. (Hg.): Lexikon der Sozialpolitik, Berlin 1987

Peter Voigt

Gesellschaftsmodelle und Gesellschaftsanalyse

1. Begriffe

Gesellschaftsmodelle bzw. Gesellschaftstypisierungen sind Bezeichnungen, die für prägende Strukturen und zentrale Entwicklungen einer bestimmten historischen Epoche stehen. Sie sind begriffliche Hilfsmittel, um wichtige Trends und Probleme schlaglichtartig zu bündeln (Immerfall 1995). Während Gesellschaftsanalysen zum Ziel haben, mit Hilfe der Methoden der empirischen Sozialforschung wichtige soziale Tatbestände einer Gesellschaft zu ermitteln, bieten *Gesellschaftsbegriffe* darüber hinausgehende Deutungsmuster. Zumindest stillschweigend schließen sie immer auch Zukunftsvorstellungen mit ein. Je nach betrachtetem Zeitabschnitt und der zugrundeliegenden Absicht ergeben sich naturgemäß unterschiedliche Vorschläge. Prinzipiell läßt sich „*Gesellschaft*" mit Präfixen aller Art verbinden, was die Gefahr einer gewissen Beliebigkeit mit sich bringt. Von einem Gesellschaftsmodell sollte jedoch nur dann gesprochen werden, wenn es theoretisch eingebettet, d.h. mit einer Theorie des *sozialen Wandels* verbunden ist.

Gesellschaftsmodelle lassen sich weiter noch entweder als Ablaufmodelle kennzeichnen, die aufeinander folgende Strukturzusammenhänge auf einer Zeitachse anordnen, so etwa den Übergang von der Jäger- und Sammler- zur Agrargesellschaft. *Gesellschaftstypologien* hingegen fassen wesentliche Merkmale einer Gesellschaft zu aussagekräftigen und vergleichbaren Grundformen zusammen. Gøsta Esping-Andersens Einteilung westlicher Wohlfahrtsstaaten in ein sozialdemokratisches, konservatives und liberales Modell ist hierfür ein bekanntes Beispiel. Der Bezug von Gesellschaftsmodellen muß häufig erst aus dem Verwendungszusammenhang erschlossen werden. So wurde das sozialistische Gesellschaftsmodell einerseits als Sammelbegriff gebraucht, um die Sozial- und Wirtschaftsordnung der Länder des früheren Ostblocks zu charakterisieren. Andererseits stellt es in der marxistischen Gesellschaftstheorie einen systematischen Gegenentwurf zum Kapitalismus dar, in dem der Marktmechanismus durch die bewußte Lenkung des ganzen gesellschaftlichen Entwicklungsprozesses ersetzt wird. Dieses Beispiel verdeutlicht im übrigen auch den Entwurfscharakter und damit die eminent politische Dimension von Gesellschaftsmodellen.

Gesellschaftsmodelle sind keine Theorien im engeren Sinne. Insofern können sie auch empirisch nicht widerlegt werden. Da es ihnen darauf ankommt, wichtige Tendenzen frühzeitig zu erkennen, ziehen sie empirische Belege notwendigerweise selektiv heran. Ihre Zeitdeutungen finden dann besonders Anklang, wenn sich viele Zeitgenossen in ihnen wiederfinden. Solche Gesellschaftsmodelle eröffnen nicht nur einen mehr oder minder gültigen Zugang zu strukturellen Wandlungsprozessen, sondern signalisieren auch Ängste, Hoffnungen und Befürchtungen. Über ihre analytische Funktion hinaus und möglicherweise unabhängig von ihrem Erkenntniswert entfalten Gesellschaftsmodelle so gesellschaftliche Wirkung.

Im folgenden konzentriere ich mich auf solche Vorschläge, die Herausforderungen markieren sollen, mit denen Deutschland als Beispiel einer fortgeschrittenen *Industriegesellschaft* konfrontiert ist. Auswahlkriterium war, daß das Gesellschaftsmodell sowohl aktuell wie auch über einen längeren Zeitraum hinweg in der öffentlichen Wahrnehmung stand. Das schließt kurzlebige, aber auch wichtige ältere Vorschläge wie „Massengesellschaft" (Gustave LeBon u.a.), „*nivellierte Mittelstandsgesellschaft*" (Helmut Schelsky) oder „Spätkapitalismus" (Jürgen Habermas u.a.) aus. Die herausgegriffenen Gesellschaftsmodelle werden kurz beschrieben, ihre theoretische Basis holzschnittartig verdeutlicht und sodann mit einigen empirischen Befunden konfrontiert. Abschließend wird auf die Bedeutung von Gesellschaftsmodellen für die öffentliche Willensbildung eingegangen. Da mehrere der nachfolgend beschriebenen Gesellschaftsmodelle einen Gegentypus zur „Industriegesellschaft" darstellen, muß diese eingangs kurz beschrieben werden.

2. Fünf Modelle

2.0 Industriegesellschaft

Industriegesellschaften sind Gesellschaften, deren Subsistenzmittel durch Industrieproduktion erwirtschaftet wird und die durch die industrielle Produktionsweise grundlegend geprägt sind. An die Stelle der menschlich und tierisch erzeugten Energie tritt die Indienstnahme der unbelebten Natur. Sieht man vom historisch vielfältigen und von Land zu Land unterschiedlichen Verlauf der Industrialisierung ab, wie er zum Beispiel im unterschied-

Gesellschaftsmodelle und Gesellschaftsanalyse

lichen Ausmaß staatlicher Intervention in einer Volkswirtschaft zum Ausdruck kommt, und betrachtet man die allgemeinen, strukturtypischen Merkmale von Industriegesellschaften, so lassen sich unter anderem folgende Kennzeichen nennen:

- die Steigerung der Produktivität von Arbeit und Kapital als wesentlicher Motor sozialen Wandels;
- die räumliche Trennung von Familie und Betrieb und die Dominanz unselbständiger Erwerbstätigkeit;
- hohe räumliche und soziale Mobilität und ein Schichtungsgefüge, das an der Berufshierarchie ausgerichtet ist;
- die Ausdehnung von Arbeitsteilung und Automatisierung, von Bürokratie und zweckrationalem Handeln;
- eine „sparsame" Bevölkerungsweise mit langer Lebenserwartung und wenigen Geburten;
- das Vordringen städtischer Lebensweise;
- ein weitgehend standardisierter Lebenslauf mit vier Lebensphasen: Kindheit, Jugend (Ausbildung), Erwachsensein (Erwerbstätigkeit bzw. Hausarbeit) und Alter (Rente);
- die Vorherrschaft der „Klein- und Normalfamilie".

Sicherlich ist nicht bei allen Merkmalen unumstritten, ob sie für *Industriegesellschaften* generell oder nur für bestimmte historische Phasen strukturtypisch sind. Das gilt etwa für: hohe Erwerbsquote, Kernfamilie als dominante Familienform, Auseinandersetzungen zwischen Kapital und Arbeit als zentrale Konfliktlinie, Wohlfahrtsstaat oder organisierte Willensbildung in Massenparteien. Aber die genannten Kennzeichen bieten einen Ausgangspunkt, der den Vergleich mit den nachfolgenden Gesellschaftsmodellen gestattet.

2.1 Postindustrielle Gesellschaft

Die „*postindustrielle Gesellschaft*" gibt es in verschiedenen Varianten, deren zwei wohl einflußreichsten von Jean Fourastié und Daniel Bell vorgedacht wurden. Die erste faßt die sektorale Entwicklung einer Volkswirtschaft als wichtigsten Indikator für die gesamtgesellschaftliche Entwicklung auf; die zweite stellt kulturelle Wandlungsprozesse in den Vordergrund. Gemeinsam ist beiden, daß eine interne Entwicklungslogik die Gesellschaft von einer Stufe zur nächsten vorantreibt.

Nach Fourastié (1954) verschiebt sich im Zuge eines längerfristigen Entwicklungsprozesses der Schwerpunkt einer Volkswirtschaft in drei Stufen vom *primären* über den *sekundären* hin zum *tertiären* Sektor. Die mittlere Phase, die Industriegesellschaft also, stellt nur eine Übergangsperiode zwischen agrarischer und tertiärer Zivilisation dar. In ihr entstehen große wirtschaftliche Ungleichgewichte, doch schließlich werden im Dienstleistungssektor die Arbeitsplatzverluste des sekundären Sektors ausgeglichen, ähnlich wie dieser in der Vergangenheit die im Gefolge der Agrarrevolution freigesetzten Arbeitskräfte aufgenommen hat. Dafür ist zum einen die geringe Produktivität von *Dienstleistungen* verantwortlich, zum anderen das wachsende Bedürfnis nach immateriellen Gütern.

Auch Daniel Bells (1996) Entwicklungsvision ist eine grundsätzlich technikbejahende, wenngleich mit dem von ihm prognostizierten Anwachsen einer neuen, hedonistischen Klasse einige pessimistische Untertöne nicht zu übersehen sind. Bell hebt in seiner Gesellschaftsanalyse auf die zunehmende Bedeutung von Bildung und Kultur ab. Das „axiale Prinzip" der *Industriegesellschaft* ist das des optimalen Einsatzes knapper Güter, während die *postindustrielle Gesellschaft* durch Zentralität theoretischen Wissens gekennzeichnet ist. Dies drückt sich in Institutionen aus, die mit der Akkumulation, Kodifikation und Verarbeitung von Wissen beschäftigt sind. Nicht mehr die stoffliche Produktion prägt demnach die Gesellschaft, sondern geistige Leistungen; Macht schöpft sich nicht mehr aus Kapital-, sondern aus Informationsbesitz.

Wenn die Erforschung und Nutzung von Wissen die zentrale Grundlage für eine bessere Zukunft darstellt, des Einzelnen wie der gesamten Gesellschaft, gerät seine gesellschaftliche Verteilung in den Blickwinkel. Hier setzt das Konzept der *Zweidrittel-* oder *dualen Gesellschaft* ein. Ebenso wie die postindustrielle Gesellschaft erwartet es einen sich beschleunigenden Produktivitäts- und Innovationsfortschritt, befürchtet aber als dessen Folge die Spaltung der Gesellschaft in Gewinner und Verlierer. Etwa zwei Drittel der Gesellschaft können vom wachsenden Wohlstand profitieren, der Rest wird immer weiter abgehängt. Er verdingt sich als schlecht bezahltes Dienstleistungsproletariat, randständige Belegschaft oder stellt ein von Polizei, Wohlfahrtsamt und Unterhaltungsindustrie nur zeitweise ruhiggestelltes Unruhepotential dar.

Die Kluft zwischen „Drinnen" und „Draussen" vergrößert sich auch zwischen einzelnen Stadtteilen, Regionen und Wirtschaftsräumen. In Deutschland trat die Ungleichheit räumlicher Lebensbedingungen durch Wiedervereinigung scharf hervor und nimmt weiter zu. Folgen sind soziale Ghettoisierung, Desolidarisierung der Gesellschaft und die Delegitimation des Sozialstaats. Dies wird durch das „Ergrauen" der Gesellschaft verschärft, da der Geburtenrückgang das Verhältnis von Beitragszahlern und Rentenbeziehern verschlechtert.

2.2 Informations- und Kommunikationsgesellschaft

Eine etwas andere Sicht auf industriegesellschaftliche Entwicklungstendenzen weisen Theorien der *Informationsgesellschaft* auf. Im Mittelpunkt steht dabei weniger die Zunahme von Dienstleistungen und von Wissenschaft und Technik, sondern die Ausbreitung von Wissen aller Art. Information gerät zum zentralen Rohstoff des heraufziehenden Zeitalters. Für immer mehr menschliche Tätigkeiten wird Information zum entscheidenden Bestandteil, sei es im Bereich der Produktion, des Konsums oder als Mittel der sozialen und politischen Kontrolle.

Die digitale Revolution beschleunigt das Vordringen der Informations- und Kommunikationstechnologie. Dabei werden verschiedene Medien mittels Digitaltechnik integriert und über multimediafähige PCs überall zugänglich. Dies hat beträchtliche Auswirkungen auf Alltagswelt, Medienlandschaft, Bildung und natürlich auch auf die Arbeitswelt, wo nun weit voneinander entfernte Arbeitsplätze miteinander und zu virtuellen Unternehmen verbunden werden (Telekooperation und -arbeit). Eine neue Wissensordnung (Spinner 1994) entsteht, die sich von der klassischen durch die allgemeine Verbreitung, Kommerzialisierung und vor allem Technisierung des Wissens unterscheidet; Informatisierung, d.h. Verdatung bzw. „Verwissentlichung" löst die „bloße" Verwissenschaftlichung ab.

Da Deutschland weiterhin auf den von der Petrochemie und Automobilindustrie bestimmten, auslaufenden vierten Zyklus der langfristigen Wirtschaftsentwicklung setzt, ist es in akuter Gefahr, die Zeichen des heraufziehenden Informationszeitalters zu verkennen (Böhret/Hill/Klages 1994). Anderseits wird vor Technikfolgen „zweiter Art" (Helmut Spinner) gewarnt. Die Vermachtung und ungleiche Verteilung des Wissens stellt ein Grundproblem der Demokratie dar; der sowohl „gläserne" wie vereinsamte Menschen der *Mediengesellschaft* droht aufgrund von Informationsüberlastung orientierungslos zu werden. Dies birgt die Gefahr pathologischer sozialer Lernprozesse (Karl Deutsch).

2.3 Globale Gesellschaft

Den sich in der *Zweidrittelgesellschaft* und den Wissenslagen des Informationszeitalters abzeichnenden Gefährdungen vermag der Nationalstaat kaum mehr entgegenzusteuern. Sinkende Transport-, Kommunikations- und Transaktionskosten haben die grenzüberschreitende Mobilität von Gütern und Dienstleistungen, Kapital und Menschen erhöht. Räumliche Distanzen lassen sich immer schneller und billiger überwinden, hochwertige Produkte sich tendenziell überall auf der Welt herstellen. Politisch wurde die *Globalisierung* durch internationale Regime, wie Handelsabkommen und Wirtschaftsblöcke vorangetrieben; einen wichtigen weiteren Schub brachte der Zusammenbruch des Sowjetimperiums. Kulturelle Angebote, wie Musikrichtungen, Lebensstile oder Speisen, vervielfältigen sich, sind in ihrer Vielfalt aber überall ähnlich. Regional gefärbte Produktangebote dienen als Kontrapunkt zu enträumlichten und weltweit vernetzten Symbolökonomien, doch kann auch nostalgisch gefärbter Nationalismus wieder aufkommen.

So erweist sich der Weltmarkt endültig als „Demiurg" (Karl Marx) aller Lebensverhältnisse auf dem Globus. Gewinner sind die globalen Akteure, d.h. jene Spezialisten, die die grenzüberschreitenden Verbindungen vermitteln, auf der Verliererseite stehen all diejenigen, die sich nicht global organisieren können oder wollen, darunter auch nationale Wirtschafts-, Sozial- und Beschäftigungspolitiken (Brock u.a. 1997).

Die ökonomische *Globalisierung* schafft neue Wachstumschancen, wird in der Bundesrepublik aber hauptsächlich als scharfer Wettbewerb erfahren, der das bisherige Sozial- und Wirtschaftssystem in Frage stellt. Für viele dreht sich die Standortdebatte darum, wieviel *soziale Ungleichheit* und Ausgrenzung nötig und möglich sind, um den Standort Deutschland zu sichern. Während die Nachfrage nach sozialstaatlichen Leistungen steigt, wächst sowohl die Schwierigkeit sie zu finanzieren, als auch die notwendige gesellschaftliche Unterstützung aufrecht zu erhalten. Die aufstrebenden Mittelschichten sind immer weniger bereit, für den sozialen Ausgleich abzugeben, da sich ihnen jenseits der nationalen Grenzen profitable Anlagemöglichkeiten erschließen. Zur Gefährdung der solidarischen Grundlage nationaler Sicherungssysteme tritt die Gefährdung, wenn nicht schon Überlastung des globalen Ökosystems hinzu, die jede Gesellschaft zum Bestandteil einer internationalen Weltrisikogesellschaft macht.

2.4 Risikogesellschaft

Die „*Risikogesellschaft*" bietet eine konkurrierende Deutung neuer Ungleichheitsformen (Beck 1986). Demnach haben wir es nicht mit einer Verschärfung alter, sondern mit qualitativ neuen Formen von Ungleichheiten zu tun. Die Risikoproblematik erhält den gleichen Rang wie die Armutsfrage im 19. und die Versicherungsfrage im 20. Jahrhundert. Die neuen Kollektivrisiken entstehen nicht, wie in früheren Zeiten, quasi natürlich, sondern werden durch die industrielle Produktion selbst geschaffen. Aufgrund der immensen Folgewirkungen, etwa bei einem atomaren oder gentechnischen Unfall, entziehen sie sich dem Risikokalkül, sind also kaum (privatwirtschaftlich) versicherbar. Zudem sind die modernen Gefahren – gegen alle Beteuerungen der Betreiber und Politiker – weder örtlich, noch zeitlich, noch sozial eingrenzbar, ja nach den geltenden Regeln von Kausalität, Schuld und Haftung nicht einmal zurechenbar. Im Grunde verwandelt sich die ganze Gesellschaft in ein Labor.

Auch im Lebensalltag sind die Individuen mit neuen Risiken und Wahlmöglichkeiten konfrontiert. Die *Risikogesellschaft* geht nicht nur über die „alte" *Industriegesellschaft* und deren Verteilungskonflikte, sondern auch über die in ihr vorherrschende „halbmoderne" Lebensführung hinaus. Sie führt in eine andere, radikalisierte Moderne, die durch *Individualisierung* und Selbst-Reflexivität gekennzeichnet ist. Alte industriegesellschaftliche Lebensformen wie soziale Klassen, Geschlechterrollen oder Ehe und Familie als sozial verbindliche Institution lösen sich auf. Die biographischen Verläufe erscheinen als wählbar, anderseits aber auch als zunehmend diskontinuierlich. Mit den dadurch erhöhten Chancen besteht aber auch die Gefahr für das Entstehen isolierter Lebensformen. Den durch die Individualisierung ausgelösten Bindungsverlust bekommen Großorganisationen wie Parteien, Kirchen und Gewerkschaften schmerzlich zu spüren.

In diesem Zusammenhang läßt sich auch die „Freizeit-" und „*Erlebnisgesellschaft*" einfügen. Mit Hilfe der Milieu- und Lebensstilforschung wird untersucht, wie die Menschen ihre Wirklichkeit deuten, mit welchen Symbolen sie sich verständigen und welche Gruppen sie bilden. Gerhard Schulze (1992) kommt so auf insgesamt fünf soziale Milieus – Niveau, Harmonie, Integration, Selbstverwirklichung, Unterhaltung. Wichtiger als die typologische Gliederung der Untersuchungspopulation anhand von Merkmalsattributionen wie Konsum-

und Freizeitverhalten, Werthaltungen, Mediennutzung und dergleichen mehr in einzelnen Milieus, ist aber deren grundlegende Bedeutungszunahme. Milieus werden zu einem entscheidenden Modus gesellschaftlichen Zusammenhalts. Wo sich Handlungsmöglichkeiten vervielfachen, greifen allgemeingesellschaftliche Vorgaben, gegenständliche Lebensverhältnisse, Schichtzughörigkeit und soziale Herkunft immer weniger. Lebenssinn und Lebensverlauf muß selbstdefiniert und selbstinszeniert werden. Für immer mehr Menschen machen Sensation und Entfaltung der eigenen Persönlichkeit ihr Projekt des guten Lebens aus.

2.5 Multikulturelle Gesellschaft

Für viele überraschend und allemal erschreckend scheinen ethnische Konflikte wieder zu einem zentralen Muster gesellschaftlicher Auseinandersetzung geworden zu sein. Dabei ist strittig, ob brisante *soziale Ungleichheiten* an ethnischen Merkmalen „bloß" festgemacht werden oder in herkunftsbezogenen, ethnischen Bindungen ihren Ausgangspunkt haben. In diesem Zusammenhang nimmt der Begriff der *multikulturellen Gesellschaft* einen festen Platz in der politischen Auseinandersetzung ein. Für die einen drückt er die Wunschvorstellung eines vielfarbigen Zusammenlebens unterschiedlicher Ethnien und Kulturen in einer Gesellschaft aus, für andere Identitätsverlust, kulturelle Selbstverleugnung und Bedrohung des inneren Friedens.

Unstrittig ist, daß moderne Gesellschaften längst keine monolithischen, uniformen Gebilde mehr sind (wenn sie es je waren). Strittig ist indes der Deutungsrahmen. Grenzüberschreitende *Migration* ist zwar kein neuer, aber derzeit die vergleichsweise homogenen Staatengesellschaften Westeuropas besonders beunruhigender Prozeß. Bassam Tibi (1996) beispielsweise ordnet ihn in die globale Krise der westlichen Zivilisation ein: nach fünf Jahrhunderten ist die Europäisierung der Welt an ihr Ende gekommen; nun kehrt sich dieser Prozeß als Entwestlichung um. In Deutschland äußert sich diese Debatte u.a. darin, ob Deutschland ein Einwanderungsland ist oder sein sollte, und welche Folgewirkungen die eine wie die andere Gesellschaftspolitik hat. Dabei geht es auch um die Frage, ob staatsbürgerliche Identität durch eine bewußte Entscheidung erworben werden kann oder letztlich auf einer Abstammungs- und Schicksalsgemeinschaft gründet. Der Konflikt zwischen republikanischer Bürgergemeinschaft und nationaler Zugehörigkeit prägt auch die Stellungnahmen zur deutschen wie zur europäischen Integration. Die nationalstaatlich verfaßte Gesellschaft bzw. das „Europa der Vaterländer" (de Gaulle) stehen Konzeptionen gegenüber, denenzufolge sich politische Loyalität aus einem aufgeklärten „Verfassungspatriotismus" (Dolf Steinberger) schöpfen kann.

3. Befunde

3.1 Gemeinsamkeiten aktueller Gesellschaftsmodelle

Trotz aller Unterschiede lassen sich bei den hier grob skizzierten Entwicklungsvisionen drei Übereinstimmungen erkennen.

Erstens überwiegen resignative Einschätzungen gegenüber euphorischen. So wurde die Theorie des Postindustrialismus zwar neu belebt, aber ganz ohne jene optimistischen Untertöne, die Bell zu eigen waren – von Alvin Toffler, Peter Drucker und fast allen frühen Vertretern des Postindustrialismus ganz abgesehen. Die *Wissens- und Kommunikationsgesellschaft* hat nur noch wenig mit Fourastiés „großer Hoffnung des 20. Jahrhunderts" gemein, derzufolge der vermehrte Ersatz menschlicher Arbeitskraft durch Maschinen endlich Raum für kreative Tätigkeiten schafft. Sorge kennzeichnet überwiegend auch die neu enstandenen Gesellschaftsmodelle. Die *Zweidrittelgesellschaft* eröffnet kaum Handlungsmöglichkeiten und Reformprojekte. Bei der Debatte um die globale Gesellschaft fällt auf, wie wenig auf die Theorie komparativer Kostenvorteile gebaut wird, nach der wachsende wirtschaftliche Verflechtung letztlich zu mehr Wohlstand für alle Beteiligten führen müßte. Noch am ehesten optimistisch gibt sich die *Risikogesellschaft*. Doch auch hier erscheint der soziale Kitt moderner Gesellschaften be-

Gesellschaftsmodelle und Gesellschaftsanalyse

droht. Bei der *multikulturellen Gesellschaft* schließlich erwarten selbst die glühendsten Verfechter offener Grenzen kaum noch, daß die Konfrontation und das Zusammenleben von Menschen aus verschiedenen Kulturkreisen ohne ernsthafte Konflikte abgehen könnte.

Sicherlich sind in den letzen beiden Jahrzehnten die *Zukunftsvorstellungen* der Sozialwissenschaften generell pessimistischer geworden. Zukunft stellt sich als ein gigantisches Aufgabenfeld dar (Bolte 1992). Ein finde-siècle-Gefühl breitet sich aus. Mit dem Ende des Jahrhunderts scheint auch die Moderne zu ihrem Ende zu kommen; Klassengesellschaft, Ehe und Familie, Nationalstaat, die großen Ideologien und politischen Massenorganisation, die hierarchischen Bürokratien in Wirtschaft und Gesellschaft brechen auseinander; die Konturen dessen, was danach kommt, sind hingegen undeutlich. Ein solches postmodernistisches Weltbild muß Irritationen hervorrufen, doch sollte darüber die befreiende Wirkung des Zerfalls überkommener Ordnungen nicht übersehen werden. Das Ende des Kommunismus wäre hier an erster Stelle zu nennen. Vielleicht bietet die Unsicherheit die Chance für eine Gründerzeit neuer Ideen und Modelle, die Staat, Wirtschaft und Gesellschaft für die neuen Herausforderungen rüsten (Dettling 1996).

Es wäre zu prüfen, ob nicht gerade in vielen deutschen Gesellschaftsmodellen Risiken gegenüber Chancen besonders betont werden. Nicht nur hinsichtlich der *Informationsgesellschaft* sind euphorische wie überängstliche Erwartungen zu dämpfen. Zwar ist in den Bereichen Multimedia und Telekommunikation eine bedenkliche Machtkonzentration und -verflechtung zu konstatieren, doch die befürchteten Anomieprozesse sind bislang ausgeblieben (vom Bruch 1996). Die *Single-Gesellschaft* (Hradil 1995), also das – ohnehin sich abschwächende – Anwachsen von Alleinlebenden muß den sozialen Zusammenhalt ebensowenig bedrohen, wie die durch die Globalisierungsprozesse hervorgerufenen Veränderungen (Immerfall 1997). Gesellschaftsmodelle haben daher keinen Grund, nur furchtsam in die Zukunft zu blicken und dadurch ungewollt soziale Energien zu hemmen.

3.2 Empirische Grenzen der These vom Ende der Industriegesellschaft

Zweitens sind zahlreiche Begriffe oft unklar und die zugrundeliegenden Modelle selten präzisiert. Dies gilt gerade für Schlüsselbegriffe wie Individualisierung, Globalisierung oder Tertiarisierung. Ihre großflächigen Deutungen stehen bisweilen auf datenmäßig unzureichenden Grundlagen. Da Gesellschaftsmodelle künftige Entwicklungen vorwegnehmen wollen, ist ihnen dies allerdings nur zum Teil anzulasten. Kritik ist hier wohlfeil. Zum einen stehen die benötigten Daten oft gar nicht zur Verfügung. Die empirische Sozialforschung kann in der Regel erst ex post, wenn Entwicklungen bereits abzusehen sind, reagieren. Zum anderen macht die Vieldeutigkeit und Unübersichtlichkeit von Gesellschaftsmodellen gerade auch ihren Reiz aus.

Die öffentliche Diskussion verlangt berechtigterweise nach Zuspitzung und Vereinfachung. Natürlich vollziehen sich sozioökonomische Veränderungen weder industrieweit, noch sektoral noch gar nationenübergreifend einheitlich, doch können derartige Einschränkungen – selbst wenn sie vollkommen richtig sind – leicht in fruchtlosen Debatten enden. Der Streit, was eine multikulturelle Gesellschaft definitorisch auszeichne und ob demzufolge Deutschland eine solche ist, trägt noch nichts zur Entschärfung des sich im Gesellschaftsmodell der multikulturellen Gesellschaft spiegelnden Problemdrucks bei. Der Verweis auf die Schwierigkeit, Dienstleistungen abzugrenzen und ihre Produktivität zu messen, ist zutreffend, doch vordringlich stellt sich die Frage, wie die Chancen im Dienstleistungsbereich besser ausgelotet werden können.

Insgesamt bemessen sich Erkenntniswert und Erkenntnisgrenzen von Gesellschaftsmodellen weniger an den strengen Regeln der empirischen Gesellschaftsanalyse, als vielmehr daran, ob es ihnen gelingt, frühzeitig die Aufmerksamkeit auf neue Problemlagen zu lenken, innovative Deutungen zu erschließen, vielleicht auch gesellschaftspolitische Neuerungen zu stimulieren. Daraus folgt natürlich kein Freibrief für das unverbindliche Feuilleton. Es fällt auf, wie sehr alle behandelten Modelle den Umbruch gesellschaftlicher Strukturen in den Vordergrund stellen. Nur wenige glauben, der gegenwärtige soziale Wandel vollziehe sich weitgehend innerhalb der überlieferten gesellschaftlichen Parameter und Strukturen. Analysen, die den Umbruchscharakter der Gegenwart relativieren, haben hingegen in der breiten Öffentlichkeit weniger Aufmerksamkeit gefunden. Dabei läßt sich jedes der Gesellschaftsmodelle mit empirisch-quantitativen Einwänden konfrontieren.

Für die These von der *„postindustriellen Gesellschaft"* kommt Wolfgang Zapf (1994) zu dem Ergebnis, daß sie in ihren Trendaussagen zwar durchaus zutrifft. So übertraf im ersten Halbjahr 1996 erstmals in der deutschen Geschichte die Wertschöpfung der Dienstleistungsunternehmen diejenige der Industrieunternehmen. Was fraglich ist, ist die stimmige Verankerung der Trends im gesellschaftlichen Kontext. Eine grundsätzliche Abkehr vom Modell der „modernen Gesellschaft", verstanden als analytisches Konstrukt wie auch als gesellschaftspolitisches Ziel, vermag Zapf noch nicht zu erkennen; die nachholende Modernisierung Osteuropas belege dies deutlich. Einen echten Test für diese Aussage stellen die multikulturellen Wachstumsregionen Südostasiens dar, denen es bislang gelungen ist, wirtschaftliche Prosperität und soziale Stabilität mit einer politisch autokratischen Herrschaftsordnung zu vereinen.

Ähnliches gilt für die *Informationsgesellschaft*. Es ist eine Sache, den wachsenden Stellenwert der Informations- und Kommunikationstechnologie anzuerkennen, eine andere darin, eine neue Art der Gesellschaft zu erkennen. Hier wäre zu präzisieren, wann wir es mit einem Wandel des Gesellschaftstyps zu tun haben. Nicht in Sicht ist jedenfalls die für die postindustrielle Gesellschaft erwartete, eigenständig und machtvoll auftretende Klasse „professionalisierter und technisch qualifizierter Berufe" (Rosner 1990). Der „Hunger nach Wissen" ist zwar weiterhin ungebrochen und die Industrieländer buhlen um die Spitzentechnologien. Auch werden Veränderungen in den Büros und Werkshallen angestrebt, die das Kreativitätspotential der Mitarbeiter umfassend ausschöpfen sollen. Andererseits ist vielfach eine Rückkehr zu den alten industriellen Rezepten erkennbar, obwohl deren – nicht zuletzt: ökologische – Defizite mit Händen greifbar sind.

Auch hinter dem Anwachsen des Dienstleistungsbereichs steht ein komplexer Prozeß, der sich kaum auf den Nenner des „Postindustrialismus" bringen läßt (Bögenhold 1996). Die Anforderungen an die Dienstleister sind ebenso unterschiedlich wie die Auswirkungen der Strukturveränderung im *tertitären Sektor* auf die Beschäftigung, die Beschäftigten und die Kunden. Dabei erscheint die soziale Gestaltung dieses Tertiarisierungsprozesses aber nicht von vornherein aussichtslos. Dafür sprechen die nationalen Pfade sozialer Entwicklung, die sich oft als sehr hartnäckig gegenüber Anpassungsdruck erweisen können und eine uniforme Gestalt der *Dienstleistungsgesellschaft* kaum erwarten lassen. So vollzieht sich die Integration von Frauen in die „Dienstleistungsgesellschaft" national unterschiedlich; mit Häußermann/Siebel (1995) läßt sich die bislang in West-Deutschland vorherrschende Form als „Hausfrauen-Modell" bezeichnen. Reproduktionsarbeit wird überwiegend und weiterhin von Frauen geleistet. Es kommt zur Umverteilung von Haus- und Familienarbeit, aber weniger zwischen den Geschlechtern als vielmehr zwischen verschiedenen Gruppen von Frauen. Die dadurch entstehenden neuen Hierarchien folgen den klassischen ungleichheitsrelevanten Dimensionen, aber auch der von Ethnie und Nation (Rerrich 1993).

Auch die „Zweidrittel-" und die *„Risikogesellschaft"* unterschätzen offenbar die Beharrungskraft politisch institutioneller Faktoren (Leisering 1995). Hinsichtlich der *„Erlebnisgesellschaft"* drängt sich der Verdacht auf, ob Gerhard Schulzes kulturhistorische Bestandsaufnahme nicht eine Art ungewollten Abschiedsgesang auf die „alte" Bundesrepublik darstellt. Erlebnisorientierte Milieus stellen wohl eher ein Integrationsmuster in einer Gesellschaft des Überflusses dar als ein Muster einer Gesellschaft, die von den harten Winden des – nicht zuletzt: ökonomischen – Wandels nicht länger verschont ist. Die Vorstellung, die moderne Wohlfahrtsgesellschaft verabschiede sich von ihren Schichten und Klassen, ist wohl voreilig. Ob für das generative oder das Freizeitverhalten – stets läßt sich der große Einfluß sozialstruktureller Gruppenzugehörigkeiten nachweisen.

Gesellschaftsmodelle sind naturgemäß durch die nationalen Eigentümlichkeiten geprägt, in deren Rahmen sie entstanden sind. Solange sie sich dessen bewußt sind und über die nationale Begrenztheit hinausblicken, ist dies durchaus zu begrüßen, da es ihnen empirische Bodenhaftung gibt. Für die *multikulturelle Gesellschaft* hat Alf Mintzel indes die folgenschwere Verengung der Diskussion auf die multiethnische, multirassische und multikulturelle Einwanderungsgesellschaft kritisiert. Dies ist nur ein Typus unter mehreren. Die Vereinigten Staaten von Nordamerika sind denn auch nicht, wie immer wieder behauptet, das Herkunftsland des *Multikulturalismus*, sondern Kanada. Multikulturalismus bezeichnet dort den staatlich garantierten Schutz der sprachlichen und kulturellen Identität der Ureinwohner und verschiedener Einwanderergruppen. Es gibt zwar gute Gründe dafür, die multikulturellen Großraum- und Einwanderungsgesellschaften Nordamerikas nicht als Modell für multikulturelle Gesellschaften in Europa anzusehen. Daraus folgt jedoch nicht, die alten Nationalstaaten Europas könnten (und müßten) sich den wachsenden Wanderungsströmen nicht anpassen. Ein kritischer Blick zurück auf die Geschichte ihrer Nationalstaaten, die eine Geschichte kultureller Unterdrückung, aber auch der Eingliederung und Gleichstellung peripherer Regionen war, könnte ihnen helfen, die dazu notwendige Sensibilität und Phantasie zu entwickeln.

Insgesamt lassen sich diese wenigen, hier nur exemplarisch angeführten Forschungsergebnisse nicht zu einem handlichen Befund bündeln. Sie können daher die synthetisch und spekulativ ausgerichteten Gesellschaftsmodelle nicht ersetzen. Sie relativieren aber die Ansprüche mancher Gesellschaftsmodelle, die Gegenwart auf einen einzigen Begriff zu bringen. Insbesondere deuten sie auf mehr Kontinuitäten hin, als es die Auffassung vom Strukturbruch nahelegt.

4. Perspektiven

Bei aller Kritik im einzelnen sollte festgehalten werden, daß Gesellschaftsmodelle ein wichtiges Element der öffentlichen Auseinandersetzung darstellen. Sie schärfen den Blick für die rasanten Veränderungen in der Arbeits- und Lebenswelt und machen deutlich, daß technologische Innovationen gleichzeitig soziale Innovationen nach sich ziehen und ökonomischer und soziokultureller *Strukturwandel* zusammenwirken. Gesellschaftsmodelle dienen nicht zuletzt dazu, den Bürgern die Zukunftsdiskussion zugänglich zu machen. Insofern darf man sie nicht als deterministische Zukunftsmodelle mißverstehen; sie sollen gerade ausdrücken, wie und durch welche gesellschaftlichen Eingriffe die Zukunft gestaltet werden kann. Wie wollen wir das Verhältnis zwischen Markt, Staat und privaten Haushalten, zwischen den Geschlechtern, zwischen kinderlosen Familien und solchen mit Kindern organisieren? Wie soll die Medienlandschaft von morgen aussehen? Mit welcher Zielrichtung soll die Wettbewerbsfähigkeit Deutschlands und Europas gesichert werden? In welcher Art von Dienstleistungsgesellschaft wollen wir leben? Hierzu meinte Bundespräsident Herzog kürzlich: „Wir sind schon ein merkwürdiges Volk, wenn wir mit Freude Maschinen bedienen, aber jedes Lächeln verlieren, wenn es sich um Menschen handelt."

Zeitdiagnostische Typisierungen sind daher nicht nur in wissenschaftlicher, sondern mehr noch in politisch-normativer Hinsicht von eminenter Bedeutung. Es macht für die Wirtschafts- und Beschäftigungspolitik einen Unterschied, ob wir unsere Gesellschaft weiterhin als „*Industriegesellschaft*" begreifen oder nach dem *Dienstleistungsgesellschaft*-Modell einen Abbau des industriellen Sektors forcieren. Gesellschaftsmodelle vereinigen stets analytische mit prognostischen Dimensionen. Diese Vermischung von zeitdiagnostischen Vereinfachungen und spekulativen Zukunftsvisionen ist unvermeidlich, weil auch die schönsten Sozialstrukturdaten nie für sich sprechen sondern stets der (theoriegeleiteten) Deutung bedürfen. Diese Deutung aber kann mehr oder weniger begründet sein.

Entgegen der Behauptung, die Soziologie hätte an Bedeutung verloren, sind es maßgeblich Sozialwissenschaftler, die die öffentlichen Debatten um die Gesellschaftsmodelle führen. Dabei hat die Sozialwissenschaft ihre Bringschuld noch nicht vollständig erfüllt, die darin besteht, Reformalternativen theoretisch durchdacht, den Handlungslogiken der politischen, administrativen und ökonomischen Akteure Rechnung tragend und doch auch öffentlichkeitswirksam zu präsentieren (Bentele/Reissert/Schettkat 1995). Ferner sollte stets verdeutlicht werden, daß die vom jeweiligen Gesellschaftsmodell ausgezeichnete Dimension nicht für das Ganze des sozialen Wandels steht. Sodann wäre eine vermehrte, wechselseitige Zur-Kenntnisnahme der Theorien der gesellschaftlichen Entwicklung und der quantitativen Befunde der großen, empirischen Forschungsprojekte wünschenswert. Das gilt auch für den Umgang mit der Geschichtswissenschaft, denn Gesellschaftsmodelle leiden leicht an historischer Kurzatmigkeit. Schließlich wären die Gesellschaftsmodelle stärker zu dynamisieren. Schon von der Wortwahl wirken sie manchmal als statischer Endpunkt, auf den eine Entwicklung unaufhaltsam zuläuft. Es sollte zu denken geben, daß ein Gründungsvater der Soziologie wie Max Weber kaum je von Gesellschaft sprach, sondern Prozeßbegriffe wie den der Vergesellschaftung bevorzugte.

Gesellschaftsmodelle können in der Öffentlichkeit als Brennglas möglicher, wünschbarer wie unerwünschter Zukunftsentwicklungen dienen. Dort, wo es ihnen – in Konkurrenz zueinander – gelingt, ein Stück weit soziologische Präzision mit in die Zukunft gerichtete Imagination zu verbinden, haben sie ihre Aufgabe erfüllt.

Literatur

Beck, Ulrich: Die Risikogesellschaft. Auf dem Weg in eine andere Moderne, Frankfurt a.M. 1986

Bell, Daniel: Die nachindustrielle Gesellschaft, Frankfurt a.M./New York 1996

Bentele, Karlheinz/Bernd Reissert/Ronald Schettkat (Hg.): Die Reformfähigkeit von Industriegesellschaften, Frankfurt a. M./New York 1995

Bögenhold, Dieter: Das Dienstleistungsjahrhundert. Kontinuitäten und Diskontinuitäten in Wirtschaft und Gesellschaft, Stuttgart 1996

Böhret, Carl/Hermann Hill/Helmut Klages (Hg.): Staat und Verwaltung im Dialog mit der Zukunft, Baden-Baden 1994

Bolte, Karl Martin: Auf dem Weg in eine andere Zukunft. Wandlungen der Zukunftsvorstellungen in den Sozialwissenschaften, in: Soziale Welt 43, 1, 1992, S. 117ff.

Brock, Ditmar u.a.: Vorträge im Plenum: „Lokalisierung und Globalisierung sozialer Ungleichheiten", in: Hradil, S. (Hg.): Differenz und Integration, Frankfurt a.M./New York 1997 (im Erscheinen)

Bruch, Andreas vom: Die Informationsgesellschaft als gesellschaftliche Herausforderung, in: Vorgänge 35, 1(133), 1996, S. 20ff.

Dettling, Warnfried (Hg.): Die Zukunft denken. Neue Leitbilder für wirtschaftliches und gesellschaftliches Handeln, Frankfurt a. M./New York 1996

Fourastié, Jean: Die große Hoffnung des 20. Jahrhunderts, Köln 1954

Häußermann, Hartmut/Walter Siebel: Dienstleistungsgesellschaften, Frankfurt a.M. 1995

Hradil, Stefan: Die „Single-Gesellschaft", München 1995

Immerfall, Stefan: Einführung in den Europäischen Gesellschaftsvergleich, Passau 1995

Immerfall, Stefan (Hg.): Territoriality in the Globalizing Society, Heidelberg u.a. 1997 (im Erscheinen)

Leisering, Lutz: Zweidrittelgesellschaft oder Risikogesellschaft? Zur gesellschaftlichen Verortung der „neuen Armut" in der Bundesrepublik Deutschland, in: Bieback, K.-H./ H. Milz (Hg.): Neue Armut und neuer Reichtum: zunehmende Polarisierung der materiellen Lebensbedingungen im vereinten Deutschland, Frankfurt a.M. 1995, S. 58ff.

Mintzel, Alf: Multikulturelle Gesellschaften in Europa und Nordamerika, Passau 1997 (im Erscheinen)

Rerrich, Maria S.: Auf dem Weg zu einer neuen internationalen Arbeitsteilung der Frauen in Europa? in: Schäfers, B. (Hg.): Lebensverhältnisse und soziale Konflikte im neuen Europa, Frankfurt a.M./New York 1993, S. 93ff.

Rosner, Siegfried: Gesellschaft im Übergang? Zum Wandel von Arbeit, Sozialstruktur und Politik in der Bundesrepublik, Frankfurt a.M./New York 1990

Spinner, Helmut F.: Die Wissensordnung. Ein Leitkonzept für die dritte Grundordnung des Informationszeitalters, Oplanden 1994

Stehr, Nico: Arbeit, Eigentum und Wissen. Zur Theorie von Wissenschaftgesellschaften, Frankfurt a.M. 1994

Tibi, Bassam: Multikultureller Werte-Relativismus und Werte-Verlust, in: Aus Politik und Zeitgeschichte, Beilage zur Wochenzeitung Das Parlament, B 52-53, 1996, S. 27ff.

Zapf, Wolfgang: Modernisierung, Wohlfahrtsentwicklung und Transformation. Soziologische Aufsätze 1987 bis 1994, Berlin 1994

Stefan Immerfall

Gesundheit/Gesundheitssystem

1. Definition

Obwohl Gesundheit und *Krankheit* aus individueller und gesellschaftlicher Sicht als höchst bedeutungsvoll angesehen werden, gibt es keine wissenschaftlich begründbaren, eindeutigen Definitionen. Das Gesundheits- und Krankheitsverständnis verändert sich nicht nur in unterschiedlichen historischen und kulturellen Kontexten, sondern auch innerhalb einer Gesellschaft, je nach Blickwinkel, Bezugssystem, Status und Interesse.

Mit der Entwicklung der *Industriegesellschaft* in Deutschland und der Dominanz von Industrie, Militär und Bürokratie blieb Gesundheit nicht mehr länger ins Belieben des Individuums gestellt. Im Zuge der *Rationalisierung* des individuellen Habitus nahm Gesundheit auch den Charakter einer Pflicht an, und Krankheit erhielt die Konnotation von falsch gelebtem Leben, also von moralischer Schuld. Zugleich delegierte die Gesellschaft Fragen von Gesundheit und Krankheit mehr und mehr an die mit der Industrialisierung neu entstehende, vom Anspruch her naturwissenschaftlich-technische Medizin. Diese allmähliche Einbindung der Individuen in ein zunehmend komplexer werdendes System medizinischer Institutionen, Theorien, Wertungen und Ideologien wurde später auf den Begriff „*Medikalisierung*" gebracht, ein Prozeß, der nicht zuletzt die Bedeutung von *Krankheit* und Gesundheit als individuellem Empfinden immer mehr in den Hintergrund gedrängt hat.

Das Ideal von Gesundheit ist seither ständigem Wandel unterworfen. Ebenso wie das Bild vom idealen Arbeitnehmer und Staatsbürger im kybernetischen Zeitalter nicht mehr das „Rädchen im Getriebe", sondern eher das „sich selbstoptimierende" Individuum ist, dem seine Pflicht zur „Eigenverantwortung" – nicht selten in herrschaftlicher Absicht – entgegengehalten wird, enthält auch „Gesundheit" weniger asketische Konnotationen, sondern wird tendenziell gleichgesetzt mit „Fitneß" im Sinne von optimalem Angepaßtsein an Aufgaben und Wettbewerb. Eine auf Gesundheit und Krankheit gerichtete Erscheinungsweise, die besonders ausgeprägt dort ist, wo Individualisierungstendenzen, Konkurrenz und konsumistischer Wohlstand zusammenwirken, ist der „Healthismus", die ständige Sorge um und Befassung mit der persönlichen Gesundheit im Sinne auch von sicht- und vorzeigbarer Fitneß, als einem primären, oft dem primären Mittel zur Erreichung von persönlichem Wohlbefinden (Kühn 1993).

Neuerdings bemühen sich Gesundheitswissenschaftler um eine umfassendere, an Übergängen und Nuancen reichere Sichtweise auf Gesundheit, die Dichotomie von „gesund" und „krank" überwindend, die das alte naturwissenschaftliche, aber auch das juristische Denken prägt (Hurrelmann/Laaser 1993). Ansätze, die vor allem durch das Konzept der Gesundheitsförderung (health promotion) Verbreitung finden, sehen Gesundheit als geglückte und Krankheit als mißglückte Balance zwischen Belastungen und Ressourcen. Es wird damit möglich, in der Praxis nach mehr oder weniger gelungenen Balancen, auch im Sinne von „bedingter Gesundheit", zu fragen, wo eindeutige Zuschreibungen die Realität verzerren. In diesem Sinn ist auch der, meist mißverstandene, von der Weltgesundheitsorganisation (WHO) der UN definierte Begriff von Gesundheit zu interpretieren als: „Zustand eines umfassenden körperlichen, geistigen und sozialen Wohlbefindens und nicht allein als das Fehlen von Krankheit und Gebrechen".

Bei aller Vielgestaltigkeit wird *Krankheit* heute als ein gesellschaftliches Problem betrachtet, das

- die Lebensfreude herabsetzt und (bei langer Dauer) die soziale Selbsteinschätzung und Identitätsbildung prägt;
- den Beitrag schmälert, den Kranke als Produzenten oder Lernende in die Sozialbeziehungen einbringen;
- das Leistungen aus dem Familienbudget, Sozialversicherungs- oder Staatshaushalt erfordert.

Die Konflikte darüber, ob Krankheit letztlich nicht doch Schuld ist, ob und inwieweit Kranke des gesellschaftlichen Schutzes (Befreiung von der Arbeit und anderen Pflichten) und der Hilfe bedürfen, ja einen rechtlich verbindlichen Anspruch darauf haben, werden auch weiterhin Bestandteil der sozialen Auseinandersetzungen sein.

2. Gesundheitliche Lage

Die *Lebenserwartung* gilt als ein allgemeiner, wenn auch unspezifischer Indikator für Veränderungen der gesundheitlichen Lage einer Bevölkerung. 1991/93 hatten die Deutschen bei der Geburt eine Lebenserwartung von 72,5 Jahren (Ost: 69,9; West: 73,1) bei den Männern und 79,0 Jahren (Ost: 77,2; West: 79,5) bei den Frauen. In den letzten 100 Jahren hat sich die durchschnittliche Lebenserwartung etwa verdoppelt. Die größte Zunahme erfolgte in der ersten Hälfte des Jahrhunderts. Zunächst kamen die höchsten Zuwächse aus dem Rückgang der *Säuglingssterblichkeit*, dann der Kinder- und Jugendsterblichkeit, und heute spielt die Sterblichkeit im höheren Alter die Hauptrolle.

Tabelle 1: Lebenserwartung bei der Geburt und im Alter von 20, 40, 60 und 80 Jahren (Deutschland, ausgewählte Jahre seit 1901)

Vollendetes Altersjahr X**		Reichsgebiet		Früheres Bundesgebiet			Ehem. DDR		Deutschland
		1901/ 1910	1932/ 1934	1949/ 1951*	1960/ 1962	1970/ 1972	1988/ 1990	1952/ 1953	1988/ 1989	1991/ 1993
0	m	44,82	59,86	64,56	66,86	67,41	72,55	65,06	70,03	72,47
	w	48,33	62,81	68,48	72,39	73,83	78,98	69,07	76,23	79,01
20	m	42,56	48,16	50,34	50,34	50,21	53,61	50,66	51,19	53,43
	w	44,84	49,84	53,24	55,17	55,97	59,78	53,59	57,13	59,75
40	m	26,64	30,83	32,32	31,91	31,77	34,70	32,31	32,49	34,65
	w	29,16	32,33	34,67	36,09	36,77	40,35	34,99	37,73	40,31
60	m	13,14	15,11	16,20	15,49	15,31	17,71	15,99	16,16	17,79
	w	14,17	16,07	17,46	18,48	19,12	22,15	17,75	19,79	22,14
80	m	4,38	4,84	5,24	5,24	5,36	6,10	5,03	5,34	6,21
	w	4,65	5,15	5,57	5,85	6,16	7,65	5,48	6,40	7,72

* Ohne Saarland und Berlin-West
** Es beziehen sich: das Alter = auf den Zeitpunkt der Geburt, die anderen Altersangaben auf den Zeitpunkt, an dem jemand genau X Jahre alt geworden ist.
Quelle: Daten des Gesundheitswesens 1995

Die Männer haben eine geringere *Lebenserwartung* als die Frauen. 1991/93 betrug die Differenz 6,54 Jahre (Tabelle 1). Über das Jahrhundert gesehen hat der Rückstand der Männer gegenüber den Frauen sowohl bei der Geburt, als auch im mittleren und hohen Altern kontinuierlich zugenommen. In Deutschland/West war 1991/93 der geschlechtsbedingte Unterschied mit 6,5 Jahren etwas geringer als in Deutschland/Ost (7,3). Im internationalen Vergleich haben Japan (76,3/83,0) und Schweden (75,1/ 80,6) die höchste Lebenserwartung. Dabei ist die Geschlechterdifferenz in Schweden (5,5) wesentlich niedriger als in Japan (6,7). Auch in EU-Ländern mit einer relativ ungünstigen Lebenserwartung ist die Differenz sehr unterschiedlich wie Irland (5,1) und Portugal (7,4) und deutet auf sehr komplexe und nicht allein biologisch zu erklärende Wirkzusammenhänge hin.

2.1 Indikator Säuglingssterblichkeit

Der Rückgang der *Säuglingssterblichkeit* war über viele Jahrzehnte Hauptursache der steigenden Lebenserwartung. Sie steht auch in dem Ruf, nicht allein die Qualität der gesundheitsrelevanten allgemeinen Lebensbedingungen, sondern auch etwas über Zugänglichkeit und Qualität der medizinischen Versorgung auszusagen. Die Säuglingssterblichkeit insgesamt ist in Deutschland von 40,6 Gestorbenen je 1.000 Lebendgeborenen im Jahre 1956 auf 5,8 Promille in den alten und 6,3 Promille in den neuen Bundesländern im Jahre 1993 zurückgegangen (Daten 1995). Da man derzeit 5,0 Promille als das beste erreichbare Resultat ansieht, dürften hier keine größeren Fortschritte mehr zu erwarten sein. Die Differenz zum angenommen Minimalwert beträgt aber immerhin noch etwa 900 „vermeidbare" Sterbefälle jährlich.

2.2 Wandel des Krankheitspanoramas

Charakter und Schwerpunkt der *Krankheiten*, an denen die Menschen sterben und unter denen sie leiden, haben sich in nur wenigen Generationen stark verändert. Der tiefgreifende Wandel der Wirtschafts- und Sozialstruktur, das Entstehen einer Gesellschaft der Mobilität und des Massenkonsums sind dabei an erster Stelle als Ursachen zu nennen. Noch anfangs unseres Jahrhunderts stellten die epidemischen und meist schnell zum Tode führenden Infektionskrankheiten die zentrale gesundheitliche Bedrohung dar. Heute entfallen in der Bundesrepublik – und damit ungefähr repräsentativ für reiche Länder – bei durchschnittlich noch langsam steigender Lebenserwartung mehr als drei Viertel der als vorzeitig oder vermeidbar angesehenen Sterbefälle auf die vier Todesursachen Herz-Kreislauf-Erkrankungen, Karzinome, Krankheiten der Atmungsorgane und Unfälle im mittleren und jüngeren Alter.

Unter den nicht zum Tode führenden Krankheiten vergrößern *chronische Krankheiten* wie degenerative Muskel- und Skeletterkrankungen sowie psychisch manifestierte Leiden und Süchte kontinuierlich ihren Anteil (Kühn/Rosenbrock 1994). Der Zugang zur Rentenversicherung wegen Erwerbs- und Berufsunfähigkeit geht zu vier Fünfteln auf Herz-Kreislauf-Erkrankungen, Rheuma, Krebs und psychiatrische Erkrankungen zurück. Unter dem Aspekt der Arbeitsunfähigkeit rücken andere, aber wiederum nur wenige Krankheitsarten in den Vordergrund. Bei den Pflichtmitgliedern der GKV sind das Krankheiten der Verdauungsorgane (ca. 25% der AU-Fälle), rheumatische Erkrankungen (ca. 20%) sowie Unfälle, Vergiftungen, Gewalteinwirkungen (ca. 20%).

Die chronisch kranken Patienten dominieren heute das Bild. Etwa zwei Drittel der zu einem bestimmten Zeitpunkt Kranken sind chronisch krank, bei den 15-40jährigen 33%, den 40-65jährigen 72% und bei den über 65jährigen 86%. Hier liegt auch die Hauptursache dafür, daß nur die Minderheit der sozialversicherungspflichtig Beschäftigten einigermaßen gesund das Rentenalter erreicht, während die Mehrzahl vor Erreichen des Rentenalters berentet wird oder verstirbt.

Zusammenfassend weisen die heute *dominierenden Krankheiten* folgende Merkmale (Rosenbrock 1990) auf: Sie

- verlaufen meist chronisch und überwiegend degenerativ,
- haben meist eine lange, überwiegend medizinisch symptomlose Latenz,
- äußern sich in ihrer Entstehungsphase durch meist nur subjektiv wahrnehmbare, aber
- hoch indikative Befindensstörungen,
- können nach ihrer Manifestation medizinisch nur noch gelindert, aber nicht mehr geheilt werden und

- sind in Abhängigkeit von Lebenslage und Lebensweise sozial ungleich verteilt.

2.3 Soziale Ungleichheit: Dilemma der Gesundheitspolitik

Sterblichkeit, akute Krankheit, chronisch eingeschränkte Gesundheit, Krankheitsrisiken und Bewältigungschancen (bei verhinderbaren Erkrankungen) sind trotz weitgehend gleicher Zugangsbedingungen zur medizinischen Versorgung sozial ungleich verteilt. Trotz verdienstvoller Einzelarbeiten liegt in Deutschland die sozialepidemiologische Forschung noch hinter dem Stand anderer Industrieländer (bes. Großbritannien, USA und Skandinavien) zurück. Die bisherigen Erkenntnisse (Mielck 1994) decken sich weitgehend mit denen der anderen vergleichbaren Industriegesellschaften und zeigen, daß die Zugehörigkeit zu sozialen Schichten, meist gemessen mit den Indikatoren Bildung, Einkommen und Stellung im Beruf, nach wie vor in erheblichem Umfang die Chancen für ein längeres Leben und eine verbesserte Gesundheitserwartung bestimmt. Ähnlich wie in England und den USA dürfte auch in Deutschland, korrespondierend mit einer sich tendenziell polarisierenden Verteilung von Einkommen und Status, die *soziale Ungleichheit* bzgl. Krankheit und Tod zunehmen. Aufgrund des Mangels an methodisch anspruchsvollen Studien werden im folgenden einige britische und amerikanische Beispiele herangezogen.

Die relative Zunahme der chronischen Erkrankungen und das Leben mit eingeschränkter Gesundheit hat seit den 70er Jahren international zu einer kontroversen Debatte geführt. Eine pessimistische Einschätzung besagt, die weitere Verlängerung der Lebenszeit lohne sich nicht, da die zusätzlich gewonnenen Lebensjahre von einer stark eingeschränkten gesundheitlichen Lebensqualität überschattet würden. Die Gegenposition behauptet, es könne gelingen, die Krankheiten möglichst weit in die letzten Lebensjahre zu verschieben.

Wie u.a. House, Kessler und Herzog (1990) empirisch gezeigt haben, stehen dem Ziel, die Krankheiten und krankheitsbedingten Einschränkungen möglichst weit in die letzten Lebensjahre zu verschieben, keine biologischen Gründe entgegen, es ist insoweit prinzipiell erreichbar. Die große Masse der verhütbaren *chronischen Krankheiten* und Einschränkungen in den Altersgruppen bis unter 75 Jahre – ist absolut und relativ auf die unteren sozioökonomischen Schichten konzentriert. In den oberen Schichten kann man bereits jetzt ein niedriges Niveau an Krankheiten und funktionalen Behinderungen bis weit in die späten Phasen des Lebens antreffen. Die pessimistische These, derzufolge die zusätzlich gewonnenen Jahre in hohem Maße gesundheitlich beschädigt seien, trifft zwar auch zu, sie beschreibt jedoch weitgehend die Realität für Angehörige der Unterschicht und unteren Mittelschichten. Wir haben es also weitgehend mit sozialen Bedingungen zu tun, die politisch gestaltet werden können.

Nicht nur Krankheit und chronische Einschränkungen, sondern auch subjektive Risikofaktoren, die heute dem Lebensstil zugeschrieben werden, verteilen sich unterschiedlich auf die sozialen Schichten. Die im britischen „Health and Lifestyle Survey" untersuchten gesundheitsriskanten Verhaltensweisen Rauchen, Alkoholkonsum, Bewegungsarmut, Fehlernährung, Übergewicht und Schlafdefizite verteilten sich ebenso wie der Gesundheitsstatus ungleich nach sozialer Klasse, Bildungsgrad, Einkommen, günstigen Wohn- und Umweltbedingungen, sozialer Unterstützung und Integration.

Der Beitrag der verhaltensbedingten Risikofaktoren (gemessen in Cholesterin, Übergewicht, Raucherquote, Blutdruck und körperlicher Bewegung) zur Morbidität wird sehr überschätzt. So fand die berühmte englische Längsschnitt-Studie „Whitehall Study" heraus, daß Staatsbedienstete der untersten Rangstufe vier mal häufiger an koronaren Herzerkrankungen erkranken als Beamte an der Hierarchiespitze. Zwar wiesen die untere Schicht in höherem Maße verhaltensabhängige Risikofaktoren auf, aber nachdem diese Faktoren statistisch neutralisiert waren, war die Morbidität der unteren Schicht noch immer dreimal höher als die der oberen Schicht (Marmot/Kogevinas/Elston 1987).

Gesundheit/Gesundheitssystem

Das in den 80er Jahren auch in Deutschland populär gewordene Konzept der Gesundheitsförderung stellt den Versuch dar, die traditionelle Gesundheits-Aufklärung, die sich – bislang erfolglos – auf diese subjektiven Risikofaktoren reduziert, zu überwinden und die in der jeweiligen Lebenslage und -weise vorhandenen Bewältigungsressourcen einzubeziehen.

Zusammenfassend läßt sich sagen, daß mit einer Eindeutigkeit, die in den Sozialwissenschaften selten ist, sich ein „soziales Dilemma der *Gesundheitspolitik*" erkennen läßt. Es besagt, daß dieselben Gruppen und Schichten der Bevölkerung, die das größte Risiko tragen zu erkranken, behindert zu sein oder vorzeitig zu sterben, zugleich über die geringsten Möglichkeiten der Kontrolle ihrer Lebensumstände und der Selbsthilfe im wirtschaftlichen, sozialen und kulturellen Sinne verfügen. Sie haben:

- die geringsten Einkommen,
- den geringsten Bildungsstand,
- die geringsten Gestaltungsmöglichkeiten,
- die schwächste soziale Unterstützung durch kleine soziale Netze (social support) und
- den geringsten politischen Einfluß, sei es individuell oder als Gruppe.

Konzepte der individuellen Bezahlung bzw. Zuzahlung von Gesundheitsleistungen müssen vor diesem sozialen Dilemma bewertet werden. Davon abgesehen, daß die Inanspruchnahme des überwiegenden Teils der Leistungen nicht vom Patienten, sondern vom Arzt entschieden wird, entfaltet die Zuzahlung die angestrebte Steuerungswirkung (Senkung der Inanspruchnahme) ab einer bestimmten Höhe nur bei Patienten aus unteren Einkommensschichten. Deren Krankheitsrisiko ist jedoch überdurchschnittlich hoch während ihre individuellen Möglichkeiten, auf dieses einzuwirken besonders niedrig sind. Daher ist es weder einleuchtend, noch entspricht es der Empirie, hier von einer „Stärkung der Eigenverantwortung" zu sprechen.

3. Gesundheitspolitik

Gesundheitspolitik ist in Deutschland allenfalls in Einzel- und Ausnahmefällen tatsächlich an konkreten Gesundheitszielen orientiert. Im Vordergrund stehen seit Mitte der 70er Jahre die Ausgaben bzw. der Beitragssatz der gesetzlichen *Krankenversicherungen*. Der Mangel an „Ergebnisorientierung" (Sachverständigenrat 1995) wird heute von einer Mehrzahl der Experten festgestellt. Die Anstrengungen, mit Hilfe einer fundierten Gesundheitsberichterstattung Ziele deutlicher zu erkennen und somit Voraussetzungen für eine rationale Gesundheitspolitik zu schaffen, gelten (im internationalen Vergleich) als unzureichend.

Tabelle 2: Interventionsfelder und Interventionstypen der Gesundheitspolitik

Zustand:				
Gesundheit und Wohlbefinden	spezifische und unspezifische Gesundheitsrisiken, Befindlichkeitsstörungen	behandlungsfähige Befunde ohne Symptome	akute und chronische Erkrankungen und Behinderungen	Tod
Interventionstyp:				
Gesundheitsförderung	Risikosenkung und Gesundheitsförderung (Primärprävention)	Früherkennung und Frühbehandlung (Sekundärprävention)	medizinische Behandlungen; medizinische, berufliche und soziale Rehabilitation; Pflege; Gesundheitsförderung (Kuration bzw. Tertiärprävention)	

Quelle: Rosenbrock 1993, S. 318

Die gesundheitspolitischen Gegenstands- und Interventionsbereiche lassen sich grob auf einem Kontinuum darstellen, das die Zustände menschlicher Gesundheit vom Optimalzustand „Gesundheit und Wohlbefinden" über verschiedene Stufen der Risikoexposition, Gesundheitseinschränkung und Erkrankung umfaßt (Tabelle 2). Gesundheitspolitisch rational wäre es, die Mittel und Wege der Gesundheitspolitik von der Leitfrage abhängig zu machen, in welchem Verursachungsbereich bzw. auf welchem Punkt des Kontinuums zwischen Gesundheitsrisiko und schwerer Erkrankung mit welchem Interventionstyp das epidemiologisch abzuschätzende Maximum an verlorenen Lebensjahren und Leid möglichst kostengünstig zu verhindern wäre (Rosenbrock 1993).

Was die übergreifenden Gesundheitsziele anbelangt, so hat sich in den westlichen Industrieländern und in den internationalen Organisationen wie der Weltgesundheitsorganisation (WHO) weitgehend Konsens eingestellt: die Verlängerung des Lebens mit möglichst geringen gesundheitlichen Einschränkungen bzw. die Vermeidung des Verlusts potentieller Lebensjahre sowie die Verminderung der sozialen Ungleichheit bzgl. Krankheit und Tod.

3.1 Gesundheitssystem

Der Begriff Gesundheitssystem faßt die staatlichen, öffentlich-rechtlichen und privaten Einrichtungen zusammen, die explizit die Gesundheit der Bevölkerung erhalten, fördern oder wiederherstellen sollen. Das schließt in einem weiteren Sinne die Ministerien und Behörden für Gesundheit auf Bundes- und Landesebene und in den Gemeinden ein sowie die öffentlichen Untersuchungseinrichtungen (z.B. Lebensmittel-, Arzneimittel-, Veterinäruntersuchungsämter, chemische Untersuchungsämter), Gewerbeaufsichtsämter, staatliche oder kommunale Gesundheitsämter, die betrieblichen und überbetrieblichen Institutionen des Arbeitsschutzes, der Normierung, Einrichtungen für Forschung und Lehre in gesundheitsrelevanten Fachgebieten usw. Es hat sich jedoch eingebürgert, unter dem Gesundheitssystem in einem engeren Sinne das medizinische Versorgungssystem zu verstehen. Das sind die Einrichtungen der ambulanten und stationären medizinischen und pflegerischen Versorgung (Arztpraxen, Krankenhäuser, Rehabilitationskliniken), deren Zulieferer (Arznei-, Heil- und Hilfsmittel, medizinische Geräte usw.) und die Finanzierungsinstitutionen, wie die gesetzlichen Kranken-, Renten-, Unfall- und Pflegeversicherung sowie die privaten Krankenversicherungen.

3.1.1 Gesetzliche Krankenversicherung und Solidaritätsprinzip
88,5% der Bevölkerung sind in der gesetzlichen *Krankenversicherung* (GKV) versichert. In den neuen Bundesländern sind es fast 97%. Davon entfallen 40,7% auf Pflichtmitglieder, 20,0% auf Rentner, 8,5% auf freiwillige Mitglieder und 30,8% auf die mitversicherten Familienangehörigen. 9,1% sind privatversichert. Der Schutz der GKV umfaßt krankheitsbedingten Lohnausfall (nach Beendigung der Lohnfortzahlung durch die Arbeitgeber) und Behandlungsaufwand bei Krankheit. Hinzu kommen Leistungen zur Früherkennung und Prävention, Mutterschaftshilfe bei Schwangerschaft und Entbindung, ambulanten Pflege und Rehabilitation.

Die Gesamtzahl der Kassen geht laufend zurück und betrug 1995 noch 875 (1970: 1.815) (Daten des Gesundheitswesens 1995). Seit den 70er Jahren verlieren die einzelnen Kassen Autonomie an die Verbände der einzelnen Kassenarten, unter denen die größte die Allgemeinen Ortskrankenkassen (39,6%) sind, gefolgt von den Ersatzkassen (30,0%), den Betriebskrankenkassen (10,3%), der Bundesknappschaft (2,1%), den Landwirtschaftlichen Krankenkassen (1,6%). Hinzu kommen die privaten Krankenversicherungen (9,1%) sowie besondere Sicherungsformen der Polizei und Bundeswehr (2,3%).

Das *Solidaritätsprinzip* der gesetzlichen *Krankenversicherung* wird nicht zu unrecht als eine zivilisatorische und sozialintegrative Leistung gerühmt. Sein gesundheitspolitischer Wert geht noch darüber hinaus. Es ist die sozialpolitische Antwort auf das oben als „soziales Dilemma der Gesundheitspolitik" bezeichnete Zusammentreffen von hohem Krank-

Gesundheit/Gesundheitssystem

heits- bzw. Sterberisiko und geringer Selbsthilfefähigkeit. Seine wichtigsten Elemente sind in Strukturprinzipien der Sozialversicherung übersetzt worden:

- der einkommensabhängige Beitragssatz der GKV im Unterschied zur risikobezogenen Prämie der Privatversicherung und
- der sozialversicherungsrechtliche Anspruch auf „ausreichende", „bedarfsgerechte", dem „allgemeinen Stand der medizinischen Erkenntnisse entsprechende" sowie „wirksame" und „humane" Leistungen, die das „Notwendige" nicht überschreiten ohne Rücksicht auf Einkommen und Status (Sozialgesetzbuch V und XI).

Umverteilungsprozesse innerhalb der Versichertengemeinschaft gehen:

- von gesunden zu kranken Versicherten,
- von alleinstehenden Versicherten zu Familien,
- von jungen zu alten Versicherten und
- von Beziehern höherer zu Beziehern geringerer Einkommen.

Vom *Solidaritätsprinzip* kann also nur insoweit die Rede sein, als tatsächlich ausreichend viele junge, gut verdienende, gesunde Mitglieder der Versichertengemeinschaft angehören, um die Versorgung der kranken, älteren mit geringerem Einkommen zu einem erträglichen Beitragssatz zu gewährleisten. Wie die internationale Erfahrung lehrt, finden sich in Grundsicherungsmodellen nur noch die „Bedürftigen" mit niedrigen Einkommen und/ oder nicht mehr versicherbarem Krankheitsrisiko. Ein Solidarausgleich kann hier nicht mehr stattfinden.

In der Praxis ist das *Solidaritätsprinzip* in mehrfacher Weise eingeschränkt: Es werden die Personen mit hohen, über der Versicherungspflichtgrenze liegenden Einkommen (und zugleich relativ niedrigem Krankheitsrisiko) aus dem Solidarausgleich ausgenommen und die Einkommen freiwillig Versicherter werden nur bis zu einer Beitragsbemessungsgrenze mit dem Beitragssatz belastet. Beispielsweise bezahlt der Versicherte mit einem Einkommen von 10.000 DM bei einem Beitragssatz von 11% und einer Beitragsbemessungsgrenze von 6.500 DM nicht 1.100 DM, sondern mit nur 715 DM lediglich 7,15% statt 11% seines Einkommens. Die nachteiligen Folgen für die Risikogemeinschaft sind noch höher, da die ausgegrenzten Bezieher hoher Einkommen ein unterdurchschnittliches Krankheitsrisiko haben.

Eine Gefährdung des *Solidaritätsprinzips* liegt auch in der Erweiterung des wirtschaftlichen Wettbewerbs nach dem „Gesundheitsstruktur-Gesetz" 1993. Mit der Möglichkeit der Pflichtmitglieder, die Kasse selbst zu wählen, stehen die Kassenverbände in Konkurrenz um Mitglieder. Entscheidender Wettbewerbsparameter ist die Höhe des Beitragssatzes. Die Kassen sollen damit zu einer aggressiveren Vertragspolitik mit den Leistungsanbietern gebracht werden, um deren Preise zu dämpfen.

Die Krankenkassen werden durch den Wettbewerb zu konkurrierenden Unternehmen. Man muß ihnen also den Anreiz nehmen, sich durch Diskriminierung besonders „unrentabler" Mitglieder Vorteile zu verschaffen. Darum wurde ein „*Risikostrukturausgleich (RSA)*" eingeführt. Durch den RSA sollen finanziell alle Kassen so gestellt werden, als hätten sie

- die gleichen Altersstrukturen,
- den gleichen Anteil von mitversicherten Familienangehörigen,
- die gleichen Grundlohnstrukturen,
- die gleiche Anzahl der Erwerbs- und Berufsunfähigkeitsrentner (deren Bedarf weit über dem Durchschnitt liegt),
- und die gleiche Geschlechts-Zuammensetzung.

Durch die Einführung dieses Ausgleichs wurde zunächst das *Solidaritätsprinzip* gestärkt. Die Beitragsdifferenzen zwischen den Kassenarten haben sich nach der Einführung des *RSA* deutlich verringert. Wieso aber müssen dennoch die Mitglieder von Kassen in strukturschwachen Regionen noch immer überdurchschnittlich hohe Beiträge bezahlen? Es stellt sich nun heraus, daß nur ein Teil der

Mehrausgaben aufgrund des höheren sozialen Morbiditätsrisikos ausgeglichen wird. Und es kommt hinzu, daß nach den enormen gesetzlichen Zuzahlungserhöhungen 1996 und 1997 wegen der fehlenden Einbeziehung der „Härtefälle" den Kassen mit einer hohen Härtefallquote hohe Ausgaben erwachsen.

Das verstärkt nun wieder den Anreiz der Kassen, nicht um Mitglieder schlechthin, sondern nur um erwünschte Mitglieder, also „gute Risiken" zu konkurrieren und „schlechte Risiken" durch – meist passive – Selektionsstrategien zu meiden. Die Kassen verlieren tendenziell den Anreiz, die für chronisch kranke und multimorbide Menschen besonders notwendigen Leistungen zu verbessern, da sie sonst Gefahr laufen, durch ihre Attraktivität für diese Gruppen Wettbewerbsnachteile zu haben.

Eine weitere Einschränkung des *Solidaritätsprinzips* sind Zuzahlungen. Obwohl diese seit 1977 durch zahlreiche *Kostendämpfungsgesetze* für die meisten Leistungsarten eingeführt und erhöht worden sind, werden damit keine Kosten gesenkt, sondern auf diejenigen Versicherten umverteilt, die Leistungen in Anspruch nehmen. Die Lehrbücher sprechen von einem „Spareffekt" in Höhe der Zuzahlungen und von einem „Steuerungseffekt" in Höhe der verminderten Inanspruchnahme. In der Vergangenheit waren durch Zuzahlung induzierte Minderinanspruchnahmen in nennenswertem Umfang nicht die Regel. Jedoch wird das für die Zukunft als Folge der 1996/97 beschlossenen Gesetze zur Dynamisierung der Zuzahlungen erwartet. Das betrifft vor allem die Bereiche Arzneimittel, Zahnersatz und Heilmittel (z.B: Physiotherapie, Massage, Logopädie), Hilfsmittel (Brillen, orthopädische Schuhe usw.) und Rehabilitation.

Wegen ihres höheren Krankheitsrisikos sind die Bezieher geringer Einkommen relativ und absolut am stärksten betroffen. Die Härtefallregelung mildert nur wenig. Zum einen betrifft sie nur sehr niedrige Einkommen (West: 1.708 DM brutto, Ost: 1.456 DM brutto 1997), und zum anderen sind sie vom gesetzlichen „Risikostrukturausgleich" ausgenommen. So fallen auf die Allgemeinen Ortskrankenkassen 65% der Härtefälle der GKV-West und 79% der GKV-Ost (AOK-Bundesverband 1997), für die sie die Zuzahlungen übernehmen muß, die sich nach dem Beitragsentlastungsgesetz von 1996 und den Krankenversicherungs-Neuordnungsgesetzen von 1997 dynamisch erhöhen werden.

Am Beispiel der *Gesundheitspolitik* wird deutlich, daß der Abbau des Solidarausgleichs sich nicht einer durchgängigen gesellschaftlichen Tendenz zur Entsolidarisierung verdankt, sondern das Resultat gezielten politischen Handelns ist. Gerade das Zusammentreffen von *Individualisierungsprozessen* und eingeschränkter Selbsthilfefähigkeit im Zusammenhang mit Gesundheitsrisiken erzeugt einen eher wachsenden Bedarf an sozialstaatlich organisierter Solidarität (Zapf et al. 1987).

3.1.2 Prävention und Gesundheitsförderung

Bei aller Verschiedenheit hinsichtlich Verursachung, Verlauf und Endpunkt ist es den meisten der heute bedeutenden Krankheiten gemeinsam, daß ein primär kurativ und individualmedizinisch orientiertes Versorgungssystem sie erst relativ spät und generell nicht besonders wirksam im Sinne von Heilung beeinflussen kann, trotz beachtlicher Erfolge in Teilbereichen. Das „klassische" medizinische Forschungsprinzip, das nach der entscheidenden Ursache einer Krankheit, nach „dem" Krankheitserreger fragt, ist in vieler Hinsicht an seine Grenzen gelangt. Bedeutende Krankheiten des Herz-Kreislauf-Systems, bösartige Neubildungen, Krankheiten der Atmungs- und Verdauungsorgane, der Haut sowie des Muskel- und Skelettsystems entstehen aus dem komplexen Zusammenwirken eines ganzen Bündels von personalen, sozialen, ökologischen und somatischen Belastungen im Verhältnis zu den Anpassungs- und Regelungskapazitäten. Die Bedeutung der Medizin liegt heute in erster Linie auf dem Gebiet der individuellen Hilfe, der Verlangsamung und Eindämmung chronischer Krankheitsverläufe, der Minderung von Schmerz und Leid, der Verlängerung der (Über-)Lebenszeit. Eine Trendumkehr im Sinne rückläufiger Erkrankungsraten z.B. bei Krebs oder der koronaren Herzkrankheit ist jedoch von der Akutmedizin nicht zu erwarten.

Wie die Abbildung 1 skizziert, hat die Gesellschaft viele andere Potentiale für die Bewältigung der Gesundheitsprobleme. Vor allem die Primärprävention überschreitet bei weitem das Tätigkeitsfeld der medizinischen Versorgung, ebenso der expliziten *Gesundheitspolitik*. Wichtige Anteile der Krankheitsverursachung liegen in den Lebens-, Arbeits- und Umweltverhältnissen und der Art und Weise, in der Menschen auf diese reagieren. Das macht sie politisch beeinflußbar. Eine große Produktivitätsreserve zur Verbesserung der gesundheitlichen Lage wird deshalb darin gesehen, gesundheitspolitische Schwerpunkte auf die *Prävention* zu legen, einschließlich der sogenannten Tertiärprävention und Rehabilitation, wo es darum geht, bei Menschen mit bereits chronisch eingeschränkter Gesundheit ein möglichst hohes Maß an Autonomie zu erhalten. Dabei geht es nicht mehr allein darum, spezifische pathogene Risikofaktoren zu minimieren, sondern auch – im Sinne der neuen Konzepte der Gesundheitsförderung – krankheitsunspezifische „salutogene" Faktoren zu stärken.

Abbildung 1: Gesundheit und Gesundheitssystem

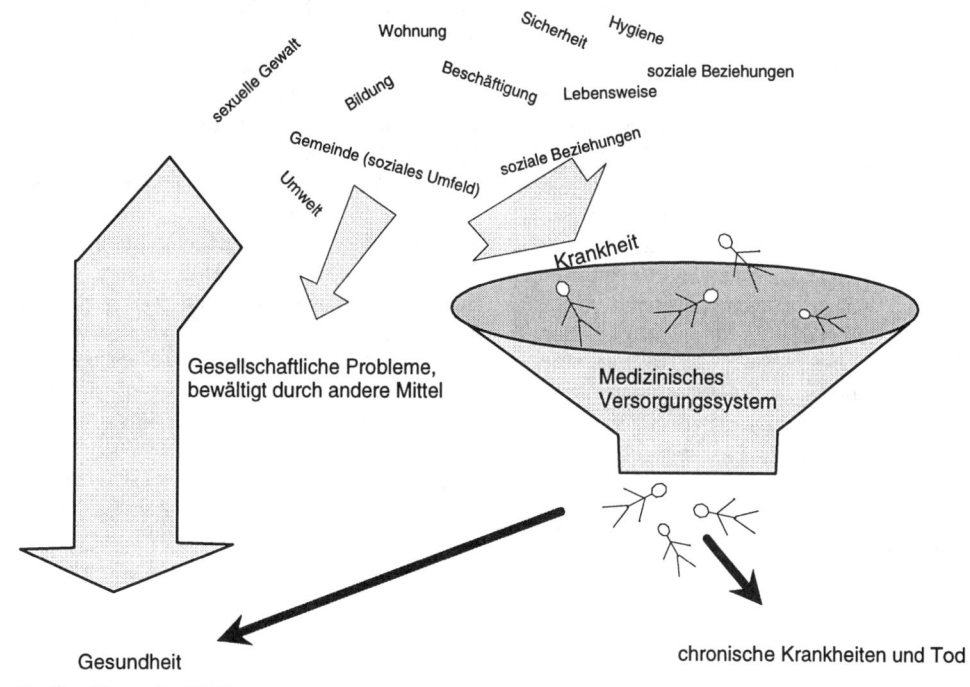

Quelle: Hurowitz 1993

Von den 440 Mrd. DM der gesamten Gesundheitsausgaben 1993 wurden für „vorsorgende und betreuende Maßnahmen" (Vorbeugung und Rehabilitation) zusammengenommen 33,4 Mrd. DM bzw. 7,6% aufgewandt (Wirtschaft und Statistik 1996). Die Primärprävention als gezielte Senkung der Gesundheitsrisiken spielt dabei nur eine minimale Rolle. Sie ist sehr häufig das Ergebnis der „impliziten *Gesundheitspolitik*", beispielsweise durch Normengebung und Regulierung in Politikbereichen wie Umwelt, Ernährung, Landwirtschaft, Verkehr, Technische Normierung und Überwachung, Gewerbeaufsicht usw. Die wenigsten derer, die sich an wohlfeilen Polemiken gegen „staatliche Regulierung" beteiligen, dürften wohl ein Bewußtsein davon haben, daß es Tausende von regulierten

Selbstverständlichkeiten sind, die Leben und Gesundheit der Individuen in den Industriegesellschaften täglich bewahren. Der Aufwand für die Sekundärprävention, d.h. für Früherkennungsuntersuchungen mit dem Ziel der Frühbehandlung ist – verglichen mit anderen Indstrieländern – überdurchschnittlich hoch, obwohl für eine Reihe dieser Leistungen kein Erfolg nachgewiesen wurde.

3.1.3 Versorgungssystem
Input
Der Sachverständigenrat der Konzertierten Aktion im Gesundheitswesen (SVR 1996) schätzte 1996 die Zahl der Beschäftigten, die direkt oder indirekt mit der Herstellung und Verteilung von Gütern und Dienstleistungen der gesundheitlichen Versorgung befaßt sind auf ca. 4,2 Mio. Personen. In den herkömmlichen Gesundheitsberufen sind 1.965.219 Mio. Personen beschäftigt, davon sind 267.187 berufstätige Ärzte, 59.211 Zahnärzte, 43.822 Apotheker und 1.586.000 „sonstige Gesundheitsberufe" wie Heilpraktiker, Masseure, Krankengymnasten, Krankenschwestern und Pfleger, Krankenpflegehelfer/innen, Sprechstunden-Helfer/innen, therapeutische Berufe etc. Hinzu arbeiten noch eine weitere Million Menschen bei den Zulieferern von Geräten, Medikamenten und Dienstleistungen, im Handel und in der Forschung. Die durch das Gesundheitswesen induzierte Beschäftigung in der übrigen Wirtschaft schätzt man auf 1.11 Mio. Das sind insgesamt etwa 12% der Erwerbstätigen.

Eine defensive Berechnung der unterschiedlichen Beschäftigungseffekte im Gesundheitswesen und in der gewerblichen Wirtschaft ergibt für das Gesundheitswesen eine erheblich höhere Beschäftigungselastizität der Nachfrage als in der gewerblichen Wirtschaft. Eine zusätzliche Milliarde DM im personalintensiven Gesundheitswesen führt hiernach zu 9.212 zusätzlichen Arbeitsplätzen. Während in der gewerblichen Wirtschaft 3.676 Arbeitsplätze entfallen würden, käme es per Saldo zu einer Mehrbeschäftigung von 5.536 Arbeitskräften. Ein zusätzlicher Beitragssatzpunkt würde nach Abzug der im gewerblichen Bereich entfallenden Arbeitsplätze insgesamt eine Mehrbeschäftigung von 95.773 Personen bedeuten (SVR 1996).

Modernisierungsdefizite
Die Zahl der *Ärzte* ist von 1980 auf 1992 in den alten Bundesländern um 60.000 auf 209.255 gestiegen und in Deutschland insgesamt waren 1994 insgesamt 267.186 Ärzte tätig. Mehrheitlich arbeiten sie bereits als angestellte Krankenhausärzte (129.143 gleich 48,3%) während nur noch 40,9% (109.346) in der Niederlassung (meist als freiberufliche Kassenärzte) arbeiten. Mittlerweile 10,7% (28.697) sind in Forschung und Verwaltung beschäftigt (Daten 1995).

Den finanziell größten Umfang von rund 40% der Ausgaben haben die Leistungen der ambulanten medizinischen Versorgung, zu denen neben den ärztlichen Leistungen noch die verordneten Arzneimittel und Heil- und Hilfsmittel gehören.

Der Krankenhausanteil an den GKV-Finanzen ist von 30,1% 1975 auf 34,4% 1994 angestiegen. Das muß zunächst überraschen, da die Bettenzahl je 10.000 Einwohner in diesem Zeitraum von 116,2 auf 97,1 gesunken ist, der durchschnittliche Krankenhausaufenthalt von 22,0 Tagen auf 14,7 Tage verkürzt wurde und die Kapazitätsauslastung sich von 81,9 auf 83,2% verbessert hat. Trotz Verbesserungen beschäftigen die deutschen Krankenhäuser im Vergleich der OECD-Länder z.T. weit unterdurchschnittlich viel Personal pro Bett (OECD Health Data 1995).

Hauptgründe für die Anteilsausweitung der *Krankenhäuser* sind:

- der Anstieg der jährlichen Krankenhausfälle je 10.000 Einwohner von 1.570 auf 2.013,
- die größere Behandlungs- und Pflegeintensität pro Pflegetag,
- der sehr hohe Anteil patientenbezogener Dienstleistungen, deren relativer Preis in den Industrieländern eine steigende Tendenz hat, da sie nur unterdurchschnittlich an der Produktivitätsentwicklung teilnehmen können.

International gesehen gibt es Länder, deren Krankenhausfälle (in Akutkrankenhäusern) nicht zu-, sondern abnehmen, so in den USA, in Kanada, Niederlande und Norwegen (OECD 1995). Diese gegensätzlichen Trends verweisen auf ein deutsches Strukturproblem: Das *Krankenhaus* ist dasjenige Teilsystem des Gesundheitswesens, das – bezogen auf die „Patientenkarriere" – erst spät eingreift. Daraus folgt: Wieviel Patienten in welchem Stadium ihrer Krankheit mit welchem Behandlungs- und Pflegebedarf in das Krankenhaus gelangen, wird zum überwiegenden Teil außerhalb der Institution entschieden. Wichtig sind vor allem zwei Faktoren:

- die ambulante Diagnostik, Behandlung, Betreuung, Nachbehandlung und Rehabilitation sowie
- die individuellen/familiären Selbsthilfemöglichkeiten zu Hause und am Arbeitsplatz.

Es kann also angenommen werden, daß der Anstieg der Krankenhausfälle vor allem den vor- und nachgelagerten Bereichen geschuldet ist. Die Aufnahme von ambulanter Behandlungspflege in den Leistungskatalog der GKV 1993 war eine Konsequenz aus diesem Sachverhalt. Sie bringt in individuellen Fällen Hilfe, konnte allein jedoch keine Trendwende herbeiführen. Mitte der neunziger Jahre gibt es Modellversuche, Allgemeinärzten eine Koordinierungsfunktion in der ärztlichen Versorgung zu geben. In begrenztem Maße können nun vor- und nachstationäre Leistungen in *Krankenhäusern* erbracht werden und Kassenärzte können ambulant operieren. Das Kassenarzt- und Krankenhausrecht ist aber auch nach der sogenannten „dritten Stufe der Gesundheitsreform" (1996/97) weitgehend auf die „Besitzstandswahrung" der betroffenen Gruppen (Kassenärzte und Krankenhausträger) ausgerichtet.

Weiterhin erhebliche Modernisierungsdefizite des Versorgungssystems bestehen vor allem in den Institutionen Arztpraxis und Krankenhaus sowie in der Arbeitsteilung und Kooperation zwischen diesen Institutionen. Das Integrationsdefizit hat auch dazu geführt, daß vor allem in den 70er und 80er Jahren ein Großteil der spezialärztlichen und medizintechnischen Ressourcen des stationären Sektors ein zweites Mal in den Arztpraxen aufgebaut und von der GKV finanziert wurde. Da die meisten ärztlichen Leistungen anbieterinduziert sind, wird vermutet, daß ein Teil der Leistungen primär Auslastungsgründe hat. Im traditionellen „professionellen Modell" der Krankenversorgung gilt eine Leistung dann als notwendig, wenn sie von einem zugelassenen Arzt erbracht wird. Kriterien zur externen Beurteilung existieren nur in wenigen Einzelfällen, und ihre Entwicklung ist nicht nur aufgrund der Interessenkonstellationen äußerst problembehaftet und ambivalent. Vor allem in den Vereinigten Staaten und England – ausstrahlend nach Mitteleuropa – gibt es unter Bezeichnungen wie „evidence based medicine" oder „outcomes research" Anstrengungen, dafür wissenschaftliche Grundlagen zu schaffen. In einigen westlichen Industrieländern zeichnen sich Tendenzen ab in Richtung auf eine mehr standardisierte Medizin und eine Verbetrieblichung der medizinischen (nicht nur ärztlichen) Arbeit. Am weitesten ist das in den dynamisch expandierenden „Managed Care Organizations" Amerikas vorangeschritten, in denen die *Arzt*-Patient-Beziehung bereits mit einer Vielzahl von Management-Instrumenten gesteuert und kontrolliert wird. Je mehr das gelingt, desto stärker werden medizinische Dienstleistungen attraktiv als unmittelbares Anlagefeld für Aktienkapital, in der die medizinische Arbeit tendenziell „deprofessionalisiert" und einen Management untergeordnet wird (Kühn 1997). Es ist noch offen, welche Folgen eine Verbetrieblichung der Medizin in einem mehr sozialstaatlichen Kontext haben wird. Tendenziell wird sie jedoch mit einer neuen medizinischen Arbeitsteilung einhergehen, der die traditionelle ärztlich-professionelle Identität auf die Dauer nicht standhalten kann. In den neuen Strukturen müssen Ärzte lernen, in Teams zu arbeiten, „systemisch" und ergebnisorientiert zu denken, nach Standards (guidelines, pathways, options) zu arbeiten sowie die Ergebnisse von Cost-Benefit-Analysen, klinischer Epidemiologie und Outcome-Studien als „rationale" Entscheidungsgrundlagen zu akzeptieren. Möglicherweise werden sie sich – wie viele ihrer amerikanischen Kollegen – daran gewöhnen müssen, wesentliche Entscheidungen einem betrieblichen Management zu unterwerfen und die verbleibende klinische Autonomie mit anderen zu teilen, vor allem mit Primärärzten, akademisch qualifizierten Krankenschwestern, mit Technikern und Gesundheitserziehern.

„Kostenexplosion"?
Die deutsche *Gesundheitspolitik* steht seit zwei Jahrzehnten im Zeichen der Kostendämpfung. Kontinuierlich steigende Beitragssätze der GKV haben seit 1977 immer neue *„Kostendämpfungsgesetze"* hervorgerufen, mit denen die Ausgaben reduziert werden sollten. Jedoch nahmen die Beitragssätze nach einer jeweils relativ kurzen Stagnation weiterhin zu. Was ist tatsächlich geschehen? Bezieht man die Ausgaben für medizinische Versorgung oder die Ausgaben der GKV auf das Bruttosozialprodukt (alte Länder), so zeigt sich, daß der Anteil der Gesundheitsausgaben zwischen 1980 und 1995 nahezu konstant geblieben ist. Von den Industrieländern hat nur Schweden diesen Anteil verringert (von einer sehr hohen Ausgangsbasis) und die Bundesrepublik (alt) rangiert dahinter mit der kleinsten Steigerungsrate. Was sich in diesem Zeitraum verändert hat, ist nicht die Kosten-, sondern die Einnahmeseite der Krankenversicherung. Ihre Finanzierungsbasis, der Anteil der Einkommen aus unselbständiger Arbeit am Volkseinkommen ist zwischen 1975/80 und 1989/94 von 71,75% auf 65,7% zurückgegangen. Mit anderen Worten: Wäre die gesamtwirtschaftliche *Lohnquote* (als Produkt von Lohnhöhe und Beschäftigung) 1995 noch so hoch wie 1980 gewesen, dann wären auch die Beitragssätze der GKV bei gleicher Ausgabenentwicklung auf dem Niveau von 1980 geblieben.

Die Stabilisierung der Beitragssätze ist also primär kein Ausgabenproblem, wie das Schlagwort „Kostenexplosion" suggeriert, sondern ein Einnahmeproblem. Dieses wurde stets dadurch kompensiert, daß Leistungen gekürzt und immer weitere Anteile der unteren und mittleren Einkommen zur Finanzierung herangezogen wurden. Eine Verbesserung der Einnahmeseite durch Einbeziehung auch der Personengruppen in den Solidarausgleich, die sowohl höhere Einkommen als auch ein geringeres Morbiditätsrisiko haben, hätte bei ansonsten gleicher Ausgaben- und Lohnquote die Beitragssatzsteigerungen in Grenzen gehalten.

Dienstleistungsgesellschaft
Mittelfristig absehbar ist, daß sich, bedingt durch die Arbeitsmarktlage, die Tendenz der fallenden *Lohnquote* fortsetzt. Zugleich ist in Theorie und Empirie gleichermaßen gewiß, daß Sektoren mit starken Anteilen von personenbezogenen Dienstleistungen – unter der Voraussetzung, daß ihre Löhne sich parallel zum gesamtwirtschaftlichen Durchschnitt entwickeln – in Industrieländern die Tendenz zur Anteilsausweitung bzw. zur Erhöhung der relativen Preise haben. Die Politik hat es also mit folgendem Widerspruch zu tun:

Weil der relative Preis der Gesundheitsdienstleistungen ohne Lohnverfall in diesem Bereich aufgrund der unterdurchschnittlichen Produktivitätssteigerung steigt, könnten diese Dienstleistungen ohne Umverteilung nur einem immer kleiner werdenden Kreis von Empfängern überdurchschnittlicher Einkommen verfügbar sein. Bei gleicher Leistungsfähigkeit und bei Aufrechterhaltung des Ziels, alle Bürger unabhängig vom Einkommen mit medizinischen Leistungen bedarfsorientiert zu versorgen, wird der Umverteilungsbedarf also eher wachsen als abnehmen. Bei fortgesetzter Anbindung der Finanzierung des Gesundheitswesens an eine tendenziell schrumpfende makroökonomische Größe wie die *Lohnquote* werden Defizite und damit politischer Handlungsbedarf periodisch diesen Widerspruch auf die politische Agenda setzen.

Literatur

Abholz, H.-H.: Grenzen medizinischer Prävention, in: Rosenbrock, R./H. Kühn/B.M. Köh-

ler (Hg.): Präventionspolitik. Gesellschaftliche Strategien der Gesundheitssicherung, Berlin 1994, S. 54-82
Antonovsky, A.: Unraveling the Mystery of Health. How People Manage Stress and Stay Well, San Francisco 1987
Der Bundesminister für Gesundheit (Hg.): Daten des Gesundheitswesens, Ausgabe 1995, Baden-Baden 1995
House, J.S./R.C. Kessler/A. R. Herzog: Age, Socioeconomic Status and Health, Milbank Quarterly 1990, 68, 3, S. 383-402
Hurowitz, J.C.: Toward a social policy for health, New England Journal of Medicine, 1993, S. 130-133
Hurrelmann, K./U. Laaser: Gesundheitswissenschaften. Handbuch für Lehre, Forschung und Praxis, Weinheim/Basel, S. 317-346
Kühn, H.: Healthismus. Eine Analyse der Präventionspolitik und Gesundheitsförderung in den USA, Berlin 1993
Kühn, H.: Managed Care. Medizin zwischen kommerzieller Bürokratie und integrierter Versorgung, Am Beispiel USA, Berlin 1997

Marmot, M.G./M. Kogevinas/M.A. Elston: Social/Economic Status and Disease, Annual Review of Public Health, 8, 1987, S. 111-135
McKeown, T.: Die Bedeutung der Medizin, Frankfurt a.M. 1982
Mielck, A. (Hg): Krankheit und soziale Ungleichheit, Opladen 1994
OECD (Hg.): OECD Health Data, Paris 1995
Rosenbrock, R.: Gesundheitspolitik, in: Hurrelmann, K./U. Laaser (Hg.): Gesundheitswissenschaften. Handbuch für Lehre, Forschung und Praxis, Weinheim/Basel 1993, S. 317-346
Sachverständigenrat für die Konzertierte Aktion im Gesundheitswesen (Hg.): jährliche Gutachten, 1987ff.
Siegrist, J.: Medizinische Soziologie, 5.Aufl., München/Wien/Baltimore 1995
Zapf, W. u.a.: Individualisierung und Sicherheit. Untersuchungen zur Lebensqualität in der Bundesrepublik Deutschland, München 1987

Hagen Kühn

Handeln im Alltag

1. Die Fraglosigkeit des Alltags

1.1 Handlungskompetenz

Es gibt viele gute Gründe für eine sozialwissenschaftliche Analyse des Alltags und auch dafür, gerade dem Alltag eine bevorzugte Stellung in der wissenschaftlichen Reflexion und in der Orientierung der „praktischen Vernunft" zuzuordnen. Einen gewichtigen Grund hat Alfred Schütz genannt: Das *Alltagsleben* ist das einzige Subuniversum der Lebenswelt, in das „wir uns mit unseren Handlungen einschalten" und das wir durch unsere Handlungen verändern können (Schütz 1972: 119). Wir werden in einen historisch konkreten *Interaktionsraum* und in ein durch Sprache repräsentiertes System sozialer Kategorien und Typisierungen hineingeboren. Sie sind für uns ein „soziohistorisches apriori" (Luckmann 1980), das die verschiedenen Phasen unserer Sozialisation zwar nicht vollständig determiniert, aber weitgehend prägt.

Der *Interaktionsraum* unseres jeweiligen konkreten Alltags hat – uns sozialisierend – sich durch uns verändert und wird weiter von uns verändert. Er ist unser unmittelbarer Anpassungs-, Handlungs-, Planungs- und Erlebnisraum, den Alfred Schütz kurz auch als „Welt in Reichweite" bezeichnet. Wir kennen die expliziten und nichtexpliziten Regeln dieses Interaktionsraumes und setzen sie unter anderem strategisch ein. Wir haben von den Strukturen und dem Handlungspotential unserer Alltags- und Lebenswelt ein manifestes und ein latentes „Wissen". Und beides ist gleich wirksam. Primär aus den Interaktionsstrukturen des Alltags organisiert sich unsere Erfahrung, und andererseits konstituieren unsere Erfahrungen und unser Handeln die Strukturen unseres Alltags.

Diesem primären Anpassungs-, Wahrnehmungs-, Erfahrungs- und Handlungsraum gilt vorrangig – gerade wegen unserer in ihm ausdrückbaren und unmittelbar wirksamen Handlungskompetenz – unsere Aufmerksamkeit: Wir widmen dem Kauf eines eigenen Autos mehr Interesse und Diskussionszeit als einem neuen Gesetzeswerk, und bei einem Partnerwechsel wird ein Regierungswechsel nur noch am Rande wahrgenommen. Mit unserem primären *Interaktionsraum* sind wir vertraut. Wir bewegen uns in ihm mit größerer Sicherheit als in ferner liegenden Zonen der Alltagswelt. Die Grundlage dafür ist neben der Greifbarkeit und Wirksamkeit der eigenen Handlungen, daß die Akteure des Alltags sich in ihrem *Alltagshandeln* wechselseitig Kompetenz unterstellen. Das Grundgesetz alltäglichen Handelns im Interaktionsraum Alltag ist, daß hier in der Selbsteinschätzung der Akteure im Prinzip jeder Handelnde kompetent und damit zugleich für seine Handlungen verantwortlich ist. Hier kann er jederzeit mit einsichtigen Gründen für seine Handlungen rechenschaftspflichtig gemacht werden und Rechenschaft ablegen. Das Vertrauen in die Bekanntheit der Handlungsregeln wird durch die konkreten Handlungen verifiziert und gleichzeitig aufrechterhalten.

*1.2 Fraglos unterstellte Gemeinsamkeiten
– Vertrauen in eine gemeinsame Welt*

„Alltagshandeln" und „Alltagskommunikation" funktionieren so durch die Annahme und Unterstellung von „Selbstverständlichkeiten", die als solche nicht mehr artikuliert werden müssen und oft auch gar nicht mehr oder noch nicht artikulierbar sind oder sein dürfen – so zum Beispiel in primären Lebensgemeinschaften und Beziehungen. Die *Interaktionspartner* setzen ein gemeinsames Wissen über eine als gemeinsam unterstellte Realität beieinander voraus, die sich durch ihre Handlungen als gemeinsame aufrechterhalten. Eine Überprüfung des gemeinsamen Wissensbestandes findet – wenn überhaupt – nur oberflächlich statt, und dies auch nur dann, wenn Probleme erkennbar werden. Sie wird in der Regel tunlichst vermieden. Denn nur durch diese Vermeidung wird das Interpretations- und Handlungsgefüge etwa des Ehesystems als das ei-

Handeln im Alltag

ner informellen Gruppe gesichert (siehe Ekkert/Hahn/Wolf 1989).

Dieses Vertrauen auf eine gemeinsame Welt latenter Übereinstimmung, die durch eben dieses Vertrauen überhaupt erst konstituiert und in ihrem Bestand gesichert wird, dient der im Alltag geforderten Schnelligkeit und Sicherheit der Aktionen und Reaktionen. Schnelligkeit und Sicherheit wiederum setzen eine möglichst große Störungsfreiheit der Interaktionsabläufe voraus. Sets eingeschliffener, als erfolgreich erfahrener, von Partnern akzeptierter Handlungen – alltägliche Interaktionsrituale – sichern diese Störungsfreiheit ab. Sie bestätigen die gegenseitige Erwartungskongruenz der *Interaktionspartner*. Sie sind gleichzeitig ökonomisch und handlungs- bzw. entscheidungsentlastend, ebensowenig Gegenstand reflektierter Überprüfung wie die anderen Selbstverständlichkeiten des Alltags. Dieser *Interaktionsraum* der Selbstverständlichkeiten, des Alltags, bildet die Welt ab, in der man genau „weiß", woran man ist, und in der man daher kompetent und routiniert handelt.

1.3 Normalitätskonstruktionen – Typik, Normalität, Normativität

In dem bisher verwendeten Sinn ist mit „Alltag" weder eine historisch vorfindliche, spezifische Wirklichkeit noch eine Welt alltäglicher Gebrauchsgegenstände und Verrichtungen gemeint. All dies gehört zwar zu dem, was wir mit Alltag meinen, es wird dort erzeugt und wirkt auf den Alltag zurück, aber es ist nicht das, was – spezifische historische und kulturelle Erscheinungsweisen des Alltags übergreifend – den Alltag als solchen hervorbringt, erhält und reproduziert. Die generative Struktur dessen, was wir Alltag nennen, beruht vielmehr auf einem besonderen Typus der Erfahrung, des Handelns und des Wissens. Dieser ist in einem von ihm erzeugten und auf ihn rückwirkenden, je spezifischen Rahmen wirksam. Dieser Erfahrungs- und Sinnbereich des Alltags ist gekennzeichnet durch den kognitiven Stil der Praxis, einen Typus der Erfahrung, des Handelns und des Wissens, der mit eben diesem Rahmen verbunden, in seinen spezifischen Leistungen auf ihn bezogen ist, ihn erhält und immer wieder hervorbringt (Goffman 1977: 13). Die besonderen Leistungen dieses kognitiven Stils der Praxis werden erkennbar durch eines ihrer Produkte, das für den Alltag konstitutiv ist: durch die Konstruktion der Normalität im Alltag.

Der kognitive Stil der Praxis, des Alltags, zielt ab auf Beseitigung oder Minimierung des Ungewöhnlichen, des Zweifels: auf eine problemlose Koordinierung der Perspektiven und des Handelns. Dementsprechend bestehen die besonderen Typisierungsleistungen des kognitiven Stils des Alltags darin, neuartige, fremdartige Situationen, Handlungen etc. so zu typisieren, als seien sie bekannt, genauer: als seien sie Bestandteil der Normalität eines allen bekannten gemeinsamen Handlungs- und Erfahrungsraumes. Die Kennzeichnung „allen gemeinsam" macht darüber hinaus deutlich, daß Normalitätskonstruktion verbunden ist mit der virtuellen, immer aktualisierbaren Fähigkeit aller *Interaktionspartner*, die jeweiligen Perspektiven und Haltungen der anderen Interaktionspartner einzunehmen. Normalität ist so wie jede Form von Sinnkonstitution und Handeln ein Produkt der Intersubjektivität.

Sichtbarer Ausdruck der Normalitätskonstruktion im Alltag ist die Wiederholung erprobter und bekannter Handlungsmuster in der Interaktion. Sie demonstrieren das Vertrauen auf einen gesicherten gemeinsamen Wissensbestand sowie auf einen gemeinsamen Erfahrungs- und Handlungsraum, innerhalb dessen man nichts falsch machen kann und in dem Problemsituationen im Rekurs auf bekannte Problemlösungen (wie wenig effektiv diese auch im einzelnen sein mögen) bewältigt und damit in den Bereich funktionierender Normalität eingegliedert werden. Hier wird der Zusammenhang von Typik, *Normalität* und Normativität des *Alltagswissens* und *-handelns* besonders deutlich. Gleichzeitig allerdings auch die Leistungsfähigkeit des kognitiven Stils der Praxis: Er sichert, wie erwähnt, Schnelligkeit und soziale Akzeptanz alltäglicher Reaktion und stellt mit den Problemlösungsroutinen ein immerhin häufig funktionierendes Instrument zur Bewältigung neuer

Gegebenheiten und Probleme zur Verfügung, allerdings auch eines, das Neues als solches nicht erkennt, sondern zum bereits Bekannten umformt. Da aber das Neue nicht als solches, das heißt als deutungsbedürftig gesehen wird, stellen die Alltagsroutinen nur ein äußerst begrenztes und unsicheres Potential zur Bewältigung von Überraschungen und ungewohnten Anpassungszwängen dar.

1.4 Deutungsmuster und Routinen

Handlungsmuster – im Prinzip gleichbleibende, zeichenhaft repräsentierte Reaktionen innerhalb von Interaktionsprozessen – bringen darüber hinaus einen als gleichbleibend imaginierten Wissensbestand zum Ausdruck, der in Handlung und Rede der jeweiligen Muster dokumentiert ist: Handlungsmuster repräsentieren Deutungsmuster, und Deutungsmuster generieren ihrerseits Handlungsmuster (vgl. hierzu Oevermann 1973). Deutungsmuster, die Weltsicht und „Lebenstheorien" von Einzelnen, Gruppen, Gemeinschaften usw. bilden Organisationsformen des Alltagswissens ab. Sie bringen die Details des alltäglichen Erfahrungsbestandes in einem Interpretationsnetz unter. In diesem Netz ist sowohl das allgemeine Konstruktions- und Organisationsprinzip alltäglicher Typisierung (Normalisierung) als auch die spezifische deutende Reaktion eines Einzelnen oder einer Gruppe auf den jeweiligen Interaktionskontext, innerhalb dessen sie sich befinden, repräsentiert: dies allerdings in Form der Normalisierung, das heißt vor dem Hintergrund einer intendierten Problemlosigkeit und Widerspruchsfreiheit. So erleben die Anhänger zweier verschiedener Mannschaften zwar nicht dasselbe Fußballspiel, dennoch verläuft die Konstruktion ihrer jeweiligen spezifischen Sichtweise formal mit Hilfe der gleichen Organisationsregeln. Vor allem aber erwächst ihre jeweilige Sichtweise aus der Zugehörigkeit zu einem gemeinsamen Interaktionskontext. Deutungsmuster repräsentieren wechselseitige Einflußnahme und Reaktionen mehrerer Personen oder Gruppen aufeinander. Sie sind Produkte von Interaktionsprozessen und Interaktionssystemen, nicht etwa pure Widerspiegelung der Perspektive eines Einzelnen (Mead 1934).

Die Routinisierung des *Alltagswissens* und des *Alltagshandelns* beruht auf der Inexplizitheit, auf der Prämisse, daß nicht alles gesagt oder gefragt werden muß. Man setzt ein tacit knowledge voraus, das heißt, daß man etwas weiß, ohne daß man sagen muß oder sagen könnte, was man weiß: Alltagswissen ist inexplizit, weil es in einer Welt der Selbstverständlichkeiten untergebracht ist. Diese Welt der Selbstverständlichkeiten funktioniert jedoch paradoxerweise nur auf der Basis der Unterstellung, alles sei ausdrückbar, falls die Forderung danach gestellt werde. Dementsprechend können jedermann „praktische Erklärungen" für seine Handlungsweisen abverlangt werden (Searle 1969 und Scott/Lyman 1976). Inexplizitheit und das Prinzip der generellen Ausdrückbarkeit gehören notwendig zusammen: So wird etwa nicht alles expliziert, weil nicht alles explizierbar ist (auch wenn der Testfall oft das Gegenteil zeigen würde), sondern weil wir glauben, alles sei – prinzipiell – explizierbar, muß nicht alles immer wieder expliziert werden.

Aufgrund dieser Organisationsform des kognitiven Stils der Praxis: des Alltags, und aufgrund der Fähigkeit, mit Problemlösungsroutinen auf neuartige Probleme zu antworten, zeigen alltägliche Deutungsmuster große Eigenständigkeit, ein enormes Beharrungsvermögen und eine ebensolche Resistenz gegenüber alternativen Deutungsangeboten. Sie sind demnach deutende Antworten auf „objektiv" vorliegende Handlungszwänge, aber zugleich auch „eigensinnig", insofern, als sie abgehoben und illusionsgefährdet auf etwas reagieren, was ihnen durch die Einseitigkeit der vorgeblich erfahrungsgesättigten Normalitätskonstruktion verstellt ist. Dennoch müssen sie zum einen verstanden werden als inexplizite Hypothesen zur sozialen „Realität', die als prinzipiell veränderbar angesehen werden müssen; zum anderen ist unübersehbar, daß die Bewältigung neuartiger Situationen durch bekannte Problemlösungsroutinen, wie sie in Deutungsmustern auftritt, dem Einsatz generativ wirksamer Regeln entspricht (Chomsky 1969 und Oever-

Handeln im Alltag

mann 1973), das heißt der Fähigkeit, bekannte Regeln auf neuartiges Material anzuwenden und dieses dadurch zu strukturieren.

Die Inexplizitheit des *Alltagswissens*, seine formale Organisation in der Typik der Normalität und seine davon abhängende inhaltliche Repräsentation in zwar generativ handlungswirksamen, aber von dem Betroffenen nur latent gewußten sozialen Deutungsmustern weisen aus, daß es für dieses „Wissen" keinen Zwang zum Einsatz von Überprüfungskriterien gibt. Es muß vielmehr als ein System von Selbstverständlichkeiten, unüberprüften Plausibilitäten, d.h. als ein System von Glaubenssätzen verstanden werden.

Dieses System verdankt seine Funktionsfähigkeit weniger seiner Organisationsform, als vielmehr dem Anpassungszwang, dem die alltäglichen Interaktionssysteme im Umgang miteinander unterworfen sind und innerhalb dessen diese Organisationsform entwickelt wurde. Genauer: Sie beruhen auf einem Verfahren von Versuch und Irrtum, das bei neu auftretenden Problemen angewandt wird, wobei die als erfolgreich erlebte Lösung beibehalten und tradiert wird, bis sie eines Tages versagt und andere Lösungsmöglichkeiten erzwungen werden. Alltagswissen und Alltagshandeln dokumentieren sowohl allgemeine, evolutionär begründete Formen der Anpassung einer Gattung an ihre vorgegebene und an die von ihr selbst geschaffene Umwelt als auch die so entwickelten routinisierten Verfahren des Umgangs innerhalb dieser Interaktionsgemeinschaft. *Alltagswissen* und *Alltagshandeln* zeigen somit im allgemeinen das Beharrungsvermögen einer Gattung, und im besonderen die spezifischen Formen des Wissens und der Anpassung, die von konkreten soziohistorischen Gemeinschaften dieser Gattung entwickelt wurden sowie das hieraus erwachsene „alltägliche" Selektionsprinzip bei der Wahl alternativer Handlungsmöglichkeiten: das Prinzip der Konstruktion und Wirksamkeit inexpliziter Normalität.

Diese Struktur des *Alltagswissens* und des *Alltagshandelns* verweist zugleich darauf, daß in ihr auch die Möglichkeit zur „Überwindung" des kognitiven Stils der Praxis möglich ist: Das Potential dieses kognitiven Stils bietet mehr, als ihm im Alltag abverlangt wird. Er hat die Tendenz zur Selbstüberschreitung. Denn jede Gesellschaft, so klar und fest sie auch strukturiert sein mag, lebt nicht nur in ihren Routinen, sondern auch in ihren Brüchen, Übergängen und Grenzüberschreitungen (in der Primärsozialisation ebenso wie im Übergang von einem Lebensalter zum anderen und zu den damit verbundenen sozial definierten Statuspassagen), von einem Geschlecht zum anderen, von einer Gruppe zur anderen etc.: Wir benötigen die Routinen nicht nur – in einem anthropologischen Sinne – als Entlastung (Gehlen), um uns neuen Plänen, Problemen und Handlungen widmen zu können, sondern gerade auch, um die unvermeidlichen Brüche einigermaßen gesichert und kollektiv zu kitten. Die Entwicklung jeder Gesellschaft konstituiert sich von der Sozialisation ihrer Mitglieder über die Formierung von Gemeinschaften und ihren Weltanschauungen bis hin zur Ausgestaltung eines konkret-historischen, gesellschaftlichen Kosmos – nicht zuletzt durch ein immerwährendes Spannungsverhältnis zwischen den unterschiedlichen, miteinander oft konkurrierenden gesellschaftlichen Konstellationen einerseits und der Starrheit der Hilfsmittel zur Überwindung dieser Unsicherheits- und Unbestimmtheitsstellen andererseits: der Routinen, Zeichen und Symbole – jener Brücken, in denen das Kollektiv seinen Zusammenhalt und seine Gefährdung zugleich darstellt.

2. Alltag und Kultur

Als Bausteine sozialer Ordnungen gelten gemeinhin kollektiv anerkannte *Normen* und deren Garanten, die *Institutionen*, aber auch die eher implizit „gewußten", ebenso unauffällig wie selbstverständlich wirkenden sozialen Mächte von *Brauchtum* und *Habitus* – manifestiert in *Ritualen*, den Bausteinen symbolischen Handelns, die das soziale Gebäude vom alltäglichen Fundament bis zu den Türmen kultureller „Hochleistungen" und gut ausgemalten Weltbilder stützen.

So ähnlich und gleichartig die Ordnungselemente unter formalem und funktionalem

Aspekt erscheinen mögen, so unterschiedlich sind sie in ihrer konkreten, materialen Ausgestaltung. Sie sind allesamt historische Gewächse, die ihr Erscheinungsbild den kulturellen Landschaften und Regionen verdanken, in denen sie gewachsen sind. Die Ordnungselemente sind konkrete Antworten auf konkrete Problemlagen, in ihrer inhaltlichen und materialen Ausformung also an konkrete soziohistorische Umgebungen gebunden und unaustauschbar – es sei denn, sie würden mit politischer und/oder ideologischer Macht und anhaltender Überwachung von einer in eine andere Kultur übertragen, deren symbolische Ordnungsrepräsentanten überformend oder in den Untergrund verdrängend.

2.1 Objektivierte Kultur und kulturelle Aktivität

Mit Gehlen (und unter Ausklammerung seiner metaphysischen Bestimmungen) läßt sich *Kultur* als selektiv organisierter Gestaltungsprozeß begreifen, durch den im Gang durch die Jahrhunderte eine neue, von Menschen geschaffene, aber dennoch eigenständige Welt fester „symbolischer Formen" (Cassirer 1953) und Inhalte entsteht. Kultur zeigt sich hier als symbolisch ausgedeuteter Zusammenhang, als historisch gewachsene, sich fortentwickelnde Welt, die wir nicht gemacht, sondern die wir von unseren Vorfahren und diese wiederum von ihren Vorgängern übernommen haben. Sie wird von uns erfahren als etwas, in das wir hineinwachsen müssen. Unsere Eltern beschreiben diese Welt als „unsere". Dennoch steht sie uns – oft fremd – gegenüber. Ihre prinzipielle Gegenständlichkeit und Objektivität verliert sie auch dann nicht ganz, wenn wir uns wohnlich in ihr einrichten, uns ihr und sie uns anpassen: so sehr wir uns auch in sie einarbeiten und sie mitgestalten, sie behält in dieser Hinsicht trotz aller Veränderbarkeit die Qualität versteinerter Sozialität, mag der Marmor noch so sorgsam behauen und seine Form noch so fein gestaltet sein.

Diese, ihre ständig spürbare Gegenständlichkeit muß unterschieden werden von Kultur als menschlicher Aktivität: d.h. Kultur als Resultat der inneren und äußeren Arbeit von Generationen am und im alltäglichen Leben, an dessen Verfeinerung und Überhöhung einerseits, von den Aktivitäten und der ihnen zugrundeliegenden Einstellung andererseits. Hinzu kommt: Zum Wert – und als Wert erkannt – wird *Kultur* nur, sofern wir den Dingen und uns selbst in nicht-pragmatischer, sondern ästhetischer, tendenziell zweckfreier Einstellung gegenüber treten, in einer Einstellung also, die auch jede Art von normativer Ethik übersteigt. Denn deren enge Verklammerung mit sozialer Funktionalität und praktischer Orientierungsleistung verweist in den Wirkungsbereich jener Bewußtseinsspannung der „hellen Wachheit" (Schütz/Luckmann 1979: 52), wie sie für das Handeln in praktisch-zweckgebundener, nicht aber in ästhetisch, tendenziell zweckfreier Einstellung typisch ist. Pointiert ausgedrückt: in kultureller Einstellung und Werthaltung erhält jede Art von gesellschaftlichem Wert eine ästhetische Beigabe, die ihn aus dem Relevanzsystem des Praktischen, Funktionalen und Normativen in den Wahrnehmungshorizont des tendenziell freien Spiels ästhetischer Reflexivität überführt.

So wichtig es ist, den Wahrnehmungs- und Handlungsstil in kultureller Einstellung von jenem in pragmatischer Einstellung zu unterscheiden, so unerläßlich ist es andererseits, auf die Verknüpfung beider in unserer Welt- und Selbstdeutung zu verweisen. Zwar handeln, deuten und unterscheiden wir in der „natürlichen" Einstellung „heller Wachheit" pragmatisch ad hoc unter dem Druck aktueller Ereignisse und partikulärer Zwecke und Zielstrebungen, wobei wir uns von bewährten Orientierungsmustern lenken lassen und auf bisher erfolgreiche Handlungsroutinen zurückgreifen, aber der symbolisch ausgedeutete Sinnhorizont, in den alle unsere Wahrnehmungen, Deutungen und Handlungen eingebettet sind, wird durch *Kultur* (als das Ineinandergreifen von uns auferlegter, gegenständlicher Symbolwelt einerseits und Einstellung, Wahrnehmungs- und Handlungsstil andererseits) konstituiert. Kultur in diesem Sinne ist also weder bloße Instanz oder unveränderlich vorgegebene Symbolwelt noch frei schwebende, ästhetisch reflexive Einstellung, sondern jener Bedeutungsrahmen, in dem Ereignisse, Dinge, Handlungen, Motive, Institutionen und gesellschaftliche Prozesse dem Verstehen zugänglich, verständlich beschreibbar und darstellbar werden.

2.2 Ritual und Symbol

Erst Formung macht aus kollektiven Empfindungen und Ahnungen einen Glauben, der sich auf Dauer stellen läßt. Eine der Formen, auf die sich Glaube und gefestigte kollektive Überzeugungen stützen können, ist das *Ritual*. Es ist eine Aktionsform des Symbols, verlangt also Tätigkeit, wo andere Symbole ihre Kraft und Wirkung aus der fixierten Zeichengestalt ziehen. Rituale repräsentieren damit Ordnungen, die im Handeln immer erst und immer wieder hergestellt werden müssen. Sie formen und disziplinieren das Verhalten, machen es überschaubar und vorhersagbar und erlauben, daß wir uns nicht nur in Räumen sondern auch im Handeln „zuhause" fühlen.

Anders als Verhaltensgewohnheiten und Routinen, die uns ebenfalls entlasten und Orientierungssicherheit suggerieren, erzeugen *Rituale*, versteckt oder deutlich sichtbar, die Aura des „Heiligen". Sie sind aktive Grenzziehungen zwischen einzelnen Individuen, einem Individuum und anderen Menschen, zwischen unterschiedlichen Gruppen und Gemeinschaften, aber auch zwischen einem bewußt gestalteten Image und der „puren" äußeren Erscheinung einer Person (vgl. Goffman 1973: 25), zwischen dem „Privaten" und dem „Öffentlichen", zwischen Meinung und Glauben, zwischen alltagspraktischem Handeln oder Routinen einerseits und einem Handeln andererseits, in dem sich die Achtung vor dem eigenen Selbst, vor Mitmenschen, Dingen, Überzeugungen oder „der Welt" anzeigt. Sie sind also Repräsentanten überhöhter oder als heilig dargestellter Ordnungen (vgl. hierzu auch Turner 1989; ebenso Wiedemann 1991). Allgemein läßt sich das den Alltag zwar verdeckt, aber umso nachhaltiger strukturierende *Ritual* charakterisieren (vgl. hierzu ausführlicher Soeffner 1989) als eine spezifische Verknüpfung von symbolisierten Einzelhandlungen und Gesten in gleichbleibenden, vorstrukturierten, also intern geordneten Handlungsketten.

Sich in rituellen Konventionen „richtig" zu bewegen, verlangt daher von jedem einzelnen die Beherrschung der jeweiligen „rituellen Idiome" (Goffman): die Kenntnis der Verknüpfung der unterschiedlichen *Rituale* nach gesellschaftlichen Spielregeln, nach den „Sprachspielen", in denen Rituale einander zugeordnet sind. Damit wird erkennbar, woher die Sicherheit rührt, die Rituale zu vermitteln scheinen. Sie sind so etwas wie standardisierte, vorweg erlernte, und vorweg reagierende, oft kollektiv formalisierte Bewältigungsmechanismen für Unbekanntes: Orientierungsvorgaben in unsicherem Gelände.

Durch seinen Formalismus schafft das *Ritual* also einerseits Distanz zu „spontanem" affektivem Verhalten. Andererseits wirkt es ebenso als Auslöser (symbolisch) vorgeformter Ausdruckshandlungen, die ihrerseits – gesteuert – Emotionen erzeugen. Versteht man – in Anlehnung an Verhaltensforschung und Humanethologie – unter einem „Ritual" die Festlegung einer Aktions- bzw. Reaktionsabfolge mit Signalwirkung, rituelle Verhaltenselemente also als sequentiell festgelegte und durchstrukturierte „Schlüsselreize" für Mitglieder der gleichen Art, so wird deutlich, daß rituelles Handeln denen, die sich ihm ausliefern, vorgeformte Ordnungen und Affekte aufzwingt. Diese Ordnungen des Handelns und der (konditionierten) Emotion können – je nachdem, wie sie konkret ausgestaltet sind und mit welchen symbolischen Elementen sie „arbeiten" – einerseits Verzweiflung bändigen und Trost erzeugen wie z.B. Beerdigungsrituale; sie können durch einen Ritus und die in ihm symbolisch vorgestellte heilige Welt führen, die Gläubigen im Ritus „heiligen" und mit Ehrfurcht erfüllen; aber ebenso können sie Menschen in vorstrukturierte Aggressionsketten hinreißen, Hemmungen beiseite schaffen und den „Kollektivkörper" zu vorgeformter Gewalt scheinbar „legitimieren": Die Geschichte der Menscheit wird begleitet von Ritualen des Helfens, Aufopferns, Heiligens, Pflanzens, Bewahrens, Schützens und der Gastfreundschaft, aber ebenso von Ritualen des Kampfes, der Vernichtung, des Opferns,

Mordens, Hinrichtens, Schlachtens, kurz: rituell geordneter und „geheiligter" Destruktion.

3. Moderne Alltagskultur: Medial vermittelte Alltagswelten des „Weltalltags"

3.1 Symbolische Formen und Gesellschaftsstruktur

„Offene" Gesellschaften, „multikulturelle" und „multiethnische" zumal, vermitteln denen, die in ihnen ihr Zuhause haben, fast immer ein Gefühl der Unsicherheit. Unübersichtlichkeit, wenn nicht gar Unordnung, vor allem die offensichtliche Unvorhersehbarkeit der gesellschaftlichen Entwicklung lassen das, was als „soziales Heim" oder Heimat gewünscht wird, unheimlich erscheinen: kein Wunder, daß einigen Beobachtern offene Gesellschaften als „*Risikogesellschaften*" erscheinen, denen mit „Gegengiften" begegnet werden muß (Beck 1986, 1988). In die Rezepturen für derartige Impfstoffe mischen Sozialphilosophen, Gesellschaftskritiker und -analytiker seit Jahrtausenden jene Substanzen, aus denen soziale Ordnung sich primär zu speisen scheint: kollektiv anerkannte *Normen* und deren Garanten – *Institutionen*, aber auch die wie selbstverständlich wirkenden sozialen Mächte von *Brauchtum*, Habitus und *Ritualen*. Man kann all diese Substanzen, solange man sie unter formalen und funktionalen Gesichtspunkten analysiert, als gut definierbare Faktoren sozialer Ordnung behandeln. Daher scheint sich der Gedanke aufzudrängen, man könne solche Bausteine auch planerisch als berechenbare Größen einsetzen, beliebig kombinieren oder einfach neu gestalten. Dieser Gedanke ist illusionär: So ähnlich und gleichartig die Ordnungselemente unter formalem und funktionalem Aspekt erscheinen mögen, so unterschiedlich sind sie in ihrer konkreten, materialen Ausgestaltung.

Insgesamt folgen Ausformung, Aufbau und innerer Zusammenhang rituell ausgestalteter Ordnungen der Struktur konkreter Gesellschaften. Je geschlossener und homogener diese sind, umso kohärenter ist das Zusammenspiel der Einzelrituale im Rahmen der sie stützenden und legitimierenden symbolischen „Großform": des „Kosmions" (zur lebensweltlichen Fundierung dieses von Eric Voegelin eingeführten Begriffes durch Alfred Schütz vgl. Srubar 1988) eines lebensweltlich verankerten Weltbildes und Weltentwurfes, dem sich Gesellschaften verpflichtet sehen. Ebenso: je heterogener, pluralistischer, „multikultureller" und „multiethnischer" Gesellschaften strukturiert sind, umso partialisierter und parzellierter treten symbolische Formen und ihre Einzelelemente nebeneinander auf. Die Konkurrenz unterschiedlicher Weltanschauungen auf den gegenwärtig beobachtbaren Märkten der Sinnentwürfe; die Zergliederung moderner Gesellschaften in ethnische Inseln, Ghettos und Reservationen; die Formierung „überregionaler", bildungs- und schichtorientierter Lebensstil- und Geschmacksgruppierungen; nicht zuletzt eine übernationale „Globalkultur" der Medien, Moden und Konsumgewohnheiten: Sie alle bringen Vielfalt, neue Bündnisse, überraschende Überschneidungen und Wahlverwandtschaften ebenso hervor wie Konkurrenz, Kampf und Antagonismen zwischen den symbolischen Formen, genauer: zwischen Gruppierungen, die sich über solche Formen interpretieren bzw. ein- und ausgrenzen.

3.2 Moderner Alltag und Fremdheit

Moderne Industriestaaten sind – ob sie es wissen oder nicht und ob sie wollen oder nicht – zwangsläufig *„offene Gesellschaften"*. Die klare Unterscheidung von „Binnen"- und „Außenlage" (Tenbruck 1992) für solche Gesellschaften ist nicht mehr möglich: Jede moderne *Industriegesellschaft* – so auch unsere – rekrutiert sich aus „heimischen" und „fremden" Kulturen, wird tendenziell – wie New York, Singapur oder London – in verkleinertem Maßstab zum Abbild des multikulturellen Makrokosmos. Der weltumspannende Zusammenschluß von Medien und Verkehrsmitteln, der internationale Umschlag von Massenwaren und Massentouristen durch übernationale Konzerne, die globale Arbeits- und

Handeln im Alltag

Elendsmigration (vgl. hierzu Hoffmann-Nowotny, der bereits 1974 – und später immer eindringlicher – auf diese Entwicklung hinwies) und schließlich die weltweite Standardisierung der Fertigungs- und Verwaltungstechniken haben die universellen Kontaktmöglichkeiten, und das ist historisch neu, in einen universellen Kontaktzwang zwischen den Kulturen überführt.

Innerhalb dieses sich selbst tragenden Gefüges Völker und Kulturen übergreifender Netzwerke vollzieht sich – vorläufig erst in den modernen *Industriegesellschaften* – das, was Alois Hahn eine „Generalisierung der Fremdheit" (1994: 162) nennt. Die Globalisierung des ökonomischen und kulturellen Austausches bringt weltweit Menschen mit mehrfacher Staats-, Kultur- und selbst Religionszugehörigkeit hervor (vgl. die in großen Teilen Südostasiens und nun auch in den USA und Europa immer häufiger anzutreffende „Lebensgemeinschaft" zwischen Buddhismus und Konfuzianismus einerseits, und anderen adaptierbaren „Weltreligionen"), verschränkt Fremdheit der Nähe mit Bekanntheit der Ferne und verweist damit unübersehbar darauf, daß der Versuch, an den „Grenzen" *offener Gesellschaften* kulturelle Schlagbäume zu errichten, notwendig scheitern muß. Andererseits weckt gerade die Internationalisierung von Teilen der Massenkultur bei vielen die Angst, „alte kollektive Identitäten" zu verlieren. Eine der Folgen dieser Angst ist ein wiedererweckter Nationalismus, eine andere der religiöse Fundamentalismus. Beide verweisen auf das von der aufklärerischen Vernunft vernachlässigte und vom Projekt der Moderne ausgeklammerte Problem menschlicher Gemeinschaftsorientierung und Religiosität. Beide Radikalismen sind Produkte einer dreifachen Enttäuschung: (1) der Ernüchterung darüber, daß der Gewinn individueller Freiheit immer mit struktureller Einsamkeit des einzelnen, der Last eigener Entscheidung und dem notwendigen Scheitern der Allmachtsphantasien vom „autonomen" Individuum verbunden sind; (2) der Enttäuschung darüber, daß in den modernen, notwendig pluralistisch organisierten Staaten die Sicherheit dauerhafter, gewachsener Gemeinschaften und vorgegebener, allgemein anerkannter Glaubensinhalte nicht mehr gewährleistet werden kann; (3) der gescheiterten Hoffnung, daß die ideelle Unsicherheit oder Leere zumindest mit einem kalkulierbar weiter wachsenden Wohlstand abgegolten werde. – So entsteht die Versuchung, eine Entschädigung für nicht mehr erfüllbare ideelle oder materielle Wünsche und Hoffnungen entweder im „Glauben an eine Blutsgemeinschaft" (Max Weber) oder in absolutem Vertrauen auf die eine Glaubensgemeinschaft und den einen Gemeinschaftsglauben zu suchen. Der – ebenso alltäglich-normale wie illusionäre – Versuch, sich selbst über die Definition von Fremden/Feinden zu finden, die Sehnsucht im Kollektiv geborgen zu sein und von keinerlei Zweifel angekränkelt in einem „blutsverwandtschaftsartig reagierenden Gemeingefühl" (Max Weber) ohne Legitimationslast handeln zu können, macht Führerfiguren verzichtbar. Die Bewegungen charismatisieren sich heute selbst in der Gemeinschaftsaktion. Soviel immerhin hat das Zusammenspiel von *Pluralismus* und fortschreitender *Individualisierung* für die Gegenwart hervorgebracht: Der gegenwärtig beobachtbare, sogenannte „Rückfall" in alte Muster trägt ausgesprochen moderne Züge, denn die Suche der Individuen zielt heute nicht so sehr auf ein anderes großartiges Individuum (das man ja letztlich selbst sein könnte), sondern auf die Gruppe – auf die Aktion im Kollektivkörper: auf die „Normalität", die aus der Gemeinsamkeit und dem Gleichsinn mit anderen erwächst.

3.3 Interkulturalität, Individualisierungsdruck und Inselbildung

Zwar gibt es keine Weltkultur im eigentlichen Sinne, aber es zeigen sich weltweit mehr als nur Tendenzen zu globalen Organisationsformen und Produktions- bzw. Konsumtionsweisen. Nicht nur die von dem – euphemistisch als „weltweite Staaten-Gemeinschaft" betitelten – Sammelsurium großer und kleiner, armer und reicher, demokratisch, diktatorisch oder kaum regierter Staaten „unterhalten" internationalen Organisationen wie UNO,

UNESCO, Internationaler Gerichtshof und Weltbank repräsentieren diese Tendenzen. Es ist insbesondere die weltumspannende Allgegenwart der *Massenmedien*, die es fertiggebracht hat, trotz der unübersehbaren Vielfalt und Verschiedenheit der Kulturen, eine weltweite, beinahe uniforme Akzeptanz bestimmter Produkte durchzusetzen: Film und Show; Popmusik und Videoclip; Automobil und Computerspiele; Jeans-, T-Shirt, Turnschuh- und Sportmode, „zeitgenössische" Architektur und Imbißketten. Ein übernationaler „General Store" für Alltags- und Freizeitartikel scheint die Einzelkulturen beinahe zwang- oder kampflos und besser zu beherrschen, als dies alle bisher bekannten Kultur-, Missions- und Zwangsprogramme von Kolonisatoren und Eroberern vermochten. Moderner Alltag ist beherrscht von der Akzeptanz serieller Produktion und Konsumtion, von der Sicherheit, die Serialität verspricht: Wiederholbarkeit – die Ordnung des Bekannten.

Ebenfalls „*Kultur*"-übergreifend ist die atemberaubende Geschwindigkeit, in der sich die Einübung in den Gebrauch moderner Schnellfeuerwaffen vollzieht. Keine Kriegs- oder Bürgerkriegspartei, in welcher Großstadt oder welchem Busch auch immer, hat bisher bei der Umsetzung dieses Curriculums versagt: Einen „Analphabetismus" in der Beherrschung von Vernichtungswaffen gibt es nicht. Dies alles bietet Stoff genug für eine Analyse dessen, was alltäglich – offen oder heimlich und unheimlich – zwischen den Kulturen verglichen und angeglichen wird: für eine Analyse dessen, was tendenziell bereits akzeptierte Welt-„Kultur" ist und regionale Kulturformen, nationale „Eigenarten" und eben auch regionale Riten und Deutungsmuster übergreift: Wir leben in einem spezifischen historischen „*Weltalltag*" von Problemen, Themen und Deutungsfiguren, der dadurch – nationenübergreifend – existiert, daß wir über ihn medial umfassend kommunizieren.

Eine andere, zumindest die westlichen *Industriegesellschaften* prägende Entwicklung setzt – scheinbar – der Konformität von Massenproduktion und Konsumgewohnheiten eine schwer zu überwindende Hürde entgegen: die zunehmende *Individualisierung* der Mitglieder moderner Gesellschaften. (Schon vor 30 Jahren hat Thomas Luckmann diese Tendenz und ihre Konsequenzen analysiert. Ulrich Beck stieß vor einigen Jahren auf das gleiche Phänomen und verleiht ihm seitdem immer neue bunte Kleider und schillernde Etikette. Vgl. die Sammlung älterer Aufsätze von Luckmann (1980), ebenso: Beck (1986). Spätere Publikationen Becks bieten eine Fülle von Variationen zu dem in „Risikogesellschaft" komponierten Leitthema). Die seit der Reformation unaufhaltsam fortschreitende Selbstreflexivität des Einzelnen (vgl. Hahn 1982 und Soeffner 1992), der in Selbstbeobachtung und Selbstthematisierung zunächst sein „reformiertes", frisch erworbenes, durch keine Kirche mehr verwaltetes, sondern „unmittelbares" Verhältnis zu Gott reflektierte, bevor er sich als so neuformiertes Individuum selbst zu seinem beliebtesten Gegenstand machte, erhielt in der Folge der letzten drei Jahrhunderte in den sich immer schneller entwickelnden Industriegesellschaften einen starken Schub. Zunehmende funktionale Arbeitsteilung, soziale („vertikale" und „horizontale") Mobilität, das Zusammengehen von anwachsender Rollenkomplexität und Rollenspezialisierung sorgten dafür, daß die Individualisierung als sozialstruktureller Prozeß nicht zur Ruhe kam.

In eins mit dieser Entwicklung vollzog sich die Ausformulierung einer heute „alltäglichen" Selbstdeutungsfigur „moderner westlicher" Gesellschaften: die Norm und Rede von der „*Emanzipation* (Selbstfindung, Autonomie, Authentizität etc.) des Individuums". Damit zeigt sich an, was manche am liebsten gar nicht und andere nur ungern akzeptieren wollen: Das Ideal vom „autonomen, selbstbestimmten Individuum" wurde nicht *gegen* die „Zwänge" moderner Industrie- und Verwaltungsgesellschaften entwickelt, sondern wird als Verhaltenstyp von eben diesen Gesellschaften dem einzelnen funktional – und das bedeutet: immer wieder und alltäglich – abverlangt. Wir haben zum Ideal erhoben, wozu wir gezwungen waren, und wir erlauben uns das – notwendige und unaufhebbare – Paradox, die Einzigartigkeit des Individuums zum kollektiven Glaubensartikel zu erheben:

Handeln im Alltag

das Unikat dadurch aus „den Massen" herauszuheben, daß wir Massen von Unikaten hervorzubringen suchen.

Neben den – unsere Gesellschaft übergreifenden, den *medialen „Weltalltag"* konstituierenden – Globalisierungstendenzen einerseits und dem in „westlichen" Gesellschaften anhaltenden Individualisierungsdruck, läßt sich in den offenen, multikulturellen Gesellschaften eine dritte Tendenz erkennen. Sie antwortet auf die beiden anderen und zielt – in unterschiedlichen Ausformungen – auf strukturell Ähnliches ab: auf die Bildung übersichtlicher, geschlossener Einheiten. Regionalisierung; die Bildung kultureller, sozioökonomischer Inseln; radikaler Nationalismus und religiöser Fundamentalismus, aber auch Kommunitarismus, sie alle suchen ihr Heil gegenüber den unübersichtlichen *offenen Gesellschaften* ebenso wie gegenüber dem „atomisierten" Individuum im Rückweg zur Gemeinschaft, oder zu den geschlossenen Gesellschaften der Heimaten, Stämme und Heilsbruderschaften.

Die westlichen Industrienationen – und, im Hinblick auf Individualisierungstendenzen und die Ideologie vom Individuum, zunächst nur sie – werden, was die Gestaltung und Gefährdung ihrer alltäglichen sozialen Ordnung betrifft, beherrscht von der Trinität *„Interkulturalität – Individualisierung – Inselbildung"*. Diese drei „I"s bilden ein Reaktionsgefüge, eine zugleich bewegliche und poröse Einheit, die durch den wechselseitigen Widerspruch ihrer tragenden Elemente gegeneinander geprägt ist. Einander sowohl verstärkend als auch behindernd treiben diese drei Elemente jene komplexe, „offene" und bewegliche Ordnung des menschlichen Zusammenlebens hervor, der moderne Industriegesellschaften unterworfen sind. In solchen Gesellschaften tritt zunehmend an die Stelle des Konsenses über gemeinsame Normen der Konsens, daß es solche gemeinsamen *Normen* kaum mehr gebe. – Im Hinblick auf die Bewahrung und Gültigkeit traditioneller Normen mag diese neue Einschätzung zutreffen. Es wird darin aber übersehen, daß an die Stelle verloren gegangener alter andere gemeinsame normativ wirksame Überzeugungen getreten sind, so zum Beispiel auch die, daß die besten Verwalter öffentlicher Meinungen und die kompetentesten Schiedsrichter gegenüber der Beachtung oder Verletzung sozialer Regeln „die Medien" seien: eine durchaus fragwürdige, aber für viele von uns alltäglich praktizierte Überzeugung.

Auch dann jedoch, wenn überdeutlich ist, daß neue kollektive, gruppen- und schichtenübergreifende Werthaltungen (wie das „Umwelt-" oder auch das aufdringlich neue „Körperbewußtsein") unsere Gesellschaft mitformen, kann man sich heute noch weniger als in den dreißiger Jahren der Erkenntnis Theodor Geigers verschließen, daß die Steuerung des alltäglichen Lebens immer stärker durch „lokale", gruppen-, gemeinschafts- und/oder „lebensstil"-orientierte „Moralen" übernommen wird. (Vgl. dazu auch Michael Walzers (1983) Versuch, „Sphären eigenen Wertes" innerhalb moderner Gesellschaften zu identifizieren und zu nutzen. Gedacht ist dabei an „Sphären", die lokale oder gemeinschaftsspezifische Werthaltungen im Hinblick auf allgemeine Anerkennung übersteigen; vgl. außerdem Schulze 1995). Die Bestände gemeinsamer Werthaltungen dagegen sind durch deren Distanz von der alltäglichen Praxis in abstrakte Fernen abgeschoben und strahlen von dort her nur noch eine geringe Wirkung auf das konkrete Verhalten aus.

3.4 Konkurrierende Symbolsysteme: Ritualisierung und Emblematisierung gesellschaftlicher Differenzen

Solange starke, übergreifende kollektive Werthaltungen den Alltag tendenziell aller Gesellschaftsmitglieder bestimmen und der einzelne gewiß sein kann, daß er innerhalb dieser Gesellschaft im Hinblick auf tragende Grundüberzeugungen zugleich auch ein „Jedermann" ist, müssen die einzelnen Gesellschaftsmitglieder in ihrem Verhalten nicht ständig wechselseitig ihre Mitgliedschaft überprüfen und damit rituell sichtbar machen. Bricht diese Sicherheit zusammen, löst sich das bisher geltende System von *Normen* auf. Es wird ersetzt durch miteinander konkurrierende lokale, kulturelle/religiöse/ethnische oder sonstwie sozial limitierte Moralen. Dadurch entsteht für jeden einzelnen „automatisch" der Zwang, symbolisch zu veranschaulichen, wohin – zu wem – er innerhalb einer Gesellschaft gehören will: *Embleme* und *Rituale* werden zu Unterscheidungsmerkmalen (ausführlicher hierzu Soeffner 1989: 158-184). Die einzelnen symbolischen Selbstdarstellungsformen werden nicht nur vielfältiger und bunter, sondern auch zwanghafter und aufdringlicher. So führt das Bemühen um Auffälligkeit sowohl bei „Lebensstil-Gruppierungen oder Mormonenmissionaren, als auch bei Skins, Hooligans, Popgruppen, Designern, „Alternativen" oder den von Martin Walser nicht zu Unrecht als „Kostümfaschisten" bezeichneten sogenannten „jugendlichen Rechtsradikalen" zu einer kaum mehr steigerungsfähigen Selbstemblematisierung. Ob übersteigert oder unauffällig, in jedem Fall wird den Mitgliedern komplexer, *multikultureller Gesellschaften* abverlangt, daß sie im alltäglichen Zusammenleben nicht nur ihre eigene Zugehörigkeit zu bestimmten Gruppierungen oder „Stilen" signalisieren, sondern auch, daß sie imstande sind, die unterschiedlichen Mitgliedschaften anderer zu erkennen.

Dazu gehört eine – zumindest grobe – Kenntnis der unterschiedlichen gesellschaftlichen Formationen und der mit ihnen verknüpften verschiedenen Zeichen-, Ritual- und Emblemsysteme. Erst durch ein solches Wissen kann der einzelne erfüllen, was von ihm gefordert wird: (1) sich selbst und seine eigene Zugehörigkeit in Kleidung, sozialen Accessoires (Statussymbolen) und Verhalten symbolisch auszugestalten und „im öffentlichen Austausch" (Goffman 1974/1971) zu inszenieren; (2) die Zugehörigkeit anderer zu erkennen und richtig zu interpretieren; (3) die in der Symbolisierung angezeigten Grenzen, festen und beweglichen Räume/Territorien (Stadtteile, Gemeinschaftszentren, Szenekneipen, Treffs etc.) zu identifizieren – zu nutzen, zu meiden, vor allem aber zu respektieren, solange man nicht bewußt die Konfrontation sucht, und damit die Grenzen zu Fronten werden.

Der viel beschworene „Erwerb von Handlungskompetenz" in komplexen, durch konkurrierende Symbolsysteme durchgliederten Gesellschaften verlangt also von jedem einzelnen bereits im Alltag die Ausbildung einer gesteigerten Beobachtungs-, Interpretations- und Darstellungskompetenz (vgl. hierzu Soeffner 1992: 8-13). Kurz: Der Föderalismus der Kulturen, Weltanschauungen, Ethnien und Stile innerhalb *pluralistischer Gesellschaften* ist ein – nicht zuletzt auch durch symbolische Formen, rituelle Ordnungen und Deutungsmuster – nur mühsam gezähmter Machtkampf unterschiedlicher Gruppierungen und ihrer Interessen. Im friedlichen Fall äußert sich dieser Kampf als Wettbewerb der jeweiligen Interessengruppen und ihrer entsprechenden emblematischen Ausflaggungen. Im „Kriegsfall" signalisieren diese Flaggen Stärke. Sie werden zu Feldzeichen, deren Verletzung Vergeltung verlangt. Andererseits macht der Vergeltungszwang die Schwäche der Bindung an solche Flaggen sichtbar: die prinzipielle Verletzbarkeit des symbolischen Repräsentanten – und damit seines Trägers. Diese Schwäche macht Ausflaggungen zu beliebten Angriffspunkten und erklärt damit zum Teil (!) auch, warum symbolische Felder so gern und so erfolgreich in Schlachtfelder umgewandelt werden können. Zwar ist der Alltag moderner Industriegesellschaften durch bürokratisch weitgehend geordnete Arbeits- und Öffentlichkeitssphären einerseits und durch die daran anschließenden von Freizeitindustrien gut organisierten Freizeitwelten andererseits einigermaßen befriedet. Dennoch zeigt sich – insbesondere an den Auseinandersetzungen zwischen konkurrierenden jugendlichen Subkulturen, an Übergriffen gegenüber bestimmten Ausländergruppen und am rituell durchgeformten, seit Jahren anhaltenden Hooliganismus –, daß der historisch konkrete Alltag moderner pluralistischer Gesellschaften auch durch einen neuen Typus von Auseinandersetzungen geprägt ist, den es bestenfalls zu bewältigen und schlimmstenfalls auszuhalten gilt.

Literatur

Beck, Ulrich: Risikogesellschaft. Auf dem Weg in eine andere Moderne, Frankfurt a. M. 1986

Handeln im Alltag

Beck, Ulrich: Gegengifte. Die organisierte Unverantwortlichkeit, Frankfurt a.M. 1988
Cassirer, Ernst: Philosophie der symbolischen Formen (1923ff.), 3 Bde., Darmstadt 1953
Chomsky, Noam: Aspekte der Syntaxtheorie, Frankfurt a.M. 1969
Eckert, Roland/Alois Hahn/Marianne Wolf: Die ersten Jahre junger Ehen. Verständigung durch Illusionen? Frankfurt a.M./New York 1989
Gehlen, Arnold: Der Mensch. Seine Natur und seine Stellung in der Welt, Wiesbaden 1961
Geiger, Theodor: Die soziale Schichtung des deutschen Volkes (1932), Stuttgart 1987
Giesen, Bernd: Die Intellektuellen und die Nation. Eine deutsche Achsenzeit, Frankfurt a.M. 1993
Goffman, Erving: Interaktionsrituale (1967), Frankfurt a.M. 1971
Goffman, Erving: Das Individuum im öffentlichen Austausch (1971), Frankfurt a.M. 1974
Goffman, Erving: Rahmen-Analyse. Ein Versuch über die Organisation von Alltagserfahrungen (1974), Frankfurt a.M. 1977
Hahn, Alois: Zur Soziologie der Beichte und anderer Formen institutionalisierter Bekenntnisse. Selbstthematisierung und Zivilisationsprozeß, in: Kölner Zeitschrift für Soziologie und Sozialpsychologie 34, 1982, S. 408-434
Hahn, Alois: Die soziale Konstruktion des Fremden, in: Sprondel, Walter (Hg.): Die Objektivität der Ordnungen und ihre kommunikative Konstruktion, Frankfurt a.M. 1994, S. 140-163
Hoffmann-Nowotny, Hans-Joachim: Rassische, ethnische und soziale Minderheiten als Zukunftsproblem internationaler Integrationsbestrebungen, in: Kurzrock, Ruprecht (Hg.): Minderheiten, Berlin 1974, S. 175-189
Luckmann, Thomas: Lebenswelt und Gesellschaft, Paderborn 1980
Mead, George Herbert: Geist, Identität und Gesellschaft aus der Sicht des Sozialbehaviorismus (1934), Frankfurt a.M. 1969
Oevermann, Ulrich: Zur Analyse der Struktur von sozialen Deutungsmustern, Frankfurt a.M. 1973
Schütz, Alfred: Don Quixote und das Problem der Realität. Gesammelte Aufsätze, Bd. 2, Den Haag 1972
Schütz, Alfred/Thomas Luckmann: Strukturen der Lebenswelt, Frankfurt a.M. 1979
Schulze, Gerhard: Die Erlebnis-Gesellschaft. Kultursoziologie der Gegenwart, Frankfurt a.M./New York 1995
Scott, Marvin B./Standford M. Lyman: Praktische Erklärungen, in: Auwärter, Manfred u.a. (Hg.): Seminar: Kommunikation, Interaktion, Identität, Frankfurt a.M. 1976
Searle, John R.: Speech Acts, Cambridge 1970
Soeffner, Hans-Georg: Auslegung des Alltags – Der Alltag der Auslegung, Frankfurt a.M. 1989
Soeffner, Hans-Georg: Die Ordnung der Rituale, Frankfurt a.M. 1992
Srubar, Ilja: Kosmion. Die Genese der pragmatischen Lebensweltheorie von Alfred Schütz und ihr anthropologischer Hintergrund, Frankfurt a.M. 1988
Tenbruck, Friedrich H.: Was war der Kulturvergleich, ehe es den Kulturvergleich gab? in: Matthes, Joachim (Hg.): Zwischen den Kulturen, Soziale Welt, Sonderband 8, 1992, S. 13-35
Turner, Victor: Das Ritual. Struktur und Anti-Struktur (1969), Frankfurt a.M. 1989
Walzer, Michael: Spheres of Justice. A Defense of Pluralism and Equality, New York 1983
Wiedemann, Rainer E.: Ritual und Sinntransformation, Berlin 1991

Hans-Georg Soeffner

Haushalte und Haushaltsproduktion in der Bundesrepublik Deutschland[1]

1. Definitionen und Problembezüge

Im modernen Verständnis des Haushalts wird dieser als auf die Wohnung konzentrierter Lebens- und Versorgungszusammenhang eines oder mehrerer Individuen betrachtet. Auf der Grundlage des gemeinsamen Wohnens und Wirtschaftens mehrerer Individuen ist der Haushalt von spezifischen Rollenverteilungen, interpersonalen Beziehungen, aufeinander bezogenen Aktivitätsmustern, mehr oder weniger geteilten Normen, Wertvorstellungen und Erwartungen der Haushaltsangehörigen gekennzeichnet. Unter den Gründern der Soziologie hob insbesondere Max Weber den Haushalt als „ökonomische Versorgungsgemeinschaft" hervor, ohne die ihm *Ehe* und *Familie* „gänzlich labil und problematisch" erschienen. Im internationalen Bezugsrahmen war es vor allem Talcott Parsons, der auf den Haushalt als allgemeine Grundkategorie der Vergesellschaftung hinwies.

Das Konzept des Haushalts bezieht sich auf die alltäglichen, relativ dauerhaften *Wohn- und Wirtschaftsverhältnisse* eines oder mehrerer Individuen und beinhaltet sowohl familiale wie nichtfamiliale *Lebensformen*. Neben den verschiedenen Familienhaushalten haben sich vielfältige nichtfamiliale Lebensformen ausdifferenziert, wie sie beispielsweise nichteheliche Lebensgemeinschaften, Wohngemeinschaften oder auch Einpersonenhaushalte (insbesondere Singles) darstellen.

Gründe für eine neuerdings stärkere Beachtung der Haushalte gibt es mehrere: sie liegen u.a. im Wandel der *Haushaltsformen*, der durch „*Pluralisierung*" und „*Singularisierung*" also durch Tendenzen zu vielfältigeren und kleineren Haushaltsformen gekennzeichnet ist. Oft wird ein Rückzug traditioneller familialer Haushaltsformen gegenüber neuen Haushalts- und *Lebensformen* thematisiert.

Die Frage, ob die Individuen von einem säkularen Verlust *sozialer Netzwerke* betroffen sind, steht in engem Zusammenhang mit der Frage nach der Haushaltszugehörigkeit der Individuen und dem Verhältnis von haushaltsinternen und haushaltsexternen sozialen Netzwerken. Nicht zuletzt die *Frauenforschung* entdeckte den privaten Haushalt als Arbeitsbereich. Als produktive Instanz wird er inzwischen in der sozialwissenschaftlichen, wirtschafts- und gesellschaftspolitischen Diskussion häufiger betrachtet, sei es, daß die Leistungen der Haushalte im Prozeß der *Wohlfahrtsproduktion,* oder aber ihr Engagement in der informellen bzw. Schattenökonomie zur Debatte stehen. Die fortschreitende Technisierung der Privathaushalte eröffnet ein weites Untersuchungsfeld nach den sozialen Begleiterscheinungen dieser Entwicklung. Insbesondere das Problem der *Rationalisierung* der Hausarbeit und ihren Grenzen leitet zur Frage nach der Entwicklungsrichtung von Haushaltsführungs- und Lebensstilen über. Aus solchen Problembezügen ergibt sich der hohe Stellenwert der Haushalte in der modernen Gesellschaft.

1.1 Haushalte als Lebensform

Individuen bilden einen Haushalt, wenn sie gemeinsam wohnen und wirtschaften (Galler/ Ott 1993). Dies stellt in der Regel einen so wesentlichen Anteil der Lebensaktivitäten der Haushaltsangehörigen dar, daß es gerechtfertigt erscheint, von Haushaltskonstellationen als *Lebensformen* zu sprechen und den Haushalt als Kern eines Lebenszusammenhangs zu verstehen (Spiegel 1986). Freilich können sich die Haushalte unter diesem Aspekt stark unterscheiden; es gibt hochintegrierte Haushalte, in denen die Haushaltsangehörigen viel gemeinsame Zeit verbringen und es gibt gering integrierte Haushalte, in denen die Haus-

---

1 Für die Aufbereitung von Materialien für diesen Beitrag danke ich Annette Mingels, M.A.

Haushalte und Haushaltsproduktion in der Bundesrepublik Deutschland 289

haltsangehörigen weitgehend unabhängig ihren persönlichen Interessen nachgehen. Haushalte haben auch unterschiedlich scharfe Grenzen gegenüber ihrer Umwelt, manche sind relativ isoliert, andere sind stark in haushaltsexterne Netzwerke eingebunden.

Haushaltstypologien werden mit unterschiedlicher Differenzierung gebildet. In grundlegenden demographischen Darstellungen von *Haushaltsformen* in der Bundesrepublik Deutschland wird eine Typenbildung vorgenommen, bei der die Individuen nach ihrem Familienstand und mit ihnen zusammenlebenden Personen insbesondere Kindern gruppiert werden (Abbildung 1).

Abbildung 1: Lebens- und Familienformen in Ost- und Westdeutschland

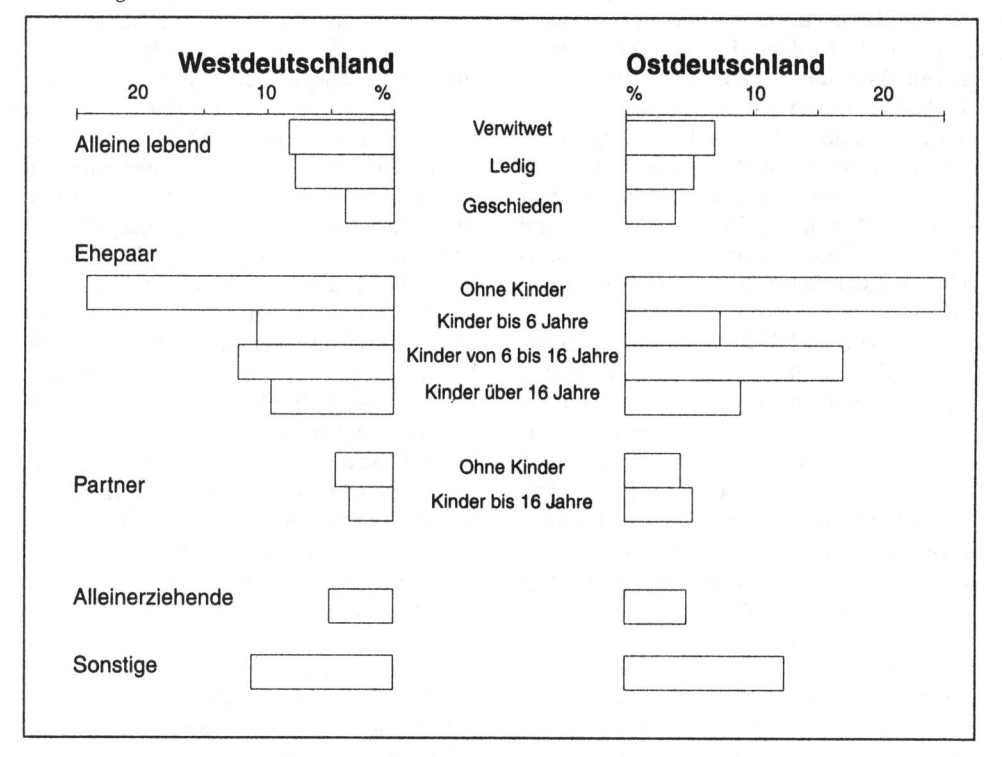

Quelle: Datenreport 1997, S. 469

Aus dieser Darstellung geht hervor, wie stark die *Lebensformen* der Ehepaare mit und ohne Kinder zahlenmäßig dominieren und welche Verbreitung neuere Lebensformen der *Alleinerziehenden* und *der nichtehelichen Lebensgemeinschaften* gefunden haben. Bereits bei dieser einfachen Haushaltsstruktur zeigen sich bedeutsame Unterschiede zwischen alten und neuen Bundesländern: In Ostdeutschland gibt es beispielsweise anteilig weniger Alleinlebende als in Westdeutschland und dafür mehr Ehepaare mit älteren Kindern (6-16 Jahre).

Der den Transformationsprozeß begleitende Geburtenrückgang in Ostdeutschland hat allerdings bereits dazu geführt, daß Ehepaare mit Kindern unter 6 Jahre seltener vorhanden sind als in Westdeutschland. Somit liegt auch hier kein einfacher Anpassungsprozeß von Ost- an Westdeutschland vor.

Eine weitergehende Differenzierung solcher Haushaltstypologien erhöht ihre Aussagekraft. Wenn zusätzlich Alter und Erwerbstätigkeit der Haushaltsangehörigen berücksichtigt werden, entsteht eine sozio-ökonomische Haushaltsgliederung der Bevölkerung. Wenn auch das subjektive Selbstverständnis der Haushaltsangehörigen zur Haushaltsgliederung herangezogen wird, können soziologische Konzepte des Lebensstils operationalisiert werden. Beispielsweise kann auf diese Weise der neue Lebensstil der *„Singles"* von sonstigen Alleinlebenden, die es schon immer gab, unterschieden werden.

Zu beachten ist, daß eine Momentaufnahme der Haushaltsstruktur wichtige Veränderungen nicht in den Blick bekommt, die in (Lebens-)Verlaufsstudien zutage treten. Die Bindung zwischen Individuum und Haushalt lockert sich: Anstelle einer festen Zugehörigkeit zu einem bestimmten Haushalt, der vorindustrielle Gesellschaften weitgehend kennzeichnet, ist in der modernen Gesellschaft ein vom Lebenslauf abhängiger Wechsel zwischen verschiedenen *Haushaltsformen* getreten.

Haushalte sind keinesfalls, wie es Haushaltstypologien oft nahelegen, sozial isolierte Einheiten, sondern sie sind als Kern eines informellen *sozialen Netzwerks*, bestehend aus Verwandten, Freunden, Nachbarn, Kollegen und Bekannten, in vielfältige haushaltsexterne Beziehungen integriert. Die zentrale Leistung des informellen sozialen Netzwerks – innerhalb wie außerhalb des Haushalts – ist die Gewährung von personenbezogener sozialer Unterstützung (social support). Diese kann aus emotionalem Beistand, instrumentellen Hilfen, monetären Zuwendungen, nützlichen Informationen oder sozialer Anerkennung bestehen. Voraussetzung für die Teilhabe an solcher Unterstützung ist die Zugehörigkeit zum Haushalt bzw. zum Netzwerk. Kriterien der Zugehörigkeit, Gefühle der Zuneigung und Normen sozialer Verpflichtung haben hier Priorität vor ökonomischen Tauschbeziehungen. Nur partiell ist die Gewährung sozialer Unterstützung im informellen Netzwerk durch das Gegenseitigkeitsprinzip geregelt; in erster Linie kommt hier das *Solidaritätsprinzip* zum Tragen, welches in „Krisensituationen" entlastend wirken kann.

1.2 Haushaltsproduktion und Wohlfahrtsproduktion

Mit der in der Regel unentgeltlichen Bereitstellung von Gütern, Diensten und immateriellen Zuwendungen durch die Haushalte für die externen Netzwerke und in noch höherem Maße für die Haushaltsangehörigen kommt ihnen eine wichtige Funktion bei der gesellschaftlichen *Wohlfahrtsproduktion* zu. Deren Bezugspunkt ist vor allem die Erhaltung und Verbesserung von Lebensqualität, d.h. einer günstigen Gesamtkonstellation der objektiven Lebensbedingungen und des subjektiven Wohlbefindens. Die Wohlfahrtsproduktion beruht auf einem Produktionsverbund, an dem der demokratische Wohlfahrtsstaat, die marktwirtschaftlichen Institutionen, die intermediären Assoziationen und die privaten Haushalte beteiligt sind. Jede dieser Instanzen verfügt über jeweils spezifische Leistungspotentiale, an deren Grenzen im günstigen Fall das Leistungsvermögen der anderen Institutionen einsetzt. Insofern verhalten sie sich oftmals komplementär zueinander. Je nach Leistungsbereich unterscheidet man die in Massenproduktion erstellten „privaten" Güter der Marktwirtschaft, die allen zur Verfügung stehenden „öffentlichen" Güter, die der Wohlfahrtsstaat bereitstellt; die an sozialen Gruppen orientierten „interessenbezogenen" Güter der intermediären Organisationen und die „personenbezogenen" Güter, die Haushalte und Familien ihren Angehörigen zur Verfügung stellen. Unter dem Begriff der *Haushaltsproduktion* zählen hierbei sowohl Leistungen für die Mitglieder des eigenen Haushalts („Eigenarbeit"), als auch Leistungen, die innerhalb des informellen sozialen Netzwerks erbracht werden („Netzwerkhilfe"). Insgesamt wird die unbezahlte Arbeitszeit von der amtlichen Statistik als umfangreicher ermittelt als die Erwerbsarbeitszeit (77 gegenüber 48 Mrd. Stunden 1992 im früheren Bundesgebiet). Und der Beitrag der Haushalte wird auf 1/3 bis 1/2 des Bruttoinlandsprodukts geschätzt (Warnecke 1995).

Gegenüber den Leistungen anderer Instanzen der *Wohlfahrtsproduktion* weist die Produktion im Haushalt einige Besonderheiten auf. Von privaten, öffentlichen und kollektiven Gütern unterscheiden sich ihre „Güter" durch den engen Bezug zur Person, sie werden nicht für abstrakte Konsumenten erstellt, sondern jeweils für ganz bestimmte Personen, d.h. Angehörige des eigenen Haushalts oder des informellen Netzwerks. Folglich entscheidet über die Zugänglichkeit dieser Erzeugnisse nicht die Kaufkraft (wie bei privaten Gütern) oder etwaige Rechtsansprüche (wie bei öffentlichen Gütern), sondern die Zugehörigkeit zu einem bestimmten Lebenszusammenhang. Aufgrund der sozialen Beziehung zwischen Hersteller und Verbraucher haben die personenbezogenen Güter oft einen situativen Stellenwert bzw. eine besondere symbolische Bedeutung.

2. Entwicklungstendenzen der Haushaltsformen

Im Hinblick auf den langfristigen Wandel der Haushalts- und Familienformen werden vor allem die Begriffe „*Singularisierung*" (bzw. „*Individualisierung*") und „*Pluralisierung*" zur Interpretation herangezogen (Peukert 1991). Wesentliche Tendenzen in der Entwicklung der *Haushaltsformen* sind die anhaltende Verkleinerung der Haushalte, der grundsätzliche Wandel im Ehe- und Familienverständnis und die Ausbreitung neuer Haushaltsformen.

2.1 Die Verkleinerung der Haushalte

Um die Jahrhundertwende bestanden auf dem Gebiet der alten Bundesrepublik noch 61% der Haushalte aus vier und mehr Personen. Im Unterschied dazu betrug 1995 der Anteil der Haushalte, denen nur ein bis zwei Personen angehören 67% – bei steigender Tendenz. Seit 1976 stellen die Einpersonenhaushalte in Westdeutschland die häufigste *Haushaltsform* dar. Die ehemals deutliche Dominanz der Fünf- und mehr Personenhaushalte ist einer relativen Prävalenz der Einpersonenhaushalte gewichen.

Tabelle 1: Haushaltsgrößen im alten Bundesgebiet (in Prozent der Haushalte)

Haushaltsgröße	1900	1925	1950	1995
Eine Person	7,1	6,7	19,4	35,5
Zwei Personen	14,7	17,7	25,3	31,9
Drei Personen	17,0	22,5	23,0	15,2
Vier Personen	16,8	19,7	16,2	12,0
Fünf und mehr Personen	44,4	33,3	16,1	5,0

Quelle: Statistisches Bundesamt, Datenreport 1994; BIB-Mitteilungen 3/96

Einer durchschnittlichen Haushaltsgröße von 2,45 Personen in der DDR (April 1989) stand zum selben Zeitpunkt im früheren Bundesgebiet eine durchschnittliche Haushaltsgröße von 2,24 Personen gegenüber. Die säkulare Verkleinerung der Privathaushalte ist demnach in der BRD weiter vorangeschritten als in der DDR. Die *Wiedervereinigung* hat indes auch die Verkleinerung der ostdeutschen Haushalte forciert.

Angesichts der quantitativen Dominanz der kleineren Haushalte sollte freilich nicht übersehen werden, daß nach wie vor die Mehrheit der Personen in größeren Mehrpersonenhaushalten lebt.

2.2 Der Wandel der Familienhaushalte

Die Verkleinerung der Haushalte steht in enger Verbindung mit einer gewissen *Deinstitutionalisierung* der Familie, die in einer Zunahme sowohl von „unvollständigen" Familienformen als auch von nichtfamilialen Lebensformen zum Ausdruck kommt. Aber dennoch haben *Familie* und *Verwandtschaft* auch in der modernen Gesellschaft einen hohen Stellenwert (Lüscher/Schultheiß 1993). Zwar liegt der Anteil der Drei- und Viergenerationenhaushalte an der Gesamtzahl der Haushalte heute unter 2%, aber es gibt viele stabile multilokale Mehrgenerationenfamilien. Fest steht, daß die vollständige Kernfamilie seltener unter den Haushaltsformen wird. Nur noch etwa jeder dritte Haushalt ist ein „typischer Familienhaushalt" in dem Sinne, daß beide Elternteile mit ihren Kindern zusammenwohnen. Infolge zunehmender Scheidungen und Trennungen sowie dem wachsenden Anteil nichtehelicher Geburten kommt es häufiger zur Gründung von „Stieffamilien" und zu Haushalten *Alleinerziehender*. Mehr als ein Viertel der alleinerziehenden Personen waren nie verheiratet, was auf einen Bedeutungsverlust der Ehe in Verbindung mit der Familiengründung verweist (Statistisches Bundesamt, Datenreport 1994). Hierfür spricht auch der in jüngerer Zeit angestiegene Anteil nichtehelicher Familienformen, in welchen die leiblichen Eltern unverheiratet mit ihrem Kind zusammenleben. Diese Entwicklungstendenzen vollziehen sich trotz einer breiten Anerkennung von *Ehe* und *Familie* und auf der Grundlage relativ intensiver Familienbeziehungen insbesondere zur Herkunftsfamilie.

2.3 Neuere Haushaltsformen

Den traditionellen *Haushaltsformen* stehen mehr und mehr neuere Haushaltsformen gegenüber, d.h. vor allem *nichteheliche Lebensgemeinschaften, Alleinerziehende, Wohngemeinschaften* und *Singles*. Auch wenn es ähnliche Haushaltsformen schon früher gab, ihre Häufigkeit ist neu. Darüber hinaus entwickeln sich phantasiereiche Sonderformen von Haushalten, wie die moderne „Hausfamilie" (unterschiedliche vernetzte Haushaltsformen in einem Haus) bzw. die „bilokale Ehe" (stabile eheliche Beziehung, in der beide Partner ihre eigene Wohnung haben). Dies sind nur zwei Beispiele für viele weitere bekannte Variationen von Haushaltsformen, die bisher keine große Verbreitung erreicht haben. Die Pluralität der Haushaltsformen scheint ein charakteristisches Merkmal einer modernen Gesellschaft zu sein, die in diesem Bereich neue Wahlmöglichkeiten bietet und verbindliche Normen abschwächt.

Besondere Beachtung erhalten die *nichtehelichen Lebensgemeinschaften*. So hat sich in der Gruppe der jüngeren Frauen und Männer zwischen 18 und 35 Jahren in Westdeutschland von 1978 bis 1993 der Anteil der nichtehelich zusammenlebenden Personen nahezu verdoppelt. Rund 13% in dieser Altersgruppe lebten 1993 in Westdeutschland unverheiratet mit einem Partner zusammen. In den neuen Bundesländern lagen für die Altersgruppe der 18 bis 35-jährigen die nichtehelichen Lebensgemeinschaften bei einem Anteil von 19%. Gemäß dem Mikrozensus von 1992 ergaben Schätzungen einen Anteil von 4,3% der nichtehelichen Lebensgemeinschaften an der Gesamtbevölkerung in den westdeutschen Privathaushalten und sogar eine Quote von 5,6% in den neuen Bundesländern.

Während in den alten Bundesländern unverheiratet zusammenlebende Paare nur sehr selten gemeinsame Kinder haben (1993: unter 1% aller Haushalte), findet man in den neuen Bundesländern ebensoviele unverheiratete Lebenspartner mit Kindern wie ohne Kinder (1993: 4% aller Haushalte). Dies deutet auf eine im Osten im höheren Maße bestehende Entkopplung von Ehe und Elternschaft hin, die nicht unmaßgeblich durch die pronatalistische DDR-Politik konstituiert sein mag.

Wie die nichtehelichen Lebensgemeinschaften hat auch die „alternative" Wohnform der *Wohngemeinschaften* ihre Anhänger vor allem in jüngeren Altersgruppen. Wohngemeinschaften waren im Gefolge der 68er Zeit vor allem in Gestalt der „Kommunen" gegen die Einengung durch die traditionelle Zweierbeziehung gerichtet, wurden aber oft auch aus pragmatischen Gründen gegründet. Wohngemeinschaften haben sich als stabiler Bestandteil der Haushaltsformen etabliert und sind im Westen Deutschlands mit 3% aller Haushalte deutlich verbreiteter als im Osten Deutschlands mit 1%. Wohngemeinschaften sind heute fast ausschließlich für Studierende oder in Ausbildung befindliche Personen relevant, für deren finanzielle Situation die Splitting der Wohnungsmiete wichtig ist.

Das Leben in Einpersonenhaushalten ist besonders in Westdeutschland, und hier vor allem in den größeren Städten, weit verbreitet. Neben den steigenden Zahlen älterer Menschen (insbesondere Frauen), die infolge von Verwitwung oder Scheidung alleine leben, haben sich vor allem jüngere Altersgruppen für diese Lebensform entschieden. Erst im zweiten Fall sollte man von „*Singles*" sprechen. Korrelierend mit einer seit 1960 stark gesunkenen Eheschließungsrate und einer Verschiebung des Erstheiratsalters ist in der Altersgruppe der 18 bis 35-jährigen ein deutlicher Anstieg des Anteils von Ledigen in Einpersonenhaushalten festzustellen: Von 1978 bis 1993 verdreifachte sich diese Quote von 5% auf 15%.

Die sozial- und haushaltswissenschaftliche Aufmerksamkeit galt in der Vergangenheit den traditionellen Familienhaushalten (Nauck/Onnen-Isemann 1995). Inzwischen haben starke Veränderungen der Haushalts- und Familienformen stattgefunden, die dazu führten, eine Variabilität von „alten" und „neuen" *Haushaltsformen* zu konstatieren und die Streuung von *Lebensformen* in den verschiedenen Stadien des Lebensverlaufs als neuen gesellschaftlichen Aspekt herauszustellen.

2.4 Haushalte und soziale Netzwerke

Viele Haushalte sind in ein größeres *soziales Netzwerk* integriert, in dem enge soziale Beziehungen bestehen und Leistungen füreinander erbracht werden. Es besteht vor allem aus nahen Verwandten, engen Freunden und „guten" Nachbarn. Je nach Haushaltsangehörigen und Haushaltskonstellation kann es unterschiedlich ausfallen. Vergleicht man die „neueren" mit den „älteren" *Haushaltsformen*, zeigt sich eine deutliche Bevorzugung der Freundschaftsbeziehungen bei neueren Haushaltsformen. Als häufigste Interaktionspartner haben enge Freunde eine relativ hohe Bedeutung für nichtverheiratete Personen. Mit der Eheschließung findet eine Verschiebung dieser Präferenzstrukturen statt.

Das *Verwandtschaftssystem* hat zwar im historischen Verlauf auch an Funktionen eingebüßt, es bewahrte sich dennoch eine dominante Stellung als *soziales Netzwerk*. So haben Mitte der 80er Jahre 90% der Bundesbürger nahe Verwandte außerhalb des eigenen Haushalts; zwei Drittel davon haben tägliche bzw. wöchentliche (gegenseitige) Besuchskontakte. Zu mindestens einer verwandten Person werden über alle Lebensphasen Besuchskontakte aufrechterhalten.

Der Stellenwert von *Verwandten* im personalen und haushaltlichen Netzwerk verändert sich mit steigendem Alter und biographischen Ereignissen. So wirkt sich das Vorhandensein von Kindern offensichtlich intensivierend auf Verwandtschaftsbeziehungen aus, ist doch der intensivste Verwandtschaftskontakt bei den Verheirateten mit kleinen Kindern sowie den Alleinerziehenden zu beobachten.

Die Kontakte zu Nachbarn haben auf dem Hintergrund größerer räumlicher Mobilität und gestiegener Wahlmöglichkeiten ihren früheren Stellenwert verloren. Mit steigenden Alter erhöht sich die Integration in nachbarschaftliche Beziehungsnetze, welche gerade bei Alleinlebenden ab dem 60. Lebensjahr oft kompensatorisch zu ihrer geringen Integration in verwandtschaftliche und freundschaftliche Netze wirken.

In fast allen *Haushaltsformen* kommen häufig beinahe tägliche Treffen mit Verwandten außerhalb des eigenen Haushalts vor. Die trotz der räumlichen Trennung fortbestehenden engen Kontakte der Familienmitglieder untereinander machen den auch heute noch gültigen zentralen Stellenwert der Verwandtschaftsbeziehungen deutlich. Auch die insgesamt recht regen Besuchskontakte zwischen Freunden und Nachbarn – wobei die Nachbarn für die älteren, die Freunde hingegen für die neueren Haushaltsformen stärkere Bedeutung haben – nehmen den pauschalen Thesen einer Isolierung der modernen *Kernfamilie* und der Kleinhaushalte einiges an Glaubwürdigkeit.

Informelle *soziale Netzwerke* stellen den Bezugsrahmen dar, in welchem soziale Unterstützung gegeben und empfangen wird. In den geleisteten Hilfestellungen lassen sich deutlich geschlechtsspezifisch geprägte „Zuständigkeitsbereiche" feststellen. So zeigt sich ein größeres Engagement der alleinlebenden Männer bezüglich haushaltsextern anfallender Renovierungsarbeiten, während die alleinlebenden Frauen besonders häufig bei persönlichen Problemen eine „Beratungsfunktion" einnehmen. Die Beaufsichtigung kleiner Kinder ist die Domäne der alleinlebenden älteren Frauen. Es läßt sich also sagen, daß die soziale Unterstützung in den informellen Netzwerken ebenso geschlechtsspezifische Züge aufweist wie die haushaltsinterne Arbeitsteilung.

Neuere *Haushaltsformen* erbringen – mit Ausnahme der nachbarschaftlichen Unterstützung - tendenziell häufiger Hilfeleistungen als die älteren Haushaltsformen. Damit einhergehend schätzen die modernen Haushaltsformen das ihnen im Bedarfsfall zur Verfügung stehende Hilfspotential im sozialen Netzwerk als größer ein als die traditionellen Wohnformen. Gleichwohl werden auch hier deutliche Hilfedefizite wahrgenommen. Als besonders belastet erweisen sich die alleinlebenden älteren Frauen und die alleinerziehenden Mütter; es sind dies die Problemgruppen mit besonders großen Hilfedefiziten.

Insgesamt zeigt sich, daß die neueren *Haushaltsformen* eher stärker als die älteren in informelle *soziale Netzwerke* integriert sind, wobei der Freundeskreis einen annähernd so hohen Stellenwert wie die nahe Verwandtschaft erhält.

3. Haushaltsproduktion und Haushaltstechnisierung

Haushaltsproduktion und *Haushaltstechnisierung* sind zwei eng zusammenhängende Prozesse. Im Laufe der Zeit haben die modernen Haushalte sich umfangreiche technische „Geräteparks" zugelegt, die sie für die Herstellung von ihnen gewünschter Endprodukte benutzen. Mit der umfassenden Technikausstattung erhielten die Haushalte ein neues Leistungspotential, welches sich auf die gesamte Zeitverwendung und Arbeitsteilung im Haushalt auswirkte.

Es muß allerdings betont werden, daß die moderne Eigenarbeit wegen ihrer Abhängigkeit vom Markt und von öffentlichen Einrichtungen einen ganz anderen Charakter hat als die vorindustrielle Selbstversorgung. Anders als vorindustrielle Haushalte können die modernen Haushalte ihre produktiven Aufgaben nur in einer Verflechtung mit marktlichen und staatlichen Leistungssystemen bewältigen; sei es, daß sie Vorprodukte unterschiedlicher Reifestufen, technische Geräte als Produktionsmittel oder infrastrukturell-technische Versorgungssysteme nutzen.

3.1 Die Technisierung der privaten Haushalte

In der *Haushaltstechnisierung* wird zumeist von einem sachtechnischen Technikbegriff ausgegangen, der Geräte, Apparate, Maschinen und Artefakte betrifft. Die breite haushaltsinterne Anwendung der Sachtechnik (Geräte wie Herd, Waschmaschine, Fernseher, Telefon) setzt haushaltsexterne Technikanschlüsse voraus (große technische Systeme wie Elektrizitätswerk, Wasserversorgung, Kabelanschluß usw.). Darüber hinaus erfordert der Umgang mit den technischen Geräten technisches Nutzungswissen; hier unterscheidet man die Beschaffungs-, Anwender-, Pflege- und Reparaturkompetenz. Kennzeichen moderner alltagstechnischer Systeme sind also die Einbeziehung der Gerätetechnik in „große technische Systeme" und ein relativ hoher Grad an technologischem Laien- und Expertenwissen (Dörr 1996, Meyer/Schulze 1993).

In vielen Fällen läßt sich nachweisen, daß die Basisinnovationen der haushaltstechnischen Geräte ihren Ursprung in der industriellen Produktion hatten. Erst nach ihrer Weiterentwicklung für den spezifischen Aufgabenbereich von Haushalten gelangten die Geräte über die Dienstleistungsgewerbe in den begrenzten Absatzmarkt der gutsituierten bürgerlichen Haushalte. Es lassen sich Technikgenerationen unterscheiden, die zu ihrer jeweiligen Zeit die Innovationsträger darstellen (Sackmann/Weymann 1994).

Der Haushaltssektor entwickelte sich in den fünfziger Jahren zum breiten und profitablen Absatzmarkt. Die Hausfrau gewann als potentielle Kundin an Bedeutung für die Industrie, die sich die zunehmenden technischen Möglichkeiten zunutze machte. Eine nachhaltige Verbreitung technischer Haushaltsgeräte erlebte die Bundesrepublik jedoch eher spät: Zwischen 1969 und 1983 erfolgte ein besonderer Technikschub für die Haushalte. Immer mehr Geräte wurden zur Standardausstattung, die in mehr als 50% der Haushalte vorhanden sind (Hampel u.a. 1991).

Tabelle 2: Die Verbreitung ausgewählter Haushaltsgeräte von 1962 bis 1993 in Deutschland (altes Bundesgebiet/ in Prozent der Haushalte)

	1962	1969	1973	1978	1983	1988	1993
Geräte für die Haushaltsführung							
Kühlgeräte	52	84	93	96	96	98	–
Gefriergeräte	3	14	28	28	56	65	–
Waschmaschine	34	61	75	81	83	86	88
Geschirrspülmaschine	(0)	2	7	15	24	29	38
elektrische Nähmaschine	10	26	37	46	52	53	61
Bügelmaschine	(1)	6	10	14	15	14	12
Geräte für Bildung und Unterhaltung							
Fernsehgerät	42	61	68	75	78	77	95
Photoapparat	42	61	68	75	78	77	81
Filmkamera	2	5	8	13	13	11	11
Geräte für Verkehr und Nachrichtenübermittlung							
Personenkraftwagen	27	44	55	62	65	68	74
Kraftrad	6	7	7	9	9	7	8
Telefon	14	31	51	70	88	93	97

Quelle: Statistisches Bundesamt 1993, Wirtschaftsrechnungen Fachserie 15, S. 163

Während schon Anfang der 80er Jahre die umfassende Technisierung auf einem hohen Qualitätsniveau kennzeichnend für das Gros der bundesdeutschen Haushalte war, verhinderten relativ hohe Anschaffungskosten von langlebigen Gebrauchsgütern sowie lange Lieferfristen eine vergleichbare Ausstattung der Privathaushalte in der *DDR*. Hinzu kam eine oftmals schlechtere Qualität der Geräte und ein niedrigeres technisches Niveau. Besonders in der Bereitstellung innovativer Haushaltstechnologien, Freizeitgüter und neuer Informations- und Kommunikationstechnologien wiesen die ostdeutschen Haushalte Defizite auf. Auch die Zweit- und Drittausstattung fehlte in der DDR überwiegend. Während in der Bundesrepublik der private Gerätepark deutlich mit der sozialstrukturellen Position des jeweiligen Haushalts korreliert und tendenziell mit dem Lebensalter und dem Einkommen im Längsschnitt wächst, waren in der DDR Statusdifferenzen weit weniger bedeutsam. Gerade junge Arbeiterfamilien waren hier in der Ausstattung des Haushalts oftmals überdurchschnittlich gestellt. Dennoch zeigten sich in der Versorgung mit hochwertigen Konsumgütern auch in der DDR schichtspezifische und Stadt-Land-Differenzen (Vascovics u.a. 1994).

Bereits drei Jahre nach der Wiedervereinigung hatten sich die Diskrepanzen zwischen den beiden Teilgebieten Deutschlands weitgehend nivelliert. Dies gilt insbesondere für die Standardausstattung mit Haushaltsgeräten wie Waschmaschinen, Kühlschränken und Nähmaschinen. Lediglich bei über die Standardausstattung hinausgehenden Geräten gab es Abweichungen im Ausstattungsgrad wie beispielsweise den Geschirrspülmaschinen, die 1993 38% der westdeutschen aber nur 3% der ostdeutschen Haushalte besaßen. Güter für Zwecke der Unterhaltung und Freizeitgestaltung waren im Januar 1993 weit verbreitet. Im Bereich der Standardgeräte wie Fernseher, Kassettenrecorder, Plattenspieler und Tonbandgeräte wiesen die beiden Teile Deutschlands kaum Ausstattungsunterschiede auf; neuartigere Geräte wie Videorecorder und CD-Spieler hingegen waren noch unterschiedlich stark verbreitet.

Die aktuellen Trends der *Haushaltstechnisierung* lassen sich folgendermaßen charakterisieren: Die Diffusion von immer mehr technischen Geräten in immer mehr Haushalte hält an, auch wenn in Teilbereichen eine Sättigung zu beobachten ist. Aufgrund der zeitlich zurückliegenden umfassenden Anschaffung von technischen Geräten nimmt die Ersatzanschaffung – besonders im früheren Bundesgebiet – einen zunehmend größeren Umfang an. Eine oft befürchtete Erschöpfung im Hinblick auf Innovationen ist nicht voll eingetreten: neuartige Geräte kommen immer wieder vor (neuerdings z.B. Anrufbeantworter, Notebooks). Inferiore Geräte unterliegen erfahrungsgemäß im Konkurrenzkampf gegen leistungsfähigere und bessere Produkte (z.B. der Schwarz-Weiß-Fernseher gegen den Farbfernseher). Daneben gibt es einen Trend zur Mehrfachausstattung, zu Zweit- und Drittgeräten, der vermutlich noch in den Anfängen steht. Bei manchen Geräten ist eine zunehmende Diversifizierung zu beobachten (z.B. von der Bohrmaschine zur Schlagbohrmaschine und zum Bohrhammer) und in manchen Anwendungsbereichen eine Pluralisierung der Tätigkeiten (insbesondere Do-it-yourself-Tätigkeiten). Prozesse der Professionalisierung (Einführung von Geräten mit hohen Kompetenzanforderungen) und Prozesse der Trivialisierung (Vereinfachung von professionellen Geräten) laufen nebeneinander ab (Glatzer u.a. 1991).

Eine neue Entwicklungsrichtung scheint die Integration verschiedener Geräte in einen Systemzusammenhang – sei es partiell oder umfassend im intelligent home – anzudeuten. Kennzeichen der neuen Entwicklungsstufe wird die mikroelektronisch gesteuerte Vernetzung von Geräten sein, die eine bessere Steuerung des Einsatzes von Ressourcen, mehr technische Sicherheit, mehr Schutz vor kriminellen Handlungen, eine Steigerung der Bequemlichkeit, höheren Bedienungskomfort und eine intensivere Integration des Haushalts in die gesellschaftliche Umwelt gewährleisten soll.

Tabelle 3: Zeitverwendung in Minuten nach Haushaltstyp und Erwerbstätigkeit der Partner

Ausgewählte Aktivitätsbereiche	Nichteheliche Lebensgemeinschaften		Ehepaare ohne Kinder				Ehepaare mit Kind(ern) unter 18 Jahren			
	beide Partner erwerbstätig		beide Partner erwerbstätig		beide Partner nicht erwerbstätig		beide Partner erwerbstätig		nur Ehemann erwerbstätig	
	Minuten									
	männl.	weibl.	männl.	weibl.	männl.	weibl.	männl.	weibl.	männl.	weibl.
Erwerbstätigkeit/ Ausbildung/ Fortbildung	/	/	336	203	[8]	/	410	259	400	(18)
Medien/Sport/ Kultur	(365)	(302)	292	271	417	345	252	226	256	266
Schlafen/Essen/ Körperpflege	772	758	643	672	768	746	603	622	610	649
Unbezahlte Arbeit darunter:	[125]	[223]	169	294	247	345	175	333	175	507
Hauswirtschaftl. Tätigkeiten:	/	[217]	118	269	179	318	91	241	79	336
Beköstigung	/	/	28	91	38	130	23	88	19	123
Wäschepflege	–	/	(3)	43	(3)	48	(2)	42	(2)	57
Pflege/Renovierung der Wohnung	/	/	14	49	21	58	12	44	9	70
Einkäufe	/	/	13	23	23	25	11	23	13	32
Behördengänge u.ä.	/	/	16	12	21	11	10	13	8	15
Pflege u. Betreuung von Kindern	–	–	(3)	(6)	[3]	[8]	31	67	36	127
Insgesamt	1440	1440	1440	1440	1440	1440	1440	1440	1440	1440

Quelle: Statistisches Bundesamt 1995, Die Zeitverwendung der Bevölkerung, S. 41

3.2 Die Zeitverwendung in den privaten Haushalten

Die Technisierung der Haushalte durch den massiven Einsatz zeit- und arbeitssparender Geräte hat, trotz durchschnittlich abnehmender Familiengröße, zu keiner nachweisbaren Reduzierung des Aufwandes für Hausarbeit geführt. Zweifellos entstanden Zeitersparnisse bei einzelnen Arbeitsgängen durch die Verwendung verbesserter Gerätetechnik. Aber die meisten Untersuchungen über den Zeitaufwand für Hausarbeit kommen insgesamt zu dem Ergebnis, daß die Hausarbeitszeit sich langfristig trotz zunehmender Technisierung der Haushalte nicht wesentlich verringert hat. Diesem „Haushaltsparadox" liegt zugrunde, daß die Zeitersparnis durch eine Steigerung der Ansprüche kompensiert wird und die Leistungen ausgedehnt werden (siehe die Sauberkeitsansprüche im Hinblick auf Wäsche und Kleidung). Beobachtet werden kann auch die Tendenz, durch arbeitssparende Maschinen gewonnene Zeit nicht für mehr Freizeit zu nutzen, sondern für die Bereitstellung von mehr Gütern und Dienstleistungen der selben Art. Die einmal zur Arbeitserleichterung angeschafften Geräte enthalten einen Aufforderungscharakter, eine schnelle Amortisation des Anschaffungspreises herbeizuführen. Außerdem verursacht die Beschaffung, Säuberung, Pflege und Reparatur der Maschinen zusätzliche Hausarbeit.

Auch in einer modernen Gesellschaft wie Deutschland wird in größerem Umfang *unbezahlte Arbeit* geleistet (unterteilt in hauswirtschaftliche und handwerkliche Tätigkeiten, Pflege und Betreuung sowie Ehrenämter) als Arbeit innerhalb der Erwerbstätigkeit. Dabei variiert der Umfang der unbezahlten Arbeit sehr stark mit der Geschlechts- und Haushaltszugehörigkeit der betroffenen Personen. Auch die Erwerbskonstellation im Haushalt hat ausschlaggebenden Einfluß. Das höchste Volumen unbezahlter Arbeit leisten demnach nicht-erwerbstätige Frauen, die mit einem erwerbstätigen Mann verheiratet sind und Kinder unter 18 Jahren haben: Sie verbringen durchschnittlich 507 Minuten des Tages mit der Verrichtung unbezahlter Tätigkeiten. Nicht zuletzt darin wird das zwar abgeschwächte aber immer noch starke geschlechtsspezifische Gefälle bezüglich des täglichen Zeitaufwands für Hausarbeit deutlich.

3.3 Haushaltsproduktion und Arbeitsteilung

Was die Aufgaben der privaten Haushalte betrifft, so lassen sich drei grundsätzliche Dimensionen von Arbeitsteilung unterscheiden (Glatzer u.a. 1986). Als *gesellschaftliche Arbeitsteilung* bezeichnet man die Aufgabenteilung zwischen Marktwirtschaft, Wohlfahrtsstaat, intermediären Assoziationen und Haushalten. Die Verteilung, wer welchen Teil des gesellschaftlichen Aufgabenpotentials übernimmt, beruht auf langfristigen historischen Entwicklungen zur nachindustriellen Gesellschaft und jeweiligen gesellschaftspolitischen Positionen besonders im Hinblick auf Leistungspotentiale und Leistungsgrenzen von Marktwirtschaft und Wohlfahrtsstaat (Richarz 1994).

Ein weiterer Aspekt *gesellschaftlicher Arbeitsteilung* ist die Arbeitsteilung zwischen den Haushalten. Sie findet in den informellen *sozialen Netzwerken* statt und beinhaltet vor allem wechselseitige soziale Unterstützung. Soweit sie schattenwirtschaftliche Aktivitäten darstellen, werden sie oft kritisch betrachtet, im Hinblick auf die soziale Integration der Individuen gelten sie als unersetzbar.

Die dritte Dimension betrifft die innerhaushaltliche bzw. innerfamiliale im wesentlichen geschlechtsspezifische *Arbeitsteilung*. Die Arbeitsteilungsmuster entsprechen in einem erheblichen Maß noch den mit der Industrialisierung institutionalisierten Rollenstereotypen: Die Männer konzentrieren sich auf die Sphäre der Erwerbsarbeit und die Frauen auf den Bereich der Hausarbeit und Kindererziehung. Diese ungleiche Beteiligung der Partner an der alltäglichen Arbeit im Haushalt bleibt auch dann weitgehend bestehen, wenn die Frauen einer Erwerbstätigkeit nachgehen. Zwar erhöht sich dann der Zeitaufwand der Männer für Hausarbeit; die zusätzlichen Belastungen der Frau werden dadurch jedoch nicht ausgeglichen. Wie resistent die kulturell tradierte Aufgabenverteilung gegenüber gegenläufigen Entwicklungen (zunehmende Erwerbsarbeit der Frauen, Bemühungen der Familienpolitik) ist, zeigt auch die innerhalb der *DDR*-Strukturen bewahrte geschlechtsspezifische Arbeitsteilung: Tatsächlich weist die Verteilung der Hausarbeit in den neuen und alten Bundesländern ein ähnliches geschlechtsspezifisches Gefälle auf, wobei die Differenz in Ostdeutschland etwas geringer ausfällt als in Westdeutschland: Im Durchschnitt übernehmen die Frauen im früheren

Bundesgebiet 2,08 mal so viel Hausarbeit wie die Männer, in den neuen Bundesländern sind dies 1,75 mal soviel.

Daneben bestehen in der Verrichtung der Hausarbeiten klare geschlechtsspezifische Zuordnungen, die die Bereiche Waschen, Kochen und Reinigung den Frauen, die Wartung und Reparatur technischer Geräte den Männern zuweisen (Wagner 1994). Die Haushaltstechnisierung hat die bestehende geschlechtsspezifische Arbeitsteilung im Haushalt nicht geändert, sondern im Gegenteil dazu beigetragen, bestehende Arbeitsteilungsmuster aufrechtzuerhalten, weil sie ohne Technisierung unter größerem „Veränderungsdruck" gestanden hätten.

Ein neu mit den Haushalten verknüpftes Problemfeld ist mit der *Umwelt-* und *Abfallpolitik* gegeben. So besteht ein Innovationsdruck auf die Berücksichtigung ökologischer Überlegungen in der Entwicklung haushaltstechnischer Geräte, der in den letzten Jahren zu einer relativ erfolgreichen Einsparung beim Energieverbrauch geführt hat. Mehr und mehr wird darüber hinaus in Rechnung zu stellen sein, daß die Produktions- und Verbrauchsgüter im Haushalt nicht nur Güter, sondern zu gegebener Zeit auch „Abfall" darstellen, der entsorgt werden muß. Die diesbezügliche Diskussion bewegt sich zwischen den Polen der Vermeidung, Wiederverwertung und Vernichtung von Haushaltsabfällen. Daß die Einbettung der privaten Haushalte in die Stoffkreisläufe von Natur und Gesellschaft indes auch in Zukunft zu den innovatorischen Bereichen der Haushaltsforschung gehören wird, steht außer Zweifel.

4. Der Stellenwert privater Haushalte in der modernen Gesellschaft

Der Haushalt ist eine Kategorie, dessen Bedeutung für die Vergesellschaftung der Individuen oft verkannt worden ist. Ob ein Individuum einem Singlehaushalt oder einer vollständigen Familie, einem Alleinerziehendenhaushalt oder einer nichtehelichen Lebensgemeinschaft angehört, mag für seine Lebensweise und sein Wohlbefinden ähnlich bedeutsam sein wie die Frage, welches Einkommen jemand bezieht oder welchen Bildungsstatus jemand besitzt. Das Grundbedürfnis nach sozialer Zugehörigkeit wird vor allem von Haushalten erfüllt, die den Kern des sozialen Netzwerks eines Individuums darstellen. Im Vergleich zu den anderen Instanzen der *Wohlfahrtsproduktion* kommt dem Haushalt eine besondere Rolle zu: Er filtert so gut wie alle Angebote, die von Markt und Staat bereitgestellt werden, bevor sie von den Individuen in Anspruch genommen werden.

Für die Entwicklungstendenzen im Hinblick auf die zukünftige gesellschaftliche Bedeutung der Haushaltsproduktion gibt es drei fundamental verschiedene Perspektiven der Entleerung, der Pufferfunktion und der Renaissance der Haushaltsproduktion.

In einer Zeit widersprüchlicher Entwicklungstendenzen läßt sich die zukünftige Entwicklung nicht allzu überzeugend vorhersagen. Wenig spricht für eine fortschreitende Entleerung der Haushalte, und als Komplement zum Erwerbssystem wird die Rolle der Haushalte zu eng gesehen. Die Tendenz einer Anreicherung der Haushalte mit neuen Aufgaben ist freilich zu sehr partiell und zögerlich zu beobachten, um ihr eine nachhaltige Wirkung zuzuschreiben.

Die *Rationalisierung* der Hausarbeit durch die umfassende Technikausstattung der Haushalte bietet Anreize zur Umorganisation; aber die Grenzen der Rationalisierung liegen indes in der im Haushalt geleisteten emotionalen (Beziehungs-)Arbeit. Wie sich der Haushalt verändert, hängt zwar auch von seiner Technikausstattung ab, aber noch mehr von den Verhaltensspielräumen, die die Menschen haben. Und die These, daß auf jede rationale Technisierung eine ausgleichende emotionale Gegenreaktion erfolgt – vom High Tech zum High Touch (vgl. Zapf u.a. 1987) – ist eine plausible Beobachtung.

Literatur

Dörr, G.: Der technisierte Rückzug ins Private. Zum Wandel der Hausarbeit, Frankfurt a.M./New York 1996

Galler, H.P./N. Ott: Empirische Haushaltsforschung. Erhebungskonzepte und Analyseansätze angesichts neuer Lebensformen, Frankfurt a.M./New York 1993

Glatzer, W./R. Berger-Schmitt (Hg.): Haushaltsproduktion und Netzwerkhilfe, Frankfurt a.M./New York 1986

Glatzer, W./G. Dörr/W. Hübinger/K. Prinz/M. Bös/U. Neumann: Haushaltstechnisierung und gesellschaftliche Arbeitsteilung, Frankfurt a.M./New York 1991

Gräbe, S. (Hg.): Der private Haushalt im wissenschaftlichen Diskurs, Frankfurt a.M./New York 1993

Hampel, J./H. Mollenkopf/U. Weber/W. Zapf: Alltagsmaschinen: die Folgen der Technik in Alltag und Familie, Berlin 1991

Lüscher, K./F. Schultheiß (Hg.): Generationenbeziehungen in „postmodernen" Gesellschaften, Konstanz 1993

Meyer, S./E. Schulze (Hg.): Technisiertes Familienleben – Blick zurück und nach vorn, Berlin 1993

Nauck, B./C. Onnen-Isemann (Hg.): Familie im Brennpunkt von Wissenschaft und Forschung, Neuwied 1995

Peukert, R: Familienformen im sozialen Wandel, Opladen 1991

Richarz, I. (Hg.): Haushalten in Geschichte und Gegenwart, Göttingen 1994

Sackmann, R./A. Weymann: Die Technisierung des Alltags – Generationen und technische Innovationen, Frankfurt a.M./New York 1994

Spiegel, E.: Neue Haushaltstypen. Entstehungsbedingungen, Lebenssituation, Wohn- und Standortverhältnisse, Frankfurt a.M./New York 1986

Statistisches Bundesamt (Hg.): Datenreport 1997. Zahlen und Fakten über die Bundesrepublik Deutschland, Bonn 1997

Statistisches Bundesamt (Hg.): Die Zeitverwendung der Bevölkerung. Methode und erste Ergebnisse der Zeitbudgeterhebung 1991/92, Wiesbaden/Mainz 1995

Wagner, E.: Technik für Frauen – Arbeitszusammenhang, Alltagserfahrungen und Perspektiven der Hausfrauen im Umgang mit technischen Artefakten, München/Wien 1991

Warnecke, P: Der monetäre Wert der Hausarbeit aus Haushaltssicht, in: Hauswirtschaft und Wissenschaft 4/1995, S. 147-154

Vaskovics, L. A./M. Garhammer/N.F. Schneider/O.K. Job: Familien und Haushaltsstrukturen in der ehemaligen DDR und in der Bundesrepublik Deutschland von 1980 bis 1989. Sonderheft 24, Materialien zur Bevölkerungswissenschaft, 1994

Zapf, W./S. Breuer/J. Hampel: Technikfolgen für Haushaltsorganisation und Familienbeziehungen, in: Lutz, B. (Hg.): Technik und sozialer Wandel. Verhandlungen des 23. Deutschen Soziologentags in Hamburg, Frankfurt a.M./New York 1987

Wolfgang Glatzer

Industrie[1]

1. Definition und Abgrenzung

(a) Der Begriff Industrie wird in modernen Gesellschaften wie der Bundesrepublik Deutschland in der allgemeinen gesellschaftlichen (Selbst-)Verständigungsdebatte in unterschiedlichen thematischen Bezügen aufgegriffen. Industrie als hochgradig arbeitsteilige, fabrikmäßig organisierte, maschinengestützte Herstellung von Sachgütern in großen Serien – hiermit ist allenfalls eine technische Kerndefinition von „industrieller Fertigung" als einer Organisationsform von Produktion angezeigt. Ökonomisch ist Industrie Ausschnitt wirtschaftlichen Geschehens, identifiziert vor allem mit stoffver- und -bearbeitender Produktion. In der Sektorentheorie ist Industrie dem sog. *sekundären Sektor* zugewiesen (Jean Fourastié, 1954). In den Wortbildungen Industrialismus, *Industrialisierung* und *Industriegesellschaft* wird das Stichwort Industrie aufgegriffen und gesteigert: Industrialismus verweist auf einen Komplex vielgestaltiger Lebensformen in den entwickelten Gesellschaften, wirtschaftliches Handeln, Alltagskommunikation und auch kulturelle Wahrnehmung einschließend. Industrialisierung bezieht sich vor allem auf die zunehmende Ausweitung und Intensivierung industrieller Produktion sowohl auf Gesellschaftsebene wie im Weltmaßstab. Mit Industriegesellschaft schließlich ist auf einen Strukturtyp von Gesellschaft, auf eine Gesellschaftsformation verwiesen. Mit angezeigt ist das „humane" Projekt der erweiterten Beherrschung von Natur und „man made-Umwelt", dessen spezifische Umsetzung auf hohem technischen und organisatorischen Niveau seit rund zwei Jahrhunderten geschichtsmächtig ist.

(b) Präsent ist *Industriegesellschaft* zunächst als materiales Ensemble von Produktionsstätten, Produktion und *Infrastruktur*: Industrie zeigt sich in den „Fabriklandschaften" des Ruhrgebietes, der Pittsburgh-Area oder in Lothringen, Industrie zeigt sich als technisches Produkt, vor allem als Massengüter, seien es nun Uniformen, Schreibmaschinen, Automobile oder Lego-Steine (Stichwort: spezifisch industrielle „Form" von Sachgütern und Dienstleistungen, „industrielles Design" – vgl. hierzu Siegfried Giedion 1982/1948), und Industrie zeigt sich in Form von shopping-malls und Groß-Kliniken, aber auch in der Siedlungsstruktur ganzer Regionen und im Verkehrswegenetz. Soweit ist Industrie insbesondere auch als Technik, als technische Konfiguration und als technische Aggregate – und im erweiterten Sinne als „technische" Lebensweltbasis – identifiziert. Zu beobachten ist Industrie darüber hinaus auf der Ebene sozialstruktureller Fakten – insbesondere bezüglich Beschäftigtenstruktur und Berufsgliederung (Stichworte: industrielle Fachberufe, Industrie-Manager) sowie mit Blick auf Arbeitsmarktprozesse (Stichworte: *Strukturwandel der Industrie, De-Industrialisierung*), aber auch bezüglich der relativen Chance von Teilhabe an gesellschaftlich verfügbaren Ressourcen materieller Art – Geldeinkommen, Zugang zu Dienstleistungen etc. – und hinsichtlich der Ausprägungen sozialer Wertschätzung – Handarbeit versus Kopfarbeit (Stichwort: Prestige von Industriearbeit, horizontale und vertikale Differenzierung von Industriearbeit in den Unternehmen). Die Klassen- und Ständegliederung sind in modernen Gesellschaften industriell gebildet (Stichworte: Industrieller Massenarbeiter, Differenz „blue collar" versus „white collar work" etc.) Auch ist Industrie „lebensweltlich" prägend auf der Ebene verallgemeinerter sozialer Verhaltensweisen, i.e. Industrialismus – etwa bezüglich normativer Zeitlichkeit und spezifischer Herrschaftsformen in industriellen Produktionsstätten sowie hinsichtlich spezifisch „industrieadäquater" Formen des Konsumverhaltens (vgl. Versandhäuser, Tele-Shopping) und stabilisierter Muster von Familien- und Freizeitbezug des Handelns großer Bevölke-

---

[1] Christian Sandig, Erlangen, danke ich für die Erstellung der im Text genutzten Graphiken

rungsgruppen, aber auch für die Durchsetzung von Konsumstandards und differenzierend-identifizierender kollektiver Orientierung (Herausbildung spezifischer Interessensorganisationen und zurechenbares politisches Wahlverhalten). Industrie ist „erkennbar" schließlich auch mit Blick auf Kultur – in der Geltung spezifischer symbolischer Formen, als Warenästhetik und als Reflexion in Literatur und bildender Kunst, in der Malerei (A. Warhol), Objektkunst (J. Beuys), in Popmusik, Poesie und Gesellschaftsroman (etwa H. Fallada, J. Dos Passos und A. Döblin).

Zusammenfassend: Industrie ist ein umfassender gesellschaftlicher Tatbestand.

Kaum ein systematischer Aspekt gesellschaftlicher Wirklichkeit, der über Industrie, Industrialismus, *Industrialisierung* nicht benennbar besonderen Ausdruck erführe: Menge und Form verfügbarer Güter und Leistungen, soziale *Differenzierung*, speziell *Arbeitsteilung*, die Konditionierung von regionaler und *sozialer Mobilität*, die Relationierung von Alter und gender, die inhaltliche Besetzung von Interessen und die Formation von Interessenskonstellationen auf Organisations- und Gesellschaftsebene, die Dynamik von Ziel- und Wertedebatten.

Industrie und Industrialismus ist denn auch Thema der Sozialwissenschaften (u.a. Industrieökonomik, Industriesoziologie, Arbeitspsychologie, Berufspädagogik – vgl. etwa die einschlägigen Überblicksartikel in Luczak/Volperts Handbuch Arbeitswissenschaft 1996 und Schmidt 1996) sowie Gegenstand von Kulturkritik (von Ludwig Klages über Alfred Weber bis Neil Postman) und zeitgemäßem „Philosophicum" (etwa Friedrich Jonas 1974) – dessen Diskurs selbst eine „industrielle Anthropologie" einschließt (vgl. Günter Anders 1956 u. 1980).

(c) Das Historische von Industrie ist unterhalb des allgemeinen Gedankens eines „Projektes der Menschengattung" eng verknüpft mit der besonderen Wirtschafts- und Gesellschaftsgeschichte Europas und Nordamerikas, vor allem mit jener Dynamik der Herausbildung von bürgerlicher Sozietät, modernem Kapitalismus und neuzeitlicher Technikentwicklung, die bezüglich der komplexen Entstehungs-, Konstitutions- und Folgen-Zusammenhänge von den Klassikern der Sozialwissenschaften vielfältig aufgezeichnet und engagiert-kontrovers erörtert wurden (Karl Marx, Gustav Schmoller, Ferdinand Tönnies, Max Weber u.a.). Die rasche Ausweitung (Expansion) von Industrie als Momentum von Wirtschaftsweise und Lebensweltgestaltung über den Globus hinweg (die Präsenz des industriell hergestellten Softdrinks und von Plastikspielzeug, von Fernsehen, Aspirin und Antibiotika bis in den „letzten Welten-Winkel") und die Verdichtung (Intensivierung) des industriellen Prozesses in den entwickelten Gesellschaften – die hierüber erzeugte Quasi-Naturwüchsigkeit von industrieller Entwicklung – hat immer wieder in der gesellschaftspolitischen Auseinandersetzung den relativen – d.h. relationierten – Status von Industrie und Industrialismus wirksam verdeckt, und hierüber „industrieller Ideologie" Vorschub geleistet. Industrie ist auch politischer Sachverhalt. Es hatte die Akzeptanz der Quasi-Naturwüchsigkeit von Industrie und hierüber die reale Chance spezifisch interessenbesetzter Ideendurchsetzung über viele Jahrzehnte hinweg – und das gilt sowohl für „*Kapitalismus*" wie für „*Sozialismus*" als Modellierungen (industrie)gesellschaftlicher Entwicklungsperspektiven – in den Erfahrungen rapide ansteigenden Massenwohlstandes und in immer wieder faszinierenden, die Ressourcenverfügung und -gestaltung vorantreibenden Erfolgen auch eine materiale – und auch im engeren moralischen Wortsinne humane – Grundlage (trotz Arbeitsleid und Leiden unter Arbeitslosigkeit, trotz neuem technisch-industriell bereitgestellten Kriegshorror und trotz lebensweltlich negativer Begleiterscheinungen wie Verkehrsverdichtung und Permanenz der Umweltgefährdung).

Ende dieses Jahrhunderts – Mitte der 90er Jahre – wird gerade in den früh-industrialisierten, hoch-industriellen, zuweilen als „postindustriell" bezeichneten Ländern der topos Industrie (und zwar deren erkennbare Interessensbindung, wie deren systematische Nichtbeherrschbarkeit, – Stichworte: „Harrisburg", „Tschernobyl" und „BSE") als ambivalent, prekär und politisch „unterbestimmt" wahrgenommen. Industrielle Entwicklung wird über meß- und kalkulierbare Folgen ökologischer De-Balancierung zunehmend als qualitativ neues Grenzproblem von Umwelt-Beherrschung „fixiert". Das „unvollendete Projekt der Moderne" (Johannes Berger) ist auch „unbeherrschte Industrie".

Über die Stichworte „Dritte industrielle Revolution" und „*Globalisierung*" sind der Verständigung in Sachen Industrie, Industrialismus und *Industrialisierung* in mehrfacher Weise veränderte, neue Bezüge vermittelt: Mit der raschen Ausweitung des Dienstleistungsbereiches und mit wachsender Bedeutung von „Wissens-Arbeit" vor dem Hintergrund neuer Technologien und der Forcierung neuer Wissenschaftszweige sowie mit Blick auf zunehmende internationale Ausweitung und Vernetzung ökonomischer Aktivität verliert Industrie, respektive industrielle Entwicklung im Zuge der Entgrenzung von Nationen, Branchen und Produktionsstufen (Stichworte: virtuelle Fabrik, mobiler Arbeitsplatz) zum einen die tradierte historisch-projektive Bedeutung als westeuropäisch-us-amerikanische Form der Gestaltung von (Um-)Welt, zum anderen die Bedeutung als „Modell". Es entwickeln sich Industrialisierungsprozesse und Industrialismen, d.h. *Industrialisierung* unterschiedlicher Typik – eingebettet in höchst diverse sozio-kulturelle Kontexte und global konkurrierend.

2. 150 Jahre industrielle Entwicklung in Deutschland – Deutschland als Industriegesellschaft

(a) Wie anderswo in Europa auch, finden sich Anfänge industrieller Produktionsformen – z.B. im Bereich der Textilherstellung – im deutschsprachigen Raum schon im 18. Jahrhundert. Vor dem Hintergrund politisch-geographischer und kultureller Differenzierung „deutscher Lande" setzt eine forcierte *Industrialisierung* hier gegenüber England und Frankreich verspätet ein; erst in der zweiten Hälfte des 19. Jahrhunderts – und mit besonderer Vehemenz nach der Reichsgründung 1870 – prägt die sog. industrielle Revolution als massive ökonomisch interessierte Umsetzung neuer technischer Möglichkeiten der Produktionsgestaltung, der Produktionsweise und der Produktentwicklung zunehmend Wirtschaft und Gesellschaft in Deutschland.

„Spät, schnell und gründlich" (Ralf Dahrendorf 1965) entwickelt sich Deutschland bis zum Ersten Weltkrieg im historischen Kontext des Imperialismus und der Konkurrenz der Großmächte (Stichworte: Kolonialpolitik, Flottenausbau, Teilhabe am weltweiten Finanzkapitalmarkt) zu einer der führenden Industrienationen in der Welt. Mit Blick auf die Rangordnung der europäischen Großmächte vermag Deutschland sein „Defizit" als Kolonialmacht England und insbesondere Frankreich gegenüber zu kompensieren durch den Auf- und Ausbau einer besonders starken Industriewirtschaft.

Innerhalb weniger Jahre verändern ganze Regionen ihr „Gesicht", es entstehen die bis Ende des 20. Jahrhunderts sichtbaren industriellen Fabriklandschaften des Ruhrgebietes, in Baden-Württemberg, Sachsen und im Rhein-Main-Gebiet – einige davon mit deutlich monoindustriellem Charakter.

Städte werden zu Zentren industrieller Produktion und verändern sich in Gliederung und „Bild" entsprechend, ebenso folgt der enorme Ausbau der Verkehrsinfrastruktur, des Eisenbahnnetzes und der Straßen, der Industrie-Dynamik. Es verändert die industrielle Dynamik freilich nicht nur Stadt-Ansichten, regionale *Infrastruktur* sowie die soziale Gliederung der Bevölkerung in hohem Maße (insbes. die Beschäftigtenstruktur). Innerhalb einer Generation wandelt sich für erhebliche Anteile der Bevölkerung Lebenswelt und Alltagskultur radikal: Die Tatsache nicht unerheblicher Steigerung der Konsumchancen und der Verbesserung hygienischer Umweltbedingungen für viele, die häufig aus ärmlichen ländlichen Regionen auf der Suche nach Lebens(unter)halt in Städte ziehen (auch angeheuert werden) sollte angesichts wirklichkeitsnaher neuer Elendsbilder aus den industriellen Arbeitervierteln (vgl. etwa Käthe Kollwitz) nicht ausgeklammert werden. Kulturell und lebensweltlich ist ohne den Einfluß des Industriellen schließlich auch jene Wahrnehmung von „Moderne" nicht denkbar, die in Kunst und Literatur (von Gerhard Hauptmann bis Stefan George), in der Entwicklung der Sozialwissenschaften (prominent etwa bei Georg Simmel und Ferdinand Tönnies) und in philosophischen Diskursen (bei Friedrich Nietzsche, Rudolf Steiner und Martin Buber etwa) des ausgehenden 19. und des beginnenden 20. Jahrhunderts in Deutschland bewegt wird.

In der Summe produzierten die industriell induzierten Wachstums- und Strukturwandelprozesse in Deutschland bis zum Ersten Weltkrieg spannungsreiche soziale Problemlagen (Stichworte: Vierter Stand, Soziale Frage, Sozialpolitik, Arbeiterkämpfe, Streiks, industrielle Armut), in deren Konsequenz sich jene institutionellen *Infrastrukturen* zum einen und jene gesellschaftlichen Konfliktlinien, Interessensverbände und Parteiungen zum anderen herausbildeten, die bis in die Gegenwart zum Begriff der *Industriegesellschaft* gehören. Auch Besonderheiten seiner Darstellung in Deutschland zeigen sich früh – etwa mit Blick auf die spezielle Bedeutung von staatlich-obrigkeitsverordneter *Sozialpolitik* (Stichwort: Bismarcksche Sozialgesetzgebung).

Die Herausbildung neuer Machteliten (Stichwort: Industriekapitäne, Finanzbarone), ein Rearrangement gesellschaftlicher Einflußchancen und Interessenskonstellationen – das Auftreten neuer fachlicher Eliten und interessensbezogener Funktionäre etc. – wie auch die zunehmende Bedeutung des Zusammenhangs von Technikentwicklung und Produktionsdynamik (Stichwort: industrielles Labor) – die Wechselwirkung zwischen Technikforschung und Wirtschaft (eindrucksvoll dokumentiert anläßlich der Weltausstellungen in der zweiten Hälfte des 19. Jahrhunderts!) – sind Merkmale eines Wandels der Gesellschaftsformation.

Der Erste Weltkrieg befestigte und erweiterte die industrielle Prägung des Gesellschaftlichen; hat der Kriegsverlauf doch nicht nur die Bedeutung industriell produzierter neuer Militärtechnik (Giftgas, Unterseeboote, Tanks etc.) historisch bewiesen, sondern auch die mitentscheidende Rolle einer industriellen Wirtschaftsbasis und die Chancen einer industriellen Organisation von Forschung und Entwicklung dokumentiert.

Metaphorisch: Kriege werden nicht mehr (nur) von Armeen, sondern (auch) von Industrien gewonnen oder verloren.

(b) Das Deutschland der zwanziger Jahre zeigte sich ungeachtet empfindlicher politisch-kultureller Reminiszenzen bezüglich der nicht bewältigten Niederlage im Ersten Weltkrieg und aggressiv nationalistisch-militärischer Mentalitätslagen in nicht unerheblichen Teilen eines „Versailles-frustrierten Bürgertums" in vieler Hinsicht als „moderne" industriegeprägte Gesellschaft westlich-liberalen Zuschnittes – mit sozialpolitisch flankierter kapitalistischer Wirtschaftsordnung, parlamentarischem System und pluraler Parteienlandschaft, geregelten Formen der Interessensauseinandersetzung (Stichwort: „Institutionalisierung des Klassenkonfliktes", Theodor Geiger). Vor dem Hintergrund noch beachtlicher landwirtschaftlicher Bestände und durchaus noch nicht landesweiter industrieller „Durchbildung" dokumentieren Wirtschaftsstruktur und Entwicklungsdynamik sowie Arbeitsmarktprozesse, Produktionsangebot und die Dynamik von – insbesondere städtischen – Alltags- und Kulturbetrieb Industrialismus, das Neue und Zukunftstabile einer industriell geprägten Lebenswelt (Stichworte: Wandel der Geschlechtlichkeit, Entfaltung von neuen Modi der Freizeitkultur, Mobilität, neue Freizügigkeit in Kunst und Alltag. Mit Rationalisierungsbewegung und Fordismus sind zunächst veränderte objektive Gegebenheiten von Produktionsorganisation und -arbeit und die hieran geknüpften „typischen" politischen und sozialen Sachverhalte notiert (Stichworte: industrielle Arbeitslosigkeit, Gewerkschaftsbewegung). Der „Erfolg" des Industrialismus weist jedoch darüber hinaus: Der Beginn der individuellen – automobilen – Massenmobilität beispielsweise und die Durchsetzung von neuen Medien wie Radio und Film, der Markt industriell hergestellter Bekleidung und andere Manifestationen des Industrialismus verändern Lebensgefühl und Zeitbewußtsein breiter Bevölkerungsschichten. Auch Industrie und Kultur zeigen sich in spannungsreiche Wechselbeziehung gesetzt – was nicht zuletzt Niederschlag findet in einer kulturkritischen und sozialphilosophisch bewegt-bewegenden literarischen Diskussion um „Amerikanisierung" und „Modernität" der allgemeinen Lebensführung, um Moral-Krise und Sitten-Verfall (z.B. in Umsetzung der literarischen Anstöße seitens Autoren wie Oswald Spengler und Ludwig Klages).

Die relative Bedeutung des industriellen Sektors in der Gesamtwirtschaft erreicht einen Höhepunkt (so beträgt der Anteil von Industrie und Bergbau am Bruttosozialprodukt 1920 rd. 55%!). Deutlich wird auch, daß zum einen *Industriegesellschaft* nicht mehr *Arbeiter-Gesellschaft* ist (und sein wird) – wie sich an der Relation von Arbeitern zu Angestellten zeigt: 1882 betrug diese noch 21 : 1, 1907 bereits zählte man 9 : 1 und 1925 schließlich 4 : 1! (Nach Fritz Croner 1969, in René König 1971) – und daß Arbeiterschaft in fortgeschrittenen Industriegesellschaften eine ökonomisch und kulturell – wie auch politisch – zunehmend differenzierte soziale Kategorie ist (was sich u.a. im Wahlverhalten ausdrückt).

Trotz der ökonomischen und politischen Folgelasten des verlorenen Ersten Weltkrieges ist Deutschland Ende der zwanziger Jahre – wiederum – als weltwirtschaftlich bedeutende Industrienation nach außen präsent, in einer Reihe mit Großbritannien, den USA und Frankreich – in einigen Branchen (Chemie) gar in führender Position.

Nach innen zeigt das Deutschland der Weimarer Republik das durchaus industriegesellschaftlich typische Bild bezüglich ökonomischer Machtkonzentration, Elitenbildung, sozialer Ungleichheit und lebensweltlichen Ressourcen sowie Konfliktkonstellationen. Hinzu gehören aber auch die für entwickelte *Industriegesellschaften* typischen infrastrukturellen Institutionen des Arbeitsrechts, eines Berufsausbildungswesens und der Einrichtungen sozialer Sicherheit. Wobei wohl als Spezifika der Gestaltung von moderner Industriegesellschaft in Deutschland schon in den 20er Jahren das differenzierte Berufsausbildungssystem (duales System) und relativ hohe Standards staatlich sanktionierter sozialpolitischer Stabilisierung gelten können (vgl. z.B. Ludwig Preller 1978/1949).

Mit den Folgen der Weltwirtschaftskrise und dem Zusammenbruch der inneren politisch-kulturellen Balance des Weimarer Systems vor dem Hintergrund der ideologischen Radikalisierung waren auch für die spezifisch industriegesellschaftlichen Entwicklungen im Nationalsozialismus dramatisch veränderte Rahmenbedingungen gegeben.

(c) Die Wirtschafts- und Gesellschaftsentwicklung Deutschlands während des „Dritten Reiches" ist – ungeachtet der Geltung völkisch-traditionalistischer und vorindustrieller „Ideallebensbilder" mitpflegender Ideologien des Nationalsozialismus – gekennzeichnet durch rapide *Industrialisierung* und eine forcierte industriell gestützte technische Modernisierung der Lebenswelt (Motorisierung, Entwicklung von Film- und Rundfunkwesen, Steigerung des technischen Wohnkomforts etc.).

Gewaltpolitisch befreit von den klassischen industriegesellschaftlichen Konflikten zwischen Kapital und Arbeit zeitigt die staatlich-autoritäre Industrialisierungspolitik ökonomisch und technisch zunächst beachtet-sichtbare Erfolge (Stichworte: Volkswagen, Volksempfänger, Autobahnausbau), die nicht zu trennen sind von einer bald außerordentlichen Bedeutung der militärischen Komponente und einer nach innen und außen aggressiven Politik (Stichworte: Disziplinierung der Bevölkerung, Ausschalten von oppositionellen Bewegungen, Militarisierung der Industrie, „Volk ohne Raum"). Deutschland zeigt sich in den 30er Jahren als politisch bewußt gestaltetes Projekt von *Industriegesellschaft* (von deutscher Industriegesellschaft als „überlegene" Alternative zum westlich-liberalen, vor allem angelsächsischen Gegenvorbild.)

Die gezielte Kriegsvorbereitung Ende der 30er Jahre und vor allem dann die Kriegsführung selbst, verstärken das „industrielle Element" in Deutschland nochmals. Nicht zuletzt sind die technologischen und technischen Innovations- und Inventions-Impulse groß – der „Krieg als Vater vieler Dinge" erweist sich vor allem auch als Promotor neuer Fertigungstechniken und neuer Produkte und Werkstoffe. Was der Erste Weltkrieg schon unmißverständlich angezeigt hatte, wird zwischen 1940 und 1945 weltweit offensichtlich: Der moderne Krieg ist ein „Messen" der quantitativen und qualitativen Industriepotentiale!

(d) Vor dem diesbezüglich „bild"-verzerrenden Hintergrund der Kriegszerstörungen und des politischen Zusammenbruches des nationalsozialistischen Regimes ist Deutschland nach 1945 mit Blick auf die Struktur der Arbeitsbevölkerung, und die verfügbaren wirtschaftlichen Ressourcen bezüglich Anlagen, Maschinen und Verkehrsinfrastruktur eine hochgradig industriell ausgestattete Gesellschaft (insbesondere auch im Vergleich mit den westeuropäischen Nachbarländern). In der Betrachtungsperspektive Industrie mündet denn auch der „Wiederaufbau" nach Kriegsende bald in weiterem Auf- und Ausbau Deutschlands als Industrieregion – und zwar gilt dies sowohl für den westlichen wie für den östlichen Teil Deutschlands (wenngleich im Westen ab Ende der 50er Jahre der Prozeß deutlich rascher verläuft). Schon um 1955 übertrifft die industrielle Produktion allein in Westdeutschland bereits die Werte Gesamtdeutschlands von 1936.

Ausbau der Industrie heißt auch Abgrenzung von Macht- und politischen Einflußchancen, Gewährung von Anerkennung und Stabilisierung von Formen sozialer Ausgrenzung: Die *Industriegesellschaft* rekonstruiert sich im Nachkriegsdeutschland sehr schnell auch als Macht- und Einflußgefüge von Wirtschafts-Eliten und wirtschaftsbezogenen Gruppen und Interessensorganisationen. Die nach 1945 (insbesondere mit dem sog. Korea-Boom ab 1951) erfolgende breite industrielle Entwicklung in der neuen Bundesrepublik findet im Kontext neuer binnengesellschaftlicher Vorgaben (Kapitalismus und Demokratie) und neuer welthistorischer Rahmenbedingungen statt: Der Ost-West-Gegensatz, die forcierte ökonomisch zügige Herausbildung internationaler Güter- und Finanzmärkte vermittelten speziell auch der deutschen Industriewirtschaft besondere Chancen. Die Bundesrepublik Deutschland – rohstoffarm und ausgezeichnet durch qualifizierte Arbeitskräfte und innovative Industrie- und Wissenschaftstradition – wurde rasch zu einem erstrangigen Exporteur industrieller Güter für den Weltmarkt. Beachtlich auch die weitere industrielle Prägung von Konsumsphäre und Produktgestaltung, der mit den 50er Jahren auch in Deutschland einsetzende verstärkte Industrialismus, die Ausgestaltung von Massenkonsum und Massenproduktion mit Geltung entsprechender Alltagsverhaltensformen und Fortschrittsideologien (siehe z.B. Erich Wiegand/Wolfgang Zapf 1982). Augenfällig ist vor allem die zügige Entwicklung von Automobilismus, die Ausweitung industrieller Arbeits- und Organisationsformen auf alle Branchen einschließlich der Landwirtschaft. Die „industrielle Durchdringung" der (west)deutschen Gesellschaft erreicht eine neue Qualität (vgl. hierzu Burkart Lutz 1984).

Der „Aufschwung" der Bundesrepublik Deutschland als westliche kapitalistische *Industriegesellschaft* wird im intellektuellen wie im öffentlichen politischen Disput und auch in Literatur und Kunst kritisch begleitet (s. etwa den Film „Wir Wunderkinder" und damalige Kritiken von Heinrich Böll bis Arno Schmidt).

Auch die *DDR* – das andere Deutschland – wird – sicher ebenfalls nicht ohne Wirkung des Ost-West-Konfliktes – forciert als Industriestandort (wieder)aufgebaut.

Das enorme Wachstum der weltweiten Produktionskapazitäten und des Handels erfolgte in der 40er und 50er Jahren zunächst vor allem gestützt auf die Expansion und die Intensivierung von Industrie in den westeuropäischen und nordamerikanischen Wirtschaftsregionen – und auf die von dort her initiierte Industrialisierung in Schwellenländern und in den Entwicklungsländern (vgl. Abb. 1).

Abbildung 1: Entstehung des BSP zwischen 1939 und 1953/54 in Preisen von 1936

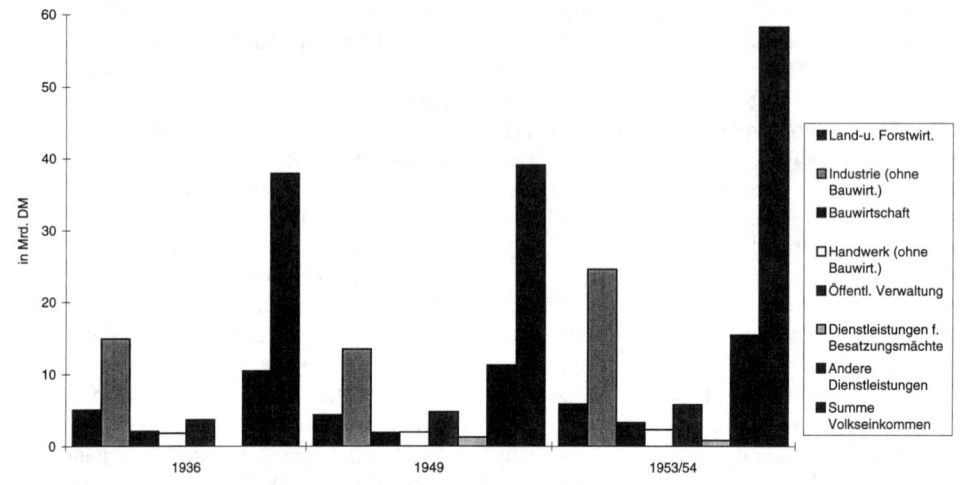

Legende:
- Land-u. Forstwirt.
- Industrie (ohne Bauwirt.)
- Bauwirtschaft
- Handwerk (ohne Bauwirt.)
- Öffentl. Verwaltung
- Dienstleistungen f. Besatzungsmächte
- Andere Dienstleistungen
- Summe Volkseinkommen

Quelle: Wallich, Henry C. (1955): Triebkräfte des deutschen Wiederaufstiegs. Frankfurt a.M. Seite 38.

Zuerst in den USA, seit den 70er und 80er Jahren aber auch immer sichtbarer in den westeuropäischen Industriestaaten, steigt dann die relative Bedeutung des sog. *tertiären Sektors* mit Blick auf die Produktion wirtschaftlicher Werte und mit Blick auf den Einsatz von Arbeitskraft – auch gegenüber dem klassischen Industriesektor bzw. dem sekundären Sektor (Stichwort: *Dienstleistungsgesellschaft.* Wichtig ist in diesem Zusammenhang auch die verstärkte Verflechtung der Weltwirtschaft, die Verlagerung lohnintensiver Produktionszweige in Niedriglohnländer). Dies weisen auch die ökonomischen Fakten für Deutschland aus – wobei allerdings festzuhalten ist, daß industrielle Produktion absolut gesehen in Deutschland wertmäßig weiterhin wächst und erhebliche Bedeutung als Exporteur behält. Hintergrund ist hier die im internationalen Vergleich hohe Produktivität wichtiger Industriebranchen, die Tradition von Qualitätsproduktion und erhebliche Innovationspotentiale deutscher Industriefertigung. (Grafik 2 vermittelt sowohl die rasch wachsende Bedeutung des sog. Tertiären Sektors, wie auch die anhaltende ökonomische und sozialstrukturelle Repräsentanz der Industriebranchen.)

Viele Prozesse der industriellen Entwicklung verlaufen in Deutschland in den 70er und den 80er Jahren ganz ähnlich wie in anderen europäischen Staaten: Konzentration, *Strukturwandel*, spezifische Branchenkrisen (z.B. Bergbau und Bekleidung) und die Umsetzung neuer qualitativ erweiterter Rationalisierungsstrategien (Stichworte sind: Krise des Taylorismus, neue Bewertung des Faktors Arbeitskraft, neue Produktionskonzepte, Durchsetzung neuer Formen von Gruppenarbeit, die Einrichtung neuer Arbeitszeitregularien – insgesamt Bemühungen in Betrieben um neue Balancierung der Steigerung ökonomischer Effizienz und der Stabilisierung sozialer Integration) vor dem Hintergrund sich wandelnder Ansprüche an Arbeitsqualität (Stichworte: qualitative Lohnpolitik, Subjektivierung der Arbeit, Partizipation – vgl. beispielhaft Horst Kern/Michael Schumann 1984) in den industriell entwickelten Regionen Europas und verschärfter Weltmarktkonkurrenz sowie zunehmend international orientierte Produktionspolitiken (Stichworte: *Internationalisierung* der Wirtschaftsaktivität, multinationale Konzerne als wirtschaftspolitische Akteure). In den 80er Jahren zeigen sich auch in Deutschland „empfindliche" Merkmale industrieökonomischer Strukturkrise – vor dem Hintergrund von Strukturwandel ohne flankierende Wirtschaftsexpansion. Die Arbeitslosenfrage wird in neuer Qualität als Dauerproblem erkennbar (vgl. Grafik 3) – sowohl hinsichtlich Größenordnung und zeitlicher Typik (Stichwort: Langzeitarbeitslosigkeit) wie auch hinsichtlich „qualitativer" Aspekte (Stichworte: Jugend- und „white collar"-Arbeitslosigkeit, besondere Betroffenheit weiblicher Arbeitskräfte).

Abbildung 2: Index der Industrieproduktion in einigen Ländern Europas (1980 = 100)

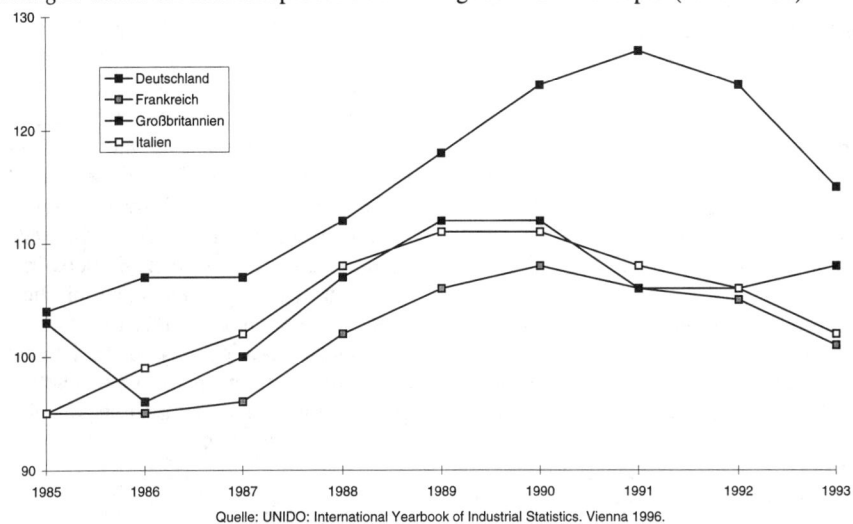

Quelle: UNIDO: International Yearbook of Industrial Statistics. Vienna 1996.

Es gibt aber nach wie vor auch Spezifika des Industriestandortes Deutschland: Gegenüber England und den USA insbesondere zeichnet sich die Bundesrepublik Deutschland durch ein hohes Maß an staatlich flankierter Interessens- und Konfliktregulierung aus; die Auseinandersetzungen zwischen Kapital und Arbeit sind deutlich eingebettet in Regelwerke, die den Staat als dritten Akteur einbinden, und die auf Kompromißbildung und Pazifizierung im Vorfeld offener Machtauseinandersetzung abzielen (vgl. zahlreiche relevante Beiträge in Günter Endruweit u.a. 1985). Von erheblicher auch differenzierender Bedeutung ist bis in die Gegenwart auch das deutsche System der Berufsausbildung mit der besonderen „Institution" Facharbeiter und die Bedeutung der Fachlichkeit im Beschäftigungssystem. Insgesamt kommen hier institutionelle und politisch-kulturelle Besonderheiten industriegesellschaftlicher Formation und Prozesse zur Geltung, die seit dem Ende des 19. Jahrhunderts für Industrie in Deutschland qualifizierend sind, und die man als sozialdemokratische Option bezeichnen könnte (vergleichbar in mancher Hinsicht mit Ländern wie Österreich und Schweden). Mit Blick auf Produktivitätsentwicklung, Streik-

statistiken, vergleichende Angaben zur Entwicklung des Berufsausbildungssystems u.a.m. wurden in der allgemeinen – auch internationalen – gesellschaftspolitischen Debatte diesem „Modell Deutschland" zuweilen durchaus Vorbild-Aspekte abgewonnen.

Die bis in die 60er Jahre hinein auch im West-Vergleich durchaus diskutablen Erfolge der Industrieentwicklung der *DDR* verblassen ab den 70er Jahren zunehmend – bis sich mit Beginn der 80er Jahre immer deutlichere Anzeichen auch eines spezifisch industriewirtschaftlichen Niederganges zeigen. Lag 1960 das reale, um die Kaufkraftunterschiede bereinigte Durchschnittseinkommen in der DDR um 30% hinter dem westdeutschen zurück, so betrug die Differenz 1970 schon mehr als 40% und zu Beginn der 80er Jahre um 55% (Rainer Geißler 1996).

Gebunden an COMECON und nationalen sozialistischen Rahmenpolitiken und weitgehend abgeschnitten von expandierenden nichtsozialistischen Weltmärkten mißlingt den industriellen Ökonomien des Ostens insgesamt – und der Wirtschaft der DDR speziell – die beabsichtigte planvoll-integrierte Wirtschafts- und Gesellschaftsentwicklung. Anteil hat hierbei gewiß auch die ökonomische Rückwirkung des militärischen Wettrüstens insbesondere in den 80er Jahren. Mitte der 80er Jahre ist der reale Sozialismus als historisches Projekt der Gestaltung einer sozialistischen *Industriegesellschaft*, nicht nur sozial und politisch, sondern auch ökonomisch gescheitert.

3. Gesellschaftspolitische Herausforderungen für den Industriestandort Deutschland in den 90er Jahren: Deutsche Einheit, Europa und Globalisierung

Die industriegesellschaftliche Situation und Perspektive Deutschlands in den 90er Jahren ist wesentlich durch drei Schlagworte umrissen: Deutsche *Wiedervereinigung*, *Europa* und *Globalisierung*.

(a) Erhebliche wirtschaftliche Probleme sind mit dem Beitritt der ehemaligen *DDR* – und der (*Wieder-*)*Vereinigung* Deutschlands – verbunden gewesen; die politisch bewußt gewollte rasche Einpassung der im Weltvergleich hochentwickelten, aber mit Blick auf die kapitalistischen Weltmarktbedingungen außerordentlich defizitären DDR-Industriepotentiale führt zu massiven Umstrukturierungen und beachtlichen Substanzeinbußen (Stichworte: Treuhandverwaltung, De-Industrialisierung). Hohe finanzielle Transferleistungen und erhebliche Infrastrukturausgaben in den neuen Bundesländern, die seit 1990 notwendig wurden, werden sich erst in längerer Zukunft in positiven ökonomischen Ressourcen für die (Industrie-)Gesellschaft Deutschland abbilden lassen. So ist denn Gesamtdeutschland nach 1990 bezüglich wichtiger ökonomischer Indikatoren im Weltvergleich ganz erheblich zurückgefallen.

Abbildung 3: Arbeitslosenquote in Deutschland

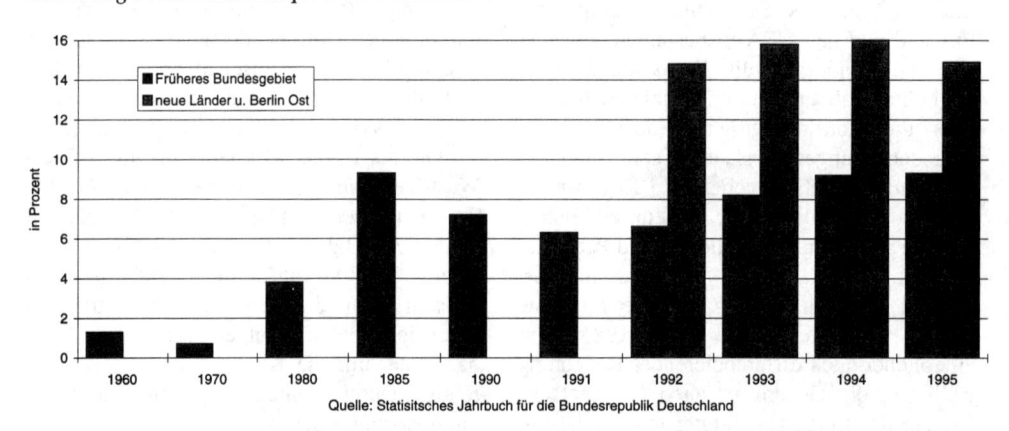

Quelle: Statistisches Jahrbuch für die Bundesrepublik Deutschland

Noch längst nicht „eingeholt" sind auch die erheblichen Herausforderungen an sozialpolitischen Ausgleich und kulturellen und sozialpsychologischen Probleme, die mit der Wiederherstellung des geeinten Deutschland verbunden sind. Die Industrieproblematik hat denn weit über den ökonomischen Aspekt hinaus im Prozeß der Transformation Ostdeutschlands Wirkung (vgl. hierzu die umfänglichen Studien im Rahmen der Kommission für die Erforschung des sozialen und politischen Wandels in den neuen Bundesländern – insbes. Band 1 „Arbeit, Arbeitsmarkt und Betriebe" hrsg. von Burkart Lutz u.a. 1996).

(b) In den 90er Jahren kündigt sich eine neue qualitative Forcierung einer Europäisierung von Industrieentwicklung und Industriepolitik an. Industrielle Produktionsentscheidungen und Arbeitsmarktgeschehen, normative Absicherung von Arbeitshandeln und beruflicher Entwicklung werden zunehmend nationalen Souveränitäten entzogen und zu Gegenständen europäischer politischer Institutionen und

Industrie

Entscheidungen. Die Diskussion ist im einzelnen – insbesondere auch mit Blick auf einzelne Branchen – kontrovers, aber insgesamt besteht kaum Zweifel daran, daß für die Industrieentwicklung in Deutschland mit der Europäisierung mehr Chancen denn Gefährdungen verknüpft sind; weite Bereiche der deutschen Industrie werden zu den „Europagewinnern" zählen. Europaweite Finanzpolitik, Rückbau arbeitspolitischer Errungenschaften bei europäischer Angleichung, erleichterte Kapitalbewegungen und möglicherweise auch „industrielle Arbeitsmigration" werden aber in den kommenden Jahrzehnten mit Sicherheit Industrie in/für Deutschland neu definieren.

Abbildung 4: Anteil der Beschäftigten nach Sektoren in der BRD

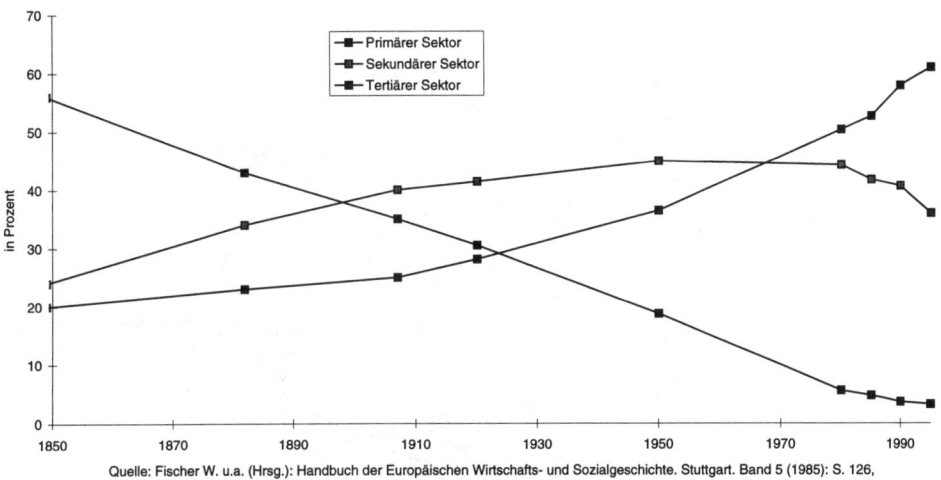

Quelle: Fischer W. u.a. (Hrsg.): Handbuch der Europäischen Wirtschafts- und Sozialgeschichte. Stuttgart. Band 5 (1985): S. 126, Band 6 (1987): S. 93. Statistisches Jahrbuch für die Bundesrepublik Deutschland 1996. Eigene Berechnungen.

(c) Bis Ende der 80er Jahre stellte die besondere ökonomische und politisch-kulturelle Konstellation von *Industriegesellschaft* in der Bundesrepublik Deutschland in der zuständigen fachwissenschaftlichen Diskussion aber auch in der allgemein politischen Debatte ein „Modell" dar, an dem Alternativen zu stärker individualistisch-liberalistischen Entwürfen von Industriegesellschaft zum einen, und stärker auf Massenmobilisierung und Kollektividentität ausgerichteten Industriegesellschaften zum anderen erkannt werden. Mit dem Aufstieg der ost- und südostasiatischen Wirtschaftsregionen – insbesondere der industriellen „Größen" Japans und Südkoreas – mit der abnehmenden Bedeutung nationaler Grenzen für die Produktions- und Finanzpolitik großer Unternehmen bei verschärfter Weltmarktkonkurrenz und mit der *Internationalisierung* vor allem auch von Forschung und Entwicklung, Produktdesign und Marketing, hat der Industriestandort Deutschland erheblich an „Besonderung" und an quasi-naturwüchsiger Stabilität eingebüßt: Deutsche Industrieunternehmen müssen komparative Vorteile außer Landes suchen und Deutschland – insbesondere auch ehemals hochattraktive Industrieregionen (etwa Baden-Württemberg) – bieten zunehmend vergleichsweise weniger Anreiz für Investitionen im Bereich industrieller Produktion und industrieller Produktentwicklung als noch vor zwanzig Jahren; hochqualifizierte Arbeitskräfte und politisch sichere Produktionsbedingungen gibt es nun vielfach auch anderswo und billiger. Der „Standort Deutschland" offenbart in der globalen Konkurrenz ernsthaft Schwächen.

Die gesellschaftspolitische Debatte organisiert sich thematisch an der Gegenüberstellung: „Modell Deutschland" versus „Standort Deutschland". Zunehmend bedeutsam werden für die einen vergleichsweise „teure" Rigiditäten von Arbeitskraftnutzung (Deutschland hält eine Spitzenposition in puncto Arbeitskosten), Produktionsstandortwahl und „Innovationsklima" (Stichworte: Auseinandersetzung um Gentechnologie, anhaltende Ökologiedebatte) im Lande. Demgegenüber werden Aufrechterhaltung hoher *Qualifikation* und Motivation der Beschäftigten und Stabilisierung wohlfahrtsstaatlicher Grundlagen als Voraussetzungen nachhaltig erfolgreicher gesellschaftlicher Entwicklung betont.

Es gründet die spezifisch deutsche krisenhafte Wirtschaftsentwicklung – insbesondere Industrieentwicklung – in den 90er Jahren fraglos auch auf über die letzten zwanzig Jahre hinweg „hausgewachsenen" Strukturproblemen (vgl. Grafik 5 und s. hierzu etwa die Aufsätze in Hans-Joachim Braczyk und Gerd Schienstock 1996).

Abbildung 5: Entwicklung der Sektorstruktur in Deutschland und Japan 1970-1986

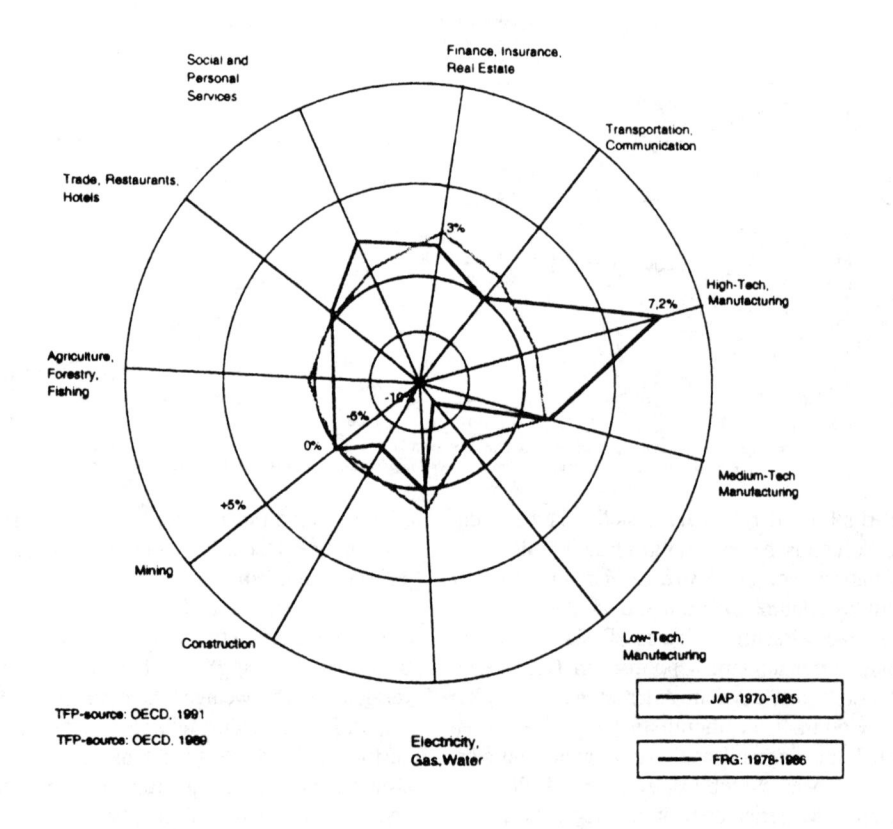

Quelle: Frieder Naschold in: Hans-Joachim Braczyk und Gerd Schienstock 1996

Auch die gegenwärtige „Krise" ist sicher Ausdruck eines Wandels von Ökonomie und Gesellschaft in Richtung auf nachindustrielle Formen. Nicht zuletzt müssen die aktuellen Probleme verstanden werden vor dem Hintergrund eines „Endes einer atlantikzentrierten Weltwirtschaftsdynamik": Unverkennbar ist – so die Analysen bedeutender Wirtschaftsforschungsinstitute – daß sich in den nächsten Jahrzehnten eine qualitativ veränderte Weltwirtschaftssituation herausbilden wird, in der die sog. frühindustrialisierten Länder Nordamerikas und Westeuropas mit Einbußen ihrer wirtschaftspolitischen Mächtigkeit werden rechnen müssen.

Das industrielle System Deutschland – Deutschland als Industriestandort – steht vor beachtlichen Herausforderungen. Ungeachtet der vielbeschriebenen (und in vielem richtig beschriebenen) Entwicklung hin zu post-industriellen Gesellschaftsformen: Deutschland wird Industrie längere Zeit noch als wichtige Ressource für die ökonomischen Chancen und für die soziale und politische Stabilität und somit als wirtschafts- und sozialpolitischer Problembereich erhalten bleiben, auch wenn das Beschäftigungsvolumen in der Industrie seit den 70er Jahren deutlich zurückging (allein von 1992 bis 1994 von rund 8 Millionen auf unter 7 Millionen!).

4. **Kritik des Industrialismus, post-nachindustrielle Gesellschaft, fortschreitende Industrialisierung weltweit – zur gegenwärtigen Debatte in Sachen „Industrie"**

(a) Die soziale Wirklichkeit von Industrie und die ökonomischen, politischen und kulturellen Begleiterscheinungen von *Industrialisierung* – die Ausbildung von Fabrikwesen, neue Produkte, industriell hergestellte Massengüter – die Dynamik der technischen Entwicklung von Produktionsweise und Produkten insgesamt – und industriell mitbedingten neuen Verhaltenschancen (Orientierungsmuster) haben seit Ende des 18. Jahrhunderts nicht nur fortschrittliche Gesellschaftsvisionen unterschiedlichen Zuschnittes (kapitalistischer und sozialistischer Zeichnung), sondern auch philantropische Sorge, theoretische Kritik, politische Opposition und lebensweltlich praktischen Widerstand provoziert.

Mit der Ressourcen-Debatte in den 70er Jahren (Club of Rome) und gestützt durch industriekulturkritische soziale Bewegungen in einigen Nationen der sog. Ersten Welt ist sowohl auf nationaler Ebene in Deutschland wie aber auch – bei aller Widersprüchlichkeit und Zögerlichkeit im Konsensbildungsvorgang – auf europäischer und internationaler Ebene – eine gesellschaftspolitisch qualitativ veränderte politisch-ökonomische Konzeption von Industrie im Sinne „ökologischer Industrialisierung" vorbereitet (internationale Standards für spezifische Abgaswerte, Dumping-Verordnungen, spezifische Giftmüllskandalisierung etc.). Industrie hat weltweit an naiver Akzeptanz eingebüßt (vgl. hierzu auch die Literatur zum Stichwort: Reflexive Modernisierung – z.B. Ulrich Beck, Anthony Giddens und Scott Lash 1996)

(b) Eine zweite „Überarbeitung" der allgemein gesellschaftlichen Notierung ad Industrie ergibt sich mit der Wahrnehmung spezifischer Konsequenzen der technisch-ökonomischen und sozialstrukturellen Entwicklungen in den hochentwickelten Gesellschaften Europas und Nordamerikas; spätestens seit den vielbeachteten Büchern von Alain Touraine und Daniel Bell mit den (damals) hochprovokativen Titeln *„Postindustrielle Gesellschaft"* und „Nachindustrielle Gesellschaft" ist der Topos „Industrie" als Status-Merkmal von „moderner Gesellschaft" relativiert: Die aktuellen neuen Bezeichnungen für zeitgenössisch-moderne Gesellschaften wie Technotronische Gesellschaft, Service Society, *Informationsgesellschaft* oder *Risikogesellschaft* etc. reflektierten Anstrengungen aus unterschiedlichen Perspektiven, Beobachtungen und Erfahrungen moderner Lebenswelt assoziativ neu-angemessener – und das heißt anders denn über den Verweis auf Industrie und Industrialismus – zu zentrieren (vgl. Lucian Kern, 1976).

Das folgende Schema von Daniel Bell illustriert den Assoziationsraum:

Abbildung 6

	vorindustriell	industriell	nachindustriell
Umwandlungs-prozeß	natürliche Kraft (Wind, Wasser, Muskelkraft)	erzeugte Energie	Information
umwandelnde Kraft	Handwerkliches Können	Kapitel	theoretisches Wissen
Umwandlungsmodus	Gewinnung von Naturproduktion	Fabrikation	Verarbeitung Recycling

Quelle: Daniel Bell 1976/73

(c) Mag denn die Bezeichnung *Industriegesellschaft* für eine zunehmende Anzahl entwickelter Länder „schwächer" werden, so kann dies nicht bedeuten, daß Industrie und *Industrialisierung* als Themen gesellschaftspolitischer Auseinandersetzung und sozialwissenschaftlicher Beobachtung „verloren" gehen. In vier Sachbezügen ist und bleibt Industrie präsent:

1. Industrielle Organisationsformen werden im Bereich der Sachgüter- und Dienstleistungsproduktion in den frühindustrialisierten Ländern politisch, sozial und kulturell relevante Wirklichkeiten bleiben. Auch in *post-industriellen Gesellschaften* bleibt Industrie in Konsum und Alltag präsent.
2. Prozesse der *Industrialisierung* werden künftig über zwischengesellschaftliche Konfigurationen wirtschaftlichen Handelns entscheidend mitgestaltet. Industriepolitik ist künftig weniger ein Gegenstand von nationaler Politik, denn von multinational und international agierenden Konzernen und von Regionen.
3. In weiten Gebieten der Welt sind *Industrialisierung* und Industrialismus einschließlich der zu erwartenden sozialen, ökologischen und kulturellen Nebenfolgen noch gesellschaftliche Zukunft!
4. Vor dem Hintergrund höchst unterschiedlicher historisch-kultureller Einbettungen von weiteren und weiterführenden Prozessen ad Industrie ist zu erwarten, daß sich neue, andersartige Gestaltungen von Industrialismus entwickeln werden. Die historische Dominanz des westeuropäisch-nordamerikanischen Vorbildes von Industrie und Industrialismus ist endzeitlich.

Gezielt mit Blick auf Deutschland läßt sich bezüglich des Stichwortes Industrie denn sagen:

1. Deutschland ist auf dem Wege zu einer *post-industriellen Gesellschaft* – gewichtige Bereiche von Industrie und vor allem auch von Industrialismus als Gestaltung von Lebenswelten werden dennoch ökonomisch und arbeitspolitisch relevant bleiben.
2. Deutsche Industrieunternehmen werden bei der künftigen *Industrialisierung* im Weltmaßstab – u.a. als „global player" – eine nicht unbedeutende Rolle spielen; es wird denn auch in einem post-industriellen Deutschland wichtige Akteure (neben Industrieunternehmen auch Banken und staatliche Instanzen) weiterführender Industrialisierung im globalen Weltmaßstab geben.

Literatur

Anders, Günther: Die Antiquiertheit des Menschen, Bd. 1/Bd. 2, München 1956 u. 1980
Beck, Ulrich u.a.: Reflexive Modernisierung – eine Kontroverse, Frankfurt a.M. 1996
Bell, Daniel: Die nachindustrielle Gesellschaft, Frankfurt a.M./New York 1976
Braczyk, Hans-Joachim/Gerd Schienstock (Hg.): Kurswechsel in der Industrie, Stuttgart 1996
Dahrendorf Ralf: Gesellschaft und Demokratie in Deutschland, München 1965
Endruweit, Günter u.a.: Handbuch der Arbeitsbeziehungen, Berlin/New York 1985
Fourastié, Jean: Die große Hoffnung des 20. Jahrhunderts (1949), Köln 1954
Geißler, Rainer: Die Sozialstruktur Deutschlands, Opladen 1996
Giedion, Siegfried: Die Herrschaft der Mechanisierung (1948), Frankfurt a.M. 1982
Jonas, Friedrich: Sozialphilosophie der industriellen Arbeitswelt, Stuttgart 1974
Kern, Horst/Michael Schumann: Das Ende der Arbeitsteilung? München 1984
Kern, Lucian: Probleme der postindustriellen Gesellschaft, Köln 1976
König, René: Studien zur Soziologie, Frankfurt a.M. 1971
Luczak, Holger/Walter Volpert (Hg.): Handbuch Arbeitswissenschaft, Stuttgart 1997
Lutz, Burkart: Das Ende des Traumes von der immerwährenden Prosperität, Frankfurt a.M. 1984
Lutz, Burkart u.a. (Hg.): Arbeit, Arbeitsmarkt und Betriebe, Opladen 1996 (KSPW-Berichte 1.)
Preller, Ludwig: Sozialpolitik in der Weimarer Republik (1949), Kronberg 1978
Schmidt, Gert: Industriesoziologie in Deutschland am Ende des 20. Jahrhunderts, in: Flecker, J./ J. Hofbauer (Hg.): Vernetzung und Vereinnahmung. Österreichische Zeitschrift für Soziologie, Sonderband 3, Opladen 1996
Touraine, Alain: Die postindustrielle Gesellschaft, Frankfurt a.M.. 1972
Wiegand, Erich/Wolfgang Zapf: Wandel der Lebensbedingungen in Deutschland, Frankfurt a.M. 1982

Gert Schmidt

Informationsgesellschaft

1. Begriff, Hauptmerkmale, Zielsetzungen

Nach vorherrschender Meinung verkörpert die mit großen Erwartungen verbundene „Zukunftsvision Informationsgesellschaft" nicht nur ein kurzfristiges Übergangsstadium der höchstentwickelten Industriegesellschaften, sondern eine neue Stufe der gesellschaftlichen Entwicklung, in der Informationen im Zuge der „(mikro-)elektronischen Revolution" durch die modernen *Informations- und Kommunikationstechnologien (IuK)* einen neuen Stellenwert bekommen. Neben Materie und Energie ist damit Information der anerkannte dritte Grundstoff, mit dessen steigender Bedeutung als „universeller Ressource" sich neben Philosophie, Physik, Informatik, Nachrichtentechnik immer mehr auch die Biologie, Informationsökonomie, Kommunikationswissenschaften, Gesellschaftstheorie und Ordnungspolitik befassen.

Statt der zunächst prognostizierten „nachindustriellen *Wissensgesellschaft*" (vgl. Bell 1975, Stehr 1994) mit postmaterialistischer Wertorientierung oder einer ganz auf Hochtechnologie setzenden „Wissenschaftsgesellschaft" (vgl. Kreibich 1986) ist im Übergang zum nächsten Jahrtausend eine superindustrielle *Informationsgesellschaft* im Entstehen, deren Auswirkungen über den wissenschaftlich-technischen Bereich weit hinausgehen. Kennzeichnend dafür sind u.a. Wachstumsprozesse des Wissens, Einführung der Neuen Medien, Aufbau einer starken Informationswirtschaft, Übergewicht der Informationsberufe, Entfaltung globaler Netzwerke für grenzüberschreitende Information und Kommunikation. Die empirisch feststellbaren quantitativen Verschiebungen im Wissenshaushalt (der Informationsraten, -dichten, -zusammensetzungen) und Gesellschaftsgefüge (Sektoreneinteilung, Berufsbilanz, Sozialstruktur) werden als Ursachen oder zumindest Indikatoren für qualitative Verbesserungen um neue Größenordnungen („Quantensprünge") betrachtet: Entkopplung des Wirtschaftswachstums vom Rohstoff- und Energieverbrauch (vgl. Binswanger 1992); Anhebung des allgemeinen Wissensniveaus; wissensbasierte gesellschaftliche Problemlösungsprozesse; umweltschonende Fertigungsverfahren; „intelligente" Produkte usw.

An die Stelle des wohlfahrtsstaatlichen Ideals „Wohlstand für alle" tritt die Vision des „Wissens für alle", d.h. für alle Endnutzer mit Direktanschluß zu nutzerfreundlichen, kostengünstigen, möglichst interaktiven und multimedialen *IuK-Technologien*. Das soll ein Entwicklungsschritt zur informierten Gesellschaft mit offenen (deregulierten, „flachen") Informationsstrukturen und größtmöglichen Wissensfreiheiten werden. Darauf richtet sich gegenwärtig das Hauptinteresse von Politik, Öffentlichkeit, Wissenschaft und Wirtschaft in der Hoffnung auf innovative Lösungen der drängendsten Probleme, deren bisherige Lösungen nicht einfach fortgeschrieben werden können.

Unbestritten an den noch sehr heterogenen Vorstellungen ist lediglich die führende Rolle der IuK-Innovationen als Motor der Veränderungen und als technische Grundlage der Informationsgesellschaft, vielleicht sogar als Träger einer neuen „langen Welle" der wirtschaftlichen Entwicklung (d.h. als fünfter Kondratieff, nach Nefiodow 1990). Der auf alle Bereiche der Gesellschaft ausgedehnte Informatisierungsprozeß (durch Technisierung des Wissens, Kommerzialisierung von Information und Kommunikation, Globalisierung der Märkte etc.) wird nicht nur mit wissenschaftlicher Kritik konfrontiert, sondern stößt auch auf politische Steuerungs- oder wenigstens Gestaltungsmaßnahmen (der Innovations- und Ordnungspolitik, der Informationsgesetzgebung auf verfassungs-, zivil- und strafrechtlicher Ebene) und gesellschaftliche Gegenbewegungen (Datenschutzmaßnahmen gegen die „Kontrollrevolution" der Informationstechnologie; Bürgerinitiativen und „grüne" Parteiungen gegen die Nuklear- und Biotechnologie etc.).

2. Entstehung und Aufbau der Informationsgesellschaft

Die Entwicklung zur Informationsgesellschaft erfolgt mehrgleisig, auf technischen und nichttechnischen Bahnen, die infolge ihrer unterschiedlichen Ausgangspositionen und Geschwindigkeiten noch nicht in Phase verlaufen. Nachdem seit der wissenschaftlichen Revolution im 17. Jahrhundert die Naturwissenschaften die Führung übernommen hatten, ist sie heute weitgehend auf die Ingenieur- und Informationswissenschaften übergegangen, unter Verlagerung des Schwerpunkts auf den zumindest teilweise außerwissenschaftlichen IuK-Bereich der Gesellschaft in Wirtschaft, Verwaltung und Großmedien.

2.1 Wachstumsprozesse des Wissens als historische Auslöser

Was in der gesellschaftlichen Entwicklung der neueren Zeit lange vor den IuK-Innovationen den wissenschaftlich-technischen Fortschritt in Führung brachte, waren zunächst drei Wachstumsschübe des Wissens, mit bis heute fortdauernden Wirkungen.

Erstens das exponentielle Wissenswachstum im wissenschaftlich-technischen Bereich:
Dieses seit der wissenschaftlichen Revolution andauernde Wachstum des höchstqualifizierten Wissens (High Quality-Information) hat Wissenschaft und Technologie in der modernen Industriegesellschaft zur wichtigsten („ersten") Produktivkraft gemacht. Damit setzt die Verwissenschaftlichung der Gesellschaft im heutigen Umfang ein, mit Großforschung und Hochtechnologie (vgl. Price 1975).

Zweitens die zeitlich nachfolgende, größenmäßig überholende *Informationsexplosion* im nichtwissenschaftlichen Bereich:
Der jahrhundertelange Vorlauf der wissenschaftlichen Erkenntnis wird durch die jüngste, überwiegend außerwissenschaftliche Informationsexplosion in der Industrie und Verwaltung, in den alten und neuen Medien auf „niedere" Wissensarten (Low Quality-Information) anderer Funktion, Zusammensetzung und Verteilung ausgedehnt. Dadurch verschiebt sich der Wissensschwerpunkt der Informationsgesellschaft vom abstrakten Theorienwissen auf aggregiertes Datenwissen einfachster Art und Anordnung, in großen Mengen angehäuft zu Informationsbergen. Sie sind gebildet aus den Massendaten der Sozialforschung und Verwaltung, den Unterhaltungs- und Werbungsinformationen der Massenmedien, den Informationsbeständen der Sicherheits- und Wissensdienste u.a.

Drittens die nach innen gewendete *Informationsimplosion* und Informationsregulation in allen Bereichen:
Während die Wissenschaft mindestens zwei Jahrhunderte exponentiell wachsen mußte, bevor es zu einer nennenswerten Verwissenschaftlichung der Gesellschaft kam, hat die *Informationsexplosion* ohne zeitliche Verzögerung oder inhaltliche Reibungsverluste im praktischen Rationalisierungsprozeß zur Informationsimplosion und -regulation geführt, d.h. zu einem unmittelbaren Hineinwachsen in die Sachen und direkten Einwirken auf den Gang der Dinge. Über diese Involvierung von Information in nahezu alle menschlichen Tätigkeiten sowie die Regulierung der gesellschaftlichen Entwicklung durch Information geben Informationsraten zur „Wissenshaltigkeit" der Produkte und Prozesse Auskunft, etwa zum Verhältnis von Information zur Masse, Energie, Zeit (vgl. Deutsch 1983).

Eine unmittelbare Folge der genannten Wachstums-, Verbreitungs- und Verschmelzungsprozesse ist die Akzeleration der wissensgetragenen, technikgestützten und marktgetriebenen gesellschaftlichen Entwicklung. Ausgelöst wird dadurch eine allgemeine Beschleunigung der Veränderungsprozesse aufgrund ihrer zunehmenden Informationshaltigkeit und -abhängigkeit. Denn mit den modernen Wissenstechniken stehen nicht nur gegenüber Schrift und Druck wesentlich kapazitätserweiterte Speichermedien zur Verfügung, sondern erstmals in der Geschichte der Menschheit eine Kulturtechnik der äußerst leichten, praktisch unbeschränkten Wissensverarbeitung (wie allgemein bekannt) und Wissensveränderung (wie zumeist übersehen).

Getragen von den Massenmedien des Informationszeitalters sowie gefördert durch die politische Programmatik des Freien Informationsflusses („Free Flow of Information" im Sinne der UNESCO) gemäß der in den EU-Verträgen nicht ausdrücklich genannten fünften Verkehrsfreiheit für Information und Kommunikation (neben den vier vertraglich geregelten Verkehrsfreiheiten für Personen, Güter, Dienstleistungen und Kapital) erfolgt die nationale und weltweite Vernetzung der Informations- und Kommunikationsströme vor allem auf dem Nachrichtenmarkt sowie für Unterhaltungs- und Wirtschaftsinformationen.

2.2 Technische Innovationen als treibende Kräfte

Die gegenwärtige Phase fundamentaler gesellschaftlicher Veränderungen wird durch technische Innovationen ausgelöst, getragen und zugleich funktional begrenzt. Das gilt für die elektronische Datenverarbeitung ebenso wie für die medialen Kommunikationsformen und die globalen Informationsnetze. Sie alle sind im Ursprung technikgeboren, im Betrieb technikgebunden, in der Wirkung technikübergreifend.

Unter den geläufigen Bezeichnungen des gegenwärtigen Zeitalters – schwankend zwischen Super- und Postindustrialismus – scheint die technische Signatur der *„Elektronischen Revolution"* am treffendsten zu sein, weil sie auf die drei herausragenden Innovationen auf dem Feld der Wissenstechniken verweist:

Erstens die „rechnende" *elektronische Datenverarbeitung* durch die Computertechnik, anstelle der deutend (miß-)verstehenden Wissensverarbeitung durch natürliche Intelligenz.

Zweitens die elektronische Signalübertragung durch die Nachrichtentechnik, mit gesellschaftlicher Breitenwirkung übernommen von den (massenhaften, aber nicht massenmedialen) Individualmedien der Telekommunikation sowie den Massenmedien Hörfunk und Fernsehen, mit Erweiterungstendenz zum Experimentierstadium der Multimedia.

Drittens im Zusammenfluß beider Entwicklungslinien die elektronische Vernetzung zu integrierten Träger- und Transportsystemen für globale, zunehmend auch mobile Information und Kommunikation.

Diese drei Innovationen, denen man noch die Automatisierungstechnik hinzufügen könnte, markieren die technischen Durchbrüche zum Informationszeitalter, deren Wege im weiteren Verlauf zu den neuen Wissenslagen, Wissensordnungen und Organisationsformen für technikgestützte, vernetzte Information und Kommunikation führen.

Zu den Technikfolgen im weiteren Sinne, die für den Aufbau und Ablauf der Informationsgesellschaft von größter Bedeutung sind, zählen:

Die zunehmende *Informatisierung* des menschliche Wissens im Sinne einer Technisierung nicht nur durch Wissen, sondern des Wissens selber.

Daraus ergibt sich nicht nur, wie bisher schon, eine stärkere Technisierung irgendwelcher nichttechnischer Tatbestände durch technisches Wissen und Können (zum Beispiel der zwischenmenschlichen Kommunikation durch das Telefon), sondern eine weit radikalere Durchtechnisierung des Wissens. Das ist der Schritt von der Technisierung zur Informatisierung.

In unterschiedlichem, aber insgesamt steigendem Ausmaß durchtechnisiert wird das menschliche Wissen in der ganzen Bandbreite der funktional ausdifferenzierten Wissensaktivitäten, von der vergleichsweise nur wenig technikunterstützbaren kreativen Wissenserzeugung bis zu der volltechnisierten computertechnischen Wissensverarbeitung und nachrichtentechnischen Wissensverstromung (in globalen Informationsnetzen).

Dazwischen stehen mit unterschiedlichem Technisierungspotential u.a. die soziale Wissensverbreitung (durch Massenmedien und Informationsdienste), die Wissensverwahrung (in Bibliotheken und Archiven), die Wissensverwaltung (durch Behörden und Organisationen), die Wissensverwertung (in der Wirtschaft) sowie die Wissensnutzung (durch private Endnutzer).

Für das Informationszeitalter entsteht damit, neben dem alten Problem der ökonomischen Arbeitsteilung, das neue Problem der funktionellen, institutionellen und professionellen Wissensarbeitsteilung (systematisch beschrieben in Spinner 1998).

Die breite Wissensbasierung der Technik im wissenschaftlichen und gesellschaftlichen Bereich führt dazu, daß – im Gegensatz zu den alten Handwerks- und Werkzeugtechniken – die neueren Hochtechniken eine unumkehrbare, unlösbare Symbiose mit der fortgeschrittensten Wissenschaft eingehen. Moderne Technik ist die realisierte Wissenschaft technischer Artefakte. Dasselbe gilt in weitem Ausmaß auch für die industrielle Produktion. Beide hängen vom wissenschaftlichen Erkenntnisfortschritt ab, den sie ihrerseits vorantreiben.

Die von beiden Seiten komplementär betriebene kognitiv-technische Kernverschmelzung von Wissen und Technik führt zur Entstehung von Kognitiv-Technischen Komplexen in neuer Größenordnung und Zusammensetzung, gebildet aus technisiertem Wissen und wissensbasierter Technik (dazu Spinner 1994: 53f.).

Die *Globalisierung* der nationalen und grenzüberschreitenden Informationsströme im Rahmen großer Netzwerke geht vielfach einher mit einer zunehmenden Kommerzialisierung des IuK-Bereichs, vom Nachrichtenmarkt bis zu den Wachstumsfeldern der Unterhaltungs-, Sport- und Werbungsinformation. Dadurch geraten auch nichtkommerzielle Teile (akademische Wissenschaft, öffentlich-rechtliche Medien) unter Wettbewerbsdruck und Anpassungszwang.

Die funktionale Synthese der modernsten IuK-Medien zu verbundenen Multimedia-Systemleistungen muß nicht unbedingt zur technischen Vereinheitlichung im Rahmen eines Super- oder Universalmediums führen. Es ist zur Zeit noch nicht absehbar, welche der beiden denkbaren technischen Entwicklungsrichtungen sich auf längere Sicht durchsetzen wird: entweder Diversifizierung infolge separater Perfektionierung der einzelnen Trägermedien, oder Konvergenz zu einem alles umfassenden Einheitsmedium. Unbeschadet des beschleunigten Übergangs von Einzel- zu Systemlösungen zeichnet sich bis jetzt aus technischen Gründen weder eine Einheitstechnik noch ein (verkabeltes oder drahtlos-mobiles) Universalnetz ab.

Diese Entwicklungstendenzen führen zu tiefgreifenden, aber keineswegs systemsprengenden Transformationen der modernen Gesellschaft. Trotz größter Veränderungseffekte ist die elektronische Revolution weder eine politische Revolution noch zwangsläufig mit größeren gesellschaftlichen Reformen verbunden. Revolutionär sind diese Prozesse nur im Ergebnis, nicht in der Methode der kontinuierlichen, schrittweisen, unaufhaltsamen Veränderung. Das ist die neue Dynamik auf dem Weg zur Informationsgesellschaft.

Die Blockeinteilung der Welt ist nicht nur ordnungspolitisch zusammengebrochen, sondern auch wirtschaftlich und technisch überholt. An die Stelle von nach außen geschlossenen, nach innen bürokratisierten, von oben nach unten durchhierarchisierten Blockstrukturen treten weltweite technische und wirtschaftliche Vernetzungen auf der Grundlage der sich weitenden Informations- und Kommunikationsströme.

2.3 Gesellschaftliche Infra- und Makrostrukturen als Ordnungsfaktoren

Die technischen Innovationen und ihre Implikationen für den IuK-Bereich tragen die gegenwärtige Umgestaltung zur Informationsgesellschaft, können sie aber nicht positiv gestalten. Die konkrete Ausgestaltung und praktische Funktionsweise der Informationsgesellschaft hängen von vielen Faktoren ab, die durch die Konkurrenz von technischen und nichttechnischen Lösungen auf allen Ebenen ins Spiel kommen (zum Beispiel beim Mit- oder Gegeneinander von rechtlichem und technischem Datenschutz).

Gemessen am vorauseilenden technischen Fortschritt, sind die nichttechnischen Infra- und Makrostrukturen noch unter- und teilweise auch fehlentwickelt. Dringend erforderlich sind insbesondere:

- Ein integrales Wissenskonzept zur philosophischen Grundlegung und inhaltlichen Konkretisierung der Informationsgesell-

schaft als informierter, für wissensorientierte Problemlösungsprozesse im Zusammenspiel von Leit- und Gegeninformation offener Gesellschaft. Das erfordert eine differentielle Wissenstheorie für „Wissen aller Arten, in jeder Menge und Güte", welche im Gegensatz zur demarkationistischen Wissenschaftstheorie die außer- oder unterwissenschaftlichen Wissensarten und Wissenstätigkeiten nicht diskriminiert;
- ein entfalteter Wissensraum zur Verortung der heterogenen Wissensarten, um sowohl für die High Quality-Information des wissenschaftlich-technischen Erkenntnisfortschritts als auch für die Low Quality-Information der alten und neuen Medien Platz zu bieten;
- *gesellschaftliche Infrastrukturen* und Institutionen zum Innenausbau der Informationsgesellschaft (das betrifft insbesondere die nichttechnischen Bedingungen);
- eine geeignete Rahmung durch gesellschaftliche Ordnungen, vor allem durch eine neue *Wissensordnung*, welche den Umgang mit dem dritten Grundstoff Wissen bzw. Information von der Erzeugung bis zur Endnutzung regelt (vgl. Spinner 1994).

Zur Einbettung in das gesamte gesellschaftliche Umfeld und in größere, neuerdings weltweite Zusammenhänge kommt deshalb die ordnungspolitische Rahmung der Wissenstätigkeiten durch die drei Grundordnungen der Informationsgesellschaft hinzu. Praktisch sind das für die arbeitsteiligen Wissensaktivitäten inhaltlich und einflußmäßig unterschiedliche Rahmenbedingungen

- der Rechtsordnung, mit öffentlich-, privat-, straf- und neuerdings auch spezifisch informationsrechtlichen Regelungen;
- der Wirtschaftsordnung, einschließlich spezieller Beiträge der neueren Informationsökonomie über die Besonderheiten von Wissensgütern, -diensten und -märkten;
- der Wissensordnung als eigenständiger dritter Ordnung für die wissenschaftlichen und außerwissenschaftlichen Informationsbereiche der Gesellschaft (zu den erstgenannten als Wissenschaftsverfassung; zu den letztgenannten als freiheitliche Wissens- und Medienordnung im Sinne des Grundgesetzes).

Einzelprobleme des ordnungspolitischen Denkens sind zum Beispiel Fragen des Ideen- und Innovationschutzes (nicht nur im engeren juristischen Sinne des Urheberrechts und der gewerblichen Schutzrechte), der verfassungsmäßigen Wissens- und Forschungsfreiheiten, usw. Hier stehen die drei Grundordnungen in einem Regelungswettbewerb, der auf zentralen Konfliktfeldern der Informationsgesellschaft teils zu offenen Verdrängungsbestrebungen führt.

Unter der Vorherrschaft einer „imperial" gewordenen Ordnung können sich infokratische rechtliche, ökonomische oder kognitive Wissensregime (vgl. Spinner 1997) bilden, welche unter Umständen die gesamte gesellschaftliche Wissenslage verzerren. Begünstigt durch den Globalisierungsprozeß und marktgetriebene F&E (Forschungs- und Entwicklungs-)Innovationen breitet sich vor allem das ökonomische Wissensregime für vollkommerzialisierte Information und Kommunikation in Richtung auf eine universelle Ökonomie („universal economics") stark aus.

3. Erklärungsmodelle

Zur konzeptuellen Erfassung der wissenstechnischen Ursachen und gesellschaftlichen Veränderungen in Richtung auf eine Informations-, Wissens- oder Kommunikationsgesellschaft sind fünf Perspektivmodelle in die Diskussion gebracht worden:

(1) Das von drei auf vier Sektoren erweiterte *ökonomische Sektorenmodell* gliedert aus dem tertiären Sektor der Dienstleistungen die Informationstätigkeiten aus und verselbständigt sie zum quartären Produktionssektor: dem Informationssektor. Noch weiter geht der neuerliche Versuch der Arbeitsmarktstatistik zur Abgrenzung eines besonderen Berufsfeldes für den aggregierten Informations- und Kommunikationsbereich, indem aus allen Sek-

toren die Informationsberufe herausgezogen werden.

Demnach ist aus der herkömmlichen Industriegesellschaft über die Zwischenstation der Dienstleistungsgesellschaft eine Informationsgesellschaft geworden, wenn die Mehrzahl der Beschäftigten in Informationsberufen bzw. -bereichen arbeitet – bzw. nach anderer Indikatorenauswahl: wenn ihr Beitrag zum Bruttosozialprodukt absolut oder relativ am größten ist – und den Massenmedien eine Schlüsselbedeutung im öffentlichen Leben zukommt. Als dritte Maßgröße wird zuweilen, meist zusätzlich, der gesamte F&E-Aufwand genommen, ohne jedoch eine bestimmte Prozentzahl zur Kennziffer für die Informationsgesellschaft zu erklären.

Mit dieser empirisch-quantitativen Schwerpunktverlagerung von den „Nichtinformationsberufen" zu den – sehr weit gefaßten – „Informationsberufen" läßt sich die Verselbständigung zum neuen Sektor ebensowenig erklären wie der Paradigmawechsel zu einer neuen Stufe der gesellschaftlichen Entwicklung. Die umwälzenden Auswirkungen der *elektronischen Revolution* auf die gesamte strukturelle Konfiguration der Gesellschaft werden damit allenfalls partiell erfaßt. Die Informationsgesellschaft ist mehr als eine globalisierte Wirtschaftsgesellschaft mit überdurchschnittlich wachsendem Informationssektor und neuen Berufsbildern.

(2) Das postindustrielle Achsenmodell sieht im theoretischen Wissen und der damit befaßten technischen Intelligenz die hauptsächliche Innovationsquelle und den Motor der gesellschaftlichen Entwicklung. Um dieses axiale Prinzip werde sich in der postmodernen *Wissensgesellschaft* alles drehen (vgl. Bell 1975; daran anknüpfend Stehr 1994).

Die zugrunde liegende Annahme der Zentralität des theoretischen Wissens und der damit befaßten Institutionen trifft zwar die führende Rolle der wissensbasierten Technologie und technisierten Wissenschaft, unterschätzt jedoch die fast noch größere Transformationskraft der *IuK-Technologien* in den außerwissenschaftlichen Anwendungsfeldern der Massenmedien, Informationsdienste, Verwaltungsarbeiten usw. Erst die damit einhergehende Verlagerung des Wissensschwerpunkts vom klassischen Theorien- und Reflexionswissen auf modernes Daten- und Regelwissen rechtfertigt die Redeweise von einer neuartigen Informationsgesellschaft.

Von einer „nachindustriellen Wissensgesellschaft" zu sprechen, ist in beiden Hinsichten verfehlt. Im Zeichen der *Globalisierung*, d. h. des sich „imperialistisch" ausdehnenden Regimes der kapitalistischen Marktwirtschaft und des neoliberalen Ordnungsdenkens, geht die Entwicklung eher zum Super- als zum Postindustrialismus.

(3) Das systemtheoretische Interpenetrationsmodell thematisiert die zum Teil überdramatisierte Vermehrung, Verdichtung, Vernetzung der technisch gestützten Informationsströme „zwischen Wohnzimmer und Welt", im Hinblick auf die Globalisierung der Kommunikation und die universelle kommunikative Durchdringung („Interpenetration") aller Teilsysteme der modernen „Weltkommunikationsgesellschaft". Symptomatisch dafür sei der krisenhafte Wechsel zwischen beständigem Aufbau und Zusammenbruch des Kommunikationsflusses in der modernen Gesellschaft (vgl. Münch 1991).

Die Unterstellung alles umfassender, tiefgegliederter Systemstrukturen verkennt die Netzwerkstruktur der Informationsgesellschaft, die globale Ausdehnung mit größerer Vielfalt, flacheren Hierarchien und betonter Dezentralität der Wissensstrukturen verbindet.

Die Zustandsbeschreibung entspricht eher einer postmodernen *Kommunikationsgesellschaft* als einer hochtechnisierten und marktgetriebenen Informationsgesellschaft.

(4) Das soziologische, betont technologiekritische Folgenmodell macht die Metapher der Informationsgesellschaft zum Sammelbecken für die gesellschaftlichen Auswirkungen der IuK-Technologien, zumeist als negativer Zurechnungspunkt für pauschale Risikoabschätzungen bis hin zu Horrorvisionen namens „Mikropolis", „Technotopia", „Überwachungsstaat", „Medienterror" usw. Im weiteren Zusammenhang der negativen Folgenlast moderner Techniken prominent geworden ist die „Risikogesellschaft", in der die Laien

zugunsten der Experten informationell enteignet würden (vgl. Beck 1986).

(5) Das vom ordnungspolitischen Denken der neoliberalen Rechts- und Wirtschaftswissenschaften angeregte philosophisch-interdisziplinäre Ordnungsmodell sieht – neben den wirkungsmächtigen Technologien – in mehr oder weniger eigenständigen „Wissensordnungen" und ihrem gegenwärtigen, vor allem technisch bedingten Wandel den Schlüssel zum Verständnis des Informationszeitalters (vgl. Spinner 1994).

Im gesamtgesellschaftlichen Informationsraum des „sichtbaren" (der Medien), „machbaren" (der Technik), „verwertbaren" (der Wirtschaft), „entscheidbaren" (der Politik) Wissens brauchen die Informationsströme – zwischen Wissenschaft und Politik, Öffentlichkeit und Parlament, Markt und Unternehmen usw. – einen ordnungspolitischen Rahmen, welcher bürgerliche Meinungsfreiheit, forscherische Wissenschaftsfreiheit und wirtschaftliche Wahlfreiheit ebenso gewährleistet wie persönlichen Datenschutz, technischen Erfinder- und unternehmerischen Innovationsschutz, informationelle Gewaltenteilung sowie freien Informationsfluß.

4. Empirische Befunde zur Ausbildung des Informationssektors

Das Konzept der Informationsgesellschaft setzt sich zusammen aus Komponenten der *IuK-Technologien*, philosophischen Wissenstheorie, soziologischen Gesellschaftstheorie sowie empirischer Wirtschafts- und Sozialforschung. Die Forschung hat den Schritt von der Theorie zur Empirie bereits gemacht, aber von ganz verschiedenen Ausgangspositionen, die sich im weiteren Verlauf noch kaum berühren. Neben den theoretischen Analysen, aber kaum direkt dazu, gibt es umfangreiche empirisch-statistische Untersuchungen, die sich weniger mit der Informationsgesellschaft (soziologisch gesehen) als mit dem *Informationssektor* (ökonomisch gesehen) befassen (für die USA vgl. Rubin und Huber 1986; zum internationalen Vergleich Katz 1988; im Rückblick Dordick und Wang 1993). Mit Bezug auf den enger als jene aber weiter als dieser gefaßte Informationsbereich der modernen Gesellschaft macht die neuere Berufs- und Arbeitsmarktforschung zwar einen bemerkenswerten Überbrückungsversuch, der jedoch an das ökonomische Sektorenmodell angelehnt bleibt.

4.1 Der sektorale Ansatz

In der deskriptiven Ökonomie, Wirtschafts- und Arbeitsmarktstatistik ist es seit dem Ende der 30er Jahre üblich, die Industriegesellschaft in drei Wirtschaftssektoren einzuteilen und nach dem stärksten Sektor zu benennen (zur Entwicklung, Anwendung und Kritik des sektoralen Ansatzes vgl. Schmoranz 1980). Das führte zunächst zur Dreigliederung in den primären Sektor der Landwirtschaft (einschließlich Bergbau), den sekundären Sektor der Industrie (einschließlich Handwerk) und den tertiären Sektor der Dienstleistungen. Dieser war von vornherein nur negativ bestimmt als Residualkategorie derjenigen Wirtschaftstätigkeiten, die nicht zu den beiden anderen Sektoren gehören. Als Auffangposition für alles übrige, begünstigt durch die starke Schrumpfung des Agrarsektors und die beschäftigungspolitische Stagnation des Industriesektors, ist der Tertiärsektor in der Nachkriegszeit nicht zuletzt auch aus statistischen Gründen zum typisierenden Wachstumsbereich der *„Dienstleistungsgesellschaft"* geworden.

So ist es auf der Grundlage eines Dreisektorenmodells zur historisch nicht unbedingt zwangsläufigen, aber statistisch unterlegten Abfolge von Agrar-, Industrie- und Dienstleistungsgesellschaften gekommen. Während es für den Agrar- und Industriesektor relativ klare Zielbestimmungen, Arbeitsbedingungen und Ressourcenzuweisungen gab, die eine Herauslösung und Verselbständigung dieser gut unterscheidbaren Aktivitätsarbeiten und ihrer gesellschaftlichen Umstände (Landbesitz versus Kapitalbesitz etc.) nahelegten, gab es dies für den Dienstleistungssektor kaum. Weit stärker als bei den landwirtschaftlichen und industriellen Tatbeständen handelt es sich bei den Dienstleistungen um diffuse Tatbestände, deren sektorale Akkumulation in erheblichem Umfang das Ergebnis statistischer Umbuchungen anstelle echter Neuentstehung bislang nichtexistenter Aktivitäten ist.

Dies stand dem zweiten Schritt nicht entgegen, aus dem Konglomerat der Dienstleistungen den dynamischen Wachstumsfaktor der Informationsarbeit herauszuziehen und auf ähnliche Weise wie zuvor die Dienstleistungen zu verselbständigen. Das war die statistische Geburt der Informationsgesellschaft im Rahmen eines erweiterten Viersektorenmodells (Landwirtschaft, Produktion, Dienstleistungen, Information) mit einem überdurchschnittlich wachsenden Quartärsektor.

Das entscheidende Manko bleibt in jedem Falle, daß weder mit der Dreier- noch mit der Viererlösung des sektoralen Ansatzes das Besondere und Neue der Informationsgesellschaft erfaßt werden kann. Deshalb müssen weitere Schritte gemacht werden, um von der Grobstrukturierung zu einem differenzierten Bild zu kommen, welches zumindest den Wandel der Beschäftigungsverhältnisse und Berufsstruktur im Informationszeitalter verdeutlicht.

4.2 Der berufsbezogene Ansatz

Die ökonomische Sektoreneinteilung enthält eine implizite Berufsbezogenheit und, wenngleich ebenso grobe, Tätigkeitsbestimmung. Der Agrarsektor bietet Landwirtschaftsberufen, der Industriesektor industriellen und handwerklichen Produktionsberufen, der tertiäre Sektor überkommenden und neuen Dienstleistungsberufen Arbeitsplätze. Über die mehr terminologische als tatsächliche Verbindung hinaus läßt sich dem jedoch zur eigentlichen Berufstätigkeit nicht viel entnehmen.

Deshalb versucht im Anschluß an die Pionierarbeiten von Fritz Machlup und Marc Uri Porat sowie die Untersuchungen der OECD die neuere Arbeitsmarktforschung einen tätigkeits- und berufsbezogenen Ansatz (vgl. Dostal 1988 und 1995). Neu strukturiert und statistisch erfaßt als Berufsfeld, soll der Informationsbereich differenzierter behandelt und der Übergang zur Informationsgesellschaft genauer bestimmt werden.

Um die wachsende Bedeutung von Information und Kommunikation als sektorenübergreifende „erste Produktivkraft" – d.h. als Wirtschaftsfaktor der Forschung und Entwicklung, Führung und Verwaltung, Beratung und Werbung u.a. – und als allein noch expandierendes wachsendes Beschäftigungsreservoir auszuweisen, wird im dritten Analyseschritt die Berufsarbeit nach dem Kriterium des Informationsbezugs in Informationstätigkeiten („information activities") und Nichtinformationstätigkeiten („noninformation activities") unterteilt. Sobald bei den letzteren der Informationsbezug – in der Selbstauskunft zu den Arbeitsschwerpunkten – 75% für die Speicherung, Aufbereitung, Wiedergewinnung, Verknüpfung und Auswertung von Informationen übersteigt, werden sie aus allen drei Sektoren herausgezogen und zum *vierten Sektor* zusammengefaßt. Das ist der nunmehr gesellschaftsbestimmende Informationssektor, zunächst einmal als hypothetisches Konstrukt (ohne theoretische Fundierung der faktoriellen Verselbständigung), sodann auch als empirischer Befund (ohne Außenkriterium zur unabhängigen Überprüfung der Maßstäbe und Messungen).

Ohne auf Einzelheiten einzugehen, kann pauschal vermerkt werden, daß dieses Vorgehen eine Fülle von begrifflichen Unklarheiten, willkürlichen Einteilungen und empirischen Fehlerquellen enthält. Das zeigt sich deutlich, wenn zur weiteren Verfeinerung der statistischen Erhebungsinstrumente im vierten Schritt der Berufssektor „*Informationsberufe*" weiter untergliedert wird, um ihn in folgende „Berufsabschnitte" zu unterteilen:

- Erstens die technischen und naturwissenschaftlichen Informationsberufe, einschließlich technischen Zeichnern, aber ohne all die anderen Wissenschaftsberufe;
- zweitens die Kaufleute und Verwaltungsberufe, einschließlich Bürofachkräfte;
- drittens die Organisations- und Ordnungsberufe, einschließlich Wirtschafts- und Sozialwissenschaftler;

- viertens die sozialen Berufe, einschließlich Lehrer und zusammen mit Bibliothekaren, Musikern, Publizisten, Verbraucherberatern und den Geisteswissenschaftlern;
- fünftens die Infrastrukturberufe der Drukker, Bürohilfskräfte, Fotografen, Maschinenschreiber sowie der Datenverarbeitungsfachkräfte.

Auch hier gibt es willkürliche Zuordnungen und erhebliche Unstimmigkeiten. Obgleich ihr Informationsbezug gering ist, werden auch informationsarme „Infrastrukturberufe" wider das 75%-Erfordernis den Informationsberufen zugeschlagen. Im höchsten Grade dem Selbstverständnis und den Berufsanforderungen zuwider ist beispielsweise die Aufsplittung der Wissenschaftsberufe in inkommensurable Untergruppen (Technisches, Administratives, Soziales), als würden alle Sozialwissenschaftler organisieren und alle Geisteswissenschaftler lehren. Hier wird unterschwellig die Irrlehre von den „zwei Kulturen" zum statistischen Wiedergänger.

Daß die Einteilungen nicht trennscharf sind, ist unvermeidlich und wiegt weniger schwer als die Tatsache, daß sie unstimmig sind und den Leitgedanken des Ansatzes nicht erfüllen können angesichts folgender grundsätzlicher Einwände:

Zum einen hat der angenommene „Informationsbezug" mit dem, was man die Informationshaltigkeit und Informationsabhängigkeit der Tätigkeiten nennen könnte, nichts zu tun, unbeschadet evtl. anderer Selbstauskünfte, die mehr einer nur allzu verständlichen bürgerlich-bildungsmäßigen Selbsteinschätzung (von Kopfarbeit, auch in untergeordneten Sitzpositionen) entsprungen zu sein scheint. Größtenteils banale Routinetätigkeiten wie das Ein- und Auszahlen, Disponieren und Delegieren, Betreuen sowie Hilfsarbeiten im Büro müssen nicht informationshaltiger sein als Backen, Bügeln, Waschen, Kochen, Sichern, Ordnung halten.

Zum anderen geht in der praktischen Umsetzung als Berufsstatistik die anfängliche Tätigkeitsorientierung weitgehend verloren. Es ist ein berufsbezogener, kein tätigkeitsbezogener Ansatz, wenn man dabei an die ausgeübten Wissensfunktionen im Sinne einer funktionalen Wissensarbeitsteilung denkt.

Zum dritten schließlich kommen die spezifischen Züge der Informationsgesellschaft, also die Besonderheiten und Neuerungen insbesondere im IuK-Bereich, nicht zum Ausdruck. Ob Büroarbeit traditionell (mündlich, handschriftlich), typographisch (mit Schreibmaschine) oder elektronisch (am PC) ausgeübt wird, bleibt außer Betracht. Daß die Verwirklichung der Informationsgesellschaft etwas mit dem erst durch die *IuK-Technologien* und eigens geschaffenen nichttechnischen Infrastrukturen wesentlich verbesserten produktiven Wissenseinsatz zu tun haben soll und mit Bezug darauf zum Aktionsprogramm der Politik gemacht worden ist, kommt weder beim sektoralen noch beim berufsbezogenen Ansatz zum Tragen.

Abgesehen von diesen Einwänden führt der berufsbezogene Ansatz nach dem gegenwärtigen Stand der Erhebungen zu folgendem Hauptergebnis (vgl. Landesarbeitsamt Hessen 1997: 3): Für die Bundesrepublik Deutschland ist der Wandel zur Informationsgesellschaft im Sinne des 50%-Beschäftigungskriteriums in vollem Gange. 1996 betrug der Anteil der mindestens 75% informationsbezogenen Berufe für das Bundesgebiet insgesamt 43,6% (im Westen 44,1%, im Osten 41,6%, im fortgeschrittensten Bundesland Hessen mit 48,6% fast die Hälfte). Weitere Kennziffern betreffen die Kommunikationsinfrastruktur (Tele- und Massenmedien), die PC-Ausstattung und Online-Anschlüsse, den Ausbau der sog. Datenautobahnen und vor allem die breite Anwendung in Wirtschaft und Verwaltung. Hier gibt es erhebliche Länderdifferenzen innerhalb Europas sowie zu den USA, darüber hinaus ein starkes Nord/Süd-Gefälle (vgl. Harms 1996).

4.3 Der wissensfunktionale Ansatz zur engeren Abgrenzung der Informationsberufe und abgestuften Definition der Informationsgesellschaft

Im Vergleich zum sektoralen und berufsbezogenen Modell interessiert sich also der auf die Wissensarbeitsteilung bezogene funktionale Ansatz nur für jene Teilmenge der Tatbestände, die relevant sind für die Frage nach den Ursachen und Überlegungen zu dem, was eine Informationsgesellschaft unterscheidet, vielleicht sogar im Positiven auszeichnet. Dabei ist zu bedenken, daß es sich im Hinblick auf ihre Besonderheiten um eine Informationstechnologiegesellschaft handelt. Es geht also um spezifische Funktionskriterien für technische, kognitiv-informationelle und gesellschaftsstrukturelle Veränderungen auf drei Gebieten:

Erstens auf dem technischen Feld der Durchbruchstechnologien des Informationszeitalters. Dazu gehören die namengebenden *IuK-Technologien*, neuerdings ergänzt und möglicherweise bald überholt durch die stark informationsbasierten Biotechnologien. Hier gibt es Entwicklungs- und Funktionskriterien zur technischen Kernstruktur der Informationsgesellschaft; für die Statistik das leicht handhabbare „Gerätekriterium" der EDV-Ausstattung, ergänzt durch ökonomische Indikatoren (Produktionsanlagen und zugehörige Arbeitsplätze, Umsatzstatistik, Rechenkapazitäten usw.).

Zweitens auf dem gesellschaftlichen Feld der nichttechnischen, aber technikbezogenen und den vollen Technikgebrauch im Hinblick auf die Approximation der politischen „Visionen" erst ermöglichenden Infrastrukturen. Das ist ein weites Feld mit vielen im Aufbau befindlichen Einrichtungen, deren Entwicklungsgrad und Leistungsfähigkeit noch unbestimmt sind.

Drittens auf dem kognitiven Feld der technikgestützten, dadurch teils um neue Größenordnungen und Qualitätssprünge verbesserten Wissensfunktionen im Verarbeitungs- und Verteilungsbereich. Dafür müssen die Leistungsanforderungen, Zielsetzungen und Erfüllungskriterien erst detailliert ausgearbeitet werden.

Der funktional bestimmte aber nicht auf eine Dimension einschränkbare Übergang zur Informationsgesellschaft erfolgt in dem theoretisch bestimmbaren, empirisch zumindest indizierbaren Maße

- dem Ausbau der technischen Kernstrukturen;
- der Ausstattung mit nichttechnischen Infrastrukturen;
- der Inanspruchnahme der neuen (technikverbesserten bzw. technikermöglichten) Informations- und Kommunikationsfunktionen.

Nicht die statistischen Globalzahlen für die Gesellschaftsformationen stehen also zur Debatte, sondern die überschießenden Grenzwerte im Vergleich zum früheren Entwicklungszustand, von der technischen Umrüstung über die personelle Qualifikation bis zum informationellen, genauer: funktionellen Mehrwert für die (besser) informierte Gesellschaft.

Das gilt auch für empirisch-statistische Untersuchungen, die aufgrund strengerer Kriterien wie folgt neu angesetzt werden könnten:

(1) Der gesellschaftliche bzw. wirtschaftliche Informationsbereich umfaßt alle Tatbestände und Tätigkeiten, die zur Wissensarbeitsteilung gehören. Zur spezifischen Erfassung des Neuen in der Informationsgesellschaft sind es die technikgestützten (technisch ermöglichten, erweiterten oder verbesserten) Wissensfunktionen.

(2) Für die engere Abgrenzung der Informationsberufe gilt ein technisch-funktionales Doppelkriterium: Es muß sich um eine Wissenstätigkeit aus dem Funktionskatalog der Wissensarbeitsteilung handeln (Funktionskriterium), die den funktionsnotwendigen Einsatz von *IuK-Technologien* erfordert (Gerätekriterium).

Das müßte weit kleinere, aber aussagekräftigere statistische Zahlenwerte für den Arbeitsmarkt ergeben; 25% „echte" Informationsberufe dürften in aller Regel zur Konstatierung einer „Informationsgesellschaft" ausreichen, sofern nicht in anderen Sektoren Schwerpunktbildungen mit heutzutage unwahrscheinlichen Stellenmassierungen auftreten. Nicht auf die Bestände, sondern auf die Funktionen kommt es an.

Für das empirisch-statistische Modell haben diese Überlegungen zur Konsequenz, daß das gängige 50%-Kriterium für den Informationssektor entbehrlich wird. Der Umbruch zur Informationsgesellschaft ist keine Zahlenfrage der Sektorengröße. Dafür sollte kein Majoritätsprinzip gelten. Wir erklären ja auch nicht die Industriestaaten zur „Telefongesellschaft", weil die meisten Haushalte Telefonanschlüsse haben, im Gegensatz etwa zu den Verhältnissen in Afrika mit Anschlußquoten von einstelligen Prozentzahlen.

Das läuft auf eine abgestufte Neudefinition der Informationsgesellschaft hinaus, mit technischen Mindestbedingungen und nichttechnischen Zusatzbestimmungen, die über den routinemäßigen Geräteeinsatz ohne Funktionserweiterung und Leistungsverbesserung hinausgehen. Wer den PC lediglich als verbesserte Schreibmaschine benutzt, übt noch keinen Informationsberuf jener Art aus, der zur Entstehung der Informationsgesellschaft beiträgt.

Auf einen Nenner gebracht, besagt das Doppelkriterium für Informationsberufe: qualifizierter Umgang mit kodifizierter Information und Kommunikation. Für die Informationsgesellschaft sind somit *IuK-Technologien* auf weiter Verbreitungs- und Einsatzbasis eine notwendige Bedingung, ja die notwendigste von allen, aber nicht hinreichend.

5. Die informierte Gesellschaft als politische Gestaltungsaufgabe

Die künftige Gesellschaft kann und wird in dem Maße eine besser informierte Informationsgesellschaft sein, als sie unter den gegebenen nichttechnischen Randbedingungen und Rahmenbestimmungen die technikermöglichten Funktionsverbesserungen der Wissensleistungen in Anspruch nimmt. Das betrifft nicht alle Wissenstätigkeiten, aber immerhin ganze Funktionsgruppen, für die sich große Chancen eröffnen, den Grad der individuellen und gesellschaftlichen „Informiertheit" in vielen Hinsichten wesentlich zu erhöhen. Die informierte Gesellschaft, als Vision und Realität, bildet die intervenierende Variable. Sie ist nicht das Ziel, sondern eine Zwischenstation zum verbesserten Problemlösungsverhalten auf erweiterter Wissensbasis.

Den Leitfaden liefert eine Problemauffassung der *gesellschaftlichen Entwicklung*, derzufolge die Geschichte im günstigsten Fall eine Abfolge des Stellens und Lösens von Problemen ist, dem die Wirklichkeit leider nur selten gerecht wird (was zu dem weit verbreiteten Eindruck führte, daß wir aus der Geschichte nichts lernen). So gesehen bildet das verfügbare Gesamtwissen ein unausgewogenes Gemenge aus Leit-, Des- und Gegeninformation. Es setzt sich zusammen aus Leitwissen (mit Lösungsvorgaben, in der Politik autorisiert durch Richtlinienkompetenz), „positiver" Verstärkerinformation (Propaganda, Öffentlichkeitsarbeit, Werbung; inhaltlich uninformativ oder irreführend, allenfalls legitimierend) und „negativer" Korrekturinformation (Gegenbefunde, Kritik, Informationsrückfluß).

Insgesamt betrachtet, ist das zu wenig, zu viel und zu schwach. Wir haben meist viel zu wenig brauchbares Problemlösungswissen in Gestalt von geprüften Theorien und erprobten Anwendungen, was zu einer schlechten Verhaltensperformanz führt. Um die Fehler zu korrigieren, kommt die Gegeninformation meist zu spät oder ist zu schwach. Mit dem in die politischen Prozesse, Parteien und Institutionen eingebauten Bestätigungsfehler (Wissensverzerrung durch „confirmation bias") wird überdies der Blick verstellt.

Gemessen an dem, was wir an relevantem Problemlösungswissen brauchen, sind wir nicht überinformiert, sondern eher unter- oder desinformiert. Was könnte sich in der informierten Gesellschaft daran ändern?

Am Übermaß „werbender" (im weiteren Sinne der Bestätigung und Verstärkung von Produkten oder Positionen, über deren Eigenschaftsprofil gar nichts gesagt wird außer, daß sie rundum empfehlenswert sind) Desinformation wird sich nichts ändern. Sie wird bis zum Überdruß zunehmen, und sei es auch nur zur Gegenfinanzierung der privaten Programme, des exzessiven Sport- und Kunstsponsoring usw. Das ist so lange erträglich, als die Wissensarten klar, die Wissensfunktionen getrennt und die Qualitätsmaßstäbe bewußt sind. Für die überkommenen Qualitätszonen des Wissens (Wissenschaft, Journalismus, Archiv- und Bibliothekswesen) darf das mit Vorsicht angenommen werden.

Wünschenswert und schrittweise erreichbar ist eine allgemeine Hebung des Wissensniveaus infolge von Leistungsverbesserungen im System der gesellschaftlichen Wissensarbeitsteilung (vgl. Spinner 1998, Kap. 4) – insbesondere bei den Funktionsgruppen der Wissensverarbeitung, -verbreitung und -nutzung – und von teils schon eingeleiteten Strukturveränderungen. Zum Maßnahmenbündel der praktischen Politik werden in unterschiedlicher Zusammensetzung und Gewichtung gezählt:

(1) Dezentralisierung des Wissens in flachen Netzwerken, die weit entfaltet (global) und eng verbunden (interaktiv) sind.

(2) Korrektureinrichtungen zur Überprüfung und Pflege der Wissensbestände auf der Grundlage einer flächendeckenden Infrastruktur der Kritik, zur Qualitätssicherung des Wissens, zum Ausgleich von Desinformation und zur Milderung des Bestätigungsfehlers.

Interaktivität ist in diesem Zusammenhang wichtiger als Multimedialität, und über beidem steht die Chancengleichheit zur Gegeninformation.

(3) Unabhängigkeit der Wissenseinrichtungen nicht nur für wissenschaftliche Forschung und Lehre gem. Art. 5 III des Grundgesetzes, sondern auch für Beratung und Kritik. Zur Unabhängigkeit von Forschern, Journalisten, Beratern, Kritikern gehört auch der Schutz gegen Sanktionen.

(4) Chancengleichheit für Gegeninformation auf allen Wissensebenen, aus allen Richtungen, für alle Wissensarten. Das ist eine Voraussetzung für die Lernfähigkeit sozialer Akteure, die mit zunehmender Größe zur Mißachtung oder gar Unterdrückung von Kritik neigen („Bestätigungsfehler").

(5) Ordnungspluralismus ohne übermächtige Wissensregime mit einseitigen Regelungen, wie sie gegenwärtig unter den Stichworten „Globalisierung, Kommerzialisierung, Privatisierung" vom ökonomischen Regime der Informationsmärkte (vgl. Kuhlen 1995) und vom technischen Regime der faktisch durchgesetzen – aber nicht unbedingt optimalen – IuK-Standards drohen.

(6) Einrichtung von ordnungspolitischen Wissenszonen für gehobene Ansprüche (Qualitätszonen), freien Informationsfluß (Verbreitungszonen) und eingriffsgeschützte Privat-, Geheim- und Kritiksphären (Schutzzonen) nach dem Motto: Qualitätszonen pflegen, d.h. rechtlich absichern, ggf. alimentieren; Verbreitungszonen vergrößern, Schutzzonen nach Möglichkeit klein halten.

(7) Offene Zugangs- und lockere Haftungsregelungen für den „uninteressierten", nichtkommerziellen Umgang mit Wissen; strengere Regelungen für den kommerziellen Gebrauch, insbesondere im Hinblick auf die Begrenzung von Nutzungsmonopolen (bei gewerblichen Schutzrechten) und die Kontrolle von Wissensmacht (bei den Massenmedien).

(8) Wahrung der drei Wissensfreiheiten: Veränderungsfreiheit zur Wissensverbesserung durch Kritik und Widerlegung, Beeinträchtigungsfreiheit durch Schutz des Privatbereichs gegen Informationseingriffe, Verbreitungsfreiheit für öffentliche Informationen (Nachrichten, Unterhaltung, Werbung).

(9) Informationelle Selbstbestimmung auf hohem Wissensniveau, also möglichst nicht durch rechtliche Abwehrbefugnisse in schwacher (asymmetrischer), sondern durch „Waffengleichheit" in starker (symmetrischer, herrschaftsfreier) Wissensposition.

(10) Verbindung von technischen und nichttechnischen Lösungsversuchen für alle Wissensprobleme, wo immer sie sich stellen, im Rahmen eines beständigen Leistungswettbewerbs.

Literatur

Beck, Ulrich: Risikogesellschaft, Frankfurt a.M. 1986

Binswanger, Mathias: Information und Entropie – Ökologische Perspektiven des Übergangs zu einer Informationswirtschaft, Frankfurt a.M./New York 1992

Deutsch, Karl W.: Soziale und politische Aspekte der Informationsgesellschaft, in: Sonntag,

Philipp (Hg.): Die Zukunft der Informationsgesellschaft, Frankfurt a.M. 1983, S. 69-88
Dordick, Herbert S./Georgette Wang: The Information Society – A Retrospective View, London u.a. 1993
Dostal, Werner: Der Informationsbereich, in: Mertens, Dieter (Hg.): Konzepte der Arbeitsmarkt- und Berufsforschung, 3. überarb. Aufl., Nürnberg 1988, S. 858-880
Dostal, Werner: Die Informatisierung der Arbeitswelt, in: Bolte, Martin u.a. (Hg.): Mitteilungen aus der Arbeitsmarkt- und Berufsforschung, Bd. 28, 1995, S. 527-543
Harms, Jörg Menno: Die Entwicklung der Informationsgesellschaft im internationalen Vergleich, in: Taus, Jörg u.a. (Hg.): Deutschlands Weg in die Informationsgesellschaft, Baden-Baden 1996, S. 481-520
Katz, Raul Luciano: The Information Society – An International Perspective, New York/Westport/London 1988
Kreibich, Rolf: Die Wissenschaftsgesellschaft, Frankfurt a.M. 1986
Kuhlen, Rainer: Informationsmarkt, Konstanz 1995
Landesarbeitsamt Hessen (Hg.): Auf dem Weg in die Informationsgesellschaft – Zur Entwicklung der Erwerbstätigkeit und der sozialversichert Beschäftigten in den vier Sektoren: Information, Produktion, Dienstleistung, Landwirtschaft von 1882 bis 2010 und mit Schwerpunkt Hessen von 1980 bis 1995, Frankfurt a.M. 1996
Landesarbeitsamt Hessen (Hg.): Auf dem Weg in die Informationsgesellschaft, Ergänzungsband Hessen, Bundesgebiet West und Ost, 1994-1996, Frankfurt a.M. 1997
Münch, Richard: Dialektik der Kommunikationsgesellschaft, Frankfurt a.M. 1991
Nefiodow, Leo A.: Der fünfte Kontradieff, Frankfurt a.M./Wiesbaden 1990
Price, D. J. de Solla: Science since Babylon, New Haven/London 1975
Rubin, M. Rogers/Mary Taylor Huber: The Knowledge Industry in the United States 1960-1980, Princeton, N. J. 1986
Spinner, Helmut F.: Die Wissensordnung, Opladen 1994
Spinner, Helmut F.: Wissensregime der Informationsgesellschaft, in: Kubicek, Herbert (Hg.): Jahrbuch Telekommunikation und Gesellschaft, Bd. 5, 1997, S. 65-79
Spinner, Helmut F.: Die Architektur der Informationsgesellschaft – Entwurf eines wissensorientierten Gesamtkonzepts, Bodenheim 1998
Stehr, Nico: Arbeit, Eigentum und Wissen, Frankfurt a.M. 1994

Helmut F. Spinner

Interessenorganisation

1. Definition und Abgrenzung

Parteien und *Verbände* sind Medien der kontinuierlichen Repräsentation von Interessen und Überzeugungen im politischen System. Als freiwillige Vereinigungen mit einem auf Dauer angelegten Organisationsapparat sind sie – neben den *Massenmedien* sowie den diskontinuierlich wirkenden Bürgerinitiativen und *neuen sozialen Bewegungen* – die kollektiven politischen Akteure der Zivilgesellschaft. Parteien, Verbände und viele *Vereine* besorgen die Aggregation und Repräsentation von Interessen sowie die Rekrutierung von Personen für öffentliche Funktionen. Außerdem wirken sie mit an der öffentlichen Meinungsbildung und themenspezifischen Mobilisierung, der *politischen Sozialisation* von Individuen sowie der Vermittlung von Informationen zwischen gesellschaftlichen Funktionsbereichen. Ihr Doppelcharakter als Repräsentanten besonderer Interessen und als Akteure der politischen Steuerung kommt im Begriff der „Intermediarität" zum Ausdruck. Indem intermediäre Organisationen auf der einen Seite Erwartungen der Individuen aufnehmen, in kollektive Politikansprüche transformieren und an politische Entscheidungsgremien leiten, andererseits die Ergebnisse politischer Entscheidung an organisierte Gruppen und Funktionsträger zurückvermitteln, überschreiten sie den Rahmen bloßer Interessenpolitik. Sie tragen auf diese Weise zur politischen Integration einer sozial differenzierten Gesellschaft und gleichzeitig zur Koordination der interdependenten, aber teilautonomen Funktionssysteme bei. Als Konsequenz ihres Wirkens wird eine präzise Grenzziehung zwischen staatlichen und gesellschaftlichen Sphären schwierig.

2. Theoretische Grundlinien

In der frühen Pluralismustheorie wurden gemeinsame Interessen als hinreichende Bedingung der Bildung organisierter Gruppen unterstellt. Diese Annahme erwies sich bei genauerer Betrachtung historischer Parteien- und Verbändesysteme jedoch als unzutreffend. Zum einen war die freie Organisierung von Interessen verschiedentlich durch selektive oder generelle Organisationsverbote behindert, so insbesondere unter dem Sozialistengesetz der Bismarck-Regierung, in der Zeit der NS-Diktatur und in der DDR. Zum anderen wirken sich Unterschiede der Ressourcen, Motive und Organisationsbedürfnisse im Organisationsverhalten einzelner Interessenkategorien (z.B. Arbeitnehmer-, Arbeitgeber- und Verbraucherinteressen) aus. In jüngerer Zeit wird auch im Kostenvermeidungskalkül der (potentiellen) Mitglieder ein Faktor der Organisationsentwicklung gesehen: Warum sollte ein Einzelner Mitglied werden und Opfer bringen, wenn er auch als Außenstehender an den von Parteien, Verbänden oder Gewerkschaften bewirkten Kollektivgütern teilhat? So wie vormoderne, z.B. ständische Vereinigungen, auf Statusgepflogenheiten gegründet waren, konnten die frühen Parteien und Verbände auf Gruppenloyalitäten und Gemeinschaftsnormen aufbauen. Solche normativen Bindungen verlieren jedoch in der modernen („individualisierten") Gesellschaft an Kraft, während subjektive (und u.U. wechselnde) Nutzenerwägungen an Gewicht gewinnen. Um der Falle rückläufiger Organisationsbereitschaft und zunehmenden Trittbrettfahrertums zu entgehen, müssen intermediäre Organisationen besondere Vorkehrungen treffen (Olson 1968). Sie können die kollektiven Ziele mit „privaten" Anreizen (z.B. Betreuungs-, Beratungs- oder Versicherungsleistungen) kombinieren oder um staatliche Organisationshilfen (z.B. die Übertragung öffentlicher Aufgaben, die Einräumung eines Vertretungsmonopols oder das Privileg der Pflichtmitgliedschaft) werben.

Mit dem Umfang der Mitgliedschaft wachsen auch die Verschiedenheit der Interessen und die Probleme der Einigung auf ein gemeinsames Programm. Hat die frühe Parteien- und Organisationssoziologie (Robert Michels, Max Weber) v.a. auf Tendenzen der Oligarchisierung der Führung und der Bürokratisierung der Organisationsstruktur abgestellt, so verweist die neuere *Organisationsforschung* auf die Herausbildung eines bestandsbezogenen „Eigeninteresses" der Organisation sowie auf die Entkoppelung von Mitgliedschaftsmotiven und Organisationszwecken. Zwar ist der Spielraum der Organisationsführung gegenüber den Mitgliedern durch tradierte Identitätsvorstellungen sowie durch den Grad der Angewiesenheit auf unmittelbare Mitgliederbeiträge bei der Zweckverfolgung (z.B. durch Streikhandlungen im Falle von Gewerkschaften) begrenzt. Für den Umgang mit der Zwickmühle abnehmender Mitgliederbindungen bei zunehmender Einbindung in die Netzwerke der gesellschaftlichen Steuerung stehen gleichwohl verschiedene Wege offen: die Rationalisierung der Organisationsstrukturen, die Verbesserung der Wettbewerbs- und Einflußposition durch Steigerung der Fachkompetenz, die Übernahme öffentlicher Funktionen mit staatlichem Mandat und/oder Austauschbeziehungen mit anderen intermediären Organisationen. Weil diese folglich nicht das bloße Produkt der Organisations- und Beitragsbereitschaft ihrer Mitglieder, sondern Ergebnis ihrer Selbstgestaltung im Wechselspiel von Mitglieder- und Organisationsinteressen sind, wirken sie als politische Akteure eigener Art.

Aufgrund ihres Akteurstatus und ihrer Gestaltungsfreiheit stehen intermediäre Organisationen unter dem Generalverdacht, Eigeninteressen einen unangemessenen Rang in der internen Willensbildung und der Interaktion mit anderen Akteuren einzuräumen. Deshalb wurden insbesondere die Parteien Beschränkungen und Pflichten unterworfen, die ihre innere Struktur, die Verfahren der Willensbildung und die Personalauswahl betreffen (GG Art. 21, Parteiengesetz). Analoge, aber weniger restriktive Vorschriften enthält das Vereinsrecht (BGB §§ 21-79). In der Wahl ihrer Ziele sind die Vereinigungen frei; allerdings unterliegen Parteien, denen eine konstitutive Funktion für die Verfassungsordnung zukommt (lt. Parteiengesetz § 1, Abs. 1 die „freie, dauernde Mitwirkung an der politischen Willensbildung des Volkes"), der Verpflichtung auf die „freiheitliche demokratische Grundordnung" (GG Art. 21, Abs. 2). Gleichzeitig genießen sie erhebliche Privilegien: hinsichtlich ihrer Schlüsselfunktion für die Besetzung öffentlicher Ämter, ihres Rechtsstatus und ihrer Finanzierung durch steuerlich absetzbare Spenden, Wahlkampfkostenerstattung sowie Alimentierung der parteinahen Stiftungen. Einen vergleichbaren Status genießen nur die Kirchen und die als gemeinnützig oder mildtätig anerkannten Vereine und Stiftungen (Abgabenordnung §§ 52-60).

Der Aktionsraum der Parteien ist durch die Logik des Wettbewerbs um Wählerstimmen bestimmt. Wenngleich das Parteiensystem noch Spuren älterer, z.B. religiöser, Spaltungslinien (cleavages) trägt und von (z.T. wechselnden) Schlüsselthemen (z.B. Umwelt) strukturiert ist, differenzieren sich Wählerpräferenzen wie Parteipositionen noch deutlich auf der eindimensionalen Links-Rechts-Achse. In der Logik des „räumlichen" Wettbewerbs konkurrieren große Parteien in der Mitte der Skala um den „median voter", während kleinere Parteien ihr Profil auf den Randpositonen schärfen. Das scheint durch Veränderungen bestätigt, die das Parteiensystem in jüngster Zeit erfuhr: Erst nachdem grüne Parteien als Konkurrenten um Wähler in der „Mitte" auftraten, gewannen ihre Themen bei den Großparteien einen höheren Stellenwert.

Bis in die 70er Jahre wurde die Demokratie- und Gemeinwohlverträglichkeit der verbandlichen Interessenrepräsentation überwiegend skeptisch beurteilt. Ein ausgewogenes Bild zeichnen Forschungen im Kontext der (Neo-)Korporatismustheorie. Obwohl nicht allen Formen korporatistischer Interessenvermittlung Erfolg bescheinigt wird (z.B. gilt die „Konzertierte Aktion" lt. Stabilitätsgesetz 1967 als Fehlschlag), gelten Verbände heute als unverzichtbare Träger privater „Interessenregierungen" in verschiedenen Bereichen und Wirtschaftssektoren (Streeck 1994). Aufgrund umfassender Feldkenntnis, des kumulierten Sachverstands ihrer Stäbe und der Kontakte zur Mitgliedschaft sind sie nicht nur selbstinteressierte Berater von Parlament und Fachverwaltungen, sondern Mitwirkende an der Erfüllung regulativer und koordinativer Aufgaben, sei es in der Berufsbildung und der technischen Normierung, sei es bei der professionellen Selbstkontrolle (z.B. der Ärzte). Damit tragen die Verbände zur Entlastung der staatlichen Steuerung bei. Dem positiven Urteil, das sich auch auf die bis Ende der 80er Jahre beobachtete Krisenfestigkeit der intermediären Institutionen gründet, stehen zwei kritische Feststellungen gegenüber: Zum einen weisen organisierte Produzenteninteressen, die von den stärkeren Organisationsanreizen partikularer Interessen profitieren, ein Übergewicht über allgemeine (z.B. Verbraucher- oder Patienten-) Interessen auf. Zum anderen tendieren organisierte Sozialsysteme, um die es sich auch bei Parteien und Verbänden handelt, zur Errichtung von Sinngrenzen gegenüber ihrer Umwelt. Sie sind nur nach Maßgabe ihrer Eigeninteressen bereit, externen Erwartungen und Aufträgen verläßlich zu genügen.

3. Geschichtliche Entwicklung

Die historischen Organisierungsprozesse erfolgten in mehreren Wellen, die von je besonderen Umständen geprägt waren. Nach der Blüte von Lesegesellschaften, Bildungs- und Harmonievereinen am Anfang des 19. Jh. kam es um die Mitte des Jh. zu einer Gründungswelle von Vereinigungen mit wirtschaftlicher und (sozial-)politischer Zielsetzung: Selbsthilfe- und Unterstützungsvereine der Arbeiter, *Berufsverbände* sowie Handels- und Gewerbevereine. In der zweiten Hälfte des 19. Jh. entstanden sowohl die ersten industriellen Arbeitgeber- und Wirtschaftsverbände als auch freie *Gewerkschaften*. Die Gewerkschaften erlebten v.a. nach der Aufhebung des Sozialistengesetzes (1878-90) ein stürmisches Wachstum. Den Industrieverbänden, deren großindustrieller und mittelständischer Zweig sich 1919 im Reichsverband der Deutschen Industrie vereinigten, wurden im Ersten Weltkrieg quasi hoheitliche Befugnisse übertragen. Auch die Gewerkschaften waren vom Staat als regulative Institutionen und Kooperationspartner anerkannt worden und sahen ihre Funktionen in dem neugeschaffenen Arbeitsrecht der Weimarer Republik und durch die Verfassungsgarantie der Koalitionsfreiheit bestätigt. Das Vereins- und Verbändewesen erlebte in den 20er Jahren eine neue Blüte mit zahlreichen Neugründungen.

Die ersten *Parteien* entstanden in den Parlamenten der Revolutionsjahre 1848-49, als sich die Abgeordneten entsprechend ihren weltanschaulichen Differenzen gesonderte Fraktionen schufen. Zu den überwiegend liberal orientierten Parteien traten in den Jahren vor und nach der Gründung des Nationalstaats (1871) weitere Parteien konservativer und nationaler Prägung. Durch Vereinigung des Allgemeinen Deutschen Arbeitervereins (ADAV) und der Sozialdemokratischen Arbeiterpartei Deutschlands (SDAP) entstand 1875 die Sozialistische Arbeiterpartei (SAP), die seit 1891 als Sozialdemokratische Partei Deutschlands (*SPD*) firmiert. Alle im Reichstag vertretenen Parteien wiesen Züge von Honoratiorenparteien mit autoritär-oligarchischer Führung auf. Auch war der frühe Parlamentarismus durch antagonistische Konfliktstrategien und einen Mangel an Kompromißfähigkeit charakterisiert. Dieses Parteien- und Politikverständnis blieb nach Abschaffung der Monarchie intakt. Die Parteien der Weimarer Republik sahen sich nicht als Vermittler zwischen Gesellschaft und Staat. Vielmehr wurde von Staat und Regierung die Verwirklichung allgemeiner Werte erwartet, über deren Inhalt die Parteien zutiefst uneins waren. Umstritten blieben aber nicht nur Gemeinwohldefinitionen, sondern auch Wert und Legitimität der republikanischen Verfassung. Autoritätsgläubigkeit und Harmonieverlangen auf der einen Seite, starre Feindbilder und Lagerdenken auf der anderen schürten Unzufriedenheit mit dem demokratischen „System", für dessen Verteidigung gegen die Nationalsozialisten sich zu wenige Akteure einfanden.

Mit einem Stimmenanteil von 33,1% (Nov. 1932) gelangte die NSDAP am 30. Januar 1933 (zunächst im Rahmen einer Koalitionsregierung) an die Macht. Sie leitete die von der Bevölkerung überwiegend tolerierte Abschaffung politischer Freiheiten und die Repression demokratischer Organisationen ein. Dem Verbot von *KPD* und *SPD* folgte die Auflösung der freien Gewerkschaften, sodann der bürgerlichen Parteien. Im Juli 1933 wurde das „Gesetz gegen die Neubildung von Parteien" verabschiedet, im Dezember des selben Jahres die Gleichschaltung der verbliebenen Organisationen mit dem „Gesetz zur Sicherung der Einheit von Partei und Staat" vollendet. Politische Gegner und insbesondere das Führungspersonal der linksgerichteten Parteien (SPD und KPD) wurden mit großer Brutalität verfolgt. Um dem Konzentrationslager zu entgehen, mußten sie zwischen Exil und Illegalität wählen. Rassismus und Chauvinismus lieferten Rechtfertigungsformeln zuerst für die Aufhebung von Bürger- und Menschenrechten, sodann für den millionenfachen Mord an jüdischen Bürgern/innen. Mit gleichgeschalteten Massenorganisationen (Hitler-Jugend, NS-Frauenschaft, Reichsnährstand, Deutsche Arbeitsfront usw.), für die teilweise Beitrittszwang angeordnet war, knüpfte der NS-Staat an ständische Traditionen an. Wegen ihrer Ordnungsfunktionen in den entbehrungsreichen Kriegsjahren hatten die NS-Zwangsverbände in den Augen der Bürger durchaus positive Züge angenommen. U.a. deshalb fiel es vielen Deutschen schwer, nach der Befreiung durch die Alliierten ein kritisches Gesamtbild von Staat und Gesellschaft im Nationalsozialismus zu entwickeln.

Nach der Auflösung der NS-Organisationen im Jahre 1945 bedurften neue Parteien und Verbände zunächst einer Lizenz der Siegermächte. Die wiedergegründete *SPD* und die neugegründete *CDU* stellten die größte Mitgliedergruppe des Parlamentarischen Rates, der das *Grundgesetz* der Bundesrepublik Deutschland schuf. Es garantiert neben dem

Grundrecht der Vereinigungsfreiheit die Koalitionsfreiheit aller Teilnehmer am Wirtschaftsprozeß in Vereinigungen „zur Wahrung und Förderung der Arbeits- und Wirtschaftsbeziehungen" (GG Art. 9, Abs. 3). Wiedergegründet wurde auch die KPD, die in den Westzonen bis 1948 mehreren Allparteienregierungen angehörte und 1956 durch Urteil des Bundesverfassungsgerichts wegen verfassungswidriger Zielsetzungen verboten wurde. In der von der Sowjetunion verwalteten Ostzone avancierte die KPD zur alleinregierenden Staatspartei, nachdem sie im April 1946 ihre Umwandlung in die *Sozialistischen Einheitspartei Deutschlands (SED)* unter Einbeziehung der dortigen SPD vorgenommen hatte. Aus der anfangs recht zersplitterten Parteienlandschaft Westdeutschlands entwickelte sich ein Dreiparteiensystem aus CDU/CSU, SPD und FDP, das bis 1983 Bestand hatte.

Anders als die *Parteien* knüpften viele Wirtschafts- und Berufsverbände bei der Wahl von Namen und Strukturen an alte Organisationsformen an. Für die Vertretung von Wirtschaftsinteressen entstand eine dreisträngige Organisationsstruktur bestehend aus Industrieverbänden, Arbeitgeberverbänden sowie Industrie- und Handelskammern. Die Gewerkschaften organisierten sich nach dem Prinzip der (überparteilichen) Einheitsgewerkschaft. Die einzelnen Fach- bzw. Industriegewerkschaften vertreten alle Beschäftigtengruppen des jeweiligen Wirtschaftssektors und sind im Deutschen Gewerkschaftsbund (DGB) zusammengeschlossen. Ihre mit den Arbeitgeberverbänden ausgehandelten Löhne, Arbeitszeitnormen und Arbeitsbedingungen prägten den entstehenden *Wohlfahrtsstaat*. Während *Parteien* und *Verbände* integrierter Teil des politischen Systems der Bundesrepublik und für die Regulierung gesellschaftlicher Teilbereiche (mit-)zuständig wurden, blieb das Assoziationsrecht in der *DDR* zugunsten des Herrschaftsmonopols der *SED* eingeschränkt. Ab 1950 hatten Wähler nur noch die Alternative, entweder einer Einheitsliste mit Kandidaten von SED, Blockparteien und sog. Massenorganisationen zuzustimmen oder Gefahr zu laufen, als Staatsfeind zu gelten. Neben dem Zweck, als „Transmissionsriemen" gesellschaftlicher Mobilisierung zu dienen, besaßen Parlamente, Parteien und Massenorganisationen nur noch symbolisch-legitimatorische Funktionen; sie wirkten nicht als Medien der Interessenrepräsentation. Bürger/innen, die der SED oder einer Blockpartei beitraten, drückten damit seltener eine politische Präferenz aus als berufliche Ambitionen oder öffentliches Engagement. Im sozialistischen Obrigkeitsstaat war Interessenkommunikation allenfalls auf dem Wege individueller „Eingaben" möglich.

Stände- und obrigkeitsstaatliches Gedankengut, das Kaiser- und NS-Zeit überlebt hatte, schwand in Westdeutschland im Laufe der 60er und 70er Jahre, in der DDR am Ende der 80er Jahre. Die dem heutigen Staats- und Politikverständnis zugrundeliegenden Ideen sind nicht mehr auf die staatsrechtlichen Traditionen Deutschlands beschränkt, sondern um liberale und republikanische Momente des angelsächsischen Demokratiekonzepts bereichert. Nach fünf Dekaden liberaler Verfassungspraxis genießen die pluralistische Interessenstruktur sowie Parteien als konstitutive Akteure der Demokratie und Medien zivilgesellschaftlicher Repräsentation allgemeine Anerkennung. Damit befinden sich Verfassungsnorm und Verfassungswirklichkeit erstmals seit Anfang dieses Jahrhunderts in Einklang.

Daß sich unter den Bedingungen der *SED*-Herrschaft ein ähnliches Politikverständnis entwickelt hatte, belegen die Mobilisierung der DDR-Bevölkerung und eine Fülle von Partei- und Verbandsgründungen im Herbst 1989. Unter dem Druck der Bürgerbewegung und einer bis weit in die SED-Mitgliedschaft reichenden Mobilisierungswelle gab die SED-Führung im November 1989 ihren Führungsanspruch auf und übertrug die faktische Regierungsverantwortung „Runden Tischen", die sich unter Beteiligung neuer und alter politischer Organisationen gebildet hatten. Die am 18.3.1990 demokratisch gewählte Volkskammer beschloß die Herstellung einer Wirtschafts- und Währungsunion zum 1.7.1990 und den Beitritt zur Bundesrepublik am 3.10.1990. Während des Vereinigungsprozesses hatten sich die ostdeutschen Parteien (außer der SED-Nachfolgepartei *PDS*) und die meisten Verbände mit westdeutschen Partnerorganisationen zusammengeschlossen, sofern es westdeutsche Organisationen nicht vorzogen, ostdeutsche Landesverbände ins Leben zu rufen. Infolgedessen entspricht das in den neuen Bundesländern entstandene System der parlamentarischen und verbandlichen Interessenorganisation bis auf wenige Ausnahmen dem westdeutschen Muster. Es ist vollständiger, differenzierter und einflußreicher als die bis 1996 in anderen postsozialistischen Ländern entstandenen Vertretungssysteme.

4. Parteien

Das deutsche Parteiensystem am Ende des 20. Jh. ist Ergebnis von Konzentrations- und Innovationsprozessen. Rechten Splitterparteien (namentlich NPD, DVU und *Die Republikaner*) gelang es wiederholt, ihren Stimmenanteil in einigen Bundesländern und Städten auf 5% und mehr (1996 in Baden-Württemberg auf 9,6%) zu steigern. Angesichts ihrer Fragmentierung und der Defizite an Fach- und Organisationskompetenz ist das extrem rechte Wählervotum v.a. als Protest gegen die Regierungspolitik, aber nur mit Einschränkung als Indiz einer parteipolitischen Konsolidierung zu betrachten. Dennoch demonstrieren die Rechtsparteien mehr Kontinuität als manche näher zur „Mitte" angesiedelten Innovationen (Statt-Partei Hamburg 1993: 5,6%, 1997: 3,8%; Arbeit für Bremen 1995: 10,7%). Eine anhaltende Erweiterung des Dreiparteiensystems im Mitte-Links-Spektrum erfolgte mit den *Grünen*, die 1983 in den Bundestag einzogen. Die DDR-Bürgerbewegung des Herbstes 1989 hinterließ nur schwache Spuren, weil sich die geringe Zahl von Aktivisten auf mehrere Parteien verteilte. Eine relativ große Gruppe, die bis 1993 im *Bündnis 90* organisiert war, ist heute bei den Grünen beheimatet, die übrigen in *CDU* und *SPD*. Eine nochmalige Erweiterung erfuhr das Parteiensystem durch die Konsolidierung der *PDS* als ostdeutsche Regionalpartei, die aufgrund von vier Direktmandaten auch im 1994 gewählten Bundestag vertreten ist. Die Grünen (und ab 1990 die PDS) haben eine Ausdifferenzierung des Mitte-Links-Spektrums bewirkt (vgl. Tab. 1). Daraus resultiert eine relative Schwächung der SPD und die Zunahme Großer Koalitionen von CDU und SPD auf Länderebene (vgl. Tab. 2). Gleichzeitig nahm der Konzentrationsgrad des Parteiensystems (gemessen an dem auf die Großparteien entfallenden Stimmenanteil) ab: von 91,2% (1976) auf 77,9% (1994) bzw. 70% in den neuen Ländern (1994). Die Meßzahl reflektiert u.a. die Schwierigkeiten der Großparteien, sich neuen Wählerschichten zu öffnen, ohne Teile ihrer Stammwählerschaft zu verlieren. Angesichts dieser „Modernitätsfalle" (Wiesendahl 1992) haben CDU/CSU und SPD – entgegen früheren Erwartungen – nicht den Weg zu einander immer ähnlicher werdenden „Allerweltsparteien" (Otto Kirchheimer) fortgesetzt, sondern blieben (in reduziertem Maße) den traditionellen Sozialmilieus und Weltanschauungslagern verbunden.

Tabelle 1: Ergebnisse der Bundestagswahlen 1965-94 (in v.H. der Wahlberechtigten bzw. der abgegebenen Stimmen)

BTW	1965	1969	1972	1976	1980	1983	1987	1990	1994
Wahlbeteiligung	86,8	86,7	91,1	90,7	88,6	89,1	84,3	77,8	79
davon:									
CDU/CSU	47,6	46,1	44,9	48,6	44,5	48,8	44,3	43,8	41,4
FDP	9,5	5,8	8,4	7,9	10,6	7,0	9,1	11,0	6,9
GRÜNE	–	–	–	–	1,5	5,6	8,3	3,8	7,3
Bündnis 90								1,2	
PDS	–	–	–	–	–	–	–	2,4	4,4
SPD	39,3	42,7	45,8	42,6	42,9	38,2	37,0	33,5	36,4
Sonstige	3,6	5,5	0,9	0,9	0,5	0,5	1,4	4,2	3,6
%	100	100	100	100	100	100	100	100	100

Quelle: Statistisches Jahrbuch für die Bundesrepublik Deutschland 1996

4.1 *Bündnis 90/Die Grünen* lautet der neue Name der aus der Fusion von DIE GRÜNEN und Teilen der ostdeutschen Bürgerbewegung (1993) hervorgegangenen Partei. Ihr westdeutscher Part ist seit 1983 Teil des Parteiensystems auf allen Ebenen. Die Wurzeln der Partei liegen in der Umwelt- und Bürgerinitiativbewegung der 70er Jahre, der („68er") Studentenbewegung und der städtischen „Alternativkultur". Nach dem Rückzug der sozialistischen und fundamentalistischen Strömungen (1987-90) gelten die Grünen als pragmatisch orientierte, aber immer noch reformpolitisch ambitionierte Partei im linken Spektrum. Sie ist bevorzugter Koalitionspartner der *SPD* in den Kommunen und (bislang sieben) Ländern (vgl. Tab. 2). Die Erweiterung der Programmatik von Energie-, Umwelt- und Geschlechterpolitik auf Sozial- und Außenpolitik folgt dem Wandel der öffentlichen Debatten, aber signalisiert auch die Ausschöpfung des Wählerpotentials. Noch im Jahre 1990 vereinigten sich die west- und die ostdeutschen Grünen; drei Jahre darauf erfolgte der Zusammenschluß mit Bündnis 90, dem ostdeutschen Wahlbündnis aus Initiative Frieden und Menschenrechte, Demokratie Jetzt sowie Neuem Forum. Es handelte sich um den einzigen Fall einer Parteienfusion, in dem der ostdeutschen Seite Mindestquoten der Repräsentation im Vorstand, auf Delegiertenversammlungen und Kandidatenlisten garantiert wurden. Dennoch konnten die Bündnisgrünen noch kaum in Ostdeutschland Fuß fassen und sich als parlamentarische Kraft neben SPD und PDS etablieren. Vielmehr ist das Mißverhältnis einer schmalen Mitgliederbasis und einer relativ großen Zahl politischer Mandate gewachsen. Am 31.12.1996 standen 44.839 Mitgliedern im Westen (Tendenz: steigend) lediglich 2.780 Mitglieder in Ostdeutschland und Berlin-Ost (Tendenz: stabil) gegenüber. Der Organisationsgrad, d.h. das Verhältnis von Mitgliedern zu Wählern, ist der niedrigste Wert aller im Bundestag vertretenen Parteien. Der trotz wachsender Kompetenz eintretende Profilverlust und die schwache Präsenz im Osten bereiten der Partei Probleme.

Tabelle 2: Zusammensetzung der Bundes- und Landesregierungen 1987-96

	1987	1988	1989	1990	1991	1992	1993	1994	1995	1996
Bund	C/C+F			C/C+F				C/C+F		
BaWü		C				C+S				C+F
Bayern				CSU				CSU		
Berlin			S	C+S					C+S	
Brandg.				S+F+G				S		
Bremen	S				S+F+G				C+S	
Hamburg	S+F						S			
Hessen	C+F				S+G				S+G	
Me.-Vp.				C+F				C+S		
Nds.				S+G				S		
NRW				S					S+G	
Rh.-Pf.	C+F				S+F					S+F
Saarland				S				S		
Sachsen				C				C		
S.-Anhalt				C+F				S+G		
Schl.-H.			S			S				S+G
Thür.				C+F				C+S		

Abkürzungen: C= CDU, C/C= CDU/CSU, F=FDP, G=Grüne bzw. Bündnis 90/Die Grünen, S=SPD.
Quelle: Statistisches Jahrbuch für die Bundesrepublik Deutschland 1996

4.2 Die *CDU* gilt aufgrund der Zusammenführung von drei politischen Grundströmungen, dem Konservatismus, dem politischen Katholizismus und dem liberalen Protestantismus, als Prototyp einer Volkspartei. Von 1949-69 fungierte sie als Kanzler- und Regierungspartei, was Programmkontroversen erübrigte und die Integration der Partei erleichterte. Ihr Führungspersonal war maßgeblich an der Gestaltung der *„sozialen Marktwirt-*

schaft" beteiligt. Mit einer überwiegend pragmatisch ausgerichteten Regierungspolitik gelang es der CDU, ein breites Mitte-Rechts-Segment der Wählerschaft an sich zu binden und gleichzeitig die Etablierung extremer Rechtsparteien zu verhindern. Der Parteiapparat spielte in der Ära Adenauer nur eine Nebenrolle. Deshalb führte die CDU in der Oppositionsphase (1969-82) tiefgreifende Organisationsreformen durch und legte sich – unter Beteiligung der Fachausschüsse und Sonderorganisationen (Sozialausschüsse, Junge Union und Frauenvereinigung) ein Grundsatzprogramm zu (1978). Nach Rückkehr in die Regierung (1982) und einer Reihe von marktorientierten Reformen der Sozial- und Arbeitspolitik geriet die Partei in eine Führungs- und Reputationskrise, die von Mitgliederverlusten (ca. 12% von 1983 bis 1991) begleitet war. Der Bundeskanzler Helmut Kohl vermochte sich gegenüber den innerparteilichen Konkurrenten zu behaupten und konnte im Prozeß der deutschen Einheit seine Position wie die der CDU nachhaltig aufwerten. Für die Initiierung und Organisierung des Vereinigungsprozesses erntete die Kohl-Regierung Anerkennung auch außerhalb der Partei. Die Ausdehnung in die neuen Bundesländer, wo die CDU Hauptregierungspartei wurde, gelang durch Integration der Ost-CDU, einer ehemaligen DDR-Blockpartei. Einschließlich der 65.900 ostdeutschen Mitglieder beläuft sich der gesamte Mitgliederstand per 31.12.1996 auf 645.800 (Tendenz: sinkend). Obzwar erhebliche Spannungen zwischen ehemaligen Blockparteimitgliedern und Aktivisten der DDR-Bürgerbewegung berichtet wurden und die auf die PDS zielende Polarisierungsrhetorik manche ostdeutschen Parteimitglieder abstieß, scheint das Projekt einer gesamtdeutschen Volkspartei gelungen. Am Ende der 90er Jahre ist die CDU weniger durch Integrationsprobleme als durch Schwierigkeiten bei der Realisierung institutioneller Reformen und der Eindämmung der Massenarbeitslosigkeit belastet.

4.3 Die *CSU* stellt ein Unikum im deutschen Parteiensystem dar. Sie ist eine formal selbständige Partei, deren Bundestagsabgeordnete (die CSU-Landesgruppe) mit denen der CDU eine Fraktionsgemeinschaft bilden. Mit starker landsmannschaftlicher Prägung (und 180.500 Mitgliedern per 1.10.1996, Tendenz: steigend) tritt die CSU als eine Bayern schlechthin repräsentierende Partei auf. Teil ihres politischen Profils ist die Vertretung nationalkonservativer Positionen in der Innen- und Außenpolitik. Bis 1990 konnte die CSU mit einem Stimmenanteil um 10% (auf Bundesebene) ein Gegengewicht zur FDP bilden. Das relative Gewicht der CSU ist nach dem Beitritt der ostdeutschen Länder gesunken. Gleichzeitig scheiterte der Versuch, mit der Deutschen Sozialen Union (DSU) eine ostdeutsche Schwesterpartei aufzubauen, am unzureichenden Wählerinteresse. Damit scheint auch die gelegentlich der CDU angedrohte Option einer Ausdehnung auf weitere Bundesländer ad acta gelegt.

4.4 Das Profil der *FDP* ist von bürgerlich-liberalen und nationalliberalen Milieus geprägt. Im Verein mit einer der Großparteien war die FDP länger als jede andere Partei an Bundesregierungen beteiligt. Ihr Einfluß als Mehrheitsbeschafferin geht deutlich über das von Stimmenanteil und Mitgliederzahl markierte Gewicht hinaus. In Ermangelung von Korrespondenzorganisationen (Kirchen, Gewerkschaften oder soziale Bewegungen) ist das Schicksal der FDP eng mit ihrer Präsenz als Regierungspartner verknüpft. Auch leidet die FDP stärker als andere Parteien unter dem Schwinden der Stammwählerschaft und der Zunahme rational kalkulierender (Wechsel-)Wähler. Nachdem sich die FDP in den „Freiburger Thesen" (1971) ein eigenes liberales Reformprogramm zugelegt hatte, dokumentiert ihre „Wende" zur CDU/CSU (1982) die Führungsübernahme durch konservative Kreise und den marktliberalen Flügel um Graf Lambsdorff. Die marktliberale Programmatik stellt für die ostdeutschen Landesverbände eine erhebliche Belastung dar. In den ostdeutschen Landtagswahlen von 1994 verlor die FDP alle vier Jahre zuvor gewonnenen Mandate. Seitdem ist die Partei nur noch in vier von elf westdeutschen Landtagen vertreten und an zwei Landesregierungen beteiligt (vgl. Tab. 2).

Interessenorganisation

Ihre Vereinigung mit LDPD und NDPD sowie den Neugründungen FDP (DDR) und Deutsche Forumspartei hat zwar eine kurzfristige Verdoppelung der vergleichsweise geringen Mitgliederzahl ermöglicht. Der Mitgliederbestand von ca. 155.000 (1991) sank jedoch rasch auf insgesamt 75.000 (per 31.12.1996), davon 18.500 in Ostdeutschland.

4.5 Die *PDS* (Partei des demokratischen Sozialismus) hält deutlicher als postkommunistische Nachfolgeparteien anderer Länder an einer prosozialistischen Programmatik fest. Die *SED* hatte sich im Dez. 1989 gegen ihre Auflösung und für die Erneuerung unter dem Namen PDS entschieden. Bis Dez. 1990 hatte sie mehr als 2 Mio. Mitglieder verloren. Die Mitgliederzahl von ca. 280.000 (Ende 1990) sank bis Ende 1996 auf 105.000. Während nunmehr die älteren Generationen den überwiegenden Teil der Mitgliedschaft stellen, wird die Partei von (jüngeren) Reformern geführt, die im SED-Regime keine oder nur untergeordnete Positionen bekleidet hatten. Nach einem Rückgang des Stimmenanteils von 16,4% in der Volkskammerwahl auf 11,1% in der Bundestagswahl des Jahres 1990 verbuchte die Partei stetige Stimmengewinne. Bei der Bundestagswahl 1994 erhielt sie in den neuen Ländern 19,8% der abgegebenen Stimmen. In den ostdeutschen Landtagswahlen desselben Jahres schnitt die PDS mit bis zu 22,7% als drittstärkste Partei ab. Sie gilt als Sachwalterin ostdeutscher Interessen und verfügt auf lokaler Ebene über das dichteste Organisationsnetz. Programmatische Anleihen bei Grünen und SPD verdecken, daß ein größerer Teil der Anhänger/innen aus der DDR-Dienstklasse noch traditionalistische Wertorientierungen mit autoritären und antiwestlichen Einschlägen pflegt. Die an die *KPD* der Weimarer Republik anknüpfende Rhetorik und „antikapitalistische" Programmelemente beantworten v.a. den Identitäts- und Distinktionsbedarf früherer Eliten, die den Niedergang der DDR als Entwertung ihres Lebenswerkes erfuhren. Ist es der PDS gelungen, sich mit Identifikationssymbolen, bürgernahen Beratungs- und Betreuungsangeboten sowie dezidierter Interessenpolitik als regionale Milieupartei zu konsolidieren, so wird sie von SPD und Bündnisgrünen als zwiespältiger Konkurrent wahrgenommen, dessen Stimmenanteil zur Bildung von Mitte-Links-Regierungen fehlt.

4.6 Die *SPD* entwickelte sich nach der Verabschiedung des Godesberger Programms (1959) zur zweiten Volkspartei der Bundesrepublik. Während ihrer Regierungsbeteiligung (1967-82) förderte sie die Modernisierung gesellschaftlicher Teilbereiche und trug mit der Entspannungspolitik Willy Brandts zur Überwindung des Kalten Krieges bei. Mit dem Aufkommen neuer Themen (Umwelt, Abrüstung, Geschlechterfragen) geriet die Partei in einen Gegensatz zur Politik des SPD-Kanzlers Helmut Schmidt, dessen Regierung 1982 von der konservativ-liberalen Koalition abgelöst wurde. Nach wie vor enge Bindungen an das Arbeitermilieu und die Gewerkschaften bei zunehmender Angewiesenheit auf Wähler/innen aus den neuen Mittelschichten versetzten die SPD in ein Dilemma: Sie kann ihre Attraktivität für neue Wählerschichten nur auf Kosten der Stammwähler erhöhen und vice versa. So vermochte die SPD nach 1982 zwar ihre Position in den Ländern zu verbessern (vgl. Tab. 2), konnte aber kein Profil als Alternative zur CDU-geführten Bundesregierung entwickeln. Ihren Führungspersonen gelang es nicht, die wirtschaftspolitische Kompetenz neuzubegründen, die der Partei in den 60er Jahren an die Macht half. Im Prozeß der deutschen Einheit vertrat die SPD sowohl befürwortende als auch skeptische Positionen. Ihren ostdeutschen Partner fand sie in der SDP, die sich im Herbst 1989 gegründet hatte. Somit konnte die SPD im Unterschied zu CDU, FDP und PDS weder von einem ostdeutschen Mitgliederstamm noch von „altem" Parteivermögen profitieren. Ihre Mitgliederbasis im Osten ist noch relativ schmal: Am 31.12.1996 standen 766.000 Mitgliedern im Westen nur knapp 27.000 im Osten gegenüber (Gesamttendenz: sinkend). Der Organisationsgrad ostdeutscher SPD-Wähler beträgt nur ein Sechstel der für Westdeutschland geltenden Relation. Unterschiede bestehen auch im Sozialprofil der ostdeutschen Mitgliedschaft: Arbeiter sind schwächer als im Westen vertreten, dagegen dominieren akademische Berufe, kirchlich Orientierte und Sympathisanten der Bürgerbewegung. Die Entscheidung, keine früheren SED-Mitglieder aufzunehmen, hat die SPD (ähnlich den bürgerbewegten Bündnisgrünen) zur Heimat einer neuen, von SED-Traditionen unbelasteten Elite gemacht, ihr aber auch erhebliche Wettbewerbsnachteile eingebracht. Sie hat im Osten nicht nur wesentlich weniger Mitglieder als die CDU, sondern trug indirekt zur Konsolidierung der PDS bei, die linksgesinnten Personen mit SED-Vergangenheit zur alternativlosen Startbasis für politische Karrieren wurde. Der Wettbewerbsnachteil im Osten trifft sich mit Schwierigkeiten im Westen, wo die mit der Dienstleistungsgesellschaft wachsenden Mittelschichten viele ihrer Anliegen auch bei CDU und Grünen aufgehoben sehen.

5. Gewerkschaften

Als freiwillige Vereinigungen von Arbeitnehmern, die mit Arbeitgeberverbänden bzw. Unternehmen Vereinbarungen über zentrale Parameter der Arbeitsbeziehungen (Löhne bzw. Gehälter, Arbeitszeit, Urlaub und Arbeitsbedingungen) treffen, sind *Gewerkschaften* konstitutiver Teil des System der *Tarifautonomie*. Sie konnten bis Ende der 70er Jahre ihre Erfolge sowohl im Wege der Tarifpolitik als auch durch direkte und indirekte Einflußnahme auf die Sozial- und Wirtschaftspolitik erzielen. Aufgrund der Segmentierung des Arbeitsmarktes blieb ihre Aktionsfähigkeit auch unter Bedingungen hoher Arbeitslosigkeit intakt. Ihr Erfolgskatalog umfaßt die durch produktivitätsorientierte Lohnpolitik erzielten Kaufkraftsteigerungen, die Herabsetzung der wöchentlichen Regelarbeitszeit auf 35 Stunden, einen sechswöchigen Urlaubsanspruch sowie Lohnfortzahlungs-, Arbeitsschutz- und Rationalisierungsschutzabkommen. Vertreter der Gewerkschaften arbeiten in zahlreichen Gremien und Beiräten mit; allein an der Selbstverwaltung der Sozialversicherung sind rund 18.000 Arbeitnehmervertreter beteiligt. Dank ihrer Mobilisierungsfähigkeit und der Beiträge zur gesellschaftlichen Steuerung genießen die Gewerkschaften eine Reputation als ebenso konflikt- wie verpflichtungsfähige Akteure. Zwar sind die *Betriebsräte* gemäß dem Betriebsverfassungsgesetz (1952/ 1972) formell von den Gewerkschaften unabhängige Organe. Die „duale" Repräsentation von Arbeitnehmerinteressen scheint jedoch die Ausschöpfung der auf überbetrieblicher und betrieblicher Ebene bestehenden Optionen eher erleichtert als behindert zu haben. Die Gewerkschaften sind im wirtschaftlichen Strukturwandel mit beträchtlichen Anpassungsproblemen konfrontiert, die ihren Repräsentationsanspruch zu untergraben drohen. Weil die von der *Tertiarisierung* begünstigten Angestellten weniger organisationsbereit sind als Industriearbeiter, sind Arbeiter und traditionelle Berufsgruppen überproportional vertreten und Angestellte sowie moderne Berufe unterrepräsentiert (vgl. Tab. 3). Der gewerkschaftliche Organisationsgrad hat sich seit den 60er Jahren von ca. 40% auf ca. 32% (1989) verringert. Dennoch konnten sich die DGB-Gewerkschaften, neben denen noch der Christliche Gewerkschaftsbund Deutschlands (CGB), die Deutsche Angestelltengewerkschaft (DAG) und der Deutsche Beamtenbund (DB) zu erwähnen sind, behaupten und in verschiedenen Konflikten (zuletzt 1996 bei der Verteidigung der ungekürzten Lohnfortzahlung) Durchsetzungskraft demonstrieren. Auch mit Forderungen nach Subventionen für unrentable Branchen (Schiffsbau, Kohlebergbau) blieben sie bis in die 90er Jahre erfolgreich. Mit dem Erfordernis, den zunehmend globalisierten Wettbewerbsbedingungen Rechnung zu tragen, wandeln sich die Optionen gewerkschaftlicher Interessenvertretung. Überbetriebliche (Flächen-) Tarifverträge werden durch differenziertere und situativ variable betriebliche Regelungen ersetzt. Im Zuge der Übertragung der *Tarifautonomie* auf die vom Transformationsschock erfaßte *DDR*-Wirtschaft konnten die Gewerkschaften zwar fast 4 Mio. ehemalige FDGB-Mitglieder gewinnen, aber mußten die Vertretung arbeitsloser Mitglieder (mit einem Anteil von 28% an der ostdeutschen Mitgliedschaft), Arbeitsbeschaffungsprogramme und Initiativen der Wirt-

Interessenorganisation

schaftsförderung zu ihrem Hauptanliegen machen. Mit der Ausdehnung in die neuen Länder wandelte sich auch die Mitgliederstruktur. Einzelne DGB-Gewerkschaften konnten ihren Mitgliederstand von 1990 auf 1991 (fast) verdoppeln (z.B. in den Bereichen GLF und HBV; vgl. Tab. 4). Dabei stieg der Frauenanteil von 24,4 auf über 30%. Die Gesamtmitgliederzahl nahm wegen des Stellenabbaus in Ostdeutschland seit 1991 um mehr als 20% ab.

Tabelle 3: Mitgliederstand und -struktur der Gewerkschaften (per 31.12.1975-95)

	1975	1980	1985	1989	1991	1993	1995
CGB[1]	-	297	307	305	311	311	304
DAG	470	495	501	504	585	528	507
DB	727	821	796	794	1.053	1.079	1.076
DGB	7.365	7.882	7.719	7.861	11.800	10.290	9.355
Gew. Organisierte insgesamt[2]	8.562	9.496	9.324	9.463	13.749	12.208	11.242
in v.H. der Beschäftigten[3]	38,1	39,7	39,6	38,2	41,5	38,5	36,0
Arbeiter in v.H. der Organis.	62,0	58,4	57,5	57,0	57,2	54,7	53,5
(Arbeiter in v.H. der Beschäftigten)	50,1	48,0	45,2	43,2	42,3	41,2	40,3

Abkürzungen: CGB= Christlicher Gewerkschaftsbund Deutschlands, DAG=Deutsche Angestelltengewerkschaft, DB=Deutscher Beamtenbund, DGB=Deutscher Gewerkschaftsbund

Anmerkungen:
1 Die unter 1980 aufgeführte Mitgliederzahl des CGB entstammt dem Jahr 1982.
2 Einschließlich nichtbeschäftigter Mitglieder.
3 Der reale Organisationsgrad ist niedriger anzusetzen, weil in der Zahl der Gewerkschaftsmitglieder auch erwerbslose Personen und Bezieher von Altersruhegeld enthalten sind.

Quelle: Statistische Jahrbücher für die Bundesrepublik Deutschland 1978-96

Tabelle 4: Mitgliederentwicklung der DGB-Gewerkschaften (31.12.1975-95)

Gewerkschaft	1975	1980	1985	1990	1991	1993	1995
IG BSE	509.422	533.054	507.528	462.751	776.781	669.910	640.800
IG BE	378.369	367.718	356.706	322.820	506.640	403.172	378.000
IG CPK	644.271	660.973	649.569	675.949	876.674	778.530	723.240
GdED	447.914	406.428	354.180	312.353	527.478	450.461	423.200
GEW	139.294	183.793	194.028	189.155	359.852	329.729	306.448
GGLF	39.309	42.196	42.450	44.054	134.980	103.541	84.000
G HBV	257.123	351.328	371.228	404.695	737.075	583.782	522.696
G HK	132.054	157.142	144.653	152.731	239.472	192.926	170.806
G Leder	56.458	55.689	48.725	42.615	41.718	27.420	23.300
IG Medien				184.720	244.774	223.600	206.323
IG Metall	2.556.184	2.622.267	2.553.041	2.726.705	3.624.380	3.146.437	2.869.469
G NGG	248.724	253.001	267.158	275.203	431.211	355.863	322.019
G ÖTV	1.058.525	1.149.689	1.179.396	1.252.599	2.138.317	1.996.371	1.770.789
GdP		165.900	163.590	162.780	200.997	197.523	198.897
DPG	419.585	450.201	460.626	478.913	611.969	578.179	529.233
GTB	283.324	293.766	258.846	249.880	348.095	255.708	216.288
DGB insg.	7.364.912	7.882.527	7.719.468	7.937.923	11.800.413	10.290.152	9.385.500
Frauen %	17,8	20,2	22,1	24,4	33,0	31,4	30,6

Abkürzungen: IG = Industriegewerkschaft, G = Gewerkschaft. BSE = Bau-Steine-Erden; BE = Bergbau und Energie; CPK = Chemie-Papier-Kermik; GdED = G der Eisenbahner Deutschlands; GEW = G Erziehung und Wissenschaft; GGLF = G Gartenbau, Land- und Forstwirtschaft; HBV = Handel, Banken und Versicherungen; HK = Holz und Kunststoff; NGG = Nahrung-Genuss-Gaststätten; ÖTV = Öffentliche Dienste, Transport und Verkehr; GdP = G der Polizei; DPG = Deutsche Postgewerkschaft; GTB = G. Textil-Bekleidung.

Quelle: M. Kittner (Hg.), Gewerkschaft heute, Köln 1995; Die Quelle 47 (2), 1996: 14

6. Verbände

Das deutsche *Verbände*wesen zeichnet sich durch Dichte und Differenziertheit aus. Allein 1.538 (Spitzen-)Verbände waren 1996 beim Deutschen Bundestag akkreditiert, was einer Zunahme um 140% seit 1974 entspricht. Neben der fachlichen Differenziertheit sind die geringe Kompetitivität und der hohe Zentralisationsgrad der Verbände hervorzuheben. Die Mehrzahl der Verbände ist für ihre Organisationsdomäne alleinzuständig und auf regionaler bzw. Fachebene mit anderen Verbänden zuammengeschlossen. Die Dach- und Spitzenverbände unterhalten Kontakte zum Gesetzgeber und zu den Ressorts der Ministerialverwaltung. Lobbytätigkeit, Anhörungsverfahren der Bundestagsfraktionen und -ausschüsse, Fachbeiräte der Ministerien sowie institutionelle Beteiligungsrechte von der Raumplanung bis zu den Rundfunkräten machen den sichtbaren Wirkungsraum der Verbände aus. Ebenso relevant ist der Informationsaustausch zwischen Verbänden und Ministerien bzw. Behörden. Bei der Ausarbeitung staatlicher Maßnahmen und deren Implementation kommen regelmäßig die Expertise verbandlicher Experten und deren Kontakte zu Mitgliedern und Öffentlichkeit zur Geltung. Die Bedeutung der Verbände drückt sich auch in ihrer Rolle als Arbeitgeber aus: Beschäftigen die *Parteien* etwa 1.500 Personen und die *Gewerkschaften* rund 15.000 Hauptamtliche, so wird die Zahl der in Wirtschaftsverbänden beschäftigten Personen auf ca. 150.000 taxiert. Die rasche Übertragung des westdeutschen Institutionensystems auf die ostdeutschen Länder wäre ohne die im Verbändesystem angelegten Organisations- und Steuerungskompetenzen unmöglich gewesen. Unter Einsatz westdeutschen „Leihpersonals" und (zum geringeren Teil) in Kooperation mit ostdeutschen Verbänden entstanden jedoch im Osten weitgehend identische Repräsentationsstrukturen. Genuin ostdeutsche Verbände konnten nur auf lokaler Ebene (Beispiel Sportvereine) sowie im sozialpflegerischen Bereich (Beispiel Volkssolidarität) ihren Fortbestand sichern.

Tabelle 5: Spitzenverbände der Wirtschaft (unvollständige Übersicht)

	Mitgliedsverbände	
	regional	fachlich
Deutscher Industrie- und Handelstag (DIHT)	83	16
Bundesverband der Deutschen Industrie (BDI)	16	34
Bundesvereinigung der Deutschen Arbeitgeberverbände (BDA)	15	48
Zentralverband des Deutschen Handwerks (ZDH)	56	52
Hauptverband des Deutschen Einzelhandels (HDE)	18	35
Bundesverband des Deutschen Groß- und Außenhandels (BGA)	16	50
Deutscher Bauernverband (DBV)	18	43
Bundesverband der Freien Berufe (BfB)	16	82
Bundesverband deutscher Banken	13	
Deutscher Sparkassen- und Giroverband	13	
Bundesverband der Dt. Volksbanken und Raiffeisenbanken (BVR)	12	2
Bundesverband Deutscher Zeitungsverleger (BDZV)	12	
Gesamtverband der Deutschen Versicherungswirtschaft (GDV)		5
Deutscher Hotel- und Gaststättenverband (DEHOGA)	18	
Centralvereinig. Dt. Handelsvertreter und Handelsmaklerverb. (CDH)	15	22

Quellen: Statistisches Jahrbuch der Bundesrepublik Deutschland 1996; Hoppenstedt, 1994 (Hrsg.): Verbände, Behörden, Organisationen der Wirtschaft. Darmstadt

6.1 *Verbände* der Wirtschaft. Die Liste der Spitzenorganisationen der Wirtschaft umfaßt nicht weniger als 17 Dachverbände (vgl. Tab. 5). Der Organisationsgrad der Wirtschaftsfach- und Arbeitgeberverbände variiert zwischen 70 und 90%. Die jeweiligen Spitzenverbände, der Deutsche Industrie- und Handelstag (DIHT), der Bundesverband der Deutschen Industrie (BDI) und die Bundesvereinigung der Deutschen Arbeitgeberverbände (BDA), bilden mit weiteren Dachverbänden den Gemeinschaftsausschuß der Deutschen

Interessenorganisation

Gewerblichen Wirtschaft und vertreten allgemeine Belange der Wirtschaft gegenüber Regierung und Öffentlichkeit. Auf regionaler Ebene ist die Funktionsteilung zwischen Verbänden des BDI- und des BDA-Bereichs nicht selten durch die Büro- und Personalunion der Geschäftsführung aufgehoben. Die hohe fachliche Differenzierung der Verbände erleichtert die Repräsentation divergierender und konkurrierender Interessen, mindert aber die Verpflichtungsfähigkeit der Verbände gegenüber den Mitgliedsunternehmen. Nachdem Versuche der institutionalisierten Kooperation von Regierung, Wirtschaft und Gewerkschaften in der „Konzertierten Aktion" aufgegeben wurden und auch in den sog. Kanzlerrunden (seit 1990) keinen Ersatz fanden, sind Wirtschaftsverbände nur noch fallweise an korporatistischen Gremien der regionalen Modernisierungs- und Beschäftigungspolitik beteiligt.

6.2 *Berufsverbände* repräsentieren die beruflichen, professionellen sowie fach- und standespolitischen Interessen von Ärzten, Ingenieuren, Lehrern, Architekten, Anwälten, Richtern usw. Die Professionsvertretungen üben durch Personalrekrutierung und Meinungsbildung einen oft bestimmenden Einfluß auf die im selben Bereich tätigen öffentlich-rechtlichen Vertretungskörperschaften (Kammern) aus. Sie verhandeln im Unterschied zu *Gewerkschaften* auch über Fragen des Bedarfs, der Leistungsqualität und weitere Parameter ihres öffentlichen Auftrags. In einigen Bereichen erfüllen Berufsverbände einkommenspolitische Funktionen, z.B. bei der Aushandlung ärztlicher Leistungskataloge und Gebührenordnungen. Berufsverbände sind ferner für die Wahrung der ethischen Grundsätze und Qualitätsnormen professioneller Tätigkeit, die Nominierung von Gutachtern und die fachliche Beratung öffentlicher Entscheidungsgremien zuständig.

6.3 *Schutzverbände* stellen Defensivbündnisse von Konsumenten oder Personen mit besonderen Schutz- und Förderbedürfnissen dar. Das Spektrum organisierter Schutzinteressen reicht von der Deutschen Schutzvereinigung für Wertpapierbesitz und dem Bund der Steuerzahler über verschiedene Behindertenverbände, den Senioren-Schutz-Bund „Graue Panther" bis zu den Frauenverbänden und dem Bundeselternrat. Allgemeine Konsumenteninteressen werden von durchweg mitgliederschwachen Verbraucherverbänden vertreten, während Verbände für spezielle Verbraucherinteressen, wie der Allgemeine Deutsche Automobilclub (ADAC), weitaus höhere Mitgliederzahlen aufweisen. Gleichwohl genießen die Arbeitsgemeinschaft der Verbraucherverbände, der Deutsche Mieterbund oder der Verband der Postbenutzer öffentliche Anerkennung als Anwälte allgemeiner Interessen. Günstigere Organisationsbedingungen genießen Schutzinteressen, die auf die Zuständigkeit des Staates (z.B. für die Kompensation der Folgen des Zweiten Weltkriegs) bauen können wie die Vertriebenenverbände oder der Verband der Kriegs- und Wehrdienstopfer, Behinderten und Sozialrentner Deutschlands (VdK). Auch die Umweltbewegung der 70er und 80er Jahre fand einen Niederschlag im Verbändesystem. Die Umweltverbände – unter ihnen Greenpeace (ca. 600.000 Mitglieder) und der Bund für Umwelt und Naturschutz Deutschland (BUND) – konnten ihre Mitgliederzahl seit 1974 fast verdoppeln (auf über 5 Mio.).

6.4 *Wohlfahrtsverbände*. Arbeiterwohlfahrt, Arbeiter-Samariter-Bund (ASB), Deutscher Caritasverband, Diakonisches Werk der Evangelischen Kirche, Deutsches Rotes Kreuz (DRK), die Zentralwohlfahrtsstelle der Juden in Deutschland und der Deutsche Paritätische Wohlfahrtsverband (DPWV) bilden die „freien" Träger im System der öffentlichen Wohlfahrtspflege. Sie unterhalten Krankenhäuser, Altenheime, Kindergärten und Einrichtungen der Sozial- und Jugendhilfe. Wiewohl ihre Leistungen überwiegend mit staatlichen Mitteln finanziert sind, genießen die Angebote der freien Verbände Vorrang vor öffentlichen Trägern, die nur subsidiär tätig werden dürfen. Das dichte Netz der Einrichtungen, ihre Verwurzelung in sozialen Milieus sowie ein beachtlicher Anteil an ehrenamtlicher Arbeit haben den Wohlfahrtsverbänden einen gesicherten Status als sozialpolitische Akteure und Versorgungsträger verschafft. Gleichzeitig fungieren sie als Interessenvertretung der Hilfsbedürftigen, sei es durch Akquisition von Finanzmitteln, sei es durch Präsentation von Versorgungsbedarfen (z.B. im Rahmen der Armutsberichterstattung). Die Wohlfahrtsverbände haben es verstanden, im Zuge der Individualisierung eingetretene Verluste an privater Hilfsbereitschaft durch Formen „organisierter Solidarität" zu kompensieren. Die weltanschauliche Fundierung der meisten Verbände stand jedoch einer problemlosen Übertragung dieses Versorgungsmodells auf die neuen Bundesländer entgegen. Dort konnten allein das Deutsche Rote Kreuz und die Volkssolidarität (im DPWV) auf vorhandenen Organisationsstrukturen aufbauen. Die übrigen Verbände kommen mangels gewachsener Milieubindungen nur für einen geringeren Anteil an der freien Wohlfahrtspflege auf.

7. Perspektiven der Kritik

Die Kritik an *Parteien* und *Verbänden* ist älter als die Institutionen der liberalen Demokratie. Organisierte Partikularinteressen stehen im Ruf der Gemeinwohlschädlichkeit; Probleme der politischen Repräsentation sind Standardthemen öffentlicher Debatten. In der kritischen Betrachtung von Parteien und Verbänden haben sich vier Aspekte als bedeutsam erwiesen. An erster Stelle steht das nicht selten prekäre Verhältnis von Eigeninteressen und Repräsentationsauftrag. Privilegierte Einflußchancen und ihre „gatekeeper"-Funktionen (im Hinblick auf Ämter und Mandate) machen die intermediären Akteure zum Einfallstor von Motiven, in denen sich politische Ambitionen mit privaten oder Gruppeninteressen verbinden. Organisationsloyalität fungiert gelegentlich als Deckmantel von Selbstbedienungspraktiken zu Lasten von Wählern und Steuerzahlern, was regelmäßig anläßlich von Diätenerhöhungen konstatiert wird. Zweitens wird auf die Gefahr einer Aushöhlung der institutionellen Ordnung verwiesen, wenn die Trennung von Legislative und Exekutive unterlaufen scheint oder sich Amts- und Mandatsträger besonderen Gruppeninteressen verbunden fühlen. So weisen rund zwei Drittel der ministeriellen Führungskräfte Verflechtungen mit privaten (überwiegend wirtschaftlichen) Interessen auf. Von den Bundestagsabgeordneten gehören ca. 40% Verbänden der Industrie, des Mittelstands oder der Freien Berufe an, 14% einer Gewerkschaft, aber nur 0,1% den Verbraucherverbänden. Die Befürchtung, daß der Staat von privaten und Parteiinteressen „kolonisiert" werde (Herbert von Arnim), scheint nicht unbegründet. Drittens bestehen Anzeichen, daß die intermediären Organisationen einen schleichenden Formen- und Funktionswandel durchmachen. Die Aufgaben der kompetitiven Repräsentation sozialer Interessen und der Vermittlung von öffentlichen Aufgaben mit privaten Ansprüchen treten häufig hinter die Bemühungen um öffentliche Aufmerksamkeit und das Werben um Wählerstimmen zurück. Strategien des Reputationsmanagements bestimmen dann Themen und Ausgang der Sachkonflikte. Viertens: Wenn Themen, Entscheidungsoptionen und -gründe nicht nach sachlichen Gesichtspunkten, sondern entsprechend ihrer Eignung für den politischen Wettbewerb gewählt werden, scheint die Problemlösungskapazität des politischen Systems insgesamt herabgesetzt.

Für eine korrekte Einschätzung solcher Kritik gilt es, zwischen Problemen der Repräsentation und Vermittlung sozialer Interessen auf der einen Seite und einem Unbehagen an den unvermeidlichen Disharmonien der pluralistischen Interessenrepräsentation auf der anderen Seite zu unterscheiden. Die liberale Demokratie kennt als „logischen" Ort der Definition und Gewährleistung des Gemeinwohls nur den kompetitiven politischen Prozeß, der nicht anders denn als Interessenwettbewerb, Konfliktgeschehen und Kompromißaushandlung organisierbar ist. Er gewährleistet weder Optimalität noch Schutz vor krassen Partikularismen, aber er erlaubt die öffentliche Thematisierung von Schieflagen sowie die Mobilisierung von Korrekturkräften. In diesem Sinne ist die wiederkehrende Kritik an Ämterpatronage, Klientelbeziehungen und Privilegienmißbrauch mehr als nur ein Verweis auf akute Mißstände. Sie ist Teil der zivilgesellschaftlichen Beobachtung der Medien der Interessenrealisierung und damit notwendiges, wenn auch nicht hinreichendes Revisionspotential. Zur Erhaltung der Funktionsfähigkeit der repräsentativen Demokratie bedarf es der laufenden Perzeption und Korrektur von Regelverletzungen. Weniger die Verbreitung von Kritik an Parteien und Verbänden als vielmehr ihr Erlahmen böte Anlaß zur Sorge.

Literatur

Alemann, Ulrich von: Organisierte Interessen in der Bundesrepublik Deutschland, Opladen 1989

Armingeon, Klaus: Die Entwicklung der deutschen Gewerkschaften 1950-1985, Frankfurt a. M./New York 1988

Benzner, Bodo: Ministerialbürokratie und Interessengruppen, Baden-Baden 1989

Mayntz, Renate (Hg.): Verbände zwischen Mitgliederinteressen und Gemeinwohl, Gütersloh 1992

Mintzel, Alf/Heinrich Oberreutter (Hg.): Parteien in der Bundesrepublik Deutschland, Opladen 1992

Niedermayer, Oskar: Das intermediäre System, in: Kaase, Max u.a.: Politisches System. Berichte zum sozialen und politischen Wandel in Ostdeutschland, Bd. 3, Opladen 1996

Niedermayer, Oskar/Richard Stöss (Hg.): Stand und Perspektiven der Parteienforschung in Deutschland, Opladen 1993

Olson, Mancur jr.: Die Logik des kollektiven Handelns, Tübingen 1968

Schiller, Theo (Hg.): Parteien und Gesellschaft, Stuttgart 1992

Stöss, Richard (Hg.),: Parteienhandbuch, 2 Bde, Opladen 1983

Streeck, Wolfgang (Hg.): Staat und Verbände, Opladen 1994 (PVS-Sonderheft. 25.)

Ullmann, Hans-Peter: Interessenverbände in Deutschland, Frankfurt a.M. 1988

Wiesendahl, Elmar: Volksparteien im Abstieg. Aus Politik und Zeitgeschichte B 34-35, 1992

Wiesenthal, Helmut (Hg.): Einheit als Interessenpolitik, Frankfurt a.M./New York 1995

Helmut Wiesenthal

Internationale Verflechtung und Globalisierung

1. Begriff

„Internationale Verflechtung" beschreibt den Austausch von Menschen, Waren, Dienstleistungen, Kapital oder Informationen zwischen Staaten nach einem feststellbaren und relativ dauerhaften Muster. Solche Verflechtungen hat es immer gegeben, seit es Staaten gibt; allerdings sind sie im historischen Verlauf dichter und vielfältiger geworden. „Globalisierung" meint eine neue Qualität dieser Entwicklung: Bei „internationalen Verflechtungen" stehen die beteiligten Staaten im Vordergrund, und es sind nicht notwendig alle Staaten einbezogen; bei „Globalisierung" sind alle Staaten einbezogen, und das Verflechtungsmuster bestimmt das Handeln der Akteure mehr als umgekehrt. Globalisierung will verweisen auf einen Prozeß der Ausbildung einer *Weltgesellschaft*. Motor dieser Entwicklung ist die globalisierte Wirtschaft; ihre Folgen zeigen sich jedoch auch in Politik, Ökologie, Kultur und Gesellschaft.

Seit 1973 – erster Ölpreisschock und Beginn einer Wirtschaftskrise, Ende des Bretton Woods-Systems, Schaffung des Weltwirtschaftsgipfels der Gruppe der Sieben (G 7: USA, Kanada, Japan, Großbritannien, Frank-

---

1 Der Text ist am Zentrum für europäische Studien der Universität Trier entstanden. Er stützt sich auf Arbeitspapiere von und eingehende Diskussionen mit Sabine Frerichs, Heike Hilges (Ökonomie), Christian Klein, Stefan Rumpf und Dirk Zeeden (Ökologie), Jürgen Kreller, Klaus von Raussendorff, Oliver Wagner (Politik), Gaby Gotzen, Sabine Kratz (Sozialpolitik).

reich, Italien, Deutschland), Wahl neo-konservativer Regierungen und einsetzende „angebotsorientierte Wirtschaftspolitik", Beginn der Schuldenkrise, Beginn der Strukturanpassungspolitik von Internationalem Währungsfonds und Weltbank, Austritt der USA und Großbritanniens aus der UNESCO, Golfkrieg – vollzieht sich ein tiefgreifender struktureller Wandel. Seine deutlichsten Symptome sind die Internationalisierung der großen Unternehmen und der Finanzströme und die Veränderung der globalen Machtstruktur. Allen voran ist es Kapital, das mit „Lichtgeschwindigkeit" und ohne räumliche Grenzen um den Globus bewegt wird, immer auf der Suche nach den profitabelsten Anlagemöglichkeiten.

Der Begriff „Globalisierung" unterstellt, vereinfacht gesagt, daß ein wachsender Anteil der Weltbevölkerung den gleichen Entwicklungsbedingungen unterworfen wird. Zunehmend (im historischen Verlauf) sind die Akteure und sozialen Einheiten Entwicklungen ausgeliefert, die „irgendwo" passieren, die sie nicht beeinflussen, denen sie sich nur anpassen können. Das ist nur vordergründig eine „neue Weltunordnung" (Kenneth Jowitt); vielmehr entwickelt sich eine neue Struktur der Macht- und Verteilungsverhältnisse. Wenn vorher unabhängige Nationalstaaten die wichtigsten Akteure waren, so sind es jetzt zusätzlich *Transnationale Unternehmen (TNU)*; eine zunehmend wichtige Rolle spielen supranationale (z.B. die Europäische Union) und internationale (z.B. Internationaler Währungsfonds) Organisationen, selbst wenn sie nur (z.B. die Weltwirtschaftsgipfel der G 7) informellen Charakter haben. Das Geflecht internationaler Vereinbarungen und Regime wird dichter (z.B. das Allgemeine Zoll- und Handelsabkommen GATT, seit 1995 Welthandelsorganisation WTO, oder die geplante Osterweiterung der NATO und der EU).

Doch die globalen Interdependenzen überziehen die Erde weder gleichmäßig noch symmetrisch: Globalisierung bedeutet nicht, daß sich Lebensbedingungen weltweit annähern. Die Entwicklungsbedingungen variieren nach der Stellung eines Landes in einem hierarchischen Weltsystem. Ein solcher Prozeß ist, beginnend mit dem Zeitalter der großen „Entdeckungen", in den Weltsystemtheorien (allen voran Wallerstein 1974ff.) beschrieben worden. Internationale Verflechtungen zwischen ungleichen Partnern dienen dem Machterhalt des Stärkeren; internationale Verflechtungen unter gleichstarken Partnern dienen der Integration und wechselseitigen Kontrolle nach innen und der Abschließung gegen außen. Die Ungleichheit zwischen den Staaten nimmt zu, und auch innerhalb der meisten Gesellschaften ist dies der Fall. Globalisierung wird sowohl absichtsvoll vorangebracht, als auch eigendynamisch verstärkt (machtpolitische, wirtschaftliche, technische, ökologische Triebkräfte). Im Begriff „Globalisierung" schwingt die Vorstellung mit, die Welt werde überall von einem immer dichteren Geflecht von Wirtschaftsbeziehungen überzogen. Die Entwicklungsbedingungen überall auf der Erde glichen sich aneinander an, es handle sich also um einen Vorgang der Homogenisierung, des Ausgleichs sozialer Unterschiede. Das ist nicht nur ungenau, sondern falsch. Von einer gleichmäßigen Ausbreitung „der Wirtschaft" kann nicht die Rede sein.

Es mag nicht ohne weiteres einsichtig sein, von einer *Weltgesellschaft* oder globalen Gesellschaft zu sprechen, zumal sie als Akteur kaum identifizierbar ist. Es gibt kein Einverständnis darüber, wann ein soziales Gebilde eine Gesellschaft zu nennen sei und welche Kriterien es dafür erfüllen müßte. Bei aller definitorischen Unschärfe sind gemeinsame Institutionen ein notwendiges Bestimmungselement, und die gibt es seit Beginn dieses Jahrhunderts. Die Weltgesellschaft ist weniger ein klar feststellbares Faktum als vielmehr fortlaufender Prozeß – gerade dies wird im Begriff „Globalisierung" ausgedrückt (vgl. auch Altvater/Mahnkopf 1996).

Der Nationalstaat als Steuerungseinheit wird unter Bedingungen der Globalisierung nicht überflüssig, sondern gerade da gefordert, wo es gilt, die inneren Lebensverhältnisse den Bedürfnissen der TNU unterzuordnen. Als schwacher Staat ist er freilich weniger autonomer Akteur als Vollzugsorgan unkontrollierbarer Zwänge. Insbesondere ist er dort schwach, wo er seinen Bürgerinnen und Bürgern Leistungen zugesagt hatte. Was als Verlust von Steuerungsfähigkeit erscheint, ist teils der bewußte Verzicht darauf (Deregulierung), teils Folge einer enormen Staatsverschuldung (Privatisierung, Sozialabbau). Als starker Staat muß er jedoch die Forderungen der globalisierten Wirtschaft nach innen durchsetzen: Er soll für möglichst günstige *Standortbedingungen* sorgen, für gut ausgebaute Infrastruktur, Rechtssicherheit, gut ausgebildete Arbeitskräfte und möglichst geringe Kostenbelastung der Unternehmen, soziale Spannungen unter Kontrolle halten und in den internationalen Organisationen auf Umstände hinwirken, welche für die *TNU* möglichst günstig sind. Am deutlichsten wird dies in der internationalen Schuldenkrise und der Strukturanpassungspolitik von Währungsfonds und Weltbank. Die TNU nutzen Unterschiede der Umweltauflagen, der Macht der Gewerkschaften, der Besteuerung, der Sicherheit der Gewinnrückführung und der Löhne zur Verlagerung von Produktionsstätten in andere Länder bzw. zur Androhung von Betriebsverlagerungen für den Fall, daß ihre „Standortbedingungen" nicht verbessert werden.

Vordergründig haben sich Marktwirtschaft und Mehrheitsdemokratie mit dem Kollaps der sozialistischen Systeme nahezu überall auf der Welt durchgesetzt. Doch im gleichen Augenblick wird ein Widerspruch nur umso deutlicher sichtbar: Die auf diesen Prinzipien gebaute *Weltgesellschaft* mag zwar, gemessen an den üblichen Indikatoren, wirtschaftlich erfolgreich sein, sie ist aber nicht zukunftsfähig (sustainable): Weder garantiert sie allen Menschen ein würdiges Auskommen, noch demokratische Teilhabe, noch ist sie in der Lage, die natürlichen Lebensgrundlagen zu bewahren. Im Gegenteil: Alle Indikatoren deuten auf eine scharfe Polarisierung zwischen Arm und Reich hin, die Zerstörung der Umwelt schreitet ungebremst fort, Verletzungen der Menschenrechte nehmen zu. Diese Weltgesellschaft läßt zugleich mit dem Prozeß ihres Entstehens Symptome einer tiefen Krise erkennen. Der Club of Rome hat nicht zuerst, wohl aber am eindringlichsten und immer wieder auf diese „Problématique" (ein Syndrom vielfältig ineinander verflochtener Aspekte) hingewiesen. Die entstehende Weltgesellschaft ist zutiefst gespalten, von Verteilungskämpfen erschüttert, und sie lebt auf Kosten künftiger Generationen. Vielfältig sind die Argumente, die selbst das Überleben der Menschheit als biologischer Spezies gefährdet sehen. Eine normative Gegenposition wurde von der Weltkommission für Umwelt und Entwicklung mit dem Begriff des „sustainable development", der nachhaltigen, zukunftsfähigen Entwicklung markiert, eines Entwicklungspfades der globalen Gesellschaft, der „die Bedürfnisse der Gegenwart befriedigt, ohne zu riskieren, daß künftige Generationen ihre eigenen Bedürfnisse nicht befriedigen können" (Hauff 1987: 46).

2. Ökonomische Verflechtung

2.1 Grundzüge weltwirtschaftlicher Verflechtung

Internationale Verflechtung der Wirtschaft folgt aus der *Arbeitsteilung* zwischen Ländern, die sich jeweils auf bestimmte Produkte spezialisieren, um möglichst effizient fertigen zu können. Internationale Arbeitsteilung soll Wohlstandsgewinne für alle beteiligten Länder bringen. Die produzierten Waren, Rohstoffe, Arbeitskräfte und Kapital werden grenzübergreifend ausgetauscht. Die internationalen Wirtschaftsbeziehungen eines Landes engen einerseits seine Entscheidungsspielräume im Inneren ein, andererseits begründen sie in bedeutender Weise seinen Rang und Einfluß in internationalen Hierarchien. Besonders zwischen den Industrieländern (*OECD*) findet ein intensiver Austausch von Produkten und Produktionsfaktoren, die in Art, Menge und Qualität einander ähneln, statt: Die Wirtschaftsbeziehungen sind spiegelbildlich. Sehr viel geringer sind die Nicht-OECD-Länder an den weltwirtschaftlichen Austauschprozessen beteiligt. Ihre Wirtschaftsbeziehungen mit den Industrieländern sind gegensätzlich oder einseitig: Exporte und Importe dieser Länder unterscheiden sich strukturell deutlich (z.B. Rohstoffe gegen Maschinen, Kapitalimporte, Abwanderung qualifizierter Arbeitskräfte). Es liegen in dem einen Fall symmetrische (Gleichrangigkeit), im anderen asymmetrische (Hierarchie) Interdependenzen vor.

Transnationale Unternehmen (TNU) treten als die sichtbarsten Agenten internationaler Wirtschaftsverflechtungen hervor. Sie organisieren den „globalisierten" Wirtschaftsverkehr in transnationalen Herstellungsketten und Handelsbeziehungen und prägen mit ihrem Angebot weltweit Konsummuster. Die TNU beherrschen strategische Industriezweige, die über zukünftige Markterfolge, Macht und Wohlstand entscheiden: Biotechnologie, Chemie und Pharmaindustrie, Kraftfahrzeugbau, Luft- und Raumfahrt, neue Werkstoffe, Roboter und Werkzeugmaschinen, Informationstechnologie. In diesen Schlüsselindustrien herrscht ein Kampf um die technologische Vorreiterrolle (Systemführerschaft), die darüber entscheidet, welche Basistechnologien zukünftig in gewaltigen Dimensionen angewendet werden. Um sich vorteilhafte Marktpositionen zu sichern, werden Ressourcen gebündelt, Risiken verteilt und Kosten minimiert. Dies geschieht durch transnationale Produktions- und Handelssysteme, die alle Prozesse und Beteiligten integrieren, regulieren und kontrollieren, durch strategische Allianzen zwischen TNU, durch weitere Expansion, Konzentration und Verdrängungswettbewerb. Dem Bedarf an internationalen Finanzbeziehungen kommen Finanzinstitutionen nach, die als „global players" den weltweiten Wettbewerb um Anlagemöglichkeiten von Geldkapital strukturieren. Auch die TNU sind nicht autonom in ihren Entscheidungen, sondern bestimmt durch die Erwartungen ihrer Eigentümer.

TNU tragen bereits ein Drittel zum Weltsozialprodukt bei; etwas weniger als ein Drittel des gesamten Welthandels findet nur noch unternehmensintern statt. Beinahe der gesamte Außenhandel beispielsweise der USA oder Großbritanniens liegt in der Obhut von TNU. Unter den 100 größten TNU (1992) sind 26 amerikanischer Herkunft, 16 japanischer, zwölf französischer und jeweils neun britischer und deutscher; acht weitere entstammen anderen EU-Ländern (EU insgesamt: 38 TNU), 17 anderen OECD-Ländern: Sie operieren in erster Linie von den Industrieländern aus und sind durch umfangreiche Filialisierung nahezu flächendeckend aktiv. TNU sind nur mäßig arbeitsplatzrelevant: Lediglich für drei Prozent der ökonomisch aktiven Weltbevölkerung entstehen Arbeitsplätze, von denen mehr als vier Fünftel auf Industrieländer entfallen.

TNU brauchen Staaten als Operationsbasis, die sie mit umfangreichen Vorleistungen und Infrastruktur versorgen. Staaten wiederum umwerben die TNU, die aber keine Wohlstandsgaranten für die gesamte Wirtschaft sind. Nur ein kleiner Teil profitiert direkt von den Gewinnspannen der „Hochwertproduktionen". Wo technologieärmere Produkte hergestellt werden (aber mehr Leute beschäftigt sind), entsteht innerhalb und zwischen den Volkswirtschaften ein radikaler Kostenwettbewerb (der die Löhne drückt). Nicht-Industrieländer können zwar Billiglöhne anbieten, aber nicht die hochwertigen Vorleistungen, die für TNU von Interesse sind. Die weltweite Polarisierung verstärkt sich weiter, die Weltwirtschaftsordnung verfestigt sich. Die Industrieländer bilden supranationale Wirtschaftsblöcke (EU, NAFTA, APEC: die Triade), die das „Arbeitsklima" für TNU weiter verbessern. Sozial- und Umweltstandards werden auf kleinstem gemeinsamen Nenner vereinheitlicht.

Die Verdichtung internationaler Wirtschaftsverflechtungen läßt sich in Handel, Produktion und Finanzen vielfältig belegen. Der *Welthandel*, die sichtbarste Erscheinung internationaler Wirtschaftsverflechtung, wächst in den zurückliegenden Jahrzehnten weit schneller als das Weltsozialprodukt. Er findet vor allem zwischen den Industrieländern statt und ist verantwortlich dafür, daß sich die „dirty industries" (Kohle, Stahl, Werften) in Billiglohnländer verlagern können.

Die Internationalisierung der Produktion findet durch *Auslandsdirektinvestitionen (ADI)* statt, die im Ausland Realkapital (z.B. Tochterunternehmen) schaffen. So werden Absatz-, Beschaffungsmärkte und Rohstoffquellen vor Ort gesichert. Regionale Unterschiede in Produktionskosten (z.B. Löhne) und staatlichen Regulierungen (z.B. Umweltschutzauflagen, Besteuerung) werden ausgenutzt und protektionistische Maßnahmen unterlaufen. Zu Beginn der achtziger Jahre entwickeln sich ADI mit Zuwachsraten von jährlich zehn Prozent, in der zweiten Hälfte sogar von 15%; teilweise von 30%. Die ADI konzentrieren sich regional auf die Wirtschaftsblöcke EU, Nordamerika, Japan/Pazifik. Die Entwicklungsländer spielen als Zielort nur eine geringe Rolle; unter den wenigen Ausnahmen sind vor allem die Sonderwirtschaftszonen der Volksrepublik China hervorzuheben.

Zehn Prozent der gesamten Auslandsvermögen sind *ADI*, neunzig Prozent sind reine Finanzinvestitionen (Devisen- und Wertpapierkäufe). Diese werden über die internationalen *Finanzmärkte*, die infolge technologischer Innovationen und Liberalisierungsmaßnahmen große Entwicklungsschübe gemacht haben, abgewickelt. Dabei sind nicht nur die Produktionsstandorte, sondern auch Zinsen, Wechselkurse, die Entscheidungen anderer Anleger für die eigene Anlageentscheidung relevant. Das Interesse gilt den höchsten finanziellen Renditen, die aus Rationalisierung und Entlassungen, Öko- und Sozialdumping, selbst semilegalen oder kriminellen Geschäften oder Spekulation resultieren können. Die „launischen" Finanzmärkte gewinnen im internationalen Wettbewerb zunehmend an Gewicht: Die grenzüberschreitenden Finanzströme übertreffen die grenzüberschreitenden Warenströme um ein Vielfaches. Dafür sind auch Spekulationen verantwortlich, die unter Umständen das internationale Finanzsystem und damit die Realwirtschaft destabilisieren können.

2.2 Deutschland in der Weltwirtschaft

Ressourcenarmut, das Interesse an „Kolonialwaren", die Hoffnung auf ständiges Wirtschaftswachstum und der Erhalt außenpolitischer Macht lassen die Pflege außenwirtschaftlicher Verflechtungen zum vitalen Interesse der deutschen Politik werden.

Im wachsenden *Welthandel* liegen die Anteile der westdeutschen Exportwirtschaft traditionell bei etwa einem Zehntel. Export- und Importanteile am *Bruttoinlandsprodukt (BIP)* nehmen stetig zu: von jeweils 12% (1950) auf mehr als ein Drittel bei Exporten (1990: 36,4%), bei Importen etwas weniger (29,7%). Die deutsche Wirtschaft richtet sich auf die Nutzung immer umfangreicherer internationaler Märkte ein. Dadurch wird die eigene konjunkturelle Entwicklung eng mit dem Geschehen im Ausland verknüpft. Viele Arbeitsplätze sind von der Exportproduktion abhängig. Sieben der zehn größten deutschen Industriekonzerne (1995) erzielen mehr als die Hälfte des Umsatzes durch Exporte. Der Außenhandel richtet sich vorwiegend auf die Industrieländer, besonders die EU. Seit 1990 gewinnen die mittel- und osteuropäischen Reformstaaten an Gewicht. Entwicklungsländer haben weiter an Bedeutung eingebüßt, ausgenommen Schwellenländer (z.B. in Ost- und Südostasien). Der Warenhandel mit Entwicklungsländern ist überwiegend asymmetrisch strukturiert: Industriegüter werden gegen industrielle und landwirtschaftliche Rohwaren gehandelt, kapitalintensive Fertigungen gegen arbeitsintensive. Agrar- und Nahrungsgüter werden mit Hilfe der EU gegen die Konkurrenz gleichartiger Güter aus den Entwicklungsländern geschützt.

Der Bestand deutscher *Auslandsdirektinvestitionen* beträgt (Ende 1994) insgesamt 330 Mrd. DM. Die Hälfte wurde in der EU investiert, ein Fünftel in den USA, zwei Prozent in Japan, bereits drei Prozent in den Reformländern Mittel- und Osteuropas, ein Zehntel in Entwicklungsländern. Sechs Prozent der gesamten deutschen Investitionen fließen als ADI ins Ausland. Direktinvestitionen, die vom Ausland in Deutschland getätigt wurden, betragen 1992 nur drei Viertel der deutschen ADI-Bestände. Der relative Mangel an ADI-Zuflüssen bedeutet jedoch nicht notwendig eine „Standortschwäche" Deutschlands, sondern kann ein Zeichen expansiver Stärke einer Volkswirtschaft sein, die Produktionskapital exportiert. Die Kapitalverflechtungen über ADI spiegeln Deutschlands gehobene Position in der Weltwirtschaft und seine längerfristigen wirtschaftsstrategischen Interessen wider.

Auf den internationalen *Finanzmärkten* zählt Deutschland seit 1990 wieder zu den Kapitalimporteuren, das Netto-Auslandsvermögen verringert sich. Die deutschen Staatsschulden, die 1995 über 2.000 Mrd. DM

(57,6% des BIP) betragen, werden zu vierzig Prozent im Ausland gehalten. Einige deutsche Großunternehmen liegen mehrheitlich im Auslandsbesitz. Die Finanzmärkte fordern von Deutschland Stabilität und angebotsorientierte (d.h. kostenminimierende) Wirtschaftspolitik. Diese Wirtschaftskultur findet sich auch in den Konvergenzkriterien für die europäische Wirtschafts- und Währungsunion und den Strukturanpassungsprogrammen für Entwicklungs- bzw. Schuldnerländer wieder.

Im Ergebnis zeigt die internationale Wirtschaftsverflechtung durch hohen Anpassungsdruck und verschärfte Polarisierung negative Rückwirkungen auf die deutsche Gesellschaft. Dennoch werden Internationalisierung und Globalisierung von Deutschland forciert.

3. Politische Verflechtung

3.1 Weltpolitik

Als „Weltpolitik" wird das Handeln der Regierungen, soweit es sich auf die Gestaltung globaler Bedingungen richtet, bezeichnet. Nach wie vor sind die nationalen Regierungen die wichtigsten Akteure der Weltpolitik, auch und gerade in den Vereinten Nationen und ihren Sonderorganisationen. Politische Globalisierung bedeutet in diesem Zusammenhang, daß das Geflecht politischer Institutionen und Regime so dicht und bestimmend geworden ist, daß es das Handeln nationaler Regierungen wesentlich mitbestimmt. Davor und daneben gab und gibt es politische Verflechtungen in internationalen und supranationalen Übereinkünften und Abhängigkeiten zur Gestaltung der jeweils eigenen bzw. regionaler Entwicklungsbedingungen. Es ist wichtig, die nationale Basis der Akteure zu betonen, sind doch die Regierungen abhängig von ihrer jeweiligen nationalen Wählerschaft oder Klientel, und bestimmen sie doch auch wesentlich die Handlungschancen und den Einfluß nationaler Nichtregierungsorganisationen mit. Ihr weltpolitisches Handeln wird einerseits durch die national definierten Handlungsspielräume, andererseits durch ihre jeweils spezifische und von ihrer Position in einem hierarchischen Weltsystem abhängige Wahrnehmung globaler Probleme bestimmt.

Die *Vereinten Nationen (VN)*, hervorgegangen aus dem Völkerbund, standen seit ihrer Gründung unter den Interessen, der Problemwahrnehmung und der Machtkonstellation der Anti-Hitler-Koalition und der bereits virulenten Ost-West-Konfrontation. Nur so ist die Konstruktion des Weltsicherheitsrates, des einzigen Organs der VN, das bindende Beschlüsse fassen kann, zu verstehen; nur so auch die Entwicklung der Bretton Woods-Institutionen (vor allem der Weltbank und des Internationalen Währungsfonds), die von Beginn an zwar formal unter dem Dach der VN residierten, aber weder weisungsgebunden noch rechenschaftspflichtig waren, noch der Entscheidungsregel des „one nation, one vote" folgten. In der Geschichte der Vereinten Nationen lassen sich zwei strukturelle Brüche feststellen:

Zum einen führte die Entkolonialisierung der sechziger Jahre zum Einzug einer großen Zahl neuer Mitglieder („Gruppe der 77", der Entwicklungsländer) und zu einer Veränderung der Mehrheitspositionen in der Generalversammlung zuungunsten der westlich-kapitalistischen Länder. Ihr wichtigstes Sprachrohr wurde die UNCTAD (Konferenz der Vereinten Nationen für Handel und Entwicklung), ihr größter Erfolg der Abschluß der Neuen Welt-Wirtschaftsordnung 1974, deren Scheitern freilich im gleichen Augenblick schon erkennbar war. Die UNCTAD verliert mit der Weigerung der westlichen Länder, ein integriertes Rohstoffabkommen abzuschließen und einen Verhaltenskodex für TNU anzuerkennen, rasch an Bedeutung. In den Vordergrund tritt nun das 1947 gegründete Allgemeine Zoll- und Handelsabkommen GATT (das 1995 in die Welthandelsorganisation WTO umgewandelt wurde). Der Zusammenbruch des Bretton Woods-Systems 1973 bedeutete das Ende dieser Phase. 1975 begann die Serie der jährlichen „Weltwirtschaftsgipfel" der Gruppe der 7 wichtigsten Industrienationen, die inzwischen zu einer festen Institution geworden sind. Gleichzeitig verloren die VN, insbesondere durch die Weigerung der USA, ihre Beiträge zu zahlen und den Internationalen Gerichtshof in sie selbst betreffenden Konfliktfällen anzuerkennen, an Handlungsfähigkeit. Mit der G 7 ist inzwischen ein neues politisches Machtzentrum entstanden, das keinerlei demokratischer Kontrolle unterliegt. Die G 7 beherrscht nicht nur den Sicherheitsrat, sondern hat auch die Stimmenmehrheit in Weltbank und Währungsfonds und anderen internationalen Organisationen und kontrolliert die NATO. Alle G 7-Regierungen werden von Parteien gestellt, die sich einer neo-liberalen Wirtschaftspolitik verpflichtet haben.

Zum zweiten resultierte das Ende der sozialistischen Systeme 1989/90 in einem weiteren Anwachsen der Mitgliederzahl auf 185 Staaten bei gleichzeitigem Abbau der ideologischen Ost-West-Konfrontation. Der Golfkrieg 1990/91 markiert besonders deutlich den Wandel hin zum Nord-Süd-Konflikt. Er kann nicht nur als der erste eigentliche Rohstoffkrieg gesehen werden, er zeigt auch besonders eindrücklich die zunehmend unilaterale Politik der USA auf Weltebene.

Der globale Regelungsbedarf spiegelt sich in einer Serie von Weltkonferenzen (1992 VN-Konferenz für Umwelt und Entwicklung, 1993 VN-Menschenrechtskonferenz, 1994 VN-Konferenz über Bevölkerung und Entwicklung, 1995 Weltgipfel für soziale Entwicklung, Weltfrauenkonferenz). Zum ersten Mal traten hier Nichtregierungsorganisationen als wahrnehmbare Akteure auf. Alle Weltkonferenzen hatten eine Abschlußerklärung und ein Aktionsprogramm zum Ergebnis; vorliegende Evaluationen lassen freilich den Schluß zu, daß insbesondere die OECD-Länder solche Abschlußdokumente zwar unterzeichnen, ihnen aber in ihrer nationalen Politik kaum Beachtung schenken.

Die Ökonomisierung der Weltpolitik geht nicht mit einer Politisierung der Weltökonomie einher: Demokratische Kontrolle bleibt national fragmentiert und wird damit zunehmend wirkungslos. Internationaler Währungsfonds und Welthandelsorganisationen entwickeln sich zu den wichtigsten Institutionen zur Durchsetzung einer neo-liberalen Wirtschaftspolitik („Strukturanpassung").

3.2 Deutschland in der Weltpolitik

Der deutsche Beitrag zur Weltpolitik besteht einerseits in der Mitwirkung in den VN und der G 7 sowie in supranationalen Organisationen wie der *Europäischen Union* (die zunehmend als Mittlerin zwischen den europäischen Nationalstaaten und der globalen Ebene auftritt), andererseits in der Übersetzung weltpolitischer Standards nach innen in die deutsche Gesellschaft hinein – beides hängt eng miteinander zusammen.

Im ersten Bereich nimmt ihr Steuerungspotential ab, da *transnationale Unternehmen*, Finanzinstitutionen, Interessengruppen und Individuen autonom in internationalen Beziehungen mitwirken. Dennoch hat die Bundesregierung in einem weiterhin weitgehend von Nationalstaaten geprägten internationalen System Gewicht. Sie nutzt es, um die Durchsetzung von ökonomischer Liberalisierung, Wirtschaftswachstum und TNU-freundlichen Bedingungen zu fördern. In Europa dient dem das Insistieren auf strikter Einhaltung der Konvergenzkriterien zur Währungsunion, verbunden mit einem „Stabilitätspakt", der dies auch in Zukunft sichern soll. Umwelt- und Sozialpolitik spielen in der deutschen Position zur Regierungskonferenz der EU keine Rolle. Die Bundesregierung hat sich 1992 in Rio mit relativ fortschrittlichen Positionen hinter dem Rücken der entschieden ablehnenden USA versteckt, aber von ihren dort gegebenen Zusagen bislang nichts eingelöst; bei der WTO-Ministertagung in Singapur 1995 hat sie umgekehrt geholfen, die Aufnahme von Sozialklauseln ins GATT zu verhindern. Die „Verteidigungspolitischen Richtlinien" von 1992 definieren als „vitale Sicherheitsinteressen" auch die „Aufrechterhaltung des freien Welthandels und des ungehinderten Zugangs zu Märkten und Rohstoffen in aller Welt".

Nach innen soll unter dem Druck der zunehmenden Arbeitslosigkeit die internationale Wettbewerbsfähigkeit gesteigert werden. Wirtschafts-, Finanz-, Umwelt- und Sozialpolitik werden daran ausgerichtet. Die *„Standortdebatte"* dreht sich vor allem darum, Lohnkosten und Regelungsintensität zu senken, um Deutschland als Sitz für TNU noch attraktiver zu machen. Unter der neo-liberalen Ideologie geschieht dies durch Abbau des Systems sozialer Sicherung („Stärkung der Eigenverantwortlichkeit") und Begünstigung der Kapitaleinkünfte („um durch Wachstum Beschäftigung zu schaffen"). So wird Steuervermeidung geduldet, dann werden die Unternehmenssteuern und die Steuern auf höhere Einkommen gesenkt und somit ein weiterer Anstieg der öffentlichen Verschuldung in Kauf genommen. Der damit einhergehende Abbau der sozialen Sicherungssysteme muß unter den gegebenen Bedingungen zu politischer und sozialer Instabilität führen, die weitere Desinvestitionen nach sich ziehen wird. In der Verbindung zwischen äußerem Druck und inneren Bedingungen der Politikformulierung verringert sich der Spielraum für demokratische Entscheidung und Kontrolle.

Die Bundesregierung trägt somit wesentlich dazu bei, die internationalen Bedingungen erst zu schaffen, die sie dann zur Rechtfertigung ihrer *Strukturanpassungspolitik* nach innen heranzieht.

4. Ökologische Verflechtung

4.1 Gesellschaft und Ökosphäre

Menschliche Gesellschaften entnehmen der Ökosphäre Ressourcen (Materie und Energie), um sie nach dem Konsum wieder als Abfall an diese zurückzugeben. Das Niveau, auf dem dies geschieht, bezeichnen wir als den ökonomischen Entwicklungsstand einer Gesellschaft. Für eine Bewertung der Verflechtung sind Quantität und Qualität der entstehenden Stoffströme von entscheidender Bedeutung. Das Ausmaß dieser Verflechtung läßt sich schätzen; dafür sind verschiedene Maße vorgeschlagen worden (vgl. den Überblick bei Hamm 1996: 119): Menschen der heutigen Gesellschaft in Deutschland setzen ungefähr fünfzigmal soviel Stoff durch wie die Menschen in Jäger- und Sammlergesellschaften vor 4.000 Jahren, obgleich sich die existentiellen Bedürfnisse (essen, trinken, schlafen, Schutz) kaum wesentlich verändert haben. Menschen in den OECD-Ländern übernutzen ihre eigenen *natürlichen Ressourcen* um ungefähr das Zehnfache, gemessen am Kriterium des gleichen Anspruchs aller Menschen auf Nutzung natürlicher Ressourcen. „Das Ausmaß jedoch, in dem ein Mensch in den OECD-Staaten die Umwelt belastet, ist grob geschätzt fünfzehn- bis dreißigmal so hoch wie das der Menschen in einigen Teilen der Dritten Welt" (Schmidt-Bleek 1994: 167).

Damit bewegt sich ein Großteil der modernen Gesellschaften auf einem Niveau, daß nur noch durch die Inanspruchnahme außerterritorialer Umweltleistungen aufrechterhalten werden kann. Dem dient ein immer komplexeres Netz wechselseitiger Handelsbeziehungen, wobei viele globale Umweltleistungen nicht über Märkte gehandelt werden, da sie bisher frei verfügbar sind (z.B. CO_2-Kreislauf, Wasserkreislauf). Stand anfangs vor allem die Sorge um das Versiegen der Rohstoffe im Zentrum der Verflechtungsbemühungen, so werden nun verstärkt auch außernationale Senken- und Umwandlungspotentiale der Natur genutzt.

Neben dem Import von biotischen und abiotischen Rohstoffen findet die Nutzung außernationaler Ressourcen auch indirekt in Form des Imports von Halb- und Fertigprodukten statt. Dies macht eine nationale Umweltbilanzierung schwierig, zumal viele Umweltwirkungen sich nicht in Preisen ausdrücken lassen. Sie müßte die Umweltgüter, die z.B. die Bundesrepublik dem internationalen Handel zur Verfügung stellt, mit den Importen verrechnen – ein realistisches Bild ergäbe sich erst, wenn die externalisierten Kosten ebenfalls in die Bilanzierung einbezogen würden. Durch die Verflechtungen der Weltwirtschaft verwischen die Zusammenhänge zwischen dem eigenen Tun und den daraus resultierenden Folgen immer mehr: Die ökologischen Folgen, die durch den Ressourcenverbrauch der reichen Länder für den globalen Naturhaushalt entstehen (Klimaänderungen, Ozonloch, Artensterben, Belastung der Meere), werden in anderen Weltregionen und oft erst in der Zukunft und in einer Form sichtbar, die sich auf die Ursachen kaum schlüssig zurückführen läßt.

Der Netto-Import von Umweltleistungen wird möglich durch die Strukturen und Regeln

Internationale Verflechtung und Globalisierung

der internationalen Arbeitsteilung und der Handels- und Finanzverflechtungen. Sie werden durch die *transnationalen Unternehmen* und die Regierungen der wohlhabenden Länder kontrolliert und wirken zu ihren Gunsten. Das bedeutet: Unser Wohlstand wird durch die Weltregionen ermöglicht, die Netto-Exporteure von Umweltleistungen sind, deren Ressourcenverbrauch also geringer ist als die Tragfähigkeit des jeweiligen Territoriums. Mit anderen Worten: Deutschland importiert Lebenschancen aus anderen Weltregionen und exportiert Probleme dorthin. Dieser Austausch wird intensiviert und beschleunigt durch zunehmendes Wirtschaftswachstum. Die Triadenländer setzen weltweit ein Entwicklungsmodell durch, das an Wachstum, Marktfähigkeit und internationalem Handel orientiert ist. Durch Zurückdrängen der Subsistenzwirtschaft in den Entwicklungsländern (auch durch die Entwicklungshilfe) wird ein schnelleres Erschließen und Abtransportieren von Bodenschätzen und Naturgütern möglich. Das daraus resultierende Überangebot auf dem Weltmarkt führt zu einem Preisverfall der Ressourcen. Die *Strukturanpassungspolitik* von IWF und Weltbank zwingt die Schuldnerländer dazu, ihre natürlichen Ressourcen dem Weltmarkt zugänglich zu machen. Damit trägt das Weltwirtschaftssystem entscheidend zur Zerstörung der natürlichen Lebensgrundlagen bei. Mit Hilfe von Verkehrs-, Informations- und Kommunikationstechnologien sollen territoriale, durch den Ausbau des Finanzsektors (Kreditwesen) zeitliche Begrenzungen des ökonomischen Systems aufgehoben werden. Die Verflechtungen nehmen in ihrer räumlichen Ausdehnung und in ihrer Anzahl zu, der Stoffwechsel beschleunigt sich, die Stoffströme schwellen an. Immer mehr Güter werden im internationalen Handel unter einem gigantischen Transportaufwand gleichzeitig importiert und exportiert.

Umweltpolitik soll das Ausmaß der Zerstörungen lediglich in Zaum halten. Dabei hat sich in der internationalen Umweltpolitik einiges getan: Es sind Konferenzen abgehalten, Absichtserklärungen, Protokolle und Konventionen unterzeichnet und Kommissionen eingesetzt worden. Die EU hat mit der Einheitlichen Europäischen Akte erste Kompetenzen für die Umweltpolitik erhalten. 130 Regierungen haben sich an der Weltkonferenz für Umwelt und Entwicklung mit der Agenda 21 auf eine zukunftsfähige Entwicklung verpflichtet. WTO und Weltbank erklären sich für Umweltschutz. Mit Joint Implementation scheint eine neue Zauberformel gefunden. Und die Nichtregierungsorganisationen haben seit der Rio-Konferenz neues Gewicht erhalten. Der entscheidende Widerspruch aber bleibt: Gerade die Mechanismen des Weltwirtschaftssystems, die zur fortschreitenden Zerstörung der natürlichen Lebensgrundlagen am meisten beigetragen haben, sollen nun globalisiert und zur Rettung der Umwelt weiter forciert werden.

4.2 Deutschland im ökologischen System Erde

Da die ökologische Tragfähigkeit zur Aufrechterhaltung des derzeitigen materiellen Lebensstandards nicht ausreicht, ist Deutschland in allen vier Funktionsbereichen der Natur (Versorgungs-, Senken-, Assimilations- und Erholungsfunktion) auf den Import von Umweltleistungen angewiesen. Auch der Wandel zur *Dienstleistungsgesellschaft* kann diesen Zusammenhang nicht stoppen, auch sie benötigen eine materielle Basisproduktion. Zudem dienen sie häufig dazu, den Durchfluß materieller Güter zu beschleunigen. Durch den Welthandel wird die Bundesrepublik mit den notwendigen Umweltleistungen versorgt. „Die derzeitigen Niveaus der deutschen Ressourcennutzung und Stoffemissionen sind nicht zukunftsfähig – sie gehen weit über den deutschen Umweltraum hinaus und haben seit langem den natürlichen Rahmen verlassen, der von einer langfristig angelegten sozialen und ökonomischen Entwicklung respektiert werden muß" (BUND/Misereor 1996: 79).

Durch seine intensive Außenhandelsverflechtung verursacht Deutschland global deutlich größere Stoffströme, als im Inland allein anfallen würden. Überproportionale Belastungen der *Umwelt* treten in den Ländern auf, die für uns in erster Linie die Rolle von Rohstofflieferanten übernehmen. Beim Import landwirtschaftlicher Produkte (biotische Rohstoffe) ist vor allem auf die deutlich höhere Bodenerosion in den Ländern des Südens hinzuweisen. So stammen 34% aller forstwirtschaftlichen Rohstoffimporte Deutschlands (vor allem Naturkautschuk und Tropenholz, mit deren Lieferung wir auch einen erheblichen Anteil am Artensterben zu verantworten haben), aber nur knapp 1% an weiterverarbeiteten Produkten 1991 aus den Ländern des Südens. Auch bei den meisten abiotischen Rohstoffen (Mineralien, Erze, Energieträger) ergibt sich ein ähnliches Bild: Verglichen mit der inländischen Förderung ist ein Import dieser Rohstoffe aus den Ländern des Südens mit einem ungleich höheren Umweltverbrauch verbunden.

Der Materialverbrauch der bundesdeutschen Wirtschaft lag 1991 bei ungefähr sechs Milliarden Tonnen (ohne Wasser und Luft). Dies entspricht einem jährlichen Pro-Kopf-Verbrauch von 76 Tonnen, die der natürlichen Umwelt entnommen und ihr früher oder später wieder als Abfall und Emissionen überantwortet werden. Alleine das Müllaufkommen der privaten Haushalte lag 1990 bei 333 kg jährlich, etwa der Hälfte des Wertes in den USA. Aber Deutschland produziert pro Jahr auch rund 16 Mio. Tonnen überwachungsbedürftiger Abfälle, für die die eigenen Deponiekapazitäten nicht ausreichen. Sieben Mio. Tonnen deutscher Abfälle werden jährlich in den Meeren „entsorgt". „1992 wurden deutlich mehr CO_2-intensive Produkte importiert als exportiert. Die wachsende deutsche Nachfrage nach energie- und CO_2-intensiven Produkten wird zunehmend über Importe gedeckt. Das bedeutet auch, daß die mit der Produktion verbundenen lokalen Umweltbelastungen ... zunehmend im Ausland stattfinden" (ebd.: 121). So wird derzeit schon etwa ein Viertel des Energieaufwandes für die Produktion von Importgütern im Ausland aufgebracht.

Von den 0,26 Hektar, die pro Bundesbürger zur Versorgung mit landwirtschaftlichen Produkten benötigt werden, fallen 0,16 Hektar im Ausland an. 0,11 Hektar werden davon allein für die Versorgung mit Fleisch und Fleischprodukten benötigt. Nur ein geringer Teil (weniger als 20% der Importe) könnte dabei nicht in einem regionalen Kreislauf erzeugt werden (z.B. Südfrüchte und Kaffee). Bemerkenswert für die „Industrienation Deutschland" ist, daß nicht nur die Importe landwirtschaftlicher Produkte zwischen 1970 und 1990 um 30 Prozent, sondern auch die Exporte um 50 Prozent zunahmen, eine Folge der zunehmenden Einbindung Deutschlands in den europäischen Agrarmarkt. Auf der Hälfte der Landwirtschaftsfläche Deutschlands wird für den Export produziert, die für den Konsum in Deutschland notwendigen landwirtschaftlichen Produkte beanspruchen jedoch nur noch etwas mehr als ein Drittel der inländischen Ackerflächen.

Ein erheblicher Teil der Belastung *natürlicher Ressourcen* geht auf Verschwendung zurück. Schlechte Wärmeisolation von Gebäuden, Verluste bei der Umwandlung und beim Transport von Energie, der erst minimale Einsatz regenerativer Energien haben eine gänzlich unrationelle Nutzung der fossilen Primärenergieträger zur Folge, die gleichzeitig für einen großen Teil der Emissionen an Treibhausgasen verantwortlich sind. Der zunehmende Verkehr ist in Deutschland für etwa 25% des Energieverbrauchs, 60% der Stickstoffbelastung und 70% der CO_2-Belastung verantwortlich. Der grenzüberschreitende Warenverkehr von derzeit 750 Mio. Tonnen wird bis zum Jahr 2000 auf voraussichtlich 1 Milliarde Tonnen anwachsen. Künstlich verkürzte Produktlebenszyklen, unnötige oder gar schädliche Güter, Bedürfnisproduktion durch Werbung wären zusätzlich zu nennen.

5. Soziale Verflechtung

5.1 Soziale Verhältnisse unter dem Eindruck der Globalisierung

Obgleich sich das Welteinkommen pro Kopf in den vergangenen fünfzig Jahren verdreifacht hat, ist es zunehmend ungleich verteilt: „Der Anteil der reichsten 20% der Bevölkerung am Welteinkommen stieg zwischen 1960 und 1991 von 70 auf 85%; der Anteil der 20% Ärmsten schrumpfte von 2,3 auf 1,4%" (Stiftung Entwicklung und Frieden 1996: 40). Die 358 Vermögensmilliardäre besitzen etwa gleichviel wie die ärmere Hälfte der Menschheit zusammen (UNDP 1996). Mehr als ein Fünftel aller Menschen lebt unterhalb der Armutsgrenze, ihre Zahl nimmt vor allem in den früheren Ostblockländern rasch zu, betroffen sind vor allem Frauen und Kinder. Mangelernährung, Krankheit, miserable Wohnbedingungen, geringe Lebenserwartung, Hoffnungslosigkeit und Verzweiflung sind die Folgen.

Der Weltgipfel für soziale Entwicklung 1995 in Kopenhagen forderte die Beseitigung der Armut, die Schaffung eines Systems der Vollbeschäftigung, die Bekämpfung sozialer Desintegration. Als Ergebnis wurde eine Abschlußerklärung mit einem Aktionsprogramm („Zehn Verpflichtungen von Kopenhagen") verabschiedet. Das Aktionsprogramm hat lediglich den Charakter einer Selbstverpflichtung der Staaten, die es unterzeichnet haben. Die Bundesregierung hat zwar die Abschlußdokumente unterzeichnet, konnte sich jedoch bisher nicht zu einer eindeutigen Stellungnahme entschließen und will lediglich einzelne Verpflichtungen „von Fall zu Fall" berücksichtigen. Zur Armutsberichterstattung vertritt die Bundesregierung die Position, daß es in Deutschland keine *Armut* gebe; daher bestehe auch keine Notwendigkeit, einen nationalen Armutsbericht zu erstellen, wie es die Kopenhagener Beschlüsse vorsehen.

Durch die ökonomische Globalisierung wird unregelmäßige und schlecht bezahlte Arbeit auch in den OECD-Ländern zum Normalfall und in den Schwellenländern zum Wachstumsmotor, während der Großteil der weiterhin „unterentwickelten" Länder in der Position von Rohstofflieferanten verbleiben und die *Armut* dort zunimmt. Dadurch entstehen zum einen eine extreme Ausbeutung vorwiegend von Frauen und Kindern, aber auch massive *Migrations*bewegungen. Der aus der internationalen Konkurrenz und dem Einfluß der Finanzinstitutionen resultierende Kostendruck auf die Unternehmen wird als Abbau der Sozialsysteme an die Bevölkerung weitergegeben.

Die ohnehin schwache sozialpolitische Kompetenz der Europäischen Union ist durch das „Soziale Protokoll" des Maastrichter Vertrages nur unwesentlich gestärkt worden. Zwar kann der Ministerrat mit qualifizierter Mehrheit auf einigen Gebieten Mindestvorschriften erlassen; einstimmig entscheiden muß er aber in wichtigen Bereichen (soziale Sicherheit und sozialer Schutz der Arbeitnehmer/innen, Schutz bei Beendigung des Arbeitsvertrages, Beschäftigungsbedingungen bei Angehörigen von Drittländern, Beiträge zur Förderung von Beschäftigung und zur Schaffung von Arbeitsplätzen), was dem britischen „opting out" besonderes Gewicht verleiht. Für eine Harmonisierung der *Sozialpolitik* traten in Maastricht neben Deutschland vor allem die Beneluxstaaten und Dänemark ein, Staaten, deren soziales Sicherungsniveau über dem EU-Durchschnitt liegt. Strukturschwächere Länder wie Portugal und Griechenland fürchteten, durch eine Ausweitung der sozialpolitischen Kompetenzen der EU Wettbewerbsvorteile zu verlieren. Auch hier wirken sich die Konvergenzkriterien im Sinne des Sozialdumping nach innen aus.

Aus der Ungleichheit von Lebenschancen – wirtschaftlich, politisch, rechtlich, ökologisch, kulturell – entstehen *Wanderungsbewegungen*. Bei weitem der größte Teil der Migranten/innen bleibt im Herkunftsland oder in der Herkunftsregion. Schätzungen der Zahl der Menschen, die sich weltweit im Ausland aufhalten, bewegen sich zwischen 70 und 200 Mio., wovon nur rund ein Viertel als legale Arbeitsmigranten/innen gelten. Umfang, Richtung und Selektivität der Migrationsströme richten sich nach den Schub- und Sogfaktoren zwischen Herkunfts- und Zielregion. Weltweit haben die *Wanderungsbewegungen* mit der zunehmenden Polarisierung zugenommen. Die Europäische Union ist bevorzugte Zielregion großer Wanderungsströme aus Osteuropa und aus Afrika. Den Herkunftsländern gehen damit insbesondere wirtschaftlich und kulturell aktive Altersgruppen verloren („Brain drain"), in den Zielländern wird die Sozialstruktur unterschichtet. Unter Bedingungen hoher Arbeitslosigkeit und sozio-ökonomischer Polarisierung resultieren daraus Ausländerfeindlichkeit, Rassismus und soziale Konflikte.

Internationale Verflechtung und Globalisierung haben einen bedeutenden Einfluß auf die *Kultur*: Schon die Sprache ist zunehmend durchsetzt mit Fremdwörtern insbesondere aus dem Englischen, gefördert durch Popmusik und Computertechnologie. Im Internet läßt sich ohne englische Sprachkenntnisse kaum surfen. Heute erscheint die Welt manchen als „globales Dorf" (McLuhan). Dank moderner elektronischer Technologie und globaler Informationsmedien werden soziale Sprach- und Verhaltensmuster produziert, die von vornherein auf weltweite Verbreitung hin angelegt sind, von der kommerziellen Werbung über Unterhaltung und Information bis zur kalkulierten Erzeugung bestimmter Wertorientierungen. Ein großer Teil der Nachrichten, die uns erreichen, stammt aus amerikanischen Nachrichtenagenturen und Sendern. Massenmedien stehen unter der Kontrolle großer Unternehmen, die weltweit operieren. Jeder Supermarkt bietet Produkte an, die um den halben Erdball gereist sind, und die Speisekarte früher „gutbürgerlicher" Restaurants ist heute „international". Die Filme, die wir in Kino oder Fernsehen konsumieren, stammen zum größten Teil aus den USA und werden durch wenige weltweit operierende Filmhändler vermarktet. Die Sportereignisse, die Moden, die Konsum- und Freizeitstandards werden international gesetzt.

Die kaufkräftigen Schichten in den Triade-Ländern werden so standardisiert, daß sie ohne große Streuverluste beworben werden können. An ihnen definiert sich, was die Medien als „das Normale" konfektionieren, was als „legitimes Bedürfnis" gilt. Sie bezahlen ihre Rechnungen überall auf der Erde mit der gleichen Kreditkarte und übernachten in den Filialen großer internationaler Hotelkonzerne, die sich überall der gleichen Ausstattung rühmen. Die Zentren vieler Städte auf der ganzen Welt gleichen sich an, weisen die gleiche Kombination an Filialen internationaler Handelsketten auf. Die Technik erlaubt weltweite Kommunikation und Information in Sekundenschnelle. Immigration bringt uns in die Nähe einer multikulturellen Gesellschaft.

5.2 Sozialpolitik in Deutschland

Das soziale Sicherungssystem in Deutschland schien nach dem Einbruch von 1974 zunächst durch konjunkturelle Belastungen strapaziert, die nach dem Regierungswechsel 1982 zunehmend als strukturelle Fehlorientierung, nach dem Ende der Systemkonkurrenz 1989 schließlich als Systemfehler interpretiert wurden. Die Politik reagierte darauf „angebotsorientiert" mit der Debatte um die vermeintlichen Mängel des „Standortes Deutschland", darin unterstützt durch OECD, G 7 und Währungsfonds. Auch die rigide Interpretation der *Konvergenzkriterien* des Unionsvertrages liefert zusätzliche Argumente für Einschnitte in das System sozialer Sicherung. *Standortsicherung* wird verstanden als Kostenentlastung der Unternehmen. Damit gehen nicht nur Beschäftigungs- und Kaufkraftverluste, sondern auch geringere Staatseinnahmen einher, während die Anforderungen an öffentlich garantierten Ausgleich wachsen. Die Gewinne insbesondere der Eigentümer von Finanztiteln werden durch Arbeitslosigkeit (offiziell 4,6 Millionen, faktisch wahrscheinlich nahe bei sieben Millionen) und Armut (2,3 Millionen Empfänger/innen von Hilfe zum Lebensunterhalt bei etwa 50 Prozent nicht durchgesetzten Ansprüchen) finanziert. Dennoch bleibt der Staat durch die Drohung, Arbeitsplätze ins kostengünstigere Ausland zu verlagern, weiter erpreßbar. Es ist fraglich, ob Sozialkosten der einzige und entscheidende Standortfaktor sind und ob durch Sozialabbau nicht gerade für Deutschland spezifische Standortvorteile zunichte gemacht werden: hohes Qualifikationsniveau, gute Infrastruktur, soziale Stabilität, stabile institutionelle Rahmenbedingungen und Erhöhung der Leistungs- und Einsatzbereitschaft der Menschen durch soziale Sicherheit. Die öffentlichen Sparprogramme, nicht nur im Sozial-, sondern auch im Bildungswesen, im öffentlichen Dienst, im Wohnungsbau, in Umwelt- und Forschungspolitik, durch Privatisierung staatlicher und teilstaatlicher Unternehmen, durch Verringerung öffentlicher Investitionen, werden vom Kostendruck, dieser wird von den weltwirtschaftlichen Konstellationen diktiert.

Korruption und Vorteilsnahme in der Politik, im öffentlichen Dienst wie in privaten Unternehmen nehmen unübersehbar zu. Subventionsschwindel, Steuerhinterziehung und

Versicherungsbetrug sind alltäglich und werden öffentlich besprochen. Drogenmißbrauch ist ebenso ein Massenphänomen wie die sexuelle Mißhandlung von Kindern oder Gewalt gegen Frauen. Es handelt sich nicht mehr um Einzelereignisse, wie sie in komplexen Gesellschaften kaum vermeidbar sind, sondern um Erscheinungen, die die Grenzen zwischen legalem und illegalem Verhalten verwischt haben. Das ist der Nährboden, auf dem organisierte Kriminalität gedeiht. Die soziale Segregation in den großen Städten nimmt zu, Jugendliche ohne Zukunftsperspektive rotten sich zu Banden zusammen, „Glatzen" und „Zecken" liefern sich Kleinkriege mit Toten und Verletzten. Diese deutlichen Symptome von Anomie zeigen mehr als alles andere einen tiefgreifenden Wandel an.

Gewiß sind auch dies Folgen der Globalisierung. Aber die Unterstellung, es handle sich um quasi naturgesetzliche Abläufe, gegen die anzugehen nur in noch schlimmere Zustände führe, bleibt eine unbegründbare Schutzbehauptung. Deutschland nimmt durchaus Einfluß auf die Gestaltung der weltwirtschaftlichen Rahmenbedingungen, nicht nur durch „seine" *transnationalen Unternehmen*, sondern auch durch seine Politik in den internationalen Organisationen der Wirtschafts-, Handels- und Finanzpolitik, in der Europäischen Union. Im Glauben an die Segnungen von Liberalisierung und Deregulierung wird nicht nur das System sozialer Sicherung im Inneren zerstört, es werden auch weltweit Bedingungen mitgeschaffen, die zu mehr Armut, Elend, Migration und Konflikt führen und deren Folgen auf uns zurückschlagen.

Literatur

Altvater, Elmar/Birgit Mahnkopf: Grenzen der Globalisierung, Münster 1996
BUND, Misereor (Hg.): Zukunftsfähiges Deutschland, Basel 1996
Hamm, Bernd: Struktur moderner Gesellschaften, Ökologische Soziologie Bd. I, Opladen 1996
Hauff, Volker (Hg.): Unsere gemeinsame Zukunft. Bericht der Weltkommission für Umwelt und Entwicklung, Greven 1987
Huster, Ernst-Ulrich: Armut in Europa, Opladen 1996
Kaiser, Karl/Hans-Peter Schwarz (Hg.): Die neue Weltpolitik, Baden-Baden 1995
King, Alexander/Bertrand Schneider: Die erste globale Revolution. Bericht des Club of Rome zur Lage der Welt, Frankfurt a.M. 1992
Narr, Wolf-Dieter/Alexander Schubert: Weltökonomie. Die Misere der Politik, Frankfurt a.M. 1994
Opitz, Peter J. (Hg.): Weltprobleme, Bonn 1995
Schmidt-Bleek, Friedrich: Wieviel Erde braucht der Mensch? Basel 1994
Simonis, Udo E.: Globale Umweltpolitik, Mannheim 1996
Stiftung Entwicklung und Frieden: Globale Trends, Frankfurt 1996
Strübel, Michael: Internationale Umweltpolitik, Opladen 1992
Wallerstein, Immanuel: The Modern World System, New York 1974ff.
Weizsäcker, Ernst Ulrich von: Erdpolitik, Darmstadt 1994

Bernd Hamm

Jugend

1. Der Begriff Jugend

Mit dem Begriff Jugend wird entweder eine soziale Altersgruppe als Teilpopulation einer Bevölkerung oder eine Entwicklungsphase im Lebenslauf eines Menschen definiert. Das jeweilige soziokulturelle Gesellschaftssystem bestimmt die Rahmenbedingungen (soziale Lage, Möglichkeiten und zeitliche Dauer) von Jugend als sozialer Gruppe und als Lebensphase, und steht in einem Wechselwirkungsverhältnis: Jugend ist immer Jugend der gesellschaftlichen Verhältnisse (Jaide 1988).

Der Beginn der Jugend als Übergang zwischen Kindheit und Erwachsenenalter ist durch die *Pubertät*, also biologische und psychologische Veränderungen, eindeutig bestimmbar, während das Ende von Jugend nach Maßgabe sozialer und kultureller Kategorien definiert wird (Schäfers 1994). Jugend umfaßt die Lebensjahre zwischen dreizehn und fünfundzwanzig; innerhalb dieser Spanne kann die Jugendphase nach Altersgruppen, die dem entwicklungspsychologischen Stand entsprechen, unterteilt werden: Jugendliche im engeren Sinn (13.-18. Lebensjahr), die Heranwachsenden (18.-21. Lebensjahr) und die jungen Erwachsenen (21.-25. Lebensjahr). Bei Studierenden kann sie als postadoleszente Lebensphase bis zum Ende des dritten Lebensjahrzehnts ausgedehnt werden (Gillis 1980).

Von 1871 bis in die 90er Jahre unseres Jahrhunderts sind zwei gegenläufige Tendenzen in der Entwicklung bei Jugendlichen zu beobachten: die Akzeleration der biologischen Entwicklung (Vorverlegung der Pubertät, verstärktes Höhenwachstum) und eine kulturelle Retardierung, in der Jugend zunehmend zum „psychosozialen Moratorium" (Erikson 1976), zum gesellschaftlichen Schonraum wird.

Der rasche soziale und gesellschaftliche Wandel wirkt sich auf den Erlebnishintergrund der Jugendkohorten aus. Nicht mehr eine Generation (ca. dreißig Jahre), sondern ein Jahrzehnt bestimmt nach Jaide (1988) die „Jugendgestalten". Der Unterschied zwischen der '68er Generation und den jungen Leuten der siebziger und achziger Jahre wird durch die unterschiedlich erlebte Jugendzeit deutlich. Während die 18jährigen der Jahrgänge 1937-47, die späteren '68er, in ihrer Jugendzeit von 1955-65 das westdeutsche Wirtschaftswunder erlebten, erfuhren Jugendliche der Dekade von 1965-75 (die Achtzehnjährigen der Jahrgänge 1947-57) Veränderungen, Krisen und den Beginn der neuen Arbeitslosigkeit. Die Jugend der Dekade 1975-85 erlebte Kriege, Besetzungen, Machtwechsel in aller Welt, den Ölschock und den Terrorismus. Für eine „Nachkriegsjugend" kann kein einheitlicher Erfahrungshintergrund festgestellt werden.

Vom Gesetz her ist Jugendliche(r), wer das 14. Lebensjahr erreicht, aber noch nicht das 18. Lebensjahr vollendet hat. Die Lebensphase Jugend geht jedoch weit über den Zeitpunkt der juristischen Mündigkeit hinaus (1974 wurde das Alter der *Volljährigkeit* von 21 Jahre auf 18 Jahre gesenkt, nachdem bereits 1970 das Wahlalter von 21 auf 18 herabgesetzt worden war). Dem wird auch in Gesellschaftspolitik und Rechtssprechung Rechnung getragen.

Der Prozeß des Erwachsenwerdens geschieht schrittweise über das Erreichen von einzelnen Teilreifen, Rechten und Pflichten. Minderjährigen werden heute per Gesetz Rechte zugänglich gemacht (wie Rauchen und Alkoholgenuß), die früher nur Erwachsenen zugestanden wurden. Volljährige können jedoch bis zum 21. (ggfs. sogar bis zum 25 Lebensjahr) nach Ermessen des Gerichtes noch nach dem Jugendstrafrecht verurteilt werden.

Das Ausdifferenzieren der Lebensphasen bedeutet einerseits die Chance von Neugestaltung und Neudefinition des eigenen Lebensentwurfs, auf der anderen Seite werden Bedeutungen der einzelnen Lebensphasen unklarer. Jugend bedeutet eine Erweiterung der Handlungsspielräume und der Rollenvielfalt. Nicht mehr nur Jugend als Altersstufe, sondern vielmehr „Jugendlichkeit" gewinnt an Wichtigkeit. Die Jugendphase kann deshalb als ein Lebensabschnitt definiert werden, der „durch ein Nebeneinander von noch unselbständigen, quasi kindheitsgemäßen, und selbständigen, quasi schon erwachsengemäßen Handlungsanforderungen charakterisiert ist" (Hurrelmann 1994: 46). Das Ende der Jugendphase ist dann erreicht, wenn in allen relevanten Handlungsbereichen Autonomie und Eigenverantwortlichkeit erreicht worden ist.

Tabelle 1: Rechtlich festgelegte Teilreifen/Rechtspositionen vom 6.-25. Lebensjahr

Alter	Rechtsposition/Teilreife
6 Jahre	– Beginn der allgemeinen Schulpflicht
7 Jahre	– beschränkte Geschäftsfähigkeit – bedingte Deliktfähigkeit
10 Jahre	– Recht auf Anhörung vor Religionswechsel
12 Jahre	– beschränkte Religionsmündigkeit
14 Jahre	– Strafmündigkeit als Jugendlicher – volle Religionsmündigkeit – geringfügige Arbeiten erlaubt (2 Stunden täglich bzw. 3 Stunden in Landwirtschaft) – Besuch von Filmen und anderen Veranstaltungen bis 22 Uhr – Beschwerderecht gegen vormundschaftliche Entscheidungen in persönlichen Angelegenheiten
15 Jahre	– Ende der normalen Schulpflicht – Beginn der Berufsschulpflicht – Ende des grundsätzlichen Arbeitsverbots – Erwerb der Fahrerlaubnis Kl. 5 (Mofa bis 25 km/h)
16 Jahre	– Ausweispflicht – bedingte Ehemündigkeit – Eidesfähigkeit – Erlaubter Alkoholausschank, Tabakgenuß in der Öffentlichkeit – Aufenthalt in Gaststätten ohne Erziehungsberechtigte – Erwerb der Führerscheinklassen 4 [Moped, Motorroller, Mokick bis 50 km/h, 1b (Motorrad bis 80 km/h)]
17 Jahre	– Möglichkeit zur freiwilligen Verpflichtung bei der Bundeswehr
18 Jahre	– Volljährigkeit – volle Geschäftsfähigkeit – volle Strafmündigkeit – allgemeines aktives und passives Wahlrecht – volle Ehemündigkeit – volle Prozeß- und Deliktfähigkeit – Erwerb der Führerscheinklassen 3 (PKW), 1a
20 Jahre	– Erwerb der Führerscheinklasse 1
21 Jahre	– Ende der Möglichkeit, Jugendstrafrecht anzuwenden – Erwerb der Führerscheinklasse 2 (LKW)
24 Jahre	– Ende der Möglichkeit, den Jugendstrafvollzug anzuwenden
25 Jahre	– Annahme eines Kindes möglich

Quellen: Schäfers 1994: 33; Hurrelmann 1994: 44f.

2. Kurze Sozialgeschichte der Lebensphase Jugend

Die Dreiteilung *Kindheit*, Erwachsenenalter und Alter war schon in Stammesgesellschaften bekannt. Der Übergang von der Kindheit in die Gruppe der Erwachsenen erfolgte meist mit einer Art „Initiationsritus". Im Mittelalter gab es keinen Begriff der „Jugend" bezogen auf eine eigenständige Lebensphase oder Altersgruppe; die Begrifflichkeit „Kind" war mit der Vorstellung von Abhängigkeit verbunden. Eine durch Geburt bestimmte Position definierte den Status in der ständischen Gesellschaft, nicht das Lebensalter.

Die eigentliche „Entstehung" der Jugendphase liegt im 18. Jahrhundert, in der Wandlung vom jungen Herren, dem „galant homme", als Mitglied der höfisch-ständischen Gesellschaft des 17. Jahrhunderts, zum Jüngling des 18. Jahrhunderts, der von der Gesellschaft eine Zeitlang ferngehalten werden sollte (vgl. Hornstein 1965).

Von Jean-Jacques Rousseau (1712-1778) an (mit dem Erziehungsroman „Emile ou l'éducation", 1762) ist das Jugendalter eine gefährdete Stufe, die gegen die verdorbene Welt der Erwachsenen geschützt werden muß. Die *Kindheit* wurde ein „behüteter Schonraum" und die Jugend eine „psychologische Reifezeit" hauptsächlich für junge Männer aus adeligen und gutbürgerlichen Familien. Mit der Pädagogisierung kam es allerdings auch verstärkt zu einer sozialen Kontrolle dieser Jugend (Gillis 1980). Durch die Durchsetzung der allgemeinen Schulpflicht und einer zunehmenden Verhäuslichung im Prozeß der Entstehung der bürgerlichen Gesellschaft verbrachten Kinder und Jugendliche immer längere Zeiten in der Herkunftsfamilie. Die Segregation der Kinder von der Welt der Erwachsenen und die Durchsetzung des Jahrgangsklassenprinzips verstärkten den Trend zur Bildung von altershomogenen Gruppen (Schäfers 1994), sog. *„peergroups", Gleichaltrigengruppen*.

Sozial- und ideengeschichtlich äußerst bedeutsam war die *Jugendbewegung*. Mit dem am 4.11.1901 gegründeteten „Wandervogel-Ausschuß für Schülerfahrten" trat eine Organisation auf, die kein anderes Interesse beanspruchte, als das der Jugend selbst. Die Jugendbewegung entstand in einer gesellschaftlichen Situation, in der von einer kleinen Gruppe von Schülern und Studenten gegen das Erstarren der Konventionen der bürgerlichen Gesellschaft rebelliert wurde. Die Zahl der eigentlich „Jugendbewegten" wird jedoch nur auf ein bis zwei Prozent der jeweiligen Altersklassen geschätzt (Schäfers 1994: 63). Der Großteil der jungen Menschen ab dem 14. Lebensjahr unterlag anderen Lebensbedingungen. In der Alltagswelt der berufstätigen Jugendlichen war kein Raum für Naturschwärmerei und Jünglingsideale, da sie durchschnittlich 11-12 Stunden am Tag von ihrer Arbeit in Anspruch genommen wurden (Lazarsfeld 1931).

Die Wandervogelbewegung bzw. die bürgerliche Jugend der 20er Jahre war 1933 an ihrem Ende angelangt. Der Mythos der *Jugendbewegung* wurde von den Nationalsozialisten mißbraucht und nach erfolgreicher Gleichschaltung aller Jugendorganisationen für ihre Zwecke instrumentalisiert. Fast die gesamte Jugend des Dritten Reiches war vom 10. Lebensjahr an in den NS-Organisationen wie der „Hitler-Jugend" oder dem „Bund deutscher Mädchen" erfaßt, und wurde militärisch ausgebildet nach dem Prinzip „Jugend führt Jugend". Der Mißbrauch der Jugend setzte sich im Zweiten Weltkrieg fort, als 1944/45 noch zwölfjährige Hitlerjungen als Hitlers „letztes Aufgebot" eingezogen wurden.

Die unmittelbare Nachkriegszeit war geprägt durch die Jahre des Wiederaufbaus und arbeitsintensiver „Normalität". Vier Fünftel der Jugendlichen von 15-24 Jahre waren 1953 berufstätig, und es kam zu einer verstärkten Eingliederung der Mädchen in den außerhäuslichen Erwerbsprozeß. 1950 arbeiteten die berufstätigen Jugendlichen zu 36,2% länger als 48 Wochenstunden, und zu 11,4% sogar länger als 60 Stunden in der Woche (Schildt 1993: 336ff.). Für die Jugend der Nachkriegszeit zwischen 1945 und 1955 prägte Helmut Schelsky den Begriff der „Skeptischen Generation" mit der Grunderfahrung von sozialer Unsicherheit, ohne Halt lebensweisender, glaubwürdiger Autoritäten, die dann nüchtern, skeptisch und ohne Ideologie am Wiederaufbau mitarbeitete. Erst die Jahrgänge ab 1940 suchten danach eigene Wege der Abgrenzung von den Erwachsenen. Erste Ansätze einer jugendlichen Teilkultur (Tenbruck in Friedeburg 1965) mit eigenen Verhaltensweisen und Normen kristallisierten sich, besonders unter dem Einfluß der amerikanischen Besatzungsmacht, heraus. Die sogenannten „Halbstarken-Krawalle" lösten eine große Anzahl pädagogischer und soziologischer Forschungen aus; betroffen war jedoch nur ein kleiner Teil der Jugendlichen, da der Rahmen der Selbstbestimmung in den 50er Jahren sehr eng gesteckt war (Schildt 1993).

Als falsch erwies sich das von Viggo Graf Blücher gezeichnete Bild der Jugendgeneration für die Jahrgänge 1939-48 als „Generation der Unbefangenen" (1966), die mangels bitterer Erfahrung mit der Welt der Erwachsenen keine kritische Grundhaltung besäßen. Mit der

Studentenbewegung 1967/68 wurden notwendige Veränderungen im politischen und gesellschaftlichen Klima gefordert, wie mehr Mitbestimmung, Chancengleichheit, Umverteilung von Einkommen und Vermögen. Ähnlich der Absicht der Wandervogelbewegung, jedoch politischer und auf gesamtgesellschaftliche Veränderungen ausgerichtet wurde gegen die erstarrten Konventionen in Gesellschaft und Staat demonstriert und protestiert (mit „Sit-ins", „Teach-ins" und auch „Gewalt gegen Sachen"). Neue Formen des Lebens und Zusammenlebens wurden von Studierenden erprobt, die zum damaligen Zeitpunkt nicht mehr als jugendlich galten. Die Studentenbewegung kann als ein wichtiger Wendepunkt in der Geschichte der Jugend verstanden werden, da sich die Geschwindigkeit der gesellschaftlichen Entwicklung erhöhte. Zunehmende Liberalisierung in der schulischen und familialen Sozialisation, verlängerte Bildungszeiten und die Bildung neuer sozialer Bewegungen wie der Friedensbewegung und der GRÜNEN, in denen sich zunehmend junge Menschen politisch engagierten, waren nur einige der Folgen davon. R. Inglehart bezeichnete diese Entwicklungen „The Silent Revolution" (1977) als Wertewandel: von materialistischen Werten der Kriegsgeneration hin zu einer postmaterialistischen Wertorientierung der Nachkriegsgeneration.

Durch die verlängerten Bildungs- und Ausbildungszeiten („*Bildungsexpansion*") hat sich in den 60er Jahren eine nachjugendliche Phase, die sog. *Postadoleszenz* herausgebildet. Waren 1960 nur 31,9% der 18jährigen in einer allgemeinbildenden Schule, haben sich Anfang der 90er Jahre die Zahlen mehr als verdoppelt (81,5%). Bei den 20jährigen Schülern eines Jahrgangs stieg die Quote von 7,2% für 1960 auf 37,3% (vgl. „Bildung"). Verhaltensstandards, die früher als „erwachsen" galten, können heute immer früher festgestellt werden, während sich jugendliche Verhaltensmuster auch noch im dritten Lebensjahrzehnt finden lassen.

Mit der sog. Wende 1989 und dem Zusammenbruch der *DDR* zeigten sich trotz der sehr unterschiedlichen Sozialisations- und Lebensbedingungen im Bereich der persönlichen Zielvorstellungen erstaunliche Ähnlichkeiten zwischen ost- und westdeutschen Jugendlichen. Seit etwa Mitte der 80er Jahre war die Identifikation der Jugendlichen mit der DDR rapide zurückgegangen, und die Entwicklung von Lebensgefühl und Wertgefüge hatte sich in Richtung einer westlichen Orientierung verändert, obwohl die Lebensphase Jugend in der ehemaligen DDR von der Kinderkrippe bis zu den einzelnen Altersgruppen der FDJ stark durchstrukturiert war. Die durch die unterschiedlichen Sozialisationsinstanzen und Lebensbedingungen der west- und ostdeutschen Jugend angenommene Kluft war nicht so tief wie erwartet. Empirische Studien unmittelbar nach der Wende wie die „Schülerstudie '90" zeigen sehr ähnliche Zielsetzungen im persönlichen Bereich. Die neueste Jugendstudie über Jugendliche und junge Erwachsene zwischen 13 und 29 Jahren (Silbereisen et al. 1996) zeigt vor allem bei den jüngeren Kohorten eine Angleichung, besonders im Freizeitverhalten und Zugehörigkeit zu Stilen der *Jugendkultur*.

3. Jugendtheorien in Psychologie und Soziologie

Relevante Theorien zur Jugend kommen v. a. aus der Psychologie und der Soziologie. Die psychologische Perspektive sieht Jugend als eine eigenständige Lebensphase, in der Prozesse der Individuation und Identitätsbildung ablaufen. Die soziologische Perspektive knüpft an die psychologische an und nimmt besonders das Konzept der Entwicklungsaufgaben mit auf. Zu den vorherrschenden Ansätzen der Psychologie sind die Psychoanalyse, Entwicklungstheorie und ökologische Theorie zu zählen, in der Soziologie sind es Sozialstrukturanalyse, Rollentheorie und Systemtheorie (vgl. Hurrelmann 1994).

3.1 Entwicklungspsychologische Theorien

Die Jugendforschung wurde durch Vertreter der geisteswissenschaftlichen Pädagogik, die die entwicklungspsychologischen Aspekte des Jugendalters betonten, entscheidend geprägt (vgl. zum Überblick Rosenmayr 1969, Griese 1987, Krüger 1993). Anknüpfend an das bildungsbürgerliche Jugendkonzept von Rousseau hatte Eduard Spranger in seinem Werk „Psychologie des Jugendalters" (1924) das Bild der Mittel- und Oberschichtjugend aus der Vorkriegszeit in Theorien des Jugendalters verallgemeinert. Jugend besteht nach Spranger in der „Entdeckung des Ich", der allmählichen Entstehung eines Lebensplans und des Hineinwachsens in die einzelnen Lebensbereiche. Siegfried Bernfeld hatte in seiner Dissertation „Über den Begriff der Jugend" (1914) den Ausdruck „gestreckte Pubertät" geprägt. Spranger unterschied zwischen dem weniger differenzierten Pubertätsverlauf der Jugend aus einfacheren Schichten und der verlängerten Pubertätskrise der Schuljugend; Typen jugendlichen Lebensgefühls wie der „ästhetische Schwärmer", der Hölderlintyp (Spranger 1924: 355), wurde charakteristisch für die Jugend in der verlängerten Pubertät herausgearbeitet. Zu ähnlichen Ergebnissen kam Charlotte Bühler (1929), die eine Zusammenarbeit zwischen Jugend- und Entwicklungspsychologie anstrebte. Neben der Auswertung von Dokumenten wie Tagebüchern, Dichtungen und Briefen bediente sie sich der qualitativen Methoden der Soziologie im Sinne einer Quellenforschung.

Betrafen diese entwicklungspsychologischen Untersuchungen von Spranger und Bühler nur einen relativ kleinen Teil der Altersgruppe Jugend, war der Ansatz der Adoleszenzforschung sozialgeschichtlich umfassender angelegt. Wichtige Anstöße für die Forschung kamen aus Wien (wo Sigmund Freud 1905 die jugendpsychologische Forschung begründet hatte) von S. Bernfeld und besonders aus den Vereinigten Staaten. Dort erschien das zweibändige Werk „Adolescence" von Stanley Hall (1904), der die Adoleszenz als eine Stufe der menschlichen Entwicklung verstand, der besondere Aufmerksamkeit zugewendet wird. Die Herausbildung von *Adoleszenz* als eigener Entwicklungsphase zwischen dem 14. und 18. Lebensjahr vollzog sich zwischen 1890 und 1920, und kann als einer der wichtigsten Wendepunkte in der Geschichte der Jugend bezeichnet werden.

Dies galt zunächst nur für die männliche bürgerliche Jugend. Mit dem Hauptwerk „The Adolescent Society" (1961) zeigte Coleman den Zusammenhang der zunehmend durch die Institution der Schule ausgegliederten Jugend und der Ausprägung einer adoleszenten Kultur mit eigener Sprache, Identität und Bewußtsein. Dieser Gedanke einer eigenständigen jugendlichen Teilkultur fand mit Tenbruck in den 60er Jahren Eingang in die westdeutsche Soziologe und Jugendpsychologie.

An die Adoleszenzforschung anschließend arbeitete Keniston die Ausbildung einer neuen Altersstufe zwischen der Adoleszenz und dem Erwachsensein heraus: die *Postadoleszenz*. In seiner Studie „Young Radicals" (1968) hatten Collegestudenten, die gegen den Vietnamkrieg protestierten, die psychischen Merkmale eines Erwachsenen erreicht, aber noch nicht die sozialen: die vollständige Integration in die Gesellschaft durch Beruf, Ehe, Familie.

Den eigentlichen Schritt zur Jugendsoziologie tat Paul F. Lazarsfeld (1931). Er arbeitete sowohl mit qualitativen als auch mit quantitativen Methoden, und seine Untersuchungen über die Lage der „proletarischen" Jugend" zeigen die wirklichen Lebensbedingungen des Großteils junger Menschen in der Weimarer Republik. Lazarsfeld zieht auch sozialpolitische Forderungen aus seinen Untersuchungen: „Vom psychologischen Standpunkt aus wäre zu wünschen, daß die Berufswahl erst mit 16 Jahren erfolgt und daß bis dahin der Unterricht in umfangreicher und spezifischer Weise der Berufsvorbereitung diene" (1931: 71).

3.2 Mikro- und makrosoziologische Theorien

Bei den jugendsoziologischen Ansätzen unterscheidet Griese (1987) zwischen sozialpsychologischen/kulturanthropologischen, klassischen jugendsoziologischen Ansätzen und jugendsoziologischen ad-hoc-Theorien (vgl. auch Krüger 1993, Schäfers 1994:41ff., Hurrelmann 1994: 55ff.). Vom Forschungsansatz her kann zwischen mikro- und makrosoziologischen Ansätzen unterschieden werden. Die Mikrosoziologie (wie handlungs- oder rollentheoretische Ansätze) nimmt das Individuum als Ausgangspunkt und untersucht die Struktur einzelner Handlungen und Situationen. Das interpretative Paradigma wie die Theorie des symbolischen Interaktionismus und die Ethnomethodologie thematisieren auf unterschiedliche Weise die „Konstitution der Lebenswelt"; der gruppentheoretische Ansatz untersucht soziales Handeln als hauptsächlich in sozialen (Klein-)Gruppen ablaufend, und hat als Prämisse, daß die soziale Wirklichkeit des Individuums vor allem eine Gruppenwirklichkeit sei (vgl. hierzu Schäfers 1994: 49ff.). Die Makrosoziologie analysiert große soziale Einheiten und umfassende soziale Prozesse wie Gesellschaftssysteme und deren Sozialstruktur und die Wirkungen auf das soziale Handeln der Individuen. Als besonders einflußreich in der Jugendsoziologie sind der generationstheoretische Ansatz von Karl Mannheim und der struktur-funktionalistische von S. N. Eisenstadt hervorzuheben.

Mannheim verdeutlicht in seinem Werk „Das Problem der Generationen" (1928: in v. Friedeburg 1965) den Zusammenhang zwischen den jeweiligen gesellschaftlichen Verhältnissen und der Jugend. Verbunden ist eine Generation durch eine „besondere Art der gleichen Lagerung verwandter Jahrgänge im historisch-sozialen Raum" (1965: 36). Alle Träger eines jeweiligen Generationszusammenhangs partizipieren an einem zeitlich begrenzten Abschnitt des Geschichtsprozesses; Spannungen zwischen den Generationen entstehen dennoch durch unterschiedliche soziale Lagerungen. Die Generationsgestalt dient dazu, die sozialen Merkmale von Heranwachsenden in einem bestimmten historischen Zeitraum zu charakterisieren. Auf der Basis des hauptsächlich von Talcott Parsons ausgearbeiteten Strukturfunktionalismus beeinflußte der Ansatz von S. N. Eisenstadt (in: v. Friedeburg 1965) mit seiner Schrift „Von Generation zu Generation" (1956) die jugendtheoretische Debatte. Altersgruppen dienen der Zuordnung von verschiedenen Rollen und Vorrechten und als Träger kollektiver Identität im sozialen System. Das Verhältnis der Jugend zur gesamtgesellschaftlichen Kultur ist spannungsreich, da die soziale Abgrenzung der Jugendlichen von der Erwachsenenwelt auch eine kulturelle Differenzierung zur Folge hat, und es entsteht eine jugendliche *Subkultur*, die sich deutlich von der „dominanten Kultur" abgrenzt. Altershomogene Gruppen sind eine Art „Puffer" und haben die Funktion, zwischen Familie, Gesellschaft und Beruf zu vermitteln.

Die Jugendforschung bemüht sich in den letzten Jahren zunehmend um einen interdisziplinären Zugang zu ihrem Objekt Jugend und der sozialen Realität. Eine solche Verbindung von psychologischen und soziologischen Theorieansätzen bietet z. B. die Sozialisationsforschung (Hurrelmann 1994).

4. Deutsch-deutsche Jugendforschung

Einen Zugang zur Realität unter Kombination qualitativer und quantitativer Methoden der empirischen Sozialforschung unter dem Blickwinkel verschiedener Perspektiven bieten auch die groß angelegten, repräsentativen *Jugendstudien* des Jugendwerks der deutschen Shell „Jugend '81" und „Jugend '92". Einen Vergleich mit der Elterngeneration behandelt die Shellstudie „Jugend + Erwachsene '85".

In beiden deutschen Staaten wurden durch die jeweiligen Regierungen in den 60er Jahren Jugendforschungsinstitute eingerichtet. Das Deutsche Jugendinstitut (DJI) in München wurde 1963 gegründet. In der ehemaligen DDR war dessen Pendant seit 1966 das Zentralinstitut für Jugendforschung in Leipzig (ZIJ) (vgl. Friedrich in Krüger 1993). Es hatte auf dem Gebiet der Jugendforschung eine Art Monopolstellung. Laut den Statuten sollte es größere empirische Untersuchungen über Jugendliche zwischen 14 und 25 Jahren durchführen und theoretische Beiträge zur „Entwicklung und sozialistischen Erziehung" der Schüler, Lehrlinge, jungen Arbeiter und Studenten erarbeiten. Von den 400 empirischen Studien zu den verschiedensten Jugendthemen konnten jedoch nicht alle (wegen dogmatischer Zensurbestimmungen und zeitweiliger Publikationsverbote) veröffentlicht werden. Zentrale Probleme der Jugend in der

DDR konnten nicht öffentlich zur Diskussion gestellt werden.

Die Jugendforschung war nach der Wende westorientiert, das Interesse an der ostdeutschen Jugend dominiert jedoch. Folgende Phasen nach der Wende können in der deutsch-deutschen Jugendforschung unterschieden werden (vgl. Bolz /Griese1995):

1. Phase der Euphorie 1990/91: Unmittelbar nach der Wende wurden gemeinsam von DJI und dem ZIJ mehrere repräsentative gesamtdeutsche Jugendstudien durchgeführt, so die „Schülerstudie '90", oder die deutschdeutsche Befragung 1990 „Schüler an der Schwelle der deutschen Einheit". Das ZIJ wurde Ende 1990 aufgelöst und nur eine kleine Gruppe von Mitarbeitern arbeitet an der neugegründeten Außenstelle Leipzig des DJI München und in der Forschungsstelle Sozialanalysen Leipzig e.V. In diesen Zeitraum fällt auch die erste gesamtdeutsche Shellstudie „Jugend '92".

2. Phase der Ernüchterung 1991/92: Realitätsschock angesichts der rechtsextremistischen Attentate in Hoyerswerda bei Dresden (Sept. 1991) und Rostock (Aug. 1992), Transformation der Wissenschaftslandschaft durch den Westen. In dieser Phase wurden erste Längsschnittstudien im gesamtdeutschen Vergleich begonnen mit besonderen Forschungsschwerpunkten wie soziomoralische Orientierungen und es wurden Ost-West-vergleichende Studien über rechtsextremistische Einstellungen und Politikinteresse durchgeführt.

3. Phase der scheinbaren Konsolidierung und erste Bilanzen 1993/94: Der 9. Jugendbericht des Bundesministeriums für Familie, Senioren, Frauen und Jugend gilt als Zäsur, da er die „Situation der Kinder und Jugendlichen und die Entwicklung der Jugendhilfe in den neuen Bundesländern" behandelt. Sechs Jahre nach der Wiedervereinigung liegt die *Jugendstudie '96*, „Jungsein in Deutschland. Jugendliche und junge Erwachsene 1991 und 1996" vor (Silbereisen et al. 1996), die die Entwicklungen von 1991 mit 1996 vergleicht.

5. Gegenwärtige Ausprägung von Jugend

Rund 15 Mio. Jugendliche zwischen 13 und 25 Jahren differenzieren sich in Deutschland in verschiedene Gruppen („Tribalisierung") aus, wobei die größte Gruppe mit rund 2 Mio. Jugendlicher die Techno-Fans sind. Der Anteil der Gruppe vom 10.-25. Lebensjahr an der Gesamtbevölkerung lag 1994 in den alten Bundesländern bei nur 16,41%, in den neuen Bundesländern mit 18,91% etwas höher.

5.1 Nivellierte und kommerzialisierte Jugendkultur

Jugend in den 90er Jahren ist vor allem gekennzeichnet durch die Teilnahme an einer nivellierten, ausdifferenzierenden und kommerzialisierten *Jugendkultur*. Ganze Fernsehkanäle wie MTV und VIVA sind auf den Musikkonsum junger Leute rund um den Globus spezialisiert, und senden vierundzwanzig Stunden die neuesten Videoclips, Infoshows, vermischt mit Werbung für Jugendmode und Sportartikel als Attribute der Jugendkultur. 1996 gab es 21 verschiedene Jugendzeitschriften, die zu einem großen Teil aus Werbung bestehen. Der Zugehörigkeit zu einem bestimmten Stil entspricht ein bestimmtes „Outfit". Kernleser von Zeitschriften wie BRAVO (seit 1956), BRAVO-GIRL, POPCORN, POP ROCKY oder METAL HAMMER, sind die 14-15jährigen.

Die Nivellierung der *Jugendkultur* bedeutet einerseits eine Demokratisierung über Schichtgrenzen hinweg und eine Vereinfachung, auf der anderen Seite kann die Überbetonung der materiellen Aspekte Kinder und Jugendliche auch ausgrenzen, wenn sie von zu Hause nicht über die notwendigen finanziellen Mittel verfügen können.

5.2 Musikkultur

Waren es in den 50er Jahren eindeutig dominierende Musikrichtungen wie Rock'n Roll, Beat u. a., in den 60er Jahren Gruppen wie die Beatles, und in den 70er Jahren Pop, Rock und Punk-Musik, begann in den 80er Jahren ein unübersichtlicher Trend. Mit den neuen Stilen wie Hip-hop/Rap, Rave und Techno identifizieren sich 1996 die 15jährigen am stärksten; die Bedeutung nimmt bis zum 18./20. Lebensjahr deutlich ab (Silbereisen et al. 1996: 68).

Die *Technokultur* nimmt hierbei eine Sonderstellung ein, da das Durchschnittsalter mit ca. 21 Jahren recht hoch liegt. Techno ist eine elektronische Musik mit dem gleichmäßig durchgehenden Schlag einer Drummaschine im 4/4-Takt. Der DJ (Disc-Jockey) spielt eine wichtige Rolle, da die Musik auf einem Synthesizer oder Computer erstellt wird. Auf sog. „Raves", inszenierten Technoparties, spielt die Droge Ecstacy (wissenschaftliche Bezeichnung: 3,4 methylen-dioxylamphetamin, MDMA) eine große Rolle. Sie bewirkt beim Tanzen eine erhöhte Ausschüttung des körpereigenen Hormons Serotin. Symptome sind schneller Herzschlag, Glücksgefühl, notorische Unruhe, kein Hunger- oder Durstgefühl. Im Zusammenhang mit dem Tanzen steigt die Körpertemperatur auf über 40 Grad an und es kann zu schweren gesundheitlichen Schäden kommen.

Die Orientierung westdeutscher Jugendlicher an bestimmten Gruppenstilen von 1981 bis 1996 zeigt eine deutliche Zunahme bei den Computerfreaks und bei der Tolerierung von *Subkulturen* wie die der Rocker; die Orientierung an neuen sozialen Bewegungen wie der Anti-Atomkraftbewegung ist dagegen deutlich zurückgegangen: Stimmten 1981 noch 31,1% den Zielen der Umweltschutz-/Ökobewegung zu, sind es 1996 nur noch 14,5%.

Tabelle 2: Orientierung westdeutscher Jugendlicher an ausgewählten Gruppenstilen (Zustimmung, Tolerierung, Angaben in Prozent)

Gruppenstil	Jugend '81	Jugend '85	Jugend '91	Jugend '96
Ökobewegung	31,1%	nicht abgefragt	21,3%	14,5%
Anti-Atomkraft	19,8%	15,2%	11,8%	10,3%
Musikgruppen	35,9%	nicht abgefragt	30,5%	24,6%
Toleranz von Hausbesetzern	45,0%	nicht abgefragt	15,4%	9,2%
Toleranz von Rockern	21,2%	26,8%	39,0%	40,0%
Computerfreaks	nicht abgefragt	6,7%	15,9%	19,0%

Quelle: Silbereisen et al. 1996: 73

Wertorientierungen und Einstellungen nehmen als Determinanten jugendlicher Freizeit und Kultur einen eher niedrigen Rang ein.

5.3 Freizeitverhalten Jugendlicher

Die Handlungen in der Freizeit sind „primär selbstzweckgerichtete, präferenzgesteuerte Aktivitäten" mit „expressivem Charakter" (Silbereisen et al. 1996: 261). Das Freizeitverhalten der Jugend ist deshalb auch immer ein Ausdruck der *Jugendkultur*. An erster Stelle steht 1996 nach wie vor „Musikhören" (89,4%), gefolgt von „Telefonieren mit Freunden/Freundinnen" (66,9%) und „Mit der Familie zusammen sein" (65,2%). Am Ende der Rangliste der oft ausgeübten Freizeitbeschäftigungen der 13- bis 29jährigen stehen „Gartenarbeit" (15,5%), „Theater/Museen/ Kunstausstellungen besuchen" (14,3%) und „Tagebuch schreiben" (10,2%) (Silbereisen et al. 1996: 64).

Es wurden fünf relevante Freizeitmuster der Jugend 1996 herausgearbeitet (Silbereisen et al. 1996: 271ff.):

1. Sozialkontakte und Vergnügen (darunter fallen Aktivitäten, die das gesellige Moment der Freizeit betonen, wie Ausgehen, Telephonieren, Tanzen, Schaufensterbummel, Musikhören);
2. Produktion subjektiver Schreib- und Musikkultur (Tagebuch und persönliche Briefe schreiben, Musikinstrumente spielen);
3. Kulturkonsum und Informationsaneignung (Kulturelle, politische oder wissenschaftliche Fernsehsendungen, berufliche Weiterbildung, Museen/Theater besuchen);

4. Technik, Sport, Comics (Technisch-sportliche Richtung wie Motorradfahren, am Computer arbeiten, aktiv Sport treiben);
5. Familienzentrierte und häusliche Freizeit.

Das Freizeitverhalten ist innerhalb der Jugendphase Wandlungen unterworfen, die in Zusammenhang mit den jeweiligen Altersphasen und deren Möglichkeiten stehen. 1996 gab es nur wenig Unterschiede im Freizeitverhalten bei der ost- und westdeutschen Jugend, wohl aber – gesamtdeutsch gesehen – in den einzelnen Altersgruppen.

5.4 Jugend und Devianz

Die empirische Jugendforschung der letzten Jahre kann eine generelle Gewaltakzeptanz und *Gewaltbereitschaft* west- und ostdeutscher Jugendlicher nicht in dem Maße bestätigen, wie sich das Bild in den Medien darstellt. Es lassen sich jedoch zwei Tendenzen feststellen: Die Täter werden immer jünger und die Gewaltausübung wird brutaler.

In den letzten Jahren stieg die Zahl der in der Polizeilichen Kriminalstatistik (PKS) erfaßten Straftaten von 5,3 Mio im Jahre 1991 auf 6,5 Mio. 1994 (ca. 60% davon waren 1994 Diebstahlsdelikte). Entsprechend der Aufklärungsquote von etwa 44% wurden über 2 Mio Tatverdächtige gefaßt, und davon waren 20,6% der Tatverdächtigen zwischen 14 und 21 Jahre alt. Besonders bei der Entwicklung der Gewaltkriminalität zeigt sich ein erhöhter Anteil an Tätern unter 21 Jahren, der seit 1991 kontinuierlich von 32,29% auf 35,20% 1994 gestiegen ist (vgl. Tab. 3). Bei einem Bevölkerungsanteil von 7,4% an der Gesamtbevölkerung bedeutet dies eine starken Überrepräsentierung dieser Altersgruppe.

Tabelle 3: Entwicklung der Gewaltkriminalität 1991-1994 bei Tatverdächtigen unter 21 Jahren

Jahr	erfaßte Fälle	Tatverdächtige insgesamt	Tatverdächtige unter 21 Jahren
1991	133.848	105.992	34.235 (32,29%)
1992	150.678	119.352	39.625 (33,20%)
1993	160.680	129.780	44.255 (34,10%)
1994	156.272	131.750	46.376 (35,20%)

(Nach dem Schlüssel 8920 PKS zählt zur Gewaltkriminalität: (Mord, Tötung, Vergewaltigung, Raub, Körperverletzung, erpresserischer Menschenraub, Geiselnahme, Angriff auf den Luftverkehr).
Quellen: Bundeskriminalamt (Hg.), Polizeiliche Kriminalstatistik Bundesrepublik Deutschland, Berichtsjahr 1994, Wiesbaden 1995

Besonders zwei Straftatsbereiche können als überwiegend „jugendtypisch" eingestuft werden: Raubdelikte und gefährliche und schwere Körperverletzung auf Straßen, Wegen oder Plätzen. Bei Raubdelikten waren 1994 vorwiegend männliche Jugendliche unter 21 Jahren mit einem Anteil von 47,9% repräsentiert (PKS 1994: 236). Bei Gewalttaten auf Straßen, Wegen oder Plätzen war fast jeder zweite Täter jünger als 21 Jahre: 45,4% (PKS 1994: 158). Nach Lanmek (1995: 285) begehen junge Tatverdächtige ihre Straftaten bevorzugt in Gemeinschaft mit anderen – folglich spielen gruppendynamische Prozesse eine wichtige Rolle (vgl. Heitmeyer 1995).

Durch die PKS läßt sich jedoch keine unterschiedlich ausgeprägte *Gewaltbereitschaft* ost- und westdeutscher Jugendlicher belegen.

Auch hier hat eine Angleichung an die Verhältnisse der alten Bundesländer stattgefunden. Aber nicht nur die Jugendgewalt, sondern auch die Gewaltkriminalität allgemein hat zugenommen.

Die Gewalt an Schulen nahm zu, jedoch nicht in dem Maße, wie vermutet. Nach einem Vergleich von sieben aktuellen Studien zu Gewalt an Schulen (Lamnek 1995: 139ff.) liegt das Delikt der Sachbeschädigung deutlich vor Diebstahl und Körperverletzung. Folgende Rangfolge läßt sich aufstellen: verbale und nonverbale Aggression/Gewalt, Gewalt gegen Sachen (Vandalismus) und physische Gewalt unter Schülern, die an Brutalität zugenommen hat. Es wird allgemein eine Verrohung der sozialen Verhaltens- und Umgangsformen festgestellt, während es nur ein leicht steigendes Ausmaß an Gewalt gibt, wobei über 90% Jungen die Täter sind. Ebenso wie bei rechtsextremistischen Verhaltensweisen müssen die zwei wichtigsten Sozialisationsinstanzen, Schule und Elternhaus, präventiv eingreifen.

6. Demographischer Ausblick

Im Jahr 2010 wird nach Schätzungen des Statistischen Bundesamtes Wiesbaden nur noch die Hälfte der geschätzten Gesamtbevölkerung von 83,5 Mio unter 45 Jahre alt sein (51,7%), d.h. die Überalterung der deutschen Bevölkerung wird weiter zunehmen. Probleme wie Jugendarbeitslosigkeit, rechtsextremistische Orientierungen und Gewalt in der Schule müssen heute gelöst werden, um eine erfolgreiche Integration in die Gesellschaft zu gewährleisten. Jugend ist immer ein Spiegel der jeweiligen Gesellschaft und zugleich deren Zukunftsgarant.

Literatur

Bolz, Alexander/Hartmut F. Griese (Hg.): Deutsch-deutsche Jugendforschung, Weinheim/München 1995

Erikson, Erich H.: Jugend und Krise. Die Psychodynamik im sozialen Wandel, Stuttgart 1976

Friedeburg, Ludwig v. (Hg.): Jugend in der modernen Gesellschaft, Köln/Berlin 1965

Gillis, J.R.: Geschichte der Jugend. Tradition und Wandel der Altersgruppen und Generationen in Europa von der zweiten Hälfte des 18. Jhs. bis zur Gegenwart, Weinheim/Basel 1980

Griese, Hartmut M.: Sozialwissenschaftliche Jugendtheorien, 3. Aufl., Weinheim/Basel 1987

Heitmeyer, Wilhelm: Gewalt. Schattenseiten der Individualisierung bei Jugendlichen aus unterschiedlichen Milieus, Weinheim/München 1995

Hornstein, Walter: Vom „Jungen Herrn" zum „Hoffnungsvollen Jüngling". Wandlungen des Jugendlebens im 18. Jahrhundert, Heidelberg 1965

Hurrelmann, Klaus: Lebensphase Jugend, Weinheim/München 1994

Inglehart, Roland: The Silent Revolution: Changing Values and Political Styles among Western Publics, Princetion 1977

Jaide, Walter: Generationen eines Jahrhunderts. Wechsel der Jugendgenerationen im Jahrhunderttrend. Zur Sozialgeschichte der Jugend in Deutschland 1871-1985, Opladen 1988

Krüger, Heinz-H. (Hg.): Handbuch der Jugendforschung, 2. u. erw. Aufl., Opladen 1993

Lamnek, Siegried (Hg.): Jugend und Gewalt. Devianz und Kriminalität in Ost und West, Opladen 1995

Lazarsfeld, Paul F: Jugend und Beruf, Jena 1931

Rosenmayr, Leopold: Jugendsoziologie, in: Bernsdorf, Wilhelm (Hg.): Wörterbuch der Soziologie, Berlin 1969, S. 518-527

Schäfers, Bernhard: Soziologie des Jugendalters. Eine Einführung, Opladen 1994

Schildt, Axel:, Von der Not der Jugend zur Teenager-Kultur: Aufwachsen in den 50er Jahren, in: Schildt, Axel/Arnold Sywottek (Hg.): Modernisierung und Wiederaufbau. Die westdeutsche Gesellschaft der 50er Jahre, Bonn 1993, S. 335-348

Silbereisen, Rainer K. u.a. (Hg.):, Jungsein in Deutschland. Jugendliche und junge Erwachsene 1991 u. 1996, Opladen 1996

Spranger, Eduard: Psychologie des Jugendalters (1924), 29. Aufl., Heidelberg 1979

Yvonne Bernart

Kinder

Der Begriff „Kinder" entstammt dem alltäglichen Sprachgebrauch und erhält damit je nach Kontext seine spezifische pragmatische Bedeutung. Dementsprechend stößt die fachwissenschaftliche Verwendung des Begriffs auf sehr unterschiedliche Vorverständnisse, die maßgeblich durch die fachlichen Leitdisziplinen geprägt wurden, die sich in der Vergangenheit mit Kindern beschäftigt haben, kann doch die wissenschaftliche Beschäftigung mit Kindern auf eine mehr als zweihundertjährige Tradition in Medizin, Pädagogik und Psychologie zurückblicken. Diese Fächer verfügen schon seit geraumer Zeit über eigene ausdifferenzierte Teildisziplinen mit eigener spezialisierter Professionalisierung z.B. in der Kinderheilkunde, in den lebensalters- und schulstufenbezogenen pädagogischen Teildisziplinen der Kleinkindpädagogik, der Grundschul- und Sekundarschulpädagogik, – und nicht zuletzt der Pädagogischen Psychologie und der *Entwicklungspsychologie*. Insbesondere die letztgenannte Teildisziplin war in ihrem Wirken jahrzehntelang so erfolgreich, daß sich nicht nur für Außenstehende „wissenschaftliche Beschäftigung mit Kindern" und „Entwicklungspsychologie" als Synonyme darstellten.

1. Kinder als sozialwissenschaftliches Forschungsfeld

Es dürfte keine historische Zufälligkeit sein, daß die Ausdifferenzierung der „Kindheit" als eigenständige Phase im Lebensverlauf und deren Konstituierung als eigenständiges Forschungsfeld im Zeitalter des Merkantilismus mit einer Neubewertung des Humanvermögens zusammenfällt. Mit der bereits durch frühe Vorläufer von Humankapitaltheorien vermittelten Einsicht, daß Kinder eine Investition in den zukünftigen Reichtum einer Volkswirtschaft darstellen, wurde die Grundlage für die nachfolgend dominante Perspektive zur Kindheit gelegt: Kinder sind die zukünftigen Erwachsenen. Die Einführung von Maßnahmen der Gesundheitsvorsorge gegen die Kindersterblichkeit, das Zurückdrängen der Kinderarbeit, die Einführung einer altersspezifischen Schulpflicht sind in diesen Zusammenhang ebenso einzuordnen wie die Ausdifferenzierung eines altersgruppenspezifisch organisierten Bildungssystems. Schließlich erinnert der – inzwischen allenfalls in seiner Doppelsinnigkeit und Ambivalenz noch verwendbare – Begriff des Kinder-"reichtums" an den kulturgeschichtlichen Kontext der „Entdeckung der *Kindheit*" (Ariès 1979). Ariès wollte allerdings nicht behaupten, es habe im Mittelalter keine Kinder gegeben, vielmehr war Kindheit ein integrierter Bestandteil der Gesellschaft, der weder als bemerkenswert, geschweige denn beunruhigend, störend oder gar kostspielig empfunden wurde. „Die Vorstellung von Kindheit entspricht dem Bewußtsein von dem eines besonderen Wesens, welche das Kind vom Erwachsenen und sogar vom Jugendlichen unterscheidet. Dieses Bewußtsein fehlte der mittelalterlichen Gesellschaft" (1979: 128).

In der Soziologie waren Kinder bislang ein vernachlässigtes Forschungsgebiet. Seit den frühen 80er Jahren veränderte sich jedoch der Blick der Sozialwissenschaften in der Bundesrepublik auf Kinder und *Kindheit*: Kinder ziehen nun nicht mehr nur als „Menschen in Entwicklung" die Aufmerksamkeit auf sich, sondern auch als „Personen aus eigenem Recht" (Honig/Leu/Nissen 1996: 10). Somit rücken die alltägliche Lebensführung, die sozialen Beziehungen und die Auseinandersetzung von Kindern mit ihren Lebensbedingungen in den Vordergrund, und dies möglichst aus der Perspektive der Kinder selbst. Die Vorstellung von Kindheit als Vorbereitungs- und Sozialisationsphase auf das Leben als Erwachsener wird erweitert und überlagert von einem Verständnis der Kindheit als kulturellem Muster und als einer gesellschaftlichen Lebensform im historischen Wandel.

In konzeptioneller Hinsicht läßt sich das Konstrukt „Kinder" analytisch in zwei idealtypische Dimensionen aufspalten (Nauck 1995): Einerseits können die konkreten Lebensverhältnisse und die Plazierung in der Sozialstruktur oder das gesamtgesellschaftlich institutionalisierte Kulturmuster des Umgangs mit Kindern im Zentrum des Interesses stehen, andererseits ist zwischen der Betrachtung einer bestimmten Phase im individuellen Lebensverlauf und einer Analyse des relationalen Bezugs von verschiedenen Generationengruppen zu unterscheiden. Aus diesen Unterscheidungen sind vier verschiedene Forschungsfelder abzuleiten, die zu jeweils völlig eigenen Fragestellungen führen (Abbildung 1).

Abbildung 1: Idealtypen der Forschungsfelder über Kinder

	sozialstrukturell	institutionell
Altersgruppe (individuell)	Altersgruppe in der Sozialstruktur Kinder	Normative Regulierung der Altersgruppe Kindheit
Generation (relational)	Leben in dyadischen Beziehungen zu Eltern Kindsein	Normative Regulierung des Generationenbezugs Kindschaft

(1) Kinder sind eine Altersgruppe, die sich in ihren sozialen Beziehungen zu ihrer Umwelt konstituiert und ein eigenes Element der Sozialstruktur einer Gesellschaft bildet. Dieses Element kann immanent oder vergleichend zu anderen Altersgruppen, zu anderen historischen Situationen oder zu anderen Gesellschaften oder Gesellschaftssegmenten analysiert werden. Insofern ist es in einem klassifikatorischen Sinne immer gerechtfertigt, z.B. von Stief-, Waisen-, Akademiker-, Scheidungs-, Einzel-, Großstadt- und Migrantenkindern oder von Kindern aus Armutsgesellschaften zu sprechen. Selbst in diesem eingegrenzten Verständnis stellen Kinder also keineswegs eine homogene Bevölkerungsgruppe dar. Diese Form der kategorialen Abgrenzung der Altersgruppe Kinder von anderen Altersgruppen (wie z.B. Jugendliche, Erwachsene, Alte) dürfte einerseits die dem Alltagsverständnis nächste sein; andererseits wird diese Abgrenzung häufig beliebig vorgenommen. So werden unter Kindern häufig alle minderjährigen Personen subsumiert, in anderen Untersuchungen werden darunter „Noch-Nicht-Jugendliche" (also in der Regel Personen unter 14 Jahre) verstanden. Nach Befunden eines Kindersurveys (Zinnecker et al. 1996), der die Kinder selbst nach dem Ende ihres Kinderstatus befragte, betrachtet sich die Mehrzahl der 11jährigen noch als Kinder, die Mehrheit der 13jährigen bereits als Jugendliche. Dieses Ergebnis ist nahezu deckungsgleich in Ost- und Westdeutschland. Ein Drittel der jungen Westdeutschen und die Hälfte der jungen Ostdeutschen können lebensgeschichtliche Ereignisse als Grenze für das Ende ihrer *Kindheit* nennen, wobei in erster Linie Liebes- und Sexualitätserfahrungen neben körperlichen Entwicklungsdaten eine Rolle spielen. Junge Ostdeutsche erfahren nicht selten die *Jugendweihe* als einen solchen Einschnitt, im Westen sind es eher persönliche Konsum- und Krisenereignisse.

(2) *Kindheit* ist eine durch allgemeine Leitbilder, Rechtsnormen und Sitten konstituierte Institution, mit der Wissen und Wertvorstellungen über dieses Segment im Lebenslauf in einer Kultur verankert werden. Mit dem Begriff Institutionalisierung von Kindheit sind damit sowohl Leitbilder gemeint, nach denen in Alltagstheorien über Kindsein und kindgemäßes Verhalten von und gegenüber Kindern entschieden wird, als auch normative Regeln, die die Rechte und Pflichten von und gegenüber Kindern festlegen, was als Kindeswohl und Kindesrecht, was als Kindesmißbrauch und Kinderschutz im jeweiligen gesamtgesellschaftlichen Kontext zu gelten hat. Die Befunde von Ariès (1979) sind auch so zu interpretieren, daß gesellschaftliche Modernisierung mit einer zu-

nehmenden Institutionalisierung der Kindheit verbunden gewesen ist. Kein anderes Segment des Lebenslaufs weist gegenwärtig eine so hohe altersgradierte Regelungsdichte auf wie die Kindheit: Die altersspezifische Schulpflicht ist hierfür ebenso ein Beispiel wie die Organisation von Schule als Jahrgangsklassen, die Altersgradierung im Vereinssport, Altersbegrenzungen beim Kindergartenbesuch und anderer Betreuungseinrichtungen oder die altersgradierte stufenweise Rechts-Mündigkeit und altersspezifische Regelungen des Zugangs zur politischen und sozialen Partizipation. Eine direkte Folge dieser zunehmenden altersgradierten Regelungsdichte ist allerdings, daß die Sichtbarkeit von Statuspassagen im Lebensverlauf, bei dem durch das Aufeinanderfallen von vielen gleichzeitigen Übergängen und ggf. unterstützt durch einen Initiationsritus für den gesamten sozialen Kontext wahrnehmbar Kindheit unmittelbar in Erwachsenheit übergeht, dramatisch abgenommen hat. An diese Stelle sind fließende Übergänge zwischen Kindheit, Jugend und Erwachsenheit getreten, die subjektiv mit einer Vielzahl von Selbstvergewisserungsprozessen verbunden sind.

(3) Kindsein wird durch das gemeinsame Leben im Generationenbezug von Kindern und ihren Eltern, d.h. durch die individuellen Interaktionen in Eltern-Kind-Beziehungen, konstituiert. Kindsein ist nicht auf Kinder (als Altersgruppe) beschränkt, sondern erstreckt sich über den gesamten Lebensverlauf (bis zum Tod der Eltern oder des Kindes). In modernen Gesellschaften ist die komplementäre Elternrolle (und insbesondere: die Mutterrolle) zur einzigen lebenslang unaufkündbaren normativen Verpflichtung mit einem im Vergleich zu früheren Epochen außergewöhnlich hohen Ausmaß an Akzeptanz und Verbindlichkeit geworden. Entsprechend überschreitet Kindsein andere Formen von sozialen Beziehungen (wie Partnerschaften, Ehen, Freundschaften, Arbeitsbeziehungen) zumindest in Bezug auf Dauerhaftigkeit, vermutlich aber auch hinsichtlich des commitments.

(4) Kindschaft ist der zur Elternschaft komplementäre Generationenbezug, in dem die spezifischen Rechte und Pflichten zwischen den Generationen geregelt werden und

der somit den speziellen Institutionalisierungsaspekt der lebenslangen Beziehungen zwischen Generationen – z.B. in Form zumeist implizit geschlossener Generationenverträge über wechselseitige Hilfeleistungen, ökonomische Transfers und Erbschaften sowie die Legitimität von Eltern- und Kindesrecht – beinhaltet. Wie für viele kulturelle Selbstverständlichkeiten gilt auch hier, daß Kindschaftsverhältnisse meistens nur dann thematisiert werden, wenn es sich um solche handelt, die dem „Normalitätsentwurf" nicht oder nur teilweise entsprechen (z.B. bei abweichenden *Kindschaftsverhältnissen* wie Stief- und Adoptivkindschaften; die Rechte des Kindes an einem Vater, der nicht mit seiner Mutter verheiratet ist etc.), oder in gesamtgesellschaftlichen Umbruchsituationen, in denen der intergenerative Bezug neu geregelt wird und es z.B. nicht mehr das selbstverständliche Recht der Eltern ist, ihre Kinder zu züchtigen, in Stellung zu geben oder auch nur die Alimentierung eines Studienfachwechsels zu verweigern.

2. Lebensqualität von Kindern

Die Untersuchung der Lebensqualität einzelner Bevölkerungsgruppen gehört inzwischen zum festen Bestandteil der an einer *Sozialberichterstattung* orientierten empirischen Sozialforschung und ist für die Bundesrepublik mit großem Materialreichtum durchgeführt worden. Fragt man nun, welche Bedeutung Kinder im Rahmen einer solchen sozialwissenschaftlichen Analyse der *Lebensqualität* erlangt haben, so fällt die Antwort mehr als enttäuschend aus: In der umfassenden Analyse der Lebensqualität in der Bundesrepublik (Glatzer/Zapf 1984) sucht man Kinder (nicht nur im Schlagwortregister) vergeblich. In dem Länderbericht der Bundesrepublik Deutschland (Buhr/Engelbert 1989) für ein international vergleichendes Forschungsprojekt über „Kindheit als ein soziales Phänomen", in dem die verfügbaren Informationen über die Lebenssituation von Kindern zusammengetragen werden sollten, wird einleitend festgestellt, daß in Deutschland eine kumulative Sozialforschung für eine eigene Sozialberichterstattung zur Kindheit vollkommen fehlt. Auch die amtliche Statistik stelle nicht die notwendigen Informationen bereit, „denn die Bundesrepublik kennt zwar eine Familien-, eine Schul-, eine Kriminalitäts- u.a.m. Statistik, aber keine Kinderstatistik (...) Kinder interessieren nur als zukünftige Erwachsene, was sie als Kinder eigentlich brauchen, was ihre Gegenwart als Kinder bestimmt, findet kaum öffentliches Interesse". Als empirische Datenquellen für den Länderbericht werden entsprechend (größtenteils umgerechnete) Tabellen der amtlichen Statistik verwendet. Das Ergebnis dieser Studie ist, daß Kindheit in Deutschland zwar auch geschützt wird, charakteristischer sei jedoch, daß Kinder aus vielen sozialen Bereichen ausgeschlossen werden. Kennzeichnend hierfür ist, daß Kinder in die meisten amtlichen Statistiken nicht mit einbezogen werden und selten Gegenstand amtlicher Berichterstattung sind: Entweder erscheinen Kinder überhaupt nicht in solchen Statistiken und Berichten oder nur als abhängige Familien- und Haushaltsmitglieder. Eine der Folgen davon ist, daß die Bedürfnisse von Kindern weder in die Sozialberichterstattung noch in eine spezifisch zu konzipierende „Sozialpolitik für das Kind" systematisch eingehen können.

In der Analyse der Lebensqualität von einzelnen Bevölkerungssegmenten fehlt somit eine eigenständige kindzentrierte Perspektive, jedoch haben Kinder vornehmlich als ein Wert für andere (Erwachsene, Eltern) Eingang in die *Sozialberichterstattung* gefunden. Für die Analyse der *Lebensqualität* von Kindern wäre ein kindzentrierter Fokus notwendig, der die Verbindung zwischen den Lebensbedingungen von Kindern und deren subjektivem Wohlbefinden beleuchtet. Eine elementare Voraussetzung hierfür wäre, daß Kinder zu einer selbstverständlichen Zielpopulation für sozialwissenschaftliche Analysen von Lebensqualität werden, und daß Kindern ein Grundrecht auf Gehör in Bevölkerungsumfragen zugestanden wird. Von der Verwirklichung solcher Rahmenbedingungen ist die Bundesrepublik Deutschland weit entfernt und auf das Fehlen solcher Voraussetzungen ist es zurückzuführen, daß eine kumulative Sozialforschung zur Lebensqualität von Kindern fehlt und die vorliegenden sozialwissenschaftlichen Befunde dürftiger und bruchstückhafter als zu jedem anderen Altersegment sind. Insbesondere liegen wenige Untersuchungen vor, die zugleich sowohl die Lebensbedingungen von Kindern als auch deren subjektives Wohlbefinden erhoben haben und zueinander in Beziehung setzen.

Als Beispiel einer Analyse, die explizit der Tradition der Lebensqualitätsforschung verpflichtet ist, kann in Deutschland lediglich die Arbeit von Lang (1985) angeführt werden, in der auf der Basis eines Surveys bei 8- 10jährigen Kindern die Zufriedenheit dieser Kinder mit familiären und schulischen Lebensbereichen untersucht worden ist. Ergebnis dieser Analyse ist, daß sich Kinder beim Spielen (75%), in der Gesellschaft von Freunden (69%) und in der Familie (65%) am wohlsten fühlen, wohingegen das Wohlbefinden in der Gegenwart von Erwachsenen (48%) und in der Schule (30%) deutlich geringer ausfällt. Das Wohlbefinden ist bei Kindern aus unvollständigen Familien geringer als aus vollständigen Familien, es sinkt mit zunehmender Geschwisterzahl und mit schlechten Schulleistungen. Kinder aus unvollständigen Familien finden besonders häufig, daß ihre Freunde es besser haben als sie selbst. Je mehr Geschwister Kinder haben, desto häufiger glauben sie, daß es ihren Geschwistern und auch ihren Freunden besser geht. Der Neid auf Erwachsene, Geschwister und Freunde steigt ebenfalls mit sinkender Schulleistung, geht jedoch mit steigendem Alter der Kinder zurück. Das allgemeine Wohlbefinden von Kindern hängt in erster Linie von familialen Faktoren ab, erst in zweiter Linie treten Lernschwierigkeiten in der Schule und soziale Kontakte zu Gleichaltrigen hinzu. Zu ähnlichen Ergebnissen kommt ein Kinder-Survey in Österreich (Wilk/Bacher 1994): Kinder fühlen sich in ihrer Familie (71%), in ihrer Wohnung (80%), in ihrer Wohnumgebung (72%) sehr wohl, weniger als ein Drittel dagegen in der Schule (31%). Kinder, die sich in all diesen Lebensbereichen nicht sehr wohl fühlen, stammen signifikant häufiger (im Unterschied zu Kindern, die sich in allen Bereichen sehr wohl fühlen) aus Einelternfamilien (16% vs. 6%), Stieffamilien (13% vs. 3%), einkommensarmen Haushalten (32% vs. 22%), beengten Wohnverhältnissen (14% vs. 7%) und aus einer Wohnumgebung mit wenigen Grünflächen und Spielmöglichkeiten. Gleichzeitig haben diese Kinder häufiger kritische Lebensereignisse in den letzten beiden Jahren erlebt, keine Nachmittagsbetreuung (18% vs. 11%) und häufiger zwei und mehr Geschwister (48% vs. 40%).

Diskrepanzen zwischen den schulischen Leistungserwartungen der Eltern und den tatsächlichen Leistungen stellen einen wichtigen Belastungsfaktor für Kinder dar. Die psychische Belastung ergibt sich daraus, daß Familie einerseits zunehmend zu einer kindzentrierten, emotionalisierten Intimgruppe geworden ist, während Schule zu der lebenslaufstrategisch „zentralen sozialen Dirigierungsstelle" (Schelsky) der Zuteilung von Lebenschancen und der Statusallokation geworden ist. „Verhaltensauffälligkeit und Gesundheitsbeeinträchtigung sind vor allem bei der Gruppe von Jugendlichen anzutreffen, die sich in schwierigen schulischen Leistungssituationen bei hohem Erwartungsdruck der Eltern befinden. Drohendes Schulversagen geht mit einem erheblichen Anstieg von delinquentem Verhalten, gesundheitlichen Beschwerden und Konsum legaler und illegaler Drogen einher. Der Erwartungsdruck der Eltern an die schulische Leistungsfähigkeit ihrer Kinder ist sehr stark: Nur 10% der Eltern wollen sich mit dem Schulabschluß der Hauptschule zufriedengeben, neun Zehntel erwarten Realschul- oder Gymnasialabschluß. Zeichnet sich ab, daß die Erwartung der Eltern nicht realisiert werden kann, so reagieren offenbar viele der betroffenen Jugendlichen mit psychosozialen und psychosomatischen Symptomen (...) Hierin spiegelt sich die zentrale Bedeutung, die dem schulischen Leistungsstand im Selbstbild Jugendlicher zukommt" (Hurrelmann 1991: 68ff.).

Aus den vielen Einzelbefunden dieser *Kinder-Surveys* läßt sich folgern, daß die Lebensqualität von Kindern in starkem Maße von kleinräumigen, situativen Faktoren abhängt und die Bewertungen der Kinder sich auf die in diesem Nahraum vorfindlichen Maßstäbe beziehen: Der Mikrokosmos von Familienklima und Schulsituation wirkt sich so nachhaltiger auf das subjektive Wohlbefinden von Kindern aus als makrostrukturelle Bedingungen wie etwa Region, Stadt-Land-Unterschiede oder die Plazierung im System sozialer Ungleichheit. Diese kleinräumige Bewertungsperspektive der Kinder ist jedoch von dem Sachverhalt der zweifelsohne bestehenden sozialstrukturellen Differenzen in den Lebensbedingungen von Kindern zu unterscheiden. Wie empirische Analysen zu den Wohnverhältnissen und Spielmöglichkeiten von Kindern gezeigt haben, spielen dabei insbesondere die Gelegenheitsstrukturen für die Befriedigung kindlicher Bedürfnisse und für die Persönlichkeitsentwicklung eine große Rolle, die milieuspezifisch, regional und in Abhängigkeit von der durch politische Rahmenbedingungen gesetzten Infrastrukturausstattung stark variieren können (Engelbert/ Herlth 1993):

- Kinderreiche *Familien* haben von der allgemeinen Verbesserung der Wohnsituation in den letzten Jahrzehnten weniger profitiert als andere Bevölkerungsgruppen, wobei innerhalb der Wohnungen für Kinder um so mehr Einschränkungen entstehen, je ungünstiger die Person-Raum-Relation ist, d.h. Kinder werden (als Angehörige kinderreicher Familien und in ihrer Stellung gegenüber den übrigen Familienmitgliedern) tendenziell sowohl in der Wohnraumgröße als auch in der Nutzungsart benachteiligt. Das Nutzungsverhalten von Wohnraum scheint dabei mit der Schichtzugehörigkeit zu variieren: Mit steigendem Bildungsgrad der Eltern wird eher ein größerer Raum der Wohnung als Kinderzimmer gewählt. Selbst bei gleicher Wohnraumversorgung haben Kleinkinder in Mittelschichtfamilien eher ein eigenes Zimmer als in Unterschichtfamilien, ist dieses nicht übermöbliert und hat mehr Spielfläche. Unterschichtkinder erhalten weniger Besuch von Spielkameraden, können die Wohnung in geringerem Aus-

maß zum Spielen nutzen und verfügen zu Hause über weniger Freiheiten in der Nutzung des Wohnraums.
- Für Klein- und Vorschulkinder sind wohnungsnahe Spielmöglichkeiten in Sicht- und Rufkontakt zur elterlichen Wohnung wichtig, für die die mit wenigen Spielgeräten ausgestatteten Kinderspielplätze häufig nur einen wenig akzeptierten Ersatz bieten können. Bei vorhandenen Wahlmöglichkeiten orientieren sich Kinder (außer an der Ungestörtheit durch die Beeinträchtigungen des Straßenverkehrs) daran, in welchem Ausmaß Räume multifunktional genutzt werden können (Spielstraßen, Abenteuerspielplätze). Stadtkinder sind auf solche zum Spielen nutzbaren Freiräume stärker angewiesen als Kinder in ländlichen Gebieten, die über hinreichende Alternativen in der Wohnumgebung verfügen und für die eine weniger starke Ausdifferenzierung kindlicher Lebens- und Erfahrungsräume zu verzeichnen ist. Nur für jüngere Kinder bieten die geschützten Gärten von Einfamilienhaus-Siedlungen Vorteile. Entgegen verbreiteten Annahmen erweist sich dagegen die Bebauungsstruktur von Neubausiedlungen am Stadtrand mit ihren in der Regel großzügigen Freiflächen als ein stärker genutzter und für Spielkontakte von älteren Kindern förderlicher Ort, zudem ermöglicht das Vorhandensein von Gehwegen und Grünflächen zwischen den Wohnblocks räumliche Mobilität (Fahrradfahren). Möglichkeiten der Raumüberwindung sind ihrerseits wichtig, weil Stadtrand-Kinder (anders als Land-Kinder) Zugang zu den in den Städten zentral angesiedelten Freizeitangeboten haben, aber (anders als Stadt-Kinder) größere Entfernungen zu ihrer Nutzung zu überbrücken haben.

Am Beispiel von Vorschulkindern hat Engelbert (1986) verdeutlicht, wie solche räumlich-dinghaften Faktoren in milieuspezifische Nutzungsformen des Kinderalltags eingebettet sind: (Unterschicht-)Kinder, die in verkehrsreichen Straßen wohnen, keinen Garten zur Verfügung haben oder in Innenstadtnähe wohnen, treffen sich besonders selten im Freien zum Spielen mit anderen Kindern; auch die Überalterung solcher Wohnquartiere wirkt auf Spielaktivitäten restriktiv. Kinder aus solchen Wohnquartieren besuchen besonders häufig den Kindergarten bzw. verbringen besonders viel Zeit zusammen mit ihrer Mutter und sehen sehr viel fern. Vorbedingungen für Treff- und Kommunikationsmöglichkeiten von älteren Kindern sind nicht nur die räumlichen Gelegenheitsstrukturen, hinzukommen muß z.B. auch die Bereitschaft der Eltern, ihre Kinder unbeaufsichtigt zu lassen, Toleranz gegenüber dem Kinderspiel in der Nachbarschaft und eine Mindestwohndichte von gleichaltrigen Kindern. „Kinderöffentlichkeit" entsteht somit nicht bei den eher „insulär" lebenden „Altstadtkindern", sondern in den Stadtrandsiedlungen mit ihren Freiflächen und ihrer Dichte junger Familien.

3. Lebenschancen von Kindern

Mit zunehmender Institutionalisierung des Lebenslaufs in modernen Gesellschaften rücken die einzelnen Altersphasen auch zunehmend in das sozialpolitische Blickfeld der Verteilungsgerechtigkeit von Chancen und Risiken zwischen den Altersgruppen und deren Partizipation an öffentlichen Gütern. Wurde diese Diskussion in der Vergangenheit vornehmlich in den Zusammenhang mit der Altersversorgung gestellt, so ergeben sich zunehmend mehr Hinweise darauf, daß die reproduktiven Leistungen in Wohlstandsgesellschaften ganz generell zum Problem werden.

Kinder sind in Gesellschaften wie Deutschland zu einem knappen Gut geworden. Seit dem Beginn der 70er Jahre ist ein demographischer Übergang unterhalb des Reproduktionsniveaus zu beobachten, d.h. es werden weniger Kinder geboren als zur Bestandserhaltung der Bevölkerung notwendig wären: Während ein stationärer Bevölkerungsaufbau bei einer zusammengefaßten Geburtenziffer von ca. 2,1 gegeben wäre, bewegt diese sich in Westdeutschland seit geraumer Zeit um 1,4, während sie in Ostdeutschland von 1,7 (Mitte der 80er Jahre) im Zuge der politischen

Transformation schlagartig auf einen Wert von 0,8 gefallen ist. Dieser Geburtenrückgang ist damit nicht nur höher als in jedem anderen Land des ehemaligen Ostblocks, er hat auch keine Parallelen in der neueren Geschichte, da er sowohl den Geburtenrückgang im Zusammenhang mit den beiden Weltkriegen als auch den der Weltwirtschaftskrise deutlich übertrifft und – schon wegen seines Ausmaßes – keineswegs als „Angleichungsprozeß" an die Lebensverhältnisse in Westdeutschland gedeutet werden kann. Vielmehr lehrt das Beispiel des *Geburtenrückgangs* in Ostdeutschland, in welcher Weise auch bei hohem Wohlfahrtsniveau mit dem Transformationsprozeß zur Marktwirtschaft soziale Kosten verbunden sind: Die hohe Erwartungsunsicherheit hinsichtlich der Strukturierung der eigenen Biographie, insbesondere bezüglich der weiteren Beteiligung am Erwerbsleben in einem schrumpfenden Arbeitsmarkt, der Betreuungsmöglichkeiten von Kindern unter gegebenen sozialpolitischen Rahmenbedingungen mit ihren Anreizsystemen für eine ununterbrochene Erwerbsbiographie und geringen Möglichkeiten der Vereinbarkeit von familiären und beruflichen Aufgaben, haben die Option für eine familienorientierte Lebensgestaltung insbesondere für Frauen nachhaltig verschlechtert, ohne daß dies zunächst die subjektive Bedeutung dieser Option beeinträchtigt hätte.

Die mit dem demographischen Übergang verbundenen Veränderungen in den Verhältnissen zwischen den Generationen lassen erwarten, daß Kinder in diesem Prozeß zwar einerseits eine zunehmend hohe individuelle Wertschätzung genießen, aber strukturell marginalisiert werden können. Hinweise hierzu liefern Befunde zu altersspezifischen Risiken von Armut. Eine altersspezifische Aufbereitung der Sozialhilfestatistik zeigt, daß seit Beginn der 80er Jahre sowohl eine absolute Zunahme als auch eine relative Verlagerung innerhalb der Altersstruktur der Empfänger auf Kinder festzustellen ist.

In Ostdeutschland zeichnet sich seit der Transformation dieselbe Entwicklung wie in Westdeutschland ab, was insbesondere auf den Institutionentransfer staatlicher Sozialpolitik zurückzuführen ist, mit der eine Neuverteilung sozialer Chancen im Lebenslauf verbunden ist, die sich in veränderten Armutsrisiken der einzelnen Altersgruppen zeigt (Nauck/Joos 1997; Joos 1997), wobei Transferzahlungen – wegen des massiven Rückgangs der Beschäftigung – ein viel größeres Gewicht in den Einkommen der privaten Haushalte zukommt als in Westdeutschland. Entsprechend reagiert die Wohlfahrtsentwicklung in Ostdeutschland – insbesondere in Haushalten mit Kindern – sehr viel sensibler auf die Regularien des sozialpolitischen Regimes der Bundesrepublik als in Westdeutschland. Gleichzeitig ist – offenbar aufgrund persistenter Kulturmuster – in Ostdeutschland eine weniger enge normative Verbindung von Familienbildung und Ehe gegeben. Zeitreihen zeigen, daß z.B. die Nichtehelichenquote bei den Geburten bereits in der unmittelbaren Nachkriegszeit in Ostdeutschland höher waren als in Westdeutschland, und daß sich diese Unterschiede seitdem weiter verstärkt haben: 1994 sind 41% der Kinder in Ostdeutschland und 12% der Kinder in Westdeutschland nichtehelich geboren worden. Eine Regionalanalyse zeigt zusätzlich, daß die Grenzen hoher Anteile abweichender *Kindschaftsverhältnisse* nicht mit den früheren Grenzen zwischen der DDR und der BRD übereinstimmen, sondern weite Teile Nordwestdeutschlands mitumfassen (Nauck 1995). Offenbar gibt es Regionalkulturen der Ausgestaltung von Eltern-Kind-Beziehungen, bei der Ostdeutschland (zusammen mit weiten Teilen Norddeutschlands) eher dem Muster Dänemarks und Schwedens mit einer starken Trennung von *Ehe* und *Familie* und mithin hohen nichtehelichen Kinderzahlen folgt, wohingegen in Süd- und Westdeutschland – eher dem mediterranen Muster folgend – Ehe und Familie in einem starken institutionellen Zusammenhang stehen. Diese regional-kulturellen Differenzen sind durch die unterschiedlichen ordnungspolitischen Vorstellungen bezüglich der Institution Ehe in der privaten Lebensführung in der *DDR* und der BRD weiter akzentuiert worden. Während in der DDR die Eheschließung zwar durch eine Reihe von Maßnahmen begünstigt worden ist, so war ihr institutioneller Charakter wegen ihrer Folgenlosigkeit und leichten Auflösbarkeit wenig stark ausgeprägt. Demgegenüber ist die Eheschließung entsprechend dem bundesrepublikanischen Gesetz nach wie vor vergleichsweise konsequenzenreich, was einerseits eine starke Polarisierung der privaten Lebensführung in einen Familien- und in einen Nichtfamiliensektor begünstigt, aber andererseits auch eine enge Koppelung von Ehe und Elternschaft begünstigt, die dann wiederum für die gesamten Betreuungsarrangements für Kinder und die spezifische Interdependenz von privaten und öffentlichen Leistungen in diesem Bereich von ausschlaggebender Bedeutung ist. Durch die Übertragung der Institutionen und der Rechtsverhältnisse auf die neuen Bundesländer und die damit erheblich gestiegenen direkten und indirekten Kosten der Kindbetreuung entstehen insbesondere für die ostdeutschen Kinder, die außerhalb einer z.B. durch die Eheschließung verfestigten Partnerschaft aufwachsen, eine völlig andere Konstellation von elterlichen Verpflichtungen und institutionellen familienergänzenden Angeboten. Entsprechend führt das Zusammentreffen kultureller Muster familialer Lebensformen in Ostdeutschland und dem Transfer von Institutionen durch den Transformationsprozeß der ostdeutschen Gesellschaft dazu, daß (a) das Risiko der *Kinderarmut* stärker ansteigt als bei anderen Altersgruppen und (b) diese Risiken in engem Zusammenhang mit solchen familialen Lebensformen stehen, die nicht auf einer verfestigten Partnerschaft zwischen Eltern basieren und (deshalb) durch das sozialpolitische Regime der Bundesrepublik nicht gestützt werden.

In relativer Armut (weniger als 50 Prozent des Medians aller Haushaltsäquivalenzeinkommen in Ostdeutschland) lebten 1990 6,8% der ostdeutschen Kinder und 3,4% der Erwachsenen über 30 Jahre, bis 1994 ist die *Armutsquote* bei den Kindern auf 14,0% und die der Erwachsenen auf 7,9% gestiegen. Der Vergleich der Entwicklung des Armutsrisikos in den einzelnen Familienformen zeigt, daß die gestiegenen Risiken bei Kindern wesentlich auf die Zunahme der Kinderarmut unter den alleinerzogenen Kindern zurückzuführen ist, was die These von der differentiellen Wirkung des sozialpolitischen Verteilungssystems der Bundesrepublik Deutschland unterstreicht.

Außer durch die familiären Ressourcen bestimmen sich die *Lebenschancen* von Kindern wesentlich durch die Partizipation an altersgruppenspezifischen Infrastruktureinrichtungen. Noch in den 60er Jahren besuchten in beiden deutschen Staaten weniger als die Hälfte aller 3- bis 6jährigen Kinder einen Kindergarten, wobei sich in der Folgezeit dieser Anteil durch den Ausbau der Einrichtungen in den 70er Jahren stark erhöht hat. In Westdeutschland lag die Versorgungsquote bezogen auf die obige Altersgruppe 1990 bei etwa 80%, in der DDR sind seit Mitte der 70er Jahre fast alle Vorschulkinder institutionell betreut worden. Im Unterschied zu Westdeutschland beschränkte sich das Angebot der institutionellen Betreuung auch nicht nur auf die Gruppe der über Dreijährigen, sondern wurde durch den massiven Ausbau von Kinderkrippen für jüngere Kinder sowie Kinderhorte für Schulkinder ergänzt. Trotz des Abbaus von *Kinderbetreuungseinrichtungen* nach der politischen Vereinigung wurden auch 1992 deutlich mehr Kinder in Ostdeutschland institutionell betreut als in Westdeutschland. Nach den Daten des Statistischen Bundesamtes besuchten zu diesem Zeitpunkt in Ostdeutschland mehr als 50% der unter 3jährigen und 90% der 3- bis 6 jährigen Kinder eine Kinderkrippe oder einen Kindergarten, während in Westdeutschland nur ein marginaler Anteil der unter 3jährigen (3% der Altersgruppe), ein Drittel der 3jährigen (31%) und zwei Drittel der 4jährigen (69%) in diesen Einrichtungen betreut wurden.

Im Unterschied zur vorschulischen Betreuung hat die *Schulpflicht* schon seit der Jahrhundertwende zu einer vollständigen staatlichen Betreuung der Kinder zwischen dem 6. und dem 15. Lebensjahr geführt. Dieser historische Wandel der Pflichten von Kindern – von der Kinderarbeit zur Schulpflicht bzw. Schularbeit – wird auch als „Verschulungsprozeß" der Kindheit bezeichnet und bildet ein Kennzeichen des langfristigen Wandels der kindlichen Lebensverhältnisse. Die

Pflege- und Betreuungseinrichtungen (z.B. Kindergarten, Schule, Spielplatz), in denen Kinder regelmäßig beaufsichtigt sind, bilden „Sonderumwelten", weil sich das Leben von Kindern zunehmend in für diese Zwecke funktionalisierten Lebensräumen vollzieht. Charakteristisch für diese Sonderumwelten ist, daß sie von Erwachsenen kustodial organisiert und pädagogisch professionalisiert sind. Da auch bei Eltern und anderen informellen Bezugspersonen die Bereitschaft und die Kompetenz zu umfassendem erzieherisch-reflektiertem Verhalten ganz erheblich gestiegen ist, führt dies dazu, daß die Zeitquanten, die in solchermaßen pädagogisch kontrollierten Sonderumwelten verbracht werden, kindliche Tagesabläufe nahezu vollständig ausfüllen. Damit schränken sich „erspielbare" Erfahrungsbereiche von Kindern ebenso nachhaltig ein, wie Gelegenheitsstrukturen für Aushandlungs- und Durchsetzungsprozesse in gleichaltrigen- und gemischtaltrigen Kindergruppen und risikoreiche Bewährungssituationen in frühen Altersphasen. Dieser Aspekt des Wandels der Kindheit, ihre zunehmende Verhäuslichung, wird auch daran deutlich, daß eine andere Form kindlicher Lebensweise fast vollständig verschwunden ist: Während das Aufwachsen in Heimen noch bis in die 50er Jahre eine durchaus häufige Lebensform (mit entsprechend reduzierten Lebenschancen) bedeutete, sind an deren Stelle heute praktisch ausschließlich häusliche Lebensformen in sich differenzierenden *Kindschaftsverhältnissen* getreten. Sowohl in West- als auch in Ostdeutschland lebt die Mehrheit aller Kinder mit ihren biologischen verheirateten - Eltern zusammen. In Westdeutschland reduziert sich dieses Kindschaftsverhältnis aufgrund von Trennungen, Scheidungen und Wiederverheiratungen der Eltern von 90% (in den ersten beiden Lebensjahren) auf etwa 75%. In Ostdeutschland leben dagegen nur 73% der Kinder in ihren ersten beiden Lebensjahren mit verheirateten leiblichen Eltern zusammen, da vergleichsweise viele Kinder vorehelich geboren (ca. 20%) und im Vorschulalter durch Heirat der Eltern legalisiert werden. Dauerhaft bei einem alleinerziehenden Elternteil aufwachsende Kinder und Scheidungswaisen sind in beiden Teilen Deutschlands selten. Es zeigt sich vielmehr, daß die Mehrzahl der nichtehelich Geborenen und der Scheidungskinder in ein Stiefkind-Verhältnis überführt werden. Ihr Anteil steigt insbesondere während der ersten Lebensjahre der Kinder an und erreicht mit Abschluß der Grundschulzeit annähernd sein Endniveau. Bei den abweichenden Kindschaftsverhältnissen in Deutschland dominieren solche, die weniger durch das Fehlen eines Elternteils, sondern durch multiple Elternschaft infolge erneuter Aufnahme einer (ehelichen) Beziehung durch den Elternteil, mit dem das Kind eine Haushaltsgemeinschaft bildet, bestimmt sind. Kindschaftsverhältnisse basieren fast ausschließlich auf einer Haushaltsgemeinschaft von Müttern mit ihren Kindern, so daß Stiefelternschaft hauptsächlich in Form von Stiefvaterschaft (über 80%) auftritt und sich Familienbildungs- und -lösungsprozesse sowohl durch Zu- als auch durch Fortzüge von leiblichen und Stief-Vätern bemerkbar machen.

Literatur

Ariès, P.: Geschichte der Kindheit, 2. Aufl., München 1979

Buhr, P./A. Engelbert: Childhood in the Federal Republic of Germany. Trends and Facts, Bielefeld 1989

Engelbert, A.: Kinderalltag und Familienumwelt. Eine Studie über die Lebenssituation von Vorschulkindern, Frankfurt a.M./New York 1986

Engelbert, A./A. Herlth: Sozialökologie der Kindheit: Wohnung, Spielplatz und Straße, in: Markefka, M./B. Nauck (Hg.): Handbuch der Kinderforschung, Neuwied/Berlin 1993, S. 403-415

Glatzer, W./W. Zapf (Hg.): Lebensqualität in der Bundesrepublik. Objektive Lebensbedingungen und subjektives Wohlbefinden, Frankfurt a.M./New York 1984

Honig, M. S./H. R. Leu/U. Niessen: Kindheit als Sozialisationsphase und als kulturelles Muster. Zur Strukturierung eines Forschungsfeldes, in: Honig, M. S./H. R. Leu/U. Niessen (Hg.): Kinder und Kindheit. Soziokulturelle Muster – sozialisationstheoretische

Perspektiven, Weinheim/München 1996, S. 9-30
Hurrelmann, K.: Sozialisation und Gesundheit. Somatische, psychische und soziale Risikofaktoren im Lebenslauf, 2. Aufl., Weinheim/München 1991
Joos, M.: Armutsentwicklung und familiale Armutsrisiken von Kindern in den neuen und alten Bundesländern, in: Otto, U. (Hg.): Aufwachsen in Armut. Erfahrungswelten und soziale Lagen von Kindern armer Familien, Opladen 1997, S. 47-78
Lang, S.: Lebensbedingungen und Lebensqualität von Kindern, Frankfurt a. M./New York 1985
Nauck, B.: Kinder als Gegenstand der Sozialberichterstattung. Konzepte. Methoden und Befunde im Überblick, in: Nauck, B./H. Bertram (Hg.): Kinder in Deutschland. Lebensverhältnisse von Kindern im Regionalvergleich, Opladen 1995, S. 11-87
Nauck, B./M. Joos: Wandel der familiären Lebensverhältnisse von Kindern in Ostdeutschland, in: Trommsdorff, G./H. J. Kornadt (Hg.): Kindheit im ostdeutschen Transformationsprozeß. Berichte zum sozialen und politischen Wandel in Ostdeutschland, Bd. 4.1., Opladen 1997
Wilk, L./J. Bacher (Hg.): Kindliche Lebenswelten, Opladen 1994
Zinnecker, J./R. K. Silbereisen/W. Georg/R. Hasenberg/M. Reitzle: Kindheit in Deutschland. Aktueller Survey über Kinder und ihre Eltern, Weinheim/München 1996

Bernhard Nauck/Magdalena Joos/ Wolfgang Meyer

Kirchen/Religionsgemeinschaften

1. Abgrenzung und Übersicht

In einem sehr allgemeinen Sinn handelt es sich bei den Kirchen/Religionsgemeinschaften um die gesellschaftlich anerkannten sozialen Gruppen und Formen der Religionsausübung. In der deutschen Gesellschaft werden sie dominierend durch die beiden großen Kirchen, die *Evangelische Kirche in Deutschland (EKD)* und die *Römisch-katholische Kirche* repräsentiert. Ihnen gehören heute rund 80% der Bevölkerung der alten und ein Anteil von knapp 30% der Bevölkerung der neuen Bundesländer an. Trotz der in Art. 137 der Weimarer Verfassung festgeschriebenen und in Art. 140 in die Verfassung der Bundesrepublik übernommenen Absage an eine Staatskirche (Abs. 1), genießen die beiden Großkirchen in Deutschland einen privilegierten rechtlichen Status als „Körperschaften öffentlichen Rechts". Soziologisch lassen sich die beiden großen Kirchen – zumindest in den alten Bundesländern – immer noch am zutreffendsten als zwei volkskirchliche Systeme „im Übergang" beschreiben, die allerdings Elemente der Sozialform der Sekte im Zuge innerer Pluralisierung integriert haben (Daiber 1996: 167ff.).

Das gesamte Feld der Kirchen/Religionsgemeinschaften reicht aber über die beiden großen christlichen Kirchen hinaus (vgl. Daiber 1995: 131ff.). Das orthodoxe *Christentum* ist in Deutschland mit 13 verschiedenen Kirchen und knapp einer Mio. Gläubigen vertreten. Zum Teil haben die orthodoxen Kirchen wie die beiden Großkirchen Körperschaftsrechte. Dasselbe gilt für die verschiedenen Gemeinschaften christlicher Freikirchen, die sich von den beiden Großkirchen aus unterschiedlichen Anlässen abgespalten haben, aber mit ihnen in der „Arbeitsgemeinschaft Christlicher Kirchen in der Bundesrepublik Deutschland e.V." zusammenarbeiten.

Der wachsende *Pluralismus* von Religionsgemeinschaften in Deutschland kommt insbesondere auch in der Präsenz der übrigen Weltreligionen zum Ausdruck. Als „Körperschaften des öffentlichen Rechts" sind in Deutschland der Zentralrat der Juden und zahlreiche jüdische Gemeinden als Zusammenschlüsse der heute ca. 55.000 Menschen jüdischen Glaubens anerkannt. Die drittgrößte

Religionsgemeinschaft in Deutschland bilden die Muslime mit rund 1,8 Mio. Gläubigen. Teile der in Vereinen organisierten Muslime streben eine körperschaftsrechtliche Anerkennung an. Dasselbe gilt für die 1985 in Hamburg gegründete „Buddhistische Religionsgemeinschaft Deutschlands", die nach eigenen Angaben selbst von 60.000 buddhistischen Gläubigen in Westdeutschland ausgeht (Daiber 1995: 148).

Die Vielfalt der Religionsgemeinschaften in Deutschland beschränkt sich aber nicht auf die beiden Großkirchen, die christlichen Freikirchen und die zunehmende Präsenz der übrigen Weltreligionen. Daneben hat sich mit teilweise wachsender Tendenz und zunehmender öffentlicher Aufmerksamkeit eine religiöse Szene außerhalb der christlichen Groß- und Freikirchen herausgebildet. Sie reicht von den klassischen, aus dem 19. Jh. stammenden Sekten wie der Neuapostolischen Kirche, den Zeugen Jehovas und den Mormonen über freireligiöse Gemeinschaften und ältere synkretistische Gruppierungen mit theosophischer und anthroposophischer Ausrichtung bis hin zu den sogenannten „Neuen religiösen Bewegungen". Neu ist an letzteren das Ausmaß, in dem sie auf nicht-christliche religiöse Traditionen zurückgreifen und sie in der westlichen Kultur präsent machen. Es handelt sich um synkretistische Gruppierungen, die – zunächst aus dem anglo-amerikanischen Raum kommend – auch in Deutschland Fuß gefaßt haben. Die bekanntesten unter ihnen sind die Hare-Krishna-Bewegung, die „Familie der Liebe Gottes" (Früher: Kinder Gottes), die Vereinigungskirche und die Neo-Sannyasin-Bewegung. Wie das aktuelle Beispiel der „Scientology Church" mit ihren antihumanen Praktiken verdeutlicht, wird innerhalb der religiösen Szenerie der soziale und rechtliche Status einer Religionsgemeinschaft auch von Gruppierungen beansprucht, die mit kommerziellem Interesse Psychopraktiken anbieten. Hier wird deutlich, daß mit dem Ende des kirchlichen Monopols auf Religion und mit dem „Unbestimmt-Werden" des Religionsbegriffs (Kaufmann 1989: 58) heute die Grenzen des Phänomens Kirchen/Religionsgemeinschaften zu verschwimmen drohen.

Tabelle 1: Religionsgemeinschaften und ihre Mitglieder in Gesamtdeutschland

Religionsgemeinschaften	Mitgieder
Evangelische Kirche	28.197.000
Katholische Kirche	27.465.000
Christliche Freikirchen	393.500
Ortodoxe Christen	ca. 1.000.000
Jüdische Gemeinden	53.797
Muslime	ca. 1.800.000
Buddhisten	ca. 60.000
Religiöse Szene außerhalb der christlichen Groß- und Freikirchen	ca. 800.000

Quellen: Statistisches Jahrbuch der Bundesrepublik Deutschland 1996:97-100; Daiber 1995:131-150

Tabelle 2: Zugehörigkeit zu einer Religionsgemeinschaft in Deutschland (ALLBUS-Umfragen)

	1988 (West)	1992 (West)	1992 (Ost)	1994 (West)	1994 (Ost)	1996 (West)	1996 (Ost)
Ev. Kirche (ohne Freik.)	43,0	42,0	27,0	38,5	25,2	39,6	26,0
Evang. Freikirchen	3,0	1,0	1,0	2,1	2,5	1,1	1,1
Röm.-Kath. Kirche	46,0	42,0	4,0	43,8	3,1	39,1	5,3
Andere chr. Rel.-Gem.	1,0	1,6	0,4	1,8	0,6	2,3	0,8
And. nicht-chr. Rel.-G.	0,2	1,0	0,4	2,0	0,3	3,9	0,1
Keiner Rel.-Gem.	8,0	12,0	66,0	11,6	68,3	13,9	66,8

Quelle: Allgemeine Bevölkerungsumfrage der Sozialwissenschaften (ALLBUS), 1988, 1992; 1994; 1996. Konfessionsspezifische Auswertung: Pastoralsoziologische Arbeitsstelle Hannover (W. Lukatis)

2. Sozial- und mentalitätsgeschichtliche Hintergründe

Die unterschiedliche Ausprägung und Stellung der Kirchen/Religionsgemeinschaften in den heutigen westlichen Gesellschaften verweisen auf die Wirkung sehr langfristiger Prozesse der Bildung und Entwicklung religiöser Mentalitäten (Höllinger 1996). Für Deutschland erscheint es sinnvoll, bis zum Prozeß der „kollektiven" und zumeist „von oben" erfolgten Christianisierung der Germanenstämme zurückzugehen. Bis heute nachwirkende religiöse Mentalitätsunterschiede zwischen Nord und Süd zum Beispiel lassen sich bis auf die gewaltsame Zwangsmissionierung im Norden Deutschlands in Differenz zu der in der Regel eher friedlichen Übernahme des *Christentums* im Süden zurückverfolgen (Höllinger 1996: 133ff.). Die besonders enge Verbindung von weltlicher und religiöser Herrschaft im mittelalterlichen feudal-patrimonialen Landeskirchentum zeichnet für die Grundlegung einer ausgeprägten Untertanenmentalität verantwortlich. Nachdem Luther durch die Bauernkriege aufgeschreckt das Schicksal seiner Reformation in die Hände der fürstlichen Landesherren legte, änderte auch der reformatorische Umbruch an dieser Grundkonstellation von Religion und Herrschaft wenig. Die Religionskriege führten für Deutschland zu der Konsequenz, daß sich zunächst drei – lutherisches, reformiertes und katholisches – dann mit *Protestantismus* und *Katholizismus* zwei Kirchentümer nebeneinander stabilisierten. Mit dem Prinzip des „cuius regio, eius religio" wurde die Herrschaftsabhängigkeit der Religionszugehörigkeit nachdrücklich bestätigt und fortgeführt. Die Konfessionsbildung in Deutschland vollzog sich in enger Verschränkung mit den Interessen der frühneuzeitlichen Staatswerdung – in den katholischen wie in den protestantischen Staaten in ganz ähnlicher Weise (Schilling 1988:14ff.). Auf dem Höhepunkt dieser Entwicklung gingen staatliche und kirchliche Bemühungen und Interessen um die Disziplinierung der Verhaltensformen der Untertanen eine enge Verbindung ein. In Österreich wie in Preußen hatte die Religion die Lücke zwischen dem hohen Kontrollanspruch und -bedarf des absolutistischen Staates und seiner noch geringen Kontrollmittel zu schließen.

Konfessionelle Mentalitätsdifferenzen im vorindustriellen Deutschland lassen sich in besonderer Weise auf den unterschiedlichen Umgang der Konfessionen mit den magisch durchsetzten volksreligiösen Traditionen zurückführen. Im *Katholizismus* kam es zu vielfältigen Verschränkungen zwischen Volksreligion und Konfessionskirche, die den magischen Bedürfnissen insbesondere der ländlich-kleinstädtischen Bevölkerung und der Unterschichten einen größeren Spielraum ließen. Der *Protestantismus* erhielt demgegenüber seine Prägung durch die magieferneren städtisch-bürgerlichen Mittelschichten und deren Interessen an Bildung und innerlicher Formung der Lebensführung. Den Mentalitäten und Verhaltensmustern der Landbevölkerung und der städtischen Unterschichten blieb er auch in Gestalt pietistischer Reformfrömmigkeit stärker fremd. Was den jahrhundertelangen Kampf der Kirche mit dem Volk in Sachen Ehe- und Sexualmoral angeht, so erwies sich auf diesem Feld die Entfremdung zwischen den Verhaltensstandards der katholischen Bevölkerung und der mehr oder weniger rigoristisch verfolgten Sexualmoral der katholischen Kirche ausgeprägter als im Protestantismus (Höllinger 1996: 163ff.).

Im gesellschaftlichen *Modernisierungsschub* des 19. und 20. Jahrhunderts griffen beide Kirchen teils auf ähnliche, teils aber auch auf differente Reaktionsmuster zurück. Dem *Katholizismus* gelang es, die volksreligiösen Traditionen wie nie zuvor in kirchliche Regie zu nehmen, sie stärker zusammenzufassen und den kirchlich-konfessionellen Überlebensinteressen dienstbar zu machen (Gabriel 1996: 93ff.). Als Verlierer im Modernisierungsprozeß des 19. Jahrhunderts schlossen sich die Katholiken im entstehenden deutschen Nationalstaat entlang der Konfessionszugehörigkeit sozial und politisch stärker zusammen. Organisatorisch begünstigt wurde der Erfolg der katholischen Milieu- und Organisationsbildung durch die amtskirchliche Reorganisation nach dem Ende der Feudalkirche, die zum ersten Mal nicht nur in der Theorie, sondern auch faktisch die katholische Kirche zu einer von Rom aus zentral regierten, hierarchisch gegliederten eigenständigen Organisation machte. Der historisch einmalig hohen Verkirchlichung weiter Teile der katholischen Bevölkerung stand die Entkirchlichung jener gegenüber, die – wie große Teile des Industrieproletariats und der bürgerlichen Schichten – den Zugang zum katholischen sozial-moralischen Milieu nicht zu finden vermochten. Seit dem 19. Jahrhundert gehört der Konflikt zwischen dem protestantisch geprägten Nationalstaat und der katholischen Kirche zu einer der Spannungslinien, die der deutschen Gesellschaft bis heute ihr besonderes Gepräge geben. Der Konflikt berührte allerdings die prinzipielle Staatstreue der Katholiken nicht, ließ sie manchmal sogar – wie etwa in der Abwehr der „sozialistischen Gefahr" – ihre Loyalität in besonderer Weise betonen.

Der politisch wie ökonomisch dominierende Mehrheitsprotestantismus sah – anders als der Minderheitenkatholizismus – wenig Anlaß, sich im protestantisch geprägten deutschen Reich in eigenen Organisationsformen zusammenzuschließen. Das landesherrliche Kirchenregiment blieb auch unter den nachrevolutionären politischen und gesellschaftlichen Bedingungen bis zum Ende des Ersten Weltkriegs erhalten. Auf die Entstehung des Industrieproletariats und seine Entfremdung von der Obrigkeitskirche reagierte der Protestantismus mit der außerhalb der Kirchenstrukturen sich entwickelnden Bewegung der „Inneren Mission" und intellektuellen Strömungen eines Sozialprotestantismus. Die Konkurrenz zum Sozialkatholizismus wie der staatlich geführte Kampf mit der Sozialdemokratie begünstigten die von pietistisch-protestantischen Kreisen entwickelte Idee sozialstaatlicher Intervention auf die soziale Frage und ließen Deutschland zum weltweiten Pionierland eines obrigkeitlich geprägten *Sozialstaats* werden (Kaufmann 1989: 89ff.). Die Spannungslinie wie die Nähe zwischen Staat und Kirche zeichneten dafür verantwortlich, daß in Deutschland ein „dualer" Sozialstaat mit einer bis heute wirksamen Arbeitsteilung zwischen Staat und großen (kirchlichen) Verbänden entstand.

Über das bürgerlich-protestantische Familienmilieu hinaus war die Milieubildung im Protestantismus – im Verhältnis zum Katholizismus – nur schwach und geteilt in pietistisch-konservativ und liberal-protestantisch geprägte Milieus. Die aufgeklärten und liberalen Strömungen im *Protestantismus* sorgten in erster Linie dafür, daß der Emanzipationsprozeß der laikalen Kultur von den kirchlich-klerikalen Prärogativen in Deutschland nicht mit ähnlich scharfen antikirchlichen Bewegungen verbunden war wie in Frankreich. Aus dem Umkreis des Protestantismus des 19. Jahrhunderts stammen auch die ersten freireligiösen Bewegungen als religionsgeschichtliche Vorläufer der heutigen religiösen Szenerie jenseits der Kirchen (Bochinger 1994: 244ff.).

Der sozial- und mentalitätsgeschichtliche Hintergrund der Kirchen/Religionsgemeinschaften in Deutschland verweist auf die von Beginn der Christianisierung an grundgelegte Dominanz der anstalts- und herrschaftskirchlichen Elemente und deren besondere Nähe zur jeweiligen politischen Herrschaft. Das Ende des landesherrlichen Kirchenregiments am Ende des Ersten Weltkriegs mußte deshalb für den deutschen Mehrheitsprotestantismus mit einer tiefen Krise verbunden sein. In dieser Mentalitätstradition wird auch verständlich, daß beide dominierenden Kirchentraditionen in Deutschland auf die Usurpation des Staates durch eine verbrecherische Clique im Nationalsozialismus besonders schlecht vorbereitet waren.

3. Die Kirchen/Religionsgemeinschaften in der geteilten Nachkriegsentwicklung Deutschlands

3.1 Die Entwicklung in der Bundesrepublik

Das Ende des Zweiten Weltkriegs bringt einen tiefen Einschnitt für die Kirchen/Religionsgemeinschaften in Deutschland. Mit der Gründung der beiden deutschen Staaten trennen sich auf sehr nachdrückliche Weise auch die Wege der beiden Religionssysteme. In der Bundesrepublik Deutschland kommt es zum ersten Mal in der deutschen Geschichte zu einer zahlenmäßigen Parität zwischen Protestanten und Katholiken. In Folge der Flüchtlingsströme lösen sich wie nie zuvor seit dem Augsburger Religionsfrieden die konfessionell geschlossenen Siedlungsgebiete auf. In den fünfziger und frühen sechziger Jahren erhalten die Kirchen in der Bundesrepublik eine für ihre Geschichte in Deutschland wohl einmalige Stellung (Gabriel 1996: 43ff.). Sie repräsentieren eine gewisse institutionelle Kontinuität und gelten von allen Institutionen als am wenigsten durch den Nationalsozialismus kompromittiert. Weite Kreise der Bevölkerung erwarten von den Kirchen nach dem Fiasko des Nationalsozialismus Orientierung und Wertevermittlung. Die Kirchenbesucherzahlen sind in beiden Konfessionen – gemessen jeweils an ihren Traditionen – hoch und steigen innerhalb der fünfziger Jahre sogar leicht an. Auch die Jugendlichen sind überdurchschnittlich in die Gottesdienstpraxis integriert. Die Austritte aus beiden Kirchen sind auf einem historisch einmalig niedrigem Niveau und spielen so gut wie keine Rolle. Was für die Kirchenmitgliedschaft gilt, läßt sich auch für die Riten an den Lebenswenden konstatieren: bis auf geringe Ausnahmen ist die gesamte Bevölkerung in sie einbezogen. Die Kirchen erhalten eine privilegierte verfassungsrechtliche Stellung wie kaum anderswo in der Welt. Die Übernahme der Kirchenartikel der Weimarer Verfassung in das Grundgesetz ermöglicht den staatlichen Einzug der *Kirchensteuer*. Weite Teile des staatlichen Schulsystems be- bzw. erhalten eine kirchlich-konfessionelle Prägung. Der kirchlich kontrollierte Religionsunterricht wird als Pflichtfach in allen Schulformen institutionalisiert. Die Sozialgesetzgebung der Bundesrepublik räumt den freien und das heißt dominierend den kirchlichen Trägern der Wohlfahrtspflege – dem Subsidiaritätsprinzip der *katholischen Soziallehre* folgend – einen prinzipiellen Vorrang vor den öffentlichen Trägern ein. Darin kommt der große Einfluß der kirchlichen Soziallehren – insbesondere der katholischen – auf die staatliche Sozialpolitik in dieser ersten Phase der Geschichte der Bundesrepublik zum Ausdruck. Wie die Forschung zum *Wertewandel* hervorhebt, dominiert in der Bundesrepublik eine konservative Grundstimmung mit einer Bevorzugung traditioneller Pflicht- und Akzeptanzwerte (Klages 1993: 25ff.).

In der Latenz schon länger vorbereitet, vollzieht sich in der Gesellschaft der Bundesrepublik Ende der sechziger Jahre ein tiefgreifender Umbruch. Vom strukturellen wie kulturellen *Modernisierungsschub*, der Mitte der 60er Jahre einsetzt, zeigen sich die beiden Kirchen in besonders nachhaltiger Weise betroffen. In dem knappen Zeitraum zwischen 1968 und 1973 gehen – als Indikator für weitreichendere Bewußtseins- und Verhaltensänderungen – die Kirchenbesucherzahlen sprunghaft um ca. ein Drittel zurück. Bei den jüngeren Jahrgängen macht der Rückgang sogar knapp die Hälfte aus. Die Kirchenaustritte schnellen um ein Vielfaches nach oben und verweisen auf eine Lockerung der Kirchenbindung. Die Bildungsreform beseitigt weitgehend die konfessionelle Prägung des staatlich-öffentlichen Schulsystems. Der kirchliche Einfluß auf die Politik geht deutlich zurück. Erste größere kirchensoziologische Untersuchungen machen auf eine gewachsene Distanz der Gläubigen zu den kirchlichen Lehren und Verhaltensnormen aufmerksam. Der kirchliche Wandel zeigt sich eingebettet in einen Wertwandlungschub von der Dominanz von persönlichen wie gesellschaftlichen Pflicht- und Akzeptanzwerten hin zu einem Bedeutungszuwachs von Selbstentfaltungswerten. Vom gesellschaftlichen Umbruch sind beide konfessionellen volkskirchlichen Systeme in ähnlicher Weise tangiert. Allerdings trifft die Erosion der bis in das 19. Jahrhundert zurückreichenden sozial-moralischen Milieus den Katholizismus schärfer als den Protestantismus. Neben der sozialistischen Arbeiterschaft besaßen die Katholiken das sozial-moralische Milieu mit der stärksten Bindungskraft. Der abrupte Anstieg des Lebens- wie des Bildungsniveaus unter den Katholiken setzt den Erosionsprozeß in Gang. Verbunden mit dem Ausbau der sozialen Sicherungssysteme lassen diese Faktoren eine stärker individualisierte Lebensführung auch unter den Katholiken entstehen.

Ende der siebziger und in den achtziger Jahren verlangsamt sich das Tempo des sozialen und religiösen Wandels in der Bundesrepublik wiederum deutlich. Die Kirchenaustrittszahlen bewegen sich von ihrem Höhepunkt 1973/74 nach unten, bevor sie gegen Ende des Jahrzehnts erneut nach oben schnellen. Auch die Kirchenbesucherzahlen sinken zwar stetig weiter, aber nicht mehr mit dem Tempo der frühen siebziger Jahre. In beiden volkskirchlichen Systemen geht der Prozeß der Differenzierung der Mitgiedschafts- und Teilnahmeformen weiter. Als stabilstes Element von Kirchlichkeit erweisen sich die Teilnahmeformen an den kirchlichen Ritualen zu den Lebenswenden. Bis auf gewisse Erosionstendenzen in den Ballungszentren bleibt das kirchliche Ritenmonopol an den Lebenswenden erhalten. Eine wachsende Mehrheit von Kirchenmitgliedern greift fallweise und bei Gelegenheit auf die Begleitung und Unterstützung durch die kirchliche Religion zurück, nutzt im übrigen aber die kirchlichen Orientierungsangebote als Material für den „Fleckenteppich" individualisierter, gewissermaßen selbst komponierter Religiosität. Auf der anderen Seite stabilisiert sich um die Gemeinden und den regelmäßigen sonntäglichen Kirchenbesuch herum eine kirchlich geprägte Religiosität mit Wirkung auf Wertorientierungen und Solidarverhalten der Gläubigen. Allerdings zeigt die Kirchlichkeit eine ausgeprägte Tendenz zur Überalterung, sodaß sie in hohem Maße zum Ausdruck einer Alterskultur zu werden droht.

3.2 Die religiös-kirchliche Entwicklung in der DDR

Die Entwicklung der Kirchen/Religionsgemeinschaften in der *DDR* verläuft mit einer gewissen Spiegelbildlichkeit zu der in der Bundesrepublik. Im Jahr 1950 sind von den 18,3 Mio. Einwohnern der DDR 14,8 Mio. evangelisch und 1,37 Mio. katholisch. Das letzte statistische Jahrbuch der DDR aus dem Jahr 1990 zählt 5,1 Mio. Mitglieder der evangelischen Kirche und 1,1 Mio. der katholischen Kirche. Was ist mit den Kirchen in der DDR geschehen in den Jahren zwischen 1950 und 1990? Bestimmend für die Lage der Kirchen/Religionsgemeinschaften wird – als Kontinuitätslinie durch die vierzigjährige Geschichte der DDR sich hindurchziehend – die mit allen Mitteln staatlicher Macht betriebene Zurückdrängung und Verbannung der Kirchen aus der gesellschaftlichen Öffentlichkeit und die stetigen Versuche der Spaltung zwischen Kirchenleitungen und Kirchenvolk einerseits und zwischen – im Sinne der Staatsmacht – „fortschrittlichen" und „rückständigen" Kräften in den Kirchen andererseits (Pollack 1994: 78ff.). Dem staatlich-ideologischen Homogenisierungsdruck erweist sich – so ist insgesamt festzustellen – die anstaltlich und obrigkeitlich geprägte Kirchlichkeit weiter Teile insbesondere der evangelischen Mehrheitsbevölkerung als nicht gewachsen. Der Rückgang der Kirchenmitgliedschaft aus der evangelischen Kirche erfolgt nicht kontinuierlich, sondern weist zwei Höhepunkte auf: die zweite Hälfte der 50er Jahre und in den Jahren zwischen 1967 bis 1975 (Pollack 1994: 384). Im Kampf um die *Jugendweihe* unterliegt die evangelische Kirche der Staatsmacht eindeutig. Als in der zweiten Hälfte der fünfziger Jahre die Hoffnung auf eine schnelle *Wiedervereinigung* schwindet, bricht unter massivem staatlichen Druck binnen weniger Jahre die volkskirchliche Konfirmationspraxis faktisch zusammen. Zur gleichen Zeit sinkt die Taufbereitschaft evangelischer Eltern rapide. Während 1950 noch ca. 90% der Kinder evangelischer Eltern getauft werden, fällt die Taufrate – der Anteil der evangelisch Getauften an der Zahl der Geburten – bis 1965 auf knapp 30% ab. Nicht nur der Austritt, sondern auch in starkem Maße der unterlassene Eintritt reduziert die Zahl der Kirchenmitglieder bis in die achtziger Jahre hinein. Soweit Daten zum Kirchenbesuch zur Verfügung stehen, zeigen sie schon für Mitte der fünfziger Jahre einen nur geringen Anteil von 3,8%, der für die sechziger und siebziger Jahre um etwa einen Prozentpunkt absinkt, um in den achtziger Jahren sogar zuzunehmen. Dabei fällt auf, daß – anders als in der Bundesrepublik seit den späten sechziger Jahren – die Jugendlichen und jungen Erwachsenen überproportional zu den regelmäßigen Kirchenbesuchern zählen.

Es ist eine Strategie der Schadensbegrenzung, die die evangelischen Kirchenleitungen – geschockt durch die Austrittswellen der 50er und 70er Jahre – den Ausgleich mit der staatlichen Macht suchen läßt. Wie an der kirchlichen Entwicklung ablesbar ist, haben die Kirchenleitungen mit dieser Strategie einen gewissen Erfolg. Es kommt seit den achtziger Jahren zu einer Stabilisierung auf geringem Niveau und mit insgesamt marginaler gesellschaftlicher Stellung. In einer minoritären Randstellung hat sich die katholische Kirche von Anfang an eingerichtet. Ihre Verlustzahlen an Mitgliedern sind deutlich geringer als die der evangelischen Kirche. Von Beginn an ziehen sich die Katholiken stärker aus dem gesellschaftlichen und politischen Leben zurück und zeigen sich in höherem Maße immun gegenüber der staatlichen Repression. Sie bezahlen ihre höhere Stabilität mit einer noch ausgeprägteren gesellschaftlichen Isolierung. Die Kehrseite der kirchlichen Entwicklung zeigt sich exemplarisch an folgenden Zahlen: Wie das „Handbuch der Jugendweihe" ausweist, nehmen seit 1976 etwa 97% eines Jahrgangs an der atheistisch geprägten Jugendweihe teil. Bis 1990 zeigt sich die mehrheitlich atheistisch geprägte Position der Jugend durch den politischen Umbruch wenig beeinflußt. So bezeichnen sich noch 1989 85% der Studenten der DDR als atheistisch und nur 6% als religiös.

Die binnen weniger Jahrzehnte von einem Mitgliederbestand von über 90% auf 30% der Gesamtbevölkerung geschrumpften Kirchen erhalten seit Mitte der achtziger Jahre eine neue Rolle. Die Veränderung geht nicht darauf zurück, daß nun aus einer trägen Volkskirche „gesundgeschrumpfte" Entscheidungskirchen geworden wären. Die gebliebenen Kirchenmitglieder verhalten sich nicht viel anders als ihre Glaubensbrüder im Westen Deutschlands. Die neue Relevanz der Kirchen in der DDR hat einen anderen Ursachenzusammenhang. Sie geht hauptsächlich auf die schnell wachsenden Widersprüche zurück, in die die DDR-Gesellschaft in den achtziger Jahren unter Modernisierungsdruck gerät. Die kirchliche Gratwanderung zwischen Verweigerung und Anpassung macht sie nun zum (gegen-)institutionellen Dach einer sich neu herausbildenden (Neben- bzw. Gegen-)Öffentlichkeit. Hier können die gesellschaftlichen Widersprüche artikuliert, aus der Verdrängung in die privatisierte Nischen-Gesellschaft herausgelöst und in einem halb-öffentlichen Raum zu Sprache gebracht werden. Die Kirchen werden in die Rolle einer intermediären Kraft hineingedrängt und können sich daraus neue, begrenzte und konfliktreiche Handlungsspielräume eröffnen. In der historisch einmaligen Situation des Umbruchs kommt den Kirchen dann eine gewisse, in ihrer Randlage begründete katalysatorische Wirkung für den durch Außen- wie Innenfaktoren zugleich bedingten Zusammenbruch des DDR-Sytems zu (Pollack 1994: 446ff.).

4. Die Lage der Kirchen/ Religionsgemeinschaften im vereinten Deutschland

Wie in keinem anderen Lebensbereich fällt es auch sieben Jahre nach der Wiedervereinigung schwer, die religiös-kirchliche Lage in Deutschland als einheitliche zu beschreiben. Noch immer stehen sich im Grunde zwei Religionssysteme gegenüber, so daß es sinnvoll erscheint, die gegenwärtige Situation vergleichend und kontrastierend zur Darstellung zu bringen. Am schärfsten kommt die Differenz mit Blick auf die Konfessionslosigkeit zum Ausdruck. Machen nach Umfragedaten aus dem Jahr 1996 die *Konfessionslosen* im Westen eine Minderheit von 14% aus, so bilden sie im Osten mit knapp 70% eine deutliche Mehrheit (ALLBUS 1996: V. 318). Rein statistisch bewegt sich Gesamtdeutschland auf eine Drittelparität zwischen Protestanten, Katholiken und Konfessionslosen zu. Dabei ist zu beachten, daß die Konfessionslosigkeit im Westen etwas anderes bedeutet als im Osten. So verfügt die Minderheit der westdeutschen Konfessionslosen über einen deutlich höheren Bildungsgrad nicht nur als die

Katholiken, sondern auch als die Protestanten. Das Abitur oder eine andere Form der Hochschulreife besitzen 16% der Katholiken, 18% der Protestanten, aber 26% der Konfessionslosen (ALLBUS 1996, West: V. 142). Im Osten liegen in der Prozentzahl der Abiturienten die Minderheit der Katholiken mit 15% an der Spitze, gefolgt von den Konfessionslosen mit 13% und den Protestanten mit 10% (ALLBUS 1996, Ost: V. 142). Auffällig ist auch, daß bisher zumindest die Tradierungskraft konfessionsloser Milieus im Westen relativ gering ist. So sind – wie die ALLBUS-Daten von 1991 zeigen – von den konfessionslos Erzogenen in Westdeutschland nur knapp 50% auch konfessionslos geblieben. Anders in Ostdeutschland: hier sind von den konfessionslos Erzogenen auch heute 95% konfessionslos (ALLBUS 1991, West, Ost: V. 486).

Welches Bild – so soll im nächsten Schritt gefragt werden – zeichnen die aktuellen Umfragedaten von der Kirchenzugehörigkeit, der kirchlich-religiösen Praxis und den religiösen Überzeugungen der Bevölkerung in den alten und neuen Bundesländern? Nach den ALLBUS-Daten von 1996 gehören in Westdeutschland 39,1% der Bevölkerung den evangelischen Landeskirchen und 1,1% den evangelischen Freikirchen an, sind 39,6% katholisch, gehören 2,3% anderen christlichen Religionsgemeinschaften und 3,9% anderen nichtchristlichen Religionsgemeinschaften an (ALLBUS 1996, West: V . 318). In den neuen Bundesländern lauten die entsprechenden Zahlen: Evangelische Landeskirchen 26,3% und katholische Kirche 5,4%. Die übrigen Religionsgemeinschaften haben nur verschwindend geringe Mitgliederzahlen (ALLBUS 1996, Ost: V. 318).

In Ostdeutschland sind es 5% der Bevölkerung, die angibt, mindestens einmal im Monat am Gottesdienst teilzunehmen. Eine Mehrheit von knapp 60% erklärt, nie einen Gottesdienst zu besuchen (ALLBUS 1996, Ost: V. 319). 72% sagen von sich, in keiner Weise am kirchlichen Leben teilzunehmen. Was die Taufbereitschaft angeht, so wollen 48% der Bevölkerung – also mehr als die aktuellen Kirchenmitglieder – ihre künftigen Kinder taufen lassen, 35% geben an, daß ihre Kinder getauft sind. Bei der Frage nach der Gebetspraxis ergibt sich folgendes Bild: 70% sagen von sich niemals zu beten, 8% mindestens 1 x im Monat, weniger als 1 x pro Monat 14% (ALLBUS 1991, Ost: V. 493, 319, 318, 492). Rund zwei Drittel der Bevölkerung in Ostdeutschland – so läßt sich resümieren – sind weder Kirchenmitglied, noch beteiligen sie sich in irgeneiner Form an der kirchlichrituellen Praxis. Allerdings geben knapp die Hälfte an, ihre künftigen Kinder taufen lassen zu wollen. Im Westen sind die beiden Gruppen – relativ regelmäßige Kirchgänger und Nie-Kirchgänger – in etwa gleich groß: 20% geben an, mindestens 1 x im Monat den Gottesdienst zu besuchen, 25%, daß sie dies niemals tun (ALLBUS 1996, West: V. 319). Sich überhaupt nicht am kirchlichen Leben zu beteiligen, äußern 40%. Die Taufbereitschaft erscheint hoch: 86% wollen ihre Kinder taufen lassen, 90% geben an, daß ihre Kinder getauft sind. Was die Praxis des Gebets angeht, sagen 28% von sich, niemals zu beten, 24% mindestens 1x im Monat und 27% weniger als 1x im Monat (ALLBUS 1991, West: V. 493, 319, 318, 492). Insgesamt ergibt sich hinsichtlich der religiös-kirchlichen Praxis folgendes Bild: Mit Taufe und Formen des Gebets sind über zwei Drittel der Bevölkerung zumindest schwach in die religiös-kirchliche Praxis integriert, am regelmäßigen Gottesdienst nimmt allerdings nur ein Fünftel teil.

Hinter diesen Daten verbergen sich nach wie vor erhebliche konfessionelle Unterschiede. Die Katholiken in Ost und West weisen in allen Dimensionen höhere Werte religiöskirchlicher Praxis auf, allerdings ist ein längerfristiger Trend zur Angleichung unverkennbar. Den ALLBUS-Daten von 1996 ist zu entnehmen, daß im Westen zwar 33% der Katholiken angeben, mindestens 1x im Monat den Gottesdienst zu besuchen, aber nur 10% der Protestanten. Im Osten fällt die Relation mit 30,5% zu 11% sehr ähnlich aus (ALLBUS 1996, West, Ost: V. 319). Damit wird schon deutlich, daß sich das religiös-kirchliche Verhalten der Kirchenmitglieder in Ost und West nur wenig unterscheidet. Wer Minderheitenkirchen ohne weiteres mit Entscheidungskirchen und höheren Partizipationsraten gleichsetzt, muß sich enttäuscht sehen. In den Daten lassen sich keine Anhaltspunkte für eine durchgehende Strukturdifferenz erkennen. Unterschiede sind nur soweit signifikant, als die radikal geschrumpfte Kirchlichkeit im Osten auf stabilem Niveau eher eine zunehmende Tendenz aufweist, während im Westen der Abwärtstrend weiter anhält. Auf gewisse strukturelle Veränderungen könnte möglicherweise die differente Praxis der Jugendlichen und jungen Erwachsenen im Osten hinweisen: sie sind – im deutlichen Gegensatz zu den jungen Kirchenmitgliedern im Westen – entschieden kirchlicher als die Älteren. In den noch stärker überalterten ostdeutschen Gemeinden bilden sie aber eine beinahe verschwindend kleine Minderheit (Pollack 1996: 602f.).

Das bisher gewonnene Bild verändert sich auch mit Blick auf die Umfragedaten zu religiös-kirchlichen Überzeugungen wenig. In den neuen Bundesländern sind es 37% der Gesamtbevölkerung, die sich bejahend zu einem allgemeinen Glauben an Gott bzw. einer höheren Macht äußern, während ca. 50% jeglichen Gottesglauben ablehnen. 15% geben an, sich Gott sehr nah/ziemlich nah zu fühlen und 14% glauben an ein Leben nach dem Tod. Bei der religiösen Selbsteinschätzung sind es 50%, die den Extremwert „überhaupt nicht religiös" wählen. In Westdeutschland findet ein vager Gottesglaube im Sinne einer höheren Macht bei einer deutlichen Mehrheit von 80% der Bevölkerung Zustimmung, nur 10% lehnen jeglichen Gottesglauben ab. Gott sehr nah oder ziemlich nah fühlen sich 46% und 54% glauben nach eigener Aussage an ein Leben nach dem Tod. Als „überhaupt nicht religiös" stufen sich 13% der Bevölkerung ein (ALLBUS 1991, Ost, West: V. 465, 466, 468, 494). Wie die Daten verdeutlichen, haben die Kirchen/Religionsgemeinschaften in Ost und West bis heute eine sehr unterschiedliche Reichweite nicht nur hinsichtlich der formalen Mitgliedschaft, sondern auch in Bezug auf die gestufte Integration weiter Teile der Bevölkerung in Formen religiöskirchlicher Praxis wie auch in Muster expliziter, religiös-kirchlicher Überzeugungen. Die Daten deuten darauf hin, daß sich nach wie vor die Normalitätsstandards zwischen Ost und West tendenziell verkehren: der Normalität einer abgestuften, mehrheitlich distanzierten Kirchlichkeit im Westen steht die Normalität einer bisher empirisch wenig differenziert erschlossenen Konfessionslosigkeit im Osten gegenüber. Welche Struktur das gesamtdeutsche Religionssystem in Zukunft annehmen wird, läßt sich aus den heute verfügbaren Daten schwer abschätzen. Die höchste Wahrscheinlichkeit hat die verschärfte Fortsetzung der Tendenz zu einem innerkirchlichen wie außerkirchlich-weltanschaulichen Pluralismus – eingeschlossen einer religiös indifferenten Konfessionslosigkeit –, wobei der *Pluralismus* etwa im Vergleich zu den USA dennoch durch die dominierende Stellung der beiden Großkirchen begrenzt bleibt (Daiber 1995: 172ff.).

5. Die gesellschaftliche und sozialpolitische Relevanz der Kirchen/Religionsgemeinschaften

Die Kirchen/Religionsgemeinschaften in Deutschland reichen in vielen Dimensionen in den öffentlich-politischen Raum hinein (Daiber 1995: 64ff.). Als Körperschaften des öffentlichen Rechts gewährt ihnen die Verfassung das Recht, von ihren Mitgliedern Steuern zu erheben und für deren Einzug staatliche Hilfe in Anspruch zu nehmen. Mit einem Kirchensteueraufkommen für das Jahr 1995 von 8,38 Mrd. für die Evangelische Kirche und 8,67 Mrd. für die katholische Kirche gehören die deutschen Kirchen zu den reichsten der Welt (Statistisches Jahrbuch 1996: 98f.). Die öffentliche Finanzierung der Kirchen hat zur Folge, daß die Mitgliedschaft staatskirchenrechtlichen Regelungen unterliegt und der Austritt als Rechtsakt vor einer staatlichen Behörde vollzogen werden muß. Wenn auch die Diskussion um die *Kirchensteuer* in regelmäßigen Abständen immer wieder aufbricht, ist mit einer einschneidenden Änderung der Praxis der Kirchensteuer in absehbarer Zeit nicht zu rechnen. Austritts- und mehr noch steuerreformbedingte Mindereinnahmen an Kirchensteuer werden allerdings die Kirchen in verstärktem Maße dazu zwingen, in der Mittelverwendung Prioritäten zu setzen und sich möglicherweise aus einzelnen bisherigen Tätigkeitsfeldern zurückzuziehen.

Auf lange historische Wurzeln geht auch die Verflechtung der Kirchen/Religionsgemeinschaften mit dem öffentlichen *Schulwesen* zurück. Unbeschadet der staatlichen Aufsicht über das gesamte Schulwesen und einiger Länderausnahmen, muß laut Grundgesetz der Religionsunterricht im allgemeinbildenden Schulwesen prinzipiell als ordentliches Schulfach in Übereinstimmung mit den Grundsätzen der Religionsgemeinschaften angeboten werden. Viele Länderverfassungen geben dem öffentlichen Schulwesen darüber hinaus Erziehungsziele vor, die auf religiös-kirchliche Norm- und Wertvorstellungen zurückgreifen. Sie verweisen auf explizite und implizite Elemente von Religion in der öffentlich-*politischen Kultur*. Wie sich an der erfolgreichen „Volksinitiative" zur niedersächsischen Verfassung 1993 zugunsten einer Präambel mit der Gottesformel und auch an den Reaktionen auf das sogenannte Kruzifixurteil des Bundesverfassungsgerichts aus dem Jahr 1995 zeigte, finden religiöse Symbol- und Wertbezüge im öffentlichen Raum überraschend hohe Zustimmung und mobilisierungsbereite Unterstützung in der Bevölkerung. In besonders ausgeprägter Weise – wenn auch nach der Wiedervereinigung in der evangelischen Kirche erneut umstritten – macht die Regelung der Militärseelsorge in Deutschland auf die starke Stellung der beiden Großkirchen im öffentlich-politischen Bereich aufmerksam. Die Bestimmungen des Reichskonkordats auf katholischer und des Militärseelsorgevertrags aus dem Jahr 1957 auf evangelischer Seite bilden die Grundlage für eine Militärseelsorge, deren Finanzierung sich Staat und Kirche teilen und deren administrative im Unterschied zur pastoralen Seite dem Bundesminister der Verteidigung untersteht.

Von besonders hoher Relevanz für das gesellschaftliche Leben in Deutschland ist aber der kirchliche Einfluß im Bereich von *Sozialpolitik* und *Sozialstaat*. Die Soziallehren der Kirchen bildeten seit dem 19. Jahrhundert eine der Quellen für das Motiv und die Legitimation der sozialpolitischen Intervention in die gesellschaftlichen Verhältnisse. Die spezifische Ausprägung des deutschen, bis heute durch eine „duale" Struktur geprägten Sozialstaats ist ohne die Spannungslinie und Verflechtung zwischen Kirche und Staat nicht begreifbar (Schmid 1996: 229ff.). Die von Bismarck politisch umgesetzte Sozialstaatsidee zeigt eine deutliche Prägung durch das Gedankengut pietistisch-protestantischer Kreise und ihrer politischen Akteure in der preußisch-deutschen Verwaltungsspitze. Auf das katholische Zentrum war Bismarck – unbeschadet der sonstigen politischen Gegnerschaft – bei der Durchsetzung seiner Sozialgesetzgebung angewiesen. Die Sozialpolitik des katholischen Zentrums wurde – nachdem über den späten Ketteler und die Sozialenzyklika „Rerum Novarum" Papst Leo XIII. der Weg der Staatsintervention zur Behebung der sozialen Frage eröffnet war – zum kontinuierlichsten Befürworter des Sozialstaats im Verlauf der deutschen Geschichte (Kaufmann 1989: 114). Die Kirchen sind bis in die aktuelle Diskussion um die Reform des Sozialstaats hinein nicht nur seine entschiedenen Befürworter, sie bilden auch einen unübersehbaren Teil seiner „dualen" Struktur. Seit der Weimarer Reichsverfassung werden die Träger der freien Wohlfahrtspflege – an ihrer Spitze die kirchlichen *Wohlfahrtsverbände* – durch gesetzliche Regelungen in das Gesamtsystem der öffentlichen Wohlfahrtspflege integriert. Besonders im Zuge des Ausbaus des Sozialstaats nach dem Zweiten Weltkrieg haben die Kirchen mit ihren Spitzenverbänden von Caritas und Diakonischem Werk den Charakter von „Sozialkirchen" angenommen, die – zumindest was den Personalbestand angeht – die jeweiligen „Pastoralkirchen" bei weitem übertreffen. So beschäftigten 1993 Caritas und Diakonisches Werk zusammen über 700.000 Personen in Voll- und Teilzeitstellen, die Caritas 398.000 und das Diakonische Werk 307.000. Die beiden kirchlichen Wohlfahrtsverbände verfügen damit über einen höheren Personalbestand als die großen Wirtschaftskonzerne von Daimler-Benz, Siemens und Volkswagen und können als die gößten privaten Arbeitgeber in Deutschland gelten (Rauschenbach/Schilling 1995: 339). Allerdings sind sie mit ihren dezentral organisierten (Dach-)Verbandsstrukturen mit zentralistischen Konzernformationen nicht ohne weiteres vergleichbar. Wenn auch gegenwärtig Bemühungen unverkennbar sind, die Karten im Mix des deutschen Wohlfahrtspluralismus neu zu mischen und den privatwirtschaftlichen Anbietern größere Spielräume zu eröffnen, werden die kirchlichen Wohlfahrtsverbände auch in Zukunft eine zentrale Stellung im deutschen Sozialstaat innehaben. Wie auch die Reaktionen auf das im März 1997 erschienene Wort des Rats der Evangelischen Kirche und der Deutschen Bischofskonferenz „Für eine Zukunft in Solidarität und Gerechtigkeit" zeigen, finden die Kirchen mit ihren sozialpolitischen Positionen erstaunlich breite Zustimmung. Die sozial- und wohlfahrtspolitische Akzeptanz der Kirchen kontrastiert dabei deutlich zu ihrer wachsenden Schwäche als „geistliche Macht" individueller Lebensführung und -deutung.

6. Theoretische Schlußbemerkung

Die religionssoziologische Theoriedebatte in Deutschland war lange Zeit durch die von Thomas Luckmann bereits in den sechziger Jahren vorgetragene These geprägt, die Kirchen repräsentierten in modernen Gesellschaften nicht mehr die dominierende Sozialform der Religion. Für differenzierte, durch rationale Institutionsgefüge und privatisierte Lebenswelten geprägte moderne Gesellschaften sei vielmehr eine individualisierte, sozial eher „unsichtbare" Form der Religion typisch (Luckmann [1967]/1991). Es entsprach der Logik des Luckmannschen Arguments, wenn in der Folgezeit die Kirchensoziologie – parallel zur Marginalisierung ihres Gegenstands – innerhalb der Soziologie eine Randstellung mit einem defizitären theoretischen Status zugesprochen erhielt. Mittlerweile haben sich die Fronten zwischen einer allein am zähl- und meßbaren interessierten Kirchensoziologie und einer Religionssoziologie „auf der Suche nach der unsichtbaren Religion" deutlich eingeebnet. Auf der einen Seite ist es zum kirchen- und religionssoziologischen Allgemeingut geworden, den Zusammenhang von Kirchlichkeit und Religiosität als ein kontingentes Forschungsproblem zu betrachten und Religion nicht am kirchlich-institutionell Zurechenbaren enden zu lassen. Auf der anderen Seite sind die Grenzen eines Religionsbegriffs deutlich geworden, der den gesellschaftlich-historisch gegebenen Formen der Religion – theoretisch vorentschieden – einen marginalen Status zuzuschreiben geneigt ist. Auf dieser Linie liegt es, sowohl von einer theoretisch postulierten und vorentschiedenen Marginalität der Kirchen als auch von der These einer prinzipiellen Gegenläufigkeit von Religiosität und Kirchlichkeit für moderne Gesellschaften Abschied zu nehmen. Religion liegt uns – so läßt sich resümieren – zunächst und zuerst in ihren institutionalisierten und heute zunehmend organisierten Sozialformen vor. In der Gesamtbetrachtung wird man die Kirchen/Religionsgemeinschaften in Deutschland auch nicht ohne weiteres als marginale Größen betrachten können. Dazu reicht ihr vielfältiger Einfluß viel zu weit in die öffentlichen Zonen des gesellschaftlichen Lebens hinein. Auf der anderen Seite sind längerfristige Prozesse der Individualisierung religiöser Erfahrungen unverkennbar (Gabriel 1996a). Sie reichen bis in Kernbereiche der Großkirchen hinein und zeichnen dafür verantwortlich, daß die gerade in der bundesrepublikanischen Geschichte außerordentlich hohe religiöse Bindungs- und Integrationskraft der Kirchen sinkt und Kirchlichkeit und Religiosität tatsächlich schärfer auseinandertreten.

Literatur

Bochinger, Christoph: „New Age" und moderne Religion. Religionswissenschaftliche Analysen, Gütersloh 1994

Daiber, Karl-Fritz: Religion unter den Bedingungen der Moderne. Die Situation in der Bundesrepublik Deutschland, Marburg 1995

Daiber, Karl-Fritz: Pastoralsoziologie, in: Kress, Hartmut/Karl-Fritz Daiber (Hg.): Theologische Ethik – Pastoralsoziologie. Grundkurs

Theologie, Bd. 7, Stuttgart/Berlin/Köln 1996, S. 119-239
Gabriel, Karl: Christentum zwischen Tradition und Postmoderne, 5. Aufl., Freiburg/Basel/Wien 1996
Gabriel, Karl (Hg.): Religiöse Individualisierung oder Säkularisierung. Biographie und Gruppe als Bezugspunkte moderner Religiosität, Gütersloh 1996
Höllinger, Franz: Volksreligion und Herrschaftskirche. Die Wurzeln religiösen Verhaltens in westlichen Gesellschaften, Opladen 1996
Kaufmann, Franz-Xaver: Religion und Modernität. Sozialwissenschaftliche Perspektiven, Tübingen 1989
Klages, Helmut: Traditionsbruch als Herausforderung. Perspektiven der Wertewandelsgesellschaft, Frankfurt a.M./New York 1993
Luckmann, Thomas: Die unsichtbare Religion. Mit einem Vorwort von Hubert Knoblauch, Frankfurt a.M. 1991 (engl. orig. 1967)
Pollack, Detlef: Kirche in der Organisationsgesellschaft. Zum Wandel der gesellschaftlichen Lage der evangelischen Kirchen in der DDR, Stuttgart 1994
Pollack, Detlef: Zur religiös-kirchlichen Lage in Deutschland nach der Wiedervereinigung. Eine religionssoziologische Analyse. Zeitschrift für Theologie und Kirche 93, 1996, S. 586-615
Rauschenbach, Thomas/Matthias Schilling: Die Dienstleistenden: Wachstum, Wandel und wirtschaftliche Bedeutung des Personals in Wohlfahrts- und Jugendverbänden, in: Rauschenbach, Thomas/Christoph Sachße/Thomas Olk (Hg.): Von der Wertgemeinschaft zum Dienstleistungsunternehmen. Jugend- und Wohlfahrtsverbände im Umbruch, Frankfurt a.M. 1995, S. 321-355
Statistisches Bundesamt (Hg.): Statistisches Jahrbuch der Bundesrepublik Deutschland, Wiesbaden 1996
Schilling, Heinz: Reformation und Konfessionalisierung in Deutschland und die neuere deutsche Geschichte, in: Kaufmann, Franz-Xaver/Bernhard Schäfers (Hg.): Religion, Kirchen und Gesellschaft in Deutschland, Gegenwartskunde, Sonderheft 5, Opladen 1988, S. 11-29
Schmid, Josef: Wohlfahrtsverbände in modernen Wohlfahrtsstaaten. Soziale Dienste in historisch-vergleichender Perspektive, Opladen 1996
Zentralarchiv für empirische Sozialforschung an der Universität zu Köln (Hg.): Bevölkerungsumfragen der Sozialwissenschaften (ALLBUS), Pastoralsoziologische Arbeitsstelle Hannover, Konfessionsspezifische Auswertung, Köln 1988, 1991, 1992, 1994, 1996

Karl Gabriel

Kriminalität

1. Definition und Abgrenzung

Kriminalität ist ein alltägliches gesellschaftliches Phänomen. Da die Vorstellungsinhalte von Kriminalität aber schon lebensweltlich heterogen und diffus sind, sind begriffliche Klärungen angebracht: In einer ersten soziologischen Annäherung erscheint eine Differenzierung in konforme und abweichende Verhaltensweisen hilfreich: Handlungen, die *Normen* zuwiderlaufen, gelten als abweichend, als deviant. Sind solche Normen nun strafrechtlich kodifiziert, so liegt bei der Abweichung Kriminalität vor. Diese delinquenten (= kriminellen) Handlungen sind demnach eine echte Teilmenge devianter Verhaltensweisen. Die als kriminell bezeichneten Phänomene sind nun selbst mindestens so vielfältig, wie es Strafrechtsnormen gibt.

Die im Strafrecht vorgenommene Unterscheidung zwischen *Verbrechen* (Differenzierungskriterium ist die angedrohte Sanktion, nämlich Freiheitsstrafe von mindestens einem Jahr) und *Vergehen* (also geringere Strafandrohung) ist alltagspraktisch durchaus bedeutsam, in der wissenschaftlichen Analyse von Kriminalität aber eher irrelevant. (Die noch weniger pönalisierten Ordnungswidrigkeiten gehören nicht mehr zur Kriminalität und werden ausgeklammert.) Der im weiteren gebrauchte Verbrechensbegriff (als Konstituens für den Kriminalitätsbegriff) weicht von dem strafrechtlichen insoweit ab, als sowohl Verbrechen als auch Vergehen gemeint sind. Dieser umfassendere Verbrechensbegriff muß aber weitergehend differenziert werden:

Der naturrechtliche Verbrechensbegriff geht davon aus, daß es unabhängig von Zeit und Raum, also in jeder Kultur, Delikte gibt, die grundsätzlich als Verbrechen betrachtet werden („delicta mala per se"), z.B. Tötungsdelikte. Auch ohne explizite Kodifizierung würden diese Handlungen aufgrund ihrer Sozialschädlichkeit im Rahmen ethischer Vorstellungen als verwerflich gelten.

Der strafrechtliche Verbrechensbegriff ist nun weiter als der naturrechtliche, denn er bezieht sich auf alle Handlungen, für die „strafrechtliche Rechtsfolgen" (Schwind 1995: 2) vorgesehen sind („delicta mere prohibita"). Verhaltensweisen, die gegen die Normen des Strafrechts verstoßen, gelten als kriminell. Ohne entsprechende gesetzliche Regelung kann es also auch keine kriminelle Verhaltensweise geben. Weil dieser Verbrechensbegriff in Abhängigkeit von strafrechtlichen Normen definiert ist, ist er aber der „willkürlichen Verfügungsgewalt des Gesetzgebers ausgeliefert" (Kürzinger 1982: 14). Dieser kann Normen quasi „nach Belieben" setzen. Mit dieser Formulierung wird deutlich, daß Normen, also auch Strafrechtsnormen, intrakulturell und interkulturell variieren können. Werden homosexuelle Handlungen Erwachsener in einer Gesellschaft unter Strafe gestellt (= kriminalisiert), sind sie in anderen Kulturen akzeptiert, mindestens nicht pönalisiert. So wie der Gesetzgeber innerhalb einer Kultur Strafrechtsnormen abschaffen kann (z.B. Entkriminalisierung des Ehebruchs), kann er neue Straftatbestände einführen (z.B. Umwelt-, Computerkriminaliät etc.) und mithin neu kriminalisieren.

Der soziolgische Begriff der Abweichung (= Devianz) ist weiter gefaßt als der strafrechtliche Verbrechensbegriff, weil von allgemeinen sozialen *Normen* abweichendes Verhalten darunter subsumiert wird. Nach soziologischer Auffassung bedürfen Normen nämlich keineswegs der Kodifikation; sie sind vielmehr als durch *Sozialisation* vermittelte, mehr oder weniger verbindliche Verhaltenserwartungen gleichermaßen verhaltensrelevant. Dabei ist Abweichung über die (fehlende) Normorientierung im Handeln definiert. Daneben gibt es eine noch weiter gefaßte soziologische Abweichungsdefinition als eine den Erwartungen (die nicht notwendigerweise normativ verankert sein müssen) der Interaktionspartner zuwiderlaufende Handlung. Nach der sanktionsorientierten Definition lassen sich Konformität oder Devianz aus der (positiven oder negativen) Reaktion der Interaktionspartner auf bestimmte Handlungen ermitteln. Auch statistische Vorstellungen (erhebliche Abweichungen vom Durchschnittswert oder dem Modus (= häufigster Wert)) fließen in Vorstellungen von Devianz ein (vgl. Lamnek 1996: 43ff.).

Während all diese Definitionen eine wie auch immer geartete Norm ontologisieren, behauptet eine gesellschaftskritisch-moderne kriminalsoziologische Position, daß die Handlungen als solche (auch wenn sie gegen eine konkrete Norm verstoßen sollten) nicht kriminell sind, sondern erst dadurch kriminalisiert werden, daß entsprechende Zuschreibungen und Definitionen erfolgen (= labeling approach). (Ein nicht entdeckter Handtaschendieb etwa gilt nicht als kriminell und wird auch nicht als solcher behandelt.)

Vernachlässigt man diesen labeling-theoretischen Ansatz, so ergibt sich für den Begriff der Kriminalität folgende Definition: Kriminalität ist die Gesamtzahl aller Handlungen, die gegen kodifizierte Strafrechtsnormen (*Verbrechen* im weiteren Sinne) verstoßen, sich innerhalb eines bestimmten Zeitraumes und innerhalb eines geographisch abgegrenzten Raumes ereignen und erfaßt werden. Kriminalität ist damit aber eine Sammelkategorie, die in ihrer Abstraktheit (sowohl alltäglich wie wissenschaftlich) unzulässig generalisiert und damit der Differenziertheit und Komplexität der Phänomene selbst nicht gerecht werden kann.

2. Die Erfassung

Jede Gesellschaft kennt Kriminalität, also ist Kriminalität „normal" (Durkheim) und jede Gesellschaft hat die Kriminalität, die sie verdient, weil diese ein Produkt der jeweiligen Gesellschaft ist. Art und Ausmaß der Kriminalität sind aber grundsätzlich nur begrenzt bekannt, denn auch die diversen Kriminalstatistiken sind kein strukturtreues Abbild der Realität. Gleichwohl werden sie zur Charakterisierung des gesellschaftlichen Kriminalitätszustandes und seiner Entwicklung herangezogen.

Reduziert man Kriminalität auf die durch den strafrechtlichen Normbegriff indizierten Verhaltensweisen, die auch offiziell bekannt geworden und registriert sind, so handelt es sich um die Kriminalität im Hellfeld. Daneben existiert ein Dunkelfeld, das eben nicht bekannt ist.

Das Hellfeld wird durch kriminalstatistische Daten konstituiert, die von staatlichen Instanzen gesammelt werden; wir unterscheiden die *polizeiliche Kriminalstatistik (PKS)*, die Strafverfolgungs- (StVSt), die Strafvollzugs- und die Bewährungshilfestatistik. Die Reihenfolge der Nennung der Statistiken ist bereits eine sozialpolitische Prioritätenliste.

Die *polizeilichen Kriminalstatistiken (PKS)* für die Länder und den Bund) beinhalten alle der Polizei bekanntgewordenen Straftaten und die einer Tat hinreichend Verdächtigten als Ausgangsstatistik (also zum Zeitpunkt der Abgabe an die Staatsanwaltschaft). Die PKS enthält absolute Zahlen, Häufigkeitszahlen, Aufklärungsquoten, regionale Verteilungen, Geschlecht, Alter und Nationalität der Tatverdächtigen. Da die polizeiliche Kriminalstatistik in ihrer Struktur und im Jahresvergleich die Entwicklung der Kriminalität darstellt, wird sie in besonderer Weise massenmedial und kriminalpolitisch genutzt. Deshalb ist ihr Aussage- und Erkenntniswert hier zu diskutieren: Das Zahlenmaterial der PKS kann im Vergleich zu den tatsächlichen Verhältnissen die Kriminalität über- oder unterschätzen. Da die Zahlen der PKS durch die ermittelnden Polizeibehörden erfaßt werden, ist die PKS letztlich ein Tätigkeitsnachweis polizeilicher Arbeit. Insoweit kann sie quantitativ ebenso überzeichnet sein, wie durch die polizeilichen Ermittlungen die Deliktschwere (als anzunehmender „worst case" in der Strafverfolgung) überschätzt werden kann. Das Anzeigeverhalten der Bevölkerung kann (deliktspezifisch) zu- oder abnehmen. Die Verfolgungsintensität der Strafverfolgungsbehörden (Sonderkommissionen etc.) kann erhöht oder reduziert werden. Massenmedial induzierte Kriminalitätsfurcht vermag die Kriminalitätsangst und die Sensibilität fördern etc. Neu eingeführte Straftatbestände erhöhen das Gesamtausmaß der Kriminalität. Neu definierte Delikte, wie etwa „organisierte Kriminalität", „Intensivtäter", „Gewalttäter" etc. vermitteln als additive Kategorien ein hypertrophes Ausmaß der Kriminalität. Von (absichtlichen) Erfassungsfehlern gar nicht zu reden: So wurden jüngst mehrfach einzelne Diebstähle in Abhängigkeit von der Zahl der gestohlenen Gegenstände als mehrere Taten in die Statistik aufgenommen. Bei zwei Stichproben ergab sich exemplarisch, daß einmal statt 402 nur 253 und zum anderen von 123 nur 40 Fälle hätten registriert werden dürfen (vgl. Walter 1996a: 337). Insgesamt muß festgehalten werden, daß auch die PKS kein zureichendes Bild über Umfang, Struktur, Entwicklung und Verteilung der Kriminalität zeichnen kann, so daß ihre Zahlen mit Vorsicht zu betrachten und zu deuten sind (vgl. Albrecht/Lamnek 1979). Andererseits sind unter ceteris paribus-Bedingungen polizeiliche Kriminalstatistiken durchaus hilfreiche Erkenntnisinstrumente.

Die Relativität der *PKS* wird auch erkennbar, wenn man die Strafverfolgungsstatistik, die die von den Gerichten abgeurteilten Tatverdächtigen enthält, vergleichend heranzieht. Die Strafverfolgungsstatistik ist nämlich eine Tätigkeitsstatistik der Gerichte und enthält die Zahl der Freigesprochenen ebenso wie die der Verurteilten und die eingestellten Verfahren. Abgesehen von Problemen in den Erfassungsmodalitäten (nur das schwerste Delikt wird gezählt) und vom Erfassungszeitraum (die Strafverfolgungsstatistik bezieht sich auf einen Zeitraum nach der Erstellung der PKS) kann man doch erkennen, daß das von der PKS gezeichnete Bild der Kriminalität in der

Kriminalität

Strafverfolgungsstatistik deutlich reduziert wird.

Die das Hellfeld konstituierenden Statistiken werden komplettiert durch Primärerhebungen zum Dunkelfeld. Methoden zur Erforschung des Dunkelfeldes können Experimente, (teilnehmende) Beobachtungen und Befragungen sein. Hinsichtlich der Population können Täter-, Opfer- und Informantenbefragungen differenziert werden. Befragt man repräsentative Bevölkerungsquerschnitte nach ihrer deliktspezifischen Viktimisierung innerhalb bestimmter Zeiträume, so ergeben sich zwischen Hell- und Dunkelfeld zahlenmäßige Diskrepanzen, aus der die sog. Dunkelziffer errechnet wird. Dunkelziffern variieren deutlich deliktspezifisch, wobei allgemein gilt, daß die Dunkelziffer bei schwerwiegenderen Delikten kleiner ist als bei leichteren Straftaten. Schwere Delikte werden eher bekannt, während Bagatelldelikte nicht immer angezeigt werden.

Die kritische Beurteilung der Statistiken gilt tendenziell auch für die Primärerhebungen im Dunkelfeld. Täterbefragungen erbringen in der Regel niedrigere Deliktzahlen als Opferbefragungen. Aber auch „victim surveys sind in vielfacher Hinsicht nicht ganz unproblematisch, denn sie erfassen in der Regel nicht aktuelle, sondern vergangene, zudem meist unangenehme Ereignisse. Erinnerungsschwierigkeiten, Verdrängungen, Beschönigungen und sekundäre Viktimisierungen führen ebenso zu einer mangelnden Repräsentativität wie zu einer reduzierten Zuverlässigkeit und Gültigkeit von Angaben. Ein zusätzliches Problem stellt die sogenannte Subsumtionsproblematik, d.h. die Zuordnung von bestimmten Sachverhalten zu juristischen Kategorien, dar" (Lamnek 1994: 247f.). Opferbefragungen unterliegen also den methodischen Einschränkungen einer selektiven Wahrnehmung, einer selektiven Erinnerung und eines selektiven Reports. Trotz dieser Mängel sind sie als Korrektiv zu den offiziellen Kriminalstatistiken aussagekräftig und bieten die Chance eines tiefergehenden Verständnisses, denn die Kriminalstatistiken enthalten außer einigen oberflächlichen Merkmalen von Tätern und Tat keine weitergehenden Variablen. Will man profundere Erkenntnisse erzielen, also ein strukturtreues Bild real existierender Kriminalität erhalten, dann ist man auch auf Dunkelfeldforschung und Opferbefragungen angewiesen.

Wie sieht nun die Relation zwischen Hell- und Dunkelfeld aus? Handelt es sich um eine konstante Proportion – steigt also bei zunehmendem Hellfeld auch das Dunkelfeld an – oder liegt ein additives Nullsummenverhältnis vor – nimmt also das Dunkelfeld bei steigendem Hellfeld ab und umgekehrt – oder kann zwischen Hellfeld und Dunkelfeld überhaupt kein spezifischer Zusammenhang festgestellt werden? Hierzu gibt es unterschiedliche Auffassungen. Sicher ist: „Änderungen in der Anzeigebereitschaft sowie die Intensität der Verbrechensbekämpfung beeinflussen ... das Ausmaß, in dem Kriminalität bekannt wird: Scheinbar sinkende Kriminalität bedeutet oft nur eine Vergrößerung des Dunkelfeldes" (Lamnek 1994: 249) und steigende Kriminalität seine erweiterte Ausschöpfung. Die Dunkelziffern variieren von Studie zu Studie und vor allem deliktspezifisch, z.B. einfacher Diebstahl 1:3 bis 1:15, schwerer Diebstahl 1:1 bis 1:2 und vorsätzliche Körperverletzung 1:5 bis 1:8 (vgl. Schwind 1995: 37). Durch Straftaten verursachte Schäden, die durch Versicherungen abgesichert sind, werden – weil nur dann die Ersatzleistung eintritt – häufiger angezeigt und registriert, als andere Delikte. Straftaten die im sozialen Nahraum (Familie, Nachbarschaft, etc.) sich ereignen, also insbesondere Beziehungsdelikte, zu denen im wesentlichen auch die Sexualstraftaten gehören, sind in der Statistik ebenfalls unterrepräsentiert, weil Sie nur begrenzt an die Öffentlichkeit gelangen. Die Anzeigebereitschaft sinkt auch, wenn die Erfolgsaussichten im Rahmen der Strafverfolgung seitens des Opfers als gering eingeschätzt werden. Delikte bei denen das Opfer als „naiv" erscheint (z.B. Betrug) sind ebenso unterrepräsentiert, wie Sexualdelikte, bei denen Scham und Entwürdigung besonders dominant werden. Andererseits können Sensibilisierungen (etwa durch massenmediale Berichterstattung) eintreten, die den Blick für bestimmte Straftaten (etwa Sexualdelikte mit Kindern als Opfer) schärfen und die Anzeigebereitschaft erhöhen.

Zusammenfassend muß also festgestellt werden, daß weder die Statistiken noch Dunkelfeldforschungen allein strukturtreue Abbildungen der sozialen Realität liefern, vielmehr müssen beide gemeinsam und sich gegenseitig relativierend, modifizierend und komplettierend einbezogen werden, um zu relativ reliablen und validen Befunden zu gelangen.

3. Die Häufigkeit

Trotz aller Vorbehalte wird im weiteren die polizeiliche Kriminalstatistik zugrundegelegt, um Umfang, Struktur, Verteilung und Entwicklung der Kriminalität in Deutschland zu charakterisieren. Die *PKS* enthält die strafrechtsrelevanten Handlungen, deren weitere Verfolgung von der Polizei an die Staatsanwaltschaft abgegeben wurde. Der Erfassungszeitraum ist kalenderjährlich, die Daten werden länderspezifisch erhoben und in der Bundeskriminalstatistik akkumuliert. Erfaßt sind die einer Straftat von der Polizei als hinreichend verdächtig bezeichneten Personen, also Tatverdächtige und nicht Täter.

Im Jahr 1996 gab es 6.647.598 Straftaten in der Bundesrepublik Deutschland (also einschließlich der neuen Bundesländer). Diese Zahl kann allerdings erst in Relation zur Bevölkerungszahl sinnvoll interpretiert werden. (Es ist einleuchtend, daß 100 Menschen weniger Straftaten begehen werden als 100.000.) Die bekannt gewordenen und registrierten *Straftaten* werden deshalb auf die Wohnbevölkerung bezogen (81.817.499), so daß eine relative Maßzahl, die sog. Häufigkeitszahl entsteht: Diese gibt die Zahl der Straftaten auf 100.000 der jeweils vergleichbaren Population an. Demnach ergibt sich für das Jahr 1996 eine Häufigkeitszahl von 8.125: auf 100.000 Bürger der Bundesrepublik entfallen also 8.125 Straftaten.

Da ein einzelner Täter mehrere *Straftaten* begehen kann, ist es sinnvoll, die Delikte auf die Täter, genauer auf die Tatverdächtigen, zu beziehen. Die Zahl der von der Polizei als tatverdächtig ermittelten Personen für das Jahr 1996 betrug 2.213.293. Diese wiederum auf 100.000 der vergleichbaren Bevölkerung berechnet, ergibt die sog. Tatverdächtigenbelastungszahl (TVBZ). Sie betrug 2.705, d.h. von 100.000 Personen der Wohnbevölkerung Deutschlands wurden 2.705 als tatverdächtig registriert.

Die *Aufklärungsquote*, d.h. die polizeiliche Zuweisung von Tatverdächtigen zu den einzelnen Straftaten beträgt – deliktspezifisch variierend – im Schnitt etwa 49%. Tötungsdelikte erreichen eine Aufklärungsquote von ca. 92%, Fahrraddiebstähle etwa von 8%.

4. Die Verteilung

Die Kriminalität ist ausgesprochen geschlechtsspezifisch verteilt und männlich dominiert: Etwa drei Viertel aller registrierten Delikte werden von Männern begangen. Diese Relation schlägt sich natürlich auch auf die TVBZ nieder. Sie beträgt für das Jahr 1996 – bei 2.132 für alle Deutschen – für die Männer 3.364 und für die Frauen 991.

Kriminalität ist aber auch altersspezifisch verteilt. Deutsche tatverdächtige Kinder (unter 14 Jahre und nicht strafmündig) haben im Jahr 1996 eine TVBZ von 982. Jugendliche (14 bis unter 18 Jahre) schlagen mit einer TVBZ von 6.881 zu Buche, während Heranwachsende (18 bis unter 21 Jahre, die im Regelfall ebenfalls nach Jugendgerichtsgesetz behandelt werden) mit 6.816 eine leicht geringere Belastung aufweisen. Die Erwachsenen (also über 21 Jahre) haben eine TVBZ von 1.910. Alle vorstehenden TVBZ beziehen sich auf Deutsche. „Zu berücksichtigen ist bei diesen Zahlen, daß es sich bei den Delikten mit hoher Beteiligung von Kindern oder Jugendlichen meist um weniger gravierende, wie Ladendiebstahl, Zweiraddiebstahl oder Sachbeschädigung handelt, bei denen die statistische Entwicklung auch vom Anzeigeverhalten der Geschädigten oder Zeugen abhängen kann. Zu beachten ist ferner der vielfach noch eher spielerische und häufig nur episodenhafte Charakter der Kinder- und Jugenddelinquenz" (Bundeskriminalamt 1997: 80).

Zwei Erkenntnisse sind aus diesem Zahlenmaterial zu gewinnen: Kriminalität ist ein altersspezifisches Phänomen der Art, daß insbesondere junge Menschen davon betroffen

Kriminalität

sind. Da mit zunehmendem Alter die Kriminalitätsbelastung abnimmt, kann daraus geschlossen werden, daß *Jugendkriminalität* eher ein temporäres und passageres Phänomen ist. Zu berücksichtigen ist auch, daß sich die Jugendkriminalität im wesentlichen aus Bagatelldelikten konstituiert und daß die Registrierungsquote bei Jugenddelinquenz höher als bei den Erwachsenen ist (Gruppendelikte, reduzierte Definitionsmacht etc.).

Der Sammelbegriff Kriminalität bedarf nun hinsichtlich der einzelnen Delikte einer Aufschlüsselung. Zu bedenken ist bei diesen Zahlen, daß nicht zwischen vollendeten Taten und Versuchen unterschieden wird. Die deliktspezifische Differenzierung zeigt ganz deutlich, daß leichtere Delikte das Gros der Kriminalität ausmachen, schwere Delikte in der Minderzahl sind. Von allen begangenen Straftaten des Jahres 1996 waren etwa 3/5 Diebstähle (23,5% einfacher, 31,8% schwerer Diebstahl). 9,4% der Delikte waren Sachbeschädigungen, 9,8% Betrugsdelikte; 0,1% Tötungsdelikte, 0,1% Vergewaltigungen, 1,0% Raubdelikte, 1,5% gefährliche und schwere Körperverletzungen, 2,9% Rauschgiftdelikte. Die Sammelkategorie der Gewaltdelikte macht insgesamt nur knapp 2,7% aller Straftaten aus. „*Gewaltkriminalität*„ ist eine heterogen zusammengesetzte Deliktgruppe, die Mord und Totschlag, Vergewaltigung, Raub, sowie gefährliche und schwere Körperverletzung enthält. Zu den Gewaltstraftaten im weiteren Sinne gehört die sexuelle Nötigung, die (vorsätzliche) leichte Körperverletzung, sowie die Sachbeschädigung. Eine Dichotomisierung in Gewalt gegen Sachen und Gewalt gegen Personen gibt es in der polizeilichen Kriminalstatistik nur insoweit, als die Sachbeschädigungen getrennt erfaßt sind, während gewaltförmige Handlungen gegenüber Personen alle anderen, eben genannten Delikte beinhalten. Entgegen der öffentlich geführten Diskussion sind – natürlich auch wegen des möglicherweise sehr großen Dunkelfeldes – Sexualdelikte in der *PKS* nur relativ schwach vertreten. Sexualstraftaten sind aber in einem doppelten Sinne geschlechtsspezifisch verteilt: die Täter sind fast ausnahmslos männlich, während die Opfer weit überwiegend weiblich sind.

Die in den Medien geführte Diskussion über die Sexualdelikte (Videopornographie und sexueller Mißbrauch von Kindern, wie aber auch Wiederholungstaten von entlassenen, im Freigang befindlichen oder entflohenen Sexualdelinquenten) bietet die Gelegenheit, diesbezügliche populistische Forderungen aus sozialwissenschaftlicher Sicht zu beurteilen: Eine Erhöhung des angedrohten Strafrahmens hält keinen Täter von *Straftaten* ab, weil er – wie alle anderen Täter auch – von einer geringen Entdeckungswahrscheinlichkeit ausgeht. Der Strafrahmen liegt gegenwärtig schon bei bis zu 10 Jahren, weshalb der Grenznutzen bei einer Erhöhung auf 15 Jahre gleich null sein würde. Die Forderung nach qualitativ und quantitativ besserer Sozialtherapie ist begründet, hat jedoch nur Aussicht auf Erfolg bei freiwilliger Teilnahmebereitschaft. Die beste präventive Maßnahme wäre wohl eine weitergehende Aufklärung, insbesondere der Kinder, sowie eine grundsätzliche Erziehung zu gewaltfreiem Handeln. Hierzu könnten die Medien tatsächlich einen nicht unbeträchtlichen Beitrag leisten.

Ein Problem, das in der jüngsten Zeit verstärkt diskutiert wurde, ist die *Ausländerkriminalität*. Unter Rekurs auf die PKS zeigt sich in der Tat ein überproportionaler Anteil von Nicht-Deutschen. Dabei muß allerdings berücksichtigt werden, daß 3,4% aller Straftaten solche gegen das Ausländer- und Asylverfahrensgesetz sind, die im wesentlichen nur von Ausländern begangen werden können. Rechnet man diese ebenso aus der Statistik heraus wie die ausländische Migrationskriminalität (durchreisende Täter, Urlauber, Illegale etc., denn diese gehören nicht zur Wohnbevölkerung, machen aber nach Untersuchungen des Bayerischen Landeskriminalamtes ca. 45% der melderechtlich nicht erfaßten nichtdeutschen Tatverdächtigen aus!), bedenkt man weiter, daß Ausländer möglicherweise einer erhöhten Verfolgungsintensität ausgesetzt sind, und berücksichtigt zudem den sozio-ökonomischen Status der Ausländer, dann haben diese tendenziell sogar eine geringere Kriminalitätsbelastung als die Deutschen (vgl. Geißler 1995). Zudem sollte bedacht werden, daß, da die Tatverdächtigen in der Regel junge Menschen sind, es sich dabei um Ausländer der zweiten und dritten Generation handelt, die kulturell möglicherweise eher Deutsche sind, aber die deutsche Staatsangehörigkeit nicht besitzen (vgl. auch Kiehl 1996). Andererseits kann nicht hinwegdiskutiert werden, daß die Kriminalitätsbelastung der (jungen) Ausländer erheblich zugenommen hat: so waren 1984 noch 16,6% aller Tatverdächtigen Nicht-Deutsche, 1993 36,2%, hingegen 1995 31,3% und 1996 nur noch 28,3% (Bundeskriminalamt 1997).

5. Die Entwicklung

Es kann nicht bestritten werden, daß bei einer Längsschnittanalyse über einen längeren Zeitraum (und unabhängig von Erfassungsproblemen etc.) die Zahl der registrierten *Straftaten* in Deutschland gestiegen ist. Diese grundsätzliche Tendenz wird nur gelegentlich durchbrochen: so haben etwa von 1993 auf 1994 und von 1995 auf 1996 die Straftaten abgenommen. Es haben allerdings nicht nur die Straftaten sich vermehrt, sondern auch die Häufigkeitszahl ist über die Jahre hinweg angestiegen, was auch für die Tatverdächtigenbelastungszahl gilt. Da es keinen allseits akzeptierten Maßstab für die Bewertung und Beurteilung der Kriminalität gibt, sind diese Zahlen nur in ihrer Entwicklung, nicht jedoch in ihrer absoluten Höhe kritisch zu würdigen. Die Bedeutung der ungünstigen Entwicklung kann allerdings dadurch relativiert werden, daß die Steigerungsraten nicht deutschlandtypisch sind, sondern in vergleichbaren Kulturen in analoger oder noch verschärfter Weise auftreten. In der Tat gilt, daß wir solche Entwicklungstendenzen in allen industrialisierten Gesellschaften vorfinden. Zum Teil sind diese unmittelbarer Ausdruck normativer Veränderungen im Strafrecht (z.B. Subventionsbetrug, Computerkriminalität, Umweltdelikte etc.), zum Teil sind sie indirekt gesellschaftlichen, politischen und ökonomischen Entwicklungen geschuldet, wenn etwa aufgrund der Öffnung der Grenzen eine größere geographische Mobilität eintritt (Autodiebstahl, Drogendelikte, sog. organisierte Kriminalität).

Die steigende Kriminalitätsbelastung muß allerdings wiederum deliktspezifisch betrachtet werden. Eine entsprechende Analyse der letzten Jahre zeigt beispielsweise, daß jene Straftaten, die als Gewaltdelikte firmieren (Mord, Totschlag, Vergewaltigung, Raub, räuberische Erpressung, schwere und gefährliche Körperverletzung) nicht gestiegen, sondern gesunken sind. Deutliche Zunahmen sind allerdings bei den Eigentumsdelikten zu verzeichnen. Die Entwicklung der *PKS*-Belastungszahlen wird durch eine Gegenüberstellung mit den Verurteiltenzahlen (VZ) deutlich relativiert: Seit 1989 öffnet sich die Schere, d.h. die TVBZ steigen, während die VZ eher stagnieren (vgl. Walter 1996a: 335).

„Die Täter werden immer jünger" ist in dieser Formulierung natürlich nicht zutreffend, doch gilt tatsächlich, daß sich die Kriminalitätsbelastung der jungen Menschen erhöht hat. Das Lamento ist allerdings einigermaßen „scheinheilig", wenn man die Entwicklung der Kriminalitätsbelastungsziffern nur jugendspezifisch betrachtet. Tatsache ist nämlich, daß auch die Alterskriminalität (zum Teil sogar weit überproportional, allerdings bei niedrigerer Ausgangsbasis) gestiegen ist. Tatsache ist ebenfalls, daß die *Frauenkriminalität* erheblich zugenommen hat: Haben wir gegenwärtig eine Relation von etwa 1:4, so betrug sie noch vor 20 Jahren etwa 1:5 (vgl. Schwind 1995: 66). Diese „Emanzipation" der Alten und der Frauen wird weder massenmedial noch politisch thematisiert, während die Jugendkriminalität oft dramatisiert wird.

Gerade hinsichtlich der öffentlichen Wahrnehmung von Kriminalität haben die Massenmedien eine Gate-Keeper-Funktion: Sie greifen in der Verfolgung des vermeintlich ökonomisch Notwendigen (Absatz-, Zuschauerzahlen) spektakuläre Delikte im Sinne eines journalistischen Sensationalismus auf, verunsichern damit die Bevölkerung und befördern eine diffuse Kriminalitätsfurcht. Dieses führt zu einer erhöhten Sensibilisierung der Bevölkerung, die dann über ein gesteigertes Anzeigeverhalten etc. notwendig zu einer Erhöhung der Kriminalitätsraten führt. Die Politik reagiert auf solche Entwicklungen analog und verstärkt damit diesen Kreislaufprozeß steigender Kriminalitätsraten noch weiter: selffulfilling prophecies und – gegenstandsorientiert – ein „politisch-publizistischer Verstärkerkreislauf" (Scheerer 1978) setzen ein.

Die Einführung neuer (nicht normativ abgesicherter) Sammelkategorien, wie etwa *„organisierte Kriminalität"*, sind terminologisch-psychologisch wie auch definitorisch-polizeitaktisch geeignet, Verunsicherungen zu evozieren, zu provozieren und zu verstärken. So veröffentlichte zum Beispiel das Bundeskriminalamt, daß sich der durch organisierte Kriminalität verursachte Schaden von 1.871.975.412 DM 1993 auf 3.448.527.042 DM 1994 fast verdoppelt habe, wobei diese Verdoppelung aber ausschließlich auf einen betrügerischen Konkurs eines Unternehmens in Milliardenhöhe zurückzuführen ist (was nicht gesagt wird). Ob ein solcher Konkurs tatsächlich der organisierten Kriminalität zuzurechnen ist, ist mindestens umstritten.

6. Die Erklärung

Nachdem Kriminalität ein komplexes und differenziertes gesellschaftliches Phänomen darstellt, ist es nicht möglich, diese Vielfalt mit einer einzigen Theorie zu erklären: Ein Tötungsdelikt ist anders motiviert als ein Diebstahl, ein Sexualdelikt hat andere Voraussetzungen als ein Drogendelikt etc. Es ist deshalb nicht verwunderlich, daß es eine Vielzahl von theoretischen Erklärungsansätzen gibt – selbst wenn diese nicht deliktspezifisch orientiert sind. Generalistische Beurteilungen sind daher mit Vorbehalten zu sehen. Gleichwohl gilt, daß bestimmte Theoriegebäude bestimmte Kriminalitätsformen besser erfassen und erklären können als andere. Theorien beanspruchen für sich, die zugrundeliegenden Phänomene erfassen (beschreiben), erklären und (begrenzt) prognostizieren zu können. Danach bemißt sich ihr Leistungsvermögen, das aber, weil Gegenstand, Methode, Operationalisierung etc. unterschiedlich sind, nur schwer vergleichend beurteilbar ist.

Theoretische Ansätze knapp zu referieren, setzt immer eine selektive und kategoriale Entscheidung voraus, die durchaus evaluativen Charakter trägt und deshalb nicht allseits gebilligt werden muß. Im folgenden wird zunächst eine disziplinspezifisch orientierte Klassifikation der Theorien gewählt:

Biologische oder sozio-biologische Theorien gehen davon aus, daß es eine biologische Prädisponiertheit zur Kriminalität gibt. Genetische Bedingungen (z.B. Chromosomenaberrationen), biochemische Abläufe, hirnphysiologische Konstellationen etc., die sich möglicherweise in physiologischen oder gar physiognomischen Merkmalen festmachen lassen, werden als Ursachen für Kriminalität angesehen. Solche Positionen sind aus heutiger Sicht eher obsolet und schon deshalb mit Distanz zu betrachten, weil solche biologischen Bedingungen sozial kompensiert werden oder auch sozial determiniert sein können.

Die psychologischen Theorien weisen wie die biologischen eine Individualorientierung auf, soweit es sich um Persönlichkeitstheorien handelt (etwa Extraversion, Intelligenz, Aggressivität etc.). Sie sind deswegen kritisch zu würdigen, weil die Zuschreibung solcher Eigenschaften ex post erfolgt und die Eigenschaften selbst sozial determiniert und definiert sind. Denn soweit es sich etwa um den Konditionierungsansatz oder um die Psychoanalyse handelt, sind im Hinblick auf die Mechanismen von Belohnung und Bestrafung bzw. auf frühkindliche Fehlentwicklungen offenbar allgemeinere soziale Elemente vorgeschaltet und ursächlich. Die Frustrations-Aggressions-These, die sich vor allem auf Gewaltkriminalität bezieht, vermutet, daß aggressive Reaktionen dann erfolgen, wenn Frustrationen und Ohnmachtsgefühle vorausgehen.

Soziologische Theorien zur Kriminalität (vgl. Lamnek 1996) beziehen sich hinsichtlich ihres Erklärungspotentials auf gesellschaftliche Rahmenbedingungen und lehnen – wie auch immer geartete – individualistische Pathologien als Ursachen für Delinquenz ab. Soziologische Ansätze gehen davon aus, daß nicht individuelle Merkmale, sondern soziale Bedingungen ursächlich für abweichendes Verhalten sind. Prinzipiell kann jedes Gesellschaftsmitglied betroffen sein – und tatsächlich hat wohl jeder, wenn er sich selbst gegenüber ehrlich ist, irgendwann in seinem Leben (mindestens einmal) eine Handlung begangen, die als kriminell zu bezeichnen wäre. Im folgenden werden nun unterschiedliche soziologische Erklärungsansätze skizziert:

Die Anomietheorie bezieht sich explizit auf sozialstrukturelle Bedingungen, indem sie die Ursachen für das Auftreten von Kriminalität darin sieht, daß innerhalb einer Gesellschaft zwischen den kulturell gesetzten Werten und Zielen und den sozialstrukturell zur Verfügung gestellten legitimen Möglichkeiten der Realisierung dieser Ziele eine Diskrepanz besteht. Kriminalität ist demzufolge die Reaktion der davon betroffenen Gesellschaftsmitglieder als Anpassung an diese diskrepanten Verhältnisse.

Der subkulturtheoretische Ansatz geht von einer komplexen Gesamtgesellschaft aus, die durch kleinere Untereinheiten konstituiert wird. Innerhalb dieser kleineren Subsysteme gibt es – trotz grundsätzlicher Anerkennung der basalen gesellschaftlichen Normen und Wertvorstellungen – partiell divergierende, normativ anders geregelte Verhaltenserwartungen. Die Befolgung solcher subkultureller Normen bedeutet aber automatisch eine Abweichung von den gesamtgesellschaftlichen Verhaltenserwartungen. Intragesellschaftliche Normenkonflikte sind also die Ursache für Kriminalität. Man denke hier etwa an den Drogenkonsum in jugendlichen Subkulturen oder an jugendliche Cliquen und „Gangs".

Die verschiedenen Theorien des differentiellen *Lernens* gehen davon aus, daß kriminelles Verhalten ebenso wie konformes gelernt wird. Das Erlernen erfolgt über Interaktionen, wobei nicht nur die kriminellen Verhaltensweisen, sondern insbesondere auch deren normativ-orientierte Bewertung als positiv angenommen werden. Ob kriminelle Verhaltensmuster tatsächlich übernommen werden, hängt von den differentiellen Kontakten, also der Häufigkeit, der Dauer und der Intensität der Interaktionen mit entsprechenden Personen oder Verhaltensmustern ab. Imitationsdelikte auf der Basis von Identifikationen (sei es aufgrund von Presseberichterstattung oder aufgrund von fiktiver Kriminalität in Filmen) können als einfache Belege für diese Theorie benannt werden.

Eine „modernere" Theorie der Erklärung von Kriminalität ist die von Hirschi und Gottfredson entwickelte Kontrolltheorie, die davon ausgeht, daß die inhibierenden, von Kriminalität abhaltenden Kräfte in den Individuen nicht ausreichend ausgeprägt sind. Die Selbstkontrolle (über die internalisierten Normen gewährleistet) ist zu schwach, die kurzfristige Nutzenmaximierung (aus der Differenz zwischen unmittelbarer Bedürfnisbefriedigung durch die Straftat und den langfristigen negativen Konsequenzen) dominant. Mangelnde Selbstkontrolle ist eine notwendige, aber nicht hinreichende Bedingung für Kriminalität, wobei sie im wesentlichen Produkt der Sozialisation ist (vgl. Lamnek 1994).

Während die bisher vorgestellten Ansätze ätiologisch orientiert waren, also nach den dem kriminellen Verhalten vorausgehenden Ursachen(-bündeln) gefragt haben, wechselt der soziologische Ansatz des labeling approach (= Etikettierungsansatz) die Perspektive. Hier treten die Reaktionen auf bestimmte Verhaltensweisen in das Blickfeld der Erklärung: „Von diesem Standpunkt aus ist abweichendes Verhalten keine Qualität der Handlung, die eine Person begeht, sondern vielmehr eine Konsequenz der Anwendung von Regeln durch andere und der Sanktionen gegenüber einem ‚Missetäter'. Der Mensch mit abweichendem Verhalten ist ein Mensch, auf den diese Bezeichnung erfolgreich angewandt worden ist; abweichendes Verhalten ist Verhalten, das Menschen so bezeichnen" (Becker 1981: 8). Nicht das Verhalten an sich ist also kriminell, sondern durch die von außen an das Verhalten herangetragene Beurteilung wird es als kriminell definiert und so etikettiert. Die Macht zu definieren ist aber sozialstrukturell ungleich verteilt, und durch Generalisierung der Abweichungsdefinition werden Personen stigmatisiert und in kriminelle Karrieren abgedrängt. (Der – nur einmal und vielleicht sogar zu Unrecht – einer kriminellen Handlung Verdächtigte und so Etikettierte wird zum Kriminellen. Langfristig entwickelt er eine entsprechende Identität und handelt folgerichtig gemäß den an ihn herangetragenen

Kriminalität

Verhaltenserwartungen weiterhin abweichend, ist also im Hinblick auf die Definition als Krimineller und die damit verbundenen Verhaltenserwartungen konform und zugleich im Hinblick auf die Normanwendung kriminell.) Der labeling approach läßt sich auf Normsetzung und Normanwendung gleichermaßen beziehen, wie er informelle Reaktionen ebenso berücksichtigt wie die Reaktionen der formellen Sanktionsinstanzen (Strafverfolgungsorgane).

7. Ost/West-Vergleich

Kriminalitätsvergleiche zwischen der (alten) Bundesrepublik und der *DDR* belegen eine deutlich höhere Kriminalitätsbelastung der Bundesrepublik. Diese Differenz ist einerseits der gesellschaftlichen Entwicklung geschuldet (höherer Industrialisierungsgrad, höheres Wohlstandsniveau etc.), andererseits auf die politischen Bedingungen (totalitäre Strukturen sind repressiver) und aus letzteren sich ergebend, auf unterschiedliche Erfassungs- und Veröffentlichungsmodalitäten (Verschweigungsstrategien) zurückzuführen. Tatsache ist also, daß die Kriminalitätsbelastung in der DDR faktisch niedriger war, daß die offiziellen Zahlen aber zugleich geschönt waren und die massenmediale Berichterstattung selektiv reduziert war. Mit der Wende und der Wiedervereinigung ergeben sich nun explizite Vergleichsmöglichkeiten, wobei die Daten ab 1991 mit den Daten der Vorjahre natürlich nicht mehr vergleichbar sind.

Unbestreitbar ist, daß von 1991 ab eine stetige und erhebliche Zunahme der Kriminalitätsbelastung in den neuen Bundesländern sich nachzeichnen läßt. Dies ist zum großen Teil auf die „nachholende *Modernisierung*" zurückzuführen. Die in Relation zu den alten Bundesländern sozioökonomisch schlechteren Bedingungen (vgl. z.B. die Anomietheorie) mögen ein übriges dazu beitragen. Die Häufigkeitszahl beträgt im Jahr 1996 für die alten Bundesländer (einschließlich Gesamtberlin) 7.768, während die neuen Länder mit 9.828 erheblich stärker belastet sind. Auch die altersspezifische Differenzierung für 1996 zeigt durchgängig die höhere Belastung der neuen Länder: Kinder: 1.705 zu 2.743, Jugendliche: 6.238 zu 8.813, Heranwachsende: 6.251 zu 8.853 und Erwachsene: 1.826 zu 2.289. Während im Osten die Heranwachsenden die höchste Belastung haben, sind es im Westen die Jugendlichen. Der „Anstieg der Polizeiauffälligkeit deutscher Kinder und Jugendlicher könnte u.a. mit Integrationsproblemen bei einem Teil der jungen Aussiedler zusammenhängen, die denen der gleichaltrigen ausländischen Flüchtlinge und Asylbewerber ähneln dürften. In den neuen Ländern kommen die teils problematischen Auswirkungen des sehr raschen sozialen Wandels hinzu" (Bundeskriminalamt 1996: 81).

Der deliktspezifische Vergleich zeigt, daß Diebstahlsdelikte in den neuen Bundesländern etwa 2/3 der erfaßten Kriminalität ausmachen, während sie in den alten Bundesländern bei etwa 3/5 liegen. Betrug, Unterschlagung und Urkundenfälschung sind im Osten ebenso unterrepräsentiert wie Rauschgiftdelikte und die gefährliche und schwere Körperverletzung, während die Sachbeschädigung im Vergleich zum „Westen" überdurchschnittlich vertreten ist.

Die höheren Tatverdächtigenbelastungszahlen im Osten gelten in analoger Weise – natürlich auf niedrigerem Niveau – auch für die Gewaltdelikte. Während die allgemein stärkere Belastung der ostdeutschen jungen Menschen in den einzelnen Alterskategorien um zwischen 42,2% und 48,0% höher liegt, sind die Differenzen bei den Gewaltdelikten noch stärker ausgeprägt: Ostdeutsche Heranwachsende sind hier um das 2,1fache und Jugendliche um das 1,7fache stärker vertreten (Pfeiffer 1996: 216).

Die steigende Entwicklung der Kriminalität in den neuen Bundesländern auf der Basis der *PKS* wird durch die Strafverfolgungsstatistik – natürlich mit kleineren Fallzahlen – bestätigt. Die strukturellen Umbrüche und Transformationsprozesse in den neuen Bundesländern haben mithin objektiv und subjektiv (im Bewußtsein der Bevölkerung) nicht nur positive Veränderungen bewirkt. In kritischer Sicht dürfte aber nicht von einem Anstieg gesprochen werden, da durch den Umbruch keine „kontinuierlichen

Rahmenbedingungen" (Walter 1996a: 342) mehr gegeben waren.

8. Sozialgeschichtliche und sozialpolitische Relevanz

„Kriminalität ist nicht ablösbar vom jeweiligen historischen Bezugssystem; sie hat ihren Ort im Bedingungsgefüge von Recht, Gesellschaft und Ökonomie" (Blasius 1985: 415). Mit Blick auf neue, z.B. technisch bedingte Formen der Kriminalität (Umwelt, Computer etc.) wird die Abhängigkeit von Art, Struktur und Verteilung der Kriminalität von gesellschaftlichen Verhältnissen offenkundig. Neue Strafrechtsnormen bedingen einen Anstieg der Kriminalitätsraten ebenso wie eine erhöhte Verfolgungsintensität der Polizei (siehe hierzu das sog. Lüchow-Dannenberg-Syndrom nach Pfeiffer 1987: 34ff.). Ein Vergleich der Zunahme der Polizeidichte mit den Kriminalitätsbelastungszahlen erbringt die zu erwartenden hohen Korrelationen. Mit mehr Polizeibeamten werden mehr Straftaten entdeckt und verfolgt, was die Argumentationsbasis abgibt, noch mehr Polizeibeamte einzusetzen, weil ja die Kriminalität gestiegen sei – mit dem Effekt, daß die Kriminalitätsraten weiter wachsen. Der Aufschaukelungsprozeß geht so weiter. Neue Normen, höhere Verfolgungsintensität (auch durch informelle soziale Kontrolle) sind Elemente eines „widening the net" mit entsprechenden gesellschaftlichen und sozialpolitischen Konsequenzen (vgl. z.B. den „großen Lauschangriff").

Daneben spielen sozialstrukturelle, sozioökonomische Bedingungen eine gewichtige Rolle: „Sieht man sich die Verurteiltenziffern näher an, wird die Vermutung eines hohen Anteils von Notdelikten bestätigt" (Blasius 1985: 417). Neuerdings weisen Pfeiffer/Ohlemacher (1995) auf einen parallelen Anstieg der (Gewalt-)Kriminalität und der Armut junger Menschen hin – wenngleich methodologisch nicht unumstritten. Ohlemacher (1995) dokumentiert regressionsanalytisch eine Assoziation von Kriminalitätsziffern und Armutsraten und in der Tat zeigt sich in der Operationalisierung von Armut über den Sozialhilfeempfang, daß sich von 1980 bis 1993 die Sozialhilfeempfänger in Westdeutschland von 1,3 Millionen auf 3,9 Millionen erhöht haben (Pfeiffer 1996: 255). Es wird weiter belegt, daß junge Menschen und Aussiedler stärker von Armut (Sozialhilfebezug) betroffen sind und höhere Kriminalitätsbelastungen aufweisen. Da die ökonomische Situation in den neuen Bundesländern deutlich ungünstiger als die in den alten ist, sind die oben skizzierten Wandlungsprozesse nur allzu verständlich und erwartbar.

Es erscheint daher die Frage berechtigt, ob sich nicht in der Entwicklung der Kriminalität der Prozeß gesellschaftlicher *Modernisierung* abbildet. Manche Autoren ordnen die Gewaltkriminalität als Hauptdelikt eher den vormodernen Gesellschaften zu, während Eigentumskriminalität vor allem in modernen Gesellschaften zu finden ist. Mag diese These umstritten sein, weil nicht statistisch exakt nachweisbar, so ergeben sich doch interessante Parallelen hinsichtlich regionaler und globaler Differenzierung: Auf die Bundesrepublik bezogen, liegen die Stadtstaaten sowie der Norden und Osten der Bundesrepublik bei den Häufigkeitszahlen vorne, während der Süden und der Westen geringer belastet sind. Auch liegt die Kriminalitätsbelastung in den Großstädten weitaus höher als in den ländlichen Gebieten. (Frankfurt bildet mit knapp 20.000 Delikten auf 100.000 Einwohnern die „Spitze".). Dieses bundesrepublikanische Nord/Südgefälle ergibt sich auch global: Die weniger industrialisierten Länder weisen geringere Kriminalitätsbelastungen auf und entsprechen hinsichtlich der deliktspezifischen Verteilung tendenziell der oben angesprochenen These.

Solche und auch andere theoretisch wie empirisch begründbaren Erkenntnisse sind sozialpolitisch von höchster Relevanz. Mit Strafrecht allein ist solchen Phänomenen nämlich nicht beizukommen, wenngleich Rechtspolitik auch Sozialpolitik sein kann. „Hier zeigt es sich sogleich, daß der naheliegende Ausweg, zwischen Kriminalitätsprophylaxe und Verbrechensrepression zu scheiden, und die erstere der Sozialpolitik im engeren Sinne, die letztere dem Strafrecht als dem zum Gemeinschaftsbefehl gewordenen Teil der *Kriminalpolitik* zuzuordnen, wenig erfolgversprechend ist" (Maurach/Zipf 1992: 31). Schon terminologisch werden Zusammenhänge deutlich, wenn in Phasen der Prosperität von Wohlstandskriminalität, in Rezessionszeiten von Armutskriminalität gesprochen wird. Sozialpolitik – auch wenn sie Kriminalität nicht grundsätzlich verhindern kann, so kann sie doch die Rahmenbedingungen verbessern – könnte die beste Kriminalpolitik sein. Dies hat Gustav Radbruch vor 70 Jahren so gesehen und noch vor ihm schon Franz von Liszt.

Literatur

Albrecht, Peter-Alexis/Siegfried Lamnek: Jugendkriminalität im Zerrbild der Statistik. Eine Analyse von Daten und Entwicklungen, München 1979

Becker, Howard S.: Außenseiter. Zur Soziologie abweichenden Verhaltens, Frankfurt a.M. 1981

Blasius, Dieter: Sozialgeschichte der Kriminalität, in: Kaiser, G. u.a. (Hg.): Kleines kriminologisches Wörterbuch, Heidelberg 1985, S. 415-420

Bundeskriminalamt: Polizeiliche Kriminalstatistik, Wiesbaden 1996 und 1997

Geißler, Rainer: Das gefährliche Gerücht von der hohen Ausländerkriminalität, in: Aus Politik und Zeitgeschichte 35/1995, S. 30-39

Kiehl, Walter H.: Sind ausländische Jugendliche krimineller, verdächtiger oder gesetzestreuer als Deutsche? in: DVJJ-Journal 1/1996, S. 19-27

Kunz, Karl-Ludwig: Kriminologie. Eine Grundlegung, Bern/Stuttgart/Wien 1994

Kürzinger, Josef: Kriminologie. Eine Einführung – Die Lehre vom Verbrechen, Stuttgart/München/Hannover 1982

Lamnek, Siegfried: Neue Theorien abweichenden Verhaltens, München 1994

Lamnek, Siegfried: Theorien abweichenden Verhaltens, 6. Aufl., München 1996

Maurach, Reinhard/Heinz Zipf: Strafrecht. Allgemeiner Teil, 8. Aufl., Heidelberg 1992

Ohlemacher, Thomas: Eine ökologische Regressionsanalyse von Kriminalitätsziffern und Armutsraten. Fehlschluß par excellence, in: Kölner Zeitschrift für Soziologie und Sozialpsychologie 4/1995, S. 706-726

Pfeiffer, Christian: Und wenn es künftig weniger werden? in: DVJJ-Journal 1/1987, S. 33ff.

Pfeiffer, Christian/Thomas Ohlemacher: Anstieg der (Gewalt-)Kriminalität und der Armut junger Menschen, in: Lamnek, Siegfried (Hg.): Jugend und Gewalt – Devianz und Kriminalität in Ost und West, Opladen 1995, S. 259-276

Pfeiffer, Christian: Steigt die Jugendkriminalität? in: DVJJ-Journal 3/1996, S. 215-229

Scheerer, Sebastian: Der politisch-publizistische Verstärkerkreislauf, in: Kriminologisches Journal 10/1978, S. 223ff.

Schneider, Hans-Joachim: Kriminologie, Berlin 1987

Schwind, Hans-Dieter: Kriminologie. Ein praxisorientierte Einführung mit Beispielen, 6. neubearb. u. erw. Aufl., Heidelberg 1995

Walter, Michael: Kriminalpolitik mit der polizeilichen Kriminalstatistik? in: DVJJ-Journal 3/1996, S. 209-214

Walter, Michael: Die Vorstellung von einem Anstieg der Jugendkriminalität als (kriminal)politisch dienstbare Denkform. in: DVJJ-Journal 4/1996, S. 335-343

Siegfried Lamnek

Kulturinstitutionen

1. Begriff und Abgrenzung

Die Bezeichnung „Kulturinstitution" kann unter wechselnden Perspektiven und mit unterschiedlicher Reichweite vergeben werden, bzw. das Wort löst uneinheitliche Assoziationen aus und bedarf deshalb alltags- wie fachsprachlich einer Präzisierung des Gemeinten. In einem sehr weiten Sinne nämlich erhält der Begriff tautologische Züge, insofern jede von der Gesellschaft geschaffene Institution eine kulturelle Hervorbringung ist. Das gilt für die Staats- und Rechtsordnung, für die wirtschaftliche und die technisch-wissenschaftliche

Kultur wie für künstlerische Ausdrucksbereiche, die der Kultur als „Kern-Anmutung" meist zugeordnet werden. Bei einer sehr engen Auslegung hingegen können darunter nur ganz bestimmte kulturpolitische Organisationen wie UNESCO, Goethe-Institute oder multikulturelle Zentren verstanden werden.

Die hier zu treffende Vereinbarung soll bewußt auf einen nicht „ganz eng", aber doch „eher eng" gehaltenen Bezug ausgelegt werden, nämlich auf eine pragmatisch-deskriptive Sichtweise, die Strukturen und Funktionen etablierter Kultureinrichtungen in der deutschen Gesellschaft beleuchtet. Es wird also weder um eine Diskussion auf der Werte-Ebene oder kultureller („Geistes"-)Strömungen gehen, noch um materielle und immaterielle Kultur-Objektivationen in Form von Leitvorstellungen, Sinngebungen und Symbolen oder um Routinen und Nutzgegenstände des Alltagslebens. Auch werden bei der vorgenommenen Eingrenzung und Schwerpunktbildung unvermeidlich gesellschaftlich und politisch wichtige Themen wie kultureller Pluralismus vs. Multikulturalismus, Subkulturen oder kulturelle Identität zu kurz kommen oder gänzlich ausgeblendet bleiben.

Nach dieser Negativbestimmung sollen die abzuhandelnden traditionellen und eben institutionalisierten, d.h. in umfassenden Organisationssystemen langzeitig konsolidierten Kulturformen positiv bestimmt werden. Ihre Quellen als Ausdrucks- und Mitteilungsformen menschlichen Denkens und Empfindens liegen in kultischen und spielerischen Handlungsschemata, aber auch in der Überlieferung praktischen Wissens. Daraus entwickelten sich in der Antike Grundformen künstlerischer und wissenschaftlicher Kultur, an denen sich ein Kanon von Literatur und Musik, von darstellenden und gestaltenden Künsten herausbildete.

Ohne auf die unterschiedlichen Wertungen der Künste im Vergleich zu den Wissenschaften für die Bildung der Menschen und ihrer Gemeinschaft einzugehen, läßt sich festhalten, daß im lateinischen Begriff der „cultura" im ausgehenden 17. Jahrhundert „Wissen, Glauben, Kunst, Moral, Gesetz und Sitte" (so E. B. Tylor, Primitive Cultures, 1871) aufgehoben waren. Bei Akzentuierung der sittlich-erzieherischen Funktionen unter dem Einfluß Immanuel Kants (1724-1804) und der ästhetischen Aspekte unter dem Friedrich Schillers (1759-1805) kam es zu der vielgenannten Synthese des Wahren, Schönen und Guten, in der Hegel Kultur als die Gestaltung von Geist und Vernunft sah.

Ruhmessucht konstitutioneller Landesfürsten, Nationalstaatsdenken und Bürgerstolz schufen im 19. Jh. die demonstrativen baulichen Gehäuse für die sich verbreitenden und ausdifferenzierenden Kultureinrichtungen. Museen, Opernhäuser, Theater, Bibliotheken und Archive dienten der Aufnahme, Erhaltung und Wiedergabe anerkannten Kulturgutes und sind selbst auf die heutige Gesellschaft als deren kulturelles Erbe überkommen. Dort, wo Bildung und „Erbauung" sich auf's engste in der Absicht und im Nutzungsakt verbinden („delectare et prodesse ..."), spricht man von Kulturinstitutionen im geläufigen Wortsinn. Wenn organisierte Wissensvermehrung und -vermittlung eindeutig wie bei Universitäten und Schulen aller Art überwiegen, liegen die Bezeichnungen Bildungseinrichtung, Bildungswesen und Wissenschaft näher, unabhängig davon, daß in der einschlägigen Ministerialbürokratie von „Kultus und Unterricht" die Rede ist. Dominieren andererseits die unterhaltenden Inhalte und Formen, so werden solche Institutionen – nicht immer konsequent und zutreffend – eher einem vage definierten Freizeitbereich zugeordnet.

In welchen Wechselbeziehungen stehen diese kulturtragenden Einrichtungen zu gesellschaftlichen Strukturen und Prozessen? Inwiefern sind also manifeste Substrate kreativer Objektivationen wie Malerei oder Musik zugleich bedeutende soziale Gebilde, wodurch beziehen sie gesellschaftliche Bestimmungen und Bedeutung und in welcher Weise wirken sie ihrerseits in gesellschaftliche Strukturen hinein? Zur Beantwortung dieser Fragen dienen einige sehr verkürzte Bemerkungen über kulturgeschichtliche Entwicklungen, denen sich Beschreibungen aktueller Erscheinungsformen, rechtlicher Trägerschaften, Betriebsgrößen und Beschäftigter von Kulturinstitutionen, vor allem aber öffentlicher

Kulturinstitutionen

Partizipation und Nachfragepräferenzen anschließen. Ausschnitthaft bleibt die Darstellung auch insofern, als Kulturinstitutionen wie die modernen Medien hier nicht einbezogen werden konnten.

2. Felder institutionalisierter Kultur

2.1 Darstellende Kunst

„*Theater* spielen", also: in bestimmte Rollen schlüpfen, sich verkleiden, ein Geschehen sprachlich, durch Gesang oder pantomimisch darstellen, gehört zu den ursprünglichen menschlichen Ausdrucksbedürfnissen – was sowohl entwicklungspsychologisch wie entwicklungshistorisch zu verstehen ist: die drei genannten Handlungsarten bilden mit dem Sprechtheater (Schauspiel), Musiktheater (Oper, Operette, Musical) und dem körpersprachlichen Theater (Ballett, Pantomime) Grundkategorien darstellender Kunst. Auch institutionell-organisatorisch können drei Kategorien unterschieden werden, nämlich nach Trägerschaft und Professionalität Bühnen in öffentlicher Hand (National-, Landes-, Kommunal-Theater), private Theater und Amateur- bzw. Laienspiel.

Theatergeschichte

Theatergeschichte kann aufgefaßt werden als Geschichte des Theaterbaus, der Schauspielberufe oder einer Stilkunde und Bühnengeschichte, was hier nicht zu leisten ist. Man denke nur an die antiken Ursprünge, das geistige Drama des Mittelalters, Passionsspiele, die Commedia dell'arte oder die Shakespeare-Bühnen des 16. Jahrhunderts. Zu den heute noch gepflegten Formen darstellender Kunst kann beim Höfischen Theater (zuweilen auch als Nationaltheater bezeichnet) des 17. und 18. Jahrhunderts angeknüpft werden. Hier entwickelten sich tradierte Formen des Singspiels (Oper) zu höchster Blüte (Mozart), hier bemühte sich der Hof-Intendant Johann Wolfgang von Goethe in Weimar um theoretische Grundregeln der Schauspielkunst, und nicht zuletzt wurde hier bürgerliche Öffentlichkeit durch Teilnahme praktiziert. Aus 21 Hoftheatern mit meist konservativen Repertoires, die den Ersten Weltkrieg überdauerten, entstanden die Landes- und Staatstheater.

Ein zweiter aktueller Strang der *Theatergeschichte* betrifft deren soziale Organisation. 1846 erfolgte die Gründung des Deutschen Bühnenvereins als Arbeitgeberorganisation, und 1871 entstand als Gegenstück die Bühnengenossenschaft. Die Zeit privater und kommunaler Theatergründungen kulminierte 1890 in der Verschmelzung der „Freien Bühnen" mit dem von der Arbeiter- und Volksbildungsbewegung getragenen Gedanken des „Theaters für Jedermann" in der „Freien Volksbühne". Ergänzend dazu entwickelte sich der Gedanke der Theater-Festspiele als ein überhöhtes künstlerisches Ereignis, z.B. unter tatkräftiger Mitwirkung Richard Wagners 1876 die Bayreuther Festspiele.

Ein dritter Strang der Theatergeschichte bezieht sich auf ideelle Konzepte und Themen. *Theater* soll erzählen und die Besucher unterhalten. Zu beinahe allen Zeiten ist aber ebenso versucht worden, durch das Theater für Ideen zu werben und „Politik zu machen". Literaten standen stets im Verdacht, als Aufklärer über bestehende gesellschaftliche Verhältnisse wirken zu wollen. Autoren vom Klassiker Friedrich Schiller über Gerhard Hauptmann bis zu Bertold Brecht würden die sozialkritischen Intentionen vieler ihrer Stükke auch nie in Abrede gestellt haben, ebensowenig wie Theaterleute, die diese inszenierten (z.B. Erwin Piscator). Bei Brecht kommt hinzu, daß er nicht allein „mit einer soziologischen Dramaturgie" (Michael 1989: 118) gesellschaftliche Verhältnisse (verfremdet) abbilden und kritisieren wollte. Vielmehr ging es ihm, ganz im Marxschen Sinne, um Veränderung und „Sprengung der bürgerlichen Kunst und der Ästhetik des Theaters" (Rühle: 25).

In der Zeit des *Nationalsozialismus* wurden die *Theater* in die Reichskulturkammer eingegliedert und strikt überwacht. Dies und der Weggang zahlreicher jüdischer Künstler trugen zum Niedergang des Spielniveaus bei. Das deutsche Nachkriegstheater war zunächst stark auf die im Dritten Reich verbotenen ausländischen Autoren fixiert. Mit deutschsprachigen Schriftstellern wie Frisch, Weiß oder Hochhuth wurde die sozialkritische Linie fortgesetzt, auch in anderen Formen (Farce, Volkstheater und politisches Kabarett).

Die heutige Theaterszene

Gut dokumentiert ist die gegenwärtige Situation der rund 150 *Theater* in öffentlicher Trägerschaft, die zusammen etwas 450 Bühnen bespielen. Dort fanden in der Saison 1990/91 rund 60.000 Veranstaltungen statt, die etwa 20 Millionen Besucher anzogen Statistisches Bundesamt, Kultur in Deutschland, 1994). 40% der Angebote waren Schauspiele, 15% Kinder- und Jugendstücke, 13% Opern und je 5% Ballett, Operette und Musicals, der Rest entfiel auf Konzerte, Gastspiele und sonstige Angebote. Nach der Zahl der Besuche(r) verschieben sich diese Anteilswerte zu ungunsten des Schauspiels, auf das nur noch 30% der Gesamtmenge entfallen, während die Oper mit 26% erheblich aufholt. Dafür sind Saalkapazität und unterschiedliche Auslastungsgrade verantwortlich, die für das Schauspiel niedriger sind als für andere Sparten darstellender Kunst. Die Besucheranteile bei Kinder- und Jugendtheater belaufen sich auf 10%, bei Ballett, Musical und Operette auf je 8%, letztere besonders in Bayern.

Ansonsten sind geographisch die neuen Bundesländer (noch) deutlich dichter mit *Theatern* besetzt (61 gegenüber 88 im Westen bei einer Bevölkerungsrelation von 1 : 4,5). In den Jahren nach der Vereinigung trat dort eine angesichts der wirtschaftlichen Situation der Bevölkerung verständliche schlechtere Kapazitätsauslastung ein (übrigens auch an West-Berliner Theatern), die einer Reduzierung der Angebote Vorschub leistete.

Schrumpfungstendenzen zeigen sich im übrigen über zwei Jahrzehnte hinweg in der Branche als Ganzes, besonders in den Sparten Schauspiel, Oper, Operette (Rückgänge um ca. 2 Millionen Besuche allein von 1980/81 bis 1990/91, was ca. 15% entspricht). Dies bedeutet Rückgänge der Betriebseinnahmen, die ohnehin nur ein Siebtel der zumeist aus öffentlichen Zuweisungen stammenden Gesamteinnahmen ausmachen. Je Einwohner belaufen sich die Zuweisungen im Mittel auf 36,- DM (in Stadtstaaten auf mehr als das Doppelte) und je Besucher auf rund 125,- DM (1990/91) – im Klartext: Jede Theater- oder Opernkarte ist über den Verkaufspreis hinaus mit diesem Betrag aus Steuergeldern subventioniert.

Diese Kostenstruktur ist nicht zuletzt logische Folge der hohen Personal-Intensität: 70% der Gesamtausgaben entfallen auf Personalkosten, darunter die Hälfte bis zwei Drittel auf das künstlerische Personal, welches etwa 45% der insgesamt knapp 50.000 Beschäftigten an öffentlichen *Theatern* ausmacht (Sänger, Schauspieler, Ballett- und Chormitglieder u.a.). Das nicht-künstlerische Personal setzt sich aus technischem, Verwaltungs- und Hauspersonal zusammen. Auch bei diesen Relationen bestehen strukturelle Unterschiede zwischen ost- und westdeutschen Kulturbetrieben.

Die Zahl der statistisch nachgewiesenen Privattheater entspricht etwa der der öffentlichen, wobei allerdings die Erfassung unvollständig ist. Zu den rund 32.000 angebotenen Veranstaltungen kamen 1990/91 7,5 Millionen Besucher, also etwa ein Drittel der Zahl, welche auf die „Öffentlichen" entfiel. Dabei reicht die Spannweite der Kapazität von Boulevard- und Zimmertheatern bis zu Großunternehmen wie Musicalhäusern. Fördermittel spielen in der Summe der Betriebseinnahmen keine Rolle, schwanken aber zwischen verschiedenen Bundesländern beträchtlich.

Nicht zu vergessen sind ferner:
Tourneetheater, welche vor allem mittlere Städte mit Gastspielen bedienen (für 1990/91 hochgerechnet ca. 6.000 Aufführungen mit drei Millionen Besuchen); Festspielunternehmen in kommunaler und anderer Trägerschaft (ca. 30 im alten Bundesgebiet mit jährlich rund 1,5 Millionen Besuchen); Kabaretts, Variétés und Kleinkunstbühnen, die z.T. kaum von sozio-kulturellen Einrichtungen abzugrenzen sind und über deren aggregierte Resonanz wenig bekannt ist; und schließlich die „wahre Theater-Graswurzel-Kultur" in Form von über 1.000 Laienspielgruppen und Amateurtheatern, die auf eine lange Tradition zu-

Kulturinstitutionen

rückblicken und vielfältige soziale Bezüge aufweisen.

2.2 Musik

Vokal- und Instrumentalmusik gehören zu den ältesten kulturellen Schöpfungen des Menschen, die bis in archaische Zeiten nachgewiesen sind. Durch Antike und Mittelalter ziehen sich vielfältige gesellschaftlich bedeutsame Entwicklungsstränge (Minnesang, Meistersang), die sich in der Neuzeit in einem ungeheuren Kosmos von Ausdrucksformen, Kunstgattungen und Querbezügen entfalten. Stichwortartig sei das mit einer willkürlich herausgegriffenen Auswahl von Bezeichnungen belegt wie Sänger, Musiker, Orchester, Chöre, Komponisten, Dirigenten, Konzerte, Noten, Militärkapelle, Märsche, Kirchenlieder, Volksmusik, Schlager, Jazz, Rock und Pop, Festival, Starkult, Konservatorium, Musikerziehung, Gesangvereine, Urheber- und Aufführungsrechte, *Tonträger* (synonym für eine eigenständig technisch-wirtschaftliche Entwicklung zu einem Industriezweig mit erheblicher Ausstrahlung auf das Alltagsleben) und elektronische Musik. Vielen dieser Begriffe kommt ein institutioneller Charakter in bezug auf *Musik* als Kulturphänomen zu. Auf aktuelle gesellschaftliche Bezüge kann wie bei den Kunstformen Oper, Operette, Ballett und Musical nur exemplarisch eingegangen werden.

Theater und Tonkunst sind ereignisbezogene Darstellungsarten – im Gegensatz etwa zur bildenden Kunst. Als kreative Schöpfer stehen Komponisten bzw. Autoren am Beginn des kommunikativen Prozesses, der künstlerischer Interpretation bzw. der Mithilfe von Spezialisten bedarf, um an interessierte Rezipienten herangeführt zu werden. Die Aufführung steht im Mittelpunkt, vom Erfolg der Ur- und Erstaufführung hängt in der Regel das weitere Schicksal des Werkes ab.

Aber *Theater* und *Musik* unterscheiden sich in entscheidenden Aspekten: Theater appelliert über Sprache und Handlung an die Ratio, Musik wirkt sinnlich-emotional. Gesungene Sprache kann zur massenbewegenden Parole und zum „Gassenhauer" werden;

die Synthese kann auch eher peinlich geraten, was wohl zur Beliebtheit fremdsprachiger Schlager beiträgt. Vor allem aber trennten sich die Wege der Verbreitung und der Rezeption in diesem Jahrhundert. Bis vor 100 Jahren waren beide Sparten ausschließlich selbstgemacht („Hausmusik") oder an seltene Life-Aufführungen geknüpft zu genießen. Seitdem wurde Musik in immer besserer Qualität konservierbar und massenhaft und per Medien (Radio) verfügbar – man denkt sofort an Walter Benjamins Wort vom „Kunstwerk im Zeitalter technischer Reproduzierbarkeit" –, sie wurde alltägliches Gebrauchsobjekt. Nicht zuletzt erlangte Musik durch die massenmediale Vereinnahmung ihre lebensweltliche Valenz, wurde Bestandteil unseres Alltagsbewußtseins, während dem (Bühnen-)Theater im Medium Film ein mächtiger multiplizierbarer Konkurrent erwuchs.

Diese Überlegungen haben die Auswahl der hier exemplarisch knapp zu reflektierenden Musikinstitutionen mitbestimmt. Es sind (a) Orchester, (b) Gesangsvereine/Laienchöre und (c) die Tonträgerproduktion.

Orchester

Die Grundsäule des aktiven Musiklebens in Deutschland bilden die in *Orchestern* und Chören wirkenden Berufs- und Laien-Musiker und -Sänger. Nach Größe und Besetzung, Art der ausgeübten Musik und Trägerschaft gliedert sich die Palette der Orchester in vielfältige Formen, was sich teilweise in Namensgebungen wie Sinfonie- und Kammerorchester, Ensemble, (Big) Band, Combo, Gruppe, Trio, Quartett usw. ausdrückt.

Nach Dauerhaftigkeit und wirtschaftlicher Absicherung heben sich die von öffentlichrechtlichen Trägern, von Kommunen und Ländern unterhaltenen professionellen Sinfonieorchester heraus. Unter den Theater-, Konzert- und Rundfunkorchestern befinden sich traditionsreiche, buchstäblich „klangvolle" Vertreter wie die 1882 gegründeten Berliner Philharmoniker oder das 1743 gegründete Gewandhausorchester Leipzig.

Bei der Vereinigung existierten etwa gleich viele Sinfonieorchester in Ost- und

Westdeutschland. Seitdem paßt sich durch Abbau oder Fusion die Orchesterdichte in den neuen Ländern derjenigen im alten Bundesgebiet an. So bestanden 1991/92 noch rund 160 Sinfonieorchester (davon zur Hälfte Theaterorchester und 17 Rundfunkorchester) mit ca. 12.000 Musikerplanstellen, deren Konzertveranstaltungen in der laufenden Spielzeit – hochgerechnet – etwa fünf Millionen Besucher aufwiesen. Zusätzlich spielen in etwa 50 Kammerorchestern freiberufliche Musiker und Mitglieder größerer Orchester zusammen (ein Kammerorchester umfaßt etwa 15-30 Musiker). Noch kleinere Besetzungen weisen die in ähnlicher Zahl vor allem in Großstädten beheimateten Spezialensembles für alte und zeitgenössische Musik auf.

Laienmusik

Professionelle Musiker und Sänger stehen gleichsam auf den Schultern der Laienmusik als organisierter eigenkultureller Tätigkeit. Die Wurzeln massenhafter Vereinigungen zum Zwecke gemeinsamen Singens und Musizierens werden in der von C. F. Zelter in Berlin gegründeten Liedertafel (1809) und dem von H. G. Nägeli geführten Männerchor zusammen mit seinem Zürcher Singinstitut (1810) gesehen. Deren Ideen und Liedgut fanden in dem sich emanzipierenden Bürgertum in der ersten Hälfte des 19 Jhs. Verbreitung, indem sie in Männergesangvereinen, auch beeinflußt von vaterländischer Ideologie, Freimaurertum und Jahnschem Turnvereinswesen, den Gesellungsbedürfnissen in abgeschlossenen Männerwelten entgegenkamen. Die bürgerlichen Gesangsvereine schlossen sich in regionalen Sängerbünden und 1862 im Deutschen Sängerbund zusammen.

Arbeiterbildungsvereine als ein zweiter Strang der Laienmusik organisierten sich im Deutschen Arbeiter-Sängerbund (DAS, heute Deutscher Allgemeiner Sängerbund) und bildeten in der Zeit der Bismarkschen Sozialistengesetze (1878-1890) als Kulturorganisation zugelassene Versammlungsstätten für politisch aktive Arbeiter. Auch in der Folgezeit erwies sich „die Arbeitersängerbewegung als die breitenwirksamste proletarische Laienkunstbewegung vor 1914" (Frevel 1993: 61). Besonders herauszustellen ist zudem die soziale und die sozialisatorische Bedeutung lokaler Gesangs- und Musikvereine für das kulturelle Zusammenleben im Soziotop des Dorfes (Jugend, Feste, Begegnungen), die sich auch heute noch gegenüber der medialen Konkurrenz, wenn auch nicht unbeeinflußt davon, behauptet hat.

Derzeit sind im Bereich der Laien- und Instrumentalmusik über 500.000 aktive und eine Million passive Mitglieder in 11.000 Erwachsenen- und 7.000 Jugendorchestern in der Arbeitsgemeinschaft für Volksmusikverbände registriert. Hinzu treten 350 nichtprofessionelle Kammer- und Sinfonieorchester in einem eigenen Dachverband. In der Arbeitsgemeinschaft Deutscher Chorverbände sind sieben Dachverbände mit 35.000 Chören und 2,5 Millionen – zur Hälfte aktiven – Mitgliedern zusammengeschlossen. Darunter ist der Deutsche Sängerbund mit 20.000 Chören und 1,8 Millionen Mitgliedern der weltweit größte Dachverband von Laienchören. Seine regionale Aufgliederung folgt nur bedingt dem Schema nach Bundesländern. Erkennbar ist gleichwohl eine hohe Gesangsvereinsdichte in Baden-Württemberg – auf den Badischen und Schwäbischen Sängerbund entfallen zusammen die bei weitem meisten Mitglieder. Unter diesen überwiegen Männer in den Altersgruppen über 25 Jahre mit rund zwei Dritteln. 35% reine Männerchöre stehen 8% Frauenchören gegenüber und anteilig ebenso vielen Kinder- und Jugendchören; je rund ein Viertel machen gemischte Chöre und angeschlossene Instrumental- und Tanzgruppen aus. Der vor allem im ländlichen Raum eingetretene Nachwuchsmangel scheint überwindbar, vor allem, wenn das Programm mit modernem Liedgut in Form internationaler Folklore, Gospel und Rock und Pop Musik angereichert oder darauf spezialisiert wird.

Tonträger

Abschließend erscheint eine kurze Anmerkung über aufgezeichnete, auf *Tonträgern* vertriebene und massenmedial verbreitete Musik und deren präferierte Sparten angebracht. Die

Kulturinstitutionen

Speicherung und Vervielfältigung von Tondokumenten per Mikrophon und Schallplatte hat zusammen mit der Entwicklung des Radios im Gefolge der Hertzschen Entdeckung und Umsetzung der Erkenntnisse über elektromagnetische Wellen eine revolutionäre Veränderung der akustischen Lebenswelt in der Moderne bewirkt, vergleichbar nur mit der Implementation der Bildmedien.

Gegenwärtig erzielen fünf große international agierende Anbietergruppen von Tonträgern mit 50.000 in Deutschland produzierten Titeln Jahresumsätze von über fünf Mrd. DM. Ihr eigentliches Produkt sind aber nicht bespielte *Tonträger*, also LPs, Musikkassetten oder CDs, sondern das rasch wechselnde Repertoire an klassischer und populärer Musik. Seit zwei Jahrzehnten liegt der wertmäßige Anteil der Pop-Musik („U-Musik") konstant bei 90%, derjenige der Klassik bei 10% („E-Musik"). Auffallend ist auch der rasche Wechsel bei der Art der Tonträger: die noch bis Mitte der 80er Jahre dominierende LP ist binnen kurzer Zeit durch die rasche Entwicklung und Verbreitung von den CDs abgelöst worden.

2.3 Bibliotheken

Für Literatur entfällt die Mittlerrolle eines darstellenden oder musizierenden Künstlers mitsamt der zugehörigen Logistik als Teil des kommunikativen und „Erlebens"-Prozesses zwischen Urproduzent und Rezipient – wenn man einmal von Rezitationen oder Autorenlesungen absieht. Das Buch und seine technisch-wirtschaftliche Produktion (Verlagswesen) und Distribution (Buchhandel und andere Vertriebsformen) steht im Mittelpunkt. *Bibliotheken* (von griech. biblion = Buch und théke = Behältnis, Gestell) würden in der Tat in einer Kulturgeschichte des Buches mit ihren sich säkular und kurzfristig wandelnden Funktionen nur einen Aspekt z.B. neben den Buchmärkten als Nutzungsvermittlern abgeben. Aber genau diese Funktionen der Thesaurierung, Erschließung von Wissensbeständen und demokratischer Öffnung für (Volks-)Bildungszwecke stellen Bibliotheken in eine Dimension neben *Theater* und Konzertwesen oder – im Vorgriff auf den folgenden Abschnitt – Archive und Museen.

Bibliotheksgeschichte

Sammlungen schriftlicher Dokumente sind aus der Antike bekannt: die Tontafeln des Assyrerkönigs Assurbanipal in Ninive, Texte auf Papyrus und später Pergament an Orten wie Pergamon, Ephesus, dem Museion in Alexandria und der vom 4. bis zum 15. Jahrhundert geführten kaiserlichen *Bibliothek* in Byzanz). Im Mittelalter entstanden ab dem 6. Jh. in Süd- und Mitteleuropa Klosterbibliotheken und im Spätmittelalter Kollegien- oder Universitäts-(vorläufer-)Bibliotheken.

Erst mit dem Aufbau fürstlicher Sammlungen in der Renaissance sowie der Ausweitung der Buchproduktion in der Folge der Erfindung des Buchdrucks durch Johannes Gutenberg um 1440 begann sich – ausgehend von Italien – ein Bibliothekswesen im neuzeitlichen Sinne zu entwickeln. Aus Sammelleidenschaft der Herrscher entstanden in Deutschland u.a. die kurfürstlich-pfälzische *Bibliothek* in Heidelberg (Palatina) und die herzogliche Bibliothek des Hauses Welfen in Wolfenbüttel (Augusta).

Wie schon im Gefolge der Reformation kamen auch durch die Säkularisierung nach der Französischen Revolution die Bestände der Klosterbibliotheken in Bewegung und konnten nur teilweise in Hofbibliotheken übernommen werden. Einen Meilenstein bildete die Einführung der allgemeinen Schulpflicht Anfang des 19. Jhs., welche die Etatisierung von Staats-, Landes- und Stadtbibliotheken vorantrieb. Letztere allerdings standen lange im Schatten von bürgerlichen Lesevereinen und Arbeiter- bzw. Volksbildungseinrichtungen.

Unter dem Einfluß Preußens wurde das Bibliothekswesen in Deutschland vereinheitlicht, z.B. Katalogisierung und Leihverkehr. In der ersten Hälfte des 20. Jhs. wurden die Preußische Staatsbibliothek in Berlin und die Bayerische Staatsbibliothek in München zusammen mit der vom Buchhandel 1912 gegründeten Deutschen Bücherei in Leipzig zu den bedeutendsten deutschen *Bibliotheken*.

Alle erlitten im Zweiten Weltkrieg totale Zerstörung oder unwiederbringliche Verluste. In der Nachfolge wurden im geteilten Deutschland die Einrichtungen in Leipzig und München weitergeführt, in Berlin unter dem Namen Staats-Bibliothek Preußischer Kulturbesitz wieder aufgebaut und um die Deutsche Bibliothek in Frankfurt/Main ab 1946 ergänzt.

Öffentliche und wissenschaftliche Bibliotheken

Ungeachtet anderer möglicher Taxonomien hat sich eine Unterscheidung in zwei Arten von *Bibliotheken* durchgesetzt, nämlich sogenannte „Öffentliche", worunter vor allem Stadt- und Gemeindebibliotheken zu verstehen sind, und „Wissenschaftliche", unter die National-, Landes-, Universitäts- und Spezialbibliotheken subsumiert werden. Von der deutschen Bibliotheksstatistik angegebene Gesamtzahlen über die gegenwärtige Bibliothekslandschaft sind jedoch wegen unvollständiger Erfassung und uneinheitlicher Handhabung von Betriebseinheiten (Zweigstellen) mit Einschränkungen zu versehen. So erklärt sich die hohe Bibliotheksdichte und ihr rapider Rückgang in den neuen Bundesländern nach der Vereinigung durch die Schließung bzw. organisatorische Eingliederung von ehemaligen Außenstellen in Wohngebieten, Schulen oder Betrieben (die bis 1989 als eigenständige Bibliotheken gezählt wurden), z.T. auch durch Schließung und Zusammenlegung von Hauptbetrieben.

Die für 1991 genannte Zahl von 25.000 *Bibliotheken*, darunter 18.000 öffentliche und 7.000 wissenschaftliche, spiegelt also eher einen Übergangsstatus wider, da z.B. ein Viertel der Öffentlichen auf die neuen Länder entfielen und hier mit weiteren Reduzierungen zu rechnen ist. Außerdem ist generell nur jede vierte öffentliche Bibliothek mit hauptamtlichem Personal ausgestattet, darunter besonders viele kirchliche Einrichtungen.

Unter den 7.000 wissenschaftlichen *Bibliotheken* entfällt auf 74 Universitätsbibliotheken mit rund 3.500 Bereichs-, Fakultäts- oder Institutsbibliotheken der Löwenanteil. Zusammen mit 3.200 wissenschaftlichen Spezialbibliotheken sind das schon 95% der Gesamtzahl, wobei letztere sich an der Erfassung nur sehr lückenhaft beteiligt haben.

Betrachtet man die Art der Bestände bei öffentlichen *Bibliotheken*, so deutet sich ein Wandel der Nachfrage hin zu neuen Medien an, der sicher eine Herausforderung an das Selbstverständnis der Institution beinhaltet. Mit 90% aller Bestände überwog 1991 bei den öffentlichen Bibliotheken noch deutlich das Buch, und zwar Sachliteratur (mit 40%) vor Belletristik und Kinder- und Jugendliteratur mit je 26%. Tonträger, Videos, Spiele, Noten und sonstiges machten erst knapp 8% aus, bei den Ausleihungen jedoch bereits ca. 12%.

Im Bezugsjahr 1991 wurden in allen öffentlichen *Bibliotheken* 8,8 Millionen aktive Benutzer gezählt. Diese machten von 280 Millionen Objekten Gebrauch, das sind im Durchschnitt 18.000 pro Bibliothek (bei den „großen" Bibliotheken mit hauptamtlichem Personal ca. 50.000 Entleihungen) oder 32 Objekte je Benutzer. Vier Fünftel aller Entleihungen entfielen auf Bücher, jede dritte Ausleihe (in den kleineren Bibliotheken sogar die absolute Mehrheit) betraf ein Kinder- und Jugendbuch. Hinzu kommen noch 2,5 Millionen Nutzer der wissenschaftlichen Bibliotheken, die sich von 60 Millionen Objekten bedienten. Auf jede Universitätsbibliothek entfielen im Mittel 20.000 aktive Nutzer.

Wenn diese Zahlen auch eindrucksvoll den Stellenwert der Bildungs- und Kulturinstitution Bibliothek herausstellen, so können sie doch nicht die Nutzer dieser Einrichtungen als Kreis der „literati" identifizieren. Denn so mancher intensive Leser und Sammler von Büchern geht kaum in Bibliotheken – er kauft sich diese, um sie zu besitzen.

2.4 Das kulturelle Erbe

Denkmäler und Denkmalschutz

Alltagssprachlich stellen sich bei dem Wort Denkmal Assoziationen von Reiterstandbildern und überlebensgroßen Bronzestatuen ein, die an herausgehobenen Standorten an historisch bedeutsame Personen oder Ereignisse erinnern sollen. Gemeint sind hier aber mit „Kulturdenkmälern," materielle Geschichtszeugen in Form fester Bau- und Bodendenkmäler, bewegliche Objekte sowie ganze Ensembles, also Artefakte, denen eine besondere, sei es historische, künstlerische, städtebauliche, wissenschaftlich-technische oder im weitesten Sinn volkskundliche Bedeutung zukommt. Zu den typischen Sachobjekten dieser Art zählen Fund- und Ausgrabungsstätten, z.B. aus vorchristlicher und römischer Zeit; Klöster, Burgen, Schlösser, z.T. als Ruinen, historische Gärten und Parkanlagen; andere bauliche Monumente und ganze Dorf- und Stadtbereiche. Neuerdings treten zunehmend unter dem Etikett der Industriearchäologie Fabrikanlagen und Teile davon sowie Verkehrsbauwerke zum Kreis denkmalpflegerisch relevanter Objekte.

Das moderne Denkmalverständnis sieht in diesem überkommenen Erbe ein für die Zukunft zu bewahrendes, unwiederbringliches und einzigartiges Geschichtszeugnis, ein Medium kultureller Sozialisation und Symbol kultureller Kontinuität. „Es ist die Aufgabe von *Denkmalschutz* und Denkmalpflege, die *Kulturdenkmale* zu schützen und zu pflegen, insbesondere den Zustand der Kulturdenkmale zu überwachen sowie auf die Abwendung von Gefährdungen und die Bergung von Kulturdenkmalen hinzuwirken" lautet denn auch – hier stellvertretend für entsprechende Präambeln anderer Ländergesetze zitiert – der §1 des Denkmalschutzgesetzes von Baden-Württemberg. Dieses Verantwortungsbewußtsein, welches auch in internationalen Programmen, Hilfsaktionen und Abkommen (z.B. in der UNESCO-Liste des Weltkulturerbes) seinen Niederschlag gefunden hat, war bis in die jüngste Vergangenheit keineswegs immer vorhanden bzw. durchsetzbar, denkt man etwa an Zerstörungen (in und im Gefolge von Kriegen), Abrisse, Umbauten und Nutzung der Baumaterialien historischer Gebäude für profane Neubauten.

Denkmäler befinden sich im Eigentum von Privatpersonen (zahlenmäßig die meisten), von Organisationen wie Kirchen und von Bund, Ländern und Kommunen. Sie unterliegen sehr unterschiedlicher Nutzung und sind nur teilweise und beschränkt der Öffentlichkeit zugänglich. Z.B. dienen historische Gebäude für Wohn- und Arbeitszwecke (Behördensitz), als Sozialeinrichtung (Altersheim), als Lagerräume oder Gedenkstätten und Museen. Es ist aber keineswegs beabsichtigt und wünschenswert und wäre ebensowenig finanzierbar, einen vorwiegend musealen Gebrauch von Denkmälern zu machen. Dem steht schon die zurecht weitgefaßte Definition des Denkmalbegriffs z.B. auf historische Stadtkerne und industriegeschichtliche Anlagen entgegen, woraus sich typische Zielkonflikte mit privaten Nutzungsabsichten ergeben. Erhaltende Umnutzung bei behutsamen baulichen Eingriffen ist in vielen Fällen sinnvoller als ungenutzte Erhaltung, wenn man z.B. an die fortschreitende Umweltbelastung denkt. Auch seitens staatlicher Behörden (Finanzministerien, Oberfinanzdirektionen, Liegenschaftsämter) wird in jüngster Zeit eine forcierte Vermarktung der Objekte innerhalb der Belastbarkeitsgrenzen angestrebt. Das muß betont werden angesichts jährlicher Besuchszahlen, die an einigen Orten (Heidelberger Schloß, Sanssouci, Neuschwanstein u.a.) über eine Million betragen und damit über denen der besucherstärksten Museen liegen.

Der *Denkmalschutz* selbst ist je nach Land verschiedenen Ministerien zugeordnet und gliedert sich in ein Landesdenkmalamt, höhere und untere Denkmalschutzbehörden. Inventarisierungsaufgaben und kostenaufwendige konservatorische und restauratorische Arbeiten können angesichts des akuten Mangels an Personal und Finanzen zumeist nur schwerpunktmäßig oder punktuell vorangetrieben werden.

Archive

Eine andere Kategorie von Kulturinstitutionen, die dem Bewahren von kulturellem Erbe dient, bilden *Archive*. Sie verwalten Archivalien, d.h. Quellenmaterialien in der Form von Urkunden, Akten, Amtsbüchern, Karten, Plänen, Bildern, Filmen, Magnetbändern, Tonträgern und sonstigen Medien, schwerpunktmäßig je nach Art des Archivs. Zu unterscheiden sind Archive öffentlicher Träger (Bund, Länder, Kommunen) von solchen anderer Einrichtungen (Kirche, Wirtschaft, Verbände, Literaturverbände, Adel, Filmindustrie, Funkanstalten, wissenschaftliche Institutionen). Aufgaben der Archive sind die technische Sicherung des Archivguts und seine Erschließung und Verfügbarmachung für Interessenten (über Findbücher), vor allem für die Geschichtsforschung.

Während die erwähnten Tontafeln des Assurbanipal noch nicht als absichtsvoll gesammelte Dokumente gelten können, sind aus griechisch-römischer Zeit Gesetzessammlungen mit dieser Zweckbestimmung bekannt. Im Mittelalter wurden urkundliche Belege von Klöstern und Bistümern zum Nachweis von Privilegien und Schenkungen ab dem 9./10. Jh. aufbewahrt, ab dem 12./13. Jh. auch von Städten, Lehnsherren und -nehmern. Deshalb datiert das älteste Archivgut heutiger Landesarchive aus jener Zeit, während das Bundesarchiv vor allem Bestände des 20. Jh. aufweist.

Archive sind häufig auf mehrere Standorte verteilt, so die *Bundesarchive* auf 15, die Landesarchive auf fast 60 Orte, ergänzt um 400 kommunale und mehrere Hundert sonstige, nicht vollständig erfaßte Archive. Der Umfang von Archivalien wird in leicht ironischer Weise in km ausgedrückt und beträgt für Bundes- und Landesarchive annähernd 1.200 km, anschaulich entspricht das einer Strecke von Flensburg bis Meran. Die Benutzer der Bundes- und Landesarchive zählen jährlich einige Tausend, die im Durchschnitt um die 50 Archivalien nachfragen.

Trotz beeindruckender Magazine ist ein Grundproblem der Archive die exponentielle Zunahme des Materialanfalls, die z.T. zu lediglich stichprobenhafter Einlagerung zwingt. Ein anderes Problem ist die hohe technische Obsoleszenz neuartiger Dokumente (z.B. Recycling-Papier), die besondere Erhaltungsmaßnahmen verlangt.

Museen und Ausstellungen

Eine dritte und ungleich breitenwirksamere Kulturinstitution, die kulturelles Erbe bewahren und an die Gesellschaft vermitteln soll, ist das *Museum*. Die konkreteste Anmutung des Wortes bezieht sich auf die durch ihre Standorte und architektonischen Formen oft stadtbildprägenden Museumsgebäude. Die damit verbundene Institution Museum vereint eine

- fachbezogene, wissenschaftlich betreute Sammlung erhaltenswerter künstlerischer, kultur- und naturgeschichtlicher Objekte;
- die in einer i.d.R. nicht gewinnorientierten gemeinnützigen Zwecken dienenden Organisation in öffentlicher oder privater Trägerschaft geführt wird;
- und die in allgemeinbildender Absicht ihre Schauobjekte besucherorientiert der Öffentlichkeit zugänglich macht.

Diese Definition übergreift die herkömmliche Aufzählung von Aufgabenbereichen, nämlich sammeln, erhalten, erforschen und ausstellen bzw. vermitteln. Die letztendliche gesellschaftliche Zwecksetzung des *Museums* – selbst ständigem, kulturpolitischem Wandel unterworfen und auch in der Praxis der Museumsarbeit unterschiedlich eingeschätzt – sollte den Stellenwert der Teilaufgaben bestimmen.

Die Bedeutung des Museumswesens als Kultur- und Bildungsinstitution findet ihren Niederschlag in weltweiter Verbreitung und Anerkennung sowie in nationalen (Deutscher Museumsbund) und internationalen Organisationen (ICOM = International Council of Museums). Vor allem aber drückt sich in dem großen Spektrum von *Museen* nach Sammlungsarten und deren nach vielen Millionen jährlicher Besucher zählender Frequentierung ihre gesellschaftliche Relevanz aus. In Deutschland entfallen auf die ca. 5.000 registrierten Museen und Ausstellungshäuser (ohne eigene Sammlungsbestände) annähernd 100 Millionen Besuche pro Jahr.

Am Beginn einer Geschichte des Museumswesens steht – von antiken Vorläufern abgesehen – ein Drang zum Sammeln, zuerst ausgeprägt bei wohlhabenden Patrizierfamilien der italienischen Frührenaissance. In Deutschland führte dies zu jenen Kunst-, Raritäten- und Wunderkammern (Schloß Ambras in Tirol, Prag, Dresden, München) als eine

Art von enzyklopädischen „theatrum mundi", welche ausgesuchten Zirkeln von Adel und Gelehrten zur Beeindruckung und Disputation zugänglich gemacht wurden, ähnlich den im 17. Jh. an vielen Höfen entstandenen barocken Gemäldesammlungen.

Obwohl sich mit diesen „Kabinetten" schon Gedanken wissenschaftlicher Ordnungsprinzipien, ästhetisch befriedigender Präsentation und anschaulicher Bildung der Betrachter verbanden, dauerte es bis zur zweiten Hälfte des 18. Jhs., bis – beginnend mit dem ersten staatlichen *Museum* (Britisches Museum 1759 als Stiftung des Arztes Hans Sloane) und im Gefolge der französischen Revolution (1793 Öffnung der Galerien des Louvre für alle Bürger) – der Zutritt zu Museen sich von einem Privileg in ein demokratisches Recht wandelte. Danach entstanden im 19. Jh. die ersten genuinen Museumsbauten wie Schinkels ehrfurchteinflößendes (später so genanntes) „Altes Museum" in Berlin (1830), bürgerte sich der Begriff „Museum" ein und entwickelte sich eine wissenschaftlich fundierte Ausdifferenzierung.

Die inhaltliche Dichotomie von Künsten und Wissenschaften sowie die doppelte Zwecksetzung von Bildung und Unterhaltung hat das neuzeitliche Museumswesen von Beginn an geprägt. „Reine" Kunstmuseen, etwa 10% der heutigen Museums-Gesamtzahl, gehen großenteils auf Sammlungskerne aus dem 19. Jh. zurück. Der Gründungsgedanke für Kunstgewerbe-Museen verbindet sich mit der Weltausstellung in London 1851. Heimat-, Stadt- und Volkskundemuseen stellen die Hälfte aller heutigen Museen und weisen dementsprechend sehr heterogene Sammlungsprofile auf. Zu ihrer Gründung trugen vaterländische Gedanken und Heimatverbundenheit gleichermaßen bei. Anregend dafür wirkte auch das auf Betreiben des fränkischen Adeligen Hans von und zu Aufseß 1852 ins Leben gerufene Germanische Nationalmuseum in Nürnberg.

Zur Bezugsebene völkerkundlicher *Museen* wurde die (kurze) Periode imperialistischer Kolonialpolitik im Kaiserreich ab 1871. Naturkundemuseen verselbständigten sich teilweise aus fürstlichen oder kommunalen Sammlungen, teils wurden sie, die heute 5-6% der Museen ausmachen, besonders eng Bildungs- und Forschungszwecken gewidmet. Ähnliches gilt für Technik- und Wissenschaftsmuseen (gegenwärtig knapp 10% des Bestandes), die, wie das Deutsche Museum in München, ab den 20er Jahren als Technik-Lehrstätten für die Jugend und als Ruhmeshalle deutscher Ingenieurkunst eingerichtet wurden. Erst in einer Welle von Neugründungen ab den 70er Jahren wurden auch die sozialen Kontexte der Technikentwicklung explizit thematisiert. Schließlich bilden kulturgeschichtliche Spezialmuseen mit 13% eine heterogene Gruppe oft jüngerer Museen vom Spielzeug-, Zucker- oder Weinmuseen bis zur Gedenkstätte.

Die starke Fortschrittsorientierung in den 60er Jahren bedeutete für die *Museen* eine Zuwendungskrise sowohl seitens der Öffentlichkeit wie ihrer Träger. Auf entsprechende Memoranden und (Selbst-)Hilfeaktionen folgte in den 80er Jahren eine Phase relativer Prosperität, zuweilen als doppelter Boom von Neugründungen und Publikumszulauf beschrieben. In dieser Zeit entstanden zahlreiche neue Lokal- und Regionalmuseen (Bayern, Baden-Württemberg) wie auch spektakuläre Projekte neuer Kunst- und Freilichtmuseen, z.B. das Haus der Geschichte in Bonn oder das Landesmuseum für Technik und Arbeit in Mannheim. In den 90er Jahren hat die öffentliche Finanzkrise zu restriktiven Mittelzuweisungen geführt, in deren Folge es wegen der Einführung oder Erhöhung von Eintrittsgeldern, weniger Sonderausstellungen und reduzierter Öffentlichkeitsarbeit zu stagnierenden Besuchszahlen, in vielen Fällen sogar zu drastischen Rückgängen kam.

Aktuelle Strukturdaten belegen, daß die Frequentierung von *Museen* außerordentlich ungleich erfolgt: auf die Hälfte aller Museen entfallen nur 4% aller Museumsbesuche, aber auf 4% der besucherstärksten Museen sage und schreibe 45% der Besuchs-Gesamtzahl. Damit ist gut vereinbar, daß die 50% aller Museen ausmachenden Häuser der Kategorie Heimatmuseum lediglich 20% der Besuche auf sich ziehen, hingegen die kleinere Zahl der Kunstmuseen 16%, die wissenschaftlich-technischen und naturkundlichen Häuser 20%

und die historisch-archäologischen (einschließlich der Schloß- und Burg-) Museen 25%. Ebenso relativiert sich dadurch der Tatbestand, daß in den rund 3.000 Museen der West-Bundesländer mit gut 70 Millionen Besuchern die Hälfte, in den knapp 1.000 Museen der Ost-Bundesländer mit über 20 Millionen Besuchen jedoch nur ein Viertel der Häuser keinen Eintritt bzw. bis zu 1,- DM verlangen. Jeweils 5% in West und Ost erheben „spürbare" Eintrittsgelder über 5,- DM.

Private *Museen* gibt es bisher (Stand 1995) fast nur in den alten Bundesländern (Vereine, Stiftungen, Firmen), teilweise überwiegen sie – wie in Hessen und Niedersachsen – sogar diejenigen in öffentlicher Trägerschaft; insgesamt stellt sich die Relation von öffentlichen zu privaten Trägern als ein Verhältnis von 2:1 dar. Potentielle Besucher interessiert das wenig, sie orientieren sich an dem „Bild" von Museen und ihrer Attraktivität relativ zu anderen Sehenswürdigkeiten. Die Voraussetzung dafür ist der Bekanntheitsgrad und eine Vorstellung („Image") über den Erlebniswert ihrer Inhalte.

Das Publikum von *Museen* weicht wie auch jenes anderer Kulturinstitutionen vom Querschnitt der Bevölkerung nach verschiedenen Merkmalen deutlich ab. Museumsbesucher sind im Durchschnitt jung, d.h. die Altersgruppe 20-30 Jahre ist besonders überrepräsentiert, und gehören überproportional gehobenen Bildungsschichten an. Besonders ausgeprägt gilt dies für Kunstmuseen, am wenigsten für Heimat-, Technik- und Naturkundemuseen.

3. Aktuelle Trends und Herausforderungen der Kulturinstitutionen

Die zahlenmäßige Zunahme kultureller Angebote einschließlich neuer populärer Sparten (Musical) hat zusammen mit Reiselust und verbesserten Verkehrsverbindungen zu einer hohen Vernetzung und Dichte, zu größeren Reichweiten und verstärkter Konkurrenz der kulturellen Infrastruktur in Deutschland geführt. Das gilt sowohl für Konkurrenz innerhalb der gleichen Sparte (z.B. Kunstausstellungen in Hamburg, Berlin oder München) wie auch für Angebote verschiedener Art (Konzert in Frankfurt vs. Ballett in Stuttgart). Ob dabei in bezug auf die jeweilige Klientel eher ein entweder-oder überwiegt oder Synergieeffekte („Fühlungsvorteile") wirksam werden, ist nicht allgemeingültig angebbar. Sicher aber ist die dadurch geförderte Ausprägung eines Wettbewerbsdenkens bei Anbietern, d.h. die Akzentuierung von Erfolgsorientierung als Zielkriterium.

Zur *Kommerzialisierung* des kulturellen Bewußtseins trägt die beobachtbare Konvergenz von Kultur und Unterhaltung nicht nur bei, sondern sie ist ein Ausfluß dieser Grundhaltung. Bis vor wenigen Jahren noch eindeutig dem Spaß und der Erholung gewidmete Freizeitparks nehmen – ausgehend von den USA (Epcot) – mehr und mehr allgemeinbildende Elemente in ihr Programm auf. Andererseits haben Museen erkannt, daß Besucherorientierung auch Popularisierung der Präsentationsdidaktik bedeuten muß und daß ein als angenehm empfundenes Ambiente nicht nur besserer Rezeption der Exponate dient, sondern daß über diese publikumsbezogene Infrastruktur beträchtliche Umsätze zusätzlich zum Eintrittsgeld getätigt werden können (Gastronomie, Shop, Sonderführungen und andere Angebote).

Ein anderer Trend im Verhältnis zwischen Kultureinrichtungen und Öffentlichkeit betrifft die Ereignis- oder „Event"-Orientierung. Es geht dabei nicht nur um die Bündelung von Angeboten zu „Großereignissen", ein „think big" von geschäftstüchtigen Organisatoren oder die Forcierung von Festivals aller Art, sondern viel grundlegender um die in der Gegenwartsgesellschaft, zumal in der jüngeren Generation, ubiquitär anzutreffende Ausrichtung der Lebensgestaltung auf „Erlebnisse", wie sie Gerhard Schulze facettenreich beschrieben hat.

Für viele Kulturinstitutionen bedeutet das insofern eine Herausforderung, als sie vom Prinzip ihres Angebots und ihrer Nutzung her als Museum, Archiv oder Bibliothek eher auf Dauer und Kontinuität als auf „perpetuierte Ereignisse" angelegt sind. Eine „Anti-event-

Strukturiertheit" muß nicht „Erlebnislosigkeit" implizieren – ganz im Gegenteil, entspringen doch Erlebnisse den Momenten unverhoffter Begegnung, Kommunikation und Affekten. Dennoch bemühen sich von den genannten Institutionen vor allem Museen durch zahlreiche Sonderausstellungen, Veranstaltungen, Programme, Tage der offenen Tür, Mitgliedschaftspflege usw. vom Image einer statischen „Deponie der Geschichte" wegzukommen. Natürlich werden diese Anstrengungen von den gegenwärtigen finanziellen Restriktionen konterkariert. Immerhin gehören Museen als in ihrer Rezeption offene und vielfältige Optionen bietende Umwelten zu den von Markt-, Evaluations- und Verhaltensforschung bestanalysierten Kulturinstitutionen.

Eine letzte Bemerkung betrifft die globale *Medienorientierung* der modernen Gesellschaft, d.h. die Rückwirkungen, die von der Omnipräsenz der neuen Bildmedien ausgehen. Sie bestehen einmal in der konkurrierenden Vereinnahmung von Kulturinteressen, zum anderen in der Imprägnierung der Wahrnehmungs- und Verhaltensstrukturen und davon ausgehenden Erwartungshaltungen gegenüber „klassischen" Kulturinstitutionen. Letztere können die Mediensozialisation der Menschen nicht verändern, aber sie können sie in Rechnung stellen bei der Art und Weise, wie sie ihr Angebot präsentieren. Offen bleibt bislang, ob dies eher durch Anpassung und ein behutsames Abholen und Überleiten von Besuchern auf ihre jeweiligen authentischen Inhalte gelingt oder durch bewußte Kontrastierung medialer Schemata.

Literatur

Franz, Eckart Götz: Einführung in die Archivkunde, Darmstadt 1989
Frevel, Bernhard: Funktion und Wirkung von Laienmusikvereinen im kommunalen System, Beiträge zur Kommunalwissenschaft, Bd. 38, München 1993
Gebeßler, August (Hg.): Schutz und Pflege von Baudenkmälern in der Bundesrepublik Deutschland. Ein Handbuch, Köln 1980
Klein, Hans Joachim/Monika Bachmayer: Museum und Öffentlichkeit, Berlin 1981
Klein, Hans Joachim: Der gläserne Besucher, Publikumsstrukturen einer Museumslandschaft, Berlin 1990
Kiesow, Gottfried: Einführung in die Denkmalpflege, Darmstadt 1982
Krieg, Werner: Einführung in die Bibliothekskunde, 2. Aufl., Darmstadt 1990
Michael, Friedrich/Hans Daiber: Geschichte des deutschen Theaters, Frankfurt a.M. 1989
Petzet, Michael/Gerd Mader: Praktische Denkmalpflege, Stuttgart 1993
Rühle, Günther: Theater für die Republik 1917-33, Frankfurt a.M.
Schmitz, Wolfgang: Deutsche Bibliotheksgeschichte, Bern/Frankfurt/New York 1984
Schulze, Gerhard: Die Erlebnisgesellschaft, Kultursoziologie der Gegenwart, Frankfurt a.M. 1992
Staatliche Museen zu Berlin – Preußischer Kulturbesitz/Institut für Museumskunde (Hg.): Statistische Gesamterhebung an den Museen der Bundesrepublik Deutschland für das Jahr 1995, Materialien, Heft 45, Berlin 1996
Statistisches Bundesamt (Hg.): Im Blickpunkt: Kultur in Deutschland, Stuttgart 1994
Troge, Thomas Alexander: Zwischen Gesangverein und Musikcomputer, Strukturen und Entwicklungstendenzen des Musiklebens in Mitteleuropa, Frankfurt a.M. 1993
Waidacher, Friedrich: Handbuch der Allgemeinen Museologie, Wien/Köln/Weimar 1993

Hans Joachim Klein

Landwirtschaft/Agrarpolitik

1. Definition und Abgrenzung

Die Agrarpolitik ist der Teilbereich der allgemeinen Wirtschafts- und Gesellschaftspolitik, der schwerpunktmäßig auf die Landwirtschaft und die mit ihr verbundenen Wirtschaftsbereiche und Bevölkerungsgruppen ausgerichtet ist. Dabei läßt sich der Agrarsektor als Objektbereich der Agrarpolitik unterschiedlich abgrenzen. Als landwirtschaftlicher Produktionssektor wird der Produktionsbereich bezeichnet, in dem durch Bodennutzung pflanzliche Produkte erstellt und durch Tierhaltung pflanzliche in tierische Produkte umgewandelt werden. Personell sind verschiedene mit der Landwirtschaft verbundene Personengruppen (Haushalte) dem Agrarsektor zuzurechnen. Dabei ist zur Kennzeichnung der betrieblichen und sozialen Verhältnisse die Unterscheidung der Haushalte der landwirtschaftlichen Betriebsinhaber nach der Hauptquelle der Erwerbseinkommen von Bedeutung.

Dieser Beitrag wird sich vor allem mit den sozialen Verhältnissen der mit der Landwirtschaft verbundenen Menschen und den darauf bezogenen Politiken beschäftigen, die einen Teilbereich der agrarpolitischen Aktionsfelder kennzeichnen. Die verschiedenen, komplexen Tätigkeitsfelder der Agrarpolitik, wie Agrarmarktpolitik, Agrarstrukturpolitik, Agrarumweltpolitik und integrierte Politik für den ländlichen Raum werden in verschiedenen Lehrbüchern detailliert dargestellt (z.B. Henrichsmeyer, Witzke: Bd. 1 (1991), Bd. 2 (1994)).

2. Relevante Theoriegrundlagen

Aufgabe wissenschaftlicher Agrarpolitik ist es – allgemein formuliert – auf der Grundlage wissenschaftlicher Erkenntnisse zu mehr Sachbezogenheit und Rationalität in der Agrarpolitik beizutragen. Die hiermit verbundenen Forschungsaufgaben beziehen sich

- auf die systematische Erfassung, Erklärung und Vorhersage der wirtschaftlichen Vorgänge im Agrarsektor (positive ökonomische Theorie),
- die Erfassung und Erklärung der Willensbildungs- und Entscheidungsprozesse im Bereich der Agrarpolitik (politische Ökonomie)
- sowie auf die Untersuchung politischer Gestaltungsmöglichkeiten im Hinblick auf angestrebte Ziele (Ziel-Mittel-Analyse, Wohlfahrtsökonomik).

Die Erklärung und Vorhersage von Wirkungszusammenhängen und Abläufen im Agrarsektor ist der zentrale Aufgabenbereich (positiver) mikroökonomischer Theorie. Ausgehend von einer systematischen Erfassung des jeweils interessierenden Objektbereichs wird versucht, Kausalzusammenhänge aufzudecken und Theorien zu entwickeln, auf deren Grundlage sich die beobachteten Entwicklungen erklären und (unter Vorgabe bestimmter Rahmenbedingungen) künftige Entwicklungen vorhersagen lassen. Je nach Komplexität der betrachteten Zusammenhänge, nach dem Stand ihrer analytischen Durchdringung und auch nach Art und Umfang der verfügbaren Informationen, insbesondere auch der Quantifizierbarkeit von Variablen, sind die Vorgehensweisen bei der Entwicklung von Theorien und der Grad der Präzisierung der Theorieaussagen unterschiedlich. So wird in den zentralen ökonomischen Bereichen (einzelbetriebliche Analyse, Marktanalyse, Sektoranalyse) in stärkerem Maße mit mathematisch formulierten, vielfach auch numerisch spezifizierten Modellen gearbeitet. Bei der Analyse komplexer sozialökonomischer Zusammenhänge wird dagegen meistens von weniger formalisierten Modellvorstellungen ausgegangen. Das Forschungsinteresse richtet sich hier häufig zunächst nur auf die Systematisierung von wirtschaftlichen Strukturen und Vorgängen, um Einsichten in Problemzusammenhänge zu gewinnen und eine Grundlage für das darauf aufbauende Erklärungsmodell zu schaffen. Theorieaussagen und Prognosen sind dann häufig nur in Form von Tendenz- oder „Musteraussagen" möglich (Hayek 1972).

Die Untersuchung der agrarpolitischen Willensbildungs- und Entscheidungsprozesse basiert auf dem Ansatz der Neuen Politischen Ökonomie. Hierbei wird von den Zielen und der Entscheidungssituation der verschiedenen Kategorien politischer Akteure (Wähler, Agrarbürokratie, Interessenverbände) ausgegangen, um von dieser Grundlage aus die tatsächlich praktizierte Agrarpolitik erklären zu können.

Die Untersuchung der politischen Gestaltungsmöglichkeiten im Hinblick auf angestrebte Ziele kann von zwei unterschiedlichen Ansätzen ausgehen. In der traditionellen Theorie der Wirtschafts- und Agrarpolitik werden die agrarpolitischen Ziele als politisch vorgegeben betrachtet, die Frage nach den politischen Gestaltungsmöglichkeiten resultiert dann im wesentlichen aus der Analyse funktionaler Ziel-Mittel-Zusammenhänge. Demgegenüber versucht die Wohlfahrtstheorie Aussagen über optimale wirtschaftliche Allokations- und Verteilungsfragen sowie die Effizienz wirtschafts- und agrarpolitischer Maßnahmen im Hinblick auf gesamtgesellschaftliche Allokations- und Verteilungsziele zu beurteilen.

In diesem kurzen Beitrag kann nur ansatzweise auf die verschiedenen Theorieansätze bei den zu erklärenden Problemen eingegangen werden, sie bilden jedoch den Hintergrund für die vorgestellten Argumentationslinien.

3. Sozialgeschichtlicher Hintergrund

3.1 Die Landwirtschaft im Prozeß der wirtschaftlichen Entwicklung

Der Sektor *Landwirtschaft* hat in den verschiedenen Phasen gesamtwirtschaftlicher Entwicklung unterschiedliches Gewicht und unterschiedliche Funktionen besessen.

Anfangsphasen wirtschaftlicher Entwicklung
In der vorindustriellen Zeit und in den anfänglichen Phasen wirtschaftlicher Entwicklung hatte die *Landwirtschaft* eine dominierende Rolle im ökonomischen System. Die Landwirtschaft war der bei weitem größte Wirtschaftsbereich, in dem der überwiegende Teil der Bevölkerung Beschäftigung fand und von dem die meisten sonstigen wirtschaftlichen Aktivitäten abhingen. Häufig lag der Anteil der Landwirtschaft am Nettosozialprodukt über 50% und der Beschäftigungsanteil zwischen 60 und 80%. Derartige Bedingungen herrschten bis Anfang des vorigen Jahrhunderts in Deutschland und anderen europäischen Ländern vor (Henning 1978). Sie gelten auch heute noch in vielen Entwicklungsländern. Das Wohlergehen der Bevölkerung ist dann in starkem Maße von den Verhältnissen in der Landwirtschaft abhängig, so daß landwirtschaftliche Krisen gleichzeitig allgemeine Ernährungs- und Wirtschaftskrisen auslösen. Entsprechende Problemlagen liegen heute in vielen Entwicklungsländern vor, insbesondere in Ländern der Sahelzone und in verschiedenen Teilen Südasiens.

Langfristig wird unter diesen Bedingungen die gesamtwirtschaftliche Entwicklung entscheidend durch das Spannungsverhältnis zwischen Nahrungsmittelspielraum und Bevölkerungswachstum geprägt. Das *Bevölkerungswachstum* wird durch die nur allmähliche Ausweitung des agrarischen Produktionspotentials in Schranken gehalten, mit der Folge, daß weite Teile der Bevölkerung in der Nähe des ernährungswirtschaftlichen Existenzminimums leben. Dies konnte in vielen Ländern über viele Jahrhunderte hinweg beobachtet werden (in den mitteleuropäischen bis Anfang vorigen Jahrhunderts, in den ärmsten Entwicklungsländern bis heute).

Phase der beginnenden Industrialisierung
Mit der *Industrialisierung* begann sich dieses Bild allmählich zu verändern. Die wirtschaftliche Struktur geriet in Bewegung, als die Einführung neuer Techniken und Organisationsformen in der landwirtschaftlichen und gewerblichen Produktion sowie zunehmende Arbeitsteilung und Spezialisierung zu Produktivitätsfortschritten von bis dahin nicht gekanntem Ausmaß führte und die gesamtwirtschaftliche Entwicklung aus den „Fesseln abnehmender Grenzerträge des Bodens" befreite.

In Deutschland wurden die Voraussetzungen hierfür durch institutionelle Reformen im Zuge der „Bauernbefreiung" (Ende des 18. bis Anfang des 19. Jahrhunderts) geschaffen. Kernstück waren die Ablösung der Grundherrschaftsverhältnisse und die Schaffung einer neuen Eigentums- und Flurverfassung (Henning 1978). Hierdurch wurden Innovations- und Produktivkräfte freigesetzt, die zusammen mit den aufkommenden technischen Neuerungen (Einsatz von Mineraldünger, Verbesserung der Drei-Felder-Wirtschaft durch Reduktion der Brache, Einführung arbeitssparender Techniken) zu einer erheblichen Steigerung der landwirtschaftlichen Produktion beigetragen haben.

Dadurch wurde es möglich, daß das Wachstum der Nahrungsmittelproduktion und auch des Sozialprodukts dauerhaft und deutlich über das Bevölkerungswachstum hinausging. Dieses führte zu steigenden Realeinkommen und einer Erweiterung der Konsummöglichkeiten. Die wirtschaftlichen Dispositionen der Haushalte wurden nun nicht mehr weitgehend durch den Zwang zur Mindestversorgung mit Nahrungsmitteln determiniert. Die Konsumentenwünsche differenzierten sich und lösten Wachstumsimpulse in anderen Wirtschaftssektoren aus. Mit einiger zeitlicher Verzögerung schwächte sich mit steigendem Lebensstandard auch das *Bevölkerungswachstum* allmählich ab, was zusätzlich zu einer Steigerung der Pro-Kopf-Einkommen beitrug und damit die beschriebenen Prozesse verstärkte. Insgesamt gesehen erfolgte auf diese Weise ein Übergang von einer stationären zu einer wachsenden Volkswirtschaft.

Die *Landwirtschaft* wird nun zunehmend in das Geflecht der Marktbeziehungen integriert, dies verdeutlicht die schrittweise Auslagerung ursprünglich landwirtschaftlicher Aktivitäten in vor- und nachgelagerte Wirtschaftsbereiche. Die Bereitstellung von Nahrungsmitteln, die Freisetzung von Arbeitskräften und die Beiträge zur Kapitalbildung sind wesentliche Aufgaben des landwirtschaftlichen Sektors in der ersten Phase der *Industrialisierung* (von Urff 1982).

Fortgeschrittene Phasen wirtschaftlicher Entwicklung

Im Zuge des gesamtwirtschaftlichen Wachstums nahm der Anteil der *Landwirtschaft* am Sozialprodukt und an der Gesamtzahl der Beschäftigten fortlaufend ab.

Eine der treibenden Kräfte des sektoralen *Strukturwandels* waren dabei die veränderten Bedürfnisse der Haushalte bei steigendem Einkommen. Eine der ältesten und gesichertsten Erkenntnisse der empirischen Wirtschaftsforschung überhaupt – das sog. „Engelsche-Gesetz" – besagt, daß der Anteil der Nahrungsmittelausgaben an den gesamten Konsumausgaben mit steigendem Pro-Kopf-Einkommen zurückgeht. In den entwickelten Volkswirtschaften stieg daher die Nachfrage nach Nahrungsmitteln im Zeitablauf nur noch wenig an, zumal sich auch das Bevölkerungswachstum allgemein abschwächte und in einigen Ländern sogar rückläufig war.

Weiterhin trug zur Schrumpfung des Agrarsektors bei, daß in zunehmendem Maße landwirtschaftliche Betriebsmittel durch gewerbliche ersetzt und landwirtschaftliche Produkte gewerblich weiterverarbeitet oder Dienstleistungsprozessen unterworfen wurden. Folglich wuchs die landwirtschaftliche Produktion noch wesentlich schwächer als die Nachfrage nach Nahrungsmitteln und die Nachfrage nach landwirtschaftlichen Grundprodukten stieg nur noch schwach an.

Demgegenüber haben die hohen Raten des technischen Fortschritts in der *Landwirtschaft*, die in den letzten Jahrzehnten deutlich über den Fortschrittsraten in der gewerblichen Wirtschaft lagen, in den meisten westlichen Industrieländern zu einer kräftigen Erhöhung des landwirtschaftlichen Produktionspotentials geführt, die deutlich über das Nachfragewachstum hinausgeht und einen tiefgreifenden Wandel der agrarischen Strukturen erforderlich macht.

Die agrarpolitische Problemlage äußert sich heute in allen Industrieländern in ähnlicher Form: gegenüber der allgemeinen Einkommensentwicklung zurückbleibende Agrareinkommen; Zwang zur Aufgabe kleinerer Betriebe und Abwanderung aus der Landwirtschaft; Notwendigkeit zum fortlau-

Landwirtschaft/Agrarpolitik

fenden Wachstum der verbleibenden Betriebe; tiefgreifende Veränderungen der Sozialstruktur und der Lebensgewohnheiten im ländlichen Raum.

Abbildung 1: Anteile der Landwirtschaft, Industrie und Dienstleistungen an Beschäftigung und Sozialprodukt in Deutschland, 1855-1985

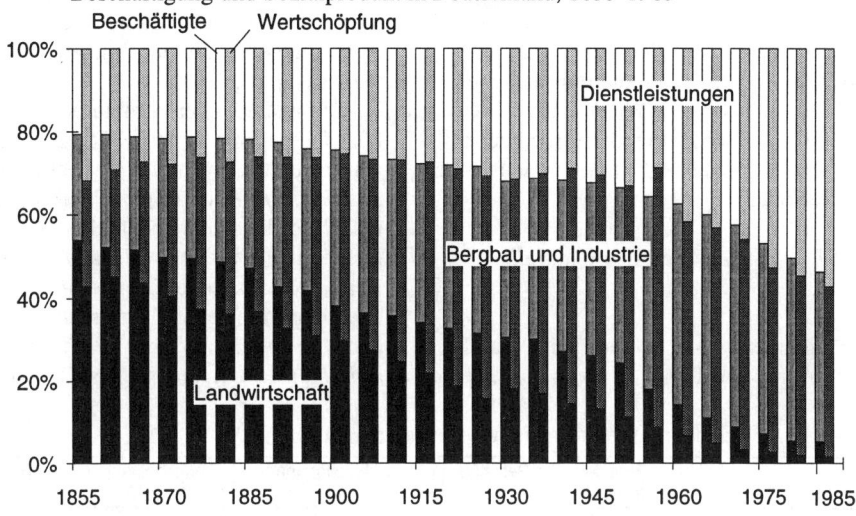

Quellen: Hoffmann 1965, SBA, Jb. versch. Jgg.

Aus Abb. 1 ist der fortlaufende (relative) Schrumpfungsprozeß des Agrarsektors im Verlaufe gesamtwirtschaftlichen Wachstums ersichtlich. Mitte des vorigen Jahrhunderts hatte die Landwirtschaft in Deutschland noch einen Anteil am Sozialprodukt von etwa 45% und an der Gesamtzahl der Erwerbstätigen von etwa 55%. Diese Anteile sind fortlaufend zurückgegangen, besonders in den Jahrzehnten der Nachkriegszeit. Ende der 80er Jahre betrug der Anteil der Landwirtschaft am Sozialprodukt nur noch 1,3% und an der Zahl der Beschäftigten 4,5%.

Nach dem Zweiten Weltkrieg wurde der Anpassungsdruck für die Landwirtschaft wegen der hohen Raten technischen Fortschritts und wegen der bereits in den fünfziger Jahren einsetzenden Abschwächung des Nachfragewachstums wesentlich größer und hatte viel weitergehende Konsequenzen für die Veränderung der betrieblichen Strukturen. Die Zahl der landwirtschaftlichen Arbeitskräfte ging nun auch absolut in starkem Maße zurück, sie reduzierte sich von rd. 7 Mio. im Jahre 1950 auf rd. 2 Mio. im Jahre 1989, was einer durchschnittlichen jährlichen Verminderungsrate von etwa 3,3% entspricht (vgl. Henrichsmeyer, Witzke 1991: 49). Dabei betrifft die Verminderung des Arbeitskräftebestandes im Zeitablauf unterschiedliche Gruppen: In den ersten Nachkriegsjahren handelte es sich zunächst im wesentlichen um einen Abbau des kriegsbedingten Überbesatzes, in einer zweiten Phase wurden vor allem *Fremdarbeitskräfte* im Zuge der Mechanisierung ersetzt, und nach weitergehender Ausschöpfung dieser Möglichkeiten erfolgte dann in den 60er und 70er Jahren die Reduktion des landwirtschaftlichen Arbeitskräftebestandes im wesentlichen durch Ausscheiden von landwirtschaftlichen *Familienarbeitskräften.* Das Ausscheiden von Familienarbeitskräften und Betriebsinhabern setzt nun jedoch voraus, daß gleichzeitig landwirtschaftliche Betriebe aufgegeben oder zu *Nebenerwerbsbetrieben* umgestellt werden.

Aus diesen Überlegungen wird deutlich, daß enge wechselseitige Beziehungen zwischen der Reduktion des Arbeitseinsatzes und dem agrarstrukturellen Wandel bestehen und somit die Arbeitsmobilität von entscheidender Bedeutung ist. Der *Strukturwandel* ist in Phasen günstiger Beschäftigungslage problemloser zu realisieren, während er sich in Zeiten hoher Arbeitslosigkeit schwieriger gestaltet. In der EU und der Bundesrepublik Deutschland existieren verschiedene agrarpolitische Programme, z.B. Produktionsaufgaberente (vgl. Henrichsmeyer, Witzke 1994: 363ff.), die auf eine Förderung der Arbeitsmobilität und des betrieblichen Strukturwandels hinwirken sollen.

3.2 Die Wiedervereinigung und die Landwirtschaft

Die Agrarverfassung in der ehemaligen DDR war entsprechend der dortigen allgemeinen Wirtschaftsordnung sozialistisch ausgerichtet. Ein zentraler Unterschied zu westlichen Wirtschaftsordnungen war die faktische Nichtexistenz von privatem Eigentum an Grund und Boden. Dies hatte Auswirkungen auf alle Elemente der Agrarverfassung wie z.B. die Bodenordnung, die Betriebsformen, die Arbeitsverfassung etc.

Die betrieblichen Strukturen am Ende der 80er Jahre waren in der DDR das Ergebnis einer bewußten Politik der Kollektivierung, *Industrialisierung* und Spezialisierung, mit deren Hilfe die Familienbetriebe nach 1945 in mehreren Phasen fast vollständig in spezialisierte, sozialistische Großbetriebe der Tier- oder der Pflanzenproduktion überführt wurden *(Landwirtschaftliche Produktionsgenossenschaft [LPG],* Volkseigene Güter [VEG]).

Tabelle 1: Betriebliche Strukturen in der ehemaligen DDR, 1989

	Zahl der Betriebe	Beschäftigte je Betr.	Anteil	Flächen (ha LN) je Betr.	Anteil	Viehbestand (GV) je Betr.	Anteil	Marktanteil
Sozialist. Landwirtschaft:	5.110	160	(99,3%)	1.084	(89,8%)	1.040	(91,1%)	(91,0%)
LPG Pflanzenproduktion	1.164	264	(37,2%)	4.284	(80,8%)	59	(1,2%)	(27,4%)
LPG Tierproduktion	2.851	121	(41,6%)	26	(1,2%)	1.499	(73,3%)	(38,4%)
VEG Pflanzenproduktion	152	304	(5,6%)	2.684	(6,6%)	237	(0,6%)	(2,4%)
VEG Tierproduktion	312	157	(6,0%)	125	(0,6%)	1.420	(7,6%)	(5,9%)
Private Landwirtschaft	3.558	1,5	(0,7%)	94	(5,4%)	46	(2,8%)	5,5%
Persönliche Nutzung	375.000			0,8	(4,8%)	0,9	(6,0%)	(3,4%)

Quelle: Berechnet nach BMELF, AB 1991: 141.

Aus den Zahlen der Tabelle 1 ergibt sich ein für westdeutsche Verhältnisse sehr hoher Arbeitskräftebesatz von etwa 14,8 Beschäftigten je 100 ha LN (Landwirtschaftliche Nutzfläche) in der „sozialistischen" Landwirtschaft. Davon waren allerdings nur etwa 67% in der Tier- oder Pflanzenproduktion bzw. Haupt- und Nebenproduktion beschäftigt (vgl. BMELF, AB 1991: 139), der Rest entfiel insbesondere auf Reparaturdienste, die Verwaltung und den Kultur- und Sozialbereich (Küchen, Kinderhorte und -gärten usw.). Der Anteil der mit Reparaturdiensten Beschäftigten war in der zweiten Hälfte der 80er Jahre sogar ansteigend, da Maschinen und Gebäude zunehmend überaltert und reparaturbedürftig waren.

Einen großen Anteil der Beschäftigten in den Landwirtschaftsbetrieben bildeten die Genossenschaftsmitglieder. Ihre Entlohnung unterschied sich von der anderer Beschäftigter nur durch eine unbedeutende Vergütung für den eingebrachten Grund und Boden. Die Rechts- und Organisationsform der Betriebe, die zentrale Planung, der geringe Einfluß auf wirtschaftliche Entscheidungen und die fehlende Bindung an den Boden und die Hofstelle machten sie praktisch zu Landarbeitern, keineswegs waren sie mit den Genossenschaftsmitgliedern des westlichen Raiffeisen-Typs zu vergleichen.

Insgesamt lag bei den sozialistischen Großbetrieben in der DDR eine außerordentlich hohe Ineffizienz vor, die verschiedene, z.T. interdependente Ursachen hatte:

- Mängel des zentralen Planungssystems;
- mangelnde Technik;

Landwirtschaft/Agrarpolitik

- komplizierte und aufwendige Organisations- und Verwaltungsstrukturen;
- ein zu breites Spektrum landwirtschaftlicher, handwerklicher und kommunaler Funktionen;
- geringe Leistungsanreize für die einzelnen „Genossenschaftsmitglieder";
- geringe Anpassungsfähigkeit des Arbeitskräftebesatzes;
- geringe Bereitschaft zu zukunftssichernden Investitionen in den LPGen.

Mit der *Wiedervereinigung* vom 3. Oktober 1990 gilt die soziale Marktwirtschaft als Wirtschaftsordnung für alle Bundesländer, und somit findet das Bundesrecht im Agrarbereich auch seine Anwendung in den neuen Ländern. Zur strukturellen Anpassung der Landwirtschaft an die neue Wirtschaftsordnung wurde das Landwirtschaftsanpassungsgesetz verabschiedet. Es bildet die Rechtsgrundlage für die Wiederherstellung und Gewährleistung des Privateigentums. Ohne dieses verbriefte Recht wäre der Aufbau einer leistungs- und wettbewerbsfähigen sowie umweltverträglichen Landwirtschaft undenkbar. Weiter regelt es die Entflechtung von Landwirtschaftsbetrieben, die Umwandlung der *LPG*en in andere Rechtsformen, das Ausscheiden von Genossenschaftsmitgliedern und die Durchführung von freiwilligem Landtausch. Neben dem rechtlichen Rahmen waren finanzielle Hilfen notwendig. Im Agraretat wurden dafür seit 1990 insgesamt 17,2 Mrd. DM (vgl. Agrar-Europe 45/95: 8) veranschlagt.

Zur Veranschaulichung des immensen Umstrukturierungsprozesses wird kurz die Entwicklung des Arbeitskräftebestandes in der Landwirtschaft der neuen Länder beschrieben. Bereits bis zum April 1991 wurden 56,7% des Arbeitskräftebestandes abgebaut. Dies erforderte sozial- und arbeitsmarktpolitische Maßnahmen, um entsprechende Anreize zu geben und den sozialen Frieden zu wahren. Der Abbau vollzog sich durch altersbedingtes Ausscheiden (Erreichung des Rentenalters oder Inanspruchnahme der Vorruhestandsregelungen), Abwanderung in andere Wirtschaftsbereiche, Aufnahme von ABM-Maßnahmen aber auch durch Arbeitslosigkeit. Von 1989 bis 1990 waren insgesamt ca. 82% der Arbeitskräfte aus der Landwirtschaft ausgeschieden. Dies führte zu einem Arbeitskräftebesatz, der deutlich unter dem in den alten Bundesländern liegt.

4. Gegenwärtige sozialstrukturelle Ausprägung

In den folgenden Abschnitten wird die gegenwärtige sozioökonomische Struktur in der Landwirtschaft der alten und neuen Bundesländer dargestellt. Im Anschluß daran erfolgt ein kurzer Überblick über Politikmaßnahmen für die Beschäftigten in der Landwirtschaft.

4.1 Arbeitsverfassung und Betriebsformen

Die Arbeitsverfassung prägt in starkem Maße das Geschehen in den landwirtschaftlichen Betrieben. In den alten Bundesländern hat der landwirtschaftliche *Familienbetrieb* die bei weitem größte Bedeutung.

Nach dem Anteil der betrieblichen Arbeitsleistung, den der landwirtschaftliche Unternehmer und seine Familie an der Gesamtarbeitsleistung erbringen, lassen sich unterscheiden:

- reine *Familienbetriebe*, in denen nur die Arbeitskraft des landwirtschaftlichen Unternehmers und seiner Familienangehörigen zum Einsatz kommt;
- erweiterte *Familienbetriebe*, in denen auch familienfremde Lohnarbeitskräfte beschäftigt werden, wobei die Arbeitsleistung der Unternehmerfamilie jedoch überwiegt;
- *Lohnarbeitsbetriebe*, in denen der überwiegende Teil der Arbeitsstunden von familienfremden Lohnarbeitskräften erbracht wird (vorwiegend in größeren Betrieben sowie in Spezialbetrieben).

Mit dem Rückgang des Einsatzes von Lohnarbeitskräften und dem Vorherrschen der Familienarbeitsverfassung gewinnt stattdessen die Unterscheidung nach der Aufteilung der familiären Arbeitskapazität an Bedeutung:

- In Vollzeitbetrieben wird die Arbeitskapazität der Familie durch den Betrieb voll

ausgeschöpft und u.U. sogar durch familienfremde Arbeitskräfte ergänzt;
- in Teilzeitbetrieben wird die Arbeitszeit der Familie z.T. für außerbetriebliche Erwerbstätigkeit verwandt, d.h. es liegt eine „Erwerbskombination" vor.

Oft werden Betriebe auch nach der Zusammensetzung der aus mehreren Erwerbstätigkeiten resultierenden Einkommen klassifiziert, wobei man vom „Erwerbscharakter" bzw. von einer „sozialökonomischen Gliederung" spricht (vgl. z.B. Sohn 1989: 23ff.), so findet sich in der amtlichen Statistik die Differenzierung in:

- Betriebe (Haushalte) ohne außerbetriebliche Einkommen des Inhaberehepaares;
- Betriebe (Haushalte), in denen außerbetriebliche Einkommen des Inhaberehepaares existieren, die jedoch kleiner als die betrieblichen Einkommen sind und
- Betriebe (Haushalte), in denen die außerbetrieblichen Einkommen überwiegen.

Bei der sozialökonomischen Klassifizierung nach dem Agrarbericht (vgl. BMELF, AB 1996: MB 161) werden die beiden Kriterien „Arbeitszeit" und „Einkommensquellen" kombiniert:

- *Haupterwerbsbetriebe* sind solche Betriebe, in denen (a) die Arbeitszeit des Betriebsinhabers überwiegend im Betrieb eingesetzt und (b) die Erwerbseinkommen des Inhaberehepaares überwiegend aus dem Betrieb stammen.

Nach der Höhe der außerbetrieblichen Erwerbseinkommen unterscheidet man die Haupterwerbsbetriebe weiter in *Vollerwerbsbetriebe*, in denen die außerbetrieblichen Einkommen maximal 10% der gesamten Erwerbseinkommen betragen, und in *Zuerwerbsbetriebe* mit einem entsprechenden Anteil über 10%, aber unter 50%.

- In den *Nebenerwerbsbetrieben* wird (a) die Arbeitszeit des Betriebsinhabers überwiegend außerbetrieblich genutzt, oder (b) die außerbetrieblichen Erwerbseinkommen des Inhaberehepaares sind größer als die landwirtschaftlichen Gewinne.

Die Anzahl der Betriebe nach dem Erwerbscharakter mit ihren Durchschnittsgrößen sind in der Tabelle 2 dargestellt.

Tabelle 2:: Landwirtschaftliche Betriebe nach Erwerbscharakter, 1995 (früheres Bundesgebiet)

Gliederung	Anzahl der Betriebe (in 1.000)		Fläche der Betriebe (in 1.000 ha LF)		Durchschnittsgröße je Betrieb in ha LF
	absolut	in%	absolut	in%	
Vollerwerb	253,7	48,5	9.159,6	78,5	36,1
Zuerwerb	41,1	7,9	935,1	8,0	22,8
Haupterwerb	294,8	56,4	10.094,7	86,6	34,2
Nebenerwerb	228,2	43,6	1.566,8	13.4	6,9
insgesamt	523,0	100,0	11.661,5	100,0	22,29

Quelle: BMELF, AB 1996, Materialband S. 16.

In Abhängigkeit vom zugrundegelegten Klassifikationskriterium erhält man einen unterschiedlichen Eindruck von der Bedeutung der Mehrfachbeschäftigung. So waren z.B. 1986

- 49,6% der Betriebe „*Vollerwerbsbetriebe*" nach der Definition des Agrarberichts, aber nur
- 35% der Betriebe wurden von einem Inhaberehepaar ohne außerbetriebliche Einkommen geleitet und nur in

- 27,3% der landwirtschaftlichen Haushalte waren nach einer für die Bundesrepublik repräsentativen Erhebung (Sohn 1989: 75) weder der Haushaltsvorstand noch ein anderes Haushaltsmitglied außerbetrieblich erwerbstätig.

Die letzte Zahl verdeutlicht die Bedeutung von Erwerbskombinationen in Westdeutschland, wenn man eine umfassende Definition zugrundelegt.

In den neuen Bundesländern überwiegt immer noch die Lohnarbeitsverfassung. Von insgesamt 157.100 Arbeitskräften im Jahr 1995 betrug der *Fremdarbeitskräfte*anteil 70,9% (im früheren Bundesgebiet 11,8%). Sicherlich ist hier anzumerken, daß zahlreiche Arbeitnehmer gleichzeitig Anteilseigner des Unternehmens sind, in dem sie angestellt sind. Für die Familienarbeitskräfte gilt gleiches wie in den alten Ländern. Im Jahr 1995 waren 75% der Familienarbeitskräfte im eigenen Betrieb teilbeschäftigt (früheres Bundesgebiet 74,9%), d.h. auch hier hat die Erwerbskombination einen bedeutenden Stellenwert (vgl. BMELF, AB 1996: 9).

Für die neuen Länder gliedert der Agrarbericht (vgl. BMELF, AB 1996, MB: 161) die Unternehmen in erster Linie nach Rechtsformen (vgl. auch Tabelle 3):

- natürliche Personen, diese umfassen die Einzelunternehmen (Voll-, Zu- und Nebenerwerbsbetriebe) und Personengesellschaften (z.B. Gesellschaften bürgerlichen Rechts [GBR] oder Kommanditgesellschaften [KG] etc.);
- juristische Personen, wie Kapitalgesellschaften (z.B. GmbH) und eingetragene Genossenschaften.

Tabelle 3: Landwirtschaftliche Betriebe nach Rechtsformen, 1995 (neue Bundesländer)

Gliederung	Anzahl der Betriebe		Fläche der Betriebe (in 1000 ha LF)		Durchschnittsgröße je Betrieb
	absolut	in%	absolut	in%	in ha LF
Natürliche Personen	27.259	90,1	2.340,5	42,4	86
davon: Einzelunternehmen	24.588	81,3	1.141,3	20,7	46
Personengesellschaften	2.671	8,8	1.199,2	21,7	449
Juristische Personen des privaten Rechts	2.902	9,6	3.168,7	57,4	1092
Juristische Personen des öffentlichen Rechts	87	0,3	11,4	0,2	132
insgesamt	30.248	100,0	5.520,6	100,0	183

Quelle: BMELF, AB 1996, S. 13.

4.2 Personengruppen im Bereich Landwirtschaft

Nach den rechtlichen oder sozialen Bindungen an den landwirtschaftlichen Betrieb lassen sich unterscheiden:

Landwirtschaftliche Betriebsinhaber
Innerhalb der Gruppe der landwirtschaftlichen Betriebsinhaber (landwirtschaftlichen Unternehmer) bestehen Unterschiede hinsichtlich Rechtsform, Ausbildung und Qualifikation, Einkommens- und Vermögenslage sowie des sozialen Status. Bei älteren Betriebsleitern in den alten Ländern besteht oft eine starke emotionale Bindung an den vielfach über Generationen hinweg vererbten Betrieb und die Dorfgemeinschaft. Wichtiger Erfolgsfaktor für alle Betriebe ist die Betriebsleiterfähigkeit, die die Zukunft des Betriebes entscheidend beeinflußt. Dies gilt gleichermaßen für das Management in Kapitalgesellschaften.

Mithelfende und nicht mithelfende Familienangehörige
Die meisten Familienangehörigen helfen aufgrund persönlicher Beziehungen zum Betriebsinhaber im Betrieb mit, vor allem Ehegatten/innen und Kinder. Viele von ihnen sind teilbeschäftigt, sie erbringen jedoch häufig einen erheblichen Teil der betrieblichen Arbeitsleistung und tragen wesentlich zur Anpassungselastizität des Arbeitseinsatzes in landwirtschaftlichen Familienbetrieben bei.

Die Familienangehörigen arbeiten in der Regel ohne Arbeitsvertrag. Sie zählen dann nicht zu den landwirtschaftlichen Arbeitnehmern und sind daher auch nicht als solche durch die gesetzliche Sozialversicherung geschützt, sondern in die landwirtschaftliche Sozialversicherung einbezogen.

Landwirtschaftliche Arbeitnehmer
Als Arbeitnehmer gelten solche Personen, die im Rahmen eines Arbeitsvertrages bei einem

Arbeitgeber beschäftigt sind. Die Beschäftigungsverhältnisse sind in unterschiedlichsten Formen anzutreffen: zeitweise Beschäftigte als Saison- oder Wanderarbeiter; dauerhaft Beschäftigte bei Unterkunft und Verpflegung auf dem Betrieb; ständig Beschäftigte mit eigener Wohnung auf dem Betrieb. Die Lohnarbeitskräfte in den neuen Ländern sind mit Arbeitnehmern in anderen Wirtschaftsbereichen zu vergleichen; denn ihr Wohnort ist von der Betriebsstätte getrennt, wenn dies auch häufig nur 1-2 km sind.

Durch die Technisierung und Spezialisierung haben die Qualifikationsanforderungen an die landwirtschaftlichen *Fremdarbeitskräfte* erheblich zugenommen, so daß der ungelernte Landarbeiter kaum noch anzutreffen ist. Die landwirtschaftlichen Arbeitnehmer sind heute teilweise als hochqualifizierte Facharbeitskräfte anzusehen (Tierpfleger, Traktorfahrer usw.).

Altenteiler und Rentner
In den landwirtschaftlichen Betrieben der alten Bundesländer ist der *Mehrgenerationenhaushalt* traditionell weit verbreitet. 1980 fand man in einer für die Bundesrepublik repräsentativen Erhebung noch in 32% der Haushalte 3 Generationen (Mrohs 1982: 29ff.). Dieser Anteil lag 1965 noch bei 45%, d.h. diese Haushaltsform verliert in der Landwirtschaft wie in der Gesamtwirtschaft an Bedeutung. Für die ältere Generation bietet der Mehrgenerationenhaushalt die Möglichkeit für eine weitere – wenn auch begrenzte – Mitbeschäftigung im Betrieb sowie Unterkunft und Betreuung in der gewohnten Umgebung.

Früher herrschten informelle Regelungen der Versorgungsleistungen des Hofnachfolgers an seine Eltern (sog. *Altenteil*) vor. Dieses hatte zur Folge, daß die Hofübergabe häufig länger hinausgeschoben wurde. Um dem entgegenzuwirken, wurde die Zahlung des gesetzlichen Altersgeldes an die Voraussetzung gebunden, daß der Betrieb an den Hofnachfolger übergeben wird. Heute werden daher meistens bei Erreichen der Altersgrenze Übergabe- oder Pachtverträge mit dem Hofnachfolger abgeschlossen.

4.3 *Soziale Sicherung* in der Landwirtschaft

Für die Landwirtschaft sind insbesondere die folgenden sozialen Sicherungssysteme von Bedeutung:

- landwirtschaftliche Alterssicherung;
- landwirtschaftliche Krankenversicherung;
- landwirtschaftliche Unfallversicherung;
- allgemeine Sozialhilfe.

Unter *sozialer Sicherung* lassen sich alle Institutionen verstehen, die dem einzelnen im Rahmen einer Solidargemeinschaft Schutz vor persönlichen Risiken (Krankheit, Unfall, Erwerbslosigkeit, Alter) und ihren ökonomischen und sozialen Folgen gewähren. Dieses kann grundsätzlich geschehen im Rahmen der Familie, einer freiwilligen Versicherung, einer gesetzlichen Versicherung oder schließlich auch in der Gemeinschaft aller Staatsbürger durch staatliche Versorgungsleistungen. Die Grundsätze in den allgemeinen Sozialversicherungssystemen sind die Maßstäbe, die im Prinzip auch für die agrarsoziale Sicherung gelten sollten.

Alle gegen Arbeitsentgelt oder zur Berufsausbildung Beschäftigten sind prinzipiell renten-, kranken- und arbeitslosenversicherungspflichtig. In der *gesetzlichen Rentenversicherung* gilt grundsätzlich das *Äquivalenzprinzip*, d.h. der Umfang der Geldleistungen, die der einzelne Versicherte erwarten darf, orientiert sich vor allem an der Höhe der Beiträge, die er selber geleistet hat.

In der gesetzlichen *Kranken- und Unfallversicherung* sind die Leistungen einheitlich für alle Versicherten festgesetzt, wohingegen sich die Beiträge entsprechend dem *Solidaritätsprinzip* nach der wirtschaftlichen Leistungsfähigkeit richten. Dies führt zu einer Einkommensumverteilung von reicheren an ärmere Mitglieder der Versichertengemeinschaft. Allerdings hängen die Beiträge zur Unfallversicherung auch von dem Unfallrisiko in den einzelnen Unternehmen ab (Rosen, Windisch 1992: 426), was dem *Äquivalenzprinzip* Rechnung trägt.

Während die Beiträge der Renten-, Kranken- und Arbeitslosenversicherung zur Hälfte vom Arbeitnehmer zu erbringen sind, muß der Arbeitgeber die Beiträge zur Unfallversicherung voll tragen.

Für die sozial bedürftigsten Mitglieder der Gesellschaft übernimmt der Staat nach dem *Fürsorgeprinzip* eine Mindestversorgung. Der Sozialhilfe liegt, abgesehen von dem Fürsorgeprinzip, das *Subsidiaritätsprinzip* zugrunde. Danach sollen zunächst die Möglichkeiten des Einzelnen oder der Familie ausgeschöpft werden. Wenn staatliche Hilfe trotzdem nötig ist, sollte sie die Eigeninitiative unterstützen, anstatt sie zu lähmen. Alle Gesellschaftsmitglieder, deren Bedarf die Summe ihrer gesamten Einkommenszuflüsse, Ansprüche gegen Dritte und verwertbaren Vermögensbestandteile übersteigt, haben ein Recht auf Leistungen nach dem *Bundessozialhilfegesetz*. Eine zusätzliche, auf bestimmte Berufsgruppen zugeschnittene Transferpolitik ist somit eigentlich überflüssig, denn grundsätzlich gilt für alle gesellschaftlichen Gruppen das Prinzip der Gleichbehandlung.

Ursprünglich gehörte die Absicherung der sozialen Risiken der in der Landwirtschaft tätigen oder ehemals tätigen Personen zum alleinigen Verantwortungsbereich der landwirtschaftlichen Familien. Dies ließ sich aus verschiedenen Gründen jedoch nicht aufrechterhalten, so daß sich im Laufe der Zeit ein auf die Besonderheiten der Landwirtschaft zugeschnittenes System agrarsozialer Sicherung herausbildete. Dieses System wurde in den vergangenen Jahrzehnten immer weiter ausgebaut. Die neuesten Änderungen sind im „Gesetz zur Reform der agrarsozialen Sicherung" (Agrarsozialreformgesetz) enthalten (Gültigkeit ab 1. Januar 1995).

Landwirtschaftliche Alterssicherung
Bei der Bemessung der Leistungen widersprach die zunächst geltende *Rentenformel*, die auf einem Grundbetrag aufbaute, den Gepflogenheiten der allgemeinen Sozialversicherung. Altersgeld erhielt, wer mindestens 15 Jahre Beiträge gezahlt und das 65. Lebensjahr vollendet hatte (Ausnahmen: Erwerbsunfähigkeit, Tod). Der Grundbetrag erhöhte sich für jedes weitere Beitragsjahr um 3%.

Die Rentenberechnung wird durch das neue Alterssicherungsgesetz stärker von der Beitragszahlung abhängig gemacht, indem der Grundbetrag abgeschafft wurde und statt dessen jedes Beitragsjahr einen bestimmten, zusätzlichen Rentenanspruch (z.B. 21 DM in 1995) schafft, der jährlich angepaßt wird. Es erfolgt somit eine „Linearisierung" der Beitragsdauer-Leistungs-Relation, indem die zu erwartende Höhe der Leistungen proportional mit der Dauer der Beitragszahlung ansteigt. Die nur von der Beitragsdauer abhängige (Einheits-)Rente fördert keine ausgewogene Verteilung des Lebenseinkommens auf Erwerbs- und Rentenalter. Dies wird jedoch teilweise durch frei vereinbarte Altenteilsleistungen erbracht.

Voraussetzung für den Leistungserhalt ist die Abgabe des Unternehmens an den Hofnachfolger („Hofabgabeklausel"). Wird der Betrieb vor Erreichen des 65. Lebensjahres aufgegeben und eine außerlandwirtschaftliche Tätigkeit aufgenommen, besteht die Möglichkeit, einen „Nachentrichtungszuschuß" für den Einstieg in die gesetzliche Rentenversicherung zu erhalten. Durch die Maßnahmen „Hofabgabeklausel" und „Nachentrichtungszuschuß" kommt zum Ausdruck, daß die Agrarsozialpolitik zum Teil auch an agrarstrukturpolitischen Zielsetzungen ausgerichtet ist.

Die monatlichen Beiträge haben eine einheitliche Höhe. Im Jahre 1986 wurde durch Beitragszuschüsse, die nach dem Einkommen gestaffelt sind (bis zu 80% des Einheitsbeitrags), faktisch eine einkommensabhängige Beitragsbemessung eingeführt. Da die Leistungen jedoch nur von der Beitragsdauer abhängen, werden die Inhaber von einkommensschwachen Betrieben begünstigt; denn höheren effektiven Beiträgen (Beiträge abzüglich Beitragszuschüsse) stehen keine entsprechend höheren Leistungen gegenüber. Damit tritt das Äquivalenzprinzip wie in der gesetzlichen Rentenversicherung hinter dem Solidaritätsprinzip zurück. Wegen der Bundeszuschüsse sind es jedoch nicht die einkommensstärkeren Landwirte, sondern nicht-landwirtschaftliche Steuerzahler, die die Solidarität aufbringen müssen.

Für die Bemessung der Beitragszuschüsse wird durch die Neuregelung der Alterssicherung das Gesamteinkommen des Versicherten maßgebend sein und nicht mehr nur der Wirtschaftswert des Betriebes und das außerlandwirtschaftliche Erwerbseinkommen. Hierdurch wird die individuelle Leistungsfähigkeit stärker berücksichtigt. Diese Bemessungsgrundlage ist allerdings problematisch, da ein großer Anteil der Betriebe nicht buchführungspflichtig ist und somit Schwierigkeiten bei der Ermittlung des landwirtschaftlichen Einkommens bestehen.

Aufgrund der durch die Erweiterung des versicherten Personenkreises auf die Ehegatten erwarteten Erhöhung des Beitragsaufkommens und der Linearisierung der Beitragsdauer-Leistungs-Relation verspricht man sich eine finanzielle Stabilisierung des Alterssicherungssystems. Im Verlauf des weiter voranschreitenden *Strukturwandels* ist jedoch davon auszugehen, daß die Zahl der Beitragspflichtigen wieder zurückgehen wird. Hinzu kommt, daß Nebenerwerbslandwirte nicht mehr versicherungspflichtig sind und die jüngeren Bäuerinnen vermutlich die Möglichkeiten zur Befreiung von der Versicherungspflicht verstärkt in Anspruch nehmen werden. Zudem wird infolge der Absicherung der älteren Bäuerinnen die Zahl der Rentenempfänger schon sehr bald deutlich ansteigen. Die kurzfristige finanzielle Stabilisierung könnte somit mittel- bis langfristig ins Gegenteil umschlagen.

Landwirtschaftliche Lohnarbeitskräfte
Landwirtschaftliche Lohnarbeitskräfte einschließlich der mitarbeitenden Familienangehörigen mit Arbeitsvertrag sind Mitglieder der *gesetzlichen Rentenversicherung*. Wegen naturaler Lohnbestandteile sind die Geldlöhne und entsprechenden Rentenversicherungsbeiträge i.d.R. deutlich niedriger als außerhalb der Landwirtschaft. 1972 wurde daher aufgrund eines Tarifvertrags ein Zusatzversorgungswerk für landwirtschaftliche Arbeitnehmer eingerichtet. Die Leistungen an Arbeitnehmer, die wegen ihres Alters keine Gelegenheit zum Erwerb der entsprechenden Ansprüche hatten, werden aus Bundesmitteln unterstützt (vgl. BMELF, AB 1991: 53).

Landwirtschaftliche Krankenversicherung
Die meisten Leistungen im Rahmen der landwirtschaftlichen *Krankenversicherung* entsprechen denen der allgemeinen Krankenversicherung. Krankengeld erhalten allerdings nur die mitarbeitenden Familienangehörigen, während den Unternehmern bei stationärer Behandlung zur Gewährleistung der Weiterbewirtschaftung eine Ersatzkraft (Betriebs- und Haushaltshilfe) bewilligt werden kann.

In der landwirtschaftlichen *Krankenversicherung* wurden bisher die Beiträge in Abhängigkeit von dem sog. Flächenwert erhoben. Dieser Maßstab reflektiert keineswegs die tatsächliche ökonomische Leistungsfähigkeit eines Betriebes, da der Flächenwert einen gemeindespezifischen Durchschnittswert darstellt. Einkommensstarke Betriebsinhaber wurden daher in weitaus geringerem Maße als in der gesetzlichen Krankenversicherung zum Solidarausgleich zwischen den Versicherten herangezogen. Mittlerweile wird zur Ermittlung der Beitragshöhe das Gesamteinkommen des Betriebes herangezogen, dessen Verwendung als Bemessungsgrundlage dieselben praktischen Probleme beinhaltet wie bei der Alterssicherung.

Altenteiler sind, anders als in der gesetzlichen Krankenversicherung, vollständig von der Beitragspflicht befreit. Hierbei wird gegen das intersektorale Gleichbehandlungsprinzip verstoßen.

Landwirtschaftliche Unfallversicherung
In der landwirtschaftlichen *Unfallversicherung* sind alle Personen versichert, die in landwirtschaftlichen Unternehmen mindestens vorübergehend tätig sind. Die Leistungen entsprechen im Prinzip denen der gesetzlichen Unfallversicherung. Allerdings liegen die Unfallrenten der landwirtschaftlichen bedenklich unter denen der gesetzlichen Unfallversicherung.

Die Höhe der Beiträge wird i.d.R. von dem Flächenwert abhängig gemacht. Die Beitragsbelastung steigt hierbei mit zunehmender Betriebsgröße stärker als das Unfallrisiko, was dem *Äquivalenzprinzip* widerspricht. Im Hinblick auf die intrasektorale Verteilung der Beitragslasten wird aber auch gegen das *Solidaritätsprinzip* verstoßen, da die Beiträge in der Regel unterproportional mit dem Einkommen steigen bzw. niedrige Obergrenzen wirksam werden. Es erscheint deshalb sinnvoll, auch die Beiträge der landwirtschaftlichen Unfallversicherung künftig nach dem Gesamteinkommen zu bemessen, möglicherweise mit einer zusätzlichen Differenzierung nach dem Unfallrisiko, da hierdurch Anreize zu einer Risikoverminderung gegeben würden.

Sozialhilfe
Die Komponenten der landwirtschaftlichen *Sozialversicherung* decken nur bestimmte Risiken ab (Alter, Krankheit, Unfälle) und umfassen nicht die gesamte landwirtschaftliche Bevölkerung, z.B. wegen der unteren Erfassungsgrenzen für landwirtschaftliche Betriebe. Für landwirtschaftliche Haushalte, deren Faktoreinkommen – ergänzt um eventuelle Leistungen der Sozialversicherungsträger – nicht ausreichen, eine gewisse Mindestversorgung sicherzustellen, stehen wie für alle anderen Bürger die Leistungen der *Sozialhilfe* zur Verfügung.

Entsprechend dem *Solidaritätsprinzip* wird die Hilfe zum Lebensunterhalt nur gewährt, wenn der Bedarf höher ist als die Summe der eigenen Einkommenszuflüsse und der Ansprüche gegen Dritte. Insbesondere können Ehegatten, Eltern und Kinder, nicht dagegen Großeltern, Enkel und Geschwister zum Ersatz von Sozialhilfeleistungen herangezogen werden. Neben den u.U. durch Berufswechsel zu verbessernden eigenen Einkünften (deren Ermittlung bei landwirtschaftlichen Haushalten nicht unproblematisch ist), ist grundsätzlich auch das verwertbare Vermögen einzusetzen, soweit es nicht „zur Aufnahme oder Fortsetzung der Erwerbstätigkeit unentbehrlich" ist oder ein kleines Hausgrundstück darstellt (§ 88 BSHG), wobei die Unentbehrlichkeit für die Erwerbstätigkeit allerdings in Verwaltungspraxis und Rechtsprechung sehr unterschiedlich ausgelegt wird (Knerr 1981: 89ff.).

Schätzungen über den Umfang der Sozialhilfebedürftigkeit sind u.a. aufgrund der Rechtsunsicherheit bezüglich verwertbarer Vermögen recht ungenau, deuten aber darauf hin, daß um 1980 bis zu 10% der Haupterwerbsbetriebe (insbesondere kleinere) als sozialhilfebedürftig anzusehen waren.

Die tatsächliche Inanspruchnahme ist demgegenüber aufgrund verschiedener Hindernisse „verschwindend gering" (Knerr 1981: 100ff.), wobei zu nennen sind:

- die tatsächliche oder auch nur erwartete soziale Mißbilligung und Geringschätzung des Unvermögens, den eigenen Lebensunterhalt „zu verdienen", die besonders in ländlichen Sozialstrukturen ausgeprägt sind;
- die Scheu, Angehörige zum Kostenersatz zu verpflichten;
- allgemeine Unkenntnis über die geltenden Regelungen sowie mangelndes Geschick und Abneigung gegenüber dem Umgang mit Behörden, der den Betroffenen auch durch Berater bisher kaum erleichtert wird.

Bundeszuschüsse im Rahmen der agrarsozialen Sicherungssysteme
Die Höhe der Leistungen für die gesamte agrarsoziale Sicherung lag 1992 bei 10,5 Mrd. DM. Dem stand ein Beitragsaufkommen von insgesamt etwa 4 Mrd. DM gegenüber (BMELF 1992: 9). Das Defizit in Höhe von 6,4 Mrd. DM mußte durch Bundeszuschüsse gedeckt werden. Der Anteil dieser Zuschüsse an den Gesamtausgaben der agrarsozialen Sicherung lag demnach bei über 60%. Der hohe Bundesmitteleinsatz wird von offizieller Seite mit der Existenz eines durch den *Strukturwandel* bedingten Finanzierungsdefizits der landwirtschaftlichen sozialen Sicherungseinrichtungen begründet. Obwohl das durch den sektoralen Schrumpfungsprozeß bedingte strukturelle Defizit in gewissem Umfang durchaus Bundeszuschüsse begründen kann, widerspricht jedoch die tatsächliche Höhe dem Prinzip der Gleichbehandlung aller Berufsgruppen.

5. Schlußbemerkungen

Wie eingangs erwähnt, wurde in diesem Beitrag schwerpunktmäßig der Teilbereich der

Agrarpolitik betrachtet, der sich auf die landwirtschaftlichen Betriebsformen und die sozialen Verhältnisse der Menschen in der Landwirtschaft bezieht. Bei einer umfassenderen Betrachtung sind die Wechselbeziehungen zu den anderen Bereichen der Agrarpolitik, wie der Markt- und Preispolitik, der Einkommenstransferpolitik etc., in die Überlegungen einzubeziehen, da auch diese in entscheidendem Maße die sozialen Verhältnisse in der Landwirtschaft bestimmen.

Hierzu ist unter dem Blickwinkel der Europäischen Agrarpolitik festzustellen, daß die *EU-Agrarpolitik*, wie bereits vorher die nationalen Agrarpolitiken der meisten Mitgliedsländer, von Beginn an in hohem Maße interventionistisch geprägt war und sich in starkem Maße an europäischen Binnenzielen orientierte. Im Vordergrund stand die Preisstützungspolitik und *Subventionspolitik* im Hinblick auf landwirtschaftliche Einkommensziele. Diese führte im Laufe der Zeit zu den bekannten Überschußproblemen und eskalierenden Budgetausgaben, die letztlich eine grundlegendere Reform der EU-Agrarpolitik notwendig machten.

Mit der *Agrarreform* 1992 wurde schließlich der Einstieg in einen Reformprozeß begonnen, der in Übereinstimmung mit den Anforderungen des *GATT* auf einen schrittweisen Abbau der Preisstützung bei gleichzeitiger Gewährung von direkten Einkommensübertragungen setzt. In wichtigen Teilbereichen (Getreide, Ölsaaten) wurde die Umsetzung dieses Konzeptes weitgehend realisiert, in anderen Bereichen (Milch, Zucker) stehen entsprechende Politikänderungen noch aus.

Für die Zukunft ist davon auszugehen, daß unter dem Einfluß verschiedener externer Triebkräfte, wie der anstehenden nächsten Runde der *GATT*-Verhandlungen, der absehbaren Osterweiterung der EU, aber auch unterstützt durch erwartbare günstigere Entwicklungen der Weltmarktpreise, der Prozeß der *Agrarreform* weitergeführt werden wird. Dieser Prozeß könnte zu einer schrittweisen Liberalisierung der Agrarmärkte und einer stärkeren Integration der Europäischen Landwirtschaft in die Weltagrarwirtschaft führen. Hierdurch würde der landwirtschaftliche Strukturwandel sicherlich verstärkt werden und den Menschen in der Landwirtschaft neue Orientierungen abverlangt, gleichzeitig könnte damit jedoch auch die Sonderstellung der Landwirtschaft im Rahmen von Volkswirtschaft und Gesellschaft tendenziell abgebaut werden.

Literatur

Bundesministerium für Ernährung, Landwirtschaft und Forsten (BMELF) (Hg.): Agrar- und ernährungspolitischer Bericht der Bundesregierung (Agrarbericht), mit Materialband (MB), versch. Jgg.

Bundesministerium für Ernährung, Landwirtschaft und Forsten (Hg.): Statistisches Jahrbuch über Ernährung, Landwirtschaft und Forsten, versch. Jgg.

Hayek, F.A. von: Die Theorie komplexer Phänomene, Tübingen 1972

Henning, F.-W.: Landwirtschaft und ländliche Gesellschaft in Deutschland, Bd. 2: 1750 bis 1976, Paderborn 1978

Henrichsmeyer, W./H. P. Witzke: Agrarpolitik, Bd. 1: Agrarökonomische Grundlagen, Stuttgart 1991

Henrichsmeyer, W./H. P. Witzke: Agrarpolitik, Bd. 2: Bewertung und Willensbildung, Stuttgart 1994

Knerr, B.: Mindesteinkommenssicherung und Sozialhilfe für die landwirtschaftliche Bevölkerung, Kiel 1981

Mrohs, E.: Landbewirtschafter in der Bundesrepublik Deutschland, Bonn 1982 (Schriftenreihe der FAA 256)

N.N.: Die Umgestaltung der Agrarwirtschaft in den neuen Ländern, in: Agrar-Europe, Dokumentation, 45/95, S. 1-11

Rosen, H.S./R. Windisch: Finanzwirtschaft I, München, Wien 1992

Sohn, H.: Erwerbskombinationen in Haushalten mit Landbewirtschaftung in der Bundesrepublik Deutschland, Bonn 1989 (Schriftenreihe der FAA 285)

Urff, W. von: Die Rolle der Landwirtschaft in der wirtschaftlichen Entwicklung, in: Blankenburg, P. (Hg.): Handbuch der Landwirtschaft und Ernährung in den Entwicklungsländern, Stuttgart 1982, S. 19-37

Wilhelm Henrichsmeyer
und Petra Hartmann-Sadrina

Lebensbedingungen, Lebensformen und Lebensstile

1. Begriffliches

Wissenschaftliche Begriffsbildung heißt in aller Regel, ein Phänomen in seine einzelnen Bestandteile zu zerlegen und daraus seinen analytischen Wert zu ziehen. Je weiter die Zergliederung des Phänomens voranschreitet und je mehr es gelingt, jedem Element seinen ureigensten Begriff zuzuordnen, desto besser vollbringt diese Benennungsarbeit das schwierige Geschäft wissenschaftlicher Aufklärung. Kompaktbegriffe hingegen, die emphatisch mit dem Zusatz „Leben" versehen sind, sollen – ganz in der Tradition der Lebensphilosophie – die Gesamtheit eines Phänomens bezeichnen und gewinnen aus diesem Totalitätsanspruch ihren synthetischen Wert. In diesem synthetischen Sinne zielt die Begriffs-Trias Lebensbedingungen, Lebensformen und Lebensstile auf sämtliche Strukturen, Formen und Kulturen des Lebens in modernen Gesellschaften. Die Begriffe lassen sich im einzelnen wie folgt definieren:

Unter „Lebensbedingungen" werden alle relevanten natürlichen und gesellschaftlichen Umweltkomponenten zusammengefaßt, die in einer gegebenen Gesellschaft die Grundlage der alltäglichen Lebensprozesse der Menschen bilden und ihre Existenzweise prägen. In modernen Gesellschaften sind dies vor allem die Arbeits- und Freizeitbedingungen, die Wohn- und Siedlungsverhältnisse, die natürlichen Umweltbedingungen, die Infrastruktur und die sozialen Sicherungssysteme.

Mit „Lebensformen" werden in der Soziologie die von den Menschen in ihrem persönlichen Nahbereich gelebten und oft auch rechtlichen Regeln unterworfenen *sozialen Beziehungsmuster* verstanden, zumeist in Kombination mit einem bestimmten Haushaltstyp und einem bestimmten Erwerbsstatus. In diesem Sinne werden in der Literatur familiale (z.B. bürgerliche Kernfamilie mit einem Vollerwerbstätigen als Ernährer; Alleinerziehende) von nichtfamilialen (z.B. kinderlose, berufstätige Paare), eheliche von nichtehelichen Lebensformen (z.B. Lebensgemeinschaften; Singles) unterschieden.

„Lebensstile" bezeichnen ästhetisch-expressive, relativ ganzheitliche Muster der alltäglichen Lebensführung von Personen und Gruppen, die in einem bestimmten Habitus und einem strukturierten Set von Konsumpräferenzen, Verhaltensweisen und Geschmacksurteilen zum Ausdruck kommen (Müller 1993).

2. Sozialgeschichtlicher Hintergrund

Ein Blick zurück auf das ausgehende „kurze" 20. Jahrhundert (Eric Hobsbawm) zeigt für Deutschland einen drastischen Wandel und eine beispiellose Verbesserung der Lebensbedingungen, eine Vervielfältigung der Lebensformen bei gleichzeitigem Bedeutungsrückgang der Familie und eine soziale *Differenzierung* und *Pluralisierung* der Lebensstile. Galt Deutschland im 19. Jahrhundert noch als „verspätete Nation", schien es als Verlierer zweier Weltkriege und als zukünftig geteiltes Land 1945 noch zu ewiger Bedeutungslosigkeit verurteilt, so sollten die Bundesrepublik im West- und die DDR im Ostblock in der zweiten Hälfte des 20. Jahrhunderts jeweils zu einem ökonomisch starken, mit relativem Wohlstand für die Bürger einhergehenden Land avancieren. Im Westen sorgte der Marshallplan nicht nur für den Wiederaufbau und die rasche Beseitigung der Kriegsfolgen, sondern das „Wirtschaftswunder" leitete auch eine historisch beispiellose Prosperitätsphase ein, welche die alte Bundesrepublik zu einem der reichsten Länder der Welt werden ließ. Soziale Marktwirtschaft, demokratischer Rechts- und Sozialstaat, eine liberale und individualistische Kultur vor allem im Gefolge von 1968 machten das „Modell Deutschland" zu einem weltweit nachgeahmten Gesellschaftsvorbild einer fortgeschrittenen Industrie- und Dienstleistungsgesellschaft. Die DDR tat sich da schon schwerer – statt Marshallplan erfuhr sie die Demontage ihrer Industrieanlagen als Reparationszahlungen, so daß die wirtschaftliche und soziale Entwicklung nur langsam vorankam. Die Einheit von

Wirtschafts- und Sozialpolitik in der Honekker-Ära erbrachte zumindest mittelfristig einen Versorgungs- und Wohlstandszuwachs der Bevölkerung, der die DDR zum Exponenten einer funktionierenden Planwirtschaft im östlichen Lager machte. Auch wenn die 40jährige Existenz dieser beiden Gesellschaften als Erfolgsgeschichte angesehen werden kann, nahmen die Lebensbedingungen, Lebensformen und Lebensstile in der BRD und der DDR eine unterschiedliche Entwicklung.

2.1 Lebensbedingungen, Lebensformen und Lebensstile in der alten Bundesrepublik

„Wohlstand für alle" – so lautete das Motto des Mentors und Architekten der westdeutschen sozialen Marktwirtschaft. Und Ludwig Erhard sollte recht behalten. Nachdem erst einmal die Kriegsfolgen beseitigt und Millionen Flüchtlinge integriert waren, setzte ein Nachkriegsboom ohne historisches Vorbild ein – das „Wirtschaftswunder" mit beeindruckendem Wachstum, Vollbeschäftigung, steigenden Einkommen und flankierender wohlfahrtsstaatlicher Sozialpolitik. Einige Daten unterstreichen die enorme Verbesserung der Lebensbedingungen, die Meinhard Miegel (1983) zu Recht als „verkannte Revolution" charakterisierte: Das *Volkseinkommen* pro Kopf wuchs zwischen 1950 und 1989 real um mehr als das Vierfache. In Preisen von 1989 erhöhte es sich von 8.600 DM auf fast 36.000 DM. Die Einmaligkeit dieses Aufstiegstempos wird im historischen Vergleich deutlich: Von 1800 bis 1950 wuchs das reale Volkseinkommen um das Dreifache, in der ersten Hälfte des 20. Jahrhunderts nur um ein Drittel; zwischen 1950 und 1989 stieg also das Volkseinkommen in etwa dreizehn Mal mehr als in den fünfzig Jahren davor und ungleich kräftiger als in den vorangegangenen anderthalb Jahrhunderten. In absoluten Zahlen, so Miegel (1983: 176 ff.), ist der Anstieg in den 50er Jahren doppelt so groß wie zwischen 1800 und 1950. Aber nicht nur das Volkseinkommen, auch das *verfügbare Einkommen* nahm zu: Die Bruttoreallöhne der Industriearbeiter verzeichnen seit vier Jahrzehnten einen fast kontinuierlichen Anstieg – zwischen 1950 und 1994 um das 3,9fache; auch die Gehälter der Angestellten in Industrie und Dienstleistungen erfuhren zwischen 1960 und 1994 ein Wachstum um das 2,5fache. Wo gut verdient wird, kann auch *Vermögen* gebildet werden. Laut Einkommens- und Vermögensstichprobe (EVS) hatten 1994 nahezu alle Familien ein Sparbuch, zwei Drittel eine Lebensversicherung und fast die Hälfte auch Wertpapiere. Jeder zweite westdeutsche Haushalt konnte Haus- und Grundbesitz sein eigen nennen – angeführt von den Landwirten (88%), den übrigen Selbständigen (71%) und Beamten (64%), fast gleichauf folgen Angestellte (51%), Arbeiter (49%) und Rentner bzw. Nicht-Erwerbstätige (47%). „Wohlstand für alle" heißt jedoch nicht: für alle gleich viel. Der Anteil der Haushalte mit einem monatlichen *Nettoeinkommen* über 10.000 DM hat sich zwischen 1972 (1,2%) und 1992 (5,9%) fast verfünffacht – die Wohlhabenden werden zahlreicher und reicher. Stärker, nämlich fast doppelt so stark, als die Einkommenskonzentration ist die Vermögenskonzentration. Laut der EVS von 1983 konnte das reichste Zehntel der Westdeutschen, welches 23% der Nettoeinkommen auf sich vereinigte, fast die Hälfte des Vermögens sein eigen nennen. Zum Vergleich: die ärmere Hälfte der Bevölkerung, welche 27% der Einkommen verdiente, vermochte nur 2,4% des gesamten Vermögens anzuhäufen.

Diese Unterschiede und Abstände zwischen „oben" und „unten", zwischen „reich" und „arm" sind über die Zeit verblüffend konstant geblieben. Diese paradoxe Konstellation – die Konstanz der Ungleichheitsrelationen zwischen Bevölkerungskreisen bei gleichzeitiger Verbesserung der Lebensbedingungen für alle – wurde von der Soziologie in dem Bild des „Fahrstuhleffekts" gefaßt, wonach die Klassengesellschaft insgesamt eine Etage höher gefahren worden sei (Beck 1986). Trotz dieser gravierenden Unterschiede dürfen die materiellen Lebensbedingungen als beispiellos gut gelten: Wohneigentum und -qualität, aber auch die (Voll-)Ausstattung der Haushalte mit PKW, modernen Haushaltsgeräten und

Kommunikationsmedien, eine sehr gute Infrastruktur in den Bereichen Bildung, Gesundheit, Verkehr und Kultur eröffneten der bundesrepublikanischen Bevölkerung ein Leben, das in früheren Zeiten oder in anderen Gesellschaften einer verschwindend kleinen Minderheit, meist nur der jeweiligen Elite vorbehalten blieb.

Der materielle Wohlstand hat auch die Optionen im Bereich der Lebensformen erhöht. Trotz der beobachtbaren Pluralisierung hat die *Familie* über die gesamten vierzig Jahre Bundesrepublik Platz eins auf der Wunschliste für Lebensformen behaupten können – und das, obgleich (oder vielleicht sogar weil) sich Wunsch und Wirklichkeit immer weiter voneinander entfernten. Dem Wohlstand für alle entspricht die Familie für alle – zumindest als zu Protokoll gegebenes Ideal. Am ehesten gelang dies noch in den 50er und 60er Jahren, die als goldene Jahrzehnte der bürgerlichen *Kleinfamilie* in die Annalen der deutschen Geschichte eingehen sollten. Seither – im Gefolge der Studenten- und Frauenbewegung, der Bildungsexpansion und dem massiven Einzug von Frauen in das Ausbildungs- und Beschäftigungssystem – läßt sich eine Pluralisierung privater Lebensformen beobachten. Im Zuge dieses Prozesses verliert die Familie de facto ihre Monopolstellung, ohne gleichzeitig ihre normative Leitbildfunktion einzubüßen. Die selbstverständliche Ausbreitung ehemals alternativer Lebensformen – wie Singledasein, alleinerziehende Elternteile, nichteheliche Lebensgemeinschaften –, der Anstieg diskontinuierlicher Biographien, hohe Trennungs- und Scheidungsraten in Partnerschaften und Ehen, die Zunahme von Zweit- und Drittfamilien mit wechselnder personeller Familienzusammensetzung, sinkende Heiratsbereitschaft und wachsendes Heiratsalter, geringere Kinderzahlen und kleinere Familien haben ein breitgefächertes Panorama privater Lebensformen entstehen lassen. Damit dürfte die Familie als hegemoniale Lebensform unumkehrbar der Vergangenheit angehören.

Das wird auch deutlich, wenn man die Entwicklung der Lebensstile betrachtet. Hatte der Wohlstandszuwachs und die Verbesserung der Lebensbedingungen alte Klassenkulturen wie das Arbeiter- und bürgerliche Milieu in den 50er und 60er Jahren aufgelöst und schien durch die Uniformierung im Lebensstil von Kleinfamilie und Massenkonsum so etwas wie eine *„nivellierte Mittelstandsgesellschaft"* (Helmut Schelsky) entstanden zu sein, so sollte die Homogenisierung der Lebensbedingungen, Lebensformen und Lebensstile den 70er und 80er Jahren einer *Differenzierung* und *Pluralisierung* der Lebensstile weichen. Geld, Bildung, Freizeit und Selbstentfaltungswerte bildeten in wachsendem Maße den Resonanzboden für die postmoderne Lebensstildekade der Endphase der alten Bundesrepublik in den 80er Jahren. Was besorgte Politiker als „Freizeitpark" kritisierten, diagnostizierten Soziologen als *„Erlebnisgesellschaft"* (Schulze 1992). Nicht: „Werde was im Leben", sondern „erlebe dein Leben" – so schien der kategorische Imperativ für das Programm einer Massenindividualisierung zu lauten, indem sich jeder auf die Suche nach seinem originären und originellen Lebensstil begibt. Sei es die Krankenschwester auf Pilgertour in Ladakh, mit Hesse im Rucksack und dem eigenen Karma vor Augen, sei es der aufstiegswillige Manager beim „Rhetorik- und Rafting-Kursus" auf Kreta, sei es der frischgebackene Handwerksmeister beim Paragliding auf Mauritius oder sei es der schwersterziehbare Jugendliche auf erlebnispädagogischer Dienstreise dank therapeutischer Betreuung auf eine Farm nach Namibia, wo ihn Wildnis und Tierwelt für die westliche Zivilisation zurückgewinnen sollen usw. Kein Ort auf dieser Welt konnte zu weit, kein Programm zur Stilisierungselaboration zu bizarr, kein Trip zu teuer sein, um im Wettlauf um den zeitgemäßen Lebensstil noch „In-Gewinne" davontragen zu können. Im Fin de siècle der alten Bundesrepublik kartographierte denn Schulze fünf Milieus, die sich nach Stiltyp, Lebensalter und Bildung deutlich unterscheiden. Die Wasserscheide markiert die Lebensmitte: jenseits der vierzig Jahre sind das Niveaumilieu (höhere Bildung und gehobenes Einkommen, am ehesten mit alten bildungsbürgerlichen Resten in unserer Gesellschaft vergleichbar), das Integrationsmilieu (mittlere Ausstattung, also das alte Kleinbürgertum) und das Harmoniemilieu (untere Ausstattung und der assimilierten Arbeiterschaft vergleichbar) angesiedelt; diesseits der vierzig befinden sich Selbstverwirklichungsmilieu (mittlere und höhere Bildung, wie sie in alternativen sozialen Bewegungen anzutreffen sind) und Unterhaltungsniveau (niedrige Bildung, am ehesten dem traditionslosen Arbeitermilieu vergleichbar). So war sie, die alte Bundesrepublik, auch wenn diese Beschreibung nach 1989 eher wie ein schönes Trugbild denn eine adäquate Wirklichkeitsinterpretation anmutet, zumal auch schon in der Überflußgesellschaft der 80er Jahre die Wiederkehr der Knappheit in Gestalt von Arbeitslosigkeit, Armut und Ausgrenzung Einzug gehalten hatte; ein Phänomen, das in der Rede von der *„Zwei-Drittel-Gesellschaft"* zum Ausdruck kam. Doch die Verbesserung der materiellen Lebensbedingungen, die Pluralisierung der Lebensformen und die Differenzierung und Distinktion von Lebensstilen machten die Bundesrepublik auch im Rückblick zu einer der reichsten Gesellschaften der Welt.

2.2 Lebensbedingungen, Lebensformen und Lebensstile in der DDR

Auch die DDR entwickelte sich im Verlauf ihrer 40jährigen Geschichte zu einer Wohlstandsgesellschaft eigener, sozialistischer Art. Die ständige Verbesserung der Arbeits- und Lebensbedingungen aller werktätigen Schichten war ein erklärtes Systemziel des Sozialismus. Alle Klassenunterschiede sollten beseitigt und die Überlegenheit der sozialistischen Gesellschaftsordnung gegenüber dem Kapitalismus auch durch die Sicherung eines höheren Lebensstandards für alle Menschen demonstriert werden.

Auf ein Wirtschaftswunder, das diesem Zukunftsversprechen eine reale materielle Grundlage hätte geben können, hofften allerdings die Bürger der DDR und die herrschenden Funktionäre der SED vergebens. Kein Marshallplan half mit ausländischem Kapital beim Wiederaufbau der im Krieg zerstörten Wirtschaft und Infrastruktur. Statt dessen wurden den Ostdeutschen von der sowjetischen Besatzungsmacht beträchtliche Reparationsleistungen abverlangt. Nach neueren Berechnungen betrugen sie bis 1953 1349 Reichsmark pro Kopf der ostdeutschen Bevölkerung (in Preisen von 1944; in Westdeutschland 23 Reichsmark pro Kopf). Die Verstaatlichung der Schlüsselindustrien, später die Kollektivierung der Landwirtschaft, Reibungsverluste beim Aufbau einer zentralgeleiteten Planwirtschaft, die Konzentration der Investitionen auf die Schwer- und Grundstoffindustrie und ein nicht abreißender Flüchtlings- und Abwanderungsstrom in die Bundesrepublik taten ihr übriges, daß die DDR-Wirtschaft nur langsam in Gang kam und das Wohlstandsziel in eine ungewisse Ferne rückte. So konnten erst 1958 die Lebensmittelkarten endgültig abgeschafft und die Rationierung von Lebensmitteln aufgehoben werden.

Nach dem Bau der Mauer setzte eine kontinuierlichere Wirtschaftsentwicklung ein. Zwar entpuppte sich der lautstark verkündete Anspruch, die Bundesrepublik in wenigen Jahren sowohl bei der Produktion wie bei der Konsumtion zentraler Güter zu überholen, schnell als Wunschvorstellung, doch begannen sich die Lebensbedingungen spürbar zu verbessern. Die 60er Jahre standen im Zeichen einer von partiellen Rückschlägen und Stagnationsprozessen begleiteten sukzessiven Wohlstandssteigerung (Rainer Geißler). Mit der Begründung der Einheit von Wirtschafts- und Sozialpolitik unter Erich Honecker wandelte sich die DDR anfang der 70er Jahre endgültig zu einem *sozialistischen Wohlfahrtsstaat*, in dem die kommunistisch-utopischen Ziele zum ideologischen Zierat einer staatlich verordneten und gewährten „paternalistischen Fürsorgepolitik" (Gerd Meyer) herabsanken.

Ohne ins Detail zu gehen, können die Konturen der Lebensbedingungen wie folgt gezeichnet werden:

Im Zuge des 1973 beschlossenen Wohnungsbauprogrammes wurden in der DDR bis 1989 ca. 1,8 Mill. *Wohnungen* neu gebaut und ca. 1 Mill. Wohnungen modernisiert. Die durchschnittliche Wohnfläche je Einwohner vergrößerte sich von 15,8 qm (1961) auf 27,6 qm (1989). Der Wohnkomfort verbesserte sich deutlich, ohne den Ausstattungsgrad der Wohnungen in Westdeutschland zu erreichen. 1989 verfügten 82% der Wohnungen in der DDR über ein Bad bzw. eine Dusche, 76% über ein Innen-WC, 47% über eine moderne Heizung und nur 16% über einen Telefonanschluß (bei 1,1 Mill. nichtrealisierten Anträgen) (Winkler 1990: 157f.). Die Mietbelastung blieb mit einem Anteil von durchschnittlich 4% des privaten Verbrauchs der Haushalte sehr gering.

Auf der Basis deutlich gestiegener Durchschnittseinkommen machte die Ausstattung der Haushalte mit langlebigen Konsumgütern ebenfalls beträchtliche Fortschritte. 1988 nannten 52% der Haushalte einen Pkw ihr eigen (1970 16%), 99% besaßen eine Waschmaschine (66% einen Waschvollautomaten; 1970 54%) und 96% ein Fernsehgerät (52% einen Farbfernseher; 1970 70%) (Geißler 1996: 51). Diese Fortschritte bei der Grundausstattung der Haushalte konnten aber die stets virulente Unzufriedenheit mit den Lebensbedingungen nicht dauerhaft beseitigen. Immer, wenn der Anschluß an die Konsumgesellschaft West erreicht schien, traten neue, trendsetzende technische Konsumgüter auf den Weltmarkt, die die älteren Ausstattungsgüter symbolisch entwerteten und die Wirtschaftskraft der DDR besonders in den 80er Jahren durch ihre Hochtechnologiekomponenten zunehmend überforderten (Videorecorder und -kameras, Computer, Mikrowellengeräte etc.). Bei einigen Produkten, wie z.B. dem Pkw, hatte man es aufgegeben, mit der internationalen Entwicklung schritthalten zu wollen.

Die Infrastruktur entwickelte sich sehr widersprüchlich. Der großzügigen Förderung klassischer bildungsbürgerlicher oder betriebseigener Kulturstätten standen Defizite bei modernen freizeitkulturellen Dienstleistungseinrichtungen gegenüber, der Sanierung ausgewählter historischer Innenstädte der Verfall und der Abriß ganzer Altbaugebiete. Die Modernisierung der Verkehrsinfrastruktur wurde vernachlässigt. Der massive Ausbau der einheimischen Braunkohleindustrie führte in einigen Industriegebieten zu einer rapiden Verschlechterung der Umweltbedingungen.

Durch die Ausdehnung von *Freizeit* und *Urlaub* (1989 im Durchschnitt 21 Tage) und die private Motorisierung nahm seit den 60er Jahren der gesellschaftlich organisierte und der individuelle Tourismus auch in der DDR massenhafte Züge an. Zu Beginn der 70er Jahre wurden die Reisemöglichkeiten in einige osteuropäische Länder erleichtert. Seit dieser Zeit reisten jährlich mehrere Millionen DDR-Bürger in die östlichen Nachbarstaaten. Touristische Reisen ins westliche Ausland blieben allerdings bis zum Ende der DDR eine seltene, nur den zuverlässigsten DDR-Bürgern gewährte Ausnahme. Die begrenzten Reisemöglichkeiten wurden in den 80er Jahren immer mehr als politisch und ökonomisch oktroyierte Einschränkung der individuellen Freizügigkeit erfahren und trugen nicht unerheblich zur Delegitimierung des Systems bei.

Spätestens ab Mitte der 80er Jahre wurden die Krisensymptome in Wirtschaft und Alltagsleben unübersehbar. Die ökonomischen Potenzen der DDR und die Geduld der Bürger erschöpften sich zusehends. Den Erfolgsmeldungen in den Zeitungen ließen sich beliebig viele Erfahrungen mit den stagnierenden Lebensbedingungen gegenüberstellen. Die konsumorientierte Sozialpolitik hatte zu einer wachsenden Inlands- und Auslandsverschuldung geführt, ohne daß der Mangel bei der Versorgung insbesondere mit hochwertigen technischen Gebrauchs- und symbolträchtigen Konsumgütern wirklich beseitigt werden konnte.

Wie in der Bundesrepublik, setzte sich in der DDR in den 60er Jahren mit der Konsolidierung der Lebensverhältnisse und der Hebung des materiellen Lebensstandards das Leitbild der bürgerlichen *Kernfamilie* in allen Schichten auch praktisch durch. Ihre sozialistische Spezifik erlangte diese Familienform durch die Vollzeiterwerbstätigkeit beider Partner. Typisch für die ostdeutschen „Privatheitsmuster" waren die relativ frühe Familiengründung und die ausgeprägte Monopolstellung der familien- und ehezentrierten Lebensformen, die auch in den 70er und 80er Jahren bestehen blieb – den Rekordzahlen bei Ehescheidungen zum Trotz. Die biographische Übergangsphase aus dem elterlichen Haushalt in eine eigene Familie war in der Regel kurz. Besonders in den Großstädten etablierten sich vermehrt auch andere Lebensformen, wie Singles und nichteheliche Lebensgemeinschaften, die Kernfamilie blieb aber unter den jungen Erwachsenen die mit weitem Abstand häufigste Lebensform in der DDR. In über der Hälfte der Einpersonenhaushalte, die 1988 immerhin einen Anteil von 29,6% aller Haushalte ausmachten, lebten alleinstehende Rentner. Eine weitere Besonderheit bildete die hohe Zahl der Alleinerziehenden, fast ausschließlich Frauen (1981 18% aller Familien mit Kindern unter 18 Jahren). Neben der hohen Wertschätzung für eine feste Partnerbeziehung mit eigenen Kindern sind als Gründe für die Dominanz familialer Lebensformen vor allem zu nennen: die familienzentrierte Sozialpolitik, die negative Privilegierung nichtfamilialer Lebensformen bei der Vergabe des knappen Gutes Wohnung, der frühe Eintritt der jungen Erwachsenen ins Erwerbsleben, der eine stabile Lebensplanung erlaubte, flächendeckende Kinderbetreuungseinrichtungen quasi zum Nulltarif und das Ausbleiben einer Bildungsexpansion mit der Folge verlängerter Ausbildungszeiten in prekären ökonomischen Verhältnissen und ungewissen Aussichten auf ein Beschäftigungsverhältnis nach dem Studium. Zudem gab es in der DDR keine sozialen Bewegungen, die das sozialistische Familienideal (zwei vollerwerbstätige, verheiratete Erwachsene mit zwei bis drei Kindern) öffentlich in Frage stellten und alternative Lebensformen propagierten.

Die Lebensstile in der DDR blieben im hohen Maße vom Berufs- und Familienleben geprägt. Die Stilisierungsneigungen der Bürger stießen auf – zunächst recht einschneidende – materielle (beschränktes Waren- und Freizeitangebot) und vor allem ideologische Grenzen: das sehr eng definierte semantische Feld systemadäquater bzw. systemverträglicher Konsumweisen, Geschmackspräferenzen und Habitusformen. Daß dieses Feld ständig umkämpft war, belegen die zahlreichen Konflikte um verschiedene, auf westliche Vorbilder zurückgreifende *Jugendkulturen*, die zumeist mit einer Teilkapitulation der Funktionäre und staatlichen Erzieher und einer stillschweigenden Duldung oder gar Förderung der einst verfemten Stilmuster endeten. Auch wenn der Einzelhandel der DDR – sieht man einmal von den Delikat- und Exquisitgeschäften ab – der Pflege eines demonstrativen Konsumstils eher abträglich war, und die DDR, was das Maß der Distinguiertheit ihrer Bewohner betraf, eine „Gesellschaft der kleinen Leute" blieb (Wolfgang Engler), gab es doch zwischen den Klassen und Schichten erkennbare feine Unterschiede der Lebensführung und des Geschmacks. Während jene Teile der Intelligenz, die über einen hohen Bildungsstatus verfügten und überwiegend im Bildungs- und Kultursektor beschäftigt waren, die hochkulturellen Angebote präferierten und die Arbeiter eher auf die leichten Unterhaltungsprodukte zurückgriffen, waren die Mode- und Trendbewußten vor allem in den Reihen der mittleren und unteren Angestellten zu finden. Das angespannte Waren- und Dienstleistungsangebot ließ freilich in allen Schichten den Sinn fürs Praktische und den Notwendigkeitsgeschmack überdauern, und der erzwungene stilistische Eklektizismus verschleierte die realen Unterschiede eher, als daß er sie sichtbar machte. Die Systemgenügsamkeit in Sachen Konsum und Lebensweise brach in den 80er Jahren endgültig auf. Wie empirische Studien belegen, vollzog sich in den Jahren vor der Wende besonders unter Jugendlichen ein massiver *Wertewandel* zu Konsum, Hedonismus und Selbstverwirklichung. In einigen Großstädten bildete sich eine reiche Subkulturlandschaft aus, die in kein noch so erweitertes Sozialismusbild mehr paßte.

3. Entwicklungen seit der Wiedervereinigung

Die Wende in der DDR und die *Wiedervereinigung* beider deutscher Staaten brachte für die meisten ostdeutschen Haushalte einen kräftigen Wohlstandsschub. Spätestens mit dem Inkrafttreten der Wirtschafts-, Währungs- und Sozialunion stand allen Ostdeutschen die westliche Waren- und Reisewelt offen, und das wurde von ihnen ausgiebig genutzt. Monate später mußten allerdings immer mehr von ihnen – in Folge von Arbeitslosigkeit und Vorruhestand – zum Bescheidenheitskonsum früherer Tage zurückkehren. Insgesamt haben sich aber die Lebensbedingungen in den neuen Bundesländern in sehr kurzer Zeit merklich verbessert. Deutlich ablesbar wird dies am gestiegenen Ausstattungsgrad der Haushalte mit modernen langlebigen Gebrauchs- und Konsumgütern. Im Februar 1995 verfügten bereits 74% der Haushalte über einen Pkw, 97% über einen Fernseher (darunter 96% Farbfernseher) und 80% über ein Telefon (Hauser et al. 1996: 151). Hinter diesen Zahlen verbirgt sich zudem eine wachsende Austauschrate der noch aus DDR-Zeiten stammenden Ausstattungsgüter. Darüber hinaus hielten zahlreiche mikroelektronische Geräte in die Haushalte Einzug, die zu DDR-Zeiten nur in geringen, zumeist aus dem Westen stammenden Stückzahlen oder überhaupt nicht vorhanden waren. So besaßen im Februar 1995 bereits 50% der Haushalte einen Videorecorder, 13% eine Videokamera, 40% einen CD-Player und 22% einen Personalcomputer. Nicht ganz so stürmisch entwickelten sich die Wohnbedingungen, aber auch hier zeichnen sich spürbare Verbesserungen ab. 88,8% der *Wohnungen* in Ostdeutschland besitzen inzwischen ein Innen-WC, 92,5% ein Bad oder eine Dusche und 64,4% ein modernes Heizungssystem (Hauser et al. 1996: 205). Die verfügbare Wohnfläche pro Einwohner erhöhte sich bis 1993 auf 29,3 qm (Westdeutschland 36,9 qm). Kehrseite dieser Entwicklung: Die Mietbelastung stieg bis zum Frühjahr 1995 von 4 auf 17,9% des Haushaltsnettoeinkommens. Sie liegt damit aber noch bedeutend niedriger als in Westdeutschland mit inzwischen 24% des Haushaltsnettoeinkommens (Hauser et al. 1996: 206).

Die Angleichung der Wohnbedingungen wird allerdings noch eine längere Zeit in Anspruch nehmen. Das gleiche gilt für den Ausbau der Verkehrsinfrastruktur und, angesichts leerer Staatskassen, für die Entwicklung der kulturellen Infrastruktur vor allem kleinerer Städte und Gemeinden. Der in vielen Regionen ausgebliebene industrielle Aufschwung Ost und die damit einhergehende hohe Arbeitslosigkeit wird die schleichende Abwanderung aus diesen Regionen auch in Zukunft nicht bremsen.

Während in Westdeutschland die oben skizzierten Entwicklungstrends einer *Pluralisierung* der Lebensformen auch in den 90er Jahren anhielten, stellte die Vereinigung für viele Ostdeutsche eine biographische Zäsur dar, die einen auffälligen Wandel der Lebensformen nach sich zog. Der massenhafte biographische Bruch fand seinen deutlichsten Niederschlag im drastischen Rückgang der Zahl der Heiraten, Geburten und Scheidungen. Die verschlechterten Erwerbskonstellationen insbesondere für Frauen (bei fortdauernd hoher Erwerbsneigung) und die nachholende Bildungsexpansion sind für diesen Einbruch hauptsächlich verantwortlich. Die Dominanz familialer Privatheitsmuster ist allerdings noch immer ein Spezifikum Ostdeutschlands; daneben vollzog sich eine Differenzierung der Lebensformen nach westdeutschem Muster. Langfristig zeichnet sich eine Annäherung der Verteilungsmuster der Lebensformen in Ost- und Westdeutschland ab. Die stetig steigende Erwerbsquote von westdeutschen Frauen in den mittleren Altersgruppen und die Erosion familialer Lebensformen zeigen an, daß sich in beiden Teilen Deutschlands an der Nahtstelle zwischen Beruf und Privatleben die entscheidenden Weichenstellungen für die Herausbildung der Lebensformen der Zukunft vollziehen.

Als die moderne Lebensform der Zukunft, die unaufhaltsam auf dem Vormarsch sei, wird mitunter das Singledasein herausgehoben. Definiert man alle juristisch Alleinstehenden, die einen Einpersonenhaushalt führen, als *Singles*, erreichen die Zahlen dramatische Höhen (1992 gab es in Deutschland knapp 12 Millionen Einpersonenhaushalte, das sind 35% aller Haushalte, in denen ca. 15,5% der Menschen lebten). Singles im engeren Sinne – also Alleinstehende in Einpersonenhaushalten im Alter zwischen 25 und 55 Jahren, die keinen festen Partner haben und aus eigenem Willen und für längere Zeit allein leben wollen – bilden mit 3% der volljährigen Bevölkerung immer noch eine Minderheit in Deutschland (Hradil 1995). Drastisch angestiegen ist seit den 80er Jahren der

Anteil der 25- bis 45jährigen Alleinlebenden, was nicht heißt, daß diese Menschen alle partner- oder kinderlos sind. Die statistisch ausgewiesene Zunahme des Anteils der Einpersonen- und Singlehaushalte unter den jüngeren Erwachsenen in Ost und West ist zu einem nicht unerheblichen Teil das zahlenmäßig aggregierte Abbild einer verlängerten Lebensphase zwischen dem Auszug der jungen Erwachsenen aus dem Elternhaus und der Gründung einer eigenen Familie bzw. dem Eingehen einer dauerhaften Partnerschaft. Das durchschnittliche Heiratsalter bei der Erstheirat und das durchschnittliche Alter der Frauen bei Geburt des ersten Kindes ist in den letzten 20 Jahren kräftig angestiegen (vgl. den Artikel „Familie und Verwandtschaft"). Zwar wird auch in Zukunft der Anteil der Singles unter den Lebensformen weiter ansteigen; eine *Single-Gesellschaft* wird es aller Voraussicht nach jedoch nicht geben (Hradil 1995). Familie und Partnerschaft stehen weiterhin ganz oben in der Werteskala junger Erwachsener. Auch statistisch gesehen ist die Bundesrepublik eine *Paargesellschaft* (Rosemarie Nave-Herz), also keine Gesellschaft der Alleinstehenden, aber auch keine ausgeprägte Familiengesellschaft. Die Partnerschaften sind heute jedoch weniger stabil als früher und münden seltener in eine Ehe mit Kindern ein. Die sogenannten modernen, nichtfamilialen Lebensformen finden sich überwiegend in Großstädten sowie in den Bevölkerungsschichten mit höherer Bildung (vgl. Burkart 1995). Einige Autoren sprechen in diesem Zusammenhang sogar von einer schichttypischen Polarisierung der Privatheitsmuster zwischen den Unterschichten auf der einen Seite, in denen die herkömmlichen familialen Lebensformen weiterbestehen, und den oberen Schichten mit hohem Bildungsstatus auf der anderen Seite, in denen im wachsenden Maße kinderlose, individualisierte Privatheitsmuster anzutreffen sind, weil diese sich mit den Berufs- und Mobilitätsanforderungen einer Leistungsgesellschaft besser in Einklang bringen lassen. Nicht allein vom Wertewandel, sondern von der problematischen Vereinbarkeit von Beruf und Familie für beide Partner und der Ausbreitung prekärer Beschäftigungsverhältnisse scheinen in Zukunft die größten Zwänge zum Verzicht auf die Gründung einer eigenen Familie und zur Ausbreitung nichtfamilialer Lebensformen auszugehen.

Nach dem Abflauen der Vereinigungseuphorie traten die Milieu-, Mentalitäts- und Lebensstilunterschiede zwischen den Ost- und Westdeutschen wieder deutlicher hervor, die sich zum Teil, aber nicht nur, aus der 40jährigen getrennten Geschichte der beiden systemkonträren deutschen Staaten erklären lassen. Die östlichen Lebensstile wurden sehr schnell durch die aktive Aneignung westlicher Konsum- und Freizeitangebote überformt. Gleichzeitig wirkten die eingelebten Traditionen insbesondere in den ländlichen Regionen und in der zu DDR-Zeiten sehr zahlreichen Industriearbeiterschaft weiter fort. Auf die Adaptionsbereitschaft der einen folgte die Kultivierung des Unterschiedsempfindens der anderen, die nun in zum Teil politisch-demonstrativer, zum Teil ironisch-verspielter Weise auf typische Versatzstücke des DDR-Alltags zurückgriffen, um sie zu Symbolen eines spezifisch ostdeutschen Lebensgefühls zu erheben. Nach neueren Untersuchungen sind in Ostdeutschland häusliche, familienzentrierte und unprätentiöse Lebensstile weiter verbreitet als in Westdeutschland. Hier wirken sich besonders bei älteren Menschen die sozialen Prägungen aus der DDR-Zeit aus. Spannung, Unterhaltung und Abwechslung wird eher in den Medien als in öffentlichen Freizeiteinrichtungen gesucht. Ressourcenintensive Lebensstile, die sich stilpuristisch an der Hochkultur ausrichten, sind dagegen in Westdeutschland öfter anzutreffen, ebenso die hedonistischen, erlebnis- und öffentlichkeitsorientierten Lebensstile (Spellerberg 1996). Unterschiede zwischen Ost und West bestehen offenkundig auch noch bei der Neigung zur Selbststilisierung der eigenen Persönlichkeit als Mittel zur Mobilisierung karrierefördernder individueller Distinktionsgewinne. Die Heraushebung allgemeiner Unterschiede zwischen ost- und westdeutschen Lebensstilen sollte aber nicht den Blick dafür verstellen, daß die regionalen und sozialen Unterschiede zwischen den Lebensstilmustern in den jeweiligen Teilen Deutschlands ausgeprägter sind, als die allgemeinen Lebensstilunterschiede zwischen Ost und West. Gleichwohl wohnen gerade den Mentalitäts- und Lebensstildifferenzen – wie den noch fortbestehenden Ungleichheiten in den Lebensbedingungen – beträchtliche Konfliktpotentiale inne, weil stereotypisierte Ost-West-Vergleiche im Alltag der Ost- aber auch der Westdeutschen weiterhin eine große Rolle spielen. Der Politik der Lebensstile kommt daher eine nicht zu unterschätzende Rolle bei der soziokulturellen Ratifizierung der deutschen Einheit zu.

Literatur

Beck, Ulrich: Risikogesellschaft. Auf dem Weg in eine andere Moderne, Frankfurt a. M. 1986

Burkart, Günter: Zum Strukturwandel der Familie. Mythen und Fakten, in: Aus Politik und Zeitgeschichte, Beilage zur Wochenzeitung Das Parlament, B52-53, 1995, S. 3-15

Geißler, Rainer: Sozialstruktur Deutschlands. Zur gesellschaftlichen Entwicklung mit einer Zwischenbilanz zur Vereinigung. Mit einem Beitrag von Thomas Meyer, 2., neubearbeitete und erweiterte Aufl, Opladen 1996

Hauser, Richard/Wolfgang Glatzer/Stefan Hradil/Gerhard Kleinhenz/Thomas Olk/Eckart Pankoke: Ungleichheit und Sozialpolitik. Kommission für die Erforschung des sozialen und politischen Wandels in den neuen Bundesländern e.V. (KSPW), Bericht 2, Opladen 1996

Hradil, Stefan: Die „Single-Gesellschaft", München 1995

Miegel, Meinhard: Die verkannte Revolution (1). Einkommen und Vermögen der privaten Haushalte, Institut für Wirtschafts- und Gesellschaftspolitik, Bonn 1983

Müller, Hans-Peter: Sozialstruktur und Lebensstile. Der neuere theoretische Diskurs über soziale Ungleichheit, 2. Aufl. Frankfurt a. M. 1993

Schulze, Gerhard: Die Erlebnisgesellschaft. Kultursoziologie der Gegenwart, Frankfurt a. M./ New York 1992

Statistisches Bundesamt (Hg.): Datenreport 1997. Zahlen und Fakten über die Bundesrepublik Deutschland, Bonn 1997

Spellerberg, Annette: Soziale Differenzierung durch Lebensstile. Eine empirische Untersuchung zur Lebensqualität in West- und Ostdeutschland, Berlin 1996

Winkler, Gunnar (Hg.): Sozialreport '90. Daten und Fakten zur sozialen Lage in der DDR, Berlin 1990

Henri Band/Hans-Peter Müller

Lebensstandard und Lebensqualität

1. Begriffe

Die Begriffe Lebensqualität und Lebensstandard beinhalten unterschiedliche Leitbilder und Maßstäbe und darauf bezogene empirisch fundierte Diagnosen zur Beurteilung der Lebensverhältnisse. Lebensstandard ist ein sozioökonomischer Begriff und kennzeichnet das Leitbild bei der Überwindung der Mangelgesellschaft. Die Erreichung eines höheren Lebensstandards ist – von einer Situation der Massenarmut im 19. Jahrhundert ausgehend – eine der großen Leistungen des 20. Jahrhunderts. Die nachhaltige Erreichung einer angemessenen Lebensqualität wird die gesellschaftspolitische Herausforderung des 21. Jahrhunderts darstellen. Lebensqualität ist eine zentrale Zielvorstellung in der modernen Wohlstandsgesellschaft, die an die „Grenzen des Wachstums" geraten ist. Diese Behauptung enthält spekulative Elemente, aber eine weitere Steigerung des Lebensstandards, wie sie das ablaufende Jahrhundert brachte, erscheint ausgeschlossen, und es ist nicht zu bezweifeln, daß die negativen Auswirkungen des Wirtschaftwachstums nur durch eine Gesellschaftspolitik der Lebensqualität zu mildern sind.

2. Vom Lebensstandard zur Lebensqualität

Lebensstandard stellt ein sprachkulturelles Lehrbeispiel dafür dar, wie unterschiedlich ein umgangssprachlich üblicher Begriff im Laufe der Zeit wissenschaftlich definiert werden kann. Im engeren Sinne bezieht sich Lebensstandard auf die Versorgung privater Haushalte mit Verbrauchsgütern, Gebrauchsgütern und Dienstleistungen. Dabei können ausschließlich käuflich erworbene Güter und Dienste im Sinne des privaten Konsums einbezogen werden, aber auch Güter, die kollektive, insbesondere staatliche Einrichtungen unentgeltlich oder gegen geringe Gebühr bereitstellen (von Bildungseinrichtungen bis zu Verkehrswegen), und auch Güter, die von den Haushalten in Eigenproduktion (Leistungen der Haushaltsproduktion) hergestellt werden. Darüber hinaus werden auch Versorgungsansprüche (die jemand zustehenden Renten und Pensionen) als Teil des Lebensstandards betrachtet. Ein erweiterter Begriff von Lebensstandard erstreckt sich zusätzlich auf die Arbeitsbedingungen, die Freizeit und die soziale Sicherung. Eine sehr weite Fassung bezeichnet das jeweilige historische Niveau der Bedürfnisbefriedigung als Lebensstandard und schließt damit an das Konzept der Lebensqualität an. Lebensstandard bezieht sich vorwiegend auf private Haushalte (siehe Kap. Haushalt und Haushaltsproduktion), um diese zu Gruppen, Schichten oder Klassen zusammengefaßt, aus einer sozioökonomischen Perspektive zu charakterisieren.

Für das Konzept des Lebensstandards ist die Unterscheidung zwischen Anspruch und Realisierung fundamental. Der Begriff wird einerseits im Sinne einer Norm, eines Leitbilds, einer Ziel-, Wert- oder Wohlfahrtsvorstellung, andererseits im Sinne einer tatsächlichen Versorgungslage privater Haushalte verwendet. Als Normvorstellung stellt Lebensstandard einen Bestandteil der verhaltensregulierenden Kultur dar. Bestimmte Bevölkerungsgruppen, Schichten oder Klassen sind durch spezifische Orientierungsmuster in bezug auf ihre Versorgung mit Gütern und Diensten gekennzeichnet. Traditionelle Vorstellungen vom „standesgemäßen Leben", beispielsweise das eines Beamten, sind ebenso anzutreffen wie subkulturelle Ideen „alternativer Lebensformen". Eine kulturkritische Betrachtung erfährt insbesondere das Streben nach einem sichtbaren Luxusstandard, nach „demonstrativem Konsum". In der Sozialpolitik werden vor allem sozialkulturelle Minimalstandards („Armutsstandards") diskutiert, die kein Individuum oder Haushalt unterschreiten soll. Als Standardausstattung privater Haushalte werden üblicherweise jene Gebrauchsgüter bezeichnet, über die mindestens 50 v.H. aller Haushalte verfügen. Vom angestrebten Lebensstandard unterscheidet sich der erreichte Lebensstandard, der insbesondere auch als Lebenshaltung und entsprechend einem Vorschlag der Vereinten Nationen auch als Lebensniveau („level of living") bezeichnet wird. Zahlreiche weitere Begriffe beziehen sich auf sehr ähnliche Sachverhalte, wie „Lebensbedingungen", „Lebensverhältnisse", „Lebenslage" und „Wohlstand". Andere Bezeichnungen gehen ausdrücklich über den Begriff Lebensstandard hinaus, wie „Lebensstil", „Lebensweise" und „Wohlfahrt".

Das Konzept der Lebensqualität ist sinngemäß bereits bei antiken Philosophen vorhanden und taucht in wörtlicher Form erstmals in der Wohlfahrtsökonomie der zwanziger Jahre auf. Eine herausragende gesellschaftspolitische Bedeutung gewinnt das Konzept der Lebensqualität in Deutschland aber erst in den siebziger Jahren: Es entwickelt sich zur zentralen Zielvorstellung, die dem weit verbreiteten wirtschaftlichen Wachstumsdenken entgegengesetzt wird. Seitdem stellt das Konzept der Lebensqualität einen neuen Maßstab für die Bewertung gesellschaftlichen Fortschritts dar. Es handelt sich um einen mehrdimensionalen Wohlfahrtsbegriff, der im emphatischen Sinn gute „objektive" Lebensbedingungen und hohes „subjektives" Wohlbefinden beinhaltet und neben der individuellen Bedürfnisbefriedigung auch die kollektive Wohlfahrt mit einbezieht (Glatzer/Zapf 1984).

Für die zentrale Frage, wem die Kompetenz zukommt, Lebensqualität zu bewerten, gibt es prinzipiell zwei Antworten: Lebens-

Lebensstandard und Lebensqualität

qualität kann entweder aus der Sicht wissenschaftlicher Experten als mehr oder weniger gut definiert werden oder sie kann aus der Sicht der betroffenen Individuen als unterschiedlich gut bzw. schlecht beurteilt werden.

- Im ersten Fall bestimmen natur- bzw. sozialwissenschaftliche Experten, die über spezielles Wissen und Meßtechniken verfügen, die Qualität des Lebens, aber sie fällen ihre Entscheidungen über die Köpfe der Betroffenen hinweg.
- Im zweiten Fall stimmen die Betroffenen selbst über ihre Lebensqualität ab, aber das Risiko einer unzureichenden Information, verzerrten Wahrnehmung und einseitigen Meinungsbildung ist nicht von der Hand zu weisen, vor allem nicht in Bereichen, die sich der unmittelbaren Wahrnehmung entziehen.

Es hat sich deshalb weitgehend die Einsicht durchgesetzt, daß für die Beurteilung von Lebensqualität weder objektive noch subjektive Komponenten alleine ausreichen. Erst die Kenntnis der Konstellation von objektiven Lebensbedingungen und subjektivem Wohlbefinden ermöglicht eine angemessene Beurteilung von Lebensqualität.

3. Aspekte des Lebensstandards

Aus historischer Sicht ist besonders die langfristige Entwicklung des Lebensstandards im Verlauf der Industrialisierung beachtet worden. Der Vergleich der Entwicklung des Sozialprodukts je Einwohner legt eine Vervielfachung des Lebensstandards während des letzten Jahrhunderts nahe. Während sich dies in der ersten Jahrhunderthälfte eher in einer von Kriegen und Wirtschaftskrisen hervorgerufenen „Fieberkurve" vollzog, gab es in der zweiten Jahrhunderthälfte eine eher allmähliche Anhebung mit „Wachstumsschwankungen". Allein in den 50er Jahren ist das Bruttosozialprodukt pro Kopf doppelt so hoch gestiegen wie in den 150 Jahren zuvor. Es wird von einer explosionsartigen Einkommens- und Vermögensvermehrung gesprochen, die eine „verkannte Revolution" darstellt (Miegel 1983). Viele Jahrzehnte gab es einen Wettbewerb um den höchsten Lebensstandard zwischen kapitalistischen und sozialistischen Gesellschaftssystemen, den die marktwirtschaftlichen Demokratien schließlich für sich entschieden haben. Am Ende des 20. Jahrhunderts stehen aber auch sie vor dem schwer lösbaren Problem den erreichten Lebensstandard für die breite Bevölkerung zu erhalten und möglicherweise zu erhöhen.

3.1 Wohlstand als gesellschaftliches Strukturmerkmal

Gemessen am traditionellen Maßstab des Bruttosozialprodukts je Einwohner gehört die Bundesrepublik Deutschland zu den reichsten Ländern der Welt, auch wenn sie in den letzten Jahren einige Rangplätze zurückgefallen ist, weil sie von ölfördernden Ländern überholt wurde. Begriffe wie „Massenwohlstand" und „Massenkonsum" werden zur Charakterisierung der sich in der Nachkriegszeit herausbildenden Lebensweise herangezogen. Im Hinblick auf das Muster sozialer Ungleichheit wird von einer „multidimensional differenzierten, mittelschichtdominanten Wohlstandsgesellschaft" gesprochen. Eine der bekannten kritischen Diagnosen der sechziger Jahre bezog sich auf das Ungleichgewicht zwischen privater und kollektiver Versorgung, die durch privaten Reichtum bei öffentlicher Armut gekennzeichnet war. Diese Problematik scheint in Vergessenheit geraten zu sein, seit die Befürwortung des „schlanken" Staates im gesellschaftpolitischen Problemmodenzyklus dominiert.

Wohlstand gilt mit großer Übereinstimmung als ein zentrales Strukturmerkmal der modernen Gesellschaft. Die kritische Thematisierung der Wohlstandsdiagnose erfolgt heute aus zwei verschiedenen Richtungen, einerseits im Rahmen der Armutsdiskussion und andererseits im Kontext der Ökologiediskussion.

In der Armutdiskussion wird befürchtet, daß ein mehr oder weniger großer Bevölkerungsteil von der Entwicklung des Lebensstandards der Mehrheit abgekoppelt ist, und daß sich die Bedrohung des Wohlstands in weite Bevölkerungskreise hinein erstreckt (Hübinger 1995). Die Zweidrittel-Gesellschaft bzw. die Vierfünftel-Gesellschaft sind darauf bezogene Schlagworte; die empirische Grundlage bilden steigende Armuts- und Sozialhilfeempfängerquoten, die sozialwissenschaftliche Forschung und die amtliche Statistik nachweisen. Parallel dazu wird „Reichtum" zum Gegenstand kritischer Betrachtungen (Huster 1997).

In der Umweltdiskussion steht im Mittelpunkt, daß die Wohlstandsfolgen die natürlichen Lebensgrundlagen beeinträchtigen und zerstören. Das Konzept der „Risikogesellschaft", das neue Formen von zeit- und raumübergreifenden Risiken betont, ist Ausdruck dieser Gefährdung der Wohlstandsentwicklung.

Typische Indikatoren zur Messung des Lebenstandards beziehen sich auf das Einkommen, die Konsumausgaben, das Geld- und Sachvermögen, die Ausstattung der privaten Haushalte mit langlebigen Gebrauchgütern, die Wohnungsausstattung und das Wohnungseigentum (vgl. Kap. Einkommen und Vermögen sowie Haushalt und Haushaltsproduktion). Im Zeitablauf dokumentieren solche Indikatoren die säkulare Anhebung des Lebensstandards in Deutschland. Sie machen auch die Streuung des Lebensstandards in der modernen Gesellschaft deutlich. Dabei hat sich ein typisches Muster herausgebildet: Die Vermögensungleichheit ist am stärksten ausgeprägt, es folgt die Einkommensungleichheit während die Ungleichheit bei den Konsumausgaben am geringsten ist.

Große Aufmerksamkeit hat – nicht erst seit der Vereinigung Deutschlands – das Lebensstandardgefälle zwischen Ost- und Westdeutschland auf sich gezogen (Hauser u.a. 1997). Darüber hinausgehend bestehen in regionaler Hinsicht in Deutschland erhebliche kleinräumige Differenzierungen der Lebensbedingungen, wie im „Lebensqualität-Atlas" mithilfe einer Bündels von 44 Indikatoren dargestellt wird (Korcak 1995). Internationale Vergleiche des Lebensstandards bzw. der Lebensbedingungen weisen teilweise auf die kulturspezifische Gestaltung der Lebensverhältnisse hin, ebenso stellen sie die sozioökonomische Ungleichheit heraus, die innerhalb der Europäischen Union (Vogel 1997, Noll 1997) und noch mehr im Schichtungsgefüge der sich abzeichnenden Weltgesellschaft (Human Development Report 1997) besteht.

3.2 Die Einkommensverwendung als Indikator des Lebensstandards

Die Ausgaben der privaten *Haushalte* stehen in engem Zusammenhang mit ihrem Lebensstandard. Je nach Einkommensniveau bilden sich typische Verwendungs- und Ausgabenstrukturen heraus. Frühe Ergebnisse der Haushaltsbudgetforschung für das Jahr 1907 zeigen für minderbemittelte Vierpersonenhaushalte, daß die Knappheit des Einkommens keine Spielräume für größere Ersparnisse ließ (Wiegand/Zapf 1982). Die Belastung durch Steuern und Sozialversicherungsbeiträge war dem frühen Entwicklungsstadium des Wohlfahrtsstaats entsprechend minimal. Von den Ausgaben entfiel der allergrößte Anteil auf die restitutiven Ausgaben, die zum unmittelbaren Lebensunterhalt getätigt werden mußten. Die Ausgabenstruktur von 1950 ähnelt noch sehr der von 1907, erst danach setzen die großen Wandlungsprozesse ein.

In den Ausgaben der Vierpersonen-Arbeitnehmerhaushalte mit mittlerem Einkommen spiegelt sich idealtypisch die Anhebung des Lebensstandards seit 1950: Zwar entfallen seit jeher die größten Budgetanteile auf Nahrungs-/Genußmittel und Wohnen, aber der Ausgabenanteil für Nahrungs-/Genußmittel sinkt entsprechend dem „Engelschen Gesetz" beständig. Dieses „Gesetz" behauptet eine Regelmäßigkeit derart, daß bei steigendem Einkommen der Anteil der Ausgaben für die Ernährung zurückgeht. Neuerdings hat der Anteil der Wohnungsmieten, der urspünglich weit niedriger als der Anteil der Nahrungs-/Genußmittel lag, diese überholt. Die Wohnungsausgaben sind damit zum größten Posten geworden. Gründe dafür sind gestiegene Wohnungsansprüche ebenso wie überdurchschnittliche Preissteigerungen bei den Mieten.

Lebensstandard und Lebensqualität

Tabelle 1: Die Verwendung des Einkommens in Vierpersonen-Arbeitnehmerhaushalten 1950-1996

	1950	1960	1970	1980	1991	1996
Monatliches Haushaltsbruttoeinkommen in DM	343	759	1507	3697	5962	6874
Einkommens-/Vermögenssteuer in%	2,6	2,0	8,6	10,8	9,3	9,2
Pflichtbeiträge zur Sozialversicherung	8,5	9,7	10,4	12,3	13,9	15,1
Ausgaben für den privaten Verbrauch in DM	285	621	1089	2443	3773	4265
Nahrungs- und Genußmittel in%	52,5	45,1	35,3	28,1	23,2	21,2
Wohnungsmieter in%	10,5	10,3	15,5	16,4	21,0	23,9
Güter für Verkehr und Nachrichtenübermittelung in%	2,1	4,8	10,9	14,0	17,3	18,0
Güter für Bildung und Unterhaltung in%	5,5	7,1	7,3	8,6	10,3	11,4
Bekleidung, Schuhe in%	13,6	13,5	10,8	9,3	8,0	6,4
Energie in%	5,4	4,6	4,7	6,5	5,4	4,9
Güter für Körper- und Gesundheitspflege in%	4,3	5,0	3,6	3,0	3,8	3,5

Anmerkung: Die Angaben sind im Zeitverlauf nicht streng vergleichbar, weil es einige Änderungen im Erhebungsverfahren gegeben hat. Die Ausgabekategorien sind unvollständig. Sonstige Ausgaben wurden hier nicht ausgewiesen. Die Zahl der befragten Haushalte liegt zwischen 342 und 381.
Quelle: Statistisches Bundesamt, Jahrbücher und Fachserien

Im Querschnitt gilt nach wie vor das „Schwabsche Gesetz", daß die Haushalte umso geringere Anteile ihres *Einkommens* für Mieten ausgeben je wohlhabender sie sind. Dieses „Gesetz" ist aber im Zeitablauf unzutreffend, es kehrt sich sogar um: die Ausgabenanteile für Mieten nehmen bei steigendem Einkommensniveau in der Bundesrepublik säkular zu. Dies ist der beste empirische Beleg dafür, daß Hypothesen, die für einen Bevölkerungsquerschnitt formuliert werden, keinerlei Ausagekraft für die Entwicklung im Längsschnitt zu haben brauchen.

Am stärksten expandiert hat der Ausgabeposten für Verkehr und Nachrichtenübermittlung und er hat nahezu die Größenordnung von Nahrungs- und Genußmitteln erreicht. An dieser Stelle hat sich am stärksten ein neuer Bedarf entwickelt. Ein starker Ausgabenzuwachs ist auch bei Bildung und Unterhaltung sowie bei Urlaub und Reisen zu verzeichnen. Die „Erlebnisgesellschaft" findet in solchen Befunden eine gewisse Bestätigung. Ein wichtiger Indikator für die Höhe des Lebensstandards ist auch die Sparquote, die im längerfristigen Zeitablauf deutlich gestiegen ist und neue Einkommensverwendungsspielräume anzeigt.

Die beschriebenen Ergebnisse gelten im strengen Sinn nur für den angebenen Haushaltstyp. Der vergleichsweise niedrige Lebensstandard von Zwei-Personenhaushalten von Rentner- und Sozialhilfeempfängern kommt vor allem in weit höheren Ausgabeanteilen für Nahrungs-/Genußmittel und Wohnungsmieten zum Ausdruck. Demgegenüber geben die Vier-Personenhaushalte von Angestellten und Beamten mit höherem Einkommen einen weit kleineren Anteil für diese Zwecke aus. Sie weisen dafür einen besonders hohen Budgetposten bei Bildung und Unterhaltung auf.

3.3 Die Wahrnehmung der individuellen und der kollektiven Wirtschaftslage

Neben den vielen Untersuchungen des Lebensstandards, die sich auf sogenannte „objektive" Komponenten beziehen, wird seit längerem auch die subjektive Wahrnehmung erhoben, getrennt nach der Einschätzung der eigenen und der allgemeinen wirtschaftlichen Lage, die stark voneinander abweichen können. Im Durchschnitt fällt die Einschätzung der eigenen wirtschaftlichen Lage weit günstiger aus als die der allgemeinen wirtschaftlichen Lage.

Im Zeitverlauf ist erkennbar, daß die Einschätzung der eigenen Lage auf hohem Niveau liegt und kaum Schwankungen unterworfen ist. Demgegenüber variiert die Einschätzung der allgemeinen wirtschaftlichen Lage sehr stark und nimmt sowohl sehr tiefe als auch sehr hohe Werte an. Der Kurvenverlauf ist nicht unregelmäßig sondern folgt einem konjunkturellen Verlaufsmuster. Für die unterschiedlichen Beurteilungen von individueller und kollektiver wirtschaftlicher Lage ist auschlaggebend, daß sie auf unterschiedlichen Wahrnehmungsquellen beruhen. Während bei der individuellen wirtschaftlichen Lage Faktoren wie das Haushaltseinkommen im Rahmen von individuellen Vergleichsprozessen wichtig sind, ist es bei der allgemeinen wirtschaftlichen Lage, die recht stark mit dem ökonomischen Konjunkturverlauf verbunden ist, die massenmedial vermittelte Information (Mielke 1997). Beides, die Kenntnis der individuellen und der kollektiven wirtschaftlichen Lage, ist für eine Gesamtdiagnose notwendig. Im mittelfristigen Zeitvergleich ist für 1997 (Noelle-Neumann/Köcher 1997, S. 908-913) ein außerordentlich niedriges Niveau auf beiden Ebenen der wirtschaftlichen Lage zu konstatieren. In den neuen Bundesländern (Winkler 1995) hat sich die Beurteilung der eigenen wirtschaftlichen Lage und der Möglichkeiten, die eigenen Bedürfnisse mithilfe des Haushaltseinkommens zu befriedigen, zwar im Transformationsprozeß verbessert aber langsamer als es den Erwartungen und Hoffnungen entsprochen hätte.

Abbildung 1: Anteile (in%) positiver Beurteilungen der eigenen und der allgemeinen wirtschaftlichen Lage in Deutschland

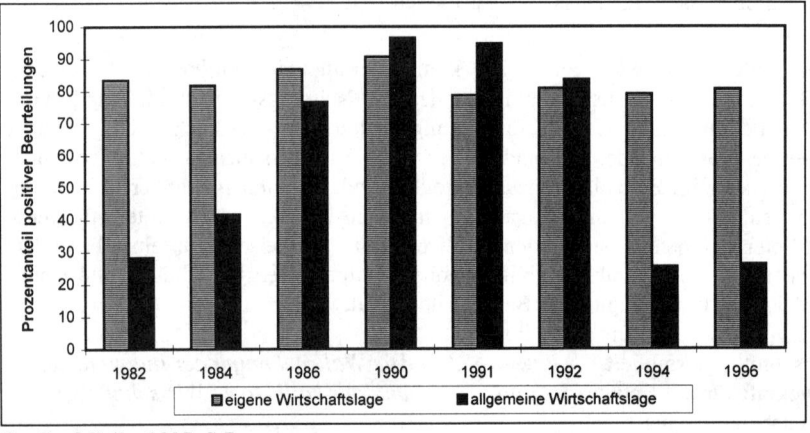

Quelle: Mielke 1997, S.7

4. Komponenten der wahrgenommenen Lebensqualität

Für die wahrgenommene Lebensqualität bzw. das subjektive Wohlbefinden sind unterschiedliche Komponenten konstitutiv. Zunächst handelt es sich um emotionale und kognitive Gefühlszustände bzw. Lebensbefindlichkeiten, wie glücklich und zufrieden zu sein. Diese thematisieren die positiven Seiten des Wohlbefindens. Sie werden um Sorgen und Probleme auf den negativen Seiten des Wohlbefindens ergänzt. Die wahrgenommene Lebensqualität betrifft darüber hinaus die kognitive Bewertung spezifischer Lebensumstände: z.B. die Zufriedenheit mit der Wohnung, dem Einkommen, dem Ehepartner und der Gesundheit. Schließlich bilden Zukunftshoffnungen und -erwartungen eine eigenständige Dimension der wahrgenommenen Lebensqualität (Glatzer 1992).

Datengrundlage für die Analyse der wahrgenommenen Lebensqualität sind vor allem die seit 1978 in mehrjährigen Abständen durchgeführten „Wohlfahrtssurveys" und das seit 1984 bei denselben Haushalten kontinuierlich erhobene *„Sozioökonomische Panel",* das sich stets auf dieselben Haushalte bezieht. Beschreibung und Hauptergebnisse werden im Datenreport (zuletzt 1997) veröffentlicht, der gemeinsam von amtlicher Statistik und sozialwissenschaftlichen Forschungsinstituten herausgegeben wird.

4.1. Niveau und Stabilität der wahrgenommenen Lebensqualität.

Für die erwachsene Bevölkerung in Deutschland ergaben sich in mehreren Untersuchungen von 1978 bis 1993 nahezu identische Antworthäufigkeiten auf die Frage nach der Lebenszufriedenheit und dem Glück. Das Verteilungsmuster für die Lebenszufriedenheit ändert sich im Zeitablauf kaum. Der Durchschnittswert für die Lebenszufriedenheit auf einer Skala von 0-10 bleibt nahezu konstant.

Tabelle 2: Die Zufriedenheit mit dem Leben in Deutschland seit 1978[1]

	Unzufriedenheit	Allgemeine Lebenszufriedenheit				Ganz und gar zufrieden	Durchschnitt
	0-4	5	6	7	8	9	10
	in% der Befragten						
Westdeutschland							
1978	4	6	7	15	32	18	18	7,8
1980	4	8	8	18	30	13	18	7,7
1984	6	7	6	14	32	17	17	7,7
1988	3	5	7	16	33	22	14	7,9
1993	3	5	7	16	33	22	14	7,9
Ostdeutschland							
1990	11	17	14	21	24	8	6	6,6
1993	9	12	13	24	27	9	6,	6,9

1 Zufriedenheitsskala von 0 bis 10
Datenbasis: Wohlfahrtssurvey 1978, 1980, 1984, 1988, 1990-Ost, 1993

Ähnliches gilt für das globale emotionale Wohlbefinden d.h. sich glücklich oder unglücklich zu fühlen. Für die vier vorgegebenen verbalen Antwortkategorien ergibt sich eine hohe Konstanz des Verteilungsmusters.

Tabelle 3: Glück in Deutschland seit 1978

	sehr unglücklich	ziemlich unglücklich	ziemlich glücklich	sehr glücklich
	in%			
Westdeutschland				
1978	1	4	74	22
1980	1	5	69	26
1984	1	8	72	20
1988	1	4	72	23
1993	1	5	79	24
Ostdeutschland				
1990	1	14	74	10
1993	1	12	75	12

Datenbasis: wie Tab. 2

Der genannte Befund gilt jeweils für die alten Bundesländer. Ostdeutschland weist ein viel niedrigeres Wohlbefindensniveau auf, sowohl bei der Lebenszufriedenheit als auch beim Glück. In Ostdeutschland gibt es zwar einige positive Veränderungen des Wohlbefindens nach der Wende aber sie bleiben geringfügig.

Nicht nur die Verteilungen von Glück und Zufriedenheit bleiben stabil, auch verschiedene Aspekte negativen Wohlbefindens, wie die Häufigkeit von Anomie- und Besorgnissymptomen, sind seit dem Ende der siebziger Jahre relativ unverändert.

Unter Anomie wird ein Zustand der Auflösung von Normen und Werten in Zeiten schnellen Wandels verstanden. Dies wird durch verschiedene Indikatoren gemessen: Sie beziehen sich auf Sinnlosigkeit, soziale Isolation, Entfremdung von der Arbeit, Machtlosigkeit, Normlosigkeit. In den meisten Fällen ist eine gewisse Stabilität zu beobachten, wenn auch geringer als bei den positiven Aspekten des Wohlbefindens. Ein kontinuierlicher Rückgang läßt sich lediglich beim Belastungsfaktor soziale Isolation bzw. Einsamkeit erkennen.

Es gibt eine ehrwürdige sozialwissenschaftliche Theorie, derzufolge schneller sozialer Wandel in zunehmender Anomie seinen Ausdruck findet. Diese Theorie bestätigt sich näherungsweise. Es finden sich eindeutige Hinweise auf ein höheres Anomieniveau in Ostdeutschland nach der Vereinigung, dagegen nicht in Westdeutschland (Glatzer/Bös, 1997).

Neben den Anomiefragen wird in den Wohlfahrtssurveys ein Fragenkomplex mit Besorgnissymptomen gestellt. Die Items stammen aus skandinavischen Untersuchungen, und sie weisen enge Beziehungen zu gesundheitlichen Beschwerden auf. Es geben beispielsweise im Jahr 1978 19% und 1993 17% der Bundesbürger an, daß sie immer wieder von Ängsten und Sorgen überfallen werden

Hier ist wiederum weitgehend Konstanz festzustellen mit einer leichten Tendenz zum Rückgang mancher Besorgnissymptome.

Aus Paneluntersuchungen weiß man, daß sich das subjektive Wohlbefinden beim einzelnen Individuum eher häufig ändert. Aus der gesellschaftlichen Perspektive ist eine außerordentliche Stabilität der Strukturen erkennbar. Die sozialen Kräfte die positives Wohlbefinden erzeugen, müssen demzufolge in den letzten Jahrzehnten in einer Balance mit den Kräften gestanden haben, die negatives Wohlbefinden hervorgerufen haben.

4.2. Ambivalenzen des subjektiven Wohlbefindens.

Wie bei den Zeitreihen zur wahrgenomenen Lebensqualität sichtbar wurde, wird subjektives Wohlbefinden auf sehr verschiedene Weise gemessen. Es läßt sich ein eher hohes Maß an Zufriedenheit mit dem Leben (kognitives Wohlbefinden) und auch ein eher hohes Maß an Glück (emotionales Wohlbefinden) feststellen. Auch negative Aspekte subjektiven Wohlbefindens sind ungleich verteilt und nicht gerade selten, wie aus der Verbreitung von Besorgnissymptomen (hohe Beanspruchung, Angst, Nervosität, Niedergeschlagenheit) und Anomiesymptomen (Gefühle der Einsamkeit, Machtlosigkeit und Sinnlosigkeit) hervorgeht. Es entspricht den theoretischen Erwartungen, daß Glück (eher emotionales Wohlbefinden) und Lebenszufriedenheit (eher kognitives Wohlbefinden) positiv miteinander korreliert sind. Auf der anderen Seite stehen Lebenszufriedenheit und Besorgnisse in einem negativen Zusammenhang. Je mehr Besorgnisse ein Individuum belasten desto geringer ist seine Lebenszufriedenheit (vgl. Tabelle 4: Besorgnissymptome).

Tabelle 4: Besorgnissymptome und Lebenszufriedenheit in Deutschland 1978-1993

	Insgesamt					Anteil unter den Unzufriedenen[1]				Anteil unter den Hochzufriedenen[2]			
		West		Ost		West		Ost		West		Ost	
	1978	1988	1993	1990	1993	1988	1993	1990	1993	1988	1993	1990	1993
					%								
Öfter erschöpft oder zerschlagen	54	44	39	50	43	75	80	65	58	37	30	42	32
Immer wieder Ängste oder Sorgen	16	19	17	27	26	56	64	48	58	14	10	20	13
Ständig aufgeregt oder nervös	16	12	10	18	14	22	48	31	25	9	6	13	8
Gewöhnlich unglücklich oder niedergeschlagen	14	10	10	17	16	55	61	40	52	5	6	14	15
Öfter Zittern oder Schütteln	9	6	6	7	6	23	27	10	16	4	5	8	4
Keines der Symptome	41	47	53	37	44	15	8	20	21	56	65	47	61

1 Einstufung 0 bis 4 auf der Zufriedenheitsskala von 0 bis 10.
2 Einstufung 10 auf der Zufriedenheitsskala von 0 bis 10.
Datenbasis: Wohlfahrtssurvey 1978, 1988, 1990-Ost, 1993

Das interessante Ergebnis ist, daß eine hohe Lebenszufriedenheit keinesfalls die Besorgnissymptome völlig ausschließt. Offensichtlich sind viele Individuen in der Lage, eine hohe Lebenszufriedenheit mit starken Besorgnissymptomen zu vereinbaren. Anpassungsprozesse und Vergleichsprozesse zeigen hier vermutlich ihre Wirkung.

Alles in allem ist subjektives Wohlbefinden durch ein Nebeneinander von emotionalen und kognitiven Komponenten des Wohlbefindens auf der positiven und subjektiv empfundenen Defiziten auf der negativen Seite charakterisiert. In vielen Fällen ist eine Gleichzeitigkeit scheinbar gegensätzlicher Aspekte des Wohlbefindens zu beobachten.

Dies deutet auf eine prekäre Widersprüchlichkeit des subjektiven Wohlbefindens hin.

4.3 Die Zufriedenheitshierarchie der Lebensbereiche.

Im Hinblick auf die Lebensbereiche besteht eine relativ stabile Zufriedenheitshierarchie mit höheren Zufriedenheitsniveaus in privaten Bereichen und geringeren Zufriedenheitsniveaus in Bereichen, für die eher kollektive Organisationen insbesondere der Wohlfahrtsstaat zuständig sind. Die Zufriedenheitshierarchie enthält die Lebensbereiche in folgender Rangfolge vom höchsten zum niedrigsten Zufriedenheitsniveau:

Lebensstandard und Lebensqualität

Ehe/Partnerschaft – Familie – Arbeitsteilung/Haushalt – Wohnung – Wohngegend Hausfrauendasein – Freizeit – Arbeitsplatz – Lebensstandard – Gesundheit – Ausbildung – Einkommen – Soziale Sicherung – Demokratie – Politische Beteiligung – Öffentliche Sicherheit – Kirche- Umweltschutz (Quelle: Datenreport 1994, S. 430)

An der Spitze der Zufriedenheitsniveaus stehen Ehe und Familie und am Ende die öffentliche Sicherheit und der Umweltschutz. Detaillierteren Untersuchungen zufolge spricht wenig dafür, daß die Individuen die Bereiche, für die sie selbst verantwortlich sind, beschönigen. Es ist davon auszugehen, daß in Ehe und Familie – trotz unbestrittener Beeinträchtigungen und Krisen – besonders wichtige positive Beiträge zum subjektiven Wohlbefinden entstehen. Und die Erleichterung von Scheidungen trägt letztlich dazu bei, daß krisenhafte Ehen aufgelöst werden und somit die verbleibenden Ehen eine höhere Zufriedenheit aufweisen.

Die Gefährdungen der Umwelt und die Bedrohungen durch Kriminalität entzieht sich zu einem erheblichen Teil der individuellen Wahrnehmung, und so ist das vorhandene Problembewußtsein weitgehend über die Medien vermittelt. Die Grundlage für eine stärkere Beachtung von Umweltbelangen ist im sensiblen Umweltbewußtsein der Bevölkerung vorhanden. Ähnlich verhält es sich mit der öffentlichen Sicherheit und der Bekämpfung der Kriminalität.

Am Ende des oberen Drittels der Zufriedenheitshierarchie liegt die Zufriedenheit mit dem Lebensstandard, weit unterhalb der Zufriedenheit mit Ehe/Partnerschaft, jedoch deutlich oberhalb der Zufriedenheit mit Gesundheit und sozialer Sicherung. Daß die Zufriedenheit mit dem Lebensstandard höher liegt als die mit dem Haushaltseinkommen deutet darauf hin, daß in die Bewertung des Lebenstandards auch andere Versorgungskomponenten (z.B. Haushaltsausstattung, Vermögen usw.) eingehen. In Ostdeutschland liegt die Zufriedenheit mit dem Lebensstandard weit niedriger als in Westdeutschland, während die Zufriedenheit mit Ehe und Partnerschaft genauso hoch ist. Insgesamt ähnelt die ostdeutsche Zufriedenheitshierarchie – überwiegend bei geringerer Zufriedenheit – der westdeutschen.

Die Zufriedenheitshierarchie bleibt weitgehend stabil, nur wenige Bereiche ändern ihren Rangplatz. Selten ist ein Entwicklungstrend zu beobachten: daß ein negativer Entwicklungstrend vor allem die Zufriedenheit mit der Demokratie und der Kirche betrifft, weist darauf hin, daß politische und kirchliche Institutionen gegenwärtig unter Druck geraten sind.

4.4. Zusammenhänge zwischen Lebensstandard und Lebenszufriedenheit.

Die Gesellschaftpolitik kann damit rechnen, daß sich eine Verbesserung der Lebensbedingungen in einer höheren Zufriedenheit der Bürger äußert.

Nicht im Einzelfall, aber im Durchschnitt aller Bundesbürger gilt, daß diejenigen, die bessere Lebensbedingungen haben, auch zufriedener mit ihnen sind, und daß Schlechtergestellte unzufriedener sind. Beispiele sind die Ergebnisse im Vergleich der untersten mit der höchsten Einkommensschicht und im Vergleich der Arbeitslosen mit den Erwerbstätigen (Datenreprot 1997). Die durchschnittlichen Differenzen zwischen den gut- und schlechtgestellten Bevölkerungsgruppen sind zwar signifikant aber nicht sehr groß; dies deutet darauf hin, daß das subjektive Wohlbefinden im individuellen Fall von einer Vielfalt von Faktoren abhängt.

Fragt man was den Menschen für ihr Wohlbefinden wichtig ist, dann antworten sie an allererster Stelle: *Gesundheit*. Diese Betonung von Gesundheit erfolgt weit häufiger als die Nennung von Familie, Liebe und Zuneigung, häufiger auch als die Angabe von Arbeit und Einkommen. Was diesen Punkt betrifft, so weisen Umfrageergebnisse aus dem Allensbacher Jahrbuch der Demoskopie in die gleiche Richtung. Die Frage: „Was glauben sie, was einen Menschen glücklich macht?", wird am häufigsten mit Gesundheit, dann mit Ehe/Partnerschaft und Familie beantwortet. „Viel Geld haben" wird von 22% als Glücksfaktor genannt und liegt damit noch vor „Glaube/religiöse Überzeugung". Auf die Frage, worüber sich die Menschen Sorgen machen, wird am häufigsten die Antwort, daß ich schwer krank werden könnte, gegeben. Auch hier folgen Nennungen, die soziale Beziehungen und nicht in erster Linie den Lebensstandard betreffen. Der Lebenstandard trägt in der Selbsteinschätzung der Bundesbürger wenig zu ihrer Lebenszufriedenheit bei und sie sehen bisher auch die Bedrohung des Lebensstandards nur in Ansätzen als Gefahr für ihr subjektives Wohlbefinden.

Auf der Grundlage der „World Data Base of Happiness" (Veenhoven 1993) werden Hypothesen bestätigt, denen zufolge das subjektive Wohlbefinden am höchsten ist in den Ländern mit hohem materiellen Komfort, sozialer Gleichheit, politischer Freiheit und freier Zugänglichkeit des Wissens.

Erwähnenswert ist auch, daß ein eher geringes Maß an Kumulationen von guten bzw. schlechten Wohlfahrtspositionen besteht. Nahezu kein Individuum befindet sich in allen Lebensbereichen durchgängig auf einem guten Niveau. Und es kommt auch selten vor, daß viele negative Symptome kumulieren. Wenn es zu einer Kumulation negativer Bedingungen kommt, dann schlägt dies besonders stark auf das Wohlbefinden durch.

5. Zukunftshoffnungen und Befürchtungen

Hoffnungen und Befürchtungen stellen neben den positiven und negativen Komponenten eine eigenständige Komponente der wahrgenommenen Lebensqualität dar. Ein hohes Maß an Sorgen kann erleichtert werden, wenn es große Hoffnungen gibt, sie zu überwinden. Eine hohe Zufriedenheit kann ihre positive Bedeutung teilweise verlieren, wenn für die Zukunft Verschlechterungen erwartet werden. Hoffnungen und Befürchtungen wandeln sich stärker als die relativ stabile Lebenszufriedenheit.

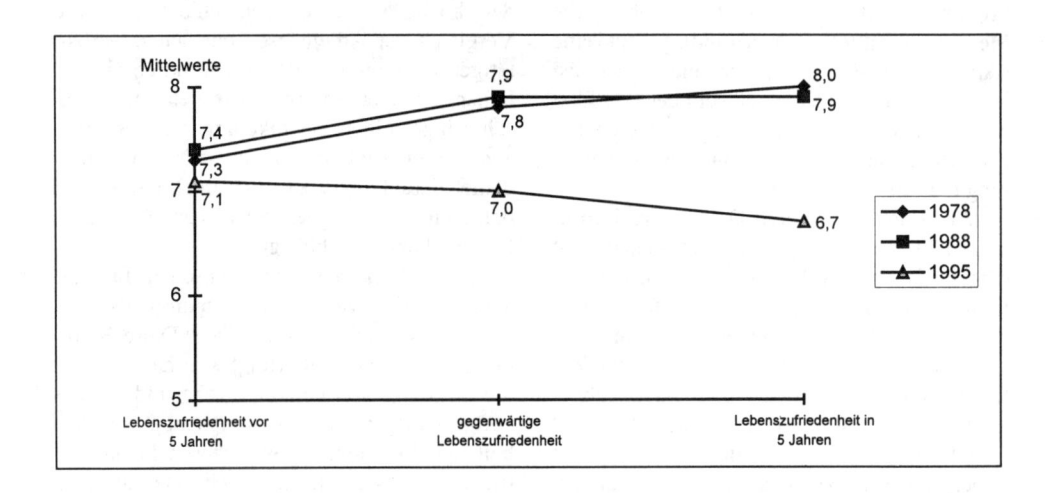

Abbildung 2: Zufriedenheitsbewertungen in der Zeitperspektive

Quellen: Datenreport 1989, S. 370, Zapf/Habich 1996, S. 352

Die Zukunftserwartungen haben sich in Deutschland in den letzten beiden Jahrzehnten deutlich verschlechtert. Was die Lebenszufriedenheit betrifft, so liegt 1995 die zukünftig in fünf Jahren erwartete Lebenszufriedenheit niedriger als die gegenwärtige Zufriedenheit (zum Zeitpunkt der Befragung). Diese liegt sogar leicht niedriger als die Lebenszufriedenheit in der Vergangenheit (vor fünf Jahren). Der Verlauf dieser Kurven ist ein Indikator für einen weit verbreiteten Pessimismus. Man muß bis 1978 zurückgehen, um eine völlig andere Stimmungslage aufzeigen zu können. Die Zukunftserwartungen damals lagen über der gegenwärtigen Lebenszufriedenheit und diese höher als die vergangene Zufriedenheit. Auch in Ostdeutschland, wo 1990 ein großes Hoffnungspotential gemessen wurde, sind die positiven Erwartungen inzwischen stark zurückgegangen. Das gesellschaftliche Stimmungsklima wandelt sich relativ stark. Es wird nicht dauerhaft pessimistisch bleiben; weil allem Anschein nach endogene und exogene Faktoren immer wieder Umschwünge hervorrufen.

Das jeweilige Stimmungsklima geht auf viele Faktoren zurück, für die bisher keine umfassende theoretische Erklärung vorliegt. Hoffnungen und Befürchtungen der (westdeutschen) Bevölkerung, wie sie in den Allensbacher Umfragen gemessen werden, hängen offensichtlich eng mit internationalen Ereignissen zusammen (Noelle-Neumann/ Köcher 1997, S. 22). Die meisten Befürchtungen der Bevölkerung bestanden jeweils in den Jahren internationaler Krisen und Konflikte. Insofern stehen die wahrgenommene Lebensqualität und die Globalisierung der Kommunikation in einem engen Zusammenhang.

Sehr langfristig gesehen – also im Vergleich mit den fünfziger Jahren – scheinen sich Lebenszufriedenheit und Glück in Deutschland erhöht zu haben (Noelle-Neumann/Köcher 1997, S. 39, S.50). Insofern kann behauptet werden, daß ein Anstieg des Lebensstandards, wenn er auf niedrigem Niveau erfolgt, auch die wahrgenommene Lebensqualität erhöht. Erst auf dem Niveau, das in den siebziger Jahren erreicht wird, entwickelt sich eine gewisse Stagnation des Niveaus des Wohlbefindens, die in verschiedenen Erhebungen übereinstimmend belegt wird, unter anderem auch in den seit 1973 regelmäßig durchgeführten Eurobarometer-Umfragen. Als Erklärung erscheint die Theorie abnehmender Grenznutzen am plausibelsten, derzufolge weitere Zuwächse an Lebensstandard (z.B. mehr Zweitfernseher und mehr Autobahnkilometer) nur noch geringe bzw. keine Beiträge zur wahrgenommenen Lebensqualität mehr leisten. Jedoch dürfte ein Verlust an Lebensstandard, der inzwischen als selbstverständliche Grundlage der Lebensqualität in der modernen Gesellschaft gilt, das Unzufriedenheits- und Unruhepotential der Gesellschaft nachdrücklich erhöhen.

Literatur

Glatzer, Wolfgang/Mathias Bös 1997: Anomietendenzen im Transforma-tionsprozeß – Analysen mit den Wohlfahrtssurveys. In: Wilhelm Heitmeyer (Hg.), Was treibt die Gesellschaft auseinander? Frankfurt a.M., S. 557-585

Glatzer, Wolfgang/Wolfgang Zapf (Hg.) 1984: Lebensqualität in der Bundesrepublik – Objektive Lebensbedingungen und subjektives Wohlbefinden, Frankfurt a.M./New York

Hauser, Richard/Wolfgang Glatzer, Stefan Hradil, Gerhard Kleinhenz, Thomas Olk, Eckart Pankoke (Hg.) 1997: Ungleichheit und Sozialpolitik. Opladen

Hübinger, Werner 1996: Prekärer Wohlstand – Neue Befunde zu Armut und sozialer Ungleichheit. Freiburg im Breisgau

Huster, Ernst-Ulrich (Hg.) 1997: Reichtum in Deutschland. Die Gewinner in der sozialen Polarisierung. Frankfurt a.M./New York

Korczak, Dieter 1995: Lebensqualität-Atlas, Opladen

Mielke, Ralf 1997: Individuelle Orientierung versus kollektive Orientierung am Beispiel der Einschätzung wirtschaftlicher Lagen, Diplomarbeit, Fachbereich Gesellschaftswissenschaften, Frankfurt a.M.

Miegel, Meinhard 1983: Die verkannte Revolution (1) – Einkommen und Vermögen der privaten Haushalte. Stuttgart

Noelle-Neumannn, Elisabeth/Renate Köcher (Hg.) 1997: Allensbacher Jahrbuch der Demoskopie 1993-1997, München

Noll, Heinz-Herbert 1997: Wohlstand, Lebensqualität und Wohlbefinden in den Ländern der Europäischen Union. In: Stefan Hradil/Stefan Immerfall (Hg.), Die westeuropäischen Gesellschaften im Vergleich. Opladen

Statistisches Bundesamt 1997 (dito 1994, 1989): Datenreport 1997- Zahlen und Fakten über die Bundesrepublik Deutschland. Bonn

Wiegand, Erich/Wolfgang Zapf (Hg.) 1982: Wandel der Lebensbedingungen in Deutschland – Wohlfahrtsentwicklung seit der Industrialisierung. Frankfurt a.M./New York

United Nations Development Programme, 1997: Human Development Report 1997. New York, Oxford

Veenhofen, Ruut 1993: Happinness in Nations-Subjective appreciation of life in 56 nations 1946-1992. Rotterdam

Vogel, Joachim 1997: Living Conditions and Inequality in the European Union. Statistics Sweden

Winkler, Gunnar (Hg.) 1995: Sozialreport 1995 – Daten und Fakten zur sozialen Lage in den neuen Bundesländern. Berlin

Zapf, Wolfgang/Roland Habich (Hg.) 1996: Wohlfahrtsentwicklung im vereinten Deutschland. Sozialstruktur, sozialer Wandel und Lebensqualität. Berlin

Wolfgang Glatzer

Lebensverlauf

1. Begriff

Mit dem Begriff des Lebensverlaufs bezeichnet man die Abfolge von Aktivitäten und Ereignissen in verschiedenen Lebensbereichen bzw. Handlungsfeldern von der Geburt bis zum Tod. Der Lebensverlauf kennzeichnet damit die sozialstrukturelle Einbettung von Individuen im Verlauf ihrer gesamten Lebensgeschichte vornehmlich als Teilhabe an gesellschaftlichen Positionen, d.h. als Mitgliedschaften in institutionellen Ordnungen. Ein wichtiger Aspekt von Lebensverläufen ist ihre zeitliche Binnenstruktur, wie z.B. die Verweildauer in bestimmten Zuständen sowie die Altersverteilung bei Übergangsereignissen.

Der Grad und die Art der gesellschaftlichen Institutionendifferenzierung einerseits und die Eigendynamik der individuellen Lebensgeschichte andererseits bilden die Voraussetzungen und Grundlagen für die Ausprägung von Lebensverläufen. Das Bildungssystem institutionalisiert durch seine lebensalterbezogenen Zugangs- und Übergangsregeln, seine Klassensequenz, seine Schularten und durch die Einrichtungen bzw. Regelungen der beruflichen Ausbildung die Schullaufbahnen und Ausbildungsverläufe. Das Arbeitsrecht definiert die Zugehörigkeit zur Erwerbsbevölkerung und die Zustände von Erwerbstätigkeit und Arbeitslosigkeit. Die Berufsstruktur und ihr Wandel prägen berufliche Karrieren durch die vorgegebenen Stellungen im Beruf und in Qualifikationsgruppen sowie durch die unterschiedliche Attraktivität und Entlohnung von Berufsarbeit. Sie bestimmen als Gelegenheitsstruktur Chancen und Zwänge des Berufszugangs und Berufswechsels. Unternehmen und Behörden definieren durch ihre Organisationsformen innerbetriebliche Stellenbesetzungen und Stellenwechsel sowie zwischenbetriebliche Arbeitsplatzwechsel.

Die Systeme der sozialen Sicherung regeln die Bedingungen des Zugangs und Abgangs sowie die Verweildauer im Status der Krankheit, in der Phase des Mutterschutzes, des Erziehungsurlaubs, der Berufs- und Erwerbsunfähigkeit, der Invalidität, des Ruhestandes und der Pflege. Die Familie (und der Haushalt) definiert Geschlechts- und Verwandtschaftsrollen, die Differenz von Ehen und nicht-ehelichen Lebensgemeinschaften, die Ereignisse des Ausscheidens aus dem Elternhaus und der Familiengründung, der Trennung und Scheidung, der Verwitwung sowie der Elternschaft und die Phase des „empty nest". Die räumliche Struktur von Gesellschaften sowie Wohn- und Wohneigentumsverhältnisse definieren zusammen mit Familienrollen und Haushaltsformen Wohngeschichten, Haushaltsverläufe und Migrationen.

Für die Soziologie sind Lebensverläufe nicht als persönliche Einzelschicksale von Interesse, sondern als regelhafte dynamische Ausprägungen der *Sozialstruktur*, die eine Vielzahl von Menschen betreffen, von Institutionen absichtlich oder unbeabsichtigt gesteuert, und die von Menschen als sozialen Akteuren teils zielgerichtet, teils als Nebenfolge ihrer Handlungen bestimmt werden. Muster von Lebensverläufen sind aber nicht nur Produkt von Gesellschaft und selbst Teil der Sozialstruktur, sondern sie sind auch ein wichtiger Mechanismus der gesellschaftlichen Strukturbildung. Wesentlich für eine Lebensverlaufsperspektive sind daher zum einen der Kollektivbezug, zum andern der Bezug zum historischen Wandel. Individuelle Lebensverläufe sind eingebettet in unterschiedliche historische Perioden sowie in die kollektive Lebensgeschichte ihrer Familien und Geburtsjahrgangsgruppen (Kohorten bzw. Generationen).

Unser Blickwinkel auf den Lebensverlauf orientiert sich an vier Wegweisern (Huinink 1995: 154/155). Erstens: Der Lebensverlauf eines Individuums ist Teil und Produkt eines gesellschaftlichen, historisch angelegten Mehrebenenprozesses. Er vollzieht sich in enger Beziehung zu den Lebensverläufen anderer einzelner Menschen (Eltern, Partner, Kinder, Arbeitskollegen, Freunde usw.) und im Kontext der Dynamik sozialer Gruppen (elterliche Familie, Eigenfamilie). Er unterliegt vor allem den strukturierenden Einflüssen gesellschaftlicher Institutionen und organisatorischer Hierarchien und deren zeitlicher Entwicklung (Ausbildungsinstitutionen, Firmen, Wohlfahrtsstaat). Zweitens: Der Lebensverlauf ist ein multidimensionaler Prozeß. Er entwickelt sich zum einen in wechselseitig aufeinander bezogenen Lebensbereichen (wie Familie und Arbeit), zum anderen im Kontext körperlicher und psychischer Entwicklung. Drittens: Der Lebensverlauf ist ein selbstreferentieller Prozeß. Das Individuum handelt oder verhält sich unter anderem auf der Grundlage seiner kumulierten Erfahrungen und Ressourcen. Es gibt also auch auf der Ebene der individuellen Lebensgeschichte einen endogenen Kausalzusammenhang. Über die Aggregation der individuellen Verläufe gilt dies dann auch für die kollektive Lebensgeschichte von Geburtskohorten oder Generationen. Deren Vergangenheit hat Auswirkungen auf ihre Zukunft: Daraus ergibt sich die „Gleichzeitigkeit des Ungleichzeitigen" des *Generationszusammenhangs*. Die verschiedenen Altersgruppen leben zwar in einer gemeinsamen Gegenwart, aber sie bringen zu dieser Gegenwart ihre je eigene Generationsgeschichte ein. Viertens: Durch die Art und Weise, wie Personen ihre Lebensverläufe gestalten, reproduzieren sich soziale Strukturen oder werden verändert und neu geformt. Dies kann durch „einfache" Aggregationsprozesse oder durch sich daran anschließende Institutionalisierungen geschehen.

Damit sind auch die wesentlichen Fragestellungen der Lebensverlaufsforschung vorgezeichnet: Welche Muster von Lebensverläufen gibt es, und wie unterscheiden sie sich zwischen Frauen und Männern, sozialen Gruppen, Gesellschaften und historischen Perioden? Welche Ursachen aus der vergangenen individuellen und kollektiven Lebensgeschichte und aus den auf sie einwirkenden sozioökonomischen Bedingungen und Institutionen prägen Lebensverläufe? Welche strukturbildenden Folgen ergeben sich aus dem Wandel von Lebensverläufen?

Die Entfaltung der Lebensverlaufsforschung läßt sich gegenüber früheren und konkurrierenden Ansätzen als der Versuch verstehen, eine größere Vielfalt der empirischen Beschreibung, eine größere Offenheit der theoretischen Erklärung und Deutung zu erreichen und die Trennung zwischen handlungsorientierter Mikroanalyse und strukturorientierter Makroanalyse zu überwinden. Die Lebensverlaufsforschung ist zunächst als eine systematische Fortentwicklung der Sozialstrukturanalyse anzusehen, die Gesellschaften mit Hilfe der Querschnittsverteilungen einzelner Merkmale über gesamte Bevölkerungen hinweg beschreibt. Im Vergleich zur soziologischen Mobilitätsforschung fokussiert die Lebensverlaufsforschung stärker auf intra- als auf intergenerationale Prozesse, rekonstruiert statt globaler Übergangsmatrizen kontinuierliche Ereignisverläufe, bewegt sich auf einer niedrigeren Ebene der Abstraktion als der von Klassen- oder Schichtpositionen und bezieht andere Lebensbereiche (so etwa den eigenen Familienverlauf) stärker mit ein. Sie teilt aber mit der Mobilitätsforschung das Interesse an

Statuszuweisungsprozessen und Mechanismen sozialer Ungleichheit.

Ferner handelt es sich bei der Lebensverlaufsforschung um eine Abwendung bzw. weitergehende Differenzierung der strukturfunktionalistischen, von der Kulturanthropologie inspirierten Theorie der *Altersschichtung*. Dort wird der Lebenslauf primär als eine Abfolge einzelner Altersphasen (Kindheit, Adoleszenz, Erwachsenenalter, Alter) verstanden, der durch sozio-kulturelle Altersnormen und Übergangsriten reguliert wird. Zur Biographieforschung steht die Lebensverlaufsforschung in einem teils konkurrierenden, teils komplementären Verhältnis. Jene untersucht Lebensverläufe im Hinblick auf deren subjektive Deutung und rekonstruiert sie in wenigen Einzelfällen. Die individuelle Lebensgeschichte soll als Handlungsfeld sowie als Interpretations- und Erfahrungszusammenhang entschlüsselt werden. Die ältere *Biographieforschung* hat teilweise die gleichen Erkenntnisinteressen wie die Lebensverlaufsforschung, insoweit wie auf Grund von Einzelfällen gesellschaftlich institutionalisierte und historisch typische Verläufe verstanden werden sollen und daher generalisierende Geltung beansprucht wird. Zum Teil gehen ihr Erkenntnisinteresse und ihr Erkenntnisanspruch darüber hinaus, nämlich dann, wenn die nach subjektiven Zielen und Vorstellungen gestaltete Lebensgeschichte von dem einzelnen individuellen Akteur erklärt werden soll und wenn die subjektiven Deutungsmuster als soziale Topologie zum Forschungsgegenstand werden. Zu unterscheiden ist die Lebensverlaufsforschung, die mit einigem Recht auch der Sozialdemographie zugerechnet wird, ferner von der traditionellen Bevölkerungswissenschaft, die sich in ihren konventionellen Zugängen auf wenige Lebensereignisse (Geburt, Eheschließung, Wanderung, Tod) konzentriert und sich auf die Analyse von Aggregatdaten stützt.

2. Sozialgeschichtlicher Hintergrund

Lebensverläufe sind ein historisch emergenter Tatbestand und nicht nur eine neuere Art der soziologischen Betrachtungsweise. Sie setzen zum einen voraus, daß die Einzelperson rechtlich und subjektiv als relevante Handlungseinheit konstituiert ist und daß sich das Einzelschicksal von dem der sie umgebenden Kollektive der sozialen Klasse, der Groß- und Kleinfamilie in aller Regel unterscheidet. Zum andern ist vorausgesetzt, daß sich im Verlauf des Lebens hinreichend viele Wechsel vollziehen, so daß es überhaupt erst sinnvoll wird, z.B. statt von einem Lebensberuf von einer Berufsbiographie als Sequenz von beruflichen Tätigkeiten, statt von einer lebenslangen Klassen- und Schichtzugehörigkeit von einer Sequenz solcher Zugehörigkeiten oder einem Statusverlauf zu sprechen.

Vorindustrielle Lebensverläufe waren dadurch gekennzeichnet, daß das Einzelleben für weite Teile der Bevölkerung eingebettet war in das an die Scholle gebundene Familienschicksal. Der Schulbesuch reduzierte sich auf wenige Jahre und wenige Stunden in den Jahreszeiten, in denen die Kinder nicht zur Mitarbeit gebraucht wurden. Kinder wurden sehr früh, mit zehn oder zwölf Jahren, zur Arbeit herangezogen. Berufliche Fertigkeiten wurden in der eigenen Familie oder in Dienstverhältnissen in anderen Familien erworben. Formale Eheschließungen – soweit sie überhaupt stattfanden – waren auf Grund der strengen Eheregelungen erst möglich, wenn die Aussteuer angesammelt, ein Hausstand erworben, Land ererbt oder gepachtet und damit eine ausreichende materielle Lebensgrundlage geschaffen war. Das Leben war weniger ein planbarer Lebensweg als ein unvorhersagbares Schicksal, das durch Krankheiten, Tod, Mißernten und ökonomische Schuldnerschaft bzw. Abhängigkeit gekennzeichnet war. Dementsprechend variabel war das Alter, in dem einzelne Lebensereignisse und -übergänge erlebt wurden. Groß waren in vorindustriellen Zeiten auch die Anteile der Bevölkerung, die ein marginales Leben fristen mußten, also z.B. weder über Besitz verfügten noch eine Familie gründen konnten oder durften (Mayer/Müller 1989).

In der ersten Phase der *„industriellen Gesellschaft"* – also in Deutschland etwa grob die Phase von der Mitte des 19. Jahrhunderts bis zur Weltwirtschaftskrise – läßt sich der aufkommende Lebensverlaufstypus relativ gut als „cycle of poverty" beschreiben, in dem eine zunehmende Anzahl von Handwerkern und Industriearbeitern in ihren Einkommenserzielungschancen vor allem von der Entwicklung ihrer Körperkraft und Gesundheit abhängig war und nur in den Hochzeiten physischer Leistungsfähigkeit über das Armutsniveau hinauslangte. Allmählich setzte sich die allgemeine Schulpflicht von 7 bis 8 Jahren auch faktisch durch, und unter den Männern stieg der Anteil mit einer zusätzlichen Lehrlingsausbildung rasch an. Ganz graduell wuchs auch die Beteiligung an weiterführenden Schulbildungen, vor allem in den Realschulen. Die Lebensarbeitszeit begann mit ca. 14 Jahren und endete für Männer mit dem gesetzlichen Ruhestandsalter von zunächst 70, später 65 Jahren bzw. mit gesundheitlich bedingter Invalidität. Die Regel war der Lebensberuf und die langjährige Bindung an einen Betrieb, aber ebenso verbreitet war die Erfahrung von Arbeitslosigkeit (bzw. im Nationalsozialismus von Arbeitsdienst und Militärzeit). Obgleich die meisten Heiratsverbote gefallen waren, wurde die Eheschließung immer noch aus ökonomischen Gründen verzögert. Frauen waren bis zur Eheschließung erwerbstätig, und die Lebensereignisse Auszug aus dem elterlichen Haushalt, Hochzeit und die Geburt des ersten Kindes lagen zeitlich eng beisammen.

3. Lebensverläufe in der (alten) Bundesrepublik der Nachkriegszeit: Theorien und Befunde

Die historische Entwicklung von Lebensverlaufsmustern in der *Nachkriegszeit* wird zumeist durch zwei zeitlich aufeinanderfolgende Perioden konstruiert: eine Phase der Institutionalisierung und *Standardisierung*, die etwa in die Zeit bis Ende der 60er bzw. den Beginn der 70er Jahre gelegt wird, und eine danach anschließende Phase der De-Institutionalisierung, *Pluralisierung* und Entstandardisierung, von der angenommen wird, daß sie – sich verschärfend – bis in die Gegenwart anhält (Kohli 1985, 1988; Mayer/Müller 1989; Mayer 1995). Bei einer solchen Konstruktion müssen jedoch folgende Probleme mitbedacht werden: a) Lebensverläufe fallen zeitlich nicht mit solcher Art Perioden zusammen, d.h., sie beginnen zum Teil früher, zum Teil reichen sie jeweils darüber hinaus und bewegen sich in mehreren Perioden. Man muß also aufeinanderfolgende Geburtskohorten in verschiedenen historischen Perioden betrachten. b) Die gar nicht so kurze unmittelbare Nachkriegsphase von 1945 bis weit in die 50er Jahre hinein bliebe damit ausgeblendet. Sie war aber für einige Geburtskohorten in hohem Maße prägend für ihren weiteren Lebensverlauf. c) Statt von eindeutig abgrenzbaren historischen Perioden müßte man eigentlich besser von gesellschaftlichen Tendenzen sprechen, die sich zum Teil zeitlich überlappen bzw. gleichzeitig präsent sind. d) Insbesondere für die Phase seit Mitte der 70er Jahre ist die vorherrschende Deutung umstritten: Trendbehauptungen stimmen häufig nicht mit den belegbaren Fakten überein.

Die unmittelbare *Nachkriegszeit* war gekennzeichnet durch Vertreibung, Flucht und Wanderungen, eine zeitweilige Ausweitung der Beschäftigung in der Landwirtschaft, Arbeitslosigkeit, eine Knappheit an Lehrlingsausbildungsplätzen, hohe Scheidungsraten, Kriegswitwen, Kriegswaisen und Onkelehen, aufgeschobene Familiengründungen, nachgeholte Ausbildungen und zum Teil späte Eintritte ins Erwerbsleben. Zwar haben die Männer derjenigen Geburtskohorten, die schon vor dem Krieg gearbeitet haben, trotz Militär- und Gefangenschaftszeiten relativ schnell wieder Fuß gefaßt, lebenslang beeinträchtigt waren aber die um 1930 Geborenen, die in der unmittelbaren Nachkriegszeit Berufsausbildung und Berufseintritt zu bewerkstelligen hatten. Die Männer dieser und z.T. der nachfolgenden Jahrgänge machten zu einem sehr hohen Anteil gewerbliche Lehren, und viele davon schafften einen vor allem innerbetrieblichen Aufstieg.

Will man die Lebensverläufe in der unmittelbaren *Nachkriegszeit* insgesamt charakterisieren, so ist die Formel „Unordnung ohne Normveränderung" vermutlich angemessen.

Viele Lebensverläufe liefen nicht in traditionellen Bahnen (Berufsnot der Jugend, zerrüttete Familien, erwerbstätige Kriegswitwen usw.). Dies führte aber zunächst nicht zu dauerhaft veränderten Lebensverlaufsmustern, sondern – als die äußeren Zustände dies zuließen – zu einer Rückkehr zur Normalität.

Mit den institutionellen Reformen und der Expansion des Bildungswesens setzte sich ein differenziertes Muster von Bildungsverläufen historisch erstmalig – auch für Frauen – durch: Kindergarten und Vorschule, Grundschule und für eine Mehrheit weiterführende Schulen bis zur Mittleren Reife oder zum Abitur, daran anschließend eine qualifizierte Berufsausbildung oder ein Hochschulstudium. Der Eintritt in den Beruf erfolgt rasch und wird durch das Ausbildungsniveau und die berufliche Ausbildungsrichtung bestimmt. Die *Berufslaufbahn* ist – für Männer – geprägt durch Vollbeschäftigung, unbefristete Arbeitsverträge, berufliche Aufstiege und mit dem Alter steigende Realeinkommen. Frauen unterbrechen ihre zunehmend qualifizierte Erwerbstätigkeit nicht schon bei der Heirat, sondern erst bei der Geburt des ersten Kindes und steigen nach der Kinderphase nur zu einem kleineren Teil wieder in eine Erwerbstätigkeit ein. Der *Wohlfahrtsstaat* fördert weiterführende Ausbildung durch den Wegfall von Schulgeld und Studiengebühren sowie durch Ausbildungsbeihilfen (Honnefer Modell, BAföG). Er sichert den Verdienst bei Krankheit (Lohnfortzahlung), erweitert die Mutterschaftszeiten und erlaubt eine Ausdehnung dieser Phase durch den Erziehungsurlaub und das Erziehungsgeld. Die an die Nettoarbeitseinkommensentwicklung angepaßte dynamische, flexible Altersrente standardisiert den Übergang in den Ruhestand (für Frauen mit 60 bzw. 63 Jahren, für Männer mit 63 bzw. 65 Jahren) und sichert ein im Vergleich zum letzten Verdienst relativ hohes Einkommensniveau im Alter. Der sektorale Strukturwandel und höhere berufliche Qualifikationsanforderungen eröffnen immer bessere Berufseinstiegs- und -aufstiegschancen. Mehr Menschen arbeiten im öffentlichen Dienst, und dort wurden – insbesondere für Frauen – in den 70er Jahren viele qualifizierte Stellen geschaffen und – zum Teil durch Veränderung des Stellenkegels – erhebliche Laufbahnaufstiege eröffnet. In vielen Regelungen (Kündigungsschutz, altersbezogene Einkommenssteigerungen) nähert sich der private Sektor (vor allem in den Großbetrieben) dem öffentlichen Dienst an. Das Alter bei der Heirat und bei der Geburt des ersten Kindes sinkt, und die Kinderzahlen steigen. Die Scheidungsziffern sind niedrig im Vergleich zur Nachkriegszeit und im internationalen Vergleich und erreichen um 1960 ihr niedrigstes Niveau. Haus- oder Wohnungsbesitz wird für eine Mehrheit zu einem wichtigen und erreichbaren Lebensziel. Insgesamt werden Lebensverläufe in dieser Phase stetiger, in ihrer zeitlichen Gliederung differenzierter und im Hinblick auf die Ausbreitung und Altersstreuung bei Übergangsereignissen homogener und standardisierter.

Wodurch wurde dieser Grad an Institutionalisierung und *Standardisierung* von Lebensverläufen erreicht? Darauf gibt es nicht eine, sondern mehrere Antworten, die in ihrer Kombination einer angemessenen Erklärung relativ nahe kommen dürften: durch die industrielle Arbeitsgesellschaft, durch die koordinierten Strategien von Gewerkschaften, Staat und Unternehmern und die daraus resultierende Arbeitsplatzsicherheit und die steigenden Realeinkommen, durch den Wohlfahrtsstaat sowie durch die Bildungsexpansion.

Der Beginn einer Phase der De-Institutionalisierung, *Pluralisierung* und De-Standardisierung wird unterschiedlich mit der Studentenbewegung (1968), dem Beginn der sozialliberalen Koalition (1969), dem Ölpreisschock (1973), den darauffolgenden Rezessionen (1979, 1985, 1992) und der Globalisierung der Finanz-, Güter- und Dienstleistungsmärkte (seit Ende der 80er Jahre) datiert. Weitgehende Einigkeit besteht aber darüber, daß sie genau durch die Auflösung der vorher bestehenden Ordnungsmuster zu kennzeichnen ist.

Lebensverlauf

Abbildung 1: Westdeutsche und ostdeutsche Lebensverlaufsmuster – Männer der Geburtsjahrgänge 1920 bis 1960 im Alter von 30 Jahren

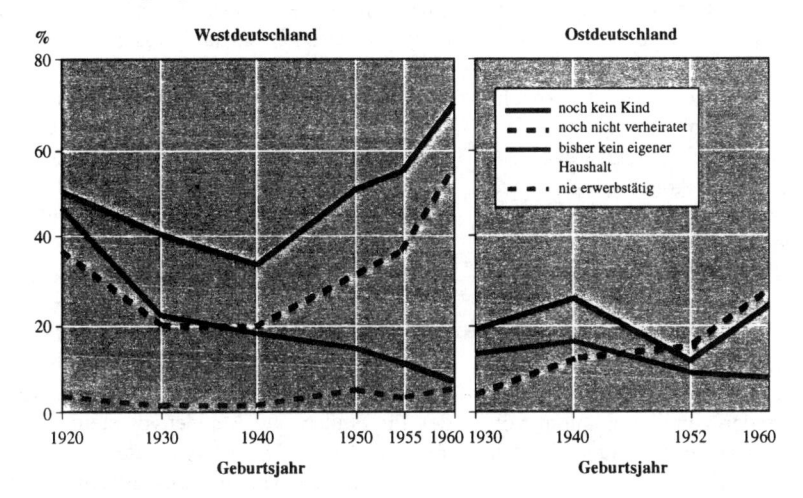

Westdeutsche und ostdeutsche Lebensverlaufsmuster – Frauen der Geburtsjahrgänge 1920 und 1960 im Alter von 30 Jahren

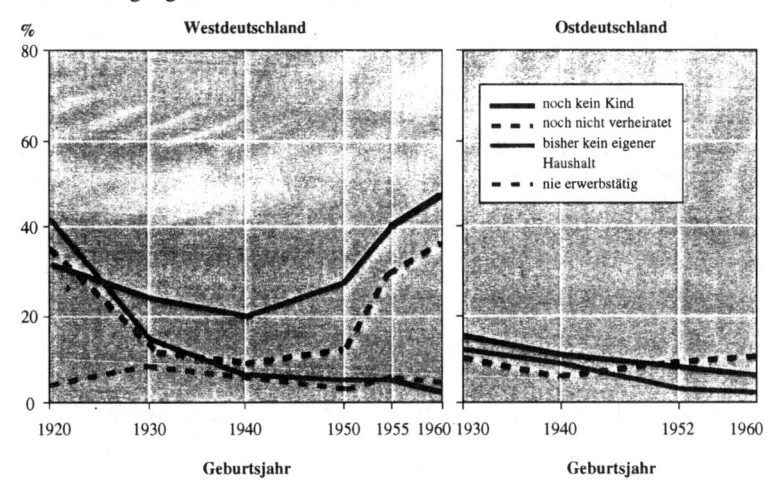

Die Grafik zeigt, wie sich ausgewählte Lebenspassagen über die Zeit verändert haben und wie sie sich zwischen Ostdeutschland und Westdeutschland unterschieden. Abgetragen sind für ausgewählte Geburtsjahrgänge jeweils die Anteile, welche im Alter 30 ein bestimmtes Ereignis noch nicht erlebt haben. Im Westen gibt es einen säkularen Trend zu immer früherer Selbständigkeit im Sinne eines eigenen Haushalts bei Frauen und bei Männern, gleichzeitig wird die Familienbildung im Alter immer weiter hinausgeschoben. Die verschiedenen Übergänge fallen zeitlich auseinander. Im Osten liegen diese Übergänge zeitlich mehr beieinander. Im Hinblick auf den früheren Abschluß der Familienbildungsphase gab es nur geringfügigen sozialen Wandel. (Huinink/Mayer u.a. 1995; Mayer, 1995; Mayer, 1996)

Quelle: Die Daten stützen sich auf die Stichproben von insgesamt 7933 Personen der Lebensverlaufsstudie des Max-Planck-Instituts für Bildungsforschung, Berlin. Die Umfragen stehen über das Zentralarchiv für empirischen Studienforschung zur freien Verfügung.

Als Folge der *Bildungsexpansion* wird eine *Bildungsinflation* nicht nachgefragter höherer Bildungsabschlüsse wahrgenommen, ist aber bislang kaum belegbar (Mayer 1996b). Unqualifizierte, Ausländer, Frauen und ältere Arbeitnehmer haben aber jedenfalls zunehmende Probleme auf dem Arbeitsmarkt. Die Bildungsdauer wird – nicht zuletzt wegen der Unsicherheiten auf dem Arbeitsmarkt – ausgedehnt. Mehrfachausbildungen und Ausbildungsabbrüche nehmen zu. Fast 40% der Studienanfänger haben bereits eine berufliche Ausbildung. Die Suchzeiten zwischen Schule und Berufsausbildung und zwischen dem Ende der Berufsausbildung und dem Beginn einer Erwerbstätigkeit werden länger. Ein nicht zu vernachlässigender Anteil vor allem von Frauen und von nicht-deutschen Jugendlichen schafft nicht den Einstieg in stetige Erwerbs- und Berufskarrieren. Der Anteil von jungen Erwachsenen und jungen Familien unter den Sozialhilfeempfängern steigt an. Ein wachsender Anteil der Ausbildungsabsolventen wird von ihren Ausbildungsbetrieben nicht übernommen. Berufliche Weiterbildung wird für berufliche Aufstiege zunehmend wichtig, konzentriert sich aber auf die ersten Berufsjahre und vergrößert bestehende Bildungsungleichheiten, anstatt sie zu kompensieren.

Der Normalarbeitsvertrag, der lebenslange Beruf und die lange Firmenbindung werden weniger typisch. Nicht-reguläre Erwerbsformen – befristete Arbeitsverträge, Zeitarbeit, Teilzeitarbeit, Scheinselbständigkeit, geringfügige Beschäftigungen, Erwerbsarbeit kombiniert mit Bezug von Arbeitslosenunterstützung bzw. -hilfe oder von Sozialhilfe – breiten sich aus. Arbeitslosigkeit und vor allem Langzeitarbeitslosigkeit nehmen zu und fallen auch nach dem Ende von Rezessionen nicht auf ihr Ausgangsniveau zurück. Arbeitsplatzwechsel sind häufiger erzwungen, und berufliche Aufstiege werden seltener. Berufsverläufe werden zunehmend – und oft negativ – durch die Firmenentwicklung bestimmt. Von Freisetzungen sind zumeist ältere Erwerbstätige, Frauen und Ausländer betroffen. Umschulungsmaßnahmen verfehlen sehr häufig ihr Ziel einer beruflichen Reintegration und bilden dann eine Phase in der Arbeitslosigkeit, die schließlich zur vorzeitigen Verrentung führt. Der Trend zu einem frühzeitigen Übergang in den Ruhestand hält an – trotz entgegengesetzter sozialpolitischer Zielsetzungen.

Frauen erhalten qualifizierte berufliche Ausbildungen fast im selben Ausmaß wie Männer und sind zunehmend kontinuierlich erwerbstätig, dennoch stehen ihnen berufliche Karrieren mit entsprechenden Lohn- und Gehaltssteigerungen seltener offen. Das Alter beim Auszug aus dem elterlichen Haushalt steigt für Männer wieder an. Nicht-eheliche Lebensgemeinschaften nehmen sprunghaft zu. Ebenso steigt das Alter bei der Eheschließung und das Alter bei der Geburt des ersten Kindes für Frauen und Männer; es steigen aber auch die Anteile Nicht-Verheirateter und Kinderloser. Steigende Scheidungsziffern verweisen auf eine abnehmende Stabilität der Ehe als lebenslange Bindung. Die wohlfahrtsstaatliche Absicherung und Verstetigung des Lebensverlaufs wird (mit Ausnahme der Pflegeversicherung von 1996) nicht weiter ausgebaut und z.T. zurückgefahren: durch Einschränkungen bei der Ausbildungsförderung und verkappte Studiengebühren, reduzierte Ansprüche bei Arbeitslosigkeit und sozialer Bedürftigkeit, die gesetzliche Öffnung zur Einschränkung der Lohnfortzahlung, Reduzierungen bei den institutionellen Möglichkeiten der Frühverrentung, Einkommensabschläge bei vorzeitiger Verrentung und die Anhebung des gesetzlichen Ruhestandsalters.

Die frühere *Standardisierung* des Lebensverlaufs scheint gängigen Auffassungen zufolge in drei wesentlichen Aspekten beeinträchtigt. Erstens sei die Dreiteilung des Lebensverlaufs in klar voneinander getrennten Phasen der Ausbildung, der Erwerbstätigkeit und des Ruhestandes „flexibilisiert" durch häufigere Wechsel zwischen Ausbildung, Erwerbstätigkeit und Arbeitslosigkeit oder Nicht-Erwerbstätigkeit, vorgezogene Freizeitphasen im mittleren Lebensalter und häufigere zweite berufliche Karrieren. Insbesondere die Übergangsphasen vom Jugendlichen zum Erwachsenen, zwischen Ausbildung und Beruf einerseits und zwischen Arbeit und Ruhestand andererseits würden differenzierter, ausgedehnter und prekärer. Zweitens verfolgten Frauen teils freiwillig, teils unfreiwillig eigenständige Lebensentwürfe. Die frühere innerfamiliäre Arbeitsteilung der Erwerbszentriertheit von Männern und Familienzentriertheit von Frauen mit bestenfalls komplementärer Erwerbstätigkeit verliere als Norm und Realität an Gewicht und Verbreitung. Drittens seien die Verläufe innerhalb der Lebensbereiche von Arbeit und Familie weniger altersnormiert, weniger ziel- und aufwärtsgerichtet und weniger einheitlich.

Wodurch wird der vermutete zunehmende Grad an De-Institutionalisierung und De-Standardisierung von Lebensverläufen erklärt? Wiederum sind die theoretischen Antworten nicht nur vielfältig, sondern auch widersprüchlich: durch gestiegene Einkommen, die größere Handlungsoptionen eröffnen; durch *Wertewandel* und veränderte alternative Lebensentwürfe; durch die Zwänge eines hypostasierten *Individualisierungsprozesses*; durch die unbeabsichtigten Folgen der *Bildungsexpansion*; durch rascheren und radikalen technologisch-beruflichen Strukturwandel; durch die Folgen der Frauenemanzipation sowie durch demographische Diskontinuitäten in der absoluten Anzahl von Geburten.

Die Phasenkonstruktion von zunächst zunehmend institutionalisierten und dann zunehmend pluralisierten Lebensverlaufsmustern fängt nicht nur viele Alltagserfahrungen und einzelne Befunde der amtlichen Sozialstatistik und der empirischen Sozialforschung ein, sondern spiegelt vor allem auch das Bewußtsein zweier großer gesellschaftlicher Brüche wider: die Einzigartigkeit der Wirtschaftswunderphase im Vergleich zu den Erfahrungen der elterlichen Vorgenerationen und das Ende dieser Wohlstandsperiode. Gleichwohl bestätigen die vorliegenden systematischen empirischen Befunde diese Konstruktion von zwei Perioden und ihrem Wandel nur partiell.

Im folgenden verweise ich daher auf Überlegungen und Befunde, die einige Unsicherheiten hinsichtlich der Gültigkeit der obigen Synthese begründen. Wenn man die Lebensverläufe aufeinanderfolgender Geburtsjahrgänge betrachtet, so reicht eine Grobunterteilung in zwei oder drei historische Phasen keinesfalls aus. Die um 1920 Geborenen haben ihre Kindheit in der Weltwirtschaftskrise erlebt und trafen auf sich verbessernde Ausbildungs- und Beschäftigungsbedingungen in den 30er Jahren. Sie haben viele Jahre in Krieg und Gefangenschaft verloren. Dann kommen die außergewöhnlich benachteiligten Kohorten der um 1930 Geborenen mit sehr hohen Anteilen gelernter Facharbeiter unter den Männern, die später große betriebliche und berufliche Aufstiege erreichen konnten. Die um 1940 Geborenen gehören zahlenmäßig besonders starken Jahrgängen an und waren durch diese Intrakohortenkonkurrenz relativ benachteiligt. Auch die Ausbildungschancen waren noch eingeschränkt und wurden daher oft im „Zweiten Bildungsweg" zu korrigieren versucht. Allerdings fiel ihre Familienbildungsphase in ökonomisch gute Zeiten, und dies wirkte sich in einem niedrigen Heiratsalter und höheren Kinderzahlen aus. Die frühesten Heiraten weist der Jahrgang 1945 auf, vielleicht nicht nur eine Folge steigender Realeinkommen und guter Beschäftigungschancen, sondern vermutlich auch eine Folge eines „marriage squeeze": Der Jahrgang 1945 war der kleinste in diesem Jahrhundert, und deshalb hatten die Männer dieses Jahrgangs überproportional viele (jüngere) potentielle Ehepartner, während die wenigen Frauen dieses Jahrgangs auf relativ mehr potentielle (ältere) Ehepartner trafen. Die um 1950 Geborenen hatten die vorteilhafteste Kombination von Ausbildungs- und Beschäftigungschancen: Die *Bildungsexpansion* bescherte ihnen weiterführende Schulbildungen, der Hochschulausbau Studienplätze und die Ausweitung des öffentlichen Dienstes qualifizierte Beschäftigungen (Becker 1993). Die zwischen 1955 und 1965 Geborenen treffen auf zunehmend schwierige Ausgangsbedingungen, die sich zum Teil nach Kohortengröße und Arbeitsmarktlage differenzieren. Sie reagieren darauf mit verlängerten Ausbildungszeiten und dem Aufschub der Familienbildung mindestens bis zu einer festen Berufstätigkeit. Männer gründen dann rasch Familien, während hochqualifizierte Frauen auf Heirat und vor allem Kinder ganz verzichten oder dies zeitlich aufschieben. Das Familienverhalten polarisiert sich, Ausbildungsunterschiede machen sich stärker bemerkbar (Huinink 1995). Über die noch jüngeren Kohorten lassen sich noch kaum sichere Angaben machen, die über deren Ausbildungserfahrungen hinausreichen. Es scheint aber sicher zu sein, daß die in den 80er Jahren befürchteten Krisenerscheinungen von anhaltender Jugendarbeitslosigkeit oder massiv beinträchtigten Berufseintrittsphasen sich zumindest bis zu den frühen 90er Jahren nicht nachweisen lassen (Mayer 1996b).

Ein ausschließliches Augenmerk auf historische Perioden verkennt also, daß die äußeren Bedingungen der Wirtschafts- und Sozialstaatsentwicklung auf Geburtskohorten in ganz unterschiedlichen Altersphasen wirken. So sind z.B. die Lebensverläufe der zwischen 1936 und 1940 Geborenen in ihrer Kindheit und Jugend durch die Wirren der Kriegs- und Nachkriegszeit, in ihrer Erwachsenenphase durch Wohlstand und Wohlfahrtsstaat und beim Berufsaustritt und im Alter betroffen durch Arbeitsmarktprobleme und das Absenken sozialstaatlicher Absicherung. Viele empirische Befunde sprechen allerdings dafür, daß das, was im Alter zwischen 15 und 25 geschieht, besonders prägend für den späteren Lebensverlauf ist (Blossfeld 1989). Es gibt also eine Art der Kohortenschichtung, die quer zu den Bedingungskonstellationen einzelner historischer Perioden liegt: Es gibt relativ benachteiligte Kohorten in „guten" Zeiten und relativ bevorzugte Kohorten in „schlechten" Zeiten. Beispiele dafür sind etwa die geringen Alterseinkommen alleinstehender, häufig kontinuierlich erwerbstätiger Frauen, die sich aus ihrer vergangenen „Rentenversicherungsgeschichte" ableiten (Allmendinger 1994) oder die schulisch und beruflich schlecht ausgebildeten Jahrgänge der um 1930 Geborenen. Es gibt allerdings auch starke Periodeneffekte, die sich etwa gleichzeitig auf mehrere Altersgruppen ausgewirkt haben. Neben der unmittelbaren Nachkriegszeit gilt dies vor allem für den Beginn der 70er Jahre. Unabhängig von Alter und Lebensverlaufsphase hat sich in diesen Jahren das Familienverhalten geradezu schlagartig verändert. Diejenigen, die noch nicht verheiratet waren, heirateten später. Diejenigen, die verheiratet waren, aber noch keine Kinder hatten, schoben die Erstgeburt auf. Und diejenigen, die ein erstes Kind hatten, verzögerten weitere Geburten oder verzichteten ganz darauf. Fast gleichzeitig gab es einen starken Anstieg der Scheidungsziffern.

Die empirischen Befunde verweisen auf kohorten- und periodenspezifische Sonderbedingungen und Überlagerungen. Daneben gibt es aber eine Reihe eindeutiger säkularer Trends, die auch in den letzten Jahrzehnten ungebrochen scheinen, so z.B.

- die Verlängerung der Ausbildungsdauer, zuerst für Männer und dann auch für Frauen und damit verbunden eine Abnahme von beruflichen Aufstiegen innerhalb des Arbeitslebens (Fahrstuhleffekt des Bildungssystems);
- ein Anspruch immer jüngerer Männer und Frauen auf selbständige Lebensführung, sexuelle Beziehungen und Partnerschaft. Dies kommt zuerst durch das sinkende Heiratsalter, dann durch das zumindest für Frauen weiter sinkende Alter beim Auszug aus dem Elternhaus und in der Zunahme vorehelicher Lebensgemeinschaften zum Ausdruck;
- das qualifikatorische „upgrading" der Berufsstruktur und die Verarbeitung berufsstrukturellen Wandels durch jeweils neu in das Beschäftigungssystem eintretende Kohorten.

Viele der Erscheinungen, die in der öffentlichen und soziologischen Debatte als dramatische Trendbrüche diskutiert werden, betreffen nur kleinere Teile von Geburtsjahrgängen – häufig das am besten ausgebildete obere Viertel, so z.B. der Anstieg des Lebensalters beim Eintritt in die erste Berufstätigkeit, das Lebensalter bei der Geburt des ersten Kindes, bei Frauen das Lebensalter am Ende der Berufsausbildung (Mayer 1995). Sie kennzeichnen damit vor allem neue Optionen.

Sind die Unterschiede im Lebensverlauf – gemessen an dem Alter, zu dem verschiedene Gruppen bestimmte Lebensereignisse durchlaufen – größer oder kleiner geworden? Zunehmende Altersvarianzen verweisen häufig auf zunehmende sozio-ökonomische Ungleichheiten oder auf eine Schwächung von Altersnormen. In einer Untersuchung sechs solcher Ereignisse (Ende der Schulzeit, Ende der Berufsausbildung, erster Beruf, erste Haushaltsgründung, erste Heirat und erstes Kind) nimmt die Altersstreuung bei Männern bei 2 von 6 Ereignissen ab (Haushaltsgründung und Berufsausbildung), bei 3 nimmt sie zu und bei einem Ereignis bleibt sie ziemlich konstant. Bei den Frauen nimmt die Altersstreuung bei 2 von 6 Ereignissen zu, und sie wird kleiner bei der Haushaltsgründung und beim Berufsbeginn (Mayer 1995). Es scheint damit – gemesssen an diesen Indikatoren – weder eine Unterstützung für die These einer zunehmenden Standardisierung des Lebensverlaufs bis in die 70er Jahre zu geben, noch hinreichende Evidenz für eine globale De-Institutionalisierung in den Jahrzehnten danach.

Schließlich gelten Institutionalisierungs- und De-Institutionalisierungstendenzen für Männer und Frauen nicht in gleichem Ausmaß und nicht in derselben Periode. Von den Auswirkungen der Kriegs- und Nachkriegszeit (Rüstungsarbeit, Trümmerfrauen, Ersatzerwerbstätigkeit für abwesende Männer, Kriegswitwen, hohe Scheidungsraten, Rückkehr in die Familie nach der Heimkehr der Männer) abgesehen, waren die Lebensverläufe der *Frauen* bis ca. 1970 ziemlich standardisiert und relativ homogen, aber – mit Ausnahme der Eheschließung – wenig institutionalisiert und differenziert. Nach einer Zwischenphase eigenbestimmter Emanzipation aus konventionellen Lebensformen (nachgeholte Ausbildungen, qualifizierte Dienstleistungsberufe, Wanderung in die Großstädte, alternative Haushaltsformen und Partnerschaften) wird man gegenwärtig von einer starken Institutionalisierungstendenz für Frauen sprechen müssen. Sie kommt zum Ausdruck in der hohen Beteiligung an weiterführender Schulbildung und qualifizierter Berufsausbildung und einer neuen Norm weitgehend kontinuierlicher Erwerbstätigkeit und eines wesentlichen Beitrags zum Haushaltseinkommen (Lauterbach 1994). Brückner und Rohwer (1996) finden z.B. für den Geburtsjahrgang 1960 für die Phase bis zum Alter 30 eine hochgradige Annäherung zwischen den Berufsverläufen von Frauen und Männern: ein ähnliches Ausmaß kontinuierlicher Erwerbsbeteiligung (mit einer Teilzeitkomponente bei den Frauen), ähnliche Einkommenszuwächse (mit Frauen auf einem relativen Einkommensniveau von ca. 80% der Männer).

Wenn man sich den weitgehenden Konsens über eine Trendwende in den Lebensverlaufsmustern vor Augen hält, ist es überraschend, wie stabil sich die Verhältnisse bei näherer empirischer Betrachtung darstellen bzw. wie graduell die Veränderungen bislang zu sein scheinen. Dazu eine Reihe weiterer Befunde:

- Obgleich das Heiratsalter und das *Alter* bei der Geburt des ersten Kindes stark angestiegen sind und der Anteil der Kinderlosen inzwischen fast ein Fünftel eines Geburtsjahrganges erreicht, hat der Anteil der nicht-ehelichen Lebensgemeinschaften mit ca. 6% aller Partnerschaften zwischen 25 und 35 Jahren im internationalen Vergleich ein eher mittleres Niveau. Nichteheliche Lebensgemeinschaften sind hierzulande in aller Regel eine Vorstufe zur Heirat, die meistens bei der Geburt des ersten Kindes vollzogen wird. 1985 waren ca. 15% der unverheirateten Frauen in der Bundesrepublik Mütter; 20 Jahre früher waren es ca. 10% (zum Vergleich: Schweden über 50%, Großbritannien fast 40%). Von einer De-Institutionalisierung der *Ehe* kann daher kaum gesprochen werden (Prinz 1996: 2/3).
- Kein Ehejahrgang in der Bundesrepublik hat bislang mehr als 27% Scheidungen erlebt. Auch der rasche Anstieg der Scheidungen von der zweiten Hälfte der 60er Jahre bis Anfang der 90er Jahre hat die Bundesrepublik erst in das Mittelfeld internationaler *Scheidungsziffern* gebracht (Wagner 1997). Seit den Geburtsjahrgängen 1948 sind unverändert etwa 80% der Kinder bis zum Alter 18 bei ihren beiden leiblichen Eltern aufgewachsen. Auch der Anteil der Kinder, die mit mindestens einem Bruder oder einer Schwester aufge-

wachsen sind, hat sich in den letzten 40 Jahren kaum verändert (Mayer 1995: 11/16).
- Bis in die 90er Jahre war der Anteil von Lehrabsolventen, die nach einer gewissen Übergangszeit keine Beschäftigung fanden, eher marginal. Die Arbeitslosigkeit der 15- bis 25jährigen ist zwar insgesamt gestiegen, sie liegt aber immer noch unter oder nahe an der allgemeinen Arbeitslosigkeitsquote. Auch der Anteil derjenigen, die eine Beschäftigung in ihrem erlernten oder studierten Beruf finden, war mit 75 bis 85% relativ hoch. Allerdings nimmt der Anteil derjenigen, denen zunächst nur befristete Arbeitsverhältnisse angeboten werden, zu Beginn der 90er Jahre deutlich zu (Mayer 1996a: 122/123).
- Es gibt keine schlüssige Evidenz dafür, daß die *Bildungsinflation* zu einem niedrigeren Status des Eingangsberufs oder zu niedrigeren Einkommensrenditen für Absolventen höherer Abschlüsse geführt hätte (Mayer 1996a).

4. Lebensverläufe in der DDR und in Ostdeutschland seit der Vereinigung

Im Vergleich mit der alten Bundesrepublik waren die Lebensverläufe in der *DDR* nicht nur in sehr viel höherem Maße politisch reguliert und teilweise gegängelt, sondern genau aus diesem Grund einheitlicher und egalitärer. Sie waren homogener im Hinblick auf sozioökonomische Ungleichheiten, sie waren gleicher zwischen Frauen und Männern, und sie waren stabiler, z.B. im Hinblick auf Firmen-, Wohnort- und Wohnungswechsel.

Abbildung 2: Mittleres Alter und Altersstreuung bei der ersten Heirat nach dem Ausbildungsniveau

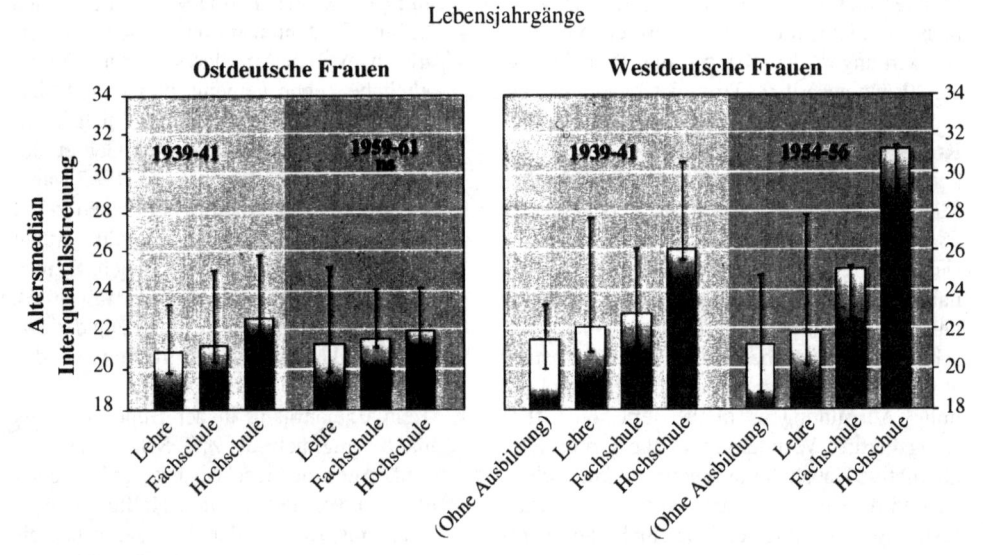

Im Kohortenvergleich zeigt sich, daß die Familienmuster in den beiden Teilen Deutschlands bis 1989 zunehmend unterschiedlicher werden. Die Frauen verschiedener Bildungsgruppen in der DDR gleichen sich im Alter bei der Erstheirat – und ähnlich bei der Erstgeburt – immer mehr einander an, während sich in der alten Bundesrepublik eine steigende Ungleichheit in der Bildungsverteilung nachhaltig auf eine Spreizung und Plazierung im Familienverhalten auswirkt. (Mayer 1996; Huinink 1994)

Quelle: Die Daten stützen sich auf Stichproben von insgesamt 7922 Personen der Lebensverlaufsstudie des Max-Planck-Instituts für Bildungsforschung, Berlin. Die Umfragen stehen über das Zentralarchiv für empirische Sozialforschung zur freien Verfügung.

Lebensverlauf

Einer der hervorstechendsten Unterschiede betraf die Lebensverläufe von Frauen und die Familienverläufe: in hohem Maße kontinuierliche und Vollzeiterwerbsverläufe, sehr frühe Heiraten, frühe Kindergeburten, aber auch hohe Scheidungsraten. Allerdings können die höheren Scheidungsraten nicht unmittelbar der Systemdifferenz zugeschrieben werden, sondern lassen sich durch den höheren Anteil an Konfessionslosen erklären. Auch vor dem Zweiten Weltkrieg lagen die Scheidungsraten in Ostdeutschland übrigens schon höher als in Westdeutschland (Wagner 1997). Das Heirats- und Geburtenverhalten in der DDR war zum Teil durch die Wohnungsknappheit beeinflußt, zum Teil durch monetäre Anreizsysteme, die Wirkungen sowohl auf das Ausmaß an Eheschließungen, Geburten und Scheidungen als auch auf das Alter dieser Familienereignisse ausübten. Sozialpolitische Anreize scheinen auch für den hohen Anteil nicht-ehelicher Geburten mitverantwortlich gewesen zu sein.

Die Ausbildungs- und Berufsverläufe waren insofern der alten Bundesrepublik sehr ähnlich, als es enge Verknüpfungen zwischen Schulbildung, Berufsausbildung und Erstberuf gab. Allerdings bremste die DDR gezielt den Anteil derjenigen, die Abitur und ein Hochschulstudium absolvierten, wobei es auf der anderen Seite mehr Wege zu einem Hochschulstudium über eine berufliche Ausbildung und über Fachschulen (die zum Teil den westdeutschen Fachhochschulen entsprachen) gab. Der Anteil hochqualifizierter Berufe war kleiner, die Facharbeiteranteile (vor allem bei den Frauen) waren größer, und der Anteil Ungelernter war geringer als in der alten Bundesrepublik. Aus diesem relativ hohen Ausbildungsstand resultierte teilweise ein virulentes Problem nicht-qualifikationsgerechter Arbeitstätigkeiten. Systemloyalität in Form von Parteimitgliedschaft oder Funktionärstätigkeiten förderten den beruflichen Aufstieg auf allen Ebenen und verhinderten Abstiege. Wegen der geringen Renten waren viele Ruheständler weiterhin erwerbstätig.

Die DDR-Generationen unterschieden sich wesentlich in den ihnen offenstehenden Berufschancen. Die Aufbaugeneration der um 1930 Geborenen hatte auf Grund der politischen Deklassierung des Bürgertums und der Fluchtbewegung ganz außergewöhnlich gute Aufstiegschancen. Berufliche Chancen ergaben sich auch aus dem Umbau der Wirtschaft in Kombinate, wovon die um 1950 Geborenen profitierten. Es gab aber deutlich blockierte Aufstiegschancen für die um 1960 Geborenen in den 80er Jahren, die z.T. sogar von erheblichen Abstiegsprozessen betroffen waren. Auch die Vollintegration der Frauen in das Erwerbssystem und ihre Beteiligung an beruflichen Qualifizierungen entwickelten sich zunächst nur langsam (und blieben auch in den letzten Jahrzehnten der DDR im Hinblick auf Einkommens- und Karrierechancen unter dem Niveau der Männer).

Drei Ursachenkomplexe steuerten den Umbruch der Lebensverläufe der Ostdeutschen nach der politischen und ökonomischen Vereinigung: die biographisch mitgebrachten Ressourcen und Orientierungen, die Einverleibung in das Institutionensystem der alten Bundesrepublik und die durch die Währungsparitäten und die rasche Privatisierung bestimmte Transformation. Im Ergebnis gingen über 40% der Arbeitsplätze verloren – vor allem zu Lasten der Älteren, die durch Frühverrentung ausgegrenzt wurden, zu Lasten der im Militär, in regierungs- bzw. parteinahen Organisationen und in der Landwirtschaft Tätigen sowie zu Lasten der Frauen, die bis 1995 wesentlich stärker als Männer von Arbeitslosigkeit betroffen wurden. Überraschend ist aber, in welch hohem Maß diejenigen, die im Erwerbssystem verblieben oder wieder zurückkehren konnten, in ihren alten Berufsfeldern tätig sind. Überraschend ist auch, daß parteinahe Ostdeutsche nicht stärker von Arbeitslosigkeit betroffen wurden. Allerdings hatten vor allem die Männer unter ihnen Abstiege hinzunehmen, die in aller Regel aber zurück auf das Niveau ihrer erlernten Tätigkeit führten. Zu den Gewinnern des Vereinigungsprozesses zählen viele Beschäftigte im öffentlichen Dienst (z.B. Erzieherinnen, Lehrer, Beschäftigte im Gesundheitswesen), darunter auch viele beruflich hochqualifizierte Frauen (rund ein Zehntel der 1994 noch beschäftigten Frauen). Besondere Probleme der beruflichen Integration haben die um 1940 Geborenen, die zu jung waren, um frühverrentet zu werden, und zu alt, um neu anzufangen. Sie sind – überraschend im Gegensatz zu den frühverrenteten um 1930 Geborenen – auch subjektiv in ihrem Selbstwertgefühl am stärksten getroffen. Besondere Probleme werden absehbar die jüngsten Jahrgänge haben, die keinen Ausbildungsplatz fanden oder nach einer Ausbildung in außerbetrieblichen Einrichtungen große Schwierigkeiten haben werden, von Firmen übernommen zu werden. Ostdeutsche Frauen sind nach wie vor häufiger erwerbstätig als Frauen im Westen und zeigen keine Zeichen einer veränderten Erwerbsorientierung. Trotz der vielen „aufgeschobenen" Geburten scheint auch die „mindestens ein Kind-Norm" noch ungebrochen.

Zwischen 1990 und 1993 waren die Umbruchprozesse im Hinblick auf Berufsverläufe am tiefgreifendsten; danach unterscheidet sich das Tempo beruflicher Mobilitätsprozesse kaum von Westdeutschland (Diewald/Solga 1996). Dies muß aber nicht so bleiben. Der Abbau von ABM-Stellen und solchen Programmen wie das WIP-Programm für Akademiewissenschaftler sowie die Abschwächung der über Subventionen gestützten Baukonjunktur könnten zu einem zweiten schwerwiegenden Schub von Ein- und Umbrüchen beruflicher Lebenswege führen.

5. Lebensverläufe in Deutschland im internationalen Vergleich – ein Ausblick

Trotz tiefgreifender Veränderungen sind deutsche, vor allem aber westdeutsche Lebensverläufe noch immer in einem hohen Maße regelhaft, institutionalisiert und standardisiert. Die für diese Ordnung von Lebensverläufen entscheidenden Institutionenkomplexe von 1) relativ hoch integrierten Übergangswegen zwischen Schulbildung, Berufsausbildung und beruflich segregiertem Beschäftigungssystem, 2) einem hochregulierten Arbeitsmarkt, 3) engmaschiger sozialer Sicherung, und 4) geringer institutioneller Unterstützung für Familien sind in ihrer Wirksamkeit noch ungebrochen.

Sie wurden nicht einmal unter den Extrembedingungen der Transformation Ostdeutschlands außer Kraft gesetzt, sondern dort sogar eher noch verstärkt reproduziert. Auch die innerhalb der Familie und in der Arbeitswelt verfestigten, wechselseitig verflochtenen Lebensverläufe von Frauen und Männern mit dominanten Arbeitsbiographien für Männer und eher dominanten Familienbiographien für Frauen haben sich bislang nur für Teilgruppen (z.B. hochqualifizierte Frauen) oder nur für einzelne Lebensabschnitte (etwa die Phase von „Singles" und vorehelicher Lebensgemeinschaften) nachhaltig verändert.

Was können wir für eine Zukunft erwarten, die zunehmend durch die Rahmenbedingungen verschärften innereuropäischen und globalen ökonomischen Wettbewerbs geprägt sein wird?

Es dürfte höchst unwahrscheinlich sein, daß sich die deutschen Lebensverlaufsmuster dem (bisherigen) skandinavischen Muster annähern, das durch eine an den Staatsbürgerstatus gekoppelte soziale Grundsicherung, einen sehr viel höheren Umfang von Frauenerwerbstätigkeit im öffentlichen Sektor und sehr gute soziale Dienste für Familien bedingt ist. Ebenso unwahrscheinlich ist eine Annäherung an vormoderne südeuropäische Lebensverlaufsmuster, in denen unter anderem viele unserer wohlfahrtsstaatlichen Absicherungen der Familie aufgebürdet bleiben. Damit bleiben nur zwei Zukunftsszenarien offen. Das eine Zukunftsszenario ist eine Fortschreibung des Status quo als Grundmuster, das aber nicht mehr alle Personen, insbesondere unqualifizierte Frauen und Kinder von Arbeitsmigranten, zu integrieren vermag. Das andere Zukunftsszenario wäre eine Annäherung an das Lebensverlaufsmuster Großbritanniens und der USA mit einer stärkeren Entkoppelung von Ausbildung und Berufsarbeit und deregulierten Arbeitsmärkten sowie sehr viel geringeren Ansprüchen auf soziale Absicherung. Dies würde aber einen Grad politischer Gestaltungsbereitschaft und Gestaltungsfähigkeit voraussetzen, der gegenwärtig eher unwahrscheinlich erscheint.

Literatur

Allmendinger, Jutta: Lebensverlauf und Sozialpolitik. Die Ungleichheit von Mann und Frau und ihr öffentlicher Ertrag. Frankfurt a. M./New York 1994

Becker, Rolf: Staatsexpansion und Karrierechancen. Berufsverläufe im öffentlichen Dienst und in der Privatwirtschaft, Frankfurt a.M./New York 1993

Blossfeld, Hans-Peter: Kohortendifferenzierung und Karriereprozeß – Eine Längsschnittstudie über die Veränderung von Bildungs- und Berufschancen im Lebenslauf, Frankfurt a. M. 1989

Brückner, Hannah/Götz Rohwer: Geschlechtsspezifische Unterschiede in den Erwerbsverläufen der Geburtskohorte 1960, Berlin 1996

Diewald, Martin/Heike Solga: Ordnung im Umbruch? Strukturwandel, berufliche Mobilität und Stabilität im Transformationsprozeß, in: Clausen, L. (Hg.): Gesellschaft im Umbruch, Frankfurt a.M. /New York 1996

Huinink, Johannes: Warum noch Familie? Zur Attraktivität von Partnerschaft und Elternschaft in unserer Gesellschaft, Frankfurt a. M./New York 1995

Huinink, Johannes/Karl Ulrich Mayer/Martin Diewald/Heike Solga/Annemette Sørensen/ Heike Trappe: Kollektiv und Eigensinn. Lebensverläufe in der DDR und danach, Berlin 1995

Kohli, Martin: Die Institutionalisierung des Lebenslaufs. Historische Befunde und theoretische Argumente, in: Kölner Zeitschrift für Soziologie und Sozialpsychologie 37, 1985, S. 1-29

Kohli, Martin: Normalbiographie und Individualität. Zur institutionellen Dynamik des gegenwärtigen Lebenslaufregimes, in: Brose, Hanns-Georg/B. Hildenbrand (Hg.): Vom Ende des Individuums zur Individualität ohne Ende, Opladen 1988

Lauterbach, Wolfgang: Berufsverläufe von Frauen. Erwerbstätigkeit, Unterbrechung und Wiedereintritt, Frankfurt a.M./New York 1994

Mayer, Karl Ulrich: Gesellschaftlicher Wandel, Kohortenungleichheit und Lebensverläufe, in: Berger, Peter A./Peter Sopp (Hg.): Sozialstruktur und Lebenslauf, Opladen 1995

Mayer, Karl Ulrich: Ausbildungswege und Berufskarrieren, in: Bundesinstitut für Berufsbildung (Hg.): Forschung im Dienst von Praxis und Politik, Bielefeld 1996

Mayer, Karl Ulrich: Familie im Wandel in Ost und West am Beispiel Deutschlands, in: Edelstein, Wolfgang/Kurt Kreppner/Dietmar Sturzbecher (Hg.): Familie und Kindheit im Wandel, Potsdam 1996

Mayer, Karl Ulrich/Walter Müller: Lebensverläufe im Wohlfahrtsstaat, in: Weymann, Ansgar (Hg.): Handlungsspielräume, Stuttgart 1989

Prinz, Christopher: Patterns of Marriage and Cohabitation in Europe, with Emphasis on Sweden, in: Population Newsletter, Heft 24, 1994, S. 1-10

Solga, Heike: Auf dem Weg in eine klassenlose Gesellschaft? Klassenlagen und Mobilität zwischen Generationen in der DDR, Berlin 1995

Trappe, Heike: Emanzipation oder Zwang? Frauen in der DDR zwischen Beruf, Familie und Sozialpolitik, Berlin 1995

Wagner, Michael: Scheidung in Ost- und Westdeutschland. Zum Verhältnis von Ehestabilität und Sozialstruktur seit den 30er Jahren, Frankfurt a.M. 1997.

Karl Ulrich Mayer

Massenkommunikation und Massenmedien

1. Begriff und neuere Entwicklungen

Flächenstaaten gleich welcher politischen Verfaßtheit haben sich seit jeher zur Herstellung und Sicherung ihrer Herrschaftsorganisation der Notwendigkeit gegenübergesehen, große Distanzen überwindende Kommunikationsstrukturen zu schaffen. Die Demokratisierungsprozesse in Europa, die überwiegend in der zweiten Hälfte des 19. Jahrhunderts begannen und die systematische Einbeziehung der gesamten rechtsfähigen Bevölkerung in den politischen Entscheidungsprozeß durch allgemeine, freie und gleiche Wahlen anstrebten, haben jedoch den Blick für den Umstand geschärft, daß eine fundierte politische Beteiligung aller Bürger, soll sie nicht zur Farce werden, einer von den politischen Akteuren unabhängigen, regelmäßigen und zuverlässigen Berichterstattung zur Information über Politik und zur Herstellung von Öffentlichkeit bedarf. Der Logik der arbeitsteiligen Verfaßtheit moderner demokratischer Gesellschaft entspricht daher zur Wahrnehmung dieser Integrations- und Vermittlungsfunktion mit dem Ziel der Information die Ausdifferenzierung eines gesellschaftlichen Subsystems Massenkommunikation (Luhmann 1996: 9-52).

In der mittlerweile klassischen Definition von Maletzke (1976: 4) handelt es sich bei Massenkommunikation um Aussagen, die „öffentlich durch technische Verbreitungsmittel indirekt und einseitig an ein disperses Publikum vermittelt werden". Es liegt auf der Hand, daß von dieser Begriffsbestimmung vor allem die gängigen Massenmedien Tageszeitung und Zeitschriften (Printmedien) sowie Radio und Fernsehen (elektronische Medien) erfaßt werden, deren Verbreitung sämtlich dem einseitigen Prinzip des „einer an viele" folgt.

Immer schon ist die Entwicklung eines *Mediensystems* entscheidend von den gegebenen technischen Rahmenbedingungen geprägt gewesen. Erst durch die Erfindung des Telegrafen konnten Ereignisse einem weit entfernten Publikum mit einer Verzögerung von nur wenigen Tagen über Zeitungen zur Kenntnis gebracht werden, und erst die Plazierung von Kommunikationssatelliten im Weltraum hat die zeitgleiche Fernsehübertragung von irgendeinem Ort der Erde in die Sendernetze beliebiger Fernsehstationen auf dem Globus, die heute zur Informationsroutine zählt, ermöglicht.

In der Massenkommunikationsforschung wird seit einigen Jahren intensiv diskutiert, in welchem Maße technische Innovationen (z. B. Digitalisierung, Glasfaser- und Breitbandtechnik) eine völlige Neukonzeptualisierung des Bereichs der Massenkommunikation erforderlich machen. Dabei geht es insbesondere um das Problem, daß durch die Fusion von Telekommunikation und computergesteuerten Netzen, wie sie durch das *Internet* verkörpert wird, neue, interaktive Kommunikationsmedien entstehen, welche „die Einbahnstraßen ‚herkömmlicher' Massenkommunikation in nutzerfreundliche *Datenautobahnen* mit ‚Zwei-Wege-Kommunikation' transformieren werden" (Wehner 1997: 97). Es liegt auf der Hand, daß damit auch die prinzipielle Frage der Abgrenzung zwischen Massen- und Individualkommunikation (einer an einen) aufgeworfen wird (siehe zu dieser Diskussion etwa Hoffmann-Riem und Vesting 1994; Burkart und Hömberg 1997: 78-82; Mast 1997; sowie zusammenfassend vor allem Wehner 1997).

Auch bei etwas distanzierterer Betrachtung wird offensichtlich, daß die *postindustriellen Gesellschaften* sämtlich bereits mehr oder weniger weit auf diesem technologieinduzierten Weg in die *Informations- bzw. Wissensgesellschaft* fortgeschritten sind. Zwar handelt es sich bei solchen und ähnlichen Begriffen (etwa *Datenautobahn*, Teledemokratie, Cyberspace) noch um Methaphern, die erst mit analytischem wie empirischem Gehalt gefüllt werden müssen (sofern dies überhaupt möglich und sinnvoll ist). Dennoch liegen dem Übergang von der Telematik – als Konvergenz von Telekommunikation und Computertechnik – zur Mediamatik – als Ausdehnung der Telematik auf breitbandige Kommunikation unter dem besonderen Aspekt der Verflechtung mit dem Rundfunk – (Latzer

1997: 60-84) ganz reale Veränderungen zentraler wirtschaftlicher und technologischer Strukturen zugrunde, die bei künftigen Analysen des Systems der Massenkommunikation zunehmend Beachtung finden müssen – Multimedia ist in diesem Zusammenhang eines der einschlägigen Stichworte.

Zu fragen ist hierbei allerdings, inwieweit die schon zahlreich vorliegenden Prognosen des Endes der traditionellen Massenkommunikation diesen Deplazierungsprozeß sicherlich heute und morgen, möglicherweise aber auch noch auf längere Zeit in seiner Geschwindigkeit und Reichweite überschätzen. Für eine Zurückhaltung sprechen unter anderem Erfahrungen der Vergangenheit (Burkart/Hömberg 1997: 82, erinnern z.B. an das Rieplsche Gesetz der Komplementarität, nach dem bisher niemals ein etabliertes Kommunikationsmedium durch ein anderes völlig ersetzt worden ist), Probleme der Ressourcenausstattung der Haushalte und der technischen Medienkompetenz der in ihnen lebenden Menschen, sowie die Kommunikationsbedürfnisse und -präferenzen der Bevölkerung. So erscheint es zusammenfassend durchaus gerechtfertigt, bei Informationen zur Massenkommunikation einerseits auf diese neuen Entwicklungen hinzuweisen, andererseits aber nicht aus dem Auge zu verlieren, daß die heutigen Gesellschaften aus vielen Gründen für die überwiegende Mehrzahl ihrer Mitglieder in ihrem alltäglichen Kommunikationsverhalten noch durch die regelmäßige Zuwendung zu den „einer an viele"-Massenmedien gekennzeichnet werden können. Diese Schlußfolgerung legt es nahe, sich im folgenden vor allem mit den Problemen und Befunden der in diesem Sinne verstandenen Massenmedien- und Massenkommunikationsforschung zu befassen.

2. Theoretische Einbettung

In Deutschland hat ein langer Weg von der Zeitungskunde zur modernen *Publizistik- und Kommunikationswissenschaft* geführt (siehe hierzu mehrere Beiträge in Fünfgeld/Mast 1997; Kutsch/Pöttker 1997). Dennoch läßt, auf die Breite gesehen, die Institutionalisierung dieses Faches an den deutschen Hochschulen im Vergleich insbesondere zu den USA immer noch zu wünschen übrig (von der Notwendigkeit seiner Orientierung an neuen technischen Entwicklungen in Forschung und Lehre ganz zu schweigen [Latzer 1997: 153-156]). In diesem Zusammenhang zu erwähnen ist ebenfalls und immer noch (siehe dazu Kaase/Schulz 1989) das nur schwach ausgeprägte Interesse insbesondere der benachbarten Fächer Soziologie und Politische Wissenschaft an Themen der Massenkommunikation, obgleich theoretisch und methodisch eine enge Verbindung dieser Fächer wie auch der Psychologie zur Kommunikationswissenschaft vorliegt.

In seiner frühesten Phase ist die Forschungsagenda dieses Faches sehr stark durch die heuristische Lasswell-Formel aus dem Jahre 1948 geprägt worden: „Wer sagt was in welchem Kanal zu wem und mit welcher Wirkung?" (Lasswell 1964 [1948]: 37). Diese Formel, so allgemein sie auch ist, besitzt zwei wichtige Vorzüge: Sie verweist auf die Ganzheitlichkeit des Kommunikationsprozesses, und sie gestattet gleichzeitig die konzeptionell angeleitete Fokussierung auf bestimmte Teilaspekte des Kommunikationsgeschehens. Kommunikator-, Inhalts- und Wirkungs-/Rezeptionsanalyse sind Beispiele für wichtige Teilbereichsorientierungen in der Betrachtung von Massenkommunikation.

Unter diesen Schwerpunkten hat insbesondere die Wirkungsanalyse lange Zeit die Aufmerksamkeit der Forschung (für eine ältere Bestandsaufnahme siehe Deutsche Forschungsgemeinschaft 1986) und der Öffentlichkeit, nicht zuletzt unter dem Aspekt der Gewaltdarstellungen im Fernsehen, gefunden. Mit der Einführung des privaten *Rundfunks* in vielen europäischen Ländern, die lange Zeit durch die Dominanz des öffentlich-rechtlichen Rundfunks gekennzeichnet waren, gewinnen jedoch zunehmend Probleme der Medienökonomie, etwa in Gestalt von z.T. grenzüberschreitenden großen Medienkonglomeraten, an Bedeutung. Hier sind auch Probleme anzusiedeln, die bei den elektronischen Medien aus der Aufhebung der in der Vergangenheit systemkonstitutiven Trennung von Programmanbietern, Netzbetreibern und Produzenten von Endgeräten folgen.

Insgesamt dürften diese kurz beschriebenen Entwicklungen zu einer *Differenzierung* und z.T. Veränderung der substantiellen wie theoretischen Perspektiven der *Massenkommunikationsforschung* (für Einzelheiten siehe die Beiträge in Publizistik 1997) sowie der von ihr verwendeten Forschungsdesigns und -methoden führen, etwa im Sinne des dynamisch-transaktionalen Modells (Früh 1991), das der Dynamik von Prozessen der Massenkommunikation gerecht werden will. Damit hat sich die Massenkommunikationsforschung weit von ihrer „Jugendphase" entfernt, in der sie durch relativ einfache, zeitlich begrenzte dominante Paradigmen gekennzeichnet war. Dazu gehören in den 30er und 40er Jahren das Konzept der mächtigen Medien, das unter dem Eindruck der sich durch die Verbreitung des Radios neu eröffnenden Propagandachancen entstand und dem durch die psychologische Theorie der engen Verbindung von Stimulus und Reaktion Vorschub geleistet wurde. In den 50er und 60er Jahren führten nicht zuletzt die Ergebnisse der wahlsoziologischen Studien der Gruppe um Paul F. Lazarsfeld, die erstmals die These eines über Meinungsführer (opinion leaders) vermittelten Kommunikationsflusses (two step flow of communication) formulierten, zu der Interpretation der machtlosen, weil lediglich vorhandene Einstellungen verstärkenden Medien. Die 70er und frühen 80er Jahre lassen sich dann wiederum, wesentlich auf der Grundlage der flächendeckenden Verbreitung des Fernsehens und einer Vielzahl von Forschungsbefunden zu mittel- und langfristigen Medienwirkungen, als Rückkehr zum Konzept der mächtigen Medien charakterisieren.

3. Zur Entwicklung der Massenmedien in Deutschland

3.1 Printmedien

Betrachtet man die Entstehung des *Mediensystems* nach 1945 in Deutschland, so ist hier in besonderem Maße auf die Rolle der Besatzungsmächte hinzuweisen. Gemeinsam war den vier Alliierten bezüglich der *Printmedien* die Entscheidung, zum Zwecke des Bruches mit dem Nationalsozialismus über eine je nach Besatzungsphilosophie im Detail unterschiedlich strukturierte Lizensierungspolitik (für Einzelheiten siehe z.B. Ressmann 1991: 114-120) demokratisch bzw. kommunistisch fundierte politische Resozialisierungsstrategien zu institutionalisieren. Im Gebiet der *DDR* ergab sich daraus letztlich eine umfassende Unterordnung unter die Ziele der monolithischen politischen Führung, trotz einer vordergründig beachtlichen Differenzierung des Zeitungswesens. Für Westdeutschland folgte aus der Lizensierungspolitik in der amerikanischen und französischen Besatzungszone die Dominanz des Typs einer überparteilichen Tagespresse, während sich in der britischen Zone die Lizensierung überwiegend zugunsten der parteigebundenen Presse auswirkte. Mit der Aufhebung der Lizensierung in der amerikanischen Besatzungszone im Juli 1949 und in der englischen und französischen Zone im September 1949 konnte sich nach der Gründung der Bundesrepublik der deutsche Pressemarkt weitgehend unbeeinflußt von einengenden Rahmenbedingungen entwickeln; ein Ergebnis war das fast vollständige Verschwinden der parteinahen Tageszeitungen.

Bezüglich der *Tagespresse* ist die Entwicklung in der alten Bundesrepublik einerseits, bezogen auf die Zahl der selbständigen publizistischen Einheiten und der Herausgeberverlage, durch erhebliche Konzentrationstendenzen und bezüglich der verkauften Auflage durch einen erheblichen Zuwachs bis Ende der 70er Jahre sowie seither durch Stagnation auf dem Niveau von ca. 25 Millionen Exemplaren gekennzeichnet (Media Perspektiven 1996: 43; für eine detaillierte Übersicht über den deutschen Printmedienmarkt siehe ferner Bundesregierung 1994: 78-143). Eine Konzentration auf der Angebotsseite ist nach der deutschen Vereinigung auch für die neuen Länder zu beobachten; hinzu kommt dort jedoch ein erhebliches Abschmelzen der Käuferzahlen von Tageszeitungen.

Eine Konsequenz der Konzentration der *Tagespresse* in Deutschland besteht in dem hohen Anteil der „Ein-Zeitungs-Kreise" (1993:

55,1%): „Intensive publizistische und wissenschaftliche Konkurrenz innerhalb abgegrenzter lokaler und regionaler Verbreitungsgebiete ist im Sektor der Tageszeitungen zur Ausnahme geworden." (Bundesregierung 1994: 78). Recht stabil zeigt sich der Markt der überregionalen Qualitätszeitungen, welche die ganze Breite des Links-Rechts-Spektrum abbilden. Im Jahre 1995 stellte sich die verkaufte Auflage wie folgt dar: die tageszeitung: ca. 50 Tausend, Frankfurter Rundschau: ca. 200 Tausend, Süddeutsche Zeitung und Frankfurter Allgemeine Zeitung: jeweils ca. 400 Tausend, Die Welt: ca. 200 Tausend (Media Perspektiven 1996: 46-47). Neben diesen Qualitätszeitungen ist als einzige überregionale deutsche Boulevard-Tageszeitung noch die Bild-Zeitung mit einer Verkaufsauflage von ca. 4,5 Millionen zu nennen. Bei diesen Zahlen ist allerdings zu beachten, daß die Reichweite dieser (wie übrigens auch aller anderen) Tageszeitungen, gemessen an der Zahl der Leser pro Ausgabe, wesentlich größer ist.

Während die Konzentrationsprozesse im Markt der Medienunternehmen unmittelbar die Vielfalt des Angebots an Tageszeitungen gemindert haben, ist der Zeitschriftenmarkt durchgängig durch eine fortlaufende *Differenzierung* gekennzeichnet, die sich sowohl in einer Erhöhung der Zahl der Zeitschriftentitel als auch der verkauften Auflage ausdrückt (Media Perspektiven 1996: 43; Bundesregierung 1994: 106-107). Diese Entwicklung ist nicht zuletzt das Ergebnis einer zunehmenden Zielgruppenorientierung in der Angebotspalette der Medienunternehmen. Insgesamt stellt sich der Markt der *Printmedien* in der Bundesrepublik heute aus der Sicht des Publikums im wesentlichen als pluralistisch und angebotsreich, aus dem Blickwinkel der Produzenten jedoch als oligopolistisch verfaßt dar; diese Aussage gilt am wenigsten für die Tageszeitungen (Media Perspektiven 1996: 46-54).

Lange Zeit sind die *Printmedien* besonders unter dem Gesichtspunkt der Herstellung von externer politischer Vielfalt und Transparenz sowie möglichst weitgehender Unabhängigkeit der Redaktionen und Journalisten von parteipolitischem Einfluß betrachtet worden. Die Formation von Mediengroßkonzernen wie etwa Bertelsmann und Konglomeraten wie der Kirch-Gruppe für das Fernsehen führt jedoch offenbar zu einer immer stärkeren Betonung wirtschaftlicher Aspekte, wie zahlreiche Konflikte zwischen Redaktionen und Eigentümern zeigen. Daraus leitet sich die Forderung ab, in der Massenkommunikationsforschung künftig wesentlich stärker als bisher Aspekte der Medienökonomie zu berücksichtigen (Kiefer 1997).

3.2 Der Rundfunk (Fernsehen und Radio)

3.2.1 Die Entwicklung des Rundfunks im Nachkriegsdeutschland

Rundfunk als übergeordneter Begriff schließt sowohl Radio als auch Fernsehen ein. Ähnlich wie bei den Tageszeitungen ist der Aufbau des deutschen Rundfunksystems nach 1945 entscheidend durch die Vorgaben der Besatzungsmächte bestimmt worden. Nachdem frühe Versuche eines koordinierten rundfunkpolitischen Vorgehens gescheitert waren und sich in der Sowjetischen Zone die erwartete Sonderentwicklung zu einem unter völliger staatlicher Kontrolle stehenden Rundfunk abspielte, einigten sich die Westalliierten nach längeren Verhandlungen schließlich auf ein dem britischen Rundfunk (BBC) nachempfundenes, allerdings auf Wunsch der Amerikaner pluralistisch-föderalistisch verfaßtes öffentlich-rechtliches Rundfunkmodell, das jedoch erst 1951 voll implementiert war. Die Kernelemente dieses Modells lassen sich wie folgt bestimmen:

Gegründet wurden in Westdeutschland, räumlichen Abgrenzungen der Besatzungszonen folgend, zwischen 1948 und 1951 der Bayrische Rundfunk (BR), der Hessische Rundfunk (HR), Radio Bremen (RB), der Süddeutsche Rundfunk (SDR), der Nordwestdeutsche Rundfunk (NWDR) und der Südwestfunk (SWF); 1953 wurde der Sender Freies Berlin (SFB) aus dem NWDR herausgelöst und verselbständigt, und 1955 kam es im Gefolge der Rückkehr des Saarlands zur Bundesrepublik zur Gründung des Saarländischen Rundfunks (SR). Nach der Ausdifferenzierung des NWDR 1955 in den Westdeutschen Rundfunk (WDR; Nordrhein-Westfalen) und den Norddeutschen Rundfunk (NDR; Hamburg, Niedersachsen, Schleswig-Holstein) ergab sich mit neun Anstalten eine bis 1990 stabile föderale Struktur, die sich bereits 1950 mit der Gründung der *Arbeitsgemeinschaft der öffentlich-rechtlichen Rundfunkanstalten der Bundesrepublik Deutschland (ARD)* eine institutionalisierte Integrationsgrundlage gab. Hierzu trug im übrigen neben wirtschaftlichen Erwägungen wiederum eine technische Rahmenbedingung bei: die Knappheit der Deutschland 1948 zugeteilten (Mittelwelle-)Frequenzen.

Der Konsens der Westalliierten, den deutschen *Rundfunk* staatsfern zu organisieren, resultierte neben der Entscheidung zur Erhebung von Nutzungsgebühren in einer Gremienstruktur, in der neben dem Intendanten als verantwortlichem Anstaltsleiter und dem Verwaltungsrat als administrativem Aufsichtsgremium der Rundfunkrat die zentrale gesellschaftspolitische Funktion innehatte. Den ursprünglichen Vorstellungen der Alliierten, denen es, wie gesagt, besonders um eine größtmögliche Unabhängigkeit des Rundfunks von staatlich/parteipolitischem Einfluß ging, entsprach ein Verfahren, in dem die Vertreter der gesellschaftlichen Großgruppen ihre Vertreter im Rundfunkrat selber bestimmten. Diese Regelung wurde im Laufe der Zeit auf Druck der Parteien und begünstigt durch die Aufgabe der alliierten Kontrollrechte im Deutschlandvertrag 1955 teilweise erheblich zu ihren Gunsten verändert, so daß heute die Auswahlverfahren und Gruppenrepräsentanz bei den *ARD*-Anstalten deutlich variieren. Die Stärkung des Parteieinflusses in den Rundfunkräten hat nicht zuletzt zu der zu beobachtenden und beklagten Tendenz in den Sendern, zentrale Positionen nach parteipolitischen Gesichtspunkten zu besetzen, beigetragen.

Der Wunsch der Alliierten nach Staatsunabhängigkeit des *Rundfunks* hat auch dazu geführt, daß es immer wieder Konflikte um die Auslegung des in Art. 73 Grundgesetz festgelegten Post- und Fernmeldemonopols des Bundes gab. Die laut Verfassung wesentlich eingeschränkte Rolle des Bundes bei Entscheidungen über den Rundfunk hat 1960 in einem großen Verfassungskonflikt zwischen den Ländern und dem Bund resultiert, als die Bundesregierung unter Konrad Adenauer die Deutschland-Fernsehen-GmbH mit dem Ziel der Ausstrahlung eines vom Bund kontrollierten nationalen Fernsehprogramms gründete. Dieser Konflikt wurde durch das Bundesverfassungsgericht letztlich zugunsten der Länder entschieden; er war allerdings Anlaß für die Landesregierungen, mit einem Staatsvertrag 1961 das *Zweite Deutsche Fernsehen (ZDF)* mit Sitz in Mainz als Zentralanstalt zu gründen; das ZDF nahm seine Sendungen am 1. April 1963 auf. Damit war, neben den vom Bund 1960 etablierten Radiosendern Deutschlandfunk (DLF, Inland) und Deutsche Welle (DW, Ausland), den diversen Sendern der Besatzungsmächte und dem von den USA 1945 gegründeten Rundfunk im amerikanischen Sektor (RIAS, zunächst DIAS), die Grundstruktur des *öffentlich-rechtlichen Rundfunksystems* für die Bundesrepublik festgeschrieben, das seine relativ hohe Autonomie wesentlich auch der Finanzierung durch Nutzergebühren verdankte, selbst wenn bereits 1966 ein Drittel der ARD-Mittel und fast die Hälfte der ZDF-Mittel durch – zeitlich allerdings eng begrenzte – *Werbung* finanziert wurden.

Die limitierte Öffnung des *Rundfunks* für die Erzielung von Werbeeinnahmen war lange Zeit ein Gegenstand erheblicher Auseinandersetzungen zwischen den Anstalten und dem Verband der Zeitungsverleger, die einen Rückgang in den verkauften Printmedien und damit auch ihrer Werbeeinnahmen befürchteten. Die 1964 zur Lösung dieses Konflikts eingesetzte überparteiliche „Kommission zur Untersuchung der Wettbewerbsgleichheit von Presse, Funk/Fernsehen und Film" legte 1967 ihren Bericht vor, dem u.a. zu entnehmen war, daß Anzeichen für einen Verdrängungswettbewerb zugunsten des Fernsehens und zuungunsten der Printmedien nicht zu erkennen seien. Übrigens führte diese Kontroverse zu dem Beschluß der *ARD*, in regelmäßigen Abständen ab 1964 die Mediengewohnheiten der deutschen Bevölkerung umfassend durch Befragung von repräsentativen Stichproben untersuchen zu lassen. Mit den Daten dieser sogenannten Massenkommunikations-Studien, die kontinuierlich veröffentlicht worden sind (zuletzt Berg/Kiefer 1996), liegt eine hervorragende Basis für längsschnittliche empirische Analysen des Kommunikationsverhaltens vor; diese Daten sind übrigens mit Ausnahme der verlorenen Studie von 1964 seit 1997 über das Zentralarchiv für Empirische Sozialforschung an der Universität zu Köln für Sekundäranalysen frei verfügbar. Auf Befunde dieser Untersuchungen wird im folgenden Abschnitt näher eingegangen werden.

Die nach den Turbulenzen der 60er Jahre zu beobachtende Strukturstabilität des deutsche *Rundfunksystems* erfuhr durch zwei zunächst getrennte, sich jedoch später verbindende Entwicklungen schon in den 70er Jahren wieder eine Herausforderung. Die das Rundfunkmonopol des öffentlich-rechtlichen Rundfunks absichernde Frequenzknappheit geriet mit der Entwicklung neuer Verbreitungstechniken (Kabel, Satelliten) unter politischen Druck. Dem sollte die von der Bundesregierung 1974 eingesetzte „Kommission für den Ausbau des technischen Kommunikationssystems" (KtK) Rechnung tragen, die 1976 ihren Abschlußbericht vorlegte. In diesem Bericht spielten die „klassischen" elektronischen Massenmedien nur eine relativ geringe Rolle, da man den Gesichtspunkt eines bedarfsgerechten Ausbaus in diesem Bereich in den Mittelpunkt stellte, diesen Bedarf jedoch (noch) nicht als gegeben ansah.

So kam es zur – in der Retrospektive nicht nur naiven, weil die wirtschaftliche Dynamik verkennenden, sondern auch für die Entwicklung des *Rundfunksystems* letztlich folgenlosen – Empfehlung, über eine Reihe von Pilotprojekten die vielfältigen Problemstellungen erst einmal zu untersuchen, bevor hieraus rundfunkpolitische Konsequenzen gezogen würden. Tatsächlich wurden nach langen Vorlaufzeiten vier solcher Pilotprojekte auch eingerichtet (Ludwigshafen 1984; Berlin, Dortmund und München 1985), die zwar unterschiedlich verfaßt und ausgestattet waren, jedoch in ihrer Summe eine Vielzahl wichtiger kommunikationswissenschaftlicher Befunde hervorgebracht haben.

3.2.2 Die Dualisierung des deutschen Rundfunksystems nach 1985 und die deutsche Vereinigung

Mit der Frage nach der Erweiterung des bundesrepublikanischen *Rundfunksystems* durch private Anbieter, einer Frage, in der die zwischen 1968 und 1982 regierende SPD und die CDU/CSU-Opposition ganz unterschiedliche Positionen vertraten, war nach der Bundestagswahl 1976 auch die Problematik der parteipolitischen Beeinflussung der Bürger durch das öffentlich-rechtliche Fernsehen, und hier vor allem durch die politischen Magazine der *ARD*, verknüpft worden. Gestützt durch von Elisabeth Noelle-Neumann vorgelegte Befunde, mit denen sie zum ersten Mal ihre These von der Schweigespirale öffentlichkeitswirksam vortrug, vertrat die CDU/CSU die Auffassung, sie habe die Bundestagswahl mit 48,6% der Zweitstimmen letztlich nur wegen einer politischen Einflußnahme des Fernsehens auf die Wähler zugunsten der sozialliberalen Koalition („das doppelte Meinungsklima") verloren, und knüpfte daran Forderungen zur Zulassung privater Rundfunkveranstalter zur Herstellung von mehr externer Programmvielfalt (für Einzelheiten siehe Kaase 1989).

Der so technisch wie politisch induzierte, wegen der föderalen Struktur der Bundesrepublik jedoch äußerst langwierige Entscheidungsprozeß zur Neuordnung des Rundfunkwesens kann hier nicht im einzelnen nachgezeichnet werden. Er mündete, nicht zuletzt auf der Grundlage des vierten „Rundfunkurteils" des Bundesverfassungsgerichts vom 4. November 1986, in dem die rechtlichen Rahmenbedingungen für die Einführung des *privaten Rundfunks* und die Aufgabe der Grundversorgung der Bevölkerung durch den öffentlich-rechtlichen Rundfunk bestimmt wurden, im „Staatsvertrag zur Neuordnung des Rundfunkwesens" (*Rundfunkstaatsvertrag*), der am 31. Dezember 1987 in Kraft trat. Damit waren die wesentlichen Voraussetzungen für die Dualisierung des bundesrepublikanischen Rundfunkwesens geschaffen.

Spätere Urteile des Bundesverfassungsgerichts haben aus je gegebenem Anlaß weitere Konkretisierungen in diesem Feld hinzugefügt. Darüber hinaus entstand durch die deutsche Vereinigung die Notwendigkeit, die frühere *DDR* auf der Grundlage von Artikel 36 Einigungsvertrag in den rundfunkpolitischen Ordnungsrahmen der alten Bundesrepublik einzupassen. Dies geschah durch den Staatsvertrag vom 31. August 1991, der gleichzeitig diverse Anpassungen und Präzisierungen auf der Grundlage der Entwicklungen nach dem Staatsvertrag von 1987 vorsah. Durch die deutsche Vereinigung änderte sich jedoch an der grundlegenden Struktur des deutschen *Rundfunksystems* nichts. Sowohl für Fernsehen als auch für Radio gab es allerdings Anpassungen. Zur *ARD* hinzu kamen die 1991 neu gegründete Mehrländeranstalt Mitteldeutscher Rundfunk (MDR; Sachsen, Sachsen-Anhalt, Thüringen); das Land Mecklenburg-Vorpommern, das laut Staatsvertrag vom 17./18. November 1991 dem Norddeutschen Rundfunk beitrat; der Ostdeutsche Rundfunk Brandenburg (ORB; Brandenburg). Außerdem dehnten der Sender Freies Berlin sein Sendegebiet auf Gesamtberlin und das *ZDF* auf die neuen Bundesländer aus. Der RIAS beendete am 28. März 1992 sein Fernseh- und am 31. Mai 1992 das 2. Radioprogramm. Das 1. Radioprogramm von RIAS sowie der Deutschlandfunk wurden mit Staatsvertrag vom 17. Juni 1993 in das von ARD und ZDF gemeinsam betriebene Deutschlandradio übergeleitet.

Damit stellt sich das deutsche *Rundfunksystem* als föderalistisch verfaßt, jedoch verflochten und in seinen zwei Hauptpfeilern dual organisiert dar.

4. Die Dualisierung des Rundfunksystems und das Kommunikationsverhalten der Bürger

4.1 Zur Rundfunkversorgung mit Programmen

Die Umsetzung der Dualisierung des *Rundfunksystems* auf der Grundlage der Einführung privater Programme hing entscheidend vom technischen Zugang ab, wobei zwischen terrestrisch, über Kabelnetz und über Satellit verbreiteten Programmen unterschieden werden muß (hierbei bestehen allerdings z.T. erhebliche Überlappungen). Zwar sind die terrestrischen Frequenzen strukturell begrenzt, und auch die gewünschten Programmplätze im Kabelsystem sind bisher (noch) nicht beliebig verfügbar. Hinzu kommt, daß im Kabelnetz selbst, wenn dieses vorhanden ist, wegen der unterschiedlichen Anschlußdichte nicht alle Haushalte mit den angebotenen Programmen versorgt sind. Mit dem Übergang zu direkt strahlenden und damit unmittelbar über Decoder nutzerzugänglichen Satelliten ist allerdings seit einigen Jahren eine flächendeckende Abdeckung der Haushalte mit allen üblichen und darüber hinaus mit einer Vielzahl von ausländischen Fernseh- und Rundfunkprogrammen sichergestellt. Die Dualisierung des Rundfunksystems hat so auf der Nachfrageseite von den Empfangsmöglichkeiten her bei entsprechender Motivation der Haushalte eine vollständige Entsprechung erfahren.

1996 waren rund zwei Drittel der deutschen Haushalte an das *Kabelnetz* angeschlossen, von denen wiederum rund zwei Drittel von dieser Anschlußoption auch Gebrauch machten; dies bedeutet eine Anschlußdichte von rund 44 Prozent aller Haushalte. Rund ein Viertel der westdeutschen und knapp die Hälfte der ostdeutschen, im Durchschnitt also 30 Prozent der deutschen Haushalte, verfügen über eine *Satellitenempfangsanlage*. Da die deutschen Fernsehprogramme (mit wenigen Ausnahmen) voll über Satellit oder Kabel erreichbar sind, erklärt sich der bei wenigen Programmen noch unterhalb der Vollversorgung liegende Anteil vor allem durch Unterschiede in der terrestrischen Abdeckung (alle Angaben sind zu entnehmen Media Perspektiven 1996: 5-9). So gehören inzwischen allein mehr als 30 deutschsprachige Fernsehprogramme (zu denen die acht Dritten Programme der *ARD*-Anstalten wesentlich beitragen) zur „Normalausstattung" der deutschen Haushalte; hinzu kommen mehr als 250, terrestrisch weitgehend regional konzentrierte deutsche Hörfunkprogramme (darunter 1996 allein von den ARD-Anstalten angeboten 51), von denen jedoch viele über Satellit auch bundesweit empfangen werden können.

Bis 1987 besaßen die öffentlich-rechtlichen Rundfunksender faktisch ein Angebotsmonopol für Fernsehprogramme; mit der zunehmenden Zahl privater Programme hat sich bis 1996 die mit öffentlich-rechtlichem Fernsehen verbrachte Zeit auf durchschnittlich 39 Prozent (alte Länder: 40 Prozent, neue Länder: 33 Prozent) vermindert. Diese Zahlen offenbaren eine gravierende Umschichtung der Sehgewohnheiten, wobei zu beachten ist, daß alle größeren Anbieter (ARD, ZDF, RTL, SAT1, PRO7, Kabel) inzwischen rund um die Uhr senden. Natürlich hat die Öffnung des Fernsehmarktes enorme wirtschaftliche Implikationen. Zwar ist laut geltendem Staatsvertrag der – zur ausschließlichen Finanzierung der Veranstalter dienende – Programmanteil von *Werbung* nach wie vor bei 20 Prozent festgeschrieben, doch hat die zunehmende Zahl und Verbreitung privater Programme dort insgesamt zu einem Anstieg der Nettoumsätze aus Werbung von rund 640 Mio. DM 1989 auf rund 5,7 Mrd. DM 1995 geführt. In etwa demselben Zeitraum sind die Netto-Werbeumsätze der ARD von rund 730 Mio. DM bzw. dem ZDF von rund 710 Mio. DM auf rund 300 Mio. DM bzw. 345 Mio. DM zurückgegangen (Media Perspektiven 1996: 10, 19). Diese Zahlen sind zum einen ein Hinweis auf das wachsende Gewicht wirtschaftlicher Gesichtspunkte im *Rundfunksystem* insgesamt. Zum anderen folgt daraus für die öffentlich-rechtlichen Anstalten ein großer, von vielen allerdings für hilfreich angesehener Rationalisierungsdruck mit nicht eindeutig bestimmbaren Programmkonsequenzen und bemerkenswerterweise auch ein Eindämmen des Einflusses der politischen Parteien.

4.2 Zum Kommunikationsverhalten

Auf der Grundlage der weiter vorne erwähnten Massenkommunikations-Studien ergeben sich für den Zeitraum 1964 bis 1995 folgende Nutzungsangaben für die drei hauptsächlichen Mediengattungen (Berg/Kiefer 1996: 37, 40, 49, 53):

Tabelle 1: Reichweite und zeitliche Nutzung von Fernsehen, Radio und Tageszeitung 1964, 1980 und 1995 an einem durchschnittlichen Werktag (Mo-Sa) durch die Gesamtbevölkerung ab 14 Jahre

Mediengattungen	Erhebungsjahr					
	1964		1980		1995[1]	
	Reichweite in %	zeitl. Nutzung in Std.	Reichweite in%	zeitl. Nutzung in Std.	Reichweite in%	zeitl. Nutzung in Std.
Fernsehen	47	1:10	77	2:05	81	2:25
Radio	68	1:29	69	2:15	75	2:35
Tageszeitung	69	0:35	76	0:38	68	0:31
Nutzung der Medien insgesamt		3:08		4:46		5:18

1 Nur alte Bundesländer. Für die neuen Bundesländer (NBL) und die Bundesrepublik insgesamt ergibt sich 1995 pro Tag (Mo-So): Reichweite (NBL/BRD): Fernsehen: 89%/83%; Radio: 83%/75%; Tageszeitung: 69%/65%; Nutzung (NBL/BRD): Fernsehen: 3:11/2:38; Radio: 3:20/2:42; Tageszeitung: 0:32/0:30; Medien insgesamt: 6:46/5:37.

Je nachdem, ob der Sonntag einbezogen wird oder nicht, verbringt jeder Bundesbürger ab 14 Jahre im Durchschnitt zwischen fünf und sechs Stunden seiner täglichen Lebenszeit mit einem oder gleichzeitig mit mehreren der drei *Medien* Fernsehen, Radio und Tageszeitung. Würde man andere, hier nicht berücksichtigte mediale Aktivitäten wie das Lesen von Zeitschriften und Büchern, das Hören bzw. Sehen von Videos, Musik sowie die Nutzung von Computerspielen einbeziehen, käme man noch auf deutlich höhere Nutzungswerte. Hierbei ist allerdings zu beachten, daß *Mediennutzung* häufig in Form von Zweit- und Drittaktivitäten geschieht, ein Gesichtspunkt, der vor allem auf das Radiohören zutrifft.

Betrachtet man den großen Anstieg der täglich mit den *Medien* verbrachten Zeit, so steht außer Frage, daß hier neben strukturellen Faktoren wie dem Zuwachs an frei verfügbarer Zeit auch die wachsende Zahl von Anbietern und Programmen im *Rundfunk* sowie die Diversifizierung des Zeitschriftenmarktes eine bedeutende Rolle spielen. So ist in den alten Bundesländern die von Erwachsenen mit Fernsehen genutzte Zeit zwischen 1985 und 1996 um fast eine Stunde gestiegen; übrigens liegt die Sehzeit in den neuen Ländern kontinuierlich knapp eine halbe Stunde über der in den alten Bundesländern.

Insgesamt stellt sich die deutsche Bevölkerung in Ost wie West als außerordentlich mediengeneigt dar: bezogen auf die tagesaktuellen *Medien* Fernsehen, Radio und Tageszeitung wird fast die Hälfte der Bürger täglich von allen drei und noch einmal rund 20 Prozent von zwei Gattungen erreicht; fast niemand kommt an einem Tag nicht mit mindestens einem der drei Medien in Berührung. Von den zahlreichen Differenzierungen dieser Befunde können nur wenige angesprochen werden. So wird das Fernsehen, wie man nicht anders erwarten würde, von Jugendlichen deutlich weniger als von älteren Menschen genutzt; hier liegt jedoch ein Lebenszykluseffekt in dem Sinne vor, daß sich mit dem Älterwerden die Sehzeiten deutlich erhöhen. Für das Radiohören lassen sich längsschnittlich über die Kohortenanalyse keine eindeutigen Effekte feststellen, während es bezüglich des Zeitungslesens einen klaren Generationenzusammenhang dahingehend gibt, daß die jüngeren Geburtskohorten ab 1955 auf einem zunehmend niedrigeren Niveau in das Zeitungslesen einsteigen; darüber hinaus verlieren diese Kohorten auf ihrem Lebensweg zusätzlich noch an Zeitungsaffinität, die auch durch das relativ höhere Bildungsniveau dieser Altersgruppen nicht kompensiert wird (Berg/Kiefer 1996: 164, 170, 172, 173). Diese Befunde bestätigen eine Reihe anderer Untersuchungen zum Thema und weisen auf wachsende Akzeptanzprobleme der Tageszeitungen hin.

In der subjektiven Wahrnehmung der Bürger gehören mehrheitlich alle drei Mediengattungen zu den wichtigen Elementen der Lebensführung, und zwar gleichermaßen in West- wie in Ostdeutschland. Sie erfüllen offensichtlich einerseits ähnliche, andererseits jedoch auch hinreichend unterschiedliche Funktionen, um erst in ihrer Komplementarität den vielfältigen medialen Bedürfnissen der Menschen Rechnung tragen zu können. Wird ein Bürger allerdings vor die Wahl gestellt, nur ein *Medium* verfügbar zu haben, erfolgt die Entscheidung traditionell mit 53 Prozent 1995 zugunsten des Fernsehens; auf das Radio entfallen 25 Prozent und auf die Tageszeitung 19 Prozent. Läßt man das Jahr 1990 wegen des störenden Periodeneffekts der starken Politisierung durch den Prozeß der deutschen Vereinigung einmal außer Betracht, so fällt auf, daß das Fernsehen seit 1985 wieder an Bindungskraft gewonnen hat. Es liegt nahe, diese Erholung mit dem Auftreten der privaten Fernsehveranstalter und der von ihnen überwiegend angebotenen, von vielen Zuschauern vor der Dualisierung häufig vermißten Unterhaltungsprogramme in Verbindung zu setzen; dies ergibt sich aus einer nach Präferenzen für öffentlich-rechtliche bzw. private Programme differenzierten Analyse, nach der das Fernsehen bei letzteren stets eine deutlich höhere Bindungskraft aufweist. Sollte die Interpretation der Attraktion der Zuschauer durch fiktionale und andere Unterhaltungsprogramme zutreffen, so könnte dies erklären, daß das Fernsehen im zeitlichen Verlauf (alte Bundesländer) als einziges Medium zwischen 1970 und 1995 bei der Frage nach der relativen Glaubwürdigkeit einen drastischen Verlust (- 19 Prozentpunkte) erfahren hat, während sowohl das Radio (+ 2 Prozentpunkte) und vor allem die Tageszeitungen (+ 19 Prozentpunkte) hier zulegen konnten. Daß nicht nur das Fernsehen, sondern auch die beiden anderen Mediengattungen in dem genannten Zeitraum beträchtliche Glaubwürdigkeitseinbußen hinnehmen mußten, spricht sogar für die Vermutung eines durch die Dualisierung gattungsübergreifenden Zusammenhangs im Sinne einer Depolitisierung und Distanzierung (Berg/Kiefer 1996: 231, 236, 252; Oehmichen/Simon 1996; Berens/Kiefer/Meder 1997).

Damit stellt sich in prinzipieller Weise die Frage nach den Folgen der Dualisierung des *Rundfunksystems* auf die Weltsichten, politischen Orientierungen und allgemeinen Lebensweisen der Bürger. Auf diese Frage kann man angesichts des Umstandes, daß die Dualisierung erst seit 1989 in nennenswertem Umfang greift, 1997 noch keine zuverlässige Antwort geben. Zumindest für den Bereich der Politik ist jedoch festzuhalten, daß die öffentlich-rechtlichen und privaten Veranstalter sich zugunsten ersterer gravierend und kontinuierlich in dem Verhältnis unterscheiden, in dem Information und Unterhaltung angeboten werden (Media Perspektiven 1996: 24-25). Allerdings haben sich die zunächst erheblich divergierenden Stile der politischen Berichterstattung beider Systeme inzwischen stark angenähert, wobei beide Seiten zu dieser Konvergenz beigetragen haben. Auch diese Befunde sprechen für die genannten Depolitisierungstendenzen, für die sich übrigens in den Daten der 1995 durchgeführten Studie „Massenkommunikation V" noch weitere Hinweise finden; es muß jedoch der weiteren Forschung überlassen bleiben festzustellen, ob sich diese Tendenzen zu einem Trend verfestigen werden und welche Konsequenzen für den politischen Prozeß daraus möglicherweise resultieren.

5. Perspektiven der Massenkommunikationsforschung

Die zunehmende Durchdringung zeitgenössischer *postindustrieller Gesellschaften* durch etablierte wie neuartige Kommunikationssysteme mag zwar auf längere Sicht tatsächlich zu der erwarteten multimedialen Aufhebung der Trennung von Massen- und Individualkommunikation führen. Sie dürfte damit jedoch vor allem den Komplexitätsgrad diesbezüglicher Forschung erhöhen, ohne eine analytisch fundierte Trennung dieser unterschiedlichen Kommunikationsformen obsolet zu machen. Daß die technikinduzierte Dynamik des Übergangs in die *Informations-* bzw. *Wissensgesellschaft* (oder welche sonstige Metapher man für diesen künftigen Gesellschaftstyp sonst wählen mag) auch die Strukturen des Systems der Massenkommunikation nachhaltig verändern wird, ist weniger die Frage als vielmehr, mit welchem Zeithorizont dieser Prozeß ablaufen wird. Nicht zuletzt stellt sich daher für die Kommunikationsforschung die Aufgabe, diese Entwicklungen begleitend zu analysieren und dabei auch die Folgen und Wirkungen in den Blick zu nehmen, die sich daraus für die Lebenswelt der Menschen und für die politische Ordnungsform der Demokratie, etwa im Kontext der Debatten über die Teledemokratie und die wachsende Bedeutung des strategischen Kommunikationsmanagements durch politische Akteure, ergeben (siehe dazu im Einzelnen die Beiträge in Publizistik 1997).

Literatur

Berens, Harald/Marie-Luise Kiefer/Arne Meder: Spezialisierung der Mediennutzung im dualen Rundfunksystem. Sonderauswertungen zur Langzeitstudie Massenkommunikation, in: Media Perspektiven, Heft 2, 1997, S. 80-91

Berg, Klaus/Marie-Luise Kiefer (Hg.): Massenkommunikation V. Eine Langzeitstudie zur Mediennutzung 1964-1995, Baden-Baden 1996

Bundesregierung (Hg.): Medienbericht '94. Bericht der Bundesregierung über die Lage der Medien in der Bundesrepublik 1994, Bundestagsdrucksache 12/8587, Bonn 1994

Burkart, Roland/Walter Hömberg: Massenkommunikation und Publizistik. Eine Herausforderung für die kommunikationswissenschaftliche Modellbildung, in: Hermann Fünfgeld/Claudia Mast (Hg.): Massenkommunikation. Ergebnisse und Perspektiven, Opladen 1997, S. 71-88

Deutsche Forschungsgemeinschaft (Hg.): Medienwirkungsforschung in der Bundesrepublik Deutschland, Weinheim 1986

Früh, Werner: Medienwirkungen: Das dynamisch-transaktionale Modell. Theorie und empirische Forschung, Opladen 1991

Hoffmann-Riem, Wolfgang/Thomas Vesting: Ende der Massenkommunikation. Zum Strukturwandel der technischen Medien, in: Media Perspektiven, Heft 8, 1994, S. 382-391

Kaase, Max: Fernsehen, gesellschaftlicher Wandel und politischer Prozeß, in: Kaase, Max/Winfried Schulz (Hg.): Massenkommunikation. Theorien, Methoden, Befunde, Sonderheft 30 der Kölner Zeitschrift für Soziologie und Sozialpsychologie, Opladen 1989, S. 97-117

Kaase, Max/Winfried Schulz (Hg.): Massenkommunikation. Theorien, Methoden, Befunde, Sonderheft 30 der Kölner Zeitschrift für Soziologie und Sozialpsychologie, Opladen 1989

Kiefer, Marie-Luise: Ein Votum für eine publizistikwissenschaftlich orientierte Medienökonomie, in: Publizistik, 42. Jg., 1997, S. 4-61

Kutsch, Arnulf/Horst Pöttker: Kommunikationswissenschaft – autobiographisch. Zur Entwicklung einer Wissenschaft in Deutschland, in: Publizistik, Sonderheft 1, 1997

Lasswell, Harold D.: The Structure and Function of Communication in Society, in: Lyman Bryson (Hg.): The Communication of Ideas, New York 1964 (1948), S. 37-51

Latzer, Michael: Mediamatik – Die Konvergenz von Telekommunikation, Computer und Rundfunk, Opladen 1997

Luhmann, Niklas: Die Realität der Massenmedien, 2. u. erw. Aufl., Opladen 1996

Maletzke, Gerhard: Ziele und Wirkungen der Massenkommunikation. Grundlagen und Probleme einer zeitorientierten Mediennutzung, Hamburg 1976

Mast, Claudia: Massenkommunikation – quo vadis? Grenzaufhebungen markieren den Weg nach Multimedia, in: Fünfgeld, Hermann/ Claudia Mast (Hg.): Massenkommunikation. Ergebnisse und Perspektiven, Opladen 1997, S. 213-228

Media Perspektiven (Hg.): Basisdaten. Daten zur Mediensituation in Deutschland 1996, Herausgegeben im Auftrag der Arbeitsgemeinschaft der ARD-Werbegesellschaften, Frankfurt a.M. 1996

Oehmichen, Ekkehard/Erik Simon: Fernsehnutzung, politisches Interesse und Wahlverhalten. Ergebnisse einer Befragung in Hessen, in: Media Perspektiven, Heft 11, 1996, S. 562-571

Publizistik, 42. Jg., Heft 1, 1997

Ressmann, Wolfgang: Strukturprobleme sozialdemokratischer Medienunternehmen, Wiesbaden 1991

Wehner, Josef: Interaktive Medien – Ende der Massenkommunikation, in: Zeitschrift für Soziologie, 26. Jg., 1997, S. 96-114

Max Kaase

Migration

1. Definition und Abgrenzung

1.1 Begriffsverständnis

Migration (= Wanderung) umfaßt diejenige Bewegung von Menschen, die mit einer Verlagerung des Lebensmittelpunkts einhergeht. Der Migrationsbegriff setzt erwerbs-, familienbedingte, politische oder biographisch bedingte Wanderungsmotive und einen relativ dauerhaften Aufenthalt in der neuen Region oder Gesellschaft voraus; er schließt den mehr oder weniger kurzfristigen Aufenthalt zu touristischen Zwecken aus. Zwar können Menschen ihren Lebensmittelpunkt auch innerhalb von Staatsgrenzen verlagern (dann spricht man von Binnenmigration), im folgenden liegt der Schwerpunkt jedoch auf der transnationalen Migration, bei der Staatsgrenzen überschritten werden (zur Binnenmigration vgl. den Artikel räumliche Mobilität).

Die Vielfalt des Migrationsgeschehens wird an folgenden Beispielen aus Geschichte und Gegenwart deutlich. Als Migranten gelten: Die Norwegerin, die Ende des 19. Jahrhunderts in die USA auswanderte und dort als Dienstmädchen arbeitete; der türkische Kleinbauer, der zunächst nach Istanbul wanderte und sich dort von Belgien als Gastarbeiter anwerben ließ; die bosnische Familie, die wegen des Krieges im ehemaligen Jugoslawien Zuflucht in Österreich suchte. Hieraus wird ersichtlich, daß sich Wanderungen – neben der Frage Binnenmigration vs. transnationale Migration – nach weiteren Kriterien unterscheiden lassen, nämlich nach der Anzahl der beteiligten Personen, nach der Dauer des Aufenthalts und vor allem nach der Ursache der Migration oder Wanderung:

- Hinsichtlich der beteiligten Personen wird zwischen Einzel-, Gruppen- und Massenwanderung unterschieden;
- unter zeitlichen Aspekten wird die begrenzte oder temporäre *Wanderung* von der dauerhaften oder permanenten Wanderung unterschieden;
- unter dem ursächlichen Aspekt steht die freiwillige Migration (Arbeitsmigration) der erzwungenen *Wanderung* (Fluchtmigration, Vertreibung) gegenüber.

Zwei weitere Migrationsformen, deren Bedeutung zunimmt, werden häufig übersehen – die Expertenmigration und die Heiratsmigration:

- Expertenmigrantin ist etwa die kuwaitische Ingenieurin, die an einem internationalen Forschungsprojekt teilnimmt und sich deshalb für mehrere Jahre in Deutschland aufhält;
- Heiratsmigrantin ist z.B. die Philippinin, die sich zur Sicherung des eigenen Lebensunterhalts und der Unterstützung ihrer Herkunftsfamilie mit einem Deutschen verheiratet.

Die genannten Unterscheidungen sind Hilfskonstruktionen mit fließenden Übergängen: Migration ist ein Prozeß, der eine starke Eigendynamik und eine Sogwirkung auf andere potentielle Migranten entfaltet. Wanderungsabsichten und Aufenthaltsdauer können sich ändern: So kehrten manche der im 19. Jahrhundert „für immer" nach USA ausgewanderten Europäer wieder zurück, und umgekehrt sind viele Gastarbeiter der 60er Jahre, die nur einen kurzfristigen Aufenthalt geplant hatten, heute faktisch eingewandert. Besonders problematisch ist die Differenzierung zwischen freiwilliger und erzwungener Migration: Das Gros der Migranten verläßt die jeweilige Herkunftsregion oder -gesellschaft nicht freiwillig, sondern sieht sich dazu gezwungen. Auf der anderen Seite gehören viele Armutsflüchtlinge – gemessen an den Lebensbedingungen in ihren Herkunftsländern – nicht zu den Ärmsten, sondern eher zur „Mittelschicht" (vgl. zum Weltkontext: Opitz 1996).

1.2 Zum Verhältnis von Zu- und Abwanderungen: Der Wanderungssaldo in Deutschland

Die meisten Gesellschaften sind heute von beiden Richtungen des Migrationsprozesses betroffen, von der Abwanderung wie von der Zuwanderung. Im Fall Deutschlands überwiegen im Durchschnitt der letzten Jahre die Zuwanderungen. Der durchaus beträchtliche Umfang der Abwanderungen wird von der Öffentlichkeit kaum registriert (vgl. auch Meier-Braun 1995: 22). Um die Migrationsbewegungen in einen und aus einem Staat in ihrer quantitativen Dimension nachzuvollziehen, gibt es als zentrale Kategorie den sog. *Wanderungssaldo*. Dieser drückt das Verhältnis von Zu- und Abwanderung aus. „Seit Gründung der Bundesrepublik sind (in den jeweiligen Grenzen) im Jahresdurchschnitt mehr als 275.000 Personen netto zugewandert, was etwa der Einwohnerzahl der Stadt Karlsruhe im Jahr 1993 entspricht" (Dinkel/Lebok 1994: 27). Die Bevölkerungszunahme in Deutschland erfolgt seit Jahrzehnten nicht über Geburten, sondern über einen positiven Wanderungssaldo.

Während drei Phasen war der Wanderungssaldo negativ: Während der Rezession 1966/67, Mitte der 70er Jahre und von 1982 bis 1984 überwogen die Fortzüge. Generell sind seit Mitte der 80er Jahre Zu- wie Abwanderungen angestiegen: Die Fortzüge stiegen von ca. 500.000 auf 750.000, die Zuzüge von ebenfalls 500.000 auf mittlerweile gut eine Mio. pro Jahr. Im Jahr 1989 betrug der Wanderungsgewinn 930.000 Personen, im Jahr 1992 788.000 Personen. 1994 war der Wanderungssaldo ebenfalls positiv, pendelte sich mit 330.000 Personen jedoch fast wieder auf „Normalmaß" ein. Dieser Saldo setzt sich aus dem Zuzug von 1,07 Mio. Personen und dem Fortzug von 740.000 Personen zusammen.

Abwanderung findet vor allem durch Ausländer, aber auch durch Deutsche statt. 1994 beliefen sich die Fortzüge von Ausländern auf 621.000 Personen; im selben Jahr gingen 119.109 Deutsche ins Ausland (davon 32.706 in Staaten der EU). Das Ziel der Ausländer sind vor allem die ehemaligen Anwerbestaaten (Italien, Griechenland etc.); es handelt sich also um Rückkehrer. Das Ziel der deutschen Auswanderer ist vor allem die USA. 1996 verließen 130.000 Deutsche aus wirtschaftlichen Gründen ihre Heimat (vgl. Süddeutsche Zeitung v. 18./19.1.97).

Die *Zuwanderungen* beliefen sich zwischen 1988 und 1991 auf 900.000 Personen im Jahresdurchschnitt, davon waren ca. 60% Aus- und Übersiedler und ca. 40% Ausländer. Alte und neue Bundesländer sind bislang keine gleichwertigen Zuwanderungsziele: Die meisten Zuwandernden (aller Gruppen), die – ob als Deutsche oder als Ausländer – aus dem Ausland kommen, geben den neuen Ländern den Vorzug. Ein gewisser Ausgleich erfolgt hier durch die Binnenmigration von West- nach Ostdeutschland (vgl. Artikel räumliche Mobilität).

1993 wanderten insgesamt 1.268.004 Personen nach Deutschland ein, davon 986.872 Ausländer und 281.132 Deutsche. Von den zugewanderten Ausländern verlieren jedoch viele juristisch ihren Ausländerstatus durch die Einbürgerung nach der Einreise (sog. Anspruchseinbürgerung der Aussiedler). 1993 entfielen von 199.443 Einbürgerungen 77,5% auf Anspruchseinbürgerungen und 22,5% auf Ermessenseinbürgerungen von „normalen" Ausländern (vgl. auch Artikel ausländische Bevölkerung).

Gegenwärtig ist Deutschland vor allem Zielregion von Migration, was jedoch nicht immer so war.

2. Geschichtliche Entwicklung und gegenwärtige Situation in Deutschland

2.1 Kurzer historischer Abriß

„Wanderungen haben die Geschichte der Deutschen nachhaltig geprägt. Von der Frühen Neuzeit bis zur Gegenwart haben Deutsche im Ausland und Fremde in Deutschland meist in großer Zahl alle denkbaren Erscheinungsformen des grenzüberschreitenden Wanderungsgeschehens erlebt: Aus-, Ein- und Transitwanderungen; Arbeitswanderung und Wanderhandel; Flucht- und Zwangswanderung von Deutschen ins Ausland und von Ausländern nach Deutschland, mit Deutschen als Opfern wie als Tätern, innerhalb und außerhalb der deutschen Grenzen" (Bade 1994: 14). Lange Zeit war Deutschland vor allem Auswanderungsland: Während des 19. Jahrhunderts wanderten ca. fünf Mio. Menschen aus den deutschen Teilstaaten (aus Baden, aus Hessen etc.) und später aus dem Deutschen Reich in die USA, aber auch zu Tausenden in Staaten des südamerikanischen Kontinents aus. Alleine in den Jahren 1880 bis 1893 wanderten 1,8 Mio. Deutsche nach Übersee aus. Man geht davon aus, daß bis heute ca. 7,5 Mio. Deutsche in die USA ausgewandert sind.

Der Massenexodus aus Deutschland war von Zuwanderungen – allerdings in geringerem Umfang – begleitet: Ende des 19. Jahrhunderts wanderten Masuren in das Ruhrgebiet, Russen nach Berlin zu. Das Hauptkontingent stellten stets bäuerliche, kleinbürgerliche und proletarische Schichten – aber auch Intellektuelle und Künstler sind klassische Migranten. Zielorte waren und sind die Metropolen (Berlin, Hamburg, Frankfurt/M.) und die großstädtisch verdichteten Regionen. Die Bundesrepublik Deutschland war immer ein „Umschlagplatz" von Migration, ein Land mit hoher Bevölkerungsfluktuation. Die gegenwärtigen Debatten um den Erwerb bzw. die Ausschließung von der deutschen Staatsbürgerschaft lassen die multikulturelle Geschichte der Bundesrepublik und die Traditionen im Umgang von Einheimischen und Zugewanderten (z.B. Polen im Ruhrgebiet) vergessen. Das Gros der bundesrepublikanischen Bevölkerung ist ethnisch heterogen und setzt sich aus den Nachkommen früherer Zuwanderer zusammen.

2.2 Zuwanderungen nach 1945

Nach Ende des Zweiten Weltkrieges wanderten folgende Gruppen zu, die nachfolgend näher beschrieben werden: Flüchtlinge und

Migration

Vertriebene, Aus- und Übersiedler, Gastarbeiter und deren Familienangehörige, Flüchtlinge und Asylbewerber, Aussiedler in den 90er Jahren.

2.2.1 Flüchtlinge und Vertriebene
Am Ende des Zweiten Weltkrieges wurden ca. 12 Mio. Menschen aus Ostdeutschland und den deutschen Siedlungsgebieten Osteuropas (Ostpreußen, Schlesien, Sudetenland) vertrieben und ließen sich in Westdeutschland nieder. „Bei genauerem Hinsehen waren auch beim Massenschicksal der Heimatvertriebenen die Unterschiede nicht geringer als die Gemeinsamkeiten. (...) Ob einer aus dem industriell-städtischen Milieu des Sudetenlandes oder aus einem pommerschen oder ostpreußischen Bauerndorf stammte, ob eine Familie Ende 1944 vor der Roten Armee mit Pferd und Wagen und einigem Hausrat geflohen oder ein Jahr später mit 40 kg Handgepäck aus einer niederschlesischen Kleinstadt ausgewiesen wurde, ob es sich um Familien ohne Vater, um entlassene Soldaten, um Kriegsgefangene, um alte Leute handelte, all das bestimmte die Ausgangssituation im Westen und die Chancen zur ‚Integration‘ nachhaltig" (Lehmann 1991: 20f.). Aus heutiger Sicht geht man davon aus, daß die Integration der *Flüchtlinge* und *Vertriebenen* in die Bundesrepublik bis Mitte der 50er Jahre erfolgt war – eine mit Sicherheit „geschönte" und verkürzte Perspektive. Ca. jeder fünfte deutsche Bürger stammt aus den Gebieten des Ostens oder gehört einer Familie von Vertriebenen und Flüchtlingen an.

2.2.2 Aus- und Übersiedler
Aussiedler gelten nach Art. 116 GG als deutsche Staatsangehörige. Sie hatten ihren Wohnsitz vor dem 8. Mai 1945 in den ehemaligen deutschen Ostgebieten, in Albanien, Bulgarien, Danzig, Estland, Jugoslawien, Lettland, Litauen, Polen, Rumänien, der Sowjetunion, der Tscheslowakei oder Ungarn und haben diesen Wohnsitz nach Abschluß der Vertreibungen (vgl. Abschnitt 2.2.1) verlassen. Aussiedler sind „deutsche Volkszugehörige", die als „Deutsche unter Deutschen" leben wollen. „Deutscher Volkszugehöriger" ist, „wer sich in seiner Heimat zum deutschen Volkstum bekannt hat, sofern dieses Bekenntnis durch bestimmte Merkmale wie Abstammung, Sprache, Erziehung, Kultur bestätigt wird" (Bundesvertriebenengesetz 1953).
In den 30 Jahren von 1950 bis 1980 beläuft sich die Zuwanderung von Aussiedlern in das Bundesgebiet auf ca. eine Mio. Menschen:

```
1950 – 1959 =   439.714
1960 – 1969 =   221.516
1970 – 1979 =   355.381
```

Ende der 80 Jahre erhöhte sich die Zahl der Aussiedler, die man dann *Spätaussiedler* nannte, sprunghaft: 1988 kamen 202.673 Spätaussiedler – vor allem aus Polen – in die Bundesrepublik (vgl. Abschnitt 2.2.5).

In den zehn Jahren zwischen 1951 und 1961 (also vor dem Mauerbau) wanderten außerdem 3,5 Mio. Menschen von der DDR in die Bundesrepublik. Diese Gruppe wird als *Übersiedler* bzw. DDR-Flüchtlinge bezeichnet; ca. 700.000 von ihnen waren Vertriebene. Sie erhielten ab 1950 in der DDR keine staatlichen Integrationshilfen mehr. „Die Bevölkerungszahl der DDR sank zwischen 1947 und 1961 kontinuierlich – insbesondere deshalb, weil der revolutionäre Umbau von Politik, Wirtschaft und Gesellschaft viele Menschen veranlaßte, der DDR den Rücken zu kehren. (...) Die deutsch-deutsche Grenze wurde nicht nur von Ost nach West, sondern auch umgekehrt von West nach Ost überquert. Zwischen 1950 und 1961 zogen ca. 400.000 Bundesbürger in die DDR, eine vergleichsweise niedrige, aber gleichwohl beachtenswerte Zahl" (Geißler 1992: 297).

Die Ost-West-Wanderung überwog jedoch: Zwischen 1950 und 1980 wanderten insgesamt 4,5 Mio. *Aus-* und *Übersiedler* in das Bundesgebiet zu. Eine zweite Wanderungsbewegung setzte während und nach der Öffnung des „Eisernen Vorhangs" ein. Von 1989 bis 1995 kamen 1,7 Mio. Menschen aus der DDR bzw. (nach 1990) aus den neuen Bundesländern in die BRD bzw. alten Bundesländer. Die Migration von Aussiedlern in den 90er Jahren wird gesondert beschrieben (vgl. Abschnitt 2.2.5).

2.2.3 Gastarbeiter und deren Familienangehörige

Die ersten Anwerbevereinbarungen mit den Ländern der süd(ost)europäischen Peripherie wurden zu einer Zeit abgeschlossen, als Vollbeschäftigung keineswegs in Sicht war: 1955 mit Italien, 1960 mit Spanien und Griechenland, 1961 mit der Türkei, 1963 mit Marokko, 1965 mit Tunesien und 1968 mit Jugoslawien. Diese Abkommen waren keine spezifisch westdeutsche Angelegenheit, sondern sind – was häufig außer acht gelassen wird – im Kontext westeuropäischer Politik- und Beschäftigungskonzepte zu sehen. Auf gesamteuropäischer Ebene wurden bis 1974 34 *Anwerbeabkommen* abgeschlossen. Alle Anwerbestaaten gingen davon aus, dass es sich um eine kurzfristige Angelegenheit handele – es herrschte das sog. Rotationskonzept vor. Die Zuwanderung der Gastarbeiter und Gastarbeiterinnen fand unter dem Etikett der Beschäftigungspolitik und nicht der Einwanderungspolitik statt. Zwischen 1960 und 1990 zogen 16 Mio. Ausländer in die Bundesrepublik zu, aber im selben Zeitraum verließen auch 12 Mio. die Bundesrepublik.

Bezüglich der gebliebenen 4 Mio. *Gastarbeiter*, ihrer Familienangehörigen und Nachkommen muß man von einer faktischen Einwanderung ausgehen. Mit Aufenthaltszeiten von bis zu 30 Jahren sind die Zuwanderer aus der Türkei und dem ehemaligen Jugoslawien (Kroatien, Serbien, Montenegro, Bosnien-Herzegowina) die beiden größten Gruppen. Gemeinsam mit ihren Familienangehörigen, die im Rahmen des Familiennachzuges nach Deutschland kamen bzw. in Deutschland geboren wurden, macht diese Gruppe den größten Anteil der zugewanderten Bevölkerung in Deutschland aus: Sie wird als ausländische Wohnbevölkerung bezeichnet und umfaßte am 31.12.95 7.173.866 Personen. Mit 2 Mio. stellen die türkische Population die größte und mit 1,3 Mio. die Staatsangehörigen aus dem ehemaligen Jugoslawien die zweitgrößte Gruppe dar (vgl. Artikel ausländische Bevölkerung). Bei der Mehrheit der Migranten aus der Türkei ist eine Rückkehr unwahrscheinlich, auch im Alter werden sie vermutlich in Deutschland bleiben.

Überproportional viele Rückkehrer fanden und finden sich unter den Migranten aus Spanien, Portugal und Griechenland. Besonders „wanderungsfreudig" sind die Italiener: Sie wandern hin und wieder zurück (vgl. Schöneberg 1993: 28). Diese Mobilität hat jedoch auch ihre Schattenseiten: „Die Italiener hier haben keinen Lebensplan gehabt ... Die geographische Nähe und die Freizügigkeit haben sie dazu verleitet, vorläufig zu leben. Sie haben sich nie entschieden hierzubleiben, sie haben nie aktiv am sozialen Leben teilgenommen. Sie haben nie wirklich die Sprache gelernt" (Romero 1995). Vielleicht hängt der öffentlich immer wieder diskutierte auffällig hohe Anteil italienischer Schüler an den Sonderschulen hiermit zusammen.

Auch die *DDR* hatte seit den 70er Jahren ausländische Arbeitskräfte angeworben, und zwar aus befreundeten sozialistischen Staaten: Aus Moçambique, Kuba, vor allem jedoch aus Vietnam. Nach der Wiedervereinigung wurde diese Gruppe massiv unter Druck gesetzt, in die Heimatländer zurückzukehren. Ende 1989 lebten in der DDR 60.067 Ausländer. Dazu wurden jedoch nicht nur die angeworbenen Arbeitskräfte, sondern auch die sowjetischen „Brüder und Schwestern" gezählt. Im Juli 1995 schlossen Deutschland und Vietnam ein Abkommen über die Rückführung vietnamesischer Staatsbürger, wonach bis zum Jahr 2000 40.000 Vietnamesen zurückkehren müssen. Zu diesen gehören 10.000 ehemalige Vertragsarbeiter, deren Aufenthaltserlaubnis abgelaufen ist; 20.000 abgelehnte Asylbewerber und 10.000 illegal aus Vietnam ins Bundesgebiet (nicht nur in die neuen Länder) eingereiste Personen.

Für die heutige Beschäftigung ausländischer Arbeitskräfte in Deutschland ist eine neue Form der Rotationspolitik symptomatisch. Da seit dem Anwerbestop von 1973 keine Gastarbeiter mehr angeworben werden können, es jedoch in vielen Branchen weiterhin Bedarf gibt, sind neue Formen der Arbeitsmigration – längerfristige und kurzfristige – hinzugekommen (vgl. Artikel ausländische Bevölkerung).

2.2.4 Flüchtlinge und Asylbewerber

Bezüglich der Asylanträge nahm die Bundesrepublik Anfang der 90er Jahre im europäischen Vergleich eine Spitzenposition ein. Die Zahl der Anträge war von 73.832 im Jahr 1985 auf 438.191 im Jahr 1992 gestiegen. Nach der Asylrechtsänderung von 1993 gingen die Anträge und vor allem die Anerkennungsquoten dramatisch zurück. 1995 wurden 127.937 Anträge auf Asyl gestellt. Im selben Jahr hat das Bundesamt für die Anerkennung ausländischer *Flüchtlinge* über die Anträge von 200.188 Personen entschieden, davon wurden 18.100 (= 9%) anerkannt. Die höchste Anerkennungsquote von 45,2% bzw. 37,7% hatten dabei *Asylbewerber* aus dem Irak und aus dem Iran, die geringste mit 0,03% Asylbewerber aus Rumänien.

Über die Relationen innerhalb der Gruppe der Flüchtlinge geben folgende Angaben des Bundesinnenministeriums Aufschluß. Danach hielten sich am 31.12.95 insgesamt 1,6 Mio. *Flüchtlinge* in Deutschland auf; hierbei handelt es sich im einzelnen um:

- 158.000 Asylberechtigte und im Ausland anerkannte Flüchtlinge;
- 130.000 Familienangehörige von Asylberechtigten;
- 372.000 Asylbewerber;
- 320.000 Bürgerkriegsflüchtlinge aus Bosnien-Herzegowina (darunter etwa 30.000 Asylsuchende, die auch in der vorherigen Zahl enthalten sind);
- 550.000 De-facto-Flüchtlinge (dies sind Flüchtlinge, die keinen Asylantrag gestellt haben oder deren Asylantrag rechtskräftig abgelehnt wurde und die aus rechtlichen, humanitären oder sonstigen Gründen nicht abgeschoben werden [können]);
- 91.100 Kontingentflüchtlinge (diese werden oft zu den De-facto-Flüchtlingen gezählt, haben jedoch aufgrund des Kontingentflüchtlingsgesetzes einen eigenen Rechtsstatus [z.B. ca 32.000 vietnamesische Bootsflüchtlinge 1979]);
- 188.000 Heimatlose.

Seit der Asylrechtsänderung haben sich die *Abschiebungen* abgelehnter *Asylbewerber* vervielfacht:

1991	8.280
1992	10.800
1993	39.030
1994	44.066
1995	30.252

Mit der neuen Asylgesetzgebung sind die gegenwärtigen Asylbewerberzahlen auf 10% der Zahlen zu Beginn der 90er Jahre gesunken. Legale *Zuwanderung*, vor allem die auf langfristig angelegte, ist kaum noch möglich (vgl. Abschnitt 2.2.6).

2.2.5 Aussiedler in den 90er Jahren

Nach 1989 zogen Hunderttausende von Deutschstämmigen aus Rußland, Kasachstan, Rumänien oder Polen in die Bundesrepublik. Alleine im Jahr 1990 kamen 397.000 Aussiedler in die Bundesrepublik. Angesichts dieser Entwicklung wurde die Aussiedlerpolitik mehrfach modifiziert, und die Zuwanderung in die Bundesrepublik auch für diese Gruppe erschwert.

Zunächst wurde die *Zuwanderung* von *Aussiedlern* quotiert: Seit 1993 werden jährlich ca. 220.000 Deutschstämmige aus Osteuropa und den GUS-Staaten aufgenommen. Das Kriegsfolgenbereinigungsgesetz vom 1.1.1993 nimmt eine Umkehrung der Beweislast für die Deutschstämmigen in Osteuropa (dies gilt nicht für diejenigen in den Nachfolgestaaten der UdSSR) vor: Diese müssen individuell glaubhaft machen, daß sie Diskriminierungen ausgesetzt sind. Bei den Zuzügen aus dem Ausland von Deutschen (insgesamt 281.132) stammten im Jahr 1993 die größten Gruppen aus Kasachstan (85.501) und der Russischen Föderation (56.362). Seit Juli 1996 können die deutschen Vertretungen in der ehemaligen UdSSR nach einem Urteil des Bundesverwaltungsgerichts die Aussiedler nach ihren Deutschkenntnissen „sortieren" und ggf. zurückweisen.

Für die *Zuwanderung* von *Aussiedlern* gibt es einen von der Bundesregierung festgelegten Verteilerschlüssel für die Bundesländer, der – angesichts des Drangs in die alten Bundesländer – jedoch nur bedingt funktioniert. „Dem Land Sachsen wurden im vergangenen Jahr 15.000 Neuzuwanderer zugewiesen, aber nur 9.700 sind geblieben. Thüringen nimmt laut Quote 7.400 Aussiedler auf, 60 Prozent von ihnen ziehen aber wieder weg" (die tageszeitung v. 3.4.96). Gegen diese fortgesetzte Migration wurde Ende März 1996 ein neues Wohnortzuordnungsgesetz verabschiedet, das die Aussiedler zwei Jahre an einem Ort halten soll, da sie ansonsten ihre Ansprüche auf Eingliederungshilfe verlieren. Allerdings wurde die Eingliederungshilfe, die zuvor aus Darlehen für Haus- oder Wohnungskauf und Entschädigungen bestand, seit 1992 auf einen sechsmonatigen Sprachkurs reduziert.

Betrachtet man die *Aussiedler*, so heterogen sie auch sind, als Gruppe, so fällt besonders ihre Alterszusammensetzung auf. Verglichen mit der einheimischen Bevölkerung und den anderen Zuwanderergruppen sind Aussiedler sehr jung (vgl. hierzu und zum folgenden Koller 1993). Der Anteil der unter 20jährigen unter den zugewanderten Aussiedlern ist noch gestiegen: 1988 betrug er 32,9%, 1992 37,9%. Den Jugendlichen gilt die besondere Aufmerksamkeit von Betreuungsorganisationen, Politikern und Wissenschaftlern: „In einem Alter, in dem sie selbst noch wenig gefestigt sind, müssen sie einen schwierigen Balanceakt bewältigen: Orientieren sie sich zu sehr an den Anforderungen der Familie, werden sie zu Außenseitern in der neuen Umgebung; passen sie sich den Verhaltensweisen und dem Konsumstil der jungen Einheimischen an, laufen sie Gefahr, den Rückhalt der Familie zu verlieren" (Koller 1993: 16).

Die berufliche Eingliederung der Erwachsenen gestaltet sich unterschiedlich: Handwerklich-technisch qualifizierte Aussiedler (meist Männer) haben relativ gute Chancen, Personen mit Sozial- und Erziehungsberufen (meist Frauen) dagegen deutlich schlechtere Chancen auf dem deutschen Arbeitsmarkt. Insgesamt gilt für die Aussiedler wie für die meisten anderen Zuwanderergruppen, daß ihre berufliche Position im Aufnahmeland nicht ihrer ursprünglichen Qualifikation entspricht. In der allmählich in Gang kommenden Forschung zu dieser Gruppe wird betont, „daß Aussiedler im Vergleich zu Migranten/Einwanderern unter einem besonderen Assimiliationsdruck stehen. (...) Sie begreifen sich als Deutsche, erleben im Aufnahmeland allerdings ständig, daß sie Fremde sind. Sie werden als fremde Deutsche ausgegrenzt und müssen diese Differenzerfahrungen zwischen ihrer ursprünglichen Selbstdefinition und dem hier erfahrenen Fremdbild dauerhaft verarbeiten" (Herwartz-Emden 1997: 4).

2.2.6 Illegale bzw. irreguläre Zuwanderung
Wieviele Illegale es gegenwärtig gibt, kann naheliegenderweise nur geschätzt werden. Fest steht, daß die illegale bzw. irreguläre Migration (Kritiker geben dieser Bezeichnung den Vorzug) nach Deutschland in den letzten Jahren stark zugenommen hat. Schätzungen gehen davon aus, daß zwischen 150.000 und 500.000 Migranten ohne Aufenthaltstitel in Deutschland leben. Die Folgen politischer Entscheidungen werden in diesem Zusammenhang kaum reflektiert: So resultiert die Zunahme illegaler Migration vor allem aus den erhöhten Hürden für legale Migration und weniger daraus, daß Migranten heute krimineller wären als früher.

2.3 Heutige Abwanderungen

Verglichen mit den *Zuwanderungen* ist eine Systematisierung der *Abwanderung* erheblich schwieriger, außerdem ist sie weniger erforscht. Wie oben ausgeführt, betrifft die Abwanderung vor allem (zurückkehrende) Ausländer. Die wichtigsten Ziele der Fortzüge von Deutschen (insgesamt 119.109) sind im Jahr 1994 die folgenden Staaten:

USA	13.904
Frankreich	7.766
Niederlande	5.510
Schweiz	4.987
Spanien	4.776

Die Attraktivität der USA als – altes und neues – Auswanderungsland für Deutsche wird durch die wiederholt inserierte Einwanderungswerbung der US-Regierung in deutschen Zeitungen belegt: „Die amerikanische Regierung wird 55.000 ständige Aufenthaltserlaubnisse (,Grüne Karten') durch ein NEUES Staatsprogramm erteilen. Inhaber, inklusive Gattin/Gatte und Kinder, dürfen in den USA arbeiten und wohnen. Amerikanische Staatsangehörigkeit ist später möglich, wenn erwünscht. Für weitere KOSTENLOSE Informationen ..." (Süddeutsche Zeitung v. 11./12. 1.97; Hervorh. im Original). Es ist davon auszugehen, daß die Mehrheit der einheimischen Abwanderer als Heirats- bzw. Beziehungsmigranten oder als Arbeitsmigranten einzustufen sind.

3. Forschungsansätze

3.1 Traditionelle Perspektiven

Die lange Zeit gängigen push-pull-Modelle, wonach Migration durch das Verhältnis von Abstoßung (vom Herkunftsland) und Anziehung (durch das Aufnahmeland) zu erklären sei und hierbei vor allem ökonomische Faktoren (Einkommensunterschiede etc.) den Ausschlag gäben, werden heute nur noch bedingt als tauglich angesehen. Warum wandern Menschen? Peter Stalker bringt in seiner informativen Darstellung zur Arbeitsmigration die Gründe für Migration auf folgende prägnante Formel: „Poverty, adventure, calculation, desperation" (Stalker 1994: 21). Eine genauere Darstellung der verschiedenen Theorien der Migrationsforschung, die es seit mehr als 100 Jahren gibt, ist hier nicht möglich (einen entsprechenden Überblick bieten Treibel (1990) oder Waldrauch (1995)).

Migrationsforschung beschäftigt sich fast ausschließlich mit der Arbeits- und Fluchtmigration und ist weitestgehend Ausländerforschung. Expertenmigration, Binnenmigration der Einheimischen, Heiratsmigration werden zumindest in der soziologischen Literatur bisher kaum thematisiert. Gegenstand der Migrationsforschung sind – etwas überspitzt ausgedrückt – zugewanderte, ethnisch fremde Unterschichtsangehörige. Dabei stellen die Tätigkeit und Wohnsituation im Aufnahmeland das Kriterium für die Einordnung in das gesellschaftliche Statusgefüge dar. Die ursprüngliche Qualifikation der Migranten, die häufig höher ist als die gegenwärtig ausgeübte Tätigkeit, wird häufig nicht berücksichtigt. So sind in jüngerer Zeit Tausende von Polinnen in Deutschland als Putzfrauen beschäftigt, da sie hiermit ein Vielfaches des Lohnes erhalten, den sie im Heimatland als Lehrerin oder Ärztin verdienen.

3.2 Aktueller Forschungsstand

Ungefähr seit Ende der 80er Jahre sind in der Migrationsforschung beträchtliche Erkenntnisfortschritte zu verzeichnen:

- *Ausländer* werden nicht mehr als eine einheitliche, eindeutig ab- und ausgrenzbare Gruppe aufgefaßt. Vielmehr wird Migration als ein komplexer sozialer Vorgang verstanden, bei dem Aspekte der Mikroebene (die die Handlungen der Individuen betreffen) und Aspekte der Makroebene (die sich auf die gesellschaftlichen Strukturen beziehen) ineinandergreifen. So wird für das Zustandekommen des Wanderungsentschlusses ein ganzes Motivbündel herangezogen: persönliche Disposition, Familienkonstellation, Einkommenssituation, Netzwerke im Aufnahmeland einerseits, Aufenthaltsbedingungen im Aufnahmeland sowie politische Bedingungen im Herkunfts- wie im Aufnahmeland andererseits. Bezüglich der Frage, ob sich die Migration für die einzelnen lohne, müssen die Antworten differenziert ausfallen: Verglichen mit den Verdienst- und Beschäftigungsmöglichkeiten im Herkunftsland zahlt sich die Migration wohl meist aus, in Relation zum Statusgefüge des Aufnahmelandes findet sich die Mehrheit der Migranten in unterprivilegierten und schlecht bezahlten Arbeitsverhältnissen wieder (vgl. Artikel ausländische Bevölkerung).
- Allmählich kommen überfällige Korrekturen mit Blick auf die Migrantinnen in Gang. Nach der Alltagswahrnehmung (und häufig auch noch in der Wissenschaft) wandern Mädchen und *Frauen* höchstens nach oder mit. Sie sind, so die Annahme, keine Pionierinnen, und wenn sie an einer Gruppenwanderung beteiligt sind, übernehmen sie nicht die Initiative. Frauen werden zumeist als Anhängsel ihrer Väter,

Partner oder Söhne wahrgenommen. Tatsächlich sind sie jedoch selbständige Akteurinnen im Migrationsprozeß. Weltweit migrieren mehr Frauen als Männer. Bei den Migrationsbewegungen insgesamt stellen sie 50% dar, und bei den Fluchtbewegungen bilden sie sogar die Mehrheit (vgl. Schöttes/Treibel 1997).
- Neue, in dieser Weise nicht vorhergesehene Wanderungsformen werden registriert. Angesichts der polnischen *Zuwanderung* nach Deutschland wird darauf hingewiesen, daß die klassischen Kategorien der Migrationsforschung (etwa temporäre vs. permanente Wanderung; vgl. Abschnitt 1.1) nicht mehr ohne weiteres passen; es handele sich häufig um „Pendeln statt auswandern" (Morokvasic/Rudolph 1994).
- Die Fixierung auf „die" Ausländer wurde durch eine Perspektive ersetzt, die die Interaktionen zwischen Einheimischen und Zugewanderten berücksichtigt. Dabei wird die Bedeutung des ethnischen Faktors relativiert und das Kriterium der Langansässigkeit betont. In Anlehnung an die Studie von Elias/Scotson (1993) lassen sich heute eine Menge unterschiedlicher Verflechtungen von mehr oder weniger (einheimischen und ausländischen) Etablierten und mehr oder weniger (einheimischen und ausländischen) Außenseitern feststellen. Das Verhältnis von Westdeutschen und Ostdeutschen in der neuen Bundesrepublik illustriert die Eliassche These, wonach Neuankömmlinge sich immer „hinten anstellen" müssen. Angesichts der seit Ende der 80er Jahre so bedeutsamen Zuwanderung von Aussiedlern wird dieser Ansatz relevant bleiben.
- In jüngerer Zeit scheint eine historisch kritische und vergleichende Perspektive, die lange Zeit angemahnt wurde, selbstverständlich: Dies gilt auf der Makroebene (vgl. Bös 1997) wie auf der Mikroebene (vgl. Pagenstecher 1996). Darüber hinaus gewinnt der Blick auf sog. transnationale Räume der Migration an Bedeutung: Hierbei geht man davon aus, daß der eindeutig feststellbare Wohnortwechsel zusehends durch die Bewegung zwischen verschiedenen Wohnorten, etwa zwischen Mexiko und USA abgelöst wird. Die Lebenspraxis und die Lebensprojekte dieser „Transmigranten" spannen sich zwischen verschiedenen Wohnorten bzw. geographischen Räumen auf (vgl. Pries 1997: Vorwort). Durch Migration entstehen neue soziale Felder zwischen Herkunfts- und Zielregion: „Man geht weg, aber nie so ganz."

Als wichtigste Einsicht der neueren Diskussionen bleibt festzuhalten: Migration ist nicht geradlinig, nicht eindimensional und nicht unumkehrbar. Dies gilt weltweit und auch für die Zu- und Abwanderung nach und aus Deutschland.

4. Öffentliche Relevanz und politischer Handlungsbedarf

Fragt man nach Zuwanderinnen und Zuwanderern in Deutschland, so assoziieren die meisten den türkischen Bergarbeiter, die polnische Putzfrau, den rußlanddeutschen Elektriker oder den ghanaischen Aushilfskoch. Kaum jemand denkt an die koreanische Krankenschwester, den japanischen Manager oder die niederländische Zahnärztin. Im öffentlichen Diskurs spielt die Kategorie „Nicht-Deutsch" gar nicht so eine entscheidende Rolle: Wer als Ausländer, ethnisch fremd und nicht erwünscht etikettiert wird, hängt von der jeweiligen Bezugsgruppe und den politischen und sozialen Bedingungen ab, unter denen Individuen oder Gruppen zuwandern. Österreichische, niederländische oder weiße US-amerikanische Migranten werden statistisch zwar als Ausländer geführt, jedoch nicht als Teil des „Ausländerproblems" begriffen. Auf der anderen Seite gelten die Deutschen aus Kasachstan als genügend fremd, quantitativ bedeutsam und „neu", um öffentliche Aufmerksamkeit zu erlangen. Ebenso tauchen eingebürgerte türkischstämmige Jugendliche nicht mehr in der Statistik auf, werden ungeachtet ihres deutschen Passes jedoch als (Ausländer-)Problem wahrgenommen.

„Der in der Öffentlichkeit häufig zitierte (hohe) ‚Ausländeranteil an der bundesdeutschen Wohnbevölkerung' ist aus wissenschaftlich demographischer Sicht keine sinnvolle Größe. Wir müssen berücksichtigen, daß nach deutscher Definition alle hier lebenden und geborenen Kinder und Kindeskinder früherer nichtdeutscher Zuwanderer ‚Ausländer' sind, wenn diese nicht die deutsche Staatsbürgerschaft erhielten, während beispielsweise in den Nachfolgestaaten der Sowjetunion geborene und lebende Personen auch ohne deutsche Sprachkenntnisse Deutsche im Sinne der Gesetze sein können. (...) Für die Bundesrepublik muß festgehalten werden, daß der sogenannte ‚Ausländeranteil' an der Bevölkerung letztlich so groß ist, wie wir selbst es wünschen: Durch die Handhabung unserer Regelungen zur Gewährung der deutschen Staatsbürgerschaft bestimmen wir diese für viele Personen so ‚bedrohlich' anmutende Zahl selbst" (Dinkel/Lebok 1994: 27).

Der öffentliche Umgang mit der Migrationsthematik erfolgt selektiv: Die Normalität von Migration und der Zusammenhang der Migrationsformen werden zugunsten bestimmter Wanderungsformen und bestimmter Migrantinnen und Migranten vernachlässigt. Generell wird *Zuwanderung* mehr beachtet als *Abwanderung*. Die ökonomischen und strukturellen Krisen in vielen Zuwanderungsregionen der Welt haben dazu geführt, daß viele Menschen die Zuwanderer und *Flüchtlinge* mit wachsendem Mißtrauen betrachten, ihre Beweggründe politisch-moralisch bewerten und häufig für nicht legitim halten. Weniger denn je läßt sich Migration unter Ausländer- (und Aussiedler-)Politik subsumieren. Die Bedeutung dieses Phänomens verlangt längst nach neuen juristischen und politischen Vorgaben, etwa einem Einwanderungsgesetz. Im Fall Deutschlands, wo Einwanderung seit Jahrzehnten stattfindet und angesichts der niedrigen Geburtenrate auch als notwendig erachtet wird, fällt der Mangel an einer diesbezüglichen politischen Gestaltung besonders ins Gewicht.

Literatur

Bade, Klaus J.: Homo Migrans – Wanderungen aus und nach Deutschland, Essen 1994

Bös, Mathias: Migration als Problem offener Gesellschaften. Globalisierung und sozialer Wandel in Westeuropa und in Nordamerika, Opladen 1997

Dinkel, Reiner Hans/Uwe Lebok: Demographische Aspekte der vergangenen und zukünftigen Zuwanderung nach Deutschland, in: Aus Politik und Zeitgeschichte, B48, 1994, S. 27-36

Elias, Norbert/John L. Scotson: Etablierte und Außenseiter, Frankfurt a.M. 1993 (engl. Originalausgabe 1965)

Geißler, Rainer: Die Sozialstruktur Deutschlands. Ein Studienbuch zur Entwicklung im geteilten und vereinten Deutschland, Opladen 1992

Herwartz-Emden, Leonie: Erziehung und Sozialisation in Aussiedlerfamilien. Einwanderungskontext, familiäre Situation und elterliche Orientierung, in: Aus Politik und Zeitgeschichte, B 7-8, 1997, S. 3-9

Koller, Barbara: Aussiedler in Deutschland. Aspekte ihrer sozialen und beruflichen Eingliederung, in: Aus Politik und Zeitgeschichte, B 48, 1993, S. 12-22

Lehmann, Albrecht: Im Fremden ungewollt zuhaus. Flüchtlinge und Vertriebene in Westdeutschland 1945 – 1990, München 1991

Meier-Braun, Karl-Heinz: 40 Jahre „Gastarbeiter" und Ausländerpolitik in Deutschland. In: Aus Politik und Zeitgeschichte, B 35, 1995, S. 14-22

Morokvasic, Mirjana/Hedwig Rudolph (Hg.): Wanderungsraum Europa. Menschen und Grenzen in Bewegung, Berlin 1994

Opitz, Peter J.: Flucht, Vertreibung, Migration 1945 – 1995. Zur Problematik von Zuwanderung und Integration, in: Aus Politik und Zeitgeschichte, B 44-45, 1996, S. 3-16

Pagenstecher, Carl: Die „Illusion" der Rückkehr. Zur Mentalitätsgeschichte von „Gastarbeit" und Einwanderung, in: Soziale Welt, 47. Jg., Heft 2, 1996, S. 149-179

Pries, Ludger (Hg.): Transnationale Migration, Sonderband Soziale Welt, Baden-Baden 1997

Romero, Antonella: Von Alberobello nach Gifhorn. Die ersten Gastarbeiter waren Italiener, in: Die Zeit, Nr. 51, 1995

Schöneberg, Ulrike: Gestern Gastarbeiter, morgen Minderheit. Zur sozialen Integration von Einwanderern in einem „unerklärten" Einwanderungsland, Frankfurt a.M. u.a.1993

Schöttes, Martina/Annette Treibel: Frauen – Flucht – Migration. Wanderungsmotive von Frauen und Aufnahmesituationen in Deutschland, in: Pries, Ludger (Hg.): Transnationale Migration, Sonderband Soziale Welt, Baden-Baden 1997

Stalker, Peter: The Work of Strangers: A survey of international labour migration, Genf 1994

Statistisches Bundesamt: Statistisches Jahrbuch 1996, Wiesbaden 1996

Treibel, Annette: Migration in modernen Gesellschaften. Soziale Folgen von Einwanderung und Gastarbeit, Weinheim/München 1990 (Neuaufl. in Vorber.)

Waldrauch, Harald: Theorien zu Migration und Migrationspolitik, in: Journal für Sozialforschung, 35. Jg., Heft 1, 1995, S. 27-49

Annette Treibel

Modernisierung und Transformation

1. Drei Perspektiven der Modernisierungstheorie

1.1 Modernisierung wird in den Sozialwissenschaften in einem dreifachen zeitlichen Bezug behandelt: Unter Modernisierung kann man erstens den säkularen Prozeß seit der Industriellen Revolution verstehen, in dem sich die kleine Gruppe der heute modernen Gesellschaften entwickelt hat; zweitens die vielfältigen Aufholprozesse unterentwickelter Gesellschaften; drittens die Bemühungen der modernen Gesellschaften selbst, durch Innovationen und Reformen die Entwicklung in Gang zu halten und neue Herausforderungen zu bewältigen.

Transformation wäre in diesem Sinn ein spezieller Typus der zweiten Gruppe von Modernisierungsprozessen, und zwar in bereits stark industrialisierten und urbanisierten Gesellschaften. Es ist der Übergang von Diktaturen oder autoritären Systemen in Demokratien und von Plan- und Kommandowirtschaften in Marktwirtschaften. Dieser Übergang wird im Modellfall von Eliten und Bevölkerung bewußt angestrebt, d.h. die Ziele sind bekannt, und im Erfolgsfall soll er eine deutliche Erhöhung des Wohlstands der breiten Bevölkerung mit sich bringen. Während wir die erfolgreichen Aufholprozesse Südostasien zuschreiben, sprechen wir von Transformation in Spanien und Portugal, in lateinamerikanischen und, heute verstärkt, in osteuropäischen Gesellschaften.

Von den drei Perspektiven der Modernisierung scheint am wenigsten kontrovers zu sein, daß die Herausbildung der modernen Gesellschaften der OECD-Welt von recht verschiedenen Ausgangspunkten zunehmend in die gleiche Richtung geführt hat. Moderne Gesellschaften sind sich hinsichtlich ihres wirtschaftlichen und politischen Systems, ihrer Sozialstruktur, der Grundeinstellungen ihrer Bevölkerung und ihres materiellen Wohlstands, weitgehend auch ihres subjektiven Wohlbefindens, ähnlicher als Gesellschaften anderer Entwicklungsstufen, Zivilisationen und Kulturkreise. Da es aber neben dem westlichen Weg mindestens den ostasiatischen Weg erfolgreicher Modernisierung gibt, sollten wir gegen zu starke Konvergenzannahmen gefeit sein.

1.2 Stärker kontrovers ist die Vorstellung, die Entwicklungsbemühungen der ärmeren Länder seien wesentlich als Prozesse der *„nachholenden Modernisierung"*, d.h. der Orientierung am westlichen Vorbild zu verstehen. An dieser Stelle hatte schon die heftige Kritik an der klassischen Modernisierungstheorie der 1950er und 1960er Jahre eingesetzt: die Kritik an der „Westernisierung" und Amerikanisierung ebenso wie an der Vorstellung eines ununterbrochenen Wachstums im Hinblick auf die kapitalistische Konsumgesellschaft. Damals stand mit dem *Sozialismus* eine große Alternative für eine nicht-kapitalistische Entwicklung zur Verfügung und wurde in mehreren Varianten differenziert: das sowjetische Modell, das chinesische Modell, zeitweise das kubanische Modell und das Modell des afrikanischen Sozialismus. Mit dem Zusammenbruch des Sozialismus sind diese Alternativen vorläufig ausgeschieden, es sei denn, man würde in dem aktuellen chinesischen Programm einer „sozialistischen Marktwirtschaft" ein längerfristiges Modell sehen. Die heutigen Alternativen zur Modernisierung rücken vom westlichen Modell der ökonomischen und politischen Entwicklung, der Beteiligung der einzelnen Bürger am wirtschaftlichen Ertrag und an politischen Entscheidungen, weitgehend ab. Dem westlichen Individualismus werden fundamentale kulturelle Alternativen (islamischer Gottesstaat, asiatische Disziplin, „ein Land – zwei Systeme") entgegengestellt. Im dramatischen Konfliktfall handelt es sich, im Bild von S. Huntington (1993), um den „clash of civilizations" anstelle der nationalstaatlichen Entwicklungskonkurrenz der letzten zweihundert Jahre.

1.3 Am meisten umstritten ist die Vorstellung, moderne Gesellschaften könnten auf dem Wege *„weitergehender Modernisierung"*, d.h. der Weiterentwicklung ihrer Basisinstitution durch Reformen und Innovationen, die neuen Probleme erfolgreich bearbeiten, die aus den komplexer gewordenen natürlichen, internationalen und psycho-sozialen Umwelten stammen. Aber die Alternativen, die zu einer „weitergehenden Modernisierung" (Zapf 1991) angeboten werden, sind entweder nur Variationen der Modernisierung oder moralische Wunschgebilde ohne institutionelle Basis. So ist m.E. das Konzept der *„reflexiven Modernisierung"* (Beck 1993), in der Individuen und Gruppen in ihren Institutionen und Organisationen die Folgen der ersten Modernisierung kritisch verarbeiten und deren Risiken berücksichtigen, in der Modernisierungstheorie von Anfang an angelegt. Marktwirtschaft und Konkurrenzdemokratie sind per se reflexive, d.h. reaktionsfähige und revisionsfähige Basisinstitutionen. Wohlfahrtsstaat und Massenkonsum sind per se Reservemechanismen zur Regulierung und Legitimierung der Lasten des Modernisierungsprozesses.

1.4 Die Hoffnungen der osteuropäischen Reformer richteten sich vor allem auf die „Zivilgesellschaft", d.h. auf den unter der Diktatur gewachsenen Bereich von Bürgerbewegungen, neuartigen Assoziationen, alternativen, schattenwirtschaftlichen Ökonomien. Hiermit sollte sich die „Lebenswelt" gegen das „alte System" durchsetzen, aber auch das neue daran hindern, in die spätkapitalistischen Muster des Westens abzugleiten. Diese Hoffnungen sind bei den meisten Anhängern inzwischen enttäuscht worden, weil sich die Zivilgesellschaft als zu schwach erwies, um einen eigenen dritten Weg jenseits von Kapitalismus und Sozialismus durchzusetzen.

1.5 Die Vorstellung, Transformation sei *nachholende Modernisierung* im Sinne eines tiefgreifenden und raschen Wandels, dessen Ziel bekannt ist, gilt sicher in vielen postkommunistischen Ländern ebenso wie in zahlreichen Schwellenländern Ostasiens und Lateinamerikas. Aber sie gilt längst nicht in allen diesen Gesellschaften. „Breakdowns of modernization" (Eisenstadt) waren schon in der klassischen *Modernisierungstheorie* durchaus vorgesehen und insbesondere an lateinamerikanischen Fällen studiert worden. Mit „breakdowns of transformation" im Ausmaße der früheren Sowjetunion und gar Jugoslawiens haben aber nur wenige gerechnet, am ehesten diejenigen Länderspezialisten, die sich durchaus vorstellen konnten, daß nationale Abgrenzungen, ethnische Revanchen und Verteilungskämpfe um die Restbestände sozialistischer Macht für wichtige Akteure durchaus bedeutsamer sein könnten als eine rasche Konsensusbildung zur Erlangung von Marktwirtschaft und *Konkurrenzdemokratie*. Als Alternative zum Modell der nachholenden Modernisierung wird deshalb, z.B. unter der Formel „Das Alte im Neuen" (Stark 1995), die Vorstellung vertreten, daß es deshalb mehrere Transformationswege gibt, weil mit dem Zusammenbruch der alten Machtstrukturen nicht einfach ein Vakuum eingetreten ist, sondern weil alte Netzwerke und Seilschaften weiterwirken und durchaus zu Lösungen gesellschaftlicher Versorgungs-, Integrations- und Steuerungsprobleme führen können, die sich von den westlichen Vorstellungen unterscheiden.

2. Die neue theoretische Diskussion um die Modernisierung

2.1 Prozesse des *sozialen Wandels* kann man nach Tempo, Tiefgang, Richtung und Steuerbarkeit sinnvoll klassifizieren und beschreiben. Die *Modernisierungstheorie* befaßt sich vornehmlich mit tiefgreifenden Wandlungsprozessen langfristiger Art, die zumindest ex post eine klare Richtung haben. Innerhalb dieser langfristigen Prozesse gibt es Take-offs und Spurtsituationen, die unter Umständen als die hinreichenden Bedingungen langfristiger Veränderungen konzipiert werden. Aber die Prognose rapider Überraschungen, wie Coups, öffentliche Gewaltausbrüche oder technische Katastrophen, gehören sicher nicht zum Kernprogramm der Modernisierungstheorie, ebensowenig wie die umfassende gesellschaftliche Steuerung. Umfassende Planung und Steuerung war vielmehr eine Besonderheit der sozialistischen Alternative und wurde gerade als rationale Differenz zum Kapitalismus bezeichnet. Die westliche Modernisierung wird hingegen als ein Suchprozeß interpretiert, der entweder ungeplant eine Richtung genommen (N. Elias) oder am generellen Leitfaden der Differenzierung durch Versuch und Irrtum umweltadäquate, d.h. überlebens- und wachstumsfähige institutionelle Lösungen gefunden hat.

2.2 An anderer Stelle (Zapf 1991) ist argumentiert worden, daß die *Modernisierungstheorie* durch die Inkorporation der Innovationsforschung eine Reihe ihrer Probleme bearbeiten kann: sie erhält dadurch eine klare handlungstheoretische und konflikttheoretische Grundierung, und sie kommt durch die Übernahme dieser Vorstellungen auch zu einer systematischen Erklärung von Unregelmäßigkeiten, nichtlinearen Abläufen, Entwicklungsschüben, Stagnationsperioden und langen Wellen. Vor allem aber kann man „breakdowns of modernization" mit Hilfe der vielen Erfahrungen über Innovationsgegner und Innovationswiderstände konzipieren, und man ist nicht völlig überrascht, wenn acht Jahre nach dem Zusammenbruch des Sozialismus nur der kleinere Teil der postkommunistischen Gesellschaften auf einem stabilen Weg der Transformation zu sein scheint.

2.3 In der jüngsten Diskussion hat J. Berger (1996: 46) die *Modernisierungstheorie* in vier Prinzipien zusammengefaßt: „Modernisierung ist eine interne Leistung der in diesem Prozeß begriffenen Gesellschaften; die einzelnen Züge der Modernisierung unterstützen sich wechselseitig; die Vorläufer behindern nicht die Nachzügler; Modernisierungsprozesse konvergieren in einem gemeinsamen Ziel". Trotz all der heftigen Kritiken an diesen Theoremen habe sich eine überzeugende Alternative nicht durchsetzen können. Das heißt u.a., daß Entwicklung weder durch Ausbeutung erklärt werden kann noch durch bloßes Kopieren von Institutionen zustande kommt. Trotz der Grundtatsache steigender Differenzierung gibt es einen parallelen Prozeß steigender Interdependenzen. Trotz sichtbarer Trends zur *Globalisierung* bleiben die innergesellschaftlichen, endogenen Kräfte entwicklungsleitend. Gemeinsam ist diesen und einigen verwandten Beiträgen der Verzicht auf eine überhöhte theoretische Systematik, die Wahl einer Ansatzhöhe „mit Jahreszahlen und Ländernamen" sowie die Bereitschaft zur Theorienkombinatorik. Auch ist offensichtlich, daß der Modernisierungstheorie ein optimistischer Grundzug innewohnt. Deshalb sollte man – als Gegengewicht – auch jene Autoren zur Kenntnis nehmen, die vor einem „halbierten Verständnis" der Moderne warnen, wenn die Größenordnungen von ökologischen Belastungen und individualisierten Lebensweisen nicht beachtet werden (U. Beck 1986), wenn umgekehrt Kollektivität und Emotionalität ausgeblendet (Hondrich 1996) und wenn Gewaltsamkeit und Krieg nicht als konstitutive Bestandteile der gesellschaftlichen Entwicklung betrachtet werden (Joas 1996) – wie nicht zuletzt die deutsche Modernisierungsgeschichte drastisch belegt.

3. Die Bundesrepublik als moderne Gesellschaft

3.1 Die Industrialisierung hat in Deutschland später eingesetzt als in anderen westlichen Ländern, dann aber, im letzten Drittel des 19. Jahrhunderts, einen rapiden Verlauf genommen. Das Deutsche Reich von 1871 war eine „verspätete Nation" (Plessner), eine militärische Großmacht, ein Nachzügler bei der kolonialen Aufteilung der Welt; es gab seinen Untertanen die erste Sozialversicherung, verweigerte ihnen jedoch die politischen Gleichheitsrechte. Die Republik von Weimar schuf viele der politischen und sozialen Institutionen, in denen wir noch heute leben, aber ihre inneren Spaltungen waren so tief, daß sie der totalitären Herausforderung des Nationalsozialismus nicht standhalten konnte. Der *Nationalsozialismus* hat die Welt in den zweiten großen Krieg dieses Jahrhunderts gerissen, der 55 Millionen Tote kostete und noch viel mehr Menschen entwurzelte. Die Nationalsozialisten haben 6 Millionen Juden umgebracht, mehrere Millionen Zivilisten sind in den besetzten Ländern umgekommen; Deutschland hat selbst 4 Millionen Kriegstote zu beklagen, rund 12 Millionen Deutsche wurden aus den Ostgebieten vertrieben. Die deutsche Bevölkerung ist durch die Niederlage 1918, die Inflation von 1923, die Weltwirtschaftskrise 1931/32, den Zweiten Weltkrieg und den totalen Zusammenbruch 1945 drei Jahrzehnte lang hin und her geworfen worden.

Die Bundesrepublik hat sich nicht aus eigener Kraft gegründet, sondern ist 1949 unter der Ägide der westlichen Besatzungsmächte und auf Kosten der deutschen Einheit errichtet worden. Erst nach dem Wiederaufbau der frühen 1950er Jahre konnte der bereits 1913 erreichte Wohlstand wiederhergestellt und stabilisiert werden. Das anschließende „Wirtschaftswunder" brachte dann für die westdeutsche Bevölkerung zum ersten Mal den Massenwohlstand. (Die Entwicklung der DDR wird in diesem Beitrag nicht behandelt; vgl. hierzu den Artikel von P. Voigt. Unter dem Thema Modernisierung ist jedoch festzuhalten, daß nach der Wende 1989 gerade auch DDR-Soziologen den Zusammenbruch des sozialistischen Systems aus „Modernisierungsrückständen" erklärt haben.)

3.2 Die alte *Bundesrepublik* (1949-90) entwickelte sich zu einer der modernsten und wohlhabendsten Gesellschaften der Welt. International spielte sie die Rolle einer Mittelmacht an der prekären Grenze zwischen Ost und West. Als *Konkurrenzdemokratie* lebte sie von einem funktionierenden Föderalismus, hoher Wahlbeteiligung, aber auch steigender „unkonventioneller" politischer Beteiligung; sie hat die Fähigkeit zum Regierungswechsel mehrfach bewiesen. Als soziale Marktwirtschaft war sie führend während des Nachkriegsbooms, der vierten langen Welle der Weltwirtschaft, und stand sodann, wie andere Länder, vor schwierigen Aufgaben des Umbaus ihrer Industrie und ihrer Arbeitsordnung. Als Wohlstandsgesellschaft hat sie gleichermaßen den *Massenkonsum* und den *Wohlfahrtsstaat* ausgebaut bis an die Grenzen des Überflusses, der Selbstüberlastung und der ökologischen Gefährdung.

Die Modernisierungsgeschichte der alten Bundesrepublik kann am einfachsten aus den Grundentscheidungen der Jahre 1947 – 1952 erklärt werden: aus der Errichtung der Basisinstitutionen der *Konkurrenzdemokratie* und der *sozialen Marktwirtschaft*, die sodann die Wohlstandsgesellschaft durch den parallelen Aufbau von *Wohlfahrtsstaat* und *Massenkonsum* entwickelt haben. Diese Grundentscheidungen sind einerseits wesentlich von außen, von den westlichen Besatzungsmächten, in ihrer Abgrenzung gegen den Stalinismus bestimmt worden. Zum anderen sind in sie die Lehren aus den Fehlern der Weimarer Republik und die leidvollen Erfahrungen des Nationalsozialismus eingegangen: Man entschied sich für den Föderalismus, für Einheitsgewerkschaften, für eine überkonfessionelle christliche Partei, für eine unabhängige Bundesbank, für ein souveränes Verfassungsgericht.

3.3 Gab es prinzipielle Alternativen für diese Grundentscheidungen und Basisinstitutionen? Am Anfang sicher in vielen institutionellen Details und gravierend in der Frage der Wirtschaftsordnung. Aber der Blick auf die entwickelten westlichen demokratischen Gesellschaften zeigt, daß sie sich – bei aller institutioneller Vielfalt – sämtlich innerhalb der Bandbreite von Konkurrenzdemokratien, Marktwirtschaften und Wohlstandsgesellschaften bewegen. Die wichtigsten Dimensionen der Variation sind das Ausmaß des politischen Zentralismus, der regionalen Disparitäten, der ethnisch-religiös-regionalen Konflikte, der konkordanzdemokratischen Elemente, der Klassenpolarisierung, insbesondere einer Unterschicht, sowie das Ausmaß des Wohlfahrtsstaats und der sozialen Bindungen der Marktwirtschaft. Bezüglich Zentralismus und ethnisch-religiös-regionaler Konflikte sind m.E. keine Ansatzpunkte für eine grundlegend andere Entwicklung der Bundesrepublik ausmachbar, in den anderen Dimensionen nur wenige. Sie hätten jedenfalls nicht zu einer „anderen Republik" geführt.

Gab es nach der Gründungszeit keine großen sozialen und politischen Innovationen? Hier soll die Entfaltung des *Massenkonsums* und des *Wohlfahrtsstaats* als eine Kurzformel für die Innovationen der Epoche 1949-90 und zugleich für die Quellen gegenwärtiger Entwicklungsprobleme verwendet werden, und zwar weniger im Sinn von „Grenzen des Wachstums" als des „Wachstums bis an Grenzen" (Flora 1986/87). So hat sich zum Beispiel das Parteiensystem in mindestens drei Schüben verändert. Die Mitglieder- und Wählerstruktur der großen Parteien hat sich, in der Folge der sozial-strukturellen Trends von Tertiarisierung und Bildungsexpansion, nachhaltig gewandelt. Mit Stichworten wie „Bildungsexpansion", „Tertiarisierung", „Wertewandel", „Individualisierung" werden zentrale sozialstrukturelle Trends bezeichnet. Aber alle wesentlichen Innovationen, die nicht auf Massenkonsum und Wohlfahrtsstaat zurückzuführen sind, kommen aus der internationalen Umwelt, insbesondere aus den Konjunkturen und Krisen der Weltwirtschaft sowie aus der Integration der Bundesrepublik in die NATO und der stufenweisen westeuropäischen Integration.

Gab es keine ernsthafte Gefährdung der Modernisierung der Bundesrepublik in den Jahrzehnten von 1960-1990? Modernisierung ist ein prekärer Prozeß, ist prinzipiell Konflikt und Kampf um die Durchsetzung von Neuerungen gegen herrschende Interessen, die Macht der Gewohnheit, Unsicherheit und Angst. Modernisierung ist kein harmonischer Prozeß, sondern „schöpferische Zerstörung" (im Sinne des Ökonomen Joseph Schumpeter). Aber die schwierigsten Belastungen und Gefährdungen der Bundesrepublik ergaben sich aus internationalen Krisen im Zusammenhang des Kalten Krieges: Korea, Suez, Ungarn, Kuba, Vietnam, Prag, Jom Kippur, und immer wieder Berlin.

3.4. Demgegenüber waren die innenpolitischen Krisen zweitrangig, und, so die hier vertretene These, niemals systemgefährdend: Spiegelaffäre, Septemberstreiks, Studentenbewegung, Ölpreisschocks, Terrorismus. Wenn man die Indikatoren früherer Zeiten und anderer Länder heranzieht, nämlich Massenauswanderung und Massenflucht, Putsch, Revolte und Bürgerkrieg, dann wird man die Größenordnung der Krisen in der Bundesrepublik realistisch einschätzen. Niemals hat sich eine Bundesregierung in der Situation des Generals de Gaulle während der Streiks im Mai 1968 befunden, aber auch niemals in der Situation des Präsidenten Kennedy während der Kuba-Krise im Oktober 1962. Die in der linken Theorie der frühen siebziger Jahre postulierte „Legitimationskrise" des (bundesrepublikanischen) Spätkapitalismus läßt sich empirisch ebensowenig als systemgefährdend nachweisen wie die eher von konservativer Seite in den späten siebziger Jahren behauptete „Unregierbarkeit" oder „Regierungsüberlastung".

Allerdings kann man anhand der in den beiden Krisentheorien angesprochenen Phänomene auch sozialstrukturell Problemkumulationen nachzeichnen, die in einem plausiblen Zusammenhang mit den beiden Regierungswechseln von 1969 und 1982 stehen. Sowohl Ende der sechziger Jahre wie Anfang der achtziger Jahre war ein langjähriges Wachstum der Realeinkommen in Stagnation beziehungsweise reale Einkommenseinbußen übergegangen (vgl. Abb. 1). In beiden Phasen verschafften sich die Betroffenen der enormen

Modernisierung und Transformation 477

Bildungsexpansion Ausdruck: zuerst für Öffnung und Liberalisierung, dann für Konsolidierung und Neuordnung. Ende der sechziger Jahre gab es einen Problemstau in Richtung auf Liberalisierung im Arbeits- und Privatleben sowie im Hinblick auf größere und unkonventionelle politische Beteiligung. Anfang der achtziger Jahre gab es einen Problemstau im staatlichen Bereich, insbesondere der Kostendämpfung und Reduzierung der Staatsverschuldung. Die unkonventionelle politische Beteiligung institutionalisierte sich in der neuen Partei der Grünen. So könnte man einen vollen Zyklus (nach Albert Hirschman 1982) des Strebens nach privatem Wohlstand, dann nach öffentlicher Beteiligung und dann wieder nach der Befriedigung privater Interessen konstruieren.

Abbildung 1: Reallohnindex* (1985 = 100)

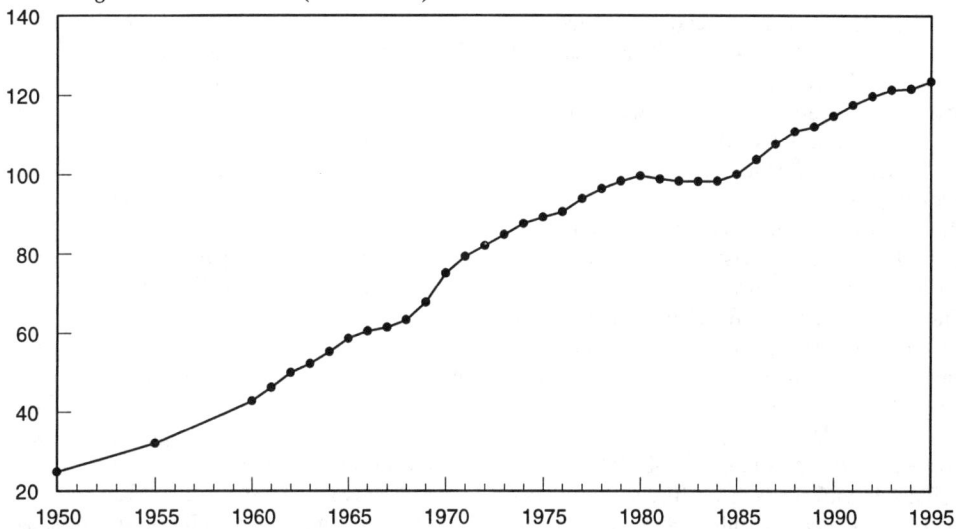

* Die Zeitreihe „Reallohnindex" bezieht sich auf die inflationsbereinigten Bruttolöhne von Industriearbeitern und stammt von der Abteilung Soziale Indikatoren im Zentrum für Umfragen, Methoden und Analysen (ZUMA), Mannheim.

Und heute, nachdem der Vereinigungsboom in Stagnation übergegangen ist, stellt sich in der Debatte um den „Standort Deutschland" erneut die Frage, wie das Verhältnis von privaten und öffentlichen Interessen zu organisieren ist.

Die Modernisierungsgeschichte der alten Bundesrepublik ist eine Erfolgsgeschichte. Die großen Probleme und Gefahren der Bundesrepublik lagen auf der supranationalen Ebene: in der Gefahr eines großen militärischen Ost-West-Konflikts, in der Bedrohung durch ökologische Zerstörung, im Risiko der Hochtechnologie und der atomaren Hochrüstung sowie im Krisenpotential des Nord-Süd-Gefälles. Diese Gefahren sind, mit Ausnahme der erstgenannten, nicht vergangen. Aber seit dem 9. November 1989 stellte sich – völlig unvorhergesehen – das größte Problem der Bundesrepublik wieder auf der nationalen Ebene. Der Niedergang des Sozialismus und der Zusammenbruch des SED-Regimes bedeutete auch das Ende der alten Bundesrepublik und stellt noch auf langfristig absehbare Zeit enorme Modernisierungsaufgaben der sozialen Integration und Systemintegration.

4. Die Wiedervereinigung: eine Prognose aus dem Jahre 1965

In seinem Buch „Gesellschaft und Demokratie in Deutschland" (1965) hat Ralf Dahrendorf am Schluß einen Vergleich der beiden deutschen Staaten angestellt und sie an seinem Maßstab einer liberalen Demokratie gemessen. Dies ist, von heute aus gesehen, eine der interessantesten Prognosen eines Sozialwissenschaftlers zur deutschen Entwicklung, und sie verdient in der gegenwärtigen Diskussion um die Leistungsfähigkeit der Sozialwissenschaften eine besondere Erwähnung. Eine liberale Demokratie, eine offene und moderne Gesellschaft erfordert, so Dahrendorf, die Durchsetzung der bürgerlichen Gleichheitsrechte, die Anerkennung und Regelung sozialer Konflikte, die Konkurrenz der Eliten sowie entwickelte öffentliche Tugenden. Die konträre Entwicklung der *DDR* und der Bundesrepublik wird als unerhörtes soziales Experiment mit teilweise paradoxen Entwicklungen gesehen. Dahrendorf hat die Bundesrepublik der frühen 1960er Jahre wegen ihres „Autoritarismus der Passivität" scharf kritisiert, obwohl er ihre generelle Entwicklungstendenz für richtig hielt. Er hat der DDR etliche Punkte für Modernität zuerkannt, ihr System jedoch für nicht entwicklungsfähig gehalten.

In der DDR wurde die Zerstörung der vormodernen, autoritären Traditionen weitergeführt, in vielen gesellschaftlichen Bereichen eine Politik der Gleichheit durchgesetzt und ein großes Maß an öffentlicher Diskussion organisiert. Unter diesem Gesichtspunkt ist die DDR eine moderne Gesellschaft, aber es handelt sich um eine „moderne Form mit totalitärem Inhalt": mit unterdrückten und umgelenkten sozialen Konflikten, einer monolithischen Parteielite und einer die ganze Gesellschaft durchziehenden Planrationalität, d.h. zentralen Planung von oben nach unten.

In der Bundesrepublik wurden demgegenüber einige der vom Naziregime unterdrückten traditionalen Strukturen restauriert, so in den Familienbeziehungen, den regionalen Bezügen und der wichtigen Rolle der Kirchen. Die Staatsbürgerrechte sind gesichert, aber die Chancengleichheit verbessert sich nur langsam. Die Vielfalt der Eliten ist gegeben, aber sie verharren in einem „Kartell der Angst". Der große Durchbruch besteht in der marktrationalen Konkurrenz der expandierenden Wirtschaft. Sie bringt für viele Menschen erstmals die Mobilität und Dynamik einer modernen Gesellschaft, wenngleich verbunden mit der Konzentration auf privatem Wohlstand. Immerhin: „Die Chancen der liberalen Demokratie waren in einer deutschen Gesellschaft nie so groß, wie sie es in der Bundesrepublik sind" (Dahrendorf 1965: 461). Und wie wird es weitergehen mit Deutschland bei einer *Wiedervereinigung*? Der Reiz von Dahrendorfs Analyse liegt darin, daß er 1965 nicht nur von der Wiedervereinigung spricht, sondern auch einige ihrer Bedingungen prognostiziert. Er geht davon aus, daß eine Wiedervereinigung nicht „von innen", d.h. nicht von den gesellschaftlichen Kräften in der DDR oder in der Bundesrepublik erzwungen werden kann. Sie kann nur durch internationale Veränderungen herbeigeführt werden. Wenn sie denn kommt, wird der totalitäre politische Apparat der DDR verschwinden; die dort eingeübte Planrationalität wird jedoch nicht so schnell abzubauen sein und sich als Differenz zur Marktrationalität und zum neuen Privatismus der Bundesrepublik erweisen. Die Trennung zwischen West und Ost kann rückgängig gemacht werden, aber wohl nur in ähnlich langen Fristen, wie sie sich entwickelt hat. Und das Risiko einer Wiedervereinigung wird sein, ob die Ansätze zu einer liberalen Demokratie in der Bundesrepublik das Übergewicht behalten werden.

Von heute aus betrachtet, hat die soziologische Erklärungs- und Prognosekraft von Dahrendorfs Analysen ein größeres Gewicht als ihre zeitbedingten Fehlschätzungen. Dahrendorf hatte 1965 klar gesehen, daß auch eine gewisse „Liberalisierung" und „Dezentralisierung" an der prinzipiellen Reform- und Innovationsschwäche der DDR nichts ändern würde, aber, wie fast alle, hat er ihre Stabilität und Leistungsfähigkeit überschätzt. Es hat sich bewahrheitet, daß die entscheidenden Anstöße zur Veränderung der deutsch-deutschen Verhältnisse nicht von innen, sondern durch die Veränderung der geopolitischen Lage von außen gekommen sind. Ganz unvorstellbar war 1965, und unabsehbar auch noch in den 1980er Jahren, daß diese Veränderungen so einseitig im Ostblock erfolgen würden. Aber seit Mitte 1989 haben Massenflucht und

Massenprotest der DDR-Bürger doch einen eigenständigen, revolutionären Beitrag zur Veränderung geleistet, und 1990 haben sie durch weitere Abwanderung und in vier Wahlen einen „dritten Weg" verworfen und sich – gegen das Zögern vieler Westdeutscher – den Beitritt zur Bundesrepublik „erstritten". Das Risiko des Zusammenstoßes von Marktrationalität und Planrationalität macht sich erst jetzt, nach der Euphorie der Wende, geltend. Und die Vereinigung hat zwar wesentliche Anstöße aus dem supra-nationalen System gebraucht, sie muß aber im wesentlichen im Rahmen des Nationalstaates der Bundesrepublik geleistet werden, der allein in der Lage ist, die riesigen Vereinigungskosten aufzubringen.

5. Die Transformation in Ostdeutschland

5.1 Die Transformation in Deutschland wurde von den politischen Akteuren des Jahres 1990 in Ost und West explizit als *nachholende Modernisierung*, als vollständige Übernahme des westdeutschen Institutionensystems, konzipiert und von den Skeptikern und Gegnern als Anschluß und Kolonialisierung kritisiert. Ausländische Beobachter gingen davon aus, daß es bei der ostdeutschen Transformation keine bedeutsamen Probleme geben könne, angesichts des gewollten Beitritts in ein funktionierendes Institutionensystem einer der modernsten und reichsten Gesellschaften der Welt und angesichts der gewaltigen Kapitaltransfers, die anderen Transformationsgesellschaften nicht zur Verfügung stehen. Richard Rose (1994) hat dies das Phänomen des „ready made state" genannt: in dem Doppelsinn, daß ein komplettes Angebot einer Gesellschaftsordnung vorlag, die Beigetretenen aber darin keinen Gestaltungsspielraum hatten und sich den schockartigen Folgen des Zusammenbruchs der sozialistischen Institutionen unvorbereitet und hilflos ausgeliefert sahen. Denn im Vergleich zu den länger vorbereiteten Veränderungen in Polen, Ungarn oder der Tschechoslowakei war der wirtschaftliche Zusammenbruch in Ostdeutschland tatsächlich schockartig, in einer Weise, wie sie selbst die „Big bang-Strategie" nicht vorsieht. In den Jahren 1990 bis 1992 wurden Netto rund ein Drittel aller Arbeitsplätze abgebaut (drei Millionen von neun Millionen), brachen weite Teile der Industrie und große Bereiche der früheren Handelsbeziehungen zusammen.

5.2 Praktisch zeitgleich mit den wirtschaftlichen Rückschlägen reagierten die Ostdeutschen im Privatbereich mit einem dramatischen Rückgang der Eheschließungen und Geburten: insgesamt 1990-92 ein Rückgang um mehr als die Hälfte, für den es historisch kein Vorbild gibt. Diese Veränderungen sind so einschneidend, daß es ein eigenes Erklärungsproblem darstellt, warum es zu keinen größeren Unruhen und Protesten als jene 20% PDS-Stimmen in Ostdeutschland gekommen ist, wie also eine Gesellschaft so große Veränderungen in so kurzer Zeit verarbeiten konnte.

Auf der Ebene der *Sozialstruktur* wurden der *DDR* im Vergleich zur Bundesrepublik ein Gleichstellungsvorsprung der Frauen und möglicherweise eine bessere Versorgung mit beruflichen Grundqualifikationen zugeschrieben. Als Anpassungserfordernisse wurden bezeichnet „der Abbau leistungshemmender Nivellierungen, die Dezentralisierung der Macht, die Entpolitisierung der Statuszuweisung und die Beseitigung der Folgen politisierter Zuordnung (Allokation) von Qualifikationen, die Wiederbelebung vertikaler Mobilität, die Schließung der Tertiarisierungslücke und der Abbau von personellen Überhängen, der Wiederaufbau eines leistungsfähigen Mittelstandes sowie die Beseitigung des Abwanderungsdrucks" (Geißler 1992: 21f.). Von heute aus können wir feststellen, daß die rapiden Wanderungsbewegungen aufgehört und sich auf einem niedrigen Niveau stabilisiert haben, daß der schockartige Arbeitsplatzabbau beendet ist und die Beschäftigungsentwicklung sich der in Westdeutschland einigermaßen angleicht, daß die anderen Prozesse aber langsamer vonstatten gehen als erwartet. Die demographischen Einbrüche, die sich ganz unvorhersehbar dazwischengeschoben haben, sind inzwischen zu einem Stillstand, ja sogar zu einer leichten Trendumkehr gekommen.

1993 erklärten 48% der ostdeutschen Befragten, daß sich ihre Lebensbedingungen seit 1990 insgesamt verbessert haben. Dieser Wert steigt 1995 auf 61% (bei 17% verschlechtert; vgl. Zapf/Habich 1995).

5.3 Die Verarbeitung der großen Schocks in Ostdeutschland läßt sich m.E. durch mehrere Faktoren erklären. Neben den Zusammenbrüchen hat es eine Reihe rapider Entwicklungsprozesse gegeben, die die Mangelwirtschaft überwunden haben: eine deutliche Einkommensverbesserung sowohl bei Beschäftigten wie bei Beziehern von Sozialeinkommen; große Wellen des nachholenden Konsums; eindeutige Verbesserungen der Infrastruktur; klar verbesserte Sozialleistungen, insbesondere deutlich gestiegene Renten. Die demographischen Einbrüche sind nur zum Teil Krisensymptome, sie sind zum anderen Teil Ausdruck einer freieren Lebensgestaltung. Der Arbeitsplatzabbau konnte durch die Wirtschaftspolitik zwar nicht verhindert, aber durch sozialpolitische Maßnahmen (Arbeitsbeschaffungsmaßnahmen, Umschulung, Vorruhestand) abgefedert werden. Auf der Haushaltsebene gibt es Ausgleichsprozesse dahingehend, daß zwar der früher sehr hohe Anteil von Haushalten mit zwei Vollzeitbeschäftigten zurückgegangen ist, daß aber Haushalte mit zwei arbeitslosen Erwachsenen die seltene Ausnahme sind, so daß sich zumindest ein Erwerbseinkommen und ein Sozialeinkommen kombiniert. Mit den hier verwendeten Indikatoren der objektiven *Lebensbedingungen* und des subjektiven Wohlbefindens läßt sich zeigen, daß es eine deutliche Verbesserung gegeben hat, wenngleich der Abstand zu Westdeutschland noch erheblich ist. Mit einer Liste kritischer Lebensereignisse kann darüber hinaus gezeigt werden, um wieviel höher das Veränderungstempo in Ostdeutschland war als in Westdeutschland, zugleich aber auch, daß die ostdeutschen Befragten mehr positive als negative Ereignisse nennen. Die Westdeutschen reagieren im übrigen in ihrer Bewertung der Vereinigung sehr realistisch: für die Mehrzahl (1994 64%, 1995 48%) sind die Lebensbedingungen gleich geblieben, für eine Minderheit haben sie sich verschlechtert.

Stärker als reale Einbußen schlagen Belastungen und Schwierigkeiten, die für die Zukunft befürchtet werden, zu Buche (Zapf/Habich 1995).

Im internationalen Vergleich ist die deutsche Transformation ein klarer Sonderfall, insbesondere im Vergleich mit den postkommunistischen Gesellschaften. Die Sonderrolle besteht nicht etwa darin, daß Ostdeutschland in der Zustimmung zu Marktwirtschaft und Demokratie einsam an der Spitze liegt. Hier geben die Tschechen, Slowaken und Ungarn leicht bessere Bewertungen ab als die Ostdeutschen, die sich nur mit Vorbehalten an das neue politische System gewöhnen und eine Reihe von DDR-Eigenschaften („soziale Sicherheit", „Ordnung") deutlich gegenüber den neuen Umständen präferieren. Die Unterschiede liegen vielmehr im Institutionentransfer und den damit verbundenen enormen finanziellen Transfers. In ihrer Bewertung der wirtschaftlichen Situation des eigenen Haushalts im Vergleich zu 1989 und davor führen die Ostdeutschen mit weitem Abstand vor anderen osteuropäischen Gesellschaften (Seifert 1996).

6. Probleme der „weitergehenden Modernisierung"

Es ist wiederum der internationale Vergleich, der es nahelegt, die gegenwärtigen deutschdeutschen Probleme angemessen einzuschätzen. Wenn man beobachtet, welche Angst in Südkorea vor den finanziellen Folgen (und sicher genauso vor den politischen und sozialen Folgen) eines Zusammenbruchs Nordkoreas herrscht – und es ist von Vereinigungskosten bis zu 900 Milliarden US Dollar die Rede –, dann haben die Deutschen schon einen guten Teil der Strecke zurückgelegt, selbst wenn die Bundesregierung neuerdings 15 Jahre für den Aufbau Ost ansetzt. Wenn man die Gegensätze zwischen Ost- und Westdeutschland im Bereich von Vorurteilen, Konflikten und politischen Spannungen mit Gegensätzen in anderen Ländern vergleicht, findet sich keine extreme Lage. Man muß sich hierbei nicht auf Ex-Jugoslawien und auch nicht auf die Spaltung der Tschechoslowakei beziehen, sondern nur

Modernisierung und Transformation

auf die erheblichen regionalen Gegensätze in Großbritannien, Belgien, Spanien, auf die französischen Regionalprobleme und die Lega Nord in Italien. Spaltungstendenzen dieser Größenordnung gibt es im vereinten Deutschland nicht.

Des öfteren wird von einer ostdeutschen Sonderentwicklung gesprochen, und Kurt Biedenkopf, der sächsische Ministerpräsident, hat sie mit der Formel „Eigener Weg statt Aufholjagd" sogar gefordert. Damit kann die Entwicklung regionaler Vorzüge, die Akzeptanz größerer Differenzierungen, ja sogar eine postkommunistische Regierungsbeteiligung gemeint sein. Aber nicht eine Sonderentwicklung der Größenordnung, die Ostdeutschland etwa auf den tschechischen Weg bringen würde.

Künftig werden also viel stärker als die Ost-West-Gegensätze die Modernisierungsprobleme des vereinten Deutschland im Vordergrund stehen. Die letzten Jahre waren für Ostdeutschland „nachholende Modernisierung". Westdeutschland erlebte 1990-92 einen Vereinigungsboom mit Wachstumsraten von 5,7% (1990) und 5,0% (1991) und einer Zunahme der Erwerbstätigen um 2 Mio. auf eine Rekordzahl von 30 Mio. Ab 1993 aber machten sich die Auswirkungen der internationalen wirtschaftlichen Krise und die enormen Vereinigungskosten massiv bemerkbar. Für Gesamtdeutschland ist 1993 ein realer Rückgang des Bruttosozialprodukts und 1994-96 nur eine leichte Erholung festzustellen; die persönlichen Einkommen aus Lohn und Gehalt stagnieren und sind bei Berücksichtigung der Abgaben (netto, real) sogar zurückgegangen.

Andererseits ist nicht zu übersehen, daß die Modernisierung von Anlagen und Infrastruktur weitergegangen ist; die Sozialleistungsquote ist gestiegen - und die Wahl von 1994 hat die politische Konstellation von 1990 nochmals knapp bestätigt. Insgesamt sind jedoch die Zeichen für tiefgreifende Einschnitte und Kursänderungen nicht zu übersehen. Ziele, Mittel und Wege der zukünftigen Entwicklung sind nicht vorgegeben, sondern werden im innergesellschaftlichen Wettbewerb und in der internationalen Konkurrenz gesucht. Eine Zukunftsperspektive zu haben, heißt dabei eine Vorstellung über die Entwicklungsrichtung zu haben, in der diese Suche stattfindet. In diesem Sinn ist m.E. am Konzept der *„weitergehenden Modernisierung"* festzuhalten. Wie Deutschland in 200 Jahren aussehen wird, kann niemand wissen, daß aber die Bundesrepublik in 20 Jahren keine fundamental anderen Konturen hat als heute, kann man mit guten Gründen annehmen, wenn man eben nicht den epochalen Bruch der sozialistischen Gesellschaften auch für die westlichen Gesellschaften als notwendig unterstellt. Das schließt erhebliche Umbauten von Demokratie, Marktwirtschaft und Wohlstandsgesellschaft nicht aus.

Es wird also auch noch in zwanzig Jahren den deutschen *Sozialstaat* geben. Man kann in einer Reihe von Ländern, gerade auch in Schweden und in den Niederlanden, sehen, daß ein Umbau des *Wohlfahrtsstaates* möglich ist, der auch mit einem gewissen Rückbau verbunden ist. Erfolgreiche Reformen und Innovationen setzten dabei aber auf Information, Dialog, Kompromiß und Gleichbehandlung. Ein Ergebnis könnte in der Veränderung des „Wohlfahrtsmix" bestehen, d.h. einem stärkeren Gewicht von Marktelementen, freiwilligen Organisationen und privaten Netzen im Vergleich zu staatlichen Maßnahmen: in der Altersversorgung z.B. bei gegebener Grundsicherung ein stärkerer Anteil von Zusatzversicherung und privater Vorsorge. So wurde schon vor Jahren ein neuer Generationenvertrag angesichts der Alterung der Bevölkerung, ein neuer Vertrag zwischen den Geschlechtern angesichts der Qualifikation und Berufswünsche der Frauen und ein neuer Bürgervertrag angesichts neuer Lebensstile und Wertveränderungen angemahnt (Flora 1986). Diese Probleme stellen sich noch heute, und sie sind keine Probleme der Globalisierung. Sie können nicht von der UNO und nur partiell von der Europäischen Union gelöst werden, sondern sie müssen vordringlich im nationalen und zivilgesellschaftlichen Rahmen - für uns also in Deutschland - bearbeitet werden.

Literatur

Beck, Ulrich: Risikogesellschaft – Auf dem Weg in eine andere Moderne, Frankfurt a.M. 1986

Beck, Ulrich: Die Erfindung des Politischen. Zu einer Theorie reflexiver Modernisierung, Frankfurt a.M. 1993

Bendix, Reinhard: Modernisierung in internationaler Perspektive, in: Zapf, Wolfgang (Hg.): Theorien des sozialen Wandels, Köln 1969

Berger, Johannes: Was bedeutet die Modernisierungstheorie wirklich – und was wird ihr bloß unterstellt? in: Leviathan, 24. Jg., Heft 1, 1996, S. 45-77

Dahrendorf, Ralf: Gesellschaft und Demokratie in Deutschland, München 1965

Flora, Peter (Hg.): Growth to Limits, 4 Bde., Berlin 1986f.

Geißler, Rainer: Die ostdeutsche Sozialstruktur unter Modernisierungsdruck, in: Aus Politik und Zeitgeschichte, Beilage zur Wochenzeitung Das Parlament, B29-30, 1992, S. 15-28

Hirschman, Albert: Engagement und Enttäuschung. Über das Schwanken der Bürger zwischen Privatwohl und Gemeinwohl, Frankfurt a.M. 1984

Hondrich, Karl-Otto: Lassen sich soziale Beziehungen modernisieren? in: Leviathan, 24. Jg., Heft 1, 1996, S. 28-44

Huntington, Samuel P.: The Clash of Civilization? in: Foreign Affairs, 1993, S. 22-49

Joas, Hans: Die Modernität des Krieges, in: Leviathan, 24. Jg., Heft 1, 1996, S. 13-27

Rose, Richard u.a.: Germans East and West. A Comparative Analysis, in: University of Strathclyde (Hg.): Studies in Public Policy, 210, 1994

Seifert, Wolfgang: Systemunterstützung und Systembewertung in Ostdeutschland und anderen osteuropäischen Transformationsstaaten, in: Zapf, W./R. Habich (Hg.): Wohlfahrtsentwicklung im vereinten Deutschland, Berlin 1996, S. 309-328

Stark, David: Das Alte im Neuen, in: Transit, Heft 9, 1995, S. 65-77

Zapf, Wolfgang: Modernisierung und Modernisierungstheorien, in: ders. (Hg.): Die Modernisierung moderner Gesellschaften, Frankfurt a.M. 1991

Zapf, Wolfgang/Roland Habich: Die sich stabilisierende Transformation – ein deutscher Sonderweg? in: WZB-Jahrbuch, Berlin 1995, S. 137-159

Zapf, Wolfgang/Roland Habich (Hg.): Wohlfahrtsentwicklung im vereinten Deutschland. Sozialstruktur, sozialer Wandel, Lebensqualität, Berlin 1996

Wolfgang Zapf

Neue soziale Bewegungen

1. Soziale Bewegung und soziale Bewegungen

Unter sozialer Bewegung soll ein Prozeß des Protestes gegen bestehende soziale Verhältnisse verstanden werden, der bewußt getragen wird von einer an Mitgliedern wachsenden, nicht notwendigerweise formal organisierten Gruppierung. Ausgelöst durch eine soziale Krise, deren Folgen propagiert werden, findet eine Teleologisierung des Protestes statt, die semantisch zur Artikulation einer Ideologie und strukturell zur Ausbreitung der Trägerschaft führt. Der damit einhergehende Zwang zur Organisation führt zur Institutionalisierung, in deren Verlauf sich die soziale Bewegung den abgelehnten Verhältnissen wieder einfügt. Sie kann aber auch umfassende und tiefgreifende Umgestaltungen der *Gesellschaft* bewirken (Rammstedt 1978).

Der Begriff der sozialen Bewegung setzte sich nach der Französischen Revolution in Europa durch. Angesichts der im Zuge der *Industrialisierung* auftretenden Krisen, die sich an Fragen materieller Reproduktion entzündeten und es erlaubten, die Bevölkerung durch Konfrontation mit einer Alternative dichotomisch zu strukturieren, war der Begriff immer realhistorisch gefüllt; es bedurfte weder seiner Definition noch einer näheren Bestimmung der als Bewegung verstandenen Trägerschaft, um ihn verwenden zu können. Die soziale Bewegung galt stets als Manifestation einer innergesellschaftlichen Kraft, die auf Veränderung drängte.

Mit dem Komplexerwerden der Verteilungsprobleme und den zu Beginn des 20. Jahrhunderts hinzutretenden Fragen kultureller Reproduktion wurde es indes immer schwieriger, eine der jeweiligen Problemlage adäquate dichotomisierende Kräfteverteilung anzubieten. Dementsprechend verengte sich der Begriff der sozialen Bewegung einerseits im ausgehenden 19. Jahrhundert zum *Synonym* für die *Arbeiter-Bewegung*, wie er andererseits eine generellere Anwendung fand, indem vom Kapital/Arbeits-Verhältnis abgesehen und er mit der Bedeutung gezielten sozialen Wandels versehen wurde, immer jedoch mit dem Verständnis gekoppelt, Manifestation einer sozialen Kraft zu sein.

Neben Versuchen, nach wie vor die soziale Bewegung zu konstituieren, welche für sich in Anspruch nehmen kann, den „fortschrittlichen" Teil der Gesamtbevölkerung zu repräsentieren, trat intermittierend eine Vielfalt sozialer Bewegungen. Resultierten schon im 19. Jahrhundert die *Frauen-* und die *Jugend-Bewegung* aus sozialen Strukturproblemen, so wurden diese auch im 20. Jahrhundert von nativistischen, politischen und revolutionären Bewegungen aufgegriffen, wie etwa von National- und Pan-Bewegungen oder von kommunistischen und faschistischen Bewegungen.

2. Neue soziale Bewegungen

Von neuen sozialen Bewegungen begann man in den 70er Jahren in der Bundesrepublik zu reden. Während in anderen Ländern der Begriff der sozialen Bewegung seit seiner Herausbildung sowohl zur Eigenbezeichnung bestimmter Gruppierungen als auch zur wissenschaftlichen Analyse derselben ohne nähere Spezifikation in Gebrauch ist, verbot die nationalsozialistische Vergangenheit in der Bundesrepublik der 50er und 60er Jahre einen Rückgriff auf den Begriff Bewegung; als Eigenbezeichnung wurde er vermieden und blieb analytisch auf historische, nativistische und totalitäre Bewegungen beschränkt.

Tatsächlich nannten sich nach 1945 die gegen bestehende Verhältnisse protestierenden Gruppierungen selbst nicht Bewegung. Die Ohne mich!-Bewegung, die Anti-Atomkraft-Bewegung oder die alljährlichen Ostermarschierer erhielten ihre Bezeichnungen als Bewegung erst im nachhinein. Dasselbe gilt für die *APO-*, die *Studenten-* und die Anti-Notstands-*Bewegung*. Daß sich diese sogenannten Bewegungen als Protestgruppen verstanden, ergibt sich freilich schon aus ihren Eigenbezeichnungen (Kraushaar 1996).

Nach der breiten Auseinandersetzung mit der nationalsozialistischen Vergangenheit Ende der 60er Jahre schien es wieder möglich, auf den Begriff Bewegung zuzugreifen – allerdings nicht ohne eine Qualifikation, suggeriert doch der Begriff ein kontinuierliches Werden, das die Frage nach der Geschichte der jeweiligen Bewegung früher oder später aufzuwerfen droht.

Mit dem Begriff der neuen sozialen Bewegungen, der in der politologischen Diskussion aufkam, war anfänglich nur das Insgesamt der historisch neuen Aktionsgruppen gemeint, die sich in den 70er Jahren gebildet und Bewegung genannt hatten, so die Bürgerinitiativ-, die Antilärm-, die Umweltschutz-, die Bürgerrechts-, die Frauen-, die Anti-AKW- und vor allem die ab 1978 als übergreifend eingestufte *Ökologie-Bewegung*.

Mit dem Epitheton „neu" wurde eine legitimierungsbedürftige Traditionsanknüpfung vermieden und Diskontinuität betont. Insofern handelt es sich bei der viel diskutierten Frage, was denn das Neue der neuen sozialen Bewegungen sei, um ein Scheinproblem. Denn wirklich neu waren weder die Themen noch die Ideologien, weder die Formen der Organisation noch die sozialstrukturelle Zusammensetzung der Trägerschaften. Neu war allerdings die enge Verschränkung von Theorie und Praxis und in einer sogenannten Bewegungswissenschaft, die sich 1988 mit dem Forschungsjournal Neue Soziale Bewegungen ein eigenes publizistisches Forum schaffen sollte.

Indem diese Bewegungswissenschaft konstatierte, daß ein Großteil der sozialen Bewegungen der 70er Jahre in einem Neben- und Nacheinander insofern vernetzt sei, als sich der Lebensstil der Trägerschaften in Vertretung sogenannter postmaterieller Werte entspreche, meinte sie, das Neue inhaltlich bestimmen zu können: eine umfassende Negation des politischen Macht- und ökonomischen Leistungsprinzips nebst Preisgabe der Konsumorientierung, statt dessen eine breite Hinwendung zu Vorstellungen altruistischer Moral und ästhetischer Authentizität, die man in jedem Individuum angelegt sah, das sie in sich selbst nur noch zu finden brauche; Selbstfindung bzw. Selbstverwirklichung waren denn auch Schlagworte der Zeit.

Unter neuer sozialer Bewegung wurde in der Folge eine kollektive Aktionsgruppe verstanden, die im Namen eines postmateriellen Prinzips gegen das instrumentelle Prinzip protestiert, auf dem die Integration der Gesellschaft ruhe, wohingegen die alte soziale Bewegung, für die die Arbeiterbewegung stehe, materialistischen Zielen verpflichtet geblieben sei. Mit dieser Definition von neuer sozialer Bewegung wurde bereits zu Beginn der 80er Jahre ein Teil der aktuell bestehenden sozialen Bewegungen ausgegrenzt.

3. Neue soziale Bewegungen in der Bundesrepublik

1973 setzte sich der Begriff der Bewegung für die sich verflechtenden *Bürgerinitiativen* durch: politische Bewegung (Wüstenhagen), Anti-AKW-Bewegung und dann *Ökologie-Bewegung* als Eigenbezeichnungen, wie Bürgerinitiativ-Bewegung (Mayer-Tasch) und *Bürgerrechts-Bewegung* (Moßmann) als Fremdbezeichnungen. Sie, wie dann die neu entstehenden Bewegungen zeigten mit der Namensgebung teils an, wofür man Zeugnis abzulegen gedachte, teils wurden die Trägergruppen in einem gleichsam ständischen Verständnis genannt, teils wurde in der Eigenbezeichnung die Reaktion auf die gesellschaftlich-politisch akzeptierte Form angesprochen.

Ohne Anspruch auf Vollständigkeit seien folgende in den 70er und 80er Jahren bestehende Gruppierungen genannt, wobei es durchaus Überlappungen der Anhängerschaften gab: Alternativ-Bewegung, Anti-Atom-Bewegung, Arbeitslosen-Bewegung, Behinderten-Bewegung, Bürgerrechts-Bewegung, Dritte-Welt-Bewegung, Frauen-Bewegung, Frauenhaus-Bewegung, Friedens-Bewegung, Genossenschafts-Bewegung, Graswurzel-Bewegung, Hausbesetzer-Bewegung, Jugend-Bewegung, Kinderladen-Bewegung, Landkommunen-Bewegung, Lesben-Bewegung, Mieter-Bewegung, New Age-Bewegung, Ökologie-Bewegung, Pädophilen-Bewegung, Psycho-Bewegung, Schwulen-Bewegung, Selbsthilfe-Bewegung.

Neue soziale Bewegungen

Drei davon sollten die Politik in der Bundesrepublik nachhaltig prägen: Erstens die durch die Ölkrise Anfang der 70er Jahre ausgelöste *Ökologie-Bewegung*; zweitens die durch die Reproduktion patriarchalischer Verhältnisse in der Studenten-Bewegung katalysierte *Frauen-Bewegung*; drittens die zu Beginn der 80er Jahre durch den NATO-Doppelbeschluß provozierte *Friedens-Bewegung*. Dabei gelang es hauptsächlich der Ökologie- und der Friedens-Bewegung, durch Erzeugung eines kollektiven Angstsyndroms Millionen Menschen für ihre Zwecke zu mobilisieren. Trotz aller Unterschiede, die zwischen den neuen sozialen Bewegungen bestanden, lassen sich einige hervorstechende Merkmale erkennen:

Ideologisch herrschte eine gesinnungsethische Orientierung an post-materialistischen Werten vor, die teilweise eschatologische Züge annahm. Organisatorisch handelte es sich anfangs um lockere Netzwerke ohne Zwang zur formalen Mitgliedschaft, jedoch mit ausgeprägter expressiver Komponente; später kam es zur Institutionalisierung durch Integration in *parlamentarische* wie *außerparlamentarische Organisationen*. Die Trägerschaften rekrutierten sich vornehmlich aus der sogenannten *68er-Generation*, deren Protest nun als Studentenbewegung bezeichnet wurde. Stark vertreten waren gut ausgebildete jüngere Städter mit Dienstleistungsberufen, unterrepräsentiert hingegen Arbeiterschaft und alter Mittelstand.

Als Ende der 70er Jahre immer deutlicher wurde, daß es die etablierten *Parteien* versäumten, ökologische Themen zu besetzen, erfolgte eine Institutionalisierung. Nachdem erste grüne Listen 1978/79 mit guten Ergebnissen bei Kommunal- und Landtagswahlen angetreten waren und die Kandidatur der „Sonstigen Politischen Vereinigung Die Grünen" bei der Europawahl 1979 zu einem Achtungserfolg geführt hatte, kam es 1980 zur offiziellen Gründung der Bundespartei *„Die Grünen"*. Die Gegensätze zwischen systemoppositionellen und wertkonservativen Vorstellungen einerseits sowie zwischen pragmatischen (Realos) und intransigenten (Fundis) Einstellungen andererseits, die sich bereits auf der Gründungsversammlung auftaten, sollten in den 80er Jahren zu immer neuen Konflikten führen, was der Partei 1990 eine Niederlage bei der ersten gesamtdeutschen Bundestagswahl einbrachte (Kleinert 1992).

4. Neue soziale Bewegungen in der DDR

Nach den Beschlüssen von Helsinki und der damit angesprochenen generellen Moral konstituierten sich Ende der 70er Jahre in verschiedenen sozialistischen Ländern lokale Bürgerinitiativen und Bürgerrechts-Bewegungen. In der DDR entstanden in diesem Zusammenhang in Reaktion auf die Einführung eines Wehrunterrichtes zahlreiche Friedensgruppen. Zur selben Zeit entstanden Gruppierungen, die sich der Problematik der Dritten Welt annahmen.

In den 80er Jahren kamen solche hinzu, in denen man sich ökologischen Fragen sowie der Emanzipation von Frauen und Homosexuellen widmete. 1989 bildete sich die „Initiative Frieden und Menschenrechte" heraus mit der Forderung nach politischen Reformen. Die Zuspitzung der Ausreisefrage im Sommer 1989 war Auslöser für das Entstehen überregionaler Gruppierungen wie „Neues Forum", „Bürgerbewegung Demokratie Jetzt" und „Vereinigte Linke".

Hervorgerufen durch den Widerspruch zwischen dem Massen-Exodus über Ungarn bzw. der CSSR und den Jubelfeiern anläßlich des 40. Jahrestages der Gründung der *DDR*, bildete sich im Oktober 1989 eine *Demokratie-Bewegung*, die große Teile der Bevölkerung mobilisierte und schließlich jenen Umsturz evozierte, der als gewaltlose „Revolution" in die Geschichte einging.

In dieser Bewegung herrschte ideologisch eine Affinität zu christlichen Werten vor, organisatorisch handelte es sich meist um informelle Arbeitszusammenhänge; es gab aber auch Netzwerke wie die Nichtregierungsorganisation INKOTA (Information, Kontakt, Tagungen). Die Trägerschaften rekrutierten sich überwiegend aus Mitgliedern der evangelischen Kirche, wobei Akademiker zwischen 30 und 40 Jahren besonders stark vertreten waren.

5. Neue soziale Bewegungen seit der Vereinigung

In den 90er Jahren ist es um die neuen sozialen Bewegungen ruhig geworden. Zum einen nahm die Bedeutung sozialer Bewegungen in Deutschland ab, sei es, daß sich diese in den alten wie in den neuen Bundesländern institutionalisierten, oder daß materialistische Werte wieder an Bedeutung gewannen, während eine Manifestation der sich abzeichnenden Strukturprobleme noch aussteht. Zum anderen ließ sich seit den 80er Jahren feststellen, daß der politologische Theorieansatz „Neue soziale Bewegungen" an Sachadäquanz verlor.

Zeichnete sich schon in den 70er Jahren ab, daß die von sozialen Bewegungen artikulierten Probleme nicht national begrenzt waren, so beharrten viele Theoretiker dennoch auf einem deutschen Sonderweg, dies wohl auch, da ihr Ansatz in der internationalen Diskussion auf keine Resonanz stieß. Sodann gelang es nicht, die den politischen Niedergang der DDR begleitenden Bewegungen theoretisch zu fassen, wie diese sich auch faktisch mit den Bewegungen in der Bundesrepublik nicht verknüpfen ließen; hinzu kam, daß die Sozialwissenschaftler aus der DDR ex post den Umbruch als Außenstehende mit sozialer Bewegung zu erklären suchten, diesen Terminus aber rein deskriptiv verwendeten.

Das Reden von neuen sozialen Bewegungen wird leiser. In der wissenschaftlichen Diskussion wird man sich der fehlenden Sachadäquanz bewußt, und man registriert theoretische Defizite; dafür steht, daß man sich bewußt dem amerikanischen Ansatz zur Erfassung von social movements im Sinne von kollektiver Devianz nähert (Brand 1996), daß man den Tenor der Analyse auf Protest bzw. Öffentlichkeit verlagert und damit eine Focussierung auf politisches Verhalten signalisiert (Neidhardt 1994) und daß man sich zugleich von Niklas Luhmanns Systemtheorie faszinieren läßt, derzufolge soziale Bewegungen auf Fehlentwicklungen(„Dysfunktionalitäten") in der Gesellschaft verweisen, ohne selbst zu deren Behebung beitragen zu können; nützlich seien soziale Bewegungen, da sie der Gesellschaft ermöglichten, ihre Realitätsnähe zu testen, bzw. deren Artikulationen als „Selbstbeschreibung" nehmen könnten (Luhmann 1996).

Literatur

Brand, Karl-Werner: Neue soziale Bewegungen. Entstehung, Funktion und Perspektive neuer Protestpotentiale, Opladen 1982
Ders.: Die Normalisierung der Bewegungsforschung, in: Soziologische Revue, 19. Jg., Heft. 1, Forschungsjournal Neue Soziale Bewegungen, 1989ff., München 1996
Forschungsjournal Neue Soziale Bewegungen, 1989ff.
Kleinert, Hubert: Aufstieg und Fall der Grünen. Analyse einer alternativen Partei, Bonn 1992
Kraushaar, Wolfgang: Die Protest-Chronik 1949-1959. Eine illustrierte Geschichte von Bewegung, Widerstand und Utopie, 4 Bde., Hamburg 1996
Luhmann, Niklas: Protest. Systemtheorie und soziale Bewegungen, Frankfurt a.M. 1996
Neidhardt, Friedhelm (Hg.): Öffentlichkeit, öffentliche Meinung, soziale Bewegung, in: Kölner Zeitschrift für Soziologie und Sozialpsychologie, Sonderheft 34, Opladen 1994
Rammstedt, Otthein: Soziale Bewegung, Frankfurt a.M. 1978
Raschke, Joachim: Soziale Bewegungen. Ein historisch-systematischer Grundriß, Frankfurt a.M./New York 1985

Otthein Rammstedt/Gerhard Wagner

Öffentlichkeit

1. Begriff und Bezugsrahmen

1.1 Öffentlichkeit ist ein im Prinzip frei zugängliches Kommunikationsforum für alle, die etwas mitteilen, oder das, was andere mitteilen, wahrnehmen wollen. In den Arenen dieses Forums befinden sich die Öffentlichkeitsakteure, die zu bestimmten Themen Meinungen von sich geben oder weitertragen: Sprecher („Quellen") und Vermittler (Kommunikateure). Auf den Galerien versammelt sich eine mehr oder weniger große Zahl von Beobachtern: das Publikum.

Unter bestimmten Bedingungen können sich bei der Kommunikation in den Öffentlichkeitsarenen Fokussierungen auf bestimmte Themen ergeben. In diesem Falle entsteht *„öffentliche Meinung"* als von Sprechern kommunizierte und vom Publikum wahrnehmbare Kommentierung eines Themas. Ob und unter welchen Bedingungen öffentliche Meinung den Meinungen des Publikums sowie derer entspricht, die an öffentlicher Kommunikation weder als Akteure noch als Beobachter teilnehmen, ist eine empirische Frage. Öffentliche Meinung und Bevölkerungsmeinung sind unterschiedliche Größen. „Bevölkerungsmeinung" ergibt sich als statistisches Aggregat von individuellen Einstellungen, die demoskopisch erhoben werden können; „öffentliche Meinung" ergibt sich aus den öffentlichen Äußerungen von Einstellungen.

1.2 Stil und Inhalte öffentlicher Kommunikationen resultieren in modernen Gesellschaften aus dem politisch und ökonomisch bestimmten Zusammenspiel von Sprechern, Kommunikateuren und Publikum in einem Rahmen, der verfassungsrechtlich locker definiert und durch einige Gesetze mitgestaltet ist. (a) Die bestimmende Bezugsgruppe öffentlicher Kommunikation ist das Publikum. Sprecher und Kommunikateure werben um Aufmerksamkeit und Zustimmung von Bürgern, die sich ihnen als Konsumenten und Wähler darstellen und als solche den Erfolg politischer und ökonomischer Akteure bestimmen. Meinungsbefragungsinstitute und Marktforschungsabteilungen engagieren sich mit Bevölkerungsumfragen und Zielgruppenrecherchen, um Informations- und Unterhaltungsbedürfnisse zu ermitteln und Aufmerksamkeits- und Zustimmungsverteilungen möglichst auch zu prognostizieren. (b) Als Sprecher treten Akteure auf, die ihre Stimme erheben, um das Publikum mit Beiträgen, die als spannend und überzeugend wahrgenommen werden können, für sich zu interessieren und einzunehmen: Interessenvertreter von Parteien und Verbänden, Sprecher von Bürgerinitiativen und sozialen Bewegungen, die „Augenzeugen" von mancherlei Ereignissen, Künstler und Experten.

In der frühesten Ausprägung „kleiner" Öffentlichkeiten waren Sprecher und Publikum einander unmittelbar verbunden. An Marktplätzen, Gerichtsforen und Kultstätten entstand ein Typus von „Versammlungsöffentlichkeit", der in neuen Formen auch heute noch existiert und nicht bedeutungslos ist. Die „civil society" manifestiert sich ständig auf lokaler Ebene mit mehr oder weniger offenen Veranstaltungen, über die sie ihre Mitgliedschaft zusammenzieht, ihre Botschaften aussendet und neue Anhänger wirbt. Von öffentlichen Vorträgen und Podiumsdiskussionen bis hin zu Protestdemonstrationen und großen „Kirchentagen" reicht die soziale Infrastruktur einer Versammlungsöffentlichkeit, die sich besonders in den Bewegungsphasen moderner Gesellschaften belebt und dann auch kräftige politische Impulse entfalten kann.

(c) Die Reichweite dieser Impulse hängt allerdings davon ab, in welchem Maße sie durch die *Massenmedien* aufgenommen und verstärkt werden. Moderne Öffentlichkeit ist vor allem „Medienöffentlichkeit". Zeitungen, *Rundfunk* und Fernsehen sind die zunehmend industrialisierten Betriebe der Publikumsvermittlung. Ihre ständig und vielfältig produzierten Kommunikationsleistungen beziehen sich auf das Angebot von Information und Unterhaltung, das von allen Bürgern empfangen werden kann. Informationen üben, wenn vom Publikum wahr- und ernstgenommen,

Orientierungsfunktionen aus; sie adressieren den Bürger als Produzenten sozialen Verhaltens. Unterhaltung bezieht sich auf Freizeitinteressen, dient der Entspannung und wird eher konsumtiv empfangen.

2. Politische Funktionen von Öffentlichkeit

2.1 Seit der Erfindung der Drucktechniken im 15. Jh. versorgen *Massenmedien* die öffentliche Kommunikation mit Mitteilungen, Berichten und „Kuriositäten" vielfältiger Art. Politische Bedeutung gewannen die Informationsfunktionen der Massenkommunikation seit dem 17. Jh. im Zusammenhang mit der zunehmenden Publizität von Petitionen (Zaret 1996) und unter dem Druck von Protestbewegungen (Würgler 1995). Wachsende Öffentlichkcit beförderte *Demokratisierung*, indem sie einer zunehmenden Zahl von Bürgern und deren Sprechern eine Stimme gab, mit der sie sich in politische Prozesse einschalten konnten. Ihre Institutionalisierung vollzog sich seit dem 19. Jh. mit der verfassungsrechtlichen Verankerung von Informations-, Meinungs-, Rede-, Versammlungs- und Pressefreiheiten. Mit der Anerkennung dieser Freiheiten durch die Herrschenden, ihrer Unterstützung durch mächtige Interessengruppen und ihrer Kontrolle durch die Rechtsprechung institutionalisiert sich das „Prinzip Öffentlichkeit" zu einem zentralen Element funktionierender Demokratien. Daß es in der *DDR* keine Geltung erlangte, hat die „Lernfähigkeit" dieses Staates entscheidend geschwächt. Ein bis in Versammlungsorte und Redaktionen durchorganisiertes Lenkungs- und Zensursystem sorgte für eine Monopolisierung der Sprecherrolle durch die Staatspartei (Holzweissig 1991). Erst durch Etablierung eines offenen Kommunikationsfeldes aber kann sich im Austausch von Fragen und Anregungen, Kritik und Forderungen, Selbstdarstellungen und Rechtfertigungen das gesellschaftliche Informationsniveau entwickeln, das Bürgern rationale Wahlen und den Herrschaftsträgern akzeptanzfähige Entscheidungen ermöglicht. Das Bundesverfassungsgericht hat diese Funktionsbestimmung einer freien Öffentlichkeit in einer Reihe von Grundsatzentscheidungen – zum Beispiel über das *Grundrecht* der freien Meinungsäußerung (1958) und die Sicherung von Meinungsvielfalt im Rundfunksystem (1981) – verbindlich gemacht. Die Frage aber ist, wie viel Rationalität und welche Art von Kontrolle die moderne Medienöffentlichkeit für die politischen Prozesse gesellschaftlicher Selbstverwaltung tatsächlich erzeugt.

2.2 Bei der Beantwortung dieser Frage unterscheiden sich skeptische und emphatische Öffentlichkeitstheorien in dem Ausmaß an Reflexivität, die sie dem Kommunikationssystem Öffentlichkeit zutrauen – die einen weniger (z.B. Luhmann 1971, 1990), die anderen mehr (z.B. Habermas 1990, 1992). Die Unterschiede lassen sich je nach der angenommenen Qualität öffentlich ausgetauschter Informationen in drei Modellen beschreiben (Neidhardt 1994: 8ff., 20ff.). (a) In einem „Verlautbarungsmodell" von Öffentlichkeit tendieren die interaktiven Elemente öffentlicher Kommunikation gegen Null. Die Sprecher liefern ihre Statements ab. Frage/Antwort-Sequenzen sind nicht erkennbar. Öffentliche Kommunikation stellt dann eine bloße Abfolge von Monologen dar. (b) In einem „Oppositionsmodell" öffentlicher Kommunikation reagieren die Sprecher aufeinander, dies aber ohne wahrnehmbare Verständigungsabsicht. Die Beiträge konkurrierender Sprecher werden angegriffen, diese selber mehr oder weniger offensiv diskreditiert. Vorherrschend sind die Verteidigung eigener Positionen und die Ablehnung der Positionen anderer. (c) Im Sinne eines „Diskursmodells" findet eine argumentative Auseinandersetzung mit den Gegnern und Kritikern der eigenen Beiträge auch mit der Folge statt, daß die eigenen Positionen reversibel gehalten werden. Lernprozesse beweisen sich im Fallenlassen falsifizierter Behauptungen und im Ausscheiden unhaltbarer Begründungen, Bewertungen und Folgerungen. Erst auf diese Weise verwirklicht sich der „Sinn von Öffentlichkeit" (Peters 1994): Sie bildet nicht nur die Pluralität vorhandener Meinungen ab und erschöpft sich nicht in advokatischer Interessenvertretung, sondern sie produziert Klärungen, vielleicht auch Verständigungen, und diese entfalten gegenüber den politischen Instanzen einen Druck, dem sie nur mit dem Risiko sich verschlechternder Wahlchancen ausweichen können. Von der Annahme, daß öffentliche Diskurse sich in diesem Sinne entwickeln und geltend machen, begründen sich auch die in den letzten Jahren zunehmend diskutierten Theorien deliberativer Demokratie mit ihrer Kernvorstellung politischer Gesellschaft als „an association whose affairs are governed by the public deliberation of its members" (Cohen 1989: 17). Offen aber ist, ob die massenmediale Organisation moderner Öffentlichkeit die Bedingungen der Möglichkeit von „Diskursen" überhaupt bietet.

3. Akteure und Strukturen moderner Öffentlichkeit

Die gewachsene Bedeutung und die besonderen Merkmale des Öffentlichkeitsbetriebs moderner Gesellschaften ergeben sich aus der Dynamik von Nachfrage/Angebots-Konstellationen auf einem schnell expandierten Medienmarkt, vorangetrieben von einer rasanten Entwicklung technischer Übertragungsmittel.

Diese Entwicklung wird dadurch möglich, daß die Mediennachfrage der Bürger langfristig stark gestiegen ist. Neben allem sonstigen ist dafür die Tatsache bestimmend, daß das Freizeitvolumen der Bürger sich in den letzten Jahrzehnten deutlich erhöhte. In den alten Bundesländern, über die Zeitreihendaten vorliegen, wuchs das individuelle Freizeitbudget werktags von 340 Minuten im Jahre 1964 auf 478 Minuten im Jahre 1995 (Kiefer 1996: 119). Im gleichen Zeitraum stieg die *Mediennutzung* überproportional, nämlich von 188 auf 318 Minuten (ebd.: 49), was ausschließlich auf den gestiegenen Gebrauch von Fernsehen und *Rundfunk* zurückzuführen ist. Davon profitierte vor allem der Unterhaltungskonsum. In welchem Maße die Wahrnehmung politischer Informationsangebote pro Tag zunahm, läßt sich mit den vorliegenden Daten nicht genau bestimmen. Die sog. Reichweite des politischen Informationsangebots der Medien, das heißt der Prozentsatz der Bevölkerung, der täglich von diesem Angebot erreicht wird, stieg seit den sechziger Jahren an, ging aber in den letzten Jahren wieder zurück (ebd.: 183).

Der Nachfrageentwicklung ging vor allem im Funk- und Fernsehbereich ein sehr starker Anstieg des Medienangebots einher, freigesetzt durch medienpolitische Entscheidungen, die eine Kommerzialisierung auch der Telekommunikation ermöglichten. Die Zahl der Sender und Programme vervielfachte sich in kurzen Zeiträumen. Dies setzte erhebliche Kapitalinvestitionen in den Medienbetrieb und eine deutliche Steigerung seines Personals voraus. Allein zwischen 1982 und 1992 stieg die Gesamtzahl der sozialversicherungspflichtig Beschäftigten in diesem Bereich (ohne die Vielzahl sog. freier Mitarbeiter) von 360 auf 495 Tsd. (Medienbericht 1994: 62).

Die rasche Entfaltung sowohl des Medienangebots als auch der *Mediennutzung* wurde begleitet von dem zunehmenden Interesse von Akteuren aus Politik und Wirtschaft, sich dem Publikum über die *Medien* darzustellen. Alle Akteure, die kollektiv wirksam werden wollen, suchen für den Absatz ihrer Überzeugungen, Interessen und Güter Publikumsaufmerksamkeit und Publikumsgunst. *Massenmedien* ermöglichen dabei die größtmögliche Reichweite für die Werbung in eigener Sache. Die sich daraus entwickelnde Konkurrenz der „Sprecher" um Medienzugang beförderte mittels Einsatz von Information, Macht und Geld die Durchsetzung von Strategien, welche die öffentliche Kommunikation nachhaltig beeinflussen.

(a) Eine Möglichkeit, Zugang zu den *Medien* zu finden, besteht in der möglichst kunstvollen Inszenierung von Nachrichten, die die Medien selber als interessant und wichtig definieren. Dies führte zu einer Professionalisierung von *„Public Relations"* im Auf- und Ausbau spezialisierter Presseämter und Öffentlichkeitsabteilungen in Regierungen, Parteien, Verbänden und Wirtschaftsunternehmen. Sie entwickeln mit Hilfe von professionellen Medienberatern und Reklamefachleuten ein zunehmendes Raffinement in der

Handhabung einschlägiger Thematisierungs- und Überzeugungsstrategien (s. Abschn. 4.1) bis hin zu einem Management von „pseudo events" (Daniel Boorstin), die gar nicht stattfinden würden, wenn es die Medien nicht gäbe. (b) Die Möglichkeit, zur Durchsetzung eigener Darstellungsinteressen auf die Medien Druck zu machen, besteht in der Sicherung direkter und indirekter Einflußchancen im Medienbetrieb selber. Im „dualen *Mediensystem*" der Bundesrepublik haben sich im Hinblick darauf die politischen Parteien über die „Rundfunkräte" der öffentlich-rechtlichen Anstalten einen außerordentlichen Einfluß gesichert. Die Entwicklung von Eigentumsverhältnissen im kommerziellen Bereich, die zu hoher und offenkundig weiterwachsender Konzentration vor allem im Fernsehen- und Pressebereich (Kirch- und Bertelsmann-Gruppe; Springer-Konzern) führte, zeigt ähnlich wirksame Machtpotentiale im Mediensystem an – eine Tendenz, die sich z.B. im „Zeitungssterben" in den neuen Bundesländern seit der „Wende" resolut durchgesetzt hat. In welchem Maße auf diese Weise eine Einschränkung der „inneren Pressefreiheit" der Journalisten ausgelöst wird, wird häufig diskutiert, ist aber wenig recherchiert (Enquetekommission 1996). (c) Die sichtbarste Form, sich in den Medien geltend zu machen, besteht in dem direkten Kauf von Werbeflächen im Medienprogramm. Die Medieneinnahmen aus *Werbung* stiegen von 684 Mio. in 1970 auf 5,3 Mrd. in 1992 (Medienbericht 1994: 172). Die Finanzierung aller Medien (mit Ausnahme der öffentlich-rechtlichen Anstalten) erfolgt inzwischen überwiegend oder sogar vollständig aus diesen Einnahmen. Je mehr dies der Fall ist, umso stärker die Konkurrenz der Medien, mit dem eigenen Programm Zuschauer- und Leser"quoten" zu steigern – umso aufdringlicher dann auch die Tendenz, daß sich Medienangebote jenseits journalistischer Professionsinteressen zu einem bloßen Rahmenprogramm für Werbung entwickeln (McManus 1992).

Die Frage ist, in welchem Maße diese Tendenzen durch eine „public interest"-Orientierung der Redaktionen und durch Professionsansprüche der Journalisten balanciert werden können. In der Tat wurden die Beschäftigungsentwicklungen im Medienbereich von Bemühungen zu einer Professionalisierung des Journalistenberufs begleitet: Die Zahl akademischer Ausbildungsangebote stieg, Berufsbilder wurden angeglichen, verschiedene Varianten eines „code of ethics" wurden formuliert, und Berufsverbände versuchen kollektive Interessenvertretung. All dies verstärkte die längerfristige Tendenz zur Entideologisierung des *Journalismus*; das drückt sich u.a. in dem Stellungsverlust der Parteienpresse und in einer zunehmend offenen Marktorientierung von Funk und Fernsehen aus (Voltmer 1993). Andererseits bleiben die Professionalisierungsdefizite im Journalismus auffällig stark. Aufgrund der Verfassungsprinzipien der Meinungsfreiheit sind einer berufsständischen Selbstorganisation des Journalistenberufs Grenzen gesetzt: Im Unterschied zu den klassischen Professionen ist ihre Berufsbezeichnung nicht geschützt; die Zahl der „freien Mitarbeiter" liegt außerordentlich hoch; die Qualifikationsbedingungen sind anhaltend locker geregelt; ihre Akademisierung ist bislang nur in geringem Maße durchgesetzt; die auf freiwilliger Mitgliedschaft beruhenden Berufsverbände sind relativ schwach und besitzen keine Sanktionsmittel, um die Sicherung der von ihnen selbst deklarierten Berufsstandards wirksam durchzusetzen. Ein professioneller Journalismus erscheint insofern zwar in Ansätzen entwickelt, aber institutionell schwach abgesichert; dies mit der Folge, daß die journalistische Qualität der Medienproduktion außerordentlich stark variiert.

4. Tendenzen öffentlicher Meinungsbildung

Unter Konkurrenzdruck versuchen die Öffentlichkeitsakteure, mit den von ihren Interessen bestimmten Beiträgen bei einem möglichst großen Publikum anzukommen. Sie müssen im Hinblick darauf mit ihren Kommunikationsangeboten sowohl interessanter und wichtiger als auch kompetenter und glaubwürdiger erscheinen als ihre Mitkonkurrenten.

Öffentlichkeit

4.1 Erkennbar werden in der Praxis öffentlichen Kommunikation rhetorische Strategien, die sich als Thematisierungs- und Überzeugungsstrategien beschreiben lassen (Neidhardt 1994: 17ff.). (a) Thematisierungsstrategien werden eingesetzt, um Aufmerksamkeit für bestimmte Themen zu erzielen; sie dienen dem „agenda-setting". Im Hinblick darauf haben Theorien von „Nachrichtenfaktoren" zusammengefaßt, worauf es bei der Auswahl und Darbietung von Themen ankommt: auf die Bevorzugung und Behauptung des Neuen und Überraschenden, die Dramatisierung von Konflikten und von Formen abweichenden Verhaltens (z.B. von Kriminalität, vor allem Gewaltkriminalität) sowie auf die effektvolle Beschreibung und Konstruktion von Problemen besonders dann, wenn diese für ein großes Publikum unmittelbaren Schaden bedeuten und deshalb Angst machen können. Wirksam ist überdies, solche Themen mit Prominenten zu verknüpfen, die sich als Akteure, Opfer oder „Quellen" darstellen lassen. Besitzt ein Thema in diesem Sinne keinen starken „Nachrichtenwert", dann hat es nur wenig Chancen, auf die öffentliche Agenda zu kommen und sich dort zu halten. Die Selektionsmuster der Massenkommunikation privilegieren vor allem das Interessante. (b) Für Öffentlichkeitsakteure ist strategisch zusätzlich von Bedeutung, zu den beförderten Themen auch die eigenen Meinungen durchzusetzen. Dem dienen bestimmte Überzeugungsstrategien, die den „common sense" ansprechen und dabei weniger den Regeln der Logik als den Gesetzen der Rhetorik folgen. Es geht darum, die Tatsächlichkeit der behaupteten Tatsachen, die Plausibilität bestimmter Erklärungen, die Richtigkeit der eigenen Urteile und die Notwendigkeit gewisser Konsequenzen einleuchtend darzustellen. Dabei erscheinen handfeste Beispiele suggestiver als abstrakte Argumente, und die Moralisierung eines Sachverhalts in das Schema von Gut- oder-Böse ist ein probates Mittel, Anteilnahme und Zustimmung hervorzurufen. Im Genre des Skandals werden die Heuristik öffentlicher Meinungsbildung, aber auch die Kraft der sozialen Kontrolle, die von ihr ausgehen kann, besonders deutlich. Zumindest für öffentlichen Institutionen und Amtspersonen wird es riskant, unanständig zu erscheinen.

4.2 Die Frage ist, was diese Tendenzen öffentlicher Darstellungen für den Diskursgehalt öffentlicher Kommunikationen, etwa bei der Behandlung politischer Themen, bedeuten (vgl. 2.2). Dabei ist von der kommunikationstheoretisch elementaren Besonderheit medial vermittelter Massenkommunikation auszugehen, daß die Sprecher, die sich zu Wort melden, füreinander nicht die primären Adressaten ihrer Beiträge sind. Ihre Bezugsgruppe ist ein nicht anwesender Dritter, nämlich das Publikum. Und im Hinblick auf Aufmerksamkeit und Zustimmung des Publikums sind in den Öffentlichkeitsarenen Konkurrenzen ausgeprägt, die mit der strategischen Bedeutung des Publikums für politische und ökonomische, also außerkommunikative Zwecke zusammenhängen. Unter diesen Bedingungen ist nachvollziehbar, daß sich bei Analysen öffentlicher Meinungsbildung Merkmale von offenen Diskursen selten nachweisen lassen (vgl. Neidhardt 1994: 20ff.; Neidhardt 1996). Vorherrschend ist (a) ein Verlautbarungsstil öffentlicher Einlassungen, der sich auf interaktive Kommunikation eigentlich gar nicht einläßt. Beispiele findet man in dem Kommuniquémuster öffentlicher Darstellungen, die sich in den Medien widerspiegeln: Meinungen werden dekretiert und im Hinblick auf ihr Für und Wider wenig reflektiert. (b) Kommt es zu einem Bezug auf andere Sprecher und deren Beiträge, so geschieht dies weit überwiegend in Formen einer Kritik, die im Oppositionsstil advokatisch auftritt und zumindest in Wahlkampfzeiten auch despektierliche Formen von „negative campaigning" einschließt.

Die Kritik an den Verfallsformen öffentlicher Kommunikation ist allerdings Teil öffentlicher Auseinandersetzungen, und es ist deutlich, daß nicht alle Medien und nicht alle Öffentlichkeitsakteure den beschriebenen Tendenzen gleichermaßen folgen. Medien und Sprecher unterscheiden sich im Hinblick auf die Nachweisbarkeit von (c) seriösen Diskursformen öffentlicher Darstellungen. Bestimmend dafür erscheinen einerseits die jeweiligen Informations- und Argumentationsansprüche der Zielgruppe, die Sprecher und Medien im Publikum erreichen wollen, andererseits der politische und ökonomische Konkurrenzdruck, unter dem die Öffentlichkeitsakteure operieren. Das Sprecherensemble öffentlicher Arenen ist in starkem Maße, aber keineswegs vollständig von Repräsentanten und Advokaten besetzt, deren Handlungsführung durch die auf Macht und Geld bezogenen Interessen ihrer politischen und ökonomischen Klientel bestimmt ist. Die Arenen der Öffentlichkeit sind im Prinzip offen für alle gesellschaftlichen Bereiche, neben Politik und Wirtschaft natürlich auch für Wissenschaft, Kultur etc. Deren Experten und Intellektuelle sind einem Druck auf Kommuniqué- und Agitationsmuster ihrer Darstellung weniger ausgesetzt, und das gleiche gilt für Journalisten, die vor allem als Kommentatoren aufhören, bloße „Chronisten" zu sein und zu Öffentlichkeitssprechern eigenen Rechts werden. Auch sie können natürlich eingeschüchtert oder gekauft werden. Aber sie sind Teil von Professionen und Netzwerken, in denen Diskursqualitäten Kriterien für die Zuweisung von Reputation und Geltung darstellen. Insofern schlagen die an ökonomische und politische Interessen geknüpften Darstellungsstile der „PR" nicht vollständig und unwidersprochen in die Praxis öffentlicher Kommunikation durch.

Das läßt sich an der Gemengelage von Informationen und Argumentationen, Polemiken und bloßem Palaver zu den „großen Themen" zeigen, denen es gelungen ist, über einen längeren Zeitraum öffentliche Aufmerksamkeit zu finden – zum Beispiel: vor einigen Jahrzehnten die sogen. „Spiegel-Affäre", später der Terrorismus zuerst von links, jüngst von rechts, dauerhaft Kriminalität, nach der deutschen Einigung „Stasi", immer wieder auch „Holocaust", neuerdings „europäische Währungsunion" und „Standort Deutschland". Die Medienkonkurrenzen bestimmen den Rahmen für öffentliche Aufmerksamkeit und Meinungsbildung. Welche Akteure ihn für welches Niveau ihrer Beiträge nutzen, ist nicht eindeutig bestimmbar. Ob die Wissenschaft sich zum Beispiel einmischt und wie viel „Aufklärung" sie einbringen kann, variiert von Thema zu Thema. Insgesamt übertreffen die Erwartungen an die Expertise der Wissenschaft offenkundig sowohl ihre Kompetenz als auch ihre Bereitschaft, sich öffentlich zu engagieren.

5. Öffentliche Meinung und Bevölkerungsmeinung

5.1 Das Ziel der Öffentlichkeitsakteure besteht darin, ein möglichst großes Publikum zu erreichen und zu beeindrucken, und auf diese Weise „*öffentliche Meinung*" in „*Bevölkerungsmeinung*" (siehe 1.1) zu übertragen. Das erscheint in der Bundesrepublik nur halbwegs, nämlich insoweit gelungen, als die zeitliche Zuwendung des Publikums zu den Medien öffentlicher Meinungsbildung ständig gestiegen ist, Publikum also in der Tat erreicht wird (siehe 3.). Umfragen belegen andererseits, daß die Medienutzer von den Inhalten des Medienangebots zunehmend weniger beeindruckt sind. „Das Meinungsbild von den *Medien* hat sich seit 1964 kontinuierlich verschlechtert." (Kiefer 1996: 240) Dies zeigt sich im Qualitätsurteil des Publikums sowohl über die Unterhaltungsfunktionen (von Fernsehen und Presse) als auch über die politischen Informationsleistungen (aller drei Mediengattungen) (ebd.: 241). Im Hinblick auf politische Informationsleistungen kam es zu einem „enormen Glaubwürdigkeitsverlust vor allem des Fernsehens im Verlauf der letzten Jahrzehnte" (ebd.: 251); die Suggestion scheinbar authentischer Bilder, die dem Fernsehen anfangs einen überdurchschnittlichen Vertrauensbonus sicherte, ist offenkundig stark verfallen. 1995 war nur noch jeweils knapp ein Fünftel aller repräsentativ Befragten der Ansicht, daß Fernsehen, Hörfunk und Tageszeitungen „wahrheitsgetreu" bzw. „objektiv" berichteten (ebd.: 252). Und nur noch ein Zehntel der Befragten meint, die Medien „achteten auf Qualität".

Dieses Urteil läßt sich nicht als eine Kritik aller Sendungen und Sender, Artikel und Zeitungen deuten; da werden auch dem Publikum Ausnahmen bewußt sein, die es schätzt. Die vorliegende Publikumsresonanz erscheint über alle Einzelheiten hinweg aber als kollektiver Einspruch gegen das Niveau eines Mediensystems, das mit immer höheren Kosteneinsatz sich dem Publikum aufdrängt. Daß beim Publikum ein außerordentliches Maß an Unzufriedenheit gleichwohl mit anhaltend starker Nutzung der Medien einhergeht, läßt sich offensichtlich nur dadurch erklären, daß es im Hinblick auf seine Informations- und Unterhaltungsbedürfnisse keine überlegenen Alternativen wahrnimmt. Zur Erklärung der Anomalie gegenwärtiger *Mediennutzung* dürfte im übrigen auch die Art ihrer Preisregelung beitragen. Das Publikum zahlt nicht für ein spezielles Produktangebot (Nachrichten, Reportagen, Kommentare, Unterhaltung), sondern für ein Kommunikationspaket bei Zeitungen und im Falle von Rundfunk und Fernsehen (mit Ausnahme der in Deutschland noch nicht sehr verbreiteten Pay-TV- bzw. Pay-per-View-Angebote) pauschal für den Eintritt in den Gesamtmarkt mit kostenunabhängigen Folgen für die Leistungen, die man diesem entnimmt – eine Einladung zum „Zappen", vergleichbar dem Schaufensterbummel. Unter diesen Bedingungen nimmt man offensichtlich auch Schundproduktion in Kauf. Die jeweils stärkste Zustimmung zu den 17 Items, die den Befragten vorgelegt wurden, fanden beim Fernsehen die Meinung „hilft, freie Zeit zu füllen, wenn man nichts anderes zu tun hat" (40%), und beim Hörfunk die Ansicht „läßt sich mit vielen anderen Tätigkeiten kombinieren" (55%) (ebd.: 256). Der Konsum dieser Medien erfolgt bei vielen Nutzern sozusagen notgedrungen und nebenbei.

5.2 Angesichts des offenkundig verbreiteten Unbehagens an den Inhalten des Medienangebots läßt sich nicht erwarten, daß die Medien auf die Einstellungen von Zuschauern und Lesern jene determinierende Kraft ausüben, die in kulturkritischen Einschätzungen der *Mediengesellschaft*, lange Zeit aber auch in der Medienforschung, behauptet wurde. Neuere Untersuchungen über das „unterschätzte Publikum" (Schenk/Rössler 1994) belegen durchaus Medieneffekte, zeigen aber auch, daß sich der Medienkonsum kritischer und die individuelle Aneignung von Themen und Meinungen des Medienangebots selektiver und selbstbewußter vollziehen, als oft angenommen wird. Als entscheidend für das Themenbewußtsein und die politische Meinungsbildung der Bürger erweisen sich anhaltend Primärkommunikationen in den Gruppen und Netzwerken, in denen sie verkehren (sofern diese, was nicht bei allen Bevölkerungsgruppen gleichermaßen der Fall ist, vorhanden sind). *Medien* geben dafür Material und Anregung, bestimmen aber nicht deren Verarbeitung. Dies drückt sich u.a. auch darin aus, daß in wichtigen Fragen *„öffentliche Meinung"* und *„Bevölkerungsmeinung"* deutlich voneinander abweichen.

Diese Befunde, die sich auf die individuelle Ebene von Medieneffekten beziehen, bedeuten nicht, daß eine von den *Medien* vermittelte *„öffentliche Meinung"* auf kollektiver Ebene, z.B. für politische Entscheidungsprozesse, völlig unwirksam wäre. Schon auf individueller Ebene wird sichtbar, daß Mediennutzer, die Medienimpulse selber nicht übernehmen, davon ausgehen, daß andere Rezipienten davon beeinflußt werden – also Aggregateffekte annehmen, die individuell nicht nachweisbar sind. Da sie ihr eigenes Verhalten auf diese Annahme einstellen, ergeben sich aus Fiktionen reale Folgen („third-person effects"; Lasorsa 1992), die auch in der Politik nachweisbar sind (Fuchs/Pfetsch 1996). Wenn Medien als wirksam angesehen werden, dann sind sie wirksam. Ihre Überschätzung trägt zu ihrer Bedeutung bei.

6. Medienkritik und Medienpolitik

6.1 Der gewachsenen Unzufriedenheit der Abnehmer des Medienangebots, also des Publikums (siehe 5.1), entspricht eine zunehmend breite Kritik des öffentlichkeitskonstituierenden *Mediensystems* durch Experten und Politiker (Groebel et al. 1995; Enquetekommission 1996). Diese Kritik formuliert ihre Maßstäbe im Hinblick auf die Demokratiefunktionen öffentlicher Meinungsbildung, und sie setzt bei dem auch vom Bundesverfassungsgericht immer wieder betonten Anspruch an, daß die Medien neben allem sonstigen auch dem „public interest" verpflichtet seien. Im Hinblick darauf zieht in der Bundesrepublik weniger die „duale" Verfassung des Mediensystems als die innerhalb dieses Systems fortschreitende Kommerzialisierung des Medienmarktes Kritik an. Unter ökonomischen Gesichtspunkten erscheinen die Grenzkosten für seriöse Recherche und Berichterstattung in einem Markt, der als Anbietermarkt scharfe Konkurrenzen auslöst, höher als die Grenzerträge, die sich durch spektakuläre Inszenierungen bei der Erzeugung von Zuschauerquoten erzielen lassen.

Daraus ergibt sich hinsichtlich der Informationsfunktionen der *Medien* ein öffentliches Problem insofern, als Informationen in dem Maße, in dem sie sich auf ein rezipientenfernes Weltgeschehen beziehen, „Vertrauensgüter" darstellen, deren Gebrauchswert von den Nutzern selber nicht hinreichend kontrolliert werden kann (McManus 1992: 794ff.). Dem massenmedialen Informationsmarkt ermangelt es insofern jener Qualitätskontrollen, die bei anderen Gütern durch die subjektive Kompetenz der Nachfrager wirksam werden; dies im übrigen umso mehr, je stärker die Konzentrationstendenzen auf diesem Markt eine oligopolistische Struktur des Informationsangebots erzeugen und die Chancen für Qualitätsvergleiche reduzieren.

Die darauf abzielende Kritik an Kommerzialisierung setzt auf die Bestandserhaltung des marktunabhängigen Medienangebots öffentlich-rechtlicher Anstalten – dies allerdings mit Vorbehalten gegen zwei Tendenzen, die sich in den öffentlich-rechtlichen Anstalten von *Rundfunk* und Fernsehen durchgesetzt haben. Die Vorbehalte richten sich einerseits gegen deren „Selbstkommerzialisierung" insofern, als auch diese Anstalten schon sehr früh ein begrenztes Recht auf Werbeeinnahmen für sich durchgesetzt und sich auf diese Weise freiwillig auf die Konkurrenz um größtmögliche Nutzerquoten eingelassen haben. Sie richten sich andererseits gegen den starken Einfluß vor allem der etablierten Parteien in den Gremien der Sender und die dadurch beförderte Tendenz, Politik im Verlautbarungsstil „höfischer Öffentlichkeit" (Groebel et al. 1995:17) darzubieten.

6.2 Eine medienpolitische Umsetzung dieser Medienkritik wird dadurch behindert, daß die *Globalisierung* des Medienmarktes die Ausdifferenzierung eines eigenständigen Politikfeldes *„Medienpolitik"* anhaltend blockiert hat. Medienpolitik findet im föderalistischen System der Bundesrepublik vor allem als wirtschaftspolitisch motivierte Standortpolitik der konkurrierenden Großparteien statt. Umso mehr zielen medienpolitische Ansprüche auf die Qualifizierung und Belebung von Selbstkontrollmechanismen außerhalb von Markt und Staat. Winfried Schulz (1993: 26; vgl. Groebel et al. 1995) spricht das folgende Bündel von Optionen an: „1. Systematische Beobachtung der Medienmärkte, Medienorganisationen und Medieninhalte mit wissenschaftlichen Methoden... 2. Professionelle Medienkritik, d.h. Medienkritik in den Medien... 3. Nutzerkritik und medienpolitische Bürgerinitiativen... 4. Einrichtung eines Sachverständigenrats zur Begutachtung der Medienentwicklung." Es geht dabei um eine Mobilisierung von Wissenschaft, der Journalisten selber und nicht zuletzt des Publikums. Dafür sind Ansätze durchaus vorhanden.

Literatur

Cohen, Joshua: Deliberation and Democratic Legitimacy, in: Hamlin A./P. Pettit (Hg.): The Good Polity. Normative Analysis of the State, Cambridge, Oxford 1989

Enquetekommission des Deutschen Bundestags: Erster Zwischenbericht zu „Zukunft der Medien in Wirtschaft und Gesellschaft", Deutscher Bundestag, Drs. 13/6000, Bonn 1996

Fuchs, Dieter/Barbara Pfetsch: Die Beobachtung der öffentlichen Meinung durch das Regierungssystem, in: van den Daele, Wolfgang/Friedhelm Neidhardt (Hg.): Kommunikation und Entscheidung. Politische Funktionen öffentlicher Meinungsbildung und diskursiver Verfahren, WZB-Jahrbuch 1996, Berlin 1996, S. 103-138

Groebel, Jo u.a.: Bericht zur Lage des Fernsehens für den Präsidenten der Bundesrepublik Deutschland, Gütersloh 1995

Habermas, Jürgen: Strukturwandel der Öffentlichkeit (1962), Frankfurt a.M. 1990

Habermas, Jürgen: Faktizität und Geltung. Beiträge zur Diskurstheorie des Rechts und des demokratischen Rechtsstaats, Frankfurt a. M. 1992

Holzweissig, Günter: DDR-Presse unter Parteikontrolle. Kommentierte Dokumentation. Bundesanstalt für Gesamtdeutsche Aufgaben: Analysen und Berichte, Nr. 3, 1991

Kiefer, Marie-Luise: Massenkommunikation V. In: Berg, Klaus/M.-L. Kiefer (Hg.): Massenkommunikation V. Eine Langzeitstudie zur Mediennutzung und Medienbewertung 1964-1995. Baden-Baden 1996, S. 9-382

Lasorsa, Dominic: Policymakers and the Third-Person Effect. In: Kennamer, John D. (Hg.): Public Opinion, the Press, and Public Policy. Westport/London 1992, S. 163-175

Luhmann, Niklas: Öffentliche Meinung, in: ders.: Politische Planung. Aufsätze zur Soziologie von Politik und Verwaltung. Opladen 1971, S. 9-34

Luhmann, Niklas: Gesellschaftliche Komplexität und öffentliche Meinung, in: ders.: Soziologische Aufklärung 5. Konstruktivistische Perspektiven, Opladen 1990, S. 170-182

Manin, Bernard: On Legitimacy and Political Deliberation, in: Political Theory 15, 1987, S. 338-368

McManus, John: What Kind of Commodity is News? in: Communication Research 19, 1992, S. 787-805

Medienbericht: Bericht der Bundesregierung über die Lage der Medien in der Bundesrepublik Deutschland. Deutscher Bundestag, Drs. 12/8587, Bonn 1994

Neidhardt, Friedhelm: Öffentlichkeit, öffentliche Meinung, soziale Bewegungen, in: ders. (Hrsg.): Öffentlichkeit, öffentliche Meinung, soziale Bewegungen. Opladen 1994, S. 7-41

Neidhardt, Friedhelm: Öffentliche Diskussion und politische Entscheidung. Der deutsche Abtreibungskonflikt 1970-1994, in: van den Daele, Wolfgang/Friedhelm Neidhardt (Hg.): Kommunikation und Entscheidung. Politische Funktionen öffentlicher Meinungsbildung und diskursiver Verfahren, WZB-Jahrbuch 1996, Berlin 1996, S. 53-82

Peters, Bernhard: Der Sinn von Öffentlichkeit, in: Neidhardt, Friedhelm (Hg.): Öffentlichkeit, öffentliche Meinung, soziale Bewegungen. Opladen 1994, S. 77-105

Schenk, Michael/Patrick Rössler: Das unterschätzte Publikum. Wie Themenbewußtsein und politische Meinungsbildung im Alltag von Massenmedien und interpersonaler Kommunikation beeinflußt werden, in: Neidhardt, Friedhelm (Hg.): Öffentlichkeit, öffentliche Meinung, soziale Bewegungen, Opladen 1994, S. 261-295

Schulz, Winfried: Medienwirklichkeit und Medienwirkung, in: „Aus Politik und Zeitgeschichte", B 40, 1993, S. 16-26

Staab, Joachim Friedrich: Nachrichtenwert-Theorie. Formale Struktur und empirischer Gehalt, Freiburg/München 1990

Voltmer, Katrin: Mass Media: Political Independence of Press and Broadcasting Systems. Discussion Paper FS III 93-205, Berlin: Wissenschaftszentrum (WZB) 1993

Würgler, Andreas: Das Modernisierungspotential von Unruhen im 18. Jahrhundert. Ein Beitrag zur Entstehung der politischen Öffentlichkeit in Deutschland und der Schweiz, in: Geschichte und Gesellschaft 21, 1995, 195-217

Zaret, David: Petitions and the „Invention" of Public Opinion in the English Revolution, in: American Journal of Sociology 101, 1996, S. 1497-1555

Friedhelm Neidhardt

Politik, soziale Grundlage

1. Definition

Die *Politikwissenschaft* wie auch die politische Praxis kennen zahlreiche Politikbegriffe. Im alltäglichen Sprachgebrauch gilt Politik als notwendiges Übel, als Schicksal, dem man ausgeliefert ist, als charakterverderbende Tätigkeit, als das, was „die da oben machen", aber auch als „Kunst" (des Möglichen). In diesen Äußerungen wird der Politik eine „Reservatsfunktion" zugewiesen, der man sich nach Möglichkeit fernhalten sollte. Politik bleibt demnach abgehoben, kaum beeinflußbar, ein undurchschaubares Geschäft, einigen wenigen vorbehalten. So sehr die Meinungen im Alltagsleben über Politik auseinanderdriften, so sehr finden sich auch in den wissenschaftlichen Aussagen unterschiedliche Definitionen des Politikbegriffs, von denen hier nur wenige wiedergegeben werden können. „Politik ist die Summe der Mittel, die nötig sind, um zur Macht zu kommen und sich an der Macht zu halten um von der Macht den nützlichsten Gebrauch zu machen, ... Politik ist als der durch die Umstände gebotene und von den Vermögen(virtu) des Herrschers oder des Volkes sowie von der spezifischen Art der Zeitumstände abhängige Umgang mit der Macht" (Macciavelli, um 1515). Max Weber definierte „Politik als das Streben nach Machtanteil oder nach Beeinflussung der Machtverteilung, sei es innerhalb eines Staates oder zwischen den Menschengruppen, die er umschließt". Normativ argumentierten Suhr und von der Gablentz, als sie erklärten, daß Politik der Kampf um die rechte Ordnung sei. Mitte der 60er Jahre definierte der amerikanische Sozialwissenschaftler David Easton Politik als die autoritativ (von Regierenden, von Herrschenden) verfügte Verteilung von materiellen und immateriellen Werten in der Gesellschaft. Und Gerhard Lehmbruch definierte Politik schließlich als gesellschaftliches Handeln, welches darauf gerichtet ist, gesellschaftliche Konflikte über Werte verbindlich zu regeln. Somit gibt es also nicht eine Definition von Politik, sondern Politik weist mehrere Dimensionen auf. Politik umfaßt damit die Formen, in denen Politik gemacht wird, die Inhalte, die durch Politik verwirklicht werden sollen und die Prozesse, die zwischen den an der Politik Beteiligten ablaufen. Untersucht man somit die soziale Grundlage von Politik und versteht unter dem lateinischen Begiff socialis „kameradschaftlich", „auf die Gesellschaft bezüglich", „gemeinnützig", „menschlich", „hilfsbereit", so ist die soziale Grundlage in den Formen (polity), Inhalten (policy) und Prozessen (politics) von Politik in der Bundesrepublik Deutschland zu suchen.

2. Die Bundesrepublik als demokratischer und sozialer Bundesstaat (polity)

Die soziale Grundlage der Politik in Deutschland bildet das *Grundgesetz*, das Rahmen, Richtschnur und Norm jeglicher politischer Tätigkeit für jeden Bürger bildet. Der Kern der Verfassung wird in den Art. 1 und 20 GG sichtbar, nach denen der Staat die Menschenwürde zu achten und zu schützen hat, er sich zu unverletzlichen und unveräußerlichen *Menschenrechten* bekennt, die drei Gewalten an *Grundrechte* als unmittelbar geltendes Recht gebunden sind und die vier Prinzipien Demokratie, Rechtsstaat, Sozialstaat und Bundesstaat überragende Bedeutung haben. Die Entscheidung für den demokratischen *Bundesstaat* bedeutet eine Ablehnung jeder Art von Monokratie (Einherrschaft) oder aristokratischer Herrschaft. Es gilt das Prinzip der Volksherrschaft. Die Verfassungsnorm sieht also einen Staat vor, in dem das Volk der primäre Träger der Staatsgewalt ist, wobei die *Demokratie* in Deutschland unmittelbar oder mittelbar sein kann. Die Unmittelbarkeit der Demokratie ist dann gegeben, wenn das Volk die Staatsgewalt selbst ausübt. Auf Bundesebene ist dies nur bei Abstimmungen der Fall, wobei allerdings das Grundgesetz diesen Fall im Art. 29 lediglich auf die Neugliede-

Politik, soziale Grundlage

rung von Ländern beschränkt. Die Demokratie gibt dem einzelnen Staatsbürger einen Anspruch auf Mitwirkung am politischen Prozeß (Aktivbürgerschaft), z.B. das aktive und passive *Wahlrecht*. Allerdings ist es auch zulässig, für die Ausübung staatlicher Funktionen Mindestvoraussetzungen wie z.B. ein Mindestwahlalter festzulegen.

Im Begriff Bundesrepublik kommt die politische Ordnung auf föderativer Grundlage zum Ausdruck, in der der Gesamtstaat (der Bund) sich aus Gliedstaaten (den Ländern) zusammensetzt. Die Länder als vom Bund anerkannte staatliche Hoheitsmächte üben in bestimmten Bereichen eigenständige staatliche Hoheit aus. Im *Bundesstaat* ist die Staatsgewalt zwischen Gesamtstaat und Gliedstaaten so aufgeteilt, daß keiner sie insgesamt innehat, sondern daß zwischen ihnen eine gegenseitige Abhängigkeit besteht.

Der Rechtsstaatscharakter des politischen Systems Deutschlands kommt in mehreren Grundgesetzartikeln zum Tragen. Im Rechtsstaatsgedanken kommt sowohl die Idee der Gerechtigkeit als auch der Rechtssicherheit zum Ausdruck. Während das formale Rechtsstaatsverständnis, in Deutschland noch bis zur Weimarer Republik ausgeprägt, die Gewährleistung der Rechtssicherheit durch die Bindung aller Staatsorgane an das formal korrekt zustande gekommene Gesetz zum Inhalt hatte, wurde im *Grundgesetz* der Gedanke des materiellen Rechtsstaats betont. Das gesetzte Recht muß nicht nur auf dem vorgeschriebenen Weg ordnungsgemäß zustandegekommen sein, sondern es muß inhaltlich auch vor den *Menschenrechten*, der Gerechtigkeit und der Billigkeit bestehen können. Es müssen neben der Rechtssicherheit und der Gerechtigkeit auch die Grundsätze der Verhältnismäßigkeit, des Vorrangs des Gesetzes sowie der Gesetzmäßigkeit der Verwaltung Anwendung finden.

Das Sozialstaatsgebot ist mehr als ein bloßer Programmsatz ohne rechtliche Verbindlichkeit, wenn auch seine Inhalte nicht so klar sind wie im Rechtsstaat oder Bundesstaat. Das Sozialstaatsprinzip verpflichtet den Staat, für den Ausgleich der sozialen Gegensätze und damit für eine gerechte Sozialordnung zu sorgen wie auch seinen Bürgern *soziale Sicherheit* zu gewährleisten. Das Bekenntnis zum Sozialstaat bedeutet aber nicht die Festlegung auf eine bestimmte Wirtschafts- und Sozialordnung wie z.B die *soziale Marktwirtschaft*.

Das Selbstverständnis der Bundesrpeublik als abwehrbereite *Demokratie* kommt in den beiden Verfassungsurteilen des *Bundesverfassungsgerichts* aus dem Jahr 1952 beim Verbot der rechtsextremen Sozialistischen Reichspartei (SRP) und 1956 beim Verbot der Kommunistischen Partei Deutschlands zum Ausdruck. „So läßt sich freiheitlich demokratische Grundordnung als eine Ordnung bestimmen, die unter Ausschluß jeglicher Gewalt- und Willkürherrschaft eine rechtsstaatliche Herrschaftsordnung auf der Grundlage der Selbstbestimmung des Volkes nach dem Willen der jeweiligen Mehrheit und der Freiheit und Gleichheit darstellt. Zu den grundlegenden Prinzipien dieser Ordnung sind mindestens zu rechnen: die Achtung vor den im Grundgesetz konkretisierten Menschenrechten, vor allem das Recht der Persönlichkeit auf Leben und freie Entfaltung; die Volkssouveränität; die Gewaltenteilung; die Verantwortlichkeit der Regierung; die Gesetzmäßigkeit der Verwaltung, die Unabhängigkeit der Gerichte, das Mehrparteienprinzip und die *Chancengleichheit* für alle politischen Parteien mit dem Recht auf verfassungsmäßige Bildung und Ausübung einer Opposition." (BVerfGE 2, 12f.)

3. Die Verankerung der sozialen Grundlagen der Demokratie im Pluralismusmodell

Im policy-Bereich, d.h. der Inhalte, der Art und Weise der Bearbeitung der öffentlichen Angelegenheiten und Aufgaben, der Problemlösung und ihrer Instrumente, fußt die *Demokratie* in Deutschland im wesentlichen auf dem parlamentarischen System, das sich wiederum auf den *Pluralismus* stützt. Pluralismus als Begriff der politischen Theorie kennzeichnet die moderne Lebenswelt in den hochindustrialisierten Gesellschaften der westlichen OECD-Länder. Pluralismus steht eher für partizipative Aspekte der Interessenvermittlung, während Korporatismus eher die politische Steuerungsfunktion betont. Ernst Fraenkel entwickelte 1964 den Idealtyp „des autonom legitimierten, heterogen strukturierten, pluralistisch organisierten Rechtsstaats", der dem Idealtyp der „heteronom legitimierten, homogen strukturierten, monistischen, d.h. aber totalitär organisierten Diktatur" entgegengestellt wird. (Fraenkel 1991: 326f.). Zentrale Kategorien des Pluralismus sind also Vielfalt und Veränderungsmöglichkeit. Im Pluralismus wird das „bonum commune" (Gemeinwohl) erst im nachhinein (a posteriori) durch die Aushandlung zwischen den unterschiedlichen gesellschaftlichen Gruppen hergestellt. Entsprechend der Pluralismustheorie konkurrieren eine Vielzahl verschiedener gesellschaftlicher Gruppen und Organisationen mit- und gegeneinander um gesellschaftliche, wirtschaftliche und politische Macht. Sie versuchen ihren Einfluß in den politischen Prozeß einzubringen und auf die staatliche Gewalt durchzusetzen. Verschiedene intermediäre Gruppen – z.B. Parteien, Gewerkschaften, Arbeitgeberverbände, karitative Organisationen, Kirchen, wissenschaftliche Vereinigungen, Bürgerinitiativen, Neue Soziale Bewegungen u.a.m. – verfolgen selbständig und autonom ihre Ziele innerhalb des politischen Systems, wobei sie theoretisch gleichberechtigt sind. Wie im politischen System „Staat" die Staatsgewalt institutionell zwischen den Organen der Staatsgewalt aufgeteilt ist, so sollen die verschiedenen gesellschaftlichen Gruppen und Organisationen ihre Macht gegenseitig begrenzen, d.h. daß im pluralistischen System einer Organisation immer eine machtvolle Gegenorganisation gegenüberstehen soll (z.B. Arbeitgeber/Gewerkschaften). Da diese intermediäre Gruppen notwendigerweise miteinander in Konflikt geraten und es zu keinem Chaos der Gesellschaft oder gar zur Anarchie kommen soll, bedarf es einer Regelung potentieller Konflikte durch das politische System. Es stellt in Form des freiheitlichen Rechtsstaats den Ordnungsrahmen und die Regeln für den Konfliktaustrag zur Verfügung. Das politische System ist somit für den friedlichen Konfliktaustrag zwischen den Gruppen verantwortlich.

Pluralismus in modernen hochindustrialisierten Gesellschaften kann sich nicht ausschließlich individuell widerspiegeln, sondern bedarf der Institutionen, die das breit geprägte Bild unterschiedlicher Vorstellungen bündeln. Wichtigste Kräfte dabei sind Parteien und Verbände. Ein funktionsfähiges Mehrparteiensystem, die effektive Möglichkeit zur Bildung von Parteien auf rechtsstaatlicher Basis, verfassungsmäßig garantierter Minderheitenschutz sowie der Wechsel von Regierung und Opposition sind weitere bedeutsame Kennzeichen für einen funktionierenden Pluralismus. Durch die Vielzahl ökonomischer, sozialer, kultureller und weltanschaulicher Gruppen und Organisationen ist eine Differenzierung und Erweiterung der politischen Ordnung und damit auch des Pluralismus erfolgt. Entsprechend den Vorstellungen des *Bundesverfassungsgerichts* soll sich Pluralismus in Deutschland wie folgt vollziehen: „... Die staatliche Ordnung der freiheitlichen *Demokratie* muß demgemäß systematisch auf die Aufgabe der Anpassung und Verbesserung des sozialen Kompromisses angelegt sein; sie muß insbesondere Mißbräuche der Macht hemmen. Ihre Aufgabe besteht wesentlich darin, die Wege für alle denkbaren Lösungen offenzuhalten, und zwar jeweils dem Willen der tatsächlichen Mehrheit des Volkes für die einzelnen Entscheidung Geltung zu verschaffen, aber diese Mehrheit auch zur Rechtfertigung ihrer Entscheidung vor dem ganzen Volke, auch vor der Minderheit, zu zwingen. Dem dienen die leitenden Prinzipien dieser Ordnung wie auch ihre einzelnen Institutionen. Was die Mehrheit will, wird jeweils in einem sorgfältig geregelten Verfahren ermittelt. Aber der Mehrheitsentscheidung geht die Anmeldung der Forderungen der Minderheit und freie Diskussion voraus, zu der die freiheitliche demokratische Ordnung vielfältige Möglichkeiten gibt, die sie selbst wünscht und fordert, und deshalb auch für den Vertreter von Minderheitsmeinungen möglichst risikolos gestaltet. Da die Mehrheit immer wechseln kann, haben auch Minderheitsmeinungen die reale Chance, zur Geltung zu kommen. So kann im weiten Maße Kritik am Bestehenden, Unzufriedenheit an Personen, Institutionen

Politik, soziale Grundlage

und konkreten Entscheidungen im Rahmen dieser Ordnung positiv verarbeitet werden. In die schließlich erreichte Mehrheitsentscheidung ist immer auch die geistige Arbeit und die Kritik der oppositionellen Minderheit eingegangen. Weil Unzufriedenheit und Kritik mannigfache, selbst drastische Ausdrucksmöglichkeiten besitzen, zwingt die Einsicht in die Labilität ihrer Position die Mehrheit selbst, die Interessen der Minderheit grundsätzlich zu berücksichtigen". (BVerGE 5; 85, 197f.).

Hauptorgan zur Erfüllung der vom *Bundesverfassungsgericht* vorgegebenen Normen ist das *Parlament*, also *Bundestag* und *Bundesrat*. Man kann es auch als „Vollzugsorgan der bürgerlichen Gesellschaft" bezeichnen. Die Funktionen des Parlaments bestehen vor allem in der Regierungsbildung, Kontrolle der Regierung, Gesetzgebung sowie der Repräsentation. Repräsentationsfunktion meint nicht, daß im Parlament spiegelbildlich die Sozialstruktur der Gesellschaft wiedergegeben werden soll. Die Diskrepanz der Sozialprofile von Parlament und Gesellschaft – im Bundestag sind aufgrund der immer komplexeren Zusammenhänge der Politik eindeutig die akademisch gebildeten Repräsentanten der Mittel- und Oberschichten überproportional vertreten – ist gegenüber einer vom Parlament zu leistenden gemeinwohlorientierten Politik zweitrangig. Entscheidend ist bei der Repräsentationsfunktion, daß über verschiedene Legislaturperioden hinweg soziale Gerechtigkeit und sozialer Frieden erreicht werden. Das bedeutet, daß auch solche Interessen im Parlament vertreten werden müssen, die weder organisierbar, noch konfliktfähig sind. Somit müssen die gewählten Repräsentanten (Abgeordneten) auch die Interessen jener Wähler und Wählerinnen vertreten, die sie nicht gewählt haben. Für die Bonner Republik war die Interessenvertretung der verschiedensten Gruppen über vier Jahrzehnte insgesamt recht gut gelungen. Im vereinten Deutschland lassen sich noch keine Aussagen über die Interessenvertretungen der verschiedenen sozialen Gruppen treffen, da erst eineinhalb Legislaturperioden seit der deutschen Einheit vergangen sind. Untersucht man jedoch demoskopische Umfragen, so stellt man fest, daß sich viele Interessengruppen nicht ausreichend repräsentiert fühlen.

4. „Politics" in der Bundesrepublik – Konsens und Konflikte; Macht und Interessen und ihre Durchsetzung

4.1 Konsens und Konflikte in Deutschland

Allgemein ist die Gesellschaft der Bundesrepublik Deutschland durch einen großen Konsens geprägt gewesen, der allerdings durch die *Wiedervereinigung* beeinträchtigt wurde. Die Gesellschaft der Bundesrepublik wurde durch den Ost-West-Konflikt ebenso geprägt wie die DDR-Gesellschaft, wobei sich allerdings in Westdeutschland eine vollständige Westorientierung ausbildete. Die Bundesrepublik Deutschland war eine Tochter des Kalten Krieges und eine Zwillingsschwester der *NATO* (Alfred Grosser), die immer dann ihr Selbstverständnis ändern mußte, wenn Kalter Krieg und NATO auch ihre Inhalte veränderten. Die westdeutsche Gesellschaft war von einem doppelten antitotalitären Konsens geprägt. Sie war anti-kommunistisch und anti-nationalistisch. Die DDR-Gesellschaft war anti-faschistisch, wurde aber überwiegend durch den „realen Sozialismus" in ihrer Einstellung und ihrem Verhalten geprägt. Diese über Jahrzehnte sozialisierten Eigenschaften wirken auch am Ende des Jahrhunderts im vereinten Deutschland nach und dürften erst mit dem Heranwachsen einer neuen Generation überwunden werden.

Das politische System in Deutschland hat sich im Verlauf eines fast fünf Jahrzehnte langen Entwicklungsprozesses neben Akzeptanz auch Anerkennung erworben, d.h. daß es durch die Gesellschaft wie auch durch die verschiedenen Interessengruppen nicht nur toleriert, sondern auch als effizient und gut bewertet wird. *Demokratie* als Wert wie auch das parlamentarische System als Rahmen politischer Auseinandersetzung sind mehrheitlich verankert. Dies zeigen zum einen die hohen Wahlbeteiligungsraten, wenn auch im letzten Jahrzehnt signifikant zurückgegangen, und zum anderen die hohe Akzeptanz der öffentlichen Institutionen – hier vor allem *Bundesverfassungsgericht*, Polizei, Schulen, Hochschulen, Justiz u.a.m. –, die in regelmäßigen Umfragen immer wieder festgestellt wird (vgl. Gabriel 1986). Legitmitätskrisen des politischen Systems wurden zwar angeblich immer wieder entdeckt, es hat sie jedoch nicht gegeben. Auch wenn einer Regierung gegenüber Unzufriedenheit in spezifischen Politikfeldern artikuliert wurde, bedeutete dies nicht Entzug des Vertrauens in das politische System durch den Bürger. Auch hat der Wechsel von Regierung und Opposition, der zwar öfter durch den Deutschen Bundestag als durch den Wähler zustandekam, zur Stabilisierung des politischen Systems in Deutschland beigetragen.

Konflikte wurden und werden weitgehend in integrativen Modellen der institutionalisierten Konfliktregelung diskutiert und ausgetragen. Im politischen Entscheidungsprozeß bilden *Parlament* und Regierung letztlich die entscheidenden Konfliktregulierunginstrumente, wenngleich mit dem „Kressbronner Kreis" in der Zeit der großen Koalition (1966-1969) sowie den Koalitionsausschuß der Regierungsparteien auch durch das Grundgesetz nicht vorgesehene Konfliktregulierungsinstrumente geschaffen wurden. Im gesellschaftlichen Bereich bilden vor allem die institutionalisierten Arbeitsbeziehungen die Konfliktregelungsinstrumente. Das Tarifvertragssystem bindet Arbeitgeber und Arbeitnehmer, durch Verhandlungen oder notfalls auch durch Streik zu Ergebnissen zu kommen. Mitte der 60er Jahre wurde vom damaligen Bundeswirtschaftsminister Schiller die *Konzertierte Aktion*, ein Zusammenschluß von Vertretern des Staats, der Arbeitgeber und der Gewerkschaften, einberufen, um zur Konfliktschlichtung zwischen den Gruppen beizutragen. Mit dem Vorschlag eines Solidaritätspakts durch den IG-Metallvorsitzenden Zwickel im Jahr 1996, der allerdings nicht zustandekam, wurde ein ähnliches Konfliktregulierungsinstrument vorgeschlagen, um das Problem der Massenarbeitslosigkeit zu lösen.

Der in der Gründungsphase der Bundesrepublik existierende Konflikt über das Wirtschaftssystem wurde vor allem durch die ökonomischen Ergebnisse, die die soziale Marktwirtschaft unter Ludwig Erhard zeitigte, überwunden. Neben dem Wirtschaftserfolg der Adenauer/Erhard-Ära bildete eine weitgreifende Sozialpolitik eine wichtige „Integrationsklammer"(Kleßmann) für die Gesellschaft des neuen Teilstaats. Den zwölf Millionen Vertriebenen aus dem Osten wurde ein *Lastenausgleich* gewährt, der zunächst auf produktive Investitionen konzentriert wurde. Der durch den Staat finanzierte soziale Wohnungsbau führte zu erstaunlichen Ergebnissen. Die Einführung von Kriegsopferrenten sowie vor allem die Einführung der Dynamisierung der Rente (Anpassung an die Einkommensentwicklung) waren große Erfolge. „Die staatliche Umverteilungsquote übertraf in den Gündungsjahren der BRD die aller anderen westlichen Länder. Im ständigen Wettbewerb um die Wähler zwischen den beiden großen Parteien bildeten sich Muster des Sozial- und Verteilungsstaates aus, alle Beteiligten gewöhnten sich an wachsende Erträge und staatliche Leistungen. Nach dem Stolz auf die eigene ökonomische Leistung, dem Wirtschaftpatriotismus, entwickelte sich Stolz auf den *Sozialstaat*, Sozialpatriotismus" (Thränhardt 1995: 69).

Einen zweiten großen Konflikt stellte in der Aufbauphase der Bundesrepublik die Westintegration dar. Adenauer verfolgte eine rigorose Politik der Einbindung in die atlantischen und westeuropäischen Organisationen, um dem jungen westdeutschen Teilstaat auf diese Weise Schutz vor sowjetischer Bedrohung zu gewährleisten und für immer vor nationalistischen Sonderwegen zu bewahren. Der mit der *Westintegration* verbundene Aufbau der Bundeswehr spaltete nicht nur Regierung und Opposition, sondern führte auch zu heftigen Auseinandersetzungen innerhalb der Gesellschaft. SPD und Gewerkschaften und die ihnen nahestehende Klientel lehnten die Westintegration ebenso ab wie die Wiederaufrüstung. Sie verweigerten der Westintegration die Zustimmung, da sie durch sie eine Vertiefung der Spaltung befürchteten. Allerdings mußte die Opposition erkennen, daß eine *Wiedervereinigung* auf Jahrzehnte irreal gewor-

Politik, soziale Grundlage

den war. Mit dem 1959 verabschiedeten *Godesberger Programm* sowie der 1960 erfolgten außenpolitischen Grundsatzrede durch den stellvertretenden SPD-Vorsitzenden, Herbert Wehner, bekannte sich die SPD zur *sozialen Marktwirtschaft* und zur Politik der Westintegration.

Einen dritten die Gesellschaft spaltenden Konflikt bildete die Entspannungspolitik der SPD-FDP-Koalition zu Beginn der 70er Jahre. Die sozial-liberale Koalition erkannte die Grenzen in Europa an, vor allem die Oder-Neiße-Grenze als polnische Westgrenze sowie die Staatlichkeit der DDR. Es kam zu harten Auseinandersetzungen über die neue Ostpolitik. Die Übertritte einiger Abgeordneter von SPD und FDP führten 1972 zu einem, allerdings erfolglosen, konstruktiven Mißtrauensvotum gegen Bundeskanzler Brandt. In den darauf folgenden Neuwahlen wurde die SPD-FDP-Regierung und damit die Ostpolitik durch die Wähler bestätigt. Nach der Westintegration wurde auch die neue Ostpolitik Konsens in der Gesellschaft, der sich die CDU/CSU schrittweise anschloß und die die sozial-liberale Ostpolitik nach ihrer Regierungsübernahme 1982 fast nahtlos fortsetzte.

Somit hat sich in der Gesellschaft ein außenpolitischer Grundkonsens etabliert, der die Rolle auch des vereinten Deutschlands in der Mitwirkung in internationalen Organisationen sieht, wobei der Schwerpunkt weiterhin auf dem euro-atlantischen Raum liegt, wenngleich zunehmend auch die außenpolitische Orientierung über diesen Raum hinausreichen soll. Auch zwischen den beiden Teilgesellschaften in West und Ost bestehen in dieser Hinsicht große Übereinstimmungen.

4.2 Akteure im Prozeß der sozialen Demokratie

Das Modell des *Pluralismus* fußt auf dem Idealtyp gleichberechtigter Beteiligungsmöglichkeiten für Individuen wie auch gesellschaftlicher Gruppen. In der Realität stellt sich dies anders dar. Von den Parteien wurde die *CDU* zur bedeutsamsten Partei und konnte mit Adenauer (1949-1963), Erhard (1963-1966), Kiesinger (1966-1969) sowie Kohl (seit 1982) die Bundeskanzler über einen Zeitraum von 34 Jahren stellen und damit nachrücklich die Politik an entscheidender Stelle beeinflussen. Die *SPD* stellte lediglich in der Phase der sozial-liberalen Koalition mit Willy Brandt (1969-1974) und Helmut Schmidt (1974-1982) die Bundeskanzler. So wird die Entwicklung der Bundesrepublik Deutschland durch drei große Phasen geprägt: die CDU-Dominanz (1949-1996); die sozial-liberale Ära (1969-1982) sowie eine erneute Dominanz der CDU seit 1982. Die *FDP* wurde in dieser Zeit mit Ausnahme der Großen Koalition (1966-1969) als Regierungspartner sowohl von den Unionsparteien als auch der SPD benötigt. Damit war gewissermaßen auch eine Kontinuität in der Politik gewährleistet; abrupte Brüche fanden nicht statt. Andererseits kam den Liberalen eine weit über ihre Wählerlegitimation hinausgehende politische Bedeutung zu, die sie durch ihre Regierungstätigkeit immer wieder deutlich machten. Erst mit dem Aufkommen der *Grünen* als Bundespartei Anfang der 80er Jahre wurde die Scharnierfunktion der FDP in Frage gestellt und ihre Bedeutung damit relativiert. Die eindeutige Festlegung der FDP auf die Union führt immer mehr zur Lagerbildung in Deutschland, die durch ein bürgerliches und ein sozial-demokratisch-grünes Lager gekennzeichnet wird. Die PDS, als hauptsächlich ostdeutsche Regionalpartei, könnte bei zukünftigen Wahlen mit ihrer Klientel zum ausschlaggebenden Faktor für die Regierungsbildung in Deutschland werden.

Die Machtverteilung auf der Bundesebene wird wiederum durch den *Föderalismus* begrenzt, der durch eine sehr heterogene Zusammensetzung der Landesregierungen gekennzeichnet wird. Es gibt große *Koalitionen* zwischen *CDU* und *SPD* (in Bremen, Berlin, Mecklenburg-Vorpommern und Thüringen), christdemokratische Alleinregierung (in Bayern und Sachsen), sozialdemokratische Alleinregierungen (in Brandenburg, Saarland und Niedersachsen), eine christlich-liberale Koalition (Baden-Württemberg), eine sozial-liberale Koalition (Rheinland-Pfalz) sowie rot-grüne Koalitionen (Hamburg, Hessen, Nordrhein-Westfalen, Sachsen-Anhalt und

Schleswig-Holstein), wobei die in Sachsen-Anhalt regierende Koalition als Minderheitsregierung von der *PDS* toleriert wird. Darüber hinaus existiert in Hamburg von 1993 bis 1997 eine sozialdemokratisch geführte Regierung, die von der Statt-Partei gestützt wird. Somit kristallisiert sich die Länderebene aufgrund ihrer politischen Zusammensetzung nicht nur als ein wirksames Korrektiv gegen die von der Bundesrgierung verfolgte Politik heraus, sondern sie dient gleichzeitig als Grundlage, die in Bonn jeweils in Opposition befindlichen Parteien auf unterer Systemebene mit dem politischen System zu versöhnen. Und schließlich finden sich auf der kommunalen Ebene auch Koalitionen von CDU und *Grünen*, die die Bandbreite des politischen Konsenses vergrößern.

Neben den Parteien sind für die deutsche Demokratie Interessengruppen entscheidende Akteure geworden. „Interessengruppen waren gerade in Deutschland keineswegs immer freie Vereinigungen der Gesellschaft zur Durchsetzung von Interessen gegenüber dem Staat, sondern vielfach sind sie durch die Staatsintervention hervorgerufen oder mit staatlichen Hilfe als Gesprächspartner im Bereich der Gesellschaft gegründet worden" (von Beyme 1993:187). Interessengruppen nehmen Interessen einerseits gegenüber anderen oder abweichenden Gruppen wahr oder bringen sich durch Mitwirkung in und Einwirkung auf Regierung, Parlament, Parteien und Öffentlichkeit im politischen Willens- und Entscheidungsbildungsprozeß zur Geltung. In Anlehnung an von Alemann können Interessengruppen unterteilt werden nach Wirtschaftsbereich und Arbeitswelt, im sozialen Bereich, im Bereich Freizeit und Erholung, im Bereich Kultur, Religion und Wissenschaft sowie im gesellschaftlichen Querschnittsbereich (z.B. ideelle und gesellschaftspolitische Vereinigungen).

In der Anfangsphase der Bundesrepublik konnten besonders der *Bauernverband* und die *Arbeitgeberverbände* auf die CDU-geführten Regierungen erfolgreich Einfluß ausüben. Auch die Interessenverbände der Vertriebenen waren – nicht zuletzt mit dem Lastenausgleich – bei der Durchsetzung ihrer Interessen durchaus erfolgreich. Die *Gewerkschaften* haben in den ersten Dekaden der Bundesrepublik mehr Einfluß ausüben können als in jüngerer Zeit. Das Aufkommen neuer sozialer Bewegungen, der Rückgang der Mitgliedschaft sowie zunehmende Individualisierung schwächten die Gewerkschaften in ihrem Anspruch, die Arbeitnehmer effektiv zu vertreten. Zahlenmäßig kleine, dafür aber hochspezialisierte Interessengruppen wie z.B. die Fluglotsen haben bei der Durchsetzung von Interessen ebenfalls Erfolge aufzuweisen. Durch die deutsche Vereinigung wurde das westdeutsche Modell des Interessenpluralismus auf die neuen Bundesländer übertragen. In den neuen Bundesländern gingen wichtige alte Interessenorganisationen wie der FDGB oder der Kulturbund unter. Wenn eine Organisation überlebte wie z.B. die „Volkssolidarität", mußte sie sich einem westdeutschen Rahmenverband, dem „Paritätischen Wohlfahrtsverband" anschließen.

5. Zur Kritik des pluralistischen Systems in Deutschland

Kritiker des *Pluralismus* bemängeln, daß der etablierte Pluralismus ein relativ festgefügtes Machtsystem darstelle, nur die Interessen von großen bzw. starken sozialen Gruppen durchgesetzt würden, daß innerhalb der Verbände der Pluralismus kaum praktiziert werde, daß allgemeine Interessen wie z.B. saubere Umwelt relativ unberücksichtigt blieben und durch übersteigertes Gruppeninteresse das gesamtgesellschaftliche Interesse vernachlässigt werde. Mit zunehmender Größe und Allgemeinheit des Interesses steigen die Schwierigkeiten der Organisation (Olson). Auch seien nicht alle organisierten Interessen konfliktfähig, d.h. sie verfügten nicht über genügend gesellschaftliche Relevanz, sei es durch Wählerstimmen oder evtl. Blockade- und Verhinderungsmacht. Schließlich wird bemängelt, daß nicht alle konfliktfähigen Interessen gleich mächtig seien und damit nicht die gleichen Chancen besäßen, den politischen Willens- und Entscheidungsprozeß zu beeinflussen.

Durch die *Wiedervereinigung* ist das Spektrum der unterschiedlichen Interessen zweifellos erweitert worden. Im Parteiensystem ist mit der PDS eine Partei im 13. Deutschen Bundestag vertreten, die in den westlichen Ländern keine Entsprechung hat. Auch die ostdeutschen Mitglieder von Bündnis 90/ Grüne unterscheiden sich als ehemalige Bürgerrechtler deutlich von den meisten Mitgliedern dieser Partei im Westen. Der spektakuläre Beitritt früherer Bürgerrechtler um die Bundestagsabgeordnete Vera Lengsfeld im Dezember 1996 in die CDU ist nicht zuletzt Ausdruck zweier unterschiedlicher Sozialisationsprozesse in Deutschland. Hinsichtlich der Verbände ist eine weitgehende Einordnung der in den neuen Bundesländern existierenden bzw. neugegründeten Verbände in die jeweilige, westlich dominierte, Bundesorganisation zu bemerken. Es wird abzuwarten sein, inwiefern *neue soziale Bewegungen* (also z.B. Arbeitsloseninitiativen, Frauengruppen, Umweltschutzgruppen etc.), die sich in den 80er Jahren in der alten Bundesrepublik herausgebildet haben, sich auch in den neuen Bundesländern etablieren und damit zu einer weiteren Pluralisierung beitragen werden. Aufgrund der unterschiedlichen politischen Sozialisation und der damit verbundenen Internalisierung politischen Verhaltens setzte eine Pluralisierung, Entnormativierung und Individualisierung von Wertbezügen in den neuen Bundesländern erst nach der Auflösung der DDR ein. So dürfte hinsichtlich mancher Wertorientierungen die Pluralität zwischen Ost und West größer geworden sein wie z.B. bei materiellen versus postmateriellen Werten, die aufgrund des materiellen Nacholbedarfs in den neuen Bundesländern geringer bewertet werden, hinsichtlich der Geschlechterrolle etc.

Literatur

Alemann, Ulrich von: Organisierte Interessen in der Bundesrepublik, Opladen 1987

Beyme, Klaus von: Das politische System der Bundesrepublik Deutschland nach der Vereinigung, München 1993

Boehret, Carl u.a.: Innenpolitik und politische Theorie. Ein Studienbuch, Opladen 1982

Fraenkel, Ernst: Deutschland und die westlichen Demokratien, 7. Aufl., Frankfurt a.M. 1991

Gabriel, Oscar W.: Politische Kultur. Postmaterialismus und Materialismus in der Bundesrepublik Deutschland, Opladen 1986

Kremendahl, Hans: Pluralismustheorie in Deutschland, Köln 1977

Olson, Mancur: Die Logik kollektiven Handelns, Tübingen 1968

Schubert, Klaus: Politische Netzwerke, Bochum 1995

Streek, Wolfgang (Hg.): Verbände und Staat, Opladen 1994

Thränhardt, Dietrich: Bundesrepublik Deutschland. Geschichte und Perspektiven, in: Andersen, Uwe/Wichard Woyke (Hg.): Handbuch des politischen Systems der Bundesrepublik Deutschland, 3. Aufl., Oladen 1997, S. 64-74

Thränhardt, Dietrich: Geschichte der Bundesrepublik Deutschland. Erweiterte Neuausgabe, Frankfurt a. M.1996

Wichard Woyke

Randgruppen und Minderheiten

1. Begriffsproblematik und Begriffsgeschichte von Randgruppen und Minderheiten

1.1 Definition und Abgrenzung

Die Begriffe Randgruppen und Minderheiten werden alltagssprachlich, aber auch in sozialwissenschaftlichen Texten, als eher vage Sammelkategorien für heterogene reale oder statistische Gruppen gebraucht, die sich hinsichtlich ihrer ökonomisch und/oder rechtlichen Lebensbedingungen, der Formen ihrer alltäglichen Lebensführung sowie ihrer gruppentypischen Normen und Werte von der Mehrheitsbevölkerung unterscheiden oder für die dies angenommen wird.

Unter anderem wurden bzw. werden folgende Teilgruppen in den Sozialwissenschaften als Randgruppen bezeichnet: Behinderte, psychisch Kranke, Drogenabhängige, Obdachlose und Arme, Prostituierte, Homosexuelle, ausländische Arbeitnehmer, jugendliche Heiminsassen und Fürsorgezöglinge, Sektenmitglieder, Nichtseßhafte, Sinti und Roma, Rocker, Gammler und Hippies, Bewohner von Landkommunen, rechtsextreme Jugendliche, Punks und Skinheads. Obwohl damit, vordergründig betrachtet, eine nahezu beliebige Ansammlung realer und statistischer Gruppen als Randgruppen bzw. Minderheiten bezeichnet wurde und wird, hat die Begriffsbildung eine systematische Grundlage: Leitend war und ist die Vorstellung, daß von einer Mehrheitsbevölkerung, die einen angemessenen Lebensunterhalt durch regelmäßige Erwerbstätigkeit und/oder angesammeltes Vermögen sichern kann, die in familialer Gemeinschaft an einem festen Wohnsitz lebt und die gewöhnlich die geltenden Gesetze achtet sowie mit den dominanten Konventionen, Normen und Werten in ihrer alltäglichen Lebensführung übereinstimmt, solche Gruppen unterschieden werden können, für die eines oder mehrere dieser Merkmale nicht zutreffen.

Zu den Randgruppen und Minderheiten können, so betrachtet, all diejenigen gerechnet werden, die nicht zur „kompakten Majorität" (Schwendter 1978) der erwerbstätigen, gesetzeskonformen, eine unauffällige, „normale" alltägliche Lebensführung praktizierenden Staatsbürger gehören. Die Termini Randgruppen und Minderheiten verweisen somit auf vielfältige Formen einer unangepaßten Lebensführung.

Entsprechend sind in der sozialwissenschaftlichen Literatur uneinheitliche Definitionen vorgeschlagen worden, die entweder Aspekte der objektiven Lebenslage oder Aspekte von Normen und Lebensstilen in den Vordergrund stellen bzw. – dies gilt insbesondere für den Terminus Minderheiten – auf Formen der sozialen *Diskriminierung* solcher Gruppen verweisen (Sidler 1989: 144ff.). Begriffsfassungen, welche den Aspekt des abweichenden Verhaltens in den Vordergrund stellen, nähern die Begriffe Randgruppen und Minderheiten dem der *Subkulturen* an.

Die Begriffe Randgruppen und Minderheiten sind sozialwissenschaftliche Kunstbegriffe, die in der Bundesrepublik seit Beginn der 60er Jahre verwendet werden. Während als Minderheiten vorwiegend solche Gruppen bezeichnet werden, für die angenommen wird, daß sie Merkmale einer besonderen Lebensführung aufweisen (z.B. *ethnische Minderheiten*, Homosexuelle), werden für Randgruppen in der Regel zudem Merkmale sozialer Benachteiligung angenommen. Entsprechend findet der Begriff keine Anwendung auf privilegierte abweichende Lebensformen.

Für die Verwendung der Begriffe Randgruppen und Minderheiten, nicht aber für den Begriff der jugendlichen *Subkulturen*, ist die Annahme konstitutiv, daß *soziale Benachteiligung* bzw. eine abweichende Lebensführung lebensgeschichtlich dauerhafte Merkmale von Individuen und Gruppen sind. Darüber hinaus wird angenommen, daß diese Merkmale vielfach intergenerativ tradiert werden.

1.2 Soziale Definitionsprozesse von Randgruppen und Minderheiten

Obwohl die Begriffe Randgruppen und Minderheiten auf Aspekte „objektiver" Lebensbedingungen und Merkmale der Lebensführung verweisen, kann von einer Existenz von Randgruppen und Minderheiten nicht unabhängig von sozialen Definitionsprozessen ausgegangen werden, in denen reale oder statistische Gruppen als Randgruppen und Minderheiten bezeichnet und behandelt werden. Solchen Definitionsprozessen liegt ein in der Regel implizites Wissen darüber zugrunde, was im Sinne des statistischen Durchschnitts oder der gesellschaftlich dominanten Normen und Werte als normal gelten kann. Es sind folglich mit gesellschaftlicher Definitionsmacht ausgestattete Annahmen über besondere, von den konventionell gültigen Normen unterschiedene Lebensformen, die gruppentypische Wahrscheinlichkeit abweichenden, ärgerlichen und irritierenden Verhaltens, angenommene Merkmale der „Verwahrlosung" usw., mit denen Randgruppen und Minderheiten gesellschaftlich identifiziert werden. Indem so eine Differenz zwischen der Mehrheitsbevölkerung und den Randgruppen und Minderheiten behauptet wird, findet zugleich eine Vergewisserung darüber statt, was gesellschaftlich als normal gilt. Eine soziale Funktion der Identifikation von Randgruppen und Minderheiten besteht somit darin, eine indirekte Vergewisserung über die gesellschaftliche Normalität zu ermöglichen. Annahmen darüber, was gesellschaftlich als normal und was als abweichend, minoritär oder randständig gilt, bedingen sich wechselseitig.

An diesen Definitionsprozessen nimmt eine Soziologie der Randgruppen und Minderheiten teil, wenn sie entsprechende Annahmen als sozialwissenschaftliches Wissen legitimiert oder aber seine Gültigkeit in Frage stellt. Im letzteren Fall werden Annahmen über Minderheiten und Randgruppen sozialwissenschaftlich als *Vorurteile* dargestellt und sind dann Gegenstand der sozialwissenschaftlichen Vorurteilsforschung. Eine reflexive Soziologie untersucht darüber hinaus die Prozesse, in denen soziale Akteure Individuen bzw. soziale Gruppen zu Außenseitern, Minderheiten oder Randgruppen erklären, selbst als ein soziales Phänomen, wobei deutlich wird, daß solche Definitionsprozesse Bestandteil von Strategien der Macht- und Herrschaftssicherung sind (s. Elias/Scotson 1990). Annahmen über die besonderen Eigenschaften von Randgruppen und Minderheiten erweisen sich dann als ein Element und als ein Resultat solcher Auseinandersetzungen, nicht als davon unabhängig bestehende Eigenschaften der jeweiligen sozialen Gruppe.

Ein weiteres Definitionsmerkmal von Randgruppen sind Formen einer sozialräumlichen *Marginalität*. Ein prototypischer Fall sozialräumlich marginalisierter Randgruppen sind die in abgegrenzten Wohngebieten, vielfach an den Rändern von Städten lebenden Bewohner von sozialen Brennpunkten und Obdachlosensiedlungen, aber auch die Insassen von Strafanstalten und geschlossenen psychiatrischen Einrichtungen.

Der Randgruppenbegriff, der in den 60er und 70er Jahren sowohl in den Sozialwissenschaften als auch in der politischen Sprache gebräuchlich war, wird inzwischen nur noch selten verwendet. An seine Stelle ist – als Bezeichnung für Migranten und Eingewanderte – der seinerseits problematische Begriff der *ethnischen Minderheiten*, für die *soziale Benachteiligung* der Begriff *Problemgruppen* sowie als Bezeichnung für Gruppen mit abweichenden Werten und Normen der Lebensführung der Begriff *Subkulturen* bzw. Jugendkulturen getreten.

1.3 Ausweitung der Randgruppenproblematik

Diese Entwicklung hat nun nicht nur mit der erwähnten Unschärfe des Begriffs zu tun. Hinzu kommt, daß in Folge der Ausweitung sozialer Problemlagen, die traditionell unter den Randgruppenbegriff subsumierbar waren (Armut, Obdachlosigkeit, Arbeitslosigkeit, Gebrauch weicher Drogen, Jugendsubkulturen), eine Situation eingetreten ist, in der es nicht mehr sinnvoll ist, von einem quantitativ und qualitativ randständigen Phänomen auszugehen. Klassische Randgruppenphänomene treten inzwischen vielfach auch innerhalb der Mehrheitsbevölkerung auf (s. Kapitel 3). Zudem besteht in einer modernen, kulturell pluralisierten Gesellschaft wie der Bundesrepublik keine umfassende Gewißheit bezüglich der Kriterien einer normalen alltäglichen Lebensführung mehr, von der die Lebensweisen von abweichenden Minderheiten problemlos unterschieden werden könnten. So sind etwa männliche und weibliche Homosexualität inzwischen weitgehend als legale und legitime Lebensformen anerkannt, findet Drogengebrauch längst nicht mehr nur in *Subkulturen* statt, und sind vielfach auch gut qualifizierte, mit den dominanten Normen übereinstimmende Individuen von Arbeitslosigkeit und Armut betroffen. Zugleich bestehen Formen der *sozialen Benachteiligung* und der *Diskriminierung* fort, die zur Verfestigung problematischer Lebensbedingungen und zur sozialräumlichen Ausgrenzung von Bevölkerungsgruppen führen. Insofern sind Termini wie Randgruppen, Problemgruppen und Minderheiten nicht einfach obsolet. Zudem sind Prozesse der kulturellen Pluralisierung nur von begrenzter Reichweite. Auch in modernen Dienstleistungsgesellschaften stehen die Basisnormen des Eigentumsrechts sowie arbeitsweltbezogene Werte und Normen bekanntlich nicht generell in Frage.

1.4 Hauptursachen gesellschaftlicher Randständigkeit

Individuelle und kollektive gesellschaftliche Randständigkeit sind in einem Kräftefeld gesellschaftlicher Ursachen situiert; dessen wesentliche Faktoren sind:

a) Formen der ökonomischen Ausgrenzung und der ökonomischen Benachteiligung (z.B. Armut, Arbeitslosigkeit, Obdachlosigkeit, unfreiwillige Teilzeitarbeit und Scheinselbständigkeit);
b) Formen der politisch-rechtlichen *Diskriminierung* (z.B. Ausländer mit prekärem Aufenthaltsstatus, Ausländer ohne bzw. mit eingeschränkter Arbeitserlaubnis; illegale Einwanderer; Kriminalisierte);
c) Benachteiligung im schulischen und beruflichen Bildungssystem (z.B. junge Erwachsene ohne qualifizierten Schulabschluß, ungelernte Arbeitskräfte);
d) kulturelle Definitionsprozesse von Normalität und Abweichung und darin begründete soziale Ausgrenzung (z.B. ethnisch-kulturelle Minderheiten; Sub- und Gegenkulturen; Drogenabhängige, psychisch Kranke, Behinderte);
e) Praktiken der *Stigmatisierung*, Abwertung und Beschämung (kommunikative Mitteilung von Andersartigkeit und Minderwertigkeit, Anwendung illegitimer physischer Gewalt, Verweigerung von Kooperation und Kommunikation);
f) Mangel an sozialer und familialer Sicherheit (z.B. Kinder, Jugendliche in Heimen, Straßenkinder, vereinsamte alte Menschen).

Individuelle und kollektive Randständigkeit resultieren, so betrachtet, aus einem Prozeß, der auf gesellschaftlichen Strukturen der Benachteiligung, Ausgrenzung und *Diskriminierung* einerseits, Formen des Scheiterns an bzw. der Ablehnung von gesellschaftlichen Verhaltenserwartungen sowie der Entgegensetzung zu gesellschaftlichen Werten und Normen andererseits basiert. Die vielfältigen, komplexen und für jeweilige Formen der Randständigkeit spezifischen Wechselwirkungen zwischen diesen Dimensionen können hier nicht dargestellt werden. Es kann nur darauf hingewiesen werden, daß ein Mangel an gesellschaftlichen Ressourcen (Einkommen und Vermögen, Bildung, Prestige) dazu führt, daß benachteiligte Gruppen zugleich geringere Möglichkeiten haben, sich Prozessen der Diskriminierung wirksam entgegenzusetzen.

2. Zur Sozialgeschichte von Randgruppen und Minderheiten

Die Entstehung moderner, nationalstaatlich verfaßter Gesellschaften geht einher mit einer spezifischen Intensivierung des politischen und ökonomischen Vergesellschaftungszusammenhangs. Alle Individuen werden in ihrer Lebensführung von der marktwirtschaftlichen Geldökonomie (Erwerbsarbeit und Konsum) abhängig und zu Bürgern eines Nationalstaates. Tradierte subsistenzwirtschaftliche Lebensformen verlieren ihre Grundlage und aus räumlich und sozial abgegrenzten Formen der Vergesellschaftung werden Randgruppen und Minderheiten innerhalb von Nationalstaaten.

2.1. Industrialisierung

Im Prozeß der *Industrialisierung*, d.h. der Durchsetzung marktwirtschaftlich-kapitalistischer Ökonomien, entsteht eine massenhafte Armut, welche die familialen und lokalen Formen der Armenfürsorge überfordert. Die Sorge für die Armen, Kranken, Obdachlosen bleibt in der Folge nicht länger der Familie, Verwandtschaft, Dorfgemeinschaft oder lokalen Armenpflegevereinen als Verpflichtung zur wechselseitigen Hilfe in Notlagen überlassen (s. Sachße/Tennstedt 1980). Moderne Staaten etablieren als Wohlfahrts- und Sozialstaaten einerseits ein rechtlich kodifiziertes System von Hilfsansprüchen, andererseits staatliche Formen der Überwachung und Kontrolle von Armut und Abweichung. Die wesentlich auch in der Armut begründeten Phänomene Bettelei, Eigentumskriminalität sowie Krankheiten und Seuchen werden in den entstehenden *Städten* als soziale Probleme wahrgenommen, welche die lokalen Problemlösungskapazitäten überfordern, also sozialstaatliche und polizeiliche Regelungen erforderlich machen, um Sicherheit und Ordnung zu gewährleisten (s. de Swann: 1993). Dabei bilden sich Muster der sozialräumlichen Segregation heraus: Es entstehen räumlich abgegrenzte, sozial weitgehend homogene Wohnbezirke der sozialen Schichten und damit auch „jene verwahrlosten Zonen, die uns heute als typisches Merkmal der Großstädte vertraut sind" (de Swaan 1993: 145).

Randgruppen der Armutsbevölkerung werden sozialhistorisch in einem Prozeß hervorgebracht, dessen Grundlage einerseits ökonomische Unterversorgung und Ausschluß aus der Erwerbsarbeit in marktwirtschaftlichen Gesellschaften, andererseits aber auch eine gesellschaftliche und politische „Praxis der sozialen Aussonderung" (Preußer 1993) ist: Dauerhafte, sozialstaatlich regulierte ökonomische Unterversorgung führt in Verbindung mit sozialräumlicher Segregation zur Entwicklung einer Armutsbevölkerung, deren Randständigkeit durch die Zuweisung eigener Wohnbezirke sozial sichtbar wird. Damit geht sozialhistorisch die Durchsetzung einer Gesetzgebung einher, die traditionelle und neue Überlebensstrategien der Armenbevölkerung, wie z.B. die Bettelei und die „Landstreicherei", aber auch direkte Folgen der *Armut* (z.B. Obdachlosigkeit) strafrechtlich sanktioniert. So waren im preußischen Strafgesetzbuch von 1851 Bettelei, „Landstreicherei" und „Arbeitsscheu" als Straftaten ausgewiesen, die zur Inhaftierung führen konnten. Eine Abschaffung der strafrechtlichen Sanktionierung der Bettelei erfolgte in der Bundesrepublik erst 1974 (Änderung des § 361 StGB zum 1. 1. 1975).

Solchen rechtlichen Regulierungen liegt historisch die Unterscheidung zwischen würdigen bzw. unfreiwilligen Armen einerseits und den „unverschämten" Armen andererseits zugrunde. Für letztere wird angenommen, daß sie keineswegs bloße Opfer der Umstände sind, sondern daß sie sich aufgrund ihres Charakters bzw. ihrer Interessen den Anforderungen einer normalen Lebensführung entziehen und die Hilfsbereitschaft ausnutzen. Während der erstgenannten Gruppe ein wie immer rudimentäres Recht auf soziale Unterstützung zugestanden wird, sind die „unverschämten Armen" ebenso wie unangepaßte Gruppen wiederkehrend Objekt von Sanktionen, Kontroll- und Disziplinierungsstrategien.

Gesellschaftliche Strukturen und Praktiken, die zu einer sozialen und sozialräumlichen Ausgliederung von Randgruppen führen, sind nicht nur für die städtische Armutsbevölkerung relevant. Im Übergang zu modernen industriellen Gesellschaften entstehen geschlossene Anstalten, Waisen-, Arbeits- und Zuchthäuser sowie Spitäler, in die sowohl diejenigen Armen, denen fehlende Arbeitswilligkeit unterstellt wird, aber auch dauerhaft Kranke und Kriminalisierte eingewiesen werden. Noch im 19. Jahrhundert liegt diesen Einrichtungen keine klare, dem modernen

Verständnis entsprechende Unterscheidung von Problemlagen zugrunde; vielmehr werden in diese weitgehend undifferenziert diejenigen eingewiesen, von denen angenommen wird, daß sie „arbeitsunwillig", „renitent", „kriminell", „verwahrlost" oder aus anderen Gründen behandlungs- und erziehungsbedürftig sind. Leitendes Programm der Zucht-, Arbeits- und Waisenhäuser ist die Erziehung zur „Industriosität", d.h. die Erziehung der sozial unangepaßten Mitglieder der unteren Klassen zur Arbeitswilligkeit, zur Arbeitsfähigkeit und zum Fleiß (wie „Industriosität" übersetzt werden kann). Dies wird durch eine rigide Arbeits- und Zeitdisziplin in Verbindung mit zum Teil drakonischen Strafen zu realisieren versucht (s. Sachße/Tennstedt 1980; Treiber/Steinert 1980).

2.2 Nationalsozialismus

Die Tradition der Aussonderung unangepaßter Gesellschaftsmitglieder wird im *Nationalsozialismus* auf der Grundlage einer Ideologie der „Rassen- und Sozialhygiene" fortgeführt und radikalisiert (s. Otto/Sünker 1989 und 1991). Die nationalsozialistische Ideologie stellt das Konzept des Sozial- bzw. Wohlfahrtsstaates der Weimarer Republik grundsätzlich in Frage. Dieses soll durch die Ideologie der „Volksgemeinschaft" ersetzt werden. Sozialpolitik wird dem Ziel der Schaffung einer solchen „Volksgemeinschaft" untergeordnet, die nicht nur „rassisch rein", sondern zugleich eine Leistungsgemeinschaft physisch und psychisch „gesunder", arbeitsfähiger und arbeitswilliger Individuen sein soll. Dabei werden erbbiologische Erklärungen abweichenden Verhaltens entwickelt, die vielfältige Praktiken der Verletzung der Menschenwürde bis hin zur Ermordung ganzer Bevölkerungsgruppen legitimieren. Aber auch sozialwissenschaftlich werden Versuche unternommen, die „gemeinschaftsschädigenden" Individuen zu identifizieren, um eine „Reinigung" des „Volkskörpers" zu ermöglichen. Behinderte, „Asoziale", „Kriminelle", „Arbeitsscheue", „Zigeuner" werden in der Folge zum Objekt einer Politik, welche die Möglichkeit der Ermordung derjenigen einschließt, die aus dem „gesunden Volkskörper" ausgeschlossen werden sollen. Der am 14.12.1937 in Kraft getretene Vorbeugehafterlaß ermöglicht den polizeilichen Zugriff auf „Asoziale" und „Arbeitsscheue", ihre Einweisung in Konzentrations- und Vernichtungslager. Die Ideologie und die Herrschaftsform des Nationalsozialismus schließt eine „Sozialhygiene" ein, die auf die Aussonderung und Vernichtung auch derjenigen zielt, die sich in das Konzept einer „rassisch reinen" und zugleich „gesunden Volksgemeinschaft" nicht einfügen lassen.

2.3 Modernisierung

Das programmatische Ziel moderner *Wohlfahrtsstaaten* ist die gesellschaftliche Integration aller Individuen. Der Versuch, dieses Ziel zu realisieren, hat nicht nur die Etablierung eines rechtlich verankerten Systems von Sozialleistungen, sondern auch ein verändertes Verständnis sozialer Probleme zur Grundlage: Die Entstehung moderner Institutionen einer differenzierten Versorgung, Verwahrung und Behandlung von Armen, Arbeitslosen, Obdachlosen, Kriminalisierten, psychisch Kranken, körperlich Behinderten, Drogenabhängigen und familial desintegrierten Kindern und Jugendlichen, also derjenigen, die aus unterschiedlichen Gründen zu einer eigenständigen normkonformen Lebensführung auf der Grundlage von Erwerbsarbeit nicht in der Lage sind, setzt voraus, daß mit Hilfe der modernen Sozialwissenschaften soziale bzw. sozialstrukturelle Ursachen gesellschaftlicher Randständigkeit von den Folgeeffekten sozialer Problemsituationen sowie von individuellen Problemlagen unterschieden werden. Erst das Wissen der modernen Wissenschaften Soziologie, Ökonomie, Psychologie und Pädagogik ermöglicht, wie insbesondere M. Foucault (1976) gezeigt hat, eine differenzierte Unterscheidung von sozialen und individuellen Problemlagen, die Etablierung spezifischer Institutionen sowie die Entwicklung von Vorgehensweisen, die eine jeweils angemessene Bearbeitung derart identifizierter Phänomene beanspruchen (von der Loo/van Reijen 1992: 208ff.).

Im historischen Prozeß setzt sich dabei schrittweise die Vorstellung durch, daß eine zunehmende Zahl gesellschaftlich als problematisch definierter Lebenslagen und Verhaltensweisen von Individuen und sozialen Gruppen nicht solche Problemlagen sind, die durch Strategien der sozialräumlichen Aussonderung von Individuen, sondern durch sozialpolitische Strategien sowie medizinische, psychologische und (sozial-)pädagogische Vorgehensweisen bewältigt werden können und sollen. In dem Maße, wie sich die Überzeugung durchsetzt, daß Formen des abweichenden Verhaltens von Individuen und Gruppen sozial erzeugt sind und durch wissenschaftlich begründete Sozial- und Psychotechniken (Beratung, Therapie, Erziehung, Resozialisation) der Möglichkeit nach in angepaßtes Verhalten verwandelt werden können, verlieren Praktiken der sozialen Aussonderung ihre Legitimation. An ihre Stelle treten die am Ziel der Normalisierung abweichender Individuen orientierten Institutionen und Professionen in Verbindung mit den gleichwohl nicht obsolet werdenden Formen der polizeilich-strafrechtlichen Überwachung, Kontrolle und Sanktionierung.

Lebensformen jenseits der marktbezogenen beruflichen Erwerbsarbeit verlieren im sozialhistorischen Prozeß der Durchsetzung marktwirtschaftlich-kapitalistischer Gesellschaften ihre Existenzgrundlage. Damit werden diejenigen sozialen Gruppen zu gesellschaftlichen Randgruppen, die eine Lebensführung außerhalb einer beruflich-marktwirtschaftlichen Existenzsicherung und auf der Grundlage von Seßhaftigkeit und Staatsbürgerschaft nicht realisieren wollen oder können, bzw. für die dies angenommen wird. Diese Problematik betrifft in der Bundesrepublik insbesondere die Sinti und Roma (s. Rose 1987), die wiederkehrend Objekt von Pogromen und staatlicher Verfolgung waren und immer noch als eine gesellschaftliche Randgruppe wahrgenommen werden sowie Objekt von *Vorurteilen* und *Diskriminierung* sind.

Der sozialhistorische Prozeß der Etablierung nationalstaatlich verfaßter marktwirtschaftlicher Gesellschaften bedingt nicht nur Strukturen und Praktiken der Ausgrenzung von Randgruppen und Minderheiten, sondern provoziert auch Versuche der Entwicklung alternativer Lebensformen im Sinne einer absichtsvollen Abweichung von und Entgegensetzung zu den Zwängen, Normen und Werten der erwerbsgesellschaftlich-bürgerlichen Normalität. Es entwickeln sich vielfältige Sub- und Gegenkulturen, deren Ausprägungen hier nicht dargestellt werden können (s. Schwendter 1978: 134ff.; Sieferle 1984).

3. Randgruppen und Minderheiten in der Bundesrepublik der 90er Jahre

Rein quantitativ betrachtet besteht ein Teil der mit den Termini Randgruppen und Minderheiten bezeichneten Problematiken (relative Armut, Drogengebrauch u.s.w.) der Bundesrepublik der 90er Jahre – entgegen allen Erwartungen in Richtung auf die Entstehung einer *nivellierten Mittelstandsgesellschaft* – nicht nur fort, sondern hat sich erheblich ausgeweitet. Dies verdeutlichen die folgenden Daten.

3.1 Eine „neue Unterklasse"?

In Folge der Strukturkrise des Arbeitsmarktes und einer Politik der Deregulierung zeichnen sich Tendenzen in Richtung auf eine gesellschaftliche Spaltung ab, die mit dem grob vereinfachenden Schlagwort der *Zwei-Drittel-Gesellschaft* zu Beginn der 80er Jahre ins öffentliche Bewußtsein gehoben wurde. Befürchtet wird die Entstehung einer neuen Unterklasse gesellschaftlich Ausgegrenzter, die dauerhaft von qualifizierten und damit relativ sicheren Vollzeitarbeitsplätzen ausgeschlossen ist und in der Folge auch nicht über eine stabile Existenzgrundlage verfügt, die eine mehr als kurzfristige Lebensplanung und eine den gängigen Konsumstandards entsprechende Lebensführung ermöglicht.

Tabelle: Statistische Gruppen, die den Sammelkategorien Minderheiten/Randgruppen zugeordnet werden können.

Relativ Arme (gemessen als Personen, die über weniger als 50% des Durchschnittseinkommens verfügen) (1995)[1]	ca. 12,5% der Bevölkerung
Ausländer/-innen mit gesetzlichem Aufenthaltsstatus (1995)[2]	ca. 7.100.000
Ausländer/-innen ohne legalen Aufenthaltsstatus (Illegale)	keine verläßlichen Zahlangaben, geschätzt werden 500.000 bis 1.000.000
Drogenabhängige (Heroin und Kokain)[3]	ca. 150.000
Erstkonsumenten harter Drogen (1995)	15.230
Drogentote (1995)	1.565
Behandlungsbedürftige Alkoholabhängige[4]	ca. 2.500.000
Heiminsassen (Kinder und Jugendliche in Vollzeitpflege) (1994)[5]	70.880
Insassen psychiatrischer Krankenhäuser[6]	41.729
Erwerbspersonen ohne beruflichen Bildungsabschluß (1993)[7]	26% (Westdeutschland) 8% (Ostdeutschland)
Registrierte Arbeitslose (9/1997)	4.372.100[10]
davon Langzeitarbeitslose[8]	
über 1 Jahr bis 2 Jahre Dauer der Arbeitslosigkeit	19,3%
1 bis 2 Jahre Dauer der Arbeitslosigkeit	13,2%
über 2 Jahre Dauer der Arbeitslosigkeit	13,2%
„Stille Reserve" (1994)[9]	1.903.000
Sozialhilfeempfänger (Hilfe zum Lebensunterhalt) (1995)	ca. 2,5 Millionen[12]
davon Bezugsdauer[11] bis 1 Jahr	57%
Bezugsdauer über 1 bis 3 Jahre	21%
Bezugsdauer über 3 Jahre	23%
Leistungsempfänger nach dem Asylbewerberleistungsgesetz (1995)	489.100
Einsitzende in Justizvollzugsanstalten insgesamt (31.12.1996)[13]	64.680
Strafgefangene	41.421
– mit Vollzugsdauer > 1 Jahr	21.973
– aufgrund einer Jugendstrafe	4.947
Untersuchungshäftlinge	20.440
Überschuldete Haushalte	ca. 1,5 Millionen
Wohnungslose in Notunterkünften, Asylen, Heimen, Pensionen und ohne Unterkunft (1995)	ca. 920.000[14] ca. 580.000 (Westdeutschland)[15]
davon auf der Straße lebend	ca. 30.000 bis 45.000

1 Statistisches Bundesamt, Datenreport 1997
2 Mikrozensus 1995
3 Daten des Bundesinnenministeriums
4 Schätzung der deutschen Hauptstelle für Suchtgefahren
5 Statistisches Bundesamt, Datenreport 1997
6 Statistisches Bundesamt VIID-M
7 Statistisches Bundesamt, Datenreport 1994
8 Bundesanstalt für Arbeit nach BT-Drucksache 13/3339
9 Institut für Arbeitsmarkt- und Berufsforschung nach BT-Drucksache 13/3339
10 Bundesanstalt für Arbeit, nach Pressemitteilung der Bundesregierung vom 15.9.97
11 Bremer Längsschnittanalyse nach BT-Drucksache 13/3339
12 Statistisches Bundesamt, Datenreport 1997
13 Statistisches Bundesamt, Fachserie 10, Reihe 4.2.
14 Daten der Bundesarbeitsgemeinschaft für Wohnungslosenhilfe
15 Bundesregierung, BT-Drucksache 13/3339

Randgruppen und Minderheiten

Vor dem Hintergrund eines Abbaus von Arbeitsplätzen, die nur geringe formale Qualifikationen voraussetzen, sind insbesondere diejenigen von sozialer Deklassierung bedroht, die keinen qualifizierten schulischen und beruflichen Bildungsabschluß erwerben können. Neuere Studien zur Entwicklung der Sozialstruktur der Bundesrepublik weisen eine quantitative Zunahme der statistischen Gruppe sozial deklassierter *Modernisierungsverlierer* nach (Vester 1997). Von der Problematik, daß gehobene formale Qualifikationen immer unverzichtbarer für die Teilnahme am Arbeitsmarkt werden, sind Migrantenjugendliche (die zweite und dritte Generation von „Gastarbeiterkindern", Spätaussiedler, Kinder von Asylbewerbern) außerordentlich stark betroffen, die im schulischen Bildungssystem und auf dem Arbeitsmarkt in besonderer Weise benachteiligt sind. Nur ca. 40-50% der ausländischen, im Unterschied zu 70% der deutschen Jugendlichen, absolvieren eine betriebliche oder überbetriebliche Berufsausbildung. Unter den Bedingungen struktureller Massenarbeitslosigkeit und sich verschlechternder sozialer Mindeststandards (Kürzungen des Arbeitslosengeldes und der Arbeitslosenhilfe; Einschränkungen von Sozialhilfeleistungen; Privatisierung von Krankheitskosten) sind darüber hinaus alle diejenigen von sozialer Deklassierung bedroht, die aufgrund spezifischer Problemlagen keinen Zugang zu Vollzeit- und Dauerarbeitsplätzen finden und deshalb als Problemgruppen des Arbeitsmarktes gelten (alleinerziehende Frauen; Haftentlassene; körperlich und seelisch Behinderte; Obdachlose; Langzeitarbeitslose).

Im Unterschied zu den USA werden in der BRD jedoch soziale Mindeststandards, das öffentliche Gut der Sicherheit und das allgemeine Recht auf schulische Bildung noch weitgehend staatlich garantiert, womit die Entstehung einer ghettoisierten, d.h. von diesen staatlichen Garantien abgekoppelten Unterklasse bislang verhindert wird. Eine spezifische Ausnahme hiervon stellen illegale Einwanderer dar, die weitgehend rechtlos sind. Verläßliche Studien über das Ausmaß von Illegalität, wie sie im Bereich der Prostitution, des Baugewerbes und der Landwirtschaft regelmäßig journalistisch und von den Wohlfahrtsverbänden beschrieben wird, liegen bislang nicht vor.

Wie P. Bourdieu u.a. (1993) am Fall Frankreichs gezeigt haben, sind Tendenzen in Richtung auf eine Ghettoisierung jedoch auch innerhalb der europäischen Gemeinschaft zu verzeichnen. Vergleichbare Studien sind für die Bundesrepublik bislang nicht verfügbar. Neuere Untersuchungen weisen jedoch auf Prozesse der Herausbildung einer Jugendsubkultur der sozial Deklassierten in bundesdeutschen Großstädten hin, die durch eine gesteigerte Wahrscheinlichkeit gewaltförmigen und strafrechtlich sanktionierbaren Verhaltens gekennzeichnet ist (s. Tertilt 1996). Die Daten der polizeilichen Kriminalstatistik deuten zudem darauf hin, daß sich in der Bundesrepublik der 90er Jahre ein signifikanter Zusammenhang zwischen zunehmender *Armut* und zunehmender *Jugendkriminalität* abzeichnet. Dabei ist allerdings zu berücksichtigen, daß diese Daten die Resultate der polizeilichen Ermittlungstätigkeit abbilden, also keine objektiven Messungen der tatsächlichen Kriminalität sind.

Auch klassische Formen sozialer Randständigkeit (geschlossene Armutswohngebiete in Städten, dauerhafter Aufenthalt in geschlossenen Einrichtungen, Obdachlosigkeit) sind Bestandteil der sozialen Wirklichkeit der reichen westlichen Gesellschaften. Im Unterschied zu den späten 60er und den 70er Jahren ist die öffentliche Wahrnehmung solcher Gruppen jedoch nicht mehr am Programm einer alle Individuen umfassenden Integration orientiert, und haben sich auch Erwartungen in Richtung auf eine mögliche Politisierung von Randgruppen als obsolet erwiesen.

3.2 Individualisierung, kulturelle Pluralisierung und Randständigkeit

Gängige Beschreibungen der Bundesrepublik als eine kulturell pluralisierte oder gar individualisierte Gesellschaft weisen darauf hin, daß gesellschaftliche Randständigkeit nicht mehr zentral auf einer unstrittigen Unterscheidung zwischen den alltagskulturellen Werten und Normen einer homogenen gesellschaftlichen Majorität und davon abweichender Sub- und Gegenkulturen beruht, wie dies noch ältere Randgruppen- und Subkulturtheorien annehmen. In dem Maß, wie ein gesellschaftlicher Lernprozeß zur Akzeptanz oder Toleranz im Verhältnis von vielfältigen Formen der Lebensführung führt, welche die Grenzen der gesetzlichen Regulierungen und die arbeitsmarktbezogenen Normen grundsätzlich akzeptieren, verlieren normative Bestimmungen von Randständigkeit und darin begründete Praktiken der *Diskriminierung* abweichender Lebensformen an Bedeutung. An den Fällen der manifesten Fremdenfeindlichkeit der 90er Jahre sowie von Konjunkturen der Wiederbelebung von Vorurteilen, z.B. gegen Sinti, Roma, Juden, Homosexuelle, läßt sich jedoch zeigen, daß Prozesse der sozialen Identifikation einer Randgruppe/Minderheit unter spezifischen Bedingungen durchaus erneut in Gang kommen können. So ist etwa im Kontext der Auseinandersetzungen über Fremdenfeindlichkeit und fremdenfeindliche Gewalt die in den 80er Jahren weitgehend bedeutungslose Jugendkultur der Skinheads ins Zentrum der öffentlichen Aufmerksamkeit gerückt und zu einer sozial verachteten Randgruppe erklärt worden.

3.3 Formen der Exklusion aus gesellschaftlichen Funktionssystemen

Randständigkeit wird gegenwärtig gleichwohl primär – keineswegs ausschließlich – durch solche Praktiken, Strukturen und Prozesse hervorgebracht, durch die Individuen und soziale Gruppen von der Teilhabe an den Leistungen gesellschaftlicher Funktionssysteme, also z.B. aus dem Arbeitsmarkt, dem Bildungssystem, der Familie usw. ausgeschlossen werden. Solche Ausschließung resultiert einerseits aus Strukturproblemen der gesellschaftlichen Teilsysteme, insbesondere daraus, daß die Nachfrage nach menschlicher Arbeitskraft sinkt und die Anforderungen im beruflichen Bildungsbereich steigen, andererseits daraus, daß Individuen nicht in der Lage oder bereit sind, den jeweiligen Teilnahmebedingungen der Funktionssysteme und ihrer Organisationen gerecht zu werden. Sie gelten dann etwa als arbeitsunwillig bzw. arbeitsunfähig, als nicht oder nur eingeschränkt bildbar, schwer erziehbar, lernbehindert u.s.w.

Die hiermit angezeigte Problematik läßt sich angemessen auf der Grundlage der Theorie funktionaler Differenzierung mittels des Begriffpaars Inklusion/Exklusion beschreiben (s. Luhmann 1996; Bommes/Scherr 1996). Die Teilhabe von Individuen an den Leistungen der funktional differenzierten gesellschaftlichen Teilsysteme ist demnach in modernen Gesellschaften grundsätzlich nicht umfassend garantiert. Zwar sind basale Teilhaberechte in Bezug auf das politische System, das Bildungssystem und das System der sozialen Sicherung in der Bundesrepublik für alle Staatsbürger festgeschrieben. Inländer ohne deutsche Staatsangehörigkeit sind jedoch von politischer Mitwirkung weitgehend ausgeschlossen, ihre sozialen Teilhaberechte sind eingeschränkt. Die Teilhabe an Konsum, dem eine zentrale symbolische Bedeutung für die Vergewisserung gesellschaftlicher Zugehörigkeit und gesellschaftlicher Wertschätzung zukommt, hängt für die Mehrheit vom erzielten Arbeitseinkommen ab und ist deshalb ebensowenig garantiert wie die Erwerbsarbeit selbst. Vielmehr schließen die gesellschaftlichen Teilsysteme Individuen nach Maßgabe spezifischer Erfordernisse ihrer Reproduktion ein oder aus. Für solche Teilhabe, also etwa als Arbeitnehmer am Arbeitsmarkt, als Schüler in der Schule, gelten zudem je spezifische Teilnahmebedingungen, also etwa sozialisatorisch erworbene Persönlichkeitseigenschaften, berufliche Qualifikationen etc. Während die Inklusion in die jeweiligen Teilsysteme voneinander unabhängig ist, gibt es Formen der Verdichtung von Exklusionseffekten: Wer auf dem Arbeitsmarkt kein Geldeinkommen erzielt, kann nur begrenzt am Konsum teilnehmen und hat Schwierigkeiten, seinen Kindern eine qualifizierte Ausbildung zu ermöglichen sowie Rechtsansprüche durchzusetzen. Der extreme Fall einer solchen Verdichtung von Exklusionsprozessen ist das ökonomische und politische Irrelevantwerden von Bevölkerungsgruppen in ökonomischen Krisenregionen.

In *Wohlfahrtsstaaten* zielen sozialstaatliche Sicherungssysteme nun darauf, durch ge-

Randgruppen und Minderheiten

neralisierte sozialstaatliche Versicherungsleistungen (in der Bundesrepublik: Arbeitslosen-, Kranken-, Renten-, Pflegeversicherung, Sozialhilfe) nicht nur einen minimalen Lebensstandard zu garantieren, sondern zugleich eine dauerhafte *Marginalisierung* von Individuen und sozialen Gruppen zu vermeiden. Darüber hinaus ist hier die *Soziale Arbeit* (Sozialarbeit/Sozialpädagogik) als ein System der Zweitsicherung etabliert, das Individuen und soziale Gruppen mittels ergänzender Erziehung, Beratung und materiellen Hilfen zur Teilhabe an den Funktionssystemen motivieren bzw. sie bei entsprechenden Bemühungen unterstützen soll. Seit den 70er Jahren ist der Bereich der Sozialen Arbeit personell enorm ausgebaut worden und stellt inzwischen einen eigenständigen Dienstleistungssektor dar. Gegenwärtig zeichnet sich hier die Tendenz ab, daß Bemühungen der Reintegration von Randgruppen an strukturelle Grenzen des Arbeits- und Wohnungsmarktes sowie des Familiensystems stoßen, womit eine Soziale Arbeit in der Tradition der Armenfürsorge möglicherweise künftig an Bedeutung gewinnt.

3.4 Krise der wohlfahrtsstaatlichen Integration

Unter den Bedingungen einer Strukturkrise des Arbeitsmarktes und einer Finanzkrise der öffentlichen Haushalte ist das wohlfahrtsstaatliche Programm einer Inklusion aller Individuen in den Arbeitsmarkt, in das Bildungssystem, den Wohnungsmarkt, die Konsumökonomie und in das System der sozialstaatlichen Sicherung inzwischen also partiell in Frage gestellt. Hier sind nicht nur quantitative und graduelle, sondern auch qualitative Veränderungen zu verzeichnen: Mit dem 1996 in Kraft getretenen Asylbewerberleistungsgesetz wurde erstmalig eine soziale Gruppe von den Leistungsansprüchen des *Bundessozialhilfegesetzes* ausgeschlossen. Eine zeitliche Befristung des Arbeitslosenhilfeanspruchs wird wiederkehrend diskutiert.

In dem Maße, wie künftig ein politisch vorangetriebener Abbau sozialstaatlicher Leistungen und eine Einschränkung öffentlich finanzierter Bildung erfolgt, steigt die Wahrscheinlichkeit und das Ausmaß einer solchen Verdichtung von Exklusionseffekten, die zur Entstehung dauerhafter, verfestigter Ausgrenzung sozialer Gruppen aus Erwerbsarbeit, formaler Bildung und der Teilhabe an den geltenden Konsumstandards führt. Dies wird dann aller Erfahrung nach dazu führen, daß neue *Subkulturen* und *Problemgruppen* der Armutsbevölkerung entstehen.

Zahlreiche Sozialwissenschaftler diagnostizieren mit dem Blick auf die Entwicklung der Bundesrepublik seit Mitte der 80er Jahre eine soziale Spaltung zwischen denjenigen, die über ein gesichertes legales Einkommen verfügen auf der einen und auf prekäre und problematische Formen der Existenzsicherung verwiesene Randgruppen auf der anderen Seite. Offe (1996: 274) befürchtet die gesellschaftliche Ausgrenzung einer neuen *Unterklasse*, die nicht über die Essentials sozialer Teilhabe (arbeitsmarktgängige Qualifikation, strafrechtliche Unbescholtenheit, intakte physische und psychische Gesundheit, soziale und familiale Sicherheit, sprachlich-kulturelle Nähe zur Mehrheitsbevölkerung) verfügt. Luhmann (1996: 228) spricht mit dem Blick auf deindustrialisierte Regionen in Großbritannien und anhaltende Verelendung in großen Teilen der sog. Dritten Welt die Vermutung aus, daß künftig die Unterscheidung von Inklusion und Exklusion zur Leitunterscheidung gesellschaftlicher Differenzierung werden könnte.

Für die Bundesrepublik ist festzustellen, daß gegenwärtig entscheidende sozialpolitische Weichenstellungen zur Debatte stehen. Ob dies – wie in den USA – zur gesellschaftlichen Ausgrenzung einer erheblichen Teilpopulation – mit den Folgeproblemen wachsender Armutskriminalität – führen wird, ist gegenwärtig nicht abzusehen. Festzustellen ist gleichwohl, daß seit Ende der 70er Jahre eine Entwicklung stattfindet, durch die das Selbstverständnis einer sozialstaatlich weitgehend integrierten Mittelstandsgesellschaft auf der Grundlage von Vollbeschäftigung durch neue Formen der sozialen Ausgrenzung in Frage gestellt ist. Damit sind es nicht mehr nur politische und kulturelle Sub- bzw. Gegenkulturen und quantitativ eng begrenzte Randgruppen, durch die das wohlfahrtsstaatliche Programm einer gesellschaftlichen Integration aller Individuen an seine Grenzen stößt, sondern wesentlich in ökonomischer und rechtlicher Benachteiligung begründete, quantitativ ausgedehnte Formen der gesellschaftlichen Randständigkeit.

Literatur

Bommes, Michael/Albert Scherr: Soziale Arbeit als Inklusionsvermittlung, Exklusionsvermeidung und Exklusionsverwaltung, in: Neue Praxis, H. 2, 1996, S. 107-122
Bourdieu, Pierre u.a.: La misère du monde, Paris 1993
Foucault, Michel: Überwachen und Strafen, Frankfurt a.M. 1976
Elias, Norbert/John. L. Scotson: Etablierte und Außenseiter, Frankfurt a.M. 1990
Swann, Abraham de: Der sorgende Staat, Frankfurt a.M./New York 1993
Geißler, Rainer: Soziale Schichtung und Lebenschancen, Stuttgart 1994
Girtler, Roland: Randkulturen. Theorie der Unanständigkeit, Wien/Köln/Weimar 1995
Luhmann, Niklas: Jenseits von Barbarei, in: Miller, M./H.-G. Soffner (Hg.): Modernität und Barbarei, Frankfurt a.M. 1996, S. 219 – 230
Offe, Claus: Moderne „Barbarei": Der Naturzustand im Kleinformat? in: Miller, Max/Hans-Georg Soeffner (Hg.): Modernität und Barbarei, Frankfurt a. M. 1996, S. 258-289
Otto, Hans-Uwe/Heinz Sünker (Hg.): Soziale Arbeit und Faschismus, Frankfurt a.M. 1989
Otto, Hans-Uwe/Heinz Sünker (Hg.): Politische Formierung und soziale Erziehung im Nationalsozialismus. Frankfurt a.M. 1991
Peukert, Detlef: Grenzen der Sozialdisziplinierung, Köln 1982
Preußer, Norbert: ObDach. Eine Einführung in die Politik und Praxis sozialer Aussonderung. Weinheim 1993
Sachße, Christoph/Florian Tennstedt: Geschichte der Armenfürsorge in Deutschland, Bd. I, Stuttgart 1980
Schwendter, Rolf: Theorie der Subkultur, Frankfurt a.M. 1978
Sidler, Nikolaus: Am Rande leben, abweichen, arm sein, Freiburg 1989
Sieferle, Rolf-Peter: Fortschrittsfeinde. München 1984
Tertilt, Hermann: Turkish Power Boys. Ethnographie einer Jugendbande, Frankfurt a.M. 1996
Treiber, Hubert/Heinz Steinert: Die Fabrikation des zuverlässigen Menschen, München 1980
Vester, Michael: Kapitalistische Modernisierung und gesellschaftliche (Des-)Integration. In: Heitmeyer, Wilhelm (Hg.), Was hält die Gesellschaft zusammen? Frankfurt a.M. 1997, S. 149-206
Loo, Wilhelm von der/Wilhelm van Reijen: Modernisierung. Projekt und Paradox, Stuttgart 1992

Albert Scherr

Räumliche Mobilität

1. Einleitung: Definition und Abgrenzung

Unter räumlicher oder geographischer Mobilität werden alltagssprachlich alle Bewegungsvorgänge eines oder mehrerer Individuen im Raum verstanden. Die Unschärfe dieser Begriffsbestimmung für analytische Zwecke (beispielsweise zur Berechnung von Mobilitätsziffern bzw. -raten) ist offensichtlich. Eine Präzisierung kann durch die Angabe von Einheiten des geographischen Raumes, zwischen denen ein Wechsel (Mobilität) erfolgt, erzielt werden. In Anlehnung an Mackensen u.a. (1975: 8) sei daher räumliche Mobilität als Wechsel eines oder mehrerer Individuen zwischen den (vorab) festgelegten Einheiten eines räumlichen Systems definiert. Diese systemorientierte Begriffsbestimmung betont den analytischen Charakter, da die betrachteten Mobilitätsvorgänge von der Wahl der (Teil-)Einheiten des zugrundegelegten Systems abhän-

Räumliche Mobilität

gen: Je kleiner die (Teil-)Einheiten, desto größer das Potential an beobachtbaren Mobilitätsfällen und umgekehrt. Häufig werden die Einheiten eines räumlichen Systems so groß gewählt, daß es zweckmäßig ist, die Mobilitätsvorgänge zwischen den definierten Einheiten von jenen innerhalb dieser zu unterscheiden (vgl. auch Tab. 1).

1.1 Residentielle Mobilität (Wanderung) und zirkuläre Mobilität

Die Vielfalt dieser räumlichen Bewegungsvorgänge wird in Abhängigkeit von einem eventuell damit verbundenen Wohnsitzwechsel unterteilt in residentielle sowie zirkuläre Mobilität: Beinhaltet der Wechsel von Individuen zwischen den Einheiten eines räumlichen Systems die Verlagerung des Wohnsitzes, so spricht man von *residentieller Mobilität*; bleibt der Wohnsitz während des Bewegungsvorganges erhalten wie beispielsweise bei Urlaubsreisen oder im Falle des Pendelns zwischen der Wohnung und der Arbeitsstätte, so handelt es sich um *zirkuläre (auch: rekurrente) Mobilität*.

In der Bevölkerungsstatistik und Demographie wird residentielle Mobilität auch als *Wanderung* bezeichnet. Übereinstimmend definieren die Statistischen Jahrbücher von Deutschland, Österreich und der Schweiz Wanderung als Wohnsitzverlegung über die politischen Gemeindegrenzen hinweg. Das Statistische Bundesamt weist in der Folge Wohnungswechsel innerhalb einer Gemeinde nicht als Wanderung aus. Diese amtliche Definition ist somit an ein räumliches Distanzmaß gebunden. Neben der räumlichen Dimension sind auch zeitliche Aspekte von grundlegender Bedeutung. In der Literatur wird die Frage, ob ein Wohnsitzwechsel erst ab einer bestimmten Verweildauer (zeitliche Dimension) als Wanderung zu werten ist, uneinheitlich behandelt: Während die einen jede Wohnortveränderung (ohne zeitliche Bedingungen) als Wanderung interpretieren, versuchen andere eine Abgrenzung gegenüber befristeten Wohnungswechseln (Studenten, Praktikanten etc.) bzw. wiederholten (saisonalen) Wanderungen (Saison-, Montage-, Wanderarbeiter u.ä.) herzustellen. Die amtliche Statistik vermeidet die direkte Festlegung einer Mindestwohndauer, indem sie nur dann von Wanderung (residentieller Mobilität) spricht, wenn der Hauptwohnsitz über die Gemeindegrenzen hinweg verlegt wird, und berücksichtigt damit den Umstand, daß Personen mehr als eine Wohnung nutzen können. Dieser Definition, die dem bestehenden Meldegesetz entspricht und daher leicht operationalisierbar ist, sei im weiteren gefolgt, auch wenn die tatsächliche Nutzung von Wohngelegenheiten nicht immer dem amtlichen Meldevorgang entspricht und somit Verzerrungen zur sozialen Realität auftreten können.

Bezogen auf die räumliche Dimension ist es weiterhin nützlich, zwischen *Binnenwanderung* (innerstaatlicher Wanderung) und *Außenwanderung* über die staatlichen Grenzen hinweg (internationaler Wanderung) zu differenzieren. Obwohl unter der deskriptiven Perspektive Binnen- wie Außenwanderung durch eine Wohnortveränderung gekennzeichnet sind (residentielle Mobilität), unterscheiden sie sich grundlegend: Im Gegensatz zu Binnenwanderungen, die sich in der Regel frei und ungehindert vollziehen können, sind Wanderungen über die Staatsgrenze hinweg (Außenwanderungen) mit tiefgreifenden politisch-administrativen Reaktionen verbunden, die u.a. den rechtlichen Status des Individuums verändern, das vom In- zum Ausländer wird.

Obwohl der Begriff „Wanderung" häufig mit der entsprechenden lat. Übersetzung „*Migration*" synonym verwandt wird, sei der Terminus hier nur für Außenwanderungen (residentielle Mobilität über die Staatsgrenzen hinweg) verwendet, u.a. um die erwähnten basalen Unterschiede zu anderen Wanderungsvorgängen hervorzuheben. Auf den Themenkreis Migration (Außenwanderung) wird an dieser Stelle nicht weiter eingegangen, da diesem ein eigener Beitrag in diesem Band gewidmet ist.

Zusammenfassend sei festgehalten, daß räumliche Mobilität einen Oberbegriff zu *residentieller Mobilität (Wanderung)* sowie zirkulärer Mobilität darstellt. Von residentieller Mobilität spricht man im Falle des Hauptwohnsitzwechsels, wobei nach der amtlichen Statistik eine Verlegung über die Gemeindegrenzen hinweg vorausgesetzt wird. In den folgenden Ausführungen liegt der Schwerpunkt bei grundlegenden Aspekten residentieller Mobilität innerhalb der Staatsgrenzen (Binnenwanderung). Residentielle Mobilität über die Staatsgrenzen hinweg sei als Außenwanderung oder Migration bezeichnet. Im Gegensatz zur residentiellen bleibt bei der *zirkulären Mobilität* der bestehende (Haupt-) Wohnsitz als Ausgangs- und Endpunkt des Bewegungsvorganges erhalten. Hinsichtlich dieser Form der räumlichen Mobilität, die nach dem Zweiten Weltkrieg in Deutschland wie in allen anderen Industrienationen stark zugenommen hat, sei auf die Stichworte Verkehr und Freizeit verwiesen.

Abschließend sei bemerkt, daß die gegebene und den folgenden Ausführungen zugrundeliegende Definition von räumlicher Mobilität einen tatsächlichen Bewegungsvorgang voraussetzt. Sie unterscheidet sich damit von jenen Definitionen, die bereits die grundsätzliche *Mobilitätsbereitschaft* oder das *Mobilitätsvermögen* (man spricht auch von Motilität), das heißt die Ausstattung einer Person (bzw. mehrerer Personen oder ganzer Gesellschaften) mit entsprechenden Ressourcen (z.B. Auto, Zeit etc.), als (räumliche) Mobilität (im Sinne von: eine mobile Person bzw. Gesellschaft) ansprechen.

1.2 Räumliche Mobilität und ihre Verknüpfung mit anderen Mobilitätsarten

Räumliche Mobilität ist ihrerseits mit anderen Mobilitätsarten wie insbesondere der *Arbeitsmobilität* sowie der *sozialen Mobilität* eng verknüpft.

Zur definitorischen Unterscheidung dieser wie anderer Mobilitätsarten sowie deren zahlreicher Unterbegriffe ist eine allgemeine systemorientierte Begriffsbestimmung von Mobilität dienlich, wovon die Definitionen der einzelnen Mobilitätsarten/-typen direkt ableitbar sind. Nach Mackensen u.a. (1975: 8) versteht man unter Mobilität den Wechsel eines oder mehrerer Individuen zwischen den Einheiten eines Systems. (Generell ließe sich diese Definition der Mobilität von Individuen natürlich auch auf Sachgegenstände sowie nicht-gegenständliche Objekte erweitern. Man denke in diesem Zusammenhang etwa an die Verlagerung von Industriebetrieben oder den Ab- bzw. Zufluß von Geldkapital.)

Aus Tab. 1 ist ersichtlich, daß nicht nur (wie oben diskutiert) der geographische Raum, sondern beispielsweise auch Betriebe mit den zugehörigen Arbeitsplätzen als System aufgefaßt werden können, innerhalb derer oder zwischen denen Bewegungsvorgänge stattfinden. Man spricht in diesem Zusammenhang von *Arbeits-* oder Erwerbspersonen*mobilität*. Da der Arbeitsplatz gleichzeitig eine wesentliche Grundlage der sozialen Position innerhalb einer Gesellschaft darstellt, ist mit einem Arbeitsplatzwechsel auch *soziale Mobilität* verbunden, das heißt der Wechsel eines oder mehrerer Individuen innerhalb oder zwischen den Einheiten eines Systems sozialer Schichtung einer Gesellschaft (vgl. Tab.1).

Räumliche Mobilität steht nicht nur in engem Zusammenhang mit Arbeitsmobilität und sozialer Mobilität, sondern ist – wie gezeigt wird – darüber hinaus insbesondere von individuellen wie familialen Merkmalen geprägt.

Tabelle 1: Mobilitätsarten in verschiedenen (ausgewählten) Systemen

Betrachtetes System	geographischer Raum eines Staates	Organisation von Arbeitsplätzen in Betrieben	Soziale Schichtung einer Gesellschaft
Mobilitätstyp	Räumliche Mobilität	Arbeitsmobilität	Soziale Mobilität
Gliederungseinheit(en)	Region	Betrieb	Schicht, Statusgruppe
Mobilität zwischen den Einheiten	Regionale Mobilität	Arbeitskräfte-Fluktuation	Vertikale Mobilität (Auf- oder Abstieg)
Mobilität innerhalb der Einheiten	Intraregionale Mobilität	Innerbetrieblicher Arbeitsplatzwechsel	Horizontale Mobilität

Übersicht nach Franz 1984: 25

2. Residentielle Mobilität: Binnenwanderung

Die *Wanderungen* (*Außen-* und *Binnenwanderungen*), das heißt die räumlichen Bevölkerungsbewegungen im Sinne der *residentiellen Mobilität*, stellen neben den natürlichen Bevölkerungsbewegungen (Geburten und Sterbefälle) den dritten Bestimmungsgrund der Bevölkerungsentwicklung dar. Ihnen kommt in Deutschland bei der Analyse der Veränderung der Einwohnerzahl sowie hinsichtlich sozialstruktureller Aspekte (Alters-, Geschlechts-, Schichtstrukturen etc.) auf regionaler wie höher aggregierter Ebene zentrale Bedeutung zu. Während die natürlichen Bevölkerungsbewegungen in den beiden deutschen Gesellschaften zumindest über längere Zeiträume große Ähnlichkeiten aufweisen (beispielsweise zeigt die Entwicklung der Gesamtfruchtbarkeitsziffer zwischen 1955 und 1975 einen nahezu synchronen Verlauf), verliefen in der Alt-BRD und der ehemaligen DDR sowohl Binnen- wie Außenwanderungsprozesse höchst unterschiedlich.

An dieser Stelle sei der Blick auf die innerstaatliche *residentielle Mobilität* (*Binnenwanderung*) gerichtet, deren Rahmenbedingungen sich durch die *Wiedervereinigung* völlig verändert haben. Aufgrund dieser Umbruchsituation ist es notwendig, zwei Binnenwanderungsgebiete zu unterscheiden: Alte Bundesländer (West) sowie neue Bundesländer (Ost) und entsprechend zwei Binnenwanderungsströme (West/West; Ost/Ost), die durch Ost/West- und West/Ost-Wanderungen ergänzt werden und insgesamt die deutsche Binnenwanderung abbilden.

2.1 Binnenwanderung in der Alt-BRD bzw. in den alten Bundesländern

Die Entwicklung der *Binnenwanderung*, das heißt der Zeitvergleich der residentiellen Mobilität über politische Verwaltungsgrenzen (Wanderungsfälle) bezogen auf je 1.000 Einwohner (Wanderungsrate, auch: Mobilitätsziffer), ist in der BRD (früheres Bundesgebiet) wie auch in anderen westlichen Industrieländern nach dem Zweiten Weltkrieg durch einen tendenziellen Rückgang gekennzeichnet.

Tab. 2 dokumentiert das Wanderungsvolumen (Anzahl der Wanderungen) und die Wanderungsintensität (Wanderungsrate, Mobilitätsziffer) für das frühere Bundesgebiet. In den 60er Jahren haben etwa 6 Prozent der Wohnbevölkerung (man beachte dazu die Einschränkung aus Anm. 1 in Tab. 2) jährlich den Hauptwohnsitz über die Gemeindegrenzen hinweg verlegt; dies waren durchschnittlich etwa 3,5 Mio. Wanderungsfälle pro Jahr. Der größte Teil des Wanderungsvolumens erfolgte innerhalb der Grenzen der Bundesländer. Der Anteil der *Binnenwanderungen* zwischen den Bundesländern der Alt-BRD, die vorwiegend arbeitsmarkt-, aber auch (aus)bildungsorientiert sind, betrug in den 60er Jahren ziemlich konstant etwa 30 Prozent des Gesamtvolumens. In den 70er Jahren sank die Mobilitätsziffer insgesamt auf unter 5 Prozent der Einwohner ab. Dieser Rückgang ist zunächst im Zusammenhang mit der Gebietsreform, die etwa im Zeitraum 1968 bis 1975 stattfand, zu sehen, in deren Durchführung eine Vielzahl von „Eingemeindungen" erfolgte (Anfang der 70er Jahre bestanden in der Alt-BRD rd. 24.000 Gemeinden, während heute nur noch etwa 8.000 existieren; vgl. Wendt 1993/94: 527), wodurch vormalige Nahwanderungsfälle (Hauptwohnsitzwechsel zwischen den Gemeinden) zu Umzügen wurden (Hauptwohnsitzwechsel innerhalb der Gemeinden), die definitionsgemäß in der Mobilitätsziffer unberücksichtigt bleiben. Allerdings kann damit der angeführte Mobilitätsrückgang nur teilweise erklärt werden. Wie ein Blick auf die Entwicklung der Binnenwanderung zwischen den (unveränderten) Bundesländern deutlich macht, ist darüber hinaus ein tatsächlicher Rückgang zu verzeichnen: Die entsprechende Mobilitätsziffer sank von 19,1 im Jahr 1960 auf 13,3 Binnenwanderungen je 1.000 Einwohner im Jahr 1980. Der Rückgang beträgt somit mehr als 30 Prozent. Diese abnehmende Tendenz der Binnenwanderungen setzte sich bis zum Zusammenbruch der ehemaligen DDR am Ende der 80er Jahre fort: Etwa 4 Prozent der Einwohner wechselten ihren Hauptwohnsitz, davon etwa ein

Viertel in eine Gemeinde eines anderen Bundeslandes. Generell gingen die weiträumigen Wanderungen zwischen den Bundesländern stärker zurück (die entsprechende Mobilitätsziffer hat sich von 1960 bis 1988 fast halbiert) als die Hauptwohnortwechsel über kürzere Distanzen.

Tabelle 2: Wanderungen über die Gemeinde- und Landesgrenzen innerhalb des früheren Bundesgebietes

Jahr	Binnenwanderungen im früheren Bundesgebiet			
	über die Gemeindegrenzen (insgesamt)		davon über die Bundesländergrenzen	
	Anzahl in 1.000[1]	je 1.000 Einwohner[2]	Anzahl in 1.000[1]	je 1.000 Einwohner[2]
1960	3.353	60,5	1.060	19,1
1965	3.600	61,4	1.099	18,7
1970	3.662	60,4	1.118	18,4
1975	2.984	48,2	816	13,2
1980	3.024	49,1	820	13,3
1985	2.572	42,2	640	10,5
1986	2.538	41,6	647	10,6
1987	2.510	41,1	656	10,7
1988	2.552	41,5	655	10,7
1989	2.883	46,5	792	12,8
1990	2.970	47,0	841	13,3
1991	3.050	47,6	986	15,4
1992	3.138	48,4	924	14,2
1993	3.203	48,9	834	12,7
1994	3.387	51,4	863	13,1

1 Anzahl der Wanderungsfälle eines Jahres: Die ausgewiesene Zahl ist stets etwas größer als die Zahl der in diesem Jahr gewanderten Personen, da bei mehrmaligem Hauptwohnsitzwechsel einer Person im Laufe eines Jahres jeder Fall erfaßt wird.
2 Jahresdurchschnitt der Bevölkerung.
Quelle: Berechnung nach: Statistisches Bundesamt, Fachserie 1, Reihe 1, 1992 und 1994; Statistisches Bundesamt, Statistische Jahrbücher, 1967, 1972, 1977, 1982, 1993ff.

Die politischen Veränderungen in Ostmittel- und Osteuropa sowie in der Folge die *Wiedervereinigung* der beiden deutschen Staaten hatten erhebliche Auswirkungen auf das Binnenwanderungsgeschehen im früheren Bundesgebiet: Zu den bisherigen Binnenwanderungen kamen zusätzlich (Haupt-)Wohnsitzverlegungen von den neuen in die alten Bundesländer sowie die innerstaatlichen Folgewanderungen aufgrund der sprunghaft gestiegenen Zuzüge von *Aussiedlern, Übersiedlern* (Status existierte bis zur Vereinigung), *Asylbewerbern, Flüchtlingen* etc., deren erster Wohnort nach der Zuwanderung selten der Bleibeort ist. Ab 1989 nahmen sowohl die weiträumigen Wanderungen zwischen den Bundesländern als auch jene über kürzere Distanzen sprunghaft zu. Während die Binnenwanderungen über die Bundesländergrenzen seit 1992 wieder zurückgehen, sind jene innerhalb der Bundesländer aufgrund der erwähnten Folgewanderungen noch leicht steigend, wobei auch hier wegen der ab 1993 quotierten Zuwanderung von Aussiedlern sowie der Asylrechtsänderung desselben Jahres (Migration) ein Rückgang zu erwarten ist.

Wie aufgezeigt wurde, gingen die weiträumigen *Wanderungen* zwischen den Bundesländern stärker zurück als die Wechsel der Hauptwohnsitze über kürzere Distanzen. Da weiterhin weiträumige Wanderungen (auch: interregionale Wanderungen, Fernwanderungen) vorwiegend bildungs- bzw. arbeitsmarktorientiert sind, konzentrierte sich der Rückgang der residentiellen Mobilität in erster Linie auf die Gruppe der sogenannten Bildungswanderer und Berufsanfänger, das heißt auf die Altergruppe der 18 bis unter 30jährigen. Abb. 1 verdeutlicht den Rückgang der altersspezifischen Wanderungsraten zwischen den alten Bundesländern im Vergleich der Jahre 1970 und 1988.

Räumliche Mobilität 519

Abbildung 1: Binnenwanderungen zwischen den alten Bundesländern: Alters- und geschlechtsspezifische Wanderungsraten 1970 und 1988

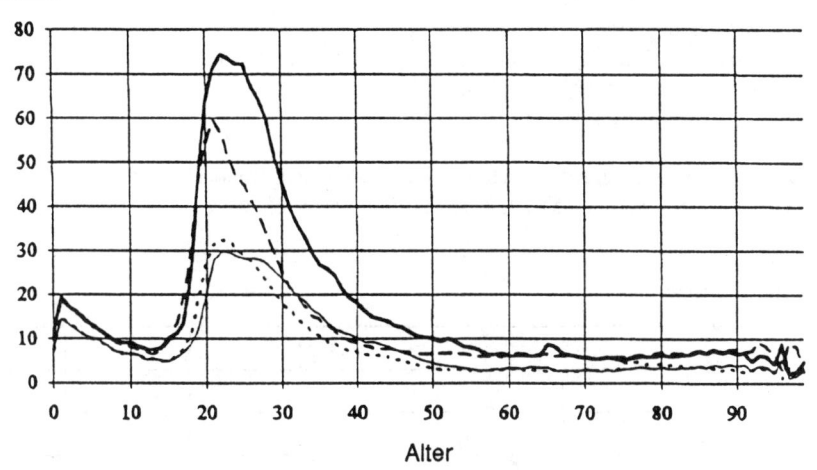

Quelle: Flöthmann 1996: 73

Der Vergleich der Häufigkeitsverteilungen der altersspezifischen Wanderungsraten zeigt zunächst den Rückgang der Wanderungsintensität zwischen den alten Bundesländern. Verlegten 1970 noch rd. 510 Tsd. Personen im Alter von 18 bis unter 30 Jahren ihren (Haupt-)Wohnsitz zwischen den alten Bundesländern, so waren es 1988 nur noch rd. 315 Tsd., was einem Rückgang von 38 Prozent entspricht. Werden auch die Wanderungen junger Familien einbezogen, betrachtet man also das Altersintervall der 18- bis unter 40jährigen, so beträgt der Rückgang sogar 40 Prozent (Flöthmann 1996: 73). Gleichzeitig vollzog sich eine geschlechtsspezifische Angleichung der Wanderungsraten, wofür das gestiegene Qualifikationsniveau sowie die höhere Erwerbsbeteiligung der Frauen ursächlich sind. Weiterhin weisen die Häufigkeitsverteilungen hinsichtlich der Maxima eine erstaunliche Konstanz auf: Nach einem kleinen Häufigkeitsgipfel von *Wanderungen* im frühen Kindesalter (zusammen mit den Eltern) liegen die höchsten Wanderungsraten im jungen Erwachsenenalter zwischen dem 18. und 35. Lebensjahr, wobei die Wanderungsintensität in der Folge stetig abnimmt, um zwischen dem 60. und 70. Lebensjahr nochmals leicht anzusteigen (Alterswanderung).

Betrachtet man die Wanderungsraten zwischen den alten Bundesländern nach Geburtskohorten im Längsschnitt, so wird deutlich, daß der zu verzeichnende residentielle Mobilitätsrückgang auf einen allgemeinen Verhaltenswandel zurückzuführen ist.

Der Vergleich der residentiellen Mobilitätsraten der vier Geburtskohorten in Abb. 2 zeigt zunächst nochmals den ausgeprägten Rückgang der Binnenwanderungsmobilität zwischen den Bundesländern in der Altersgruppe der 18- bis unter 30jährigen. Die Altersstruktur, die bis zur Geburtskohorte 1960 durch ein Mobilitätsmaximum im Alter von ca. 21 Jahren gekennzeichnet war, veränderte sich seitdem grundlegend. Die Altersstruktur der Mobilitätsraten weist kein so hervortretendes Maximum mehr auf, die Wohnortwechsel verschieben und verteilen sich auf höhere Lebensalter. Diese Entwicklung ist im Zusammenhang mit längeren Ausbildungszeiten, verzögerten Eintritten in den Erwerbsprozeß sowie zunehmend späteren Familiengründungen zu sehen. Charakteristisch ist weiterhin, daß die Wanderungsraten der vier Alterskohorten nach dem 30. Lebensjahr sehr ähnliche (fast identische) Verläufe aufweisen. Residentielle Mobilität wird offensichtlich aus den genannten Gründen häufig zu einem späteren Zeitpunkt nachgeholt, nimmt jedoch nach wie vor mit der Familiengründungsphase rapide ab.

Abbildung 2: Binnenwanderungsraten zwischen den alten Bundesländern: Geburtskohorten 1950, 1955, 1960 und 1965

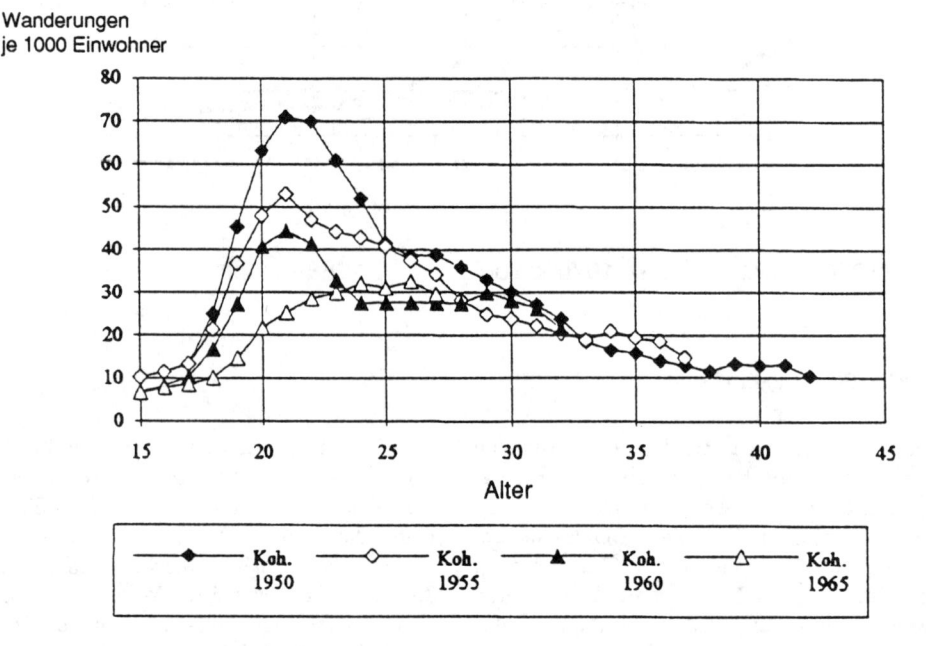

Quelle: Flöthmann 1996: 75

2.2 Binnenwanderung in der DDR bzw. in den neuen Bundesländern

Im Vergleich der beiden deutschen Staaten war die Wanderungsintensität im früheren Bundesgebiet (wenngleich bei sinkender Tendenz) stets wesentlich höher als in der ehemaligen *DDR*.

In den 50er und frühen 60er Jahren war die Binnenwanderung in der ehemaligen *DDR* durch eine größere Intensität gekennzeichnet. Wanderungsströme über größere Distanzen waren in dieser Zeit charakteristisch. Die Veränderung der Standortverteilung der Produktion, die Schaffung neuer Produktionszentren in der Grundstoff- und Schwerindustrie sowie der Ausbau vorhandener Produktionsstandorte bewirkten Arbeitskräftewanderungen in größerem Umfang (vgl. Wendt 1993/94: 529). Seit der Mitte der 60er Jahre war ein stetiger Rückgang sowohl des Wanderungsvolumens wie der -intensität zu verzeichnen. In den 70er

Räumliche Mobilität

und 80er Jahren stabilisierte sich die Binnenwanderungsrate mit durchschnittlich 25 Wanderungsfällen je 1.000 Einwohnern auf einem (auch im internationalen Vergleich) sehr niedrigen Niveau.

Abbildung 3: Binnenwanderungen über die Gemeindegrenzen in der Alt-BRD und der ehemaligen DDR je 1.000 Einwohner

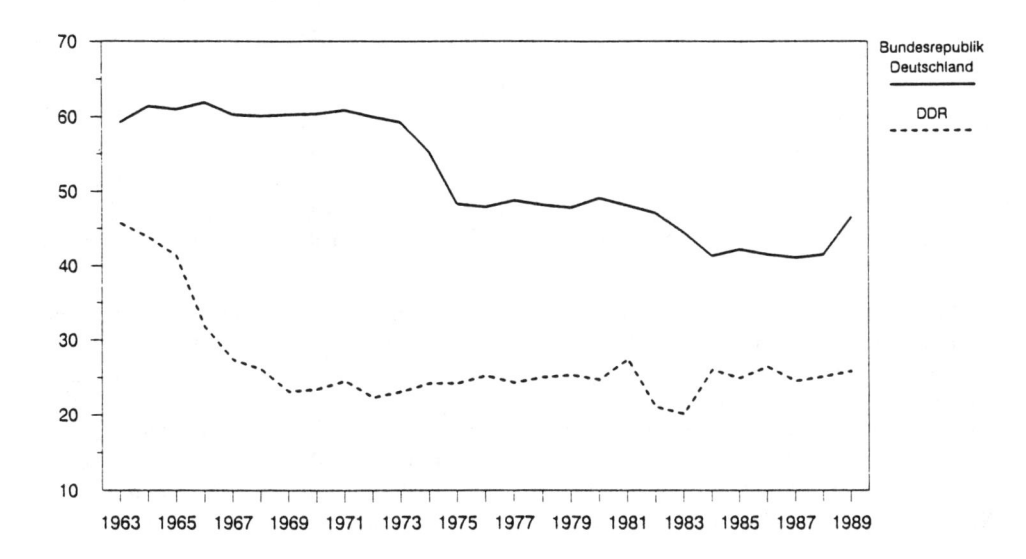

Quelle: Wendt 1993/94: 527

Unterschiede in der *Binnenwanderung* bestanden jedoch zwischen den beiden deutschen Staaten nicht nur hinsichtlich ihrer Intensität. In der ehemaligen DDR wurden Wanderungen in den 70er und 80er Jahren weitgehend durch die regionale Wohnbautätigkeit determiniert. Die Faktoren Ausbildung und Arbeitsplatz spielten im Gegensatz zur Alt-BRD dabei eine nur untergeordnete Rolle. Die zunehmende Bestimmung der Wanderungsströme durch den Wohnungsneubau in Bezirksstädten und vor allem in Berlin führte zu einem verstärkten Urbanisierungsprozeß. Suburbanisierungsprozesse waren in der ehemaligen DDR hingegen kaum oder nur unbedeutend vorhanden.

Kurzfristig dürfte sich an der Wanderungsintensität in den neuen Bundesländern wenig ändern, da in der gegenwärtigen Krise die regionalen Wahlmöglichkeiten sehr beschränkt sind. Mittelfristig wird eine erhebliche Steigerung des Wanderungsaufkommens erwartet, weil der sich bildende Arbeitsmarkt unter den Bedingungen wirtschaftlichen Aufschwungs in selektiver Weise Arbeitskräfte aus sehr unterschiedlichen Herkunftsregionen binden wird, wobei das Mobilitätsniveau des Westens erst nach der Jahrtausendwende erreicht werden wird (vgl. Bucher/Siedhoff/Stiens 1992: 837).

2.3 Ost-West- und West-Ost-Wanderungen seit 1989

Die Öffnung der Berliner Mauer am 9. November 1989 brachte mit den *Übersiedlern* einen verstärkten Typus von *Wanderungen*. Mit 1. Juli 1990 wurde der Übersiedlerstatus aufgehoben, womit auch die Eingliederungsbeihilfen für ehemalige DDR-Bürger entfielen. Die deutsch-deutschen Wanderungen nahmen de facto den Status von Binnenwanderungen an, die mit der staatsrechtlichen Vereinigung am 3. Oktober 1990 auch de jure zu Binnenwanderungen wurden.

Tabelle 3: Wanderungen zwischen dem früheren Bundesgebiet und der ehemaligen DDR, 1988-1995

Zeitraum	Zugüge in das frühere Bundesgebiet	Fortzüge in die ehemalige DDR	Wanderungssaldo	Zuzüge in das frühere Bundesgebiet: Veränderung gegenüber dem Vorjahr	Fortzüge in die ehemalige DDR: Veränderung gegenüber dem Vorjahr
Jahr		Personen		Prozent	Prozent
1988	43.314	2.508	+40.806	+89,7	+3,9
1989	388.396	5.135	+383.261	+796,7	+104,7
1990	395.343	36.217	+359.126	+1,8	+605,3
1991	249.743	80.267	+169.476	-36,8	+121,6
1992	199.170	111.345	+87.825	-20,2	+38,7
1993	172.386	119.100	+53.286	-13,4	+7,0
1994	163.034	135.744	+27.290	-5,4	+14,0
1995	168.336	143.063	+25.273	+3,3	+5,4

Quelle: Erstellt nach Hullen/Schulz 1993/94: 22; Dorbritz/Gärtner 1995: 387; Grünheid/Schulz 1996: 418

Im Jahr 1988 hatten rd. 43 Tsd. Personen ihren Wohnsitz aus der ehemaligen DDR – zum weitaus größten Teil nach Genehmigung von Ausreiseanträgen – in das frühere Bundesgebiet verlegt. 1989 stieg diese Zahl infolge der Massenflucht aus der ehemaligen DDR auf 388 Tsd. und im Jahr 1990 betrug sie noch 395 Tsd. Seitdem hat sich die Ost-West-Wanderung erheblich abgeschwächt. Im Jahr 1991 gingen die Zuzüge aus den neuen in die alten Bundesländer gegenüber 1990 deutlich zurück: ein Drittel weniger als 1990 nämlich 250 Tsd. verlegten ihren Wohnsitz in das frühere Bundesgebiet. Der Rückgang der Ost-West-Wanderungen setzte sich bis 1994 fort; 1995 nahm die Ost-West-Wanderung wieder geringfügig zu.

Abb. 4: Wanderungen zwischen der Alt-BRD und der ehemaligen DDR bzw. den alten und den neuen Bundesländern

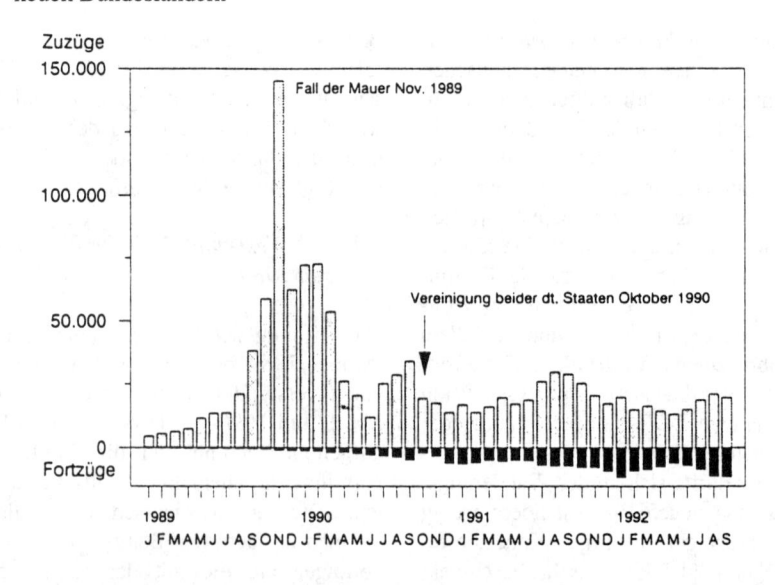

■ Fortzüge aus der Alt-BRD bzw. den alten Ländern in die ehem. DDR bzw. neuen Länder
□ Zuzüge aus der ehem. DDR bzw. den neuen Ländern in die Alt-BRD bzw. alten Länder
Quelle: Wendt 1993/94: 534

Im Gegenzug haben gleichzeitig die West-Ost-Wanderungen deutlich zugenommen. So hatten zwischen 1971 und 1984 Jahr für Jahr weniger als 2.000 Personen ihren Wohnsitz aus dem früheren Bundesgebiet in die ehemalige DDR verlegt. Auch im Zeitraum 1985/88 betrug die Zahl im Durchschnitt nur rd. 2.500. Im Jahr 1989 nahm sie auf etwa 5.000 zu und ist seitdem sprunghaft gestiegen. Zwischen 1990 (36 Tsd.) und 1995 (143 Tsd.) haben sich die Fortzüge von den alten in die neuen Länder etwa vervierfacht (vgl. Tab. 3).

Nach Analysen von Bucher/Siedhoff/Stiens (1992: 837ff.) werden die West-Ost-Wanderungen bis zur Jahrtausendwende auf dem dokumentierten hohen Niveau bleiben bzw. sogar noch zunehmen, nicht jedoch das Ausmaß der Ost-West-Wanderungen übersteigen. Bis zum Ende der 90er Jahre werden die Ost-West-Wanderungen die stärkste Komponente der Binnenwanderungen bleiben. Solange ein starkes Gefälle im Lebensniveau zwischen den alten und den neuen Bundesländern existiert, besteht seitens der Bevölkerung in den neuen Ländern eine höhere Bereitschaft zum Wegzug nach dem Westen und seitens der westdeutschen Bevölkerung eine im Vergleich dazu geringere Bereitschaft zur Wohnsitzverlegung in die neuen Länder. Insgesamt verloren die neuen Bundesländer (bzw. die ehemalige DDR) im Zeitraum zwischen 1989/95 durch die Wanderung zwischen beiden Teilen Deutschlands mehr als 1 Mio. Einwohner (Abwanderer in den Westen: 1,7 Mio., Zuwanderer aus dem Westen: 630 Tsd.). Weitere 300 Tsd. Erwerbstätige aus den neuen Ländern pendeln täglich oder wöchentlich zur Arbeit in die Alt-BRD. Diese Zahl schließt jene ca. 200 Tsd. Ostdeutsche nicht mit ein, die täglich nach West-Berlin pendeln (vgl. Münz/Ulrich 1996: 12f.). Insgesamt verloren die ehemalige DDR bzw. die neuen Bundesländer zwischen 1949 und 1995 durch Abwanderung etwa ein Viertel ihrer Bevölkerung. In diesem Zeitraum wanderten rd. 6 Mio. Deutsche von Ost- nach Westdeutschland, aber nur etwa 1 Mio. von West- nach Ostdeutschland (vgl. Tab. 4).

Tabelle 4: Wanderungen zwischen der Alt-BRD und der ehemaligen DDR bzw. den alten und den neuen Bundesländern, 1950-1995 (ausgewählte Jahre)

Jahr	Zuzüge in die Alt-BRD/alten L.	Fortzüge in die ehem. DDR/n. L.	Saldo gegenüber dem früheren Bundesgebiet
1950	302.808	39.986	+262.822
1955	439.529	42.504	+397.025
1960	247.751	25.429	+222.322
1965	29.549	5.612	+23.937
1970	20.664	2.082	+18.582
1975	20.339	1.404	+18.935
1980	15.774	1.560	+14.214
1985	28.439	2.039	+26.400
1986	29.459	2.625	+26.834
1987	22.838	2.414	+20.424
1988	43.314	2.508	+40.806
1989	388.396	5.135	+383.261
1990	395.343	36.217	+359.126
1991	249.743	80.267	+169.476
1992	199.170	111.345	+87.825
1993	172.386	119.100	+53.286
1994	163.034	135.744	+27.290
1995	168.336	143.063	+25.273

Quelle: Erstellt nach Dorbritz 1993/94: 442; Grünheid/Schulz 1996: 418

Hinsichtlich der alters- und geschlechtsspezifischen Wanderungsraten, die w.o. für die alten Bundesländer diskutiert wurden, zeichnet sich eine Angleichung zwischen den alten und den neuen Bundesländern ab: Junge, ledige und gut ausgebildete Personen der Altersgruppe 18 bis unter 30 Jahre zeigen die höchste *Mobilitätsbereitschaft*. Es kann daher angenommen werden, daß erst mit der Erschöpfung der Qualifikationspotentiale und der zu erwartenden wirtschaftlichen Aufwärtsentwicklung in den neuen Ländern der diskutierte dominante Binnenwanderungsstrom von den neuen in die alten Länder versiegt.

Literatur

Bucher, H./M. Siedhoff/G. Stiens: Regionale Bevölkerungsentwicklung in Deutschland bis zum Jahr 2000, in: Informationen zu Raumentwicklung der Bundesforschungsanstalt für Landeskunde und Raumordnung, H. 11/12, Teil 2, 1992, S. 827-861

Dorbritz, J.: Bericht 1994 über die demographische Lage in Deutschland, in: Zeitschrift für Bevölkerungswissenschaft 19, H.4, 1993/94, S. 393-473

Dorbritz, J./K. Gärtner: Bericht 1995 über die demographische Lage in Deutschland, in: Zeitschrift für Bevölkerungswissenschaft 20, H. 4, 1995, S. 339-448

Flöthmann, E.-J.: Migration im Kontext von Bildung, Erwerbstätigkeit und Familienbildung, in: Allgemeines Statistisches Archiv 80, H.1, 1996, S. 69-86

Franz, P.: Soziologie der räumlichen Mobilität, Frankfurt a.M. und New York 1984

Grünheid, E./R. Schulz: Bericht 1996 zur demographischen Lage in Deutschland, in: Zeitschrift für Bevölkerungswissenschaft 21, H.4, 1993/94, S. 345-439

Hullen, G./R. Schulz: Bericht 1993 zur demographischen Lage in Deutschland, in: Zeitschrift für Bevölkerungswissenschaft 19, H. 1, 1993/94., S. 3-70

Mackensen, Rainer u.a.: Probleme regionaler Mobilität, Göttingen 1975

Münz, R./R. Ulrich: Internationale Wanderungen von und nach Deutschland, 1945-1994. Demographische, politische und gesellschaftliche Aspekte räumlicher Mobilität, in: Allgemeines Statistisches Archiv 80, H.1, 1996, S. 5-35

Statistisches Bundesamt (Hg.): Statistische Jahrbücher 1953ff., Stuttgart.

Statistisches Bundesamt (Hg.): Gebiet und Bevölkerung, Fachserie 1/Reihe 1, Stuttgart 1992

Statistisches Bundesamt (Hg.): Gebiet und Bevölkerung, Fachserie 1/Reihe 1, Stuttgart 1994

Wendt, H.: Wanderungen nach und innerhalb von Deutschland unter besonderer Berücksichtigung der Ost-West-Wanderungen, in: Zeitschrift für Bevölkerungswissenschaft 19, H.4, 1993/94, S. 517-540

Gunter E. Zimmermann

Region und Regionalismus

1. Theorie, Definitionen, Abgrenzungen

Die Beschäftigung mit Regionalismus setzt zunächst einmal einen Blick auf den Begriff der Region voraus. Dieser ist dem des Regionalismus inhärent. Die Region stellt nicht nur eine territoriale bzw. administrative Einheit mittlerer Größenordnung dar, sondern erweist sich in der einen oder anderen Weise auch als ein Element, von dem das Denken und Handeln nicht nur einzelner Personen, sondern auch dasjenige größerer Gruppen und herausragender Akteure in besonderer Weise bestimmt werden. Was die auslösenden Anlässe für einen solchen Regionsbezug anbelangt, spannt sich der Bogen vom verletzten Stolz einer regional gerichteten politischen Selbstbestimmung (z.B. im Zuge der funktionalen Gemeinde- und Landkreisreformen), über die regionale Konzentration gesellschaftspolitischer Auseinandersetzungen um Einrichtungen „sperriger Infrastruktur" (Geipel (BfLR 1987)) bis hin zu segmentären Diversifizierungen der Gesellschaft und neuen Formen des Soziallebens (Postmoderne).

Als gemeinsame Kennzeichen für die gewachsene Bedeutung der Region und für die Voraussetzungen für Regionalismus kann, kurz vorab gesagt, folgendes gelten:

- Die räumliche Orientierung spielt eine zunehmend größere Rolle gegenüber rein

funktionalen Strukturen, bei denen der Raum allenfalls als „Administrativraum" des politischen Systems eine nachgeordnete Bedeutung hat oder – in der ökonomischen Sphäre – als zu überwindende (und Zeit, Kosten und Mühe verursachende) Distanz. In dieser Entwicklung drückt sich eine zunehmende Abwehrhaltung gegenüber immer stärkeren Tendenzen zu abstrakter Rationalisierung in der modernen Gesellschaft aus.
- Es gibt eine zunehmende Besinnung darauf, daß die lebensweltliche Erfahrung in einem gemeinsamen räumlichen Bezug für den Menschen wichtig ist, weil aus diesen Erfahrungen neue Orientierungsmuster sowie individuelle und kollektive Identität entstehen. Formale Strukturen und Regeln seiner Lebenswelt sind dem Individuum dagegen vorgegeben.

Auf der einen Seite steht mithin die Region als *historische Kulturlandschaft* und als Resultat des sozialen Handelns (Hahne (BfLR 1987)). Hier überwiegen die „nach innen" gerichteten Beziehungen zur Mit-Welt.

Der zweite Aspekt von Region auf der anderen Seite besteht in ihrer Eigenschaft als moderne Umwelt sozialer Systeme. Es gibt offensichtlich einen Grundwiderspruch zwischen regionalen Lebenswelten und der Expansion der systemischen Rationalisierung. Aus dieser Perspektive können die regionalen Lebensbereiche als „beherrschte Kollektivität" (Touraine) bezeichnet werden: Die Region ist das „Hinterland" der Systemumwelten. Die „*Rationalisierung* der Lebenswelt" führt auf Seiten des „beherrschten Kollektivs" zu einer nach außen gerichteten abwehrenden Haltung (ggf. als Regionalismus zu bezeichnen).

Die Beschäftigung mit Regionalismus erfordert zunächst einmal eine begriffliche Unterscheidung zwischen diesem als konkreter politischer Aktion (im Sinne gezielter Verwirklichung politischer Vorstellungen) und dem, was der Regionalismusbegriff im Rahmen wissenschaftlicher Betätigung zum Inhalt hat.

1.1 Regionalismus der Wissenschaften

Hier ist Regionalismus einerseits Thema/Objekt systematischer, methodisch vorgehender Untersuchungen, andererseits wird unter Regionalismus eine bestimmte wissenschaftliche Betrachtungsweise verstanden, eine besondere Art der Bestandsaufnahme konkreter räumlicher Erscheinungen. Theorien des Regionalismus bzw. regionalistisches Denken oder die Beschäftigung der Wissenschaft mit *regionalistischen Bewegungen* und Ideen sind in verschiedenen wissenschaftlichen Disziplinen aufgetreten, mit zeitlich wechselnden Schwerpunktsetzungen. So gab es Perioden, in denen kleinmaßstäbige gesellschaftliche Interaktionen („von unten") vorherrschten, und andere Perioden, die durch großmaßstäbige Interaktionen („von oben") gekennzeichnet waren. Mit diesen Veränderungen gingen Wandlungen in soziopolitischen Institutionen einher, von klein- zu großmaßstäbigen und umgekehrt. Für die kleinmaßstäbigen ökonomischen und gesellschaftlichen Interaktionsmuster in den erstgenannten – „regionalistischen" – Perioden gilt, daß emotionale oder „sensual begründete" menschliche Interaktion auf einen viel kleineren Maßstab begrenzt ist als funktionale – also abstrakte, „rational" oder wirtschaftlich begründete – menschliche Interaktion. Die erste Interaktionsart findet in der Hauptsache im konkreten, begrenzten Raum statt; die zweitgenannte Interaktionsart in erster Linie im abstrakten, funktional abgegrenzten Raum.

Mit dem Aufkommen „*regionalistischer*" *Bewegungen* als realer politischer Kraft wurde Regionalismus Objekt der Betrachtung einer ganzen Reihe von wissenschaftlichen Disziplinen, u.a. von Ethnologie, Geschichtswissenschaft, Philosophie, Politikwissenschaft, Rechtswissenschaften, Soziologie (Anthropologie), Sprach- bzw. Literaturwissenschaften, Verwaltungswissenschaften, Wirtschaftswissenschaften (Regionalökonomie), Zukunftsforschung. Ein besonders charakteristisches Beispiel bietet die schon erwähnte „klassische" regionalistische Phase der Geographie, die speziell in Frankreich (Vidal de la Blache) und in der „idiographischen Phase" der Länder-, Landes- und morphogenetischen Kulturlandschaftskunde in Deutschland („Wesensschau") ihre besonderen Schwerpunkte hatte. Dieser Regionalismus dominierte über Jahrzehnte hin und büßte seine vorherrschende Stellung erst mit der aus dem angelsächsischen Bereich kommenden „quantitativen Revolution" ein.

In der Politikwissenschaft war Regionalismus ursprünglich vornehmlich eine Kategorie der internationalen Politik. Er diente dazu, Prozesse und Bewegungen zu beschreiben, die auf einen engeren Zusammenschluß geographisch benachbarter und zumeist durch zusätzliche Gemeinsamkeiten verbundener Staaten hinausliefen und die in der Regel ihren Ausdruck in entsprechenden Regionalorganisationen fanden. Andererseits gibt es gewisse Ähnlichkeiten mit dem *Föderalismus*. Allerdings kann nicht jeder Föderalismus mit Regionalismus gleichgesetzt werden. Wenn die Mitgliedstaaten eines föderativen Systems besonders groß sind, so daß sie selbst wenig überschaubare Teileinheiten darstellen (wie etwa die meisten Bundesländer in der Bundesrepublik Deutschland, im Unterschied zu den Schweizer Kantonen), dann trifft der Begriff Regionalismus nicht mehr zu.

Der Regionalismus kann zudem als eine zeitgenössische Spielart des *Historismus* angesehen werden. Der Historismus behauptet den Eigenwert einer jeden Kultur, einer jeden Ethnie, einer jeden Region, für die es keine allgemeinen Maßstäbe gebe. Diese Grundannahme führte dazu, das jeweils Einmalige hochzuhalten. Damit rückten auch die spezifischen Milieubedingungen eines Volkes, eines Staates, einer Kultur, die individuelle Ursache für Mentalitäten, Charaktereigenschaften usw. sind, in den Mittelpunkt (auch in der Wissenschaft).

1.2 Mit dem Regionalismus verwandte Phänomene

Der Folklorismus weist auf eine andere Kombination hin, auf eine Verbindung mit „Volkskultur". Von Ethno- oder Volkstumswissenschaften, insbesondere der Völkerkunde und Volkskunde, die sich auch als Wissenschaften des Authentischen bezeichnet hatten, hier insbesondere in Form der „älteren Volkskunde", wurde das Thema „Region" unter dem Aspekt der Volksstämme abgehandelt. Es wurde das „Wesen" der Stämme erforscht (ein klassisches Beispiel für diese Richtung der Titel „Der deutsche Volkscharakter"), „Wesenskunden" der deutschen Volksstämme. Die Entdeckung des konstruierten Charakters der Volkskultur – Volkskultur als jeweils recht junge Erfindung – hat in der Volkskunde allerdings relativ früh eingesetzt.

Das Phänomen Regionalismus weist auch eine gewisse Ähnlichkeit mit der *Heimatbewegung* auf. Beide sind auf Raum bezogen, beide resultieren aus der Spannung von Raumentfremdung und Raumaneignung, beide folgen dem „Territorialprinzip", das zum Inhalt hat, daß für den Menschen, wo immer er lebt, sehr konkret Boden vorhanden sein muß und daß der Mensch sozialen und kulturellen „Halt" erst über Ortsbezüge, also im Medium des Raumes zu entwickeln scheint. Unterschiede betreffen die Größenordnung: Die Heimatbewegung ist auf kleinere, lokale Räume, Räume des Alltagslebens bezogen; der Regionalismus auf Bereiche, die sich im Verhältnis zu „Zentren" – z.B. Wirtschafts-, Verwaltungs-, Kultur- und Staatszentren – definieren und vielfach erklärten politischen Charakter haben.

1.3 Typisierungen des Regionalismus

Über die Zeit hin hat ein gewisser Bedeutungswandel beim Begriff Regionalismus stattgefunden. Der Regionalismus wird heute zunehmend als Mittel der Selbstbestimmung, vermehrter Demokratie sowie besserer intraregionaler Planung und Steuerung gesehen, aber auch im Sinne von Gleichstellung der Region: als Gegengewicht zur Bevormundung durch eine Metropole oder eine (zentrale) Region.

Regionalismus kann empirisch dennoch in sehr vielen und gleichzeitig nuancenreichen Varianten auftreten. Die Analyse *regionalistischer Bewegungen* wie auch die Bestimmung praktischer Zielsetzungen von regionaler Politik scheint aber zu verlangen, in der empirischen Vielfalt und im Nuancenreichtum von Regionalismus das Wesentliche herauszuschä-

Region und Regionalismus

len. Nach einer Einordnung gemäß der Dimensionen Intensität und Manifestation kann z.B. eine Stufenfolge beim Regionalismus festgestellt werden (Meier-Dallach (BfLR 1980)):

- Der „diffuse Regionalismus", der sich in symbolischer Ortsbezogenheit äußert und mit dem ein diffuses Heimatgefühl – oder auch Gefühl regionaler Minderwertigkeit, aber auch regionalen Stolzes – einhergeht;
- der „bewußte Regionalismus", der sich bereits in einem ausgeprägten Zugehörigkeitsbewußtsein ausdrückt, und zwar so weit, daß die Bindung an die Region z.B. als ein Hindernis für Abwanderung wirksam werden kann;
- der „artikulierte Regionalismus", bei dem aus einem profilierten Bewußtsein regionaler Disparitäten (gegenüber anderen Regionen) und aus regionaler kultureller Eigenart heraus sowohl die Interessen der betreffenden Region als auch regional gemeinsame Werte artikuliert werden;
- der „praktizierte Regionalismus" als einer weiter gesteigerten Form, mit der Regionalismus zum Bezugsrahmen für politisches und kulturelles Handeln wird, z.B. als Kampf um politische oder kulturelle Autonomie der jeweiligen Region.

Wird nach inhaltlichen Kriterien *regionalistischer Bewegungen* und Politiken und der ihnen zugrunde liegenden oder durch sie mobilisierten Identitäten unterschieden bzw. typisiert, ergeben sich „Profile", die folgendermaßen aussehen (Meier-Dallach (BfLR 1980 u. 1987)):

1. Ein erster Typ *regionalistischer Politik* speist sich aus Quellen kultureller Varietät und Besonderheit (Singularität), mit dem Ziel, ein „Innen" gegenüber einem „Aussen" abzugrenzen. Ethnokulturelle, sprach-, religions-, politisch-kulturelle oder historische Grenzen werden dazu benutzt, regionale Identität „kulturalistisch" zu begründen. Die ökonomischen Grenzen oder Disparitäten zwischen den Regionen bleiben sekundär. Der kulturalistisch begründete Regionalismus kann sehr unterschiedliche Gestalt annehmen. Sein Hauptmerkmal aber bleibt, daß er primär kulturelle Varietätsgrenzen als regionale Identitätsstimuli benutzt. Dieser kulturalistische Regionalismus, der eher monologisch und retrospektiv ausgerichtet ist, mobilisiert daher in erster Linie die Identität „eingeborener" Bevölkerungsgruppen eines Raumes. Selten gelingt es einer kulturalistisch ausgerichteten Bewegung, die soziale Identität aller sozialen Schichten und Gruppen oder die personale Identität in gleicher Weise regional zu durchdringen.

2. Der „strukturelle Regionalismus" gründet in erster Linie – von der Basis her – auf erwerbbaren Werten, Positionen und Interessen im sozioökonomischen Gefüge einer Gesellschaft. Der strukturelle Regionalismus stützt sich auf Positionen in der interregionalen Arbeitsteilung. Auch bei diesem Regionalismus lassen sich verschiedene Varianten unterscheiden. Dieser „kompetitive Regionalismus" struktureller Prägung aktiviert die Regionen oder einzelne Akteure zum ökonomischen Wettbewerb. Er erzeugt interregionale Disparitäten. Beim strukturellen Regionalismus ist zu beachten, daß Regionen nicht nur untereinander in reichere oder ärmere, in Wohlstands- oder Entwicklungsregionen geschichtet sind, sondern daß diese Schichtung auch als innerregional festgeschrieben erscheint.

3. Ein dritter Typ von *regionalistischer Politik* und *Bewegung* stützt sich in erster Linie auf politische Macht, Interessen, Werte und Identitäten ab. Voraussetzung für diesen „politischen Regionalismus" sind nicht so sehr kulturelle Varietätsquellen oder sozioökonomische Disparität, sondern die Position der Regionen im Kontinuum oder Diskontinuum des politisch-staatlichen Machtgefälles. Solch „politischer Regionalismus" kann sowohl macht- als auch autonomieorientiert sein. Zu diesem Zweck können Regionen auch versuchen, die zentral- oder nationalstaatliche Macht zu benutzen und zu inkorporieren. Ein föderalistisch begründeter politischer Regionalismus dagegen versucht,

interregionale Abhängigkeiten oder zentralstaatliche Eingrenzung der Entscheidungsautonomie von Regionen (auf Kosten anderer) zu verhindern und Ideale der föderalistischen und kooperativen Organisation politischer Macht zu fördern. Der „politische Regionalismus" kann weitere Varianten aufweisen, kann zudem eine eher ökologische oder eine eher soziale Ausrichtung haben.

Im Verhältnis zur Beschreibung der Typen stellen die konkreten Erscheinungsformen von Regionalismus meist weit komplexere Verbindungen von strukturell, politisch und kulturalistisch ausgerichteten Aktivitäten, Zielen und Politiken dar.

1.4 Regionalismus und Regionalbewußtsein

Regionalistische Politik beruht einerseits auf Mustern von „regionaler Identität" oder „Regionalbewußtsein", andererseits verstärkt oder schafft sie solche Muster. Auch versuchen regionalistische Bewegungen mit größerem oder geringerem Erfolg, nicht nur die räumlichen, regionalen Identitäten, sondern auch andere – personale, soziale, politische oder zeitliche – Identitäten regional zu verankern, zu „regionalisieren". Dabei versucht regionalistische Politik, wirtschaftliche oder politische Disparitäten und die kulturelle Varietät zwischen den eigenen Regionen und anderen Räumen sowie Ereignisse, durch die diese Unterschiede zum Ausdruck kommen, für die Schaffung und Verstärkung solcher Identitätsmuster auszunutzen.

Diese Thematik erscheint von Bedeutung, wenn – über das voranstehend Beschriebene hinaus – ein alltagskultureller, lebensweltlicher Regionalismus, der auf die traditionellen und regionalen Besonderheiten einer Sozialgruppe abstellt, von einem politischen Regionalismus unterschieden wird, bei dem es um Konflikte mit Zentren und Forderungen nach Autonomie geht. Die verschiedenen theoretischen Ansätze, die Regionalbewußtsein thematisieren, verteilen die Gewichte unterschiedlich auf eine politökonomische, auf eine politisch-administrative und auf eine soziokulturelle Dimension:

Das Regionalbewußtsein der politökonomischen Dimension (oft mit dem Etikett „Provinz" versehen) ist verbunden mit einem Regionalismus, der eine politische Reaktion auf die Aktivitäten von nationalen und auch internationalen Zentren (Stichwort „interner Kolonialismus") darstellt.

Beim Regionalbewußtsein der politisch-administrativen Dimension (Stichwort „selbstverwaltete Region") wird die „gewachsene" Identität der Region gegenüber der universalisierenden Massendemokratie herausgestellt, wird mit dem Subsidiaritätsprinzip und dem Föderalismus verbunden und verweist auf kulturellen Pluralismus.

Regionalbewußtsein der soziokulturellen und sozialintegrativen Dimension wird auch plakativ mit dem Stichwort „Heimat" versehen. Hier stehen personale Identität (als Raumbindung) und kollektive Identität (als regionale Kultur) im Zentrum.

2. Geschichtlicher Hintergrund des aktuellen Regionalismus

Obwohl die Bundesrepublik Deutschland aus mehreren Gründen bislang in ihren eigenen nationalen Grenzen wenig mit dem Phänomen des virulenten Regionalismus in Berührung gekommen ist, lassen sich dennoch die wichtigsten Kernpunkte der regionalistischen Kritik auf die bundesrepublikanische Situation übertragen, sieht man einmal von den rein ethnischen Problemen ab. Auch in Deutschland konnten und können die soziale und ökonomische Erosion von Regionen und deren wachsende Abhängigkeit von den Zentren festgestellt werden, auch hierzulande verschärfen sich interregionale Disparitäten und ist *Regionalpolitik* zentralstaatlich organisiert.

Ein besonderer Ausgangspunkt für die Wiederbelebung des Regionalen ist das große Ausmaß an Homogenität und Universalisierung, die die *fordistische Modernisierung* der letzten 40 Jahre verursacht hat. Traditionelle Eigenarten bestimmter Regionen finden sich nur noch in Resten, neue sind kaum entstanden. Es war geradezu das Ziel fordistischer Modernisierung, gleichwertige Lebensverhältnisse durch ähnlich ausgestattete Räume herzustellen. So sind heute Mittelpunktschulen, Tiefgaragen, Autobahnanschlüsse, Verwaltungsgebäude, Einfamilienhaussiedlungen, der soziale Wohnungsbau, in Form und Funktion sogar auf eine gewisse Gleichartigkeit hinweisend, überall zu finden.

Seitens einschlägiger Theorie wird vermutet, daß die fordistische Modernisierung nicht mehr richtungsgebend ist und daß die Aktualität des Regionalen in Politik, Wirtschaft und Wissenschaft im wesentlichen – charakteristisch für Übergangsphasen – Ausdruck eines Orientierungsdilemmas ist!

- Der emanzipatorische Anspruch wurde mit z.B. „Alltagsgeschichte" und Kampf gegen Großprojekte („sperriger Infrastruktur") verknüpft.
- Im westeuropäischen Kontext wurde das Streben nach regionaler Identität, nach ökonomischer oder kultureller Autonomie und nach Erhalt der regionalen Umwelt gegen die „Sachzwänge" als Ausdruck von Emanzipationsbestrebungen („politischer Regionalismus") zu deuten versucht. Regionalismus wurde hier als Motor einer neuen sozialen Bewegung gedacht.
- Heimat ist nun nicht mehr nur die – im Zuge der Modernisierung – „verlorene Heimat", sondern die Suche nach Heimat „gegen die Entfremdung". Die Strömung, die Idee einer besseren Gesellschaft mit Hilfe des Regionalismus zu verwirklichen, kam nicht nur auf Korsika und in Okzitanien zum Ausdruck, sondern reichte bis nach Ostfriesland.

Neben direkten, materiell negativen „Nebenwirkungen" der Doktrinen funktionalistischer Entwicklung „von oben" hatte sich zudem herausgestellt, daß die politischen Manager in den metropolitanen Verwaltungszentren zu oft unfähig waren, schnell und differenziert genug zu entscheiden und daß die scheinbare „Stromlinienförmigkeit" administrativer Planung und Steuerung Schwächen aufwies. Die komplex organisierten Institutionen zeigten Unvermögen, sich auf neue Gegebenheiten umzustellen. Durch die regionalen Konflikte im Zusammenhang mit der Energieproblematik – „sperrige Infrastrukturen" (vgl. Geipel (BfLR 1987)) – wurde das allgemeinere Problem lediglich schlaglichtartig beleuchtet. Der Mangel an direktem Kontakt mit der entfernten Wirklichkeit verursachte nicht nur Fehldispositionen, sondern provozierte auch den verständlichen und weiterhin berechtigten Widerstand der Betroffenen. Der „Geborgenheitsraum" wird durch die Einrichtung sogenannter „sperriger" Infrastrukturen immer noch als bedroht erlebt. Wie kaum ein anderes Element regionaler Aktivierung erreichen diese die Formierung von Widerstandsgruppen und die Mobilisierung ganzer Regionen. Bündnisse regionaler Solidarität waren ein Signum in der politischen Arena der letzten zwanzig Jahre der Bundesrepublik Deutschland, und sie sind es immer noch. Sie reichen vom Widerstand gegen das Kernkraftwerk Wyhl über die Startbahn West in Frankfurt bis nach Wackersdorf und ins Wendland.

Anlaß für die Administration, sich mit Fragen räumlicher Identität zu befassen, ergab sich auch im Zuge der Neuordnung der Administrativräume der unteren und mittleren Ebene, d.h. also bei der Verwaltungsreform und *Gemeindegebietsreform* in den 70er Jahren. Die räumliche Verwaltungsstruktur, die teilweise noch auf die Reformen in der napoleonischen Zeit zurückgingen, wurden als den Ansprüchen einer modernen Verwaltung nicht mehr angemessen erachtet, und es wurde mit der Umgestaltung begonnen. Bei der Zusammenlegung von Landkreisen und Gemeinden zeigte sich ein Widerstand der Bürger, der den rein funktionalen Anlaß und Aspekt überstieg. Der Protest galt nicht so sehr den längeren Wegen zu Ämtern oder zu Arbeitsplätzen, sondern hatte eine starke emotionale Komponente. Er richtete sich gegen die Veränderung von – dem Schein nach „nur" – administrativen Territorien, gegen die Zumutung, anderen Großräumen zugeordnet bzw. untergeordnet zu werden. Rationalitätsdenken, das mit der administrativen Flurbereinigung raumwirksam wurde, hatte raumbezogene emotionale Bindungen vielfach grob beiseitegeschoben.

Auf die Formel des „internen Kolonialismus" schließlich lassen sich Erfahrungen bringen, die für das Selbstverständnis vieler *regionalistischer Bewegungen* wesentlich sind: Die Gesetze des Wirtschaftslebens – ebenso die Zwänge zu rationaler Standortwahl – haben immer wieder Randzonen entstehen lassen, die ökonomisch „unterversorgt" sind und an Verarmung, Arbeitslosigkeit und Abwanderung leiden. Die Peripherien wurden und werden dabei aber nicht nur wirtschaftlich abgeschöpft, sondern sie verlieren auch in sozialer und kultureller Hinsicht. Verstärkt wird dies noch durch die allgemeine Tendenz, die Probleme der zentralen Regionen als „nationale" Probleme herauszustellen, die Probleme der nicht-zentral gelegenen Regionen dagegen als „regionsspezifische" (vgl. Stiens 1987). Diese Perspektive wird vor allem auch durch die Medien unterstützt.

3. Gegenwärtige Ausprägungen in ihrer sozial- und wirtschaftspolitischen Bedeutung

3.1 Kompensationsfunktionen

Die neue Wertschätzung des Regionalen scheint eine zwangsläufige Folge der vorangegangenen Nichtbeachtung des Konkreten – bis hin zu dessen Zerstörung – gewesen zu sein. In dieser Entwicklung läßt sich ein spezifischer Zug postmoderner, postfordistischer Ökonomie erkennen: die Wiederentdeckung, Rekonstruktion und Inszenierung des Besonderen auf Grund seiner Zerstörung, wobei diese Zerstörung, vom Verwertungsstandpunkt des Kapitels aus betrachtet, als notwendige Voraussetzung nicht als vermeidbarer Irrtum erscheint.

Somit erweist sich die neue Regionalisierung als die andere Seite der *Globalisierung*. Ökonomisch betrachtet, haben die globalen Vergesellschaftungsprozesse den neuen Regionalismus hervorgetrieben, und zwar als Teil ihrer selbst: als die mit der globalen Vergesellschaftung einhergehende Entdifferenzierung. Diese hat demnach auch zur Entdeckung, Wiederbelebung oder Erfindung regionaler Besonderheiten geführt. Hier wird eine Dimension des Soziallebens ins Auge gefaßt, die in der modernen funktionalen Welt zu kurz kommt, aber sehr wohl gebraucht wird. Mit der Auflösung der traditionellen, weitgehend regional gebundenen „Gemeinschaften" entschwand auch die Sicherheit der (Herkunfts-)Identität.

In verschiedenen praktischen Zusammenhängen wird der Bezug auf die Region als ein relativ einfach handhabbarer und deshalb „brauchbarer" Code verstanden, mit dem die zunehmende Komplexität in Richtung auf eine *soziale Integration* und Identifikation gelenkt werden kann. So kann der Code Raum/Region als ein Mittel zur Reduktion von Komplexität Verwendung finden. So vorbereitet, kann Regionalbewußtsein als ein Mittel gesellschaftlicher Kommunikation genutzt werden.

Die Hervorhebung der „historischen Eigenwelt" wird inzwischen von der Politik auch schon bewußt als Reaktion auf eine drohende ökonomische Benachteiligung eingesetzt. Mit dem Wegfallen der Trennung von West und Ost, mit der Vereinigung Deutschlands, ist es zu einer Belebung der Idee der Region und des Regionalen gekommen. Der Ministerpräsident von Sachsen hatte schon vor einigen Jahren die aktuelle und zukünftige Bedeutung der Region und des Regionalen hervorgehoben. Auf absehbare Zeit ist nicht mit einer Angleichung der wirtschaftlichen Verhältnisse zwischen den west- und ostdeutschen Regionen zu rechnen. Regionalismus wird hier nachgerade zu einer Grundstrategie zur „Kompensation" ökonomischer Rückständigkeit: Damit könnten größere Ungleichheiten innerhalb der föderalen Struktur politisch akzeptabel gemacht werden. Regionen müßten schon aus diesem Grund eine gewisse Selbständigkeit haben und eine betonte Identität besitzen, die die Vergleichbarkeit der Regionen reduziere und es – so Biedenkopf – damit leichter mache, Ungleichheiten zu akzeptieren. Hiernach – aus der Sicht von Politik und Planung – könnten in Regionen Defizite der Ökonomie durch Qualitäten des „Ortes" kompensiert werden. Systematisch gesehen, wird hier bewußt „Lebensqualität", die sich regional bestimmt, gegen den „Lebensstandard" gestellt, der makroökonomisch determiniert ist.

Tabelle 1: Die „Raumordungsregionen" der Bundesrepublik Deutschland (Stand: 31.12.1996)

ROR	Name	Fläche	Einwohner	Dichte	ROR	Name	Fläche	Einwohner	Dichte
1	Schleswig-Holstein Nord	4.177	438.014	105	50	Osthessen	2.477	347.192	140
2	Schleswig-Holstein Süd-West	2.493	268.901	108	51	Rhein-Main	4.868	2.669.043	548
3	Schleswig-Holstein Mitte	3.457	713.414	206	52	Starkenburg	2.577	1.025.494	398
4	Schleswig-Holstein Ost	1.606	413.949	258	53	Nordthüringen	3.661	437.891	120
5	Schleswig-Holstein Süd	4.038	908.015	225	54	Mittelthüringen	3.732	714.858	192
6	Hamburg	756	1.707.966	2.261	55	Südthüringen		537.363	131
7	Westmecklenburg	6.997	513.485	73	56	Ostthüringen		801.007	171
8	Mittleres Mecklenburg/Rostock	3.600	442.242	123	57	Westsachsen	4.386	1.107.868	253
9	Vorpommern	6.763	525.856	78	58	Oberes Elbtal/Osterzgebirge	3.406	1.032.256	303
10	Mecklenburgische Seenplatte	5.810	335.613	58	59	Oberlausitz-Niederschlesien	4.524	723.211	160
11	Bremen	327	548.826	1.681	60	Chemnitz-Erzgebirge	3.543	1.004.572	284
12	Ostfriesland	3.853	632.605	164	61	Südwestsachsen	2.554	677.795	265
13	Bremerhaven	2.972	422.946	142	62	Mittelrhein-Westerland	6.431	1.252.744	195
14	Hamburg-Umland Süd	4.580	559.637	122	63	Trier	4.922	507.667	103
15	Bremen-Umland	3.488	519.110	149	64	Rheinhessen-Nahe	3.062	820.065	268
16	Oldenburg	3.312	514.675	155	65	Westpfalz	3.063	567.110	182
17	Emsland	3.860	422.119	109	66	Rheinpfalz	2367	862.981	365
18	Osnabrück	3.054	632.205	207	67	Saar	2.570	1.084.184	422
19	Hannover	4.364	1.401.125	321	68	Unterer Neckar	2.442	1.114.584	456
20	Südheide	3.418	315.827	92	69	Franken	4.765	853.887	179
21	Lüneburg	3.995	305.883	77	70	Mittlerer Oberrhein	2.137	959.044	449
22	Braunschweig	5.077	1.168.790	230	71	Nordschwarzwald	2.340	583.093	249
23	Hildesheim	2.001	456.801	228	72	Stuttgart	3.654	2.578.059	706
24	Göttingen	3.713	592.369	160	73	Ostwürttemberg	2.139	450.015	210
25	Prignitz-Oberhavel	6.428	389.725	61	74	Donau-Iller (BW)	2.886	475.272	165
26	Uckermark-Barnim	4.562	313.727	69	75	Neckar-Alb	2.531	671.446	265
27	Oberland-Spree	4.571	447.823	99	76	Schwarzwald-Baar-Heuberg	2.529	479.170	189
28	Lausitz-Spreewald	7.179	714.849	100	77	Südlicher Oberrhein	4.072	982.553	241
29	Havelland-Fläming	6.799	688.317	101	78	Hochrhein-Bodensee	2.756	638.034	232
30	Berlin	891	3.458.763	3.883	79	Bodensee-Oberschwaben	3.501	589.348	168
31	Altmark	4.717	251.939	53	80	Bayerischer Untermain	1.478	367.021	248
32	Magdeburg	7.021	998.407	142	81	Würzburg	3.063	502.293	164
33	Dessau	4.280	570.l238	133	82	Main-Rhön	3.991	453.818	114
34	Halle/S.	4.420	903.036	204	83	Oberfranken-West	3.667	601.350	164
35	Münster	3.957	1.513.791	383	84	Oberfranken-Ost	3.553	512.262	144
36	Bielefeld	2.182	1.590.151	729	85	Oberpfalz-Nord	5.360	514.224	96
37	Paderborn	332	436.509	1.316	86	Industrieregion Mittelfranken	2.935	1.264.172	431
38	Arnsberg	3.286	585.841	178	87	Westmittelfranken	4.310	410.110	95
39	Dortmund	1.794	1.204.542	671	88	Augsburg	4.066	826.967	203
40	Emscher-Lippe	2.403	1.072.786	446	89	Ingolstadt	2.849	420.409	148
41	Duisburg-Essen	1.340	2.303.329	1.719	90	Regensburg	5.397	651.677	121
42	Düsseldorf	3.367	2.987.606	887	91	Donau-Wald	5.690	647.676	114
43	Bochum/Hagen	3.736	1.599.165	428	92	Landshut	3.572	398.397	112
44	Köln	5.664	2.125.242	375	93	München	5.504	2.399.898	436
45	Aachen	3.509	1.235.973	352	94	Donau-Iller (BY)	2.578	449.483	174
46	Bonn	665	855.090	1.286	95	Allgäu	3.349	452.843	135
47	Siegen	1.842	437.690	238	96	Oberland	3.953	408.854	103
48	Nordhessen	5.811	925.188	159	97	Südostoberbayern	5.224	762.415	146
49	Mittelhessen	5.381	1.060.367	197					

Quelle: Bundesforschungsanstalt für Landeskunde und Raumordnung

3.2 Regionalismus im Zusammenhang mit Regionalisierung und Regionalpolitik

Zwischen *Regionalpolitik* und dem Aufkommen *regionalistischer Bewegungen* besteht an sich kein notwendiger und ursächlicher Zusammenhang. Allerdings gibt es Verschränkungen und Überlappungen. Auch die zentralstaatlich konzipierte Regionalpolitik selbst hat regionalistischen Regungen Auftrieb gegeben, z.B. aufgrund der Art und Weise, wie sie ihre Leistungen erbrachte oder nicht erbrachte. Hinter der Forderung nach einer „regionalen Regionalpolitik", wie sie seit den 1980er Jahren verstärkt erhoben wurde, standen auch Erfahrungen mit den neuen regionalistischen Bewegungen in Europa. Im Kern ging es der „regionalen Regionalpolitik" darum, den Regionen zu einer stärkeren politischen Stellung zu verhelfen. In der „klassischen" Regionalpolitik, als einer der Zentralgewalt zugeordneten Aufgabe, wurde sie als gesamtwirtschaftlich ausgerichtete Wachstumspolitik betrieben.

Es gibt in Deutschland vielfältige Versuche regionaler Akteure aus Wirtschaft und Politik, Regionen neu zu bilden, um Strukturwandel herbeizuführen und damit den Herausforderungen der wirtschaftlichen *Globalisierung* und des gemeinsamen europäischen Marktes besser gewachsen zu sein. Ein Beispiel dafür bieten die in den Bundesländern jeweils für die Regionalplanung zuständigen Raumeinheiten (z.B. Planungsregionen bzw. Regionale Planungsgemeinschaften oder Landkreise), die auf der Ebene der Bundesverwaltung das flächendeckende Raster der „Raumordnungsregionen" bilden (vgl. Tab. 1). Die Veränderung der politischen Rahmenbedingungen hatte zudem insgesamt eine gewisse „Neupositionierung" regionaler Standorte zur Folge. Die veränderten weltwirtschaftlichen und europäischen Rahmenbedingungen, also die Herausforderungen der *Globalisierung* und *Internationalisierung* der ökonomischen und politischen Prozesse und ebenso das zunehmende Zusammenwachsen des europäischen Binnenmarktes und die Öffnung der Staaten Mittel- und Osteuropas nach Westen hin, verstärkten die Rivalität der Regionen. Im diesem Zusammenhang ging und geht es also darum, auf der regionalen Ebene neue Kooperationsformen zu erzeugen und die regionalen Akteure ihre eigenen Antworten auf die Struktur- und Entwicklungsprobleme der jeweiligen Region finden zu lassen.

3.2.1 „Regionalbewußtsein" als Entwicklungsfaktor

Regionale Selbstorganisation entsteht aber in der Regel nicht von selbst. Daher wurde ihr – im Sinne eines „inszenierten Korporatismus", also im Rahmen einer zentral abgestützten Politik „dezentraler Eigenentwicklung", mit der die Effizienz staatlicher Strukturpolitik erhöht werden soll – eine staatliche Stützung zuteil.

Der Entwicklungsfaktor „Regionalbewußtsein" hat schrittweise an Bedeutung gewonnen. Es soll dazu dienen, die innerregionalen Qualifikations- und Innovationschancen zu stärken, d.h. innovative regionale Milieus zu schaffen, um die regionseigene Technologie und Produktion überregional wettbewerbs- und anpassungsfähiger zu machen. Und das heißt auch: Stärkung regionaler gesellschaftlicher Innovationsfähigkeit, was ohne ein entsprechendes innovatorisches Regionalbewußtsein als kaum möglich eingeschätzt wird.

3.2.2 Region, Regionalbewußtsein und regionales Identitätsmanagement

Wenn nun regionale Identität oder Regionalbewußtsein als Parameter endogenen Entwicklungspotentials begriffen wird, ergab sich die Frage, ob diese Größen überhaupt manipulierbar oder gar „machbar" sind, und wenn ja, in welchem Ausmaß dies der Fall sein kann. Erst nach Klärung dieser Frage konnten sich die Vorstellungen von Planern erfüllen, „Regionalbewußtsein als Strategieelement" einzusetzen, als ein Element, das für das Gelingen einer regional angepaßten Entwicklungsstrategie nicht weniger bedeutsam ist als die i.e.S. ökonomischen Aspekte der Regionalentwicklung.

In diesem Zusammenhang kann eine „Region" zum Teil immer auch als der Output einer Tätigkeit erachtet werden, die „Regionalisieren" heißt. Und Regionalisieren bedeutet, Begriffe und Bilder von Region herzustellen und diese mit mehr oder weniger Erfolg in die soziale Kommunikation einzufügen (Ipsen 1992). Das Konstrukt Region wird nur wirksam, wenn es an Voraussetzungen gebunden ist, die hauptsächlich in der Übereinstimmung mit den Lebensstilen in der Region zu bestehen scheinen.

Dadurch, daß Region und Regionalbewußtsein zunehmend als gesellschaftliche Konstrukte aufgefaßt werden, haben die Prozesse des Entstehens und „Machens" von Region inzwischen ein besonderes wissenschaftliches Interesse auf sich gezogen. Ein besonderes Augenmerk gilt also Raumabstraktionen als Bedeutungsträger, als Voraussetzung für ein regionales Identitätsmanagement.

Es gibt bereits viele Beispiele von „Designer-Regionen". Besonders häufig sind sie in der Vergangenheit in der Tourismusbranche als Marketingprodukt kreiert worden. Inzwischen haben aber auch Raumplanung und Regionalpolitik die Bedeutung des Regionen-Marketings entdeckt und versuchen nun verstärkt, Regionen als Produkt zu konstituieren. In Nordrhein-Westfalen beispielsweise wurden im Rahmen der regionalisierten Strukturpolitik der Jahre 1988-89 fünfzehn Regionen gebildet, die eine ihrer Hauptaufgaben im überregionalen Standort-Marketing und in der „Weckung regionaler Identität" sahen.

„Regionen-Marketing" ist inzwischen zu einem viel diskutierten Thema aktueller *Regionalpolitik* avanciert. Auch die anschließend angesprochenen „grenzüberschreitenden Regionen" gehören gewissermaßen in diesen Kontext.

3.3 Regionalismus in transnationalen Zusammenhängen

3.3.1 Regionalismus als Mittel grenzüberschreitender Integration: „Transnationaler Regionalismus"

Zwar hat sich der Regionalismus außerhalb der EG in Ost- und Südeuropa eher als Krisenproduzent denn als Instrument von Stabilität und Konfliktregelung entpuppt, wenn man von einem sehr breit angelegten Regionenbegriff ausgeht, der föderative Systeme ebenso einbezieht wie Nationalitäten und Ethnien. Angesichts der „Neo-Balkanisierung" Südost- und Osteuropas aber den Schluß zu ziehen, der europäische Regionalismus habe eher eine dissoziativ-partikularistische oder separatistische als eine assoziativ-integrierende Funktion, scheint sicher zu einseitig zu sein. Das Scheitern klassischer Instrumente internationaler Krisenintervention (KSZE) läßt auch auf einen eingeschränkten Blick der nationalstaatlichen Akteure schließen, der die Vielfalt der europäischen Kulturen übersieht.

Die Geschichte des Regionalismus im westlichen Europa kann als spezifische Reaktion europäischer Regionen auf die ökonomische und technologische *Modernisierung* verstanden werden, als eine Reaktion, die auf die Erhaltung und den Ausbau interner Steuerungsfähigkeit im Prozeß externer Vereinheitlichung zielt. In der Geschichte des Regionalismus im westlichen *Europa* (vgl. Groß/Schmitt-Egner 1994) lassen sich drei Phasen unterscheiden:

- Der „alte" Regionalismus, der sich konservativ-traditionalistisch verstand und noch stark in „Volkstumsideologien" bzw. Nationalismen verhaftet war. Er läßt strukturelle Analogien zur heutigen Situation in Ost- und Südosteuropa erkennen.
- Der „neue" Regionalismus als „Aufstand der Provinz" gegen die Modernisierungspolitik der unitarischen und zentralistischen Staaten, mit autonomistischen, separatistischen und autarkistischen Zielsetzungen. Er hat zwar an politischer Bedeutung verloren, ist aber immer noch virulent (Baskenland, Korsika etc.).
- Der „postmoderne" Regionalismus, der weniger von marginalen Gruppen als von den maßgebenden Akteuren der Regionen gefordert wird, setzt nicht auf Abschottung, sondern auf Kooperation zwischen den Regionen unter struktur- und industriepolitischer Zielsetzung. Es geht um eine Politik der aktiven Behauptung regionaler Kultur in *Europa*, und zwar durch den Ausbau interner Steuerungsfähigkeit und externer Kooperation. Mit der „Ständigen Konferenz der Gemeinden und Regionen Europas" hat der Europarat schon früh diese Entwicklung unterstützt.

Abbildung 1:

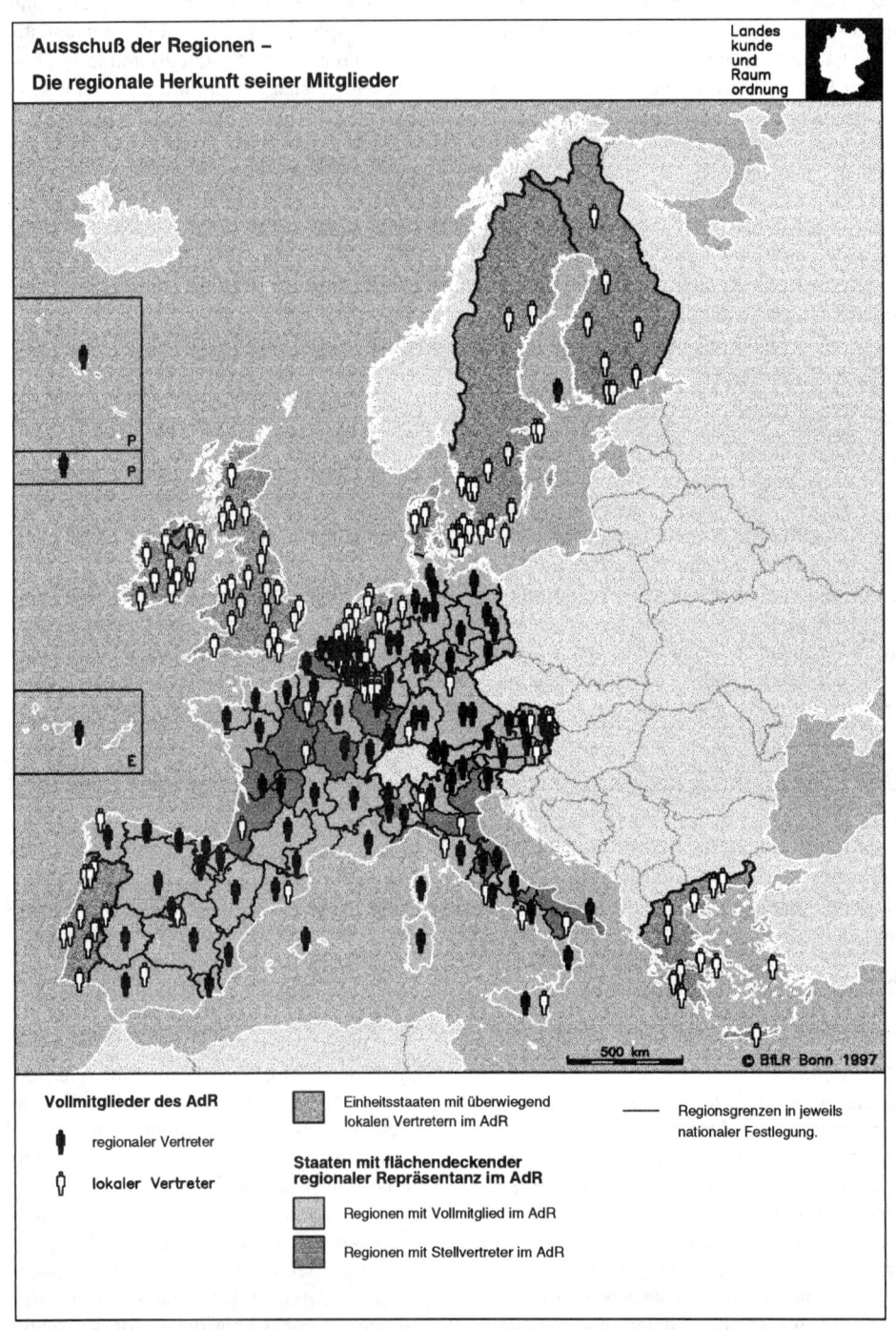

**Ausschuß der Regionen –
Die regionale Herkunft seiner Mitglieder**

Landeskunde und Raumordnung

Vollmitglieder des AdR
- regionaler Vertreter
- lokaler Vertreter

Einheitsstaaten mit überwiegend lokalen Vertretern im AdR

Staaten mit flächendeckender regionaler Repräsentanz im AdR
- Regionen mit Vollmitglied im AdR
- Regionen mit Stellvertreter im AdR

Regionsgrenzen in jeweils nationaler Festlegung.

© BfLR Bonn 1997

Quelle: Bundesforschungsanstalt für Landeskunde und Raumordnung 1997

Der transnationale Regionalismus scheint insbesondere in seiner grenzüberschreitenden Variante von hervorgehobener Bedeutung für die europäische Entwicklung zu sein: Die grenzüberschreitende Zusammenarbeit stellt, ungeachtet ihrer rechtlichen und politischen Problematik, ein unerläßliches Integrationsinstrument dar. Sie stabilisiert einerseits die vertikale Integration „von unten", andererseits ist sie als Realisierungsbaustein für ein „Europa der Regionen" zu werten. Sie kann darüber hinaus auch als ausgleichendes Element im Spannungsfeld zwischen Autonomie und Integration fungieren.

3.3.2 Der „Ausschuß der Regionen"

Die Errichtung dieses „beratenden Ausschusses aus Vertretern der regionalen und lokalen Gebietskörperschaften", in Kurzform „Ausschuß der Regionen", war 1992 im Rahmen der Maastrichter Verhandlungen in die europäischen Vertragswerke aufgenommen worden. Mit der Errichtung dieses Ausschusses wurde nicht zuletzt versucht, ein Gegengewicht zu der zunehmenden Verlagerung von Politikbereichen und Kompetenzen auf die Ebene der *Europäischen Union* zu schaffen und der Zentralisierung von Entscheidungsbefugnissen ein dezentrales, regionales Element entgegenzusetzen. Am 9. und 10. März 1994 trat der neugegründete Ausschuß der Regionen zu seiner konstituierenden Sitzung zusammen. Die 222 Mitglieder des Ausschusses werden auf Vorschlag der jeweiligen Mitgliedsstaaten vom Rat durch einstimmigen Beschluß auf vier Jahre ernannt.

Mit der Schaffung des *Ausschusses der Regionen* durch den *Vertrag von Maastricht* wurden die Regionen und Kommunen in das institutionelle System der *EU* einbezogen (vgl. Abb. 1). Der Ausschuß ist gefordert, durch Stellungnahmen zu regional oder lokal wirksamen Politiken den Rat und die Kommission zu beraten. Dies ermöglicht es Rat und Kommission, regionale und lokale Sichtweisen bei der Politikformulierung zu berücksichtigen.

Viele Politiker und Experten sehen diese beratende Funktion des *Ausschusses der Regionen* allerdings als zu schwach an und streben ein Mitentscheidungsrecht des Ausschusses an. Angesichts der Heterogenität der Regionen, ihrer unterschiedlichen Größen, Kompetenzen, verfassungsmäßigen Verankerungen im jeweiligen Staatsaufbau, aber ebenso auch wegen der teilweise zu schwachen demokratischen Legitimation der Vertreter im Ausschuß der Regionen, stoßen solche Vorstellungen an Grenzen. Es gibt aber noch weitergehende Vorstellungen (nicht zuletzt aus den Reihen der deutschen Bundesländer) zu einer Ausweitung der Kompetenzen des Ausschusses der Regionen. Hierzu gehört, auf eine deutlichere Trennung zwischen der regionalen und der kommunalen Ebene und damit auf eine homogene Zusammensetzung des Ausschusses zu drängen, den Ausschuß der Regionen zu einer „reinen Regionalkammer" weiterzuentwickeln.

Literatur

Brunn, Gerhard (Hg.): Region und Regionsbildung in Europa, Baden-Baden 1996

Bundesforschungsanstalt für Landeskunde und Raumordnung (Hg.): Regionalismus und Regionalpolitik, Bonn 1980

Bundesforschungsanstalt für Landeskunde und Raumordnung (Hg.): Regionalbewußtsein und Regionalentwicklung, Bonn 1987

Bundesforschungsanstalt für Landeskunde und Raumordnung (Hg.): Regionalgeschichte: ein Ansatz zur Erforschung regionaler Identität, Bonn 1993

Bundesforschungsanstalt für Landeskunde und Raumordnung (Hg.): Der Ausschuß der Regionen, Bonn 1995

Esterbauer, Fried/Peter Perntaler (Hg.): Europäischer Regionalismus am Wendepunkt. Bilanz und Ausblick, Wien 1991

Groß, Bernd/Peter Schmitt-Egner: Europas kooperierende Regionen, Baden-Baden 1994

Ipsen, Detlev: Regionale Identität. Notizen zum historischen Charakter einer psychosozialen Raumkategorie, in: Mayer, J. (Hg.): Die Produktion von Stadt-Land-Schaft, Rehburg/Loccum 1992, S. 121-132

Lindner, Rolf (Hg.): Die Wiederkehr des Regionalen, Frankfurt a.M./New York 1994

Schwyn, Markus: Regionalismus als soziale Bewegung, Zürich 1996

Stiens, Gerhard: The Strategy of Endogeneous Development in the Light of German History, in: Bassand, M./A. E. Brugger/J. Bryden/ J. Friedmann/B. Stuckey (Hg.): Self Reliant Development in Europe: Theory, Problems, Actions, Aldershot 1986, S. 77-89

Stiens, Gerhard: Auf dem Wege zu einer regionalistischen Raumorganisation? Über Dezentralisierungstendenzen in der Bundesrepublik Deutschland unter räumlichen Aspekten, in: Geographische Rundschau, Heft 10, 1987, S. 548-553

Strubelt, Wendelin: Gibt es Regionalismus in Deutschland?, in: Strubelt, W./G. Köszekfalvi (Hg.): Aktuelle Probleme der räumlichen Forschung und Planung, Bonn 1987, S. 61-66

Gerhard Stiens

Rentner, Ruhestand

1. Begriffe

In der Diskussion werden die Begriffe Rentner und Ruhestand innerhalb der Alterssicherungsproblematik oft synonym verwendet. Wenngleich diese unterstellte Übereinstimmung beider Begriffe keineswegs zwangsläufig ist, stellen sie die prägenden Begriffe der „sozialen Alterssicherung" dar. Aus diesem Grunde werden im Anschluß an die terminologischen Definitionen die *Alterssicherungssysteme* im allgemeinen und die des Rentners im Ruhestand im besonderen diskutiert.

Als Ruhestand wurde ursprünglich das Rechtsverhältnis eines Beamten, Richters oder Berufssoldaten zu seinem Dienstherren nach ehrenhaftem Ausscheiden aus dem aktiven Dienst bezeichnet. Heute entsteht der soziale Tatbestand des Ruhestands durch das Ausscheiden aus dem Erwerbsleben. Dies gilt für die Gesamtheit der ehemals Erwerbstätigen, und zwar unabhängig, ob das Ausscheiden durch eine Altersgrenze, von der ab eine eigene Erwerbstätigkeit zur Finanzierung des Lebensunterhalts nicht mehr zugemutet wird oder infolge Erwerbsunfähigkeit zwangsweise begründet ist.

Der Status des Rentners ist im weitesten Sinne durch den Bezug einer Rente aus einem Alterssicherungssystem gekennzeichnet. Im Regelfall – der Rentner im engeren Sinne – erfolgt der Rentenbezug bei Erreichen der „normalen" Altersgrenze, die in Deutschland im Prinzip bei Vollendung des 65. Lebensjahres liegt. Das deutsche Rentenrecht erlaubt es allerdings, über die Altersgrenzen hinaus weiterzuarbeiten, und kennt daher keine Zwangsverrentung. Neben dem Bezug der Regelaltersrente ist der Zusatzverdienst durch Erwerbstätigkeit in unbegrenzter Höhe möglich. Hierbei lassen sich zwei Typen unterscheiden: die sogenannten erwerbstätigen Ruheständler und die verrenteten Erwerbstätigen.

Der erste Typus hat die bestehenden Arbeitsbeziehungen mit dem Ende seiner Erwerbsphase aufgegeben und ist im Ruhestand ein völlig neues Beschäftigungsverhältnis eingegangen. Hingegen ist für den zweiten Typus die Kontinuität der sozialen Beziehungen zur unmittelbaren Arbeitswelt über den Verrentungszeitpunkt hinaus kennzeichnend. Im gleichen Betrieb werden, wenn auch unter Aufhebung des bisherigen Arbeitsvertrages und überwiegend zeitreduziert, vergleichbare Aufgaben wie vor der offiziellen Verrentung wahrgenommen. Die erwerbstätigen Rentner, gleich, ob erwerbstätige Ruheständler oder verrentete Erwerbstätige, sind durch ihre Kombination aus Ruhestand und Erwerbsarbeit – was nicht zuletzt terminologisch einen Widerspruch beinhaltet – als untypische Rentner zu bezeichnen. Bei Inanspruchnahme einer Altersrente vor der Regelaltersgrenze, was unter bestimmten Voraussetzungen verknüpft mit Bedingungen möglich ist, wird die Rente unter Berücksichtigung der Zusatzverdienstgrenzen angepaßt.

---

1 Herrn Dipl.-W. Ing. Nikolai Setzer schulde ich großen Dank für tatkräftige Unterstützung.

Darüber hinaus existiert durch die Kombination von Altersteilzeitarbeit mit der Zahlung von Teilrenten ein gleitender Ruhestand. Rentner im weiteren Sinne sind die im Erwerbsleben stehenden Bezieher abgeleiteter Renten (Hinterbliebenenrenten: Witwen-/Witwerrenten; Waisenrenten).

Auch wenn die Inhalte der Begriffe Rentner und Ruhestand nicht deckungsgleich sind, so ist ihre Verknüpfung in der Alterssicherung der Arbeitnehmer der Bundesrepublik Deutschland im Rahmen der *gesetzlichen Rentenversicherung* (GRV) in Form der *Altersrente* ohne zusätzliche Erwerbstätigkeit der Regelfall.

2. Zielsetzung und Formen sozialer Alterssicherung

Vorsorge für und Sicherung im Alter erfolgt in sehr unterschiedlicher Weise. Allen *Alterssicherungssystemen* ist allerdings die Zielsetzung gemeinsam, über die Vermeidung von Armut im Alter hinaus, dem Versicherten nach einem erfüllten Erwerbsleben einen angemessenen Lebensstandard zu ermöglichen, der hinter demjenigen nicht unangemessen zurückbleibt, den ihm sein aktives Einkommen während des Arbeitslebens gewährleistete.

Im Rahmen dieser Aufgabenstellung kommen den jeweiligen Alterssicherungssystemen spezifische Funktionen zu, die sich in Deutschland in drei Ebenen (siehe Abb.1) unterteilen lassen („Drei-Säulen-Konzept").

Abbildung 1: Formen und Verbreitung* der Alterssicherung für verschiedene Gruppen von Erwerbstätigen in der Bundesrepublik Deutschland

Form der Alterssicherung \ Gruppe	Unselbst. Beschäftigte (Arbeitnehmer)			Selbständige		
	Öffentlicher Dienst	Privatwirtschaft				
	Beamte	Arbeiter/ Angestellte	Arbeiter/ Angestellte	Pflichtversichert	Freiwillig	Landwirte
Basissysteme (Regelversorgung)	(5%) Beamten-Versorgung	(80,2%) Gesetzliche Rentenversicherung		(0,2%) BSV		(4,2%) AHL
Zusatzsysteme (Zusatzversorgung)		(6,6%) Zusatzversorg. des öff. Dienstes	(11,2%) Betriebl. Altersversorgung			
individuelle ergänzende Sicherung (Ergänzungsversorgung)	Private Vorsorge und Sicherung in verschiedenen Formen (z.B. durch private Lebensversicherung)					

BSV: Berufsständische Versorgungseinrichtungen
AHL: Altershilfe für Landwirte
* Anteilswerte der 65 Jahre und älteren Frauen und Männer für eigene Regel- und Zusatzsicherungsarten (alte und neue Bundesländer) - ASID'92, in %

Zur ersten Ebene – der öffentlichen Basissysteme – gehören neben der *gesetzlichen Rentenversicherung* unter Einbeziehung der Knappschaft und der Handwerkerversicherung vor allem die *Beamtenversorgung*, die landwirtschaftliche Altershilfe und die berufsständischen Versorgungswerke, die allerdings – mangels Gewährleistung und finanzieller Unterstützung durch den Staat – gewisse spezifische Besonderheiten aufweisen. Alle Systeme haben ihre eigene Entwicklungsgeschichte, unterscheiden sich daher ganz erheblich und sind institutionell und organisatorisch eigenständig.

Die *gesetzliche Rentenversicherung* ist ein Regelsicherungssystem. Die Rente soll als

Lohnersatz gewährleisten, daß die Versicherten im Prinzip ihren Lebensstandard in Abhängigkeit von ihrem Erwerbseinkommen allerdings bis zu einer Einkommensgrenze beibehalten können. Zusatzsicherungssysteme, wie die *betriebliche Altersversorgung* in der Privatwirtschaft und die *Zusatzversorgung* im öffentlichen Dienst, können – basierend auf dieser Regelsicherung – als zweite Ebene eine höhere materielle Sicherung bieten und dabei auch solche Lebensstandards einbeziehen, die durch Einkommen oberhalb der Einkommensgrenze erreicht wurden.

Die *Altershilfe* für Landwirte erhob ursprünglich nicht den Anspruch, ein vollwertiges Alterssicherungssystem zu sein, sondern sollte als Ergänzung lediglich eine Teilsicherung gewährleisten. Im Zuge steigender Rentenanwartschaften und zunehmender Orientierung der dynamischen Anpassung der Altersgelder an der gesetzlichen Rentenversicherung hat sich die Altershilfe für Landwirte allerdings einem Regelsicherungssystem genähert, ohne jedoch bislang ein der gesetzlichen Rentenversicherung entsprechendes Versorgungsniveau zu erreichen.

Die *berufsständischen Versorgungseinrichtungen* sind als zumeist selbstverwaltete Körperschaften der verkammerten freien Berufe – z.B. Ärzte, Apotheker, Rechtsanwälte – als jüngste Pflichtversicherungseinrichtung für den Altersfall entstanden. Die einzelnen Versorgungswerke sind hinsichtlich ihrer Leistungen und Strukturen heterogen, woraus differierende Sicherungsziele resultieren.

Im Gegensatz zur gesetzlichen Rentenversicherung, die explizit als Versicherung konzipiert ist, liegt der Alterssicherung von Beamten der Grundsatz der lebenslangen Fürsorge des Dienstherrn zugrunde, die sich in einem Alimentationsanspruch niederschlägt. Das Sicherungsziel der *Beamtenversorgung* besteht zugleich in einer Regel- und Zusatzsicherung (bifunktionales System), deren Leistungen – die den Beamten in Form der Pension zuteil werden – folglich keine Beiträge zugrunde liegen, sondern juristisch als nachträglicher Arbeitslohn bzw. Weiterzahlung des Arbeitsentgelts angesehen werden.

Die *Knappschaftliche Rentenversicherung* der Arbeitnehmer des Bergbaus ist in die gesetzliche Rentenversicherung und somit in die erste Ebene der Altersversorgung integriert. Die spezielle Ausgestaltung dieses Zweiges der Rentenversicherung (höhere Renten, höherer Beitragssatz und höherer Beitragsanteil der Arbeitgeber) zeigt jedoch, daß auch hier die Funktion einer vom Arbeitgeber finanzierten Zusatzsicherung – und damit der zweiten Ebene – wahrgenommen wird.

Die Sicherungsniveaus der Systeme der ersten und zweiten Ebene halten sich jeweils innerhalb bestimmter Grenzen, die eine Untersicherung einerseits (Untergrenze), eine Überschreitung andererseits (Obergrenze) vermeiden. Die dritte Ebene der Alterssicherung, die *private Vorsorge*, beinhaltet als Ergänzungsversorgung keine Versorgungsgrenzen und weist die größte Vielfalt an Gestaltungsformen auf. Hierzu zählen die verschiedenen Formen der Vermögensbildung (Geld-, Anlage- oder Immobilienvermögen, sofern sie der Vorsorge für das Alter dienen) und der Abschluß von Lebensversicherungen bzw. Privatrentenverträgen. Als eine Form der privaten Alterssicherung kann in gewissem Sinne auch die Unterstützung älterer Menschen durch Familienangehörige angesehen werden. Anders als in vergangenen Jahrhunderten hat diese Form der Sicherstellung des Lebensunterhalts im Alter heute eine geringere Bedeutung; bedeutungslos ist sie gleichwohl nicht.

Ein Charakteristikum der vielschichtigen Alterssicherung in der Bundesrepublik Deutschland ist, daß einzelne Personengruppen durch die verschiedenen Systeme mehrfach erfaßt, andere Personengruppen hingegen durch keines der Teilsysteme gesichert werden. Eine relative Gewichtung der drei Ebenen aus Sicht des Einzelnen ergibt sich aus dem Umfang, den die verschiedenen Formen der Alterssicherung zum individuellen Alterseinkommen beitragen, sowie den auftretenden Kumulationswirkungen.

Neben den Systemen der Alterssicherung gibt es eine Vielzahl öffentlicher Aktivitäten, die gleichfalls Ausgaben für ältere Menschen zur Folge haben, wie die Kriegsopferversorgung oder auch Leistungen der gesetzlichen

Kranken- und Unfallversicherung sowie der Sozialhilfe. Da die Zielsetzung dieser Institutionen aber nicht vorrangig die Sicherung der Einkommen im Alter ist, stellen sie keine Systeme der Alterssicherung im engeren Sinne dar.

Im Sinne sozialer Alterssicherung sind neben der Bereitstellung monetärer Einkommen insbesondere verteilungspolitische Zielsetzungen, die Gestaltung der Lebenslage alter Menschen – wie z.B. die Gesundheits- oder die Wohnungssituation – und -konjunktur – respektive wachstumspolitische Aufgabenerfüllungen zu berücksichtigen.

3. Entwicklung der Alterssicherung in Deutschland

Die historische Entwicklung der (öffentlichen) *Alterssicherungssysteme* in Deutschland ist unmittelbar mit der Geschichte des gesetzlichen Rentenversicherungssystems verbunden, das als bedeutendstes kollektives Sicherungssystem alle weiteren Institutionen der Alterssicherung beeinflußt und geprägt hat. Die GRV datiert auf die Einführung der Alters- und Invalidenrente als letzten Baustein jener Sozialversicherungsgesetzgebung der 80er Jahre des vorigen Jahrhunderts, die als *Bismarcksche Sozialgesetzgebung* bekannt geworden ist. Dieses Gesetz, welches 1891 in Kraft trat, löste die bis dahin herrschende Form sozialer Sicherung ab, die auf der ungeschriebenen, archaisch-bäuerlichen Übereinkunft der Generationen innerhalb einer funktionierenden Großfamilie basierte.

Das Bedürfnis nach einem sozialstaatlichen Arrangement zum Schutz vor den materiellen Folgen der Leistungsunfähigkeit im Alter oder vorzeitiger Invalidität ist das Ergebnis eines gesellschaftlichen Strukturwandels im Gefolge der *industriellen Revolution*. Dieser führte zur Abnahme des agrarischen Sektors und dem Zerfall der Institution Großfamilie einerseits und – als Folge der steigenden Lebenserwartung – einer Zunahme der zu versorgenden Alten andererseits.

Die Invaliditäts- und Altersversicherung von 1889, welche zunächst als Arbeiterversicherung konzipiert wurde – auch wenn schon damals die „kleineren" Angestellten (Lohnempfänger bis zu einer Grenze von 2.000 RM jährlich) mit einbezogen waren – erfaßte 1891 ca. 11,5 Mio. Versicherte. Das entsprach 25% der Reichsbevölkerung und etwas mehr als 55% der rund 20,8 Mio. in Landwirtschaft, Industrie, Handel, Verkehr und häuslichen Diensten tätigen Erwerbspersonen. Einer der offensichtlichsten Mängel des Gesetzes bestand im Fehlen einer funktionsfähigen Hinterbliebenenversorgung, da Witwen und Waisen faktisch unberücksichtigt blieben, was erst 1911 mit der Reichsversicherungsordnung geändert wurde. 1913 erweiterte der Gesetzgeber den gesetzlich versicherten Personenkreis und trug mit dem Inkrafttreten des Versicherungsgesetzes für Angestellte der Tatsache Rechnung, daß sich Angestellte als eigenständige soziale Gruppe zwischen Arbeiterschaft und Beamtentum etabliert hatten.

Die Leistungshöhen der gezahlten Renten im allgemeinen und die der Altersrenten im speziellen waren im Verhältnis zu den Durchschnittslöhnen sehr gering (ca. 18%). Die Altersrente, welche zunächst als Sonderfall einer „Nichtinvalidität" verstanden wurde, war daher nur als ein Zuschuß konzipiert, der den über 70 Jahre alten, noch arbeitenden Versicherten eine Schonung seiner Kräfte gestatten sollte. Dies lag vor allem in dem historischen Faktum begründet, daß nur ein äußerst kleiner Teil der Versicherten das Rentenalter überhaupt erreichte ohne zuvor invalide geworden zu sein. In der Tat standen in den Jahren vor Ausbruch des Weltkrieges 1914 ca. 100.000 Altersrenten etwa 1,1 Mio. Invalidenrenten gegenüber. So zutreffend die Behauptung ist, daß die ökonomische Dimension der Renten damals lediglich der Armenpflege entsprochen habe, so zutreffend ist allerdings auch, daß in der rechtlich gestützten Verläßlichkeit dieser wenn auch mäßigen, so doch unbedingt sicheren Einnahme für die Erwerbsunfähigen ein normativ-reales, sozial wesentliches Novum lag.

Während des relativ langen zeitlichen Abschnitts von 1889 bis 1949 lassen sich neben der schrittweisen Überwindung grober Ungleichheiten in der Behandlung von Arbeitern und Angestellten in der Rentenversicherung vor allem zwei historische Tendenzen hervorheben. Dies ist zum einen die systeminhärente Stabilität der wesentlichen Grundprinzipien – öffentlich-rechtliche Versicherungspflicht, geteilte Beitragslast zwischen Versicherten und Arbeitgeber und die Beteiligung des Staates an der Finanzierung –, zum anderen ist es die sukzessive Entwicklung des sozialpolitischen Anliegens, ausgehend von der Milderung der Not im Fall der Invalidität, den – wenn auch nur langsam – gestiegenen Lebensstandard auch im Alter zu sichern.

Die grundlegende Weichenstellung für die Entwicklung der Rentenversicherung der späteren DDR und BRD ist bereits in der Besatzungszeit vorgenommen worden. In der Sowjetzone wurde eine Einheitsversicherung eingeführt, deren Versicherungsanstalten die DDR im Jahr 1951 zu einer zentral gelenkten Sozialversicherung vereinigte. Die Leistungen des Rentenversicherungssystems beschränkten sich weitgehend auf die Sicherung des Existenzminimums. Der Leistungsausbau entwickelte sich angesichts ständiger wirtschaftlicher Schwierigkeiten nur sehr zögernd, so daß insbesondere die Invaliden- und Altersrentner lange Zeit keinen Anteil am nur langsam wachsenden Wohlstand hatten. Eine auch die Leistungshöhe verbessernde Reform des Rentenrechts kam in der DDR erst 1968 zustande. Demgegenüber wurden in der Westzone die wesentlichen Grundsätze der traditionellen deutschen Sozialversicherung beibehalten, nicht zuletzt wohl auch vor dem Hintergrund, daß dieses System im Ausland lange Zeit in vieler Hinsicht als vorbildlich galt.

Die Adaption des Rentensystems an das neue und für die weitere Sozialrechtsentwicklung typische Ziel der sozialpolitischen Absicherung des erworbenen Lebensstandards, des relativen sozialen Status im Alter, wurde mit der „großen" *Rentenreform* der BRD 1957 realisiert. Die damals gezahlten Renten wurden im Durchschnitt um rund 60% erhöht und das bisherige – intendierte – kapitalstockbasierende Finanzierungsverfahren durch das Umlageverfahren – für das der Begriff des *„Generationenvertrages"* entstand – abgelöst. Darüber hinaus wurde die Rente durch unmittelbare Kopplung der Rentenhöhe an die Entwicklung der Arbeitseinkommen „dynamisiert" und mithin in ein geregeltes Entwicklungsverhältnis zur allgemeinen Einkommensbewegung gesetzt. Mit diesem Strukturwandel des Rentensystems war der Funktionswandel der Rente vom Zuschuß zum Lohnersatz abgeschlossen und institutionalisiert. Der Beitragssatz (Arbeitgeber und Arbeitnehmeranteil) belief sich damals auf 14% des versicherungspflichtigen Lohnes (bis zur Beitragsbemessungsgrenze von 9.000 DM p.a.).

Im Zeitraum nach dem Wirtschaftswunder (bis 1957), einer ersten (Nachkriegs-)Rezession 1966/67 und den sich anschließenden Wechsellagen bei wirtschaftlichem Wachstum, Arbeitsmarkt- und Einkommensentwicklung kam es neben mehreren Rentenanpassungen schließlich 1972 zur zweiten *Rentenreform*, die im wesentlichen eine weitere Anhebung des Rentenniveaus und eine weitere Öffnung des Versichertenkreises beinhaltete. Dies hatte zur Folge, daß die Beiträge der Versicherten von 16 auf 18% angehoben werden mußten und 1977 ein zuvor nie erreichtes (Netto-)Rentenniveau von 65,5% erreicht wurde. Nicht zuletzt dieser Sachverhalt beeinflußte die Tendenz der Reformpostulate der späten 70er und frühen 80er Jahre, im Zeichen der Auswirkungen von Inflation, Konjunktur und Unterbeschäftigung auf das System der sozialen Sicherheit nunmehr erstmals die Transferempfänger selbst belastend einzubeziehen.

Die Motive des bislang letzten *Rentenreformgesetzes* von 1992, welches die Weichen für eine auch zukünftig leistungsfähige Alterssicherung stellen sollte, entstanden hingegen vor dem Hintergrund der demographischen Entwicklung – Veränderungen im Altersaufbau der Bevölkerung – und seines irreversibel angelegten gestiegenen Umverteilungsdrucks zwischen den Generationen. Die antizipierten demographischen Problemlagen wurden zusätzlich durch das – vielfach arbeitsmarktpolitisch motivierte und „subventionierte" – sinkende tatsächliche Rentenzugangsalter verschärft, wobei damals wie auch in Zukunft die zentralen Bestimmungsgrößen

Rentner, Ruhestand

der Finanzlage der GRV die gesamtwirtschaftliche Entwicklung und die sich aus ihr ergebende Beschäftigungssituation waren. Die für 1999 geplante *Rentenreform* soll an die rentenrechtlichen Veränderungen von 1992 anknüpfen, diese an die aktuelle Situation anpassen und geeignete Maßnahmen implementieren, die zukünftige Belastungen auf der Basis intergenerativer Gerechtigkeit verteilen.

Für den betrachteten Zeitraum kann als zentrales Ergebnis festgehalten werden, daß das moderne Rentenversicherungssystem bei allem notwendigen Wandel seine schließlich 1957 renovierten Strukturen im Laufe von vier Jahrzehnten zwar einem permanenten Adaptionsprozeß aussetzen mußte, sich indessen die tragenden Fundamente trotz mannigfaltiger Belastungen als gleichermaßen solide wie anpassungsfähig erwiesen haben.

4. Finanzierung der Alterssicherung

Die Finanzierung der Alterssicherung auf dem derzeitigen Niveau stellt allein schon aufgrund des Volumens eo ipso ein ökonomisches Problem dar. Vergegenwärtigt man sich beispielsweise nur die Ausgaben der *gesetzlichen Rentenversicherung* (1995) von ca. 300 Mrd. DM und der Beamtenversorgung von ca. 50 Mrd. DM, so wird evident, daß je nach Aufbringungsart fast zwangsläufig beträchtliche Folgewirkungen für die wirtschaftliche Entwicklung sowie die Einkommens(um)verteilung zu erwarten sind.

4.1 Finanzierungsquellen und -modalitäten

Als Finanzierungsquellen im allgemeinen und Einnahmequellen sozialer *Alterssicherungssysteme* im besonderen sind vor allem Beiträge, Steuern und Zinseinkünfte zu nennen. Letztere sind vornehmlich dann quantitativ bedeutsam, wenn ein Finanzierungsverfahren gewählt wird, welches in größerem Maße auf einer Vermögensansammlung beruht, was in der BRD derzeit lediglich für die *private Vorsorge* zutrifft (siehe Kap. 4.2.1).

Bei der *Beamtenversorgung* erfolgt die Finanzierung aus dem allgemeinen Steueraufkommen. Dies liegt im Alimentationsprinzip begründet, d.h. dem Grundsatz der lebenslangen Fürsorge des Dienstherrn (des Staates), der seine Beamte unter Berücksichtigung ihrer individuellen ruhegehaltsfähigen Dienstjahre und nach Maßgabe des letzten Arbeitsentgeltes im Ruhestand unterhält.

Die Einbeziehung der „Beteiligten" durch Zahlung von Versicherungsbeiträgen ist eines der konstituierenden Merkmale der gesetzlichen Rentenversicherung, die als „gemischtes System" schwergewichtig aus Beiträgen, Steuern und in geringem Maße Zinsen finanziert wird. Unter den Finanzierungsmitteln beläuft sich der Anteil der Versichertenbeiträge – bei der Arbeiter- und Angestelltenversicherung – derzeit auf ca. 79%, der vom Bund gewährte Zuschuß auf 20% und sonstige Einnahmen wie Vermögenserträge und Erstattungen auf 1%. Über die Rentenbeiträge wird einerseits die Umschichtung von heutigem Einkommen in Einkommen während der zukünftigen Existenz als Rentenempfänger (intertemporale Einkommensumverteilung) und andererseits eine Leistungsbezogenheit der Beiträge angestrebt. Darüber hinaus kommt es zu einem Risikoausgleich, da mit der staatlichen Alterssicherung gleichzeitig eine Absicherung gegen die Risiken der Berufs- und Erwerbsunfähigkeit sowie eine Hinterbliebenenversorgung verbunden ist. Die aus Steuern gespeisten Zuschüsse in die Rentenversicherung erfüllen eine Reihe von Entlastungs-, Ausgleichs- und Sicherungsfunktionen. Die Entlastungs- und Ausgleichsfunktionen betreffen Leistungen, welche die Rentenversicherung für die Allgemeinheit zu tragen hat, oder Kosten, die schwerpunktmäßig dem Risikobereich anderer Sozialleistungsträger zuzuordnen sind. Diese, aufgrund staatlicher Vorgaben über die reinen Versicherungsleistungen hinausgehenden *Sozialleistungen* (sogenannte „versicherungsfremde Leistungen" bzw. Fremdleistungen, z.B. Kriegsfolgelasten, die Anrechnung von Zurechnungs-, Ausfall- und Ausbildungszeiten) werden derzeit allerdings nur teilweise (zu ca. zwei Dritteln) durch den Bundeszuschuß gedeckt. Die allgemeine Sicherungsfunktion betrifft die Pflicht zur Aufrechterhaltung der Funktionsfähigkeit der Rentenversicherung auch unter sich verändernden ökonomischen, sozialen und demographischen Rahmenbedingungen und damit seine Haftung als letztverantwortlicher Organisator (§ 214 SGB VI).

Die Beiträge werden nach dem einheitlichen Beitragssatz berechnet, der sich paritätisch in einen Arbeitgeber- und einen Arbeitnehmeranteil aufteilt. Beide „Teilbeiträge" basieren auf der gleichen Bemessungsgrundlage, der versicherungspflichtigen Lohnsumme.

4.2 Finanzierungsverfahren

Zur Finanzierung des *Generationenvertrages* moderner Prägung galt und gilt es, Verfahren zu finden, die langfristig sicherstellen, daß die erforderlichen Mittel aufgebracht werden können. Das Verfahren muß in der Lage sein, ein zeitliches Auseinanderfallen von Einkommenserzielung während der Erwerbsphase mit dem Einkommensbedarf im Alter zu verbinden. Zur Organisation eines solchen Transfers von Mitteln von einer Periode in die darauffolgende, beziehungsweise von einer Generation zu einer anderen, stehen mit dem *Kapitaldeckungsverfahren* und dem *Umlageverfahren* zwei prinzipiell unterschiedliche Finanzierungssysteme zur Verfügung.

4.2.1 Kapitaldeckungsverfahren
Das Kapitaldeckungsverfahren bildet die Grundlage privater Lebensversicherungen und arbeitet nach dem Prinzip eines Kapitalfonds, in dem von den Beitragszahlern der jeweils „aktiven" Generation Beiträge angespart werden. In einer reinen Form akkumuliert das Versicherungssystem diese – auf individuellen Konten gebuchten und gespeisten – Beiträge und finanziert aus dem angesammelten und verzinsten Vermögen die Rentenzahlungen für eben diese Versicherten. Damit sind die zukünftigen Renten jedes Beitragszahlers bzw. jeder beitragszahlenden Kohorte durch den für ihn bzw. sie angesparten Kapitalstock gedeckt, und es herrscht eine versicherungsmathematische Äquivalenz zwischen Beitragszahlungen und Rentenansprüchen.

Während das Kapitaldeckungsverfahren folglich auf die stabile Ergiebigkeit der Kapitaleinkommen setzt, vertraut das Umlageverfahren auf die langfristige und stabile Ergiebigkeit der Lohnsumme.

4.2.2 Umlageverfahren
Grundgedanke des *Umlageverfahrens* war und ist, daß die Rentenversicherungsbeiträge der im Erwerbsleben stehenden Generation jeweils vollständig innerhalb einer Periode auf die gegenwärtigen Leistungsempfänger, d.h. die vorausgehende Erwerbstätigengeneration, umverteilt werden. Durch Zahlung der Beiträge erwirbt die erwerbstätige Generation ihrerseits einen Anspruch (Anwartschaften) auf eine entsprechende Altersversorgung. Diese Anwartschaften müssen dann von der nächsten aktiven Generation wieder eingelöst, d.h. via Beiträge erbracht werden. Die einzelnen Beitragszahler finanzieren demzufolge immer nur die jeweils laufenden und niemals ihre eigenen Renten.

Ein weiterer und wesentlicher Unterschied zum Kapitaldeckungsverfahren ist die in der Ausgestaltung des Umlageverfahrens im Rahmen der gesetzlichen Rentenversicherung fehlende versicherungsmathematische Äquivalenz. Hier gilt nämlich keine privatwirtschaftliche Beitragsäquivalenz sondern eine Teilhabeäquivalenz. Diese beinhaltet, daß ein Rentner hinsichtlich seiner individuellen Rentenhöhe im Vergleich zu allen Rentnern rangmäßig die gleiche „Einkommensposition" einnehmen soll, die er in der Einkommenspyramide der beitragspflichtigen Erwerbstätigen eingenommen hat.

Die Funktionsfähigkeit einer solchen – im Umlagesystem organisierten – Solidarität der Generationen hängt somit davon ab, ob die jeweils nachfolgende Generation bereit und in der Lage ist, die Alterssicherung der Vorgängergeneration mit Beiträgen aus ihren Einkommen zu finanzieren. Eine langfristige Kontinuität des Umlagesystems wird demnach, neben der „objektiven" demographischen, ökonomischen und Beschäftigungsentwicklung, maßgeblich durch die „subjektive" Akzeptanz des Rentensystems bei den Zahlern beeinflußt.

5. Die Grundprinzipien der Leistungsgewährung

Leistungen sozialer *Alterssicherungssysteme* sind in ihrer Höhe grundsätzlich von einer Zeitkomponente, der Versicherungsdauer, und einer Einkommenskomponente, der Beitragshöhe bzw. der Höhe des Arbeitsentgelts, abhängig, woraus sich zwangsläufig unterschiedliche Sicherungsniveaus der Versicherten ergeben.

Abbildung 1: „Rentenformel"

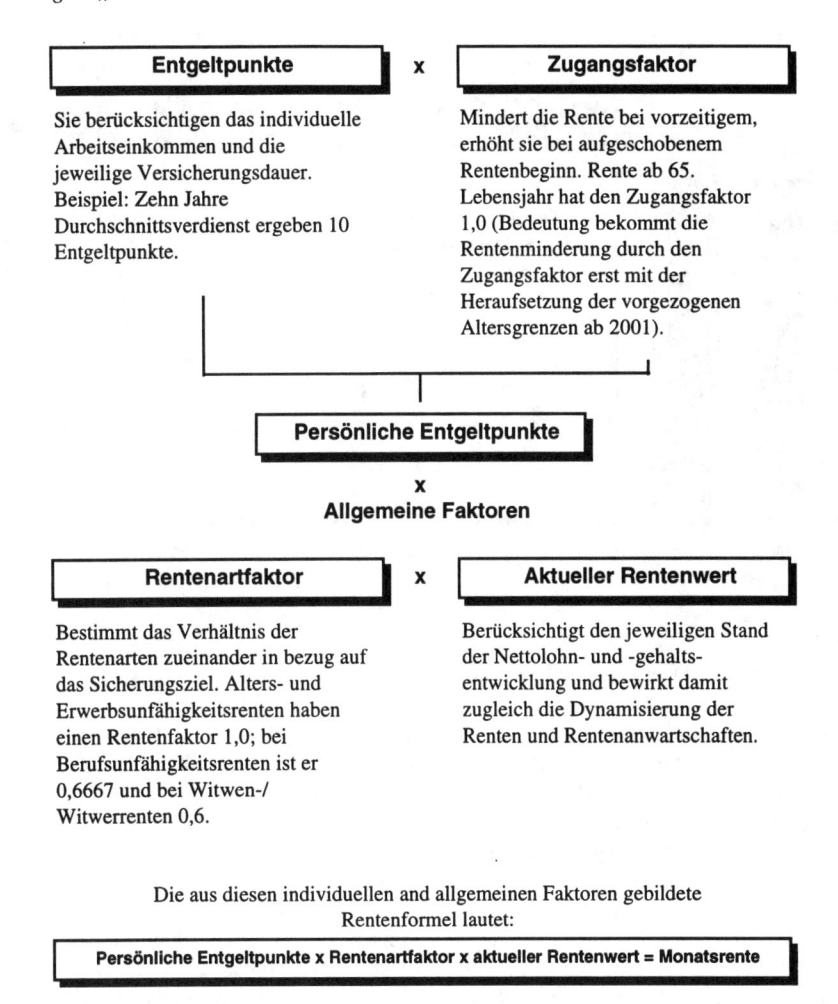

Entgeltpunkte   x   **Zugangsfaktor**

Sie berücksichtigen das individuelle Arbeitseinkommen und die jeweilige Versicherungsdauer. Beispiel: Zehn Jahre Durchschnittsverdienst ergeben 10 Entgeltpunkte.

Mindert die Rente bei vorzeitigem, erhöht sie bei aufgeschobenem Rentenbeginn. Rente ab 65. Lebensjahr hat den Zugangsfaktor 1,0 (Bedeutung bekommt die Rentenminderung durch den Zugangsfaktor erst mit der Heraufsetzung der vorgezogenen Altersgrenzen ab 2001).

Persönliche Entgeltpunkte

x

Allgemeine Faktoren

Rentenartfaktor   x   **Aktueller Rentenwert**

Bestimmt das Verhältnis der Rentenarten zueinander in bezug auf das Sicherungsziel. Alters- und Erwerbsunfähigkeitsrenten haben einen Rentenfaktor 1,0; bei Berufsunfähigkeitsrenten ist er 0,6667 und bei Witwen-/Witwerrenten 0,6.

Berücksichtigt den jeweiligen Stand der Nettolohn- und -gehaltsentwicklung und bewirkt damit zugleich die Dynamisierung der Renten und Rentenanwartschaften.

Die aus diesen individuellen and allgemeinen Faktoren gebildete Rentenformel lautet:

Persönliche Entgeltpunkte x Rentenartfaktor x aktueller Rentenwert = Monatsrente

Die individuelle Pension der *Beamtenversorgung*, die nicht auf Beitragsleistungen beruht, bemißt sich nach der ruhegehaltsfähigen Dienstzeit und den zuletzt bezogenen Dienstbezügen. Ruhegehaltsfähig ist das Gehalt des letzten Amtes, was eine zwangsläufige Konsequenz des das Beamtenverhältnis prägenden Prinzips der Lebenslänglichkeit ist. Für die Bestimmung der individuellen Zeitkomponente – des Ruhegehaltssatzes – gilt das Leistungsprinzip, demzufolge die Höhe der Versorgung mit der Dauer der Dienstzeit steigt.

Der aus der Zeitkomponente ermittelte Ruhegehaltssatz, welcher als Höchstsatz nach 40 Dienstjahren 75% beträgt, wird mit den letzten Dienstbezügen multipliziert. Die als nachträglicher Arbeitslohn gezahlte Pension wird allerdings grundsätzlich in voller Höhe, unter Berücksichtigung eines Versorgungsfreibetrags (40% der Bezüge jedoch höchstens 4.800 DM), der Einkommensteuer unterworfen. Die dynamische Anpassung der Versorgungsbezüge folgt im allgemeinen unmittelbar auf die Erhöhung der Aktivenbesoldung.

Abbildung 2: Nettorentenniveau und Standardrente

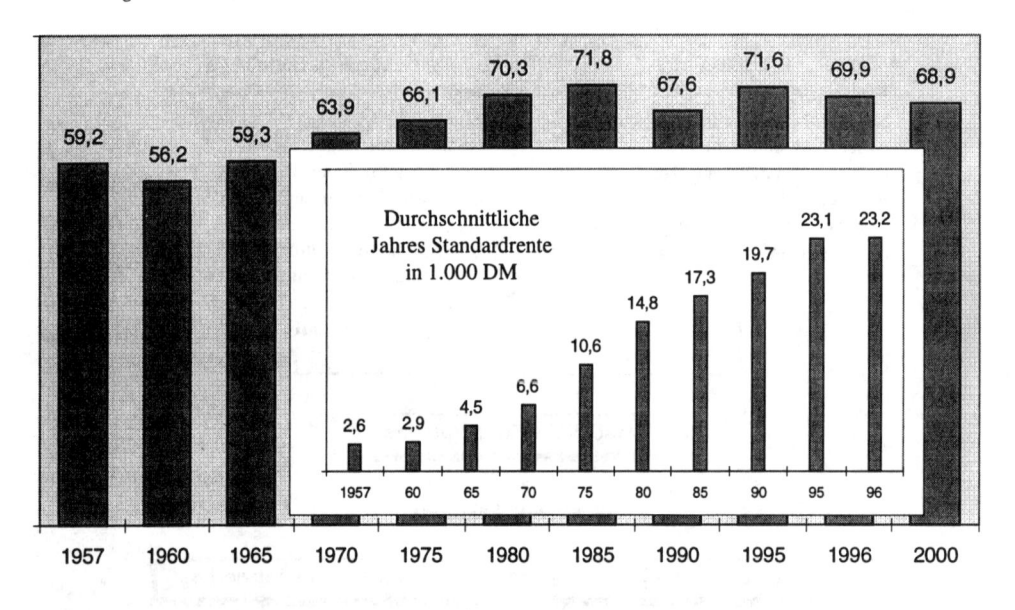

[Balkendiagramm: Nettorentenniveau (in %) – 1957: 59,2; 1960: 56,2; 1965: 59,3; 1970: 63,9; 1975: 66,1; 1980: 70,3; 1985: 71,8; 1990: 67,6; 1995: 71,6; 1996: 69,9; 2000: 68,9. Durchschnittliche Jahres Standardrente in 1.000 DM – 1957: 2,6; 60: 2,9; 65: 4,5; 70: 6,6; 75: 10,6; 80: 14,8; 85: 17,3; 90: 19,7; 95: 23,1; 96: 23,2]

* Prognose
Quelle: VDR (Verband Deutscher Rentenversicherungsträger)

Die individuelle Rentenhöhe der *gesetzlichen Rentenversicherung* hängt von der Zahl der zurückgelegten, anrechnungsfähigen Versicherungsjahre und der Höhe der während des Erwerbslebens durchschnittlichen Entgeltposition ab. Die *Rentenformel* ist die Grundlage zur Ermittlung des Monatsbetrags der Rente, deren Zusammensetzung (seit dem 1.1.1992) der Darstellung auf S. 543 zu entnehmen ist. Zur Einschätzung, inwieweit das Ziel der Lebensstandardsicherung erreicht ist, wird das Rentenniveau mit Hilfe eines bestimmten Rentnerfalles – Standard- bzw. Eckrentner – operationalisiert, der in 45 Versicherungsjahren jeweils das Durchschnittseinkommen (also 45 Entgeltpunkte) verdiente. Zur Ermittlung des Nettostandard-Rentenniveaus wird die Standardrente mit dem Nettoarbeitsentgelt aller Versicherten auf der Basis der Werte der volkswirtschaftlichen Gesamtrechnung in Relation gesetzt. Dieses Nettorentenniveau ist zwischen 1963 und 1980 kontinuierlich von ca. 60% auf 70% gestiegen und schwankt seitdem um diesen Wert. Wenngleich weder ein theoretisch noch empirisch expliziter quantitativer Zielwert existiert, wird dieses Niveau von um die 70% als gleichermaßen ausreichend wie notwendig empfunden, um den zuvor innegehabten Lebensstandard mit gewissen Einschränkungen zu sichern.

Da sich ein über lohnabhängige Zwangsbeiträge finanziertes Rentensystem in entscheidendem Maße dadurch legitimiert, daß die so finanzierten Renten deutlich über den Sozialhilfeansprüchen liegen (Abstandsgebot), muß die Untergrenze der Sicherung auf jeden Fall deutlich darüber liegen, was die Sozialhilfe in der Regel als Hilfe zum Lebensunterhalt gewährt. Aus diesem sehr wichtigen Grunde würde ein zukünftiges Absinken des *Rentenniveaus* auf unter 60% nicht nur zu einer Legitimationskrise des Systems führen, sondern auch und gerade gegen den vom Verfassungsgericht mehrfach bestätigten eigentumsrechtlichen Schutz der Rente verstoßen.

6. Gesamtwirtschaftliche Wirkungen sozialer Alterssicherungsmaßnahmen

6.1 Leistungsverteilung, Verteilungswirkungen

Die Analyse der Verteilungswirkungen ist methodisch und empirisch ein schwieriges Problem, da die Einkommensverteilung mehrere Dimensionen umfaßt, d.h. in der Regel vielfältige Umverteilungseffekte im Längsschnitt und Querschnitt – intra- und intergenerativ – auftreten, zudem Rückwirkungen auf die personelle Primärverteilung eintreten können. Eine Isolierung der Verteilungseffekte sozialer Alterssicherungssysteme ist nur begrenzt möglich.

Prinzipiell ist allen *Alterssicherungssystemen* gemeinsam, daß sie intertemporale Einkommensumschichtungen bewirken wollen, und zwar im Lebenslauf der Individuen von der Erwerbstätigkeit auf die Ruhestandsphase.

Ein im Umlageverfahren finanziertes Alterssicherungssystem kann und muß zu einer intergenerationalen Umverteilung führen, wenn kein versicherungsmäßig kalkulierter Vertrag vorliegt. Da dies aber im System der gesetzlichen Rentenversicherung der Fall ist, können Einflußfaktoren wie die derzeitige *demographische Entwicklung* dazu führen, daß für die jeweils aktiven Generationen der Gegenwartswert aller zu erwartenden Beitragszahlungen nicht dem Gegenwartswert der im Alter zu erwartenden Rentenzahlungen entspricht. In der aktuellen Debatte zur Rentenreform wird diese Problematik unter dem Stichwort der „intergenerationellen Gerechtigkeit" diskutiert. Ein Rentensystem gilt hierbei als ungerecht, wenn es eine oder mehrere Generationen gemäß einem akzeptierten Gerechtigkeitskriterium in unfairer Weise belastet.

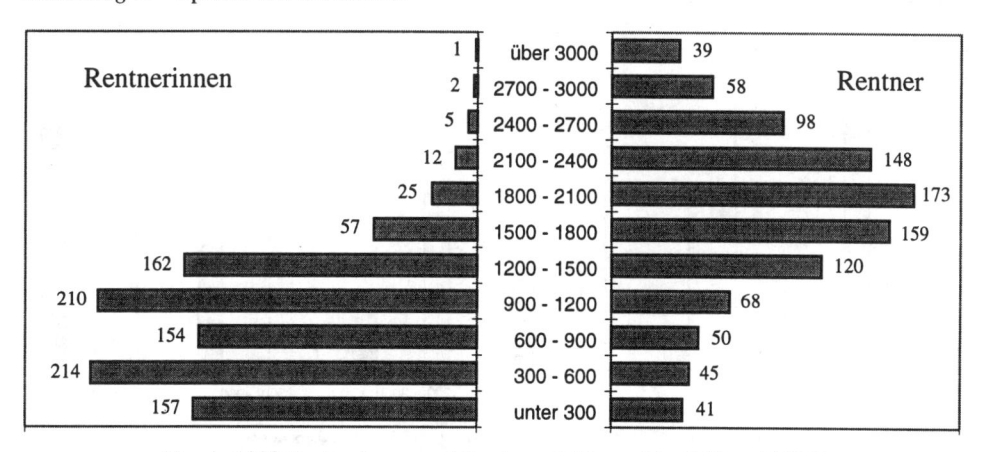

Abbildung 3: Spannweite der Renten

Rentnerinnen	Einkommen	Rentner
1	über 3000	39
2	2700 - 3000	58
5	2400 - 2700	98
12	2100 - 2400	148
25	1800 - 2100	173
57	1500 - 1800	159
162	1200 - 1500	120
210	900 - 1200	68
154	600 - 900	50
214	300 - 600	45
157	unter 300	41

Von je 1000 Rentnerinnen und Rentnern in Deutschland (Stand 1996)
Quelle: VDR

Dies kann allerdings auch bei kapitalfundierten Systemen der Fall sein, da diese keineswegs unabhängig von der demographischen Entwicklung sind, und insbesondere die Steigerung der Lebenserwartung notwendigerweise zu veränderten Finanzierungsbedingungen führt. Insofern sind intergenerationale Umverteilungseffekte weniger von den Finanzierungsverfahren selbst abhängig, als vielmehr von den wirtschaftlichen und gesellschaftlichen Rahmenbedingungen.

Des weiteren lassen sich in der GRV Elemente der interpersonellen *Einkommensumverteilung* feststellen, und zwar sowohl bei den Einnahmen (zum Beispiel über die Bundeszuschüsse) wie auch bei den Ausgaben (zum Beispiel über Renten nach Mindesteinkommen oder über die Anrechnung von beitragslosen Ersatz- und Ausfallzeiten). Es gibt Berechnungen, denenzufolge der Anteil der interpersonell umverteilenden und der versicherungsfremden Ausgaben zwischen 20 und 30% der Gesamtausgaben der GRV liegen dürfte.

Da die Rentenleistungen auf dem Teilhabeprinzip basieren, ist ihre Verteilung innerhalb der Gruppe der Leistungsbezieher zwangsläufig eine Funktion der Lohnverteilung der Versicherten während deren Erwerbslebens. Durch die unterschiedlichen Lebensbiographien ist es den Frauen oft nicht möglich, die notwendigen Voraussetzungen wie Ausbildung und Weiterbildung zur Erlangung von höheren Einkommen zu erfüllen oder eine kontinuierliche Erwerbsbiographie zurückzulegen. Diese faktischen Ungleichheiten führen dazu, daß die Einkommensdisparitäten zwischen Männern und Frauen in der Erwerbsphase sich verstärkt in den Ruhestand fortsetzen.

Die aus dem allgemeinen Steueraufkommen finanzierten *Pensionen* wurden 1995 nahezu ausschließlich in den alten Bundesländern bezogen. Die geschlechtsspezifischen Unterschiede sind in diesem System wesentlich geringer als etwa in der GRV. Gleichermaßen ist der „Leistungsfächer" nach unten begrenzt, da beispielsweise Leistungen in der Höhe von unter 1.400 DM pro Monat aufgrund der Regelungen von Mindestpensionen faktisch nicht vorhanden sind. In den neuen Ländern sind Pensionäre bislang noch nicht existent, da in der ehemaligen DDR die Staatsbediensteten, wie alle anderen Arbeitnehmer auch, in die allgemeine Sozialversicherung eingebunden waren.

Abbildung 4: Schichtung der Leistungen nach Sicherungssystemen (Männer/alte Bundesländer)

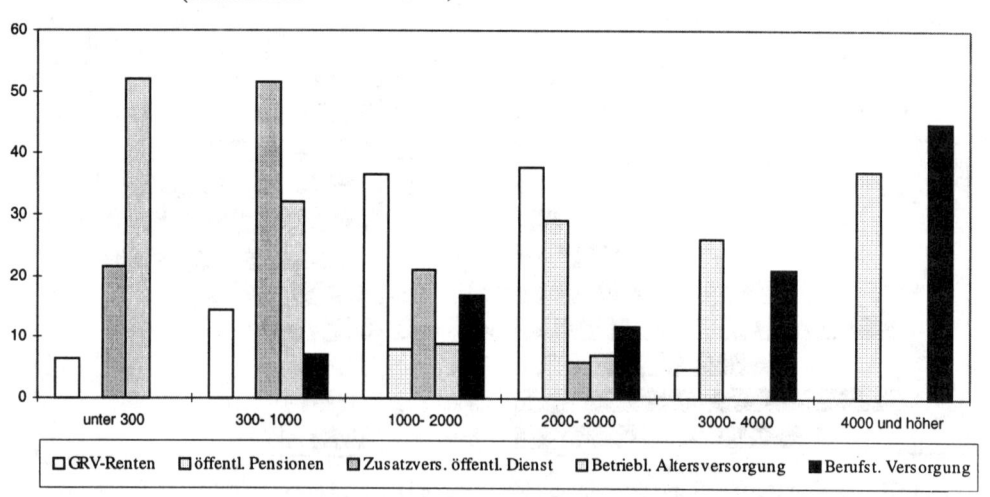

Quelle: VDR

Vergleicht man die Entwicklung der Inlandsrenten zwischen den alten und den neuen Bundesländern, so war und ist in der Periode bis zum Jahr 2000 für die neuen Bundesländer ein deutlich schnellerer Zuwachs zu konstatieren. Dies hat vor allem zwei Gründe:

Zum einen der Niveaueffekt, der mit der Angleichung des ostdeutschen Rentenniveaus an das westdeutsche zusammenhängt, zum anderen die spezifischen Erwerbsbiographien aus Zeiten der früheren DDR, die sich in den rentenrechtlichen Versicherungszeiten niederschlagen und im Vergleich zu den alten Bundesländern oft zu deutlich höheren Rentenanwartschaften, insbesondere bei den Frauen, führen. Dieser Effekt wird sich noch in den ersten 20 Jahren des nächsten Jahrhunderts in der durchschnittlichen Rentenhöhe des Bestandes bemerkbar machen.

6.2 Konjunktur- und Wachstumswirkungen

Wenn auch zumeist keine gezielte konjunktur- und wachstumspolitische Beeinflussung durch die Rentenversicherungsträger angestrebt wird, so gehen doch von sozialen *Alterssicherungssystemen* beträchtliche gesamtwirtschaftliche Effekte aus angesichts der finanzpolitischen Bedeutung von Einnahmen und Ausgaben sowie der Struktur und Zahl der davon betroffenen Wirtschaftssubjekte. Beachtung finden vor allem Auswirkungen auf Ersparnis, Investitionen und Arbeitsangebot. Neben der Konjunkturreagibilität von Einnahmen und Ausgaben ist die Reaktion der Abgabepflichtigen und der Rentenempfänger hinsichtlich ihres Einkommensverwendungsverhaltens wichtig. Je nach der Art des Finanzierungsverfahrens (Umlage-, Kapitaldeckungsverfahren) können unterschiedliche Auswirkungen auf die gesamtwirtschaftliche Ersparnisbildung identifiziert werden und damit im Prinzip auch zu unterschiedlichen Wachstumswirkungen führen.

7. Auswirkungen demographischer, ökonomischer und gesellschaftlicher Faktoren auf die Alterssicherungssysteme

Da die in einem umlagefinanzierten Rentensystem versicherungspflichtige Lohnsumme immer das Produkt aus dem durchschnittlichen beitragspflichtigen Arbeitsentgelt und der Zahl der beitragspflichtig Beschäftigten ist und die Ausgabenseite das Produkt der Durchschnittsrente und der Zahl der Rentner ist, bedeutet dies, daß das finanzielle Gleichgewicht der *GRV* nicht nur von Beschäftigungsschwankungen und Massenarbeitslosigkeit gestört wird, sondern auch und langfristig von

- einer demographisch bedingten Verschlechterung des Verhältnisses von Beitragszahlern und Rentenempfängern sowie von
- einer Substitution von Arbeitsverträgen durch Werkverträge bzw. beitragspflichtigen Arbeitnehmern durch geringfügig Beschäftigte.

7.1 Demographische Entwicklung

Die *demographische Entwicklung* einer Gesellschaft hängt – im unterschiedlichen Maße – ab von der

- Geburtenentwicklung,
- Lebenserwartung und
- Migration.

So hat die Lebenserwartung, die derzeit in Deutschland bei ca. 74 Jahren für Männer und 80 Jahren für Frauen liegt und damit im internationalen Vergleich recht niedrig ist, in bezug auf die Größe einer Bevölkerung eine nur geringe Bedeutung, während sie aber die – rentenpolitisch sehr wichtige – Altersstruktur bzw. die davon abhängige Rentenbezugsdauer maßgeblich beinflußt. Letztere ist im Durchschnitt seit 1960 von ca. 10 auf knapp 16 Jahre gestiegen. Der Fertilität, d.h. der Geburtenentwicklung, die seit Anfang der 70er Jahre mit 1,3 unter dem bestandserhaltendem Niveau von 2,1 Kinder pro Frau liegt, kommt im Prinzip die größte Bedeutung für die Größenentwicklung zu. In der Vergangenheit haben die Zuwanderungen die jährlichen Geburtendefizite mehr als ausgeglichen, so daß per Saldo die Einwohnerzahl des heutigen Bundesgebietes von 78 Millionen (1970, die ehemalige DDR eingeschlossen) auf 81,64 Millionen (1995) stieg.

Derzeit beanspruchen 15 Bevölkerungsszenarien die zukünftige Bevölkerungsentwicklung zutreffend zu beschreiben. Unstrittig ist, daß aufgrund der *demographischen Entwicklung* der Altenquotient (d.h. das Verhältnis der 60- und mehrjährigen zu den 20- bis 59-jährigen) jenseits der Jahrtausendgrenze deutlich und nachhaltig ansteigen wird. Aber je nachdem, welche Annahmen hinsichtlich der Entwicklung der Fertilität in den neuen Ländern, wo Zeugungs- und Geburtenrate seit 1990 massiv zurückgegangen sind, der Lebenserwartung sowie insbesondere der Migration getroffen werden, schwanken – ausweislich dieser Prognosen – die Werte des derzeit bei etwa 35 liegenden Altenquotienten zwischen 63,8 und 83,1 im Jahre 2040. D.h., die demographische Entwicklung in Deutschland ist nur der Tendenz nach, nicht aber dem Ausmaß nach bekannt. Aufgrund der Lohnzentrierung der *GRV* ist aber nicht der Altenquotient, sondern der Rentnerquotient, d.h. das Verhältnis von Leistungsempfängern zu Beitragszahlern, entscheidend. Dieser Rentnerquotient, der derzeit bei ca. 40 liegt, soll bis auf ca. 68 im Jahre 2040 steigen. Zur Ableitung finanzpolitischer Optionen aus dieser prognostizierten demographischen Entwicklung ist darauf hinzuweisen, daß, je nachdem welche Annahme man hinsichtlich Beschäftigungsniveaus, Produktivitätsentwicklung, Wirtschaftswachstums, der zukünftigen Erwerbstätigkeit von Älteren und Frauen und der Veränderung des Ausbreitungsgrades der „neuen Selbständigen" macht, die Prognose des das finanzwirtschaftliche Gleichgewicht garantierenden Beitragssatzes noch schwieriger und unsicherer ist als die des Altenquotienten.

7.2 Beschäftigungssituation und gesamtwirtschaftliche Entwicklung

Vor dem Hintergrund der zu Beginn des Jahres 1997 erreichten Rekordarbeitslosigkeit von 4,7 Mio. registrierten Arbeitslosen – ungeachtet der in der Größenordnung von ca. 2 Mio. in der stillen Reserve und den arbeitsmarktpolitischen Maßnahmen befindlichen Personen – ist in der Erhöhung der Beschäftigung eine, wenn nicht die zentrale Aufgabe zur Sicherung und Stabilisierung des Sozialsystems zu sehen. Dies ergibt sich zum einen aus den Gestaltungsprinzipien (Lohnzentrierung und Umlageverfahren) des Rentensystems, welche die Sicherheit der Renten fest mit der Höhe der Arbeitnehmerquote, also der Zahl der unselbständig Erwerbstätigen im Verhältnis zur Zahl der Erwerbsfähigen, und der sich daraus ergebenden Zahl der tatsächlich im Erwerbsleben stehenden Personen verknüpft.

Zum anderen sind die mit der *Arbeitslosigkeit* verbundenen Kosten hoch. Man schätzt, daß die gesamtfiskalischen Kosten (das heißt die Summe der mit Arbeitslosigkeit verbundenen Einnahmeausfälle und zusätzlichen Ausgaben aller öffentlichen Haushalte) in den letzten Jahren rund 150 Milliarden DM pro Jahr betrugen. Davon hatte die *Rentenversicherung* immerhin 13% (also rund 19,5 Milliarden DM) zu tragen. Neben diesen hohen gesamtfiskalischen Kosten entstehen aus der Arbeitslosigkeit auch Wachstums- und damit Wohlstandsverluste von immensen Ausmaßen. Würde es gelingen, mehr Arbeitslose einer Erwerbstätigkeit zuzuführen, so wäre das Bruttosozialprodukt – die Quelle jeglichen Aufwands für Sozialleistungen – bedeutend höher, und zwar infolge der Aktivierung der in Arbeitslosen brachliegenden und vergeudeten Produktivitätsressourcen. Herrschte auf dem Arbeitsmarkt anstelle des derzeitigen Zustands der Massenarbeitslosigkeit ein Zustand, der annähernd mit Vollbeschäftigung zu bezeichnen wäre, so würden die aktuellen Finanzierungsprobleme der gesetzlichen Rentenversicherung weitgehend dahinschwinden.

Darüber hinaus ließe sich die Zahl der abhängig Beschäftigten auch dadurch erhöhen, daß die verbleibenden Erwerbstätigen entsprechend länger arbeiten. Hierdurch würde sich ein doppelter Entlastungseffekt der *GRV* ergeben. Von den Erwerbstätigen werden länger Beiträge eingezahlt (die Zahl der Beitragszahler steigt), und die Rentenbezugsdauer verkürzt sich (die Zahl der Rentenempfänger sinkt). Der sich daraus ergebende Entlastungseffekt wird allerdings durch die entsprechend höheren Rentenansprüche etwas gedämpft.

Beide Mechanismen, Bekämpfung der Arbeitslosigkeit und Erhöhung der Erwerbsbeteiligung älterer bzw. Erhöhung des tatsächlichen Renteneintrittsalters, bedürfen eines (zusätzlichen) Wirtschaftswachstums. Dieses wiederum ist v.a. von zwei Voraussetzungen, einem wettbewerbsfähigen Faktor Arbeit und einer wettbewerbsfähigen Wirtschaft, abhängig. Handlungsbedarf besteht daher sowohl seitens der Politik als auch seitens der Wirtschaft, also bei Staat, Arbeitnehmern wie Arbeitgebern – den Tarifparteien.

7.3 Wertewandel

Neben den ökonomischen Einflußfaktoren sind zudem Entwicklungen von Bedeutung, die unter dem Begriff Wertewandel subsumiert werden. Hier spielt insbesondere die Veränderung von Familienstrukturen eine Rolle. Denn die Form des Zusammenlebens ist nicht nur für die Alterssicherung von ausschlaggebender Bedeutung, sondern auch für die Versorgung bei Krankheit sowie Hilfs- und Pflegebedürftigkeit. Im Bereich der Alterssicherung sind vor allem die Stabilität partnerschaftlicher Beziehungen und die Entwicklung der (neuen) Formen des Zusammenlebens von Bedeutung. Relevante Auswirkungen auf die *Rentenversicherung* ergeben sich daraus, daß die traditionelle Familie mit Kindern von zunehmend nichtehelichen und oft auch kinderlosen Lebensgemeinschaften abgelöst wird. Die zunehmende Zahl von Scheidungen stellt zusätzlich ein potentielles soziales Sicherungsproblem dar, denn in vielen Fällen verfügt einer der Ehepartner (zumeist die Frau) über keine ausreichende Alterssicherung, was infolge des gesetzlich vorgeschriebenen Versorgungsausgleichs vielfach für beide Beteiligten zu einer Rente unterhalb des Sozialhilfeniveaus führt. Erschwerend kommt hinzu, daß eine Integration in den Arbeitsmarkt nach längerer Berufsunterbrechung häufig mit großen Schwierigkeiten verbunden ist. Darüber hinaus kumulieren sich die Probleme, die sich aus einer Flexibilisierung des Arbeitsmarktes und durch demographische Prozesse wie Alleinerziehung und Ehescheidungen ergeben, bei den unteren Einkommensklassen, d.h. vorwiegend bei den Frauen.

Abbildung 5: Anteil der staatlichen Nettoaltersruhegelder am verfügbaren Einkommen der Privathaushalte, in %

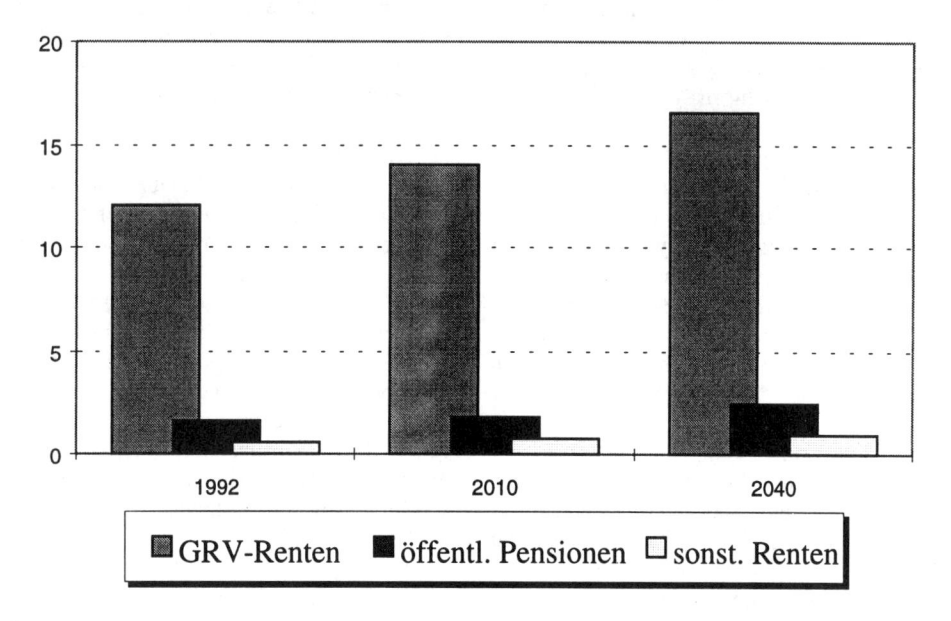

* Prognose

Quelle: Prognos Gutachten 1995; Mittelwerte des unteren und oberen Szenarios

Der Alterungsprozeß der deutschen Bevölkerung in Verbindung mit der diskutierten wirtschaftlichen und gesellschaftlichen Entwicklung hat Auswirkungen auf alle Politikbereiche, im besonderen Maße werden aber die Systeme sozialer Sicherung und darunter am stärksten der Bereich der Alterssicherung betroffen sein. Dabei spielt es keine Rolle, ob es sich um die *gesetzliche Rentenversicherung*, die in diesem Artikel aufgrund ihrer besonderen Bedeutung im Mittelpunkt stand, die *Beamtenversorgung*, die betriebliche Altersversorgung oder um die Privatversicherung handelt. All diese Leistungen an die immer größer werdende Altengeneration müssen von der dann erwerbstätigen Generation finanziert werden, und verschiedene Alterseinkünfte begründen lediglich unterschiedliche Ansprüche auf das zukünftige Sozialprodukt. In diesem Zusammenhang ist bei einer schrumpfenden Bevölkerung im allgemeinen, einer schrumpfenden Erwerbsbevölkerung im besonderen, selbst die Sicherheit einer *privaten Altersvorsorge*, die auf die stabile Ergiebigkeit der Kapitaleinkommen setzt, von der Wirtschaftsentwicklung abhängig.

Die für 1999 geplante Rentenreform soll und muß, angesichts der demographisch vorprogrammierten Ausgabensteigerung der GRV, geeignete langfristige Instrumente implementieren, die zukünftige Belastungen auf der Basis intergenerativer Gerechtigkeit verteilen und somit die für den Rentner unbedingt sichere Einnahmequelle Rente erhalten. Unser zukünftiges Rentensystem, wie es im Detail auch immer aussehen mag, kann eben immer nur ein Kompromiß aus dem sozialpolitischen Anliegen eines ausreichend hohen Sicherungsniveaus im Ruhestand einerseits und der Finanzierbarkeit seitens der Erwerbstätigengeneration andererseits sein. Gesamtwirtschaftlich kann kein Versicherungssystem überleben, wenn die Gesamtausgaben längerfristig die Gesamteinnahmen übersteigen.

Wenn man in diesem Sinne als Maßstab für die intergenerative Gerechtigkeit eines Rentensystems das Verhältnis der Rentenleistungen, die eine (Rentner-)Generation erhält, zu den von dieser Generation gezahlten Beiträgen im Vergleich zu den zu erwartenden Rentenansprüchen der aktiven und nachwachsenden Generation zu deren (laufenden) Beitragsverpflichtungen akzeptiert, dann ist eine beitragsstabilisierende gleitende Rentenniveauabsenkung als verteilungsgerechte und sachadäquate Maßnahme anzusehen.

Kommt es zu diesen – nach Lage der Dinge – unvermeidbaren Rentenniveauabsenkungen, die, um es zu wiederholen, aus Gründen der

- Akzeptanz des Systems via Beitragsstabilisierung,
- Arbeitskostenstabilisierung und
- intergenerativen Gerechtigkeit

vollzogen werden, bedeutet dies, daß die durch unser Rentensystem intendierte Lebensstandardsicherungsfunktion nicht aufgegeben, wohl aber reduziert würde, mit der Konsequenz einer mittel- bis langfristig verstärkten komplementären privaten Altersvorsorge einer wachsenden Zahl von Haushalten. Gleichermaßen steigt das Erfordernis der *betrieblichen Altersversorgung*. Seine Bedeutung wird allerdings auch nur dann zunehmen, wenn die betriebliche Altersversorgung erleichtert und nicht – wie es kontraproduktiverweise in der jüngeren und jüngsten Vergangenheit der Fall war – steuerlich erschwert wird.

Die Entwicklung der Beamtenversorgung, in der die langfristigen Finanzierungsprobleme noch größer als in der GRV sind, weil zu den demographischen Problemen noch strukturelle Probleme hinzukommen, hängt am meisten vom Willen des Gesetzgebers ab. Geht man davon aus, daß die Zugehörigkeit zu unterschiedlichen Systemen – etwa die Beamtenversorgung und gesetzliche Rentenversicherung – keine größeren Unterschiede zwischen den Teillösungen rechtfertigt, als der Sache nach geboten sind, so wird es auch hier zu Kürzungen des Leistungsniveaus kommen.

Literatur

Bundesministerium für Arbeit und Sozialordnung (Hg.): Alterssicherung in Deutschland 1995, Schnellbericht, München 1996
Deutscher Bundestag (Hg.): Enquete-Kommission „Demographischer Wandel". Herausforderung unserer älter werdenden Gesellschaft an den einzelnen und die Politik, Zwischenbericht, Bonn 1994
Deutsches Zentrum für Altersfragen (Hg.): Expertisen zum ersten Altenbericht der Bundesregierung. Aspekte der Alterssituation im Osten und Westen der Bundesrepublik, Bd. II, Berlin 1993
Farny, D. (Hg.): Lebenssituationen älterer Menschen. Beschreibung und Prognose aus interdisziplinärer Sicht, Berlin 1996
Forschungsinstitut der Friedrich-Ebert-Stiftung (Hg.): Gesprächskreis Arbeit und Soziales, Nr. 53: Harmonisierung der Rentenversicherungssysteme, Bonn 1995
Konrad-Adenauer-Stiftung (Hg.): Interne Studien, Nr. 117: Langfristige Stabilisierung der gesetzlichen Rentenversicherung. Reform-Modelle im Vergleich, Sankt Augustin 1995
Naegele, G.: Zwischen Arbeit und Rente. Gesellschaftliche Chancen und Risiken älterer Arbeitnehmer, Augsburg 1992
Rürup, B.: Hält der Generationenvertrag? Soziale Sicherung im Alter, in: Deutsches Institut für Fernstudienforschung an der Universität Tübingen (Hg.): Funkkolleg Altern, STE 16, Tübingen 1997
Ruland, Franz (Hg.): Handbuch der deutschen Rentenversicherung. Festschrift aus Anlaß des 100jährigen Bestehens der gesetzlichen Rentenversicherung, im Auftr. d. Vorstands d. Verb. Dt. Rentenversicherungsträger (VDR), Neuwied 1990
Schmähl, W.: Mindestsicherung im Alter. Erfahrungen, Herausforderungen, Strategien, Frankfurt a.M. 1993
Statistisches Bundesamt (Hg.): Einkommens- und Verbrauchsstichprobe 1993, Heft 2: Vermögensbestände und Schulden privater Haushalte, Berlin 1996
Verband Deutscher Rentenversicherungsträger (Hg.): Prognose-Gutachten 1995. Perspektiven der gesetzlichen Rentenversicherung für Gesamtdeutschland vor dem Hintergrund veränderter politischer und ökonomischer Rahmenbedingungen, DRV-Schriften, Bd. 4, Basel 1995
Wagner, P. S.: Die erwerbsförmige Beschäftigung von Rentnerinnen und Rentnern. Praxisfall der Alterserwerbstätigkeit, in: Deutsche Renten Versicherung, Nr. 4, Frankfurt a.M. 1996, S. 231-242

Bert Rürup

Sexualität

1. Konstruktion des Gegenstandes

Der Begriff „Sexualität" und damit die moderne Vorstellung von einem einheitlichen und abgrenzbaren Phänomen entstand im Übergang vom 18. zum 19. Jahrhundert zu Beginn der neuzeitlichen Gesellschaftsformen in Europa, zeitgleich mit dem modernen Verständnis anderer Begriffe aus dem makrosozialen Bereich wie „Gesellschaft", „Staat" und „Nation", zu denen es eine Art Gegenbild darstellt, insofern Sexualität als triebgesteuerte Naturerscheinung gedacht wurde, der sich die Kräfte der Kultur gegenüberzustellen hatten, um sie unter Kontrolle zu halten. Einen wichtigen Hintergrund hierzu bildete die tief in die kulturelle Basis Europas eingesunkene Leibfeindlichkeit des Christentums. Sexualität als Begriff und Erscheinung wurde in dieser dualistischen Einteilung der Welt in gleicher Weise untergeordnet wie die Natur der Kultur, der Körper dem Geist, und im sozialen Feld die Frau dem Mann. Eine neue Formulierung und in gewisser Weise einen Höhepunkt fand diese Vorstellung im Übergang zum 20. Jahrhundert in der Psychoanalyse Sigmund Freuds. Zugleich war im Weltbild Freuds eine doppeldeutige Botschaft enthalten. Zwar war die Kanalisierung und Sublimierung von Sexualität durch Kultur notwendig, doch in Form einer „Wiederkehr des Verdrängten" verlangten die Lustregungen des naturhaften „Es" ihren Tribut, denen sich die zivilisierenden Kräfte des „Über-Ichs" zwar entgegenstellen, aber sie nicht besiegen konnten. Das (bürgerliche, männliche) „Ich", so die Botschaft Freuds, war eben nicht „Herr im Haus".

Aus dieser Zuordnung von Sexualität zum Bereich des Natürlich-Triebhaften entstanden zwei entgegengesetzte und zugleich aufeinander angewiesene Positionen, der Diskurs der Repression und der Diskurs der Befreiung (Ariès 1984, Foucault 1977). Zum einen wird die erfolgreiche Naturbeherrschung zur Bedingung und Begleiterscheinung der Industrialisierung des 19. und 20. Jahrhunderts, und dies eben auch in der „Naturbeherrschung am Menschen" (zur Lippe). Mit der „Erfindung" der Sexualität als modernem Phänomen wird sie katalogisiert entlang den Unterscheidungskriterien normal/pervers, gesund/krank, legitim/illegitim, und die daraus entstehenden Kontrollideen finden Eingang z.B. in die Vorstellung von Medizin, Erziehung, Ehe und Familie, Mann und Frau. Zum anderen gelangt Sexualität durch diese Katalogisierung allmählich zu einem Art Anrecht auf eine eigenständige Existenz, aus der sich, zum Teil vermischt mit dem Kontrolldiskurs, zum Teil davon abgegrenzt, ein Befreiungsdiskurs entwickelt. So sind die Klassiker der im 19. Jahrhundert entstehenden *Sexualwissenschaft*, z.B. Krafft-Ebing, Kaan und Ellis, sowohl Erfinder und Verwalter des „Perversen" in allen seinen Spielarten, als auch von aufklärerischem Gedankengut gegenüber den derart kategorisierten Erscheinungen durchdrungen. Ähnliches gilt für die Vielzahl von Körpertechniken, die ab Mitte des 19. Jahrhunderts in Medizin, Naturkunde, Sport, Erziehung und Lebensreformbewegung entstehen und dabei auf eine klare Grenzlinie zu allem Sexuellem achten (König 1990). Man will durch die Propagierung eines „natürlichen" Lebensstils den Körper von den „Einengungen der Zivilisation" befreien, die bürgerliche Legitimität soll jedoch gewahrt bleiben. Als für die Erforschung der Sexualität zuständige Wissenschaft etablieren sich in dieser Phase vor allem Biologie, Medizin, und Psychiatrie.

Gegen Ende des 19. Jahrhunderts und dann vor allem in den 20er Jahren und nochmals verstärkt wieder ab den 60er Jahren unseres Jahrhunderts setzt sich der Befreiungsdiskurs durch unter dem Etikett der „*sexuellen Revolution*". Leitwissenschaften dieses Diskurses sind die Kultur- und Sozialwissenschaften, die die kulturelle Vielfalt zwischen wie innerhalb der Kulturen dafür nutzen, die gesellschaftliche Formung der Sexualität zu thematisieren, ohne jedoch ihre natürlichen Grundlage in Frage zu stellen. Es ist dann paradoxerweise gerade der Erfolg des Befreiungsdiskurses, der sich an einer zunehmenden

„Freisetzung" des Sexuellen zeigt, der ihm allmählich den Boden entzieht, da dies gleichzeitig mit einer verstärkten Vergesellschaftung des Sexuellen einhergeht. Der Befreiungsdiskurs wendet sich nun vor allem gegen die „falsche" Freiheit der „repressiven Entsublimierung" (Marcuse), der die sexualontologische „Wahrheit des Sexuellen" (Sigusch) entgegengesetzt wird. Die „Unwahrheit" der Sexualität wird nun nicht mehr in ihrer Unterdrückung, sondern in ihrer gesellschaftlichen Formierung gesehen, wodurch die Utopie der Möglichkeit einer unvergesellschafteten und „natürlichen" Sexualität aufrecht erhalten wird.

Inzwischen ist dieser doppelte Diskurs am Ende seiner Möglichkeiten angekommen, ohne daß jedoch schon klar wäre, was sich an seine Stelle setzt, bzw. welche Wissenschaften sich als Leitwissenschaften durchsetzen werden. Mögliche begriffliche Unterscheidungen werden nicht mehr als Abbild „natürlicher" Wirklichkeiten gedacht, sondern als kulturelle bzw. wissenschaftliche (Re-)Konstruktionen, so z.B. die Unterscheidung zwischen „Sexuellem" als körperlicher, biophysiologischer Grundlage, „Sexualität" bzw. „Sexualitäten" als kulturell Geformtem und „Sex" als körperlich registrierbarem Geschehen. Von der Denaturalisierung betroffen sind gleichfalls die Vorstellungen von den Sexualsubjekten. Bislang wurde auch in den Sozialwissenschaften die Kategorie „Geschlecht" in ihren Ausprägungen „Mann" und „Frau" als eine nicht weiter zu befragende Grundlage des Sexuellen angesehen. Nun werden die Kategorien selbst als soziale Konstrukte sichtbar. Dies gilt auch für die Vorstellungen zum Sexualobjekt, die in den Begriffen *Heterosexualität* und *Homosexualität* aufgehoben sind, mit denen ja nicht nur Verhalten beschrieben werden soll, sondern Eindeutigkeit sexueller Präferenz und darauf aufbauende Identitäten. Heterosexualität, bislang als nicht weiter zu befragende Normalität gedacht, wird genauso erklärungsbedürftig wie Homosexualität.

2. Sexualität in den Sozialwissenschaften

Von einer im engeren Sinne sozialwissenschaftlichen bzw. soziologischen Thematisierung von Sexualität läßt sich erst für die Zeit nach dem Zweiten Weltkrieg reden, so wie in ihren Anfängen die Soziologie, bis auf Ausnahmen (Elias 1939), insgesamt dem Körper wenig Aufmerksamkeit gewidmet hat oder ihn in (sozial)philosophischer Sichtweise abhandelte. Die sexualwissenschaftliche Debatte der Weimarer Republik war von Medizinern (z.B. Iwan Bloch, Magnus Hirschfeld) und Psychoanalytikern (Sigmund Freud, Wilhelm Reich) dominiert und wurde durch den Nationalsozialismus zum Stillstand gebracht bzw. durch „Rassen- und Erblehre" ersetzt.

Den Anfang einer sozialwissenschaftlichen Erforschung der Sexualität, die den Gegenstand auch empirisch zu erfassen versuchte, machte paradoxerweise ein Biologe, der Amerikaner Alfred Kinsey, der zusammen mit einem Team von Forschern 1948 und 1953 zwei umfangreiche Untersuchungen über das sexuelle Verhalten des Mannes bzw. der Frau vorlegte. Der durchschlagende Erfolg dieser *Kinsey-Studien*, die 1964 in deutscher Übersetzung erschienen, liegt zum großen Teil darin begründet, daß sie – im Gegensatz zu den Forderungen und Behauptungen einer eher engen rechtlichen, sexualmoralischen und normativen Zeitstimmung – die faktische Ausdifferenzierung sexueller Verhaltensweisen in allen untersuchten Bevölkerungsgruppen aufwiesen.

Der erste und lange Zeit einzige Soziologe der sich in der Bundesrepublik zu einer „Soziologie der Sexualität" äußerte war Helmut Schelsky (1955). Die „umgekehrten Moralpredigten" Kinseys und der darin enthaltene „Anspruch, die normativen Bewertungen den Tatsachen anzugleichen oder wenigstens anzunähern" (ebd.: 52) waren ein Hauptziel seiner Kritik, die sich insgesamt gegen die normative Aufweichung, die Gleichzeitigkeit von Publizierung und Psychologisierung der Sexualität und ihre Ersetzung durch Konsum wandte und statt dessen die Wichtigkeit der Einbettung von Sexualität in die gesellschaftlichen Institutionen von *Ehe* und *Familie* betonte. Ohne daß man seine Bewertungen zu teilen braucht, erscheinen aus heutiger Sicht, in gutem Abstand zum Idealismus der 60er Jahre, manche von Schelskys Prognosen durchaus passend. Zugleich fällt die Nähe dieser eher konservativen Position zur linken Zeitdiagnose auf, nur daß die „Befreiung" von Schelsky eben nicht in der Sexualutopie, sondern innerhalb der gesellschaftlichen Institutionen gesucht bzw. gesehen wurde. Dies weist darauf hin, daß die sozialwissenschaftliche Debatte über Sexualität in die klassische Falle linker wie rechter Kulturkritik geriet. Deutlich wird dies an der von beiden Seiten gleichermaßen geäußerten Kritik, daß Sexualität in zunehmenden Maße „geschäftsfähig" wurde, ohne zu thematisieren, daß dies auch ein Zeichen ihrer „Kulturfähigkeit" war und damit der Körper, seine Darstellung, Symbolisierung und die „Techniken des Körpers" (Mauss) verstärkt zum Medium sozialer Distinktion (Bourdieu) wurden. Reflektiert diese Kritik daher ihre eigene Position im Feld kultureller Auseinandersetzungen nicht mit, so setzt sie diese kulturelle Distinktion im Feld der Wissenschaft häufig nur fort, anstatt sie zu analysieren. So finden sich in den kulturkritischen Klagen über die Sexualisierung der Warenwelt, über Narzißmus und Hedonismus ähnliche Abgrenzungen gegenüber dem „billigen" und „rohen" Vergnügen wie in anderen kulturellen Feldern auch (König 1990).

Die empirische Arbeit Kinseys wurde in der Bundesrepublik durch eine psychiatrisch und medizinisch orientierte *Sexualwissenschaft* aufgenommen, die vor allem um den Hamburger Mediziner Hans Giese angesiedelt war und aus der viele der in der Bundesrepublik tätigen Sexualwissenschaftler (z.B. Sigusch, Schmidt, Schorsch) hervorgegangen sind. Von der psychiatrischen Tradition her durchaus als liberal einzustufen, war es für diese Sexualwissenschaftler jedoch ein weiter Weg von der klinischen Diagnose und Therapie sexueller Perversionen zu einem sozialwissenschaftlich fundierten Verständnis der sozialen Formierung von Sexualitäten.

Diese empirisch arbeitende *Sexualwissenschaft* bekam ab den 60er Jahren Konkurrenz durch den Markt der populären „*Sexualreporte*", die mal mit Zahlen, mal in Einzeldarstellungen über Sexualität berichteten, wobei Ergebnisse aus den USA zumeist ohne weitere Problematisierung auf die Bundesrepublik übertragen wurden. Das sich darin zeigende große öffentliche Interesse an Sexualität z.B. in den Medien ließ den Eindruck entstehen, daß schon der letzte Winkel erforscht sei, was aber weder für die USA noch für die Bundesrepublik gilt, in der es bis heute keine als repräsentativ geltende Untersuchung zu Sexualität gibt, sondern nur zu Teilpopulationen, z.B. Jugendlichen und Studenten. Letztere stellen wahrscheinlich die bestuntersuchte Population überhaupt in der BRD dar. In den USA kam es erst Ende der 80er Jahre zu einer ähnlich groß angelegten Studie wie die Kinsey Reporte (Laumann 1994), die ihre Finanzierung nur unter Schwierigkeiten gegen konservativen politischen Druck sichern konnte, obwohl sie sich nach der zunehmenden Verbreitung des *Aids*-Virus gesundheitspolitisch legitimieren konnte. In der Bundesrepublik wurden aufgrund des durch die Aids-Hysterie ausgelösten ordnungspolitischen Druckes ebenfalls wieder vermehrt empirische Untersuchungen initiiert, deren Wert aber zugleich wieder eingeschränkt wurde, wenn ihre sexualpolitische Zielsetzung zu sehr überwog.

Die Entwicklung der *Sexualwissenschaft* in der *DDR* bis zum Zusammenbruch des politischen Systems weist, bei allen Unterschieden aufgrund der anderen politischen Rahmenbedingungen, viele Parallelen zur Bundesrepublik auf. Auch hier wurde sie von medizinisch-psychiatrischen Ansätzen dominiert, die sich erst allmählich zu sozialwissenschaftlichen Fragestellungen vorarbeiten mußten, welche jedoch von sozialmoralischen Maximen dominiert blieben (Hohmann 1991). Auch in der DDR beschäftigte sich die Sexualforschung vorrangig mit Jugendlichen und Studenten und sah eines ihrer Hauptziele darin, dem sexualpolitischen, -rechtlichen und -pädagogischen Diskurs und den dahinter stehenden Institutionen wissenschaftliche Materialien über die „sexuelle Befindlichkeit" der Bürger zur Verfügung zu stellen. Ebenso wie in der BRD entstand ab den 60er Jahren ein

Sexualität

dichtes Netz von Ehe-, Erziehungs- und Sexualberatungsstellen, das in der BRD durch ein ebenso dichtes Netz von Sexläden ergänzt wurde. Während also die Kommerzialisierung auf den Westen beschränkt blieb, ließ sich ein Trend zur Psychologisierung und Pädagogisierung von Sexualität zeitgleich in BRD wie DDR ausmachen.

Die in beiden politischen Systemen vorherrschende Ausrichtung der *Sexualforschung* auf sexualpolitische und sexualpädagogische Ziele hat, relativ unabhängig von der jeweiligen inhaltlichen politischen Orientierung, zu einer Abkoppelung von relevanten theoretischen Diskursen und einer weitgehenden Theoriearmut geführt (Ausnahme: Lautmann 1984, 1992). Aus dem Verständnis von allgemeinen gesellschaftlichen Veränderungen, d.h. aus Ansätzen, die Sexualität nicht ins Zentrum ihrer Betrachtung stellen, läßt sich daher oft mehr über diesen Bereich entnehmen als aus der eigentlichen sexualwissenschaftlichen Literatur.

3. Sexualität im sozialen Wandel

Von Sexualität zu reden heißt, von ihrem gesellschaftlichen Wandel zu reden. Schon für die historisch relativ kurze Zeitspanne der BRD ist dieser Wandel beachtlich. Die deutsche Nachkriegsgesellschaft stand in ihren Anfängen vor enormen wirtschaftlichen Problemen und sozialen Desintegrationserscheinungen, was mit einem kulturell konservativen Klima einherging, das nicht an die Vitalität der Weimarer Republik anzuschließen vermochte, sondern die enge Weltsicht der bürgerlichen Gesellschaft im Kaiserreich fortzusetzen schien. In der wirtschaftlichen Aufbauphase der 50er und frühen 60er dominierte ein konservatives Verständnis des Verhältnisses von Mann und *Frau* innerhalb wie außerhalb der *Ehe*. Die Frau sollte möglichst unberührt in die Ehe gehen, sich in der Ehe dem Mann unterordnen, Kinder bekommen und aufziehen. Dem Mann wurden zwar vor der Ehe mehr Erfahrungen erlaubt als der Frau. Aber so wie sie sich nicht „wegwerfen" sollte, so sollte er sich nicht „verschwenden", vielmehr sich um sein berufliches Fortkommen und für die Möglichkeit des Aufbaus einer Familie sorgen. Die Primärtugenden der Pflicht standen im Vordergrund. Dieses Bild von Sexualität und Familie dominierte normativ und weitgehend auch faktisch die kulturell legitimen Lebensformen in der BRD bis in die Mitte der 60er Jahre.

Mit der wirtschaftlichen Konsolidierung der BRD traten die kulturellen Auseinandersetzungen wieder mehr in den Vordergrund. Vor allem getragen von der entstehenden Jugendkultur, z.B. in Studentenbewegung und Popkultur, wurde das traditionelle Verhältnis von *Familie* und Sexualität in Frage gestellt. Eng gekoppelt mit dieser Differenzierungsbewegung war die Entstehung der Sex-Industrie, die aus ihrem Schattendasein heraustreten konnte und zu einem Bestandteil der Massenkultur wurde. Im Vordergrund der sozial- und sexualwissenschaftlichen Debatte standen Schicht- bzw. Klassenunterschiede, z.B. in Form von Untersuchungen über Arbeitersexualität und Studentensexualität. Die Entwicklung von neuen Verhütungsmitteln, vor allem der „Pille", führte zu einer Entkoppelung von Sexualität und Fortpflanzung, was die Gestaltungsräume vor allem weiblicher Sexualität vergrößerte.

Nutznießer der *Bildungsreform* der 60er und 70er Jahre waren zudem nicht die vorrangig anvisierten Arbeiterkinder, sondern ebenfalls vor allem die Frauen (aus den Mittelschichten), die sich nun verstärkt auf den Arbeitsmarkt hin orientierten. Die Veränderungen bezüglich der geschlechtsspezifischen Aufteilung von Familie und Beruf, sowie der dazugehörigen Segregation des Arbeitsmarktes wurden kulturell und ideologisch begleitet, überformt und vorwärtsgetrieben vom entstehenden *Feminismus* in seinen verschiedenen Schattierungen. Klassengegensatz und Klassenkampf wichen Geschlechtergegensatz und Geschlechterkampf.

Die sexuelle Liberalisierung der 60er und 70er Jahre fand ihren Niederschlag in der Strafrechtsreform von 1975, die von einem Rückzug strafrechtlicher Sexualkontrolle geprägt war. Dies betraf zum einen das *Sexualstrafrecht* selber, z.B. in den Regelungen über

Pornographie und Homosexualität, in der Abschaffung des Kuppeleiparagraphen und des dazugehörigen Begriffes der „Unzucht"; es zeigte sich aber auch z.B. im Familienrecht in den Regelungen zum „Ehebruch", zur Scheidung und in der beginnenden rechtlichen Angleichung der zahlreicher werdenden „nichtehelichen Lebensgemeinschaften", sowie durch die Reform des § 218, durch die Abtreibungen erleichtert wurden.

Die 80er Jahre, wirtschaftlich instabiler als die 70er und politisch eher restaurativ, verstärkten dennoch die Tendenz zur Pluralisierung familialer wie nichtfamilialer Lebensformen, letztere vor allem in der Form von Alleinlebenden. Der Rückgang von Heiratszahlen und Geburten, sowie der Anstieg von Scheidungen waren ein Ausdruck davon, bei gleichzeitig gestiegenen Glückserwartungen an Beziehung, Ehe und Familie. Es entstand eine zunehmend ausdifferenzierte Freizeit- und Körperkultur, die nicht mehr wie ihre Vorgänger in der Weimarer Republik und der Nachkriegszeit auf eine sorgfältige Ausgrenzung von allem Sexuellen achtete, sondern Sexualität in einer domestizierten Form integrierte unter den Slogans von Fitness, Gesundheit, Spaß und Wohlbefinden.

Dieser Ausdifferenzierungsprozeß führte dazu, daß sich bislang vor allem aufgrund ihrer Sexualität ausgegrenzte *Lebensformen* stärker öffentlich darzustellen und für ihre Rechte zu kämpfen begannen. Dies betrifft vor allem Homosexuelle beiderlei Geschlechts, wobei sich bis heute die Frauen aufgrund von Überschneidungen mit feministischen Gruppierungen als stärker politisiert und ideologisiert darstellen als die Männer. Nicht zuletzt ist das größer werdende Selbstbewußtsein von früheren Randgruppen ließ deutlich werden, daß die bislang wirksamen Frontziehungen zwischen sexuell „Repressiven" und „Fortschrittlichen" zu bröckeln begannen. Deutlich wurde dies an der Ende der 80er Jahre von feministischen Gruppierungen geführten Kampagne gegen (Gewalt-)*Pornographie*, die hierfür Verbündete im konservativen Lager fanden, aus dem heraus zugleich das Privatfernsehen gefördert wurde, durch dessen Programme medialer Sex direkten Einlaß in bundesdeutsche Wohnzimmer fand. Gleichzeitig wurde in Teilen der Lesbenszene Pornographie und der Sadomasochismus entdeckt, so wie sich insgesamt die Sex-Industrie in dem gleichen Maße ausdifferenzierte wie ihr Klientel. Die neue Unübersichtlichkeit (Habermas) hatte den Umgang mit dem Sexuellen erreicht.

Ab der zweiten Hälfte der 80er Jahre wurde die Gefahr des sich ausbreitenden *Aids*-Virus zu einem bestimmenden Faktor der Auseinandersetzungen über Sexualität. Zweierlei wurde durch die losgetretene Lawine von Forschungen und Präventionsprogrammen deutlich: Nicht mehr Moral sondern Gesundheit war der Leitwert für die Beurteilung von Sexualität. Dadurch wurde vor allem die weitere Pädagogisierung von Sexualität gefördert, allerdings ohne daß der öffentliche Diskurs über Sexualität in Medien, Politik, Gesundheits- und Erziehungswesen, sowie in der Sex- und Vergnügungsindustrie in größerem Ausmaß Veränderungen im Sexualverhalten bewirkte. D.h. Vergnügungs-, Moral- und Gesundheitsdiskurs zeigen sich alle drei eher als Epiphänomene gegenüber den sozialstrukturellen Veränderungen in Arbeits- und Lebenswelt. Zugleich muß von den sozialen Akteuren die sich vergrößernde Kluft zwischen ihrem alltagsweltlichen Leben und Erleben und den Versprechungen und Forderungen dieser Diskurse individuell verarbeitet werden, um angesichts der suggerierten Möglichkeiten nicht andauernd der Vorstellung ausgesetzt zu sein, entweder etwas zu verpassen oder zu versagen.

Diese Ausdifferenzierung von (sexuellen) *Lebensstilen* führt nun keineswegs zu einer Auflösung des normativen Zentrums und damit der gesellschaftlichen Kontrolle von Sexualitäten insgesamt. Vielmehr läßt der Rückgang der Verbotspolitik im Sexuellen es zu einem kulturellen Phänomen werden wie anderes auch. Die Unterschiede zwischen legitim und illegitim verschwinden nicht, sie werden kleiner und feiner. Zugleich gibt es eine Ausrichtung auf ein fiktives Zentrum hin, das paradoxerweise gerade auch von den Rändern her durch die Forderung nach Gleichberechtigung und Gleichstellung aufrechter-

Sexualität

halten wird. Verdeutlichen läßt sich dies an ehemals randständigen Lebensformen, z.B. nichtehelichen Lebensgemeinschaften und homosexuellen Paaren – deren Lebensmodelle sich anfänglich explizit gegen die staatlich geförderten Formen herausgebildet hatten, – die nun ihre wirtschaftliche und rechtliche Gleichstellung einfordern.

Diese erneute Tendenz zur *Verrechtlichung* findet sich auch in explizit die Sexualität betreffenden Bereichen, z.B. bezüglich rechtlicher Regelungen zur *Vergewaltigung* in der Ehe, zu Kindesmißbrauch und Kinderpornographie. Es vermischen sich hier der Kampf gegen altes patriarchalisch geprägtes Besitzdenken gegenüber Frauen und Kindern, demgemäß man sich lange Zeit z.B. eine Vergewaltigung der Ehefrau nicht vorstellen wollte, mit einem sexualmoralischen Diskurs, der sich alter Klischees bedient, z.B. vom „triebhaften" Mann und „unschuldigen" Kind. Während es noch offen ist, ob sich die Tendenz staatlicher Institutionen, sich z.B. durch Entrechtlichung weiter aus dem Sexualleben der Bürger zurückzuziehen, weiter fortsetzt oder durch eine neue Verrechtlichung abgelöst werden wird, so wird doch deutlich, daß sich in dem derart freigelegten Raum nun eine Vielzahl von semistaatlichen und privaten Organisationen, zum Teil mit fließenden Übergängen zur Vergnügungsindustrie, zum Teil in Konkurrenz zu dieser, um Definition, Bewertung, Vermarktung und Kontrolle von Sexualität bemühen.

4. Sexualität in der empirischen Forschung

Der zugleich intime wie öffentliche Charakter von Sexualität, der das Befragte sowohl abschottet als auch den vorgefertigten Bildern der öffentlichen Meinung unterwirft, die geringe forschungstechnische und theoretische Reflexion des Zusammenhangs von Verhalten und Einstellung, die fehlende Repräsentativität und die Bevorzugung von Jugendlichen und Studenten, deren Lebensphase durch eine aufgeschobene Integration in den Arbeitsprozeß charakterisiert ist, das Fehlen von Längsschnittuntersuchungen, all dies führt dazu, daß die Aussagekraft empirischer Forschung eingeschränkt bleibt.

Untersucht werden zumeist sexuelle Handlungen wie Masturbation, erster Beischlaf, verschiedene Sexualtechniken, Orgasmus usw., die dann mit den üblichen Statusmerkmalen korreliert werden, vor allem Alter, Geschlecht, Schicht, Religion, Regionalität, politische Einstellung. Wenig Berücksichtigung finden Partnerschaftsformen und -situationen sowie das soziale Umfeld.

Die Ergebnisse aus Untersuchungen zur Sexualität bei Jugendlichen und jungen Erwachsenen in der BRD ordnen sich ein in einen allgemeinen Trend der westlichen Industrienationen in Richtung größerer „*Permissivität*" gegenüber Sexualität sowohl in Einstellung wie Verhalten. Dieser Wandel ist besonders deutlich für die 60er und 70er Jahre nachweisbar und „läßt sich so zusammenfassen: Schichtunterschiede im sexuellen Verhalten werden geringer, der Einfluß der mit sexueller Permissivität hoch korrelierten religiösen Bindung schwindet und der (restriktive) Einfluß der Eltern auf die Sexualität ihrer Kinder läßt nach" (Clement 1986: 17). Dieser Wandel hat sich in den 80er und 90er Jahren stabilisiert, jedoch nicht weiter zugenommen. Das Aufkommen von Aids hat hierauf kaum nennenswerten Einfluß gehabt.

Bei beiden Geschlechtern sinkt das Alter, in dem die ersten Masturbations- bzw. Koituserfahrungen gemacht werden. Am deutlichsten ist der Wandel bei den Frauen nachzuweisen. In Bezug auf Koituserfahrungen kommt es sogar zu einem „Umkippen' des Geschlechtsunterschiedes zugunsten der Frauen" (Clement 1986: 76), von denen Anfang der 80er Jahre 80% bis zum 20. Lebensjahr Geschlechtsverkehr hatten gegenüber 67% bei den Männern (ebd.: 44). Sexuelle Aktivität koppelt sich für beide Geschlechter sowohl in Einstellung wie im Verhalten ab von der Institution *Ehe*, d.h. voreheliche und eheliche Sexualität gleichen sich an. Die Anzahl der Sexualpartner im Lebensverlauf steigt und Treue in einer Paarbeziehung spielt nicht mehr eine so große Rolle; akzeptiert wird jedoch sowohl von verheirateten wie von nichtverheirateten

Paaren nur der „Seitensprung", nicht die dauerhafte Zweitbeziehung. Es bildet sich das Muster einer *Monogamie* auf Zeit heraus. Homosexuelle Erfahrungen haben nur bei den Frauen etwas zugenommen, sind aber immer noch geringer als bei den Männern, bei denen nur eine minimale Zunahme festgestellt werden kann. In der Untersuchung von Clement (1988: 51f.) hatten 25% der männlichen und 18% der weiblichen Studenten bis zum Alter zwischen 20 und 30 Jahren homosexuelle Kontakte gehabt, wobei vor allem für die Männer ein großer Teil dieser Kontakte in den Zeitraum der Pubertät fällt. Im Jahr vor der Befragung hatten nur 5% der Männer und 4% der Frauen homosexuelle Erlebnisse. Vergrößert hat sich jedoch die allgemeine Akzeptanz von *Homosexualität*. Ähnliches gilt auch für die Einstellungen gegenüber Masturbation. Insgesamt hat sich die Bandbreite von praktizierten *Sexualtechniken* vergrößert und die Relevanz von normativ-moralischen Bewertungen dieser Techniken verringert, so daß zunehmend von den Paaren selbst ausgehandelt wird, welche sexuellen Praktiken akzeptiert sind.

Vergleicht man die Angaben der Männer mit denen der Frauen, so läßt sich das Resultat als eine Angleichung im Verhalten interpretieren. Jungen und junge Männer erleben ihre Sexualität nicht mehr als so „dranghaft" und verbinden sie stärker mit Liebe, Beziehung und Treue. Mädchen machen früher, häufiger und selbständiger sexuelle Erfahrungen, sind aber zugleich weniger zufrieden mit diesen Erfahrungen als früher (Schmidt 1993: 6). Dies kann als Ausdruck stärkerer sexueller Selbstbehauptung oder größerer Nüchternheit im „Geschlechterkampf" angesehen werden. Es entspricht zugleich dem generell kritischer gewordenen Verhalten von Frauen in Beziehungen, was sich auch in einer größeren Bereitschaft zu Trennung und Scheidung zeigt, falls eine Beziehung nicht mehr als befriedigend wahrgenommen wird.

Dabei zeigt sich in Ansätzen eine gewisse Paradoxie der Veränderung. Die zunehmende Entkoppelung der Sexualität von Fortpflanzung, *Ehe* und *Familie* geht zumindest für Jugendliche einher mit einer Familialisierung von Sexualität, da die Haltung der Eltern zur Sexualität ihrer Kinder sich verändert hat. Im Vordergrund steht nicht mehr das Verbot, sondern die Duldung und Unterstützung – damit aber auch die familiäre Einbindung der jugendlichen Sexualität. Jungen wie Mädchen übernehmen zwar aufgrund der permissiveren Einstellung ihrer Eltern früher als bisher mehr Verantwortung für ihre Sexualität; zugleich unterliegt diese stärker der familiären Kommunikation und ist daher weniger als bisher ein Vehikel der Loslösung von der Herkunftsfamilie.

In der *DDR* ließen sich im gleichen Zeitraum ähnliche Veränderungen feststellen mit einigen wichtigen Unterschieden, die in der Struktur den Unterschieden zwischen den 70er und den 90er Jahren in der BRD entsprechen, was als *„verzögerte Modernisierung"* (Schmidt) interpretiert werden kann. Beide Geschlechter waren stärker als in der BRD traditional auf Ehe und Familie, feste Partnerschaft und Kinderwunsch hin orientiert, dies trotz der relativ größeren materiellen Emanzipation der ostdeutschen Frauen, der im Westen eine kulturell weiter fortgeschrittene Emanzipation gegenübersteht.

Der wesentlichste Hintergrund aller dieser Veränderungen ist das gewandelte kulturelle Verständnis der Zweigeschlechtlichkeit, das wiederum unmittelbar zusammenhängt mit Veränderungen des Arbeitsmarktes und der geschlechtsspezifischen Arbeitsteilung und deren Auswirkungen auf Beziehungsformen, Ehe und Familie.

5. Neuere theoretische Perspektiven

In der amerikanischen sexualwissenschaftlichen Forschung finden sich interessante Versuche, auf diese Veränderungen in den westlichen Industrienationen zu reagieren (Laumann 1994). Die „Scripting"-Theorie sexueller Verhaltensweisen löst sich von dem Gedanken, daß Sexualität und Kultur bzw. Gesellschaft entgegengesetzte Kräfte seien. Sie geht vielmehr davon aus, daß Sexualität sich in kulturell vermittelten Praktiken darstellt, die auf biologischen „Instinkten" aufbauen,

Sexualität

aber nicht von diesen determiniert sind. Diese kulturellen Praktiken werden vielmehr in einem andauernden *Akkulturationsprozeß* lebenslang erworben und individuell variiert. Ergänzt wird diese Sichtweise durch Marktmodelle sozialen Handelns, Netzwerk- und lebenslauforientierte Modelle.

Von einer zunehmenden *Permissivität* im Umgang mit Sexualität zu reden, bedeutet, daß Gestaltung und Kontrolle von Sexualitäten nicht mehr in der Sprache des Verbotes sondern des Gebotes erfolgt und auch nicht mehr in dem Maße durch Tradition, Norm und dazugehörige Institutionen, sondern stärker durch informelle Regelungen in Beziehungen, Familien und sozialen Netzwerken (Milieus, Subkulturen etc.) geregelt ist. Dem versuchen diese Ansätze gerecht zu werden.

Es stehen daher nicht mehr *Sexualtechniken* im Vordergrund, sondern die jeweiligen Beziehungsformen sowie der Einfluß des sozialen Kontextes bzw. *sozialer Netzwerke* beim Zustandekommen dieser Beziehungen. Diese Beziehungen wiederum werden nicht als Ergebnis einer Partnerwahl angesehen, sondern lassen sich angemessener als „differential association" (Laumann 1994: 266) beschreiben, da die Partnerwahl weitgehend durch soziale Homogamie gekennzeichnet, d.h. auf den sozialen Nahbereich eingegrenzt und damit vorentschieden ist.

Beschreibt man sexuelles Verhalten als ein derart sozial segregiertes Marktgeschehen, dann richtet sich die Aufmerksamkeit darauf, wie soziale Akteure, ausgestattet mit spezifischen und zumeist begrenzten Ressourcen, bestimmte Ziele zu erreichen versuchen. Die für das Handeln notwendigen Ressourcen umfassen Zeit, Geld, emotionale und physische Energien sowie Merkmale persönlicher Attraktivität, Prestige und Status. Dem Marktkonzept entnommen ist ebenfalls die Idee des einsetzbaren Humankapitals, z.B. Gesundheit und gutes Aussehen, sowie die Kenntnis der nötigen Interaktionsstrategien und basalen Spielregeln.

Im wesentlichen vier mögliche Ziele für das Verhalten auf diesem Markt lassen sich formulieren: sexuelle Lust bzw. sexuelles Vergnügen, emotionale Befriedigung in einer intimen Beziehung bzw. Bindung, der Wunsch nach Kindern, soziales Ansehen im jeweiligen relevanten Umfeld.

Das Marktmodell impliziert zugleich, daß der einzelne mit anderen Akteuren konkurriert, ob er will oder nicht. Potentielle Partner werden durch eine „feste" Beziehung oder eine Heirat zumindest vorübergehend vom Markt genommen. Für die Aufrechterhaltung dieser Partnerschaft bedarf es ebenfalls wieder der Investition von Ressourcen; und das Ausmaß der geleisteten Investitionen spielt eine wichtige Rolle bei der Frage, ob eine Beziehung beendet wird und in welcher Relation dies zu den notwendigen Investitionen bei einer eventuellen Rückkehr auf den Markt stehen würde. Die geleisteten Investitionen lassen sich messen am Grad der Institutionalisierung einer Beziehung: Handelt es sich um eine einmalige Begegnung, um eine kurzfristige Beziehung, um eine längerfristige Beziehung mit gemeinsamer Wohnung, um eine Ehe, gegebenenfalls mit gemeinsamen Kindern?

Entscheidungen in und für Beziehungen werden meist unter einem hohen Unsicherheitsfaktor gefällt, da die Informationslage begrenzt ist und zukünftige Entwicklungen nur eingeschränkt überblickt werden können. Hier spielt die Risikobereitschaft der Akteure eine Rolle, z.B. gegenüber Aids. Wesentlicher ist aber sicherlich der Umgang mit biographischen Ereignissen, z.B. dem Risiko einer ungeplanten Schwangerschaft und der Bereitschaft, die nun entstandene familiäre Beziehung einzugehen, oder eben trotz des üblicherweise institutionalisierenden Effekts von Kindern auch wieder kurzfristig zu verlassen.

Spielen *soziale Netzwerke* schon bei der Frage, ob eine Beziehung überhaupt zustande kommt, eine große Rolle, so steigt die Wichtigkeit von Freunden, Familie und Arbeitskollegen noch weiter, sobald die Beziehung eine gewisse Dauer haben soll. Dies gilt auch für andere soziale Instanzen, die mit Fragen der Beziehung, des Zusammenlebens, der Fortpflanzung zu tun haben, z.B. Vereine, Hausbesitzer, Beratungsstellen, Steuerbehörden oder auch sexualpolitische Lobbies, mit denen sich der einzelne eventuell verbunden fühlt oder die sich ihrerseits dazu berufen sehen, sich einzumischen. In diesem dichten Netz von Einflußnahmen eingewoben, wird die Art des sexuellen Kontaktes innerhalb wie außerhalb dieser Beziehung ausgehandelt. Zwar ist für eine sexuelle Beziehung ein Mindestmaß an sozialer Abkapselung notwendig, die sich zu besonderen Zeiten, z.B. der ersten Verliebtheit oder der Belastung durch ein Kleinkind, radikalisieren kann. Doch die soziale Kompatibilität der verschiedenen Welten, die in eine sexuelle Beziehung eingebracht werden, wird über ihre Dauer wesentlich mitentscheiden.

6. Permissivität, Abweichung und ordnungspolitischer Diskurs

Mit der zunehmenden *Permissivität* in Einstellung und Verhalten hat sich auch der Umgang mit sexuellen Übertretungen verändert. Die Grenzziehungen zwischen „normal" und „pervers" werden als Setzungen auf einem Kontinuum von möglichen Verhaltensweisen sichtbar. Die *Massenmedien* präsentieren dieses Kontinuum nicht nur, sondern geben den Akteuren selbst, Sadisten und Masochisten, Prostituierten, Dominas, Strichern, Pornostars usw. die Möglichkeit, sich als „Normale" mit einer absonderlichen Freizeitbeschäftigung oder als legitime Dienstleistung darzustellen, deren Inhalt zwar ungewöhnlich sein mag, deren Vollzug aber durchaus den allgemeinen Regeln einer konsumorientierten Marktgesellschaft entspricht. Das Vokabular der Normalität und die Forderung nach Gleichberechtigung wird genutzt, um Legitimität, wenn schon nicht im Zentrum der Gesellschaft, dann wenigstens an ihrer Peripherie einzufordern. Die sexuelle Vergnügungsindustrie macht Jahresumsätze in Milliardenhöhe (König 1990: 311ff.), die Übergänge zur legitimen Kultur sind ebenso fließend wie die zur kriminellen Grauzone. Hatten pornographische Produkte noch bis in die 70er Jahre hinein einen Beigeschmack von Aufstand gegen eine repressive Sexualmoral, so sind sie inzwischen zum Konsumgut geworden wie anderes auch.

Ähnlich ausdifferenziert ist auch die *Prostitution* als „ältestes Gewerbe der Welt", das zwischen Bordell und Eros-Center, den Privatwohnungen von „Edelnutten" und dem Auto- und Straßenstrich angesiedelt ist. Die Zahl der weiblichen Prostituierten in der alten Bundesrepublik wird auf 100.000 bis 400.000 geschätzt, die Zahl der täglichen Freier bis zu 1 Million (Dunde 1992: 198). Durch die Wiedervereinigung und die damit verbundene Öffnung des Marktes und Erweiterung des Rekrutierungsfeldes für Prostituierte nach Osten dürften sich diese Zahlen weiter erhöht haben. Zwar steht die Prostitution weiterhin am Rande der Gesellschaft, doch erscheint ihre berufrechtliche Anerkennung nur eine Frage der Zeit, zumal die Einkünfte schon besteuert werden. Die Wirkung dieser sozialen und rechtlichen Normalisierung der Prostitution ist zwiespältig. Einerseits wird dadurch die häufig schwierige Lebenssituation ebenso wie die Ausstiegsmöglichkeiten der betroffenen Frauen verbessert, andererseits die weitere Ausdifferenzierung gefördert.

Dieser Strukturwandel von Prostitution und *Pornographie* als den „traditionellen" Institutionen einer geregelten Abweichung, die sich der Regeln einer Konsumgesellschaft bedient, schlägt nun im sexual- und ordnungspolitischen Diskurs auf diese Gesellschaft zurück. Während die früheren Gegner der Liberalisierung, z.B. Kirche und konservative Moralunternehmer weitgehend verstummt sind, waren es Teile der feministischen Bewegung, die diese Entwicklung als Prostituierung und Pornographisierung der Gesellschaft anklagten. In ihren radikalen Varianten griffen sie dabei, z.B. in der PorNo-Kampagne, auf ein Argumentationsmuster zurück, das einen ursächlichen Zusammenhang zwischen den Phantasieprodukten der Pornoindustrie und gesellschaftlicher Realitäten behauptete mit dem Motto: „Pornographie ist die Theorie, *Vergewaltigung* ist die Praxis". Dadurch geriet der im Befreiungsdiskurs an die Seite gedrängte Zusammenhang zwischen Sexualität und *Gewalt* wieder in die Diskussion, und zwar als Gewalt von Männern gegenüber Frauen und Kindern.

Im Gegensatz zur medialen Trivialisierung des Sexuellen ist dieses Thema jedoch zur Zeit hochgradig emotionalisiert. Auch der

Umgang mit empirischem Material vermag kaum zur Versachlichung beizutragen, zu sehr ist er ein Bestandteil des Konflikts. Es vermischen sich hier der Wandel von Sexualnormen, individueller „Geständnisbereitschaft" und allgemeinen Toleranzen, Anzeigeverhalten und Rechtspraxis mit sexualpolitischen Strategien und Skandalisierungskampagnen zu einer schwer durchdringbaren Grauzone. Dem steht die Tabuisierung des Problems gegenüber, vor allem wenn es im familiären Nahbereich angesiedelt ist, ebenso wie die problematische Behandlung der Opfer von sexueller *Gewalt* durch Polizei, Gericht und Medien. Die gegenüber Tat wie Täter häufig ebenso problematischen feministischen oder sexualpolitischen Skandalisierungsstrategien werden dadurch verständlich, daß erst durch sie bestimmte Problemlagen in die öffentliche Diskussion gerückt worden sind. Ihre Doppelbödigkeit zeigt sich im populären Bereich in einem fließenden Übergang zur Skandalpresse und damit zu eben dem angegriffenen Phänomen der Erotisierung von Gewalt. Bei der Beschäftigung mit der Problemlage stellt dies einen vor die Aufgabe, weder die Augen zu verschließen, noch sich von den beteiligten Moralunternehmer/innen den Blick vernebeln zu lassen.

In der BRD werden jährlich ca. 7000 *Vergewaltigungen* und sexuelle Nötigungen zur Anzeige gebracht (Baurmann 1987: 1991). Annahmen zur Dunkelziffer reichen von 1:3 bis 1:10. Aufgeklärt werden davon etwa dreiviertel der Fälle, verurteilt weniger als die Hälfte. Die meisten Opfer sind Mädchen und Frauen zwischen 15 und 25 Jahren, die Täter sind Männer schwerpunktmäßig zwischen 18 und 30 Jahren. Die erhobenen Zahlen sind seit den 70er Jahren relativ konstant geblieben, während die Kriminalitätsangst generell zugenommen hat. Die entscheidenden Veränderungen liegen im Umgang mit der Dunkelziffer und in der Frage, welches Verhalten wie definiert wird. Hier fällt z.B. die wahrscheinlich um ein Mehrfaches größere Zahl an ehelichen Vergewaltigungen ins Gewicht, die bis 1997 nicht strafbar waren. Noch problematischer wird der Umgang mit Zahlen bei der Frage des sexuellen Mißbrauchs von Kindern.

Die 1991 polizeilich bekannt gewordene Zahl auf 300.000 bis 1.000.000 hochgerechnet werden (Baurmann 1991). Je nach sexualpolitischer Strategie werden eine Vielzahl von sexuellen Handlungen als „Mißbrauch" tituliert, der mit Gewalt vollzogene Koitus ebenso wie eine exhibitionistische Handlung.

Trotz dieser politischen Funktionalisierung von Zahlen wird dadurch sexuelle bzw. sexualisierte Gewalt von Männern gegenüber Frauen und Kindern als strukturelles Merkmal des Geschlechterverhältnisses sichtbar und zum zentralen Thema der ordnungspolitischen Diskussion. Damit scheint der öffentliche Diskurs über Sexualität einen Punkt erreicht zu haben, an dem die Forderungen nach Legitimität der Abweichung und ihrer Gleichberechtigung sowie des Schutzes der sexuellen Selbstbestimmung in Widerspruch geraten. Der konsum- und freizeitorientierte Diskurs der *Permissivität*, der eine von allen aggressiven und überschreitenden Anteilen gereinigte „gesunde" Sexualität zum legitimen kulturellen Leitbild zu erheben versucht, wird in einem Gegendiskurs kontrastiert und latent unterfüttert durch die Verbindung von Sexualität mit Gewalt und Tod. Sexualisierte Gewalt auf der einen Seite, und die in den Forschungen der *Sexualwissenschaft* konstatierte zunehmende sexuelle Lustlosigkeit der sozialen Akteure (Schmidt 1993) auf der anderen Seite verdeutlichen, daß die Bedürfnisproduktion in einer Gesellschaft wie der Bundesrepublik zumindest im Bereich des Sexuellen an eine Grenze gekommen zu sein scheint. Ob sich einer der vielen Versuche, diese Gegensätze in eine Richtung hin aufzulösen, durchsetzen wird, um diese Grenzen neu zu definieren, bleibt eine offene Frage.

Literatur

Ariès, Philippe u.a.: Die Masken des Begehrens und die Metamorphosen der Sinnlichkeit. Zur Geschichte der Sexualität im Abendland, Frankfurt a. M. 1984

Baurmann, Michael C.: Männergewalt. Erscheinungsformen und Dimensionen von Gewalt gegen Frauen und Mädchen, in: Vorgänge H.6, Jg. 26, 1987, S. 50-60

Baurmann, Michael C.: Straftaten gegen die sexuelle Selbstbestimmung, in: Schuh, Jörg/Martin Killias (Hg.): Sexualdelinquenz, Zürich 1991, S. 77-110
Brockhaus, Ulrike/Maren Kolshorn: Sexuelle Gewalt gegen Mädchen und Jungen. Mythen, Fakten, Theorien, Frankfurt a.M. 1993
Clement, Ulrich: Sexualität im sozialen Wandel. Eine empirische Vergleichsstudie an Studenten 1966 und 1981, Stuttgart 1986
Dunde, Siegfried Rudolf (Hg.): Handbuch Sexualität, Weinheim 1992
Elias, Norbert: Über den Prozeß der Zivilisation. Soziogenetische und psychogenetische Untersuchungen. 2 Bde., Basel 1939
Foucault, Michel: Sexualität und Wahrheit. Der Wille zum Wissen, Frankfurt a.M. 1977
Hohmann, Joachim S. (Hg.): Sexuologie in der DDR, Berlin 1991
König, Oliver: Nacktheit. Soziale Normierung und Moral, Opladen 1990
Laumann, Edward O./John H. Gagnon/Robert F. Michael/Stuart Michaels: The Social Organisation of Sexuality. Sexual Practices in the United States, Chicago/London 1994
Lautmann, Rüdiger: Der Zwang zur Tugend. Die gesellschaftliche Kontrolle der Sexualitäten, Frankfurt a.M. 1984
Lautmann, Rüdiger: Konstruktionismus und Sexualwissenschaft, in: Zeitschrift für Sexualforschung, Jg. 5, 1992, S. 219-244
Schelsky, Helmut: Soziologie der Sexualität, Hamburg 1955
Schmidt, Gunter: Jugendsexualität. Sozialer Wandel, Gruppenunterschiede, Konfliktfelder, Stuttgart 1993

Oliver König

Soziale Arbeit

1. Definition und Funktion

Unter dem Sammelbegriff Soziale Arbeit werden eine Vielzahl von Maßnahmen, Diensten und Einrichtungen der *Sozialarbeit* und *Sozialpädagogik* verstanden. Soziale Arbeit ist ein Instrument moderner Gesellschaften, um Problem- und Mangellagen von Personen auszugleichen, die weder durch den Markt und private Unternehmungen noch im informellen Bereich der Familien, Nachbarschaften oder ähnlichen privaten Formen ausgeglichen werden. Der Versuch des Ausgleichs solcher Problem- und Mangellagen obliegt in der Bundesrepublik Deutschland dem Staat und dem sogenannten dritten Sektor, den freien Trägern der *Wohlfahrtspflege*, so daß mit der Rede über Soziale Arbeit das sozialarbeiterische und sozialpädagogische Handeln dieser beiden gesellschaftlichen Bereiche gemeint ist. Die gesellschaftliche Funktion Sozialer Arbeit wird im allgemeinen in der Sozialintegration gesehen. Sie erfüllt diese Funktion, indem sie soziale Hilfe und soziale Kontrolle zugleich ist. Sie ist Hilfe bei besonderen Lebensbelastungen von Personen (z.B. als intensive sozialpädagogische Einzelbetreuung) und sie ist Hilfe durch alltägliche und präventive Unterstützung bei der Bewältigung heutiger Lebensaufgaben (z.B. in Form des Vorhaltens von Infrastruktureinrichtungen wie Kindergärten oder Sozialstationen). Sie ist zugleich eine Instanz sozialer Kontrolle, weil sie durch Hilfe auch abweichendes Verhalten zu korrigieren versucht und somit für die Einhaltung gesellschaftlicher Normalitätsstandards sorgen soll.

2. Historische Entwicklung

2.1 Die Entwicklung bis zum Beginn des 20. Jahrhunderts

Mit dem Begriff Soziale Arbeit wird heute versucht, *Sozialpädagogik* und *Sozialarbeit* gemeinsam zu fassen. Die ursprüngliche Differenz zwischen ihnen liegt in ihren historischen Quellen begründet: Sozialarbeit sieht sich in der Tradition der Armenfürsorge, institutionalisiert im Mittelalter in Bettelordnungen, dann bis zum Beginn des 17. Jh. in

Zucht- und Arbeitshäusern bis hin zu einer erst kommunalen, dann staatlichen bzw. behördlichen Armenpflege des 19. Jh.s Demgegenüber gründet sich Sozialpädagogik, als anderer Strang Sozialer Arbeit, der sich auf die Erziehung und Nacherziehung junger Menschen konzentriert, wesentlich nicht auf staatliche, sondern auf bürgerliche, durch die Aufklärung beeinflußte Wohlfahrtstätigkeit.

Hatte es im Mittelalter eine Versorgung armer Menschen durch die Kirche, vor allem durch deren Klöster gegeben, so etablierte sich Ende des 15. Jh.s mit der Ausweitung von Handel und Verkehr und der beginnenden Herausbildung einer Lohnarbeiterexistenz eine erste Armenfürsorge in den Städten als Reaktion auf eine beklagte Bettler- und Vagabundenplage. Diese kommunale Armenfürsorge systematisierte schnell die Kriterien ihrer Mittelvergabe, indem sie Bedürftigkeit an die individuelle Arbeitswilligkeit band: Die Unterscheidung von unverschuldeter und selbst verschuldeter Hilfsbedürftigkeit wurde zur Kernfrage und u.U. mit Freiheitsentzug (Zucht- und Arbeitshaus) sanktioniert. Bis ins 18. und vor allem im durch die Industrialisierung geprägten 19. Jh. kam es in der Armenhilfe einerseits zu einer Vervielfältigung der Maßnahmen durch die Gründung spezieller Einrichtungen im Erziehungs- und Gesundheitswesen sowie im Strafvollzug, andererseits wurde das kommunale Armenwesen als vorrangig offene Hilfe konzipiert (Elberfelder System 1852). Zugleich wurde jedoch vor dem Hintergrund der entstandenen liberalistischen Traditionen die Berechtigung behördlicher Armenpflege bestritten, so daß in der Folge staatliche Eingriffe beschränkt wurden. Private bürgerliche und kirchliche Initiativen – es entstand z.B. die innere Mission der evangelischen Kirche – beteiligten sich, nicht zuletzt auch aus Angst vor der Entstehung des Kommunismus, an der Lösung der „sozialen Frage" und traten als eine freie *Wohlfahrtspflege* z.B. in Form von Genossenschaften, Hilfskassen mit individualisierender Hilfe an die Stelle staatlicher Maßnahmen. Gleichzeitig erstarkte die Arbeiterbewegung und konnte zum Ende des 19. Jh.s einen Teil ihrer Forderungen nach Absicherung existentieller Risiken in der Bismarckschen Sozialgesetzgebung durchsetzen.

Während die kommunale Armenhilfe eine männliche Domäne war, suchten bürgerliche Frauen in einer Vielzahl neugegründeter privater, philantropischer und humanistisch-aufklärerischer Wohlfahrtsvereine eine selbständige Tätigkeit. Sie arbeiteten in Bereichen der Kranken-, Alten-, Kinder- und Jugendpflege und schufen über diese zunächst ehrenamtliche Arbeit die Nachfrage und den Aufbau sozialpädagogischer Qualifikation. Die von Alice Salomon 1908 gegründete Soziale Frauenschule in Berlin stellte dabei einen wesentlichen Schritt zur Verberuflichung Sozialer Arbeit dar.

Um die Jahrhundertwende war auch die öffentliche Fürsorge auf dem Wege, sich von der Armenpflege alten Stils zu verabschieden, um, ähnlich der freien *Wohlfahrtspflege*, zu anderen gesellschaftlichen Gruppen vorzudringen. So entstand ein erstes staatliches Interesse, sich über die Armenversorgung hinaus erzieherisch mit Kindern und Jugendlichen zu befassen, vor dem Hintergrund zunehmender Verwahrlosung und Kriminalität in den großen Städten. Mit speziellen, möglichst pädagogisch vorgebildeten Beamten wurde versucht, die Aufsicht und Kontrolle über Jugendliche aus der Armenverwaltung und der Strafjustiz für Erwachsene herauszulösen. Aber auch die mit der Industrialisierung durch Schulpflicht und Arbeitsschutz gesellschaftlich erzeugte Lebensphase „Jugend" geriet mit der Entstehung von sozialen Bewegungen und Vereinen, wie z.B. dem „Wandervogel", in den öffentlichen Blick, und der Staat versuchte mittels hauptamtlicher Jugendpfleger, die Vielfalt der Assoziationen in seinem Sinne zu kanalisieren (Landwehr/Baron 1995).

2.2. *Weimarer Republik und Nationalsozialismus*

Der Erste Weltkrieg beendete vorerst die so entstandene Trennung und Konkurrenz zwischen privater und öffentlicher *Wohlfahrtspflege* im Zusammenschluß zu einer Kriegsfürsorge. Sie wurde Instrument materieller

Existenzsicherung für erstmals große Teile der Bevölkerung. Der Staat sah sich gezwungen, angesichts des angerichteten Elends das System der Armenpflege in Richtung auf einen intervenierenden Sozialstaat zu verlassen, und bildete in der Weimarer Republik wichtige Elemente eines *Wohlfahrtsstaates* aus. In der 1919 erlassenen Verfassung übernahm er Optionen auf eine Sozialpolitik, die weit über alle bisherige Fürsorge hinausgingen. Die reichseinheitliche Regelung der Kinder- und Jugendhilfen mit einem Rechtsanspruch des Kindes auf Erziehung erfolgte 1922 mit dem Reichsjugendwohlfahrtsgesetz (RJWG), 1923 wurde ein Jugendgerichtsgesetz (RJGG) eingeführt, die Reichsfürsorgepflichtverordnung von 1924 legte die Fürsorgpflicht der Kommunen fest, allerdings ohne einen Rechtsanspruch auf Unterstützung zu beinhalten. Mit der Einrichtung eines Reichsarbeitsministeriums für alle Fürsorgeangelegenheiten, von Wohlfahrtsministerien auf Länderebene und Wohlfahrts-, Jugend- und Gesundheitsämtern in den Kommunen hielten moderne Organisationsstrukturen Einzug im Bereich der Sozialen Arbeit. Die Beziehung zwischen den öffentlichen und freien Trägern der Wohlfahrtspflege wurde zugunsten der letzteren geregelt, indem den freien Trägern gegenüber den zentrumsorientierten Ministerialbürokratien tendenziell eine Vorrangstellung eingeräumt wurde. Diese Grundtendenz sollte nach dem Zweiten Weltkrieg in Form des sog. *Subsidiaritätsprinzips* zum zentralen sozialpolitischen Gestaltungsmittel in Westdeutschland werden.

Diese vorerst administrativen und gesetzlichen Veränderungen lösten erstmals eine Diskussion um ein methodisches Vorgehen in der Sozialen Arbeit auf dem Hintergrund des Gewahrwerdens der sozialen Ursachen von individuellen Problemlagen (Salomon 1926) aus. Bei aller richtungsweisenden Ausdifferenzierung wohlfahrtsstaatlicher Strukturen gelangte Soziale Arbeit jedoch nie in die Nähe des angestrebten Zieles einer Hilfe zur Selbsthilfe. In den nur wenigen Stabilisierungsjahren zwischen Inflation und Weltwirtschaftskrise blieben viele gesetzliche Neuregelungen außer Kraft. Soziale Arbeit war stattdessen massenhaft mit der materiellen Existenzsicherung beschäftigt, so daß es zwar zu einer Bürokratisierung ihres Handelns kam, nicht aber zu einer gelingenden Integration ihrer Klientel.

Die angedeutete Entwicklung wohlfahrtsstaatlicher Strukturen in der Weimarer Republik verkehrte sich im Nationalsozialismus in ihr Gegenteil: An die Stelle der rechtlichen Absicherung der Wohlfahrt des Individuums trat die „Volkspflege", und Soziale Arbeit wurde den Herrschaftszielen des Faschismus unterworfen. Mit sog. wissenschaftlicher Legitimation einer Erbbiologie und Rassenhygiene ließ sich statt Fürsorge die Selektion „asozialer Elemente" und „lebensunwerten Lebens" betreiben. Die sozialintegrativen Ansätze einer *Sozialarbeit* oder der Erziehungsanspruch in der *Sozialpädagogik* kehrten sich um in die Pflicht der Unterstützung und Erziehung zur Volksgemeinschaft (Otto/Sünker 1986). Soziale Arbeit beschäftigte sich hier beruflich im Rahmen einer rassisch, biologisch und politisch gefaßten Kategorie der „Gemeinschaftsfähigkeit" mit Aufgaben des Ausgrenzens und Ausmerzens. Umgesetzt wurde dies von der Nationalsozialistischen Volkswohlfahrt (NSV), die die bisherigen Wohlfahrtsverbände verbot oder gleichschaltete; zugleich ging die Jugendarbeit im „pathetisch-rassistischen System der Hitlerjugend" (Thiersch/Rauschenbach 1984: S. 998) auf.

2.3 Die Nachkriegsentwicklung in der BRD und DDR

Nach dem Zusammenbruch des Nationalsozialismus und dem Ende des Zweiten Weltkrieges knüpfte Soziale Arbeit in Westdeutschland an die Regelungen und Inhalte der Weimarer Republik an. In der sich wirtschaftlich rasch entwickelnden Bundesrepublik verlor die vom Ersten Weltkrieg herrührende Funktion der Fürsorge als ein Instrument der Existenzsicherung durch die Einführung gesetzlicher Rentenansprüche in der Sozialen Arbeit an Bedeutung. Es kam zu Reformen des Familien- und Jugendrechts, der Bundesjugendplan wurde 1950 eingeführt,

Soziale Arbeit

1953 wurde das RJWG novelliert und das Jugendgerichtsgesetz unter Hervorhebung des Erziehungsgedankens und der Einführung von Jugendgerichtshilfe und Bewährungshilfe reformiert. Mit der Verkündung des *Bundessozialhilfegesetzes (BSHG)* und einer Novelle des Jugendwohlfahrtsgesetzes (JWG) im Jahre 1961 gelang die Verwirklichung von Vorstellungen aus der Weimarer Republik: Zum einen wurde ein Rechtsanspruch auf *Sozialhilfe* geschaffen, um eine menschenwürdige Lebensführung sicherzustellen, zum anderen räumte man vor dem Hintergrund der Erfahrung mit dem Nationalsozialismus den freien Trägern nun ausdrücklich eine Vorrangstellung gegenüber öffentlichen Trägern in Form des sog. *Subsidiaritätsprinzips* ein. Mit dem enormen Anwachsen gesellschaftlichen Reichtums seit den 50er Jahren und der dadurch möglich werdenden Ausweitung des *Wohlfahrtsstaates* erwarb Soziale Arbeit eine fortschreitende Zuständigkeit für alle erdenklichen sozialen Probleme der spätkapitalistischen Gesellschaft. In den 70er und 80er Jahren scheint die soziale Frage in der alten Bundesrepublik gelöst, und Soziale Arbeit verkörpert das sozialintegrative Versprechen, daß jedem in Not oder mit dem Gesetz in Konflikt Geratenen durch Beratung, Therapie und Pädagogik geholfen und der Anschluß an die Gesellschaft ermöglicht werden kann.

In der *DDR* entwickelte sich im Gegensatz zu Westdeutschland keine professionelle Soziale Arbeit, da aufgrund der marxistischen Gesellschaftsauffassung davon ausgegangen wurde, daß mit der Überwindung des Klassenantagonismus sich Bewußtseinsveränderungen dergestalt vollziehen würden, daß die Zuwendung zu Benachteiligten, Alten und Kranken zu einer selbstverständlichen Aufgabe aller Gesellschaftsmitglieder wird. Sozialpolitisch war Fürsorglichkeit die Zentralkategorie staatlichen Handelns in der DDR, wobei zum einen mit den bürgerlichen Traditionen des Wohlfahrtswesens gebrochen wurde, so daß also keine freien Träger zugelassen waren. Zum anderen war keine Verberuflichung Sozialer Arbeit vorgesehen, da politisch die Auffassung vorherrschte, daß eine solche Spezialisierung im Zuge sozialistischer Bewußtseinsentwicklung überflüssig sein würde. Das marxistische sozialpolitische Handeln war an Produktion – zur Sicherung der bestehenden sozialistischen Gesellschaftsordnung – und an Jugend – zur Sicherung der Zukunft des Sozialismus – ausgerichtet. Inhaltlich bedeutete das eine vornehmliche Orientierung am Gesundheitswesen (Arbeitsmedizin, Prävention, Rehabilitation) und am Bildungssystem. Flankierend dazu gab es sozialpflegerische Betreuungsmaßnahmen, die von der Kinderkrippe über Heime und Werkstätten für Behinderte bis zu Feierabendheimen für Senioren reichten. Jugendhilfemaßnahmen in einem westdeutschen Sinne hatten eine politische Randstellung und erfüllten ordnungspolitische Funktionen. Charakteristisch für die DDR war überdies ein hohes Maß an quasi-ehrenamtlichen oder in Arbeitszusammenhänge eingebettete soziale Tätigkeiten, und zwar sowohl für Jugendliche als auch in der Altenhilfe („Volkssolidarität"). Mit der Auflösung der DDR verlor das bestehende System seine Existenzgrundlage, und mit dem Beitritt der fünf Länder der DDR zur Bundesrepublik Deutschland wurde das westdeutsche System Sozialer Arbeit vollständig übernommen.

3. Handlungsfelder

Die heutige Situation der Sozialen Arbeit in der bundesrepublikanischen Wohlfahrtsgesellschaft ist dadurch charakterisiert, daß sie für eine unbestimmbare Vielzahl von Problem- und Mangellagen zuständig ist, so daß sich eine klare Abgrenzung und Systematisierung einzelner Handlungsfelder nicht vornehmen läßt. Als vornehmliche und typische Betätigungsfelder lassen sich jedoch die Sozialhilfe, die Kinder- und Jugendhilfe, die Altenhilfe, die Behinderten- und die Gesundheitshilfe nennen. In diesen Bereichen werden die konkreten Leistungen für die Klienten und Adressaten der Sozialen Arbeit im Rahmen ambulanter, teilstationärer und stationärer Einrichtungen und Dienste erbracht. Der Unterschied zwischen ambulanten und stationären Hilfsangeboten besteht im Prinzip darin, daß ambulante Formen Geld-, Sach- und

Dienstleistungen erbringen, während stationäre Formen zusätzlich oder alternativ Infrastruktureinrichtungen vorhalten. Die Aufgaben der Sozialen Arbeit in den einzelnen Betätigungsfeldern lassen sich kurz folgendermaßen charakterisieren:

- *Sozialhilfe*: Die Sozialhilfe stellt auf der Grundlage des *Bundessozialhilfegesetzes (BSHG)* als Basis sozialer Sicherung Hilfen zur Bewältigung individueller Notlagen in Form von Geld- und Sachleistungen, Hilfe zum Lebensunterhalt, sowie vor allem ambulante Dienste als Einzelfallhilfe in besonderen Lebenslagen zur Verfügung (§ 8 BSHG). Die Adressaten der Sozialen Arbeit bilden daher Personen, die sich zeitweise in schwierigen Lebenssituationen befinden und denen ein Wiederanschluß an gesellschaftliche Normalität ermöglicht werden soll. Das für das Handeln der Sozialen Arbeit charakteristische Element der sozialen Kontrolle findet seinen Ausdruck dabei in dem Umstand, daß die Sozialhilfe schon vom Grundsatz her nicht als dauerhafte Alternative zur materiellen Selbstversorgung angelegt ist.
- *Kinder- und Jugendhilfe*: Die Kinder- und Jugendhilfe soll auf der Grundlage des Kinder- und Jugendhilfegesetzes (KJHG) junge Menschen in ihrer individuellen und sozialen Entwicklung fördern, deren Benachteiligung vermeiden oder abbauen, Eltern und andere Erziehungsberechtigte beraten und unterstützen, Kinder und Jugendliche vor Gefahren und ihr Wohl schützen und dazu beitragen, daß positive Lebensbedingungen für junge Menschen und ihre Familien sowie eine kinder- und familienfreundliche Umwelt erhalten bleibt oder erschaffen wird (§1 KJHG). Zur Erfüllung dieses umfangreichen Aufgabenkatalogs erbringt die Jugendhilfe Leistungen in der Jugendarbeit, Jugendsozialarbeit und dem erzieherischen Kinder- und Jugendschutz, der Förderung der Erziehung in der Familie, der Förderung von Kindern in Tageseinrichtungen und Tagespflege, Hilfen zur Erziehung, Eingliederungshilfen für seelisch behinderte Kinder und Jugendliche sowie Hilfen für junge Volljährige. Darüber hinaus nimmt sie weitere Aufgaben wahr, wie die Inobhutnahme von Kindern und Jugendlichen, den Schutz von Kindern und Jugendlichen in Familienpflege und in Einrichtungen, die Mitwirkung in gerichtlichen Verfahren (Vormundschafts-, Familien-, Jugendgerichtshilfe) sowie die Pflegschaft und Vormundschaft für Kinder und Jugendliche.

Die *Kinder-* und *Jugendhilfe* kann als der fachlich entwickelste Bereich der Sozialen Arbeit gelten, sie verfügt über eine besonders breite Palette an ambulanten, teilstationären und stationären Angeboten und Maßnahmen. Sie erbringt Leistungen sowohl durch alltägliche als auch präventive Unterstützung von Lebensaufgaben z.B. durch Kindergärten oder Jugendhäuser, und sie hilft bei belastenden Lebenslagen z.B. in Form von Erziehungsberatung und sozialpädagogischer Familienhilfe. Die soziale Kontrolle der Jugendhilfe wird besonders deutlich im Falle der Jugendgerichtshilfe oder geschlossenen Heimerziehung.

- *Altenhilfe*: Aufgabe der Altenhilfe ist es „dazu beizutragen, Schwierigkeiten, die durch das Alter entstehen, zu verhüten, zu überwinden oder zu mildern, und alten Menschen die Möglichkeit zu erhalten, am Leben in der Gemeinschaft teilzunehmen" (§75 BSHG). Die Zielgruppen bilden hier vor allem sozial benachteiligte alte Menschen, Pflegebedürftige, aber auch zunehmend von der Flexibilisierung der Altersgrenzen betroffene ältere Arbeitnehmer. Soziale Arbeit bietet auf dieser Grundlage im Rahmen ambulanter sozialer Dienste Information und Beratung (z. B. in Form von Hausbesuchen, Seniorenbüros), gesundheitsfürsorgerische Hilfen (z.B. Kranken- und sozialpflegerische Dienste), Vermittlungsdienste (z.B. für Wohnplätze oder Erholungsangebote) und Kommunikationshilfen und Bildungsangebote (Tagesstätten, Clubs, Wissensbörsen). In der stationären Altenhilfe finden sich soziale

Dienste in Wohnheimen und Pflegeeinrichtungen.
- *Behindertenhilfe*: Gemäß der Zielvorstellung der Behindertenhilfe, Menschen mit Behinderungen über rehabilitative Maßnahmen in die Gesellschaft einzugliedern (§ 29 SGB I, § 39 Abs. 3 BSHG), ist der Handlungsrahmen der Sozialen Arbeit, je nach dem ob es sich um eine medizinische, berufliche oder soziale Eingliederung handelt, breit. Die Angebotspalette reicht hier von Frühförderstellen über heil- und sonderpädagogische schulische oder außerschulische Institutionen zu Maßnahmen der beruflichen Eingliederung mittels Berufsbildungs- und -förderungswerken für Behinderte.
- *Gesundheitshilfe*: Aufgabe der Gesundheitshilfe ist es, „den Empfänger der Hilfe vor gesundheitlichem Schaden zu bewahren oder ihn, sofern solcher Schaden eingetreten ist, bei dessen Überwindung zu unterstützen. Die Hilfe soll ihn soweit wie möglich befähigen, ein Leben ohne Gesundheitsbeeinträchtigungen zu führen" (§ 37 der Richtlinie für die Ländergesetze über das Gesundheitswesen von 1972). Gesetzliche Regelungen der Gesundheitshilfe finden sich im BSHG und dem Sozialgesetzbuch (SGB V). Das Gesundheitsamt als organisatorischer Mittelpunkt der Gesundheitshilfe beherbergt Aufgaben mit Relevanz für Soziale Arbeit im Gesundheitsschutz, in der Gesundheitsförderung, in der Prävention und Rehabilitation, der Jugendgesundheitspflege sowie beim sozialmedizinischen und sozialpsychiatrischen Dienst.

4. Handlungsmethoden und Professionalisierung

Als klassische Methoden der Sozialen Arbeit zur Verbesserung der Lebenssituation von Individuen gelten die nach dem Zweiten Weltkrieg aus den USA übernommenen Verfahren der Einzelfallhilfe, Gruppenarbeit und Gemeinwesenarbeit. Die Bezeichnung „Einzelfallhilfe" besagt, daß die Hilfe in der Beziehung zwischen dem einzelnen Klienten und dem Sozialarbeiter erbracht wird. In der Gruppenarbeit wird demgegenüber mit dem Klienten in einer Gruppe unter Anwendung von Verfahrenstechniken, die meist aus dem Bereich der Psychotherapie stammen, gearbeitet. Die Gemeinwesenarbeit versteht die sozialen, ökonomischen und politischen Bedingungen im Lebensumfeld der Klienten als Ursache sozialer Probleme und setzt auf die Selbstorganisation und Solidarität der Betroffenen. Neben diesen klassischen Vorgehensweisen gibt es, einhergehend mit der Ausbreitung der Handlungsfelder der Sozialen Arbeit in den 70er Jahren, eine zunehmende, zu einem erheblichen Teil über Zusatzqualifikationen laufende Methodenvervielfältigung und -spezialisierung. So entnimmt Soziale Arbeit zum einen vor allem aus der Psychologie Ansätze für ihr Handeln aus der ganzen Breite der dort entwickelten Beratungs- und Behandlungsverfahren. Zum anderen hat Soziale Arbeit in ihrer sozialpädagogisch orientierten Variante, basierend auf den Erziehungswissenschaften, eigene Methoden wie z.B. die Erlebnispädagogik, Streetwork oder die sozialpädagogische Familienhilfe entwickelt. Daneben ist Soziale Arbeit vor allem durch Supervision und Planung – letzteres schreibt etwa das KJHG bei der Kinder- und Jugendhilfe zwingend vor – dazu übergegangen, ihr Methodenrepertoire auch im Sinne einer Institutionalisierung von Selbstreflexivität zu erweitern.

Diese eklektizistische Methodenvielfalt verweist nun aber zugleich darauf, daß der Sozialen Arbeit ein eindeutiger Fokus für ihr Handeln fehlt. Die zentrale Schwierigkeit des Handelns in der Sozialen Arbeit liegt darin, daß eine eindeutige Trennung zwischen solchen Problemen, die auf individueller Ebene liegen und solchen, die das soziale Umfeld betreffen, nicht möglich ist. So können etwa Probleme der materiellen Verelendung nicht angegangen werden, ohne zugleich Fragen der Handlungs- und Bewältigungskompetenz des einzelnen Individuums mit zu behandeln, wie umgekehrt in Bezug auf Probleme der Bewältigungs- und Handlungskompetenz nicht ohne Einbeziehung sozialer gesellschaftlicher Ressourcen interveniert werden kann. Diese

Mehrdimensionalität und Verwobenheit sozialer Probleme bedeutet nun nicht nur, daß einzelne methodische Ansätze bei der Problembearbeitung prinzipiell unzureichend sind, sie bedeutet vielmehr auch, daß Soziale Arbeit für ihr Handeln auf eine ebenso heterogene wie unüberschaubare Wissensbasis und -systematik verwiesen wird. Als Fundierungsdisziplinen für das fachliche Handeln können nämlich nicht mehr und nicht weniger als sämtliche Sozial- und Humanwissenschaften herangezogen werden. Dies hat für die Professionalität des Handelns in der Sozialen Arbeit die Konsequenz, daß es einen Rückbezug auf einen kollektiv gültigen Wissensfundus und ein damit korrespondierendes, allgemein akzeptiertes Methodenrepertoire nicht gibt und daß demzufolge eine kollektive Berufsidentität praktisch unmöglich ist (Gildemeister 1983).

Der Sozialen Arbeit wird aus soziologischer Sicht im Spektrum der Berufe daher auch bestenfalls der Status einer Semiprofession zugestanden. Unter Professionen versteht man *Berufe*, deren Handlungsgrundlage systematisiertes, wissenschaftliches Wissen ist, die entsprechend hohe Qualifikationsanforderungen haben, deren praktische Ausübung in weitgehender Autonomie gegenüber Klienten und Institutionen geschieht und deren Standards durch Berufsverbände kontrolliert werden. Obwohl man sich in der Sozialen Arbeit seit Beginn der 70er Jahre darum bemüht, ihr den Status einer Profession zu verschaffen, spricht gegen eine Professionalisierung der Sozialen Arbeit ihre diffuse Allzuständigkeit für alle möglichen Problemlagen, so daß es nicht gelingt, abgrenzbare Aufgabenfelder und Kernfunktionen zu bestimmen, und folglich eine spezifische Dominanz beruflicher Kompetenz nicht ausgewiesen werden kann. Der Sozialen Arbeit gelingt es in weiten Bereichen ihrer Handlungsfelder nicht, Kompetenzansprüche in bezug auf Probleme durchzusetzen, die als Probleme des alltäglichen Lebens gelten und für deren Bewältigung dem Laienpublikum daher schwer verständlich zu machen ist, welches besonderes Expertentum dafür von Nöten ist. Eine Professionalisierung wird zudem erschwert durch die starke Abhängigkeit der Sozialen Arbeit von staatlicher Steuerung und der damit verbundenen Einbindung in bürokratische Organisationen, sowie der damit ebenfalls gegebenen Verkoppelung von Hilfe und Kontrolle.

5. Ausbildung

Das Grundproblem, daß der Sozialen Arbeit ein eindeutiger Fokus für ihre Tätigkeiten fehlt und daß dies einhergeht mit einer heterogenen Wissensbasis und Wissenssystematik, findet seine Fortsetzung in der Verortung der Ausbildungsinstitutionen der Sozialen Arbeit auf allen Ebenen des Bildungssystems. Die Berufsausbildung erfolgt sowohl auf der Ebene der Berufsschulen und Fachschulen wie auch – seit den 70er Jahren – auf der Ebene der Fachhochschulen und Universitäten. Gegenwärtig gibt es 250 Berufsschulen, die Kinderpfleger/innen ausbilden. 350 Fachschulen für Sozialpädagogik bilden Erzieher/innen aus, an 60 Fachhochschulen für Sozialwesen, davon 13 in den neuen Bundesländern, werden Sozialarbeiter/innen und Sozialpädagogen/innen diplomiert und an den Universitäten gibt es im Rahmen des Diplomstudiengangs Erziehungswissenschaft z.Z. an 34 Ausbildungsstätten die Möglichkeit, sich mit dem Schwerpunkt Sozialpädagogik zu qualifizieren (Rauschenbach 1996a).

Wie aus der Aufzählung ersichtlich wird, ist Soziale Arbeit auf der Ebene der Hochschulen zwei unterschiedlichen Ausbildungsstätten zugeordnet. Wohl aufgrund ihrer Entstehungsgeschichte wird Soziale Arbeit als *Sozialpädagogik* im Rahmen der Erziehungswissenschaften in Universitäten und Fachhochschulen verortet, während Soziale Arbeit als *Sozialarbeit* nur in Fachhochschulstudiengängen vor dem Hintergrund eines aufgabenbezogenen Verbundes von Rechts- und Verwaltungswissenschaft einerseits und Sozialwissenschaften andererseits zu finden ist. Diese Aufteilung und Zurechnung wird in der Sozialen Arbeit vermehrt als den Problemzusammenhängen und Aufgabenfeldern nicht angemessen erlebt, so daß gerade in jüngster Zeit verstärkt gefordert wird, die „disziplinäre Heimatlosigkeit" der Sozialen Arbeit durch die Etablierung einer neuen Disziplin Sozialarbeitswissenschaft zu überwinden. Ob eine solche disziplinäre Neugründung aber angesichts der beschriebenen Schwierigkeiten bei der Abgrenzung von Problembereichen und der Ausdifferenzierung von Kernfunktionen der Sozialen Arbeit unter wissenschaftlichen Gesichtspunkten gelingen kann, ist gegenwärtig mehr als fragwürdig.

Wirft man einen Blick auf die Anzahl der Absolventen/innen der Ausbildungsinstitutionen seit den 90er Jahren – und läßt man dabei die in der Sozialen Arbeit unter Qualifikationsgesichtspunkten umstrittene Kinderpfleger/innenausbildung außer Betracht – so legen schätzungsweise jährlich 12-15.000 Erzieher/innen an Fachschulen und 6-7.000 Sozialarbeiter/innen und Sozialpädagogen/innen an Fachhochschulen ihre Abschlußprüfungen ab. Auch ohne Kenntnis der Anzahl der universitären Abgänger/innen strömen somit jedes Jahr mindestens um die 20.000 Fachkräfte auf den Arbeitsmarkt. Der Anteil der Frauen beträgt dabei 80-85% (Erler 1993).

6. Soziale Berufe

Auch wenn sich die Professionalisierung und Verwissenschaftlichung der Sozialen Arbeit als äußerst schwierig, wenn nicht sogar unmöglich darstellt, und somit das berufliche Ansehen der in der Sozialen Arbeit Tätigen gering eingestuft wird, so kann doch daraus nicht geschlossen werden, daß die Anziehungskraft dieses Arbeitsfeldes für Erwerbstätige gering ist, noch bedeutet dies, daß der gesellschaftliche Stellenwert der Sozialen Arbeit als marginal einzustufen ist. Auskünfte zu den beiden zuletzt genannten Aspekten lassen sich aus den Veröffentlichungen des Statistischen Bundesamtes über die Entwicklung der Beschäftigung in diesem Bereich entnehmen. Bei den angegebenen Zahlen für *Soziale Berufe* muß aber hervorgehoben werden, daß unter dem nicht genauer bestimmten Sammelbegriff „Soziale Berufe" sowohl Personen mit einschlägiger sozialpädagogischer oder sozialarbeiterischer wie auch solche mit anderen z.B. altenpflegerischen Ausbildungen und schließlich auch solche ohne einschlägige Ausbildung zusammengefaßt werden, so daß die angegebenen Zahlen nicht umstandslos mit dem Personal in den Arbeitsfeldern der Sozialen Arbeit gleichzusetzen sind. Generell war jedoch in den alten Bundesländern der Anteil der Erwerbstätigen ohne Ausbildung in den Sozialen Berufen rückläufig: Er sank in den letzten 15 Jahren von 20 auf 13%, die Zahl der Hochschulabsolventen/innen stieg dagegen von 11 auf 16%, und die Zahl der Erwerbstätigen mit beruflicher Ausbildung ist bei ca. 70% konstant geblieben (Rauschenbach 1996b). Diese Zahlen zeigen eine zunehmende Tendenz der Qualifizierung in den Handlungsfeldern der Sozialen Arbeit zumindest in den alten Bundesländern. Zugleich verweisen die neueren Veröffentlichungen des Statistischen Bundesamtes darauf, daß die Einstellungspraxis von Personen ohne einschlägige Ausbildung in den neuen Bundesländern diesen Trend zunichte gemacht hat.

Von den im Jahre 1995 ca. 36.000.000 Erwerbstätigen in Deutschland weist das Statistische Bundesamt unter der Rubrik „*Soziale Berufe*" 950.000 Beschäftigte aus: davon in den alten Bundesländern 727.000 und in den neuen Bundesländern 223.000. Das größte Arbeitsfeld bilden die Kindertageseinrichtungen mit ca. 360.000 Beschäftigten. Dieses Arbeitsgebiet dürfte sich aufgrund des Umstandes, daß das neue, 1990 in Kraft getretene KJHG einen Rechtsanspruch der Bürger/innen auf einen Kindergartenplatz festlegt, noch weiter ausweiten. Die Sozialen Berufe sind Berufe für Frauen: Wie bei den Absolventen/innen der Ausbildungsinstitutionen der Sozialen Arbeit liegt der Anteil der Frauen in diesem Beschäftigungssegment konstant bei 80-85%. Unabhängig davon liegen die Sozialen Berufe mit ihrem Wachstum – im Jahre 1970 waren in den Handlungsfeldern Sozialer Arbeit 155.000, im Jahr 1980 293.000 und 1987 bereits 473.000 Erwerbstätige in den alten Bundesländer beschäftigt – in der Präferenzliste der Berufe ganz vorn. In der Bruttolohnsumme rangiert dieser Bereich vor Branchen wie Textil, Gastronomie oder Bergbau, so daß die Schlußfolgerung gerechtfertigt erscheint, daß die Sozialen Berufe und somit die Soziale Arbeit am Ausgang dieses Jahrhunderts einen nicht mehr wegzudenkenden Bestandteil der gesellschaftlichen Versorgung mit sozialen Diensten darstellen. Diese Schlußfolgerung dürfte noch mehr Gewicht erhalten, wenn man sich vergegenwärtigt, daß im Horizont der Sozialen Berufe ein außertarifliches Betätigungsfeld, ein dritter Arbeitsmarkt in Form von Zivildienstleistenden, Praktikanten/innen, Angehörigen des Freiwilligen Sozialen Jahres und Ehrenamtlichen existiert, der darauf verweist, daß der gesellschaftliche Bedarf an Sozialer Arbeit weitaus größer ist, als der tariflich geregelte Arbeitsmarkt für Soziale Berufe dies erkennen läßt.

7. Organisation

Die Organisationsvorgaben für das Handeln der Sozialen Arbeit im weitesten Sinne ergeben sich aus der föderalen Struktur der Bundesrepublik Deutschland. Zum einen besteht eine Teilung zwischen Bund und Ländern (Art. 83ff GG), zum anderen gilt für Gemeinden und Gemeindeverbände das Recht der kommunalen Selbstverwaltung (Art. 28 GG). In einem engeren Sinne wird das Handeln der Sozialen Arbeit im Rahmen von Sozialadministrationen organisiert. Unter Sozialadministrationen läßt sich die Organisation der Entscheidungsvorbereitung, der Entscheidungsfindung und des Entscheidungsvollzugs über Leistungen und Verpflichtungen der Sozialen Arbeit verstehen. Dies schließt die Organisation der Bewirtschaftungen und der dazu erforderlichen Finanzmittel sowie die Verwaltung des Personals und der Sachmittel für die Einrichtungen und Dienste ein. In der Bundesrepublik Deutschland sind dies z.B. in der Kinder und Jugendhilfe ca. 600 Jugendämter, 18 Landesjugendämter, 17 obere Landesjugendbehörden. In der Sozialhilfe, finden sich ca. 500 Sozialämter, zusätzliche Delegationsgemeinden landkreisangehöriger Gemeinden und überörtliche Träger der Sozialhilfe, und in der Gesundheitshilfe gibt es ca. 300 kommunale und staatliche Gesundheitsämter und überörtliche Organisationsformen.

Für die Soziale Arbeit gilt nun aufgrund ihrer Entstehungsgeschichte die Besonderheit, daß die Aufgabenwahrnehmung nicht allein *öffentlichen* (hoheitlichen) *Trägern* auf kommunaler und staatlicher Ebene obliegt, sondern daß sog. *freien Trägern* ein eigenes Handlungsrecht zugestanden wird. Freie Träger sind private, meist privat-gemeinnützige Organisationen (Vereine, Stiftungen bürgerlichen Rechts oder GmbHs), die in der Jugend-, Sozial-, Alten- oder Gesundheitshilfe tätig sind. Die freien Träger sind in Form von *Wohlfahrtsverbänden* zusammengeschlossen und nehmen wesentliche Aufgaben in der Erbringung sozialer Dienste wahr; die Entscheidung, ob Leistungen zu erbringen sind, liegt dagegen allein in der Verantwortung der öffentlichen Instanzen. In Abgrenzung gegenüber der informellen Sphäre (Familien, Nachbarschaften) und den Sektoren Markt und Staat gelten sie als intermediäre Hilfe- und Dienstleistungsorganisationen. In der Bundesarbeitsgemeinschaft der Freien Wohlfahrtspflege sind folgende Spitzenverbände vertreten: Diakonisches Werk der Evangelischen Kirche in Deutschland (DW), Deutscher Caritasverband (DCV), Deutscher Paritätischer Wohlfahrtsverband (DPWV), Deutsches Rotes Kreuz (DRK), Arbeiterwohlfahrt (AW) und die Zentralwohlfahrtstelle der Juden in Deutschland (ZWSt). Die drei größten Verbände sind dabei das Deutsche Rote Kreuz mit ca. 37.000, das Diakonische Werk mit ca. 30.000 und der Caritas Verband mit ca. 24.000 Einrichtungen und Diensten.

Diese Aufgabenwahrnehmung in der Sozialen Arbeit durch einerseits *öffentliche Träger* und andererseits *freie Träger* basiert auf dem *Subsidiaritätsprinzip* (Sachße 1996). Das Prinzip der Subsidiarität legt eine Nachrangigkeit staatlicher Intervention bei sozialen Problemen fest. Es verkörpert zum einen liberal gesellschaftstheoretische Traditionen des 18. und 19. Jahrhunderts, wonach die Sicherung und Gestaltung der eigenen Existenz dem Individuum überlassen ist und die Verantwortung der Gemeinschaft und des Staates auf Ausnahmesituationen beschränkt ist. Zum anderen verweist das Prinzip auf sozialpolitische Konfliktlinien, genauer auf die Span-

Soziale Arbeit

nung zwischen Staat und Kirche. *Wohlfahrtsverbände* knüpfen danach an tradierte kirchliche oder aus der Arbeiterbewegung stammende Institutionen wie z.B. die der Armenfürsorge an und reklamieren eine vorrangige Zuständigkeit für die Bearbeitung sozialer Probleme. In Westdeutschland wurde vor dem Hintergrund der Erfahrung totalitären staatlichen Handelns in der Zeit des Nationalsozialismus das Subsidiaritätsprinzip in der Nachkriegszeit zum sozialpolitischen Gestaltungsmittel. In den 60er Jahren war die Frage des Rangverhältnisses von freier und staatlicher Wohlfahrtspflege Gegenstand eines Verfahrens vor dem Bunderverfassungsgericht, in dem die Vorrangigkeit der freien Träger bejaht wurde. Unter Berufung auf das Gesellschaftsbild des Grundgesetzes wird eine Beschränkung des Staates auf ein neutrales Wächteramt postuliert, so daß die Gestaltung der Sozialen Arbeit vorrangig dem weltanschaulichen Spektrum gesellschaftlicher Kräfte zu überlassen ist. Hieran anknüpfend verstehen die Wohlfahrtsverbände sich als Garanten einer nach den Prinzipien des Pluralismus organisierten Gesellschaft.

War *Subsidiarität* zunächst als politische Strukturformel gedacht, die private Autonomie und den Primat gemeinschaftlicher Assoziation gewährleisten sollte, so ist Subsidiarität in der Folge zu einem Prinzip formaler Zuständigkeitsverteilung in den Handlungsfeldern Sozialer Arbeit geworden und dient der Absicherung von Verbandsinteressen. In der Konsequenz unterliegt die öffentliche Soziale Arbeit einer weitgehenden Funktionssperre zugunsten der Freien *Wohlfahrtspflege*, so daß z.B. die Mehrzahl der Einrichtungen in der Jugendhilfe von freien Trägern betrieben wird: So waren im Jahr 1994 von 4.018 Kinder- und Jugendheimen nur 592, von 29.757 Kindergärten lediglich 10.735, von 1694 Erziehungs-, Jugend- und Familienberatungsstellen nur 393 und von 435 Drogen- und Suchtberatungsstellen nur 56 in öffentlicher Trägerschaft.

Subsidiarität bedeutet allerdings nicht, daß die freien Träger eine völlige Gestaltungsautonomie in der Sozialen Arbeit hatten und haben. Bereits in den 60er Jahren wurde im JWG eine öffentliche Heimaufsicht eingeführt, die das bis dahin geltende RJWG nicht kannte. Bei den Diskussionen über eine Reform des Jugendhilfegesetzes in den 70er Jahren trat dann das Vorrang-/Nachrangdenken zugunsten der Idee eines partnerschaftlichen Miteinanders in den Hintergrund. In dem neuen, 1990 in Kraft gesetzten KJHG ist die Kooperation zwischen öffentlichen und freien Trägern ausdrücklich festgelegt. Nimmt man hinzu, daß das Gesetz allgemeine Erziehungsgrundsätze vorschreibt, daß die Leistungsberechtigten Wahlrechte, die Kinder und Jugendlichen Mitbestimmungsrechte haben und daß der Betrieb von Einrichtungen und ihre finanzielle Förderung von fachlichen Standards und Kriterien abhängig gemacht wird, so schränkt dies den Gestaltungsspielraum der freien Träger entscheidend ein. In die gleiche Richtung gehen gesetzliche Regelungen in anderen Handlungsfeldern der Sozialen Arbeit wie z.B. das Heimgesetz in der Alten- und Behindertenhilfe. Erheblichen Anteil an dieser Entwicklung in der Sozialen Arbeit dürften nicht zuletzt auch die Professionalisierungs- und Verwissenschaftlichungsbemühungen der letzten 25 Jahre gehabt haben, mit der Folge, daß Kriterien der Fachlichkeit an die Stelle der Weltanschauung gerückt sind.

Angesichts dieser Situation wird heute weniger von *Subsidiarität* als vielmehr von *Neokorporatismus* gesprochen: Das Verhältnis öffentlicher und freier Träger ist ein komplexer Gesamtverbund mit vielfältigen Verflechtungen und Abhängigkeiten, in dem die öffentlichen Träger einerseits auf die Leistungskapazitäten der freien Träger angewiesen sind, wie anderseits die freien Träger von der Förderung durch Bund, Land und Kommune abhängig sind. Dieses für die sozialpolitische Gestaltung der Bundesrepublik im Vergleich zu anderen Ländern besonders charakteristische Korporationsgefüge zwischen dem Staat und dem dritten Sektor erwies seine Stabilität und sein Durchsetzungsvermögen auch in der Folge von 1989, denn obwohl die freie *Wohlfahrtspflege* in der ehemaligen DDR nicht auf eine pluralistisch-informelle Infrastruktur wie im Westen zurückgreifen konnte, gelang ihr doch eine flächendeckende Ausbreitung.

8. Gegenwärtige Probleme und die Reaktionen der Sozialen Arbeit

Die Reaktionen der Sozialen Arbeit auf die in den letzten Jahren in der Bundesrepublik Deutschland auftretenden strukturellen Krisen und Problemlagen lassen sich folgendermaßen skizzieren:

Der *soziale Wandel* von einer industriellen zu einer postindustriellen Gesellschaft geht nicht nur einher mit einem erheblichen Ausmaß an Arbeitslosigkeit, sondern es besteht zudem die begründete Befürchtung, daß ein Teil der Bevölkerung dauerhaft vom Arbeitsmarkt ausgeschlossen bleiben wird. Als Folge des Strukturwandels der Arbeitswelt ist es bereits zum Auftreten neuer *Armut* in der Wohlstandgesellschaft gekommen. Für die Soziale Arbeit im Handlungsfeld *Sozialhilfe* bedeutet das sowohl, daß die Hilfe zum Lebensunterhalt des BSHG nicht mehr eine nur temporäre Hilfeleistung ist (bis eine Wiedereingliederung in die Arbeitswelt geglückt ist), als auch, daß sie mit ihren Leistungen nicht mehr auf gesellschaftliche Randgruppen beschränkt bleibt. Stattdessen wird die Sozialhilfe zu einer dauerhaften Subsistenzform für zunehmend größere Teile der Bevölkerung und übernimmt damit Funktionen und Leistungen, für die sie ursprünglich nicht konzipiert worden war. In diesem Zusammenhang beginnt sich eine Diskussion darüber abzuzeichnen, ob öffentliche Leistungen wie die Sozialhilfe an individuelle Gegenleistungen, wie etwa die Verrichtung von Arbeit, gekoppelt werden sollten (Dettling 1995). Gegen eine solche auf Reziprozität basierende *Sozialpolitik* werden zivilgesellschaftliche Argumente vorgebracht, die darauf verweisen, daß eine solche Auffassung den Bürgerstatus von Personen untergräbt, denn Bürger einer Gesellschaft sein bedeutet, bestimmte (An-)Rechte aufgrund der Mitgliedschaft in einer Gemeinschaft zu haben – auch auf ein ausreichendes Niveau an materieller Grundversorgung.

Auswirkungen auf das Handlungsfeld der *Jugendhilfe* ergeben sich durch die Veränderungen in der Arbeitswelt ebenfalls unmittelbar, weil nun vermehrt Kinder in einkommensarmen Verhältnissen aufwachsen und die familiäre Erziehung somit erhöhten Belastungen ausgesetzt ist. Hinzu kommt, daß ein Wandel der Familienstrukturen zu verzeichnen ist. So wird z.B. nicht nur jede dritte Ehe geschieden (in den Großstädten ist es sogar jede zweite), sondern die typische Form der Kleinfamilie – ein verheiratetes Ehepaar mit wenigstens einem Kind – wird auch weniger als Lebensform gewählt. In der Folge führt dies zu einem Ansteigen des Bedarfs an sozialen Unterstützungsleistungen durch die Jugendhilfe. So kommt es gegenwärtig in den Kommunen nicht nur zu einem Ausbau an Kindergartenplätzen oder der Einrichtung von Ehe- und Trennungsberatungsmöglichkeiten, sondern auch zu einer stetigen Zunahme an interventionsintensiven ambulanten und stationären Jugendhilfemaßnahmen. Insofern diese Verhältnisse gesellschaftliche Normalität darstellen, definiert sich die Jugendhilfe zunehmend als eine gesellschaftliche Institution, die für die Bewältigung der Probleme einer normalen Lebensführung zuständig ist. Daneben sieht sich die Jugendhilfe aber traditionsgemäß weiterhin zuständig für alle Formen abweichenden Verhaltens von Kindern und Jugendlichen, wie z.B. besonders der in jüngster Zeit verstärkten Zunahme von Gewaltdelikten durch junge Menschen.

Schließlich hat der Wandel in der Altersstruktur der Bevölkerung der Bundesrepublik Deutschland Auswirkungen auf die Soziale Arbeit. Durch eine unterproportionale Anzahl an Geburten und einen Anstieg der Lebenserwartung altert die Gesellschaft demographisch. Dabei wird der zahlenmäßig höchste Zuwachs, wie schon bisher, bei den Hochaltrigen liegen, die aufgrund vermehrt auftretender chronischer Krankheiten und Multimorbidität einen erhöhten Hilfe- und Pflegebedarf aufweisen. Dieser erhöhte Bedarf trifft auf ein immer geringer werdendes Potential verfügbarer jüngerer Haushalts- und Familienmitglieder, nicht zuletzt auch deswegen, weil im Zuge von Emanzipation und Gleichberechtigung Frauen heute in größerem Maße einer Erwerbstätigkeit nachgehen. Für die Zukunft ist daher mit einem sich beschleunigenden Anstieg an Beschäftigten in sozialen und medizinischen Diensten der *Altenhilfe* zu rechnen. Als eine Reaktion der Sozialen Arbeit auf diese Situation läßt sich im Verbund mit der medizinischen Krankenpflege die Ausdifferenzierung eines eigenständigen Arbeitsgebietes „Pflege" verstehen, wie dies z.B. an der Einrichtung von pflegewissenschaftlichen Studiengängen an Fachhochschulen deutlich wird. Diese Professionalisierungsbemühungen werden allerdings angesichts des zu erwartenden Personalbedarfs in der Altenhilfe eine Dequalifizierung in der Betreuung alter Menschen insgesamt nicht aufhalten können. Die Diskussion um die Unverzichtbarkeit des Zivildienstes oder die Einführung eines sozialen Pflichtjahres für Mädchen lassen sich als Indikatoren für diesen Prozeß verstehen. Insgesamt wird der Altenhilfe in Zukunft fraglos eine gewichtigere Stellung als heute in der Sozialen Arbeit zukommen.

Der aus der Sicht der Sozialen Arbeit somit zu diagnostizierende gesamtgesellschaftliche Zuwachs an sozialen Problemen trifft nun auf enger werdende finanzielle Spielräume der öffentlichen Haushalte. Da z.B. die *Sozialhilfe* wie auch die *Jugendhilfe* Leistungen der Kommunen sind, führt der Anstieg in diesen Bereichen, bei gleichzeitigen steuerlichen Mindereinnahmen durch die Schrumpfung des Arbeitsmarktes, in den Städten und Gemeinden zu erheblichen finanziellen Krisen. Angesichts dieser Situation gibt es zum einen Bestrebungen, neben dem staatlichen und dem dritten Sektor der Verbände verstärkt den informellen Bereich der Familien und Nachbarschaften zur Bewältigung der gestiegenen Anforderungen zu aktivieren, z.B. durch eine Neubelebung von Ehrenamtlichkeit als zivilgesellschaftlichem Engagement, um den Wohlfahrtsstaat in eine Wohlfahrtsgesellschaft zu überführen.

Zum anderen – und weitaus gewichtiger – kommt es in allerjüngster Zeit zu einer Ökonomisierung der Sozialen Arbeit. Entwicklungen seit Beginn der 90er Jahre zeigen, daß die Beziehungen zwischen öffentlichen Sozialadministrationen und den nichtstaatlichen Trägern nach dem Muster von Vertragsbeziehungen im Sinne eines „contracting out" bzw. eines „Kontraktmanagement" gestaltet werden. An die Stelle neokorporatistischer Verhältnisregelungen treten damit Wirtschaftlichkeitsüberlegungen (Backhaus-Maul/Olk 1994). Den Hintergrund für diese Entwicklung bildet neben der fiskalischen Krise die Kritik, daß die freie Wohlfahrtspflege zunehmend zu einem bürokratischen „parastaatlichen Anbieter" für soziale Dienste und Leistungen geworden sei, und daß ihr nicht nur Bürgernähe und organisatorische Flexibilität abhanden gekommen sei, sondern, daß sie darüber hinaus auch die Entfaltung alternativer Projekte Sozialer Arbeit sowie Formen der Selbsthilfe systematisch be- und verhindere. Durch die Einführung ökonomischer Modelle und eines damit verbundenen „Public Management" in der kommunalen Verwaltung („Konzern Stadt") erhofft man, mehr Effizienz und Effektivität gerade auch angesichts schrumpfender finanzieller Ressourcen und steigender sozialpolitischer Belastungen zu erreichen (Reichhard 1994). Öffentliche Verwaltungen und intermediäre Hilfs- und Dienstleistungsorganisationen sollen analog zu Wirtschaftsunternehmen gestaltet und die Beziehungen zwischen öffentlichen und freien Trägern durch den Markt geregelt werden. Um den Wettbewerb zu erhöhen, ist dabei auch vorgesehen, daß private Unternehmen und Anbieter Zugang zu diesem Markt bekommen, der bisher allein den Wohlfahrtsverbänden vorbehalten war.

Diese Ökonomisierung ihrer Handlungsfelder wird innerhalb der Sozialen Arbeit zugleich positiv wie auch ablehnend aufgenommen. Die Ablehnung richtet sich vor allem dagegen, daß die Qualität der Leistungen und Hilfen sich nicht in Effizienz und Effektivität ausdrücke, ökonomisches Denken sei für das Handeln der Sozialen Arbeit daher grundsätzlich unangemessen. Die positive Reaktion sieht dagegen die Chance, das Handeln der Sozialen Arbeit nun als *Dienstleistung* konstituieren zu können (Olk/Otto 1997). Mit der Etablierung von sozialer Dienstleistung als neuem Leitbild ist die Hoffnung verbunden, daß das Negativ-Image der Sozialen Arbeit als ein bürokratisch geregeltes, disziplinierendes und qualifikationsschwaches Handeln überwunden werden kann.

Literatur

Backhaus-Maul, H./T. Olk: Von Subsidiarität zu „outcontracting". Zum Wandel der Beziehungen von Staat und Wohlfahrtsverbänden in der Sozialpolitik, in: W. Streeck (Hg.): Staat und Verbände, Sonderheft 25 der Politischen Vierteljahresschrift, 1994, S. 100-135

Böllert, K./H.-U. Otto. (Hg.): Soziale Arbeit in einer neuen Republik. Anpassung oder Fortschritt, Bielefeld 1993

Erler, M.: Soziale Arbeit, Weinheim/München 1993

Dettling, W.: Politik und Lebenswelt. Vom Wohlfahrtsstaat zur Wohlfahrtsgesellschaft, Gütersloh 1995

Gildemeister, R.: Als Helfer überleben. Beruf und Identität in der Sozialarbeit/Sozialpädagogik, Neuwied/Darmstadt 1983

Landwehr, R./R. Baron (Hg.): Geschichte der Sozialarbeit, Weinheim/Basel 1995

Olk, T./H.-U. Otto (Hg.): Soziale Arbeit als Dienstleistung, Neuwied 1997 (im Erscheinen)

Otto, H.-U./H. Sünker: Soziale Arbeit und Faschismus. Volkspflege und Pädagogik im Nationalsozialismus, Bielefeld 1986

Rauschenbach, Th.: Ausbildung, in: Kreft, D./I. Mielenz (Hg.): Wörterbuch Soziale Arbeit, Weinheim/Basel 1996, S. 78-83

Rauschenbach, Th.: Soziale Berufe, in: Kreft, D./I. Mielenz (Hg.): Wörterbuch Soziale Arbeit, Weinheim/Basel 1996, S. 522-525

Salomon, A.: Soziale Diagnose, Berlin 1926

Reichhard, C.: Umdenken im Rathaus. Neue Steuerungsmodelle in der deutschen Kommunalverwaltung, Berlin 1994

Thiersch, H./T. Rauschenbach: Sozialpädagogik/Sozialarbeit: Theorie und Entwicklung, in: Eyferth, H./H.-U. Otto/H.Thiersch: Handbuch zur Sozialarbeit/Sozialpädagogik, Neuwied/Darmstadt 1984, S. 984-1016

Sachße, C.: Subsidiarität, in: Kreft, D./I. Mielenz (Hg.): Wörterbuch Soziale Arbeit, Weinheim/Basel 1996, S. 592-595

*Thomas Klatetzki/
Ursula von Wedel-Parlow*

Soziale Mobilität

1. Begriff, Messung und theoretische Bedeutung

Mit *Mobilität* sind Bewegungen von Personen (als Individuen, als Familien oder als Gruppen) zwischen sozialen Positionen, Kategorien oder Lagen gemeint. In der Regel wird zwischen räumlicher bzw. regionaler Mobilität oder *Migration* (Pendeln, Nah- und Fernwanderungen) und sozialer Mobilität in einem engeren Sinne unterschieden, obwohl beide Mobilitätsarten oftmals zusammen auftreten. Unter sozialer Mobilität versteht man dann meist Bewegungen oder Wechsel zwischen beruflichen Positionen (berufliche Mobilität) bzw. zwischen sozialen Lagen, *Schichten* oder *Klassen* (Schichten- oder Klassenmobilität). Darüber hinaus kann darunter auch die Erwerbsmobilität (z.B. Übergänge von Vollzeiterwerbstätigkeit in eine Teilzeitbeschäftigung oder in Arbeitslosigkeit), Bewegungen zwischen Teilarbeitsmärkten oder die „konnubiale" bzw. Heiratsmobilität (Wahl eines Partners mit ähnlicher/unterschiedlicher sozialer Herkunft) gefaßt werden.

Wenn zwischen den Positionen, sozialen Lagen, *Klassen* oder *Schichten*, zwischen denen Bewegungen stattfinden, Ungleichheiten in der Bewertung (als „besser" oder „schlechter", als „rangniedriger" oder „-höher") oder in der Ausstattung mit Ressourcen (z.B. Einkommens- oder Machtchancen) bestehen, spricht man von *vertikaler Mobilität* bzw. von Auf- und Abstiegen. Bewegungen zwischen gleich oder ähnlich ausgestatteten bzw. bewerteten Positionen oder Positionsveränderungen innerhalb von Klassen und Schichten werden demgegenüber meist als *horizontale*, seltener auch als laterale *Mobilität* bezeichnet. Unter *intragenerationeller* oder Karrieremobilität versteht man Positionswechsel oder Wechsel der Schicht- bzw. Klassenzugehö-

Soziale Mobilität

rigkeit im jeweiligen Lebenslauf; unter *intergenerationeller* oder Generationenmobilität Wechsel zwischen den Eltern- und Kindergenerationen. Schließlich kann zwischen *individueller* Mobilität als Bewegungen einzelner Personen von einer Position oder sozialen Lage in eine andere, und *kollektiver* Mobilität als Auf- oder Abstieg einer ganzen Gruppe, Schicht oder Klasse unterschieden werden.

Gemessen wird soziale Mobilität mit Hilfe von Mobilitätsquoten oder -raten, die – meist in Form von Prozentzahlen – die Anzahl mobiler Personen in Beziehung setzen zur Anzahl der insgesamt oder in der jeweiligen Start- oder Zielkategorie erfaßten Personen: Legt man z.B. für einen ersten Beobachtungszeitpunkt eine Ausgangsmenge von 1.000 Personen zugrunde, von denen bis zu einem zweiten Beobachtungszeitpunkt 450 ihre Position gewechselt haben, erhält man eine Mobilitätsrate von 45%; komplementär dazu ergibt sich in diesem Beispiel eine Stabilitäts- oder Immobilitätsquote von 55%.

Bei internationalen oder historischen Vergleichen ist dabei jedoch, wie schon Theodor Geiger (1962) als einer der Pioniere der Mobilitätsforschung betonte, der enge, analytische Zusammenhang zwischen dem Umfang der registrierten *Mobilität* einerseits, dem Zuschnitt und der Anzahl der zugrunde gelegten Ausgangs- und Zielpositionen oder -kategorien andererseits zu beachten: Eine niedrige Anzahl von Kategorien, wie z.B. eine grobe Unterscheidung in Ober-, Mittel- und Arbeiterklasse, ergibt notwendigerweise eine niedrigere Mobilitätsrate; feinere Klassifizierungen, die etwa von einzelnen Berufen oder eng umgrenzten Berufsgruppen ausgehen, ergeben dagegen eine höhere (gemessene) Mobilität. Darüber hinaus gilt, daß sowohl längere Beobachtungszeiträume wie auch die Berücksichtigung zusätzlicher Beobachtungszeitpunkte in der Regel zu einer höheren (gemessenen) Mobilität führen.

Geht man bei der Messung sozialer Mobilität von den Start- oder Herkunftskategorien aus (bei intergenerationeller Mobilität werden dabei in den meisten Untersuchungen die beruflichen Positionen der Väter herangezogen, die der Mütter werden dagegen nur selten berücksichtigt), geben Abstromquoten Aufschluß darüber, wie groß der Anteil derjenigen Personen (bei intergenerationeller Mobilität meist: Söhne, seltener: Töchter) ist, die sich zu einem späteren Zeitpunkt in derselben Kategorie befinden bzw. in eine andere gewechselt sind – Tabelle 1 gibt ein Beispiel für eine auf Abstromquoten basierende Mobilitätstabelle, die sich in diesem Fall allerdings auf intragenerationelle oder Karrieremobilität zwischen Arbeitsmarktsegmenten bezieht.

Insbesondere bei *intergenerationeller Mobilität* werden Abstromquoten als ein Maß für die Wahrscheinlichkeit der sozialen Vererbung von Positionszugehörigkeiten oder der sozialen Reproduktion bzw. für ungleiche Chancen des Zugangs zu bestimmten Positionen, also für Mobilitätsbarrieren, aufgefaßt. Sie sollen damit Auskunft über die „Offenheit" oder „Geschlossenheit" einzelner Sozialkategorien oder ganzer Gesellschaften geben. Mit der Analyse von Abstromquoten verbindet sich – als erste und bis heute dominierende theoretische Blickrichtung der Mobilitätsforschung – daher meist ein Interesse am Ausmaß und am Abbau von Chancenungleichheiten. Aus dieser Perspektive gelten dann beispielsweise „offene", meist dem Leistungsprinzip verpflichtete Gesellschaften als eine wesentliche Voraussetzung für moderne, demokratisch-pluralistische Herrschaftsstrukturen. Die Rigidität „geschlossener" Gesellschaften wird demgegenüber meist mit traditionalen oder mit totalitären Herrschaftsformen in Verbindung gebracht (vgl. z.B. Bendix/Lipset 1959).

Da sich nicht nur Einzelpersonen oder Familien zwischen Positionen oder sozialen Lagen bewegen, sondern in modernen Gesellschaften auch das Positionssystem selbst, die *Berufsstruktur* ebenso wie das Gefüge sozialer Schichten oder Klassen, einem fortwährenden Wandel unterliegt, sind Mobilitätsvorgänge freilich nicht allein durch die Muster von Chancenungleichheiten bzw. durch Mobilitätsbarrieren bestimmt. Vielmehr können strukturelle Wandlungen einerseits zum Schrumpfen von Berufsgruppen oder sozialen Lagen (z.B. der Landwirte oder der handwerklich-gewerblichen Selbständigen) führen, so daß für eine Statusvererbung an nachrückende Generationen nicht genügend „freie" Positionen (Leerstellen oder Vakanzen) zur Verfügung stehen – dies wird in der Mobilitätsforschung auch als push-Faktor oder Abstoßeffekt bezeichnet. Wachsende Soziallagen oder Berufskreise (wie z.B. die Angestelltenschaft) können andererseits durch ein „Überangebot" an freien Plätzen einen gewissen Sogeffekt ausüben (pull-Faktor).

Mobilitätsströme, die durch solche Veränderungen in den Größenverhältnissen zwischen Start- und Zielkategorien „verursacht" werden, werden als „erzwungene" oder strukturelle Mobilität bezeichnet und so begrifflich abgehoben von der „freiwilligen" oder Zirkulationsmobilität, deren Umfang dann als der eigentliche Indikator für Chancenungleichheiten bzw. für „Offenheit" oder „Geschlossenheit" gilt. Ein großer Teil der methodischen Bemühungen der Mobilitätsforschung war und ist deshalb auch darauf gerichtet, diese beiden Mobilitätsarten durch geeignete statistische Verfahren voneinander zu trennen: Während sog. „absolute" Mobilitätsraten den Einfluß von Größenveränderungen zwischen Ausgangs- und Zielkategorien und von Veränderungen in den Chancen für Statusvererbung oder Positionswechsel in einer Maßzahl zusammenfassen, wird insbesondere in vergleichenden Untersuchungen durch die Berechnung „relativer" Mobilitätsraten oder sog. „odds ratios" versucht, den Einfluß struktureller Wandlungen auf Mobilitätsströme statistisch zu kontrollieren und dadurch zu präziseren Aussagen über das Ausmaß und über spezifische Muster von Chancenungleichheiten zu kommen (vgl. Erikson/Goldthorpe 1992).

Werden gegenüber diesem eher „meritokratischen", auf individuelle Chancenungleichheiten gerichteten Blickwinkel nicht die Ausgangspositionen, sondern die Ziel- oder Ankunftskategorien zur Berechnung von Mobilitätsquoten herangezogen, erhält man Zustromquoten. Sie geben Auskunft über die Zusammensetzung von Zielkategorien nach der Herkunft ihrer aktuellen Mitglieder und können daher als ein Maß für die Heterogenität oder Homogenität einer Berufsgruppe, sozialen Klasse oder Schicht verwendet werden.

In theoretischer Hinsicht zielt diese zweite Blickrichtung eher auf die strukturellen Konsequenzen von Mobilitätsprozessen für die Herausbildung von sozialen *Klassen* oder *Schichten*: Dazu vermutete beispielsweise schon Karl Marx (1982: 122) um die Mitte des 19. Jahrhunderts, daß in den „Vereinigten Staaten, wo zwar schon Klassen bestehen, aber sich noch nicht fixiert haben, sondern in beständigem Flusse fortwährend ihre Bestandteile wechseln und aneinander abtreten" der Übergang zur politisch handlungsfähigen „Klasse-für-sich" wohl schwieriger sein werde. Auch Max Webers (1976: 170) Vorschlag, soziale Klassen durch höhere Binnenmobilität und durch Mobilitätsbarrieren nach außen voneinander abzugrenzen, kann dieser Traditionslinie zugeordnet werden. Entsprechende Fragestellungen nach der „demographischen Identität" sozialer „Großgruppen", Klassen oder Schichten wurden jedoch erst in den 70er und 80er Jahren wieder verstärkt aufgegriffen und u.a. in der sozialhistorischen Forschung fruchtbar gemacht (vgl. z.B. Giddens 1979; Kocka 1983).

Ebenfalls eine längere Geschichte weist schließlich ein dritter Komplex theoretischer Fragestellungen auf, der im Anschluß an Pitrim A. Sorokin (1927) stärker auf die individuellen und auf die soziokulturellen Folgen sozialer Mobilität zielt: Aus dieser Perspektive kann, wie etwa Peter L. Berger und Thomas Luckmann (1980: 148ff.) betonen, *inter-* wie *intragenerationelle Mobilität* die soziale und personale Identität gefährden, da durch die damit verbundenen Milieuveränderungen häufig eine Diskontinuität oder gar eine „Spaltung zwischen vergangener und gegenwärtiger Identität ... [eintritt]". In dieser Traditionslinie wurde vor allem in US-amerikanischen Forschungen schon in den 50er und 60er Jahren nach den psycho-sozialen „Kosten", nach Belastungen und Verunsicherungen gefragt, die das Verlassen des Herkunftsmilieus und die damit häufig verbundene Erfahrung von Statusinkonsistenzen und -unbestimmtheiten mit sich bringen können. In jüngerer Zeit wird die Frage nach den individuellen Konsequenzen eines mit *horizontaler* oder *vertikaler Mobilität* oftmals einhergehenden Herauslösens aus vertrauten sozialen Kontexten insbesondere in der Diskussion um die von Ulrich Beck (1986) vorgetragene „Individualisierungsthese" wieder verstärkt aufgegriffen.

2. Soziale Mobilität in Deutschland im historischen und internationalen Vergleich

2.1 Langfristige Entwicklungstendenzen

Versucht man, auf der Grundlage sozialhistorischer Forschungen langfristige Wandlungen in den Mustern sozialer Mobilität zu rekonstruieren, sind zunächst verbreitete Vorstellungen von einem fast völligen Fehlen sozialer Mobilität in vorindustriellen, ständischfeudalen Gesellschaften zu korrigieren: Im Zuge erster „Protoindustrialisierungen" und der Expansion des städtischen Fernhandels läßt sich nämlich schon für das Spätmittelalter eine leichte Zunahme der vertikalen und horizontalen Mobilität vermuten. In der Folgezeit dürften dann die Verbreitung eines protestantischen Arbeits- und Berufsethos sowie der erleichterte Zugang zu Ausbildungsinstitutionen individuelle Aufstiegsbestrebungen verstärkt haben. Entgegen liefen dem jedoch die durch das Bevölkerungswachstum verschärfte Konkurrenz um Aufstiegsmöglichkeiten sowie die größere Fruchtbarkeit und die längere Lebenserwartung in den oberen *Schichten*, die freie Aufstiegspositionen knapp hielt.

Im Vergleich zum 20. Jahrhundert erscheint auch noch während der eigentlichen industriellen Revolution das Tempo berufsstruktureller Wandlungen als eher gering: So stieg z.B. in Preußen der Anteil der Industriearbeiter an den Erwerbstätigen zwischen 1822 und 1871 nur von 3% auf 7%. Der sog. „demographische Übergang" mit seinem rapiden Bevölkerungswachstum ließ in der zweiten Hälfte des 19. Jahrhunderts einerseits die Nachfrage nach Positionen im Erwerbsbereich steigen, andererseits aber auch das Angebot an freien Berufspositionen schrumpfen. Weiterhin im Vordergrund stehende Vorstellungen von einer familiären Berufsvererbung dämpften in dieser Periode eine Zunahme der Mobilität ebenso wie große Ungleichheiten beim Zugang zu Kapital bzw. zu Unternehmerpositionen.

Schon im ersten Drittel des 20. Jahrhunderts, das eine deutliche Expansion der Angestellten- und Beamtenschaft mit sich brachte (der Anteil dieser beiden Kategorien an allen Erwerbstätigen wuchs im Deutschen Reich von gut 8% im Jahre 1895 auf rund 19% im Jahre 1939), vergrößerten sich die Mobilitätsströme deutlich. Im Zeitraum von der Jahrhundertwende bis in die späten 20er Jahre stieg dabei auch die Zirkulationsmobilität, so daß man von einer allmählichen Verminderung von Chancenungleichheiten sprechen kann (vgl. Kaelble 1983).

Die Nachkriegsperiode ist schließlich durch eine durchgängige *Tertiärisierung*, also durch das Wachstum des tertiären oder Dienstleistungssektors gekennzeichnet: In Westdeutschland ging zwischen 1950 und dem Ende der 80er Jahre der Anteil der im primäragrarischen Sektor Erwerbstätigen von fast 24% auf unter 4% zurück. Der sekundäre oder industrielle Sektor wuchs von etwa 43% im Jahre 1950 auf fast 50% in den 70er Jahren, verkleinerte sich dann aber auf gut 40% am Ende der 80er Jahre. Der tertiäre Sektor dehnte sich dagegen kontinuierlich von rund 33% auf mehr als 55% aus. Die Arbeiterschaft schrumpfte im gleichen Zeitraum von gut 50% auf knapp 40%, während die Kategorie der Angestellten und Beamten von etwa 20% auf mehr als 50% anwuchs (vgl. Berger 1986).

Wegen der geschärften Aufmerksamkeit für Chancenungleichheiten, die dem Leistungsprinzip als zentraler Legitimationsgrundlage sozialer Ungleichheit in westlichen Gesellschaften zuwiderlaufen, kam es in der Nachkriegszeit zu einer Vielzahl international vergleichender Mobilitätsuntersuchungen, die sich schwergewichtig mit der *intergenerationellen Mobilität* beschäftigten. Dabei wurde u.a. deutlich, daß zwischen den Mobilitätsmustern einzelner Nationalgesellschaften z.T. erhebliche Unterschiede bestehen. Bei den in relativen Mobilitätsraten gemessenen Chancenungleichheiten zeigte sich jedoch auch eine große historische Konstanz.

Mit Blick auf die absoluten Raten intergenerationeller Mobilität findet man allerdings in den westeuropäischen Gesellschaften durchgängig einen Rückgang der Immobilität bei den Landwirten, einen Anstieg der Mobilität aus der Landwirtschaft in den Bereich der industriellen Arbeiterschaft und eine leichte Zunahme bei den Söhnen, deren Väter Landwirte oder Arbeiter waren und die nun in sog. „Dienstklassenpositionen" einrücken. Für die Bundesrepublik Deutschland ergibt sich aus einer vergleichenden Perspektive bei diesen beiden Mobilitätspfaden bis in die frühen 70er Jahre hinein eine besonders starke Zunahme der Mobilitätsquoten (vgl. Erikson/Goldthorpe 1992). Im Rahmen eines internationalen Vergleichs, der 35 Staaten umfaßte, konnte schließlich gezeigt werden, daß es in neuerer Zeit auch im Hinblick auf relative Mobilitätsraten einen weltweiten Trend zu mehr „Offenheit" gibt, dem die Bundesrepublik in Verein mit anderen fortgeschrittenen Industriegesellschaften gefolgt ist (vgl. Ganzeboom u.a. 1989).

2.2 Intergenerationelle Mobilität in der Bundesrepublik und in der DDR

Sowohl berufsstrukturelle Wandlungen in Richtung einer Dienstleistungsgesellschaft wie auch die *Bildungsexpansion*, die zum Abbau von Chancenungleichheiten zwischen Männern und Frauen beitrug, haben in der Bundesrepublik und vor allem in den 70er Jahren zu einer Zunahme der Aufstiegsmobilität bei einem gleichzeitigem Rückgang der Abstiege geführt: Im Rahmen einer Klassifikation nach beruflicher Stellung und gemessen in absoluten Mobilitätsraten konnten z.B. von den in den 40er Jahren in den Beruf eingetretenen, westdeutschen Männern (Frauen) etwa 27% (35%) einen Aufstieg im Vergleich zur Berufsstellung der Vätergeneration vollziehen; rund 35% (40%) mußten einen Abstieg erfahren. Bei einem Berufseintritt in den 70er Jahren finden sich bei den Männern Aufstiegsquoten von etwa 38% (Abstiege: rund 29%). Bei den Frauen können sogar rund 52% als Aufsteigerinnen bezeichnet werden, und etwa ein Drittel mußte Abstiege in Kauf nehmen (vgl. Berger 1996: 181ff.).

Die darin sich abzeichnende „Öffnung" der westdeutschen Sozialstruktur, die freilich mit dem Übergang in die 80er Jahre wieder zum Stillstand zu kommen scheint (vgl. Geißler 1996; Vester et al. 1992), brachte jedoch für ausländische Arbeitnehmer in Westdeutschland nur wenig verbesserte Aufstiegschancen mit sich: Auch aus der zweiten Ausländergeneration sind in den 80er Jahren noch mehr als die Hälfte als un- oder angelernte Arbeiter beschäftigt, während dies nur auf etwa ein Fünftel der gleichaltrigen Deutschen zutrifft. Schon fast die Hälfte der deutschen Erwerbstätigen (bis zum Alter von 25 Jahren) befindet sich dagegen in Angestelltenpositionen; bei der zweiten Ausländergeneration beträgt diese Quote jedoch nur rund 20% (Seifert 1995: 149).

In der westdeutschen Bevölkerung hat die *Bildungsexpansion* auch zu einem tendenziellen Rückgang des Einflusses der sozialen Herkunft auf Bildungslaufbahnen und -abschlüsse und insofern zu etwas mehr Chancengleichheit im Bildungsbereich geführt (vgl. Henz/Maas 1995; Müller/Haun 1994; für einen europäischen Vergleich siehe: Müller u.a. 1997). Strittig ist jedoch, inwieweit sich dies auch in einer größeren *Chancengleichheit* beim Berufseintritt und in den Berufslaufbahnen, also im Erwerbsbereich, ausdrückt. International vergleichende Untersuchungen zeigen zudem, daß das Muster *intergenerationeller Mobilität* in der Bundesrepublik in einigen Punkten deutlich von dem anderer westlicher Gesellschaften abweicht: Vor allem die in Deutschland seit dem frühen 20. Jahrhundert besonders scharf gezogene „Kragenlinie" zwischen Arbeitern und Angestellten und die hohe Statusvererbung in der Beamtenschaft hat hier – zumindest bis in die 70er Jahre hinein – zu einer vergleichsweise geringeren intergenerationellen Mobilität geführt (vgl. Müller 1986).

Im Unterschied zur Bundesrepublik Deutschland wiesen in der *DDR* insbesondere die sog. „Dienstklassen" und die Selbständigen deutlich geringere Chancen der Positionsvererbung auf, was auf umfangreiche Abstiegsprozesse hinweist. Häufiger waren demgegenüber die intergenerationellen Aufstiege aus der geringer qualifizierten Arbeiterschaft. Für die Söhne von Facharbeitern erweist sich jedoch überraschenderweise die Bundesrepublik als die „offenere" Gesellschaft: Während in der DDR fast 60% der Facharbeitersöhne wiederum Facharbeiter wurden und nur etwa 11% einen Aufstieg in die „obere Dienstklasse" erreichten, schafften dies in Westdeutschland etwa 17%, und lediglich 40% wurden erneut Facharbeiter (vgl. Mayer/Solga 1994).

Im historischen Rückblick zeigt sich dabei in den beiden deutschen Staaten eine deutliche Auseinanderentwicklung der Mobilitätsmuster: Zuvor hatte zunächst auch in der *DDR* die sog. „Aufbaugeneration" der um 1930 Geborenen besonders viele und gute Chancen des sozialen Aufstiegs. Zumindest bis zum Mauerbau trugen dazu auch die hohen Abwanderungsraten hochqualifizierter Personen nach Westdeutschland bei. Die folgenden Geburtsjahrgänge, insbesondere die um 1960 und danach Geborenen, fanden dann jedoch erheblich verschlechterte Aufstiegschancen vor: „Die Kinder der Intelligenz hatten elfmal beziehungsweise fünfzehnmal bessere Chancen als die Kinder von Facharbeitern beziehungsweise von un- und angelernten Arbeitern und Genossenschaftsbauern. Das heißt, daß sich diese relativen Chancen im Vergleich zur Aufbaugeneration um das Fünffache verschlechterten." (Mayer/Solga 1994: 203f.; vgl. Solga 1995). Auf eine wachsende „Schließung" und eine zunehmende Selbstreproduktion einer „sozialistischen Dienstklasse" deutet auch hin, daß z.B. um 1970 noch 75-82% der Angehörigen von DDR-Führungsschichten (Betriebsleiter, Staatsanwälte, Richter, Offiziere) der in der DDR ja sehr weit gefaßten „Arbeiterklasse" entstammten, gegen Ende der 80er Jahre diese Quoten jedoch auf 64-76% gesunken waren (vgl. Geißler 1996: 240ff.). Verstärkt wurde diese Blockade von Aufstiegskanälen in der DDR, mit der sich vor allem die jüngeren Generationen konfrontiert sahen, schließlich noch durch den politisch gesteuerten Ausleseprozeß.

2.3 Intragenerationelle Mobilität in der BRD

Konzentriert man sich auf die *intragenerationelle Mobilität* zwischen Berufseintrittspositionen und später erreichten Positionen, spaltet sich das westdeutsche Mobilitätsmuster auf: Während nämlich die Mobilität zwischen sozialer Herkunft und erster beruflicher Position z.B. im Vergleich USA/Bundesrepublik auch in den 70er und 80er Jahren nur geringe Unterschiede aufweist, sind vor allem die Differenzen in der Karrieremobilität, die in der Bundesrepublik als vergleichsweise gering erscheint, ausgeprägt (vgl. Kappelhoff/Teckenberg 1987). Diese im internationalen Vergleich zumindest auf seiten der Männer besonders hohe berufliche Stabilität während des Erwerbslebens verweist auf Besonderheiten des deutschen *Bildungswesens*: Durch seine ausgeprägte Differenzierung und die „duale Ausbildung" bewirkt es eine besonders enge Kopplung zwischen den im Ausbildungssystem erworbenen Qualifikationen und den ersten beruflichen Positionen. Mobilität findet daher in Deutschland meist vermittelt über das Bildungssystem statt; spätere Berufswechsel waren, etwa im Vergleich zu Frankreich, lange Zeit eher selten (vgl. König/Müller 1986). Auch vom norwegischen und vom nordamerikanischen Muster der Karrieremobilität weichen westdeutsche Männer der Geburtsjahrgänge um 1930 deutlich ab: Während z.B. weiße (schwarze) Amerikaner im Laufe ihres Berufslebens durchschnittlich 6,5 (5,6) verschiedene „Berufsepisoden" (Zeitabschnitte mit einer gleichbleibenden Berufstätigkeit) aufwiesen, und bei norwegischen Männern im Schnitt sogar 7,5 Episoden auftraten, finden sich in der Bundesrepublik für diese Geburtskohorte lediglich 3,5 Episoden (vgl. Allmendinger 1989). Diese beispielsweise auch im Vergleich zu Schweden und Großbritannien hohe Stabilität von Berufspositionen trägt dazu bei, daß die westdeutsche Struktur sozialer Klassen und Schichten in intragenerationeller Hinsicht als weniger „durchlässig" erscheint (vgl. Allmendinger/Hinz 1997; Mayer u.a. 1989).

Trotzdem weisen viele Untersuchungen auch im Hinblick auf die Karrieremobilität auf eine allmähliche „Öffnung" bzw. auf eine gestiegene Beweglichkeit in den westdeutschen Mobilitätsmustern hin: In jüngeren Geburtsjahrgängen finden sich höhere Raten des

Berufswechsels, und in den 70er Jahren zeigt sich auf seiten der Männer eine zunehmende berufliche Aufstiegsmobilität (vgl. Carroll/ Mayer 1986; Noll 1992). Ein ähnliches Bild ergibt ein Vergleich der Muster *intragenerationeller Mobilität* zwischen den 70er und den 80er Jahren: Dabei findet man für alle beruflichen Stellungen höhere Mobilitätsquoten, und das Gesamtvolumen der Karrieremobilität hat von 13% auf fast 25% zugenommen (vgl. Berger 1996: 167). Gegen Ende der 80er Jahre erhöhte sich das Tempo von Stellenwechseln weiter, wofür vor allem die Ausweitung der Beschäftigung und die beschleunigte Umschichtung der Berufsstruktur hin zu Dienstleistungen maßgeblich waren: Während 1987 rund 28% der sozialversicherungspflichtig Beschäftigten ein neues Arbeitsverhältnis begannen, waren dies 1990 immerhin 31%; die durchschnittliche Dauer der Beschäftigung sank gleichzeitig von 3,6 auf 3,2 Jahre (vgl. Klös 1992).

Umfangreiche Mobilitätsvorgänge in der zweiten Hälfte der 80er Jahre zeigen sich schließlich auch, wenn nicht einzelne Berufe oder berufliche Stellungen, sondern Teilarbeitsmärkte bzw. Arbeitsmarktsegmente als Ausgangspunkte genommen werden: Unterscheidet man beispielsweise einen sog. „betriebsspezifischen Arbeitsmarkt" mit hohen Qualifikationsanforderungen und hohen Bruttoverdiensten in Betrieben mit über 200 Beschäftigten, einen „fachspezifischen Arbeitsmarkt" mit ebenfalls hohen Qualifikationsanforderungen und mittleren Verdienstchancen in Betrieben mit weniger als 200 Beschäftigten sowie einen „unstrukturierten Arbeitsmarkt" mit geringen Qualifikationsanforderungen und niedrigem Durchschnittseinkommen (vgl. Seifert 1995: 194ff., 201), so erfahren, wie die Abstromquoten in Tabelle 1 ausweisen, innerhalb weniger Jahre fast jeweils ein rundes Viertel der deutschen Arbeitnehmer (ohne Beamte) einen „Aufstieg" aus dem unstrukturierten in das fach- oder in das betriebsspezifische Arbeitsmarktsegment. Bei ausländischen Arbeitnehmern sind Aufstiege in den fachspezifischen Arbeitsmarkt dagegen seltener, während sie im Vergleich zu den deutschen Arbeitnehmern mit Abstromquoten von rund 30% einem deutlich höheren Risiko des Abstiegs vom betriebsspezifischen in den unstrukturierten Arbeitsmarkt ausgesetzt sind. Dies bedeutet auch, daß ihre Zugehörigkeit zu dem in der Regel mit besseren Einkommenschancen und Arbeitsbedingungen verbundenen, betriebsspezifischen Arbeitsmarktsegment mit einer Quote von 55% deutlich instabiler ist als bei den deutschen Arbeitnehmern, von denen sich auch nach 5 Jahren mehr als vier Fünftel noch immer (oder wieder) dort befinden.

Tabelle 1: Mobilität zwischen Arbeitsmarktsegmenten in Westdeutschland, 1984-1989 (Abstromquoten)

1984	1989 Unstrukturierter Arbeitsmarkt	Fachspezifischer Arbeitsmarkt	Betriebsspezifischer Arbeitsmarkt
Deutsche			
Unstrukturierter Arbeitsmarkt	**52**	25	23
Fachspezifischer Arbeitsmarkt	9	**72**	19
Betriebsspezifischer Arbeitsmarkt	6	13	**81**
Ausländer			
Unstrukturierter Arbeitsmarkt	**64**	12	24
Fachspezifischer Arbeitsmarkt	16	**71**	12
Betriebsspezifischer Arbeitsmarkt	30	15	**55**

Quelle: Seifert 1995: 199

2.4 Berufs- und Erwerbsmobilität in der DDR und im Transformationsprozeß

Entgegen der Vorstellung von einer starren „Regulierung" von Berufslaufbahnen war auch in der *DDR* die intragenerationelle Berufs- und Erwerbsmobilität keineswegs unerheblich (vgl. Huinink u.a. 1995: 112ff.): Nach Ergebnissen von Lebenslaufuntersuchungen wiesen z.B. Frauen bis zum Alter von 28 Jahren im Durchschnitt 2,7 „Erwerbsepisoden"

Soziale Mobilität

(Wechsel der beruflichen Tätigkeit und des Betriebes, incl. Erwerbsunterbrechungen) auf; bei Männern fanden sich 3,2 (Geburtsjahrgänge 1929-31) bis 2,3 (Geburtsjahrgänge 1959-61) Episoden. Betrachtet man die berufliche Mobilität i.e.S. (Wechsel des Berufsfeldes und/oder der Betriebe), so sind von den ältesten bis zu den jüngsten Kohorten für Männer und Frauen sinkende Raten der beruflichen Mobilität bei gleichzeitig zurückgehenden beruflichen Aufstiegsraten festzustellen. Eine gegenläufige Tendenz weisen die innerbetrieblichen Wechsel auf, wobei sich in der Abfolge der Geburtsjahrgänge keine gravierenden Veränderungen in den Auf- und Abstiegen, jedoch eine deutliche Zunahme der „horizontalen" Mobilität innerhalb der Betriebe nachzeichnen lassen. Diese Forschungsergebnisse fügen sich ein in das schon anhand der intergenerationellen Mobilität skizzierte Bild von der DDR als einer zunehmend immobiler werdenden Gesellschaft, in der vor allem die jüngeren Generationen immer geringere Chancen des beruflichen Aufstiegs vorfanden. Die hohen und sogar steigenden Raten innerbetrieblicher Mobilität verweisen zugleich auf die für das Leben in der DDR besonders auffällige Zentralität des „Betriebes", an den ja nicht nur vielfältige „soziale Leistungen", sondern auch eine Vielzahl informeller Tauschnetze, die die Mängel einer „sozialistischen Planwirtschaft" kompensieren mußten, gekoppelt waren.

Zusammen mit der ungewöhnlich hohen Erwerbsbeteiligung der Frauen, aber auch der Männer hat dies die DDR zu einem exemplarischen Fall einer „*Arbeitsgesellschaft*" gemacht (vgl. Kohli 1994), die jedoch mit Blick auf die Mobilitätsprozesse in ihrer Spätphase deutliche Anzeichen der „Erstarrung" aufwies. Die besondere Bedeutung der Arbeitssphäre sowie die ideologische Überhöhung von „Arbeit" in der „realsozialistischen Arbeitsgesellschaft" DDR kann miterklären, warum die deutsche Vereinigung und der damit einhergehende, extrem beschleunigte Strukturwandel im Beschäftigungssystem – so nahmen etwa in Ostdeutschland zwischen 1990 und 1993 die Beschäftigtenanteile in Land- und Forstwirtschaft von etwa 12% auf gut 3%, im verarbeitenden Gewerbe von 30% auf 17% ab, während der Anteil der Beschäftigten in der Bauwirtschaft von knapp 8% auf über 13%, im Handel von 8,5% auf 12% und bei den Gebietskörperschaften von 5,5% auf mehr als 11% stieg (vgl. Huinink u.a. 1995: 309f.) – vielfach zu Statusunsicherheiten geführt haben: Verwendet man zur Nachzeichnung kurzfristiger Mobilitätsvorgänge beispielsweise eine siebenstufige Klassifikation beruflicher Stellungen, so haben nach den Daten des sog. „Sozio-ökonomischen Panels" in Westdeutschland innerhalb eines Jahres (1988/89) gut 18% der erwerbstätigen Männer und rund 20% der erwerbstätigen Frauen (im Alter von 25 bis 55 Jahren) ihre berufliche Stellung gewechselt. Schon im Übergang von der Noch-DDR des Jahres 1990 zu den „Fünf Neuen Ländern" des Jahres 1991 haben demgegenüber – im Rahmen derselben Klassifikation – in Ostdeutschland fast 28% der Männer und gut 40% der Frauen eine Veränderung ihrer beruflichen Stellung erfahren. Im Unterschied zu Westdeutschland und zum „Regelfall" beruflicher Mobilität zeichnet sich dabei auch eine Vielzahl von Abstiegsprozessen ab, von denen Frauen und ältere Männer am stärksten betroffen sind (vgl. Berger 1996: 260ff.). Auf einer anderen Datengrundlage und mit Hilfe einer anders zugeschnittenen Klassifikation beruflicher Positionen ergeben sich für den Zeitraum von 1989 bis 1993 Mobilitätsraten, die zwischen 67% (Leitungspositionen) und 33% (Professionen) liegen, wobei Abstiege aus „Leitungspositionen" besonders häufig sind (Huinink u.a. 1995: 318ff.).

Zählt man noch Wechsel in die Arbeitslosigkeit und in die Nichterwerbstätigkeit hinzu, haben schon im Zeitraum von 1990 bis 1991 mehr als ein Drittel der ostdeutschen Männer und fast die Hälfte der ostdeutschen Frauen mehr oder weniger einschneidende Statusveränderungen erlebt (vgl. Berger 1996: 268f.) – wobei von Mitte 1989 bis Ende 1991 auf seiten der Männer nur rund 44%, bei den Frauen lediglich etwa 29% durchgängig vollerwerbstätig waren (vgl. H. Berger u.a. 1996: 50). Zwischen Dezember 1989 und Frühjahr 1993 verblieb in Ostdeutschland jeweils nur rund ein Drittel der 1939-41, 1951-53 und 1959-61 geborenen Männern und Frauen ohne Unterbrechung in derselben Stelle. Anhaltende Arbeitslosigkeit sowie die Zughörigkeit zur Altersgruppe der um die 50jährigen, die „zu jung" waren, um aus dem Erwerbssystem auszuscheiden, und „zu alt", um ihre Berufslaufbahnen unter den veränderten Bedingungen nochmals neu zu beginnen, erwiesen sich dabei als besonders ungünstig für das Selbstwertgefühl der Betroffenen (vgl. Huinink u.a. 1995: 324, 342ff.).

3. Die ambivalenten Konsequenzen sozialer Mobilität

Dies deutet darauf hin, daß soziale Mobilität nicht allein für die Beurteilung von Chancen(un)gleichheiten oder für Prozesse der Herausbildung von sozialen Klassen und Schichten – also unter den ersten beiden der oben genannten, theoretischen Gesichtspunkte – von großer sozialer und politischer Relevanz ist. Vielmehr spielen hier – im Sinne der dritten Perspektive – auch jene ambivalenten Konsequenzen sozialer Mobilität eine Rolle, die in jüngster Zeit meist unter dem Stichwort *„Individualisierung"* diskutiert werden (vgl. Beck 1986; Berger 1996): Einerseits können durch das mobilitätsbedingte „Herauslösen" aus vertrauten Sozialmilieus Berufs- und Lebenserfahrungen „entwertet" werden, so daß auf individueller Ebene Orientierungsschwierigkeiten und Identitätsprobleme auftreten können. Auf kollektiver Ebene können soziale Mobilität und sich häufende Statusunsicherheiten zudem zum Verlust tradierter Bindungen führen und mit sozialer Desintegration bis hin zur Anomie in Verbindung gebracht werden – insbesondere dann, wenn bei steigender Arbeitslosigkeit nicht nur in den neuen, sondern auch in den alten Bundesländern die Chancen eines (Wieder-)Einstiegs in das Erwerbssystem schwinden.

Wie nicht zuletzt die problematischen Erstarrungserscheinungen in der DDR gelehrt haben, kann ein hohes Maß an sozialer Mobilität jedoch andererseits auch als ein Indikator für die notwendige „Offenheit" und „Pluralität" einer modernen Gesellschaft aufgefaßt werden: Soziale Mobilität bringt aus dieser Perspektive für die Betroffenen nicht nur „Mobilitätskosten" mit sich, sondern eröffnet ihnen zugleich Lern- und Selbstverwirklichungschancen. Dies kann in ökonomischer Hinsicht zu größerer Flexibilität und Anpassungsfähigkeit der Gesellschaft führen. In sozialer Hinsicht kann das mobilitätsbedingte Kennenlernen unterschiedlicher Berufsfelder, gesellschaftlicher Bereiche oder Milieus auch das Entstehen oder Fortbestehen wechselseitiger Klischees und Vorurteile verhindern – und so die *soziale Integration* einer Gesellschaft fördern. Auch deshalb sollte der Abbau von Mobilitätsbarrieren weiterhin im Zentrum von sozialwissenschaftlichen Forschungen, von Bildungs-, Arbeitsmarkt- und Sozialpolitik stehen.

Literatur

Allmendinger, J.: Career Mobility Dynamics, Berlin 1989

Allmendinger, J./T. Hinz: „Mobilität und Lebensverlauf: Deutschland, Großbritannien und Schweden im Vergleich", in: Hradil, S./S. Immerfall (Hg.): Die westeuropäischen Gesellschaften im Vergleich, Opladen 1997, S. 247-285

Beck, U.: Risikogesellschaft. Auf dem Weg in eine andere Moderne, Frankfurt a.M. 1986

Bendix, R./S. M. Lipset (Hg.): Social Mobility in Industrial Society, Berkeley/Los Angeles 1959

Berger, H./T. Bulmahn/W. Hinrichs: „Erwerbsverläufe in Ostdeutschland und ihre Auswirkungen auf das Wohlbefinden", in: Diewald, M./K. U. Mayer (Hg.): Zwischenbilanz der Wiedervereinigung, Opladen 1996, S. 33-62

Berger, P.A.: Entstrukturierte Klassengesellschaft? Opladen 1986

Berger, P.A.: Individualisierung. Statusunsicherheit und Erfahrungsvielfalt, Opladen 1996

Berger, P.L./T. Luckmann: „Soziale Mobilität und persönliche Identität" [1964], in: Luckmann, T.: Lebenswelt und Gesellschaft, Paderborn 1980, S. 142-160

Carroll, G.R./K. U. Mayer: „Job-shift Patterns in the Federal Republic of Germany: The Effects of Social Class, Industrial Sector and Organizational Size", in: American Sociological Review, Vol. 51, 1986, S. 323-341

Erikson, R.C./J. H. Goldthorpe: The Constant Flux, Oxford 1992

Ganzeboom, H.B.G./R. Luijkx/D. J. Treiman: „Intergenerational Class Mobility in Comparative Perspective", in: Research on Social Stratification and Social Mobility, Vol. 9, 1989, S. 3-79

Geiger, T.: „Typologie und Mechanik der gesellschaftlichen Fluktuation" [1955], in: Trappe, P. (Hg.): Theodor Geiger. Arbeiten zur Soziologie, Neuwied/Berlin 1962, S. 114-170

Geißler, R.: Die Sozialstruktur Deutschlands, Opladen 1996

Giddens, A.: Die Klassenstruktur fortgeschrittener Gesellschaften, Frankfurt a.M. 1979

Henz, U./I. Maas: „Chancengleichheit durch die Bildungsexpansion", in: Kölner Zeitschrift für Soziologie und Sozialpsychologie, Jg. 47, 1995, S. 605-633

Hradil, S./S. Immerfall (Hg.): Die westeuropäischen Gesellschaften im Vergleich, Opladen 1997

Huinink, J./K. U. Mayer/M. Diewald/H. Solga/A. Sørensen/H. Trappe: Geschichte und Eigensinn, Lebensläufe in der DDR und danach, Berlin 1995

Kaelble, H.: Soziale Mobilität und Chancengleichheit im 19. und 20. Jahrhundert. Deutschland im internationalen Vergleich, Göttingen 1983

Kappelhoff, P./W. Teckenberg: „Intergenerationen- und Karrieremobilität in der Bundesrepublik Deutschland und in den Vereinigten Staaten", in: Kölner Zeitschrift für Soziologie und Sozialpsychologie, Jg. 39, 1987, S. 302-329

Klös, H.-P.: „Fluktuation am Westdeutschen Arbeitsmarkt 1987/90", in: IW-Trends, Nr. 1, 1992, S. 1-16

Kocka, J.: Lohnarbeit und Klassenbildung. Arbeiter und Arbeiterbewegung in Deutschland 1800-1875, Berlin/Bonn 1983

Kohli, M.: „Die DDR als Arbeitsgesellschaft? Arbeit, Lebenslauf und soziale Differenzierung", in: Kaelble, H./I. Kocka/H. Zwahr (Hg.): Sozialgeschichte der DDR, Stuttgart 1994, S. 31-61

König, W./W. Müller: „Educational Systems and Labour Markets as Determinants of Worklife Mobility in France and West Germany", in: European Sociological Review, Vol. 2, 1986, S. 73-96

Marx, K.: „Der 18te Brumaire des Louis Napoleon" [1852], in: MEW, Bd. 4, 1982, Berlin (Ost) 1982, S. 111ff.

Mayer, K.U./D. L. Featherman/L. K. Selbee/T. Colbjørnsen: „Class Mobility During the Working Life: A Comparison of Germany and Norway", in: Kohn, M.L. (Hg.): Cross-national research in Sociology, Newbury Park 1989, S. 218-239

Mayer, K.U./H. Solga: „Mobilität und Legitimität", in: Kölner Zeitschrift für Soziologie und Sozialpsychologie, Jg. 46, 1994, S. 193-208

Müller, W.: „Soziale Mobilität: Die Bundesrepublik Deutschland im internationalen Vergleich", in: Kaase, M. (Hg.): Politische Wissenschaft und politische Ordnung, Opladen 1986, S. 339-354

Müller, W./D. Haun: „Bildungsungleichheit im sozialen Wandel", in: Kölner Zeitschrift für Soziologie und Sozialpsychologie, Jg. 46, 1994, S. 1-42

Müller, W./S. Steinmann/R. Schneider: „Bildung in Europa", in: Hradil, S./S. Immerfall (Hg.): Die westeuropäischen Gesellschaften im Vergleich, Opladen 1997, S. 177-245

Noll, H.-H.: „Social Mobility", in: Glatzer, W./K. O. Hondrich/H.-H. Noll/K. Stiehr/B. Wörndl: Recent Social Trends in West Germany 1960-1990, Frankfurt a.M., Montreal 1992, S. 200-205

Seifert, W.: Die Mobilität der Migranten. Die berufliche, ökonomische uind soziale Stellung ausländischer Arbeitnehmer in der Bundesrepublik, Berlin 1995

Solga, H.: Auf dem Weg in eine klassenlose Gesellschaft? Klassenlage und Mobilität zwischen Generationen in der DDR, Berlin 1995

Sorokin, P. A.: Social Mobility, New York 1927

Vester, M./P. von Oertzen/H. Geiling/T. Hermann/D. Müller: Soziale Milieus im gesellschaftlichen Strukturwandel, Köln 1992

Weber, M.: Wirtschaft und Gesellschaft. Grundriß der verstehenden Soziologie, 5. Aufl., Tübingen 1976

Peter A. Berger

Soziale Netzwerke

1. Begriff

Neben der Soziometrie ist die englische *Sozialanthropologie* der Nachkriegszeit eine der wesentlichen Quellen für die Verwendung des Netzwerkbegriffs in den Sozialwissenschaften allgemein. Die englischen Sozialanthropologen verwendeten den Begriff zur Beschreibung des Subinstitutionellen, der persönlichen Beziehungen natürlicher Personen im Unterschied zu strukturellen Ordnungen wie z.B. der Autoritätsstruktur zwischen Positionen in einer Organisation, oder im Unterschied zu stärker verfaßten Gruppen wie Familienverbänden (vgl. als Überblick Schenk 1984: 1-42). Mit ähnlicher Intention wird in der Policy-Analyse manchmal von Policy-Netzen gesprochen, wenn politische Ressourcen „in Situationen, in denen die Entscheidungsgewalt und die Fähigkeit zur Problemformulierung und Implementation auf private und staatliche Akteure weit ... gestreut ist" (Mayntz 1991: 41) mobilisiert werden sollen. Den Gegensatz dazu stellt die klassische Steuerung politischer Prozesse durch eine Hierarchie dar (vgl. zur Kritik dieser einschränkenden Verwendung des Netzwerkbegriffs Pappi 1993). Bei dieser Vorliebe zur Verwendung des Netzwerkbegriffs in eher unstrukturierten Situationen überrascht es nicht, daß soziale Netzwerke bisher kein Standardaspekt zur Beschreibung von Gesellschaften sind, wie etwa soziale Ungleichheit oder strukturelle Differenzierung. Anknüpfungspunkte zur Strukturbeschreibung bietet der Netzwerkansatz viele, das Problem ist angesichts dieses „embarrassment of riches" die Standardisierung von Fragestellung und Untersuchungsinstrumentarium.

Wie können soziale Netzwerke zur vergleichenden *Gesellschaftsanalyse* eingesetzt werden? Welche Aspekte der Sozialstruktur einer Gesellschaft und der Lebensverhältnisse der Menschen in ihr sind mit sozialen Netzwerken erfaßbar, und welche Aspekte bieten eine wünschenswerte Erweiterung der konventionellen Sozialstrukturanalyse? Die Frage der Erfaßbarkeit hängt vom verwendeten Netzwerkbegriff ab. Ein relativ weit gefaßter, formaler Begriff bietet mehr Möglichkeiten des internationalen Vergleichs als ein relativ spezieller Begriff, der eventuell nur auf einzelne Gesellschaften anwendbar ist. Die Frage der Wünschbarkeit ist schwer von der Frage der Realisierbarkeit zu trennen. Was nützt es, sich Maßzahlen der Erreichbarkeit von Ministern über Ketten persönlicher Bekannter in verschiedenen Gesellschaften zu wünschen, wenn gleichzeitig klar ist, daß ein Untersuchungsplan dafür nur sehr schwer international vergleichend zu realisieren ist.

Das Problem der schweren Realisierbarkeit stellt sich für alle Fragestellungen, zu deren Beantwortung man über ego-zentrierte Netzwerke hinausgehen muß. Unter einem ego-zentrierten Netzwerk versteht man die *sozialen Beziehungen* einer bestimmten Person, wobei je nach Beziehungstyp verschiedene Partner von ego (im folgenden mit dem lateinischen alter bezeichnet) identifizierbar sein können. Im einfachsten Fall beschränkt man sich auf einen Namensgenerator, d.h. auf eine bestimmte soziale Beziehung, für die ego gebeten wird, die häufigsten oder wichtigsten Interaktionspartner zu nennen. Beispiele für solche Namensgeneratoren sind: die drei besten Freunde, bzw. die drei Personen, mit denen man am häufigsten privat zusammen ist (vgl. Laumann 1973; Allbus 1980, 1990), Diskussion wichtiger Probleme in den letzten sechs Monaten (Burt 1984) oder speziellere Beziehungen wie nachbarschaftliche Hilfen, soziale Unterstützung in Notsituationen oder politische Diskussionen (Huckfeldt/Sprague 1995, Schenk 1995). Der Vorteil ego-zentrierter oder persönlicher Netzwerke besteht darin, daß derartige Fragen an Zielpersonen in einer nationalen Zufalls- oder Quotenstichprobe gestellt werden können. Unter der Voraussetzung, daß die persönlichen Netze der Befragten unabhängig voneinander sind, liefert eine für die Individuen einer bestimmten Grundgesamtheit repräsentative Stichprobe gleichzeitig auch repräsentative Ergebnisse für die erfaßten persönlichen Netzwerke der Zielpersonen.

Von ego-zentrierten Netzwerken sind Gesamtnetzwerke zu unterscheiden. Diese erfassen die Beziehungen eines bestimmten Typs zwischen allen Personen (oder anderen sozialen Einheiten wie Organisationen) einer genau abgegrenzten Population. Eine solche Population stellt z.B. eine Schulklasse dar. Das Gesamtnetzwerk der Freundschaftsbeziehungen dieser Schulklasse besteht aus den Angaben aller Schüler über ihre besten Freunde in dieser Schulklasse. Aus diesen Angaben läßt sich dann ablesen, welche Schüler sich gegenseitig gewählt haben, zwischen welchen Paaren eine einseitige Beziehung und zwischen welchen überhaupt keine Freundschaftsbeziehung besteht. Bei ego-zentrierten Netzwerken, die mit normalen Bevölkerungsumfragen erhoben werden, wird in der Regel auf die Bestätigung der Angaben egos durch Befragung der genannten *alteri* in der Art eines Schneeball-Samples verzichtet (vgl. aber Pappi/Wolf 1984).

Mit der Eingrenzung der sozialen Netzwerke auf in normalen Bevölkerungsumfragen erhebbare ego-zentrierte Netzwerke entfallen ganze Bereiche der Netzwerkforschung für die Zwecke der vergleichenden *Gesellschaftsanalyse*. Dazu zählten die Elitenforschung oder auch die Policy-Analyse, bei denen man die allgemein in einer Nation oder die speziell in einem bestimmten Politikfeld wichtigen Akteure zu erfassen sucht, so daß man dann im zweiten Schritt auch *soziale Beziehungen* in der Art eines Gesamtnetzwerkes zwischen allen Angehörigen der nationalen Elite oder allen in einem Politikfeld wichtigen Akteuren erfassen kann. Solche Gesamtnetzwerke eignen sich natürlich auch zum Gesellschaftsvergleich (vgl. Knoke et al. 1996, Pappi et al. 1995). Es ist aber augenblicklich noch schwer abzusehen, ob im Bereich der Eliten- und Policy-Studien in Zukunft eine größere Standardisierung erreichbar ist, wie sie für *Sozialstrukturanalysen* generell notwendig erscheint. Daten über persönliche Netzwerke, die in repräsentativen Bevölkerungsumfragen erfaßt worden sind, sind zumindest hinsichtlich der Methoden der Datenerhebung und der Abgrenzung der Zielpopulation in der modernen Umfrageforschung weitgehend standardisiert. Insofern bestehen hier bessere Voraussetzungen zur Ergänzung der Sozialstrukturanalyse und des Gesellschaftsvergleichs unter dem besonderen Gesichtspunkt der vorfindbaren Netzwerkstrukturen. Unter diesem eingeschränkten Aspekt persönlicher Netzwerke gilt es dann als nächste Aufgabe, Fragestellungen zu entwickeln, die für den Gesellschaftsvergleich und die Gesellschaftsbeschreibung auf der Makroebene lohnend sind.

2. Makroanalyse von Gesellschaften: Soziale Distanz zwischen Bevölkerungsgruppen

Soziale Distanz kann subjektiv oder objektiv gemessen werden, mit Interaktionswünschen zu Angehörigen bestimmter Bevölkerungsgruppen oder mit der tatsächlich beobachtbaren Interaktionswahrscheinlichkeit. Wir beschränken uns auf letztere, wohl wissend, daß bei Umfragedaten die Unterscheidung nicht immer trennscharf ist. Als Bevölkerungsgruppen werden in der Literatur vor allem soziale Schichten (Laumann 1973), Bildungsgruppen (Ziegler 1985, Wirth 1996), Religionsgemeinschaften (Klein und Wunder 1996) und ethnische Gruppen (Alba et al. 1994) behandelt. Wählt man als soziale Beziehung eine affektuell positive Beziehung wie z.B. eine Freundeswahl, kommt soziale Distanz in Interaktionsvermeidung zum Ausdruck. Die soziale Distanz ist um so größer, je geringer die Wahrscheinlichkeit einer affektuell positiven Beziehung zwischen Angehörigen verschiedener Bevölkerungsgruppen ist. Diese Wahrscheinlichkeit hängt dabei wieder stark von der Selbstselektion der Gruppenmitglieder ab. Je größer die Selbstselektion einer Gruppe bei einer bestimmten sozialen Beziehung ist, um so weniger Spielraum verbleibt für Außenkontakte.

Diese Aussagen gelten unter der Voraussetzung gleicher Zufallschancen für Kontakte mit Angehörigen der untersuchten Bevölkerungsgruppen. Bei unterschiedlich großen

Gruppen müssen die Beziehungswahrscheinlichkeiten, die sich bereits unter der Annahme eines „random mixing" der Bevölkerung ergeben würden, in Rechnung gestellt werden. Eine Minderheit kann den Kontakt zu einer Gruppe, die 90 Prozent einer Bevölkerung ausmacht, nur bei extremer Absonderungstendenz aus ihren sozialen Verkehrskreisen heraushalten.

In der Forschung häufig verwendete *soziale Beziehungen* sind Angaben über beste Freunde oder über Gesprächspartner bei Diskussionen wichtiger Probleme. Beide Beziehungen erfüllen das Kriterium einer affektuell positiven Beziehung. Daneben darf aber nicht vergessen werden, daß dieses Kriterium auch von der Heiratsbeziehung erfüllt wird, die in der Vergangenheit sogar häufiger zur Bestimmung der sozialen Distanz zwischen Bevölkerungsgruppen verwendet worden ist als Angaben über soziale Netzwerke. Doch auch eine Heiratsbeziehung kann als soziales Netzwerk verstanden werden, selbst wenn in unserem Kulturkreis zum selben Zeitpunkt das Netzwerk nur aus einem, bisher überwiegend verschiedengeschlechtlichem Paar besteht.

Geht man die Untersuchungsergebnisse für die Bundesrepublik Deutschland getrennt nach Bevölkerungsgruppen durch, so sind Aussagen über die deutsche Schicht- und Klassenstruktur am engsten auf zentrale theoretische Konzepte der Soziologie bezogen. Connubium und commensalitas, erfaßbar als Heirats- und Freundschaftsbeziehungen zwischen Berufsgruppen, können zur Abgrenzung von sozialen *Schichten*, nicht jedoch von sozialen *Klassen* verwendet werden. Für letztere kann man im Anschluß an den Weberschen Klassenbegriff die Chancen der Inter- und Intragenerationenmobilität zwischen Berufsgruppen verwenden oder im Anschluß an die Marxsche Tradition Verbindungen zwischen Berufsgruppen in der Form gemeinsamer Mitgliedschaften in Interessenverbänden.

Eine Analysemöglichkeit besteht in einer induktiven Strategie. Man kann versuchen, die Vielzahl der Berufsgruppen nach dem Merkmal der strukturellen Ähnlichkeit zu Obergruppen zusammenzufassen, die intern ähnliche Heirats-, Mobilitäts- und Freundschaftsbeziehungen zu den anderen Berufsgruppen haben. Analysen für Westdeutschland für die Zeit Mitte der 70er Jahre erbringen dabei die folgenden Obergruppen: Angestellte und beamtete Fachkräfte (A), Angestellte und Beamte mit Routinetätigkeiten (B), Selbständige ohne die Landwirte (C) und manuell Tätige einschließlich der Landwirte (D) (vgl. Pappi 1981). Wichtiger als die konkrete Gruppierung sind dabei die Aufschlüsse über die Distanz generierenden Mechanismen der einzelnen Beziehungen. So ist die klare Abspaltung der Selbständigen dem Umstand zu verdanken, daß für die Klassenstruktur soziale Distanz als abnehmende Wahrscheinlichkeit gemeinsamer Mitgliedschaften in Interessenverbänden definiert wurde.

Für die Berufsmobilität zwischen den Fachkräften und den nicht manuell tätigen Ausführenden ergibt sich eine hierarchische Struktur, die sich idealisiert als Blockstruktur (Pappi 1987) darstellen läßt:

	A	B
A	1	0
B	1	1

Neben der erwarteten beruflichen Selbstselektion (1 in der Hauptdiagonalen) kommt es zu beruflichem Aufstieg von B nach A, nicht aber zu Abstieg von A nach B. Zu diesem hierarchischen Muster zwischen A und B kontrastiert das Zentrum-Peripherie-Muster für die Freundschaftsstruktur zwischen A und C:

	A	C
A	1	1
C	1	0

Dieses Ergebnis bedeutet, daß die politisch abgrenzbare Gruppe der Selbständigen, die von den freien Berufen über selbständige Handwerker bis zu Einzelhändlern alle Selbständigen außerhalb der Landwirtschaft erfaßt, keine soziale Einheit darstellt. Die Angehörigen der Gruppe C wählen ihre Freunde nicht aus ihrer eigenen Gruppe, sondern aus Gruppe A, die sich wiederum häufig selbst wählt, daneben aber auch Kontakte zu einzelnen Mitgliedern von C nicht vermeidet (vgl. dazu Pappi 1981).

An dieser und ähnlichen Analysen ist die mangelnde Trennung zwischen Gelegenheitsstruktur und Neigung zu Kontakten mit Angehörigen bestimmter Berufsgruppen kritisiert worden (Clar 1986). Methodisch besser ist es, die Gelegenheitsstruktur über die Randverteilungen der Tabellen für die aggregierten Freundschaftsnetzwerke zu erfassen, genauso wie das in der Mobilitätsforschung unter der Bezeichnung strukturelle Mobilität üblich ist. Bei einer Analyse für Westdeutschland mit den ALLBUS-Daten von 1980 verwendet Clar die Berufsgruppeneinteilung nach Goldthorpe (7 Berufsgruppen) und paßt die Interaktionseffekte (nach Kontrolle der Randverteilungen) zwischen den einzelnen Berufsgruppen für die Mobilitäts- und Freundschaftsstruktur so an, daß weitere Abweichungen vom Modell als zufällig eingestuft werden können. Zwei seiner Ergebnisse sollen hervorgehoben werden: Erstens gibt es keine klaren Schicht- oder Klassengrenzen in der Bundesrepublik, und dies ist auf den zweiten Befund zurückzuführen: Die *soziale Distanz* nimmt mit der statusmäßigen Entfernung zwischen den Berufsgruppen mehr oder weniger kontinuierlich zu.

Daß in modernen Gesellschaften eine zunehmende Abschwächung starrer Schicht- und Klassengrenzen beobachtbar ist, ist eine weit verbreitete These, die allerdings der Spezifizierung bedarf, um in ihrer Allgemeinheit nicht falsch zu werden. Für den Bereich der Freundschaftswahlen ist darauf hinzuweisen, daß es Forschungsergebnisse für die Bundesrepublik erst seit den 70er Jahren gibt, so daß man für die Vergangenheit gar nicht weiß, wie starr die Schichtgrenzen in der deutschen Gesellschaft bei Verwendung dieses Indikators tatsächlich gewesen sind.

Daß historische Vergleiche manchmal auch Überraschendes zu Tage fördern, hat Ziegler (1985) bei einem Vergleich der bildungsspezifischen Partnerwahl der Geburtskohorten von 1899 bis 1957 festgestellt: Die bildungsmäßige Homogamie hat im Zeitverlauf nicht abgenommen, wie man vielleicht naiv annehmen könnte, sondern zugenommen. Bei der Interpretation dieses Ergebnisses ist allerdings zu berücksichtigen, daß die früher beobachtbare Benachteiligung der Frauen im Bildungssystem heute weitgehend beseitigt ist, so daß sich die Bildungsabschlüsse der Geschlechter kaum noch unterscheiden. Das heißt nichts anderes, als daß sich für die höheren Bildungsgruppen der Männer die Chancen, eine Frau mit gleichwertigem Abstand zu finden, entscheidend verbessert haben. Dies bezeichnen wir als Veränderung der Gelegenheitsstruktur für Kontakte. Durch die Zunahme der Frauen im tertiären Bildungssystem sind die Chancen der Männer mit Hochschulausbildung auf dem „Heiratsmarkt" Universität, eine Frau mit gleich hoher Bildung zu finden, entscheidend angewachsen.

Als Ergebnis einer Analyse der westdeutschen Männer und Frauen der Geburtskohorten von 1926-33 und 1958-65 kommt Wirth zu dem Ergebnis, „daß die Entwicklung der bildungsspezifischen Heiratsmuster in Westdeutschland weder auf eine zunehmende Abgrenzung der Bildungsgruppen noch auf eine in Folge von Individualisierungsprozessen zunehmende Vermischung der bildungsspezifischen Heiratskreise hindeutet. Zwar hat sich der Anteil der bildungshomogamen Ehen – absolut gesehen – im Zeitverlauf leicht erhöht, nach den Ergebnissen der loglinearen Analyse ist dieser Anstieg jedoch ausschließlich auf die veränderten Gelegenheitsstrukturen zurückzuführen und nicht auf eine erhöhte Homogamie-Neigung bei der Partnerwahl" (Wirth 1996: 391).

Könnte man eine ähnliche Untersuchung für Freundschaftswahlen im Zeitvergleich machen, muß sich das Ergebnis nicht genau wiederholen. Eines kann man jedoch aufgrund der verschiedenen Analysen der *sozialen Distanz* zwischen sozialen Schichten für die westdeutsche Bevölkerung, die seit Anfang der 70er Jahre vorgelegt worden sind, eindeutig sagen: Statusunterschiede sind nach wie vor für affektuell positive soziale Beziehungen ein wichtiger, distanzgenerierender Mechanismus.

Wie steht es nun mit der *sozialen Distanz* zwischen den großen Konfessionen in

Deutschland? Hier scheint die Annahme gerechtfertigt, daß eine zunehmende Säkularisierung der Gesellschaft, gemessen etwa anhand des Rückgangs der Kirchgangshäufigkeit, zu einer Abnahme der konfessionellen Selbstselektion bei affektuell positiven Beziehungen geführt hat. Zumindest würde man für die Gesellschaft der alten Bundesrepublik ab Anfang der 70er Jahre erwarten – nach den großen Rückgängen der Kirchgangshäufigkeit vor allem in den 60er Jahren – daß Freundespaare weniger konfessionshomogen als schichthomogen sind. Interessanterweise trifft dies aber nicht zu. Etwa gleich viele Freundespaare sind konfessionshomogen wie schichthomogen, so daß man auf den ersten Blick auf eine große Selbstselektion in beiden Strukturen schließen müßte. Bei der Interpretation kommt es jedoch auch hier wieder auf die Gelegenheitsstruktur an. Im Unterschied zur Bildungsverteilung kann man bei der Konfessionsverteilung der deutschen Bevölkerung nicht davon ausgehen, daß die regionale Verteilung innerhalb Deutschlands bedeutungslos ist. Nach dem noch aus der Reformationszeit stammenden Prinzip „cuius regio, eius religio" sind die lokalen oder regionalen Gelegenheitsstrukturen für Kontakte mit Angehörigen bestimmter Religionsgemeinschaften sehr verschieden. Man darf also nicht eine künstliche nationale Gelegenheitsstruktur, gemessen als Verteilung der Bevölkerung auf die verschiedenen Religionsgruppen, unterstellen, sondern man muß die regionalen Gelegenheitsstrukturen berücksichtigen. Dann zeigt sich, daß die Neigung zu statushomogenen affektuell positiven Beziehungen tatsächlich größer ist als die zu konfessionshomogenen Beziehungen.

Für den historischen Vergleich muß man wiederum auf Heiratsdaten zurückgreifen. Dabei haben Klein und Wunder (1996) festgestellt, daß der Trend zu konfessioneller Homogamie bei den deutschen Katholiken und Protestanten im Zeitverlauf zwar abgenommen hat, daß der Anteil homogamer Eheschließungen aber nach wie vor bei etwa 50 Prozent liegt. Berücksichtigt man nun die regionalen Unterschiede der Konfessionsverteilung, kann man feststellen, daß die hohe Homogamie in erster Linie durch diese Gelegenheitsstruktur verursacht ist. Sie ist hier also kein Indiz für eine hohe soziale Distanz zwischen den Konfessionen in Deutschland.

Völlig andere Ergebnisse wären zu erwarten, wenn man affektuell positive Beziehungen zwischen ethnischen Gruppen in der Bundesrepublik systematisch untersuchen würde. Die *soziale Distanz* zwischen ethnischen Gruppen ist ein taugliches Konzept zur Untersuchung der Integration dieser Gruppen in die Gastgesellschaft. So ist man in den USA von der alten Theorie des „melting pot" auch für weiße Amerikaner nicht zuletzt deshalb abgerückt, weil sich bei der Analyse von Freundschaftsdaten deutliche ethnische Gruppierungen zeigen. Nach Alba (1990) ist dies nicht nur darauf zurückzuführen, daß etwa bei dem Netzwerkgenerator „Diskussion wichtiger Probleme" viele nahe Verwandte genannt werden. Auch bei der ethnisch nicht derart prädominierten Wahl von nichtverwandten Gesprächspartnern konnte Alba feststellen, daß zumindest ein Partner im Durchschnitt noch aus derselben Ethnie gewählt wird, der auch der Befragte angehört. Es habe zwar eine gewisse Vermischung der verschiedenen ethnischen Gruppen der Euroamerikaner gegeben, doch hat dies nicht zu einer Verwischung aller Herkunftsunterschiede geführt.

In der Bundesrepublik scheitert eine Untersuchung der *sozialen Distanz* zwischen Deutschen und Ausländern oft einfach daran, daß in der deutschen Umfrageforschung Einwohner mit nichtdeutscher Staatsangehörigkeit entweder gar nicht oder nur unvollständig erfaßt werden. Eine Ausnahme macht hier das sozioökonomische Panel. Es wurde von Alba, Handl und Müller (1994) zur Erklärung ethnischer Ungleichheiten im deutschen Bildungssystem herangezogen. Aus dieser Fragestellung erklärt sich die Einschränkung der Untersuchungspopulation auf ausländische Haushalte mit Kindern und Jugendlichen im Alter ab 13 Jahren. Die untersuchten Bevölkerungsgruppen sind Türken, Jugoslawen, Italiener und Griechen in Deutschland. Ein Maß der sozialen Integration der Familie der Schüler und Auszubildenden ist die Anzahl von Freunden des Haushaltsvorstandes gleicher ethnischer Herkunft. Für die Befragten, die tatsächlich drei Freunde angaben, stellt der Prozentsatz der Haushaltsvorstände, deren Freunde alle aus derselben ethnischen Gruppe stammen, ein Maß der fehlenden sozialen Einbindung in die deutsche Gesellschaft dar. Je höher dieser Prozentsatz, desto geringer ist die soziale Einbindung. Sie ist für Türken mit 55 Prozent am geringsten, gefolgt von Griechen mit 54 Prozent, Italienern mit 43 Prozent und Jugoslawen mit 27 Prozent. Mit Ausnahme der Griechen gilt für die anderen Gruppen, daß die Benachteiligung im deutschen Bildungssystem in dem Umfang abnimmt, in dem die soziale Integration in die deutsche Gesellschaft zunimmt. „(...) zwei Drittel der Kinder, deren Eltern hauptsächlich Freunde in der eigenen Ethnie haben, [besuchen] die Hauptschule; nur ein Drittel der Kinder aber, deren Eltern überwiegend Freunde anderer Ethnizität haben (hauptsächlich Deutsche) besuchen diese" (Alba et al. 1994: 229).

Im Prinzip ließen sich persönliche Netzwerke auch zur Erfassung der *sozialen Distanz* zwischen Ost- und Westdeutschen verwenden. Ein Problem ist dabei allerdings die extreme geographische Segregation der Gelegenheitsstruktur für Intergruppenkontakte. Schließlich wohnen die Westdeutschen überwiegend in Westdeutschland und die Ostdeutschen überwiegend in Ostdeutschland. Rippl löst dieses Problem durch Einschränkung des Netzwerkgenerators auf Kontakte mit der jeweils anderen Gruppe, also bei Westdeutschen auf Kontakte mit Bürgern der früheren DDR und bei Ostdeutschen auf Kontakte mit Westdeutschen, „die vor der Wende Bürger der alten Bundesländer waren" (1995: 84). 65 Prozent der Ostdeutschen und 56 Prozent der Westdeutschen hatten im Erhebungsjahr 1993 solche Kontakte. Aus diesen Zahlen läßt sich aber kein direkter Rückschluß auf die soziale Distanz ziehen, was die Autorin auch nicht tut. Der Grund ist die Einschränkung der Kontaktangaben auf Angehörige nur einer bestimmten Gruppe statt des üblichen Vorgehens, einen Beziehungstyp festzulegen und eventuell noch die Anzahl der gewünschten Nennungen, in der Regel 3 bis 5, ohne dann eine Einschränkung im Hinblick auf bestimmte Namensinterpretatoren zu machen. Ein solcher Namensinterpretator ist der Wohnort vor 1990. Aussagekräftig werden die Angaben aber in Beziehung auf die Gelegenheitsstruktur. Und hier ist auffällig, daß von denjenigen Ostdeutschen, die von Westdeutschen als Kontakte genannt wurden, 40 Prozent zum Erhebungszeitpunkt nach Westdeutschland umgezogen waren, während die entsprechende Zahl für die Kontakte der Ostdeutschen nur 6 Prozent beträgt. Berücksichtigt man weiterhin, daß unter den Westkontakten der Ostdeutschen Verwandte überwiegen, umgekehrt aber Freunde, Bekannte und andere freiwillige Kontakte, so kann man daraus schließen, daß die Ostdeutschen ihre Kontakte nach Westen stark als Ressource zu nutzen suchen, die ihnen die Integration in die neue Gesellschaft erleichtern soll. Dies ist aber nicht mehr das Thema der sozialen Distanz, sondern das der Interpretation sozialer Kontakte als soziales Kapital. Dieser Aspekt soll im übernächsten Abschnitt thematisiert werden.

3. Zahl und Art sozialer Beziehungen als Indikatoren von Gemeinschaftsverlust

Mit dem Begriff des *Gemeinschaftsverlusts* soll an die seit der Veröffentlichung von Tönnies' Werk „Gemeinschaft und Gesellschaft" (1887) anhaltende Diskussion der Veränderung der Sozialstruktur als Folge gesellschaftlicher *Modernisierung* angeknüpft werden. Ein Großteil der im Anschluß an Tönnies von Autoren wie Wirth, Clausen, Wellman oder Höllinger und Haller entwickelten Thesen lassen sich mit Netzwerkdaten überprüfen. Nach Louis Wirths „Urbanism as a way of life" nehmen mit zunehmender Verstädterung sekundäre Kontakte zu, die er als „unpersönlich, oberflächlich, transitorisch und segmentär" definiert, während die primären Kontakte mit verwandtschaftlichen und engen nachbarschaftlichen Kontakten gleichgesetzt werden. Clausen (1978) stellt die These von der „Lockerung der Netzwerke" als Folge städtischer Wohnweisen auf, und Wellman (1979) faßt seine Thesen schlagwortartig unter den

Überschriften „community lost", „community saved" und „community liberated" zusammen. Die These vom Gemeinschaftsverlust führt Wellman direkt auf Tönnies zurück und kontrastiert sie mit Befunden der empirischen Forschung von Autoren wie Gans (1962), die für die von ihnen untersuchten Stadtviertel ein Weiterbestehen enger nachbarschaftlicher und verwandtschaftlicher Kontakte feststellen konnten. Letzteren Autoren wirft Wellman aber vor, sie hätten die Anpassung der zweifellos nach wie vor vorhandenen primären Beziehungen an die Bedingungen moderner Gesellschaften zu wenig beachtet. Wellmans eigene These läßt sich am besten als die von der Gemeinde befreite Gemeinschaft ins Deutsche übersetzen. Menschen in modernen Gesellschaften mit ihrer Trennung von Wohnort, Arbeitsplatz und größerer räumlicher Distanz zu Verwandten halten zwar enge Beziehungen zu Verwandten und Freunden aufrecht, aber „most ties are not now organized into densely knit, tightly bounded solidarities" (1979: 1206).

Zu dem gleichen Schluß kommen Höllinger und Haller (1990) bei ihrer international vergleichenden Untersuchung von Verwandtschaftskontakten. So ist zum Beispiel die Häufigkeit persönlicher Kontakte zu Verwandten in Ländern wie Italien und Ungarn höher als in den USA und Australien. Die anderen von ihnen untersuchten Länder Westdeutschland, Österreich und Großbritannien nehmen eine Zwischenstellung ein. Cum grano salis läßt sich diese Reihenfolge mit unterschiedlich weit fortgeschrittener gesellschaftlicher *Modernisierung* in Zusammenhang bringen, wobei aber soziokulturelle Unterschiede zwischen Süd- und Südosteuropa und den mittel- und nordeuropäischen Ländern ebenfalls eine Rolle spielen. Entscheidender ist aber ein anderer Befund. Obwohl die räumliche Entfernung z.B. zwischen Eltern und ihren erwachsenenen Kindern in den angelsächsischen Ländern und in Deutschland und Österreich größer sei als in Italien und Ungarn, verlieren diese verwandtschaftlichen Beziehungen dadurch nichts an emotionaler Bindung. In Krisensituationen stehen diese Verwandten für soziale Unterstützung zur Verfügung. Die „ambulante Großmutter" muß sozusagen bei der Geburt ihrer Enkel nur größere Strecken überwinden, um ihre Unterstützung vor Ort leisten zu können.

Die zentrale Bedeutung verwandtschaftlicher Beziehungen auch in modernen Gesellschaften wird unterstrichen durch Ergebnisse über die Stabilität von Netzwerken. Wellman et al. (1997) haben in zehnjährigem Abstand die persönlichen Netzwerke derselben Personen untersucht und insgesamt eine relativ geringe Kontinuität in diesen engen persönlichen Beziehungen festgestellt. Die trotz allem stabilen Beziehungen bestehen zu Verwandten, mit denen man häufig, insbesondere über Telefon, kommuniziert und die bereits einmal Hilfe in einer Notsituation geleistet haben.

Mit der einfachen Gleichsetzung von verwandtschaftlichen und engen nachbarschaftlichen Beziehungen mit sogenannten primären Kontakten wird man der These vom *Gemeinschaftsverlust* aber nicht gerecht. Man muß vielmehr zusätzlich in Rechnung stellen, welcher Art die Beziehungen der von ego genannten *alteri* untereinander sind. So hat Laumann (1973) zwischen diversen Graden der Verbundenheit in persönlichen Netzwerken unterschieden, von vollständig verbundenen Netzwerken, in denen sich alle *alteri* auch untereinander kennen, bis zu radialen Netzwerken, bei denen die von ego genannten *alteri* untereinander nicht bekannt sind. Die von ihm untersuchte Population, männliche erwachsene Einwohner von Detroit, wies zu etwa einem Drittel radiale Netzwerke und zu einem knappen Drittel vollständig verbundene Netzwerke auf; der Rest entfiel auf Zwischenformen.

Die Verbundenheit eines persönlichen Netzwerkes ist keine Eigenschaft der einzelnen Beziehung mehr, sondern des gesamten Netzwerks. Sie läßt sich nur feststellen, wenn ego auch über die Beziehungen seiner *alteri* untereinander befragt wird und darüber Auskunft geben kann. Für die alte Bundesrepublik wurden im Rahmen einer Wahlstudie 1987 solche Daten erhoben (vgl. Pappi und Melbeck 1987). Damit läßt sich zunächst die Dichte der Beziehungen in dem persönlichen Netzwerk jedes Befragten ermitteln. Sie ist um so größer, je mehr der genannten *alteri* sich auch untereinander kennen. „Lockere Netzwerke" im Sinne von Clausen wären demnach solche persönlichen Netzwerke, bei denen die Dichte 0 ist, weil die genannten *alteri* sich untereinander nicht kennen. Die Daten wurden so standardisiert, daß vollständig verbundene Netzwerke einen Dichtewert von 1 haben. Der Mittelwert liegt für die Bundesrepublik dann bei 0,60.

Man könnte nun vermuten, daß ein systematischer Zusammenhang mit der Gemeindegröße besteht, weil Gemeindegröße als Indikator der Verstädterung einen wichtigen Aspekt gesellschaftlicher *Modernisierung* erfaßt. Je größer die Gemeinde, um so weniger dicht könnten die persönlichen Netzwerke sein. Diese einfache These wird aber nicht bestätigt. In den Gemeinden unter 5000 Einwohnern ist die Dichte sogar am geringsten, am größten ist sie in mittleren Orten von 20.000-100.000 Einwohnern (Pappi und Melbeck 1987). In dieser Kategorie finden sich also die „urban villagers", während die Bewohner kleiner Gemeinden und von Großstädten weniger dichte Netzwerke unterhalten. Erklären läßt sich dieser Befund mit der unterschiedlichen Vollständigkeit der lokalen Rekrutierungsfelder für *soziale Beziehungen*. Kleine Gemeinden sind am wenigsten vollständig, weil hier in der Regel Wohn- und Arbeitsort auseinanderfallen. Andererseits ist in Großstädten nicht die ganze Stadt Rekrutierungsfeld, sondern eher Teilgemeinden, die ebensowenig vollständig sind wie die kleineren Landgemeinden. In Mittelstädten überschneiden sich dagegen die verschiedenen Kristallisationspunkte für die Bildung sozialer Beziehungen, so daß es insgesamt zu dichteren persönlichen Netzwerken kommt. Solche Kristallisationspunkte sind neben der Verwandtschaft vor allem der Arbeitsplatz und das Vereinsleben.

Die These vom *Gemeinschaftsverlust* als Folge gesellschaftlicher Modernisierung muß nicht falsch sein, wenn man tatsächlich weit zurückliegende Zeitpunkte im 19. Jahrhundert im Vergleich zu heute untersuchen könnte. Die Verwendung von Ersatzindikatoren für *Modernisierung* wie Stadt-Land-Unterschiede helfen aber nicht weiter, und den Grund dafür hat bereits Tönnies erkannt: „Je allgemeiner der gesellschaftliche Zustand in einer Nation (...) wird, desto mehr tendiert dieses gesamte ‚Land' (...) dahin, einer einzigen Großstadt ähnlich zu werden" (Tönnies 1979: 211).

Eine solche Entwicklung bedeutet aber nicht, daß alle Stadt-Land-Unterschiede verschwinden, sondern nur diejenigen, die mit gesellschaftlicher *Modernisierung* zusammenfallen. Die Siedlungsweise oder die Vollständigkeit der *lokalen Sozialsysteme* kann sich sehr wohl auf die Struktur der persönlichen Netzwerke auswirken, wie im vorherigen Abschnitt gezeigt wurde.

Gemeinschaftsverlust kann auch positiv als zunehmende *Individualisierung* verstanden werden. Für soziale Netzwerke muß Individualisierung nicht Verkleinerung und im Extremfall soziale Isolierung und Verlust aller sozialen Beziehungen bedeuten – dafür gibt es keinerlei empirische Anhaltspunkte. Individualisierung bedeutet vielmehr eine größere persönliche Wahlfreiheit beim Eingehen und Aufrechterhalten von persönlichen, affektuell-positiven Beziehungen. Damit kommen wir zu einem Aspekt von sozialen Netzwerken, der in den letzten zehn Jahren als soziales Kapital thematisiert wurde.

4. Netzwerke als soziales Kapital

Soziale Netzwerke wurden lange nur unter deskriptiven Aspekten analysiert (vgl. Abschnitt 1), oder sie wurden als strukturelle, fest vorgegebene Nebenbedingungen für individuelles Handeln verstanden. Das Verständnis von *sozialen Beziehungen* als Kapital, das man sich schaffen kann, wurde erst in den letzten 10 Jahren entwickelt (vgl. Pappi 1987: 18). Die Erkenntnis, soziale Beziehungen seien auch eine Ressource, die sich für verschiedene Zwecke nutzen lasse, ist an sich nicht neu. Natürlich hat man soziale Beziehungen auch schon früher als wichtige Ressource verstanden, als „second order resource" (Boissevain), die Zugang zu den Ressourcen anderer verschaffen kann. Neu ist vielmehr der Aspekt des in soziale Beziehungen investierenden Individuums, das aus den vorher als gegeben unterstellten Netzwerken ein aus individuellen Strategien resultierendes Gebilde machte. Netzwerke sind das Ergebnis einer Vielzahl individueller Entscheidungen, die aber wieder teilweise von den Gelegenheitsstrukturen für bestimmte Kontakte im jeweiligen Kontext abhängen. „Contexts are structurally imposed whereas networks are individually constructed" (Huckfeldt/Sprague 1995: 128).

Soziale Beziehungen werden demnach als *soziales Kapital* verstanden, das sich für bestimmte Zwecke produktiv einsetzen läßt. Die Investition in eine Beziehung zu anderen bettet diese Form des Kapitals in eine Sozialstruktur ein und begünstigt so die Handlungen derer, die Teil dieser Struktur sind (Coleman 1995: 392). Die Investitionen selbst bestehen in den Leistungen für den oder die anderen, die Verpflichtungen auf Gegenleistungen in der Zukunft schaffen. Bei dieser tauschtheoretischen Grundlage sind Leistung und Gegenleistung freilich nicht zu eng zu verstehen, weil für einen bestimmten Zweck geschaffene oder aufrechterhaltene Beziehungen oft auch Nebenprodukte liefern, die ursprünglich nicht „Geschäftsgrundlage" der Beziehung waren. So ist das Informationspotential einer Beziehung oft als Nebenprodukt anzusehen, wenn z.B. ein Freund auch kostenlos Informationen über Politik liefert, die man sich selbst nur mit größerem Kostenaufwand verschaffen könnte.

Ein gutes Beispiel für die Nebenprodukte von Verwandtschaftsbeziehungen, die in neuen Situationen entstehen können, sind die verwandtschaftlichen Kontakte der Ostdeutschen zu Westdeutschen. Wie bereits in Abschnitt 2 beschrieben, herrschen unter den Kontakten der Ostdeutschen zu Westdeutschen verwandtschaftliche Beziehungen vor, während in der umgekehrten Richtung mehr freiwillige Kontakte wie Freundschaftsbeziehungen auftreten. Rippl erklärt dies damit, daß die Ostdeutschen ihre Kontakte zu Westdeutschen sehr viel stärker als Ressource betrachten als umgekehrt. Die Verwandtschaftsbeziehungen von Ost nach West sind während der deutschen Teilung nie abgerissen, bei den von Rippl untersuchten Kontakten machten sie vor der Wende mehr als die Hälfte aus. Die Redeweise von den „Brüdern und Schwestern in der Zone", die in der Nachkriegszeit von vielen westdeutschen Sonntagsrednern gepflegt wurde, entbehrte nicht einer realsozialen Grundlage. Mit der Wende, so die Interpretation von Rippl, wurden viele dieser Verwandtschaftskontakte von Osten nach Westen neu mobilisiert. „Solche Beziehungen nehmen die Funktion *sozialen Kapitals* (...) ein und werden dann aktiviert, wenn sie bestimmte Aufgaben (Hilfe bei der Arbeitssuche etc.) erfüllen können (...). Der geringere Anteil im Westen erklärt sich dann aus dem Sachverhalt, daß von westlicher Seite diese Verbindungen eben nicht als *soziales Kapital* gesehen werden" (1995: 88-89).

Wenn Menschen sich ihre sozialen Netzwerke nach ihren Bedürfnissen schaffen, reicht es nicht aus, sich nur den sozialen Wandel der Gelegenheitsstrukturen anzusehen. Bei letzterem ändert sich sozusagen nur die soziale Morphologie, und die Netzwerke reagieren darauf. Bei einer aktiven Gestaltung der Netzwerke spielen dagegen die konkreten Institutionen einer Gesellschaft eine bedeutende Rolle, die den Menschen verschiedene Anpassungsstrategien nahelegen können. Völker (1995) hat versucht, die Konsequenzen der Institutionen der *DDR* für die Gestaltung sozialer Netzwerke herauszuarbeiten. Die Bezeichnung der Gesellschaft der DDR als *Nischengesellschaft* ist bekannt. Angesichts der politischen Kontrolle durch die SED kam es nach Völker in der DDR verstärkt darauf an, mit den Personen in der unmittelbaren Umgebung vertrauenswürdige Beziehungen aufzubauen. Das ist in liberalen Demokratien weniger wichtig und deshalb ist zu erwarten, daß in der DDR Gespräche über Politik auf diesen engen Kreis von vertrauenswürdigen Gesprächspartnern beschränkt wurden, mit denen man auch über persönliche Probleme sprach. Nach der Wende, mit dem Wegfall der politischen Kontrolle, sollte sich dann die enge Korrelation zwischen Gesprächen über persönliche Probleme und über Politik abschwächen. Diese Hypothese kann Völker mit retrospektiven Daten von 1992 und 1993 bei Einwohnern von Dresden und Leipzig durchgeführten Interviews bestätigen. Mit den engen Beziehungen zu vertrauenswürdigen Personen waren aber nicht alle wesentlichen Netzwerkaspekte der Einwohner der DDR abgedeckt. Auf der anderen Seite waren für die Beschaffung von Gütern des täglichen Bedarfs Kontakte zu einer Vielzahl von Personen wichtig, sogenannte Beschaffungsnetzwerke. Diese waren aber unifunktional auf diesen einen Zweck beschränkt und von den Nischen abgeschirmt.

Die *SED* hatte sich vorgenommen, eine solidarische Gesellschaft zu schaffen. Herausgekommen ist eine stark segmentierte Gesellschaft, deren Einzelsegmente die engen, aus vertrauensvollen Beziehungen bestehenden persönlichen Netzwerke der Ostdeutschen waren. Insofern ähnelt die Rekonstruktion der Netzwerkstrukturen der späten *DDR* durch Völker der Beschreibung der „urban villagers" durch Gans (1962) in den USA; eine solche Art der Segmentierung schwächt aber die gesamtgesellschaftliche Integration, wie Granovetter mit seiner These von der Stärke schwacher Beziehungen herausgearbeitet hat. Deren Stärke liegt darin, daß sie als Brücken dienen zwischen den wie Inseln zu verstehenden Nischen der privaten, nach außen geschlossenen Kontakte der Bevölkerung.

Welche Kontakte für den einzelnen produktives *soziales Kapital* darstellen, hängt von den Zwecken ab, für die der einzelne in soziale Beziehungen investiert. Eine andere Frage ist, welche vorherrschende Art des sozialen Kapitals für die gesellschaftliche Entwicklung förderlich ist. In diesem Zusammenhang hat Putnam (1993) die These aufgestellt, daß Gesellschaften mit Netzwerken zwischen Gleichgestellten die Dilemmata kollektiven Handelns besser überwinden können als Gesellschaften mit Netzwerken, die stark hierarchisch im Sinn des Klientel-Systems organisiert sind. Er verwendet diese verschiedenen Formen sozialen Kapitals zur Erklärung der Entwicklungsunterschiede zwischen Nord- und Süditalien, bei ihm konkret der größeren Erfolge der norditalienischen Regionen beim Aufbau der Regionalverwaltungen im Vergleich zu Süditalien. Horizontal strukturierte Netzwerke zwischen Gleichberechtigten fördern gegenseitiges Vertrauen und Formen generalisierten Tausches, während hierarchisch strukturierte Klientel-Systeme im öffentlichen Bereich eher Mißtrauen schüren. Putnams Interpretation stützt hier die alte These von Banfield von dem amoralischen Familismus in Süditalien.

5. Persönliche Netzwerke als Aspekt der Sozialstruktur

Will man nun Beschreibungen von Umfang und Art persönlicher Netzwerke in Sozialstrukturanalysen und in eine systematische Sozialberichterstattung aufnehmen, kommt es zu allererst auf eine sinnvolle Standardisierung der Erhebungsinstrumente an. Wie sollen die Angaben über die *sozialen Beziehungen* zu anderen Personen (Namensgeneratoren) und über die Individualmerkmale dieser Personen (Namensinterpretatoren) erhoben werden?

In der Forschung sind verschiedene Verfahren üblich. Ein seit langem praktiziertes Verfahren ist rollenzentriert: Es wird direkt nach bestimmten Rollen wie Vater, Mutter, Geschwistern, Nachbarn usw. gefragt, die qua Rolle die Beziehung definieren, über die man dann weitere Auskünfte wie Häufigkeit der Kontakte, emotionale Nähe usw. einholt. So sinnvoll dieses Verfahren für die Forschung von Verwandtschaftskontakten sein mag, es stößt immer dann an Grenzen, wenn die entsprechende Rolle in einer Gesellschaft nur vage definiert ist oder wenn es starke Abweichungen in diesen Definitionen zwischen den Befragten gibt. Dies stellt sich insbesondere bei internationalen Vergleichen als ein kaum zu überwindendes Problem heraus. So weisen Höllinger und Haller explizit darauf hin, daß im Unterschied zu ihren Ergebnissen über Verwandtschaftskontakte die Angaben über Kontakte zu „Freunden" starke soziokulturelle Unterschiede aufweisen. „Americans and Australians consider many persons as friends, which Europeans would at best call close acquaintances" (1990: 121).

Am anderen Extrempunkt stehen Erhebungsverfahren, die die *sozialen Beziehungen* einer Person in eine Vielzahl alltäglicher

Tauschbeziehungen aufspalten: Wer gießt die Blumen, wenn man verreist ist; wer hat bei irgendwelchen Arbeiten im Haus geholfen; von wem würde man Geld leihen. Der Vorteil dieser Methode kommt nur voll zum Tragen, wenn die bei einem Generator genannten Namen auf Überschneidung mit den bei anderen Generatoren genannten überprüft werden können. Dann lassen sich die Beziehungen zu einem bestimmten Alter z.B. im Hinblick auf die Multiplexität der Beziehung verschlüsseln. Ist z.B. der Blumengießer gleichzeitig auch eine Person, mit der man über persönliche Probleme spricht oder nicht? Der Nachteil ist die sehr aufwendige Datenerhebung, die sich in normalen Repräsentativbefragungen, die auch anderen Zwecken dienen, kaum rechtfertigen läßt. Burt (1984) hat als Kompromiß den Namensgenerator „Diskussion wichtiger Probleme" vorgeschlagen. Dieser Namensgenerator ist zum einen allgemein genug, um auch eine Reihe konkreter Tauschformen des Alltags mit zu umfassen, und er ist auf der anderen Seite nicht zu instrumentell gefaßt, so daß im Grundtenor affektuell-positive Beziehungen angegeben werden. Hat man mit diesem Namensgenerator bis zu fünf *alteri* eines Befragten identifiziert, können nun für jede Beziehung Beziehungsmerkmale wie Häufigkeit des Treffens und für jeden *alter* die Rolle, die er vis-à-vis ego einnimmt, wie Verwandter, Freund, Arbeitskollege oder Nachbar, festgestellt werden. Ein durch die Art der Erhebung entstehendes wichtiges Merkmal ist dabei die Reihenfolge der Nennung, d.h. wird ein bestimmter *alter* als erster, zweiter usw. Diskussionspartner genannt. Dabei läßt sich für alle affektuell-positiven Beziehungen feststellen, daß mit steigender Ordnungsnummer die Häufigkeit des Kontakts und die emotionale Nähe der Beziehung abnimmt (Burt 1986). Diese Gesetzmäßigkeit scheint für alle demokratisch verfaßten postindustriellen Gesellschaften zu gelten (vgl. Pappi 1995, Huckfeldt 1997).

Für die Standardisierung der Erhebung hat dies die Konsequenz, daß nur gleich große Netzwerke verglichen werden können. Würde z.B. die Obergrenze für die *alteri* in einem Land drei und in einem anderen Land fünf Personen umfassen, hätte das höchstwahrscheinlich einen höheren Verwandtenanteil in den kleineren Netzwerken zur Folge, was dann kein Charakteristikum des Landes, sondern des Untersuchungsplans wäre. Man könnte natürlich vermuten, daß die durchschnittliche Netzwerkgröße selbst ein wichtiger Strukturparameter ist. Hier ist allerdings nach den bisherigen Ergebnissen der international vergleichenden Forschung eher Skepsis angebracht. Die Netzwerkgröße wird nämlich sehr stark von der Plazierung der Netzwerkfragen im Fragebogen und der Fähigkeit der Interviewer zu Nachfragen beeinflußt.

Die Standardisierung muß sich also beziehen erstens auf den Netzwerkgenerator, zweitens auf die Zahlenvorgabe, wie viele alteri erfaßt werden sollen, und drittens auf einen kleinen Satz von Merkmalen, die die Beziehungen und die *alteri* beschreiben. Dann läßt sich zum einen im internationalen Vergleich feststellen, inwieweit die für den Alltag der Bürger wichtigen persönlichen Netzwerke ähnlich oder unähnlich strukturiert sind, und innerhalb eines Landes kann die Frage beantwortet werden, inwieweit Unterschiede in der sozialen Einbettung der Individuen ihre Lebenschancen beeinflussen und inwieweit sozialer Wandel sich auf das soziale Kapital der Individuen und der Gesellschaft insgesamt auswirkt.

Soziale Distanz zwischen Berufsgruppen, Einbettung von Personen in Netzwerke unterschiedlicher Dichte und Investitionen in soziale Beziehungen mit Folgen für Umfang und Art des in einer Gesellschaft zur Verfügung stehenden sozialen Kapitals, dies sind dann Themen für eine Ergänzung der Sozialstrukturanalyse in Richtung Beziehungsstrukturen. Damit läßt sich die einseitige Ausrichtung der konventionellen Sozialstrukturanalyse auf die Beschreibung von Merkmalsverteilungen für die als unverbunden konzipierten Individuen in einer Gesellschaft überwinden. Einkommensverteilung, Bildungsabschlüsse, Vereinszugehörigkeiten usw. lassen sich einfach aus den Randverteilungen von Repräsentativbefragungen ablesen. Angaben über persönliche Netzwerke ergänzen die Verteilungsstatistiken für Individualmerkmale um den strukturellen Aspekt. Dabei stellen die ego-zentrierten Netzwerke einen Kompromiß dar, weil soziale Beziehungen hier nur aus der Sicht der einzelnen Befragten in den Blick kommen und nicht ergänzt und korrigiert werden durch Angaben von Personen, über die die Befragten informieren.

Literatur

Alba, Richard D.: Ethnic Identity. The Transformation of White America, New Haven/ London 1990

Alba, Richard D./Johann Handl/Walter Müller: Ethnische Ungleichheit im deutschen Bildungssystem, in: Kölner Zeitschrift für Soziologie und Sozialpsychologie, 46. Jg., Heft 2, 1994, S. 209-237

Burt, Ronald S.: Network items and the General Social Survey network data, in: Social Networks 6, 1984, S. 293-339

Burt, Ronald S.: A note on sociometric order in the General Social Survey network data, in: Social Networks 8, 1986, S. 149-174

Clar, Michael: Soziale Mobilität und Freundschaftswahlen. Ein Vergleich beider Prozesse in ihren Auswirkungen auf die soziale Lage der Person, in: Zeitschrift für Soziologie, 15. Jg., Heft 2, 1986, S. 107-124

Clausen, Lars: Städtische Verhaltensweisen, in: von Borries, Volker/Lars Clausen/Karl Simons: Siedlungssoziologie, München 1978

Coleman, James S.: Grundlagen der Sozialtheorie. Handlungen und Handlungssysteme, München/Wien 1995

Gans, Herbert: The Urban Villagers, New York 1962

Höllinger, Franz/Max Haller: Kinship and social networks in modern societies. A crosscultural comparison among seven nations, in: European Sociological Review, 2. Jg., 1990, S. 103-124

Huckfeldt, Robert/John Sprague: Citizens, Politics, and Social Communication. Information and Influence in an Election Campaign, Cambridge 1995

Klein, Thomas/Edgar Wunder: Regionale Disparitäten und Konfessionswechsel als Ursache konfessioneller Homogamie, in: Kölner Zeitschrift für Soziologie und Sozialpsychologie, 48. Jg., Heft 1, 1996, S. 96-125

Knoke, David/Franz Urban Pappi/Jeffrey Broadbent/Yutaka Tsujinaka: Comparing Policy Networks. Labor Politics in the U.S., Germany, and Japan, Cambridge 1996

Laumann, Edward O.: Bonds of Pluralism. The Form and Substance of Urban Social Networks, New York 1973

Mayntz, Renate: Modernization and the Logic of Interorganizational Networks, Köln 1991

Pappi, Franz Urban: The petite bourgeoisie and the new middle class. Differentiation or homogenisation of the middle strata in Germany, in: Bechhofer, Frank/Brian Elliott (Hg.): The Petite Bourgeoisie, London/ Basingstoke 1981, S.105-120

Pappi, Franz Urban: Die Netzwerkanalyse aus soziologischer Perspektive, in: Pappi, F. U. (Hg.): Methoden der Netzwerkanalyse, München/Oldenbourg 1987, S. 11-37, (Techniken der empirischen Sozialforschung. 1.)

Pappi, Franz Urban: Policy-Netze. Erscheinungsform moderner Politiksteuerung oder methodischer Ansatz?, in: Héritier, Adrienne (Hg.): Policy-Analyse, Opladen 1993, S. 84-94

Pappi, Franz Urban/Thomas König/David Knoke: Entscheidungsprozesse in der Arbeits- und Sozialpolitik. Der Zugang der Interessengruppen zum Regierungssystem über Politikfeldnetze. Ein deutsch-amerikanischer Vergleich, Frankfurt a.M. 1995

Pappi, Franz Urban/Christian Melbeck: Die sozialen Beziehungen städtischer Bevölkerungen, in: Friedrichs, J. (Hg.): Soziologische Stadtforschung, Opladen 1988, S. 223-250

Pappi, Franz Urban/Gunter Wolf: Wahrnehmung und Realität sozialer Netzwerke. Zuverlässigkeit und Gültigkeit der Angaben über beste Freunde im Interview, in: Meulemann, R./Karl-Heinz Reuband (Hg.): Soziale Realität im Interview. Empirische Analysen methodischer Probleme, Frankfurt a.M. 1984

Putnam, Robert D.: Making Democracy Work: Civic Traditions in Modern Italy. Princeton/New York 1993

Rippl, Susanne: Netzwerkanalyse und Intergruppenkontakte: Die persönlichen Beziehungen zwischen Ost- und Westdeutschen, in: ZUMA-Nachrichten 37, 1995, S. 76-101

Schenk, Michael: Soziale Netzwerke und Kommunikation, Tübingen 1984

Schenk, Michael: Soziale Netzwerke und Massenmedien. Untersuchungen zum Einfluß der persönlichen Kommunikation, Tübingen 1995

Tönnies, Ferdinand: Gemeinschaft und Gesellschaft. Grundbegriffe der reinen Soziologie (1887), Darmstadt 1979

Völker, Beate: Should auld Acquaintance be forgot...? Institutions of Communism, the Transition to Capitalism and Personal Networks: The Case of East Germany, Amsterdam 1995

Wellmann, Barry: The community question: The intimate networks of East Yorkers, in: American Journal of Sociology, 84. Jg., 1979, S. 1201-1231

Wellmann, Barry/Renita Yuk-lin Wong/David Tindell/Nancy Nazer: A decade of network change: turnover, persistence and stability in personal communities, in: Social Networks, 19. Jg., 1997, S. 27-50

Wirth, Heike: Wer heiratet wen? Die Entwicklung der bildungsspezifischen Heiratsmuster in Westdeutschland, in: Zeitschrift für Soziologie, 25. Jg., 1996, S. 371-394

Ziegler, Rolf: Bildungsexpansion und Partnerwahl, in: Hradil, Stefan (Hg.): Sozialstruktur im Umbruch, Opladen 1985

Franz Urban Pappi

Soziale Probleme

1. Zum Begriff

1.1 Eine allgemein akzeptierte Definition des Begriffs „Soziale Probleme" gibt es nicht. Die sozialwissenschaftliche Diskussion des Begriffs wird von zwei theoretischen Positionen bestimmt: der „objektivistischen" und der „definitionstheoretischen".

Unter den bekannteren Theoretikern sozialer Probleme vertritt Robert K. Merton – ohne subjektive Aspekte zu vernachlässigen – die „objektivistische" Position. Soziale Probleme seien in „objektiven" sozialen Bedingungen begründet. Diese Bedingungen würden oft als solche nicht wahrgenommen: Sie seien „latente soziale Probleme". So bewirke die Bevölkerungsentwicklung in verschiedenen Gesellschaften soziale Probleme, ohne daß sie als Bedingung sozialer Probleme erkannt werde. Es sei Aufgabe von Soziologen, die „objektiven" Problembedingungen erkennbar zu machen (vgl. 1976: 13).

Als konsequenteste Vertreter der „definitionstheoretischen" Position gelten John I. Kitsuse und Malcolm Spector. Ihnenzufolge ist Wirklichkeit qualitätslos. Sie erhalte ihre Qualitäten dadurch, daß Menschen sie wahrnähmen, mit ihr umgingen, über sie miteinander redeten und im Zuge solcher Vorgänge definierten. Dies gelte auch für die Wirklichkeit „sozialer Probleme". Sie seien „Aktivitäten von Gruppen, die Beschwerden und Forderungen im Blick auf bestimmte soziale Zustände artikulieren" (1973: 415). Die Soziologie sozialer Probleme habe sich deswegen ausschließlich für diese Aktivitäten zu interessieren (vgl. 1973: 414).

1.2 Von der definitionstheoretischen Position geht eine „Suggestion der Beliebigkeit" aus. Ihrzufolge kann alles, jeder Zustand, jedes Merkmal, jedes Verhalten als soziales Problem definiert werden. Diese Folgerung kontrastiert mit dem Umstand, daß es eine Reihe von Phänomenen gibt, die weitaus häufiger als soziale Probleme wahrgenommen werden als andere. Dazu zählt etwa die Eigentumskriminalität, die Prostitution, die Homosexualität. Weshalb wird in den Gesellschaften der Gegenwart und der Vergangenheit Eigentumskriminalität häufiger als soziales Problem definiert als z.B. Milchtrinken oder Hockeyspielen? Die definitionstheoretisch orientierte Soziologie sozialer Probleme hat solche Fragen kaum gestellt und nie beantwortet. Zu den wenigen, die derartige Fragen aufgegriffen haben, zählt Bernd Giesen. Soziale Probleme sind für ihn ein Fall der „Störung der Sozialordnung" und diese liegt Giesen zufolge vor, wenn drei Bedingungen erfüllt sind: 1. Eine bedeutsame Gruppe von Gesellschaftsmitgliedern muß ein artikuliertes Interesse an der Problematisierung des Tatbestandes haben. 2. „Der als problematisch aufgefaßte Tatbestand muß eindeutig innerhalb der Grenzen der gesellschaftlichen Gemeinschaft verortet sein".

3. „Störungen der Sozialordnung setzen verbindliche normative Definitionen, ein appellationsfähiges Ideal des guten Lebens und richtigen Handelns für alle Gesellschaftsmitglieder voraus" (1983: 236). Ersichtlich hilft uns diese Definition nicht weiter. Denn es bleibt ja offen, wie diese normativen Definitionen und dieses Ideal inhaltlich bestimmt sind.

2. Entstehung, Entwicklung, Häufigkeit

2.1 Erörtert werden im folgenden sechs soziale Probleme: Armut, Behinderung, Drogenkonsum, Eigentums- und Vermögenskriminalität, Gewalt und Prostitution.

Diese Probleme haben ganz unterschiedliche Bedeutungen. Die Problembetroffenen werden ganz unterschiedlich eingeschätzt: Einige von ihnen haben Mitleid zu erwarten, andere verbreiten Angst, dritte werden verachtet. Eines haben Personen, die von einem oder mehrerer dieser Probleme betroffen sind, allerdings gemeinsam: sie verletzen *Normen* und werden deswegen von vielen Menschen stigmatisiert. Sie sind „in unerwünschter Weise anders, als wir es antizipiert hatten" (Goffman 1967: 13). Demjenigen, der wissen will, warum die genannten Phänomene „soziale Probleme" sind, ist also die Frage zu empfehlen, welche „Antizipation" enttäuscht, welche Norm verletzt wurde. Im folgenden soll dieser Empfehlung entsprochen werden. Es wird sich zeigen, daß bei den Antworten auf diese Frage der bei der Begriffsklärung hervorgehobene Definitionscharakter der sozialen Probleme etwas in den Hintergrund tritt. Dies liegt daran, daß für diesen Artikel soziale Probleme ausgewählt worden sind, die man alle mehr oder weniger als soziale Probleme kennt. Die Problemdefinierer sind großenteils nicht mehr identifizierbar. Die im Abschnitt 2.3 folgenden Analysen aktueller Problementwicklungen werden den Definitionscharakter der Probleme deutlicher werden lassen.

2.2 Im Fall von *Armut* und *Behinderung* ist die verletzte *Norm* ziemlich einfach zu benennen. Es wird von Erwachsenen erwartet, daß sie dauerhaft ohne Hilfe anderer auskommen. Die Norm sagt nicht, daß man nicht angewiesen sein darf auf andere, wohl aber, daß man Leistungen anderer dauerhaft nur entgegennehmen darf, wenn man Äquivalente bietet, oft Geld. Dabei werden die legalen Einkommensquellen nicht problematisiert. Man mag darüber streiten, ob es gerecht sei, daß der Arme stigmatisiert werde, derjenige jedoch, der von den Dividenden seiner Aktien lebt, nicht. Diese Frage betrifft die skizzierte Norm nicht.

Zu nennen sind sodann die *Normen*, die die gesellschaftliche Produktion und Reproduktion regeln sollen. Ein Verstoß gegen diese Normen verweist auf die Verminderung der Fähigkeit, die für wichtig gehaltenen beruflichen und familialen Rollen zu übernehmen. Von Berufstätigen wird die Disziplinierung ihrer Bedürfnisse und Wünsche erwartet. Die „sinnlose" Gewalt wird deswegen ebenso stigmatisiert wie der *Drogenkonsum*. Der Familie und ihren Ersatzinstitutionen kommen die Funktionen zu, die menschlichen Grundlagen des gesellschaftlichen Bestands zu sichern und die Grundlagen der vom Beruf geforderten Leistungsfähigkeit herzustellen. Personen, die sich den damit gestellten Erwartungen entziehen, gefährden „Leistungsgesellschaften". Dies gibt einen Hinweis auf eine mögliche weitere Ursache der *Stigmatisierung* von Drogenkonsumenten.

Zu erwähnen ist selbstverständlich die Eigentumsnorm. Die Annahme der Existenz dieser *Norm* erklärt die Stigmatisierung eines großen Teils der Straffälligen: Eigentums- und Vermögenskriminalität macht etwa zwei Drittel der Kriminalität aus.

Die Stigmatisierung von Prostituierten schließlich hat u.a. etwas mit der früher geltenden *Norm* zu tun, derzufolge Sexualität durch Ehe monopolisiert zu sein habe. Zu bedenken ist ja, daß in den vergangenen Jahrhunderten die Ehe die wohl wichtigste Versorgungseinrichtung für Frauen war. Frauen hatten daher ein Interesse daran, außereheliche Sexualität zu verachten. Sie hätte für Männer die Attraktivität der Ehe geschmälert. Die Frauen koalierten in diesem Punkt mit den Alten. Wer sah seine Tochter schon gern unversorgt?

2.3 Im folgenden soll geprüft werden, ob sich die eben erörterten – sozusagen etablierten – sozialen Probleme in der deutschen Gegenwartsgesellschaft wandeln.

2.3.1 Armut

Als arm gelten in Deutschland *Sozialhilfeempfänger*. Deren Zahl hat sich in den vergangenen Jahren erhöht. Um zwei Zahlen herauszugreifen: 1983 bezogen in der Bundesrepublik Deutschland 1.726.000 Personen „laufende Hilfen zum Lebensunterhalt", 1993 waren es – im früheren Bundesgebiet – 3.405.000 (vgl. Statistisches Bundesamt 1986: 407 und Statistisches Bundesamt 1996: 470).

Hinweise auf die Ursachen der *Armut* ergeben sich aus der folgenden Aufstellung der nach Alter und Geschlecht differenzierten Ziffern der Empfänger „laufender Hilfen zum Lebensunterhalt" (außerhalb von Einrichtungen).

Tabelle 1: Alter und Geschlecht der Sozialhilfeempfänger (Deutschland 1993)
Zahl der Empfänger je 1.000 Einwohner

	unter 7	7-11	11-15	15-18	18-21	21-25	25-50	50-60	60-65	65-70	70-75	über 75
m	70	56	49	43	34	30	24	14	15	12	8	8
w	70	55	49	44	41	42	33	17	20	16	14	17
i	70	56	49	43	38	36	28	15	17	14	12	14

Quelle: Statistisches Bundesamt 1996: 468

Festzustellen ist zunächst, daß die Gesamtziffern mit zunehmendem Alter der statistischen Gruppen fast kontinuierlich sinken. Korrigiert werden muß deswegen die verbreitete Vorstellung, daß *Armut* vor allem ein Problem alter Menschen ist. Gemessen an der Zusammensetzung der Empfänger von „laufenden Hilfen zum Lebensunterhalt" sind am häufigsten Kinder, Jugendliche, Heranwachsende und junge Erwachsene betroffen. Die Kinder und Jugendlichen kommen großenteils aus kinderreichen Familien und *„Einelternfamilien"*. Die hohen Ziffern der Heranwachsenden und jungen Erwachsenen sind großenteils Folgen der hohen und längerfristigen Arbeitslosigkeit junger Erwerbsfähiger.

Im wesentlichen gilt das für beide Geschlechter. Unterschiede zwischen ihnen werden erkennbar in den Altersgruppen ab 18 bis 21 aufwärts. Dies ist vor allem der Ausdruck des Umstands, daß *„Einelternfamilien"* meistens aus Kindern und der Mutter bestehen. Die Ziffer der weiblichen Empfänger von „laufenden Hilfen zum Lebensunterhalt" sinkt dann mit wachsendem Alter der statistischen Gruppen, erreicht aber nie das Niveau der „Männerziffer". Es zeigen sich hier die allgemein bekannten Benachteiligungen der Frauen. Unter alten Armen sind die *Frauen* dann wieder deutlicher überrepräsentiert. Dies ist großenteils die Folge der geringen (Hinterbliebenen-)Renten, die ältere Frauen beziehen.

Die entsprechenden Ziffern in den neuen Bundesländern und Berlin-Ost sind der Tabelle 2 zu entnehmen.

Tabelle 2: Alter und Geschlecht der Sozialhilfeempfänger in den neuen Bundesländern (1993):
Zahl der Empfänger je 1.000 Einwohner

	unter 7	7-11	11-15	15-18	18-21	21-25	25-50	50-60	60-65	65-70	70-75	über 75
m	60	28	23	21	21	24	17	7	5	4	2	2
w	60	28	23	21	37	45	20	6	5	3	2	4
i	60	28	23	21	29	34	18	6	5	3	2	3

Quelle: Statistisches Bundesamt 1996: 468

Auf den ersten Blick fällt bei dieser Tabelle auf, daß fast alle Ziffern niedriger sind als die entsprechenden gesamtdeutschen Ziffern. Dies hat verschiedene Ursachen:

- Die Regelsätze der „laufenden Hilfe zum Lebensunterhalt" sind in den neuen Bundesländern durchschnittlich niedriger als die in den alten.
- Der Mehrbedarfszuschlag in Höhe von 20% an Ältere und Erwerbsunfähige wird nicht gezahlt (vgl. Hanesch u.a. 1994: 121).
- Die Sozialhilfe wird seltener in Anspruch genommen, weil sie noch nicht lange eingeführt ist (vgl. Hanesch u.a. 1994: 53).
- Die Übertragung des westdeutschen Rentenrechts hat das Einkommen der Rentner und Rentnerinnen in den neuen Bundesländern durchschnittlich deutlich erhöht (vgl. Hanesch u.a. 1994: 106 und 239).

Es wird etwa dieselbe Altersverteilung der *Sozialhilfeempfänger* – jedoch auf niedrigerem Niveau – erkennbar: Kinder, Jugendliche, Heranwachsende und junge Erwachsene sind auch in den neuen Bundesländern unter den Empfängern der „laufenden Hilfe zum Lebensunterhalt" überrepräsentiert. Die Kinder kommen auch hier großenteils aus „Einelternfamilien". Die relativ hohen Ziffern der Heranwachsenden und jungen Erwachsenen hängen mit der hohen Arbeitslosigkeit zusammen. Sie spielt in den neuen Bundesländern eine größere Rolle als in den alten. Den Untersuchungen von Walter Hanesch u.a. zufolge war 1991 in den alten Bundesländern zu 29,7% und in den neuen Bundesländern zu 57,5% der Fälle Arbeitslosigkeit die Ursache des Empfangs von „laufenden Hilfen zum Lebensunterhalt" (vgl. 1994: 239).

Derselben Untersuchung zufolge ebnen sich die Differenzen zwischen Ost und West langsam ein. „Von ‚unten' gesehen haben wir zumindest bei der Sozialhilfe die zügige Angleichung der Lebensverhältnisse zwischen Ost und West erreicht", schreiben Hanesch u.a. (1994: 222).

„Soziologisch angesehen ist nicht die *Armut* zuerst gegeben und darauf folgt die Unterstützung ..., sondern derjenige, der Unterstützung genießt bzw. sie nach seiner soziologischen Konstellation genießen sollte ..., dieser heißt der Arme" schreibt Georg Simmel (1968: 371). Ist das so, so sind die Definitoren des sozialen Problems „Armut", diejenigen also, die das soziale Problem „Armut" – soziologisch gesehen – schaffen, bestimmbar. Es sind diejenigen, die den Sozialhilferichtsatz festlegen, und die, die diese Festlegung beeinflussen – politische Instanzen, Gremien, Parteien.

Die statusbildende Wirkung der „Unterstützung", heute also der Sozialhilfe, wird von vielen – Empfängern und Dritten – als Stigmatisierung erlebt. Es scheint allerdings, daß das soziale Gewicht dieser Stigmatisierung abnimmt. So gibt es Anzeichen dafür, daß die früher verbreitete, mit der Stigmatisierungsfurcht begründete Neigung schwindet, auf Sozialhilfe trotz Anspruchsberechtigung zu verzichten. Geißler zufolge haben in den 70er Jahren nur 50% der sozialhilfeberechtigten Personen ihren Anspruch geltend gemacht. 1983 seien es 70% gewesen (vgl. 1993: 169f.). Neuere Untersuchungen von „Sozialhilfekarrieren" deuten darauf hin, daß der *Sozialhilfeempfänger* zum Normalfall wird, der sein Geld mit dem Bewußtsein entgegennimmt, er nähme nichts als sein Recht in Anspruch (vgl. Ludwig 1993).

2.3.2 Behinderung

Merkmale von Personen, die sie dauerhaft hindern, den jeweils bestehenden gesellschaftlichen Erwartungen zu entsprechen, gelten als *Behinderung*. Ein solches Merkmal ist sozial folgenreich in mehreren Richtungen:

- Die von ihm Betroffenen können mit Mitleid und Versuchen rechnen, ihnen das Leben zu erleichtern.
- Der Umstand, daß *Behinderung* die Arbeitskraft beeinträchtigt, macht Behinderte Armen oft ähnlich; sie haben also mit Fremdeinschätzungen zu kämpfen, mit denen es auch Arme zu tun haben.
- *Behinderungen* verunsichern oft andere. Sie verfügen über keine Muster, an denen sie den Umgang mit Behinderten orientie-

ren könnten. Die Reaktionen ihnen gegenüber variieren zwischen entschiedener Normalisierung („Irrelevanzregel") und Kontaktvermeidung.

Der formal-normative Umgang mit Behinderten wird im Schwerbehindertengesetz (SchwbG) und im *Bundessozialhilfegesetz* (BSHG) geregelt. Nach § 39 BSHG haben Behinderte Anspruch auf „Eingliederungshilfe". Zu ihr gehöre vor allem, „dem Behinderten die Teilnahme am Leben in der Gemeinschaft zu ermöglichen oder zu erleichtern, ihm die Ausübung eines angemessenen Berufs oder einer sonstigen angemessenen Tätigkeit zu ermöglichen oder ihn soweit wie möglich unabhängig von Pflege zu machen" (§ 39, 3 BSHG).

Rechtliche Ansprüche haben Personen, bei denen behördlich (i.d.R. durch das Versorgungsamt) ein Grad der *Behinderung* von wenigstens 50 festgestellt wird, und diesen Personen „Gleichgestellte" (vgl. §§ 1 und 2 SchwbG). Personen, bei denen ein Grad der Behinderung von wenigstens 50 festgestellt wird, werden als „Schwerbehinderte" bezeichnet. Schwerbehindert in diesem Sinne waren 1987 im damaligen Bundesgebiet 5.127.294, 1993 – im vereinigten Deutschland – 6.384.348. Die Schwerbehindertenziffer (Schwerbehinderte je 1.000 Einwohner) betrug 1987 84, 1993 79. Das quantitative Ausmaß der im Sinne des SchwbG definierten Behinderung hat sich also in den vergangenen Jahren wenig verändert. Dies gilt – folgt man den offiziellen Statistiken – anscheinend auch für die Verteilung der Behinderungsarten. Am häufigsten wurden Beeinträchtigungen der Funktionen von einem Organ bzw. Organsystem statistisch erfaßt: 1987 36,1% und 1993 32% aller Fälle. Es folgen die „Funktionseinschränkungen der Wirbelsäule und des Rumpfes, Deformierung des Brustkorbes" (1987 15,6%; 1993 15,7%). Auch die Verteilung nach Alter und Geschlecht hat sich kaum verändert. Die Altersziffern steigen von 4 (unter 4jährige – 1987 und 1993) bis 64 (62-65jährige – 1987) bzw. 288 (70-75jährige – 1993) an. Sie sinken dann wieder ein wenig bei der jeweils älteren Gruppe.

Behinderung korreliert also mit Alter. Den größten Sprung macht die Ziffernfolge zwischen der Altersgruppe der 45-55jährigen und 55-60jährigen. Die jeweiligen Ziffern steigen dort von 78 auf 168 (1987) bzw. von 69 auf 144 (1993) (Daten zu 1987: vgl. Statistisches Bundesamt 1989: 417; Daten zu 1993: vgl. Statistisches Bundesamt 1996: 478). Anzunehmen ist, daß diese Differenz mit Behinderungen zusammenhängt, die die Folge von Berufstätigkeiten sind. Die Differenz ist bei Männern, die ja häufiger berufstätig sind als Frauen, größer als bei Frauen.

Mit der Vereinigung der beiden deutschen Staaten hat sich die Lage der Behinderten der ehemaligen *DDR* deutlich gewandelt. Zwei Veränderungen sind vor allem zu nennen: 1. Ein großer Teil der Behinderten, die in der ehemaligen DDR meist erwerbstätig waren, ist heute arbeitslos (vgl. Hanesch u.a. 1994: 97f.). 2. Behinderte, die in der DDR durch eine beitragsunabhängige Invalidenrente grundversorgt waren, erhalten nach bundesrepublikanischem Rentenrecht eine beitragsabhängige Erwerbs- oder Berufsunfähigkeitsrente. Übergangsregelungen verbessern zwar gegenwärtig die finanzielle Lage der meisten anspruchsberechtigten Behinderten in den neuen Bundesländern. Nach Ende der Wirkungen dieser Übergangsregelungen dürfte aber ein großer Teil der Behinderten in den neuen Bundesländern zu Sozialhilfeempfängern werden (vgl. Hanesch u.a. 1994: 98ff.).

Eine wesentliche Variable zur Erklärung der *Norm*, die Behinderungen zu Stigmata werden läßt, ist die technische Entwicklung. Sie ist für Behinderte ambivalent.

Unter Nutzerperspektive hat sie zu Verringerung der sozialen Bedeutung von Körperlichkeit beigetragen. Unsere Körperkräfte werden dank technischer Entwicklungen immer weniger in Anspruch genommen. Dies führt dazu, daß auch körperliche Behinderungen sozial weniger bedeutsam sind.

Ganz andere Folgen hat die technische Entwicklung für geistig Behinderte. Man kann in gewisser Weise sagen, daß die technische Entwicklung und die mit ihr an uns gerichteten Erwartungen geistige Behinderung erst richtig schafft. In der Schule, die ja zumindest auch Agent der technischen Entwicklung ist, wird Geistigkeit überprüft. Es wird die soziale Figur des „Dummen", der schulischen Lernerwartungen nicht entspricht, hergestellt. Ohne diese Erwartungen gäbe es diese Figur nicht. Es sind darüber hinaus Organisationen entstanden, die, indem sie versuchen, die Verwirrtheit klein zu halten, Verwirrtheit sozial herstellen. Dies steuert unsere Wahrnehmung.

Die zunehmende durchschnittliche Lebenserwartung schwächt die erste durch die technische Entwicklung verursachte Tendenz ab, die zweite verstärkt sie. Es ist zwar heute einfacher, als körperlich Behinderter zu leben als etwa vor vierzig Jahren. Aber mit der Zunahme des Altenanteils an der Bevölkerung vergrößert sich die Zahl der Behinderten. Es ist heute schwieriger als geistig Behinderter zu leben. Und mit zunehmender Lebenserwartung steigt die Zahl dieser Behinderten.

2.3.3 Eigentums- und Vermögenskriminalität

Kriminalstatistiken machen deutlich: *Eigentums- und Vermögenskriminalität* variiert mit Alter und Geschlecht: Junge Menschen und Männer sind unter Personen, die wegen dieser Kriminalität verurteilt wurden, überrepräsentiert. So lautete die Verurteilenziffer (Verurteilte je 100.000 derselben Personengruppe) bei Diebstahl (§ 242 Strafgesetzbuch (StGB)) 1991 insgesamt 230, für Heranwachsende (18-20jährige) 403,2 (vgl. Statistisches Bundesamt 1995: 377). Die entsprechende Ziffer für verurteilte deutsche Männer lautete 242, für deutsche Frauen 108 (vgl. Statistisches Bundesamt 1996: 371; alle Ziffern beziehen sich auf die Bevölkerung im alten Bundesgebiet).

Sozialwissenschaftliche Kriminalitätsforschungen ermittelten einen dritten Überrepräsentationsbefund: Unter Personen, die wegen *Eigentums-* und *Vermögenskriminalität* von Kontrollinstanzen aufgegriffen wurden, sind Angehörige unterer sozialer Schichten überrepräsentiert.

In der DDR war vermutlich die Kriminalitätshäufigkeit niedriger als in der Bundesrepublik Deutschland (vgl. Boers 1995: 204). Dies gilt wohl auch für die *Eigentums-* und *Vermögenskriminalität*, deren Zusammensetzung sich im übrigen von der bundesrepublikanischen unterschied. Eine wesentlich größere Rolle spielte der Diebstahl am Arbeitsplatz, eine wesentlich kleinere der Ladendiebstahl (vgl. Boers 1995: 173).

Die *Eigentums-* und *Vermögenskriminalität* – wie die gesamte *Kriminalität* – hatte bald nach der Vereinigung der deutschen Staaten (1991) etwa westdeutsches Niveau erreicht. Bis 1993 blieben die Kriminalitätsraten etwa auf diesem Niveau. Sie stiegen dann in West- und Ostdeutschland geringfügig an (vgl. Boers 1995: 171). Dies läßt vermuten, daß in den neuen Bundesländern dieselben kriminalitätsverursachenden Faktoren zu wirken beginnen, deren Folgen in den alten Bundesländern bekannt sind. Hinzuweisen ist auf die Attraktivität des Warenangebots und die Steigerung von Tatgelegenheiten. Die Zunahme der Eigentums- und Vermögenskriminalität in den neuen Bundesländern hängt vermutlich auch mit gewandeltem Anzeigeverhalten zusammen. Die Anzeigequoten bei Eigentumsdelikten sind zwischen 1993 und 1995 in den neuen Bundesländern gestiegen, in den alten Bundesländern dagegen gesunken (vgl. Boers 1995: 172).

Geht man von den Verurteilenziffern aus – nur ihre empirische Grundlage, die Verurteilungen, sagt Zuverlässiges über das Ausmaß von Kriminalität aus –, so ist festzustellen, daß die Entwicklung der *Eigentums-* und *Vermögenskriminalität* nicht dramatisch verläuft. Die Ziffer der Eigentums- und Vermögenskriminalität lautete 1981 488 (vgl. Statistisches Bundesamt 1983: 343) und 1991 489,2 (vgl. Statistisches Bundesamt 1995: 377). Ein wenig geändert hat sich die Zusammensetzung der Eigentums- und Vermögenskriminalität. So haben die Verurteilenziffern für Diebstahl und Unterschlagungen abgenommen von 330 (1981) auf 293,8 (1991). Zugenommen haben dagegen die Verurteilenziffern für „andere Vermögensdelikte" (Begünstigung, Hehlerei, Betrug, Untreue, Urkundenfälschung, Falschbeurkundung) von 146,2 (1981) auf 183,7 (1991) (vgl. ebd.).

Die Kriminalsoziologie hat sich in den letzten Jahrzehnten insbesondere mit dem Unterschichtenüberrepräsentationsbefund beschäftigt. Dabei wurden vor allem zwei als konkurrierend verstandene Thesen diskutiert:

- Die Überrepräsentation von Angehörigen unterer sozialer Schichten sei die Folge eines wegen gewisser Konsumzwänge auf unteren sozialen Schichten lastenden „Drucks zum Abweichen" (vgl. Merton 1968: 296).
- Diese Überrepräsentation sei das Ergebnis des schichtenselektiven Zugriffs der Instanzen sozialer Kontrolle. So neigten Strafrichter dazu, Angehörigen unterer sozialer Schichten eher die Absicht zuzuschreiben, sich fremdes Eigentum rechtswidrig anzueignen, als Angehörigen anderer sozialer Schichten.

Das Stigma, das Bestraften anhaftet, schwindet nur langsam. Es degradiert die Betroffenen und verringert ihre sozialen Teilnahmechancen. Oft löst es kriminelle Karrieren aus. Diese Straffolgen haben Strafkritiken begründet. Diese Kritiken sind eingegangen in die Argumentationen sozialer Bewegungen, deren Ziel es ist, Straftäter zu entstigmatisieren. Es sind in den vergangenen Jahren Täter-Opfer-Ausgleichsorganisationen entstanden, die darauf hinarbeiten, Täter und Opfer zu einer einvernehmlichen, Strafe umgehenden Schadensregelung zu veranlassen. Bestrebungen dieser Art werden als „Diversion" bezeichnet. Radikaler ist die Abolitionismusbewegung – sie zielt auf restlose Abschaffung des Strafrechts.

Einen gewissen Erfolg haben die Täter-Opfer-Ausgleichsorganisationen. Ein Teil der Straftaten Jugendlicher wird von ihnen bearbeitet. Die Entwicklung der Häufigkeit der *Eigentums-* und *Vermögenskriminalität* läßt – wie deutlich wurde – insgesamt keinen Erfolg der Entstigmatisierungsbemühungen erkennen. Das Eigentum bleibt Grundlage für die durch Strafe begründete Stigmatisierung derer erhalten, die gegen Eigentumsnormen verstoßen haben.

2.3.4 Drogenkonsum

Der Konsum von Drogen ist in der Bundesrepublik Deutschland stark verbreitet. Nach Ergebnissen des Mikrozensus 1992 sind 29% der Bevölkerung über 15 Jahre Raucher, 37% der Männer und 22% der Frauen (vgl. DHS 1995: 75). Nach Angaben des nationalen Gesundheitssurveys tranken 1991 etwa 30% der Männer der Altersgruppe 15-69 durchschnittlich mehr als 40 Gramm Alkohol pro Tag und 30% der Frauen derselben Altersgruppe durchschnittlich mehr als 20 Gramm (vgl. DHS 1995: 20). 2,5 Millionen Menschen gelten in Deutschland als „behandlungsbedürftig alkoholkrank". In den alten Bundesländern liegt der Anteil der Bevölkerung, der „in den vergangenen zwölf Monaten" eigenem Bekunden nach „illegale Drogen" konsumiert hat, bei 2,7%, wobei der Anteil für andere Drogen als Haschisch/Marihuana, also auch Heroin, bei 0,4% liegt (vgl. DHS 1995: 210). In der Schätzung des Bundeskriminalamts liegt die Zahl der Konsumenten „harter" Drogen zwischen 168.000 und 211.000 (vgl. DHS 1995: 134).

Die Häufigkeit des *Drogenkonsums* in den neuen Bundesländern weicht von der in den alten Bundesländern ab. In der Altersgruppe 18-59 Jahre rauchen 40% der Männer in den alten, und 38% in den neuen Bundesländern. Bei den Frauen lauten die entsprechenden Prozentanteile 35 bzw. 25 Prozent (vgl. DHS 1995: 75). Nach Angaben des nationalen Gesundheitssurveys tranken 1991 35% der ostdeutschen Männer und 5% der ostdeutschen Frauen in der Altersgruppe 15-69 mehr als 40 Gramm Alkohol pro Tag. Die entsprechenden Anteile der westdeutschen Männer und Frauen lauten 27 bzw. 8% (vgl. DHS 1995: 21). In den neuen Bundesländern liegt der Anteil der Bevölkerung, der „in den vergangenen 12 Monaten" eigenem Bekunden nach illegale Drogen konsumiert hat, bei 0,9%. Es handelt sich im wesentlichen um Haschisch/Marihuana (vgl. DHS 1995: 210).

Die Entwicklung des *Drogenkonsums* verlief in den vergangenen Jahren nicht einheitlich. Der Tabakkonsum stagniert: So wurden 1991 in der Bundesrepublik Deutschland etwa 146 Mrd. Zigaretten und etwa 15 t Feinschnittabak verbraucht. 1994 lauteten die entsprechenden Zahlen 134 Mrd. und 16 t (vgl. DHS 1995: 73). Der Alkoholkonsum ging im vergangenen Jahrzehnt geringfügig zurück.

Von 1950 bis 1980 stieg der durchschnittliche Pro-Kopf-Konsum reinen Alkohols in der Bundesrepublik Deutschland von 3,1 auf 12,5 l;. 1994 lag er bei 11,4 l (vgl. DHS 1995: 14). Vorliegende Daten sprechen für die Annahme, daß der Konsum illegaler Drogen seit 1990 stagniert (vgl. DHS 1995: 210).

Der Konsum von Drogen ist gegenwärtig großenteils ein Alltagsphänomen. Dies macht plausibel, daß die Suche nach besonderen Konsumursachen heute meist vergeblich bleibt. *Drogenkonsum* ist nicht mehr die Reaktion auf exzeptionelle persönliche Situationen oder Deprivationen, Alkoholismus z.B. meist kein „Elendsalkoholismus". Die Drogenkonsumgewohnheiten variieren – wie alle Konsumgewohnheiten – mit subkulturellen Lern- und Gelegenheitsstrukturen. Vor allem der Drogenkonsum der Personen, mit denen man umgeht, beeinflußt den eigenen Drogenkonsum. Eine gewisse gesellschaftsstrukturierende Rolle spielt der Drogenkonsum während der Adoleszenz. Er ist Demonstration des Erwachsenenstatus und Protest gegen die Erwachsenenwelt zugleich. Die soziale Schichtung scheint eine gewisse Bedeutung für den Alkoholkonsum von Frauen zu haben; ihr Alkoholkonsum korreliert positiv mit ihrem Schichtenstatus (vgl. DHS 1995: 23).

Der Umstand, daß schwer zu entscheiden ist, ob der Konsum illegaler Drogen schädlicher sei als der Konsum legaler Drogen, verweist darauf, daß Problematisierungen des *Drogenkonsums* weniger mit den Merkmalen der jeweiligen Droge und mehr mit deren Wahrnehmung und Definition zusammenhängen. So findet das bereits in den 80er Jahren dieses Jahrhunderts formulierte Argument breite Zustimmung, nach dem illegale Drogen wegen ihrer „Kulturfremdheit" abzulehnen seien.

2.3.5 Gewalt

Gewalt wird hier verstanden als ein Handeln, das im wesentlichen zerstörerisch ist. Zerstörung ist der Zweck dieses Handelns, nicht Mittel, um anderes, materielle Güter etwa, zu erlangen. Gewalt in diesem Sinn ist also von Eigentums- und Vermögenskriminalität, die ja auch zerstörerisch sein kann, zu unterscheiden.

Im Sinne des StGB handelt es sich bei dieser *Gewalt* großenteils um die Tatbestände Körperverletzung (§ 223), gefährliche Körperverletzung (§ 223a), Sachbeschädigung (§ 303) und gemeinschädliche Sachbeschädigung (§ 304).

Die Verurteiltenziffer für Körperverletzung und gefährliche Körperverletzung lautete 1991 insgesamt 52,8. Die Verurteiltenziffer für Sachbeschädigung und gemeinschädliche Sachbeschädigung lautete 1991 insgesamt 15,4. Die Verteilung der wegen dieser Gewaltdelikte Verurteilten ähnelt der wegen *Eigentums-* und *Vermögenskriminalität* Verurteilten. Junge Menschen und männliche Personen sind überrepräsentiert. So lautete die Ziffer der wegen Körperverletzung und gefährlicher Körperverletzung verurteilten Heranwachsenden 1991 insgesamt 170,4. Die entsprechende Ziffer der wegen Sachbeschädigung und gemeinschädlicher Sachbeschädigung verurteilten Heranwachsenden lautete insgesamt 45,7. Die entsprechende Ziffer der wegen Körperverletzung und gefährlicher Körperverletzung verurteilten männlichen Personen lautete insgesamt 91,3. Die entsprechende Ziffer der wegen Sachbeschädigung und gemeinschädlicher Sachbeschädigung verurteilten männlichen Personen lautete insgesamt 23,1 (vgl. Statistisches Bundesamt 1994: 392 und Statistisches Bundesamt 1993: 24 und 83).

Nach der Vereinigung beider deutschen Staaten hat die rechtsradikale Gewalt in den neuen Bundesländern zugenommen. Untersuchungen von Rainer Erb zufolge kam es dazu vor allem, weil sich das schon vor der Vereinigung vorhandene Gewaltpotential der Organisationserfahrung der westlichen rechten Szene habe bedienen können (vgl. 1995: 49f.).

Strittig ist, ob die Gewalthäufigkeit insgesamt zugenommen hat. Die Daten der Verurteiltenstatistik lassen ein Anwachsen der Gewaltdelikte nicht erkennen. So betrug die Verurteiltenziffer wegen Körperverletzung und gefährlicher Körperverletzung 1981 insgesamt 60,5, ist also höher als die entsprechende Ziffer von 1991. Auch die entsprechende Ziffer der Heranwachsenden war 1981 höher als 1991. Sie betrug 191,2. Die verbreitete Annahme, in den Schulen habe die Gewalt stark zugenommen, wird durch Ergebnisse einschlägiger Untersuchungen nicht erhärtet (vgl. etwa Schubarth 1995: 139ff.).

Der Umstand, daß wenige Daten für die Annahme sprechen, *Gewalt* habe zugenommen, diese Annahme gleichwohl aber verbreitet ist, kann als Folge zunehmender Sensibilisierung gegenüber Gewalt gedeutet werden.

Es scheint, als ob Individualisierungstendenzen moderner Gesellschaften derartige Sensibilisierungen fördern. Das Individuum gehört keinem gesellschaftlichen Funktionssystem ganz an, die Gesellschaft bietet „dem Einzelnen keinen Ort mehr, wo er als ‚gesellschaftliches Wesen' existieren kann", schreibt Niklas Luhmann (1989: 158). Das Individuum könne daher nicht mehr durch gesellschaftliche Inklusion, sondern müsse außerhalb der Gesellschaft, durch Exklusion definiert werden (vgl. ebd.). Gesellschaft steht danach den Individuen gegenüber, sie setzen sich zur Gesellschaft ins Verhältnis, vor allem durch Artikulation von Ansprüchen. „Individualität ist Unzufriedenheit" (ebd. 1989: 243).

Im Zuge so verstandener *Individualisierung* entstehen neue soziale Probleme. Es werden Verhaltensweisen als Devianzen dramatisiert, die definiert sind als individualitätsgefährdend. Die Erörterung des Gewaltthemas erhält – nach der gelungenen staatlichen Gewaltmonopolisierung – einen neuen Schub. Es ist das moderne unzufriedene Individuum, das früher als seine Vorgänger im Handeln anderer Gewalt erkennt. Außer- und innereheliche Vergewaltigungen z.B. werden heute eher zum Skandal als früher. Gruppen, die andere zu verprügeln neigen, werden eher zu sozialen Problemen. Die enorme Aufmerksamkeit, die den Skinheads zuteil wird, hat damit zu tun. Das Agieren derartiger Gruppen wird heute nicht mehr hingenommen.

Es gibt eine große Zahl von Hypothesen zur Erklärung von *Gewalt*. Thomas Kliche versucht Hypothesen zur Erklärung des *Rechtsextremismus* zu gruppieren, die geeignet scheinen, Gewalterklärungen schlechthin zu klassifizieren (vgl. 1996).

Kliche nennt als erste Gruppe die Deprivationstheoreme. Hier handelt es sich wohl um das am weitesten verbreitete sozialwissenschaftliche Muster zur Erklärung von Gewalt.

Als zweite Gruppe nennt Kliche die Widerspiegelungstheoreme. Gemeint sind damit Annahmen, die Gewalt als eine Art Pointierung oder Verlängerung dessen deuten, was in modernen kapitalistischen Gesellschaften („Ellenbogengesellschaften") ohnehin geschieht.

Schließlich nennt Kliche die Gruppe der Sozial-Charaktertheoreme. Gemeint sind hier Annahmen, die aus Versuchen resultieren, psychoanalytisch orientierte mit familialstrukturellen Annahmen zu verbinden. Freud'sche Thesen zu Verdrängungszwängen und Thesen zur autoritären Persönlichkeit begründen die Tradition dieses sozialwissenschaftlichen Erklärungsmusters.

2.3.6 Prostitution

Die Zahl der Prostituierten in der Bundesrepublik Deutschland wird unterschiedlich hoch geschätzt. Die Annahmen bewegen sich zwischen etwa 50.000 und 400.000. Sozialwissenschaftler kommen aufgrund von Daten und Schätzungen auf die Zahl von etwa 200.000 (vgl. Sozialpädagogisches Institut Berlin 1994: 3). Diese Zahl ist wahrscheinlich seit Jahrzehnten etwa konstant geblieben. Überrepräsentiert sind unter Prostituierten Frauen zwischen 20 und 40 Jahren und Ausländerinnen. Deren Anteil an den Prostituierten in Berlin z.B. wird auf 50% geschätzt (vgl. Sozialpädagogisches Institut Berlin 1994: 86).

Die Unsicherheiten und Differenzen der Schätzungen der Zahl der Prostituierten mögen damit zusammenhängen, daß der Begriff „Prostituierte" unterschiedlich definiert werden kann. Zu unterscheiden sind drei Arten von Prostituierten: Die hauptberuflich als Prostituierte Arbeitenden, die dieser Tätigkeit längerfristig nachgehen; die Gelegenheitsprostituierten, die ihr niedriges Einkommen durch *Prostitution* anheben wollen und die Beschaffungsprostituierten, die in der Prostitution die einzige Möglichkeit sehen, die beträchtlichen Geldsummen zu verdienen, die ihr *Drogenkonsum* kostet (vgl. Sozialpädagogisches Institut Berlin 1994: 11).

In den neuen Bundesländern ist die *Prostitution* nur wenig verbreitet, lediglich in Leipzig scheint sie Fuß gefaßt zu haben. Man schätzt, daß hier etwa 450 Prostituierte arbeiten. Die entsprechenden Zahlen für Hamburg und Berlin etwa lauten sechs- bis zehntausend bzw. fünftausend (vgl. Sozialpädagogisches Institut Berlin 1994: 256). Diese Häufigkeitsdifferenz zwischen Ost- und Westdeutschland wird u.a. damit erklärt, daß in den neuen Bundesländern die „Infrastruktur" fehle. So mangele es z.B. an Telefonanschlüssen, die für die Wohnungsprostitution unentbehrlich sind (vgl. Sozialpädagogisches Institut Berlin 1994: 257).

Es werden neben dem *Drogenkonsum* eine Reihe von Ursachen für die *Prostitution* angegeben:

Als Ursache für den hohen Ausländerinnenanteil unter Prostituierten gelten die vergleichsweise guten materiellen Lebensbedingungen in Deutschland einerseits und die materiellen Verelendungen in den Entwicklungsländern und den Ländern Osteuropas andererseits. Dies habe den Prostitutionstourismus entstehen lassen und die Bereitschaft vieler Frauen in diesen Ländern begründet, materielle Sicherheit in Deutschland zu suchen. Diese Bereitschaft habe den Erfolg des internationalen Heirats- und Menschenhandels begünstigt. Frauen aus den Entwicklungsländern und den Ländern Osteuropas würden von Heirats- und Menschenhändlern mit Ehe- und Verdienstversprechen nach Deutschland gelockt. Selten würden solche Versprechen eingehalten, oft bleibe diesen Frauen nur die Prostitution als Verdienstmöglichkeit. Ihr oft prekärer Rechtsstatus, der sie erpreßbar mache, ihre materielle Abhängigkeit von Bordellbetreibern und ihre Kulturfremdheit (Sprache) erschwerten es diesen Frauen, die Prostitution aufzugeben.

Gegenwärtig ist eine Tendenz zur Entstigmatisierung Prostituierter erkennbar. Prostituierte organisieren sich, kritisieren öffentlich ihre *Stigmatisierung*, dringen mit ihrem beruflichen Tun mehr und mehr an die Öffentlichkeit.

Zwei Ursachen dürften diese Entwicklung erklären: Anknüpfend an die hier getroffene Erklärung der *Stigmatisierung* der Prostitution wäre darauf hinzuweisen, daß der Stigmatisierungsgrund weithin entfallen ist. Die Ehe ist bekanntlich nicht mehr die wesentliche Versorgungseinrichtung von Frauen. Zu erinnern ist außerdem an die in Kap. 2.3.5 beschriebene Individualisierungstendenz. Die im Zuge dieser Erörterung begründeten Annahmen sind geeignet, auch gewisse Entstigmatisierungen und Entproblematisierungen zu erklären, z.B. bei Homosexualität und Prostitution. Das bislang stigmatisierte Handeln geschieht im Einvernehmen beider Interaktionspartner, ohne Dritte zu schädigen. Es kann deswegen vom „unzufriedenen" Individuum schlecht stigmatisiert werden. Dabei wird oft verkannt, daß für – insbesondere ausländische – Prostituierte die Annahme nur bedingt richtig ist, nach der sexuelle Interaktionen einvernehmlich erfolgten.

3. Die Bearbeitung sozialer Probleme

Die Formen der Bearbeitung sozialer Probleme lassen sich entlang zweier Dimensionen beschreiben, die sich aus einer Klassifikation des Bearbeitungsmodus und dem Zeitpunkt der Intervention ergeben.

Die Diskussion über den Bearbeitungsmodus kreist um zwei Annahmen: (1) Das soziale Problem sei von Problembetroffenen im wesentlichen selbst verschuldet. Ihnen sei deswegen repressiv zu begegnen: Durch Verringerung ihrer sozialen Teilnahmechancen und/oder durch Diskreditierung bzw. durch die Androhung solcher Maßnahmen. (2) Das soziale Problem sei der Verantwortlichkeit der Problembetroffenen nicht zuzurechnen. Es seien deswegen Leistungen bereitzustellen, die geeignet seien, das Problem zu lösen und/oder den Umgang mit dem Problem zu erleichtern.

Die Diskussion über den Zeitpunkt der Intervention kreist um die Annahme, daß Problemprävention der Reaktion auf Probleme vorzuziehen sei.

Zu unterscheiden wären danach repressive und Leistungsbereitstellungs-Interventionen. Beide Interventionsarten wären zu differenzieren in solche, die das Problem antizipieren und solche, die auf das Problem reagieren.

Den aufgrund dieser Unterscheidungen möglichen Kombinationen von Problembearbeitungsmerkmalen lassen sich bestimmte Problembearbeitungsarten zuordnen:

Merkmale der Problembearbeitung	Problembearbeitungsarten
repressiv, problemantizipierend	Sanktionsdrohungen
repressiv, auf Probleme reagierend	Strafen
Bereitstellung von Leistungen, problemantizipierend	Sozialpolitik (z.B. Sozialversicherung, Arbeitslosenversicherung, Versorgung)
Bereitstellung von Leistungen, auf Probleme reagierend	Sozialhilfe, Sozialarbeit

Der Versuch, die hier erörterten sozialen Probleme den Problembearbeitungsarten zuzuordnen, liefert folgende Ergebnisse:

- *Sanktionsdrohungen*

Zu verstehen sind darunter Strafgesetze und Wirkungen von Verurteilungen auf Dritte. Sanktionsdrohungen gelten nach wie vor als ein Instrument, das Kriminalität, also auch die hier erörterte Eigentums-, Vermögens- und Gewaltkriminalität, verhindert („Generalprävention"). Soziologische Untersuchungen lassen an dieser Annahme zweifeln (vgl. Schumann u.a. 1987).

- *Strafen*

Sie gelten als generalpräventives Instrument und als Instrument, das künftige Kriminalität des Bestraften verhindert – also auch die hier erörterte Eigentums-, Vermögens- und Gewaltkriminalität. Soziologische Untersuchungen lassen an dieser Annahme zweifeln. Strafe schafft offenbar oft Bedingungen, die künftiger Kriminalität des Bestraften förderlich sind (vgl. z.B. Lamnek 1983: 17ff.).

- *Sozialpolitik*

Sie gilt als Instrument, das *Armut*, teilweise auch Behinderung – etwa durch Arbeitsschutzgesetze – verhindert. Im Zuge von – gegenwärtig beobachtbaren – Tendenzen, die Kapitalverwertungsinteressen zu entfesseln, wird der Einsatz dieses Instruments beschränkt. Dies trägt zur Verbreitung von Armut bei. Sozialpolitik gilt auch als Instrument, dessen Einsatz geeignet sei, den Umgang der Problembetroffenen mit ihren Problemen zu erleichtern, z.B. die sozialen Teilnahmechancen Behinderter durch rehabilitative Maßnahmen zu vergrößern.

- *Sozialhilfe/Sozialarbeit*

Sie gelten als Instrumente, die Armut beheben, die Teilnahmechancen Behinderter vergrößern, den Konsum illegaler Drogen zurückdrängen zu können.

Die *Armut* bekämpfende *Sozialhilfe* wird verstanden als eine Einrichtung für eine vorübergehende Intervention. Ergebnisse sozialwissenschaftlicher Untersuchungen entsprechen diesem Verständnis großenteils (vgl. Ludwig 1993: 89ff.). Der Erfolg der Sozialarbeit, den Konsum illegaler Drogen zurückzudrängen, ist relativ klein. Das liegt u.a. daran, daß die Zahl der Therapieplätze für Konsumenten harter Drogen gering ist.

Unberücksichtigt blieb bei diesem Zuordnungsversuch die *Prostitution*. Dies hängt mit dem beschriebenen Umstand zusammen, daß diese Devianz mehr und mehr ihren Status als soziales Problem verliert. Es mehren sich hier die Bemühungen, Prostitution zu „normalisieren". Im Mittelpunkt dieser Bemühungen steht die Forderung nach Anerkennung der Prostitutionstätigkeit als Beruf bzw. als Dienstleistung (vgl. Sozialpädagogisches Institut Berlin 1994: 31). Angestrebt werden vor allem sozialversicherungsrechtliche Absicherungen und die Legalisierung der mit den Prostitutionsnachfragern abgeschlossenen Verdienstvereinbarungen.

4. Veränderungen der Problementstehung und -wahrnehmung

Verfolgt man die deutsche sozialwissenschaftliche Literatur zum Thema „Soziale Probleme", so stellt man ein Dominantwerden der „definitionstheoretischen" Position fest.

Diese Tendenz verweist auf Veränderungen der Problementstehung und -wahrnehmung. Es gab stets und gibt auch heute noch in unserer Gesellschaft eine Reihe gewissermaßen etablierter Probleme. Dazu zählen die *Eigentumskriminalität*, die *Armut*, Alkoholismus. Es bestand und besteht Einigkeit darüber, daß es sich hier um soziale Probleme handelt. In den letzten Jahrzehnten nimmt jedoch die Zahl der Sachverhalte zu, deren Problemcharakter umstritten ist. Sind Asylbewerber, Männergewalt gegen Frauen, Kinderpornographie überhandnehmende Probleme oder „aufgebauschte" Einzelfälle? (vgl. Schetsche 1996: 2) Darüber besteht keine Einigkeit. Deutlicher als vor einigen Jahrzehnten treten heute soziale Bewegungen in Erscheinung, die versuchen, Problemdefinitionen Geltung zu verschaffen.

Thesen eines Aufsatzes von Friedhelm Neidhardt und Dieter Rucht sind geeignet, diese Tendenz zu erklären (vgl. 1993). Die Autoren verweisen auf gesellschaftliche Differenzierungsprozesse, die sich in kollektiven Unzufriedenheitspotentialen vor allem im Hinblick auf die Frauenfrage, auf nationalistische Syndrome sowie auf postmaterialistische Anspruchslagen bemerkbar machten (vgl. 1993: 319). Zur Definition sozialer Probleme trügen solche Unzufriedenheitspotentiale unter zwei Voraussetzungen bei: Es müßten „sozial wirksame Mobilisierungsstrukturen" (1993: 319) und „strukturell verfestigte günstige Gelegenheiten" für kollektive Aktionen vorliegen (1993: 320). Beide Voraussetzungen sind den Autoren zufolge im gegenwärtigen Deutschland gegeben: (1) Mit der Ausdifferenzierung von Alters- sowie Geschlechtergruppen entwickelten sich „infrastrukturelle Bedingungen von in sich homogenen Netzwerken .., welche die Mobilisierbarkeit unzufriedener Bevölkerungssegmente befördern" (ebd.). (2) Die Erfolgswahrscheinlichkeit für kollektive Akteure sei relativ hoch, weil die massenmedial organisierte Öffentlichkeit einen wirksamen Resonanzboden gerade für unkonventionelle Aktivitäten böten und weil die sozialen Bewegungen, die solche Aktionen betreiben, wegen ihrer Partizipationsforderungen von Parteien nicht absorbiert würden und deswegen keinen episodalen Charakter hätten (vgl. 1993: 320f.).

Literatur

Boers, K.: Sozialer Umbruch. Modernisierung und Kriminalität, in: Peters, H. (Hg.): Wandel von Abweichung und Kontrolle im vereinigten Deutschland. Soziale Probleme 1995, Heft 2

DHS-Deutsche Hauptstelle gegen die Suchtgefahren (Hg.): Jahrbuch Sucht 1996, Geesthacht 1995

Erb, R.: Action. Über Jugendgruppen und rechte Gewalt, in: Lamnek, S. (Hg.): Jugend und Gewalt. Devianz und Kriminalität in Ost und West, Opladen 1995

Geißler, R.: Die Sozialstruktur Deutschlands. Ein Studienbuch zur Entwicklung im geteilten und vereinten Deutschland, Opladen 1992

Giesen, B.: Moralische Unternehmer und öffentliche Diskussion. Überlegungen zur gesellschaftlichen Thematisierung sozialer Probleme, in: Kölner Zeitschrift für Soziologie und Sozialpsychologie, 35. Jg., 1983

Goffman, E.: Stigma. Über Techniken der Bewältigung beschädigter Identität, Frankfurt a.M. 1967

Hanesch, u.a.: Armut in Deutschland, Reinbek 1994

Kitsuse, J. I./M. Spector: Toward a Sociology of Social Problems: Social Conditions, Valuejudgements, and Social Problems, in: Social Problems, 20. Jg., 1973

Kliche, T.: Interventionen, Evaluationsmaßstäbe und Artefaktbildung. Zehn Thesen zur Konstruktion von Rechtsextremismus, in: Heiland, H.-G./C. Lüdemann (Hg.): Soziologische Dimensionen des Rechtsextremismus, Opladen 1996

Ludwig, M.: Sozialhilfekarrieren: Ein Teufelskreis der Armut?, in: Leibfried, St. u.a. (Hg.): Armutslagen im Lebensverlauf. Zeitdynamische Analysen von Sozialhilferisiken, Bremen 1993

Luhmann, N.: Gesellschaftsstruktur und Semantik. Studien zur Wissenssoziologie der modernen Gesellschaft, Bd. 3, Frankfurt a.M. 1989

Merton, R. K.: Sozialstruktur und Anomie, in: Sack, F./R. König (Hg.): Kriminalsoziologie, Frankfurt a.M. 1968

Merton, R. K./R. Nisbet (Hg.): Contemporary Social Problems, New York u.a. 1976

Neidhardt, F./D. Rucht: Auf dem Weg in die „Bewegungsgesellschaft", in: Soziale Welt, 44. Jg., 1993

Peters, H.: Devianz und soziale Kontrolle. Eine Einführung in die Soziologie abweichenden Verhaltens, 2. Aufl., Weinheim/München 1995
Schetsche, M.: Die Karriere sozialer Probleme. Soziologische Einführung, München/Wien 1996
Schubarth, W.: Gewalt an Schulen im Spiegel aktueller Schulstudien, in: Lamnek, S. (Hg.): Jugend und Gewalt. Devianz und Kriminalität in Ost und West, Opladen 1995
Schumann, K. F. u.a.: Jugendkriminalität und die Grenzen der Generalprävention, Neuwied/Darmstadt 1987
Simmel, G.: Soziologie. Untersuchungen über die Formen der Vergesellschaftung, Berlin 1968
Sozialpädagogisches Institut Berlin: Dokumentation zur rechtlichen und sozialen Situation von Prostituierten in der Bundesrepublik Deutschland, Stuttgart u.a. 1994 (Schriftenreihe des Bundesministers für Frauen und Jugend. 15)
Statistisches Bundesamt (Hg.): Statistische Jahrbücher für die Bundesrepublik Deutschland, Wiesbaden 1983ff.
Statistisches Bundesamt (Hg.): Rechtspflege, Fachserie 10, Reihe 3: Strafverfolgung 1991, Wiesbaden 1993

Helge Peters

Soziale Ungleichheiten. Klassen und Schichten

1. Zur Definition und Abgrenzung des Themas: Ungleichheit als soziales Problem

Die Erforschung der verschiedenen Dimensionen sozialer Ungleichheit, ihrer Ursachen und Folgen sowie jener Mechanismen, die bestehende soziale Ungleichheiten stabilisieren, ist eines jener Kernthemen, aus denen sich die Soziologie entwickelt hat und das sie nach wie vor prägt.

Bis zur Aufklärung galt die aristotelische Position, daß soziale Ungleichheit auf eine sich dahinter verbergende naturgegebene Ungleichheit zwischen den Menschen verweist. Sie war Ausdruck einer natur- und gottgegebenen Ordnung, in die sich der Mensch eben einzufügen habe. Mit dem Aufkommen naturrechtlicher Positionen wurde dieser Rekurs durchbrochen. Sobald sich die Auffassung einer von Natur aus gegebenen Freiheit und rechtlichen Gleichheit durchsetzte und zum Beispiel in Form von Verfassungsgrundsätzen zur Grundlage des gesellschaftlichen Lebens erklärt wurde, wurde soziale Ungleichheit als ein gesellschaftliches Konstrukt durchschaubar. In seiner berühmten Preisschrift aus dem Jahre 1754 hatte Rousseau genau diese Konsequenz gezogen (Dahrendorf 1974: 356ff.). Vernünftigen und freien Menschen komme es nicht zu, die Frage zu stellen, ob die Herrschenden notwendig mehr wert seien als die Beherrschten. Wenn dies aber so ist, dann bedürften soziale Ungleichheiten einer allgemein akzeptablen Begründung, um als legitim angesehen werden zu können. In ähnlicher Weise wie das staatliche Gewaltmonopol (Th. Hobbes) kann auch soziale Ungleichheit seitdem nur noch durch ihren Nutzen für das gesellschaftliche Ganze gerechtfertigt werden.

Wenn man von Adam Smith' kaum bestrittener These ausgeht, daß der Wohlstand der Menschheit vom Ausmaß der *Arbeitsteilung* abhänge, dann kann der gesellschaftliche Nutzeffekt von Ungleichheit nur auf dem Feld der Erwerbsarbeit und der Arbeitsteilung näher diskutiert werden. Aus dem Phänomen der Arbeitsteilung kann in jedem Fall auf Ungleichartigkeit zwischen den Menschen (Spencer, Durkheim) gefolgert werden, was nicht unbedingt Ungleichheit im Sinne einer hierarchischen Bewertung der Ungleichartigkeit bedeuten muß. Das gerade in der sozialen Praxis moderner Gesellschaften immer auch virulente Problem der Rechtfertigung sozialer Ungleichheiten kommt also nur dann in den Blick, wenn die aus der Arbeitsteilung resultierende „Verschiedenartigkeit" der Menschen mit Bewertungs- oder Verteilungsphänomenen verbunden werden kann.

Das Thema soziale Ungleichheit war nach 1945 ein wichtiger Kristallisationspunkt für

Soziale Ungleichheiten. Klassen und Schichten

die Entwicklung der westdeutschen Soziologie. Fußend auf einer Rezeption amerikanischer Soziologie wurden in den fünfziger und sechziger Jahren vor allem Untersuchungen mit Hilfe diverser Schichtungsmodelle durchgeführt. Daneben wurden aber auch Phänomene von Macht und Herrschaft analysiert, die sich nicht umstandslos in das Modell ständisch gestufter Sozialschichten einordnen ließen. Nach 1968 wurde eine Systematisierung dieser „kritischen" Ungleichheitsforschung über eine Rückbesinnung auf das marxistische Instrumentarium der Klassenanalyse versucht. Unter dieses Modell ließen sich die diversen sozialen Ungleichheiten einer modernen Industriegesellschaft vom Schlage der BRD aber noch weniger bringen. Dies führte einerseits zu einer Reaktivierung des Schichtungsbegriffs, zum anderen aber in neue Themenfelder hinein, in denen spezifische, nichtintegrierbare Aspekte sozialer Ungleichheit gezielt und spezialisiert bearbeitet wurden. Zu nennen sind hier: Ungleichheit der Lebenschancen infolge einer ungleichen Entwicklung von Lebensbereichen (Disparitätsthese), eine weitgehend an Indikatoren orientierte Wohlbefindens- und Wohlfahrtsforschung, eine spezialisierte Aufbereitung von Aspekten sozialer Ungleichheit im Bereich der Industriearbeit, eine Rekonstruktion von Prozessen der Interessenartikulation und -durchsetzung im Rahmen einer Mitbestimmungs-, Beteiligungs- und Gewerkschaftsforschung. Auch die These einer Individualisierung sozialer Ungleichheit (Beck 1986) beleuchtet nur Teilaspekte des Phänomens. Die Schwierigkeiten einer begrifflichen Integration haben dazu geführt, daß sich die neuere Forschung vor allem auf die immer differenziertere und vielschichtigere Erfassung sozialer Ungleichheit konzentriert hat (z.B.: Berger/Hradil 1990; Bolte/Hradil; K.U. Mayer 1991). Der zweite Kristallisationspunkt in der neueren Literatur besteht in der Frage, ob und inwieweit ungleiche Soziallagen und Lebenschancen über die Ungleichheit individueller Chancen hinaus immer noch relativ geschlossene gesellschaftliche Milieus und gesellschaftliche Großgruppen konstituieren (zustimmend u.a.: Bourdieu 1982; Geißler 1996a; kritisch: Hradil 1987; G. Schulze).

2. Ungleich verteilte Lebenschancen in der Bundesrepublik Deutschland

2.1 Die Einkommensverteilung

Die *Einkommensverteilung* kann über ungleich verteilte Lebenschancen dann Auskunft geben, wenn man begründet annehmen kann, daß die Lebenschancen der Menschen in hohem Maße von der Verfügung über Einkommen abhängen und daß sie proportional zur Höhe des verfügbaren Einkommens unterschieden werden können. Das bedeutet aber, daß die Einkommensverteilung nur bestimmte, aber keineswegs alle Lebenschancen erfaßt. Sie klammert nichtmonetäre Leistungen etwa im Rahmen der Familie oder der Nachbarschaftshilfe ebenso aus wie sie jenes Moment von Lebensqualität außer Betracht läßt, das mit frei verfügbaren Zeiten zu tun hat und mit der Abwesenheit von Beeinträchtigungen der Lebensqualität durch die moderne Industriegesellschaft (Lärm, Smog, Belastung des Trinkwassers usw.; Beck 1986). Wenn man die Haushalte nach dem Kriterium des verfügbaren Einkommens in eine Rangordnung bringt, daraus jeweils 20% Segmente (Quintile) bildet und deren Anteil am Gesamteinkommen errechnet, dann ergibt sich folgendes Bild.

Das Fünftel der Haushalte mit den höchsten Einkommen erreicht einen Anteil von über 40% am gesamten Haushaltseinkommen, während das Fünftel der einkommensschwächsten Haushalte um einiges unter der 10%-Marke bleibt. Mit anderen Worten: Das „reichste" Fünftel hat im Durchschnitt etwas mehr als das Doppelte, das „ärmste" Fünftel dagegen weniger als die Hälfte des durchschnittlichen Haushaltseinkommens zur Verfügung. Aus der Abbildung 1 können wir weiterhin entnehmen, daß sich dieses Muster der *Einkommensverteilung* über nahezu vier Jahrzehnte hinweg kaum verändert hat. Allerdings hat, offenbar kontinuierlich, eine schwache Umverteilung von oben nach unten stattgefunden. Daß sich dieser Trend nicht unbedingt weiter fortsetzen wird, macht die Abbildung 2 deutlich. Sie zeigt (mit den Daten des Wohlfahrtssurveys) für Westdeutschland eine leichte Trendumkehr in den ersten fünf Jahren nach der Vereinigung.

Abbildung 1: Einkommensverteilung in Westdeutschland 1950-1958 (Quintile)

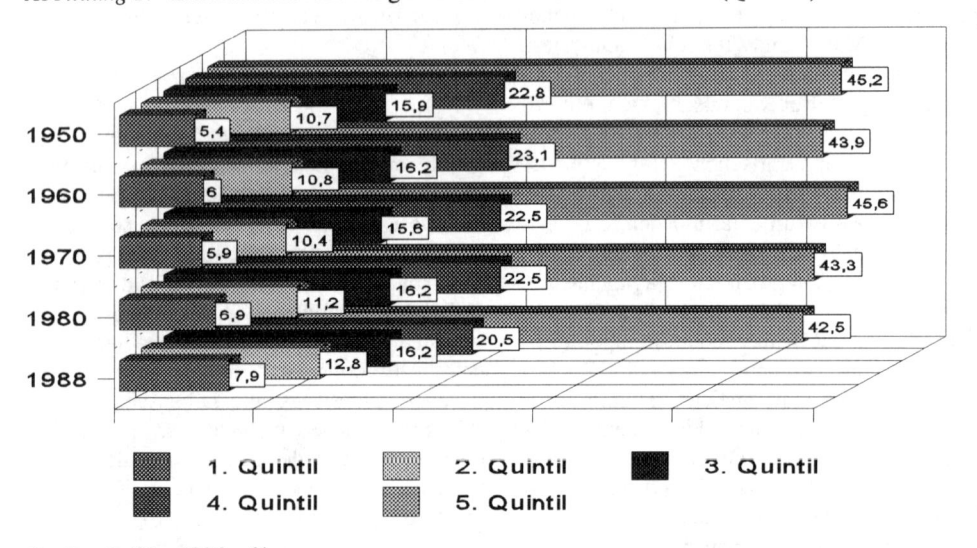

Jahr	1. Quintil	2. Quintil	3. Quintil	4. Quintil	5. Quintil
1950	5,4	10,7	15,9	22,8	45,2
1960	6	10,8	16,2	23,1	43,9
1970	5,9	10,4	15,6	22,5	45,6
1980	6,9	11,2	16,2	22,5	43,3
1988	7,9	12,8	16,2	20,5	42,5

Quelle: Geißler 1996a: 61

Abbildung 2: Einkommensverteilung in West- und Ostdeutschland (Quintile)

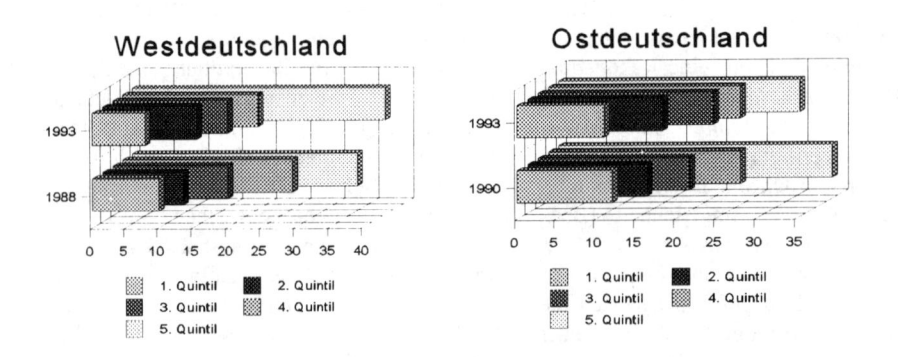

Quelle: Stat. Bundesamt 1995: 454

Es wäre nun sehr oberflächlich, wenn man in der *Einkommensverteilung* nur ein „graduell-quantitatives" Ungleichheitsmerkmal sehen würde (vgl. Kreckel 1992: 107ff.). Beim Kriterium der relativen *Armut*, spätestens bei relativ strenger Armut stoßen wir auf Einkommensniveaus, die sich vom gesellschaftlichen Durchschnitt nicht nur graduell, sondern auch im ganzen Zuschnitt der damit verbundenen Lebensführung unterscheiden. Auch wenn sich hier keine ganz strikte Trennlinie ziehen läßt und mit erheblichen Unschärfen (vgl. hierzu Geißler 1996b) gerechnet werden muß, so läßt sich doch in diesem Bereich von einer Ein-

Soziale Ungleichheiten. Klassen und Schichten

kommensschwelle sprechen, unterhalb derer eine „dispositive Lebensführung" (Brock), also eine an persönlichen Neigungen und Interessen orientierte Einkommensverwendung, kaum noch möglich ist. Die Lebensführung wird hier von Überlebensproblemen bestimmt. Damit ist weniger ein direkter Überlebenskampf gemeint als vielmehr das Ringen um die Erhaltung eines minimalen sozialen Standards. Etwas mehr als 20% der westdeutschen Haushalte waren 1994 relativ arm (Kriterium: Haushaltseinkommen bis zu 60% des Durchschnittshaushaltseinkommens). 11% erfüllten das Kriterium der Armut (bis zu 50% des Durchschnittseinkommens) und knapp 5% das Kriterium strenger Armut (bis zu 40% des Durchschnittseinkommens). Legt man für Ostdeutschland das kaufkraftbereinigte westdeutsche Durchschnittseinkommen zugrunde, dann lebten dort zum selben Zeitpunkt 24% der Haushalte unter den Bedingungen relativer Armut. 14% erfüllten das Kriterium der „Armut" und gut 7% das der „strengen Armut" (Krause 1995).

Auf der anderen Seite des Spektrums stoßen wir ebenfalls auf einen Bereich, wo die alltägliche Lebensführung deutlich andere Konturen gewinnt. Bei Monatseinkommen oberhalb von 10.000 DM (Huster 1994: 637), die man in Anlehnung an den Begriff der „strengen *Armut*" vielleicht als „komfortablen Reichtum" bezeichnen kann, wird die Frage der Einkommensverwendung zur aktuellen Lebensführung zunehmend überlagert durch die Frage der Anlage der gesparten Einkommensanteile. „Haushalte mit einem ausgabefähigen Einkommen von 10.000 bis 25.000 DM pro Monat sparen im Schnitt im Monat mit 4.078 DM genauso viel wie die durchschnittlichen ausgabefähigen Ausgaben und Einnahmen aller Haushalte betragen!" (ebd.). In noch höheren Einkommenslagen, Huster nennt hier einen Bereich von 500.000 DM verfügbarem Jahreseinkommen, werden Gesichtspunkte der Kapitalanlage und der Kapitalverwertung typischerweise dominant, was auch für die Einkommensquellen gilt.

Obwohl die *Einkommensverteilung* graduell unterschiedliche Möglichkeiten ausdrückt, an dem über das Geldmedium zugänglichen gesellschaftlichen Reichtum teilzuhaben, lassen sich dennoch zwei nur in etwa lokalisierbare Trennlinien angeben, die qualitativ unterschiedliche Optionen voneinander trennen. Wir können eine breite Mitte von ca. 70 bis 75% der Haushalte feststellen, die ihr Einkommen überwiegend für die Lebensführung verwenden. Davon läßt sich einerseits eine Armutslage abgrenzen, bei der die dispositiven Elemente hinter dem Problem, eine gesellschaftliche Mindestexistenz aufrechtzuerhalten, zurücktreten. Ebenso können wir eine Reichtumslage unterscheiden, bei der die alltägliche Lebensführung durch hohe Anteile investiver Einkommensverwendung ergänzt und zum Teil überlagert wird.

Die *Vermögen* sind in der BRD sehr viel ungleicher verteilt als die Einkommen. Ein wichtiges statistisches Maß für derartige Aussagen ist der Gini-Koeffizient. Er nimmt einen Wert von Null an, wenn alle Personen über das gleiche Einkommen bzw. Vermögen verfügen und einen Wert von eins, wenn alle Einkommen bzw. Vermögen bei einer Person liegen. Für die Einkommensverteilung liegt der Wert etwas unter 0,3; für die Vermögensverteilung ist er wesentlich höher (0,71 bei den Nettovermögen; Geißler 1996a: 68). Aus Unternehmertätigkeit und Vermögen wurden während der gesamten Geschichte der BRD Anteile zwischen einem Viertel und einem Drittel der Bruttoeinkommen erwirtschaftet (Kreckel 1992: 117; Stat. Jb. 1996: 660). Nach Berechnungen des DIW bezogen westdeutsche Angestellten- und Beamtenhaushalte im Jahre 1992 im Monat durchschnittlich ca. 500 DM Vermögenseinkünfte. Westdeutsche Landwirte kamen auf durchschnittlich 800 DM, Selbständige außerhalb der Landwirtschaft auf knapp 1.800 DM. Dagegen spielten Vermögenseinkommen bei den ostdeutschen Haushalten insgesamt sowie bei den westdeutschen Arbeiter- und Arbeitslosenhaushalten durchschnittlich keine große Rolle (109 DM bzw. 289 und 117 DM; Schäfer 1993: 632). Diese Zahlen machen auch deutlich, daß diejenigen Haushalte, bei denen Vermögenseinkünfte eine erhebliche Rolle spielen, sich überwiegend im Bereich der Selbständigen befinden.

Wenn man unterstellt, daß das gesellschaftliche Selbstverständnis in der BRD dadurch geprägt ist, daß nur solche *Einkommen* als legitim angesehen werden können, die direkt (oder indirekt) auf Erwerbsarbeit zurückgeführt werden können, dann nehmen die Legitimationsprobleme am oberen Rand der Haushaltseinkommen ganz offensichtlich zu. Ähnliches gilt auch am unteren Rand, wobei hier die Grenzen noch weniger klar zu ziehen sind. Evident ist allein, daß sich der Zusammenhang zwischen *Einkommensarmut* und *Arbeitslosigkeit* bzw. Sozialhilfeeinkünften im Laufe der achtziger Jahre weiter verfestigt hat (vgl. z.B. Schäfer 1994). Während das Armutsrisiko bei Rentnern zurückgegangen ist, sind die „neuen Armen" typischerweise arbeitslos, alleinerziehend oder im Kindesalter (vgl. zusammenfassend Geißler 1996a.).

Dieses Bild wird weiter ergänzt, wenn man von der Ebene der Haushalte auf die Individualebene geht. Tabelle ... zeigt, daß etwas über 40% der Bevölkerung einer eigenen Erwerbstätigkeit nachgehen, knapp ein Viertel von Sozialleistungen und nahezu jede dritte Person von privatem Unterhalt lebt. Dabei darf allerdings nicht übersehen werden, daß es sich hier um eine gesellschaftliche Momentaufnahme handelt, die keineswegs ausschließt, daß die Empfänger von Transfereinkommen bzw. privatem Unterhalt zuvor erwerbstätig waren bzw. in Zukunft erwerbstätig sein werden (siehe 2.6).

Tabelle 1: Bevölkerung nach überwiegendem Lebensunterhalt (in Prozent), April 1993

				Männl. Bevölkerung		Weibl. Bevölkerung	
	Gesamt	West	Ost	West	Ost	West	Ost
Erwerb	42,3	42,5	41,5	53,9	48,4	31,8	35,1
Transfer	26,4	24,3	35,2	22,7	27,8	25,9	42,2
Priv. Unterhalt	31,2	33,2	23,3	23,5	23,8	42,3	22,7

Quelle: Stat. Bundesamt 1994; eigene Berechnungen

2.2 Ursachen der ungleichen Verteilung der Erwerbschancen

Worauf sind nun ungleich verteilte Erwerbschancen und Erwerbseinkommen zurückzuführen? Üblicherweise wird im Anschluß an Weber hier zwischen marktbedingten und auf ständische Mechanismen zurückgehenden Ungleichheiten unterschieden. Dabei darf allerdings nicht übersehen werden, daß Marktbedingungen ständisch vorstrukturiert sein können.

Marktbedingte Ungleichheiten sind einmal Ungleichheiten im Hinblick auf die Absatzmöglichkeiten von Produkten und damit verbundene Verwertungschancen beruflicher *Qualifikationen*. Zum anderen hängen sie mit „monopolistischen Chancen" (Weber) auf der Angebotsseite zusammen. Während die Monopolbildung bei Unternehmen ein Resultat von Marktprozessen sein kann, ist sie beim Arbeitskräfteangebot letztlich auf die Beschränkung und Erschwerung von Zugangschancen zurückzuführen, also auf das Wirksamwerden ständischer Mechanismen. Privilegierte berufliche Erwerbschancen entstehen typischerweise dann, wenn die Ausübung einer bestimmten Tätigkeit an Qualifikationsnachweise gebunden wird, die schwierig zu erlangen sind und in ihrem Umfang von der Standesorganisation beeinflußt werden können. „Inwieweit eine Gruppe im offiziellen Rangsystem vertreten ist oder nicht, hängt weitgehend von ihrer Fähigkeit ab, sich bemerkbar zu machen, sich anerkennen zu lassen, mithin sich, zumeist nach hartem Kampf, einen Platz in der Sozialordnung zu erstreiten und so der Bastardexistenz der „namenlosen" Berufe zu entgehen" (Bourdieu 1982: 250). Der rationale Kern der in der *Berufsstruktur* enthaltenen Ungleichheitsdimension besteht in der Hierarchisierung von Qualifikationsanforderungen nach Lernzeiten und Bildungsvoraussetzungen. Qualifikationen mit langen Lernzeiten und hohen Bildungsvoraussetzungen werden hoch bewertet und mit überdurchschnittlichen Erwerbschancen verbunden und umgekehrt.

Monopolistische Chancen können aber auch aus Innovationen entstehen. Sie ergeben sich nicht nur für innovative Unternehmen im Sinne von Pioniergewinnen (Schumpeter).

Möglicherweise noch bedeutsamer sind neuartige *Qualifikationen* und Ideen, aus denen ebenfalls besondere Erwerbschancen resultieren. So verfügt beispielsweise in hochmodernen Produktionsprozessen nur ein Teil der Belegschaft über das prozeßrelevante Wissen. Unter den Bedingungen globalisierter Märkte gewinnen kreative „Symbol-Analytiker" in noch wesentlich höherem Maße monopolistische Chancen, wenn sie Wissen so kombinieren, daß sich daraus neue zukunftsträchtige Anwendungen ergeben (vgl. insbesondere R. Reich). Solche aus dem Innovationsprozeß selbst herrührenden monopolistischen Chancen fallen offensichtlich aber nur Teilen der Beschäftigten zu. Entsprechende Analysen weisen deswegen der Tendenz nach auch immer polarisierte Segmente aus: den Modernisierungsgewinnern stehen die *Modernisierungsverlierer* gegenüber. Dies unterscheidet sie von den traditionellen, über Qualifikationsanforderungen und Zugangsregulierungen hergestellten monopolistischen Chancen, die zu umfassenden, ständisch abgestuften Klassifikationssystemen tendieren.

Die mit dem erlernten Beruf und der ausgeübten Tätigkeit verbundene Ungleichverteilung von Erwerbschancen und Arbeitslosigkeitsrisiken wird durch die „Stellung im *Beruf*" nur sehr unzureichend abgebildet. Diese Kategorie hat aber den praktischen Vorteil, daß sie in der offiziellen Statistik seit langem erhoben wird und daß hier für die Haushalte wie auch für die Erwerbspersonen in der BRD repräsentative Ergebnisse vorliegen. Sie zeigen (siehe Geißler 1996a: 58) nun in der Tat, daß sich in den letzten Jahrzehnten die Einkommensunterschiede zwischen Arbeiter- und Angestelltenhaushalten eher verringert haben, während Beamtenhaushalte nahezu unverändert ein knappes Drittel über dem Durchschnittseinkommen liegen. Aussagekräftiger werden solche Übersichten, wenn man darüber hinaus eine Grobdifferenzierung nach Leistungsgruppen bzw. Laufbahnen vornimmt (vgl. Bolte/Hradil 1988). Noch größer werden die Unterschiede, wenn wir die Durchschnittseinkommen bei den vollprofessionalisierten Berufen in Beziehung setzen zu den Einkommen für ungelernte Arbeit.

Sind diese Unterschiede in den letzten Jahrzehnten eher größer oder eher geringer geworden? Für zuverlässige Antworten auf diese Frage reicht die Datenbasis nicht aus. Es kann aber vermutet werden, daß die Ungleichheitsspanne bei den nach dem ständischen Modell vorgenommenen Hierarchisierungen innerhalb der *Berufsstruktur* und der Lohn- und Gehaltsgruppen insgesamt etwas abgenommen hat. Anders sieht die Situation dagegen bei den auf Innovation gegründeten monopolistischen Chancen aus. In der Globalisierungsdiskussion wird eine Fülle von Beispielen dafür genannt, daß hier die Schere zwischen Modernisierungsgewinnern und Modernisierungsverlierern immer weiter auseinandergeht. Auch wenn die Beispiele für solche Entwicklungen überwiegend die USA betreffen, so kann doch vermutet werden, daß sich auch hierzulande die Einkommens- und Erwerbsschere zwischen *Modernisierungsgewinnern* und *-verlierern* immer weiter öffnen wird (vgl. R. Reich).

2.3 Bildung und Ungleichheit

Ungleiche berufliche Lagen gehen letztlich immer auf ungleich verteiltes, wirtschaftlich relevantes Wissen zurück (vgl. D. Bell). Die Modernisierungsgewinner unterscheiden sich von den *Modernisierungsverlierern* dadurch, daß sie über innovatives Anwendungswissen verfügen. Aber auch die in der institutionellen *Berufsstruktur* enthaltene vertikale Dimension wird durch Kompetenz strukturiert, für die es immer auch spezifische Bildungsabschlüsse und Zertifikate gibt. Ungleichheitsrelevant sind einmal also vertikal geordnete Bildungsabschlüsse, zum anderen eher informelle Aspekte der Verwertbarkeit von Wissen.

Auch wenn die Verwertbarkeit von Wissen in der Praxis eine zunehmende Rolle spielen dürfte (vgl. z.B. die Bedeutung von Wahl- und Profilierungsmöglichkeiten bei Studienabschlüssen), muß die nachfolgende Darstellung auf institutionell verfestigte Ungleichheiten im *Bildungssystem* beschränkt bleiben. Dabei ist zu beachten, daß die Entwicklung des modernen Bildungswesens sehr stark von universalistischen Gesichtspunkten geprägt ist. Wichtige Impulse sind von dem Bestreben ausgegangen, jeweils bestimmte „zivilisatorische" Mindeststandards allgemein verbindlich durchzusetzen. Über welche *Qualifikationen* Menschen jeweils verfügen müssen, um sich am gesellschaftlichen und wirtschaftlichen Leben beteiligen zu können, ist historisch variabel, wobei man vermuten kann, daß das Niveau dieser gesellschaftlichen Mindeststandards im Zuge gesellschaftlicher Modernisierung auch weiterhin immer höher wird. Standards, die nur für eine eher kleine Bildungselite galten, werden deswegen typischerweise im Laufe der Zeit allgemein verbindlich gemacht. Aus diesen strukturellen Gründen ist das Bildungssystem immer auf Expansion hin angelegt, und Bildungsunterschiede sind daher immer nur von begrenzter Dauer. Sie werden im Laufe der Bildungsexpansion abgeschliffen, verlagern sich in das Beschäftigungssystem oder werden durch neue Wissensunterschiede abgelöst.

Als generelles Maß für die Ungleichheit des *Bildungssystems* können die Bildungs- und Ausbildungszeiten angesehen werden: Je länger ein Bildungsgang dauert, desto höher ist das damit verbundene Prestige und desto besser sind in der Regel auch die damit verbundenen Erwerbschancen. Diese vereinfachte Betrachtungsweise ist immer dann möglich, wenn das Bildungssystem wie in Deutschland in hohem Maße standardisiert und staatlich kontrolliert ist, also z.B. Qualitätsunterschiede zwischen Eliteschulen und weniger angesehenen Bildungsinstituten eine nur geringe Bedeutung haben. In der Nachkriegszeit hat in beiden deutschen Staaten die Zahl derer kontinuierlich zugenommen, die das Bildungssystem über die geforderte Mindestzeit hinaus länger durchlaufen und höherwertige Abschlüsse erzielt haben. Dieselbe Tendenz gilt noch etwas ausgeprägter für berufsbildende Abschlüsse. Während unmittelbar nach Kriegsende nur eine Minderheit eine abgeschlossene Berufsausbildung vorweisen konnte, hat sich dies seitdem längst zum allgemein verbindlichen Standard entwickelt, dessen Unterschreitung mit stark eingeschränkten Erwerbschancen bezahlt werden muß. Die *Bildungsexpansion* hat (erwartungsgemäß) zu einer Verringerung der Bildungsprivilegien geführt. So hat zum Beispiel der Einkommensvorsprung der Akademiker parallel zur Erhöhung des Akademikeranteils abgenommen (1970 – 193% des durchschnittlichen Monats-Nettoeinkommens; 1989 – 182%; Geißler 1996a.; 258). Das Arbeitslosigkeitsrisiko hat dagegen zugenommen (1975 ca. 33% des durchschnittlichen Arbeitslosigkeitsrisikos; 1994 bereits 55%; ebd.).

Diese und weitere Befunde zeigen, daß die mit den *Bildungsabschlüssen* verbundene Plazierungsfunktion infolge der Bildungsexpansion etwas schwächer geworden ist – Bildungsabschlüsse gewinnen die Bedeutung einer notwendigen, aber allein nicht mehr hinreichenden Bedingung für überdurchschnittliche Erwerbschancen. Nach allgemeiner Annahme verlagert sich ein Teil der Plazierungsfunktion in die Arbeitswelt. Es spricht aber auch einiges für die Vermutung, daß zusätzliche Studienaktivitäten, das paßgenaue Qualifikationsprofil und ähnliche Dinge immer wichtiger werden.

Wenn man die Frage stellt, welche gesellschaftlichen Großgruppen von der *Bildungsexpansion* profitiert haben, dann wird sichtbar, daß soziale Positionen nach wie vor in hohem Maße „vererbt" werden. Die Wahrscheinlichkeit ist außerordentlich hoch, daß die Kinder von Akademikern ebenfalls studieren werden, während umgekehrt die Studierchance bei Arbeiterkindern gering bleibt. Ein intergenerationeller Bildungsaufstieg findet vor allem bei den Kindern von Beamten und Angestellten mit mittlerem Schulabschluß statt (Geißler 1996a: 262). Diese Befunde machen auch deutlich, daß Mechanismen schichtspezifischer Sozialisation nach wie vor wirksam sind.

Die Statusvererbung durch *Bildung* ist übrigens kein Argument gegen die These, daß die BRD eine Leistungsgesellschaft sei. Deutlich wird nur, daß die Startchancen nicht gleich verteilt sind, weil Bildungsvoraussetzungen und Bildungsmotivationen im Elternhaus, und zwar abhängig von der sozialen Stellung, in ungleicher Weise vermittelt werden. Solche Effekte schichtspezifischer *Sozialisation* sind vermutlich nur durch Quotenmodelle bzw. die einseitige Begünstigung der Kinder aus benachteiligten Sozialschich-

Soziale Ungleichheiten. Klassen und Schichten

ten zu überwinden (Beispiel: Bevorzugung von Arbeiterkindern in der DDR in den fünfziger Jahren). Dies geht allerdings auf Kosten des Leistungsprinzips.

2.4 Benachteiligung von Frauen

Daß Menschen aufgrund ihres Geschlechts, ihrer Hautfarbe, ihrer Sprache oder ihrer Abstammung bevorzugt oder benachteiligt wurden, war ein konstitutives Element der Sozialstruktur vormoderner Gesellschaften. Unter den Bedingungen einer modernen Industrie- und Leistungsgesellschaft können Privilegien oder Benachteiligungen, die auf zugeschriebenen Merkmalen beruhen, nicht mehr gerechtfertigt werden. Dies bedeutet aber keineswegs, daß solche Zuschreibungen deswegen völlig an Bedeutung verloren haben. Sie sind vielmehr äußerst zählebig und können auch unter den Bedingungen moderner Gesellschaften wirksam werden (vgl. Kreckel 1992: 212ff.).

Diese Darstellung konzentriert sich auf die Frage einer Erwerbs- und Bildungsbenachteiligung von *Frauen*. Der systematische Grund für derartige Benachteiligungen besteht in der Regel darin, daß bei der gesellschaftlichen Konstruktion von Erwerbsarbeit die Regeneration und Reproduktion der Arbeitskraft stillschweigend vorausgesetzt wird. Haus- bzw. Reproduktionsarbeit kann – insofern sie diesem Zweck dient – keine Erwerbsarbeit sein und wird als Frauenarbeit angesehen (vgl. M. Mies). Diese Zuordnung unbezahlter reproduktiver Arbeit zum weiblichen Geschlecht wirkt als ein informelles Muster, das je nach gesellschaftlicher Situation betont oder aufgeweicht werden kann. In den modernen *Industriegesellschaften* liegt der eine Pol dort, wo Erwerbsarbeit von Frauen die Bedeutung einer industriellen Reservearmee gewinnt, die in Kriegszeiten, unter den Bedingungen eines leergefegten Arbeitsmarktes oder auch im Sinne des familiären Zuerwerbs aktiviert werden kann. Dagegen ist Frauenarbeit unter den Bedingungen des Realsozialismus oder des schwedischen Sozialstaats zu einer fixen gesellschaftlichen Größe geworden. Diese Entwicklung ging einher mit dem Ausbau eines gesellschaftlichen Netzes für die Kinderbetreuung und mit der Vergesellschaftung anderer reproduktiver Funktionen der Familie.

Im vereinten Deutschland finden sich beide Modelle. Nach 1945 setzte sich in der BRD die Vorkriegstradition fort, Frauenarbeit als elastisches Potential anzusetzen. Dies schlägt sich in einem vergleichsweise niedrigen und nur langsam wachsenden Niveau weiblicher Erwerbstätigkeit nieder. In der *DDR* wurde dagegen Frauenarbeit sehr rasch als Vollerwerbstätigkeit durchgesetzt. Ob und inwieweit dies auf Zwänge des Arbeitsmarktes angesichts einer rückläufigen Bevölkerung zurückzuführen war oder auf das sozialistische Leitbild der Frauenemanzipation, die immer nur als Vollerwerbstätigkeit verstanden wurde, mag hier dahingestellt bleiben. Jedenfalls wies die DDR im Jahre 1989 einen im internationalen Vergleich sehr hohen Anteil weiblicher Vollerwerbstätigkeit auf, der sich nicht mehr von der männlichen Erwerbstätigkeit unterschied.

Die Tabelle 1 zeigt die Situation im Jahre 1993. In den alten Bundesländern liegt die *Erwerbsquote* der weiblichen Bevölkerung gut 20% unter der der männlichen. Über 40% der weiblichen, aber nur etwas über 20% der männlichen Bevölkerung lebten zu diesem Zeitpunkt von privatem Unterhalt. Ganz anders ist die Situation in den neuen Bundesländern. Dort ist der Anteil der weiblichen Bevölkerung, die von privatem Unterhalt lebt, sogar noch einen Prozentpunkt geringer als bei der männlichen Bevölkerung (Ost wie West). Die Erwerbsquote hat sich dagegen bis auf etwas über drei Prozentpunkte an die der weiblichen Bevölkerung aus dem Westen angenähert und liegt in den neuen Bundesländern bereits deutlich unter der der männlichen Bevölkerung. In der Beschäftigungskrise der neunziger Jahre werden die ostdeutschen Frauen offenbar zwangsweise auf Westniveau gebracht, ohne sich indessen mit der Perspektive *Hausfrau* bzw. Teilzeitarbeit arrangiert zu haben. Nur 8% der nicht erwerbstätigen Frauen (unter den 18- bis 65jährigen) in den neuen Bundesländern, aber 60% in den alten Bundesländern geben ihren Status als Hausfrau an. Die Kategorie Hausmann fällt dagegen kaum ins Gewicht (2% im Westen, zu geringe Fallzahlen im Osten; Stat. Bundesamt 1994: 481). Diese Diskrepanz zwischen tatsächlicher Erwerbstätigkeit und der wesentlich höheren subjektiven Erwerbsneigung wird derzeit durch Transferleistungen überbrückt, die über 40% der weiblichen Bevölkerung in den neuen Bundesländern beziehen. Diese Transferleistungen sind nur etwa zur Hälfte stabil (Rente, Vorruhestand, Erwerbsunfähigkeit). Zur anderen Hälfte handelt es sich dabei um vorübergehende Leistungen (Arbeitslosengeld und Arbeitslosenhilfe; vgl. Stat. Bundesamt 1994).

Die Benachteiligung von *Frauen* im Erwerbsleben wird noch deutlicher, wenn man den Frauenanteil in mittleren und höheren Berufspositionen betrachtet. Hier handelt es sich in der Regel um Berufspositionen, bei denen eine dauerhafte Konzentration auf den Beruf expliziter gefordert wird. Der Konflikt zwischen Berufs- und Familienorientierung ist hier wesentlich ausgeprägter – vor allem dann, wenn Leistungen wie die Kinderbetreuung im Rahmen der Familie erbracht werden müssen. Die soziale Konstruktion derartiger Tätigkeiten verlangt von Frauen die alternative Entscheidung zwischen Beruf und Familie oder aber über Normalitätsstandards weit hinausgehende Anstrengungen, um beides miteinander verbinden zu können (Beck-Gernsheim). Aufgrund eines ausgebauten Systems der Kinderbetreuung und weiterer sozialpolitischer Maßnahmen, um die Vereinbarkeit zwischen Beruf und Familie zu verbessern, erreichte die DDR bis 1989 gegenüber Westdeutschland einen erheblichen Gleichstellungsvorsprung, von dem allerdings die echten Spitzenpositionen in Politik und Wirtschaft ausgenommen blieben (Geißler 1996a: Tabelle S. 285).

Weil *Frauen* häufiger in schlechter bezahlten Berufspositionen, Lohngruppen und Branchen tätig sind, erreichen sie im Durchschnitt niedrigere Erwerbseinkommen als Männer. Die Differenz ist im Osten geringer als im Westen und hat seit den sechziger Jahren etwas abgenommen. Sie ist aber immer noch erheblich. So erreichen Frauen beispielsweise im Osten 1995 75% der durchschnittlichen Brutto-Wochenverdienste männlicher Beschäftigter in Industrie und Handel, im Westen 71 bzw. 68% (ebd.: 283).

Ganz anders ist die Situation im Bildungsbereich. In den letzten Jahrzehnten haben die Schülerinnen bzw. Studentinnen das traditionelle Bildungsdefizit fast ganz aufgeholt. Im allgemeinbildenden Schulwesen weisen sie sogar einen leichten Bildungsvorsprung auf (z.B. deutlich geringere Anteile bei den Absolventen mit bzw. ohne Hauptschulabschluß). Lediglich bei den Studentenzahlen sind *Frauen* immer noch etwas unterrepräsentiert (bei den Studierenden an Universitäten im Wintersemester 1995/96: 45%, gesamtdeutsch; Stat. Jb. 1996: 387).

2.5 West-Ost-Unterschiede: Erwerbschancen und Einkommensverteilung

Während die Arbeitslosigkeitsrate in den neuen Bundesländern erheblich über der in den alten Bundesländern liegt, zeigen die *Erwerbsquoten* ein anderes Bild (Tab. 2). Die Erwerbsquote liegt bei den männlichen Erwerbstätigen in den neuen Bundesländern um zwei Prozentpunkte unter jener der alten Bundesländer. Bei den Frauen im erwerbsfähigen Alter liegt sie im Osten dagegen um knapp neun Prozentpunkte über dem Wert der alten Bundesländer (vgl. Kap. 2.4). Diese Zahlen machen deutlich, daß sich das Niveau der Erwerbstätigkeit in den neuen Bundesländern von dem wesentlich höheren alten DDR-Niveau an das der alten Bundesländer bereits weitgehend angenähert hat. Die Unterschiede in der Erwerbsbeteiligung zwischen Ost und West können darauf zurückgeführt werden, daß die neuen Bundesländer noch über keine hohe „stille Arbeitsmarktreserve" verfügen (Maretzke), sondern die „Überzähligen" hier noch stärker den Status von arbeitslosen Erwerbspersonen haben. Diese Unterschiede drücken sich auch in vergleichsweise wesentlich höheren Anteilen bei der Langzeitarbeitslosigkeit aus (Maretzke 1995; Erwerbslosigkeit ein Jahr und länger: Ost 4,8%; West 2,1%).

Soziale Ungleichheiten. Klassen und Schichten

Tabelle 2: Erwerbsquoten[1] nach Altersgruppen im April 1994

Alter von ... bis	Männlich	Weiblich				
		zusammen	ledig	verheiratet in Prozent	verwitwet	geschieden
15-20	37,6	31,0	30,8	42,6		
20-25	78,5	72,9	75,5	63,1	–	80,4
25-30	87,1	76,2	84,5	69,0	–	82,9
30-35	**96,2**	74,5	**91,0**	68,6	77,8	87,4
35-40	**97,3**	75,8	**91,7**	71,7	75,0	**90,5**
40-45	**97,6**	78,1	**91,1**	74,9	83,5	**92,7**
45-50	**96,3**	74,4	88,3	71,4	73,9	**92,0**
50-55	**92,7**	68,4	84,4	65,2	69,4	85,8
55-60	74,5	45,9	67,8	42,8	43,8	65,7
60-65	29,6	10,2	17,2	9,0	9,7	18,0
65 und mehr	4,2	1,5	2,3	1,9	1,0	2,1
Insgesamt (15-65)	81,3	62,7	66,7	60,7	40,3	80,6
Früheres Bundesgeb.	58,7	39,4	35,5	48,5	9,0	68,4
Neue Länder u. Ostberlin	56,6	48,3	29,8	69,3	9,2	65,0

1 In Prozent der Bevölkerung entsprechenden Alters, Geschlechts- und Familienstandes.
fett = Biographischer Kernbereich (Erwerbsquote > 90%)
Quelle: Stat. Jahrbuch 1996
Daten: Mikrozensus

Bis 1994 haben sich auch die Armutsanteile zwischen Ost und West ziemlich angeglichen (siehe 2.1; Krause 1995). Hinsichtlich der Struktur der Erwerbstätigkeit bestehen Unterschiede zwischen den alten und den neuen Bundesländern insbesondere bei den Selbständigen und Beamten. Beide Großgruppen weisen in den neuen Bundesländern erheblich geringere Anteile an der Gesamtbeschäftigung auf (Selbständige: 9,6% bzw. 7%; Beamte: 7,9% bzw. 2,3% zum April 1994; Stat. Jb. 1996: 110). Dagegen hat sich die sektorale Verteilung bereits weitgehend angeglichen (vgl. ebd.).

Auch die Einkommensungleichheit in Ostdeutschland hat sich in den vergangenen Jahren zunehmend dem westdeutschen Niveau angenähert, ist aber immer noch geringer ausgeprägt. Der Gini-Koeffizient für Ostdeutschland stieg von 0,183 im Jahr 1990 auf 0,214 im Jahr 1994 an. Die Werte für Westdeutschland betragen 0,265 bzw. 0,276 (Krause 1995). Legt man das kaufkraftbereinigte Haushaltseinkommen zugrunde, dann hat sich der relative Einkommensabstand zwischen Ost- und Westdeutschland von 1990 bis 1995 deutlich verringert. 1990 lagen die ostdeutschen Haushaltseinkommen bei knapp zwei Drittel des Westniveaus (65,9%), 1995 erreichten sie fast sieben Achtel des Westniveaus (86,8%; ebd.). Allein bei den sehr ungleich verteilten Vermögen und den Einkünften aus Vermögen klaffen große Unterschiede zwischen Ost und West (siehe 2.1).

2.6 Ungleiche soziale Lagen im Lebensverlauf

Die bisherige Betrachtung ging von Momentaufnahmen sozialer Ungleichheit aus. Dabei blieb der Gesichtspunkt außer acht, ob und inwieweit sich Menschen permanent in privilegierten oder unterprivilegierten Soziallagen befinden, oder ob es sich hier um zeitlich begrenzte biographische Situationen handelt. Derartige Fragen können nur behandelt werden, wenn man die Analyseperspektive wechselt und Ungleichheit im Kontext des Lebensverlaufs analysiert (K.U. Mayer).

Ausgangspunkt für derartige Analysen ist der Umstand, daß Menschen nicht über ihr gesamtes Leben hinweg erwerbstätig sind. Vielmehr ist der Lebensverlauf gerade über zeitlich begrenzte Ausschlüsse aus der Erwerbstätigkeit geordnet (Institutionalisierung des Lebenslaufs). Der an sich selbstverständliche Umstand, daß Menschen weder im Säuglingsalter noch bei schwerer Krankheit oder bei altersbedingter Bettlägerigkeit arbeiten können, ist der Ansatzpunkt für gesellschaftliche Normierungen, deren Sinn letztlich darin besteht, Erwerbsarbeit lebbar zu machen und Verzahnungen zwischen Erwerbsarbeit und den übrigen Lebensbereichen zu strukturieren. Die auf diese Weise gesellschaftlich vorstrukturierte „Normalbiographie" weist vor allem an das Alter gebundene Erwerbstätigkeitsverbote auf. Nach der Erwerbstätigkeitsphase gründet sich die Lebensführung auf Transfereinkommen, vor der Erwerbstätigkeitsphase in der Regel auf privaten Unterhalt im Rahmen der Familie. Die mit diesen unterschiedlichen Einkommensquellen verbundenen Ungleichheiten wurden bereits behandelt. Deshalb kann sich die nachfolgende Darstellung auf jene Ungleichheiten in den Erwerbschancen konzentrieren, die sich an zeitlichen Verschiebungen bzw. Unterbrechungen des Grundmodells ablesen lassen.

Die Tabelle 2 zeigt, daß es heute einen Kernbereich männlicher Erwerbstätigkeit gibt, der mit etwa dreißig Jahren anfängt und mit etwa 55 Jahren aufhört. Innerhalb dieses Kernbereichs liegen die *Erwerbsquoten* über 90%. Die Erwerbstätigkeit kann hier noch als generelle Norm gelten. Vor und nach dieser Kernphase stoßen wir auf Überlappungszonen, wo die Erwerbsquote immer weiter absinkt.

Der Zeitpunkt des Berufsstarts kann sich aus zweierlei Gründen nach hinten verschieben: einmal als Folge längerer, mit hoch bewerteten Bildungs- und Ausbildungszertifikaten verbundenen Bildungszeiten, zum anderen aber auch aufgrund unterdurchschnittlicher Ergebnisse der Bildungsphase mit der Folge verlängerter Einmündungsphasen in die Berufsausbildung bzw. in die Erwerbstätigkeit. In beiden Fällen verlängern sich die Zeiten bis zum Beginn der Erwerbstätigkeit – jedoch mit konträren Effekten! Im ersten Fall werden durch längere Bildungszeiten die Chancen auf ein überdurchschnittliches Lebenserwerbseinkommen trotz kürzerer Erwerbszeiten verbessert und das Arbeitslosigkeitsrisiko verringert. Bei den „Bildungsverlierern" ziehen dagegen Schwierigkeiten bei der Lehrstellensuche und beim Berufsstart überdurchschnittlich hohe Arbeitslosigkeitsrisiken und unterdurchschnittliche Einkommen nach sich.

Diese ambivalente, die soziale Polarisierung weiter vorantreibende Bedeutung von Nicht-Erwerbszeiten finden wir auch bei Unterbrechungen der Erwerbstätigkeit. Wo sie auf Investitionen in die individuelle Qualifikation zurückgehen (Umschulung, Weiterbildung etc.), können sie die Erwerbschancen vergrößern. Insoweit sie mit familiären Verpflichtungen oder Arbeitslosigkeit zu tun haben, wirken sie in die umgekehrte Richtung. Gegen Ende der institutionalisierten Erwerbsphase, bei Frauen ab dem 55., bei Männern ab dem 60. Lebensjahr, geht die Erwerbsquote drastisch zurück, was auf Berufsunfähigkeit, Frühverrentung und ähnliche Maßnahmen zurückzuführen ist. Ungleichheiten werden hier vor allem darin sichtbar, ob der vorverlegte Abschluß der Erwerbsphase mit Einbußen bei den Transferleistungen erkauft werden mußte oder nicht.

2.7 Klassen, Schichten, Milieus oder gesellschaftliche Trennlinien?

Inwieweit führen nun die dargestellten Ungleichverteilungen von Lebenschancen und die dahinterstehenden Mechanismen zu einer *Segmentierung* des gesellschaftlichen Zusammenlebens in gegenseitig abgeschottete gesellschaftliche Großgruppen, die sich durch ihre Lebensführung, ihr gesellschaftliches Bewußtsein, ihr gesellschaftlich-politisches Handeln unterscheiden? Auf diese Frage kann die soziologische Ungleichheitsforschung aus Gründen, die hier nicht diskutiert werden können, letztlich keine überzeugenden Antworten geben. Übereinstimmung besteht lediglich darin, daß sich in der heutigen BRD keine durchgängigen ständischen Lagen finden lassen und auch ökonomisch bedingte „Klassenlagen" nicht mehr zu gegeneinander abgeschotteten proletarischen oder Bürgermilieus führen (vgl. bereits Schelsky), wie sie noch in den Industriegebieten des 19. Jahrhunderts identifiziert werden konnten. Relativ unumstritten ist auch, daß ungleich verteilte Lebenschancen auf vielfältige Bereiche des gesellschaftlichen Lebens durchschlagen und etwa politische Teilhabechancen oder Kriminalitätsrisiken beeinflussen (Geißler 1996b). Sie lassen auch Inkonsistenzen zwischen den unterschiedlichen

Soziale Ungleichheiten. Klassen und Schichten

Dimensionen ungleich verteilter Lebenschancen (z.B. Wohnbedingungen, medizinische Versorgung, Umweltbelastung usw.) fast zwangsläufig entstehen (vgl. hierzu Hradil 1987; Berger/Hradil 1990). Es muß aber nicht nur mit einer gewissen Unübersichtlichkeit ungleicher Lebenschancen gerechnet werden, sondern auch damit, daß moderne Gesellschaften in hohem Maße universalistische Züge aufweisen, also auf Elementen beruhen, die für alle Gesellschaftsmitglieder gleichermaßen gelten. Dieser Aspekt erschwert die Bildung abgeschotteter gesellschaftlicher Großgruppen entlang ungleich verteilter Lebenschancen.

Vor diesem Problemhintergrund geraten all jene mit den Begriffen „Schicht" und „Klasse" hantierenden Ansätze in den Verdacht normativer Fixierungen, die Zusammenhänge zwischen ungleich verteilten Lebenschancen und der Bildung gesellschaftlicher Großgruppen analytisch postulieren und mit punktuellen Belegen zu erhärten suchen, ohne daß die Grundannahme eines Zusammenhangs dieser beiden Ebenen noch falsifiziert werden könnte (vgl. Kreckel 1992: 129). Genau aus diesem Grunde gewinnen Versuche an Bedeutung, die eine Milieustruktur der Bevölkerung der BRD unabhängig von ungleich verteilten Lebenschancen zu bestimmen versuchen. Die in dieser Hinsicht konsequenteste, allerdings nicht repräsentative Untersuchung von Gerhard Schulze unterscheidet fünf *Milieus*, die daraus entstehen, daß sich Menschen über kulturelle Vorstellungen einordnen und zugleich voneinander abgrenzen können (G. Schulze). Eine Zwischenstellung nehmen Repräsentativität beanspruchende Milieuunterscheidungen ein, nach denen die *Sozialstruktur* der BRD einerseits in Schichten unterteilt, andererseits aber auf einer Achse kultureller Modernisierung in drei Segmente differenziert wird (Abb. 3). Sozialstrukturelle Segmente, die sich beispielsweise im Wahl- oder auch im Konsumverhalten deutlich voneinander unterscheiden, bilden sich nach dieser Lesart aus einer Kombination ungleich verteilter Lebenschancen mit partikularen Bezügen auf die gesellschaftliche Kultur.

Solche Milieuaufgliederungen der *Sozialstruktur* der BRD weisen (wie auch neuere Klassen- und Schichtungsmodelle) sozial bedeutsame Unterschiede aus die aber offensichtlich nicht von jener tiefgreifenden Art sind, die noch die Frühindustrialisierung geprägt hat. Während damals die soziale Kluft zwischen der Arbeiterschaft und dem Bürgertum offenbar so groß war, daß zeitgenössische Beobachter von „zwei Nationen in einem Staat" (Disraeli) sprechen konnten, basieren die heutigen Differenzierungsmuster auf einer gemeinsamen Geschäftsgrundlage. Sie besteht in vollzeitiger Erwerbstätigkeit mit vorgeschalteten Bildungs- und nachgeschalteten Altersphasen und einer auf Geldwirtschaft, auf den Konsum gesellschaftlicher Güter und Dienstleistungen zugeschnittenen Lebensführung.

Innerhalb dieses Rahmens gibt es sicherlich sehr heterogene Soziallagen und *Milieus*, zwischen denen sich aber keine unüberbrückbare Kluft auftut. Am unteren wie am oberen Rand der ungleich verteilten Lebenschancen stoßen wir allerdings seit den siebziger Jahren mit zunehmender Tendenz auf solche sozialstrukturellen Trennlinien. Sie beginnen dort, wo das Modell einer „Normalbiographie" von miteinander verzahnten Bildungs-, Erwerbs- und den durch Transferleistungen abgedeckten Ruhestandszeiten nicht mehr gilt. Dauerhafte und perspektivlose Arbeitslosigkeit, Obdachlosigkeit, Überschuldung oder Lebensbedingungen unterhalb der gesellschaftlichen Normalitätsschwelle führen auf kurz oder lang in eine von der Gesellschaft abgespaltene, ganz eigene Welt. Ähnliches ist auch für jene terra incognita (Huster) am oberen Rand der ungleich verteilten Lebenschancen zu vermuten. Auch hier wird zumindest nicht überwiegend für den Lebensunterhalt Erwerbsarbeit geleistet. Es geht vielmehr um Arbeitserträge ganz anderer Art, die in einer der gesellschaftlichen Massenkultur weitgehend entzogenen Sphäre realisiert werden.

Abbildung 3: Milieustruktur der deutschen Wohnbevölkerung (ab 14 Jahre)

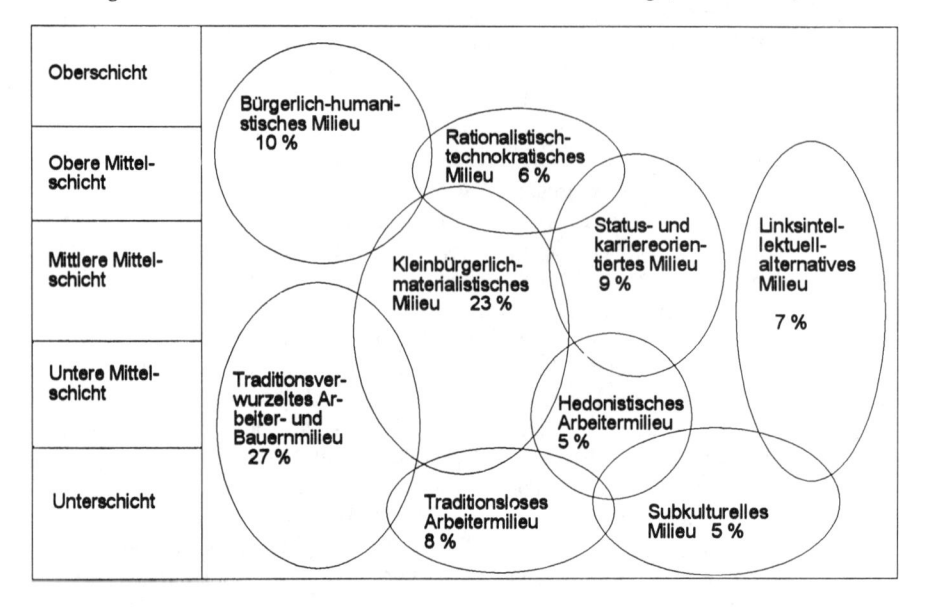

Westdeutschland

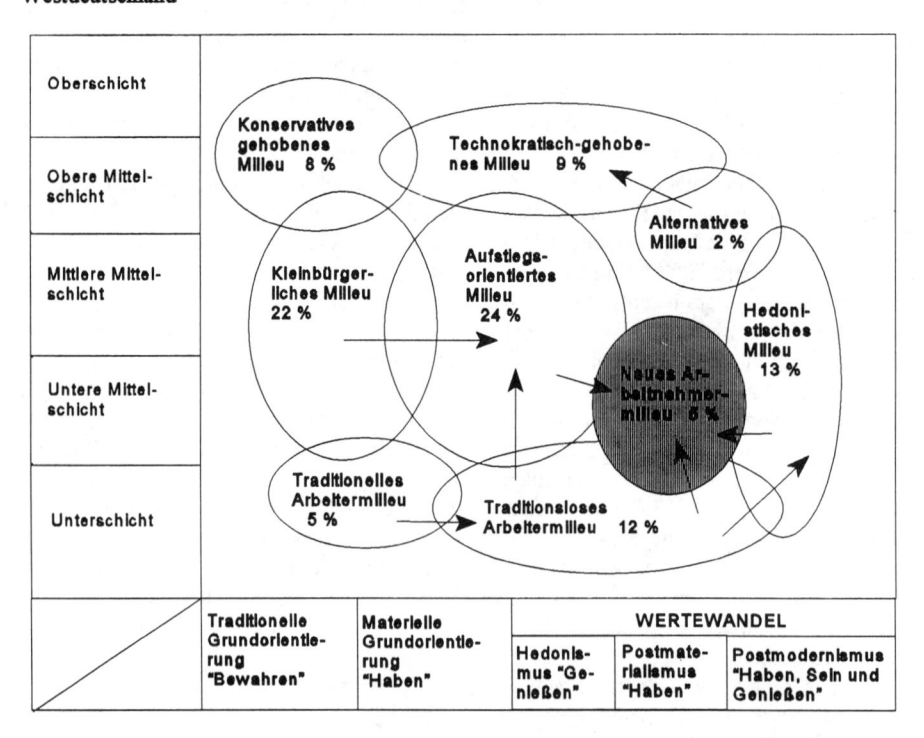

Die Pfeile zeigen quantitative Veränderungen des Milieuumfangs seit den 80er Jahren an. Kurzbeschreibungen der Milieus bei Becker/Becker/Ruhland 1992, 90-98, 105-113.
Quelle: Geißler 1996 a; 81

3. Fazit

Das Bild sozialer Ungleichheit ist in der Bundesrepublik bis etwa Mitte der siebziger Jahre ganz wesentlich durch die „meritokratische Triade" Bildung, Beruf und Einkommen (Kreckel 1992: 94ff.) bestimmt worden. Unter den Bedingungen der „Vollbeschäftigung" konnte der Ertrag längerer Bildungszeiten und hierarchisch privilegierter Bildungsabschlüsse in der anschließenden Erwerbsphase mit großer Wahrscheinlichkeit realisiert werden. Die Realisierungschancen ständisch privilegierter qualifizierter Erwerbsarbeit haben seitdem deutlich abgenommen, auch wenn die Erwerbschance bei höheren Bildungsabschlüssen immer noch überdurchschnittlich hoch ist. Dies kann aber nicht darüber hinwegtäuschen, daß der Übergang von der Bildungs- in die Erwerbsphase zu einer neuen Selektionsphase geworden ist, die auf allen Ebenen die „Überzähligen" aus den altvertrauten Karriereerwartungen heraussegregiert. Ähnliches gilt auch für den vorzeitigen Abbruch der Erwerbstätigkeitsphase, der immer stärker zu einem Risiko wird, das allmählich auch das Personal auf der mittleren Führungsetage erreicht. Man muß mit einem auch quantitativ anwachsenden neuen Pauperismus rechnen, bei dem erhebliche Teile der Bevölkerung aus der materiellen Kultur der modernen Industriegesellschaft herausfallen werden (D. Brock).

Aber noch ein zweiter Trend wird immer unübersehbarer. Der biographische Ertrag von Wissen wird immer weniger über hierarchisierte Bildungszertifikate definiert, sondern wird stärker vom Markt bestimmt. „Monopolistische Chancen" können hier zu extrem hohen Erträgen führen, die jahrzehntelange Erwerbsarbeit überflüssig werden lassen. Auf der anderen Seite stehen völlig unterprivilegierte Erwerbschancen, die eine jahrzehntelang stabile Erwerbsarbeitsphase in unerreichbare Ferne rücken. Der nun immer deutlicher in Gang kommende Prozeß einer „Entfeudalisierung von Wissensertägen" ändert zwar nichts an der Zentralität von Wissen in modernen Gesellschaften (Bell), er wird aber zu einer Zerreißprobe des Systems sozialer Sicherung werden, wenn nicht neue Umverteilungsmechanismen entwickelt werden.

In dem Maße, wie das Erwerbssystem durchlöchert und das System *sozialer Sicherung* beansprucht wurde, sind Problemgruppen entstanden, deren Existenz deutlich macht, daß allein auf der Schiene der Erwerbsarbeit die Zukunftsfähigkeit und die Integrationskraft einer modernen *Industriegesellschaft* nicht organisiert werden kann.

(1) *Kinder* und Jugendliche gehören zu den Gruppen in unserer Gesellschaft, die mit einem überdurchschnittlich hohen Armutsrisiko behaftet sind, vor allem dann, wenn sie in unvollständigen oder kinderreichen Familien aufwachsen. Wenn man unterstellt, daß Armutslagen die Entfaltung von Fähigkeiten und Talenten sowie den Schulerfolg behindern, dann liegt hier eine ungeheure Verschwendung gesellschaftlicher Zukunftschancen vor. Dieser Gesichtspunkt gilt nicht nur für Einkommensarmut, sondern auch in einem weiteren Sinne für die sozialen Bedingungen des Aufwachsens von Kindern und Jugendlichen. Das Aufwachsen in einer offenen, von Informationen und Möglichkeiten der verschiedensten Art überquellenden Gesellschaft verlangt ein deutlich höheres Maß an Erziehung, Zuwendung und Betreuung als in der Vergangenheit.

(2) Benachteiligungen von *Frauen* und von ausländischen Mitbürgern lassen sich ebensowenig mit den Normen moderner Gesellschaften rechtfertigen. In diesem Zusammenhang muß auf die Problemgruppe der ostdeutschen Frauen nachdrücklich hingewiesen werden, aber auch auf all jene Frauen, die zwischen familiären und beruflichen Anforderungen zerrieben werden. Auch dieses Ungleichheitsproblem geht darauf zurück, daß die gesellschaftliche Abstimmung zwischen Familie und Erwerbsarbeit nicht funktioniert. Sie könnte in folgende drei Richtungen verbessert werden: Erhalt bzw. Entwicklung eines Systems flächendeckender Kinder-

betreuung, finanzielle Anerkennung von familiären Erziehungs- und Betreuungsleistungen, Durchsetzung familienfreundlicherer Standards in der Arbeitswelt.

Literatur

Beck, Ulrich: Risikogesellschaft. Frankfurt a.M. 1986
Becker, U./H. Becker/W. Ruhland: Zwischen Angst und Aufbruch. Das Lebensgefühl der Deutschen nach der Wiedervereinigung, Düsseldorf 1992
Berger, Peter A./Stefan Hradil (Hg.): Lebenslagen – Lebensläufe – Lebensstile, Göttingen 1990
Bourdieu, Pierre: Die feinen Unterschiede, Frankfurt a.M. 1982
Dahrendorf, Ralf: Über den Ursprung der Ungleichheit unter den Menschen, in: ders.: Pfade aus Utopia, München 1974
Geißler, Rainer: Die Sozialstruktur Deutschlands, 2. Aufl., Opladen 1996
Geißler, Rainer: Kein Abschied von Klasse und Schicht. Ideologische Gefahren der deutschen Sozialstrukturanalyse, in: KZfSS, 48. Jg., Heft 2, 1996, S. 319-338
Hradil, Stefan: Sozialstrukturanalyse in einer fortgeschrittenen Gesellschaft, Opladen 1987
Huster, Ernst-Ulrich: Reichtum in Deutschland, in: WSI-Mitteilungen, Heft 10, 1994, S. 635-644
Krause, Peter: Ostdeutschland fünf Jahre nach der Einheit. Rückgang der Erwerbsbeteiligung scheint gestoppt, Einkommen gleichen sich weiter an, Armut stagniert, DIW Wochenbericht 50/95, 1995
Kreckel, Reinhard: Politische Soziologie der sozialen Ungleichheit, Frankfurt a.M./New York 1992
Maretzke, Steffen: Beschäftigung und Arbeitslosigkeit, in: Bundesforschungsanstalt für Landeskunde und Raumordnung (Hg.): Regionalbarometer neue Länder. Materialien zur Raumentwicklung, Heft 69, Bonn 1995
Schäfer, Claus: „Armut" und „Reichtum" sind die verteilungspolitischen Aufgaben, in: WSI-Mitteilungen, Heft 10, 1993, S. 617-634
Schäfer, Claus: Die Gerechtigkeitslücken können auch ökonomische Effizienzlücken werden, in: WSI-Mitteilungen, Heft 10, 1994
Statistisches Bundesamt (Hg.): Datenreport 1994, Bonn 1994
Statistischen Bundesamt (Hg.): Statistisches Jahrbuch 1996 für die Bundesrepublik, Wiesbaden 1996

Ditmar Brock

Sozialstaat/Soziale Sicherheit

1. Begriffliche Klärung: Definition und Abgrenzung

Der Sozialstaat ist heute ein gemeinsames Strukturelement aller Demokratien. Zur Kennzeichnung politischer Maßnahmen in den Bereichen Einkommenssicherung, Gesundheit, Wohnen und Bildung hat sich im westlichen Ausland der Begriff *„Wohlfahrtsstaat"* eingebürgert. In Deutschland spricht man dagegen nach wie vor überwiegend vom „Sozialstaat" bzw. von der *„sozialen Marktwirtschaft"* und dem „sozialen Rechtsstaat". Das ist kein Zufall, denn die Anfangsjahre der Bundesrepublik waren von einem ordnungspolitischen Grundsatzstreit um die im Grundgesetz offen gehaltene Gestaltung der Wirtschafts- und Sozialordnung gekennzeichnet. Dabei standen sich die Konzeption eines staatsinterventionistischen, die Gesellschaft aktiv gestaltenden „demokratischen Sozialismus" und das Konzept der „sozialen Marktwirtschaft" gegenüber (vgl. Hartwich 1978).

Im Kontext der Systemrivalität beider deutscher Staaten und einer beeindruckenden Nachkriegsprosperität hat sich das Ordnungsmodell der *sozialen Marktwirtschaft* in den fünfziger Jahren in Westdeutschland erfolgreich gegen das Konzept des demokratischen Sozialismus durchgesetzt. Der Sozialstaat hat ihm zufolge eine durchaus spannungsgeladene Doppelrolle. Er soll einerseits durch sozialpolitische Programme für sozialen Ausgleich sorgen, ist andererseits aber nachrangig gegenüber der Wirtschaft und tritt als Quelle der Wohlfahrtsentwicklung gegenüber dem Markt und gesellschaftlichen Netzwerken zurück. Die Sozialpolitik der Bundesrepublik ist daher sowohl vom Gebot der „*Solidarität*" wie dem der „*Subsidiarität*" geleitet.

Der deutsche Begriff des „Sozialstaats" ist damit bewußt ambivalent. Er impliziert einerseits die im Grundgesetz verfassungsrechtlich verankerte Verpflichtung des Staates zu sozialpolitischem Handeln, andererseits aber auch eine Kampfansage gegen das „Ausufern" sozialstaatlicher Aktivitäten in Richtung eines interventionistischen, als freiheitsgefährdend gedeuteten *Wohlfahrtsstaates*, der aktive Gesellschaftssteuerung betreiben will und individuelle Freiräume zugunsten der Realisierung von Gleichheits- und Sicherheitszielen einschränkt. Anders als im Ausland wird der Sozialstaat in Deutschland also nicht als eine spezifische Erscheinungsform des als Oberbegriff gedachten Wohlfahrtsstaates verstanden, sondern normativ überhöht als Alternative zum Wohlfahrtsstaat gesehen.

Im Zentrum des deutschen Sozialstaats stehen nach wie vor die z.T. schon im 19. Jahrhundert errichteten sozialen Sicherungssysteme gegen die Standardrisiken des Einkommensverlustes: Krankheit, Invalidität, Alter oder Tod des Ernährers und Arbeitslosigkeit. Die vier klassischen *Sozialversicherungen* – Unfall-, Kranken-, Renten- und Arbeitslosenversicherung – nahmen 1994 zwei Drittel des von der amtlichen Statistik berichteten *Sozialbudgets* der Bundesrepublik in Anspruch. Zählt man die entsprechenden Sondersysteme für Beamte, sonstige Angehörige des öffentlichen Dienstes und Landwirte sowie die Entgeltfortzahlung der Arbeitgeber im Krankheitsfall hinzu, so beansprucht die klassische soziale Sicherung sogar 80 Prozent des Sozialbudgets. Zu berücksichtigen ist dabei, daß die dort bilanzierten Leistungen nicht nur direkte Geldleistungen, sondern auch Sach- und Dienstleistungen sowie bestimmte Steuervergünstigungen umfassen, die öffentlichen Investitionen im Bildungs- oder Gesundheitssektor aber unberücksichtigt lassen. Im Bereich der *sozialen Sicherung* finden neben der Sozialversicherung das Kinder- und Erziehungsgeld, die Sozial- und Jugendhilfe, steuerfinanzierte Entschädigungsleistungen und Leistungen zur Vermögensbildung sowie auch Arbeitgeberleistungen wie etwa die betriebliche Altersversorgung Berücksichtigung. Für das Gesundheitswesen werden neben der gesetzlichen Krankenversicherung auch die Aufwendungen für den öffentlichen Gesundheitsdienst bilanziert. Im Bereich der Wohnungspolitik sind das Wohngeld und die steuerlichen Vergünstigungen im Wohnungswesen berücksichtigt. Das Bildungswesen ist allein mit den Aufwendungen für die Ausbildungsförderung in der Statistik vertreten. 1994 beanspruchte das so umgrenzte Sozialbudget 33,3% des gesamtdeutschen Bruttoinlandsprodukts.

Die Geld- oder Einkommensleistungen – in Fachkreisen auch „*Transferzahlungen*" genannt – sind mit rd. zwei Dritteln des *Sozialbudgets* die bei weitem überwiegende Leistungsart des oft als „transferintensiv" bezeichneten deutschen Sozialstaats. Das unterstreicht, daß ein elementares Ziel des Sozialstaats in der Verstetigung des Einkommensbezugs liegt. Glätten die sozialstaatlichen Leistungen die Ungleichverteilung des Einkommens über die verschiedenen Phasen des Lebenszyklus, so spricht man von „horizontaler *Umverteilung*". Wird die Ungleichheit der auf dem Markt erzielten Einkommen verschiedener Besitz- oder Erwerbsklassen durch Sozialtransfers eingeebnet, so spricht man von „vertikaler Umverteilung". In beiden Fällen geht es um den Ausgleich von Verbrauchschancen, und insofern ist der zur Charakterisierung dieser Leistungen oft verwendete Begriff „Sozialkonsum" treffend.

Die Leistungen des Sozialstaats erschöpfen sich allerdings nicht im Sozialkonsum, sondern tragen als *Sozialinvestitionen* auch zur Mehrung des *Humankapitals* einer Gesellschaft bei. Neben dem allgemeinen Bildungswesen dienen vor allem die präventiven und rehabilitativen Leistungen der Sozialversicherung sowie diverse Umschulungs- und Fortbildungsmaßnahmen zur Qualifizierung der

Arbeitskräfte und damit der Produktivitätssteigerung. Die öffentlich erbrachten Dienstleistungen im Bildungs-, Kinderbetreuungs-, Gesundheits- und Pflegebereich sind überdies eine beträchtliche Quelle der Schaffung von Arbeitsplätzen.

Als grundlegendes Ziel des Sozialstaats kann der soziale Ausgleich durch doppelte Sicherung in horizontaler und vertikaler Richtung gelten. Stellt der Markt eine Sphäre der Freiheit und Ungewißheit und der gesellschaftliche Bindungen immer wieder zersetzenden Dynamik dar, so soll der Sozialstaat *sozialer Ungleichheit* den Stachel nehmen und die Gesellschaftsordnung legitimieren, indem er *Armut* und soziale Ausgrenzung bekämpft und durch die Verstetigung von Einkommenschancen zur Verläßlichkeit und Vorausschaubarkeit der Lebenschancen beiträgt.

2. Sozialwissenschaftliche Theorien der Sozialstaatsentwicklung

Die sozialwissenschaftliche *Sozialstaatstheorie* strebt nach generalisierenden Aussagen zu den folgenden Fragen: (1) Unter welchen Bedingungen entstehen sozialstaatliche Programme, und wie ist zu erklären, welche Form der Problemlösung – im Sinne der unterschiedlichen Programmgestaltung – verschiedene Länder wählen? (2) Was bestimmt die Entwicklungsdynamik der Programme, unter welchen Bedingungen wächst oder schrumpft der Sozialstaat, und inwiefern lassen sich typische Entwicklungspfade in Abhängigkeit von der institutionellen Gestaltung ausmachen? (3) In welchem Maße erreicht die Sozialpolitik ihre Ziele, und welche sozialen, politischen und ökonomischen Folgen zeitigt sie?

In der sozialwissenschaftlichen Theoriebildung herrscht weitgehende Einigkeit darüber, daß der Sozialstaat eine institutionelle Anpassung an Modernisierungsprozesse darstellt, deren zentrale Elemente der demographische Wandel, die Industrialisierung und die Demokratisierung sind. Sozialstaatliche Programme sind in dieser Perspektive Lösungsversuche von im Modernisierungsprozeß auftretenden Problemen. Deren Wucht, Wahrnehmung und Bearbeitung werden weitgehend davon bestimmt, wie das Institutionengefüge einer Gesellschaft aussieht, welche Interessen einflußreicher Gruppen von verschiedenen Problemlösungen tangiert sind, welche Ressourcen zur Verfügung stehen und welche Ideen über die Verursachung und adäquate Lösung der Probleme mobilisiert werden. Probleme, Ressourcen, Institutionen, Interessen und Ideen sind demnach die Schlüsselkategorien der vergleichenden Sozialstaatsanalyse.

Bei grundsätzlicher Einigkeit über die Zentralität dieser Konzepte unterscheiden sich verschiedene Theorieschulen durch den Grad der Konzentration auf spezifische Erklärungsfaktoren. Funktionalisten sehen sozialstaatliche Entwicklungen in aller Regel aus dem Blickwinkel von Problemen und Ressourcen und begreifen den demographischen Wandel sowie das verfügbare Volkseinkommen als Schlüsseldeterminanten sozialstaatlicher Anstrengungen. Konflikttheoretiker verstehen die Sozialpolitik hingegen primär als Funktion der Auseinandersetzungen organisierter Gruppen und der von ihnen mobilisierbaren Machtressourcen, wobei das Hauptaugenmerk den Auseinandersetzungen von Arbeit und Kapital gilt. Beide Schulen sehen im staatlichen Handeln primär eine Reaktion auf gesellschaftliche Probleme bzw. die Forderungen von Gruppen. Zwei jüngere Schulen, Institutionalisten und Wissens- oder Elitentheoretiker, betonen dagegen den autonomen, gesellschaftliche Interessen nicht nur reflektierenden, sondern aktiv formenden Charakter staatlichen Handelns. Die Institutionalisten interessieren sich dabei primär für die in einer bestimmten Institutionenstruktur angelegten Handlungschancen und -restriktionen und untersuchen die „policy feedbacks" bisheriger sozialpolitischer Programme, die neue Problemlösungen begünstigen oder hemmen können. Wissens- oder Elitentheoretiker lenken schließlich das Augenmerk auf die kognitiven Landkarten und Lernprozesse der politischen Eliten und ihrer Ministerialbürokratien sowie auf den Grad der Vernetzung der Politik mit professionellen Experten.

Die diversen Theorieschulen gelangten zusammen mit bestimmten Fragestellungen der empirischen Forschung zu phasenspezifischer Prominenz. Vereinfachend lassen sich vier Phasen unterscheiden. In der ersten Phase von den sechziger bis zu den siebziger Jahren fragten komparative Analysen primär nach Determinanten des *Wohlfahrtsstaates* und versuchten zu klären, warum einige Länder diesen eindimensional gedachten Staatstyp früher oder später einführten, bzw. stärker oder schwächer ausdehnten. Vorherrschend waren in dieser Phase funktionalistische Erklärungsmuster. In einer zweiten Phase seit dem Ausgang der siebziger Jahre begannen sich die Sozialwissenschaftler verstärkt für verschiedene Gestaltungsformen der Sozialpolitik zu interessieren. Nun konzeptualisierte man Wohlfahrtsstaaten im Plural, versuchte, Typologien zu entwickeln und zu klären, welche Länder aus welchen Gründen mehr zu der einen oder anderen Form der institutionellen Gestaltung neigten. Diese Forschungsphase war stark von konflikttheoretischen Überlegungen geprägt. In den neunziger Jahren setzte dann unter der Führung von Institutionalisten und Wissenstheoretikern eine dritte Phase ein, in der die Analyse weiter verfeinert und statt nach Sozialstaatstypen nach einzelnen Programmen und deren programmspezifischen „policy feedbacks" gefragt wurde. War die jüngste Entwicklung primär von Politologen getragen, so begann ebenfalls in den neunziger Jahren eine Gruppe von eher empirisch als theoretisch orientierten Ökonomen und Soziologen nach den sozialen Auswirkungen sozialpolitischer Programme zu fragen und die armuts- und ungleichheitsreduzierenden Effekte westlicher Wohlfahrtsstaaten vergleichend zu analysieren. Im folgenden soll kurz gezeigt werden, wie sich die Situation Deutschlands im Licht der Fragestellungen dieser Forschungstraditionen darstellt.

3. Sozialgeschichtlicher Hintergrund: Entstehung und Entwicklung

Die Entwicklung des modernen Sozialstaats hat vor rund hundert Jahren ihren Anfang genommen, als mehrere europäische Staaten erstmals gesetzliche Sozialversicherungssysteme gegen das Risiko des Einkommensverlustes errichteten, die im Gegensatz zur Armenpflege Leistungen ohne Bedürftigkeitstest und ohne rechtliche Diskriminierung der Empfänger gewährten. Der Großteil der neuen Sicherungsprogramme entstand in Westeuropa in einer Zeitspanne von etwa dreißig Jahren nach der Jahrhundertwende. Deutschland fiel in der Entstehungsphase des Sozialstaats durch seine herausragende Pionierrolle auf. Obwohl die Industrialisierung hier später einsetzte als in England, Frankreich oder Belgien, führte das Deutsche Reich unter Bismarck soziale Versicherungen gegen Krankheit, industrielle Unfälle sowie Invalidität und Alter bereits zwischen 1883 und 1889 und damit deutlich früher ein als alle anderen Länder. In der „verspäteten Nation" diente die Sozialpolitik als nationalstaatliche Integrationspolitik, die vor allem die rasch wachsende und in Deutschland früh politisierte Arbeiterbewegung in die neue Staatsordnung einbinden sollte. In den anderen europäischen Ländern ist bemerkenswert, daß die ersten Sicherungssysteme zum großen Teil bereits eingeführt wurden, bevor die Arbeiterparteien Zutritt zu den nationalen Parlamenten gefunden hatten. Insofern wäre es verfehlt, im modernen Sozialstaat primär eine Errungenschaft der Arbeiterbewegung zu sehen. Die Entstehungsphase westeuropäischer *Wohlfahrtsstaaten* war vielmehr eine Phase der autoritären Sozialpolitik „von oben", die von traditionellen Eliten getragen war, die auf die Sicherung ihrer Herrschaft bedacht waren.

Nach den bescheidenen Anfängen der Vorkriegszeit und moderatem Wachstum in der Zwischenkriegszeit kam es nach dem Zweiten Weltkrieg in allen westlichen Ländern zu einem gewaltigen Expansionsschub des Sozialstaats. Die in der Regel von einer breiten politischen Mitte getragene Ausdehnung hielt bis in die Mitte der siebziger Jahre an, wurde danach aber in vielen Ländern in Reaktion auf Finanzierungsprobleme der öffentlichen Haushalte sichtbar gebremst. Während quantitative Vergleiche der Sozialausgabenentwicklung ein deutlich abflauendes

Wachstum zeigen, verweisen qualitative Untersuchungen auf zahlreiche Kürzungen gesetzlicher Sozialleistungen in allen Ländern Westeuropas (Ploug/Kvist 1994).

Bemerkenswert an der deutschen Entwicklung sind in vergleichender Perspektive vor allem zwei Aspekte. Zum einen war das langfristige Wachstum trotz der tiefgreifenden Regimewechsel vom Kaiserreich zur Weimarer Republik, zum Nationalsozialismus, zur DDR und zur Bundesrepublik von einer außergewöhnlichen Strukturkontinuität im Sinne der Dominanz beitragsfinanzierter Sozialversicherungssysteme begleitet. Als zweites fällt auf, daß das Wachstum des Sozialstaats in der Bundesrepublik in der Nachkriegszeit sehr viel stärker gezügelt wurde als in den meisten anderen europäischen Ländern. Die früher eingenommene Pionierrolle hat Deutschland daher seit langem eingebüßt. Quantitative Kennziffern zur Entwicklung der Sozialausgaben und der Abgaben machen das deutlich. Nahm die Bundesrepublik bis in die frühen sechziger Jahre beim Vergleich von EU- und OECD-Ländern noch einen Spitzenplatz oder zumindest vordere Ränge ein, so fiel sie seit den siebziger Jahren zunehmend zurück und besetzt nun meist Rangplätze im Bereich zwischen Rang 5 und 12 (vgl. Tabelle 1). Gemessen an anderen Ländern, ist der deutsche Sozialstaat in jüngster Zeit also nicht überproportional, sondern unterproportional gewachsen.

Tabelle 1: Der deutsche Sozialstaat im internationalen Vergleich (Rangplätze und Quoten des Bruttoinlandsprodukts)

		1960 Rang Land	1960 %	1970 Rang Land	1970 %	1980 Rang Land	1980 %	1990 Rang Land	1990 %	1993 Rang Land	1993 %
Sozialausgabenquote (ILO)	D Max.	1 D	15,5 15,5	5 NL	16,8 20,0	6 S	24,0 31,7	8[a] S	22,7 35,9	. .	. .
Sozialtransferquote (OECD)	D Max.	3 F	12,0 13,5	6[b] F	13,7 17,0	7 NL	19,2 25,9	11 NL	15,2 25,8	12 NL	15,9 26,7
Sozialausgabenquote (Eurostat)	D Max.	. .	. .	. .	. .	2 NL	28,8 30,1	5 NL	26,9 32,2	3[c] NL	31,0 33,6
Abgabenquote (OECD)	D Max.	4[d] S	19,2 23,4	7 S	20,6 27,5	6 S	26,5 35,3	10 S	25,6 38,2	9 S	27,1 34,4
Arbeitgeberbeiträge (OECD)	D Max.	4[d] F	4,6 8,7	5 F	5,3 9,3	9 S	7,0 13,5	8 S	7,0 14,5	7 S	7,7 13,1

In der ersten Zeile jeder Zelle findet sich links neben der jeweiligen Quote in Prozent des Bruttoinlandsproduktes der Rangplatz Deutschlands im Vergleich mit 19 westeuropäischen Ländern (ILO), 22-24 OECD-Ländern und den 12 älteren Mitgliedsstaaten der Europäischen Union. Zum Vergleich sind darunter die jeweiligen „Spitzenreiter" und deren Quoten kursiv gedruckt.
Die Sozialausgabenquote des Internationalen Arbeitsamts (ILO) sowie die soziale Transferquote beschränken sich auf die alte Bundesrepublik; die Sozialausgabenquote nach der Definition der EU (Eurostat), die Abgabenquote (direkte Abgaben auf Einkommen und Gewinne und Sozialversicherungsbeiträge) sowie die Arbeitgeberbeiträge zur Sozialversicherung beziehen sich auf die gesamte Bundesrepublik.
Kürzel für Ländernamen: D = Deutschland, F = Frankreich, NL = Niederlande, S = Schweden.
Anmerkungen: a) 1989 b) 1968 c) Alte Bundesrepublik: Rang 5 (27,6%) d) 1965
Quellen: International Labour Office (ILO): The Cost of Social Security, Genf, Ausgabe 1979, S. 58-59 und Ausgabe 1996, S. 74-75; OECD: Historical Statistics, Paris, Ausgabe 1992, S. 678 und Ausgabe 1996, S. 71; Eurostat 1995: Ausgaben und Einnahmen des Sozialschutzes 1980-1993, Brüssel/Luxemburg, S. 16; OECD 1995: Revenue Statistics of OECD Member Countries 1965-1994, Paris, S. 76, 79, 81.

4. Gegenwärtige Ausprägung, institutionelle Verfaßtheit und aktuelle Entwicklungsdynamik

Beim Versuch, die Vielfalt der institutionellen Gestaltung des Sozialstaats in eine typologisierende Ordnung zu bringen, haben Dreier-Typologien eine lange Tradition. So hat man in Deutschland lange von Fürsorge, Versicherung und Versorgung als Grundformen der sozialen Sicherung gesprochen. In England verwies Richard Titmuss (1974) auf drei Modelle des Sozialstaats in westlichen Ländern, die er „residual", „industrial achievement" und „institutional" nannte. Daran anknüpfend hat Gösta Esping-Andersen (1990) in einer empirisch untermauerten Typologie „residuale", „konservativ-korporatistische" und „sozialdemokratische" *Wohlfahrtsstaaten* unterschieden. Vergleichende Analysen der Arbeitsmarktentwicklung verwendeten eine ähnliche Trias, wenn sie den schleppenden Ausbau des tertiären Sektors in Deutschland der raschen Expansion öffentlicher Dienstleistungen in Schweden und dem Boom privater Dienstleistungen in den USA gegenüberstellten. In all diesen Typologien repräsentiert Deutschland einen mittleren Weg zwischen dem auf den schlanken Staat und ausgebaute private Vorsorge setzenden residualen Modell angelsächsischer Länder und dem auf umfassende steuerfinanzierte Versorgung aller Staatsbürger mit großzügigen *Transferzahlungen* und ausgebauten sozialen Dienstleistungen abzielenden Sozialstaat skandinavischer Prägung.

Ein Vorteil dieser – mittlerweile oft vielfältig erweiterten (vgl. Esping-Andersen 1996) – Dreiertypologien liegt darin, daß sie sehr plastisch die Zwischenposition des deutschen Sozialstaats zwischen marktliberaler und sozialdemokratischer Ordnungspolitik bzw. zwischen *Subsidiarität* und *Solidarität* zum Ausdruck bringen, wie das im Konzept der *sozialen Marktwirtschaft* angelegt ist. Die Vorstellung eines mittleren Weges kennzeichnet überdies das Niveau des deutschen Sozialstaats im internationalen Vergleich sehr viel treffender als die in Politik und Medien oft vorherrschende Legendenbildung einer herausragenden Spitzenstellung. Wie Tabelle 1 deutlich macht, findet sich Deutschland bei zentralen Kennziffern sozialstaatlicher Aktivitäten heute in aller Regel in sehr viel größerer Nähe zum Mittelwert westlicher Länder als zur Position des Spitzenreiters. Das gilt nicht nur beim Vergleich von Aggregatdaten, sondern auch für die gesetzlichen Leistungssätze, wo sich weder die Renten- noch die Arbeitslosenversicherung durch auffallend hohe Lohnersatzquoten auszeichnen (vgl. Tabelle 2).

Das Konzept eines von breiten Mehrheiten des politischen Zentrums gepflasterten mittleren Wegs kennzeichnet auch die herausragenden Strukturmerkmale des deutschen Sozialstaats recht treffend. Es macht deutlich, daß der Staat hier anders als im residualen Modell zwar die Verantwortung für die soziale Sicherung breiter Bevölkerungsschichten übernimmt und sich nicht auf die *Grundsicherung* als bedürftig anerkannter Bürger beschränkt, andererseits neben der *Solidarität* aber auch die *Subsidiarität* betont und die soziale Sicherung sehr viel stärker als etwa die skandinavischen Länder am Prinzip der Leistungsgerechtigkeit orientiert. Das im Zentrum des deutschen Sozialstaats stehende Sozialversicherungsmodell ist stark vom *Äquivalenzprinzip* geprägt, so daß die insgesamt dominierenden Einkommensleistungen umso höher ausfallen, je höher die an die Erwerbseinkommen gekoppelten Beiträge sind. Unter Verzicht auf eine effektive Mindestsicherung außerhalb der Sozialhilfe finden die ungleichen Positionen auf dem Arbeitsmarkt unter dem Motto der Lebensstandardsicherung somit Niederschlag im staatlichen Sozialleistungssystem. Ergänzend zum Äquivalenzprinzip finden sich einige Zugeständnisse an das *Solidarprinzip*, so etwa durch die Mitversicherung von Familienmitgliedern in der gesetzlichen Krankenversicherung oder die Anerkennung von beitragsäquivalenten Ausfall-, Ersatz- oder Berücksichtigungszeiten in der Rentenversicherung. Den die Freiheit des Konsums wahrenden Einkommensleistungen wird anders als in skandinavischen Ländern ein deutlicher Vorrang gegenüber Sach- und Dienstleistungen sowie der direkten Bereitstellung öffentlicher Güter eingeräumt. Während die staatliche Finanzierung über allgemeine Steuern hinter die Finanzierung durch zweckgebundene Beiträge von Arbeitgebern und Arbeitnehmern zurücktritt, findet die staatliche Regulierung Ergänzung durch korporatistische Selbstverwaltungsorgane. Die Angebotsseite steht insofern unter der Ägide des *Subsidiaritätsprinzips*, als staatliche Leistungsanbieter hinter freiberuflich tätigen Privaten, gemeinnützigen Verbänden und öffentlich-rechtlichen Körperschaften in den Hintergrund treten. Die komplexe Vielfachsteuerung durch Staat und Verbände steht radikalen Reformen im Wege und begünstigt Kontinuität.

Tabelle 2: Lohnersatzquoten von Renten- und Arbeitslosenversicherung im internationalen Vergleich

Rentenversicherung 1990 Durchschnittsverdiener mit voller Erwerbsbiographie (in % des Nettoeinkommens)[a]				Arbeitslosenversicherung 1991 im ersten Jahr der Arbeitslosigkeit (in % des Bruttoeinkommens)[b]			
Alleinstehende		Verheiratete		Alleinstehende		Verheiratete	
Griechenland	107	Griechenland	114	Schweden	80	Schweden	80
Spanien	97	Portugal	98	Dänemark	73	Dänemark	74
Portugal	94	Spanien	98	Niederlande	70	Schweiz	72
Italien	89	Italien	89	Spanien	70	Niederlande	70
Frankreich	88	Frankreich	83	Portugal	65	Spanien	70
Luxemburg	78	Belgien	80	Schweiz	63	Portugal	65
Deutschland	77	Dänemark	77	Norwegen	62	Norwegen	62
Belgien	73	Luxemburg	77	Finnland	58	Finnland	58
Dänemark	60	**Deutschland**	69	Frankreich	58	Frankreich	58
Niederlande	49	Niederlande	67	Kanada	58	Kanada	58
Großbritannien	44	Irland	62	Belgien	52	Griechenland	53
Irland	42	Großbritannien	59	Griechenland	44	Belgien	52
				Österreich	42	Irland	52
				Irland	38	Australien	50
				Deutschland	37	Neuseeland	47
				Australien	28	Österreich	45
				Neuseeland	28	**Deutschland**	41
				Japan	25	Großbritannien	31
				USA	24	USA	26
				Großbritannien	19	Japan	25
				Italien	7	Italien	8

a) Zugangsrente im Jahr 1990 für Standardrentner in Prozent des 1989 bezogenen Nettogehalts am Ende der Erwerbstätigkeit. Quelle: Eurostat 1993: 24ff. Old Age Replacement Ratios Volume 1, Brüssel/Luxemburg.
b) Die Quelle berichtet Mittelwerte der Quoten, die sich für Durchschnittsverdiener und Bezieher von 2/3 des Durchschnittseinkommens ergeben. Die Werte für Verheiratete beziehen sich nur auf Arbeitslose mit nicht arbeitenden Ehegatten. Quelle: OECD 1994: 175, The OECD Jobs Study, Paris.

Auch die jüngste Phase verstärkter Reformbemühungen hat an diesen Grundmerkmalen wenig geändert. Zwar ist es wiederholt zur Kürzung sozialer Leistungen gekommen, aber die von Neoliberalen propagierte Annäherung an das residuale Modell angelsächsischer Prägung mit einer Beschränkung auf die soziale *Grundsicherung* scheint in Deutschland nicht mehrheitsfähig zu sein. Ein systematischer Vergleich der Kürzungsanfälligkeit einzelner sozialstaatlicher Programme unter der Sparpolitik steht noch aus. Die von Sozialwissenschaftlern gehegte Mittelschichtthese, wonach die Programme umso kürzungsresistenter sind, je stärker sie die Mittelschichten inkorporieren und auch für sie attraktive Leistungen bieten, scheint allerdings zu einfach zu sein, um der Vielfalt programmspezifischer Entwicklungen gerecht werden zu können (vgl. Pierson 1994). So blieben in der 1975 begonnenen Phase der Sparpolitik die Kranken- und Rentenversicherung vom Rotstift der Finanzpolitiker ebensowenig verschont wie die Sozialhilfe oder die Arbeitslosenversicherung.

Die Politik der seit 1982 herrschenden christlich-liberalen Regierungen als konsistente Strategie des Sozialstaatsabbaus zu kennzeichnen, wäre wenig treffend. Dazu waren die phasenspezifischen Politikmuster zu heterogen. Standen die frühen achtziger Jahre im Zeichen zahlreicher Kürzungen sozialer Leistungen, so war die zweite Hälfte der Dekade durch diverse Leistungsverbesserungen gekennzeichnet, wozu u.a. die Einführung des Erziehungsgeldes 1986 zählt. Die massiven fiskalischen Engpässe nach der deutschen Einigung leiteten in den neunziger Jahren dann eine zweite Kürzungsphase ein, in der neben zahlreichen Einschnitten in soziale Leistungen aber auch die Einführung der sozialen Pflegeversicherung und insofern ein partieller Ausbau des Sozialstaats zu verzeichnen war.

Läßt sich ein Abbau des Sozialstaats bislang nicht erkennen, so ist in den letzten Jahren doch eine deutliche Tendenz zu seinem Umbau unter dem Motto der „einnahmenorientierten Ausgabenpolitik" auszumachen. Unter diesem Leitbild vollzog sich eine deutliche Gewichtsverlagerung vom *Bedarfsdeckungsprinzip* zum Kostendämpfungsprinzip in der *Sozialpolitik*. Zahlreiche, ehemals unbegrenzte Leistungen sind nun als Festbeträge unabhängig vom tatsächlichen Bedarf gedeckelt. Die neue soziale *Pflegeversicherung* hat sogar im Grundsatz mit dem Sachleistungsprinzip gebrochen und gewährt unter dem Primat der Beitragssatzkonstanz lediglich nach oben begrenzte Festbeträge, während die Krankenversicherung immer seltener uneingeschränkt die Behandlungskosten übernimmt. Eine partielle Abkehr vom Bedarfsdeckungsprinzip manifestiert sich schließlich auch in der Sozialhilfe, wo die Regelsätze nicht mehr an einem verbindlichen Warenkorb, sondern unter der Ägide des Lohnabstandsgebots am faktischen Konsum unterer Einkommensschichten orientiert sind und überdies nur zeitweise im Gleichklang mit der Entwicklung der Lebenshaltungskosten erhöht wurden.

Eine zweite Wandlungstendenz läßt sich auf der Finanzierungsseite erkennen. Hier hat es der Bund seit der Einigung immer wieder verstanden, sich von Zahlungsverpflichtungen zu entlasten. Im Rahmen einer „Zugriffspolitik" auf die Haushalte der am politischen Willensbildungsprozeß nicht beteiligten Parafisci bürdete er die Kosten versicherungsfremder Leistungen den Beitragszahlern sowie den Gemeindehaushalten auf. Nullmeier/Rüb (1993) haben zur Kennzeichnung dieser Umbautendenzen die Formel von der „Transformation der *Sozialpolitik*" geprägt. Ihr zufolge ist der deutsche Sozialstaat zwar nach wie vor dominant Sozialversicherungsstaat, aber das *Solidarprinzip* ist zugunsten der fiskalischen Systemsicherung, der Orientierung an von Experten diagnostizierten Sachzwängen und der Stärkung des *Äquivalenzprinzips* zurückgetreten.

Inwieweit die Schwächung des Bedarfsdeckungsprinzips Spaltungstendenzen fördert, Ausgrenzung begünstigt und die Integration der Mittelschichten in den deutschen Sozialstaat schwächt, ist bislang schwer abzusehen. Das häufig gezeichnete Bild einer *Zwei-Drittel-Gesellschaft*, in der ein Drittel der Bevölkerung von der allgemeinen Wohlstandssteigerung abgekoppelt bleibt und nahe der Armutsgrenze lebt, ist jüngeren Forschungsergebnissen zufolge nicht ganz von der Hand zu weisen. Zwar leben zu einem gegebenen Zeitpunkt „nur" etwa 10% der Bevölkerung in relativer Einkommensarmut, aber über einen längeren Zeitraum von acht Jahren betrachtet sind doch etwa ein Drittel (31%) gelegentlich von Armut betroffen (Leibfried/Leisering 1995).

Im internationalen Vergleich fällt auf, daß Deutschland trotz der nicht vorhandenen Mindestsicherung in seiner *Sozialversicherung* keineswegs zu den Ländern mit besonders verbreiteter *Armut* zählt. Nach Belgien und Luxemburg weist es vielmehr die niedrigste Quote relativer Einkommensarmut unter OECD-Ländern auf (OECD 1995: 42). Gemeinsam ist westlichen Ländern der Trend zur Verlagerung des Armutsrisikos von älteren Menschen zu Kindern und Jugendlichen bzw. kinderreichen und alleinerziehenden Familien. Der Sozialstaat hat auf diesen Strukturwandel der Armut bislang kaum adäquat reagiert. Der horizontale Einkommensausgleich über die Phasen des Lebenszyklus und insbesondere über die Phase der Elternschaft hinweg gehört zu den bisher am wenigsten überzeugend gelösten Aufgaben (zur Einkommensungleichheit im Lebenszyklus vgl. O'Higgins 1988, Hauser 1995).

Die vertikale *Umverteilung* gelingt westlichen Sozialstaaten entgegen häufig geäußerten anderslautenden Vermutungen in beträchtlichem Umfang. Mit der Umverteilung durch Steuern und *Transferzahlungen* reduzieren OECD-Länder die Ungleichheit der *Einkommensverteilung* um ein Fünftel (Schweiz) bis zur Hälfte (Schweden). Deutschland belegt mit einer Reduzierung um 38% einmal mehr einen Platz im vorderen Mittelfeld (Castles/Mitchell 1993: 110). Im Ausmaß der Einkommensungleichheit nach Steuern und Transfers gleicht es den egalitären Ländern Skandinaviens stärker als den am stärksten inegalitären USA, belegt aber auch hier beim Vergleich mehrerer OECD-Länder einen unauffälligen Mittelplatz (OECD 1995: 46). Die neuen Bundesländer weisen immer noch eine deutlich gleichmäßigere Verteilung der Einkommen auf als die alten (Müller u.a. 1995: 83).

5. Ost-West Vergleich

Die *Sozialpolitik* der *DDR* konzentrierte sich anfangs auf den Ausbau des Gesundheitswesens sowie auf die Arbeitsschutzpolitik. Nach der Regierungsübernahme Erich Honeckers wurde dann jedoch auch eine expansive Renten-, Wohnungs- und Familienpolitik betrieben. Die Ziele der sozialistischen Sozialpolitik erinnerten dabei an den britischen Beveridgeplan. Die Alterssicherung war als armutsverhindernde Grundversorgung konzipiert, ermöglichte ab 1971 aber auch eine freiwillige Zusatzversicherung. Das Gesundheitswesen besaß neben einer ausgebauten betrieblichen Komponente viele Charakteristika eines öffentlichen Gesundheitsdienstes, dessen Leistungen allen Bürgern praktisch kostenlos zur Verfügung standen. Da die DDR die höchstmögliche Integration in das Erwerbsleben zu den prioritären politischen Zielen rechnete, konnte sie auf eine im internationalen Vergleich außerordentlich hohe Erwerbsquote verweisen, die allerdings Effizienzkriterien kaum beachtete und daher mit verdeckter Arbeitslosigkeit verbunden war. Der Wohnungsbau hielt zwar quantitativ, nicht aber qualitativ mit der westdeutschen Entwicklung Schritt; niedrige Mieten waren hingegen durch eine starke Subventionierung gesichert. Während die pflegerische Versorgung älterer Menschen unter westdeutschen Standards blieb, hatte die DDR die öffentliche Betreuung von Kleinkindern in außergewöhnlichem Umfang vorangetrieben, um möglichst viele Frauen in Erwerbsarbeit zu bringen und der Jugend frühzeitig sozialistisches Gedankengut zu vermitteln.

Im Zuge der *Wiedervereinigung* kam es zur bruchlosen Übertragung des westdeutschen Systems der sozialen Sicherung auf das Beitrittsgebiet (vgl. Deutscher Bundestag 1995). Der im Juli 1990 mit der Sozialunion begonnene Transformationsprozeß ist durch drei zentrale Merkmale gekennzeichnet: Aufgrund der massiven Arbeitslosigkeit ist zum einen die Abhängigkeit der Bevölkerung vom Sozialstaat im Osten weit größer als im Westen, was sich unter anderem in einer doppelt so hohen Sozialleistungsquote im *Sozialbudget* niederschlägt. Zum zweiten wird der deutlich höhere Sozialaufwand zu einem großen Teil durch umfangreiche *Transferzahlungen* von West nach Ost finanziert: Der Gesamttransfer öffentlicher Haushalte in die neuen Länder erreichte 1994 eine Höhe von 168 Mrd. DM bzw. knapp 10% aller öffentlichen Ausgaben der Bundesrepublik. Das dritte Merkmal ist eine bemerkenswerte Angleichung des sozialen Sicherungsniveaus an westdeutsche Standards. So haben diverse Maßnahmen eine Annäherung der Alterssicherung bewirkt: 1990 und 1991 wurden die Ost-Renten mehrfach pauschal erhöht, um seitdem dem Anstieg der ostdeutschen Nettolöhne zu folgen. In der Folge stieg die Eckrente zwischen 1990 und 1996 von 40% auf 82% des westdeutschen Niveaus. Noch markanter ist die Angleichung der durchschnittlich gezahlten Rente: Sie erreichte 1990 noch kaum die Hälfte des bundesdeutschen Niveaus, ist aber seit Mitte 1995 höher als im Westen (1.1.1996: 1.338 DM bzw. 1.249 DM). Die ostdeutschen Rentner können von

Sozialstaat/Soziale Sicherheit

daher zu den Gewinnern der Einigung gezählt werden. Im Gesundheitswesen trifft die fast gänzlich der Gesetzlichen Krankenversicherung angeschlossene ostdeutsche Bevölkerung inzwischen auf eine Angebotsstruktur, die sich nach der Auflösung der meisten Ambulatorien und Polikliniken im ambulanten Bereich von der im Westen kaum mehr unterscheidet. Die seit 1990 um überzählige Betten reduzierten Krankenhäuser werden in den nächsten Jahren mit Hilfe befristeter Sonderprogramme von Bund, Ländern und Krankenkassen umfassend modernisiert.

Die ausgeprägtesten Unterschiede sozialstaatlicher Tätigkeit in beiden Landesteilen finden sich wegen der im Osten deutlich höheren Arbeitslosigkeit auf dem Gebiet der Arbeitsförderung. Hier wird in den neuen Ländern eine erheblich aktivere Arbeitsmarktpolitik betrieben: Der sog. Aktivitätsgrad – der die Ausgaben für aktive Maßnahmen als Anteil der Gesamtausgaben ausdrückt – lag 1992 bei 41%, im Westen nur bei 19%. Selbst in absoluten Zahlen beanspruchen Arbeitsbeschaffungs- und Qualifizierungsmaßnahmen im Osten mehr Mittel als im Westen. Auch bei den Gesamtausgaben hinterließen höhere Arbeitslosigkeit und aktivere Arbeitsmarktpolitik ihre Spuren: Zu Beginn der 90er Jahre flossen 6-8% des westdeutschen, aber knapp ein Drittel des ostdeutschen *Sozialbudgets* in die Arbeitsförderung.

Das Wohnungswesen ist ebenfalls noch durch Disparitäten gekennzeichnet: Nachdem der Neubau zunächst völlig zum Erliegen kam, erhalten die neuen Länder seit 1991 regelmäßig etwa ein Drittel aller Wohnungsbaumittel des Bundes, verzeichnen jedoch nach wie vor eine unterdurchschnittliche Bautätigkeit. Die Mieten sind zwar immer noch deutlich niedriger als im Westen, beginnen sich aber nach kräftigen Steigerungen dem westdeutschen Niveau anzunähern. Deshalb und angesichts niedrigerer Einkommen beziehen ostdeutsche Haushalte etwa doppelt so häufig Wohngeld wie westdeutsche (1994: 6% bzw. 12% aller Haushalte). Auch bei den sozialen Diensten gibt es noch Unterschiede: Obwohl viele Kinderbetreuungseinrichtungen geschlossen wurden, verfügt Ostdeutschland aufgrund des starken Geburtenrückgangs immer noch über ein höheres Versorgungsniveau. In der Altenhilfe wurde die personelle Ausstattung bereits angeglichen, während die baulichen Standards im stationären Bereich noch stark differieren. Zur Sanierung bzw. für den Neubau ostdeutscher Altenheime werden bis ins Jahr 2002 in erheblichem Maße Bundes- und Länderzuschüsse bereitgestellt.

Die umfangreichen *Transferzahlungen* von West nach Ost haben den Legitimierungsbedarf staatlicher Umverteilung vermutlich beträchtlich erhöht. Das bis in die siebziger Jahre vorherrschende positive Bild des Sozialstaats, in dem die integrativen, sozialen Frieden stiftenden Leistungen herausgestrichen wurden, ist im Kontext von *Globalisierung* und zunehmender Staatsverschuldung einer sehr viel negativeren Einschätzung gewichen. Neuerdings wird der Sozialstaat unter dem Stichwort „Standortdebatte" vorrangig als Kostenfaktor gesehen, der zur Schwächung der Wettbewerbsfähigkeit der deutschen Wirtschaft auf den Weltmärkten beiträgt, Investoren abschreckt und die Staatsverschuldung erhöht. Nicht selten wird die ökonomisch motivierte Kritik nach dem Motto „Freiheit statt Sozialstaat" auch normativ überhöht. Mag diese Kritik auch überzogen sein, so besteht doch kaum ein Zweifel, daß sich der Sozialstaat an den demographischen Wandel, die Krise des Arbeitsmarktes, die veränderten Familien- und Lebensformen sowie die Internationalisierung der Wirtschaftsbeziehungen anpassen muß. Strukturelle Reformen – etwa im Sinne veränderter Finanzierungsweisen – werden hier ebenso erforderlich sein wie klare sozialpolitische Prioritätensetzungen. Zu letzteren werden wohl vor allem *Sozialinvestitionen* für die nachrückenden Generationen gehören müssen. Dazu zählen Kinderbetreuungseinrichtungen und Ganztagsschulen, die die Vereinbarkeit von Familie und Beruf fördern, ebenso wie verbesserte Schüler-Lehrer-Relationen in den verschiedenen Stufen des Bildungswesens sowie Umschulungs- und Fortbildungsmaßnahmen zur Qualifizierung der Erwerbstätigen und zur Bekämpfung der Arbeitslosigkeit. Vorrangige Ziele werden daneben auf absehbare Zeit die Vermeidung der Verfestigung einer Unterklasse, der horizontale Ausgleich von Belastungen im Lebenszyklus sowie der Aufbau einer internationalen Sozialordnung sein.

Literatur

Alber, Jens: Der Sozialstaat in der Bundesrepublik 1950-1983, Frankfurt a.M./New York 1989
Castles, Francis/Deborah Mitchell: Worlds of Welfare and Families of Nations, in: Castles, Francis (Hg.): Families of Nations. Patterns of Public Policy in Western Democracies, Aldershot 1993
Deutscher Bundestag: Materialien zur Deutschen Einheit und zum Aufbau in den neuen Bundesländern. Unterrichtung durch die Bundesregierung, Bundestagsdrucksache 12/-5470, Bonn 1995
Esping-Andersen, Gösta: The Three Worlds of Welfare Capitalism, Cambridge 1990
Esping-Andersen, Gösta (Hg.): Welfare States in Transition. National Adaptations in Global Economies, London 1996
Flora, Peter (Hg.): Growth to Limits. The Western European Welfare States Since World War II, Berlin/New York 1986
Hartwich, Hans-Hermann: Sozialstaatspostulat und gesellschaftlicher status quo, Opladen 1978
Hauser, Richard: Die Entwicklung der Einkommenslage von Familien über zwei Dekaden – einige empirische Grundlagen zur Würdigung der deutschen Familienpolitik, in: Kleinhenz, Gerhard (Hg.): Soziale Ausgestaltung der Marktwirtschaft. Festschrift zum 65. Geburtstag für Prof. Dr. Heinz Lampert, Berlin 1995
Leibfried, Stephan/Lutz Leisering: Sozialhilfe als Politikum. Mythen, Befunde, Reformen, in: Fricke, Werner (Hg.): Zukunft des Sozialstaats. Jahrbuch Arbeit und Technik, Bonn 1995
Müller, Klaus/Richard Hauser/Joachim Frick/Gert Wagner: Zur Entwicklung der Einkommensverteilung und der Einkommenszufriedenheit in den neuen und alten Bundesländern, in: Glatzer, Wolfgang/Heinz-Herbert Noll (Hg.): Getrennt vereint. Lebensverhältnisse in Deutschland seit der Wiedervereinigung, Frankfurt a.M. 1995
Nullmeier, Frank/Friedbert Rüb: Die Transformation der Sozialpolitik, Frankfurt a.M. 1993
OECD: Income Distribution in OECD Countries, Paris 1995
O'Higgins, Michael: Inequality, social policy and income distribution in the United Kingdom, in: Jallade, Jean-Pierre (Hg.): The Crisis of Distribution in European Welfare States, Stoke-on-Trent 1988
Pierson, Paul: Dismantling the Welfare State? Reagan, Thatcher, and the Politics of Retrenchment, New York 1994
Ploug, Niels/Jon Kvist (Hg.): Recent Trends in Cash Benefits in Europe, Kopenhagen 1994
Titmuss, Richard: Social Policy: An Introduction, London 1974

Jens Alber/Christina Nübel/Martin Schölkopf

Sozialstatistik und Sozialberichterstattung

1. Begriffe

Sozialstatistik und Sozialberichterstattung sind Bestandteil der „informationellen Infrastruktur" moderner Gesellschaften und bilden eine wesentliche Grundlage rationalen Handelns für die staatliche Politik sowie Akteure und Entscheidungsträger in anderen Bereichen der Gesellschaft. In einem *Sozial- und Wohlfahrtsstaat* wie der Bundesrepublik Deutschland kommt diesen Teilbereichen des gesamtgesellschaftlichen Informationssystems eine besondere Bedeutung zu, weil repräsentative, quantitative Informationen, wie sie die Sozialstatistik und Sozialberichterstattung bereitstellen, u.a. benötigt werden, um Probleme rechtzeitig zu erkennen, um angemessen und bedarfsgerecht darauf zu reagieren sowie um die Verwirklichung wohlfahrtsstaatlicher Ziele und die

Sozialstatistik und Sozialberichterstattung

Wirksamkeit des staatlichen Handelns beurteilen zu können.

1.1 Sozialstatistik

Die Sozialstatistik als das allgemeinere und breitere Konzept hat eine lange Geschichte und Tradition und läßt sich bis zu den historischen Ursprüngen der Statistik zurückverfolgen. Dort stand das Ziel einer umfassenden Beschreibung von Staat und Gesellschaft, zum Beispiel in dem Verständnis von Statistik als der „Lehre der Staatsmerkwürdigkeiten", wie es die deutsche Universitätsstatistik vertrat, im Vordergrund. Sozialstatistik ist ein selten klar definierter Begriff, der jedoch vor allem in der amtlichen Statistik geläufig ist und dort einen Teilbereich des gesamten Aufgabenspektrums – die Bereitstellung statistischer Informationen über die „soziale Realität" im weitesten Sinne – bezeichnet.

Unter der Sozialstatistik werden heute im allgemeinen Aufgabengebiete wie die Bevölkerungs- und Erwerbsstatistik, die Bildungs-, Kultur- und Gesundheitsstatistik, Statistiken der sozialen Sicherung sowie der Rechtspflege zusammengefaßt. Von einer Integration dieser Einzelstatistiken ist die Sozialstatistik noch weit entfernt. Ansätze dazu, wie sie etwa von Richard Stone (1971) mit dem Konzept für ein „System of Social and Demographic Statistics" bereits in den sechziger und frühen siebziger Jahren entwickelt wurden, haben in der Praxis bisher nur in geringem Maße Bedeutung erlangt. Im Verhältnis zur Wirtschaftsstatistik, mit der sie vielfach als „Wirtschafts- und Sozialstatistik" im Zusammenhang genannt und auch gelehrt wird, steht die Sozialstatistik nicht nur rein quantitativ, z.B. gemessen am anteiligen Umfang der zentralen statistischen Datenhandbücher und Kompendien, sondern auch im Hinblick auf die dafür aufgewendeten Ressourcen und die öffentliche Aufmerksamkeit, die die Ergebnisse genießen, nach wie vor häufig im Hintergrund. Dieser Tatbestand manifestiert sich nicht zuletzt auch in der Organisationsstruktur der meisten statistischen Ämter.

Zu den wichtigsten regelmäßigen Primärerhebungen der amtlichen Statistik, die als Datenquellen für die Sozialstatistik von Bedeutung sind, gehören in Deutschland neben der Volks- und Berufszählung insbesondere der *Mikrozensus*, die Einkommens- und Verbrauchsstichprobe sowie die Wohnungsstichprobe. Eine herausragende Stellung als Datenquelle der Sozialstatistik genießt der Mikrozensus als eine 1%-Haushaltsstichprobe der Bevölkerung, die seit 1957 durchgeführt wird. Der Mikrozensus bietet regelmäßig Informationen u.a. zur Struktur der Familien und Haushalte, der Erwerbsbeteiligung und den Merkmalen der Erwerbstätigkeit, dem Schulbesuch und der Aus- und Weiterbildung, den Quellen des Lebensunterhalts, der Gesundheit sowie der Kranken- und Rentenversicherung.

Sozialstatistische Daten werden jedoch nicht allein von der amtlichen Statistik bereitgestellt. Wichtige Produzenten derartiger Informationen sind darüber hinaus auch staatliche Behörden und andere Einrichtungen, die in Verfolgung ihrer primären Funktion sozialstatistische Daten als Nebenprodukt erzeugen. Dazu gehören z.B. „administrative Daten" wie die „Arbeitslosigkeitsstatistik" der Bundesanstalt für Arbeit, die „Sozialhilfestatistik" der Sozialämter und die „Polizeiliche Kriminalstatistik" des Bundeskriminalamtes.

Auch im Bereich der wissenschaftlichen und kommerziellen Sozialforschung werden in erheblichem Umfang sozialstatistische Daten erhoben und bereitgestellt, die das Angebot der amtlichen Statistik nicht nur inhaltlich ergänzen, sondern zum Teil auch durch Anlegung differentieller Perspektiven und Anwendung alternativer Methoden erweitern. Von Bedeutung sind hier insbesondere perspektivisch angelegte Erhebungsprogramme der wissenschaftlichen Sozialforschung – wie z.B. das „Sozio-ökonomische Panel", die „Allgemeine Bevölkerungsumfrage der Sozialwissenschaften" und der „Wohlfahrtssurvey" –, die für die gesellschaftliche Dauerbeobachtung konzipiert wurden und auf deren Grundlage mit einer gewissen Regelmäßigkeit über die soziale Lage und den *sozialen Wandel* in der Bundesrepublik Deutschland berichtet wird.

1.2 Sozialberichterstattung

Sozialstatistik und Sozialberichterstattung sind Aufgabengebiete, die keineswegs klar und eindeutig voneinander abgegrenzt werden können (Uusitalo 1994: 102). Zumeist wird die Sozialberichterstattung, die sich in ihren heutigen, modernen Formen erst seit den sechziger Jahren entwickelt hat, als ein spezifischer Teilbereich der Sozialstatistik betrachtet, dessen Funktion primär darin besteht, Zustand und Veränderungen der Lebensbedingungen und der *Lebensqualität* der Bevölkerung auf einer adäquaten empirischen Datenbasis im Sinne eines regelmäßigen und umfassenden gesellschaftlichen „monitoring" zu beobachten, zu beschreiben und zu analysieren. Sozialberichterstattung will damit zu einer Aufklärung der gesamten interessierten Öffentlichkeit beitragen und zugleich entscheidungsrelevante Informationen für die Gesellschaftspolitik bereitstellen. Gegenüber anderen Formen der Sozialstatistik zeichnet sich die Sozialberichterstattung vor allem durch eine spezifische Perspektive und ihren Bezug auf gesellschaftliche Ziele, soziale Probleme oder theoretische Konstrukte sowie die sich daraus ergebenden Anforderungen hinsichtlich der Auswahl, Aufbereitung und Präsentation von Informationen aus. Dabei spielen Kriterien wie die inhaltliche Systematik, die zeitliche Kontinuität, aber auch die Anschaulichkeit und Verständlichkeit der Berichterstattung eine wesentliche Rolle.

Aktivitäten der Sozialberichterstattung – in der englischsprachigen Literatur als „social reporting" bezeichnet – bilden heute in den modernen Gesellschaften einen zentralen Bestandteil des Systems der Bereitstellung gesellschaftlicher und gesellschaftspolitischer Informationen. Mit der Etablierung einer Sozialberichterstattung wurden Prinzipien, Konzepte, Anforderungen und Standards, die die *Sozialindikatorenforschung* entwickelt hatte, in die Praxis der gesellschaftlichen Informationsgewinnung und -bereitstellung umgesetzt. Am Vorbild der Wirtschaftsberichterstattung orientiert, zielt die Sozialberichterstattung nach einer häufig zitierten Definition darauf ab, „über gesellschaftliche Strukturen und Prozesse sowie über die Voraussetzungen und Konsequenzen gesellschaftspolitischer Maßnahmen regelmäßig, rechtzeitig, systematisch und autonom zu informieren" (Zapf 1977: 11). Weniger ambitioniert kann man Sozialberichterstattung auch als Beschreibung, Erklärung und Interpretation von gesellschaftlichen Trends für einen Adressatenkreis ohne Ausbildung in sozialwissenschaftlichen Methoden oder einfach als die Präsentation von Daten definieren, die eine Bewertung der allgemeinen Lebensbedingungen der Bevölkerung und deren Wandel über die Zeit ermöglichen. Dabei geht es insbesondere um die Beobachtung der sozialen Entwicklung einer Gesellschaft im Hinblick auf die Erreichung der von den Bürgern erstrebten und von der Politik versprochenen Zielsetzungen (Zapf 1990: 1).

Am Beginn der modernen Sozialberichterstattung stand der Auftrag des „Departments of Health, Education and Welfare" der Regierung der Vereinigten Staaten an den Sozialwissenschaftler Mancur Olsen, einen Prototyp für einen nationalen Sozialbericht zu entwickeln, der 1969 unter dem Titel „Toward a Social Report" vorgestellt und veröffentlicht wurde (Department for Health, Education and Welfare 1969). Dieses Projekt war Bestandteil des „social indicators movement", das in den sechziger Jahren von den Vereinigten Staaten seinen Ausgang nahm. Stark beeinflußt wurden diese Entwicklungen u.a. von den Trendbeobachtungen W.F. Ogburns aus den 1920er/30er Jahren. Insbesondere der 1933 erschienene, sogenannte Ogburn-Report „Recent Social Trends in the United States" des „Committee on Social Trends" (1933), das der damalige Präsident Hoover eingesetzt hatte und von Ogburn geleitet wurde, hatte für die moderne Sozialberichterstattung Vorbildcharakter.

Inzwischen sind die Forderungen und Anregungen der *Sozialindikatorenforschung*, eine systematische Sozialberichterstattung aufzubauen, weltweit aufgegriffen und umgesetzt worden. In Europa gibt es derzeit nur noch wenige Länder ohne regelmäßige Sozialberichterstattungsaktivitäten (Noll 1996; Noll/ Zapf 1994; Rothenbacher 1994). Während einige nationale Reports, wie z.B. die britischen „Social Trends", der niederländische

"Social and Cultural Report" oder die französischen „Donnés Sociales", bereits seit fast drei Jahrzehnten regelmäßig veröffentlicht werden, aber z.B. auch in den skandinavischen Ländern seit vielen Jahren hochentwickelte Berichterstattungssysteme bestehen (Habich/Noll 1993), wurden in den achtziger und frühen neunziger Jahren inzwischen auch die bis dahin in den süd- und südosteuropäischen Ländern noch bestehenden Lücken weitgehend geschlossen.

2. Typen der Sozialberichterstattung

Aktivitäten der Sozialberichterstattung können systematisch danach unterschieden werden, auf welche Ebene sie sich beziehen, wie umfassend oder spezifisch sie ausgerichtet sind und wer sie betreibt (siehe Abb. 1). In Bezug auf die Ebenen der Sozialberichterstattung, können mindestens eine supranationale, eine nationale, sowie mehrere subnationale Ebenen unterschieden werden. Auf der supranationalen Ebene sind vor allem die diesbezüglichen Reports inter- und supranationaler Organisationen, wie z.B. der OECD und der Weltbank von Bedeutung. Von noch größerem Interesse sind aus der deutschen Perspektive die Sozialberichterstattungsaktivitäten der Europäischen Union, z.B. in Form von Reports wie dem „Sozialporträt Europas" (Eurostat 1995), das seit 1991 vom Statistischen Amt der Europäischen Gemeinschaften „Eurostat" veröffentlicht wird. Was die Sozialberichterstattung unterhalb der nationalen Ebene angeht, sind in Deutschland insbesondere Ansätze zu einer „kommunalen Sozialberichtertstattung" von Interesse. Gegenwärtig verfügen bereits eine beachtliche Anzahl von Städten über entsprechende Berichtssysteme und haben sich dafür mit dem Instrument der „kommunalen Bürgerbefragung" z.T. auch eine spezielle Datenbasis geschaffen. Wie bei der nationalen Sozialberichterstattung geht es dabei in erster Linie um die Beobachtung der Entwicklung der *Lebensqualität* der Bürger, aber auch darum, frühzeitig Tendenzen des *Strukturwandels* zu erkennen, *soziale Probleme* zu diagnostizieren, Problemgruppen zu identifizieren und die Erreichung politischer Ziele zu messen.

Sozialberichterstattungsaktivitäten können zudem danach klassifiziert werden, ob sie über die Gesellschaft als ganzes berichten oder auf einzelne Lebensbereiche, Bevölkerungsgruppen bzw. spezielle soziale Probleme ausgerichtet sind. Hinsichtlich des institutionellen Kontextes der Sozialberichterstattung ist insbesondere von Bedeutung, ob es sich bei den Akteuren um amtliche oder nicht-amtliche Instanzen handelt, weil damit u.a. Konsequenzen für die Art und Form sowie die Verbindlichkeit und die Unabhängigkeit der Berichterstattung verbunden sind.

Abbildung 1: Typologie der Sozialberichterstattung

Ebene	Art	Akteure

▪Supranational
▪National
▪Regional, subnational
▪Lokal, kommunal
	▪Umfassend, bereichsübergreifend
	▪Speziell:
	  ▪einzelne Lebensbereiche
	  ▪Teilpopulationen
	  ▪spezielle soziale Probleme
		▪Amtlich:
		  ▪Statistische Ämter
		  ▪Ministerien
		▪Nicht-amtlich:
		  ▪wissenschaftliche Institute
		  ▪Verbände

2.1 Ansätze der Sozialberichterstattung in Deutschland

In der Bundesrepublik Deutschland sind seit dem Beginn der siebziger Jahre verschiedene Versuche unternommen worden, auf der nationalen Ebene eine systematische Sozialberichterstattung zu etablieren – wobei auch beachtliche Erfolge erzielt wurden. Im Vergleich zu anderen europäischen Ländern ist der Grad der Institutionalisierung der Sozialberichterstattung in Deutschland aber nach wie vor eher niedrig. Das Erscheinungsbild der Sozialberichterstattung ist hier vielmehr durch eine Pluralität von Akteuren, Konzepten und Formen der Berichterstattung geprägt. Neben Einrichtungen wie der amtlichen Statistik, die in anderen Ländern eine wesentlich zentralere Rolle spielt, sind auf diesem Gebiet in der Bundesrepublik auch Ministerien, wissenschaftliche Institute und Verbände tätig, die dabei ihren jeweiligen Aufgaben und Zielsetzungen entsprechend mehr oder weniger pragmatisch oder theoretisch, methodisch elaboriert vorgehen und unterschiedliche Akzente setzen.

Versucht man die vorliegenden Ansätze zur Sozialberichterstattung in der Bundesrepublik zu klassifizieren, so kann der oben dargestellten Typologie folgend, erstens danach unterschieden werden, ob es sich um eine allgemeine Berichterstattung handelt, die verschiedene Lebensbereiche umfaßt oder um eine spezialisierte Berichterstattung, die sich auf einzelne Sektoren der Lebensbedingungen, spezifische Probleme oder besondere Personengruppen konzentriert.

Abbildung 2: Klassifikation ausgewählter Sozialberichte in Deutschland

Berichterstattung	amtlich	nicht-amtlich	
		Wissenschaft	andere
Allgemein: umfassend, bereichsübergreifend	Datenreport Teil I Sozialbericht	Datenreport Teil II System Sozialer Indikatoren Sozialreport Recent Social Trends in West Germany	
Speziell: für einzelne Lebensbereiche und/oder Bevölkerungsgruppen	Berufsbildungsbericht Berichtssystem Weiterbildung Familienbericht Daten zur Umwelt Erster Altenbericht Unfallverhütungsbericht Arbeit	Altenreport Frauenreport	Armutsbericht des DGB u. Paritätischen Wohlfahrtsverbands Caritas-Armutsstudie Shell-Jugendstudien

Quelle: vgl. Sozialberichte im Anhang

Für eine Systematisierung ist zweitens von Bedeutung, wer die Akteure sind. Hier ist in erster Linie zwischen amtlichen und nicht-amtlichen Formen der Sozialberichterstattung zu unterscheiden, sowie innerhalb der nicht-amtlichen Formen zwischen Beiträgen von wissenschaftlichen Einrichtungen oder einzelnen Wissenschaftlern und den Beiträgen von Verbänden und anderen gesellschaftlichen Organisationen. Die Abbildung 2 zeigt exemplarisch und ohne Anspruch auf Vollständigkeit, wie sich verschiedene Beiträge zur Sozialberichterstattung in der Bundesrepublik in diese Systematik einordnen.

Der Prototyp eines „comprehensive social reports" ist ein regelmäßig vorgelegter Bericht, der die Lebensbedingungen der Bevölkerung in ihrer Gesamtheit abdeckt und deren Zustand und Wandel systematisch beschreibt und analysiert. Die Gliederung folgt in der Regel einem Konzept von „Lebensbereichen", teilweise ergänzt durch eine gruppenorientierte Perspektive. Informationen darüber, wie die Lebensbedingungen aus der Sicht der Bürger subjektiv wahrgenommen und bewertet werden, finden in unterschiedlichem Maße Eingang in die Berichterstattung.

Eine *amtliche Sozialberichterstattung* auf nationaler Ebene, die auf die Lebensbedingungen im ganzen ausgerichtet ist, gibt es in Deutschland nur in einem eingeschränkten Sinne. Es erscheint daher zumindest relativierungsbedürftig, wenn der amtlichen Sozialberichterstattung in der Bundesrepublik aus Re-

Sozialstatistik und Sozialberichterstattung

gierungssicht eine internationale Spitzenposition attestiert wird. Im Vergleich zu anderen europäischen Ländern, wie z.B. Frankreich, Großbritannien, den Niederlanden oder Schweden ist die amtliche Sozialberichterstattung in der Bundesrepublik vergleichsweise unterentwickelt.

Der „Sozialbericht", den das Bundesministerium für Arbeit und Sozialordnung seit 1970 in mehr oder weniger regelmäßigen Abständen veröffentlicht – derzeit einmal in jeder Legislaturperiode –, ist Bestandteil der Regierungsberichterstattung und wird zusammen mit dem Sozialbudget dem Parlament und der Öffentlichkeit vorgelegt. Es handelt sich dabei nicht um einen Bericht zur sozialen Lage der Bevölkerung, sondern um eine Darstellung von gesetzgeberischen Maßnahmen und der Verwendung von Haushaltsmitteln der Bundesregierung auf gesellschafts- und sozialpolitisch relevanten Gebieten. Die Bezeichnung „Sozialpolitischer Bericht" würde dem Inhalt daher eher gerecht als die – zumindest aus der Perspektive einer wissenschaftlichen Sozialberichterstattung in gewisser Weise irreführende – Bezeichnung „Sozialbericht".

Die derzeit bedeutendste Publikation zur Sozialberichterstattung im Sinne eines „comprehensive social reports" in der Bundesrepublik Deutschland ist der *Datenreport*, ein Datenhandbuch, das seit 1983 regelmäßig veröffentlicht wird. Der Datenreport löste die vom Presse- und Informationsamt der Bundesregierung herausgegebenen „Gesellschaftlichen Daten" ab, die zwischen 1973 und 1982 viermal publiziert wurden und ursprünglich von einem aus verschiedenen Bundesministerien und dem Statistischen Bundesamt gebildeten interministeriellen „Arbeitskreis Soziale Indikatoren" konzipiert worden waren. Während die erste, 1983 erschienene Ausgabe des Datenreports noch unter der alleinigen Verantwortung des *Statistischen Bundesamtes* zusammengestellt worden war, wurden die weiteren Ausgaben in Kooperation von amtlicher Statistik und wissenschaftlicher Sozialberichterstattung publiziert. Mit dieser auch im internationalen Rahmen einzigartigen Zusammenarbeit war intendiert, eine „Brücke zwischen den Zahlen und Fakten aus der amtlichen Statistik und den Erkenntnissen der Sozialwissenschaft" zu schlagen und einen „wichtigen Schritt zu einer umfassenden Darstellung der wirtschaftlichen und gesellschaftlichen Situation in der Bundesrepublik Deutschland in Form einer Sozialberichterstattung" zu tun (Datenreport 1985: 15).

Als eine Publikation der Bundeszentrale für politische Bildung, die in hoher Auflage vertrieben wird, wurde der *Datenreport* als ein Datenhandbuch konzipiert, das primär den Informationsbedürfnissen der Bürger gerecht werden soll und erst in zweiter Linie als Informationsquelle für Experten in der Politik, Verwaltung, Wissenschaft und Wirtschaft gedacht ist. Herausgegeben wird der Datenreport vom *Statistischen Bundesamt* in Zusammenarbeit mit den beteiligten wissenschaftlichen Institutionen; von 1985 bis 1989 in Zusammenarbeit mit dem Sonderforschungsbereich 3 „Mikroanalytische Grundlagen der Gesellschaftspolitik" der Universitäten Frankfurt a.M. und Mannheim, seit 1992 in Zusammenarbeit mit der Abteilung Sozialstruktur und Sozialberichterstattung des Wissenschaftszentrums Berlin für Sozialforschung (WZB) und der Abteilung Soziale Indikatoren des Zentrums für Umfragen, Methoden und Analysen (ZUMA) in Mannheim.

Im Vergleich zu den in anderen Ländern anzutreffenden Formen der Sozialberichterstattung nimmt der Datenreport in mancher Hinsicht eine Sonderstellung ein, die sowohl Vorzüge als auch Mängel und Beschränkungen impliziert. Positiv an der Zusammenarbeit zwischen amtlicher Statistik und wissenschaftlicher Sozialberichterstattung ist vor allem die Erweiterung des Blickfeldes, die damit verbunden ist und die Einbeziehung unterschiedlicher Konzepte und Datenquellen. Kein anderer Bericht mißt den subjektiven Komponenten der *Lebensqualität* und subjektiven sozialen Indikatoren eine so große Bedeutung bei wie der Datenreport. Beschränkungen resultieren vor allem daraus, daß die Bestandsaufnahmen von amtlicher Statistik und empirischer Sozialforschung bisher noch nicht zu einem einheitlichen, die objektiven Lebensbedingungen und die subjektiv wahrgenommene Lebensqualität insgesamt bilanzierenden und evaluierenden Sozialbericht zusammengefügt und integriert worden sind.

Bei den weiteren Aktivitäten einer umfassenden Sozialberichterstattung spielt die nichtamtliche, von wissenschaftlichen Einrichtungen getragene Sozialberichterstattung vor allem auf der nationalen Ebene eine herausragende Rolle. Von besonderer Bedeutung waren dafür in den siebziger Jahren vor allem die Arbeiten des SPES-Projekts (Sozialpolitisches Entscheidungs- und Indikatorensystem) und des im Anschluß daran entstandenen Sonderforschungsbereichs 3 „Mikroanalytische Grundlagen der Gesellschaftspolitik". Inzwischen wird das ursprünglich im Rahmen des SPES-Projekts entwickelte System Sozialer Indikatoren für die Bundesrepublik Deutschland (Zapf 1977) im Rahmen der Abteilung Soziale Indikatoren des ZUMA kontinuierlich fortgeschrieben, ergänzt und weiterentwickelt (Noll/Wiegand 1993). Dieses Indikatorensystem erhebt für sich den Anspruch, ein Beobachtungsraster und Daten bereitzustellen, die es erlauben, Zustand und Entwicklung der objektiven Lebensbedingungen sowie der subjektiven *Lebensqualität* der Bürger dieser Gesellschaft im Sinne eines regelmäßigen „monitoring" zu messen, zu beschreiben und zu analysieren. Das Indikatorensystem – als eine systematische und sowohl theoretisch als auch gesellschaftspolitisch begründete Auswahl von Indikatoren – ist in erster Linie für die *Wohlfahrtsmessung* konzipiert und bietet daher eine Datenbasis, die es erlaubt, eine Bewertung der Lebensbedingungen der Bevölkerung und deren Wandel über die Zeit im Sinne eines Soll-Ist-Vergleichs vorzunehmen, d.h. die zu beobachtenden Entwicklungstrends als Verbesserung oder Verschlechterung beziehungsweise als sozialen Fortschritt oder Rückschritt zu interpretieren. Die insgesamt rund 300 Indikatoren, die das System gegenwärtig für 13 Lebensbereiche umfaßt, sind zudem nach verschiedenen – im jeweiligen thematischen Kontext relevanten – sozialen Merkmalen disaggregiert und bieten daher auch Informationen über die soziale Lage einzelner Bevölkerungsgruppen, spezifische Problemkonstellationen sowie die Ungleichheit der Lebensverhältnisse insgesamt. Über die traditionellen Formen der Sozialberichterstattung hinausgehend wurde das System Sozialer Indikatoren inzwischen zu einem PC-gestützten Informationssystem weiterentwickelt.

Ein stärker an der Funktion der Beobachtung zentraler Tendenzen des *sozialen Wandels* und genereller gesellschaftlicher *Entwicklungstrends* ohne unmittelbaren Wohlfahrtsbezug ausgerichteter Report ist der im Rahmen des internationalen Projekts „Comparative Charting of Social Change" entstandene Band „Recent Social Trends in West Germany 1960-1990" (Glatzer u.a. 1993), der jedoch ebenfalls als ein wissenschaftlicher Beitrag zur Sozialberichterstattung betrachtet werden kann, auch wenn es sich dabei um eine bisher einmalige Publikation handelt. Mit ähnlicher Funktion war bereits 1975 der „Soziologische Almanach" (Ballerstedt/Glatzer 1975) als ein „Handbuch gesellschaftspolitischer Daten und Indikatoren" mit der expliziten Intention veröffentlicht worden, einen „elementaren Beitrag zur Sozialberichterstattung" zu leisten.

Ähnlich wie in der Bundesrepublik hatte auch in der DDR die wissenschaftliche *Sozialindikatorenforschung* eine vergleichsweise große Bedeutung in der sozialwissenschaftlichen Forschung, wenngleich dort bis zum Zusammenbruch des SED-Regimes eine Sozialberichterstattung nach westlichen Maßstäben nicht möglich war (Noll 1992). Immerhin hatte es aber auch schon vor den Umwälzungen des Jahres 1989 Versuche gegeben, über die Entwicklung der Lebensbedingungen in der DDR Bericht zu erstatten. Seit 1985 waren unter dem Titel „Soziale Ziele und Bedingungen der ökonomischen Strategie" Berichte zur sozialen Lage in der DDR zusammengestellt worden, die allerdings nicht für die Öffentlichkeit bestimmt waren und insofern auch nicht die Kriterien, die an die Sozialberichterstattung angelegt werden, erfüllten. Diesen Kriterien entsprach erstmals der „*Sozialreport '90*": Daten und Fakten zur sozialen Lage in der DDR" (Winkler 1990b), der im Frühjahr 1990 erschienen ist und ein Gemeinschaftsprodukt von Mitarbeitern des früheren Instituts für Soziologie und Sozialpolitik der Akademie der Wissenschaften der

Sozialstatistik und Sozialberichterstattung

DDR darstellt (Zapf 1990). Inzwischen sind weitere Sozialreports für die neuen Bundesländer erschienen (zuletzt Winkler 1995).

Zusätzlich zu dieser Form einer umfassenden, bereichsübergreifenden Sozialberichterstattung gibt es jedoch auch spezielle, auf spezifische Themen, Probleme und einzelne Bevölkerungsgruppen ausgerichtete Berichtsformen. Die Entwicklung der Sozialberichterstattung in der Bundesrepublik war in den vergangenen Jahren u.a. durch eine Tendenz der inhaltlichen Differenzierung und Spezialisierung gekennzeichnet. Die Forderungen, Ideen und Konzepte, die die *Sozialindikatorenforschung* entwickelt hat, wurden zunehmend aufgegriffen, um spezialisierte sektorale Berichtssysteme für einzelne Lebens- und Politikbereiche sowie spezielle Probleme der Gesellschaftspolitik aufzubauen (Noll 1997). Bemühungen um den Aufbau entsprechender Berichtssysteme im Bereich der Gesundheit (Brückner 1997), der Umwelt (Noll/Kramer 1996; Umweltbundesamt 1994) und vor allem auch der Armut (Hanesch u.a. 1994; Hauser/Hübinger 1993; Hauser 1997) haben in diesem Zusammenhang in den vergangenen Jahren besondere Aufmerksamkeit gefunden. Ähnliche Aktivitäten gibt es darüber hinaus jedoch u.a. auch in den Bereichen der Familien- (Leu 1997; Rothenbacher 1997) und Bildungsberichterstattung (BMBWFT 1996a, 1996b; Kuwan 1997). Überdies hat sich inzwischen auch eine Berichterstattung für einzelne Bevölkerungsgruppen, wie z.B. Kinder (Nauck 1997), Jugendliche (Jugendwerk der Deutschen Shell 1997), Alte (BMFuS 1993; Schwitzer/Winkler 1993; Niederfranke 1997) oder Frauen (Winkler 1990a; Kramer 1997) entwickelt oder ist im Entstehen, die freilich – je nach Akteur – unterschiedliche Zielsetzungen verfolgen und bisher auch in unterschiedlichem Maße den Kriterien einer systematischen Sozialberichterstattung genügen.

3. Fazit und Perspektiven

Aus der Retrospektive betrachtet, läßt sich die Entwicklung der Sozialberichterstattung als schrittweise und erfolgreiche, aber bisher noch unvollständige Diffusion einer Innovation in der gesamtgesellschaftlichen *Informationsinfrastruktur* verstehen. In einer Phase ökonomischer Prosperität und wohlfahrtsstaatlicher Expansion entstanden, orientierte sich ihr Ausbau zunächst primär an der Funktion, eine auf die umfassende Gestaltung der Lebensverhältnisse insgesamt zielende „aktive Gesellschaftspolitik" mit Wissen über den Zustand und Wandel der *Lebensbedingungen* und *Lebensqualität* der Bevölkerung zu versorgen. Nach einer Phase der relativen Stagnation vor allem in der ersten Hälfte der achtziger Jahre, die einerseits geprägt waren von der ökonomischen Wachstums- und Strukturkrise, die viele westliche Länder damals befiel, und andererseits von dem Übergang von sozialdemokratischen zu konservativen Regierungen, ist nun bereits seit einer Reihe von Jahren eine neue Phase der Expansion der Sozialberichterstattung – jedoch in verändertem gesellschaftlichen Kontext – zu beobachten. Es ist nicht mehr der auf stetigem wirtschaftlichen Wachstum und zügiger Expansion des Wohlfahrtsstaates beruhende Optimismus, die Lebensbedingungen und Lebensqualität der Bevölkerung umfassend verbessern zu können, der heute den gesellschaftlichen Kontext für die Anforderungen und Erwartungen an die Sozialberichterstattung bildet, sondern es sind niedrige oder gar rückläufige Wachstumsraten, hohe Beschäftigungsdefizite, an die Grenzen der Belastungsfähigkeit geratene Institutionen der sozialen Sicherung und die Notwendigkeit, einen Pfad der gesellschaftlichen Entwicklung zu finden, der weniger mit den Kriterien der „Nachhaltigkeit" konfligiert. Offensichtlich sind auch oder gerade in dieser für alle gesellschaftlichen Akteure veränderten Situation Informationen wie sie die Sozialberichterstattung zu liefern verspricht als Orientierungsdaten und Handlungsmaßstäbe gefragt.

Für die zukünftigen Perspektiven der Sozialberichterstattung in Deutschland zeichnen sich neben einem weiteren Ausbau und einer weiteren Konsolidierung und Differenzierung der bereits bestehenden Aktivitäten mindestens drei Entwicklungsrichtungen ab: Erstens gewinnen Längsschnittperspektiven im Sinne der Verwendung echter Längsschnittdaten, wie sie im Rahmen von Retrospektiv- und Panelerhebungen gewonnen werden, auch in der Sozialberichterstattung neben der Beobachtung von Zeitreihen auf der Basis unverbundener Querschnittserhebungen zunehmend an Bedeutung (Zapf/Schupp/Habich 1996; Weick 1997). Zweitens wird neuerdings vermehrt auf die Notwendigkeit hingewiesen, die Sozialberichterstattung, die in ihrer herkömmlichen Sichtweise die Berichterstattung über die individuelle Wohlfahrt auf der Ebene von Individuen und privaten Haushalten in den Vordergrund stellt, um eine institutionelle Perspektive im Sinne einer „Sozialstaatsbeobachtung" zu erweitern. Schließlich zeichnet sich drittens in der Sozialberichterstattung eine immer stärkere Berücksichtigung und Gewichtung der europäischen Perspektive ab, die im Zuge der weitergehenden europäischen Integration kontinuierlich an Interesse und auch politischer Relevanz gewinnt.

Literatur

Ausgewählte Sozialberichte

Ballerstedt, Eike/Wolfgang Glatzer (unter Mitwirkung von Karl-Ulrich Mayer und Wolfgang Zapf): Soziologischer Almanach, Frankfurt a.M./New York 1975
Bundesministerium für Arbeit und Sozialordnung (Hg.): Sozialbericht 1993, Bonn 1994
Bundesministerium für Arbeit und Sozialordnung (Hg.): Arbeitssicherheit '95. Unfallverhütungsbericht Arbeit, Bonn 1996
Bundesministerium für Bildung, Wissenschaft, Forschung u. Technologie (Hg.): Berichtssystem Weiterbildung, VI. Integrierter Gesamtbericht, Bonn 1996
Bundesministerium für Bildung, Wissenschaft, Forschung u. Technologie (Hg.): Berufsbildungsbericht, Bonn 1996
Bundesministerium für Familie und Senioren (Hg.): Erster Altenbericht der Bundesregierung. Die Lebenssituation älterer Menschen in Deutschland, Bundestagsdrucksache 12/ 5897, Bonn 1993
Eurostat: Sozialporträt Europas. Amt für amtliche Veröffentlichungen, Luxemburg 1995
Glatzer, Wolfgang/Karl-Otto Hondrich/Heinz-Herbert Noll/Karin Stiehr/Barbara Wörndl: Recent Social Trends in West Germany 1960-1990, Frankfurt a.M./Montreal u.a. 1993
Hanesch, W. u.a. (Hg.): Armut in Deutschland. Der Armutsbericht des DGB und des Paritätischen Wohlfahrtsverbands, Reinbek 1994
Hauser, Richard/Werner Hübinger: Arme unter uns, Freiburg/Br. 1993
Jugendwerk der Deutschen Shell (Hg.): Jugend '97. Zukunftsperspektiven, gesellschaftliches Engagement, politische Orientierungen. Opladen 1997
Noll, Heinz-Herbert/Erich Wiegand (Hg.): System Sozialer Indikatoren für die Bundesrepublik Deutschland – Zeitreihen 1950 – 1990, Tabellenband, Mannheim 1993
Schwitzer, Klaus-Peter/Gunnar Winkler (Hg.): Altenreport 1992. Zur sozialen Lage und Lebensweise älterer Menschen in den neuen Bundesländern, Berlin 1993
Statistisches Bundesamt (Hg.) in Zusammenarbeit mit dem Sonderforschungsbereich 3 der Universitäten Frankfurt und Mannheim: Datenreport 1985, Bonn 1985 (Schriftenreihe der Bundeszentrale für politische Bildung 226)
Statistisches Bundesamt (Hg.) in Zusammenarbeit mit dem WZB und dem ZUMA, Mannheim: Datenreport 1997, Bonn 1997 (Schriftenreihe der Bundeszentrale für politische Bildung 340)
Umweltbundesamt (Hg.): Daten zur Umwelt 1992/93, Berlin 1994
Winkler, Gunnar: Frauenreport '90, Berlin 1990
Winkler, Gunnar (Hg.): Sozialreport '90. Daten und Fakten zur sozialen Lage in der DDR, Berlin 1990b
Winkler, Gunnar (Hg.): Sozialreport 1995. Daten und Fakten zur sozialen Lage in den neuen Bundesländern, Berlin 1995
Zapf, Wolfgang (Hg.): Lebensbedingungen in der Bundesrepublik. Sozialer Wandel und Wohlfahrtsentwicklung, Frankfurt a.M./ New York 1977

Sonstige Literatur

Brückner, Gunter: Gesundheitsberichterstattung des Bundes, in: Noll, Heinz-Herbert (Hg.): Sozialberichterstattung in Deutschland. Konzepte, Methoden und Ergebnisse für Lebensbereiche und Bevölkerungsgruppen, Weinheim/München 1997, S. 47-71
Department of Health, Education and Welfare (Hg.): Toward a Social Report, Washington 1969

Habich, Roland/Heinz-Herbert Noll (unter Mitarbeit von Wolfgang Zapf): Soziale Indikatoren und Sozialberichterstattung. Internationale Erfahrungen und gegenwärtiger Forschungsstand, Expertise für das Bundesamt für Statistik der Schweiz, Berlin/Mannheim 1993

Hauser, Richard: Armutsberichterstattung, in: Heinz-Herbert Noll (Hg.): Sozialberichterstattung in Deutschland. Konzepte, Methoden und Ergebnisse für Lebensbereiche und Bevölkerungsgruppen, Weinheim/München 1997, S. 19-45

Kramer, Caroline: Sozialberichterstattung zur Situation von Frauen, in: Noll, Heinz-Herbert (Hg.): Sozialberichterstattung in Deutschland. Konzepte, Methoden und Ergebnisse für Lebensbereiche und Bevölkerungsgruppen, Weinheim/München 1997, S. 213-241

Kuwan, Helmut: Berichtssystem Weiterbildung, in: Noll, Heinz-Herbert (Hg.): Sozialberichterstattung in Deutschland. Konzepte, Methoden und Ergebnisse für Lebensbereiche und Bevölkerungsgruppen, Weinheim/München 1997, S. 125-144

Leu, Hans Rudolf: Die Familienberichte der Bundesregierung, in: Noll, Heinz-Herbert (Hg): Sozialberichterstattung in Deutschland. Konzepte, Methoden und Ergebnisse für Lebensbereiche und Bevölkerungsgruppen, Weinheim/München 1997, S. 73-92

Nauck, Bernhard: Sozialberichterstattung zu den Lebensverhältnissen von Kindern, in: Noll, Heinz-Herbert (Hg.): Sozialberichterstattung in Deutschland. Konzepte, Methoden und Ergebnisse für Lebensbereiche und Bevölkerungsgruppen, Weinheim/München 1997, S. 167-194

Niederfranke, Annette: Sozialberichterstattung zur Situation älterer Menschen, in: Noll, Heinz-Herbert (Hg.): Sozialberichterstattung in Deutschland. Konzepte, Methoden und Ergebnisse für Lebensbereiche und Bevölkerungsgruppen, Weinheim/München 1997, S. 195-212

Noll, Heinz-Herbert: Sozialindikatorenforschung und Sozialberichterstattung in der DDR, in: Berliner Journal für Soziologie, Heft 3/4, 1992, S. 319-322

Noll, Heinz-Herbert: Social Indicators and Social Reporting – The international Experience, in: Canadian Council on Social Development (Hg.): Symposium on Measuring Well-Being and Social Indicators. Final Report, Ottawa 1996

Noll, Heinz-Herbert (Hg): Sozialberichterstattung in Deutschland. Konzepte, Methoden und Ergebnisse für Lebensbereiche und Bevölkerungsgruppen, Weinheim/München 1997

Noll, Heinz-Herbert/Caroline Kramer: Umweltberichterstattung und Umweltindikatoren: Informationen zum Zustand und Wandel der Umwelt, in: Diekmann, Andreas/Carlo Jäger (Hg.): Umweltsoziologie, Sonderband der Kölner Zeitschrift für Soziologie und Sozialpsychologie, Opladen 1996, S. 516-547

Noll, Heinz-Herbert/Wolfgang Zapf: Social Indicators Research. Societal Monitoring and Social Reporting, in: Borg, Ingwer/Peter Ph. Mohler (Hg.): Trends and Perspectives in Empirical Social Research, Berlin/New York 1994, S. 1-16

Rothenbacher, Franz: National and International Approaches in Social Reporting, in: Flora, Peter/Franz Kraus/Heinz-Herbert Noll/Franz Rothenbacher (Hg.): Social Statistics and Social Reporting in and for Europe, Bonn 1993, S. 9-98

Stone, Richard: Demographic Accounting and Model-Building, Paris 1971

Uusitalo, Hannu: Social Statistics and Social Reporting in the Nordic Countries, in: Flora, Peter/Franz Kraus/Heinz-Herbert Noll/Franz Rothenbacher (Hg.): Social Statistics and Social Reporting in and for Europe, Bonn 1994, S. 99-120

Weick, Stefan: Querschnitt- und Längsschnittdaten in der Sozialberichterstattung, in: Noll, Heinz-Herbert (Hg.): Sozialberichterstattung in Deutschland. Konzepte, Methoden und Ergebnisse für Lebensbereiche und Bevölkerungsgruppen, Weinheim/München 1997, S. 294-311

Zapf, Wolfgang: Einleitung, in: WZB-AG Sozialberichterstattung (Hg.): Sozialreport 1990. Dokumentation eines Workshops am Wissenschaftszentrum Berlin für Sozialforschung, Arbeitspapier P90-102, Berlin 1990

Zapf, Wolfgang/Jürgen Schupp/Roland Habich (Hg.): Lebenslagen im Wandel: Sozialberichterstattung im Längsschnitt, Frankfurt a. M./New York 1996

Heinz-Herbert Noll

Sozialstruktur

1. Begriff

Der allgemeine Begriff der Struktur ist ein Schlüsselbegriff wissenschaftlicher Analyse. Um den inneren Aufbau eines Phänomens zu studieren, untergliedert er die Gesamtheit des Untersuchungsobjektes in verschiedene Teile und analysiert die relativ dauerhaften Beziehungen und Zusammenhänge zwischen diesen. Auch die Soziologen wenden den Strukturbegriff auf ihren spezifischen Forschungsgegenstand an und sprechen von der „Struktur einer Gesellschaft" oder einfacher von „Sozialstruktur". Die Sozialstrukturanalyse zergliedert „die *Gesellschaft*" in ihre als relevant angesehenen Teilbereiche und untersucht die zwischen diesen bestehenden relativ dauerhaften Wechselbeziehungen und Wirkungszusammenhänge.

Unterschiedliche Erkenntnisinteressen und Theorietraditionen haben verschiedene Ansätze der Sozialstrukturanalyse hervorgebracht, die unterschiedliche Kernbereiche der Gesellschaft in den Mittelpunkt ihrer Aufmerksamkeit rücken (vgl. Geißler 1996: 19ff.): Kulturanthropologen konzentrieren sich beim Studium einfacher Gesellschaften auf die Familien- und Verwandtschaftsordnung; Vertreter der struktur-funktionalistischen Theorie sehen das Gefüge sozialer Rollen und Institutionen als den Kern der Sozialstruktur an. Sozialstatistisch orientierte Analysen verstehen darunter die Grundgliederung der *Bevölkerung* nach sozialstatistischen Merkmalen wie z.B. Einkommen, Beruf, Bildung, Geschlecht oder Alter. Und Schichtungs- bzw. Klassentheoretiker sowie Ungleichheitsforscher setzen Sozialstrukturanalyse mit der Untersuchung von *Schichten* und *Klassen* bzw. der weitergefaßten Struktur der *sozialen Ungleichheit* gleich. „Vieldimensionale", sehr weit definierte Konzepte erfassen gleichzeitig mehrere der erwähnten Kernbereiche der Gesellschaft und manchmal auch noch zusätzliche – wie z.B. die Siedlungsstruktur oder Subkulturen und Lebensstile (vgl. Zapf 1989; Schäfers 1995).

2. Entwicklungen in wichtigen Teilbereichen der Sozialstruktur

Um die Grundzüge der sozialstrukturellen Entwicklung zu analysieren, erfreut sich in den letzten Jahren das umstrittene Konzept der *Modernisierung* wieder einer steigenden Beliebtheit. Es wird in verschiedenen Varianten benutzt und birgt bei unbedachter Verwendung Gefahren: Bestehende Zustände in modernen Gesellschaften können idealisiert und zum einzigen Maßstab einer sinnvollen, wünschenswerten Entwicklung hochstilisiert werden; Widersprüche und Probleme der Moderne können dabei vernachlässigt oder übersehen werden. Dennoch ist dieser Begriff besser als andere in der Lage, wichtige Entwicklungstendenzen der Sozialstrukturen im geteilten Deutschland zu bündeln und zu vergleichen und den sozialstrukturellen Wandel im vereinten Deutschland – die relative Kontinuität im Westen und die starken Umbrüche im Osten – zu beschreiben, zu verstehen und zu erklären.

Ein grober Überblick über die Entwicklung läßt Gemeinsamkeiten und Unterschiede zwischen Ost und West erkennen. Wichtige Stichworte zum systemübergreifenden Modernisierungsprozeß, der beide Gesellschaften erfaßt hat, sind: steigender Wohlstand und steigende soziale Sicherheit; Bildungsexpansion und Höherqualifizierung der Bevölkerung; Zunahme der vertikalen Mobilität, insbes. der Aufstiegsmobilität; Abbau sozialer Ungleichheiten zwischen Frauen und Männern; Differenzierung der Formen privaten Zusammenlebens; Anstieg der Lebenserwartung, Geburtenrückgang sowie – damit zusammenhängend – zunehmende Alterung der Bevölkerung.

Die erwähnten Aspekte der *Modernisierung* sind – zusammen mit der Tertiärisierung und dem Schrumpfen des Mittelstandes (vgl. Kap. 2.3) sowie mit der fortschreitenden allgemeinen sozialen Differenzierung und, damit verknüpft, der Individualisierung (vgl. Kap. 3.3) – wichtige Tendenzen sozialstrukturellen

Wandels auf der europäischen und z.T. auch globalen Ebene. Sie vollziehen sich nicht nur in den beiden deutschen Sozialstrukturen, sondern in allen entwickelten Gesellschaften Europas und Nordamerikas, z.T. auch Asiens.

Die folgende Skizze wichtiger Trends in ausgewählten Teilbereichen der Sozialstruktur macht jedoch auch wesentliche Unterschiede in den Entwicklungen West- und Ostdeutschlands sichtbar. Sie rechtfertigen es, die Situation in der DDR idealtypisch als „Modernisierungsdefizit" und die wesentliche Tendenz des sozialen Umbruchs in den neuen Ländern als „*nachholende Modernisierung* im Zeitraffertempo" zu charakterisieren (vgl. dazu auch Zapf 1994).

2.1 Materielle Lebensbedingungen: Wohlstandsanstieg bei Fortdauer der Ungleichheit

In Westdeutschland lösten die ökonomischen Triebkräfte der kapitalistischen Marktwirtschaft in Kombination mit einer pluralistischen Demokratie einen historisch einzigartigen, sich seit den 80er Jahren stark abschwächenden und auch vorübergehend auf sehr hohem Niveau stagnierenden Anstieg von Lebensstandard und Massenkonsum aus (Wohlstandsexplosion), der mit hoher sozialer Sicherheit für eine große Bevölkerungsmehrheit verbunden ist. Er kommt – u.a. wegen sozialstaatlicher Umverteilungen – fast allen gesellschaftlichen Gruppen zugute.

Die Wohlstandsexplosion hat jedoch an der Ungleichverteilung der Einkommens- und Konsumchancen nichts Wesentliches verändert. Das *Vermögen* ist noch krasser auf Wenige konzentriert als das *Einkommen*. 1993 hatte das reichste Fünftel fast Zweidrittel des Nettogeldvermögens angehäuft, während die ärmeren 40% keine echte Chance zur Vermögensbildung erhielten und lediglich über 5% des Geldvermögens verfügten. Der Umfang der armen Bevölkerung ist – anders als es bisweilen aus der problematischen Sozialhilfestatistik abgelesen wird – im letzten Jahrzehnt nicht größer geworden; zugenommen hat dagegen die Armutskluft, d.h. der Abstand der Armen zum durchschnittlichen Lebens-

standard. Ein wichtiges Charakteristikum des gesellschaftlichen Randes ist die hohe Fluktuation über die Armutsgrenzen hinweg: *Armut* in der deutschen Wohlstandsgesellschaft bedeutet für den einzelnen in der Regel vorübergehende Armut auf Zeit, nicht Armut auf Dauer.

Eine ausgeprägte *soziale Ungleichheit* der materiellen Lebensbedingungen gehört also zu den Charakteristika der modernen Sozialstruktur. Nach der funktionalistischen Gesellschaftstheorie bilden soziale Ungleichheiten als Leistungsanreize eine notwendige Voraussetzung für die sozioökonomische Leistungskraft und Wohlstandsdynamik einer Gesellschaft. Diese Argumentation enthält einen prinzipiell richtigen Kern, bringt aber eine Reihe von Problemen mit sich: Machtstrukturen als Ursache sozialer Ungleichheit werden ausgeblendet; das funktional erforderliche Ausmaß ungleicher gesellschaftlicher Belohnungen ist nicht präzise bestimmbar; und die Theorie wird schließlich häufig zur pauschalen Rechtfertigung aller bestehenden Ungleichheiten eingesetzt.

Auch in der *DDR* hatte sich der Lebensstandard langsam aber kontinuierlich erhöht, in den 80er Jahren allerdings hauptsächlich dadurch, daß – wie es der kurz nach der Wende publizierte Schürer-Bericht (Deutschland Archiv 1992) offenlegte – die SED-Führung mehr verteilte, als erwirtschaftet worden war. Dennoch konnte nicht verhindert werden, daß sich die Ost-West-Wohlstandsschere in den 60er und 70er Jahren immer weiter öffnete. 1960 lag das reale, um die Kaufkraftunterschiede bereinigte Durchschnittshaushaltseinkommen in der DDR um 30% hinter dem westdeutschen zurück, 1970 um mehr als 40% und in den 80er Jahren um mehr als 50%.

Die sozialistische Eigentums-, Einkommens- und Sozialpolitik trug egalitäre Züge und war u.a. am dogmatischen Prinzip der „Annäherung aller *Klassen* und *Schichten*" orientiert. Sieht man einmal von den sozialen Sicherheitsgarantien ab, so kann die sozialstrukturelle Entwicklung in der *DDR* als Nivellierung nach unten bezeichnet werden, die sich zu Lasten von wichtigen sozioökonomischen Leistungsträgern wie Hochqualifizierten und Selbständigen auswirkte. Nutznießer waren die im Vergleich zu anderen Schichten relativ gut gestellten *Arbeiter* und *Bauern*. Funktionalistisch denkende Sozialstrukturforscher der DDR (insbes. Manfred Lötsch) kritisierten die egalitäre Politik als übermäßige Nivellierung, als übertriebene „Gleichmacherei"; sie wurde als Hemmschuh für den wirtschaftlichen und gesellschaftlichen Fortschritt angesehen.

2.2 Qualifikationsstruktur: Bildungsexpansion bei Fortdauer der Chancenungleichheit

Seit den 50er Jahren steigt das Qualifikationsniveau der westdeutschen Bevölkerung kontinuierlich an. Auf der Ebene des Bildungssystems ist diese Entwicklung als *Bildungsexpansion* (Ausbau der sekundären und tertiären Sektoren) bekannt; aus der Perspektive der Sozialstrukturanalyse stellt sie sich als Höherqualifizierung der Bevölkerung bzw. als Umschichtung nach oben dar. So hat sich z.B. der Akademikeranteil unter den Erwerbstätigen von 3% in der 50er Jahren auf 7% im Jahr 1993 mehr als verdoppelt, während die Ungelernten, die in den 60er Jahren noch ca. Zweidrittel der Erwerbsbevölkerung ausmachten, auf ca. ein Viertel zusammengeschrumpft sind; in den 90er Jahren hat sich deren Anteil wieder etwas ausgedehnt, ein gutes Fünftel davon stellen die Ausländer.

Der strukturelle Motor von *Bildungsexpansion* und Höherqualifizierung liegt zum einen in der Entfaltung der „wissenschaftlich-technischen Zivilisation" (Helmut Schelsky) und der „nachindustriellen Wissensgesellschaft" (Daniel Bell): Wissenschaftlicher und technischer Fortschritt, die zunehmende Durchdringung von Arbeitswelt und Alltag mit Technik, der zunehmende Einsatz von Sozialtechnologien zur Planung und Steuerung des sozialökonomischen Wandels erhöhen kontinuierlich den Bedarf an Wissen, insbesondere an theoretischem Wissen und besserer Bildung. Der Qualifikationsbedarf steigt des weiteren durch die wachsende Komplexität der Sozialstruktur – durch ihre zunehmende Differenzierung und Spezialisierung und die

immer enger werdenden internationalen Verflechtungen. Die Bildungsexpansion unterliegt schließlich auch einer nur schwer zu kontrollierenden Eigendynamik: In der individuellen Konkurrenz um Statussicherung und sozialen Aufstieg nehmen immer mehr Menschen hohe Bildungsanstrengungen auf sich – eine „Bildungsspirale" mit problematischen Folgen: „If everyone stands on tiptoe, no one sees better" (Fred Hirsch).

Die *Bildungsexpansion* ist mit zwei paradoxen Effekten verknüpft. Ihr erstes Paradoxon besteht in der gleichzeitigen Auf- und Abwertung der Bildungszertifikate für die Plazierung der Individuen in der sozialen Hierarchie und die damit verbundenen Lebenschancen. Der Aufwertungseffekt zeigt sich darin, daß mittlere und höhere Bildungszertifikate immer wichtiger für den Einstieg in bestimmte Berufslaufbahnen werden. Wo früher niedrige Schulabschlüsse genügten, werden heute mittlere oder höhere gefordert. Andererseits unterliegen die Zertifikate einer Entwertung, weil mit einem Abschluß desselben Niveaus nur noch Berufspositionen mit durchschnittlich weniger Statuschancen (Einkommen, Prestige, Arbeitsqualität, Einfluß) erworben werden können („Bildungsinflation"). Höhere Bildungszertifikate sind also immer mehr Voraussetzung, aber immer weniger Garantie für einen höheren Sozialstatus geworden.

Das zweite Paradoxon der *Bildungsexpansion* besteht darin, daß sie mehr *Bildungschancen* aber nicht mehr *Chancengleichheit* zwischen den Schichten gebracht hat. Auf die geschlechtstypischen Ungleichheiten hat sie sich ganz anders ausgewirkt als auf die schichttypischen: Während sich die erheblichen Bildungsdefizite der Mädchen aufgrund geringerer Präsenz an Realschulen und Gymnasien der 60er Jahre inzwischen in leichte Bildungsdefizite der Jungen verkehrt haben und während die Frauendefizite an den Hochschulen deutlich gemildert wurden, weisen die schichtspezifischen Chancenunterschiede ein starkes Beharrungsvermögen auf: Lediglich an den Realschulen konnten bisher Benachteiligte – die Kinder von Facharbeitern (kaum jedoch die Kinder der Ungelernten) –

Boden gutmachen. Beim Wettlauf um Gymnasial- und Hochschulabschlüsse dagegen gingen die Kinder der gesellschaftlichen Mitte (Selbständige, Landwirte, mittlere Dienstleistungsschichten) als Sieger hervor, die Arbeiterkinder haben stattdessen – trotz eines geringen Chancenzuwachses – gegenüber anderen Gruppen weiter an Boden verloren. Die Ursachen dafür, daß drei Jahrzehnte Bildungsreformen nur wenig an der schichtspezifischen Ungleichheit der Bildungschancen rütteln konnten, liegen insbesondere in den unterschiedlichen Lebens- und Sozialisationsbedingungen der Schichten, aber auch am schichttypischen Auslesefilter des Bildungssystems, dessen Funktionsmechanismen nur teilweise am Leistungskriterium ausgerichtet sind.

In der *DDR* wurde die Bedeutung der Bildung für den gesellschaftlichen Fortschritt – für die sog. „wissenschaftlich-technische Revolution" (WTR) – frühzeitiger erkannt als in der Bundesrepublik und die Höherqualifizierung der Bevölkerung eher begonnen und auch konsequenter umgesetzt. Die Ungelernten (einschl. Teilausbildung) waren seit Mitte der 80er Jahre auf einen Rest von höchstens 15% der Erwerbstätigen zusammengedrückt worden (wenn auch das ursprüngliche Ziel, diese Gruppe ganz zum Verschwinden zu bringen, nicht verwirklicht werden konnte), und der Akademikeranteil lag meist geringfügig um einen Prozentpunkt über dem westdeutschen. Die *Bildungsexpansion* unter jungen Menschen wurde allerdings bereits in den 70er Jahren aus ökonomischen Gründen wieder gedrosselt, so daß 1989 die Abiturienten- und Studienanfängerquoten unter den Gleichaltrigen mit jeweils 14% deutlich unter den westdeutschen Quoten (Abiturienten 24%, Studienanfänger an Universitäten 20%) lagen.

Aufschlußreich für die vom Westen abweichende sozialstrukturelle Dynamik der sozialistischen Gesellschaft ist die widersprüchliche Entwicklung bei der *sozialen Ungleichheit* der *Bildungschancen*. Das vorrangige bildungs- und gesellschaftspolitische Ziel in der Startphase der DDR war die „Brechung des bürgerlichen Bildungsprivilegs" und die Heranbildung einer neuen sozialistischen Führungsschicht, die sich nach dem Prinzip der proportionalen Rekrutierung aus allen *Klassen* und *Schichten* zusammensetzen sollte. Mit einem ganzen Bündel bildungspolitischer Maßnahmen – darunter auch der gegen das Leistungsprinzip verstoßende „*Arbeiter*- und *Bauern*-Bonus", durch den leistungsschwächere, aber systemloyale Arbeiter- und Bauernkinder gegenüber leistungsstärkeren Kindern aus bürgerlichen Schichten bevorzugt wurden – öffneten sich die Universitäten für Arbeiterkinder in dramatischer Weise. Deren Anteil unter den Studierenden entsprach Mitte der 50er Jahre fast dem Arbeiteranteil an der Gesamtbevölkerung. Gegen Ende der 50er Jahre setzte dann jedoch eine Phase zunehmender sozialer Schließung der höheren Bildungswege ein, die bis zum Untergang der DDR anhielt. Der Zugang zu den *Universitäten* versiegte für Arbeiterkinder zusehends, das bürgerliche Bildungsprivileg wurde allmählich durch ein Bildungsprivileg der neuen sozialistischen Intelligenz ersetzt. In der Endphase der DDR war die soziale Auslese auf dem Weg in die Universitäten schärfer als in der Bundesrepublik. Die Anteile der Arbeiterkinder unter den Studierenden waren zur Zeit der Wende mit schätzungsweise 7 bis 10% kleiner als in Westdeutschland mit 15% und die Anteile der Akademikerkinder mit 47% doppelt so hoch (West: 23%) (Geißler 1996: 265f.). Nach der revolutionären Öffnung der vertikalen Mobilitätskanäle in der Startphase der sozialistischen Gesellschaft etablierte sich die neue Führungsschicht der sozialen Aufsteiger und schottete sich zunehmend gegen den Zugang von unten ab; die sozialen Mobilitätskanäle schlossen sich wieder.

2.3 Erwerbsstruktur: Tertiärisierung und Schrumpfen des Mittelstandes

Die Entwicklung der Erwerbsstruktur ist in beiden deutschen Gesellschaften von zwei grundlegenden langfristigen Umschichtungstendenzen gekennzeichnet: der *Tertiärisierung* und dem Schrumpfen des Mittelstandes der *Selbständigen*. Der Begriff der Tertiärisierung charakterisiert die letzte Phase eines langen generellen sozioökonomischen Wandels von Agrargesellschaften über Industriegesellschaften hin zu Dienstleistungsgesellschaften: Nach der Drei-Sektoren-Hypothese von Colin Clark und Jean Fourastié verlagert sich das Schwergewicht der wirtschaftlichen Tätigkeit – gemessen am Anteil der jeweiligen Wirtschaftssektoren an der Wertschöpfung und an der Zahl der Erwerbstätigen – immer mehr vom agrarischen (primären Sektor) und industriell-handwerklichen (sekundären Sektor) zum Dienstleistungsbereich (tertiären Sektor). Gleichzeitig arbeiten immer mehr Erwerbstätige als abhängig Beschäftigte und immer weniger als Selbständige. Hinter diesen Umschichtungen steckt ein kompliziertes Geflecht ökonomischer und sozialstruktureller Ursachen (u.a. starkes Wachstum der Produktivität und unterschiedliche Produktivitätsfortschritte in den verschiedenen Sektoren, zunehmende Komplexität der Sozialstruktur, Anstieg von Wohlstand und Freizeit, Alterung der Bevölkerung). Ihre konkreten Verläufe in Ost und West zeigen charakteristische Abweichungen. Die Bundesrepublik überschreitet bereits in den 70er Jahren die Schwelle zur *Dienstleistungsgesellschaft*; Angestellte und Beamte steigen zu den quantitativ dominierenden Schichten auf, sie machen 1994 54% der Erwerbstätigen aus. Arbeiter sind kontinuierlich von 51% im Jahre 1950 auf 35% im Jahre 1994 zurückgegangen. Und die ehemals strukturprägende Schicht der Bauern, die zwar im Zuge der Industrialisierung bereits im 19. Jahrhundert ihre dominante Position einbüßte, aber 1950 immer noch ein Viertel der Erwerbstätigen stellte, ist auf einen kleinen Rest von gut 2% zusammengeschmolzen.

In der *DDR* blieb der Tertiärisierungsschub der 70er und 80er Jahre weitgehend aus. Ein erheblich niedrigeres Produktivitätsniveau und die Vernachlässigung des Dienstleistungssektors durch die sozialistische Wirtschaftsplanung hatten einen Tertiärisierungsrückstand von etwa 25 Jahren zur Folge: Die Verteilung der Erwerbstätigen im Jahre 1989 – 50% arbeiteten im sekundären, 40% im tertiären und 11% im primären Sektor – entsprach der westdeutschen Situation in der Mitte der 60er Jahre. Arbeiter- und Bauernschichten waren also erheblich überproportioniert, die Dienstleistungsschichten dagegen unterentwickelt, obwohl wiederum die Staats- und Wirtschaftsbürokratien personell erheblich überbesetzt waren. Die deformierte sozialistische Dienstleistungsstruktur mutet also paradox an: Es gab zu wenige Dienstleister, aber wo es sie gab, gab es ihrer zu viele.

Karl Marx hatte den *Mittelständen* den baldigen Untergang prophezeit: sie würden im Konkurrenzkampf der Mono- und Oligopole zerrieben. Diese düstere Prognose hat sich in der Bundesrepublik nur teilweise erfüllt. Der Anteil der *Selbständigen* an den Erwerbstätigen wurde zwar von 16% im Jahr 1950 auf 10% im Jahr 1970 erheblich dezimiert; seitdem hält er sich jedoch in etwa auf diesem Niveau. Die Selbständigen stellen eine ausgesprochen leistungsorientierte, flexibel agierende, experimentier- und risikofreudige Gruppe dar, mit wichtigen sozioökonomischen Funktionen; schichtungssoziologisch sind sie – im Hinblick auf Qualifikation, Einkommen und Vermögen sowie Sozialmentalität – sehr heterogen zusammengesetzt.

Die sozialistische Machtelite hat bei der Erfüllung der Marxschen Prophezeiung kräftig nachgeholfen und die Selbständigen in der DDR durch ihre Sozialisierungs- und Kollektivierungspolitik fast vernichtet. Der kleine Rest von ca. 180.000 *Selbständigen* (gut 2% der Erwerbstätigen), die in den 80er Jahren, insbesondere im Handwerk, noch überlebt hatten, war zu einem sozioökonomischen Kümmerdasein verurteilt, da seiner wirtschaftlichen Aktivität durch Planvorgaben und hohe Steuern enge leistungshemmende Fesseln angelegt waren.

In der Agrar-, Industrie- und Beschäftigungskrise nach der Vereinigung verwandelte sich Ostdeutschland im sozioökonomischen Bereich quasi über Nacht von einer industriell geprägten Arbeitergesellschaft in eine Dienstleistungsgesellschaft. Die Tertiärisierungslücke hat sich ruckartig geschlossen, bereits 1992 war die Verteilung der Beschäftigten auf die drei Sektoren fast mit der westdeutschen Situation identisch – mit einem bis heute bestehenden leichten ostdeutschen Defizit im industriell-handwerklichen Bereich. 1996 arbeiteten 62% im Dienstleistungsbereich (West: ebenfalls 62%), 34% im produzierenden Gewerbe (West: 35%) und 4% im primären Sektor (West: 3%).

Erhebliche Schwierigkeiten bereitet der Neuaufbau eines handwerklich-tertiären Mittelstands. Die ca. 480.000 *Selbständigen* in den neuen Ländern (1995) machen erst ca. Dreiviertel des westdeutschen Umfangs dieser Gruppe aus und weisen auch qualitativ zahlreiche Besonderheiten auf: eine buntere Zusammensetzung nach Herkunft und Soziallage; mehr Klein- und Kleinstbetriebe; mehr „Notgründungen" aus der tatsächlichen oder drohenden Arbeitslosigkeit heraus; eine extreme Polarisierung der Einkommen, wobei die Mehrheit lediglich unterdurchschnittliche Verdienste erzielt.

Im Agrarbereich, wo sich der Strukturumbruch mit besonderer Radikalität und Dramatik vollzog, zeichnet sich ein ostdeutscher Sonderweg ab: Fast 60% der ostdeutschen Nutzfläche wurden 1995 weiterhin kollektiv von den LPG-Nachfolgegesellschaften bewirtschaftet, und die relativ wenigen neu entstandenen Einzelbetriebe nehmen sich im Vergleich zu den westdeutschen Familienbetrieben wie postsozialistische Großagrarier aus; ihre Höfe sind mit durchschnittlich 160 ha um das Vierfache größer.

2.4 Privatheitsstruktur: Pluralisierung und Monopolverlust der bürgerlichen Kleinfamilie

Im Zuge der *Industrialisierung* hat sich mit der Trennung von Wohn- und Arbeitsstätte das Leitbild der bürgerlichen *Kleinfamilie* (Zwei-Generationen-Familie) herausgebildet: Zwei Ehepartner bilden zusammen mit ihren Kindern eine auf Dauer angelegte, gefühlsbetonte Gemeinschaft mit einer klaren geschlechtstypischen Rollentrennung. Erst mit dem Wohlstandsanstieg in der Nachkriegszeit konnte dieser Familientyp auch wirklich in allen Schichten gelebt werden, in den 60er Jahren dominierte er die Form des privaten Zusammenlebens quasi monopolartig. Seitdem ist die Privatheitsstruktur Veränderungen ausgesetzt, die sich zusammenfassend mit den Begriffen Deinstitutionalisierung von Ehe und Familie sowie Pluralisierung von Privatheitsformen charakterisieren lassen. *Ehe* und *Familie* verlieren an normativer Verbindlichkeit und Stabilität, und alternative Formen des privaten Zusammenlebens – nichteheliche Lebensgemeinschaften, Einelternfamilien, kinderlose Ehepaare, Alleinlebende – konkurrieren zunehmend mit der bürgerlichen Kleinfamilie, die ihr Quasi-Monopol eingebüßt hat. Die Zwei-Generationen-Familie, die durchaus noch „für die Mehrheit der deutschen Bevölkerung Fixpunkt und Leitbild" (Meyer in Geißler 1996: 330) geblieben ist, verändert ihr Gesicht (z.B. spätere Heirat, weniger Kinder, mehr Scheidungen, mehr erwerbstätige Mütter, Auflockerung der geschlechtstypischen Arbeitsteilung). Insgesamt ist die Struktur der Privatheit differenzierter und vielfältiger geworden; dadurch eröffnen sich für den Einzelnen mehr Freiräume zur individuellen Gestaltung, die gleichzeitig auch als Zwang zu individuellen Entscheidungen empfunden werden können.

Der *Strukturwandel* der Privatheit ist mit anderen sozialstrukturellen und kulturellen Veränderungen verflochten: Er hängt mit dem Wohlstandsanstieg, mit der *Bildungsexpansion* (längere Ausbildungszeiten, Höherqualifizierung der Frauen) und mit den zunehmenden Mobilitätserfordernissen der Gesellschaft genauso zusammen wie mit der Frauenemanzipation sowie mit der Individualisierung und Säkularisierung im Wertebereich.

Pluralisierung, Monopolverlust der Kleinfamilie (Thomas Meyer), Deinstitutionalisierung und Lockerung des Familiengefüges sind grundlegende Tendenzen, die auch die ostdeutsche Privatheitsstruktur erfaßt haben. Jenseits dieser Gemeinsamkeiten zwischen Ost und West existierten aber auch abweichende ostdeutsche Entwicklungen, die sich unter Modernisierungsgesichtspunkten widersprüchlich darstellen: Die stärkere Familienorientierung, das frühere und häufigere Heiraten, die höheren Geburtenraten, das seltenere Alleinleben der Ostdeutschen bedeuteten ein „Hinterherhinken"; die höhere Mütter- und Frauenerwerbstätigkeit, die höheren Scheidungsraten und der größere Anteil Alleinerziehender sowie die höhere Legitimität dieser Verhaltensmuster ließen sich dagegen als „Modernisierungsvorsprung" interpretieren.

Die auffallendste Erscheinung nach der Vereinigung sind die historisch einmaligen, massiven Einbrüche in den neuen Ländern bei den Eheschließungen, Geburten und Scheidungen, deren Zahlen sich zwischen 1990 und 1992 jeweils mehr als halbierten; seitdem steigen sie nur sehr allmählich wieder an. Die dramatischen Rückgänge sind in erster Linie als Reaktion auf die Umbruchskrise zu deuten, als (vorübergehende) Lähmung der privaten Lebensplanung in den großen Turbulenzen außerhalb der Familie; zum Teil dürften sich dahinter aber auch Anpassungsprozesse an modernere westdeutsche Verhaltensmuster (niedrigere Heiratsziffern und Kinderzahlen) verbergen.

2.5 Geschlechterverhältnis: Minderung der Ungleichheiten

In beiden deutschen Gesellschaften sind die geschlechtstypischen Differenzierungen der Sozialstruktur abgeschwächt worden – eine Tendenz, die Norbert Elias zu den allgemeinen „emanzipatorischen Trends" der modernen Gesellschaft zählte. Gleichzeitig hat sich die soziale Sensibilität gegenüber den weiterhin existierenden erheblichen Ungleichheiten zwischen *Frauen* und Männern erhöht. In der DDR gehörte die Gleichstellung der Frau von Anbeginn an zu den offiziellen Zielen sozialistischer Gesellschaftspolitik. Sie war ideologisch, politisch und ökonomisch motiviert und vollzog sich als paternalistisch-autoritäre „Emanzipation von oben" – von Männern gesteuert und dem politischen Diskurs entzogen. In der Bundesrepublik gingen dagegen die Impulse für den Abbau der frauenspezifischen Defizite eher von den Frauen selbst, von ihren Gruppen und ihren Organisationen aus, es gab Ansätze einer demokratisch-öffentlichen „Emanzipation von unten".

Strukturelle Benachteiligungen der *Frauen* wurden in beiden Gesellschaften in vier zentralen gesellschaftlichen Bereichen verringert: im Bildungssystem, in der Arbeitswelt, in der Politik und in der Familie. Der Sozialismus hatte den Frauen in der *DDR* in allen vier Bereichen einen deutlichen strukturellen Gleichstellungsvorsprung eingebracht. So lag ihr Anteil unter den Studierenden in den 80er Jahren bei 49-50% (West: 38-41%), und sie waren im Bildungssystem besser an Männerdomänen wie Technik, Naturwissenschaften und Ökonomie herangeführt worden. Die Berufstätigkeit war für die ostdeutsche Frau und Mutter eine Selbstverständlichkeit, während Westdeutschland trotz steigender Frauenerwerbsquoten in dieser Hinsicht zu den Schlußlichtern unter den entwickelten Gesellschaften gehört. Auch in die höheren Etagen der Berufswelt, die in beiden Gesellschaften Männerdomänen sind, konnten DDR-Frauen etwas besser vordringen (z.B. 1989 Anteil der Richterinnen 50% gegenüber 18% in der Bundesrepublik), ebenso in die unteren und mittleren Ebenen der politischen Hierarchie (z.B. 32% weibliche Abgeordnete in der Volkskammer 1988, gegenüber 15% im Bundestag 1989). Auch die geschlechtstypische *Arbeitsteilung* in der Familie, die ein wesentliches Bollwerk gegen die Gleichstellung der Frauen in Arbeitswelt und Politik ist und wo sich der Abbau der traditionellen Rollentrennung am zögerlichsten vollzieht, war in der DDR etwas stärker aufgelockert. Der Gleichstellungsvorsprung brachte für viele ostdeutsche Frauen hohe Be- und auch Überlastungen mit sich, weil die drei Rollen der sozialistischen Frau (Erwerbstätige + gesellschaftlich-politisch Aktive + Hausfrau und Mutter) in der DDR-Realität nicht so miteinander in Einklang zu bringen waren, wie es das Ideal vorsah.

Während sich in den letzten Jahren in Westdeutschland die skizzierten „emanzipatorischen Trends" fortgesetzt haben, treten in den neuen Ländern die Konturen der geschlechtstypischen Ungleichheiten wieder stärker hervor. Demodernisierungsprozesse treten insbesondere in der Berufswelt auf. Die *Frauen* werden von der Beschäftigungskrise häufig härter betroffen als die Männer, die geschlechtsspezifische Hierarchisierung hat sich in der Arbeitswelt – entgegen dem historischen Trend – erneut verschärft. Rückwirkungen dieser Probleme sind auch in der häuslichen Arbeitsteilung spürbar, wo vor allem bei arbeitslosen Frauen und Müttern die traditionelle Rollentrennung wieder forciert wird. Und auch in einigen Bereichen des Bildungssystems sind Mädchen erneut in die Defensive geraten. Obwohl Teile des Gleichstellungsvorsprungs weggeschmolzen sind, wird sichtbar, daß einige Pfeiler des moderneren Geschlechterverhältnisses offensichtlich fest in der Psyche der Ostdeutschen verankert wurden: Der „doppelte weibliche Lebensentwurf", der Wunsch der Frauen, Berufstätigkeit und häusliche Verpflichtungen miteinander zu vereinbaren, lebt allen Widrigkeiten des Umbruchs zum Trotz bei beiden Geschlechtern ungebrochen fort.

3. Die Sozialstruktur aus der Makroperspektive

Bei der Analyse der komplexen Wirkungszusammenhänge von Teilbereichen der Sozialstruktur besteht die Gefahr, den Zusammenhang der Teile mit dem Ganzen aus dem Blick zu verlieren. Daher sollen in diesem letzten Abschnitt drei Versuche skizziert werden, die Sozialstruktur gesamthaft aus der Makroperspektive zu betrachten. Da diese drei Ansätze auch die Forschungsschwerpunkte in drei aufeinanderfolgenden Phasen der westdeutschen Sozialstrukturanalyse markieren, wird gleichzeitig ein kurzer, grober Abriß über die Entwicklung dieser Disziplin gegeben.

3.1 Klassen und Schichten

Die Klassen- und Schichtungsanalyse beabsichtigt – sofern sie an die Tradition der anspruchsvollen und komplexen Ansätze von Karl Marx, Max Weber oder Theodor Geiger anknüpft –, die Gesamtbevölkerung mit Hilfe zweier miteinander zusammenhängender Dimensionen nach „Klassen" oder „Schichten" zu gliedern: zum einen nach den Unterschieden in ihren „äußeren" Lagen/Lebensbedingungen – nach ihren „Klassenlagen" (Marx) oder „Soziallagen" (Geiger) – und zum anderen nach den Unterschieden in ihren „inneren" oder „psychischen" Dispositionen/Merkmalen –

nach „Klassenbewußtsein" oder „Klassenhandeln" (Marx, Weber), nach „Schichtmentalitäten", schichttypischen „Lebensstilen" oder „Lebensduktus" (Geiger), nach ihrem „Klassenhabitus" (Bourdieu). Dabei wird in der Regel nicht materialistisch bzw. strukturalistisch unterstellt, daß das Sein das Bewußtsein, die Klassen- oder die Soziallagen die psychischen Dispositionen determinieren; aber es wird vermutet, daß ähnliche äußere Lebensbedingungen Sozialisationseffekte ausüben und daß daher Menschen in ähnlicher Klassen- und Soziallage mit mehr oder weniger großer Wahrscheinlichkeit ähnliche Persönlichkeitsstrukturen entwickeln. Diese Sozialisationsannahme über wahrscheinliche Zusammenhänge von „äußeren" und „inneren" Strukturen wird quantitativ oder qualitativ empirisch überprüft. Aus dem Zusammenwirken von Klassenlage und Klassenhabitus resultieren Unterschiede in den Lebenschancen, die bei kritischen Sozialstrukturforschern Anlaß für sozialkritische Kommentare und sozialpolitische Reformvorschläge sind.

Die Versuche der 50er und 60er Jahre, die komplexen realen Strukturen auf wesentliche Grundmuster zu reduzieren, haben zu sehr unterschiedlichen Klassen- und Schichtmodellen und kontroversen Vorstellungen über die Sozialstruktur geführt. Sie reichen von Schelskys Modell einer „nivellierten Mittelstandsgesellschaft" über Dahrendorfs „Hausmodell" mit sieben *Klassen* und *Schichten* (Eliten, Dienstklasse, Mittelstand, Arbeiterelite, falscher Mittelstand, Arbeiterschicht, Unterschicht) bis hin zu neomarxistischen Konzepten, die einen zunehmenden Antagonismus zwischen den beiden Hauptklassen Kapitalisten und Proletarier unterstellen. Einige neuere Klassifikationsversuche orientieren sich weiterhin an dem von Dahrendorf diagnostizierten Grundmuster, ziehen jedoch einige weitere Differenzierungslinien ein, z.B. zwischen Facharbeitern und Ungelernten, zwischen oberer und unterer Dienstklasse, zwischen bäuerlichem und bürgerlichem Mittelstand oder zwischen deutschen und ausländischen Randschichten (Noll/Habich in Berger/Hradil 1990: 161; Geißler 1996: 86).

3.2 Das mehrdimensionale Gefüge sozialer Ungleichheit

In den 70er Jahren erweitert die Sozialstrukturanalyse ihr Blickfeld: Neben den *Schichten* und *Klassen*, neben den „vertikalen" bzw. „alten" Ungleichheiten nimmt sie auch „horizontale" bzw. „neue" Ungleichheiten ins Visier: vor allem die Benachteiligung von Mädchen und Frauen und die Integrationsdefizite der neu zugewanderten ethnischen Minderheiten, aber auch Probleme in spezifischen Phasen des Lebenslaufs (bei Kindern, Jugendlichen oder alten Menschen), Stadt-Land-Unterschiede, die „öffentliche Armut" inmitten des „privaten Wohlstands" (Defizite im Bildungs- und Gesundheitswesen, in der Infrastruktur) oder auch Ungleichheiten und Abhängigkeiten im internationalen und globalen Kontext. Die Sozialstrukturforschung erweitert sich von der Schicht- und Klassenanalyse zur Ungleichheitsforschung; die Sozialstruktur wird als ein mehrdimensionales Gefüge *sozialer Ungleichheit* betrachtet, in dem die Unterschiede in den Lebenschancen nicht nur durch die traditionellen „vertikalen" Schicht- oder Klassenkriterien wie Berufs- und Bildungsstatus beeinflußt werden, sondern auch durch andere Zuweisungskriterien wie Geschlecht, Nationalität, Alter, Generation oder Region. Neben die vergleichsweise einfachen Schicht- und Klassenmodelle treten komplexere mehrdimensionale Soziallagenmodelle, die die Bevölkerung gleichzeitig nach mehreren Merkmalen untergliedern. So kombiniert die Wohlfahrtsforschung Berufsstatus mit Geschlecht und Alter und unterscheidet insgesamt 44 sozioökonomische Lagen (Zapf 1989: 113). Mit diesem feinen Raster läßt sich die ungleiche Verteilung von objektiven Ressourcen (Einkommen, Wohnungsstandards u.a.) und subjektivem Wohlbefinden (Lebenszufriedenheit, Sorgen u.a.) vergleichsweise differenziert erfassen. Mit der deutschen Vereinigung ist das Ungleichheitsgefüge um eine weitere zentrale Dimension von hoher politischer und sozialpsychologischer Brisanz, um die Ost-West-Kluft, (vorübergehend?) angereichert worden (vgl. Geißler 1996: 372ff.).

Die gesellschaftliche Bedeutung der verschiedenen Ungleichheitsdimensionen wird – je nach den zugrundegelegten Relevanzkriterien – unterschiedlich eingeschätzt. Geht man von der Konfliktwahrnehmung in der Bevölkerung aus, so sind die Gegensätze zwischen Deutschen und Asylbewerbern das brennenste Problem, gefolgt von drei in etwa gleichrangig eingestuften Konfliktlinien – dem traditionellen vertikalen Konflikt, dem neuen West-Ost-Gegensatz und den Problemen zwischen Deutschen und „Gastarbeitern". Der in der politischen und wissenschaftlichen Öffentlichkeit häufig thematisierte „Geschlechterkampf" spielt dagegen für die Ost- und Westdeutschen nur eine drittrangige Rolle (Noll in: Statistisches Bundesamt 1994: 609).

3.3 „Soziale Milieus" und Lebensstile

Seit etwa Mitte der 80er Jahre haben sich das Erkenntnisinteresse und die Perspektive der deutschen Sozialstrukturanalytiker erneut verlagert: die „innere", „psychische", „kulturelle" Dimension der Sozialstruktur rückt nunmehr ins Zentrum der Aufmerksamkeit. Erforscht werden insbesondere die zunehmende Vielfalt der Orientierungs-, Einstellungs- und Handlungsmuster. Wohlstandsanstieg, Bildungsexpansion und die Entwicklung von der Arbeits- zur Konsum- und Freizeitgesellschaft haben die Soziallagen und Lebensbedingungen vielfältiger werden lassen und die Menschen z.T. aus materiellen, zeitlichen, sozialen und kulturellen Bindungen herausgelöst. Die Folgen sind größere individuelle Orientierungs- und Handlungsspielräume. In den letzten Jahrzehnten setzt sich ein Prozeß fort, den Klassiker der Soziologie (Durkheim, Simmel) bereits vor einem Jahrhundert erkannt hatten: die zunehmende Differenzierung der Sozialstruktur erweitert die Freiräume menschlichen Verhaltens. Um die unendliche Vielzahl individueller Lebensäußerungen zu bündeln und Übersicht in die „neue Unübersichtlichkeit" (Habermas) zu bringen, werden häufig die Begriffe *„Lebensstil"* und *„soziales Milieu"* benutzt. Diese Konzepte wurden in Deutschland zunächst in der Markt- und Wahlforschung (SINUS-Institut) entwickelt, ehe sie dann danach von der allgemeinen

Sozialstruktur

Sozialstrukturanalyse übernommen wurden (Hradil 1987).

3.4 Die vielen Gesichter der modernen Sozialstruktur

Die kultursoziologische Wende, der zwar nicht alle Forscher gefolgt sind, die aber den Mainstream der gegenwärtigen Sozialstrukturforschung bestimmt, hat zwei Gefahren mit sich gebracht: Zum einen lassen sich einige Sozialstrukturanalytiker von der neu entdeckten Vielfalt individueller Lebenspraxis so faszinieren, daß sie sich im Studium von *Lebensstilen* und Subkulturen verlieren und das ursprüngliche Anliegen der Sozialstrukturanalyse – nämlich die Zusammenhänge von „objektiven Strukturen" und „subjektiven Dispositionen" zu erkunden – vernachlässigen oder ignorieren. Sozialstrukturanalyse verengt sich zur Kultursoziologie oder zur normativ beliebigen, postmodernen Vielfaltsforschung. Problematischer noch ist die zweite Gefahr: Unter dem Einfluß griffig formulierter Formeln wie „Jenseits von Klasse und Schicht" (Beck 1986) oder „Entstrukturierte Klassengesellschaft" (Berger 1986) oder „Von Klassen und Schichten zu Lagen und Milieus" (Hradil 1987) hat sich die Vorstellung ausgebreitet, Klassen und Schichten lösten sich im Zuge der *Modernisierung* auf oder hätten sich bereits aufgelöst. Diese Annahme ist nachweislich falsch. Es läßt sich empirisch belegen, daß trotz aller Differenzierung, Pluralisierung, Individualisierung, Dynamisierung und zunehmender Vielfalt die schichttypischen Ungleichheiten der Lebenschancen in wichtigen Bereichen fortbestehen – z.B. bei den Chancen auf eine gute Ausbildung und eine gute Plazierung in der sozialen Hierarchie, auf politische Teilnahme, auf einen qualifizierten und sicheren Arbeitsplatz, auf eine angenehme Altersphase oder bei den Gefahren der Kriminalisierung (Geißler 1994, 1996a).

Pierre Bourdieu hat am Beispiel der französischen Sozialstruktur in vorbildlicher Weise vorgeführt, wie man Klassentheorie und Kultursoziologie bzw. Lebensstilanalyse auf moderne Art miteinander verbinden kann. In Anlehnung an Bourdieu verknüpfen auch Vester u.a. (1993) die neun SINUS-Milieus mit einem einfachen Klassenmodell. Die konservativ-gehobenen, liberalen und alternativen Milieus ordnen sie der Oberklasse zu, die kleinbürgerlichen, aufstiegsorientierten und hedonistischen Milieus der Mittelklasse und die traditionellen und traditionslosen Arbeitermilieus sowie das neue Arbeitnehmermilieu der Arbeiterklasse.

Die komplizierte Sozialstruktur der modernen Gesellschaft hat viele Facetten und Gesichter. Neben horizontalen Ungleichheiten und der zunehmenden Vielfalt kultureller Muster und Handlungsoptionen leben alte vertikale Strukturen fort. Erstere sind augenfälliger und der direkten Beobachtung leichter zugänglich als letztere, die zunehmend von der lebensweltlichen Oberfläche verdrängt werden. Es ist schwierig, evtl. auch unmöglich, diese Vielgesichtigkeit auf einen, auf den Begriff zu bringen. Sie fordert eher dazu auf, daß verschiedene Forschungsansätze miteinander konkurrieren. Nur durch Theorienpluralismus dürfte eine einigermaßen realitätsgerechte Einschätzung der Probleme (alte und neue soziale Ungerechtigkeiten und Konflikte, Orientierungslosigkeiten und anomische Erscheinungen) möglich sein, die die *Modernisierung* der Sozialstruktur mit sich bringt.

Literatur

Beck, Ulrich: Risikogesellschaft, Frankfurt a.M. 1986
Berger, Peter A.: Entstrukturierte Klassengesellschaft, Opladen 1986
Berger, Peter A./Stefan Hradil (Hg.): Lebenslagen – Lebensläufe – Lebensstile, Göttingen 1990
Geißler, Rainer (Hg.): Soziale Schichtung und Lebenschancen in Deutschland. 2. völlig neu bearb. u. akt. Aufl., Stuttgart 1994
Geißler, Rainer: Die Sozialstruktur Deutschlands, 2. neu bearb. u. erw. Aufl., Opladen 1996
Geißler, Rainer: Kein Abschied von Klasse und Schicht. In: Kölner Zeitschrift für Soziologie und Sozialpsychologie 48, 1996
Hradil, Stefan: Sozialstrukturanalyse in einer fortgeschrittenen Gesellschaft, Opladen 1987
Kreckel, Reinhard: Politische Soziologie der sozialen Ungleichheit, Frankfurt a.M./New York 1992

Kurz-Scherf, Ingrid/Gunnar Winkler (Hg.): Sozialreport 1994. Daten und Fakten zur sozialen Lage in den neuen Bundesländern, Berlin 1994
Schäfers, Bernhard: Gesellschaftlicher Wandel in Deutschland. 6. völlig neu bearb. Aufl., Stuttgart 1995
Statistisches Bundesamt (Hg.): Datenreport 1994. Zahlen und Fakten über die Bundesrepublik Deutschland, Bonn 1994

Vester, Michael u.a.: Soziale Milieus im gesellschaftlichen Strukturwandel, Köln 1993
Zapf, Wolfgang: Sozialstruktur und gesellschaftlicher Wandel in der Bundesrepublik Deutschland, in: Weidenfeld, Werner/Hartmut Zimmermann (Hg.): Deutschland-Handbuch, Bonn 1989

Rainer Geißler

Stadt – Land

1. Begriffe zwischen alten und neuen sozialen Wirklichkeiten

Das Begriffspaar Stadt – Land hat nicht nur durch die in ihm enthaltene Alliteration eine einprägsame Stellung, sondern es verbindet ähnlich wie ein anderes Begriffspaar, nämlich Mann und Frau, immanente und tatsächliche Gegensätze und Beziehungen, Abhängigkeiten und Eigenständigkeiten, Herrschaft und Zugehörigkeit. Es ist in diesem Sinne Teil der Alltagssprache, spiegelt dadurch etwas selbstverständlich Vorhandenes und Verstandenes wider, das sich erst auflöst, wenn man sich daran macht, zu einer Definition oder Bestimmung der einzelnen Begriffselemente zu kommen oder gar zu einer Analyse ihrer Beziehungen zueinander – und dies evtl. noch über verschiedene Epochen der menschlichen Entwicklungsgeschichte hinweg. Rasch wird einsichtig, daß die historisch klare Abgrenzung der Stadt, als eine mit einer Mauer beschützte Siedlung gegenüber dem flachen ungeschützten Land der Dörfer und Einzelgehöfte, heute einer Vielfalt der Verflechtungen und Abhängigkeiten gewichen ist, die sich in Spezifizierungen wie z.B. Kernstadt versus suburbanem Raum oder Stadt versus Umland, wenn nicht gar Hinterland, niederschlägt. Aber in dem Begriffspaar und den sie prägenden Vorstellungen ist diese frühere Konstellation der physischen Abgrenzung mehr als eine Episode, ist immer noch virulent, ganz zu schweigen von der Kontinuität der zugunsten der Stadt erkennbaren Abhängigkeiten. Diese Ausdifferenzierung der Realität und damit auch der Begriffe geht einher mit einer ständig wachsenden Verflechtung und Überlappung dieser Bereiche, die es kaum mehr möglich machen, eine scharfe analytische Trennung zu erreichen. Typenbildungen müssen entwickelt werden. Diese müssen den jeweiligen historischen Lagen entsprechen. Eine Überhöhung der Begriffe zu Idealtypen, die in der Realität sich nicht genau wiederfinden, umreißt den Gehalt, der auch heute noch mit dem Begriffspaar Stadt – Land verbunden wird. Der selbstverständliche Gebrauch dieser Begriffe kontrastiert also stark mit der facettenhaften Vielfältigkeit der heutigen Situation von Stadt und Land.

2. Von der Stadt-Land-Trennung zur Omnipräsenz des Städtischen

Wir haben also davon auszugehen, daß das Begriffspaar Stadt und Land auf historische Konstellationen zurückgreift, die heute weitgehend nicht mehr vorhanden sind, wobei dahingestellt sein kann, wie diese früher wahrgenommen wurden. Es bleibt die Tatsache, daß im umgangssprachlichen Gebrauch sich nicht nur historisch vermittelte Erfahrungen widerspiegeln, sondern auch noch heute erfahrbare Unterschiede. Anzumerken ist weiterhin, daß es zwar auch heute möglich ist, die Teilräume der Bundesrepublik oder anderer vergleichbarer Territorialstaaten im Hinblick auf Bevölkerungsdichte, Zentralität, Erreichbarkeiten oder Produktionsstruktur zu strukturieren, also einer Stadt-Land-Unterscheidung, besser einem Stadt-Land-Kontinuum zuzuordnen. Die dabei gewonnenen Typen bedeuten noch lange nicht, daß in den entsprechenden Regionen auch alle Bewohner gleiche Befindlichkeiten aufweisen, sondern es kann durchaus, um Extreme zu benennen, in sehr verdichteten Regionen Menschen geben, die eher ländlich leben oder ländlich bezogen ihr Leben gestalten, während in eher ländlichen Regionen sehr an verstädterten Werten und Gehalten orientierte Menschen wohnen können. Dies reflektiert das bekannte Syndrom des ökologischen Fehlschlusses, wonach es nicht möglich ist, aus aggregierten Zusammenhängen, die für bestimmte Kategorien oder in unserem Falle Räume charakteristisch sind, auf das Individuum zu schließen, wie natürlich auch nicht umgekehrt. Es ist deshalb gewiß kein Zufall, daß in allen einschlägigen Publikationen, die zum Stadt-Land-Verhältnis greifbar sind, die früheren, insbesondere vorindustriell vorhandenen Siedlungsstrukturen als klare Stadt-Land-Trennung hingestellt werden. Demgegenüber wird im Hinblick auf die jetzige Situation von einem Stadt-Land-Kontinuum gesprochen. Jüngst diskutierte theorieorientierte Vorstellungen gehen sogar davon aus, daß sich die Unterschiede zwischen Stadt und Land auflösen und wir gerade in den europäischen Zusammenhängen eher insgesamt von Stadtsystemen, zu denen die ländlichen Räume gewissermaßen als Reträume zugehören, sprechen sollten. Anders ausgedrückt, auch wenn es noch klar erkennbare Unterschiede in Dichte, Besiedlung und Erreichbarkeiten gibt, stellt dies nicht die Omnipräsenz des Städtischen als der modernen Form des gesellschaftlichen Lebens, zumindest in den entwickelten Ländern dieser Welt, infrage. Die Ubiquität der Massenmedien verstärkt den damit verbundenen Lebensstil.

3. Vorschlag für eine siedlungsstrukturelle Typenbildung

Um die auch in der Bundesrepublik Deutschland beobachtbaren Unterschiede in der *Siedlungsstruktur* zu erfassen, darzustellen und analytisch zu nutzen, hat die Bundesforschungsanstalt für Landeskunde und Raumordnung (BfLR) siedlungsstrukturelle Regions- und Kreistypen entwickelt, die dem allgemeinen Vergleich räumlicher Gegebenheiten und Entwicklungen dienen. Die Typenbildung erfolgt dabei nach den Merkmalen Zentralität, Verdichtung und Lage. Dies wird verstanden als ein auf siedlungsstrukturelle Aspekte konzentriertes Analyseraster, nicht als eine Darstellung und Typisierung von Problemräumen oder als eine Funktionszuweisung im Sinne raumordnungspolitischer Gestaltung. Dabei wird unterschieden zwischen siedlungsstrukturellen Regionstypen und siedlungsstrukturellen Kreistypen. Die Regionstypen dienen dem Vergleich großräumiger Disparitäten und Entwicklungstendenzen und greifen auf sog. Raumordnungsregionen zurück, die analytische Regionen sind und nur durch die Beachtung von Länder- und Kreisgrenzen auch den administrativen Gliederungen Rechnung tragen. Dabei werden drei Grundtypen definiert, nämlich *Agglomerationsräume*, verstädterte Räume und ländliche Räume.

Die *Agglomerationsräume* lassen sich weiter unterscheiden in einen Typ, der von einem stark verdichteten Umland umgeben ist (polyzentrische Struktur wie etwa das Ruhrgebiet) und in einen der als Solitär aus einem eher gering verdichteten Umland herausragt, wie etwa die norddeutschen Stadtstaaten. Der Grundtyp II, verstädterte Räume, läßt sich in drei Untertypen gliedern, d.h. je nach dem Grad der Bevölkerungsdichte bzw. dem Vorhandensein von Oberzentren oder nicht. Der Grundtyp III, die sog. ländlichen Räume, wird ebenfalls noch im Hinblick auf Dichte aufgeteilt. Mit der letzten Kategorie werden Räume mit einer Bevölkerungsdichte unter 100 Einwohnern pro qkm als peripher gelegene ländliche Räume zusammengefaßt. Diese setzten nach der deutschen Einheit in Teilen der fünf neuen Länder für die siedlungsstrukturelle Situation der Bundesrepublik einen neuen Akzent.

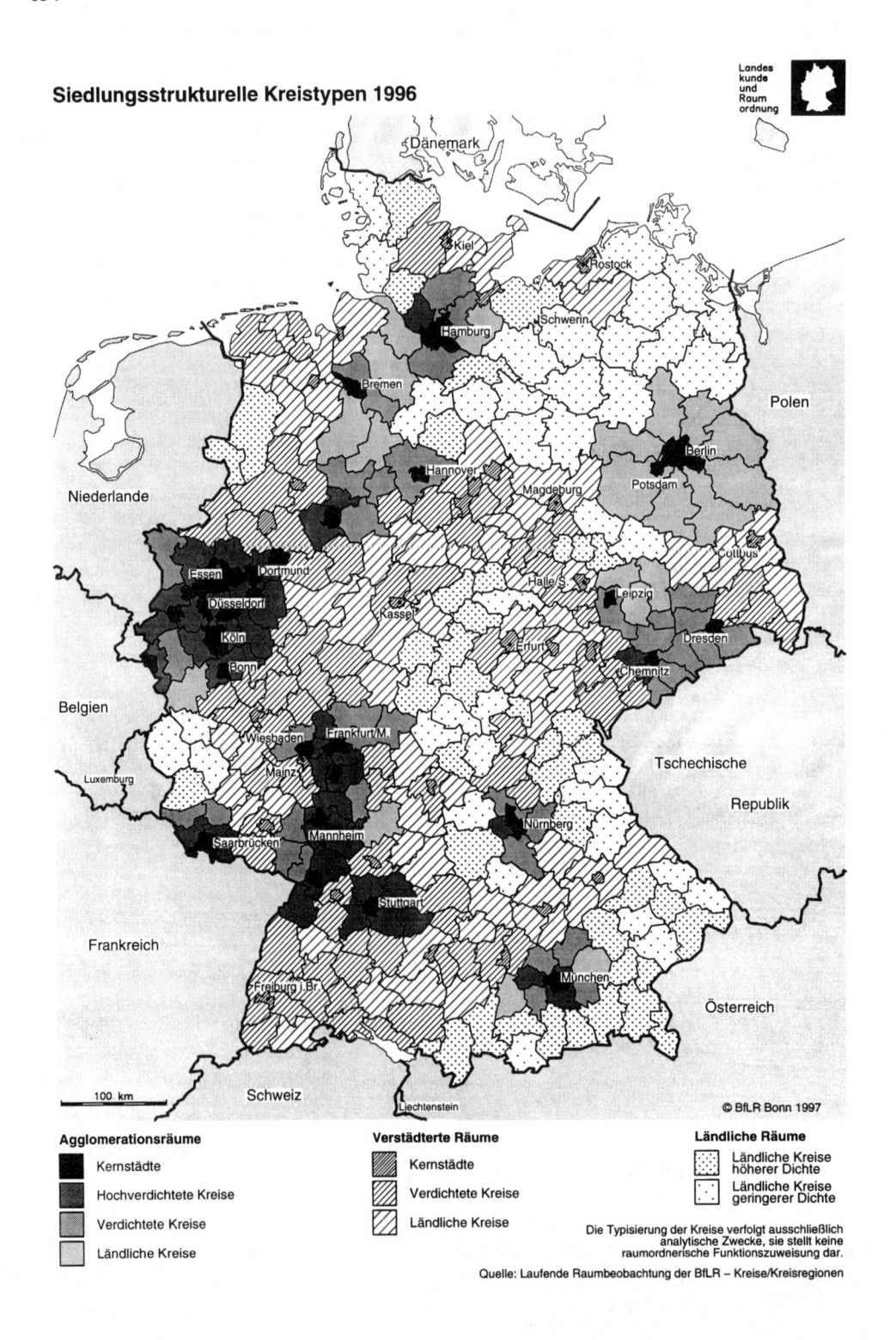

Stadt – Land

Siedlungsstrukturelle Kreistypen 1996

Agglomerationsräume
- Kernstädte
- Hochverdichtete Kreise
- Verdichtete Kreise
- Ländliche Kreise

Verstädterte Räume
- Kernstädte
- Verdichtete Kreise
- Ländliche Kreise

Ländliche Räume
- Ländliche Kreise höherer Dichte
- Ländliche Kreise geringerer Dichte

Die Typisierung der Kreise verfolgt ausschließlich analytische Zwecke, sie stellt keine raumordnerische Funktionszuweisung dar.

Quelle: Laufende Raumbeobachtung der BfLR – Kreise/Kreisregionen

© BfLR Bonn 1997

Erklärung zur Karte "Siedlungsstrukturelle Kreistypen"

Grundtyp I: Agglomerationsräume

1 Kernstädte im Regionstyp I
Kreisfreie Städte >100000 E

2 Hochverdichtete Kreise im Regionstyp I
Kreise mit einer Dichte >= 300 E/qkm

3 Verdichtete Kreise im Regionstyp I
Kreise mit einer Dichte >= 150 E/qkm

4 Ländliche Kreise im Regionstyp I
Kreise und Kreisregionen mit einer Dichte < 150 E/qkm

Grundtyp II: Verstädterte Räume

5 Kernstädte im Regionstyp II
Kreisfreie Städte > 100000 E

6 Verdichtete Kreise im Regionstyp II
Kreise und Kreisregionen mit einer Dichte >= 150 E/qkm

7 Ländliche Kreise im Regionstyp II
Kreise und Kreisregionen mit einer Dichte < 150 E/qkm

Grundtyp III: Ländliche Räume

8 Ländliche Kreise höherer Dichte
Kreise und Kreisregionen mit einer Dichte >= 100 E/qkm

9 Ländliche Kreise geringerer Dichte
Kreise und Kreisregionen mit einer Dichte < 100 E/qkm

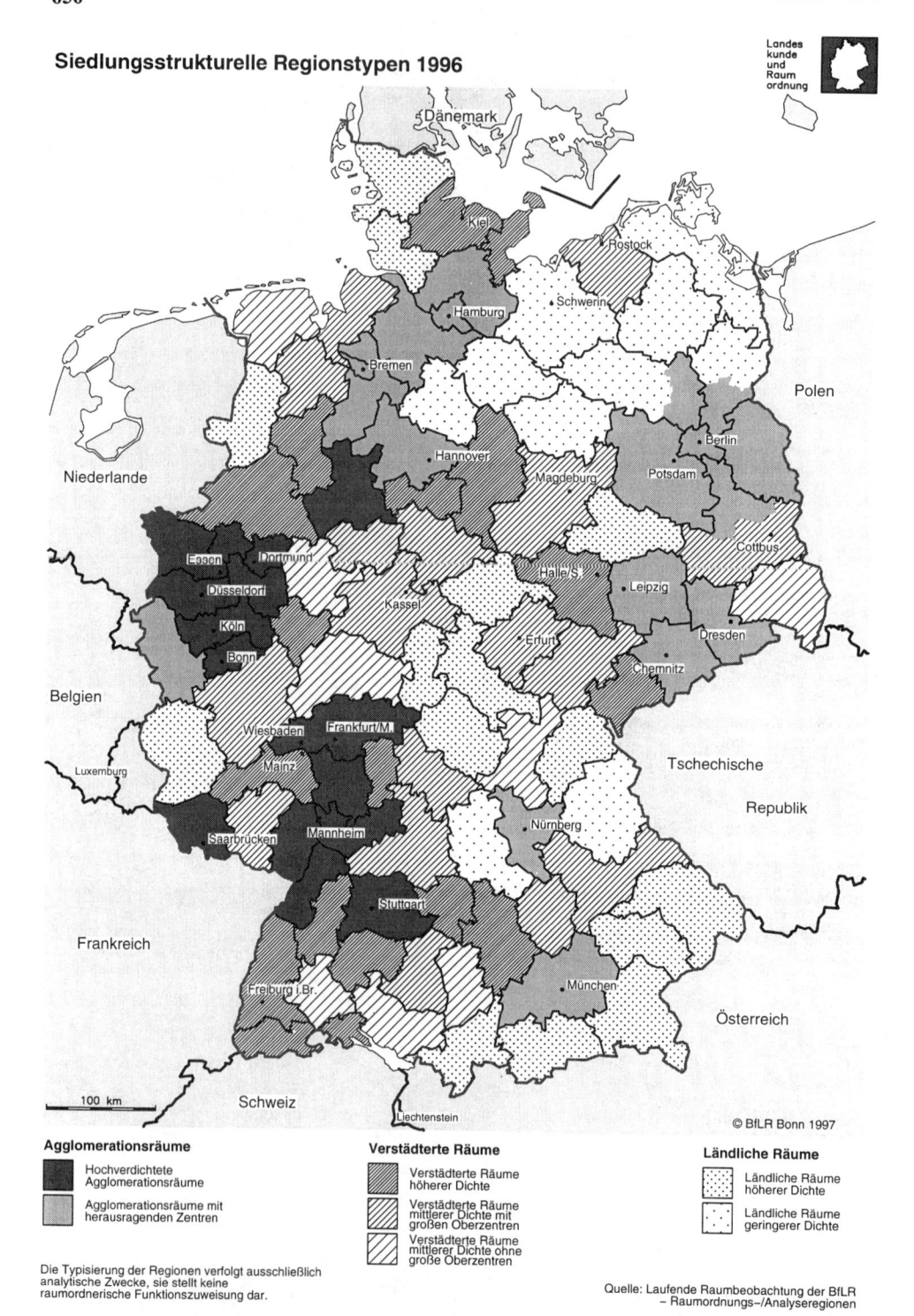

Siedlungsstrukturelle Regionstypen 1996

Agglomerationsräume
- Hochverdichtete Agglomerationsräume
- Agglomerationsräume mit herausragenden Zentren

Verstädterte Räume
- Verstädterte Räume höherer Dichte
- Verstädterte Räume mittlerer Dichte mit großen Oberzentren
- Verstädterte Räume mittlerer Dichte ohne große Oberzentren

Ländliche Räume
- Ländliche Räume höherer Dichte
- Ländliche Räume geringerer Dichte

Die Typisierung der Regionen verfolgt ausschließlich analytische Zwecke, sie stellt keine raumordnerische Funktionszuweisung dar.

Quelle: Laufende Raumbeobachtung der BfLR – Raumordnungs-/Analyseregionen

© BfLR Bonn 1997

Stadt – Land

Erklärung zur Karte "Siedlungsstrukturelle Regionstypen 1996"

Grundtyp I: Agglomerationsräume

I 1 Hochverdichtete Agglomerationsräume

Regionen mit Oberzentren >100000 E und Umland-Dichte >300 E/qkm: Typisch für diese regionale Situation sind die polyzentrisch geprägten Agglomerationen wie Rhein-Ruhr, Rhein-Main-Neckar.

I 2 Agglomerationsräume mit herausragenden Zentren

Regionen mit Zentren >100000 E und Umland-Dichte <300 E/qkm: Typisch für dieses Situation eines starken Kern-Umland Gefälles sind die Stadtstaaten und ihr Umland. Neben Berlin, Hamburg, Bremen, München, Hannover, Nürnberg, Dresden und Leipzig (=überragende Zentren mit ca 500 T E) zählen auch Aachen und Chemnitz zu dieser Kategorie.

Grundtyp II: Verstädterte Räume

II 1 Verstädterte Räume höherer Dichte

Regionen mit Dichte 100 - 200 E/qkm: Verstädterte Regionen, die neben der relativ hohen Dichte (>200 E/qkm) i.d.R. ein großstädtisches Oberzentrum aufweisen (z.B. Halle/S, Münster) oder aber in der Nachbarschaft solcher Zentren liegen (z.B. Ostwürttemberg, Bayerischer Untermain).

II 2 Verstädterte Räume mittlerer Dichte mit großen Oberzentren

Regionen mit Dichte 150 - 200 E/qkm, mit OZ >100000 E: Regionen mittlerer Dichte, bei denen "Verstädterung" (bei einer Mindestdichte von ca 100 E/qkm) an dem Vorhandensein einer Großstadt festgemacht wird, und zwar auch dann, wenn die Region ansonsten relativ gering besiedelt ist (z.B. Mittleres Mecklenburg/ Rostock, Lausitz-Spreewald, Regensburg).

II 3 Verstädterte Räume mittlerer Dichte ohne große Oberzentren

Regionen mit Dichte >150 und <200 E/qkm, ohne Zentrum >100000 E : Regionen, in denen kein großstädtisches Zentrum vorhanden ist, in denen aber eine größere Verdichtung als in ländlichen Räumen vorliegt (>150 E/qkm)

Grundtyp III: Ländliche Räume

III 1 Ländliche Räume höherer Dichte

Regionen mit Dichte >100 E/qkm : Regionen, die eine für ländliche Räume relativ hohe Bevölkerungsdichte und i.d.R. ein bedeutsames Zentrum aufweisen.

III 2 Ländliche Räume geringerer Dichte

Regionen mit einer Dichte <100 E/qkm: Regionen, die eine insgesamt geringe Bevölkerungsdichte aufweisen, selbst wenn ein bedeutsames Zentrum vorhanden ist.

Neben dieser Typisierung nach Regionen gibt es eine Typisierung nach siedlungsstrukturellen Kreistypen, wobei die kleinste Einheit Landkreise bzw. kreisfreie Städte sind. Innerhalb der drei Grundtypen, nämlich den *Agglomerationsräumen*, den *verstädterten Räumen* und den *ländlichen Räumen*, gibt es Untergliederungen. Mit diesen können auch ländliche Kreise bestimmt werden, die sich im Umfeld von Agglomerationsräumen oder der verstädterten Räume befinden. Diese gehören insofern auch zu den ländlichen Räumen, unterscheiden sich aber durch ihren Charakter und durch ihre Lage sehr von den ländlichen Räumen, die eher peripher gelegen sind im Hinblick auf ihre Erreichbarkeit, Zugehörigkeit zu größeren Zentren oder aufgrund ihrer insgesamt geringeren Bevölkerungsdichte (für Details siehe Karten und die begleitende Darstellung).

4. Die Entwicklung und Dynamik der Stadt-Land-Kontraste

Bei der Analyse von Stadt-Land-Gegensätzen oder -Unterschieden wurde früher in der Regel davon ausgegangen, daß die Städte aufgrund ihrer Bevölkerungs- und Produktionsstruktur den für breitere Bevölkerungskreise reicheren Regionen zuzurechnen seien, wohingegen die ländlichen Räume eher von Unterentwicklung oder gar Armutssyndromen geprägt seien, nicht zuletzt wegen ihrer Abhängigkeit von feudalen Besitzstrukturen. Dagegen ist die gegenwärtige Situation eher davon geprägt, daß wir innerhalb von nach Siedlungsstrukturmerkmalen ähnlichen Typen z.T. von größeren Unterschieden auszugehen haben, als sie zwischen den verschiedenen Siedlungsstrukturtypen bestehen können. So gibt es zwischen den Verdichtungsräumen große Unterschiede, bedingt durch die gravierenden Struktur- und Entwicklungsprobleme in der Nachkriegszeit. In jüngster Zeit hat dies durch *Globalisierung* und ihre Auswirkungen noch eine Zuspitzung erfahren. Dies hat zu Ausdifferenzierungen und unterschiedlichen Stadtregionen geführt, die in verschiedener Begrifflichkeit Sun- versus Frostbelt oder Nord-Süd-Gefälle, bezogen auf die Bundesrepublik, intensiv diskutiert wurden und z.B. in einem ersten Zugriff mit dem Indikator Arbeitslosigkeit auch hinreichend bestimmbar sind. Dies trifft insbesondere die Kernstädte. Dem gegenüber gibt es städtisches Umland oder eher ländliche Gebiete (siehe Tabelle Bevölkerungs- und Beschäftigtenentwicklung), die gerade in jüngster Zeit in einem sehr viel stärkeren Maße von Wachstum geprägt gewesen sind. Dies schlägt sich nicht nur in einem kontinuierlichen Anwachsen der Bevölkerung in den suburbanen Gebieten um die großen Städte herum nieder, sondern auch in einem Wachstum an Beschäftigung und dem Entstehen ausgeglichener Produktionen und Industriestrukturen, was nicht zuletzt auch Ausdruck der vielfältigen Probleme und Krisen der Kernstädte ist. Gleichwohl gibt es aber auch heute noch peripher gelegene ländliche Gebiete, gerade in den neuen Ländern mit großen strukturellen Problemen (vgl. die Karte „Strukturschwache ländliche Räume").

Die beobachtbaren Stadt-Land-Unterschiede müssen also heute ergänzt werden um Typen zwischen ländlichen bzw. städtischen Räumen. Wurde in den 70ern und auch in den früheren 80er Jahren noch konstatiert, daß die Entwicklung der ländlichen Räume, die lange Zeit die grundlegende Orientierung der räumlichen Politik der Bundesrepublik Deutschland, aber auch anderer vergleichbarer Länder, gewesen ist, nicht immer von Erfolg geprägt gewesen sei, so können wir heute feststellen, daß sich durch die Bevölkerungswanderung und das Ansiedeln von neuen Industriestrukturen die eher ländlich strukturierten Regionen im Umfeld der *Agglomerationsräume*, der Großstädte oder der Kernstädte, zunehmend positiv entwickeln. Es ist also eine weiterhin ungebremste *Suburbanisierung* zu konstatieren. Eine gleiche Dynamik ist nicht in den peripher gelegenen Regionen zu beobachten. Anders ist die Situation der *ländlichen Räume* mit besonderer landschaftlicher Attraktivität. Diese entwickeln sich aufgrund ihrer Fremdenverkehrsstrukturen, gestützt auf eine gute verkehrliche Infrastruktur, als Ferien-, Wochenendgebiete oder auch als permanenter Wohnraum für aus den Städ-

Stadt – Land

ten aus- und wieder einpendelnde Städter zu einem neuen „näheren" ländlichen Umfeld der Städte (vgl. die Karte „Ausgewählte Probleme und Entwicklungschancen strukturschwacher ländlicher Räume). Insofern haben technische und infrastrukturelle Entwicklungen hinsichtlich der Eigenständigkeit der ländlichen Gebiete dazu geführt, daß diese zunehmend in das Weichbild der Städte einbezogen wurden, d.h. die Reichweite der „Abhängigkeit" hat sich vergrößert. (vgl. Tabelle Bevölkerungsentwicklung 1950-1995).

Tabelle 1: Bevölerungsverteilung 1950-1995
Anteile in % an der Gesamtbevölkerung der Bundesrepublik Deutschland sowie Flächenanteile in % für 1987 und 1995

		Bevölkerungsanteile					Flächenanteile		
		1950*	1970*	1987*		1995	1987*	1995	
	Kreistypen				AL	NL		AL	NL
Städte	1,5	34,4	35,5	32,3	28,8	35,4	4,3	4,1	2,6
		}71,2	}75	}74,7	}77,3	}57,6	}43,2	}48,3	}21,4
Umland der Städte	2,3,6	36,8	39,5	42,4	48,5	22,2	38,9	44,2	18,8
Ländliche Kreise	4,7,8,9	28,8	25	25,3	22,7	42,5	56,8	51,7	78,6
Kreisfreie Städte		36,7	37,7	34,5	31	32,5	5,0	4,8	3,0
Landkreise		63,3		62,3	65,6	69	67,5	95,0	95,2	97,0

* = Nur alte Länder

Erläuterungen zur Tabelle „Bevölkerungsentwicklung 1950-1995

1. In den alten Bundesländern leben derzeit 3/4 der Bevölkerung in Städten und ihrem Umland; in den neuen Ländern liegt dieser Anteil hingegen bei ca. 3/5. In den alten Ländern lebt ein knappes Viertel in den ländlichen Räumen, wohingegen es in den neuen Ländern 2/5 sind. Insgesamt sind die Anteile erstaunlich konstant über die beobachteten Zeiträume. Es ist jedoch ein deutlicher Bevölkerungsrückgang über die Jahre in den Kernstädten festzustellen, sowie eine Zunahme der Bevölkerung im Umland und eine Abnahme in den ländlichen Räumen. Dies bezieht sich aber nur auf die alten Bundesländer. Durch den höheren Anteil der Bewohner in den ländlichen Räumen in den neuen Ländern ergibt sich hier eine neue Facette der Bevölkerungsverteilung in der Bundesrepublik Deutschland.
2. Die Aufteilung der Flächenanteile belegt eindrücklich die immer noch flächenmäßige Dominanz der ländlichen Räume (Kreise). Aber immerhin über 40% der Fläche ist in den alten Bundesländern den verstädterten Räumen zuzurechnen, auch wenn nur 5% der Fläche der alten Bundesrepublik von Städten selbst bedeckt ist. Diese durch die fortschreitende Suburbanisierung hervorgerufene Entwicklung ist in den neuen Ländern noch nicht gegeben. Hier ist noch eine andere siedlungsstrukturelle Entwicklungsstufe dominant.
3. Erklärung der Begriffe: Bei den Städten handelt es sich um die Kernstädte, bei dem Umland handelt es sich um hochverdichtete Kreise und die verdichteten Kreise im weiteren Umfeld der Kernstädte. Bei den ländlichen Räumen handelt es sich um die ländlichen Kreise, um die Kernstädte und um die beiden Kategorien der ländlichen Räume selbst.

Quelle: Laufende Raumbeobachtung der BfLR

Stadt – Land

Abbildung 3: Strukturschwache ländliche Räume

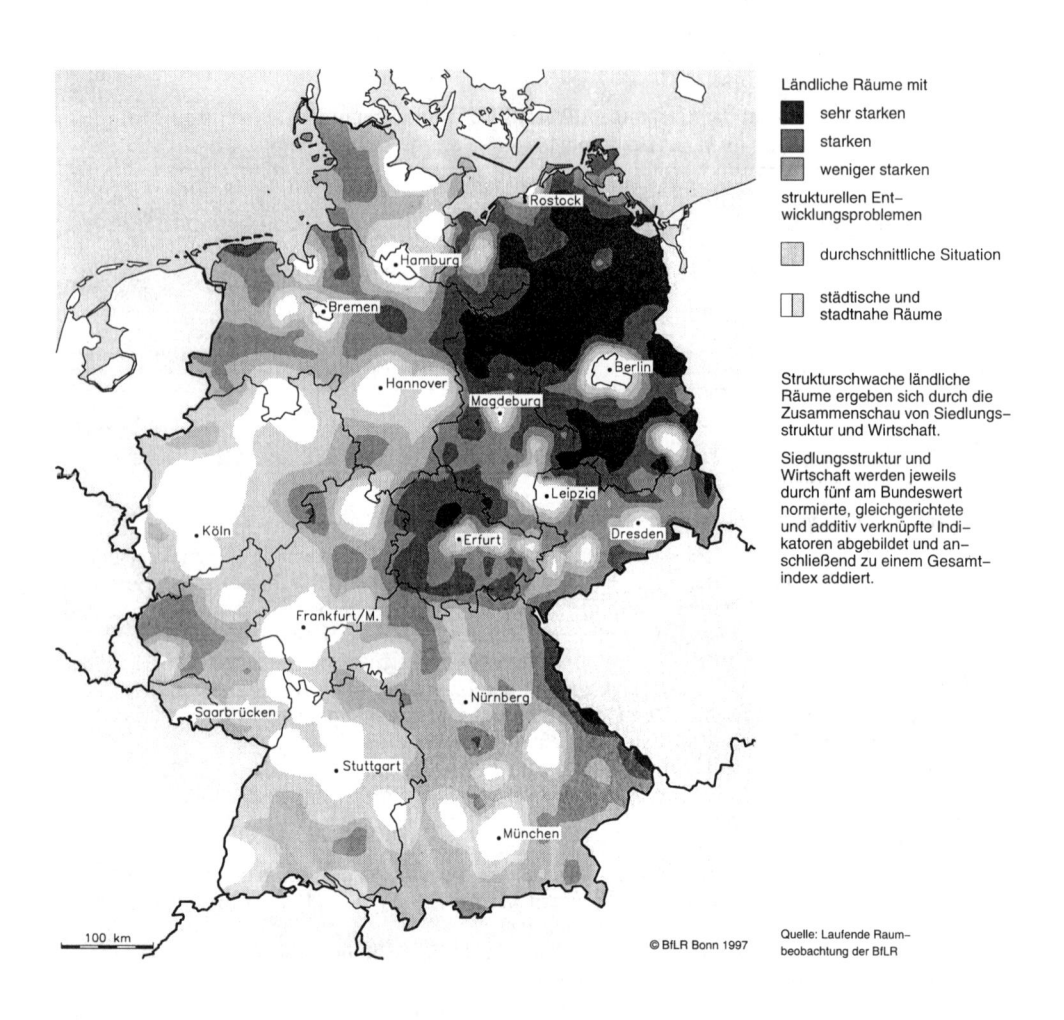

Ländliche Räume mit
- sehr starken
- starken
- weniger starken

strukturellen Entwicklungsproblemen

- durchschnittliche Situation
- städtische und stadtnahe Räume

Strukturschwache ländliche Räume ergeben sich durch die Zusammenschau von Siedlungsstruktur und Wirtschaft.

Siedlungsstruktur und Wirtschaft werden jeweils durch fünf am Bundeswert normierte, gleichgerichtete und additiv verknüpfte Indikatoren abgebildet und anschließend zu einem Gesamtindex addiert.

© BfLR Bonn 1997

Quelle: Laufende Raumbeobachtung der BfLR

Abbildung 4: Bevölkerungs- und Beschäftigtenentwicklung in den alten Ländern

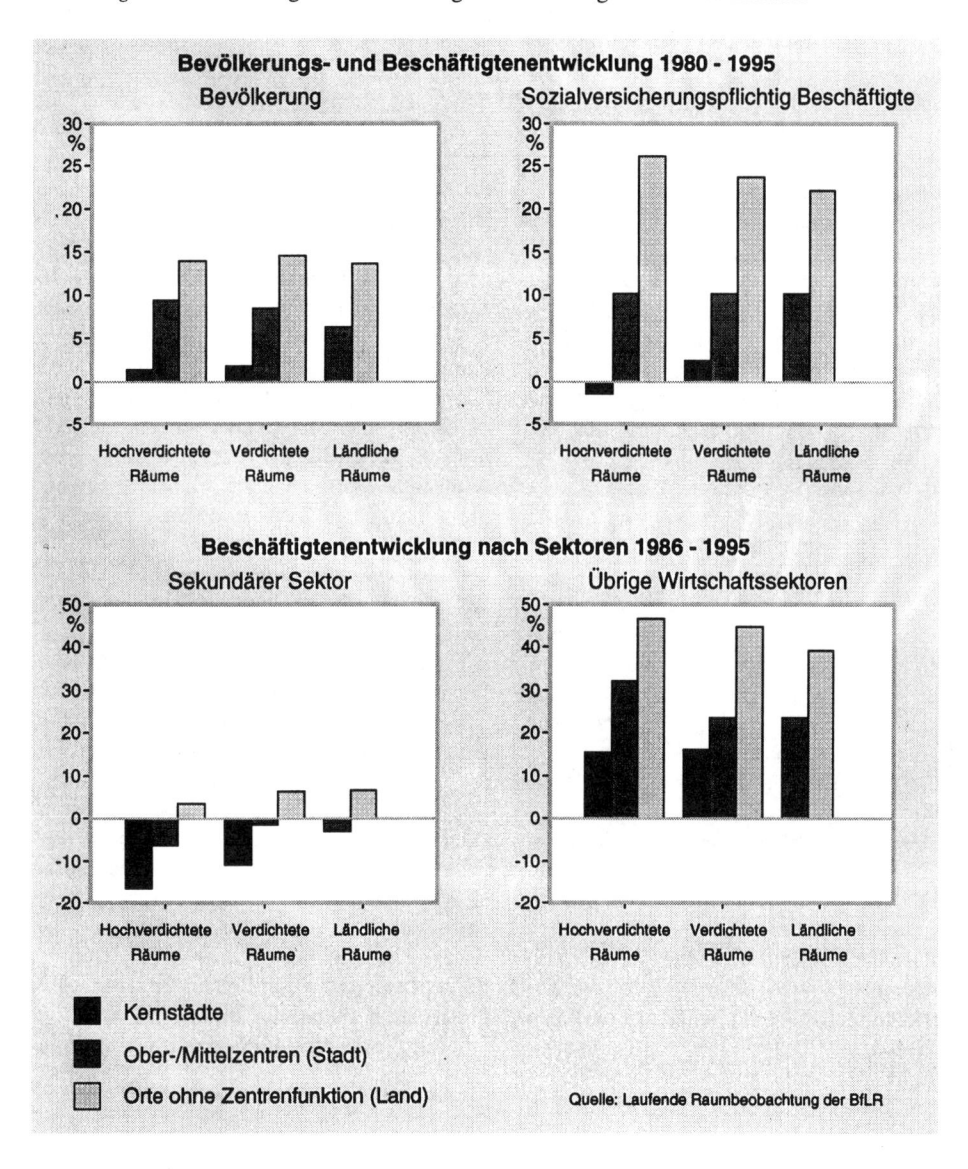

Bevölkerungs- und Beschäftigtenentwicklung 1980 - 1995

[Bar charts: Bevölkerung und Sozialversicherungspflichtig Beschäftigte, jeweils für Hochverdichtete Räume, Verdichtete Räume, Ländliche Räume]

Beschäftigtenentwicklung nach Sektoren 1986 - 1995

[Bar charts: Sekundärer Sektor und Übrige Wirtschaftssektoren, jeweils für Hochverdichtete Räume, Verdichtete Räume, Ländliche Räume]

■ Kernstädte
■ Ober-/Mittelzentren (Stadt)
□ Orte ohne Zentrenfunktion (Land)

Quelle: Laufende Raumbeobachtung der BfLR

5. Städte werden weltweit zu Stadtregionen

Die Dominanz des Städtischen über das Ländliche hat angehalten. Die Prozesse der *Suburbanisierung*, insbesondere durch den Wegzug der wohlhabenderen Bevölkerungskreise aus den Kernstädten und teilweise auch durch die Ansiedlung neuer und insbesondere moderner Arbeitsplätze im suburbanen Bereich, haben zu verschiedenen suburbanen Wellen oder Ringen, hier und da sogar zu dem Phänomen der sog. Deurbanisierung geführt. Die unterschiedlichen Dynamismen dieser Stadträume gehen also nicht mehr nur von den Kernstädten aus, sondern können zunehmend nur in einem größeren, stadtregionalen Umfeld begriffen werden. Damit entstehen städtische Kraftzentren, Stadtregionen, die in ihrer jeweiligen Eigenart und ihrem Gewicht zunehmend nationale Städtesysteme bilden, die in Konkurrenz stehen und bezogen auf Kontinente oder die weltweiten Beziehungen untereinander ein Referenz- und Konkurrenzsystem bilden, das zunehmend neben die nationale Gliederung des Weltsystems tritt. Die dazu peripher liegenden ländlichen Räume, die durch geringere Verdichtung, aber nicht unbedingt durch Landwirtschaft geprägt sind, stellen sich weiterhin und zunehmend als Resträume dar, deren Existenz in großem Maße von den Transferleistungen aus den Städten abhängt und die in ihrer Eigenart nur erhalten bleiben, weil sie Ausgleichsräume für die verstädterten Regionen darstellen.

6. Die Welt – ein Städtesystem?

Durch die Ubiquität der Massenmedien werden eher städtisch zu bezeichnende Lebensweisen und Lebensformen in die letzten Winkel der Welt transferiert und bilden für die dort lebende Bevölkerung Referenzsysteme und Aspirationsniveaus heraus, deren Dominanz alle Unterschiede, unterschiedliche Orientierungen und Einstellungen auszugleichen beginnen. Andererseits stellen Elemente des früheren ländlichen Lebens, z.T. ungeachtet ihrer realen Erscheinungsformen, in der Reminiszenz oder auch in der folkloristischen Darstellung (Stichwort Volksmusik), eine völlig künstliche Welt, eine Stilisierung des Ländlichen dar. Das hat mit dem früheren Ländlichen so wenig zu tun, wie das heutige städtische Leben mit dem städtischen Leben der mittelalterlichen oder vorindustriellen Kleinstadt. In dem Maße, wie sich, bildlich gesprochen, die Unterschiede zwischen dem Städter und dem Provinzler auflösen (Stichwort Kleidung), wird es immer schwieriger, generell von einem Stadt-Land-Verhältnis zu sprechen. Es wird sogar schwierig, von einem Stadt-Land-Kontinuum zu sprechen. Die jeweiligen Konstellationen verschränken sich, sind nicht mehr generalisierend sondern nur noch einzeln zu erfassen. Das Stadt-Land-Verhältnis, das immer ein sehr einseitig auf die Stadt orientiertes gewesen ist, kann nur noch als ein weltweites Städtesystem verstanden werden, dessen Dominanz sich auf alle Bevölkerungskreise ausdehnen wird und die sich nur daraus definieren werden. Alle nicht städtischen Räume werden zu unterschiedlich bestimmten Resträumen. Die Frage der Nähe oder der Ferne zu den Zentren der Bevölkerung oder auch der Produktion stellt sich dabei immer weniger, weil moderne Methoden der Telekommunikation die generelle Erreichbarkeit in allen Winkeln der Welt herstellen. Gleichwohl kann nicht übersehen werden, daß es in der Einstellung zu der räumlichen Umwelt oder zu dem Wunsch und der Möglichkeit, nahe am Zentrum oder entfernt zu leben, also peripher, noch sehr unterschiedliche Möglichkeiten für die einzelnen Menschen eines Territorialstaates oder von Territorien gibt, die zu unterschiedlichen Clustern an Lebensformen in der Stadt oder in den eher peripher gelegenen ländlichen Räumen führen können. In diesem Zusammenhang sei auf die Diskussion um alte und neue Urbanität oder um globale versus lokale Orientierung verwiesen. Es ist jedoch erkennbar, daß in weiten Teilen der Welt der bereits früher aufgebrochene Determinationszusammenhang zwischen Lebensraum und Lebensumständen sich immer weiter auflöst. Die Chancen und Möglichkeiten des Einzelnen lösen sich von räumlichen Hintergründen, wie sie früher durch das Stadt-Land-Gefälle gegeben waren. Die räumliche Umwelt, begriffen als Stadt oder Land, wird zu einem beliebig wählbaren. Sie hat nicht mehr einen Schicksal bestimmenden Charakter. Sie ist, wie eine Wohnung, wählbar.

7. Entwicklungskonzepte für Stadt versus Land

In der Nachkriegszeit gab es in Ost und West die Vorstellung, daß es notwendig sei, die *ländlichen Räume* unter dem Gesichtspunkt der Gleichwertigkeit der Lebensverhältnisse durch gezielte Entwicklungspolitik zu fördern. Dies hatte eine Nivellierung des Stadt-Land-Verhältnisses gegenüber einer allgemeinen Dominanz oder Präsenz des Städtischen zum Ziel und erreichte zumindest für viele vergleichbare Lebensverhältnisse. Im Hinblick auf die eigenständige Entwicklung der ländlichen Räume sollte dies deshalb nicht nur als eine Politik der immanenten Erfolgslosigkeit dargestellt werden, die eher zu einer verstärkten Abhängigkeit der ländlichen Räume von den Städten geführt hat, ähnlich der Entwicklungspolitik für die unterentwickelten Länder durch die entwickelten Länder der nördlichen Hemisphäre. Als dies gleichwohl als eine Gefahr angesehen wurde, wurde diese Orientierung abgelöst durch eine Politik der sog. endogenen Entwicklung, die versuchte, mit den spezifischen „Begabungen" der Räume zu regional oder lokal angepaßten Entwicklungsstrategien zu kommen. Aber auch diese Politik hat nicht dazu geführt, daß sich die ländlichen Räume gegenüber den städtischen Verdichtungsräumen zu eigenständigen, sich selbst tragenden Bereichen entwickelt haben. Die letzte Entwicklung in dieser Hinsicht, nämlich der Versuch, nachhaltige Strukturen im Hinblick auf Ökonomie, Demographie, Sozialstrukturen und Ökologie zu erreichen, stellt einen weiteren Ansatz dar, der durch die Bündelung der vielfältig auch früher schon vorhandenen Ansätze versucht, ebenfalls den einzelnen Regionen gerecht zu werden, jetzt aber unter dem allgemeinen Aspekt der Nachhaltigkeit. Im Unterschied zu den früher verfolgten Strategien wird mit den verstädterten Gebieten nicht mehr eine eher negativ zu sehende Entwicklung verbunden. Es bleibt abzuwarten, ob diese Idee der Nachhaltigkeit in der Lage ist, die starken Eigenbestimmungskräfte der Ökonomie, der sozialen und technischen Entwicklung wie der Demographie dauerhaft zu beeinflussen. Andererseits haben die soziopsychischen Determinanten solcher Entwicklungsstrategien doch zunehmend zu gravierenden Veränderungen geführt. Gleiches kann man auch für die zukünftige Gestaltung der ländlichen und der *städtischen Räume* annehmen. Es bleibt jedoch für das Verhältnis von Stadt und Land zukünftig wichtig, von der Abhängigkeit zur Gegenseitigkeit und nicht nur zu einer gegenseitigen Abhängigkeit im Bewußtsein der Abhängigkeit zu kommen. Nur wenn dieses Aufeinander-Angewiesen-Sein verbreitet ist und zu einem gleichgewichtigen Nebeneinander führt, wird es möglich sein, mit der Fülle an Entwicklungsprinzipien und -orientierungen, die heute in allen Teilen eines Landes, eines Kontinents oder gar der Welt gelten, menschengerechte Bedingungen zu schaffen. Stadt und Land sind dann nicht mehr Gegensätze, sondern unter gewandelten und sich weiter verändernden Rahmenbedingungen Variationen menschlicher Lebensräume, für die auch heute und zukünftig gilt: variatio delectat.

8. Stadt und Land – vergangene, gegenwärtige und zukünftige Perspektiven

Es ist heute also nicht mehr möglich, Stadt und Land oder städtisch versus ländlich als begriffliche und reale Gegensätze zu betrachten. Auch das gedankliche Konstrukt eines Stadt-Land-Kontinuums, definiert durch Faktoren wie Bevölkerungsdichte, Mobilität, soziale Differenzierung oder Kontrolle, wird der heutigen sozialen und räumlichen Realität nicht mehr gerecht. Gleichwohl ist diese Konstellation wegen ihrer langen Tradition immer noch präsent sowie virulent und prägt menschliches und gesellschaftliches Verhalten einschließlich die daraus abgeleiteten Orientierungen. Man verfolge nur einmal die Nutzung der Stadt-Land-Unterschiede bei Wahlanalysen in den öffentlichen Medien. Es ist jedoch ungewiß, ob die gegenwärtige und vermutlich zukünftige Entwicklung, die Durchdringung der städtischen und ländlichen Realität, die durch eine Auflösung der Räumlichkeit als bestimmendes Element menschlichen Verhaltens und Orientierens geprägt ist, anhalten wird. Dieser Rückgang des Räumlichen angesichts der und durch die Ubiquität des zivilisatorischen und kulturellen Niveaus der Städte als Element von Lebensverwirklichung läßt nämlich auch wieder Formen des Lokalen oder Regionalen als Orientierungsmuster virulent werden. Dies wirft die Frage auf, ob in der Parallelität von weltweiter Verbundenheit und lokaler Orientierung die Dialektik der menschlichen Existenz nicht eher erfaßt und bestimmt werden kann als in der Festlegung auf städtisch oder ländlich. Gleiches gilt dann auch für alle damit verbundenen Begrifflichkeiten, wie etwa Suburbia, Hinterland, Kernstadt, City, Stadtrand oder Zwischenstadt. Als räumliche Konfigurationen kommt ihnen prägende Kraft zu. Sie stellen für den Einzelnen zwar Rahmenbedingungen dar, aber innerhalb dieser Rahmensetzung lassen sich alle Formen individuellen Lebens entfalten, wenn dazu die ökonomischen und gesellschaftlichen Spielräume gegeben sind und der Grad an ökologischer Belastung nicht die Balance von eigener und natürlicher Existenz in Frage stellt. Diese ubiquitäre Dialektik von weltweiten und lokalen Orientierungen kann eine neue Dimension räumlichen und gesellschaftlichen Verhaltens herbeiführen, gut benannt in der vielleicht nur augenscheinlichen negatio in adjecto: the global village.

Ein letzter Hinweis: Die mit dem Begriffspaar Stadt und Land, städtisch oder ländlich, häufig verbundene Auffassung, daß städtische Lebenswirklichkeiten eher ungesund, Anomie fördernd oder gar dissozial sein können, denen die gesunden, harmonischen und geordneten Verhältnisse auf dem Lande gegenüber stehen, sind eher dem Bereich der politischen Ideologiebildung zuzuordnen als der Lebenswirklichkeit. Die damit verbundene Großstadtfeindschaft, die einhergeht mit einem Agrarromantizismus, reflektiert in aller Regel einen aus der Stadtkritik kommenden Überdruß, der eine heile Welt sucht, die es in dieser Form auf dem Land nicht mehr gibt, wahrscheinlich nie gegeben hat. Dies dokumentieren viele Studien über die Lebenswirklichkeit des ländlichen Raumes oder der Dörfer, die nach diesen Analysen eher Zwangsgemeinschaften waren denn harmonische Gemeinschaften. Wer auf eine eigene Entwicklung Wert legte, versuchte, sie so schnell als möglich hinter sich zu lassen. Demgegenüber haben andere Studien herausgearbeitet, daß die soziale Situation von Stadtquartieren, von Nachbarschaften, auch in den Neubaugebieten, denen soviel Anonymität zugeschrieben wird, häufig genau von der Solidarität und dem Miteinander geprägt sein können, die man auf dem Lande vermutet. Der Nutzen solcher Stereotype in der politischen und gesellschaftlichen Auseinandersetzung hat eine offene und allen Facetten des Lebens gerecht werdende Sicht auf Stadt und Land häufig verstellt. Die zukünftige Entwicklung, bei der die Ubiquität des Städtischen und der Wunsch nach natürlichen Lebensbedingungen und -verhältnissen verbunden werden kann mit einer Enträumlichung bei der Festlegung der Lokalisierung ihrer Elemente, läßt ein Miteinander, eine Verflochtenheit erkennen oder sich entwickeln, die es immer schwerer machen wird, die Kategorien von Stadt und Land als Elemente einer wirklichen und nicht Ideologie bestimmten Analyse von Gesellschaft zu nutzen – so prägend sie auch sprachlich sind.

Literatur:

Akademie für Raumforschung und Landesplanung: Handwörterbuch der Raumordnung, Hannover 1995

Bergmann, Klaus: Agrarromantik und Großstadtfeindschaft, Meisenheim am Glan 1970

Böltken, Ferdinand/Eleonore Irmen: Neue siedlungsstrukturelle Regions- und Kreistypen, in: Mitteilungen und Informationen der BfLR, Heft 1, 1997, S. 4-5

Bundesforschungsanstalt für Landeskunde und Raumordnung: Die Entwicklungsphasen der Städte und Regionen im Spiegel der Volkszählungen. Materialien zur Raumentwicklung, Heft 56, Bonn 1993

Bundesforschungsanstalt für Landeskunde und Raumordnung: Städtebaulicher Bericht. Nachhaltige Stadtentwicklung, Bonn 1996

Bundesministerium für Raumordnung, Bauwesen und Städtebau: Raumordnungspolitischer Orientierungsrahmen, Bonn 1993

Bundesministerium für Raumordnung, Bauwesen und Städtebau: Raumordnungsbericht 1993, Bonn 1994

Bundesministerium für Raumordnung, Bauwesen und Städtebau: Raumordnungspolitischer Handlungsrahmen, Bonn 1995

Friedrichs, Jürgen: Stadtsoziologie, Opladen 1995

Häußermann, Hartmut/Walter Siebel: Neue Urbanität, Frankfurt a.M. 1987

Hamm, Bernd/Ingo Neumann: Siedlungs-, Umwelt- und Planungssoziologie, Opladen 1996

Hoffmann-Axthelm, Dieter: Die dritte Stadt, Frankfurt a.M.1993

Holzinger, Elisabeth: Rurbanisierung II. Abschied vom Raum, Wien 1997

Ilien, Albert/Utz Jeggle: Leben auf dem Dorf, Opladen 1978

Irmen, Eleonore u.a.: Strukturschwäche in ländlichen Räumen – ein Abgrenzungsvorschlag. Arbeitspapier 15/1995 der Bundesforschungsanstalt für Landeskunde und Raumordnung, Bonn 1995

Prigge, Walter (Hg.): Die Materialität des Städtischen, Basel 1987

Saunders, Peter: Soziologie der Stadt, Frankfurt a.M. 1987

Schäfers, Bernhard/Göttrik Wewer (Hg): Die Stadt in Deutschland. Soziale, politische und kulturelle Lebenswelt, Opladen 1996

Sieverts, Thomas: Zwischenstadt. Zwischen Ort und Welt. Raum und Zeit. Stadt und Land, Braunschweig 1997

Strubelt, Wendelin u.a.: Städte und Regionen – Räumliche Folgen des Transformationsprozesses. Berichte zum sozialen und politischen Wandel in Ostdeutschland, Band 5 Opladen 1996

Wendelin Strubelt

Umwelt

1. Begriffe und Problemstellung

Umwelt heißt der spezielle Lebensraum einer Population samt den Ressourcen und Senken, die sie sich darin verfügbar macht, und bedeutet die Gesamtheit der materiellen äußeren Lebensbedingungen der betreffenden Population. Eine Population und ihre Dichte bilden sowohl soziologisch als auch ökologisch einen Grundtatbestand mit weitreichenden Implikationen. Deutschland gehört nicht nur zu den dicht bevölkerten, sondern auch zu den industriell intensiv bewirtschafteten Ländern der Erde.

Man nennt die Umwelt einer Population auch ihre ökologische Nische, ein Ausdruck für das räumlich-stoffliche Entfaltungspotential einer Population. Neuerdings wird zudem der Begriff Umweltraum verwendet. Der Umweltraum umfaßt sämtliche materiellen *Ressourcen*, die von der Menschheit in bestimmter Bevölkerungszahl, mit bestimmten Technologien und Arbeitsweisen sowie einem bestimmten Verbrauchsniveau genutzt werden können ohne ihr Überleben zu gefährden (Wuppertal-Institut 1996). Dies impliziert, die Tragekapazitäten von Ökosystemen und ihre Grenzen zu kennen. Meist aber ist dies im vorhinein nicht der Fall, sondern erst im nachhinein, wenn zum Beispiel ein Gewässer schon umgekippt ist (Munasinghe/Shearer 1995). Beim heutigen Stand der Ökosystemforschung ist es häufig nicht einmal möglich, Umweltschaden und Umweltnutzen einer Umweltwirkung eindeutig zu erfassen. Es ist einer Population unmöglich, Umweltwirkungen zu vermeiden. Umso wichtiger wäre es, zuverlässig abzuschätzen, inwieweit bestimmte industrielle Entwicklungsprozesse umweltschädlich oder umweltnützlich sind.

Ökologie ist, ihrem Begründer Ernst Haeckel (1866) zufolge, die Lehre vom Haushalt der Natur, von ihren Stoffaustauschen und Energieumsetzungen. Gegenstand der Ökologie ist der Stoffwechsel, sind die materiellen Input-Output-Ströme zwischen einer Population und ihrer Umwelt. Industrielle Ökologie bedeutet alle Stoffwechselprozesse zwischen modernen Industrienationen und ihrer Umwelt („industrieller Metabolismus").

Der Naturökologie ebenso wie der industriellen *Ökologie* liegen energetisch und operativ nur teilgeschlossene, also offene Systeme zugrunde. Es gibt keine vermeintlichen Urzustände in Natur und Gesellschaft, die als objektive Bezugsgröße für ökologisch „richtige" Verhältnisse dienen könnten. Was Naturfreunde heute schützen, zumal in den Küstenebenen, Mittelgebirgen und Hochgebirgslandschaften Deutschlands, ist durchweg vom Menschen geformtes Kulturland. Geogene und anthropogene Welt entwickeln sich fortwährend. Etwas wie ein ökologisches Urmeter gibt es nicht.

So besteht die Aufgabe eines umweltbewußten Handelns darin, zum einen akute ökologische Schädigungen und Gefährdungen zu identifizieren, um ggf. Abhilfe zu schaffen, und zum anderen, Leitbilder einer Gestaltung der industriellen *Ökologie* zu formulieren. Das heute vorherrschende industrieökologische Leitbild ist das der *nachhaltigen Entwicklung (sustainable development)*. Diese zielt darauf ab, eine dauerhafte Reproduktion von Naturressourcen und Ökosystemen zu gewährleisten zusammen mit einer transnationalen Wirtschafts- und Wohlstandsentwicklung bei gerechter Nutzen- und Lastenverteilung (Ayres/Simonis 1994, Huber 1995). Speziell im Hinblick auf die Umweltnutzung enthält das Nachhaltigkeits-Leitbild fünf Imperative (Enquete-Kommission des Deutschen Bundestages 1994):

1. Tragbare Bevölkerungsdichte
Die Bevölkerungsentwicklung muß sich in Übereinstimmung mit der Tragekapazität des Ökosystems befinden.

2. Tragbare Immissionsbelastung
Die Immissionsbelastung, der Umweltmedien und Lebewesen ausgesetzt sind, darf ihre Aufnahme- und Regenerationsfähigkeit nicht übersteigen.

3. Regenerierbarer Verbrauch erneuerbarer Ressourcen

Die Verbrauchsrate erneuerbarer Stoffe (z.B. Wasser, Biomasse, in gewisser Weise auch Böden) darf ihre gegebene Reproduktionsrate nicht übersteigen. Die Reproduktionsrate soll nach Möglichkeit erweitert, d.h. der „natürliche Kapitalstock" vermehrt werden.

4. Minimaler Verbrauch erschöpflicher Ressourcen

Die Verbrauchsrate erschöpflicher sensibler *Ressourcen* (z.B. Flächen, Öl, Kohle, Naturgas) ist zu minimieren, und zwar durch Substitution erschöpflicher durch erneuerbare Ressourcen, durch Steigerung der Stoff- und Energie-Effizienz bzw. Senkung der Umweltintensität, und durch *Recycling*.

5. Umweltverträgliche naturintegrierte Innovationen

Die Entwicklung und Verbreitung von nicht umweltbelastenden sauberen Ressourcen, Technologien und neuen Produkten muß verstärkt vorangetrieben werden.

Die Beschäftigung mit Umweltfragen erfolgt interdisziplinär. Aus sozialwissenschaftlicher Sicht gilt es zunächst nachzuvollziehen, daß es sich bei ökologischen Problemen um Stoffwechselstörungen von Populationen in ihrem Lebensraum handelt, die sich als solche natur- und technikwissenschaftlich erschließen. Erst bei weitergehenden Fragen danach, wie und warum moderne Bevölkerungen bestimmte Umweltwirkungen hervorbringen, kommen dann eine Vielzahl gesellschaftlicher Faktoren ins Spiel. Der Stoffwechsel der Menschheit in der Natur kann sich nicht anders realisieren als durch Technik und Tätigkeit verschiedenster Form und Funktion. Deshalb verlangt jedes Umwelthandeln zwar keine rein „technische Lösung", aber in jedem Fall eine technische Realisierung. „Dahinter" freilich, besser gesagt, ko-relational dazu, stehen weitere, nämlich ökonomische, rechtliche, politische und weitere sozio-kulturelle Faktoren, die gesellschafts- und geisteswissenschaftlich zu verstehen und ko-direktional zu verändern sind.

2. Kompensatorischer Umweltschutz von Ende der 60er bis in die 90er Jahre

Das neuere Umwelthandeln hat sich in Deutschland ähnlich wie in anderen Industrienationen entwickelt. Dies gilt auch für den Systemvergleich zwischen der früheren DDR und der alten Bundesrepublik. Im Hinblick auf die ökologische Frage hat sich erwiesen, daß die Entwicklung der Industriegesellschaft als solche von höherer Ordnung und Prägekraft ist als die politisch-ökonomische Verfaßtheit einer Industriegesellschaft in kapitalistischer oder kommunistischer Variante. Im Hinblick auf ihre industrielle *Ökologie* lassen sich zwischen der früheren DDR und der alten Bundesrepublik weit mehr Gemeinsamkeiten als Verschiedenheiten ausmachen.

Unbeschadet zeitgeschichtlicher Feingliederungen lassen sich zwei Phasen unterscheiden: eine erste Phase des kompensatorischen *Umweltschutzes* von ca. 1967/73 bis 1986/92, und seither der Eintritt in eine neue Phase der integrierten Ökosystemgestaltung. Diese Phasen stehen in einem Zusammenhang mit Transformationsprozessen der Industriegesellschaft, insbesondere dem Übergang der herkömmlichen, nunmehr industrietraditional gewordenen Gesellschaft in die sich weitergehend modernisierende Wissensgesellschaft. Letztere bleibt freilich eine hochindustrialisierte Gesellschaft, aber ihr prototypisches Erscheinungsbild verkörpert sich nicht mehr in Blue-Collar-Arbeitern und schmutzigen Schornstein-Industrien, sondern in White-Collar-Beschäftigten und sauberen Sunrise-Industrien.

Beide Teile Deutschlands traten zwischen 1967 und 1973 zeitgleich in die erste Phase des kompensatorischen *Umweltschutzes* ein. In dieser Phase kommt es zu einer zunehmenden Entfaltung und Verbreitung von *Umweltbewußtsein*. Es ist bis heute eine kontroverse Frage geblieben, ob sich Umweltbewußtsein und Umwelthandeln aufgrund der neuen Umweltprobleme gebildet haben (Problemdruck-These), oder ob es das neue Umweltbewußtsein war, das als Ausdruck neuer Handlungskapazitäten zu einer kritisch veränderten Wahrnehmung der Umweltprobleme geführt hat (Kapazitäts-These). Jedenfalls entwickelte sich das Umweltbewußtsein in beiden Teilen Deutschlands. Hier wie dort hörten die Leute Ende der 60er Jahre auf, in den auch vorher schon verschmutzten Flüssen zu baden. Hier wie dort entstanden Umweltökonomie, Umweltpolitik, Umweltgesetzgebung, und Umweltschutztechnik zur Abluftfilterung, Abwasserreinigung, Abfallbehandlung u.ä.

Im Westen bildeten sich *neue soziale Bewegungen* jenseits von Staat und etablierten Machteliten – zuerst die Studentenbewegung 1967-72, dann ab 1972/74 Frauenbewegung, *Umweltbewegung*, Anti-Atombewegung, Alternativbewegung. Sie wurden zu einflußreichen meinungs- und willensbildenden Strömungen. Die Umweltbewegung betrieb in den 70er und 80er Jahren exemplarische Kampagnen, die sich durch die Chronologie von Ereignissen anboten – zum Beispiel Wintersmog, Pseudo-Krupp, Muttermilch, Waldsterben, Tempolimit, große Industrieunfälle wie in Seveso, Three Mile Island oder Tschernobyl, Ozonloch, Klimawandel und außerdem der jeweilige „Schadstoff der Saison".

Dagegen gab es in der tendenziell totalitären *DDR* für unabhängige zivilgesellschaftliche Bewegungen nur wenig bis keinen Raum. Erst mit etwa zehnjähriger Verzögerung bildete sich ab Mitte der 80er Jahre auch in der DDR eine Ökologiebewegung. Unterstützung fand sie am ehesten in Teilen der evangelischen Kirche. (Auch im Westen bildete die evangelische Kirche eine Infrastruktur der neuen sozialen Bewegungen). Unfreiheit, Desinformation und fehlende Selbstkorrektur durch pluralistische Interessensartikulation gehörten zu den Strukturmängeln des Kommunismus. Sie leisteten dem später folgenden wirtschaftlichen und ökologischen Desaster der DDR erheblich Vorschub.

Das *Umweltbewußtsein*, wie sehr es sich auch entfaltete, blieb während der gesamten Phase des kompensatorischen *Umweltschutzes* inkonsistent und inkompatibel. Es ist inkonsistent geblieben, insofern zwischen den neuen „grünen Ansprüchen" und der Umweltschädlichkeit des tatsächlichen Geschehens bis heute noch eine Kluft besteht. Sofern hierfür nicht psychoanalytisch-tiefenpsychologische Erklärungen bemüht werden, erklären Soziologen diese Kluft spieltheoretisch durch Gefangenen-Dilemmata. Ökonomen sprechen vom Konflikt zwischen Ökonomie und Ökologie. Speziell in Deutschland wurde dieser auch thematisiert als vermeintlicher Konflikt *Umweltschutz* kontra Arbeitsplätze. Nachweislich sind jedoch nur in sehr seltenen Ausnahmefällen Arbeitsplätze wegen Umweltschutz verloren gegangen oder Standorte geschlossen worden.

Dagegen sind während der Phase des kompensatorischen Umweltschutzes in Deutschland bis heute rund eine Million Arbeitsplätze durch Umweltschutz entstanden, davon knapp die Hälfte in der Umweltanlagenindustrie, der Rest in betrieblichen und kommunalen Umweltschutztätigkeiten sowie im öffentlichen Dienst. Eine andere Variante des Konflikts, der zwischen Umweltschutz und Massenkonsum, blieb interessanterweise ein Gegenstand der Kulturkritik, ohne politisiert zu werden.

Im Prinzip besagen der spieltheoretische und der ökonomische Ansatz das gleiche, nämlich daß unter der Voraussetzung einer utilitaristischen Werteorientierung, einer individuellen Aufwands-Minimierung und Nutzen-Maximierung, eine Verhaltenstendenz besteht, sich Umweltnutzen möglichst billig anzueignen, dagegen Umweltlasten zu externalisieren, das heißt, Umweltbelastungen und Kosten für *Umweltschutz* möglichst auf andere abzuschieben.

Das *Umweltbewußtsein* in der Phase kompensatorischen *Umweltschutzes* ist außerdem weitgehend inkompatibel mit den tatsächlich vorherrschenden Mustern von Wertorientierungen und Lebensführung. Denn die ökologische Frage wurde anfänglich recht einseitig aus der antimodernistischen Richtung des weltanschaulichen Spektrums heraus thematisiert. Das Wirtschaftswachstum sollte aufhören, die Großtechnik wieder klein gemacht, Mobilität, Hochgeschwindigkeit und Großräumigkeit unterbunden werden u.ä.m. Die teils altkonservative, teils naturfromm-neuromantische Industriekritik der *Umweltbewegung* war beim entgegengesetzten Milieu, den Exponenten des Fortschrittsglaubens – proto-

Umwelt

typisch der industrietraditionalen Energiewirtschaft oder auch der chemischen Industrie – nicht nur nicht anschlußfähig, sondern mußte dort auch heftige Abwehrreaktionen hervorrufen.

Umweltbewegung und *Umweltpolitik* in beiden Teilen Deutschlands erhielten ihre wesentlichen Anstöße vom Ausland. Ausgehend von den USA hatten die Vereinten Nationen die Umwelt zu einem ihrer zentralen Themen gemacht – ein Issue, das die UNO mit ihrem Umweltprogramm (UNEP) und der UN-Konferenz „Human Environment" in Stockholm, beide 1972, bis zur Rio-Konferenz „Environment and Development" (UNCED) 1992 stetig besetzt gehalten hat.

Die *DDR*, die damals ihre allgemeine diplomatische Anerkennung anstrebte, machte sich, im Einklang mit der Sowjetunion, das neue Thema zielstrebig zu eigen. In den Anfangsjahren des *Umweltschutzes* „hinkte" die alte Bundesrepublik der DDR ein wenig nach. Bereits 1968 verankerte die DDR als erster Staat der Erde den Umweltschutz in ihrer Verfassung. 1970 kam das erste Umweltrahmengesetz, 1971 das DDR-Umweltministerium. 1973 wurden mit Staub- und Abgasgeldern bereits Finanzinstrumente der Umweltpolitik implementiert.

Im Westen wurde eine Abteilung *Umweltschutz* beim Innenministerium 1969 gebildet und erst 1986 als Umweltministerium verselbständigt. 1970/71 beschloß die Bundesregierung die ersten Programme zur Luftreinhaltung. 1974 wurde das Umweltbundesamt eingerichtet. Damit begann u.a. die regelmäßige öffentliche Umweltberichterstattung. (Die DDR hat ihren ersten Umweltbericht erst 1990 nach dem Fall der Mauer vorgelegt.)

In den 70er und 80er Jahren verfolgte die *DDR* erfolgreich eine Transportpolitik Schiene-vor-Straße. Sie besaß ein gut funktionierendes Altstoff-*Recycling* (SERO-System) sowie einen Bodenschutz, der die Umwidmung von Flächen zu Siedlungs- und Gewerbezwecken erschwerte. Dies hat dazu geführt, daß, jenseits der ökologischen Brennpunkte, die ökologischen Schutzgebiete und die Biodiversität in den relativ dünn besiedelten Gebieten der neuen Bundesländer heute größer sind als in Westdeutschland. Es war allerdings weniger ökologische Tugend als vielmehr ökonomische Not, ein chronischer Mangel an Mitteln, der diese Pluspunkte eher zufällig zustande brachte. Sobald der Modernisierungsrückstand der DDR gegen Mitte der 70er Jahre kritisch zu werden begann, zeigte sich, wie ökonomischer Mangel Umweltschäden hervorbringt, und daß deren Überwindung wirtschaftliche Leistungsfähigkeit voraussetzt.

Mit den Ölpreiskrisen 1973 und 1979 begann der Anfang vom Ende der DDR-Wirtschaft und damit auch des DDR-*Umweltschutzes*. Der Konflikt zwischen *Ökonomie* und *Ökologie* wurde, unter Ausschluß der Öffentlichkeit, zugunsten der Ökonomie entschieden, wobei – traurige Ironie der Geschichte – dies der Ökonomie in keiner Weise geholfen hat. Der geplante Ausstieg aus der Braunkohle mußte zurückgenommen werden, weil sowjetisches Öl und Gas zu teuer geworden waren. Industrielle Altanlagen wurden nicht mehr genügend instandgehalten, neue kaum mehr gebaut. Der praktische Umweltschutz, abgesehen von punktuellen Maßnahmen an Hot Spots der Luftverschmutzung Mitte der 80er Jahre, kam weitgehend zum Erliegen und die Umweltschutzinfrastruktur begann teilweise zu verfallen. Der Ressourcenverschleiß durch mangelhafte Effizienz nahm zu, ebenso Bodenzerstörung durch übermäßige Düngung und Erosion infolge einer ausgeräumten monokulturellen Landschaft. Zuletzt war die DDR ein notorischer Netto-Exporteur von Schmutzfrachten zu Wasser und in der Luft geworden.

Im Westen hätte es ökologisch ähnlich kommen können, wäre dies nicht verhindert worden durch ein Muster der öffentlichen Auseinandersetzung, demzufolge die *Umweltbewegung*, gerüstet mit Befunden der Umweltwissenschaften und bereitwillig unterstützt durch die Massenmedien, politikinterne Impulse des Umwelthandelns verstärkte, was in eine Umweltgesetzgebung und Umweltverwaltung mündete, die gegen starke Widerstände der Industrie durchgesetzt werden mußten. Faktisch entstand bis weit in die 80er Jahre hinein eine Koalition von immer mehr gesellschaftlichen Gruppen gegen die Industrie.

Von den 60er Jahren bis heute wurden in der Bundesrepublik knapp hundert *Umweltbundesgesetze* und Verordnungen oder deren Novellierungen erlassen, darunter das Benzinbleigesetz 1971, das DDT-Gesetz, das Immisionsschutzgesetz und die TA Luft 1974, das Abwasserabgabengesetz und Waschmittelgesetz 1976, das Chemikaliengesetz 1980, das Naturschutzgesetz, die Artenschutzverordnung und das Wasserhaushaltsgesetz 1986, und so weiter, bis hin zum neuen Abfall- und Kreislaufwirtschaftsgesetz von 1996.

Die Implementierung dieser Gesetze führte bis um 1990 vielerorts zu einer Verringerung der Gewässerverschmutzung um ein bis zwei Güteklassen, und einige wichtige Luftschadstoff-Emissionen wurden deutlich reduziert (z.B. Staub, Ruß, Schwefel, Kohlenmonoxyd, flüchtige organische Verbindungen, FCKW). Bei anderen Emissionen dagegen (Stickoxyde) konnten vorerst nur geringe Reduktionen erzielt werden, oder nur eine Verlangsamung ihres weiteren Anstiegs (Kohlendioxyd). Bereits erreichte asymptotische Annäherungen an eine obere Grenze oder auch schon leichte Rückgänge gelten zum Beispiel für die Bodenbelastung durch Agrarchemikalien, oder für das Abfallaufkommen sowie den Energie- und Wasserverbrauch der Haushalte. Im Sinne eines natürlichen S-kurvenförmigen Wachstumsverlaufs spricht alles dies für ein Erreichen von Grenzen der Umweltverschmutzung.

Außerdem erfolgte seit Anfang der 70er eine spezifische Entkopplung von Wirtschaftswachstum einerseits und Materialeinsatz und Energieverbrauch andererseits. Material- und Energieverbrauch sind, absolut gesehen, weiter gestiegen, aber der Energiekoeffizient k_e, der die Energieeffizienz mißt und der industrietraditional $k_e > 1$ betrug, ist nunmehr fortdauernd auf $k_e < 1$ gesunken (entkoppeltes Wachstum). Für Materialkoeffizienten gilt dies fast durchweg analog, seien sie pro Produkteinheit oder pro Geldeinheit gemessen. Effizienzverbesserungen bedeuten automatisch auch eine Verbesserung der Ressourcenproduktivität und der Umwelt-Performance. Sie bilden eine notwendige, obschon längst nicht hinreichende Bedingung für eine nachhaltige Instandsetzung der Umwelt.

Diese ökologisch erwünschte Entwicklung war aber auch im Westen weniger umweltpolitisch, als vielmehr durch den Energiepreis und den allgemeinen technischen Fortschritt bedingt. Der Energiepreis ist fast immer der Schlüsselpreis für die Wirtschaftlichkeit umweltorientierter Investitionen. Darüber hinaus besteht auf dem Entwicklungspfad von Technologien vom Stadium der Basisinnovation über Entfaltungsinnovationen zu Statusmodifikationen eine Tendenz zur Effizienzsteigerung und damit auch zur ökologischen Verbesserung stofflicher Wirkungsgrade.

Die vorgenannten Gesetze sind Instrumente einer sog. regulatorischen *Umweltpolitik*. Das heißt, sie sind auf Umweltmedien und Verwaltungsressorts zugeschnitten und dabei überwiegend ordnungs- und polizeirechtlich angelegt. Sie schreiben Umweltstandards (Grenzwerte) vor, arbeiten mit verwaltungsaufwendigen Planungs-, Genehmigungs-, Berichts- und Kontrollprozeduren, und verpflichten mit detaillierten Verboten und Geboten. Es handelt sich deutlich um eine dirigistische und bürokratische Umweltpolitik. Unter diesem Aspekt wird es nachgerade selbstverständlich, wenn die kompensatorischen Umweltpolitiken in Ost und West im Rückblick als verblüffend ähnlich erscheinen.

Die relativen Erfolge der *Umweltpolitik* wurden im Westen weniger aufgrund, als vielmehr trotz der bürokratischen Umweltpolitik erzielt. Dies war möglich, weil die Wirtschaftskraft der alten Bundesrepublik groß genug war, die prinzipiell unproduktive Mehrlast des kompensatorischen *Umweltschutzes* zu tragen. Es ist zwar richtig, daß Umweltschutzkosten stets niedriger ausfallen als die sonst entstehenden Umweltschäden zu veranschlagen sind. Aber so oder so handelt es sich um verlorene Investitionen mit auf Dauer zweifelhaftem ökologischem Nutzen. Denn es liegt in der Natur des regulatorischen Umweltschutzes, daß er mit *nachgeschalteten Technologien* „end-of-pipe" bzw. „downstream" arbeitet. Das heißt, Produkte und Produktionsverfahren bleiben im wesentlichen unverändert, und es wird – eben kompensatorisch – eine zusätzliche Abwehrmaßnahme additiv nachgeschaltet, typischerweise eine Kläranlage, eine Rauchgasreinigungsanlage, ein Abgaskatalysator o.ä.

Dieses Prinzip ist kontraproduktiv, insofern es Umweltprobleme nicht dauerhaft behebt, sondern nur umweltmedial verschiebt (zum Beispiel werden aus Abwasserproblemen Klärschlamm-Abfallprobleme). Der involvierte Ressourcenverbrauch wird erhöht, nicht verringert. Zudem ist das Prinzip innovationsfeindlich, insofern es vielleicht Statusmodifikationen erfordert, es aber Entfaltungsinnovationen und Basisinnovationen oftmals im Wege steht, unter anderem, weil ein bestimmter „Stand der Technik" vorgeschrieben wird. Die Implementierung der Umweltgesetze erfordert nicht nur investive Zusatzkosten, sondern auch laufende hohe technische und administrative Betriebskosten. Diese Kosten beeinträchtigen die Wettbewerbsfähigkeit und die Rentabilität der Unternehmen.

3. Integrierte Ökosystemgestaltung; innovative industrielle Ökologie seit den 90er Jahren

Anfang der 80er Jahre begannen erst einige Experten, ab Mitte der 80er zunehmend mehr Meinungsführer und Elitenangehörige, die letztgenannten Zusammenhänge zu verstehen. Es entstand das weiterführende Leitbild des integrierten *Umweltschutzes*, wie es inzwischen Bestandteil des Konzeptes einer *nachhaltigen Entwicklung* geworden ist. Integriert bedeutet: statt etwas nachzuschalten, wird der Umweltschutz „in" die Produkte und Produktionsverfahren hineinverlegt, so daß der Entstehung von Umweltproblemen nicht mehr „an der Quelle", sondern „vor der Quelle" vorgebeugt wird.

Es ist zwar nicht auf eine einheitliche Maßzahl zu bringen, aber durch *Ökobilanzen*, Produktlinienanalysen und vergleichbare Fallstudien weiß man inzwischen, daß etwa 65-90 Prozent der Umweltwirkungen eines Produktes bereits durch seine Konzeption (Forschung, Entwicklung, Konstruktion, Design) festgelegt sind. Nur der verbleibende Rest kann im Produktions- und Konsumprozeß kontrolliert werden, also zunächst im Prozeß der Herstellung, und dann im Prozeß des Gebrauchs oder Verbrauchs von Produkten. Das Ausmaß der Umweltwirkungen, das durch umweltbewußtes oder umweltignorantes Verhalten der Verbraucher kontrolliert werden kann, ist normalerweise gering. Beispiele wie ruppiges oder sanftes Autofahren, mit dem etwa 15 Prozent des Benzinverbrauchs kontrolliert werden können, oder Heizung, wo im Bereich um 20°C mit jedem Grad etwa 6 Prozent Energieverbrauch kontrolliert werden, gehören zu den seltenen Ausnahmen. Auch ist es zum Beispiel zwar richtig, daß etwa 90 Prozent der Umweltwirkungen einer Waschmaschine während ihrer Nutzung im Haushalt anfallen, aber der Nutzer kann den Strom-, Wasser- und Waschmittelbedarf der Maschine nur geringfügig beeinflussen. Deshalb ist das persönliche Verhalten im Hinblick auf die unmittelbare Umweltwirkung relativ nebensächlich, und es hängt fast alles ab von der Realisierung industrieller Basis- und Entfaltungsinnovationen.

Die Wende vom kompensatorischen *Umweltschutz* zur integrierten industriellen Ökosystemgestaltung wurde dadurch eingeleitet, daß zum einen Anfang der 90er Jahre die Grenzen des bürokratischen Umweltschutzes deutlich geworden waren, und zum anderen die Industrie selbst, angeführt durch eine wachsende Zahl international agierender Unternehmen, begann, sich ökologische Anliegen im wohlverstandenen Eigeninteresse zu eigen zu machen.

Die Gründe dafür sind ökonomische ebenso wie juristische und soziale. Der bürokratische *Umweltschutz* würde in seiner langfristigen Lernkurventendenz einen Kosten-Knock-Out induzieren. Umweltrisiken sind für die Finanzen und das Image der Unternehmen zunehmend unkalkulierbarer geworden. Kunden, Bürgerinitiativen und sonstige Anspruchsgruppen (Stakeholders, im Unterschied zu Shareholders) üben einen gewissen Druck auf Hersteller und Händler aus und erzeugen so einen wachsenden Öko-Performance-Wettbewerb. Die Loyalität und geschäftliche Kooperation von Mitarbeitern, Kunden, Behörden, Banken, Versicherungen u.a. hängt zunehmend davon ab, im ökologischen Qualitätswettbewerb mitzuhalten.

Diese Entwicklungen stehen in einem Kontext internationaler Verflechtungen. Entgegen ursprünglicher Befürchtungen, Schmutzproduktionen würden sich Orte mit laxem *Umweltschutz* suchen, macht sich überwiegend die gegenteilige Tendenz bemerkbar. Es sind die strengsten Umweltnormen, die beste Öko-Performance und die besten Umweltpraktiken, welche als Benchmarks für die internationalen Standards dienen. Unter anderem hat die Industrie ein Eigeninteresse an Vereinheitlichung ihrer Standards und Prozeduren. Sie fürchtet die Uneinheitlichkeit und Unbeständigkeit national- und lokalbürokratischer Vorgaben, denen sie proaktiv zuvorzukommen trachtet. Innerhalb weniger Jahre hat sich ein Kanon von Methoden der ökologischen Unternehmensführung und von Instrumenten des betrieblichen und überbetrieblichen Umweltmanagements herausgebildet (Meffert/Kirchgeorg 1992, Angel 1996, Conrad 1997).

Eine nachhaltige industrielle *Ökologie* soll entstehen. Nicht nur soll die Stoffeffizienz gesteigert werden, sondern es soll, wichtiger noch, die ökologische Konsistenz der Stoffströme und Energieumsetzungen so verändert werden, daß die anthropogenen Stoffkreisläufe sich den natürlichen wieder einfügen – zwar nicht Null-Emission, aber Emissionen ohne Schadwirkung; nicht unbedingt weniger Energie, aber regenerativ-unerschöpfliche Energie; nicht Null-Verbrauch, aber ökologisch reproduzierbarer Verbrauch, und dies auch in großen Volumina, durch umfassendes Stoffstrom-Management, Schließung von Wertstoff-Kreisläufen, Unterbrechung von Schadstoff-Difussionen u.ä. (Enquete-Kommission 1994, Weizsäcker/Lovins 1995, Huber 1995). Eine Deponierung von Restabfall wird künftig erst nach weitestgehender Verwertung und Inertisierung (etwa Verglasung) stattfinden. Deponien im heutigen Sinne, deren Zahl in der Schlußphase des kompensatorischen Umweltschutzes bereits drastisch zurückgenommen wurde, wird es nicht mehr geben.

Die wichtigsten Aufgaben der industriellen Ökosystemgestaltung liegen heute erstens im basisinnovativen Übergang von fossiler Energie und Kernspaltung zu regenerativen Energien, darunter voraussichtlich insbesondere Solar- und Wasserstoffenergie, zweitens in der Reduzierung oder Stabilisierung des Verbrauchs von erneuerbaren Ressourcen wie Grundwasser, Böden und Biomassen auf einem Niveau sicherer Regenerationsfähigkeit, drittens in der Unterbindung der Freisetzung von Stoffen, die sich nicht in überschaubaren Zeiträumen biologisch abbauen oder chemisch-physikalisch schadlos umsetzen.

Industrieökologische Innovationen verlangen ebenfalls hohe Investitionsmittel, häufig höhere als nachgeschalteter Umweltschutz, weil es sich um grundlegende Innovationen im Zuge der Erneuerung des Kapitalstocks und der Produktpalette handelt. Aber gerade dadurch amortisieren und rentieren sie sich im Erfolgsfall. Außerdem verbessern sie die Kostenstruktur, indem sie Ressourcen sparen und geringere Betriebs- und Verwaltungskosten als nachgeschaltete Technologien verursachen.

Die Ausbreitung und strukturelle Entfaltung des *Umweltbewußtseins* als einer sozialen Innovation folgte dem klassischen Muster von Diffusionsprozessen (nach Rogers, Shoemaker u.a.). Nach einer kleinen Zahl von inventiven Avantgardisten in den 40er – 60er Jahren, Personen wie Leopold Kohr oder Fritz Kapp, umfaßte die grün-alternative Bewegung als Innovator in den 70er Jahren schätzungsweise 1-2 Prozent der Bevölkerung. Sie mobilisierten frühe Übernehmer in Gestalt von Meinungsträgern in verschiedensten Bereichen, auch in der Industrie, und nicht zuletzt in Partei- und Verbandsfraktionen samt ihrer Wähler- und Delegationsbasis mit etwa 15 Prozent der Bevölkerung. Anfang der 80er dürften dann schon die frühe Mehrheit, ab 1985/87 die späte Mehrheit, und ab 1990 alle Nachzügler erreicht worden sein.

Dementsprechend begann die *Umweltbewegung* in Deutschland wie auch andernorts in Europa um die Mitte der 80er Jahre zu stagnieren und ab Mitte der 90er zu verblassen. Im Gegenzug schritt ihre eigene Institutionalisierung sowie ihre gesellschaftliche Absorbierung deutlich voran. Es gibt inzwischen keinen Bereich mehr, in dem Umweltfunktionen nicht dauerhaft institutionalisiert worden wären.

Das *Umweltbewußtsein* stellt ab den 90er Jahren eine vorläufig entfaltete, plurale Werte- und Wissensstruktur dar. Es gibt ausgeprägt neuromantische Formen des Umweltbewußtseins ebenso wie ausgeprägt utilitäre. Die Norm umweltbewußten Handelns bedarf keiner ständigen Erwähnung und angestrengten Bekräftigung mehr. Vor diesem Hintergrund relativiert sich der demoskopische Einbruch der „Wichtigkeit" des Umweltanliegens gegen Mitte der 90er. Inmitten der Transformationskrise hält die Mehrheit der Bevölkerung es aktuell für vordringlicher, die Staatsfinanzen, die Wettbewerbsfähigkeit, den Sozialstaat und den Arbeitsmarkt wieder in Ordnung zu bringen. Dieses Agenda-Setting bedeutet keinesfalls, die Umwelt würde als „unwichtig" erachtet, zumal die jeweilige Meinungs- und Stimmungslage der Bevölkerung für das inzwischen hochgradig institutionalisierte und professionalisierte Umwelthandeln der staatlichen, industriellen und bürgerschaftlichen Akteure praktisch kaum noch von direkter Bedeutung ist.

Auch die Rolle des Staates hat sich im Übergang vom kompensatorischen *Umweltschutz* zur integrierten Umweltproblembearbeitung zu ändern begonnen. Es vollzieht sich eine Schwerpunktverlagerung vom obrigkeitlich-ordnungsrechtlichen Ansatz zu einer marktgängig und zivilgesellschaftlich orientierten *Umweltpolitik*. War die Leitvorstellung des kompensatorischen *Umweltschutzes* der „Umweltstaat" (Kloepfer), so liegen die Leitmodelle der integrierten industriellen Ökologie in der „ökologischen Marktwirtschaft" und einer „sustainable society". Beispiele für marktbezogene Ansätze bilden zum Beispiel finanzpolitische Instrumente wie nicht-regulatorische Ökosteuern, etwa die von der EU vorgesehene Energie/CO_2-Steuer. Beispiele für zivilrechtliche Ansätze sind die in public-private-partnership ausgehandelten Selbstverpflichtungen der Industrie, oder die Austragung von Umweltkonflikten durch Mediation.

Die regulatorische *Umweltpolitik* wird dadurch nicht überflüssig. Ihre bleibende Notwendigkeit ergibt sich aus der Tatsache, daß auch bei erheblich verbessertem industriellem Metabolismus das Verhältnis zwischen *Ökonomie* und *Ökologie* nicht nur in Win-Win-Konstellationen, sondern weiterhin auch in Win-Loose-Konstellationen bestehen wird. Sind letztere ausgeprägt, werden regulatorische Vorgaben durch den Staat praktisch unumgänglich. Bei Gesetzgeber und Betroffenen zeichnet sich heute ein gewisser Konsens ab, daß zwar strenge Umweltstandards bei klaren Zeithorizonten gesetzt werden sollen, daß jedoch die bis heute damit verbundenen verwaltungsaufwendigen Planungs-, Genehmigungs-, Berichts- und Kontrollprozeduren sowie detaillierte technische Durchführungsbestimmungen so weit wie möglich zurückgenommen werden sollten.

Unter der Voraussetzung einer wieder besser naturintegrierten industriellen Produktionsweise verliert der Konflikt zwischen *Ökonomie* und *Ökologie* an Schärfe. Die Aufgabe der Internalisierung von zuvor externalisierten Umweltkosten wird zunehmend abgearbeitet. Dagegen tritt das Problem der Substituierbarkeit von Naturressourcen durch Kunstressourcen in den Vordergrund. Die herkömmliche Umweltökonomie geht von einer geradezu beliebigen Substituierbarkeit aller Faktoren in ihren Produktionsmodellen aus, dementsprechend auch einer im Prinzip vollständigen Ersetzbarkeit von Natur durch technische Artefakte. Die neuere ökologische Ökonomie bestreitet diese allgemeine Substituierbarkeit, faktisch ebenso wie moralisch. Ein Christbaum aus Plastik mit elektrischen Lichtern mag in der Buchhaltung als identisch erscheinen mit einem echten Tannenbaum und Wachskerzen. Aber die damit verbundene Wirklichkeit und Erlebnisqualität ist eine andere.

Umweltnutzungskonflikte sind nichts anderes als politisch-ökonomische Allokations- und Verteilungskonflikte. Thesen einer vermeintlichen Schichten- und Klassenneutralität der ökologischen Frage sind grundsätzlich irreführend. Die soziale Frage verbindet sich mit ökologischen Aspekten ebenso wie sie sich industrietraditional schon mit ökonomischen Aspekten verbunden hat. Es wird weiterhin Völker und Schichten geben, die sich das „Echte" und eine relativ gut geschützte Umwelt leisten können, und andere, die sich mit „Ersatz" begnügen müssen und hohen Umwelt- und Gesundheitsrisiken ausgesetzt sind.

Mit dem Ende der DDR gilt für die neuen und alten Bundesländer eine einheitliche Gesetzeslage. Eine Reihe von speziellen Staatsverträgen und bindenden Regierungsprogrammen aus den Jahren 1990/91 zielte auf die Herstellung einheitlicher Umweltbedingungen in Ost und West. Es ist in der zweiten Hälfte der 90er absehbar, daß es nach der gegenwärtig erfolgenden, wegen finanzieller Probleme sich teilweise verzögernden Implementierung der Gesetzes- und Regierungsvorgaben bis um die Jahrhundertwende keine wesentlichen Unterschiede zwischen Ost- und Westdeutschland mehr geben wird, weder im Umweltbewußtsein, das von vornherein sehr ähnlich war, noch im Umwelthandeln, und auch nicht im Hinblick auf die wichtigsten Umweltprobleme. (Das Altlastenproblem ist im Westen kaum weniger drückend als im Osten). Eine kompensatorische Umweltinfrastruktur auf dem neuesten Stand der Technik ist im Verlauf der 90er schon weitgehend wieder erstellt worden.

Das Umwelthandeln in Deutschland erfolgt zunehmend im europäischen und globalen Kontext. Im Verlauf der 80er und 90er Jahre sind auch die neuen Industrieländer Asiens und Lateinamerikas mit jeweils etwa 10-25jähriger Verzögerung zu den OECD-Staaten in die Phase kompensatorischen *Umweltschutzes* eingetreten. Insofern bestätigt sich das Prinzip der ungleichzeitigen Entwicklung. Jedoch muß eine weitergehende Modernisierungsperspektive heute Phänomene ungleichzeitiger Entwicklung verbinden mit den Gegebenheiten internationaler Interdependenz. Der Umweltschutz in den neuindustriellen Ländern erfolgt nicht ähnlich eigenständig wie zuvor in den altindustriellen Ländern, sondern ist in fast jeder Hinsicht bereits konditioniert durch das, was die altindustriellen Länder an faktischen Vorgaben erarbeitet haben. Umgekehrt können die altindustriellen Länder mit ihrer ökologischen Modernisierung nicht fortschreiten, wenn die neuindustriellen Länder das erst kompensatorische und später integrierte Umwelthandeln nicht innerhalb bestimmter Zeiträume mitvollziehen. Sie können dies nach Lage der Dinge aber nicht vollständig aufgrund endogener Handlungskapazitäten und eigener Mittel. Für die altindustriellen Länder ist es im Sinn eigennütziger Hilfe unumgänglich, den Aufbau des Umweltschutzes in den neuindustriellen Ländern zu unterstützen durch Kapital-, Technik- und Wissenstransfer. Es wäre ökologisch kontraproduktiv, in den altindustriellen Weltregionen erst „sauber" und dann auch noch „sustainable" zu werden, wenn in den neuindustriellen Weltregionen zum Beispiel auf der Grundlage veralteter Kohlenutzungen für viele Milliarden Menschen noch nicht einmal „sauber" produziert würde.

Diese Zusammenhänge sind inzwischen Gegenstand der internationalen *Umweltpolitik* geworden. Sie hängt sehr eng mit Fragen der internationalen Wirtschafts-, Handels- und Technologiepolitik zusammen. Wiederum sind es die multinationalen Konzerne, die hierbei eine Schrittmacherrolle spielen. Gebremst wird der internationale *Umweltschutz* nicht selten durch den betonten Nationalismus der neuindustriellen Länder. Selbst europäische und nordamerikanische Umweltorganisationen mit Dritte-Welt-Impetus sehen sich eines „grünen Neokolonialismus" bezichtigt. Das Prinzip der nationalen Souveränität gerät zunehmend in Kollision mit sozio-ökonomischen und ökologischen Tatsachen weltregionaler bis globaler Interdependenz.

Der integrierte *Umweltschutz* und die innovative Ökosystemgestaltung befinden sich heute erst in ihren Anfängen. Erneuerungen des Kapitalstocks vollziehen sich in einem Zeithorizont von mehreren Jahrzehnten. Die meisten Länder der Erde mit dem Großteil der Erdbevölkerung haben ihre industrietraditionale Vollentfaltung erst noch vor sich. Außerdem stellen die langfristigen Entwicklungen in Gesellschaft und Natur, auch dort wo sie „schnell" voranschreiten, in gewisser Weise träge und beharrliche pfadabhängige Prozesse dar, die sich voluntaristisch weder sonderlich antreiben noch verlangsamen lassen. So entfalten sich viele der bisher angelegten Umweltschadenswirkungen erst noch. Selbst wenn in Zukunft einmal keine großflächigen neuen Umweltschäden mehr angerichtet werden, wird die Menschheit mit den ökologischen Altlasten noch viele Jahrzehnte, vielleicht sogar Jahrhunderte beschäftigt sein.

Literaturhinweise

Angel, David/Joseph Huber (Hg.): Building Sustainable Industries for Sustainable Societies, Business Strategy and the Environment, Special Issue, Vol. 5, Nr. 3, Chichester/Sussex (Wiley) 1996
Ayres, Robert U./Udo-Ernst Simonis (Hg.): Industrial Metabolism. Restructuring for Sustainable Development, Tokio/New York/Paris 1994
Conrad, Jobst (Hg.): Successful Environmental Management in European Companies, Reading 1997
Enquete-Kommission „Schutz des Menschen und der Umwelt" des Deutschen Bundestages: Die Industriegesellschaft gestalten. Perspektiven für einen nachhaltigen Umgang mit Stoff- und Materialströmen, Bonn 1994
Huber, Joseph: Nachhaltige Entwicklung, Berlin 1995
Jänicke, Martin (Hg.): Umweltpolitik der Industrieländer. Entwicklung-Bilanz-Erfolgsbedingungen, Berlin 1996
Jansson, Ann Mari/Monica Hammer/Carl Folke/Robert Costanza (Hg.): Investing in Natural Capital. The Ecological Economics Approach to Sustainability, Washington 1994
Meffert, Heribert/Manfred Kirchgeorg: Marktorientiertes Umweltmanagement, Stuttgart 1992
Munasinghe, Mohan/Walter Shearer (Hg.): Defining and Measuring Sustainability, Washington 1995
Weizsäcker, Ernst Ulrich von/Amory Lovins und Hunter: Faktor Vier. Doppelter Wohlstand, halbierter Naturverbrauch, München 1995
Weltbank (Hg.): Weltentwicklungsbericht: Entwicklung und Umwelt, Washington 1992
Wuppertal Institut (Hg.): Zukunftsfähiges Deutschland. Ein Beitrag zu einer global nachhaltigen Entwicklung, Basel/Berlin 1996

Joseph Huber

Vereine

1. Begriff, Fragestellungen und juristische Grundlagen

Die Bezeichnungen Verein, Verband, Vereinigung sind in Alltags- und Fachsprachen (auch im Recht) nicht einheitlich und klar unterschieden. In erster Annäherung können Vereine als auf Dauer angelegte zweckorientierte Organisationen, in denen sich auf freiwilliger Basis Personen vornehmlich zur Ausübung gemeinsamer Interessen vereinigen, definiert werden. Gemeinsam ist den sogenannten *Assoziationen* Verein, Verband, Vereinigung, daß sie als eigenständiger Bereich von Organisationen gegenüber Staat und Wirtschaft als ein „dritter Sektor" oder „intermediäres Feld" gesamtgesellschaftlich abgegrenzt werden können. Eine genauere Betrachtung dieser Non-Profit- oder Non-Government-Organisationen wird aber auch „Zwitter" und Grenzfälle aufdecken.

Vereine sind einerseits kulturgeschichtlich gewachsene, in der deutschen Gesellschaft fest verankerte reale soziale Gebilde, andererseits aber auch – und daher rühren einige Schwierigkeiten im Umgang mit dem Begriff – formal-juristische Grundkonstrukte für unterschiedlichste – auch wirtschaftliche – Zwecksetzungen. Beide Aspekte müssen Berücksichtigung finden.

In seiner gesellschaftlichen Relevanz läßt sich das *Vereinswesen* anhand eines Bündels von Leitfragen beschreiben:

- Sind Vereine nach Zahl und Art bestimmbar, und sind entsprechende Taxonomien plausibel und hilfreich? Wie sieht es, teilweise ebenfalls unter statistischen Gesichtspunkten, mit den Mitgliedern nach Zahl, Struktur und Rekrutierung aus?
- Welche Erkenntnisse vermittelt die kulturgeschichtliche Genesis und Entwicklung von spezifischen Vereinssparten? Ist es angesichts des heutigen Spektrums von Erscheinungsformen überhaupt sinnvoll, von einer einheitlichen Vereinsthematik auszugehen?
- Nach welchen Kriterien lassen sich Funktion und Bedeutung des Vereinswesens beurteilen und zwar im Außenverhältnis als Institution innerhalb der Gesellschaft und im Binnenverhältnis zu den Mitgliedern? Welche Folgerungen in bezug auf Leistungen von Vereinen für bestimmte Gruppen, Lebenslagen, Kompetenzvermittlung, Sinnstiftung und Kommunikation sind daraus abzuleiten?
- Wie ist die Organisationsstruktur heutiger Vereine beschaffen, zumal in den Sport-, Freizeit- und Kulturvereinen, welche die große Mehrheit der Angebotspalette bilden? Wie steht es mit der Übernahmebereitschaft ehrenamtlicher Verantwortung, welche Erwartungen verknüpfen sich mit der Ausübung von Ämtern?
- Welche aktuellen Herausforderungen und Wandlungen prägen die Vereinsszene(n) heute? Welche Faktoren beeinflussen Interessenslagen und Vereinspolitik? Sehen sich Vereine in einer Konkurrenzsituation zu informellen Gruppierungen, kommerziellen Anbietern ähnlicher Leistungen (Fitness-Center) oder zu sozialen Bewegungen? Wie reagiert man darauf, welche Perspektiven zeichnen sich ab?

Diesem nach Belieben erweiterbaren Fragenkatalog werden die anschließenden Kapitel folgen. Wo immer dies möglich ist, wird anstelle eines abstrakten Vereinsbegriffs auf konkrete Einheiten Bezug genommen. Zunächst aber gilt es noch, das allem zugrundeliegende juristische Konstrukt des Vereins kurz zu charakterisieren.

Vereine bauen sich aus Mitgliedern auf, also im Gegensatz zur Gesellschaft des bürgerlichen Rechts nicht aus bestimmten Personen, den Gesellschaftern, mit Eigentumsrechten am Vermögen der Korporation, sondern durch beliebige natürliche oder auch juristische Personen (z.B. Firmen im Förderverein). Vereine können rechtsfähig sein, also eine eigenständige Rechtspersönlichkeit darstellen, oder nicht-rechtsfähig, und es kann sich um wirtschaftliche oder ideelle Vereine handeln. Letztere, die auf die Förderung kultureller, geselliger, sportlicher oder religiöser Zwecke gerichtet sind, sollen als eingetragene Vereine (e.V.) im Sinne der §§ 21-79 BGB die Teilmenge der hier näher zu behandelnden „Vereine im engeren Sinne" bilden.

Oberstes Organ des bei Amtsgerichten in ein Register eingetragenen Vereins ist die Mitgliederversammlung. Diese wählt einen Vorstand, der die Geschäfte des Vereins führt und in der Regel in jährlichem Turnus von der Mitgliederversammlung nach Vorlage und Diskussion des Jahresberichts entlastet wird. Jeder Verein muß Namen und Sitz, einen Vereinszweck sowie eine Mindestzahl von sieben Gründungsmitgliedern aufweisen. Ferner muß die Art der Willensbildung in einer schriftlich ausgearbeiteten Satzung festgelegt sein, die ebenfalls gewissen Minimalbedingungen zu entsprechen hat. Die Satzung sollte auch Pflichten und (Nutzungs-)Rechte der Mitglieder regeln.

Diese wenigen aufgeführten Merkmale des Vereinsrechts belegen bereits die Lockerheit der formalen Bedingungen und der Organisation zu und zwischen den Mitgliedern. Hinzu treten als wesentliche Kennzeichen des weit überwiegenden Teils der rund 300.000-350.000 ideellen Vereine in Deutschland die Ehrenamtlichkeit der Geschäftsführung und die anerkannte *Gemeinnützigkeit*. Das Honoratiorenprinzip bedingt z.T. die oft auftretenden Schwierigkeiten bei der Besetzung von Ämtern (Vorsitzender, Kassierer, Schriftführer, Abteilungs- und Übungsleiter, Jugendwart usw.) und eine geringe Professionalität bei der Ausübung der entsprechenden Funktionen. Nur sehr große Vereine können sich hauptamtliche Angestellte leisten. Gemeinnützigkeit bedeutet wegen des erklärten Verzichts auf Gewinnerzielung Befreiung von Körperschafts-, Vermögens- und Gewerbesteuer sowie eine ermäßigte Umsatzbesteuerung. Allerdings kann es wegen des damit verbundenen Prinzips der „zeitnahen Mittelverwendung" zu einer Erschwerung der wirtschaftlichen Vereinsführung, z.B. der Rücklagenbildung, kommen.

2. Die Durchdringung der Gesellschaft durch das Vereinswesen

Die Anzahl der Vereine in Deutschland ist nicht bekannt. Diese Feststellung bezieht sich weniger auf die genaue numerische Bezifferung zu einem Stichtag als vielmehr auf die Tatsache, daß über die Zugrundelegung einer Definition, was als Einheit „Verein" zu verstehen ist, keine Übereinkunft besteht.

Was ist der Grund dafür? Die Idealvorstellung eines zentralen Vereinsregisters etwa als Zusammenfassung der Eintragungen aller Amtsgerichte existiert nicht. Selbst wenn es sie gäbe, blieben viele Fragen offen. Da ist einmal die uneinheitliche Handhabung von Zählungen bei Mehrsparten-(Sport-)Vereinen: sind relativ autonome Abteilungen, bei den jeweiligen Verbänden registriert, eigenständige „Vereine"? Oder die Hierarchie von Orts- oder Landesgruppen: sie werden in verschiedenen Sparten unterschiedlich gehandhabt, etwa lokale Fremdenverkehrsvereine oder Alpenvereins-Ortsgruppen. Hinzu treten Zuordnungs- und Zuständigkeitsprobleme bei ähnlichen Zielsetzungen: Tierzucht-, Kleintierzucht- oder Kaninchenzucht-Vereine sowie Tierschutz- und Vogelschutzvereine vertreten überlappende Interessenfelder. Nicht zuletzt stellt sich immer wieder die Frage, ob denn bestimmte Verbände, Ringe, Bünde, Gilden, Arbeitsgemeinschaften und andere lockere Zusammenschlüsse überhaupt als „Vereine" anzusehen sind.

Konsequenzen dieser taxonomischen Problematik: die absolute Mengenbestimmung wie auch anteilige Quoten sind Vereinbarungssache, und damit wird die Zahl der Vereinsmitglieder und ihre Verteilung ebenfalls zu einem Definitionsproblem. Wesentlich trägt dazu bei, ob und inwieweit auch nichteingetragene Vereine in die Statistik einzubeziehen versucht werden.

Nach Zielsetzungen könnten Vereine, die (a) Interessen vertreten, von solchen, die (b) Betroffenheit organisieren und (c) solchen die Dienstleistungen übernehmen, unterschieden werden. Erstere bilden den Kernbereich der Freizeit-, Sport- und Kulturvereine, zu den zweiten zählen Selbsthilfegruppen und Bürgerinitiativen, für die dritte Kategorie können beispielhaft Träger- und Fördervereine genannt werden. Abgeleitete Zielsetzungen liegen vor bei Zusammenschlüssen von Vereinen zu Dach-, Fach- und Spitzenverbänden und zu Koordinationsgremien wie Stadtjugendring oder AG der Wohlfahrtsverbände.

Eine Vereinstypologie nach Lebensbereichen würde dem zentralen Feld der Vereine für Freizeit und Kultur solche im Wirtschafts- und Sozialbereich, auf den Gebieten Politik, Bildung, Kirche und Wissenschaft sowie Umwelt, gegenüberstellen (Sahner 1993: 55, nach v. Alemann 1987). Zuordnungs- und Abgrenzungsprobleme wären dabei ebenso unvermeidlich.

Schätzungen der Anzahl der Vereine in Deutschland zum gegenwärtigen Zeitpunkt bewegen sich um Zahlen etwas über 300.000. Zugrundegelegt werden dabei Hochrechnungen, indem partiell vollständige Listen (bestimmter Verbände) mit lokalen oder regionalen Primärerhebungen aller Vereine kombiniert werden (Sahner 1993: 62f.; Agricola/ Wehr 1993: 11f.; Zimmer 1996: 94). Vor der deutschen Vereinigung wurde die Zahl der Vereine im alten Bundesgebiet auf 250.000, davon mindestens 180.000 rechtsfähige, geschätzt.

Den weitaus größten Anteil aller Vereine, vermutlich zwischen einem Drittel und der Hälfte, bilden *Sportvereine*. Jeweils zwischen 10 und 13%, zusammen also gut ein weiteres Drittel, sind Vereine von Tierschützern, -freunden und -züchtern, der Gesangs- und Musikpflege sowie der Heimat- und Brauchtumspflege. Ebenfalls zahlenmäßig stark vertreten sind Wohltätigkeits- und Rettungsvereine, Kleingärtner- bzw. Obst- und Gartenbauvereine und Natur- und Wandervereine (Agricola/ Wehr 1993: 12f.).

Etwa 60% der über 15jährigen Bevölkerung in Deutschland (alte Bundesrepublik) sind Mitglied in einem oder mehreren Vereinen mit Berufsverbänden und Hilfsorganisationen dazugerechnet sogar ungefähr drei Viertel. Die Zahl der Mitgliedschaften wurde auf 72 Millionen hochgerechnet, darunter entfällt jede Dritte auf einen *Sportverein*, jede Sechste auf einen Automobilclub (Agricola/ Wehr 1993: 16). Jugend-, gesellige und Umweltvereinigungen folgen nach den Gesamtmitgliedzahlen auf den nächsten Plätzen, vor Musik- und Brauchtumspflege und z.B. weit vor den organisierten Tierliebhabern, was angesichts der großen Zahl von Vereinen dieser Sparte auf geringe Vereinsgrößen schließen läßt. Selbstverständlich ist nicht nur die Varianz der Mitgliederstärke zwischen verschiedenen Vereinssparten ausgeprägt, sondern zumeist auch innerhalb der jeweiligen Sparte. Die meisten lokalen Vereine haben weniger als 100 Mitglieder. Von den Sportvereinen haben nur 5% mehr als 1.000 Mitglieder (Agricola/Wehr 1993: 18; Digel u.a. 1992: 28f.).

Aufschlußreich ist die sozio-demographische Aufgliederung der Vereinsmitglieder. In den Traditionsvereinen, besonders auch in *Sportvereinen* sind in allen Altersschichten Männer in der Überzahl. Bei Sportvereinen liegt die höchste Beteiligungsquote bei Jungen und männlichen Jugendlichen mit 60% Anteil an den entsprechenden Alterskohorten, gegenüber 40-50% bei Mädchen. Bei 20-50jährigen sinken die Anteile auf 40% bei Männern und 25% bei Frauen, mit zunehmendem Alter gehen sie schnell immer weiter zurück.

Frauen sind ganz offensichtlich bei neuen und kommerziellen Kursangeboten stärker beteiligt; formelle Mitgliedschaften in konventionellen Vereinen sprechen sie weniger an. Auch bei Gesundheitssportgruppierungen engagieren sich Frauen schneller und zahlreicher als Männer.

Wenig repräsentative Ergebnisse liegen über schicht- oder milieuspezifische Vereinsengagements vor. Tendenziell weisen in zahlreichen Sparten Angehörige gehobener Mittelschichten bzw. mit weiterführender Schulbildung höhere Partizipationsquoten auf. In eher dörflichen Vereinsformen (Kleintierzucht, Blasmusik) dominieren hingegen Personen aus einfachen Bevölkerungskreisen. Generell hat sich bestätigt, daß die Mitgliedschaftsquote im ländlich-kleinstädtischen Bereich höher als in den Großstädten ist.

Nimmt die Attraktivität von Vereinen für nachwachsende Generationen ab, d.h., läßt sich tendenziell ein Nachwuchsmangel oder eine Überalterung der Mitglieder konstatieren? Für bestimmte Sparten wie Gesangs- und Musikvereine traditioneller Prägung mag dies zutreffen oder in den 80er Jahren zugetroffen haben, denn mittlerweile sind hier auch schon gegenläufige Entwicklungen eingeleitet worden. Generell aber ist auf die, nur partiell belegte, Mitgliederentwicklung in einigen Sparten zu verweisen, die trendmäßig für die zurückliegenden drei Jahrzehnte steigende Mitgliederzahlen belegen. Das *Vereinswesen* wandelt sich, aber es stagniert ungeachtet aktueller Individualisierungstrends in der Gesellschaft keineswegs.

Abschließend zur statistischen Betrachtung der Vereine sei noch ihre Altersstruktur angesprochen. Die meisten der heute existierenden Vereine sind jung, d.h. sie sind nach 1960 entstanden. Für die Stadt München sind zwei Drittel aller dort registrierten 2.000 Vereine dieser Kategorie zuzurechnen, gar vier Fünftel sind erst nach dem Zweiten Weltkrieg gegründet worden. Nur 7% stammen aus dem vorigen Jahrhundert. Dennoch lohnt ein Blick auf die verschiedenen kulturgeschichtlichen Wurzeln des Vereinswesens.

3. Zur Kulturgeschichte des Vereinswesens

Wenn auch zahlenmäßig im Meer bestehender Vereine an der Schwelle zum 21. Jahrhundert bald nur noch ein Tropfen, so sind die Traditionsorganisationen doch ein konstituierendes Element der *bürgerlichen Gesellschaft* des ausgehenden 18. und 19. Jahrhunderts. Dies erkannte weitsichtig Lorenz von Stein schon 1867, als er vom *Vereinswesen* als „dem eigentlich spezifischen Charakter unserer Gegenwart" sprach, von dessen Umfang und Bedeutung man „gerade eine erste Ahnung" habe. Ähnlich nannte zur gleichen Zeit der Rechtshistoriker Otto von Gierke das Vereinswesen „das eigentlich positiv gestaltende Prinzip der neuen Epoche" (zit. nach Dann 1993: 119). Und auf dem ersten deutschen Soziologentag 1910 in Frankfurt hob Max Weber die Vereinsbildung als wichtiges soziologisches Forschungsthema hervor.

Die Anfänge der vereinsmäßigen Gesellung liegen im 18. Jahrhundert, als es zu ersten Ausprägungen bürgerlicher Öffentlichkeit kam (Feste, Aufführungen, Lesegesellschaften, Kaffeehäuser usw.). Wenn auf noch weiter zurückliegende Vereinswurzeln Bezug genommen wird, wie bei den ins frühe Mittelalter datierbaren Schützengesellschaften und Schützengilden, so muß für diese auf gänzlich andersartige Sozialbezüge und Zwecksetzungen verwiesen werden. Die anfangs (ab dem 11. Jh.) noch mit Bogen und Armbrust ausgestatteten, ab dem 16. Jh. zunehmend mit Büchsen bewaffneten Schützengilden bildeten städtisch-zunftmäßige Milizen zum Schutz der öffentlichen Sicherheit. Die Notwendigkeit ständiger Einsatzbereitschaft für den Ernstfall bedingte regelmäßige sonntägliche Übungen und eine disziplinierte Organisation, die eine Hierarchie und Regeln mit Wettbewerbscharakter herausbildete. Daraus entstanden die Schützenfeste, die ihren überregionalen volksfestartigen Höhepunkt im 15.-17. Jahrhundert erreichten. Zu dieser Zeit ließ die Verteidigungsbedeutung in Anbetracht der eingeführten stehenden Heere nach, und an deren Stelle rückte die Pflege des Schießspiels und der Geselligkeit. In dieser Form behaupteten Schützenvereine vor allem in der ländlich-kleinstädtischen Gesellschaft des 19. Jh.s ihren Platz, lange bevor es 1861 zur verbandsmäßigen Gründung des deutschen Schützenbundes kam.

Grundsätzlich haben die Erweiterung und Verbreitung neuer Interessen und Bedürfnisse in der *bürgerlichen Gesellschaft* die „Assoziationen" im 18. Jh. ins Leben gerufen, die über standesgemäße Herkunft und Erwerbstätigkeit hinaus organisierte Kommunikation über Bildung, Kultur (Musikpflege, Literatur) und Wissenschaft angestiftet haben. Ausgehend von den Metropolen Paris und London sickerte solches Gedankengut in Deutschland zuerst über weltoffene Städte wie z.B. Hamburg ein. Dort entstand 1737 die erste deutsche Freimaurerloge, wurden organisierte Unterhaltungsclubs nach englischen Vorbildern gegründet und faßten die schon erwähnten

Lesegesellschaften zuerst Fuß. Diese verstanden sich, wie beispielsweise die 1784 in Karlsruhe gegründete Lesegesellschaft als Treffpunkt, „wo Personen aus den höheren Ständen ohne Zwang zusammen kommen, sich über Gegenstände der Literatur unterhalten, sich einander ihre gesammelten Kenntnisse mitteilen und auch Journale und gelehrte Zeitungen lesen konnten" (von Weech, Karlsruhe 1895: 81, zit. nach Katalog Baden und Württemberg im Zeitalter Napoleons, Stuttgart 1987). Allerdings waren in diesen wie in anderen kulturellen Vereinsgründungen jener Zeit keineswegs alle Schichten der Gesellschaft repräsentiert, sondern es gaben sich hier vorzugsweise Adel und bürgerliche Intelligenz ein Stelldichein. Das galt auch für die in der ersten Hälfte des 19. Jahrhunderts gegründeten Kunstvereine, z.B. in Karlsruhe 1818, dessen Mitgliederlisten eine elitäre Zusammensetzung belegen. Doch pflegen ungeachtet aller Wandlungsprozesse ja auch heute noch Kunstinstitutionen einen exklusiven Rezipientenkreis anzuziehen (Neumann/Klein 1996: 82ff.).

Die umfangreichste Teilgruppe der Vereine in Deutschland, die *Turn- und Sportvereine*, verdanken ihr Entstehen wiederum anderen Quellen. Die zunächst für Gymnasiasten, später für die gesamte Bevölkerung angebotenen körperlichen Ertüchtigungsprogramme des sogenannten „Turnvaters" Friedrich Jahn (1778-1852), der 1811 auf der Berliner Hasenheide einen ersten Turnplatz eröffnete, sind vor dem Hintergrund aufkeimenden National- und Befreiungsdenkens von französischer Vorherrschaft zu sehen. Die Bewegung gewann schnell an Zulauf und erste „Turnerschaften" wurden gegründet. Als sich jedoch unter ihren Anhängern demokratisches und republikanisches Gedankengut verbreitete und unter dem Einfluß der Burschenschaften, zu deren Mitgründern Jahn zählte, neben der Idee vom gesunden Geist im gesunden Körper politische Agitation um sich griff, wurde den Regierenden die ganze Linie neuer Assoziationen suspekt. Es kam 1819 im Rahmen der Karlsbader Beschlüsse gegen demagogische Umtriebe zu einem generellen Verbot „des Turnens". Und auch der zweite Aufschwung der Turnbewegung ab den 40er Jahren endete nach dem Scheitern der bürgerlichen Revolution von 1848/49 mit dem Verbot und Niedergang der nun schon viel zahlreicheren (Turn-) Vereine, sofern sie sich politisch engagiert hatten.

In der Folge nahmen in den 60er Jahren formal eher unpolitische bürgerliche und akademische Turnaktivitäten den Charakter einer Massenvereinsbewegung an: bis zu 200.000 Mitglieder wurden 1864 in 2.000 Vereinen gezählt (Ille 1977: 33). Nach längerer Stagnation erreichte die Zahl der Turner in diesen 1868 in der Deutschen Turnerschaft zusammengeschlossenen Vereinen um die Jahrhundertwende 600.000. Während hier eine kaisertreue und pro-imperialistische Grundstimmung vorherrschte, konnte sich erst nach Aufhebung der Bismarckschen Sozialistengesetze in den 90er Jahren eine proletarische Arbeiter-Turn- und Sportbewegung formieren.

Die letzten beiden Jahrzehnte des vergangenen Jahrhunderts brachten auch einen Durchbruch für „den Sport" in das deutsche *Vereinswesen*. Im Gegensatz zu dem eher unspezifischen Turnen im Sinne von „Körperkultur", bei dem primär der Gemeinschafts- und nicht der Wettkampfsgedanke gepflegt wurde, stand bei den im englischen „Mutterland des Sports" betriebenen Sportarten das Leistungsdenken und der Kampf gegen andere im Vordergrund. Die verschiedenen, z.T. schon in der ersten Hälfte des 19. Jh.s in England entwickelten Sparten Segeln, Rudern, Schwimmen, Ballspiele wie Fußball (anfangs mit rugbyähnlichen Regeln) und Hockey oder leichtathletische Disziplinen fanden nur langsam vor allem über norddeutsche Küstenstädte ihren Weg nach Deutschland. Noch um die Jahrhundertwende war der Mitgliederbestand in *Sportvereinen* und ihren Verbänden verglichen mit der deutschen Turnerschaft sehr gering (Ille 1997: 52).

Für eine schnelle Popularisierung vieler Sportarten nach der Jahrhundertwende trug u.a. die Neueinführung der Olympischen Spiele (ab 1896) und damit die Internationalisierung des Sportgedankens als „schönster Nebensache der Welt" ebenso bei wie gesell-

Vereine

schaftliche Voraussetzungen geregelter und begrenzter Arbeitszeit, sozialer Absicherung, städtischer Lebensstile und Frauenemanzipation und der propagierten sozialen Gleichstellung aller Teilnehmer im Sport. Nachdem in den „Gründerjahren" nahezu alle Sportarten von gehobenen bürgerlichen Schichten okkupiert wurden, trat z.B. bei dem im Jahr 1900 gegründeten Deutschen Fußballverband eine sprunghafte Vereins- und Mitgliederzunahme ein. Nicht zuletzt war diese auf den Zulauf aus Kreisen der städtischen Arbeiterjugend zurückzuführen. Nach wie vor bestanden aber auch Arbeiter-*Turn- und Sportvereine* neben den nach dem Ersten Weltkrieg im „Deutschen Reichsausschuß für Leibesübungen" zusammengeschlossenen bürgerlichen Turn- und Sportvereinen. Alle Verbände gingen 1934 im „Deutschen Reichsbund für Leibesübungen" auf, womit die Sportzuständigkeit unter dem Einfluß der NSDAP im wesentlichen von den Vereinen auf die Hitlerjugend übertragen wurde.

Unter den ausgewählten Wurzeln zur Vereinsgeschichte soll ein weiterer Strang Erwähnung finden. Gemeint ist die gesellschaftliche Entdeckung der Natur und ihre organisierte Erschließung. Aus der in früheren Zeiten von Verunsicherung und Furcht getragenen Einstellung zur „menschenabweisenden Wildnis" erwuchs ab der Mitte des 19. Jh.s ein Natur-Erlebnisdrang zwischen Schwärmerei und Abenteuerlust, zivilisatorisch aufbereitet durch Literatur, Malerei, Wege, Unterkunftshütten und kundige Führer. Wiederum von England ausgehend wurden Alpen- und Mittelgebirgsvereine gegründet, so auch der Österreichische und der Deutsche Alpenverein, die sich 1873 zusammenschlossen. Beide entstanden nach dem Zweiten Weltkrieg erneut getrennt mit einem dezentralen Aufbau, d.h., die einzelnen lokalen Sektionen (in Deutschland etwa 300 mit 450.000 Mitgliedern) verwalten selbständig Hütten und zugeteilte Wege, während vom zentralen Sitz (in München) aus die Gesamtvertretung erfolgt.

Die Mittelgebirgswandervereine, etwa zur gleichen Zeit wie die Alpenvereine gegründet, sind im Deutschen Wanderverband mit 620.000 Mitgliedern in 3.000 örtlichen Gruppen vertreten. Ergänzt wird diese Gruppe naturbezogener Vereine durch die gewerkschaftsnahe, um die Jahrhundertwende gegründete Organisation der Naturfreunde (über 100.000 Mitglieder, weltweit 600.000, in 576 Ortsgruppen in Deutschland). Im weiteren Sinne könnten auch die relativ kurzzeitig Anfang des Jahrhunderts erblühende (Jugend-)Wandervogelbewegung, die demgegenüber dauerhaft erfolgreichen, nach englischem Vorbild gegründeten Pfadfinder und die Freikörperkulturbewegung sowie vielleicht auch die von dem Leipziger Lehrer Hauschild 1864 ins Leben gerufene und nach dem von ihm verehrten Arzt Moritz Schreber (1808-1861) so benannte Kleingartenbewegung zu dieser Richtung von Assoziationen gerechnet werden.

Unter den hier aufgeführten geschichtlichen Zweigen des *Vereinswesens* sollten als letzte die in mehrfacher Hinsicht bedeutsamen Gesang- und Musikvereine genannt werden. Bedeutsam sind sie insofern, als sie neben den Sportvereinen zu den zahlreichsten, flächendeckendsten, traditionsreichsten und am stärksten kulturtragenden Vereinsarten zählen.

Kulturgeschichtlich bedeutsam ist die Sangesbewegung aber auch, weil sie relativ früh, auf zwei getrennten Wurzeln fußend, der Berliner Liedertafel C. F. Zelters (1809) und H.G. Nägelis dem Zürcher Singinstitut angeschlossenen Männerchor (1810), durchaus politische Ambitionen verkörperte. Während *Gesangvereine* in der Gegenwart eher als konservativ bis unpolitisch und besinnlich bis gemütvoll gelten, standen sie im 19. Jh. eher im Ruf „kritischer Liedermacher" und Interpreten. Bei der Gründung des Deutschen Sängerbundes 1862 in Coburg heißt es in der dort beschlossenen Satzung: „Durch die dem deutschen Liede innewohnende einigende Kraft will auch der Deutsche Sängerbund in seinem Teile die nationale Zusammengehörigkeit der deutschen Stämme stärken und an der Einheit und Macht des Vaterlandes mitarbeiten" (nach Mahlig 1982 bei Troge 1993: 73).

Dieses erklärte Bestreben der bürgerlichen *Gesangvereine* artete allerdings stellenweise im Liedgut und politischen Auftreten in unverkennbaren Chauvinismus aus, während die aus Arbeiterbildungsvereinen hervorgegangene Arbeitersängerbewegung vor dem Ersten Weltkrieg „die breitenwirksamste proletarische Laienkunstvereinigung" darstellte (Frevel 1993: 61). Man sieht, daß ähnlich wie im Turn- und Wanderbereich die gesellschaftliche Klassentrennung im Vereinswesen noch einen sehr konkreten Niederschlag fand.

Bei der Verbreitung der *Gesangvereine* setzte sich – vor allem in Süddeutschland – das schweizerische „Nägeli-Konzept" durch. Noch heute zeigen sich zwischen Süden und Norden in den Verbandsstrukturen historisch begründete Unterschiede, wenn man etwa die in Norddeutschland dominierende Spielmannsmusik und die südlich des Mains vorherrschenden Blaskapellen betrachtet (vgl. Agricola/ Wehr 1993: 15). Blaskapellen gehören andererseits stärker in die ländliche Laienmusiktradition, Akkordeon- und Mandolinenorchester fanden ihre Anhänger eher in verstädterten Gebieten.

In Baden und Württemberg wuchs die Zahl der *Gesangvereine* von knapp 500 im Jahre 1850 auf fast „gemeindeflächendeckende" 2.800 um 1930 (Troge 1988: 17) und erreichte damit die höchste Dichte in Deutschland. Damit war allerdings auch eine Sättigungsgrenze erreicht. Nach der Zäsur von 1933, als alle Organisationen des Musiklebens in die Reichsmusikkammer eingeordnet oder – wie die Arbeitervereine – verboten wurden, stieg in der Nachkriegszeit die Zahl der Vereine und ihrer Mitglieder kaum – trotz zunächst wachsender Bevölkerung. Im Gegenteil. In jüngster Vergangenheit machten sich Nachwuchsmangel und Überalterung bemerkbar. Nach einer Auflistung des Deutschen Musikrates von 1989 wurden für die alte Bundesrepublik 23.000 Instrumentalvereine mit 1,6 Mio. Mitgliedern und 39.000 Chöre (darunter 18.000 kirchliche) mit 2,5 Mio. Mitgliedern gezählt.

4. Mikrostrukturen: Vereinsmitgliedschaft

Wer ist warum Mitglied in welchen Vereinen? Alle drei Teilfragen müssen kombiniert betrachtet werden; denn Gründe oder Motivationen wechseln von Sparte zu Sparte und ebenso häufig zwischen Personen mit unterschiedlichen Merkmalen. Den typischen „Vereinsmeier" gibt es ebensowenig wie den Museums- oder Konzertbesucher. Auch auf der Ebene der Subkategorien (etwa der Vereine nach Sportarten innerhalb der Sportvereine) werden z.T. drastische Differenzierungen ablesbar. Angesichts der Spezifik der Vereinsziele müßte überraschen, wenn sich die Gesamtheit der Vereinsmitglieder überhaupt von den Nichtmitgliedern strukturell unterscheidet.

Die Art der Vereinsziele entscheidet also darüber, ob es nach demographischen Gruppen ausgerichtete Angebote (für Kinder, Jugendliche, Frauen, ältere Menschen z.B. bei bestimmten Sportarten, Musikvereinen) gibt oder nicht. Vereine bemühen sich sicherlich aus idealistischen Beweggründen um eine Förderung der Kinder- und Jugendarbeit, um die Integration von Ausländern oder Außenseitern, aber ebenso wissen sie auch um Förder- und Sponsorengelder, um Zuschüsse für Ausbilder, Jugendgruppenleiter usw. Insofern gibt es keinerlei Kriterien, hohe Anteile von Mitgliedern dieser oder jener Art als besonders verdienstvoll hervorzuheben. Ein Schwimmverein mit einer sehr hohen Zahl von Kindern beiderlei Geschlechts steht vor einer ganz anderen Situation als ein Gesangverein, dem es z.B. an weiblichem Nachwuchs mangelt, und dieser wieder ist nicht mit jenem repräsentativen großstädtischen Kunstverein vergleichbar, bei dem der Verfasser ein Durchschnittsalter von etwa 55 Jahren in der Mitgliedschaft festgestellt hat (Neumann/Klein 1996: 82).

Auffallend ist, daß in sogenannten Traditionsvereinen (Sport-, Musik-, Tierfreunde-Vereinigungen) *Frauen* in der Minderzahl sind. Häufig hängt das mit den „maskulinen" Vereinszielen (Fußball) und der eingefahrenen Art des Vereinslebens zusammen, mit der Doppelbelastung durch Familie und Erwerbstätigkeit in den Jahren zwischen 25 und 45 und bei späterem (Wieder-)Eintritt mit einer Abneigung gegen organisierte Bindungen. Damit zusammenhängend reagieren Frauen tendenziell positiver und schneller als Männer auf konkrete alternative Angebote freier Träger und informeller Gruppen (Kurse, Fitness-Studios, Selbsterfahrungsgruppen, Wellness-Bewegung).

Dies leitet zur Frage nach der Motivation der Vereinsmitgliedschaft über. Für die meisten *Kinder* und Jugendlichen erfolgt der erste Vereinsbeitritt auf Veranlassung von Eltern, Lehrern, Freunden, so daß ihre eigene erste Entscheidung einen eventuellen Austritt, Wechsel oder zusätzlichen Vereinsbeitritt betrifft. Heute noch bilden Vereine besonders im ländlichen Raum Verlängerungen der familialen Sozialisationsinstanz in die Gesellschaft hinein: man lernt ein Instrument spielen, Anpassung, Erfolg und Mißerfolgsbewältigung in einer sozialen Gruppe, eine Erweiterung des Lebensraums. Diese frühen Erfahrungen des Vereinslebens in einer Kinderabteilung oder Jugendmannschaft prägen für viele junge Menschen ihre Grundeinstellung zum Vereinswesen, was Bedeutung und Verantwortung der Betreuungsarbeit unterstreicht.

Ein eigenverantwortlicher Beitritt in einen Freizeitverein hängt häufig von subjektiven Interessen z.B. für eine bestimmte Sportart und somit von deren – objektiver – Verbreitung und z.T. modischer Popularität (Tennis) ab. Darüber hinaus gibt es sich verfestigende ideelle Überzeugungen, die zum Beispiel zur Mitgliedschaft und Mitwirkung in Hilfs- und Umweltschutzorganisationen führen. Vereine sind mithin auch Lernfelder für die instrumentelle Bündelung von Interessen und Versuchen zu deren demokratischer Durchsetzbarkeit gegen Widerstände. Oft sind es aber auch diffuse Erwartungen, im Rahmen eines aktiven, lebendigen Vereinslebens einen Fokus von anregender Geselligkeit und darüber hinaus sogar die Chance zur Begründung zwischenmenschlicher Kontakte und Freundschaft zu finden. Ohne Zweifel erfüllen viele Freizeitvereine die Funktionen gemeinschaftsorientierter Geselligkeit und zwangloser Kommunikation über den Bereich der Vereinsziele sowie vereinsinterne Themen hinaus, doch wird man gerade wegen der unter jüngeren Mitgliedern verbreiteten Dienstleistungsmentalität (vgl. Abschnitt 6) vor allem in bezug auf weiterführende Freundschafts- und Sinnstiftung Vorbehalte anbringen müssen.

Zur Dauer von Vereinsmitgliedschaften gibt es kaum vergleichbares und repräsentatives Datenmaterial. Man darf davon ausgehen, daß in Traditionsvereinen unter älteren Mitgliedern eine zumeist passiv durch Ehrenzeichen und Urkunden verbrämte lange, oft bis zum Tod währende Mitgliedschaft anzutreffen ist. Die hohe geographische Mobilität in der Gegenwartsgesellschaft, die erwähnte Dienstleistungsmentalität und vielseitige, konkurrierende Freizeitangebote wirken auf kürzere Mitgliedschaften hin. Tatsächlich ist die Austritts-Willenserklärung formal unproblematisch und stellt, wenn sie gehäuft erfolgt, eine latente Bedrohung der Vereinsexistenz dar.

Vereine sind hierarchisch strukturierte Organisationen, in denen, so geschlossen sie nach außen auftreten mögen, ständig antagonistische Interessen koordiniert werden müssen. Abgesehen von individuellen Konflikten stehen z.B. in *Sportvereinen* die Ansprüche verschiedener Abteilungen gegeneinander, diejenigen der Mannschaft gegen die Freizeitspieler, der Senioren gegen die Jugend, der Aktiven gegen die der fördernden Mitglieder, diejenigen des Fußvolks gegen die des oder der Stars, die der zahlenden Mitglieder gegen Trainer, Abteilungsleiter, Kantinenpächter o.a. bezahlte Kräfte, und manchmal opponieren alle gegen den Vorstand oder bestimmte Funktionäre. Mit diesen Feststellungen ist die Frage verbunden, ob und inwieweit das vereinstragende Prinzip der Ehrenamtlichkeit, nämlich im Regelfall die Wahrnehmung angefallener Posten und Aufgaben, heute noch funktioniert.

Der Mangel an Bereitschaft zur Übernahme ehrenamtlicher Tätigkeiten in Vereinen ist kein neues Phänomen. Hinzugekommen zu den alten Rekrutierungsproblemen ist die große Zahl von Vereinen und informellen Assoziationen, die zu Mehrfachmitgliedschaften bei den engagiertesten Mitgliedern und zu deren anderweitiger zeitlicher Beanspruchung geführt haben. Des weiteren kommt hinzu das Obsoletwerden von Motiven zur Amtsübernahme wie „Pflicht" und „Ehre", die Anspruchshaltung rein konsumtiv eingestellter Mitglieder, welche an das betreffende Ehrenamt professionelle, medial vermittelte Maßstäbe anlegen, so daß „Undank der Welt Lohn" wird. Leitungsaufgaben, wenn sie Gestaltungs- und Selbstverwirklichungsmöglichkeiten bieten oder einer außervereinlichen Karriere dienen, werden daher eher von bestimmten Personen wahrgenommen als uneigennützig dienende Tätigkeiten.

5. Makrostrukturen: Vereine in der Gesellschaft

Die zu Vereinen verfestigten Formen kollektiven Handelns stellen aus der *bürgerlichen Gesellschaft* heraus geborene institutionalisierte soziale Gestaltungselemente dar. Vereine gehören neben anderen Organisationen und Einrichtungen aus dem sog. Kultur- und Freizeitbereich weder zu den Wirtschaftsbetrieben – auch nicht zu denen mit explizitem Dienstleistungscharakter – noch zu den hoheitlich-staatstragenden Sonderstrukturen wie Polizei und Militär. Es hat sich daher inzwischen eingebürgert, diesen „weder-noch"-Bereich als dritten oder intermediären Sektor zu bezeichnen. Diese Öffnung eines dichotomen Denkens betrifft ein Doppeltes: (a) das Zugeständnis einer Dimension „horizontal" jenseits von Staat und Markt oder Staat und Wirtschaft und (b) „vertikal" eine zusätzliche Ausprägung zwischen der elementaren Kategorie Familie und den rational-bürokratischen Zweck-Organisationen der Gesellschaft.

„Zu denjenigen, die zu einem sehr frühen Zeitpunkt entdeckten, daß die moderne Organisationsgesellschaft sich nicht auf die Bereiche Markt und Staat reduzieren läßt, zählt der amerikanische Soziologe Amitai Etzioni, der bereits zu Anfang der 1970er Jahre die Existenz einer ‚third alternative, indeed sector (...) between the state and the market sector' feststellte" (Amitai Etzioni, The third sector and domestic missions; in: Public Administration Review 1973: 314ff., nach Zimmer 1997: 85). Das – nur teilweise geglückte – Bemühen, die Elemente dieses Sektors positiv zu bestimmen, führt etwa zu folgenden Kriterien:

- auf Dauer angelegte Einrichtungen mit formal-rechtlicher Organisation;
- sich selbst typischerweise ehrenamtlich verwaltend;
- in ihren Zielen nicht gewinnorientiert (bzw. nicht wirtschaftlich) ausgerichtet und damit steuerlich dem Status der Gemeinnützigkeit genügend;
- und nicht öffentlich verwaltet oder politischen Organisationen zugehörig.

Es ist unschwer abzulesen, daß damit eine hohe Kongruenz zur Mehrzahl der hier behandelten ideellen Vereine und vereinsähnlichen Gruppen gegeben ist (vgl. Zimmer 1997: 87 unter Verweis auf das John Hopkins Comparative Nonprofit Research Project). Besonders anschaulich wird das Spektrum und der Stellenwert der Vereine, wenn man einige Funktionen, die sich auf der kommunalen Ebene als ihrem hauptsächlichen Referenzraum erfüllen, betrachtet:

- Vereine übernehmen hohe Anteile der Jugendarbeit in kleinen wie großen Kommunen, vor allem durch ihre musischen und Sportangebote für Kinder und Jugendliche;
- Vereine bündeln Bürgerengagement für Umwelt, Wohltätigkeit und Rettungswesen;
- Vereine bieten sinnstiftende Seniorenangebote (Kulturreisen, Beschäftigung mit Heimatgeschichte, Geselligkeit);
- Vereine integrieren Isolierte und Minderheiten (Zuzügler, Alleinstehende, Ausländer, Behinderte);
- Vereine werden Focus milieuspezifischer Lebensstile (Kleingärten, Wanderclubs);
- Vereine bieten Foren zur Einübung demokratischer Praktiken (Parteijugend, Kulturvereine).

Festzustellen, daß Vereine weder Wirtschaftsunternehmen noch staatliche Verwaltungseinheiten sind, ist eine Sache. Eine andere ist es, die finanziellen Seiten des Vereinslebens und die von Vereinen bewirkte Wertschöpfung zu betrachten. Da diese „Wertschöpfung" primär in gesellschaftlich-ideellen Dimensionen erfolgt, gibt es für pekuniäre Bewertungen große Spielräume.

In der Praxis des Vereinslebens reichen die Mitgliederbeiträge zur Abdeckung des „Normalbetriebs" nicht aus. Fördermittel sind willkommen, jedoch zweckgebunden. Die Hauptlast liegt – mit wechselndem Gewicht – bei Eigenleistungen der Mitglieder, Spenden (Sponsorengelder) und Sondereinnahmen aus Veranstaltungen nach dem Motto: Beim Sommerfest füllen die Überschüsse aus Bewirtung und Tombola die Kasse für das Restjahr auf.

Für Hochrechnungen der von Vereinen unmittelbar getätigten oder durch Vereinsmitgliedschaft veranlaßten Zahlungen bzw. Umsätze liegen nur fragmentarische Anhaltspunkte vor. Mancher Ansatz bewegt sich auch eher an der Peripherie des hier betrachteten Freizeit-Vereinswesens, wenn z.B. die 700.000 hauptamtlichen Mitarbeiter von *Wohlfahrtsverbänden* genannt werden. Gewiß treten auch Sport-, Musik- und Traditionsvereine als Arbeitgeber auf, doch handelt es sich häufig dann um saisonale Teilzeit- oder Werkvertragsbeschäftigungen. Die Kapitalisierung der von geschätzten 5 Millionen ehrenamtlichen Mitarbeitern erbrachten Leistungen würde sich allein jährlich auf eine zweistellige Milliardensumme aufaddieren. Hinzu treten Mitgliedsbeiträge und (Sach-)Spenden in Höhe mehrerer Milliarden sowie die durch Mitgliedschaft mit Handel, Dienstleistungen und anderen Sektoren getätigten Ausgaben (z.B. für Instrumente, Sportgeräte, Kleidung, aber auch Reisen, Eintrittsgelder, Versicherungen, Literatur, Noten usw.).

Vereine bilden aber nicht nur in ihrer Gesamtheit einen Wirtschaftsfaktor, ohne selber Wirtschaftsunternehmen zu sein. Sie wachsen zum Teil auch als Einzelunternehmen in eine Größenordnung, die, wie bei modernen Mehrsparten-Sportvereinen, ein professionelles Management beansprucht. Dort, wo Spitzensport als Massenspektakel organisiert und der Vereinsname zum Identifikationsobjekt und Markenartikel stilisiert wird (mit Fan-Artikeln wird schon mehr als mit Eintrittsgeldern verdient), wo Spitzenakteure mit mehrstelligen Millionensummen zu Buche stehen, stellt sich die Frage, ob bei dem erreichten Kommerzialisierungsgrad die Rechtsform des Vereins noch angemessen und gerechtfertigt ist. Ginge es nur um einige Dutzend Vereine mit Bundesligamannschaften in populären Sportarten, so wäre dieser Vermarktungstrend als Ausnahmephänomen abzutun. Tatsächlich scheinen sich Praxis und Mentalität der *Kommerzialisierung* bis in alle Winkel des Sportvereinslebens auszubreiten.

6. Aktuelle Trends und Forschungsfelder

Das Thema *Kommerzialisierung* hat schon mitten in die Gegenwartsproblematik der Vereine hineingeführt. Immer wenn sich vermarktbare Produkte ergeben, geraten Vereine (und andere Nonprofit-Organisationen) in Konkurrenz mit wirtschaftlichen Unternehmen (Sportvereine mit Fitness-Studios, Orchester und Gesangvereine mit professionellen Gruppen). Den Vorteilen von Vereinen (kein finanzieller Erfolgszwang, Mobilisierbarkeit ehrenamtlicher Reservoirs) stehen Nachteile (Leitung, Mittelbeschaffung, diffuse, z.T. konfligierende Mitgliederinteressen) entgegen.

Die Klientel vieler Vereine ist die *Jugend*, die von immer neuen Generationen mit wechselnden Präferenzen repräsentiert wird. Der Spagat zwischen Traditionspflege und Flexibilität, um den aktuellen Anforderungen zu genügen, fällt den Vereinen oft schwer. Informelle Gruppen und kommerzielle Anbieter haben da leichteres Spiel, um ihr Angebotsprofil (Fun-Sportarten, Selbsterfahrungsgruppen, neue Meditations-, Tanz-, Musikzirkel) auf die aktuellen Trends abzustimmen.

Die Kommunen stehen mit ihren knappen Ressourcen hier vor schwierigen Abwägungsentscheidungen. Wohl wissend, was sie an den Vereinen haben, wenn es um altruistische Zwecksetzungen und moralische Einsatzbereitschaft geht, müssen sie gleichwohl alternative und aktuelle Lebensqualitätsangebote anderer Träger dagegen aufrechnen und dies unter den Vorzeichen, daß es sich haushaltsrechtlich um manipulierbare Freiwilligkeitsleistungen handelt. Kosten-Nutzen-Rechnungen in diesem Feld, ob spezifisch oder global, sind rar und gehören zu den multidisziplinär einzufordernden Forschungsdesideraten.

Eine andere, das deutsche *Vereinswesen* noch auf Jahre beschäftigende Herausforderung ist der Auf- und Ausbau von Vereinen nach westlichem Muster in den neuen Bundesländern. Zwar gab es auch in der *DDR* neben den vornehmlich Betrieben angegliederten Sport-, Jugend- und Kulturkollektiven vor allem in ländlichen Bereichen ehrenamtlich getragene Vereinigungen. Schenkt man verfügbaren Quellen Glauben, so bestanden am Ende der DDR-Zeit (1988) ca. 10.000 Sportgemeinschaften mit 45.000 Sektionen und 3,6 Millionen Mitgliedern (Stat. Jahrbuch der DDR 1991 nach Agricola/Wehr 1993: 40). Doch handelte es sich dabei eben nicht um freie Zusammenschlüsse von Bürgern im staatsfreien Raum, sondern eine nach finanziellen Zuweisungen, Zielsetzungen und Kontrollen systemimmanente Staatsorganisation.

Nach Auflösung der alten Strukturen wurden – großenteils von früheren hauptamtlichen Mitarbeitern – rechtsfähige Personenvereine um- und neugegründet, vor allem aber auch (vorläufige) Trägerschaften mit ABM-Stellen, um übergangsweise Existenzmöglichkeiten zu erhalten. Darin offenbart sich das grundlegende Problem. Für eine schrittweise Anpassung an gesamtdeutsche, tragfähige Ordnungsmuster bedarf es einer Reduzierung bezahlter Kräfte und ihrer Substitution durch ehrenamtliche Mitarbeiter. Die anderweitige existentielle Absicherung dieser Personen (z.B. Vorruheständler), vor allem aber eine zu verinnerlichende neue Gemeinschafts- und Gemeinnützigkeits-Mentalität für diese noch nicht konsolidierten Vereinsstrukturen bedarf längerwährender Gewöhnungsprozesse.

Die in einer um Möglichkeiten zu freier Assoziation blockierten Gesellschaft aufgetretene „Mentalitätslücke" macht darüber hinaus darauf aufmerksam, daß in Vereinen mehr von einer „Privatgesellschaft" (Scheuch 1993: 143f.) verkörpert ist als die Summe zweckdienlicher Aufgabenerfüllungen in Ergänzungen zu denen staatlicher und wirtschaftlicher Organisationen. Gemeindestudien und Arbeiten, die sich „ganzheitlich" mit Verflechtungen im Dreieck Bevölkerung – Vereine – kommunale Strukturen befaßt haben (z.B. Bergsträsser/Tenbruck 1965: 142ff.; Dunkelmann 1975; Frevel 1993 und Siewert in Bühler 1978), haben sich ansatzweise dieser Thematik gewidmet. Bei neueren Untersuchungen von Vereinen, zumal mit dem Dritter-Sektor-Hintergrund, fällt eine eher legitimierend-utilitaristische Ausrichtung der Argumentation auf. Diese ist angesichts der diagnostizierten Anspruchshaltung von Mitgliedern nicht unangebracht, nur vielleicht einseitig verkürzt. Denn Vereine und verwandte Vereinigungen sind vor allem auch ein Sammelbecken für „bürgerschaftliches Engagement und Begeisterung für ideelle und gemeinnützige Ziele" im vorpolitischen Raum (Zimmer 1997: 214).

Ist dieses „basisdemokratische Fragment" noch voll funktionsfähig? Oder sprechen Mitgliedschafts- und Aktivierungsprobleme in konventionellen Vereinen – und anderen Organisationen wie Gewerkschaften, Parteien, Kirche – für einen Niedergang altruistischer Wertverbindlichkeit? Dem ständen Indizien offenkundiger Engagementbereitschaft auch in jüngeren Generationen gegenüber (neue Assoziationen, Protest- und Demonstrationspotential, Spendenfreudigkeit), so daß eher von Umwidmungen der Gemeinschaftsideale zugunsten spontaner, temporärer, offenerer und unausgemachter Zielfelder auszugehen ist. Auf diese Verschiebungen müssen sich Vereine einstellen.

Literatur

Agricola, Sigurd /Peter Wehr: Vereinswesen in Deutschland, Bd. 18 Schriftenreihe des Bundesministeriums für Familie und Senioren, Stuttgart 1993

Bergsträsser, Arnold/Friedrich Tenbruck: Soziale Verflechtung und Gliederung im Raum Karlsruhe, Schriftenreihe der Industrie- und Handelskammer Karlsruhe, Bd. 2, Karlsruhe 1965

Best, Heinrich (Hg.): Vereine in Deutschland. Vom Geheimbund zur freien gesellschaftlichen Organisation, Bonn 1993

Bühler, Walter/Horst Kanitz/Hans-Jörg Siewert: Lokale Freizeitvereine. Entwicklung – Aufgaben – Tendenzen, St. Augustin 1978

Dann, Otto: Vereinsbildung in Deutschland in historischer Perspektive, in: Best, Heinrich (Hg.), Bonn 1993

Digel, Helmut u.a.: Turn- und Sportvereine. Strukturen – Probleme – Trends, Aachen 1992

Dunckelmann, Henning : Lokale Öffentlichkeit, Stuttgart 1975

Frevel, Bernhard: Funktion und Wirkung von Laienmusikvereinen im kommunalen System, München 1993

Ille, Hans-J., Alle Überblicke über die Entwicklung der Turn- und Sportvereine in Deutschland von den Anfängen bis 1933, Wiss. Arbeit, Karlsruhe 1977

Neumann, Sabine/Hans J. Klein: Kunstabonnement, verf. Forschungsbericht, Karlsruhe 1996

Sahner, Heinz: Vereine und Verbände in der modernen Gesellschaft, in: Best, Heinrich (Hg.), Bonn 1993

Scheuch, Erwin K.: Vereine als Teil der Privatgesellschaft, in: Best, Heinrich (Hg.), Bonn 1993

Timm, Waldemar: Sportvereine in der Bundesrepublik Deutschland, Schorndorf 1979

Troge, Thomas A.: Gesangvereine – ohne Zukunft? Karlsruhe 1988

Troge, Thomas A.: Zwischen Gesangverein und Musikcomputer, Strukturen und Entwicklungstendenzen des Musiklebens in Mitteleuropa, Frankfurt a.M. 1993

Weech, Friedrich von: Karlsruhe, Geschichte der Stadt und ihrer Verwaltung, Karlsruhe 1895, Württembergisches Landesmuseum Stuttgart (Hg.), Baden und Württemberg im Zeitalter Napoleons, Katalog, Stuttgart 1987

Zimmer, Annette (Hg.): Vereine heute – zwischen Tradition und Innovation, Basel/Boston/Berlin 1992

Zimmer, Annette: Vereine – Basiselemente der Demokratie, Opladen 1996.

Hans Joachim Klein

Verkehr

1. Geschichtliche Prämissen: „Fortschritt" und „Bewegung"

Verkehrstechniken und Verkehrsverhältnisse galten schon den Klassikern soziologischer Aufklärung als treibende Kraft auf dem Weg in die Moderne. „Bewegung" wurde zum Schlüsselbegriff des europäischen Revolutionszeitalters; zügiges Fortschreiten versprach gesellschaftlichen Fortschritt.

Die *Modernisierung* der Kommunikationsverhältnisse bezog sich nicht nur auf den Transport von Gütern und Menschen, sondern auch auf eine immer dichtere Vernetzung der Gedanken und Meinungen. „Schnelle Post" (be)förderte „öffentlichen Gedankenverkehr" (Kant). Bewegung im Raum beschleunigte sich in der „industriellen Revolution"; die „Locomotive" wurde zur Chiffre gesellschaftlicher *Mobilität* und *Modernität*. Die neue Technik eröffnete zugleich neue Wege für Nachrichten und Meinungen. Ein mit Dampfkraft betriebener Rotationsdruck von Tages- und Massenpresse bot neue Medien im „Ideenkampf" (Heine) eines krisenhaft unter Spannung kommenden „Labyrinths der Bewegung" (L. v. Stein). Mit den „Umwälzungen in der Produktions- und Verkehrsweise" (Marx) radikalisierte sich moderne Tempo-Erfahrung zu revolutionärer Mobilisierung.

2. „Tempo des Lebens": Mobilität und Modernität

In modernisierungstheoretischer Perspektive untersuchte Georg Simmels „Soziologie des Raums", wie über immer mobileren Verkehr modernes Leben in Bewegung kommt, – nicht nur als „eine räumliche Tatsache mit soziologischen Wirkungen, sondern [als] eine soziologische Tatsache, die sich räumlich formt." (Simmel [1908] 1992: 697) Bei der Beschreibung der mobilen Gesellschaft war der statische Begriff der „Grenze" nun abzulösen über das dynamische Konstrukt von „Drehpunkten": „Allenthalben wirken die Städte als Drehpunkte des Verkehrs für ihre engere und weitere Umgebung, d.h. jede läßt in sich unzählige dauernde und wechselnde Drehpunkte von Verkehrsaktionen entstehen. Der Verkehr fordert die Städte umso entschiedener, je lebhafter er ist." (ebd.: 708f.)

Das durch radikale *Mobilität* geprägte Lebensgefühl kam auf den Begriff in Simmels Thesen zur „Bedeutung des Geldes für das Tempo des Lebens" (1897). Deutlich wird, wie in den großen Verkehrszentren (des Geldverkehrs, des Güterverkehrs, des Nachrichtenverkehrs und des Personenverkehrs) die Bewegungen und Beschleunigungen der Moderne sich wechselseitig verstärken.

Wirtschaftsgeschichtlich bedeutete das neue Verkehrsmedium *Eisenbahn* den Take-off der *Industrialisierung*. Für die mitlaufende *Urbanisierung* markierten die großen Bahnhöfe die „symbolische Ortsbezogenheit". Industrielle Metropolen bildeten neue Knotenpunkte im Netzwerk eines hochmobilen Massen-Transports von Material und Menschen. Wo die großen Verkehrsströme sich trafen, „ballten" sich zugleich die Arbeitskräfte industrieller Massenproduktion.

Mit Umstellung vom Bahnverkehr auf Autoverkehr wurde Massenproduktion und *Massenkonsum* des *Automobils* zum Antrieb von Arbeitsgesellschaft, Wohlfahrtsstaat und Wohlstandskultur. Zugleich markierte der Wechsel von der Schiene zur Straße neue sozialräumliche Formationen *mobiler Vergesellschaftung*: Alles drehte sich nun ums Auto, und der soziale Raum strukturierte sich neu über die Linien und Kreuzungen der großen Fern- und Schnellstraßen.

Wieder wurde die Entwicklung des Verkehrs zum Schlüssel gesellschaftspolitischer Visionen und Ideologien. Richtungsweisend wurde der aus Amerika ausstrahlende „*Fordismus*" (Tucholsky buchstabierte ironisch „Fordschritt") mit seinem Versprechen einer auf Massenproduktion und Massenwohlstand gründenden automobilen Gesellschaft. Auf Auto-Kult setzte aber auch faschistische Propaganda. Im deutschen Nationalsozialismus gaben „Volkswagen" und „Reichsautobahn" die ideologiebesetzte Fassade einer in militante Mobilisierung „durchdrehenden" Mobilität.

3. Verkehrsausbau und Raumordnung

Im Wiederaufbau nach dem Zweiten Weltkrieg wurde die Durchsetzung des *Automobils* zum Motor des „Wirtschaftswunders" (Südbeck 1994). Als symbolkräftiger Indikator des Wohlstandswachstums – auch im Kontrast zur DDR – galt der Grad der privaten *Motorisierung*.

Von 1950-1992 wurde das überörtliche Straßennetz in der Bundesrepublik um 46.000 km auf 174.000 km erweitert, davon 9.100 km Autobahnen, während gleichzeitig das Schienennetz auf 30.000 km reduziert wurde. Von 1960-1992 erhöhte sich der Bestand an Personenkraftwagen von 4,5 Mio. auf 32 Mio., während der Bestand an Schienenfahrzeugen von 347.000 auf 276.000 zurückging. Die Zahl der beförderten Personen erhöhte sich von 1960 bis 1992 von insgesamt 21 Mio. auf 51 Mio. Steiler noch war der Anstieg im motorisierten Individualverkehr von 15,3 Mio. auf 41 Mio. (Statistisches Bundesamt: Datenreport 1994, vgl. Büschges 1997: 49)

Daß der automobile Verkehr die Hauptlast des Personen- und Güterverkehrs übernahm, verdeutlichen auch die Proportionen der Verkehrsmittelwahl:

Verkehrsmittel	Ost-deutschland	West-deutschland	Gesamt-deutschland
Fuß	28%	23%	24%
Fahrrad	9%	11%	11%
Motorrad	1%	1%	1%
Auto (Fahrer)	38%	41%	40%
Auto (Beifahrer)	13%	12%	12%
Öff. Verkehrs-mittel	11%	12%	12%

Stand 1995
Eine ähnliche Dominanz des automobilen Verkehrs zeigt die Verkehrsleistungsbilanz (tkm) des Güterverkehrs in Deutschland: Straßenverkehr/LKW 60,5% gegenüber 19,4% Eisenbahn, 15,8% Binnenschiffahrt, 4,3% Rohrfernleitungen. Quellen: Bundesministerium für Verkehr, Verkehr in Zahlen 1995: 227; Schäfers 1977, Politischer Atlas Deutschland

Im Transformationsprozeß der deutschen Einigung wie der West- und Osteuropa stärker vernetzenden Europäischen Integration kam es auch für die Verkehrsentwicklung zu neuen

Verkehr

Koordinaten. Der dazu in den 1990er Jahren wirksame *Bundesverkehrswegeplan* (BVWP) bindet im Interesse der Herstellung der Einheit Deutschlands und der Vollendung des EG-Binnenmarktes jährlich Mittel für den Verkehrsausbau in Höhe von 25 Mrd. DM. Die sozial- und wirtschaftspolitische Bedeutung verkehrsplanerischer Intervention zeigte die Dynamik von *nachholender Modernisierung* und *Motorisierung* in Ostdeutschland: Die Priorität des Verkehrsprojekts Deutsche Einheit (VDE) konkretisierte sich vom zweiten Halbjahr 1990 bis Ende 1996 in Verkehrsinvestitionen in den neuen Bundesländern in Höhe von rd. 68 Mrd. DM, davon 53% in den Schienenbereich, 26% in die Bundesfernstraßen und 2% in die Bundeswasserstraßen. (Bundesministerium für Verkehr, Presseinfo 12.5. 97) Die hohen Investitionen in das Bahnnetz und der ÖPNV relativierten sich jedoch durch die private Motorisierung. So hat sich in den neuen Bundesländern die Zahl der Pkw von 1.548.000 (1.7.1991) auf 6.513.869 (1.1.1996) mehr als vervierfacht. Erwartet wird, daß sich bis zum Jahre 2000 die Pkw-Dichte in Deutschland-Ost und -West angleichen wird.

Verstärkt werden damit allerdings auch die städtebaulichen Auswirkungen, die Suburbanisierung des Wohnens in billige Streulagen und die Ausgliederung des Massenkonsums aus den Städten in autogerechte Einkaufszentren. (Strubelt u.a. 1996: 487)

4. Verkehrsunfälle: soziale Probleme, soziale Kontrolle

Im Rahmen des Straßenverkehrsunfallstatistikgesetzes (1994) erfaßte die polizeiliche Unfallaufnahme 1995 in Deutschland 2,2 Mio. Unfälle, das waren 1,8% weniger als im Vorjahr, davon hatten 17% (-1,2%) einen Personenschaden.

Die in Ostdeutschland nachholende Motorisierung schlägt sich auch in der Zahl der *Verkehrsunfälle* mit Personenschaden nieder. Während im früheren Bundesgebiet deren Zahl um 2,0% auf 308.186 zurückging, ergab sich für die neuen Länder und Berlin-Ost weiterhin ein Zuwachs von 1,8% auf 79.817.

Der unmittelbar nach der deutschen Vereinigung in den neuen Ländern zu beklagende extreme Anstieg von Unfällen mit +42% in den Jahren 1990-92 scheint immerhin gebrochen. Noch deutlicher rückläufig ist die Zahl der Verkehrstoten:

Bei Straßenunfällen 1996 Getötete nach Bundesländern

Bundesland	Insgesamt	Veränderung gegenüber 1995 in Prozent	je 1 Mill. Einwohner
Baden-Württemb.	893	-7%	86
Bayern	1.563	-2,4%	130
Berlin	120	-16,1%	35
Brandenburg	657	-14,5%	258
Bremen	28	-22,2%	41
Hamburg	57	23,9%	33
Hessen	626	0,3%	104
Mecklenburg-Vorpom.	432	-13,6%	237
Niedersachsen	1.003	-3,8%	129
Nordrhein-Westfalen	1.152	-15,5%	64
Rheinland-Pfalz	369	-14,0%	93
Saarland	79	19,7%	73
Sachsen	599	-7,7%	131
Sachsen-Anhalt	481	-12,1%	176
Schleswig-Holstein	258	-3,7%	94
Thüringen	414	+1,4	107
Deutschland	8.755	-7,4	107

Quelle: Vgl. Statistisches Bundesamt, Mitteilungen 25.2.1997

Im früheren Bundesgebiet war 1996 die Zahl der Verkehrstoten seit Einführung der Verkehrsunfall-Statistik 1953 noch nie so niedrig. Aber auch für die neuen Länder ist zum Vorjahr ein deutlicher Rückgang von -2,9% zu verzeichnen, gegenüber dem Höchstwert des Jahres 1991 mit 3.759 Verkehrstoten sogar ein Rückgang von 22%. Dennoch starben auch 1995 auf den Straßen im Verhältnis zur Bevölkerungszahl mit 188 Getöteten je 1 Mill. Einwohner noch immer doppelt so viel Menschen in Ostdeutschland wie im Westen (99).

Ein Grund für die regionale Differenzierung der Unfallstatistik ist auch die Differenz von ländlichen Gebieten mit weniger, aber deutlich schwereren Unfällen als im dichten Stadtverkehr. Zu denken gibt auch die Differenz der Personenschadensfälle nach Straßentypen. So ging 1995 die Zahl der Getöteten auf Autobahnen überproportional zurück (-11%) im Verhältnis zu Ortsstraßen (-6,1%) und Landstraßen (-1,2%).

Beachtlich ist der auch 1995 weiter anhaltende Rückgang der im Straßenverkehr getöteten Kinder unter 15 Jahren mit 418 Toten, das ist 3% weniger als im Vorjahr und mit dem niedrigsten Wert seit Einführung der Statistik 1953 auch 25% weniger als im Jahre 1990.

Überdurchschnittlich oft in Unfälle verwickelt sind junge Erwachsene: Mit 117.591 Verunglückten und 2.161 Unfalltoten stellten sie im Jahr 1995 je 23% der Verunglückten, obwohl ihr Anteil an der Bevölkerung nur 8,2% betrug. Die Zahl der 18-20jährigen war dabei fast viermal so hoch wie der durchschnittliche Wert für die Gesamtbevölkerung. Besonders gefährdet sind die 18-24jährigen Männer, hier ist die Zahl der Unfalltoten viermal so hoch wie die der gleichaltrigen Frauen, obwohl gerade bei den jungen Frauen dieser Altersgruppe die Zahl der Verkehrstoten mit 438 gegenüber dem Vorjahr um 11% anstieg, davon starben 56% am Steuer, wobei bei den Fahranfängerinnen eine Steigerungsrate gegenüber dem Vorjahr von 59% ermittelt wurde. (Frank-Bosch 1996: Straßenunfälle 1995; in: Statistisches Bundesamt (Hg.), Wirtschaft und Statistik 11/1996: 714-721)

Ein durch die Verkehrsunfallstatistik auffällig gemachter Problemdruck forderte die Neuorientierung sozialer Kontrolle. Diese bezog sich zunächst auf Lernprozesse beim Verkehrsverhalten:

Die Störungen und Entsicherungen auf der Akteursebene des Verkehrsverhaltens (Büschges/Wittenberg 1997) werden zu Risiken der Verkehrssicherheit. Die an Mündlichkeit und Mündigkeit gebundene kommunikative Kompetenz eines kooperativen Verkehrsverhaltens kann mit dem sich steigernden Tempo nicht mehr mithalten. Schon wenn bei ausfallender Ampel der Verkehrsfluß sich aufstaut, versagt die Selbstregulierung durch wechselseitiges Achtgeben und Abstimmen. So sind die Verkehrsteilnehmer angewiesen auf Fremdkontrolle durch die Verkehrspolizei, auf Systemsteuerung über Verkehrsampeln oder auf die „künstliche Intelligenz" von Leitsystemen. Auch die Entwicklung der kommunikativen Verkehrshilfen vom Autoradio bis hin zum elektronischen „Cockpit" steht für diese Umstellung von primärer Wahrnehmung auf sekundäres Systemvertrauen.

Selbst wer sich die persönlichen Risiken und kollektiven Folgeprobleme der Temposteigerung kognitiv bewußt macht, wird doch an der privaten Autonutzung als symbolische und symbiotische Garantie für „Freiheit" und „Eigentum" festhalten wollen. Noch setzt der Autofahrer im Stau auf erwartbare Verflüssigung und ein Aufholen der Wartezeit durch anschließende Beschleunigung. Dann gilt verkehrspolitische Regulierung als unnötige Gängelung, die es schwer macht, umzudenken.

5. Verkehrspolitik als Gesellschaftspolitik

„*Verkehrspolitik* als Gesellschaftspolitik" verantwortet sich im Bewußtsein, daß unter Tempodruck die Horizonte und Koordinaten der sozialen Lebensräume sich verändern. (Pankoke 1994) In der Gleichzeitigkeit von Mobilisierungsschüben und Modernisierungskrisen kommen Grenzen in Bewegung: zwischen Stadt und Land, Privatheit und Öffentlichkeit, Heimat und Fremde, „Systemzeit" und „Eigenzeit". Neben ökologischen Risiken interessieren dann auch die verkehrsbedingten Störungen der „anthropologischen Balance", d.h. daß der Mensch seinen Verhältnissen nicht mehr gewachsen ist, etwa wenn unter dem Tempodruck *mobiler Vergesellschaftung* dem Einzelnen die Möglichkeiten entgleiten, durch eigenes Beobachten und Bewerten, durch Verständigung und Verantwortung im Verhältnis zu seiner Umwelt handlungs-, lern- und steuerungsfähig zu werden.

So verschärft sich Tempodruck, wenn die Wege länger werden und ein aufwendiges „Pendeln" zwischen weit auseinandergezogenen funktionalen Zonen von Arbeit und Leben zwingend wird. Die Weiträumigkeit, Weltläufigkeit und Schnellebigkeit post-moderner *Erlebnisgesellschaft* treibt in die Ambivalenz, daß wir uns von jeder Beschleunigung neuen Zeitgewinn versprechen, und daß doch für leerlaufende Verkehrszeit Stunde um Stunde abzuschreiben ist. Je schneller wir werden, umso öfter sind wir „unterwegs" und mit der Vervielfachung der Wegezeiten werden die Verweilzeiten „vor Ort" immer knapper.

Die sozialen Risiken verkehrstechnischen Fortschritts signalisiert der unter der Problemformel „Kommunikations-Ökologie" geführte „Risiko-Dialog". Neben den „naturalen" Kosten sind aber auch Probleme der sozialen Umwelt und die kulturellen Kontexte technischer Systeme zu bedenken: wird doch in der Zeitbilanz der Tempogesellschaft mit jeder Nutzung von Verkehrsmitteln nicht nur Zeit gewonnen, sondern auch Zeit verloren.

Die soziologisch aufzuklärende Wechselwirkung von Verkehr und *Gesellschaft* bedeutet allerdings nicht nur, daß über das Verkehrssystem soziale und räumliche Strukturen programmiert werden. Auch kulturelle Muster der Mobilitätserwartung und soziale Normen des Verkehrsverhaltens können das Tempo treiben. Der Verkehr präsentiert sich dann als „der Kampf aller gegen alle, mit gewissen lokalen, kulturellen Varianten; je mehr der Verkehr durch Verkehrs- und Stadtplanung als Durchfluß bestätigt (...) wird, desto näher kommen wir einer reineren Konkurrenzkultur." (Hoffmann-Axthelm 1996: 146)

6. Räume unter Tempo-Druck: Ballung und Streuung

Die Strukturen sozialräumlicher Vertrautheit und Verbundenheit kamen mit gesteigertem „Tempo des Lebens" unter Spannung und in Bewegung. Individuelle *Mobilität* wurde ablösbar vom sozialen Raum. Es entwickelte sich eine „punktuelle Gesellschaft", deren Optionen von Punkt zu Punkt springen, ohne daß die Zwischenräume sich noch sozial füllen. „Wirklichkeit ist ins Funktionale gerutscht" – so hatte einst Bert Brecht den Wirklichkeitsverlust der industriellen Moderne auf die epochale Formel gebracht.

Gegenüber der raum-zeitlichen Ordnung der älteren Milieus, in denen man jeweils „mitten-drin" war, bedeutet Modernisierung immer auch *Mobilität* und *Mobilisierung*: gesteigert wird die Beschleunigung, Verdichtung und Vernetzung durch die alle sozialen, zeitlichen und räumlichen Grenzen überspringenden Verkehrsverhältnisse, deren Tempo jede eingelebte Topik und Rhythmik zu sprengen beginnt.

Dabei ist die *Modernisierung* gesellschaftlicher Kommunikationsverhältnisse gebunden an immer perfektere Mobiltechniken. Doch mit jedem technischen Fortschritt verändern sich die räumlichen und zeitlichen Koordinaten sozialen Lebens: Die alten Koordinaten von *Stadt* und Land verlieren an Deutlichkeit und Selbstverständlichkeit. Die sich überschlagende Beschleunigung moderner Verkehrsverhältnisse treibt in Lebensformen, welche das menschliche Maß und die soziale Rhythmik sozialer Nähe hinter sich lassen. Zudem führt die Zeitökonomik der technisch vermittelten Mobilität zu Folgeproblemen und Folgekosten in der kulturellen *Ökologie*. Was in der Ökonomie an funktionaler Zeit gewonnen wird, geht im Blick auf die Ökologie sozialer Räume verloren. Die gesteigerte *Mobilität* entwertet jene Lebensformen, die europäischer Stadtkultur ihren Sinn gaben: die Rückbindung des Politischen an urbane „Polis-Kultur" und die Verankerung von sozialer Bindung in räumlicher Verbundenheit.

Zeitgewinn kostet Raum: Die Aufwertung von Tempo bedeutet die Abwertung der sozialräumlichen Rückhalte. Raum wird zur bloßen Distanz und die Überwindung langer Strecken zum „Konsumgut", das sehr schnell verbraucht wird. Dabei kommt es dazu, wie mit anderen Konsumgütern auch, daß demonstrative Verschwendung um Eindruck und Einfluß zu werben sucht. Dies gilt auch für den schnellen Konsum weiter Wege. Daß die Aufhebung und Auflösung räumlicher Verbundenheit neuartige soziale und auch politische Folgeprobleme nach sich zog, wurde bereits von den Klassikern der Großstadtkritik herausgestellt, wobei im Begriff der „Entfremdung" der Verlust sozialräumlicher Nähe bildhaft konkret wird.

Längst scheinen die Leitbilder von „Polis-Kultur" und „urbaner Lebensführung" aufgelöst in den post-urbanen Formationen mobiler Vergesellschaftung, in Ballung und Streuung. Gemeinsam ist beiden Siedlungstypen die Ablösung und Auflösung des stadtbürgerlichen Lebensstils. Zwischen einer auf industrielle und administrative Zentren zentrierten Arbeitswelt und den weit ins Weichbild der Städte ausstreuenden Wohnbereichen vermittelt nun eine sich ausweitende *Mobilisierung* durch *private Motorisierung*.

Mit der zeitlichen Schrumpfung der Distanzen werden die räumlichen Bezüge immer dünner: War es die Folge des Bahnverkehrs, daß sich um die großen Bahnhöfe industrielle Verdichtung konzentrierte, so erfahren wir heute als die sozialräumliche Folge motorisierter Individualmobilität, daß nur der Ballung meiden kann, wer sich Streuung, also weite Wege, leisten will. Viele zog es ins Grüne möglichst weit weg von den Verkehrsknoten. Doch der demonstrative Anspruch auf private *Mobilität* hält den Nachbarn auf Abstand. Geselligkeit findet sich nun nicht mehr über die Gemeinschaft wohnlicher Nähe, sondern muß jeweils weit hergeholt werden. Das Verknüpfen der lockeren Netze aber kostet Weg und Zeit. Unter Tempodruck verschärfen sich die Paradoxien mobiler Vergesellschaftung: Die Zeiten werden bei gesteigertem Tempo kürzer, zugleich aber die Wege weiter.

7. Pendler-Mobilität

Schlüsselfigur mobiler Lebensführung wurde der *Pendler*, dem es zur Alltagsroutine wurde, die private Lebenswelt von anderen Funktionszonen – insbesondere von den Produktions- und Konsumtionsstandorten – räumlich abzukoppeln. Voraussetzung war hier die Möglichkeit und Bereitschaft, von einer verkehrsgünstig plazierten Wohnlage aus für die Angebote und Anregungen funktionaler Zonen und Zentren mobil zu bleiben.

Mit der *Motorisierung* ließen sich Arbeitsplatz und Wohnlage durch Pendler-Mobilität weiträumig auseinanderziehen. Der Wohnbereich wurde zum Drehpunkt, von dem aus – entlastet von sozialräumlicher Verbundenheit – ein weitgefächertes Optionen- und Interessenspektrum je nach „Neigung und Belieben", weiträumig mobilisiert werden konnte.

Das Pendeln zwischen funktionalen Zonen führte zu gegenläufigen Tendenzen der Siedlungsentwicklung – je nachdem, ob das Wohnverhalten mehr auf den „Arbeitskern" oder mehr auf den „Freizeitmantel" bezogen war. Beides aber erzwang *Motorisierung*. Dies bestätigt die mit „Berufs-Pendeln" verbundene Verkehrsmittelwahl:

Verkehrsmittel	Pendler in %
Öffentliche Verkehrsmittel	15,9%
Personenkraftwagen	74,6%
Kraftrad, Moped, Mofa	1,9%
Fahrrad	2,2%
Fußgänger	0,6%
Sonstige (ohne Angabe, wechselnder Arbeitsplatz)	4,7%

Stand 1991
Quelle: Bundesministerium für Verkehr, Verkehr in Zahlen 1995: 109; Schäfers 1997, Politischer Atlas Deutschland

Die Ausweitung des Orientierungshorizontes „große *Stadt*" zum regional geplanten „Großraum", in welchem auch die individuelle Lebensführung über Zeitpläne und Fahrpläne, über planmäßige Aktionen des „Groß-Einkaufens" und des „Groß-Ausgehens" rationalisierbar wurde, fand längst seine Entsprechung in weiträumig orientierten Konzentrationsbewegungen des Konsum- und Freizeitangebotes. Auch hier fördert eine auf Pendler-Mobilität setzende Angebotsstruktur die Verlegung von wohnungsnaher Versorgung in die funktionalen Zonen und Zentren.

8. Beispiel: Raum- und Verkehrsplanung Ruhrgebiet

Beispiele für den Zusammenhang von Tempo-Ökonomik und Ökologie-Frage gibt das Ruhrgebiet, das sich in seiner industriellen „Kolonisierung" um 1900 auszeichnete durch enge Räume und kurze Wege. Erst die Montankrise brachte die Menschen dann auch im Berufsverkehr weiträumiger in Bewegung. Heute ist dieser Ballungsraum geprägt durch intensive Automobilität, extensive Staus und eine sehr selektive Nutzung des öffentlichen Nahverkehrs.

Die Landesplanung der 1970er Jahre koppelte die *Modernisierung* der Rhein-Ruhr-Region mit der anschwellenden *Motorisierung*. In neuer Rasterung sollte die Region durch ein enger gezogenes Gitterwerk neuer Schnellstraßen parzelliert werden. Ins Kreuz der Verkehrsschneisen plazierten sich jeweils funktionale Zentren: insbesondere Einkaufszentren für die schnelle und komfortable Marktentnahme. Zwischen den Siedlungsschwerpunkten in den seit den 1920er Jahren durch die Freiraumplanung des damaligen Siedlungsverbandes Ruhrkohlenbezirk (SVR) unbebaut belassenen sog. „Verbandsgrünstreifen" sollten sog. „Revierparks" auch das Freizeit- und Grünangebot konzentrieren.

Doch eine Regionalpolitik der funktionalen Konzentration verbunden mit dichter und hoher Bebauung war mit den im Ruhrgebiet eingelebten Wohngewohnheiten wenig kompatibel. Der Straßenbau verschlang bald die Kosten, die für den Ausbau des öffentlichen Nahverkehrs gefordert wären. Gravierender noch schienen die mit diesem Konzept der Konzentration verbundenen Sanierungsprobleme der Wohninfrastruktur.

Dies führt zu neuer Klassenbildung, in der sich die ökonomische Umwertung ökologischer Standortfaktoren durchsetzt. Das Unbehagen an den weiten und schnellen Wegen der Tempogesellschaft lädt eine neue Avantgarde dazu ein, zurück in die Stadt zu ziehen. Der soziale Gebrauchswert von Zentralität im Ballungskern steigt. Und das verkehrsaufwendige Aussiedeln in die wohnkostengünstigere Streulage überläßt man den jungen Familien und alten Leuten, die aus den teuren Städten verdrängt werden. Nur wenige noch werden es sich leisten können, ohne großen Verkehrsaufwand attraktive Wohn- und Arbeitsplätze zu verbinden. Auch dies spiegelt und steigert die „Gesellschaftsspaltung" – nun auch in Mobile und Immobile.

Nur langsam begann das Umdenken und Gegensteuern: Der Ausbau der Schnellstraßen sollte ein Gegengewicht finden im quartiersbezogenen Verbund von Verkehrsberuhigung und Wohnumfeldverbesserung. Straßen und Plätze sollten für Fußgänger, Radfahrer, Kinder und alte Menschen zurückgewonnen werden, so die offiziellen Forderungen einer „nachhaltigen" Stadterneuerung.

Vieles spricht dafür, daß sich in der Umstellung auch ein Generationsbruch abzeichnet: von der „Arbeitsgesellschaft" zur „Erlebnisgesellschaft".

9. „Verkehrswende": Korrektive und Alternativen

Im Modernisierungsprozeß ist zu beobachten, wie sich im Tempodruck von *Mobilisierung* und *Motorisierung* die Horizonte und Koordinaten der sozialen Lebensräume und ihrer Zeitbudgets verändern, etwa wenn mit der Ausdifferenzierung von Subsystemen und Funktionszonen die Wege weiter werden. Räume werden übersprungen, Distanzen schmelzen, – und doch wird bei allem Tempo die Zeit immer knapper und kostbarer.

Im aktuellen verkehrspolitischen Diskurs richtet sich das Interesse nicht nur auf technische Hilfen zur weiteren Beschleunigung und Verflüssigung des Verkehrs; Aufmerksamkeit finden heute eher bedenklichere Stimmen, welche eine Verbesserung der Verkehrssituation nur noch davon erwarten lassen, daß wir das „Tempo des Lebens" zurückfahren. Die sich anbahnende „Verkehrswende" (Hesse 1993) wird signalisiert durch ein bewußteres Abbremsen der Tempo-Gesellschaft. Dann geht es nicht nur um eine Verkehrspolitik der „freien Fahrt" und eine Bereinigung und Verflüssigung der Verkehrsströme, sondern zunehmend auch um Verkehrsberuhigung, Verkehrsvermeidung, Verkehrsverlagerung, um „Verlangsamung" und „Entschleunigung".

10. Interventionen: Verkehrsbereinigung und -beruhigung

Als strukturierendes Prinzip von Modernisierungsprozessen wirkt die Ausdifferenzierung funktionaler Zonen. Dies läßt sich in seinen sozialökologischen Folgen demonstrieren an den in der „Charta von Athen" (1933) fixierten Prinzipien einer städtebaulichen Funktionsdifferenzierung von reinen Wohngebieten, reinen Gewerbegebieten und den von Wohnen und Arbeit gereinigten Zonen mit City-Funktion. Auch die Verkehrsschneisen wurden im Sinne scharfer Funktionstrennung für den zügigen Verkehrsfluß „bereinigt". Der vor Durchsetzung der automobilen Gesellschaft vielfältig belebte „Straßenraum" wurde nun zur „Trasse" für reibungslosen Fließverkehr. Optimierungen des herrschenden Verkehrssystems versprachen neue Regulierungen und Kanalisierungen, um den Verkehr fließender und zugleich sicherer zu gestalten. Verkehrsbeschleunigung durch Verkehrsbereinigung sollte dem Mobilitätsdruck der mobilen Gesellschaft durch entsprechende Infrastrukturen und Angebotsstrukturen der Verkehrsmärkte stromlinienförmig nachkommen.

Andere Strategien zielten auf die Konversion vom privaten zum öffentlichen Verkehrsmittel. Wirksamer als die Vertreibung der Autos („Push") wäre es, die Einladung zum öffentlichen Nahverkehr attraktiver zu gestalten („Pull").

Noch fordert die „Entwicklung der Kostenunterdeckung im öffentlichen Personennahverkehr" (so der vom Bundesminister für Verkehr 1996 vorgelegte Bericht) erhebliche Zuschüsse aus öffentlichen Mitteln. Nach Information des Bundesministeriums für Verkehr (24.4.1997) belief sich der Kostendeckungsgrad des *ÖPNV* im Untersuchungsjahr 1993 unter Einbeziehung der Ertragszuschüsse der öffentlichen Hand auf 72,6%, ohne Ertragzuschüsse auf 40,3%. Die Finanzleistungen der öffentlichen Hände für den ÖPNV erreichten in diesem Jahr ein Volumen von 32,4 Mrd. DM. Allerdings sind in diesem Betrag alle Investitionshilfen, Steuererleichterungen, gesetzliche Ausgleichzahlungen und freiwillige Defizitausgleichsleistungen enthalten.

Doch noch so einladende Angebote des *ÖPNV* sind bedenklich, wenn sie nicht angenommen werden. Leerfahrten von Bus und Bahn sind nicht nur ökonomisch eine Fehlkalkulation, sondern auch ökologisch eine Verschwendung. So wird sich der Umstieg von individualisierten zu organisierten Transportlösungen zunächst nur dort rechnen und rechtfertigen lassen, wo massenhafte Verkehrsströme von der Straße auf die Schiene umzuleiten sind. In den Ballungszentren ginge es dann weniger um Alternativen zur privatisierten PKW-Mobilität als um Alternativen zum automobilen Massenverkehr gerade in den Stoß-und-Stau-Zeiten.

Auch der Individualisierungsschub fordert verkehrspolitische Alternativen (Kleinbusse, Sammeltaxis, Mikrotaxis, Mietwagen, automatisierter Kabinentransport). Wir haben eben nicht mehr die Gesellschaft, wo Arbeitsplatz und Arbeitsweg lebenslang, jahraus – jahrein stabil bleiben. Vielmehr steigerte sich im Berufsleben wie auch im Konsumverhalten oder Kulturleben die Mobilität, Flexibilität und Kombinationsvielfalt.

Auf ökologische Intervention setzten die Maßnahmen der *Verkehrsberuhigung*. (Nokielski/Renn 1985) Ein gezieltes Abbremsen des Verkehrs war zunächst gefordert als Reaktion auf die steigende Unfallhäufigkeit in Wohngebieten, gerade bei den durch die Beschleunigung des Straßenverkehrs besonders gefährdeten Kindern. Ausgehend von Fragen der Unfallverhütung und Verkehrssicherheit kam es bald zu einem grundsätzlichen Umdenken in der *Verkehrspolitik*. Das Korrektiv wurde zur Alternative.

Zunächst wurden Gegenmaßnahmen zur *Verkehrsberuhigung* im Interesse der Verkehrssicherheit programmiert. Entsprechend empfanden die Autofahrer die verkehrssicherheitspolitische Intervention der „Verkehrsberuhigung" auch eher als „Verkehrsbehinderung", also als repressiven Eingriff in die selbstbewußt postulierte „freie Fahrt für freie Bürger".

Eine ganz andere Perspektive der Beobachtung und Bewertung entwickelt sich, wenn *Verkehrsberuhigung* nicht negativ als Einschränkung des Verkehrs, sondern konstruktiv als Förderung sozialräumlicher Entwicklung verstanden und verantwortet wird. Aus der Beruhigung des Verkehrs wurde so die Belebung sozialer Räume. Dieser Perspektivenwechsel ließ sich allerdings durch Gebots- oder Verbotsschilder (nach dem Muster „TEMPO 30") allein nicht programmieren. Die Revitalisierung des Straßenraums mußte flankiert werden durch Maßnahmen der *Stadtentwicklung* und Wohnumfeldverbesserung. Etwa erwiesen sich Straßenfeste als wichtige „Felder soziokulturellen Lernens", um mit dem sozialen Gebrauchswert von Straßenraum und mit dem öffentlichen Leben Kompetenzerfahrung zu machen.

Auch die Autofahrer konnten die Erfahrung machen, daß was an funktionaler Zeit verloren geht, an sozialem Raum gewonnen werden kann. In einem weiteren Horizont könnte sogar die Überzeugung wachsen, daß mit der Bewohnbarkeit des Wohnumfeldes sich der Zwang zur Auto-Mobilität mildern könnte: In dem Maße, wie die Beruhigung des Verkehrs zur Belebung des Straßenraums und damit zur Erhöhung seines Wohnwertes, Freizeitwertes, Erlebniswertes führen wird, könnten die aufwendigen Ausfahrten zu den abgelegen plazierten Einkaufs- und Freizeitzentren sich relativieren.

Das Wohnen im verdichteten Wohnquartier gilt dann als Alternative zum Auszug in immer weiter ausufernde Zersiedlung des Streugürtels, wo die größere Freiheit des Wohnens damit erkauft werden müßte, vom Auto abhängig zu werden.

Die hier skizzierten Zusammenhänge von *Verkehrsberuhigung* und Sozialraumgestaltung könnten ein Lehrstück werden für die in einer gesellschaftspolitisch reflektierten *Verkehrspolitik* zu bedenkenden Balancen zwischen einer Zeit-Ökonomie der gesteigerten Geschwindigkeit und einer sozialen *Ökologie* gestalteter Lebensräume. Die funktionale Fixierung auf die reine Verkehrsfunktion wäre dann zu relativieren durch eine Beachtung des situativen Kontextes von Lebensfeldern, in denen es weniger auf Tempo ankommt, als auf nahe Netze des Sozialen.

11. Europa-Verkehr: Von der „Metropole" zur „Megapolis"

Wie „schnelle Wege" die Koordinaten von Raum und Zeit verändern können, zeigt der Ausbau des europäischen Verkehrssystems. Werden durch den neuen Kanaltunnel die westeuropäischen Metropolen durch Schnellverkehr neu verbunden werden, gewinnen neue Drehkreuze des *Europa*-Verkehrs gegenüber den älteren Zentren an Gewicht.

So setzt die Planung des Euro-Terminals in der nordfranzösischen Industriestadt Lille auf die neue Zentralität zwischen London (die Fahrzeit reduziert sich von 7 auf 2 Stunden), Paris (1 Stunde) und Brüssel (30 Minuten) im Radius von 700 Kilometern Schnellverkehr. In diesem Umkreis leben 70 Millionen Menschen. Schon jetzt wird spekuliert auf megapole Großveranstaltungen für Kultur und Kommerz, aber auch auf einen günstigen Standort für Großbüros und die Kommandozentren multi-nationaler Organisationen. Gegenüber der Attraktivität und Rentabilität einer solchen „Europolis" könnten die klassischen nationalen Hauptstädte ihre Zentralität verlieren. Die Auswirkungen des für die nächsten 20 Jahre geplanten Ausbaus des europäischen Schnellbahnnetzes von jetzt 12.000 km auf 30.000 km wird die soziale Gestalt der europäischen Städte entscheidend verändern.

Die einst in den Metropolen konzentrierten Schaltstellen der Weltmacht, der Weltwirtschaft, des Weltverkehrs und einer Weltkultur scheinen sich heute aufzuheben in neuen Mustern megapolitaner Konzentration. Zugleich sehen sich die klassischen Industrieregionen an den Rand gedrängt, zumal sich die industrielle Ballung von Arbeitskräften im Informationszeitalter mehr und mehr als dysfunktional erweist.

12 „Automobilpakt": Ökonomische Bilanzen, ökologische Balancen

Gegen die Erwartung einer „Verkehrswende" steht allerdings die kritische These, daß sich in der Bilanz der wirtschaftlichen Interessen der „Automobilpakt" längst „festgefahren" hat. (Canzler/Marz 1997) Strukturell stabilisierte sich die Fixierung der industriellen Produktion auf das Automobilgeschäft als Schlüsselindustrie; kulturell bedeutet Automobilbesitz nach wie vor die Bestätigung und Bestärkung individuell mobilisierbarer Identität. Auch die Politik hält weiterhin fest am fordistischen Idol des Autos als Freiheits- und Wohlstandssymbol. – Alternative Lebensentwürfe, die den Automobilismus hinter sich lassen, bleiben gegenüber solch strukturellem Druck und kulturellem Sog noch Minderheit.

Gewiß gibt es zur ungebremsten Expansion des Automobilismus längst Kontrollen und Korrekturen. Technisch wird das Auto „umweltschonender" konstruiert, zugleich wird über elektronische Regulationssysteme der Verkehrsfluß zügiger und sicherer. Doch all dieses wird das herrschende Paradigma des automobilen Individualismus eher stabilisieren, also weiter auf Wachstum ausrichten als auf Wandel. So ist bei allen Reformen von Transformation nicht zu sprechen. Investitionen in Verkehrsverflüssigung wie in Verkehrssicherung, welche zugleich die Innovationen einer anderen Verkehrskultur verbauen, werden die Stagnation des Automobilismus nicht aufbrechen. Canzler/Marz sprechen hier von „Stagnovation".

Die festgefahrenen Entwicklungsschneisen der automobilen Verkehrsverhältnisse werden so zum Lehrstück für die Transformations- und Innovationsprobleme großer technischer Systeme. Die außer Kontrolle laufenden Freisetzungen des Tempo-Marktes werden heute allerdings auch kritisch in Frage gestellt. Als Problem bewußt werden die ökologischen, sozialen und kulturellen Kosten und Risiken technischen Fortschritts: Wie verändert sich die Qualität sozialer Räume durch mobilisierende Verkehrstechnik? Eine „kritische *Ökologie*" formuliert heute die Sorge, daß im Tempo des Lebens und der Dynamik des Wachstums mehr Ressourcen der naturalen wie auch der sozialen „Umwelt" verbraucht werden, als nachwachsen können. Die Ökologen sprechen dann von Störungen der „ökologischen Balance".

Ökologisches Problembewußtsein gewann längst globalen Horizont. Richtungsweisendes Forum wurde die UN-Weltkonferenz für Umwelt und Entwicklung (UNCED) 1992 in Rio. In dem hier von 170 Staaten als „Agenda 21" verabschiedeten Aktionsprogramm einer weltweit zu koordinierenden und zu kontrollierenden politischen *Ökologie* wurde auf den ökologischen Risiken einer ungesteuerten Verkehrsexpansion Rechnung getragen. Dabei erwies es sich als sinnvoll, die *Globalisierung* der Probleme an die Lokalisierung „bürgergesellschaftlicher" Programme und Projekte zu koppeln und die Aktivitäten einer ökologisch verantwortlichen *Verkehrspolitik* als Gesellschaftspolitik zu vernetzen – etwa im Sinne eines „Sustainable Development", also einer auch in Zukunft haltbaren, tragfähigen und erträglichen Entwicklungssteuerung. (Petersen/Schallaböck 1995; Quante 1996)

13. Ausblick: Immaterieller Verkehr ohne Grenzen

Neben neuer „Ballung" um die zentral gelegenen „Terminals" der europäischen Verkehrs- und Kommunikationsnetze zeigen sich längst andere Trends (Vester 1995). Neue Kommunikationsmedien, die schneller schalten als Körper sich bewegen lassen, verbinden in radikaler Simultanität die Terminals der Kommunikationsgesellschaft, unabhängig vom Standort.

Eine gewiß radikalere Form, „den Raum zu töten" (so Heinrich Heine vor 150 Jahren mit Verweis auf die neue *Eisenbahn*) entwickelt sich heute mit der gesellschaftlich expandierenden Nutzung von Elektronik und Telematik. In diesem „postmodernen" Raum werden keine Körper, sondern nur noch Informationen bewegt. Die sozialräumlichen Folgen einer solchen Entwicklung führen möglicherweise aber auch zu neuen Formen einer „residentiellen Lebensweise", für welche die Anwesenheit an anderen Orten überflüssig wird, weil man sich jederzeit in Echtzeit „einschalten" kann. Wer in großer Reichweite und Beziehungsdichte kommunizieren will, bleibt künftig besser „zuhause" am Terminal.

Oder aber: Wird neuer Bewegungsdrang in der Freizeit dann zur Kompensation für die Abstraktionsschübe der auf Elektronik fixierten Arbeitsplätze. Führt dies nun zu einem Verlassen der Zentren megapoler „Ballung" und zu einer ausufernden „Streuung" ins Grüne und damit zu einer weiteren *Mobilisierung* des Individualverkehrs, der sich nun allerdings weniger programmiert über die Zwänge des Berufsverkehrs, eher durch die soziokulturelle Dynamik einer post-industriellen wie post-urbanen *Erlebnisgesellschaft*.

Werden nun auch die post-urbanen Strukturen industrieller Ballung auflösbar in die neuartigen sozialräumlichen Konstellationen der globalen *Kommunikationsgesellschaft*? Im „internet" der „digitalen Stadt" wird urbane Nähe durch eine globale Omnipräsenz überspielt. Die bisherigen Standortfaktoren urbaner oder industrieller *Modernität* sehen sich heute unter den neuen Mustern telematischer Vernetzung entwertet. Bedeutet diese weitergehende Ablösung der Kommunikation von den Kostenfaktoren Raum und Zeit als erneute Revolutionierung der Verkehrsverhältnisse dann die so vielfach beschworenen „Verkehrs-Wende"?

Literatur

Bundesministerium für Verkehr: Verkehr in Zahlen 1995, Bonn 1995
Büschges, Günter: Das Automobil: Verkehrsmittel, Statussymbol und soziales Problem, in: Soziologische Revue, 20. Jg., 1997, S. 45-52
Büschges, Günter/Reinhard Wittenberg: Verkehr als soziales Problem unter besonderer Berücksichtigung der Sicherheit im Straßenverkehr, in: Albrecht, Günter (Hg.): Soziale Probleme, Opladen 1997 (im Erscheinen)
Canzler, Weert/Lutz Marz: FESTGEFAHREN? Der Automobilpakt im 21. Jahrhundert, Wissenschaftszentrum Berlin, Forschungsschwerpunkt: Arbeit, Technik, Umwelt, Papers FS II 96-108, 1996
Hesse, Markus: Verkehrswende. Ökologisch-ökonomische Perspektiven für Stadt und Region Marburg, Marburg 1993
Hoffmann-Axthelm, Dieter: Anleitung zum Stadtumbau, Frankfurt a.M. 1996
Nokielski, Hans/Uta Renn: Verkehrsberuhigung und Sozialraumgestaltung, Opladen 1985
Pankoke, Eckart: Tempo des Lebens. Zur Steuerung moderner Verkehrsverhältnisse, in: Hennen, Manfred/Michael Jäckel (Hg.): Privatheit und soziale Verantwortung. Festschrift für Friedrich Landwehrmann, München 1993, S. 33-56
Petersen, Rudolf/Karl Otto Schallaböck: Mobilität für morgen. Chancen einer zukunftsfähigen Verkehrspolitik, Berlin u.a. 1995
Quante, Michael: Umweltschutz in den Kommunen, in: Aus Politik und Zeitgeschichte. Beilage zur Wochenzeitung Das Parlament B50, 1996, S. 32-40
Schader-Stiftung: Themengebiet 1996: „Verkehr". Preis der Schader-Stiftung „Gesellschaftswissenschaften im Praxisbezug", Darmstadt 1996
Schäfers, Bernhard: Politischer Atlas Deutschlands. Gesellschaft, Wirtschaft, Staat, Bonn 1997
Simmel, Georg: Soziologie. Untersuchungen über die Formen der Vergesellschaftung (1908), Berlin 1992
Statistisches Bundesamt, Mitteilungen 1997
Strubelt, Wendelin/Joachim Genosko/Jürgen Friedrichs/Hans Bertram/Paul Gans/Hartmut Häußermann/Ulfert Herlyn/Heinz Sahner: Städte und Regionen. Räumliche Folgen des Transformationsprozesses, Opladen 1996
Südbeck, Thomas: Motorisierung, Verkehrsentwicklung und Verkehrspolitik in der Bundesrepublik Deutschland der 1950er Jahre, Stuttgart 1994
Vester, Frederic: Crashtest Mobilität. Die Zukunft des Verkehrs. Fakten, Strategien, Lösungen, München 1995

Eckart Pankoke

Werte und Wertewandel

1. Definition und Abgrenzung

1.1 Werte im Verständnis der philosophischen Tradition

Für die Philosophie war die Frage nach den Werten neben den Fragen nach dem Sinn des Lebens und der Beschaffenheit der Welt stets eine der klassischen Grundfragen. Die Werte hatten aus der Perspektive der philosophischen Tradition betrachtet allerdings substanziell eine normative – genauer gesagt: ontologische – Bedeutung. Sie gaben dem Menschen in einer von Raum und Zeit, wie auch von historischen Wandlungen unabhängigen Weise den Pfad des „Richtigen" vor und lieferten somit die Fundamente für eine individuelle und gesellschaftliche Tugendethik.

1.2 Kulturanthropologisches Wertverständnis

Der Weg zum aktuellen empirisch-sozialwissenschaftlichen Wertverständnis führte über die Kulturanthropologie der 40er und 50er Jahre. So beschrieb z.B. Ruth Benedict „patterns of culture", in deren Zentrum Werte standen, von welchen sich die jeweiligen Besonderheiten der in den von ihr analysierten (Stammes-)Gesellschaften auffindbaren, höchst unterschiedlichen Regelmäßigkeiten des alltäglichen sozialen Handelns ableiten lassen sollten. Den Werten wurde hier zwar noch immer eine von außen an die Menschen herangetragene normative Bedeutung zugeschrieben. Die spezifische Qualität von „Werten" wurde aber nunmehr – in radikalem Unterschied zur philosophischen Tradition – nur solchen normativen Gehalten zuerkannt, denen im gesellschaftlichen Lebenszusammenhang faktische Verbindlichkeit und „Geltung" zugeschrieben werden konnte.

1.3 Das aktuelle empirisch-sozialwissenschaftliche Wertverständnis

Der Übergang zum empirisch-sozialwissenschaftlichen Wertverständnis wird in einer klassischen Wertdefinition deutlich, die Clyde Kluckhohn in dem 1951 von T.Parsons und E. Shils herausgegebenen Sammelband „Toward a General Theory of Action" prägte. Es heißt dort, ein Wert sei „eine Auffassung vom Wünschenswerten, die explizit oder implizit sowie für ein Individuum oder für eine Gruppe kennzeichnend ist und welche die Auswahl der zugänglichen Weisen, Mittel und Ziele des Handelns beeinflußt." (vgl. zur deutschen Übersetzung Kmieciak 1976: 148).

Die von der Kulturanthropologie hergestellte Verknüpfung zwischen faktisch geltenden normativen Gehalten und dem alltäglichen sozialen Handeln wird hier zwar beibehalten, gleichzeitig wird aber eine höchst bedeutsame Öffnung in Richtung des individuellen Personsystems vollzogen. Werte sind nun nicht mehr ausschließlich diejenigen handlungsleitenden Verbindlichkeiten, denen allgemeingesellschaftliche Geltung zukommt, sondern grundsätzlich alle diejenigen personeninternen – bzw. im Personsystem „internalisierten" – Bestimmungsgrößen des sozialen Handelns, denen eine maßgebliche Steuerungswirkung zugeschrieben werden kann.

Man gelangt von hier aus zu einem aktuell brauchbaren Wertverständnis, auf welches sich Soziologie und (Sozial-)Psychologie grundsätzlich einigen können, wenn man zwei zusätzliche definitionsrelevante Erkenntnisse hinzufügt:

1. Werte können kulturell ausgeformt und mehr oder klar vorwegdefiniert, wie auch institutionalisiert sein, oder auch nicht. Sie sind im ersteren Fall direkt in Ethik- und Rechtssysteme überführbar und mit Sanktionen belegbar, während sie im zweiten Fall der Sphäre individueller Wertefindung oder -entwicklung anheimgestellt sind (vgl. hierzu das Grundgesetz der Bundesrepublik Deutschland).

2. Werte können sich grundsätzlich wandeln. Soweit sie institutionalisiert sind, bedarf es hierzu eines Institutionenumbaus. Soweit sie nicht institutionalisiert sind, kann der Wandel der Werte aber auch „spontan", d.h. ggf. auch unabhängig von institutionellen Strukturen und u.U. in Spannung zu ihnen erfolgen. Dies ist in der Regel gemeint, wenn heute von einem Wertewandel gesprochen wird.

2. Relevante Theorien

2.1 Zur Richtung des Wertewandels

Aufgrund der Ergebnisse der empirischen Forschung gab es seit dem Beginn der 70er Jahre verschiedene Ansätze zur Erhärtung der Auffassung, daß es in modernen Gesellschaften generell die Disposition zu einem „spontanen" Wertewandel gibt, dem eine bestimmte, mit dem allgemeinen *gesellschaftlichen Wandel* verknüpfte Trendrichtung zugeschrieben werden kann. So behauptet R. Inglehart (1989) einen Wandel von „materialistischen" zu „postmaterialistischen" Werten, während dagegen die Speyerer Werteforschung einen Wandel von *„Pflicht- und Akzeptanzwerten zu Selbstentfaltungswerten"* (Klages 1988: 56ff.) feststellt. Ein wesentlicher Unterschied zwischen den konkurrierenden Deutungspositionen, der anhand dieser beiden Ansätze verdeutlicht werden kann, besteht – neben der Deutung der Trendrichtung des Wandels – in den jeweiligen Annahmen bezüglich einer Ein- oder Mehrdimensionalität des am Wandel beteiligten Werteraums. Nach Inglehart liegen die materialistischen und die postmaterialistischen Werte auf einer gemeinsamen Dimension, so daß einem Wachstum der einen notwendigerweise eine Schrumpfung der anderen Wertegruppe entsprechen muß. Nach den Erkenntnissen der Speyerer Werteforschung repräsentieren dagegen die Pflicht- und Akzeptanzwerte und die Selbstentfaltungswerte voneinander unabhängige Dimensionen des Werteraums, die somit in der gesellschaftlichen Wirklichkeit verschiedenartige Kombinationen eingehen können. (Klages 1985: 22ff.) Da sich überdies Tendenzen zu einer Auffächerung der beiden Dimensionen in weitere Dimensionen beobachten lassen, läßt sich -aus der Perspektive der Speyerer Werteforschung betrachtet- innerhalb des übergreifenden Wertewandelstrends ein Pluralismus von Wertewandels-Pfaden entdecken, die faktisch um die Wandlungsführerschaft konkurrieren (vgl. hierzu auch den nachfolgenden Abschnitt 5). Dem Wertewandel haftet somit in dieser Deutung ungeachtet einer relativ eindeutig beschreibbaren Gesamttrendrichtung eine erhebliche Unbestimmtheit und Richtungsoffenheit an.

2.2 Zu den Ursachen des Wertewandels

Auch bezüglich der Ursachen des „spontan" verlaufenden aktuellen Wertewandels besteht gegenwärtig noch keine völlige Einigkeit. So vertritt R. Inglehart – in Anlehnung an die Bedürfnistheorie A. Maslows – die These, daß der Wertewandel von der Knappheit der verschiedenartigen Ressourcen der Lebensgewährung bestimmt werde. Die von ihm behauptete tendenzielle Substitution von Materialismus- durch Postmaterialismuswerte führt er dementsprechend auf den Trend einer fortschreitenden Lösung des Problems der Knappheit materieller Güter zurück. Inglehart ergänzt diese „scarcity hypothesis" durch eine „socialisation hypothesis", der zufolge der Wertewandel, lebensgeschichtlich gesehen, in den sog. „formative years" erfolge und es im weiteren Lebensverlauf der Individuen keine nennenswerten Werteveränderungen mehr gebe.

Demgegenüber haben z.B. Bürklin u. Mitarb. darauf aufmerksam gemacht, daß bei bestimmten Wertegruppen nicht die von Inglehart in den Vordergrund gerückten „Intergenerationseffekte", sondern vielmehr sog. „Periodeneffekte" und „lebenszyklische Effekte" vorherrschen. (Bürklin/Klein/Ruß 1994). H. Meulemann hat zu Recht den starken Einfluß einer fortschreitenden „Wissenserweiterung" betont (Meulemann 1996: 135ff.). Die Speyerer Werteforschung verwendet für die Erklärung des Wertewandels einen Mehrebenenansatz, der sowohl langfristig wirkenden Ursachen, wie auch Katalysatoren und unmittelbaren Auslösern wesentliche Rollen zuschreibt. Als langfristig wirkende Hauptursache wird hier der Prozeß der gesellschaftlichen „Modernisierung" in den Vordergrund gerückt, der einen zunehmenden Bedarf an „individualistisch" gelagerten Selbstentfaltungsorientierungen mit sich bringt. (Klages 1993: 42ff.) Derjenige „spontane" Wertewandel, der sich typischerweise in Gesellschaften beobachten läßt, die sich im Modernisierungsprozeß befinden, wird von daher als ein „normaler" Vorgang der „subjektiven Modernisierung" interpretierbar (Gensicke 1995a: 10ff.).

2.3 Zu den Folgen des Wertewandels

Heftig umstritten ist die Antwort auf die Frage, welche gesellschaftlichen Folgen sich mit dem „spontanen" Wertewandel der Gegenwart verbinden. Hier steht eine Verfallsthese gegen die in Deutschland insb. von der Speyerer Werteforschung vertretene These der „Eufunktionalität" des Wertewandels im Rahmen gesellschaftlicher *Modernisierung* (vgl. oben).

Eufunktionalität bedeutet dabei allerdings nicht eo ipso die problemlose Garantiertheit einer positiven, d.h. die gesellschaftliche Entwicklung fördernden Wirkung. Aus der Diagnose einer pluralistischen Unbestimmtheit und Richtungsoffenheit des „spontanen" Wertewandels läßt sich vielmehr die Folgerung ableiten, daß die ihm zuschreibbare Wirkung subjektiver *Modernisierung* ausschließlich eine von mehreren Möglichkeiten darstellt. Es bedarf, der Speyerer Position zufolge, einer sozialwissenschaftlich aufgeklärten ordnungspolitischen Einwirkung, um die gegenwärtig beobachtbaren teils sehr starken Spannungen zwischen individuellen Wertorientierungen und gesellschaftlichen Institutionen aufzulösen und dem Wertewandel eine produktive Entfaltung seines Potentials zu ermöglichen.

3. Sozialgeschichtlicher Hintergrund

3.1 Langfristig wirkende Faktoren

Der sozialgeschichtliche Hintergrund des gegenwärtig beobachtbaren Wertewandels läßt sich, was die langfristig wirkenden Ursachenfaktoren anbelangt, weitgehend mit der Sozialgeschichte des Prozesses der gesellschaftlichen „Rationalisierung" (Max Weber), wie auch des „Prozesses der Zivilisation" (N. Elias), oder zusammenfassend gesagt des gesellschaftlichen Modernisierungs- und Individualisierungsprozesses gleichsetzen.

In diesem Prozeß spielt zunächst die Epoche der europäischen Aufklärung und der „bürgerlichen Revolutionen" mit ihren Leitwerten der Gleichberechtigung, der Toleranz und der Geistes- und Gewissensfreiheit eine Rolle. In dieser Epoche vollzieht sich – auf einer rechts- und staatsphilosophischen Ebene – die Legitimierung einer Emanzipation der Menschen von den überkommenen inneren und äußeren Autoritäten und der Privatisierung der individuellen Lebenszielsetzungen, wie auch die Entwicklung der von den neuen Werten beeinflußten „bürgerlichen Verstädterung".

Eine zweite wesentliche Entwicklungsphase des sozialgeschichtlichen Hintergrunds des aktuellen Wertewandels stellt die *industrielle Revolution* dar, die zwar zunächst manche philosophischen und politischen Errungenschaften der Aufklärung infrage stellte, die aber nichtsdestoweniger auf eine bislang nie dagewesene Weise rationalisierend und dynamisierend in die alltäglichen Lebensverhältnisse zunehmend breiter Bevölkerungsschichten eingriff. Während es vorher beinahe zwingend gewesen war, sich auf ein von traditionalen Werten und Normen bestimmtes gemeinschaftliches Leben in stationären „kleinen Welten" (A. E. Imhof) einzulassen, in welchen Individualität eher hinderlich als förderlich war, wurde es nunmehr umgekehrt für zunehmend viele Menschen zwingend, sich als rational handelnde, zu selbstverantworteten Entscheidungen fähige Einzelindividuen in einer weiter ausgespannten „Welt" zu orientieren und sich dabei – in mobiler Anpassung an die jeweiligen Umstände – von den Einstellungs- und Verhaltensmodellen zu entfernen, die von der Elterngeneration vorgelebt worden waren. Wie sehr hierbei schon lange vor dem Einsetzen des aktuellen Wertewandels zumindest faktisch an die individuel-

Werte und Wertewandel

len Selbstentfaltungsbereitschaften und -potentiale appelliert wurde, läßt sich z.b. an der Entstehung der Institution der „freien Berufswahl", wie auch an dem Wandel der Kindererziehung (Reuband 1988), an der Entwicklung der Semantik von Vornamen (Gerhards/Hackenbroch 1996) und an der Entwicklung der Bekanntschaft- und Heiratsinserate (Buchmann/Eisner 1996) demonstrieren.

3.2 Verzögerungen; Katalysatoren und Auslöser

Kompliziert und verzögert wurde diese Entwicklung in Deutschland und anderen Ländern zunächst durch den anti-individualistisch orientierten europäischen *Nationalismus* und *Sozialismus*, wie z.B. auch in Westdeutschland nach 1945 durch eine massive Aufwertung von *Pflicht- und Akzeptanzwerten* in der Wiederaufbauphase und den in dieser Situation von den Umständen abgeforderten Rückzug auf kleingruppenhaft-familiäre Bezugsfelder der Lebensgewährleistung (Schelsky 1954).

Seit der zweiten Hälfte der 50er Jahre nahmen jedoch – zumindest in Westdeutschland – die „im Trend" liegenden Einflüsse wieder überhand und wirkten als Katalysatoren. Die fortwährende Steigerung des Massenwohlstands in einer scheinbar unaufhörlichen Prosperität brachte eine zunehmende Entlastung von individueller Not und Knappheit mit sich; der Sozialstaatsausbau verstärkte diesen Entlastungseffekt und ermöglichte es, daß sicherheitsbezogene Werte in den Zustand der „Hintergrundserfüllung" (A. Gehlen) traten; die *Medienrevolution* und die beginnende Vollmotorisierung der Bevölkerung erweiterten die Horizonte der individuellen Phantasie und Lebenszielbildung und den allen alltäglich zur Verfügung stehenden Erlebnis- und Aktionsraum; die *Bildungsrevolution* ließ die bis dahin als unübersteigbar geltenden bildungsbedingten Aufstiegsschranken schrumpfen und führte dazu, daß zunehmend große Teile der Jugend lebensgeschichtlich entscheidende Prägungen im individualisierungsfördernden Sozialmilieu der weiterführenden Bildungseinrichtungen (Klages 1984) erfuhren. Auslöser des aktuellen Wertewandels war endlich die mit dem Ende der „Ära Adenauer" einsetzende bewußte und ungeduldige Abwendung von der Wiederaufbauphase der Nachkriegszeit mit ihrer allen „Experimenten" abgeneigten bewahrend-konservativen Rekonstruktionsmentalität (Klages 1993).

4. Die gegenwärtige Ausprägung des Wertewandels in Deutschland

4.1 Kernsachverhalte: Beteiligte Werte und Verlaufscharakteristik

Einen ersten Eindruck von der Beschaffenheit des aktuellen Wertewandels in Deutschland vermittelt die Abb. 1, welche über einen Zeitraum von mehr als 40 Jahren hinweg die Ergebnisse zahlreicher aufeinanderfolgender Repräsentativerhebungen in der Bevölkerung der Bundesrepublik Deutschland wiedergibt, in denen mit identischer Fragestellung das Ausmaß der Bejahung alternativer *Erziehungswerte* erforscht wurde:

Es ist erstens eine dramatische Scherenbewegung im Verhältnis zwischen der tendenziell an Boden verlierenden Wertegruppe „Gehorsam und Unterordnung" und der tendenziell drastisch an Boden gewinnenden Wertegruppe „Selbständigkeit und freier Wille" erkennbar, die den aktuellen Wertewandel – auch hinsichtlich seiner vorherrschenden Trendrichtung von Pflicht- und Akzeptanz- zu Selbstentfaltungswerten – von zentralen Indikatoren her abbildet.

Zweitens ist erkennbar, daß der Wertewandel schubartig – und somit als „Wertewandelsschub" – um die Mitte der 60er Jahre einsetzte. Die Jahre vorher, in denen nur geringfügige Werteveränderungen sichtbar werden, können als Bestandteile einer Konstanzphase interpretiert werden, die mit den entwicklungsverzögernden Bedingungen im Nachkriegsdeutschland nach 1945 in unmittelbarer Verbindung stand.

Abbildung 1: Erziehungsziele 1951-1995

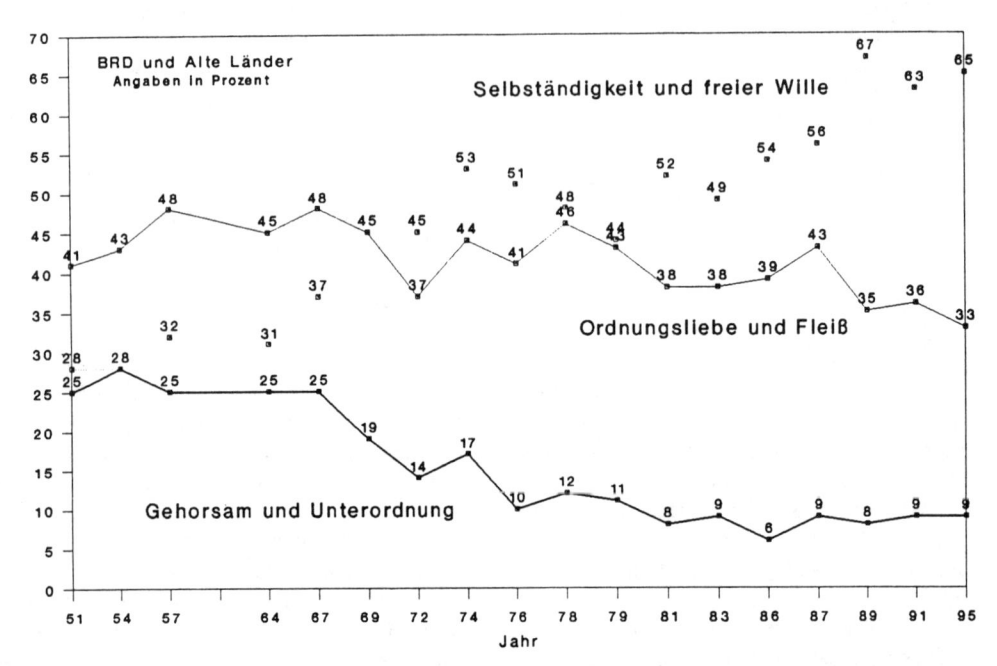

Erziehungsziele in der Bundesrepublik und den alten Ländern (1951-1995)

BRD und Alte Länder
Angaben in Prozent

Selbständigkeit und freier Wille

Ordnungsliebe und Fleiß

Gehorsam und Unterordnung

Quelle: EMNID

Drittens kann aus der Abb. 1 abgelesen werden, daß der Wertewandelstrend zwar über die erfaßten 45 Jahre hinweg Unregelmäßigkeiten aufweist, die sich auf bestimmte sozialökonomische und politische Krisensituationen konzentrieren, daß er aber im ganzen stabil blieb. Man kann daraus ablesen, daß dem Wertewandelstrend eine Kapazität der flexiblen Anpassung an situationsbedingte Änderungen der jeweils an die Menschen gerichteten Einstellungs- und Verhaltensherausforderungen innewohnt.

Aus der Abbildung kann viertens auch abgelesen werden, daß eine den *Pflicht- und Akzeptanzwerten* zuzurechnende Wertegruppe „Ordnungsliebe und Fleiß" ihr Ausprägungsniveau im wesentlichen erhalten konnte. Es erweist sich hierin, daß der Wertewandel keineswegs pauschal und radikal zuungunsten „älterer" Werte verlief, wie manchmal unrichtigerweise behauptet wird – vielmehr vollziehen sich im Wertewandel auf eine sehr selektive und „überlegt" anmutende Weise Umgewichtungen von Werten in deutlicher Entsprechung zu der Veränderung der im Prozeß des sozialen Wandels an die Menschen gerichteten Handlungsanforderungen. Die These der „Eufunktionalität" des Wertewandels (vgl. 2.3) erhält hierdurch eine nachdrückliche Unterstützung.

4.2 Die Soziodemographie des Wertewandels

Fragt man sich nun nach der „Soziodemographie" des Wertewandelstrends, dann erhält man von den Daten sehr eindeutige Antworten. Wendet man sich der Abb. 2 zu, dann kann man erkennen, wie sich der auf Durchschnittsberechnungen beruhende Gesamttrendverlauf des Wertewandels bei den einzelnen Altersgruppen darstellt:

Werte und Wertewandel 703

Abbildung 2: Entwicklung elterlicher Erziehungswerte
1954-1995 nach Altersgruppen (Trend)

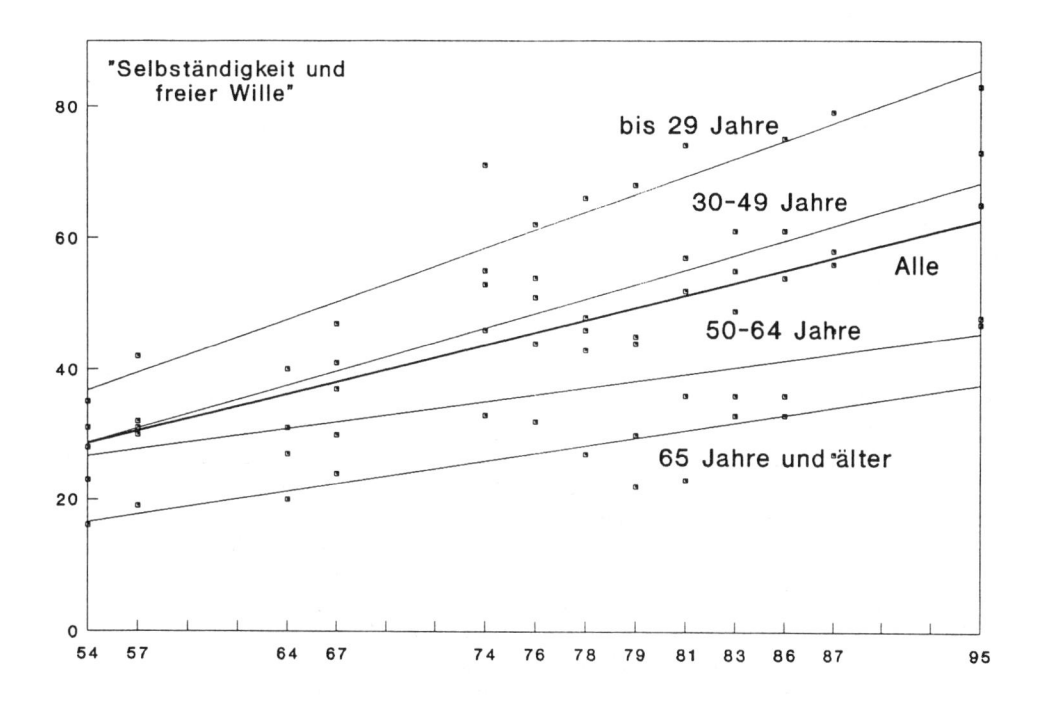

"Selbständigkeit und freier Wille"
- bis 29 Jahre
- 30-49 Jahre
- Alle
- 50-64 Jahre
- 65 Jahre und älter

Quelle: EMNID, Reuband 1988

Insbesondere dann, wenn man sich an den vom Computer erzeugten Regressionsgeraden orientiert, kann man anhand der Abbildung sehr deutlich zwei einander ergänzende Einsichten gewinnen:

Erstens wird erkennbar, daß der Wertewandel generationenspezifische Intensitätsunterschiede aufweist. Je jünger die erfaßten Menschen waren, desto stärker waren sie vom Wertewandel geprägt und desto „steiler" verlief bei ihnen im großen und ganzen der Wertewandelstrend.

Zweitens wird aber gleichzeitig auch deutlich, daß der Wertewandel – wenngleich mit unterschiedlicher Heftigkeit – alle Altersgruppen erfaßte, daß er also keineswegs als ein „Jugendphänomen" anzusprechen ist.

Man kann allerdings drittens auch erkennen, daß die Regressionsgeraden der Altersgruppen auseinanderstreben, d.h. die gemeinsame Prägung durch den Wertewandel verhindert nicht zunehmende Generationsunterschiede. Um die Mitte der 90er Jahren lagen die Werte der verschiedenen Altersgruppen trotz des gemeinsamen Eintritts in den Wertewandel weiter auseinander als um die Mitte der 50er Jahre.

Wendet man sich am Ende noch den in der Abbildung angegebenen Meßergebnissen einzelner Erhebungszeitpunkte zu, dann kann man viertens erkennen, daß auch die oben angesprochenen Trendunregelmäßigkeiten in gleicher Weise bei allen Altersgruppen in Erscheinung treten. Auch bei den jüngeren Altersgruppen bleibt also die bereits angesprochene Kapazität des Wertewandels zu einer flexiblen Anpassung an situationsbedingte Änderungen der an die Menschen gerichteten Herausforderungen erhalten.

Gliedert man die Daten nach dem Geschlecht der Befragten auf, dann kann man feststellen, daß Männer und Frauen in etwa gleichermaßen vom Wertewandel erfaßt sind. Der Vergleich der geschlechtsspezifischen Regressionsgeraden läßt – bei relativ geringfügigen Unterschieden – die Interpretation zu, daß dies bei den Frauen sogar noch etwas stärker der Fall ist als bei den Männern.

Bei der Aufgliederung des Materials nach dem Bildungsniveau der Befragten stellt sich demgegenüber ein sehr starkes Gefälle ein. Je höher das *Bildungsniveau* der Menschen ist, desto stärker sind sie auch vom Wertewandel erfaßt. Die Bedeutung der *Bildungsrevolution* als Katalysator des Wertewandels (vgl. oben) wird hierin sehr deutlich erkennbar. Interessanterweise verlaufen die Regressionsgeraden der einzelnen Bildungsgruppen – in deutlichem Unterschied zu denen der Altersgruppen – im wesentlichen parallel zueinander. Der „Beitrag" der Bildung zum Wertewandel bleibt also in seinem Fortschreiten konstant.

4.3 Die Werteentwicklung in der DDR und in Ostdeutschland

Die Frage, ob es auch in der *DDR* einen Wertewandel gegeben hat, ist heftig umstritten. Sie wird z.B. von H. Meulemann verneint (Meulemann 1996: 176ff.), während sie insbesondere von Th. Gensicke auf dem Hintergrund eindrucksvoller Daten bejaht wird (Gensicke 1995b). Gensicke geht davon aus, daß sich die sozialökonomische *Modernisierung* als Wertewandelsdeterminante in dem Industriestaat DDR gegenüber der sozialistischen Ideologie weitgehend durchsetzen konnte, wobei Möglichkeiten des Aufbaus von abgeschirmten Freiräumen in der Arbeitswelt und im privaten Alltag eine wichtige Rolle spielten. Gensicke zufolge setzte in der DDR etwa 10 Jahre später als in der Bundesrepublik ein Wertewandelsschub ein, der grundsätzlich dieselbe Trendrichtung aufwies, wenngleich in ihm idealistische Komponenten schwächer und hedonistische Komponenten stärker ausgeprägt waren. Dieser Deutung zufolge kann man den Wertewandel in der DDR, dem das Regime nicht gerecht zu werden vermochte, als die letztliche Ursache der friedlichen Revolution von 1989 ansehen.

Folgt man den Dateninterpretationen von Th. Gensicke, dann gibt es nach der Wiedervereinigung zwischen West- und Ostdeutschland keine großen Wertunterschiede. „Man findet in Ost und West in ähnlicher Weise Kreativität, Lebensgenuß und die Durchsetzung der eigenen Bedürfnisse wichtig, also Werte, die dem Pol der ... Selbstentfaltung zuzurechnen sind." „Die persönlichen Lebenswerte der Ostdeutschen sind im Durchschnitt etwas konventioneller (mehr Fleiß und Sicherheit) und etwas materieller (mehr Lebensstandard) als die der Westdeutschen." (Gensicke 1995a)

Eine Reihe von Ähnlichkeiten und Unterschieden zwischen West- und Ostdeutschland, wie auch Werteveränderungen in Ostdeutschland zwischen 1990 und 1995 können aus der Abb. 3 abgelesen werden:

Werte und Wertewandel

Abbildung 3: Erziehungsziele in den alten und neuen Bundesländern

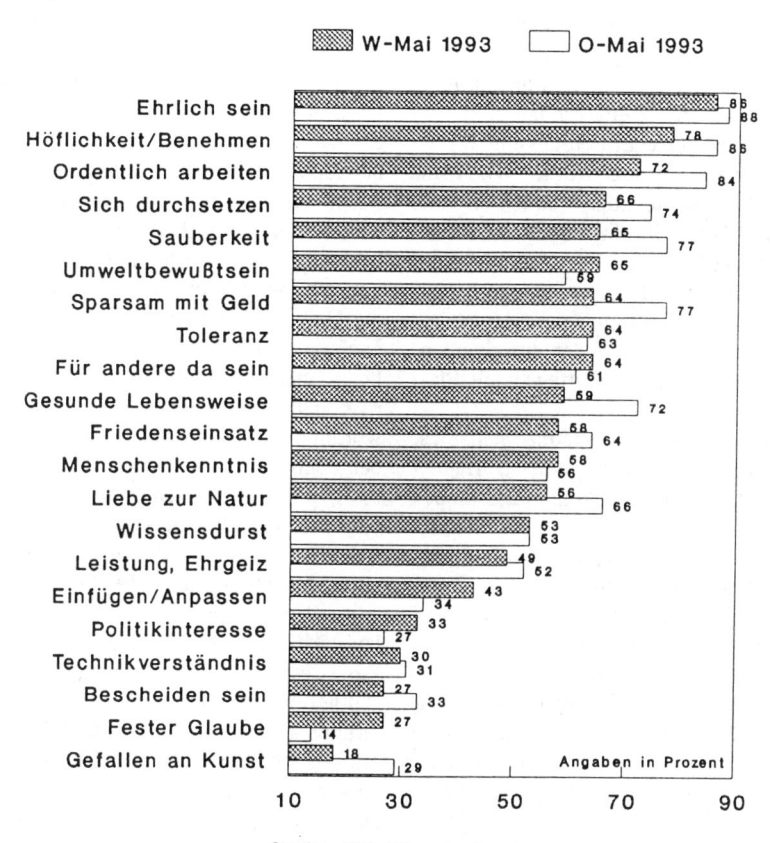

▨ W-Mai 1993   ☐ O-Mai 1993

Erziehungsziel	W	O
Ehrlich sein	86	88
Höflichkeit/Benehmen	78	85
Ordentlich arbeiten	72	84
Sich durchsetzen	66	74
Sauberkeit	65	77
Umweltbewußtsein	65	59
Sparsam mit Geld	64	77
Toleranz	64	63
Für andere da sein	64	61
Gesunde Lebensweise	59	72
Friedenseinsatz	68	64
Menschenkenntnis	58	56
Liebe zur Natur	56	66
Wissensdurst	53	53
Leistung, Ehrgeiz	49	52
Einfügen/Anpassen	43	34
Politikinteresse	33	27
Technikverständnis	30	31
Bescheiden sein	27	33
Fester Glaube	27	14
Gefallen an Kunst	18	29

Angaben in Prozent

Quelle: IFD Allensbach
"Was Kinder im Elternhaus lernen sollen"
Eigene Darstellung

5. Aktuelle Problemfelder des Wertewandels: Divergierende Pfade des Wertewandels

Die empirisch-sozialwissenschaftlichen Erkenntnisse über eine grundsätzliche „Funktionalität" des Wertewandels im Hinblick auf die Anforderungen und Chancen des Modernisierungsprozesses, wie auch über seine Fähigkeit zur flexiblen Anpassung an kurzfristig wechselnde situative Erfordernisse, rechtfertigen einen positiven Befund. Dieser hebt sich sehr deutlich und unmißverständlich von landläufigen Denunzierungen des Wertewandels als „Werteverfall" und Weg in die „Ego-Gesellschaft" ab (Vgl. z.B. DER SPIEGEL 1994: 58ff.; FOCUS 1997: 203ff.). Die diesbezügliche wissenschaftliche Aufklärungsleistung läßt sich durch eine Fülle von Einzeldaten unterbauen, auf deren Aufzählung an dieser Stelle verzichtet werden muß.

Dessen ungeachtet ist, wie bereits weiter oben festgestellt, die Frage nach Problemfolgen des Wertewandels keinesfalls unangebracht. Insbesondere angesichts der sehr schnellen, umsturzartigen Wandlungen der Chancen und Herausforderungen, denen sich die Menschen im Zeichen der *Globalisierung* gegenübersehen, muß an den „spontanen" Wertewandel, den wir bisher haben, die Frage gerichtet werden, ob er dem, was anliegt, gerecht werden kann, oder ob er nicht vielmehr auch Defizite aufweist und Fehlorientierungen vermittelt.

In diesem Zusammenhang wird aktuell, was weiter oben hinsichtlich einer pluralistischen Unbestimmtheit und Richtungsoffenheit des „spontanen" Wertewandels und der sich daraus ergebenden Einschränkungen seiner Eufunktionalität gesagt wurde. Will man sich dem damit abgesteckten Problemfeld mit wissenschaftlichen Mitteln annähern, dann muß man die auf der Analyse von bevölkerungsübergreifenden Mittelwerten beruhende Betrachtung des Gesamttrends des Wertewandels verlassen und sich mit den weiter oben bereits einmal erwähnten Wertewandels-Pfaden beschäftigen.

Die Speyerer Werteforschung hat dies frühzeitig getan, indem sie danach fragte, welche typischen Kombinationen der empirisch festgestellten Dimensionen des Wertewandels sich in der Bevölkerung des Bundesrepublik Deutschland feststellen lassen. Legt man die aktuell feststellbaren Dimensionen (Pflicht- und Akzeptanz; hedonistisch-materialistische Selbstentfaltung; idealistische Selbstentfaltung) zugrunde, dann gelangt man zur Feststellung von fünf besonders hervorstechenden „Wertetypen", welchen sich die Gesamtbevölkerung fast vollständig zurechnen läßt:

Typ 1: Konventionalisten (*Pflicht und Akzeptanzwerte* hoch, die beiden übrigen Wertebereiche niedrig ausgeprägt). Bei der insgesamt stark rückläufigen Gruppe der überwiegend älteren Menschen, die diesem Typus angehören (1993 in Westdeutschland 17% der Gesamtbevölkerung), hat der Wertewandel nicht oder noch nicht gegriffen. Es liegt bei ihnen also eine „Wertekonstanz" vor. Ihr entscheidendes Kennzeichen ist die Neigung zur Modernisierungsabwehr und zur Suche nach Situationen, in denen sie sich an möglichst eindeutigen und veränderungsfesten Sinngehalten und Aufgabenstellungen orientieren und Belohnungen für ein erwartungsentsprechendes Verhalten empfangen können.

Typ 2: Perspektivenlose Resignierte (alle drei Wertebereiche relativ niedrig ausgeprägt): Bei dieser z.Z. verhältnismäßig gleichbleibend großen Bevölkerungsgruppe (1993 15% der Gesamtbevölkerung) liegt ein Werteverlust vor, den man – unter Rückgriff auf die Motivationspsychologie – auf eine durch mangelnde Lebenserfolge bedingte „Mißerfolgsorientierung" deuten kann. Es kann sich hier um frustrierte Konventionalisten, oder auch um ehemalige Angehörige der nachfolgend behandelten Typen 4 und 5 handeln, die in den ihnen zugänglichen Handlungsfeldern keine ausreichenden Möglichkeiten für die Verwirklichung ihrer Selbstentfaltungswerte finden konnten. Ihr entscheidendes Kennzeichen ist die Neigung zur Suche nach Nischen, in denen sie – bei unauffälligem Verhalten – möglichst unbehelligt von Herausforderungen zur risikohaltigen Eigenaktivität und -verantwortung den Sturm der Veränderung überleben können.

Typ 3: Aktive Realisten (alle drei Wertebereiche verhältnismäßig hoch ausgeprägt): Bei dieser insgesamt leicht anwachsenden, in etwa gleichmäßig über die Altersklassen verteilten Teilgruppe, die 1993 in Westdeutschland 34% der Bevölkerung umfaßte, hat im Zuge des Wertewandels eine „Wertesynthese" stattgefunden. Die Menschen, die dieser Gruppe angehören, sind dazu in der Lage, auf die verschiedenartigsten Herausforderungen „pragmatisch" zu reagieren, gleichzeitig aber auch – mit starker Erfolgsorientierung – ein hohes Niveau von „rationaler" Eigenaktivität und -verantwortung anzustreben und ggf. auch auszufüllen. Sie sind auf eine konstruktiv kritikfähige und flexible Weise institutionenorientiert und haben verhältnismäßig wenig Schwierigkeiten, sich in einer vom schnellen Wandel geprägten Gesellschaft zu bewegen. Mit allen diesen Eigenschaften nähern sie sich dem generalisierungsfähigen Sollprofil menschlicher Handlungsfähigkeiten unter den Bedingungen moderner Gesellschaften an. Ihre „Schwachstelle" ist ihre Neigung zu einem Aufstiegsstreben, das sich an langfristig berechenbaren Maßstäben und Leitern orientiert.

Typ 4: Hedonistische Materialisten (Hedonistisch-materialistische Selbstentfaltung hoch, die beiden übrigen Wertebereiche niedrig ausgeprägt): Diese Bevölkerungsgruppe, der 1993 bei einer insb. bei den jüngeren Menschen anwachsenden Tendenz 17% der Gesamtbevölkerung zuzurechnen waren, weist verschiedenartige Ausprägungsvarianten auf. Gemeinsam ist allen „Hedomats" die Fähigkeit zu einer mobilen Anpassung an die jeweiligen Umstände. Insoweit nähern sie sich ebenfalls – jedenfalls an einem bestimmten Punkt – dem Sollprofil menschlicher Handlungsfähigkeiten unter modernen Lebensbedingungen an. Sie unterscheiden sich von den aktiven Realisten aber dadurch, daß sie sich in der Praktizierung ihrer Beweglichkeit viel stärker vom „Lustprinzip" leiten lassen. Sie lieben eher das Spielerische und Unverbindliche, wie auch den schnellen und nach Möglichkeit anstrengungslosen Zugriff auf Chancen, die sie leicht zugunsten anderer wieder verlassen, wenn sie von denen mehr erwarten können. In ihren höherwertigen Ausprägungen sind sie kreative Wellenreiter im bewegten Meer der Unstetigkeiten, mit denen in der Ära der *Globalisierung* zu rechnen ist; in ihren Niederungen sind sie verantwortungsscheue Gelegenheitssucher, die im Grenzfall auch nicht die Übertretung gesellschaftlicher Spielregeln und Normen und die Verletzung der Interessen anderer scheuen, um zum Ziel zu gelangen.

Typ 5: Nonkonforme Idealisten (Idealistische Selbstentfaltung hoch, die beiden anderen Wertebereiche niedrig ausgeprägt): Dieser Bevölkerungsgruppe waren 1993 in Westdeutschland ebenfalls 17% zuzurechnen, wobei ihr Anteil an der jüngeren Menschen, der Ende der 80er Jahre noch weit über dem Durchschnitt lag, in diesem Jahr unter den Durchschnitt abgesunken war. Das entscheidende Kennzeichen dieser Gruppe ist, daß sie auf der Bewußtseinsebene starke Modernisierungsbejaher sind, wobei sie sich aber an hochgespannten Idealen – oder auch Ideologien – individualmenschlicher Emanzipation und gesellschaftlicher Egalität orientieren. Den alltäglich erlebbaren, von belastungsreichen Anpassungsherausforderungen und -zwängen geprägten Wirklichkeit der Modernisierung stehen sie von daher eher kritisch und hilflos gegenüber. Bei ihren eigenen Versuchen, mit dieser Wirklichkeit zurecht zu kommen, sind sie wenig enttäuschungsfest und hochgradig frustrationsanfällig. Sie neigen von daher dazu, sich in berufliche Nischen – wie z.B. die des Journalisten oder Lehrers – zu retten, die ihnen bei relativer Sicherheit und Abgeschirmtheit ein Ausleben ihrer Reflexionsneigungen gestatten.

6. Sozialpolitische Relevanz

6.1 Die Notwendigkeit einer institutionellen Stützung des „spontanen" Wertewandels

Aus der vorstehenden Typenschilderung läßt sich die Folgerung ziehen, daß der „spontan" vor sich gehende Wertewandel dem, was unter den von der *Globalisierung* erzwungenen Modernisierungsbedingungen anliegt, keineswegs in einer „optimalen" Weise gerecht zu werden vermag. Unter den fünf behandelten Wertetypen ist nur einer, der eine ausreichend tragfähige mentale Basis für die erforderlichen Solleigenschaften und -fähigkeiten vermittelt.

Zwar deuten neueste Datenbefunde darauf hin, daß – in Reaktion auf die sich verändernden Modernisierungsbedingungen – der Typus des aktiven Realisten gegenwärtig ein beschleunigtes Wachstum erlebt, so daß „eine Politik, die sich auf die Lösung der harten Fragen der ökonomischen Zukunftssicherung konzentriert, ...stärker als bisher auf entsprechende gesellschaftliche Wertorientierungen der Pflicht- und Leistungsbereitschaft setzen" kann (Veen/Graf 1997: 41). Ob das somit weiterhin wirksam werdende Flexibilitätspotential, das dem „spontanen" Wertewandel innewohnt, ausreicht, um die Menschen auf die neuen Herausforderungen vorzubereiten, steht allerdings dahin. Wie weiter oben bereits gesagt, scheint daher eine sozialwissenschaftlich aufgeklärte ordnungspolitische Einwirkung nahezuliegen.

Die Grundprämisse, von der hier bei der Weiterverfolgung dieses Gedankens ausgegangen wird, besteht darin, daß es wenig Sinn macht, auf eine Umkehr(ung) des Wertewandels zu setzen, daß es vielmehr darum geht, dem Wertewandel eine institutionelle Stützung zu vermitteln, in welchem seine Eufunktionalität ungehindert und richtungssicher zur Geltung kommen kann. Die Fortführung und „Optimierung" des Wertewandels kann als eine Grundbedingung der Zukunftsfähigkeit unter den Bedingungen der *Globalisierung* angesehen werden.

6.2 Das Erfordernis von Verantwortungsrollen

Die weiter oben formulierte These, daß es hierbei ein wesentliches Ziel sein muß, zu einer Auflösung der gegenwärtig beobachtbaren teils sehr starken Spannungen zwischen individuellen Wertorientierungen und gesellschaftlichen Institutionen zu gelangen, bedarf in diesem Zusammenhang der Erläuterung und Konkretisierung.

Es wird hiermit erstens die Tatsache angesprochen, daß es im Hintergrund der gegenwärtig noch allenthalben feststellbaren Neigung zu einer ideologischen Denunzierung des Wertewandels und zu seiner Fehldeutung als „Werteverfall" eine Fülle von alltäglichen Wertverwirklichungsversagungen gibt, von denen vor allem die Selbstentfaltungswerte betroffen sind und die sich paradoxerweise auch gegen den „aktiven Realisten" als denjenigen Wertetypus richten, der eine maximale Zukunftsfähigkeit verkörpert.

Es kann in diesem Zusammenhang auf die Ergebnisse von Mitarbeiterbefragungen verwiesen werden, aus denen sich ablesen läßt, daß z.B. im öffentlichen Dienst der Bundesrepublik Deutschland „aktive Realisten" nur sehr begrenzte Aufstiegschancen haben. Von allgemeinerer Bedeutung ist jedoch, daß in der gesamten Welt der Großorganisationen gegenwärtig noch ein auffälliger Angebotsmangel im Bereich derjenigen „Verantwortungsrollen" besteht, die als ein entscheidendes institutionelles Erfordernis für die Förderung einer realistisch auf die gesellschaftlichen Chancen und Herausforderung bezogenen Werteentwicklung betrachtet werden müssen. Im Hintergrund dieses fast durchgängigen Strukturdefizits steht die Tatsache, daß Verantwortung in gängigen Stellen- und Funktionsbeschreibungen heute allenthalben noch – von „unten" nach „oben" ansteigend – für „gehobenere Positionen" reserviert, d.h. den breiteren Mitarbeiter- und Mitglieder-Schichten vorenthalten wird. Es handelt sich hier um den Ausfluß eines veralteten Fehlverständnisses des hierarchischen Prinzips, das unbedingt einer Revision bedarf, wenn es zu einer Auflösung gegenwärtiger Spannungen zwischen individuellen Wertorientierungen und Institutionen kommen soll. Welche Fülle von individuellen Handlungspotentialen brachliegen, die durch intelligente Rollengestaltung einer produktiven Entwicklung zugeführt werden könnten, erweist jede einzelne Mitarbeiter- und Mitgliederbefragung, sofern sie an diesem Punkt sensibel ist. Eine entsprechende Reformaufforderung ist sowohl an die Arbeitgeber und Dienstherren, wie auch z.B. an Gewerkschaften und sonstige Verbände, an die Kirchen und an die Verantwortlichen des Bildungssystems zu richten, welche die „*Werterziehung*" zwar als Vokabel im Munde führen, ohne hierfür aber die erfolgversprechenden Konzepte zu besitzen.

6.3 Die Bedeutung des Subsidiaritätsprinzips

Die Werteentwicklung kann und muß aber zweitens auch außerhalb von Rollendefinitionen gefördert werden. Als generelles Leitprinzip kann hierbei der Begriff der *Subsidiarität* im Sinne von „Vorfahrt für Eigenverantwortung" benutzt werden. „Die gesellschaftlichen Strukturen müssen ... so gestaltet werden, daß die einzelnen und die kleineren Gemeinschaften den Freiraum haben, sich eigenständig und eigenverantwortlich zu entfalten. ... Auf der anderen Seite müssen die einzelnen wie die kleinen Gemeinschaften aber auch die Hilfe erhalten, die sie zum eigenständigen, selbsthilfe- und gemeinwohlorientierten Handeln befähigt." Dies heißt u.a. „Abschied zu nehmen von dem Wunsch nach einem *Wohlfahrtsstaat*, der in paternalistischer Weise allen Bürgerinnen und Bürgern die Lebensvorsorge abnimmt" (Gemeinsames Kirchenwort 1997: 48f.).

6.4 Folgenbewußte Steuerung

Die Menschen werden auch in der Zukunftsgesellschaft noch im Rahmen übergreifender Lebenssicherungssysteme Solidarbeiträge zu erbringen und Transferleistungen entgegenzunehmen haben. Für diese muß gelten, daß die mit ihnen verbundenen Anreiz- und Sanktionswirkungen, die sich bis heute meist als ungewollte Nebeneffekte einstellen, in einem viel höheren Maße als bisher verantwortungsvoll – und das heißt vor allem folgenbewußt – geplant und gesteuert werden müssen. So z.B. müssen die hinter sog. „Mißbräuchen" im Bereich der Sozialhilfe stehenden Steuerungsschwächen und -defizite anstelle scheinbarer „Moraldefizite" der Betroffenen ins Zentrum der Aufmerksamkeit rücken.

Man kann an diesem Beispiel erkennen, daß es heute in Wahrheit viel wichtiger ist, eine den aktuellen Erfordernissen gerecht werdende Institutionen- und Elitenethik zu entwickeln, als sich folgenlos und letztlich dysfunktional über den *„Werteverfall"* in der Gesellschaft zu erregen (vgl. auch Böhr 1994).

Literatur

Böhr, Christof: Der schwierige Weg zur Freiheit. Europa an der Schwelle zu einer neuen Epoche, Bonn 1994
Buchmann, M./M. Eisner: Selbstbilder und Beziehungsideale im 20. Jahrhundert. Individualisierungsprozesse im Spiegel von Bekanntschafts- und Heiratsinseraten, Plenumsvortrag am 28. Kongreß der DGS, 1996
Bürklin, Wilhelm/Markus Klein/Achim Ruß: Dimensionen des Wertewandels, in: PVS, 35. Jg., Heft 4, 1994, S 579-606
DER SPIEGEL: Narzißten, Selbstdarsteller, Egoisten – die Deutschen auf dem Weg in die Ich-Gesellschaft, Heft 22, 1994, S. 58ff.
FOCUS: Sehnsucht nach Werten, Heft 12, 1997, S. 203ff.
Gemeinsames Kirchenwort: Wort des Rates der Evangelischen Kirche in Deutschland und der Deutschen Bischofskonferenz zur wirtschaftlichen und sozialen Lage in Deutschland, Hannover/Bonn 1997
Gensicke, Thomas: Deutschland im Wandel. Sozialer Wandel und Wertewandel in Deutschland vor und nach der Widervereinigung, Speyer 1995 (Speyerer Forschungsberichte. 154.)
Gensicke, Thomas: Modernisierung, Mentalitätsentwicklung und Wertewandel in der DDR, in: Bertram, Hans u. a. (Hg.): Sozialer und demographischer Wandel in den neuen Bundesländern, Berlin 1995
Gerhards, Jürgen/Rolf Hackenbroch: Kulturelle Modernisierung und die Entwicklung von Vornamen, Plenumsvortrag am 28. Kongreß der DGS, 1996
Imhof, Arthur E.: Die verlorenen Wetten, München 1984
Inglehart, Ronald: Kultureller Umbruch. Wertewandel in der westlichen Welt, Frankfurt a.M./New York 1989
Klages, Helmut: Wertorientierungen im Wandel. Rückblick, Gegenwartsanalyse, Prognosen, Frankfurt a.M./New York 1985
Klages, Helmut: Wertedynamik. Über die Wandelbarkeit des Selbstverständlichen, Zürich 1988
Klages, Helmut: Verlaufsanalyse eines Taditionsbruchs, in: Klages, Helmut: Traditionsbruch als Herausforderung. Perspektiven der Wertewandelsgesellschaft, Frankfurt a.M./New York 1993, S. 42ff.
Kmieciak, Peter: Wertstrukturen und Wertwandel in der Bundesrepublik Deutschland, Göttingen 1976
Meulemann, Heiner: Werte und Wertewandel. Zur Identität einer geteilten und wiedervereinigten Nation, Weinheim/München 1996
Reuband, Karl-Heinz: Von äußerer Verhaltenskonformität zu selbständigem Handeln. Über die Bedeutung kultureller und struktureller Einflüsse für den Wandel in den Erziehungszielen und Sozialisationsinhalten, in: Luthe, Heinz Otto/Heiner Meulemann (Hg.): Wertewandel – Faktum oder Fiktion?, Frankfurt a.M./New York 1988, S. 73ff.
Schelsky, Helmut: Wandlungen der deutschen Familie in der Gegenwart, Stuttgart 1954
Veen, Hans-Joachim/Jutta Graf: Rückkehr zu traditionellen Werten? (Konrad-Adenauer-Stiftung: Interne Studien 131) 1997

Helmut Klages

Wirtschaftssystem

1. Begriff

Die Wirtschaft ist – neben der Politik, dem Recht, der Wissenschaft, dem Erziehungswesen etc. – eines der großen „Subsysteme" (T. Parsons), Teilbereiche oder „Ordnungen und Mächte" (M.Weber) der modernen Gesellschaft. Marx hat dieses System für die „reale Basis" gehalten, auf der sich „ein juristischer und politischer Überbau erhebt". In der modernen Soziologie ist diese hierarchische Auffassung des Verhältnisses der Teilsysteme zueinander jedoch durch die Vorstellung des Nebeneinanders zwar ungleichartiger, aber gleichrangiger Subsysteme ersetzt worden. Gewiß ist zu allen Zeiten gewirtschaftet worden; neu an der modernen Gesellschaft aber ist, daß die Wirtschaft ein funktional differenziertes Subsystem darstellt. Unter funktionaler *Differenzierung* versteht die moderne Soziologie die Separierung eines Komplexes von menschlichen Aktivitäten unter dem Aspekt der Autonomiegewinnung einerseits, der Aufgabenspezifizierung andererseits. Autonom wird ein Handlungskomplex, wenn er seine Angelegenheiten „eigengesetzlich" (Weber), das soll heißen: nach eigenen oder systemimmanenten Gesichtspunkten, regelt. Die Soziologie funktionaler Differenzierung geht davon aus, daß die Wirtschaften der westlichen Gesellschaften ihre eigenen Angelegenheiten (z.B. Investitionsentscheidungen) nicht nur faktisch in erster Linie nach wirtschaftlichen und nicht z.B. nach politischen Gesichtspunkten regeln, sondern daß dieser „Primat" gleichsam gesellschaftlich lizensiert ist. Dies bedeutet, daß die Wirtschaft sich primär an wirtschaftlichen Gesichtspunkten orientiert. Insofern bleibt der von Marx behauptete Primat der Wirtschaft erhalten, aber eben nur systemimmanent für die Wirtschaft selbst, nicht für die Gesellschaft insgesamt (vgl. Luhmann 1970). Wenn dieser bereichsspezifische Primat gegeben ist, gilt die Wirtschaft als funktional differenziert.

Mit der Autonomiegewinnung geht eine für alle funktional differenzierten Subsysteme typische Aufgabenkonzentration einher: die Wirtschaft beschäftigt sich z.B. in erster Linie mit wirtschaftlichen Fragen, für die sie alleinige Kompetenz anstrebt und die Einmischung anderer Bereiche auszuschalten versucht. Zu anderen Aufgabenstellungen, z.B. künstlerischer oder rechtlicher Art, verhält sie sich indifferent und sieht sie als nicht in ihren Zuständigkeitsbereich fallend an. Funktional differenzierte Systeme beanspruchen also alleinige Zuständigkeit für den je eigenen Bereich und sehen „idealtypisch" davon ab, sich in die Aufgabenerledigung anderer Bereiche einzumischen. Diese Vorstellung ist schwieriger zu verteidigen als die Idee der Eigengesetzlichkeit, da die vielfältige Einmischung z.B. der Wirtschaftsverbände in alle Fragen des öffentlichen Lebens (darin den Gewerkschaften und Kirchen nicht unähnlich) ihr zu widersprechen scheint. Man darf aber die Aktivitäten politischer Verbandsbildungen nicht mit Aktivitäten der Wirtschaft in eins setzen und sollte zudem beachten, daß Äußerungen der „Wirtschaft" zu wirtschaftlich relevanten Sachverhalten keine Verletzung des Prinzips der Aufgabenspezifizierung bedeuten.

In der Soziologie T. Parsons übernimmt die Wirtschaft in bezug auf die Gesamtgesellschaft die Funktion der Anpassung an die natürliche und soziale Umwelt der Gesellschaft; Abstrahiert man von dem Bezug auf die Gesellschaft als ganze und betrachtet nur die Wirtschaft für sich, dann ist ihre Funktion – nicht sehr überraschend – die Produktion von Gütern und Diensten. Vereinheitlichender Bezugspunkt dieser Produktion sind die nach Befriedigung verlangenden „Bedürfnisse" von Individuen. Schon Hegel hatte die Wirtschaft (in seiner Terminologie: die Gesellschaft) daher als das „System der Bedürfnisse" bezeichnet. Gewirtschaftet wird also immer dort, wo Mittel für die Befriedigung ganz verschiedener Bedürfnisse mobilisiert werden. Diese für die Wirtschaft typische Ressourcenmobilisierung besteht aber nicht einfach in dem Einsatz vorhandener Mittel für die Produktion von Gütern, sondern in jenen Aktivitäten, die auf die Erhaltung und Erweiterung des Bestandes an *Ressourcen* zielen. Im Zentrum jeden Wirtschaftens steht die Sonderung und Reservierung eines potentiell wachsenden Teils des gesellschaftlichen Reichtums für investive Zwecke. Die gesamtgesellschaftliche Anpassungsfunktion erfüllt die Wirtschaft also durch die Bereitstellung von immer mehr Mitteln für im vorhinein nicht festgelegte Zwecke. Da im Zentrum sowohl des einzelwirtschaftlichen Verhaltens als auch der Gesamtwirtschaft immer eine Entscheidung über die Aufteilung der Mittel auf Gegenwart (Konsum) und Zukunft (Sparen, Bereitstellung von Mitteln für investive Zwecke) steht, eignet der Wirtschaft ein in die Zukunft gerichteter zeitlicher Aspekt: Beschaffung der Mittel „heute" für den Konsum von „morgen" (vgl. Luhmann 1970) – schon Weber hatte Wirtschaft als Vorsorge für künftigen Bedarf definiert. Für die Soziologie ist diese Sichtweise typisch, wohingegen die Wirtschaftswissenschaften, wenigstens in ihrer Lehrbuchform, den statischen Aspekt der optimalen Allokation vorhandener Mittel auf konkurrierende Zwecke in den Mittelpunkt stellen.

Zur Wirtschaft gehört aber nicht nur die Beschaffung von Mitteln für Konsum und Produktion, sondern auch der Austausch der Produkte. In modernen Gesellschaften wird diese Aufgabe über Märkte (den Tausch von Waren gegen Geld) organisiert. Märkte vermitteln Angebot und Nachfrage und ordnen auf diesem Wege Güter Personen zu. Diese Zuordnung muß nicht über Märkte geschehen; jedoch ist für die Marktkoordination die Tendenz charakteristisch, mengenmäßige Differenzen zwischen Angebot und Nachfrage über flexible Preise zum Ausgleich zu bringen.

In der Tradition der Politischen Ökonomie wird auch der Bereich der Distribution, also die Verteilung des Reichtums, genauer: des innerhalb einer Periode erwirtschafteten Produkts auf die verschiedenen am Wirtschaftsleben beteiligten Akteure als ein wirtschaftliches Phänomen angesehen. In modernen Gesellschaften wird diese Verteilung über die Zuteilung von Geld an Personen geregelt. Ansprüche an das Sozialprodukt werden monetär geltend gemacht. Deswegen gehen wirtschaftliche Akte aber nicht, wie Luhmann (1988) meint, in Zahlungen auf. In den von Bedarfsdeckungswirtschaften unterschiedenen Erwerbswirtschaften (Weber) nehmen sie gleichwohl immer auf Zahlungen oder auf die Geldsphäre bezug. Diese Vorstellung wird durch das Bild der gegenläufigen Bewegung eines stofflichen und eines monetären Kreislaufs am besten veranschaulicht.

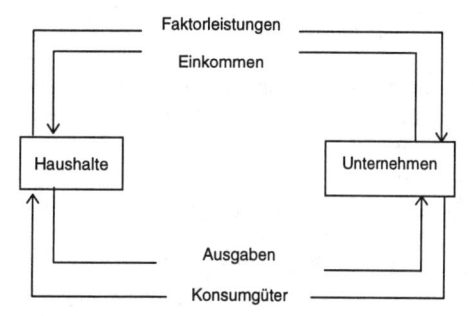

```
                Faktorleistungen
            ┌──────────────────────┐
            │      Einkommen       │
            ↓                      ↓
       ┌─────────┐            ┌──────────────┐
       │Haushalte│            │ Unternehmen  │
       └─────────┘            └──────────────┘
            ↑                      ↑
            │       Ausgaben       │
            └──────────────────────┘
                Konsumgüter
```

Typisch für dieses die moderne Wirtschaft abbildende Schaubild ist nicht nur die Trennung eines stofflichen von einem monetären Kreislauf, sondern auch die Unterscheidung zwischen Haushalten und Unternehmungen als den Polen beider Kreisläufe. Für „unsere Wirtschaftsordnung" ist diese „Trennung von Haushalt und Erwerb" (Weber) konstitutiv. Hierzu kontrastierend wird die „alteuropäische" Wirtschaft in der Sozialgeschichtsschreibung (Brunner) als „Wirtschaft des ganzen Hauses", in der Produktion und Konsum unter einem Dach vereinigt sind, gekennzeichnet. Allerdings wird die Gültigkeit dieser Vorstellung vor allem wegen ihres romantisierenden Gehalts bestritten. Aus ökologischer Sicht wird an dem Schaubild 1 kritisiert, daß der stoffliche Kreislauf nur zwischen Haushalten und Unternehmungen verläuft, also nicht die Entnahme von Stoffen aus der Natur und die Abgabe von (Schad-)Stoffen an sie wiedergibt.

In der volkswirtschaftlichen Gesamtrechnung (z.B. Haslinger 1996) werden staatliche Ausgaben wegen ihres Geldbezugs zur Wirtschaft gerechnet, nicht hingegen die Produktionsaktivitäten (z.B. die Nahrungsmittelzubereitung) privater Haushalte. Insofern erfaßt die volkswirtschaftliche Gesamtrechnung in ihrer jetzigen Gestalt keineswegs alle wirtschaftlichen Akte im weiteren Sinn. Sie bleiben ihr entweder verborgen (Schattenwirtschaft, Schwarzarbeit) oder sie werden von ihr nicht registriert, weil sie nicht erwerbswirtschaftlicher Natur sind.

2. Die Wirtschaft der Bundesrepublik Deutschland

2.1 Allgemeine Charakteristik

Nach vorherrschendem Verständnis handelt es sich bei der Wirtschaftsordnung der Bundesrepublik Deutschland um eine *„Soziale Marktwirtschaft"*. Der Ausdruck ist von Müller-Armack (1947) geprägt worden und dient (nicht nur) ihm zu einer entschiedenen Abgrenzung des Wirtschaftssystems der Bundesrepublik Deutschland von einem „laissez-faire"-Liberalismus einerseits, und von staatlicher Wirtschaftslenkung andererseits. Von einer Marktwirtschaft spricht man dann, wenn der Wettbewerb der Anbieter um Nachfrager das organisierende Prinzip auch der Zuteilung von Einkommen auf Personen ist. Das Beiwort „sozial" bindet den Wettbewerb an bestimmte Wertvorstellungen. Die zentrale Schwäche der Wettbewerbswirtschaft hat Müller-Armack in ihrer Unfähigkeit erblickt, gemeinsame Wertnormen hervorzubringen. Sie müssen entweder politisch gesetzt oder kulturell abgeleitet werden. Wie dem auch sei: Das „tragende Gerüst" dieser „neuen dritten Form" ist der Markt, also keinesfalls die staatliche Lenkung. Allerdings wird, wie der Zusatz „sozial" hervorhebt, in dieser Wirtschaftsordnung der Markt nicht sich selbst überlassen, sondern nach sozialen Kriterien gesteuert. Anders als die Vertreter einer reinen Konkurrenzwirtschaft unterstellt Müller-Armack (1966: 235) Märkten keine „Vollautomatik", also eine immanente, über das Preissystem hergestellte Gleichgewichtstendenz: „Das Marktsystem (wirkt) höchstens im Sinne eines Halbautomaten, der sinnvoller Bedienung bedarf". Generelles Ziel dieser Steuerung ist, die „divergierenden Zielsetzungen sozialer Sicherheit und wirtschaftlicher Freiheit zu einem neuartigen Ausgleich" (Müller-Armack 1966: 236) zu bringen.

So klar diese Zielsetzung formuliert ist, so umstritten ist bis heute, mittels welcher Maßnahmen sie erreicht werden soll – und ob dieses Ziel durch staatliche Lenkungsversuche überhaupt erreicht werden kann. „Der nächstliegende Weg", meint schon Müller-Armack (1966: 239), „soziale Ziele zu verwirklichen, führt in die Richtung einer vollständigen Wettbewerbsordnung". In dieser Sicht ist das institutionelle Kernstück der *Sozialen Marktwirtschaft* das mit dem 1957 verabschiedeten (allerdings zahlreiche Ausnahmen enthaltenden) Gesetz gegen Wettbewerbsbeschränkungen wirksam gewordene *Kartellverbot*. Auch wenn gezeigt werden kann, daß eine Konkurrenzwirtschaft effizienter ist als eine monopolistische Wirtschaft, führt die Verwirklichung einer Wettbewerbsordnung gleichwohl mit hoher Wahrscheinlichkeit zu einer Einkommensverteilung, die Vorstellungen sozialer Gerechtigkeit widerspricht. Dann muß sich die Marktwirtschaft das Prädikat „sozial" durch politische Korrekturen an dieser Verteilung erst noch verdienen. Allerdings sollten – jedenfalls aus der Sicht der Anhänger der sozialen Marktwirtschaft – solche Korrekturen marktkonform sein. Die wichtigsten Instrumente zur Realisierung der Einkommensgerechtigkeit sind ein progressiver *Steuertarif*, der die Einkommensbezieher nach Maßgabe ihrer Leistungsfähigkeit belastet, eine *Lohnpolitik*, die die Beteiligung am wirtschaftlichen Erfolg sichert und eine Rentenpolitik, die auch die aus dem Erwerbsleben Ausgeschiedenen am wirtschaftlichen Fortschritt teilnehmen läßt. Ob diese Instrumente wirklich marktkonform sind, hängt von ihrer konkreten Ausgestaltung ab.

In der Bundesrepublik ist die zuletzt genannte Zielsetzung 1957 durch die Einführung der dynamischen *Rente*, welche die Höhe der Rentenzahlungen an die Entwicklung der Bruttoverdienste bindet, realisiert worden. Vielen Beobachtern gilt sie als die zentrale Innovation einer sozialen Grundsätzen verpflichteten Wirtschaftspolitik. Aber man kann in ihr ebenso den ersten Schritt einer Transformation der Wirtschaftsordnung der Bundesrepublik in ein wohlfahrtsstaatliches System erblicken (vgl. Hartwich 1996). Von einem solchen System kann man dann sprechen, wenn die Verantwortlichkeit für die Wohlfahrt des Einzelnen nicht mehr beim Individuum selbst, sondern überwiegend beim Staat liegt. Diese Übernahme staatlicher Verantwortung für die Wohlfahrt der Bürger findet ihren Ausdruck im Aufbau eines umfassenden Systems *sozialer Sicherung* gegen Risiken, die die Teilnahme am Erwerbsleben ausschließen (Krankheit, Unfall, Arbeitslosigkeit und Alter), im Angebot staatlicher Dienste auf den Gebieten Bildung, Gesundheit und Wohnen, das allen Bürgern den gleichen Genuß der für die individuelle Wohlfahrt elementaren Güter sichern soll, in der staatlichen Intervention in den Wirtschaftskreislauf, um Arbeitslosigkeit zu verringern oder gar zu vermeiden (ermöglicht durch das Stabilitätsgesetz von 1967) und in der Neuordnung des Verhältnisses von Kapital und Arbeit („Sozialpartnerschaft").

2.2 Struktur und Entwicklung der Wirtschaft

Die Bundesrepublik Deutschland ist eines der reichsten Länder der Welt. Nur die USA und Japan erwirtschaften ein noch größeres *Sozialprodukt*. Auch hinsichtlich des Sozialprodukts pro Kopf ist die Wirtschaft der Bundesrepublik eine der leistungsfähigsten Ökonomien weltweit. 1994 betrug dieses 25.580 Dollar; damit rangiert die Bundesrepublik an siebter Stelle unter den 133 Nationen, die der Weltbankbericht (1996) aufführt. Auch wenn man internationale Vergleiche nicht überbewerten sollte, da sie mit zahlreichen Meßproblemen behaftet sind, läßt sich der wirtschaftliche Erfolg der Bundesrepublik schwerlich in Abrede stellen. Er wiegt um so schwerer, als das Land nach einem verlorenen Krieg praktisch ganz von vorne anfangen mußte.

Nach Kriegsende war das *Bruttoinlandsprodukt* auf das Niveau von 1908 abgesunken. Noch vor Gründung der Bundesrepublik wurden durch die Neuordnung des Geldwesens in der Währungsreform von 1948 und durch die Abschaffung der Bewirtschaftung in den sog. Leitgesetzen (1948) die Grundlagen für das „Superwachstum" der folgenden Jahre gelegt. Eine maßgebliche Rolle bei der Schaffung der institutionellen Voraussetzungen für den wirtschaftlichen Aufschwung spielte Ludwig Erhard. Seine bedeutendste Tat bestand im Niederreißen von preispolitischen Schranken, die bis dahin den Wirtschaftsablauf lähmten. Schon 1951 war das Vorkriegsniveau (1938) wieder erreicht (Crafts/Taniolo 1996: 4). 1950 beginnt dann eine Phase exzeptionellen Wachstums, die in Länge und Dynamik alle anderen Perioden der deutschen Wirtschaftsgeschichte übertrifft. Sie endet erst mit der Wirtschaftskrise 1974/75. In der internationalen Forschung wird die von 1950-1973 dauernde Phase als das „goldene Zeitalter des Kapitalismus" bezeichnet. Danach schwächte sich das Wachstum deutlich ab. Es wäre aber ganz falsch, es allein schon deswegen als unbefriedigend abzuqualifizieren. Mit 2,1 Prozent in der von 1973-1989 währenden Phase liegt es immer noch knapp über der Rate des Zeitraums vom Beginn des „modern economic growth" (Kuznets) im Jahr 1870 bis zur Gegenwart (siehe Tabelle 1).

Tabelle 1: Wachstumsraten des realen BIP pro Kopf der Bevölkerung in Deutschland, 1820-1989

Periode	jährliche Wachstumsrate
1820-1870	0,7
1870-1913	1,6
1913-1950	0,7
1950-1973	4,9
1973-1989	2,1
1820-1989	1,6
1870-1989	2,0

Quelle: Maddison 1991: 49

Sieht man einmal von den Jahren des Neubeginns vor Gründung der Bundesrepublik (1945-1949) ab, dann zeigt die Wirtschaftsgeschichte der Bundesrepublik drei deutlich unterschiedliche Phasen (vgl. Helmstädter 1989): die Jahre des Wiederaufbaus 1950-1958, die Zeit der Vollbeschäftigung 1958-1973 und eine Phase der „Strukturbrüche". Letztere reicht auch noch in die Zeit nach der *Wiedervereinigung* hinein und ist von wachsendem Problemdruck (in erster Linie steigender Arbeitslosigkeit) und gänzlich neuen

Herausforderungen (Globalisierung, Europäische Union, Wiedervereinigung, demographischer, technischer und kultureller Wandel) gekennzeichnet. Nicht nur die Bundesrepublik, sondern alle Industrieländer befinden sich seit Ende des „goldenen Zeitalters" in einer schwierigen Phase der „diminished expectations" (Krugman) oder „cautious objectives" (Maddison). Aber die Schwierigkeiten, in denen gerade auch die Wirtschaft der Bundesrepublik steckt, sollten nicht vergessen machen, daß die fünfzig Jahre seit Ende des Zweiten Weltkriegs für die OECD-Welt außerordentlich erfolgreich waren.

Gemessen in Preisen von 1991 nahm das westdeutsche Bruttoinlandsprodukt von 426,7 Mrd. DM (1950) auf 2.520,4 Mrd. DM (1990) zu; damit wuchs es um fast das Sechsfache an in einem Zeitraum von lediglich vierzig Jahren. (vgl. Tabelle 2). Jedoch verlief die wirtschaftliche Expansion nicht glatt und kontinuierlich, sondern war von Rezessionen zunehmender Schwere unterbrochen. Zur Zeit befindet sich die Wirtschaft der Bundesrepublik in ihrem sechsten Konjunkturzyklus. Der erste endete 1958, der zweite 1966/67 (Rückgang des BSP in diesem Jahr um 0,3%), der dritte 1974/75 (Rückgang 1,2%), der vierte 1981/82 (Rückgang 1,1%), der fünfte 1992/93 (Rückgang 1,3%). 1990/91 wuchs die Wirtschaft wieder mit Raten, wie sie seit den sechziger Jahren nicht mehr vorkamen. Erklärt wird dies mit der Nutzung der durch die Wiedervereinigung gegebenen ökonomischen Chancen. Auch nach der *Wiedervereinigung* expandierte die Wirtschaft weiter (abgesehen vom Krisenjahr 1992/93) mit Raten, die teils über, teils knapp unter dem langfristigen Trend lagen (Tabelle 2). 1996 ist das Bruttoinlandsprodukt real nur noch um 1,4 Prozent gestiegen (FAZ 10.1.97). Obwohl das Wachstum damit deutlich unter dem langfristigen Trend blieb, bewegt sich die deutsche Wirtschaft mit dieser Rate etwa im Mittelfeld der Industrieländer.

Wie aus der Tabelle hervorgeht, expandiert die Wirtschaft seit Gründung der Bundesrepublik. Allerdings waren die Wachstumsraten rückläufig, wenn sie auch im Durchschnitt nicht unter den langfristigen Trend fielen. Das gleiche gilt für die *Arbeitsproduktivität*. Sie ist kontinuierlich gestiegen, wenn auch mit abnehmenden Raten. Damit teilt die Wirtschaft der Bundesrepublik nur das Schicksal des in allen OECD Ländern zu beobachtenden „productivity slow down" (vgl OECD 1996: 18, Tab. 1.5). Das insgesamt sehr positive Bild wirtschaftlichen Erfolgs trübt sich jedoch ein, wenn die ökologischen Kosten des Wachstums in die Sozialproduktberechnung mit einbezogen werden.

Tabelle 2: Sozialprodukt und Produktivität

Jahr	BIP in Preisen von 1991 in Mrd. DM	jährliche Wachstumsrate (%)	BIP je Erwerbstätigen in DM
	Früheres Bundesgebiet		
1950[1]	426,7	8,2[2]	21.800
1960	941,5	5,0[2]	38.300
1970	1.543,2	2,7[2]	58.100
1980	2.018,0	2,2[2]	74.800
1990	2.520,4	5,0	88.500
	Deutschland		
1991	2.853,6	–	78.200
1992	2.916.4	2.2	81.400
1993	2.882,6	-1,3	81.900
1994	2.965,1	2,9	84.800
1995	3.022,8	1,9	86.700

1 ohne Berlin (West) und Saarland
2 Jahresdurchschnitte pro Periode

Quelle: Statistisches Jahrbuch 1996: 641, Tabelle 24.2; eigene Berechnungen

Mit der Wirtschaft wuchs auch die *Beschäftigung*. 1950 wurden im früheren Bundesgebiet 19,9 Mio. *Erwerbstätige* gezählt. Im Lauf der weiteren Entwicklung schwoll diese Zahl – mit Unterbrechungen – auf 29,1 Mio. in 1992, dem Jahr mit der höchsten Erwerbstätigenzahl, an. Damit waren in diesem Jahr (in den alten Bundesländern) knapp zwei Mio. Personen mehr beschäftigt als im letzten Jahr der Vollbeschäftigung, 1973 (SVR, JG 1994/95, Tab. 21*). Seitdem schrumpft die Erwerbstätigkeit wieder. Dennoch kann von einem „jobless growth" auch für die Zeit nach 1973 nicht die Rede sein. Auch der „deutsche Kapitalismus" war nicht nur im „goldenen Zeitalter", sondern auch danach zu einer beträchtlichen Beschäftigungsexpansion in der Lage, obwohl er in dieser Hinsicht – darin seinen europäischen Nachbarn ähnlich – weit schlechter abschneidet als sein amerikanischer (und japanischer) Konkurrent. Allerdings ging das in Stunden gemessene Arbeitsvolumen trotz Ausdehnung der Erwerbstätigkeit ständig zurück. Betrug es 1960 noch 56.085 Mio. Stunden, war es 1995 im früheren Bundesgebiet um ein gutes Fünftel auf 44.413 Mio. Stunden gefallen (Ostdeutschland 1991: 11.090 Std., 1995 10.714 Std; Zahlen aus IW 1996, Tab. 31). Vereinbar gemacht werden die gegenläufigen Entwicklungen durch den kontinuierlichen Rückgang der Jahresarbeitszeit. Unter den Industrieländern ist die Bundesrepublik heute das Land mit den kürzesten Jahresarbeitszeiten – auch dies ein gar nicht zu überschätzender Aspekt ihrer wirtschaftlichen Erfolgsgeschichte. Gleichwohl haben die rückläufigen Arbeitszeiten nicht verhindern können, daß seit dem Ende der Vollbeschäftigung die *Arbeitslosigkeit* von Zyklus zu Zyklus angestiegen ist und mit fast 4,7 Mio. Ende Januar 1997 einen traurigen Rekord erreicht hat. Das anschwellende Arbeitslosenheer hat aber Ursachen, die auf der Nachfrage- und Angebotsseite zugleich zu suchen sind. Bedingt durch Einwanderung und Änderung des Erwerbsverhaltens besonders von Frauen ist das Erwerbspersonenpotential kontinuierlich angewachsen. Es ist nicht damit zu rechnen, daß es vor dem Jahr 2010 wieder fallen wird (Barth/Klauder 1994).

Nicht nur hat die in Personen gemessene Erwerbstätigkeit an Umfang zugenommen, auch ihre Struktur hat sich tiefgreifend gewandelt. Wie in allen westlichen Ländern hat sich auch in Deutschland das Schwergewicht der Produktion vom *primären Sektor* (Land-und Forstwirtschaft, Fischerei) über den *sekundären Sektor* (Produzierendes Gewerbe) zum Dienstleistungssektor hin verlagert. Mittlerweile ist auch die Bundesrepublik eine voll entwickelte Dienstleistungsgesellschaft, wenn als Kriterium hierfür Beschäftigungsanteile gewählt werden (Tabelle 3) und nicht etwa eine verbreitete „Dienstleistungsmentalität". Bezüglich der deutschen Entwicklung fällt aber zum einen die im Vergleich zu anderen entwickelten Ländern starke Stellung des produzierenden Gewerbes auf, das bis in die siebziger Jahre seine Position noch ausbauen konnte. Zum anderen beschäftigte der primäre Sektor in der Anfangsphase der Republik mehr Personen als vergleichbar entwickelte Nationen. Borchardt (1972) spricht daher von einem Modernisierungsrückstand der Bundesrepublik oder einem politisch bedingten Entwicklungsstau (Agrarprotektionismus), dessen Überwindung in den folgenden Jahrzehnten dann den dramatischen Rückgang der landwirtschaftlichen Beschäftigung erklären hilft. 1950 waren noch 24,8% der Erwerbstätigen in der Landwirtschaft beschäftigt. Dieser sehr beträchtliche Anteil schrumpfte in den folgenden Jahrzehnten auf 3,4% (1990) zusammen. Auch auf dem Gebiet der ehemaligen DDR ist es zu vergleichbaren Entwicklungen gekommen.

Tabelle 3: Sektorale Struktur der Erwerbstätigkeit in Deutschland (prozentuale Anteile)

Früheres Bundesgebiet			
Jahr	Primärer Sektor[1]	Sekundärer Sektor[2]	Tertiärer Sektor[3]
1950[4]	24,8	42,6	32,5
1960	13,7	47,9	38,8
1970	8,5	48,9	42,5
1980	5,2	43,4	51,4
1990[5]	3,4	39,7	56,5
1995	2,8	35,6	62.7
Neue Bundesländer und Berlin-Ost			
1991	6,2	40,8	53
1995	3,5	34,7	61.8

1 Primärer Sektor: Land-und Forstwirtschaft, Fischerei
2 Sekundärer Sektor: Produzierendes Gewerbe
3 Tertiärer Sektor: Handel und Verkehr, Dienstleistungsunternehmen, Staat und private Haushalte
4 Zahlen für 1950: Stat JB 1960
5 SVR 1996/97, Tabelle 23*: eigene Berechnungen

Quelle: SVR 1996/97, Tabelle 30, S.107.

Eine der erstaunlichsten Tatsachen der wirtschaftlichen Entwicklung der Bundesrepublik ist der außerordentliche Anstieg der *Einkommen* für alle Gruppen von Beschäftigten. Zwischen 1950 und 1990 stiegen die Bruttolöhne und Gehälter um mehr als das Vierzehnfache an, die Nettolöhne und Gehälter um mehr als das Elffache (vgl. Tabelle 4). Die Differenz erklärt sich aus dem noch schneller wachsenden Anteil der Steuern und Sozialabgaben. Aussagekräftiger als nominale sind die realen, also um den Anstieg der Lebenshaltungskosten bereinigten Größen. Von 1950 bis 1980 wuchs die reale Nettolohn- und Gehaltssumme je Beschäftigten mit Raten, die nur wenig hinter dem Wachstum des Sozialprodukts zurückblieben (Tabelle 2 und 4). Gewiß waren nicht alle sozialstrukturell unterscheidbaren Gruppen in exakt dem gleichen Maß an der Einkommensentwicklung beteiligt, aber keine Gruppe war von ihr ausgeschlossen. Durch die Rentengesetzgebung von 1957 sind auch die Rentner zu Nutznießern des wirtschaftlichen Fortschritts geworden. Zeitweise wuchsen deren Einkommen sogar schneller als die der abhängig Beschäftigten.

Ermöglicht wurde diese Teilnahme der Beschäftigten am wirtschaftlichen Fortschritt durch die von den Parteien des Arbeitsmarkts gemeinsam betriebene produktivitätsorientierte *Lohnpolitik*. Diese Politik steht in direktem Widerspruch zum „klassischen" *Kapitalismus* und seiner Politik der Steigerung der „Rate des relativen Mehrwerts" (Marx). Eine Umkehr bahnte sich dann allerdings Anfang der achtziger Jahre an. Seitdem bleibt die Entwicklung der Löhne und Gehälter (in realer Betrachtung) deutlich hinter der des Sozialprodukts zurück. Die Einkommen der abhängig Beschäftigten stiegen nur noch mäßig, wohingegen die Einkommen der Selbständigen (außerhalb der Landwirtschaft) seit Mitte der achtziger Jahre allen anderen Einkommensgruppen davoneilten. In der ersten Hälfte der achtziger und dann wieder in der ersten Hälfte der neunziger Jahre gingen die Nettorealeinkommen der abhängig Beschäftigten (in den alten Bundesländern) sogar zurück.

Tabelle 4: Einkommen aus Lohn und Gehalt

Jahr	Brutto[1]	Netto[2]	Änderung[3]	Lohnquote[4]	bereinigte Lohnquote[5]
		Früheres Bundesgebiet			
1950	243	213	6,0[6]	58,2	71,0
1960	512	431	4,8[7]	60,1	65,0
1970	1.153	890	1,9[7]	68.0	68,0
1980	2.470	1.770	0,6	75.8	71,6
1990	3.500	2.430	4,8	69,6	65,4
		Deutschland			
1991	3.300	2.260	3,1[8]	72,5	72,5
1995	4.040	2.600	-0,6	71,5	72,4

1 Bruttolohn- und Gehaltssumme je Beschäftigten und Monat in DM
2 Nettolohn- und Gehaltssumme je Beschäftigten und Monat in DM
3 reale Veränderung je Beschäftigten und Monat in%
4 Anteil des Bruttoeinkommens aus unselbständiger Arbeit am Volkseinkommen
5 Die Lohnquote, die sich ergeben würde, wenn das zahlenmäßige Verhältnis zwischen selbständig und unselbständig Erwerbstätigen so geblieben wäre wie 1970 (früheres Bundesgebiet) oder 1991 (Deutschland)
6 1951-1955
7 jährlicher Durchschnitt pro Periode
8 Wert für 1992

Quelle: Institut der Deutschen Wirtschaft (1996) für die bereinigten Lohnquoten mit Ausnahme der Jahre 1991 und 1995 Ausgabe 1992. Bereinigte Lohnquote 1995: eigene Berechnung

Die *Lohnquote* wird häufig herangezogen, um Aussagen über die Verteilung der Einkommen zwischen Kapital und Arbeit und deren Veränderung im zeitlichen Ablauf zu treffen. Die tatsächliche Lohnquote erreichte ihren höchsten Wert Anfang der achtziger Jahre. Seitdem ist sie kontinuierlich zurückgegangen und war 1995 wieder auf den Wert von 1973, dem Jahr vor den großen lohnpolitischen Erfolgen der Gewerkschaften, abgesunken. Es wäre jedoch voreilig, aus dem Anstieg der Lohnquote direkt auf Positionsgewinne der Arbeitnehmer im Verteilungskampf zu schließen. Aussagekräftiger hierfür ist die um Änderungen des Anteils der Selbständigen an den Erwerbstätigen korrigierte Lohnquote

(Tabelle 4, Spalte 6). Auch sie ist während des „goldenen Zeitalters" des *Kapitalismus* angestiegen und erreichte ihren höchsten Wert am Ende dieses Zeitabschnitts. Danach ist sie wieder auf den Wert zu Anfang der sechziger Jahre zurückgefallen. Die Versuchung ist groß, das Auf und Ab der Lohnquote als Niederlage des Kapitals im Verteilungskampf während der Vollbeschäftigungperiode und als anschließende Korrektur dieses Resultats in der darauffolgenden Phase der „Strukturbrüche" zu deuten.

2.3 Erklärungen

Das Wachstum der deutschen Wirtschaft nach dem Zweiten Weltkrieg wirft ein doppeltes Erklärungsproblem auf: was waren die Ursachen des beispiellosen Wachstumsschubs 1950-1973 und warum flachte das Wachstum danach so deutlich ab? Nicht nur aus soziologischer Sicht interessiert besonders die Frage, welche Rolle institutionelle Faktoren bei der Erklärung dieser Bewegung spielen.

2.3.1 Die verbreitetste ökonomische Erklärung sieht das exzeptionelle Wachstum während des „goldenen Zeitalters" als eine gelungene Aufholjagd an: die Wirtschaft wächst solange rascher, bis sie wieder auf den langfristigen „Pfad der Möglichkeiten" (Borchardt 1983: 28) eingeschwenkt ist. Dann flacht das Wachstum wieder ab. „The ‚catch-up' for ground lost in two world wars and in the most severe economic depression to date" – formulieren Crafts und Toniolo (1996: 3) im Blick auf ganz Westeuropa – „is one of the reasons explaining the much above average growth rates of the 1950s and 1960s". Dieser Ansatz ist in ökonometrischen Tests gut bestätigt worden. „In the growth equation approach, the slowdown after 1973 is accounted for either by the disappearance of ‚catch-up' or by the fall in investment share" (Carlin 1996: 470). Je geringer der Kapitalstock zu Beginn der Wachstumsperiode ist, um so größer sind die Wachstumsraten. Erleichtert wird die Aufholjagd ganz wesentlich durch den Import von Technologien aus fortgeschritteneren Ländern. So sind in der Bundesrepublik erst nach dem zweiten Weltkrieg die amerikanischen Techniken der Unternehmensführung und Massenproduktion übernommen worden. Die gelungene Aneignung fortgeschrittener Technologie setzt jedoch voraus, daß die entsprechenden sozialen Fähigkeiten in dem rückständigen Land vorhanden sind (Abramovitz 1986). „Catch-up"-Erklärungen des „Wirtschaftswunders" haben allerdings mit der Schwierigkeit zu kämpfen, daß die von dem langfristigen Trend gesetzten Grenzen im „goldenen Zeitalter" durchbrochen wurden.

2.3.2 Olson (1982) hat eine vielbeachtete Erklärung für den wirtschaftlichen Aufstieg und Niedergang westlicher Gesellschaften vorgelegt, in deren Zentrum der Wandel von *Institutionen* steht. Die deutsche Wirtschaftsgeschichte gilt ihm als schlagender Beleg für die Stimmigkeit seiner Theorie der *institutionellen Sklerose*. Letzere basiert auf drei Annahmen: erstens, seit langer Zeit sind stabile Gesellschaften der ideale Nährboden für Verteilungskoalitionen; zweitens, solche Verteilungskoalitionen gehen eindeutig zu Lasten ökonomischer Effizienz und Dynamik; drittens, Gesellschaften mit einer funktionierenden Rechtsordnung werden außerordentlich schnell wachsen, wenn diese Verteilungskoalitionen infolge einer Katastrophe zerstört wurden (vgl. Olson 1996: 76). So elegant und einfach dies Erklärung auch aussieht, ihre Anwendbarkeit auf den deutschen Fall ist äußerst fragwürdig. „It is difficult to defend the view", hat z.B. Paqué (1996: 99) geltend gemacht, „that there was a wholesale demise of distributional coalitions after World War II (and) it is equally difficult to identify an Olsonian process of sclerosis thereafter".

2.3.3 Hat es auch keine institutionelle Sklerose im Olsonschen Sinne gegeben, so leiden die europäischen Gesellschaften gleichwohl unter einer anderen Art von Sklerose, der Eurosklerose. Dies ist jedenfalls die Behauptung von Giersch et al. (1992). Von diesem Leiden wird ganz besonders das frühere „economic powerhouse" Europas, die deutsche Wirtschaft, geplagt. Die Eurosklerose genannte Krankheit soll den Niedergang nach 1973 genauso erklären, wie ihre Abwesenheit in der Zeit davor den wirtschaftlichen Erfolg der Bundesrepublik verständlich machen soll. Für den Verlust wirtschaftlicher Leistungsfähigkeit sei in erster Linie die Verdrängung der *Marktwirtschaft* durch korporatistische Lenkungsstrukturen verantwortlich. Wachstumshemmend würden sich insbesondere die Inflexibilität der Arbeits- und Kapitalmärkte auswirken, die politische Behinderung des Strukturwandels, die wertvolle *Ressourcen* in den dem Untergang geweihten Branchen wie Kohl, Stahl und Schiffbau binde und sie den Zukunftsindustrien entziehe, sowie die Schwächung von Arbeitsanreizen durch den angeblichen alle Lebensrisiken abwendenden Sozialsstaat. Flexibilisierung, Deregulierung und Abbau des Sozialstaats wären dann die geeigneten Heilmittel, um die Wachstumskräfte der deutschen Wirtschaft wieder freizusetzen.

2.3.4 Während Giersch et al. in der Kombination korporatistischer Lenkungsmechanismen mit sozialstaatlichen Leistungsprogrammen nur eine wirtschaftshemmende Einrichtung erblicken, sehen andere Autoren (Lutz 1984, Berger 1994) sie als die Grundlage des wirtschaftlichen Erfolgs der Nachkriegszeit an. Auch in dieser konträren Sichtweise wird der wirtschaftliche Aufstieg und Niedergang mit institutionellem Wandel erklärt. Aber dieses Mal tritt der *Wohlfahrtsstaat* in der Doppelrolle des Krisenbewältigers und Krisenerzeugers auf. So wie bei Marx die Produktionsverhältnisse die Produktivkräfte erst fördern, dann hemmen, so trägt die neue institutionelle Struktur des wohlfahrtsstaatlichen Kapitalismus erst die wirtschaftliche Entfaltung, bevor sie zu deren Fessel wird. Sie muß abtreten, wenn sich ihre reichtumsschaffende Kraft erschöpft hat. Dann beginnt die Suche nach einer „neuen Prosperitätskonstellation" (Lutz 1984).

In Westeuropa sind nach dem Zweiten Weltkrieg Institutionen entstanden, deren Ziel es war, die Parteien des Arbeitsmarkts auf eine Wirtschaftspolitik zu verpflichten, die eine moderate Lohnpolitik der Gewerkschaften mit einer regen Investitionstätigkeit der Unternehmen verband (vgl Eichengreen 1996: 52). Das neue System des wohlfahrtstaatlichen *Kapitalismus* tritt in mehreren Grundformen auf. Esping-Andersen (1990) hat zwischen einer skandinavischen, anglo-amerikanischen und kontinentaleuropäischen Version unterschieden. In international vergleichender Perspektive besteht die Besonderheit des „deutschen Modells" in einer Hochlohnwirtschaft, die sich auf die Erzeugung von Qualitätsprodukten für Märkte spezialisiert, auf denen die Industrie erfolgreich Produktführerschaft beanspruchen kann, einem ausgeprägten Streben nach Konsens und vergleichsweise geringer wirtschaftlichen Ungleichheit (Streeck 1995). Die technische Basis der Hochlohnwirtschaft ist ein hohes Produktivitätsniveau, eine wichtige soziale Voraussetzung sind kooperative Gewerkschaften, die Produktivitätssteigerungen als die Obergrenze ihrer Lohnforderungen ansehen. Als Gegenleistung für eine moderate *Lohnpolitik* erwarten die Gewerkschaften die Reinvestition der Gewinne in der heimischen Wirtschaft. Hohe Investitionen sichern die Konkurrenzfähigkeit auf ausgewählten Produktmärkten und ermöglichen zugleich eine Lohnpolitik, die den Arbeitnehmern der führenden Branchen die Teilnahme am wirtschaftlichen Fortschritt garantiert. Diese Lohnpolitik verhindert zugleich die Ausbreitung eines Niedriglohnsektors, in dem alle die unterkommen könnten, die in den Industrien für Qualitätsprodukte keine Beschäftigung finden. An dieser Lohnpolitik orientieren sich auch die weniger konkurrenzfähigen Industrien und der Staat mit der Folge, daß die Beschäftigung in diesen Bereichen begrenzt bleibt. Für alle, die aus dem Arbeitsmarkt herausfallen (oder herausgedrängt werden), sind sozialstaatliche Transferzahlungen vorgesehen. „Passive" Geldleistungen sind für den deutschen *Sozialstaat* typischer als die „aktive" Beschaffung von Arbeitsgelegenheiten durch den Ausbau des öffentlichen Sektors. Auf den technischen und sozialen Wandel reagiert dieses System nicht durch Lohnspreizung und -senkung wie die USA und England, oder durch öffentliche Beschäftigung wie früher Schweden, sondern durch die Reduktion des Arbeitsangebots (vgl. Esping-Andersen 1996).

3. Ausblick

Das „Modell Deutschland" steht und fällt damit, daß die Industrie in der Lage ist, sich im Qualitäts-und Innovationswettbewerb gegenüber der ausländischen Konkurrenz zu behaupten; der Ausweg über den Lohnsenkungen einschließenden Preiswettbewerb ist ihr versperrt. Angesichts neuer Herausforderungen durch eine wachsende internationale Konkurrenz und neuer, vor allem durch die Wiedervereinigung aufgeworfener Problemlagen, gerät das Modell in zunehmend schwierigeres Fahrwasser. Neu an der internationalen Konkurrenz ist nicht der grenzüberschreitende Handel – er ist so alt wie der *Kapitalismus* selbst – sondern daß aufgrund gesetzlicher (Europäische Union, NAFTA, GATT) und technischer Neuerungen (erleichterter Transport, besserere und billigere Kommunikation etc.) nationale Grenzen an Gewicht verlieren. „Competitive performance of German high-wage capitalism", faßt Streeck (1995: 22) zusammen, „requires continuous ... public ... intervention ... to police the boundaries between the national economy and its environment". Die Volkswirtschaften des Westens unterscheiden sich auch nach dem Grad staatlicher Regulierung. Je mehr staatliche Steuerungskapazität zur Lenkung der Wirtschaft eingesetzt wird, um so stärker sind sie von der Erosion nationalstaatlicher Grenzen angesichts fortschreitender Globalisierung bedroht. Was die ehemalige DDR anbelangt, so ist dort trotz der hohen Investitionen der letzten Jahre noch kein sich selbst tragender Wachstumsprozeß in Gang gekommen, an dem auch und gerade die exportorientierten Branchen maßgeblich beteiligt wären (vgl. SVR 1996/97, Ziffer 79). Vielleicht hängt dies auch mit der Übertragung der Institutionen des Hochlohnkapitalismus auf das „Beitrittsgebiet" zusammen, die dazu führte, daß die Einkommen sich rascher entwickelten als die Produktivität. Letztere erreichte 1996 erst 56% des westdeutschen Niveaus, aber die Lohnstückkosten liegen etwa ein Drittel darüber (Ziffer 148). Entweder paßt sich das deutsche Modell dem anglo-amerikanischen an (was auf die Etablierung eines Niedriglohnsektors mit geringer sozialer Sicherung hinausläuft) oder es muß anderweitig – durch soziale und technische Innovationen – die schwierige Aufgabe lösen, mit vergrößerter Kapazität (als Folge der Wiedervereinigung) auf sich verengenden Märkten für Qualitätsprodukte seinen Platz zu finden.

Literatur

Abramovitz, Moses: Catching Up, Forging Ahead and Falling Behind. In: Journal of Economic History, Bd. 46, 1986

Barth, Alfons/Wolfgang Klauder: Arbeitsmarkttendenzen bis zum Jahr 2000. Ergebnisse auf Basis eines makroökonomischen Modells. in: Wachstumsperspektiven in den neunziger Jahren. Beihefte zur Konjunkturpolitik, Heft 42, 1994

Berger, Johannes: Wirtschaftliche Entwicklung und wohlfahrtsstaatliche Institutionen, in: Dichtl, Erwin (Hg.): Standort Bundesrepublik Deutschland. Die Wettbewerbsbedingungen auf dem Prüfstand, Frankfurt a.M. 1994

Borchardt, Knut: Die Bundesrepublik in den säkularen Trends der wirtschaftlichen Entwicklung, in: Conze, Werner/Rainer M. Lepsius (Hg): Sozialgeschichte der Bundesrepublik Deutschland, Stuttgart 1983

Carlin, Wendy: West German Growth and Institutions, 1945-1990, in: Crafts, Nicholas/Gianni Toniolo (Hg.): Economic Growth in Europe since 1945, Cambridge 1996

Crafts, Nicholas/Gianni Toniolo: Postwar Growth: an Overview, in: dies. (Hg.): Economic Growth in Europe since 1945, Cambridge 1996

Eichengreen, Barry: Institutions and Economic Growth: Europe after World War II, in: Crafts, Nicholas/Gianni Toniolo (Hg.): Economic Growth in Europe since 1945, Cambridge 1996

Esping-Andersen, Gosta: After the Golden Age? Welfare State Dilemmas in a Global Economy, in: ders. (Hg.): Welfare States in Transition. National Adaptations in Global Economies, London 1996

Esping-Andersen, Gosta: The Three Worlds of Welfare Capitalism, Cambridge 1990

Giersch, Herbert/Karl-Heinz Paqué/H. Schmieding: The Fading Miracle: Four Decades of Market Economy in Germany, Cambridge 1992

Hartwich, Hans-Herrmann: Soziale Marktwirtschaft. Zur Neubestimmung des marktwirtschaftlichen Konzepts im wirtschaftlichen und sozialen Wandel, in: Gegenwartskunde, Heft 3, 1996
Haslinger, Franz: Volkswirtschaftliche Gesamtrechnung, 7. Aufl., München, 1995
Helmstädter, Ernst: Die Wirtschaftsordnung in der Bundesrepublik Deutschland. Soziale Marktwirtschaft, in: Weidenfeld, Werner/ Horst Zimmermann (Hg.): Deutschland Handbuch. Eine doppelte Bilanz 1949-1989, Bonn 1989
Institut der Deutschen Wirtschaft (IW): Zahlen zur wirtschaftlichen Entwicklung der Bundesrepublik Deutschland, Ausgabe 1996, Köln 1996
Luhmann, Niklas: Wirtschaft als soziales System, in: ders.: Soziologische Aufklärung I, Opladen 1970
Luhmann, Niklas: Die Wirtschaft der Gesellschaft, Frankfurt a.M. 1988
Lutz, Burkart: Der kurze Traum immerwährender Prosperität. Eine Neuinterpretation der industriell-kapitalistischen Entwicklung im 20. Jahrhundert, Frankfurt a.M. 1984
Maddison, Angus: Dynamic Forces in Capitalist Development. A Long-Run Comparative View, Oxford 1991
Müller-Armack, Alfred: Wirtschaftslenkung und Marktwirtschaft, Hamburg 1947
Müller-Armack, Alfred: Stil und Ordnung der Sozialen Marktwirtschaft, in: ders.: Wirtschaftsordnung und Wirtschaftspolitik. Studien und Konzepte zur Sozialen Marktwirtschaft und zur Europäischen Integration, Freiburg 1966
OECD: OECD Economies at a Glance. Structural Indicators, Paris 1996
Olson, Mancur: The Rise and Decline of Nations, New Haven 1982
Olson, Mancur: The Varieties of Eurosclerosis: the Rise and Decline of Nations since 1982, in: Crafts, Nicholas/Gianni Toniolo (Hg.): Economic Growth in Europe since 1945, Cambridge 1996
Paqué, Karl-Heinz: Why the 1950s and not the 1920s? Olsonian and non-Olsonian Interpretations of two Decades of German Economic history., in: Crafts, Nicholas/Gianni Toniolo (Hg.): Economic Growth in Europe since 1945, Cambridge 1996
Sachverständigenrat zur Begutachtung der gesamtwirtschaftlichen Entwicklung: Jahresgutachten 1996/97, Bundestagsdrucksache 13/6200
Streeck, Wolfgang: German Capitalism: Does It Exist? Can It Survive? MPIFG Discussion Paper 95/5, 1995
Weber, Max: Wirtschaft und Gesellschaft, 5. Aufl., Tübingen 1972
World Bank: From Plan to Market. World Development Report 1996, Oxford 1996

Johannes Berger

Wissenschaft und Forschung

1. Definition und Abgrenzung

Alle modernen Industrienationen verfügen über ein leistungsfähiges Wissenschaftssystem. Es umfaßt im Kern die Universitäten, die die Funktion der Ausbildung und damit der Sicherung des Nachwuchses für die Wissenschaft und alle wissenschaftsbasierten Berufe und die der Forschung miteinander verbinden. Daneben befindet sich als zweiter und vom Aufwand betrachtet größter Bereich die Industrieforschung. Mit einiger Vereinfachung kann man sagen, daß an den Universitäten in erster Linie akademische *Grundlagenforschung*, in der Industrie hingegen angewandte, auf die Entwicklung von Produkten gerichtete Forschung betrieben wird. Ein dritter Bereich ist die sog. außeruniversitäre Forschung. Dazu zählen eine Vielzahl von unterschiedlich gearteten Forschungsinstituten (s. 4.2), vor allem die des Staates, die auf die wissenschaftliche Unterstützung von Staatsfunktionen ausgerichtet sind. Zu der historisch älteren *Staats- bzw. Ressortforschung* sind darüber hinaus die nach dem Krieg entstandenen Großforschungsinstitute zu zählen.

Im Unterschied zu den westlichen Nationen hatten die ehemaligen sozialistischen Länder das sowjetische Organisationsmodell der Wissenschaft übernommen. Deren markantes Kennzeichen ist eine strikte Trennung zwischen den *Universitäten*, die überwiegend auf die Lehre beschränkt ist, und den Akademien, die große Forschungsverbünde darstellen und das Spektrum von der Grundlagen- bis zur Anwendungsforschung umfassen. Dieses System bestand auch in der ehemaligen DDR. Infolgedessen stellte sich mit der Vereinigung der beiden deutschen Staaten 1990 auch das Problem der Integration der beiden Systeme (s. 4.1).

Seit Ende des Zweiten Weltkriegs sind die Wissenschaftssysteme in Ost und West Mittel der politischen und wirtschaftlichen Konkurrenz und damit Gegenstand nationaler Politik geworden. Die Aufgaben der Förderung und Lenkung der verschiedenen Forschungsinstitutionen sowie die Abstimmung von Forschung (d.h. Wissensproduktion), Entwicklung und Transfer (von Wissen, Verfahren, Technik) in die Wirtschaft haben zur Gründung einer Vielzahl privater und öffentlicher Organisationen geführt, die alle im weiteren Sinn dem Wissenschaftssystem zuzuordnen sind (s. 4.2). Früher sprach man vom F(orschungs-) & E(ntwicklungs-)System, dann vom Wissenschafts- und Techniksystem. Inzwischen hat sich unter dem Eindruck einer seit Ende des Kalten Krieges neuen Funktionsbestimmung von Wissenschaft und Forschung die Rede von nationalen Innovationssystemen eingebürgert, die die öffentlichen und privaten Organisationen der Forschung, die Infrastruktur der Bildung und Ausbildung sowie die Förderorganisationen und die ihnen zur Verfügung stehenden Mittel und ihre Arbeitsteilung mit einschließt.

2. Wissenschaft und Technik als Gegenstand soziologischer Theorien

Die Wissenschaft ist seit den richtungsweisenden Arbeiten des amerikanischen Soziologen Robert K. Merton Ende der dreißiger Jahre Gegenstand soziologischer Forschung. Merton hat auch die zugehörige Spezialsoziologie, die Wissenschaftssoziologie begründet. Seine Untersuchungen, die dem struktur-funktionalistischen Paradigma verpflichtet sind, gehen von der Frage aus, welche gesellschaftlichen Bedingungen gegeben sein müssen bzw. besonders günstig sind, um die Produktion „gesicherten Wissens" zu ermöglichen. In seinen historischen Untersuchungen identifiziert er die Verbindung des Puritanismus mit den besonderen sozio-ökonomischen Bedingungen Englands im 17. Jahrhundert. Hinsichtlich der institutionalisierten Verhaltensmuster rekonstruierte Merton ein Normensystem der Wissenschaft, das er als Grundlage der westlichen Wissenschaft betrachtete und das sich durch eine besondere Affinität zu demokratischen politischen Systemen auszeichnet (Merton 1973).

Die funktionalistische Wissenschaftssoziologie, die in ihrer Struktur die zeitgenössisch dominante Wissenschaftstheorie des Kritischen Rationalismus widerspiegelte, insofern sie das Studium der organisatorischen Bedingungen von den inhaltlichen Entwicklungen der Wissenschaft getrennt hielt, wurde durch die Theorie der wissenschaftlichen Revolutionen von Thomas Kuhn in den Hintergrund gedrängt. Kuhn rückte die Rolle von sozialen Gruppen als den Trägern von Paradigmen in das Zentrum der Analyse. Die „Paradigmengruppen", ihr sozialer Einfluß und ihre Überzeugungskraft, nicht aber die zwingende Abfolge der wissenschaftlichen Theorien, sind demgemäß für die Wissenschaftsentwicklung verantwortlich. Durch Kuhns Theorie mit ihrer Einbeziehung der Wirkung sozialer Bedingungen auf die „kognitiven" Variablen erhielt die Wissenschaftssoziologie eine wissenssoziologische Perspektive. Die zentrale Fragestellung war jetzt die nach der Interaktion zwischen sozialen und kognitiven Variablen in der Produktion wissenschaftlichen Wissens.

Die damit implizierte „Soziologisierung" der Wissenschaftstheorie sowie der in den Analysen notwendige Rückgriff auf die Wissenschaftsgeschichte haben eine Ausweitung der Wissenschaftssoziologie auf das interdisziplinär angelegte Feld der *Wissenschaftsforschung* nahegelegt, die als solche vor allem im angelsächsischen Raum (Science and Technology Studies) institutionalisiert ist. Sie bleibt jedoch vorwiegend soziologisch geprägt.

Die durch Kuhn konstituierte kognitive Wissenschaftssoziologie wurde in der Folgezeit zu den mikrosoziologisch ethnographischen Laborstudien sowie zur sog. „Actor-Network-Theorie" und weiteren Spielarten des Konstruktivismus fortentwickelt. Der wesentliche Beitrag der Laborstudien besteht in der Beschreibung des Forschungsprozesses und der Aufdeckung der Kontingenz und Kontextgebundenheit wissenschaftlichen Wissens in der eigentlichen Forschungsphase (Knorr- Cetina 1984). Aufgrund des mikrosoziologischen Fokus bleiben jedoch politische und ökonomische Bedingungen des Forschungsprozesses in diesem Ansatz unbeachtet, ebenso wie makrosoziologische Aspekte insgesamt. Tatsächlich hat der mikrosoziologische Fokus zu einer weitgehenden Nichtbeachtung von im umfassenden Verständnis wissenschaftspolitischen Fragen durch die Soziologie und zu deren Behandlung durch die Politikwissenschaft geführt.

Unabhängig von der mikrosoziologisch-ethnographischen Theorie hat sich die institutionalistisch und wissenschaftspolitisch orientierte Analyse des Wissenschaftssystems entwickelt, deren Tradition ebenfalls in die funktionalistische Wissenschaftssoziologie, aber auch auf J.D. Bernals marxistisch inspiriertes Werk „The Social Function Of Science" (1939) zurückreicht.

Ein zentrales Problem ist seit den 60er Jahren die Vermittlung zwischen Wissenschaftssystem und *Politik*. Im weitesten Sinn geht es um die Frage der Steuerung wissenschaftlicher Entwicklung nach gesellschaftspolitischen Prioritäten auf der einen und um die Verwendung wissenschaftlichen Wissens für Entscheidungshandeln auf der anderen Seite. Aus dieser allgemeinen Problemstellung sind eine Vielzahl von Unterproblemen ausdifferenziert worden, so nur beispielhaft:

- die Rolle wissenschaftlicher Experten, ihrer Legitimation angesichts einer drohenden Einflußnahme auf politische Entscheidungen, sodann aber auch der Verfall ihrer Autorität vor dem Hintergrund einer Inflationierung der Berufung auf Experten aus allen politischen Lagern und der Publizität wissenschaftlicher Kontroversen;
- die Diffusion wissenschaftlichen Wissens bzw. seine Verwendung in Politik und Verwaltungshandeln, insbesondere im Hinblick auf die interessenbedingte Selektivität der rezipierenden Akteure, oder unter Bedingungen der Unsicherheit des Wissens;
- der Einfluß politischer Legitimationszwänge auf die Forschungspolitik und damit auf die Forschung selbst, neuerdings unter Bedingungen einer stärkeren Rolle der Massenmedien;
- die Zusammenhänge zwischen politischem System und Organisationsformen der Forschung sowie den Reaktionen der Forschungsorganisationen auf Veränderungen der politischen Umwelt, wie sie sich in dramatischer Weise durch die Transformation der ost- und mitteleuropäischen Staaten ergeben haben.

Das letztgenannte Problem geht auf eine Verbindung zwischen Organisations- und Wissenschaftssoziologie zurück, die in richtungweisender Form von Whitley (1984) entwickelt worden ist. Er verfolgte die wissenssoziologische Perspektive auf der organisatorischen Ebene durch die Suche nach Zusammenhängen zwischen kognitiven Bedingungen wie dem Gegenstandsbereich von Disziplinen, ihren Methoden und Erklärungszielen auf der einen und ihren Organisationsformen und inneren Strukturen auf der anderen Seite. Diese Untersuchungen haben zu einem besseren Verständnis der organisatorischen Differenzen zwischen Disziplinen bzw. Spezialgebieten und deren systematischen Gründen geführt.

Nicht zuletzt die Politikferne der mikrosoziologischen Ansätze und das auch von ihnen nicht gelöste Problem der Erklärung des Zusammenhangs zwischen gesellschaftlicher und wissenschaftlicher Entwicklung „von unten" haben das Interesse an neo-institutionalistischen Ansätzen und somit am Verhalten von Institutionen in ihren jeweiligen Umwelten wieder stärker werden lassen. Diese Ansätze, die Organisationsverhalten vor allem aus den Abhängigkeiten von Ressourcen, Legitimität und Identitätssicherung erklären, erhalten ihre besondere Aktualität vor dem Hintergrund abnehmender Ressourcen für die Forschung, eines wachsenden Legitimierungsdrucks und somit gefährdeter Identität. Sie beantworten die Frage nach den Mechanismen der Einwirkung politischer Bedingungen auf die Wissenschaft in spezifischer Weise: Über die Inkorporierung symbolischer Vorgaben bzw. Erwartungen versuchen Organisationen, Legitimität (Anerkennung) zu gewinnen. Derartige Anpassungen bleiben jedoch nicht neutral, sondern entfalten ihre Eigendynamik, die die Strukturen der Institution (hier: Wissenschaft) verändert.

Die *Technologieentwicklung* ist ein integrales Element der Wissenschaft. Dennoch wird sie, aus bis in die Antike zurückreichenden Gründen der sozialen Hierarchisierung, als von der akademischen Wissenschaft getrennt betrachtet. Diese Trennung hat die Soziologie bis in die jüngste Zeit mit vollzogen, insofern die Technik kein Gegenstand der Wissenschaftssoziologie ist und eine spezialisierte Techniksoziologie sich gerade erst zu etablieren beginnt. Es ist bezeichnend, daß die Frage nach dem Zusammenhang von Wissenschaft und Technik selbst ein Forschungsgegenstand ist (vornehmlich der Wissenschafts- und Technikgeschichte, aber auch der *Wissenschaftsforschung*). Die soziologische Beschäftigung mit Technik war lange Zeit auf die Analyse der gesellschaftlichen Folgen von Technik beschränkt und stand damit unter einem technikdeterministischen Paradigma. Das soziologische Interesse an den Technikfolgen richtete sich ursprünglich auf die sozialen Veränderungen, die durch einzelne Techniken verursacht werden. Untersuchungen reichten von den sozialen Folgen des Radios (Ogburn) bis zur Prognose umfassender Gesellschaftsveränderungen durch die Automatisierung oder den Computer. Die heutige *Technikfolgenabschätzung* ist eine Erbin dieser Forschung, die in den fünfziger und sechziger Jahren ihren Höhepunkt hatte. Theorieansätze, die die sozialen Einflüsse auf die Technikentwicklung zum Gegenstand haben, hat es trotz der sehr frühen „Sociology of Invention" des amerikanischen Soziologen S.C. Gilfillan (1935) bis Anfang der neunziger Jahre so gut wie überhaupt nicht gegeben. Erst jetzt entsteht allmählich eine soziologische Technikgeneseforschung, die die sozialen Parameter (Normen, Werte, ökonomische Kalküle, Traditionen usw.) als Faktoren der Technikentwicklung mit einbezieht (Weingart 1989).

Inzwischen wird auch zunehmend die Trennung aufgehoben, die zwischen den beiden Forschungsrichtungen bestand. An ihre Stelle treten Rückkopplungsmodelle, in denen die Kommunikationsprozesse zwischen Technikproduzenten und Technikverwendern ins Zentrum rücken. Die Technikentwicklung erscheint nunmehr als ein sozialer Prozeß, in dem eine Technik über einen Zeitraum wechselseitiger Erfahrung und des Lernens hinweg in den sozialen und politischen Kontext eingepaßt wird. Damit spiegeln diese Ansätze rezentere gesellschaftliche Entwicklungen wider, die durch die Sensibilisierung der Öffentlichkeit für und den Widerstand gegen große und riskant erscheinende Technikprojekte (Atomenergie, Genforschung) und die darob entwickelten Mechanismen der Akzeptanzsicherung (Technikfolgenabschätzung, öffentliche Anhörungen, Mediationsverfahren) gekennzeichnet sind.

Insoweit sich in den neuen Forschungsansätzen andeutet, daß Technik ebenso wie die Wissenschaft nicht mehr als der Gesellschaft äußerlich (und damit der Soziologie unzugänglich) begriffen werden, eröffnet sich die Perspektive einer Integration von Wissenschaft und Technik in Theorien der Gesellschaft und insbesondere des sozialen Wandels. Derartige Perspektiven werden z.B. in Luhmanns Theorie funktionaler Differenzierung (1982) und ihrer Anwendung auf die Wissenschaft (1990) oder in den verschiedenen Entwürfen zu Theorien der *Wissensgesellschaft* (u.a. Stehr 1994) angedeutet, ohne jedoch schon in allen Einzelheiten erkennbar zu sein.

3. Die Entwicklung des Wissenschaftssystems der Bundesrepublik und der DDR bis zur Wiedervereinigung

Die deutsche Wissenschaft, die bis zur Machtübernahme der Nationalsozialisten Weltruhm genoß, war durch die Vertreibung und Ermordung jüdischer Wissenschaftler sowie die

Zerstörungen des Krieges so schwer geschädigt, daß sie ihre vormalige Stellung nie wieder erreichen sollte. Die „rassenpolitisch" begründete Selbstverstümmelung (ca. 20-25% des Lehr- und Forschungspersonals wurden entlassen) und die Zerstörungen des Krieges wurden durch die Deportationen prominenter Wissenschaftler, die Demontage der wissenschaftlichen Infrastruktur und die vor allem die physikalische Grundlagenforschung einschränkende Kontrollpolitik der Besatzungsmächte noch gesteigert.

Der Neubeginn der *Universitäten* und auch der staatlichen Forschungsorganisation stand unter dem Eindruck des politischen Versagens während des Nationalsozialismus. Es ging um die Frage, ob ein Anschluß an die Traditionen von vor 1933 mit der Autonomie der Universitäten oder eine Reform in Richtung auf eine bessere Vermittlung gesellschaftlicher Interessen und demokratischer Kontrollen gegenüber der Wissenschaft die jeweils besseren Garantien dafür boten, daß sie nicht noch einmal politisch korrumpiert werden würde.

Die *Universitäten* wählten einen Restaurationskurs und knüpften an die Tradition der preußischen Reformzeit an, indem sie die Selbstverwaltung und Unabhängigkeit von politischer Einflußnahme forderten. Trotz des Widerstands der sich neu organisierenden und koordinierenden Länderregierungen und ihrer Kultusverwaltungen wurde den Universitäten das Recht auf Selbstverwaltung garantiert, das seither mit seinem organisatorischen Kern des aus Dekanen, Wahlsenatoren und Vertretern der Studentenschaft gebildeten Senats gilt. Die am 21. April 1949 gegründete Westdeutsche Rektorenkonferenz (WRK) war der Zusammenschluß der Universitäten der drei westlichen Besatzungszonen und wurde eine der gewichtigsten Organisationen der deutschen Wissenschaft nach dem Krieg.

Bedingt durch den beginnenden Kalten Krieg und die sich abzeichnende separate Entwicklung der sowjetischen Besatzungszone drifteten auch die Wissenschaftssysteme auseinander. So entstand bereits 1946 ein Streit um die bedeutendste Forschungsorganisation neben den *Universitäten*, die 1911 gegründete Kaiser Wilhelm Gesellschaft (KWG). Während in der sowjetischen Besatzungszone der Physiker Robert Havemann als Präsident der KWG eingesetzt wurde, veranlaßte der neu gewählte Ehrenpräsident Max Planck die Wahl Otto Hahns zum Präsidenten der KWG in den drei Westzonen. Da eine Fortführung der KWG unter altem Namen auch von den Engländern nicht gewünscht war, konnte Hahn in Gestalt der *Max-Planck-Gesellschaft* (MPG) die Auffanggesellschaft bilden, die 1949 auch die in der französischen Zone sowie 1953 die in Berlin liegenden Institute aufnahm. Damit war der Wiederaufbau der vormaligen KWG als Selbstverwaltungsorganisation der deutschen Wissenschaft abgeschlossen. Ihre Finanzierung wurde 1949 durch das Königsteiner Abkommen geregelt. In ihm bekundeten die Länder ihre Verpflichtung zur Förderung der wissenschaftlichen Forschung einschließlich überregionaler Einrichtungen und begründeten damit ihre zukünftige Kulturhoheit. Sie waren damit auch im Senat der MPG vertreten, wie seit 1964 auch der Bund, der in einem Verwaltungsabkommen an der Finanzierung der MPG beteiligt werden mußte.

Auch der Wiederaufbau der Forschungsförderung erfolgte von den drei westlichen Besatzungszonen aus, in denen die ersten Anstrengungen zur Gründung einer länderübergreifenden Organisation unternommen wurden. Die (knapp zwei Jahre, 1947-1949 dauernde) Neugründung einer an die Förderorganisation der Weimarer Republik, die „Notgemeinschaft für die Deutsche Wissenschaft", anschließenden Einrichtung bezog sich in ihrer Satzung eng auf ihre Vorgängerin. Die wesentlichen Änderungen gegenüber der Satzung von 1920 betrafen Elemente der Demokratisierung: Die Macht des Präsidenten in der Entscheidung über Bewilligungen wurde dem Hauptausschuß übertragen; das Begutachtungsverfahren wurde durch die Erhöhung der Zahl der Fachgutachter auf zwei und die Begutachtung durch mindestens zwei Gutachter objektiviert. Kritischster Punkt war das Selbstverwaltungsprinzip, gegen das sich die Kultusverwaltungen bis zur Gründung 1949 stemmten.

Das Selbstverwaltungsprinzip war auch auf seiten einer Reihe von Naturwissenschaftlern umstritten, die ein anderes Konzept des Verhältnisses der Wissenschaft zum Staat vertraten. Unter der Führung des Physikers Werner Heisenberg und mit Unterstützung der drei wissenschaftlichen Akademien (Göttingen, Heidelberg, München) sowie der *Max-Planck-Gesellschaft* gründeten sie im März 1949 in Göttingen den „Deutschen Forschungsrat". Er sollte die gleichen Aufgaben wie die Notgemeinschaft haben, die Koordination und Finanzierung der Forschung sowie die wissenschaftliche Beratung des Bundes und der Länder. Heisenberg hielt als Lehre aus den Erfahrungen der NS-Herrschaft eine politisch bewußte Wissenschaft für erforderlich, die eine stärkere Rolle in der Politikberatung und Forschungsplanung einnehmen sollte. Im Selbstverwaltungsprinzip der Notgemeinschaft sah er restaurative Elemente und eine unzeitgemäße Trennung von Wissenschaft und öffentlicher Politik. Unter Berufung auf die gleichen Erfahrungen hatten freilich dessen Befürworter jede Form der politischen Planung und Steuerung der Forschung verhindern wollen. Während die Gründer der Notgemeinschaft die Nähe zu den Ländern suchten, lehnten sich ihre Widersacher stärker an den Bund an.

Der Konflikt zwischen beiden Organisationen wurde zunächst durch die Verbindung beider gelöst. Der Zusammenschluß wurde durch eine Satzungsänderung der Notgemeinschaft ermöglicht. Ein Senat als neues Gremium erhielt die Aufgaben des Forschungsrats. Im August 1951 wurden Forschungsrat und Notgemeinschaft zur *„Deutschen Forschungsgemeinschaft" (DFG)* fusioniert, der als der zentralen von Bund und Ländern finanzierten Forschungsförderungsorganisation alle in der (vormals Westdeutschen) Rektorenkonferenz zusammengeschlossenen Hochschulen, die MPG, die Akademien sowie einige weitere wissenschaftliche Organisationen als Mitglieder angehören. Die DFG ist seither die wichtigste Selbstverwaltungs- und Förderorganisation der deutschen Wissenschaft, die außer der finanziellen Unterstützung der Forschung deren Vertretung gegenüber Bund und Ländern sowie gegenüber der ausländischen Wissenschaft wahrnimmt.

Kristallisationspunkt der Entstehung einer nationalen Wissenschaftspolitik bildete die Förderung der Kernphysik aufgrund ihrer zentralen Bedeutung für die Technologieentwicklung und das erwartete Innovationspotential. Erst mit Unterzeichnung der „Pariser Verträge" 1955 wurden die bis dahin geltenden Beschränkungen der Kernenergieentwicklung durch die Alliierten aufgehoben, so daß sich der Staat in diesem Gebiet engagieren konnte. Im Oktober desselben Jahres wurde daraufhin das Ministerium für Atomfragen gegründet, das 1962 in das Bundesministerium für wissenschaftliche Forschung (BMwF) umbenannt wurde, und dem in der Folgezeit zusätzlich zu den Zuständigkeiten für Atom- und Weltraumforschung neue Kompetenzen in der allgemeinen Wissenschaftsförderung übertragen wurden. Das Ministerium ist, mit wechselnden Kompetenzabgrenzungen, zum wichtigsten Akteur der staatlichen Wissenschaftspolitik geworden.

Aufgrund der militärischen Rolle der Atomwaffen und der in der Nachkriegszeit sich eröffnenden Perspektiven der zivilen Nutzung besaß die Kerntechnik eine dominierende Rolle in der Wissenschaftspolitik. Dies kommt nicht nur in der Gründung des Atomministeriums zum Ausdruck. Im Januar 1956 wurde die Atomkommission als Beratungsgremium konstituiert, in dem etwa 200 Experten aus Industrie und Wissenschaft das Ministerium berieten. Das Muster, wonach der Staat sich weitgehend auf die Koordinierung und Förderung entsprechender Initiativen aus Industrie und Wissenschaft beschränken sollte, war nur zum Teil erfolgreich. Die Industrie zog sich zurück, als es um die Einrichtung eines großen Forschungslabors, der „Gesellschaft für Kernforschung m.b.H." in Karlsruhe ging. Mit der Gesellschaft wurde die erste *Großforschungseinrichtung* gegründet, der in den Jahren darauf weitere folgten. Sie dokumentierten das wachsende Engagement des Staates in der Forschung, das sich zunächst überwiegend auf die Förderung der Kernforschung und -technik konzentrierte.

Die erste Phase der Entwicklung der nationalen Wissenschaftspolitik von den Nachkriegsjahren bis etwa 1966/67 stand unter dem Zeichen des Wiederaufbaus und der Restauration. Diese Phase, in der es eine *Wissenschaftspolitik* des Staates im eigentlichen Sinn noch gar nicht gab, war in erster Linie durch die Errichtung der Selbstverwaltungsorganisationen der Wissenschaft sowie den Wiederaufbau der wissenschaftlichen Infrastruktur geprägt.

In dieser Phase wurden in der *DDR* die Weichen für eine ganz andere Entwicklung des Wissenschaftssystems gestellt. Wissenschaft und Technik wurden schon im ersten Zweijahresplan 1949/50 auf den wirtschaftlichen Nutzen und die Lösung aktueller Probleme orientiert. Schlüssel dazu waren die Privilegierung der Wissenschaftler und Ingenieure (1949) und die Politisierung. Die *SED* griff direkt über Sprachregelungen und Aufgabenstellungen sowie Berufsverbote in die Wissenschaft ein, um den Marxismus-Leninismus als Methodologie zu etablieren und ökonomische Kriterien für die Forschung verbindlich werden zu lassen.

Ab etwa 1962 wurde in der Bundesrepublik verstärkt die *Grundlagenforschung* im Vertrauen auf ihren generellen wenngleich indirekten Nutzen für die Gesellschaft gefördert. Dies entsprach dem konservativ-restaurativen politischen Klima, das durch den Kalten Krieg gestützt wurde. In diese Zeit fällt auch die 1964 beginnende Diskussion um die Leistungsfähigkeit des deutschen Bildungssystems, aus der die Forderung nach einer Wissenschafts- und Bildungspolitik abgeleitet wurde, die in Übereinstimmung mit der wirtschaftlichen und sozialen Entwicklung steht. Im Juli 1965 wurde das Verwaltungsabkommen zur Gründung des Deutschen Bildungsrats unterzeichnet, durch dessen Arbeit es zu einer beispiellosen Expansion des deutschen Bildungssystems kam, eine zu den anderen europäischen Industrienationen parallel verlaufende Entwicklung. In der Bilanz expandierte das Wissenschaftssystem in Deutschland, gemessen in wissenschaftlichem Personal überwiegend an Hochschulen, zwischen 1950 und 1985 ungefähr um das Achtfache.

In einer kurzen, bis etwa 1969/70 dauernden Phase orientierte sich die *Wissenschaftspolitik* vor allem an den USA. Die enge Wechselwirkung zwischen Wissenschaft, Technik und Wirtschaft und das Bemühen, die „Konkurrenzfähigkeit der deutschen Wirtschaft" zu sichern, legten eine Spezifizierung von Zielen nahe. 1967 wurde das erste Datenverarbeitungs-Förderungsprogramm, 1968 das Meeresforschungsprogramm und 1970 das Programm „Neue Technologien" aufgelegt.

Die Studentenproteste 1967/68, der Regierungsproteste 1969 und der Bericht des „Club of Rome" zu den Grenzen des Wachstums markieren einen tiefer greifenden gesellschaftlichen und politischen Wertewandel, der sich in der Wissenschaftspolitik in einer Orientierung auf umfassendere gesellschaftspolitische Ziele spiegelte. Der *Umweltschutz* wurde zum Programmpunkt mehrerer Ministerien. „Umweltfreundliche Technologien" sowie „Technologie im Dienst von Gesundheit, Umwelt und Ernährung" waren Leitlinien des nunmehr in „Bundesministerium für Bildung und Wissenschaft" (BMBW) umbenannten Ministeriums.

Schon Mitte der siebziger Jahre kam es als Reaktion auf den „Ölschock" zu einer abermaligen Neuorientierung der Wissenschaftspolitik. Die Energiekrise und die durch sie ausgelöste beschleunigte Einführung der Kernenergie führten zur Mobilisierung einer Anti-Kernkraftbewegung, die mit ihrer Kritik an den ungelösten Endlagerungs- sowie den Sicherheitsproblemen der Kraftwerke die Diskussion über alternative Technologien und die *Technikfolgenabschätzung* in Gang setzte. Damit endete die Ära der uneingeschränkten Förderung von Großtechnologien, und es begann eine „reflexive *Wissenschaftspolitik*".

Die achtziger Jahre waren sodann u.a. durch eine Konzentration auf den *Technologietransfer* gekennzeichnet. Die Bedeutung einer schnelleren Umsetzung des in der *Grundlagenforschung* produzierten Wissens erschien angesichts wachsender Massenarbeitslosigkeit durch Rationalisierung und eines Innovationsrückstands der Wirtschaft immer dringlicher. Mitte des letzten Jahrzehnts dieses Jahrhunderts hat die deutsche Wissenschaftspolitik eine auffällige Verschiebung ihrer Prioritäten erfahren: Die Förderung der

Grundlagenforschung bleibt wichtig, die Kernenergieforschung ist auf 2,6% des Budgets zurückgefallen, an ihre Stelle ist die Weltraumtechnologie getreten. Außerdem werden verstärkt die Hochtechnologiebereiche der Biotechnologie, Informatik und Materialforschung sowie die Umweltforschung gefördert (Weingart/Winterhager 1996).

Das Wissenschaftssystem der *DDR* entwickelte sich nach der Politisierungsphase zu einer anderen, an das sowjetische Vorbild angelehnten Struktur. Während des Ersten Fünfjahresplans (1951-1955) wurde mit der zweiten Hochschulreform das Universitätssystem stark verändert. Zentrale Elemente waren das verbindliche gesellschaftswissenschaftliche Studium, das zehnmonatige Studienjahr und eine zentrale Vorgabe der Studienprogramme für alle Fächer. Während die Gesellschaftswissenschaften durch detaillierte Vorgaben direkt gesteuert wurden, bestand für die Natur- und Technikwissenschaften noch das Prinzip der Selbstplanung, d.h. die Ableitung von Programmen aus den politisch und wirtschaftlich vorgegebenen Zielen.

1957 wurde der Forschungsrat als oberstes Gremium der Forschungslenkung gegründet, der die Aufgabe der Entwicklung der langfristigen Pläne für die Wissenschaft, der Schwerpunktbildung sowie der Planung der Mittelvergabe und Kapazitäten erhielt.

Mit dem Bau der Mauer im August 1961 wurden die Fluchtbewegung nach Westen beendet und zugleich die noch bestehenden Bindungen an die Bundesrepublik abgebrochen. Im Jahr darauf kam es zur Umbildung des Staatssekretariats für Forschung und Technik zum Ministerium für Wissenschaft und Technik. Damit war eine Voraussetzung der effektiveren Lenkung unter den Bedingungen der Wirtschaftsreform im Rahmen des „neuen ökonomischen Systems der Planung und Leitung der Volkswirtschaft" geschaffen. Die Ausrichtung des Wissenschaftssystems wurde in der zweiten Hälfte der sechziger Jahre durch eine weitere Hochschulreform und eine Akademiereform noch weiter getrieben. Die Hochschulreform sah eine neue Gliederung der Studiengänge (Grund-, Fach- und Forschungsstudium), eine Festlegung der Regelstudienzeit auf vier Jahre sowie eine Organisation der Universitätsinstitute und Fakultäten zu Sektionen unter Leitung des Rektors vor. Mittels der Akademiereform wurde die Akademie (ab 1972 *„Akademie der Wissenschaften der DDR")* zur zentralen Forschungseinrichtung für die Naturwissenschaften, Medizin und Mathematik ausgebaut.

1990 waren in den etwa 60 Instituten der AdW um die 24.000 Menschen beschäftigt. 1,7% der Beschäftigten arbeiteten im Forschungssektor (Bundesrepublik 1,5%). Trotz der wirtschaftlich und ideologisch bedingten Ausrichtung des Wissenschaftssystems auf die Ökonomie gelang es der DDR-Führung jedoch nicht, das erklärte Ziel zu erreichen, die Bundesrepublik in der Arbeitsproduktivität und im Lebensstandard zu überholen.

4. Das Wissenschaftssystem in der Bundesrepublik nach der Vereinigung

4.1 Evaluation und Transformation des ostdeutschen Wissenschaftssystems

Als 1990 die Vereinigung der DDR mit der Bundesrepublik auf der Grundlage von Artikel 23 des Grundgesetzes vollzogen wurde, standen die wissenschaftspolitischen Akteure vor der Aufgabe, zwei in ihrer Struktur grundverschiedene Wissenschaftssysteme zusammenzuführen. Der rechtliche Rahmen und die politischen Bedingungen der Vereinigung legten die Ausweitung der bundesrepublikanischen Strukturen auf die der ehemaligen DDR nahe, so daß sich die Gelegenheit zu einer Reform beider Systeme nicht ernsthaft bot.

Die damit erforderliche Umstrukturierung des ostdeutschen Wissenschaftssystems mußte die weitreichendsten Folgen für die Akademie haben, zu der es auf der bundesrepublikanischen Seite keine äquivalente Institution gab. Sie wurde nach einem aufwendigen und in seiner Art einmaligen, vom *Wissenschaftsrat* mit Hilfe von mehr als 200 in- und ausländischen Wissenschaftlern durchgeführten Evaluierungsverfahren aufgelöst. Ihr wissenschaftlicher Standard galt den Einschätzungen der Evaluatoren zufolge als im Schnitt fünf bis fünfzehn Jahre hinter dem der westdeutschen Forschung zurückliegend, ihre Infrastruktur größtenteils als veraltet, ihr Personalbestand als zu hoch.

Aufgrund einer Entscheidung des Bundesministeriums für Forschung und Technologie (BMFT) sollten alle Empfehlungen des *Wissenschaftsrates* umgesetzt werden. Von den 60 Instituten der Akademie der Wissenschaften (AdW) wurden 21 für eine relativ unveränderte Weiterführung vorgeschlagen, fünf sollten Teil bestehender westdeutscher Institute, 28 unterteilt und sechs vollkommen geschlossen werden. Diejenigen Institute, vor allem im Bereich der Bau- und der Landwirtschaftsakademie, die nach westdeutschem Verständnis in den Bereich der angewandten bzw. der Industrieforschung fielen, konnten nach Auffassung des Wissenschaftsrats nicht in den Bereich der staatlichen Forschung übernommen werden, sondern ihr Personal mußte Beschäftigungsmöglichkeiten im industriellen Sektor oder in Form von kommerziellen Instituten finden. Ein weiterer Teil der Akademieforschung gehörte dieser Auffassung zufolge an die *Universitäten*, so vor allem die Geistes- und Sozialwissenschaften. Für das entsprechende Forschungspersonal war eine Eingliederung in die Universitäten vorgesehen.

Während die Empfehlungen bzgl. der AdW-Forschungsinstitute weitgehend umgesetzt wurden, gelang dies für die anderen beiden Bereiche nicht. Die *Industrieforschung* (etwa 60% der gesamten F&E Kapazität der DDR waren im Wirtschaftssektor angesiedelt) wurde im Vertrauen auf einen raschen Aufschwung der Wirtschaft in den neuen Bundesländern nicht einer politisch geplanten Transformation unterzogen. Aufgrund dessen war ihr Schicksal an das der Industriebetriebe gebunden, denen sie angehörte. Personalreduktionen und Firmenauflösungen führten zu einem Rückgang der Industrieforschung auf weniger als ein Fünftel ihres ursprünglichen Umfangs.

Die als Folge der Transformation neu gegründeten drei *Großforschungsinstitute* sowie mehr als dreißig *Max-Planck-Institute*, Fraunhofer- und Blaue Liste Institute nahmen zwar mehr als 9000 Mitarbeiter der ehemaligen AdW auf. Es blieben aber etwa 1900 positiv evaluierte Wissenschaftler übrig, für die es keine Anstellung gab. Sie sollten mit Hilfe des Wissenschaftler-Integrations-Programms (WIP) einen dauerhaften Arbeitsplatz in den *Universitäten* der neuen Länder finden. Entgegen der ursprünglichen Erwartungen gerieten die Universitäten aber unter dieselben Sparzwänge wie die in den alten Ländern. Außerdem bestanden vielfach die Animositäten zwischen Universitäten und Akademie fort, so daß der Integration bis zum Auslaufen des Programms Ende 1996 nur ein Teilerfolg beschieden war.

Im Bezug auf die *Universitäten* führte der *Wissenschaftsrat* zwar auch die Evaluierung durch, seine Empfehlungen konkurrierten jedoch mit den Interessen der einzelnen Länder, die die alleinige Zuständigkeit besitzen. Der Grundkonsens war jedoch, die Infrastruktur der Universitäten zu verbessern, ihnen ihre Rolle in der Grundlagenforschung wiederzugeben und sie zu entpolitisieren. Letzteres hatte zur Folge, daß die universitätsinternen Parteiorganisationen aufgelöst und damit die Verbindung zwischen Parteimitgliedschaft und akademischer Karriere gekappt wurde. Eine ganze Reihe von Universitätsangehörigen verließ schon vor der Vereinigung ihre Positionen, weitere wurden aufgrund entsprechender Verfahren später entlassen. Die Sparmaßnahmen erzwangen weitere Reduktionen des Personals. 1993 waren rund ein Drittel weniger im tertiären Bildungssektor beschäftigt als 1989. Am härtesten war der akademische Mittelbau betroffen, der über 40% seiner Stellen verloren hatte. (Mayntz 1996)

4.2 Die institutionelle Struktur des deutschen Wissenschaftssystems nach der Vereinigung

Das deutsche Wissenschaftssystem ist u.a. aufgrund der föderalen Struktur der Bundesrepublik und der damit verbundenen Kulturhoheit der Länder, aber auch infolge in der Vergangenheit getroffener Entscheidungen, stark dezentralisiert und diversifiziert.

Die insgesamt 89 *Universitäten* des Bundes bilden zugleich den größten aus öffentlichen (und größtenteils Länder-) Mitteln finanzierten Teil des Systems, mit über 100.000 Beschäftigten, davon ca. 30.000 Professoren. Herausragendes Merkmal ist ihre strukturelle Homogenität, die etwa im Unterschied zum amerikanischen System trotz vorhandener Differenzen eine weitgehende Mobilität zwischen ihnen erlaubt und eine annähernd gleiche Ausbildung gewährleistet. Die seit vielen Jahren geradezu chronische Überlastung mit Studenten (inzwischen studieren rund ein Drittel jeder Alterskohorte) und die damit gegebene Priorierung der Ausbildungs- gegenüber der Forschungsfunktion haben vor dem Hintergrund knapper Ressourcen den Trend zur Auswanderung der Forschung aus den Hochschulen begünstigt. Eine Differenzierung des Systems nach Schwerpunkten und damit eine Spezialisierung der Universitäten wird immer nachdrücklicher diskutiert.

Im Ausbildungsbereich ist diese Differenzierung durch den massiven Ausbau der *Fachhochschulen* auf insgesamt mehr als 180 in gewisser Weise bereits realisiert. Die Fachhochschulen sind ausbildungsorientiert, sie fokussieren die Ausbildung in kürzeren Studiengängen auf praxisbezogene Tätigkeiten, sie haben einen engen Bezug zur mittelständischen, regionalen Industrie und erfüllen eine wichtige Funktion im Technologietransfer.

Im Bereich der staatlich finanzierten außeruniversitären Forschung nimmt die *Max-Planck-Gesellschaft* mit 70 Instituten, mehr als 11.000 Angestellten, davon über 3.000 Wissenschaftlern, eine Vorrangstellung als Einrichtung der Spitzenforschung ein. Sie ist in erster Linie eine Einrichtung der Grundlagenforschung. Die MPG deckt zwar im Prinzip alle Wissenschaftsbereiche ab, hat ihren Schwerpunkt jedoch im Bereich der Naturwissenschaften. Sie kann sich gemäß ihrer zu den Universitäten subsidiären (d.h. an den Universitäten nicht bzw. noch nicht vorhandener), auf neu entstehende und von besonders herausragenden Wissenschaftlern vertretenen Forschungsgebiete gerichteten Förderung auf relativ wenige Gebiete konzentrieren. Die MPG wird vom Bund sowie von den Sitzländern der Institute finanziert.

In der Hermann von Helmholtz-Gemeinschaft deutscher Forschungszentren (HGF, vormals Arbeitsgemeinschaft deutscher *Großforschungseinrichtungen*) sind die 16 Großforschungszentren mit rund 25.000 Mitarbeitern, davon etwa 10.000 Wissenschaftlern, zusammengefaßt. Ihr Aufgabenbereich reicht von der Grundlagenforschung (z.B. in der Hochenergiephysik, der Biomedizin und der Meeresforschung) über die angewandte bzw. strategische Forschung (Biotechnologie, Raumfahrt, Informationstechnologie) bis zur Technologieentwicklung (Nukleare Sicherheit, Supercomputer). Die ursprüngliche Aufgabenstellung der Kernforschungszentren ist weitgehend erfüllt; seither haben die in diesem Bereich tätigen Zentren (Karlsruhe und Jülich) neue und intern differenzierte Aufgabenstellungen übernommen. Nach wie vor gilt, daß die Zentren große Instrumente (Beschleuniger, Windtunnel, Neutronenquellen usw.) betreiben, die eine Universität nicht auslasten und finanziell nicht tragen kann, die aber von allen Universitäten genutzt werden können. – Die Großforschungsinstitute sind in der Regel als GmbH organisiert, werden aber hauptsächlich vom Bundesministerium für Bildung, Wissenschaft, Forschung und Technologie (BMBF) finanziert (90%; 10% vom Sitzland der Institute) und über dessen Prioritätenprogramme koordiniert.

In der *Fraunhofer Gesellschaft zur Förderung der angewandten Forschung (FhG)* sind 47 Institute mit etwa 8.000 Mitarbeitern, ein Drittel davon Wissenschaftler, organisiert. Die Institute sind in der angewandten und strategischen Forschung tätig und werden zu 90% vom Bund, zu 10% vom Sitzland der betreffenden Institute finanziert. Die Finanzierung deckt jedoch nur einen Sockelbetrag, 70-80% des jeweiligen Budgets soll aus Forschungsaufträgen erwirtschaftet werden. Die Institute werden mit der Perspektive gegründet, daß sie sich innerhalb von zwei bis drei Jahren durch Aufträge finanzieren. Mit dieser Zielsetzung sind die FhG-Institute zu wichtigen Einrichtungen des Technologietransfers sowie der Innovationsförderung für mittlere Industrieunternehmen geworden (Krull/Meyer-Krahmer 1996).

82 Institute ganz unterschiedlicher Art sind in der Arbeitsgemeinschaft der Forschungseinrichtungen Blaue Liste zusammengefaßt. Hierbei handelt es sich jedoch um eine durch den Finanzierungsmodus (50% Bund, 50% Sitzland oder alle Länder im Fall von Dienstleistungsinstituten) konstituierte Kategorie, nicht um eine spezifische Form der Forschung. Ausschlaggebend für die Aufnahme in die „Blaue Liste" ist die überregionale Bedeutung und das Interesse der Bundesrepublik als ganzer. Eine Folge der Vereinigung war die unbeabsichtigte Ausweitung der Liste um 34 neue Institute.

Als letzter Bereich der staatlich finanzierten Forschung sind die Institute und Labors des Bundes und der Länder, d.h. die sog. Ressortforschungseinrichtungen zu nennen. Sie sind, wie oben erwähnt, vor allem in Bereichen der staatlichen Vorsorgefunktionen, d.h. im weitesten Sinn der Regulierungsfunktionen tätig (u.a. Gesundheit, Gewerbeordnung, Landwirtschaft, technische Normierung und Kontrolle, Transport und Verkehr sowie Umweltschutz). Die Ressortforschungsinstitute sind im Unterschied zu den staatlich finanzierten aber unabhängigen Einrichtungen den Ministerien nachgeordnete Behörden und von diesen weisungsabhängig.

Der staatlich finanzierten außeruniversitären Forschung steht die *Industrieforschung* gegenüber, die während der achtziger Jahre eine ständige Ausweitung bis zu einem Anteil von 70% des Gesamtvolumens erfahren hatte, seither aber wieder auf etwa 66% zurückgefallen ist. Hier zeigen sich die Folgen der Rationalisierungspolitik der vergangenen Jahre sowie der Globalisierung der Wirtschaft, die inzwischen auch den Forschungssektor erfaßt haben.

Den ausführenden Forschungsinstitutionen stehen die wissenschaftspolitischen und fördernden Institutionen gegenüber. Zum einen ist dies die Selbstverwaltungsorganisation der Wissenschaft, die *DFG*. Rechtlich ist sie ein privater Verein, in dem die *Universitäten,* Akademien, *Großforschungszentren* usw. Mitglieder sind, die auch die Fachgutachter für die verschiedenen Disziplinen wählen und auf diese Weise Einfluß auf die Mittelverteilung nehmen. Sie wird zu 60% vom Bund, zu 40% von den Ländern finanziert. Rund die Hälfte der Gesamtmittel dient der Forschungsförderung im sog. „Normalverfahren", d.h. von Wissenschaftlern aus den Mitgliedsorganisationen (in erster Linie den Universitäten) vorgeschlagenen Forschungsprojekten. Rund 30% fördern die „Sonderforschungsbereiche", thematisch spezifizierte Forschungskollaborationen an den Universitäten, die der Konzentration und Schwerpunktbildung dienen. Alle Forschungsanträge unterliegen der ‚peer review', d.h. der Begutachtung durch Fachkollegen.

Neben der *DFG* wirken eine Vielzahl privater Stiftungen in der Forschungsförderung. Die größte unter ihnen ist die mit der Privatisierung des Volkswagenwerks 1961 gebildete „Stiftung Volkswagenwerk" (jetzt „Volkswagenstiftung"), daneben der „Stifterverband für die Deutsche Wissenschaft" als Dachorganisation kleinerer privater Stiftungen, die Thyssen-Stiftung, die Robert-Bosch-Stiftung und andere.

Aufgrund der föderalen Struktur der Bundesrepublik und der Kulturhoheit der Länder ist auch die *Wissenschaftspolitik* auf die Abstimmung zwischen den unterschiedlichen institutionellen Akteuren angewiesen. Hieraus hat sich, im Unterschied zu den zentralistischen Systemen Frankreichs und Englands, ein Arrangement ergeben, in dem der Bund sich im Hochschulbereich nur subsidiär in Abstimmung mit den Länderregierungen betätigen kann (grundgesetzlich geregelt in § 91bGG). Das BMBF hat also keine zentrale Entscheidungskompetenz in der Wissenschaftspolitik, sondern muß sich mit den zuständigen Länderministerien abstimmen. Dazu dient die (1970 gegründete) Bund-Länder-Kommission (BLK) für Bildungsplanung und Forschungsförderung, die seit 1983 auch Forum sog. forschungspolitischer Gespräche ist.

Schon 1957 wurde der *Wissenschaftsrat* gegründet, in dem ebenfalls das Prinzip der Interessenabstimmung zwischen den Akteuren erkennbar ist. Er hat die Aufgabe, die Bundesregierung und die Länderregierungen in allen die tertiäre Bildung und die Forschung betreffenden Fragen zu beraten und dabei ausdrücklich die finanziellen Implikationen und möglichen Probleme der Umsetzung seiner Empfehlungen mit zu bedenken. Dafür hat sich die gemischte Zusammensetzung aus Vertretern des Bundes, der Länder sowie der Wissenschaft als sehr effektiv erwiesen. Er hat seitdem eine große Anzahl von Strukturempfehlungen für das Hochschulsystem erarbeitet und ist, nachdem sein Einfluß für eine Reihe von Jahren zurückgegangen zu sein schien, durch das Evaluierungsverfahren im Zuge der Vereinigung als wichtige wissenschaftspolitische Stimme wieder stärker hervorgetreten.

Alles in allem bietet die Institutionenlandschaft des bundesdeutschen Wissenschaftssystems ein Bild, in dem an keiner Stelle eine wirklich durchgreifende Entscheidungsgewalt besteht, sondern sich die forschungspolitischen Prioritäten aus einem komplexen Prozeß der Interessenabstimmung zwischen Bund und Ländern sowie der Industrie und den Selbstverwaltungsorganisationen der Wissenschaft ergeben. Das gilt unbeschadet des Umstands, daß das BMBF aufgrund seiner Finanzmacht der gewichtigste Akteur auf der staatlichen Seite ist, dem die Rektorenkonferenz (der Zusammenschluß der Universitätsrektoren bzw. -präsidenten), die DFG und die MPG als Mittelempfänger gegenüberstehen. Das System hat sich als nicht sehr reformfreudig und in seinen Reaktionen auf Herausforderungen von außen als oft schwerfällig erwiesen. Auf der anderen Seite sichert die innere Vielfalt und Machtbeschränkung den für eine innovative Forschung notwendigen Freiraum und den Schutz vor durchgreifenden Entscheidungen. Ob diese vorübergehenden Moden zeitgebundenen Ideologien oder gar verbrecherischer Politik entspringen, erweist sich vor allem in der Forschung oft erst hinterher.

Literatur

Bernal, John D.: The Social Function of Science, Cambridge MA., 1964 (1939):

Gilfillan, S.C.: The Sociology of Invention, Cambridge MA., 1963 (1935):

Knorr-Cetina, Karin: Die Fabrikation von Erkenntnis, Frankfurt a.M. 1984

Krull, Wilhelm/Frieder Meyer-Kramer: Science and Technology in Germany, London 1996

Kuhn, Thomas: The Structure of Scientific Revolutions, Chicago/London 1962

Luhmann, Niklas: Die Wissenschaft der Gesellschaft, Frankfurt a. M. 1990

Mayntz, Renate: Science in East Germany – consequences of unification, in: Krull, Wilhelm/Meyer-Kramer, Frieder: Science and Technology in Germany, London 1996

Merton, Robert K.: The Sociology of Science, Chicago/London 1973

Ogburn, William F.: Social Change, With Respect to Culture and Original Nature, New York 1950 (1922)

Stehr, Nico: Arbeit, Eigentum und Wissen – Zur Theorie von Wissensgesellschaften, Frankfurt a.M. 1994

Weingart, Peter (Hg.): Technik als sozialer Prozeß, Frankfurt a.M. 1989

Weingart, Peter/Matthias Winterhager: Strengths and weaknesses of German science in the light of publications and citations, in: Krull, Wilhelm/Frieder Meyer-Kramer, Frieder: Science and Technology in Germany, London 1996

Whitley, Richard D.: The Intellectual and Social Organization of the Sciences, London 1984

Peter Weingart

Wohnen

1. Modernes Wohnen

Was eine Wohnung ist und wie üblicherweise gewohnt wird, ist gesellschaftlich bestimmt. Die Organisation der materiellen Reproduktion einer Gesellschaft, ob z.B. agrarische oder industrielle Produktion vorherrscht, ist für das Wohnen ebenso von grundlegender Bedeutung wie die Arbeitsteilung zwischen den Geschlechtern, der Grad der Urbanisierung und politische Zielsetzungen.

Im Verlauf des 20. Jahrhunderts hat sich in Deutschland eine Wohnweise durchgesetzt, die mit vier Merkmalen charakterisierbar ist:

1. Die soziale Einheit des Wohnens ist die *Kleinfamilie*;
2. funktional ist Wohnen das Gegenüber zur beruflichen Arbeit, Ort von Freizeit;
3. sozialpsychologisch ist Wohnen Ort der Privatheit und Intimität, das Gegenüber zur Öffentlichkeit;
4. ökonomisch ist die Wohnung eine Ware, die der einzelne Haushalt durch Kauf oder Miete erwirbt.

Diese vier Merkmale – Familienwohnung, Gegenüber zur Berufsarbeit und Öffentlichkeit, Warenform – sind eine idealtypische Stilisierung, die die Unterschiede zu früheren Wohnweisen verdeutlichen. Der Idealtypus des vormodernen Wohnens ist das „ganze Haus". Hier umfaßte Wohnen noch Konsum und Produktion, dementsprechend gehörten auch entfernte Verwandte, Dienstboten und Arbeitskräfte zum Haushalt. Auch in den städtischen Haushalten wurde noch der größte Teil der Kleidung und der Lebensmittel hergestellt, Produktion oder Handel für den Markt fanden im selben Haus statt.

Mit der Ausbreitung der Lohnabhängigkeit wurden Produktion und Konsum getrennt, Einrichtungen für den Kauf von alltäglich notwendigen Gütern entstanden, für die kleiner werdenden Haushalte wurde eine städtische Infrastruktur mit technischen und sozialen Dienstleistungen aufgebaut. Aus den privaten Haushalten wurden immer mehr Funktionen an privatwirtschaftliche und öffentliche Betriebe abgegeben. Im Lauf dieses Prozesses reduzierte sich die soziale Einheit, die einen Haushalt bildet, auf die „Zwei-Generationen-Kernfamilie", sonstige Angehörige und die abhängig Beschäftigten bezogen nach und nach eigene Wohnungen, die Alten und Kranken wurden in spezielle Anstalten ausgegliedert. Damit wurden die Haushalte kleiner, und sie wurden eingebunden in ein weites Netz von Märkten und Infrastrukturen.

Im Zuge der *Modernisierung* verbreitete sich auch das Wohnen zur Miete. Standen zuvor für die Masse der Bevölkerung lediglich Schlafgelegenheiten zur Verfügung – auf dem Lande beim adligen Grundbesitzer oder Bauern, in der Stadt beim Hausherren, in dessen Diensten man stand – so wurde mit der Auflösung feudaler bzw. patriarchalischer Sozialbeziehungen eine eigene Wohnung zur Notwendigkeit. Da die Herausbildung der *industriellen*, urbanisierten *Gesellschaft* mit einer enormen Steigerung der räumlichen Mobilität verbunden war, und weil die notwendigen Geldmittel für den Erwerb eines eigenen Hauses nicht vorhanden waren, wurde das Wohnen zur Miete zum Normalfall für die lohnabhängigen Stadtbewohner.

Nach dem Ersten Weltkrieg ist der beschriebene moderne Wohntypus zur Grundlage von Wohnungsbau und Wohnungspolitik geworden. In der Architekturtheorie des Funktionalismus wurden Stadt und Wohnung gleichgesetzt mit einem Produktionsbetrieb, der möglichst zweckrational organisiert sein sollte. Dazu definierte man „Grundfunktionen" (Essen, Schlafen, Erholung), rationalisierte die Hausarbeit durch Technikeinsatz (Einbauküche) und schuf kollektive Wohnergänzungseinrichtungen (Waschhäuser, Kindergärten, Nachbarschaftshäuser). In extremen Entwürfen wurde die Wohnung auf die Funktionen einer Schiffskabine reduziert, außer Schlafen und privatem Rückzug also alles ausgelagert in kollektive Einrichtungen.

2. Die zwei Fragen der „Wohnungsfrage"

Die ideologischen Grundlagen dieser „Wohnungsreform" entstammten den Konzepten, die seit Beginn des 19. Jahrhunderts als Antwort auf die „Wohnungsfrage" entwickelt worden waren. Die „Wohnungsfrage" gehörte zu den herausragenden sozialpolitischen Themen der Politik während der Industrialisierung. Fraglich geworden war mit der Verstädterung, wie die eigentumslosen Arbeitskräfte in den Städten untergebracht werden könnten. Diese Frage hatte eine quantitative Seite (wie können ausreichend viele Wohngelegenheiten bereitgestellt werden?) und eine qualitative Seite (wie sollten die Zuwanderer wohnen?).

Auf der qualitativen Seite können zwei konträre Antworten unterschieden werden: zum einen die „sozialistische", die sich an den Vorstellungen des utopischen Sozialismus (Owen, Fourier) orientierte und kollektive Wohnformen präferierte. Vor allem im Interesse der Befreiung der Frau sollten alle Hausarbeitsfunktionen aus der Wohnung ausgelagert und in kollektiven Einrichtungen organisiert werden. Das Wohnhaus sollte gleichsam zum Hotel werden. Die „bürgerliche" Wohnungsreform postulierte im Gegensatz dazu die Familie als zentrale Einheit des Wohnens, innerhalb der Wohnung sollte die Hausfrau eine ordnende, ausgleichende und erzieherische Funktion übernehmen. Das Symbol der bürgerlichen Wohnungsreform war das Kleinhaus im Eigentum der Bewohner.

Auf der quantitativen Seite der „Wohnungsfrage" war das Problem zu lösen, ausreichende Wohnungen zu bezahlbaren Mieten bereitzustellen. Da dies einem rein marktwirtschaftlich organisierten System der Wohnungsproduktion überlassen war, gab es für die Massen der Stadtbewohner nur sehr kleine und schlecht ausgestattete Wohnungen, die zudem mit vielen Bewohnern belegt wurden, um den Mietpreis pro Bewohner niedrig zu halten. Zu diesem Zweck wurden auch Teile der Wohnung (oder nur ein Bett) untervermietet (Schlafgänger). Fehlende Haustechnik und hochverdichtete Bebauung („Mietskasernen") hatten zudem epidemische Krankheiten zur Folge.

Daraus resultierten die Forderung nach „Licht, Luft und Sonne", der Bau aufwendiger technischer Infrastrukturen (Schwemmkanalisation) und später auch der Auszug der Bewohner ins Umland der großen Städte (Suburbanisierung).

Als Antwort auf die Wohnungsfrage haben sich im Laufe der letzten 150 Jahre zwei Wohnideale herausgebildet: einerseits das städtische Wohnen zur Miete, eingebunden in ein Netz urbaner Dienstleistungen, andererseits das suburbane Wohnen im Eigenheim, verflochten mit Verwandtschaft und Nachbarn. In diesen konträren Idealen spiegelt sich die Ambivalenz der gesellschaftlichen Modernisierung, die mit ihrer Freisetzung aus primären Sozialbeziehungen, mit dem Aufbau gesellschaftlicher Sicherungs- und Vorsorgeeinrichtungen zugleich Abhängigkeiten von Markt, Staat und kollektiven Institutionen geschaffen hat.

3. Wohnungspolitik

Das Wohnungselend der städtischen Unterschichten war Ergebnis der rapiden industriellen Urbanisierung im 19. Jahrhundert unter Bedingungen privatwirtschaftlich geregelter Wohnungsversorgung. Es besserte sich erst auf breiter Front mit der beginnenden Staatsintervention in der Weimarer Republik. Mit Hilfe öffentlicher Förderung sollten zugleich gute und bezahlbare Wohnungen geschaffen werden. Es bildete sich ein gemeinnütziger Sektor in der Wohnungsversorgung heraus, der für Haushalte unter einer bestimmten Einkommensgrenze die Chance für eine gut ausgestattete Wohnung mit politisch festgelegten Mieten bot (Sozialbindung). Dies war der Beginn des „sozialen Wohnungsbaus". Der staatlich geförderte Mietwohnungsbau brachte in der Weimarer Republik Innovationen beim Wohnen hervor, indem vor allem durch Genossenschaften kollektive Einrichtungen und gemeinschaftliche Lebensformen befördert wurden. Gleichzeitig wurde jedoch der Bau von Eigenheimen staatlich gefördert – eine Wohnform, die in den Wohnwünschen immer an erster Stelle rangierte.

Nach dem Zweiten Weltkrieg knüpften die beiden deutschen Staaten auf sehr verschiedene

Weise an dieses wohnungspolitische Modell an: die DDR radikalisierte es mit der Verstaatlichung fast der gesamten Wohnungsversorgung zugunsten der politischen Steuerung, die (alte) BRD betrieb dagegen zunächst eine gemischte Strategie von sozialem Wohnungsbau, Eigenheimförderung und steuerlicher Begünstigung des „frei finanzierten" Mietwohnungsbaus, wobei die Förderung der Eigentumsbildung mehr und mehr in den Vordergrund rückte. Die Wohnungspolitiken der beiden deutschen Staaten sind somit getreuliche Spiegelbilder ihrer Systemunterschiede.

In der (alten) BRD wurden mit der Eigentumsförderung gesellschaftspolitische Ziele verfolgt: Mit dem Eigenheim sollte die Familie als Grundeinheit der Gesellschaft gestützt werden, zugleich sollte das individuelle Eigentum eine anti-kollektivistische Orientierung stärken. Die staatliche Förderung des Mietwohnungsbaus ist mehr und mehr eingeschränkt worden. Der *soziale Wohnungsbau* wird in der nahen Zukunft nur noch eine marginale Bedeutung für die Wohnungsversorgung haben. Der direkte staatliche Einfluß auf die Wohnungsversorgung wird damit auf ein Residualmodell sozialstaatlicher Wohnungspolitik (vgl. Harloe 1993) zurückgeführt, in dem mit öffentlicher Belegungs- und Mietpreiskontrolle nur noch Wohnungen für die Ärmsten zur Verfügung stehen. Die Marktfähigkeit einkommensschwacher Haushalte soll darüber hinaus durch *Wohngeld* gesichert werden.

Die *DDR* hat dagegen auf Gleichheit und Sicherheit in der Wohnungsversorgung durch industrialisierten Mietwohnungsbau und Wohnraumbewirtschaftung gesetzt. Das Privateigentum an Grund und Boden wurde aufgehoben, die Bauindustrie verstaatlicht. Wohnraum wurde von kommunalen Wohnungsverwaltungen nach (sozial-) politischen Kriterien verteilt. Die 1935 eingeführte Wohnraumbewirtschaftung wurde bis zum Ende der DDR aufrechterhalten. Die Kaufkraft sollte nicht über Größe, Qualität und Standort der Wohnung entscheiden, vielmehr sollten sich die „*Klassen* und *Schichten*" in ihrer Lebensweise einander annähern. Die unter staatlicher Regie neu gebauten Wohnungen zeichneten sich daher durch eine große Gleichförmigkeit aus, was auch die Produktivitätssteigerung durch Industrialisierung des Wohnungsbaus erleichterte. Der *Plattenbau* ab Beginn des 70er Jahre ermöglichte hohe Wohnungsbauleistungen, nur gingen jährlich etwa halb so viele Wohnungen im Altbaubestand verloren wie neu gebaut wurden, weil die DDR kaum Sanierung und Instandhaltung betrieb. Ebenso wie in der alten BRD war die Wohnungspolitik familienorientiert. Wohnungen wurden vorrangig an Familien vergeben, die „sozialistischen Wohnkomplexe" enthielten kollektive Versorgungseinrichtungen für Kindererziehung und Schulbildung sowie Einkaufsmöglichkeiten. Deutlich sozialistisch geprägt war das Wohnungsversorgungssystem der DDR darin, daß die Wohnungen wie eine Infrastruktureinrichtung beinahe unkündbar und faktisch kostenfrei zur Verfügung gestellt wurden. Die Kehrseite dieses Systems war ein weitgehender Verlust individueller Gestaltungsräume.

Mit der *Wiedervereinigung* begann in den neuen Bundesländern die Einführung von kostenorientierten Mieten, wurden das Privateigentum an Wohnungen, die marktwirtschaftliche Verteilung von Wohnraum und die Förderung der privaten Eigentumsbildung wieder eingeführt. Dies hat eine stärkere soziale Differenzierung der Wohnungsversorgung und eine neue sozialräumliche *Segregation* zur Folge. Vor allem wird eine *Gentrification* (d.h. soziale Veränderung zugunsten höherer Einkommensgruppen) der innerstädtischen Altbaugebiete als Folge der nun massiv einsetzenden Sanierungs- und Modernisierungsinvestitionen befürchtet. Allerdings wird als Erbe der DDR-Wohnungspolitik noch für lange Zeit ein größerer Teil des Wohnungsbestandes im öffentlichen Eigentum bleiben als in den alten Bundesländern.

4. Wohnungsbestand und Wohnungsversorgung

In der Struktur der Wohnungsversorgung in den alten und neuen Bundesländern spiegeln sich die Ergebnisse der jeweiligen Wohnungs- und Gesellschaftspolitik. Die Tabelle 1 enthält die wichtigsten Indikatoren:

Wohnen

Tabelle 1: Wohnungsversorgung in den alten und neuen Bundesländern (1987/1993)

	Alte BL	Neue BL
Eigentumsform aller Wohnungen		
– Kommunal		41%
– Genossenschaftlich/Gemeinnützige Ges.	13,8%	18%
– Sonstige Wohnungsunternehmen	6,3%	
– Private Eigentümer	79,9%	41%
Mietwohnungen in% von allen (amtl. Statistik)	60,7%	73%
Haushalte in privatem Wohneigentum* (Umfrage 1993)	45,3%	33,6%
– darunter Eigentumswohnung[1]	7,7%	2,1%
– Eigenheim	37,6%	31,5%
– in Orten unter 20.000 E.	57,5%	73,7%
in Ein-/Zweifamilienhaus	79,2%	92,8%
Baualter vor 1949	26,9%	73,1%
Gebäudegröße (nach GWZ 1993)		
mit 1 Wohnung	62,3	56,6
mit 2	20,8	18,5
mit 3 bis 6 Wohnungen	11,8	13,4
mit 7 bis 12 Wohnungen	4,0	9,8
mit 13 und mehr Wohnungen	1,1	1,7
Baujahr (alle Wohngebäude)		
– bis 1918	18%	35%
– 1919-1945	12%	19%
– nach 1945	70%	46%
Ausstattung		
– mit Bad/Dusche	95%	82%
– mit Innen-WC	98%	76%
– mit moderner Heizung	75%	47%
Wohnungsgröße* (Umfrage 1993)		
– 1 oder 2 Räume	24,1%	22,7%
– 3 Räume	31,1%	44,0%
– 4 Räume	21,3%	22,7%
– 5 Räume	12,7%	6,7%
– 6 oder mehr Räume	10,6%	4,0%
Wohnfläche je Wohnung	86,1 m²	64,3 m²
Wohnfläche je Mietwohnung	69,2 m²	62,0 m²
Wohnfläche je Einwohner	36,8 m²	27,4 m²
Räume je Wohnung	4,4	3,8
Räume je Einwohner	1,9	1,6
Wohnungen je 1.000 Einwohner	428	426

1 Nach der Gebäude- und Wohnungszählung 1993 beträgt der Anteil der von den Eigentümern selbst bewohnten Wohnungen („Eigentümerwohnungen) am gesamten Wohnungsbestand in den alten Ländern 41,7%, in den neuen Bundesländern 26,4%.

Quelle: Ulbrich 1993, 30. Die mit * gekennzeichneten Angaben sind dem Wohnungsbestandspanel der BfLR (vgl. Schwandt 1994) entnommen, die aus einer Umfrage im Jahr 1993 stammen. Die Daten zur Eigentümerstruktur und zu den Wohnungsgrößen weichen erheblich von den amtlichen Statistiken ab; bei den Wohnungsgrößen sind durch die Umfrage die unterschiedlichen Erfassungsmethoden von DDR- und BRD(alt)-Statistik beseitigt; in der BRD(alt)-Statistik waren alle Räume einer Wohnung, soweit sie Wohnzwecken dienten (also auch Küchen) gezählt worden, in der DDR-Statistik jedoch nur die „reinen" Wohnräume. Die Eigentumsquote ist gegenüber den DDR-Daten von 1989 erheblich höher, weil inzwischen viele Häuser durch das Restitutionsverfahren an ihre früheren Eigentümer zurückgegeben worden sind. Da die Daten aus verschiedenen Quellen und aus verschiedenen Zeitpunkten stammen, summieren sich die Prozent-Werte nicht immer auf 100%.

4.1 Eigentumsstrukturen

Während in den ABL (alten Bundesländern) etwa 4/5 des gesamten Wohnungsbestandes privaten Eigentümern gehören, galt dies im Jahre 1989 nur für ca. 2/5 der Wohnungen in der DDR. Der gesamte Wohnungszuwachs in der DDR seit 1950 entstand unter staatlicher Regie als „Volkseigentum", und wurde nach der Vereinigung an die Kommunen übertragen. Da private Eigentumsbildung in der DDR nur unter großen Einschränkungen möglich war, die Politik der (alten) BRD aber gerade diesen Prozeß unterstützte, ist die Quote der von ihren Eigentümern bewohnten Wohnungen in den ABL doppelt so hoch wie in den NBL (neuen Bundesländern). Trotz Restitution (Rückgabe von Immobilieneigentum an die früheren Eigentümer) und Verkauf von kommunaleigenen Wohnungen seit der Vereinigung nimmt die Quote der Eigentümerwohnungen in den NBL nur langsam zu, weil die privaten Haushalte selten über das Grundkapital für die Eigentumsbildung verfügen. Die Privatisierung resultiert daher vor allem in einer Eigentumsübertragung in die westlichen Bundesländer.

4.2 Gebäudealter

Der Wohnungsbestand in den alten Bundesländern ist außerordentlich jung. Nur 18% der Wohngebäude sind vor 1918, 70% nach 1949 errichtet worden. In den NBL sind lediglich 35% aller Gebäude nach 1945 gebaut worden, 46% sogar vor 1918. Der Anteil der *Wohnungen*, die nach 1949 gebauten wurden, ist jedoch erheblich höher, da in der DDR (auch in Kleinstädten und Dörfern) vor allem große Mietshäuser errichtet wurden. Die Unterschiede im Gebäudealter spiegeln sich im Ausstattungsstandard der Wohnungen. Im Jahre 1989 hatten nicht einmal die Hälfte der Wohnungen in der DDR eine Zentralheizung.

4.3 Wohnungsgröße

Die *Wohnungen* in der BRD sind durchschnittlich größer, der Anteil mit fünf und mehr Räumen liegt hier bei 23%, in der DDR lag er bei 10%. Die Wohnfläche je Wohnung beträgt in den ABL 86,1 qm im Durchschnitt, in den NBL 64,3 qm. Auch die Wohnfläche pro Einwohner ist in den ABL erheblich größer: 36,8 qm im Jahr 1987, in den NBL 27,4 qm. Diese Unterschiede sind vor allem durch die höhere Qualität der Eigentumswohnungen in den ABL bedingt. Die Wohnfläche je Mietwohnung unterscheidet sich längst nicht so sehr wie der Durchschnitt aller Wohnungen: 69,2 qm in den ABL, 62 qm in den NBL.

4.4 Polarisierung der Wohnungsversorgung

Im Jahre 1985 betrug die durchschnittliche Wohnfläche pro Kopf 35,8 qm. Beim untersten Einkommensquintil, also jenen 20% der Bevölkerung mit den niedrigsten Einkommen, waren es 31,1 qm, beim obersten Einkommensquintil dagegen 43,1 qm (vgl. Ulbrich 1993). Auch hinsichtlich der Verfügung über die Wohnung deutet sich eine Polarisierung an. Beim obersten Quintil der Einkommenspyramide ist die Eigentumsquote von 43,8% (1978) auf 51,5% (1987) gestiegen. Im selben Zeitraum hat sie bei den untersten Einkommensgruppen dagegen von 32,3 auf 29,6% abgenommen.

Die Mietbelastungsquote (Brutto-Kaltmiete in Prozent des Einkommens) ist zwischen 1978 und 1988 bei den Haushalten mit den niedrigsten Einkommen stärker gestiegen als bei denen mit den höchsten Einkommen, obwohl sie vorher schon erheblich höher lag. Der durchschnittliche Anteil, den die Mieter für die Brutto-Kaltmiete im Jahre 1978 aufzubringen hatten, betrug 16,3% ihres Einkommens, er ist bis 1988 auf 21,9% gestiegen. Beim untersten Einkommensfünftel betrug der Anteil für die Kaltmiete 1978 23,5%, beim obersten Einkommensfünftel 11,7%. Da die Einkommensentwicklung nicht mit den Mietsteigerungen parallel verlief, erhöhte sich die Mietbelastungsquote beim unteren Einkommensfünftel auch stärker als beim obersten: während diese 1988 15% ihres Einkommens für die Kaltmiete ausgeben mußten (Steigerung um 28,2%), kletterte die Quote bei den „armen" Haushalten auf 32,7% (relative Veränderung: + 39%).

4.5 Vergleich alte/neue Bundesländer

In den ABL sind die Wohnungen neuer, besser ausgestattet und größer, es gibt etwas mehr Wohnung pro Einwohner, sie befinden sich sehr viel häufiger im privaten Eigentum und in Ein- und Zweifamilienhäusern. Die BRD hat also mehr und besseren Wohnraum produziert trotz der erheblichen Anstrengungen der DDR zur Industrialisierung des Bauens. In den 70er und 80er Jahren wurden in der DDR Wohnungen fast nur noch in Plattenbauten errichtet (vgl. Hannemann 1996). Man kann sagen, daß in den beiden Ländern die jeweils andere Seite der Wohnungsfrage besser gelöst wurde: die BRD hat die Qualität und Differenziertheit des Wohnungsbestandes erhöht, in der DDR wurde mehr Wert auf Sicherheit, niedrige Mieten sowie eine größere Gleichheit in der Wohnungsversorgung gelegt.

5. Hauseigentum

Das Eigenheim ist seit Jahrzehnten der Favorit in Umfragen zu den Wohnwünschen. In ländlichen Gemeinden leben nahezu 2/3 der Haushalte im eigenen Haus. Die „Eigentumsquote" hat sich in der alten BRD von 31,3% im Jahre 1965 auf 39,4% im Jahre 1987 erhöht (in den neuen Bundesländern liegt sie bei 21%). Dabei sind die Eigentumsquoten bei den Haushalten mit höheren Einkommen stärker gestiegen als bei denen mit niedrigen Einkommen. Die ärmeren Haushalte sind also an der Ausdehnung der Eigentumsquote kaum beteiligt worden. Dennoch verfügen auch die Haushalte am unteren Ende der Einkommenshierarchie zu fast 30% über Hauseigentum.

In der Art und Weise, wie Hauseigentum erworben wird, zeigen sich große Unterschiede zwischen den Einkommensgruppen: während bei ausreichend hohem Einkommen der Hauskauf eher einer Kapitalanlage gleicht, mit der Steuervergünstigungen und die Demonstration eines bestimmten sozialen Status (Wohngegend) verbunden sind, wird bei Angehörigen der unteren Einkommensschichten der Bau eines Hauses zu einem besonderen Abschnitt im Lebenslauf der ganzen Familie.

Denn um eine zu hohe Verschuldung zu vermeiden, wird der Hausbau zu einem großen Teil in informellen Netzen von Familie und Nachbarschaft organisiert. Die Motive für einen solchen „*investiven Lebensstil*" (vgl. Jessen/ Siebel u.a. 1987) liegen in einem tiefen Mißtrauen gegenüber Märkten und kollektiven Sicherungsinstitutionen, von denen man sich durch eigene Arbeitsleistungen bis zu einem gewissen Grade unabhängig machen möchte. Diese Motive werden in sozialpolitischen Strategien aufgenommen, die in der privaten Wohneigentumsbildung einen Weg zur Privatisierung der Vorsorge im Alter sehen. Weltweit gibt es einen Zusammenhang zwischen dem Ausbaustandard sozialstaatlicher Sicherungssysteme und der Struktur der Wohnungsversorgung (vgl. Kemeny 1992): Wo das individuelle Wohneigentum vorherrscht, übernimmt der Sozialstaat in der Regel nur eine residuale Sicherungsfunktion, während ein großer, staatlich geförderter Mietwohnungssektor mit einem ausgebauten Sozialstaat einhergeht.

6. Wandel der Wohnformen

Das moderne Wohnen ist Ergebnis eines historischen Entdifferenzierungsprozesses, der mit der Vereinheitlichung von Lebensbedingungen im Zuge der gesellschaftlichen *Modernisierung* in den letzten 150 Jahren korrespondierte. Damit ist allerdings nicht das Ende der Entwicklung erreicht, vielmehr differenzieren sich heute die Wohnformen erneut aus. In drei Dimensionen, die den Idealtyp des modernen Wohnens charakterisieren, zeichnen sich Veränderungen ab:

6.1 Wohnen und Arbeiten

Das schiefe Bild vom privaten Haushalt als Konsumeinheit und der Wohnung als eines Ortes der Erholung von beruflicher Arbeit wird durch die feministische Kritik zurechtgerückt. Die Wohnung blieb immer auch Ort von Arbeit, obwohl die berufliche Arbeit weitgehend aus den Wohnhäusern ausgewandert ist. Mit dem Übergang zur *Dienstleistungsgesellschaft* zeichnen sich Tendenzen ab, daß die Wohnung wieder in größerem Umfang der Ort von Arbeit wird. Neue Haushalts- und neue Informationstechnologien, kürzere und flexiblere Arbeitszeiten, zunehmende Arbeitslosigkeit, längere Ausbildung, frühere Pensionierung und längere Lebenszeit werden das räumliche und zeitliche Gegenüber von Wohnung und Freizeit einerseits, Betrieb und Arbeit andererseits abschwächen.

Die in der Wohnung verbliebene Hausarbeit und andere Formen der informellen Arbeit verändern ihre Qualität, ihren Umfang und ihre räumlich-materiellen Voraussetzungen. Die klassische *Hausarbeit* wird kapitalisiert und professionalisiert. Schon heute entspricht der Gegenwert der durchschnittlichen Ausstattung eines westdeutschen Haushalts den durchschnittlichen Investitionskosten eines gewerblichen Arbeitsplatzes.

Neben technischen Veränderungen wandeln sich auch die sozialen Aspekte der Arbeit im Haus. So gibt es Tendenzen, die *Hausarbeit* innerhalb der Familie gleichmäßiger zu verteilen. Der Anteil alter Menschen und damit der Anteil der Pflegebedürftigen wird aber erheblich zunehmen. Schließlich kann der ökologische Umbau die Wohnformen ändern: War die „moderne" Wohnung vor allem auf ein möglichst bequemes, von Arbeit freies Leben ausgerichtet, so verlangt eine ökologisch verträgliche Haus- und Stadttechnik, daß die Haushalte sich in bestimmten Bereichen einschränken, sich mehr Wissen aneignen und Verantwortung übernehmen. Voraussichtlich werden sie auch mehr Arbeit innerhalb der Wohnung und im Wohnumfeld leisten müssen, wenn der Energie- und Flächenverbrauch ebenso gesenkt werden sollen wie die Menge des Abfalls, die ein Haushalt heute produziert.

6.2 Privatheit und Öffentlichkeit

Die Grenzen zwischen privatem und öffentlichem Bereich, die traditionell zwischen Wohnung und öffentlich zugänglichem Raum gezogen waren, verschieben sich teilweise in die Wohnung und werden zugleich nach außen hin durchlässiger. Die *Individualisierung* der Wohnweise, die in der rasanten Zunahme der Einpersonenhaushalte ihren deutlichsten Ausdruck findet, führt auch in der Wohnung des traditionellen Familienhaushaltes zu neuen Raumaufteilungen. Anderseits zeigt sich in neuen Wohnformen wie Wohn- und Hausgemeinschaften eine Öffnung der privaten Sphäre gegenüber einer allerdings eng umgrenzten Nachbarschaft. Auf der Ebene von Hausgemeinschaften und Häusergruppen entwickeln sich Formen inszenierter Nachbarschaften. Dabei handelt es sich um eine bewußte Organisation *sozialer Netze*, sowohl um bestimmte Haushaltsfunktionen gemeinschaftlich zu erledigen (Kinderbetreuung, Kochen, Beschaffung ökologisch unbedenklicher Lebensmittel in Kooperativen usw.), als auch um Isolation und Anonymität zu durchbrechen. Die neuen Nachbarschaften können so ein funktionales Äquivalent für die sich ausdünnenden sozialen Netze auf Basis der Verwandtschaft bilden.

6.3 Neue Haushaltstypen

Die soziale Einheit des Wohnens, der *Haushalt*, ist immer seltener eine Familie. Neben und anstelle des Familienhaushalts entwickeln sich sogenannte „neue Haushaltstypen" (vgl. Spiegel 1986). Als „neue Haushaltstypen" werden die Alleinstehenden (*Singles*), die unverheiratet zusammenlebenden Paare, die Alleinerziehenden und die Wohngemeinschaften bezeichnet.

Die amtliche Statistik zählt als Einpersonenhaushalte Personen, die für sich alleine in einem Haushalt wohnen und wirtschaften. Seit 1925 ist ihre Anzahl absolut und relativ kontinuierlich gestiegen, besonders schnell seit 1961. Die Gleichsetzung der statistisch gezählten Einpersonenhaushalte mit *Singles* ist allerdings problematisch, da die statistische Kategorie des Einpersonenhaushaltes aufgrund der Erfassung nur des Hauptmieters bzw. des Haushaltsvorstandes auch Wohngemeinschaften und nichteheliche Lebensgemeinschaften mitzählt (vgl. Tab. 2).

Mehr *Frauen* leben allein als Männer, aber stellten 1957 die Frauen noch fast 3/4 aller Einpersonenhaushalte (72,3%), so waren es 1993 weniger als 2/3 (64,2%). Das hängt mit der Verschiebung der Altersstruktur der Einpersonenhaushalte zusammen. 1957 gab es lediglich 248.000 Alleinlebende unter 25 Jahren, 1992 waren es 978.000. Im selben Zeitraum hat sich die Zahl der 25- bis 45jährigen, die allein leben, fast versechsfacht.

Tabelle 2: Anteil der Einpersonenhaushalte an allen Haushalten (Deutsches Reich und alte Bundesländer) (in Prozent)

1871	1880	1890	1900	1910	1925	1933	1939	1950	1961	1970	1980	1990	1992
6,2	6,3	7,1	7,2	7,3	6,7	8,4	9,8	19,4	20,6	25,1	30,2	35,0	33,7

Quelle: Statistisches Bundesamt 1994, Fachserie 1, Reihe 3

In den alten Bundesländern lebten 1992 weit über 2 Mio., in ganz Deutschland nahezu 3 Mio. Personen (Wirtschaft und Statistik 7/1994: 506) unverheiratet zusammen, wobei die wirkliche Zahl wahrscheinlich weit höher liegen dürfte. Zwischen 1972 und 1992 ist die Zahl der *„nicht-ehelichen Lebensgemeinschaften"* von 137 Tausend auf über eine Million gewachsen.

1992 gab es in den alten Bundesländern 1.016.000 *Alleinerziehende* (137.000 Männer und 879.000 Frauen) mit Kindern unter 18 Jahren, in den neuen Bundesländern etwa ebenso viele. Die rund 84% Alleinerziehender, die tatsächlich nur mit ihren Kindern allein in einem Haushalt leben, entsprechen 15% aller Haushalte, in denen Kinder leben (Wirtschaft und Statistik 10/1989).

Die Zahl der Familienhaushalte mit „Familienfremden" sank kontinuierlich von 26,1% im Jahr 1910 auf 1,1% aller Mehrpersonenhaushalte im Jahr 1990. Zur Untermiete wohnen ist heute sehr selten. Die Zahl der Haushalte, in der nur „Familienfremde wohnen (*Wohngemeinschaften*), blieb bis 1970 konstant bei 0,9% aller Mehrpersonenhaushalte. Danach verdreifachte sie sich bis 1982 und versechsfachte sich bis 1990 auf nun 1,02 Mio. Haushalte. Auch hier dürfte die Zahl noch erheblich höher liegen.

Wohngemeinschaften sind der einzige neue Haushaltstyp, der bewußt und in politischer Absicht gegen die dominante Wohn- und Lebensform entworfen worden ist, aber auch diese Wohnform hat sich inzwischen zu einer pragmatischen Antwort auf Wohnungsversorgungsprobleme einer wachsenden Zahl von noch in der Ausbildung stehenden, jüngeren Erwachsenen gewandelt.

Verschiedene Gründe sprechen dafür, daß diese Ausdifferenzierungen von Haushalts- und Wohnformen keine Modeerscheinung sind, sondern Symptome *gesellschaftlichen Wandels*. Erstens hat die Liberalisierung der Moralvorstellungen (und in der Folge eine Liberalisierung rechtlicher Regelungen) im Bereich von Sexualität zu einer Lockerung der Normen geführt. Bis in die 70er Jahre stellte in der Bundesrepublik der „Kuppeleiparagraph" des Bürgerlichen Gesetzbuches die Vermietung von Wohnraum an unverheiratete Paare unter Strafe. Das Scheidungsrecht ermöglicht es heute dem ökonomisch abhängigen Partner eher als früher, nach einer Scheidung selbständig zu leben. Ein zweiter Faktor, der die Ausbreitung der neuen Haushaltstypen objektiv möglich gemacht hat, ist der gestiegene Wohlstand und der Ausbau sozialstaatlicher Sicherungen. *Wohngeld* und *Sozialhilfe* erlauben es auch nicht berufstätigen Alleinerziehenden und getrennt Lebenden, weitgehend unabhängig von familialen Unterstützungszahlungen einen eigenen Haushalt zu führen. Die Renten (zusammen mit Wohngeld und Sozialhilfe) ermöglichen es alten Menschen, unabhängig zu wohnen. Drittens hat sich zusammen mit den länger gewordenen Ausbildungszeiten für einen sehr viel größeren Teil der Jugendlichen eine neue Phase in der Biographie etabliert: die „Nachjugend" (*Postadoleszenz*), eine Phase der halben Selbständigkeit zwischen Auszug aus dem elterlichen Haushalt und dem endgültigen Eintritt in das berufliche (und familiale) Dasein des Erwachsenen. Diese Phase ist auch eine Zeit des Experimentierens mit anderen Wohn- und Lebensformen vor, neben und anstelle des Familienhaushalts.

Der vierte und gewichtigste Faktor ist die allmähliche Veränderung der gesellschaftlichen Situation der *Frauen*. Die alleinlebende Frau ist nicht mehr „Fräulein" oder „alte Jungfer", sondern lebt eine gewünschte Alternative zur traditionellen Frauenrolle innerhalb der Familie. Das Ledigsein ist in der Großstadt die häufigste „Familienform" für Erwachsene in einem Alter geworden, in dem man früher geradezu selbstverständlich verheiratet war oder es doch wenigstens sein wollte (vgl. Bertram 1994). Heute ziehen Frauen (durchschnittlich mit 21,2 Jahren) 2,7 Jahre früher aus der elterlichen Wohnung aus als junge Männer, die beim Auszug im Durchschnitt 23,9 Jahre alt sind.

Die *Kernfamilie* hat sich im Zuge einer Spezialisierung der Familie auf emotional-expressive Bedürfnisse gegenüber den sehr viel stärker ökonomisch geprägten Funktionen des „Ganzen Hauses" ausdifferenziert. Diese Ausdifferenzierung setzt sich fort in verschiedenen Haushaltsformen, in denen sehr heterogene Ansprüche verschiedener Alters-, Berufs- und Lebensstilgruppen deutlich werden. Dabei wächst die Zahl derer, die in einer Art experimenteller Wohnbiographie verschiedene Gesellungsformen ausprobieren: Man wächst in einer Familie auf, lebt danach in der Ausbildungszeit in einer Wohngemeinschaft, dann mit einem Partner zusammen, gründet eine eigene Familie, lebt nach dem Auszug der Kinder vielleicht wieder allein oder mit einem anderen Partner, um im Alter endgültig als Single in einem Altenheim – oder in einer der häufiger werdenden Altenwohngemeinschaften (mit fürsorgerischer Unterstützung durch einen ambulanten Dienst) zu leben.

7. Neue Wohnungsnot

Daß es in der Gesellschaft mehr und bessere Wohnungen gibt, bedeutet noch lange nicht, daß die *Wohnungsnot* entsprechend geringer geworden sei. Man kann zwei Formen der Wohnungsnot unterscheiden:

Die relative *Wohnungsnot*. Damit ist gemeint, daß es einen Teil der Bevölkerung relativ zum Durchschnitt der Bevölkerung schlechter geht und einem anderen Teil besser. Demgegenüber spricht man von absoluter Wohnungsnot, wenn man Wohnungsversorgung an einem festen, als Mindestniveau definierten Maßstab mißt. Anfang der 80er Jahre und wieder Anfang der 90er Jahre war in der Bundesrepublik von „neuer" Wohnungsnot die Rede. Was ist neu an der „neuen Wohnungsnot"?

Die „neue *Wohnungsnot*" ist zunächst einmal die alte. Die Grundproblematik ist immer noch dieselbe, daß nämlich der Wohnungsmarkt eine gute Wohnungsversorgung nur zu Preisen bereitstellt, die die Zahlungsfähigkeit eines großen Teils der Haushalte übersteigt. Neu ist allenfalls, daß die staatliche Wohnungspolitik mehr und mehr zu den Verursachern der Misere gerechnet wird. Verantwortlich dafür sind die Umstellung der Förderungspolitik zu Lasten der sozial gebundenen Bestände und die Modernisierungs- und Sanierungspolitik. Im Zuge der Aufwertung innerstädtischer Altbaubestände werden Wohnungen abgerissen, kleine Wohnungen zu größeren zusammengelegt, die Wohnfläche durch den Einbau von Bädern, Toiletten etc. verkleinert, Mietwohnungen in Eigentumswohnungen umgewandelt. Zusammen mit den aufwertungsbedingten Mietpreissteigerungen hat dies zur Konsequenz, daß der Bestand an billigen Wohnungen verringert wird.

Neu sind also erstens die Ursachen, soweit sie auf staatliche Eingriffe in die Wohnungsversorgung zurückgeführt werden. Neu ist zweitens, daß die Zahl der Notfälle steigt, obwohl es noch nie eine vergleichbar gute Versorgung der Bevölkerung mit Wohnraum gegeben hat. Insoweit wie mit der „neuen Wohnungsnot" Versorgungsmängel mehr in qualitativen Aspekten des Wohnens auftreten, ist die Not weniger offensichtlich geworden. *Wohnungsnot* heute ist auf einem Niveau definiert, indem es um die Einhaltung bzw. Unterschreitung bestimmter normativ gesetzter Standards angemessener Wohnungsversorgung geht. Die Wohnungsnot ist also auf einem Niveau definiert, auf dem nackte Not nicht mehr oder nur noch für kleine Minderheiten von Wohnungslosen und Obdachlosen vorkommt. Wohnungsnot ist heute relative Not in einer sehr reichen Gesellschaft.

Literatur

Bertram, Hans: Die Stadt, das Individuum und das Verschwinden der Familie, in: Aus Politik und Zeitgeschichte, Beilage zur Wochenzeitung Das Parlament, B 29-30, 1994, S. 15-35

Egner, Erich: Der Haushalt. Eine Darstellung seiner volkswirtschaftlichen Gestalt. 2., umgearb. Aufl., Berlin 1976

Häußermann, Hartmut/Walter Siebel: Soziologie des Wohnens, Weinheim 1996

Hannemann, Christine: Die Platte, Wiesbaden 1996

Harloe, Michael: The People's Home? Social Rented Housing in Europe & America, Oxford 1995

Herlyn, Ulfert/Bernd Hunger (Hg.): Ostdeutsche Wohnmilieus im Wandel, Basel 1994

Jessen, Johann/Walter Siebel/Christa Siebel-Rebell/Uwe-Jens Walther/Irmgard Weyrather: Arbeit nach der Arbeit. Schattenwirtschaft, Wertewandel und Industriearbeit, Opladen 1987

Kähler, Gerd (Hg.) Geschichte des Wohnens, Bd. 4: 1918-1945. Reform, Reaktion, Zerstörung, Stuttgart 1996

Kemeny, Jim: Housing and Social Theory, London/New York 1992

Saldern, Adelheid von: Häuserleben. Zur Geschichte städtischen Arbeiterwohnens vom Kaiserreich bis heute, Bonn 1995

Schwandt, Alfred: Zu einigen Indikatoren der Wohnungsversorgung und deren Bewertung durch die Bewohner in den ersten Jahren nach der Vereinigung, in: Informationen zur Raumentwicklung, Heft 10/11, 1994, S. 691-720

Spiegel, Erika: Neue Haushaltstypen, Frankfurt a. M./New York 1986

Teuteberg, Hans J./Clemens Wischermann, (Hg.): Wohnalltag in Deutschland 1850 – 1914. Bilder – Daten – Dokumente, Münster 1985

Ulbrich, Rudi: Wohnungsversorgung in der Bundesrepublik Deutschland, in: Aus Politik und Zeitgeschichte, Beilage zur Wochenzeitung Das Parlament, B 8-9, 1993, S. 16-31

Zimmermann, Clemens: Von der Wohnungsfrage zur Wohnungspolitik. Die Reformbewegung in Deutschland 1845-1914, Göttingen 1991

Hartmut Häußermann/Walter Siebel

Zukunftsvorstellungen

1. Zukunftsvorstellungen und soziale Wirklichkeit

Aus Zukunftsvorstellungen, obwohl sie Zukunftsvorstellungen heißen und sich auf die Zukunft beziehen, erfahren wir nichts über die Zukunft. Zukunft ist unbestimmt, also nicht kennbar und nicht lehrbar. Genauso wie Vorstellungen von der Vergangenheit – „Geschichte" – sind Zukunftsvorstellungen gegenwärtige Vorstellungen. Sie sind immer Gegenwart. Wenn wir die Zukunftsvorstellungen von Menschen kennen, wissen wir etwas über ihre Gegenwart. Nicht mehr, aber auch nicht weniger.

Als Zukunftsvorstellungen sind Zukunftsvorstellungen soziale Wirklichkeit. Sie sind nicht weniger wirklich als ein real existierendes Unternehmen, ein Liebespaar, eine Familie, ein Staat, eine Nation, der Glaube an Gott oder an schwarze Magie. Alle soziale Wirklichkeit der Menschen ist eine Vorstellung von Wirklichkeit. Ohne eine Vorstellung von Wirklichkeit wüßten wir gar nicht, daß es Wirklichkeit gibt. Wirklichkeit besteht für uns nur als Vorstellung von Wirklichkeit. Das Unternehmen ist die Vorstellung, die wir qua kollektiver Definition von ihm haben. Die Verwandtschaft ist die Vorstellung von Verwandtschaft. Die Nation ist die Vorstellung von Nation. Die Zukunftsvorstellungen sind die Zukunft – heute! Morgen wird die Zukunft anders aussehen. Aber auch das Unternehmen, die Verwandtschaft, die Nation werden anders sein.

Normalerweise sind diese sozialen Gebilde durch unsere Vorstellungen genau genug bestimmt, um – immer in der Gegenwart! – mit ihnen leben zu können. Und doch ist die Genauigkeit eine ungenaue. Wir denken diese Unschärfe mit, wenn wir den Begriff der Vorstellung verwenden: „Weißt du, was ein Unternehmen ist?" oder „Weißt du überhaupt, was in diesem Unternehmen los ist?" Die Antwort: „Ich habe eine Vorstellung davon" – will sagen: Ganz genau weiß ich es nicht, kann ich es nicht wissen ... Und diese „Zone der Ahnung" zwischen Wissen und Unwissen, der im Begriff der Vorstellung mitgedacht wird, macht soziologisch und lebenspraktisch Sinn: hier ist, im Rahmen kollektiven Vorverständnisses, Spielraum für Abweichungen und Änderungen. Soziale Tatbestände sind nur Vorstellungen von dem, was zwischen Menschen geschieht. Normalerweise durch kollektive Übereinstimmung hinreichend festgelegt, aber nicht: unverrückbar, starr.

Als sozialer Tatbestand sind Zukunftsvorstellungen nichts Individuelles, dem Individuum Eigenartiges. Immer teilt es einen Teil (manchmal alle) Zukunftsvorstellungen mit anderen Menschen. Je mehr bestimmte Vorstellungen geteilt werden, je größer also die Zahl der Menschen, die sie „tragen", desto größer ist der soziale Wirklichkeitscharakter, also die Macht dieser Vorstellungen über die Menschen. Eine von der Mehrheitsvorstellung abweichende individuelle Vorstellung ist zwar auch wirklich, aber kaum sozial wirksam. Auch als individuell abweichende Vorstellung ist sie ihrer Herkunft, Entstehung und Bedeutung nach ein sozialer Tatbestand.

2. Individuelle und kollektive Orientierung

Zukunftsvorstellungen können sich auf die Zukunft ihrer individuellen Träger oder auf die Zukunft eines Kollektivs richten. Die meisten Zeitgenossen sind sich dieser Differenzierung sehr bewußt, ja verlangen nach ihr. Fragt man sie nach ihren Zukunftsvorstellungen, dann fragen sie zurück: „Was ist gemeint ... was ich mir für mich selbst vorstelle oder für die Allgemeinheit?" Stellt man es ihnen frei („wie Sie wollen"), dann wählen sie in der Regel die eigene Person als Bezugspunkt: „Ich wünsche mir, daß ich meine Eltern noch lange habe, daß ich meine Ausbildung gut zu Ende bringe, daß ich heirate und Kinder habe", antwortet eine Frau von 22 Jahren (eigene Erhebung). Wem die Differenzierung zwischen individueller und kollektiver Orientierung nicht in den Sinn kommt, dessen Antwort bleibt in der Regel wie selbstverständlich in der persönlichen Sphäre, dann und wann in gesellschaftliche Bezüge ausgreifend: „...daß der Frieden erhalten bleibt", „... daß alle Arbeit haben ...".

Spontan drängt sich dem Interpreten, besonders wenn er der Generation der „68er" nahesteht, der Eindruck auf, daß sich ein Generationswandel vollzogen habe: die Jugendlichen heute scheinen selbstbezogener über die Zukunft zu denken als die vor zwanzig, dreißig Jahren, wo sich zahllose Diskussionen um die „Veränderung der Gesellschaft" drehten. Zwischen damals und jetzt scheint sich eine „*Individualisierung*" der Lebensperspektive vollzogen zu haben – passend zu dem, was sonst noch alles unter dem Schagwort der Individualisierung gefaßt wird.

Doch ist vor solchen Deutungen Vorsicht geboten – gerade weil sie so geläufig sind. Über empirische Daten, mit denen sich die These von der zunehmenden Selbstbezogenheit der Sichtweise im Zeitvergleich exakt und valide nachprüfen ließe, verfügen wir nicht. Selbst wenn die 68er sich mehr für die Gesellschaft und weniger für sich selbst interessierten, traf das vielleicht nur für eine gut gebildete und streitfreudige Minderheit zu. Und selbst wenn es sich für einen repräsentativen Querschnitt, also praktisch eine ganze Generation oder zumindest eine breite Kohorte belegen ließe, so war dies die Generation des „Wertwandelschubs", der ziemlich genau ein Jahrzehnt lang vorhielt und in den achtziger Jahren, wie die einschlägigen Forschungen zeigen (Meulemann 1983, 1996), schon wieder vorbei war. Mit anderen Worten: Daß man bei dem Reizwort „Zukunftsvorstellungen" zuerst an die persönliche Zukunft und den eigenen Nahbereich denkt, ist wahrscheinlich nach wie vor „normal". Die intellektuelle Hinwendung der Zukunftsvorstellungen auf „die Gesellschaft" in den siebziger Jahren war die Ausnahme. Für das Auftreten solcher Ausnahmen mag es unterschiedliche Gründe geben: die relative Geborgenheit der individuellen Zukunftsaussichten auf der einen Seite; über Arbeitslosigkeit, Berufswahl und soziale Absicherung brauchte man sich als Student in jenen Jahren keine Gedanken zu machen. Andererseits ein Defizit an kollektiver Programmatik in den zwei Jahrzehnten des Wiederaufbaus nach dem Kriege, in denen (im Westen) individuelle Tüchtigkeit gefragt war. Das Programm einer „Veränderung der Gesellschaft", das dann auftauchte, kann als ein Wiederaufleben brachliegender Gemeinschaftswerte, aber auch genau umgekehrt als der Versuch interpretiert werden, den zunehmenden individuellen Freiräumen nun auch kollektiven Ausdruck und Institutionalisierung zu verschaffen – paradoxerweise durch einen Angriff auf die überkommenen Institutionen.

In der *DDR* waren die Zukunftsvorstellungen – zumindest offiziell – stärker gemeinschaftsbezogen: „Der Sozialismus wird siegen!" Dabei war die Reichweite der zukünftigen Erfolge gleichsam gestaffelt: Es ging zunächst um die Zukunft des ersten deutschen Arbeiter- und Bauernstaates, dann um das sozialistische Lager, schließlich um eine Vision für die ganze Welt.

3. Zukunfstvorstellungen als vorgestelltes Wissen

Der *Sozialismus* kommt, der *Kapitalismus* geht. Das war nicht nur eine Wunschvorstellung. Es war mehr und anderes: nicht Wunsch, sondern Wissen. Ein Wissen, das durch den wissenschaftlichen Sozialismus geschaffen wurde. Eine Tatsachenbehauptung, also eine empirische Aussage, auf die Zukunft bezogen, kurz: eine Vorhersage. Meistens sind solche Prognosen nicht nur ein Vorher-Sagen, sondern auch ein Vorher-Wünschen, verbunden mit einem Durchsetzen-Wollen, wodurch der Wunsch Wirklichkeit werden und das Vorher-Sagen sich selbst erfüllen kann. Dieses Zusammengehen von Vorher-Sagen, Wünschen und Durchsetzen-Wollen ist aber nicht zwangsläufig. Joseph Schumpeter (1950) war einer der wenigen Sozialtheoretiker, der die Entwicklung zum Sozialismus überhaupt nicht wünschte und trotzdem für unausweichlich hielt.

Er hat sich geirrt, zumindest was den Staatssozialismus angeht. Und auch Millionen andere haben sich – wenn auch weniger intelligent – geirrt. Der *Sozialismus* geht, der *Kapitalismus* kommt. Einige Sozialtheoretiker – an prominenter Stelle Friedrich A. Hayek (1952) – haben dies kommen sehen und den Irrtum der übrigen, besonders der Marxisten, angeprangert. Für die dramatische welthistorische Offenbarung des Irrtums steht allerdings heute eine Jahreszahl: 1989. Heute sehen wir das so. Vielleicht in Zukunft nicht mehr. Vielleicht wird sich in der Zukunft, wenn sie keine Zukunft mehr sein wird, offenbaren, daß wir uns auch heute irren, zum Beispiel wenn wir den Kapitalismus unaufhaltsam auf dem Vormarsch sehen. Die Zweifel an der Vorhersagbarkeit der Zukunft sind 1989 explosionsartig gewachsen und – wie man modisch sagt – „globalisiert" worden. Das Wissen über die Zukunft ist erschüttert worden. Die Idee der Wißbarkeit der Zukunft ist erschüttert worden. Der „wissenschaftliche Sozialismus" ist nur mehr eine komische Figur im Museum der Ideen, und sein westliches Pendant, die Planungstheorie und „Futurologie", sind ebenfalls out. Gleichwohl wollen alle wissen, was die Zukunft bringt.

Kann man es wissen? Im Prinzip nein, weil die Zukunft immer ungewiß ist. Weil sie offen ist, kann sie sich nicht offenbaren. Würde sie sich vor ihrer Zeit offenbaren, wäre sie nicht mehr offen. In dem Augenblick, wo sie die Karten offen legt, ist sie keine Zukunft mehr, sondern Gegenwart – auf dem Weg in die Herkunft. So ist es im Prinzip, aber nur im Prinzip. In der Lebenspraxis läßt sich die Zukunft, zumindest die nähere Zukunft, in aller Regel hinlänglich genau vorhersagen, gerade weil sie auf einem breiten und festen Sockel von Herkünften aufruht, die festlegen oder zumindest eingrenzen, was in Zukunft möglich ist. Die Ethik des Christentums läßt sich nicht mehr rückgängig machen, die Aufklärung nicht, Nationalstaat und Demokratie nicht, das Scheitern der Demokratie am Nationalsozialismus und Staatssozialismus nicht, das Scheitern von Nationalsozialismus und Staatssozialismus an den westlichen Demokratien nicht, die Industrialisierung nicht, der Sozialstaat nicht, die Atombombe nicht, der Computer nicht, Aids nicht, das Vorsorgewissen gegen Aids nicht, die Scheidungsraten nicht... Alle diese – und unzählige weitere – Herkünfte, die nicht vergangen, sondern höchst gegenwärtig sind, grenzen das ein, was in Zukunft möglich und unmöglich sein wird: Es wird unseren Kindern unmöglich sein, ohne die Brüderlichkeitsvorstellungen des Christentums zu leben, ohne Enttäuschung und Empörung über die Verletzung dieser Vorstellungen, ohne die Privilegien der Herkunft aus den Industrienationen, ohne die aufklärerische Kritik an diesen Privilegien, ohne die Angst, die Privilegien einzubüßen – Globalisierung! –, ohne die Anstrengung, die Privilegien zu erhalten, ohne einen – wenn auch reduzierten – Sozialstaat, ohne Demokratie, ohne Atombombe, ohne Hungersnot – gentechnisch gezüchtetes Getreide! –, ohne Kritik an den die Hungersnot vertreibenden Technologien, ohne Aidsrisiko, ohne Scheidungsrisiko, ohne Risikovorsorgen ...

Ist es nicht ungeheuer viel, was wir über die Zukunft wissen (und was unsere Eltern und Großeltern noch nicht wußten)? Natürlich ist es nicht alles. Und es schützt nicht vor dem Einbruch des Unvorhersagbaren. Aber nie hat man alles gewußt. Und wann je wären Menschen vor dem Einbruch des Unvorhersehbaren geschützt gewesen?

Daß in der modernen *Gesellschaft* auf Grund beschleunigter Veränderungen ein „Zukunftsgewißheitsschwund" (Hermann Lübbe) einsetze, entspricht zwar einem modernen Lebensgefühl. Aber dieses moderne Lebensgefühl ist gerade auch durch die Überschätzung seiner Neuartigkeit und Einzigartigkeit gekennzeichnet. Es gibt keinen Beleg dafür, daß sich „vormoderne" Menschen ihrer Zukunft gewisser sein konnten, und daß sie es waren.

Auch daß moderne Gesellschaften durch „globale" und neue Risiken gefährdeter seien als frühere Gesellschaften, ist eine Äußerung des modernen Moderno-Zentrismus, der so ausschließlich und selbstverständlich mit seinem Wissen über sich selbst beschäftigt ist, daß er die Frage nach vergleichbaren Risiken früherer Gesellschaften nicht einmal stellt. Solche Risiken waren beispielsweise im Dreißigjährigen Krieg groß genug, um in Deutschland rund 40 Prozent der Bevölkerung und fast den gesamten gesellschaftlichen Wohlstand zu vernichten.

Von jeder Gegenwart aus sehen die Ungewißheiten der Zukunft äußerst und einzigartig bedrohlich aus. Jede neue Gegenwart sieht ihre Zukunft womöglich bedrohlicher als jede frühere Gegenwart. Das Wissen, das sich die gegenwärtige Gegenwart über die Gefährlichkeit der Zukunft anmaßt, steht in merkwürdigem Widerspruch zu der eigenen Annahme, daß die Zukunft heute ungewisser sei als je zuvor. In dieser Annahme wird übersehen, daß die bleibenden Ungewißheiten der Zukunft dadurch erträglich gemacht oder in Schach gehalten werden, daß ihnen die Gegebenheiten bzw. Herkünfte gegenüberstehen, in die sich die früheren Zukünfte verwandelt haben. Was früher ungewiß war, ist heute Gewißheit geworden und schaltet zumindest einen Teil der Möglichkeiten aus, die aus der neuen ungewissen Zukunft drohen und locken.

Läßt man die Moderne nicht jeweils mit dem „allerletzten Schrei", sondern mit dem Aufschwung von Wissenschaft und Fortschrittsdenken im 19. Jahrhundert beginnen, dann ist es weniger der Zweifel als die Gläubigkeit am Zukunftswissen, was die moderne Welt bis zum Untergang des „wissenschaftlichen Sozialismus" geprägt hat. Daß den Zukunftsvorstellungen der Charakter des Zukunftswissens ausgetrieben wurde, ist also eine notwendige Korrektur eines modernen Irrtums – eine Korrektur, die ihrerseits nun das Zukunftsunwissen überzeichnet.

In jedem Falle braucht die Gesellschaft Annahmen darüber, wie die Zukunft tatsächlich sein wird. Am Entwurf von Szenarien für die Zukunft beteiligen sich deshalb heute paradoxerweise auch und gerade diejenigen, die von einem aufgeklärten und liberalen Standpunkt aus das Konzept der offenen Gesellschaft vertreten und die Zukunft prinzipiell für unvorhersehbar halten.

4. Zukunft als Wunschvorstellung

Zukunftsvorstellungen enthalten nicht nur Gedanken darüber, was sein wird, sondern auch darüber, was werden soll. Das (vermeintliche) Wissen über die Zukunft mischt sich mit Zukunftswünschen (und Befürchtungen). Sie sind, wie eingangs erörtert, in erster Linie persönlich getönt und an der individuellen Lebensspanne orientiert, mit Blick auf die viel längeren gesellschaftlichen Lebensrhythmen also auf eine „nahe Zukunft" gerichtet. Trotz ihrer individuellen Ausrichtung – auf den zeitlichen und persönlichen Nahbereich – werden Zukunftswünsche mehrheitlich von vielen geteilt und sind insofern kollektive Vorstellungen. Sie betreffen Ausbildung, Familie, Freunde, Beruf, sind also konkret. Fragt man abstrakter nach „Zukunftsaussichten", dann kann man davon ausgehen, daß die Befragten in ihrer Antwort ihre naheliegenden Wünsche gedanklich zusammenfassen und gegen ihre Befürchtungen saldieren.

Empirisch zeigt sich bei diesem Typus von Fragen, daß die Zukunft selbst, als die Zeitspanne, in der eigene Wünsche und Pläne sich erfüllen können, bei jungen Leuten hoch im Wert steht. „Denken Sie an Ihre persönliche Zukunft mit viel, etwas oder wenig Zuversicht?" wurden Jugendliche von 15 bis 30 Jahren – im repräsentativen Querschnitt – gefragt. 1995 blickten im Westen Deutschlands 41 Prozent mit viel, 48 Prozent mit etwas Zuversicht in die Zukunft; im Osten waren die Zahlen fast dieselben, nämlich 42 und 45 Prozent. Insgesamt zeigten sich also fast 90 von 100 Jugendlichen zuversichtlich, und nur 7 im Westen und 10 im Osten bezeugten wenig Zuversicht (die restlichen 3 bis 4 sagten „weiß nicht"). Während wir von den ostdeutschen Jugendlichen nicht wissen, wie sie etwa vor zehn Jahren geantwortet hätten, zeigen die Zahlen im Westen praktisch keine Veränderung des optimistischen Bilds von der Zukunft: Aus den drei Prozent mehr (insgesamt 44 Prozent), die 1986 mit viel Zuversicht in die Zukunft sahen, wurden ein Jahrzehnt später nicht Verzagte, sondern Unschlüssige (Schmidtchen 1997: 400).

Diese Daten sind in mehrfacher Hinsicht bemerkenswert. Erstens zeigen sie, daß Jugendliche zukunftsfroh, zumindest vorsichtig optimistisch sind. Zukunft ist für sie kein Tal der Tränen, sondern attraktiv. Zweitens gibt es in dieser Hinsicht zwischen Ost und West keinen Unterschied mehr, auch wenn die soziale Deprivation in Ostdeutschland, gemessen etwa an den Raten der Arbeitslosigkeit, gegenwärtig größer ist; die Jugendlichen im Osten machen dies durch schnellere sozialpsychologische Anpassungsleistungen wett, wie sich aus einem anderen hochinteressanten Befund schließen läßt: Sie sagen (1995) auf eine entsprechende Frage zu 63 Prozent, daß die Öffnung der Mauer nach ihrem Zeitgefühl „lange her" ist, während die Jugendlichen im Westen dies nur zu 46 Prozent so empfinden und viel öfter als die Gleichaltrigen im Osten meinen, es sei „eigentlich erst vor kurzem" gewesen (Schmidtchen 1997: 73). Drittens verwundert es, daß die hohe persönliche Zukunftszuversicht der Jugendlichen über längere Zeiträume fast konstant und auch gegenüber Verschlechterungen der allgemeinen ökonomischen Lage resistent ist. Die Daten der Shell-Jugendstudie zeigen zwischen 1991 und 1996 eine Abschwächung der persönlichen Zuversicht. Diese bleibt aber erstaunlich hoch (vgl. Silbereisen/Vaskovics/Zinnecker 1996: 202) angesichts der Tatsache, daß fast 90% der Jugendlichen die Arbeitslosigkeit und andere gesellschaftliche Probleme auf dem Vormarsch sehen (Jugendwerk der deutschen Shell 1997: 290ff.). Es zeigt sich hier, wie wir auch aus vielen empirischen Untersuchungen wissen, daß die Einschätzung der gesellschaftlichen Lage in der Regel erheblich pessimistischer ausfällt als die der individuellen Lage (vgl. dazu Hondrich 1997a).

Schließlich ist bemerkenswert, wie sehr der persönliche *Zukunftsoptimismus* der großen Mehrheit der Jugendlichen mit dem Pessimismus der öffentlichen Meinungsführer kontrastiert. Daß der Sozialstaat und der Wirtschaftsstandort Deutschland am Ende sei, daß die europäische Industriegesellschaft erstarre und von den asiatischen Tigergesellschaften überholt werde, daß dem Kapitalismus die Arbeit ausgehe, daß er die Welt ökologisch zugrunde richte, daß die moderne Wissenschaft neuartig-ungeahnte globale Risiken schaffe – das ganze Horrorszenario, mit dem liberale und konservative Politiker und Intellektuelle die *Jugend* aufrütteln wollen, läßt diese kalt: sie schaut mit persönlicher Zuversicht in die Zukunft. Ist sie zu dumm, um den Gesellschaftskritikern von rechts zu glauben – oder klug genug, es nicht zu tun; genauso wie sie vorher klug genug war, den linken Visionären das Wunschbild vom Sieg des *Sozialismus* und vom Ende des *Kapitalismus* nicht abzunehmen? Selbst in der Hochzeit der Kapitalismuskritik, in den siebziger Jahren, als die Idee einer besseren Gesellschaft immerhin einen Namen und einen Rahmen hatte – „Sozialismus" –, war die positive Zukunftsgestimmtheit der westlichen Jugend nicht an diese Idee gebunden, sondern Ausfluß der scheinbar „immerwährenden Prosperität" (Lutz 1984), die zur Grunderfahrung der Nachkriegsgeneration geworden war. Die eigenen Zukunftswünsche als Wünsche für die ganze Gesellschaft zu formulieren, ist ohnehin das Kennzeichen einer intellektuellen Minderheit, die sich als Verantwortungs-Elite fühlt. Für die Mehrheit sind Zukunftsvorstellungen als persönliche Wünsche und Zuversichten auf den sozialen Nahbereich gerichtet und von den großen Ideen gesellschaftlicher Veränderung abgekoppelt. Dies gilt zumindest für normale Zeiten.

5. Zukunftsvorstellungen als Machtvorstellungen

Zukunftsvorstellungen enthalten nicht nur Gedanken und Gefühle darüber, was sein wird und was sein soll, sondern auch darüber, was zu tun, was machbar ist. „Durch Deutschland muß ein Ruck gehen", forderte der Bundespräsident in einer Grundsatzrede „zum Aufbruch ins 21. Jahrhundert" am 26. April 1997 im Berliner Hotel Adlon. Er sagte, die Eliten in Politik, Wirtschaft, Medien und gesellschaftlichen Gruppen ließen die Fähigkeit vermissen, das als richtig Erkannte auch durchzustehen. Er rief dazu auf, in einem ersten Schritt die Reformen durchzusetzen, über die schon viel zu lange geredet werde; er nannte die Senkung der Lohnnebenkosten, Änderungen bei Tarifabschlüssen, Subventionsabbau, Deregulierung der Verwaltung und die Steuerreform. Die Bürger erwarteten, so sagte der Bundespräsident, daß jetzt gehandelt werde. Die Aufgaben seien zu meistern ...

Die Formulierungen: durchstehen, durchsetzen, handeln sind charakteristisch für die Rhetorik der *Macht*. Daß es nur die Rhetorik der Macht ist, braucht uns hier nicht zu kümmern. Der Bundespräsident, dessen Machtbefugnisse durch die Verfassung äußerst eingeschränkt sind, ruft die zum Gebrauch der Macht Berufenen zum Gebrauch der Macht auf. Einerseits bringt er sich dadurch in die paradoxe Situation, daß er nur das tut und fortsetzt, was nach seinen eignen Worten schon viel zu lange geschieht: reden. Andererseits kann er etwas anderes kaum tun. Seine Art zu handeln ist reden. Redet er so wie er es tut, dann kann ihm das, mit Blick auf die Restriktionen seines Amtes, bereits als ein Zuviel des Handelns vorgehalten werden.

Darum geht es hier nicht. Ob es sich um Zukunftsvorstellungen von Mächtigen oder Machtlosen, um die von Regierung oder von Opposition, von Mehrheiten oder von Minderheiten handelt – in jedem Falle enthalten sie Annahmen über Macht als die Chance, das Erwünschte, „als richtig Erkannte" auch gegen Widerstreben zu verwirklichen (Max Weber). Wem diese Macht zugeschrieben wird, ob sie groß oder klein oder nicht mehr als Ohnmacht ist – das mag man sich so oder so vorstellen. Nach den Vorstellungen des Bundespräsidenten können die Deutschen ihre Zukunftsprobleme lösen; sie hätten in der Geschichte immer wieder bewiesen, daß sie über Kraft und Leistungswillen verfügten, sich am eigenen Schopf aus der Krise herauszuziehen, wenn sie es sich nur zutrauten.

Die Zukunft machen, die Zukunft gestalten – in dieser allseits geläufigen Redeweise kommen Machtvorstellungen zum Ausdruck. Es sind dies Vorstellungen nicht darüber, in Zukunft Macht zu haben, sondern Macht über die Zukunft zu haben. *Macht* über die Zukunft kann nur etwas haben, was nicht selbst Zukunft ist: die Gegenwart. Von der Zukunft aus gesehen wird die Gegenwart aber Geschichte, also Herkunft sein. Die Macht über die Zukunft ist also die Macht, die aus der Herkunft kommt. So sieht es auch der Bundespräsident. Aber die Einsicht hat eine Kehrseite: Die Herkunft, die sich in Strukturen und Institutionen verfestigt hat, ist auch das größte Hindernis für die freie Gestaltbarkeit der Zukunft. „Die Zukunft gestalten": diese Forderung enthält also nicht nur die Vorstellung der Machbarkeit, sondern impliziert auch die Grenzen, die der Machbarkeit durch das schon Gemachte gesetzt sind.

Alles Herkünftige entzieht sich unserer *Macht*. Es ist schon geschehen, gemacht, also nicht mehr rückgängig zu machen. Alle Macht, die wir haben – und die wir aus unserer Herkunft beziehen –, kann sich nur auf das richten, was noch nicht gemacht ist. Sie richtet sich auf das, was in Zukunft geschieht. In der Zukunft wird sich unsere Macht erweisen. Es wird sich weisen, wie weit die offene Zukunft für unsere Wünsche und Pläne offen ist, wie weit sie in unserem Sinne gestaltbar ist.

Alles Handeln ist zukunftsgerichtet. Auch wer frühere Zustände wiederherstellen oder festhalten will, kann das nur für die Zukunft versuchen. (Wenn es ihm scheinbar gelingt, kann es ihm nie ganz gelingen. Nie kann das Wiederhergestellte mit dem Vergangenen, das Spätere mit dem Früheren identisch sein). Auch der Reaktionär, auch der Traditionalist blickt in die Zukunft. Mit dem Progressiven teilt er die Absicht, die Zukunft zu gestalten, einen Willen durchzusetzen. Was sie unterscheidet, ist das Wunschbild, das sie sich von der Zukunft machen. Der eine zeichnet es nach einem überkommenen Muster, der andere entwirft es neu. Beide sind machtgläubig, gestaltungsgläubig, freiheitsgläubig. Beide sind moderne Menschen. Ihr gemeinsamer Gegenpart ist der schicksalsgläubige Mensch. Ihm fehlt es am Willen, die Dinge in Zukunft zu verändern, und am Glauben an seine Macht. Er will nicht bestimmen, sondern gewähren lassen. „Was kann denn ich", sagt er, „so wie Gott es will, ist es gut".

Man kann sich fragen, ob es diesen Typus Mensch in der modernen Welt überhaupt noch gibt. Wenn es ihn aber gibt, dann ist er ein Illusionist. Denn die Vorstellung, gar nichts bestimmen, in Zukunft nichts ändern zu können, ist falsch – für die traditionsbestimmte Gesellschaft genauso wie für die moderne. Auch der Schicksalsgläubige ist zu handeln und zu entscheiden gezwungen, und sei es nur zum Weitermachen.

6. Das Abarbeiten von Zukunftsideen

Der Illusion der Machtlosigkeit und des restlosen Bestimmtseins steht die Illusion der Macht über die Zukunft gegenüber. Sie erscheint im konservativen und im progressiven Gewand; entweder von der Vorstellung beherrscht, das Hergebrachte erhalten zu können, oder, im Gegenteil, von der Idee beflügelt, die Fesseln der Herkunft abwerfen und das soziale Leben neu entwerfen zu können. Der *Sozialismus* stellt das progressive Zukunftsbild par excellence dar: alle Herkunftsbindungen qua Stand, Klasse, Religion, Nation, Geschlecht sollen, in absichtsvoller Aktion, durchtrennt und in einer übergreifenden Gemeinsamkeit im Menschlichen aufgehoben werden. Auch der *Nationalismus* steht für eine Zukunftsvision neuer Gemeinsamkeit und ist insofern progressiv – mit seiner Berufung auf vorgängige Gemeinsamkeiten der Herkunft instrumentalisiert er allerdings konservative Instinkte. Der *Nationalsozialismus* fügte dem noch rassistische und imperiale Zukunftsvisionen hinzu. Ob allerdings die progressiven oder die konservativen oder die reaktionären oder überhaupt irgendwelche ideologischen Elemente die verheerende Sprengkraft erklären, die von den Zukunftsvorstellungen in diesem Jahrhundert ausgingen, muß sehr bezweifelt werden. Verantwortlich für die Zerstörungen erscheint vielmehr die Verbindung von Wunsch-Bildern mit der Vorstellung, sie politisch verwirklichen zu können. Letztlich ist es die Vorstellung von der Machbarkeit der Zukunft, die Politisierung von Zukunftswünschen, genauer: die maßlose Überschätzung der *Macht* (der jeweils Gegenwärtigen) über die Zukunft, die kontraproduktiv, also destruktiv ausgeht.

Daß diese Einsicht nicht zu Gebote stand, als der *Nationalsozialismus* mit seinem eigenen Zerstörungswerk unterging, daß die Vorstellung von der politischen Neuerschaffung der Welt unter sozialistischen und liberal-demokratischen Vorzeichen vielmehr ungebrochen weiterlebte, erscheint aus heutiger Sicht verblüffend. Oder auch nicht: denn der Wahn der Nationalsozialisten, die Welt nach ihrem Bild zu gestalten, hinterließ ein Unmaß an Verunstaltung, die nach einem neuen Übermaß an politischem Gestaltungswillen geradezu rief. Die Einsicht, daß ein Zuviel an politischem Bestimmenwollen über die Zukunft die Wurzel des Übels sein könnte, mußte also verdrängt werden. Das Übel wurde vielmehr in die Zukunfts-Ideen verlagert und, je nach Standort, dem Sozialismus, Kapitalismus oder Nationalismus zugeschrieben – nicht der politischen Vergewaltigung der Zukunft schlechthin.

Es ist faszinierend zu sehen – und läßt sich empirisch ziemlich exakt verfolgen – wie im letzten halben Jahrhundert in Deutschland die großen, kollektiv orientierten Zukunfts-Wunschideen abgearbeitet wurden – in Prozessen des Lernens durch Enttäuschung und Scheitern. Zuerst war es die nationale Idee, die, nach dem nationalsozialistischen Amoklauf dramatisch niedergeschlagen, aber doch nicht tot, in der Aufbaugeschichte der Bundesrepublik immer mehr verblaßte und dauerhaft an orientierendem Sinn verlor. Für die sozialistische Idee setzte der Sinnverlust später ein und verlief untergründig-schleichend, um sich dann in den Ereignissen des Jahres 1989 dramatisch zu offenbaren. Bleibt die liberal-kapitalistische Idee, die sich anschickt, eine Art Weltorientierungsherrschaft anzutreten. Besonders die deutschen Intellektuellen sehen dies mit Genugtuung und Erschrecken. Denn einerseits scheint – in ihren Augen – der globale *Kapitalismus* endlich das Werk zu vollenden, nationale und andere Herkunftsbindungen aufzulösen und die Zukunft von allen Fesseln des Herkömmlichen zu entbinden, die soziale Welt somit als „reine" Zukunftswelt erstehen zu lassen. Andererseits übernimmt grade in dieser Vision der Kapitalismus als Weltsystem die Rolle einer allmächtigen Triebkraft, des Machers. Die Zukunft ist so gesehen zwar restlos machbar, aber es gibt keine politischen Instanzen und Kollektivitäten mehr, die das Machbare steuern und zum Guten wenden könnten. Die progressive Vision schlägt um – ins schicksalhafte Ausgeliefertsein an eine hochkomplexe Sozialmaschinerie, die nichts anderes betreibt als ihren eigenen Fortschritt.

7. Individualisierung als Zauberwort?

Mit einer solchen Vision könnte man nicht leben. Zumindest nicht in der Haut derjenigen, die, als Politiker oder Intellektuelle, die engagierte Gestaltung der Zukunft auf ihre Fahnen geschrieben haben. Wenn ihnen das kollektive Subjekt dieser Gestaltung – Klassen, Nationen, Religionsgemeinschaften, Parteien – abhanden kommt, wer bleibt dann als Träger des Gestaltungswillens? Es bleibt das individuelle Subjekt, das Individuum.

Individualisierung heißt denn auch das Zauberwort, in das sich heute die Gestaltungsvisionen der Zukunft kleiden, nachdem Sozialismus, Nationalismus und andere kollektive Identitätszuschreibungen verbraucht erscheinen. Individualisierung enthält eine Tatbestands-Vorhersage: „so wird es tatsächlich kommen!" und eine Wertung: „so soll es kommen!" zusammen mit einer Machtvorstellung: „die Individuen selbst machen, daß es so kommt, wie sie es wollen" (wenn auch durch die Verhältnisse gezwungen): Immer mehr bestimme der Einzelne selbst seinen Platz in der sozialen Welt, so suggeriert die Individualisierungsthese. Die Determinationskraft der Herkunftsbindungen gegenüber der Zukunft schwäche sich ab; die Gestaltung der sozialen Struktur werde von den Zwängen der Herkunft auf die freie Wahl des Zukünftigen umgestellt. Noch gebe es die Zwänge der Herkunft, räumen die Theoretiker ein, aber sie gehen vorüber, ihre Tage seien gezählt. Bald werde es – neben den Randbedingungen des Wählens – als letzten Zwang nur noch den Zwang zur Wahl geben.

So weit die Zukunftsvorstellung der Individualisierungstheoretiker. Sowohl in ihrer Vermischung von Wunschbild und Wirklichkeitsvorhersage als auch in ihrer halbierten Darstellung der Wirklichkeit ist die „Individualisierungsthese" eine echte Ideologie (vgl. dazu Hondrich 1996, 1997b, 1997c), ein würdiger Nachfolger von *Sozialismus* und *Natio-* *nalismus*. Wie der Sozialismus verheißt sie das Absterben von Herkunftsbindungen. In ihrem Heilscharakter ist sie die Fortführung des Sozialismus nach seinem Tode. In ihrem Illusionismus übertrifft sie ihn: denn nie hat der Sozialismus die ökonomischen Zwänge und die Zwänge der Gemeinschaft aus den Augen verloren.

Worin liegt der Illusionismus der Individualisierungsthese? Sie verschließt die Augen vor den unbeabsichtigten Folgen der *Individualisierung*. Diese lassen sich ganz präzise analysieren. Und sie sind genau entgegengesetzt denjenigen, die uns die Theoretiker vorgaukeln. Denn Individualisierung führt allenfalls vordergründig aus Zwängen und Herkunftsbindungen hinaus. Hintergründig erzeugt sie das, wovon sie Erlösung verheißt. Weit entfernt davon, soziale Zwänge in freie Wahlakte aufzulösen, verwandelt Individualisierung Wahlhandlungen in soziale Zwänge: wer aus freien Stücken eine Partnerschaft oder eine selbst gewählte Familie verläßt, nimmt dem Partner oder den eigenen Kindern die Wahl, in dieser Partnerschaft oder Familie weiterzuleben. Sie – die anderen – geraten nicht unter den „Zwang der Wahl", sondern unter den Zwang, nicht mehr wählen zu können. Die eigene *Selbstbestimmung* bedeutet *Fremdbestimmung* für andere. Der eigene Zukunftsentwurf verwirft die Zukunftswünsche der andern. Daß sich der Spieß umdrehen, der selbst Bestimmende zum fremd Bestimmten werden kann, besiegelt den Prozeß. Je mehr und gleichmäßiger sich die Chance der Selbstbestimmung gesellschaftlich verbreitet, desto mehr verbreitet sich auch das Risiko, fremd bestimmt zu werden.

Daß die eigenen Zukunftsvorstellungen von denen der anderen gestört und zerstört werden, davor kann nur ein Einverständnis, ein Konsens, eine kollektive Identität schützen. Will man diese kollektive Identität herstellen, dann ist das nur durch Rücksicht auf die unterschiedlichen anderen, also durch Rücknahme der individuellen Selbstbestimmung im Kollektiv möglich. Scheut man die Mühe, Kosten, Zeit, und Einschränkungen, die nötig sind, um einen Konsens herzustellen, dann bleibt nur der Rückgriff auf eine schon vorhandene kollektive Identität, also auf eine Übereinstimmung qua *Herkunft*, die im kleinen sozialen Kreis größer ist als im größeren: in der Familie größer ist als in der Nation, in der Nation größer als in Europa, in Europa größer als in der Weltgemeinschaft aller Menschen.

Daß auch der Planet Erde insgesamt eine gemeinsame Herkunft für alle Menschen begründet, wird uns erst in dem Maße klar, in dem unsere Zukunftsvorstellungen eine Welt außerhalb dieser Menschenwelt einbeziehen. Bisher erschien uns die Menschheit und die auf sie gerichtete universale Moral – „Humanität" als ein Bezugsrahmen jenseits von Herkunfts-Identitäten. Als „Weltbürgertum und Nationalstaat" hat der Historiker Friedrich Meinecke (Meinecke 1962) dieses Spannungsverhältnis seit dem deutschen Idealismus nachgezeichnet.

Weltbürger, Kosmopolit, global citizen: das ist gerade heute, für das moderne Individuum, die Zukunftsperspektive par excellence: die ultimative, sich selbst aufhebende kollektive Identität. Sie ist, aus der Sicht der Individualisierungstheoretiker, selbst gewählt, und sie gilt als Alternative zu den partikularen, insbesondere nationalen Kollektividentitäten. Daß man Weltbürger anstatt Staatsbürger sein könne und müsse – dieser Illusion sind der deutsche Idealismus und die Romantik (vgl. Meinecke 1962) ebenso wie die französische Aufklärung und der angelsächsische Pragmatismus nie erlegen: immer haben sie die nationale zwar in Spannung zur globalen Identität gesehen, aber auch als deren Voraussetzung und Grundlage.

Heute, im Zeichen weltweiter ökonomischer und kultureller Vernetzung, erscheint die Option zum Weltbürger nicht nur als eine Entfaltungschance, sondern fast als eine Notwendigkeit. Das Individuum muß in vielen Fällen aus seinen engeren Herkunftsbindungen heraustreten, um in Zukunft bestehen zu können. Illusionär ist allerdings die Annahme, daß Herkunftsbindungen dadurch aufgehoben oder auch nur schwächer würden. Das Gegenteil ist der Fall. Denn nur in nicht selbst gewählten Primärbeziehungen, die gar nichts anderes sein können als Herkunftsbindungen an Familie, Sprach-, Wert- und Gewaltmonopolgemeinschaft, gewinnt das Individuum die Anerkennung und Selbst-Sicherheit, die nötig sind, um selbst gewählte Zukunftsbindungen – noch dazu mit Menschen anderer Sprache und Sozialisation – eingehen zu können.

Herkunftsbindungen im eng begrenzten und sicheren Rahmen sind die Voraussetzung für erweiterte und selbst bestimmte Zukunftsbindungen. Und diese führen aus den Herkunftsbindungen nicht nur hinaus, sondern auch wieder in sie zurück. Denn alle Beziehungen, die wir auf den weltweiten Waren-, Arbeits-, Liebes- und Bekanntschaftsmärkten selbst wählen oder bestimmen können, können von uns selbst und – was viel schlimmer ist – von den anderen, also gegen unseren Willen, abgewählt werden. Jeder aktive Wahlakt an jedem Markt hat sein passives Pendant: das Nicht-Gewählt-Werden, das Fallen-Gelassen-Werden. ... Von dieser Dialektik beißt keine noch so aktivistische Maus den Faden ab. Wohin aber wenden wir uns, Schutz und Halt suchend, wenn wir früher oder später zu denjenigen gehören, die noch nicht oder nicht mehr gewählt werden und neue Wahlbindungen nicht aus dem Ärmel schütteln können? Es bleiben uns die Eltern, Geschwister, eigene Kinder, alte Freunde, der Sozialstaat: alles Herkunftsbindungen, die wir nicht selbst gewählt haben und die uns deshalb auch nicht abwählen und fallen lassen dürfen. Ohne sie wäre jeder Ausflug in die „reine Zukunft unserer Wahl", so vielversprechend er zunächst beginnen mag, am Ende ein Horrortrip ins Niemandsland.

8. Was bringt die Zukunft?

Anders als die Ideologen der *Individualisierung*, die sich auf ein Zukunfts-Trugbild versteift haben, das dem Individuum immer mehr selbst bestimmte Zukunftsgestaltung bei abnehmender Bedeutung von Herkunftsbindungen und schwindenden kollektiven Zwängen verheißt, blickt die Mehrheit der Zeitgenossen heute zwar zuversichtlich in die Zukunft, aber auch skeptisch-zurückhaltend, was persönliche Gestaltungsmöglichkeiten angeht.

Zukunftsvorstellungen

Wie stellen sich jüngere Leute heute die Zukunft vor? Sie möchten einen Ausbildungs- oder Studienplatz ihrer Wahl. Sie erstreben einen Beruf, der ihnen sinnvolle Aufgaben stellt und in dem sie sich entwickeln können. Sie wünschen sich eine glückliche Partnerschaft – es muß nicht die herkömmliche Ehe sein –, zwei Kinder, eine Familie, ein Haus und häusliche Harmonie. Sie wollen in Frieden und Sicherheit leben, gesund bleiben und ein ordentliches Einkommen haben. Das sind schlichte Zukunftswünsche. Sie beziehen sich auf den eigenen Umkreis und nicht aufs große Ganze. Und sie werden vorsichtig geäußert, mit einem doppelten Vorbehalt: im Wissen, daß man nicht weiß, wie die Dinge in Zukunft liegen werden; und wissend, daß die eigene Eingriffsmacht begrenzt ist. So werden Ziele und Pläne zögernd formuliert, Reaktionen auf neue Restriktionen und Chancen werden mitbedacht, Revisionen vorausgesehen. Würde man sich entschiedener festlegen, würde man Enttäuschungen vorprogrammieren. Enttäuschungen kann man klein halten, wenn man angesichts einer offenen Zukunft die eigenen Wünsche offen hält, sich nicht zu weit vorwagt.

Aber ist dies nicht eine typisch deutsche, eine europäische Kleinmütigkeit? Kulturen haben unterschiedliche stilbildende Normen, um mit dem Problem der Enttäuschung durch die Zukunft umzugehen. In Deutschland heißt es: Vorsichtig sein, keine Risiken eingehen! In Amerika dagegen: Es ist nicht schlimm, wenn du scheiterst; schlimm ist es nur, wenn du es gar nicht erst versuchst! So unterschiedlich diese beiden Verhaltensstile zu sein scheinen, in ihrer Einstellung zur Zukunft sind sie sich doch ähnlich: sie tragen der beschränkten Macht der Gegenwart über die Zukunft Rechnung. Die Vorsicht ebenso wie die Annahme möglichen Scheiterns zeugen davon, daß man sich nicht als Herr und Meister einer Zukunft wähnt, die man mit eigenen Entscheidungen bestimmen kann, sondern daß man die Zukunft selbst für ungewiß und mächtig hält: man muß ihren Lauf abwarten und günstige Gelegenheiten am Schopf packen – wie jemand, der auf ein ungebärdiges Pferd aufspringen will. Auch die Hoffnung, durch *Bildung* die eigenen Zukunftschancen zu verbessern, läßt sich eher als rationale Anpassung an die Eigenmacht der Zukunft denn als eigene Macht über die Zukunft interpretieren. Die Idee der Chancen durch Bildung weist zugleich darauf hin, wo deren Grenzen liegen: in den Herkunftsbezügen, durch die Bildungschancen eingeräumt oder verwehrt werden.

Der Respekt vor der Zukunft zeigt sich bei jungen Menschen besonders im Tenor der Vorsicht und Zurückhaltung, in dem sie ihre Wünsche nach Partnerschaft und Kindern ausdrücken. „Ich würde schon gern in einer festen Beziehung leben, aber das ist nicht so einfach – es muß auch nicht unbedingt sein" heißt es etwa. Oder: „Es muß sich ergeben." Kinder hätte man gern, aber „ich versteife mich nicht darauf", „das muß man mal sehen", „es muß mit den anderen Dingen zusammenpassen", „das kommt dann auf den Partner an"....

Wie verhalten moderne Menschen die Gestaltbarkeit ihrer Beziehungen gerade im sozialen Nahbereich einschätzen, ist verblüffend. Wo sonst, wenn nicht hier, sollen denn die individuellen Wahlmöglichkeiten zum Tragen kommen?! Und waren die technischen und moralischen Voraussetzungen für die strikt individuelle Bestimmbarkeit von sozialen Bindungen jemals so günstig wie heute, wo die einzelne Person auch ohne Partner (fast) ganz für sich allein entscheiden kann – über künstliche Insemination und Schwangerschaftsunterbrechung –, ob sie Kinder haben will oder nicht, und wo auch der materielle und normative Zwang zur Partnerschaft, geschweige denn zur Ehe, gewichen ist? Was hindert junge Menschen daran, ihre Entscheidungsmöglichkeiten auch entschieden in Zukunftspläne umzusetzen und diese zu verwirklichen?

Zunächst einmal scheint es die Vermehrung der Möglichkeiten selbst zu sein. Aus vermehrten Optionen ergibt sich ein individuelles Optimierungsproblem. Es wird dadurch nicht leichter, daß man auch die individuelle Verantwortung spürt, jeweils zur richtigen Zeit die richtige Entscheidung zu treffen. Die Möglichkeiten durchkreuzen sich selbst. Insbesondere durchkreuzen die beruflichen Möglichkeiten und die daran orientierten Wünsche – für Frauen wie für Männer – die Partnerschafts- und Kinderwünsche. Diese werden, um sich für berufliche Möglichkeiten offen zu halten, zurückgestellt – manchmal bis es zu spät ist. Die beruflichen Entscheidungen haben dann die privaten Entscheidungen geschlagen. Der (durchschnittliche) Wunsch nach zwei Kindern und einer harmonisch-stetigen Partnerschaft wird nicht realisiert. Sieht man hinter beruflichen und privaten Wünschen nicht nur individuelle Freiheiten, sondern kollektive, das heißt von (fast) allen geteilte normative Zwänge – welche junge Frau oder welcher junge Mann könnte sich ihnen entziehen, indem sie heutzutage erklärten, keine Bildung und keinen Beruf haben zu wollen –, dann erscheint die Probierhaltung besonders der Jungen gegenüber der Zukunft als ein rationaler Umgang mit sozialen Einschränkungen und Zwängen. Für die Gegenwart kann man sogar sehr deutlich sagen, welche Zwänge die stärkeren sind: Es sind die Zwänge des Berufslebens, die sich, übersetzt in entsprechende Ansprüche der jungen Leute selbst, gegenüber ihren privaten Ansprüchen durchsetzen. In der Zukunftsvorstellung des „weichen Wünschens", des Sich-Nicht-Festlegen-Wollens, wird diese Zwangslage vorweggenommen.

9. Zwang zum Konsens

Die Unentschiedenheit, die sich im „weichen Wünschen" äußert, entspringt aber auch noch einem anderen sozialen Zwang. Es ist dies der Zwang zum Konsens. Der Zwang zur Übereinstimmung mit den anderen wird nirgends drückender empfunden als dort, wo er scheinbar am geringsten ist, weil die Zahl der anderen auf ein Minimum reduziert ist: in der Paarbeziehung. Ist diese Paarbeziehung eine affektiv-sexuelle, dann wird, wegen ihres spontanen Charakters, die Übereinstimmung auf Dauer zusätzlich erschwert. Hat das Paar darüber hinaus einen partnerschaftlichen, also egalitären Anspruch an sich selbst, dann steigert sich der Zwang zur Übereinstimmung noch einmal, bei gleichzeitig weiterer Erschwerung der Übereinstimmung: denn ein Dissens im Paar kann dann nicht durch die Dominanz des einen und die Unterordnung des andern Teils aufgelöst werden. Wie Konflikte und Entscheidungsprobleme ausgehen werden, weiß niemand, auch die Beteiligten nicht. Es ist also gerade die Eigenständigkeit und Gleich-Mächtigkeit des anderen oder: die fortschreitende allseitige *Individualisierung*, die die individuellen Zukunftsaussichten und Durchsetzungschancen verunklart. Kurz: Individualisierung erzeugt sowohl bei der Wahl des Partners wie bei der Entscheidung über Kinder, Beruf, gemeinsamen Wohnort etc. ihre eigenen Grenzen der individuellen Lebensgestaltung, ja ihre eigenen sozialen Zwänge.

Kann man im sozialen Nahbereich die wichtigsten *sozialen Beziehungen* – und auch Entscheidungen innerhalb dieser Beziehungen – nicht erzwingen, so gilt dies erst recht für die immer weiter ausgreifenden kollektiven Rahmen Nation – Europa – Weltgesellschaft: Je mehr Individuen diese Rahmen einschließen, desto geringer die Mitbestimmungsmöglichkeit des einzelnen Individuums für das Ganze; desto größer also die individuellen Unabänderlichkeiten kollektiver Zwänge.

Der kurzschlüssige Zukunfts-Illusionismus der Individualisierungsthese („normative Zwänge lösen sich auf"; „*Herkunft* verliert ihre Determinationskraft") wird von den Individuen selbst in ihrer großen Zahl nicht geteilt. Mit ihrer „Offenheit für die Zukunft", also mit der skeptisch-vorsichtigen Einschätzung ihrer Einwirkungsmöglichkeiten, zollen sie der Macht der Zukunft und den sozialen Zwängen der Herkunft gleichermaßen Respekt. Denn beides, die Ungewißheit der Zukunft und die Zwänge der Herkunft setzen der Freiheit des Handelns und der Macht der Gegenwärtigen Grenzen. Sie führen einen Gegenwartsaktionismus, der die Zukunft bestimmen und die Herkunft abschütteln zu können glaubt, ad absurdum.

In individualistischen Strategien reproduzieren sich die kollektiven Zwänge. Zwei von ihnen, der Zwang zu Bildung und Beruf und der Zwang zu partnerschaftlichem Konsens, springen gegenwärtig für die individuelle Lebensplanung besonders ins Auge. Im Vergleich zu den Zwängen, unter denen wir, von heute aus, das Leben unserer Eltern und Großeltern sehen, mögen die modernen Zwänge zwar als Freiheiten erscheinen. (So wie unsere Großeltern die eigenen Chancen ebenfalls als befreiend gegenüber den älteren Zwängen ihrer Vorfahren erlebten). Nichtsdestoweniger sind sie kollektive Zwänge – auch wenn ihr Inhalt ein anderer ist.

Als kollektive Zwänge sind sie komplexe Zwänge: hinter dem Zwang zum Beruf ebenso wie hinter dem zum Konsens stehen ökonomische (wenn man will: kapitalistische), politische und kulturelle Verflechtungen, die sich trotz innerer Widersprüchlichkeiten gegenseitig bedingen und stützen. Es sind normative Zwänge: die Anforderungen aus produktivem und reproduktivem System verwandeln sich in allseits geteilte Werthaltungen und Regeln, denen sich einzelne nur scheinbar entziehen können; auch als „outsider" müssen sie eine wenn auch abwertende Beziehung zu den herrschenden Normen aufrecht erhalten. Und es sind Herkunftszwänge, denn nur aus der gemeinsamen Herkunft aus hochindustrialisierten, reformatorisch und aufklärerisch geprägten Gesellschaften erklärt sich die Gemeinsamkeit von Zukunftsvisionen, in denen Bildung, Beruf und partnerschaftlicher Konsens hervorstechen. Noch in der Ablehnung der Herkunftsgebundenheit mancher – etwa anti-nationaler – Zukunftsvorstellungen zeigt sich ihre besonders pikante Spielart.

Ohne Herkunftsgebundenheit ist soziales Leben genauso wenig möglich wie ohne Zukunftsvorstellungen – seien diese, wie in der gegenwärtigen Phase der industrialisierten Welt, auch noch so zurückhaltend formuliert. Denn gemeinsame Zukunftsvorstellungen, ebenso wie gemeinsame *Herkunft*, verbinden Kollektive und grenzen sie gegeneinander ab; dies ist ihre identitätsstiftende Funktion. Sie verknüpfen Wünsche und Voraussagen; dies ist ihre orientierende Funktion. Und sie weisen auf Handlungsmöglichkeiten und Grenzen der Machbarkeit hin; dies ist ihre motivierende Funktion.

10. Die Gegenwart des Zukünftigen

Alle diese Funktionen sind Funktionen für die Gegenwart. Für die Zukunft selbst haben Zukunftsvorstellungen keine Bedeutung. Denn alles, was wir an Voraussagen und politischen Vorschlägen, an Wunsch- und Wehe-Szenarien entwerfen, steht unter dem soziologischen Diktat der unbeabsichtigten Folgen und Gegenbewegungen, kurz: der unergründlichen Macht der Zukunft. Aus dem Zwang zum Beruf und aus dem Zwang zum partnerschaftlichen Konsens mögen wir eine Erklärung dafür finden, daß sich die scheinbar frei wählenden Individuen der industrialisierten Welt ihren eigenen Kinderwunsch selbst immer weniger erfüllen – obwohl die materiellen Voraussetzungen dafür in der Weltgeschichte noch nie so gut waren. Wir mögen die sinkenden Fertilitätsraten in die Zukunft fortschreiben. Wir mögen uns die individuellen und kollektiven Folgen ausmalen: von der Vereinsamung der Alten über die Belastung der Jungen, von der die Entdynamisierung einer Greisengesellschaft bis hin zu ihrem Untergang, wenn die jugendlichen Träger ihrer aufklärerischen Werte gegenüber der Jugend anti-aufklärerischer fundamentalistischer Gesellschaften hoffnungslos in die Minderzahl geraten sind ... Doch an jeder Stelle solcher Szenarien sind Umkehrungen und Gegenbewegungen denkbar. Der Geburtenrückgang kann – gerade auch mit Hilfe individualistischer und rationalistischer Kalküle – aufgehalten werden; Produktivitätssteigerungen erlauben einer schrumpfenden aktiven Bevölkerung, immer mehr Alte und Leistungsschwache zu alimentieren, ohne daß der gemeinsame Wohlstand sinkt; Migrationen versorgen reproduktiv erlahmende Gesellschaften nicht nur mit jugendlichen Leistungsträgern, sondern schaffen auch Mittler-Gruppen zwischen den Kulturen, die kulturkämpferische Tendenzen in integrative verwandeln ...

Die Zukunft bleibt offen.

Literaturverzeichnis

Beck, Ulrich: Die „Individualisierungsdebatte", in: Schäfers, Bernhard (Hg.): Soziologie in Deutschland. Entwicklung, Institutionalisierung und Berufsfelder, Opladen 1995, S. 185-198
Hayek, Friedrich A.: Der Weg in die Knechtschaft (engl. 1944), dt. 1952
Hondrich, Karl Otto: Lassen sich soziale Beziehungen modernisieren? Die Zukunft von Herkunftsbindungen, in: Leviathan, Heft 1, Wiesbaden 1997a, S. 28-44
Hondrich, Karl Otto: Standorte in der Standortdebatte, in: Merkur, Heft 574, Stuttgart 1997b, S. 52-58
Hondrich, Karl Otto: Wie werden wir die sozialen Zwänge los? in: Merkur, Heft 577, Stuttgart 1997c, S. 283-292
Hondrich, Karl Otto: Individualismus total? Zur Sozialstruktur der Informationsgesellschaft, in: Bd. 37 der Veröffentlichungen der Walter Raymond-Stiftung, Köln 1996
Jugendwerk der Deutschen Shell (Hg.): Jugend '97. Zukunftsperspektiven, Gesellschaftliches Engagement, Politische Orientierungen, Opladen 1997
Lutz, Burkart: Der kurze Traum immerwährender Prosperität. Eine Neuinterpretation der industriell-kapitalistischen Entwicklung im Europa des 20. Jh., Frankfurt a.M./New York 1984
Meinecke, Friedrich: Weltbürgertum und Nationalstaat (1908), München 1962
Meulemann, Heiner: Value Change in West-Germany 1950-1980. Integrating the Empirical Evidence, in: Social Science Information, 22. Jg., Heft 4/5, 1983
Meulemann, Heiner: Werte und Wertewandel. Zur Identität einer geteilten und wieder vereinten Nation, Weinheim 1996
Schmidtchen, Gerhard: Wie weit ist der Weg nach Deutschland? Sozialpsychologie der Jugend in der postsozialistischen Welt, Opladen 1997
Schumpeter, Joseph A.: Kapitalismus, Sozialismus und Demokratie, 2. Aufl., Bern 1950
Silbereisen, Rainer K./Laszlo A. Vaskovics/Jürgen Zinnecker (Hg.): Jungsein in Deutschland. Jugendliche und junge Erwachsene 1991 und 1996, Opladen 1996, S. 317-329

Karl Otto Hondrich

Sachregister

Abschiebungen 467
Abwanderung 73; 79; 80; 137; 463; 468; 471
68er-Generation 485
Adoleszenz 356
Adoleszenzkrise 181
Agglomerationsräume 653; 658
Agrargesellschaft 60
Agrarpolitik, -EU 418
Agrarreform 418
Aids 554; 556
Akademie der Wissenschaften der DDR 727
Akkulturationsprozeß 559
Akzeptanz, soziale 152
Alleinerziehende 39; 41; 44; 138; 292; 289; 739
Allgemeinen Bevölkerungsumfrage der Sozialwissenschaften (ALLBUS), 104f.; 107
Alltagshandeln 276ff.
Alltagsleben 223ff.; 228; 276
Alltagswissen 277ff.
Altenhilfe 566; 572
Altenteil 414
Alter 447
–, biologisches 1
–, produktives 8
–, psychisches 1
–, soziales 1
Altern der Gesellschaft 1
Altersaufbau 82ff.
Altersgrenze 1; 4; 6ff.
Altershilfe 538
Altersrente 537
Altersschichtung 1; 440
Alterssicherungssysteme 536f.; 539; 541; 543; 545; 547
Altersversorgung, betriebliche 538; 550
–, private 550
Alterung, demographische 82
Anspruchslohn 12
Anwerbeabkommen 466
Anwerbepolitik 27
Anwerbevertrag 50
APO-Bewegung 483
Äquivalenzprinzip 414; 416; 627; 629
Arbeit 46
–, soziale 513
–, unbezahlte 297
Arbeiter 65; 70; 644; 645
Arbeiterbewegung 483
Arbeitergesellschaft 304
Arbeitgeberverbände 502
Arbeitnehmer, ausländische 52
Arbeitsamt 23

Arbeitsangebot 15; 22f.
Arbeitseinkommensquote 155; 159
Arbeitsförderungsgesetz (AFG) 12; 33
Arbeitsgemeinschaft der öffentlich-rechtlichen Rundfunkanstalten der Bundesrepublik Deutschland (ARD) 456ff.
Arbeitsgesellschaft 69; 581
Arbeitslosenquote 12; 14; 16; 53; 140
Arbeitslosenstatistik 12
Arbeitslosigkeit 22; 23; 30; 33; 40; 46; 230; 548; 612; 715
–, konjunkturelle 16
–, verdeckte 12
Arbeitsmarkt 20
Arbeitsmarktpolitik 21; 23; 33
Arbeitsmigranten 51; 81
Arbeitsmobilität 516
Arbeitsnachfrage 15; 23
Arbeitsproduktivität 30; 714
Arbeitsteilung 212; 297; 301; 341; 608; 648
–, gesellschaftliche 297
–, soziale 60
Arbeitsverhältnis 30
Arbeitsvermögen 145; 154
Arbeitszeitverkürzung 20; 31
Archive 401f.
Armut 151; 164; 230; 349; 507; 511; 572; 597; 598f.; 606f.; 610f.; 624; 629; 643
–, bekämpfte 38f.
–, verdeckte 39
Armutsanalyse 34; 36; 164
Armutsforschung 42; 46f.
Armutsgrenze 37
Armutsquote 6; 165; 369
Armutsverlauf 47
Arzt 272f.
Assoziationen 676; 679
Asylbewerber 50; 80f.; 467; 518
Aufklärungsquote 386
Ausbildungsabschluß 64
Ausbildungssystem 20
Ausländer 41; 44; 63; 66ff.; 72; 469
Ausländeranteil 50
Ausländerkriminalität 387
Auslandsdirektinvestitionen (ADI) 342f.
Auslandsnettogeldvermögen 154
Auslandsverschuldung 245
Ausschuß der Regionen (AdR) 535
Außenwanderung 515; 517
Aussiedler 37; 49; 78ff.; 90; 137; 465; 467f.; 518
Auswanderung 73; 80f.

Automobil 688

Bauern 644f.
Bauernverband 502
Beamtenversorgung 537; 541; 543; 550
Bedarfsdeckungsprinzip 629
Behaviorismus 179f.
Behindertenhilfe 567
Behinderung 597; 599f.
Benachteiligung, soziale 504ff.
Berufe 45; 60; 65; 67; 70; 568; 613
–, soziale 569
Berufsausbildung 64; 94ff.
Berufsbereich 67
Berufslaufbahn 442
Berufsstruktur 575; 612f.
Berufsverbände 327; 337
Beschäftigtenquote 29
Beschäftigung 714
Beschäftigungsquote 23; 30
Besitz 145
Betriebe, volkseigene (VEB) 150
Betriebsräte 334
Bevölkerung 232; 642
Bevölkerung, ausländische 6; 84
–, natürliche 72; 74;
Bevölkerungsbewegung, natürliche 72; 137
Bevölkerungsentwicklung 73f.; 137
Bevölkerungsmeinung 487; 492f.
Bevölkerungsprognose 84
Bevölkerungswachstum 73; 137; 407f.
Bewegungen 527
–, neue religiöse 372
–, neue soziale 325; 503; 668
–, soziale 153
–, regionalistische 525ff.; 530; 532
Beziehungen, soziale 584ff.; 591ff.; 752
Beziehungsmuster, soziale 419
Bibliothek 399f.
Bildung 45f.; 216; 228; 614
–, berufliche 88
Bildungsabschluß 45; 51; 63; 86; 99; 614
Bildungschancen 86; 644f.
Bildungsexpansion 6; 28; 63; 99; 138; 186; 239; 355; 444f.; 578; 614; 644f.; 647
Bildungsinflation 444; 448
Bildungsniveau 86; 173; 228; 704
Bildungspolitik 63; 89; 555
Bildungsreform 97
Bildungsrevolution 701; 704
Bildungssystem 22; 613; 614
–, sozialistisches 248
Bildungswesen 86ff.; 94; 96; 99; 247; 579
–, sozialistisches 247

Bildungsziel 85f.
Bindungstheorie 181
Binnenwanderung 84; 515; 517; 521
Biographieforschung 440
Bismarcksche Sozialgesetzgebung 3; 539
Brauchtum 126; 279; 282
Bruttoinlandsprodukt (BIP). 141; 155; 343; 713
Bruttosozialprodukt 155
Bruttovermögen 154
Bundesanstalt für Arbeit 21; 33
Bundesarchiv 106; 402
Bundesbeauftragter für den Datenschutz 108
Bundesdatenschutzgesetz (BDSG) 106; 109f.
Bundesrat 499
Bundessozialhilfegesetz (BSHG) 35f.; 38; 415; 513; 565f.; 600
Bundesstaat 496f.
Bundesstatistikgesetz (BStatG) 106f.; 110
Bundestag 499
Bundesverfassungsgericht 497ff.
Bundesverkehrswegeplan 689
Bundeswehr 237
Bündnis 90/Die Grünen 330f.
Bürgerinitiativen 484
Bürgerrechtsbewegung 484

CDU 116; 232; 234; 328; 330f.; 501
Chancengleichheit 578; 644
Christentum 134; 371; 373
CSU 174; 232; 234; 329f.; 332

Datenautobahn 452
Datenreport 637
Datenschutz 147
Datenverarbeitung, elektronische 106; 315
Deutsche Demokratische Republik (DDR) 36; 88f.; 98; 106; 150; 152; 164; 203; 217; 240; 295; 297; 305; 307f.; 329; 334; 355; 368; 376; 391; 448; 454; 458; 466; 478f.; 485; 488; 520; 540; 554; 558; 565; 578ff.; 592f.; 600; 615; 630; 643; 645f.; 648; 668f.; 686; 704; 726f.; 734; 743
DDR-Elite 170f.
Deinstitutionalisierung 291
Demokratie 234; 496ff.
–, direkte 112
–, organisierte 121
–, parlamentarische 113
–, repräsentative 112
–, sozialistische 252
–, wehrhafte 189
Demokratiebewegung 485
Demokratisierung 488

Sachregister

Denkmalschutz 401
Deutsche Forschungsgemeinschaft (DFG) 725; 730
Dienstleistung 67f.; 70; 255; 573
–, primäre 68f.
–, sekundäre 68f.
Dienstleistungsgesellschaft 70; 237; 260f.; 306; 319; 347; 646; 737
Differenzierung 213; 301; 419; 421; 454f.; 710
–, gesellschaftliche 208
Diskriminierung 504; 506; 509; 512
Distanz, soziale 585; 587ff.; 594
Drogenkonsum 597; 602ff.

Eckregelsatz 39
EFTA (European Free Trade Association) 136
Ehe 77; 147; 153; 201; 206; 216; 246; 288; 292; 368; 447; 553; 555; 557f.; 647
Eherechtsreformgesetz (EheRG) 149
Ehescheidungen 203
Eigentum 132
Eigentumskriminalität 601ff.; 607
Eigentumsrecht 132; 145; 147
Eigentumsverteilung 151
Einbürgerung 58
Einelternfamilien 598
Einheitsbildungswesen, zentralstaatliches 88
Einheitsgewerkschaft 233
Einigungsprozeß 171
Einigungsvertrag 240
Einkommen 45; 226; 151; 431; 612; 643; 715
–, verfügbares 156; 158ff.; 162; 420
Einkommensarmut 35; 38; 42f.; 46f.; 164f.; 612
Einkommensumverteilung 546
Einkommensverteilung 152; 609ff.; 630
Einwanderung 73; 80f.
Eisenbahn 688; 696
Eliteforschung 167; 250
Elitenintegration 167; 170
Elitenstruktur 167f.; 170f.; 177
Elitentransfer 172; 177
Elitentransformation 168; 170
Elitenwandel 169; 171
Elitestudie 168
Elitetheorie 167
Emanzipation 140; 284
Embleme 286
Enteignung 148; 150
Entwicklung, demographische 545; 547f.
–, gesellschaftliche 323
–, nachhaltige (sustainable development) 666; 671
Entwicklungspsychologie 362

Entwicklungstrend 638
Erlebnisgesellschaft 224; 257; 260; 421; 690; 697
Erwerbsbeteiligung 7; 16; 61f.; 141; 216ff.
Erwerbslosenquote 62
Erwerbspotential 27f.; 52; 69
Erwerbsquote 23; 28f.; 62; 235; 615f.; 618
Erwerbstätige 61; 64ff.; 68; 141; 714
Erwerbsverlauf 29; 211; 216
–, weiblicher 216
Erziehungswerte 701
Ethnie 123ff.
Euratom 135; 235
Europa 133; 235; 308; 533; 695
Europäische Gemeinschaft (EG) 143
Europäische Gemeinschaft für Kohle und Stahl (EGKS) 135; 235
Europäische Union (EU) 135f.; 138f.; 141ff.; 345; 535
Europäische Wirtschaftsgemeinschaft (EWG) 135; 142; 235
Europäischer Wirtschaftsraum (EWR) 136ff.; 141
Europarat 136; 235
Evangelische Kirche in Deutschland (EKD) 371
Existenzminimum 36f.
Existenzsicherung 149

Fachhochschulen 729
Familie 41f.; 138; 153; 206; 208; 236; 251; 288; 291f.; 366; 368; 421; 553; 555;
Familienarbeitskräfte 409
Familienbetrieb 411
Familienpolitik 220
Faschismus 190f.; 196
FDP 174ff.; 234; 332; 501
Feminismus 555
Fertilität 4; 74; 76f.; 84
Finanzmärkte 343
Finanzpolitik 18f.
Flächentarifvertrag 20
Flüchtlinge 50; 78; 131; 465; 467; 471; 518
Föderalismus 113; 501; 526
Fordismus 688
Frauen 38; 41; 62; 64f.; 67; 69; 114; 132; 147; 174; 246; 248; 447; 469; 483; 555; 598; 615f.; 621; 648; 678; 682; 738; 740
Frauenarbeitsschutz 213; 218
Frauenbeschäftigungsgrad 245f.
Frauenbewegung 212ff.; 218; 485
Frauenforschung 210f.; 288
Frauenkriminalität 388
Frauenpolitik 217ff.
Frauenquote 214; 219

Fraunhofer Gesellschaft zur Förderung der angewandten Forschung (FhG) 729
Freie Deutsche Jugend (FDJ) 247
Freizeit 423
Freizeitmarkt 223
Freizeittätigkeiten 222; 228
Fremdarbeitskräfte 409; 413f.
Fremdbestimmung 749
Friedensbewegung 485
Fundamentalismus 194
Funktionalität 705
Fürsorgeprinzip 215; 415

Gastarbeiter 50; 90; 466
GATT (General Agreement on Tariffs and Trade) 418
Geburtenrate 27; 73f.
Geburtenrückgang 218; 368
Geldvermögen 145; 151
Gemeindegebietsreform 529
Gemeinnützigkeit 677
Gemeinschaftsverlust 589ff.
Generationenmobilität, intergenerationelle 575
Generationenverhältnis 9
Generationenvertrag 9; 540; 542
Generationszusammenhang 439
Gentrification 734
Gesamtschule 92f.
Gesamtschulsystem 89
Gesangvereine 681f.
Geschlecht 209ff.
Geschlechterordnung 211; 213
Geschlechterverhältnis 210ff.
Gesellschaft 254; 483; 642; 691; 744
–, bürgerliche 679; 684
–, industrielle 440; 732
–, multikulturelle 258f.; 261; 282; 286
–, offene 282f.; 285
–, postindustrielle 61; 255; 260; 311f.; 452; 461
–, pluralistische 286
Gesellschaftsanalyse 584f.
Gesellschaftsbegriff 254
Gesellschaftstypologien 254
Gesundheit 46; 435
Gesundheitshilfe 567
Gesundheitspolitik 267; 270f.; 274
Gewalt 129; 560f.; 603f.
Gewaltbereitschaft 360
Gewaltenteilung 112; 189
Gewaltkriminalität 387
Gewerkschaften 328; 334; 336f.; 502
Gewerkschaftssystem 233
Gewinnquote 155
Gleichaltrigengruppe (peer-group) 354

Gleichberechtigung 214; 219
Gleichberechtigungsgesetz (GlberG) 147
Globalisierung 256f.; 302; 308; 316; 318; 474; 494; 530; 532; 631; 658; 696; 705; 707f.
Godesberger Programm 238; 501
Großforschungseinrichtung 725; 729
Großforschungsinstitute 728
Großforschungszentren 730
Grundgesetz (GG) 148ff.; 153; 234f.; 328; 496f.
Grundlagenforschung 720; 726
Grundrecht 147; 250; 488; 496
Grundschule 89f.
Grundsicherung 627f.
Grünen, die 115; 173ff.; 330; 485; 501f.
Gymnasium 92

Haupterwerbsbetrieb 412
Hauptschule 90f.
Hauptstadt 235
Hausarbeit 738
Hausfrau 202; 615
Haushalt 44; 22; 138; 141; 151; 430; 738
Haushaltsform 288ff.
Haushaltsproduktion 290; 294
Haushaltstechnisierung 294f.
Heimatbewegung 526
Heiratshäufigkeit 77
Herkunft 750; 752f.
Heterosexualität 553
Historismus 526
Hochschulwesen 86; 89; 96; 98
Homosexualität 553; 558
Humankapital 18; 154; 623
Humankapitaltheorie 25
Humanvermögen 154

Individualisierung 140; 206; 238; 257; 283ff.; 582; 591; 604; 738; 743; 749f.; 752
Individualisierungsprozeß 99; 206; 270; 445
Industrialisierung 65; 300ff.; 304; 311f.; 407f.; 410; 483; 507; 647; 688
Industrieforschung 728; 730
Industriegesellschaft 61; 70; 254f.; 257; 261; 263; 282ff.; 300; 303ff.; 308f.; 311; 621
Informations- und Kommunikationstechnologien (IuK) 313; 318f.; 321ff.
Informationsberufe 320
Informationsexplosion 314
Informationsgesellschaft 239; 256; 259f.; 311; 313; 452; 461
Informationsinfrastruktur 639
Informationssektor 319

Sachregister

Informationstechnologien 239
Informatisierung 315
Infrastruktur 300; 302f.
–, gesellschaftliche 317
Institution 22; 201; 279; 282; 717
Integration, gesellschaftliche 9
–, soziale 55; 57; 87; 93; 178; 276f.; 530; 582
Interaktionsraum 276f.
Interkulturalität 285
Internationalisierung 31; 306; 309
Internet 452
Investitionen 20

Journalismus 490
Juden 131
Jugend 685; 746
Jugendbewegung 354; 483
Jugendhilfe 566; 572f.
Jugendkriminalität 387; 511
Jugendkultur 236; 355; 358f.; 424
Jugendstudien 357f.
Jugendweihe 363; 376

Kabelnetz 458
Kalter Krieg 245
Kapital, soziales 592f.
Kapitaldeckungsverfahren 542
Kapitaleinkommensquote 159
Kapitalismus 301; 716ff.; 743f.; 746; 748
Karrieremobilität, intragenerationelle 574
Kartellverbot 712
Katholiken 128; 130; 175; 236
Katholizismus 373
Kernfamilie 201f.; 208; 293; 423; 740
Keynesianismus 26
Kinder 40f.; 44; 208; 218; 621; 683
Kinder- und Jugendhilfe 566
Kinderarmut 369
Kinderbetreuungseinrichtungen 369
Kinderlosigkeit 203
Kinder-Surveys 366
Kindheit 353; 354, 362; 363
Kindschaftsverhältnisse 364; 368; 370
Kinsey-Studien 553
Kirchensteuer 375; 379
Klassen 574; 576; 586; 642f.; 645; 649f.; 734
Klassenmobilität 574
Klassenstruktur 238
Klassentheorie 238
Kleinfamilie 421; 647; 732
Koalition 501
Kommerzialisierung 404; 685
Kommunikationsgesellschaft 258; 318; 697

Konferenz der Kultusminister, ständige (KMK) 87; 96
Konferenz für Sicherheit und Zusammenarbeit in Europa (KSZE) 252
Konfessionslose 175; 377
Konkurrenzdemokratie 473; 475
Konvergenzkriterien 350
Konzertierte Aktion 500
Kostendämpfungsgesetze 270; 274
KPD 170; 189; 232; 234; 328; 333
Krankenhäuser 272f.
Krankenversicherung 267f.; 414; 416
Krankheit 263ff.
–, chronische 265
–, dominierende 265
Kriminalität 601
–, organisierte 389
Kriminalpolitik 393
Kriminalstatistik, polizeiliche (PKS) 384; 386ff.; 391
Kultur 214; 280; 284; 349
–, politische 120; 380
Kulturdenkmal 401
Kulturhoheit 86
Kulturlandschaft, historische 525

Landesverfassungen 233
Landwirtschaft 61; 246; 407f.
Landwirtschaftliche Produktionsgenossenschaft (LPG), 244; 246; 249; 410f.
Langzeitarbeitslose 15; 40f.; 46
Lastenausgleich 500
Lebensbedingungen 480; 639
Lebenschancen 369
Lebenserwartung 3; 77; 84; 264
Lebensformen 153; 288f.; 293; 556
Lebensgemeinschaften, nichteheliche 206; 289; 292; 739
Lebenslage 35
Lebensqualität 230; 364f.; 634f.; 637ff.
Lebensstil 556; 650f.
–, investiver 737
Lebenszufriedenheit 141
Lernen 178; 180; 182; 390
Lernmechanismen 179; 182ff.
Lernprozesse 187
Linksextremismus 192; 194
Lohnarbeitsbetrieb 411
Lohnkosten 23
Lohnnebenkosten 23
Lohnpolitik 17f.; 712; 716; 718
Lohnquote 155; 159; 162; 274; 716
Lohnstruktur 21
Lohnsubventionen 18

Maastrichter Vertrag 135; 139; 142f.; 535
Macht 747; 748
Malthusianismus 26
Marginalisierung 513
Marginalität 505
Marktlohn 12
Marktwirtschaft 718
–, soziale 234; 332; 475, 497; 501; 622; 627; 712
Massenkommunikationsforschung 454
Massenkonsum 475f.; 688
Massenmedien 145; 175; 284; 325; 487ff.; 560
Mauerbau (Bau der Mauer) 244
Max-Planck-Gesellschaft 724f.; 729
Max-Planck-Institute 728
Medien 459f.; 489; 492ff.
Mediengesellschaft 256; 493
Mediennutzung 459; 489; 493
Medienorientierung 405
Medienpolitik 494
Medienrevolution 701
Mediensystem 452; 454; 490; 493
Medikalisierung 263
Mehrgenerationenhaushalt 414
Meinung, öffentliche 487; 492f.
Menschenrechte 189; 496f.
Migranten 54ff.
Migrantenfeindlichkeit 197
Migration 78; 81; 126; 258; 349; 515; 574
Migrationskonflikte 191; 193
Migrationspolitik 50
Mikrozensus 103ff.; 633
Milieu 619
–, soziales 650
Minderheiten, ethnische 504f.
Ministerium für Staatssicherheit (MfS) 246; 249
Mittelstand 646
Mittelstandsgesellschaft, nivellierte 238; 254; 421; 509
Mobilisierung 691; 692; 693; 696
Mobilität 574f.; 687f.; 691f.
–, horizontale 574; 576
–, individuelle 575
–, intergenerationelle 575ff.
–, intragenerationelle 576; 579f.
–, kollektive 575
–, residentielle 515; 517
–, soziale 301; 516
–, vertikale 574; 576
–, zirkuläre 515f.
Mobilitätsbereitschaft 516; 523
Mobilitätsvermögen 516
Modernisierung 2; 88; 91; 93; 99; 140; 207; 226; 237; 391f.; 533; 589ff.; 613; 642; 651; 687; 691; 693; 700; 704; 732; 737

–, fordistische 528
–, nachholende 472f.; 479; 481; 643; 689
–, reflexive 473
–, verzögerte 558
–, weitergehende 473; 481
Modernisierungsgewinner 613
Modernisierungsschub 207; 373; 375
Modernisierungstheorie 473f.
Modernisierungsverlierer 511; 613
Modernität 687; 697
Monogamie 558
Motorisierung 688f.; 692f.
–, private 692
Multikulturalismus 261
Museum 402ff.
Musik 397
Mutter 202f
–, erwerbstätige 208

Nachfragedefizit 16
Nachkriegsgesellschaft 224ff.
Nationalismus 126; 129; 195f.; 475; 508; 701; 748f.
Nationalsozialismus 395
NATO (North Atlantic Treaty Organization) 234; 499
Nebenerwerbsbetrieb 409; 412
Neoklassik 24
Neokorporatismus 571
Nettoäquivalenzeinkommen 35
Nettoeinkommen 156; 420
Netto-Reproduktionsrate (NRR) 76
Nettovermögen 154; 160
Netze, soziale 738
Netzwerk, soziales 288; 290; 293f.; 297; 559
Nischengesellschaft 592
Norm 119; 133; 184; 279; 282; 285; 382f.; 597; 600
Normalität 277

Obdachlose 37
OECD (Organization for European Economic Cooperation) 341
Öffentlichkeit 202
Ökobilanz 671
Ökologie 176; 666f.; 669; 672f.; 691; 695f.
Ökologiebewegung 484f.
Ökonomie 669; 673
ÖPNV 694
Orchester 397
Organisationen, parlamentarische 485
–, außerparlamentarische 485
Organisationsforschung 326

Sachregister

Orientierungsvakuum 191

Paargesellschaft 426
Panel, sozio-ökonomisches 37; 45; 47; 432
Parlament 499f.
Partei 115f.; 218; 325; 328f.; 336; 338; 485
Parteiendemokratie 115
Parteienstaat 116
Partizipation, gesellschaftliche 9
PDS 115; 173; 174; 329; 330; 333; 502
Pendler 692
Pensionen 546
Permissivität 557; 559ff.
Pflegeversicherung 9; 629
Pflicht- und Akzeptanzwerte 699; 701f.; 706
Plattenbau 734
Pluralisierung 140; 179; 238; 288; 291; 419; 421; 425; 441
Pluralismus 121; 283; 371; 379; 497f.; 501f.
Politik 119; 722
–, regionalistische 527f.
Politikwissenschaft 496
Polizeiliche Kriminalstatistik (PKS) 384; 386ff.; 391
Pornographie 556; 560
Postadoleszenz 206; 355f.; 739
Potsdamer Abkommen 232
Printmedien 454f.
Probleme, soziale 635
Problemgruppen 505; 513
Produktionssektoren 236
Produktionsstruktur 235
Produktivvermögen 155f.; 159; 161
Pro-Kopf-Einkommen 141
Prostitution 560; 604ff.
Protestantismus 373f.; 236
Pubertät 352
Public-Relations 489
Publizistik- und Kommunikationswissenschaft 453

Qualifikation 19; 63; 86f.; 89; 99; 248; 310; 612ff.
Qualifikationsstruktur 246

Radikalismus 189ff.; 193f.
Rassismus 194f.
Rationalisierung 263; 288; 298; 700
Räume, ländliche 658; 662
–, städtische 663
–, verstädterte 658
Rechtsextremismus 191ff.; 197f.; 604

Rechtsraum 130f.; 133
Recycling 667; 669
Regelsatz 39
Regionalpolitik 528; 532f.
Regionalsprache 127f.
Religion 128f.
Rente 712
Rentenformel 415; 544
Rentenniveaus 545
Rentenreform 6; 540; 541
Rentenreformgesetz 540
Rentenversicherung 9f.; 548f.
–, gesetzliche 414; 416; 537; 541; 544; 547f.; 550
–, knappschaftliche 538
Republikaner, die 191; 197; 330
Republikflucht 244
Reserve, stille 12
Ressourcen 666f.; 711; 718
–, natürliche 346; 348
Revolution
–, elektronische 315; 318
–, industrielle 539; 700
–, sexuelle 552
Risikogesellschaft 257; 260; 282, 311
Risikostrukturausgleich (RSA) 269
Ritual 279; 281f.; 286
Römisch-katholische Kirche 371
Rückwanderung 80
Ruhestand 2ff.; 7
Rundfunk 453; 455f.; 460; 487; 489; 494
–, privater 457
Rundfunkstaatsvertrag 457
Rundfunksystem 457ff.
–, öffentlich-rechtliches 456

Sachvermögen 154ff.
Satellitenempfangsanlage 458
Säuglingssterblichkeit 264f.
Scheidungsrisiko 77
Scheidungsziffer 447
Schichten 574; 576f.; 586; 642ff.; 649f.; 734
–, soziale 574
Schichtungspyramide 238
Schulabschluß 63f.; 96
Schulpflicht 86; 127; 138; 369; 380
Schulwesen, allgemeinbildendes 86; 88ff.; 92
Schutzverbände 337
SED 170f.; 198; 242ff.; 251f.; 329; 333; 592f.; 726
Segmentierung 618
Segregation 38; 214; 734
–, soziale 56
Sektor 66

–, primärer 255; 715
–, sekundärer 255; 300; 715
–, tertiärer 243; 255; 260; 306
Sektor, vierter 320
Sektorenmodell, ökonomisches 317
Selbständige 645ff.
Selbstbestimmung 749
Selbstentfaltungswerte 699
Sexualforschung 555
Sexualreporte 554
Sexualstrafrecht 555
Sexualtechniken 558f.
Sexualwissenschaft 552; 554; 561
Sicherheit, soziale 22; 148; 215; 217; 251; 414; 497; 621; 623; 713
Siedlungsstruktur 653
Single 77; 290; 292; 425; 738
Single-Gesellschaft 259; 426
Singularisierung 288; 291
Sklerose, institutionelle 717
SOEP (Sozio-ökonomisches Panel) 37; 45; 47
Solidarität 128; 623; 627
Solidaritätsprinzip 268ff.; 290; 414; 416f.
Solidaritätszuschlag 153
Solidarprinzip 627; 629
Sonderschule 90
Sonderschulwesen 90
Sozialanthropologie 584
Sozialarbeit 562; 564; 568
Sozialberichterstattung 364f.
–, amtliche 636
Sozialbudget 623; 630f.
Sozialhilfe 21; 36; 38ff.; 47; 417; 565f.; 572f.; 606; 739
Sozialhilfeempfänger 39ff.; 43; 162; 165; 598f.
Sozialhilfegrenze 35f.; 38f.; 42
Sozialhilfestatistik 42
Sozialindikatorenforschung 634; 638f.
Sozialinvestitionen 623; 631
Sozialisation 86; 383; 614
–, politische 119; 120; 325
Sozialisationsinstanz 119; 185
Sozialismus 129; 214; 217; 301; 472; 743f.; 746; 748f.
Soziallehre, katholische 375
Sozialleistungen 177; 541
Sozialpädagogik 562; 564; 568
Sozialpolitik 35; 143; 152; 214f.; 218f.; 230; 250f.; 303; 349; 380; 572; 606; 629;
Sozialprodukt 713
Sozialreport 638
Sozialstaat 143; 374; 380; 481; 500; 632; 718
Sozialstaatstheorie 624
Sozialstruktur 5; 69; 115; 136; 143; 226; 438; 479; 619

Sozialstrukturanalyse 211; 585
Sozialstrukturentwicklung 248
Sozialsysteme 186
–, lokale 591
Sozialversicherung 215f.; 417; 623; 629
Spätaussiedler 79; 465
SPD 116; 173f.; 176, 232ff.; 328; 330f.; 333; 501
Sperrklausel, Fünf-Prozent- 234
Sportverein 678; 680; 683
Spracherwerb 184
Staats- bzw. Ressortforschung 720
Staatsbürgerrecht 142
Staatsbürgerschaft 49; 57f.; 72; 131
Staatsfeindschaft 198
Stadt 134; 139; 302; 691f.
Stadtentwicklung 695
Städtesystem, europäisches 139
Standardisierung 441f.; 444
Standortbedingungen 341
Standortdebatte 345, 631
Standortsicherung 350
Statistisches Bundesamt 105; 107; 637
Stellenquote, offene 23
Sterberate 77
Steuertarif 712
Stigmatisierung 506; 597; 605
Strafe 606
Strafrecht 153
Straftaten 386ff.
Strukturanpassungspolitik 346f.
Strukturwandel 30ff.; 261; 300; 306; 408; 410; 416f.; 635; 647
Strukturwandeltheorie 27
Studentenbewegung 239; 355; 483
Subkultur 357; 359; 504ff.; 513
Subsidiarität 571; 623; 627; 708
Subsidiaritätsprinzip 149; 415; 564f.; 570; 628
Subsistenzkonzept 36f.
Suburbanisierung 658; 661; 733
Subventionspolitik 418
System, duales 20; 64; 88; 92; 94ff.

Tagespresse 454
Tarifautonomie 334
Technikfolgenabschätzung 723; 726
Technokultur 359
Technologieentwicklung 723
Technologien, nachgeschaltete 670
Technologietransfer 726
Teilzeitarbeit 29ff.; 217f.
Terrorismus 190
Tertiarisierung 67f.; 334; 577; 645
Theater 395ff.; 399

Sachregister

Theatergeschichte 395
Tonträger 397ff.
Totalitarismus 189f.; 192; 194
Träger 570
–, freie 570
–, öffentliche 570
Transferzahlungen 623; 627; 630f.
Transnationale Unternehmen (TNU) 340ff.
Treuhandanstalt (THA) 150; 152
Turnvereine 680f.

Übersiedler 78; 137; 465; 518; 521
Umlageverfahren 542
Umverteilung 623; 630
Umwelt 347
Umweltbewegung 668f.; 672
Umweltbewußtsein 667f.; 672f.
Umweltbundesgesetz 670
Umweltpolitik 298; 347; 669f.; 673f.
Umweltschutz 667ff.; 726
Unfallversicherung 414; 416
Ungleichheit, soziale 36f.; 45; 257f.; 266; 624; 642f.; 645; 650
Unionsbürgerschaft 142
Universität 138f.; 645; 721; 724; 728ff.
Unterklasse 513
Unternehmen, transnationale 345; 347; 351
Unternehmensvermögen 157
Unterversorgung 46
Unterversorgungsquote 45
Urbanisierung 688
Urlaub 222; 423

Vater 220
Verbände 325; 329; 336; 338
Verbrechen 382f.
Vereine 325
Vereinswesen 676; 679ff.; 686
Vereinte Nationen (VN) 344
Verflechtung, internationale 341
Vergehen 382
Vergesellschaftung, mobile 688; 690
Vergewaltigung 557; 560f.
Verkehrsberuhigung 694f.
Verkehrspolitik 690; 694ff.
Verkehrsunfälle 689
Vermögen 420; 611; 643
Vermögensbildung 152
Vermögenskriminalität 601ff.
Verrechtlichung 557
Versorgungseinrichtungen, berufsständische 538
Verstaatlichung 150; 152
Vertrauensschutz 147

Vertriebene 131; 465
Verwandte 293
Verwandtschaft 291
Verwandtschaftssystem 293
Volk 123; 125; 129
Völker/Ethnien 123
Volkseigene Betriebe (VEB) 152; 244
Volkseinkommen 157ff.; 420
Volkskammer 241f.; 251
Volkssouveränität 111; 189
Volksvermögen 154; 156f.
Volkszählung 103; 105
Vollerwerbsbetrieb 412
Volljährigkeit 352
Vorsorge, private 538
Vorurteile 505; 509

Wahlalter 114
Wahlbeteiligung 114f.
Wahlrecht 114f.; 213; 497
Wahlverhalten 120
Währungsreform 234
Wandel, gesellschaftlicher 69; 699; 739
–, sozialer 254; 474; 572; 633; 638
Wanderung 50; 72; 78f.; 81; 84; 463f.; 515; 517ff.; 521
Wanderungsbewegungen 349
Wanderungssaldo 463
Wehrbeauftragter 237
Weiterbildung 86; 98; 248
Weiterbildungsgesellschaft 70
Weltalltag 284
–, medialer 285
Weltgesellschaft 339ff.
Welthandel 342f.
Werbung 456; 490
Werte 119; 182
Werterziehung 708
Werteverfall 709
Wertewandel 140; 149; 226; 239; 375; 424; 445
Wertorientierung 175f.; 239
Westeuropäische Union (WEU) 136
Westintegration 500
Wettbewerbsfähigkeit 17; 19
Wiedervereinigung 150ff.; 240ff.; 245; 291; 308; 376; 411; 424; 478; 499f.; 502; 517f.; 630; 713f.; 734
Willensbildung, politische 113; 121
Wirtschaftsbereich 66
Wirtschaftselite 169; 171, 176
Wirtschaftsstruktur 141
Wirtschaftssystem 66
Wirtschaftsverhältnisse 288
Wissenschaftsforschung 721; 723
Wissenschaftspolitik 726; 730

Wissenschaftsrat 727f.; 730
Wissensgesellschaft 258; 313; 318; 452; 461; 723
Wissensordnung 317
Wohlfahrtsmessung 638
Wohlfahrtspflege 562f.; 571
Wohlfahrtsproduktion 290; 298
Wohlfahrtsstaat 9f.; 122; 215; 329; 442; 475; 476; 481; 508; 512; 564f.; 622f.; 625; 627; 632; 708; 718
–, sozialistischer 422
Wohlfahrtsverbände 337; 380; 570f.; 685
Wohnen 46
Wohngeld 734; 739
Wohngemeinschaften 292; 739
Wohnqualität 55
Wohnung 37; 422; 425; 736
Wohnungsbau, sozialer 733f.
Wohnungseigentum 55; 141
Wohnungslose 37
Wohnungsnot 38; 740

Wohnverhältnisse 288

Zentralarchiv für Empirische Sozialforschung (ZA) 105; 107f.
Zentralisation, strukturelle 244
Zentralismus, demokratischer 244
Zentrum für Historische Sozialforschung (ZHSF) 106
Zentrum für Umfragen, Methoden und Analysen (ZUMA) 105ff.
Zuerwerbsbetrieb 412
Zukunftsoptimismus 746
Zukunftsvorstellungen 259
Zusatzversorgung 538
Zuwanderung 50; 74; 78ff.; 84; 137; 464; 467f.; 470f.
Zweidrittelgesellschaft 256; 258; 260; 422; 509; 629
Zweites Deutsches Fernsehen (ZDF) 456; 458

Herausgeber, Autorinnen und Autoren

Herausgeber

Schäfers, Bernhard, Dr., Professor für Soziologie und Leiter des Instituts für Soziologie an der Universität Karlsruhe (TH)

Zapf, Wolfgang, Dr., Direktor am Wissenschaftszentrum Berlin für Sozialforschung (WZB) und Professor für Soziologie an der Freien Universität Berlin

Autorinnen und Autoren

Alber, Jens, Dr., Professor für Sozialpolitik an der Universität Konstanz
Sozialstaat/Soziale Sicherheit (zs. mit Christina Nübel und Martin Schöllkopf)

Band, Henri, Dr., Wissenschaftlicher Mitarbeiter am Institut für Sozialwissenschaften der Humboldt-Universität zu Berlin
Lebensbedingungen, Lebensformen und Lebensstile (zs. mit Hans-Peter Müller)

Berger, Johannes, Dr., Professor für Soziologie an der Universität Mannheim
Wirtschaftssystem

Berger, Peter A., Dr., Professor für Soziologie an der Universität Rostock
Soziale Mobilität

Bernart, Yvonne, Dr., Lehrbeauftragte für Soziologie am Institut für Soziologie der Universität Karlsruhe (TH) und an der Universität Koblenz-Landau, Abt. Landau
Jugend

Brock, Ditmar, Dr., Professor für Soziologie an der Technischen Universität Chemnitz-Zwickau
Soziale Ungleichheiten. Klassen und Schichten

Bürklin, Wilhelm, Dr., Professor für Politikwissenschaft an der Universität Potsdam
Eliten, Führungsgruppen (zs. mit Ursula Hoffmann-Lange)

Dombrowski, Jörg, Dr., Wissenschaftlicher Mitarbeiter für Soziologie an der Technischen Universität Chemnitz-Zwickau
Berufs- und Qualifikationsstruktur (zs. mit G. Günter Voß)

Elwert, Georg, Dr., Professor für Ethnologie an der Freien Universität Berlin
Deutsche Nation

Franz, Wolfgang, Dr., Professor; Wissenschaftlicher Direktor des Zentrums für Europäische Wirtschaftsforschung (ZEW), Mannheim
Arbeitslosigkeit

Gabriel, Karl, Dr., Professor für Soziologie an der Katholischen Fachhochschule Vechta/Osnabrück
Kirchen/Religionsgemeinschaften

Geißler, Rainer, Dr., Professor für Soziologie an der Universität-Gesamthochschule Siegen
Sozialstruktur

Glatzer, Wolfgang, Dr., Professor für Soziologie an der Johann Wolfgang Goethe-Universität Frankfurt
Haushalte und Haushaltsproduktion in der Bundesrepublik Deutschland; Lebensstandard und Lebensqualität

Gukenbiehl, Hermann L., Dr., apl. Professor und Akad. Direktor am Institut für Soziologie der Universität Koblenz-Landau, Abt. Landau
Bildung und Bildunssystem

Hamm, Bernd, Dr. Dr. h.c., Professor für Soziologie an der Universität Trier und am Zentrum für Europäische Studien, Trier
Internationale Verflechtung und Globalisierung

Häußermann, Hartmut, Dr., Professor für Stadt- und Regionalsoziologie an der Humboldt-Universität zu Berlin
Wohnen (zs. mit Walter Siebel)

Hartmann-Sadrina, Petra, Wissenschaftliche Mitarbeiterin am Institut für Agrarpolitik und Wirtschaftssoziologie der Rheinischen Friedrich-Wilhelms-Universität Bonn
Landwirtschaft/Agrarpolitik (zs. mit Wilhelm Henrichsmeyer)

Hauser, Richard, Dr., Professor für Wirtschaftswissenschaften an der Johann Wolfgang Goethe-Universität Frankfurt
Einkommen und Vermögen

Henrichsmeyer, Wilhelm, Dr., Professor für Agrarpolitik und Wirtschaftssoziologie an der Friedrich-Wilhelms-Universität Bonn
Landwirtschaft/Agrarpolitik (zs. mit Petra Hartmann-Sadrina)

Herden, Rose-Elisabeth, Dr., Wissenschaftliche Mitarbeiterin am Lehrstuhl für Bevölkerungswissenschaft der Humboldt-Universität zu Berlin
Bevölkerung (zs. mit Rainer Münz)

Hoffmann-Lange, Ursula, Dr., Professorin für Politikwissenschaft an der Universität Bamberg
Eliten, Führungsgruppen (zs. mit Wilhelm Bürklin)

Hondrich, Karl Otto, Dr., Professor für Soziologie an der Johann Wolfgang Goethe-Universität Frankfurt
Zukunftsvorstellungen

Huber, Joseph, Dr., Professor für Wirtschafts- und Umweltsoziologie an der Martin Luther-Universität Halle-Wittenberg
Umwelt

Immerfall, Stefan, Dr., Privatdozent und Wissenschaftlicher Mitarbeiter am Institut für Soziologie an der Universität Passau
Gesellschaftsmodelle und Gesellschaftsanalyse

Herausgeber, Autoren und Autorinnen

Joos, Magdalena, Dipl. Verw.-Wiss., Wissenschaftliche Mitarbeiterin am Lehrstuhl I für Soziologie der Technischen Universität Chemnitz-Zwickau
Kinder (zs. mit Bernhard Nauck und Wolfgang Meyer)

Kaase, Max, Dr., Forschungsprofessor am Wissenschaftszentrum Berlin für Sozialforschung (WZB)
Datenzugang und Datenschutz; Massenkommunikation und Massenmedien

Klages, Helmut, Dr., Professor für Empirische Sozialwissenschaften an der Hochschule für Verwaltungswissenschaften in Speyer
Werte und Wertewandel

Klatetzki, Thomas, Dr., Professor für Soziologie an der Universität-Gesamthochschule Essen
Soziale Arbeit (zs. mit Ursula v. Wedel-Parlow)

Klein, Hans Joachim, Dr., apl. Professor und Akad. Direktor am Institut für Soziologie der Universität Karlsruhe (TH)
Kulturinstitutionen; Vereine

König, Oliver, Dr., freiberufl. Tätigkeit als Trainer für Gruppendynamik, Psychotherapeut, Supervisor; gegenw. Gastprofessur an der Universität-Gesamthochschule Kassel
Sexualität

Kohli, Martin, Dr., Professor für Soziologie an der Freien Universität Berlin
Alter und Altern der Gesellschaft

Kühn, Hagen, Dr., Privatdozent; Wissenschaftlicher Mitarbeiter am Wissenschaftszentrum Berlin für Sozialforschung (WZB)
Gesundheit/Gesundheitssystem

Lamnek, Siegfried, Dr., Professor für Soziologie an der Katholischen Universität Eichstätt
Kriminalität

Lucke, Doris, Dr., Privatdozentin am Seminar für Soziologie der Rheinischen Friedrich-Wilhelms-Universität Bonn
Eigentum/Eigentumsordnung

Mayer, Karl Ulrich, Dr., Direktor am Max-Planck-Institut für Bildungsforschung Berlin; Professor für Soziologie an der Freien Universität Berlin
Lebensverlauf

Meyer, Wolfgang, Dr., Wissenschaftlicher Mitarbeiter am Lehrstuhl I für Soziologie der Technischen Universität Chemnitz-Zwickau
Kinder (zs. mit Bernhard Nauck und Magdalena Joos)

Möller, Kurt, Dr., Professor für Soziologie an der Fachhochschule Esslingen
Extremismus

Müller, Hans-Peter, Dr., Professor für Soziologie an der Humboldt-Universität zu Berlin
Lebensbedingungen, Lebensformen und Lebensstile (zs. mit Henri Band)

Müller-Schneider, Thomas, Dr., Habilitationsstipendiat der Deutschen Forschungsgemeinschaft an der Universität Bamberg
Freizeit und Erholung

Münz, Rainer, Dr., Professor für Bevölkerungswissenschaft an der Humboldt-Universität zu Berlin
Bevölkerung (zs. mit Rose-Elisabeth Herden)

Nauck, Bernhard, Dr., Professor für Soziologie an der Technischen Universität Chemnitz-Zwickau
Kinder (zs. Mit Magdalena Joos und Wolfgang Meyer)

Nave-Herz, Rosemarie, Dr. Dr. h.c., Professorin für Soziologie an der Carl v. Ossietzky-Universität Oldenburg
Familie und Verwandtschaft

Neidhardt, Friedhelm, Dr., Präsident des Wissenschaftszentrums Berlin für Sozialforschung (WZB); Professor für Soziologie an der Freien Universität Berlin
Öffentlichkeit

Noll, Heinz-Herbert, Dr., Leiter der Abteilung Soziale Indikatoren am Zentrum für Umfragen und Methoden (ZUMA) Mannheim
Sozialstatistik und Sozialberichterstattung

Nübel, Christina, Dipl.-Verw.-Wiss.; Wissenschaftliche Mitarbeiterin am Lehrstuhl Prof. Dr. Jens Alber
Sozialstaat/Soziale Sicherheit (zs. mit Jens Alber und Martin Schöllkopf)

Nunner-Winkler, Gertrud, Dr., Privatdozentin; Wissenschaftliche Mitarbeiterin am Max-Planck-Institut für psychologische Forschung München
Erziehung und Sozialisation

Ostner, Ilona, Dr., Professorin für Sozialpolitik an der Georg August-Universität Göttingen
Frauen

Pankoke, Eckart, Dr., Professor für Soziologie an der Universität-Gesamthochschule Essen
Verkehr

Pappi, Franz Urban, Dr., Professor für Politische Wissenschaft an der Universität Mannheim
Soziale Netzwerke

Peters, Helge, Dr., Professor für Soziologie an der Carl v. Ossietzky-Universität Oldenburg
Soziale Probleme

Rammstedt, Otthein, Dr., Professor für Soziologie an der Universität Bielefeld
Neue soziale Bewegungen (zs. mit Gerhard Wagner)

Rürup, Bert, Dr. Dr. h.c., Professor für Volkswirtschaftslehre/Finanzwissenschaft an der Technischen Hochschule Darmstadt
Rentner, Ruhestand

Herausgeber, Autoren und Autorinnen

Schäfers, Bernhard, Dr., Professor für Soziologie und Leiter des Instituts für Soziologie an der Universität Karlsruhe (TH)
Gesellschaft der Bundesrepublik Deutschland 1945/49-1990; Deutschland und Europa. Europäische Sozialstrukturen im Vergleich

Scherr, Albert, Dr., Professor für Sozialwissenschaften an der Fachhochschule Darmstadt
Randgruppen und Minderheiten

Schmid, Günther, Dr., Direktor der Abteilung Arbeitsmarkt und Beschäftigung am Wissenschaftszentrum Berlin für Sozialforschung (WZB); Professor für Politische Wissenschaft an der Freien Universität Berlin
Arbeitsmarkt und Beschäftigung

Schmidt, Gert, Dr., Professor für Soziologie an der Universität Erlangen-Nürnberg
Industrie

Schöllkopf, Martin, Dipl. Verw.-Wiss., Wissenschaftlicher Mitarbeiter am Lehrstuhl von Prof. Dr. Jens Alber
Sozialstaat/Soziale Sicherheit (zs. mit Jens Alber und Christina Nübel)

Seifert, Wolfgang, Dr., Wissenschaftlicher Mitarbeiter am Wissenschaftszentrum Berlin für Sozialforschung (WZB)
Ausländische Bevölkerung

Siebel, Walter, Dr., Professor für Soziologie an der Carl v. Ossietzky-Universität Oldenburg
Wohnen (zs. mit Hartmut Häußermann)

Soeffner, Hans-Georg, Dr., Professor für Soziologie an der Universität Konstanz
Handeln im Alltag

Spinner, Helmut F., Dr., Professor für Philosophie, Wissenschafts- und Technikforschung an der Universität Karlsruhe (TH)
Informationsgesellschaft

Stiens, Gerhard, Dr., Wissenschaftlicher Direktor in der Bundesforschungsanstalt für Landeskunde und Raumordnung in Bonn; Hon.-Prof. an der Universität Trier
Region und Regionalismus

Strubelt, Wendelin, Dr., Professor; Direktor der Bundesforschungsanstalt für Landeskunde und Raumordnung, Bonn
Stadt – Land

Treibel, Annette, Dr., Professorin für Soziologie an der Pädagogischen Hochschule Karlsruhe
Migration

Voigt, Peter, Dr., Professor für Soziologie an der Universität Rostock
Gesellschaft der Deutschen Demokratischen Republik (DDR) von 1949-1990

Voß, G. Günter, Dr., Professor für Industrie- und Techniksoziologie an der Technischen Universität Chemnitz-Zwickau

Berufs- und Qualifikationsstruktur (zs. mit Jörg Dombrowski)

Wagner, Gerhard, Dr., Wissenschaftlicher Mitarbeiter an der Fakultät für Soziologie der Universität Bielefeld
Neue soziale Bewegungen (zs. mit Otthein Rammstedt)

Wedel-Parlow, Ursula von, Dr., Professorin für Soziologie an der Universität-Gesamthochschule Essen
Soziale Arbeit (zs. mit Thomas Klatetzki)

Weingart, Peter, Dr., Professor für Soziologie an der Universität Bielefeld
Wissenschaft und Forschung

Wewer, Göttrik, Dr., Direktor der Verwaltungsfachhochschule in Altenholz/Kiel
Demokratie, Demokratisierung

Wiesenthal, Helmut, Dr., Professor am Institut für Sozialwissenschaften der Humboldt-Universität zu Berlin
Interessenorganisation

Woyke, Wichard, Dr., Professor für Politikwissenschaft an der Westfälischen Wilhelms-Universität Münster
Politik, soziale Grundlage

Zapf, Wolfgang, Dr., Direktor am Wissenschaftszentrum Berlin für Sozialforschung (WZB); Professor für Soziologie an der Freien Universität Berlin
Modernisierung und Transformation

Zimmermann, Gunter E., Dr., Wissenschaftlicher Mitarbeiter am Institut für Soziologie der Universität Karlsruhe (TH)
Armut; Räumliche Mobilität

Redaktion

Misoch, Sabina, cand. phil., Institut für Soziologie der Universität Karlsruhe (TH)

Notizen

Notizen

Notizen

Notizen

Notizen

Notizen

Notizen